W0078656

WELT GESCHICHTE

VON DER URZEIT BIS ZUR GEGENWART

Herausgegeben von
Dr. Uwe K. Paschke

KARL MÜLLER VERLAG

INHALTSVERZEICHNIS

DAS AUSGEHENDE MITTELALTER UND DIE ANFÄNGE DER NEUZEIT

DIE EUROPÄISCHE WELT IN DER NEUZEIT

VON DEN NATIONALSTAATEN BIS IN DIE GEGENWART

DIE AUSSEREUROPÄISCHE WELT VOM ENDE DES MITTELALTERS BIS IN DIE GEGENWART

WELTPOLITISCHE EREIGNISSE – 1987 BIS ZUM ENDE DES RUSSLAND-TSCHETSCHENIEN-KONFLIKTS

ANHANG

EINFÜHRUNG: DER BEGRIFF GESCHICHTE

In dem Begriff „Geschichte", wie ihn die Moderne gebraucht, liegt ein Zweifaches: Geschichte als Vergangenes, Geschehenes, als eine Summe von Ereignissen, Handlungsabläufen, Taten und Errungenschaften der Menschheit, die, in Bezugsgeflechten zueinander stehend, sich abspielten und sukzessiv aneinanderreihten, dabei, je höher der Zeithorizont rückte, desto mehr aus der „Erinnerung", der memoria – wie die Römer anfänglich Geschichte verstanden –, in die Vergessenheit und damit in die Sphäre geschichtlichen Dunkels absinkend, nur zuweilen noch erhellt von wenigen geringfügigen Dokumentationen gewesener menschlicher Existenz. Aber diese Dokumentationen, in den Anfängen als Spuren faßbar, dann allmählich anwachsend, bis sie in der Flut geschichtlicher Zeugnisse einmünden, welche die Neuzeit mit sich bringt, weisen auf die andere Komponente des Begriffs „Geschichte": Geschichte als Gegenwärtiges, Seiendes, d. h. als ein Vergangenes, das in die Gegenwärtigkeit gerückt wird in einem Prozeß der Vermittlung, bei dem der Historiker als Medium fungiert, das in den Zeugnissen der Geschichte „liest", sie deutet, erklärt und damit der Gegenwart vermittelt. „Die Vergangenheit, mit der sich der Historiker befaßt, ist nicht tot, sie lebt in gewisser Weise in der Gegenwart weiter." (R. Collingwood, The Idea of History). Geschichte ist also nicht nur das vom menschlichen Sein hervorgebrachte, aber bereits vergangene Geschehen an sich, von einem gewissen übergreifenden, den Gang der Menschheitsentwicklung bestimmenden oder prägenden Bedeutungsgehalt, vergangenes Geschehen, zu dem alles Menschendasein im Fortgang der Zeit herabsinkt, womit Geschichte den Wandel an sich, in dem der Mensch immer steht, bezeichnen würde, wobei jedoch als statisches Element hineinspielt, daß nur das im Rückblick das Augenmerk auf sich ziehen und somit die Zeit überdauern kann, was in seiner Zeit bereits Bedeutung, d. h. prägende, geschichtsbestimmende Wirkung besaß, während die Vielzahl der anderen Ereignisse, Handlungen und geschaffenen Gebilde, die menschliches Sein ebenfalls hervorbringt, das durchschnittliche Tun des Menschen, in der historischen Retrospektivität irrelevant, d. h. geschichtslos ist – Geschichte ist also nicht nur historisch bedeutungsvolles vergangenes Geschehen, sondern bezeichnet auch den Vermittlungsvorgang selbst, also das Wirken des in der menschlichen Vergangenheit forschenden Menschen, der aus den Überlieferungsformen, die unterschiedlichster Art sein können, das vergangene Geschehen erschließt, das Bild einer Epoche, eines Menschen in seiner Zeit u. a. erstehen läßt, Dinge, die im Dunkel der Vergangenheit liegen, hervorholt und sie erhellt, woraus sich in der Moderne die historischen Disziplinen entwickelt haben, das Fach „Geschichte", das alle Formen historischer Forschung umgreift.

In dem Vermittlungsvorgang jedoch, den der Historiker unternimmt, um das Bild menschlicher Vergangenheit zu erhellen, liegt zweifelsohne eine Gefahr, die Umdeutung der Geschichte, was sogar als bewußter Akt unter ideologisch-weltanschaulichen Gesichtspunkten unternommen werden kann. Es geht hier um Fragen der Objektivität und Interpretation geschichtlicher Ereignisse, um die Auslegung der historischen Fakten – und hier steht Rankes um 1830 im Protest gegen die moralisierende Geschichtsschreibung geäußerter Aphorismus, die Aufgabe des Historikers bestehe darin, aufzuzeigen, „wie es eigentlich gewesen", überhaupt die im 19. Jahrhundert bestimmende Anschauung der positivistisch-empirischen Schule von der eminent wichtigen Rolle der historischen Fakten als eine Position einem totalen Skeptizismus als extreme andere Position gegenüber, welcher die Doktrin vom Primat und von der Autonomie der Fakten in der Geschichte beiseitegeschoben hat und in seiner Überspitzung in A. Froudes Bemerkung gipfelt, Geschichte sei „der Buchstabenkasten eines Kindes, mit dem wir jedes uns gefällige Wort schreiben können" (Short Studies on Great Subjects). In seiner Geschichtsphilosophie sprach B. Croce von einem geradezu wesensimmanenten Zug der Geschichte, daß sie immer „zeitgenössische Geschichte" sei, also immer Vergangenheit durch das Medium einer in der Gegenwart stehenden, mit all deren Denkweisen und Problemen behafteten Subjektivität sehe („Das praktische Bedürfnis, auf das sich jedes geschichtliche Urteil gründet, verleiht der Geschichte die Eigenschaft, ‚zeitgenössische Geschichte' zu sein, weil sie in Wirklichkeit – wie fern auch chronologisch die Tatsachen in der tiefsten Vergangenheit ruhen mögen – immer auf ein gegenwärtiges Bedürfnis, eine gegenwärtige Lage bezogen ist, in der diese Tatsachen mitschwingen" – Die Geschichte als Gedanke und als Tat), und der Philosoph und Historiker Collingwood soll geäußert haben: „Der heilige Augustin betrachtete die Geschichte unter dem Blickwinkel der frühen Christen; Tillamont unter dem eines Franzosen aus dem 17. Jahrhundert; Gibbon unter dem eines Engländers aus dem 18. Jahrhundert; Mommsen unter dem eines Deutschen aus dem 19. Jahrhundert. Da hat die Frage, welches nun der richtige Blickwinkel war, keinen Sinn. Jedem war nur der seine möglich." Sicherlich markieren diese beiden aufgeführten Anschauungen extreme Positionen in der Beurteilung von Aufgabe und Möglichkeiten einer Geschichtsbetrachtung; einer modernen Geschichtsschreibung, die nicht nur in theoretischen Erörterungen des Problems und in geschichtsphilosophischen Diskussionen stecken bleiben will, sondern auf eine Praktikabilität der Ideen ausgerichtet zu sein und ein gewisses Maß eines gesunden Pragmatismus aufzuweisen hat, wird es vielmehr darum gehen, gangbare Wege der Erfassung dessen, was geschehen ist, zu beschreiten, die sich in der Mitte der beiden angeführten Positionen anzusiedeln haben. Wohl dürfte der Trugschluß überwunden sein, daß ein fester Kern historischer Fakten vorhanden sei, die für sich, objektiv und völlig unabhängig von der Auslegung des Historikers bestehen, da die jeweilige Selektion der Fakten bereits dem Erkenntnisvorgang eine andere Färbung zu geben vermag, zudem die Festsetzung der Fakten zur „a priori-Entscheidung des Historikers" (E. H. Carr) gehört und nicht zwingend aus der Qualität der Fakten selbst erwächst, doch weist sich im Problemfeld historischer Hermeneutik trotz der angeführten Einschränkungen ein begehbarer Weg aus, der an S. Kierkegaards Begriff der „Gleichzeitigkeit" anknüpft (Philosophische Brocken, 4. Kap.) und von Hans-Georg Gadamer in seinem grundlegenden Werk einer philosophischen Hermeneutik, „Wahrheit und Methode", für die ontologische Deutung der Kunst und der Kunstwerke wieder fruchtbar gemacht wurde. Mit Gleichzeitigkeit meint Kierkegaard, der dem Begriff eine theologische Prägung gab, nicht die Simultaneität zweier verschiedener Zeitebenen, nämlich von Vergangenheit und Gegenwart, die nicht zugleich sein können, sondern nur sukzessiv, sondern Gleichzeitigkeit ist für ihn ein totaler Vorgang der Vermittlung als Aufgabenstellung im Medium des Gläubigen, der die eigene Gegenwart und die Heilstat Christi, die nicht zugleich sind, da sie in den zwei verschiedenen Zeitebenen des Damals und Heute liegen, so miteinander vermittelt, daß sie wie ein Gegenwärtiges erfahren werden.

In die Ebene der Kunst und Geschichte übertragen, stellt sich unter dem Gesichtspunkt der Gleichzeitigkeit die Aufgabe, den Erkenntnisvorgang, der immer ein interpretativer, deutender ist, so zu gestalten, daß durch ihn das jeweilige betrachtete Objekt in die Gegenwärtigkeit erhoben wird; es geht also nicht um eine vollständige Trennung von Subjekt und Objekt, da diese Form der objektiven Distanz gar nicht möglich ist und auch dem Erkenntnisvorgang nur bedingt nützt und da so eine Entschlüsselung des Vergangenen nur begrenzt möglich ist, es geht auch nicht um eine Summierung der höchsten Zahl objektiver, unantastbarer Fakten, sondern es dreht sich in der Geschichtsschreibung um die Rolle des in die eigene Gegenwart eingebundenen vermittelnden Interpreten, der durch einen Erkenntnisprozeß, der alle Komponenten menschlicher Erfahrungsmöglichkeiten umfaßt, von der transzendentalen, a priori möglichen Erkenntnisart, über empirische und intuitive, vergangenes Geschehen in die Gegenwärtigkeit erhebt, wobei es zur Heranführung an eine Objektivität in der abschließenden Bewertung nicht nur um eine Überprüfung des faktischen Materials und seiner Ausdeutung, sondern auch um eine Eingliederung des Standpunktes des Interpreten gehen muß. Interpretation in der Geschichtsschreibung aber ist bereits die Frage der Aufnahme oder Weglassung von Fakten, das selektive Verfahren des Historikers, der die bedeutsamen Fakten von den unwesentlichen trennen muß, die dadurch erst zu unhistorischen Fakten werden. Geschichte ist also weder eine Summierung festgestellter objektiver Tatsachen, wie es die empirisch-positivistische Schule annahm, noch ausschließlich ein Standpunkt der subjektiven Interpreation, sondern siedelt sich in der Mitte zwischen beiden an, wo im Ablauf der vermittelnden, vergegenwärtigenden Interpretation eine Annäherung an die Objektivität des Geschehenen erfolgt. Damit unterscheidet sich Geschichte als geisteswissenschaftliche Disziplin von Erkenntnisprozessen der Naturwissenschaften, wenn auch hier seit Werner Heisenberg mit seiner nach ihm benannten Unbestimmtheitsrelation, die zu einer Veränderung des überlieferten physikalischen Weltbildes hin zu den Denkweisen der modernen Physik führte, ein Umdenken erfolgen muß, wurde doch nicht nur die kausal-mechanistische Naturgesetzlichkeit des Mikrokosmos aufgehoben, sondern veränderten sich auch die Naturgesetze der sinnlich erfahrbaren Welt derart, daß ihnen nur noch der Charakter von statistisch berechenbaren Wahrscheinlichkeiten zukommt, daß eben „der Stein aus unserer Hand nicht mit absoluter Sicherheit entsprechend den Fallgesetzen zur Erde fallen muß, sondern daß er sich auch einmal ganz anders verhalten kann."

Abgrenzungsversuche der geisteswissenschaftlichen Disziplinen waren schon früher erfolgt, die zweite Hälfte des 19. Jahrhunderts brachte für die Geisteswissenschaften nicht nur ihre Ausbildung, sondern auch ihre logische Selbstbesinnung, die zunächst stark unter dem Vorzeichen der Naturwissenschaften stand. Seit John Stewart Mills Werk „System der deduktiven und induktiven Logik" (1863), in welchem der Verfasser im 6. Buch (Von der Logik der Geisteswissenschaften oder moralischen Wissenschaften) darzulegen versuchte, daß die aller Erfahrungswissenschaft zugrundeliegende induktive Methode auch für die Geisteswissenschaften gelte, gewann das Methodenideal der Naturwissenschaften eine entscheidende Herrschaft über die Geisteswissenschaften. Es war der deutsche Philosoph Wilhelm Dilthey (1833–1911), der sich aufs intensivste mit den Forderungen der Induktionslogik Mills auseinandersetzte und den Nachweis der methodischen Selbständigkeit der Geisteswissenschaften gegenüber den Naturwissenschaften zu erbringen suchte. Diltheys innerer Entwicklungsgang führt dabei vom Positivismus Comtes, des Antimetaphysikers, zu einer Art irrationalen Verstehens des Lebens und der Geschichte; als ein Resultat seines Pendelns zwischen den beiden Polen Positivismus und Spiritualismus ergibt sich seine Theorie von den Typen der Weltanschauung. Geschichtsphilosophische Motive Diltheys sind dann im 20. Jahrhundert in die Existenzphilosophie bei Jaspers und Heidegger aufgenommen worden.

Um das Problem der Erklärung historischer Vorgänge hat man sich in der Forschung in den letzten Jahrzehnten immer wieder bemüht, neue Anregungen erwuchsen oft aus den sozialwissenschaftlichen Schulen. Insbesondere wurden von Karl R. Popper (The Poverty of Historicism; The Logic of Scientific Discovery) und Carl Hempel (The Function of General Laws in History; Explanation and Prediction by Covering Laws) neue Erklärungsversuche entwickelt, die unter der Bezeichnung Popper-Hempel-Modell bekannt geworden sind. Das Popper-Hempel-Modell stützt sich auf das kausale Erklärungsmodell, wie es sich erstmals bei Aristoteles findet. Von Humes Kritik am Kausalismus ausgehend, von J. S. Mill unpräzis angegeben, wurde es von Popper in seine jetzige strenge Fassung gebracht, und 1944/45 betonte Popper, es sei auf alle Erklärungen, gleich ob naturwissenschaftlicher oder historischer Natur, anwendbar: „Eine kausale Erklärung eines bestimmten Ereignisses geben, heißt einen Satz, der dieses Ereignis beschreibt, aus folgenden zwei Arten von Prämissen deduzieren: aus einigen universalen Gesetzen, und aus einigen singulären oder spezifischen Sätzen, die wir die spezifischen Anfangsbedingungen nennen mögen." Das unter den Historikern 1942 von Hempel bekannt gemachte Poppersche Modell hat zwischenzeitlich weitere Ausgestaltungen erfahren, u. a. das Popper-Nagel genetische Erklärungsmodell, wobei alle diese Modelle den Versuch unternehmen, Geschichte, historische Vorgänge in ihrer vielfachen Komplexität und einmaligen Konkretion durch immer anwendbare, auf den Gesetzen der Logik basierende Modelle in den Griff zu bekommen.

Demgegenüber steht auch weiterhin die geisteswissenschaftliche Schule, die eine Erklärung historischer Vorgänge unter rein logisch-kausalen Aspekten nicht für ausschließlich möglich hält und daneben noch andere Erkenntnisarten bestehen läßt, ja ihnen das Übergewicht geben möchte. Als Ziel der historischen, geisteswissenschaftlich orientierten Methode wird es in erster Linie darum gehen, Geschichte „forschend zu verstehen", wie es als erster der Historiker Johann Gustav Droysen in seinen Vorlesungen zwischen 1857 und 1882/83, herausgegeben unter dem Namen „Historik", formuliert hat. In der Abwehr des Positivismus hatte bereits Droysen betont, daß die Geschichtswissenschaft nicht einfach die Vergangenheit wieder aufleben lassen könne, sondern daß sie nur unsere Vorstellungen von ihr in einem schöpferischen Akt durch besondere methodische Verfahren zu entwerfen vermöge. Das intuitive Verfahren des forschenden Verstehens, wie es von Droysen formuliert, von Dilthey aufgegriffen und weiterentwickelt und in der neueren Philosophie in Anlehnung an Martin Heidegger von Hans-Georg Gadamer ontologisch untermauert wurde, erweist sich als eine zwar komplizierte Methode der Erkenntnisgewinnung („Der Verstehende, wie er selbst ein Ich, eine Totalität in sich ist, wie der, den er zu verstehen hat, ergänzt sich dessen Totalität aus der einzelnen Äußerung und die einzelne Äußerung aus dessen Totalität"), wurde aber bereits von Droysen als das vollkommenste Erkennen gedeutet.

DIE UR- UND FRÜHZEIT DER MENSCHHEIT

Der Aufstieg des Menschen und seine Entfaltung

„Universalgeschichte“ erhebt allein vom Wort her schon den Anspruch, mehr zu sein als eine Sammlung der Geschichte der menschlichen Kulturen und Gesellschaften: „Universal“ – das zielt vielmehr auf eine ganzheitliche Erfassung und Darstellung der Menschheitsgeschichte auf der ganzen Erde und für alle Züge und Hervorbringungen menschlichen Wesens und Wirkens. Ob positiv-kritische Wissenschaft je in der Lage sein wird, diesen hohen Anspruch zu erfüllen, stehe dahin. Der Urgeschichtsforscher jedenfalls könnte angesichts seines dürftigen Quellenstoffes auf den ersten Blick an der Aufgabe schier verzweifeln, hat aber dennoch in seinem Bereich einen wichtigen Beitrag zu leisten: Ihm obliegt das Ausloten der gesamten zeitlichen Tiefe und nach Möglichkeit des Werdens all dessen, was „zünftige“ Historiker nahezu mit Selbstverständlichkeit als vorgegeben hinzunehmen pflegen. Dabei gerät er mehr als andere in das Spannungsfeld zwischen Geschichte und Natur des Menschen: Er muß sich, je weiter er zurückgeht, um so mehr fragen, ob der Gegenstand seines Bemühens noch einzugliedern ist in das historische Grundpostulat der Identität der Menschennatur oder ob er darüber hinaus geht oder – besser gesagt – davor zurückgelangt. Mit anderen Worten – und das wird die Frage sein, der er sich zunächst stellen muß: Hat er es noch jeweils mit dem wirklichen Menschen zu tun?

Der Gedanke der Ganzheit aber fordert auch eine entsprechende Gliederung, die aus einem Ordnungsprinzip hervorgeht, das sich seinerseits aus dem Stoff selbst ergibt oder den Einzelerkenntnissen schon zugrunde liegt. Das gängige Einteilungsschema der Urgeschichte erfüllt diese Forderung nicht: Es soll deshalb hier nur gelegentlich als Hilfsmittel der Verständigung (auf der Grundlage einer Tabelle s. unten) verwendet werden. Ein System läßt sich zwar in bestimmten Grundzügen entwickeln; einprägsame und allseits anerkannte Benennungen zu finden, ist jedoch etwas anderes. (So wurden z. B. für die hier zu behandelnden beiden Hauptkapitel einmal die Bezeichnungen „Stadium der Naturkindschaft“ und „Stadium der Naturverbrüderung“ vorgeschlagen, was in einer gedanklichen Ausfaltung dieser Formeln gewiß manches für sich hat, ob seines poetischen Beiklanges jedoch im Bereich kritisch-rationaler Wissenschaft keinen Anklang finden konnte.) Jede Systematik birgt darüber hinaus die Gefahr der Vereinfachung und Verallgemeinerung, kann als Aufstellung nahezu gesetzmäßiger Entwicklung mißverstanden werden – ein Kurzschluß, der sich gerade bei gedrängter Darstellung leicht einstellen und vor dem nicht genug gewarnt werden kann. Wo es um die geschichtliche Erfassung von Wesenszügen des Menschen und seines Wirkens geht, wird die Ausnahme oder das nicht in die allgemeine Entwicklung Eingespannte, unter Umständen sogar das wieder Vergangene, mindestens ebenso große oder noch größere Aufmerksamkeit beanspruchen dürfen.

Das muß vorweg betont werden, weil die folgende Darstellung sich notgedrungen auf bestimmte Schwerpunkte zu beschränken und Lücken bewußt in Kauf zu nehmen hat. Die „Entwicklungsschritte“, die sie umreißt, sind jeweils zunächst nur für ganz bestimmte Gebiete gültig, und daneben leben andere

Zeitmaße und Gliederung der Urgeschichte: Das Trickbild zeigt den Zeitablauf wie einen Rückblick auf einen Serpentinenweg, bei dem jeder Zug 20.000 Jahre darstellt.

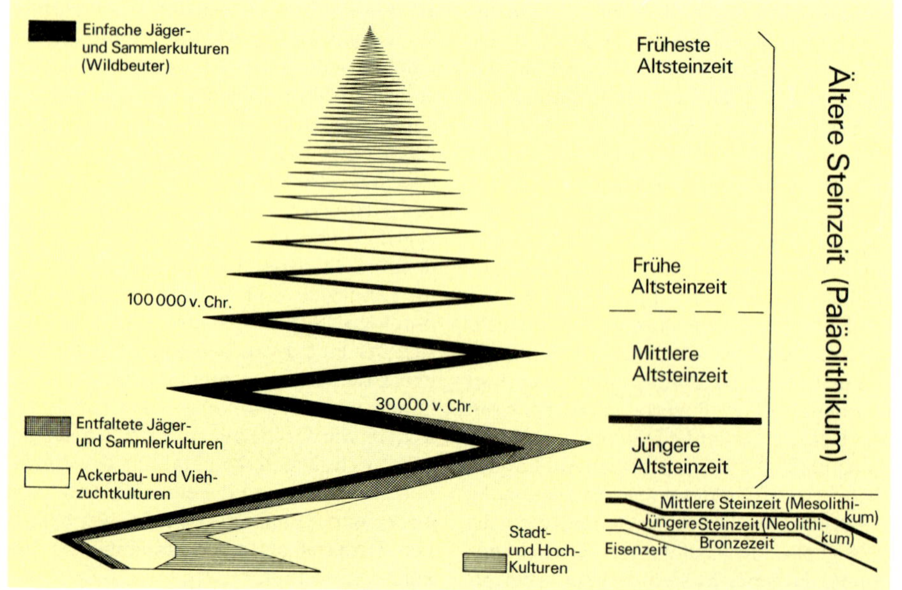

Formen und Zustände weiter, treten aber in Beziehung zu den „fortgeschrittenen" Regionen: Das gilt z. B. für die entfalteten Jäger- und Sammlerkulturen (mit der großartigen Bildkunst in einigen Teilen Europas), neben denen (und auch später) einfache Jäger- und Sammlerkulturen weiterleben; es zeigt sich ebenso oder noch deutlicher in den frühen Bodenbau- und Viehzuchtkulturen, die sich zunächst wie Inseln in dem Weltmeer des Jäger- und Sammlertums ausnehmen, auf dieses aber mehr und mehr einwirken und immer weitere Gebiete in die neuen Wirtschafts- und Lebensweisen einbeziehen; und nicht anders steht es mit den Hochkulturen, in denen sich die Schriftlichkeit und damit der Übergang zur Geschichte (im engeren Sinne) anbahnen. Dieses ganze weltgeschichtlich bedeutsame Netzwerk von Kontakten und Beziehungen kann hier nicht dargestellt werden, doch sei immerhin darauf hingewiesen, daß ein solches Nebeneinander nicht nur verschiedene urgeschichtliche Kulturformen betrifft, sondern daß es schließlich auch ein Nebeneinander von „Geschichte" (i. e. S.) und „Urgeschichte" gibt. (Innerhalb bereits „geschichtlicher" Kulturen aber wurden z. B. die Gewinnung und Verarbeitung von Bronze und Eisen entdeckt, d. h. Kenntnisse erreicht und entwickelt, die in „urgeschichtliche" Räume ausstrahlten und dort sogar für die „urgeschichtlichen" Perioden der Bronze- und Eisenzeit den Namen hergegeben haben.) Die „urgeschichtlichen" Zustände selbst indes werden im Lauf der Geschichte durch die Ausbreitung der Schriftlichkeit immer weiter eingeengt.

ANFANG UND FRÜHZEIT

Dämmerlicht des Humanum

Unter dem Blickwinkel der Entwicklungslehre mag die Frage nach dem Anfang der Menschheit falsch gestellt wirken, denn bei einem gleitenden Übergang von einem affenähnlichen Menschenvorfahren zum Menschen will es sinnlos erscheinen, einen festen Punkt zu suchen anstelle eines mehr oder weniger ausgedehnten „Übergangsfeldes". Die wirklichen Anfänge festzulegen, wird sich auch kaum jemand vermessen wollen; aber wir können doch nach Erscheinungen suchen, die uns erstmals auf den Menschen schließen lassen.

Mit der fortschreitenden Erforschung vergangener Lebensformen ist eine solche Festlegung schwieriger geworden als zuvor, kennen wir doch seit einiger Zeit Lebewesen, die sog. „Australopithecinen", bei denen nach den vorhandenen Knochenresten nicht mehr ohne weiteres zu sagen ist, ob wir es mit Menschen zu tun haben oder nicht. Zwar ist ihre Schädelkapazität noch recht gering, und auch die Proportionierung des Schädels, d. h. das Verhältnis von Gehirn- und Gesichtsteil, wirkt noch menschenaffenartig, aber Einzelheiten zeigen eine eher menschliche Bildung. Wichtig ist vor allem der Nachweis des aufrechten Ganges und einer grundsätzlich menschlichen Hand. Hinzu kommt, daß die „Australopithecinen" recht kleinwüchsig sind und ihnen zudem Kampf- oder Rauborgane (z. B. hervorragende Reißzähne) fehlen. In menschliche Richtung deuten bei einem Vergleich mit den großen Menschenaffen auch der offenbar geringe Unterschied in Größe und Stärke der Geschlechter und die Verlängerung der Jugendphase. Insgesamt zeigen die „Australopithecinen" eine allgemeine körperliche Unspezialisiertheit, wie sie uns unter den Säugern nur beim Menschen begegnet. Sie macht zwar die „Australopithecinen" ebenso wie die heutigen Menschen gewissen „Spezialisten" in der Tierwelt auf deren jeweiligem „Spezialgebiet" unterlegen, bedeutet aber eine Überlegenheit, weil und soweit die eher durchschnittlichen körperlichen Fähigkeiten kombiniert und sinnvoll koordiniert eingesetzt werden können: Im Schwimmen, Klettern oder Laufen ist der Mensch zweifellos gewissen Tieren auf dem einen oder anderen dieser Gebiete unterlegen, übertrifft sie aber jeweils auf dem anderen und wird von keinem Säugetier in der Kombination solcher Fähigkeiten erreicht. Gewiß ist zum Teil noch umstritten, ob und inwieweit, d. h. in welchen ihrer Varianten, die „Australopithecinen" frühe Menschen oder unmittelbare Vorfahren des Menschen gewesen sind; Einigkeit jedoch besteht darüber, daß ihre kleiner-feinere Ausprägung zumindest als ein brauchbares Modell des Menschenvorfahren gelten kann. Demnach können wir das, was an „Australopithecinen" bei einem Vergleich mit den späteren Menschenaffen und Menschen auf die menschliche Seite zu

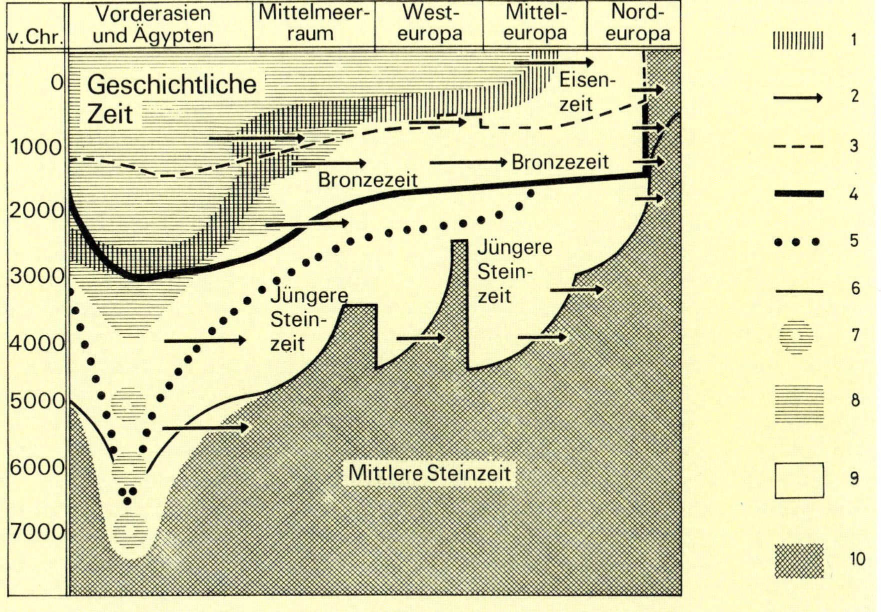

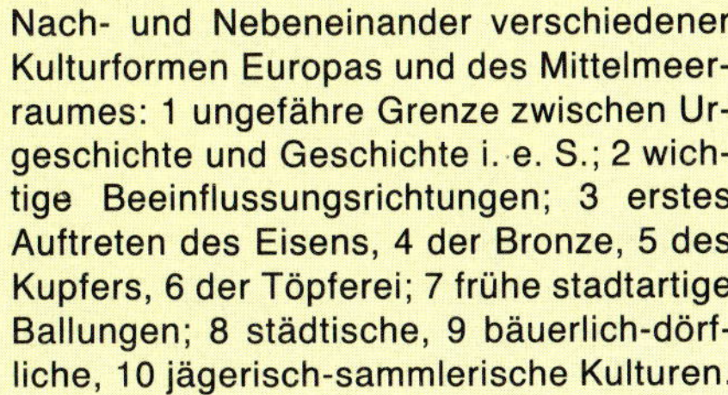

Nach- und Nebeneinander verschiedener Kulturformen Europas und des Mittelmeerraumes: 1 ungefähre Grenze zwischen Urgeschichte und Geschichte i. e. S.; 2 wichtige Beeinflussungsrichtungen; 3 erstes Auftreten des Eisens, 4 der Bronze, 5 des Kupfers, 6 der Töpferei; 7 frühe stadtartige Ballungen; 8 städtische, 9 bäuerlich-dörfliche, 10 jägerisch-sammlerische Kulturen.

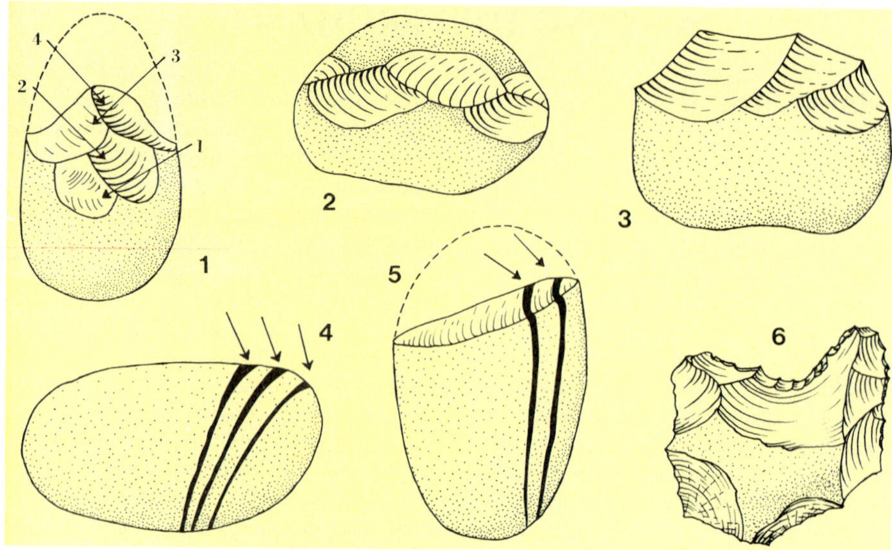

Älteste Steinwerkzeuge und ihre Herstellung: 1 und 2 Draufsicht und Breitseite eines Hauwerkzeugs, 3 Schema seiner Herstellung; 4 Schema der Herstellung von Abschlägen aus einem unpräparierten Stein, 5 aus einem „geköpften" Stück; 6 drei Ansichten eines Abschlags.

stellen ist, auch als ein Minimum menschlicher Körperlichkeit hinnehmen. In diesem biologischen Rahmen, in dem die anatomischen Merkmale keine klare Entscheidung ermöglichen, müssen wir also nach anderen Unterscheidungsmerkmalen als den rein körperlichen suchen. Einen brauchbaren Ausgangspunkt bieten uns die frühesten bisher bekannten und sicher künstlich hergestellten Werkzeuge aus Stein. Sie sind weitaus mehr als $1\frac{1}{2}$ Millionen Jahre alt – wenn wir neueren Datierungen vertrauen dürfen, sogar mehr als $2\frac{1}{2}$ Millionen Jahre –, und es ist nicht gesagt, daß wir damit bereits die frühesten Vorkommen erfaßt hätten. (Demnach gehören diese Steinwerkzeuge in die gleiche Zeit wie die „Australopithecinen", von denen allerdings ein Teil auch noch älter sein mag, und außerdem in die gleiche Gegend und teilweise sogar zu den gleichen Fundstellen.) Bei den Steinwerkzeugen unterscheiden wir sog. „Hauwerkzeuge" („Chopping tools"), bei denen durch Abtrennen kleiner Teile von einem Gesteinsknollen an diesem eine zickzackförmig verlaufende scharfe Kante erzielt wurde, von den sog. „Abschlägen", zu deren Herstellung von einem Gesteinsknollen ein dünnes scheibenartiges Stück mit ebenfalls scharfen Kanten abzuspalten war – und damit sind bereits die beiden grundsätzlichen Möglichkeiten der Erzeugung scharfer Kanten an einem Gesteinsstück erfaßt (Abb. oben). Dergleichen ist bei Tieren, auch bei den „höchsten" Affen, bisher nicht beobachtet worden. Indes stellt ein solcher Vergleich des „Werkzeugverhaltens" eine weit zurückliegende Tätigkeit dem Verhalten von heute lebenden Tieren gegenüber, und so kann das Ergebnis zunächst nur als ein Hilfsmittel zur Erkenntnisgewinnung eingesetzt werden. Manches, was man noch vor nicht allzulanger Zeit als bezeichnend menschlich anzusehen geneigt war, ist in Wirklichkeit auch bei nicht-menschlichen Wesen bereits festzustellen. Werkzeuggebrauch, sogar eine rohe Zurichtung, gewisse Formen des Erfindens, des Lernens und der Weitergabe – wiewohl in einfacher und „anfänglicher" Art – sind auch bei Affen festzustellen. Wichtig sind zumal ein Benutzen von Steinen zum Aufschlagen von Nüssen, von Stöcken zum Heranholen von Nahrungsmitteln, gelegentlich sogar ein Zusammenstecken zweier Bambusstäbe zum Verlängern eines solchen Stockes, der Gebrauch von Stöcken als Schlagwerkzeug, als Waffe und als Wurfgeschoß oder auch die Verwendung kleiner Zweige und Blattrippen, die bis zu einem gewissen Grad hergerichtet werden, indem man hinderliche kleine Verästelungen und Blätter entfernt, um dann mit diesem Ding z. B. in Termitenhaufen stochern zu können, ferner das Zerkauen von Blättern zum Erlangen von Saugschwämmen; nicht zu belegen hingegen ist bisher der Gebrauch oder gar die Herstellung von Werkzeugen zum Anfertigen weiterer Werkzeuge, und auch durch „Anschauungsunterricht" waren Affen im Zoo-Versuch nicht zu dergleichen zu bewegen. Immerhin aber gibt es echte Entdeckungen – man kann ruhig sagen: Erfindungen – eines einzelnen Tieres, die eine Vereinfachung und Verbesserung der Bedingungen ermöglichen und von anderen Mitgliedern der Gruppe durch „Demonstration" und Nachahmen gelernt werden: Es bildet sich eine Tradition heraus, und die neuen Verhaltensweisen werden schließlich zu einem Allgemeinbesitz der Gruppe.

Der wesentliche Unterschied der ältesten künstlich hergestellten Steinwerkzeuge gegenüber dem „Werkzeugverhalten" heutiger Affen läßt sich durch folgende Besonderheiten beschreiben: (1) Nicht vorgegebene Form, d. h. die Art des Werkzeugs ist – zumindest in ihren entscheidenden Zügen – nicht schon durch die Form des Rohstücks vorgebildet (wie etwa bei dem Stock, der nur von hinderlichen Verästelungen und Blättern befreit wird); die beabsichtigte Form wird vielmehr erst durch eine Zurichtung gewissermaßen aus dem Stein herausgeholt. (2) Nicht vorgegebene Funktion, d. h. die Werkzeuge sind keine Organprojektionen, keine Steigerung, Verstärkung oder Verlängerung von Körperorganen (wie etwa der Schlagstein eine Verstärkung der Faust, der Stock zum Heranholen und Stochern eine Verlängerung des Armes oder des Fingers), sondern sie waren zum Schneiden dienlich, d. h. für eine wichtige in Körperorganen nicht vorgebildete Funktion neuer Art (deutlich zu unterscheiden etwa vom Kratzen mit den Nägeln oder dem Reißen mit den Zähnen); es handelt sich offensichtlich um Ergebnisse echter Erfindung im Sinne der Schaffung eines neuen Prinzips von Technik und Manipulation auf der Grundlage wirklicher Wesens- und Beziehungseinsicht. (3) Nicht vorgegebene Herstellungsweise, d. h. die Werk-

Faustkeile aus Frankreich, etwa um die Hälfte verkleinert. Römisch-Germanisches Zentralmuseum, Mainz.

zeuge sind nicht allein mit Hilfe der naturgegebenen Körperorgane (Hände, Gebiß), sondern wiederum mit Werkzeugen (Schlagsteine) hergestellt, wenngleich diese selbst in der Regel nicht künstlich geformt gewesen sein dürften.

Diese Herstellung von Werkzeugen durch Werkzeuge ist von besonderer Bedeutung, denn sie besagt, daß der Gebrauch des „primären" Werkzeuges, d. h. eines in der Regel ungeformten Schlagsteins, zwar in der Art seines unmittelbaren Gebrauchs sich nicht vom tierischen Werkzeugverhalten unterscheidet, wohl aber nach dem mittelbar angestrebten Zweck der Herstellung eines weiteren Werkzeugs. Zudem werden auch die ältesten solcherart künstlich hergestellten (sekundären) Werkzeuge („Artefakte") nicht nur unmittelbaren Zwecken gedient haben, z. B. dem Zerlegen von Tierkörpern; vielmehr macht eine zusätzliche Formgebung das in vielen Fällen unwahrscheinlich und verweist eher auf die Fertigung weiterer (tertiärer) Mittel – Werkzeuge und Waffen – aus anderem Material, z. B. Holz. Auch ohne dies jedoch bedingt schon das einfache „Werkzeug zum Werkzeugherstellen" eine zielbewußte – wenn auch einfache – systematische Aufeinanderfolge und Zueinanderordnung mehrerer Schritte und Elemente (vgl. Abb. unten): Wir erfassen hier offenbar entscheidende Merkmale, die über das uns bekannte tierische Verhalten hinausgehen und – wenn auch alles andere als geradlinig – zur modernen menschlichen Technik führen. Indes soll mit alldem nicht etwa gesagt sein, daß die Eigenschaft eines „Werkzeugherstellers" der entscheidende Zug im Wesen des frühen Menschen oder des Menschen überhaupt sei; vielmehr wird es sich auch bei der spezifischen „Werkzeuglichkeit" sicherlich nur um einen Teilaspekt des Menschlichen handeln. Wenn er hier in den Vordergrund gerückt worden ist, so lediglich deshalb, weil er eine besonders große Rolle unter den frühen archäologischen Funden spielt und zunächst überhaupt das einzig verfügbare Abgrenzungsmerkmal darstellt.

Gewinnung einer Grundsubstanz

Wenn wir es auch für die Zeit der frühesten Steinwerkzeuge nicht unmittelbar beweisen können, dürfen wir doch mit guten Gründen annehmen, daß neben dem Stein andere Materialien, vor allen Dingen wohl Holz, bei der Werkzeug- und Geräteherstellung eine wichtige Rolle gespielt haben. Es sind manche Worte geprägt worden, die allzu suggestiv wirken, und dazu gehört auch das Wort „Steinzeit". Es besagt lediglich, daß das uns am häufigsten bekannte Rohmaterial der Stein ist und Metalle noch unbekannt waren, nicht aber, daß Stein das einzige Rohmaterial gewesen wäre; vielmehr wird er in dem Werkzeug- und Gerätebestand der frühesten Steinwerkzeughersteller eher eine untergeordnete Rolle gespielt haben. (Daß man auch gute und ziemlich feine Waffen, Werkzeuge und Geräte aus Holz mit Hilfe grober Steinwerkzeuge herstellen kann, zeigen genügend Beispiele bei heutigen Jäger- und Sammlervölkern und es dürfte auch kein Zufall sein, da gerade in den Gebieten, in denen das Holz immer noch eine überragende Rolle spielt, auch die Form einfachster Steinwerkzeuge sehr lange weiterlebte, jedenfalls bis in eine Zeit, in der z. B. in Europa die Technik der Steinbearbeitung bereits geradezu raffiniert geworden war.) Leider sind an den Fundplätzen der frühesten Steinzeit die

Beziehungsschema einfacher Werkzeugherstellung am Beispiel der „höchsten" in freier Wildbahn beobachteten Leistung von Menschenaffen und der ältesten bekannten künstlich geformten Werkzeuge: Verschiedener Umfang der Aufeinanderfolge und Zueinanderordnung in der Ausführung (durchgezogene Linien) und der vorherigen Konzeption (unterbrochene Linien)

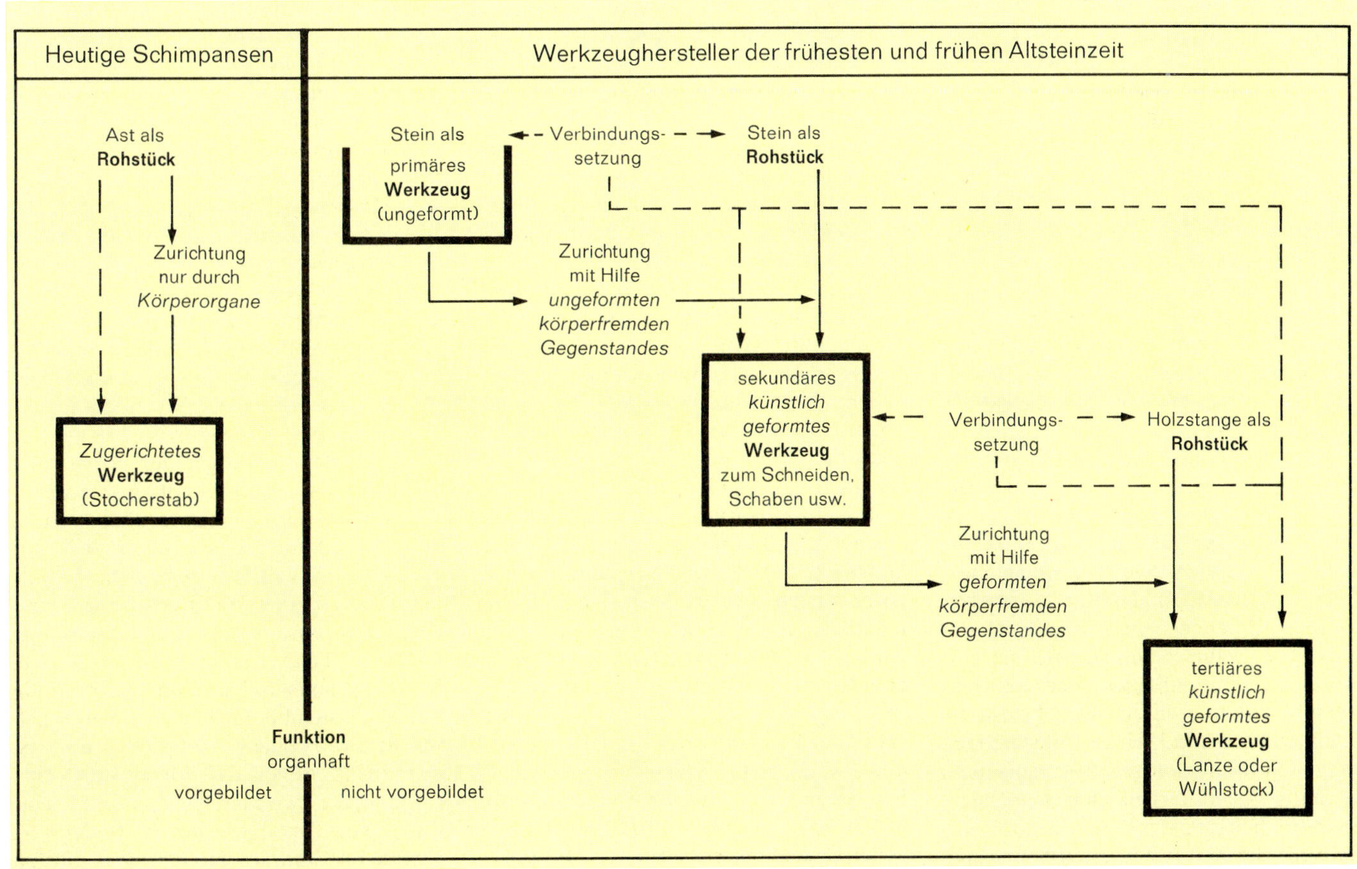

Konservierungsbedingungen solcher Art, daß wir die Erhaltung von hölzernen Werkzeugen und Waffen, aber auch von Feuerstellen und dergleichen kaum erwarten dürfen. Entgegen einem weit verbreiteten Schlagwort ist nämlich der Mensch der Frühzeit kein „Höhlenmensch", sondern die Funde der ältesten Zeit liegen in freiem Gelände. (Die ganz wenigen Ausnahmen sind nach ihrer Art oder Datierung strittig.) Indes bedeutet dies nicht, daß der früheste Mensch „unbehaust" gelebt hätte. Bereits von einer der ältesten Fundstellen früher Steinwerkzeuge überhaupt (Oldoway in Ostafrika) kennen wir eine sicher künstliche rundliche Konzentration von Steinen, an einem anderen Punkt dieses Gebietes eine solche von Knochen in verschiedener Auswahl je nach der Nähe zum Zentrum oder der Randzone dieser Anlage: Wir dürfen sie wohl als Anhäufungen oder auch Eingrenzungen an und um einen vergangenen Windschirm, eine Zwerghütte oder dergleichen erklären. Im übrigen aber sind wir über die Lebensweise der frühesten Hersteller von Steinartefakten noch kaum unterrichtet. Tierknochen an verschiedenen Fundstellen werden Mahlzeitreste sein; doch ist die Nahrungsgewinnung im einzelnen noch unklar. Die Annahme aber, daß man sich lediglich die Reste verendeter oder von Raubtieren geschlagener Tiere angeeignet habe, ist aufs Ganze recht weit hergeholt und unwahrscheinlich; mehr spricht für ein Erlegen der Tiere durch Jagd, auch wenn deren Art noch unbekannt bleibt.

Erst aus einer späteren Zeit, in der z. B. der Heidelbergmensch, der Pekingmensch und der Javamensch und verwandte Formen lebten, kennen wir aussagefähigere Funde. Dabei ist die Art der Steinwerkzeuge vor allem in Süd- und Ostasien noch die gleiche wie zuvor, während in großen Teilen Afrikas und in Europa auch technisch fortgeschrittenere Formen vorkommen (vor allem die sog. „Faustkeile"). Unter günstigen Bedingungen haben sich sogar hie und da zugerichtete Hölzer über einige Jahrhunderttausende erhalten. Es dürften zum Teil Wühl- oder Grabstöcke oder Lanzen sein, deren Spitze im Feuer gehärtet war. In einem Fall liegen sie unmittelbar an einem Rastplatz von Elefantenjägern und machen für diese Zeit eine Angriffsjagd mit der Holzlanze wahrscheinlich, wie sie uns dann für eine spätere Periode (um 100 000 v. Chr.) durch einen besonders glücklichen Befund einer vollständigen Lanze mit feuergehärteter Spitze in einem Elefantenskelett tatsächlich bezeugt ist.

Auch die Nutzung des Feuers ist uns zwar nicht für die Zeit der ältesten Steinwerkzeuge, aber doch praktisch sogleich an den frühesten Fundstellen belegt, die mit einiger Wahrscheinlichkeit eine Erhaltung solcher Spuren erwarten lassen. Mit der Zähmung, Bewahrung und Entzündung des Feuers hat sich der Mensch unmittelbar eine wirkungsvolle und zugleich gefährliche und von Tieren gescheute Naturkraft dienstbar gemacht. Er wird sie als Wärmespender, zur Bereitung der Nahrung, zur Fertigung von Gerätschaften (z. B. Holz mit feuergehärteter Spitze) verwendet haben, d. h. – wenn man es so nennen will – unter anderem als „Werkzeug".

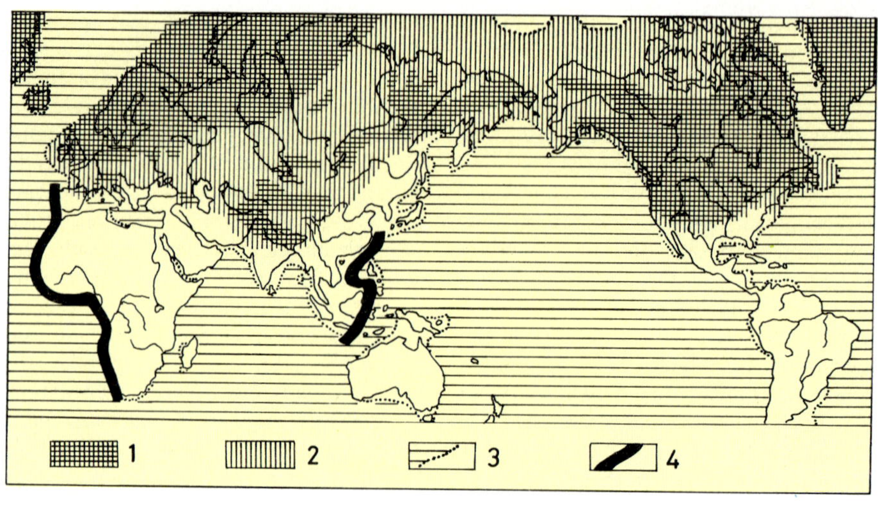

Bewohnter Erdraum zur Zeit der größten Vereisung: Die hauptsächliche Verbreitung früher Menschenformen in südlichen Erdgebieten wird in der Zeit der größten Vereisung noch verschärft, und allein der Erdteil Afrika nimmt dann etwa die Hälfte der damals bewohnten Erde ein (1 vom Eis bedecktes Gebiet; 2 unbewohnte vegetationslose und vegetationsarme Zone; 3 ungefährer Küstenverlauf; 4 West- und Ostgrenze bisher bekannter Funde).

Daß der Mensch dieser Zeit Großwild gejagt hat, kann vernünftigerweise nicht bezweifelt werden. Verschiedentlich wurden bestimmte Wildarten bevorzugt, vor allen Dingen in Ausnutzung lokal besonders günstiger Gelegenheiten. Auf jeden Fall ist das offenbare Mißverhältnis zwischen der Größe und der natürlichen Wehrhaftigkeit der Tiere und der körperlichen Unterlegenheit des Menschen offensichtlich: Der Frühmensch war ja nicht durch bestimmte Körperorgane auf die Jagd spezialisiert wie ein Raubtier; er mußte vielmehr diese spezielle „Unterlegenheit" durch selbstgeschaffene, durch künstliche Hilfsmittel wettmachen.

Zwar finden wir als Mahlzeitreste vornehmlich Knochen, aber in Wirklichkeit wird auch das Sammeln von Pflanzen und Kleingetier eine wichtige Rolle gespielt haben. Dieser Zweig des Nahrungserwerbs ist sicherlich besonders variabel und weitgehend von den jeweiligen Klima- und Vegetationsverhältnissen abhängig und wird daher von unterschiedlicher Bedeutung gewesen sein. Im allgemeinen aber waren die Verhältnisse in den bisher bekannten Fundbereichen wohl solcher Art, daß ähnlich wie bei heutigen einfachen Jägern und Sammlern etwa die Hälfte bis zwei Drittel des Bedarfs an Lebensmitteln durch die Sammeltätigkeit gedeckt werden konnten.

Obwohl der Mensch nicht an eine bestimmte Umweltform angepaßt ist, wird seine Ausbreitung über die Erde doch zunächst eingeschränkt gewesen sein durch die Einfachheit der technischen Ausrüstung und die dementsprechend geringen Möglichkeiten zur Meisterung von unwirtlicheren Zonen. Ob die Konzentration besonders früher Funde in Afrika wirklich bereits etwas über die „Wiege der Menschheit" aussagt, muß noch dahingestellt bleiben, wenngleich dieser Erdteil zweifellos von großer Bedeutung gewesen ist. Nach allem, was sich bisher aussagen läßt, haben nämlich die südlicheren Gebiete der Alten Welt zunächst eine wichtige Rolle gespielt. Das gilt verständlicherweise besonders für die Zeiten großer Vereisung und Kälte, in denen Europa nördlich der Alpen und der Pyrenäen praktisch unbewohnbar gewesen ist. Damals machte allein Afrika etwa die Hälfte der bewohnten Welt aus – und das, obwohl andere Festlandgebiete vergrößert waren. Von Bedeutung ist zumal, daß eine breite Landverbindung zwischen Teilen Indonesiens und dem Kontinent entstand und die Ausbreitung des Menschen bis Java leicht verständlich macht (Abb. oben). Umgekehrt aber ist zu berücksichtigen, daß offensichtlich eine Landbrücke zwischen Europa und Kleinasien von untergeordneter Bedeutung gewesen ist und das südliche Westeuropa

erstmals von Nordafrika her betreten wurde, obwohl dort kein trockener Weg zur Verfügung stand: Schon diese frühen Menschen müssen sich also irgendwelcher Wasserfahrzeuge bedient haben!
Die Entfaltung der menschlichen Gemeinschaften wird nach Struktur und Größe begrenzt gewesen sein durch die Möglichkeiten der Nahrungsbeschaffung, die abhängig gewesen ist von den wirtschaftlich-technischen Mitteln einerseits, den natürlichen Bedingungen andererseits. Gewiß zeigen die Verhältnisse an den bisher bekannten Fundplätzen, daß im allgemeinen am ehesten parkartige Landschaften in der Nähe von Wasserläufen oder Seen aufgesucht wurden, aber trotzdem werden die jeweiligen Lebensgebiete recht unterschiedliche Bestände an Wild und eßbaren Pflanzen geboten haben. Der Raumbedarf wird verhältnismäßig groß gewesen sein, denn selbst bei günstigen Verhältnissen müssen wir pro Kopf mit mehreren, teilweise auch vielen Quadratkilometern rechnen. Damit sind dem Umfang der Gruppen bestimmte Grenzen gezogen, denn würden sie zu groß, wären die Entfernungen zu weit, die täglich oder innerhalb mehrerer Tage zu überwinden waren, ganz be-

ENTWICKLUNG DER WICHTIGSTEN PALÄOLITHISCHEN GERÄTEFORMEN UND DER ANGEWENDETEN BEARBEITUNGSTECHNIKEN.

Oldowayen
mehr als 1 Mill. Jahre
Hauwerkzeuge

Technik:
Zuschlagen eines Gerölls mit Schlagstein (z. T. von beiden Seiten)

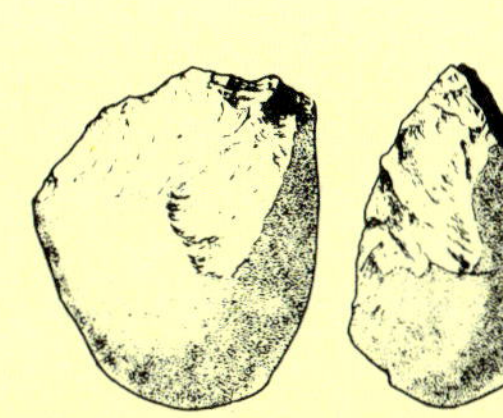

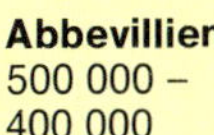

Abbevillien
500 000 –
400 000

Faustkeile
(Kerngeräte)

Technik: Geröllbearbeitung mit Schlagstein

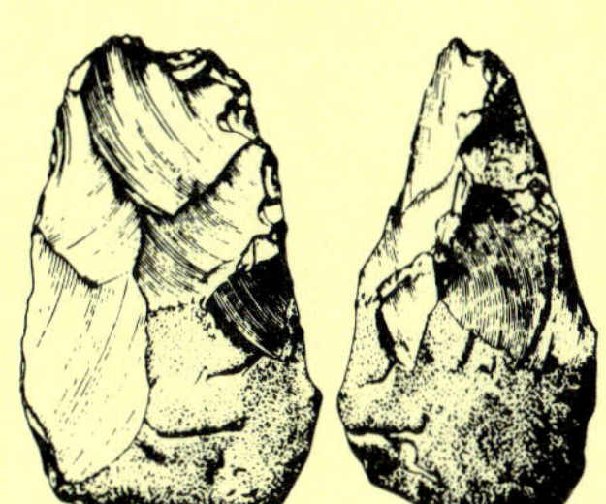

Clactonien 500 000 –
Abschlaggeräte

Technik: Abschlag der Kappe eines Gerölls (Schlagfläche) – Absprengen der Abschläge durch Stoßen der Schlagfläche gegen Amboßstein

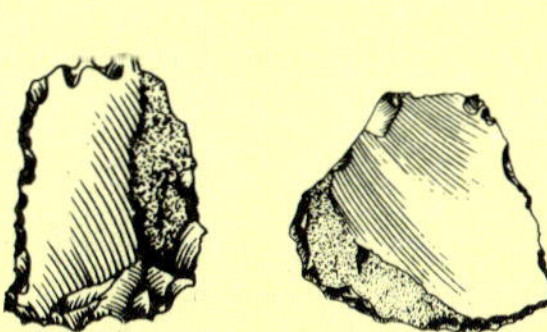

Acheuléen
400 000 –
100 000

Faustkeile
(Kerngeräte)

Technik: Mit Schlagholz bearbeitet

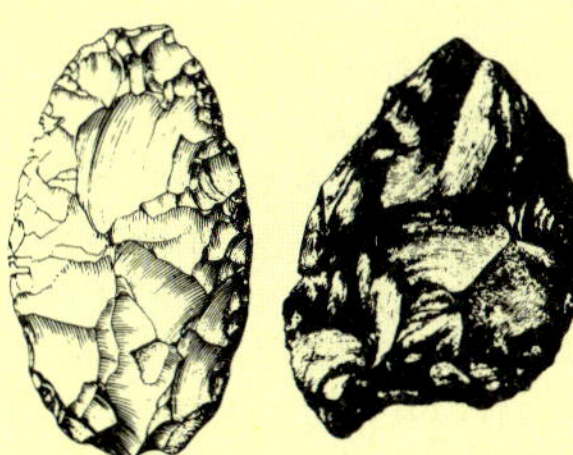

Moustérien
100 000 – 30 000

Faustkeile
(Kerngeräte)
Bogenschaber und Handspitzen
(Abschlaggeräte)

Technik: Splitter weggedrückt

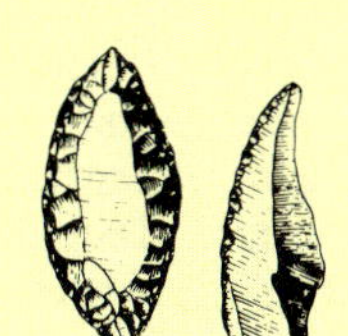

Chatelperronien
35 000 –
30 000

Chatelperron-Spitze

Technik: Retuschen an der Arbeitskante

Aurignacien
35 000 –
25 000

Klingen, Kratzer, Speerspitzen
(Knochen und Elfenbein)

Technik: einseitige Retuschen

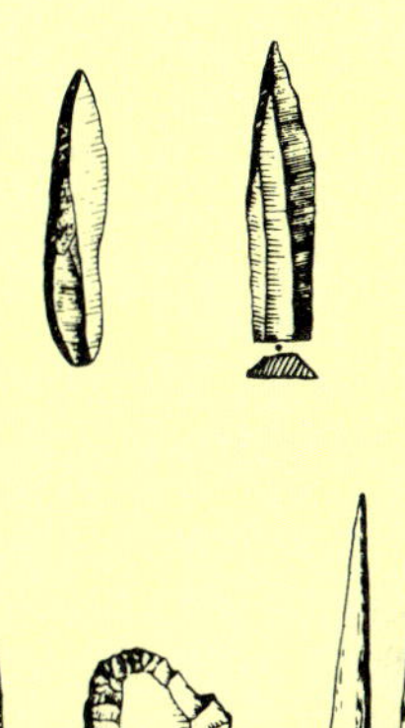

Gravettien
25 000 –
15 000

Gravette-Spitzen
Kerb- u. Stielspitzen
Klinge, Kratzer, Stichel

Technik: Kanten- und Endretuschen

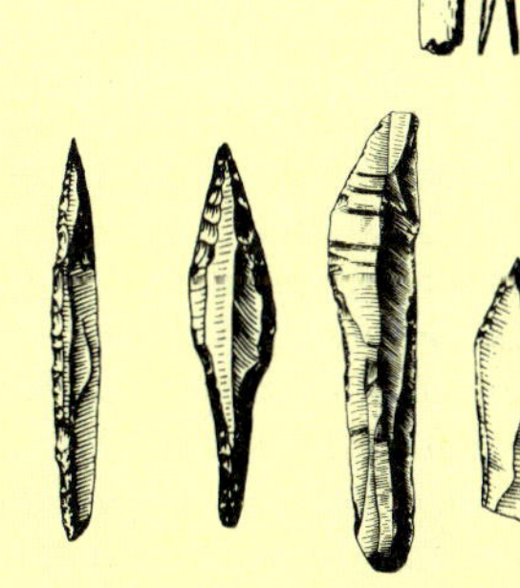

Solutréen
20 000 –
15 000

Blattspitzen
Kerbspitzen

Technik: Zweiseitige Flächenretuschen

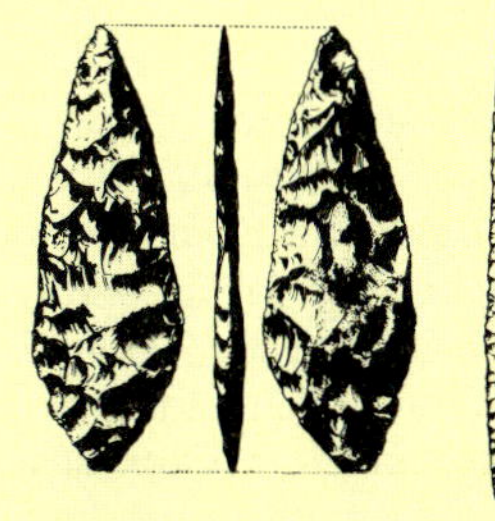

Magdalénien
15 000 –
10 000

Aufkommen von Knochenharpunen

Technik: Schnitzen, Schaben, Bohren

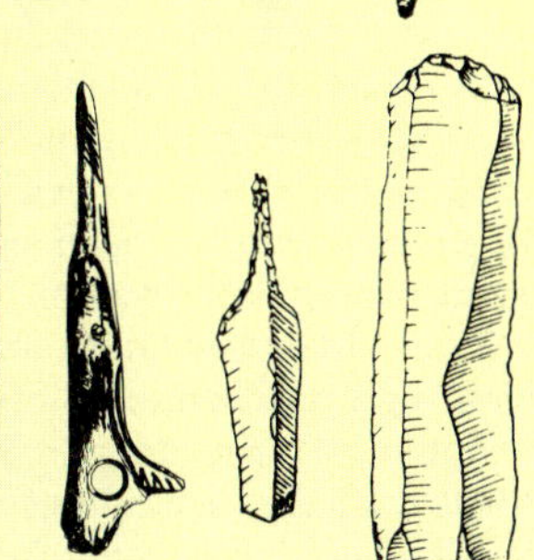

sonders für Schwangere und Nährende, die Kinder zu tragen hatten. Indes ist auch eine gewisse Mindestausdehnung der Schweifgebiete der Jäger und Sammler erforderlich, denn ausreichende Nahrungsmittel, Wasserstellen und geeignete Lagerplätze, an die man nach Möglichkeit zurückgekehrt sein wird, hat es nicht überall oder dicht beieinander gegeben. Sie werden auch die Lage der Aufenthalts- und Nutzungsgebiete bestimmt haben und ihr Fehlen oder ihre Kärglichkeit die Meidung anderer und sicher ganz beträchtlicher Räume. Die jeweilige Erschöpfung der Sammelobjekte, das kurzfristige Wechseln und die jahreszeitlichen Wanderungen von Tieren werden zwar eine ziemlich häufige Verlagerung des Aufenthaltsortes geboten haben, waren aber kaum geeignet, die Territorialität, d. h. das möglichst weitgehende Verharren in einem Revier, durchgehend aufzuheben. (Es dürfte im übrigen schon auf vormenschlicher Stufe angelegt gewesen sein, ist es doch bei nichtmenschlichen Primaten und auch bei anderen Tieren zu beobachten.) Innerhalb solcher mehr oder weniger scharf umgrenzter Gebiete werden wir mit unstet lebenden Gruppen rechnen dürfen, deren Größe kaum je ein oder wenige Dutzend Menschen überschritten haben wird.

Indes erforderten Schutzbedürfnis und wirtschaftliche Notwendigkeit auch eine gewisse Mindestgröße der Gruppen: Effektive Sicherung und Jagd waren nur möglich als Leistungen von Gemeinschaften, die über eine ausreichende Anzahl dazu geeigneter Individuen verfügten. Obwohl nicht so ausgeprägt wie bei manchen Menschenaffen, ist der Unterschied zwischen der Größe und Stärke der Geschlechter beim Menschen doch so, daß er es zusammen mit der Behinderung der Frauen durch Schwangerschaft oder Säuglinge und sorgebedürftige Kleinkinder wahrscheinlich macht, daß Schutz und Jagd Männersache waren, das Sammeln von pflanzlichen Nahrungsmitteln und Kleingetier dagegen Aufgabe der schwächeren Glieder der Gesellschaft, vor allem der Frauen. Eine längere Bindung der Kinder an die Mütter ist ohne weiteres anzunehmen: Menschliche Kinder bleiben länger sorgebedürftig als die Jungen der Menschenaffen; eine Mutter hat zumeist mehrere Kinder gleichzeitig zu versorgen und entsprechend größere Nahrungsmengen zu beschaffen. Wenn auch die Jagd stärker von Glück und Zufall abhängt und das Sammeln gewöhnlich die stabilere Basis der Ernährung bietet, dürfte doch die Fleischbeschaffung durch die Männer eine wesentliche Hilfe gewesen sein.

Es ist anzunehmen, daß eine solche geschlechtliche Arbeitsteilung, in der das Verhältnis von Männern und Frauen über die sexuelle Partnerschaft hinaus eine Verbindung zweier Wirtschaftssphären zur gemeinsamen Sicherung und Erleichterung des Daseins bildet, wesentlich zur Formung der spezifisch menschlichen Gesellungsformen beigetragen hat. Wirft man zum Vergleich einen Blick auf heute lebende nichtmenschliche Primaten, so zeigt sich allenthalben die enge Bindung zwischen Müttern und Kindern und auch zwischen den Geschwistern, die offensichtlich sogar eine Scheu vor dem Inzest mit sich bringt; dagegen ist die Bindung der männlichen Individuen an die „Mutterfamilien" sehr verschieden und erreicht kaum je die Form einer festen Vaterbindung. Die feste Einfügung des Mannes dürfte durch die „gemischte" Ernährungsweise und die Bedeutung der Jagd und damit die primäre Arbeitsteilung zwischen den Geschlechtern bedingt sein. Damit ist zwar noch nicht eine ganz spezielle Struktur vorgegeben, sondern Monogamie wie Polygamie bleiben grundsätzlich möglich, aber angesichts der wohl etwa gleichen Zahl von Männern und Frauen erscheint insgesamt die Klein- oder Kernfamilie – Mann und Frau (oder vielleicht einige Frauen), Kinder, vielleicht Alte und Schwache – als die wahrscheinlichste und natürlichste Art der kleinsten menschlichen Gemeinschaft. Eine isolierte Existenz solcher Kleinfamilien ist jedoch kaum denkbar und möglich, sondern es sind übergreifende, unter den eben genannten Voraussetzungen also überfamiliare Gruppen anzunehmen. Das entspricht auch dem, was als Kern und Grundzug der Gesellung aus sehr einfachen menschlichen Bedingungen abzuleiten ist und deshalb den Vorzug vor anderen spekulativen Konstruktionen (etwa von der Urhorde mit allgemeiner Promiskuität) verdient. Die Verhältnisse bei heutigen vergleichbar einfachen Jägern und Sammlern scheinen zu lehren, daß es sich dabei um soziale Strukturen handelt, durch die der Widerstreit zwischen dem Streben nach Selbständigkeit und der Notwendigkeit zum Zusammenschluß unter dürftigen wirtschaftlichen Bedingungen seine reibungsloseste und natürlichste Lösung erfährt. Im übrigen aber wäre es wohl verfehlt, über den biologischen und ökonomischen die affektiven Faktoren gering zu schätzen, wiewohl die archäologische Forschung darüber im allgemeinen kaum etwas aussagen kann und zumal für diese frühe Zeit keine entsprechenden Hinweise zur Verfügung stehen. Aus einer späteren, aber immer noch frühen Periode kennen wir jedoch Menschen des Neandertaltypus, die offensichtlich zu ihren Lebzeiten Kranke und Krüppel gewesen sind und dennoch, d. h. trotz ihres geringen wirtschaftlichen Nutzens, im Schutz und unter der Sorge der Gemeinschaft weiterleben konnten und ein für damalige Verhältnisse hohes Alter erreicht haben. Die Entstehung solcher Gemeinschaftsformen ist zwar ein noch dunkles Kapitel; aber nichts spricht im Grunde dagegen, sie auch den ältesten Werkzeugherstellern bereits zuzubilligen.

Die Lebensweise des Frühmenschen erfordert offenbar nicht etwa nur Lernen durch Demonstration und Nachahmung, sondern auch andere Arten der Verständigung. Versteht man unter Sprache ein künstliches Gebilde, bei dem Bedeutungen mit Symbolen verbunden werden, die nicht notwendig diesen Sinn haben müssen, sondern ihn auch wandeln, verlieren und wechseln können, so vermag die Urgeschichtswissenschaft zur Frage einer frühesten Sprache nur die folgenden Aussagen beizusteuern: Wir dürfen die für echte Sprache notwendige Fähigkeit zur Abstraktion und zur Zufügung und Aufprägung nicht vorgegebener Qualitäten auch den frühesten bekannten Werkzeugherstellern wohl ebenso zubilligen wie ein ausreichendes Vermögen zur sinnvollen Aufeinanderfolge und Zueinanderordnung (analog dem beim Werkzeugschaffen Erkennbaren: Graphik S. 13), und es gab Traditionen und Gemeinschaftsleistungen mit einem Maß von Planung und Ordnung (z. B. bei der Vorbereitung und Durchführung der Großwildjagd und der Verteilung der Beute), was kaum ohne sprachliche Bestimmung von Orten, Zeiten und Tätigkeiten (über die unmittelbare Gegenwart und Verbindung hinaus) möglich gewesen sein dürfte.

Weiterhin ist zu vermuten, daß Territorialität wie Kooperation geeignet waren, ein „Wir-Gefühl" in der Gruppe hervorzurufen und damit eine unterschiedliche Einstellung zur Eigengruppe im Gegensatz zur Fremdgruppe. (Auch dies scheint auf nicht-menschlicher Stufe bereits angelegt zu sein.) Über gegenseitige Beziehungen der Gruppen ist kaum etwas zu sagen. Immerhin können aber trotz einer relativen Absonderung kleiner Gruppen innerhalb größerer Räume gewisse Kontakte daraus abgeleitet werden, daß Eigenarten der Werkzeugherstellung, der Technik und der Form über weite Gebiete hin in ihrer Wandlung übereinstimmen. Heute ist unter vergleichbaren Bedingungen ein wichtiger Faktor des Kontaktes die Exogamie, d. h. (negativ) die Ableh-

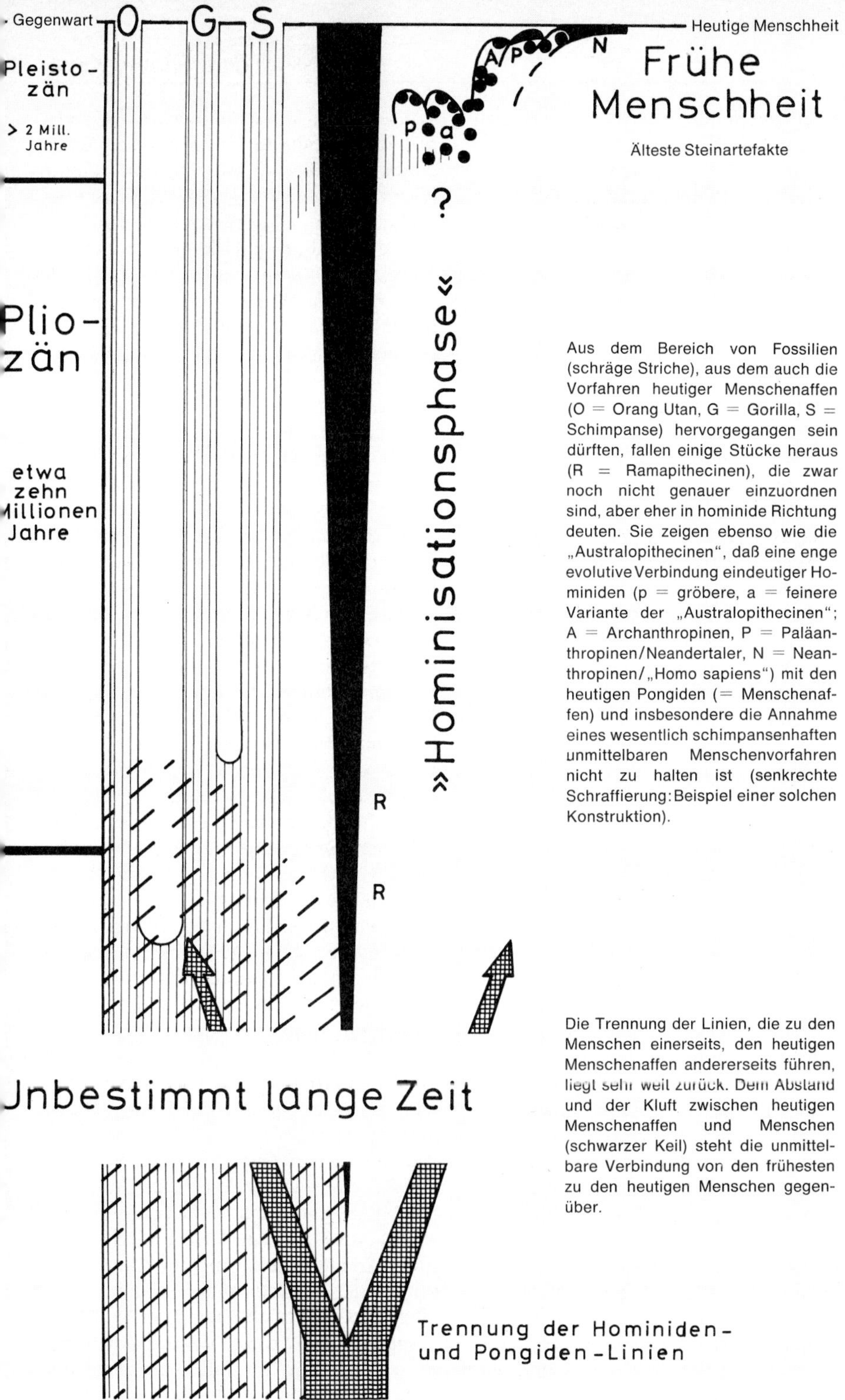

Aus dem Bereich von Fossilien (schräge Striche), aus dem auch die Vorfahren heutiger Menschenaffen (O = Orang Utan, G = Gorilla, S = Schimpanse) hervorgegangen sein dürften, fallen einige Stücke heraus (R = Ramapithecinen), die zwar noch nicht genauer einzuordnen sind, aber eher in hominide Richtung deuten. Sie zeigen ebenso wie die „Australopithecinen", daß eine enge evolutive Verbindung eindeutiger Hominiden (p = gröbere, a = feinere Variante der „Australopithecinen"; A = Archanthropinen, P = Paläanthropinen/Neandertaler, N = Neanthropinen/„Homo sapiens") mit den heutigen Pongiden (= Menschenaffen) und insbesondere die Annahme eines wesentlich schimpansenhaften unmittelbaren Menschenvorfahren nicht zu halten ist (senkrechte Schraffierung: Beispiel einer solchen Konstruktion).

Die Trennung der Linien, die zu den Menschen einerseits, den heutigen Menschenaffen andererseits führen, liegt sehr weit zurück. Dem Abstand und der Kluft zwischen heutigen Menschenaffen und Menschen (schwarzer Keil) steht die unmittelbare Verbindung von den frühesten zu den heutigen Menschen gegenüber.

Schema der Entwicklung: Zu Menschen und Menschenaffen führende Linien und frühe Funde von Hominiden.

nung des Inzests und der Partnerwahl innerhalb der eigenen Gruppe, woraus sich (positiv) die Notwendigkeit von Verbindungen zwischen solchen Gruppen ergibt. Dies scheint eine derart allgemeinmenschliche Eigenart zu sein, daß sie mit hoher Wahrscheinlichkeit als tief im menschlichen Wesen und in der Menschheitsgeschichte verwurzelt angesehen werden darf.

Über das „geistige Leben", über Kult oder Religion, lassen die Funde zunächst noch keine konkreten Aussagen zu. Immerhin aber fällt das Vorkommen isolierter Schädel oder Schädelteile auf, insbesondere an der Fundstelle des Pekingmenschen. Dort gibt es fast ausschließlich Schädeldächer, nur wenige Unterkiefer und kaum Langknochen, und einige dieser Schädel wurden in einer Schicht beobachtet, die keine Werkzeugfunde enthält. Eine solche gesonderte Aufbewahrung von Schädeln ist wohl durch den Gedanken an einen weiteren Zusammenhang und an ein Weiterwirken nach dem (für unsere Begriffe: physischen) Tode in irgendeiner Form zu erklären. (Man hat diese Befunde teilweise auch in Beziehung zum Kannibalismus bringen wollen; doch müßte dieser Kannibalismus sich an anderer Stelle vollzogen haben und kann nicht als solcher das isolierte Vorkommen der Schädel verständlich machen, das einer weiteren Erklärung bedarf, die dann wiederum die Annahme eines Kannibalismus überflüssig macht, der im übrigen auch durch sonstige vermeintliche Belege zumindest nicht eindeutig nachzuweisen ist: Kannibalismus als „auszeichnendes" und vom Tiere abhebendes Merkmal des frühen Menschen bleibt trotz häufiger Wiederholung eine kaum begründete Vermutung.) Klarer bezeugt ist die Aufbewahrung von Schädeln allerdings erst für die mittlere Altsteinzeit (vgl. Graphik links), in der auch der Aufenthalt in Höhlen häufiger ist und manches sich erhalten konnte, das im freien Gelände vergehen mußte. Aus dieser Zeit ist die Deponierung eines Menschenschädels an einem eigens dafür hergerichteten Ort bezeugt.

Vor allem aber kennen wir aus dieser Zeit in größerer Zahl Bestattungen: In dafür ausgehobenen Gruben ruhen die Körper zumeist mit angezogenen Knien auf der Seite, teilweise aber auch mit scharf angehockten Beinen (was an Fesselung hat denken lassen); Tierknochen, manchmal auch Werkzeuge, liegen verschiedentlich in solcher Nähe der Toten, daß der Gedanke an Beigaben nicht abzuweisen ist, und ein mehrfach beobachtetes Auftreten von Gruben mit Knochen und Werkzeugen in der Nähe von Gräbern wird kein Zufall sein. Ob aber nun in dem einen oder anderen Fall vielleicht tatsächlich Fesselung aus Furcht vor einer Wiederkehr des Toten vorliegt, in anderen Fällen aber die offensichtliche Mitgabe von Gegenständen oder Lebensmitteln oder auch nur ein besonderer Schutz des Grabes als Zeichen einer liebevollen Fürsorge für den Toten anzusehen ist, müssen wir doch wohl in jedem Fall auf den Glauben an ein Weiterleben nach dem Tode in irgendeiner Form schließen. „In irgendeiner Form", das bedeutet, daß wir keineswegs so etwas wie einen Seelenglauben anzunehmen haben, sondern es kommen mancherlei andere Vorstellungen in Frage, z. B. die – unschön so bezeichnete – vom „Lebenden Leichnam", d. h. dem Fortleben des Toten in der gleichen Form des Körpers, wenn auch in einer anderen Art des Daseins. Darüber hinaus aber zeugen solche Verhaltensweisen noch allgemeiner von einem Bewußtsein vom Tode überhaupt, von der Sterblichkeit und einer irgendwie gearteten Auseinandersetzung damit.

Rückschau und Ausblick

Die vergleichende Betrachtung und Wertung urgeschichtlicher Sachverhalte läßt im Grunde zumal den Unterschied von Mensch und Tier auch für diese frühe Zeit schon deutlich hervortreten: Die „Übergänge" sind in den vorliegenden Funden nicht recht zu fassen und werden weitgehend zum Gegenstand gedanklicher Rekonstruktionen von Zuständen und Entwicklungen, die im wesentlichen innerhalb der langen fundleeren Spanne vor dem Beginn der Urgeschichte anzusetzen sein dürften. Insgesamt stehen die „Australopithecinen" den heutigen Menschen näher als den heutigen lebenden Menschenaffen, und das sowohl quantitativ, d. h. nach der Länge der Verbindungslinien der Entwicklung (also hinunter zum gemeinsamen Vorfahren und wieder hinauf zu den heutigen Verwandten: vgl. Abb. S. 15), als auch qualitativ, d. h. nach ihren biologischen-anatomischen Eigenarten. Wenn man die Entwicklung als umfassende Erscheinung versteht, müssen daraus auch Folgerungen für die Beurteilung der geistig-seelischen Aspekte gezogen werden: Der Forschungsstand legt es nahe, den Frühmenschen eher vom Menschen her und als wirklichen Menschen zu verstehen als durch den Menschenaffen oder andere Tiere. Das zeigen bereits die wichtigsten Züge jenes „Werkzeugverhaltens", das aus den ältesten uns bekannten Steinwerkzeugen spricht: Sie lassen uns auch den frühesten erfaßbaren Hersteller von Steinwerkzeugen als einen prinzipiell vollwertigen Menschen ansehen (wiewohl zugegeben ist, daß Worte wie „prinzipiell" oder „grundsätzlich" hier unscharf bleiben müssen).
Indes bleibt offen, ob und inwieweit es innerhalb des „grundsätzlich Menschlichen" nicht doch Abstufungen gegeben hat. Es ist nicht ohne weiteres möglich zu behaupten, daß der Frühmensch schon in allen Richtungen voll entfaltet war und nicht noch weitere Entwicklungen stattgefunden hätten; aber es ist außerordentlich fraglich, ob man in einer Übertreibung und Ausweitung des Entwicklungsgedankens so weit gehen kann, dem Frühmenschen wesentliche menschliche Eigenarten abzusprechen und ihn als ein mehr oder weniger tierisches Wesen zu verstehen (wie etwa im Schlagwort vom „Affenmenschen"). Dennoch darf nicht überspielt oder verkannt werden, daß auch im Bereich der Kulturgeschichte einige Erscheinungen objektiv festzustellen sind, auf die eine solche Ansicht sich stützen zu können glaubt. Sie stehen fast alle mehr oder weniger in Zusammenhang mit den Zeitmaßen des Ablaufs der Urgeschichte, und zu diesen müssen deshalb doch einige Worte gesagt werden.
Die erkennbare technische Entwicklung ist in den ältesten Zeiten zweifellos außerordentlich gering. Vor etwa einer halben Million Jahren setzt zwar eine technische Verfeinerung und gewisse Differenzierung der Steinwerkzeuge ein; aber aufs Ganze will sie in keinem rechten Verhältnis zu dem Zeitmaß stehen. Eine Veränderung von wirklich epochalem Charakter ist erst vor rund 30.000 Jahren zu erkennen in den entfalteten und differenzierten Jäger- und Sammlerkulturen mit der ältesten bekannten Bildkunst von sogleich großartigem Charakter
Dieses Mißverhältnis in der unterschiedlichen Dauer der Epochen kann zweifellos erschrecken. Auf den ersten Blick liegt es nahe, dafür als entscheidende Ursache eine entsprechende Entwicklung des Gehirns und der zugehörigen Fähigkeiten zu sehen; aber zumindest für die „Fortschritte" seit etwa 30.000 Jahren oder gar in den letzten Jahrhunderten wird man so nicht argumentieren können. Erfinden, Lernen und dergleichen sind ebenfalls unbezweifelbare Faktoren, die zu berücksichtigen sind, und bei denen zu prüfen ist, ob sie nicht eine ausreichende Erklärung bieten.
Zunächst ist zu beachten, daß die ersten Erfindungen gewiß immer die schwierigsten waren und deshalb auch besonders hoch einzuschätzen sind: Auf einmal errungenen Fortschritten läßt sich leichter weiterbauen; wirkliche Neuerfindung ist seltener als das Fortführen des bereits bekannten; entwickelte Kultur kann sich leichter auf dem gegebenen Nährboden immer wieder selbst befruchten und entfalten, weil die einzelnen Kulturelemente, Errungenschaften und Erfindungen, je vielfältiger und komplizierter sie sind, auch um so mannigfaltigere Verbindungen und Kombinationen erlauben und entsprechend anregend und steigernd wirken können. Verglichen mit dem Zusammenfließen zerstreuter Kenntnisse und einzelner Entdeckungen, wie es sich immer mehr verstärkt hat bis zu dem breiten Kommunikationsfluß unserer Tage, kann die Langsamkeit wirtschaftlicher und technischer Entfaltung bei Menschen einer einfachen Jäger- und Sammlerkultur eigentlich wenig verwundern: Geschlossenheit und selbstgenügsame Einfachheit der Kultur und damit der geringe Anreiz zur Veränderung sind sicherlich eine wichtige Wurzel der so offensichtlichen Beharrungstendenz. Außerdem ist bei kleinen Menschengruppen, die innerhalb größerer Räume verhältnismäßig abgesondert leben, weniger Gelegenheit zum Austausch von Erfahrungen und Erfindungen. Gemeinschaften von durchweg wenigen Dutzend Köpfen bieten auch weniger Möglichkeiten zu sozialer Differenzierung, die ihrerseits Sonderbegabungen fördert. Das alles kann die anfängliche Langsamkeit und spätere Beschleunigung wohl hinreichend verständlich machen.
Größeres Gewicht als dieser geringen Dynamik muß man aber vielleicht dem Negativum eines anfänglichen Fehlens jeglicher Hinweise auf bildende Kunst beimessen. War etwa die Menschheit zuvor doch von wesentlich anderer Art, und hat es vielleicht einen künstlerischen Gestaltungstrieb zunächst nicht gegeben? Oder waren es vielleicht die besonderen Bedingungen des Umbruchs vor etwa 30.000 Jahren, die damals eine auch vorher schon gegebene bildkünstlerische Potenz auszulösen vermochten? Oder hängt gar das erste Auftreten einer bildenden Kunst, ebenso die gesamte tiefgreifende Veränderung vor etwa 30.000 Jahren damit zusammen, daß damals auch eine neue Menschenform auftrat?
Zunächst ist zu bedenken, daß mit dem Fehlen einer bildenden Kunst ja noch nicht jede künstlerische Betätigung ausgeschlossen ist, sondern andere Ausdrucksformen wie etwa Mimik und Tanz ihre Rolle gespielt haben können. Vor allem aber ist nicht aus dem Auge zu verlieren, daß nicht schlechthin dort, wo jene kulturelle Umformung sich bemerkbar macht und wo die neue Menschenform auftritt, sogleich auch bildende Kunst erblüht. Weite Bereiche bleiben davon zunächst unberührt; andere kommen erst später hinzu, und auch heute gibt es Gruppen von Menschen, die der bildenden Kunst entbehren. Die Frage erweist sich bei näherem Zusehen als ungemein kompliziert: Offenbar haben wir es bei der bildenden Kunst mit einer Erscheinung zu tun, die wir zwar gewöhnlich leichthin als „allgemein-menschlich" bezeichnen, als in der Natur des Menschen begründet und in allen Gruppen von Menschen geübt; aber in Wirklichkeit

dürfte sie erst in einem längeren Prozeß weite Teile der Menschheit erfaßt haben und schließlich annähernd zu einem Gemeingut der Menschheit geworden sein.
Indes bilden trotz allem der markante Umbruch in Technik und Wirtschaft vor rund 30.000 Jahren und das erste Auftreten der bildenden Kunst eine gewichtige Epochenmarke: Auf den ersten Blick ist sogar der Gedanke verlockend, erst danach den Menschen als vollentwickelten „Homo sapiens“ im umfassenden Sinne des Wortes aufzufassen, den voraufgehenden Teil der Menschheitsgeschichte hingegen noch einem „Tier-Mensch-Übergangsfeld“ zuzurechnen. Eine solche extreme Auffassung müßte jedoch sogleich mit der unbestreitbaren Tatsache konfrontiert werden, daß wir aus der Zeit vor diesem Umbruch deutliche Hinweise auf religiöse Vorstellungen irgendeiner Form kennen. Die Frage ist wohl berechtigt, ob das nicht ein Merkmal von weitaus größerem Gewicht ist als das Aufkommen der bildenden Kunst. (Daraus, daß die entsprechenden Funde verhältnismäßig spät auftreten, läßt sich nicht ableiten, daß sie irgendeine späte Stufe innerhalb der frühen Menschheit markieren, weil hierfür die Erhaltungsbedingungen eine entscheidende Rolle spielen, – ganz abgesehen davon, daß eine solche Vorstellungswelt ja nicht unbedingt einen Ausdruck in solchen archäologischen Befunden zu finden braucht.) Wir können zwar nicht behaupten, daß es religiöse Vorstellungen bereits in der Zeit der ältesten Steinwerkzeughersteller gegeben habe; aber wir dürfen sie ihnen auch nicht ohne weiteres absprechen und müssen mit dieser gewichtigen Erscheinung auf jeden Fall zurück vor die Zeit der frühesten bekannten Bildwerke: Dann aber gibt es keine einigermaßen brauchbaren Unterscheidungsmerkmale mehr für einen durchgreifend-qualitativen Unterschied menschlichen Wesens bis zurück zu den ältesten bisher bekannten Erzeugern von Steinwerkzeugen.
Und doch will trotz aller solcher Überlegungen ein Unbehagen angesichts der schier unvorstellbaren Zeiträume nicht so leicht weichen! Jahrhunderttausende oder gar Jahrmillionen sind etwas, das keinem menschlichen Lebensgefühl oder geschichtlichen Vorstellungsver-

Negative Handabdrücke in roter und schwarzer Farbe auf den Seitenwänden der Höhle Gargas, Com. Aventignan (Dép. Hautes-Pyrénées). Die Farbe wurde um die auf die Wand aufgelegte Hand aufgeblasen.

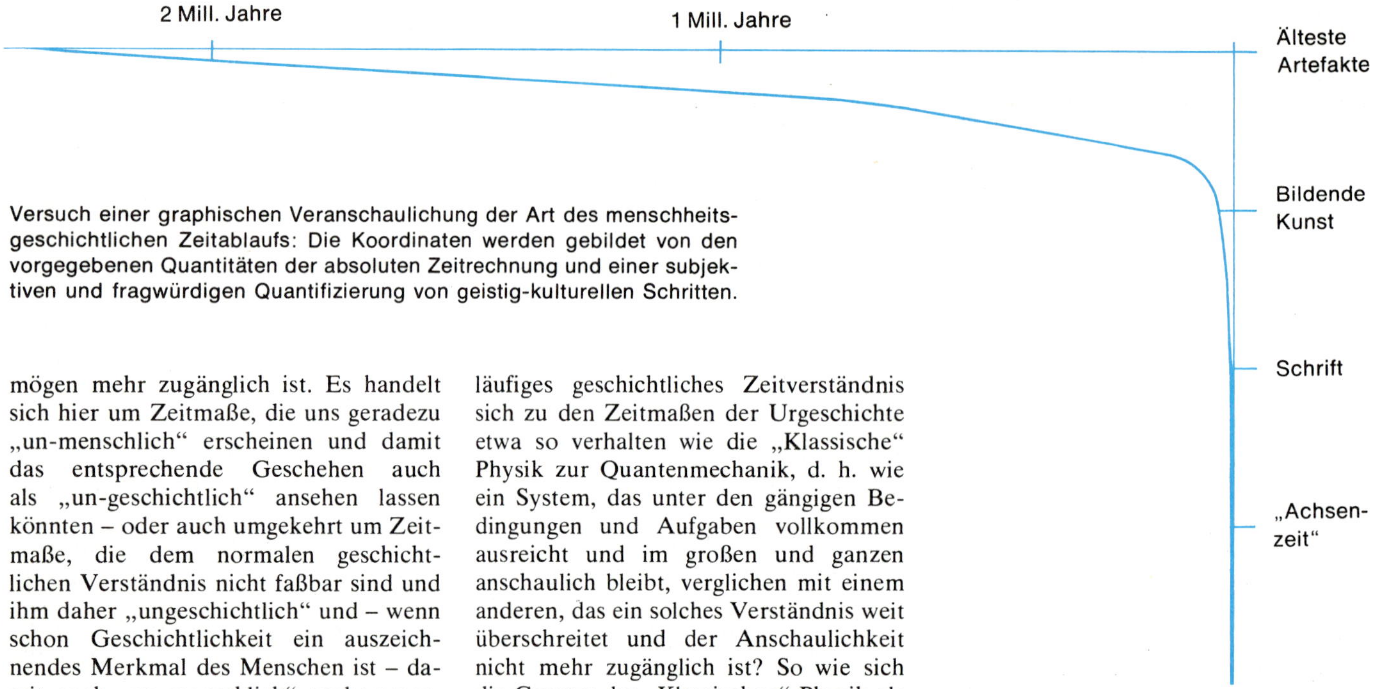

2 Mill. Jahre

1 Mill. Jahre

Älteste Artefakte

Bildende Kunst

Schrift

„Achsenzeit“

Versuch einer graphischen Veranschaulichung der Art des menschheitsgeschichtlichen Zeitablaufs: Die Koordinaten werden gebildet von den vorgegebenen Quantitäten der absoluten Zeitrechnung und einer subjektiven und fragwürdigen Quantifizierung von geistig-kulturellen Schritten.

mögen mehr zugänglich ist. Es handelt sich hier um Zeitmaße, die uns geradezu „un-menschlich“ erscheinen und damit das entsprechende Geschehen auch als „un-geschichtlich“ ansehen lassen könnten – oder auch umgekehrt um Zeitmaße, die dem normalen geschichtlichen Verständnis nicht faßbar sind und ihm daher „ungeschichtlich“ und – wenn schon Geschichtlichkeit ein auszeichnendes Merkmal des Menschen ist – damit auch „un-menschlich“ vorkommen. Vielleicht aber ist es eine der wichtigsten Lehren der Urgeschichte überhaupt, daß uns – ähnlich wie der Physik im „Kleinen“ (in der Kernphysik) und im „Großen“ (in der Kosmologie) – auch in der Geschichte die Kategorie des Anschaulichen verlorengeht und die „Geschichte“ im engeren Sinn vielleicht nur einen Sonderfall darstellt.

Ein Versuch, es dennoch anschaulich zu machen (Abb. oben), muß im Grunde etwas Unmögliches unternehmen: Er hat qualitative Schritte der Entfaltung quantitativ darzustellen! Eine so entwickelte Kurve ist extrem exponentiell, und die im engeren Sinne geschichtliche Zeit ist in ihrer Krümmung nicht mehr oder zumindest kaum noch zu erkennen und erscheint uns deshalb wie eine Gerade. Der gängige Zeitbegriff des Historikers wird damit zu einem lediglich „linear“ (d. h. genauer: in Analogie zu einer Geraden) erscheinenden Teil der im Grunde exponentiell aufzufassenden Abläufe. Vielleicht ist ein weiterer Versuch zur Verdeutlichung etwas hochgegriffen: Aber könnte nicht unser geläufiges geschichtliches Zeitverständnis sich zu den Zeitmaßen der Urgeschichte etwa so verhalten wie die „Klassische“ Physik zur Quantenmechanik, d. h. wie ein System, das unter den gängigen Bedingungen und Aufgaben vollkommen ausreicht und im großen und ganzen anschaulich bleibt, verglichen mit einem anderen, das ein solches Verständnis weit überschreitet und der Anschaulichkeit nicht mehr zugänglich ist? So wie sich die Gesetze der „Klassischen“ Physik als Sonderfälle der Quantenmechanik beschreiben lassen, ist dann auch der im engeren Sinne geschichtliche Zeitbegriff als ein Sonderfall des gesamtgeschichtlichen zu begreifen.

Betrachten wir den Gang der Entfaltung, so steht unserem gängigen Zeitverständnis die ungeheuer lange Dauer der Urgeschichte mit einer verhältnismäßigen Armut an belangvollen Ereignissen gegenüber; sehen wir das jedoch unter der Blickrichtung eines anderen Zeitverständnisses, werden wir nicht ohne weiteres eine Armut an Ereignissen etwa als Zeugnis für geistige Minderwertigkeit gelten lassen. Der scheinbar dahindämmernde Frühmensch muß deshalb nicht weniger Mensch gewesen sein, und es ist ja außerdem die Frage, was denn wichtiger ist, eine Häufigkeit erkennbarer Ereignisse und Wandlungen oder ein wenigstens potentiell zukunftsträchtiger Gewinn an kultureller Grundsubstanz. Jedenfalls laufen Feststellungen und Überlegungen verschiedener Art offensichtlich dahin zusammen, daß der Frühmensch dem heutigen Menschen trotz des scheinbar gewaltigen zeitlichen Abstandes unmittelbar verbunden ist und ihm nähersteht als den uns anatomisch-biologisch am nächsten stehenden heutigen Tieren. Aufs Ganze werden wir wohl weiterkommen, wenn wir ihn nach seinem Wesen als prinzipiell vollwertigen Menschen ernst nehmen und mit guten Gründen in die Identität des Menschengeschlechts einbeziehen, d. h. wenn wir ihn wirklich als Mensch und durch den Menschen zu verstehen suchen. Dann ist ihm aber auch die merkwürdige Zwiespältigkeit von Beharrung und Wandel zuzuschreiben, die unter einfachen Verhältnissen das eine überwiegen, das andere kaum hervortreten läßt. Dann wird auch verständlich, wie eine vorhandene Grundsubstanz und die schöpferische Potenz trotz langer Zeiten der „Ruhe“ dazu führen, daß es bei entsprechenden Anstößen und Bedingungen zu geradezu explosionsartig anmutenden Entfaltungen kommt, wie sie uns im weiteren Verlauf der Urgeschichte des öfteren begegnen.

ENTFALTUNG UND AUFSCHWUNG

Blüte des Jägertums und frühe Bildkunst

Gegenüber dem recht einfachen Bild der ältesten Zeiten zeichnet sich vor rund 30 000 Jahren (Jüngere Altsteinzeit = Jungpaläolithikum) schon in weiten Bereichen eine ganz deutliche Entfaltung der jägerisch-sammlerischen Kulturen ab. Eine Mehrung und Häufung der Kulturgräber, eine feinere Technik mit größerer Vielfalt der Waffen- und Werkzeugformen und entsprechender spezieller Funktion, eine stärkere wirtschaftliche und auch allgemein-kulturelle Auseinanderentwicklung lassen den neuen kulturellen Typus schlagwortartig mit Begriffen wie „Akkumulation“, „Differenzierung“ und „Spezialisierung“ charakterisieren.

Die neuen technischen und wirtschaftlichen Errungenschaften legen auch den Grund für wichtige Schritte in der Auseinandersetzung des Menschen mit der natürlichen Umwelt, für eine zunehmende Meisterung von weniger einladenden Verhältnissen und damit für die Inbesitznahme neuer Erdräume. Es wurden allmählich Mittel und Wege gefunden, die einen wenigstens zeitweiligen Aufenthalt unter den harten Bedingungen von Kältesteppen und kargen Tundren ermöglichten. Der Saum der bewohnten Welt konnte damit weiter nach Norden vorgerückt werden bis in den offensichtlich wenig einladenden Nordosten Sibiriens und darüber hinaus nach Amerika, dessen Südspitze spätestens vor 8 000 v. Chr. von Menschen erreicht wurde (vgl. Abb. S. 12).

Wichtige neue Mittel sind vor allen Dingen die Fernwaffen, unter denen anscheinend von Anfang an die Speerschleuder vertreten ist, erst später (spätestens seit etwa 14 000 v. Chr.) die Kenntnis von Pfeil und Bogen. Dazu kamen sicherlich listenreiche Jagdverfahren, wie Anschleichen in Tiermasken, und komplizierte Fallensysteme. Neben den großen Dickhäutern gewinnen dadurch in zunehmendem Maße kleinere und schnellflüchtige Tiere wie das Pferd und vor allem das Rentier an Bedeutung. Gegenüber der jeweils lokalen Ausnutzung günstiger Bedingungen und der Einstellung auf gewisse Tierarten zeichnen sich jetzt wirkliche und weiterreichende Spezialisierungen ab: Ganze regional verbreitete Gruppen, die sich auch durch Besonderheiten ihres Werkzeug- und Waffeninventars unterscheiden lassen, sind auf bestimmte Wildarten und Umweltformen eingestellt.

In den vorwiegend offenen, streckenweise jedoch von reicherem Baum- und Strauchwuchs durchsetzten Kältesteppen und Tundren des eiszeitlichen Osteuropa lebte neben anderen Tierarten der wollhaarige Eiszeitelefant, der dem Menschen große Fleischmengen und Rohstoffe, unter anderem das begehrte Elfenbein lieferte. Die ertragreiche Jagd erlaubte ein längeres Verweilen an einem Ort, ja geradezu eine gewisse Seßhaftigkeit: Es gibt zum Teil in den Boden eingetiefte feste Behausungen mit einer Länge bis zu 40 m und einer Breite bis zu mehr als 12 m, deren Dächer aus größeren Hölzern konstruiert gewesen sein müssen. Sie boten selbst unter harten Bedingungen einen ausreichenden Witterungsschutz, und man konnte darin sogar am Nordsaum des damals bewohnten Gebietes (etwa in der Gegend der Desna) überwintern.

Von ganz anderer Art hingegen sind die Rentierjäger in der baumlosen Tundra des späteiszeitlichen Norddeutschland, das lediglich im Sommer von größeren Zügen der nach Norden wandernden Rentiere belebt wurde. Dort stellten ihnen Jägergruppen nach, die in den günstigen Jahreszeiten diese reichlich unwirtliche Zone aufsuchten und dabei beträchtliche Entfernungen zu überwinden

In Schwarz und Braun ausgeführte Malerei eines Wildpferdes und eines Stieres aus der Höhle von Lascaux, Frankreich, um 25 000–20 000 v. Chr. In der im Jahre 1940 entdeckten Höhle, deren Malereien sich erstaunlich gut erhalten haben, weisen Wände und Decke die verschiedensten Tierdarstellungen auf, neben Wildpferden vor allem Wisente, Steinböcke und Hirsche.

hatten. Sie lebten in transportablen und leicht auf- und abzubauenden Stangenzelten und waren ganz auf das Rentier als Beute eingestellt, das sie mit Pfeil und Bogen zu erlegen verstanden. Dabei müssen diese Menschen mindestens die Stangen für den Bau der Zelte, wahrscheinlich sogar die Zeltdecken – am ehesten Rentierfelle – in dieses baumlose Gebiet mitgebracht haben, und überhaupt wird die höchst unstete Lebensweise mit ihrem dauernden Wechsel zwischen Winteraufenthalten in einer südlicheren Zone und der sommerlichen Jagd im nördlicheren Gebiet die Meisterung einer Anzahl von Transportproblemen verursacht haben.

Die beiden Beispiele mögen für zahlreiche andere stehen und einen Eindruck geben von der Vielfalt der Wirtschaftsformen und der Anpassung an die Umwelt. Die neuen Schritte zu einer Umweltbeherrschung bedeuten nämlich nur in geringem Umfang eine Veränderung der natürlichen Bedingungen (z. B. durch intensives Jagen bestimmter Tierarten), im wesentlichen vielmehr eine Anpassung durch Spezialisierung, d. h. durch die Einstellung auf die natürlichen Bedingungen.

In universalgeschichtlicher Sicht ist jedoch das eigentlich Entscheidende, daß schon bald nach dem Auftreten dieser neuen Kultur- und Lebensweise vor 30 000 Jahren mit den ersten Zeugnissen einer bildenden Kunst eine ganz neue Dimension des Menschlichen sichtbar wird: Neben – eher: über – technisch-wirtschaftlichem Aufschwung und zunehmender Meisterung der Umwelt durch neue Mittel und bessere Anpassung steht eine neue Form des Gestaltungswillens und des Ausdruckes, die sich sogleich in einer Fülle verschiedener Formen als Plastik, Zeichnung, Malerei und Ornament äußert.

Keine der verschiedenen Spekulationen über einen zeitlich-genetischen Vorrang des einen oder des anderen kann sich auf reale Befunde stützen. Wir müssen vielmehr davon ausgehen, daß sich von Anfang an zwei polare Manifestationen des Kunstwollens gegenüberstehen: einerseits vor allem die bekannte und zumeist in den Mittelpunkt der Darstellung gestellte Mal- und Zeichenkunst auf Wänden und Decken von Höhlen (dazu noch Gravierungen auf kleinen Plättchen usw., das Relief und bis zu einem gewissen Grad eine naturnahe skulptierende Ausgestaltung von Gebrauchsgegenständen) mit einem eindeutigen Schwerpunkt in Westeuropa und einem Zentrum im südwestfranzösisch-nordspanischen (frankokantabrischen) Raum, andererseits eine freie Kleinplastik und eine abstrakt geometrische Ornamentik in weiten Gebieten Osteuropas und des angrenzenden

Mitteleuropa, von wo aus sich dieser Stil nach Westen vorschiebt und teilweise in eine fruchtbare und spannungsreiche Auseinandersetzung mit dem „frankokantabrischen“ eintritt.

Die heute noch häufig vorgebrachte Ansicht, die altsteinzeitlichen Bildwerke hätten so und nicht anders ausfallen können, weil sie in ihrem Wesen entsprechend „primitiv“ seien, stützt sich in der Hauptsache auf den angeblich außerordentlich hohen und unreflektierend wiedergebenden Naturalismus. Tatsächlich lassen sich solche Züge jedoch nur bei einem Teil der Bildwerke erkennen; aus den weitaus meisten spricht hingegen der Wille zu einer klaren stilisierenden Durchprägung. Die ältesten Kunstwerke brauchen als Qualitäten den Vergleich mit späteren nicht zu scheuen: Einzelheiten sind oft weggelassen oder auf einen bleibenden Eindruck hin zusammengefaßt und verdichtet; es wurde auf das Wesentliche abstrahiert und das natürliche Vorbild in vollem Sinne künstlerisch durchgestaltet. Insgesamt haben wir es mit Werken zu tun, aus denen vielfach eine Kraft und Tiefe aufstrahlt, die auch den heutigen Menschen anzusprechen und zu berühren vermag.

Über einer möglichen schwärmerischen Begeisterung ist freilich nicht zu übersehen, daß dem Reichtum des Ausdrucks eine Armut an Motiven gegenübersteht. Gerade sie aber kann uns vielleicht dem eigentlichen Daseinsgrund dieser Bildkunst näher führen. Es sind vor allem Tiere dargestellt und nur ganz selten Menschen, und diese dann vielfach nicht schlechthin als Menschen, sondern mit tierischen Attributen oder als menschlich-tierische Mischwesen, und zudem stehen – fast möchte man sagen: schweben – die Bilder ohne Grundlinie, ohne Rahmen oder gar Hintergrund und durchweg ohne szenischen Zusammenhang auf der Wand- oder Höhlendecke: Ganz eindeutig ist es das Tier an sich oder das – seltenere – menschliche oder mensch-tiergestaltige Wesen, das im Vordergrund des Interesses steht. Zusammen mit weiteren Einzelheiten der Befunde spricht gewiß alles dafür, daß die Bilder nicht einfacher Wandschmuck oder „Kunst um der Kunst willen“ waren; aber aus dem (offenbar kultischen oder magischen) Zweck allein ist die Art der Bildwerke auch nicht zu erklären. Es gibt hier einen – allerdings wohl nur für unser Verständnis – merkwürdigen Zwiespalt: Einerseits deutet die vielfache rücksichtslose Übermalung oder Zerstörung durch neue Bilder darauf hin, daß der Akt des bildnerischen Darstellens eine entscheidende Rolle gespielt haben muß; andererseits aber gibt es einen „künstlerischen Überschuß“, der nur aus der Freude am bildnerischen Gestalten, aus der Befriedigung ästhetischer Bedürfnisse und einem eindeutigen Gestaltungswillen zu erklären sein kann.

Das offenbar ziemlich unvermittelte und noch dazu – aufs Ganze der Menschheitsgeschichte gesehen – recht späte Auftreten einer bildenden Kunst stellt uns vor die bereits erwähnte schwerwiegende Frage: Hat es einen künstlerischen Gestaltungstrieb des Menschen zuvor nicht gegeben oder haben besondere Faktoren gerade zu dieser Zeit und in diesem Bereich eine gegebene bildkünstlerische Potenz auszulösen und in einen dauerhaften Kulturbesitz zu überführen vermocht? Jeder Versuch einer Antwort muß davon ausgehen, daß es kein Zufall sein dürfte, daß die älteste bildende Kunst in einem kulturellen Milieu erblüht, das sich vom voraufgehenden tiefgreifend unterscheidet und als eine entfaltete und

Frauenfigürchen aus der späten Altsteinzeit: Grimaldi-Höhlen (oben links und Mitte), Unterwisternitz/Dolní-Věstonice (Figur unten links), Willendorf (unten Mitte), Savignano sul Parano (rechts).

Malerei in der Höhle von Lascaux: Kleine Pferde und (links oben) Rest eines schwarzen Rindes, das über eine ältere rote Darstellung gemalt wurde (Breite etwa 1,70 m).

differenzierte Jäger- und Sammlerkultur beschreiben läßt. Mit deren stetiger und aufs äußerste intensivierter Beschäftigung mit dem Wild als dem Hauptlebenspartner des Menschen verbindet sich offenbar – ähnlich wie bei vergleichbaren heutigen Jägervölkern – eine innige Mensch-Tier-Beziehung auch jenseits der greifbaren Tatsächlichkeit. Daß in den Bildern das Wesenhafte des Tieres ausgedrückt wird, teilweise in seiner Beziehung zur Jagd (durch eingezeichnete Geschosse) oder zur menschenhaften Gestalt, nicht zuletzt ein Ineinandergehen menschlicher und tierischer Formen, bietet wohl einen Ansatz zum Verständnis: Das Tierhafte nimmt Teil an anderen Sphären des Menschlichen wie auch des Übermenschlich-Überweltlichen; das besondere Hervortreten der jägerischen Komponente im Alltagsleben mit seiner Intensivierung der Beziehung zum Tier erfährt offenbar eine Spiegelung und Überhöhung in der Geisteswelt.

Zumindest im Prinzip entspricht das einer Grundhaltung, die auch in der Neuzeit weithin noch die Glaubensinhalte bei spezialisierten und entfalteten Jägerkulturen prägt: Vorstellungen vom Tier als Schutzgeist und zweitem Ich, von der leichten und häufigen Austauschbarkeit menschlicher und tierischer Gestalt, von tierhaft gedachten oder zwischen menschlicher und tierischer Form wechselnden und sie vereinenden höheren Wesen von der Art eines göttlichen Herrn der Tiere, der Jäger und des Jagdreviers oder von Wild- und Buschgeistern, oft genug in Verbindung mit Zügen von Stammvätern oder Kulturheroen, von Mittlerwesen oder Personifikation von Einzelzügen und Teilfunktionen eines Hochgottes bilden eine Glaubenswelt, in der auch das Tier nicht mehr lediglich Kreatur und nicht einmal nur dem Menschen gleichgestellt sein muß, sondern auch zum übermenschlichen Schöpfer, ja zum Schöpferwesen aufsteigen kann. (Mensch-Tier-Beziehungen können auch von magischer Art sein; doch gehört die besondere Betonung der Magie für frühe Kulturformen im Grunde einer inzwischen überlebten Periode religionsgeschichtlicher Forschung an: Magie hat kaum die Bedeutung gehabt, die ihr zumal in populären Darstellungen vielfach zugeschrieben wird und sie sogar zu einem allgemeinen Deutungsprinzip für die altsteinzeitliche Kunst werden ließ, näherhin in der Konzeption eines sympathetischen Jagdzaubers, der durch Analogiehandlungen und analogische Darstellungen die Erlangung und Erhaltung des Wildes sichern soll.)

Kopf eines Wildpferdes. Kleine Schnitzerei aus der Höhle von Espelugues (Frankreich).

Mögen sie für uns auch auf den ersten Blick erstaunlich sein, werden die innigen Zusammenhänge zwischen Glauben und wirtschaftlich-gesellschaftlichen Faktoren und selbst der natürlichen Umwelt verständlicher, wenn wir bedenken, daß auch bei heutigen Menschen einfacher Kulturverhältnisse die Religion so eng mit den elementaren Notwendigkeiten des Lebens verbunden ist, daß auch dessen wirtschaftliche und gesellschaftliche Seiten weitaus mehr von der Religion durchdrungen und mit ihr verschmolzen sind als beim heutigen „Kulturmenschen"; zudem spielt bei ihnen die strenge Scheidung zwischen Diesseits und Jenseits, Weltlichem und Überweltlichem eine viel geringere Rolle als in unserem Vorstellungs- und Begriffssystem.

Zwar muß weitgehend offen bleiben, in welchen konkreten Formen im Rahmen einer jägerisch geprägten Welt die geistige Verbindung mit dem Tierhaften in der jüngeren Altsteinzeit Europas ausgebildet war; aber die Übereinstimmung im wesentlichen Kern erscheint deutlich genug. Dennoch wäre es sicherlich ein Fehler, diesen Vorstellungs-Kreis als einzigen und allgemeinen Zug der Geisteswelt der jüngeren Altsteinzeit hinstellen zu wollen, mag er auch in diesem kulturellen Milieu in viele Bereiche hineingewirkt haben.

Weit entfernt davon erscheinen die bekannten kleinen Frauenfigürchen. Verbreitet von Sibirien bis nach Westeuropa, treten sie im Gegensatz zur überwiegenden Menge der Felsbilder unmittelbar in den Wohnstellen auf. Bei einer fettleibig ausgeprägten Variante ist besonders deutlich die weibliche Fruchtbarkeit hervorgehoben durch eine Betonung der „Zone des Gebärens und Ernährens"; im übrigen aber sind diese Kleinplastiken sehr variabel und zum Teil recht stark schematisiert bis zu einer völligen Vernachlässigung der Geschlechtsmerkmale. Der häufig gezogene Vergleich mit der „Magna mater", der Großen Mutter, früher Mittelmeerkulturen ist nicht so ohne weiteres möglich und krankt zumal daran, daß diese Vorstellung einer hochkulturellen Welt auf agrarischer Grundlage angehört. Vergleichende Studien im Bereich jägerischer Kulturen zeigen, daß zumindest neben einer Fruchtbarkeitssymbolik auch die Konzeption weiblicher höherer Wesen, etwa als Mutter und Herrin der Tiere, als Helferin bei der Jagd und Geberin des Jagdwildes, als Beherrscherin der Unterwelt und von Naturkräften, in die Erklärung dieser Figuren einzubeziehen ist.

Offensichtlich tritt uns eine Spezialisierung und Differenzierung nicht nur bei den wirtschaftlich-technischen Gütern entgegen, sondern wir haben auch im geistigen Bereich mit einer ausdrucksvollen Fülle und Vielfalt zu rechnen. Wenn überhaupt der Gesichtspunkt geistiger Einfachheit in die Überlegungen eingeführt werden kann, so zumal dahingehend, daß bei geringer Neigung zu Differenzierung und Abstraktion selbst das Innewerden eines Überweltlich-„Heiligen“ sich auf dem Weg über die gegenständliche Welt vollzogen haben wird: Wo es in einem vorwiegend dem Substanz- und Leibhaften zugewandten Denken und Empfinden speziell am und als Tier erfahren wird, mag seine konkrete Ausgestaltung, sein gefestigter Ausdruck in kultischen Bräuchen und Riten, auch ein Bedürfnis nach dauerhafterer Darstellung eines tierhaften oder auch menschenartigen, wo nicht mensch-tier-gestaltigen „Numens“ in Bild oder Plastik geführt haben. Solche Erwägungen können uns wohl dem Verständnis für das Aufblühen der frühesten Bildkunst näherführen, jedoch eher für die Erklärung von deren Besonderheiten und der Art des raschen Aufgreifens etwas leisten als für den Ursprung des schöpferischen Wesenskerns dieser neuen geistigen Ausdrucksform selbst.

Kleine Schnitzerei eines Wildpferdes aus einer Höhle im Lonetal (Baden-Württemberg). Etwa 30 000 v. Chr.

Frühe Zentren von Bodenbau und Viehzucht

Die blühende Jäger- und Sammlerkultur mitsamt der großen Bildkunst findet in Europa ein Ende in der Zeit des Überganges vom Eiszeitalter zur sog. Nacheiszeit (ab etwa 8000 v. Chr.) – „sogenannt“ weil wir nicht wirklich wissen können, ob das Eiszeitalter endgültig vorbei ist oder wir nur in einer wärmeren Zwischenphase leben. Gewiß zeichnet sich zu dieser Zeit auch ein deutlicher Kulturwandel in weiten Teilen Europas ab, doch hat die Menschheit einen klimatischen Wandel ähnlicher Art im Laufe ihrer Urgeschichte mehrfach erlebt, ohne daß Vergleichbares beobachtet werden könnte. Auf einem anderen kulturellen Niveau war offenbar auch die Reaktion eine andere: Wo aus der kulturellen Anpassung an die Umweltbedingungen eine Extremspezialisierung geworden war, konnte es zu einer Art vornehmlich ökonomisch-ökologischen Fixierung kommen, die es erschwerte und oftmals gar nicht mehr gelingen ließ, sich auf einen erneuten Wandel der Verhältnisse ein- und umzustellen. So hat – so paradox es zunächst klingt – die Klimabesserung am Ende der älteren Steinzeit für die spezialisierten Jäger nicht – wie man zunächst glauben möchte – eine Besserstellung bedeutet, sondern eher weithin katastrophale Auswirkungen gehabt: Unbeweglichkeit und Abhängigkeit sind offensichtlich der Preis, den der Mensch nicht selten für die Vorteile einer extremen künstlichen Anpassung zu zahlen hat. Im nacheiszeitlichen Europa jedenfalls gelang nur wenigen Gruppen eine Umstellung auf die neue Umwelt mit ihren immer mehr sich verdichtenden Wäldern und einer gegenüber dem Eiszeitalter veränderten Tierwelt.

Hatten wir uns für die Anfänge der Menschheit auf Funde in Afrika zu konzentrieren und können wir erst für die Zeit der ältesten Bildkunst eine eindeutige Verlagerung des kulturellen „Fortschritts“ nach Europa beobachten, so erfolgen wirklich zukunftsträchtige Entwicklungen wirtschaftlicher Art in der frühen Nacheiszeit oder auch noch etwas davor wiederum in anderen und gleich weit voneinander entfernten Gebieten: in Vorder- und Kleinasien einerseits, in Mittelamerika andererseits. Für weite außereuropäische Erdgebiete bringt jedoch erst diese Zeit eine wirkliche Entfaltung jägerischer Kulturen: In den Steppen und Savannen Afrikas sind sie überall verbunden mit einem Reichtum an Felsbildern, der nach der Zahl Europa weit in den Schatten stellt; Amerika wird in voller Breite von jägerischen Kulturen durchdrungen, wobei nicht nur die wildreichen Grasländer in Besitz genommen werden, sondern in geschickter Anpassung auch kargere Gebiete, vor allem die wüstenähnlichen Trockenzonen im Südwesten der Vereinigten Staaten und in Mexiko.

Die erwähnte Bewaldung Europas in der Nacheiszeit unterlag zwar gewissen Veränderungen infolge von Klimaschwankungen; aber die große Lichtung der Wälder wurde im wesentlichen erst nach und nach vom Menschen herbeigeführt. Ähnlich steht es auch für den Vorderen Orient, wo für die hier interessierende Zeit mit beträchtlich größeren Baumbeständen und sonstigem Pflanzenbewuchs zu rechnen ist als heute, in einzelnen Gebieten sogar mit umfänglicheren Vorkommen von Eichen, Tannen, Walnuß-, Feigen- und Mandelbäumen sowie Pistazien, Wacholder, Zürgelbaum und Prosopis. Erst die Rodung für den Ackerbau, der Einschlag für Bau- und Brennmaterial und der Verbiß durch Tierweide werden den Baum- und Strauchwuchs allmählich zerstört, den Grundwasserspiegel gesenkt und den (vielleicht ohnedies durch Überkultivierung erschöpften) Boden immer stärker der Erosion ausgesetzt haben.

Von besonderer Bedeutung ist für das 9. und 8. Jahrtausend v. Chr. eine zumal in Palästina verbreitete Gruppe, die noch keine Töpferei kennt, aber Gefäße, die aus Stein herausgepickt und leicht überschliffen sind. In der Nahrungswirtschaft hat die Jagd sicher noch eine wichtige Rolle gespielt, an einigen Stellen auch der Fischfang. Konkrete Belege für Pflanzenanbau fehlen. (Die hier erstmals zu beobachtende glänzende Patinierung der Schneiden schmaler Klingen entsteht nicht nur, wenn damit Halme von Getreide geschnitten werden, sondern auch sonst beim Schneiden von Gräsern, Schilf oder dergleichen.) Als Wohnung dienen zwar in einigen Gebieten Höhlen und Felsenschutzdächer; aber bezeichnend sind vor allem rundliche Wohnbauten, deren Fundamente und untere Wandteile aus Steinmauerwerk aufgeführt sind. Außer ihrer Stabilität spricht der mehrfache Um- und Ausbau für eine ständige oder wiederholte Benutzung über eine längere Dauer. Der Eindruck des Stetigen wird verstärkt durch einen komplizierten und aufwendigen Grabbau mit Steinpackungen und Steinsetzungen von einer gewissen rohen Monumentalität. Er dient vornehmlich kollektiven Körperbestattungen, aber auch Teilbestattungen (Schädel und Gliedmaßen), und deutet eine Heraushebung einzelner Toter an. Sehen wir von einigen Formen von kleinen Steingeräten ab, sind alle wichtigen und entscheidenden Züge dieser Kultur (und im übrigen sogar der Menschentypus) neu in diesem Gebiet.

Jäger, Lastenträger und Giraffen. Felsmalerei aus Südrhodesien.

Eine geradezu explosive Entfaltung erfährt diese Kulturgruppe an der reichen Quelle von Jericho, d. h. in einer damals ähnlich wie heute halbtrockenen Klimazone mit heißen Sommern. Noch zu Ende des 8. Jahrtausends v. Chr. wurde dort eine kleine, aber schon dauerhafte Siedlung auf eine Fläche von etwa 4 Hektar vergrößert. Die dichte Bebauung läßt mit einer Einwohnerzahl von weit über tausend, vielleicht mehreren Tausend Menschen rechnen. Spätestens im frühen 7. Jahrtausend v. Chr. wurde dieses Siedlungsareal durch eine bis zu 1,75 m mächtige Mauer aus Steinen befestigt, hinter der an einer Stelle ein kegelstumpfförmiges Bauwerk von 9 m Durchmesser und heute noch mehr als 8 m Höhe zu Tage kam. Zwischen ihm und der Mauer befindet sich eine Anzahl von lehmverputzten Kammern, die möglicherweise Speicherungsbecken für Wasser gewesen sind. Der Pflanzenanbau mit Getreiden und Leguminosen hat sich hier gewiß nicht betreiben lassen ohne die Nutzung der Wasser einer heute noch reichlich sprudelnden Quelle.

Diese frühe Großsiedlung fand ein abruptes Ende, und auf eine nur unbedeutende und unbefestigte „Zwischensiedlung“ (ohne Siedlungskontinuität nach vorwärts oder rückwärts) folgte noch

Jericho: Schädel ohne Unterkiefer, über den in Gips die porträthaften Züge eines Menschen modelliert sind; solche Schädel werden – wohl als Zeugnisse eines Ahnenkults – teilweise in Gruppen beieinander gefunden (in den älteren Schichten auch ohne die Übermodellierung), und damit korrespondieren Gräber, in denen Tote mit Unterkiefer, aber ohne den Schädel beigesetzt sind.

früh im 7. Jahrtausend eine weitere Großanlage. Statt der alten kleinen Rundbauten werden jetzt Rechteckhäuser üblich, teilweise mit einer Art kleiner Vorhalle („Megaron-Typus“) und gelegentlich Nebengelassen. Sie sind auch aus einer anderen Art von Lehmziegeln errichtet, und ein hellfarbiger, hartgebrannter und polierter, teilweise gefärbter Stuck überzieht die Fußböden und geht mit gerundetem Übergang am unteren Teil der Wände hinauf. Einige wenige Gebäude scheinen besonderen Zwecken gedient zu haben, auch solchen kultischer Art; aus einem komplizierten und größeren Bau stammen Figuren, die anscheinend kleine Horntiere darstellen. (Im übrigen ist jetzt – wiewohl in geringem Umfang – die Domestikation der Ziege anzunehmen, und auch der Haushund ist vertreten.).

Angesichts der imponierenden Anlage von Jericho drängt sich das Wort „Stadt“ geradezu auf. Gegeben ist zweifellos eine dichte Zusammensiedlung einer größeren Menschenmenge, und der planvolle Mauerbau spricht für ein nicht geringes Maß an Organisation; hingegen kennen wir keine eindeutigen Hinweise auf weitere als städtisch angesehene Strukturmerkmale, etwa auf eine weitgehende Lösung der Bevölkerung von der Urproduktion an Nahrungsmitteln, eine gewerbliche Arbeitsteilung und einen wirklich ins Gewicht fallenden Handel, eine differenzierte – gar eine geschichtete – Gesellschaft oder eine Funktion der Siedlung als Mittelpunkt eines Hinterlandes wirtschaftlich-gesellschaftlich einfacherer Art, das wesentlich zur Versorgung hätte beitragen können.

Anders steht es südlich des Toten Meeres mit einer kleineren Siedlung auf einer Düne, die künstlich durch eine Mauer gestützt wurde und in etwa fünf Kilometer Entfernung von der nächsten Quelle liegt, jedoch in der Nähe von Tümpeln und Staubecken in felsigem Gebiet und Anschwemmungsland, die zusätzlich Wasser lieferten und Pflanzenbau gestatteten. Sie zeigt unter anderem einige Rechteckhäuser, die praktisch nur aus einem mittleren Korridor bestehen, zu dessen beiden Seiten je drei kleinere Räume von nur 1 × 1,50 m liegen, die durch kräftige Steinmauern getrennt sind und deren Inhalt eher für Werkstätten als für Wohnstellen spricht und gewisse Spezialisierungen erkennen läßt: Bearbeitung von Horn in den einen, in anderen vornehmlich Knochen, Werkzeuge und Perlen aus Stein, Knochen und Muscheln in verschiedensten Stadien der Fertigung, in wieder einem anderen offenbar Zerlegung von Tierkörpern – offensichtlich so etwas wie ein kommunales Zentrum mit handwerklicher Arbeitsteilung, also Zeichen für eine innere Struktur, wie wir sie in der Großsiedlung von Jericho gefühlsmäßig eher erwarten würden, aber im Befund vermissen. Der Eindruck wird verstärkt durch abseits der eigentlichen Siedlung gelegene besondere Bauwerke, deren größtes im Inneren mehrere eingelassene große Blöcke aufweist und dazu außerhalb der Südwand ein großes, flaches, annähernd dreieckiges Becken aus einer einzigen Sandsteinplatte von nahezu 3 × 4 Metern, darum die Reste einer Einfassung mit rundlichen Ecken und darin eine verbrannte Stelle und Knochenfragmente: ganz offensichtlich ein Kultbau.

Was uns hier in der Frühzeit von Bodenbau und Tierzucht entgegentritt, entspricht nicht den gängigen Erwartungen einer allmählichen Entwicklung von kleinen, dorfartigen Anlagen zu größeren städtischen Siedlungen und parallel dazu einer Entfaltung zu komplizierterer innerer Struktur. Gegenüber einem besser bekannten Dorf der erwähnten frühen Gruppe in Palästina, das durchweg etwa 100 Einwohner gezählt haben mag, zeichnet sich zwar in der stark befestigten Großsiedlung von Jericho eine geradezu sprunghafte Zunahme ab; aber ob der quantitativen Steigerung auch eine qualitative Änderung entsprach, ist eine andere Frage. Jedenfalls zeigt das Nebeneinander der Großsiedlung von Jericho und der kleineren Anlage südlich des Toten Meeres, daß Größe und innere Struktur – wenigstens nach unseren bisherigen Kenntnissen – auch in dieser Frühzeit nicht unbedingt übereingehen. In seiner Art steht Jericho bislang noch allein, und zudem findet es auch noch vor 6.000 v. Chr. ein jähes Ende und bleibt zumindest am Ort ohne Fortsetzung. Es kann nicht – wie oft vorschnell behauptet wird – als Anfang und Wurzel späterer Stadtkultur angesehen werden! Wir haben es vielmehr mit einer Erscheinung zu tun, die – gemessen an einigen gängigen Vorstellungen – ebenso wie einige andere und spätere Erscheinungen „der Entwicklung vorauseilt“: Eine Gruppe hatte offenbar die natürlichen und die jeweiligen technischen Bedingungen bis zum äußersten genutzt, bis an Grenzen, die wohl auch ein Element der stetigen Gefährdung in sich trugen.

Im übrigen bildeten spätestens im 7. Jahrtausend v. Chr. Klein- und Vorderasien ein wichtiges Zentrum von Pflanzenanbau und Tierzucht. Als Kulturpflanzen bezeichnend sind Weizen (Emmer und Einkorn), Gerste und Leguminosen (vor allem Erbsen und Linsen); als Objekte des Sammelns, vielleicht auch einer pfleglichen Behandlung, standen verschiedene Baum- und Strauchfrüchte zur Verfügung, zumal Pistazien und Eicheln, ferner die bohnenartigen Früchte von Prosopis und die des Zürgelbaumes, wahrscheinlich auch Feigen, Mandeln und Walnuß. Als Haustiere sind neben dem Hund zunächst Schaf und Ziege bezeugt; die Domestikation des Rindes hingegen ist nicht vor dem 6. Jahrtausend belegt, während das Hausschwein vielleicht ein wenig früher, jedoch ebenfalls nicht vor dem Aufkommen der Töpferei festgestellt werden kann.

Daß spätestens seit dem 7. Jahrtausend v. Chr. in Klein- und Vorderasien Bodenbau und Viehzucht belegt sind, besagt indes noch nicht, daß die neue Wirtschaftsweise hier selbständig entwickelt worden wäre. Ob wir mit den frühen Belegen den Anfängen des Pflanzenanbaus in diesem Raum nahe sind und dabei das Getreide eine primäre Rolle gespielt hat, ist nicht bündig zu beweisen. Vielleicht gingen ihm – hier oder eher in der Nachbarschaft – noch ähnliche und einfache Formen voraus, wie wir sie aus Amerika kennen und sie sich für Südasien abzuzeichnen scheinen. Auch ist möglich, daß die erste Domestikation von Horntieren sich eher in nördlicheren oder nordöstlicheren Bergländern abgespielt hat und demnach Getreideanbau und Hornviehzucht nicht von vorneherein zusammengehörten, obwohl sie in den frühen Funden bereits fast regelmäßig gemeinsam vorkommen. Daß jedoch Klein- und Vorderasien spätestens im 7. Jahrtausend v. Chr. ein wichtiges Zentrum von Pflanzenanbau und Tierzucht gebildet haben, ist füglich nicht zu bezweifeln.

Abgesehen von besonders begünstigten Quelloasen und Lagen bei natürlichen Wassersammelbecken, wie sie oben skizziert wurden, liegen im Vorderen Orient die frühesten Zentren des Ackerbaus und der Viehzucht im Bereich der Gebirgslandschaften und der Stufenplateaus am Rande des „Fruchtbaren Halbmonds“, also in Gebieten, in denen eine ausreichende Menge von Niederschlägen einen Regenfeldbau gestattet. Die höchst niederschlagsarmen Gebiete der großen Flüsse, die zur Urbarmachung der Bewältigung und der Verteilung von überschüssigen Wassermassen bedürfen, sind hingegen erst später besiedelt worden.

Dieses Bild gilt im wesentlichen auch noch für die Zeit des ersten Auftretens der Töpferei, das spätestens zu Beginn des 6. Jahrtausends v. Chr. einsetzt und nach den gängigen Definitionen den Beginn der vollen Jungsteinzeit bedeutet. Es zeichnet sich nun bald eine gewisse Entwicklung in die Breite, eine gewisse Füllung der Räume mit bäuerlicher Kultur ab. Trotz der Tradition mancher Züge im Nahen Osten ist zu beachten, daß an allen hierfür in Frage kommenden Lokalitäten bisher keine echte Fortdauer von der „vor-keramischen" zur „keramischen" Periode dieses Raumes nachzuweisen ist, oft genug jedoch ein Abbrechen oder eine Unterbrechung der Siedlungen: Das spricht nicht gerade für eine vollkommen bodenständige Entwicklung, sondern eher für Störungen oder Einwirkungen aus anderen Bereichen, aus denen auch neue Kulturelemente gekommen sein mögen.

Die als Grenzmarke gewählte Töpferei ist in Japan bereits für das 8. Jahrtausend v. Chr. bezeugt, vielleicht sogar noch früher, wahrscheinlich im 7. Jahrtausend auch in Südasien. Ob ihr Auftreten in Vorderasien (ebenso wie die Schweinezucht?) irgendwie mit östlicheren Quellen und Impulsen zu verbinden ist, muß jedoch noch offen bleiben. Die Töpferei gilt vielfach als ein mehr äußerliches Merkmal, dem keine größere Bedeutung beizumessen ist. Indes dürfen wir nicht übersehen, daß sie die erste wirkliche Nutzung eines künstlich (durch Hitze) hervorgerufenen chemischen Umwandlungsprozesses an anorganischem Material darstellt. Tongefäße haben sicherlich zu mancherlei Zwecken gedient, z. B. dem Aufbewahren von Flüssigkeiten und Nahrungsmitteln; doch werden wir als wichtigste Funktion das Kochen ansehen dürfen, das auf diese Art leichter und intensiver möglich war als mit anderen Mitteln. Es läßt manche

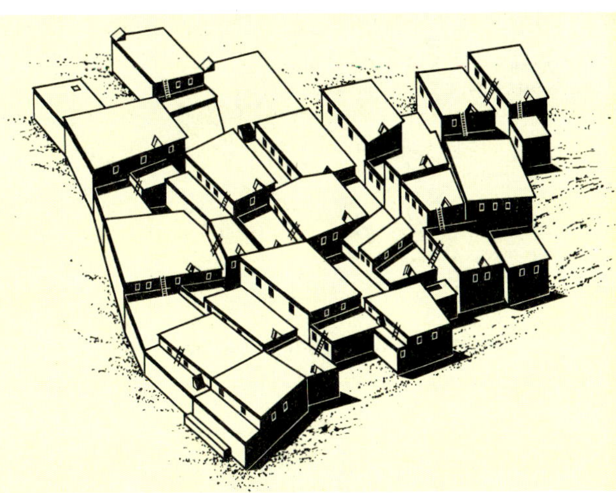

Çatal Hüyük (Türkei): Schematische Teilrekonstruktion der Siedlung des 6. Jahrtausends v. Chr.

Nahrungsmittel ganz anders verwenden und sonst schwer oder gar nicht verdauliche Bestandteile aufschließen und trägt damit bei zu einer Bereicherung der Ernährungsgrundlage: Neben eine vergrößerte Produktion tritt die bessere Auswertung. Vielleicht hat das erst die Voraussetzung, zumindest aber einen Anreiz für die Nutzung und den Anbau bestimmter Pflanzen geboten und steht so doch in einem gewissen ursächlichen Zusammenhang mit der breiteren Entfaltung einer Bodenbau- und Viehzuchtwirtschaft.

Das gängige Bild von einer dörflichen Siedlung aus mehr oder weniger locker gruppierten Einzelbauten beruht vielleicht zu einem großen Teil lediglich auf unvollständigen Ausgrabungen. Neuere Forschungen zeigen mehr und mehr einen engen zellenartigen Aneinanderbau, der sich kaum anders als eine komplizierte und mit mehrstöckigen Teilen über die anderen herausragende Baueinheit rekonstruieren läßt. Mögen diese Siedlungen in der Regel nicht allzu groß gewesen sein, gibt es doch bemerkenswerte Ausnahmen, von denen vor allem Çatal Hüyük in der Konya-Ebene (Türkei) hervorgehoben und skizziert zu werden verdient.

Zu Ende des 7. Jahrtausends entstand hier in der Nähe eines Flusses eine große Siedlung mit extrem dichter Zusammenballung eng aneinandergebauter Räume von weitgehender Einheitlichkeit des Planes und der Ausstattung und sogar der Ziegelgröße (Abb. oben). Wohnungen nebst Vorratskammern und sonstigen Nebengelassen und gleichartig gestaltete Räume mit zusätzlicher Ausstattung künstlerischer und kultischer Art sind Wand an Wand aneinandergebaut, das Ganze ohne Außentüren, so daß die Bauten nur über das Dach mit Leitern zugänglich waren. Längs der Wand liegen plattform- und bankartige Erhebungen, die Schlafplätze für etwa 6–8 Personen je Wohnraum boten. (Insgesamt darf man für Çatal Hüyük mit bis zu

Çatal Hüyük: Wandmalerei mit der Darstellung eines Stadtplans und einem Vulkan im Hintergrund. Etwa 6200 v. Chr. Rekonstruktionszeichnung nach James Mellaart. Der Plan zeigt keinerlei Straßen, woraus man schließen kann, daß es sich um Terrassenbau handelt. Die Menschen gelangten vom Dach in ihre Wohnung.

Çatal Hüyük: Umzeichnung einer Wandmalerei, die im Original in brauner, roter und weißer Farbe ausgeführt ist.

3000 Einwohnern rechnen.). Der Anteil an „Kulträumen“, die aber offenbar auch zum Wohnen dienten wie die anderen, ist außerordentlich hoch. In einer Schicht entfällt auf zwei bis drei Wohnräume ein „Kultraum“ mit reicher Ausstattung durch Malerei und Reliefplastik an jeweils regelmäßig wiederkehrenden Stellen: u. a. große menschliche Figuren zumeist an den Westwänden, aus dem Putz herausgeschnittene Figuren von Stieren dagegen an den Nordwänden. In der Malerei spielen neben ganzen Jagd- und Kultszenen vornehmlich Geier eine große Rolle; Knochenschädel von Geiern sind in Brüsteplastiken eingearbeitet, Rinderschädel in Stierkopfplastiken oder echte Hörnerpaare solchen Skulpturen aufgesetzt oder auch sonst reihenweise angeordnet; in Großrelief und Kleinplastik spielten Leoparden eine Rolle, auch in Verbindung mit kleinen Menschenfiguren, zumal weiblichen, die deutlich eine Fruchtbarkeitssymbolik darstellen. Vor einigen Geierszenen und Stierhäuptern waren menschliche Schädel niedergelegt, vor einem Relief Körner, Samen und eine Statuette, vor einem anderen Schafsknochen, Dolche und Lanzenspitzen. Die Toten sind sekundär, d. h. nach vorheriger Beisetzung verschiedener Dauer an einem anderen Platz, unter den Plattformen bestattet, und zwar die Frauen stets unter der großen Hauptplattform nahe dem „Küchenteil“, die Kinder bei den Frauen oder unter anderen Plattformen, niemals aber bei den Männern, deren Platz nicht so streng festgelegt ist wie der der Frauen.

Im übrigen ist die Töpferware noch außerordentlich einfach; unvergleichlich besser hingegen sind Holzgefäße gearbeitet, darunter feine Schalen- und Becherformen, und auch Steingefäße, z. B. solche mit schmalem und langem Ausguß, die ebenso von einem hohen Stand der Schleiftechnik zeugen wie Paletten und Perlen und vor allen Dingen polierte Spiegel aus Obsidian. Reste von offenbar komplizierten Geweben sowie Schnüren und Fäden liegen vor, und die Wandmalereien zeigen farbige und vielfältig gemusterte Textilien. Das Rohmaterial wurde teilweise aus einiger – aber nicht zu großer – Entfernung herbeigeschafft: Grünstein und Obsidian ganz aus der Nähe, Kalkstein von den Fußhügeln am Rand der Ebene, Alabaster wohl aus der Gegend von Kayseri, weißer Marmor aus Westanatolien, Kupfer, Hämatit, Limonit, Mangan, Bleierz und Lignit von noch nicht bestimmten Lagerstätten, vielleicht vom Taurusgebirge, dazu Muscheln aus dem Mittelmeer.

Insgesamt drängt sich für einen solchen Befund wie bei Jericho unwillkürlich das Wort „Stadt“ auf; auch hier aber wird man ähnliche Einschränkungen machen müssen. Im großen und ganzen dürfte sich nicht nur in den kleineren Siedlungen das Zusammenleben weiterhin vornehmlich in kooperativ-demokratischen Formen abgespielt haben; vielmehr sind auch in den Großsiedlungen Merkmale, die auf die Existenz einer geschichteten Gesellschaft hinweisen, nicht klar ausgeprägt. Auch Strukturmerkmale spezifisch städtischer Art sind – abgesehen von der Zusammenballung einer größeren Menschenmenge – nicht eindeutig festzustellen. Immerhin sind Waffen, Geräte und Schmuck in Çatal Hüyük von solcher Art, daß man bezweifeln muß, daß sie lediglich einem bäuerlichen Hausfleiß zu verdanken sind und nicht spezialisierten Handwerkern; auch läßt der Gesamtbefund ein hohes Maß an Planung und Ordnung erkennen, so daß für die Beschaffung der Güter, die Planung und Verteilung wenigstens eine teilweise Freistellung eines Bevölkerungsteiles von der Urproduktion anzunehmen ist.

Im übrigen lenkt das Bild von Çatal Hüyük und anderen Siedlungen fast unwillkürlich den Blick auf die indianischen „Pueblos„ im Südwesten der USA, die ein gutes Beispiel dichter Zusammensiedlung und engen zellenartigen Aneinanderbaus auf der wirtschaftlichen Grundlage von Bodenbau mit noch großer Bedeutung von Jagd und Sammeln in einem recht trockenen Gebiet liefern. Sie kön-

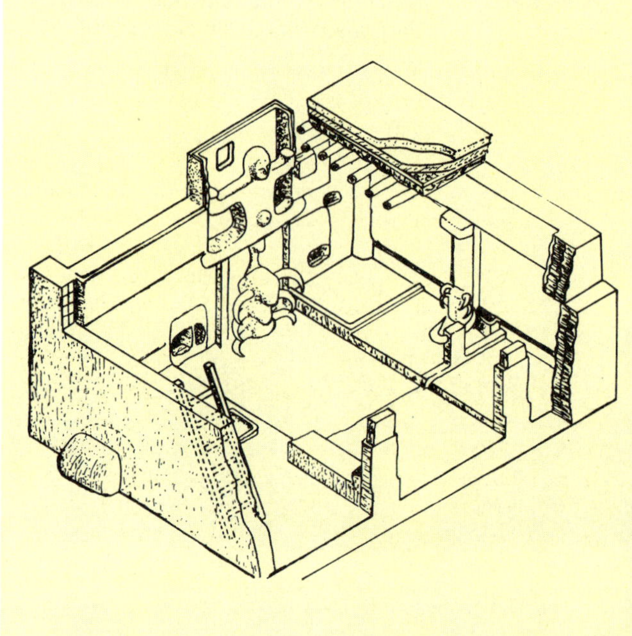

Çatal Hüyük: Rekonstruktion des Inneren eines „Heiligtums“. Die Bauten in Çatal Hüyük hatten keine Außentüren und waren nur über das Dach mit Leitern zugänglich. Die Kulträume waren mit Malerei und Reliefplastik ausgestattet.

nen bis zu einem gewissen Grad ein Modell für funktionale Zusammenhänge oder ähnliche Grundvoraussetzungen bieten, auch in Hinblick auf eine große Anzahl von Zeremonialräumen innerhalb der Siedlung. Jeder dieser Pueblos ist eine politisch autonome, innerlich eng geknüpfte Einheit, und zugleich stellen diese Siedlungen die jeweils oberste politische Einheit dar, deren Lenkung in der Hand gewählter Oberhäupter und nicht etwa einer bestimmten Oberschicht liegt.

Im allgemeinen wird angenommen, daß der Pflanzenanbau aus der weiblichen Tätigkeit des Sammelns hervorgegangen sei, die Viehzucht aus der männlichen Jagd. Jedenfalls hat die wirtschaftliche Bedeutung der Frau mit dem Pflanzenanbau ganz beträchtlich zugenommen, so daß man hierin auch nach Wurzeln für jene Erscheinungen gesucht hat, die unter dem Wort „Mutterrecht" zusammengefaßt werden. Für Çatal Hüyük zeigen die Bestattungsbräuche, daß dort zumindest das Mutter-Kind-Verhältnis besonders betont war: Konsequenzen für das Verwandtschaftssystem und den Gedanken an die Erbfolge in mütterlicher Linie, den Kern des „Mutterrechts", liegen nahe; hingegen deutet der geringe Grad einer Festlegung des männlichen Bestattungsplatzes darauf hin, daß die Stellung des Mannes weniger fest war und die Männer – wie unter solch „mutterrechtlichen" Bedingungen weithin üblich – an den Wohnort der Frau zogen. Dafür sprechen auch zahlreiche Analogien, nach denen es zu solchen Einrichtungen vornehmlich auf der Grundlage eines erhöhten wirtschaftlichen Beitrages der Frau und eines weiblichen Verfügungsrechtes über Wohnung und Ackerboden kommt. Wie weit das in Çatal Hüyük und überhaupt im frühen Neolithikum im einzelnen ging, muß dahingestellt bleiben. Es ist aber anzunehmen, daß es ein Nebeneinander und eine Auseinandersetzung vater- und mutterrechtlicher Ordnungsprinzipien gegeben hat, ohne daß der archäologische Befund viel darüber aussagen könnte. (Auch die Pueblos bieten im übrigen ein Musterbeispiel mutterrechtlicher Sippenverfassung, ohne daß die Frau im öffentlichen oder privaten Leben eine besondere Rolle spielte, geschweige denn, daß es so etwas wie weibliche Häuptlinge oder Priester gäbe: Die Zelle der Gesellschaft ist eine durch Verwandtschaft zusammengehaltene Hausgemeinschaft mit Landbesitz, die in der Regel aus einer Mutter mit den Töchtern und gegebenenfalls auch Enkelinnen sowie deren unverheirateten Brüdern und ihrem Mann und den Männern der Töchter besteht.)

Wie im gesellschaftlichen Bereich, dürfen wir auch im religiösen mit einer Vielfalt von Formen rechnen, indes auch wieder damit, daß Religion mit anderen Bereichen des Lebens eng verflochten ist: So werden die Änderungen der wirtschaftlichen und gesellschaftlichen Bedingungen die Ausprägung bestimmter religiöser Konzeptionen beeinflußt haben. Gewiß erfuhr die geistige Verbindung mit dem Tier eine Umgestaltung, ist aber deswegen keineswegs verschwunden und zeigt sich manchmal in Verbindung mit dem Weiblichen; der sicherlich ältere Gedanke an weibliche Fruchtbarkeit kann jetzt mit der Fruchtbarkeit der Felder und der Pflanzen verbunden werden. Die Frauenfigürchen der frühen Jungsteinzeit zeigen teilweise ausgesprochene Fruchtbarkeitsgesten, in Çatal Hüyük auch die Geburt, und aufs Ganze eine solche Ausprägung des „Mütterlichen", daß die Deutung als „Große Mutter" bei einem guten Teil berechtigt sein wird.

Der schon früh zu beobachtende ausgeprägte Schädelkult ist zumeist mit Ahnenverehrung verknüpft, und ein wichtiger Zug ist dabei der Glaube an eine Verbindung der Toten mit der Fruchtbarkeit der Erde. Es fehlt nicht an Anzeichen für Menschenopfer und auch für Kannibalismus. Sein Sinn dürfte wie bei vergleichbaren heutigen Kulturen auf agrarischer Grundlage durchweg die Aneignung von Kräften und Eigenschaften der Verzehrten sein. Manche Befunde weisen auch auf Vorstellungen hin, die sowohl in der Grundschicht historischer Hochkulturen der Mittelmeerwelt noch aufscheinen als auch bei Pflanzervölkern heutiger Zeit lebendig sind in Geheimbundfeiern, Einführungsritualen, Opfern, Totenfesten und Fruchtbarkeitsvorstellungen, zumal in Verbindung mit dem Wachsen und Reifen der kultivierten Pflanzen: Es besteht ein untrennbarer Zusammenhang von Tod und Töten, Zeugung und Fortpflanzung, Kulturpflanzen und Fruchtbarkeit.

Neben weiblicher Symbolik fehlt die männliche nicht vollkommen, ist aber seltener und scheint eher mit den Symbolen des Stieres und der Axt verbunden zu sein. Es mangelt auch nicht an Hinweisen darauf, daß man an Verwandtschaftsverhältnisse zwischen den höheren Wesen dachte, etwa an die Erdmutter und Fruchtbarkeitsgottheit mit ihrer Tochter, dem jungfräulichen Mädchen, und natürlich auch mit einem männlichen Prinzip, z. B. einer Himmelsgottheit als Mann der Erdmutter und Vater des göttlichen Mädchens.

In deutlichem Kontrast zu diesem Bild, das für das 7. und 6. Jahrtausend v. Chr. in Klein- und Vorderasien doch schon einen gewissen Reichtum zeigt, stehen die gleichzeitigen (und noch späteren) Funde mit Zeugnissen für frühen Bodenbau in Amerika. Während zu Ende des Eiszeitalters und in der frühen Nacheiszeit die großen und wildreichen nordamerikanischen Ebenen verhältnismäßig schnell von Großwildjägern erfüllt wurden, formten sich daneben in Trockengebieten im Westen von Oregon bis in das Tal von Mexiko die sogenannte „Wüstenkultur" und einige ihrer Varianten: Die Häufigkeit von Mahl- und Reibsteinen und einige andere Beobachtungen sprechen dafür, daß hier eine intensive Ausnutzung auch der vegetabilischen Nahrungsmittel in kärglichen Lebensgebieten erfolgt ist.

In einem Teilbereich in Mexiko liegt nach heutigen Kenntnissen das früheste Zentrum des amerikanischen Bodenbaus: Kultivierte kürbisartige Pflanzen, darunter der Flaschenkürbis und der amerikanische Pfeffer, sind bereits in das 7. und 6. Jahrtausend v. Chr. zu datieren, während gewisse Bohnensorten vielleicht nur als Wildpflanzen gesammelt wurden, im 5. und 4. Jahrtausend jedoch ebenso als Anbaupflanzen belegt sind wie weitere Kürbisarten; vom Amaranth muß noch offen bleiben, ob er jetzt schon kultiviert wurde oder erst etwas später; der Mais ist mit einer Variante mit äußerst kleinen Kolben, wahrscheinlich dem lange unbekannt gebliebenen Wildmais, schon seit dem Ende des 6. Jahrtausends vertreten und spätestens im 4. Jahrtausend mit eindeutig kultivierten Varianten.

Jagen und Sammeln haben neben dem Anbau offenbar eine wichtige Rolle gespielt, und die Kulturpflanzen dürften zunächst etwas mehr Zusätzliches gewesen sein und das grundlegende Gefüge nicht entscheidend verändert haben. Sie gewinnen nur langsam an Bedeutung, und erst seit dem 2. Jahrtausend v. Chr. ist in Mittelamerika eine wirklich effektive pflanzerisch-dörfliche Wirtschafts- und Siedlungsweise belegt. Ähnliches gilt auch für Südamerika, wo anscheinend mit einer gewissen Verzögerung ebenfalls der Maisbau nach unseren derzeitigen Kenntnissen jünger ist als die Kultivierung von Kürbissen und auch von Leguminosen (und dem zeitlich noch nicht genauer festzulegendem Anfang des Kartoffelanbaus und der Kultivierung des Manioks spätestens um 1.000 v. Chr.).

Erst nach einer längeren Anlaufperiode

Çatal Hüyük: Keramische Plastik, eine sitzende Frau zwischen zwei Tieren darstellend.

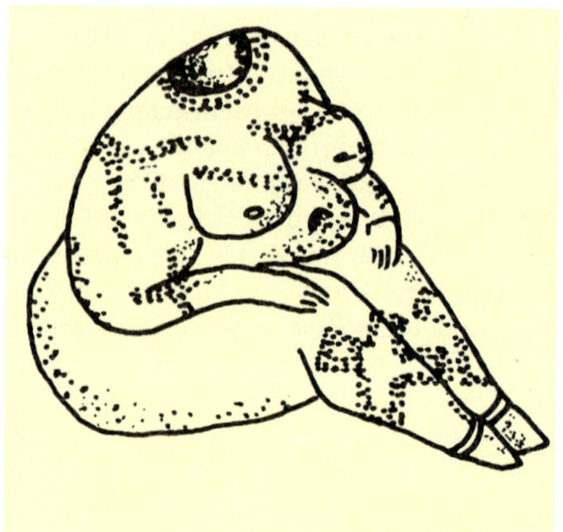

Çatal Hüyük: Keramische Plastik

wird also in Mittel- und Südamerika ein Stadium erreicht, das sich den stabileren frühen Bodenbaukulturen Klein- und Vorderasiens ungefähr vergleichen läßt, aber der Viehzucht vollständig entbehrt. Sie hat überhaupt für das prähistorische Amerika kaum eine Rolle gespielt, und selbst die einzige wirklich ins Gewicht fallende tierzüchterische Leistung, die Lamahaltung, tritt offenbar verhältnismäßig spät auf. Damit mangelt der Neuen Welt ein historisch so bedeutsames dynamisches Element wie das Hirtennomadentum; vielleicht ist daraus auch manche Eigenart, der in mancher Hinsicht pflanzerisch-„barbarische" Charakter der späteren amerikanischen Hoch- und Stadtkulturen zu verstehen.

Nicht die allseits bekannten amerikanischen Hochkulturen waren es, die in vorkolumbischer Zeit wichtige Grundsteine für eine weltgeschichtliche Bedeutung gelegt haben, denn ihre an sich gewiß großartigen Schöpfungen sind ohne nennenswerte Fortwirkung untergegangen; vielmehr haben die vorhochkulturellen urgeschichtlichen Indianer mit ihrer Pflanzenkultivierung eine Leistung von nicht geringer weltgeschichtlicher Wirkung vollbracht: Ohne die dort und damals erstmals angebauten Pflanzenarten könnten wir uns die heutige Landwirtschaft in der Alten Welt gar nicht mehr recht vorstellen – ohne Kartoffeln, ohne Mais und Maniok (letztere für Afrika sehr wichtig) und einige weniger entscheidende Pflanzen und Genußmittel wie Kakao, Vanille und Tabak. Diese Pflanzen haben nicht wenig zu einer Steigerung der agrarischen Leistungsfähigkeit Europas beigetragen und damit zur Grundlegung für die neuzeitliche Bevölkerungsentfaltung und der für die Industrielle Revolution unabdingbaren massenhaften Lösung von Menschen von der Tätigkeit in der Urproduktion von Lebensmitteln.

Archäologisch noch kaum belegt, aber aufs Ganze gesehen von nicht geringer Bedeutung ist auch die Kultivierung von Stauden-, Wurzel- und Knollenpflanzen, ferner die Pflege und Beerntung von Fruchtbäumen. Kulturgeographische und völkerkundliche Argumente haben zu der Annahme eines Zentrums in Süd- und Südostasien geführt, näherhin in Vorder- und Hinterindien, d. h. in Räumen, in denen solche Wirtschaftsformen allenfalls noch in Überbleibseln festzustellen sind. Spätestens seit 10 000 v. Chr. gibt es aber in Teilen Südasiens Gruppen mit einem archäologisch undifferenzierten und urtümlichen Inventar, die als Ausgangspunkt einer solchen Wirtschaftsform denkbar sind. Neuere Funde aus dem 8. und 7. Jahrtausend liefern immerhin Reste einer Betel-Art, von Bohnen, vielleicht Erbse, Flaschenkürbis und Chinesischer Wassernuß, etwas später Pfeffer und verschiedenen Kürbisgewächsen. Bislang läßt sich nicht strikt nachweisen, daß diese Pflanzen bereits kultiviert wurden, und ebenso-

Çatal Hüyük: Bemaltes Relief aus dem sogenannten Leopardentempel. Breite etwa 1,80 m. Ca. 6000 v. Chr. Nach James Mellaart.

wenig ist eine Domestikation der manchmal in größerer Zahl angetroffenen Schweine zu belegen. Immerhin könnte sich aber hier ein weiteres und vielleicht sehr frühes Zentrum des Pflanzenanbaus abzeichnen.

Wie dem auch sei und wie immer sich auch die Frage einmal beantworten lassen wird, ob Pflanzenanbau und Viehzucht einen einmaligen Ursprung haben und allmählicher Ausbreitung über die Erde oder mehrfacher selbständiger „Erfindung" zu danken sind, die ältesten Spuren finden wir in mindestens zwei – vielleicht sogar drei – weit voneinander entfernten Erdgebieten mit sehr verschiedenen Voraussetzungen, Ausgangsbedingungen und Arten der Entfaltung. In der Nahrungswirtschaft selbst zeigen sich die Unterschiede vor allem darin, daß eine intensivere Tierzucht und eine Groß- und Herdentierhaltung sich lediglich im vorder- und kleinasiatischen Zentrum entwickelt, dieser wichtige Faktor jedoch Amerika und wahrscheinlich auch anderen Gebieten zunächst noch fehlt und der Pflanzenanbau dort auf Jahrtausende hinaus nach unseren bisherigen Kenntnissen eine eher bescheidene Rolle spielt.

AUFSTIEG ZU DEN FRÜHEN HOCHKULTUREN

Bereits in der „präkeramischen" und „frühkeramischen" Zeit des Vorderen Orients lassen sich gewisse Züge ertasten, von denen man früher geglaubt hat, sie seien den frühgeschichtlichen Hochkulturen vorbehalten. Indes geht es kaum an, diese älteren Ansätze als unmittelbare Anfänge späterer Hoch- und Stadtkultur zu sehen: Sie sind offenbar nicht zur Reife gelangt und haben zumindest keine Fortsetzung und Dauer gefunden; das blieb vielmehr jenen Wandlungen vorbehalten, die sich seit dem späten 6. Jahrtausend v. Chr. im Zweistromland und noch später in Ägypten abzeichnen.

Wiewohl damals der Gebrauch des Kupfers allmählich zunimmt, ist doch der Stein noch der hauptsächliche Rohstoff für Werkzeuge und Waffen. Der schon vorher verwendete Obsidian gewinnt an einigen Stellen eine besondere Bedeutung, und die Existenz einer Siedlung in Armenien dürfte sogar weitgehend auf der Ausbeute der lokalen Obsidian-Vorkommen beruhen, also auf einer gewissen wirtschaftlichen Lokalspezialisierung innerhalb des Verbindungsnetzes des Nahost-Raumes. Die Hinweise auf einen intensiveren Austausch werden jetzt deutlicher. Dazu mögen auch die zuvor nur gelegentlich (z. B. in Çatal Hüyük) auftauchenden Stempelsiegel gehören, die wahrscheinlich ebenso wie in frühgeschichtlicher Zeit zum Versiegeln der Umschnürungen von Warenballen oder Krugverschlüssen dienten: Man wird sie als Zeichen für zunehmende Kennzeichnung von Gütern ansehen dürfen, wie sie dort notwendig wird, wo diese nicht mehr nur beim Eigentümer aufbewahrt werden, z. B. bei einem regeren Güteraustausch und Handel, wie er jetzt auch Nord- und Südwest-Iran und mindestens Teile Anatoliens mit umfaßt hat.

Eine wichtige technische Neuerung ist der Kupferguß in der „verlorenen Form". Durch ihn werden die Eigenschaften und Vorteile dieses Materials, das schon in vorkeramischer Zeit bekannt war und durch Hämmern verarbeitet wurde, erst voll ausgenutzt. Mag man sich für bestimmte Waffenformen zunächst noch eines Heißschmiedeverfahrens bedient haben, so ist das für Querbeile mit Schaftloch und kupferne Stempelsiegel nicht mehr denkbar. Ob die Gußtechnik tatsächlich ins 6. Jahrtausend zurückreicht, erscheint noch nicht gesichert, aber für das 5. Jahrtausend ist sie bereits gut bezeugt. Auch die Bemalung der Keramik ist schon älter, erreicht aber erst im späten 6. und im 5. Jahrtausend einen Höhepunkt. Feinere Keramiksorten zeugen dabei von einer technischen Meisterung der Hitze und des Feuers, von einer Regulierbarkeit dieser Naturkraft, die das vorher Bekannte auf diesem Gebiet übertrifft. Zumal die hellgrundige Keramik zeigt eine solche Meisterschaft, daß sie kaum als das Ergebnis allgemeinen Hausfleißes angesehen werden kann, sondern eine gewisse Spezialisierung von Handwerkern voraussetzt.

Leider sind wir noch nicht in der Lage, ein wirklich geschlossenes Bild einer durchgehenden Entfaltung zu zeichnen, aber seit dem Beginn des 5. und bis in das 4. Jahrtausend hinein finden sich immer wieder Hinweise auf eine Ballung der Bevölkerung, obwohl die Siedlungsareale nicht jenes Maß erreichen, wie wir es aus früherer Zeit in Jericho und Çatal Hüyük kennen. Das zeigt sich zumal bei zwei befestigten Anlagen. In Hacilar (Südwestanatolien) wurde zu Beginn des 5. Jahrtausends der Ort einer älteren Siedlung ebenso rücksichtslos wie bewundernswert genau eingeebnet. Um ein Areal von etwa 150 m Durchmesser wurde eine Mauer mit der imponierenden Mächtigkeit von 4 m gezogen, die mit kleinen Vorsprüngen und eckigen Umbrüchen um einen offensichtlich freigebliebenen Innenraum verläuft. Hinter der Mauer lagen – eng aneinander und an die Mauer gebaut – rechteckige Räume mit ebenfalls sehr starken Wänden und darin ein Inventar von Herden, Mahlsteinen, Keramik und Matten, dahinter wiederum Höfe mit teilweise nur sehr kleinen Zugängen und auch darin Öfen, Gruben und Pfostenlöcher für Zäune. Heruntergestürzte Reste von Holz und Ziegeln bezeugen zumindest ein oberes Stockwerk. Ähnlich, wenn auch später, sind die besser zu erkennenden Verhältnisse in Mersin (jüdische Türkei), wo um die Wende vom 5. zum 4. Jahrtausend ebenfalls ältere Siedlungen eingeebnet und durch eine Anlage von vieleckigem Umriß ersetzt wurden.

Tonschüssel mit polychromer geometrischer Bemalung. Tell - Halaf - Kultur, um 4000 v. Chr.

Hacilar (Türkei): Keramische Plastiken.

Eine Mauer aus Lehmziegeln und Steinfundamenten besitzt kleine Vorsprünge an den Stellen, an denen sie die Richtung ändert, um eine anscheinend rundliche Anlage zu erreichen. Mächtige viereckige Fundamente, wohl für Türme, flankieren eine Torkammer. Auch hier bildet die Mauer zugleich die Außenwand von kasemattenartigen Doppelräumen, die einem einheitlichen Schema folgen: unmittelbar an der Mauer ein Wohnraum mit Herd, fest installiertem Mahlstein und größerem Vorratsbehälter sowie Gefäßen verschiedener Größe und Art, im „Hofraum" hinter diesen Kammern Haufen gebrannter rundlicher Lehmklumpen als Schleudermunition. (Die Schleuder war damals weithin die beherrschende Fernwaffe, während Pfeilspitzen hier wie an zahlreichen anderen Fundorten fehlen!). Vielleicht war der Platz der Verteidiger auf dem Dach der Kasemattenräume, denn zwei schmale, nach außen führende Schlitze in jedem der unteren Wohnräume waren als Schießscharten ungeeignet. Ein größeres Gebäude in der Nähe der Mauer hat bessere Keramiksorten geliefert und macht es wahrscheinlich, daß darin irgendwelche höhergestellte Persönlichkeiten oder Angehörige einer gehobenen Schicht gewohnt haben.

Eine Mindestdeutung, die am Gedanken einer ummauerten Siedlung festhält, hätte anzunehmen, daß die Bevölkerung in familialen Einheiten in den Kasematten wohnte und in diesem Rahmen als eine Art von Stadtmiliz zum Dienst in der Verteidigung bereitstand; hingegen könnte eine weitergehende Erklärung an eine reine Festung denken, deren Besatzung als eine Art stehenden Heeres von der Urproduktion losgelöst war und von anderen Bevölkerungsteilen versorgt werden mußte. Auf jeden Fall lebten hier die Einwohner wenigstens zum großen Teil unmittelbar am kriegerischen Einsatzort. Aus der ganzen Art der Anlagen und dem hohen Maß an Planung und Standardisierung spricht eine straffe Organisation, eine innere Struktur, die eher in Richtung auf eine differenzierte und arbeitsteilig organisierte, angesichts des Eindrucks von Ordnung und Disziplin vielleicht sogar stärker herrschaftlich betonte Gesellschaftsform deutet als etwa bei den sehr viel älteren befestigten Großsiedlungen von Jericho und bei Çatal Hüyük. Auch sonst begegnen uns verschiedentlich Hinweise auf eine wenigstens teilweise Lösung von der Urproduktion an Lebensmitteln, auf eine fortgeschrittene Arbeitsteilung mit echter gewerblicher Tätigkeit und wirklichem Handel, eine planvolle Lenkung und Ordnung und auf differenziertere Gesellschaftsformen: Wenigstens teilweise mag eine Schichtung bestanden haben und ein herrschaftlicher Stil, die wohl auch eine Bewirtschaftung menschlicher Arbeitskraft ermöglichten.

Die neue Wirtschafts- und Lebensweise der jüngeren Steinzeit, die im Vorderen Orient streng genommen fast von Anfang an eine Stein-Kupfer-Zeit gewesen ist, blieb nicht auf diesen Raum beschränkt, sondern griff in einem komplizierten Prozeß auch auf andere Erdgebiete über, spätestens seit dem 6. Jahrtausend auf das angrenzende Europa und zeitlich gestaffelt immer weiter über diesen Erdteil hin, was hier nicht geschildert werden kann. An innerem Rang steht dieser Vorgang der Ausbreitung und Auswirkung jedoch zurück gegenüber einer anderen Entwicklung, die zunächst gekennzeichnet ist durch eine gewisse Binnenkolonisation im Vorderen Orient, vor allem durch die Inbesitznahme der großen Stromtäler.

Vergleicht man die Anfänge der Besiedlung im südöstlichen Mesopotamien, d. h. im eigentlichen Schwemmland, mit gleichzeitigen Funden im übrigen Klein- und Vorderasien, so erscheinen sie recht dürftig. Der Eindruck der großen Fruchtbarkeit in frühgeschichtlicher Zeit darf eben nicht darüber hinwegtäuschen, daß ein Siedlungsbau in diesem äußerst niederschlagsarmen Bereich weit größere Schwierigkeiten zu überwinden hatte als in der Zone des Regenfeldbaus: Der fruchtbare Schlamm, der von Tigris und Euphrat angeschwemmt war, bedurfte im wahrsten Sinne des Wortes einer „Scheidung des Landes vom Wasser" durch menschliche Arbeit, um wirklich landwirtschaftlich nutzbar zu werden. Außerdem herrschte in Südostmesopotamien ein empfindlicher Mangel an wichtigen Rohstoffen, vor allem an Steinen, aber auch an Bauholz.

Dies wurde jedoch weitgehend ausgeglichen durch einen Aufschwung der Ziegeltechnik, d. h. durch eine Ausnutzung eines reichlich vorhandenen Materials. Zu Beginn sind die Siedlungsspuren fast ausschließlich auf kleine und unansehnliche Heiligtümer begrenzt, die ihre eigentliche Bedeutung erst dadurch zeigen, daß an der gleichen Stelle durch die Jahrhunderte hindurch immer wieder ein Tempel nach dem anderen errichtet wird, bis wir ihn dann jeweils in frühgeschichtlicher Zeit namentlich bekannten Göttern gewidmet finden. Auch die offenbar noch kleinen Gemeinschaften haben bereits verhältnismäßig früh eine vergleichsweise große Energie auf den Bau der Heiligtümer verwendet. Bei den jüngeren Sakralbauten wird deutlich, wie der zellenartige Aneinanderbau, der in den Siedlungskomplexen der frühesten Bauernkulturen zu beobachten war, sich im Tempelbau auf das Einzelgebäude richtet und den Kernraum mit Anbauten und Nebengelassen umgibt, die sich gleichwohl dem Streben nach einem klaren Gesamtumriß fügen. Im späten 5. Jahrtausend finden wir z. B. in Eridu einen erheblich vergrößerten Tempel und in dem nördlichen Tepe Gaura sogar einen „Heiligen Bezirk" von drei Gebäuden. Zusammen mit anderen Bauwerken, darunter einem mit Steinfundamenten, das vielleicht eine Art Palast gewesen sein könnte, betont dies den aufstrebenden stadtartigen Charakter und den Vorrang des nördlichen Mesopotamiens gegenüber dem Tiefland des Südostens auch noch in dieser Zeit. Wenn wir sehen, daß jene „Tempel" noch nicht einmal 20 m erreich-

Arpachiyah im Khabur-Tal: Bemalte Keramik (Ende des 5. Jahrtausends v. Chr.).

ten, erscheint das auf den ersten Blick recht bescheiden gegenüber den etwa gleichzeitig oder nicht viel jüngeren, aber nur aus Holz mit Lehmbewurf errichteten 40 m langen Bauten bäuerlicher Siedlungen Mitteleuropas. Aber es ist nicht die Größe der Bauten und der Siedlungen, die Mesopotamien einen architektonischen Vorrang verschafft, sondern die Art, in der sein besonderes Baumaterial, der Lehmziegel, gemeistert und in solcher Art zu einer inneren und äußeren Gliederung mit Nischen- oder Pfeilerarchitektur gefügt wird, daß wir hier erstmals von einer wirklichen Baukunst sprechen dürfen.

Auch die Vorstellungen von Reichtum und Fruchtbarkeit, die sich angesichts späterer Verhältnisse und bei dem suggestiven Wort „Bewässerungswirtschaft“ leicht einstellen, müssen offenbar ebenso korrigiert werden wie das Bild vom „Tempel“ der Frühzeit. Zwar ist künstliche Bewässerung für den Anbau im Schwemmland anzunehmen; aber es zwingt nichts zur Vorstellung von weitverzweigten Kanalsystemen mit zentraler Planung: Lokale Anlagen, etwa Stichkanäle oder dergleichen, dürften ausgereicht haben. Nichtsdestoweniger verlangte das Ansteigen der Flüsse zu einer landwirtschaftlich verhältnismäßig ungeeigneten Zeit eine gewisse Speicherung und spätere Verteilung von Wasser. Dafür bot sich am ehesten der untere Euphrat an, der weniger Wasser führt und nicht so tief eingeschnitten ist wie der Tigris.

Um die Wende vom 5. zum 4. Jahrtausend oder früh im 4. Jahrtausend v. Chr. zeichnen sich in Vorderasien verschiedene Veränderungen ab, und die Entwicklung führt offenbar zu einem vielfältigen Kontakt der nachmaligen Länder Elam, Sumer und Assur, wiewohl diese auch jetzt noch weithin eigene Wege gehen: Selbst für die ausgehende Urgeschichte Mesopotamiens darf man nicht ohne weiteres ein ähnliches kulturelles Übergewicht des Tieflandes voraussetzen wie zu Beginn der (im engeren Sinne) geschichtlichen Zeit. Auffallend ist, daß die bunte Gefäßbemalung – wenn auch vorübergehend – zurückgedrängt wird von einer einfarbigen Keramik, die allerdings neue und komplizierte Formen zeigt und im übrigen – und das ist eine bedeutsame technische Neuerung – auf der Töpferscheibe gedreht war. Auch im Tempelbau aber tritt zunächst im nördlicheren Teilgebiet ein anderer Bautypus auf als zuvor, übernimmt jedoch bald den alten mesopotamischen Pfeiler- und Nischenschmuck der Wände, und weiter im Süden sind in der Spätphase ebenfalls die alten Traditionen des Tempelbaus zu erfassen. Deutliches Zeichen eines architektonischen Aufschwunges sind die Verblendung von Tempelterrassen mit Kalkstein und die Errichtung von Kalksteinterrassen für größere Tempelanlagen, für die das Material aus wenigstens 40 – 60 km Entfernung herangeholt werden mußte.

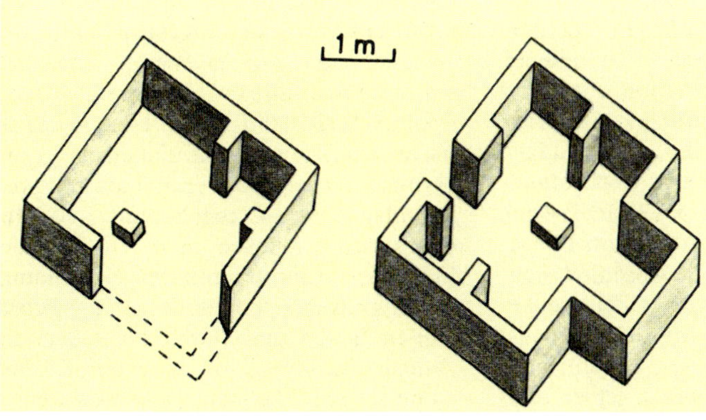

Eridu (Südostmesopotamien): Ältestes Heiligtum (links) und seine Erweiterung in der nächsten Bauperiode (rechts).

Der Import von Steinmaterial und dem sicher ebenfalls in ziemlichem Umfang heranzuschaffenden Hartholz ist neben den Leistungen des Bauwesens an sich schon eine Aufgabe, die uns auf gut organisierte Gesellschaften in wahrscheinlich nicht zu kleinen Siedlungen schließen läßt. Dabei ist uns jedoch weder der Umfang noch die innere Gliederung der Wohnbezirke im eigentlichen Tiefland bekannt; aber daß es neben den Tempeln nur dürftige Gebäude aus Schilfrohrbündeln mit einem Lehmbewurf gegeben haben sollte, ist unwahrscheinlich, denn immerhin kennen wir auch im Tiefland einige wenige größere Häuser und im nördlicheren Bereich eine Siedlung aus Langbauten. Sie ist ähnlich der alten Art des Zellenbaus dicht mit Wohnhäusern gefüllt, und einige größere Bauten dürfen wohl als öffentliche Gebäude oder Wohnsitze einer herausgehobenen Bevölkerungsschicht gelten.

In Kunst und Handwerk zeichnet sich der Aufstieg nicht zuletzt in der Kleinkunst ab, vor allen Dingen in der freien Plastik und der Stempelschneiderei, die sich weitgehend importierten Steinmaterials bedient. Daneben aber gibt es eine exzellente Töpfermalerei. In Gräbern findet sich mehr Metall, darunter auch Gegenstände aus Gold und Silber. Der Ausgleich der natürlichen Rohstoffarmut des Tieflandes durch Heranschaffen von auswärts, der in den Baumaterialien einen quantitativ beeindruckenden Umfang einnimmt und nicht geringe Transportleistungen erfordert haben wird, der Import weiterer begehrter Materialien, die Fortschritte in der Metallurgie und im sonstigen Handwerk sowie der Aufstieg in Architektur und bildender Kunst sind kaum denkbar ohne eine weitgehende Arbeitsteilung, und umfangreiche Planung und Lenkung bilden auch eine Voraussetzung für die entfaltete Bewässerungswirtschaft.

Um die Wende vom 4. zum 3. Jahrtausend sind die Verhältnisse offenbar so kompliziert geworden, daß man zu ihrer Meisterung auch der Aufzeichnung von Gütern bedurfte. Diese Funktion bestimmt weiterhin den Charakter der ältesten Schriften im vorderasiatischen Bereich. Die Schrift erscheint damit eher als eine Folge, denn als Ursache hochkultureller Entfaltung. Die ältesten Schriftdenkmäler sind zwar nur teilweise lesbar, aber ihr bilderschriftartiger Charakter überliefert uns auch einige Kulturelemente aus sonst vergangenem organischem Material, von denen wir wohl annehmen dürfen, daß sie auch schon zuvor vorhanden waren, den wirklichen Zeitpunkt ihres ersten Auftretens aber offenlassen müssen. Dazu gehören vor allen Dingen Rad und Wagen und der Pflug.

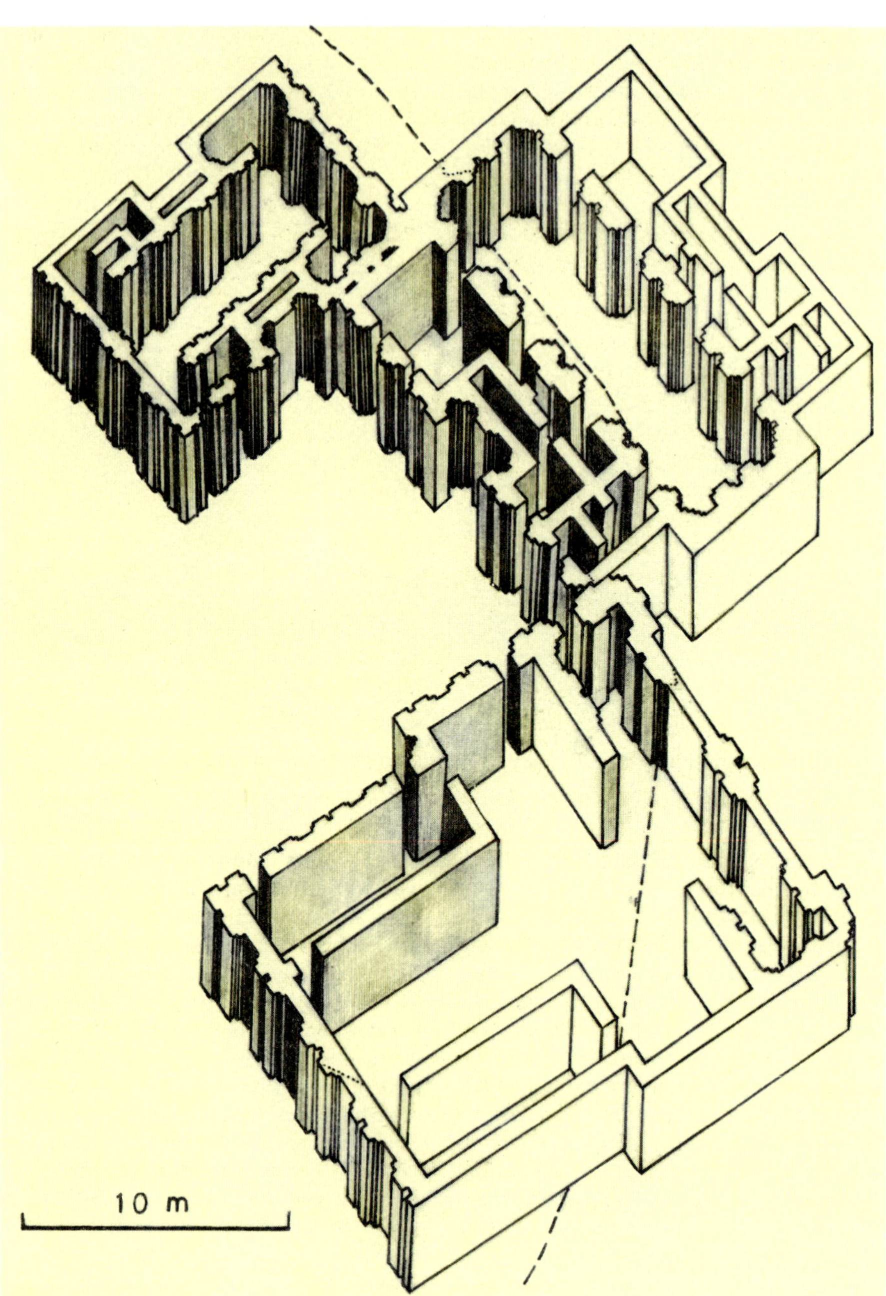

Tepe Gaura (Südostmesopotamien): Teilrekonstruktion eines Bezirks von drei Tempeln aus dem Ende des 5. Jahrtausends.

Im Niltal gehören die ältesten bisher bekannten Spuren einer Ackerbau- und Viehzuchtkultur in das 5. Jahrtausend v. Chr., doch ist ihre Entstehung oder Herkunft noch ungeklärt. (In Ägypten fehlt es leider so gut wie vollständig an modernen Ausgrabungen prähistorischer Siedlungen.) Die Besiedlung konzentriert sich zunächst auf die Erhebungen zwischen dem Fluß und den Beckenlandschaften und am Rande des Deltas. Auch hier muß man offensichtlich von liebgewordenen Vorstellungen Abschied nehmen: Weder wurden in einer Zeit trockener werdenden Klimas Menschen an die Flüsse gedrängt, noch war die Naturlandschaft Ägyptens ein Gebiet schier endloser Papyrus-Röhrichte. Die schwachen Erhebungen zu beiden Seiten des Stromes schützten die angelagerten Landschaften, die nur zeitweilig überflutet wurden und im Frühjahr und Winter üppiges Weideland boten. Eine systematische Kultivierung hat sicherlich geringere Schwierigkeiten bereitet als im Zweistromland, denn regulierende Deiche, durch deren Lücken man zur Zeit der Flut Wasser und fruchtbaren Nilschlamm in der günstigen Jahreszeit auf die Felder fließen lassen und durch Schließen der Deiche zurückhalten konnte, dürften kaum schwer zu erstellen gewesen sein.

Nach ihrem gesamten Inventar, nach der Töpferware wie nach Werkzeugen, Geräten und Waffen heben sich die Funde nicht nur erheblich von Vorderasien ab, sondern es bestehen auch beträchtliche Unterschiede zwischen dem Delta- und Fajjum-Gebiet einerseits, dem mittleren Ägypten andererseits. Das scheint sogar für Eigenarten der Wirtschaftsform zu gelten, denn in den südlicheren Gruppen ist zwar das Rind neben den kleinen Horntieren belegt, nicht aber das Schwein, während in den nördlicheren das Schwein teilweise eine beträchtliche Rolle spielt, aber das Rind fehlt. In der südlicheren Fundgruppe zeigt sich bereits die in Ägypten später so blühende Tierbestattung in Beisetzungen von Rindern, Schafen oder Ziegen und Hunden, und auch manches andere aus diesen Funden, z. B. Schminkstifte aus Malachit, Kämme aus Elfenbein und Bootsmodelle in Gräbern, erinnert schon an das spätere „frühgeschichtliche" Ägypten.

Während der Norden des Nillandes der alten Tradition ohne wesentliche Änderung auch im 4. Jahrtausend noch folgt, gewinnt das nachmalige Oberägypten nunmehr deutlich eine führende Rolle. Von Großsiedlungen städtischen Gepräges, von Tempel- und Palastanlagen ist freilich nichts bekannt; vielmehr beschränkt sich unser Wissen vornehmlich auf Friedhöfe. Sie zeigen einen Reichtum an Kleinplastiken, verraten eine ausgeprägte Schmuckliebe und eine große Bedeutung der Schönheitspflege, einen gewissen, wenn auch noch bescheidenen Luxus, der sich im späten 4. und beginnenden 3. Jahrtausend weiter entfaltet. Neben einer Zunahme der Kupferverwendung treten Schmuck- und Kunstgegenstände aus Silber und Gold hervor, dazu Lapislazuli, Türkis und Fayence.

Auch im alten Ägypten aber waren spatestens zu Anfang des 3. Jahrtausends die Verhältnisse schon so kompliziert, daß sie ohne Schriftlichkeit nicht mehr gemeistert werden konnten. Obwohl damals manches von der Levante oder noch weiter her übernommen sein dürfte, behält doch das Nilland seine Selbständigkeit und beweist seine Fähigkeit zu eigener Um- und Ausprägung auswärtiger Anregungen. Neuartige Keramikelemente, eine besondere Art der Elfenbeinschnitzerei und sonstige Einflüsse werden schon zu Beginn des Alten Reiches in Ägypten wieder ganz überwunden. Vielleicht ist ähnlich sogar die Schrift zu werten, von der – wenn sie auf solche Entlehnung zurückgeht – nicht mehr als das allgemeine Prinzip übernommen sein kann. Die tiefgreifende Verschiedenheit der Schriftsysteme im Zweistromland und in Ägypten muß nicht gegen eine solche Entlehnung sprechen. (Wie solches Geben und Nehmen wirksam werden und sich zugleich der formalen Erfassung weitgehend entziehen oder durch diese mißverstanden werden kann, mögen zwei neuzeitliche Beispiele andeuten: In Afrika wurden unter dem Bamum-König Njoya zahlreiche Elemente der eigenen Kultur eingefügt, unter anderem auch nach dem Vorbild der Schreibfähigkeit der europäischen Kolonisatoren eine Schrift von mehr als 300 Wort-, Laut- und Silbenzeichen entwickelt, die keine formalen Beziehungen zu den Vorbildern zeigt; umgekehrt hingegen hat der selbst des Schreibens und europäischer Sprachen unkundige Tscheroki-Indianer Sequoya eine Silbenschrift ausgearbeitet, für die er Buchstaben aus englischen, deutschen und russischen Schriften verwendete, deren neuer Silbenwert mit dem ursprünglichen Lautwert jedoch nichts zu tun hat.)

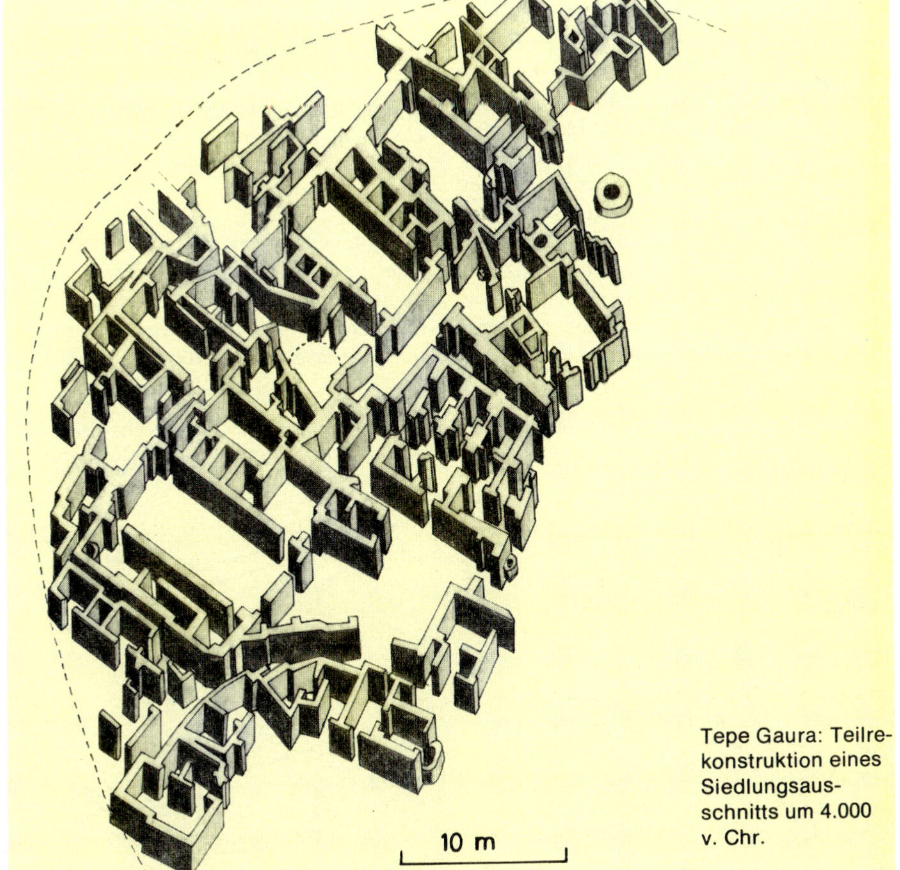

Tepe Gaura: Teilrekonstruktion eines Siedlungsausschnitts um 4.000 v. Chr.

Ähnliches mag für weitere Dinge gelten: So wird uns durch die frühen ägyptischen Schriftzeichen ebenso wie in Vorderasien erstmals die Kenntnis des Pfluges übermittelt, und wir wissen auch für das Niltal nicht, wie alt er tatsächlich ist; dennoch könnte er gut zusammen mit anderen Anregungen aus Vorderasien bekanntgeworden, dann aber in einer durchaus eigenen Art umgeprägt worden sein, die sich technisch an das Konstruktionsprinzip der alten ägyptischen Erdhacke anlehnt. Rad und Wagen hingegen blieben dem Nilland noch lange Zeit völlig unbekannt.

Die Entfaltung und der Umbruch in den wirtschaftlichen und gesellschaftlichen Verhältnissen dürften auch auf die Vorstellungen von der übernatürlichen Welt abgefärbt und sie weitgehend nach diesem Modell geformt haben: Unter den Bedingungen einer Arbeitsteilung in Verwaltung und Wirtschaft entfalteten sich die Vorstellungen von „Ressort-Göttern" mit verschiedenartiger „Zuständigkeit", bei der Konzentration von Siedlungen zu Städten und der Bildung entsprechender politischer Einheiten die von Stadt- und Reichsgöttern und von einem hierarchischen „Götterstaat". So wird insgesamt der auch zuvor sicherlich schon vorhandene Polytheismus eine besondere Ausgestaltung erfahren haben.

Rückschau und Ausblick

Ganz offensichtlich liegt die Eigenart des Umbruchs zur Hochkultur in der neuartigen arbeitsteiligen Organisation der Beschaffung und Erzeugung der Güter mit Rationalisierung, Steigerung und Verfeinerung und nicht zuletzt in der ungleichmäßigen Verteilung. Für die Grundlegung der Hochkulturen können wachsende Kenntnisse und Erfahrungen jeweils die Erträgnisse steigen lassen und die Ernährung einer zahlreicheren Bevölkerung gestattet haben, wie denn umgekehrt eine Vermehrung der Arbeitskräfte wieder eine intensivere Bodenbauwirtschaft und weitere Freisetzung von Bevölkerungsteilen aus der Urproduktion ermöglichte: Eine Zunahme der Bevölkerung im Lande und die Möglichkeit stärkerer Konzentration statt Abwanderung sind demnach sowohl als Folge wie Voraussetzung der neuen Wirtschaftsweise und Organisation denkbar; aber trotzdem bleibt es zweifelhaft, ob aus einer solchen gegenseitigen Steigerung allein der kulturelle Aufstieg zu verstehen ist. Im Zweistromland gibt es neben den fortlaufenden Zügen der kulturellen Entwicklung doch einige Klüfte und Brüche, hinter denen sich eine Zuwanderung – vielleicht kleiner Gruppen – verbergen kann, die sich als Oberschicht etablierten, eine straffere Leitung und Lenkung in die Hand nehmen konnten, dabei aber die alte Bevölkerung in Kunst und Handwerk weiterarbeiten ließen und deshalb archäologisch wenig hervortreten; ebenso mögen für das alte Ägypten die viehzüchterisch betonten Elemente des Südens eine führende Rolle übernommen haben. Indes bleibt uns der Ablauf solcher Vorgänge noch verborgen und ist überhaupt aus archäologischen Quellen schwer abzulesen.

Daß im Übergang zur im engeren Sinne geschichtlichen Zeit sich im Nilland ein größeres Reichsgebilde entfaltete im Gegensatz zu der frühgeschichtlichen Stadtstaaterei Mesopotamiens, und daß in Ägypten königliche Denkmäler und Königsnamen früher bekannt sind als aus Mesopotamien, dagegen am Nil nichts von imposanten prähistorischen Sakralbauten, hat offensichtlich tiefgreifende Wurzeln. Wie die urgeschichtlichen Bodenbau- und Viehzuchtkulturen, die jeweils an der Basis liegen, unterscheidet sich schon bei den ältesten Beispielen im Zweistromland und im Niltal der universalgeschichtliche Typus der frühgeschichtlichen Hochkultur in allen anderem als unwichtigen Einzelheiten.

Ähnlich steht es offensichtlich mit weiteren primären Hochkulturen, die in zeitlicher Staffelung auftreten. Es dürften in der Hauptsache Impulse aus dem iranischen oder auch südturanischen Raum gewesen sein, die im südostiranischen-südpakistanischen Wüsten- und Steppengebiet jungsteinzeitliche Gruppen recht selbständigen Charakters entstehen ließen. Im 3. Jahrtausend zeichnet sich nur schwach eine Gruppe ab, die bereits stadtartigen Charakter annimmt, doch bleibt die Herausbildung der Indus-Kultur, der ältesten Hochkultur in diesem Raum, weitgehend unklar. In den Anfängen noch dunkel, hat sich im Laufe der Jahrtausende der jüngeren Steinzeit in China eine stabile bäuerliche Wirtschaft entwickelt, die sicherlich zur Erzeugung von Überschüssen in der Lage war; auf solcher Grundlage bildet sich etwa um 2000 v. Chr. im Gebiet um den südlichen Huangho-Bogen sowie südlich des unteren Huangho bis zur Schantungküste und im südöstlichen Honan der Lung-Shan-Komplex aus, der Beziehungen mit Nord-Iran und Süd-Turan aufweist: Der Gesamtbefund mit teilweise städtischem Eindruck zeigt eine Strukturveränderung gegenüber der älteren Bauernkultur, die eine mögliche Grundlage für die spätere frühgeschichtliche Hochkultur (der Schang-Dynastie) bietet, die gleichwohl als Ganzes so unvermittelt erscheint, daß auch ihre Entstehung noch als ungeklärt angesehen werden muß. Vereinzelt vielleicht schon vor, in der Hauptsache jedoch während des letzten Jahrtausends v. Chr. macht sich in verschiedenen Gegenden Mittelamerikas auf der Basis einer stabilen pflanzerisch-dörflichen Wirtschaft und Gesellschaft ein Aufstieg zur „formativen" Phase der Hochkultur bemerkbar:

Weibliche Tonstatuette aus einem Grab von Mohammerije (Oberägypten), Höhe 29 cm. Negade II-Kultur, um 3400 v. Chr. Brooklyn-Museum, New York.

Frühe Pflüge: 1 Rekonstruktion nach frühen sumerischen Schriftzeichen, 2 spätere mesopotamische Pflugform; 3–4 Rekonstruktion mit Griessäulenstrick bzw. Griessäule nach frühen ägyptischen Hieroglyphen, 5 Bild mit ägyptischer Erdhacke von vergleichbarer Konstruktion.

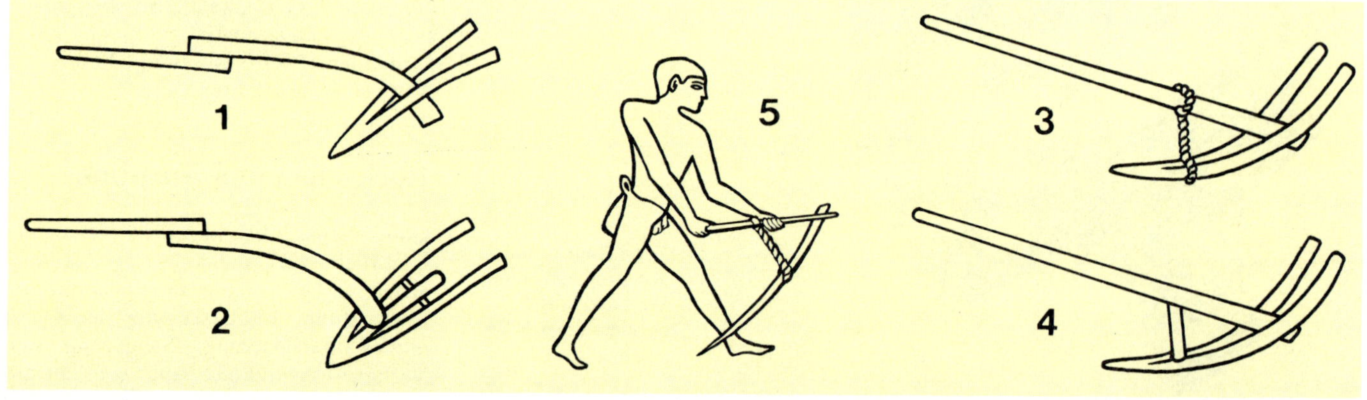

Die Siedlungen werden größer und zahlreicher, und es treten Bauten von offenbar zeremonialer Funktion hervor und leiten eine Bildung sakraler Zentren ein; aber ausgedehnte Komplexe wirklich städtischen Charakters mit weitgehender Lösung von der Urproduktion sind nicht vor der „klassischen" Zeit nach Chr. Geb. nachzuweisen.

Gerade die amerikanischen Hochkulturen lehren uns, daß wichtige Kulturzüge und -errungenschaften, die in der alten Welt in vergleichbaren Phasen vorhanden sind, fehlen können und offensichtlich nicht zu den allgemeinen Voraussetzungen oder Bestandteilen einer Hochkultur gerechnet werden müssen: Die Entfaltung dieses Kulturtyps war demnach unter anderem möglich ohne eine ins Gewicht fallende Viehzucht, bei einer Überschußproduktion ohne die Kenntnis des Pfluges, bei Fehlen der Töpferscheibe und von Rad und Wagen als Transportmittel. Die Zentrierung der Siedlungen um große Heiligtümer ist zwar in einem Teil der Hochkulturen festzustellen, fehlt aber in anderen. Hochkulturen entstehen in Flußtälern ebensowohl wie in Hochlandgebieten. Es kann keine Rede davon sein, daß – wie gelegentlich behauptet wird – grundsätzlich Krisensituationen wie „Herausforderungen" durch widrige Umweltbedingungen die Entstehung einer Hochkultur stimuliert hätten und daß die Auszehrung des Bodens und fortschreitende Austrocknung die Menschen von ihren alten Siedlungsplätzen vertrieben und neue Zufluchtsstätten in Flußtälern suchen ließen. Die Dinge sind viel komplizierter und im einzelnen offensichtlich recht verschieden: Von allzu einfachen Vorstellungen ist auch hier Abschied zu nehmen. Entscheidend sind offenbar überall gesellschaftliche Umbrüche; religiöse Impulse – gespiegelt etwa in Gottheiten und Kulten des fruchtbarmachenden Wassers, real verwirklicht in zentralen Heiligtümern – sind eher sekundärer Natur, wiewohl natürlich Religion ein mächtiger integrierender Faktor sein und in den Dienst der Herrschenden treten kann.

Ein Rückblick und ein Vergleich mit anderen epochalen Umbrüchen zeigen, daß am Anfang der jüngeren Altsteinzeit die spezialisierende Anpassung und vor allen Dingen der Durchbruch zum künstlerischen Ausdruck standen, während der Übergang zur jüngeren Steinzeit gekennzeichnet ist durch die Einführung von Verfahren zur Produktion – oder besser: Reproduktion – von Nahrungsmitteln an Stelle der reinen Aneignung. Für den Schritt zur Hochkultur hingegen – mag sie nun durch innere Entfaltung oder durch äußere Impulse und Überlagerung zustande gekommen sein – ist das besondere Charakteristikum eher in neuen Formen gesellschaftlicher Organisation zu sehen, vor allen Dingen in der Entdeckung der Bewirtschaftung menschlicher Arbeitskraft in einem großen Stil; der reichen Entfaltung der Kultur und zumal der Zunahme von Luxusgütern korrespondiert ursächlich offenbar eine starke organisationsmächtige gesellschaftliche Differenzierung, die einer mehr oder minder kleinen Oberschicht das Abschöpfen eines überhöhten Anteils an Gütern zu Lasten einer breiten Bevölkerung erlaubt: Hier liegen Glanz und zugleich Elend der Hochkulturen begründet.

Ruderschiffe. Bemaltes Leinentuch aus einem Grabe bei Gebelên. Negade II-Kultur, um 3400 v. Chr. Museo Egizio, Turin.

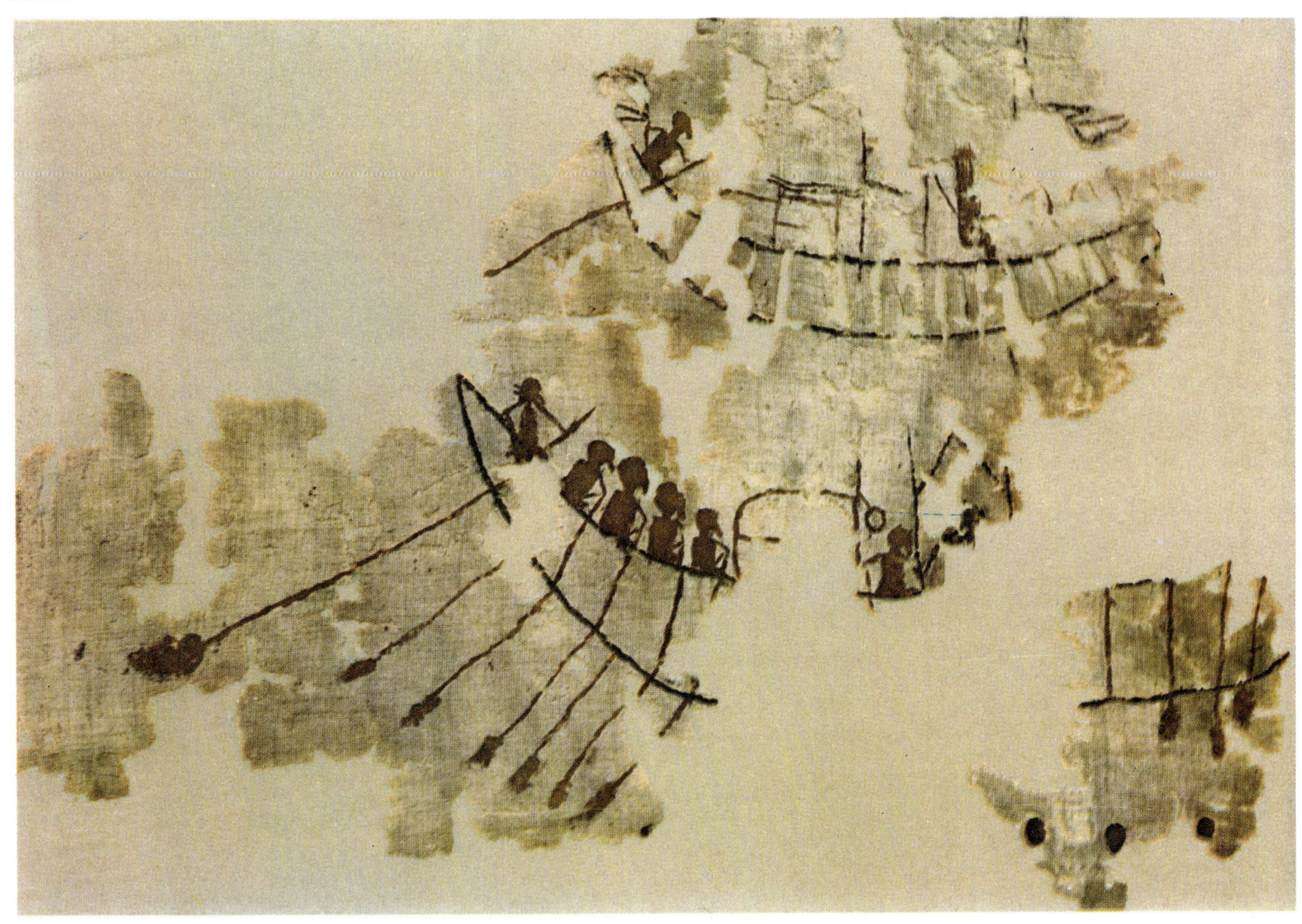

DIE WELT DES ALTERTUMS

Die Hochkulturen des Alten Orient vor dem Hellenismus

Einführung in Geschichte und Kultur des Alten Orient Mit dem wissenschaftlichen Begriff „Alter Orient" werden heute die Geschichte und Kultur Ägyptens und Vorderasiens von rund 3000 v. Chr. bis zur Eroberung dieser Länder durch Alexander den Großen in den Jahren 332 bis 327 v. Chr. bezeichnet. Die Geschichte der altorientalischen Völker, oder die des vorderasiatisch-ägyptischen Kulturkreises, vollzieht sich damit in dem Zeitraum, an dessen Anfang die Erfindung und Verwendung der Schrift bei den Sumerern und Ägyptern steht und an dessen Ende die Zusammenfassung der Welt um das östliche Mittelmeer bis hin zu den Niederungen des Indus durch den Hellenismus anhebt. Ihr geographischer Schauplatz sind das Niltal südwärts bis in die Nubische Wüste, dann Palästina und Syrien, der mesopotamische Trog zwischen Tigris und Euphrat und schließlich die Hochländer von Anatolien, Armenien und Iran. Das geschichtliche Leben vollzieht sich also in dem breiten, das Mittelmeer im Süden und Osten begrenzenden Steppen- und Wüstengürtel, der sich auf der östlichen Hemisphäre der nördlichen Erdhalbkugel von Nordafrika über Arabien bis zu den Steinwüsten und Salzsteppen Persiens erstreckt. Die politischen und kulturellen Schwerpunkte liegen dabei eindeutig in den Gebieten der Flußsysteme des Nil in Afrika und des Euphrat und Tigris in Vorderasien, weil dort nicht nur die frühesten von Menschen geschaffenen Hochkulturen entstanden sind, sondern immer wieder von den Bewohnern dieser Länder nachhaltige Impulse auf die Umwelt ausgingen und geschichtsbildende Schöpferkraft in ihnen stets von neuem erblühte.

Der eingangs entwickelte Geschichtsbegriff des Alten Orient ist keineswegs eine seit jeher existierende Selbstverständlichkeit, sondern hat seine endgültige Ausprägung erst im ausgehenden 19. und im 20. Jahrhundert erfahren. Vorher war die zeitliche und räumliche Dimension des Alten Orient enger gesteckt, weil die originalen schriftlichen Zeugnisse, mit Ausnahme des hebräisch geschriebenen Alten Testaments, unlesbar und für die Rekonstruktion der altorientalischen Geschichte unzugänglich waren, so daß die Geschichtswissenschaft ausschließlich auf die wenigen bekannten archäologischen Monumente und die Nachrichten der Griechen angewiesen war. Am Anfang der modernen Altorientalistik steht daher die Entschlüsselung der beiden wichtigsten Schriften und der mit ihnen ausgedrückten Sprachen, der ägyptischen Hieroglyphen und des hamitosemitischen Ägyptischen wie der babylonisch-assyrischen Keilschrift und des Akkadischen. Das Verdienst, die Struktur des Hieroglyphensystems als die einer konsonantischen Lautschrift in Verbindung mit bildlichen und bildhaften Symbolzeichen erkannt zu haben, gebührt dem Franzosen Jean-François Champollion (1790–1832) und das der Entzifferung der Keilschrift auf dem Umwege über die gegenüber den babylonisch-assyrischen vereinfachten altpersischen Königsinschriften dem deutschen Gymnasiallehrer und Orientalisten Georg Friedrich Grotefend (1775–1853). Danach traten in rascher Folge neben die Hebraistik und die mit ihr eng verbundene Kanaanistik die Ägyptologie, Assyriologie, Alt-Iranistik, Hethitologie, um nur die wichtigsten zu nennen, als eigenständige Disziplinen, die bis in unsere Tage immer wieder mit häufig recht spektakulären Entdeckungen das Interesse einer breiteren Öffentlichkeit auf sich zu ziehen vermochten und die geschichtlichen Kenntnisse nicht nur oft genug völlig umgestalteten, sondern geradezu revolutionierten. Denn auf keinem Gebiete und in keiner Epoche der Weltgeschichte hat sich das Wissen so sprunghaft erweitert und durch ständig neue Untersuchungen so verändert wie im Bereich des Alten Orient.

In einer nicht zuletzt durch die Diskreditierung der eigenen Nationalgeschichte stark gegenwartsbezogenen Welt ist die Frage nach dem Sinn der altorientalischen Geschichte naheliegend. Die Antwort hierauf ist eine mehrfache. Der forschungsimmanente und methodologische Wert der Beschäftigung mit der Geschichte des Alten Orient steht für den Fachhistoriker außer Zweifel, bedarf also nicht der Diskussion. Aber auch in keinem anderen Kulturkreis als in dem vorderasiatisch-ägyptischen ist ein von annähernd gleichen räumlichen Gegebenheiten ausgehender Geschichts- und Kulturablauf von der schriftlosen Urzeit durch Zeiten eigenständiger kontinuierlicher Entwicklung wie Perioden von Traditionsbrüchen durch Bewegungen von innen und außen mit gelegentlich katastrophalen Ausmaßen über vier Jahrtausende hindurch zu verfolgen. Versteht man zudem Geschichte als eine Wissenschaft, die von der Vielfalt der geschichtlichen Erscheinungen zur Einheit des geschichtlichen Bewußtseins führen soll, so kann schließlich keine Epoche der Weltgeschichte aus der historischen Betrachtung ausgeklammert werden. Gerade die Welt des Alten Orient, die nach Entstehung und Eigenart unserer eigenen fremd gegenübersteht, läßt durch diese Gegensätzlichkeit die Besonderheiten unserer Existenz in hervorragendem Maße verstehen. Doch auch in jenen versunkenen Zeiten unterlag das Leben der damaligen Menschen Zwängen, die auf Wegen gelöst wurden, die uns Heutige nicht gleichgültig lassen können. Versuche zur Meisterung der von der Natur gegebenen Bedingungen, um das menschliche Dasein in einer im Grunde lebensfeindlichen Umwelt erträglicher und darüber hinaus begehrenswert zu gestalten, die Ausbildung von politischen Herrschaftsstrukturen und ökonomischen Organisationsformen wie das religiös begründete absolute monistische Königtum mit Umsetzung adliger Herrschaftsansprüche in öffentliche Dienstfunktionen unter Wahrung und Neuschöpfung von Privilegien und die Entstehung einer bäuerlich-aristokratischen Gesellschaft gehören neben anderen hierher. Ferner haben die majestätische Monumentalität der Pyramiden wie die Erhabenheit ägyptischer Tempelarchitektur, die wuchtige Starre assyrischer Rundplastik, die durchdachte Planung und präzise Ausführung der hethitischen Befestigungstechnik wie die vollendete Meisterschaft altorientalischer Steinschneide- und Reliefkunst ihren Eindruck auf den Beschauer niemals verfehlt. Augenfälliger sind jedoch die Einrichtungen, die wir mittelbar oder unmittelbar dem Alten Orient verdanken, die uns die Fäden spüren lassen, die auch heute noch die moderne Welt mit der altorientalischen und ihren überzeitlichen Schöpfungen verknüpfen. Daß die so geläufigen Ausdrücke Asien und Europa aus dem Akkadischen stammen, dort das Land der aufsteigenden (ʒasu) und untergehenden (ʒerêbu) Sonne bezeichnen und über das Griechische Eingang in die europäischen Sprachen fanden, sei nur beiläufig vermerkt. Unser auf dem Sonnenjahr beruhender Kalender ist letztlich ägyptischer Provenienz, die Tageseinteilung nach Stunden, Minuten und Sekunden und die Gradmessung des Kreises, beide mit dem Sexagesimalsystem als Voraussetzung, sind mesopotamischer Herkunft. Die Buchstabenschrift, heute das übliche literarische Verständigungsmittel, entstand in der zweiten Hälfte des 2. Jahrtausends v. Chr. im syrisch-palästinensischen Raum und gelangte durch die Vermittlung der Phöniker an die Griechen und durch diese an die Römer. Schließlich ist eine der Wurzeln des Christentums der jüdische Jahwismus.

Die entscheidende und für die Menschheitsentwicklung folgenschwerste Leistung des Alten Orient war jedoch die Schöpfung der frühesten Hochkulturen der Geschichte, also die Schaffung von Kulturen, die im Gegensatz zur primitiven, unentwickelten agrarwirtschaftlichen Kultur solche mit differenzierten Institutionen in allen Bereichen des geistigen, gesellschaftlichen und staatlichen Lebens bei fortgeschrittenen Formen der technischen Naturbeherrschung darstellen. Der Mensch gewann dadurch seine geschichtliche Existenz im eigentlichen Sinne. Die altorientalischen Hochkulturen sind im allgemeinen gekennzeichnet durch die Verwendung der Schrift, die Ausbildung eines vorwiegend durch die Religion bestimmten Geisteslebens in Literatur und bildender Kunst, durch Anfang und Entfaltung eines mit mythischen und religiösen Vorstellungen vielfach verknüpften wissenschaftlichen Denkens, durch die Entstehung einer leistungsfähigen Technik, die Schaffung organisierter Staatswesen, welche vom Stadt- und Tempelstaat bis zum Großreich mit ausgeprägter Weltreichsideologie reichen, und von Monarchien mit religiös begründeter Alleinherrschaft regiert und von einem Beamtenapparat mit differenzierten Funktionen und abgestuften Privilegien verwaltet werden und die dem in einer geschichteten Gesellschaft lebenden einzelnen das Selbstverständnis als Untertan abverlangen.

Dem Franzosen Champollion gelang 1822 die Entzifferung der Hieroglyphen. Der obige Stein von Rosette enthält einen Text in drei Fassungen: in Hieroglyphen, in der volkstümlichen, demotischen Umgangsschrift und in Griechisch. Mit Hilfe des Griechischen und ausgehend von den Namen des Königs Ptolemaios und der Königin Kleopatra, die im Hieroglyphentext in Kartuschen (längliche Ringe) eingeschlossen waren, gelang die Entschlüsselung. British Museum, London.

ÄGYPTEN BIS ZUM ENDE DER HYKSÔS-HERRSCHAFT (UM 2950–1554 V. CHR.)

Die Frühzeit: die I. und II. thinitische Dynastie (etwa 2950–2650 v. Chr.) Die altägyptische Überlieferung, wie sie namentlich in den Annalen des Palermosteines aus der V. Dynastie (um 2400), dem Turiner Königspapyrus vom Ende der XIX. Dynastie (um 1190) und in den erhaltenen Teilen einer ägyptischen Geschichte in drei Büchern des in hellenistischer Zeit schreibenden ägyptischen Priesters Manetho von Sebennytos (1. Hälfte des 3. Jahrhunderts v. Chr.) vorliegt, setzt an den Anfang der ägyptischen Königsliste den Pharao Menes (Meni). Dieser aus der oberägyptischen Stadt This oder Thinis bei Abydos stammende Herrscher hat damit entweder die Einigung der beiden Landesteile (ägypt. towi), des vom Mittelmeer bis südlich von Memphis reichenden Unterägypten (tomeh) und des von da bis zum ersten Katarakt bei Assuan und später südwärts darüber hinaus sich erstreckenden Oberägypten (to-schema), vollzogen oder als erster König das Gesamtreich beherrscht. Menes hat ferner die königliche Residenz in das unterägyptische Memphis, die Stadt der „Weißen Mauern", verlegt, das seine Gründung ihm verdankt. Mit ihm beginnt die Geschichte des dynastischen Ägyptens, die von dem etwa um 2950 v. Chr. zu datierenden Menes bis zum Ende der Perserherrschaft in Ägypten durch Alexander den Großen im Jahre 332 31 Dynastien zählt und in zweieinhalb Jahrtausenden die Blütezeit dreier Reiche, des Alten, Mittleren und Neuen Reiches, den Niedergang und die Auflösung in zwei oder drei Zwischenzeiten und das allmähliche Absterben in der Spätzeit in sich schließt. Zunächst jedoch hebt mit Menes die Frühzeit des dynastischen Ägyptens an, der die I. und II. thinitische Dynastie (etwa 2950–2650) angehören, auf die das Alte Reich mit der III. bis VIII. Dynastie (etwa 2650–2134) folgt, das seinen absoluten Höhepunkt unter den Pyramidenerbauern der III. und IV. Dynastie (etwa 2650–2470) findet, am Ende der VI. Dynastie unter schwachen Herrschern inneren Wirren anheimfällt und im Chaos partikularistischer Gewalten der ersten Zwischenzeit während der IX. und X. Dynastie von Herakleopolis (um 2134–2040) untergeht. Der an der Nahtstelle zwischen Vorgeschichte und historischer Frühzeit stehende Menes stellt insofern ein erhebliches Problem dar, als er durch kein sicheres zeitgenössisches Zeugnis belegt, sondern nur aus wesentlich späteren Aufzeichnungen bekannt ist, erst seit der XVIII. Dynastie als Reichsgründer gilt und außerdem, wie aus gleichzeitigen Quellen folgt, keineswegs der erste Herrscher Ägyptens gewesen ist. Das wird durch mehrere Belege bewiesen. Die prädynastische Negâde-II-Kultur oder das Gerzéen dehnte sich von Ober- nach Unterägypten aus, und es scheint zu einer vorübergehenden Vereinigung beider Landesteile gekommen zu sein, die jedoch wieder zerfiel. Aus der Auflösung dieser vorgeschichtlichen Reichseinheit dürften jene beiden Reiche hervorgegangen sein, die die spätere ägyptische Überlieferung darstellt als die Reiche der Horusverehrer mit der oberägyptischen Doppelhauptstadt Nechab und Nechen, die in hellenistisch-römischer Zeit Eileithyiaspolis und Hierakonpolis hieß und heute den gemeinsamen Namen El-Kâb trägt, und der unterägyptischen Dep und Pê, die griechisch als Buto und heute als Tell el Faraîn (Pharaonenhügel) erscheint. In religiösen Texten wird berichtet, daß der oberägyptische Gott Seth von Ombos, der ägyptisch Nebuti oder Ombuti („der von Ombos") heißt, gegen den unterägyptischen Falkengott Horus von Behedet kämpfte. Der Sieg des Seth endete jedoch mit der Übernahme des Horuskultes durch Oberägypten, der der gemeinsame Gott beider Landesteile wurde und den Reichen der Horusverehrer den Namen gab. Von Prunk- und Triumphkeulen wie von anderen zeitgenössischen Zeugnissen der ägyptischen Kleinkunst aus der letzten prädynastischen Periode des Semainéen oder Negâde III kennen wir die Namen der oberägyptischen Könige Hor Sereq (König Skorpion), Hor Kâ oder Hor Sechen, Hor Narmer (König Schlagender Wels) und schließlich Hor Aha (König Kämpfer), von denen Hor Sereq gegen die als Kibitze dargestellten Bewohner des sumpfigen Unterägyptens kämpfte und die Herrschaft über dieses Land beanspruchte, Hor Narmer nach der offenbar nur kurzen Zwischenregierung des Hor Kâ den letzten Widerstand der Unterägypter im westlichen Nildelta niederwarf und Hor Aha die Reichseinigung vollendete und als erster König über Ober- und Unterägypten herrschte. Dieser geschichtlich so überaus bedeutsame Vorgang der Vereinigung der beiden Reiche der Horusverehrer durch die Kö-

Ausschnitte aus der Vorder- und Rückseite der Schminkpalette des Königs Narmer (Nar = Wels, Mer = Meißel, daher: König Schlagender Wels). Die Palette zeigt den Triumph des Königs über Unterägypten. Auf dem linken Ausschnitt trägt er die oberägyptische Krone und auf dem rechten die Krone Unterägyptens, womit die Vereinigung der beiden Landesteile symbolisiert wird. Später entwickelt sich aus den beiden Kronen die kombinierte Doppelkrone. Ägyptisches Museum, Kairo.

nige von Oberägypten hat auch in dem schon erwähnten Annalenstein von Palermo seinen Niederschlag gefunden. Dort werden Könige aufgeführt, von denen die einen die rote Krone Unterägyptens, die anderen die weiße Krone Oberägyptens tragen und damit die Teilung des Landes in seine zwei natürlichen geographischen Hälften symbolisieren. Auf diese beiden Reihen von unterägyptischen und oberägyptischen Herrschern folgen solche, welche die aus der roten und der weißen Krone kombinierte Doppelkrone, eines der Königsinsignien der Pharaonen in historischer Zeit, tragen und damit als Könige von Gesamtägypten ausgewiesen werden, von denen wir Hor Narmer und Hor Aha namentlich benennen können. Weil letzterer nach den von Narmer abgeschlossenen Einigungskämpfen entsprechend der Aussage kleiner, als Eigentumsetiketten verwendeter Schrifttäfelchen das ganze Land regierte, wird er gewöhnlich mit dem König Menes der Königslisten gleichgesetzt und Aha als Horusname des Menes verstanden

In der mit Pharao (ägypt. Per-o, „Hohes Haus") Menes Aha beginnenden Thinitenzeit wird die Hieroglyphenschrift, die bereits vor 3000 v. Chr. mit symbolhaften Bildzeichen zur Benennung von Personen, Völkerschaften und Örtlichkeiten Verwendung fand zu ausführlichen Angaben auf hölzernen und beinernen Täfelchen, die Jahresbenennungen zur Altersdatierung von Krügen mit Wein und Lebensmitteln beinhalten, und allmählich auch zur Niederschrift längerer Texte herangezogen. Nach seiner Vollendung besteht das Hieroglyphensystem aus mehr als 750 Zeichen, die teils ganze Wörter, teils 24 Konsonanten und teils Konsonantengruppen wiedergeben. Aus den monumentalen Hieroglyphen werden das vereinfachte Hieratische für die ägyptische Buchschrift und die gegenüber diesem kursivere demotische Schrift abgeleitet. Die Hieroglyphen finden von der Frühzeit bis ins 4. Jahrhundert n. Chr., das Hieratische bis zum 7. Jahrhundert v. Chr. und danach noch in religiösen Texten und das Demotische vom 8. Jahrhundert v. Chr. bis in die römische Kaiserzeit Verwendung. Vokale schreibt der Ägypter, wie auch die späteren semitischen Alphabete, nicht. Dies bleibt den Griechen vorbehalten, die die Erfinder des ersten vollständigen Alphabets werden. Zugleich beginnt sich das in der Person des Königs zentrierte Staatswesen zu konsolidieren, vielleicht noch bestehende Stammesunabhängigkeiten werden beseitigt. Aus administrativen Gründen wird Ägypten in 42 Gaue eingeteilt, von denen 22 auf Ober- und 20 auf Unterägypten entfallen. Die Zentralverwaltung, die seit der II. Dynastie ihren Sitz in Memphis hat, führt mit dem Beginn der dynastischen Zeit regelmäßige Volkszählungen zur Erfassung der abgabenpflichtigen Personen durch. Das Land scheint noch weitgehend in Privatbesitz gewesen zu sein, einen Adel mit Privilegien, feudalem Lebensstil und entsprechenden Herrschaftsgewohnheiten hat das frühe Ägypten jedoch nicht gekannt. Der König hat keine feste Residenz, sondern bereist im zweijährigen Turnus das Land zu Schiff, um die Abgaben der Untertanen entgegenzunehmen, Recht zu sprechen und rituelle Handlungen zu vollziehen. Mitglieder der pharaonischen Familie, in Sonderheit die Söhne des Herrschers, nehmen die höchsten Beamtenstellen ein und handeln stellvertretend für den König. Unter dem Pharao Djer oder Chent, dem Nachfolger des Menes-Aha, ist auf künstlerischem Gebiet der Übergang von den tastenden Versuchen der Vorzeit zum verbindlichen Kunstkanon des ägyptischen Stils bereits vollzogen. Außenpolitisch ist der Staat vorwiegend defensiv und liegt in Verteidigungskämpfen mit Nubien und den Nomaden der libyschen und arabischen Wüste. Lediglich nach den für die Kupfergewinnung unentbehrlichen Malachitgruben der Sinai-Halbinsel mag sich jetzt schon die militärische Expansion gerichtet haben. Das älteste Siegesdenkmal aus dieser Gegend stammt jedoch erst von König Djoser aus der III. Dynastie, nachdem sich ein Relief des Königs Semerchêt vom Ende der I. Dynastie um 2800 als Irrtum herausgestellt hat. Der Außenhandel geht von den Städten des westlichen Nildeltas über See nach dem Libanon, von wo die für das holzarme Ägypten so wichtigen und im Alten Orient hochberühmten Nadelbäume importiert werden, und auch bis Kreta, das die Ägypter Keftiu nennen. Doch ist ungewiß, ob die Ägypter selbst diese Handelsfahrten ausführten oder sich kanaanäisch-syrischer Seeleute bedienten. In Religion und Kultus ist der mit dem Weltgottkönig der Frühzeit gleichgesetzte, Himmel und Sonne verkörpernde falkengestaltige Horus der oberste Gott, unter dessen Schutze die Könige stehen, die zugleich in Abfolge von religiösen Denkstufen als mit dem Gotte identisch, dann als seine anthropomorphe Inkarnation und schließlich als seine Stellvertreter auf Erden gelten. Gleichzeitig setzt mit dem Beginn der historischen Zeit als bedeutsames geistesgeschichtliches Phänomen die Vermenschlichung der in der vorgeschichtlichen Periode theriomorph gedachten Götter ein. Mehreren Gottheiten errichten die thinitischen Herrscher Tempel oder restaurieren sie, dem ithyphallischen Fruchtbarkeitsgott Min von Achmim und Koptos, dem Gott der Handwerkerstuben und späteren Schöpfergott Ptah von Memphis und dem mit

Die Stufenpyramide von Saqqâra westlich von Memphis ist das älteste monumentale Steinbauwerk der Welt. Im Auftrage König Djosers hat der später göttlich verehrte Baumeister Imhôtep über dem unterirdischen Königsgrab die sechsstufige Riesenmastaba (Mastaba = rechteckiger Grabbau des Alten Reiches) errichtet.

ihm verglichenen Sokar, dem an mehreren Orten verehrten schakalköpfigen Schützer der Friedhöfe Anubis, dem im Ostdelta beheimateten Vegetations- und Totengott Osiris und seiner Gemahlin, der Gottesmutter Isis, und der Pfeilgöttin Neith von Saïs. Auch die Verehrung der orakelgebenden Stiergötter Apis und Mnewis, von denen der eine mit Ptah, der andere mit Rê verbunden war, nimmt in Memphis bzw. On-Heliopolis unter den Thiniten ihren Anfang. Schließlich ist auf das meist im 30. Regierungsjahr erstmals gefeierte königliche Jubiläum des Sedfestes zu verweisen, bei dem in einem kultischen Zeremoniallauf die magische Kraft des Herrschers erneuert werden sollte. In allem sind die rund drei Jahrhunderte der Könige von Thinis gegenüber den Verhältnissen und materiellen Leistungen während der voraufgegangenen kuprolithischen Perioden ein mit regstem Leben erfülltes Zeitalter gesteigerter Kultur, in dem trotz immer wieder aufflackernder Auseinandersetzungen zwischen Ober- und Unterägypten und dem kulturellen Vordringen des letzteren der Grund für die Geschichte der Folgezeit auf beinahe allen Gebieten der Existenz des Ägypters in oft genug unangetasteter Weise gelegt worden ist.

Das Alte Reich: von der III. bis VIII. Dynastie (etwa 2650–2134 v. Chr.) So eindrucksvoll der Aufstieg Ägyptens in den ersten beiden Dynastien auf den Betrachter wirkt, so wird dieser Eindruck durch die Entwicklung überboten, die um 2650 v. Chr. mit dem Beginn der III. Dynastie einsetzt. Der politische und kulturelle Schwerpunkt verlagert sich jetzt für das nächste halbe Jahrtausend nach dem unterägyptischen Norden, wo die Stadt Memphis, als „Waage der beiden Länder" an der Nahtstelle von Unter- und Oberägypten gelegen, zur Residenz der Pharaonen des Alten Reiches und seine Umgebung zum Zeugen für die Macht und die Gewalt der göttlichen Herrscher, die monumentale Entfaltung des Königtums wie des technischen Genius, die religiöse Bindung und die Arbeitskraft des ägyptischen Volkes wird. Oberägypten sinkt politisch und kulturell zur Bedeutungslosigkeit herab. Unter politischem Aspekt ist zwischen der II. und III. Dynastie kein Bruch erkennbar, der Übergang von der alten zur neuen Herrscherreihe und deren Legitimierung wird, wie noch öfter in der Geschichte des pharaonischen Ägypten, durch eine Prinzessin, die mutmaßliche Tochter des letzten Königs der II. Dynastie, Chasechemui, hergestellt. Der Sohn jener Prinzessin und somit der wahrscheinliche Enkel des Chasechemui ist König Djoser (um 2635–2615), der bedeutendste Herrscher der III. Dynastie. Djoser ist der eigentliche Begründer des Alten Reiches und der Erbauer der Stufenpyramide von Saqqâra westlich von Memphis, des ältesten monumentalen Steinbauwerkes der Weltarchitektur. Ihr Schöpfer ist der in späterer Zeit als Heilgott verehrte und von den Griechen mit Asklepios gleichgesetzte Baumeister, Arzt und sternkundige Weise Imhôtep, dem die ägyptischen Schreiber vor Aufnahme ihrer Tätigkeit einen Tropfen Wasser opferten. Auf dem Wüstenplateau am linken Nilufer erhebt sich in einem rechteckigen Bezirk von Kultbauten, die Hauptstadt überragend, über dem unterirdischen Königsgrab das gewaltige Steinbauwerk in sechs jeweils zurückspringenden Stufen auf einer Grundfläche von 115 zu 100 m bis zu einer Höhe von 60 m. Die in Ägypten althergebrachte Lehm- und Holzbauweise ist hier in ihren Formen für die ewige Residenz des Königs mit der durchgebildeten Steinarchitektur eine Symbiose eingegangen, die trotz der monströsen Ausmaße das Streben nach Feinheit und Lockerung erkennen läßt.

Mit dem Grabmal in Gestalt der Stufenpyramide von Saqqâra ist ein neuer Weg beschritten, den die Herrscher der IV. Dynastie (um 2580–2470) weitergehen. Die Königsgräber nehmen immer größere Dimensionen an, wobei die Umrisse zunehmend der geraden Linie angenähert werden, so daß die echte Pyramide ohne Abstufung der Seitenflächen und mit quadratischem Grundriß entsteht. Der letzte König der III. Dynastie, Huni oder Ahu (um 2588–2580), hatte mit dem Bau seiner Pyramide bei Medûm begonnen und den Plan gefaßt, den stufenförmigen Kern mit poliertem Kalkstein zu verkleiden. Die Kürze seiner Regierungszeit ließ das Werk unvollendet. Sein Nachfolger, der Begründer der IV. Dynastie, Snofru (um 2580–2556), dessen Gattin Hetep-heres wahrscheinlich die Tochter des Huni gewesen ist und das Königtum des Snofru legitimierte, baut zunächst an Pyramide und Kultanlage seines Vorgängers in Medûm weiter, errichtet dann aber in Dahschûr, zwischen Medûm und Saqqâra, für sich gleich zwei Pyramiden, die sogenannte Knickpyramide und die Rote Pyramide, die beide durch Kalksteinverkleidungen glatte Seitenflächen erhalten. Die Knickpyramide stellt mit zwei verschieden steilen Böschungswinkeln, anscheinend hervorgerufen durch unzureichende Vorberechnung des Baues, den Übergang von der reinen Stufenpyramide zur echten Pyramide dar, die Rote Pyramide ist die erste echte Pyramide. Damit wurde Snofru für seine Nachfolger richtungweisend. Er bricht jedoch auch mit der strengen rechteckigen Form der die Pyramide umgebenden Kultanlage der Djoser-Zeit und setzt an ihre Stelle eine aufgelockerte Bauweise, die allen weiteren Pyramidenanlagen des Alten Reiches zum Vorbild dient. An erdrückender Größe und monumentaler Wucht über-

König Djoser (um 2635–2615) ist der eigentliche Begründer des Alten Reiches. Auf seine Initiative geht der Bau der Stufenpyramide von Saqqâra zurück. Ägyptisches Museum, Kairo.

boten werden die Grabbauten des Snofru durch die seines Sohnes und Nachfolgers Cheops (um 2556–2533), der seine Pyramide, die größte, die je errichtet wurde, nahe dem heutigen Vorort von Kairo, Gîza (Gîseh), erbaut. Für die Cheops-Pyramide wurden 2,300.000 Steinblöcke im Gesamtgewicht von 5,750.000 Tonnen, so daß ein Block zweieinhalb Tonnen wog, gebrochen, transportiert und an Ort und Stelle aufeinandergetürmt, wodurch bei einer quadratischen Grundfläche von 227 m Seitenlänge und einem Flächeninhalt von 51.520 Quadratmetern sowie einer Höhe von 146 m ein umbauter Raum von 2,521.000 Kubikmetern entstand. Berücksichtigt man die nur 23jährige Regierungszeit des Cheops und nimmt man deshalb eine rund 20jährige Bauzeit an der Pyramide an, so mußten bei einem Einsatz von durchschnittlich 100.000 Bauarbeitern, die die königliche Verwaltung zu verköstigen und unterzubringen hatte, an jedem Tag mehr als 300 Kalksteinquadern im Gewicht von 800 Tonnen verarbeitet werden. Das war jedoch nur der Arbeitsaufwand für die Pyramide. Parallel mit ihr wurde noch der Totentempel des Herrschers aus Basaltfliesen und Granitsäulen errichtet, dann eine Hochrampe gebaut und im Tal des Nils ein als Empfangshalle gedachter Portalbau angelegt. Schließlich hob man noch um die Pyramide fünf je 43 m lange Gruben für die Barken des Königs aus. Die technischen Einzelheiten, mit denen diese immense, vorzüglich geplante und wohlorganisierte Arbeitsleistung bewältigt wurde, sind bis heute nicht restlos aufgeklärt, da eine Beschreibung des Pyramidenbaues aus altägyptischer Zeit fehlt und spätere Nachrichten wertlos sind.

Die Frage ist unausweichlich, welche Ursachen den Gedanken an diese überhöhte Bedeutung des königlichen Grabes bewirkten und welche Beweggründe eine riesige Menschenmenge in einer in unseren Augen unproduktiven Arbeit jahrzehntelang band. Zunächst ist festzustellen, daß zeitlich mit dem Pyramidenbau die Schaffung des absolutistischen Staates, der seine Verkörperung ausschließlich in der geheiligten Person des Königs fand, einherging. In der IV. Dynastie wird die fünffache ägyptische Königstitulatur ausgebildet; sie wird seit der späten V. Dynastie voll angewendet. Hatten die früheren Könige nur den Titel Horus geführt, so tritt jetzt die Bezeichnung „König von Ober- und Unterägypten" auf, die mit den Hieroglyphen für Binse und Biene (nisut-biti), mit der Geiergöttin Nechbet und der Schlangengöttin Wadjit als den „beiden Herrinnen" (nebti), den Wappenzeichen Binse und Papyrus und mit der weißen oberägyptischen und der roten unterägyptischen Krone geschrieben werden konnte. Unter dem Nachfolger des Cheops, Djedef-rê, begegnet erstmals der Titel „Sohn des Rê". Nach ihrer Vollendung beginnt die fünffache Titulatur des ägyptischen Königs mit dem Horusnamen, führt über den Titel des Königs von Ober- und Unterägypten und den Rê-Titel zum Geburtsnamen des Königs, der wie der vorletzte Name in eine Kartusche eingeschlossen wird. Die Titulatur des Königs von Ober- und Unterägypten und ihre Schreibweisen, in denen Ober- stets vor Unterägypten steht, zeigen deutlich das aus der prädynastischen Zeit überkommene dualistische Denken und den Nachklang der Einigung des Landes durch die Könige Oberägyptens. Obwohl der Staat ein streng zentralisierter Beamtenstaat ist, bestehen doppelte Beamtentitel, Verwaltungseinrichtungen und Magazine weiter. Der König allein besitzt die höchste militärische, richterliche, administrative und religiöse Gewalt und lenkt daher das gesamte öffentliche Leben. Verwaltung und kulturelles Leben haben ihre alleinigen Pflegestätten in den wechselnden, aber stets im Gebiet von Memphis gelegenen Residenzen der Herrscher. Der

Aus der Stufenpyramide entwickeln sich zuerst die unten abgebildete Pyramide von Medûm und anschließend die allgemein bekannten „Großen Pyramiden". Die Pyramide von Medûm wurde unter der Regierung König Snofrus fertiggestellt. Snofru (um 2580–2556) war der Begründer der IV. Dynastie.

private Landbesitz, aus der Thinitenzeit noch bekannt, verschwindet jetzt und geht in das Eigentum des Königs über. Über seine Untertanen verfügt der Herrscher souverän. Auf seinen Befehl werden die Menschen zu Feldarbeiten und zur Durchführung öffentlicher Aufgaben wie Damm- und Kanalbauten, zur Errichtung von Tempeln und Pyramiden herangezogen. Die Bevölkerungsverpflanzung aus den Heimatdörfern nach den Orten des Arbeitskräftebedarfs und zur Füllung der Residenzen oder von neu gegründeten Städten wird üblich. Unter dem König, gleichsam als seine rechte Hand und sein Generalbevollmächtigter, steht seit Snofru der Wesir (djati), der meist ein jüngerer Bruder des Herrschers ist und die gesamte, nach einzelnen Abteilungen gegliederte Verwaltung überwacht. Die wichtigste Abteilung ist das für alle Einnahmen und Ausgaben zuständige unterägyptische Schatzamt, das des öfteren mit dem Wesirat in Personalunion verbunden ist. Für das größere Oberägypten sind dagegen die beiden „Kanzler des Gottes" zuständig, denen neben ihren allgemeinen Verwaltungsaufgaben auch die Sorge für das Kriegs- und Bauwesen obliegt. Eine eigenständige Stellung gegenüber den beiden Kanzlern nehmen der „Vorsteher der Arbeit" (heri-udjeb) und der „Leiter des Kanalbaues" (adj-mer) ein, der zugleich die Funktion des Gauoberhauptes innehat. Das Rückgrat der Verwaltung bildet jedoch das große Heer der oft bei ihrer Tätigkeit dargestellten Schreiber, die im „Haus des Lebens" (per-anch) ausgebildet werden.

Ist die Pyramide der bis heute sichtbare Ausdruck dieses durch die königliche Allgewalt und Selbstherrlichkeit ausgezeichneten Staatswesens, so ist ihr Bau selbst das Ergebnis nicht erzwungener Frondienstleistungen einer ganz oder teilweise versklavten Bevölkerung. Der erste Grund für die Errichtung der großen Pyramiden war wohl die Vereinigung von Grab und Scheinpalast, die eine Vergrößerung des Grabes forderte, damit es auch außerhalb der Palastmauern sichtbar blieb. Außerdem muß in den religiösen Vorstellungen der Menschen der ewige Aufenthaltsort des toten Königs an Bedeutung gewonnen haben. Das hat seine Ursache im expandierenden Glauben an die Allmacht der vergöttlichten Sonne. Hat man sich ursprünglich die Sonne als einen über den Horizont fliegenden Falken gedacht, so findet seit der III. Dynastie die Morgensonne als Rê-Harachte besondere Verehrung. In der IV. Dynastie geht diese Entwicklung weiter, wie daraus folgt, daß vier Nachfolger des Cheops den Namen des Sonnengottes Rê in ihrem Individualnamen führen. Mit dem Anbruch der V. Dynastie wird Rê zum Weltgott, als dessen Söhne die Pharaonen gelten. Diesem Prozeß setzen die Könige den Anspruch entgegen, im Tode eine ewig unveränderliche Gestalt zu erlangen, die Beständigkeit und Ordnung in der Welt des Diesseits garantiert. Sie nennen sich „Großer Gott" (neter wêr). Sichtbarer Ausdruck dieses Anspruchs ist das Grab als jenseitige Wohnung des Herrschers, welches in dem Maße größer und gewaltiger gestaltet werden muß, in dem der Sonnenkult um sich greift. Andererseits herrscht der Glaube, daß der einzelne Ägypter nur dann an der Unsterblichkeit und der ewigen Ordnung des heimgegangenen Pharao partizipieren kann, wenn er am Bau des Herrschergrabes mitwirkt. Dieser Glaube läßt die Arbeit an der Pyramide zu einer nicht nur freiwilligen, sondern auch begehrten Leistung werden, ja man hat sogar den Pyramidenbau einen Gottesdienst für das Volk genannt. Mit dem Sieg des Sonnenkultes

König Chephren aus der IV. Dynastie. Hinter dem König auf der Thronlehne hockend der Falkengott „Horus". Ägyptisches Museum, Kairo.

Pyramidengruppe von Gîza mit den Pyramiden von Cheops (rechts), Chephren (Mitte) und Mykerinos (links). Bei einer Basislänge von 227 m erreichte die größte von ihnen, die Cheops-Pyramide, eine Höhe von fast 146 m. Der Glaube, daß der einzelne Ägypter nur dann an der Unsterblichkeit und der ewigen Ordnung des heimgegangenen Pharao teilhaben kann, läßt die Arbeit an der Pyramide zu einer begehrten Tätigkeit werden.

in der V. Dynastie werden entsprechend diesem religiösen Prozeß die Pyramiden wesentlich kleiner und vor allem schlechter gebaut. Der König heißt jetzt nicht mehr „Großer Gott", sondern nur noch „Guter Gott" (neter nefer), auf die Allmacht des Königtums folgt ungemein rasch die Peripetie.

Vorerst aber fahren die Nachfolger des Cheops mit dem Bau großer Pyramiden fort. Sein Sohn und Nachfolger Djedef-rê (um 2533–2525) hinterläßt eine unfertige Pyramide bei Abu Roasch nördlich von Gîza, dessen jüngerer Bruder oder Halbbruder und zweiter Nachfolger des Cheops, Chephren (um 2525–2499), baut seine Pyramide nebst der Sphinx von Gîza und einem aus Granitmonolithen errichteten Taltempel neben die seines Vaters, und Mykerinos (um 2499–2475), der Sohn des Chephren, setzt seine erheblich kleinere, aber unter ausgiebiger Verwendung des wertvollen Assuan-Granits erstellte Pyramide neben die des Cheops und Chephren, womit die überwältigende Dreiheit der großen Pyramiden von Gîza bei Kairo vollständig ist. Erst der Sohn des Mykerinos, Schepseskâf (um 2475–2470), bricht mit der über 150jährigen Tradition des Pyramidenbaus und errichtet sein Grab in Form einer großen abgerundeten Mastaba (arab. „Bank") im Südfriedhof von Saqqâra.

Die IV. Dynastie endet in Wirren, aus denen mit dem Begründer der V. Dynastie (um 2470–2325), Userkâf (um 2470 bis 2463), ein dem Sonnenkult besonders eng verbundenes Herrscherhaus hervorgeht. Mit ihm tritt daher die alte Rê-Priesterschaft von On-Heliopolis nördlich von Memphis geistig und politisch beherrschend in den Vordergrund, und die propagandistische Legende weiß zu berichten, daß die drei ersten Könige der Dynastie, Userkâf, Sahu-rê und Neferirka-rê, Söhne des Rê und der Gattin eines heliopolitanischen Sonnenpriesters gewesen seien. Zu der Aufgabe, für seine eigene Unsterblichkeit zu sorgen, erwächst nun jedem Herrscher die Pflicht, seinem Vater, dem Sonnengott, ein Heiligtum zu errichten, in dessen Mittelpunkt ein gewaltiger Obelisk mit vergoldeter Spitze steht, in der sich die Sonnenstrahlen widerspiegeln. Mit der zugleich einsetzenden Vermenschlichung des Königtums sieht das Volk im Herrscher nicht mehr den Garanten für das Fortleben nach dem Tode, sondern in dem zunehmend in das Bewußtsein der Menschen dringenden Vegetationsgott Osiris. Wie Osiris zum Totenrichter und zum Herrn des Totenreiches wird, so wird der König im Tode zu Osiris. Die richterliche Funktion des Osiris macht das Weiterleben im Jenseits allein vom sittlichen Verhalten im Diesseits abhängig und nicht von der Bindung an den König. Im öffentlichen Leben werden die höchsten Staatsämter nicht mehr von königlichen Prinzen besetzt, sondern von einer neu sich bildenden Beamtenschaft. Da die herrschende Naturalwirtschaft die Pharaonen zwingt, ihre verdienten Beamten und Würdenträger mit Landbesitz, der zunächst noch Eigentum des Königs bleibt, dann aber in das der Bedachten übergeht, auszustatten, wandelt sich der straff zentralisierte Beamtenstaat der IV. Dynastie zu dem immer lockerer gefügten Feudalstaat der V. und VI. Dynastie. Es entsteht verhältnismäßig rasch ein grundbesitzender, mit Privilegien ausgestatteter Adel, der die hohen und höchsten Staatsämter in familiärer Erbnachfolge besetzt und besonders in den Provinzen eine stets wachsende Selbständigkeit gegenüber dem Königtum gewinnt. Die Gaue werden in zunehmendem Maße von Beamten verwaltet, die ihren Sitz ständig in ihrem Amtssprengel haben und auf den Ausbau desselben zu einer möglichst von der Zentralregierung unabhängigen Territorialherrschaft bedacht sind. Alle diese religiösen, sozialen und politischen Prozesse stärken die zentrifugalen Kräfte und schwächen das Königtum. Versuche der beiden letzten Könige der V. Dynastie, Djedka-rê-Isosi (um 2388–2355) und Unas oder Onnos (um 2355–2325), dem zu begegnen, bleiben ohne Erfolg.

Die VI. Dynastie (um 2325–2145), die

Aus dem Totentempel der Pyramide Userkâfs bei Saqqâra stammt dieser Kolossalkopf des Königs. Userkâf (um 2470–2463) war der Begründer der V. Dynastie. Ägyptisches Museum, Kairo.

anscheinend wieder durch die Heirat einer Prinzessin legitimiert wird, beginnt mit dem Pharao Teti (um 2325–2292), der angeblich einem Attentat zum Opfer fiel. Unter ihm nimmt der Aufstieg der partikularistischen Gewalten seinen Fortgang, und die prächtigen Grabmäler der jetzt zu erblichen Gaufürsten aufgestiegenen provinzialen Verwaltungsbeamten erheben sich nicht mehr wie einst in der Umgebung der königlichen Pyramide, sondern überall im Nilland. Dieser neue selbstbewußte, auf seine Souveränität und seine königgleiche Stellung bedachte Provinzialadel sieht im Pharao und dessen Herrschaftsanspruch nur noch ein überholtes Relikt aus längst vergangener Zeit. Der Sohn und Nachfolger des Teti, Pepi I., der griechisch Phiops I. oder Phios heißt (um 2292–2260), hat gegen einen Usurpator namens Userka-rê zu kämpfen und gerät dabei in Abhängigkeit von den Gaufürsten, bis sich schließlich nach kurzer Zwischenregierung unter seinem Sohn Pepi II. oder Phiops II., der als Kind den Thron besteigt und angeblich 94 Jahre regiert (um 2254–2160), der Zusammenbruch des Alten Reiches vollzieht. Die Verwaltung des Gesamtstaates ist durch die schier völlige Unabhängigkeit der Gaufürsten lahmgelegt und dadurch die Versorgung der Bevölkerung gefährdet. Revolten sind die Folge. Hinzu kommt, daß durch das ständige Anwachsen der abgabenfreien Tempelgüter die Einnahmen des Staates zurückgehen und die daraus entstehende Finanzkrise auch nicht mehr durch jährliche Steuererhebungen gemeistert werden kann. Die lokalen Machthaber greifen zur Selbsthilfe, plündern die Nachbargaue und bedrükken die Bauern, die sich mancherorts bewaffnet zusammenrotten. Nach dem Tode Phiops' II. versinkt die VI. Dynastie im Chaos. Die VII. und VIII. Dynastie (um 2145–2143) sind Zeiten politischer Wirren, wirtschaftlicher Not und gesellschaftlicher Umschichtungen, Zeiten, in denen sich der folgenschwerste und nachhaltigste Einschnitt in der ägyptischen Geschichte vollzieht, da das Königtum in Ohnmacht versinkt und alle die Mächte verfallen, die Beständigkeit und Ordnung garantiert haben. Religiöser Skeptizismus macht sich breit, der die Existenz der Götter in Frage stellt. Allein die ägyptische Literatur hat ihre größten Werke vollbracht, die von der Not des Individuums und der Problematik menschlicher Existenz in Zeiten revolutionären Umbruchs künden und späteren Generationen als klassisch gelten. Das für die Ewigkeit gegründete Reich der Pyramidenzeit liegt in Trümmern.

Es ist verständlich, daß in einer Periode des gewaltigen inneren Umbruchs die außenpolitische Aktivität Ägyptens nur gering ist. In der V. Dynastie kämpft man siegreich gegen die Libyer und unternimmt Handelsfahrten nach Syrien, Kreta und zum ersten Male in das sagenhafte Weihrauchland Punt an der Somaliküste. Die auf allen Gebieten sichtbare Privatisierung scheint jetzt auch privaten Handel ermöglicht zu haben. Während der VI. Dynastie kann die ägyptische Herrschaft bis zum zweiten Nilkatarakt ausgedehnt und bis weit nach Nubien, das die Ägypter Kusch nennen, vorgestoßen werden. Gegen die Nomaden Palästinas führt Una, der General Phiops' I., fünf Feldzüge, bis ihm in einem kombinierten Angriff zu Wasser und zu Lande ihre Unterwerfung gelingt. Unter Phiops II. wird ein ägyptisches Expeditionskorps im Libanon vernichtet. Die auswärtige Politik, vornehmlich unter der VI. Dynastie, ist weniger ein Werk der machtlosen Könige als vielmehr der großen Würdenträger.

Die erste Zwischenzeit: die IX. und X. Dynastie von Herakleopolis (um 2134 bis 2040 v. Chr.) Mit dem Ende der VIII. Dynastie zerfällt die teils noch notdürftig, teils nur zum Schein gewahrte Einheit des Reiches endgültig, und Memphis hört auf, königliche Residenz zu sein. Es beginnt jene rund 100jährige Periode ägyptischer Geschichte, die man die erste Zwischenzeit (um 2134–2040) nennt. Nach den Königslisten beanspruchen die Gaufürsten von Herakleopolis, die die irrtümlich doppelt gezählte IX. und X. Dynastie bilden, die Herrschaft im ganzen Lande. Der Anspruch der Herakleopoliten steht im Gegensatz zur Wirklichkeit. Es gelingt ihnen zwar, Memphis zu erobern und das nördliche Oberägypten allmählich zu beherrschen, aber sie finden nicht im ganzen Lande Anerkennung. Das Nildelta fällt in die Hände

Dieses Holzmodell einer in Viererreihen marschierenden Truppe von nubischen Bogenschützen ließ sich der Gaufürst Mesehti von Asjut ins Grab mitgeben. Die nubischen Söldner waren zu allen Zeiten als verläßliche Ordnungstruppen bekannt. Zweifellos hat auch der thebanische Fürst Mentuhotep, der Begründer der XI. Dynastie und damit des Mittleren Reiches, nach dem Verfall der staatlichen Ordnung des Alten Reiches mit Hilfe ähnlicher Truppen die Ruhe und Ordnung im Lande wiederhergestellt und eine erneute Einigung der beiden Länder erreicht.

sinaitischer, palästinensischer und libyscher Nomaden, in Oberägypten haben die Gaufürsten von Hermupolis, Lykopolis, Abydos, Koptos, Hierakonpolis und Theben vollkommene Selbständigkeit erlangt und zum Teil ebenfalls den Königstitel angenommen, so daß die Herakleopoliten Ägypten etwa vom Beginn des Deltas bis südwärts vor Hermupolis oder von 42 Gauen nur 8 beherrschen. Die Erneuerung geht von Theben aus. Dort haben die Gaufürsten, die mit denen von Elephantine in Familienverbindung stehen, nach und nach die lokalen Gewalten Oberägyptens unterworfen und unter Antef I. die XI. Dynastie begründet, die nach Besiegung des Teilreiches von Herakleopolis unter Mentuhotep I. über das wieder geeinte Ägypten herrscht (um 2040–1991) und das Mittlere Reich mit der XI. bis XIV. Dynastie (um 2040 bis 1650) schafft. Dessen Hauptstädte sind während der XI. Dynastie Theben, während der XII. und XIII. Ittowi, heute El-Lischt bei Memphis, und während der XIV. Xois im Delta.

Das Mittlere Reich: die neue Blüte Ägyptens von der XI. bis zur XIV. Dynastie (um 2040–1650 v. Chr.) Die XI. Dynastie unter Königen mit Namen Mentuhotep I.–III., die den Namen des alten thebanischen Stadtgottes Mont in dem ihren tragen, ist eine mit der endgültigen Reichseinigung befaßte Zeit des Übergangs und der Vorbereitung, worauf das Mittlere Reich mit der XII. Dynastie (1991–1785) seinen Höhepunkt erreicht. Die Herrscher dieser Dynastie treten jetzt zum ersten Male in der ägyptischen Geschichte

Holzmodell eines Nilbootes aus Papyrusstengeln, die am Bug und Heck zusammengebunden sind. 11. Dynastie, um 2040–1991. Ägyptisches Museum, Kairo.

deutlicher und besser faßbar als fürstliche Einzelpersönlichkeiten hervor, deren Planen und Wollen aus ihren Taten ersichtlich wird. Als politische Neuerung führen sie die Samtherrschaft von Vater und Sohn ein, sei es in Anlehnung an Gepflogenheiten der Gaufürsten, sei es, um gegen das immer noch mächtige Nomarchentum Aufstände und Wirren beim Thronwechsel zu verhindern. Ansonsten knüpfen sie, wie bereits die Könige der XI. Dynastie, an die Tradition des Alten Reiches an. Die urtümlich anmutenden großen Steinfiguren Mentuhoteps I. von Dêr el-Bahri demonstrieren die wiedergewonnene Macht des Pharaonentums ebenso wie die nach strengen mathematischen Formen ausgerichteten Plastiken Amenemhêts III. Die Könige der XII. Dynastie haben eine reiche, jedoch nur schwer erkennbare Bautätigkeit für die Götter entfaltet, die sich trotz der religiösen Skepsis und des gelegentlich aufflakkernden Atheismus der ersten Zwischenzeit als ruhender Pol erwiesen hatten. Die Literatur hat die naive Unbekümmertheit des Alten Reiches, aber auch die problematisierende Tiefgründigkeit der Gaufürstenzeit verloren und sich den beiden Gattungen der romanhaften Erzählung und des sachlichen Berichts zugewandt. Das hohe Beamtentum, einst ausschließlich auf den König als den Inbegriff des Staates bezogen, dann nach voller Eigenständigkeit strebend, betrachtet jetzt in Nachwirkung von Ideen der ersten Zwischenzeit Amt und Tätigkeit als ethische Verpflichtung.

Der erste Herrscher der XII. Dynastie, Amenemhêt I. (1991–1962), gelangt durch Usurpation auf den Thron, beläßt zwar nach dem Beispiel seiner Vorgänger den allerdings teilweise von ihm neu eingesetzten Gaufürsten eine gewisse Selbständigkeit, beginnt aber zugleich, um eben diese Lokalmächte zu brechen, aus dem Bürgertum eine dem König ergebene und auf das Gemeinwohl bedachte Beamtenschaft heranzubilden. Unter ihm kommt die Götterkonstellation von Amon, Rê und Ptah mit dem Kultort Theben auf, die sich bis in die Zeit des Neuen Reiches zu einer geschlossenen Trias verdichtet. Die Einfallspforte der asiatischen Beduinen nach Ägypten läßt er befestigen und zum weiteren Schutz dieses Gebietes durch das Wadi Tumilât einen schiffbaren Kanal ziehen. Von da an herrscht an der Nordostgrenze Ägyptens während der XII. Dynastie Ruhe. Nach Ablauf seines 20. Regierungsjahres nimmt er seinen Sohn Sesostris I. (1971–1926) zum Mitregenten. Diesem gelingt nach mehreren Feldzügen 1954 die Besetzung Nubiens bis zum 2. Katarakt. Das Land wird durch ein Befestigungssystem längs des Nils gesichert, und es wird mit der Ägyptisierung der Bevölkerung begonnen. Diese Tat macht Sesostris I. zum eigentlichen Begründer der Herrschaft über Nubien. Unter seinen beiden Nachfolgern Amenemhêt II. (1929–1892) und Sesostris II. (1897–1878), die beide ebenfalls als Mitregenten ihrer Väter zur Herrschaft gelangen, bestehen friedliche Verhältnisse, die zur Förderung des Landes und zum Ausbau der königlichen Zentralgewalt gegen die Gaufürsten genutzt werden. Der Handel mit Punt, Syrien und Kreta blüht. Auch scheint jetzt, ganz im Gegensatz zum Alten Reich, die Einfuhr asiatischer Sklaven üblich geworden zu sein. Nach diesen Zeiten der das Land konsolidierenden Ruhe hebt mit Sesostris III. (1878–1841), dem bedeutendsten Kriegsfürsten des Mittleren Reiches, wieder eine Periode energischer und gewaltsamer Außenpolitik an, die sich in erster Linie gegen Nubien richtet, wo im Vorfeld des 2. Katarakts die Doppelfestung Semna-Kumma errichtet und südlich des 3. Katarakts in Kerma, der Residenz nubischer Fürsten, eine ägyptische Handelsniederlassung etabliert wird. Im Innern gelingt es, die Macht der Nomarchen endgültig zu brechen, so daß unter Amenemhêt III. (1842–1795) der absolutistische Königsstaat wieder vollendet ist. Doch bereits unter seinem Nachfolger Amenemhêt IV. (1798–1789) verfällt das Reich in einen Schwächezustand, der sich in der XIII. und XIV. Dynastie (1785–1650) zu dynastischen Wirren mit Thronkämpfen und Usurpationen lokaler Beamter und von Leuten aus den unteren Volksschichten mit nur kurzen Regierungszeiten steigert. Ebenso wie im Alten Reich folgt auf die straffe Zentralisierung des Staates der Umschwung zur Kraftlosigkeit des Königtums, und ebenso wie in der VII. und VIII. Dynastie löst sich in der XIII. und XIV. die Reichseinheit auf. Die Nordostgrenze verliert ihren Schutz, asiatische, vorwiegend semitische Eindringlinge setzen sich im Delta fest, und kanaanäische Söldnerführer, wohl meist amoritischer Herkunft, reißen im Norden des Landes die Macht an sich. Die einhundertjährige Herrschaft der Hyksôs ist angebrochen.

Fremdherrschaft der Hyksôs (1650 bis 1554) Das Wort Hyksos (heka-chasut oder Hiq-chosue) heißt soviel wie „Herrscher der Fremdländer“, ist also ein Titel für Könige oder Fürsten und nicht eine Bezeichnung für fremde Völker. In der XVIII. Dynastie heißen sie Amu, also Asiaten. Nach Manetho zerfallen sie in die „Großen Hyksôs“ der XV. und die „Kleinen Hyksôs“ der XVI. Dynastie. Die Könige tragen zum Teil ägyptische (Apopi = Apophis), semitische (Schalek, Jaqobher) und fremdartige Namen (Chian oder Chajan) und mögen zeitweilig von ihrer Residenz Auaris im Delta aus ganz Ägypten beherrscht haben. Zu Beginn des 16. Jahrhunderts v. Chr. sind sie jedoch allein auf Unterägypten beschränkt. Das Land selbst zerfällt in einzelne Stadtkönigtümer, die zum Teil in den Händen

Kopf des Königs Sesostris II., 12. Dynastie, um 1880. Grauer Granit, Höhe 29 cm. Ägyptisches Museum, Kairo. Das Bildnis zeigt keinen Gottkönig mehr, sondern „einen von bösen Erfahrungen heimgesuchten Herrscher, der in einer sich verweltlichenden und entheiligten Umgebung die schwere Bürde seines verantwortungsvollen Amtes zu tragen hatte." (Westendorf)

der Hyksôs sind, während in Oberägypten die Tradition der nationalägyptischen XIII. Dynastie ihre Fortsetzung findet. Einen eigenen Beitrag zur ägyptischen Kultur haben die Hyksôs nicht geleistet, wohl aber eine Mittlerfunktion zwischen Ägypten und Vorderasien erfüllt und die Ägypter auf den Weg der militärischen Expansion nach Palästina und Syrien gewiesen. Eine der wesentlichen Voraussetzungen hierfür war, daß sie ihnen das Pferd und den von Pferden gezogenen zweirädrigen Streitwagen brachten. Die von den Ägyptern hart und demütigend empfundene Fremdherrschaft der beiden Hyksôs-Dynastien wird als zweite Zwischenzeit (1650–1554) bezeichnet Sie ist die letzte Auswirkung von Völkerbewegungen im kleinasiatischen und mesopotamischen Raum, die nach 2000 v. Chr. die indogermanischen Hethiter nach Zentral-Anatolien geführt und die Churriter, ein Volk unbekannter Herkunft, in das nördliche Mesopotamien gebracht hatten. Die seit dem 18. Jahrhundert v. Chr. vom iranischen Hochland nach Mesopotamien vordringenden indo-iranischen Mitanni übten Druck auf die Churriter aus, die diesen an die meist amoritischen Semiten Syriens und Palästi-

nas weitergaben. Eine langanhaltende Infiltration semitischer Elemente in das Gebiet des Nil-Deltas war die Folge, die in ihrer letzten Phase vielleicht durch churritische Bevölkerungsteile verstärkt war.
Die Befreiung des Landes geht von Theben aus, wo die XVII. Dynastie (um 1650–1560) die Tradition der XIII. fortgeführt und den familiären Anschluß an diese vollzogen hat. Seqenen-rê und seine beiden Söhne Kamose und Achmose vertreiben die Hyksôs aus Ägypten, indem letzterer die beiden Festungen der Fremdlinge, Auaris und Scharuhen, einnimmt, aber nicht über Ägypten hinausgreift. Achmose oder Amosis, obwohl noch zur XVII. Dynastie gehörend, wird in den Königslisten an die Spitze der XVIII. Dynastie gesetzt, mit der das die natürlichen Grenzen Ägyptens sprengende Neue Reich beginnt.

VORDERASIEN BIS ZUM ENDE DER HAMMURABI-DYNASTIE (UM 3000 BIS 1530 V. CHR.) [1]

Die Hochkultur der Sumerer: die altsumerische Zeit (um 3000–2350) Im Bereich Vorderasiens liegen während der jahrtausendelangen Perioden der schriftlosen Prähistorie die Siedlungsschwerpunkte an den Bergflanken des anatolischen, armenischen und iranischen Hochlandes, wo die Abfolge der einfachen Kulturen der nomadischen und halbnomadischen Jäger und Hirten über die der seßhaften Pflanzer bis zur Entstehung des Bauerntums mancherorts verfolgt werden kann. Der Süden Mesopotamiens, das damals noch getrennte Mündungsgebiet von Tigris und Euphrat, scheint unbesiedelt gewesen zu sein und tritt erst in der Zeit der entwickelten Dorfkulturen des Chalkolithikums kulturell in Erscheinung. Die Zeit der nachweislichen Besiedlung des südlichen Zweistromlandes, das zu Beginn der historischen Zeit eindeutig das Übergewicht über den Norden erlangt, kann nach der Beschaffenheit der dort gefundenen Keramik in die drei zeitlich aufeinanderfolgenden Stufen von Eridu, El-Obed und Uruk, dem Erech der Bibel und heutigen Warka, eingeteilt werden, von denen mindestens die Spätphase der letzteren von jenem Volke getragen worden ist, dem die Menschheit die früheste bekannte Hochkultur verdankt, nämlich von dem der Sumerer. Mit den Sumerern beginnt um 3000 v. Chr. die eigentliche, durch schriftliche Zeugnisse überlieferte Geschichte Mesopotamiens, die durch eine Unzahl von Fäden mit den voraufgegangenen bäuerlichen Dorfkulturen verknüpft ist und in ungefähr dem gleichen Rhythmus verläuft wie die Geschichte Ägyptens.
Obwohl wir die Sprache der Sumerer kennen, eine große Zahl bildlicher Darstellungen und Skelette von ihnen besitzen, wissen wir über ihre Herkunft wenig. Von Gestalt gedrungen, mit ovalem Gesicht und fliehender Stirn, weiten Augen und großer fleischiger Nase gliedern sie sich in einen grazilen langschädligen und einen gedrungenen kurzschädligen, der mediterranen Rasse zuzuordnenden Typus und unterscheiden sich mit aller Deutlichkeit von den semitischen Akkadern, in denen sie später aufgehen sollten. Ihre Sprache ist agglutinierend, bildet durch „Anleimung“ unveränderlicher Wörter neue Begriffe wie die Nominal- und Verbalformen und bedient sich dabei der Vor- und Nachstellung der Affixe. Zu keiner der lebenden agglutinierenden Sprachen des uralaltaischen und des drawidischen Typus wie zu den ausgestorbenen des Alten Orient, dem Elamischen, Churritisch-Urartäischen oder Chaldischen und dem Protochattischen, hat das Sumerische so enge verwandtschaftliche Beziehungen, daß man es mit einer dieser Sprachen zu einer Sprachgruppe verbinden könnte. Man betrachtet daher heute das Sumerische als eine völlig isolierte Sprache. Lediglich die Verbindungen zum Churritischen und zum Drawidischen sind überlegenswert. Die Sumerer waren jedoch keineswegs die autochthone Bevölkerung des Zweistromlandes, sondern legten sich durch Einwanderung etwa in der Zeit von 3200—3000 über eine ältere bäuerliche Urbevölkerung, der die Eridu- und Obed-Keramik zu vindizieren ist. Als geschichtlicher Vorgang wirklich greifbar ist diese Einwanderung nicht, weil zu viele Elemente – Ackerbau, Handwerk, Tempel und manche Götter – der Dorfkultur der bäuerlichen Vorbevölkerung mit der städtischen Hochkultur der Sumerer organisch verbunden sind. Aber um 3000, zeitlich und kulturell entsprechend der archäologischen Schicht Uruk IV, tritt an die Stelle der dörflichen die städtische Ansiedlung, die auf älteren Grundlagen aufbauende Sakralarchitektur nimmt monumentale Formen an, auf dem Gebiete der Glyptik und der Plastik werden hohe Leistungen erzielt, die Schrift wird erfunden. Es liegt nahe, diesen beinahe alle Bereiche des menschlichen Lebens ergreifenden Aufbruch mit der Ankunft eines neuen Volkes zu erklären. Hinzu kommt, daß eine Reihe von Ortsnamen im historischen Siedlungsgebiet der Sumerer ebensowenig aus der sumerischen Sprache erklärbar ist wie das gesamte die Landwirtschaft betreffende Vokabular. Dieser Wortschatz scheint daher von der überlagerten Substratschicht übernommen worden zu sein. Schließlich besagt ein alter sumerischer Mythos, daß das älteste sumerische Königtum vor jener Flut, die als Sintflut Eingang in das Alte Testament und mit diesem in das Christentum gefunden hat, vom Himmel nach Eridu, dem heutigen Abu Schahrein, herabgestiegen sei und das jüngere, das die Sumerer nach der Flut datierten, in der nordsumerischen Stadt Kisch (Tell el-Oheimir) seinen Sitz gehabt habe. Dem Mythos zufolge waren Eridu und Kisch die bedeutendsten Städte Sumeriens. In Eridu, das in historischer Zeit keine politische Rolle spielte, hatte der den Menschen wohlgesinnte Gott der Weisheit, Enki, den die semitischen Akkader Ea nannten, seinen Sitz im ältesten Terrassentempel, der akkadisch Ziqqurrat hieß und allmählich zum Hochtempel ausgestaltet wurde. Den Titel eines Königs von Kisch führten auch sumerische Fürsten anderer Städte, die nie über Kisch geboten. Es mag daher sein, daß Eridu früher Stützpunkt der sumerischen Einwanderung war und von Kisch ein Versuch der Einigung des Landes einstmals ausgegangen ist.
Als um 3000 v. Chr. die frühgeschichtliche Zeit Mesopotamiens (um 3000 bis 2700) ihren Anfang nimmt, ist nicht Eridu, sondern das nördlich davon am Euphrat gelegene Uruk der Hauptort der Sumerer. Hier, wo nach der sumerischen Königsliste die Fürsten Meschkiaggascher und Enmerkar herrschen, ist die Entwicklung von der vorsumerischen Siedlung zur sumerischen Stadt in 18 archäologischen Schichten am besten zu verfolgen. Mittelpunkt dieser Stadt, die schon nach ihrem äußeren Umfang die Form einer rein dörflichen Ansiedlung deutlich hinter sich läßt, ist der Tempel des Himmelsgottes und Göttervaters Anu, zu dem der Tempelbezirk Eanna (Haus des Himmels)

[1] Die Daten sind nach der sog. „kurzen Chronologie“ gegeben, nach der Hammurabi von 1728–1686 regierte und nicht von 1792–1750 („mittlere Chronologie“).

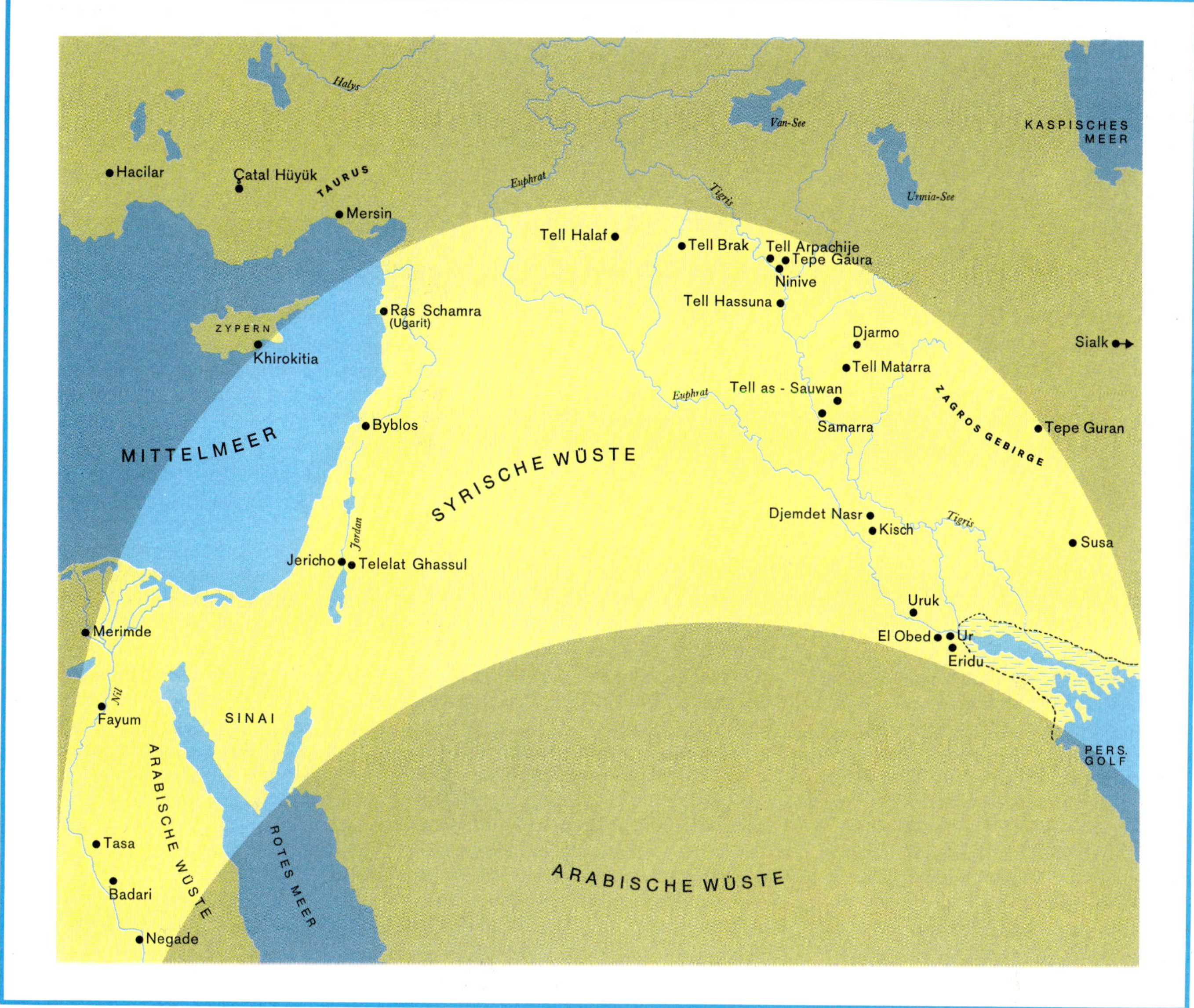

PRÄHISTORISCHE FUNDORTE UND FRÜHE STADTSTAATEN IM SOGENANNTEN FRUCHTBAREN HALBMOND.

der großen Himmelskönigin und Muttergottheit Inanna hinzukommt. Aus den beiden Tempelbezirken ist die Stadt zusammengewachsen, und Inanna wird die den Gott überragende Gemahlin des Anu. Statthalter, Vertreter und Beauftragter der Gottheit auf Erden ist ein Priesterfürst, der den Titel Ensi (Herr der Grundsteinlegung oder Statthalter) führt, sich in Uruk zum Zeichen des Oberkönigtums aber schon bald Lugal (Großer Mensch) nennt. An den Tempel schließen sich die Wohnstätten der Priester, Beamten, Schreiber und Krieger sowie die Wohn- und Werkstätten der Handwerker an, während die Bauern, Fischer und Jäger auf dem flachen Lande siedeln. Das Tempelareal erfüllt damit nicht nur die Funktion eines Kultortes, sondern auch die des Zentrums der gesamten öffentlichen Verwaltung, so daß der Tempel Mittelpunkt alles geistigen und politischen Lebens wird. Das Land gilt als Besitz des Stadtgottes und ist somit Gottesland, dessen Bewässerung, Bebauung und Kultivierung im Auftrag des Lugal über seine Beamtenschaft durch die Bauern, Gärtner und die für spezielle Tätigkeiten notwendigen Handwerker erfolgt. Die Bauern, Handwerker und Verwaltungsbeamten arbeiten als Diener Gottes ausschließlich für den Tempel, von dem sie ihre Leistung in Naturalien besoldet erhalten, wofür der Gott und der Lugal außerdem als Gegenleistung ihr Dasein schützen und die von den Göttern geschaffene Ordnung aufrechterhalten. Die sumerische Tempelwirtschaft ruht also im Prinzip auf einer gegenseitigen religiös-materiellen Verpflichtung, welche den einzelnen Menschen nur in einer konsequent ausgebildeten sozialen Gemeinschaft bestehen läßt und jedes Privateigentum grundsätzlich ausschließt, und ist zugleich die Basis für das theokratische System des sakralen Staatssozialismus des städtisch organisierten sumerischen Gottesstaates, der als absolute Neuheit zu Beginn des 3. vorchristlichen Jahrtausends in die Geschichte der Menschheit tritt.

Um in den Magazinen und Verwaltungsstellen die Eingänge, Lieferungen und Vergütungen registrieren zu können, wird die Schrift erfunden. Sie verdankt somit ihre Entstehung einem ganz realen Zweck und ist für den täglichen Gebrauch bestimmt. Rund 250 000 oder 95% aller erhaltenen sumerischen Schrifttafeln tragen Texte wirtschaftlichen Inhalts. Die ältesten Schriftzeichen sind zum Teil äußerst bildhaft, geben aber von vornherein das Gemeinte oder Dargestellte verkürzt wieder. Ganze Menschen, Tiere und Pflanzen wie mit den ägyptischen Hieroglyphen werden daher im Sumerischen nicht geschrieben, sondern nur typische Teile davon oder Symbole dafür. Die Zweckbestimmung der Schrift führt

Rollsiegel mit Abrollung. Um 2500. Höhe 3,8 cm. British Museum, London. Die Siegel mit eingravierten geometrischen oder figürlichen Motiven dienten zum Versiegeln von Tongefäßen und Warenballenverschnürungen, um die Echtheit und die Qualität des Inhaltes zu garantieren. Die ersten Stempelsiegel treten in Mesopotamien bereits im 5. Jahrtausend auf. Im 4. Jahrtausend werden diese durch die Erfindung des Rollsiegels abgelöst. Als Material diente anfänglich Ton, später bevorzugte man Edelsteine und Kupfer.

rasch zu einer von den Sinnbildern abstrahierten kursiven Gebrauchsschrift, die schon um 2700 v. Chr. ihre Bildhaftigkeit weitgehend verloren hat. Um diese Zeit beträgt die Zahl der Zeichen etwa 2000, die bis um 2350 v. Chr. auf etwa 700 reduziert wird. Ihrem strukturellen System nach ist die sumerische und die daraus entwickelte akkadische, babylonische und assyrische Schrift eine Wortschrift, weil entweder jedem einzelnen Zeichen oder jeder Zeichengruppe ein Wort entspricht. Da wie im Ägyptischen bedeutungsverschiedene, aber phonetisch gleichlautende Wörter mit den gleichen Zeichen geschrieben werden können, führt man zur Vermeidung von Unklarheiten Determinative ein und bildet Silbenzeichen aus. Das Fortbestehen der Sinnzeichen bringt es mit sich, daß die mit einem stumpfen Griffel in feuchten Ton geschriebene Keilschrift schließlich aus den nicht-phonetischen Ideogrammen und Determinativen und den phonetischen Silbenzeichen besteht. Veranlaßt scheint der Gedanke zur Ausbildung der Schrift durch eine ebenfalls epochale, bis nach Ägypten wirkende Erfindung der Sumerer worden zu sein, nämlich durch die Rollsiegel erzählenden Inhalts, mit denen, in Ton abgerollt, ganze Geschichten in Bildern wiedergegeben werden konnten. Unter Vereinfachung, Abstraktion und Normierung der Zeichen wird der Gedanke der bildhaften Mitteilung dieser seit etwa 3200 auftretenden Rollsiegel übernommen und zum ersten Male um 3000 als Schrift auf Tontafeln zur Anwendung gebracht.

Bildeten Eridu, Uruk und Kisch die Schwerpunkte des frühen Sumerertums, so ist die weitere Sumerisierung Südmesopotamiens in ihren einzelnen Etappen nicht mehr erkennbar. Das Ergebnis ist die Entstehung der theokratischen Tempel-Stadtstaaten von Ur, Lagasch, Adab, Umma, Schuruppak, Nippur, Akschak und vielleicht schon Eschnunna. Damit ist das Land zwischen Euphrat und Tigris vom Persischen Meerbusen bis in die Höhe von Babylon in den Händen der Sumerer. Nur im Norden dieses Gebietes haben semitische Bevölkerungselemente das Übergewicht besessen, wie der Name eines Königs von Kisch beweist.

Diese semitischen Bevölkerungselemente, von denen nicht sicher zu sagen ist, ob es nomadische Zuwanderer aus der syrischen Wüste gewesen sind, scheinen in der folgenden frühdynastischen Zeit (um 2700–2350) manche Umformungen auf den Gebieten der Bildkunst und der politischen Organisation beeinflußt, wenn nicht gar hervorgerufen zu haben. Die lebensnahen Darstellungen der Uruk-Periode weichen strengen Form- und Raumzwängen unterworfenen abstrahierten Darstellungen mit zum Teil semitischer Tracht. Beispiele hierfür sind einerseits die lebens- und halblebensgroßen verinnerlichten Beterfiguren, andererseits die Weihekeule mit Namen und Tierwiedergaben, die der einen semitischen Namen tragende König Meschilim von Kisch um 2600 v. Chr. nach Lagasch weiht. Im Bereiche des staatlichen Lebens in den sumerischen Stadtstaaten treten neben den uneingeschränkt dominierenden Tempel allmählich Paläste, woraus auf eine beginnende Rivalität zwischen geistlicher und weltlicher Obrigkeit, die mit dem Sieg der letzteren endet, zu schließen ist. Das Aufkommen vom Tempel emanzipierter weltlicher Gewalten läutet einerseits das Ende des reinen Gottesstaates mit seinem theokratischen Staatssozialismus ein und führt andererseits zu dem Versuch einzelner Stadtstaaten, andere unter ihrer Herrschaft zu einigen und eine Hegemonie zu errichten. Die Tradition richtig interpretiert, mag Kisch unter Meschilim die Hegemonialmacht einer solchen erzwungenen Staatenvereinigung gewesen sein. Im Gegensatz zu Ägypten, wo der Verfall des zentralen Königtums und das Aufkommen lokaler Gewalten stets als Ausnahmezustand gelten, ist in Mesopotamien die Zersplitterung in selbständige Stadtstaaten der Normalfall und das geeinte Großreich die Ausnahme. Mehrere Städte umfassende Reichsbildungen tragen deshalb stets die Tendenz zur Auflösung in sich und haben nur ephemeren Charakter.

Mit dem Ende der Meschilim-Zeit verlagert sich das politische Schwergewicht vom Norden Sumeriens nach dem Süden, wo die I. Dynastie von Ur (um 2550 bis 2350), Sitz des Mondgottes Nanna, unter König Mesannepadda das hegemoniale Oberkönigtum an sich zieht und durch mehrere Generationen zu behaupten vermag. In Ur wurden seit 1927 die Königsgräber freigelegt, in denen neben reichen Goldschätzen auch der mit den Fürsten bestattete Hofstaat gefunden wurde. Von der politischen Geschichte der Stadt, der Aufrichtung ihrer Vorherrschaft und vom Umfang und der Größe des von ihr be-

Weihekeule des König Meschilim. Das Stück ist durch eine Inschrift mit dem semitischen Königsnamen belegt. Dieser Name zeugt von dem wachsenden semitischen Einfluß während der frühdynastischen Periode (2700–2350). Louvre, Paris.

Zu den spektakulärsten Funden der Archäologie gehören zweifellos die Schätze aus den unter der Leitung von Leonnard Woolley zu Tage geförderten Königsgräbern von Ur. Ihre Entdeckung am Anfang der Zwanzigerjahre rief eine ähnliche Sensation hervor wie die des Tutanchamun-Grabes. Neben Möbeln, Gefäßen und vielen Gegenständen aus Gold, Silber und Bronze wurden auch Musikinstrumente gefunden: Der hier abgebildete goldene Stierkopf war das Ornament einer Harfe. Die Augen sind aus Lapislazuli. Mitte des 3. Jahrtausends v. Chr. Iraq-Museum, Bagdad.

herrschten Gebiets wissen wir nichts. Dagegen besitzen wir aus der ebenfalls südsumerischen Stadt Lagasch, die aus dem Tempelbesitz des Gottes Ninchirsu entstanden ist und stets ihren religiösen Charakter wahrte, verhältnismäßig reiche Nachrichten, die die Verhältnisse in Sumerien von etwa 2500 bis 2360 einigermaßen erhellen. Lagasch wurde stets von Priesterfürsten regiert und erscheint nicht in den offiziellen Königslisten. Um 2530 hat der Ensi Urnansche eine Dynastie gegründet, die unter seinem Enkel Eannatum (um 2480) ihren Höhepunkt in den Auseinandersetzungen mit der benachbarten Stadt Umma, dem Sitz der Göttin Nisaba, erreicht. Eannatum entscheidet den Krieg gegen Umma siegreich für Lagasch, worauf er den Titel Lugal annimmt. Uruk und Ur im Süden und Kisch im Norden wie das östlich von Sumer um den Choaspes gelegene Elam hat er unterworfen und vielleicht sogar Mâri am Euphrat (Tell el-Hariri) erobert. Von diesen Kämpfen kündet sein Siegesdenkmal, die berühmte Geierstele, auf der die geschlossene Schlachtreihe der sumerischen Krieger, die als Phalanx erst auf dem Höhepunkt der griechischen Geschichte wiederkehrt, mit gefällten Lanzen gegen die Feinde vorrückt und sich Geier der gefallenen Gegner bemächtigen. Nach dem Tode Eannatums entscheidet der Oberpriester (sangu) des Ninchirsu die Rivalität zwischen Tempel und Palast zu seinen Gunsten, so daß der Sohn Eannatums, Entemena (um 2440), die Vorrangstellung seines priesterlichen Gegners anerkennen und den Krieg mit Umma beilegen muß. Unter ihm erreicht jedoch Lagasch seine künstlerische Blütezeit. Als um 2410 die Dynastie Urnansches mit Enannatum II. ausstirbt, reißen Priester die Macht an sich und setzen an die Stelle des theokratischen Staatssozialismus den privaten Kapitalismus, der die sozialen Differenzen zwischen einer kleinen Führungsschicht und der breiten Masse des Volkes immer größer werden läßt: der Staat ist aus den Händen des Gottes in die einzelner Individuen übergegangen. Mit dem Ziele der Wiederherstellung der Herrschaft des Stadtgottes Ninchirsu und der sozialen und ökonomischen Befreiung der ausgebeuteten Bevölkerung hat der um 2360 vom hohen Verwaltungsbeamten zum Ensi aufgestiegene Urukagina die drückenden Zustände beseitigt und wird so zum ersten Sozialreformer der Geschichte. Seinem Werke ist aber keine Dauer beschieden. Lugalzaggesi von Umma (um 2375–2350) hat sich der Stadt Uruk bemächtigt, greift daraufhin die alte Rivalin Lagasch an, beseitigt Urukagina und bezieht die Stadt in seinen Herrschaftsbereich ein, den er durch brutale Kriegszüge über ganz Sumer ausdehnt. In einer seiner zum Teil in akkadischer Sprache abgefaßten Inschriften rühmt er sich, der Gott Enlil von Nippur, der zum Hauptgott des sumerischen Pantheons aufgestiegen war, habe ihm vom unteren Meere des Tigris und Euphrat bis zum oberen Meere, von Sonnenaufgang bis Sonnenuntergang, die Wege geebnet und die Länder seiner Macht unterworfen. Damit hat sich Lugalzaggesi nicht nur zum Alleinherrscher über alle Stadtstaaten Sumers aufgeworfen, sondern darüber hinaus seine Herrschaft vom Persischen Golf bis zum Mittelmeer ausgedehnt. Diese Machtballung geht über alles hinaus, was man bis dahin in Vorderasien gekannt hat, und bringt einen völlig neuen Zug in die politischen Verhältnisse, nämlich den der Weltherrschaft. Dieser Gedanke ist durchaus unsumerisch, und Lugalzaggesi wird auch nicht zum Erneuerer des Sumerertums. Er steht vielmehr am Ende der altsumerischen Zeit und schließt eine Epoche ab.

Das Reich von Akkade (um 2350–2150)

Doch nicht der Sumerer Lugalzaggesi wird zu dem großen Eroberer, der das Gesicht der Welt verändert, sondern der Akkader Sargon, der das Reich von Akkade (um 2350–2150) begründet. Sargon (um 2350–2295) gehört zu jenen Semiten, die etwa seit der Zeit des Meschilim um 2600 im Nordteil Sumers sitzen, und ist als Beamter des Königs Ur-Zababa von Kisch aufgestiegen. Nach Beseitigung seines Stadtfürsten schlägt er den Oberherrn Lugalzaggesi und eint das Zweistromland mit harter Faust. Seine Residenz errichtet er in Akkade, einer Stadt im nördlichen Babylonien mit nicht genau bekannter Lage. Stadtgottheit ist die Göttin der Liebe und Fruchtbarkeit, des Krieges und Kampfes, Ischtar Annunitum, eine semitische Variante der sumerischen Inanna von Uruk. Danach greift Sargon weit über das Gebiet aus, das Lugalzaggesi beherrscht hatte. Sargon erobert außer Elam, Assyrien und dem Amoriterland in Syrien, womit die Mittelmeerküste wieder erreicht ist, auch den östlichen Teil des kleinasiatischen Berglandes, die westiranischen Randgebirge und das Land Magan an der arabischen Küste des Persischen Golfes. Diese nie dagewesenen, den geographischen Hori-

Bei diesem Bronzekopf eines semitischen Fürsten handelt es sich wahrscheinlich um ein Bildnis Sargons von Akkade (um 2350 bis 2295). Im Gegensatz zu den Kunstwerken der vorhergegangenen sumerischen Epoche zeigt der in Ninive gefundene Kopf zweifellos persönliche Züge. Iraq-Museum, Bagdad.

zont der Menschen in Mesopotamien übertreffenden Eroberungen regen die Phantasie derart an, daß nicht nur die Kriegszüge in dem Epos „König der Schlacht" gepriesen werden, sondern auch die Abkunft Sargons mit Legenden umwoben wird: Seine zur Kinderlosigkeit verpflichtete priesterliche Mutter schenkte einem Sohn in der Safranstadt Azupiranu am Euphrat das Leben und setzte den Neugeborenen in einem Schilfkorb im Flusse aus, wo er vom Gärtner Akki gefunden, erzogen und im Gärtnerberuf ausgebildet wurde. Die Göttin Ischtar, zu dem Jüngling in Liebe erglüht, gab ihm die Herrschaft über die „Schwarzköpfigen", das heißt über die semitischen Akkader.

Mit dem Namen des Volkes der Akkader ist das Neue angesprochen, das das Reich Sargons gegenüber dem des Lugalzaggesi auszeichnet. Nicht allein, daß jetzt Tracht und Kleidung, Bewaffnung und Kriegstechnik, Sprache und Gesittung akkadisch werden, erhält auch das Staatswesen einen vom sumerischen Staat grundlegend verschiedenen Aufbau, und die Stellung des Königs in diesem Reiche differiert nicht minder. War das Reichsgebilde des Lugalzaggesi ein Bund von Gottesstaaten von anscheinend großen Selbständigkeiten der einzelnen Ensis und der König der aus den Stadtfürsten herausragende Oberherr als Stellvertreter des Anu und der Inanna von Uruk, so ist der Staat Sargons ein straff zentralisierter Beamtenstaat, in dem die Ensis nur leitende Verwaltungsbeamte sind, mit einem König an der Spitze, der seine Macht nicht von einem Gotte empfangen hat, sondern selbst Gott ist. Damit hat Sargon das erste, auch ideologisch fundierte Weltreich der Geschichte mit einem Gottkönig an der Spitze geschaffen, und sein großer Enkel Naramsin (um 2270 bis 2233) trägt dem neuen Königtum durch seine Titel Rechnung. Er nennt sich „Gott von Akkade, Gemahl der Ischtar Annunitum, König der vier Weltgegenden (schar kischschati)" und läßt vor seinen Namen das Gottesdeterminativ setzen. Späteren Generationen gilt die Zeit des Reiches von Akkade als eine glückliche Periode, in der Wohlstand und Handel gediehen und sich die Tempel der Götter, vor allem der des Sonnengottes Schamasch von Sippar am Euphrat und der des Enlil von Nippur, besonderer Pflege durch gottgleiche Herrscher erfreuten. Tatsächlich aber neigten die unterworfenen Städte und Provinzen zu Aufruhr und Abfall, und jeder Nachfolger Sargons, Rimusch (um 2295–2285), Manischtuschu (um 2285–2270), Naramsin (um 2270–2233) und Scharkalischarri (um 2233–2208), hatte beim Thronwechsel mit Aufständen zu kämpfen, denen der letzte Sargonide nicht mehr ganz Herr zu werden vermochte. Uruk kann schließlich als Vorort der Reaktion des Sumerertums in Südmesopotamien eine selbständige Herrschaft errichten, nachdem früher schon Elam vertraglich als Bundesgenosse hat anerkannt werden müssen. Diesen offenbaren Schwächezustand Mesopotamiens nützen die nicht näher bekannten halbzivilisierten Bergstämme der Guti oder Gutäer im Zagros-Gebirge und brechen in das Kulturland zwischen Euphrat und Tigris ein, wo sie in den rund 100 Jahren von 2150–2050 eine Schreckensherrschaft mit Mord, Raub, Plünderung und Zerstörung errichten, die als die Barbarei der „Drachen der Berge" fest im Gedächtnis der Nachwelt verwurzelt bleibt.

Die neusumerische Zeit: Letzte Blüte des Sumerertums (um 2044–1936) – Die Dynastien von Isin und Larsa Die Befreiung von der Fremdherrschaft geht von Utuchengal von Uruk (um 2050–2044) aus, der den letzten Gutäer-König Tiriqan gefangennimmt, aber dem Ensi Urnammu von Ur (um 2044–2027) erliegt. Urnammu wird zum Begründer der III. Dynastie von Ur (um 2044–1936), unter der das Sumerertum in der sog. neusumerischen Zeit seine letzte Blüte erlebt, zugleich aber die Semitisierung Vorderasiens vollendet wird. Denn seit Beginn des 2. Jahrtausends v. Chr. dringen in verstärktem Maße die Martu-Nomaden, das sind die westsemitischen Amurrum oder Amoriter, aus der syrischen Wüste nach Mesopotamien ein und erreichen dieses Land dort, wo sich Euphrat und Tigris am meisten nähern, nämlich in der Gegend von Sippar und Akkade nördlich von Babylon. Ur versucht, den sargonidischen Weltherrschaftsanspruch aufrechtzuerhalten und die anderen Städte zurückzudrängen. Sichtbares Zeichen hierfür ist die

Erbauung der Ziqqurrat für den Mondgott Nanna von Ur, der im Semitischen als Sin wiederkehrt. Praktisch-technische Errungenschaften, Gepflogenheiten des Handelsverkehrs und feste Rechtsnormen werden allgemein üblich und dringen über die Grenzen Mesopotamiens hinaus. Urnammu wird überdies zum Schöpfer der ersten Gesetzeskodifikation, und er und seine vier Nachfolger, Schulgi (um 2027–1979), Amarsin (um 1979–1970), Schusin (um 1970–1961) und Ibbisin (um 1961–1936), sind um eine sumerisch-akkadische Synthese bemüht. Die Fürsten sind Könige von Sumer und Akkad und Könige der vier Weltgegenden. Schulgi, der bedeutendste Herrscher der III. Dynastie von Ur, erhebt sich im vierten Jahre seiner Regierung zum Gott, doch kann diese Handlung kaum darüber hinwegtäuschen, daß sie allein die Aufwertung der sinkenden Macht des Königtums bezwecken soll. Zeitgenosse des Schulgi ist der fromme Priesterfürst Gudea, Ensi von Lagasch (um 2000), der seinem Oberherrn gegenüber eine durchaus selbständige Stellung einnimmt. Gudea ist durch bildliche Darstellungen und aus der schriftlichen Überlieferung wesentlich besser bekannt als jeder König von Ur. Zeit seines Lebens hat er für die Götter gebaut und die Errichtung der Heiligtümer und die mit ihrer Weihung verbundenen Riten protokollarisch festgehalten. Nach allem was wir wissen, ist er der letzte sumerische Priesterfürst alter Art gewesen.

Unter König Ibbisin fallen die Statthalter von Isin und Larsa, die neben dem sumerischen Titel ensi auch den akkadischen ischschiakum führen, von Ur ab. Der Statthalter von Isin, Ischbi-irra, wird zum Begründer der Dynastie von Isin (um 1950/49–1735), der von Larsa, Naplanum, seiner Herkunft nach ein Amoriter, zu dem der Dynastie von Larsa (1958/57 bis 1698). Beide haben jedoch den Untergang der III. Dynastie von Ur nicht herbeigeführt, sondern der ehemalige Bundesgenosse Elam, der Ur zerstört und Ibbisin in die Gefangenschaft hinwegführt. Die beiden neuen Elemente, die endgültig das Sumerertum als politischen Machtfaktor ablösen, während ihm die kulturelle Weiterwirkung beschieden bleibt, sind die westsemitischen Amoriter und die nichtsemitischen Elamiten. Zunächst triumphieren unter Ausnützung der gegenseitigen Rivalität der beiden Dynastien die letzteren. Der elamitische Fürst Kudur-Mabuk aus dem östlich des Tigris gelegenen Lande Jamutbal stürzt 1772/71 die Dynastie des Naplanum und setzt seinen Sohn Warad-Sin (1770 bis 1759) zum König in Larsa ein, auf den sein bedeutenderer jüngerer Bruder Rim-Sin (1759–1698) folgt. Dieser kann in jahrzehntelanger systematischer Kleinarbeit das Reich von Isin auflösen und Sumer und Akkad in seiner Hand vereinigen. Eine einzige Stadt, die zu seinem Schicksal werden soll, bleibt außerhalb seines Machtbereiches, nämlich Babylon (akkad. bab ili = „Gottestor"), das jetzt, verhältnismäßig spät, in die Geschichte tritt.

Naramsin (um 2270-2233), der Enkel Sargons von Akkade, ließ diese Stele errichten zur Erinnerung an seinen Sieg über die Bergvölker aus dem Zagrosgebirge, das Elam von Sumer trennte. Louvre, Paris.

Die Entfaltung Babylons: Die altbabylonische Zeit (1830–1530) – Die Dynastie von Kaschschu: Die Herrschaft der Kassiten (1530–1160) In Babylon hat noch im 19. Jahrhundert die Dynastie von Isin die Herrschaft an den Amoriter Schumuabum (1830–1817) verloren, der um 1830 ein eigenes Königtum errichtet, das seine beiden Nachfolger Schumula-ilum (1817 bis 1781) und Schabum (1781–1767) weiter ausbauen. Mit Schumu-abum beginnt

daher die I. Dynastie von Babylon oder die Amurru-Dynastie (1830–1530), deren dreihundertjährige Dauer auch als altbabylonische Zeit bezeichnet wird. Zu ihrem bedeutendsten Herrscher wird Hammurabi (1728–1686). Der Dynastiegründer ist ursprünglich nichts anderes als ein Scheich der Amurrum-Nomaden gewesen, der beim Übergang zur Seßhaftigkeit mit seinen Gefolgsleuten akkadische Gesittung und Zivilisationsformen angenommen hat. Den babylonischen Stadtgott Marduk machen sie zu dem ihren und unterwerfen allmählich Mittelbabylonien, so daß der Entscheidungskampf mit den Elamiten von Larsa unausweichlich wird. Zunächst aber zieht aus dieser Polarisierung der politischen Verhältnisse in Babylonien Assur den Nutzen.
Assur, die heutige Ruinenstätte Qalat Scherqat, am rechten Ufer des Tigris oberhalb der Einmündung des kleinen Zab in Nordmesopotamien gelegen, hat in der bisherigen Geschichte des Zweistromlandes keine Rolle gespielt. Anfänglich wohl ein lokales Fürstentum mit halbnomadischen Bewohnern ist es bis um 2000 v. Chr. Bestandteil des Reiches der III. Dynastie von Ur gewesen. Dann wird das Gebiet südlich des heutigen Kirkuk von der churritischen Wanderung erfaßt und für immer dem semitischen Sprachraum entrissen. Zu der von einer akkadischen Schicht überlagerten, ethnisch nicht einheitlichen Urbevölkerung kommt dadurch ein neues Bevölkerungselement und vergrößert die Verschiedenheit des assyrischen und babylonischen Nationalcharakters. Um 1850 begründen Iluschuma und sein Sohn Irischum ein selbständiges assyrisches Königtum, dehnen ihre Herrschaft nach Westen, Osten und Süden aus und kommen deshalb in Konflikt mit dem unter Schumu-abum aufstrebenden Babylon. Handelspolitisch sucht das gegenüber dem südlichen Mesopotamien rückständige Assur Märkte im Norden, in Kleinasien, wo in der Zeit von 1850 bis 1750 in den anatolischen Städten Kanesch (Kültepe), Ankuwa (Alişar Hüyük) und Chattuscha (Boghazkale) assyrische Handelsfaktoreien existieren, die in nur loser Beziehung zu Assur stehen und deren bedeutendste der karum Kanesch von Kültepe ist. Kurz nach deren Ende entthront in Assur der Westsemite Schamschi-Adad I. den letzten König der Dynastie des Iluschuma, macht sich selbst zum König und hat die Herrschaft von 1749 bis 1716 inne. Seine Außenpolitik richtet sich auf die Einigung Mesopotamiens unter assyrischer Oberhoheit, wobei ihm die Könige von Babylon, Sinmuballit (1748 bis 1728) und dessen Sohn Hammurabi (1728–1686), wie Rim-Sin von Elam (1759–1698), die das gleiche Ziel verfolgen, zu Gegnern werden müssen. Aus den langjährigen, immer wieder aufflakkernden, durch wechselnde Koalitionen gekennzeichneten Kriegen geht Hammurabi sowohl durch sein militärisches Talent als auch durch sein politisches Geschick, babylonisch geführte Machtkonzentrationen mit Hilfe von Bündnissystemen im zersplitterten Mesopotamien herzustellen, als Sieger hervor. Nachdem er zuerst Rim-Sin ausgeschaltet hat, faßt er in Kämpfen mit dem Sohn des inzwischen verstorbenen Schamschi-Adad, Ischme-Dagan (1716–1677), das Gebiet vom Persischen Golf bis nordwärts nach Assur und Ninive unter seiner Herrschaft zusammen. Im Jahre 1690 ist das Einigungswerk vollendet, und das alte Land der Sumerer und Akkader hat einen amoritischen Herrn, der sein Westsemitentum nachdrücklich zur Geltung bringt. Assur versinkt bis ins 14. Jahrhundert v. Chr. in politische Bedeutungslosigkeit.
Die Innenpolitik Hammurabis zielt auf die Synthese des priesterlichen Hirtenamtes der sumerischen Stadtfürsten mit dem akkadischen Weltherrschertum der

rechts: Detail aus dem Kodex Hammurabi. Freie Übersetzung: Wer sich widerrechtlich irgendein Gut aus den Vorratskammern des Tempels oder des Königs aneignet, wird zum Tode verurteilt. Die gleiche Strafe soll denjenigen treffen, der gestohlenes Gut, wissend, daß es gestohlen ist, in Empfang nimmt. Louvre, Paris.

links: Oberteil der Gesetzesstele Hammurabis (1728–1686). So wie Moses die Zehn Gebote von Gott auf dem Berge Sinai erhielt, werden Hammurabi, der seinem Gott gegenübersteht, die Symbole von Recht und Gerechtigkeit ausgehändigt. Darunter (nur zum Teil sichtbar) in altbabylonischer Keilschrift die 282 Paragraphen der berühmten Gesetzessammlung, des Kodex Hammurabi. Dieser Kodex gibt wichtige Aufschlüsse über das babylonische Zivil-, Straf- und Verwaltungsrecht.

Sargoniden, so daß in der babylonischen Staatsideologie der König sowohl als der Herr über die Länder und Völker der vier Weltteile als auch als der Beschützer der Schwachen und Entrechteten unter den schwarzköpfigen Menschen erscheint. Das weiträumige Königtum verbindet sich mit den sozialen Idealen des Gottesstaates. Hierüber wie über die Gesellschafts- und Wirtschaftsstruktur gibt das größte zusammenhängende altbabylonische Sprachdenkmal Aufschluß, der sog. Codex Hammurabi, eine Dioritstele von 2,25 m Höhe, die ein Gesetzgebungswerk enthält, das in 282 Paragraphen alle Gebiete des Lebens in einfachen Bestimmungen zu erfassen sucht, und die 1902 in der elamitischen Hauptstadt Susa gefunden wurde. Hammurabi schließt damit eine gesetzgeberische Entwicklung ab, die mit Urnammu von Ur (um 2044–2027) begonnen hat und von Lipit-Ischtar von Isin (1876–1865) fortgeführt worden ist. Die gesetzlichen Bestimmungen, die ihr Urheber dinat mischarim, „Sprüche der gerechten Ordnung", nennt und deren Probleme noch keineswegs voll geklärt sind, zeigen bei unentwickelter Kasuistik beachtliche Strenge und häufiges Hervortreten des Vergeltungsprinzips anstelle des Wiedergutmachungsprinzips. Sie lassen ferner eine differenzierte Klassengesellschaft erkennen, deren Hauptteil ein freies, von staatlichen und religiösen Institutionen unabhängiges Bürgertum bildet. Seine Mitglieder, die awilim, treten als private Unternehmer auf und führen die auf dem Eigentum an Ackerland beruhende Privatwirtschaft. Ihnen gegenüber haben die hörigen Pächter von Staatsland, die muschkenim, und die Sklaven, wardim, in jeder Hinsicht geringere Bedeutung.

Unter den Nachfolgern Hammurabis verfällt das scheinbar so fest für die Ewigkeit gefügte Reich. Der Süden um den Persischen Golf reißt sich los, wo sich von etwa 1650 bis 1426 die „Dynastie des Meerlandes" etabliert, und von den östlichen Randgebirgen droht eine weit größere Gefahr in Gestalt der Kassiten. Woher diese Kassiten stammten und welche Sprache sie ihr eigen nannten, wissen wir nicht, weil sie sich völlig der babylonischen Zivilisation assimilierten. Sicher ist, daß sie weder Indogermanen noch mit den Sumerern, Elamiten und Churritern sprachlich verwandt gewesen sind. Beziehungen mögen vielleicht zu den nichtindogermanischen Kaukasussprachen bestehen. Die Kassiten aber waren die Vorboten jener großen, grob von Ost nach West gerichteten Wanderbewegung in der ersten Hälfte des 2. Jahrtausends v. Chr., die in letzter Konsequenz die Hyksôs bis nach Ägypten spülte. Zunächst lassen sich die Kassiten um 1640 in Mâri und Terqa am Euphrat nieder, so daß nach dem Süden auch der Norden für Babylon verlorengeht. In Babylon selbst kommen sie durch einen Anstoß von außen zur Herrschaft. Der Hethiterkönig Mursilis I. unternimmt von seiner im großen Halysbogen Zentralanatoliens gelegenen Hauptstadt Chattuscha 1530 vielleicht einen im Einvernehmen mit den Kassiten stehenden Plünderungszug nach Babylon und beseitigt den letzten Herrscher der Hammurabi-Dynastie Schamschuditana (1562–1530), worauf sich der Kassitenfürst Agum II. zum König von Babel aufwerfen und die Dynastie von Kaschschu gründen kann, die von 1530 bis 1160 in Babylon regiert. Zum ersten Male haben die Bergvölker als neues völkisches und politisches Element entscheidend in die Geschicke des Alten Orient eingegriffen und sollen dessen Geschichte in den folgenden Jahrhunderten nachhaltig mitbestimmen.

Kudurru oder Grenzstein des Königs Melischipak II. von Babylon aus der kassitischen Dynastie. Solche Grenzsteine wurden von Grundbesitzern auf ihrem Land aufgestellt zur Festlegung der Grenze. Eine Kopie wurde dem Tempel übergeben. Um 1200. Louvre, Paris.

DIE BERGVÖLKER DER HETHITER, CHURRITER UND MITANNI

Der Vorstoß der indogermanischen Hethiter und ihre Reichsgründungen bis zum Zusammenbruch des Neuen Hethiterreiches Zu Beginn des 2. Jahrtausends v. Chr. erscheinen die Hethiter, nach der heute vorwiegend vertretenen Annahme aus dem Osten über die Pforte von Derbent kommend, in Anatolien. Hier stoßen sie auf die blühende Stadtkultur der indigenen armenoid-protochattischen Bevölkerung des 3. Jahrtausends. Im Kampf mit den an der Spitze der Städte stehenden einheimischen Fürsten werden die Städte großenteils zerstört und die Bevölkerung wird vertrieben, ausgerottet oder den neuen Herren unterworfen. Die Hethiter sind Indogermanen und sprechen eine westindogermanische Sprache, die als das Hethito-Luwische bezeichnet wird. Im Zuge der Einwanderung spaltet sich das Volk in drei Teile mit allmählich drei aus der hethito-luwischen Grundsprache sich herausbildenden Dialekten auf. Die Luwier dringen bis an die Süd- und Westküste Kleinasiens vor und setzen sich in den Ländern fest, die die Hethiter Kizzuwatna und Arzawa nennen. Ihre Sprache, das Luwische, lebt im Hieroglyphenhethitischen, im Lykischen und vielleicht auch im Lydischen des 1. Jahrtausends v. Chr. fort. Die zweite Gruppe der Palaër läßt sich im nördlichen Zentralanatolien nieder. Ihre Sprache wird später noch bei gewissen Ritualen im hethitischen Kult verwendet. Die dritte Gruppe der eigentlichen Hethiter, die ihren Namen von der unterworfenen Urbevölkerung der Chatti, die mit dem wissenschaftlichen Namen Protochatti bezeichnet wird, erhalten haben und sich wahrscheinlich selbst nach der kleinasiatischen Stadt Nesa Nesiten nannten, dringen in den Halysbogen im mittleren Kleinasien ein. Ob die Stadt Nesa oder Nescha mit Kanesch-Kültepe identisch ist und ob die dortige assyrische

Handelsniederlassung des 19. und 18. Jahrhunderts v. Chr. im Zuge der Einwanderung der Hethiter oder durch anderweitige Kämpfe zerstört wurde, ist ein viel diskutiertes, aber bis heute ungelöstes Problem. Jedenfalls haben die Hethiter ihre indogermanische Sprache in einem akkadischen Keilschriftsystem geschrieben, das nicht das altassyrische der Handelsfaktorei, sondern ein altbabylonisches gewesen ist.

Die politische Geschichte der Hethiter beginnt im 18. Jahrhundert v. Chr. mit den Fürsten Pitchana und Anitta von Kussara, von denen der erste Nesa erobert, den dortigen König gefangennimmt, aber die Stadt verschont, der zweite im Kampf mit Pijustis, dem König von Chatti, dessen Hauptstadt Chattuscha einnimmt, zerstört und verflucht. Trotz dieses Fluches wird die Stadt um 1700 wieder aufgebaut und in der ersten Hälfte des 16. Jahrhunderts, nachdem um 1600 durch mehrere Feldzüge Labarnas I., dessen Name zum hethitischen Königstitel wird, das hethitische Einheitsreich (sog. Altes Reich um 1600–1410) geschaffen worden ist, von König Labarna II. die hethitische Residenz nach Chattuscha verlegt. Der König nennt sich von da an Chattusilis I. und stößt nach Syrien bis Aleppo und gegen die Churriter bis an den Euphrat vor. Sein mutmaßlicher Enkel Mursilis I. (um 1550–1530) nimmt nach der Eroberung nordsyrischer Städte Babylon und beseitigt dort den letzten König der Dynastie Hammurabis, wird aber kurz darauf von einem der hethitischen Großen ermordet. Die Folge sind Thronstreitigkeiten, zunehmende Machtgier und Auflehnung der im Adelsrat des panku versammelten Aristokratie, die das locker gefügte Gebilde des hethitischen Feudalstaates an den Rand des Abgrunds bringen. Diese Zustände zu meistern, gelingt erst dem König Telepinu (um 1500–1470), der dem Staat eine gesetzliche Grundordnung und ein Thronfolgerecht gibt, das geltende Gewohnheitsrecht im sogenannten Telepinu-Codex, welcher das maßgebliche Gesetzeswerk für das Neue Hethiterreich (auch Neues Chattireich) wird, aufzeichnen läßt und eine neue Dynastie gründet, die etwa bis 1410 an der Macht bleibt. Der Staat hat alle außeranatolischen Besitzungen verloren und auch auf Süd- und Südwestkleinasien verzichten müssen. Die Regeneration des Reiches erfolgt nach vorbereitenden Maßnahmen unter den beiden ersten Herrschern des Neuen Hethiterreiches (um 1410 bis nach 1200), Tutchalijas II. und Chattusilis II., durch die kraftvollste Herrscherpersönlichkeit der hethitischen Geschichte, Suppiluliuma I. (1370–1330), der den Staat gleichberechtigt unter die Großmächte des Alten Orient einreiht.

Die eingewanderten Hethiter haben sich zwar sehr schnell den herrschenden altorientalischen Lebens- und Glaubensformen angepaßt, aber in einer ganzen Reihe von Lebensbereichen, wie den Vorstellungen vom Staatsaufbau, der Stellung von Adel und König und der Rechtsauffassung, ihre eigenen Anschauungen durchgesetzt. Das Königtum wird als sittlich verpflichtende Macht verstanden, bei der sich die Leistungen für das Staatswesen mit den königlichen Rechten die Waage halten. Der kriegerische Streitwagenadel ist wie bei den Kassiten und Mitanni durch lehensrechtliche Verpflichtungen an den König gebunden und hat im Alten Hethiterreich Kontrollfunktionen und Blutgerichtsbarkeit über das Königshaus. Diese ritterliche Aristokratie, in deren Händen die tatsächliche politische Macht liegt und von der die Könige namentlich bei militärischen Unternehmungen abhängig sind, und die dadurch bedingte Feudalstruktur des Staatswesens sind ein völliges Novum in der Welt des Alten Orient. In der Außenpolitik spielen, wie später bei den Römern, die Staatsverträge eine immense Rolle. Durch rechtlich abgestufte Pakte stellt sich das hethitische Herrschaftsgebiet als eine Föderation von Staaten dar, die in mehr oder weniger engen Vasallenverhältnissen an die Zentrale in Chattuscha gebunden sind. Das Recht zeigt im Gegensatz zu den orientalischen Rechtsgepflogenheiten einen ungemein milden Zug. Entehrende Strafen fehlen, und der Zweck des Rechtsverfahrens ist nicht die Strafe als Vergeltung für eine begangene Tat, sondern die Wiedergutmachung. Die Todesstrafe ist deshalb äußerst selten, Geschwisterehe und Blutschande werden mit ihr bedroht. In der Religion, die durch genaue Beachtung der Rituale wie durch ein ausgeprägtes Orakel- und Zauberwesen gekennzeichnet ist, herrscht der Gedanke der Bewahrung und Verehrung möglichst vieler Götter vor. Vier religiöse Schichten sind bei den Hethitern zu unterscheiden, die protochattische Schicht, zu der die bedeutendsten Staatsgottheiten gehören, die churritische Schicht, die sich für uns vor allem in der Verehrung des Wettergottes Teschup und seiner Gemahlin Hepat mit ihrem Sohn Sarma manifestiert, eine Schicht semitischer Götter, die teils durch Vermittlung der Churriter aus Mesopotamien in das hethitische Pantheon gelangten, teils direkt aus Syrien übernommen wurden, und die nur zu postulierende, tatsächlich aber nicht mehr erkennbare hethitisch-indogermanische Schicht. In den zwei Jahrhunderten der neuhethitischen Großreichszeit von 1400 bis 1200 hat sich das Staatswesen zunehmend orientalisiert, das Königtum wird gestärkt, die Macht des Adels zugunsten einer dem König verantwortlichen Beamtenschaft zurückgedrängt und für rund 100 Jahre diplomatischer Verkehr und rege Handelsbeziehungen mit den drei anderen Groß-

Der hethitische König Labarna II. macht um 1600 Chattuscha, die frühere Hauptstadt von Chatti, zu seiner Residenz. Die ▷ gewaltigen Befestigungsanlagen mit dem „Löwentor" aus der Zeit des Neuen Reiches hatten bis zu 8 m dicke Mauern.

Siegel des Königs Suppiluliuma I. (1370–1330), einer der kraftvollsten Herrscherpersönlichkeiten der hethitischen Geschichte. Unter seiner Regierung wird das Hethiterreich zu einer Großmacht und zu einer Bedrohung Ägyptens. Nach dem Tode Tutanchamuns erbittet dessen Witwe von Suppiluliuma einen seiner Söhne zum Gemahl. Archäologisches Museum, Ankara.

mächten dieser Zeit, dem Neuen Reich von Ägypten, dem kassitischen Babylonien und dem Staat der Churriter und Mitanni, gepflogen.

Die Churriterstaaten: die churritisch-mitannische Großmacht bis zur Angliederung an Assur Die Churriter, ein Volk unbekannter Herkunft mit agglutinierender, vielleicht den nichtindogermanischen Kaukasussprachen verwandter Sprache, hatten ihre letzten feststellbaren Wohnsitze südlich des Van-Sees in Armenien, wo ein churritischer König Tischari oder Tischatal von Urkisch im Osttigrisgebiet um 2100 v. Chr. nachweisbar ist. Von hier schieben sie sich nach 2000 in das obere Chaborastal vor, wo sie gegen Ende des 18. Jahrhunderts v. Chr. in südwestlicher Richtung aufbrechen und die Städte Mâri am Euphrat, das bald darauf an die Kassiten verlorengeht, und Alalach am Orontes in Syrien erreichen. Diese Ausbreitung geht in der ersten Hälfte des 17. Jahrhunderts sprunghaft über Syrien und Palästina weiter, wodurch semitisch-amoritische Bevölkerungselemente nach Ägypten abgedrängt werden, dort als Hyksôs erscheinen und die XV. und XVI. Dynastie (1650–1554) bilden. Ob und in welchem Umfange unter den nach Ägypten eingedrungenen Fremdlingen auch Churriter waren, ist bis heute nicht vollständig aufgeklärt. Ursache für die um 1700 in Bewegung geratene Völkerlawine ist das Vordringen der indo-arischen Mitanni vom persischen Hochland nach Westen, ein Vorgang, der mit der Einwanderung der Inder und Iranier in ihre späteren Wohnsitze in Zusammenhang stehen dürfte. Diese Mitanni, die das Pferd und den leichten von Pferden gezogenen Streitwagen als neue, das Kriegswesen revolutionierende Waffe in die Welt des Alten Orient einführen, legen sich als führender, mit dem indischen Wort Marjanni bezeichneter Kriegsadel über die Churriter und geben, ähnlich den Hethitern, dem entstehenden Staatswesen ein feudal-aristokratisches Gepräge. Frühzeitig gehen jedoch die beiden heterogenen Bevölkerungselemente miteinander eine derart enge Verbindung ein, daß von herrschenden Mitanni und beherrschten Churritern keine Rede sein kann.

Die Zeit der frühen Churriterstaaten in Syrien liegt im Dunkel. Die Hethiterkönige Chattusilis I. und Mursilis I. haben um die Mitte des 16. Jahrhunderts v. Chr. gegen sie gekämpft und sie anscheinend empfindlich geschwächt. Deshalb und vielleicht auch wegen der Vertreibung der Hyksôs aus Ägypten bildet sich um 1520 in Obermesopotamien unter dem König Kirta das Mitannireich mit der nicht genau lokalisierbaren Hauptstadt Waschschukanni am oberen Chaboras oder Chabur, das von den auswärtigen Mächten Churri-Länder, Naharina und – vermutlich erst im 14. Jahrhundert – Chanigalbat genannt wird. Es scheint, daß neben dem Reiche der Mitanni noch ein eigener Churri-Staat im Kerngebiet des Volkes um den Van-See bestanden hat. Die von den Hethitern geschwächten und von den Ägyptern bedrohten Churriterdynasten Nordsyriens suchen Anschluß an den Mitannistaat als ihre natürliche

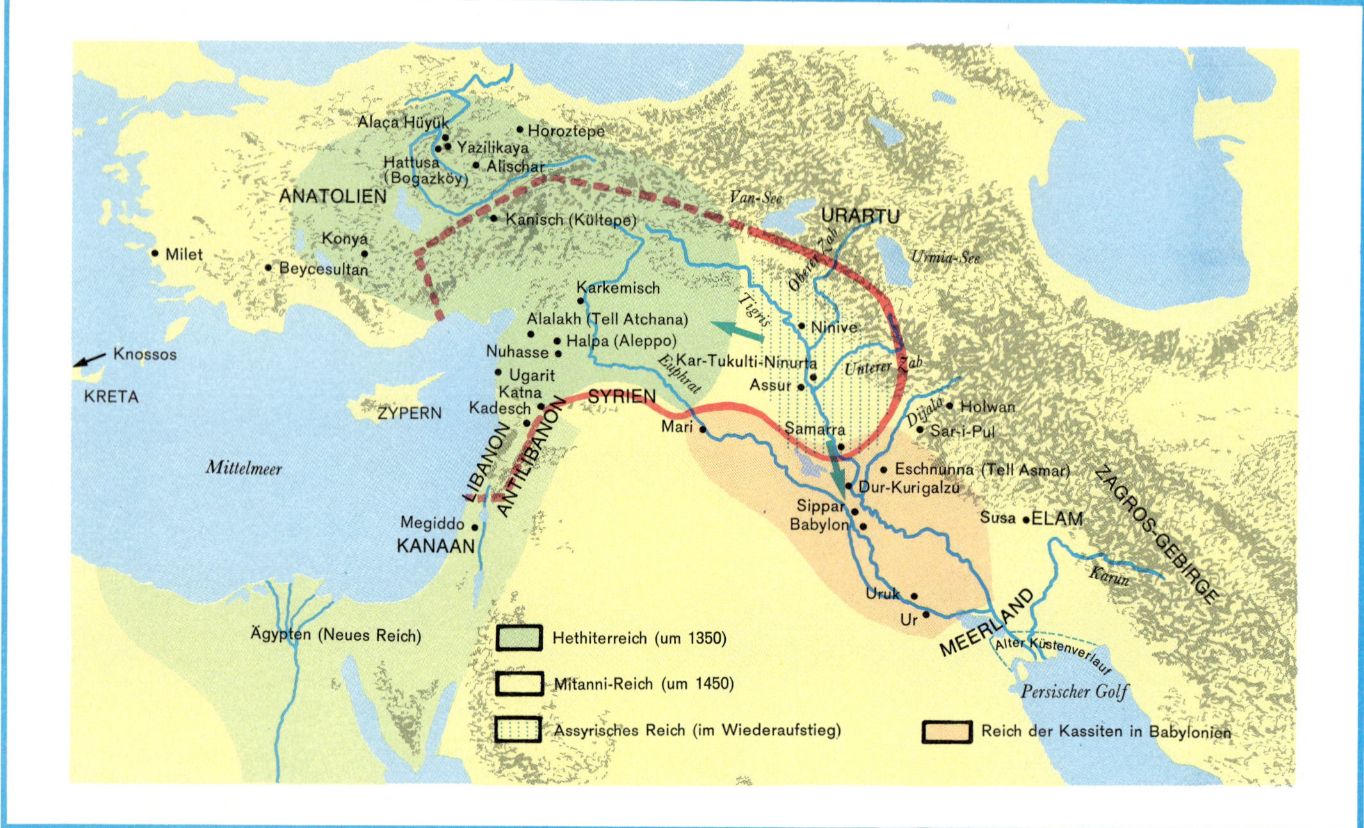

Die wichtigsten Staaten Vorderasiens im 15. und 14. Jahrhundert v. Chr.

Schutzmacht. Vor allem unter König Sauschschatar (um 1470–1440), der zum Begründer der churritisch-mitannischen Großmacht wird, das Reich über Obermesopotamien und Nordsyrien ausdehnt, sich zum Lehensherrn mehrerer syrischer Vasallen aufschwingt und Assur zu einer von einem ischschiakum genannten Priesterfürsten verwalteten Provinz machen kann, erreichen die Kämpfe mit Ägypten unter dem tatkräftigen und kriegerischen Pharao Thutmosis III. (1468–1436) ihren Höhepunkt. Sie werden durch Amenophis II. (1436–1413) und Thutmosis IV. (1413–1403), die gegen den Nachfolger Sauschschatars, Artatama I. (um 1440 bis 1410), zu kämpfen haben, nach Schlachten mit wechselndem Kriegsglück zum Abschluß gebracht. Friedensschluß, Bündnis und die Ehe der Tochter Artatamas mit Thutmosis IV. stellen für drei Generationen Ruhe zwischen den beiden Ländern, mit einer Periode diplomatischen Verkehrs und freundschaftlichen Austausches von Geschenken, her. Die folgende Zeit bringt unter König Tuschratta (um 1390–1370) Verwicklungen mit dem aufstrebenden Neuen Hethiterreich, die der Mitannikönig für sich zu entscheiden vermag. Die Verhältnisse ändern sich erst grundlegend, als Suppiluliuma I. (1370–1330) König von Chatti wird. Er zettelt offenbar in Ausnützung einer dynastischen Auseinandersetzung zwischen einem Artatama II. (um 1370–1350), der sich König von Churri nennt, mit Tuschratta eine Verschwörung des ersteren an, die zum Sturze des von den Ägyptern nicht unterstützten Tuschratta und zur Zerstörung der Hauptstadt Waschschukanni durch die Hethiter führt. Nach Abschluß eines Vasallenvertrages wird Artatama II. König von Mitanni, sein Reich jedoch bald eine Beute des unter Aschschur-uballit I. (1364–1328) erstarkten Mittelassyrischen Reiches. Nachdem der Versuch von Tuschrattas Sohn, Mattiwaza (um 1350–1329), durch Anlehung an die Hethiter ein Gegengewicht gegen Assur zu erhalten, gescheitert ist, kommt es bis um 1270 v. Chr. zu wiederholten Aufständen des Reststaates von Chanigalbat gegen Assyrien, die mit der Einziehung des Landes als assyrische Provinz enden. Die politische Geschichte der Churriter und Mitanni ist damit abgeschlossen, in weiten Teilen Syriens und Palästinas halten sich aber churritisch sprechende Bevölkerungsteile für lange Zeit, und im churritischen Kerngebiet um den Van- und Urmia-See entsteht als Staatsschöpfung der Nachfahren der Churriter das Reich von Urartu, das zum Widerpart Assyriens im 8. und 7. Jahrhundert werden soll.

Nachhaltigen kulturellen Einfluß üben die Churriter auf die benachbarten Völker in religiöser Hinsicht aus. Literarisches und religiöses Gut der Sumerer, wie das Epos von Gilgamesch, der nach dem Tode seines Freundes Enkidu das ewige Leben sucht, rezipieren und bewahren sie, den zyklischen Mythos von ihrem Götterkönig Kumarbi geben sie wie Gestalt und Riten ihres Wettergottes Teschup weiter. Die mit Kumarbi verbundene Weltschöpfungserzählung gelangt über die Phöniker zu den Griechen, wo sie Hesiod um 700 v. Chr. in der Theogonie verarbeitet, und Kumarbi als der Titane Kronos erscheint. Die Mitanni verehren indische Götter, Mitra, Varuna, Indra und die Schwurgötter der Nasatjas, und indische Gottheiten kehren in Gestalt des Sonnengottes Surija, des Sturmgottes Buriasch und der Windgötter der Marut bei den babylonischen Kassiten wieder und beweisen den indo-arischen Einfluß auf diese. Zugleich sind die Mitanni die Lehrmeister in der Pferdezucht, da die entsprechenden Fachausdrücke im Lehrbuch über Pferdetraining des Churriters Kikkuli für die Hethiter und die Farbbezeichnungen der Pferde der indo-arischen Sprache entnommen sind.

DIE ZEIT DER ALTORIENTALISCHEN GROSSREICHE (1554 – UM 1075 V. CHR.)

Jene Periode der altorientalischen Geschichte, die bis zum Einbruch neuer Fremdvölker an der Wende vom 13. zum 12. Jahrhundert v. Chr. ihr Gepräge durch die Folgen der Völkerbewegungen des 18. und 17. Jahrhunderts erhalten hat und durch anfängliches Gegeneinander und späteres Miteinander von Mächten und Machtgruppierungen charakterisiert ist, die die Erringung der Position von Großmächten und das Streben nach der Herrschaft über die bekannte Welt zur Richtschnur ihres außenpolitischen Handelns gemacht haben, kann nach dem Ablauf des historischen Geschehens in drei Phasen unterteilt werden. Die erste Phase ist die der allmählichen Konsolidierung der neu in den Bereich der Hochkulturen des Vorderen Orients eingedrungenen Völker, die das 17. und 16. Jahrhundert umfaßt. Hierauf folgt als zweite eine Kriegsphase im 15. und 14. Jahrhundert, in der die altorientalischen Großmächte vorwiegend untereinander in militärische Auseinandersetzungen verwickelt sind, im 15. Jahrhundert Ägypten, die Churriter-Mitanni und das kassitische Babylon, im 14. Jahrhundert Ägypten, die Hethiter und Assyrer. Die das 13. Jahrhundert füllende dritte Phase ist eine Zeit des Friedens, des diplomatischen Verkehrs wie der gegenseitigen geistigen Befruchtung und des kommerziellen Austausches, mit der die altorientalische Großreichsperiode ihren Abschluß findet.

Ägypten: Das Neue Reich bis zur Herrschaft Thutmosis' IV. (1554–1403) Während Kleinasien und Mesopotamien in der Hand der eingedrungenen Völker der Hethiter, Churriter, Mitanni und Kassiten bleiben, die auf dem gewonnenen Boden die ihrer Gesellschaftsordnung entsprechenden Staatswesen errichten, durch das große Räume und weite Entfernungen meisternde Medium von Pferd und Streitwagen das Kriegswesen grundlegend verändern und sich zugleich der orientalischen Kultur und Zivilisation erschließen, ist es im Nilland der XVII. Dynastie von Oberägypten aus gelungen, die Hyksôs zu vertreiben und die Nordostgrenze Ägyptens zu sichern. Amosis, der letzte König der XVII. Dynastie, den die Königslisten zugleich an den Anfang der XVIII. (1554 bis 1306) setzen, mit der das Neue Reich (1554–1075) beginnt, stößt bis Palästina und Syrien vor und nimmt die alten

Bemaltes Relief im Terrassentempel von Dêr el-Bahri. Die Soldaten tragen neben Streitaxt und Wurfholz auch Wedel, Zweige und Standarten. Um 1475.

freundschaftlichen Beziehungen zu Byblos am Libanon und über dieses den Handelsverkehr mit Kreta und den Inseln der Ägäis wieder auf. Auch in Nubien wird die vom Mittleren Reich bei Semna und Kumma erreichte Grenze wiederhergestellt und vom Nachfolger des Amosis, Amenophis I. (1527–1506), das Land unterworfen und die Hauptstadt Kerma zerstört. Das Neue in der ägyptischen Politik gegenüber Vorderasien ist jedoch, daß die Pharaonen, für die jetzt diese Bezeichnung üblich wird, sich nicht mehr mit der freundschaftlichen Haltung der dortigen Dynasten begnügen, sondern auf die Gebiete Anspruch erheben, die die Hyksôs beherrscht haben. Damit nimmt die bis dahin in Ägypten unbekannte Idee der Weltherrschaft auch vom Lande der Pharaonen Besitz und wird mit nur kurzer Unterbrechung während der Amarna-Zeit zum außenpolitischen Leitgedanken des Neuen Reiches, der notwendigerweise die Militarisierung des Staatswesens im Innern nach sich zieht. Da von Oberägypten die Erneuerung von Königtum und Reich ausgegangen ist, behauptet wie unter der XII. Dynastie Theben seine Stellung als Hauptstadt, sein Gott Amon steigt als Amon-Rê zum Allgott auf, und der König gilt als Sohn dieses Gottes, womit die religiöse Stellung des Pharaonentums wieder stärkere Betonung findet.

Der neuen Idee der Weltherrschaft hat der Sohn einer Nebenfrau des Amenophis, Thutmosis I. (1506–1494), zur überaus schnellen Realisierung verholfen. Nachdem er Nubien bis zum vierten Katarakt bei Napata besetzt und hier die Südgrenze des Neuen Reiches festgelegt hat, dringt er mit der durch Nubier, Libyer und Asiaten verstärkten, mit den schnellen Streitwagen ausgerüsteten ägyptischen Armee durch Palästina und Syrien zum Euphrat vor, wo die Streitwagenkämpfer des Königs von Mitanni geschlagen und in Charkemisch am Euphrat ein ägyptisches Siegesdenkmal errichtet wird. Territorialen Gewinn erzielt Thutmosis jedoch nicht, weil die befestigten Städte Vorderasiens von den Ägyptern umgangen worden sind. Der ganze weitausholende, in das Herz des Gegners zielende Feldzug scheint deshalb mehr das Ziel der Demonstration militärischer Stärke gehabt zu haben. Die nach Asien gerichtete ägyptische Außenpolitik erfordert aber die Verlagerung des Hauptwaffenplatzes von Ober- nach Unterägypten, wodurch Memphis als Garnison der Streitwagentruppe wieder zu Bedeutung gelangt.

Auf Thutmosis I. folgt wegen vorzeitigen Todes der beiden Söhne der Hauptfrau, der „Gottesgemahlin“, für kurze Zeit der Sohn einer Nebenfrau, Thutmosis II. (1494–1490), der mit der legitimen Tochter Thutmosis' I., Hatschepsut, verheiratet wird. Da diese Ehe ohne männliche Nachkommen bleibt, wird der Sohn der Haremsdame Isis, Thutmosis III. (1490 bis 1436), zum Nachfolger bestimmt und besteigt als Knabe den Thron. Seine Stiefmutter und Tante Hatschepsut führt für ihn zunächst die Regierung, zieht aber bald selbst die uneingeschränkte Regierungsgewalt unter dem Namen Maka-rê an sich und übt die Herrschaft als weiblicher Horus von 1488–1468 aus. Die militärische Syrienpolitik wird aufgegeben und durch regen Handelsverkehr ersetzt, die Innenpolitik in die Hände mächtiger Günstlinge gelegt, an deren Spitze der Kanzler Senmut steht. Denkwürdig ist ihre große Flottenexpedition von 1482 in das Weihrauchland Punt, die sie neben der Geschichte ihrer göttlichen Geburt an den Wänden ihres Terrassentempels von Dêr el-Bahri darstellen läßt. Hier, in den Plastiken der Königin und in den Wandbildern der Felsengräber von Vornehmen in der thebanischen Nekropole mit Darstellungen aus dem täglichen Leben und von militärischen Ereignissen, erlangt die Kunst des Neuen Reiches ihren eigenen Stil, nachdem sie bisher auf die künstlerischen Vorbilder des Mittleren Reiches zurückgegriffen hat. Neu ist auch der Brauch, den Bestatteten Papyri mit Texten aus dem Totenbuch zur Verwendung im Jenseits mitzugeben.

Ob die Königin Hatschepsut, aus deren 20jähriger Regierungszeit nur von Werken des Friedens berichtet wird, eines natürlichen Todes starb oder von der Anhängerschaft Thutmosis' III. beseitigt wurde, ist ungewiß. Der neue König wütet sofort gegen die Hofkamarilla der Verstorbenen und sucht jede Erinnerung an sie zu tilgen. Zugleich sieht er sich einer Koalition der syrischen Fürsten unter Führung des Herrschers der Stadt Kadesch am Orontes gegenüber, die Rükkendeckung vom Mitannikönig Sauschschatar (um 1470–1440) erhält. In der Schlacht bei Megiddo am Karmel-Gebirge werden 1468 die Feinde zersprengt und die in die Stadt Geflohenen in siebenmonatiger Belagerung zur Kapitulation gezwungen. Die Besiegten bleiben als ägyptische Vasallen im Besitz ihrer Städte und haben als Garantie für ihr Wohlverhalten ihre Söhne als Geiseln nach Ägypten zu stellen. Bis 1453 ist in beinahe jährlichen Feldzügen das Land nordwärts bis Ugarit (Ras Schamra) erobert und systematisch durch ägyptische Garnisonen gesichert. Versuche, vom Tal des Orontes nach Charkemisch am Euphrat und darüber hinaus in das Herz des Mitannireiches vorzustoßen, bleiben Episode und führen nicht zur Eroberung des Landes. Vielmehr beginnt Sauschschatar die Rückgewinnung Syriens, und Amenophis II. (1436–1413) kann gegen den Mitanniherrscher Artatama I. (um 1440–1410) nur die Hafenstadt Ugarit und Kadesch am Orontes behaupten, während das übrige Gebiet bis zum Euphrat an die Mitanni verlorengeht, die gegen die Hethiter auch Kilikien behalten. Der zwischen Artatama I. und Thutmosis IV. (1413 bis 1403) geschlossene und durch die Ehe einer Mitanniprinzessin mit dem Pharao besiegelte Friedens- und Bündnisvertrag bringt bis zum Ende des selbständigen Mitanni-Reiches um 1370 einen regen Austausch zwischen beiden Ländern auf diplomatischem, wirtschaftlichem und geistigem Gebiet.

Das kassitische Babylon oder das Reich von Karduniasch – Die II. Dynastie von Isin (1160–1026) und die II. Dynastie des Meerlandes (1026–1004) Die überragende Herrscherpersönlichkeit Thutmosis' III., die in ihrer Paarung von durchgreifender Strenge und auf Gewinnung des besiegten Gegners bedachter Milde noch einigermaßen greifbar ist, bringt es mit sich, daß sein Name noch lange über seinen Tod hinaus die Fürsten und Völker Vorderasiens in Angst und Schrecken versetzt. Seit seinen imponierenden Feldzügen erkennen die Kassiten von Babylon, die Assyrer, die Hethiter und die Bewohner der Inseln des Ägäischen Meeres, die ägyptische Vormachtstellung ebenso an, wie die Churriter und Mitanni mit ihrer Existenz konfrontiert werden. Das labilste Staatswesen in diesem Konzert der Mächte auf asiatischem Boden ist das kassitische Babylon oder das Reich von Karduniasch (Karanduniasch), wie die Kassiten ihr Land selbst nennen. Durch die große Völkerbewegung des 18. und 17. Jahrhunderts v. Chr. nach Mesopotamien gelangt und dort so vollständig in der vorhandenen Zivilisation aufgegangen, daß die Kassitenherrscher keine Urkunden und Dokumente in ihrer Sprache hinterlassen haben, verdankt das Reich von Karduniasch seine Stellung als Großmacht mehr der auf die Zeit des großen Hammurabi zurückgehenden Tradition als dem tatsächlichen Gewicht des babylonischen Staates. Die frühen Kassitenkönige sind für uns nichts mehr als bloße Namen, und erst mit der Beseitigung der Dynastie des Meerlandes 1426 durch König Ulamburiasch scheinen die Kassiten wirklich festen Fuß in Babylonien gefaßt zu haben. Dennoch bleibt die bis 1160 v. Chr. währende Kassitenherrschaft das dunkelste Kapitel der babylo-

Die bedeutendste Herrscherpersönlichkeit der 18. Dynastie war zweifellos König Thutmosis III. Er fühlte sich als Erneuerer des ägyptischen Reiches. Bewußt ließ er sich in der Tracht der Pharaonen des Alten Reiches (mit entblößtem Oberkörper, Königskopftuch und Zeremonialbart) darstellen, damit an die große Zeit der Pyramidenbauer anknüpfend. Unter seiner Regierung erreicht Ägypten die größte Ausdehnung seiner Geschichte. Um 1450. Ägyptisches Museum, Kairo.

nischen Geschichte, unter der Babylon zu einem zweitrangigen Staatswesen absinkt. Seine auswärtigen Beziehungen erhalten seit 1480 ihren Stempel aufgedrückt durch Auseinandersetzungen mit Assyrien, das sich in der Zeit nach dem Tode Hammurabis von der babylonischen Vorherrschaft hatte freimachen können, und durch Anlehnung an Ägypten als Gegengewicht gegen Assur. Der babylonische Hof sucht die Verschwägerung mit dem ägyptischen, und kassitische Prinzessinnen finden den Weg in den Harem der Pharaonen, während sich diese gegenüber Heiratswünschen babylonischer Könige taub stellen. Hieraus ersieht man deutlich die Wahrung des Abstandes zwischen der uralten, zur Überfeinerung hochgezüchteten ägyptischen Zivilisation und einem Königshaus, dem trotz aller Integrationsversuche der Makel von Emporkömmlingen anhaftet. Die Heiratspolitik der Kassiten – und nicht minder die der Churriter-Mitanni – mit Ägypten hatte jedoch nicht nur politische Gründe, sondern ganz besonders auch ökonomische Ursachen. Ägypten ist in einem ungewöhnlich reichen Maße im Besitz desjenigen Metalls, das seit altersher die Menschen hochzuschätzen und zu erstreben pflegen, nämlich in dem des Goldes. Gold ist ein Symbol stolzen Reichtums der Könige und eine Zierde der Götter, und gerade im zweiten vorchristlichen Jahrtausend beruht das Ansehen von Monarchen, Ländern und Dynastien in einem zuvor nicht gekannten Maße auf dem Besitz des Goldes, auch wenn diese Herrscher und Staaten gelegentlich unverkennbare politische und militärische Schwächezustände zeigen. Dazu setzt im ausgehenden 15. und zu Beginn des 14. Jahrhunderts v. Chr. eine Entwicklung ein, die die Bedeutung des Goldes erheblich ausweitet. Das Gold wird jetzt ein auch in der Wirtschaft gültiger Wertmaßstab und tritt als Zahlungsmittel neben das Silber. Der Weg, der zu dieser gravierenden Neuerung führt, ist in Dunkel gehüllt. Soweit man mit den heute zur Verfügung stehenden Mitteln einzelne Etappen zurückverfolgen kann, ergibt sich, daß diese Entwicklung von Nuzi, dem heutigen Yorgan Tepe bei Kirkuk im nördlichen Mesopotamien, das im 15. und 14. Jahrhundert Provinzhauptstadt des Mitanni-Reiches gewesen ist, ihren Ausgang genommen hat. Zu Beginn des 14. Jahrhunderts beträgt das Wertverhältnis von Gold zu Silber, das in der folgenden Zeit keinen wesentlichen Veränderungen unterworfen ist, eins zu neun, das heißt, daß einer Gewichtseinheit Gold neun Gewichtseinheiten Silber entsprechen.

Bemalter Terrakottakopf eines kassitischen Fürsten. Um 1400.

Die kassitische Anlehnung an Ägypten gegen Assyrien verliert unter den auf Prunkliebe und religiöse Reformen bedachten und mit inneren Schwierigkeiten befaßten Pharaonen Amenophis III. und IV. im 14. Jahrhundert jede Bedeutung, und Assur gelingt es, seit Aschschuruballit I. das Übergewicht im mesopotamischen Raum herzustellen, wogegen im 13. Jahrhundert die Kassitenkönige Kadaschman-Turgu (1294–1278) und sein Sohn Kadaschman-Enlil (1278–1271) enge Verbindung mit den Hethitern aufnehmen. Der Hethiterkönig Chattusilis III. (um 1283–1265) erscheint daher als Beschützer des Kadaschman-Enlil. Um die Mitte des 13. Jahrhunderts wird Babylonien von einer verheerenden Wirtschafts- und Finanzkrise heimgesucht, die zur totalen Verschuldung und zur Selbstversklavung einer Unzahl von Menschen führt, den Staat zu Zwangsmaßnahmen nötigt, die von der Verhaftung von Steuerschuldnern bis zur Verpflanzung von ganzen Familien und Bevölkerungsgruppen nach Maßgaben des Arbeitskräftebedarfs reichen. Mit der wirtschaftlichen und finanziellen Krise parallel geht die Zuspitzung der außenpolitischen Lage für das Reich von Karduniasch, da ihm außer in Assyrien in Elam ein gefährlicher Rivale erwächst. Nach 20jähriger assyrischer Fremdherrschaft (1242–1222), während der die Mauern von Babylon dem Erdboden gleichgemacht, viele Einwohner hingerichtet und größere Bevölkerungsteile nach Assyrien deportiert worden sind, fallen die Elamiten unter ihrem König Schutruk-Nachchunte in das Land ein, erobern die Städte Eschnunna, das erst 1380 gegründete Dûr-Kurigalzu nordwestlich von Bagdad, Opi, Sippar und Kisch und setzen in Babylon einen elamitischen Vizekönig ein, der anläßlich eines Aufstandes viele Menschen töten und deportieren läßt und Babylon in einen Trümmerhaufen verwandelt. Gegen die barbarischen Elamiter, deren Schrekkensherrschaft an die Drangsal der Gutäer-Zeit gegen Ende des dritten Jahrtausends v. Chr. gemahnt, flackert der Widerstand in Babylonien immer wieder auf, bis es schließlich dem Führer der Opposition in Isin, dem einheimischen Fürsten Marduk-schapik-zêri (1160–1143), gelingt, die elamitische Fremdherrschaft allmählich abzuschütteln und im Gegensatz zu den landfremden Kassiten die bodenständige II. Dynastie von Isin (1160–1026) zu gründen, die von der II. Dynastie des Meerlandes (1026–1004) nach einem Einfall der nomadischen Sutäer aus der syrischen Wüste abgelöst wird. Da zwei der nur drei Könige der II. Dynastie des Meerlandes kassitische Namen tragen, und zwar der Gründerkönig Schimmasch-schipak und der letzte Herrscher Kaschschu-nadin-achche, scheint die Annahme berechtigt, daß es sich bei ihnen um Kassiten handelte, die sich vor den Elamiten in den äußersten Süden Mesopotamiens zurückgezogen und während der II. Dynastie von Isin ein örtlich beschränktes Fürstentum innegehabt hatten. Von 1004 bis um die Mitte des 8. Jahrhunderts v. Chr. können schnell wechselnde Dynastien und einzelne Könige die Einheit des Landes, wie sie noch in der frühen Kassitenzeit bestanden hat, nicht mehr herstellen, zumal Babylonien stark unter der aramäischen Wanderung zu leiden hat. Der Norden des Landes befindet sich in den Händen der Assyrer.

Das Mittelassyrische Reich (1370–1074)

Assur war nach dem Tode Schamschi-Adads I. 1716 zu völliger Bedeutungslosigkeit herabgesunken, zuerst ein Vasallenstaat oder eine Provinz des babylonischen Reiches Hammurabis geworden, dann unter den zunehmenden Druck der churritischen Wanderung geraten und nach der Einigung der churritischen Stadtstaaten und der Errichtung der churritisch-mitannischen Großmacht unter Sauschschatar von 1450 bis 1390 eine von einem Priesterfürsten mit dem Titel ischschiakum verwaltete Provinz des Mitannireiches gewesen. Die Zerstörung von Waschschukanni durch die Hethiter macht Assur endgültig frei, und Aschschur-uballit I. (1364–1328) kann das Mittelassyrische Reich (1370–1074) zu neuer Blüte führen, weshalb sein Name für alle folgenden Könige bis zum Untergang Assurs in Charran 606 v. Chr. zum Symbol für Freiheit und Selbständigkeit wird. Hat Aschschur-uballit Assyrien durch das ehemals mitannische Gebiet um Ninive abgerundet und einen Ausgleich, der zugleich die Möglichkeit politischen und militärischen Eingreifens eröffnet, durch die dynastische Heirat seiner Tochter Muballitat-scherua mit dem babylonischen Kronprinzen Karaindasch mit dem König von Karduniasch, seinem formellen Oberherrn, erzielt, so machen sich diese auf Expansion gerichtete assyrische Außenpolitik alle seine Nachfolger zu eigen. Nach bescheidenen Ergebnissen unter den beiden unmittelbaren Nachfolgern Aschschur-uballits sind es die drei großen Erobererkönige des Mittelassyrischen Reiches, Adad-nirâri I. (1305 bis 1274), Salmanassar I. (1274–1244) und Tukulti-ninurta I. (1244–1207), die in einem Jahrhundert innenpolitischer Stabilität gewaltige außenpolitische Erfolge erzielen. Adad-nirâri I. stößt nach Charkemisch am Euphrat vor, erreicht den Fluß in breiter Front und macht den König des churritisch-mitannischen Reststaates von Chanigalbat, Schattuara I. (um 1300), tributpflichtig. Salmanassar I. hat gegen einen Feind zu kämpfen, der unter diesem König zum ersten Male erwähnt wird und der bedeutendste und gefährlichste Gegner des neuen Assyrerreiches werden soll, das Reich von Urartu, den Nachfolgestaat der Churriter um den Van- und Urmia-See in Armenien. In drei Tagen wirft Salmanassar den Gegner nieder, gliedert mehrere urartäische Städte im Norden von Assur dem Reiche ein und wendet sich dann gegen Chanigalbat, dessen letzter König Schattuara II. sich von Assur gelöst hat und jetzt unterworfen wird. Ein signifikantes Merkmal assyrischen Kriegsverhaltens begegnet ebenfalls erstmalig unter Salmanassar I., das für die späteren Kriegszüge typisch wird: die totale Zerstörung eroberter Dörfer und Städte, die Verstümmelung, namentlich die Blendung, von Kriegsgefangenen und die Umwandlung des mit dem alten sumerischen Hauptgott Enlil gleichgesetzten Stadtgottes Aschschur zum Kriegsgott, der er von Haus aus nicht gewesen ist. Außerdem wird die nichtassyrische Welt, mit Ausnahme Babylons, als barbarisch und minderwertig angesehen. Salmanassar, der die assyrische Außenpolitik nach Norden und Nordosten weist und ihr damit die Richtung gibt, die sie in neuassyrischer Zeit im wesentlichen behalten soll, stellt Assur neben Ägypten und das Hethiter-Reich als gleichberechtigte Großmacht. Unter seinem Sohn und Nachfolger Tukulti-ninurta I. wachsen Ansehen und Bedeutung Assyriens weiter, da er das durch einen elamitischen Angriff geschwächte Babylon für 20 Jahre (1242–1222) unter assyrische Herrschaft bringen kann. Zum Zeichen dieses Sieges nimmt er den Titel „König der vier Weltgegenden, König von Karduniasch, König von Sumer und Akkad“ an und erbaut die neue Residenz Kar-Tukulti-ninurta gegenüber von Assur am Tigris. Alles Erreichte ruiniert ein Aufstand seiner Söhne, die den Vater für wahnsinnig erklären. Babylonien macht sich wieder selbständig, die zu assyrischen Provinzen verwandelten Länder fallen ab und die aramäische Wanderung tut ihr übriges, so daß für rund 80 Jahre Assur zu einer drittklassigen Macht absinkt, aus welchem Zustand es erst von Aschschurreschischi (1130–1112) und seinem Sohn Tiglatpileser I. (1112–1074) befreit wird. Unter letzterem steigt Assyrien zum ersten Staatswesen des Alten Orient auf, da das Hethiterreich kurz nach 1200 zerstört worden und Ägypten in eine Schwächeperiode mit folgender Reichsteilung verfallen ist.

Abrollung eines mittelassyrischen Rollsiegels aus schwarzem Serpentin. Dargestellt ist ein nackter Jäger, der mit einem Speer einen Löwen durchbohrt. Ein Tuch in seiner linken Hand schützt seinen Arm. Im Blickfeld sind noch ein Hirsch und ein Strauß zu sehen.

Ägypten von Amenophis III. bis zur Herrschaft der Ramesiten Nahm das kassitische Babylon eine beinahe kontinuierliche Abwärtsentwicklung und war das Schicksal Assyriens im 14. und 13. Jahrhundert äußerst wechselvoll, so beherrschten in dieser Zeit Ägypten und das Chatti-Reich souverän die politische und militärische Szene. Der Friedens- und Bündnisvertrag zwischen Thutmosis IV. und Artatama I. beendet in Ägypten für rund 80 Jahre die expansive Außenpolitik der Thutmositenzeit. Amenophis III. (1403 bis 1364) ist ein friedliebender, auf äußere Prachtentfaltung bedachter Herrscher, der die Verhältnisse in Asien durch den Vertrag mit den Mitanni stabilisiert glaubt, vor Zwistigkeiten und Kämpfen der Vasallen die Augen verschließt und eine genußfrohe Zeit einleitet, von der der

Unter Tukulti-ninurta I. (1244–1207) gewinnt das Mittelassyrische Reich wieder an Bedeutung. Es gelingt dem König sogar, Babylon, wenn auch nur vorübergehend, unter assyrische Herrschaft zu bringen. Auf dem abgebildeten Weihaltar aus Alabaster hat er sich selbst zweimal in verschiedenen Gebetsposen vor einem ähnlichen Weihaltar darstellen lassen. Bei dem Symbol auf dem abgebildeten Altar handelt es sich um Stichel und Tontafel.

Mit den Reliefs und Malereien aus dem Grab des Ramose zu Theben erreicht die ägyptische Kunst wohl ihren letzten Höhepunkt. Wie so oft in Perioden höchster Verfeinerung führen die gesellschaftlichen Spannungen nur wenig später zu schweren Erschütterungen unter Amenophis IV. (1364–1347), der als Echnaton in die Geschichte eingegangen ist.

prachtvolle Säulenhof des Tempels von Luxor und vor allem die ungemein feinen Reliefs und Malereien künden, von denen die im Grabe des Ramose zu Theben wohl die schönsten sind. Dieses Bild darf aber nicht über die Spannungen hinwegtäuschen, die Gesellschaft und geistiges Leben zunehmend ergreifen. Das Königtum stützt sich seit den großen Eroberungen der Thutmositen, bedingt durch die damit verbundene Militarisierung des Staates, auf ein vorwiegend aus Emporkömmlingen und Ausländern zusammengesetztes Offizierskorps, gegen das die traditionelle Oberschicht der hohen Verwaltungsbeamten, Gaugrafen und Priester, besonders die des Amon-Rê, in Opposition tritt. Die Antwort Amenophis' III. auf die sich immer mehr verschärfende Gegnerschaft der beiden Gruppen ist die Entlassung von Beamten und die Heirat mit der aus bürgerlichen Verhältnissen stammenden Teje, der Tochter eines Offiziers, der danach zum Befehlshaber der entscheidenden Streitwagentruppe avanciert und nach seinem Tode im „Tal der Könige" am westlichen Nilufer gegenüber von Theben beigesetzt wird. Daß dieser Affront bei den Mitgliedern der alten Oberschicht böses Blut machen muß, ist verständlich. Wie in der Gesellschaft, so steigert sich auch im religiösen Leben unaufhaltsam die Spannung zwischen den ererbten Formen der Gottesauffassung und des Rituals und der kontemplativen Frömmigkeit weiter Bevölkerungskreise. Aus diesen tiefgreifenden sozialen und geistigen Gegensätzen zieht Amenophis IV. (1364–1347), der Sohn Amenophis' III. und der Teje, die Konsequenz, indem er eine Gewaltlösung versucht. In seinem vierten Regierungsjahre (1361) erklärt er die abstrahierte Sonnenscheibe, den Aton, für die alleinige Gottheit, verbietet den Kult aller anderen Götter, namentlich den des Amon von Theben, dessen Priesterschaft aufgelöst und dessen Tempelgüter eingezogen werden, verlegt die Residenz in die neugegründete Stadt Achet-aten („Horizont des Aton"), das heutige Tell el-Amarna, und benennt sich selbst in Achen-aten („es ist dem Aton wohlgefällig") um, welcher Name meist Echnaton gesprochen wird. Auch in Sprache und Kunst soll mit den Traditionen gebrochen werden. An die Stelle der klassischen Sprache tritt das vulgäre Neuägyptische im amtlichen Gebrauch, die Kunst strebt, in erster Linie beim König selbst, seiner Gemahlin Nofretete und seinen Töchtern, nach übertriebener Naturtreue und darüber hinaus nach Betonung ausdrucksvoller Häßlichkeit, wovon die Porträtköpfe der Teje und Nofretete Ausnahmen bilden. Alle diese überstürzten und nachdrücklich jede Bindung an das Althergebrachte verneinenden Reformen stoßen auf Widerstand und entfremden den König dem Volke. Nach dem Tode Amenophis IV. bricht das von viel Idealismus und Fanatismus, aber wenig politischer Vernunft getragene Werk zusammen, und sein Schwiegersohn Tutanch-aten ändert seinen Namen in Tutanch-amun (1346 bis 1338), dessen 1922 fast unversehrt aufgefundenes Grab unverdiente Berühmtheit erlangt, stellt im Restitutionsedikt von Memphis die alte Religion wieder her und verläßt die Residenz von el-Amarna. Die Zeit des Ketzerkönigs Achen-aten ist vorbei.

Gravierender jedoch als die Auswirkun-

Die weltberühmte Büste der Nofretete, der königlichen Gemahlin des Königs Echnaton, knüpft wieder an die anmutige Formensprache der vorhergegangenen Zeit Amenophis' III. an und steht damit im Gegensatz zum revolutionären, zum Teil abstoßend wirkenden frühen Amarna-Stil. Bemalter Kalkstein. Stiftung Preußischer Kulturbesitz. Ehemals Staatliche Museen, Berlin.

gen der Reformen im Innern sind die Folgen auf dem Gebiet der Außenpolitik. Im nördlichen Libanon entsteht noch während der Regierung Amenophis' III. unter dem Fürsten Abdasch-irta der Staat Amurru, der sich nach und nach die nordsyrischen Küstenstädte unterwirft, aber zunächst formell Vasall der Ägypter bleibt. Als seit 1370 in dem Nuchasse genannten Nordsyrien der Hethiterkönig Suppiluliuma I. eingreift, die Mitanni schlägt, ihre Hauptstadt zerstört und seine Söhne Pijassilis in Charkemisch am Euphrat und Telipinu in Chalpa (Aleppo) zu Königen einsetzt, treten die Fürsten Aziru von Amurru, Niqmadu von Ugarit und Aitakama von Kadesch am Orontes auf hethitische Seite über. Lediglich Rib-Addi von Byblos und Abimilki von Tyros halten Ägypten die Treue, das den Libanon als Nordgrenze seines Einflußgebietes anerkennen muß. Das Verhältnis zwischen dem Chatti-Reich und Ägypten ist vorerst keineswegs feindlich, und Suppiluliuma übersendet Amenophis IV. zum Regierungsantritt ein Geschenk. Das ändert sich grundlegend nach dem Tode Tutanch-amuns, als dessen Witwe, die Amenophis-Tochter Anchesen-amun, Suppiluliuma um die Entsendung eines Sohnes zum Gemahl bittet. Nach längerem Zögern schickt er 1337 seinen Sohn Zannanza nach Ägypten, der das Nilland nie erreicht, da er, offenbar auf Betreiben des späteren Pharao Haremhab (1332 bis 1306), der die ägyptischen Truppen in Palästina befehligt, beim Betreten des ägyptischen Machtbereiches ermordet wird. Suppiluliuma rüstet zum Rachefeldzug, der anfangs erfolgreich verläuft, aber bald wegen des Ausbruches einer Pest, die den König und seinen Nachfolger dahinrafft und mehr als 20 Jahre die hethitische Außenpolitik völlig lähmt, abgebrochen werden muß.

Der zwangsweise Abbruch des Feldzuges hat den Waffengang zwischen Hethitern und Ägyptern nicht beendet, sondern nur vertagt und die Hethiterkriege als Erbschaft an die XIX. Dynastie (1306–1196) weitergegeben. Die neue, aus Militärkreisen aufgestiegene Königsfamilie der Ramesiten (1306–1075), die die Militarisierung des Staates bei zunehmender Erblichkeit der Ämter fortsetzt, hat sich die Wiedergewinnung der ägyptischen Machtstellung in Syrien zum Ziele gesetzt und mobilisiert dafür alle Kräfte. Nachdem bereits Haremhab Vorstöße nach Syrien unternommen hat, ist es der zweite König der XIX. Dynastie, der tatkräftige Sethos I. (1304–1290), der bis ins Orontestal gelangt, wo bei Kadesch seine Siegesstele gefunden wurde. Hauptlast und Beendigung des Krieges fallen aber seinem Sohn Ramses II. (1290–1224) zu. Gegen ihn hat der Hethiterkönig Muwatallis (um 1310–1285) alle seine Untertanen und Vasallen aufgeboten, als Ramses 1290 nach Syrien vorstößt. Bei Kadesch gerät der Pharao in den Hinterhalt der Hethiter, aus dem er sich und seine Truppen nur durch persönliche Tapferkeit und den Mut der Verzweiflung zu retten vermag. Das ägyptische Heer muß den Rückzug antreten, Syrien bleibt in hethitischem Besitz und Palästina versucht die ägyptische Herrschaft abzuschütteln. Erst nach mehreren Feldzügen in den folgenden Jahren kann Palästina wieder botmäßig gemacht und dann der Krieg gegen die Hethiter erneuert werden. Da dort nach dem Tod des Muwatallis dessen Sohn und

Aus dem Grab Tutanch-amuns stammt die Darstellung des Königs im Kampf gegen die asiatischen Feinde. Sie ist auf einer mit Stuck überzogenen Holztruhe angebracht und schildert nicht irgendein historisches Ereignis, sondern weist auf die potentiellen Kräfte des Pharaos, zu dessen Aufgaben es gehört, die Feinde Ägyptens zu vernichten. Ägyptisches Museum, Kairo.

Nachfolger Urchi-Teschup oder Mursilis III. (um 1285–1280) von seinem Onkel Chattusilis III. (um 1280–1260) im Zuge innerer Streitigkeiten entthront worden ist und das expansive Mittelassyrische Reich unter Adad-nirâri I. und Salmanassar I. sich immer mehr zu einer Gefahr für die Hethiter auswächst, streckt Chattusilis Friedensfühler aus. 1270 werden Frieden und Bundesgenossenschaft zwischen Ägypten und dem Chatti-Reich auf der Basis des Status quo geschlossen: Syrien bleibt in hethitischem, Palästina in ägyptischem Besitz, wobei die Grenze am oberen Orontes verläuft. Die Folge des Friedensschlusses ist ein reger diplomatischer und wirtschaftlicher Verkehr und ein geistiger und kultureller Austausch zwischen den beiden tragenden Nationen und den von ihnen abhängigen Fürsten, dynastische Verbindungen werden hergestellt, und selbst die Frauen der Herrscher greifen in die internationale Politik ein. Für diese bilden sich Gesetze und Umgangsformen heraus, nach denen die zivilisierte Welt verfährt. Die allgemein benutzte Diplomaten- und Verkehrssprache ist das Akkadische, die Schrift, in der zwischenstaatliche Verträge und andere Dokumente abgefaßt werden, die Keilschrift. Das altorientalische Staatensystem ist nach einer allgemein akzeptierten Hierarchie gegliedert, die am deutlichsten in der gegenseitigen Titulatur der Herrscher zum Ausdruck kommt. Ägypten, das mit dem Hethitervertrag von 1270 den Ausschließlichkeitsanspruch auf die Weltherrschaft aufgegeben hat und unter der siebenundsechzigjährigen Regierungszeit Ramses' II. seine letzte Blüte erlebt, ist der eigentliche Nutznießer des Friedens. Der König entfaltet, gleichsam als Ersatz für den Verzicht auf eine expansive Außenpolitik, eine ins Ungeheuere gesteigerte Bautätigkeit, von der die großartige Erweiterung der Tempel von Luxor und Karnak, der Ramesseum genannte Totentempel westlich von Theben, der Felsentempel im nubischen Abu Simbel, welcher in der Neuzeit dem Assuanstaudamm weichen mußte, und die zahlreichen Kolossalstatuen des Herrschers in beinahe allen Teilen des Niltales beredtes Zeugnis ablegen. Bei Qantir im Ostdelta errichtet er zwischen Ägypten und Asien als neue Residenz Per-Ramesse, die „Ramsesstadt“.

Aramäische Wanderung und Invasion der Seevölker und ihre Folgen Das 13. Jahrhundert v. Chr., in dem Friede zwischen den Großmächten waltet, ist zugleich eine Zeit neuer Völkerbewegungen, von denen die eine sich, wie zu Beginn des zweiten Jahrtausends die amoritische Wanderung, innerhalb Vorderasiens abspielt, die andere, ähnlich der Invasion der Churriter, Mitanni und Kassiten in der ersten Hälfte des zweiten Jahrtausends, neue Völker in die Welt des Alten Orient spült. Die erste Bewegung ist die aramäische Wanderung, die zweite der Einbruch der Seevölker.

Die Wanderung der westsemitischen Aramäer oder der Achlamu-Nomaden setzt im 13. Jahrhundert v. Chr. ein, in dem erste Aramäerscharen aus der syrischen Wüste gegen den Euphrat branden, erreicht aber ihren Höhepunkt erst im 11. und 10. Jahrhundert. Tiglatpileser I. von Assur (1112–1074) hat vorübergehend die Bewegung am Westufer des Euphrat zum Stehen bringen können, im Verlauf des 11. und 10. Jahrhunderts entstehen aber während der assyrischen Schwächeperiode im großen Euphratbogen mehrere aramäische Fürstentümer, worauf auch bald das Gebiet südlich davon bis Sippar und Babylon von den Aramäern in Besitz genommen wird. Südmesopotamien, das ehemalige Sumer, wird jetzt in zunehmendem Maße eine Beute des wichtigsten aramäischen Großstammes, nämlich des der Chaldäer, die von 626 bis 539 das letzte babylonische Reich errichten. Daneben breitet sich der Völkerstrom auch nach Nordsyrien aus, wo um Chalpa und Arpad der Aramäerstaat Bit-Agusi und am Fuße des Amanos-Gebirges das Königreich von Ja'udi oder Scham'al entsteht. Das mächtigste Staatswesen der Aramäer im gesamten aramäischen Sprach- und Siedlungsgebiet ist seit dem 11. und 10. Jahrhundert jedoch das von Damaskus. So hat sich innerhalb von etwas mehr als 300 Jahren über das gesamte Gebiet des Fruchtbaren Halbmondes vom Golf von Iskenderun bis zum Euphrat und Tigris eine aramäische Schicht gelagert, die das Sprach- und Bevölkerungsbild grundlegend verändert und die politische Landkarte total verwandelt, weil das Aramäische bis zur arabischen Eroberung im 7. Jahrhundert n. Chr. die herrschende Verkehrssprache wird und an die Stelle der altorientalischen Großmächte die aramäischen Kleinstaaten treten.

Von nicht geringerem Gewicht für die Geschichte des Alten Orient ist die Invasion der Seevölker, da sie die politische Zersplitterung der altorientalischen Staatenwelt durch die Aramäer vorbereitet und bis zu einem gewissen Grad überhaupt erst ermöglicht. Unter der auf die Ägypter zurückgehenden Bezeichnung „Seevölker" versteht man eine Gruppe von Völkern und Volksstämmen verschiedener ethnischer Zugehörigkeit, die, aus West- und Südanatolien und von Inseln des Mittelmeeres kommend, unter den Pharaonen Ramses II., Merenptah (1224 bis 1214) und Ramses III. (1193–1162) zu Wasser und zu Lande gegen die Grenzen Ägyptens brandet und den südlichsten Ausläufer der Ägäischen Wanderung darstellt. Bereits Sethos I. muß die Libyer an der Westgrenze Ägyptens zurückweisen, Ramses II. hat neben Nubiern, Libyern und Asiaten auch gegen die „Krieger des großen Meeres des Nordlandes" zu kämpfen, und in seiner Gardetruppe erscheinen die Scherdana, die als Gefangene aus den Siegen des Königs bezeichnet werden. Unter Merenptah nimmt die andringende Völkerwelle flutartigen Charakter an. Mit den Libyern verbünden sich Völker „aus den Ländern des Meeres" und „aus allen Ländern gekommene Nordleute", wie der Pharao berichtet. Außer den Scherdana treten jetzt die Aqaiwascha, Turuscha, Luqqa und Schakaruscha oder Schakalscha auf. Alle diese Völker, mit Ausnahme der Aqaiwascha und Luqqa, aber ergänzt um die Peleset, Zakkari, Danuna und Waschascha oder Waschesch versuchen in einem kombinierten Angriff zu Wasser und zu Land mit Weibern, Kindern und Hausrat nach Ägypten einzudringen, werden aber von Ramses III. 1186 in einer Land- und in einer Seeschlacht zurückgeworfen, nachdem sie das Hethiterreich, Ugarit, Charkemisch, Chalpa, Arados und Kypros zerstört und verwüstet haben. Von diesen landsuchenden Nordvölkern begegnen nach den Kämpfen die Peleset wieder, die sich im südlichen Palästina niederlassen und als Philister dem Lande den Namen geben, die Zakkari am Karmelgebirge und die Danuna wahrscheinlich im südlichen Kleinasien. Die Identifizierung der übrigen Völkernamen ist umstritten, obwohl die Gleichsetzung der Scherdana mit den Sarden, der Schakalscha mit den Sikelern, der Turuscha mit den Tyrsenern, den Vorläufern der Etrusker, und der Luqqa mit den Lykaoniern oder Luwiern doch wohl größte Wahrscheinlichkeit beanspruchen dürfte. Am gravierendsten ist das Problem der Aqaiwascha. In hethitischen Quellen des 14. und 13. Jahrhunderts v. Chr. wird von einem Lande Achchijawa berichtet, in dem wiederholt das mykenisch-achäische Kolonialgebiet auf süd- und südwestanatolischem Boden gesehen worden ist und das im 13. Jahrhundert zusammen mit den Arzawa-Ländern eine immer feindseligere Haltung gegenüber dem Chatti-Reiche einnimmt. Diese Bedrohung der Hethiter durch Achchijawa und das Auftreten der Aqaiwascha unter den Seevölkern hat ebenso zur Gleichsetzung dieser beiden und beider zusammen mit den Achäern geführt wie auch jede derartige Komparation entschieden abgelehnt wurde. Doch hat Achchijawa den entscheidenden Stoß gegen das Chatti-Reich nicht geführt. Es waren vielmehr die den Thrakern zugehörenden Phryger und Myser, die, von Illyrern und Venetern gedrängt, von ihren Siedlungsgebieten in Bulgarien die Meerengen überschritten, Troja VIIa zerstörten und dem Hethiterreich unter seinem letzten König Suppiluliuma II. kurz nach 1200 v. Chr. das Ende bereiteten. Nach der Wanderungszeit findet man die Myser

Zu einer tödlichen Gefahr für Ägypten wurde die Invasion der sogenannten „Seevölker". Ein Relief in Medinet Habu zeigt die siegreiche Abwehrschlacht unter Ramses III. (1193–1162). Die Schiffe der „Seevölker" (diese sind an ihrem auffallenden Kopfschmuck zu erkennen) sind ausgesprochene Segelfahrzeuge ohne Riemen mit hoch emporragenden Vorder- und Achtersteven, die der Ägypter sind mit Rudern ausgestattet, sicher mit ein Grund für den Sieg der ägyptischen Flotte in der ältesten bekannten Seeschlacht der Welt

in assyrischen Quellen als Muschki, sie bilden zusammen mit den Phrygern ein eigenes Staatswesen. Das von ihnen für immer vernichtete hethitische Großreich hat nur in lokalen Dynasten von minderer Bedeutung Nachfolger gefunden, auf dem Karatepe in Kilikien, in Alalach am Orontesknie, Charkemisch am Euphrat und bis auf die aramäische Eroberung im 10. oder 9. Jahrhundert in Scham'al, dem heutigen Sendjirli, am Golf von Issos.

Doch auch Ägypten siecht nach der großen Kraftanstrengung, welche die Abwehr der letztlich durch Völkerverschiebungen in Europa gegen Ägypten in Bewegung gesetzten Seevölker erfordert hat, unter den schwachen Nachfolgern Ramses III. während der XX. Dynastie (1196–1075) dahin. Die Reliefs der Seevölkerschlachten am Tempel Ramses III. in Medinet Habu sind daher das letzte große Denkmal profanen Inhalts der altägyptischen Geschichte geworden. Im Innern verfällt bei zunehmender Macht der thebanischen Amonspriester und fremder Söldnerführer die Staatsgewalt, und chaotische Verhältnisse, die sich bis zu Bürgerkriegen steigern, reißen in allen Bereichen des öffentlichen Lebens ein. Um 1090 geht die Macht an Usurpatoren über, neben denen der letzte Ramesite, Ramses XI., nur noch ein Schattendasein führt. In Unterägypten reißt schließlich 1075 Smendes die Macht an sich, in Oberägypten der General Herihor, der sich zum Oberpriester des Amon macht und den Gottesstaat des Amon verkündet. Ägypten ist damit geteilt, die dritte Zwischenzeit (1075–712) angebrochen.

DIE SPÄTZEIT DES ALTEN ORIENT (UM 1075 – 332/27)

Das Zeitalter der Kleinstaaterei mit seiner ebenso verwirrenden wie bedeutungslosen Fülle von politischen Erscheinungen hat mit der aramäischen Wanderung begonnen und das Großmachtsystem des zweiten Jahrtausends abgelöst. Die Vernichtung des Hethiterreiches und der Zerfall Ägyptens in den Gottesstaat des Amon von Theben und das als legitim geltende Reich von Tanis im Nildelta während der XXI. Dynastie (1075–945), die Herrschaft libyscher Söldnerführer, die die XXII. und XXIII. Dynastie (945–724) stellen, und schließlich die XXIV. Dynastie (724–712) zweier Fürsten von Saïs libyschen Geblüts, unter denen allen Ägypten eine durch wiederholte Thronstreitigkeiten und durch die Regierung unabhängiger Stadtfürsten charakterisierte Verfallsperiode erlebt, haben dem syrisch-palästinensischen Gebiet die Selbständigkeit wiedergegeben. Hier treten neben die Aramäerstaaten die Phöniker und Juden als neue Kräfte, die mit den Aramäern zur kanaanäisch-westsemitischen Bevölkerung gehören.

Der Sarkophag König Hirams, von dem hier die Stirnseite abgebildet ist, zeigt sowohl hethitische als auch kretisch-mykenische Einflüsse. Nationalmuseum, Beirut.

Die Stadtstaaten der Phöniker und ihre Kolonisation Die Phöniker sind anscheinend im Zuge der kanaanäischen Wanderung im dritten Jahrtausend v. Chr. in die nach ihnen benannte Landschaft Phönikien eingewandert, die sich an der syrischen Küste vom Karmel im Süden bis zum Nahr el-Kelb im Norden erstreckt und vom syrischen Hinterland durch das Galiläische Gebirge und den Libanon getrennt ist. Seit etwa 2700 v. Chr. sind Beziehungen zu Ägypten nachweisbar, die vor allem mit Byblos bestehen. Die Phöniker haben niemals im Verlauf ihrer Geschichte ein Gesamtreich besessen oder auch nur erstrebt, sondern sind in Stadtstaaten aufgespalten, von denen Sidon, Tyros, Byblos und Ugarit die bedeutendsten sind. Ein Teil dieser Städte ist während der Seevölkerinvasion zerstört und Ugarit hinterher nicht mehr aufgebaut worden, aber im allgemeinen haben die Phöniker diese Bewegung am besten überstanden. Das anscheinend nicht betroffene Sidon gilt als Mutterstadt aller Phönikerstädte, von denen einzelne, wie Tyros und Byblos, zeitweilig ihre Herrschaft über größere Territorien ausweiten. Seit etwa dem 11. Jahrhundert v. Chr. steht an der Spitze der Stadtfürstentümer ein König mit einem Rat adliger Kaufleute zur Seite. Die führende Stadt ist zu dieser Zeit bereits Tyros, mit dem die Blütezeit Phönikiens unter König Abibaal um 1000 anhebt, die bis zum Tode König Pumyatons, den die Griechen Pygmalion nennen, 774 währt. Die bedeutendsten Herrscher sind Hiram I. (969–936) und Ithobaal, der Ethbaal der Bibel (887 bis 856). Am Endpunkt der Karawanenwege aus Mesopotamien gelegen und im Besitz der begehrten Zedern, Tannen und Zypressen des Libanon wie der Kenntnis der Purpurfärberei nehmen die Phöniker frühzeitig am vorderasiatischen Handel teil, der sie nach dem Zusammenbruch der kretischen und mykenischen Seeherrschaft und unter dem Druck des Neuassyrischen Reiches weit in das Mittelmeer und sogar bis in den Atlantik hinausführt und dort Handelsfaktoreien anlegen läßt. Die ersten entstehen der Überlieferung zufolge am Ende des 12. Jahrhunderts v. Chr., so Gadir, das heutige Cadiz, an der südspanischen Atlantikküste, Utika in Tunis und Lixus in Mauretanien (heute Marokko). Die hohen zeitlichen Ansätze der schriftlichen Überlieferung hat die Archäologie jedoch nicht bestätigt, da die Fundgegenstände in den phönikischen Kolonien des Westens nirgends über die Mitte des 8. Jahrhunderts v. Chr. hinaufreichen. 814 erfolgt ebenfalls von Tyros aus die Gründung Karthagos in der Nähe des heutigen Tunis, das im Laufe seiner Geschichte zur bedeutendsten phönikischen Kolonie aufsteigt und sein Schicksal durch Rom finden soll. Weitere Kolonien an der südspanischen Mittelmeerküste, auf Sardinien, Sizilien, Malta, in Nordafrika und schließlich auch auf Zypern, wo die beiden später unter einem König stehenden Städte Kition und Idalion die bedeutendsten sind, entstehen. Diese weitverzweigte, das Mittelmeer mit einem Netz phönikischer Städte überziehende Kolonisation führt aber nicht zu einem phönikischen Seereich unter der Führung von Tyros, weil die einzelnen Kolonien nur lockere Verbindung untereinander und zur Mutterstadt halten, meist, vor allem mit Ausnahme Karthagos, über kein Hinterland verfügen und seit der zweiten Hälfte des 8. Jahrhunderts besonders auf Sizilien unter den zunehmenden Druck der Griechen geraten, deren Kolonisation 735 auf Sizilien einsetzt. In dieser Zeit, 745 v. Chr., endet auch die politische Selbständigkeit der phönikischen Städte des syrischen Mutterlandes, die unter Tiglatpileser III. (745–727) Provinz des Assyrerreiches werden. Kulturell von Ägypten, Mesopotamien, Nordsyrien und der griechisch-mykenischen Welt beeinflußt, weshalb die phönikische Kultur sich als eine recht unselbständige Mischkultur darbietet, haben die Phöniker mit der aus den ägyptischen Hieroglyphen entwickelten rein konsonantischen Buchstabenschrift, die zu den Griechen, wo sie um die Vokale bereichert wird, und von diesen zu den Römern gelangt, der Menschheit eine Schöpfung von bleibendem Wert gegeben.

Das Königreich Israel bis zur Teilung und zum Untergang der Teilreiche Die selbständige Geschichte der Juden, deren Anfänge stark umstritten sind und die in einzelnen nomadisierenden Stämmen im Zuge der aramäischen Wanderung des 13. Jahrhunderts v. Chr. gleichzeitig mit den Ammonitern, Moabitern, Amalekitern und Edomitern in ihre späteren Wohnsitze in Palästina einwandern, beginnt mit dem Gegensatz zu den Philistern, die als Peleset in ägyptischen Quellen über die Seevölkerbewegung auftreten. Die gebirgigen Gegenden vorwiegend westlich des Jordan zwischen Totem Meer und See Genezareth (Kineroth) besiedelnd, entstehen die zwölf jüdischen Stämme, die sich um den Gott Jahwe zu einem Kultverband zusammenschließen, der die Bezeichnung Israel führt. Die Leitung der Stämme liegt in den Händen von Richtern, die an bestimmten Stätten das Volk zu Versammlungen zusammenrufen und das Gottesrecht verkünden. Um 1150 beginnen die Angriffe der Philister, die sich in Südpalästina in den fünf Städten Gaza, Askalon, Asdod, Ekron und Gezer niedergelassen haben, auf die Israeliten, die bei Ebenezer geschlagen werden und unter philistische Herrschaft geraten. In dieser Situation erschallt der Ruf nach einem König, der in Saul aus dem Stamme Benjamin gefunden wird; in seiner zwanzigjährigen Regierung (um 1020–1000) hat er gegen Philister und Ammoniter zu kämpfen, wobei er gegen erstere den Tod in der Schlacht findet. Auf ihn folgt als Wahlkönig der südlichen jüdischen Stämme David aus dem Stamme Juda (um 1000–960) mit der Residenz in Hebron, während Sauls Sohn Eschbaal unter philistischer Oberhoheit die Herrschaft in den übrigen Landesteilen ausübt. Nach Eschbaals Ermordung um 993 und einem Sieg über Moabiter, Ammoniter und Edomiter verlegt David die Residenz in die alte Jebusiterstadt Jerusalem, die er mit seinen Gefolgsleuten und den dem Königtum gefährlichen Angehörigen der Priesterschaft der Eliden besiedelt. Wie unter Saul ist auch unter David der Philisterkrieg das erstrangige Ereignis der jüdischen Außenpolitik. David gelingt die Herabdrückung der philistischen Pentapolis in ein Tributärverhältnis und vor allem der Abschluß eines Freundschafts- und Beistandspaktes mit dem phönikischen Tyros, der auch unter Davids Nachfolger Salomon (960–922) nicht nur weiterbesteht, sondern darüber hinaus durch die Heirat des Königs mit der Tochter Hirams I. von Tyros (969–936) noch gefestigt wird. Unter Salomons auf den Stamm Juda gestützter Herrschaft erreicht der jüdische Staat den Höhepunkt auf politischem, militärischem, wirtschaftlichem und religiösem Gebiet während der gesamten Zeit seines Bestehens. Ein stehendes Heer von Streitwagenkämpfern schützt die Grenzen, Handelsverbindungen bestehen mit Ostafrika, Phönikien, dem südarabischen Königreich von Saba und Mesopotamien, und nicht zuletzt wird unter Salomons Regierung auf dem Hügel Zion am Bache Kidron der nach dem König benannte Tempel als zentrales Heiligtum der Juden errichtet. Das Königtum Salomons entartet jedoch im Laufe der Jahre immer mehr zu einer auf den bevorrechtigten Stamm Juda gestützten Militärdespotie, die durch Steuerdruck und Zwangsarbeit, Einströmen heidnischer Kulte durch phönikische Prinzessinnen und Handwerker sowie durch Aufstände der unterworfenen Stämme und Völker gekennzeichnet ist. Nach Salomons Tod zerfällt daher das davidische Großreich in zwei sich immer wieder befehdende Kleinstaaten, deren nördlicher unter dem aufständischen Ephraimiten Jeroboam I. (um 922–905) zehn Stämme umfaßt und zuerst Sichem, dann Tirza und schließlich Samaria zur Hauptstadt hat, deren südlicher unter Salomons Sohn und Nachfolger Rehabeam (um 922–908) die Stämme Juda und Benjamin um die Hauptstadt Jerusalem vereint. Die Geschichte der beiden Teilreiche ist bis zu ihrem Untergang, Israel durch die Assyrer 722, Juda durch die chaldäischen Neubabylonier 586, durch Perioden von Unruhen, die mit Zeitabschnitten der Konsolidierung wechseln im Innern, und durch die erfolglose Anlehnung an das unzuverlässige Ägypten in der Auseinandersetzung mit dem expansiven assyrischen Militärstaat charakterisiert.

Das Neuassyrische Reich (932–606) In der Epoche ägyptischer und babylonischer Ohnmacht und Bedeutungslosigkeit und syrisch-palästinensischer Wechselgeschicke erlangt Assur nach rund einein-

Unter König Salomon (960–922) erreicht der jüdische Staat seine höchste Blüte. Für die aus Ägypten importierten Streitwagen wurden Pferdeställe gebaut. Die Rekonstruktion versucht, eine in Megiddo ausgegrabene Anlage wiederzugeben.

Zu den hervorragendsten Meisterwerken der Reliefkunst gehören die im British Museum aufbewahrten Reliefs aus der neuassyrischen Periode. Die hohe Qualität der Ausführung und die ausgereifte Harmonie verleihen diesen Bildwerken eine imponierende Würde. Das abgebildete Detail zeigt eine Darstellung König Assurbanipals (669–628) auf der Onager-(Wildesel-)Jagd. Das Alabasterrelief stammt aus dem Palst in Ninive.

halb Jahrhunderten des Verfalls (1074 bis 932) gerade jetzt den Kulminationspunkt seiner Macht im Neuassyrischen Reich (932–606). Der Glaube an den schon im Mittelassyrischen Reich zum Kriegsgott gewandelten Stadtgott Aschschur und an den sittlichen Wert seines göttlichen Auftrages begründet die religiöse Kraft des ethnisch heterogenen assyrischen Volkes zur Expansion und erklärt zugleich seine rücksichtslosen und brutalen Kriegsmethoden, mit denen die Assyrer Furcht und Schrecken über die Welt des Vorderen Orients verbreiten. Der Kampf des assyrischen Volkes und seines Königs gegen die als minderwertig betrachtete nichtassyrische Umwelt ist daher im Resultat nichts anderes als der Kampf des Gottes Aschschur um die Weltherrschaft. Vor diesem mächtigen Kriegsgott gibt es für den Assyrer nur die Pflicht zur Durchsetzung der göttlichen Machtansprüche, für den Fremden lediglich die Wahl zwischen bedingungsloser Unterwerfung oder totaler Vernichtung. Diese Machtansprüche in die Tat umzusetzen, ist Aufgabe eines jeden assyrischen Königs, wovon er in Inschriften in Annalenform oder bebilderten Prunkinschriften in Form eines Briefes an den Gott Rechenschaft ablegt. Dies muß bei der Beurteilung der mit grausamer Härte geführten Kriegszüge der neuassyrischen Könige bedacht werden.

Nach Anfängen im 10. Jahrhundert v. Chr. erlebt das Neuassyrische Reich unter dem gewalttätigen, aber diplomatisch und administrativ hoch begabten Aschschurnasirpal II. (883–859) seinen Wiederaufstieg, da der König nicht nur den von Tiglatpileser I. erkämpften Umfang des Reiches erneuern, sondern darüber hinaus nach Anatolien vorstoßen kann. Während sein Sohn Salmanassar III. (859–824) die überall entbrannten Aufstände niederzuwerfen hat, sind dessen Nachfolger um einen Ausgleich mit Babylon bemüht, wobei die babylonische Prinzessin Sammuramat, die historische Semiramis, Gattin des assyrischen Königs Schamschi-Adads V. (824–810) wird und für ihren Sohn Adad-nirâri III. (810–782) fünf Jahre die Regierung führt. Neue Impulse erhält die assyrische Außenpolitik, als Tiglatpileser III. (745 bis 727) den Thron usurpiert, sich unter dem Namen Pulu zum babylonischen König macht und den gesamten aramäischen und phönikischen Westen unterwirft, aber an der Hauptstadt des Reiches von Urartu, Tuschpa am Van-See, scheitert. Insurrektionen, namentlich die von Samaria, wirft der Usurpator Sargon II. (722–705) nieder, der die israelitischen Juden nach Assyrien verpflanzt, das Reich von Urartu und selbst die Insel Zypern zur Anerkennung der assyrischen Oberhoheit zwingt und eine Epoche der Macht und des kulturellen Glanzes für Assur heraufführt. Zum ersten Male treten jetzt auch Griechen auf Zypern und in Kilikien in den Gesichtskreis der Assyrer, die in den assyrischen Quellen Jamani, „Ioner", genannt werden. Während Sargons Sohn Sanherib (705–681) die bei einem assyrischen Thronwechsel üblichen Aufstände niederzuwerfen hat, wird Asarhaddon (681–669), der seine größte Tat 670 mit der Eroberung Ägyptens während der vom kuschitischen Herrscher Schabako (713–698) und seinen Nachfolgern getragenen XXV. Dynastie der Äthiopen (712–664) vollbringt, mit einem neuen Feind konfrontiert, der aus dem nördlichen Schwarzmeerraum über die Pforte von Derbent nach Anatolien eingedrungen ist, das Reich von Urartu geschwächt hat und nach der Niederlage gegen die Assyrer 677 nach Westen abzieht und bis zur Ägäisküste gelangt, nämlich mit den Kimmeriern. Diese Kimmerier, die seit etwa 1600 v. Chr. im nördlichen Schwarzmeergebiet anzunehmen sind, sind ein Reitervolk wahrscheinlich thrakisch-iranischer Herkunft, das an der Wende vom 9. zum 8. Jahrhundert von den aus dem Osten herandrängenden Skythen zum größten Teile zur Abwanderung gezwungen wird, wobei der nach Kleinasien eingefallene Teil 663 und 652 die lydische Hauptstadt Sardes bestürmt und die Griechenstädte an der Ägäisküste plündert. Wie der Spuk über den Vorderen Orient hereingebrochen ist, so verrinnt er wieder, und die Kimmerier verschwinden spurlos aus der Geschichte.

Assurbanipal (669–628), der jüngere Sohn Asarhaddons, kann das assyrische Reich auch gegen seinen als Vizekönig in Babylon eingesetzten Bruder behaupten und in seiner Residenz Ninive die umfangreichste Bibliothek babylonisch-assyrischer Literatur anlegen, die zur unschätzbaren Fundgrube für die moderne Assyriologie geworden ist. Die drei Nachfolger Assurbanipals sind schwache Herrscher und nicht in der Lage, die von allen Seiten bedrohte Macht Assurs aufrechtzuerhalten. In zunehmender Zahl lösen sich Provinzen los, bis der assyrische König nur noch über das eigentliche Assur zu gebieten vermag. Kyaxares (625 bis 585), der König der iranischen Meder, die seit dem Ende des 2. Jahrtausends v. Chr. im nordwestlichen Persien sitzen, 836 erstmals in assyrischen Inschriften erwähnt werden und um 700 von Deiokes geeint und in einem lockeren Staatsverband organisiert werden, verbündet sich mit dem Herrscher des bedeutendsten Aramäerstaates dieser Zeit, dem südbabylonischen Chaldäerkönig Nabopolassar (625–605), erobert 614 Assur und 612 Ninive, das nach einer schrecklichen Belagerung dem Erdboden gleichgemacht wird. Die Assyrer ziehen sich nach dem nordmesopotamischen Harran zurück, wo der letzte Assyrerkönig Aschschuruballit II. (611–606) trotz eines Entsatzversuches des ägyptischen Pharao der seit 650 von Assur wieder unabhängigen XXVI. Dynastie von Saïs (664–525), Necho II. (610–595), der Koalition der Babylonier und Meder erliegt. Damit verschwindet das Volk der Assyrer aus der Geschichte, und die Zukunft gehört bis zum Anbruch der Perserherrschaft den beiden Völkern der Chaldäer und Meder.

Das chaldäische Babylon und die Reiche der Meder und Lyder – Der Aufstieg des Perserreiches bis zum Vorstoß Alexanders des Großen Während das chaldäische Babylon unter seinem bedeutendsten Herrscher Nebukadnezar (605–562), dem Nabuchodonosor der Bibel, die traditionelle Westpolitik gegen Ägypten, das sich unter den Saïten Psammetich II., Apries und Amasis (595–525) zunehmend griechischer Söldner bedient, und gegen den verbliebenen jüdischen Staat von Jerusalem fortsetzt, stoßen die Meder mit dem Reich der Lyder zusammen, das im Hermostal an die Stelle des Staatswesens der Phryger getreten ist und unter der von Gyges begründeten Dynastie der Mermnaden (um 680–546) einen raschen Aufstieg erlebt hat. Am 28. Mai 585 erringt der Lyderkönig Alyattes (um 607 bis 560) den entscheidenden Sieg über Kyaxares, der auf der Walstatt bleibt. Sein Nachfolger Astyages (585–550) kann zuerst den medischen Herrschaftsbereich noch ausweiten, unterliegt aber 550 seinem Schwiegersohn und Vasallen, dem Fürsten der Persis und von Anschan, Kyros II. (559–529), der zum Begründer des Perserreiches wird. Nach der Unterwerfung Mediens, der Niederringung des Lyderreiches unter König Krösus (560 bis 547) und der Einbeziehung Kleinasiens mit den griechischen Küstenstädten in das Perserreich sieht Kyros sich der Koalition des Amasis von Ägypten und des Nabonid von Babylon gegenüber, die er 539 mit der Eroberung Babylons und der Beendigung der Chaldäerherrschaft zerschlägt. Nach seinem Tod im Kampfe gegen die Nomadenstämme der iranischen Massageten in den Steppen östlich des Kaspischen Meeres folgt sein Sohn Kambyses (529–522), der 525 Ägypten erobert, womit die selbständige Geschichte des Nillandes ihr Ende findet.

Der Umsturzversuch des Magiers Gaumata bringt den Sproß aus einer jüngeren Linie der Achaimeniden, Dareios I. (521–486), auf den persischen Thron, der nach einem mißglückten Feldzug gegen die Skythen 513/12 zum großen Organisator des bis dahin locker gefügten Reiches wird. Das riesige Land von der kleinasiatischen Ägäisküste, von Syrien, Palästina und Ägypten über Mesopotamien, Armenien und das iranische Hochland bis nordwärts zu den Flüssen Oxus (Amu-darja) und Jaxartes (Syr-darja) und ostwärts bis zum Indus wird in 20 Satrapien mit je einem Satrapen an der Spitze eingeteilt, eine einheitliche, auf dem Dareikos ruhende Währung geschaffen, das Steuer- und Finanzwesen geordnet, und die Verkehrswege, vor allem die Königsstraße von Susa, wo die Zentrale der persischen Bürokratie ihren Sitz hat, nach Sardes, werden ausgebaut. Kunst, wovon die Reliefs von Persepolis und Behistun beredtes Zeugnis ablegen, und Religion, die des Zarathustra, finden in Dareios einen eifrigen Förderer. Das prunkvolle, immer weiter ausgebaute und streng geregelte Hofzeremoniell hat den Zweck, den Herrscher der Perser als den „König der Könige" (xschayathiya xschayathiyanam) über alle anderen Fürsten hinauszuheben. Eine Leibwache von 1000 Mann unter der Führung des Chiliarchen, wie die Griechen ihn nennen, oder des Hazarapatisch, wie er persisch heißt, dient dem Schutz des Großkönigs, eine Geheimpolizei soll Unbotmäßigkeiten der sehr selbständigen und daher mächtigen Satrapen verhindern.

Das Perserreich, das nach der assyrischen Schreckensherrschaft eine Welle ungewohnter Toleranz in religiösen, geistigen und nationalen Bereichen über die Welt des Orients gebracht hat, findet seine geschichtliche Bestimmung in der Auseinandersetzung mit den Griechen, die durch die Einbeziehung der kleinasiatischen Hellenen in das Reichsgebilde unter Kyros angelegt war, und sein Ende durch Alexander den Großen, der 332 Ägypten erobert und in den folgenden Jahren bis 327 Persien bis zum Indus unterwirft. Unter den indogermanischen Persern hat die Welt des späten Orient die politische Zusammenfassung gefunden, die ihr bis dahin versagt geblieben war, und ist zugleich an die neuen Mächte des beginnenden Abendlandes herangeführt worden, denen die Zukunft gehören soll.

Leibgardist des Königs. Emailliertes Ziegelrelief vom Palast des Artaxerxes in Susa. Die Garden trugen Bogen, große Köcher und eine Lanze. 5. Jahrhundert v. Chr. Louvre, Paris.

Die griechische Oikumene – Die Welt der Griechen im Brennpunkt der Weltgeschichte

Griechische Frühzeit: Früh-, Mittel- und Späthelladicum

Die Geschichte der griechischen Antike spielt sich vorwiegend im Raume des heutigen festländischen Griechenland ab. Über das Festland hinaus erfaßt sie jedoch früh die Inselwelt der Ägäis und Kleinasien, bald danach die Kolonialgebiete in Sizilien, Unteritalien und die Küste des Schwarzmeergebietes. Ägypten und Nordafrika bleiben nicht unbeeinflußt von ihr, und im Hellenismus verströmt sie sich dann gleichsam in den Räumen des Mittleren Ostens bis zum Indus und nach Turkestan. Das Politische, hier herausgehoben, mag am sichtbarsten ihre Entwicklungskriterien aufzeigen; als Ganzes ist sie von ihm her weniger zu fassen als irgendeine andere Epoche der Weltgeschichte, und die Kausalitäten innerhalb des Wechselverhältnisses historischer Kräfte scheinen einander vielfältiger durch die verschiedenen Bereiche menschlichen Lebens hindurch zu beeinflussen.

DIE ANFÄNGE DER GRIECHISCHEN GESCHICHTE

Die Besiedlung des griechischen Festlandes schon im späten Neolithikum um 3000 v. Chr. ist verhältnismäßig dicht. Funde bereits aus früherer Zeit lassen auf ethnische Verwandtschaft der Bevölkerung mit benachbarten Gebieten Kleinasiens schließen, durch Einwanderung ergänzt; andere Beziehungen weisen bis nach Italien. Eine gewisse Ballung ist in Thessalien und um den Golf von Korinth zu erkennen; der in diesen ertragreichen Landschaften betriebene Ackerbau scheint wesentlich anatolischen Ursprungs, durch Einwanderer mitgebracht. Zur Herstellung der Steinwerkzeuge wiederum verwendet man mit Vorliebe Obsidian von den Inseln, besonders Melos, während die Ornamentik der Gefäße, landschaftlich differierend in ihren geometrischen oder spiralenförmigen Mustern, von Osten aber auch von Norden her beeinflußt ist. Menschliches Leben spielt sich in Rechteck- wie Rundhäusern ab, Zeugnisse vielleicht ursprünglicher ethnischer Heterogenität auch nach deren Schwinden; Ausgrabungsfunde aus dem Zeitraum von mehr als einem Jahrtausend, wie etwa in Sesklo (Thessalien), erlauben einen gewissen Durchblick selbst auf die Entwicklung von Zivilisation und gesellschaftlichen Verhältnissen. Mit den Jahrhunderten vertieft sich die Beziehung zu Kleinasien und den Inseln weiter. Hand in Hand mit neuen Formen der Gefäßverzierung, Schachbrett, und Mäandermuster, Einfluß wohl nördlicher Bandkeramik, geht offensichtlich die Befestigung der Siedlungen in der 1. Hälfte des 3. Jahrtausends v. Chr. (nachweisbar besonders an den Ausgrabungen von Dimini in Thessalien), Zeichen politischer Machtkonzentration und vielleicht staatlicher Ordnung gerade als Folge zunehmender Intensität auswärtiger Verbindungen. In ihrem Rahmen könnten Siedlungen an den Meerengen, wie das damals gegründete Troja I, eine besondere Mittlerrolle übernommen haben.

Seit Mitte des 3. Jahrtausends v. Chr. erlauben dann die Fundschichten in fast ganz Griechenland, eine Abfolge der Entwicklungsabschnitte Früh- (ca. 2600 v. Chr.), Mittel- (ca. 1900 v. Chr.) und Späthelladicum (ca. 1600 v. Chr.) zu konstruieren und dieses letzte wiederum zu unterteilen (z. B. Mykenicum). Die dörflichen Siedlungen scheinen zu Beginn der Epoche zuzunehmen, die Verbesserung von Hausbauten in Umfang, Form und Materialverwendung läßt auf Zivilisations- und damit mehr und mehr sich ausprägende soziale Unterschiede schließen. Längst ist die Töpferscheibe bekannt, doch treten an die Stelle bunter Bemalung der Gefäße nun eine gewisse Einfarbigkeit und die eigenartige Metallwirkung der Urfirnisglasur. Als Metall ist besonders Kupfer im Gebrauch, dessen Herkunft sich aus verstärkter Kontinuität östlicher Beziehungen erklärt; aus dem Osten stammt auch der in diesem Zeitabschnitt entstandene Priamos-Schatz in Mykene mit seinen goldenen Schmuckstücken und Gebrauchsgegenständen. Die Frage nach einer möglicherweise mit dem Beginn des Helladicums zusammenfallenden ethnischen Verschiebung freilich ist schwer zu beantworten. Wohl wurde aus

Mit Urfirnis überzogene Schnabeltasse aus dem Frühhelladicum. Solche einfarbigen Gefäße mit der Metallwirkung der Urfirnisglasur sind typisch für diese Periode (ca. 2000–1900 v. Chr.). Nationalmuseum, Athen.

Gewölbte Galerie und Eingänge zu den Kasematten in der Burg von Tiryns. Ende des 13. Jahrhunderts v. Chr. Die Galerie ist etwa 30 m lang und aus rohbehauenen lose aufeinandergeschichteten Natursteinen erbaut, die zu einem sog. falschen Gewölbe zusammengefügt sind.

Ortsnamen auf -ssos, -nthos, -ssa, -ntha das Vorhandensein eines Substrats mittelmeerischer Bevölkerung angenommen, auf das die Zuwanderer getroffen sein müßten und das von Späteren als Pelasger, Leleger oder Karer bezeichnet wurde. Beweis wären vielleicht verschiedenartige Begräbnisformen, die Zunahme von Bandkeramik in einigen Landschaften könnte von verstärkten Einflüssen aus dem Norden herrühren. Frühstufen der Burgbauten in Mykene und Tiryns wiederum weisen auf neuartige Herrschaftsträger hin, deren Machtergreifung ohne vorausgehende Umwälzungen und kriegerische Ereignisse nicht denkbar ist. Wie immer man die Dinge deutet, die bisherige Bevölkerung ist offensichtlich weitgehend erhalten geblieben und hat die Beziehungen nach Kleinasien noch intensiviert. Am Ende des Frühhelladicums ist dann der Assimilationsprozeß beider Teile, Eingesessener und Zuwanderer, abgeschlossen.

DIE MYKENISCHE WELT

Wanderzüge und verstärkte ethnische Verschiebungen aus dem Norden bald nach der Wende vom 3. zum 2. Jahrtausend bringen die Hethiter nach dem östlichen Kleinasien und die Hyksos nach Ägypten. Ausläufer dieser allgemeinen Bewegung treffen auch Griechenland und scheinen dort mit dem Auftreten einer neuen Herrenschicht zusammenzufallen. Es wird die Folge kriegerischer Entwicklungen sein, wenn die Besiedlung von beherrschenden, geschützten Berggipfeln sich verstärkt und zugleich die vorhandenen Bergfestungen ausgebaut werden. Mykene, Tiryns, Orchomenos und Pylos entwickeln sich zu Herrschaftszentren von regionaler Bedeutung mit z. T. festungsartigen Palastanlagen kyklopischen Stils, deren Bau eine große Zahl verfügbarer Arbeitskräfte voraussetzt. Sie sind um einen Thronsaal (Megaron) gruppiert; ihre Herren regieren im Stil feudaler Regenten mit patriarchalischen Zügen. Ihnen dient ein Adel, der im Streitwagen kämpft und zeitgenössischen Darstellungen nach die typischen Lebensformen pflegt, Jagd, Sport und Zweikämpfe; unter dem Adel steht als Unterschicht die in Ackerbau oder Produktion tätige Urbevölkerung, zu der die aus Beute und Kriegszügen gewonnenen Sklaven treten. Früh entwickeln sich die Residenzen zu Wirtschaftszentren und Verwaltungsmittelpunkten, schriftliche Zeugnisse von dieser Welt wenige Jahrhunderte danach kennen eine Fülle von Titeln, Funktionen und Amtsbezeichnungen im Dienst dieser Höfe.

Unsere Funde lassen vorübergehenden Rückschritt in der Kunst sowie in der Technik der Gefäßherstellung zu Beginn des Mittelhelladicums erkennen. Allmählich wird die alte Urfirniskeramik durch neue Glasurformen abgelöst, deren Produktion sich in bestimmten Zentren wie Orchomenos (minyische Ware) und Ägina konzentriert. Die Metallverarbeitung gelangt mit Hilfe neuer Techniken und wohl durch östliche Künstler zu erster Vollendung. Aus enger Verbindung mit dem Osten entsteht in der Inselwelt der Ägäis eine Zivilisation mit eigenen künstlerischen Stilformen. Sie wird als kykladisch bezeichnet und ist besonders in zwei Zentren, Skyros und Melos, noch zu erkennen. Auffallend für sie ist das Vorkommen einer Vielzahl kultischer Idolfiguren, die auf anatolische Einflüsse hinweisen. Die Rolle der Kykladen ist vorwiegend die des Austausches, durch sie gelangen Waren und Stilanregungen von West nach Ost, wie etwa die der Spirale als Verzierungselement, und stärker noch auf dem Weg des Rohmetalls in umgekehrter Richtung. Nicht zu übersehen ist der kretische Einfluß durch Faktoreien auf verschiedenen Inseln, an der pflanzlichen Gefäßornamentik dort abzulesen. Städte wie Milet müssen ihre Rolle als Umschlagplätze in dieser Zeit begonnen haben, das Schicksal Troias, in helladischer Zeit mindestens siebenmal zerstört, darf als kriegerischer und politischer Nebenaspekt einer derartigen allgemeinen Entwicklung gelten. Ob es in der Epoche des Helladicums je eine zentrale Macht in Griechenland gegeben hat, ist ungewiß. Doch scheint im Verlauf der 1. Hälfte des 2. Jahrtausends v. Chr. diejenige der

Typisch für die Kykladen-Kultur sind die Idolfiguren. Das hier abgebildete geigenförmige Marmoridol stammt aus dem 3. vorchristlichen Jahrtausend. Badisches Landesmuseum, Karlsruhe.

achäischen Territorialherren noch zuzunehmen. Internationaler Austausch, vorwiegend von Schmuckgegenständen und Artikeln eines gehobenen Lebensstils, weist auf Reichtum und politisches Ansehen weit über Griechenland hinaus; verbesserte Lebensformen und Zivilisationseinflüsse müssen sich auf alle Bevölkerungsschichten ausgewirkt haben. Der Besitz von Edelmetall nimmt, wenngleich erkennbar nur für die Herrenschicht auf den Burgen, offensichtlich zu. Mit dem 17. Jahrhundert v. Chr. beginnt in Mykene wie auch an anderen Orten die Bestattung dieser fürstlichen Herren in Schachtgräbern nahe der Burgen; goldene Gesichtsmasken der einbalsamierten Toten gehen wie die Grabanlagen selbst auf ägyptische Einflüsse zurück und lassen entsprechende Verwandtschaft auch religiöser Vorstellungen vermuten; in den Gräbern gefundene Waffen wiederum stammen aus dem germanischen Raum. Dazu kommen Bernsteinschmuck, bearbeitet wohl auf den britischen Inseln, Fayanceperlen aus Ägypten und Edelmetallgefäße aus Kreta. Für einige der bestatteten Frauen wird eine Herkunft aus Mitteleuropa angenommen. Macht und Reichtum müssen um die Mitte des 2. Jahrtausends v. Chr. dann noch eine Steigerung erfahren haben, welche die letzte Blüte mykenischer Kultur einleitet. Sie manifestiert sich in erneutem Ausbau und einer Erweiterung der Burgen und deren Ausschmückung durch kretische und orientalische Künstler, sichtbar etwa am Löwentor von Mykene. Für die Bestattung charakteristisch werden jetzt die Kuppelgräber als Folge kretischen Einflusses, und zwar auf dem Festland wie den Kykladen. Ihr großartigstes, das Atreusgrab in Mykene, fällt erst ins 13. Jahrhundert v. Chr. und wurde nicht lange vor dem Zusammenbruch dieser Welt vollendet. In diesem Abschnitt mykenischer Zeit scheint sich der Export griechischer Waren ins östliche Mittelmeergebiet, nach Rhodos, Cypern und selbst Ägypten, dazu aber auch nach Sizilien und Spanien auszuweiten. Den mykenischen Ansiedlungen, nunmehr in der Ägäis, nach muß es eine Bevölkerungszunahme gewesen sein, die das Ausgreifen in ehemals kretisches Interessengebiet erlaubte.

DAS MINOISCHE KRETA

Helladische und mykenische Kultur freilich sind nicht zu verstehen ohne die in parallelen Phasen ablaufende Kulturentwicklung (Früh-, 2800 v. Chr., Mittel-, ca. 2000 v. Chr., Spätminoicum, ca. 1600 v. Chr.) auf Kreta. Zu kleinasiatischem Einfluß tritt hier vielleicht ein früher afrikanischer (Glockenbecher). Die Insel ist in der Frühzeit gleichmäßig von einer dünnen Schicht pelasgischer Bevölkerung bewohnt, doch verlagert sich im Frühminoicum der Siedlungsschwerpunkt nach dem Osten. Kretisches Stilempfinden zeigt sich von Anfang an in der naturalistischen Intensität der Gefäßbemalung und dazu der Bevorzugung tierischer Formen bei der Gestaltung als Ergebnis östlicher Einflüsse. Nach der Ostverlagerung, Zeichen starker, sich intensivierender Beziehungen besonders zu Kleinasien, entstehen im Mittelminoicum die Paläste von Knossos, Phaistos, Mallia, Hagia Triada als Siedlungs- und Verwaltungsmittelpunkte mit einer auffallenden Vielfalt von Vorratsspeichern, umgeben von Villen und Ortschaften (Knossos mit über 50 000 Einwohnern) mit Werkstätten, die offensichtlich in politischer und rechtlicher Abhängigkeit von den Palästen sind. Mindestens die einmalige Zerstörung der Paläste. vielleicht in Verbindung mit einer Hyksos-Invasion, hat die Vergrößerung und Ausschmückung der um Innenhöfe gelagerten Paläste zur Folge, deren Grandiosität und Umfang bereits den Zeitgenossen rätselhaft gewesen zu sein scheinen. Zweck und Bedeutung etwa des labyrinthartigen Zimmergefüges von Knossos in dem uns erhaltenen Zustand haben denn auch seit ihrer

Sog. Atreusgrab in Mykene. 13. Jahrhundert v. Chr. A: in den Felsen gehauene Grabkammer, B: Kuppelraum, C: kolossaler Stein über dem Eingang, D: ungedeckter Gang zum Kuppelraum.

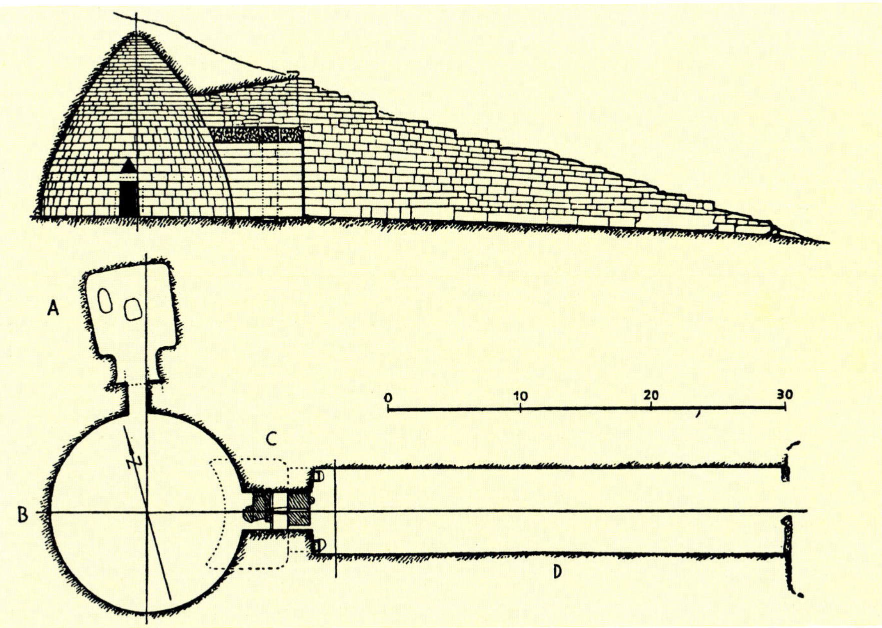

Entdeckung immer wieder Fragen aufgeworfen; Funde von Doppeläxten und Stierhörnern gerade in ihrer Nähe weisen als Kultsymbole auf Einflüsse kleinasiatischer Verehrung der Muttergottheit hin und erlauben den Schluß auf mutterrechtliche Grundlage der kretischen Gesellschaft. Auf Streuung des Wohlstandes lassen die Villenanlagen in der Umgebung der Paläste schließen. Die kretische Kunst dieser Epoche prägt besonders ihre lebendige Ornamentik weiter aus. Hat etwa der Kamaresstil die Gefäßverzierung mit Hilfe pflanzlicher Ornamente bereits am Anfang der Epoche zu einem Höhepunkt geführt, so entwickelt sich nun die menschliche Figürlichkeit in der Gestaltung sowie Verzierung metallischer oder keramischer Gefäßformen unter Ausgestaltung der Reliefplastik bis zur gleichsam impressionistischen Manieriertheit. Die Ausmalung der Paläste entspricht dem. Sie wird zum künstlerischen Ausdruck eines Daseinsgefühls, das sich in Raffinesse verfeinerter Lebensformen wenigstens der oberen Schichten äußert und auf Zivilisationskriterien wie Bäder, Wasserleitungen und Ziergegenstände nicht zu verzichten braucht. Geradezu modern muten die kretischen Frauengestalten in der zarten Lebendigkeit ihrer Darstellung an: Sie ist in der Tat nur denkbar, wenn die Frau im gesellschaftlichen Mittelpunkt einer sich mehr und mehr kultivierenden Welt steht. Kretische Waren und kretische Künstler, etwa im mykenischen Griechenland, beeinflussen sichtbar Lebensformen und stilistische Entwicklung; für kretische Faktoreien und Niederlassungen in der kykladischen Inselwelt gilt das gleiche, und ähnlich lassen sich aus Funden sowie schriftlicher Erwähnung enge Wechselbeziehungen zwischen der Insel und Ägypten feststellen. Spielt Kreta im 2. Jahrtausend v. Chr. die Mittlerrolle eines Seefahrer- und Handelsvolkes, so fällt andererseits ein Mangel an Zeugnissen für politische Entwicklungen und die Einfügung der minoischen Welt in die des Mittelmeerraumes dieser Epoche auf. Griechische Sagen von König Minos mit seinem Seereich, dem auch Teile Griechenlands untertan waren, mögen einen historischen Kern besitzen, und Bauten wie die kretischen Paläste lassen sich ohne gewaltige Kräftekonzentration kaum denken. Archäologische Zeugnisse für das Vorhandensein einer starken Militärmacht indes gibt es so gut wie nicht, sieht man von vereinzelten Wachtürmen oder den Häfen ab. Die Paläste sind ohne Verteidigungsanlagen, und ähnlich wie gelegentliche Waffenfunde besagen Abbildungen von Soldaten in Formation wenig für eine imperialistische Politik. Hingegen hat die Bürokratie zur Registrierung und Ordnung eine Bilderschrift entwickelt, die sich um die Jahrtausendmitte zur linearen Ideogrammschrift umgestaltet (Linear A). Deren Weiterentwicklung, Linear B, wird von den Festlandsgriechen zu gleichen Zwekken übernommen und ist nach ihrer Entzifferung durch M. Ventris 1953 zum wichtigsten Zeugnis für Staat und Gesellschaft des frühesten Griechentums geworden.

Figur eines laufenden Mannes aus dem Palast in Knossos (Kreta). 16. Jahrhundert v. Chr. Der hellhäutige Mann gehörte zu einer großen Wandverzierung. Die anderen Figuren hatten eine dunklere Hautfarbe. Möglicherweise handelte es sich um den Anführer einer Garde von Nubiern, wie wir sie auch aus Ägypten kennen.

Hatte die erste Zerstörung der Paläste einen Aufschwung Kretas bewirkt, so vernichtet eine zweite um die Jahrtausendmitte, vielleicht in Zusammenhang mit der großen Santorinkatastrophe zu sehen, schlagartig diese Kultur. Wohl finden sich Zeugnisse für ein Fortleben kretischer Kunst in spätmykenischen Palästen und Gräbern; die Insel selbst scheint jetzt mykenischer Besitz, zumindest mykenisches Absatzgebiet, ist aber weitgehend verödet, bis sie später dorische Einwanderer aufnimmt.

Detail einer bronzenen Dolchklinge mit Metallintarsien aus einem Schachtgrab von Mykene. 16. Jahrhundert v. Chr. Die Szene stellt eine Löwenjagd dar. Wahrscheinlich handelte es sich bei dem Dolch um eine Prunkwaffe, die nicht für den Kampf bestimmt war. Die Figuren sind aus verschiedenfarbigem Elektronblech ausgeschnitten. Bei den Männern bestand die Legierung hauptsächlich aus Kupfer, bei den Schilden und Schurzen aus Silber und bei den Löwen aus Gold. Nationalmuseum, Athen.

Die archaische Epoche: Wanderung, Landnahme und Seßhaftwerden der griechischen Stämme

DIE ÄGÄISCHE WANDERUNG

Bis zum 13. Jahrhundert v. Chr. hatte die mykenische Welt ihren Einflußbereich über Ägäis und östliches Mittelmeer ausdehnen können. Hethitische Urkunden sprechen von den Ahhjyawa – der Anklang an die homerischen Achäer ist nicht zu überhören – als einem nicht weit entfernten Reich. Selbst auf Griechen Kleinasiens bezogen, würden damit Verbindungen sichtbar, wie sie zu den archäologischen Zeugnissen passen.

Das Ende dieser Epoche bringt dann eine neue große Einwanderungswelle zwischen dem 13. und 12. Jahrhundert v. Chr. Sie gehört in den Rahmen der großen Völkerbewegung der Ägäischen Wanderung, deren Anstoß ethnische Verschiebungen im mittleren Donauraum sind. In ihrem Verlauf gelangen feuerbestattende Völkerschaften bis in die entfernten Randzonen des Mittelmeergebietes. Einzelne Gruppen erreichen als Seevölker Ägypten, wo sie um 1225 und später durch Ramses III. 1191 bekämpft werden müssen, ein anderer Vorstoß wohl über den Kaukasus zerstört das Hethiterreich. Im griechischen Raume schieben sich die Phryger von Thrakien nach Kleinasien vor und dehnen sich die stammverwandten Thraker bis an den Hellespont aus; die Zerstörung Troias (VII a) um diese Zeit, in Verbindung vielleicht mit einer früheren (VI), muß den historischen Hintergrund der homerischen Berichte darstellen. Auseinandersetzungen zwischen Neuankömmlingen und vorhandenen Bevölkerungssubstraten lassen sich archäologisch in Makedonien und Nordgriechenland nachweisen. Als deren Folge werden die Dorer vom Pindusgebiet bis in den Peloponnes gedrängt und besetzen die Argolis, Lakonien und Messenien. Eine andere Gruppe aus Illyrien gelangt durch Ätolien, Akarnanien über den Golf von Korinth in den Nordwestpeloponnes, während zugleich auch die mittelgriechischen Landschaften von ihren späteren Bewohnern besetzt werden. Lediglich Attika scheint ausgespart. Mit der Zerstörung der Burgen und demnach auch der bisherigen Herrschaftssysteme geht auch die mykenische Kultur zugrunde, archäologische Zeugnisse lassen ein Fortleben künstlerischer Stilarten in verkümmerter Form erkennen. Von der bisherigen Bevölkerung ziehen sich Teile in die unzugänglichen Berglandschaften wie Arkadien zurück, führen dort ihr Eigenleben weiter, werden mit der Zeit unterworfen oder aber wandern aus, als Achäer bezeichnet sich fortan nur noch eine Gruppe von Siedlungen an der Nordküste des Peloponnes. Aus Unterwerfung, Bodenaufteilung, Zusammenleben und allmählicher Verschmelzung erwächst etwa im Gebiet Spartas eine gesellschaftliche Schichtung in Spartiaten als Besitzer der ergiebigsten Teile des Landes, Periöken als Umlandsbewohner mit minderem Recht und Heloten, unterworfene Bewohner als rechtloses Element, zur Bebauung der Güter verwendet. Die sicher mehrere Generationen anhaltende Landnahme wird Anstoß einer Jahrhunderte dauernden Wanderbewegung von Griechen nach Osten, die die Ägäisinseln und das alte, achäische Interessengebiet der Westküste Kleinasiens besetzt. Aus der räumlichen Verteilung der Bevölkerungselemente heraus gestalten sich im Laufe der folgenden Jahrhunderte drei Dialektbereiche, die in West-Ost-Richtung gleichsam als breite Streifen Festland und neu gewonnene Gebiete verbinden: der äolische (Ostthessalien, Lesbos, Nordwestkleinasien bis Smyrna), der ionische (Attika, Euböa, Sporaden, Kykladen, Samos, Chios, Mittelteil der kleinasiatischen Westküste) und der dorische, mit dem Nordwestgriechischen verwandt (Peloponnes, Kreta, Melos, Thera, Südkleinasien). Sprachzeugnisse aus Cypern weisen auf Verwandtschaft mit dem arkadischen Dialekt hin. Folge solcher Besiedlung und zugleich der überall sich vollziehenden Ausprägung religiöser Kulte mit ihren Kultformen, sichtbar im bald danach beginnenden Bau von Tempeln, ist in Kleinasien die Entstehung von Bünden um Mittelpunkte, wie des äolischen um das Apollonheiligtum von Gryneion oder des ionischen Zwölfstädtebundes um das Poseidonheiligtum von Mykale, während im Mutterland um die gleiche Zeit durch Vereinigung mit dem Demeterkult von Anthela das Apollonheiligtum von Delphi mit seiner Orakelstätte sich ausformt. Zur Bildung eines gemeinsamen Staates der kleinasiatischen Griechen freilich kommt es nicht. In einer ethnisch fremden Umwelt lebend, schließen sie sich in Städten zusammen und beginnen einen Prozeß der Intensivierung griechischen Eigenlebens, dessen Zivilisations- und Kulturaufschwung bald das Mutterland überflügelt. In ihrem politischen Aufbau scheinen diese östlichen Städte Modell für Griechenland geworden zu sein.

Dort lassen Funde vorerst Rückschritt und allgemeine Verarmung noch erkennen. Erst allmählich kommt es zur Konsolidierung. Auch hier geht Seßhaftwerden Hand in Hand mit einer Aufgliederung der neuen

Detail von der Rückseite eines bemalten Kalksteinsarkophages aus Hagia Triada (Kreta), um 1400 v. Chr. Der Ausschnitt zeigt zwei Frauen, die Opfergaben darbringen, und einen Mann mit einem Saiteninstrument. Typisch sind die beiden Stangen mit Doppeläxten. Iraklion Museum.

Bewohner nach den geographischen Gegebenheiten und einer Aufspaltung in politische Gemeinschaften nunmehr von geringem Umfang, im allgemeinen um einen Mittelpunkt herum. Daß sich auf diese Weise die ursprünglich wohl fast immer monarchische Struktur einwandernder und landnehmender Stämme auflöste, liegt nahe; schon die Größe der neu entstehenden politischen Gebilde aber machte geradezu zwangsläufig verstärkten Anteil ihrer Mitglieder an ihrer Gestaltung notwendig. An vielen Orten bezeichnet der Königstitel früh nur noch Beamte. Zwar geht die Macht auf den landbesitzenden Adel über – mit dieser Entwicklung indes ist der Weg zur Demokratisierung, d. h. zur völligen politischen Gleichberechtigung aller Angehörigen des Gemeinwesens beschritten. Sie mag später nicht überall erreicht worden sein, die Tendenz hierzu in ganz Griechenland bestimmt den Ablauf historischen Geschehens von nun an entscheidend mit.

Die allmähliche wirtschaftliche Konsolidierung läßt in der beginnenden Eisenzeit neue Produktions- und Handelszentren entstehen (Argos, Korinth, Sparta), die in intensiven Austausch mit dem Auslande und seit der Wende zum 1. Jahrtausend v. Chr. stärker in Konkurrenz mit den Phönikern treten und in Warengestaltung wie Handelsmethoden von ihnen nicht unbeeinflußt bleiben. Aus dem spät- und submykenischen Stil von Ornamentik und figürlicher Darstellung entwickelt sich, vorwiegend in Athen, seit ca. 1050 der geometrische Stil; mit der Zeit bilden sich bestimmte Kunstlandschaften heraus. Korinthische Töpferwaren verbreiten sich über den ganzen Mittelmeerraum. Besonders im 8. Jahrhundert v. Chr. scheint sich das Einströmen solcher Erzeugnisse griechischer Produktion in den Randgebieten des östlichen Mittelmeeres noch zu verstärken. Andererseits lassen sich etwa mythischen Erzählungen und Vorstellungen ähnlich wie religiösen Kulten, die in diesem Zeitraum ihre Ausprägung erfahren, nach wie vor enge Beziehungen zum Osten, besonders Kleinasien, entnehmen.

Wichtigstes Ergebnis dieser Wechselbeziehungen freilich ist nach Untergang von Linear B die Übernahme einer phönikischen Konsonantenschrift, die in der griechischen Welt zur Buchstabenschrift umgewandelt wird. Sie muß, seit dem 7. Jahrhundert überall, wenngleich in differenzierten Formen, verwendet, die geistige Entwicklung dieser Epoche revolutioniert haben. Erst durch sie wurde die Überlieferung griechischer Epik als frühester Literaturform möglich. Der Name Homer mag hier stellvertretend für eine Vielzahl von Dichtern und Sängern stehen, deren Lieder nach Entstehen dieser Schrift irgendwo im äolischen oder ionischen Raum zur Einheit koordiniert wurden; Ilias und Odyssee als die erhaltenen Beispiele eines weit umfangreicheren Zyklus von Dichtungen sind zudem längst als Stufen einer formalen wie inhaltlichen Weiterentwicklung erkannt worden, die etwa in das 8. Jahrhundert fällt. Die Epen zeichnen das Bild mykenischer Welt, wie es das Auge einer Jahrhunderte späteren Zeit noch zu sehen vermochte, werden aber durch archäologische Funde weitgehend bis ins Detail bestätigt. Sie sind zugleich aber Selbstzeugnis für das Kontinuitätsgefühl einer Adelswelt mit ihren spezifischen Lebensformen und Interessen, die den Bruch dorischer Einwanderungen überbrückt haben; der Sagenkreis selbst reflektiert dieses Ereignis und gestaltet es unter Zuhilfenahme mythischer Überlieferung aus. Durch die neue Schrift fixiert und verbreitet, werden nun diese Sagen früh zur allgemeinen Bildungsgrundlage; ohne sie sind seitdem die weitere geistige Formung des Griechentums und darüberhinaus der gesamten Antike nicht mehr denkbar. Zugleich werden sie zu einem der Elemente, die über staatliche und politische Differenzen dieses Griechentums hinweg Einheit bleiben und sich trotz allem stets als solche verstehen ließen.

Ausgeprägt ist bereits auch das religiöse Bild der Epen als transponiertes Konterfei der Menschenwelt. Einheimische Vorstellungen und Mythen, in Namen wie Zeus, Apollon, Hera, Demeter, Hermes oder Hephaistos und Ares personifiziert, scheinen längst mit solchen orientalischer Herkunft (Aphrodite, Kronos) so ineinander verschmolzen, daß sich die Wurzeln kaum mehr klar auseinanderhalten lassen. Trotz einer Vielfalt von Sonderformen oder der regionalen Überbetonung bestimmter Deutungsinhalte und Attribute aber gilt dieser Götterkosmos für ganz Griechenland. Neben den offiziellen Kulten der einzelnen Staaten haben sich mythische Strömungen wie die der Orphiker gehalten, ja Erlösungsmysterien wie die in Eleusis, eng verbunden mit dem Demeterkult, staatliche Pflege erfahren. Formen orgiastischer Religion, etwa in Thrakien, werden mit der griechischen Götterwelt in Verbindung gebracht (hier über den Gott Dionysos), und früh bereits setzt synkretistische Identifizierung auch fremder mit eigenen Göttern ein. Die Gemeinsamkeit griechischer Göttervorstellungen findet

Löwentor der Burg von Mykene. Es ist so angelegt, daß ein Angreifer von drei Seiten beschossen werden konnte. Der Durchgang hat eine lichte Weite von etwa 3 m.

Ausschnitt aus einem frühattischen Krater. Erstes Viertel des 7. Jahrhunderts v. Chr. Antikensammlung, München.

ihren Ausdruck in kultlichen Veranstaltungen und periodisch abgehaltenen Festspielen, in Delphi, Korinth und Nemea, von denen die in Olympia, seit 776 registriert, die bekanntesten sind. Auch sie bilden eine Brücke über das Trennende hinweg, ähnlich wie auch das delphische Orakel Jahrhunderte hindurch das Seine getan hat, die Griechen zusammenzuhalten.
Früh wohl wurde mit der Aufstellung von Ereignislisten und chronikartigen Aufzeichnungen in den Städten begonnen. Zwar ist eine wirkliche Chronologie dieser Epoche schwer zu erstellen; spätere, besonders hellenistische Wissenschaft, versuchte derartiges, indes sie muß auf entsprechende Vorlagen zurückgegriffen haben. Wenn daher Eratosthenes den Fall Troias in das Jahr 1194 setzt, bedeutet dies möglicherweise einen Anhaltspunkt, die Zeit der Dorischen Wanderung grob zu fixieren. Die Jahrhunderte bis zu Olympiaden und Kolonisation mögen dunkel bleiben: Wichtiger scheint die Tatsache, daß sich in ihnen das griechische Wesen so ausgeprägt hat, wie es dann ins Licht der Geschichte eintritt.

Die griechische Kolonisation

DIE ENTSTEHUNG DER POLIS

Was sich in diesem Zeitraum politisch immer mehr herausbildet, ist die Polis, der räumlich sehr begrenzte, von den natürlichen Lebensbedingungen seiner Bevölkerung bestimmte Stadtstaat, um eine Siedlung herum entstanden und nach innen zu von jener angedeuteten Tendenz immer intensiveren Zusammenlebens seiner verschiedenen Schichten gekennzeichnet. Neben den für jede Polis charakteristischen Formen der Staatsreligion mit ihren Festen müssen sich früh die eigenen Rechtes und wohl auch des zwischenstaatlichen Verhaltens gegenüber anderen Staatswesen entwickelt haben. Wurde bei all dem die Kleinheit des verfügbaren Raumes vielfach als Hindernis empfunden, so sind Versuche, diese Nachteile zu beseitigen, doch auffallend selten. So scheinen sich in Thessalien schon bald die agrarisch strukturierten Gemeinden zu einem Bundesstaat zusammengetan zu haben, gefördert durch die Zusammenlegung von Grundbesitz einiger weniger Familien, die von da an das Land beherrschen. Dauernden Zusammenschluß etwa der böotischen Gemeinden verhindert immer wieder die Eifersucht ihrer stärksten Mitglieder Theben und Orchomenos, und vorwiegend die Randgebiete wie Elis, Arkadien treten als Gemeinschaft auf, während Stämme des Hinterlandes, wie Ätoler und Akarnaner, ähnlich wie Phoker oder Lokrer, schon in ihrer ländlichen Siedlungsform vorerst keine Rolle spielen; Makedonien beginnt erst allmählich mit dem Zusammenschluß der einzelnen, monarchisch regierten Stämme zur Einheit. Außenpolitisch handlungsfähig scheint auch der achäische Städtebund in der nördlichen Peloponnes. Ein Zusammenschluß von wirklich historischer Tragweite freilich wird in Attika unternommen, wo der entstehende Einheitsstaat aus Stadt Athen, Land Attika und schließlich dem Priesterstaat Eleusis die Voraussetzungen für die Zukunft Athens schafft. Wohl mag die Amphiktyonie der sich um Delphi gruppierenden mittelgriechischen Staaten in gewisser

Ausschnitt eines Kraters, von Klitias als Maler und von Ergotinos als Töpfer signiert. Die obere Darstellung zeigt die Jagd auf den kalydonischen Eber aus dem Peleus-Mythos; unten: Wagenrennen zu Ehren des gefallenen Patroklos. 570–560 v. Chr. Archäologisches Museum, Florenz.

Übereinkunft kriegsrechtlicher Verhaltensweisen die Ansätze gemeinsamer Ordnung entwickeln; sie sind locker genug geblieben und haben Katastrophen nicht verhindern können.

DIE GRIECHISCHE EXPANSION: DIE KOLONISATIONSBEWEGUNG DER GRIECHEN

Gerade die äußere Isoliertheit aber ist es neben der Kleinräumigkeit, die bereits im 8. Jahrhundert v. Chr. innerhalb der griechischen Staaten die allgemeine Situation sich gefährlich zuspitzen läßt. Denn der wachsende Wohlstand durch Handel und Produktion wird entscheidend beeinträchtigt durch den Mangel an Ausbreitungsmöglichkeiten, durch Bevölkerungszunahme in allen Schichten als Folge einer gewissen Prosperität, durch das Ernährungsproblem angesichts verhältnismäßig geringer Bodenqualität und stets beibehaltener Zweifelderwirtschaft. Zwangsläufig gerät die Adelsherrschaft in Konkurrenz zu Handel, Vermögensbildung und damit wachsender Selbstemanzipation unterer Schichten: Hatten die wirtschaftlichen und sozialen Schwierigkeiten in den ersten Zeiten beginnenden Aufschwungs durch die Expansion ausgeglichen werden können, so hemmt das Heraufkommen orientalischer Großmächte im 2. Viertel des 1. Jahrtausends v. Chr. diese Expansion entscheidend; die Folge des allmählich wachsenden Bevölkerungsdruckes sind etwa griechische Söldner in fast allen Ländern des östlichen Mittelmeerraumes. Darüber, daß derartige Ventilationsmöglichkeiten nicht ausreichten, die wachsenden Spannungen in den Staaten zu beseitigen, muß man sich früh klar gewesen sein. So beginnt um die Mitte des 8. Jahrhunderts als neuer Lösungsversuch eine planvolle Auswanderungsbewegung, bezeichnenderweise fast immer angeführt von Mitgliedern der führenden Oberschicht. Ihr Ziel sind neue Lebensmöglichkeiten in außergriechischen Gebieten und die Schaffung von Apoikien, Siedlungen als neue Stadtstaaten mit eigener Verfassung, der Mutterstadt nur noch durch kultische Gemeinsamkeiten oder Verträge verbunden. Zu Zentren solcher Auswanderung werden die unter inneren Schwierigkeiten wohl besonders leidenden euböischen Städte Chalkis und Eritrea, dazu Korinth und in Kleinasien Milet, doch kommen die dort zusammengefaßten Auswanderungswilligen auch noch aus anderen Städten, was erklärt, daß etwa Athen an der Bewegung vorerst nicht teilzunehmen braucht und erst später, wie auch Korinth, besondere Interessen an der thrakischen Küste anmeldet. Tochterstädte, die bald danach fast überall wieder von diesen Apoikien ausgehen, zeugen von deren Prosperität, lassen aber zugleich auch einen ständigen Einwandererzustrom aus der Heimat vermuten, nachdem sich die Gründungen als erfolgreich erwiesen haben. Es ist freilich nirgends völliges Neuland, in das man vorstößt, archäologische Funde beweisen fast überall bereits vorher bestehende Verbindung der Siedlungsgebiete mit Griechenland. Um 760 entsteht so aus einer chalkidischen Niederlassung auf Ischia auf dem Festland Kyme, aus dem um 680 Neapel hervorgeht, Chalkidier zusammen mit Messeniern legen 725 auch Rhegion an, auf Sizilien 735 Naxos unterhalb von Tauromenion, dann Zankle, das heutige Messina, das um 650 die Kolonie Himera aussendet. Korinthische Auswanderer gründen um 733 Syrakus, Megarer nördlich davon um 728 Megara Hyblea und als Tochterstadt von diesem Selinus an der Südwestküste. In zeitweiligem Zusammenleben mit den rückweichenden Siculern schieben sich die Griechen immer tiefer ins Innere der Insel vor, Syrakusaner gründen Akrai, um 688 Rhodier Gela und im Jahre 600 Kamarina; Akragas, erst um 588 besiedelt, ist Tochterstadt Gelas. Neben dem agrarischen Reichtum des Inselgebietes verhilft die Berührung mit den Karthagern im Westen den Städten zu Reichtum und Blüte; im 5. Jahrhundert etwa gilt Akragas als eine der reichsten Städte der griechischen Welt. Um die gleiche Zeit wird auch die unteritalienische Küste mit ihrem ebenfalls ergiebigen Hinterland durch Ansiedler vorwiegend aus der bäuerlichen Bevölkerung der Peloponnes besiedelt, die dem Land bezeichnenderweise den Namen Großgriechenland verleiht. Auch hier erleben Städte wie Lokri, Kroton, Sybaris, Metapont und Tarent (gegründet sämtlich um 700) – nicht zuletzt als gern gesuchte Partner der Etrusker in Campanien, Mittel- und Oberitalien – eine Blüte ohnegleichen; die bekannten Anekdoten etwa über den Lebensstil der Sybariten mit einem Machtbereich von 25 Stämmen und über 300 000 Menschen gewähren einen Einblick in eine Welt unbegrenzter Möglichkeiten, die sich da aufgetan haben muß: Eines ihrer Zeugnisse mögen noch die Ruinen Paestums sein, als Poseidonia eine Tochterstadt von Sybaris. In Italien auch muß sich der Name der böotischen Graiker zur Sammelbezeichnung für Griechen als Gesamtheit entwickelt haben; wie der Name des thessalischen Stammes der Hellenen zu dem der Griechen in ihrer eigenen Sprache – erstmals nachweisbar bei Hesiod – wurde, ist kaum zu klären.

Als Kolonie der kleinasiatischen Phokäer wird um 600 Massilia nahe der Rhonemündung griechische Handelsmetropole mit einem weiten, durch Funde einigermaßen gesicherten Hinterland; es entsendet eine Reihe von Kolonien an die spanische Küste. Siedlungsgebiet Milets hingegen, zum Teil in Verbindung mit Megara, wird der Raum um das Schwarze Meer, erst an seiner südlichen, später an der westlichen (Mesembria, Kallatis, Tomi, Odessos, Histria) und nördlichen Küste (Chersonesos, Theodosia, Pantikapaion, Olbia): Die Städte der Krim sind dann im 5. Jahrhundert v. Chr. Schwerpunkte des entstehenden bosporanischen Reiches mit seinen ergiebigen Getreidegebieten und seiner skythisch-griechischen Mischbevölkerung. Um 630 kolonisiert man Kyrene von Thera aus.

Griechische Goldfibel. Um 700 v. Chr. Die Goldschmiedearbeiten der sog. Geometrischen Periode hatten bereits einen hohen Stand erreicht und wurden weithin exportiert. British Museum, London.

Überall bedeutet Siedlung Nebeneinander und Verbindung mit einheimischer Bevölkerung, häufig deren Unterordnung und Dienstbarmachung. Wirtschaftliche Blüte und Einfluß auf die Barbaren aber bringen Machtzuwachs und Reichtum, der auch in dieser zweiten Kolonisationsbewegung die Heimat übertreffen läßt, ganz natürlich aber zugleich auch auf diese zurückwirkt. Noch 443, lange nach der Kolonisationsepoche, versucht Perikles die Gründung einer neuen Kolonie als gesamtgriechisches Unternehmen in Unteritalien. Nicht zuletzt die Blüte der Kolonien ist es, die in der Folgezeit Handelszentren wie Athen, Korinth und Ägina neuen Aufschwung verleiht. In dieser Zeit wird auch die in Kleinasien begonnene Verwendung von geprägtem Edelmetall in Griechenland übernommen und in zwei Münzfüßen, dem euböischen und dem äginetischen, den allgemein gängigen Quantitäten angepaßt. Dabei scheinen die Münzzeichen der einzelnen Städte Kriterium ihrer Prosperität wie auch ihres Selbstverständnisses im allgemeinen mythischen sowie historischen Zusammenhang. Zugleich lassen Funde griechischer

Produktion dieser Zeit eine Internationalität der Mittelmeerbeziehungen erkennen, die immer weiter in die Randgebiete hinausgreifen. Wo keine Kolonien entstehen, eröffnen Handelsniederlassungen mit besonderen Privilegien, wie etwa Naukratis in Ägypten und Al Mina am Orontes, den Weg. Griechische Söldner, neben karischen, sind etwa in Ägypten nach wie vor Selbstverständlichkeit.

DIE AUSBREITUNG SPARTAS AUF DEM PELOPONNES: DIE MESSINISCHEN KRIEGE

In engem Zusammenhang mit der griechischen Kolonisationsbewegung steht die gewaltsame Ausbreitung Spartas auf dem Peloponnes um die gleiche Zeit. Hat dort die dorische Einwanderung bereits zu erwähnter eigenartiger sozialer und rechtlicher Bevölkerungsklassifizierung geführt, so muß die Überbevölkerung auch in dem aus Zusammensiedlung von fünf Dörfern entstandenen Sparta zu Ausdehnung und Landnahme im Westen gezwungen haben. In einem Eroberungskrieg gegen die ethnisch verwandten Bewohner Messeniens (wohl in der 2. Hälfte des 8. Jahrhunderts) wird das Land erobert und unter die Spartiaten verteilt, um von den bisherigen Bewohnern als Heloten bebaut zu werden. Einen Aufstand dieser Heloten Mitte des 7. Jahrhunderts, die das Gebirgsmassiv des Ithome besetzen und erst nach jahrelanger Belagerung besiegt werden können, unterstützt Argos. Zwar bringt der Sieg auch über diesen Gegner eine gewisse Abrundung des spartanischen Territoriums nach Norden, erzeugt aber eine die folgenden Jahrhunderte hindurch anhaltende Spannung. Alles in allem hat die Ausweitung in den Messenischen Kriegen Sparta wenig mehr als die verschärfte Herrschaft über eine räumlich um ein Vielfaches ausgedehntere Untertanenbevölkerung gebracht. Ihr gegenüber vermag man die notwendige eigene Selbstbehauptung allein in einer perfektionierten Militarisierung der eigenen Minderheit zu sehen, die dem Staat den Charakter eines permanenten Feldlagers verleiht und in bewußter, folgerichtig durch Jahrhunderte geübter Erziehung die einem solchen Militärstaat entsprechende Haltung und Lebensform zur Nationaleigenschaft werden läßt. Daß dieser Prozeß nur auf Kosten anderer Bereiche menschlichen Lebens und der privaten Sphäre möglich ist und vor allem die vorhandenen starken Ansätze einer lakedämonischen Geisteskultur zum Veröden bringt, liegt nur zu nahe. Im übrigen muß die Verhärtung undurchdringlicher sozialer Abstufung zwangsläufig zur Aufzehrung des führenden Spartiatenelementes besonders im Verlauf der kriegerischen Ereignisse der folgenden Jahrhunderte führen, eine Entwicklung, die an Hand überlieferter Zahlen noch nachzuprüfen ist. Ihr soziales Ergebnis ist die Konzentration des Bodens in den Händen weniger; nach außen hin erzwingt sie Zurückhaltung und schließlich seit Mitte des 6. Jahrhundert den Verzicht auf alle weitergespannten, über benachbarte Territorien hinausgehenden Interessen. Und fast immer endet die Wahrnehmung größerer außenpolitischer Verpflichtungen im Dilemma zwischen Königen, Heerführern und den seit dem 6. Jahrhundert als Staatskommissaren fungierenden fünf Ephoren. Zwar sichert der um diese Zeit gegründete Peloponnesische Bund die militärische Oberhoheit über die Nachbarstaaten. Er läßt diesen aber bezeichnenderweise ein auffallend hohes Maß an Freiheit und hat niemals offensiven Charakter.

DER WANDEL IN DER LITERATUR

Das neue Lebensgefühl der räumlichen Ausweitung zwischen dem 8. und 6. Jahrhundert ist es denn sicher nicht zuletzt, das mit dem sich abzeichnenden sozialen Wandel auch den literarischen Umbruch vorantreibt. Die Epik, in dieser Zeit fixiert, ist Ausdruck eines aristokratischen Selbstbewußtseins, realisiert an den großen Adelshöfen und dort allein am Platze, doch die Spiegelung eines Ideals in ihr läßt erahnen, daß diese Welt gerade bereits Vergangenheit zu werden beginnt. Daß nicht lange nach den homerischen Epen ein Hesiod aus Askrai in Böotien in gleicher Form Regeln für den Landbau gibt und das Entstehen der Götterwelt beschreibt, mag charakteristisch für diesen Wandel sein. Charakterisiert wird er noch mehr durch das Aufblühen einer Poesie, die es dem Individuum, losgelöst von Stand und Umweltbedingungen, erlaubt, mit Hilfe gebundener Sprache sich selbst nun in den Vordergrund zu stellen. Sie gliedert sich einerseits in Chorlyrik, zu festlicher Aufführung von Dichtern eigens komponiert, und andererseits in persönlich bestimmte Lyrik zum Ausdruck subjektivster Gefühlssituationen vor einer dafür aufgeschlossenen Zuhörerschaft. In ihren Formen vielfältig, ihrer Gattung nach jeweils durch Instrumentalbegleitung und Art des Vortrages bestimmt, ist sie in der Wiedergabe von Eindrücken Auseinandersetzung mit der Umwelt und zugleich ein Versuch, Einblick in die eigene Innerlichkeit zu geben. Überliefert ist diese

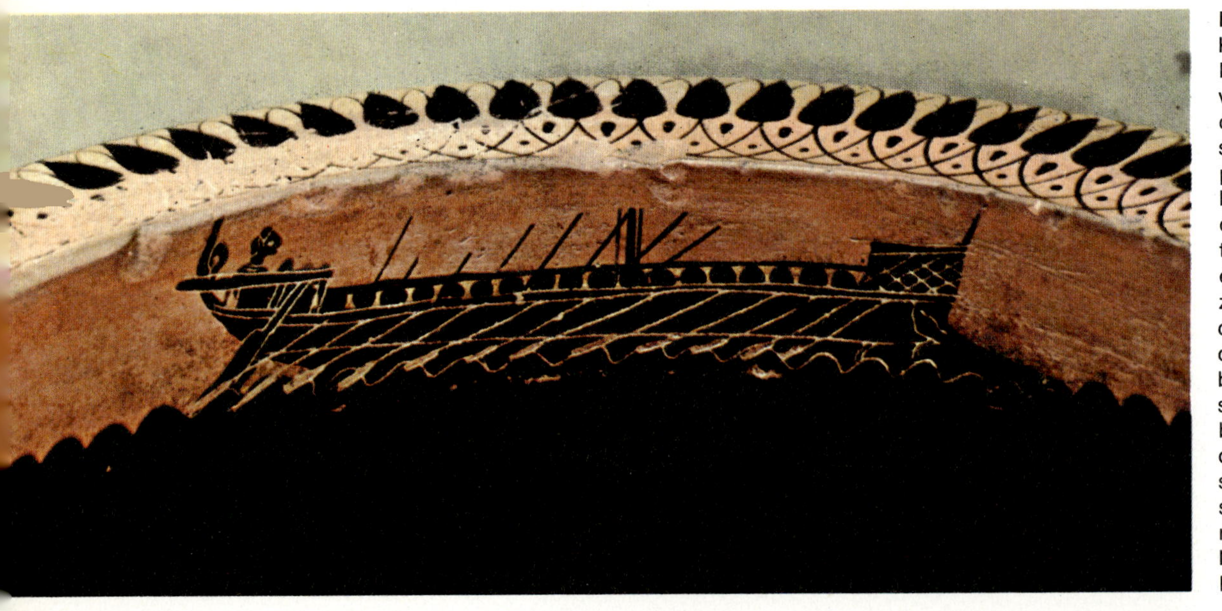

Die Große griechische Kolonisation (etwa 750 bis 550 v. Chr.) hatte verschiedene Ursachen, sowohl wirtschaftlicher als auch politischer Art. Der hohe Stand der griechischen Schiffsbautechnik hat sie erst ermöglicht. Sie führte zu einer Ausweitung des griechischen Handels und zu der Ausbreitung der griechischen Kultur. Die nebenstehende Abbildung eines griechischen Schiffes befindet sich auf dem Innenrand einer Schale im Musée du Louvre, Paris.

frühe griechische Lyrik zwar nur in Fragmenten. Doch genügen diese, um neben der Grundstimmung dieser Zeit Zweifel an allem Herkommen und dem vielleicht hieraus resultierenden Pessimismus gegenüber dem menschlichen Dasein, Charakter und Anliegen, ja Lebensschicksale einzelner Dichter erkennen zu lassen: Alkaios und Sappho aus Lesbos, Archilochos aus Paros, Tyrtaios aus Sparta, Anakreon aus Teos, Theognis aus Megara, Stesichoros aus Sizilien, Semonides aus Samos, Simonides aus Keos, von den Chorlyrikern Ibykos aus Rhegion, Terpander aus Lesbos, Alkman aus Sardes, in Sparta lebend, schließlich Bakchylides aus Keos und Pindar aus Theben mögen hier genannt werden. Die politische Auseinandersetzung gehört in den Bereich dieser Dichtung, Solons Lebenswerk etwa wäre ohne seine Gedichte unverständlich geblieben. Auch in der Lyrik überwiegt das östliche Element, wenngleich für die meisten der Dichter Aufenthalt an vielen Plätzen nachzuweisen ist und ihre Werke der gesamten griechischen Welt gehören. Stärker als aus ihnen ist die geistige Einheit des Griechentums trotz räumlicher Ausdehnung und politischer Gegensätze kaum nachzuempfinden.

Am Vorabend der Klassik

DAS RINGEN UM EINE NEUE ORDNUNG

Trotz des großen Aufschwunges, den die Kolonisation für das Griechentum im Raume der mittelmeerischen Klimazone bedeutet, kann sie eine Lösung der innergriechischen Probleme kaum bringen. Zusammen mit anhaltenden wirtschaftlichen Schwierigkeiten geht in den Stadtstaaten vielmehr der Prozeß der Auflösung sozialer und politischer Verhältnisse unaufhaltsam weiter. Wohl hat nach Ablösung der Königsherrschaft der Adel die in einer Hand zusammengefaßte Macht unter sich aufgeteilt: In Athen etwa lenkt im 8. Jahrhundert ein auf zehn Jahre gewählter Archont den Staat, 681 wird diese Funktion zum Jahresamt und in der Folgezeit auf 9 Kollegen verteilt. Geführt von wenigen alten Familien (in Athen etwa den Alkmäoniden, Eteobutaden, Lykomiden, Philaiden), durch gemeinsame Interessen wie dynastische Verbindungen überdies gleichsam international verbunden und so gefestigt, besitzt dieser Adel allein die Voraussetzungen, seine Stellung noch zu stärken. In der Tat scheint er die Notlage der durch Handel und aufkommende Geldwirtschaft gefährdeten kleinen Landeigentümer zur Abrundung der eigenen Territorien rücksichtslos ausgenutzt zu haben. Verschuldung, Zwangsverkauf und Bodenkonzentration schaffen Abhängigkeitsverhältnisse, die in Leibeigenschaft und Versklavung enden. Hesiod schildert die Nöte des um die Existenz ringenden kleinen Mannes in geradezu verzweifelten Tönen. Sucht indes der Adel damit vorerst erfolgreich seine sozial wie politisch privilegierte Rolle innerhalb der Staaten zu stärken, so entwickelt andererseits die Heranziehung auch der übrigen Staatsangehörigen zu dessen Pflichten – bezeichnend für diese Zeit ist die Ablösung der Reiterei durch die Hoplitenphalanx der Bürger – ein neues Rechtsgefühl auch in jenen unteren Schichten, während sich in den Handelsstädten die Gruppe reichgewordener, finanzkräftiger Bürger in Verfolgung eigener Interessen zu Trägern von Tendenzen macht, die auf Ausdehnung der Macht im Staate auf alle ihn tragenden Bevölkerungsteile abzielen. Die unhaltbare Situation führt in verschiedenen Städten zu Schlichtungsversuchen, denen der Überlieferung nach alle Bürger zustimmen. Treffen unsere Nachrichten über Zaleukos aus Lokri, Charondas aus Katane und Drakon aus Athen (letzterer um 624 v. Chr.) zu, so muß man sich zusammen mit sozialem Ausgleich (in Athen etwa durch Aufzeichnung des geltenden Rechtes und damit der Übertragung von Strafe oder Sühneforderung von der privaten Sphäre auf staatliche Organe) ganz bewußt um Neugestaltung einer festen, allgemein verbindlichen gesellschaftlichen Ordnung bis in die Einzelheiten privaten Lebens hinein bemüht haben. Noch weiter geht in Athen dann Solon 594 v. Chr. Er hebt Bodenverpfändung und Schuldknechtschaft auf, was der wirtschaftlichen Überlegenheit des Adels einen schweren Schlag versetzt haben muß. Als nächstes teilt er zur Festsetzung und Abstufung von Rechten und Pflichten die Bürgerschaft in vier Vermögensklassen ein, womit er dem Geschlechterverband die politische Funktion nimmt und das Geburts- durch Vermögensrecht ersetzt. Wohl bleibt vorerst der Archontat Privileg der obersten Klasse, auch der Adelsrat auf dem Areiopag behält die wichtigen Aufgaben von staatlicher Kontrolle und oberster Rechtsinstanz bei. Neben ihm aber erscheint unter Solon bereits ein 400-köpfiger Rat aus Bürgern der 4 Phylen, und auch die Ekklesie, die Versammlung der gesamten Bürgerschaft als politisches Organ, wird für seine Zeit erstmals erwähnt. Einen ebenso entscheidenden Schritt in umgekehrter Richtung scheint man um die gleiche Zeit in Sparta getan zu haben. Was unter dem Namen der Lykurgischen Staatsordnung bekannt ist, mag das Ergebnis einer längeren Entwicklung sein und sich aus erwähnter Notwendigkeit der Selbstbehauptung erklären. Diese Ordnung, der Überlieferung nach durch das delphische Orakel befohlen, regelt Kompetenzen und Verhältnis einzelner Staatsorgane zueinander, ferner Doppelkönigtum, Rat der Alten (Gerusie), Heeresversammlung und Ephoren. Darüber hinaus aber soll auch sie das Leben der einzelnen Spartiaten von Geburt bis zum Tod als Mitglied jener ständig kriegsbereiten Gemeinschaft Wehrfähiger mit immerwährender militärischer Übung und Erziehung endgültig festgelegt haben. In Übertragung aller friedlichen Arbeit auf die Heloten verzichtet sie auf eine wirt-

Elfenbeinstatuette eines knienden Jünglings. Die völlige Nacktheit und der enge Metallgürtel weisen darauf hin, daß es sich um eine griechische Arbeit handelt, wenn auch die Einlegetechnik (Augen, Schamhaar, Stirnlocken), aber mehr noch die Tatsache, daß die Figur als Stütze für den seitlichen Arm einer Lyra diente, auf starken orientalischen Einfluß schließen läßt. Um 630 v. Chr., Nationalmuseum Athen.

schaftliche Entwicklung Spartas; das ihr zugeschriebene Verbot von Handel und Geldbesitz wäre die folgerichtige Weiterführung dieses Elitegedankens, der sich freilich im 5. Jahrhundert beim Ausgreifen Spartas über seinen Gesichtskreis hinaus in besonders fragwürdige Verhaltensweisen verkehrt und damit das Staatswesen gleichsam von außen her untergräbt, mag es sich auch bis in die Römerzeit halten.

DIE ENTSTEHUNG DER GRIECHISCHEN TYRANNIS

Staatsreform und Schlichtung fundamentaler Gegensätze mit Hilfe von Schiedssprüchen freilich können nur Provisorium sein. Unzufriedenheit, Spannungen und Wirren halten an. Ihr Ergebnis ist in der Mehrzahl der wichtigeren Staaten die Tyrannis, die Herrschaft eines einzelnen, der als Exponent einer der Parteien oder von vornherein unabhängig den Staat nach eigenem Willen entweder über, neben oder in Ausschaltung bisheriger Verfassungsformen leitet. Bemüht, eine eigene Dynastie zu schaffen, wird für diese neuen Herrscher die Förderung der Interessen möglichst vieler, auch der unteren Schichten, zum Anliegen. Sie bedeuten so, ohne es zu wollen, einen weiteren Schritt auf dem Wege von der Adelsherrschaft zur allgemeinen Verteilung der Staatsgewalt. In Athen folgt wenige Jahre nach Solon die Tyrannis des Peisistratos (547–527), freilich erst nach mehreren vergeblichen Versuchen der Machtergreifung. Sie fördert die kleinen Landwirte durch Fürsorge und Staatsdarlehen, intensiviert Handel und Gewerbe, ablesbar etwa an den Funden schwarzfiguriger athenischer Vasenmalerei aus dieser Zeit im Mittelmeergebiet. Athenische Stützpunkte, wie etwa das unter ihm kolonisierte Sigeion, sichern die längst notwendig gewordene Getreidezufuhr aus dem Schwarzmeergebiet, zugleich wird Thrakien mit seinem Hinterland und besonders den Goldbergwerken des Pangaion in den athenischen Interessenbereich einbezogen. Der Ausstoß athenischer Münzen mit den Emblemen von Pallas Athene und der Eule beginnt in dieser Zeit; Bauvorhaben in der Stadt (Wasserleitung, Kanalisation, Olympieion) und auf der Akropolis wiederum sind als Arbeitsbeschaffung für die städtische Bevölkerung zu verstehen. Die Auflösung bisher herrschender Adelsgruppen und die nunmehr gleichsam mit Gewalt versuchte Lösung der allgemeinen Probleme haben auch in anderen Städten das Bild der Tyrannis in späterer Sicht verzerren lassen und sie mit dem von grausamer Despotie verquickt. Neben entsprechenden Anekdoten freilich sind für fast jeden Vertreter dieser neuen Herrschaftsform Leistungen, Taten und Absichten bekannt, die es verbieten, ihnen wirkliche Einsicht in die historische Bedingtheit ihrer Rolle abzusprechen. Dies gilt für einen Pheidon von Argos, Spartas Gegner und zugleich Begründer der Hoplitentaktik, Kleisthenes von Sikyon (um 600), Lygdamis von Naxos im 6. Jahrhundert und selbst Aristodem von Kyme, den Erretter der Stadt aus Etruskergefahr Ende des 6. Jahrhunderts. Die Tyrannendynastie der Kypseliden in Korinth (seit etwa 650) nach Ablösung der Adelsherrschaft der Bakchiaden errichtet ein korinthisches Seereich besonders unter Periander (um 600) an der östlichen Adriaküste, unter Polykrates im 6. Jahrhundert wird Samos zur zentralen Seemacht des östlichen Mittelmeerraumes. Auch jetzt entsteht durch politische wie dynastische Verbindungen eine ganz Griechenland erfassende neue Interessengemeinschaft, religiöse Feste nehmen einen großen Aufschwung. So wird etwa der aus Thrakien eingeführte Dionysoskult in Athen zum offiziellen Staatsfest, Kultur, Kunst und das Geistesleben seiner Zeit fördert fast jeder dieser Tyrannen; die griechische Lyrik etwa wäre ohne ihr Mäzenatentum nicht denkbar. Bezeichnend ist, daß man unter Peisistratos die erste kritische Ausgabe des Homertextes vornimmt.

In Sizilien wiederum erfüllt die Tyrannis die Aufgabe einer Sammlung der Kräfte des griechischen Elements und der Selbstbehauptung gegen karthagische Bedrohung bis in die Römerzeit. Über lokale Herrschaften hinaus wird Syrakus zum

Griechischer Dekadrachmon, um 490–486 v. Chr. Die Vorderseite zeigt den nach rechts gewendeten Kopf der Athene, um deren Helm ein Kranz von Olivenblättern gewunden ist. Die Rückseite zeigt eine frontal stehende Eule mit geöffneten Schwingen. Das Sprichwort „Eulen nach Athen tragen" für etwas Sinnloses bezog sich auf diese Münzen, da man Athen für reich genug hielt.

Sphinx von einem attischen Grabmal, Marmor. Mitte des 6. Jahrhunderts v. Chr. The Metropolitan Museum of Art, New York. Munsey Fund, 1936–1938; Hewitt Fund, 1911.

Mittelpunkt dieser Kräftekonzentration besonders in Zeiten der Gefahr. An die Dynastie Gelons zur Zeit der Perserkriege schließen sich Zwischenräume von Regierungsformen, in denen fast immer die grundbesitzende Aristokratie den Ton angibt. Doch wäre das Fortbestehen des sizilischen Griechentums nicht denkbar ohne Dionysios im ausgehenden 5. und 4. Jahrhundert, ohne die Herrschaft des Agathokles am Übergang vom 4. zum 3. und ohne die Hierons II. eine Generation danach.

DIE SCHAFFUNG DER GRIECHISCHEN DEMOKRATIE

Das Ende der Phase griechischer Tyrannis bringt dann die zweite Hälfte des 6. Jahrhunderts. Offensichtlich ist es in den Städten zu einer gewissen Konsolidierung und Befriedung gekommen. Hat andererseits das Griechentum die räumlichen Grenzen seiner Expansion erreicht, so entsteht nach der lydischen im 7. Jahrhundert nun durch die persische Eroberung Kleinasiens unter Kyros II. 548 eine neue Weltlage, die bald spürbar wird. Ihr fällt 522 Polykrates zum Opfer, 513 bereits greift Persien mit dem Skythenzug des Dareios und der Unterordnung Makedoniens auf Europa über. Im Westen wiederum, wo bereits die vor Kyros flüchtenden Phokäer zwischen Griechen, Etruskern und Karthagern Verwirrung gestiftet haben und besiegt werden müssen, leitet die Zerstörung von Sybaris durch Kroton 510 eine Epoche des Vordringens italischer Elemente in die Küstengebiete ein, das trotz schwerer Kämpfe griechischer Städte um ihre eigene Existenz doch nicht verhindert werden kann. In Sizilien schließlich spitzt sich die Konkurrenz zwischen Griechen und Karthagern immer mehr zu, während in Sparta der Versuch besonders des Königs Kleomenes I., die Außenpolitik wieder zu aktivieren, am Widerstand der Ephoren scheitert.

Nach dem Tode des Peisistratos führen in Athen dessen Söhne Hippias und Hipparch die Herrschaft fort. Die Ermordung Hipparchs 514 bewirkt die rigorose Machtausübung und schließlich 510 die Vertreibung des Hippias mit Hilfe der Spartaner auf Geheiß des delphischen Orakels. Im Durcheinander der folgenden Jahre bringen dann die Reformen des Alkmäoniden Kleisthenes eine Fortsetzung der solonischen und bedeuten einen neuen Schritt hin zur Demokratie: So zerschlägt die Neueinteilung des attischen Gebietes in zehn Phylen aus je einem Anteil Ebene, Binnen- und Küstenland, statt der bisher vier durch Abstammung bestimmten, letzte Reste bisheriger Geschlechter- und Ständeordnung. Der Rat aus nunmehr 500 Mitgliedern leitet, und zwar die Vertreter jeder Phyle einen Teil des Jahres, die laufenden Staatsgeschäfte und vermag schon deshalb die Politik fast ausschließlich zu bestimmen. Letztes Entscheidungsorgan aber ist die Ekklesie, in der ohne Rücksicht auf Rangklasse jede Stimme zählt. Ihr werden die Mitglieder der Geschworenengerichte entnommen. Eingeführt im Zuge dieser Maßnahmen wird zugleich der Ostrakismos, die auf dem Abstimmungswege zu erreichende, fest verankerte Verbannung mißliebiger Bürger auf zehn Jahre. Sie kann sich allein gegen Vertreter der alten Adelsherrschaft gerichtet haben und ist deutlicher Beweis dafür, wie sich seit Solon die Dinge entwickelt haben. Eine Verfassungsreform wie die kleisthenische hat sich in Griechenland nicht wiederholt. Indes ist es in erster Linie das Bewußtsein von der damit gestalteten Isonomie, der Teilnahme nunmehr wirklich aller an den Pflichten und Aufgaben des Staates, daß im 5. Jahrhundert zuerst die Belastungsprobe der Perserkriege und dann die Katastrophe des Peloponnesischen Krieges überwunden werden kann und Athen schließlich die Führungsrolle in Griechenland zu erringen vermag.

Hat in der Zeit vor der Kolonisation das dorische Element, d. h. der Peloponnes, in der kulturellen Entwicklung dominiert, so verlagert sich seither das Schwergewicht auf den ionisch-attischen Bereich. Homerische Dichtung wie die Lyrik haben dort ihre Wurzeln, wirtschaftlicher Aufschwung und bewußt gepflegte enge Verbindung mit dem Mutterland durch Teilnahme an Festspielen, Befragung des delphischen Orakels – dies selbst durch die lydischen Könige – bringen neue Anregungen für politische Gestaltung, bildende Kunst und Bauwesen. Wichtiger freilich wird das östliche Griechentum jetzt durch die von ihm ausgehende Befreiung des naturwissenschaftlichen, besonders des kosmogonischen Denkens aus der Welt mythischer Vorstellungen mit Hilfe empirischer Beobachtung der Phänomene und im Suchen nach rational begründbaren

Achill und Aias beim Brettspiel. Detail einer Bauchamphora des Exekias. Um 530 v. Chr. Unter dem Tyrannen Peisistratos (560–527 v. Chr.) entstand die erste kritische Ausgabe des Homertextes; ein Beweis dafür, daß zu der Zeit die homerische Tradition noch durchaus lebendig war.

Systemen. Neben der reflektiert und gleichsam in stetiger Selbstbeobachtung sich immer weiter ausgestaltenden politischen Ordnung mit ihren Prinzipien ist es dann diese vorsokratische Philosophie, die als sichtbare Genese menschlicher Denkformen dem Griechentum seine zeitlose Bedeutung verleiht. Von den ionischen Naturphilosophen wie Thales (1. Hälfte des 6. Jahrhunderts), Anaximenes aus Milet, Anaximander aus Lampsakos, Xenophanes aus Kolophon und zuletzt Heraklit von Ephesos – in ihre Reihe gehört der im 5. Jahrhundert lebende Demokrit aus Abdera – spannt sich der Bogen auffallenderweise nach Elea in Unteritalien, der Heimat des Parmenides. In Unteritalien findet auch Pythagoras aus Samos (570–490) mit seiner Philosophenschule Heimstatt und Wirkungsbereich. Wesensverwandt ist ihm Empedokles von Akragas. Zugleich entsteht, angeregt durch den Eindruck der weiten Verbindungslinien östlicher Welt sowie durch die Möglichkeiten des persischen Reiches zur Forschung und Beobachtung, aus Länder- und Küstenbeschreibung die wissenschaftliche Geographie; ihr erster Vertreter, Hekataios von Milet, ist Zeitgenosse der Reichsordnung Dareios' I. In ihren weiteren Rahmen gehört die Historiographie, denn auch in ihr schlagen sich Erfahrungen und Erkenntnisse griechischer Forschungsreisender und Seefahrer nieder. Ohne die Ergebnisse altorientalischer, besonders babylonischer Wissenschaft und die Beeinflussung durch sie ist die ionische Naturphilosophie nicht denkbar.

DIE ZEIT DER PERSERKRIEGE

Das Achämenidenreich freilich bringt dem Griechentum nicht lange danach die entscheidende Bewährungsprobe. Hat die Unterwerfung unter das Lyderreich für die Griechen Kleinasiens kaum Erschwerung bedeutet, ja erweisen sich die lydischen Könige als griechenfreundlich und besonders interessiert an enger Verbindung mit dem Mutterland, so muß die Fremdartigkeit persischer Lebensformen Aversionen bewirken, die sich durch die Einordnung in das Satrapiensystem des Dareios noch verstärken. Zwar läßt man den Griechen weitgehend ihre Autonomie unter eigenen, autorisierten Tyrannen, und die eingehobenen Steuern stellen nur eine geringe Belastung dar. Ein Versuch des Stadtherrschers von Milet jedoch, als Folge der persischen Katastrophe des Skythenzuges, 513 v. Chr. die persische Herrschaft abzuschütteln, findet allgemeinen Anklang. Der Aufstand der Griechen Kleinasiens dauert über sechs Jahre (499–494) und endet mit der Eroberung Milets, dessen Einwohner nach Osten deportiert werden. Eine Expedition nach Thrakien 492 kann die Nordküste der Ägäis für Persien sichern. Die allgemeine Lage der kleinasiatischen Griechen scheint sich durch den Aufstand weder zum Guten noch zum Schlechten verändert zu haben.
Griechenland, das Heimatgebiet, mag für Persien ein Anhängsel des bereits unterworfenen Raumes bedeuten, dessen Einnahme und notwendige Abrundung kaum Schwierigkeiten bereiten würde; im übrigen sind durch Adelsbeziehungen und Flüchtlinge wie Hippias oder Demaratos von Sparta längst die notwendigen Vor-

Zug des Darius gegen Athen und der Feldzug Xerxes' I.

aussetzungen geschaffen. 507, noch unter Kleisthenes, hat sogar Athen auf persische Forderung hin sich formell unterworfen. Andererseits wiederum sind eben durch dieses Athen und dazu Eretria die aufständischen Griechen vorübergehend unterstützt worden. Die Invasion zur endgültigen Klärung der Verhältnisse ist seitdem unausbleiblich, und griechischerseits gibt man sich seit 494 hierüber keinen Illusionen mehr hin. So kommt es 493 zwischen Themistokles, damals Archon, der den Seekrieg zur Verteidigung befürwortet, und Miltiades, dem zurückgekehrten athenischen Dynasten vom thrakischen Chersones und damit ehemaligem persischen Untertan, zu Kontroversen. Der 490 unternommene persische Flottenvorstoß bringt Verwüstung und Deportation Eretrias, doch gelingt es den Athenern, mit Unterstützung allein durch Platäer, unter Führung des Miltiades den Gegner bei Marathon zu besiegen.

Das folgende Jahrzehnt ist mit persischen Rüstungen unter Dareios und nach dessen Tode 486 unter Xerxes angefüllt; in Griechenland spitzt sich mit wachsender Spannung der Streit um die Frage Land- oder Seekrieg immer weiter zu, wobei der letztere durch Themistokles zum Schlagwort besonders der Partei wird, die auf weitere Demokratisierung abzielt. Unrühmliches Ende des Miltiades und die Ostrakisierung der wichtigsten Gegner einer Seekriegsstrategie Athens, unter ihnen als profiliertester Aristeides, werden gefördert durch Reformen 487, die das Archontat zum Losamt machen und militärische wie staatliche Exekutive in die Hände von zehn wiederholt wählbaren Strategen legen. Ein Programm des Themistokles 483 sieht den Bau von 200 Trieren aus den nicht mehr an die Bürgerschaft verteilten Überschüssen der Bergwerke von Laurion vor, während die Ausrüstung von wohlhabenden Bürgern übernommen wird (Trierarchie). Notwendig freilich wird zugleich damit auch die Heranziehung der letzten, bisher von solchen Opfern verschonten Schätzungsklasse zum Marinedienst, was innenpolitisch nicht ohne Folgen bleiben kann.

Für die Invasion hat Persien eine riesige Armee aus den Kontingenten des gesamten Reiches aufgeboten, die von der Flotte begleitet wird. Zur gleichen Zeit haben persische Absprachen mit Karthago das Ziel, die Griechen gleichsam auch von der anderen Seite her aufzurollen. Angesichts derartiger Bedrohung beschließt ein 481 auf dem Isthmos zusammengekommener gesamtgriechischer Kongreß die Kampfgemeinschaft (Symmachie) aller Griechen und die Niederschlagung bisheriger Streitigkeiten. Beschlossen wird zugleich

In der Schlacht bei Marathon 490 v. Chr. steht Athen dem persischen Angriff allein gegenüber, da das spartanische Heer nicht rechtzeitig eintrifft. Die befreundeten Platäer helfen mit 1000 Hopliten. Insgesamt stehen nur etwa 10 000 Mann den zahlenmäßig weit überlegenen persischen Truppen gegenüber. Obgleich die für die Griechen siegreiche Schlacht keine dauerhafte Entscheidung bringt, festigt sie die Vormachtstellung Athens.

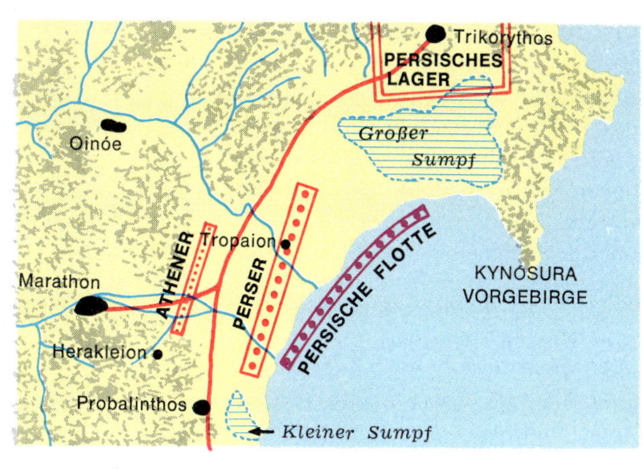

die Bestrafung der Perserfreunde, von denen sich die Thessaler von vornherein auf persische Seite stellen; das gleiche tun später die Böoter unter Führung Thebens. Argos bleibt neutral, die Haltung des delphischen Orakels den Krieg hindurch ist zweideutig. Bei der allgemeinen Niedergeschlagenheit, die herrscht, liegt es nahe, daß man bereits um diese Zeit auch Evakuierungsmaßnahmen in Athen für den Fall persischen Vordringens plant. Der persische Vormarsch, der im Sommer 480 beginnt, ist ein eindrucksvolles Meisterwerk an Vorbereitung und Organisation. Man zieht auf zwei Schiffbrücken über den Hellespont und nimmt den Weg längs der thrakischen Küste. Die Griechen, nachdem sie eine unhaltbare Verteidigungsstellung im Tempetal aufgeben müssen, suchen durch einen Verband aus Lakedämoniern und Bundesgenossen unter König Leonidas die Thermopylen zu halten, während die Flotte, vom Lande her dadurch gedeckt, an der euböischen Nordspitze beim Artemision den Gegner aufhalten und eine Entscheidung herbeiführen soll. Nach Umgehung des Passes und dem Heldentod des Leonidas mit 300 Spartiaten bleibt indes nur der Rückzug durch den Euripos. Mittelgriechenland und das evakuierte Athen, wo die Tempel der Akropolis bei Erstürmung zerstört werden, fallen in persische Hand, Delphi rettet sich durch Unterwerfung. Doch endet im September dieses Jahres die nach Plan des Themistokles angelegte Seeschlacht im Sunde bei Salamis dank besserer Manövrierfähigkeit der griechischen Schiffe siegreich. Xerxes kehrt nach Persien zurück, um ausbrechende Aufstände, besonders in Babylon, niederzuschlagen. Zwar sucht der in Mittelgriechenland mit dem Landheer überwinternde Mardonios durch Verhandlungen die Griechen zu spalten; nach erneuter Besetzung Athens kann die persische Armee im Sommer 479 bei Platää vernichtet werden. Ein griechischer See- und Landsieg im gleichen Jahre bei Mykale gibt das Zeichen zum Abfall ganz Ioniens. 480 ist es auch Gelon von Syrakus gelungen, das karthagische Heer bei Himera zu besiegen und damit die westlichen Griechen zu retten. Sein Sieg ist der Höhepunkt der Deinomenidenherrschaft über weite Teile Siziliens und bringt die erste Blüte syrakusanischer Macht.

Das Zeitalter des Perikles

DIE „GOLDENE ZEIT“ ATHENS UNTER PERIKLES

Salamis bedeutet für das Achämenidenreich den Beginn des Verfalls. Für die griechische Welt ist der Sieg die Rettung politischer Eigenständigkeit und zugleich der Anfang einer Epoche glanzvoller Demonstration aller Kräfte bis zur Übersteigerung hin. Ein Versuch der kleinasiatischen Griechen, sich der Kampfgemeinschaft anzuschließen, scheitert an deren Zerfall durch das Ausscheiden der bisherigen Führungsmacht Sparta und an dem Neubeginn der alten Interessengegensätze zwischen den Staaten. Die beschlossene Strafaktion gegen Perserfreunde hatte Themistokles verhindert. Um das Gewonnene zu halten, schließen sich daher Athen, Insel- und Festlandsgriechen außer den Peloponnesiern und Ioniern 478 zu einem Sonderbund zusammen, an dessen Gestaltung Aristeides wesentlichen Anteil hat. Der Bund führt in den folgenden Jahren den Perserkrieg weiter, während zugleich die Politik des Themistokles, Athen militärisch zu stärken, den Gegensatz zu Sparta immer mehr vertieft. Zwar versucht nach der Ostrakisierung des Themistokles 471, der zuletzt in Persien eine Heimat findet, Kimon, der Sohn des Miltiades, eine neue Annäherung an Sparta, wo König Pausanias, der Sieger von Plataä, die Verfassung umzustürzen droht und mit Mühe beseitigt werden kann (469). Die Zurückweisung eines athenischen Hilfskorps während eines neuen Messenieraufstandes, den 464 ein Erdbeben auslöst, bedeutet 462 das Ende der Kampfgemeinschaft von 481. Sie muß überdies auch bereits mit Anlaß zu der im gleichen Jahre von Ephialtes eingeleiteten neuen Verfassungsänderung gewesen sein, die wohl bereits damals für Ratsmitglieder, Geschworene und Beamte Tagesgelder einführt und einen großen Teil der dem Areiopag noch verbliebenen Gerichtsfunktionen den Gerichtshöfen der Heliaia überträgt, denen im übrigen jetzt auch Qualifikation und Kontrolle der Beamten zukommt. Zugleich erhält jeder Bürger das Recht eines aufschiebenden Einspruchs gegen gesetzwidrige Anträge vor dem Volk, während dem Rate von nun an die vorherige Begutachtung dieser Anträge zufällt. Fortgesetzt werden die Reformen nach der Ermordung des Ephialtes in den Jahren 461 und 458 durch Perikles, ohne daß die Grenzen zwischen beiden Reformen genau zu bestimmen wären. Unter ihnen wird auch der dritte Stand (nach dem zweiten vielleicht schon 487) zum Archontat zugelassen; Perikles hat seitdem für die nächsten drei Jahrzehnte die athenische Politik bestimmt.

Hauptinhalt der mit seinem Namen gekennzeichneten Epoche ist neben der Auseinandersetzung mit Persien und bereits Sparta der Ausbau des Bundes von 478 zum Machtinstrument Athens. Die Ordnung des Aristeides hat die Stellung von Schiffen oder die Zahlung von festgesetzten Steuern durch Mitglieder vorgesehen; die Einkünfte der Bundeskasse aus ihnen betragen 460 Talente im Jahr. Bietet der Bund ein hohes Maß an Sicherheit, so sind doch Innenpolitik und Wirtschaft der einzelnen Städte, um 425 dann über 400, wie auch die Verwendung der Bundesgelder und die Festsetzung der Bundesaufgaben seitdem von den Interessen der Führungsmacht Athen abhängig, ja stehen unter dessen Kontrolle. Auch ist Athen berechtigt, Rechtsstreitigkeiten der Bundesstädte an sich zu ziehen. Nach einem Sieg Kimons bereits 469 vor der Eurymedonmündung wird im Zuge weiterer Kämpfe gegen Persien 465 die thrakische Küste besetzt und besiedelt. Griechisches Eingreifen in Ägypten bei dessen Abfall von Persien 460–454 dagegen endet mit einer Katastrophe, hat aber die Verbringung der Bundeskasse nach Athen zur Folge. Daß zugleich Athen auch nach dem Peloponnes ausgreift und nach dreijähriger Belagerung seine alte Rivalin Ägina 465 unter schweren Bedingungen dem Bunde einverleibt, bringt Feindschaft mit

Kopf des Themistokles. Römische Kopie nach einem nicht erhaltenen griechischen Vorbild. Themistokles hat sich besonders für die Rüstung zur See eingesetzt, die er mit den Erträgen der staatlichen Silberminen finanziert. Gleichzeitig setzt er sich für die Demokratisierung Athens ein, durch die er die gemeinsame Abwehr der persischen Feinde zu ermöglichen hofft.

Korinth und wechselvolle Kämpfe mit Sparta, besonders um Böotien, die erst 453 mit einem Waffenstillstand und 446 dann mit einem auf dreißig Jahre geschlossenen Frieden enden. Ein von Perikles unmittelbar danach vorgeschlagener allgemeiner Frieden mit Sicherheitsgarantie und gemeinsamer Herstellung der zerstörten Heiligtümer freilich scheitert. Nach einem Seesieg des aus dem Exil zurückgekehrten Kimon vor Cypern 450 ist es 449 durch Kallias zum Abschluß auch eines Vertrages zwischen dem attisch-delischen Seebund und Persien gekommen, der die Interessensphären abgrenzt und den ionischen Städten die formelle Unabhängigkeit garantiert. Der Bund selbst, an sich gegen Persien gerichtet, bleibt indes bestehen. Abfallversuche von Bündnern, wie bereits 465 von Thasos, nunmehr von Euböa 446 und von Samos 441–439, werden rigoros bestraft und diese Städte durch athenische Militärkolonien, Kleruchien, gesichert.

Mit Hilfe der nach wie vor eingehenden Bundesbeiträge, seit 454 wohl alle vier Jahre neu festgesetzt, beginnt nun Perikles seit dem Friedensschluß ein Bauprogramm zu verwirklichen, das Athen zeitgenössischen Zeugnissen nach zum Kultur- und Religionsmittelpunkt der gesamten griechischen Welt machen soll und überdies einer großen Anzahl Griechen, nicht nur Athenern, über Jahre hinaus Unterhalt verschafft. Zwar hat der großzügige Wiederaufbau der Stadt bald nach den Perserkriegen vor allem durch private Initiative eingesetzt (Ausbau der Stoa Poikile und des Theseion durch die Familie Kimons), jetzt geht man aber neben der Vollendung der bereits 479 unter Themistokles begonnenen Befestigung Athens durch Verbindungsmauern nach dem Piräus an den Ausbau der Akropolis, wo seit 447 das Parthenon entsteht. Als Zeugnisse ähnlichen Aufschwunges haben die gleichzeitig entstehenden, zum Teil in gigantischen Dimensionen geplanten Tempel in Sizilien zu gelten.

In der Kunstgeschichte gilt diese Pentekontaetie, der Zeitraum von fünfzig Jahren zwischen Perserkrieg und Peloponnesischem Krieg, als die der griechischen Klassik; in ihr vollendet sich durch die Werke eines Bildhauers wie Pheidias, eines Malers wie Polygnot und eines Erzgießers wie Polyklet in der Bildenden Kunst der Stil, der durch den Begriff des

Achilles und Memnon. Detail einer um 490 v. Chr. entstandenen rotfigurigen Schale. Bei der rotfigurigen Technik werden die Figuren ausgespart, wodurch der Tongrund vor dem glänzenden Tiefschwarz des Firnis aufleuchtet. Agora Museum, Athen.

Klassischen zeitlos geworden ist. Während dieser Jahre erreicht auch die Ausgestaltung der Dionysosprozessionen in der attischen Tragödie durch Aischylos, Sophokles und Euripides einen Endpunkt, an dem sie den Rahmen des Kultischen wie Politischen sprengt, durch die Komödie als bewußte Zeitreflexion mit entsprechenden Mitteln ergänzt. In der Darstellung der Perserkriege Herodots, wie Sophokles ein persönlicher Freund des Perikles, als letztes Glied einer Kette östlich-westlicher Auseinandersetzungen wird auch die Historiographie erstmals zur Schau eigenen Wesens und zugleich der in der Geschichte zeitlos wirksamen Kräfte. Daß Perikles den Theaterbesuch ähnlich wie andere amtliche Tätigkeit durch Tagesgelder vergütet, zeigt den nicht zu übersehenden politisch-erzieherischen Hintergrund, von dem aus man diesen Aufschwung gesehen wissen will.

So ist der vom Willen des Volkes regierte Stadtstaat Athen zum Zentrum eines Machtgefüges geworden, das in der Tat weite Teile Griechenlands vereint. Die Gefahren seiner Verfassungsreform für diese Führungsrolle lassen sich indes kaum übersehen. Ja, auf die Dauer sind gefährliche Akzentverlagerungen nur zu vermeiden, wenn der Wille dieses souveränen Volkes von überlegener Einsicht und Kenntnis geleitet wird, wie sie allein Konsequenz und Stetigkeit garantieren mögen, was dem Wesen einer Demokratie im Grunde freilich widerspricht. Von der Autorität eines Perikles geleitet, mag für die athenische Politik jene notwendige Balance von Anspruch und Realität gewährleistet sein: In Händen von Berufspolitikern geringen Formats und Demagogen oder gar sich selbst überlassen, muß die ungezügelte, unkontrollierte Herrschaft des versammelten Volkes in die Katastrophe führen. Die Ereignisse nach dem Tode des Perikles sind hierfür Beweis.

Darstellung einer Erzgießerei. Vor dem Ofen mit Feuerloch hockt ein Mann, der das Feuer schürt. Hinter dem Ofen bedient ein Knabe den Blasebalg. Rechts: Handwerker beim Zusammensetzen einer Statue. Staatliche Museen Preußischer Kulturbesitz, Antiken-Abteilung, Berlin-West.

DER PELOPONNESISCHE KRIEG

Trotz aller Bedrückung der Bundesgenossen bedeutet der delisch-attische Seebund einen Durchbruch durch die Begrenztheit der Polisweit und damit den ersten wirklichen Ansatz einer gesamtgriechischen Geschichte. Die Auseinandersetzung mit den Gegenkräften läßt sich umso weniger vermeiden, als die innere Festigung ihre Folgen zeigt und sich mit den Jahren das politische und wirtschaftliche Gleichgewicht in Griechenland verschiebt. Auswärtige Rückschläge, wie erwähnte Ausbruchsversuche aus dem Bund oder der 446 geglückte Abfall Böotiens, mögen die Stellung des Perikles, seit 443 übrigens jedes Jahr neu zum Strategen gewählt, gefährden, Prozesse gegen persönliche Freunde wie Pheidias, den Philosophen Anaxagoras von Klazomenai (Zeitpunkt allerdings unbestimmt) oder Aspasia gerade in den letzten Friedensjahren wurden schon in der Antike als Zeichen geschwundenen Ansehens gedeutet und trugen zu der Behauptung bei, er selbst letztlich habe den großen Krieg mit Sparta vom Zaune gebrochen. Die Gründe des Peloponnesischen Krieges freilich liegen tiefer. Und wenn Perikles nicht energisch genug versuchte, ihn zu verhindern, dann vielleicht nicht zuletzt, weil er seine Unvermeidlichkeit erkannte und ihn deshalb noch bei eigenen Lebzeiten beendigt wissen wollte. Äußerer Anlaß ist die athenische Einmischung in einen Streit zwischen Korinth und seiner Tochterstadt Korkyra im Jahre 433. Zu ihr kommt ein Bundesbefehl, der das soeben mit Makedonien konspirierende Potidea auf der Chalkidike anweist, sich der Beamten der Mutterstadt Korinth zu entledigen, die dort seit der Stadtgründung amtierten. Ein Volksbeschluß 432 verbietet den Bundesgenossen, Schiffe aus Megara ihre Häfen anlaufen zu lassen, was einer wirtschaftlichen Abwürgung dieser Stadt gleichkommt. Schritte von derartiger Rigorosität zwingen die Staaten, sich an Sparta zu wenden. Nach vergeblichen Schlichtungs- und Vermittlungsversuchen 432–431 beginnt dies im folgenden Jahr mit den Feindseligkeiten.

Invasionen der Lakedämonier 431 und 430 nach Attika zwingen zur Evakuierung der Landbevölkerung hinter die Mauern Athens, stoßen aber ins Leere, während die athenische Flotte die See beherrscht und vor Potidea erfolgreich ist. Erst die eingeschleppte Pest, der in Athen 429 Perikles erliegt, wirkt sich als Katastrophe aus; eine neue Generation Politiker und Strategen, deren profiliertester Vertreter der Gewerbetreibende Kleon ist, sucht den Sieg nunmehr auch um den Preis einer Radikalisierung der Kämpfe zu erringen. So ist beim Abfall von Lesbos 428 das Strafgericht gegen die Mitylener von abschreckender Grausamkeit, ähnlich gehen die Thebaner bei der Einnahme des mit Athen verbündeten Plataä und die korkyräischen Demokraten bei einem Umsturzversuch der oligarchischen Partei vor. Drastisch werden 425 die Bundessteuern auf 1460 Talente verdreifacht. Athenische Flotten operieren erfolgreich in westgriechischen Gewässern. Die Landung einer auf dem Weg nach Sizilien befindlichen athenischen Flotte an der Westküste des Peloponnes bringt 120 Spartiaten in athenische Hand, ein wichtiges Faustpfand; andererseits gelingt nach der athenischen Niederlage bei Delion in Böotien 424 v. Chr. dem Spartaner Brasidas auf einem Zuge durch ganz Griechenland, die Chalkidike Athen abspenstig zu machen und vorübergehend Makedonien auf seine Seite zu bringen. In der Schlacht bei Amphipolis fallen 422 freilich bald danach er wie auch Kleon.

Die Kriegsmüdigkeit auf beiden Seiten fördert das Heraufkommen gemäßigter Kräfte, in Athen verkörpert durch Nikias, dem 421 der Abschluß eines für fünfzig Jahre gültigen Friedens mit Sparta auf Grund des Status quo gelingt. Sofort jedoch bildet sich eine Vereinigung der unzufriedenen Bundesgenossen Spartas aus Elis, Korinth und Mantinea, aus den Chalkidikern und zeitweilig sogar aus Athen, die Sparta 418 bei Mantinea niederzuringen hat, deutliche Zeichen für das Provisorische des Nikias-Friedens. Treibende Kraft zur neuen Auseinandersetzung jedoch wird in Athen Alkibiades, ein Neffe des Perikles, getrieben von skrupelloser Machtgier, die sein politisches Verhalten bestimmt. Eine Koalition mit dem an sich gefährlichen Experimenten abholden Nikias hat neues Ausgreifen zur Folge, dem die offensichtlich um diese Zeit neutrale Insel Melos 416 zum Opfer fällt; ihre Bewohner werden nach der Einnahme bis auf den letzten Mann getötet. Nächstes Ziel Athens ist Sizilien, wo man bereits 425 sich hat einmischen wollen, auf einem Kongreß der Sizilier in Gela 424 aber zurückgewiesen worden war. Jetzt bildet ein Streit zwischen Segesta und Selinunt Anlaß für eine großangelegte Expedition zugunsten des ersteren; die Streitmacht, die man mobilisiert hat, mit ihren 40 000 Mann und 120 Schiffen, läßt vermuten, daß es um nicht weniger geht als die Angliederung der Insel an das eigene Imperium. Ihre Kommandanten sind Alkibiades, Nikias und Lamachos; das athenische Volk, seit 432 in Kriegspsychose und mit den Ergebnissen von 421 unzufrieden, begrüßt das Unternehmen begeistert. Jedoch wird Alkibiades der Teilnahme an einem eklatanten Religionsfrevel an den in der Stadt aufgestellten Hermensäulen bald nach dem Aufbruch in Abwesenheit angeklagt und zur Verantwortung zurückgerufen. In der Furcht vor einem politischen Komplott begibt er sich nach Sparta, wo er zum Ratgeber antiathenischer Politik wird. Die sizilische Expedition, im einzelnen schlecht geplant, endet nach gewissen Anfangserfolgen und mehr als zweijähriger Belagerung von Syrakus 413 mit einer Katastrophe. Die Flotte wird im Hafen von Syrakus vernichtet, die Feldherren Nikias und der 414 eingetroffene Demosthenes werden nach der Kapitulation hingerichtet; das Heer geht in den Steinbrüchen von Syrakus zu Grunde oder wird als Sklaven verkauft.

Auf Rat des Alkibiades hat 414 Sparta wieder den Krieg gegen Athen begonnen, einen Feldherrn zur Organisation der Verteidigung nach Syrakus geschickt und in Attika die Festung Dekelea als dauernden Stützpunkt besetzt. An eine Massenflucht attischer Sklaven schließt sich jetzt der Abfall einer großen Zahl Bundesgenossen an. Dazu kommt, daß beim Eingreifen Athens in persische Angelegenheiten der Großkönig 413 den Kallias-Frieden als gebrochen betrachtet. Unmittelbar danach kommt es zum Bündnis Persien-Sparta, das, 412 nochmals bekräftigt, Unterstützung durch persische Geldmittel für den Krieg vorsieht. In Athen ist für die zweite Kriegshälfte weder ein strategisches Konzept noch eine konsequente militärische oder politische Leitung festzustellen. Die militärischen Rückschläge fördern vielmehr 411 einen oligarchischen Umschwung in der Stadt, der zahlenmäßige Beschränkung der Bürgerschaft und Ausschaltung der Volksversammlung zum Ziel hat, um so baldmöglichst zum Frieden zu gelangen. Er wird aber von den Mannschaften der Flotte nicht gebilligt und daher über eine vorübergehende gemäßigte Oligarchie zum Scheitern gebracht (410). Einzelne See-Erfolge bringen um diese Zeit auch Alkibiades ins athenische Lager zurück, der 408, vom Volke begeistert empfangen, einen glänzenden Einzug in die Stadt hält. Doch ist bereits 407 nach Besiegung durch die spartanische Flotte unter Lysander seine Rolle zu Ende; er zieht sich zurück und wird 403 auf persischem Gebiet ermordet. Auf einen Seesieg bei den Arginusen 406 läßt die Volksversammlung die Hinrichtung der siegreichen Flottenführer wegen unterlassener Hilfeleistung für die Schiffbrüchigen folgen, 405 gelingt Lysander, dem flexibelsten Heerführer, den Sparta je besaß, die Vernichtung der Athener bei Aigospotamoi am Hellespont. Bald danach zur See eingeschlossen, muß 404 Athen kapitulieren, seine Befestigungen schleifen und die Reste der Flotte ausliefern. Sein Seebund wird aufgelöst. Dem Vorschlag der Siegermächte, Athen von Grund auf zu zerstören, widersetzt sich Sparta mit Erfolg.

Silberne Vier-Drachmenmünze von Naxos mit efeubekränztem Dionysos-Kopf. Nach 464 v. Chr. Festprägung zur Rückkehr der Naxier in ihre Heimat.

Der Niedergang der griechischen Poliswelt

DER AUSKLANG DES KLASSISCHEN HELLAS: DAS RINGEN UM DIE VORMACHTSTELLUNG IN GRIECHENLAND

Der Peloponnesische Krieg bringt vorerst das Ende aller griechischen Einigungsbestrebungen. Obwohl Herr über Griechenland, ist der Sieger, Sparta, indes keineswegs in der Lage, das durch Ausschaltung Athens entstandene Vakuum auszufüllen und die mit dem Kriegsende heraufbeschworenen Schwierigkeiten zu meistern. Wichtiger freilich für das Verständnis dieser Zeit scheint die früher bereits beginnende ethische Umwandlung aller Werte im Hintergrund der politischen Denk- und Verhaltensweisen. Ein Politiker wie Alkibiades, für den alles Herkommen nur noch Instrument der Macht zu sein vermag und der bedenkenlos zum Verräter am eigenen Staat sowie der bisher verfochtenen eigenen Sache wird, ist Produkt einer Erziehungsrichtung, die als Sophistik durch Redelehrer und Philosophen wie Gorgias, Protagoras, Hippias und Prodikos wirksam an allen Orten verkündet wird und den Menschen, das souveräne Individuum, zum Maßstab aller Dinge macht. In ihrem Gefolge hat sie mit dem Zweifel an menschlicher Erkenntnisfähigkeit auch den an der Gültigkeit gesellschaftlicher Normen und Wertvorstellungen. Trotz erfolgreicher Entwicklung neuer Denkmethoden und der allgemeinen Förderung der Urteilskraft wie der Ausdrucksfähigkeit griechischer Sprache schlechthin muß sie daher politisch verhängnisvoll wirken, indem sie jede Polis-Gesinnung auflöst. Wenn ein Sokrates dieser Richtung entgegenzuwirken sucht, dann hat auch er sich ihrer Methoden zu bedienen; hieraus resultierende Fehldeutung seiner Rolle ist es, die ihn im Zuge einer Regeneration athenischer Staatsgesinnung 399 als Jugendverderber zum Tode verurteilen läßt. Nicht zuletzt mit Produkt dieser neuen Denkrichtung ist das Geschichtswerk des Thukydides über den Peloponnesischen Krieg als erste historische Monographie. Sein Verfasser, selbst einst athenischer Stratege im Krieg, sucht zwischen Gründen und Anlaß zu scheiden und, besonders durch die eingestreuten Reden, die für seine Zeit charakteristischen Merkmale und die ihnen zugrundeliegenden, zeitlos gültigen Kausalitäten herauszustellen. Das Werk reicht bis 411; sein Fortsetzer Xenophon (bis 362), Schüler des Sokrates, leitet in eine andere Zeit mit neuen Idealen und Wertvorstellungen hinüber. Das Ende des Polis-Denkens äußert sich indirekt in den Staatsutopien eines Plato, dessen Staatsideal keiner Wirklichkeit mehr zu entsprechen vermag, ja offensichtlich gar nicht entsprechen will. Im 4. Jahrhundert leitet dann Aristoteles die umgekehrte Richtung in wissenschaftlicher Systematisierung und Durchdringung gerade dieser Wirklichkeit ein, um erst von hier aus die Voraussetzungen für den Schritt in die menschliche Daseinsbestimmung zu schaffen.

Spartas Beherrschung der eroberten und unterworfenen Städte mit Hilfe von Kommandanten, Garnisonen und oligarchischer Verfassung kann nur Provisorium sein, einen Plan auf längere Sicht scheint es nicht gehabt zu haben. Bezeichnend für diesen Zustand ist die Entwicklung in Athen: Dort haben nach fünf eingesetzten Ephoren 30 Oligarchen mit dem Wortführer Theramenes die Leitung des Staates unter Ausschaltung aller bisherigen Organe übernommen und nach dessen Hinrichtung zum Terrorinstrument ausgebaut. Doch entreißt den Dreißig schon im nächsten Jahr trotz mehrmaliger spartanischer Unterstützung der Einfall vertriebener Demokraten aus Theben unter Thrasybulos die Macht; die Demokratie wird wiederhergestellt, und die Oligarchen ziehen sich nach Eleusis zurück, wo sie vorübergehend einen eigenen Staat gründen.

Wichtiger freilich scheint die Entwicklung in Kleinasien. Zwar hat Sparta Persien in den Hilfsverträgen von 413 und 412 die Herrschaft über die kleinasiatische Ägäisküste zugestanden. Die Herrschaftsverhältnisse sind indes unklar geblieben. Nunmehr aber hätte konsequentes Festhalten an diesem Zugeständnis jedes Prestige Spartas in Griechenland zerstören müssen. Zeichen einer Wende ist es daher, wenn es bereits 402 die Aufstellung eines griechischen Söldnerheeres für den Kampf des persischen Prinzen Kyros gegen den Großkönig Artaxerxes II. duldet. Nach dessen Scheitern 401 bei Kunaxa und dem glanzvollen Rückzug der Griechen unter Xenophon verhindert es die Besetzung der Küstengebiete mit militärischer Gewalt, wobei nach jahrelangem Hin und Her in Ausnutzung von Satrapenstreitigkeiten König Agesilaos 396 entscheidende Vorteile erringt. Dagegen unterstützt Persien, jetzt verstärkt wieder an griechischen Dingen interessiert, durch Geldsendungen das Entstehen eines schnell wachsenden antispartanischen Bundes zwischen Athen, Korinth und Argos. Eine spartanische Niederlage bei Haliartos 395, wo Lysander fällt, hat tatsächlich das Aufgeben Kleinasiens und die Rückberufung des Agesilaos zur Folge, der 394 bei Koronea das Gleichgewicht wiederherstellt. Zugleich jedoch vernichtet eine persische Flotte unter Konon, dem letzten athenischen Flottenchef des Peloponnesischen Krieges, die spartanische bei Knidos. Mit Hilfe persischer Gelder wird Athen neu befestigt, Argos und Korinth vereinigen 392 ihre beiden Staatswesen zu einem Gegengewicht gegen die spartanische Suprematie; in ihrem Territorium vornehmlich spielen sich die kriegerischen Ereignisse dieser Zeit ab. Die folgenden Jahre sind erfüllt mit militärischen Ereignissen, wechselnden Konstellationen und dazu, nach neuerlichem Bruch zwischen Athen und Persien, mit Bemühungen beider Seiten um persische Unterstützung. Spartanische Unterhandlungen mit dem Großkönig durch Antialkidas hatten 387 schließlich einen Vertrag zum Ergebnis, der nicht weniger als den für alle Griechen gültigen Frieden bringt und 386 auf einem Kongreß in Sparta beschworen wird: alle bestehenden Bündnisse sind aufzulösen, die Griechen Kleinasiens an Persien zu übergeben. Athen behält die Inseln Lemnos, Imbros und Skyros. Als Exekutionsorgan dieses Friedens gelingt Sparta damit noch einmal die Gewinnung einer der von 404 ähnelnden Position.

Die Griechen freilich müssen den Königsfrieden als persisches Diktat und damit als Wiederholung von 480 in anderer Form empfinden. Indes wird an derartigen persischen Absichten freilich zu zweifeln sein: Das Achämenidenreich hat im 4. Jahrhundert an inneren Schwierigkeiten genug zu bewältigen; neben dem Abfall Ägyptens, zeitweilig Syriens, Phönikiens und Cyperns stehen der Verlust des Indusgebietes und die Lockerung der Bindungen zu anderen Randzonen, dies nicht zuletzt angesichts der physischen Auszehrung der führenden medisch-persischen Minderheit in Kriegen und bei der Verwaltung des Reiches. Bei derartigen Schwächesymptomen ist Anschluß an den Westen als natürlicher

Lebensgroße Bronzestatue eines Jünglings. Um 480 v. Chr. (?). Die fließenden plastischen Formen, der vorgesetzte rechte Fuß und die Neigung des Kopfes bedeuten eine Abwendung von der archaischen Kunstauffassung. Nationalmuseum, Athen.

Fortsetzung der Handelswege und die Möglichkeit des Austausches auch bei notwendigem Verzicht auf Unterwerfung wichtig. Innergriechische Auseinandersetzungen hingegen müssen gerade die labile Struktur des Reiches besonders im Westen immer wieder gefährden. Die Friedensbedingungen scheinen daher gut gemeint und entsprechen einer dringenden Notwendigkeit für beide Teile, Griechen wie Perser: Vor wirklichem Eingreifen in Griechenland hält sich Persien zurück und beschränkt sich auf Subvention der Mächte, die vorerst den Frieden am ehesten zu garantieren in der Lage sind. Andererseits freilich hat sich in Griechenland seit 480 das Bild des östlichen Barbaren als einer zum Sklaven geborenen, geringerwertigen Species Mensch immer mehr verfestigt und ist mit dem des Erbfeindes zusammengeflossen. Bereits Herodots Geschichtswerk ist gegen derartige Vereinfachung der Dinge gerichtet. Nun wird durch Redner wie Gorgias, Lysias und 380 erstmals Isokrates die panhellenische Idee einer naturnotwendigen Vereinigung aller Griechen mit der vom Rachekrieg für den Xerxeszug, von der Unterwerfung des Ostens bis zur Zerstörung Persiens und der Gewinnung von Siedlungsland zur Lösung der sozialen Probleme verbunden. Sie gewinnt, publizistisch in den folgenden Jahren vertieft, immer mehr an Durchschlagskraft, ohne daß freilich es je zu klarer Zielsetzung gekommen wäre.

Als Garantiemacht bemüht, die Bedingungen des Königsfriedens durch Zerschlagung der Bünde und durch die Sicherung der Autonomie einzelner Staaten zu eigenem Nutzen zu verwirklichen, überspannt Sparta den Bogen und schafft sehr bald eine neue kriegerische Situation. So muß die rechtlich schwer zu motivierende Besetzung Thebens 382 allgemein Zweifel an der Ehrlichkeit spartanischer Absichten erwecken, gleiches gilt für die Zerschlagung des chalkidischen Bundes 379 und Mantineas, dessen Verfassung als die demokratischste ganz Griechenlands galt. All dies erweckt Sympathie für die thebanische Selbstbefreiung 379 durch Pelopidas und Epameinondes, auf die bald die Gründung eines böotischen Bundes folgt. Zugleich bildet sich ein neuer, zweiter attischer Seebund, der zuletzt aus 70 Mitgliedern besteht, diesmal mit vertraglich garantierter Autonomie der Bündner und einer Bundesversammlung ohne Vorrechte Athens, und in erster Linie gegen spartanische Übergriffe gerichtet. Zwischen spartanischen Vorstößen nach Mittelgriechenland und athenischen Flottenoperationen bleiben Friedenskongresse in den Jahren 375 und 371 ergebnislos; eine Invasion Spartas in Böotien 371 endet mit der vernichtenden Niederlage von Leuktra, die für ein Jahrzehnt Theben zum Machtzentrum griechischer Politik werden läßt. Als Folge dieses Umschwunges kommt es zur Gründung eines arkadischen Bundes auf dem Peloponnes 370 mit neuangelegter Hauptstadt Megalopolis und 369 eines messenischen durch Theben. Bündnishilfe, jetzt selbst Athens, für das immer wieder angegriffene Sparta

Hydria des Meidias-Malers. Um 410 v. Chr. Obere Zone: Entführung der Töchter des Leukippos, untere Zone: Herakles im Garten der Hesperiden. Das Gefäß ist dem sog. „Reichen Stil" zuzurechnen. British Museum, London.

verhindert die Bedrohung nicht; der Peloponnesische Bund löst sich in diesen Jahren auf. Gelegentlich ihres Amtes enthoben, verlagern Epameinondas und Pelopidas dann 368 den Schwerpunkt ihrer Interessen nach Norden, wo nach dem Ende des Tyrannen Jason von Pherae in Thessalien ein Machtvakuum entstanden ist. Ihr Plan einer eigenen Flottenpolitik in der Ägäis ist gegen Athen gerichtet, das sich wieder die thrakische Küste wie auch die Zufahrtswege in das Schwarze Meer gesichert und Samos in seine Hand gebracht hat. Doch fällt auf neuem Zug gegen Sparta 362 Epameinondas bei Mantinea, Pelopidas ist früher bereits umgekommen. Ein bald danach geschlossener Friede zwischen allen griechischen Staaten außer Sparta ist Zeichen allgemeiner Erschöpfung.

Mehr noch: Die Ereignisse der vorausgegangenen Jahrzehnte haben den Zerfall des stadtstaatlichen Gefüges drastisch angekündigt. Persische Versuche, durch Subventionen – auch für Theben – den bisherigen Gesamtzustand zu erhalten, bleiben schon deshalb wirkungslos, weil sie den Kern der Dinge kaum berühren. Dieser liegt im innenpolitischen und wirtschaftlichen Bereich. Trotz der Kriege des 5. Jahrhunderts ist eine Entvölkerung Griechenlands nicht festzustellen. Schlimmer ist die damit verbundene Landverwüstung, die es noch mehr von auswärtiger Zufuhr abhängig macht; Sicherung der Seewege ins Schwarzmeergebiet ist daher vordringliches Ziel des Zweiten Seebundes wie selbst Thebens. Der Zustrom billiger Arbeitskräfte besonders durch den Sklavenhandel mit Kleinasien und Thrakien ermöglicht eine Rationalisierung der Warenproduktion, Arbeitsteilung und Großbetrieb, verstärkt zugleich aber den Überschuß freier Arbeitskräfte in den Städten: Folge um sich greifender Arbeitslosigkeit ist die Zunahme des Söldnerwesens, das die Kriegsführung durch Bürgerheere ersetzt und auch die Hoplitentaktik durch andere Kampfesformen ablöst. Der deutliche wirtschaftliche Aufschwung durch erhöhten Nachholbedarf erleidet zudem im Laufe des 4. Jahrhunderts Rückschläge durch die in den Absatzgebieten fast überall einsetzende Eigenproduktion. So muß denn die Kluft zwischen Eigentumskonzentration und politischer Konservativität auf der einen und Armut, Hoffnungslosigkeit und Erwartung totaler Veränderung der Zustände auf der anderen Seite zunehmen: Sie äußert sich in der Radikalität politischer Umschwünge in einzelnen Städten und läßt in der Tat die Verwirklichung panhellenischer Gedanken als brennende Notwendigkeit erscheinen. Die Staaten, mit wachsenden Finanzproblemen konfrontiert, suchen nun zwar, mit Hilfe von erhöhten Sondersteuern für Begüterte und die in ihnen lebenden Fremden in Aufrechterhaltung von Diäten, Schaugeldern und Versorgungsleistungen ihre Verpflichtungen gegenüber den Bürgern zu erfüllen, sind aber nicht zuletzt dadurch wieder vielfältig behindert. Mehr und mehr muß sich daher jetzt vom Wirtschaftlichen her der Gedanke eines neuen Zusammenschlusses zu größeren politischen Verbänden mit besseren Wirkungsmöglichkeiten und Aussichten zur Lösung der allgemeinen Krise verbreiten. Zweiter Seebund, Korinthischer Bund, chalkidischer und böotischer Bund, Arkadien und Messenien sind am ehesten als derartige Konzentrationsversuche zu verstehen, gleiches wird für die Zusammenfassung größerer Teile Griechenlands unter Theben gelten und selbst für die sich wiederholenden, nie ganz abgelehnten Versuche, eine allgemein gültige Friedensgrundlage zu schaffen. Zugleich gewinnt, angeregt durch das Beispiel eines Dionysios I. von Syrakus, die Monarchie wieder an Attraktivität; Isokrates rät einer ganzen Reihe von regierenden Herrschern und Tyrannen, unter ihnen Archidamos von Sparta, Jason von Pherae, Philipp von Makedonien, zur Übernahme der Führerrolle im großen panhellenischen Unternehmen.

Die allgemeine Kulturentwicklung des 4. Jahrhunderts schließt sich an die des 5. an, vermag aber nirgends die im perikleischen Athen erlangte innere Geschlossenheit eines für die gesamte griechische Welt in allen Bereichen gültigen Stilempfindens mehr zu halten. So beginnt die Philosophie unter den Anhängern des Sokrates in verschiedene Schulen auseinanderzuklaffen, ähnliches gilt für die Einzelwissenschaft, in deren Rahmen etwa die Historiographie nunmehr mit umfassenden Überblicken und besonders mit der Beschäftigung mit der Zeitgeschichte beginnt. Sie setzt nochmals allgemeines Interesse voraus und zielt auf Publikumswirksamkeit in ganz anderem Sinne als frühere Geschichtsschreibung ab. Aus der Philosophie entwickelt sich die Biographie zur historiographischen Gattung. Die Mittlere und Jüngere Komödie wiederum sind gekennzeichnet durch Verzicht auf Stellungnahme und politische Aktualität und werden zur Typisierung des Allgemeinmenschlichen. Bauten werden auch im 4. Jahrhundert in großer Zahl errichtet, und ihre Ausschmückung nimmt neue, vielfältigere Formen an. Zeugnisse aus Zentren solcher Entwicklung wie Epidauros lassen zugleich einen Wandel erkennen, der sich auf die Bildenden Künste als Ganzes erstreckt; auch die Werke eines

Hermes mit Dionysos-Kind. Marmorstatue des Praxiteles. Um 330 v. Chr. Das Werk zeigt den Übergang von der klassischen zur hellenistischen Stilauffassung. Olympia Museum.

Praxiteles, Euphraios, Skopas und Lysippos bedeuten Auflösung des rein Klassischen Stils hin zu dem der hellenistischen Zeit.

DER AUFSTIEG MAKEDONIENS UND DIE ENTSTEHUNG DER MAKEDONISCHEN HEGEMONIE

Die letzten Jahrzehnte eigentlich griechischer Geschichte werden dann von Makedonien bestimmt. Sein Auftreten gehört zwar noch in den Rahmen der für das Jahrhundert charakteristischen Machtbildungen, seine gewaltsame Einigung Griechenlands indes bedeutet bereits Übergang in den Hellenismus. Die frühe Geschichte des Volkes zwischen Axios und Haliakmon ist kaum ganz zu klären. Zu den Griechen zählend, wohl im Verlauf der Einwanderungsbewegung dort geblieben, erscheint es in den Randgebieten mit thrakischen und illyrischen Substraten vermischt und in selbständige Stämme aufgeteilt. Die politische Einigung durch die Dynastie der Küstenebene, die ihre Herkunft aus Argos betont, setzt spät ein und vollzieht sich in einem jahrhundertelangen Prozeß. Während dessen Verlauf behält man die für wandernde und landnehmende Stämme charakteristischen Formen des Staatsaufbaus (König, dessen Gefährten als Feudalherren, Volks- und Heeresversammlung mit bestimmten, nie ganz fixierten Rechten und Kompetenzen) bei. Hatte Alexander I., der Philhellene (um 494–450), nach der Abschüttelung persischer Oberherrschaft die Verbindungen mit Griechenland vielfach verstärkt, Nachfolger wie Perdikkas III. und Archelaos I. (414–399) bauen diese zugleich mit weiterer Festigung der eigenen Position im Lande weiter aus. Freilich ist der im 4. Jahrhundert v. Chr. dann nicht mehr allzu große Schritt zur Vollendung der Herrschaft im südlichen Balkangebiet nicht denkbar ohne vollständige Gewinnung Griechenlands als Machtreserve und Zivilisationshintergrund. Den bisher mit den Griechen gemachten Erfahrungen nach freilich muß derartiges vorsichtig und auf dem Wege schrittweisen Vordringens in die Polisgefüge vor sich gehen; Philipp II., seit 359 Vormund seines Neffen und nach Anfangserfolgen selbst zum König erhoben, hat auf diese Weise das Menschenmögliche erreicht. Nach Ausbau einer starken Armee nach den für seine Zeit neuesten Erkenntnissen mit Hilfe feudaler makedonischer wie auch griechischer Elemente und nach der Besiegung der gefährlichen Illyrerstämme gewinnt er 358 in fragwürdiger Auslegung vertraglicher Abmachungen mit Athen Amphipolis, 356 Pydna und Potidea; zugleich mit der Stadt Krenides, von ihm in Philippi umbenannt, bringt er 356 auch die Bergwerke des Pangaion in seine Hand. Entsteht mit der Auflösung des Zweiten Seebundes nach Abfall der Bundesgenossen und mit der überflüssigen athenischen Einmischung in persische Angelegenheiten ein neues politisches Vakuum besonders in der nördlichen Ägäis (355), so gelingt es andererseits Philipp im 2. Heiligen Krieg gegen die Phoker (356–346), als Feldherr der Thessaler in Griechenland Fuß zu fassen und diese Stellung später entscheidend auszubauen. Sein Ausgreifen nach Thrakien 352 freilich muß ihn erstmals in Konflikte mit den Griechen bringen. Zwar war Athen bisher um Nichteinmischung in fremde Angelegenheiten und dringend nötige finanzielle Stabilisierung seines eigenen Staates bemüht; Bündnisse mit thrakischen Fürsten und Kolonien in der Nähe des Hellesponts schienen zur Sicherung seiner Interessen ausreichend. Die Einnahme der Chalkidike durch das ausgreifende Makedonien 349 und die ein ganzes Jahr dauernde Belagerung des mit Athen verbündeten Olynth aber lassen es zwangsläufig zum Vorkämpfer der griechischen Polisweit gegen fremde Überlagerung werden. Wortführer ist Demosthenes, der bedeutendste Redner seiner Zeit, und von da an bis zu seinem Tode trotz vieler Rückschläge tonangebend für die athenische Politik. In drei Reden fordert er vergeblich Hilfeleistung für die schließlich von Philipp gestürmte Stadt und ruft seitdem immer wieder in seinen Philippiken Bürgerschaft und Griechen zum Widerstand auf. Zur Zeit allein in der Lage, politische und soziale Stabilität zu garantieren, findet Philipp freilich überall, auch in Athen, eine wachsende Zahl von Anhängern. Der Makedonenkrieg Athens, offiziell ausgebrochen 349, wird indes durch einen Frieden 346 beendet, an dem neben Aischines und Philokrates (philokrateischer Friede) auch Demosthenes beteiligt ist. Es ist das gleiche Jahr, in dem Isokrates Philipp zur Übernahme der panhellenischen Führerrolle auffordert; Philipps Umgehung der Friedensbedingungen unmittelbar danach veranlassen andererseits Demosthenes, seine Mitgesandten wegen Makedonenfreundlichkeit zu belangen. Noch im Sommer 346 gewinnt Philipp durch Besetzung der Thermopylen und Beendigung der Phokerherrschaft über Delphi die Mitgliedschaft in der Amphiktyonie mit zwei Stimmen. Die folgenden Jahre dienen ihm der Unterwerfung der Illyrer und zugleich dem Bemühen um Anerkennung des Philokratesfriedens, während Demosthenes die Peloponnesier zu mobilisieren sucht. Nachdem Philipp 342 die letzten selbständigen thrakischen Fürsten unterworfen hat, vermag auch ein Bündnis Athens mit den als nächstes gefährdeten Städten Abydos und Byzanz das makedonische Vordringen an den Hellespont nicht mehr zu verhindern. Während all dem hat sich Persien an der Entwicklung griechischer Verhältnisse uninteressiert gezeigt, noch 343 mit Philipp einen Vertrag gegenseitiger Duldung und Garantie abgeschlossen und die Gewinnungsversuche eines Demosthenes zurückgewiesen. Verbindungen Philipps mit dem kleinasiatischen Dynasten Hermeias von Atarneus indes mögen nunmehr die Gefährlichkeit der neuen Großmacht auch am Achämenidenhof aufzeigen. Es gelingt Athen, die Makedonen 341 aus Euboä zu verdrängen. Bei der Abwehr des makedonischen Angriffs auf Perinth 340 beteiligen sich neben athenischen erstmals auch persische Streitkräfte, 339 belagert Philipp vergeblich Byzanz. Freilich ermöglichen ihm noch im gleichen Jahr Streitigkeiten innerhalb der Amphiktyonie, als deren Bundesfeldherr erneut die Thermopylen zu besetzen; seine Versuche, die Böoter zu gewinnen, scheitern angesichts der nun nicht mehr zu übersehenden allgemeinen militärischen Bedrohung. Es gelingt Demosthenes, zusammen mit ihnen eine Anzahl Bundesgenossen zu mobilisieren. Doch enden die kriegerischen Auseinandersetzungen im August 338 in der Schlacht bei Chäronea mit einem überlegenen makedonischen Sieg. Er bringt das Ende der Poliswelt, die von nun an nur noch als in den großen Rahmen überstaatlicher Möglichkeiten und Bindungen eingeordnet erscheint.

Hier die Rechtsfrage zu konstruieren, erweist sich bei der Differenziertheit der historischen Voraussetzungen, die Philipp vorfand, als schwer. Die makedonische Unterordnung Griechenlands mochte Vergewaltigung freier Staaten bedeuten und war im einzelnen wie im ganzen ohne eigenwillige Auslegung von Rechts- und Vertragsverhältnissen nicht möglich. Sie war indes der einzige Weg, die Voraussetzungen für ein Fortbestehen dieser Stadtstaaten überhaupt erst zu schaffen, auch wenn sie damit zu Bestandteilen neu sich bildender Großmächte wurden. Von den Forderungen allgemeiner Notwendigkeit aus gesehen, scheint die Zielsetzung eines Demosthenes demnach überholt, bot ein Fortbestehen des bisherigen Gesamtzustandes doch keinen Anhaltspunkt, das griechische Dilemma zu überwinden. Philipp seinerseits hatte lange Zeit gehabt, sich über die Bedeutung Griechenlands für seine Politik klar zu werden. Zwar waren auch seine Ziele unbekannt; die Ausnutzung des nunmehr gewonnenen Zuwachses freilich war nur möglich, wenn er vorher jenes Dilemma auflöste. Seine Griechenpolitik nach dem Siege ist bezeichnend. Unterwerfung der Besiegten liegt ihm fern. Doch wird nach Abschluß von Friedensverträgen mit einer Reihe Staaten, darunter Athen, noch 338 ein gesamtgriechischer Kongreß einberufen, dem nur Sparta fernbleibt. Er hat eine Friedensordnung festzusetzen, die erstmals jetzt wirksam werden kann: Nach ihr soll die Verfassung der Staaten unangetastet bleiben. Indem der König der Makedonen jedoch als Hegemon und Exekutivorgan des Bundes hierüber zu wachen hat, gewinnt er eine rechtliche Position, die der faktischen entspricht und Handhaben für jede Veränderung dieses Gefüges in seinem Sinne bietet. Der nächste Schritt folgt sofort. Noch im Winter 338/37 beschließt eine zweite Versammlung den panhellenischen Rachekrieg gegen Persien. Ein solcher Beschluß mag aus dem Bemühen zu erklären sein, die Zuneigung der griechischen Öffentlichkeit zu gewinnen; er ist zugleich aber der Versuch, das griechische Problem ohne Zögern nun auch von der sozialen Seite her zu lösen. Kurz vorher war der Großkönig Artaxerxes III. ermordet worden, dem noch einmal die Konsolidierung des Achämenidenreiches gelungen war. Wenn Philipp indes sich trotz dieser scheinbar günsti-

Tempel der Juno Lacinia in Agrigent. Begonnen um 450 v. Chr. während der Blütezeit Großgriechenlands. Nach der Niederlage gegen die Karthager 405 v. Chr. verlor Agrigent an Bedeutung.

gen Voraussetzungen auf Absendung einer Kampftruppe zur Befreiung lediglich der kleinasiatischen Küstenstädte beschränkt, dann offensichtlich, weil es in der Heimat noch vieles an Voraussetzungen für ein solches Unternehmen zu schaffen und besonders noch mehr an Sympathien für die neuen Verhältnisse bei den Griechen zu gewinnen gibt. Das Jahr 337 ist überdies auch von dynastischen Schwierigkeiten am makedonischen Hof gekennzeichnet, die es vorerst zu bewältigen gilt. In der Tat zeigen die Ereignisse nach der Ermordung Philipps im Jahre 336 und die Regierungsübernahme durch Alexander, wieviel noch an Vorbehalten auszuräumen ist, ehe es zum eigentlich befreienden Ereignis griechischer Geschichte kommt.

DIE GESCHICHTLICHE ENTWICKLUNG DER WESTLICHEN GRIECHEN IM 4. JAHRHUNDERT V. CHR.

Hingegen ist die Geschichte der westlichen Griechen auch nach 480 durch den Gegensatz zu Karthago bestimmt. Zwar wird in Syrakus 466 eine an Stabilität keineswegs vergleichbare Staatsform abgelöst, der immerhin 413 die Abwehr der athenischen Invasion gelingt. Die Gefahr für Syrakus wie ganz Sizilien liegt in den Streitigkeiten zwischen einzelnen Städten, die fremde Mächte wie seinerzeit 425 Athen zum Eingreifen geradezu verlockten. So bewirkt der Ausbruch neuer Gegensätze zwischen Segesta und Selinunt eine großangelegte Invasion Karthagos seit 409, die in den folgenden Jahren die blühende Zivilisation der Griechenstädte an der Südküste der Insel vernichtet und selbst Syrakus bedroht. Es gelingt jedoch Dionysios, 406 zum Strategen mit allen Vollmachten ernannt, in gewaltsamer Anstrengung aller verfügbaren Kräfte die Karthager aufzuhalten und schließlich zum Frieden zu zwingen. Seine weitere Herrschaft bis 369 ist es, die den eigentlichen Beginn der jüngeren griechischen Tyrannis bedeutet, die Konzentration politischer Macht angesichts der Bedrohung der Existenz des Staates von allen Seiten her. Kriegsrüstungen und Befestigung der Stadt gegen äußere wie auch innere Feinde ermöglichen einen neuen Kriegsbeginn 397: Der Sieg macht Dionysios zum Herrscher fast ganz Siziliens und erlaubt 388 auch das Ausgreifen nach Unteritalien, ja Koloniegründungen im Gebiet der Pomündung und Eingreifen zugunsten Spartas in dessen Existenzkampf gegen Theben. Seine Macht beruht auf Neusiedlungen und Militärkolonien. Die Fülle überlieferter Anekdoten zum Leben des Herrschers läßt den Eindruck erkennen, den seine Herrschaft auf die Zeitgenossen machte. Hingegen schlägt ein erster Aufenthalt Platons mit der Absicht, sein Staatsideal zu verwirklichen, fehl. Dionysios konnte wohl seine Nachfolge sichern. Streitigkeiten zwischen dem Sohn Dionysios' II. und dessen Vetter Dion nach erneutem vergeblichen Aufenthalt Platos enden in der Flucht Dios nach Griechenland, der Vertreibung des Dionysios aus Syrakus, der Rückkehr und Tyrannis Dions, der kurz danach (354) ermordet wird, und schließlich in der Auflösung der syrakusanischen Macht. Doch beseitigt erst die Absendung Timoleons aus Korinth 345 zur Ordnung der sizilischen Verhältnisse die Herrschaft der Dynastie und gestaltet nach der Besiegung der Karthager 340 Syrakus als gemäßigte Demokratie zum Mittelpunkt eines sizilischen Städtebundes. Die Ansiedlung einer großen Zahl von Söldnern darf als erster Schritt zur Verwirklichung eines panhellenischen Siedlungsprogrammes gelten.

Die süditalischen Griechen hingegen hielten sich zwar ebenfalls, vermögen aber die Konflikte mit den vordringenden Stämmen des Inneren nicht zu lösen. So hat Tarent schon 473 eine katastrophale Niederlage gegen die Lukaner erlitten, Kyme ist 411 in italischer Hand, und die Zerschlagung des italischen Städtebundes durch Dionysios bringt eine weitere Schwächung des Griechentums. Im 4. Jahrhundert etwa sucht Neapel seine Fortexistenz durch ein Bündnis mit Rom zu sichern. Die italische Unterwanderung freilich ist nicht aufzuhalten. Sie bereitet die Übernahme der Herrschaft durch Rom im folgenden Jahrhundert vor.

Die Weltherrschaft Alexanders des Großen und die hellenistische Staatenwelt

Zum Begriff des Hellenismus

Der Begriff des Hellenismus wurde von Johann Gustav Droysen geprägt, der die moderne historische Beschäftigung mit Alexander d. Gr., seinen Diadochen (Nachfolgern) und Epigonen eröffnete, aber er verdankt seine Entstehung einem Mißverständnis: unter den in der Apostelgeschichte (6,1) genannten Griechen (Hellenistai), die wegen der Zurücksetzung ihrer Witwen bei den täglichen Spenden gegen die Hebräer aufbegehren, sind hellenisierte, nämlich griechisch sprechende Juden zu verstehen, nicht orientalisierte Griechen, wie Droysen meinte. Seine Auffassung des Hellenismus als eine von der Mischung von Griechentum und Orient geprägte Epoche stellt, wie man längst gesehen hat, nur einen Teilaspekt dar, der besonders auf dem Gebiet der Religion hervortritt.

Als Hellenismus wird zumeist die Geschichtsepoche bezeichnet, die die drei Jahrhunderte zwischen Alexander und Augustus umfaßt. Sie gliedert sich in die Zeiten Alexanders und der Machtkämpfe der Diadochen, 336 bis 281, die Blütezeit der nach dem Zerfall der Reichseinheit gebildeten drei großen Territorialstaaten im 3. Jahrhundert v. Chr., der Antigoniden in Makedonien, der Ptolemäer und Seleukiden, zu denen noch Pergamon und andere Kleinstaaten treten, ferner am Ende des Jahrhunderts die verselbständigten östlichen Randstaaten Baktrien und Parthien, und schließlich in die Zeit des politischen Niedergangs und des Schritt um Schritt erfolgten Aufgehens im Römischen Reich von 200 bis 30 v. Chr. Die vorherrschende Staatsform ist die absolutistische Monarchie, in Griechenland lebt der Gemeindestaat (Polis) mit kommunaler Selbstverwaltung fort, daneben gewinnen Städtebünde und Bundesstaaten Einfluß, die zunehmend ins politische Fahrwasser der Großstaaten und zuletzt der Römer geraten.

Die hellenistische Kultur ist zunächst durch die weltweite Verbreitung des Griechischen in der aus dem attischen Dialekt entwickelten Koine (Gemeinsprache), der Sprache auch des Neuen Testaments, gekennzeichnet. Die hellenistische Literatur bildet die klassischen Formen der Dichtkunst formal wie inhaltlich um, kehrt anstelle des Mythischen das Menschliche, Individuelle, Alltägliche hervor und entwikkelt eine Fülle neuer poetischer Formen. die vor allem die Gebildeten ansprechen und über die verschiedenen Rezeptionen durch die Römer bis in die europäische Klassik nachwirken. Im übrigen zeigt die Literatur ein unendlich ausgedehntes und vielseitiges Prosaschrifttum, vom ernsthaften Geschichtswerk bis zum Unterhaltungsroman. Unter den von Aristoteles angeregten Fachwissenschaften übernimmt die Philologie („Grammatik") die Sammlung und Kritik der klassischen Autoren, entwickelt Literatur- und Sprachwissenschaft. Die gewaltigen Leistungen in den exakten Wissenschaften legen die Grundlagen der heutigen Mathematik, Astronomie, Geographie, Botanik, Zoologie, Medizin. Die der Bewahrung und Mehrung des geistigen Erbes verpflichtete hellenistische Wissenschaft hat, zusammen mit Römern und später Byzantinern und Arabern, die europäische Zivilisation entscheidend geprägt.

Die bedeutendste geistige Schöpfung des Hellenismus ist seine Philosophie, die dem nicht mehr in die Polisgemeinde eingebundenen Individuum, nicht mehr von der verblaßten Gemeinschaftsreligion geleiteten, sondern rational denkenden neuen Menschen in den Schulen der Stoiker und Epikureer die beiden möglichen Antworten auf seine historische Situation bereithielt. Vor allem die Fernwirkung der Stoa sollte

Szene aus einer Schlacht zwischen Griechen und Persern. Links mit Löwenskalp: Alexander. Bei der abgebildeten Szene handelt es sich um einen Ausschnitt aus einer Langseite des sogenannten Alexandersarkophages. Vermutlich war der Sarkophag für den von Alexander eingesetzten König von Sidon, Abdalonymos, geschaffen worden. Um 320 v. Chr. Archäologisches Museum, Istanbul.

von keiner philosophischen Ethik je übertroffen werden, zu ihr haben sich der römische Kaiser Mark Aurel wie Friedrich d. Gr. bekannt.
Auch für die bildende Kunst bedeutet der Hellenismus eine eigenständige Epoche, die vom Ende der Spätklassik um 325 bis in die Römerzeit reicht. Charakteristisch sind der Realismus, die Darstellung des Momentanen, später ein gesteigertes Pathos und endlich ein allmähliches Hinübergehen zum augusteischen Klassizismus. Porträtkunst und Malerei erleben eine nie gekannte Blüte. Großbauten, ganze Stadtanlagen, die auch beachtliche Ingenieurleistungen erfordern, entsprechen den veränderten Bedürfnissen und geben dem Repräsentationsdrang ihrer oft königlichen Stifter Ausdruck. Neben solchen monumentalen Zeugnissen für die Macht der hellenistischen Reiche oder der großen griechischen Gemeinden sind erstmals in größerem Umfang Kunstwerke aus nichtöffentlichem Bereich anzutreffen, die Aufschluß über die Rolle von Kunst und Kunsthandwerk im Privatleben des Stadtbürgertums geben.

Alexander der Große

Der Prinz Alexander wird im Hochsommer 356 geboren. Seine Mutter Olympias, eine Prinzessin aus dem epirotischen Königshause, hat Philipp bei einer Mysterienfeier auf Samothrake kennengelernt und 357 geheiratet. Sie ist eine schöne und leidenschaftliche Frau, die, dem Kult des Orpheus und des Dionysos ergeben, ihre dämonische Natur schwer zu zügeln weiß. Das Erbgut der Eltern, die überlegene Intelligenz vom Vater und dessen Kunst der Menschenführung, dazu ein leidenschaftliches, dem Trunk – „kentaurenhafte Gastmähler" tadelt der Geschichtsschreiber Theopomp – und den Frauen ergebenes Naturell, von der Mutter die Neigung zu mythischer Überhöhung und Sinndeutung realer Begebenheiten, unbändige Willenskraft, ein aufbrausendes Wesen, das sich bei Alexander in mancherlei Katastrophen entladen sollte –, all das muß den Knaben und Jüngling schweren inneren Spannungen aussetzen, ihn jedoch auch zu Außerordentlichem befähigen.
Die früh erkannte Intelligenz des Knaben und sein nur vor der überlegenen Erzieherautorität sich beugender Trotz veranlassen den Vater, Alexanders geistige Bildung dem besten Lehrer der Zeit anzuvertrauen, Aristoteles. Der Philosoph unterrichtet seinen 13jährigen Schüler im Nymphenheiligtum des makedonischen Städtchens Miëza. Vor allem weckt er in dem begeisterungsfähigen Jüngling die Liebe zur griechischen Kultur. Die Ilias hat Alexander später in einem Handexemplar seines Lehrers auf den asiatischen Feldzügen mitgeführt. Unter den Helden Homers weiß er sich besonders Achill und Herakles als Ahnherren seiner Familie verbunden. Alexander nennt Aristoteles seinen geistigen Vater und bewahrt sich auch später die Liebe zur Philosophie.
Sechzehnjährig hat Alexander, während Philipp gegen Byzantion im Felde steht, die Regentschaft in Makedonien innegehabt. Zwei Jahre später führt er bei Chaironeia, 338, Philipps linken Flügel siegreich gegen die „Heilige Schar" Thebens. Olympias ist nicht die Frau, Philipps Liebschaften zu tolerieren, und Alexander steht zu seiner Mutter. Als der König 337 die Nichte seines Generals Attalos, die junge Kleopatra, heiratet, kommt es beim Hochzeitsgelage zu einem wüsten Auftritt zwischen dem trunkenen Vater und dem aufs höchste gereizten Sohn, der durch einen provozierenden Trinkspruch seine Rechtbürtigkeit und damit Thronfolge in Zweifel gezogen sieht. Der Prinz und die Königin begeben sich nach Epirus, Alexander kehrt jedoch bald nach Makedonien zurück. An der Ermordung Philipps in Aigai 336 ist er nicht beteiligt, Olympias bleibt vom Verdacht der Mitwisserschaft nicht frei, das Attentat ist indessen das Werk einer makedonischen Adelsfronde. Alexander läßt alle Verschworenen und deren tatsächliche oder vermeintliche Hintermänner hinrichten, darunter mögliche Kronprätendenten; an Kleopatra nimmt Olympias Rache, gegen den Willen des jungen Königs, der auch in den folgenden Jahren, bei aller Ehrerbietung gegen die Mutter, deren Einmischung in die Regierungsgeschäfte nicht duldet.

Die Zerstörung Thebens Gerade 20jährig, sieht sich Alexander als Erbe der Expansionspolitik Philipps gegen Osten und Norden und seiner Hegemonie über Griechenland einer schweren Aufgabe gegenüber. Viele Griechen betrachten die geschlossenen Verträge mit Philipps Tode als erloschen. In Athen bekundet Demosthenes offen Genugtuung über die Mordtat, ein „Antityrannengesetz", eben beschlossen, richtet sich gegen die Makedonenfreunde. Doch als Thessalien Alexander als Archon und damit die Personalunion mit Makedonien bestätigt, stecken die griechischen Staaten zurück. Auf dem Isthmos wird der Korinthische Bund mit Alexander bekräftigt, der König an der Stelle seines Vaters zum Bundesfeldherrn des beschlossenen Perserfeldzugs gewählt. Gleichzeitig ist die makedonische Provinz Thrakien aus Nordbulgarien bedroht: 335 setzt Alexander – zwischen Sistovo und Silistria – über die Donau und zwingt Triballer und Geten zur Unterwerfung. Darauf kommt er einer Vereinigung illyrischer Stammesfürsten (in Albanien) mit den in Südserbien siedelnden Stämmen zuvor, als Nachrichten aus Griechenland den Abbruch des Unternehmens erzwingen. Dort ist auf das Gerücht, Alexander sei in Illyrien gefallen, der offene Aufruhr im Gange. In 13 Tagen ist Alexander zur Stelle, Theben wird erstürmt und zerstört (bis auf die Tempel, die Kadmeiaburg und Pindars Geburtshaus), 30 000 Bewohner werden in die Sklaverei verkauft. Das mit der ganzen Härte des Kriegsrechts vollstreckte, übrigens vom Korinthischen Bunde gewollte Strafgericht erfüllt seinen Zweck. Selbst Athen gratuliert ungeniert zum Erfolg und erhält, wohl auch mit Rücksicht auf seine maritime Stärke, Alexanders Verzeihung. Im Herbst desselben Jahres beginnen die Vorbereitungen zum Feldzug gegen Persien. Das makedonische Vorauskommando ist vom Oberkommandierenden auf persischer Seite, Memnon von Rhodos, an den Hellespont zurückgedrängt worden, hält aber Brükkenköpfe südlich der Dardanellenstraße.

Der Kriegsplan Der Asienfeldzug ist formell ein Unternehmen des Korinthischen Bundes. Abenteuerlust kommt für den jugendlichen König wohl hinzu, entscheidende Wirkung aber tut die von Isokrates propagierte panhellenische Idee, in der sich das Programm der Einigung Griechenlands mit einem weitergehenden verbindet, für dessen Verwirklichung der Publizist übermenschlichen Ruhm voraussieht: dem des seit den Tagen des Königsfriedens (386) wieder populär gewordenen Rachefeldzugs. Ihm hat Isokrates eine soziale Zweckrichtung gewiesen: Siedlungsraum und Reichtum wenigstens der Westhälfte Kleinasiens sollen gewonnen werden, um die stete Bedrohung ihres politischen und sozialen Gefüges von den griechischen Staaten abzuwenden, die von dem fluktuierenden Proletariat, aus dem die Söldnerheere in fremdem Dienst sich rekrutieren, und dem von den ständigen Machtwechseln erzeugten politischen Emigrantentum ausgeht.
Für Alexander stehen indes die militärischen Überlegungen im Vordergrund. Mit den griechischen Kontingenten und thrakischen Hilfsvölkern steht eine Armee von 30 000 Mann Fußsoldaten und 5 000 Reitern bereit. Andererseits bestimmt Alexander aus wohlbegründetem Mißtrauen die genaue Hälfte der makedonischen Kavallerie (Hetairen, „Gefährten") und Infanterie (Pezetairen, „Gefährten zu Fuß") unter dem Kommando des Antipater als Statthalter und Stratege von Europa zum Verbleib in Griechenland. Die mehr als doppelte Unterlegenheit seiner Flotte prägt die ein-

zuschlagende Strategie: ein aussichtsloser Seekrieg mit wahrscheinlichem Übergreifen des Krieges nach Griechenland ist vermeidbar, wenn die Mittelmeerküsten mit den Standorten der Perserflotte rasch besetzt werden können. Das militärische Potential des Gegners ist hoch einzuschätzen. Dareios III., 336 aus einer Nebenlinie der Achämeniden auf den Thron gelangt, ist eine schwache Herrscherfigur, verfügt jedoch in Memnon von Rhodos über einen befähigten Strategen und mit der Flotte, mit Tausenden griechischer Söldner, sowie in den Kerntruppen der Perser unter dem Befehl des Reichsadels über eine schlagkräftige Armee, die aus dem iranischen Hochland ständig ergänzt werden kann, unermeßlich sind ferner die materiellen Hilfsquellen des Reiches; ein Handicap bleibt nur die dem Zentralismus zum Trotz bewahrte feudalistische Struktur des Vielvölkerstaates und das antiquierte Finanzgebaren, das die riesigen Steuereinkünfte als Edelmetallbarren im Reichsschatzamt thesauriert, anstatt sie zur Entwicklung des Landes und seiner Verteidigung einzusetzen. So ist die zahlenmäßige Unterlegenheit von Alexanders Streitmacht vor dem persischen Koloß allenfalls durch bessere Bewaffnung, die gefürchtete makedonische Sarisse, eine über sechs Meter lange Lanze, die höhere Kampfmoral der Truppe und die unerschütterliche Siegeszuversicht des Königs zu kompensieren, dem in der von Philipp geschaffenen makedonischen Armee die beste der Welt gehorcht und der in seinem Stabe über erprobte und ergebene Heerführer aus der Schule seines Vaters (wie Parmenion) verfügt.

Der Beginn des Feldzugs: die Eroberung Kleinasiens Im Frühjahr 334 überquert Alexanders Heer ungehindert den Hellespont. Bei der Landung in Abydos schleudert der König seinen Speer ans Land und ergreift so vom asiatischen Boden symbolisch Besitz (doríktetos gē, „speergewonnenes Land"). In Ilion bekränzt er die als Grab des Ahnherrn Achill gezeigte Stelle und spendet Priamos ein Versöhnungsopfer. Die Gegenseite besitzt kein brauchbares Verteidigungskonzept. Memnon schlägt vor, Alexanders Offensive in einem zur Wüste gemachten Kleinasien sich totlaufen zu lassen, die kleinasiatischen Satrapen bestehen auf der Verteidigung ihrer Satrapien. Am Granikosfluß südlich der Propontis (Marmarameer) endet das erste Gefecht infolge taktisch verkehrter Aufstellung der Perser dank Alexanders Kampfelan, der, keine Gefahr achtend, den Flußübergang erzwingt, mit einem vollständigen Sieg. Die griechischen Soldtruppen werden zusammengehauen, der Rest zur Zwangsarbeit nach Makedonien verbracht, mit der – nicht unanfechtbaren – Begründung, sie hätten dem Beschluß des Korinthischen Bundes zuwider als Griechen gegen Griechen gekämpft. Den panhellenischen Charakter des Krieges unterstreicht auch die Entsendung von 300 erbeuteten Rüstungen nach Athen mit der Weihinschrift: „Alexander, Philipps Sohn, und die Hellenen außer den Lakedaimoniern von den Barbaren, die Asien bewohnen." Alexander läßt gleichwohl keinen Zweifel aufkommen, daß der König der Makedonen sich im „speergewonnenen" Territorium als Nachfolger des persischen Oberherrn sieht, die eroberten Gebiete übergibt er zuverlässigen Offizieren unter dem persischen Titel der Satrapen zur Verwaltung, in seinem Namen läßt er den persischen Provinztribut (Phoros) einziehen und die Domänen des Großkönigs für sich beschlagnahmen.

Kampflos rückt Alexander über die alte lydische Hauptstadt Sardes küstenwärts. Die Lyder erhalten als erste einheimische Völkerschaft ihre alten Gesetze und ihre Selbstverwaltung zurück. Die Maßnahme, die sich wie die Verwirklichung von Isokrates' Gedanken ausnimmt, auch den Barbaren Kleinasiens solle nach ihrer Befreiung von persischer Herrschaft hellenische Fürsorge zuteil werden, knüpft wohl bewußt an die föderalistischen Traditionen der Reichsgründer Kyros' d. Gr. und Dareios' I. an und zeigt Alexanders Bemühen, die Sympathie der Untertanen zu gewinnen. Die Griechenstädte am Küstensaum Ioniens und der Äolis, deren Befreiung der Korinthische Bund schon 337 beschlossen hat, erhalten von Alexander Autonomie und demokratische Verfassung zurück, die perserfreundlichen Oligarchen werden vertrieben. Daß sie in den Bund aufgenommen wurden, ist wenig wahrscheinlich, eine vertragliche Vereinbarung nirgends bezeugt. Aufenthalt gibt es nur an der Südwestküste, wo Memnon den Widerstand organisiert. Milet wird im Sturm genommen; Halikarnaß, die Residenz des Maussollos, fällt nach längerer Belagerung; der Schwester des Dynasten, Ada, verleiht Alexander die Herrschaft über Karien, läßt sich aber mittels Adoption als Nachfolger bestätigen.

Nach Unterwerfung der südanatolischen Küstenlandschaften bezieht Alexander Winterquartier in der alten phrygischen Königsstadt Gordion. Apokryph ist zweifellos die Geschichte, der König habe den Gordischen Knoten (ein Kultknoten?), dessen Lösung die Herrschaft über Asien verbürgte, mit einem Schwertstreich durchhauen; in der Tat war schon damals die Perserherrschaft im größten Teil Kleinasiens zusammengebrochen.

In der Ägäis drohen die Erfolge Memnons, der Chios erobert hat, alles Erreichte in Frage zu stellen. Als der einzig ernstzunehmende Gegner Alexanders bei der Belagerung Mytilenes (auf Lesbos) im Frühjahr 333 stirbt, ist dies ein um so größerer Glückszufall, als der Großkönig daraufhin die griechischen Söldner von der Flotte abzieht und die Entscheidung fortan statt in der Ägäis zu Lande in Asien sucht, er übernimmt persönlich den Oberbefehl.

SCHLACHT BEI ISSOS

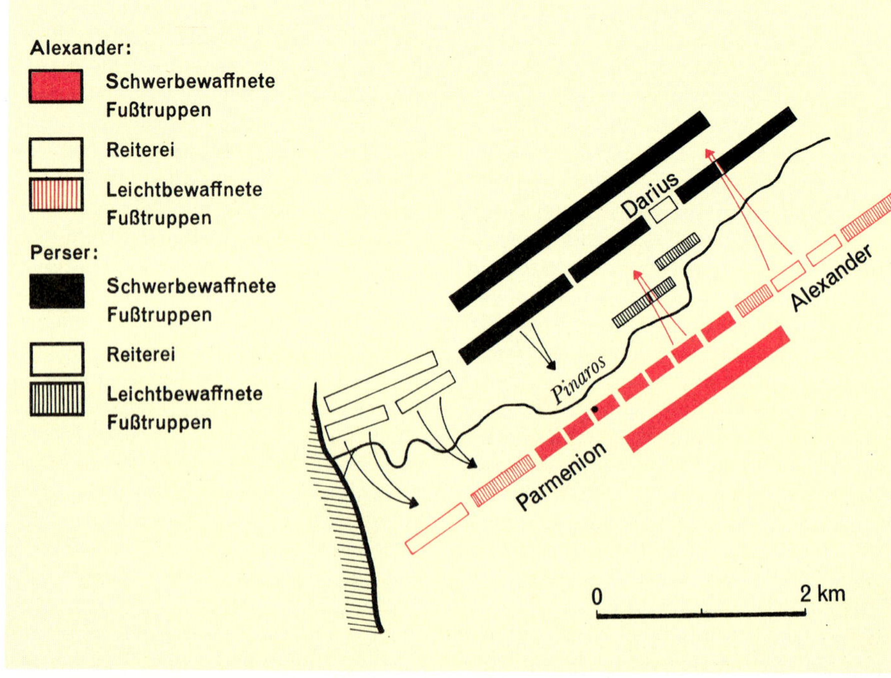

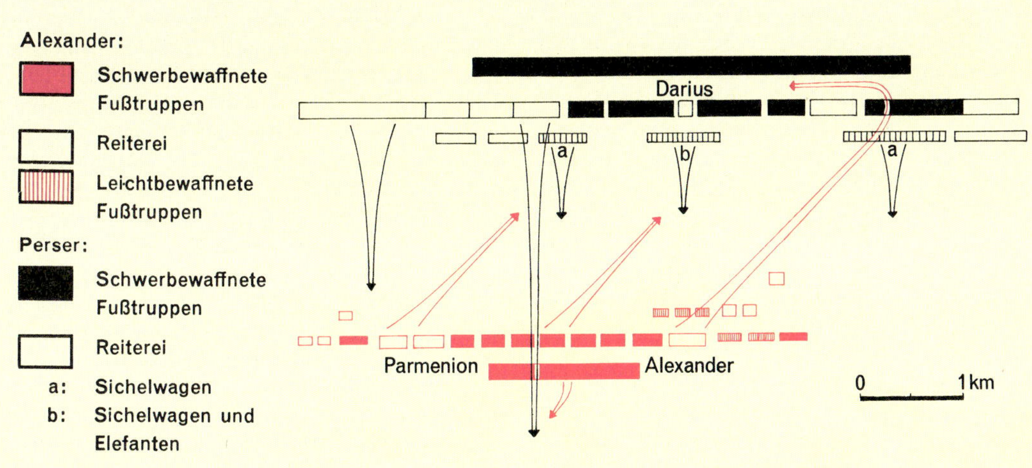

Auf dem linken Defensivflügel gerät Parmenion durch ein Umfassungsmanöver der Perser in Not. Indische und persische Reiter konnten durch eine Lücke der Phalanx bis zum makedonischen Lager durchstoßen. Mit einer Kehrtwendung des zweiten makedonischen Treffens können die durchgestoßenen Reiter bekämpft werden. Auf diese zurückflutenden Reiter dringt jetzt Alexander ein, der auf einen Hilferuf Parmenions herankommt, und fügt der feindlichen Reitertruppe schwerste Verluste zu.

SCHLACHT BEI GAUGAMELA

Issos und die Besetzung Phönikiens und Ägyptens Im Frühjahr 333 marschiert Alexander längs der persischen Königsstraße über Ankyra (Ankara) zum Taurus – die Gebirgspässe werden nicht verteidigt – und gelangt nach Tarsos. Im Sommer wird Kilikien unterworfen. Im Herbst durchzieht er, von schwerer Krankheit genesen, die nach Syrien führenden Amanospässe. Der Großkönig ist mit der persischen Reichsarmee und in Begleitung des Hofes aus Babylon herangerückt, um Alexander zu stellen; durch das Gebirge getrennt, marschieren beide Heere ungesehen aneinander vorbei und stehen sich schließlich mit verkehrten Fronten, Dareios im Norden, Alexander im Süden, in der Strandebene von Issos gegenüber. Die Ausgangssituation ist kritisch, die griechischen Söldner des Dareios schlagen sich tapfer, die Entscheidung führt der im persischen Zentrum stehende Großkönig herbei: beim Anblick des mit der Hetairenkavallerie heranstürmenden Alexander wendet er sich zur Flucht und überläßt sein zersprengtes Heer der Verfolgung durch die Makedonen, nur wenige Formationen, darunter Söldner, entkommen nach Süden oder über den Euphrat. Das Perserlager mit Mutter, Gattin und Kindern des Dareios fällt in die Hand des Siegers, Alexander behandelt die königlichen Frauen mit Ehrerbietung. Der Sieg bei Issos (November 333) macht gewaltigen Eindruck, besonders in Griechenland; Demosthenes registriert ihn mit Enttäuschung, der König Agis von Sparta bricht eilig persische Kontakte ab, und der Korinthische Bund beschließt Ehrungen Alexanders auf der Isthmienfeier im kommenden Frühling. Wie Alexander selbst den Erfolg bewertet, zeigt seine Antwort auf ein Vertragsangebot des Dareios: er verlangt, künftighin mit dem Titel „König von Asien“ angesprochen zu werden.

Solange die Perserflotte das offene Meer

Schlacht zwischen Alexander und Dareios. Fußbodenmosaik aus der Casa del fauno, Pompeji. Möglicherweise ist das Mosaik nach einem Gemälde des Apelles (um 325 v. Chr.) angefertigt. Museo Nazionale, Neapel.

beherrscht, bleibt die Eroberung der Küsten Phönikiens und Ägyptens vorrangiges Ziel. Die übrigen phönikischen Städte ergeben sich freiwillig, Tyros fällt erst nach siebenmonatiger Belagerung (August 332), nachdem ein 800 Meter langer Damm zu der auf einer Insel gelegenen Neustadt aufgeschüttet und deren Einschließung mit Hilfe der zu Alexander übergegangenen phönikischen und cyprischen Flotte vollendet ist. Noch vor Tyros trifft ein zweites Angebot des Dareios ein: erneut ersucht der Großkönig um Auslieferung der Königsfamilie gegen hohes Lösegeld, bietet Alexander einen Freundschaftsvertrag, die Hand seiner Tochter, den Euphrat als Grenze, mithin die Mitherrschaft im Reiche. Alexander lehnt gegen Parmenions Rat in scharfem Tone ab und zieht nach Ägypten.

Das Nilland wird, nachdem sich nur bei Gaza Widerstand gezeigt hat, vom persischen Satrapen kampflos übergeben. Die Ägypter heißen Alexander als Befreier von der Achämenidenherrschaft willkommen. In Memphis krönen ihn die Priester mit der Krone der Pharaonen, als deren Nachfolger er im Lande gelten will. Kluge Toleranz gegenüber dem einheimischen Volkstum und seiner Kultur – Alexander opfert sogar dem Apisstier – wird auch bei der Gründung der Stadt Alexandria (Winter 332/31) sichtbar, der nach Naukratis, dem altionischen Handelsplatz, zweiten Griechenpolis in Ägypten: sie nimmt von Beginn an neben Griechen auch Ägypter und andere Fremde auf. Am westlichen Nilarm in vorteilhafter Lage angelegt, mit dem Mareotischen See als versandungsfreiem Binnenhafen, entwikkelt sich diese bedeutendste aller Alexanderstädte später zum größten Mittelmeerhafen neben Karthago.

Von Alexandria führt Alexander sein „pothos", wie die Quellen die unbezwingliche Sehnsucht nach Neuem, Unbekanntem nennen, mit kleinem Gefolge auf beschwerlichem Wüstenmarsch zur Oase Siwa, wo sich das in Griechenland hochangesehene Orakel des libyschen Zeus Ammon befindet. Was der König von dem Propheten unter vier Augen erfuhr, bleibt, soviel die Alexanderhistoriker im einzelnen, bis hin zur Verheißung der Weltherrschaft, zu berichten wissen, ein von Alexander gehütetes Geheimnis; jedenfalls scheiden er und seine Freunde unter dem tiefen Eindruck von Alexanders Begrüßung als „Sohn des Ammon", die die Priester ihm als Pharao schulden, die in Alexander jedoch den mystischen Glauben an seine Gottessohnschaft befestigt.

Von Gaugamela nach Persepolis: das Ende des Rachekriegs Während des Besuchs in Siwa hat Alexander die Unterwerfung der alten Griechenkolonie Kyrene entgegengenommen, sodann in Memphis die Verwaltung Ägyptens geordnet. Von dort bricht er zur Eroberung des Orients auf. Nach Überschreitung von Euphrat und Tigris gelangt er ins alte Assyrien, wo er sich in der Ebene von Gaugamela (Tell Gomel, 35 km nordöstlich von Mosul) am 1. Oktober 331 Dareios zur Entscheidungsschlacht stellt, für die der Großkönig aus den östlichen Reichsteilen ein gewaltiges Heer zusammengezogen hat, darunter die gefürchteten Sichelwagen und indische Elefanten. Als die Entscheidung auf des Messers Schneide steht – Alexander rollt, in eine Lücke eingebrochen, die gegnerische Front zum Zentrum auf, aber der rechte persische Flügel ist durchgestoßen und Parmenion auf dem linken makedonischen hart bedrängt –, verliert Dareios abermals die Nerven. Alexander setzt dem Flüchtigen in wilder Verfolgungsjagd nach, doch Dareios entkommt über die Berge nach Medien.

Gaugamela entscheidet über die Zukunft Asiens, Alexander nimmt nunmehr den Titel „König von Asien" an. Nach dem Sieg liegt ihm Mesopotamien zu Füßen. Der uralte Kulturboden Asiens, ein Land mit ungebändigter Natur, fremdartigen Menschen, belastendem Klima, eröffnet den Eindringlingen ungeahnte Horizonte, in denen europäische Denkkategorien ihre Verbindlichkeit einbüßen. Ohne Schwertstreich zieht Alexander in Babylon ein. Den Tempel des babylonischen Hauptgottes Marduk befiehlt er wiederaufzubauen und opfert nach Anweisung der Priester; ob er das von Xerxes beseitigte Sonderkönigtum erneuert, d. h. über Kyros d. Gr. an die babylonische Königstradition anknüpft, bleibt ungewiß. Erstmals beläßt er hier einem Perser – wie zuvor anderen Einheimischen – die Satrapie, Militärgewalt und Steuerwesen übernehmen dagegen wie im Westen Makedonen.

Die Erbeutung des Zentralschatzamtes in Susa beseitigt mit einem Male alle Finanznöte; hatte doch Alexander bei Beginn seines Feldzugs ganze 270 Talente in der Kriegskasse mitgeführt, davon drei Viertel als Anleihe.

Gegen heftigen Widerstand des Satrapen der Persis erzwingt sich Alexander den Durchzug durch die Persischen Tore (bei Tang-i-Raschkân) und besetzt im Frühjahr 330 die Hauptresidenz der Achämeniden, Persepolis. Ihre prunkvollen Königspaläste, Zeugen einstiger Größe des Reiches, gehen in Flammen auf. Es ist nicht, wie die vulgate Überlieferung es darstellt, eine übermütige Tat der trunkenen Sieger, sondern ein selbst von Parmenion, der hier wie früher vergeblich zur Mäßigung rät, nicht verstandener symbolischer Akt, mit dem die ehedem von Xerxes verbrannten Tempel Griechenlands gerächt werden und der aller Welt kundmacht, daß der panhellenische Rachefeldzug sein Ziel erreicht habe. In Ekbatana, der alten Hauptstadt Mediens, kann Alexander, nachdem aus Griechenland Antipaters Sieg über Agis III. von Sparta und dessen peloponnesische Verbündete gemeldet ist, die griechischen Heeresteile unbedenklich in die Heimat entlassen; viele Hellenen bleiben dennoch als Söldner bei ihm. Die künftigen Feldzüge führt Alexander nicht mehr als Feldherr des Korinthischen Bundes, sondern allein für sich als König.

Alexander in Baktrien – die Krise Von Ekbatana bricht Alexander erneut zur Verfolgung des Dareios auf. Jenseits der Kaspischen Tore (bei Hekatompylos) findet er ihn, der Satrap von Baktrien, Bessos, hat den Großkönig nicht lebend in die Hände des fremden Eroberers fallen lassen wollen; Alexander läßt den Toten königlich bestatten. Nach dem Tode des letzten Achämeniden betrachtet er sich in vollem Umfang als Rechtsnachfolger der Perserkönige.

Die folgenden drei Jahre (330 bis 327) hat das Heer schwerste Kämpfe im östlichen Persien, in Baktrien und Sogdiana (Afghanistan bzw. Usbekische und Tadschikische SSR), zu bestehen. Gelände und Kampfesweise des fanatisch Widerstand leistenden Gegners erzwingen die Umstellung auf den Guerillakrieg und die Bildung kleiner, meist leichtbewaffneter beweglicher Verbände; die Phalanx (schwere Infanterie) sichert als Besatzungstruppe die immer länger gedehnten Nachschublinien, demselben Zweck dienen die neuen Städte Alexandreia in Areia und in Arachosien (Hêrat und Kandahar in Afghanistan). Jetzt erst muß sich das strategische Genie Alexanders erweisen. Im Frühjahr 329 überschreitet er von Süden den Paropamisos (Hindukusch) und dringt durch das Oxostal (Amu-darja) in die Sogdiana ein, die Überquerung des verschneiten Khawakpasses (3500 m) ist ein weit schwierigeres Unternehmen als Hannibals Alpenübergang. Bessos, der, mit den Achämeniden verwandt, als Großkönig Artaxerxes IV. auftritt, hat alle Reserven mobilisiert, wird aber schließlich von Ptolemaios gefangen; der Königsmörder erleidet seine Todesstrafe nach asiatischem Brauch. Die Verfolgung von Bessos' Nachfolger Spitamenes führt Alexander im äußersten Nordosten des Perserreiches an den Rand des mittelasiatischen Steppengürtels, über Marakanda (Samarkand) bis zum Jaxartes (Syr-darja); am Flusse wird Alexandreia Eschate („äußerstes Alexandria", Chodschent-Leninabad) angelegt. Die Kämpfe gehen auch im folgenden Jahre weiter, erst mit dem Tode des Spitamenes – er wird von den Skythen (Massageten, Steppennomaden südlich des Aralsees) erschlagen – kann der östliche Iran als befriedet gelten. 327 heiratet Alexander Roxane, die Tochter eines baktrischen Magnaten. Die rasch geschlossene, echter Zuneigung entsprungene Ehe ist eine Versöhnungsgeste gegenüber dem iranischen Adel, aber sie gibt der Erbitterung unter den altmakedonisch gesinnten Männern in der Umgebung des Königs neuen Auftrieb. Längst hat sich die Opposition an der weitschauenden Ausgleichspolitik Alexanders entzündet, die sich in der Verwendung persischer Tracht, persischen Hofzeremoniells, in der – militärisch wie politisch wohlüberlegten – Einstellung persischer Heeresteile ausdrückt. Vor allem Alexanders Wunsch (in Baktra, 327), die Proskynese (Fußfall) auch von Makedonen und Griechen zu empfangen, begegnet leidenschaftlicher Ablehnung. Die Proskynese entspricht dem Begrüßungszeremoniell des Großkönigs und wird Alexander von den Persern dem Herkommen nach erwiesen, in griechischen Augen jedoch einem religiösen Kultgestus, ihr Vollzug nach Perserart scheint folglich national würdelos wie blasphemisch. Aristoteles' Neffe Kallisthenes, der in seiner Hofhistorie für Alexanders göttliche Natur eingetreten ist, weist das Ansinnen freimütig zurück, und Alexander gibt den Versuch auf; doch wird Kallisthenes bald darauf als Beteiligter an der „Pagenverschwörung" hingerichtet.

Eine Verschwörung ist bereits 330 unterdrückt worden: die makedonische Heeresversammlung verurteilte den Gardekavallerieführer Philotas, Alexanders gleichaltrigen Freund, befehlsgemäß zum Tode. Auch dessen Vater Parmenion, als Feldherr verdient, als Ratgeber dem König entfremdet, wird, weil er von Ekbatana aus Alexanders rückwärtige Verbindungen möglicherweise gefährden mochte, in größter Eile hingerichtet. Als 328 in Samarkand der „schwarze" Kleitos, auch er Freund Alexanders und Hetairenführer (er hatte ihm am Granikos das Leben gerettet), in erhitzter Zecherrunde Alexander Verrat an Philipp und den Makedonen vorwirft, erschlägt ihn der König im Rausch, eine Affekthandlung, die er verzweifelt bereut.

Die Katastrophen zeigen, wie empfindlich Alexander gegen Kritik wird, daß er mitten im Kriege selbst bewährte Offiziere an der Spitze der Armee der Staatsräson zu opfern bereit ist und mit dem Gebaren eines absoluten Herrschers Wege einschlägt, auf denen ihm seine Makedonen nicht mehr zu folgen verstehen.

Der Indienfeldzug Strategisch ist der Indienfeldzug ein unnötiges Unternehmen und gleicht am Ende mehr einer militärischen Entdeckungsfahrt; indessen hat ein Teil des Fünfstromlandes mit Taxila und das Land westlich des Indus einst den Achämeniden unterstanden, und in Baktra waren bereits Botschaften aus Indien zu Alexander gelangt. So zieht er im Frühsommer 327 über den Hindukusch zurück ins Kābultal. Hephaistion und Perdikkas marschieren über den Khaiberpaß voraus mit dem Auftrag, am Indus eine Flotte zu bauen, den anderen Teil des Heeres führt Alexander durch das Gebiet von Kūnar und Swat (nordwestliches Pakistan). Die Kämpfe mit den Bergstämmen, hier mit größter Härte geführt, versetzen die Soldaten in fieberhafte Erwartung: die Erstürmung des Aornosmassivs (Pir-sar) am Indus vergleicht Alexander selbst mit den Taten des Herakles, zuvor haben sie (bei der Stadt Nysa) in einem ganz von Efeu bewachsenen Berg die Spur des Gottes Dionysos zu sehen gemeint.

Nach Vereinigung der beiden Heeresgruppen im oberen Industal rückt Alexander ins Pandschab ein, mit einer Armee von mehr als 120 000 Mann, der die Überzahl der asiatischen, dann auch indischen Truppenteile mit Elefanten ein grandios-bizarres Aussehen gibt. Der Radscha Taxiles tritt sogleich auf Alexanders Seite. In seiner Hauptstadt Taxila (bei Rawalpindi) sucht Alexander Verbindung mit den Brahmanenpriestern und den Asketen des indischen Dschainismus („Gymnosophisten"); einer von ihnen, Kalanos, schließt sich ihm an und gibt sich 324 in Susa den Feuertod. Der kynisch gebildete Onesikritos, Alexanders Obersteuermann, will später eine Verwandtschaft zwischen den indischen Lehren und griechischer Philosophie festgestellt haben.

Am Hydaspes (Dschilam) tritt Alexander der mit Taxiles verfeindete König Poros mit 200 Elefanten entgegen; nach schwerem Kampf besiegt, ergibt er sich dem Makedonen, der ihn zum Klientelfürsten annimmt; eine Reihe indischer Radschas folgt seinem Beispiel. Die neugegründeten Städte Nikaia und Bukephala (benannt nach Alexanders Leibpferd) erinnern an den Sieg in Alexanders letzter großer Feldschlacht (Mai/Juni 326).

Die völlige Unterwerfung des Pandschab scheint, da Alexander einmal in die dortigen politischen Auseinandersetzungen eingegriffen hat, unumgänglich, sie kostet jedoch immer schwerere Verluste. Am Hyphasis (Bias) verweigert das erschöpfte und in wochenlangem Monsunregen demoralisierte Heer dem König die Gefolgschaft, die Makedonen fürchten, ihre Heimat niemals wiederzusehen, von der sie seither 18 000 Kilometer marschierend und kämpfend zurückgelegt haben. Alexander lenkt erstmals ein und befiehlt die Umkehr zum Hydaspes. Den Zug zum Ganges, von dessen Existenz er unterwegs erfahren hat, gibt er auf und hofft nun, wenn er den Indus abwärts fährt, seinem Ziele, dem Okeanos am östlichen Ende der Oikumene, näherzukommen. So segelt über die großen Ströme Hydaspes, Akesines (Tschinab) und Indus eine riesige Flotte südwärts, bemannt mit allen Seefahrernationen des Reiches. Zu Lande decken sie starke Abteilungen, immer wieder in Kämpfe verwickelt; im Gebiet der Maller wäre Alexander um ein Haar ums Leben gekommen. Im Juli 325 erreicht die Armada Pattala (Haidarabad). Indien (Pakistan) ist dem Reiche angeschlossen, in Satrapien und Vasallentümer gegliedert, durch Alexanderstädte gesichert. Am Indischen Ozean sieht sich Alexander am Ziel, er fährt auf die hohe See hinaus, sichtet aber kein Land mehr, er steht am Ende der Welt.

Auf getrennten Wegen vollzieht sich der Rückmarsch. Der Admiral Nearch soll längs der indisch-persischen Küste westwärts steuern, Alexander wählt deswegen die südliche Landroute, hat freilich, nach furchtbaren Entbehrungen und Verlusten beim Zug durch die Gedrosische Wüste, erst bei Hormus am Persischen Golf wieder Kontakt mit der Flotte; auch die unter Krateros über die Nordroute durch Arachosien vorausentsandte Heeresabteilung findet sich ein. Alexander schwört bei Ammon, er sei über das Wiedersehen glücklicher als über die Eroberung Asiens. Die Freudenfeste verdichten sich zu der Legende, das Heer wäre, Alexander als Dionysos an der Spitze, in weinseligem Taumel wie einst der Gott selber durch Karmanien heimwärts gezogen. Die Flotte fährt zur Euphrat-Tigris-Mündung, Alexander kehrt Anfang 324 über Pasargadai, wo er das zerstörte Grab Kyros' d. Gr. wiederherstellen läßt, nach Susa zurück, jetzt Herr der Welt von der Adria bis zum Indischen Ozean, von der unteren Donau und dem Kaukasus bis nach Nubien.

Das letzte Jahr Das in zehn Jahren pausenloser Kriegführung gewonnene Reich bedarf nunmehr, um regierbar zu bleiben, gründlicher Organisation. Diesem Ziel dienen die Anordnungen, die Alexander 324 in seiner dreifachen Eigenschaft als König der Makedonen, Hegemon der Hellenen, Großkönig der Orientalen trifft; ihre Ausführung ruft jedoch, je mehr die letzte Kompetenz überwiegt, desto häufiger Konflikte hervor.

Ein Strafgericht trifft die Satrapen, darunter Makedonen, die sich in Alexanders Abwesenheit gefährliche Eigenmächtigkeiten erlaubt haben. Der Reichsschatzmeister Harpalos ist rechtzeitig unter Mit-

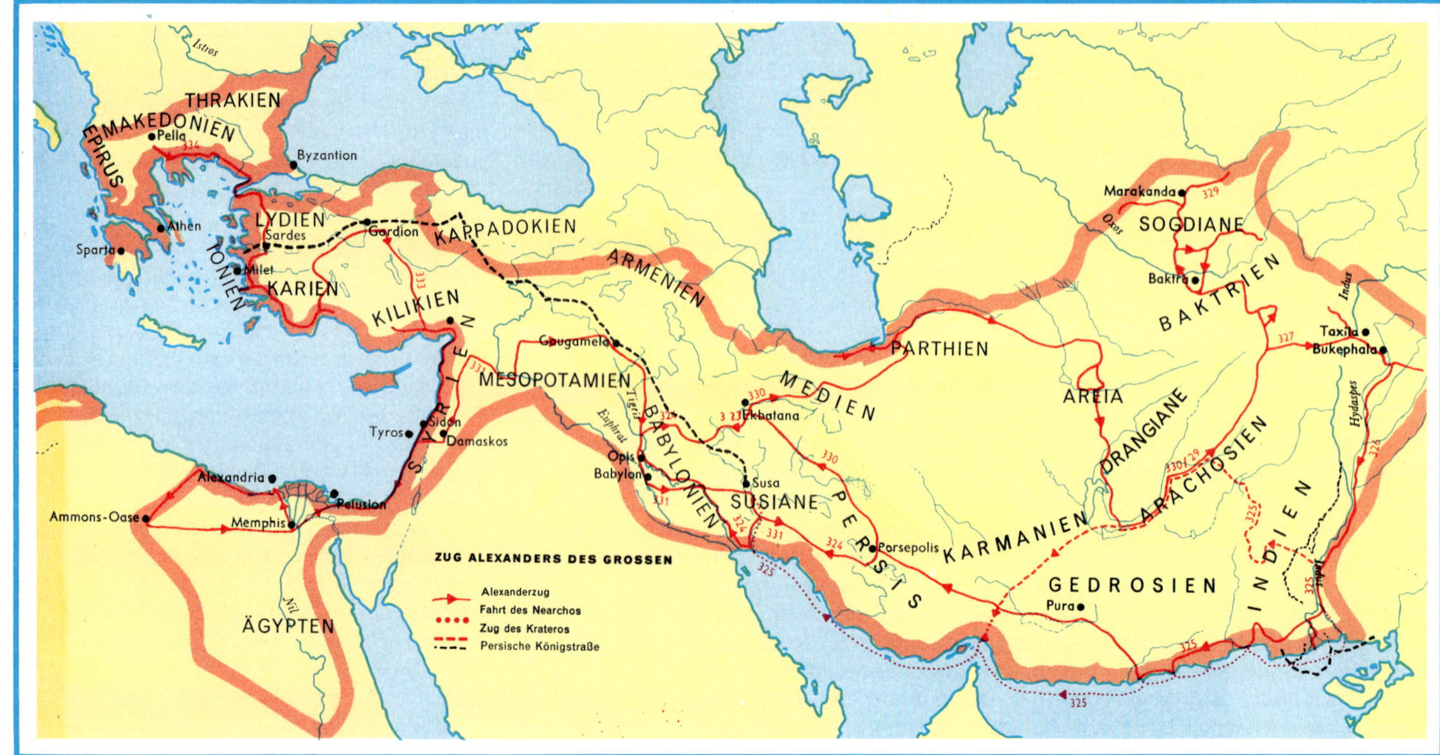

nahme riesiger Gelder aus Babylon entflohen. In Athen halten verschiedene Politiker die Hand auf, Demosthenes entzieht sich der über ihn verhängten Geldstrafe durch das Exil.

Alexanders Verschmelzungspolitik findet ihren krönenden Abschluß in der Massenhochzeit von Susa, die er nach persischem Ritus 10 000 Mann seines Heeres mit ihren asiatischen Konkubinen ausrichtet; 80 seiner Getreuen ehelichen Töchter aus dem iranischen Adel, Alexander selbst in orientalischer Polygamie nochmals zwei Prinzessinnen, Töchter Dareios' III. und Artaxerxes' III. Die auf derselben Linie liegende massenhafte Einstellung persischer Truppen in die ausgeblutete Armee, auch als makedonisch ausgebildete und -gerüstete Eliteformation (etwa ein Korps von 30 000 „Epigonen"), ruft das alte Mißtrauen der Makedonen wach: ihre Befürchtung, der König wolle sich nun überhaupt von ihnen trennen, die, als in Opis am Tigris 10 000 ihrer Veteranen in die Heimat entlassen werden, in offene Meuterei umschlägt, kann Alexander zerstreuen. Beim Versöhnungsfest beschwört er unter Gebet und Opfer vor Tausenden von Persern und Makedonen für beide Völker „Eintracht und Gemeinsamkeit in der Herrschaft".

Das in Susa erlassene Verbanntendekret, das den Staaten Griechenlands (außer Theben) die Wiederaufnahme ihrer politischen Exulanten befiehlt – es wird im Sommer 324 bei den Olympischen Spielen unter dem Jubel von 20 000 Betroffenen verkündet –, hängt wohl mit dem während der Rückkehr aus Indien gefaßten Plan zusammen, auch die Westmittelmeerländer zu unterwerfen, ist aber ein autoritärer Eingriff in die Rechte des Korinthischen Bundes und muß die Situation eher verschlimmern.

Für den ihm am nächsten stehenden Freund Hephaistion, der im Herbst 324 in Ekbatana stirbt, und seinen Vater Philipp II., sieht der König gigantische Totenehren vor. An die Griechen ergeht die Aufforderung, Hephaistion als Gott oder Heros zu verehren; auch für sich verlangt Alexander die Apotheose. Die Griechen, die schon früher überragenden Zeitgenossen zu Lebzeiten göttliche Ehren erwiesen haben, gehorchen widerstrebend und so erscheinen 323 ihre Abgesandten vor Alexander mit Kränzen auf dem Haupt wie vor einem Gott.

Aus aller Herren Länder, Italien, Spanien, Karthago, treffen im Frühjahr 323 Gesandtschaften, oft recht exotische, in der neuen Reichshauptstadt Babylon ein, Alexander sieht sich als Schiedsrichter der Welt.

Flottenzüge zu Erkundungs- wie realpolitischen Zwecken, der Bau von Schiffen, Häfen, Straßen zur Eroberung Libyens und Karthagos, ein riesiger Bevölkerungsaustausch zwischen Asien und Europa gehören zu den letzten Plänen Alexanders, die unausgeführt bleiben. Nach einer Reihe von Festlichkeiten erkrankt er an einem Fieber (Malaria oder Lungenentzündung), das sich in dem durch jahrelange Strapazen geschwächten Körper rasch verschlimmert. Die makedonischen Kampfgefährten, die mit Unruhe die amtlichen Berichte verfolgen, sind schließlich in den Palast vorgedrungen und defilieren am Lager des sterbenden Königs vorüber; Alexander, der nicht mehr sprechen kann, grüßt sie mit seinem Blick, er stirbt am 10. Juni 323 in Babylon, nicht ganz 33 Jahre alt.

Alexanders Erbe Ähnlich wie Caesar bleibt Alexander wenig Zeit, als Staatsmann zu vollenden, was er als Feldherr erreicht hat. Das Verhältnis zu den Hellenen ist bis zuletzt gespannt, seine Makedonen fügen sich unter Protest der Barbarisierung von Heer und Verwaltung, über die Einstellung der Perser ist im ganzen wenig bekannt. Dennoch hat Alexanders staatspolitisches Wirken auf den Gebieten der Kultur, der Wirtschaft, der Wissenschaften und im Staatswesen selbst die Wege gebahnt, auf denen die Späteren fortschreiten können.

Die etwa 70 Alexander zugeschriebenen Städtegründungen, vorrangig und in großer Mehrzahl Militärstützpunkte, sind, mit griechischen Söldnern als Kolonisten besetzt, für Jahrhunderte Ausstrahlungspunkte griechischer Kultur geworden. Die über die Länder alter Stadtkultur allmählich vordringende Urbanisierung belebt Handel und Verkehr. Die Übernahme des persischen Reichspostwesens, der Ausbau der Reichsstraßen, des Kanalnetzes in Mesopotamien wirken in dieselbe Richtung. Die wirtschaftliche Erschließung des Orients, die später ein Wirtschaftsgebiet vom Indus bis zur Straße von Gibraltar entstehen läßt, ermöglicht eine zeitgemäße Finanzpolitik: die thesaurierten Schätze der Perserkönige werden ausgemünzt, das Prägerecht dem König als Regal vorbehalten, die noch bestehenden Prägerechte im asiatischen Reichsteil werden abgeschafft, und die doppelte Gold- und Silberwährung wird durch eine einheitlich auf das Silber gestellte Reichswährung ersetzt. Die nach attischem Münzfuß geprägten Alexandermünzen finden ihren Weg in alle Welt und haben besonders in Griechenland das Währungschaos allmählich beseitigt. Die schwindelerregende Zunahme des Geldumlaufs läßt die zuvor immer wieder stagnierende Wirtschaft in den griechischen Staaten prosperieren.

Als Schüler des Aristoteles führt Alexander einen Stab von Technikern und Gelehrten mit sich, seine Feldzüge haben die naturwissenschaftlichen Kenntnisse der Antike sprunghaft erweitert. Bodenschätze werden aufgespürt, Entdeckungen zur Tier-, Pflanzen- und Völkerkunde vor allem Indiens und des Persischen Golfs aufgezeichnet. Nearch hat darüber ein Werk verfaßt, das in Arrians Geschichte verwertet ist. Bematisten („Schrittzähler") vermessen die vom Heer zurückgelegten Wegstrecken samt Stationen und liefern der Geographie (Kartographie) des Eratosthenes das Material. Die Flußfahrt zum Indischen Ozean erbringt die richtige Erkenntnis, daß das Festland auch im Süden vom Weltmeer umgeben ist; hier werden auch die Gezeiten entdeckt. Nearchs (Wieder-) Entdeckung der Seeverbindung vom Indusdelta zum Persischen Golf – er sichtet erstmals Wale und trifft an der Küste ein Steinzeitvolk an – eröffnet einen neuen Handelsweg. Eine Expedition zum Blauen Nil (332/31) klärt die Ursache der Nilschwelle, eine andere soll feststellen, ob das Kaspische Meer ein Binnenmeer oder eine Ozeanbucht sei; Arabien soll umschifft werden, wohl auch zur Erkundung von Handelswegen, die Bahraininseln (Tylos) werden erreicht. Alexander ist also zugleich ein großer Entdecker gewesen. Über die Sammlung zahlloser Einzelerkenntnisse hinaus – die Aufzeichnungen werden im Archiv in Babylon deponiert und stehen zur Einsichtnahme frei – hat er der geistigen Bewältigung der ungeheuren Raum- und Zeitdimensionen der orientalischen Kulturen durch die Griechen vorgearbeitet und das historische Bewußtsein geschärft. Schon bald, um 280, treten Orientalen, Manetho in Ägypten, Berosos in Babylon, beide Priester, mit Werken über die Geschichte ihrer Länder hervor, auf denen ein Gutteil heutigen Wissens beruht.

Zu den geschichtlich folgenreichsten Leistungen Alexanders zählt die Schaffung der absoluten Monarchie, mit der sich Verehrung des Königs im Herrscherkult verbindet. Die Vergöttlichung Alexanders in den griechischen Gemeindestaaten ist der Auftakt, die Ausführung des Themas übernehmen die östlichen Monarchien, indem sie aus der Verschmelzung griechischer wie orientalischer Ideen ihren organisierten Reichskult schaffen. Mit der göttlichen Verehrung des lebenden Herrschers hat die Proskynese nichts zu tun; daß Alexander sie auch von Makedonen und Griechen erwartete, zeigt nur, wie sehr er, um dem Neuen einheitliches Gesicht und Bestand zu geben, Altes hinter sich zu lassen, Unterschiede einzuebnen bereit war; gerade darin ist sein Werk gescheitert.

Die leibliche Erscheinung des Königs haben zunächst die Münzen bewahrt, das Profil des Apollon-, Herakles-, später auch Ammonkopfes mit den Zügen Alexanders. Einen jugendlichen König im Kampf (bei Issos?) und auf der Jagd zeigt der sog. Alexandersarkophag aus Sidon (um 320), das Werk eines attischen Meisters. Ein Gemälde aus derselben Zeit (vielleicht für Kassander) war Vorlage des Alexandermosaiks aus Pompeji (ca. 100 v. Chr.). Das Individuelle, von dem die Quellen berichten, die vom Scheitel aufspringenden Stirnlokken (Alexanderlocken), die ihm etwas Löwenhaftes gaben, die leichte Linksneigung des Halses, den aufwärtsgerichteten „schwimmenden" Blick wiederzugeben, waren viele Künstler, angefangen von Lysipp, dem Hofbildhauer, und Apelles bemüht; einige ihrer Werke, Groß- und Kleinplastiken, füllen, in berühmten Kopien erhalten, ein eigenes Kapitel in der geistigen Auseinandersetzung mit der zum Heros stilisierten Figur der Weltgeschichte.

Die Reihe der Alexandernachahmer ist lang. Beriefen sich schon Diadochen und hellenistische Könige auf das große Vorbild, so zog die Gestalt des Welteroberers erst recht viele Römer an: Scipio Africanus d. Ä., Pompeius, der Alexanders Feldherrnmantel in der Mithradatesbeute nach Rom entführte, Caesar, Mark Anton und mehrere Kaiser sind darunter, nur Caracalla ging so weit, eine makedonische Phalanx aufzustellen und die Tochter des Perser(= Parther)königs zur Ehe zu fordern.

Im 2. Jahrhundert der Kaiserzeit führten die Orientfeldzüge des Trajan und des Verus zu einer Renaissance der Alexanderhistorie, das Geschichtswerk des Arrian aus Nikomedien, das meist den verläßlichen Quellen folgt, wie Alexanders Kampfgefährten Ptolemaios und Aristobul, und Plutarchs Alexanderbiographie zeugen davon. Die sog. vulgate Tradition dagegen, begründet im wesentlichen von dem romanhaften Werk des Kleitarch (um 300), vertreten etwa durch Curtius Rufus' Alexandergeschichte, ein sonst heterogenes Gemisch, sah in dem Makedonen bald das kynische Ideal des Kulturbringers, bald den Genußmenschen und Gewalttäter und hat als letzte Ausuferung den sog. Alexanderroman (griechisches Original 3. Jahrhundert n. Chr., dem Kallisthenes unterschoben) gezeitigt; sein märchengesättigter Stoff indessen fand im christlichen wie islamischen Mittelalter in ungezählten Bearbeitungen (deutsches Alexanderlied des Pfaffen Lamprecht, 12. Jahrhundert) Verbreitung und läßt sich in über 80 Sprachen von Island bis Indonesien nachweisen. Sagenhafte Erinnerungen an den Iskender, den Dhûl-karnain (den „Zweigehörnten"), waren in Indien wie Zentralasien noch bis ins 20. Jahrhundert lebendig.

Die Diadochen

DER KAMPF UMS ALEXANDERREICH UND DIE BILDUNG DER TERRITORIALREICHE

Alexander hatte keine Bestimmungen über seine Nachfolge hinterlassen. Seine Gefährten (Hetairoi) entzweien sich noch über seiner Leiche. Ihr Verlangen, die Herrschaft sogleich auf die erprobten Heerführer und Provinzverwalter, also auf sich, verteilt zu sehen, geht eine brüchige Verbindung mit dem von einem Teil der Heeresversammlung, der makedonischen Phalanx, vertretenen dynastischen Gedanken ein: Arrhidaios (Philipp III.), ein epileptischer Halbbruder Alexanders, und der postum geborene Sohn der Roxane (Alexander IV.) werden als Könige anerkannt, in Wirklichkeit jedoch eine Vormundschaftsregierung gebildet und die Gewalt im Reiche unter die makedonischen Befehlshaber verteilt; mit den „letzten Plänen" Alexanders wird auch die Beteiligung der Perser an der Verwaltung fast gänzlich kassiert. Perdikkas übernimmt als Reichsverweser den Oberbefehl in Asien, Antipater kehrt

Silbermünze, sogenannter Dekadrachmon. Sie zeigt Alexander im Kampf mit dem Inderkönig Poros auf einem Elefanten. British Museum, London.

nach Makedonien und Griechenland zurück, von den anderen erhält Lysimachos Thrakien, Ptolemaios Ägypten, Antigonos Monophthalmos („der Einäugige") Phrygien zur Verwaltung.
Die rasche Einigung erfolgt unter dem Zwang der Lage in Hellas, und sie ist von kurzer Dauer. Der Korinthische Bund befindet sich in Auflösung, der 338 liquidierte Hellenenbund konstituiert sich neu. Unter der Führung Athens bricht der geplante Aufstand gegen Makedonien los, Antipater wird in Lamia in Mittelgriechenland (Lamischer Krieg, 323 bis 322) eingeschlossen. Die Niederlage der athenischen Flotte bei Amorgos, des verbündeten Landheeres bei Krannon (Thessalien) besiegelt das Ende der griechischen Polisfreiheit, ihr unentwegter Verfechter Demosthenes gibt sich den Tod. Athens politische Führungsrolle ist zu Ende gespielt, seine Demokratie wird aufgelöst; 317 bis 307 übernimmt dann, unter Kassander, der Philosoph Demetrios von Phaleron, Schüler des Aristoteles, die Verwaltung.
322 beginnt mit dem Krieg gegen Perdikkas die Reihe der fünf Diadochenkriege, die jedesmal gegen den Reichsverweser als Vertreter der Reichseinheit oder doch den im Augenblick mächtigsten Diadochen von einer Koalition der übrigen geführt werden. 40 Jahre dauert das Ringen in Kleinasien, Griechenland und Makedonien, Syrien, in den östlichen Reichsteilen und zur See. In der Auseinandersetzung um Makedonien gehen die Leibeserben Alexanders d. Gr. zugrunde, Arrhidaios, die rachgierige Olympias, Roxane und ihr Sohn; die Herrschaft fällt (bis 297) an den tatkräftigen, aber bedenkenlosen Kassander. „König der Makedonen" zu heißen, gilt den meisten Diadochen als Unterpfand der Herrschaft im Gesamtreich oder doch als Legitimation für ihr Teilgebiet.
Das Schicksal des Alexanderreiches wird im Osten entschieden. Hat schon der dritte Diadochenkrieg gegen Antigonos Monophthalmos mit der Heranbildung von fünf Einzelstaaten geendet (ein Reichsverweser wird nicht mehr bestimmt, 311), so bleiben nach dem vierten nur vier Reiche übrig (301). Antigonos, der 301 bei Ipsos in Phrygien fällt, hat mit der Gründung des Nesiotenbundes der Ägäisinseln (315) seine Hände nach Griechenland ausgestreckt, er und sein Sohn Demetrios („Poliorketes", Städtebelagerer) sind im befreiten Athen überschwenglich als „heilbringende Götter" geehrt worden. 306 nehmen beide den Königstitel an, darin gefolgt von Ptolemaios, Kassander in Makedonien, Lysimachos in Thrakien und (seit 301) Kleinasien, Seleukos in Babylonien; die staatliche Einheit des Alexanderreichs ist formell aufgelöst.
Demetrios, ein ruhe- und glückloser Vertreter des Einheitsgedankens, setzt nach dem Tode seines Vaters den Kampf zur See und in Griechenland fort. 294 zum König der Makedonen proklamiert, muß er das Land 287 dem epirotischen König Pyrrhos, der auf seine Abstammung von Alexander pocht, und Lysimachos überlassen, verliert auch den Kampf um sein Erbe in Kleinasien und Syrien und stirbt 283 als Gefangener des Seleukos.
Lysimachos, der sich als Herr über Kleinasien und Thrakien in Makedonien erfolgreich gegen Pyrrhos durchsetzt, gerät schließlich in Konflikt mit Seleukos und fällt 281 bei Kurupedion in Lydien. Seleukos nimmt Kleinasien in Besitz; beim Versuch, auch die europäischen Teile des Lysimachosreiches an sich zu bringen, trifft ihn der Dolch des Ptolemaios Keraunos („der Blitz"), des ältesten Sohnes Ptolemaios' I., der, aus Ägypten vertrieben, bei Seleukos Aufnahme gefunden hat. Sein makedonisches Königtum kann Keraunos zwar gegen Pyrrhos wie gegen den Demetriossohn Antigonos Gonatas behaupten – den Verzicht des Epiroten erkauft er mit den Soldaten und Elefanten, die in Unteritalien der Schrecken der Römer werden –, fällt jedoch bald (279) im Abwehrkampf gegen die Kelten.
Unter Antigonos Gonatas, der zum Lohn für die Beseitigung der Keltengefahr – ein beutegieriger Haufe ist sogar zum Heiligtum Delphi durchgebrochen – im Sieg bei Lysimacheia 277 endlich von 276 an den verwaisten Thron Alexanders d. Gr. innehat, angefochten nur noch von 274 bis 272 von dem gescheitert aus Italien zurückgekehrten Pyrrhos, tritt Makedonien in den Kreis der konsolidierten hellenistischen Reiche ein, deren Gesicht und Geschichte eine neue Generation, die der „Epigonen", fortan bestimmt.

DIE WESTGRIECHEN IM ZEITALTER ALEXANDERS UND DER DIADOCHEN

Während das Alexanderreich entsteht und zerfällt, stehen die Griechenstädte Unteritaliens und Siziliens im Abwehrkampf gegen Italiker und Karthager. Die nach dem Tode des Timoleon in Syrakus ausgebrochenen Machtkämpfe führen den Kondottiere Agathokles als „bevollmächtigten Strategen" (317/16) an die Spitze des Staates. Agathokles stellt die syrakusanische Vorherrschaft in Ostsizilien wieder her, sieht sich aber bald mit den Karthagern im Kriege, den er, in Sizilien in die Enge getrieben, kühn nach Karthago hinüberspielt. Dem Afrikafeldzug bleibt der Erfolg versagt: Agathokles' Bündnis mit Ophellas, dem von Ptolemaios I. abgefallenen Statthalter von Kyrene, der mit Tausenden griechischer Söldner und dem Troß ihrer Familien Karthago zu erobern und sich ein griechisch-nordafrikanisches Reich zu gewinnen hofft, zerbricht; das nach Ophellas' Ermordung von Agathokles übernommene Heer wird aufgerieben, Agathokles kann im Frieden mit den Karthagern den bisherigen Grenzverlauf in Sizilien (Halykosfluß, Platani) sichern. Mit der Annahme des Königstitels nach Diadochenvorbild, seiner Vermählung mit einer Tochter Ptolemaios' I., der Besetzung von Korkyra (Korfu) gegen Kassander (299/98), der Unterstützung der unteritalischen Städte, darunter Tarent, gegen Lukaner und Bruttier, einem Bündnis mit dem „Seekönig" Demetrios Poliorketes zeichnet sich ein sizilisch-unteritalisches Reich ab, das die Karthager vertreiben und eine hellenistische Großmacht im Westen des Mittelmeers werden kann. Doch stirbt Agathokles 289 ohne männliche Erben. Sein Traum ist ebenso zerstoben wie der des Pyrrhos und des Demetrios, die, nacheinander mit Agathokles' Tochter Lanassa verheiratet, sich Erbansprüche auf dessen Gebiete ausrechneten.
Das unteritalische Griechentum, das seit 342 allein aus Griechenland nicht weniger als vier Schutzherren gegen Italiker und Römer herbeigerufen hat – einen Spartanerkönig, einen Molosserkönig und Oheim Alexanders d. Gr., einen spartanischen Prinzen und zuletzt Pyrrhos –, muß sich nach dessen Abzug ohne Ausnahme der italischen Wehrgemeinschaft einordnen (bis 270). Ostsizilien dagegen kann unter Hieron II. noch eine Zeitlang Unabhängigkeit und Wohlstand wahren. 275/74 als bevollmächtigter Stratege zur Macht gelangt, versteht es der König von Syrakus, durch seinen Wechsel auf die Seite Roms zu Beginn des 1. Punischen Krieges (263) sich sein Reich als treuer Bundesgenosse der Römer zu erhalten. Da nach seinem Tode (215) die Nachfolger zu Hannibal übertreten, wird Syrakus (212 von Marcellus) erobert und später Hauptstadt der Provinz Sicilia. Die politische Geschichte der Westgriechen findet damit ihren Abschluß.

Der hellenistische Staat

DIE GRÜNDER

Aus den Koalitionskriegen der Diadochen gehen als Sieger zunächst Ptolemaios und Seleukos hervor, beide im Besitz von Satrapien, die von außen schwer anzugreifen oder vom Hauptkriegsgeschehen weit entfernt sind. Makedonien, Ziel des Ehrgeizes so vieler Diadochen, findet erst in der folgenden Generation unter Antigonos Gonatas zur inneren Festigkeit zurück.

Ptolemaios ist klug genug, die ihm nach der Ermordung des Perdikkas angetragene Nachfolge als Reichsverweser auszuschlagen (321), er versteht es, seinen Besitz Ägypten gegen alle Angriffe zu verteidigen und durch Zugewinne zu arrondieren. Als erster hellenistischer Herrscher macht Ptolemaios mit seinen vielen Töchtern die dynastische Heirat zum Instrument der Außenpolitik. Seine Eheverbindung mit Berenike führt zwar zum Zerwürfnis im eigenen Haus, hat aber – über die Gestalt des vertriebenen Sohnes Ptolemaios Keraunos – die Ausbreitung des Seleukosreiches nach Europa verhindert und dem Rückfall Makedoniens an den Antigoniden Gonatas vorgearbeitet. Als der 285 zum Mitregenten bestellte Sohn mit Berenike, Ptolemaios II., 283 den Thron besteigt, übernimmt er ein Reich, zu dem außer dem Kernland Ägypten die Cyrenaika (Kyrene), Koilesyrien (das „hohle", Südsyrien), Cypern, Küstenstriche in Süd- und Westkleinasien und die Inseln des Nesiotenbunds in der Ägäis gehören.

Seleukos, 321 Satrap von Babylonien, ist nach verschiedenen Koalitionen 312 mit Hilfe des Ptolemaios nach Babylon zurückgekehrt, wo die Kämpfe mit Antigonos Monophthalmos und Demetrios Poliorketes fortdauern. Seleukos konzentriert sich auf die Inbesitznahme der östlichen Teile des Alexanderreiches; hier ist 316 der vormalige Kanzler Alexanders, der Grieche Eumenes von Kardia, von seinen Truppen verraten, Antigonos erlegen. Von 308 an unterstellt Seleukos den Iran einschließlich Baktriens seiner Herrschaft, die indische Satrapie (Gandhāra) mit den Ostteilen Arachosiens und Gedrosiens (südliches Pakistan) muß er dem König Sandrokottos (Tschandragupta), dem Sieger über Poros und Begründer der indischen Mauryadynastie, gegen Lieferung von 500 Kriegselefanten belassen. Im Westen annektiert Seleukos nach dem mit seinen Elefanten errungenen Sieg bei Ipsos (301) Nordsyrien, hier sichert Seleukia in Pierien den Zugang zum Meere, um 300 wird, nach dem 311 angelegten Seleukia am Tigris (Opis), Antiochia am Orontes (Antakya) Reichshauptstadt. In den folgenden zwei Jahrzehnten dehnt sich das Seleukosreich in Kleinasien bis Kilikien und zur Ägäisküste aus, Europa bleibt ihm verschlossen. Das Reich ist mit 3½ Millionen km² (davon ⅙ Kulturland) der größte Flächenstaat der damaligen Welt, eine Landmacht, die nie eine bedeutende Flotte unterhielt. Ägypten bringt es mit allen Außenbesitzungen, die ihm zeitweise das Ansehen einer Seemacht geben, auf 100 000 km², das Antigonidenreich immerhin auf 70 000 km², die Kleinstaaten im 3. und 2. Jahrhundert auf einige Zehntausend oder Tausend Quadratkilometer. Die Einwohnerzahl des Seleukidenreiches beträgt zur Zeit seiner größten Ausdehnung modernen Schätzungen nach 30 Millionen, in dem dicht bevölkerten Ägypten wohnen (im 1. Jahrhundert v. Chr.) 7 Millionen, die großen Städte Seleukia am Tigris, Antiochia am Orontes und Alexandria weisen Einwohnerzahlen von einigen Hunderttausend auf – Größenordnungen, die alles Gewohnte weit übertreffen und für den Hellenismus typisch sind.

DAS HELLENISTISCHE KÖNIGTUM

Die Herrschaft der Makedonen in Ägypten und Asien beruht auf dem Recht des Eroberers im „speergewonnenen Land". Die hellenistischen Könige besitzen ihre Reiche zu Eigentum, das sie innerhalb ihrer Dynastie vererben. Die im alten Ägypten und im Perserreich bestehende Verpflichtung aller Reichsbewohner zu Abgaben und Dienstleistungen an den König bleibt, in vielfach abgestufter Form, erhalten. Das Reichsterritorium ist, mit Ausnahme der durch Privileg exempten Gebiete, „Königsland", die darauf siedelnde Bevölkerung „Königsvolk", an die Scholle gebunden, ohne Freizügigkeit; sie hat sich bei Erfüllung bestimmter Untertanenpflichten an ihren Ursprungsort, wo sie registriert ist, zu begeben (vgl. Luk 2,3 f.). Der hellenistische Staat ist der Grundbesitz des Königs, im rechtlichen Sinne existiert er nicht, folglich auch kein Reichsbürgerrecht; „Staat" ist die Summe der politischen und administrativen Akte des Königs, er wird bezeichnenderweise mit den „Angelegenheiten" (prágmata) des Königs umschrieben. Das Königtum der östlichen hellenistischen Monarchien ist – im Unterschied zu Makedonien – absolut, nicht an Volk und Land gebunden, unterscheidbar lediglich nach dem Territorialbesitz: „König . . ., der in Alexandria und Ägypten König ist", „. . ., der in Syrien König ist".

Die fehlende Legitimität des absoluten Königtums wird mit Hilfe der Mythologie verdeckt, mit Stammbäumen, die das Geschlecht auf einen Gott als Ahnherrn zurückführen, mit Geburtslegenden, die in Nachbildung derjenigen Alexanders den Dynastiegründer als Gottsohn darstellen; sie ranken sich bei Seleukos um sein Emblem, einen Anker. Wirksamere Herrschaftslegitimation liefert die Philosophie der Kyniker und der Stoa. Die persönliche Tüchtigkeit der Herrscher (aretē), die sich in ihren militärischen und politischen Leistungen erweist, verleiht ihnen das autonome Recht der überragenden Persönlichkeit. Stoisches Weltbild und monarchischer Gedanke verschmelzen zu der Vorstellung, wie Zeus im Himmel so solle auf Erden der König regieren. In der Monarchie kommt das Weltprinzip der Vernunft zur Geltung, der König erscheint als das „beseelte Gesetz" (nomos émpsychos). „Es ist das allgemein gültige Gesetz, daß, was der König anordnet, immer gerecht ist", soll Seleukos I. erklärt haben. In einem kosmopolitisch konzipierten Idealstaat ist der König der Hirt, seine Untertanen sind die Herde, der die Regentenpflicht des Wohltuns (euergesía), die Fürsorge (epiméleia) zukommt. Im patriarchalischen Element findet die absolute („nicht rechenschaftspflichtige") Monarchie ihre sittliche Rechtfertigung. Sie hat solange Bestand, als es hellenistische Staaten gibt, und ist als solche niemals in Frage gestellt worden.

Als Insignie ihrer Herrscherwürde tragen die Könige eine weiße, um den Kopf geschlungene Binde, das Diadem, das Alexander von den Achämeniden übernahm. Als Souverän setzen sie ihr Bild auf die Münzen. In Makedonien wird beides erst unter Philipp V. eingeführt. Bei den Ptolemäern erscheinen auch die Königinnen auf den Münzen und die Könige seit Ptolemaios IV. mit dem Strahlendiadem, dem Zeichen göttlichen Lichtglanzes. Die Könige führen einen Siegelring. Neben ihrem Thron flammt das von den Achämeniden übernommene heilige Feuer, Symbol der Ewigkeit der Herrscherwürde. Mitregenten erhalten den Titel „König" und sichern zu Lebzeiten des regierenden Königs die Dauer der Dynastie. Die späteren Ptolemäer erweitern die Mitregentschaft zur Samtherrschaft und regieren zu dritt; die Beteiligung der Königinnen an der Herrschaft gibt es nur bei den Ptolemäern.

Die Geschwisterheirat ist in einigen Herrscherhäusern nicht selten. Achämenidischer Brauch und der Wunsch, fremde Erbansprüche auszuschließen, stehen hinter der seltsamen Sitte. Im übrigen ist „Schwester" Titel der ptolemäischen Königin (nach altägyptischer Tradition), nicht Bezeichnung des Verwandtschaftsgrades. Die Herrscher schließen nur ebenbürtige Ehen, bald bildet sich eine „Familie der Könige", dynastische Politik haben sie beständig und mit unterschiedlichem Glück betrieben.

Im Hofstaat finden sich makedonische wie orientalische Einrichtungen: „Leibwächter" (Generaladjutanten) und „Königsknaben" (Pagenkorps) gibt es gleichmäßig in allen Residenzen; die Ränge der „Freunde" und „Verwandten" des Königs im Ptolemäer- und Seleukidenreich hat Alexander von den Persern übernommen, sie sind später in Klassen unterteilt und bloße Hoftitel.

Das absolute Königtum äußert sich auch darin, daß jedermann das Jahresdatum mit dem Regierungsjahr des Königs angibt. Im Seleukidenreich datiert man nach der

Aus Alexandria stammt diese Oinochoe (Weinkanne) mit der Darstellung einer ptolemäischen Königin mit Füllhorn und Trankopferschale. Da an verschiedenen Orten der griechischen Welt solche Kannen gefunden wurden, nimmt man an, daß sie bei festlichen Anlässen vom König seinen Gästen geschenkt wurden. Um 280–270 v. Chr. British Museum, London.

Reichsära, die von der Einnahme Babylons durch Seleukos I. gezählt wird (312 bzw. 311) und den Untertanen die Dauer der Makedonenherrschaft vor Augen führt. Die bequeme Zeitrechnung wird in seinen Nachfolgestaaten nachgeahmt.

Sinnfälliger Ausdruck des Absolutismus ist der für alle Untertanen verbindliche Herrscherkult. In Ägypten gibt es den ägyptischen Königskult – der Ptolemäerkönig trägt als Pharao den Titel „Sohn des Rê" – und den hellenistischen Königskult. Der 2. Ptolemäer konsekriert seine Eltern postum als „Rettende Götter" (theoì sotē̃res), desgleichen seine Schwestergemahlin Arsinoë II. als „Bruderliebende Göttin" (theà philádelphos) und richtet darauf für sie und sich einen Kult der „Geschwister-Götter" (theoì adelphoí) ein, befiehlt also göttliche Verehrung des lebenden Herrschers. Alle Ptolemäer werden unter einem nach der Thronbesteigung angenommenen Kultnamen verehrt, als „wohltätige", „vaterliebende", „mutterliebende", „in Erscheinung getretene" Götter. Für Alexander d. Gr. besteht in Alexandria ein Kult als Stadtgründer – hierher hat Ptolemaios I. den Leichnam überführt und in einer Grabkammer beigesetzt (bis heute unentdeckt) – und im ganzen Reich ein Reichskult für den Schutzpatron der Dynastie. Für den ptolemäischen Herrscherkult ist eine Mischung von Pomp und Dionysos-Mystizismus typisch, sie bleibt bis in die Tage Kleopatras und Mark Antons lebendig. Im Seleukidenreich zeigt sich der griechische Ursprung des Gottkönigtums prägnant, die Achämeniden waren keine Götter für ihre Untertanen. Antiochos I. erhebt seinen Vater postum als Zeus Nikator („Sieger") zum Reichsgott und wird selbst als Apollon Sotē̃r („Retter") verehrt. Zeus, in dem die Orientalen manche eigenen Götter erkennen mochten, und Apollon werden die Hauptgottheiten des Seleukidenreiches. Der Reichskult des lebenden Herrschers ist nach Provinzen organisiert, die Griechenstädte haben ihre eigenen Herrscherkulte, Ausdruck mehr oder minder spontaner Dankesbezeugungen für besondere Akte königlicher „Fürsorge". In Makedonien findet der Herrscherkult niemals Eingang, er wird aber von den hellenistischen Kleinstaaten und Nachfolgestaaten des Seleukidenreiches übernommen, etwa im griechisch-iranischen Kommagene (Ostanatolien), dessen König Antiochos I. (1. Jahrhundert) ihn in seinen Inschriften und den Monumenten auf dem Nemrud Dagh eindrucksvoll bezeugt. Die Pergamenerkönige werden erst postum zu Göttern erhoben. Da sich Staatsbewußtsein nur in der Loyalität zum König äußern kann, bildet der Herrscherkult das einigende Band um alle Reichsbewohner, gleich welcher Nationalität. Das Phänomen hat eine weltgeschichtliche Fernwirkung, am römischen Kaiserkult, seiner Variante, entzündet sich das Ringen zwischen dem römischen Staat und dem Christentum.

DER PTOLEMÄERSTAAT

Im ptolemäischen Ägypten gibt die überwältigende Fülle von Urkunden und sonstigen schriftlichen Zeugnissen auf Papyrus und Ostraka (Tonscherben) Einblick in fast alle Lebensbereiche, besonders in Verwaltung und Wirtschaft. Aus dem viel größeren Seleukidenreich hat sich vergleichbar reiches Material nicht erhalten.

Die Residenz befindet sich seit Ptolemaios I. in Alexandria, diese Polis liegt rechtlich nicht in, sondern bei Ägypten; dieses ist ihr zugehöriges Umland (Chora). Ihre Stadtautonomie ist eingeschränkt durch die Anwesenheit des Hofes, des königlichen Stadtkommandanten (Strategen) und das Nebeneinander der griechischen Polisbürger und der „Politeumata", ursprünglich landsmannschaftlichen Korporationen der Fremden mit eigener Jurisdiktion. Auch Ptolemaïs, das Verwaltungszentrum Oberägyptens, hat zu Stadtoberen königliche Beamte; es ist übrigens die einzige Polis im Lande, mehr hätten den Zentralismus gestört; nur in ihren Außenbesitzungen treten die Ptolemäer als Städtegründer auf.

Das Land (Chora) zerfällt wie zur Pharaonenzeit in 40 Gaue (Nomoi), diese wiederum in Bezirke (Topoi) und zuletzt Dörfer (Komai). Der Gauverwaltung stehen die Ressortleiter für Zivil-, Militär-, Finanzwesen („Oikonomos") vor, dazu kommen weitere Kanzleichefs („Schreiber"), ein jeder mit eigenem Funktionärsstab. Dasselbe wiederholt sich auf den unteren Verwaltungsebenen – ein riesiger Beamtenapparat das ganze, der sich gegenseitig kontrolliert und dennoch erfolgreiche Arbeit leistet. Die Militärkommandanten (Gaustrategen) übernehmen bald fast alle zivilen Befugnisse, besonders die Gerichtskompetenz. Ende des 3. Jahrhunderts werden die Gaue Oberägyptens in einem Generalgouvernement unter dem „Strategen der Thebaïs" zusammengefaßt. Nach den Fellachenaufständen im 2. Jahrhundert untersteht im gesamten Lande die Militärgewalt einem „Epistrategen". Strategen verwalten die Grenzdistrikte und die Außenbesitzungen in der Cyrenaika und auf Cypern mit der Machtfülle von Vizekönigen. An der Spitze der gesamten Verwaltung schwebt der „Dioiketes" (Vezir), unter dem 2. Ptolemäer ist es ein reicher Grieche namens Apollonios, gut bekannt aus der Korrespondenz seines Verwalters Zenon. Auch Ägypter sind an der Verwaltung beteiligt, wenn auch meist auf der untersten Ebene, doch gibt es auch ägyptische Feudalherren. Sonst herrscht Rassentrennung: „Er verachtet mich, weil ich ein Ägypter bin", beklagt sich ein Priester über seine Einquartierung. Zugeständnisse machen die Ptolemäer anfangs nur auf religiösem Gebiet: der neue Gott Sarapis, eine Verbindung von Osiris und Apis, wird von Griechen und Ägyptern gemeinsam und schließlich überall in der griechischen Welt verehrt, wo Ptolemäer vertreten sind. Die Rechtsprechung ist in zwei verschiedenen Gerichtshöfen zentralisiert. Da in allen antiken Staaten Recht und Rechtsverfahren sich nach der Nationalität der Parteien richten, gibt es im ptolemäischen Ägypten für Griechen und Makedonen die sog. Chrematistenkammern, für die Ägypter das Laokritengericht („Richter der Laoi", der Eingeborenen), Urkunden werden in der jeweiligen Sprache, auch doppelsprachig, ausgefertigt. Über den nationalen Rechten steht das Königsrecht. Jeder Untertan kann den König als obersten Gerichtsherrn und Richter um Rechtsschutz anrufen. Je mehr sich dann die Rechtsprechung auf die Verwaltungsbeamten verlagert, desto müheloser kann das rechtspolitische Prinzip der Ptolemäer durchgesetzt werden, die Interessen des Fiskus zu wahren.

Aufgabe der Bürokratie ist es insbesondere, die Erbringung der verschiedenen Sach- und Dienstleistungen zu sichern und zu organisieren. Der Dioiketes ist in erster Linie Wirtschafts- und Finanzminister. Der König „überläßt" Teile seines Landes an

Kopf eines Ptolemäer-Königs. Unter dem pharaonischen Kopftuch mit dem Uräus quillt eine griechische Haartracht hervor. Auch die Züge des Königs sind unägyptisch. Der Kopf zeigt, wie versucht wurde, altägyptische Tradition mit hellenistischem Geschmack zu verknüpfen (Westendorf). Peabody Museum of Natural History, Yale University, New Have.

Tempel oder Militärsiedler, „verschenkt" sie an Beamte zur Entlöhnung, sein Obereigentum und damit die Steuerpflicht für den Empfänger bleiben erhalten. Viele Berufssoldaten werden im Faijum angesiedelt, das sie durch Bodenmelioration zu einem von zahlreichen teils stadtartigen „Dörfern" dicht besetzten Fruchtland machen; hier besitzen Söldner aus aller Herren Länder ihre Landlose.

Das restliche „Königsland" wird an schollengebundene „Königsbauern" verpachtet. Von den Behörden erhalten sie die anzubauende Frucht und Größe der Anbaufläche – sie kann sich Jahr um Jahr je nach Größe des vom Nil überschwemmten und fruchtbar gemachten Landes ändern – vorgeschrieben und das Saatgut zugeteilt. Da Ernteertrag und Pachtzins (1/5 desselben) von der Anbaufläche abhängen, ist ständig ein Heer zwangsrekrutierter Arbeiter mit Kanal- und Dammbauten beschäftigt. Staatlicher Kontrolle unterstehen alle Zweige der Urproduktion und Verarbeitung, vom Gemüsebau bis zur Bierbrauerei und Bienenzucht, für Öl besteht ein vollständiges Produktions- und Verkaufsmonopol, unter Staatskontrolle sind Bergbau, Bank- und Transportwesen. Neben Staatsbetrieben arbeiten Privatunternehmer als Monopolpächter, ihre Reglements gehen bis ins Detail der Buchführung. Das Ptolemäerreich gleicht einem riesigen Wirtschaftsunternehmen.

Die königliche Kasse bestreitet die Ausgaben für Heer, Flotte, Verwaltung und die aufwendige Hofhaltung. Das Bankwesen der Ptolemäer – eine singuläre Erscheinung in der antiken Welt – kennt schon die meisten modernen Bankgeschäfte. Die Steuern werden in Naturalien und überwiegend in Geld entrichtet. Zur Geldbeschaffung werden die Goldminen Nubiens erobert. Die ptolemäische Wirtschaft ist eine Binnenwirtschaft mit hohen Schutzzöllen (bis 50% auf den Warenwert). Die Export- und Importzolleinnahmen halten die Handelsbilanz lange positiv.

Ptolemäische Industrieerzeugnisse – Linnen, Glaswaren, Luxusartikel wie Elfenbeinarbeiten, Weihrauch, Kosmetika, Gewürze – gehen in alle Welt (bis China und Nordeuropa). Aus dem Handel mit Afrika, Arabien und Indien kommen die Rohstoffe. Ende des 2. Jahrhunderts v. Chr. wird die Hochseeverbindung mit Indien mittels der Monsunwinde hergestellt. Das Außenhandelsmonopol sorgt für den Absatz der riesigen Getreideüberschüsse im Ausland. Mit gezielten Getreidespenden machen die Ptolemäer oft Politik. Mit Papyrus, dem klassischen „Papier" aus den Stengeln des Papyrusschilfs, beliefert Ägypten die ganze Welt. Die Ptolemäer gelten als unermeßlich reich.

Die besseren Lebensbedingungen locken im 3. Jahrhundert v. Chr. Ströme von Auswanderern aus Griechenland in die ägyptische Chora. Wohlhabend sind die Polisbürger, der König zieht sie deshalb zur Finanzierung der Flotte heran (sog. Leiturgien, Zwangsauflagen). Reichtümer sammeln in erster Linie die Beamten, Apollonios besitzt im Faijum Latifundien von 2 800 ha. Die Griechen entwickeln ganz neue Fähigkeiten; die rationale Seite griechischen Wesens läßt im Ptolemäerstaat den Typus des Verwaltungs-, Wirtschaftsspezialisten, des Technikers und Ingenieurs entstehen; mit ihrem Sachverstand und Organisationstalent wird das ptolemäische Staatswirtschaftssystem zum effizientesten der Welt. Es funktioniert, solange das Pachtwesen unternehmerischem Gewinnstreben eine Chance läßt und das arbeitsame und bedürfnislose Fellachentum sich mit seiner Lage abfindet. Die Krise zeigt sich im 2. Jahrhundert in der massenhaften Flucht Einheimischer vor Steuerlast und Zwangsarbeit in die mit Asylrecht ausgestatteten Tempel, ferner in den Aufständen der Fellachen, die, seit Ägypter in der königlichen Armee kämpfen (217), nicht mehr abreißen. Der Widerstand äußert sich in antigriechischer Propaganda (sog. Töpferorakel), die den Untergang der Stadt Alexandria prophezeit. Ägypter steigen in hohe Stellungen auf, etwa des Generalgouverneurs der Cyrenaika, und beginnen ihrerseits die griechischsprechende Bevölkerung zu drangsalieren. Das Militär verkommt zur Soldateska und übt vom ausgehenden 2. Jahrhundert an in Alexandria ein Prätorianerregiment aus. Den Zerfall des Reiches überlebt dennoch sein Wirtschaftssystem, die kaiserliche Verwaltung hat es noch verfeinert.

DER SELEUKIDENSTAAT

Das Seleukidenreich kennt nicht den Zentralismus Ägyptens, es ist ein föderatives Gebilde. Feudalherrschaften in Kleinasien und Iran erkennen die Oberhoheit des Königs durch Abgaben und Heeresaufgebot an, sind aber halbwegs autonom. Tempelterritorien durchsetzen Kleinasien und Syrien, ihre Hohenpriester sind zugleich weltliche Herrscher ihrer Untertanen. Die Dynasten stammen aus einheimischem oder persischem Adel. Schließlich gibt es die griechischen Poleis. Das übrige nichtprivilegierte Gebiet, die „Topoi", untersteht dem König direkt und ist um 280 in 25 Satrapien (Provinzen) eingeteilt und in Hyparchien und Toparchien (Distrikte und Bezirke) untergliedert. An der Spitze stehen Satrapen mit dem alten persischen Amtstitel, im gefährdeten Kleinasien Strategen, einheimischen Satrapen sind griechische Militärbefehlshaber beigegeben. Den Provinzen Kleinasiens und den „Oberen Satrapien" (östlich Mesopotamiens) ist ein Generalgouverneur bzw. Vizekönig mit Sitz in Sardes und Seleukia am Tigris vorgesetzt, häufig seleukidische Prinzen. Die Satrapien werden später verkleinert und unter dem Reichsreformer Antiochos III. Strategen als Militär- und Zivilgouverneuren unterstellt. Neben ihnen steht – wie in Ägypten der Gauökonom – ein Finanzbeauftragter, der Zentrale präsidiert auch hier ein Dioiketes.

Auch im Seleukidenreich haben die Nationalitäten ihr eigenes Recht, so bekanntlich die Juden, in Babylon behält das keilschriftliche Recht Geltung.

Besonders privilegiert sind die alten Griechenstädte Westkleinasiens, formal sind sie Bundesgenossen des Königs, unterliegen jedoch – bei von Stadt zu Stadt verschiedener Politik der Krone – der Abgabenpflicht. Außerdem weiß der König durch Sendschreiben, deren höflicher Ton auf den Status der Empfänger Rücksicht nimmt („ich halte es für gut und nützlich, wenn ihr . . ."), seinem Willen Geltung zu verschaffen.

Die Seleukiden haben ihre Herrschaft durch ein immenses Siedlungswerk untermauert, das der Kolonisation der archaischen Zeit nicht nachsteht. Die Städtegründungen konzentrieren sich auf Kleinasien und Syrien, erfassen Babylonien und Iran bis Indien. Neugründungen und Hellenisierung orientalischer Städte gehen Hand in Hand. In Nordsyrien und Babylonien entsteht durch Benennung von Stadt und Landschaft mit den vertrauten Namen eine Art Neumakedonien; die meisten Städte tragen den Namen ihrer Gründer oder von Königinnen: Seleukeia, Antiocheia, Apameia, Laodikeia. Die Mehrzahl der neuen Städte sind äußerlich griechische Poleis mit den griechischen Verfassungsorganen und Gymnasion, Theater, Agora, ihre Verfassung (Politeia) ist jedoch vom König gegeben. Manche sind auch nur makedonische Kommunen unter königlichen „Vorstehern". Die orientalische Stadtbevölkerung ist – wie in Alexandria – in den Politeumata organisiert. In Katoikien (Niederlassungen) siedeln die Reservisten der Reichsarmee, die im Kriegsfall zum Dienst in ihren Militärkantonen aufgeboten werden. Sie nennen sich „Makedonen", ursprünglich als eine Art Adelsprädikat dem Namen, selbst des Königs, beigefügt, bald nur mehr Standesbezeichnung. Katoikien gibt es im Innern Kleinasiens, in den östlichen Satrapien vor allem in Baktrien, wo das von ihnen ausgegangene Hellenentum im Baktrischen Reich seine Spätblüte erlebt.

Alle Reichsuntertanen, gleich ob Dynast, Griechenpolis oder die Landbevölkerung (die „éthnē", Völker), zahlen Abgaben, die Militärkolonisten (Katoiken) einen „Zehnten". Sonderabgaben sind nicht selten legalisierte Erpressungen. Haupteinnahmeposten der Königskasse bilden die Erträge aus den königlichen Domänen in Westkleinasien und Babylonien, die durch Königsbauern (Hörige) und Sklaven bewirtschaftet werden. Städte, Katoikien, Dynasten, Würdenträger erhalten aus dem Königsland Landzuweisungen. Die Krongüter schmelzen zusammen, aber der König gewinnt meist zuverlässige Stützen seiner Herrschaft.

Die Innenpolitik der Seleukiden balanciert mit unterschiedlichem Erfolg viele widerstrebende Tendenzen aus. Das gelenkte Siedlungsprogramm ist planmäßige Hellenisierungspolitik. Die Gesellschaftsstruktur des Landes, bisher von iranischen Feudalherren und phönikischen Großkaufleuten bestimmt, wird durch den Zustrom der Griechen tiefgreifend verändert: als Staatsfunktionäre, Großgrundbesitzer, Unternehmer geben sie, vom König favorisiert, den Ton an. Die Oberschicht spricht und denkt griechisch, die Makedonen vergessen im Ausland ihr Makedonisch, vornehme Orientalen assimilieren sich rasch. Neben dem Griechischen bleibt das Aramäische als Amtssprache erhalten.

Tausende von Griechen sind in Erwartung glänzender wirtschaftlicher Möglichkeiten nach Syrien und Babylonien ausgewandert, sie bestimmen Handel und Wandel in den Städten. Die neuen Residenzen blühen auf, Seleukia am Tigris, wo sich die Handelswege von Indien nach Phönikien, vom Kaukasus zum Persischen Golf kreuzen, wird der Bazar des mittleren Ostens, Nachfolgerin Babylons, Vorgängerin Bagdads; die Stadt soll an die 600 000 Einwohner gezählt haben. Der seleukidische Außenhandel konzentriert sich auf Indien und Arabien. Aus Indien werden Baumwolle, Indigo, Spezereien, Pfeffer, Perlen, Edelsteine, später auch chinesische Seide bezogen und den westlichen Ländern vermittelt. Aus Arabien kommen Gewürze und Kosmetika auf den Markt. Im Arabien- und Indienhandel überschneiden sich die Interessen von Seleukiden und Ptolemäern, die Erzeugnisse Südarabiens werden nämlich auch in das ptolemäische Südsyrien und angrenzende Arabien verhandelt. Die Handelskonkurrenz spielt bei den Syrischen Kriegen der beiden Großmächte eine wichtige Rolle.

Die Beteiligung der einheimischen Oberschicht an der Reichsverwaltung ergibt sich aus der Struktur des Landes. Seleukos' I. Gattin, die Tochter des Spitamenes, Apame, wird die Stammutter der Seleukidendynastie. Makedonisch-iranische Mischehen sind nicht selten. Seleukos hat 309 das babylonische Sonderkönigtum erneuert, dort ist er „König von Babylon". Den lokalen Gottheiten und ihrer Priesterschaft erweisen die Seleukiden ihre Reverenz, die Tempel Babyloniens und Elams (Susa) werden wieder Schauplatz reger Bautätigkeit. Die makedonisch-griechischen Stadtbürger, die die Sprachen der Einheimischen oder gar aus deren Literatur zu lernen weit von sich weisen, lernen allmählich, daß die Devise des Aristoteles, die Barbaren seien zum Dienen geboren, nichts mehr gilt. Als im 2. Jahrhundert v. Chr. der Bevölkerungsüberschuß Griechenlands abgeschöpft ist, tritt an die Stelle der Hellenisierung der Untertanen die Orientalisierung ihrer Herren. Poseidonios von Apameia, der in seiner Jugend den Zerfall des Seleukidenreiches erlebt hat, schrieb: „Die Makedonen, die Alexandria in Ägypten, die Seleukia und Babylon und andere über die Welt verstreute Siedlungen bewohnen, sind zu Syrern, Parthern und Ägyptern entartet." Das Werturteil des Kulturkritikers braucht sich niemand zu eigen zu machen, der Vorgang als solcher ist richtig beobachtet. Einen anschaulichen Beweis liefert die seleukidische Reichsarmee, ihr Kern, die „makedonische" Phalanx, tritt hinter den Kontingenten der asiatischen Reichsvölker unter dem Kommando einheimischer Offiziere zurück. Die Kulturmischung wird – wie in Ägypten – besonders auf dem Gebiet der Religion greifbar. Die orientalischen Götter leben unter der Tünche des Hellenismus fort und haben sich – teils mit griechischen verschmolzen (Synkretismus) – die Seelen der Griechen erobert, die anatolische Große Mutter, die syrische Atargatis und der Sonnengott, der persische Mithras, die ägyptische Isis und viele andere. Babylonien („Chaldaea") gilt später als die Heimat aller Astrologie und Wahrsagerei. Die Saat ist erst in der Kaiserzeit aufgegangen. Verhängnisvoll ist für das Seleukidenreich aber weniger der ethnische und kulturelle Vermischungsprozeß, der auch Ägypten erfaßt, sondern die Verwundbarkeit seiner langgezogenen Grenzen und seine strukturelle Schwäche. Jene ermöglicht den Parthern den Einbruch und führt zur Absplitterung des baktrischen Griechentums, diese begünstigt den Abfall der mit gefährlicher Machtfülle ausgestatteten Gouverneure, Dynasten und selbstbewußten Städte. Dazu sehen sich viele von ihnen noch durch ausländische Mächte ermuntert (Ptolemäer, Römer); auch die Bewegung der Makkabäer bekommt in ihrem Kampf um nationale und religiöse Identität von außen den Rücken gestärkt.

DIE ANTIGONIDENHERRSCHAFT IN MAKEDONIEN UND DIE GRIECHISCHEN STAATEN

In Makedonien äußert sich der Absolutismus des Königs in gemäßigten Formen. Antigonos Gonatas, als Freund und Schüler Zenons von der stoischen Lehre geprägt, bezeichnet sein Königtum als „ruhmvollen Dienst" (éndoxos duleia); die Formel erinnert an die friderizianische des „ersten Dieners" des Staates. Doch erst Philipp V. macht Makedonien zu einem typisch hellenistischen Staat, er trägt das Diadem und setzt sein Bild auf die Münzen. Makedonien ist unter den drei Großstaaten der kleinste, hat jedoch eine ethnisch einheitliche Bevölkerung. Die Sozialstruktur ist seit Philipps und Alexanders Tagen nahezu unverändert: es finden sich viele kleine Landbesitzer („Pezhetairen" des Königs), Adlige und Magnaten („Hetairen"), der König unter ihnen der größte; aus Domänen, Forsten, Bergwerken fließen ihm die Einkünfte zu. Enge wirtschaftliche Beziehungen bestehen zu Griechenland; Thessalonike (Saloniki) wird als Partner von Rhodos und Delos ein blühender Handelsplatz. Hauptstütze des Königtums bleibt das traditionsbewußte Volksheer, erst Philipp V. zieht massenhaft Söldner heran; sie leisten in den Festungen Demetrias (Thessalien), Chalkis (Euböa) und Korinth Dienst, den „drei Fußfesseln" von Hellas. Der Dualismus der Antigonidenherrschaft spiegelt sich in der Verwaltungsgliederung: Makedonien mit Thessalien und den Nebenlanden hier, Teile Griechenlands dort. Das Kernland und Thessalien sind in „Kreise" unter Landeshauptleuten gegliedert, deren Verwaltungssitz die makedonischen Kommunen sind. Das städtearme Obermakedonien untersteht dem grundbesitzenden Adel, der dem König seine Kantonsaufgebote zuführt. Die dem König unmittelbar zugeordneten Nebenlande verwalten wieder Strategen, so die nördliche Grenzmark Päonien und das makedonische Thrakien. Die Außenbesitzungen in Griechenland, oft verloren und wiedergewonnen, unterstehen dem Generalgouverneur in Korinth, der den Statthaltern mittelgriechischer Landschaften vorgesetzt ist; für die Peloponnes gibt es zeitweise einen besonderen Strategen. Hier wie sonst ist die unbeliebte Makedonenherrschaft brüchig und umfaßt nur Landesteile. Die nie gelöste, wohl auch unlösbare griechische Frage hat die Bildung eines Makedonischen „Reiches" verhindert.

Das politische Leben in Griechenland zur Zeit der Antigoniden wird von Bundesstaaten bestimmt. Unter ihnen dominieren der Ätolische und der Achäische Bund, die, aus Stammesbünden hervorgegangen, große Gebiete Mittelgriechenlands bzw. der Peloponnes in sich vereinigen. Die Bundesstaaten besitzen gemeinsame Verfassungsorgane (Sympolitie, „gemeinsame Verfassung") nach dem Muster der Polisverfassung: jährlich gewählte Oberbeamte, repräsentative Ratsorgane, eine Bundesversammlung, zu der jeder vollberechtigte Bürger Zutritt hat. Bürgerrecht und Verfassung der Mitgliedstaaten müssen der Bundesnorm entsprechen. Mit der Schaffung eines Bundesbürgerrechts – Grundlage des Bundesstaates: alle Bürger besitzen Bürgerrecht auch in allen anderen Mitgliedstaaten; es bezeichnen sich alle mit dem gemeinsamen Stammesnamen „Achäer", „Ätoler" – ist der Schritt zur Überwindung der Exklusivität und politischen Ohnmacht der alten Polis getan. Neu ist, im Vergleich zu den hegemonialen Bünden der klassischen Zeit, die völlige Gleichberechtigung der Mitglieder; dies trägt freilich, da eine starke Zentralgewalt und ein Vorort fehlt, nicht eben zur Stabilität der Bünde bei. Bundesangelegenheiten sind die den Bund betreffende Gesetzgebung und Rechtsprechung, Münzprägung, Heerwesen und Außenpolitik; die Bundesversammlung (Synodos) entscheidet über Krieg und Bündnis. Die leitenden Bundesbeamten, der Stratege (Bundesfeldherr) als Bundespräsident insbesondere, besitzen umfassende Vollmachten. Ätoler- und Achäerbund haben durch ihre Rivalität und ihr wechselhaftes Freund-Feind-Verhältnis zu Makedonien und Rom das Schicksal Griechenlands bestimmt, nach ihrer Auflösung ist auch Griechenland politisch tot.

Den alten Polisstaaten bleibt kaum Bedeutung; die Handelsmacht Rhodos bildet die Ausnahme, die Bildungsstätte Griechenlands, Athen, untersteht von 263 bis 229 den Makedonen, von den Griechenstädten in den alten Kolonialgebieten sind die mei-

Die griechische Malerei ist uns praktisch nur aus Kopien römischer Zeit bekannt. Das obige von Gnosis signierte Kieselmosaik mit der Darstellung einer Hirschjagd vermittelt einen Eindruck von der Malerei der Alexanderzeit. Um 300 v. Chr. Pella, Makedonien.

sten von hellenistischen Königen abhängig, die großen Seestädte am Bosporus und im Schwarzmeergebiet müssen mit fremden Stammesfürsten ihr Auskommen finden oder werden annektiert. Bindungen unter den Poleis ergeben sich durch gegenseitige Verleihung ihres Bürgerrechts (Isopolitie, „gleiches Bürgerrecht"), Schlichtung ihrer Streitfälle durch ein von einer dritten Stadt gestelltes Schiedsgericht, Austausch von Kommissionen aus Berufsrichtern anstelle des herkömmlichen Geschworenensystems; eine gewisse Vereinheitlichung des Rechtslebens ergibt sich hieraus von selbst, vielerorts steht das attische Recht Pate. Mit Bürgerrechtsverleihungen knausert man nicht, vermögende und einflußreiche Persönlichkeiten, die den notleidenden Gemeinden unter die Arme greifen, haben Gelegenheit, Stadtbürgerrechte einzusammeln, für Kaufleute ist das oft recht lukrativ.

Demokratie bedeutet wenig mehr als republikanische Staatsform im Unterschied zur monarchischen, die wichtigsten Ämter werden die mit der Verwaltung, besonders der Lebensmittelversorgung und dem Gymnasion als Pflanzschule griechischer Lebensart befaßten. In der Rückkehr zur timokratischen Gliederung der Bürgerschaft, im oligarchischen Einschlag der Verfassungen – in Athen fällt das politische Schwergewicht von der Volksversammlung auf den Rat, teils sogar auf den Areopag zurück –, in der Begünstigung von Tyrannisherrschaften, etwa durch die Makedonen in der Peloponnes, spiegelt sich die politische Ohnmacht der Polis. Wirtschaftsdepression und Bevölkerungsschwund in fatalem Kreislauf führen vom 2. Jahrhundert an zur Verödung ganzer Landstriche. Das Übel wird eher verschlimmert durch massenhafte Auswanderung und Kindsaussetzung als barbarischem Mittel der Geburtenbeschränkung; deren Opfer sind vor allem die Mädchen, Ehelosigkeit ist verbreitet, das Ein-Kind-System üblich. Die Spannungen zwischen der schmalen Schicht der Reichen und dem proletarisierten Kleinbürgertum entladen sich in blutigen Revolten. Die Besitzenden und die jeweilige Hegemonialmacht finden in der Regel aneinander eine Stütze. Soziale Kämpfe artikulieren sich daher als antimakedonische oder -römische, nationaler Widerstand als soziale Bewegung, Sozialreformen müssen als gefährliche Konspiration das Eingreifen der Hegemonialmacht veranlassen.

Die politische Geschichte der hellenistischen Staatenwelt

In der Außenpolitik setzen die hellenistischen Großmächte annähernd gleichstarke Kräfte ein, ihre Kriegsziele scheinen begrenzt, auf Vernichtung des Gegners ist keine bedacht, alle sind der gleichen Überzeugung, Weltmacht zu sein. Für fast 80 Jahre stellt sich ein labiles Gleichgewicht der Mächte ein, seine Erschütterung bringt das Hegemoniestreben der Ptolemäer bereits 246/45 (Asienfeldzug Ptolemaios' III.), seinen Zusammenbruch nach weiteren 40 Jahren Makedoniens und Syriens einvernehmliches Vorgehen gegen die ptolemäischen Außenbesitzungen und das darauffolgende Eingreifen Roms zugunsten zunächst der meistbetroffenen Drittstaaten Pergamon und Rhodos, sodann weiterer griechischer Städte. Roms Schiedsrichterrolle erstickt neuerliche hegemoniale Ansätze regelmäßig im Keime, unterwirft die Länder totaler Abhängigkeit und zuletzt der Annexion. Die hellenistischen Großmächte, auf das Konzept partikularer Wahrung ihrer Reichsinteressen festgelegt, tun sich gegenseitig Abbruch und sind unfähig, der römischen Expansionspolitik gemeinsam Widerstand entgegenzusetzen.

PTOLEMÄER UND SELEUKIDEN IM 3. JAHRHUNDERT

Die Geschichte der beiden östlichen Großreiche steht weithin im Zeichen der Syrischen Kriege, die die Endpunkte der gro-

Makedonenkönig mit der Kausia (maked. Kappe), Speer und Schild. Ausschnitt aus einem Wandgemälde des P. Fannius Synistor bei Boscoreale. Kopie nach einem um die Mitte des 3. Jahrhunderts v. Chr. geschaffenen Original. Museo Nazionale, Neapel.

Porträtkopf des Seleukidenherrschers Antiochos III. (223–187 v. Chr.), antike Marmorreplik nach einem Bronzeoriginal um 205 v. Chr. Louvre, Paris. ◁

ßen Handelswege und die über sie herangeschafften Waren und Rohstoffe für den eigenen Export sowie für die Ptolemäerflotte das Schiffsbaumaterial sichern sollen, das die Zedern des Libanon und die Fichtenwälder Kilikiens wie Cyperns liefern. Andererseits muß eine ptolemäische Seehegemonie in der Ägäis, die Griechenland gegen Makedonien stützt und als Absatzmarkt für ptolemäische Waren offenhält, Makedonien empfindlich treffen, die Interessen der Handelsmacht Rhodos beeinträchtigen und das Seleukidenreich alarmieren, das ptolemäischer Ausbreitung an Kleinasiens Küsten, vor allem im hafenreichen Ionien, nicht gleichgültig zusieht.
Die Schwäche der seleukidischen Position in Kleinasien verdeutlicht bereits die gegnerische Koalition im „Syrischen Erbfolgekrieg" (280/79): ganz oder halbwegs unabhängig sind die „Nördliche Liga" griechischer Städte am Schwarzen und Marmarameer, Bithyniens Könige Zipoites und Nikomedes I., Mithradates (II.) von Pontos und der als Schatzhüter des Lysimachos 283 zu Seleukos übergetretene Eunuch Philetairos auf der Burg von Pergamon. Antiochos I. ist überdies mit den Kelten beschäftigt. Die Kelten – östlicher Zweig der Scharen, die 387/86 Rom eingeäschert haben – haben im Hinterland von Ägäis und Schwarzem Meer das Reich von Tylis gegründet, sind 279 tief nach Makedonien und Griechenland eingebrochen, ergießen sich in neuen Wellen, eingeladen von Nikomedes und Mithradates, einem Heuschreckenschwarm gleich nach Kleinasien hinein. Antiochos I. besiegt sie in der „Elefantenschlacht" (275/74) und siedelt die Stämme der Tolistoagier, Tektosagen, Trokmer in Zentralanatolien an; die „Galater" bleiben der Schrecken der umliegenden Länder und ein begehrtes Söldnerreservoir.
Im 1. Syrischen Krieg (274 bis 271) behauptet und erweitert Ptolemaios II. zwar seinen Besitzstand in Koilesyrien und Südkleinasien, sieht sich aber durch einen Schachzug seines Gegners in Kyrene mattgesetzt: der Statthalter Magas, verheiratet mit einer Tochter Antiochos' I., Apame, ertrotzt sich faktische Unabhängigkeit. Um so prächtiger feiert man das Siegesfest in Alexandria. Theokrit besingt in einem Hymnus das regierende Herrscherpaar Ptolemaios II. und die Schwestergemahlin Arsinoë II. und die als „Rettende Götter" verehrten Eltern: „. . . er hat tüchtige Schiffe, die die See befahren, alles Meer, Erde und brausende Ströme gehorchen Ptolemaios." Arsinoë II., nach zwei unglücklichen Ehen nach Alexandria zurückgekehrt, nötigt den beträchtlich jüngeren König zur Scheidung von ihrer Stieftochter Arsinoë I. und heiratet mit Ptolemaios II. ihren leiblichen Bruder. Schön, gebieterisch und intrigant hat sie König und Hof völlig in der Hand, unterstützt aber seine Außenpolitik. Als „Bruderliebende Göttin" von Ptolemaios konsekriert, als „Aphrodite der Meere" von den Schiffern angerufen wie die Meereskönigin Isis, empfängt sie gemeinsam mit dem Brudergemahl im Kult der „Götter-Geschwister" Verehrung; „Philadelphos" hat man Ptolemaios II. erst im 2. Jahrhundert genannt. Die anschließenden Aktivitäten – Handelsvertrag mit Rom (273), Verbindung mit Karthago und Indien, Flottenfahrt ins Schwarze Meer zur befreundeten Stadt Herakleia Pontike – richten sich zunächst gegen Makedonien, dessen Ausbreitung in der Ägäis und an den Meerengen das ptolemäische Protektorat über den Nesiotenbund und, durch Drosselung der Zufuhr des Schwarzmeergetreides, die Unabhängigkeit Griechenlands gefährden muß. Der 2. Ptolemäer ist entschlossen, ein Wiedererstehen von Demetrios' Seereich unter dem Enkel Antigonos Gonatas zu verhindern, und zögert wie sein Vater nicht, die Griechen für seine Ziele einzuspannen. Der griechische Unabhängigkeitskrieg („Chremonideischer Krieg" nach dem athenischen Staatsmann Chremonides, etwa 267 bis 261) endet jedoch mit einem Fiasko. Die ptolemäische Blockade des Saronischen Golfs, die Errichtung von Stützpunkten in Attika hindert Antigonos nicht an der Besetzung des Landes, König Areus von Sparta fällt vor der Zwingfeste Korinth, die Peloponnesier laufen auseinander, Athen kapituliert 263 und bleibt bis 229 eine unfreie Stadt, Chremonides flieht nach Alexandria. Antigonos Gonatas, zu Lande über die schwachen und von Ptolemaios II. unzureichend unterstützten Koalierten siegreich, beschließt seinen Hauptgegner auf dessen eigenem Felde zu treffen, betreibt den Bau einer großen Flotte und schließt ein Bündnis mit Rhodos und dem neuen Seleukidenkönig Antiochos II. (261 bis 246). Kriegsgrund ist für diesen, daß Ptolemaios II. Pergamon mit Geld und einer Flotte zu völliger Unabhängigkeit verholfen hat; Antiochos I. ist 263/62 bei Sardes Eumenes, dem Neffen und Adoptivsohn des Philetairos, und seinen galatischen Söldnern unterlegen und sieht sich, da gleichzeitig in Kappadokien der Perser Ariarathes ein Königreich errichtet, fast völlig aus Kleinasien verdrängt.
Zu Beginn des 2. Syrischen Krieges (260–252) liquidiert der Seleukide die ägyptische Herrschaft in Ionien, der Statthalter, ein abgefallener Ptolemäerprinz, hält sich jedoch, wohl als Dynast, in Milet und Ephesos, wo er um 245 ermordet wird; darauf dringt Antiochos II. in Syrien bis Sidon vor, fortan als „Theos" (Gott) verehrt. Ägypten ist durch erneuten Abfall Kyrenes geschwächt, das diesmal ins makedonische Fahrwasser gerät: die Statthalterwitwe Apame verhilft Demetrios „dem Schönen", einem Halbbruder des Antigonos Gonatas, zur Nachfolge; zwar bringt die beiseitegeschobene Erbprinzessin Berenike den „Schönen" bald zu Fall, jedoch kehrt Kyrene erst 247 an Ägypten zurück. Dann leitet der makedonisch-rhodische Seesieg vor Kos (um 256?) den Rückzug der Ptolemäer aus der Ägäis ein. Die Schlappen macht Ptolemaios II. vorerst mit diplomatischen Mitteln wett: ein Friede mit Antigonos überläßt diesem die Hegemonie über den Nesiotenbund (255), gegenüber Antiochos II. verzichtet Ptolemaios auf Küstenstriche West- und Südkleinasiens, jener auf Koilesyrien (253) – und setzt darauf erneut in Griechenland gegen Makedonien an. Den ptolemäisch-seleukidischen Frieden bekräftigt die Verschwägerung der Dynastien: Antiochos trennt sich von seiner ersten Frau Laodike und erhält die Tochter seines Vertragspartners Berenike „Syra" (aus dessen erster Ehe mit Arsinoë I.) zur Frau sowie deren riesige Mitgift, vermutlich gegen das Versprechen, den aus der Ehe erwarteten Sohn zum Thronfolger zu bestimmen. Das Ehebündnis hat fatale Folgen. Antiochos Theos, der 246 zu Ephesos, dem Sitz der Laodike, stirbt, hat testamentarisch deren Sohn Seleukos (II.) zur Nachfolge bestimmt, das Erbrecht des Berenikesöhnchens beiseitegeschoben. Berenike, die in Antiochia residiert, fordert ihren Bruder Ptolemaios III. (246 bis 221) zum Einschreiten auf. Der 3. Ptolemäer hat vor seiner Thronbesteigung durch Heirat der Erbprinzessin Berenike (II.), seiner Kusine, Kyrene zurückgewonnen, das Ptolemäerreich ist neu erstarkt.
Der 3. Syrische oder „Laodike"-Krieg (246 bis 241) beginnt mit der Besetzung Antiochias und Kilikiens. Ptolemaios' III. Einmarsch in die Seleukidenresidenz – er hat darüber berichtet – verhindert die Ermordung von Neffen und Schwester nicht, doch tritt Ptolemaios nunmehr als Rächer Berenikes auf, stößt zum Euphrat vor und steht im Begriff, sich des Seleukidenreiches zu bemächtigen. Eine Besetzung Mesopotamiens und der östlichen Satrapien – ptolemäische Propaganda stilisiert sie als Schlachtbericht nach Pharaonenart (Tempelinschrift von Esne) – scheitert am Widerstand der seleukidischen Gouverneure, Unruhen in Ägypten erzwingen den Abbruch des Unternehmens (245). Seleukos II. stellt die Seleukidenherrschaft in Vorderasien wieder her, der Friedensschluß 241 bestätigt Ptolemaios III. den Besitz von Teilen der kleinasiatischen Küste von Ionien bis Westkilikien, von Seleukia in Pierien, dem Hafen der Seleukiden-

residenz, von Gebieten beiderseits der Dardanellen und anschließender thrakischer Küstenorte. Makedonien ist mit Griechenland beschäftigt.
Der verlorene Laodike-Krieg stürzt das Seleukidenreich in eine Krise. Schlimmer als die Erstarkung der unabhängigen Gebiete Kleinasiens, Kappadokiens, Bithyniens, des Pontos, wirkt der Verlust des mittleren und östlichen Iran, den die Seleukidenkönige, auf Syrien und Kleinasien konzentriert, mitverschuldeten. Der Druck aus der Steppe östlich des Kaspischen Meeres schart in den Grenzprovinzen Griechen und Iranier um die Satrapen, führt diese zum Abfall von der Zentrale, die sie im Kampf gegen die Nomaden alleinließ, so während des 3. Syrischen Krieges Andragoras in Parthien, in Baktrien Diodotos, der sich seit 239/38 als König bezeichnet und nicht umsonst den Beinamen „Sotēr" (Retter) führt. Während auf dem Boden der Satrapien Baktrien und Sogdiana ein griechisch-baktrisches Reich entsteht, das, gestützt auf die Katoikien und die iranische Bevölkerung, der Flut der Nomadenbarbaren standhält, setzen sich in Parthien die Parner, ein dahisches Reitervolk, gegen Andragoras durch und begründen, wohl in den 30er Jahren, den Staat der Parther. Nach seiner eigenen Zeitrechnung, der parthischen Ära von 247, tritt das Partherreich mit dem Dynastiegründer Arschak (Arsakes) ins Leben.
Seleukos II. sind durch den Seleukidischen Bruderkrieg gegen den von der Königinmutter Laodike unterstützten Antiochos Hierax („Habicht") und die verbündeten Ptolemaios III. und Mithradates III. von Pontos die Hände gebunden, nach seiner Niederlage bei Ankyra (Ankara, um 239) tritt er dem Bruder 234 Kleinasien als Sonderreich ab. Den Vorteil hat zunächst ein anderer: Attalos (I.) von Pergamon schlägt die Galater am Kaikosfluß, nimmt den Königstitel an (um 230) und setzt sich als Sieger über Hierax in Besitz von dessen Gebiet bis zum Taurus. Seleukos II. kann seine Herrschaft weder im Iran noch in Kleinasien wiederherstellen; sein Sohn Seleukos III. (226 bis 223) wird ermordet, erst der Vetter Achaios drängt den Attalos auf Pergamon zurück. Im selben Jahre 223 besteigt der jüngere Bruder des Ermordeten 18jährig den Seleukidenthron, Antiochos III. (223 bis 187); unter seiner Regierung gewinnt das Reich nochmals die Kraft der Gründerzeit zurück.
Den Aufstand des Statthalters von Medien, Molon, der Mesopotamien besetzt und die Persis mitgerissen hat, wirft Antiochos III. 220 nieder. Obwohl Kleinasien erneut, diesmal unter dem Vizekönig Achaios, abfällt, wirft sich der König auf das ptolemäische Syrien. Im 4. Syrischen Krieg (220/19 bis 217) gewinnt er freilich nur die Enklave Seleukia in Pierien zurück, Sieger in der Entscheidungsschlacht bei Rapheia (bei Gaza) ist Ägypten. Die unvermutete Schlagkraft der ptolemäischen Armee ist Folge von Maßnahmen der griechischen Ratgeber Ptolemaios' IV. (222–204); sie haben erstmals eingeborene Ägypter, wohl als makedonische Phalanx, ins Heer eingestellt. Die militärische Unentbehrlichkeit stärkt das Selbstbewußtsein des Fellachentums, eine Reihe schwerer Aufstände verurteilt das Ptolemäerreich in den folgenden Jahrzehnten zu außenpolitischer Passivität.
Nach Niederwerfung des Rebellen Achaios – er wird bis 213 in der Residenz Sardes belagert und später hingerichtet – einigt sich Antiochos mit Attalos I. über die Gebietsverteilung und bricht erneut zu einer „Anabasis" auf, die ihn durch das obere Asien bis Indien führt. 212 bis 209 werden Armenien unterworfen, Mesopotamien und Medien reorganisiert. 209 bis 205 müssen die Könige von Parthien, Arsakes II., und Baktrien, Euthydemos I. – dieser hat den mit den Parthern kollaborierenden Diodotos II. gestürzt –, seleukidische Oberhoheit anerkennen, behalten jedoch Reich und Königstitel, desgleichen der indische Radscha oder Maurya-Teildynast Sophagasenos (Subhāgasēna); zu mehr als nomineller Unterstellung reichen die Kräfte nicht aus, und selbst diese ist von kurzer Dauer. 205 kehrt Antiochos III. auf Alexanders Spuren zurück, gegenüber den Orientalen führt er den Titel Großkönig, die Griechen nennen ihn bald Antiochos den Großen. Eine Arabienexpedition gegen die Gerrhäer, die Weihrauch zu liefern haben, zielt wohl auf die Schädigung des ägyptischen Südosthandels.
Ptolemaios IV. hat zwar 210 große Getreidemengen an Rom geliefert, die infolge des 2. Punischen Krieges geschlossenen Märkte im Westmittelmeer führen jedoch eine schwere Wirtschaftskrise herbei, die die Fellachenaufstände verschärfen: Oberägypten ist bis 185 unter einheimischen Pharaonen selbständig, damit die Rohstoffzufuhr aus Nubien und Somaliland unterbunden. Die Einführung der Kupferwährung (Verhältnis zum Silber 1 : 60) fängt die Preisinflation vorübergehend auf.

MAKEDONIEN UND GRIECHENLAND IM 3. JAHRHUNDERT V. CHR.

Die politische Geschichte des griechischen Mutterlands wird im 3. Jahrhundert durch die großen Bundesstaaten und ihr Verhältnis zu Makedonien, die Einflußnahme der Ptolemäer und schließlich der Römer bestimmt.
Der Ätolerbund, 367/66 erstmals erwähnt, gewinnt nach Vertreibung der Kelten aus Delphi 279 die Vorherrschaft über die Amphiktyonie und bald über weite Gebiete Mittelgriechenlands; manche Griechen versprechen sich vom Beitritt Schutz gegen das ätolische Räubertum, Städte lassen sich ihr Asylrecht vertraglich zusichern. Der Achäerbund, 280 durch Zusammenschluß nordpeloponnesischer Städte gegründet, wächst, seit Aratos von Sikyon seine Heimatstadt dem Bunde zugeführt hat, rasch über das Stammesgebiet Achaia hinaus. Aratos schließt sich dem 253/52 von Ptolemaios II. zum Abfall bewogenen makedonischen Statthalter in Korinth, Alexander, Sohn des Krateros, an. Die Makedonenherrschaft in Mittel- und Südgriechenland wankt, in den Städten Arkadiens stürzen die makedonenfreundlichen Regierungen. Doch erhält Antigonos Gonatas nach dem Tode des Usurpators die Verluste zurück, der Kronprinz Demetrios (II.) heiratet dessen Witwe, von Stratonike, der Schwester Antiochos' II., hatte er sich getrennt, die Seleukiden sind für Makedonien keine Hilfe. Antigonos' anderer Schlag trifft den im Hintergrund agierenden Ptolemäer: 245 (?) sinken vor Andros die ägyptischen Geschwader ins Meer, der makedonisch-rhodische Sieg verhindert die Rückkehr der Ptolemäer auf die Kykladen.
Die Expansion der Ätoler auf die Peloponnes (Elis, Messenien, Arkadien) beantwortet Aratos, der seit 245 den Achäerbund führt, 243 mit der Besetzung der Festung Akrokorinth, dem Anschluß der meisten nordwestpeloponnesischen Städte, einem Bündnis mit Sparta; darauf erzwingt er, mit Subsidien Ptolemaios' III. reichlich versehen – der König erhält das nominelle Oberkommando über alle achäischen Bundesstreitkräfte–, den Rückzug der Ätoler von der Peloponnes (241 bei Pallene).
Antigonos Gonatas stirbt 239, seinen Altersgenossen Ptolemaios II. hat er um sieben Jahre überlebt; sein Tod bezeichnet das Ende einer Epoche. Die Macht Ägyptens unter dem 3. Ptolemäer verkehrt sich bald ins Gegenteil, die Verstrickung Makedoniens in die Kämpfe der griechischen Bünde ermöglicht Rom den Eintritt in die hellenistische Welt auf griechischem Boden; diese selbst zerbricht in zwei Bereiche, einen westlichen und einen östlichen, deren Mitglieder nicht aufhören, einander zu bekriegen. Das Machtvakuum in der Ägäis begünstigt die Mittelstaaten Pergamon und Rhodos, die auf der Suche nach Bundesgenossen sich den Römern in die Arme werfen.
Nach Antigonos' Tod vereinigen sich Achäer- und Ätolerbund vorübergehend zur Beseitigung der makedonischen Hegemonie. Der gegen Demetrios II. (239 bis

229) geführte „Demetrioskrieg“ führt beide Bünde auf den Gipfel ihrer Macht; der Ätolische gebietet über Mittelgriechenland vom Ionischen Meer bis zur Ägäis, der Achäische über alle großen Poleis der Peloponnes, Makedonien sieht sich auf die Festung Demetrias (Thessalien), Euböa und einige Kykladeninseln beschränkt. Es ist dann der Konflikt zwischen dem Achäerbund und Sparta, der Makedonien ein letztes Mal zur Suprematie über Hellas verhilft.

In Sparta hat der König Agis IV. (244 bis 241) eine verspätete Sozialreform eingeleitet, die nach seinem Untergang durch Kleomenes III. (235 bis 222) mit einem Staatsstreich gegen das Ephorat vollendet wird. Die radikalsozialen Maßnahmen beflügeln die verarmten Massen in den peloponnesischen Städten zu den kühnsten Erwartungen und alarmieren die achäische Bourgeoisie; ihr eigentlicher Zweck, einem militärisch gestärkten Sparta die 371 verlorene Herrschaft über die Peloponnes zurückzugewinnen, ruft den Achäerbund auf den Plan, in dem Kleomenes nach Anfangserfolgen den Oberbefehl fordert; jetzt ist er es, dem die ägyptischen Subsidien zufließen. Aratos vollzieht daraufhin eine politische Kehrtwendung und ersucht Makedonien um Hilfe. König Antigonos Doson (229 bis 222), eigentlich Regent für den jungen Thronfolger Philipp, ergreift die Gelegenheit, schließt 224 ein allgemeines Schutz- und Trutzbündnis mit Achäern und anderen Bünden, in gewisser Weise eine Neuauflage des Korinthischen Bundes, und schlägt schließlich 222 bei Sellasia Kleomenes entscheidend. Erstmals marschiert unter Antigonos ein feindliches Heer in Sparta ein, die Reformen werden größtenteils liquidiert, Sparta tritt der Symmachie bei, Kleomenes kommt in Alexandria 220/19 bei einer von ihm entfachten Revolte um. Die Einigung Griechenlands unter makedonischer Führung bleibt jedoch Stückwerk.

Die Weigerung des Ätolerbunds, der Symmachie beizutreten, läßt Philipp V. (222/21 bis 179) mit der Kriegserklärung durch das Synedrion in Korinth beantworten. Der „Bundesgenossenkrieg“ (220 bis 217) gegen Ätoler und zu ihnen abgefallene Spartaner, der sogar das bislang außerhalb der griechischen Händel verbliebene Kreta erfaßt, führt zu nichts als blindwütigen Zerstörungen auf beiden Seiten. Der durch Rhodos, Chios und Ptolemaios IV. vermittelte Friede von Naupaktos, 217, ist der letzte, den Griechen ohne Beteiligung der Römer untereinander schließen. Damals soll der ätolische Staatsmann Agelaos eindringlich vor der „Wolke aus dem Westen“ gewarnt haben, die, wenn sie sich erst über Griechenland entlade, allen Spielereien mit Krieg, Vertrag und freier Entscheidung eigener Angelegenheiten ein Ende setzen werde.

Es ist das von den Römern gegen die Illyrierkönigin Teuta errichtete Protektorat über Korkyra (Korfu) und einen Küstenstrich des Festlands, was Makedonien zutiefst beunruhigt. Die Griechen haben 228 die Befreiung von der illyrischen Seeräuberplage mit Zulassung der Römer zu den Isthmischen Spielen honoriert, dann hat Demetrios von Pharos, ehemals Teutas Vasall, ein zweites Eingreifen Roms provoziert (219) und befindet sich als Flüchtling am Hofe in Pella. Das Bündnis, das Philipp, um die Gefahr aus dem Westen zu bannen, 215 mit dem soeben in Italien siegreichen Hannibal schließt, bringt im 1. Makedonisch-römischen Krieg (215 bis 205) nur den Einbruch Roms in das innergriechische Freund-Feind-System. Der Vertrag Roms mit den Ätolern (212) lädt weitere griechische Staaten zum Beitritt ein, eben die, welche, nachdem die Ätoler bereits 206 durch Sonderfrieden ausgeschieden sind, 205 im römisch-makedonischen Friedensvertrag von Phoinike (Epirus) auf seiten Roms figurieren, vor allem Attalos I. von Pergamon. Philipp, der seine Position gegenüber Rom wie im Hellenenbund behauptet hat, konzentriert sich fortan auf die Ägäis: hier findet er in den Rom verbundenen Staaten Pergamon und Rhodos Gegner – und einen Partner, das Seleukidenreich.

DER ZUSAMMENBRUCH DES „GLEICHGEWICHTS DER MÄCHTE“: ROMS EINGREIFEN GEGEN PHILIPP V. UND ANTIOCHOS III.

Beim Tode Ptolemaios' IV. Philopator reißt eine Vormundschaftsregierung für den sechsjährigen Thronerben Ptolemaios V. die Macht an sich, kommt aber, wie die Königinwitwe Arsinoe III., in den Thronwirren um. Als der anfangs geheimgehaltene Tod des Königs bekannt wird, verabredet sich Philipp V. und Antiochos III. insgeheim zur Aufteilung der ptolemäischen Außenbesitzungen, Antiochos sieht für sich außer Südsyrien Cypern und das ptolemäische Kilikien und Lykien, Philipp die Kykladen und Thrakien vor. Die militärischen Aktionen der Verbündeten lösen eine Kettenreaktion von Ereignissen aus, die innerhalb eines halben Jahrhunderts Rom zum Schiedsrichter und Herrn der hellenistischen Welt machen. 202 eröffnet Philipp den Angriff auf ptolemäische Besitzungen und ätolische Bundesgenossen in der Ägäis und am Marmarameer. Die Eroberung von Chios und Samos ruft Rhodos und Attalos I. auf den Plan. Philipp fällt in pergamenisches Gebiet ein und richtet barbarische Verwüstungen an. Als die Rhodier zusammen mit den Pergamenern vor Chios beinahe unterliegen und vor Lade (bei Milet) besiegt werden, wenden sich beide Staaten hilfesuchend an Rom, desgleichen Ptolemaios V., da Philipp, wie 227 Antigonos Doson, ins ehemals ptolemäische Karien eindringt. Als sich Athen der antimakedonischen Koalition anschließt, brandschatzt Philipps Heer Attika und plündert Platons und Aristoteles' Schulen. Da er sich jeglichen Verhandlungen versperrt, erklärt Rom den Krieg. Der 2. Makedonisch-römische Krieg (200 bis 197), an dem auf römischer Seite auch Achäer und Ätoler teilnehmen, kostet Makedonien sämtliche Besitzungen in Griechenland und seine Seegeltung und nötigt Philipp in ein Bündnis mit Rom.

Die römische Freiheitserklärung für die bisherigen griechischen Untertanen Makedoniens – der Sieger Quinctius Flamininus läßt sie auf den Isthmischen Spielen 196 unter frenetischem Beifall Tausender verkünden – wird als allgemeines Autonomiegebot zunächst auf Sparta angewendet; der auf Drängen der Achäer geführte Krieg gegen Nabis beläßt ihm nur Sparta selbst, Lakonien („Freie Lakonen“) und Argos vereinnahmt der Achäerbund. Sodann ergibt sich die Notwendigkeit, das Autonomiegebot auch gegenüber Antiochos zur Geltung zu bringen, mit dessen Neutralität im Kriege sich die Römer – zur Enttäuschung der ptolemäischen Regierung – zufriedengegeben haben.

Im 5. Syrischen Krieg (201 bis 195) hat Antiochos die ägyptische Armee alsbald geschlagen (200 bei Paneion an den Jordanquellen) und die ptolemäische Regierung im Frieden zum Verzicht auf alle Besitzungen in Syrien, Kleinasien und Thrakien gezwungen. 197 nach altägyptischem Ritus in Memphis gekrönt – als Epiphanes („Erscheinender Gott“) glich der junge König dem Rê, „der hervorgeht“ –, wird Ptolemaios' V. 194/93 der Tochter Antiochos' III., Kleopatra (I.), vermählt; der Seleukide will sich Ägyptens Neutralität sichern. Die Römer haben nach einem gescheiterten Vermittlungsversuch Ägypten seinem Schicksal überlassen, sie werden aktiv, als Antiochos in Kleinasien griechische Städte bedrängt – Smyrna und Lampsakos wenden sich an Rom –, pergamenisches Gebiet besetzt und mit Berufung auf den Ahnherrn Seleukos I. nach Thrakien übergeht, wo die zuvor von Philipp genommenen Städte jedenfalls unter die Autonomiebestimmung fallen. Da Antiochos mehrmalige römische Proteste nicht anerkennt und den flüchtigen Hannibal aufnimmt, kommt es zum Kriege Roms gegen Antiochos und den ihm verbündeten Ätolerbund (192 bis 189/88), der sich von Rom enttäuscht abgewandt und Antiochos zum Eingreifen in

Zur hellenistischen Zeit war Rhodos eine bedeutende Seemacht. Die weltbekannte Nike von Samothrake verherrlicht einen rhodischen Flottensieg über Antiochos III. Frühes 2. Jahrhundert v. Chr. Marmor, Höhe fast 2 m. Louvre, Paris.

Griechenland bestimmt hat. In Demetrias gelandet und zum Oberbefehlshaber der ätolischen Bundesstreitkräfte ernannt, gibt der König eine vieldeutige Freiheitserklärung an die Griechen heraus. Achäer, Philipp V. und andere Verbündete führen den Krieg, zu dem Rom wenig eigene Truppen einzusetzen braucht. 191 kehrt der König, bei den Thermopylen geschlagen, nach Kleinasien zurück. Die Ätoler werden, in Griechenland abgeschnitten, bis 189 niedergekämpft; Pergamener und Rhodier reiben in mehreren Seetreffen die seleukidische Flotte auf, römische Legionen überschreiten die Meerengen und bringen Antiochos im Winter 190/89 bei Magnesia am Sipylos (Lydien) die entscheidende Niederlage bei. Eine anschließende Expedition gegen die Galaterstämme (189) – sie läuft auf ein riesiges Beuteunternehmen hinaus – verschafft den Römern überschwenglichen Dank der Griechenstädte. Der Friede von Apameia (Phrygien) verbannt das Seleukidenreich aus Kleinasien, sein Besitz fällt an den Pergamenerkönig Eumenes II. (197 bis 159), Karien und Lykien an Rhodos. Die Griechenpoleis behalten, soweit autonom und im Kriege auf der richtigen Seite gestanden, den Status „freier Städte", die übrigen werden Eumenes untertan. Die „Freiheit der Hellenen" ist wieder einmal als Propagandainstrument entlarvt. Unter Eumenes II. erreicht das Königreich Pergamon den Höhepunkt an Macht und Wohlstand. Mit den Einkünften aus den Territorien von der Ägäis bis zum Taurus gehören die Pergamener zu den reichsten Königen der damaligen Welt.

DIE HELLENISTISCHEN STAATEN UNTER RÖMISCHER VORHERRSCHAFT

Das schon in den letzten drei Jahrzehnten des 3. Jahrhunderts gestörte Gleichgewicht der Mächte ist nach Apameia vollends zusammengebrochen: das Seleukidenreich ist an die Peripherie gedrängt, Ägypten verbleibt an auswärtigen Besitzungen Kyrene und Cypern; stärkster Staat ist noch Makedonien, jedoch an das römische Bündnis gekettet, der Ätolerbund römischer Oberhoheit unterstellt; die Achäer, noch bedeutendster Bundesstaat in Hellas, liegen in Fehde mit Sparta und Messenien, in die Rom zugunsten der letzteren eingreift, der Achäer Philopoimen, der „letzte der Griechen", fällt den Messeniern in die Hände und wird umgebracht. Immer mehr Gemeinden, selbst innenpolitische Parteigruppen wenden sich über den Kopf ihrer Bundes- oder Kommunalbehörden direkt an Rom, und Rom leistet dem Unwesen durch sein Verhalten Vorschub.

185/84 hat eine Senatskommission die von Philipp getroffenen Maßnahmen in Thrakien und dem ihm zugeteilten Thessalien annulliert. Die daraufhin begonnene Wiederaufrüstung wird von Beschwerdeführern den Römern hinterbracht und von ihren Kommissionen an Ort und Stelle bestätigt gefunden. Opportunistische Romtreue und ein ebenso blinder Nationalismus bestimmen das politische Klima. In Makedonien ist sein Opfer der designierte Thronfolger Demetrios, der, in Rom allzu wohlwollend behandelt, als angeblicher Verräter getötet wird. Bald darauf stirbt Philipp (179), Perseus, Urheber der Verleumdung und selbst Opfer der römischen Intrige, besteigt den Thron. Als Sohn einer Argiverin den Griechen willkommen, entfaltet er eine rege makedonische Propaganda; sie findet besonders in den unteren Schichten Anklang, die in der romfreundlichen Bourgeoisie den Schuldigen für ihre wirtschaftliche Verelendung sehen. Die blutigen Exzesse in Ätolien und Thessalien (174 bis 173) verstehen die römischen Kommissionen nach Ursache und möglicher Auswirkung richtig, geben aber vordergründig Perseus die Schuld an einer Entwicklung, die er weder zu hindern, noch für sich auszunutzen verstand. Stattdessen sucht Perseus die Isolation Makedoniens mit dem klassischen Mittel hellenistischer Politik zu durchbrechen: seine Verschwägerung mit dem syrischen und bithynischen Königshaus wird in Rom aufmerksam registriert. Sein Bemühen um Rhodos – die rhodische Flotte hat, da es eine makedonische nicht mehr gibt, die Braut Laodike, Tochter Seleukos' IV., nach Makedonien geleitet – bringt ihm die Feindschaft Pergamons ein, dessen König Eumenes II. sich 172 zum Hauptankläger in Rom macht und den der griechische Querelen müde Senat zu handeln bestimmt; hinter einem fehlgeschlagenen Attentat auf den König (in Delphi) sieht man Perseus als Anstifter, die windigsten Zeugen beschwören weitere Verbrechenspläne. Neue Kommissionen bereisen die griechischen Staaten, sorgen für ihre Romtreue, machen Perseus' Sündenregister publik, liquidieren bei Gelegenheit den Makedonien zuneigenden Böoterbund; ein Sondergesandter (Marcius Philippus) führt Scheinverhandlungen zum Zeitgewinn; Perseus bezeichnet schließlich die Gesandtenreisen brüsk als Spionage und fordert ein günstigeres Bündnis. Rom erklärt den Krieg, den es trotz mehrmaliger Friedensangebote Perseus' bis zur Vernichtung des Gegners führt. Mit der Niederlage bei Pydna 168 scheidet Makedonien aus dem Kreis der hellenistischen Mächte aus, Perseus ergibt sich auf Samothrake dem Sieger Aemilius Paullus und stirbt (165?) in italischer Haft. Mit seinem Tode erlöscht die Antigonidendynastie, die Makedonien etwa 120 Jahre regiert hat. Beim Strafgericht über die Makedonenfreunde weigert sich wenigstens der Achäerbund, Todesurteile auszusprechen, bevor er die Namen der Beschuldigten erfahren hat. Die makedonische und achäische Führungsschicht (an die 1000) wird nach Italien deportiert, wenigen geht es so gut wie Polybios, der in den hellenophilen Scipionenkreis Aufnahme findet.

Auch die römische Kleinasienpolitik bedient sich ständiger diplomatischer Intervention, die die Rivalität der Mittelstaaten erhält und, wie bei Makedonien, auf Stützung halbbarbarischer Randstaaten gegen

Makedonische Münze mit dem Bildnis des Königs Perseus. Unter seiner Herrschaft kommt es zur Endauseinandersetzung mit Rom.

die Rom verbündeten Kulturstaaten hinausläuft. Eumenes II. streitet mit Prusias I. um Kleinphrygien, hier interveniert Rom zugunsten Pergamons, Hannibal, jetzt in bithynischen Diensten, entgeht der Auslieferung durch Selbstmord (183). Danach liegt Eumenes, im Bunde mit Ariarathes von Kappadokien, mit römischer Erlaubnis in Fehde mit Pharnakes von Pontos um Galatien (bis 179). Da die Römer sich für die beschwerdeführenden Lykierstädte ins Mittel legen, sehen die Rhodier ihren Festlandsbesitz gefährdet. Nach Makedoniens Untergang zieht Rom seine Kriegsbündner Pergamon und Rhodos für Vermittlungsversuche im 3. Makedonischen Krieg zur Rechenschaft, zu denen sie die römischen Feldherren in Griechenland ermuntert haben. Rhodos leidet, im Kriege vom Seehandel abgeschnitten, bittere Not, beinahe hätte sich die makedonische Partei durchgesetzt. Beide Staaten können an der Vernichtung Makedoniens nicht interessiert sein, wagen es aber kaum, Perseus' Gesandte zu empfangen. Der erzürnte Senat – Cato verhindert das Schlimmste – spricht Rhodos den Festlandsbesitz ab und gewährt 164 gnadenhalber ein neues Bündnis. Da Delos, 166 zum Freihafen erklärt, den Ägäishandel an sich zieht, ist Rhodos vorerst ruiniert, seine Zolleinnahmen sinken binnen kurzem um 85%. Delos, formell Athen unterstellt, wird als größter Umschlagplatz, auch des Sklavenhandels (Tagesumsatz angeblich bis 10 000), Sitz zahlreicher Kaufmannsgesellschaften, unter ihnen auch Italiker, die die Regierung in der Hand haben. Auch Eumenes hat die Gunst der Römer verscherzt. Den Galatern gibt Rom Autonomie und damit freie Hand gegen seinen Verbündeten. 167 hat Prusias II., kostümiert wie ein freigelassener Sklave, die Senatoren kniefällig als „rettende Götter" begrüßt; als Eumenes darauf die von seinem Erzrivalen vorgebrachten Beschuldigungen zerstreuen will, nötigt ihn der Senat schon in Brundisium zur Umkehr und läßt ausrichten, er wolle überhaupt keine Könige mehr empfangen. Der Bruder Attalos (II.) tut Rom nicht den Gefallen, von Eumenes abzufallen; doch fordert 164 ein römischer Legat die pergamenischen Untertanen öffentlich auf, in Sardes Klagen gegen ihren Souverän vorzubringen.

In Vorderasien hat der Friede von 188 die chronische Finanzmisere des auf Syrien und Mesopotamien geschrumpften Seleukidenreichs verschärft. Eintreibungen von Zwangsanleihen an die Tempel zur Zahlung der Kriegskontributionen bringen Antiochos III. 187 bei einem Tumult im Gebiet von Susa den Tod und seinem Sohne Seleukos IV. (187 bis 175) die Feindschaft des um 200 dem Reiche angeschlossenen jüdischen Priesterstaates ein, der mit Ägypten liebäugelt. Dort rüstet Ptolemaios V. – Oberägypten ist unter die ptolemäische Krone zurückgekehrt – gegen Seleukos IV. auf, er stirbt 180, Seleukos wird 175 von seinem Kanzler ermordet, mit Pergamons Hilfe besteigt der Rom genehme Antiochos IV. den Thron. In Ägypten nimmt nach dem Tode der Königinwitwe Kleopatra I., der „Syrerin", die neue Vormundschaftsregierung die Kriegspolitik wieder auf. Bei Beginn des 6. Syrischen Krieges (170 bis 168) für mündig erklärt, bildet Ptolemaios VI. mit seinem jüngeren Bruder Ptolemaios (VIII.) und seiner Schwestergemahlin Kleopatra (I.) eine Samtregierung. Der hochgerüstete Antiochos IV. überrennt sogleich die ägyptischen Truppen bei Pelusion, nimmt Memphis, läßt sich zum Pharao krönen und macht, unter dem Vorgeben, die Regentschaft für den Neffen Ptolemaios VI. zu führen, Ägypten zum seleukidischen Protektorat. Darauf proklamieren die Alexandriner Ptolemaios VIII. zum König, die Anrufung Roms zum Schiedsrichter führt, wenige Wochen nach Pydna, zur römischen Intervention, die Antiochos IV. in Eleusis (bei Alexandria) zur augenblicklichen Räumung Ägyptens zwingt. Fortan untersteht er ständiger Überwachung, seinem Nachfolger wird die Forderung präsentiert, Kriegsflotte und Elefantenwaffe abzuschaffen.

Ein schwerer Fehler Antiochos' IV. ist die Hellenisierung Jerusalems, die wohl seiner Überzeugung entspricht, aber in ihrer Gewaltsamkeit Widerstand hervorrufen muß. Griechen und Griechenfreunde werden im „Politeuma der Antiochener" organisiert, im Tempel an die Stelle des Jahvekults der Zeus-Olympios- und der Herrscherkult gesetzt („Greuel der Verwüstung"). Gegen den fremden Unterdrücker und das Reformjudentum, das sich zum Abscheu der Frommen im Gymnasion hellenischer Lebensweise befleißigt, erheben sich die Gesetzestreuen (Asidaioi, Chassidim) im Lande; mit den nationalreligiösen verbinden sich sozialrevolutionäre Motive. 164 beseitigt der Hasmonäer Judas Makkabaios („Hämmerer") die griechische Verfassung und stellt den Jahvekult wieder her. Nach langen wechselvollen Kämpfen unter Antiochos V., Demetrios I. und den seleukidischen Usurpatoren Alexander Balas und Diodotos Tryphon – sie führen in Alexandria zur Bildung einer großen Kolonie jüdischer Flüchtlinge – stellt endlich 134 Antiochos VII. Sidetes die seleukidische Oberhoheit wieder her. Nach seinem baldigen Tode ist der Hohepriester Johannes Hyrkanos I. (134 bis 104) praktisch unabhängig. Rom hat die Makkabäer schon 161 unterstützt und betrachtet, solange es ein Seleukidenreich gibt, den Judenstaat der Hasmonäer mit Wohlwollen. Die Schwächung des Seleukidenreiches besiegelt den endgültigen Verlust der iranischen Provinzen.

DIE GRIECHENHERRSCHAFT IN BAKTRIEN UND INDIEN. DAS PARTHERREICH

In Baktrien dehnt der Sohn des Dynastiegründers Euthydemos, Demetrios, seine Herrschaft über ganz Afghanistan, einschließlich der Westteile des Mauryareiches, aus. Den Reichtum seines „Landes der 1000 Städte" erbringen Getreidebau (die Körner erreichen die Größe von Olivenkernen), Vieh-, besonders Pferdezucht und der Transithandel. Die Hauptstadt Zariaspa-Baktra liegt am Schnittpunkt der Seidenstraße mit den Karawanenwegen zum Kaspischen Meer wie zum Kabul- und Industal und ist ihrer Bazare und Kaufleute wegen berühmt. Gold wird aus Sibirien bezogen, Schmuckarbeit dorthin geliefert. Demetrios (II.?) unterwirft um 170 (?) das Industal, die Mauryadynastie ist durch die Shunga unter dem Usurpator Pushyamitra abgelöst worden, Indien durch Religionskämpfe zwischen Brahmanen und Buddhisten geschwächt. Am oberen Indus setzen sich indes Saken (indisch Shaka, chinesisch Sai-wang genannt) fest, die, aus ihrer Heimat von Tocharern (chinesisch Yüe-chih) vertrieben, durch Ostturkestan und über die Pamirpässe nach Süden gezogen sind. Gleichzeitig verliert Demetrios Baktrien an einen von Antiochos IV. unterstützten Usurpator: Eukratides (etwa 171 bis 157) setzt sich in Besitz des Demetriosreiches, wird aber nach Rückkehr von einem Feldzug gegen dessen indische Gebiete von seinem mitregierenden Sohn Heliokles ermordet. Die Griechenherrschaft in Baktrien, dessen Westprovinzen der Partherkönig Mithradates I. besetzt, ist in der Flut der Steppenvölker untergegangen. Iranische Tocharer (Yüe-chih) haben, durch die Expansion des Großreichs der nomadischen Hsiung-nu (Hunnen?) in der Mongolei unter Mao-tun (um 200) zur Abwanderung nach Westen gezwungen, nicht nur am oberen Ili Saken zum Aufbruch nach Indien veranlaßt, sondern auch weiter westlich am oberen Jaxartes (Syr-darja) Saken und Steppenskythen verdrängt, die nun Baktrien überschwemmen. Nach dem Tode des letzten Königs Heliokles (um 135) versetzen die nachrückenden Yüe-chih dem Gräko-baktrischen Reich den Todesstoß. Schon 128 berichtet der chinesische Diplomat Chang K'ien über den ersten Staat eines asiatischen Reitervolks auf hellenistischem Boden.

Das griechische Element wandert nach Indien ab, wo die Euthydemosdynastie Gandhāra gegen die Eukratiden Baktriens wie gegen Pushyamitra behauptet. Unter Menander I. Soter (etwa 155 bis 130 oder 130 bis 110) erlebt der indische Hellenismus seine größte und letzte Blütezeit. Das Menanderreich dehnt sich vom Swāṭ zur Nordgrenze Arachosiens und zum unteren Indus, vom Kabul- zum Ravital (Hydraotes) im Osten aus. Die Eroberung des mittleren Gangesgebiets – Palimbothra (Pātaliputra) wird erstürmt – macht freilich das Zerwürfnis mit den indischen Verbündeten zunichte. Taxila, das neugegründete Euthydemia und andere Städte sind Zentren hellenistischer Verwaltung und Kultur. Im buddhistischen Epos Milindapañha („Fragen des Menander" an den Mönch Nāgasena) lebt die Erinnerung an den griechischen Förderer des Buddhismus fort. Die indogriechischen Könige verhalten sich betont inderfreundlich, ihre prächtigen Münzen prägen sie – seit Demetrios – zweisprachig, mit indischen Legenden auf der Rückseite; ein Kleinkönig, Antialkidas von Taxila (etwa 100 bis 85), ist Anhänger des Vishnuglaubens. Nach Menanders Tod zerfällt das Reich in einander befehdende griechische Fürstentümer, das indische Griechentum versinkt in der indisch-iranischen Völkerwelt.

Seine Erben in Gandhāra und Taxila werden die Shaka, deren „Satrapen" um 70 eine lockere Konföderation bilden. Das letzte griechische Bollwerk in Indien, das Hindukuschgebiet unter dem König Hermaios, fällt dann, wie das Shakareich, dem parthischen König Gondophares zu, um den sich die Thomaslegende rankt. Ihm folgt bald die Herrschaft der ostiranischen, von den Yüe-chih überschichteten Kushāna. Die Kushānakönige, deren Vorfahren einst den Gräkobaktrerkönigen untertan gewesen sind, übernehmen – wie vor ihnen die Shaka – in Indien griechische Verwaltung (mit den Titeln Stratege, Meridarch, Kreisvorsteher), makedonische Monatsnamen, griechische Münzlegenden; anknüpfend an die griechische Tradition im Pandschab wie in dem von ihnen beherrschten Ostiran, halten sie Indien dem griechisch-iranischen wie später hellenistisch-römischen Kultureinfluß offen. Die Kushānakunst gestaltet in der Gandhāraschule das Buddhabild nach dem Typus des Apollon und vermittelt hellenistisch-römischen Bildstil bis nach Zentralasien (China).

Die Partherkönige stehen im 2. Jahrhundert im Krieg gegen die Steppennomaden im Osten und Seleukiden im Westen. Mithradates I. (etwa 170 bis 139) besetzt im Bündnis mit den Saken (Sakarauken) einen Großteil Ostirans und dringt über das zuvor annektierte Medien tief nach Mesopotamien ein, Seleukia am Tigris wird 141 besetzt, später wird Ktesiphon eine der Partherresidenzen. 140/39 fällt der Seleukide Demetrios II. in seine Gefangenschaft und wird, mit der Mithradatestochter Rhodogune vermählt, in einer Art Ehrenhaft gehalten. Gefahr droht der Partherherrschaft im Osten: Phraates II., der Sieger über Antiochos VII., und Artabanos fallen 128 und 123 gegen sakische und skythische Stämme, die sich schließlich im Sakenland (Shakistana, Sıstan) niederlassen und mit dem dortigen parthischen Feudaladel verschmelzen (Indoparther, indisch Pahlava). Unter dem Reorganisator des Reiches Mithradates II., dem „König der Könige", verschiebt sich das Schwergewicht nach Westen, Armenien wird Vasallentum, später der Zankapfel mit den Römern. Mithradates tritt erstmals mit Rom (Sulla) in Kontakt; Phraates III. (70 bis 58) vereinbart dann gegen den gemeinsamen Feind, Mithradates VI. von Pontos und Tigranes von Armenien, den Euphrat als parthisch-römische Grenze. In dieser Zeit stärken die Parther die Zentralgewalt und beginnen sich als Nachkommen der Achämeniden zu fühlen.

Münze eines griechisch-baktrischen Königs, entweder des Demetrios oder des Eythydemos II. Demetrios versucht Alexanders Traum eines griechischen Imperiums auf indischem Boden zu verwirklichen.

Die Parther übernehmen den Schutz des Griechentums – seit Phriapitios (etwa 190 bis 176) tragen ihre Könige mehrfach den Beinamen „Philhellen", Mithradates I. auch „Euergetes" und „Dikaios" (der Gerechte) – und gewinnen die Unterstützung ihrer griechischen Untertanen bei der Organisation des Reiches: Griechisch (neben dem Aramäischen) als Amtssprache, seleukidische Verwaltungspraxis, griechische Bildung als Qualifikation für Verwaltungsämter, der Sonderstatus der Griechenstädte und ihr hellenisches Kulturleben bleiben für Jahrhunderte erhalten. Am Partherhofe treten griechische Schauspieler mit Euripidesdramen auf, Partherkönige sind in der griechischen Literatur bewandert. Sonst knüpft das Partherreich an die nationalen Traditionen seiner vorwiegend iranischen Bevölkerung an, den persisch-seleukidischen Feudalismus, die zoroastrische Religion.

DAS ENDE DER SELBSTÄNDIGKEIT MAKEDONIENS UND GRIECHENLANDS

20 Jahre nach Pydna ist das griechische Drama zu Ende gegangen. Der rasche Erfolg des Abenteurers Andriskos aus Adramytteion (Kleinasien), dem nach Anfangserfolgen gegen römische Truppen Teile Makedoniens, Thessaliens und Thrakiens zufallen (151 bis 148), erklärt sich aus der verzweifelten Lage der unteren Schichten und ihrer Anhänglichkeit an die angestammte Dynastie – Andriskos tritt als Perseussohn Philipp („Pseudophilipp") auf. Nach Niederschlagung des Aufstands wird Makedonien mit illyrischen und thrakischen Randzonen römische Provinz (148). In Griechenland trägt man beflissene Romtreue zur Schau. Obwohl als Verräter verachtet und wie Aussätzige gemieden, halten sich die Parteigänger Roms im Achäerbund an der Macht. Als 151 die überlebenden Deportierten endlich entlassen werden, sehen die meisten voll Haß eine politisch veränderte Heimat wieder. Griechische und niedergelassene italische Kapitalisten beuten um die Wette die sozial Schwächeren aus. So sind es politische wie soziale Gründe, die nochmals zur Auflehnung gegen Rom führen. Als Rom einen Konflikt im Achäerbund mit der Ausgliederung von Sparta, Korinth und Argos entscheidet, schlägt die Katastrophenstimmung in Umsturzbewegung mit Schuldenannullierung, Grundenteignung, Sklavenfreilassung um. Der „Achäische Krieg" gegen Sparta und Rom endet nach kurzem Kampf 146 mit der Auflösung des Bundes (Reduzierung auf einen Sakralbund), der Hinrichtung aller Römerfeinde, der alle Welt empörenden Zerstörung Korinths unter Versklavung seiner Bewohner, mit welcher der Senat zugleich ein Exempel gegen unzeitgemäße nationale Exzesse statuiert und den römischen Wirtschaftsinteressen dient. Die meisten griechischen Staaten werden der Provinzverwaltung von Macedonia angegliedert, andere bleiben „frei" unter römischem Protektorat.

DER ZERFALL DER ÖSTLICHEN MONARCHIEN UND IHRE ANNEXION DURCH ROM

Die Beziehungen Pergamons zu Rom haben sich nach der Brüskierung des Eumenes II. vorübergehend abgekühlt. Der Nachfolger Attalos II. (159 bis 138) tut aber keinen Schritt ohne römische Zustimmung, seinen fortwährenden Streit mit Prusias II. beendet er durch den Sturz seines Rivalen, indem er dessen Sohn Nikomedes II. 149 zum bithynischen Thron verhilft. Eine römische Gesandtschaft – Cato ergeht sich höhnend über ihre Qualifikation – ist dazu bestimmt, nichts auszurichten. Attalos greift dann auch in die seleukidischen Thronwirren ein. Attalos III. (138 bis 133) ist ein Sonderling, weniger am Regierungsgeschäft als an Botanik und Landwirtschaft interessiert, er zieht mit Vorliebe Giftpflanzen; bei seinem Tode vermacht er testamentarisch sein Reich den Römern (mit Ausnahme der freien Griechenstädte). Der Akt liegt auf der Linie der pergamenischen Politik, führt jedoch zur Erhebung eines illegitimen Halbbruders Attalos' III., Aristonikos. Die Städte, um ihren Autonomiestatus besorgt, stellen sich gegen ihn, in der Landbevölkerung, unter

Parthische Silberdrachme des Königs Mithradates II., des Reorganisators des Partherreiches. Er hat sich bemüht, die Karawanenstraßen zu sichern.

Hörigen und Sklaven, findet er Zulauf, der Gegensatz zwischen arm und reich ist auch hier einer zwischen Land und Stadt. Das Stadtbürgertum, die Könige Ariarathes V. von Kappadokien (er fällt 130), Mithradates V. von Pontos, Nikomedes II. von Bithynien, Pylaimenes von Paphlagonien und die Römer vereinigen sich zur Niederwerfung des Sozialrevolutionärs, der unter dem Namen Eumenes als Prätendent auftritt. Seine Anhänger nennt er „Heliopoliten" (Bürger des Sonnenstaats), wohl nicht nach Iambulos' gleichnamiger Staatsutopie (3. Jahrhundert), sondern nach der orientalischen Vorstellung der Sonne als Schirmerin der Gerechtigkeit. 132 bis 129 wird die Bewegung niedergekämpft, die kleinasiatischen Dynasten erhalten die östlichen Teile des Attalosreiches, der Kern wird die Provinz Asia, die Städte behalten, voran Pergamon, kommunale Freiheit. Die Ausplünderung der Provinz durch die römischen Steuerpächter hat dann den Widerstand aufs neue entflammt. Als Mithradates VI. von Pontos, Schutzherr der alten Griechenkolonien im annektierten Bosporanischen Reich auf der Krim und in Ionien als „Retter Asiens" begrüßt, 88 die „Ephesische Vesper" anordnet, tobt sich der Haß in der Massakrierung von 80 000 Italikern hemmungslos aus. Die dem skrupellosen König zugeschriebenen Äußerungen – das Attalostestament unterschoben; die Römer unersättliche Wölfe, Ausplünderer der Völker – reihen sich unter die Zeugnisse antirömischer Polemik ein, in denen echt griechische Ressentiments mit der bald nach 146 erwachten römischen Selbstkritik verquickt sind; es braucht lange Zeit, bis die Griechen lernen, die römischen Leistungen vorurteilslos anzuerkennen.

Im Ptolemäerreich ist es nach dem Abzug Antiochos' IV. zur Reichsteilung gekommen: Ptolemaios VI. behält Ägypten und Cypern, Ptolemaios VIII. die Cyrenaika, die er, um die Römer für seine Ansprüche auf Cypern zu gewinnen, ihnen als Erbe aussetzt – das erste (vor Attalos III.) hellenistische Herrschertestament zugunsten Roms. Syrien wird in den folgenden Jahrzehnten von Prätendentenkämpfen erschüttert, in die Pergamener und Römer, Ptolemäer und Parther eingreifen. Als Demetrios I., 162 aus Rom entkommen, nach Beseitigung seines Vetters Antiochos V. und des von Rom gestützten babylonischen Usurpators Timarchos sich in die Thronwirren in Kappadokien einmischt, stellen Attalos II. und Rom den Usurpator Alexander Balas auf, gegen den Demetrios 150 fällt. In Verfolgung des traditionellen Ziels ptolemäischer Außenpolitik, Syrien, unterstützt nun Ptolemaios VI. den Balas (150 bis 145), dann Demetrios II. Nikator, der sich 146 in Kilikien gegen Balas erhebt; beiden verheiratet er seine Tochter Kleopatra Thea. In Antiochia zum „König von Asien" ausgerufen, stirbt der 6. Ptolemäer 145. Im selben Jahre inthronisiert in Syrien Diodotos Tryphon, General des Balas, einen Balassohn als Antiochos VI., läßt ihn später ermorden und übernimmt seine Rolle selbst. Demetrios II. zieht gegen die Parther zu Felde, gerät in Gefangenschaft Mithradates' I. und fällt vorerst aus (140/39). Sein Bruder Antiochos VII. Sidetes wird zum König ausgerufen (139), heiratet die Schwägerin Kleopatra Thea und wirft den Diodotos Tryphon nieder (136/35 ?). Sein Partherfeldzug kommt über die kurzfristige Rückeroberung Mesopotamiens und Mediens nicht hinaus, er fällt dort mitsamt seinem Heere. Die Niederlage 129 bedeutet die Katastrophe des Seleukidenreiches; fortan auf Nordsyrien und Kilikien beschränkt und von Bürgerkriegen verwüstet, bleibt es Spielball fremder Interessen.

Ptolemaios VIII. (145 bis 116) setzt die Samtherrschaft mit seiner Schwester Kleopatra II. sowie, nach Ermordung Ptolemaios' VII., mit seiner Stieftochter Kleopatra III. fort, mit der er seit 142 in Bigamie lebt. Die von den beiden Frauen angeheizten Zerwürfnisse innerhalb des Dreierregiments produzieren eine Serie von Aufständen, Bürgerkriegen, Wirtschaftskrisen und greifen auf die seleukidischen Thronwirren über. Scipio Aemilianus, der 140/39 mit einer Senatskommission den Orient inspiziert, ist mit einem Vermittlungsversuch gescheitert. 131 werden Kleopatra III. und Ptolemaios nach Cypern vertrieben, Kleopatra II. bleibt als Alleinherrscherin zurück. Ptolemaios unterstützt den neuen seleukidischen Usurpator Alexander Zabinas, den angeblichen Adoptivsohn Antiochos VII. oder Sohn des Balas. Während des Partherfeldzugs 140/39 entläßt Phraates II. zur Bekämpfung Antiochos VII., dem er die Herausgabe des Bruders verweigert hat, Demetrios II. nach Syrien.

Am Ende der Porträtkunst in der ägyptischen Plastik steht dieser Kopf (wohl eines Priesters). Reizvoll ist der Kontrast zwischen dem dunklen, glatt polierten Gesicht und dem nach hellenistischer Art gekräuseltem Haar. Brooklyn Museum, New York.

Demetrios erlangt nochmals für vier Jahre eine Teilherrschaft, nimmt 129 seine vor Ptolemaios VIII. flüchtige Schwiegermutter Kleopatra II. auf, unterliegt aber dem Zabinas und wird auf Veranlassung seiner Gattin Kleopatra Thea 125 getötet. Diese übernimmt nach Beseitigung des Thronerben (Seleukos V.) die Regentschaft für den jungen Antiochos VIII. Grypos („Habichtsnase"). Ptolemaios VIII. stellt 126 seine Herrschaft in Alexandria mit Kleopatra III. wieder her, Kleopatra II. kehrt 124 zurück, das Trio nimmt seine Samtherrschaft wieder auf.

In Ägypten fördert der 8. Ptolemäer das Ägyptertum, Mischehen werden häufig, den ägyptischen Militärsiedlern wird ihr Landlos als erblicher Besitz anerkannt. Die einst blühende alexandrinische Wissenschaft richtet er zugrunde, indem er Gelehrte und Künstler, die nach der Ermordung Ptolemaios' VII. im Bürgerkrieg gegen ihn Stellung bezogen haben, außer Landes weist; Rhodos und Pergamon greifen zu und übernehmen die Tradition, die exilierte Intelligenz sorgt dafür, daß der Spitzname des Königs „Physkon" (Dickwanst) in die Geschichte eingeht.

In Syrien ist Zabinas mit Hilfe Ptolemaios' 123 besiegt und hingerichtet worden. 121 bringt Antiochos VIII. seine mitregierende Mutter Kleopatra Thea um, die Folge ist ein neuer seleukidischer Bruderkrieg zwischen ihm und Antiochos IX. Kyzikenos, der sich nach dem Tode der beiden (96 und 95) unter ihren Söhnen Antiochos XI. Philadelphos und Antiochos X. Eusebes Philopator fortsetzt. Das Land wird dabei ruiniert, zahlreiche Städte treten aus dem Reiche aus: wenn die Könige ihnen feierlich die Freiheit verleihen, ist dies nur ein das fait accompli bestätigender Rechtsakt. An den Küsten, besonders Kilikiens, setzen sich Seeräuber fest. Das Piratenunwesen, von fremden Fürsten unterstützt und im Verein mit den Kretern ausgeübt, wird zur Geißel der Hafenstädte und spielt im 2. und 1. Jh. eine fatale Rolle in den Sozialrevolten und Sklavenaufständen. In Ägypten flammen beim Tode des 8. Ptolemäers Thronstreit und Bürgerkrieg wieder auf. Das Dreierregiment wird zunächst mit Ptolemaios IX. fortgesetzt, dem Sohn des 8. Ptolemäers mit Kleopatra III., nach dem Tode Kleopatras II. (115) aber das Reich unter die Söhne verteilt. Der jüngere Ptolemaios X., der seit 110/9 Cypern regiert hat, wechselt 107/6 mit Ptolemaios IX. den Platz an der Seite der Mutter Kleopatra III.; er ermordet sie 101 und nimmt seine Gemahlin Berenike (III.) zur Mitregentin. Das Testament Ptolemaios' VIII. ist 116 kassiert, Kyrene dem illegitimen Sohn Ptolemaios Apion übertragen worden; nach dessen Tod (96) gelangt das Land an Rom, die Römer machen es 74 zur Provinz. Im gleichen Jahre fällt ihnen übrigens auch Bithynien durch das Testament Nikomedes' IV. als Erbe zu. Dynastische Verbindungen und daraus entstandene Mordtaten begleiten beide Herrscherhäuser bis ans Ende ihrer Geschichte, die meisten Regenten sterben eines gewaltsamen Todes. Ruinös für die Seleukiden wirkt – wie zuvor Kleopatra Thea – die ehrgeizige Kleopatra Selene, die nacheinander mit ihrem Bruder Ptolemaios IX., ihrem Schwager Antiochos VIII., dessen Halbbruder Antiochos IX., dann seinem Sohn Antiochos X. verheiratet ist. Als Tigranes I. von Armenien 83 zum Schlichter zwischen den streitenden Linien der Antiochos VII. und IX., damals Philippos I. und Antiochos X., berufen wird, stürzt er die Dynastie und kassiert den Rest des Reiches. Nach Tigranes' Niederlage kehrt 69 Antiochos XIII. Asiatikos mit Lucullus' Billigung zurück; dem Erbstreit mit Philippos II. Philorhomaios (dem „Römerliebenden"), in den arabische Scheichs eingreifen, macht Pompeius ein Ende und erklärt das Land im Jahre 64 zur Provinz Syria. Das Seleukidenreich hat etwa 230 Jahre bestanden.

88 vertreiben die Alexandriner Ptolemaios X. wegen seiner judenfreundlichen Politik, er fällt vor Cypern in einer Seeschlacht gegen seinen Bruder Ptolemaios IX., der darauf die Insel wieder mit Agypten vereinigt. Bei seinem Tode (80) brechen erneute Thronwirren in Alexandria aus, Sulla interveniert und zwingt die Erben der feindlichen Brüder, die Tochter des 9. und Witwe des 10. Ptolemäers, zur Heirat mit dessen Sohn. Folge ist, daß Ptolemaios XI. seine Stiefmutter Berenike (III.) nach 19 Tagen ermordet und darauf von den Alexandrinern umgebracht wird. Von 80 an regiert ein (angeblich illegitimer) Sohn des 9. Ptolemäers, Ptolemaios XII. Neos Dionysos, in Cypern sein Bruder Ptolemaios. Der 12. Ptolemäer läßt sich nur nach ägyptischem Ritus krönen, das Volk nennt ihn „Auletes" (Oboenbläser). Auf Grund des von Sulla erpreßten Testaments Ptolemaios' XI. planen Crassus und Caesar 65 die Besetzung Ägyptens, doch wird 58 nur Cypern eingezogen, Ptolemaios von Kypros begeht Selbstmord. Auletes, der 59 unter Caesars Konsulat gegen Zahlung hoher Beträge endlich seine Anerkennung durch Rom erreicht hat, wird im folgenden Jahr von den Alexandrinern vertrieben und vom Statthalter Syriens, Gabinius, 55 wieder eingesetzt, seither liegt römisches Militär vor Alexandria. Bei seinem Tode treten Sohn und Tochter, Ptolemaios XIII. und Kleopatra VII., die Nachfolge an. Die Intervention Caesars im Thronstreit der beiden leitet das letzte Kapitel der fast 300jährigen Geschichte der Ptolemäer ein. Kleopatra d. Gr. hat nach Caesars Ermordung an der Seite Mark Antons das „unvergleichliche Leben" der großen Ptolemäerinnen vor ihr und den Wiederaufstieg des Ptolemäerreiches sich erhofft; im Triumphzug des Octavian wünscht sie nicht aufgeführt zu werden. Mit ihrem Freitod (30) fällt das letzte der hellenistischen Großreiche unter die Herrschaft der Römer.

DIE HELLENISTISCHE KULTUR

Die hellenistische Kultur umspannte einen Raum von Sizilien und Italien bis Indien, ihr Strahlungsbereich umfaßte Karthago und Gallien, das Schwarzmeergebiet, die Anrainer des indischen Subkontinents, Arabien und Teile Afrikas.

Gesellschaft, Bildung, Zivilisation Die griechische Gemeinsprache (Koine) wird als „lingua franca" überall verstanden, sie ist die Sprache der hellenistischen Kanzleien, des Handels, das Idiom der Gebildeten aller Länder, die Sprache der Literatur. In Armenien kennt man Euripidesdramen, liest am Euphrat Demosthenes' Reden, in Ägypten die gesamte Literatur von Homer bis Aristoteles. Die einheimischen Idiome leben als Volkssprachen fort und als Hochsprachen erst mit dem Rückgang des Hellenismus wieder auf.

Die hellenistische Zivilisation hat in den Residenzen Alexandria, Antiochia, Pergamon und anderen ihren Mittelpunkt, kleinasiatische Dynasten, jüdische Hohepriester, arabische Scheichs, parthische Großkönige, indische Radschas suchen es ihnen gleich zu tun. Höfisch geprägt sind Literatur und Kunst, Fürsten und große Städte ihre Auftraggeber. Ptolemaios I. stiftet im Museion in Alexandria (eigentlich einem Kultverein der Musen) die bedeutendste Forschungsstätte der antiken Welt. Künstler und Gelehrte sammeln auch die Pergamenerkönige um sich. Höfische Etikette bestimmt das Gesellschaftsleben, Ptolemäerinnen prägen mit Frisur, Tracht und Schmuck die Mode, bestimmen den feinen Geschmack. Die Könige geben sich als aufgeklärte Monarchen, betonen mit Stiftungen ihre „Menschenfreundlichkeit" (Philanthropie), verdienen sich ihre Ehrentitel „Retter", „Wohltäter".

Das Bürgertum der Städte führt sein Privatleben zwischen Familie, Beruf und Verein; zahllose Kult-, Berufs- und sonstige Vereine, vom Künstlerverband bis zur Sterbekasse, die selbst Sklaven offensteht, bieten – als Feld für emsige Lokal- und Standespolitik – für die außer im kommunalen Bereich fehlende politische Betätigungsmöglichkeit Ersatz. Als Ausweis hellenischer Stadtkultur und Gemeindefreiheit gelten selbst in entfernten Gebieten Theater und Gymnasion, zu den „Leuten vom Gymnasion" zu gehören, ist für die Söhne der orientalischen Oberschicht das Entreebillett zum Kulturgriechentum. Das Gymnasion ist die höhere Bildungsstätte schlechthin mit vorwiegend literarischem Bildungsziel (Klassikerlektüre). Mädchen haben an ihm nicht teil; ihre höhere Ausbildung setzt sich erst unter dem Einfluß der Königinnen in der Oberschicht durch. Der Kosmopolitismus des Zeitalters ermöglicht eine bis zur Moderne nicht gekannte Annäherung an die „offene Gesellschaft": erstmals ist gleichgültig, woher jemand stammt, wer seine Vorfahren gewesen, solange er sich zur weltumspannenden griechischen Kultur bekennt. Die Gegenposition bezeichnet freilich die kommunale Institution der „Gynaikonomen" (Frauenaufseher), die das Verhalten der Bürgerinnen in der Öffentlichkeit kontrollieren (Kleidung, Luxus): Frauenemanzipation kennen nur die obersten Stände. Der Kosmopolitismus hat auch unvermeidliche Schattenseiten, so degenerieren die alten panhellenischen und die zahlreichen konkurrierenden neuen Festspiele zu Festivals, die Schaustätte geschäftstüchtigen internationalen Berufssportlertums, nationalistischer Parteilichkeit des Publikums wie überhaupt politischer Manifestationen werden.

Die Städte sind nach modernen Bedürfnissen im Schachbrettsystem angelegt; typisch die auf Raumwirkung bedachte Führung der Hauptstraßen, die Anlage von Großbauten wie Tempeln, Theatern, Gymnasien, Märkten, Wandelhallen. Treppenanlagen und kühne Substruktionen überwinden Geländeschwierigkeiten, schaffen eine lebhaft gegliederte Stadtlandschaft; imposante Stadtmauern laufen, wo nötig, hügelauf und -ab, es entsteht die hellenistische Landschaftsfestung. Die Einzelkarrees des Stadtplans sind mit Atriumhäusern mit Innenhof und Gartenperistyl bebaut, hier wohnt der bürgerliche Mittelstand. Die Großstädte und Residenzen haben aus dem Nebeneinander von Hof, Oberschicht, Mittelstand und der Masse der Lohnarbeiter und Sklaven ihre sozialen Probleme, rassische Spannungen zwischen Griechen und Fremden artikulieren sich jedoch politisch, Pogrome sind – vor der Kaiserzeit – selbst in Alexandria unbekannt.

Kraß ist der Unterschied zwischen Stadt und Land. Die urbane Zivilisation endet an den Stadtmauern, erreicht die untertänige steuerpflichtige Landbevölkerung kaum. Soziale Kämpfe sind folglich häufig solche zwischen Stadt und Land.

Wirtschaft Die hellenistische Wirtschaft ist weitgehend staatlich gelenkt und von der Agrarproduktion beherrscht; der landwirtschaftliche Sektor weist eine Plantagenwirtschaft auf, um deren Ertragssteigerung durch Verbesserung der Anbaumethoden sich die Könige eifrig kümmern; Attalos III. von Pergamon verfaßt Schriften, die in römischen Werken zur Agrikultur verarbeitet sind. Die eingeborene Landbevölkerung hat, den ungewohnten europäischen Leistungsnormen unterworfen, harte Arbeit zu leisten. In der gewerblichen Erzeugung von Gebrauchsgütern dringt die Massenproduktion vor, es finden sich Keramik als qualitätvolle, aber wohlfeile Imitation von Metallgefäßen, Glaswaren, Metallschmuck, Terrakotten, Kleinbronzen. Großbetriebe, in denen Sklaven beschäftigt sind, können bei Höchstprofit für die Besitzer billig produzieren und liefern; die intensivierte Sklavenarbeit ruiniert im 2. Jahrhundert vielfach das freie Handwerk und trägt zu sozialen wie außenpolitischen Konflikten bei. Dirigistische Eingriffe des Staats in die Lohn-Preis-Gestaltung nützen zwar der armen Großstadtbevölkerung, führen ihr aber, wie die Lebensmittelspenden (Trophé, Ernährung ist das Schlagwort), ständig neue Proletarier zu. Freie Lohnarbeit unterliegt schrankenlosem Wettbewerb, Streiks bleiben, schon wegen der Sklavenhaltung, selten und ineffektiv. Auch wirtschaftliche Nutzung der erfundenen Maschinen erfolgt kaum, da die Sklaverei billige Menschenkraft zur Verfügung hält. Die mangelnde technologische Entwicklung setzt auch der wirtschaftlichen Expansion Grenzen. Hieraus erklärt sich die erstaunlich langwährende Stabilität der hellenistischen Gesellschaftsstruktur, eigentlich eine Stagnation, da die Masse der arbeitenden Freien sich regelmäßig am Rande des Existenzminimums bewegt; selbst die wohlhabendere Schicht ist meist hoch verschuldet. Die humanitären Ideen der Stoa wirken zwar auf die Behandlung der Sklaven – wie auf das Strafrecht und die Kriegführung – humanisierend; die vermehrte Freilassung von Haussklaven im Griechenland des 2. und 1. Jahrhunderts ist indes Folge der wirtschaftlichen Depression; Freigelassene in Griechenland bleiben zu bestimmten Ersatzdiensten verpflichtet, was etwa Frauen nicht selten auf den Weg der Prostitution verweist. Erstmals kennt der Hellenismus einen Welthandel, dessen östlichste Punkte über Zwischenstationen werden das südostindische Poduke und Kattigara in Vietnam. Im Mittelmeergebiet machen sich die Großmächte Konkurrenz, ihre Konflikte entstehen nicht selten aus dem Zwang, Rohstoffzufuhr und Absatzmärkte zu sichern. Die Pergamenerkönige intensivieren die Pergamentherstellung und gewinnen, da das Seleukidenreich seinen Schreibmaterialbedarf auf Pergament umstellt, dem ägyptischen Papyrus große Marktanteile ab. Der Kapitalmarkt ist seit Alexander d. Gr. meist flüssig, Giro- und Kreditwesen sind hoch entwickelt; die ptolemäische Staatsbank besitzt noch im letzten ägyptischen Dorf eine Filiale.

Kunst Für die gehobenen Lebensansprüche des Stadtbürgertums wird erstmals in Mengen Gebrauchskunst produziert: „Tanagra"-Figuren (so benannt nach ihrem ersten Fundort in Böotien), anmutige Frauengestalten, Gruppen aus dem Alltagsleben, Alte, Verkrüppelte, Fremdrassige, Sklaventypen, groteske Figuren, Miniaturnachbildungen berühmter Werke und Götterbilder dienen als Grabbeigaben, Raumschmuck, Spielzeug. Votivgaben werden als Devotionalien massenhaft nach Matrizen geformt. Mosaikböden zeigen, nach Musterkatalogen bestellt und geliefert, ziemlich stereotyp idyllische und bukolische Motive, Figuren der Mythologie, des Theaters; das berühmte Alexandermosaik (nach einem Historiengemälde) ist die Ausnahme. Auch die Plastik liebt – in einer breiten, geschmacklich fragwürdigen Unterströmung – das Idyllische, Genrehafte, Humoristische – so der Knabe mit der Gans (um 150), das lächelnde Kind, die trunkene Alte –, auch Pikantes – die den Pan mit erhobener Sandale abwehrende Aphrodite (um 100) –; reiches bildhaftes Erzählen bevorzugen auch die späthellenistischen Weihreliefs.

In der hohen Kunst tritt an die Stelle des verinnerlichten Erscheinungsstils der Spätklassik der hellenistische Wirkungsstil, im kämpferischen Frühhellenismus ein schonungsloser Realismus (Demosthenesstatue um 280), im Hochhellenismus eine neue Monumentalität (Galliergruppen aus Pergamon um 230/20) und ein rauschendes Pathos (Nike von Samothrake um 190, Pergamonaltar 180/60), dessen Nachklang die Laokoongruppe aus Rhodos repräsentiert (Mitte 1. Jahrhundert). In der Tradition des spätklassischen weiblichen Idealtypus eines Praxiteles steht die Aphrodite von Melos (Venus von Milo, nach 150), auch der Typus der nackten Aphrodite (nach der praxitelischen in Knidos um 340), der schließlich durch sinnlichen Vortrag des Körperlichen das Menschliche anstelle des Göttlichen betont (Aphroditen vom Kapitol, von Kyrene, gegen 120 und 100).

Außerordentliches leistet die Porträtkunst, der mit dem Herrscherbild neue Aufgaben gestellt sind: neben den Alexander- und den Philosophen- und Dichterbildnissen stehen die herrscherlichen Köpfe eines Seleukos, Antiochos, die etwas fülligen der Ptolemäer; Statuen stellen den vergotteten Herrscher in heroischer Nacktheit dar; lebensvolle Porträts zeigen die Münzen der Ptolemäerinnen, der gräkobaktrischen Könige. Man sammelt alte Kunstwerke, nicht nur Bücher, richtet Museen ein, beginnt zu kopieren; selbst der barbarische Kunstraub der Römer aus Griechenland wirkt in diese Richtung. In der Baukunst des Hellenismus verewigen monumentale Großbauten den Ruhm der Stifter, Seleukos stiftet zum Riesentempel in Didyma (bei Milet), in Alexandria bedecken die Ptolemäerpaläste mit Museion und Sema, der Alexander- und Ptolemäergruft den vierten Teil der Stadt, am Hafen erhebt sich das Weltwunder des Pharos (Leuchtturm), in Edfu tritt Ptolemaios V. als Erbauer des Horustempels hervor. Die Residenz der Pergamenerkönige soll zu einem zweiten Athen werden, der Burgberg bedeckt sich mit Bauten, darunter die bescheidenen Königspaläste, im Bezirk des Athenaheiligtums befindet sich das Galliermonument Attalos' I., dort auch die Bibliothek; der Fries des Zeusaltars versinnbildet den Kampf gegen die Barbaren. In Athen, Delphi und sonst treten die Attaliden als Stifter auf, sie besitzen wie das Athen des Perikles ein ausgeprägtes Kulturbewußtsein. Unklassisch an den Bauten ist der Zug ins Pompöse, Kolossale, auch der Bauschmuck bevorzugt die prunkvollen Ordnungen. Mit ihren Raumkompositionen bildet die hellenistische Baukunst eine Etappe auf dem Wege zur römischen und damit europäischen Baukunst der Neuzeit. In den Räumen des Ostens bleibt die griechische Kunst von den Einflüssen des Landes nicht unberührt. Vom Euphrat zum Ganges bildet sich eine von der griechisch-römischen des

Gesamtansicht der Attalos-Stoa in Athen. Dieser Bau wurde von Attalos II. im 2. Jahrhundert v. Chr. gestiftet und an der Ostseite der Agora errichtet. Die im Unter- und Obergeschoß zweischiffige Säulenhalle diente als Wandelhalle, an ihrer Rückseite befanden sich 42 Ladenräume. Der Wiederaufbau wurde vom amerikanischen Archäologischen Institut durchgeführt.

Westens unterschiedene griechisch-iranische Kunstprovinz – in einem westlichen Ableger vertreten etwa in Kommagene –, deren autonome Weiterbildung die parthische wie die Kushāna-Kunst darstellt.

Literatur Das geistige Leben des Hellenismus empfängt vom Mäzenatentum der Fürsten entscheidende Anstöße. Führend wird das Museion in Alexandria, die hellenistische Wissenschaft ist zu Recht als alexandrinische bezeichnet worden. Die große alexandrinische Bibliothek, begründet unter dem 1. Ptolemäer auf Anregung Demetrios von Phaleron und unter dem zweiten von dem Dichter Kallimachos katalogisiert (in 120 Büchern), umfaßt 700 000 Buchrollen, die pergamenische 200 000. Die Bibliotheksvorstände Zenodot von Ephesos, Apollonios von Rhodos, Aristophanes von Byzantion, Aristarch von Samothrake begründen die philosophische Wissenschaft mit ihren Spezialdisziplinen; Homer, Pindar, Platon und andere werden durch die alexandrinischen Gelehrten zu Klassikern der Literatur, ohne deren Wirken wären diese Schriften – wie die restlichen neun Zehntel der griechischen Literatur – verlorengegangen. Umfangreiche Übersetzertätigkeit soll der 2. Ptolemäer angeregt haben, Werke der ägyptischen, babylonischen Literatur, auch die Thora (Septuaginta) werden im 3. Jahrhundert ins Griechische übertragen.
Die Gelehrten betätigen sich auch als Dichter, Gelehrten- und Hofpoesie entstehen, führen zu dem nicht zu allen Zeiten akzeptierten Ideal des „gelehrten Dichters" (poeta doctus). Die Gedichte etwa des Kallimachos, der die große literarische Form wie Verständlichkeit für die Menge gleichermaßen verabscheut, sollen nur von der gebildeten Minderheit genossen werden. Mit Ptolemaios' III. Asienfeldzug verbindet sich Kallimachos' Gedicht über die „Locke der Berenike" (erhalten fast nur in Catulls Übertragung). Die Königin hatte für siegreiche Heimkehr ihres Gatten eine Haarlocke gelobt; nach Einlösung des Gelübdes war die Locke aus dem Tempel verschwunden, der Hofastronom Konon fand sie am Himmel wieder, indem er ein neuentdecktes Sternbild nach ihr benannte. Ein astronomisches Lehrgedicht („Phainomena", Himmelserscheinungen) verfaßt Antigonos Gonatas' Freund Aratos von Soloi, Kallimachos' Schüler Apollonios von Rhodos ein Argonautenepos.
Für die breite Bürgerschicht gibt es Unterhaltungsliteratur, besonders den erstmals hervortretenden Roman. Die durch den Alexanderzug erschlossenen Wunderwelten, fremde Kulte, Mysterien, alles Exotische und Geheimnisvolle fließen in ihm zusammen. Neben den Reiseroman tritt der sozialkritische utopische Roman, der Idealstaaten mit gerechter Gesellschaftsordnung bei glücklichen Naturvölkern in Thule oder Ceylon entwirft (Euhemeros um 300, Iambulos im 3. Jahrhundert); Tacitus (Germania), Thomas Morus, Tommaso Campanella, Rousseau stehen in dieser Tradition. Der Abenteuer- und Schelmenroman lebt in Apuleius' Metamorphosen oder Goldenem Esel (2. Jahrhundert n. Chr.), der Liebesroman in Longos' Daphnis und Chloë (2. Jahrhundert n. Chr.) oder Heliodors Äthiopischen Geschichten, den Abenteuern der Königstochter Chariklea (3. Jahrhundert n. Chr.) fort, hier wird der mitunter religiös-missionierende Zug der Romanliteratur deutlich.
Die sentimentale Natursehnsucht des Städters findet in der Bukolik (Schäferpoesie) Theokrits Ausdruck. Natur- und Landleben werden literarische Motive, in Idyllen (Eidyllia, „kleine Bilder") dargestellt, ernst und verspielt, erotisch und sentimental; das europäische Rokoko nimmt das Thema wieder auf. Fest- und Alltagstreiben werden anschaulich geschildert, etwa die Frauen beim Adonisfest (15. Eidyllion). Scharfe Charakter- und Milieuschilderung liefert in seinen Mimiamben (Kurzepen) Herodas von Kos (3. Jahrhundert),
Unübertroffen bleibt die neuere Komödie in Menanders Werken, der, Schüler Theophrasts, ein getreues Abbild der Gesellschaft bietet, die seinen Stücken applaudiert, Witz und Intrige, verbunden mit einer Humanität, der nichts Menschliches fremd ist, entsprechen ihrer Mentalität. Mit der Liebesgeschichte als Standardthema der komischen Bühne, den stehenden Figuren des bürgerlichen Lustspiels hat Menander über Plautus und Terenz auf Molière und Lessing gewirkt.

Wissenschaft Epochal sind die Leistungen der hellenistischen Wissenschaft. Die Medizin blüht an den Ärzteschulen von Alexandria, Pergamon, Kos, Knidos; die Asklepiosheiligtümer werden Heilstätten für alle Welt. Anatomie (Sektionen Herophilos' unter Ptolemaios I.), Chirurgie, Physiologie und Pathalogie, Pharmakologie, selbst die öffentliche Gesundheitspflege werden entwickelt. Die alexandrinische Mathematik setzt mit Euklids Geometrielehrbuch (Stoicheia, Elemente) Maßstäbe bis ins 19. Jahrhundert, der euklidische Raumbegriff bleibt gültig bis zu Einsteins Relativitätstheorie. Trigonometrie und die Lehre von den Kegelschnitten begründet Apollonios von Perge. Die Bestimmung der Kreiszahl Pi, von Kugelvolumina, die Erfindung der Integralrechnung, die Entdeckung des spezifischen Gewichts gehen auf den größten Mathematiker, Physiker und Ingenieur des Altertums, Archimedes von Syrakus, zurück; mit den von ihm konstruierten Wurf- und Greifmaschinen verteidigt er seine Heimatstadt gegen die Römer, bei deren Einnahme (212) wird er erschlagen.
Technische Erfindungen kommen wie heute zuerst dem Kriegswesen zugute. Maschinen und Automaten verschiedener Art – hydraulische Orgeln, Feuerspritzen, Uhren, Dampfkessel – dienen mehr der Unterhaltung der Hofgesellschaft; erst von der Renaissance an beginnt man solche Apparate technologisch weiterzuentwickeln. Im Schiffsbau werden den hellenistischen vergleichbare Leistungen erst im 19. Jahrhundert erzielt; Hierons II. Riesenschiff (3300 BRT) war freilich ein nautisch wertloses Prunkstück, auch die Ptolemäer, Ptolemaios IV. und Kleopatra d. Gr., liebten solche schwimmenden Paläste; sonst waren selbst die großen Getreidetransporter kleiner.
Die bedeutendsten Erkenntnisse gewinnt man auf dem Gebiet der Astronomie. Die Achsendrehung der Erde und deren Drehung um die Sonne, mithin das heliozentrische Weltbild, lehrt Aristarch von Samos (3. Jh.). Der Stoiker Kleanthes fordert, ihm wegen Gottlosigkeit den Prozeß zu machen, indes entgeht Aristarch dem Schicksal seines Nachfahren Giordano Bruno, seine umstürzende Erkenntnis dringt erst mit Kopernikus durch. Die Planetenbahnen und das Sonnenjahr (nur rund 7 Minuten zu lang) berechnet

Hipparch von Nikaia (um 150), bei der Entdeckung der Präzession der Tag- und Nachtgleiche kann er sich wohl auf Vorarbeiten des Babyloniers Kidinnu (Kidenas) stützen; mit der astronomischen Wissenschaft verbindet er, wie Kepler und Tycho Brahe, die horoskopische Astrologie.
Auf dem Gebiet der Geographie erstellt der Universalgelehrte Eratosthenes mit astronomischen und klimatologischen Daten ein Koordinatennetz und eine neue Weltkarte. Die Erkenntnis der Kugelgestalt der Erde läßt ihn annehmen, man müsse von Spanien auf Westkurs nach Indien gelangen können, Kolumbus hat hiervon über Umwege Kenntnis gehabt. Den Erdumfang berechnet Eratosthenes annähernd richtig mit 252 000 Stadien (= 39 700 km) und schafft als Begründer der Chronographie die Grundlagen für die zeitliche Festlegung der griechischen Geschichte. Die geographischen Entdecker repräsentiert Pytheas von Massalia (Marseille), er erreicht die Shetlandinseln und bringt die Kunde von Polarnacht und -eis und vom Wattenmeer der Nordsee nach Hause. 117/16 wird durch Entdeckung des regelmäßigen Wehens der Monsunwinde die Hochseeroute über den Indischen Ozean vom Roten Meer nach Indien erschlossen.
Unter den – meist verlorenen – Geschichtsschreibern des Hellenismus ragt Polybios von Megalopolis (etwa 200 bis 120) hervor, der, selbst Staatsmann des Achäerbundes und später als Berater der Römer zum Wohle seiner Landsleute tätig, den Aufstieg des Römerreiches zur Weltmacht innerhalb zweier Generationen darstellt. Seine pragmatische und universale Betrachtungsweise trägt zur entwicklungsgeschichtlichen Auffassung der Historie bei, er formuliert auch methodische Grundsätze der Geschichtsschreibung.

Philosophie und Weltanschauung Die geistesgeschichtlich größte Leistung des Hellenismus ist seine Philosophie, die alle Zeittendenzen, Universalismus und Individualismus, Dogmatismus und Skeptizismus, widerspiegelt. Zentrum der Philosophie ist Athen, hier treten neben die hochdotierten Schulen, Platons Akademie und den Peripatos Aristoteles', die Schule Zenons aus Kition (Cypern), die Stoa (benannt nach der „Bunten Halle“) und die des Kolonialatheners Epikur aus Samos im „Kepos“ (Garten).
Für die Stoa sind Weltordnung, Kosmos, Naturgesetz, Zeus nur verschiedene Worte, der Kosmos ist beseelt, durchwaltet vom Logos (der Weltvernunft), der auch die Vorsehung (prónoia) ist und das wirkende Prinzip, die naturgesetzliche Schicksalsmacht; der menschliche Geist ist Teil der Weltseele, sein Logos Teil der Weltvernunft; naturgemäß und vernunftgemäß leben ist eins, Triebe und Affekte soll der Mensch fernhalten, um in Gelassenheit („stoischer Ruhe“) zu leben. Nicht als „politisches“, sondern als „Gemeinschaftswesen“ (zoon koinonikón) angelegt, verwirklicht er sich selbst durch Erfüllung der Pflichten gegenüber der Gemeinschaft der Vernunftwesen. Alle Menschen haben an der Weltvernunft teil, Unterschiede zwischen frei und Sklave, Grieche und Barbar sind bedeutungslos; der gesamte Kosmos, die Oikumene, ist die wahre Polis (Kosmopolitismus). Die Herrscher werden ihr Amt nach dem Vorbild der göttlichen Weltregierung ausüben, die Menschen in Eintracht (homónoia) leben. Stoiker sind Berater der Könige, schreiben Fürstenspiegel („Über das Königtum“), bringen ihre Lehre in Traktat und Rede unters Volk; Kleanthes, Chrysipp, Panaitios, Poseidonios sind ihre bedeutendsten Vertreter. Die Vermittlung stoischen Gedankenguts an Rom trifft auf moralische Grundüberzeugungen der Römer und bringt die römische Führungsschicht zur Einsicht, nicht durch egoistisches Machtstreben, sondern kraft moralischer Höherwertigkeit die Weltherrschaft errungen zu haben, ihre Ausübung scheint folglich als Führungsdienst an der Gemeinschaft sittlich gerechtfertigt. Wenn die Stoa mit der Menschheitsidee die ewige Gültigkeit der Menschenrechte verkündete, legte sie Grund zum neuzeitlichen Naturrecht und den Grundrechten moderner Verfassungen.
Auch die Lehre Epikurs geht vom Individuum (átomon) aus, sieht aber in extremem Gegensatz zur Stoa den Menschen von Natur rein egoistisch angelegt, sein Urtrieb ist wie bei allen Lebewesen die Lust, ein schwebender Glückszustand im Freisein von Leid, körperlichem Schmerz wie seelischer Störung, also auch von Mitleid, der erreicht werden kann durch abwägende Beherrschung der emotionalen Triebe und Genügsamkeit der Lebensführung. Zwar braucht das Individuum Staat und Gesetzlichkeit, hat aber ihnen gegenüber, die nicht durch Naturgesetz, sondern durch Gesellschaftsvertrag der Menschen zustande gekommen, keine sittliche Verpflichtung, wird jedoch in eigenem Interesse Konflikte meiden. Den Verzicht auf Teilnahme am politischen Leben erhebt Epikur zum Programm: „lebe in Zurückgezogenheit“ (láthe biõsas). Der private Kreis Gleichgesinnter, nicht die staatliche Gemeinschaft ist Lebensraum des Epikureers. Epikurs Leitsätze erlangen rasch die Gültigkeit eines Katechismus, der Meister selbst, der sie in seinem Leben vorbildlich verkörpert, wird von den Jüngern wie ein Heiliger verehrt. Seine Philosophie der Befreiung von der Furcht vor Göttern und Menschen und vor dem Tode hat dem Epikureismus immer wieder begeisterte Anhänger verschafft, Lukrez' Lehrgedicht „Über die Natur der Dinge“ ist hierfür in der Antike ein großartiges Zeugnis. Schon das hellenistische Bürgertum nimmt die Lehre als Anleitung zu verfeinerter Lebenskunst auf, ihrem extremen Utilitätsdenken und sozialen Indifferentismus halten jedoch die Pflichtenlehre und der Glaubenseifer der Stoiker die Waage.
Was Stoa und Epikureismus für die Gebildeten, ist der von dem Sokratiker Antisthenes begründete und von Diogenes von Sinope radikal vertretene Kynismus für das Volk. Völlige Bedürfnislosigkeit und Mißachtung aller Konventionen (daher Diogenes' Spitzname Kyon, „Hund“, wegen seiner „Schamlosigkeit“) als Grundlage innerer Freiheit ist Hauptinhalt der kynischen Lehre. Die Kritik der Kyniker an Gesellschaft und Zivilisation des kulturstolzen Hellenismus kommt bestimmten Strömungen in der untertänigen Bevölkerung besonders im Orient entgegen und äußert sich in der sozialen Forderung, allen Menschen die Befriedigung ihrer naturnotwendigen Bedürfnisse zu ermöglichen. Kyniker ziehen als wandernde Bettelphilosophen durchs Land. In der Kaiserzeit tritt verstärkt eine mystische, von indischer Philosophie eingefärbte Richtung auf (etwa in Gestalt des irrlichternden Peregrinos Proteus), und spätkynische Elemente finden Eingang in Neuplatonismus und Christentum.
Der stoische Glaube, die Welt werde von der Vorsehung, nicht vom blinden Zufall gelenkt, der Mensch könne im Wirken für die Gemeinschaft Glückseligkeit (eudaimonía) erlangen, hat zweifellos Tausenden religiösen und sittlichen Halt gegeben. Doch geht die dogmatische Vernunftphilosophie, deren Ethik an ihrer philosophisch-rationalistischen (statt empirisch-psychologischen) Anthropologie und der Vernachlässigung der gesellschaftlichen Bedingtheiten krankt, an den Bedürfnissen der breiten Masse vorbei. „Was ich weiß, mißbilligt die Menge; was die Menge liebt, kenne ich nicht“ (Epikur). Im Zeitalter rascher politischer und sozialer Umschichtungen wirkt viel stärker der fatalistische Glaube an die Macht des Zufalls, des Glücks in Gestalt der Göttin Tyche (Fortuna), deren unberechenbares Wirken die Menschen tagtäglich im großen wie kleinen vor Augen haben. Als allegorische Figur, Stadtgöttin mit der Mauerkrone, oft dargestellt – etwa die „Tyche von Antiochia“ –, soll sie Stadt und Bürger vor Ungemach schützen.
Politische und gesellschaftliche Umschichtungen sind es auch, die, zusammen mit den gegebenen breiten Bildungsmöglichkeiten, den Austausch zwischen hoch und niedrig, gebildet und ungebildet beschleunigen und damit die religionssoziologische Entwicklung bestimmen: der radikale philosophische Skeptizismus des 3. Jahrhunderts, vertreten durch Pyrrhon von Elis, dringt als ein Rationalismus, der sich in bornierter Negation des Bestehenden erschöpft, nach unten vor; ein Antirationalismus steigt, begleitet von einer Flut pseudowissenschaftlicher und -religiöser (meist anonymer) Schriften, nach oben auf und behauptet schließlich das Feld. Auf eine Epoche wissenschaftlich begründeten, aber blutleeren Vernunftglaubens folgt für Jahrhunderte eine Epoche wildwuchernden Aberglaubens, gespeist aus Astrologie, Okkultismus und Magie. Die schon in der Dogmatisierungstendenz der philosophischen Systeme zum Vorschein kommende „Furcht vor der Freiheit“ entspricht der historischen Gesamtentwicklung der Zeit und führt auf religiösem Gebiet zum Suchen nach neuen Bindungen, welche die Innigkeit verheißenden und Zutrauen erweckenden Gestalten der orientalischen Götter in Fülle bieten, die Mutter Isis, der ägyptische Sarapis, der syrische Sonnengott mit der Göttin Atargatis, die phrygische Kybele, schließlich der persische Mithras. Überall erhalten sie ihre Kultgemeinden mit festem Ritual, besonderer Ethik und Dogmatik, Mysterienkulte oft mit geheimer Einweihung für die Gläubigen und Jenseitsverheißungen. Der Orient saugt den Hellenismus allmählich auf, hinter seiner sorgfältig konservierten Fassade findet sich nicht viel Hellenisches mehr, als sie das Christentum zum Einsturz bringt.

Aufstieg, Entfaltung und Niedergang des Römischen Reiches

Die Anfänge Roms

Römische Geschichte – das ist ein Zeitraum von gut tausend Jahren. Sie beginnt im 6. Jahrhundert v. Chr. mit dem Zusammenschluß einiger dörflicher Siedlungen am Tiber, bezieht allmählich Latium, dann Mittelitalien ein und verbindet endlich ganz Italien von der Straße von Messina bis zur Poebene, später bis zu den Alpen, erstmals zu einer politischen Einheit. Inzwischen hat sie aber auch weit darüber hinaus gegriffen, nach Sizilien, Sardinien, Spanien und Afrika, nach Griechenland, Kleinasien und Syrien, schließlich nach Gallien und Ägypten. Bis zum Ende der römischen Republik wird so römische Geschichte zunehmend gleichbedeutend mit der Geschichte der Mittelmeerwelt.

Der Kaiserzeit gelingt noch manche Gebietserweiterung (Britannien; Donauraum), im wesentlichen bleibt ihr die Konsolidierung des Erreichten und seine Durchdringung mit griechisch-römischer Zivilisation, die noch heute in ihren Ruinen die Mittelmeerwelt allenthalben prägt. Am Ende stehen Defensive im Norden (Germanen) und Osten (Perser) und Umwandlung im Inneren, dann Zerfall und doch vielfältige Kontinuität und langfristiges, immer erneuertes Nachwirken.

Eine großartige Entfaltung also aus bescheidenstem Beginn ist kennzeichnend für die römische Geschichte. Kein Wunder, daß man auf dem Höhepunkt römischer Machtentfaltung, zur Zeit des Augustus, schon in den Anfängen das später Erreichte angelegt und vorgebildet findet. Vergil beschreibt in seinem Epos die Irrfahrt des Äneas und den ersten Kampf um die neue Heimat Italien und deutet zugleich mit der Weissagung künftiger Weltherrschaft durch den Mund Juppiters und der Schau der noch ungeborenen Helden Roms durch den in die Unterwelt hinabgestiegenen Trojaner den geheimen Sinn des Geschehens. Livius schildert im ersten Buch seiner Römischen Geschichte nach kurzem Seitenblick auf Äneas und die folgenden Jahrhunderte der Vorherrschaft von Alba Longa die Gründung Roms (nach Varro, einem bedeutenden Altertumsforscher des 1. Jahrhunderts v. Chr., auf das Jahr 753 v. Chr. zu datieren) und seine Königszeit als Stiftungszeit zukünftiger Größe. Die sieben Könige Romulus, Nua Pompilius, Tullius Hostilius, Ancus Marcius, Tarquinius Priscus, Servius Tullius und Tarquinius Superbus werden – mit Ausnahme des letzten – als Verkörperung jeweils einer Seite römischen Wesens dargestellt, eine Vielzahl der späteren religiösen und staatlichen Einrichtungen auf sie zurückgeführt. Auch die Verheißung der Herrschaft über den Erdkreis, diesmal aus dem Mund des vergöttlichten Gründers Romulus, fehlt nicht.

All diese Erzählungen waren in mehr als zwei Jahrhunderten römischer Dichtung und Geschichtsschreibung geformt worden, Vergil und Livius aber haben ihnen die klassische Gestaltung und tiefere Deutung gegeben, die bis in die Moderne das Bild von den Anfängen Roms bestimmen sollte. Noch Machiavelli, Montesquieu und Rousseau haben daraus politische Lehren gezogen, die Kritik daran durch Barthold Georg Niebuhr (1811/12) war ein Markstein methodischer Geschichtsforschung.

Etruskischer Krieger. Um 450 v. Chr. Alle Einzelheiten der Kleidung und Bewaffnung sind mit großer Sorgfalt wiedergegeben. Bei solchen Bronzestatuetten handelt es sich meistens nicht um selbständige freiplastische Arbeiten, sondern um Deckelgriffe oder andere Teile von Geräten. Archäologisches Museum, Florenz.

Indogermanische Einwanderung und griechische Kolonisation Das heutige Bild vom frühen Italien und den Anfängen Roms beruht vornehmlich auf archäologischen und daneben auf sprachgeschichtlichen Untersuchungen. Sie zeigen uns Italien im 3. und 2. Jahrtausend.v. Chr. in Verbindung mit der Iberischen und der Balkanhalbinsel, somit als Bestandteil mittelmeerländischer Zivilisation. Ein Rest der frühen Bevölkerung sind in historischer Zeit die Ligurer (im Hinterland von Genua). Zunehmend machen sich aber Einflüsse aus dem Norden bemerkbar, bis am Ende des 2. Jahrtausends v. Chr. auch Italien von der gewaltigen indogermanischen Völkerwelle erfaßt wird, die in Kleinasien das Hethiterreich zerstört, als Seevölker den Ägyptern zu schaffen macht und in Griechenland das Ende der mykenischen Kultur herbeiführt.
Illyrische Stämme (Messapier, Japyger, Peuketier) gelangen damals nach Apulien, die Veneter nehmen den Nordosten der Halbinsel in Besitz. Geschichtlich bedeutsamer als sie sind die Italiker, die sich als Umbro-Sabeller von der Toskana und Umbrien im Norden über den Apennin (Sabiner, Marser, Päligner, südlich davon die samnitischen Stämme) bis nach Lukanien und Bruttium im Süden hin festsetzen und sich als Latino-Falisker im nördlichen Latium und auf einem kleinen Stück Land am rechten Tiberufer ansiedeln. Sprachlich sind die beiden Dialekte des „oskisch-umbrischen" und des „latino-faliskischen" eng miteinander verwandt, aber doch wieder so verschieden, daß ihre Differenzierung bereits in der Zeit vor der Einwanderung in Italien erfolgt sein wird.
Das Gebiet des späteren Rom befindet sich im latinischen Bereich, ausgezeichnet zunächst nur durch seine Lage an einem günstigen Übergang über den Tiber (Insel) und an der wichtigen Salzstraße von der Tibermündung ins Innere Italiens. Erste Ansiedlungsspuren und Gräber sind für das 10. Jahrhundert v. Chr. auf dem Palatin nachgewiesen worden, für die folgende Zeit dann auch auf anderen Hügeln (Esquilin; Quirinal) und auf dem Gebiet des späteren Forum. In welcher Form diese Siedlungen zusammengeschlossen waren, ist kaum noch auszumachen. Vielleicht stand bereits ein König an ihrer Spitze, wesentlich waren die patriarchalisch geleiteten Gentilverbände. Aufschlußreich sind aber einige uralte Feste, religiöse Riten und Priestertümer, an denen die in dieser Hinsicht stets konservativen Römer auch dann noch festhielten, als sie ihnen fast unverständlich geworden waren. Sie lassen ein primitives, in magischem Denken befangenes Gemeinwesen erkennen, das noch mehr dem Bereich der Ethnologie als dem der eigentlichen Geschichtsforschung angehörte.
Einen Wandel bringt wie für ganz Italien, so schließlich auch für Rom, das Erscheinen zweier neuer Völkerschaften auf der Apenninhalbinsel. Seit der Mitte des 8. Jahrhunderts v. Chr. kolonisieren die *Griechen* nach einer ersten Phase der Erkundung die Küsten Siziliens (Syrakus um 735) und Unteritaliens. Am Golf von Tarent gründen sie u. a. Tarent, Sybaris und Kroton, an der Straße von Messina dieses und Rhegion, am Tyrrhenischen Meer das noch heute durch seine Tempel ausgezeichnete Poseidonia (Paestum), Neapel und vor allem Kyme (Cumae). Dieses entsteht bereits um 750 als älteste griechische Stadt im Westen des Mittelmeerraumes und zugleich als nördlichste in Italien. Zunächst durch seinen engen Kontakt mit den Etruskern, später auch direkt, soll es großen Einfluß auf die kulturelle Entwicklung Roms ausüben. So leitet sich beispielsweise das lateinische Alphabet von der in Kyme gebräuchlichen Variante des griechischen her.

Die Etruskerherrschaft: Herkunft und Ausbreitung der Etrusker Die Herkunft der *Etrusker* ist schon im Altertum umstritten gewesen. Während die einen (so Herodot) ihre Einwanderung aus Kleinasien behaupteten, hielten andere (so der zur Zeit des Augustus lebende Dionys von Halikarnaß) sie für ein altitalisches Volk. Ihrer Sprache nach waren sie jedenfalls keine Indogermanen, sie können aber auch an keine andere bekannte Sprachfamilie angeschlossen werden, so daß die etruskischen Inschriften zwar lesbar, aber nur in einigen stereotyp auftretenden Wörtern und Wendungen (es handelt sich fast durchweg um Grabinschriften) verständlich sind. Weiter hilft das archäologische Material. Es zeigt für das 9. und 8. Jahrhundert v. Chr. im später sicher etruskischen Gebiet einen Wandel: Die in ganz Norditalien seit dem 10. Jahrhundert herrschende Villanova-Kultur wird durch neue Formen abgelöst. Spricht dies allgemein für die Zuwanderung fremder Bevölkerungselemente, so bestätigt die Tatsache, daß die jetzt auftretenden Grabformen (Kuppelgräber) mit denen Kleinasiens verwandt sind, die alte These über die Herkunft der Etrusker aus diesem Gebiet. Andere Indizien, wie die enge Verwandtschaft ihrer religiösen Praktiken mit denen des Alten Orient, kommen hinzu. Doch wird man keine regelrechte Völkerwanderung anzunehmen haben, sondern die Ankunft einer relativ kleinen Gruppe, die es verstand, sich die einheimische Bevölkerung zu unterwerfen.
Begünstigt durch die Eisenerzvorkommen der Toskana und auf Elba erleben die in einem 12-Städte-Bund nur locker organisierten etruskischen Städte einen raschen Aufschwung. Schon bald beginnt die weitere Expansion, die nach Süden hin im 7. und 6. Jahrhundert große Teile Campaniens (darunter Capua; Pompeji) etruskisch werden läßt und im Norden bis in die Poebene (Spina) reicht. Ein Zusammenstoß mit den ihrerseits expansiven Griechen ist nun unvermeidlich. Schon um 600 v. Chr. ist von Phokaia in Kleinasien aus Massalia (Marseille) gegründet worden. Als um 540 dann Phokaier versuchen, auch ganz Korsika in ihre Gewalt zu bringen, verbinden sich Etrusker und Karthager gegen die Griechen und zwingen sie in einer Seeschlacht zum Abzug. Andererseits scheitert 524/23 in einer Landschlacht vor Kyme der Versuch der Etrusker, diese Bastion des Griechentums in Campanien zu nehmen.
Der Vorstoß nach Süden hat die Etrusker zunächst in das angrenzende Latium geführt. Wie andere Orte dort (Tuskulum, Präneste) verdankt auch Rom ihnen seine Stadtwerdung (um 575). Schon der Name selbst ist etruskisch, auch die sakrale Stadtgrenze (pomerium), die bis in späte Zeiten den Friedens- (domi) vom Kriegsbereich (militiae) scheiden soll, entspricht etruskischem Ritus. In dem Forum Romanum erhält die Stadt damals ihr politisches Zentrum, in dem Tempel auf dem Kapitol für Juppiter, Juno und Minerva ihr religiöses.
Etruskischer Einfluß macht sich allenthalben geltend. Das Sakralwesen bereichern sie insbesondere auf dem Gebiet der Mantik: Auguren haben seither in Rom den Vogelflug zu deuten, Haruspices die Eingeweideschau bei Opfertieren zu betreiben. Mit den Tempelbauten werden auch etruskische Malerei und Plastik den Römern vertraut. Ebenso gehen die Attribute der römischen Beamten — Elfenbeinsessel (sella curulis) und Rutenbündel mit Beilen (fasces) – auf die Etrusker zurück. Die Amtstracht des etruskischen Königs lebt später in der Bekleidung des siegreichen Magistrats am Tage seines Triumphes weiter. Die Bevölkerung der Stadt bleibt freilich überwiegend latinisch. Mit der Königsdynastie der Tarquinier – der Name ist nicht nur durch die römische Überlieferung, sondern auch durch ein Gemälde der Tomba François in Vulci bezeugt – kommen nur wenige etruskische Adelsfamilien, neben denen die zahlreicheren einheimischen sich zu behaupten wissen. Gemeinsam bilden ihre jeweiligen Familienhäupter (patres) den Adelsrat (Senat) neben dem König.
Besonders bedeutungsvoll wird die Etruskerherrschaft durch die Begründung der

Vorherrschaft Roms in Latium. Alba Longa wird zerstört; zudem wird ein Bund der latinischen Städte um die Heiligtümer der Diana von Aricia und des Juppiter Latiaris auf dem mons Albanus gestiftet oder jedenfalls unter römische Leitung gebracht. In einigen Orten werden tarquinische Sekundogenituren eingesetzt.

Stark vergrößerte Wiedergabe einer vertieft geschnittenen Darstellung eines Athleten, der sich mit einem Schabeisen *(strigilis)* vom Schmutz befreit. Bei der Abbildung handelt es sich um die Unterseite eines Skarabäus aus Karneol mit einer Höhe von 1,45 cm. Ein schönes Beispiel für die künstlerische Höhe der etruskischen Glyptik. 5. Jahrhundert v. Chr. Staatliche Museen Preußischer Kulturbesitz, Antikenabteilung, Berlin.

Die Zeit der Republik

DER STÄNDEKAMPF

Sturz des etruskischen Königtums: Der Staatsaufbau der jungen Republik Die Vertreibung des Tarquinius Superbus wird von der antiken Überlieferung gewöhnlich in das Jahr 509/508 datiert. Gewichtige Gründe sprechen aber dafür, sie in die Zeit um 470 herabzudatieren und mit dem damals allgemein einsetzenden Niedergang der etruskischen Macht in Verbindung zu bringen. In diesem Fall hätte vor allem der Seesieg Hierons I. von Syrakus über die Etrusker vor Kyme (474/73) entscheidend zum Machtwechsel in Rom beigetragen. Mit ihm scheidet ganz Latium, und in der Folge auch Campanien, wo Capua bis 423 gänzlich samnitisch wird, aus dem etruskischen Bereich aus.

An das Königtum erinnern in Rom fortan nur noch der Opferkönig (rex sacrorum), der für einige sakrale Aufgaben beibehalten wird, und die Einrichtung des Interregnum: Im Falle des gänzlichen Fehlens von Oberbeamten bestellt der Senat aus seiner Mitte Zwischenkönige (interreges), die jeweils fünf Tage lang amtieren und für die Neubesetzung des Oberamtes zu sorgen haben. Schon diese Einrichtung zeigt, wie sehr die Position des Senates durch den Fortfall des Königtums gestärkt worden ist. Nominell hat er freilich nur wie zuvor den König, so jetzt die jeweiligen Beamten zu beraten und kann allein auf deren Einberufung hin tätig werden. In der Praxis jedoch ist es kaum möglich, die Meinung der versammelten Häupter der großen Familien (in späterer Zeit: der gewesenen Beamten) außer acht zu lassen. So bleibt der Senat bis zum Ende der Republik die politisch maßgebende Instanz in Rom – gelegentlich heftig bekämpft, aber immer siegreich. Das rechte Verhältnis zu ihm zu finden, bildet auch noch in den ersten Jahrhunderten des Prinzipats ein Hauptthema kaiserlicher Politik.

Zahl und Benennung der höchsten Beamten der jungen Republik sind in der Forschung heftig umstritten. Die römische Überlieferung läßt unmittelbar nach dem Sturz des Tarquinius die uns aus späterer Zeit bekannten zwei Konsuln einsetzen, möglicherweise gibt es aber zunächst nur einen obersten Magistrat. Wichtiger ist, daß man bei allem Haß gegen das Königtum dem Oberamt die volle königliche Gewalt (imperium) beläßt und diese nur durch die Begrenzung der Amtszeit auf ein Jahr beschränkt, im Falle der 2-Konsuln-Verfassung auch schon durch das Prinzip der Kollegialität, das jedem der beiden Konsuln das Interzessionsrecht gegen Maßnahmen des anderen gewährt. Den Inhalt des Imperium bilden sakrale Funktionen, vor allem aber die Befehlsgewalt im Felde. Doch ist im Hinblick auf die einfachen Verhältnisse des 5. Jahrhunderts v. Chr. anzunehmen, daß der Oberbeamte von vornherein ebenso mit Fragen der Rechtsprechung und der Verwaltung befaßt gewesen ist.

Auch bei der Einteilung des Volkes wahrt man die Kontinuität. Wie schon ihre etruskischen Namen Tities, Ramnes, Luceres zeigen, geht die älteste Gliederung in drei gentilizische Tribus, die wieder aus je 10 Kurien bestehen, noch auf die Königszeit zurück. Später wird die nach Kurien geordnete Volksversammlung nahezu bedeutungslos, immer aber ist sie es, die den höchsten Beamten das Imperium verleiht.

Das Erstarken der Plebejer Geltung im Staat besitzen anfänglich nur die Angehörigen der alten Adelsfamilien, die Patrizier, denen ein großer Teil der übrigen Bevölkerung als Klienten zur Gefolgschaft verpflichtet ist. Sie beherrschen die Volksversammlung, ihnen allein stehen die Ämter und der Senat offen. Zunehmend gewinnt aber neben ihnen eine weitere Bevölkerungsschicht, die Plebejer, an Bedeutung, die sich wohl vor allem aus Angehörigen ehemals selbständiger, dann aber in den römischen Staat einbezogener Gemeinwesen, daneben aus Zugewanderten rekrutiert. Das Streben der Plebs nach rechtlicher und politischer Gleichstellung mit dem Patriziat bildet den Inhalt des Ständekampfes. Für dessen Verständnis ist jedoch sehr wichtig, daß die Plebejer keineswegs eine sozial homogene Einheit gewesen sind. Zu ihnen zählen Grundbesitzer, die sich an Wohlstand durchaus mit den Patriziern messen können, aber auch zahlreiche kleine Bauern, Tagelöhner und Gewerbetreibende, die ständig der Gefahr der Verschuldung und damit dem damals geltenden harten Vollstreckungsrecht ausgesetzt sind. Es handelt sich also eher um eine Interessengemeinschaft, indem die großen plebejischen Familien sich bei ihrem Kampf um einen Anteil an der Staatsführung die Unterstützung der übrigen dadurch sichern, daß sie deren soziale Forderungen mitvertreten.

Ein erster Erfolg wird durch die secessio plebis (angeblich 494), die Drohung, Rom den Patriziern zu überlassen und ein neues Gemeinwesen zu gründen, errungen. Sie führt zur Bildung einer plebejischen Sondergemeinschaft, an deren Spitze zwei, später zehn Volkstribune stehen. Ihre Unverletzlichkeit wird zunächst durch einen Eid aller Plebejer garantiert, allmählich aber wird ihr Anspruch, Amtshandlungen der Beamten durch ihr Veto zu unterbinden und jedem römischen Bürger gegen magistratische Übergriffe Hilfe zu gewähren, zu einem staatlich anerkannten Recht. Aufgabe der Volkstribune ist auch die Leitung der besonderen Versammlungen der Plebejer.

Hat bereits die secessio plebis auf die militärische Unentbehrlichkeit der Plebs hingewiesen, so findet diese bald in der Neugliederung des gesamten Volkes allein nach der Wehrfähigkeit des einzelnen, d. h. aber zu einer Zeit, in der jeder seine Ausrüstung selbst zu stellen hat, nach dem Vermögen, ihren Ausdruck. In der nach Zenturien geordneten Volksversammlung, die nunmehr für die Beamtenwahlen und für die Gesetzgebung zuständig wird, haben die Besitzenden insgesamt, gleichgültig ob Patrizier oder Plebejer, das Übergewicht. Auch die wohl gleichzeitig anzusetzende Aufteilung des römischen Gebietes in vier städtische und 20 ländliche Tribus (bis 241 insgesamt 35) schwächt den patrizischen Einfluß. Den Interessen der ärmeren Schichten wird durch die Einsetzung einer besonderen Kommission von 10 Männern (Dezemvirat; um 450) Rechnung getragen; sie zeichnen in dem 12-Tafel-Gesetz das geltende Recht auf und entziehen es damit der willkürlichen Handhabung durch die adligen Richter. Zugleich ist damit ein erster bedeutender Schritt in der Ausbildung des Rechts und der Rechtswissenschaft getan, die in späterer Zeit ein besonderes Ruhmesblatt Roms werden sollen. An den bestehenden sozialen Spannungen ändert sich durch das 12-Tafel-Gesetz jedoch nichts. Es bestätigt sogar das Eheverbot zwischen Patriziern und Plebejern, das freilich bald darauf beseitigt wird.

Einen wirklichen Ausgleich bringt erst das 4. Jahrhundert, der Tradition nach vor allem durch die licinisch-sextischen Gesetze (367). Die Plebejer dürfen fortan das Konsulat bekleiden, später auch die damals speziell für die Rechtsprechung neugeschaffene Prätur und die anderen Magistraturen, zuletzt (seit 300) auch die meisten Priesterämter. Gleichzeitig wird wohl eine Schuldenermäßigung durchgesetzt. Den Abschluß des Ständekampfes bildet das patrizische Zugeständnis, daß die Beschlüsse der unter der Leitung der Volkstribune tagenden Versammlung der Plebs (Plebiszite) für das gesamte Volk Gesetzeskraft haben sollen (287).

Die Herkunft der Etrusker ist bis heute noch nicht eindeutig geklärt. Die in einem 12-Städte-Bund locker organisierten etruskischen Städte erleben einen raschen Aufschwung, gefolgt von einer erstaunlichen Expansion. Ihr Vorstoß führt sie zuerst in das angrenzende Latium, und bereits im 7. und 6. Jahrhundert v. Chr. werden große Teile Campaniens (Capua, Pompeji) etruskisch; im Norden reicht ihre Macht bis in die Poebene. Ein Zusammenstoß mit den ebenfalls expansiven West-Griechen wird unvermeidlich.

Im Endergebnis sind also die plebejischen Forderungen erfüllt worden. Sehr charakteristisch für Rom aber ist es, daß dies nicht den Auftakt zu einer immer weiter fortschreitenden Demokratisierung bildet. Nur die führenden plebejischen Familien erreichen das Konsulat und verschmelzen mit den Patriziern zu einem neuen Amtsadel (Nobilität), der nahezu ebenso exklusiv ist wie das Patriziat. Leitendes Gremium bleibt der Senat, der sich zunehmend sogar die Volkstribune – junge Männer, die Karriere machen wollen und daher auf sein Wohlwollen angewiesen sind – dienstbar zu machen weiß. Das Volk hat dagegen ernstlich nichts einzuwenden: Seine materiellen Bedürfnisse werden durch die römische Expansion in Italien auf Kosten Dritter befriedigt.

DIE EROBERUNG ITALIENS

Der Sturz des etruskischen Königtums hatte Rom zugleich seine Vormachtstellung in Latium gekostet. Bald aber führt der Ansturm der Bergvölker (Volsker, Äquer) Römer und Latiner zu einem neuen Bündnis, diesmal als gleichberechtigte Partner, zusammen (um 460 v. Chr.?), und zu Beginn des 4. Jahrhunderts scheint mit der Zerstörung des etruskischen Veji und der Einverleibung seines Gebietes das Fundament für einen erneuten Aufstieg gelegt. Da gefährdet der Einbruch der Kelten noch einmal alles Erreichte. Im Zuge der keltischen Expansion während des 4. und 3. Jahrhunderts v. Chr. aus dem Gebiet des heutigen Frankreich nach Britannien und Spanien, in den Donau- und Balkanraum, ja bis nach Kleinasien, überschreiten um 400 einige Stämme die Alpen und bereiten der etruskischen Vorherrschaft in der Poebene ein rasches Ende. Bei einem ihrer Beutezüge in das mittlere und südliche Italien wird auch das römische Aufgebot an der Allia vernichtend geschlagen, Rom selbst eingenommen und zerstört (386). Die „Gallierkatastrophe“ hat sich dem römischen Bewußtsein tief eingeprägt; der Tag der Allia-Schlacht (18. Juli) gilt fortan als Unglückstag.
Erst um die Jahrhundertmitte kann Rom seinen Führungsanspruch in Latium wieder erfolgreich geltend machen und auch die am nächsten gelegene Etruskerstadt Caere (Cervetri) in seinen Staatsverband eingliedern. Den entscheidenden Durchbruch aber bringen der Anschluß des reichen Capua und mit ihm weiter Teile des nördlichen Campanien an Rom und der Sieg in der sich daran anknüpfenden Auseinandersetzung mit dem Latinischen Bund, dessen Mitgliedsstädte teils dem römischen Bürgerverband inkorporiert, teils durch verschiedene Rechtsstellung voneinander getrennt werden (338). Rom ist nunmehr zu einer bedeutenden Macht in Mittelitalien geworden, unmittelbar angrenzend an den großen Stammesbund der samnitischen Bergvölker im südlichen Apennin, mit dem es seit 354 freundschaftliche, wenn auch durch den Anschluß Capuas vorübergehend getrübte Beziehungen (1. Samnitenkrieg?), verbinden.
Streitigkeiten um Neapel, das ein Bündnis mit Rom eingegangen ist, führen zum Ausbruch des 2. Samnitenkrieges (326–304). Er bringt zunächst die Kapitulation des in den Caudinischen Engpässen eingeschlossenen römischen Heeres (321), das nur unter schmachvollen Bedingungen abziehen darf. Dann aber greifen die Römer nach Apulien aus (Gründung der latinischen Kolonie Luceria), womit sie in den Rükken der Samniten gelangen, und sichern auch im Westen die Grenze durch eine Reihe von Kolonien. Die von dem Zensor Appius Claudius (312) begonnene Via Appia verbindet Campanien fest mit Rom. Der Friede von 304 läßt zwar den Samnitischen Bund in seinem bisherigen Umfang bestehen, Rom indes hat seinen Machtbereich rings um ihn her während des Krieges gewaltig ausgedehnt.
Sehr bald aber treten die Samniten (3. Samnitenkrieg: 299/98–290), dazu diesmal auch Etrusker und Gallier erneut auf den Plan. Eine Koalition aller bedeutenden Kräfte soll also der sich bildenden Hegemonialmacht in letzter Stunde Paroli bieten. Als das Unternehmen scheitert (Niederlagen bei Sentinum 295 und am Vadimonischen See 283), bedeutet dies zugleich die Bestätigung der führenden Stellung Roms auf der italischen Halbinsel. Sie kann auch durch die hellenistische Kriegskunst eines Pyrrhos, der von Epirus aus der Griechenstadt Tarent zu Hilfe geeilt ist, nur noch vorübergehend erschüttert werden („Pyrrhussiege“ 280/79). Nach seinem Abzug aus Italien (275) muß Tarent sich ergeben (272), kurz darauf stehen die Römer mit der Einnahme von Rhegion (270) an der Straße von Messina.
Ihre Erfolge sind nicht so sehr mit militärischer Tüchtigkeit zu erklären – auf diesem Gebiet leisten auch zahlreiche Italiker Beachtliches – als mit der römischen Fähigkeit, großzügig und weiträumig zu planen. Großzügig, weil man im Gegensatz zu der restriktiven Bürgerrechtspolitik der griechischen Stadtstaaten zahlreiche fremde Gemeinden als Munizipien in den römischen Bürgerverband aufnimmt und damit die Basis der Herrschaft ständig verbreitert, weiträumig durch ein Bündnissystem, das immer auch die Nachbarn im Rücken des jeweiligen eigenen Gegners einzubeziehen sucht, vor allem aber durch die planmäßige Sicherung der unterworfenen Gebiete, indem man einen Teil des Landes einzieht und darauf Militärkolonien anlegt. Diese erhalten z. T. das römische, oft aber das latinische Bürgerrecht.
Die um 270 konsolidierte „Italische Wehrgenossenschaft“ stellt sich demgemäß als ein sehr vielschichtiges Gebilde dar. Neben Rom und den in Mittelitalien konzentrierten Gemeinden mit vollem Bürgerrecht oder minderem (ohne aktives und passives Wahlrecht) stehen einige altlatinische Städte und die an strategisch wichtigen Punkten angelegten latinischen Kolonien, endlich die griechischen, etruskischen, italischen Städte und Stämme, die durch jeweils besondere Verträge Rom zu militärischer Gefolgschaft verpflichtet sind (socii). Bezüglich ihrer eigenen Angelegenheiten aber besitzen Latiner und Bundesgenossen volle Autonomie, weshalb sie sich mit der römischen Vormachtstellung verhältnismäßig rasch abfinden.
In Rom selbst stabilisiert die ständige Expansion die bestehenden politischen Verhältnisse: angesichts ihrer Erfolge gibt es keinen Anlaß, die führende Rolle der Nobilität in Frage zu stellen. Den Ansprüchen breiterer Schichten wird durch die Beute aus den Kriegen Rechnung getragen, vor allem aber dadurch, daß die zahlreichen Koloniegründungen immer wieder ihre Versorgung mit Land gewährleisten.

DIE PUNISCHEN KRIEGE

Noch im Kampf gegen Pyrrhos hat die gemeinsame Bedrohung Rom und Karthago zu einem Bündnis zusammengeführt (279/78), mit dem ein letztes Mal eine seit zwei Jahrhunderten bestehende Zusammenarbeit erneuert wird. Der griechische Historiker Polybios (2. Jahrhundert v. Chr.) überliefert einen Vertrag aus der Anfangszeit der römischen Republik und einen zweiten aus dem Jahr 348 v. Chr., die uns bei Unterschieden im einzelnen jeweils Rom als eine auf Latium konzentrierte Landstadt, das um 800 von Phönikern gegründete Karthago dagegen als eine im gesamten westlichen Mittelmeergebiet agierende See- und Handelsmacht zeigen. Der Gesichtskreis beider Staaten ist also von Haus aus sehr verschieden, und das bleibt so auch in der Folgezeit, während derer die Römer in Italien expandieren, die Karthager auf Sizilien gegen die Griechen kämpfen, im übrigen abernach wie vor mehr an Handelsstützpunkten und Seewegen als an dem Erwerb eines größeren Landbesitzes interessiert sind. Die Bestimmungen des dritten Vertrages indes (306), daß Karthago nicht in Italien, Rom nicht in Sizilien eingreifen solle, lassen ein wachsendes Abgrenzungsbedürfnis erkennen. Aktuell wird es freilich erst, als sich Römer und Karthager seit 270/69 an der Meerenge direkt gegenüberstehen.

Der 1. Punische Krieg: Der Kampf um Sizilien Auch jetzt aber gibt es zwischen den beiden Mächten keine tiefgehenden Interessengegensätze: Der eigentliche Anlaß zum 1. Punischen Krieg (264–241) stellt sich eher zufällig ein. In Messana haben sich seit den 80er Jahren des 3. Jahrhunderts v. Chr. campanische Söldner (Mamertiner) des Tyrannen Agathokles

Um die Mitte des vierten vorchristlichen Jahrhunderts wird Rom zu einer bedeutenden Macht in Mittelitalien. In mehreren Kriegen mit den samnitischen Bergvölkern weiß die Stadt ihre Vorherrschaft immer mehr zu festigen. 282 kommt es zu einer kriegerischen Auseinandersetzung mit der spartanischen Kolonie Tarent in Süditalien. Die Stadt ruft König Pyrrhos von Epirus zur Hilfe, der 280 mit einem großen Heer, zu dem auch 20 Elefanten gehören, in Italien landet. Es kommt zu Kämpfen, in denen Pyrrhos trotz schwerer Verluste siegreich bleibt (Pyrrhussiege). Der Teller mit Darstellung eines Kriegselefanten aus der 1. Hälfte des 3. vorchristlichen Jahrhunderts erinnert an das Ereignis. Museo Nazionale di Villa Giulia, Rom.

von Syrakus festgesetzt, die ihren Unterhalt im wesentlichen durch die Plünderung der angrenzenden Landstriche bestreiten. Als Hieron II. von Syrakus sie am Longanosfluß besiegt (269), erbitten sie sich von Karthago eine Besatzung, bieten aber einige Jahre darauf Rom die Übergabe der Stadt an, um so dessen Hilfe zu erlangen. Die Aussicht auf einen Stützpunkt an der Gegenküste ist verlockend, auch gehört Messana nicht zum eigentlichen karthagischen Gebiet, so daß nicht von vornherein ein größerer Konflikt zu erwarten ist. Deshalb entschließt man sich in Rom, das Angebot der Mamertiner anzunehmen und den Konsul Ap. Claudius mit einem Heer zu entsenden (264). Daß dies einen offenen Vertragsbruch bedeutet, nimmt man nicht allzu schwer.

Anders reagieren jedoch die Karthager und Hieron II., die sich sofort gegen Rom verbünden, weil sie erkennen, daß das Eingreifen der italischen Großmacht das Kräfteverhältnis in Sizilien grundlegend zu verändern droht. Da aber die ungenügend gerüsteten Karthager kaum Hilfe zu bieten vermögen, schließt Hieron schon 263 nach ersten Rückschlägen einen Separatfrieden und ein Bündnis mit Rom. Dies hätte das Ende des Krieges bedeuten können, es erweist sich jedoch als der Auftakt zu einem jahrzehntelangen Ringen, da nun Karthago alle Kräfte mobilisiert – ein Heer landet bei Akragas (262), die Flotte verwüstet die Küsten Italiens –, worauf auch die Römer erneut den Kampf in Sizilien und zur See intensivieren. Vor allem letzteres ist bei ihrer Unerfahrenheit zur See ein großes Wagnis, das aber schon 260 v. Chr. dank der neu entwickelten, für die Gegenseite völlig überraschenden Entertechnik zu einem ersten Seesieg (bei Mylae) führt. Dagegen endet der Versuch, in Afrika selbst die Entscheidung herbeizuführen (256/55), mit dem Verlust des römischen Expeditionskorps. In den folgenden Jahren werden die Karthager auf ihre Seefestungen im Westen Siziliens (Drepanum und Lilybaeum) zurückgedrängt, halten sich dort aber, weil die Römer sie nach dem Verlust mehrerer Flotten nicht zur See abschneiden können. Von einigen Bergstellungen aus vermag ihr Feldherr Hamilkar Barkas sogar einen recht erfolgreichen Kleinkrieg zu führen (seit 246). Dennoch denkt man in Rom nicht an einen Kompromißfrieden. Eine letzte große Flottenrüstung und der Seesieg bei den Ägatischen Inseln zwingen Karthago zum Einlenken (241).

Es muß im Friedensvertrag auf Sizilien verzichten und überdies 3200 Talente Kriegsentschädigung zahlen. Der daraus und aus den hohen Kriegskosten resultierende Geldmangel bringt schwere Probleme mit sich. Die nicht entlohnten Söldner in Afrika meutern und können erst nach langwierigen Kämpfen von Hamilkar bezwungen werden (238). Folgenreicher noch ist der Aufstand der Söldner auf Sardinien, die sich an Rom um Hilfe wenden. Ohne jeden Rechtsgrund nutzt dies die Gunst der Stunde und annektiert auch diese Insel (237), so daß es nunmehr das Vorfeld vor der eigenen Küste selbst kontrolliert. Moralische Skrupel bei der Erweiterung seiner Machtstellung hat Rom jedenfalls in dieser Phase seiner Geschichte gewißt nicht gehabt.

Vordringlich bei alledem ist freilich das Niederzwingen der karthagischen Seemacht gewesen, nicht so sehr der Erwerb weiteren Landbesitzes. Das zeigt sich deutlich an der Unschlüssigkeit, mit der man die Neuregelung des Status von Sizilien und Sardinien vor sich her schiebt. Dem Italischen Bund will man die Inseln nicht angliedern, so daß man erst 227 v. Chr. die endgültige Lösung findet, indem man seither jährlich je einem Prätor Sizilien bzw. Sardinien und Korsika als seine „Provinz" zuweist. Der Ausdruck, der ursprünglich nur „Amtsbereich" bedeutete, erhält so einen territorialen Charakter. Er bezeichnet jeweils Untertanenland, das ein römischer Magistrat verwaltet und von dem insbesondere Abgaben erhoben werden. Im einzelnen können dabei die Gemeinden durchaus eine unterschiedliche Rechtsstellung haben.

Die institutionelle Verfestigung der ersten Provinzen ist wohl durch neue außenpolitische Verwicklungen mitbedingt: Man will den bisherigen Machtbereich besser sichern. Dabei ist der 1. Illyrische Krieg (229/28), der zur Errichtung eines römischen Protektorats im Küstengebiet des heutigen Albanien führt, nur von untergeordneter Bedeutung. Schwerer ist der Kampf mit den Galliern Norditaliens, die sich durch die von dem Volkstribunen C. Flaminius (232) initiierte Ansiedlung römischer Bürger im Gebiet von Ariminum bedroht fühlen. Sie werden in mehreren Feldzügen niedergeworfen (225 bis 222), die Kolonien Placentia und Cremona sollen das Eroberte sichern (218).

Der Krieg gegen Hannibal Die besondere Aufmerksamkeit der Römer aber gilt erneut den Karthagern. Seit 237 hat deren Feldherr Hamilkar Barkas sich darangemacht, durch die Eroberung Spaniens Ersatz für den Verlust von Sizilien und Sardinien zu schaffen. Sein Werk wird von seinem Schwiegersohn Hasdrubal (seit 229) fortgesetzt, der dem entstehenden Reich in Carthago Nova ein Zentrum schafft. Eine römische Gesandtschaft veranlaßt ihn jedoch zu dem Zugeständnis, er werde nach Norden hin den Ebro-Fluß nicht überschreiten (226), womit der Ausdehnung der karthagischen Herrschaft bis zu den Pyrenäen, zugleich aber einer möglichen Zusammenarbeit mit den Galliern ein Riegel vorgeschoben ist. Einstweilen bleiben freilich Hasdrubal und seinem Nachfolger, dem Sohn des Hamilkar, Hannibal (221), noch genügend Aufgaben südlich des Ebro.

Eine neue Lage wird jedoch dadurch geschaffen, daß Rom auch das im karthagischen Einflußgebiet gelegene Sagunt unter seinen Schutz zu stellen versucht. Damit wäre ein Ansatzpunkt zu Interventionen von unabsehbarer Tragweite gegeben gewesen – und dies hinzunehmen, ist Hannibal nicht gewillt. Die Belagerung und Eroberung Sagunts (219) indes bedeuten den offenen Konflikt. Rom erklärt den Krieg (218).

Die folgenden Jahre stehen im Zeichen eines Mannes: Hannibal. Mit seinem Vorstoß über die Alpen nach Oberitalien reißt er die Initiative an sich, seine Siege am Ticinus und an der Trebia (218), am Trasimenischen See (217) und bei Cannae (216) erschüttern die römische Stellung in Italien aufs schwerste. Das reiche Capua geht zu den Karthagern über, dazu ein Teil der Samniten, Lukaner und Bruttier und viele Griechenstädte Unteritaliens (Tarent, Kroton, Lokri); Philipp V. von Makedonien (215) und Syrakus (214) greifen auf karthagischer Seite in den Krieg ein. Hinzu kommt noch die fast vollständige Vernichtung der römischen Truppen in Spanien (211).

Staunenswert erschien schon dem griechischen Betrachter Polybios die Zähigkeit, mit der Senat und Volk von Rom den Kampf ungeachtet aller Rückschläge fortsetzen. Wenn Hannibal sogar nach Cannae den Angriff auf die Stadt Rom vermeidet, so geschieht dies nicht allein des Risikos einer langwierigen Belagerung wegen, sondern vor allem, weil er entsprechend den Usancen der hellenistischen Welt fest damit rechnet, der Gegner werde nun in einen Kompromißfrieden einwilligen. Ein solcher, nicht etwa die völlige Vernichtung Roms, ist sein eigenes Kriegsziel. Eben dazu können sich aber die Römer nicht verstehen. Sie befolgen nunmehr konsequent die bereits von Q. Fabius Maximus Cunctator angewandte Strategie, sich Hannibal selbst nicht mehr in offener Feldschlacht zu stellen, sondern

Nach dem Vorstoß Hannibals über die Alpen kommt es 216 zur Schlacht bei Cannae. Das 67 000 Mann starke römische Heer wird von Hannibals Reiterei vernichtend geschlagen.

Römer:
a Aemilius Paullus
b Terentius Varro
c Leichte Truppen

Karthager:
1 Hasdrubal
2 Hanno
3 Kelten und Spanier
4 Libyer

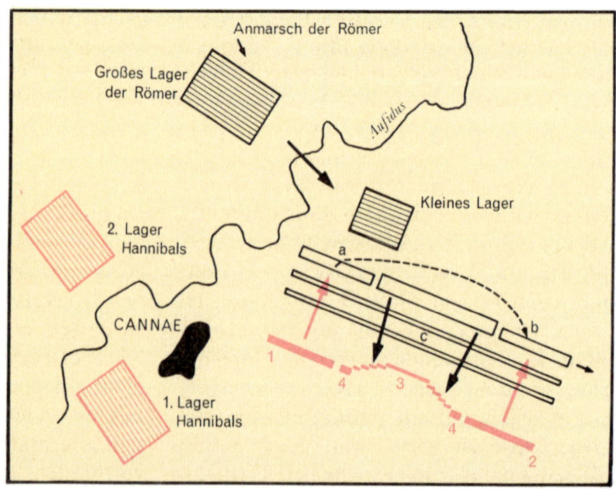

ihn gestützt auf ihre Festungen in einen Abnützungskrieg zu verwickeln, um inzwischen auf den anderen Kriegsschauplätzen eine Wendung herbeizuführen. Ihre Ausdauer ist aber nicht nur eine Frage der Kampfmoral, entscheidend ist, daß sie dabei auf die Hilfe des überwiegenden Teils der italischen Bundesgenossen zählen können, die ihre Autonomie innerhalb der italischen Wehrgenossenschaft den großzügigen, aber unsicheren Angeboten Hannibals vorziehen. Sie gewährleisten Rom auch nach den schweren Verlusten der ersten Kriegsjahre stets den Vorteil der überlegenen Zahl.

Allmählich geht die Rechnung auch auf. In Italien ist Hannibal mit seiner begrenzten Macht außerstande, die zu ihm übergetretenen Städte wirksam zu schützen: Capua fällt 211, Tarent ist 209 wieder in der Hand der Römer, während der berühmte Vorstoß gegen Rom (Hannibal ante portas!) eine militärische Demonstration ohne Folgen bleibt (211). Nachdem auch das Heer seines aus Spanien heranrückenden Bruders Hasdrubal am Metaurus aufgerieben worden ist (207), sieht er sich auf den äußersten Süden der Halbinsel, Bruttium, beschränkt. Syrakus ist bereits 212 von Marcellus erobert worden; Philipp V. findet sich gegen geringfügige Zugeständnisse römischerseits zum Friedensschluß von Phoinike bereit (205).

Von besonderer Wichtigkeit wird der spanische Kriegsschauplatz, auf dem seit 210 der junge Scipio das Oberkommando innehat. Er zieht die Konsequenzen aus den bisherigen Niederlagen, indem er die Formationen des römischen Heeres der beweglicheren Taktik des punischen Gegners anpaßt. Schon 209 nimmt er in einem Überraschungsangriff Neukarthago, im Jahre 206 schließlich hat er die Karthager aus Spanien verdrängt und sie damit der wichtigsten Basis zur Rekrutierung von Söldnern und zur Finanzierung des Krieges (Silberbergwerke) beraubt. Nunmehr ist der Weg nach Afrika frei. Bei Zama treffen die beiden bedeutendsten Feldherrn des Krieges erstmals aufeinander, wobei die überlegene Reiterei des mit Scipio verbündeten Numiderkönigs Massinissa den Ausschlag gibt (202). Karthago muß jetzt um jeden Preis Frieden schließen.

Entsprechend hart sind die Bedingungen. Zu dem Verlust sämtlicher Außenbesitzungen tritt die Auflage, außerhalb Afrikas überhaupt nicht, in Afrika selbst nur mit Genehmigung Roms Krieg zu führen, was Karthago vor allem gegenüber Massinissa angesichts der unklaren Grenzen von der römischen Willkür abhängig macht. Eine hohe Kriegsentschädigung ist in 50 Jahresraten zu zahlen, die Flotte ist bis auf 10 Schiffe auszuliefern. Mit der karthagischen Großmachtstellung ist es endgültig vorbei.

Die iberische Festung Sagunt an der spanischen Ostküste lag zwar im karthagischen Einflußbereich, hatte sich aber unter den Schutz Roms gestellt. Es kommt zur Belagerung und Eroberung Sagunts durch Hannibal (219). Die Festung lag auf einem nach allen Seiten steil abfallenden, ca. 170 m hohen Bergrücken, von dem die Abbildung einen Eindruck gibt. Im Mittelalter wurde die günstige Lage des Bergrückens für eigene Befestigungsanlagen ausgenützt.

Die Anfänge der römischen Literatur

Die harte Bewährungsprobe der Punischen Kriege hat auch die ersten literarischen Leistungen Roms wesentlich mitbedingt. Wie einst in Griechenland das Erlebnis der Perserkriege (Herodot) und des Peloponnesischen Krieges (Thukydides), so weckt den geschichtlichen Sinn der Römer die Auseinandersetzung mit Karthago. Das Epos des Naevius verbindet die Schilderung des Ringens um Sizilien mit der trojanischen Urgeschichte Roms, die Helden des Hannibalkrieges feiert Ennius in epischer Form in seinen Annales. Nicht nur wie die beiden Dichter in Anlehnung an griechische Vorbilder (Homer), sondern sogar in griechischer Sprache verfaßt während des 2. Punischen Krieges auch Fabius Pictor sein Geschichtswerk, aller Wahrscheinlichkeit nach um solcherart die römische Sicht der Dinge der hellenistischen Öffentlichkeit des östlichen Mittelmeerraumes nahezubringen. Ebenso hat ja auch Hannibal Historiographen in seinem Feldlager.

Fabius kann als Senator aus praktischer Erfahrung heraus die Vorgänge darstellen, und diese Verbindung zur Praxis bleibt ein Grundzug römischer Geschichtsschreibung. Sie beginnt sich übrigens bald des Lateinischen zu bedienen, das seine Literaturfähigkeit nach Naevius und Ennius auch durch die Komödien des Plautus und Terenz demonstriert hat. Den Anfang macht Cato (234–149) mit seinen Origines, in denen er die Leistungen des gesamten römischen Volkes, nicht einzelner Persönlichkeiten, in den Mittelpunkt stellt, in den letzten Büchern aber zunehmend seinen eigenen politischen Kämpfen den Vorrang gibt. Das Bestreben, den eigenen politischen Standort in den Geschehnissen der Vergangenheit zu begründen, läßt dann mit der zunehmenden Verschärfung der inneren Gegensätze (seit der Gracchenzeit) die Geschichtswerke immer mehr anschwellen. Das Handeln der Vorfahren (mos maiorum) besitzt in Rom vielfach sogar rechtsetzende Kraft – und wenn ein passendes Beispiel nicht zur Hand ist, so erfindet man eines oder gestaltet die Überlieferung entsprechend um. Hinzu kommt das Bemühen, die Vorgänge immer anschaulicher und damit ausführlicher zu schildern, meist wiederum auf Kosten der historischen Wahrheit. Archivmaterial, das solches Treiben hätte dementieren können, gibt es kaum, auch gehört seine Benutzung selten zu den Gepflogenheiten antiker Geschichtsforschung. So entsteht allmählich das Bild von der römischen Geschichte, das uns in der abschließenden Gestaltung durch Livius so eindrucksvoll vor Augen steht: farbig in seinen einzelnen Erzählungen, oft auch von Interesse durch die geschichtlichen Erfahrungen, die sogar (oder gerade) hinter den Erfindungen stehen, für die die Zeit vor 300 aber ganz ohne Gewähr, für die Epochen danach immer nur nach sorgfältiger Prüfung.

DAS AUSGREIFEN ROMS IM OSTEN

Bereits ein Jahr nach dem Friedensschluß mit Karthago beginnt der 2. Makedonische Krieg gegen Philipp V. (200–197). Er läßt im Gefolge des Sieges bei Kynoskephalai (Thessalien) Rom auch im Kräftespiel der griechischen Welt eine führende Rolle zuteil werden, während Makedonien auf seine ursprünglichen Grenzen beschränkt wird. Nur eine Generation später, im Jahre 168 v. Chr., endet mit der Schlacht von Pydna die makedonische Monarchie, zeigt das widerspruchslos hingenommene Eingreifen römischer Gesandten in den Konflikt zwischen dem Seleukiden Antiochos IV. und Ptolemaios VI., daß es im gesamten hellenistischen Osten keine dem Römischen Reich gleichwertige Macht mehr gibt.

Es ist insbesondere die schnelle Abfolge der Ereignisse, die schon den zeitgenössischen Historiker Polybios (200–120) zu der Annahme veranlaßte, die Römer hätten damals zielbewußt die Weltherrschaft erstrebt. In neuerer Zeit ist dementsprechend wiederholt vom „römischen Imperialismus" gesprochen worden. Beides scheint zwar einleuchtend, bedarf aber doch einer genaueren Erwägung und Prüfung.

Nach dem Friedensschluß von Phoinike (205) hat Philipp V. sein Augenmerk wieder mehr auf das östliche Mittelmeer gerichtet, wo er und Antiochos III. sich daranmachen, die Außenbesitzungen des Ptolemaierreiches in Thrakien, Kleinasien und im südlichen Syrien unter sich aufzuteilen. Dieses Vorgehen beunruhigt vor allem Rhodos und Pergamon, die – allein zum Widerstand zu schwach – sich schließlich an den römischen Senat wenden (201). Rom hat gegenüber beiden Mächten keine Bündnisverpflichtungen, immerhin hat aber Attalos I. von Pergamon im 1. Makedonischen Krieg auf seiner Seite gekämpft und damit einen gewissen Anspruch auf Beistand erworben, andererseits ist das Verhalten Philipps V. kaum in Vergessenheit geraten, der durch seinen Vertrag mit Hannibal gerade in der schwierigen Situation nach Cannae die Errichtung einer weiteren Front im Osten erzwungen hatte (215).

An Gründen zum Eingreifen fehlt es also nicht, entscheidend ist aber wohl, daß Rom ein allzu starkes Makedonien als potentielle Bedrohung empfindet, der von vornherein entgegenzutreten es gewillt ist. Ähnlich hatte man sich bereits in Spanien gegenüber den Barkiden verhalten, es dort aber lange Zeit an der nötigen Entschlossenheit fehlen lassen und darum den karthagischen Angriff auf Italien selbst hinnehmen müssen. Diesen Fehler will man nicht wiederholen. Auf der anderen Seite befindet sich Philipp gegenüber der römischen Intervention des Jahres 200 in ähnlicher Lage wie Hannibal 220/18: Gibt er einmal nach, so ist ein Präzedenzfall geschaffen, der praktisch dem Ende der Großmachtstellung Makedoniens gleichkommt. Ein Kompromiß ist folglich nicht möglich.

Als der Sieg im 2. Makedonischen Krieg errungen ist, erklärt der römische Prokonsul T. Quinctius Flamininus an den Isthmien von Korinth des Jahres 196 v. Chr. alle Griechen Europas, die unter makedonischer Herrschaft gestanden haben, für frei – und diese Proklamation wird nach der erforderlichen Neuordnung der Verhältnisse auch verwirklicht. Im Jahre 194 verlassen die letzten römischen Truppen Griechenland. Um territorialer Gewinne willen hat Rom den Krieg in der Tat nicht geführt. Dennoch ist nicht zu verkennen, daß der römische Anspruch, jede Machtbildung ringsum im weiten Vorfeld zu kontrollieren und gegebenenfalls zu beschränken, auf ein Interventionsrecht ohne Grenzen hinausläuft, das alle anderen Mächte notwendig mediatisieren, in letzter Konsequenz sogar zu Untertanen machen muß.

Zu Beginn des 2. Jahrhunderts v. Chr. ist dies jedoch gewiß noch nicht in vollem Umfang abzusehen, ziehen doch die Römer Formen indirekter Kontrolle vor, die sie nicht in alle Streitfragen mit verwickeln. Sehr bald indes zeigt es sich, daß ein Prozeß in Gang gebracht worden ist, der nur mit der Zurückdrängung Roms oder der vollständigen Übernahme der Herrschaft enden kann. Die einzelnen Etappen folgen rasch aufeinander. Bereits 192 führt der Versuch Antiochos' III., in Griechenland Fuß zu fassen, wieder das römische Eingreifen herbei. Es endet mit dem Sieg Scipios bei Magnesia am Sipylos (190) und dem Verzicht des Seleukidenreiches auf seinen Besitz in Kleinasien (188). Hier wie in Griechenland versuchen die Römer daraufhin erneut, eine Ordnung zu schaffen, die ohne ihre eigene ständige Präsenz auskommen soll: ein System mittlerer und kleiner Staaten, die sich untereinander die Waage halten. Sein Funktionieren setzt aber ein Mindestmaß an Solidarität voraus, zu dem die Griechen jetzt so wenig wie zu irgendeinem Zeitpunkt ihrer Geschichte (wenige Jahre des Perserkrieges ausgenommen) fähig gewesen sind. Unvermeidlich fällt daher dem römischen Senat bei allen Streitigkeiten der Staaten untereinander, zunehmend sogar bei inneren Auseinandersetzungen, eine Schiedsrichterrolle zu, wird er somit dazu gezwungen, sich unentwegt mit den Angelegenheiten der griechischen Welt zu befassen. Auf die Dauer muß das die Bereitschaft fördern, militärisch zu intervenieren und klarere Verhältnisse zu schaffen.

Hinzu kommt das Wiedererstarken Makedoniens in den letzten Regierungsjahren Philipps V. und unter seinem Sohn Perseus (seit 179). Dynastische Beziehungen zu den Königshäusern von Bithynien und Syrien werden geknüpft, in den griechischen Staaten gibt es wieder Kräfte, die nach Norden, nicht über das Meer nach Westen blicken. So fern Perseus bei alledem ein ernsthafter Konflikt mit den Römern liegt, diese sehen sich dazu veranlaßt, ein weiteres Mal ihre bewährte Politik zu verfolgen, bedrohlich erscheinende Machtbildungen bereits im Ansatz zu zerschlagen. Nach anfänglichen Erfolgen endet der 3. Makedonische Krieg (171 bis 168) mit der vollständigen Niederlage des Perseus bei Pydna. Er selbst wird kurz darauf gefangengenommen und von dem Sieger L. Aemilius Paullus im Triumphzug zur Schau gestellt.

Wieder folgt eine Neuordnung durch Rom, das aber nunmehr viel härter in die inneren Verhältnisse der einzelnen Staaten eingreift und damit seinen Führungsanspruch weitgehend zu einer direkt ausgeübten Herrschaft umgestaltet. Makedonien wird in vier Teilrepubliken aufgelöst, denen jede Verbindung untereinander untersagt ist. Die Bergwerke werden stillgelegt (bis 158), eine Maßnahme, die sicher eine allzu große Prosperität verhindern sollte, zugleich aber zeigt, daß das römische Handeln zu dieser Zeit wohl auch, aber nicht in erster Linie durch wirtschaftliche Interessen bestimmt wurde. Schlimmer noch ergeht es den mit Perseus verbündeten Epiroten. 70 Städte werden zerstört, 150 000 Menschen in die Sklaverei verkauft. Auch alle griechischen Staaten, die nicht bedingungslos auf der römischen Seite gestanden haben, trifft das Strafgericht. Ein großer Teil der Führungsschicht des Achaiischen Bundes (darunter Polybios) wird nach Italien deportiert; Rhodos verliert seinen Festlandsbesitz, sein Handel wird durch die Errichtung eines Freihafens auf der Insel Delos schwer getroffen. Selbst Eumenes II. von Pergamon, dessen Kla-

gen vor dem römischen Senat ein wesentlicher Anlaß zum 3. Makedonischen Krieg gewesen sind, fällt jetzt in Ungnade.
Besonders aber macht der Befehl an den in Ägypten siegreich vordringenden Antiochos IV., das Land unverzüglich zu räumen, und dessen bedingungsloser Gehorsam die neuen Machtverhältnisse deutlich. Zwar bestehen das Seleukiden- und das Ptolemaierreich noch bis zum Jahre 64 bzw. 30 v. Chr. weiter – beide werden aber durch immer neue Eingriffe Roms zunehmend geschwächt. Freilich fördert dieses damit unwillentlich das Wachstum des Partherreiches, das in der 2. Hälfte des 3. Jahrhunderts entstanden, vor allem durch den Sieg über den Seleukiden Antiochos VII. Sidetes (129) zur maßgebenden Macht im Iran und im Zweistromland wird und seit der Mitte des 1. Jahrhunderts zum gefährlichsten Konkurrenten Roms im Osten emporsteigt.
Eine weitere Zäsur bringen die Jahre 149–146. In Makedonien erhebt sich ein Kronprätendent, Andriskos, der sich als Sohn des Perseus ausgibt. Seine Überwindung führt zur endgültigen Provinzialisierung des Landes (148). Bald darauf kommt es zum Bruch zwischen Rom und dem Achaiischen Bund (146). Der Krieg selbst ist schnell beendet, worauf große Teile Griechenlands direkt dem römischen Statthalter von Makedonien unterstellt werden, während andere Gemeinden sich einer Freiheit unter römischem Protektorat erfreuen. Gewaltigen Eindruck aber macht auf Mit- und Nachwelt die Zerstörung der wohlhabenden Handelsstadt Korinth, zumal zur gleichen Zeit dasselbe Schicksal auch Karthago trifft. Dessen Streitigkeiten mit dem Numiderkönig Massinissa haben immer wieder den römischen Senat beschäftigt, aber sie sind ebensowenig wie die immer noch vorhandene wirtschaftliche Bedeutung der Stadt die eigentliche Ursache des Krieges. Offenbar schließen sich jetzt maßgebende Kreise der von M. Porcius Cato (ceterum censeo Carthaginem esse delendam) vertretenen Ansicht an, daß endgültig Ordnung geschaffen werden müsse. Der 3. Punische Krieg (149–146) endet nach tapferer Gegenwehr der Karthager mit der vollständigen Zerstörung der Stadt durch den jüngeren Scipio. Ihr Gebiet wird zur Provinz Africa.
An die Stelle indirekter Kontrolle beginnt somit allenthalben die direkte Übernahme der Herrschaft durch Rom zu treten, ein Prozeß, der im Jahre 133 fortgesetzt wird, als der letzte König von Pergamon, Attalos III., sein Reich testamentarisch den

Römische Seeschlacht. Ausschnitt aus einer Wandmalerei in Pompeji. Als ausgesprochene Landmacht bringen die Römer im Machtkampf mit Karthago eine neue Taktik in den Seekrieg. Mit Hilfe von Enterbrücken führen sie den Nahkampf auf dem Meer ein.

Römern vermacht. Die Kämpfe mit Aristonikos, einem illegitimen Sohn des Attalos, verzögern freilich die Errichtung der Provinz Asia bis zum Jahre 129.

DIE KRISE DER RÖMISCHEN REPUBLIK

Rom ist nun zur Herrin der Mittelmeerwelt geworden, aber der Aufstieg hat auch seinen Preis. Schon der Hannibalkrieg hat Süditalien entvölkert und verwüstet, und manche Gebiete dürften sich kaum davon wieder erholt haben: Das Problem des Mezzogiorno hat tiefgreifende Wurzeln. Sofort daran anschließend erfordern die Kriege im Osten, zu denen anfangs noch Kämpfe in Oberitalien gegen Kelten und Ligurer, gleichzeitig aber und dann seit der Jahrhundertmitte immer verlustreicher der Krieg mit den spanischen Stämmen hinzukommen, ständig den Einsatz großer Heere. Da diese sich vor allem aus der bäuerlichen Mittelschicht Roms und seiner italischen Bundesgenossen rekrutieren, hat das die mangelhafte Bestellung der kleineren und mittleren Höfe wegen der jahrelangen Abwesenheit ihrer Besitzer zur Folge und schließlich ihr Aufgehen in dem rentabler wirtschaftenden Großgrundbesitz.

Dessen Anwachsen hat aber auch andere Gründe. Durch die lex Claudia von 218 v. Chr. ist den Senatoren das Betreiben von umfangreichen Handels- und Geldgeschäften untersagt worden. Das Verbot wird sicherlich häufig durch das Vorschieben von Strohmännern umgangen worden sein, es gibt aber doch den Anlaß, größere Kapitalien in die Landgüter zu investieren, sie durch Umstellung auf Weinanbau und Weidewirtschaft sowie durch den Einsatz von Sklaven zu modernisieren und durch den Erwerb kleinerer Betriebe und die Okkupation von Staatsland (ager publicus) auszudehnen. Sicher werden nicht alle Gebiete Italiens von diesem Prozeß im gleichen Maße erfaßt, insgesamt aber wächst die Zahl der Besitzlosen und nimmt die der Wehrpflichtigen entsprechend ab. Eine angesichts der Vielzahl militärischer Aufgaben sehr bedenkliche Entwicklung! Sie wird in den 30er Jahren des 2. Jahrhunderts v. Chr. dadurch noch verschärft, daß das nach Rom strömende Proletariat nicht mehr durch Bautätigkeit und dergleichen sein Auskommen findet (die letzten beuteträchtigen Kriege liegen einige Zeit zurück), andererseits aber die Gefährlichkeit der Sklavenmassen mit dem großen Aufstand in Sizilien (135 bis 132) offen zu Tage tritt.

Das Reformwerk der Gracchen: Die soziale Frage Das Agrarproblem zu beheben und damit die militärische Basis der römischen Macht wiederherzustellen, ist das anfängliche Ziel des Volkstribunen Tiberius Sempronius Gracchus (133). Selbst aus vornehmer plebejischer Familie stammend und von einigen führenden Senatoren beraten, entwickelt er sein Reformprogramm. In Wiederaufnahme eines älteren Gesetzes sollen die Großgrundbesitzer bis zu 125 ha Staatsland (zuzüglich 62,5 ha je Sohn) bewirtschaften dürfen, was aber darüber hinausgeht, soll zur Schaffung von Bauernhöfen verwendet werden. Eine umstürzende Bodenreform ist das keineswegs, der Vorschlag genügt indes, um die römische Politik zu polarisieren. Der Begeisterung des Volkes steht die schroffe Ablehnung der meisten Senatoren gegenüber, die eine Besitzeinbuße befürchten, ebenso aber auch, daß der politische Einfluß des Tiberius Gracchus den ihren zu weit überragen könne, wenn er auf einen Schlag die Forderungen so vieler Bürger erfüllt.

In dem Volkstribunen M. Octavius findet die Opposition den geeigneten Helfer. Er legt gegen den Gesetzesantrag sein Veto ein, womit dieser trotz der allgemeinen Zustimmung gescheitert ist. In dieser Situation entschließt sich Ti. Gracchus dazu, M. Octavius mit der Begründung, daß er den wahren Interessen des Volkes zuwiderhandle, durch die Volksversammlung absetzen zu lassen. Dies ist eine revolutionäre Maßnahme, da nach römischer Auffassung ein Magistrat erst nach seinem Amtsjahr zur Rechenschaft gezogen werden kann. Weitere unerhörte Schritte folgen, so die Besetzung der Ackerkommission mit Tiberius selbst, seinem Bruder Gaius und seinem Schwiegervater Ap. Claudius, vor allem aber die Finanzierung dieser Kommission mit Geldern aus der attalischen Erbschaft, deren Verwendung herkömmlicherweise allein in die Kompetenz des Senates fällt. Als Ti. Gracchus vollends die (durchaus unübliche) Wiederwahl zum Volkstribunen für das Jahr 132 betreibt, bricht sich die lang angestaute Erbitterung der Senatoren Bahn. In einem Akt der Lynchjustiz werden er und zahlreiche Anhänger erschlagen.

Mit Recht bemerkten bereits antike Historiker, daß mit diesem Blutvergießen die Epoche der Bürgerkriege eingeleitet worden ist. Fortan gewöhnt man sich daran, politische Auseinandersetzungen notfalls mit Gewalt zugunsten des eigenen Stand-

Das Schlafzimmer mit Fresken gibt uns eine Vorstellung von der Wohnkultur im 1. Jahrhundert v. Chr. Zu der Zeit war es Mode, die Wände von Häusern mit Szenen aus Tragödien, Satyrspielen und Komödien zu bemalen. Villa des P. Fannius Synistor in Boscoreale. Metropolitan Museum, New York.

punktes zu entscheiden, muß andererseits der Unterliegende auch mit der physischen Vernichtung rechnen. Machtstreben, Ehrgeiz und Furcht verbinden sich zu einem explosiven Gemisch. Der Terror wird immer wieder auf die Tagesordnung gesetzt.

Fatalerweise ist gleichzeitig durch das Vorgehen des Ti. Gracchus ein grundsätzlicher Gegensatz in der politischen Methode geschaffen worden, der Rom fremd gewesen ist. Nahezu unbestritten sind bisher alle wichtigen Entscheidungen dem Senat zugefallen, nach dessen Willen auch die Volkstribunen in der Regel ihre Gesetzesanträge vor die Volksversammlung gebracht haben. Nun aber zeigt die Agrarreform, daß sich mit Hilfe der Volksgesetzgebung politische Ziele auch gegen die Mehrheit des Senats durchsetzen lassen. Die Einheit der führenden Schicht zerbricht. Während die meisten an der ausschlaggebenden Rolle des Senats festhalten (Optimaten), finden sich immer wieder Politiker, die den Weg über die Volksversammlung gehen (Populare). Sie gehören freilich ebenso der Oberschicht an und wollen die bestehenden Verhältnisse keineswegs umstürzen, sondern allenfalls punktuell reformieren, oft auch nur ihre persönliche Karriere durch das Aufgreifen populärer Projekte fördern. Das Volk selbst gewinnt niemals die Initiative. Es ist dazu schon deshalb nicht in der Lage, weil die meisten Römer außerhalb Roms wohnen und an den Volksversammlungen nicht teilnehmen können, seine Repräsentation durch ein Parlament aber der Antike immer fremd geblieben ist, besonders jedoch deshalb, weil vielfältige, allseits als verpflichtend empfundene Treueverhältnisse die einzelnen Bürger mit den Familien der Nobilität verbinden.

So bildet sich keine politische, insbesondere keine demokratische Alternative zur Herrschaft der Nobilität. Allein in ihren Reihen, vermehrt nur durch jeweils wenige Aufsteiger aus dem Ritterstand (homines novi), wird mit optimatischen oder popularen Methoden um die Machtverteilung gerungen, weswegen auch der an soziale Umwälzungen geknüpfte moderne Revolutionsbegriff auf die Krise der römischen Republik schwerlich angewendet werden kann. Sie ist geradezu dadurch gekennzeichnet, daß stets vornehmlich Personen, nicht Programme gegeneinanderstehen, wenngleich andererseits zu zeigen sein wird, daß die Strukturprobleme des zum Weltreich gewordenen Stadtstaates Rom doch sehr wesentlich den Gang der Ereignisse beeinflussen. Aber eben immer in unauflöslicher Verbindung mit den Machtkämpfen der führenden Männer – und daraus erklärt sich, warum es kaum je zu

Römische Silbermünze aus republikanischer Zeit mit einer Darstellung des Lyra spielenden Hercules. British Museum, London.

einer klaren Diagnose der vorhandenen Schwierigkeiten, geschweige denn zu allseits akzeptierten Lösungen gekommen ist. Bereits die Ablehnung des von der Sache her unbedingt gebotenen und dabei maßvollen Reformplans des Ti. Gracchus durch die Senatsmehrheit bewies, daß das politische System des republikanischen Rom seine Innovationsfähigkeit fast vollständig eingebüßt hatte.

Die Ackerkommission darf nach 133 v. Chr. zunächst weiterarbeiten, stößt aber bald auf erhebliche Schwierigkeiten, als sie sich auch dem von italischen Bundesgenossen in wirtschaftliche Nutzung genommenen ager publicus zuwenden will. Die Bundesgenossen werden nämlich von dem Gesetz nur in negativer Hinsicht, mit der Abgabe von Land, erfaßt, an der Verteilung sollen allein römische Bürger teilhaben. Die dagegen erhobenen Proteste sind verständlich. Sie bewirken, daß die Tätigkeit der Kommission praktisch lahmgelegt wird (129).

So ist bei dem Versuch, ein Problem zu lösen, ein anderes virulent geworden. Zu sehr hat sich seit der Vollendung der Italischen Wehrgenossenschaft das militärische und politische Gewicht zugunsten Roms verschoben. Die Rechte eines römischen Bürgers zu erwerben, gilt jetzt Latinern und Bundesgenossen zunehmend mehr als die einst so hoch geschätzte Autonomie ihrer Staaten. Deshalb kommt die Bundesgenossenfrage auch mit dem Stillstand der Agrarreform nicht wieder zur Ruhe.

In den Jahren 123/22 versucht Gaius Gracchus als Volkstribun eine umfassende Lösung der anstehenden Probleme. Dem Volk in Rom wird durch staatliche Subvention des Getreides ein Existenzminimum garantiert – der erste Schritt zu den Getreideverteilungen der Kaiserzeit! –; die Ansiedlung von Bauern wird wieder in Gang gebracht. Vor allem aber versucht C. Gracchus, die besitzenden Schichten des Landadels und der Geschäftsleute für staatliche Aufgaben zu mobilisieren. Mit der Verpachtung der Steuern und Zölle aus der Provinz Asia bietet er dem solcherart konsolidierten Ritterstand eine reiche Einnahmequelle, zugleich bringt er ihn in einen gewissen Gegensatz zum Senat, indem er aus seinen Reihen den Gerichtshof besetzt, der die Erpressungen senatorischer Statthalter in den Provinzen aburteilen soll.

Sachliche Reformbestrebungen und das Bemühen um die Sicherung der eigenen Position sind bei C. Gracchus untrennbar miteinander verbunden. Bei aller Umsicht gerät er aber dabei in Widersprüche, die zu seinem Scheitern führen. Ist es einerseits schon zur Fortsetzung der Agrarreform unbedingt erforderlich, die Bundesgenossen dem Bürgerverband einzugliedern, so ist andererseits das Volk weniger denn je geneigt, seine Privilegien zu teilen und damit zu entwerten. Es läßt sich von dem demagogischen, niemals realisierten Siedlungsprogramm des Senats verlocken und verweigert C. Gracchus die Wiederwahl für 121. Als dieser sich schließlich, in die Enge getrieben, zu einer bewaffneten Auseinandersetzung entschließt, zeigt sich auch, daß der Ritterstand im Zweifelsfall die Solidarität der besitzenden Schichten über die Konfrontation mit dem Senat stellt. Er unterstützt die Maßnahmen des vom Senat bevollmächtigten Konsuls Opimius, der nach kurzem Kampf die Gracchaner besiegt. Auch Gaius selbst findet den Tod (121).

Das Recht, in Notstandssituationen die obersten Beamten von der Beachtung gesetzlicher Bestimmungen zu entbinden, wird damals zuerst vom Senat in Anspruch genommen. Er handelt damit insofern im Rahmen des Herkömmlichen, als er immer die Mitte der römischen Verfassung gebildet hat, ihm also natürlicherweise auch am ehesten zukommen muß, in außergewöhnlichen Lagen mit entsprechenden Mitteln zu reagieren. Gleichwohl zeigt schon der erste Anwendungsfall des sogenannten „letzten“ Beschlusses, daß der Senat als Hüter des Staates und als Partei zugleich tätig wird. Nicht das Notstandsrecht an sich kann in Zweifel gezogen werden, wohl aber läßt sich bei jedem Anwendungsfall fragen, ob die persönlichen Schutzbestimmungen des römischen Bürgers legitimerweise außer Kraft gesetzt worden sind. So trägt letztlich auch das Notstandsrecht des Senats erheblich zur Verschärfung der inneren Auseinandersetzungen bei.

Marius und Sulla Einstweilen hat man freilich wieder Sorgen an den Grenzen.

Dieses von Dioskurides signierte Mosaik aus einer Villa in Pompeji zeigt eine Komödienszene. Zwei tanzende Männer mit Tamburin und Klapper werden von einem Flöte spielenden Mädchen begleitet. Die drei Gestalten tragen eine Maske, der Knabe in der Ecke ist nicht maskiert. Bei dem Mosaik handelt es sich um eine Kopie nach einem im späten 3. Jahrhundert v. Chr. im griechischen Kleinasien gemalten Theaterbild. Museo Nazionale, Neapel.

Der mühsame Kolonialkrieg (seit 111) gegen den Numiderkönig Jugurtha kann erst durch den aus dem Ritterstand zum Konsulat gelangten Marius siegreich beendet werden (105). Und anschließend ist es derselbe Marius, der, fünfmal hintereinander zum Konsul gewählt (104–100), Rom vor der ersten germanisch (-keltischen) Völkerwelle der Kimbern, Teutonen und anderer Stämme retten soll. Von der dänischen und deutschen Nordseeküste herkommend, haben diese Stämme seit ihrem ersten Auftreten an den römischen Grenzen (113) mehrere Heere vernichtend geschlagen, bis Marius in Südfrankreich bei Aquae Sextiae (Aix en Provence) die Teutonen (102), dann in Oberitalien bei Vercellae die Kimbern (101) besiegt.

Die Grundlage zu diesen Erfolgen hat Marius in den vorangegangenen Jahren durch seine Heeresreform gelegt. Sie besteht aus taktischen Veränderungen – die 10 Kohorten jeder Legion werden die wichtigste Gefechtseinheit –, vor allem aber zieht Marius aus dem ständigen – auch durch die gracchischen Maßnahmen nur verzögerten – Rückgang der Wehrpflichtigenzahl die Konsequenz, vermögenslose Bürger (proletarii) als längerdienende Freiwillige anzuwerben. Ein folgenreicher Schritt! Derartige Soldaten sind in ganz anderer Weise ihrem jeweiligen Feldherrn verpflichtet, weil sie auf ihn auch hinsichtlich der Durchsetzung ihrer Versorgungsansprüche angewiesen sind. Im Verein mit dem für Rom ohnehin typischen Denken in Gefolgschafts- und Treueverpflichtungen bildet sich so rasch die spezielle Form der Heeresklientel, die zunehmend die Bindung an das Gemeinwesen zurückdrängt.

Das erneute Scheitern eines Antrags des Volkstribunen M. Livius Drusus macht im Jahre 91 den Bundesgenossen endgültig klar, daß sie nur mit Gewalt ihre berechtigten Ansprüche durchsetzen können. Es kommt zur Gründung eines Gegenbundes unter marsischer und samnitischer Führung mit der Hauptstadt Corfinium, das in Italia umbenannt wird. Nach erbitterten und verlustreichen Kämpfen – beide Seiten haben ja dieselbe militärische Schulung – lenkt Rom ein. Italien bis zur Poebene wird ein einheitlicher Bürgerverband, der sich erstaunlich rasch auch sprachlich und kulturell latinisiert.

Die jahrelangen Kämpfe haben indes zahlreiche Heere unter Waffen gebracht, deren Feldherrn zum Teil eine selbständige Politik zu treiben versuchen. Verhängnisvoll wird dies, als der Volkstribun P. Sulpicius Rufus durch ein Plebiszit dem Konsul des Jahres 88, L. Cornelius Sulla, das Kommando gegen Mithridates abspricht und es Marius überträgt. Sulla versammelt daraufhin seine vor Nola stehenden Soldaten und bringt sie mit dem Hinweis auf die reiche Beute, die nunmehr die Truppen des Marius machen würden, dazu, mit ihm gegen Rom zu marschieren. Der Staat ist dem Heer fremd geworden. In Rom läßt Sulla 10 seiner wichtigsten Gegner, darunter auch Marius, zu Staatsfeinden erklären. Er bricht jedoch bald darauf nach dem Osten auf (87), worauf die Gegenpartei, geführt von Cinna und Marius, der bereits Anfang 86 stirbt, wieder die Oberhand gewinnt und ihrerseits Sulla ächtet.

Mithridates VI. von Pontos ist über Streitigkeiten um Bithynien in Auseinandersetzung mit Rom geraten (89), versteht es aber, den allgemeinen Haß gegen die römische Herrschaft zu nutzen, um den Krieg über ganz Kleinasien und große Teile Griechenlands auszuweiten. Seinem in Ephesos erlassenen Mordbefehl sollen 80 000 Italiker, darunter auch viele der besonders unbeliebten Steuerpächter, zum Opfer gefallen sein (88). Dem militärischen Geschick Sullas sind seine Heerführer freilich nicht gewachsen. So muß er froh sein, im Frieden von Dardanos (85) gegen eine hohe Kriegsentschädigung sein angestammtes Reich zu behalten.

Die Neuordnung des Staates durch Sulla und der Aufstieg des Pompejus Sulla hat nunmehr freie Hand, dem seltsamen Zustand, als Staatsfeind für Rom im Felde zu stehen, ein Ende zu bereiten. Seine Rache ist furchtbar. Nach dem Einzug in Rom (82) beantwortet er den Terror der Cinnaner mit den berüchtigten Proskriptionen, denen mehrere tausend Bürger zum Opfer fallen. Seine Günstlinge können sich an deren Gütern in ungeheuerlicher Weise bereichern. Zum Diktator mit der Aufgabe ernannt, den Staat neu zu ordnen, beweist Sulla freilich auch erstaunliche staatsmännische Fähigkeiten.

Grundgedanke seiner Reform ist es, die führende Rolle des Senats wiederherzustellen. Zu diesem Zweck beschränkt er einerseits drastisch das Gesetzgebungsrecht der Volkstribunen, trennt er andererseits Konsuln und Prätoren von der Provinzialverwaltung – die sie erst jeweils im folgenden Jahr als Promagistrate übernehmen –, um der Schaffung neuer außerordentlicher Heereskommanden, wie er selbst eins innegehabt hat, vorzubeugen. Die Zahl der Senatoren wird durch Zuwahl aus dem Ritterstand auf 600 erhöht. In Zukunft soll der Senat sich durch den automatischen Eintritt der jährlich gewählten 20 Quästoren ohne Mitwirkung der Zensoren ergänzen. Zur Verwunderung seiner Zeitgenossen legt Sulla seine Diktatur freiwillig nieder (79). Er stirbt schon im folgenden Jahre.

Sein Werk überlebt ihn nicht lange. So durchdacht es war, es setzt einen anderen Senat voraus als die bunt zusammengewürfelte Körperschaft, in der die ehemaligen höheren Beamten nach dem Blutzoll der Bürgerkriege nur schwach vertreten sind. Auch plagt die Senatoren das schlechte Gewissen über den hohen Preis, um den Sulla ihre Autorität wiederhergestellt hat. Endlich fehlt es an begabten und loyalen Militärs, wie sie die Aufgaben eines Weltreichs doch immer wieder erfordern.

All dies erklärt den Aufstieg des Pompejus. Als junger Mann ist er mit zwei privat ausgehobenen Legionen Sulla zu Hilfe geeilt und hat in seinem Auftrag in Sizilien und Afrika Krieg geführt, wofür er sogar einen Triumph feiern durfte (80). Schon im Jahre 77 sieht sich der Senat gezwungen, auf ihn zurückzugreifen, um zunächst einen Aufstand in Oberitalien niederzuschlagen und dann in Spanien den letzten großen Führer der Marianer, Q. Sertorius, zu bekämpfen. Bei seiner siegreichen Rückkehr findet er sogar noch Gelegenheit, eine versprengte Sklavenschar zu vernichten, die M. Licinius Crassus, dem eigentlichen Bezwinger des Spartacusaufstandes (73–71), entkommen ist.

Seine Erfolge hat Pompejus durchweg als Promagistrat errungen, die reguläre Ämterfolge hat er nicht durchlaufen. Nunmehr wird er für das Jahr 70 zusammen mit Crassus zum Konsul gewählt. Schon dies ist ein Bruch der sullanischen Verfassung, weitere Maßnahmen folgen, von denen die Wiederherstellung der Rechte des Volkstribunats besonders bedeutungsvoll ist. Tribunizischen Gesetzen verdankt Pompejus denn auch seine nächsten außerordentlichen Kommanden.

In wenigen Wochen befreit er das Mittelmeer von der Seeräuberplage, der man zuvor in vielen Jahren nicht Herr geworden ist (67). Anschließend erhält er den Oberbefehl gegen Mithridates (66), der seit 74 wieder gegen Rom im Felde steht. Auch diesen Krieg kann er mit überlegenen Streitkräften rasch beenden. Seit 64 widmet er sich der Neuordnung des Orients. U. a. wird damals der letzte Seleukide, Antiochos XIII., abgesetzt und Syrien zur römischen Provinz erklärt. Im Jahr darauf greift Pompejus in innerjüdische Streitigkeiten ein und erobert Jerusalem. Das Gebiet Judas wird verkleinert, bleibt aber unter der angestammten Dynastie der Hasmonäer.

Auch der abwesende Pompejus überschattet das politische Treiben in Rom, zumal man vielfach eine Rückkehr im Stile Sullas befürchtet. Symptomatisch für die allgemeine Unsicherheit ist die Catilinarische Verschwörung, deren Hintergründe schon den Zeitgenossen nicht recht durchsichtig gewesen sind, die aber jedenfalls die damalige soziale und moralische Krise Roms beleuchtet. Ihre Niederwerfung ist ein letzter Prestigeerfolg des Senats, vor allem aber des Konsuls Cicero (63). Durch ihn ermutigt, zeigt sich der Senat auch dem zurückgekehrten Pompejus wenig entgegenkommend, nachdem dieser wider Erwarten sein Heer entlassen hat (62). Um die Anerkennung seiner Neuordnung des Ostens und die Versorgung der Veteranen doch zu erreichen, verbindet sich Pompejus mit Crassus und Cäsar zum 1. Triumvirat (60). Für 59 wird Cäsar zum Konsul gewählt.

Der Aufstieg Cäsars Cäsars Amtsführung zeigt die neuen Machtverhältnisse schnell auf. Nach anfänglichen Versuchen der Zusammenarbeit auch mit dem Senat, die aber an der Obstruktionspolitik des jüngeren Cato und anderer scheitern, agiert Cäsar ganz im Stil eines popularen Volkstribunen, indem er unter Übergehung des Senats und gegen die Interzession seines Kollegen Bibulus seine Gesetze durch die Volksversammlung beschließen läßt. Die Maßnahmen des Pom-

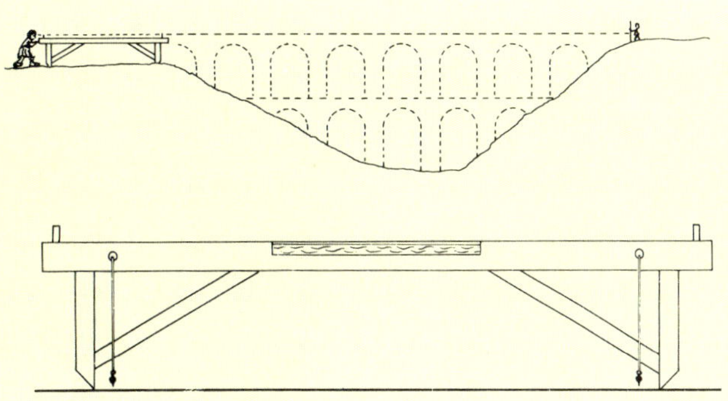

Der Pont du Gard in Frankreich. Die dreigeschossige Brücke hat eine Höhe von 49 m und eine Länge von 273 m. Oben der gemauerte Kanal eines Aquädukts. Das oben abgebildete Instrument mit eingebauter Wasserwaage ermöglichte den Bau mit einem Niveauunterschied von nur 17 m für die 20 km lange Strecke.

pejus werden bestätigt, die Aufteilung des campanischen Gebietes an 20 000 Kolonisten verfügt, ein neues Gesetz gegen die Erpressungen in den Provinzen erlassen. Manches davon ist durchaus weitblickend, das ändert aber nichts daran, daß es in ungesetzlicher Form zustandegekommen ist.

Cäsar weiß sich freilich in großzügigster Weise zu sichern. Auf Antrag des Volkstribunen Vatinius erhält er für 5 Jahre die Provinzen Gallia Cisalpina und Illyrien. Der Senat fügt noch das jenseitige Gallien hinzu und gibt damit Cäsar eigentlich erst die Gelegenheit zu dem großen Unternehmen der Eroberung Galliens. Geschickt jede Möglichkeit zur Intervention nutzend, besiegt Cäsar die Helvetier, den Suebenfürsten Ariovist (58), die Belger im Norden (57), die Veneter an der Atlantikküste (56). Das Jahr 55 sieht die Vernichtung der germanischen Usipeter und Tenkterer, den ersten Rheinübergang Cäsars und die erste Überfahrt nach Britannien, der 54 eine zweite folgt. Nach Kämpfen gegen die Nervier und Eburonen und nach einem zweiten Übergang über den Rhein (53) hat Cäsar es noch einmal mit einer großen Erhebung fast aller Gallier unter Vercingetorix zu tun. Erst nach dramatischer Belagerung Alesias – Cäsar selbst wird zeitweilig von einem gallischen Entsatzheer eingeschlossen – muß sich der gallische Freiheitsheld ergeben (52). Das Land kann nunmehr endgültig als römische Provinz organisiert werden (51). Selten hat persönliches Machtstreben so bedeutende Folgen gehabt. Gallien wird schon im 1. Jahrhundert n. Chr. zu einem Zentrum romanischer Sprache und Kultur und bleibt es bis heute.

In Rom vollzieht sich in der Zwischenzeit die Agonie der Republik. Cicero muß auf Betreiben seines erbitterten Feindes, des Volkstribunen Clodius, und mit Billigung des Triumvirats wegen der Hinrichtung der Catilinarier in die Verbannung gehen (58). Er darf zwar bereits im folgenden Jahr zurückkehren, bleibt aber von den Triumvirn abhängig. Diese erneuern noch einmal ihren Bund bei einem Treffen in Luca (56). Crassus und Pompejus sollen im Jahre 55 das Konsulat übernehmen und dann je ein großes Kommando für mehrere Jahre – Crassus im Osten, Pompejus in Spanien – erhalten. Auch die Verlängerung des cäsarischen wird damals beschlossen. Private Vereinbarungen treten praktisch an die Stelle staatlicher Verfügungen!

Der Dreibund löst sich freilich auf, als Crassus gegen die Parther bei Carrhae gefallen ist (53) und Pompejus sich nach dem Tode seiner Frau Julia, der Tochter Cäsars, wieder mehr dem Senat zu nähern

Von den vielen erhaltenen Bildnissen Cäsars ist nur eines zu seinen Lebzeiten entstanden. Die meisten, wie auch das obige aus dem Museo Capitolino in Rom, sind erst nach seinem Tode geschaffen worden.

beginnt. Im Jahre 52 wird er sogar zum Konsul ohne Kollegen und beendet die Straßenschlachten zwischen den Banden des Clodius und des für den Senat streitenden Milo, bei denen Clodius bereits den Tod gefunden hat. Gemeinsam versuchen nun Pompejus und der Senat, das Ende von Cäsars Statthalterschaft in Gallien so anzusetzen, daß es ihm nicht mehr möglich ist, sich von dort aus um das Konsulat des Jahres 48 zu bewerben. Dies hätte bedeutet, daß er in der Zwischenzeit vor Gericht gezogen und damit politisch erledigt werden konnte. Über dieser Frage bricht mit dem berühmten Übergang über den Rubikon, der die Grenze zwischen Gallia Cisalpina und Italien bildet, im Januar 49 der Bürgerkrieg aus. Wie Cäsar unverhüllt erklärt, führt er ihn zur Wahrung seiner persönlichen dignitas, seiner durch seine außerordentlichen Erfolge errungenen Stellung in der Adelsgesellschaft Roms, die er durch die Angriffe seiner Gegner bedroht sieht.

Erste Höhepunkte der lateinischen Literatur in der späten Republik Nur auf den ersten Blick ist es erstaunlich, daß sich gerade in den Wirrnissen der späten Republik die lateinische Literatur zu ihrer Reife entfaltet: Bereits Tacitus hat in seinem Dialogus rückblickend den Zusammenhang zwischen Krisenzeit und Blüte der Redekunst aufgezeigt. Und in der Tat mangelt es seit den beiden Gracchen in Rom nicht an hervorragenden Rednern. Der Mann jedoch, von dem die größte Wirkung auf alle folgenden Zeiten ausgehen soll, verkörpert geradezu diese Epoche: M. Tullius Cicero (106–43) hat sich in den letzten Jahren Sullas mutig für die Wiederherstellung des Rechtsstaates eingesetzt und ist seit der siegreich durchgefochtenen Anklage gegen den räuberischen Statthalter Siziliens, Verres, unbestritten der erste Redner Roms (70). Auch die Erfolge seines Konsulates (63) verdankt er wesentlich seinen Reden. Entscheidend dafür ist, daß Cicero sich niemals mit den technischen Fertigkeiten begnügt, die von der Rhetorik gelehrt werden. Er verfügt über eine umfassende Bildung: Kenntnis des Rechts, der Geschichte und der Philosophie, wie er sie in seinem ersten großen Prosawerk „De oratore“ (55) von jedem Redner verlangt. Auch sie aber nicht als Selbstzweck, sondern als Voraussetzung für ein verantwortliches Wirken für den Staat, dessen möglichst vollkommene Gestaltung seine nächsten Werke „De re publica“ und „De legibus“ zum Inhalt haben.

Zweifellos macht Cicero damit – nicht immer ohne Eitelkeit – seine eigenen Voraussetzungen zu einer allgemeinen Tugend: Der Aufsteiger aus dem Ritterstand ist in ganz anderem Maße als die Angehörigen der alten Aristokratie auf seine persönlichen Fähigkeiten angewiesen. Seine Liebe zu Rom aber ist aufrichtig, und sie vor allem veranlaßt ihn dazu, sich in Zeiten politischer Kaltstellung literarischer Tätigkeit zuzuwenden. So kommt es auch zu dem gewaltigen Unternehmen der 40er Jahre, die Grundzüge der griechischen Philosophie Rom zu vermitteln. Nur Cicero, der, ohne einer Schule dogmatisch verpflichtet zu sein, eine gute Kenntnis der wichtigsten philosophischen Richtungen besaß, zugleich aber auch die lateinische Sprache so beherrschte, daß er ihr die erforderlichen Neuprägungen abgewinnen konnte, durfte sich an diese Aufgabe wagen. Ihre Bedeutung für die europäische Geistesgeschichte ist gar nicht abzuschätzen.

Glücklicherweise sind auch viele Briefe Ciceros, darunter die an Atticus, erhalten. Sie geben uns ein lebhaftes Bild von dem politischen und gesellschaftlichen Treiben des Roms jener Tage, vor allem aber bringen sie uns Cicero in seinen Hoffnungen, Befürchtungen und Leidenschaften so nahe, wie es bei keinem zweiten Menschen der Antike der Fall ist.

Weniger anspruchsvoll als Ciceros Werke geben sich Cäsars Berichte über den Gallischen und den Bürgerkrieg. Ihre bewußt einfache Sprache verbirgt eher die Größe der Ereignisse, die aber zugleich mit unerhörter Präzision geschildert werden. Nicht wenige der Vorgänge wurden schon von den Zeitgenossen sehr unterschiedlich bewertet, um so erstaunlicher ist die Offenheit, mit der hier ein Akteur seine Sicht der Dinge darstellt.

Wieder andere Wege geht der erste große Historiker Roms, Sallust (86–34). In seinem eigenen politischen Handeln durchaus fragwürdig, ergreift er nach der Ermordung Cäsars die Geschichtsschreibung als Möglichkeit politischen Wirkens, darin Cicero ähnlich. Seine Monographien über die Catilinarische Verschwörung und über den Jugurthinischen Krieg gelten dem Niedergang der Republik, den er vor allem im Verfall der Sitten begründet sieht. Seine Gedanken haben Livius beeinflußt, mehr noch Tacitus, der auch manches von seiner gedrängten, vom Stil des älteren Cato, aber auch von Thukydides geprägten Sprache übernommen hat.

Die Dichtkunst der Zeit hat in Lukrez und Catull ihre hervorragenden Vertreter. Beide beeindrucken durch die Intensität, mit der dichterische Tradition und persönliches Erleben verbunden werden: Lukrez (94–55) in seiner epischen Darstellung der Naturlehre Epikurs, die ihn mit religiöser Begeisterung erfüllt hat, Catull (87–54) in seinen politischen Invektiven, vor allem aber in seinen Liebesgedichten an Lesbia.

DAS ZEITALTER DER BÜRGERKRIEGE

Der Untergang der Republik: Cäsars Machtergreifung Cäsars Übergang über den Rubikon belastet ihn mit dem Odium des Angreifers, dafür aber trifft er die Senatspartei so unvorbereitet, daß sie sich auf Drängen des Pompejus zur Räumung Italiens entschließt. Von Spanien, wo die Unterfeldherrn des Pompejus 7 Legionen befehligen, und von Osten her soll der Gegenangriff geführt werden. Doch Cäsar kommt ihm erneut zuvor. In wenigen Wochen erobert er Spanien und macht sich damit den Rücken frei für den entscheidenden Kampf mit Pompejus. Seine staatsrechtlich sehr schwache Stellung in Rom – die meisten Senatoren, nach längerem Zögern auch Cicero, befinden sich bei Pompejus – verbessert er durch die Übernahme einer Diktatur zur Abhaltung von Wahlen, aus denen er selbst als Konsul für 48 hervorgeht.

Mitten im Winter gelingt Cäsar, trotz der Seeherrschaft der Pompejaner, mit sieben Legionen die Überfahrt von Brundisium nach Epirus. Doch dann verwickelt ihn Pompejus in einen längeren Stellungskrieg vor Dyrrhachium, aus dem er sich erst in der Jahresmitte 48 durch einen Zug nach Thessalien lösen kann. Bei Pharsalos besiegt er das doppelt so starke Heer des Pompejus. Dieser flieht nach Ägypten, wird aber auf Geheiß der Ratgeber des jungen Königs Ptolemaios XIII. ermordet.

Cäsar hat nach dem Sieg erneut seine Milde bewiesen, die schon 49 seine Unternehmungen sehr gefördert hat. Nur die hartnäckigsten Gegner, unter ihnen Cato, setzen den Krieg fort. Vordringlich schien zunächst die Verfolgung des Pompejus, die auch Cäsar schließlich nach Ägypten führt, wo er in die Thronstreitigkeiten zwischen Ptolemaios XIII. und seiner Schwester Kleopatra VII. hineingerät. Als er für Kleopatra Partei ergreift, wird er monatelang in Alexandrien von den Ägyptern belagert, verweilt aber auch nach der Befreiung durch ein Entsatzheer noch bis Mitte 47 bei Kleopatra, die ihm einen Sohn, Kaisarion, gebärt.

Inzwischen haben die Pompejaner in der Provinz Africa ihre Macht konsolidiert, herrschen in Italien unter dem Regiment des M. Antonius schwere Unruhen. Cäsar wendet sich aber zunächst nach Kleinasien, wo ein Sohn Mithridates VI., Pharnakes, versucht, das väterliche Reich wiederherzustellen. Bei Zela erringt er einen leichten Sieg, den er mit den berühmten Worten: „veni, vidi, vici“ nach Rom mel-

det. Anschließend schafft er in Italien Ordnung und setzt dann nach Africa über. Vor Thapsus werden die Pompejaner und mit ihnen König Juba von Numidien vernichtend geschlagen (46). Cato jedoch lehnt die Begnadigung durch den Sieger ab und begeht in Utica Selbstmord. Sein Tod wird zum Symbol republikanischen Unabhängigkeitssinnes.
Cäsar kann nun als Herr des Reiches einen vierfachen Triumph über Gallien, Ägypten, Pharnakes und Juba feiern. Er wird für 10 Jahre zum Diktator ernannt. Erste Reformen werden in Angriff genommen, vor allem die Herabsetzung der Zahl der Getreideempfänger in Rom von 320 000 auf 150 000. Bleibend ist seine Kalenderreform. An die Stelle des Mondjahres tritt das ägyptische Sonnenjahr zu 365¼ Tagen. Doch bald muß Cäsar ein letztes Mal zum Bürgerkrieg ausziehen. Bei Munda schlägt er das Heer, das die Söhne des Pompejus in Spanien erneut aufgeboten haben (Frühjahr 45). Sextus Pompejus kann freilich entkommen. Als „Seekönig" von Sizilien soll er noch eine bedeutende Rolle spielen.
Außerordentliche Ehrungen werden dem Sieger zuteil. Seine Statue wird im Tempel des Quirinus aufgestellt, später sollen Statuen in allen Tempeln hinzukommen. Er erhält den Ehrennamen „Vater des Vaterlandes" und die Unverletzlichkeit eines Volkstribunen, sein Geburtsmonat Quinctilis wird in Julius umbenannt. Entscheidend ist, daß er schließlich die Ernennung zum Diktator auf Lebenszeit annimmt und damit mit dem republikanischen Staatsrecht bricht, das nur zeitlich befristete Ämter gekannt hat. De facto ist freilich seine Stellung längst die eines Monarchen. Die in ihrer Zahl gewaltig vermehrten Beamten sind von ihm ebenso abhängig wie der Senat, den er durch Aufnahme seiner Parteigänger auf 900 Mitglieder gebracht hat. Nur die endgültige Form der Monarchie steht noch nicht fest. Nachdem der Versuch des M. Antonius, Cäsar das Diadem anzubieten, am Widerstand des Volkes gescheitert ist (15. 2. 44), hat Cäsar wahrscheinlich zunächst einen Kompromiß angestrebt. Unter Berufung auf ein Orakel, nach dem der geplante Partherfeldzug nur von einem König siegreich geführt werden könne, soll er für das Gebiet außerhalb Italiens den Königstitel erhalten, dort aber weiterhin Diktator bleiben. So weit kommt es aber nicht. Cäsars Mißachtung der republikanischen Formen erhält nicht nur die Feindschaft seiner alten Gegner lebendig, sondern bringt auch viele seiner Anhänger gegen ihn auf. Alle seine Leistungen für den Staat, die Gründung zahlreicher Kolonien, die Bautätigkeit in Rom, treten dahinter zurück. In der letzten Senatssitzung vor dem Partherfeldzug an den Iden des März (15. 3. 44) wird er von den Verschwörern unter der Führung von M. Brutus und Cassius ermordet.

Der Kampf um Cäsars Erbe Es zeigt sich aber sofort, daß das Rad der Geschichte nicht einfach zurückzudrehen ist. Die Verschwörer haben keinerlei Pläne für die Zukunft. Volk und Soldaten sind ihnen feindlich gesinnt. So müssen sie froh sein, mit dem Konsul Antonius zu einem Ausgleich zu kommen, der diesem die faktische Macht in Rom beläßt, während sie selbst durch Decimus Brutus in der Gallia Cisalpina, vor allem aber im Osten durch M. Brutus und Cassius sich eine neue Basis schaffen müssen. Die Lage wird noch komplizierter, als der testamentarisch von Cäsar adoptierte 18jährige C. Octavius beginnt, seine Ansprüche als Erbe Cäsars geltend zu machen.
Den Endkampf um die Republik löst freilich Cicero aus, der im Herbst 44 mit seinen Philippischen Reden den Senat dazu bringt, sich gegen Antonius zu erklären. Inwieweit Antonius berechtigten Anlaß dazu gegeben hat, ist schwer zu durchschauen, jedenfalls ist es ein verhängnisvoller Schritt, weil auch der Senat auf die Veteranen Cäsars angewiesen ist. Nutznießer des Bürgerkrieges wird so vor allem

Glas war im Altertum eine Kostbarkeit. Durch die Erfindung des Glasblasens, wahrscheinlich in Syrien im 1. Jahrhundert v. Chr., wurden alle in dem Rohstoff Glas schlummernden Möglichkeiten erst richtig erschlossen. Im römischen Imperium entwickelte sich die neue Technik rasch. Gefunden im Rheinland. Landesmuseum, Bonn.

Statue des Augustus aus der Villa von Primaporta bei Rom. Sie wurde unmittelbar nach seinem Tode auf der Gartenterrasse vor der Stützmauer einer weiteren Terrasse aufgestellt und beherrschte das weite, auf zwei Seiten von Hallen eingefaßte Rechteck vor sich. Museo del Vaticano, Rom.

Oktavian, der zunächst vom Senat als Feldherr anerkannt (1. 1. 43), es schließlich vorzieht, sich mit Antonius und M. Aemilius Lepidus zu einigen. Gemeinsam lassen sie sich durch die lex Titia (27. 11. 43) auf fünf Jahre mit unbeschränkten Vollmachten zur Wiederherstellung des Staates bekleiden (2. Triumvirat), worauf sie durch Proskriptionen einige tausend ihrer Gegner, darunter auch Cicero, über die Klinge springen lassen. Gemeinsam siegen sie auch bei Philippi gegen Cassius und Brutus. Die letzten Republikaner enden durch Selbstmord (42). Nun trennen sich freilich die Wege der TRIUMVIRN. Während Oktavian in Italien für die Versorgung der Veteranen zu sorgen hat – gewaltige Landenteignungen sind damit verbunden –, allmählich aber durch den Seesieg seines Feldherrn Agrippa über Sex. Pompejus vor Sizilien und durch die Entmachtung des Lepidus zum alleinigen Herrn des Westens aufsteigt, widmet Antonius sich im Osten der Kleopatra und einem erfolglosen Feldzug gegen die Parther. Ein letzter Verständigungsversuch in Tarent (37) bringt die Verlängerung des Triumvirats um weitere fünf Jahre. Seit 34 aber sind Antonius und Oktavian offen verfeindet. Durch meisterhafte Propaganda versteht es Oktavian, als Verfechter altrömischer Sitte gegen den in Kleopatra verkörperten Orient zu erscheinen. Der Treueid Italiens und der westlichen Provinzen auf ihn (32) entspricht wohl der allgemeinen Stimmung. Den Seesieg bei Aktium (31) über Antonius und Kleopatra verdankt Oktavian jedoch wiederum Agrippa. Im August 30 erobert er endlich Alexandria. Das letzte hellenistische Königreich wird zur römischen Provinz, die freilich immer dem Kaiser, nicht Senat und Volk unterstellt bleibt. Antonius und Kleopatra geben sich selbst den Tod.
Oktavian aber kann nun in Rom demonstrativ die Pforte des Janustempels schließen und einen glänzenden Triumph feiern (29). Der Friede im Reich ist wiederhergestellt – und er ist der alleinige Machthaber.

Die Kaiserzeit: Das Zeitalter des Prinzipats

DAS AUGUSTEISCHE ZEITALTER: DIE SCHAFFUNG DER PAX ROMANA

Die Begründung des Prinzipats durch Augustus Die Stellung Oktavians im Jahre 29 entspricht der Cäsars in den Jahren 45/44. Der Sohn indes zieht aus dem katastrophalen Ende des Vaters die Lehre, daß auch der Besitzer absoluter Macht auf ein gewisses Maß an Einverständnis seitens der Beherrschten angewiesen bleibt. Bisher hat er es sich dadurch gesichert, daß er die persönliche Auseinandersetzung mit Antonius als Kampf für die nationale Identität des Römertums zu führen wußte. Aber weiterhin kann er die Beibehaltung der triumviralen Befugnisse damit nicht begründen. Auf der anderen Seite sind die republikanischen Verhältnisse nach zwei Jahrzehnten heftigen Bürgerkriegs dem Bewußtsein der Zeitgenossen doch ferner gerückt und hat die Einsicht Platz gegriffen, „daß es im Interesse des Friedens sei, alle Macht einem Manne zu übertragen“ (Tacitus).
So kommt es zu dem kunstvollen Arrangement des Jahres 27. In der Senatssitzung am 13. Januar legt Oktavian seine außerordentliche Gewalt nieder und stellt damit die Souveränität von Senat und Volk wieder her. Im Gegenzug aber übernimmt er auf Bitten des Senats die prokonsularische Befehlsgewalt und zugleich die Verwaltung einiger Provinzen mit nahezu allen Legionen (Spanien, Gallien, Syrien), während die übrigen Provinzen dem Senat unterstellt werden. Der Sache nach wird damit eine Militärmonarchie installiert, aber das ist dadurch verschleiert, daß die Truppen weit entfernt an den Grenzen des Reiches stationiert sind, während das Reichsinnere, insbesondere Italien, entmilitarisiert wird. Zudem lassen sich für ein imperium proconsulare über mehrere Provinzen durchaus republikanische Parallelen finden (Pompejus), über denen

man die Konzentrierung der Macht bei einem Mann übersehen kann.

Ähnlich doppeldeutig sind die Ehrungen, die der Senat am 16. Januar ausspricht. Mit dem Namen Augustus wird gewiß der Königstitel oder ähnliches vermieden, er erweckt aber magische Assoziationen, die seinen Träger über den menschlichen Bereich hinausheben. Verstärkt wird dies durch die der sakralen Sphäre entstammenden Lorbeerbäume, die fortan den Eingang seines Hauses zieren sollen, durch die darüber angebrachte corona civica, die Augustus als Retter der gesamten Bürgerschaft ausweist, und durch den goldenen Schild, der ihm die vier Kardinaltugenden zuerkennt.

Mit Recht zieht Augustus in seinem Tatenbericht daraus die Folgerung, daß seither sein persönliches und politisches Gewicht (auctoritas) das aller seiner Mitbürger übertroffen habe. Die republikanisch klingende Fortsetzung hingegen: Bei der Bekleidung eines Amtes habe er nicht mehr Befugnisse (potestas) als sein jeweiliger Kollege besessen, bedeutet schon wieder ein Stück Verschleierung. Seine Stellung als „erster Bürger" (princeps) gründet eben nicht auf einem ordentlichen Amt, etwa dem Konsulat, das er nach 23 nur selten innegehabt hat. Das (seit 23 auch formell allen Statthaltern übergeordnete) prokonsularische Imperium aber ist ebenso wie die tribunizische Amtsgewalt und das konsularische Imperium (seit 19) jeder kollegialen Einwirkung entzogen.

Der Begriff „Verschleierung" grenzt an den der Heuchelei, und gewiß baute die von Augustus geschaffene Staatsform des Prinzipats auf der „Lebenslüge" auf, daß der Senat ein eigenständiger, wenn schon nicht gleichberechtigter Partner des Herrschers sei. Unvermögen oder böser Wille der Nachfolger hat dies auch bald ans Licht gebracht. Ebenso gewiß aber ist, daß nur mit Hilfe dieser Fiktion das Prinzipat die Kontinuität römischer Geschichte wahren konnte. Sie bedeutete eine gewisse Selbstbindung, die die staatlichen Verhältnisse in Rom von denen einer orientalischen oder tyrannischen Despotie abgrenzte und in gewisser Hinsicht denen einer konstitutionellen Monarchie vergleichbar machte. Insbesondere der bisherigen Führungsschicht der Nobilität wird es dadurch ermöglicht, unter Wahrung ihres Gesichts im neuen Staat mitzuarbeiten. Es ist auch nichts geringes, daß es Augustus versteht, das Militär aus dem unmittelbaren Gesichtskreis politischen Geschehens zu entfernen. Die schlimmen Folgen seines Eingreifens haben sich vorher bereits sehr bemerkbar gemacht und sollen es in späteren Zeiten erneut tun.

Mit seinem Hauptwerk, der Äneis, hat Vergil das römische Nationalepos geschaffen. Die abgebildete Seite stammt aus dem Codex Vaticanus Latinus, einer der ältesten illuminierten Handschriften. 4. Jahrhundert n. Chr. Bibliothek des Vatikans, Rom.

Die klassische Blüte der römischen Literatur Dennoch bleibt ein zwiespältiger Eindruck. Er wird vielleicht nirgends so sehr faßbar wie auf dem Gebiet der Dichtkunst, das doch den eigentlichen Ruhmestitel augusteischer Kulturpolitik bildet. Vergil (70–19), Horaz (65–8) sowie die Elegiker Gallus (um 69–26), Tibull (um 55–19) und Properz (etwa 50–15) haben die blutigen Anfänge des Triumvirn Oktavian erlebt, als Helfer (Gallus), als Betroffene von den Landenteignungen (Vergil, Properz), Horaz sogar als hoher Offizier im Heer der Cäsarmörder, der bei Philippi mitgekämpft hat. Gerade seine frühen Gedichte (Epoden) spiegeln die Ausweglosigkeit der Zeit wider, die damals herrschende Erbitterung kommt aber auch noch um das Jahr 28 in den Schlußgedichten des ersten properzianischen Elegienbuches zu Wort.

Allmählich aber weiß Oktavian/Augustus, unterstützt von seinem Freund Maecenas, sie alle für sich zu gewinnen, zuerst Vergil, der schon um das Jahr 40 in der 4. Ekloge den Anbruch einer neuen Heilszeit besingt. Sie teilen seinen nationalrömischen Standpunkt in der Auseinandersetzung mit Antonius und bejahen später das Reformprogramm, mit dem die altüberkommene Religion erneuert (Wiederherstellung der Tempel) und die Moral gebessert werden soll (Sitten- und Ehegesetzgebung). Der endlich erreichte Friedenszustand (pax Augusta) erfüllt ihr Sehnen wie das ihrer Zeitgenossen. Nicht nur die formale Vollkommenheit, sondern eben diese tiefe Übereinstimmung mit dem Empfinden der Epoche ist es, die den Werken des Horaz, wie dem Siegeslied nach Aktium über Kleopatra, den Römeroden oder dem Festlied zu der Säkularfeier des

Jahres 17, ihren hohen Rang verleiht, die das Trostgedicht des Properz auf den Tod der Cornelia zur „Königin der Elegien", die Georgika des Vergil über ein bloßes Lehrgedicht über den Ackerbau hinaus zum Lobpreis Italiens werden läßt.

Die Harmonie zwischen Herrscher und Dichtern ist indes stets prekär. Gallus freilich entzweit sich nicht wegen seines Werkes, sondern als allzu selbständiger Präfekt Ägyptens mit Augustus und endet durch Selbstmord, bedenklich aber ist es, daß Vergil sich veranlaßt sieht, das Lob seines offiziell niemals verurteilten Freundes aus den Georgika zu entfernen. Aufschlußreicher noch ist der hinhaltende Kampf des Horaz wie des Properz gegen das Ansinnen, die Taten des Augustus in einem großen Epos zu feiern. Nur Vergil erfüllt es schließlich, aber in sehr modifizierter Form, mit seiner Äneis, die die Vorgeschichte Roms als Grundlegung seiner künftigen Größe und des unter Augustus erreichten glücklichen Zustandes schildert. Indem sie die Eroberung der Mittelmeerwelt im Rückblick als die Herstellung der pax Romana deutet, gibt die Äneis Rom das für die Folgezeit maßgebende Geschichtsbild. Vergil wird durch sie zum Nationaldichter der Römer, in der Spätantike sogar nahezu von biblischem Rang für das sterbende Heidentum, später zum Leitstern Dantes. Seinen Einfluß in der Neuzeit zeigt nicht nur die europäische Literatur, sondern beispielsweise auch die unübersehbare Menge von Wandteppichen mit Dido- und Äneasszenen.

Vergil versteht es somit, einen glücklichen Kompromiß zwischen den Wünschen des Augustus und seinen Vorstellungen zu finden, Horaz und Properz fällt das hingegen schwerer. Ihr Ringen um die Eigenständigkeit des Künstlers zeigt an seinem Teil, wie dicht hinter der Fassade des Prinzipats die absolute Monarchie steht. Daß sie es durchstehen, trennt ihr Werk bei allem Herrscherlob von eigentlicher Hofdichtung, wobei aber das menschliche Format des Augustus nicht übersehen werden darf, der loyale Selbständigkeit letztlich doch respektiert und die selbstgezogenen Grenzen der Machtentfaltung zu überschreiten vermeidet.

Ähnlich ist sein Verhältnis zu Livius (59 v. Chr. – 17 n. Chr.). Zwar äußert er sich gelegentlich zu Einzelheiten in dessen großem Geschichtswerk, das in 142 Büchern von der Gründung der Stadt bis zum Jahre 9 v. Chr. führt, er nimmt es aber hin, daß Livius' Liebe der Republik gehört – wie hätte dieser sonst auch ein so ungeheures Unternehmen beginnen, geschweige denn vollenden können? – und daß er sich nicht nur in seiner Vorrede, sondern auch an späteren Stellen recht skeptisch über die Verhältnisse der Gegenwart ausspricht. In welcher Weise Livius schließlich die Zeit des Augustus dargestellt hat, wissen wir freilich nicht, weil uns neben den Büchern 11–20 alle ab Buch 46 verloren sind. Livius' Werk hat allmählich seine annalistischen Vorgänger verdrängt. Für die Neuzeit war es bis zum Erwachen historischer Kritik mit der römischen Geschichte schlechthin identisch.

Darstellung des Vergil. Mosaik aus Sousse (Hadrumetum), jetzt in Tunis.

Die späten Jahre des Augustus zeigen eine gewisse Verdüsterung. Es kommt zu ersten Verurteilungen wegen Majestätsbeleidigung, Skandale im eigenen Haus führen zur Verbannung seiner Tochter und seiner Enkelin Julia sowie seines Enkels Agrippa Postumus. In den Fall der jüngeren Julia ist auch Ovid (43 v. Chr. – 17 n. Chr.) verwickelt, dessen Liebesdichtung, insbesondere die als glänzende Parodie auf die Form des Lehrgedichtes durchgeführte „Liebeskunst", ohnehin nicht nach dem Sinn des Augustus ist. Es hilft dem nach Tomi am Schwarzen Meer verbannten Dichter auch nichts, daß er sich inzwischen Höherem zugewandt hat. Dafür sollen seine Metamorphosen zum mythologischen Handbuch vieler Jahrhunderte werden.

Der Ausbau des Reiches unter Augustus An den Reichsgrenzen herrscht während der augusteischen Epoche keineswegs ewiger Friede. Zwar verzichtet man im Osten auf den von Cäsar geplanten Partherfeldzug und begnügt sich mit der Euphratgrenze sowie mit der Rückgabe der verlorenen Feldzeichen und Gefangenen (20 v. Chr.). Nur Armenien, über das ein römisches Protektorat errichtet wird, bleibt ein ständiger Streitpunkt zwischen den beiden einzigen Großmächten der Zeit. Im Westen und Norden aber wird das Reich durch Augustus erst konsolidiert. Spanien und Gallien werden gänzlich befriedet und ihre Provinzialverwaltung organisiert, die Alpenländer und Süddeutschland bis zur Donau unterworfen (15 v. Chr.). Die Provinz Raetia mit der Hauptstadt Augsburg wird errichtet, während östlich davon das Klientelkönigreich Noricum einstweilen bestehen bleibt.

Zum großen Ziel wird jedoch die Verkürzung der Nordgrenze an Rhein und Donau (von dem Stiefsohn des Augustus, Tiberius, 9 v. Chr. endgültig erreicht) durch die Gewinnung der Elblinie (seit 4 n. Chr.). Hauptgegner ist der im böhmischen Raum herrschende Markomannenkönig Marbod, mit dem man freilich wegen eines langwierigen Aufstandes in Pannonien (6–9 n. Chr.) Frieden schließen muß. Als dann noch unter der Führung des in römischen Diensten militärisch geschulten Cheruskerfürsten Arminius eine Koalition germanischer Stämme drei Legionen mitsamt ihrem Feldherrn Varus vernichtet hat (9 n. Chr.), sieht man sich gezwungen, den geplanten Feldzug aufzugeben und das in den Anfängen der Provinzialisierung stehende Germanien bis zum Rhein zu räumen. Tacitus schon hat Arminius den Befreier Germaniens genannt. Sein Sieg zieht der Romanisierung Europas eine endgültige Grenze und schafft damit das bis heute bestehende Nebeneinander germanischer und romanischer Völker. Oft wurde dies gepriesen, ob mit Recht, mag in unserer Zeit nicht mehr so unzweifelhaft feststehen wie in früherer.

DIE BLÜTEZEIT DES RÖMISCHEN REICHES

Das julisch-claudische Kaiserhaus Daß nach Augustus wieder ein Prinzeps aus seiner Familie in Rom regieren werde, war diesem immer gewiß, so oft auch seine konkreten Regelungen durch den Tod der vorgesehenen Nachfolger umgestoßen wurden. Man hat dies getadelt als einen Bruch mit dem Anspruch des Prinzipats, die Herrschaft des Besten zu sein, ließ dabei aber außer acht, daß römisches Denken auch Begriffen wie auctoritas zu allen Zeiten eine starke vererbbare Komponente zusprach, ganz abgesehen davon, daß Monarchie und Erbprinzip von jeher eine starke Affinität besitzen. Nach dem Tode des Augustus (19. 8. 14 n. Chr.) bietet sich

Claudius-Kamee. Wohl aus Anlaß der Hochzeit des Kaisers Claudius mit Agrippina (links) ist diese Kamee, die rechts die Eltern Agrippinas zeigt, entstanden. Als Material wurden meistens Halbedelsteine (Sardonyx) und auch Edelsteine mit verschiedenen Farbschichten verwendet. Der Steinschnitt erfolgte jeweils so, daß die Darstellung immer in einer anderen Schicht erscheint als der sie umgebende Grund. Höhe 12 cm. Um 48 n. Chr. Kunsthistorisches Museum, Wien.

ohnehin der Claudier Tiberius, Sohn der Augustusgemahlin Livia aus erster Ehe und 4 n. Chr. von diesem adoptiert, als der geeignete Nachfolger an, da er sich als Feldherr jahrzehntelang bewährt hat.
Es zeigt sich aber rasch, daß Tiberius der komplizierten Aufgabe, den Senat mit leichter Hand zu lenken, nicht gewachsen ist. Die politischen Prozesse häufen sich, vor allem nachdem Tiberius Rom endgültig verlassen hat und auf Capri residiert (26–37). In der Hauptstadt führt der Präfekt der 23 hierher verlegten Prätorianergarde, Sejan, jahrelang das Regiment, bis er, der sich schon dem Ziel der völligen Teilhabe an der Herrschaft nahe glaubt, doch von Tiberius gestürzt wird (31).
Die Prätorianer aber bleiben zunächst der entscheidende Machtfaktor. Mit ihrer Hilfe führt der jugendliche Caligula, ein Großneffe des Tiberius, ein kurzfristiges Schreckensregiment (37–41), bis ihn schließlich eine Verschwörung in ihren Reihen beseitigt. Die Garde erhebt auch seinen Onkel Claudius (41–54) gegen den Widerstand des Senats auf den Thron und läßt sich dafür von ihm als erstem Kaiser ein ansehnliches Geldgeschenk machen.
Claudius hat später, wie einige noch erhaltene Reden beweisen, die Zusammenarbeit mit dem Senat durchaus gesucht, im Ganzen aber ist gerade seine Herrschaft durch die Ausbildung einer ständigen Reichsregierung am kaiserlichen Hof gekennzeichnet, die in Departements unter der Leitung von Freigelassenen gegliedert ist. Senatorischer Hochmut mochte Claudius deshalb als Spielball seiner Untergebenen verspotten, und sicher ist daran richtig, daß seiner durchschnittlichen Persönlichkeit die Institutionalisierung der Regierung angemessener gewesen ist als einem Augustus oder Tiberius – daß sie dringend erforderlich war, läßt sich nicht übersehen.
Wenig Glück hat Claudius mit seinen Frauen. Messalina fällt ihrer eigenen Zügellosigkeit zum Opfer (48), Agrippina beherrscht seine letzten Lebensjahre. Zur Sicherung der Nachfolge ihres (von Claudius adoptierten) Sohnes Nero läßt sie ihn schließlich durch Gift beseitigen.
Wieder sind es die Prätorianer, die Nero, und nicht dem leiblichen Sohn des Claudius, Britannicus, die Herrschaft verschaffen (54–68). Deren Präfekt Afranius Burrus leitet zusammen mit Seneca in den ersten Jahren tatsächlich die Regierungsgeschäfte. Sie machen sie zu einer später gepriesenen Zeit des Glücks. Selbständig geworden, erliegt Nero, wie zuvor Caligula, den Versuchungen der absoluten Macht. Mutter und Gattin werden ermordet, zahlreiche Senatoren fallen mißglückten Verschwörungen zum Opfer, darunter auch Seneca (65), die Staatsfinanzen werden durch Prachtbauten (domus aurea) und Verschwendung vollkommen zerrüttet. Nicht jedermann ist auch dazu imstande, die künstlerischen Ambitionen Neros wie der spätere Kaiser Vespasian schlafend über sich ergehen zu lassen. Nero endet durch Selbstmord, nachdem mehrere Statthalter sich gegen ihn erhoben haben. Mit ihm stirbt das julisch-claudische Kaiserhaus aus.

Die Herrschaft der flavischen Dynastie
Das Fehlen eines legitimen Nachfolgers hat in Verbindung mit der Tatsache, daß Nero von den Provinzen her gestürzt worden ist, gravierende Folgen. Was Augustus zu verbergen gesucht hat und was durch den bisherigen Einfluß der Prätorianer doch nur teilweise offenbar geworden ist, wird nun enthüllt: die militärische Grundlage des Prinzipats. „Es sprach sich herum . . ., daß man auch anderwärts als in Rom (nämlich durch die Legionen) Prinzeps werden könne" (Tacitus). So bedarf es mehrerer Bürgerkriege, bis nach Galba (68/69), Otho und Vitellius am Ende des Vierkaiserjahres Vespasian sich als Prätendent des Ostheeres, unterstützt von der Donauarmee, durchgesetzt hat (69–79).
Die flavische Dynastie, Vespasian und seine Söhne Titus (79–81) und Domitian (81–96), hat dem Reich wieder eine Epoche der Stabilität verschafft. Mit

Sparsamkeit und Findigkeit in der Erschließung neuer Steuerquellen saniert Vespasian die Finanzen des Staates und kann dabei noch Bauten wie das Kolosseum in Rom errichten lassen. Im Senat aber hat er es mit einer (stoisch bestimmten) Opposition zu tun, der er nur durch einige Hinrichtungen Herr wird. Wirklich verhaßt macht sich freilich erst – nach der kurzen, glücklichen Regierung des Titus, die nur durch den Vesuvausbruch und die Vernichtung von Pompeji und Herkulaneum verdüstert wird (79) – Domitian, dem sehr viel mehr Senatoren zum Opfer fallen. Tacitus und der jüngere Plinius haben sein Bild in düsteren Farben gemalt, ob völlig zu Recht, bleibt fraglich. Jedenfalls hat eine Verschwörung seiner Regierung das Ende bereitet.

Wenn die bisherige Darstellung die Überschrift des Kapitels „Blütezeit des Reiches" kaum rechtfertigt, so liegt das vornehmlich an der gewählten Perspektive: Kaiser und Senat und damit Rom, nicht das Reich, standen im Mittelpunkt. Dies entspricht der Sehweise der senatorischen Geschichtsschreibung, die für uns vor allem durch Tacitus (ca. 55–116/20) repräsentiert wird. Die Führungsschicht des Senats kann den Verlust der republikanischen Freiheit (libertas), die sie vornehmlich als ihre eigene politische Entscheidungsfreiheit versteht, nie ganz verwinden. Das Verhältnis der Kaiser zum Senat ist darum für sie das wichtigste Kriterium für die Beurteilung der jeweiligen Regierung. Daneben gilt ihre Aufmerksamkeit kriegerischen Ereignissen, vor allem dem Geschehen an den Reichsgrenzen.

So zeichnet Tacitus zunächst in der Gedächtnisschrift für seinen Schwiegervater Agricola den Tyrannen Domitian, um dann in den Historien eine umfassende Revision der zeitgenössischen (natürlich positiven) Überlieferung über das flavische Kaiserhaus in Angriff zu nehmen. Erhalten ist nur die Schilderung der Jahre 69 und 70. In seinem, ebenfalls nur teilweise erhaltenen Alterswerk, den Annalen, wird die julisch-claudische Dynastie vom Tode des Augustus an in ihrem zunehmenden Verfall dargestellt. Das Wirken tüchtiger Militärs, so bei der unter Claudius einsetzenden, unter Domitian durch Agricola bis Südschottland vorangetriebenen Eroberung Britanniens, kann dabei das Treiben am Kaiserhof nicht aufwiegen. Insgesamt wird das erste Jahrhundert des Prinzipats zu einem mit hoher stilistischer Kunst und psychologisch eindrucksvoll entworfenen Panorama der Dekadenz, in seiner Wirkung auf die Nachwelt umso stärker, als Tacitus ihm in propagandistischer Absicht das Bild eines ursprünglich-kraftvollen Volkes in seiner

Kaiser Galba (68–69 n. Chr.) spricht zu seinen Soldaten, die Waffen und Feldzeichen hochhalten. Posthume Prägung unter Vespasian, wahrscheinlich nach einem Gemälde. Durchmesser der Gedenkmünze 3,5 cm. Ashmolean Museum, Oxford.

Germania gegenübergestellt hat. Bis heute sind die „Zustände wie im alten Rom" sprichwörtlich geblieben.

Eine sachgerechtere Sicht der Dinge hat davon auszugehen, daß die republikanischen Regierungsformen den Verhältnissen eines Weltreiches schon lange vor Augustus nicht mehr angemessen gewesen sind. Bürgerkriege verheerten das Reich, die vom Senatsregiment zunehmend emanzipierten Statthalter plünderten die Provinzen vollends aus. Im gesamten griechischen Osten sind für das 1. Jahrhundert v. Chr. kaum Spuren einer Bautätigkeit nachweisbar. Die Monarchie bringt demgegenüber nicht nur (was Tacitus auch wußte) einen stabilen Friedenszustand im Reichsinneren – selbst ein so erbittert geführter Krieg wie der jüdische Aufstand (66–74), der in der Zerstörung Jerusalems (70) gipfelt, und auch die Wirren des Vierkaiserjahres rütteln an ihm nur vorübergehend –, sondern auch allmählich eine gerechtere Verwaltung der Provinzen.

Handel und Verkehr können, von staatlichen Eingriffen nur wenig gestört, mit sicheren Verhältnissen rechnen und in weiten Räumen planen. Überall blühen die alten Städte auf, vermehrt durch planmäßig angelegte Kolonien und die Schaffung von städtischen Zentren für die einzelnen Landschaften. Sie alle besitzen ein hohes Maß an Kompetenzen städtischer Selbstverwaltung. Auch in ihrem äußeren Bild, mit Forum, Tempeln, Marktgebäuden, Thermen, Wasserleitungen, Amphitheatern, sehr homogen, lassen sie den gesamten Mittelmeerraum und seine Randgebiete, von Britannien bis zum Euphrat, von Nordafrika bis zum Rhein und der Donau, zu einem einheitlichen Raum griechisch-römischer Zivilisation werden. Dem 1. und 2. Jahrhundert n. Chr. entstammen wohl die meisten antiken Ruinen. Ähnliches vollzieht sich erst wieder in unserer Zeit durch die Ausbreitung der europäischen Zivilisation – eine Parallele, die freilich auch das Bedenkliche solcher Nivellierung sichtbar werden läßt.

Neben den Städten ist vor allem das Heer Träger der Romanisierung. Mit dem Eintritt in die Legion erhält ein Nichtbürger das Bürgerrecht, der Angehörige einer Hilfstruppe bei der Entlassung aus dem Dienst. Das Heer mit seiner weitgespannten Verteilung an den Grenzen trägt auch

zur erstaunlich großen – aus zahlreichen Inschriften noch ersichtlichen – Mobilität der Reichsbevölkerung bei.
Die so entstandene Einheit des Mittelmeerraumes erleichtert auch die Ausbreitung orientalischer Kulte, wie des Isis- und des Mithrasglaubens, sowie des Christentums. Nicht ohne Grund verbindet Lukas seine Erzählung von Jesus mit Daten der Kaisergeschichte. Insbesondere die Missionsreisen des Paulus sind wesentlich durch die Gunst der damaligen Verkehrsverhältnisse, dazu durch sein römisches Bürgerrecht, gefördert worden.
Sogar in den Senat finden Provinziale allmählich Eingang. Zuerst sind es Gallier, dann Spanier und Angehörige der obersten Schicht anderer Provinzen. Wieder bewährt sich die Großzügigkeit Roms in der Verleihung des Bürgerrechts und der Zulassung zum Reichsregiment. Sie wird allerdings dadurch gefördert, daß der tiefe Gegensatz zwischen Bürgern und Nichtbürgern zwar weiter bestehen bleibt, allmählich aber durch die scharfe Trennung nach Ständen überlagert wird. Den besitzenden Schichten (Senatoren, Rittern und ratsfähigen Familien in den Städten) als den honestiores stehen die kleinen Leute: die humiliores gegenüber, die insbesondere vor Gericht im Verurteilungsfall von wesentlich härteren Strafen bedroht sind.
In einer Zeit wirtschaftlicher Prosperität kann freilich allen Genüge getan werden. Die Besitzenden suchen ihr Prestige in nützlichen oder repräsentativen Bauten und anderen Stiftungen für ihr jeweiliges Gemeinwesen. Den Ärmeren kommt dies ebenso zugute wie zahlreiche Getreidespenden und die Veranstaltung von Spielen im Theater, im Zirkus und Amphitheater, die keineswegs nur in Rom selbst einen wesentlichen Inhalt ihres Lebens ausmachen.

Die Adoptivkaiser Die allgemeinen günstigen Verhältnisse bilden die Grundlage für die glänzenden Regierungen der Adoptivkaiser des 2. Jahrhunderts. Ihre Reihe beginnt mit Nerva (96–98), der, als 70jähriger Greis vom Senat zum Nachfolger Domitians gewählt, den aus Spanien stammenden und damals als Statthalter in Obergermanien kommandierenden Trajan adoptiert und ihn so zum Nachfolger ernennt (97). Schon zuvor als Militär bewährt, eröffnet Trajan sehr bald die letzten großen Offensiven der römischen Geschichte an Donau und Euphrat.
Die Daker, ein thrakischer Stamm mit dem Kerngebiet in Siebenbürgen, hatten schon im 1. Jahrhundert v. Chr. ein größeres Reich an der unteren Donau unter Burebista geschaffen, das aber nach dessen Ermordung (um 40) wieder zerfallen war. Seit der neroischen Zeit indes erwies es sich, wie leicht die Donaugrenze, vor allem im Winter, überschritten werden konnte. Mit den Dakern hatte insbesondere Domitian mehrere Jahre einen wechselvollen Krieg zu führen (85–89), der zwar mit der Anerkennung der römischen Oberhoheit durch den König Decebalus endete, aber keine endgültige Entscheidung brachte.
Trajan nun erkennt, welche Schlüsselstellung Siebenbürgen für die Verteidigung des Donauraumes besitzt. Zudem lockt der Goldreichtum des Landes aus seinen Bergwerken. So kommt es zum ersten Feldzug (101/02), dem bald (105/06) die endgültige Vernichtung des Dakerreiches folgt. Auf der Trajansäule in Rom sind die Kämpfe abgebildet. Das Land wird durch Deportationen und Ansiedlungen romanisiert, und zwar so intensiv, daß sich in Rumänien trotz der verhältnismäßig kurzen Zeit römischer Herrschaft (106 bis 270) die romanische Sprache behauptet hat.
Im Osten wird im Jahr 106 das Königreich der Nabatäer (heute Jordanien) mit der Hauptstadt Petra als Provinz Arabia dem Reich eingegliedert, womit zugleich über den Golf von Akaba eine bessere Verbindung für den Indienhandel geschaffen ist. Im Jahre 113 beginnt dann der Krieg gegen die Parther, wieder einmal ausgelöst durch einen Streit über die Kontrolle Armeniens. Mehrere erfolgreiche Feldzüge führen Trajan bis zur parthischen Hauptstadt Ktesiphon (116). Die neu errichteten Provinzen Armenien, Mesopotamien und Assyrien geben dem Römischen Reich seine größte Ausdehnung. Die Parther erhalten einen König von Roms Gnaden. Ihr Widerstand ist aber nicht gebrochen. Hinzu kommt ein Aufstand der Juden, der weite Teile der östlichen Provinzen in Mitleidenschaft zieht (seit 115). Deshalb faßt Hadrian (117–138), ein entfernter Verwandter Trajans und angeblich von ihm kurz vor seinem Tode adoptiert, den Entschluß, sämtliche Eroberungen gegenüber dem Partherreich aufzugeben. Die Zeit der Defensive beginnt.
Hat Trajans Fürsorge noch besonders Rom gegolten, wo er das prächtige, nach ihm benannte Forum bauen ließ, so gewinnt unter dem Griechenfreund Hadrian das gesamte Reich erhöhte Bedeutung. Auf zwei großen Reisen hat er fast alle Provinzen besucht. Neben Rom (Pantheon, Engelsburg, Villa in Tivoli) tritt Athen, wo ein Tor bis heute von der Hadrianstadt neben der alten Theseusstadt kündet. Die Grenzen werden durch ein schlagkräftiges Heer geschützt, das sich zunehmend aus dem jeweiligen Hinterland erneuert und in großen Manövern geübt wird. Der Hadrianswall in Britannien, der Limes in Obergermanien und Rätien, Befestigungsanlagen an der unteren Donau, in Syrien und in Afrika ergänzen die Verteidigungsmaßnahmen. In seinen letzten Regierungsjahren macht Hadrian ein erneuter Krieg gegen die von Bar Kochba geführten Juden schwer zu schaffen (132–135). Jerusalem, das schon zuvor in Colonia Aelia Capitolina umbenannt worden ist, darf seither von Juden nicht mehr betreten werden.

Die Antonine Kurz vor seinem Tode adoptiert Hadrian den Antoninus Pius (138–161), der seinerseits Lucius Verus (161–169) und Marcus Aurelius (161–180) in seine Familie aufnimmt. Es beginnt die Zeit der Antonine (138–192). Antoninus Pius selbst gelingt noch schlecht und recht die Bewahrung des von ihm ersehnten Friedenszustands, gleich nach ihm aber gerät das Reich in große Bedrängnis. Die Parther stoßen bis nach Syrien vor und werden erst nach jahrelangen Kämpfen in ihrem eigenen Land besiegt (166). Der Ausbruch der Pest verhindert aber eine Ausnutzung des Erfolges. Die Seuche dezimiert die Bevölkerung des Reiches, die danach nie wieder ihren früheren Stand erreicht hat.
Härter noch sind die Kämpfe an der Donau (166–175), wo ein ganzer Schwarm von Stämmen, am bedeutendsten unter ihnen die Markomannen, das Zeitalter der Völkerwanderung gerade in einem Moment eröffnet, in dem zahlreiche Einheiten des römischen Heeres in den Osten verlegt worden sind. Die Schwäche der Reichsverteidigung wird offenbar. Die entlang den Grenzen stationierten Truppen sind zur Abwehr eines größeren Angriffs unfähig. Andererseits aber gibt es kaum Eingreifreserven im Inneren des Reiches, so daß man zur Wiederherstellung der Lage Truppen von anderen Grenzen abziehen muß, was sehr langwierig ist und immer neue Lücken auftut. Gleich anfangs können die Barbaren so bis nach Oberitalien vordringen und Aquileja belagern. Mark Aurel übernimmt persönlich den Oberbefehl über ein in großer Eile ausgehobenes Heer und schlägt sie zurück, um dann seinerseits von Carnuntum aus Germanen und Sarmaten anzugreifen und zum Frieden zu zwingen (174/75). Ein Teil der „Selbstgespräche" des Philosophenkaisers ist im Feldlager an der Do-

Inneres des Pantheon in Rom. Über kreisförmigem Grundriß erhebt sich ein Raum gewaltigen Ausmaßes. Die Kuppel mit Kassettendecke ist typisch für die römische Baukunst.

nau niedergeschrieben worden. Während eines neuen Germanenkrieges ist Mark Aurel dort auch gestorben. Er hat die Donaugrenze noch einmal wiederherstellen können. Regensburg (Castra Regina) und Lorch (Lauriacum) werden damals Legionslager.
Mark Aurel hat schon 177 Commodus (180–192) zum Mitregenten erhoben. Das so oft gepriesene Adoptivkaisertum endet in dem Moment, in dem erstmals wieder ein Sohn vorhanden ist. Commodus gerät in scharfen Gegensatz zum Senat und wird schließlich nach wenig erfolgreicher Regierung ermordet.

DIE KRISE DES 3. JAHRHUNDERTS

Das Haus der Severer: Wandlung des Prinzipats zum Dominat Fünf Kaiser im Jahre 193 machen offenbar, daß die langwierigen Kriege der letzten Jahrzehnte das Schwergewicht im Reiche endgültig zum Militär hin verschoben haben. Erfolgreich ist zuletzt der Prätendent der Donauarmee, der Afrikaner Septimius Severus (193–211). Er schlägt in der Ebene von Issos seinen mächtigsten Rivalen Pescennius Niger, den Beherrscher des Ostens (194), und wird mit dem Sieg bei Lyon über den anfangs als Cäsar anerkannten Clodius Albinus zum alleinigen Kaiser (197). Commodus wird posthum rehabilitiert, das Haus der Severer mittels einer fiktiven Adoption durch Mark Aurel an das der Antonine angeschlossen.
Septimius Severus nimmt dem Senat endgültig seine führende Stellung in der Reichsverwaltung. In Fortführung der Entwicklung seit Trajan und Hadrian fallen immer mehr Posten dem Ritterstand zu, der sich wiederum aus den niederen Offizieren ergänzt. Die Soldaten werden auch sonst allenthalben begünstigt. Sie werden glänzend bezahlt und dürfen nunmehr schon während ihrer Dienstzeit reguläre Ehen schließen. Dadurch wächst ihre Bindung an die einzelnen Provinzen, ein Prozeß, der auch durch das Eindringen von Provinzialen in die Prätorianergarde gefördert wird, die bis dahin, aus Italikern bestehend, als zentrale Ausbildungsstätte für das untere Führungskorps des Heeres gedient hatte. Italien selbst wird im Grund den Provinzen gleichgestellt, als eine Legion in der Nähe von Rom stationiert wird.
Bürger und Nichtbürger verschmelzen allmählich zu einer homogenen Masse von Untertanen des autokratisch regierenden Kaisers (dominus). Das Prinzipat wandelt sich zum Dominat. Der Sohn des Septimius Severus, Caracalla (211–217), zieht daraus nur die Konsequenz, als er nach der Ermordung seines Bruders und

Das ursprünglich vergoldete Reiterstandbild Marc Aurels drückt nicht so sehr die individuelle Persönlichkeit, als das Amt des Herrschers aus. 165–173 n. Chr. Rom, Piazza del Campidoglio.

Mitregenten Geta durch sein berühmtes Edikt (Constitutio Antoniniana) allen Reichsbewohnern mit geringen Ausnahmen das römische Bürgerrecht verleiht

Im übrigen hat die Maßnahme den Zweck, die Einnahmen des Staates, vor allem aus der Erbschaftssteuer, zu mehren. Die Finanznot des Reiches ist unerträglich geworden. Sie wird auch durch die ständige Münzverschlechterung nicht behoben. Die vielfältigen Aufgaben der Reichsverteidigung, besonders im Osten und an der Donau, aber auch an anderen Fronten, verlangen immer höhere Aufwendungen. Auf die Dauer aber übersteigt der Unterhalt von etwa 30 Legionen und der zahlreichen anderen Einheiten die wirtschaftlichen Möglichkeiten des Reiches. Die Blütezeit der Städte, während der gesamten Antike die eigentlichen Träger des kulturellen Lebens, geht zu Ende. Ihre Selbstverwaltung wird durch Staatskommissare zunehmend eingeschränkt. Zugleich wächst die Bedeutung des flachen Landes, wo die Verwendung von Sklaven mit der Zeit durch die Verpachtung des Bodens an coloni abgelöst worden ist. Den großen Latifundien mit den an die Scholle gebundenen Kolonen soll die Zukunft gehören.
Immerhin konnte die Regierung des Septimius Severus noch Erfolge gegen die Parther – daran erinnert der Triumphbogen auf dem Forum Romanum – und in Britannien aufweisen, und es gelang ihm, eine Dynastie zu begründen, die vor allem dank ihrer tatkräftigen Frauen und gestützt auf die Beliebtheit bei den Soldaten für einigermaßen stabile Verhältnisse sorgt. Unter ihrem letzten Vertreter, Severus Alexander (222–235), geht zugleich die klassische Epoche der römischen Rechtswissenschaft zu Ende, die in der Severerzeit mehrere hervorragende Vertreter hatte (Papinian, Ulpian, Modestinus, Paulus).

Die Soldatenkaiser Inzwischen hat sich aber die weltpolitische Lage grundlegend gewandelt. An die Stelle der Parther tritt 224 das neupersische Reich der Sassaniden, das unter Ardaschir I. (224–241) und Schapur I. (241–271) im Rückgriff auf die Tradition der Achämeniden die Herrschaft über den gesamten Osten anstrebt. Der Gegensatz zwischen Rom (später Byzanz) und den Sassaniden soll die Geschichte des Orients bis in das 7. Jahrhundert entscheidend bestimmen. Ihre Erben werden die islamisch gewordenen Araber, die sich ebenfalls seit dem 3. Jahrhundert zu einem geschichtlich bedeutsamen Faktor entwickeln. Zugleich werden in Rätien der neugebildete germanische Großstamm der Alamannen seit der Zeit Caracallas, an der unteren Donau die Goten zu einer ständigen Gefahr. Das Reich gerät nun in einen Vielfrontenkrieg, in den immer neue Völkerschaften eingreifen.

Mehrere Faktoren, die sich wechselweise bedingen bzw. verstärken, führen zu der katastrophalen Lage. Hat eine Kriegerschar die starre Grenzverteidigung einmal durchbrochen, so hindert sie nichts an ausgedehnten Raubzügen in das Innere des Reiches. Landschaften, die jahrhundertelang keinen Feind gesehen haben, werden geplündert. Zugleich wächst die Wichtigkeit und Selbständigkeit der einzelnen Heere. Die von ihnen erhobenen Soldatenkaiser sind z. T. durchaus tüchtig – z. B. Maximinus Thrax (235–238), Philippus Arabs (244–249), Decius (249–251), Valerian (253–260) und sein Sohn Gallienus (260–268), Claudius II. Gothicus (268–270) –, sie verbrauchen aber einen unverhältnismäßig großen Teil des militärischen Potentials des Reiches im Kampfe um die allgemeine Anerkennung, die ihnen bestenfalls vorübergehend zuteil wird. Fast alle Herrscher sterben eines gewaltsamen Todes. Schließlich kommt es in Gallien zur Bildung eines Teilreiches unter Postumus (259–268).

Besonders schlimm ist die Situation im Osten, wo der Kaiser Valerian 260 in persische Gefangenschaft gerät. Allein dem Fürsten von Palmyra, Odainathos, ist es zu danken, daß Schapur I. zum Rückzug gezwungen wird. Odainathos führt den Krieg noch im Namen des Reiches, obwohl er sich bereits als König bezeichnet. Nach seiner Ermordung (267) versucht seine Witwe Zenobia, den Orient ganz von Rom loszulösen.

Nahezu ein Wunder ist es, daß inmitten all der Wirren es gelingt, das Imperium erneut zu stabilisieren. Den Anfang macht Gallienus, der endlich die Notwendigkeit einer beweglichen Reservearmee im Reichsinneren erkennt und daneben ein großes Reiterkorps in Anlehnung an die Kampfesweise der Perser schafft. In der Reichsverwaltung wird die Trennung von Zivil- und Militärgewalt angebahnt und damit der Senatorenstand noch weiter zurückgedrängt. Durch die Siege des Gallienus am Nestosfluß (Thrakien) über die in Griechenland bis nach Athen vorgedrungenen Heruler (268), des Claudius am Gardasee über die Alamannen (268) und bei Nisch über die Goten (269), endlich des Aurelian bei Placentia über Alamannen und Juthungen (270) wird die Donaufront zurückgewonnen. Nur das vorgeschobene Dakien muß geräumt werden.

Aurelian (270–275) ist es auch, der die Reichseinheit durch den Sieg über Zenobia (272) und den Anschluß des gallischen Sonderreiches (273) wiederherstellt. Von Palmyra, das nach einem erneuten Abfall seine Bedeutung für den römischen Orienthandel gänzlich einbüßt, übernimmt der Kaiser die Verehrung des Son-

Römische Postkutsche aus dem 2.–3. Jahrhundert v. Chr. Deutlich sichtbar ist der in der westlichen Welt übliche Halsgurt, der beim Ziehen auf die Luftröhre des Pferdes drückt, wodurch die Zugkraft stark gemindert wird. (In China ist schon in der letzten Hälfte des 1. vorchristlichen Jahrtausends der Brustgurt nachweisbar.) Typisch ist auch die starre Befestigung der Vorderräder (eine drehbare Deichsel wurde erst später erfunden), wodurch sich die geradlinige Anlage der römischen Straßen erklären läßt.

nengottes Sol invictus von Emesa, der damit nach dem grotesken Vorspiel unter seinem Priester Elagabal (218–222) endgültig zu allgemeiner Anerkennung im Reiche gelangt. Aurelian führt auch die Heeresreform fort. Durch die Eingliederung geschlossener germanischer Verbände fördert er die Barbarisierung des Heeres. Die schwere Panzerung der Reiterei soll der gleichartigen Ausrüstung der persischen Widerpart bieten. Ein bleibendes Denkmal seiner Regierung ist die Aurelianische Mauer um Rom, die 19 km lang und 8 m hoch die Stadt vor den Barbaren schützen soll. Sie wird freilich erst unter seinem Nachfolger Probus (276–282) vollendet.

Die Spätantike: Das absolute Kaisertum des Dominats

DIE NEUORDNUNG DES REICHES DURCH DIOKLETIAN UND CONSTANTIN DEN GROSSEN

Die Krise des 3. Jahrhunderts bedeutet einen tiefen Einschnitt nicht nur in der römischen Geschichte, sondern in der Entwicklung der antiken Welt insgesamt. Alle Gebiete des staatlichen und privaten Lebens, der politischen, wirtschaftlichen und geistigen Sphäre wurden durch die Härte des Überlebenskampfes gründlich umgeformt. Nur äußerlich ist das Reich noch einmal erneuert worden, in vielem nähern sich die Verhältnisse des 4. und 5. Jahrhunderts schon denen des Mittelalters. Insbesondere für den Osten des Reiches kann mit der Gründung von Konstantinopel (324) bereits der Beginn der byzantinischen Epoche angesetzt werden.

Zunächst zieht Diokletian (284–305) die Konsequenzen aus der Vergangenheit. Als eine der Hauptschwächen der Reichsverteidigung hat sich die allzu große Zentralisierung in einem Kaiser herausgestellt. Die Menge der Kronprätendenten, aber auch die Bildung des gallischen Sonderreiches und der Aufstieg Palmyras sind die Antwort darauf gewesen. Diokletian sucht nun eine Aufgabenteilung bei gleichzeitiger Wahrung der Einheit des Imperiums zu erreichen. Im Jahre 286 wird Maximian zum zweiten Augustus ernannt, der mit dem Sitz in Mailand oder Aquileja den Westen übernehmen soll. Diokletian selbst bleibt im Osten (Nikomedien), der nunmehr zum wichtigeren Reichsteil wird. Bald aber wird das System noch verfeinert (293). Jedem Augustus wird ein Cäsar zur Seite gestellt, Constantius (Trier) bzw. Galerius (Sirmium), mit der Aussicht auf die Nachfolge als Augustus. Die alte Reichshauptstadt Rom verliert jede praktische Funktion. Gerade deshalb kann sie hinfort zum Träger des „Romgedankens" werden, dessen Erbe vor allem das Papsttum angetreten hat.

Auch im übrigen wird die Verwaltung umgestaltet. An die Stelle der alten Provinzen treten etwa 100 neue und kleinere unter Einbeziehung von Ägypten und Italien. Sie werden in 12 Großbezirken, Diözesen, zusammengefaßt (später 15). Auch das Heer wird aufgeteilt. Neben den Grenztruppen stehen die beweglichen Feldheere der vier Kaiser, die einen höheren Rang besitzen.

Dringend nötig ist angesichts der galoppierenden Inflation eine Münz- und Finanzreform. Diokletian kehrt wieder zur Gold- und Silberprägung zurück, sieht sich aber dennoch wegen der anhaltenden Teuerung gezwungen, im Jahre 301 den berühmten Maximaltarif, eine minuziöse Festsetzung aller denkbaren Preise und Gehälter, zu verkünden – ähnlich wirkungslos wie in der Regel ein moderner Preisstop. Er zeigt aber, wie sehr der Staat nun in alle Bereiche des Lebens eingreift. Die Antike endet im Würgegriff der Bürokratie, welche, um sich und das – allerdings schlechthin unentbehrliche! – Heer zu ernähren, die Steuerbelastung immer höher schraubt. Sie ruiniert die Städte, vor allem deren finanziell haftende Oberschicht, und führt zur Landflucht der überlasteten Kleinbauern und Pächter. Auch die Organisation der Handwerker und Gewerbetreibenden in Zwangskorporationen widerspricht schroff der meist liberalen Wirtschaftsgesinnung der Alten Welt. Ein zweifelhaftes Heilmittel dagegen ist die um sich greifende Korruption, mit

Tetrarchengruppe aus Porphyr. Wohl wegen seiner roten Farbe (Purpur spielte im Zeremoniell eine große Rolle) war der Porphyr Kaiserstatuen vorbehalten. Die Darstellung zeigt die Kaiser Diokletian, Maximian, Galerius und Constantius I. Chlorus. Die brüderliche Umarmung sowie die Identität in Größe, Kleidung und Gesichtsausdruck symbolisieren die tetrarchische Staatsform (tetra = vier). Venedig, Südseite von San Marco.

Jonas wird vom Wal an Land gespien. Fußbodenmosaik im Presbyterium der Basilika von Aquileja. 4. Jahrhundert n. Chr.

deren Hilfe man manche Übertreibungen und Härten zu mildern sucht.
Dem neu geschaffenen System getreu danken Diokletian und Maximian freiwillig ab (305). Constantius und Galerius werden Augusti, Flavius Severus und Maximinus Daia rücken als Caesares nach. Nicht berücksichtigt werden Maxentius, der Sohn Maximians, und Constantin, der Sohn des Constantius. Dies ist ein wesentlicher Grund dafür, daß die allzu künstlich angelegten Vorkehrungen Diokletians alsbald in einem jahrelangen Bürgerkrieg untergehen.
Weltgeschichtliche Bedeutung erlangt vor allem der Sieg Constantins (306–337) über Maxentius an der Milvischen Brücke vor den Toren Roms (312). Von da an wendet sich Constantin von dem bisher verehrten Sol invictus ab und Christus zu, der ihm nach seiner Überzeugung den Sieg gegeben hat. Das schon zuvor durch das Toleranzedikt des Galerius zugelassene Christentum (311) wird bei einem Treffen in Mailand von Constantin und Licinius endgültig zur anerkannten Religion. Seit dem Sieg des Licinius über Maximinus Daia gilt dies auch im Osten (313). Im Namen des Christentums siegt Constantin schließlich über den zum Heidentum zurückgekehrten Licinius und stellt zugleich die Reichseinheit wieder her (324).
Nicht nur durch die Anerkennung des Christentums, sondern in vielfacher Hinsicht bedeutet die Regierung Constantins Abschluß und Neuanfang zugleich, wobei häufig Ansätze aus der Zeit Diokletians Pate stehen. Am sinnfälligsten ist die Gründung der zweiten Reichshauptstadt Konstantinopel (324–330), die, Rom nachgebildet, dieses bald überflügeln soll. Byzanz hat als Mittelpunkt des Ostreiches, notfalls aber auch als stärkste Festung der Zeit auf sich allein gestellt, römisches und griechisches Erbe noch ein Jahrtausend lang bewahrt. Bedeutungsvoll ist dabei auch die strikt durchgehaltene Rückkehr zur Goldwährung (Solidus), die Byzanz die wirtschaftliche Überlegenheit sichert.
Der kaiserliche Hof wird nach orientalischem Vorbild umgestaltet. Das strenge Zeremoniell hebt den Kaiser von der Masse der Untertanen ab. Von besonderer Bedeutung sind die ranghöchsten Offiziere des stark barbarisierten, in Grenztruppen (limitanei), Feldheer (comitatenses) und Garde (palatini) gegliederten Heeres: die Heermeister (magistri militum), darunter die Generäle (duces) in den Provinzen.

DAS CHRISTENTUM IM RÖMISCHEN REICH

Die Jahrhunderte der Verfolgung Schon zuvor wurde darauf hingewiesen, wie sehr die geordneten Verhältnisse der frühen Kaiserzeit (pax Romana) die rasche Ausbreitung des christlichen Glaubens nach der Kreuzigung und Auferstehung Jesu (wohl 30) begünstigt haben. Die Apostelgeschichte beispielsweise entwirft in der Pfingstgeschichte ein farbiges Bild von der weltweiten Herkunft der Festpilger in Jerusalem. So kommt es bald zur Bildung von Gemeinden außerhalb von Jerusalem im palästinensisch-syrischen Raum (Antiochia), in Kleinasien, in den Hafenstädten des östlichen Mittelmeers und in Rom. Die genauer bekannten Reisen des Paulus illustrieren diesen Vorgang, sind aber nur ein Teil der damaligen Missionstätigkeit. Christlich werden zunächst Teile der Judenschaft und vor allem der griechischsprachigen Bevölkerung – selbst in Rom bleibt Griechisch bis weit ins 2. Jahrhundert hinein die vorherrschende Gemeindesprache –, keineswegs jedoch allein aus den untersten Schichten, wie die Berichte der Apostelgeschichte, aber auch die auf ein neues Verhältnis von Sklaven und Herren zielenden Ermahnungen des Paulus zeigen.
Da die Christen sich gegenüber dem Staat loyal verhalten, fallen sie anfangs kaum auf. Allerdings geht aus der erstmals in Antiochia (um 40) bezeugten Benennung Christiani hervor, daß die dortigen Behörden sie bereits als eine messianisch-politische Bewegung betrachten. Damit ist der Konflikt im Ansatz schon gegeben. Ausgelöst wird er freilich eher zufällig, als Nero nach dem Brande Roms (64), selbst der Urheberschaft verdächtigt, dem Volk plausible Täter bieten will. Er findet sie in den Christen, die, für sich lebend, ohnehin vielfältigen Verdächtigungen ihrer heidnischen Umgebung ausgesetzt sind. Auf diese Minderheit als gemeinsamen Feind kann man sich leicht einigen. Zahlreiche Christen werden als Brandstifter hingerichtet.
Es ist recht unwahrscheinlich, daß Nero in irgendeiner Form eine Christenverfolgung gesetzlich angeordnet hat. Der Präzedenzfall wirkt auch so weiter. Die Christen gelten fortan als Staatsfeinde, deren Gemeinschaft anzugehören schon ein todeswürdiges Verbrechen ist. Zu einer erneuten Verfolgung, auf die die Apokalypse des Johannes wohl Bezug nimmt, kommt es bereits unter Domitian. Aufschlußreich ist vor allem der Briefwechsel, den der jüngere Plinius als Statthalter von Bithynien (um 112) mit Trajan geführt hat. Obwohl Plinius erkannt hat, daß die Christen sich keine Schandtaten haben zuschulden kommen lassen, hält er an der Bestrafung der hartnäckigen fest, läßt aber abtrünnige straflos frei. Trajan stimmt dieser Praxis zu, nur untersagt er den Behörden, von sich aus die Christen aufzuspüren oder anonyme Anzeigen anzunehmen.
Damit bleibt das Vorgehen weitgehend

dem Ermessen der einzelnen Statthalter überlassen, und so kommt es im 2. Jahrhundert nur sporadisch zu Verfolgungen. Ausgelöst werden sie meist durch Forderungen der heidnischen Massen, denen die Statthalter nachgeben. Die christlichen Gemeinden, die einen klaren Trennungsstrich zwischen sich und der Welt ziehen, leisten der Feindschaft freilich psychologisch Vorschub. Die eigentlichen Grundlagen der Auseinandersetzung aber bleiben beiden Seiten unklar. Was sich den Christen als Bewährung ihres Glaubens darstellt, ist für die römischen Behörden Widerstand gegen die Staatsgewalt, dessen religiöse Begründung sie von ihrem polytheistischen Denken her nicht akzeptieren können. Die einen verstehen folglich nicht, daß man sie als Staatsfeinde ansieht, die anderen nicht, daß ihre Aufforderung zum Gehorsam – konzentriert meist in der Aufforderung zum Kaiserkult – nicht aus einer Gegnerschaft zum Staat heraus abgelehnt wird.

Und dennoch hat der Kampf seine tiefe innere Begründung. Die Christen stehen wirklich außerhalb der antiken Gesellschaft und des antiken Staates, da sie deren religiöse Überzeugungen nicht teilen. Die Ablehnung des Kaiserkultes, der doch den Anhängern der verschiedensten Religionen möglich ist, hat dafür in der Tat symbolischen Wert. Ihren Ausschließlichkeitsanspruch haben sie zwar mit den Juden gemeinsam. Diese können aber – bei aller Feindseligkeit, die auch ihnen entgegenschlägt – als relativ geschlossene Gruppierung noch hingenommen werden, bei den rasch an Zahl zunehmenden Christen ist das nicht möglich.

Als in der Krise des 3. Jahrhunderts eine vertiefte Besinnung auf den althergebrachten Glauben einsetzt, kommt der Gegensatz zum Christentum denn auch grundsätzlich zum Austrag. Im Jahre 249 befiehlt der Kaiser Decius durch ein Edikt allen Reichsbewohnern, den Göttern für das Heil des Reiches zu opfern und sich dies von einer Kommission bescheinigen zu lassen. Auch viele Christen fügen sich, andere werden in verschiedener Weise bestraft, gelegentlich sogar hingerichtet. Gefährlicher noch ist der Angriff des Valerian gegen die kirchliche Organisation und Hierarchie (seit 257), wie sie sich im Laufe der Zeit herausgebildet hat – in vielem übrigens in erstaunlicher Anlehnung an den staatlichen Aufbau und an den römischen Amtsbegriff. Zahlreiche Bischöfe, Presbyter und Diakone, dazu viele vornehme Christen erleiden den Märtyrertod. Die Gefangennahme des Valerian führt zum Abbruch der Verfolgung (260), weil sein Sohn Gallienus das Christentum toleriert.

Kopf der Kolossalstatue Konstantins aus der Konstantinsbasilika am Forum Romanum. Konstantin war der erste christliche Kaiser. Um 313 n. Chr. Die Höhe des Kopfes beträgt 2,60 m.

Den Endkampf löst Diokletian aus, der im Zuge seiner Reichsreform auch die Einheit des Glaubens wiederherstellen will. Diese Verfolgung (seit 303) fordert wohl die schwersten Opfer, wenngleich auch sie nicht in allen Reichsteilen in gleicher Intensität durchgeführt wird. Im Westen endet sie praktisch mit der Abdankung des Maximian (305), da Constantius und die anderen Herrscher sich zurückhalten. Im Osten dauert sie freilich unter Galerius und Maximinus Daia bis 311. Erst auf dem Sterbebett sieht Galerius die Sinnlosigkeit der Verfolgung ein und erklärt das Christentum zur anerkannten Religion. Die Standhaftigkeit der Märtyrer – schon Tertullian nannte das Blut der Christen den Samen des Glaubens – im Verein mit der Anziehungskraft des christlichen Glaubens und des christlichen Gemeinschaftslebens ist nicht zu überwinden gewesen.

Der Sieg des Christentums Constantin hat seit 312 den christlichen Glauben begünstigt, während die alten Götter allmählich zurückgedrängt werden. Allerdings hinterlassen sie, besonders der Sonnengott Sol invictus, ihre Spuren: in der Feier des Sonntags ebenso wie später in der Verlegung des Weihnachtsfestes auf seinen Festtag (25. Dezember). Für Constantin ist es dabei selbstverständlich, nicht nur durch Kirchenstiftungen den neuzugelassenen Kult zu fördern, sondern auch an den Angelegenheiten der christlichen Gemeinden aktiven Anteil zu nehmen. So greift er seit 313 in den nordafrikanischen Donatistenstreit ein und versammelt 325 in Nikäa erstmals Bischöfe aus dem Gesamtreich zu einer Synode, die unter seiner Leitung den Streit um Arius beilegen soll. Dabei liegen ihm nicht die theologischen Kontroversen am Herzen, sondern die Einheit des christlichen Glaubens, die ihm für das Heil des Reiches wesentlich zu sein scheint.

Unvermeidlich hat aber die neue Rolle des Christentums als „staatstragende“ Kraft schwerwiegende Folgen gehabt. Die aus ihr resultierende Einmischung des Staates in innerkirchliche Auseinandersetzungen vergrößert deren Tragweite und Schärfe, zugleich fördert sie die ohnehin schon recht stark entwickelte kirchliche Hierarchie. In Nikäa werden die Bischöfe der Provinzialhauptstädte zu Metropoliten erhoben, und damit wird die Reichsorganisation auf die Kirche übertragen. Schlimm ist jedoch vor allem, wie schnell das Christentum sich von einer verfolgten Gemeinschaft zu einer Ketzer und Heiden verfolgenden wandelt. Das weit über die Spätantike hinaus anhaltende Zusammenwirken von Staat und Kirche zeigt somit seine Problematik schon in den Anfängen.

Den Gedanken der Toleranz versucht nunmehr das in die Defensive geratene Heidentum ins Feld zu führen. In ihrem Namen richtet Symmachus 384 als Stadtpräfekt von Rom an den Kaiser Valentinian II. (383–392) die Bitte, den zwei Jahre zuvor von Gratian (375–383) aus dem Senatsgebäude entfernten Altar der Victoria wieder aufstellen zu lassen. Seine wirkungsvolle 3. relatio wie die Briefe des Mailänder Bischofs Ambrosius (ca. 340–397), der den Antrag zu Fall bringt, und das spätere Gedicht des Christen Prudentius (348–405) stellen einen Höhepunkt der geistigen Auseinandersetzung dar. Die Gedankenwelt des um Symmachus gescharten Kreises stadtrömischer Adliger wird auch in den Saturnalien des Macrobius (um 400), einem vor allem der Vergildeutung gewidmeten Dialog, geschildert.

Auf der anderen Seite hat Augustin (354–430) im Kampf gegen den heidnischen Vorwurf, die Abwendung von den alten Göttern habe die Einnahme Roms durch Alarich (410) verschuldet, mit seinem „Gottesstaat“ die christliche Geschichtsdeutung für lange Zeit bestimmt. Indem er der civitas Dei die civitas terrena als

Bild der gottfeindlichen Gemeinschaft gegenüberstellt, lehrt er die Geschichte als Kampf zwischen diesen beiden „Staaten“, die in keinem irdischen Staat je rein verkörpert sein können und erst im Jüngsten Gericht endgültig voneinander getrennt werden, verstehen. In seinem Lebensbericht, den Confessiones, beschreibt Augustin seinen eigenen Weg zum christlichen Glauben mit einer Tiefe der Selbstanalyse, die in dieser Weise der heidnischen Antike nicht möglich gewesen ist. Er, der gelehrte Professor der Rhetorik und spätere Bischof von Hippo in Nordafrika, ist ein Beispiel für den damaligen geistigen Wandel, zugleich aber auch dafür, wie dabei das Erbe der Alten Welt in das Christentum hinübergenommen und so bewahrt wird.

Gleichzeitig mit ihm lebt der Ciceroliebhaber Hieronymus (348–420), der die maßgebende Bibelübertragung ins Lateinische schafft (Vulgata) und durch die Übersetzung und Ergänzung der Weltchronik des Eusebios für die Geschichtskenntnisse des Mittelalters grundlegend wird. Auch Prudentius mit seiner Psychomachia, die in allegorischer Form die christlichen Tugenden über die Laster siegen läßt, und Ambrosius mit den von ihm gedichteten und komponierten Hymnen sowie mit seiner im Anschluß an Cicero (De officiis) konzipierten christlichen Ethik ist eine ähnliche Nachwirkung beschieden.

DAS ENDE DES WESTRÖMISCHEN KAISERTUMS

Kirche und Reich Am Ende seiner Regierungszeit greift Constantin d. Gr. auf das diokletianische System der Tetrarchie zurück, doch bleibt die Herrschaft bald allein in den Händen seiner Söhne Constans (337–350) im Westen und Constantius II. (337–361) im Osten. Immer nur vorübergehend wird seither die Einheit des Imperiums wiederhergestellt, beide Reichsteile entwickeln sich auseinander, wobei auch die kirchlichen Gegensätze eine Rolle spielen. Besonders Constantius II. hat bei seinen Versuchen, Arianer und die um den Patriarchen von Alexandria, Athanasius, gescharten Verfechter der Orthodoxie zu einen, mit heftiger Opposition zu kämpfen gehabt. Während das arianische Bekenntnis aber im Römischen Reich an Boden verliert, gewinnt es im Gefolge der Tätigkeit des Bischofs Ulfila (311–383) unter den Westgoten viele Germanenstämme für sich. Nach ihrer Landnahme auf Reichsgebiet inmitten der katholischen romanischen Bevölkerung soll dies ihrer Integration sehr hinderlich werden.

Das durch Opferverbote stark eingeschränkte Heidentum findet einen bedeutenden Vorkämpfer in dem Neffen des Constantius, Julian, der sich trotz christlicher Erziehung dem alten Glauben in einer durch den Neuplatonismus veredelten Form zugewandt hat und während eines Studienaufenthaltes in Athen (354/355) auch in die eleusinischen Mysterien eingeweiht worden ist. Einstweilen verbirgt Julian aber seinen Gesinnungswandel. Zum Cäsar für den gallischen Reichsteil erhoben, stellt er mit Siegen über Franken und Alamannen (357 bei Straßburg) die Rheinfront wieder her. Damals wird Paris erstmals zum Mittelpunkt Frankreichs. 360 rufen die Truppen ihn zum Augustus aus, der Entscheidungskampf wird aber vermieden, weil Constantius stirbt. Der christenfeindlichen Religionspolitik des Alleinherrschers Julian (361–363), den die Christen bald Apostata, den Abtrünnigen, nennen, bleibt wegen seines frühen Todes im Perserkrieg eine nachhaltige Wirkung versagt. Offen bleibt freilich auch, ob die eigenwilligen Vorstellungen des Kaisers überhaupt in weiteren Kreisen auf Verständnis rechnen konnten. Nach dem Tode Julians geht es mit dem Heidentum rasch bergab. Im Jahre 379 legt Gratian den Titel eines Pontifex Maximus nieder und trennt damit das Kaisertum von der durch Cäsar (63 v. Chr.) vorbereiteten, mit der Übernahme des Amtes durch Augustus (12 v. Chr.) endgültig gegebenen Verbindung mit dem alten Staatskult. Wie in so vielem soll auch darin das Papsttum die Erbschaft der Kaiser antreten. Theodosius I. d. Gr. (379–395) untersagt schließlich das Betreten der Tempel und den Vollzug der Opfer (391/92). Das Christentum wird so zur allein anerkannten Religion. Wie zuvor bei den Christenverfolgungen spielen jetzt bei der Vernichtung des Heidentums wieder die städtischen Massen eine ungute Rolle. Sie zerstören den berühmten Sarapistempel in Alexandria (391), ihrer Lynchjustiz fällt die Philosophin Hypatia zum Opfer (415).

Als andererseits Bischof Ambrosius von Mailand den Kaiser Theodosius I. wegen eines im Zirkus von Thessalonike angerichteten Blutbads zwingt, eine Kirchenbuße auf sich zu nehmen (390), kündigt sich an, daß das westliche Christentum nicht unbedingt den Weg einer abhängigen Staatskirche gehen werde.

Die Zeit der Völkerwanderung: Abwehr der Germanen und Überlebenskampf des Ost- und Weströmischen Reiches Unter Valentinian I. (364–375) und seinem Bruder Valens (364–378) wird das Reich erneut geteilt. Wieder geht es mit einigem Erfolg um die Behauptung der Grenzen an Rhein und Donau, daneben um die Abwehr sächsischer Einfälle in Britannien. Da verändert der Vorstoß des asiatischen Reitervolkes der Hunnen, die um 375 das südrussische Reich der Ostgoten vernichten, völlig die Lage. Es beginnt die eigentliche Zeit der Völkerwanderung, da von jetzt an die Germanenstämme an der Donau nicht mehr zur Ruhe gebracht werden können. Zuerst suchten Teile der Westgoten, denen andere Scharen folgten, ihre Zuflucht im Reich (376). Bei Adrianopel (378) unterliegt ihnen der oströmische Kaiser Valens, der selbst in der Schlacht fällt.

Sein Nachfolger Theodosius I. kann die

Bronzelampe in Schiffsform. Typisch für das junge Christentum war die Umsetzung von Symbolen in bildhafte Objekte. So zeigt die Lampe die Kirche als Schiff, Christus als Kapitän und Petrus als Steuermann. 4.–5. Jahrhundert n. Chr. Museo Archeologico, Florenz.

Gefahr nur durch die Ansiedlung von Ost- und Westgoten als Bundesgenossen (Föderaten) südlich der Donau, also auf Reichsboden, bannen. Das System verbündeter Randstaaten ist schon vorher Bestandteil römischer Politik gewesen, ihre Anwesenheit im Reich selbst stellt aber etwas Neues dar. In dieser Form faktischer Selbständigkeit bei gleichzeitiger Anerkennung der Oberhoheit des Kaisers werden sich in Zukunft weitgehend die Staatengründungen der Germanen vollziehen. Die dabei mögliche Übernahme römischer Zivilverwaltung und römischen Rechts sichert ein bedeutsames Stück Kontinuität zwischen antiker Kultur und dem Mittelalter. Dem Kaisertum Westroms indes haben die germanischen Staaten den Untergang bereitet.

Theodosius I. hat durch den Sieg über die letzte heidnische Reaktion unter Eugenius (392–394) und seinem Feldherrn, dem Franken Arbogastes, kurzfristig noch einmal die Reichseinheit wiederhergestellt. Seine Söhne Arkadius (395–408) und Honorius (395–423) regieren wieder getrennt im Osten bzw. Westen. Die faktische Gewalt liegt allerdings in den Händen germanischer Heerführer, bis im Ostreich der Gote Gainas beseitigt wird und eine nationalrömische Reaktion einsetzt (400). Im Westen, dessen Hauptstadt nun das leicht zu verteidigende Ravenna wird, bewährte sich der Vandale Stilicho bei Abwehrkämpfen gegen die Westgoten Alarichs in Norditalien – freilich auf Kosten der Provinzen. Britannien muß um 400 militärisch geräumt werden (die Zivilverwaltung hält sich noch einige Zeit); über den von Truppen entblößten Rhein stoßen Sueben, Alanen und Vandalen bis nach Spanien vor, das sie weitgehend unter sich aufteilen (409).

Die Hinrichtung Stilichos (408) macht auch Alarich endlich den Weg frei. Im Jahre 410 wird Rom 800 Jahre nach dem Keltensturm erstmals wieder von einem auswärtigen Feind erobert und geplündert. Alarich stirbt aber bald darauf, nachdem er vergeblich den Übergang nach Sizilien und Nordafrika versucht hat. Die Westgoten ziehen aus Italien ab und gründen unter Athaulf ein Reich in Südgallien (412), das sich später auch nach Spanien ausdehnt. Kurze Zeit darauf setzen die Vandalen unter Geiserich (428–477) nach Afrika über (429) und errichten eine Seeherrschaft im westlichen Mittelmeer.

Westrom sind außerhalb Italiens im wesentlichen nur mehr Teile Galliens verblieben. Hier versteht es der letzte bedeutende römische Feldherr, Aëtius (425–454), im Bunde mit dem von Südrußland bis zum Rhein reichenden Großreich der Hunnen (seit 420) den römischen Einfluß wieder zu stärken. Ihrem gemeinsamen Angriff erliegt das Burgunderreich am Niederrhein (436), ein Ereignis, das im Nibelungenlied seinen Niederschlag gefunden hat. Schließlich aber kommt es auf den Katalaunischen Feldern (451) zum Kampf zwischen Aëtius und den Westgoten einerseits, Attila (433/45–453) und den mit ihm verbündeten Germanen andererseits. Der unentschiedene Ausgang der Schlacht ist letztlich ein Erfolg für Aëtius, zumal Attila bald darauf nach einem Einfall in Italien (453) stirbt und sein Reich sich auflöst. Als aber Aëtius einer Intrige am Hofe Valentinians III. (424–455) zum Opfer fällt (454), ist es endgültig mit der römischen Machtstellung vorbei. Schon im Jahr darauf wird der Kaiser selbst ermordet, zeigt die Plünderung Roms durch die Vandalen Geiserichs den Wandel der Verhältnisse. Hier wie schon beim Vorstoß Attilas bewährt sich Leo I. d. Gr. (440–461), der dem Papsttum erstmals zu überragendem Ansehen verhilft.

Goldmünze der Kaiserin Galla Placidia (gest. 450). In der Kaiserzeit war die in Rom um 250 v. Chr. eingeführte Silberwährung durch die Goldwährung abgelöst. Aus der (zweiten) Ehe der Galla Placidia mit Constantius entstammt ein Sohn, der spätere weströmische Kaiser Valentinian III. Kestner Museum, Hannover.

Zwar versuchen noch immer die Heerführer, voran der Suebe Rikimer, Kaiser zu machen, entsendet auch Ostrom verschiedene Prätendenten – im Kampf gegen Geiserich scheitern sie alle so kläglich, daß keiner sich für längere Zeit halten kann. Wesentlichen Anteil an diesen Mißerfolgen hat das Verhalten der Großgrundbesitzer, die es schon seit längerer Zeit verstanden haben, sich jeder (insbesondere finanziellen) Verpflichtung gegen den Staat zu entziehen. Mit ihren hörigen Bauern und eigenen Bewaffneten verschmelzen sie ohne Schwierigkeit mit der führenden Schicht der germanischen Reiche und behaupten so ihre soziale Stellung. Das Kaisertum geht zugrunde, weil es zuletzt von niemand getragen wird: von den großen Adligen nicht, von der unter dem Steuerdruck seufzenden Landbevölkerung erst recht nicht, schließlich auch nicht von den germanischen Soldaten, die in den eigenen Staatenbildungen ihr Wirkungsfeld finden.

Während in Byzanz unter Leon I. (457–474) das reichsangehörige kleinasiatische Volk der Isaurier an die Stelle der Germanen tritt (Sturz des Alanen Aspar 471), mißlingt im Westen der Versuch des Heermeisters und Patricius Orestes, seinen Sohn Romulus auf den Kaiserthron zu erheben (475), weil die Forderung der germanischen Söldner, entsprechend der Praxis in den neugegründeten Staaten ein Drittel des italischen Bodens zu erhalten, nicht erfüllt wird. Sie rufen den Skiren Odoaker zum König von Italien aus, der Romulus Augustulus („Kaiserlein") eine jährliche Rente gewährt und ihn nach Campanien schickt (476).

Mit der Absetzung des Romulus – oder mit dem Tod des letzten von Ostrom ernannten Kaisers Julius Nepos 480 in Dalmatien – endet das weströmische Kaisertum. Freilich nicht das Römische Reich, weil die germanischen Könige noch lange den nunmehr einzigen Kaiser in Byzanz ideell anerkennen und dieser seinerseits an seinem – unter Justinian (527–565) auch realisierten – Anspruch auf den Westen festhält. Odoaker regiert als Patricius Ostroms in Italien. Im Auftrag Ostroms wiederum, das sich damit endgültig der Germanengefahr entledigt, wird er später von dem Ostgoten Theoderich angegriffen (488) und in Ravenna ermordet (493). Theoderich (493–526) hat seinerseits als germanischer Heerkönig und als Beauftragter des Kaisers seine Herrschaft ausgeübt.

Randvölker der antiken Welt

DAS FRÜHGESCHICHTLICHE EUROPA AM RANDE DER HOCHKULTUREN IN DER ALTEN WELT

Urnenfelder-Kultur Gegen Ende der Bronzezeit, um 1400 v. Chr., lassen sich an Hand von Funden verstärkte Wanderbewegungen, von den einzelnen mitteleuropäischen Kulturzentren ausgehend, nachweisen (weite Räume Mittel- und Osteuropas werden überwunden), die schließlich zur Urnenfelder-Kultur überleiten; diese erhielt ihre Bezeichnung auf Grund der ihr eigentümlichen, vordem nicht gehandhabten Art der Feuerbestattung (die Toten werden verbrannt, und ihre Asche wird in einer Urne zusammen mit Gefäßen, Schmuck und Waffen auf großen Friedhöfen bestattet). Das Auftreten der Urnenfelder-Kultur erfolgt explosionsartig, und innerhalb einer sehr kurzen Zeitspanne wird sie in dem Gebiet zwischen Ostsee und unterer Donau, zwischen Rhein und Dnjepr beherrschend, so daß man ab der Mitte des 13. Jahrhunderts v. Chr. vom Beginn der Urnenfelder-Zeit sprechen kann. Es werden ausgedehnte Urnenfelder mit typischen Grabbeigaben aus Bronze (Schwerter, Dolche, Äxte, Kriegshelme, Panzer, Beinschienen, Sicheln, Nadeln sowie Fibeln, unter denen besonders charakteristisch die Violinbogenfibel ist) angelegt, die auf Grund ihres häufigen Vorkommens von einem starken Anwachsen der Bevölkerung zeugen, was mit zu dem gewaltigen Expansionsdrang beigetragen haben mag. Da man mitteleuropäische Schwerter, Dolche, Speere und Armringe u.a.m. auch im östlichen Mittelmeerraum (auf dem griechischen Festland, auf Kreta und Zypern, in Syrien und Ägypten) sowie in Nord-, Mittel- und Südostitalien aus der Zeit um 1230 v. Chr. gefunden hat, ist anzunehmen, daß in dem Zeitraum von 1400 bis 1200 die große Wanderbewegung der Urnenfelder-Zeit stattgefunden hat, in deren Verlauf sich verschiedene, der Urnenfelder-Kultur zugehörige Kulturkreise ausbildeten, die sich voneinander durch Formenvariationen in den Grabbeigaben abgrenzen lassen.

Man unterscheidet mehrere regionale Gruppen des großen mitteleuropäischen Urnenfelder-Kreises; zu nennen ist vor allem die in Ostböhmen und Schlesien bis zum Gebiet der unteren Weichsel beheimatete Lausitzer Kultur, die an den sogenannten „Buckelurnen" erkenntlich ist, bauchigen Gefäßen mit zylindrischem Hals und buckelartigen Verzierungen, die aus der Gefäßwand heraustreten. Von Süddeutschland und aus dem ostfranzösischen Raum dringt die Urnenfelder-Kultur auch

Spätbronzezeitliche Kulturen Europas – Die Ausbreitung der Urnenfelder-Kultur.

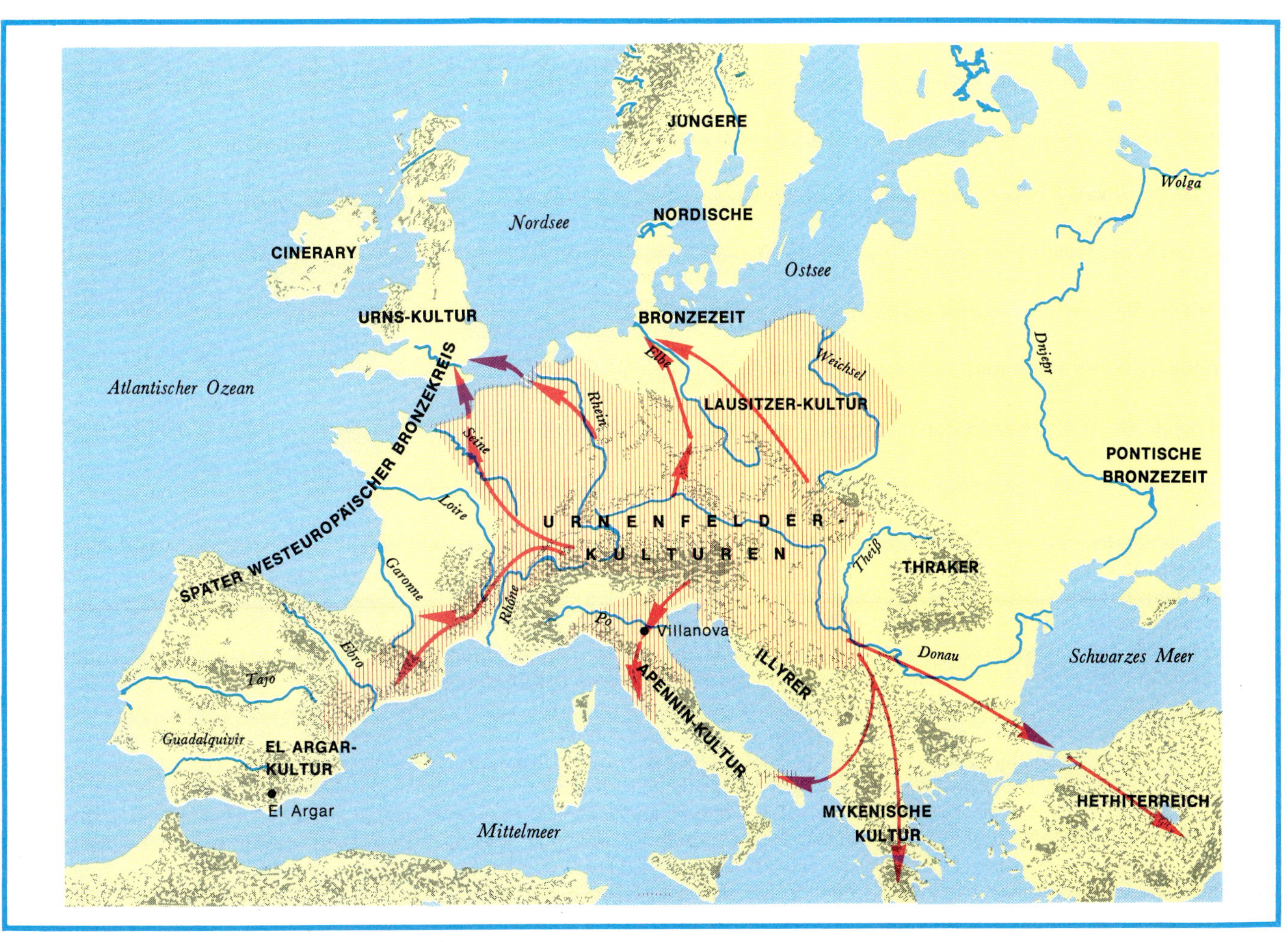

nach Südfrankreich vor. Es kommt hier zur Ausbildung der südfranzösisch-katalanischen Urnenfeldergruppe. Nordfrankreich erfährt die neuen Impulse im wesentlichen durch Vorstöße vom Niederrhein her. Bestimmte Gebiete Frankreichs sowie Spaniens tradieren die alten Bronzekulturen weiter. In den westlichen Gebieten Frankreichs und Spaniens bildet sich unter Aufnahme von Elementen der Urnenfelder-Kultur die Atlantische Bronzekultur. Auf den Britischen Inseln formt sich die Cinerary-Urns-Kultur aus, welche die Feuerbestattung aus Nordfrankreich übernimmt, wobei im übrigen die alten Kulturelemente im großen und ganzen bis auf einige neue Einflüsse in der Keramik im wesentlichen beibehalten werden. In Italien dringen ebenfalls Einflüsse der mitteleuropäischen Urnenfelder-Kultur vor, wo sich auf der Grundlage der älteren Apennin- und Terramare-Kultur aus der Verschmelzung der verschiedenen Kulturelemente unterschiedliche Kulturgruppen ausformen. Auch in Nordeuropa rufen die Einflüsse der Urnenfelder-Kultur eine tiefgreifende Veränderung hervor; die Brandbestattung setzt sich allmählich durch. Es wurden zweirädrige Streitwagen gefunden sowie Gürtelplatten und -dosen, Fibeln, Schilde, Hals- und Armringe und getriebene Gold- und Bronzegefäße; besonders herauszuheben sind die bis zu zwei Meter langen Bronzeblashörner, die Luren. Gegen Ende der Jüngeren Nordischen Bronzezeit erfolgt ein Vorstoß nach Süden in das Gebiet der mitteleuropäischen Urnenfelder-Kultur. Das Übergreifen der Urnenfelder-Kultur nach Südosteuropa ruft unter der dort ansässigen Bevölkerung eine Wanderbewegung hervor, die sich zerstörend über die mykenischen Städte und nach Kleinasien ergießt und das Hethiterreich vernichtet (Seevölker).

Hallstatt-Kultur Im 8. Jahrhundert v. Chr. geht die Urnenfelder-Zeit in Mitteleuropa in die Frühe Eisenzeit über, an deren Beginn die Hallstatt-Zeit steht, die ungefähr bis ins 5. Jahrhundert v. Chr. dauert und dann von der La-Tène-Kultur abgelöst wird. Kennzeichnend für die neue kulturelle Periode ist die Kenntnis der Eisenverarbeitung und -gewinnung, die, von Kleinasien ausgehend, über den Balkan nach Mitteleuropa im 8. Jahrhundert v. Chr. vordringt und die dort ansässigen Völker der Urnenfelder-Zeit nicht nur mit dem Eisen, sondern zugleich auch mit neuen Denkweisen und Kultureinflüssen bekannt macht. Ein nicht unwesentlicher Faktor bei der Ausprägung der Hallstatt-Kultur (der Name wird von dem 1824 entdeckten Gräberfeld am Hallstätter See im Salzkammergut abgeleitet) ist die Ende des 8. Jahrhunderts erfolgende thrako-kimmerische Invasion, die, von den Skythen verursacht, aus Südrußland kommend, bis nach Ungarn und teilweise sogar nach Bayern vorstößt, wo aus diesem Zeitabschnitt ein bestimmter Typus von Pferdezaumzeug in Gräbern gefunden wurde, das auch in Gräbern in Belgien (Court-Saint-Etienne) aufgetaucht ist. Auf die thrako-kimmerische Invasion sind wahrscheinlich die Ausbreitung des Eisenschwertes zurückzuführen, die Einführung neuer Methoden im Reiten von Pferden, eine neue Taktik im Kampf zu Pferd und die Ausbildung einer aristokratisch-feudalen Schicht von Rittern.

Anhand zahlreicher Funde und historischer Berichte läßt sich die Hallstatt-Zeit als eine Periode des kulturellen Aufstiegs beschreiben; die Gründe hierfür sind in der Intensivierung des Fernhandels verbunden mit einer Steigerung der Produktion der begehrten Handelsgüter wie Salz und Metall zu sehen. Der Reichtum in Verbindung mit den von außen herangetragenen Einflüssen bedingt auch eine zunehmende gesellschaftliche Differenzierung unter Ausbildung einer Adelsschicht. Es wurden große befestigte Fürstensitze und reiche Fürstengräber gefunden, die sich deutlich von jenen der übrigen Bevölkerung abheben. Gleichzeitig lassen sich an den beigegebenen Waffen neue Techniken in der Kampfweise ablesen; so wird z. B. das in der älteren Phase der Hallstatt-Zeit übliche lange Hiebschwert in der jüngeren Phase durch die Stoßlanze ersetzt, die ihren Sinn nur in einer geschlossenen Kampfeinheit hat, die offensichtlich nun die Einzelkampfweise ablöst. Parallelen zur Phalanx in Griechenland und Italien in dieser Zeit lassen Wurzeln im Süden vermuten. Als Gesamtheit betrachtet weist auch die Hallstatt-Kultur innerhalb ihres Ausbreitungsbereiches – sie reicht von Ostfrankreich nach Osten bis in das Karpatenbecken und das nordwestliche Balkangebiet bis zur Adriaküste – verschiedene, voneinander sich abgrenzende Kulturkreise auf, so den im ostalpinen und kroatischen Raum beheimateten Osthallstatt-Kreis und den Westhallstatt-Kreis, der das Gebiet nördlich der Alpen bis zu den deutschen Mittelgebirgen umfaßt.

Die Unterschiede der regionalen Eigenheiten, die die Hallstatt-Zeit heterogen erscheinen lassen, erfahren wiederum durch die die Zeit prägenden einheitlichen Merkmale wie die neue Kampfesweise, die Körperbestattung in Großgräbern, die Ausbildung von Fürstensitzen und die Vorliebe für geometrische Muster auf zu meist vielfarbig bemalter Keramik und auf den bronzenen Gürtelblechen einen übergreifenden Zusammenschluß; die verschiedenen Parallelerscheinungen, sowohl struktureller als auch kultureller Art, in den einzelnen Hallstattkreisen lassen sich nicht mehr allein aus nachbarschaftlichen Beziehungen erklären, vielmehr gewinnt eine Hypothese an Wahrscheinlichkeit, wonach führende Adelsfamilien Dynastien begründeten, die, in etwa dem Mittelalter vergleichbar, Fürstentümer bzw. Staaten auf der Basis eines Lehnswesens aufbauten, die nebeneinander, aber räumlich voneinander oft weit entfernt, bestanden und sich gemäß einer einheitlich vorhandenen Grundidee entwickelten. So folgen die Fürstensitze (zu den bekanntesten zählen der Mont Lasseis und die Heuneburg) in ihrem Aufbau einem Grundschema: Sie setzen

Grabstele eines Kriegers aus Sandstein von einem späthallstättischen Grabhügel bei Hirschlanden, Ldkr. Leonberg. 6. Jahrhundert v. Chr. Stuttgart, Württembergisches Landesmuseum.

sich aus einer Vielzahl von Gebäuden zusammen, die von mächtigen Verteidigungsmauern geschützt werden. Auch die Fürstengräber folgen einem einheitlichen Plan: Sie heben sich durch ihre monumentale Größe von ihrer Umgebung ab (zu den eindrucksvollsten zählt der „Hohemichele" an der oberen Donau bei der Heuneburg mit einer Höhe von 13 m) und bestehen zumeist aus einer hölzernen Grabkammer, über die sich der Hügel wölbt. Der Tote ist mit reichen Beigaben versehen und zuweilen sind ihm Frauen und Diener beigegeben.

Das die Hallstatt-Zeit prägende neue Kulturgut findet nicht überall in Europa Eingang. So bleiben die Britischen Inseln und Spanien den alten einheimischen Kulturen verhaftet, wobei lediglich Südengland durch die Ausbildung einer früheisenzeitlichen Kultur gegen 600 v. Chr. eine Ausnahme macht. In Nordeuropa dauert die Jüngere Nordische Bronzezeit noch an; sie findet erst um 500 v. Chr. durch die Frühe Eisenzeit eine Ablösung. Ebenso bleibt das Gebiet zwischen Oder und Weichsel der vorhandenen alten Kultur verbunden; hier entsteht auf der Grundlage der Urnenfelder-Kultur der Typus der Gesichtsurnen-Kultur, die sich prägend auch für die Lausitzer Kultur auswirkt.

La-Tène-Kultur Gegen Ende der Hallstatt-Zeit, die als Zeitalter der Fürsten und großen Feudalherren betrachtet werden kann, macht sich wiederum ein neues Element bemerkbar, das sich auf kulturellem wie sozialem Gebiet seit der Mitte des 5. Jahrhunderts abzuzeichnen beginnt. Eine nicht unerhebliche Rolle bei diesem Prozeß spielen die Einflüsse, die auf dem Handelswege aus den griechisch-etruskischen und italischen Gebieten einströmen. Es machen sich eine zunehmende Sicherheit in der Weiterbildung der technischen Errungenschaften bemerkbar sowie ein neuer, völlig eigenwilliger Stil, was zur Ausbildung einer einheitlichen und nicht mehr heterogen wirkenden Kultur wie in der Hallstatt-Zeit führt. Mit den neuen Formen beginnt die Jüngere Eisenzeit, die La-Tène-Zeit, benannt nach dem Fundort La Tène am Nordufer des Neuenburger Sees in der Westschweiz. Zu Hauptgebieten der neuen Kultur werden Ostfrankreich, Süddeutschland, die Schweiz und Österreich. Als Träger der La-Tène-Kultur erweisen sich die Kelten, deren Herkunft noch nicht genau geklärt ist. Auf Grund der Funde dokumentieren sich die Kelten als aristokratische Gesellschaft; sie setzen sich aus zahlreichen Stämmen verschiedener Herkunft zusammen und besitzen eine verwandte Sprache. Sie finden sich nie zu einer politischen Einheit zusammen und bilden auch keinen einheitlichen Staat, aber sie sind Träger einer einheitlichen Kultur und werden durch religiöse Bindungen und eine gemeinsam aufgefaßte Herkunft zusammengehalten, so daß sie beginnen, sich als zusammengehörig zu empfinden und Ansätze für ein Nationalgefühl auszuprägen.

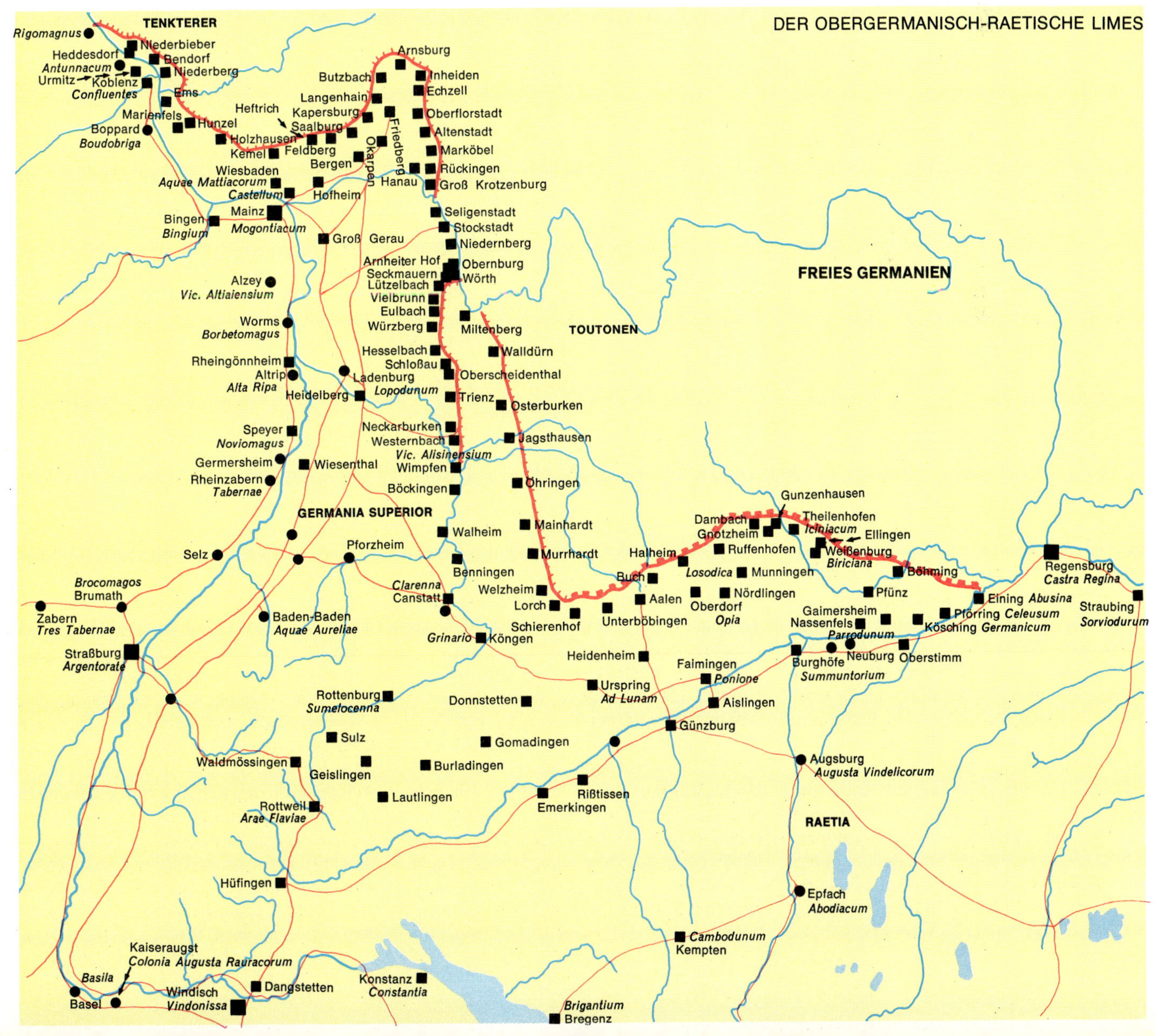

Die frühe La-Tène-Zeit verläuft im wesentlichen ruhig und weist, vermutlich als Folge davon, einen sprunghaften Anstieg der Bevölkerung auf, was innerhalb der Gemeinschaft schon bald zu sozialen Spannungen führt und vielfach die Suche nach neuem Siedlungsraum notwendig macht. Von 400 bis 250 v. Chr. setzt deshalb eine Expansion der Kelten ein. Um 400 v. Chr. ziehen zahlreiche keltische Stämme in mehreren Wellen vom Oberrhein und von der oberen und mittleren Donau aus über den großen St. Bernhard nach Norditalien in die Poebene. Es sind Insubrer (Mediolanum), Cenomanen (Brixia, Bergomum, Verona), Boier, Lingonen und Biturigen. 387 dringen keltische Krieger unter Brennus, dem Fürsten der Senonen, nach dem Sieg an der Allia über die Römer, nach Rom vor, das sie plündern. Allerdings können sich die Kelten nicht in Italien halten, aber ihre Kulturelemente gehen in die antike Welt ein, wie die verschiedenen Gräber (Montefertino, Filottrano und Osimo) dokumentieren.
Im Osten dringen die Kelten in den Karpatenkessel und auf den Balkan vor (335 soll Alexander d. Gr. mit Kelten verhandelt haben, 279 plündern Galater Delphi) und ziehen nach Kleinasien weiter, wo sie nach einer Niederlage in Galatien angesiedelt werden. Ein Teil der nach Osten ziehenden Kelten stößt in die südrussische Ebene vor, wo sie auf die Skythen treffen. In der Folgezeit bilden sich die Keltoskythen. In Böhmen werden die keltischen Boier seßhaft; aus dem Stammesnamen entwickelt sich der Name des Gebietes (u. a. Boiohaemum). Die Boier dehnen ihren Siedlungsraum (durch weitere keltische Zuwanderungen verstärkt sich die Bevölkerungszahl) auch auf Pannonien und Teile der Slowakei aus.
Das Kerngebiet der Kelten bleibt Gallien. Vom ehemaligen Grabhügelbereich dehnen sie sich nach Westen und Südwesten Frankreichs unter Ausbildung zahlreicher Stämme aus. Auf der Iberischen Halbinsel können die ansässigen Iberer nicht verdrängt werden, und in der Folgezeit bildet sich eine ibero-keltische Mischkultur aus. Auch nach Britannien gelingt der Vorstoß der Kelten, wo sie nachhaltig die keltische Kultur begründen und von wo aus sie auch nach Irland übersetzen.
Seit dem 3. Jahrhundert v. Chr. nimmt die keltische Wanderung ein Ende, da die Möglichkeiten zu Raubzügen in reichere Gegenden nicht mehr in dem Maße wie bisher gegeben sind. So werden die Kelten seßhaft und wenden sich der Landwirtschaft und dem Handel zu, die unter ihnen eine Blüte erfahren. Auf ihre gesellschaftliche Struktur bleibt die neue Ausrichtung nicht ohne Auswirkung: Dies zeigen u. a. die neuen Bestattungsmethoden des 3. und 2. vorchristlichen Jahrhunderts an; an die Stelle des Fürstengrabes tritt nun in abgesonderter Lage in einem allgemeinen großen Friedhof das von einem Graben umgebene und herausgestellte Kammergrab. Die neuen Waffenbeigaben lassen auch eine Änderung in der Kriegstechnik erkennen: Anstatt des Stoßfechtens, das seine Wirkung nur in der geschlossenen Kampflinie hat, findet sich nun wieder der Einzelkampf mit langen gebogenen Hauschwertern.
Um die Mitte des 2. bis zur Mitte des 1. vorchristlichen Jahrhunderts bilden sich an wichtigen Handelspunkten sowie an anderen zentral gelegenen bedeutsamen Stellen die keltische Oppida, stark bewehrte Stützpunkte, Gemeinwesen und Stammeszentren, die zwischen 82 und 600 ha groß sind. Zu den bedeutsamsten der bisher bekannten Oppida zählen Bibracte, Alesia und Gergovia in Frankreich, Otzenhausen, Manching und Kelheim in Deutschland und der Hradište von Stradonice in Böhmen. Mit dem wirtschaftlichen Aufstieg entwikkeln die Kelten in den Oppida eigene Münzen in Gold und Silber.

Die Welt der Germanen Die Grenze zwischen Germanen und Kelten bilden um 500 v. Chr. die deutschen Mittelgebirge. Die kulturelle Entwicklung des germanischen Landes vollzieht sich langsamer als die des keltischen, wobei die nördlichen Regionen am weitesten zurückliegen. Als erste archäologische germanische Kultur wird die Jastorf-Kultur angesehen, die zeitgleich mit der Hallstatt-La-Tène-Kultur ist; sie entwickelt sich aus der nordischen Bronzekultur. Auf Grund von Handelsbeziehungen kommen die Germanen mit den Kelten zwar in Berührung, jedoch ist dies zumeist nur sporadischer Natur und beeinflußt die bodenständige Kultur nicht maßgeblich. In der zweiten Hälfte des ersten vorchristlichen Jahrtausends beginnt eine germanische Wanderbewegung nach Süden, in deren Verlauf aus der Verschmelzung mit den Kelten die Treverer, Wangionen und Nemeter hervorgehen. Am weitesten gelangt der Stamm der Gaesaten nach Süden, der bis über die Alpen zieht.
Stammesmäßig bilden die Germanen keine Einheit, was sich schon darin ausdrückt, daß der Name Germanen nicht von ihnen selbst stammt, sondern von den Kelten, die ihn für die in Belgien benachbarte Völkergruppe gebrauchten. Die Römer übernehmen den Begriff von den Kelten und verwenden ihn im Laufe der Zeit für die immer vehementer aus dem Norden vordringenden Völker als Sammelbegriff. Untereinander sind die Germanen durch Stammesbildungen getrennt, finden aber in der gemeinsamen Sprache, dem Gemeingermanischen, durch ihre Religion und ihre in den Stammessagen gelehrte gemeinsame Abstammung das Bewußtsein der Zusammengehörigkeit.
Im 2. Jahrhundert v. Chr. kommt es zur ersten bedeutungsreicheren Berührung der Germanen mit den Römern, als die Kimbern und Teutonen, vermutlich auf Grund einer Springflut, wie Poseidonios berichtet, aus ihrer nordischen Heimat (Dänemark) auf der Suche nach neuem Land nach Süden über das Gebiet der keltischen Boier bis in das norische Ostalpengebiet vordringen, wo sie 113 v. Chr. bei Noreia ein römisches Heer besiegen. Anschließend fallen sie in Gallien, Spanien und Oberitalien ein und werden nach jahrelangen Wanderungen bei Aquae Sextiae 102 v. Chr. (Teutonen) und bei Vercellae 101 v. Chr. (Kimbern) von römischen Mannschaften aufgerieben. Wenig später aber erfolgen weitere germanische Einfälle; so dringen die an der Elbe siedelnden Sueben unter Ariovist nach Süddeutschland vor, und fast gleichzeitig erscheinen die Usipeter am Niederrhein und die Tenkterer in Gallien. Schritt um Schritt stoßen die Germanen in das rechtsrheinische keltische Gebiet vor, was sich an Hand der aufgelassenen und zerstörten Oppida ablesen läßt. So werden die keltischen Helvetier zum größten Teil in die Schweiz abgedrängt, und sicher ist auch die Abwanderung der Boier nach Pannonien auf germanischen Druck zurückzuführen. Um den fortwährenden Raubzügen der Germanen zu begegnen, suchen die Römer die Germanen durch Ansiedlung auf dem linksrheinischen Gebiet zu befrieden, ohne daß sich der erhoffte Erfolg einstellt, so daß unter Augustus der Plan einer gewaltsamen Befriedigung durch Eroberung gefaßt wird. Die erste römische Eroberungswelle erfaßt die Alpenvölker, deren Gebiet als Provinz Raetia dem Römischen Reich eingegliedert wird; in einer zweiten Welle dringen die Römer bis zur Elbe vor und suchen in einer dritten das böhmische Gebiet zu unterwerfen. Hier jedoch stoßen sie auf den erfolgreichen Widerstand der Markomannen; der Aufstand der pannonischen Stämme (6–9 n. Chr.) vereitelt die römischen Pläne gegen den Markomannenfürsten Marbod. Die sich andeutende Wende in den römischen Eroberungszügen wird durch den Sieg der Cherusker unter Arminius über die Römer herbeigeführt, so daß die Taktik der gewaltsamen Unterwerfung allmählich durch politische Diplomatie unter Ausnützung germanischer Uneinigkeit, durch das Gegeneinanderausspielen der Stämme, ersetzt wird. Die eroberten Gebiete werden schrittweise durch einen bewehrten Grenzwall, den Limes, begrenzt und geschützt.

ARABIEN IN VORISLAMISCHER ZEIT

Die Araber Als Araber (al-arab) werden im engeren Sinn alle Bewohner der Arabischen Halbinsel bezeichnet, im Sprachgebrauch Arabiens sogar nur die auf der Arabischen Halbinsel ansässigen Nomaden und die von dort ausgewanderten Bevölkerungsgruppen. Demzufolge wird dann der Begriff ausgedehnt auf alle Angehörigen der arabischen Sprachfamilie, die gemeinsam mit der aramäischen und der hebräischen Sprache die jungsemitische Gruppe bildet. Die ältesten Sprachzeugnisse stammen aus dem 9. Jahrhundert v. Chr., gleichzeitig werden auch erstmals in assyrischen Keilschrifttexten die steppenbewohnenden Nomaden als „aribi" bezeichnet.
In spärlichen Kontakten mit den frühgeschichtlichen Kulturen an ihren Nordrändern entwickelt sich bei den Wüstenstämmen aus einem archaischen, auf naturbezogene Lebensformen aufbauenden Ideenbereich das Gefühl der Zusammengehörigkeit innerhalb des verbindenden Arabertums. Es entsteht in der Folgezeit ein buntes Weltbild voller Anlehnungen an die antiken Nachbarkulturen; aus Mythen, Sagen, frommen Legenden, romantischen Volksepen, lebendigen Erinnerungen und greifbaren Traditionen stellen arabische Dichter und Geschichtsschreiber die Geschichte ihres Volkes zusammen. Stammesfamilien, aber auch Stammesfehden geben so den Hintergrund ab für die „Schlachtentage der Araber", die in umfangreichen und detaillierten Ahnenreihen gipfeln. Sie bilden ein mehr literarisches Bindeglied zwischen den eigenständigen und unterschiedlichen Stämmen, die sich in Nord- und Südarabien entwickelt haben. Trotz aller Verworrenheit lassen sich die populären Traditionen mit den Ergebnissen wissenschaftlicher Untersuchungen in Einklang bringen.

Die Araber in der antiken Welt

Die grundsätzlichen Verschiedenheiten zwischen den Nord- und Südarabern werden verstärkt durch jeweils eigenständige Sonderentwicklungen. Die andersartigen geographisch-klimatischen Bedingungen der einzelnen Lebensräume verstärken sie zum geschichtsprägenden Gegensatz. Die historische Entwicklung der Araber vollzieht sich auf zwei zunächst voneinander unabhängigen Bahnen.

SÜDARABISCHE KULTUREN

Angesichts des ausgeprägten Trockenklimas ist das geschichtsträchtige Kulturland auf die in die Wüsten und Wüstensteppen eingestreuten Oasen beschränkt. In der tropischen Oasenlandschaft an der Südwestecke der Arabischen Halbinsel, dem heutigen Jemen, kann sich eine eigene südarabische Kultur im 1. vorchristlichen Jahrtausend entwickeln, deren schriftliche Zeugnisse und archäologische Reste von ihrem hohen Stand künden. Durch Stauung der Hochwasser aus den niederschlagsreichen Hochgebirgen Jemens werden Bewässerungssysteme geschaffen; es wird der Wüste schon von altersher eine Kulturzone abgetrotzt, die auch die Häfen am Indischen Ozean und am Roten Meer sowie die Hochtäler Jemens einbezieht. Aus antiken Quellen erfahren wir von vier Hauptzentren der südarabischen Kultur, von denen jeweils eigene Schriftzeugnisse erhalten sind.

Minäer Bis in das 10. Jahrhundert v. Chr. reichen die Zeugnisse der ältesten südarabischen Reiche zurück. An ihrer Spitze steht das Reich der Minäer (Ma'in) auf dem jemenitischen Hochplateau. Vom hohen technischen Können der Minäer künden die Reste der Bewässerungsanlagen und die gut erhaltene starke Befestigung ihrer Residenz Qarnawu im heutigen Ma'in.

Qataban Seit dem 10. Jahrhundert v. Chr. künden Inschriften vom Staat Qataban, der ursprünglich einer Priesterherrschaft unterstand, die dann in eine Königsherrschaft umgewandelt wurde. Nach einer Blütezeit im 2. vorchristlichen Jahrhundert vollendet die Zerstörung der Hauptstadt Timne (heute Kohlan) die Einverleibung nach Hadramaut.

Hadramaut Am rund 180 km breiten südarabischen Küstengürtel ohne Hafen erstreckt sich seit 50 n. Chr. die Herrschaft Hadramaut, die sich etwa 300 Jahre lang über Südostarabien erhebt und sich lange gegen das Reich Saba behaupten kann.

Saba Etwa seit 1100 v. Chr. wandert ein südarabischer Stamm in das innerjemenitische Hochland ein und gründet das Reich Saba mit den Hauptstädten Sirwah und Mariaba (Ma'rib). Als Zeugnis der ältesten Geschichte von Saba gilt der alttestamentarische Bericht (1. Könige 10) vom Besuch der Königin von Saba bei König Salomo in Israel. Er ist die legendäre Widerspiegelung der weiträumigen Handelsverbindungen Sabas, von denen auch assyrische Quellen berichten. Das Reich der Minäer, Qataban und Hadramaut gehen seit 50 n. Chr. in Saba auf, das dadurch zu einem südarabischen Großreich geworden ist.
In die südarabische Antike reicht der Staudamm von Ma'rib (Sadd Ma'rib) zurück, 135 km östlich des heutigen Sana' gelegen.

Teil eines Hausmodells aus Kalksandstein. Südarabien, 4. Jahrhundert v. Chr. Typisch sind die rechteckigen Blendnischen, die man auch bei äthiopischen Bauwerken der vorchristlichen Zeit antrifft. Archäologisches Museum, Istanbul.

Sonnenuhr mit himjaritischer Inschrift aus dem Reich Saba. Diese Basaltsonnenuhr ist einer der wenigen Gegenstände, der uns aus dem 1. Jahrhundert unserer Zeitrechnung erhalten ist. Archäologisches Museum, Ankara.

Der 600 m lange Damm war an der Basis 60 m breit, Lesesteine und Quader befestigten den Erdwall, der über 1000 Jahre die Bewässerung weiter Teile Südarabiens gewährleistete. Er muß im 6. vorchristlichen Jahrhundert erneuert werden, weitere Einbrüche erfolgen ab 360 n. Chr. Im Jahre 450 müssen 20 000 Arbeiter Reparaturarbeiten durchführen. Im 6. Jahrhundert n. Chr. ruinieren Hochwasserkatastrophen die Anlage völlig. Dieses Wunderwerk der Antike beschäftigt die Araber noch lange, und Mohammed nennt im Koran (Sure 34) den Dammbruch eine Strafe Gottes.

Seit dem Beginn unserer Zeitrechnung sind in das Reich Saba die Stämme der Himjaren (Banu Himjar) eingewandert. Sie übernehmen die Macht und errichten von den Küsten bis tief in die arabische Wüste hinein eine Herrschaft höchster Machtentfaltung, die sie auch erfolgreich gegen ihre angreifenden Nachbarn (Hamdaniden) verteidigen. Machtlos stehen sie aber den weitreichenden wirtschaftlichen Veränderungen gegenüber, die Bedeutung und Wohlstand Südarabiens zum Erliegen bringen. Der Karawanenverkehr zwischen Mittelländischem und Indischem Meer, der Transithandel mit Indien, ist erheblich zurückgegangen, seit neue Transportwege durch Mesopotamien führen und der Seeweg nach Persien und Indien von griechischen und römischen Schiffen befahren wird. Blühende Siedlungen verfallen, Bewässerungsanlagen und Staudämme verrotten. Die Widerstandskraft des Reiches erlahmt infolge wirtschaftlichen Rückgangs und zunehmender Familienkämpfe um die wenigen Ertragsquellen. Zwar kann im Jahre 24 ein römisches Expeditionskorps (Augustus, Res gestae 26) so gründlich abgewehrt werden, daß die Römer keinen Eroberungsversuch mehr unternehmen, gegen die Äthiopier aber ist kein Widerstand mehr möglich. Seit etwa 200 n. Chr. sind die christlichen Könige von Äthiopien, die sich aus der Verbindung zwischen Salomo und der Königin von Saba ableiten, immer wieder nach Südarabien eingedrungen, das zunehmend ein politisches und religiöses Spannungsfeld wird. Erstmals ist 354 im Auftrag Kaiser Constantius' II. mit großem Erfolg missioniert worden. Als Gegengewicht zu einer Annäherung der größtenteils christlichen Bevölkerung an die christlichen Äthiopier fördern die sabäisch-himjarischen Könige das Judentum und nehmen um 500 selbst den mosaischen Glauben an. Die angespannte Situation entlädt sich in Christenverfolgungen, weswegen der byzantinische Kaiser den äthiopischen Negus Negesti (König der Könige) als Schutzmacht herbeiruft. Die äthiopische Großoffensive des Jahres 525 führt zum Zusammenbruch des südarabischen Reiches. Die äthiopische Fremdherrschaft wird 570 dann von der sassanidischen abgelöst. Der neupersische Statthalter (Satrap) schließt sich 628 an den Propheten Mohammed an.

NORDARABISCHE KULTUREN

Die Geschichte der vorderasiatischen Hochkulturen berichtet immer wieder vom Einfall semitischer Beduinenstämme und wandernder Nomadenstämme in die reichen Kulturländer. Diese üben eine große Anziehung auf die Nomaden aus, deren Bevölkerungszunahme angesichts des nicht ausdehnbaren Lebensraumes zu einem Überdruck führen muß. Starke Staaten können sich ihm widersetzen, schwache können leicht unterwandert werden. Ein neues Stadium staatlicher Lebensform erreichen die Nordaraber mit einer Staatsgründung in Ausnützung des von Alexander dem Großen hinterlassenen politischen Vakuums.

Nabatäer (7. Jahrhundert v. Chr. bis 106 v. Chr.) Wohl im 7. vorchristlichen Jahrhundert ist das Volk der Nabatäer (al-Anbat) in das heutige Jordanien eingewandert. Im Steppengebiet zwischen Ägypten und Palästina leben sie als neutrale Hirten, Karawanenführer, Händler und Kaufleute, denen die Kontrolle über einen Teil der Weihrauchstraße einen ansehnlichen Reichtum sichert. Ihre kommerziellen Interessen verbinden sie mit den Medern, Persern, Griechen und Ägyptern. Im Tal des Moses (Wadi Musa) haben sie ihre Hauptstadt Petra (ar-Raqim) in einem uneinnehmbaren Felsenkessel zwischen Totem und Rotem Meer gegründet. Die traditionelle friedliche Einstellung ändert sich, als einige ihrer Könige im 2. vorchristlichen Jahrhundert den Machtkampf zwischen den Ptolemäern von Ägypten und den Seleukiden von Syrien zur Ausdehnung des eigenen Reiches ausnützen. Sie dringen bis zum Roten Meer vor, erobern unter Aretas III. (Charita, 87 bis 62 v. Chr.) halb Palästina und den Großteil Syriens. Eine Verschmelzung von arabischem, assyrischem, hellenistischem und ägyptischem Kulturgut prägt das Nabatäerreich.

Provinz Arabia (106 bis 7. Jahrhundert n. Chr.) Der nabatäische Machtblock wird den römischen Interessen zunehmend unbequem. Mit der bloßen proromischen Einstellung unzufrieden, läßt Kaiser Trajan im Jahre 106 n. Chr. durch den syrischen Statthalter A. Cornelius Palma den Araberstaat dem Imperium Romanum angliedern. In der nun geschaffenen 41. Provinz „Arabia" löst Bostra (Bosra) in Syrien als „Nova Traiana Bostra" und Garnisonstadt der Legio III Cyrenaica das alte Petra ab. Nach der „Ära von Bostra" wird seit dem 22. März 106 in Syrien und Nordarabien die Zeitrechnung vorgenommen. Straßennetze und Kastellsysteme sichern und erschließen das Land, das in die Steppengebiete ausgeweitet wird. Beduinen können seßhaft gemacht werden. Der Bau von Militärstraßen und einer 300 km langen Limes-Kette schafft die strategische Ausgangsposition für den Angriff auf das

Partherreich. Die zunehmenden Aktionen und Aktivitäten gegen Seleukiden, Parther und später die Sassaniden werten die Landschaft an der Ostgrenze zunehmend auf. Als charakteristisch kann der Aufstieg eines Araberscheichs aus der Gegend von Damaskus genannt werden. Marcus Iulius Philippus, der Sohn eines Bandenführers, nimmt als hoher Militärbeamter am Sassanidenfeldzug des Kaisers Gordianus III. (238 bis 244) teil, läßt aber den Kaiser ermorden und sich selbst einsetzen. Als Philippus Arabs vom Senat anerkannt, wird er 249 von Decius überwunden. Da die Ostexpansion auf die Dauer aussichtslos ist und eine Verschiebung der Handelswege die Provinzen zusätzlich abwertet, setzt schon im 3. Jahrhundert der Verfall ein, woran auch kurzfristige Verbesserungen (Provinzreform unter Diokletian, 284 bis 305) nichts ändern. Bostra ist in spätantiker und frühbyzantinischer Zeit Bischofssitz, sein Metropolit untersteht dem Patriarchen von Alexandria. 613 von den Sassaniden zerstört, wird die Stadt als erste Syriens 634 von den Arabern erobert. Die römischen Bauten sind hier ebenso gut erhalten wie die älteren nabatäischen in Petra, das erst 1812 wieder entdeckt wurde.

Palmyra (224 bis 273) Zu einer kurzen Blüte als unabhängiger Araberstaat kann sich Palmyra entwickeln. Die alte Oasenstadt Tadmor an der Kreuzungsstelle wichtiger Karawanenstraßen auf halbem Wege zwischen Damaskus und dem Euphrat hat nach Kaiser Hadrians Friedensschluß mit den Parthern 123 einen starken Aufschwung erlebt. Zwar gehört Palmyra (aramäisch: Palmenstadt) seit 211 zur Provinz Syria Phoenicia, doch ist ihr als freier Stadt eine Sonderentwicklung möglich: Sie entfaltet sich als Adelsrepublik unter arabischer Führungsschicht und mit einer aramäisch-arabischen und hellenistischen Mischbevölkerung. Mit zunehmender Spannung zwischen Römern und Sassaniden (ab 224) gelingt es den arabischen Fürsten, ein loses palmyrenisches Reich zu etablieren. Kaiser Gallienus muß dem Araberfürsten Odainath (Rasch Tadmor) die Generalvollmacht als „Corrector totius orientis" einräumen, der aber trotz seiner Herrschaftsausdehnung über Mesopotamien, Ägypten, Arabien und Kilikien Rom gegenüber loyal bleibt. Erst seine Witwe Septimia Zenobia (arab.: az-Zabba) läßt es durch ihre Ausrufung zur „Augusta" und ihre Rückendeckung durch die Neuperser zum Bruch kommen. Kaiser Aurelian muß sie zwar zunächst anerkennen, besiegt sie aber schließlich und stellt die römische Ordnung wieder her. Im Triumphzug durch Rom geführt, preisen sie römische Historiker dennoch und vergleichen sie wegen ihrer Tatkraft und Schönheit mit Semiramis und Kleopatra. Die Architekturdenkmäler belegen heute noch Palmyra als Zentrum hellenistisch-orientalischer Kultur, doch deren nabatäische Variante ist für die arabische Kulturentwicklung einprägsamer als die episodenhafte palmyrenische.

Grabbüste aus Palmyra. Trotz hellenistischer Züge zeigen alle Palmyra-Büsten einen ausgeprägten orientalischen Einfluß. Nationalmuseum, Damaskus.

ARABISCHE WANDERBEWEGUNGEN

Der dritte Abschnitt altarabischer Geschichte ist geprägt von den Wanderbewegungen südarabischer Stämme in den Norden. Veranlaßt durch die Veränderungen der politischen Verhältnisse in Süd- und Nordarabien, letztlich aber auch getrieben von einer erstmals aufflackernden kriegerischen Kraft, kommt im 2. Jahrhundert unserer Zeitrechnung Bewegung in die Stämme Arabiens, wobei die Expansionsrichtung vom Süden in den Norden geht, von der Wüste in die Kulturregionen. Während dieser ersten Phase einer völkerwanderungsähnlichen Bewegung überlagern südarabische Stämme politisch nordarabische, gehen jedoch sprachlich und kulturell teilweise in ihnen auf. Es handelt sich um das Fortschreiten des mehrhundertjährigen Verschmelzungsprozesses, dessen Spiegelung in arabischen Stammestraditionen unter Einbeziehung frühgeschichtlicher Mythologien, Erinnerungen und Überlieferungen ein nur schwer zu durchschauendes und zu ordnendes Durcheinander ergeben hat. Im Verlauf dieser Wanderungen wechseln einige Stämme zur Seßhaftigkeit. Unter Ausnutzung ihrer militärischen Überlegenheit schaffen sie sich über die stammestraditionellen Abhängigkeitsverhältnisse hinaus nach dem Vorbild der benachbarten Großreiche eigene Herrschaften.

Aus dem Fels gehauene Fassade. Petra. 2. bis 3. Jahrhundert n. Chr. In der Antike war Petra eine nur durch eine enge Felsspalte erreichbare Stadt und daher praktisch uneinnehmbar.

Dschudam Die Dschudam sind vermutlich ein jemenitischer Stammesverband, der nach Abspaltung eines Zweiges, der bei Medina zurückblieb und das Judentum annahm, in Nordarabien zwischen Syrien und Ägypten siedelt. Der im Karawanenverkehr gründende Kontakt mit der seßhaften christlichen Bevölkerung Syriens führt frühzeitig zur Annahme des Christentums. Der späteren panarabisch-islamischen Bewegung gegenüber ablehnend, kämpfen sie sogar in byzantinischem Dienst gegen die Muslim in Syrien und Mesopotamien. Nach der byzantinischen Niederlage, 636, konvertieren sie und gehen in der islamischen Bewegung auf. Einige Sippen leben unter unterschiedlichen Bezeichnungen noch heute in Jordanien und Ägypten.

Lachmiden Die Lachmiden (Banu Lachm) in der syrischen Wüste spalten sich von den Dschudam ab und erobern um 250 die zentrale Stadt al-Hira bei Babylon sowie das Gebiet der Tanuch-Stämme. Einer der ersten Fürsten der neuen Herrschaft erscheint als Vasall des Ardaschin, des Begründers der persischen Sassaniden-Dynastie (227 bis 642). Schapur I. (241 bis 272) muß den Lachmiden-Scheich als „König der Araber in Babylonien" anerkennen, der die wichtige persische Provinz Babylonien (pers. Erag, arabisiert al-Iraq) vor Arabereinfällen (!) zu schützen hat. Angesichts der wachsenden Auseinandersetzung der Sassaniden mit den Römern und anschließend mit den Byzantinern sind die Lachmiden so wichtige persische Parteigänger, daß sie sogar über die persische Thronfolge entscheiden können. Die Selbstherrlichkeit der im 5. und 6. Jahrhundert dringend benötigten arabischen Reiterei ist aber zu groß und damit zu riskant geworden, so daß sich die Sassaniden das Lachmidenreich als persische Provinz einverleiben. Die Beduinenstämme sagen sich darauf von Persien los und treten 633 der islamischen Bewegung bei. In der lachmidischen Kultur mischen sich arabische, persische und heidnische Elemente bei starker Betonung des Christentums, dem die Mehrzahl der Bevölkerung und das Herrscherhaus angehören. Die von den Lachmiden gestifteten Klöster und Schulen sind noch weit in die islamische Zeit hinein Zentren eines aktiven Christentums.

Kinda Das südarabische „Königshaus der Kinda" (Kindat al-muluk) aus dem westlichen Hadramaut zieht um 480 nach Zentral- und Nordarabien, um ein gesamtarabisches Königreich zu begründen. Sie fallen sogar nach Mesopotamien ein und erobern das Lachmidenreich, können aber schnell wieder zurückgeworfen werden (529). Der militärische Mißerfolg läßt die nur lose zusammengefaßten Stammesverbände wieder auseinanderfallen. In der frühislamischen Epoche entstammen etliche führende Persönlichkeiten aus Wissenschaft, Militärwesen und Staatskunst dem Königsgeschlecht der Kinda.

Ghassaniden Um 300 wandert der südarabische Stamm der Ghassaniden (Banu Ghassan) nach Norden, nimmt das Christentum an und läßt sich spätestens nach 500 südöstlich von Damaskus nieder, nachdem die dortigen Stämme unterworfen worden sind. Sie treten – ob aus Glaubensgründen ist unklar – in den byzantinischen Dienst und verteidigen die Reichsgrenze gegen die Sassaniden und deren arabische Verbündete, die Lachmiden. König Arethas, „der Lahme" (al-Harit II., 520 bis 569), dehnt sein Gebiet über Jordanien und bis zum Euphrat aus, von Kaiser Justinian I. (527 bis 565) erhält er die Titel „Patrikios" und „Phylarchos", die höchsten Würden des Reiches. Eine eifrige eigenständige Kirchenpolitik zugunsten der Sekte der Monophysiten und deren Ausbau zur Staatskirche führen zur Überwerfung mit Byzanz: die Verbannung des Ghassanidenkönigs und ein arabischer Rachefeldzug markieren das Zerwürfnis. Wie den Sassaniden die Lachmiden, so sind aber den Byzantinern die Ghassaniden unentbehrliche Parteigänger und unersetzliche Grenztruppen. Kaiser Heraklios (610 bis 641) stellt den arabischen Vasallenstaat wieder her; 636 kämpfen sie gemeinsam gegen die islamischen Angreifer. Nach der Niederlage der Christen geht der letzte König nach Konstantinopel ins Exil. Der ghassanidischen Mischkultur aus syrischen, arabischen und griechisch-hellenistischen Elementen unter stark byzantinischer Beeinflussung ist ein langes Weiterwirken vergönnt. Einige libanesische Familien leiten sich noch heute von den Ghassaniden ab. Zusammenfassend kann gesagt werden, daß sich in den arabischen Stämmen ein zunehmendes Zusammengehörigkeitsgefühl entwickelt, im Vergleich zu dem die traditionellen Unterschiede zu verblassen beginnen. Die neue Kraft der Aufbruchs- und Eroberungsstimmung hat verschiedentlich schon zu eigenen Reichsgründungen geführt. Die wiederholten Bemühungen um übergeordnete Bewegungen sind aber jeweils vor dem entscheidenden Schritt zum großen Durchbruch gescheitert. Die benötigte politische Weitsicht, die charismatischen Führereigenschaften, das ansteckend wirkende Kriegsglück und die begeisternde Idee einer neuen Wirklichkeit fehlen noch. Sie sind Mohammed vorbehalten.

DIE REITERVÖLKER DER SÜDRUSSISCHEN STEPPEN

Die Geschichte der drei Reiternomadenvölker, Kimmerier, Skythen und Sarmaten, zusammenzufassen, ist insofern statthaft, als es sich bei allen dreien um indoeuropäische Stammesverbände der iranischen Sprachfamilie handelt, die, zeitlich einander folgend, jeweils in den Steppengebieten Südrußlands das Zentrum ihrer Macht haben, und sie alle drei in der Antike mit ihren Wanderungen und Raubzügen die Geschicke der benachbarten Länder nachhaltig beeinflußt haben. Die militärische Überlegenheit der Reiterkrieger zwingt die bedrohten Hochkulturen Vorderasiens und des östlichen Mittelmeerraumes zur Ausbildung von Reiterheeren – ein strategisch wie soziologisch folgenreicher Schritt! Der von diesen Reiternomaden fortentwickelte Tierstil, wie ihn meisterhaft vor allem skythische Kunstwerke zeigen, beeinflußt ebenfalls in Motivwahl und Ornamentik die Kunst der Kulturen, die mit ihm in Berührung kommen.

Kimmerier Als erstes der drei Völker treten die Kimmerier (griech. Κιμμάριοι; hebr. Gomer) in das Licht der Geschichte. Beheimatet in der Ukraine (Funde der sog. pontischen Bronzezeit 1600–1200, Spätstufe 1200–900 v. Chr.) und im Gebiet zwischen Asowschem Meer und Kaspisee (sog. nordpontische Bronzekultur), werden die Kimmerier bis auf einen Rest, der sich auf der Halbinsel Krim halten kann, von den im 9./8. Jahrhundert v. Chr. nach Westen drängenden Skythen (Skoloten) zur Abwanderung gezwungen. Ein Teil der Kimmerier zieht in mehreren Gruppen nach Westen ins östliche und südliche Mitteleuropa, bewirkt dort vielleicht das Ende der Urnenfelderkultur (Hortfunde 775–725) und beeinflußt die ältere Hallstattkultur. Ein anderer Teil der Kimmerier dringt um 750 über den Kaukasus in den Nordiran vor, bedroht hier zunächst das durch seinen Kupfer- und Eisenreichtum berühmte Reich von Urartu (714) und vernichtet dann in Anatolien das Phrygische Reich unter König Midas (um 690). Als Führer der Kimmerier sind die Namen von Teuschpa (Tschischpis) und Kschatrita (assyr. Kaschtarit) überliefert. Gegen sie und die auf ihrer Seite kämpfenden Meder und Mannäer verbündet sich der bedrohte Assyrerkönig Assarhaddon (681–669) mit den gleichfalls in den Iran eingedrungenen Skythen. 679 und 673 gelingt es dem Assyrischen Reich auf diese Weise, die Kimmerier (akkad. Gimirru) zurückzuschlagen. Das daraufhin von den Kimmeriern bedrohte Lydische Reich unter König Gyges kann sich zunächst dank eines Bündnisses mit dem assyrischen König Assurbanipal (669–627) halten, wird dann aber – assyrischen Quellen zufolge wegen der von „Gugu" aus „Luddi" einseitig erfolgten Aufkündigung des Bündnisses – 652 durch einen erneuten Angriff verheert. Gyges findet dabei den Tod. Sein Sohn Ardys kann das Lydische Reich wiederherstellen, doch erst dem Lyderkönig Alyattes soll es um 600 gelungen sein, die Kimmerier, welche auch mehrfach Griechenstädte bedroht (Ephesos) und geplündert (Magnesia am Maiander) haben, aus Kleinasien zu vertreiben. Seitdem sind sie aus der Geschichte verschwunden. Wir erfahren nirgends von einer dauerhaften Reichsbildung der Kimmerier, da sie es als echte Reiternomaden offenbar immer nur auf Beutezüge abgesehen hatten.

Skythen Zur Zeit des Herodot (um 450 v. Chr.), der uns die erste erhaltene und ausführlichste Beschreibung dieses Volkes geliefert hat, beherrschen die Skythen die südrussischen Steppengebiete nördlich des Schwarzen Meeres zwischen Don und Dnjestr. Ursprünglich im Raum der Wolgasteppe beheimatet, wo eine „protoskythische" Kammergrabkultur um 1100 ihre größte Ausdehnung erreicht, verdrängen die Skythen auf ihrer Westwanderung seit dem 9./8. Jahrhundert v. Chr. die benachbarten Kimmerier. Um 750 beherrschen sie Südrußland und haben den Bereich der nordpontischen Kultur auf die Krim (Tauris) eingeschränkt. Bei ihren Vorstößen im 7. Jahrhundert v. Chr. nach Vorderasien, die der von den Kimmeriern vorgezeichneten Bahn folgen, bedrohen skythische Horden das Reich von Urartu und das Assyrische Reich. Durch ein Heiratsbündnis kann Assarhaddon den Skythenführer Partatua 680/670 für den erfolgreichen Kampf gegen Kimmerier und Meder gewinnen. Danach dringen skythische Scharen bis über Palästina nach Süden vor, wo sie mit dem Ägyptischen Reich in Berührung kommen. Um 625 sind Kämpfe der Assyrer auch gegen die Skythen bezeugt. Bei der Vernichtung des Assyrischen Reiches 616/609 durch eine Koalition von Chaldäern (König Nabupolassar) und Medern (König Kyaxares) scheinen die wieder auf seiten der Assyrer kämpfenden Skythen große Verluste erlitten zu haben.
Der Feldzug des Perserkönigs Dareios I. 513/512 über den Bosporus und an die untere Donau, welcher die westlichen Skythen – ähnlich dem Feldzug gegen die mittelasiatischen Saken – präventiv bekämpfen soll, jedoch naturgemäß wegen der Ausweichtaktik des Gegners kein Erfolg werden kann, zeigt, daß die Skythen noch immer mit ihren Einfällen eine ernste Gefahr für den vorderasiatischen Raum darstellen. Zu dieser Zeit, im 6. und 5. Jahrhundert v. Chr., reicht der Ausstrahlungsbereich der skythischen Kultur, wie die archäologischen Funde zeigen, vom Altai (Pazyryk-Kurgane) über das Kuban-, Don-, Dnjepr- und Dnjestr-Gebiet bis in den Raum der Niederlausitz (Fund von Vettersfelde). Vorstöße skythischer Stämme gehen auch an die untere Donau (Dobrudscha), wo die thrakischen Geten unterworfen werden, und in die pannonische Tiefebene (Reich der Agathyrsen). In der Bestattung der Toten, in der Verwendung des Pferdes und in der Kunst (Tierstil; Ornamentik) zeigt sich der Einfluß der Skythen auf die jüngere Hallstatt- und die La Tène-Kultur.
Schon zu Herodots Zeiten ist – früher bezweifelt, heute jedoch durch die Archäologie bestätigt – ein Teil der Skythen seßhaft geworden und steht mit den griechischen Stadtkolonien der Schwarzmeerküste, insbesondere mit Pantikapaion und Olbia, in einer intensiven, kontinuierlichen Handelsbeziehung. Im 4. und 3. Jahrhundert v. Chr. scheinen alle westlichen Skythenstämme zwischen Karpaten und Don seßhaft geworden zu sein und ihr kriegerisches Nomadentum (Halbnomadentum) aufgegeben zu haben. Die von Philipp II. und Alexander dem Großen überlieferten Feldzüge 339 und 336 gegen Thraker und Skythen (König Ateas) scheinen weitgehend makedonischer Initiative entsprungen zu sein. Die damals im Bereich des heutigen Kasachstan lebenden östlichen Skythenstämme (Saken) jedoch behalten ihren Nomadismus bei. Auf seinem Zug in den Osten von Alexander dem Großen 329/327 nördlich des Iaxartes (Syr-Darja) besiegt, bleiben diese Skythen gleichwohl eine andauernde Bedrohung der Kulturlandschaften Baktriens, der Sogdiane und des Ostirans. Auf den Einbruch und die Reichsbildung der iranisch-skythischen Parther (Parner) seit 250 v. Chr. und die indo-skythischen Fürstentümer des 2. Jahrhunderts v. Chr. kann hier nur hingewiesen werden.
Um 250 v. Chr. ist im südrussischen Raum die politische Macht von den Skythen bereits völlig an die seit dem 4. Jahrhundert v. Chr. aus dem Osten nachdrängenden nomadischen Sarmaten übergegangen. Zum Teil unterwerfen sich die skythischen Fürsten der neuen Herrschaft und werden assimiliert, zum Teil suchen sie im Ausweichen in die Dobrudscha und auf die Halbinsel Krim ihr Heil. Die Kämpfe des Bosporanischen und Pontischen Reiches Ende

Oberteil eines Goldkammes. Wahrscheinlich wurde die Arbeit von einem griechischen Goldschmied im Auftrage eines skythischen Fürsten ausgeführt. Die Krieger sind mit dem typischen Kurzschwert (Akinakes) bewaffnet. Hermitage, Leningrad.

des 2. Jahrhunderts v. Chr. mit skythischen Stämmen sind im Zusammenhang mit dem Vordringen der Sarmaten zu sehen.
Die Kultur der Skythen beruht auf einer nomadischen Wirtschaftsweise, d. h. auf einer Wanderweidewirtschaft mit Viehzucht (Pferd, Schaf, Rind) und Milchwirtschaft sowie auf Tauschhandel mit Pferden, Fleisch, Pelzen, Getreide und Sklaven. An der Spitze des herrschenden Skythenstammes, dem andere Stämme Abgaben zu liefern haben, stehen Könige. Die skythischen Reiterkrieger sind mit einem doppelt gekrümmten Bogen aus Horn und Pfeilen mit dreikantigen Spitzen – beides steckt zusammen in einem einzigen Köcher (Goryt) – bewaffnet, dazu mit einem dolchartigen Kurzschwert (Akinakes), mit Streitaxt und Lanze. Ein Schuppenpanzer aus Leder und ein kleiner runder Schild schützt sie.
Archäologisch sind die Skythen, die ja wegen ihrer lange Zeit nomadischen Lebensweise mit Pferd, Wohnwagen und Filzjurte nur in der Spätphase städtische Siedlungsspuren, sonst nur Reste von Winterstandquartieren und Verteidigungsanlagen hinterlassen haben, heute am besten in den Grabhügeln (Kurganen) ihrer Fürsten und Fürstinnen zu fassen, von denen die großartigsten im Dnjepr- und Kuban-Gebiet sowie im Altai liegen. Diese oft mehr als 10 m hohen, im Verlauf jährlich wiederkehrender Totenfeiern immer höher aufgeschütteten Erd- und Steinhügel mit unterschiedlich angelegten Grabkammern im Innern dokumentieren mit der Fülle und dem strotzenden Goldreichtum ihrer Beigaben (wiewohl fast ausnahmslos durch Grabräuber, teilweise sogar zeitgenössische, geplündert) die zentrale Bedeutung des Totenkults für die Skythen. Sie sahen die einbalsamierten Verstorbenen, welche mitsamt ihren Waffen, ihren getöteten Pferden und Dienern, manchmal auch zusammen mit einer ihrer Frauen sowie mit Speise und Trank bestattet wurden, im Jenseits weiterleben. Diese Grabhügel zeugen auch, von der Sippe gewollt, vom persönlichen Ansehen und Ruhm einzelner Skythenherrscher aufgrund ihrer kriegerischen Tüchtigkeit und ihres Reichtums an Beutegut. Bei vornehmen Skythen sind Stiefel, Filz- und Lederkleidung, Waffen und Panzer sowie Zaum- und Sattelzeug der Pferde mit Tausenden von Goldplättchen und Goldstreifen verziert, dazu kommt weiterer Goldschmuck in Form von Beschlägen und Ringen. Körpertätowierungen hochgestellter Persönlichkeiten im skythischen Tierstil sind durch einen entsprechenden Leichenfund nachgewiesen.
Im Kampf gehen die skythischen Krieger, zum Teil durch Blutsbrüderschaft einander verbunden und offenbar in Altersklassen gegliedert, wobei wohl die Jungmannschaft das dynamisch-expansive Element darstellte, auf Kopf- und Skalpjagd aus. Von Schädeltrophäen als Trinkbechern berichtet Herodot. Während der Genuß gegorener Stutenmilch (Kumys) und unvermischt getrunkenen griechischen Importweines wohl zu dem in der Antike sprichwörtlichen „skythischen Zechen" bei Sieges- und Totenfeiern führte, scheint die Berauschung mit Dämpfen des indischen Hanfes (Haschisch) – ebenfalls von Herodot überliefert und durch archäologische Funde von Räucherkesseln, Hanfsamenbeuteln und Miniaturzelten belegt – eher rituellen Zwecken gedient zu haben.
Was die Religion der Skythen angeht, so ist die Verehrung von Natur- und Himmelsgöttern, unter ihnen am ursprünglichsten die „Große Göttin" Tabiti, bezeugt; Tempel und feste Altäre fehlen. Gering geachtete und als androgyn geschilderte Schamanen sind für die Anfertigung von Amuletten und das Wahrsagen (aus Ruten und Bastfäden) zuständig.
Die Kunst der Skythen ist eine an Gebrauchsgeräte gebundene Zierkunst, die einerseits stark stilisiert, andererseits realistisch wirkt. Es überwiegen Motive des Tierkampfes, wobei vor allem Hirsch, Steinbock, Fisch, Adler, Pferd, Löwe und geflügelte Fabelwesen (Greife u. a.) dargestellt werden. Die Schnitzereien in Holz, Horn und Leder, die Stickereien auf Leder, Stoff und Filz, die Guß- und Treibarbeiten in Metall des „skythischen Tierstils" sind in Stil und Technik von iranischen und chinesischen Quellen beeinflußt. Viele skythische Kunstwerke der Blütezeit (600–300 v. Chr.) wurden von griechischen, thrakischen und kleinasiatischen Handwerkern in skythischem Auftrag geschaffen. Daneben enthalten die Kurgane auch ausgesprochene Exportprodukte Griechenlands (bemalte Tongefäße) und Chinas (Bronzespiegel, Seidenstoffe). Den „skythischen Tierstil" entwickeln dann mit polychromer Einlegearbeit und einer Tendenz zur Vereinfachung die Sarmaten weiter.

Sarmaten Die Sarmaten, die von Herodot, „Sauromaten" genannt, noch als östlich des Don wohnende Nachbarn der Skythen erwähnt werden, beherrschen zwischen 250 v. Chr. und 250 n. Chr. die südrussischen Steppengebiete. Mit gegürtetem Ärmelrock, langen Hosen, Stiefeln und spitzer Filzmütze ähnlich gekleidet wie die Skythen und auch sprachlich mit ihnen wohl engstens verwandt, unterscheiden sich die Sarmaten von den Skythen durch ihr langes Festhalten an der nomadischen Lebensweise und durch die in der Frühphase deutlicher hervortretende Sonderstellung der Frau, welche bei Jagd und Krieg gleichberechtigt gewesen zu sein scheint (um heiratsfähig zu werden, mußte ein sarmatisches Mädchen, Herodot zufolge, erst einen Gegner im Kampf getötet haben). Auch in der Art der Grabhügel und einfacheren Grabbeigaben, in der Religion (die Sarmaten beteten das Feuer an) und in der Bewaffnung (lange Schwerter und lange Stoßlanzen; Steigbügel; andere Helme und Panzer) unterscheiden sich die beiden Nomadenvölker.
Während die Hauptmasse der sarmatischen Stämme in Südrußland wohnen bleibt, versucht im 1. Jahrhundert n. Chr. ein Teil der im Kuban- und Kaukasusraum siedelnden Alanen (Vorfahren der heutigen Osseten), in die römische Provinz Kappadokien einzudringen, und zieht dann nach Mitteleuropa. Jazygen und Roxolanen stoßen als die westlichsten Sarmatenstämme an die untere Donau und zur Theiß vor und werden damit zu unruhigen Nachbarn des Römischen Reiches. Nach wechselvollen Kämpfen während des 2. und 3. Jahrhunderts n. Chr. mit den Römern der Provinzen Pannonia, Moesia und Dacia – viele römische Kaiser führen wegen ihrer Sarmatensiege den Beinamen „Sarmaticus" – geraten die

Sarmaten seit der 2. Hälfte des 3. Jahrhunderts zunehmend unter den Druck der hier einwandernden germanischen Goten. Seit 271 in Dakien ansässig und bald sichtlich von den Sarmaten in ihrer Kultur geprägt (Übernahme des Reiterkriegertums), verbünden sich die Westgoten teilweise mit den Sarmaten zu gemeinsamen Kriegszügen, zum Teil, so etwa 332, müssen sie Angriffe der Sarmaten abwehren, einmal mit den Römern als Verbündeten, ein andermal als Gegnern. Während im 4. Jahrhundert ein Teil der Sarmaten auf römischer Seite zu finden ist (antiken Quellen zufolge u. a. wegen eines Aufstandes der sarmatischen Sklaven, welche ihre Herren über die Donau zu den Römern vertrieben hätten), gehört ein anderer Teil zusammen mit Quaden und Markomannen zu denjenigen Stämmen, die immer wieder ins Römische Reich südlich der Donau einfallen und erst 375 von Valentinian I. zurückgeschlagen werden können.

Wie die im Donaugebiet schweifenden Sarmaten, so geraten auch die pontischen Sarmaten im 4. Jahrhundert in die Wirren der beginnenden Völkerwanderungszeit. Um 350 haben die Ostgoten unter ihrem König Ermanarich ihre Herrschaft in Südrußland gefestigt – von den hier verbliebenen Sarmaten übernehmen sie die Königstracht, die Taktik des Reiterkampfes und Elemente des Tierstils. Und mit den Ostgoten zusammen geraten die Sarmaten seit ca. 375 unter den Einfluß der mongolischen Hunnen. In der Schlacht auf den Katalaunischen Feldern 451 kämpfen wohl auf beiden Seiten, erzwungenermaßen, Sarmaten mit. Die letzte Erwähnung eines antiken Autors gilt den Sarmaten, welche der Langobardenkönig Alboin um 570 zusammen mit den besiegten Gepiden nach Italien führt und dort ansiedelt. Währenddessen sind Teile der von den Hunnen ebenfalls verdrängten sarmatischen Alanen mit den Vandalen zusammen bis nach Spanien und Nordafrika gelangt und dort, soweit nicht bei der Zerstörung des Vandalenreiches durch Belisar umgekommen, in den Machtbereich des Oströmischen Reiches eingegliedert worden.

DAS PARTHISCHE REICH – DER GROSSE WIDERSACHER ROMS IM VORDEREN ORIENT

Als kampfstarke, durch drei Jahrhunderte hindurch ebenbürtige Gegner der Römer sind die Parther in die Weltgeschichte eingegangen. Aber nicht nur darin, daß sie der Ausdehnung des Römischen Reiches in Asien Halt geboten haben, liegt die historische Bedeutung der Parther. Sie besteht auch darin, daß sie im Iran und in Mesopotamien das kulturelle Erbe des altorientalischen Achämeniden- sowie des hellenistischen Seleukidenreiches bewahrt und ihr Herrschaftsgebiet über mehr als 450 Jahre hinweg (247 v. Chr. – 226 n. Chr.) als Raum einer Hochkultur gegen die ständig andrängenden Nomadenvölker der nordöstlichen Steppengebiete geschützt haben. Das politische Erbe der Parther treten dann die Sassaniden an, die das Zentrum ihres Neupersischen Reiches wieder, wie die Achämeniden, in der Persis haben.

Die politische Geschichte des Partherreiches Parthien, das Ursprungsland des parthischen Großreiches, ist eine Landschaft südöstlich des Kaspischen Meeres im Gebiet des heutigen Chorasan. Altpersisch Parthawa genannt, bildet diese gebirgige, mit rauhem Klima und dürftiger, nur in den Flußtälern üppigerer Vegetation ausgestattete Landschaft seit der Unterwerfung durch Kyros II. um 550 v. Chr. einen Teil des achämenidischen Perserreiches. Vereint mit dem nördlichen Hyrkanien wird Parthien als Statthalterschaft (Satrapie) zur Zeit des Dareios I. (521–486 v. Chr.) von Herodot und der Behistun-Inschrift erwähnt, begrenzt von Medien im Westen, Karmanien im Süden und Margiane, Areia und Drangiane im Osten. Auch unter der Herrschaft Alexanders des Großen und dessen Nachfolgern in Asien, den Seleukiden, bleibt Parthien eine Satrapie.

Mit dem Einbruch der Parner, eines ostiranischen, skythischen Reitervolkes, welches mit dem eroberten Land den Namen übernimmt, beginnt um 250 v. Chr. die Geschichte des Partherreiches. Als Dynastie- und Staatsgründer gilt Arsakes I. (247 v. Chr. – ?). Ihm gelingt es, ein bedrohliches Bündnis zwischen Seleukos II. und Diodotos I. von Baktrien zu überstehen. Er und seine Nachfolger, die sog. Arsakiden, schaffen es, ihren Machtbereich auf Kosten des Seleukidenreiches auszudehnen und die unterworfene persisch-griechische Bevölkerung an die Herrschaft der neuen nomadischen Oberschicht zu gewöhnen. Mithradates I. (um 171–138 v. Chr.) kann nach dem Tode des Antiochos IV. (163) Babylonien, Elymais und Medien besetzen und dabei mit Seleukeia am Tigris und Susa zwei geschichtsträchtige Städte erobern. Er verheiratet 140 seine Tochter Rhodogune mit dem gefangenen Demetrios II., der sich, wie Münzen zeigen, als erster Seleukidenkönig – nach parthischem Vorbild – einen Bart stehen läßt. Indem er ferner im Osten Teile des graeco-baktrischen Reiches annektiert, die besiegten skythischen Saken in Sistan (Sakistan) ansiedelt und bis

Sarmatisches Goldarmband. Die beiden Enden zeigen hirschähnliche Tiere, die von einer Raubkatze angegriffen werden. 1. Jahrhundert v. Chr., Wolgadistrikt. Historisches Museum, Moskau.

Frühpartische Silberdrachme, König Mithridates I. (um 171–138 v. Chr.) zugeschrieben. Durchmesser 2,1 cm. American Numismatic Society, New York.

nach Nordwestindien vordringt, begründet Mithradates I. die parthische Großmacht. Nachdem bisher die parthische Hauptstadt, den Eroberungen folgend, von Asaak (Krönungsstadt von Arsakes I.), über Nisa (nordwestlich des heutigen Aschchabad am Rande der Wüste Karakum), Hekatompylos und Ekbatana nach Seleukeia gewandert ist, heißt das Zentrum des Partherreiches nun Ktesiphon. Mit kreisförmigem Grundriß, wie ihn, der Anlage parthischer Heerlager folgend, auch Hatra und Merv haben, wird die neue Residenzstadt am linken Tigrisufer gegenüber dem alten Seleukeia errichtet.

Rückschläge des Partherreiches unter Phraates II. (138–128 v. Chr.) und Artabanos II. (128–123 v. Chr.), die im Kampf gegen die im Osten eingedrungenen Steppenvölker der Saken und Tocharer (Yüeh-chih) fallen, werden durch Mithradates II. den Großen (123–87 v. Chr.) ausgeglichen. Er, der sich nach dem Vorbild der Achämeniden „König der Könige" nennt, drängt die nordostiranischen Nomaden endgültig über den Oxos (Amu-Darja) zurück, gewinnt Armenien als Vasallenkönigtum und tritt als erster Partherkönig zum chinesischen Han-Reich unter Kaiser Wu-ti und zu Rom in diplomatische Beziehungen.

Mithradates' I. Gesandter Orobazos handelt 92 mit Sulla am oberen Euphrat Neutralität im armenischen Konflikt aus. Bald jedoch kommt es mit den Römern, welche seit 64/63 ihre Provinz Syria auszubauen suchen, zu den ersten kriegerischen Auseinandersetzungen und damit zum Beginn eines jahrhundertelangen Kampfes. In ihm erringt keine der beiden Großmächte trotz Ausnutzung innerer Schwächen des Gegners nachhaltige Erfolge. Dem Partherreich fehlen zu einer Verdrängung Roms aus diesem Raum sowohl der entschiedene Wille als auch die innere Stabilität und die militärische Stärke. Und für das Römische Reich liegt dieser Kriegsschauplatz letztlich zu weit entfernt, als daß er auf die Dauer ein größeres militärisches Engagement rechtfertigte.

Als die zwischen Phraates III. (69–57 v. Chr.) und Lucullus (69) sowie Pompeius (66) vertraglich vereinbarte Euphratgrenze von Crassus, dem Prokonsul Syriens, mißachtet wird, erringen die Parther in der Schlacht von Karrhai (Carrhae) 53 v. Chr. einen ihrer größten Siege. Crassus verliert sein gesamtes Heer und sein Leben. Den geplanten Rachefeldzug Caesars vereitelt dessen Ermordung, und im folgenden römischen Bürgerkrieg stoßen parthische Heere 41 bis 39 v. Chr. nach Syrien und Kleinasien vor. Ventidius Bassus kann jedoch schon 39/38 v. Chr. diese Gebiete für Rom zurückerobern. Die weiterführenden Gegenoffensiven Marc Antons, 36 und 34, mit angeblich 100 000 Mann werden von Phraates IV. (37–2 v. Chr.), der mit großer Grausamkeit die Macht des parthischen Großkönigs im Innern gefestigt zu haben scheint, in Armenien gestoppt. Doch 20 v. Chr. schließt der ständig von Adelsrebellionen und dem von Syrien aus operierenden Gegenkönig Tiridates bedrohte Phraates IV. mit Augustus einen Friedensvertrag. In ihm verzichtet er für die Anerkennung der Euphratgrenze und die Aufgabe der Unterstützung des Gegenkönigs durch Rom auf Armenien und gibt die eroberten römischen Feldzeichen zurück. 10 v. Chr. schickt er gar, angeblich um die Thronfolge eines Sohnes seiner Frau Musa, einer ehemaligen römischen Sklavin, zu sichern, vier Söhne und Enkel samt ihren Familien als „Unterpfänder der Freundschaft" nach Rom. Damit gibt er freilich noch stärker als bisher, wenn die parthische Aristokratie bei Thronwirren römische Hilfe suchte, den Römern die Möglichkeit zur Einflußnahme auf die parthische Thronfolge.

Als nach weiteren Kämpfen um Armenien, den ewigen Zankapfel zwischen Römern und Parthern, Tiridates, der Bruder des Partherkönigs Vologaeses I. (51–80 n. Chr.), 66 von Nero in Rom zum König von Armenien gekrönt wird, scheint in Form der römischen Oberhoheit über die parthische Sekundogenitur ein Kompromiß von längerer Dauer erreicht zu sein. Allein nach einer Periode innerer Macht- und Abwehrkämpfe der Parther gegen die im Nordosten eingefallenen Alanen, welche auch Rom zu schaffen machen, kommt es erneut zum Krieg. Der vom Kampf mit dem Gegenkönig Vologaeses II. geschwächte Partherkönig Osrhoes (andere Schreibweisen: Chosroes, Oroses; Regierungszeit um 110–128 n. Chr.) wird von Kaiser Traian 114/116 n. Chr. vernichtend geschlagen. Armenien und Mesopotamien mitsamt der Hauptstadt Ktesiphon werden besetzt und als Provinzen Assyria und Mesopotamia dem Imperium Romanum eingegliedert. Traian krönt Osrhoes' Sohn Parthamaspates zum Partherkönig. Damit scheint das parthische Großreich am Ende. Aber der große jüdische Aufstand im Rücken der römischen Invasionsarmee zwingt Traian zur Aufgabe der Eroberungen, und nach Traians Tod, 117, begnügt sich sein Nachfolger Hadrian mit der Anerkennung der Euphratgrenze und der römischen Oberhoheit über Armenien (123).

Noch einmal unternehmen die Parther eine erfolgreiche Offensive gegen die Römer. 162 erobern sie unter Vologaeses III. (148–192) Armenien, Kappadokien und Syrien. Aber schon im Gegenzug stehen römische Legionen unter Avidius Cassius erneut am Tigris und zerstören Seleukeia und Ktesiphon; nur der Ausbruch der Pest, welche damals vom Orient aus das gesamte Römische Reich heimsucht, bewahrt das Partherreich vor dem Zusammenbruch. 194 müssen die Parther die Restauration der römischen Provinz Mesopotamia durch Kaiser Septimius Severus und die vorübergehende Eroberung von Seleukeia, Ktesiphon und Babylon (197/198) hinnehmen. Nur die Wüstenstadt Hatra kann der Belagerung standhalten. Der Partherkönig Vologaeses IV. (192–207/08) flieht in den Osten seines Reiches. Als gar Caracalla, verärgert durch die Ablehnung seines Wunsches nach einem dynastischen Heiratsbündnis zwischen ihm und der Tochter des Partherkönigs Artabanos V., 216 bis nach Medien vordringt und dort die Gräber der parthischen Könige öffnen und deren Gebeine verstreuen läßt, scheint das Ende des Partherreiches gekommen. Aber die Ermordung Caracallas, 217, in Mesopotamien und die Niederlage seines zum Kaiser ausgerufenen Opponenten Macrinus in der Schlacht von Nisibis (218) verschaffen den Parthern noch einmal eine Atempause. Mit 200 Millionen Sesterzen erkauft Macrinus von Artabanos V. den Frieden. Doch diesem ist mittlerweile in dem aufständischen Vasallen Ardaschir, der sich selbst zum König der Persis ausgerufen hat, ein ernstzunehmender neuer Gegner erstanden. Im Kampf mit Ardaschir fällt Artabanos V. 226 (nach anderen Historikern: 224), sein Sohn Artavasdes wird 227 in Ktesiphon getötet. Damit ist die Arsakiden-Dynastie erloschen (eine Seitenlinie regiert jedoch in Armenien noch bis 428), und die Sassaniden – so nach dem Großvater Ardaschirs, dem Priester Sasan, genannt – treten das Erbe der Arsakiden an – zumindest was die weiter andauernden Kämpfe mit den Römern betrifft.

Staat, Gesellschaft und Kultur der Parther Das Partherreich besteht, schon die Art seines Wachstums sowie seiner Krisen weisen darauf hin, aus einem feudalen Gefüge von Teilstaaten, welche bei den späteren arabischen Historikern als Reiche von „Stammeskönigen" figurieren. Noch weniger als das Achämenidenreich bildet das Partherreich ein einheitliches Macht-, Kultur- und Wirtschaftssystem. Neben halbselbständigen Städten wie Seleukeia und Hatra existieren große Flächen„Staaten" wie Armenien und die Persis; neben alten Kulturlandschaften wie Osroene (Edessa), Elam (Susa) und Mesene gehören kulturelle Randzonen wie Parthien selbst und die indo-parthischen Fürstentümer des 2. Jahrhunderts n. Chr. zum Bereich der parthischen „Koine".

Die Zentralgewalt kann nur von starken Großkönigen oder von Herrschern, die sich wie z. B. Artabanos II. (12 bis 38 n. Chr.) auf eine zuverlässige „Hausmacht" stützen können, wirkungsvoll ausgeübt werden, ansonsten besteht sie in Form einer lockeren Oberhoheit. Bei den iranischen Adelsfamilien – u. a. den Suren, Karen, Mihran –, welche die Könige innerhalb des Herrscherhauses wählen und die wichtigsten, oft erblichen Ämter besetzen, liegt die Kontinuität der politischen Macht. Als „Strategen" und „Satrapen" verwalten sie nach achämenidischem Vorbild das Land, als Großgrundbesitzer herrschen sie über hörige Bauern, Hirten und Sklaven. Im Kriegsfall müssen sie dem Großkönig Truppen stellen, da ein stehendes Heer nicht existiert. So soll der parthische Feudalherr Surenas in der Schlacht von Karrhai 10 000 Mann eigener Truppen eingesetzt haben – im übrigen büßt er seinen Sieg bald mit dem Tod, weil ihn der Großkönig Orodes II. ob seiner bedrohlichen Macht umbringen läßt.

Im Kampf von den Römern besonders gefürchtet sind die „Kataphrakten" genannten, gepanzerten Lanzenreiter und die berittenen Bogenschützen als die Hauptwaffe der parthischen Heere. Beide Typen von Kämpfern verweisen auf die nomadische Herkunft der iranischen Parther, setzen doch das Führen der Stoßlanze ebenso wie das Schießen mit Pfeil und Bogen nach rückwärts vom Pferd herab eine meisterhafte Beherrschung des Reitens voraus. Für die Anfertigung der komplizierten, den gesamten Körper bedeckenden Schuppenpanzer sind große, spezialisierte Werkstätten nötig. Die Pfeilvorräte für die Bogenschützen tragen Lastkamele. Ein typisches, eigenständiges Motiv der parthischen Kunst, der „fliehende Galopp", rührt von dem nach rückwärts gewandten Bogenschuß des scheinbar fliehenden Reiters her. Die Feldzeichen der Parther bestehen, wie bei anderen skythischen und sarmatischen Stämmen auch, aus Streifen gefärbten, mit Gold und Edelsteinen besetzten Stoffes, die, an den Enden zusammengenäht und an langen Stangen befestigt, im Wind sich zu Drachen und Tiergestalten aufblähen. Im Kampf werden die Truppen durch das Gedröhn von Kriegspauken und -trommeln angetrieben.

Die Umgangs- und Amtssprache im Partherreich ist, wie unter den Seleukiden, das Aramäische und daneben das Griechische. Letzteres wird lange von der arsakidischen Zentralkanzlei in attizistischer Form gepflogen, weisen doch auch die Münzinschriften viele frühe Partherkönige als „Philhellenen" aus. Erst unter Vologaeses I. (51 bis 80 n. Chr.), dem Gründer einer neuen Hauptstadt Volagasokerta nördlich von Seleukeia am Tigris, tauchen auf den Münzen parthische Wörter (Pahlavi) auf. Unter den frühen Sassaniden finden wir dann im 3. Jahrhundert ein geschriebenes Parthisch, das freilich noch zahlreiche aramäische Ideogramme enthält. Dieses Schriftsystem muß im 2. Jahrhundert, vielleicht aus Mangel an Schreibern, die das traditionelle Aramäisch in Wort und Schrift beherrschten, entwickelt worden sein.

Daß uns das griechische Element in der hellenistisch-iranischen Gemeinschaftskultur des Partherreiches heute stark ins Auge fällt, liegt wohl nicht nur an der Art der Überlieferung, wo der Historiker Apollodoros von Artemita (um 135 bis 50 v. Chr.) hervorzuheben wäre, und am bezeugten Fortleben griechischer Literatur (die „Babyloniaka" des Syrers Iamblichos!). Auch die ökonomische Macht der griechischen Städte im Partherreich wird dazu real beigetragen haben. Deren frühere Autonomie wird zwar durch parthische Strategen und durch königliche Richter eingeschränkt, aber ihr Handel wird von den Partherkönigen immer in besonderer Weise geschützt und gefördert. So verwundert es auch nicht, daß die wohlhabenden griechischen Kaufleute und Bankiers (im übrigen auch die jüdischen!) der mesopotamischen Städte in den Machtkämpfen zwischen König und Adel fast ausnahmslos treu zum Königshaus halten.

Der vom Partherreich kontrollierte Handel stellt über die Seidenstraßen des Ostirans und über den Persischen Golf die Verbindung her zwischen Zentralasien, Indien und China auf der einen und Mesopotamien, Kleinasien und dem Mittelmeerraum auf der anderen Seite. Handelswaren sind chinesische Seide und Lacke, iranische Teppiche, Stahl aus dem Gebiet von Merv (Alexandreia Margiane) und natürlich Pferde aus Ferghana, Baktrien und Nisaia, syrisches Glas und tropische Gewürze und Arzneistoffe. Wahrscheinlich während der Partherzeit gelangen die Weintraube und der Granatapfel vom Mittelmeergebiet nach China und „wandern" der Pfirsich und die Aprikose von China nach Mittel- und Vorderasien.

Auf dem Gebiet der Religion betreiben die Parther, ähnlich wie die Achämeniden, eine tolerante Politik, d. h. sie dulden die einheimischen Religionen der unterworfenen Länder. So kommt es, daß ein weitgehender Synkretismus orientalischer und hellenistischer Gottheiten zu beobachten ist. Neben dem Sonnengott Mithra und der meist nackt dargestellten Fruchtbarkeitsgöttin Anahita werden Herakles, Dionysos, Apollon und Artemis verehrt, neben der von Zarathustra begründeten Anbetung des Ahuramazda und des heiligen Feuers

Graffitozeichnung eines Kataphrakten auf einer Hauswand in Dura-Europos. Kataphrakten sind schwer bewaffnete Reiter, die auf gepanzerten Pferden mit Lanze und Schwert kämpfen. Sie sind immer von Sagittarii, Reitern, die nur mit Pfeil und Bogen bewaffnet sind, begleitet. 2.–3. Jahrhundert n. Chr.

Um die Stadtmauer von Dura-Europos zu verstärken, nahm man eine Anschüttung vor, indem man die Gebäude in der Nähe der Mauer mit Ziegeln ausfüllte. Nur dieser Tatsache verdanken wir es, daß die Wandmalereien fast unversehrt erhalten geblieben sind, wie „Das Opfer des Konon" im „Tempel der palmyrenischen Götter" um 100 n. Chr.

ist der Judaismus, etwa im Gebiet von Adiabene und von Susa, bezeugt. Auch das Christentum und der Buddhismus sind im Partherreich vertreten.

Die Kunst der Parther ist eine Mischkunst, bei der gegenüber dem Iranischen medisch-achämenidische und vor allem hellenistische Züge überwiegen. Doch muß man im Urteil über die Partherkunst vorsichtig sein, weil die Archäologie im Kerngebiet des Partherreiches noch wenig aus dieser Zeit zutage gefördert hat. Die wichtigsten Fundstätten – Hatra, Nisa, Dura-Europos, Palmyra, Taxila (Indien), Kuh-i Kyadja (Sistan) – liegen an der Peripherie der ehemaligen parthischen „Koine". Dominieren in der Monumentalplastik orientalische, so in der Wandmalerei und der Münzgestaltung hellenistische, teilweise auch graeco-baktrische Einflüsse. In Nisa gefundene elfenbeinerne Rhyta, Trinkhörner, welche wohl logenähnlichen Kultgemeinschaften der feudalen Oberschicht als Status- und Mitgliedschaftssymbole gedient haben, weisen sowohl hellenistische als auch „orientalische" Stilmerkmale auf. Die Motive der Partherkunst sind vorwiegend dem Bereich des herrschaftlichen Lebens, dem Krieg und der Jagd entnommen. Die große Wertschätzung, der sich das Pferd in der parthischen Gesellschaft erfreut, kommt auch in der Kunst zum Ausdruck. Die Herrscher und selbst Götter werden bevorzugt als Reiter dargestellt, ihre Tracht ist mit dem Ärmelrock und den langen, weich fallenden Hosen die der eurasischen Nomadenvölker. Überall kommt das – seit M. Rostovtzeff als typisch parthisch bezeichnete – Prinzip der Frontalität zur Geltung, sogar, seit Mithradates III., auf den Münzen. Das heißt, daß die für die Parther tätigen Künstler den Menschen bevorzugt von vorne (en face) darstellen. Zugleich sind, mit einer hieratischen Wirkung, starke Tendenzen zu Linearität und Symmetrie vorhanden, wie sie dann auch in der Kunst der römischen Spätantike wohl in Verbindung mit dem Aufkommen orientalischer Mysterienkulte zu beobachten sind.

Als bedeutende schöpferische Leistung der Partherkunst ist abschließend auf dem Gebiet der Architektur das Tonnengewölbe über rechteckigem Grundriß zu nennen. Wie die Rekonstruktion der parthischen Paläste in Assur und Hatra zeigt – bei dem 1946 bis 1949 von sowjetischen Archäologen ausgegrabenen Königspalast der frühen Hauptstadt Nisa herrschen noch, etwa mit dem Flachdach, hellenistische Elemente vor –, handelt es sich hierbei um hinten geschlossene, vorne offene überwölbte Hallen, deren Frontseite wie ein gewaltiger Torbogen wirkt. Dieser Bautyp, der arabisch Iwan (Liwan, Eiwan) genannt wird, lebt in den Palästen der Sassaniden und dann im Moscheebau des Islam fort. Die frei stehenden Säulen des Hellenismus sind bei den parthischen Palästen von Assur und Hatra zu Wandpilastern umgeformt, d. h. sie haben keine tragende, sondern nur noch eine die Fassade schmückende und gliedernde Funktion. Inwieweit die Wirkung der Massivität dadurch und durch die reichliche Verwendung von Gips und Stuck bei der Wanddekoration wieder aufgehoben wurde, läßt sich heute schwer sagen. Immerhin scheint ein eigener parthischer Formwille zum Ausdruck zu kommen.

DER ZUSAMMENBRUCH DER ALTEN WELT

Das Zeitalter der Völkerwanderung

Der Begriff „Völkerwanderung" und das Problem der Periodisierung Seit Michael Ignaz Schmidts 1778 erschienenem Werk „Geschichte der Deutschen" wird der Begriff „Völkerwanderung", der allgemein Wanderungsbewegungen mehrerer Völker über weite Räume hinweg mit dem Ziel neuer Landnahme bezeichnet, insbesondere in der deutschen historischen Forschung als epochaler Begriff für die Zeit von 375, dem Zeitpunkt des Hunneneinfalls in Europa, bis 526 n. Chr., dem Todesjahr Theoderichs des Großen, angewandt. Die Abgrenzung der Periode zum Frühen Mittelalter hin erweist sich dabei nicht als einheitlich, da vielfach auch das Todesjahr Attilas, 453, oder der Zeitpunkt des Langobardenzuges nach Italien, 568, als Eingrenzung angesetzt wird. Mit dem Begriff Völkerwanderung umschreibt man die bedeutenden Völkerverschiebungen, die vom 4. bis 6. Jahrhundert n. Chr. stattfanden, also die Wanderungen der Ost- und Westgermanen, welche durch den Vorstoß der Hunnen, 375, nach der Zerstörung des Alanenreiches am Don ausgelöst wurden und zu einer Erschütterung Europas und letztlich zum Zusammenbruch des römischen Weltreiches führten. Von der außerdeutschen Forschung wurde der Begriff Völkerwanderung nicht übernommen; in der geschichtlichen Gesamtschau kann er in Hinblick auf Parallelerscheinungen insbesondere im innerasiatischen Raum und auf die zeitlich später sich vollziehende slawische Wanderung als Epochenbezeichnung nur auf einen begrenzten geographischen Raum und hier wiederum nur auf einen bestimmten Zeitabschnitt der Übergangszeit vom Altertum zum Mittelalter bezogen werden.

Neben dem Begriff Völkerwanderungszeit ist der Zeitabschnitt zwischen Altertum und Mittelalter im okzidentalen Kulturkreis vor allem mit dem von der Kunstgeschichte ausgestalteten Begriff „Spätantike" belegt worden. Der Archäologe G. Rodenwaldt hat sich um eine nähere Bestimmung des Begriffes bemüht; die Dauer der Spätantike erstrecke sich auf die der klassischen Zeit der antiken Kunst folgenden Jahrhunderte, genauer auf die Zeit zwischen Diocletian und dem Einbruch der Langobarden in Italien, dem Sie-

DIE VÖLKERWANDERUNG

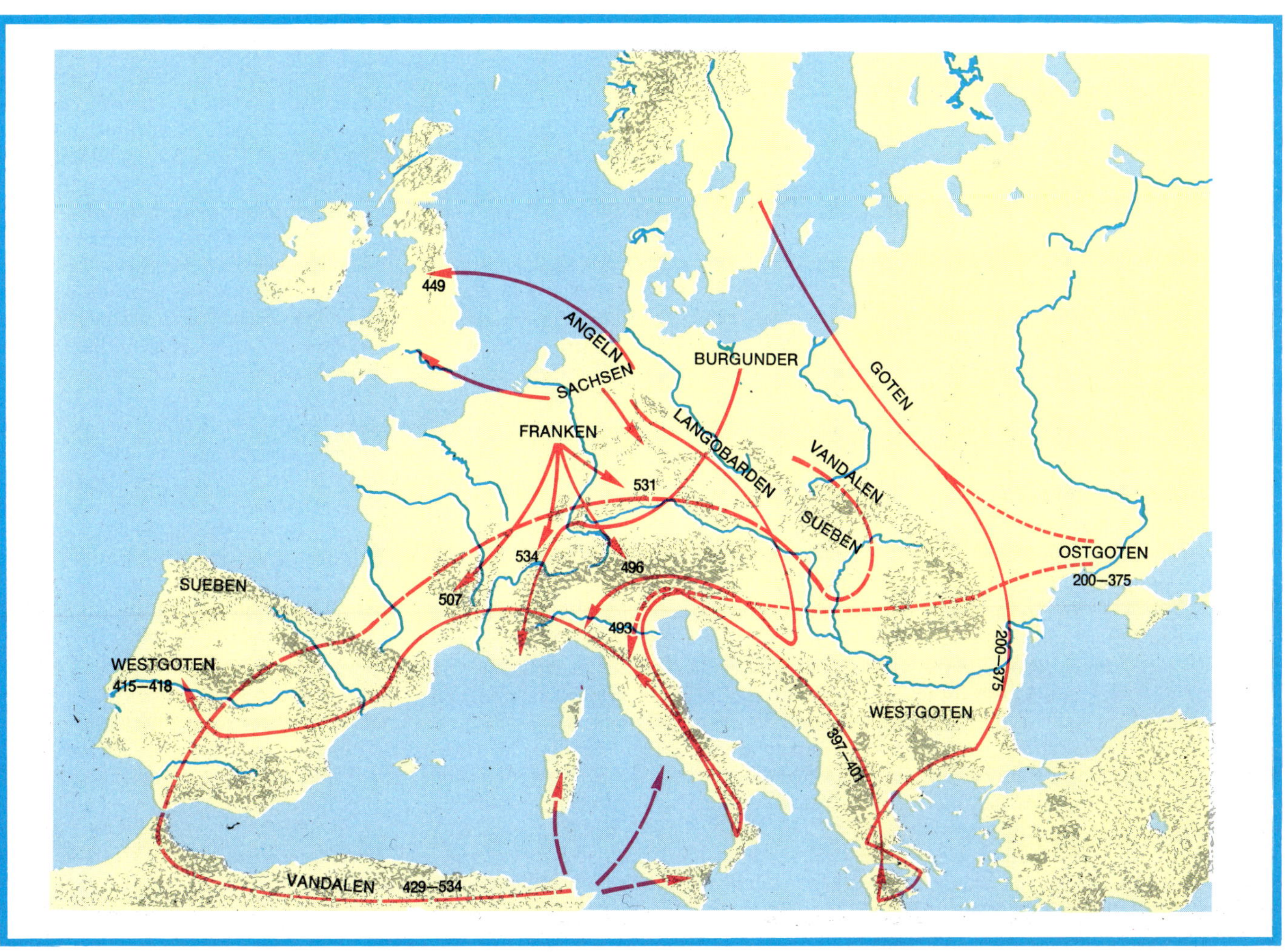

geszug der Araber im Osten. Nach dem Historiker E. Kornemann beginnt die „Zwischenwelt der Spätantike“ mit dem Wirken Constantins I., das Ende „bald nach Justinian; der wirkliche Ausklang setzt aber im Osten erst mit Herakleios ein: in Zahlen ausgedrückt ist es die Zeit von 305 bis 640 n. Chr.“. Von dem Versuch der Herausarbeitung einer solchen die Epochengrenze zwischen Altertum und Mittelalter im europäisch-mediterranen Raum durch Einzeldaten genau festlegenden punktuellen Zäsur im historischen Prozeß unter Einschiebung von Begriffen wie „Übergangszeit“, „Spätantike“, „Frühmittelalter“ zur Kennzeichnung des Eigencharakters der Jahrhunderte zwischen Diocletian und Karl dem Großen, wie ihn die ältere Forschung unternommen hat, ist man in der Geschichtswissenschaft inzwischen allerdings abgekommen: zu sehr stellen sich die angeblichen Epochengrenzen als verschwimmende Schemen dar, und es existieren nur „breite Streifen allmählicher Veränderungen“. In dem weiten Feld der Meinungen, von der Theorie einer elastischen Epochengrenze um 600 (Papsttum Gregors des Großen, 590 bis 604; Reform des Byzantinischen Reiches seit Herakleios, 610 bis 641; Beginn der islamischen Expansion, 632) bis hin zur durch Kunst- und Wirtschaftsgeschichte vorgetragenen These einer bis zu Karl dem Großen andauernden kulturellen Kontinuität der Spätantike reichend, gibt es nur zwei stabile Pole, an denen das Zeitalter verankert zu sein scheint: die diocletianisch-constantinische Reform und die Karolingerherrschaft, deren „epochaler Charakter“ festliegt; der eine Ruhepunkt kennzeichnet das Ende der römischen Antike, der andere den Anfang des Mittelalters im strengen Sinne.

Von diesen Polen her hat man das Zeitalter zu erfassen versucht. Es ging darum, was in den Jahrhunderten zwischen diesen Eckpunkten spätantik oder schon frühmittelalterlich ist, wobei man nur in der Wahl der Epochenbegrenzungen schwankte. F. G. Maier hat nun grundlegend darauf verwiesen, daß diesen Versuchen der Geschichtswissenschaft ein falscher historischer Ansatz zugrunde liegt; sie gehen von einem begrenzten Aspekt aus und verschließen den Blick vor der Frage: „Waren die ‚Dark Ages‘ eine eigene Epoche von Experiment, Erfolg und Scheitern, in der selbständige Möglichkeiten der Organisation sozialen Lebens und des geschichtlichen Selbstbewußtseins entwickelt wurden?“ Von dieser Fragestellung her wird das Problem, eine Epochengrenze zwischen Antike und Mittelalter im europäisch-mediterranen Raum zu finden, bedeutungslos; die Jahrhunderte zwischen der Regierung Diocletians und Constantins und dem Aufstieg der Karolinger treten als in sich Einheit und Eigenständigkeit besitzender Zeitraum zwischen die Welt der Antike und die des Mittelalters.

Geschichtlicher Überblick Auslöser der Völkerverschiebungen vom 4. bis zum 6. Jahrhundert n. Chr. ist der Ansturm des nomadischen Reitervolks der Hunnen, welche schon über Jahrhunderte hinweg immer weiter nach Westen vordringen, schließlich das Ostgotenreich am Dnjepr überrennen und die Westgoten über Siebenbürgen und die Karpaten bis in das Innere des Römischen Reiches abdrängen, wo es als Folge zur Bildung germanischer Staaten auf reichsrömischem Boden kommt. Durch den Vorstoß der hunnischen Reiter wird die Ausbreitung der Germanen in die osteuropäische Tiefebene jäh unterbrochen; die germanischen Stämme sind gezwungen, nach Süden und Westen auszuweichen, was zur direkten kriegerischen Konfrontation mit dem Ost- und Weströmischen Reich führt, zugleich aber auch zu ihrer verstärkten Berührung mit der überlegenen Mittelmeerkultur, welche den entstehenden germanischen Reichen ihre Prägung verleihen wird. Aus der Durchdringung und Vermischung von antikem und germanischem Kulturgut, wobei das germanische sich stärker durchzusetzen vermag, entsteht schließlich eine neue Kultur: die abendländische.

Die durch den Hunneneinbruch ausgelösten raumgreifenden Wanderzüge germanischer Stämme seit dem Ende des 4. Jahrhunderts von Ost nach West, in deren Verlauf die Ostgoten nach Italien, die Westgoten nach Südfrankreich und Spanien gelangen, haben ihre Vorläufer bereits Jahrhunderte zuvor (eine germanische Expansion ist schon seit der älteren Bronzezeit feststellbar) und finden ihre Fortsetzung in den Eroberungszügen der Wikinger. So erstreckte sich etwa die Wanderung der Goten vom 1. bis 2. nachchristlichen Jahrhundert von der Weichselmündung bis zum Schwarzen Meer, der Vorstoß der Alamannen zum Rhein war seit dem 1. Jahrhundert n. Chr. zu verzeichnen, zur Zeit des Markomannenkrieges (166 bis 180 n. Chr.) verstärkten sich dann die Stammesbewegungen im Osten, die Vandalen drangen über die Karpaten nach Süden vor, und bereits 233/234 wurde erstmals der Limes unter dem Druck der westlichen Germanenstämme durchbrochen. Konnte infolge des Ausbaus der Befestigungen auf dem linken Rheinufer durch die Römer der weitere Vorstoß der Germanen nach Westen zunächst aufgehalten werden, so drangen im Südosten germanische Stämme wie die Goten, Heruler, Gepiden und andere bis an die Grenzen des Römischen Reiches vor, wo sie eine beständige Bedrohung bildeten. Schließlich wurden sie unter dem Druck der allmählich vorstoßenden Hunnen zur Überschreitung der römischen Grenzen gezwungen, doch vermochten die Römer die wachsende Gefahr einer germanischen Überflutung anfänglich noch dadurch abzuschwächen, daß sie die germanischen Stämme durch die Ernennung zu Bundesgenossen (foederati; Föderaten), welche zur Grenzverteidigung verpflichtet waren, in den römischen Reichsverband eingliederten. Trotz dieser sich über Jahrhunderte hinweg bereits vollziehenden Bewegungen ganzer germanischer Stämme ist die eigentliche epochale Zäsur dennoch erst mit dem Jahre 375 gegeben, als der gewaltige Ansturm der Reiternomaden der Hunnen zum Auslöser für die Überflutung des bereits von Krisen geschüttelten und innerlich ausgehöhlten Römischen Reiches durch germanische Stämme wird. Als die Römer schließlich 406 ihre Legionen vom Rhein zurückziehen, ist der Weg ins Innere Galliens für die germanischen Stämme, die nun ohne Schwierigkeiten die Rheingrenze überschreiten können, offen.

Für das in zwei Hälften geteilte römische Weltreich liegt die germanische Gefahr sowohl im direkten Angriff als auch in der inneren Unterwanderung (Germanisierung des Heeres – Rolle der Heermeister, der magistri militum, die zumeist Germanen sind und denen in der nachtheodosianischen Ära die reale Macht in den sich zu selbständigen Herrschaftsgebilden auswachsenden Reichshälften zukommt; als Oberbefehlshaber des Feldheeres bestimmen sie zunehmend die Geschicke des Ost- und Weströmischen Reiches); im Osten kann sie gebannt werden, im Westen führt sie zum Zerfall des Weströmischen Reiches als politische Organisation in den Wirren der Völkerwanderung. In der ersten Einbruchsphase der Völkerwanderung, die sich bis etwa 425 erstreckt, stößt eine Flut germanischer Stämme in die westlichen Provinzen vor; Ziel der wandernden Stammesgruppen ist vor allem die Auffindung geeigneten Siedlungsraumes, als Begleiterscheinung der Landnahmen gehen oft verheerende Plünderungen einher. Am bedeutsamsten erweisen sich in dieser ersten Einbruchsphase die Züge der Vandalen unter ihrem König Geiserich (Übersetzen nach Afrika, Eroberung von Karthago) und die der Westgoten unter Alarich (410 Eroberung von Rom). Diese Züge führen zur Aufrichtung erster selbständiger Germanenstaaten auf römischem Reichsboden, des Vandalenreiches in Afrika und des Tolosanischen Reiches der Westgoten. Die zweite Einbruchsphase ist gekennzeichnet durch die Abwehr der Hunnen. Die Expansion des Vielvölkerstaates der Hunnen nach Westen, der in der ersten Hälfte des 5. Jahrhunderts von Südrußland bis an den Rhein reicht, wird 451 militärisch durch die Schlacht auf den Katalaunischen Feldern (in der Champagne) und wenig später diplomatisch durch das Einwirken von Papst Leo I. abgewendet; entscheidend für die endgültige Abwehr der Hunnen ist jedoch der Tod ihres sagenumwobenen Königs Attila, 453. Mit dieser großen außenpolitischen Leistung des Weströmischen Reiches scheinen seine Kräfte erschöpft; die nächsten Jahrzehnte bringen in rascher Folge die restlose Auflösung. 488 vermag Ostrom die an seinen Grenzen sitzenden Ostgoten nach Italien abzulenken; hier erobert Theoderich bis 493 das gesamte Land. Der Auflösungsprozeß des Weströmischen Reiches ist damit beendet, an seine Stelle ist eine selbständige germanische Staatenwelt getreten.

Gegensätzlich zum Weströmischen Reich überdauert Ostrom die Völkerwanderung; die äußere Abwehr der Germanen erfolgt dabei vielfach auf Kosten des Weströmischen Reiches, dessen Bestand den Lebensinteressen Ostroms aufgeopfert wird. Die im 4. Jahrhundert geschaffenen oder entwickelten Formen des Staates, der Gesellschaft und der Wirtschaft bleiben im Oströmischen Reich während der Völkerwanderungszeit im wesentlichen unverändert erhalten, als absolutistischer, christlicher, griechisch-orientalischer Staat steigt Ostrom nach der Völkerwanderung zur führenden Macht im Mittelmeerraum empor. Der auf dem Boden der westlichen Reichshälfte des Imperium Romanum Christianum als Folge der Völkerwanderung sich ausformende Staatenpluralismus souveräner, von Ostrom unabhängiger germanischer Königreiche tritt trotz eines gewissen geschichtlichen Eigenwerts nicht aus der Kontinuität spätrömischer Geschichtsentwicklung heraus. Die spätrömisch-byzantinische Struktur des politischen, gesellschaftlichen, wirtschaftlichen und kulturellen Gefüges wird durch die als Führungsschicht sich etablierenden, Minderheiten in der breiten Schicht der romanischen Provinzialen bildenden Germanen kaum durchbrochen und durch Neuschöpfungen ersetzt; es erfolgt höchstens eine Mischung germanischer und spätrömischer Elemente. Zusammengehalten werden die germanischen Staatsgebilde, denen ihr dualistischer Aufbau von Staat und Gesellschaft (gefördert durch die Gegensätzlichkeit des Arianismus der Germanen – mit Ausnahme der Merowinger – und des orthodox-katholischen Bekenntnisses der Romanen) nie gänzlich verlorengeht, durch ein absolutes und damit in der spätrömischen Staatstradition stehendes Königtum. In das Staatsgefüge werden ohne wesentliche Veränderungen der Verwaltungsaufbau, das Steuersystem, die Wirtschaftsordnung und die soziale Infrastruktur des spätrömischen Staates impliziert; auch die spätrömische Kulturtradition bleibt im großen und ganzen ungestört gewahrt. Die germanische Staatenwelt im Westen, die an die Stelle des Weströmischen Reiches getreten ist, erweist sich somit als ein Assimilationsprodukt in der ungebrochenen Kontinuität spätrömischer Entwicklung.

Das 429 durch Geiserich (428 bis 477) begründete Vandalenreich geht bereits 534 wieder unter; es erstreckt sich über Nordafrika, Sizilien, Sardinien, Korsika und die Balearen. Ihm gelingt als einzigem der germanischen Staaten der Aufbau einer Seemacht. Auch das durch Theoderich in Italien, Dalmatien und Illyrien aufgerichtete Ostgotenreich (493 bis 553) zerfällt sehr rasch nach einer Phase erfolgreicher Herrschaft; wie das Vandalenreich geht es im Zuge der oströmischen Expansion unter Justinian zugrunde. Von den Ostgermanenstaaten erweist sich das Reich der Westgoten am beständigsten; sein Ende findet es erst durch die arabische Eroberung von 711 bis 713. Allerdings bricht das Tolosanische Reich der Westgoten schon 507 nach der Niederlage von Vouglé (bei Poitiers) gegen Chlodwig zusammen; der Schwerpunkt des Westgotenreiches verlagert sich von da an nach Spanien, wo Toledo zum Zentrum der Herrschaft wird. Das Burgunderreich endet mit der Annektion durch das Merowingerreich unter dem fränkischen König Theudebert I. (533 bis 547). Das 486 durch den zum katholischen Glauben übergetretenen Chlodwig auf dem Boden Galliens geschaffene Fränkische Reich der Merowinger gewinnt bis 537 sein Territorium durch gewaltsame Eroberungen; hierauf folgt eine Phase dynastischer Machtkämpfe, die das gesamte 6. Jahrhundert hindurch andauern.

Die durch die hunnische Ausbreitung auf europäischem Boden hervorgerufene germanische Völkerwanderung hat die vollständige Auflösung des Römischen Reiches in West- und Südeuropa zur Folge. Mit dem 568 sich vollziehenden Langobardeneinfall in Italien und ihrer Niederlassung in einem der zentralen römischen Reichsgebiete, der Lombardei, die fortan ihren Namen trägt, endet schließlich die bewegte Zeit germanischer Landnahmen und Reichsgründungen, wenn auch im Norden mit den später erfolgenden Zügen der Normannen die germanischen Wanderbewegungen noch eine gewisse Fortsetzung finden. Mit der Zerstörung des Weströmischen Reiches durch die germanischen Stammesbewegungen aber war der Boden bereitet worden für die vollständige Verwandlung der Mittelmeerwelt, die mit der arabisch-islamischen Expansion seit dem 7. Jahrhundert zum Abschluß kommt; zugleich wird in der Völkerwanderungszeit die Verlagerung des geschichtlichen Schwergewichts nach Norden vorbereitet. Von den Reichsgründungen der Germanen auf römischem Boden erweisen sich schließlich nur die der Westgermanen, der Franken, Langobarden und Angelsachsen als dauerhaft; sie sorgen mit der Übernahme des römischen Erbes für eine Kontinuität der römischen Kultur, die so unter zahllosen Umformungsprozessen in der abendländischen Geschichte des Mittelalters einmündet, die ohne diese Tradition undenkbar wäre.

DER EINFALL DER HUNNEN IN EUROPA

Auf ihrer Westwanderung stoßen die hunnischen Reiterscharen um 350 auf das Gebiet der Alanen zwischen Don und Kaspischem Meer; in dem Hunnensturm wird das Alanenreich völlig zerstört. Das alanische Volk wandert daraufhin zum größten Teil nach Westen ab, wo es später Verbündeter der Vandalen wird. Ein Rest der Alanen kann sich bis in die Gegenwart hinein im Raum des mittleren Kaukasus halten; er trägt den Namen Osseten. Als die hunnischen Reiter 375 unter ihrem Anführer Balamir das zwischen Don und Dnjestr liegende Reich der Ostgoten überrennen, löst dies die germanische Völkerwanderung aus; das Ostgotenreich zerbricht unter dem hunnischen Ansturm, und der greise ostgotische König Ermanarich nimmt sich das Leben. Bereits 376 fliehen die an das Ostgotische Reich angrenzenden Westgoten (Grenze Dnjestr), die seit 370 nicht mehr foederati des Römischen Reiches im Donauraum sind, vor den vorrückenden Hunnen aus ihren Siedlungsgebieten; der heidnische Volksteil wandert unter Athanarich ins Banat ab, während der christliche unter Frithigern sich in den Schutz des Römischen Reiches begibt. Kaiser Valens bewilligt die Aufnahme der Westgoten ins Reich als Föderaten im Ansiedlungsvertrag von 376. Damit wird zum ersten Male in der römischen Geschichte ein Föderatenverhältnis nicht mit einem dem Reich vorgelagerten Volk, sondern einem auf Reichsgebiet angesiedelten eingegangen, was zur Basis für die Gründung germanischer Königreiche auf dem Boden des Weströmischen Reiches wird.

In drei großen Heerscharen, unter der kriegerischen Führung von drei Brüdern, Ruas, Mundzuk und Oktar, stoßen die Hunnen weiter nach Westen vor und errichten ein Reich, das sich bis in die Donau- und Theißebene erstreckt. Unter den Söhnen Mundzuks, Attila und Bleda, die 434 die

Bei der Adlerfibel von Petroassa, Rumänien (4. Jahrhundert n. Chr.), handelt es sich wahrscheinlich um eine gotische Arbeit. Der Schatz wurde wohl von den Goten, die vor dem Druck der hunnischen Reiterscharen zurückweichen mußten, vergraben.

Herrschaft übernehmen, dehnt sich das Reich der Hunnen weiter aus, und es entsteht ein Vielvölkerstaat von gewaltigen Ausmaßen; dem föderativen Verband mit einer sich abgezeichnenden zentralen Verwaltung sind Ostgoten, Gepiden, Langobarden und Slawen zugehörig. Die Zentralisierungstendenzen erfahren dann unter Attila ihre Vollendung. Als er 445 seinen Bruder Bleda ermorden läßt, vereinigt er die Herrschaft des gewaltigen Hunnischen Reiches in seiner Hand. Zu seinem Mittelpunkt wird die ungarische Tiefebene. Die weiteren Vorstöße Attilas sind zunächst gegen die oströmische Donaugrenze gerichtet. Nach ihrer Überschreitung und der Niederwerfung Thrakiens und Mösiens ist Ostrom unter Theodosius II. (408 bis 450) zu Verhandlungen gezwungen: Zur Sicherung der Reichsgrenzen gesteht es den Hunnen längs der Donau Weideland zu und zahlt Tribute. Attilas Machtgefühl erfährt durch das Nachgeben Ostroms eine gewaltige Steigerung, so daß er als nächstes seine Anerkennung und die Gleichstellung unter den führenden Mächten der Zeit sucht: Er fordert Justa Gratia Honoria, die Schwester Theodosius' II., zur Frau sowie einen Großteil des Weströmischen Reiches als Mitgift. Als Kaiser Theodosius eine solche Heirat ablehnt und sein Nachfolger, Kaiser Marcianus (451 bis 457), sofort nach seinem Regierungsantritt die Tributzahlungen an die Hunnen einstellt, antwortet Attila darauf mit Krieg. Mit einem gewaltigen Heer, in dem auch große Kontingente von Germanen mitkämpfen, überschreitet er den Rhein und dringt auf weströmisches Gebiet vor. Bei Troyes in der Champagne stoßen 451 das hunnische Heer und das weströmische unter Aëtius, auf dessen Seite der Westgotenkönig Theoderich I. und zahlreiche andere germanische Völkerschaften mitkämpfen, aufeinander. In der Schlacht auf den Katalaunischen Feldern trägt das weströmische Heer den Sieg über Attila davon (Theoderich I. fällt), dem Aëtius jedoch freien Abzug gewährt, da er die Hunnen als Bundesgenossen zu gewinnen hofft, einmal um dadurch ihre Gefährlichkeit für Westrom zu bannen, sodann um sie eventuell gegen die immer bedrohlicher werdenden germanischen Stämme einzusetzen. Die Hunnen strömen zunächst wieder nach Ungarn zurück, doch bereits 452, während Aëtius sich noch in Gallien aufhält, stößt Attila nach Oberitalien vor, das er verheert. Ein weiteres Vordringen nach Italien kann nur durch die Verhandlungen Papst Leos I. (440 bis 461), dem noch als einzigem echte Autorität in dem zerrütteten Weströmischen Reich zukommt, sowie durch einen Angriff Ostroms an der Donau verhindert werden. Letztlich hätte dies alles jedoch nur einen Aufschub bedeutet. Eine Wende tritt erst dann ein, als Attila 453 nach seiner Hochzeitsfeier mit Hildiko plötzlich stirbt (vielleicht wurde der Hunnenkönig durch sie ermordet; Niederschlag in der Kriemhildsage). Mit dem Tode Attilas, der das Hunnenreich zusammengeschmiedet hatte, zerfällt es sehr rasch; der Gepidenkönig Ardarich besiegt mit anderen germanischen Stämmen den ältesten Sohn Attilas, Ellac, wodurch die bisher den Hunnen unterworfenen Germanenstämme frei werden. Ein hunnischer Reststaat kann sich unter den Söhnen Attilas, Irnek und Dengizich, in Südrußland halten, die restlichen hunnischen Stämme verschmelzen im Lauf der Jahrhunderte mit den immer wieder aus dem Osten vorstoßenden Völkern.

DIE GERMANISCHEN REICHSGRÜNDUNGEN DER VÖLKERWANDERUNGSZEIT

Das Vandalenreich in Nordafrika Die Wanderbewegung der Vandalen wird ebenso wie die der übrigen germanischen Stämme durch den hunnischen Vorstoß hervorgerufen; unter ihrem König Godigisel ziehen sie nach Westen und überschreiten gegen Ende des Jahres 406 unter Gunderich, verstärkt durch Quaden und Alanen, den Rhein, wobei es zu Kämpfen mit den von den Römern eingesetzten Franken kommt. Nach dreijährigem Streifzug durch Gallien wandern die Vandalen mit ihren Verbündeten nach Spanien ab, wo sie 411 von Kaiser Honorius als Föderaten angesiedelt werden. Um die Vandalengefahr einzudämmen, läßt Honorius die silingischen Vandalen in Andalusien und die Alanen in Mittelspanien von den Westgoten vernichten. Die überlebenden Gruppen der Alanen und Silingen schließen sich an die asdingischen Vandalen an, die von den Sueben nach dem Süden der Iberischen Halbinsel abgedrängt werden, wo sie eine Flotte zu bauen beginnen, um die Meerenge von Gibraltar zu überqueren und in die Kornkammer des Römischen Reiches, nach Nordafrika, vorzustoßen. Unter ihrem König Geiserich (428 bis 477) verwirklichen die Vandalen schließlich diesen Plan. Nach der Überbrückung der Meerenge von Gibraltar dringen sie in die Mitte Nordafrikas vor, wo sie die römischen Truppen rasch niederwerfen können, nur einige größere Städte wie Karthago, Hippo Regius und Cirta vermögen noch einige Jahre Widerstand zu leisten. Als jedoch 439 die Hauptstadt Karthago von den Vandalen erobert werden kann, muß der weströmische Kaiser Valentinian III. 442 in einen Frieden mit Geiserich einwilligen, in dem er dessen in Nordafrika begründeten Reich die Souveränität gegen für Rom lebensnotwendige Getreidelieferungen zugesteht. Auf römischem Reichsboden, der dicht besiedelten und blühenden nordafrikanischen Provinz, der für die Beherrschung des Mittelmeeres strategische Bedeutung zukommt, ist damit das erste von Rom unabhängige Germanenreich entstanden. Dementsprechend gehen die Vandalen bei der Landnahme als Eroberer vor, sie enteignen die römischen Grundbesitzer und bilden große steuerfreie Güter in der Nähe der großen Städte, vornehmlich um Karthago, von denen aus die vandalische Kriegerkaste, für die ein Eheverbot mit der einheimischen Bevölkerung besteht, als neue Oberschicht das Land beherrscht. Aus ihrem strengen Arianismus heraus unterdrücken die Vandalen die katholische Kirche, der katholische Gottesdienst wird verboten, und die Besitztümer der Kirche werden größtenteils enteignet. Das bei den germanischen Stämmen sonst übliche Geblütsrecht, nach dem ein Glied der Königssippe – zumeist der Tüchtigste – gewählt wird, geht im Vandalenreich sehr rasch verloren, an seine Stelle tritt das Senioratsgesetz, das die Erhebung des jeweils Ältesten des Königshauses vorschreibt. Zugleich büßt der vandalische Adel mehr und mehr an Rechten und Einfluß gegenüber der königlichen Zentralgewalt ein.

Durch den Ausbau ihrer Flotte gelingt es den Vandalen, den westlichen Teil des Mittelmeeres zu beherrschen, unter Geiserichs Führung werden die Balearen, Korsika, Sardinien und Sizilien, zudem die restlichen römischen Provinzen in Nordafrika erobert. Selbst Rom wird 455 nach der Ermordung Valentinians III. heimgesucht und vierzehn Tage lang geplündert. Bis 474 ist die Macht der Vandalen derartig angewachsen, daß der oströmische Kaiser Zenon (474 bis 491) die Eroberungen des Vandalenreiches in einem Friedensbündnis mit Geiserich, das diesen zu gemäßigterem Verhalten gegenüber den katholischen Bewohnern seines Reiches verpflichtet, anerkennen muß, nachdem ein unter seinem Vorgänger Leon I. (457 bis 474) zusammen mit dem weströmischen Kaiser Anthemius (467 bis 472) gegen die Vandalen in Nordafrika unternommener Feldzug gescheitert ist.

Unter den Nachfolgern Geiserichs, seinem Sohn Hunerich (477 bis 484), unter Gunthamund (484 bis 496) und Thrasamund (496 bis 523), verfällt das Vandalenreich infolge einer sich mehr und mehr bemerkbar machenden Verweichlichung der vandalischen Herrenschicht rasch, so daß die Berber sich aus der Herrschaft der Vandalen zu befreien und ihre Unabhängigkeit innerhalb des Reiches zu erringen vermögen. Während Hunerich auf Grund seines strengen Arianismus wieder mit harten Verfolgungsmaßnahmen gegen die Katholiken vorgeht, toleriert Gunthamund die katholische Kirche und gestattet in einem Edikt von 494 die Rückkehr aller vertriebenen katholischen Bischöfe. Der endgültige Verfall des Vandalenreiches vollzieht sich unter dem am Hofe von Constantinopel aufgewachsenen Sohn des Hunerich, Hilderich (523 bis 530), der auf Grund seiner byzantinischen Gesinnung kaum Rückhalt im Volk findet und schließlich durch Gelimer, einen Urenkel Geiserichs, entthront wird. Dieser Vorgang am vandalischen Hof gibt Ostrom unter Justinian (527 bis 565) den Vorwand, in Nordafrika einzugreifen. Der Überlegenheit des oströmischen Heeres unter dem Feldherrn Belisar vermag Gelimer nichts mehr entgegenzusetzen, von 534 bis 535 wird das Vandalenreich gründlich zerstört, die letzte Entscheidung fällt in der Schlacht bei Tricamarum in der Nähe Karthagos. Gelimer wird endgültig besiegt, und Nordafrika wird oströmische Provinz, die schließlich dem Ansturm der Araber zum Opfer fällt.

Wanderzüge und Reichsgründungen der Westgoten Die von Wulfila zum Christentum arianischer Prägung bekehrten Westgoten sind sehr bald mit den von Kaiser Valens 376 bewilligten Siedlungsgebieten auf oströmischem Reichsboden unzufrieden, was sie zu Übergriffen auf römische Städte verleitet. In den ausbrechenden Kämpfen erleidet Kaiser Valens gegen den westgotischen Führer Frithigern bei Adrianopel 378 eine vernichtende Niederlage und seinen Tod, sein Nachfolger Theodosius läßt die Westgoten daraufhin in der Provinz Niedermösien als Föderaten ansiedeln, die sie jedoch bereits 395 nach dem Tode des Theodosius unter König Alarich wieder verlassen. Die Westgoten ziehen zunächst plündernd durch die Balkanhalbinsel und dringen bis in die Peloponnes vor. Dem alleinigen Heermeister (magister utriusque militiae) im Westen, dem Vandalen Flavius Stilicho (verheiratet mit der Kaisertochter Serena), gelingt es, Alarich

Kreuz des Westgoten-Königs Rekkeswind, 649–672. Zusammen mit einer Votivkirche wurde das Kreuz in einem Grab bei Toledo gefunden. Vielleicht waren die Stücke vor den anstürmenden Arabern dort versteckt. Das Kreuz zeigt den stilistischen Einfluß Byzanz'. Wir wissen aber nicht, ob es im Lande hergestellt oder importiert wurde. Musée de Cluny, Paris.

in der Landschaft Elis einzuschließen, er läßt ihn aber aus politischen Gründen wieder abziehen, und 401 fällt Alarich zum ersten Male in Italien ein, wo er jedoch 402 bei Pollentia und 403 bei Verona von Stilicho geschlagen wird, der ihm im weströmischen Teil Illyricums Siedlungsland anweist, in der Absicht, die Westgoten eines Tages gegen Ostrom einzusetzen. Nach der Hinrichtung Stilichos (auf Befehl des Kaisers Honorius) zieht Alarich erneut nach Italien, wo er von der Einnahme Roms zweimal abgehalten werden kann, beim dritten Mal (410) plündern die Westgoten Rom jedoch vom 24. bis 27. August, nehmen Galla Placidia, die Schwester des Honorius, gefangen und ziehen dann nach Süditalien, um von dort aus nach Afrika überzusetzen, jedoch stirbt Alarich unterwegs; bei Cosenza im Busento findet er sein Grab.

Nach Alarich wird sein Schwager Athaulf (410 bis 415) Führer der Westgoten; seine romfreundliche Gesinnung läßt ihn eine Politik verfolgen, die nicht auf eine Vernichtung des Römischen Reiches, sondern auf dessen Reorganisation unter gotischer Führung ausgerichtet ist. Doch der Widerstand des weströmischen Kaisers, der auf italienischem Boden keine Germanenstämme dulden will, zwingt Athaulf zur Aufgabe seiner Pläne; er zieht mit den Westgoten nach Gallien, vermählt sich in Narbonne 414 mit der mitgeführten Galla Placidia und erobert schließlich, als Verhandlungen mit Kaiser Honorius wegen einer Landnahme in Südgallien scheitern, Barcelona, wo er ermordet wird, wohl wegen seiner romfreundlichen Einstellung. Zum König wird sein Bruder Wallia (415 bis 418) erhoben, dem es gelingt, einen Vertrag mit Honorius, für den die Vandalen in Spanien zur größeren Gefahr geworden sind, abzuschließen. Im Auftrag Roms vernichten die Westgoten die silingischen Vandalen und die Alanen in Spanien und erhalten dafür, nachdem Galla Placidia an den Kaiserhof zurückgekehrt ist, Siedlungsland im Südwesten Galliens (zwischen Loire und Garonne) auf der Basis eines Föderatenverhältnisses mit römischer Verwaltung und Oberhoheit. Es entwickelt sich jedoch sehr rasch schon unter Theoderich I. (418 bis 451), der in der Schlacht auf den Katalaunischen Feldern gegen die Hunnen auf weströmischer Seite kämpft und dabei fällt, ein selbständiges Reich, das Tolosanische Reich der Westgoten, dessen Hauptstadt Tolosa (Toulouse) ist; es besteht bis 507. Die Ansiedlung der Westgoten erfolgt nach dem ius hospitalitatis: vom Grundbesitz erhalten sie $^2/_3$, als Grundherren gebieten sie über Sklaven und Kolonen.

Auch der Nachfolger Theoderichs I., Theoderich II. (453 bis 466), steht noch in römischen Diensten, als er die Sueben in Spanien angreift, doch erfolgt die Eroberung Narbonnes 462, womit ein Zugang zum Mittelmeer geschaffen wird, nicht mehr mit Billigung Westroms. Eine Blüte erreicht das Tolosanische Westgotenreich unter Eurich (466 bis 484), der seinen Bruder Theoderich II. ermorden läßt und dann einen Eroberungskrieg führt, der ihm weite Teile Südfrankreichs einbringt. Sodann greift er nach Spanien aus, wo er die Herrschaft der Westgoten begründet; zugute kommt ihm dabei die immer mehr zunehmende Schwäche Westroms. Doch der Nachfolger Eurichs, sein Sohn Alarich II. (484 bis 507), vermag die errungene Machtstellung schon nicht mehr zu halten, er erliegt dem gemeinsamen Vorstoß der Burgunder und Franken unter Chlodwig (482 bis 511) bei Vouglé (Vouillé nördlich von Poitiers) 507, Aquitanien fällt an das entstehende Frankenreich der Merowinger, nur Septimanien (die Küste zwischen unterer Rhone und den Pyrenäen mit Narbonne) kann durch das Eingreifen Theoderichs des Großen, der für den minderjährigen Sohn des gefallenen Königs Alarich II., Amalarich, die Vormundschaft übernimmt, erhalten bleiben. Mit der Niederlage bei Vouglé endet das Tolosanische Reich, die Westgoten müssen sich nach Spanien zurückziehen, wo sie in Altkastilien das Reich von Toledo begründen.

Amalarich gelangt mit Unterstützung seines Vormundes Theoderich der Große nach der Niederringung eines Gegenkönigs Gesalich (507 bis 511) auf den Thron des Westgotenreiches in Spanien, wird jedoch bereits 531 nach glückloser Regierung ermordet. In ausbrechenden Machtkämpfen zwischen Adel, Königshaus und den katholischen Bischöfen kann sich zunächst Theudis, der frühere Regent Theoderichs des Großen, als König durchsetzen, er wird jedoch ebenso wie sein Nachfolger Theudigisel ermordet. Auch König Agila (549 bis 554) vermag sich wegen einer starken katholischen Opposition nicht lange zu halten; Athanagild (554 bis 567) wird zum Gegenkönig erhoben, welcher den oströmischen Kaiser Justinian um Unterstützung ersucht, die dieser ihm bereitwillig gewährt: Die byzantinischen Truppen erobern den Süden Spaniens von Cádiz bis Cartagena und stoßen bis Córdoba vor, jedoch können die Westgoten die oströmischen Besitzungen in den nächsten Jahrzehnten wieder zurückerobern. Mit Athanagilds Nachfolger, König Leowigild (567 bis 586), haben die Westgoten nochmals einen starken Herrscher, der den aufständischen Adel, der sich immer wieder gegen die Ablösung des germanischen Wahlkönigtums durch die spätrömische autokratische Erbmonarchie wendet, niederzuwerfen und damit die königliche Zentralgewalt zu stärken vermag und der nach dem Tode des Suebenkönigs Miro 585 durch die Einverleibung des Suebischen Reiches auch diese Gefahr für das Westgotenreich bannt. Die durch die religiösen Gegensätze (Arianismus der Germanen – Katholizismus der Romanen) und das Heiratsverbot bedingten Gegensätze zwischen der einheimischen romanischen Bevölkerung und der neuen Herrenschicht der Germanen mildert Leowigild durch die Erlaubnis der Heirat zwischen Romanen und Westgoten, was entscheidend zu einer weiteren Romanisierung des Westgotenreiches beiträgt.

Obgleich das Westgotenreich nach Leowigild zeitweilig noch von starken Herrschern geführt wird, ist auf die Dauer der Verfall der königlichen Macht nicht aufzuhalten, eine Entwicklung, die vor allem durch die Einführung der Wahlmonarchie (nur Goten können gewählt werden) auf der 4. Synode von Toledo, 633, auf Betreiben des Adels gefördert wird. Besondere Bedeutung kommt dem Übertritt zum Katholizismus von Leowigilds Sohn Rekkared (586 bis 601) im Jahre 587 zu; alle weiteren westgotischen Könige sind von nun an katholisch. Aus der Reihe westgotischer Könige des 7. Jahrhunderts ragen noch Sisibut (612 bis 621; literarisch gebildeter Herrscher, der dem Erzbischof Isidor von Sevilla, um 560 bis 636, dem namhaftesten Träger westgotischer Kulturentfaltung, nahesteht; in seine Regierungszeit fallen religiös motivierte Judenverfolgungen), Swintila (621 bis 631; er vereinigt beinahe ganz Spanien unter westgotischer Herrschaft; Zurückeroberung der letzten byzantinischen Besitzungen in Südspanien) und vor allem Rekkeswind (649 bis 672) besonders hervor (unter letzterem wird durch Kodifizierung der lex Romana Visigothorum, welche stark vom römischen Recht beeinflußt ist, die verbindende Einheit des Rechts sowohl für Goten als auch Romanen geschaffen, was zu einer weiteren Verschmelzung der beiden Völker entscheidend beiträgt). Nach der Regierung König Wambas (672 bis 680) zerfällt das Westgotenreich dann endgültig in den Machtkämpfen zwischen dem mehr und mehr erstarkenden Adel, der katholischen Kirche, welche eine romunabhängige Stellung einnimmt und zunehmenden politischen Einfluß gewinnt, und den schwachen westgotischen Königen, welche ihre Interessen nicht mehr durchzusetzen vermögen. Schließlich erliegt das von innen her ausgehöhlte Westgotische Reich in Spanien dem Ansturm der Araber im Jahre 711; Roderich, der letzte Westgotenkönig, findet in der Schlacht am Guadalete den Tod.

Das Reich der Ostgoten in Italien Mit dem Tode Attilas können sich die Ostgoten der Oberhoheit der Hunnen entziehen. Als Bundesgenossen der Römer werden sie in dem gänzlich verwüsteten Pannonien angesiedelt, wo sie jedoch nicht die gewünschten Lebensbedingungen vorfinden, so daß sie es bald als Wohnsitz wieder aufgeben und unter Führung Theoderichs, Sohn des Königs Thiudemer, der in seiner Jugend als Geisel am byzantinischen Hof gelebt hat, Jahre hindurch plündernd auf der Balkanhalbinsel umherziehen. Kaiser Zenon (476 bis 491) siedelt schließlich, um diese Plage zu beenden, die Ostgoten in Niedermösien (Moesia inferior) an, wobei es ihm durchaus klar ist, daß sie sich auf die Dauer mit dieser Lösung nicht zufriedengeben werden. Deshalb stellt Zenon Theoderich Italien als lockendes Ziel vor Augen, wo seit 476 König Odoaker nach der Absetzung des letzten weströmischen Kaisers Romulus offiziell als Vizekönig Ostroms herrscht, jedoch von diesem völlig unabhängig regiert und sein Herrschaftsgebiet beständig erweitert. 488 wird Theoderich von Zenon zum Heermeister (magister militum) und patricius für Italien ernannt und erhält den Auftrag, den von den germanischen Söldnerheeren an Stelle des rechtmäßigen Kaisers eingesetzten Odoaker, Sohn eines Skirenfürsten, zu stürzen und an seiner Statt die Verwaltung des weströmischen Reichsgebietes zu übernehmen. Auf Kosten Westroms gelingt es so dem oströmischen Kaiser, die Germanengefahr von seinem Reich abzuwenden.

Theoderich dringt nach Italien vor und schlägt Odoaker 489 an der Isonzobrücke bei Görz und bei Verona und schließlich mit Hilfe der Westgoten an der Adda. Ravenna, wohin sich Odoaker zurückgezogen hat, kann erst nach 2½jähriger Belagerung auf Grund eines Vertrages, der eine Herrschaftsteilung vorsieht, eingenommen werden; Theoderich bricht jedoch den Vertrag und ermordet Odoaker.

Unter der Herrschaft Theoderichs des Großen (493 bis 526), der das bis 553 bestehende Ostgotenreich in Italien begründet (staatsrechtlich ist es dem Oströmischen Reich angegliedert), erlebt Italien eine Friedensperiode, die durch den Versuch Theoderichs gekennzeichnet ist, das römische und gotische Volk in einer Symbiose miteinander leben zu lassen, ohne sie zu vermischen. Zu der Abgrenzung trägt neben dem Heiratsverbot von Goten und Römern auch der arianische Glauben der Ostgoten bei, da die einheimische Bevölkerung katholisch ist. Den Goten steht innerhalb des Reiches der Waffendienst zu, während Zivilverwaltung und Wirtschaftsleben Angelegenheit der Römer sind. Die Goten siedeln vorwiegend in Norditalien, nach Süden zu nimmt ihre Besiedlung immer mehr ab. An den römischen Landgütern mit allen Sklaven, Vieh und den dazugehörigen Kolonen erhalten die gotischen Krieger eine tertia (= ⅓-Anteil), auf nicht von Goten in Besitz genommenes Land muß eine Steuer entrichtet werden.

Obgleich Theoderich der Große ein des Schreibens und Lesens Unkundiger, ein „rex inliteratus", gewesen ist, erfährt unter seiner durch einen allgemeinen Frieden gekennzeichneten Regierung die antike Kultur eine letzte kurze Blüte, was vor allem zu ihrer Tradierung ins Frühe Mittelalter hinein entscheidend beiträgt. Hierfür sorgt auch der zeitweilige Berater Theoderichs, der Senator Flavius Magnus Aurelius Cassiodorus (490 bis 583), seit 533 Inhaber der Prätorianerpräfektur, des höchsten Zivilamtes, der den Gedanken einer gotisch-römischen Verständigung aufnimmt und eine „Geschichte der Goten" zu ihrer Verherrlichung verfaßt. Um 540 zieht sich Cassiodor aus der Politik und seinen Staatsämtern zurück, nachdem Theoderichs Werk gescheitert ist. Auf seinen kalabrischen Gütern gründet er das Kloster Vivarium, wo er von den Mönchen geistige Arbeit, insbesondere das Abschreiben von Büchern, fordert, was später von den Benediktinern aufgegriffen wird. In den Klöstern erfolgt dadurch die Bewahrung und Fortführung der antiken Bildung (Cassiodors Einteilung der Schulwissenschaften in die Sieben Freien Künste: Grammatik, Rhetorik, Dialektik, Arithmetik, Geometrie, Astronomie und Musik in seinen „Institutiones divinarum et saecularium lectionum" wird zum Vorbild für das gesamte Mittelalter). Von der kulturellen Blüte unter Theoderich dem Großen künden auch zahlreiche bedeutende Bauwerke, die – der römischen Tradition unter Galla Placidia folgend – heute zumeist nur noch in Resten erhalten sind. In Pavia, Verona und vor allem in seiner Residenzstadt Ravenna läßt Theoderich seine Palastbauten errichten; in Ravenna befindet sich auch sein vor 526 erbautes Grabmal, das dem Typus byzantinischer Zentralbauten folgt. Von der Bautätigkeit des Gotenkönigs zeugen heute noch einige Kirchenbauten, die besser als die weltliche Architektur die Zeiten überdauert haben (Basilika San Apollinare Nuovo, Baptisterium der Arianer).

Nach außen hin ist Theoderich der Große bemüht, das gute Verhältnis zum oströmischen Kaiser aufrechtzuerhalten, gleichzeitig ist er bestrebt, als ausgleichendes Gegengewicht ein germanisches Bündnissystem unter ostgotischer Führung zu errichten, das er u. a. durch dynastische Heiraten zu erreichen hofft (493 heiratet Theoderich eine Schwester des fränkischen Merowingerkönigs Chlodwig; Verheiratung seiner Töchter mit dem Westgotenkönig Alarich II. und dem Burgunderkönig Sigismund u. a.; Rodulf, den König der Heruler, ernennt er zum „Waffensohn", die germanische Form der Adoption). Allerdings werden diese Pläne durch den Ausbreitungswillen der Franken vereitelt, und schon nach dem gemeinsam durch Franken und Burgunder über den Westgotenkönig Alarich II. davongetragenen Sieg bei Vouglé (507) muß Theoderich eingreifen: Er gliedert die Provence südlich der Durance an sein Reich an, damit die Burgunder sie nicht okkupieren können, und übernimmt die Vormundschaft für seinen Enkel Amalarich, den Sohn des gefallenen Alarich II., dem er mit Septimanien einen Teil seines südgallischen Reiches zurückerobern kann. In einem 523 mit dem Burgunderreich ausgefochtenen Krieg, in den auch Chlodwig eingreift, kann noch die nördliche Provence dem Ostgotenreich hinzugewonnen werden, aber trotz dieser Erfolge zeichnet sich doch bereits ein Scheitern der Bündnispolitik Theoderichs ab: Zu sehr sind die germanischen Reiche, und hier vor allem das Frankenreich der Merowinger unter Chlodwig, auf ihren eigenen Vorteil und neuen Landgewinn bedacht, und dem Ostgotischen Reich erwachsen so mit Herulern, Franken und Vandalen neue Feinde. Auch im Inneren entstehen neue Probleme. Mit der Beendigung des Schismas zwischen der ost- und weströmischen Kirche bildet sich innerhalb des Senats eine Opposition gegen Theoderich, der daraufhin seine Berater Boethius und Symmachus nach einem Hochverratsprozeß hinrichten läßt. Als Theoderich schließlich 526 in Ravenna stirbt, ist das Ostgotenreich sowohl nach innen als auch nach außen nicht mehr gefestigt, und die Herrschaft der Goten in Italien kann nicht mehr von langer Dauer sein.

Nach dem Tode Theoderichs des Großen übernimmt Amalaswintha, seine Tochter und Witwe des westgotischen Edlen Eutharich, für ihren unmündigen Sohn Athalarich die Regentschaft. Als dieser 534 stirbt, setzt Amalaswintha ihren Vetter Theodahad, den sie heiratet, zum Mitregenten ein, der sie jedoch kurz danach ermordet. In Ostrom entscheidet sich derweil Kaiser Justinian (527 bis 565) nach der Zerstörung des Vandalenreiches in Afrika durch seinen Feldherren Belisar für die Zurückeroberung Italiens. 535 beginnt der Vernichtungskrieg gegen das Ostgotische Reich, der bis 553 währen soll. Nach der Eroberung Siziliens und Neapels durch Belisar stoßen die oströmischen Truppen nach Rom vor, das mit Hilfe von Papst Silverius eingenommen werden kann. Eine Belagerung Belisars in Rom durch den neuen Gotenkönig Witichis (nach der Absetzung

Tympanon-Mosaik aus S. Apollinare Nuovo in Ravenna mit der Darstellung des Tympanons vom Portal des Theoderichpalastes. Um 500–526.

Theodahads) verläuft ergebnislos, schließlich kann Belisar Ravenna einnehmen, nachdem er die ihm von Witichis angebotene Herrschaft über Italien zum Schein angenommen und der Gotenkönig daraufhin die Tore der Stadt geöffnet hatte. Als Gefangene führt Belisar Witichis und seine Gemahlin Mataswintha nach Constantinopel. Nach diesen ersten Niederlagen wählen die Goten 541 Totila zum König, unter dem das Ostgotische Reich wieder erstarkt: Er kann während der Abwesenheit Belisars, der im Osten gegen die Sassaniden kämpft, fast ganz Italien mit Ausnahme Ravennas zurückerobern, unterstützt von der einheimischen Bevölkerung, die der von Ostrom auferlegten Steuern überdrüssig ist. Ein weiterer Feldzug Belisars von 544 bis 549 gegen die Goten zeitigt unterschiedliche Erfolge, als jedoch sein Nachfolger Narses, ein armenischer Eunuch, 551 mit starkem Heer nach Italien vorstößt, verschlechtert sich die Lage für die Goten zusehends, Totila wird bei Tadinae geschlagen und fällt auf der Flucht. Sein Nachfolger Teja führt einen verzweifelten Abwehrkampf gegen die Übermacht der Truppen Ostroms und findet schließlich am mons Lactarius (Monte Angelo gegenüber dem Vesuv) den Tod. Italien wird nun unter Narses oströmische Provinz. Damit ist die Chance einer nationalen Einheit unter gotischer Führung, die sich wahrscheinlich romanisiert hätte, endgültig vertan; es kommt stattdessen zur von Ostrom ausgeübten Fremdherrschaft. Italien bietet sich nach zwanzigjährigem Gotenkrieg, entvölkert und verheert, für weitere Angriffe von Fremdvölkern geradezu an.

Bildnismedaillon Theoderichs des Großen. Es ist kein Porträt im üblichen Sinne sondern zeigt die typisch byzantinische Auffassung eines Herrscherporträts. Dagegen ist die Haartracht gotisch. Anfang 6. Jahrhundert. Museo Nazionale, Rom.

Der Vorstoß der Langobarden nach Italien Nach der Vernichtung des Ostgotischen Reiches tritt Ostrom unter Justinian – zum letzten Male den Gedanken der Einheit des Römischen Reiches zu verwirklichen suchend – die Herrschaft über Italien an, das zur byzantinischen Provinz wird. Doch bereits nach kurzer Dauer der byzantinischen Herrschaft stößt mit den Langobarden 568 erneut ein germanisches Volk nach Italien vor und macht die Idee der Wiederherstellung des römischen Weltreiches in seinen früheren Ausmaßen endgültig zunichte. Die Langobarden saßen ursprünglich wahrscheinlich in Südostschweden, um 5 n. Chr. hatten sie ihre Wohnsitze an der Niederelbe, wo sie von den Römern zusammen mit den Chauken unterworfen wurden. Nach der Zerstörung des Rugierreiches in Ober- und Niederösterreich nördlich der Donau durch Odoaker nehmen die Langobarden um 490 dieses Gebiet in Besitz, werden zunächst aber von den Herulern unterworfen, können jedoch um 505 ihrerseits das Herulerreich Rodulfs vernichten. Unter König Wacho kommt es zur Gründung des Donaureiches der Langobarden, das sich über Niederösterreich bis nach Westungarn und nach Böhmen und Mähren erstreckt. Schließlich können die Langobarden unter König Audwin (Audoin), durch ein Bündnis mit Byzanz 546 ihr Reich noch auf Pannonien und teilweise auf Inner-Noricum ausdehnen. Audwins Sohn Albwin (Alboin) verbündet sich mit den Avaren und zerstört 567 das Reich der Gepiden in Dakien und Pannonien, wo sich die Avaren unter ihrem Kagan Bajan (565 bis 602) niederlassen, während die Langobarden aus Furcht vor den Avaren 568 mit Restgruppen der Gepiden nach Italien abziehen, wo sie ein Reich begründen, das bis 774 besteht. Zunächst besetzen die Langobarden die Poebene, erobern Mailand und belagern Pavia, die spätere Hauptstadt ihres Reiches, das sie nach drei Jahren (572) einnehmen. Die langobardische Expansion dauert bis 650 an, als Restgebiete behält Byzanz Istrien und die Venetien vorgelagerten Inseln und Lagunen, die Romagna mit Ravenna als Sitz des Exarchen (das Exarchat), die südlich daran anschließende Pentapolis bis Ancona, den Dukat von Rom mit Teilen Kampaniens und der südlichen Toskana, welcher mit der Pentapolis durch das Gebiet von Perugia verbunden ist (dadurch ist das langobardische Königreich von den Herzogtümern Benevent und Spoleto abgetrennt, die von den langobardischen Königen mit Ausnahme Liutprands fast unabhängig bleiben; die Gastalden fungieren hier als herzogliche Beamte), den Dukat von Neapel mit dem Rest Kampaniens, der von langobardischem Gebiet umgeben ist, Süditalien, Bruttium und die Salentinische Halbinsel und das bis 698 mit Nordafrika als zweites Exarchat zusammengeschlossene Sizilien. Italien ist so durch die langobardische Landnahme (die nach Süden zu immer mehr abnimmt) in einen langobardischen und byzantinischen Teil aufgespalten, wobei die Grenzen sehr zerrissen sind.

Die ersten beiden Langobardenkönige Albwin und Kleph (572 bis 573) fallen Mordanschlägen zum Opfer, bis 584 wird das Reich der Langobarden von 15 Herzögen regiert, mit Authari (584 bis 590), dem Sohn Klephs, gelangt wieder ein fähiger Herrscher auf den langobardischen Thron, der es versteht, durch seine Heirat mit Theudelinde, der Tochter des Baiernherzogs, seinem Reich eine Stütze gegen das Bündnis von Byzanz mit den Franken zu geben; aber auch mit diesen gelingt es ihm, gegen Ende seiner Regierung Frieden unter Anerkennung der fränkischen Oberhoheit zu schließen. Nach Agilulf (590 bis 616) und Adalwald (616 bis 626; erster katholischer Langobardenkönig, Sohn Theudelindes; durch sie als Katholikin wird der Konflikt Arianismus–Katholizismus ins Langobardenreich hineingetragen; Adalwald wird noch von der arianischen Reaktion gestürzt) übernimmt mit Rothari (636 bis 652) wieder ein starker König die Herrschaft im Langobardenreich, der nicht nur außenpolitisch gegen Byzanz erfolgreich ist (Eroberung von Ligurien), sondern dem es auch im Inneren gelingt, die königliche Zentralgewalt durch Einschränkung der herzoglichen Machtbefugnisse zu stärken. Der Kampf des Königtums mit den mächtigen Herzögen (duces) ist kennzeichnend für die langobardische Geschichte, allmählich vermag das Königtum die Herzöge in stärkere Abhängigkeit zu bringen und durch königliche Ernennung das herzogliche Erbrecht zu verdrängen. Stütze in dieser Auseinandersetzung werden die Gastaldi, ursprünglich die Verwalter der königlichen Domänen in den Dukaten und des reichsunmittelbaren Gebietes, welche mehr und mehr mit öffentlich-rechtlichen Befugnissen ausgestattet werden. Der Zwang zur Eroberung immer neuen Gebietes erwächst aus der Vergabe von Königsland an besitzlose Freie (Arimanni), die dadurch zum Kriegsdienst und zur Zinszahlung verpflichtet sind, das Land untersteht entweder unmittelbar dem König als Königsland oder ist als Großgrundbesitz in den Händen der Herzöge. Im Langobardenreich verkörpert sich lange Zeit am reinsten das germanische Element, doch nimmt mit dem 7. Jahrhundert die Romanisierung immer mehr zu. Die einheimische Bevölkerung Italiens unterliegt bis 680 langobardischem Recht, das unter Rothari im Edictus Rothari 643 in lateinischer Sprache aufgezeichnet wird, nach 680 wird den Römern, die von den politischen Rechten ausgeschlossen sind, römisches Personalrecht zugestanden.

Der Übergang des langobardischen Königtums (Rothari war noch überzeugter Arianer) zum Katholizismus vollzieht sich mit Aripert I. (652 bis 661), was den Romanisierungsprozeß beschleunigt, da auch das langobardische Volk allmählich katholisch wird; damit wird die religiöse Barriere, die zur einheimischen Bevölkerung hin bestand, aufgehoben. Unter Grimwald (661 bis 671), dem Herzog von Benevent, der sich gewaltsam zum König der Langobarden erhebt, erfährt die königliche Gewalt eine weitere Stärkung; Angriffe der Franken, Avaren und Slawen können zurückgeworfen werden, und die Rückeroberungspolitik des byzantinischen Kaisers Constans II. scheitert (Niederlagen der byzantinischen Truppen bei Forino und am Calore), so daß Byzanz gezwungen ist, unter Grimwalds Nachfolger Pektarit (671 bis 688) um 680 Frieden zu schließen. Einen gewaltigen Machtanstieg verzeichnet das Langobardenreich unter Liutprand (712 bis 744), der die Herzöge von Spoleto und Benevent unterwerfen kann und in wechselnden Bündnissen, einmal gegen Byzanz, dann gegen das Papsttum (Gregor III. bittet 739 und 740 Karl Martell vergeblich um Hilfe gegen die Langobarden), eine offensive Außenpolitik betreibt, bis er sich von Papst Zacharias (741 bis 752) bewegen läßt, aus religiösen Gründen die Eroberung Ravennas und Roms aufzugeben und einen zwanzigjährigen Frieden mit dem Papst einzugehen. Auch sein Nachfolger Ratchis (745 bis 749) gibt auf päpstliche Bitte hin die Belagerung Perugias auf, wird aber daraufhin als König abgesetzt. Eine Fortsetzung der langobardischen Expansionspolitik unternimmt sein Bruder Aistulf (749 bis 756), der mit der Eroberung Ravennas (751) und des Exarchats (753) Byzanz aus Ober- und Mittelitalien herausdrängt; als er jedoch den römischen Dukat zu unterwerfen versucht, begibt sich Papst Stephan II. 754 ins Frankenreich zu König Pippin (751/52 bis 768), den er um Hilfe gegen die Langobarden anfleht (Schutzversprechen Pippins; Übertragung der Würde eines patricius Romanorum an den fränkischen König und seine Söhne). In den Jahren 754 und 756 unternimmt Pippin zwei Feldzüge gegen Aistulf, den er zur Herausgabe des Exarchats und der Pentapolis an den Papst zwingen kann; zusammen mit dem Dukat von Rom wird daraus der Kirchenstaat gebildet. Zudem müssen die Langobarden die fränkische Oberhoheit anerkennen. Der Zusammenbruch des Langobardenreiches erfolgt unter Desiderius (756 bis 774), der zum Schutz gegen die Franken mit dem Bayernherzog Tassilo III. ein dynastisches Bündnis eingeht. Der neue Frankenkönig, Karl der Große (768 bis 814), ist anfänglich bereit, mit den Langobarden zu einem Ausgleich zu kommen, er heiratet eine Tochter des Desiderius, die er jedoch später verstößt. Zum Kampf gegen die Langobarden sieht sich Karl der Große gezwungen, als Desiderius römisches Gebiet angreift, nachdem Papst Hadrian I. (772 bis 795) sich geweigert hat, die Söhne von Karls Bruder Karlmann, dessen Witwe mit ihren Kindern nach Karlmanns Tod 771 zum Langobardenkönig geflohen war, zu Königen zu salben. Unter dem Angriff Karls bricht das Langobardenreich in Italien zusammen (773/774). Pavia kann nach langer Belagerung erobert werden, und das Langobardenreich wird mit dem Frankenreich vereinigt, Karl der Große nennt sich von nun an „rex Francorum et Langobardorum“. Das Herzogtum Benevent mit Salerno als neuer Hauptstadt kann unter Arichis I. (758 bis 787) seine Unabhängigkeit gegenüber dem Frankenreich bewahren, das seine Herrschaft nur über Nord- und Mittelitalien auszudehnen vermag, der Süden Italiens bleibt byzantinisch, ebenso Sizilien bis zur Eroberung durch die Araber, die Seestädte Venedig, Gaëta, Amalfi und Neapel stehen nominell unter byzantinischer Oberhoheit, sind im Grunde jedoch selbständig unter der Führung von duces.

Das Reich der Burgunder Zu den kurzlebigsten während der Völkerwanderungszeit gegründeten germanischen Reichen zählt das Burgunderreich. 407 überschreiten nach den Vandalen, Alanen und Quaden auch die Burgunder den Rhein und bilden in der Gegend um Worms unter ihrem König Gundahar ein Reich auf Föderatenbasis, das jedoch nur von kurzer Dauer ist. Bereits 436 vernichtet der Heermeister Westroms Aëtius mit Hilfe der Hunnen dieses mittelrheinische Burgunderreich, das sich nach Norden auszudehnen begann; König Gundahar und seine Sippe sowie große Teile des burgundischen Volkes werden bei dieser Aktion getötet. Neuen Siedlungsraum erhalten die überlebenden Burgunder von Aëtius 443 in Savoyen und am Genfer und Neuenburger See in der Absicht, dieses neue Burgundische Reich an der Rhone gegen eventuelle Ausdehnungstendenzen der Alamannen einzusetzen. In Kämpfen mit den Alamannen und Franken vermögen die Burgunder ihr Siedlungsgebiet allmählich auszuweiten, eine Bedrohung des Reiches aber bilden fortwährend die immer mächtiger werdenden Franken. Es gelingt jedoch König Gundobad, mit ihnen ein Bündnis einzugehen. Mit burgundischer Hilfe schlägt schließlich der Merowinger Chlodwig die Westgoten bei Vouglé (507). Das Bündnis mit den Franken ist jedoch nicht von Dauer, der Nachfolger Gundobads, König Sigismund (516 bis 523), wird 523 in einen Krieg mit Theoderich dem Großen verwickelt, den die Franken zum Anlaß nehmen, das Burgunderreich ebenfalls anzugreifen; Sigismund

Ausschnitt aus einer Seite der Wulfilabibel. Der Text ist mit silbernen Buchstaben auf purpurgefärbtes Pergament geschrieben. Universitätsbibliothek, Upsala.

wird dabei getötet. Unter König Godomar (523 bis 533) dauern die Kämpfe mit den Merowingern fort, die Eroberung des Burgunderreiches fällt in die Jahre 532 bis 534 (532 Niederlage Godomars bei Autun); Theudebert I. (533 bis 547) gliedert es dem Frankenreich der Merowinger an.

DIE KULTURELLE ENTWICKLUNG WÄHREND DER VÖLKERWANDERUNGSZEIT

Die Völkerwanderungszeit als eine Umbruchsphase in dem Verwandlungsprozeß der mittelmeerischen Welt mit dem Ausklang des antiken Zyklus' und dem Heraufdämmern der abendländischen frühmittelalterlichen Epoche ist gekennzeichnet von der Begegnung der nach Westen und Süden vorstoßenden germanischen Völker mit der schon brüchig werdenden Welt der Spätantike – eine schicksalhafte Begegnung, die dem europäischen Raum ein anderes Gesicht mit einem anderen Kulturgepräge verleihen wird. Obgleich die städtische Zivilisation des mediterranen Raumes sich auflöst, führt das Aufeinandertreffen spätantiker und germanischer Elemente jedoch nicht zu einem abrupten Abbruch der antiken Kultur oder zu einer totalen Überlagerung durch das germanische Element, es ist vielmehr auch weiterhin eine Kulturkontinuität von der Antike her gegeben, die von der Intensität des römischen Elements an den jeweiligen Stätten der Begegnung geprägt ist. Dabei nimmt diese kulturelle Kontinuität nach Norden zu ab, um jenseits der Alpen beinahe völlig zu versiegen, da das antike Bildungsgut hier rasch von seiner Strahlkraft einbüßt. Eine wesentliche Rolle bei der Tradierung antiken Kulturgutes und der Aufrechterhaltung der Verbindung mit der antiken Kultur kommt dabei in zunehmendem Maße dem Christentum und hier insbesondere den großen Klöstern zu (in Burgund, Aquitanien und im südlichen Gallien bewahren die bedeutenden Klöster wie Lyon, Arles, Marseille das spätantike, orientalisch geprägte Christentum, das sie durch Wandermönchtum und Filiation bis nach Irland weiterleiten; von dort erfolgt eine Rückbewegung nach dem Festland mit zahlreichen Klostergründungen).

Aus der Begegnung der auf römischen Reichsboden vorstoßenden germanischen Stämme mit der provinzialrömischen Kultur erwächst aus Rezeptionen und in vielfältigen Adaptationsprozessen eine eigene kulturelle Welt der Völkerwanderungszeit, die in sich eigenständige Züge trägt und gleichzeitig zur Brücke wird zwischen der Welt der Antike und der des Frühen Mittelalters. Monumentale Steinarchitektur und figürliche Plastik haben die germanischen Völker bis zu ihrem Eintritt in die Epoche der Völkerwanderung nicht hervorgebracht, Bedeutung kommt der Edelstein- und Metallkunst zu. Die Goten eignen sich während des 4. Jahrhunderts am Schwarzen Meer zwei neue, auf iranische Herkunft zurückgehende Zierweisen an, die als „farbiger Stil" bezeichnet werden; sie werden mit den Wanderungen der Goten von 400 an über weite Teile der germanischen Welt ausgebreitet. Es handelt sich um die enge Zellenverglasung und den polychromen Edelsteinbesatz auf preßverziertem Goldblech; hauptsächlich wird dabei der rote indische Almandin verwendet. Ab 400 wird zudem am Rhein und an der mittleren Donau der spätrömische Kerbschnitt übernommen, der zusammen mit den mehrfarbigen Zelleneinlagen und den bunten Edelsteinauflagen die vorherrschende Verzierung in der Kunst der germanischen Stämme auf dem Festland bis 600 wird.

Aus der Umformung provinzialrömischer Tiermotive im Verschmelzen mit gotischen Ornamentformen geht in der ersten Hälfte des 6. Jahrhunderts der sogenannte germanische Tierstil I hervor, der Tierfiguren, deren Köpfe zumeist nur eine halbrunde Augeneinfassung aufweisen, und Kerbschnittmuster miteinander kombiniert oder Köpfe und Gliedmaßen von Tiergestalten zu Flächenmustern wie ein Mosaik zusammensetzt. Als der vorwiegend auf angelsächsischem und skandinavischem Boden beheimatete Tierstil I gegen Ende des 6. Jahrhunderts nach Mitteleuropa und dem langobardischen Oberitalien vordringt, prägt sich in einer zweiten Phase aus der Verknüpfung mit der südgermanischen Flechtbandverzierung der sogenannte Tierstil II aus, der wurmartige Tiergestalten, die vielfach ohne Füße sind, in verschlungenen, aber geordneten Kompositionen nach dem Prinzip der Flechtbandverzierung über die Fläche hin ausbreitet. Seine Aneignung findet er bei allen germanischen Stämmen des Festlandes, wo er in Mitteleuropa bis ins 8. Jahrhundert hinein weiterlebt; er dringt auch bis England und Skandinavien vor, wo sich dann um 700 noch ein Spätstil, der sogenannte Tierstil III, entwickelt, der abstrakte Tiergestalten zu kunstvollen Ornamentkompositionen zusammenschließt. Neben die darstellungslose Ornamentik treten ab 600 erste Zeugnisse bildlicher Darstellung in der germanischen Kunst, nachdem vorausgegangene figürliche Arbeiten ohne Weiterentwicklung geblieben waren. Zu nennen sind hier die fränkisch-alamannischen Reiterscheiben und die ersten steinernen Bilddenkmäler, welche Wotan als Lanzenreiter (Hornhausen) oder einen Krieger in kultischer Tierverkleidung (Gutenstein) zeigen. Im Gefolge des Christentums gewinnen mehr und mehr figürliche und gegenständliche Motive an Bedeutung, bis im Verlauf des 8. Jahrhunderts der Übergang zur mittelalterlich-christlichen Kunst erfolgt.

Die Rezeption der spätantiken mediterranen Kultur durch die germanischen Stämme, welche eigene Reiche unter Aneignung byzantinischer Herrschaftsformen bilden, findet ihren Ausdruck vor allem in der Aneignung einer monumentalen Baukunst in Stein unter Bevorzugung des Zentralbaus, der, auf oströmische Vorbilder zurückgehend (Oktogon von Antiochia, San Lorenzo in Mailand), eine reiche Tradition gewinnt (Santa Maria ad Pertices in Pavia, San Vitale in Ravenna, Theoderichgrabmal, Sankt Gereon in Köln, Pfalzkapelle zu Aachen). Neben dem Zentralbaugedanken lassen sich noch andere aus weströmischer Überlieferung kommende Baugesinnungen nachweisen; eine erste Verschmelzung ost- und weströmischer Bautypen erfolgt in der Verbindung der weströmischen Basilika mit der östlichen Kreuzkirche.

Bedeutendes germanisches Schriftdenkmal aus der Völkerwanderungszeit ist die Übersetzung der Bibel ins Gotische durch den Bischof Wulfila (griech. Ulfila), der den Westgoten das arianische Bekenntnis brachte. Aus der hochklassischen Zeit der germanischen Literatur, die bis 600 dauert, stammen der erste Merseburger Zauberspruch, zwei Totenklagen zu Ehren des Westgotenkönigs Theoderich und Attilas, ferner die Klage des letzten Vandalenkönigs Gelimer; Stammtafeln, Königsreihen und Merkdichtung entstehen weiterhin in dieser Zeit, die Heldendichtung erlebt ihre erste Blüte und findet dann in der Epoche von 600 bis 770, der sogenannten germanischen Endzeit, eine weitere Ausgestaltung (westgermanische Heldenlieder wie das Iringlied, die Nibelungensagen, das Hildebrandlied u. a. m.).

Die Erneuerung Persiens unter den Sassaniden

Die sassanidische Staatsbildung unter Ardaschir I. Am Anfang der sassanidischen Staatsbildung steht die Gestalt Ardaschirs I., Enkel des Priesters Sasan, welcher eine national-iranische Reaktion einleitet, die in ihrer Vollendung unter Ardaschir das Ende des Partherreiches bewirkt. Als Führer eines breit angelegten Aufstandes im Partherreich, in dessen Verlauf die Dynastie der Arsakiden gestürzt wird, gelangt Ardaschir 224 oder 226 n. Chr. auf den Thron. Mit dem Triumph Ardaschirs, des Sohnes eines parthischen Vasallen in der Persis, Papak, über seinen parthischen Oberherrn Artaban V. (208 bis 226) gewinnt die national-iranische Dynastie der Sassaniden die Herrschaft im vorderasiatischen Raum, die bis zur Vernichtung des Sassanidenreiches im Ansturm der arabisch-islamischen Ausbreitung im 7. Jahrhundert besteht. Im 7. Jahrhundert tritt dann an die Stelle des sich in der Nachfolge des Achämenidenreiches begreifenden Sassanidenstaates der Neuperser das Großarabische Reich, jedoch bleibt die kulturelle Kontinuität in Iran im wesentlichen ungebrochen, was die Widerstandsfähigkeit der jahrtausendealten persischen Kultur ausweist, die den Prozeß der Arabisierung im großen und ganzen unangetastet übersteht. Den Sassaniden gelingt es, nach der Übernahme der Herrschaft von den Arsakiden eine straffe, zentralistische Staatsverwaltung aufzubauen, die durch einen umfangreichen Beamtenapparat unter sieben Staatssekretären mit einem Kanzler als Vorstand gekennzeichnet ist. Mit dem aus achämenidischer Tradition sich herleitenden Anspruch auf Weltherrschaft (das Selbstverständnis und die politische Leitidee der Sassaniden dokumentieren sich in Felsreliefs in Naqsch-i Rustem und in der Nähe von Firuzabad: Auf dem Relief von Naqsch-i Rustem übergibt der Gott Ahura Mazda Ardaschir den Ring der Weltherrschaft) tritt das Sassanidische Reich dem gleichfalls einen Universalanspruch erhebenden Römischen Reich gegenüber. Die aus dem Anspruch auf Gleichberechtigung mit Rom erwachsenden Kämpfe mit dem Imperium Romanum, in denen die des Partherreiches ihre Fortsetzung finden, prägen das Profil der Epoche von 226 bis 651 im nahöstlich-iranischen Raum. Der Universalanspruch der Sassaniden drückt sich deutlich im Wandel der sassanidischen Königstitulatur aus: Papak bezeichnet sich in den Inschriften noch als König, Ardaschir schon als König der Könige von Iran (Schahinschah), Schapur schließlich als König der Könige von Iran und Nichtiran, was von allen weiteren sassanidischen Herrschern beibehalten wird. Der Gleichberechtigungsanspruch mit Rom läßt sich auch aus den Quellen erschließen; noch in einem Brief Chosroes' II. an den byzantinischen Kaiser Maurikios heißt es: „Von Anbeginn hat die Gottheit der Welt zu ihrer Führung und Erleuchtung wie zwei Augen das mächtige Reich der Römer und die erfahrene Monarchie der Perser gegeben." (Theophylakt IV, 10,11).

Der Aufstieg zur neuen Weltmacht im nahöstlich-iranischen Raum: Die Auseinandersetzung mit Rom Das Aufgreifen des altpersischen Weltreichsgedankens durch die Sassaniden mit der politischen Zielsetzung einer Wiederherstellung des ursprünglichen Reichsgebietes der Achämeniden muß unausweichlich zu einer permanenten Konfliktsituation im nahöstlichen Raum führen, da hier dem Sassanidischen Reich eine andere Hegemonialmacht, das Imperium Romanum, gegenübersteht. Die Geschichte des vorderasiatischen Raumes in der Zeit der Sassanidenherrschaft ist daher gekennzeichnet durch einen fortwährenden Kampf um die Vorherrschaft im Nahen Osten zwischen dem Reich der Sassaniden und dem römischen Imperium und dessen Nachfolger im Osten, dem Byzantinischen Reich. Phasen der Expansion und Reduktion wechseln dabei einander bei den sich konfrontierenden Mächten ab. Im 3. Jahrhundert bewirkt die aus altpersischer Tradition erneuerte Idee des Anspruchs auf Weltherrschaft in der nochmaligen Mobilisation der Kräfte des Iran eine seit Ardaschir andauernde machtvolle Offensive im Vorderen Orient, die unter Schapur I. (241 bis 272) ihren Höhepunkt erreicht: Unter den Schlägen der sassanidischen Heere, deren Überlegenheit auf der modernsten Waffe des Jahrhunderts, der gepanzerten schweren Reiterei, beruht (Siege über Gordian III., 256 Plünderung Antiocheias in Syrien, Gefangennahme des 70jährigen Kaisers Valerian 259 oder 260 – dargestellt auf einem Siegesrelief von Naqsch-i Rustem –, Eroberung und Zerstörung Duras, Vorstoß bis tief nach Kleinasien), bricht die römische Hegemonie im Nahen Osten zusammen, das Sassanidenreich steigt zur neuen Weltmacht im vorderasiatischen Raum empor.

Den Erfolgen im Westen gegen Rom entsprechen Siege und Eroberungen im Osten. Der sassanidischen Expansion unter Ardaschir und Schapur kann das Reich der Kushana, das sich nach der Siegesinschrift Schapurs – hier Kuschanschar genannt – von der Ebene Peshawar bis nach Taschkent erstreckt haben soll, auf die Dauer nicht standhalten: es löst sich auf, und das

Anknüpfend an die achämenidische Tradition erheben auch die Sassaniden Anspruch auf Weltherrschaft und lassen ihre Taten in Felsreliefs verewigen. Das Relief in Naqsch-i Rustem zeigt die Investitur Ardaschirs, des Begründers der Dynastie der Sassaniden.

Sassanidenreich kann seinen Machtbereich bis an die Grenzen des alten Achämenidenreiches ausdehnen.
Der rasche Aufstieg des sassanidischen Königtums zur Weltgeltung in den Erfolgen der territorialen Ausdehnung erklärt sich zum Teil aus dem militärischen Übergewicht des Sassanidischen Reiches. Die sassanidische Überlegenheit in der Kriegführung des 3. Jahrhunderts beruht auf dem Gebrauch der kriegsentscheidenden Reiterwaffe. Von den Reiternomaden des eurasischen Steppengürtels ihren Ausgang nehmend, erfaßt die Umwälzung des Kriegswesens durch die Reiterei – wie F. Altheim ausgeführt hat – den gesamten Kreis der Alten Welt (Iran, China, Arabien, Nordafrika). Bei den Sassaniden wird die von den Parthern übernommene Waffengattung der schweren Panzerreiterei (cataphracti) weiterentwickelt: Im geballten Ansturm der Lanzen- und Bogenkataphrakten, der schweren und leichten Kavallerie zerbricht der gegnerische Widerstand sehr schnell. Die militärische Vorrangstellung seiner Gegner zwingt Rom daher zu einer Umstrukturierung seines Heeres und zum Aufbau einer eigenen Reiterwaffe. Die Sassaniden halten ein ständiges stehendes Heer, das Schwergewicht beim Angriff liegt auf der vom Adel gestellten gepanzerten Kavallerie und der Elefantentruppe.
Die während der Expansion im 3. Jahrhundert gewonnenen Grenzen des Sassanidenreiches bleiben im großen und ganzen bis zum Ansturm der arabisch-islamischen Ausbreitung gewahrt, wenn sie auch nicht vielfacher Belastungen entbehren; die auf die erste Offensivwelle folgenden Jahrhunderte der sassanidischen Geschichte verändern nicht wesentlich das machtpolitische Gefüge im nahöstlich-iranischen Raum: Auf Phasen des Machtverfalls, die mit einem Vordringen des Römischen und dann des Byzantinischen Reiches einhergehen (die mit dem Aufstieg des Feudaladels unter Bahram II., 276 bis 293, hervorgerufenen innenpolitischen Probleme im Sassanidenreich ermöglichen unter Carus den römischen Gegenstoß gegen die Neuperser mit der Einnahme der Hauptstadt Ktesiphon 283, der zur Aufgabe von Mesopotamia und Armenia führt; 298, nach persischem Vordringen, Sieg von Diocletians Schwiegersohn C. Galerius Valerius Maximianus in Armenien über Narsé, 293 bis 302. Das Neupersische Reich der Sassaniden erkennt daraufhin die römische Oberhoheit über Armenien an), folgen Phasen des Machtanstiegs, die Vorstöße des Sassanidenreiches bringen. Zum Streitobjekt des 4. Jahrhunderts wird vor allem Armenien. Dabei gewinnen die Auseinandersetzungen mit Rom infolge der Christianisierung des Römischen Reiches zusehends einen religiösen Anstrich (seit 339 unter Schapur II. blutige Christenverfolgungen. Die Ausbreitung des Christentums im Sassanidischen Reich ist auf den Einfluß der zahlreichen römischen Kriegsgefangenen zurückzuführen. Zentrale Stellen des Christentums werden die Residenzen insbesondere in Mesopotamien und in der Susiana. Eine kirchliche Organisation mit fünf Erzbischöfen unter einem Katholikos wird unter Jezdegerd I., 399 bis 420, zugelassen; Synoden von Seleukia, 410 und 420); erst unter Bahram V. (420 bis 438) kann im Friedensschluß mit Ostrom vom Westen eine Tolerierung der Christen im sassanidischen Staat erreicht werden. Die einzelnen Phasen der Auseinandersetzung zwischen dem Sassanidenreich und dem Imperium Romanum oder dessen Nachfolger, dem Byzantinischen Reich, erweisen sich aufs engste mit der jeweiligen Machtstellung der sassanidischen Herrscher verknüpft. Auf Grund der beständigen Divergenz zwischen auf Zentralisation bedachtem Königtum und der zentrifugalen Kraft des privilegierten Feudaladels als Träger von Armee und Verwaltung vermag nur ein gefestigtes, starkes Königtum eine wirksame Außenpolitik zu führen.

Machtpolitischer Höhepunkt unter Schapur II. und Niedergang des Reiches unter seinen Nachfolgern Nach dem machtpolitischen Höhepunkt des Neupersischen Reiches der Sassaniden im 3. Jahrhundert, der zugleich eine erste Kulmination der sassanidischen Kultur brachte (die sassanidische Kunst, die sich auf achämenidische und parthische Vorbilder stützt, ist im wesentlichen eine Hofkunst; unter Ardaschir ist zunächst Firuzabad Hauptstadt, an dessen Stelle jedoch bald wieder die Partherresidenz Ktesiphon tritt; Felsreliefs bei den Achämenidengräbern von Naqsch-i Rustem), setzt mit Schapur II. (309 bis 379) nach einer Periode innerer Wirren, hervorgerufen durch dynastische Konflikte, die zu außenpolitischen Rückschlägen führte, eine erneute Aktivität im Westen ein, durch die dem Imperium Romanum Christianum schwere Niederlagen und Verluste (Armenien wieder zeitweilig sassanidisch) zugefügt werden. Nach der erneuten Unterwerfung der Kushana im Osten wendet sich Schapur II. wieder gegen Rom, mit dem er dann von 339 bis 363 fast beständig Krieg führt. Von Ammianus Marcellinus, einem römischen Offizier an der persischen Front, sind die Schilderungen dieser fortwährenden Auseinandersetzungen mit den Sassaniden überliefert. Auch die Römer besaßen nun die Waffe der schweren Panzerreiter, die den sassanidischen Kataphrakten jedoch noch immer unterlegen waren. Die Neuperser hingegen hatten von den Römern deren hochentwickelte Belagerungstechniken übernommen, so daß es zu großangelegten Belagerungen der Grenzfestungen wie Amida, Nisibis und Edessa kam. In Syrien vermag Schapur II. erfolgreich gegen Constantius vorzudringen (Verlust der Festungen Amida, Singara, Bezabde), und auch der Versuch Flavius Claudius Julianus' (genannt Apostata, 361 bis 363), in einer Gegenoffensive mit der Belagerung Ktesiphons das Blatt noch zugunsten der Römer zu wenden, scheitert, und der Kaiser findet den Tod, so daß sein Nachfolger Jovian sich gezwungen sieht, 363 in einen für Rom ungünstigen Frieden einzuwilligen und die Grenzfestungen Nisibis und Singara, das Gebiet jenseits des Tigris sowie Armenien aufzugeben.
Nach dem Tode Schapurs II. gerät das Sassanidenreich dann wieder in einen inneren Verfallsprozeß, der sich in zunehmendem Maße auch außenpolitisch auswirkt: An der römischen Ostgrenze läßt der Expansivdruck des Sassanidischen Reiches mehr und mehr nach, zudem kann das Neupersische Reich das Eindringen von Fremdvölkern (Kidariten, Hephthaliten) im Nordosten des Reiches nicht verhindern. Dynastische Machtkämpfe und Auseinandersetzungen mit dem Feudaladel und der Priesterschaft treiben seit dem Ende des 4. Jahrhunderts unter der schwachen Herrschaft Ardaschirs II. (379 bis 383), Schapurs III. (383 bis 388; Teilung Armeniens zwischen Ostrom und Persien 387) und Bahrams IV. (388 bis 399) den Kräfteverfall voran. In dem inneren Chaos, hervorgerufen durch die sozialrevolutionäre, teilweise in manichäischen Vorstellungen wurzelnde, religiös fundamentierte Lehre des Priesters Mazdak, die sich gegen die Willkür des Adels richtet, mit ihren Forderungen nach bedingungsloser Gleichheit, der Beseitigung von Hörigkeit und Grundadel, erreicht das Sassanidische Reich den Tiefpunkt seiner Macht. Parallel zum inneren Niedergang vollzieht sich im 5. Jahrhundert die äußere Auflösung des Neupersischen Reiches. Nach der Herrschaft Jezdegerds I. (399 bis 420) gerät das Sassanidische Reich durch innere Kämpfe mit der Absetzung der Dynastie Jezdegerds durch die Magnaten in einen verhängnisvollen Auflösungsprozeß unter Bahram V. (420 bis 438) und Jezdegerd II. (438 bis 457). Durch die Vorstöße hunnischer Völker im Nordosten (z. B. der Kidariten) und das Vordringen der Hephthaliten, der „weißen Hunnen", vom Gebiet des früheren Kushanareiches aus wird das Sassanidenreich zusehends in die Defensive gedrängt; trotz heftiger Abwehrkämpfe (484 Niederlage von Peroz I., 459 bis 484, der im Kampf gegen die Hephthaliten fällt, die er zu Beginn

seiner Regierung zur Unterstützung beim Sturz seines Bruders Hormizd III., 457 bis 459, herbeigerufen hatte) kann die Besetzung der Osthälfte des Reiches durch die Hephthaliten nicht aufgehalten werden.

Neuer Machtanstieg unter Kavadh und Chosroes I. Mit Peroz' I. Sohn Kavadh (488 bis 531), der nach einem vierjährigen Interregnum unter Balasch (484 bis 488) zur Herrschaft gelangt, tritt jedoch ein Umschwung ein: die von ihm begonnene Neuordnung des Sassanidenreiches mit einer Stärkung der Monarchie (durch Entmachtung des allmächtigen Großwesirs, an dessen Stelle vier Vizekönige als Spitzen der regionalen Verwaltung treten) wird von seinem Sohn Chosroes I. (auch Chosrau I. Anoscharvan, 531 bis 579) beendet. Neigte Kavadh noch dem Mazdakismus zu und zeichnete er sich überhaupt durch eine religiöse Toleranz aus, die auch die Entwicklung einer christlichen Nationalkirche (Priesterausbildung in Nisibis) im Sassanidenreich duldete, so gibt Chosroes I. diese Tolerierung in religiösen Dingen auf und führt unter Unterdrückung des Mazdakismus, womit er die sozialen Unruhen zeitweilig beendet, eine umfassende Staatsreform durch, mit einer grundlegenden Verwaltungsreorganisation unter Schaffung eines neuen Beamtenadels und einer Steuerreform entsprechend der Reform Diocletians, welche bei der Erhebung der Kopf- und Grundsteuer die Funktionen der Grundherren ausschaltet. Durch die Stärkung der Königsgewalt, durch Pressionen gegenuber den Mazdakiten und insbesondere durch einen vernichtenden Sieg über die Hephthaliten 567 wird das Reich innen- und außenpolitisch konsolidiert und zu einem erneuten Höhepunkt seiner Macht und kulturellen Bedeutung nach den Kulminationen unter Ardaschir I. und Schapur I. im 3. Jahrhundert und unter Schapur II. im 4. Jahrhundert emporgeführt.

Durch ein von Chosroes I. eingeleitetes Wiederaufbau- und Erschließungsprogramm mit einer Vermessung des Landes, dem Bau von Straßen und Kanälen und der Anlegung von Bewässerungssystemen beginnt der Wohlstand im Sassanidischen Reich wieder zu steigen. Auch das Heerwesen erfährt hinsichtlich der Kommandostruktur (Einsetzung von vier Oberbefehlshabern) und Rekrutierung eine Verbesserung; der Erhöhung der Grenzverteidigung dient die Umsiedlung von Stammeskriegern mit einer Schaffung von Soldatenlehen an der Nordgrenze, was dann vom Byzantinischen Reich nachgeahmt wird. Die machtpolitische Verdichtung und die Stabilisierung des Reiches auf allen Gebieten unter Chosroes I. bedingt einen letzten Aufstieg des sassanidischen Staates nach über einem Jahrhundert innerer Wirren, was zu einer erneuten außenpolitischen Aktivität führt. Im Westen wird 540 Antiocheia erobert, von dem bei Ktesiphon eine genaue Kopie errichtet wird, um die für das Sassanidenreich wichtigen antiocheiischen Facharbeiter dort anzusiedeln und sie in den Reichsverband einzugliedern. Eine Offensive gegen das Byzantinische Reich führt 562 zu einem Friedensschluß für 50 Jahre, durch den die bisherigen Grenzen garantiert werden. Kämpfe gegen die Araber bringen eine Eingliederung des Yemen in den sassanidischen Herrschaftsbereich. Die durch die Kriegszüge gewonnene Beute (vor allem aus den syrischen Städten) und die bedeutenden Tributzahlungen kommen dem allgemeinen Wohlstand des Landes und der Grenzsicherung zugute.

Der unter Chosroes' I. Herrschaft sich vollziehende Aufschwung des Sassanidenreiches macht sich auch auf kulturellem Gebiet bemerkbar; eine neue Blüte des geistigen Lebens und der Kunst führt zu einer tiefen Reife der Kultur (spätsassanidische Periode), die vor allem am an Luxus und Zeremoniell Konstantinopel ebenbürtigen königlichen Hof in der Hauptstadt Ktesiphon sich voll entfaltet. In diesem Zentrum des Kunstschaffens entstehen vor allem als begehrte Exportartikel die sassanidischen Silberarbeiten, in denen altorientalische und achämenidische Bildvorstellungen weiterleben, weiterhin die ebenfalls überall hin ausgeführten farbigen, mit Tier- und Jagdszenen und Darstellungen von Schlachten bebilderten Gewebe. Neben der Kunst, in der sich altüberlieferte Einflüsse, aber auch die benachbarter Kulturen (baktrisch-hellenistische, indische, byzantinisch-syrische Einflüsse) mischen, erfährt auch das geistige Leben einen bedeutenden Aufschwung. In die von Chosroes I. persönlich geförderte, bereits von Schapur I. gegründete Hochschule in Gundischapur östlich von Susa wird auf Betreiben des Großkönigs ein Teil der heidnischen Philosophieprofessoren aufgenommen, die nach der Aufhebung (529) der neuplatonischen Akademie in Athen nach Persien emigriert sind. Geistig-kulturelle Beziehungen nach dem Westen, zu Byzanz, sowie nach dem Osten, zu Indien, erweisen sich als äußerst fruchtbar; von Indien wird das indische Dezimalsystem und das Schachspiel übernommen, Sanskrit-Dokumente werden ins Mittelpersische (Pehlewi) übersetzt.

Großoffensive unter Chosroes II. und Vernichtung des Reiches durch die Araber Unter dem Nachfolger Chosroes' I., Hormizd IV. (579 bis 590), ist das Sassanidische Reich bereits wieder neuen Belastungen im Inneren und von außen her ausgesetzt – Invasion neuer Türkvölker mit einer Besetzung Herats und Auseinandersetzungen des neuen Militäradels mit dem Königtum –, doch geht das Reich noch einmal unter Chosroes II. (auch Chosrau II. Parwez, 590 bis 628), der mit byzantinischer Hilfe auf den Thron gelangt, einem letzten Machthöhepunkt entgegen, ehe im Ansturm der islamischen Araber im 7. Jahrhundert der sassanidische Staat versinkt. Unter Chosroes II. kommt es wieder zu einem Zusammenprall der Interessen der beiden Großmächte im vorderasiatischen Raum, des Sassanidischen und Byzantinischen Reiches, was sich für Byzanz verheerend auswirken soll und das Reich an den Rand des Untergangs bringt, als der Großkönig in einer umfassenden militärischen Offensive zu Beginn des 7. Jahrhunderts gegen Konstantinopel vorstößt, große Teile Kleinasiens unterwirft, bis zum Bosporus vordringt, schließlich 614 Syrien und 619 den Norden Ägyptens erobert. Bis zur Gegenoffensive durch Herakleios I. (610 bis 641), der durch seine Themenverfassung eine grundlegende Reichsreform einleitet und dem Byzantinischen Reich neue innere Festigkeit verleiht, gehen das römische Armenien, Mesopotamien, Ägypten und Syrien an Chosroes II. verloren, der seit 622 jedoch erfolgreich durch Herakleios in Kleinasien zurückgeworfen werden kann. Ein Doppelangriff der verbündeten Avaren und Slawen und der Sassaniden im Jahre 626 auf Konstantinopel kann abgeschlagen werden, schließlich erleiden die Neuperser eine vernichtende Niederlage bei Ninive 627, und Chosroes II., der sich wegen seiner Habgier und Grausamkeit verhaßt gemacht hat, wird durch eine Adelsrevolte gestürzt und getötet.

Sein Sohn Kavadh II. muß in einen Frieden mit Herakleios einwilligen, in dem alle Eroberungen seines Vaters aufgegeben werden müssen. Mit der gewaltigen Zusammenfassung aller Kräfte des Sassanidenreiches unter Chosroes II. tritt zugleich die Peripetie ein: Das in den Auseinandersetzungen mit Byzanz erschöpfte Neupersische Reich der Sassaniden, das sich in langen Thronkämpfen nach der Herrschaft Chosroes' II. mehr und mehr auflöst, vermag unter Jezdegerd III. (632 bis 651) der arabisch-islamischen Expansion nichts entgegenzusetzen; nach Niederlagen bei Quadisija (637) und Nihawend (642) wird der Iran ein Teilgebiet des Kalifats, nachdem Jezdegerd III. 651 in Ostiran ermordet worden ist. Die Erneuerung und Wiederbelebung der altpersischen Tradition im Sassanidenreich schließt somit jäh unter dem Ansturm der Araber; mit Jezdegerd III. endet die Dynastie der Sassaniden, und über den Untergang des Sassanidischen

Zu den Glanzleistungen der sassanidischen Kunst gehören die Metallarbeiten und ganz besonders die mehr als hundert bekannten Schalen aus Edelmetall. Die obige Jagdschale zeigt König Peroz (459–484). Metropolitan Museum, New York.

Reiches hinaus wirkt nur noch die Strahlkraft seiner Kultur.

Wie im Westen, im mediterran-europäischen Raum, ruft die arabisch-islamische Ausbreitung im 7. Jahrhundert eine tiefgehende Verwandlung des politischen, gesellschaftlichen und kulturellen Gefüges im nahöstlich-iranischen Raum hervor. Zwar fand bereits im 3. Jahrhundert mit dem Aufstand Ardaschirs und der Erhebung der Dynastie der Sassaniden ein Umwandlungsprozeß im vorderasiatischen Raum statt, aber diese Umwälzung war in ihren Erscheinungsformen vergleichsweise kraftloser: sie änderte nur in beschränktem Ausmaß die sozio-politische Struktur im Vorderen Orient – gemessen an dem durch die arabisch-islamische Expansion hervorgerufenen Verwandlungsvorgang durchbricht die national-iranische Revolution der Sassaniden in erheblich geringfügigerer Weise das geschichtliche Kontinuum. Darüber können auch nicht bestimmte typisch mittelalterliche Züge der Sassanidenherrschaft hinwegtäuschen, die zuweilen den historischen Blick getrübt haben und den Einschnitt, den Ardaschirs Revolte verursachte, schärfer sehen ließen, als er tatsächlich war: trotz gewisser mittelalterlicher Ausprägungen in der politischen und gesellschaftlichen Struktur des Sassanidenreiches muß die Dynastie der Sassaniden mit ihrer national-iranischen Erneuerung noch stärker im Zusammenhang des antiken Geschichtsstranges gesehen werden als in dem des mittelalterlichen; innerhalb dieses Zusammenhanges besitzt der Zeitraum der neupersischen Herrschaft jedoch ebenso wie der Zeitabschnitt von 300 bis 700 im Okzident durchaus Eigenwert.

Staatsaufbau, Gesellschaft und Religion im Sassanidenreich Seit Ardaschirs Erhebung mit ihrer nationalen Erneuerung Persiens vollzog sich allmählich in der Besinnung auf die altpersische Tradition der Übergang von der lockeren Feudalstruktur des parthischen Staates mit seiner losen Verknüpfung zahlreicher Vasallenstaaten zur zentralisierten Königsherrschaft der Sassaniden, die eine zentralistische Staatsverwaltung aufbauen und den Staat, den sie als königliches Familiengut betrachten, in späterer Zeit nach oströmischem Vorbild organisieren; unter Chosroes I. werden mit dem capitatio-iugatio-System Diocletians spätrömische Elemente aufgenommen. In dem Konzentrationsprozeß der Macht auf einen Punkt hin, auf die Gestalt des Königs, werden zwar noch viele Elemente des feudalen Gefüges der Parther integriert (Übernahme des Feudaladels des Partherreiches, dem als Träger von Heer und Verwaltung vielerlei Privilegien zustehen), aber in der Weiterbildung dieser Elemente und in der Stärkung der Zentralgewalt formt sich Schritt für Schritt der sassanidische Staat aus, der im Rückgriff auf das Achämenidische Reich sich in seinem Selbstverständnis als Renovation des altpersischen Nationalstaates begreift. In der Umformung der parthischen Welt bildet sich ein hierarchisch strukturiertes Vierständesystem heraus, das wiederum in Klassen unterteilt ist: in den Stand der Magier, der Priester und Juristen umfaßt, in den der Krieger, die einem Oberbefehlshaber unterstehen, der mit umfassenden Befugnissen ausgestattet ist, in den Stand der Beamten und den der Bauern, Kaufleute, Händler und Handwerker. Höchsten Einfluß im Staat besitzt der sassanidische Hochadel, in dem sieben Sippen – drei noch aus parthischer Zeit stammend – führend sind; als Gegengewicht zum zentralen Königtum bildet der hohe Feudaladel eine beständige Gefahr für die Königsgewalt, die sich nur unter starken Herrschern durchzusetzen vermag. In einer ausgeprägten Beamtenhierarchie, die die vielfältigen Verwaltungsaufgaben wahrnimmt, kommt dem Amt des Großwesirs die höchste Stellung im sassanidischen Staat zu.

Der Rückgriff auf die altpersische Tradition vollzieht sich am entschiedensten im religiösen Bereich. Der Synkretismus hellenistischer und orientalischer Gottheiten des Partherreiches wird durch die monotheistische Religion Zarathustras, die seit Ardaschir eine Erneuerung und Wiederbelebung erfährt, abgelöst.

In seiner um 600 v. Chr. erstmals erfolgten Verkündigung erhob Zarathustra (griech.: Zoroaster) in einer Ablösung polytheistischer Gottesvorstellungen durch einen unbedingten Monotheismus Ahura Mazda, den Schöpfer des Alls, zum alleinigen Gott des Himmels und der Erde; die alten Götter verbannte er in das Reich der Dämonen und verwarf zugleich mit ihnen die kultischen Tieropfer und den Rauschtrank. Attribute Ahura Mazdas sind die amesha spentas („unsterbliche Heilige") als Ausdruck seiner Wesenheit: heilige Harmonie, gutes Denken, Gedeihen, Unsterblichkeit und asha („das Rechte, das Wahre, die Ordnung"). Widersacher Ahura Mazdas ist der Böse, der das unwahre Prinzip vertritt. Beide, Ahura Mazda und

Ahriman, als Verkörperungen der „Prinzipien" oder „Welten" des Guten und Bösen streiten um die Macht; die unüberwindbare Kluft, welche die beiden Prinzipien trennt, geht durch alles Dasein und damit auch durch den Menschen. Auf ihn zielt der Kampf der universalen Mächte, sein freier Wille entscheidet letztlich jedoch zwischen den beiden Prinzipien; höchste Verwirklichung des Menschen ist der Sieg des Guten in ihm, in „Gedanken, Worten und Taten". Nach dem Tode erfolgt die Trennung derer, die sich für das Prinzip des Guten entschieden haben, von denen, in denen das Böse die Oberhand gewann, nach der Wägung und Richtung des Lebens an der Cinvant-Brücke. Die endzeitliche Aburteilung des Universums geschieht am Weltende durch Saoshyant, den Retter: die Gottlosen werden in einem See aus flüssigem Metall von den Bergen, das durch einen Meteor geschmolzen worden ist, gereinigt oder verbrannt, die Gottesfürchtigen werden ihn gefahrlos durchqueren. Die im Weltgericht gereinigte Welt besteht dann ewig. Die Heilslehre Zarathustras mit ihrer dualistischen Vorstellung des fortwährenden Kampfes zwischen den beiden Prinzipien „Gut" und „Böse" (Himmel und Hölle, Licht und Finsternis, Leben und Tod, Wahrheit und Lüge) und ihren eschatologischen Anschauungen von Unsterblichkeit und Auferstehung, Engel und Teufel hat auf die jüdische Religion und damit auch auf das Christentum eine intensive Wirkung ausgeübt.

Im Sassanidenreich wird der Zoroastrismus wieder zur Staatsreligion erhoben; wie im Westen unter Theodosius bildet sich eine Staatskirche mit geregeltem Staatskult, die in engem Zusammengehen mit der staatlichen Herrschaft die nationale Renaissance vorantreibt. Bereits bei den Achämeniden wurde die Lehre von einem übernationalen universalen Gott mit politischem Inhalt ausgefüllt, das zoroastrische Sittengesetz wurde zum politischen Bekenntnis: die Perserkönige verstanden ihr Auftreten als ein Handeln unter dem Signum des höheren Glaubens und der höheren Ethik.

Die Ausbreitung des zoroastrischen Glaubens wäre im 3. Jahrhundert unter Schapur I. und Hormizd I. (272 bis 273) beinahe durch die von Mani (216 bis 276) geschaffene gnostische, synkretistische Religion des Manichäismus unterbrochen worden, die als eine der großen Offenbarungsreligionen der Spätantike systematisch Mission betreibt. Die großen Missions- und Erlösungsreligionen, welche die älteren Gepräges verdrängen, haben einen individuellen Gründer, sie sind gekennzeichnet durch Mission, Erlösung, ihre übernationale Einstellung, durch Glauben und Glaubenskampf, Bekehrung, Anfechtung und durch die Lehre von der Sündhaftigkeit des Menschen. Sie wenden sich dem einzelnen zu, unabhängig von Stand, Volk und Land, und streben die Bekehrung aller Menschen an, ihre Wirksamkeit erstreckt sich dabei anfangs vor allem auf die niederen Volksschichten. Gegenüber dem Anspruch auf Weltgeltung erhebenden Manichäismus kann sich schließlich die Lehre Zarathustras im Neupersischen Reich der Sassaniden durchsetzen; der unter Bahram I. (273 bis 276) in Ungnade fallende Mani wird ins Gefängnis geworfen und hingerichtet. Die Erhebung des Zoroastrismus zur Staatsreligion bedingt eine zunehmende religiöse Unduldsamkeit des sassanidischen Staates; die parthische Tolerierung aller Bekenntnisse wird damit aufgegeben. Ebenso wie das Christentum im mediterran-europäischen Raum wird die Religion Zarathustras in der engen Verknüpfung mit der staatlichen Herrschaft in wachsendem Maße dogmatisch; zum Kampfinstrument gegen die anderen Religionen werden die im Avesta kodifizierten heiligen Schriften des zoroastrischen Glaubens.

Die Kunst der Sassaniden Die sassanidische Kunst ist die Kunst des Iran vom 3. bis zum 7. Jahrhundert n. Chr.; wenn man ihre Niedergangszeit noch hinzurechnet, reicht sie bis ins 9. Jahrhundert. Ihr Einfluß geht weit bis nach Südrußland und Turfan, für die Entwicklung der islamischen Kunst ist sie zweifelsohne in vielem Vorbild gewesen. Nach der achämenidischen und arsakidischen Periode stellt die Kunst der Sassaniden die dritte und letzte Phase innerhalb der iranischen Entwicklung dar. Sie ist eine typische Spätkunst mit konservativem Charakter. Sie bewahrt das Erbe der Vergangenheit, insbesondere das der parthischen Kunst, wobei eine Weiterbildung erfolgt, und erstarrt allmählich in dieser Funktion. In der sassanidischen Kunst findet sich der Formenschatz des Alten Orient bewahrt,

Besonders außerhalb des iranischen Kerngebietes wirkt die sassanidische künstlerische Tradition auch nach dem Ende der Dynastie noch lange nach. Der abgebildete Seidenstoff aus Ostiran mit den sich gegenüberstehenden stilisierten Löwen mit Lebensbaum erinnert an ähnliche Darstellungen aus Sumer und Babylon. Aus dem Kirchenschatz Saint-Gengoult in Toul, heute im Musée Lorrain, Nancy.

da die indoeuropäischen Völker der Meder und Perser mit der Zerstörung der altorientalischen Kultur deren Erbgut sich angeeignet hatten. In der sassanidischen Kunst erfolgt eine Abkehr von der Symmetrie und starren Frontalität der parthischen Kunst (seit M. Rostovtzeff als typische Merkmale der parthischen Kunst geltend): die menschliche Gestalt wird im Profil abgebildet, und die Darstellung von Handlungen tritt in den Vordergrund.

In der Architektur bringt die sassanidische Kunst – parthische Traditionen weiterverfolgend – großartige eigene Leistungen hervor, insbesondere im Palastbau. Vor allem in Ardaschirs Hauptstadt Firuzabad und der Partherresidenz Ktesiphon, die nach Ardaschir zur Hauptstadt erhoben wird, entstehen große Paläste, die den Typus der aus der Partherzeit übernommenen Liwânanlagen fortbilden. Der sogenannte Liwân ist in den Palästen Zentrum der Anlage. Es ist ein auf der Vorderseite offener, tonnengewölbter, mit Bodenmosaiken und farbigen Stuckdekorationen ausgeschmückter Empfangssaal, der von zwei kleineren Hallen flankiert wird und von Gärten umgeben ist. An den Liwân schließt sich ein mit einer Kuppel bekrönter Thronsaal an, die gesamte Palastanlage mit Haremsräumen und privaten Gemächern ist um einen großen Hof gruppiert. Die rechteckigen und quadratischen Palasträume sind mit Kuppeln oder Gewölben überdeckt, deren Technik die sassanidischen Baumeister mit immer größerer Meisterschaft weiterentwickeln – es sind jedoch im Gegensatz zu den mathematisch errechneten Kuppeln der Römer und gegensätzlich zur byzantinischen Kuppelarchitektur mit ihren Pendentifs auf empirischem Wege gefundene Gewölbekonstruktionen, was ganz klar den Unterschied zwischen östlicher und westlicher Bauweise aufzeigt. In Ktesiphon ist der Königspalast mit seiner berühmten Bogenhalle (um 270 n. Chr.) – heute Taq-i Kisra genannt – von einer Tiefe von 43 Metern und einer Höhe von 30 Metern, ausgestattet mit einem Ziegelgewölbe von mehr als 25 Metern lichter Weite, am eindrucksvollsten von allen sassanidischen Palästen, monumentaler Ausdruck des gesteigerten Herrscherwillens der sassanidischen Großkönige und Zeugnis von der überragenden Leistungskraft sassanidischer Baukunst. Die Errichtung solch großer Gebäude in Iran wird durch das zum Bauen verwendete Material ermöglicht – schwach gebrannte Ziegel, die mit rasch trocknendem Mörtel verbunden wurden.

Am bekanntesten von der sassanidischen Kunst sind die Felsreliefs der Sassanidenherrscher, die zumeist in der Provinz Fars liegen, im Tal von Naqsch-i Rustem, in Naqsch-i Radjab und im Tal von Bischapur

Eine Kamee im Cabinet des Medailles in Paris zeigt die Gefangennahme des römischen Kaisers Valerian durch Schapur I.

– eindrucksvolle Werke monumentaler Ausdruckskraft, die in altiranischer Tradition gründen, welche bereits von den Achämeniden aufgegriffen worden war, nämlich Felswände mit Reliefs religiösen oder geschichtlichen Inhalts auszustatten. Schon Ardaschir hatte sich im Tal von Naqsch-i Rustem, der heiligen Gräberstätte der Achämeniden, mit der Anbringung eines solchen Felsreliefs, welches seine Investitur durch den Gott Ahura Mazda zeigt, ein seine Herrschaft überdauerndes Denkmal geschaffen, und auch seine Nachfolger lassen Reliefs in die Felsen der freien Natur hauen, wobei die Investitur-Darstellung – zumeist nach dem berittenen Schema, welches auch schon Ardaschir wählte, d. h. der Großkönig und der Gott hoch zu Pferde – häufig vorkommt. Die altorientalische Tradition in der sassanidischen Reliefkunst verschmilzt seit Schapur I. mit römischem Einfluß, wie überhaupt unter diesem König westlicher Einfluß in die sassanidische Kunst eindringt, sicherlich eine Folgeerscheinung des Sieges Schapurs bei Edessa über den römischen Kaiser Valerian und der Gefangennahme von 70 000 Römern, die zu einem großen Teil in Iran angesiedelt werden und für die Kulturentwicklung des Sassanidenreiches äußerst wichtig werden (Verwendung römischer Architekten und Ingenieure beim Brücken-, Straßen- und Städtebau, Ausbildung römischer Stadtkultur in Schapurs Städteneugründungen). Neben den Darstellungen der Investitur sassanidischer Herrscher in den Felsreliefs finden sich noch vorwiegend Szenen geschichtlichen Inhalts (etwa die Schilderung des Siegestriumphes Schapurs in einem Felsrelief in Naqsch-i Rustem, wo zwei römische Kaiser, wahrscheinlich Valerian und Philippus Arabs, flehend zu dem auf seinem Pferde thronenden Schapur aufschauen), aber auch Szenen aus dem Leben der Großkönige: So zeigt ein Relief Bahram II. im Kampf gegen Löwen. Das bildnerische Wirken der Sassaniden äußert sich neben den monumentalen Felsreliefs dann vor allem in Stuckreliefs, mit denen die Wandflächen der sassanidischen Bauten sowohl im Inneren als auch außen, in Repräsentationsräumen, aber auch in den Wohngemächern, verkleidet wurden. Die durch ihre Vielfalt sich heraushebenden sassanidischen Stuckreliefs weisen geometrische Muster, Pflanzenmotive, Tierköpfe, aber auch ganze Tiere, menschliche Büsten und umfangreiche Szenen von Jagden auf. Wahrscheinlich wurde beim Modellieren häufig das Messer verwendet, worauf die scharfen Kanten der sassanidischen Stuckmuster hinzudeuten scheinen.

Hervorragende Leistungen erbrachte die sassanidische Kunst, die in erster Linie Hofkunst war, noch bei der Bearbeitung von Metallen und in der textilen Kunst. Mehr als hundert Schalen aus Edelmetall zeugen auch heute noch von dem Reichtum der Sassanidenherrscher an Gold- und Silbergeräten. Von den begehrten sassanidischen Seidenstoffen kamen Reste als Umhüllung christlicher Reliquien in den Westen, auch läßt sich aus byzantinischen Arbeiten auf diesen Zweig des sassanidischen Kunstschaffens rückschließen, da byzantinische Seidenwebereien die sassanidische Tradition über Jahrhunderte fortsetzten.

Das Frühbyzantinische Reich

DIE SCHAFFUNG DER GRUNDLAGEN DES BYZANTINISCHEN STAATES

Die constantinische Ära An der Wende zu dem neuen Zeitalter, in dem die Veränderung des europäisch-mediterranen Raumes durch die germanische Völkerwanderung und die arabisch-islamische Ausbreitung erfolgt, steht die Herrschergestalt Constantins des Großen; unter seinem Wirken wandelt sich das antike Imperium Romanum zum Imperium Romanum Christianum, ein „revolutionärer Einschnitt" in der Entwicklungsgeschichte des Römischen Reiches. Nach der Abdankung Diocletians am 1. Mai des Jahres 305 geht das von ihm ins Leben gerufene künstliche System der Tetrarchie – für Verwaltung und Verteidigung geschaffene Reichsgliederungen – nach wechselnden Machtkämpfen in die Alleinherrschaft Constantins I. über. Wendepunkt auf diesem Weg zur Universalmonarchie ist das Jahr 312, als Constantin seinen Gegenspieler Maxentius an der Milvischen Brücke vor Rom besiegt. Man hat hier von „einer Zeitwende von ungeheurem Ausmaß" (E. Schwartz) gesprochen, von der „weltgeschichtlichen Bedeutung des Jahres 312" (E. Kornemann), einmal, weil sich der die alte Staatsform des Prinzipats ablösende orientalische Dominat, die Autokratie, ankündigt, zum anderen, weil sich zu diesem Zeitpunkt Constantins Bekehrung zum Christentum vollzieht. Folge dieser Wende ist das 313 zusammen mit Licinius erlassene Edikt von Mailand, das die Tolerierung aller Religionen im Staat bringt; das Christentum wird legitime Religion im Römischen Reich und erfährt Gleichstellung mit den anderen Religionen. Die constantinische Religionspolitik der Gleichberechtigung und Förderung des Christentums – in sich revolutionär und in ihren geschichtlichen Auswirkungen epochal – ist Ausgangspunkt einer umfassenden Christianisierung des Imperium Romanum; sie leitet den Sieg der christlichen Kirche über heidnischen Polytheismus und orientalische Mysterienreligionen ein. Seit Constantin wird das Christentum zu einer das Zeitalter bewegenden Kraft, die in enger Interessenverflechtung von Staat und Kirche auf die politische, gesellschaftliche und kulturelle Struktur des Römischen Reiches, es zum Imperium Romanum Christianum umwandelnd, einwirkt. Mit der Religionspolitik Constantins zeichnet sich bereits die christliche Staatskirche ab, deren Schaffung beinahe ein Jahrhundert später durch Theodosius I. de jure erfolgen wird. Zum Meilenstein in dieser Entwicklung zur neben den Universalstaat tretenden Universalkirche wird die von Constantin 325 einberufene Reichssynode von Nicaea, auf der der von Arius hervorgerufene christologische Streit um die Wesensgleichheit oder Wesensähnlichkeit von Christus und Gottvater durch Eingreifen des Kaisers zu Ungunsten des Arius entschieden wird.

In der dreizehn Jahre dauernden Alleinherrschaft Constantins werden nicht nur die Grundlagen für eine das römische Reichsgebiet völlig erfassende Christianisierung gelegt, in ihr vollendet sich auch die Verwandlung der Staatsform der frühen und hohen Kaiserzeit, des Prinzipats, zum autokratischen Dominat, d. h. zu einem zentralistischen Militärabsolutismus. In ihm regiert der Kaiser mit selbstherrlicher Gewalt, dem zum Untertanen degradierten Bürger durch Zeremoniell, Insignien und eine Legitimation der kaiserlichen Allmacht in Gott in die sakrale Sphäre entrückt. Zu Instrumenten der theokratisch-ideologisierten Herrschaft des Kaisers werden die neuorganisierte, zentralisierte, mit der Aufgabe der Reichsverwaltung betraute Reichsbürokratie und die Berufsarmee. In ihrer zeitlichen Erstreckung sind die Neuordnung der diocletianisch-constantinischen Staatsreform und die Christianisierung des Römischen Reiches über Jahrhunderte (in ihren Prinzipien bis zum Untergang des Byzantinischen Reiches) wirksam. Der absolutistische, voll militarisierte Staatsorganismus, dessen dirigistische Repressionsmaßnahmen zu einem Wandel der wirtschaftlichen und gesellschaftlichen Struktur führen, wird zu einem Pol des weiteren Geschichtsverlaufs, die durch den Aufstieg der Kirche und die zunehmende Ausbreitung des Christentums bewirkte geistige Revolution zum anderen. Die mit Constantin einsetzende staatliche Förderung des Christentums beschleunigt dessen Sieg über heidnischen Polytheismus und orientalische Mysterienreligionen; rasch gelingt die das Reich umfassende Christianisierung und die Ausbildung einer übergreifenden, hierarchisch strukturierten kirchlichen Organisation. Das arianische Schisma, zeitweilig Reich und Kirchenhierarchie spaltend, begleitet das 4. Jahrhundert; zur bedeutenden und fortwirkenden Bewegung innerhalb des Christentums wird das im Orient entstehende Mönchstum. Die Kirche wandelt sich seit Constantin zur ecclesia triumphans; als neuer Machtfaktor tritt sie neben den Staat und erreicht in der nachconstantinischen Ära in schneller Entfaltung ihre erste Blüte.

Die die spätrömische Epoche prägenden Realitäten der sich zusehends etablierenden geistlichen Autorität und der absoluten Militärmonarchie mit ihrer zentralistischen Bürokratie bedingen durch ihre Ausschließlichkeit eine Umwandlung der gesellschaftlichen und ökonomischen Formation des Reiches. Der staatliche Wirtschaftsdirigismus und fiskalische Zwang verändern das Wirtschaftsleben von Grund auf. Zwangskorporationen, Staatsbetriebe, die Vergrößerung des Colonats sind Ausdrucksformen der reglementierenden Staatswirtschaft, deren Installierung zunächst zur wirtschaftlichen Regression führt, die sich aber allmählich eingependelt zu haben scheint. Als Folge der staatlichen Zwangswirtschaft nimmt die Agrarwirtschaft im 4. Jahrhundert zu: das freie Bauerntum wird vernichtet und vom Großgrundbesitz absorbiert, gleichzeitig vermindert sich die wirtschaftliche Bedeutung der Stadt zugunsten der Grundherrschaft. Im Zuge der wirtschaftlichen Veränderungen wandelt sich auch die gesellschaftliche Struktur des spätrömischen Reiches. Es bildet sich ein Gesellschaftsgefüge heraus, dem der einzelne beinahe unveränderlich integriert ist. Die zunehmende Verarmung des Bauern- und Bürgerstandes und der durch fiskalischen Druck und staatliche Wirtschaftszwangsmaßnahmen verursachte Übertritt des Bauerntums zum Colonat, wodurch das grundherrschaftliche System sich immer weiter ausformt, lassen zwei Schichten der Bevölkerung entstehen, die der Herrschenden (potentes oder honestiores – Mächtige oder Ehrbare) und die der Beherrschten (humiliores – Niedrige). Die „potentes" sind zumeist Latifundienbesitzer, die zur neuen Führungsschicht emporsteigen. Die sich aus der arbeitenden Bevölkerung rekrutierenden „humiliores" unterliegen im Laufe der Entwicklung anwachsendem staatlichem Zwang, der sich bis hin zur erblichen Festsetzung des Berufes und damit des Standes ausweiten kann. Dadurch wird das Gesellschaftsgefüge zusehends in seiner Zweigliederung eingefroren, es verfestigt sich zum immobil gewordenen Zweiständesystem einer grundherrschaftlichen Aristokratie und einer zur Servilität bestimmten arbeitenden und produzierenden Klasse.

Die nachconstantinische Ära bis zu Theodosius In der dreifachen Formation von absolutem Staat, siegreicher Kirche und zum immobilen Ständesystem gewandelter Gesellschaft durchläuft das Imperium Romanum Christianum in den auf Constantin folgenden Jahrhunderten in sich überstürzenden Ereignissen seine Geschichte. Innenpolitisch ist der Zeitraum von Constantin bis Theodosius geprägt durch – teilweise in Bürgerkriegen ausgefochtene – dynastische Machtkämpfe, rasche Kaiserwechsel (Constantius II., Julian Apostata, Jovian, Valentinian I., Valens u. a.) und kirchenpolitische Streitigkeiten, außenpolitisch durch die Vorstöße der Westgoten und Sassaniden. Kirchlicherseits wird das Jahrhundert beherrscht vom arianischen Schisma, das die Kaiser immer wieder dazu veranlaßt, in die innerkirchlichen Auseinandersetzungen einzugreifen, dadurch den Verflechtungsprozeß von Kirchen- und Innenpolitik vorantreibend. Schließlich wird das Schisma, die Spaltung in Orthodoxe und Arianer, durch die Religionspolitik des Theodosius I. (379 bis 395) beigelegt. Im Jahre 380 bestimmt der Kaiser durch Edikt das „homousius" des nicaenischen Bekenntnisses zum einzig legalen Glaubenssatz, der durch das Konzil von Constantinopel (2. Ökumenisches Konzil, 381) bestätigt wird und somit den Sieg der Orthodoxie bringt. Kirchenpolitisch bedeutet das Wirken Theodosius' einen Abschluß in den Auseinandersetzungen des 4. Jahrhunderts.

Aber auch in der außenpolitischen Situation führt die Regierung des Theodosius eine Wende herauf. Der durch die westwärtsgerichtete Expansion des zentralasiatischen nomadischen Reitervolks der Hunnen hervorgerufene Vorstoß der Germanen gegen die Grenzen des Imperium Romanum Christianum wird durch Theodosius vorübergehend zum Stillstand gebracht und in andere Bahnen gelenkt (Ansiedlung der Westgoten als foederati). Damit ist es dem Reich gelungen, die ersten Wellen der Völkerwanderung, durch die es plötzlich aus den Jahrhunderten einer mehr oder minder erfolgreichen Grenzverteidigung in den Schrecken eines Existenzkampfes um Bestand oder Untergang des Imperiums gerissen worden war (378 Niederlage bei Adrianopel), erfolgreich abzuwehren. Die Bannung der Gotengefahr und der Sieg am Frigidus über Flavius Eugenius im September des Jahres 394 ermöglichen es Theodosius, noch einmal ein einheitliches Imperium Romanum Christianum unter einem Alleinherrscher zu schaffen. Gleichzeitig verwirklicht sich nach der vorangegangenen Kirchenspaltung die Einheit der Kirche, der ecclesia catholica, die zur Reichskirche erhoben wird. Aber die politische und religiöse Einheit des Reiches ist nur von kurzer Dauer. Die Teilung des Imperiums in zwei Verwaltungseinheiten beim Tode des Theodosius führt sehr rasch zu einer eigenständigen Entwicklung der beiden Reichshälften.

Im geschichtlichen Gesamtzusammenhang gesehen, erweist sich das Ende der theodosianischen Herrschaft als Zäsur: in dem Jahrhundert bis zum Regierungsantritt Justins im Jahre 518 erfolgt eine erste politische Verwandlung des europäisch-mediterranen Raumes. Nach einer Ära politischer Divergenz der beiden Reichshälften, in der Westrom und Ostrom in zunehmendem Maße sich zu selbständigen Herrschaftsgebilden auswachsen, vollzieht sich der Zerfall des Weströmischen Reiches als politischer Organisation in den Wirren der Völkerwanderung, während das Oströmische Reich weiter bestehen bleibt. An die Stelle des Weströmischen Reiches treten souveräne germanische Staaten. Nach dem Tode des Theodosius durchläuft sowohl das Oströmische als auch das Weströmische Reich eine Phase vielfacher dynastischer Auseinandersetzungen; schwache Herrschergestalten – besonders im Westen – wechseln einander ab, die reale Macht besitzen in der nachtheodosianischen Ära zumeist die magistri militum, die Oberbefehlshaber des Feldheeres (häufig Germanen), die jedoch in den zahllosen Machtkämpfen und Intrigen vorzeitig umkommen. In Westrom ruft schließlich die germanisierte Armee Odoaker zum König aus, der nach der Eroberung Ravennas den letzten weströmischen Kaiser Romulus Augu-

Chalzedonbüste Konstantins des Großen. Höhe 20 cm. Durch das Edikt von Mailand nach dem Sieg Konstantins wurde das Christentum zur Staatsreligion erhoben. Bibliothèque Nationale, Cabinet des Medailles, Paris.

Widmungsmosaik mit Darstellung des oströmischen Kaisers Justinian in der Kirche San Vitale in Ravenna. Die Statthalter Justinians waren zugleich Erzbischöfe Ravennas. Die Kunst dieser Stadt erreichte unter seiner Herrschaft ihre höchste Blüte um 547.

stulus absetzt (476). Der Zerfall des Weströmischen Reiches ist jedoch nur zum Teil eine Folge der innenpolitischen Konflikte, bewirkt wird sein Zusammenbruch in erster Linie durch die außenpolitische Lage, die durch die Expansion des Hunnenreiches und die dadurch verursachten Wanderbewegungen germanischer Stammesgruppen heraufbeschworen wird (siehe Völkerwanderung).

Das Jahrhundert Justinians Das 6. Jahrhundert wird ebenso wie das 4. durch eine große Herrschergestalt geprägt. Mit Justinian I. (527 bis 565) gewinnt die Idee der renovatio, der recuperatio Imperii, d. h.

der Wiederherstellung des Imperium Romanum Christianum, Gestalt und Verwirklichung. Nach der Überwindung der durch die Völkerwanderung verursachten Krise des Oströmischen Reiches und der politischen Konsolidierung unter Justinus I. (518 bis 527) tritt Ostrom aus seiner außenpolitischen Passivität heraus und eröffnet – nach der Absicherung im Osten gegen die Sassaniden – die Offensive im Westen, die in schnellen Schlägen zur Wiedereroberung von Teilen des Weströmischen Reiches führt. 533/34 unterwirft der oströmische Feldherr Belisar das Vandalenreich, 535 wird der Feldzug gegen das Ostgotenreich begonnen, der mit dem Fall von Ravenna (540) zu einem glänzenden Abschluß gekommen zu sein scheint. Ein Gotenaufstand unter dem neuen Ostgotenkönig Totila kann jedoch erst nach 14 Jahren, nach der Niederlage der Ostgoten bei Basta Gallorum (551), beendet werden. Auf der Iberischen Halbinsel werden dann noch neben den Balearen wichtige Teile des nordwestlichen Spaniens von den Westgoten zurückgewonnen und dem Oströmischen Reich als Reichsgebiet eingegliedert. Nach über zwanzig Jahren Eroberungspolitik ist die recuperatio Imperii zu Ende geführt; es ist Justinian, in der Tradition des universalen römischen Reichsgedankens stehend, gelungen, den Machtbereich des Imperiums wieder bis nach Spanien auszudehnen. Allerdings vermag er bei seinem Versuch der Wiederherstellung des Römischen Reiches in den früheren, universalen, den Mittelmeerraum umfassenden Ausmaßen nur einen Teil der westlichen Reichsprovinzen wiederzugewinnen; die recuperatio Imperii ist nur von beschränktem Erfolg.

Mit der justinianischen Expansion nach Westen, die aus dem Erneuerungsanspruch der sich universal im altrömischen Sinne verstehenden Kaisermacht heraus geschieht, hat das sich als Erbe des Imperium Romanum Christianum begreifende oströmisch-frühbyzantinische Reich seinen Höhepunkt erreicht: die germanische Staatenwelt im Westen ist größtenteils zusammengebrochen, das in dynastische Machtkämpfe verstrickte Merowingerreich ist machtpolitisch gesehen zweitrangig. Im Osten beginnt jedoch in dem Augenblick, in dem die frühbyzantinische Macht zu kulminieren scheint, die Offensive des Sassanidenreiches, die schließlich nach schweren Kämpfen 562 in einen Status quo im Orient umgewandelt werden kann. Gleichzeitig erfolgt der Vorstoß wandernder slawischer und bulgarischer Stämme, der an der Balkanfront eine permanente Bedrohung schafft. Trotz dieser außenpolitischen Verschattung ist das zum Teil in den Ausmaßen des Imperium Romanum wiederhergestellte Frühbyzantinische Reich dennoch die führende Großmacht im mediterran-europäischen Raum bis zum Anbruch des 7. Jahrhunderts.

Die Idee der renovatio bleibt jedoch nicht allein auf den außenpolitischen Bereich beschränkt, sie manifestiert sich auch innenpolitisch und kulturell. Neben Maßnahmen zur Verwaltungsreform und zur Kräftigung der kaiserlichen Zentralmacht zielt das Streben der Innenpolitik Justinians vor allem dahin, die durch den Monophysitenstreit verlorengegangene innere kirchliche Einheit durch eine orthodoxe Kirchenpolitik wiederherzustellen. Allerdings muß der Versuch, neben die durch die außenpolitischen Erfolge wiedergewonnene Einheit des Reiches die Einheit der Kirche treten zu lassen, an der Unüberwindlichkeit des Schismas zwischen Orthodoxie und Monophysitismus scheitern. Als bedeutsamere Tat erweist sich die Schaffung des Corpus iuris civilis, einer Sammlung römischen Privatrechts (Codex Justinianus, Digesten, auch Pandekten genannt, Institutiones), auf der das weitere byzantinische Recht fußt. In dieser Leistung wird eine schöpferische Blüte offenbar, die auch in anderen Bereichen, sei es der Wissenschaft, sei es der Literatur und Kunst, zutage tritt. In der Kunst werden die spätrömische und syrisch-orientalische Tradition abgelöst durch einen neuen, östliche und westliche Kunstelemente in schöpferischer Synthese verschmelzenden Stil, der in Abkehr vom Naturalistischen das Begriffliche herauskehrt und sich vom Plastisch-Sinnlichen der Zweidimensionalität, Abstraktion und Frontalität zuwendet. Es bildet sich ein einheitlicher Reichsstil, der in der Architektur (Kreuzkuppelkirche, Oktogonalbau) seinen Höhepunkt erringt: der Bau der Hagia Sophia wird zum Sinnbild der vollzogenen renovatio, Macht und Größe des erneuerten Imperium Romanum Christianum zur Schau stellend.

Die recuperatio Imperii erweist sich jedoch als ephemeres Trugbild: Das zum Teil in den Ausmaßen des Imperium Romanum Christianum wiederhergestellte Reich zerfällt sehr rasch unter den Nachfolgern Justinians (Justin II., Tiberios I., Maurikios u. a.). In den stetigen Auseinandersetzungen mit dem Reich der Sassaniden, das der Kulmination seiner Macht entgegengeht (unter Chosroes II., 590 bis 628), und in den Infiltrationen und Raubzügen der Slawen und Bulgaren an der Balkanfront, hinter deren Vordringen als treibende Kraft die Expansion des Avarenreiches steht, vermindert sich die Hegemonialstellung des Frühbyzantinischen Reiches im Mittelmeerraum; das durch Justinian aufgebaute Imperium löst sich in den fortwährenden Abwehrkämpfen, zu denen im Reichsinneren die kaiserliche Zentralmacht schwächende Entwicklungen parallel laufen, allmählich auf. Seit 568 dringen die durch die Avaren aus Ungarn verdrängten Langobarden unter Alboin (568 bis 572) nach Italien vor. Zwar wird ihre Expansion durch die Ermordung Alboins beendet, aber der Verlust bedeutender Teile des frühbyzantinischen Imperiums ist nicht mehr rückgängig zu machen: es entsteht auf italienischem Boden das Reich der Langobarden, das sich als Barriere zwischen Ostrom und das infolge dynastischer Machtkämpfe im 6. Jahrhundert einem Desintegrationsprozeß unterworfene Merowingerreich schiebt, es so vor einem Eindringen byzantinischer Einflüsse abschirmend. Einer weiteren Abspaltung vom Reichsgebiet beugt man im Westen des Imperiums durch die Schaffung der Exarchate (militärische Statthalterbezirke) von Ravenna und Karthago vor, im Osten versucht die Balkanoffensive des Maurikios der slawischen Landnahme zu begegnen. In der doppelten Belastung durch eine Krise im Reichsinneren unter Phokas (602 bis 610) und durch den Vorstoß der Sassaniden bis Caesarea mit gleichzeitigem erneutem Ansturm der Slawen auf dem Balkan zerbricht der frühbyzantinische oströmische Staat, durch den zum letztenmal der Versuch unternommen wurde, die in der Völkerwanderung verlorengegangenen westlichen Reichsteile zurückzugewinnen und so die Idee eines universalen mediterranen Reiches zu erneuern. Von nun an wird die Idee von einem universalen, einheitlichen, den mediterranen Raum umfassenden Reich – wie bereits zur Völkerwanderungszeit – zum bloßen ideologischen Anspruch des Ostreichs auf den Westen ohne realpolitischen Hintergrund, wie er noch mit Justinian gegeben war.

Die Rettung des sich in innerer Anarchie und unter dem Ansturm der Sassaniden und Slawen auflösenden Oströmischen Reiches erfolgt von Westen her, durch den 610 den Thron besteigenden Sohn des Exarchen von Karthago, Herakleios (610 bis 641), der mit der Reform des oströmischen Staates durch die Logothesien- und Themenverfassung dessen Erneuerung bewirkt, zugleich aber auch die Abkehr von der spätrömischen Tradition und der Überlieferung des Imperium Romanum Christianum vollzieht. Aus dem Erbe des Römischen Reiches christlicher Prägung entsteht als neues Gebilde das Byzantinische Reich, das als ein Machtfaktor unter anderen in den Strom des weiteren Geschichtsverlaufs im europäisch-mediterranen Raum eintritt. Im 7. Jahrhundert vollendet sich die Auflösung der alten Mittelmeerwelt; an ihre Stelle rückt nach einem Prozeß machtpolitischer Verwandlung eine neue Mächte-

Innenansicht der Hagia Sophia in Istanbul (geweiht 537). Mit der Einführung des vom syrischen Osten übernommenen Bautypus der Kreuzkuppelkirche, die zum Grundmotiv der byzantinischen Baukunst wurde, vollzog sich die Abkehr von der westlichen Tradition. Nach der Eroberung Konstantinopels wurde die Hagia Sophia in eine Moschee umgewandelt.

Silberplatte mit dem Stempel des Kaisers Herakleios. Die Darstellung zeigt einen Selen und eine Mänade. Die Hofkunst unter den Herakliden versucht Heidnisches und Christliches miteinander zu verbinden. Eremitage, Leningrad.

konstellation, die für Jahrhunderte die Geschichte des europäisch-mediterranen Raumes bestimmen wird: das dreifache Mittelalter von Abendland, Byzanz und Islam.

Das Byzantinische Reich unter den Herakliden Mit Justinian endet die Idee der Reichseinheit. Hatte sich sein Versuch der Wiederherstellung des Gesamtreiches und der christlichen Glaubenseinheit – erneut den Universalismus von Staat und Kirche anstrebend – noch zur universalen Vorstellung des den Erdkreis umfassenden und als dessen Schutzmacht auftretenden Imperium Romanum (patrocinium orbis terrae verius quam imperium) bekannt, so verflüchtigte sich diese Vorstellung sehr rasch in der nachjustinianischen Ära unter dem Druck der sich zuspitzenden innen- und außenpolitischen Lage: Das unter Justinian erneuerte Reich geriet mehr und mehr in einen Existenzkampf, der seinen Höhepunkt unter Herakleios, der bedeutendsten Herrschergestalt des Byzantinischen Reiches seit Justinian, und der Dynastie der Herakliden erreichen soll. Im Orient setzt nach einer Phase machtpolitischer Konsolidierung des Sassanidenreiches unter Chosroes I. eine Expansion nach Westen unter Chosroes II. ein, die in kürzester Zeit (611 Einnahme von Antiochia, 614 Fall von Jerusalem, 619 Besetzung Ägyptens) zur Eroberung der orientalischen Reichsteile Ostroms führt. Zugleich mit dieser militärischen Offensive der Sassaniden vollzieht sich eine Landnahme avarisch-hunnischer, bulgarischer und slawischer Stammesgruppen im Balkangebiet und in Griechenland und ein Vordringen des Avarenreiches aus dem Theiß-Becken heraus gegen Constantinopel. Diese dreifache Bedrohung bringt das Frühbyzantinische Reich an den Rand des Zusammenbruchs; aber wenig später erfolgt die Peripetie: durch einen 619 mit den Avaren vereinbarten Frieden gedeckt, geht das in seinem Bestand bedrohte Byzantinische Reich unter Herakleios seit 622 zu einer von einer Woge religiöser Begeisterung getragenen Offensive gegen die Sassaniden über, die nach wechselndem Erfolg (626 Belagerung Constantinopels durch die Sassaniden, 627 Sieg des Herakleios bei Ninive über die Sassaniden) 630 schließlich zum Frieden führt. Das Byzantinische Reich erhält die an die Sassaniden verlorengegangenen Reichsteile im Osten zurück, die außenpolitische Lage scheint mit der Niederlage der Neuperser stabilisiert.

Mit der außenpolitischen Stabilisierung einhergehend vollzieht sich auch eine innenpolitische Festigung des Byzantinischen Reiches, bewirkt durch die neue Heeres- und Verwaltungsordnung des Herakleios. Bestehen bleibt der zentralistische Absolutismus, das spätrömische Administrationssystem wird jedoch durch eine verwaltungstechnische Umstrukturierung, die sog. „Themenverfassung", bei der mehrere Provinzen zu Militär- und Verwaltungsbezirken zusammengeschlossen werden, beseitigt. An die Stelle der zivilen Verwaltung tritt die militärische. Gleichzeitig wird eine Umgestaltung der Zentralverwaltung vorgenommen; sie wird durch die Logothesien neu geordnet. Zur Themen- und Logothesienverfassung parallel laufend wird das bisherige Söldnerheer durch ein Bauernheer abgelöst. Durch die Ansiedlung der Soldaten (Stratioten) als freie Bauern in dem Gebiet ihres „Themas" (das Thema ist die Grundeinheit des byzantinischen Heeres) wird das spätrömische Colonat mehr und mehr durch den freien Bauernstand verdrängt. Die Themen- und Logothesienverfassung des Herakleios verändert somit nicht nur die politische Ordnung, sie leitet zugleich auch einen sozialen Umschichtungsprozeß ein: Der spätrömische Bürokratenstaat wandelt sich zum Militärstaat mit neuer Sozialstruktur. Die mit der militärischen Ausschaltung des Sassanidenreiches durch den Angriff des Herakleios wiedergewonnene Hegemonialstellung des Byzantinischen Reiches ist jedoch nur von kurzer Dauer; sie zerbricht schlagartig in dem Ansturm der arabisch-islamischen Ausbreitung, die Byzanz aus der Offensive in eine Defensive drängt, in der es weitaus stärker als je zuvor um den Bestand des Byzantinischen Reiches geht. Bestehen bleibt in diesem Kampf ums Überleben die Logothesien- und Themenverfassung des Herakleios, durch die das Reich seine innere Stabilität auch auf den Höhepunkten der arabischen Invasion bewahrt.

Durch die arabisch-islamische Expansion wird das Byzantinische Reich unter der Dynastie der Herakliden (Constans II., Constantin IV. u. a.) in einen Abwehrkampf gezwungen, in dem es ums reine Überleben geht, aus dem das Reich am Ende jedoch – zwar bedeutend in seinem Bestand vermindert (Verlust der Ostprovinzen und des Exarchats Karthago), aber im Inneren konsolidiert – als ein neben dem Islam weiterbestehender Machtfaktor im mediterranen Raum hervorgeht. In der doppelten Bedrohung durch die arabische Eroberungswelle und die slawisch-bulgarische Landnahme im Balkangebiet (Gründung des Bulgarenreiches auf altem Reichsboden) kann das Reich schließlich seine Existenz behaupten, allerdings nur unter hohen Territorialverlusten und unter Einbuße seiner Weltmachtstellung. Als Folge des über ein Jahrhundert andauernden Existenz- und Abwehrkampfes des Byzantinischen Reiches wird der durch die Logothesien- und Themenverfassung des Herakleios eingeleitete innere Verwandlungsprozeß des byzantinischen Staates mehr und mehr vorangetrieben, von den in spätrömisch-frühbyzantinischer Tradition ruhenden Formen der justinianischen Ära immer weiter fortführend. Die Reichsreform durch die herakleianische Themenverfassung bewirkt eine zunehmende Militarisierung, gleichzeitig geht mit ihr eine tiefe Umgestaltung der Sozialstruktur des Reiches einher. Neben der Neuordnung des byzantinischen Staates vollzieht sich auch eine Reorganisation der östlichen Kirche. Durch die arabisch-islamische Eroberung der monophysitischen Provinzen von ihrem alten Krebsübel, dem monophysitischen Schisma, befreit, erfolgt die entschiedene Hinwendung zur Orthodoxie; die Anerkennung der Formel von Chalkedon führt zur Rückgewinnung der religiösen Einheit. Mit dieser Wiedererringung der Einheitlichkeit des religiösen Bekenntnisses verbunden, vollzieht sich eine tiefgehende Hellenisierung des Reiches in Sprache, Kultur und Geistigkeit. In den Ausgestaltungen des Staates, der Gesellschaft, der Kirche und Kultur im 7. Jahrhundert – zusehends zur inneren Konsolidierung des Reichsgefüges beitragend – beginnt die mittelalterliche Welt von Byzanz Gestalt anzunehmen; als griechisch orientierter, einheitlicher, in sich geschlossener Staat der orthodoxen Christenheit tritt Byzanz in der Übernahme seiner ihm bis zu seinem Untergang verbleibenden historischen Rolle als Bollwerk gegen die islamische Welt dem Großarabischen Reich gegenüber.

Die Frühzeit des Islam: Die arabisch-islamische Expansion (628-749)

Der Zusammenbruch der Alten Welt in der arabisch-islamischen Expansion Während die östlichen Teile des ehemals universalen römischen Imperiums in das Byzantinische Reich einmünden und die westlichen Gebiete von den wandernden, beutemachenden und siedelnden Germanen in ihrem Wesen verändert werden, bahnt sich an der Südostecke der antiken Mittelmeerwelt, kaum noch in deren kulturellem Wirkungsbereich, eine neue Entwicklung an, deren Bedeutung nicht hinter der gemanischen Völkerwanderung zurückstehen sollte: die arabisch-islamische Expansion.

In der arabisch-islamischen Expansion wandelt sich die normale Transhumanzbewegung des Beduinentums Arabiens mit seiner Neigung zur schweifenden Lebensart des Nomaden in der Koppelung mit der religiösen Idee eines „Heiligen Krieges" (dschihad), worin politische und religiöse Motive in einer gefährlichen Mischung aus fanatisierter Glaubensidee (im fatalistischen Prädestinationsglauben wurzelnd) und realpolitischem Hintergrund Richtung auf ein einziges Ziel nehmen, zur großen Eroberungsbewegung, die zum bedeutendsten Ereignis des 7. Jahrhunderts n. Chr. wird: In den Stürmen der arabisch-islamischen Ausbreitung erfolgt die Umwandlung der machtpolitischen Konstellation der mediterranen Welt. Der „Aufbruch Arabiens" geschieht unter dem Stimulans einer religiösen Bewegung kriegerischen Charakters aus dem politisch bisher zweitrangigen, beinahe geschichtslosen Raum der arabischen Halbinsel heraus und führt binnen eines Jahrhunderts zur Entstehung eines vorderasiatisch-mediterranen Universalreiches. Zugleich mit diesem Aufstieg Arabiens zur Weltgeltung vollzieht sich ein Wandel des Islam von einer sektiererischen religiösen Bewegung im Inneren Arabiens zur Weltreligion. Die Expansion des islamischen Herrschaftsraumes, der dar al-islam, erfolgt dabei in mehreren Phasen.

In der ersten Phase, von der religiösen Berufung des Kaufmanns Muhammad ibn Abdallah auf dem Berge Hira in der Nähe von Mekka um 610 ihren Ausgang nehmend (622 Kidschra, d. h. Auswanderung, nach Yatrib, 630 Besetzung Mekkas), vollendet sich, nach der Beseitigung der Autonomie der arabischen Stämme als Ursache der zahlreichen Stammesfehden, in der Verklammerung durch die islamische Lehre die Einheit Arabiens, die auch nach dem Tode Mohammeds im Juni 632 ihre Integration bewahrt. In der zweiten Phase (ab 632) greift die arabisch-islamische Bewegung über den Raum der politisch und religiös geeinten arabischen Halbinsel hinaus; im Zuge ihrer Expansion formt sich ein arabisches Weltreich, dessen Entstehung das Bild der Staatenwelt des mediterran-vorderasiatischen Raumes verändert. Der arabisch-islamische Angriff unter den Nachfolgern Mohammeds, den Kalifen (chalifat rasul Allah = Vertreter des Propheten Gottes), ist zweigeteilt, er richtet sich zum einen gegen das durch die Auseinandersetzung mit Byzanz geschwächte Sassanidenreich, das in schnellen Schlägen niedergeworfen und vernichtet wird (636/37 Sieg der Araber bei Quadisijja über die Sassaniden, 637 Fall der sassanidischen Hauptstadt Ktesiphon, entscheidende Niederlage des sassanidischen Heeres bei Nihawend im Iran), zum andern gegen das Byzantinische Reich: 633 gegen die byzantinischen Ostprovinzen eröffnet, werden unter den bedeutenden arabischen Feldherren Chalid ben al-Walid und 'Amr ibn al-As in sich überstürzender Folge Syrien, Palästina und Ägypten überrannt, in Afrika bis 647 Tripolitanien und die Cyrenaika eingenommen;

nur im Norden kann die arabische Offensive an der Tauroslinie aufgehalten werden. Das Byzantinische Reich, um weit über die Hälfte seines ehemaligen Bestandes vermindert, ist durch die arabisch-islamische Expansion in die Defensive gedrängt, in eine Verteidigungssituation, in der es im weiteren Verlauf der arabisch-islamischen Ausbreitung um den Fortbestand des Reiches gehen wird. An die Stelle des vernichteten Sassanidenreiches, des großen Gegenspielers Ostroms, ist eine vom Mittelmeerraum bis an die Grenzen Indiens reichende Macht getreten, deren Universalanspruch sich noch weitaus gefährlicher für Byzanz erweist als der der Sassaniden.

In der dritten Phase der Ausweitung der dar al-islam findet nach einer Periode verhältnismäßiger Ruhe unter dem Kalifat Ali ben Abi Talibs (656–661) die erste Eroberungswelle ihre Fortsetzung; Träger dieser erneuten Expansion ist die Dynastie der Omajjaden (661–750). In ihren Eroberungszügen, deren Ausläufer bis nach Chinesisch-Turkestan ausgreifen, bildet sich die größte Territorialmacht der Weltgeschichte, gleichzeitig stabilisiert sich das Kalifat seit Moawija I. (661–680) von einer locker gefügten Besatzungsorganisation zu einem festen Staatsorganismus; seine Kulmination erreicht das sich ausprägende Großarabische Reich unter Abdalmaliks (685–705). Die unter den Omajjaden wieder aufgenommene arabisch-islamische Expansion setzt überall dort an, wo die erste Sturmwelle zum Stillstand gekommen ist. Da die Tauroslinie nicht „aufzurollen" ist, wird sie einfach umgangen: mit einer inzwischen aufgebauten arabischen Flotte eröffnet das Kalifat den Seekrieg gegen Byzanz und versucht, das Byzantinische Reich in seinem Lebensnerv, der Hauptstadt, zu treffen. Während eines halben Jahrhunderts hat Constantinopel drei Belagerungen mit Blockaden (668/669, 674–678, 716/17) zu überstehen, die jedesmal erfolgreich abgewehrt werden können (entscheidende Rolle des „griechischen Feuers"). Im Osten stößt die arabisch-islamische Expansion bis nach Indien vor (664 Eroberung Kabuls, Unterwerfung Chorasans und der Sogdiana, 711/12 Ausdehnung bis Sind und zum Pandschab); im Westen wird seit 664 die Eroberung Nordafrikas wieder aufgenommen, die gegen 700 ihren Abschluß findet. Von Nordafrika greift der Eroberungswille des Kalifats nach Spanien über, wo sich in dem Ansturm der islamischen Ausbreitung der Untergang des Westgotenreiches vollzieht (711/13). Mit der Eroberung Spaniens hat die arabisch-islamische Expansion ihren Zenit erreicht; die arabisch-berberischen Einfälle in Südfrankreich besitzen zwar noch erhebliche Stoßkraft, aber sie sind nur noch letzte Ausläufer einer Bewegung, die den vorderasiatisch-mediterranen Raum verändert hat: ein weiteres Vordringen – nach Mittelfrankreich – scheitert 732 bei Poitiers gegen das fränkische Heer Karl Martells.

In der arabisch-islamischen Expansion, mit der das in der Nachfolge Mohammeds stehende Kalifat Weltgeltung gewinnt, vollendet sich die Auflösung der alten Mittelmeerwelt, die Trümmer des Imperium Romanum Christianum, in dem brüchigen Gebilde des Frühbyzantinischen Reiches mühsam gerettet und zusammengekittet, werden vollends zerschlagen. Ein erster Umwandlungsprozeß hatte in der germanischen Völkerwanderung stattgefunden: der Westen brach unter dem Ansturm der Germanen aus dem Reichsverband heraus und gewann – allerdings immer noch in den Formen des Imperium Romanum – eine gewisse Sonderstellung. In der restaurativen Phase der justinianischen Herrschaft schien sich der alte Reichsorganismus noch einmal zu erneuern: mit der teilweisen Vernichtung der souveränen Germanenstaaten im Westen schälte sich der alte Reichskörper wieder Schritt für Schritt heraus. Die renovatio Imperii war jedoch ein trügerischer Schemen, in der arabisch-islamischen Ausbreitung zerbricht das in spätrömisch-frühbyzantinischen Formen wiederhergestellte Reich endgültig. Seine Stelle nimmt der das Mittelmeerbecken umgreifende Islam ein, der aus griechisch-byzantinischen, syrischen und sassanidischen Traditionen eine neue Weltkultur formt, so auch die geistige Struktur des mediterranen Raumes neben der politischen verändernd, weiter das sich als Erbe des Imperium Romanum Christianum begreifende, erheblich reduzierte Byzantinische Reich und eine germanische Staatenwelt im Westen, die die byzantinische Wiedereroberungspolitik und die arabische Offensive überdauerte.

Arabien vor Mohammed

Der Lebensraum Mit ungefähr 3,5 Millionen Quadratkilometern hat die westlichste der drei großen Halbinseln Südasiens die Ausmaße eines Subkontinents. Die arabische Halbinsel liegt im Kernbereich des subtropischen trocken-heißen Wüstengürtels, nur an den Randzonen fallen nennenswerte Niederschläge. Künstliche Bewässerung ist nur an wenigen Stellen möglich. Vollwüste und Wüstensteppe prägen den Charakter des Landes. In kleinen ärmlichen Oasen siedelt eine zahlenmäßig geringe Agrarbevölkerung, der überwiegende Teil der Bevölkerung lebt nomadisierend. Trotz der für Ansiedlung und Landwirtschaft sehr ungünstigen Bedingungen ist das Land zu einer Drehscheibe des Welthandels seit der Antike geworden. Das Land zwischen zwei Ozeanen und drei Kontinenten liegt im Schnittpunkt der Fernhandelsstraßen, z. B. der Weihrauchstraße.

Die Bevölkerung Araber (al-arab) im engeren Sinne sind die Bewohner der arabischen Halbinsel, oft werden nur die dortigen Nomaden so genannt. Schon assyrische Keilschrifttexte (9. Jahrhundert v. Chr.) nennen die „Aribi". Das arabische Selbstverständnis unterscheidet drei Volksgruppen: die sieben oder neun Stämme der „verschwundenen, ausgestorbenen" Araber sind nur zu geringen Teilen historisch; die „echten, ursprünglichen" Araber sind die Stämme südarabischer Herkunft im Jemen; die „arabisierten" Araber sind die Stämme nordarabischer Herkunft. Alle drei Gruppen gehen auf Noahs Sohn Sem (Sam ibn Nuh) zurück, das Alte Testament ist eine wichtige Geschichtsquelle der Araber (Gen 9,18; 10,21 ff.). Das sehr wichtige Traditionsschema der Stämme sieht so aus:

Prähistorische, anthropologische und philologisch-linguistische Forschungen haben eine Jägerbevölkerung von teilweise negroider Rasse und eine dunkelhäutige Restbevölkerung indischer Herkunft zusätzlich zu den semitischen Arabern nachgewiesen. Das arabische Volkstum hat sich im nordarabisch-syrischen Grenzraum (Palmyra, Emesa/Homs, Petra) ausgebildet und von dort nach Zentral- und Südarabien ausgebreitet.

Die gesellschaftlichen Strukturen Das semitische Nomadentum hat sich entsprechend den unterschiedlichen Landschaftsgegebenheiten verschieden entwickelt. Man unterscheidet Rinder-Schaf-Nomaden, Esel-Schaf-Nomaden, Kamel-Schaf-Nomaden und Rinder-Ziegen-Nomaden. Die starke Abhängigkeit von der Natur zeigt Südarabien, wo Dromedare mangels Futterpflanzen an Fischfutter (getrocknete Sardinen) gewöhnt wurden. Die Stammesstrukturen sind so nach Küstenbesitz und Fischfang orientiert. Lebensweise und Erwerbstätigkeit bestimmen die soziale Rangfolge. An der Spitze stehen die reiterkriegerischen Dromedar-Hirten (Beduinen), ihnen folgen die herumstreifenden Viehzüchter (Nomaden), einen breiten Raum nehmen die seßhaften Bevölkerungsgruppen ein, das geringste gesellschaftliche Ansehen genießen die Fischer der Küstenstreifen. Als größte politische und soziale Einheit fungiert der Stamm, oft in Unterstämme aufgeteilt. Die Großfamilie (Wohngemeinschaft der verheirateten Söhne mit dem Familienvater) bedeutet die soziale Grundlage. Neben der regulären Einehe gibt es bei entsprechender Wirtschaftslage die Mehrehe. Die Stellung der Frau in der Nomadengesellschaft ist gegenüber der innerhalb der seßhaften Bevölkerung günstiger. Die Stammeshäuptlinge üben die politische Führung aus, wobei Erbfolge und Wahlprinzip gleichberechtigt nebeneinander stehen.

Die Religion Abgesehen von einigen bedeutungslosen Kulten Südarabiens bestand die Religion der Araber aus einem Glauben an viele Götter (Polytheismus), durchsetzt von der Vorstellung einer beseelten Natur (Animismus) und der Verehrung lebloser Dinge (Fetischismus). Die Araber verehrten eine Gruppe unterschiedlicher Gottheiten, von denen jedoch keine ein höherentwickelter oder personaler Gott war, auch eine Rangfolge war nicht ausgebildet. Sterngötter sind feststellbar, ebenso ein männlicher Mondgott. Heilige Steine wurden mit dem Blut von Tier- und Menschenopfern besprengt, umschritten und geküßt, Verstorbenen wurden Totenopfer (Haare) gewidmet, Bäume wurden mit Gaben behängt. Unter dem Schutz eines verbindlichen Gottesfriedens (Stammeskriege) fanden Wallfahrten zu den mit Märkten verbundenen Festen statt. Die Teilnahme am Kult verlangte Opfer und Enthaltsamkeiten. Der Stadtstaat Mekka am Schnittpunkt mehrerer Karawanenwege war Kultmittelpunkt, die Kaaba mit je einem schwarzen und einem weißen Stein und der Brunnen Zamzam mit seinem Heilwasser waren die religiösen Zentren. In der Kaaba befanden sich vier Götterstatuen. Im Wesen kaum von ihnen unterschieden treten neben die Götter die Dämonen (Dschinn), von denen die Wüste voll ist. Diesem Heidentum standen jüdische Einflüsse und seit dem 4. Jahrhundert christliche Mission gegenüber.

Mohammed und sein Wirken

DAS LEBEN MOHAMMEDS

Mekka und Medina Mohammed (Muhammed) gehört zum Stamm der Banu Haschim, speziell zur Sippe der Quraisch. Er wird nach dem Tode seines Vaters Abdallah um 570 in Mekka geboren. Noch vor seinem sechsten Lebensjahr wird er Vollwaise. Er findet Aufnahme im Haus seines Großvaters Abdalmuttalib (gest. 578), nach dessen Tod erzieht ihn sein Onkel Abu Talib. Die Jugendjahre des Waisenkindes aus einer verarmten Familie der Handelsaristokratie Mekkas klingen an im Koran: „Fand der Herr dich nicht als Waise und nahm dich auf? Er fand dich verirrt und führte dich, er fand dich bedürftig und machte dich reich ..." (Sure 93,6–8). Seinen Onkel, einen Karawanenführer, begleitet Mohammed auf dessen Handelsreisen. Mit etwa 25 Jahren heiratet er die angeblich 20 Jahre ältere Kaufmannswitwe Chadidscha. Dieser glücklichen Ehe entstammen drei früh verstorbene Söhne und vier Töchter, von denen nur Fatima überlebt. Nach Chadidschas Tod heiratet Mohammed noch 13 Frauen, wofür soziale Überlegungen und politisches Kalkül ausschlaggebend gewesen sein mögen, denn es waren Witwen gefallener Mitstreiter. Nachdem sich Mohammed etwa mit 40 Jahren seiner Sendung bewußt geworden ist, schafft er sich schon seit seinem ersten Auftreten um 610 viele Feinde in Mekka. Die eingesessenen Kaufleute Mekkas profitieren von Kult und Prozession zu den Idolen ihrer Stadt und können an Neuerungen nicht interessiert sein. Als Besessener verlacht, als Betrüger und Schwindler beschimpft, ist der Prophet und die zunächst kleine Gruppe – Chadidscha, sein Vetter Ali und sein freigelassener Sklave Zaid ben Charita – großen Pressionen ausgesetzt. Mit wachsendem Zulauf verstärkt sich auch der Druck gegen sie. Zu ihrem Schutz bewegt Mohammed um 615 etwa 100 Männer und Frauen zur Auswanderung in das christliche Abessinien, nur mit seinen engsten Getreuen bleibt er in der Stadt. Deren Ablehnung schlägt in offene Verfolgung um, nachdem seine wichtigen Stützen, Chadidscha und Abu Talib, 619 gestorben sind. Angesichts der kritischen zugespitzten Lage hat Mohammed schon 621 Verbindungen zu seinen etwa 200 Anhängern in der Stadt Yatrib aufgenommen, und im September 622 flüchtet er vollends aus Mekka. Diese Flucht (hidschra) setzt als äußeres Zeichen den Beginn des Islam fest und ist Ausgangspunkt für die islamische Zeitrechnung. Damit ist der göttliche Prophet zu einem irdischen Politiker geworden. In der Folgezeit überwindet Mohammed alle Widerstände in Yatrib und seiner Umgebung mit Diplomatie und Überzeugungskraft, aber auch mit List, Waffengewalt und kompromißloser Härte. Er versöhnt seit jeher verfeindete Stämme und bringt sie auf seine Seite. Allmählich entsteht in und um Yatrib jene religiöse, soziale und politische Ordnung, die Mohammed aus seiner Offenbarung entwikkelt. Gegen die Mekkaner führen die Parteigänger Mohammeds mehrere Kriege, bis ihnen 629 die erste Wallfahrt zur Kaaba gestattet wird. 630 überrennt Mohammed mit Beduinentruppen Mekka, das seinen Widerstand aufgibt. Nach diesem entscheidenden Sieg ist gerade allen nichtbekehrten Stämmen der Kampf angesagt worden, als Mohammed am 8. Juni 632 in Yatrib unerwartet an Fieber verstirbt. Die Zufluchtstätte Yatrib erhält den Ehrentitel „Stadt des Propheten" (Madinat an-Nabi) und wird nur noch Medina genannt.

Die Offenbarungen Seit etwa 610 erlebt Mohammed in Träumen und Visionen Offenbarungen. In der Einsamkeit einer Höhle des Berges Hira bei Mekka, wo er den Ramadan (9. Monat des Mondkalenders) mit Fasten und Askese verbringt, breitet der Engel Gabriel ein seidenes Tuch vor ihm aus und befiehlt ihm zu lesen. Auf sein Zögern hin wird Mohammed vom Engel bis zur Bewußtlosigkeit gewürgt. Auf die dritte Aufforderung hin liest Mohammed den vorgelegten Text. Es ist der Beginn der 96. Sure. Die erste Offenbarung endet mit der Bekanntgabe: „O Mohammed, du bist der Gesandte Gottes" (rasul allah). Bis zu seinem Lebensende halten diese Mitteilungen an. Der Inhalt der Offenbarungen wird erst nach dem Tod Mohammeds unter Kalif Osman um 650 niedergeschrieben im Koran (al-qur' an, die Lesung, der Vortrag). Sein Text besteht aus 114 Abschnitten (sura), jede Sure setzt sich aus Versen in Reimprosa zusammen, die längste umfaßt 286 Verse (Sure 2). Zur Identifizierung haben die einzelnen Suren später Titelüberschriften (die Kuh, die Frauen, der Tisch, das Vieh usw.) erhalten. Die Anordnung erfolgte – mit Ausnahme der Sure 1 „Die Eröffnende" – nach Textlänge und nicht nach Entstehungsalter, doch lassen sich vom Inhalt her Entstehungsperioden unterscheiden, drei Abschnitte entstanden in Mekka und einer in Medina. Die mekkanischen Offenbarungen haben den Zweck, die Ungläubigen zur Bekenntnis des einen Gottes (Allah) zu bewegen, sie schildern daher die Höllenqualen der Sünder und das Paradiesglück der Gläubigen. Während der medinischen Verkündigungen war Mohammed schon anerkannter weltlicher und geistlicher Führer, weshalb diese besonders Gesetzesvorschriften für Gläubige beinhalten. Der Koran geht zurück auf ein im Himmel bewahrtes Urexemplar (umm al-kitab, Mutter des Buches), das bis in die Rechtschreibung mit dem geoffenbarten Text übereinstimmen soll. Daher darf nichts geändert werden, ja selbst eine Übersetzung verfälscht nach strenggläubiger Auffassung bereits den göttlichen Charakter des Buches. Eine große Bedeutung kommt auch der Sammlung von mündlichen Mitteilungen (hadit) und Handlungen des Propheten zu. Der Hadit besteht aus den eigentlichen Texten sowie aus einer Überlieferungskette. Ein

Die Kaaba in Mekka. Schon vor Mohammed war die Kaaba mit je einem schwarzen und einem weißen Stein ein Kultmittelpunkt. Später müssen die Pilger in Nachahmung der vom Propheten selbst verrichteten rituellen Handlungen siebenmal einen Rundgang um die Kaaba machen.

natürliches Interesse an Taten und Aussprüchen Mohammeds sowie an deren verbindlicher Auslegung bewirkten schon bald nach dem Tod des Propheten deren schriftliche Fixierung.

DIE ISLAMISCHE ORDNUNG

Der Glaube Mohammed nannte das ihm geoffenbarte und von ihm organisierte neue Religionssystem „Islam", d. h. „Die Ergebung in den Willen Gottes". Die an Allah Glaubenden nennen sich selbst Moslem (Muslim), die Bezeichnung „Mohammedaner" ist falsch, da sie nicht Mohammed anbeten (vgl. Christen-Christus). Die Annahme des Islam vollzieht sich durch das Aussprechen des Glaubensbekenntnisses. Die religiöse Haltung der Muslim ist bestimmt von der totalen Abhängigkeit vom Willen des einzigen, allmächtigen und allwissenden Schöpfergottes Allah und der daraus resultierenden eigenen Ohnmacht (Fatalismus). Als Glaubensinhalte nennt der Koran (Sure 2, 177,285; 4,136) den Glauben an Allah, an das Jüngste Gericht, die Engel, die Offenbarung der Schrift auch an die früheren Propheten (Altes und Neues Testament) und den Glauben an die Gesandten Gottes (z. B. Abraham) und an den Propheten Mohammed. Starke jüdische und christliche Gedanken haben so die Vorstellungswelt des Koran geprägt.

Die „Säulen des Glaubens" Nach Angaben des Hadit hat Mohammed fünf religiöse Grundpflichten als „Säulen des Glaubens" (arkan ad-din) genannt, die als Kriterien der Zugehörigkeit zum monotheistischen Glauben an Allah gelten.

Das Glaubensbekenntnis (schahada) Ein wesentlicher Glaubensakt ist das Aussprechen des Glaubensbekenntnisses: „Es gibt keinen Gott außer Allah, und Mohammed ist sein Prophet".

Das tägliche Gebet (salat) Das rituelle Gebet ist als höchste islamische Pflicht an bestimmte Vorschriften (Körperhaltungen, Texte, Tageszeiten, Reinheit, rituelle Waschungen, Benutzung der arabischen Sprache) gebunden. Zu genau festgesetzten Zeiten hat der Muslim fünf Gebete zu verrichten: das Morgengebet vor Sonnenaufgang, das Mittagsgebet, das Nachmittagsgebet, das Frühabendgebet bei Sonnenuntergang und das Spätabendgebet. Nach Möglichkeit hat er sich in die Moschee zu begeben. Der Moscheenbesuch ist Pflicht an den religiösen Festtagen und am Freitag, dem Paralleltag zum christlichen Sonntag und jüdischen Sabbat.

Das Fastengebot (saum) Ein freiwilliges Fasten sowie Fasten als Bußwerk sind im Islam wichtiger Bestandteil der Sündentilgung und der Askese. Das Fasten umfaßt völlige Enthaltsamkeit von Speise, Trank und Geschlechtsverkehr von Sonnenaufgang bis Sonnenuntergang. Auch das Rauchen und Mundausspülen zur Erfrischung sind untersagt. Im Monat Ramadan ist das allgemeine Fasten für jeden erwachsenen Muslim verbindlich. Für Alte, Kranke, Reisende und Schwangere sieht das Gesetz Erleichterungen vor. Wird das Fasten aus subjektiven Gründen (Reise, Schwangerschaft) unterbrochen, so muß es individuell nachgeholt werden. Akustische Zeichen (Trommel, Trompete) wecken den Gläubigen vor Sonnenaufgang zur Frühmahlzeit, ein Kanonenschuß am Abend gibt das Zeichen für das „Fastenbrechen".

Die Armensteuer (zakat) Nach den Koranvorschriften (Sure 9,60) ist jeder volljährige, gesunde und freie Muslim zur Armensteuer verpflichtet. Sie wird auf landwirtschaftliche Ernährungsprodukte, Obst und Vieh, vom Staat eingezogen. Edelmetalle und Kaufmannswaren werden nur dann besteuert (Steuersatz 2,5%), wenn sie ein Jahr gelagert worden sind. Ihre Besteuerung bleibt der Ehrlichkeit der Besitzer überlassen. Der Steuerertrag ist für Arme, Schuldner, Sklaven, Reisende und freiwillige Glaubenskämpfer, aber auch für Steuereinnehmer bestimmt.

Die Wallfahrt nach Mekka (hadsch) Nach Korangebot (Sure 3, 97) ist jeder freie volljährige Muslim zu mindestens einer Wallfahrt nach Mekka verpflichtet, die ihn zum Tragen des Ehrentitels „Hadschi" (Pilger) berechtigt. Die ganze Wallfahrt ist aber an einen Weihezustand gebunden. Er umfaßt spezielle Pilgertracht und eine Reihe von Verboten (Kämmen, Rasieren, Haare- und Nägelschneiden, Jagd, Benutzung von kosmetischen Artikeln, Geschlechtsverkehr). In Mekka und Medina haben die Pilger eine Fülle von rituellen, fest vorgeschriebenen Weihehandlungen zu verrichten. Die Wallfahrt selbst und die religiösen Bräuche sind altarabisch, doch hat ihnen Mohammed einen neuen Sinn gegeben.

Die Bewegung von Pilgermassen, die Rolle Mekkas als Kommunikationszentrum, die Doppelfunktion der Handelsstraßen als Pilgerwege, das religiöse Gemeinschaftsgefühl, die Erweiterung des Lebenskreises sowie Gedanken- und Erfahrungsaustausch haben die Pilgerfahrt unter religiösen, politischen, geistesgeschichtlichen und wirtschaftlichen Gesichtspunkten zu einer sehr wichtigen Einrichtung in der islamischen Welt werden lassen.

Der Aufbau der islamischen Gesellschaft

Modelle für die Organisation der Gemeinschaft der Gläubigen, die man in einem sehr weit gefaßten Sinne als Verfassung bezeichnen könnte, hat der Islam von seiner ersten Stunde an gekannt. Als „Verfassung" oder „Gemeindeordnung" von Medina ist jenes erste Dokument bekannt, in dem Mohammed die Pflichten der unterschiedlichen Religionsgemeinschaften festgelegt und das Verhältnis auch der einzelnen Gruppen innerhalb der islamischen Gemeinde erstmals geregelt hat. Die „Gemeinschaft der Muslim" ist im göttlichen Heilsplan vorgesehen als die beste Gemeinschaft (hair umma). Ihr irdisches Abbild, die reale politische Gemeinde, muß sich als gottgewollte Idealgemeinde bewähren, indem sie gehorsam ist gegenüber den göttlichen Geboten und Verboten. Nach dem Grad dieses Gehorsams richtet sich das in Aussicht gestellte Fortleben im Paradies. Das göttliche Gesetz (schari'a) ist dann auch die Quelle der Herrschaft, der Herrscher hat nur Gott gegenüber Verantwortung, seinen Untertanen gegenüber hat er unumschränkte Souveränität. Als Aufgaben des Herrschers gelten Schutz der Religion und Lenkung der Welt vermittels der Religion. Mohammed hat alle Funktionen in seiner Gemeinde innegehabt, alle „drei politischen Gewalten"; sie fallen – mit Ausnahme der Prophetenrolle – uneingeschränkt seinen Nachfolgern zu. Die Ordnung des islamischen Reiches entspringt den Verhältnissen in Mekka und Medina und der zentralen Rolle des Propheten, daher hat sich nicht einmal eine Kirchenorganisation unabhängig von der Reichsorganisation entwickelt, eine Aufteilung in „Staat" und „Kirche" fand nicht statt. Der Anführer der Gemeinde ist zugleich weltlich-politisches und geistlich-religiöses Oberhaupt aller Gläubigen. Eine Unterscheidung von „politischen" und „religiösen" Handlungsbereichen fehlt. Dadurch wird aber die an sich unumschränkte Macht des Herrschers begrenzt, denn sie ist eingebunden in das religiöse Gesetz (schari'a), findet in ihm ihre Grenze, entfaltet sich nur im Rahmen der religionsgesetzlichen Prinzipien. Gesetzgebung, oft sogar Auslegung und Anordnung, ist nur möglich, wenn nicht das übergeordnete Gesetz schon entschieden hat. Der Herrscher hat letztlich nur über den Vollzug des Koran zu wachen. Verstößt der Herrscher jedoch gegen die Gebote des Koran, dann ist er als Person absetzbar, ohne daß das Amt insgesamt davon berührt würde.

Das Volk der Gläubigen ist unabhängig von städtischer oder nomadisierender Lebensweise in Stämme und Großfamilien gegliedert. Dem Stamm steht der Scheich (schaih: alter Mann, Ältester) voran. Dem patriarchalischen Führer der Stammesgemeinschaft sind Aufgaben und Herrschaft aus Gewohnheitsrecht erwachsen. Seine Erfahrungen, seine Lagebeurteilungen und angemessenen Entscheidungen und seine wirtschaftliche und verteidigungstechnische Rolle, kurzum seine Leistungen für den Stamm sind die Grundlagen für seine Autorität. Solange er sein Ansehen auf Grund seiner Leistungen für den Stamm aufrechterhalten kann, wird seine Führungsrolle widerstandslos anerkannt. Der Scheich konsultiert die Stammesmitglieder (Rat) und ist ihr Sprecher und Handlungsbevollmächtigter. Bei inneren Konflikten hat er mit größtmöglicher Neutralität als Schiedsrichter zu wirken.

Aus der Stammesorganisation ging der Prophet hervor, der einen Teil seiner Sendungskraft in seiner Familie vererbte. Das Wissen um diese Sendungskraft und ein Teil ihrer Wirkung ist aber auch bei Mohammeds Mitkämpfern, den treuen Anhängern seit den ersten Offenbarungen, vorhanden, denen ein Mitspracherecht bei der Nachfolge des Propheten eingeräumt wird, damit die kämpferische Tradition und die richtige Auslegung der Prophetenworte und -handlungen gewährleistet sind. Sie sind gemeinsam mit der Prophetenfamilie die vom Sendungsauftrag Mohammeds am stärksten betroffenen Spitzenvertreter der „Leute der Tradition und der Gemeinschaft" (dschama'a = umma).

Weder Allah selbst noch der Prophet haben Vorkehrungen getroffen, wer von Mohammeds Gefährten und Verwandten nach dessen Tod die Leitung der Rechtgläubigen übernehmen soll. Das Wort „chalifa" (Nachfolger, Stellvertreter) wird im Koran verwendet, weshalb nach Sure 2,30 und 38,26 der Kalif als Bestandteil der göttlichen Ordnung verstanden wird. Der Begriff wird bereits auf Abu Bakr (632–634) angewendet. Als Bezeichnung für das Oberhaupt der islamischen Gemeinde erscheinen auch die Begriffe amir al-mumin (Befehlshaber der Gläubigen) und imam (Vorbild, Führer). Emir und Imam sind dann weitere Titel, die im Schrifttum mit dem des Kalifen verknüpft sind, doch sind sie je nach Auslegung einem komplizierten Bedeutungswandel unterworfen. An Verständnis und Rolle des Imam hat sich die islamische Welt in Sunniten und Schiiten sowie in weitere Sekten gespalten.

Für die Wahl des „Anführers der Gläubigen" wird von Kalif Omar (634–644) ein eigenes Gremium geschaffen. Die fünf ältesten und angesehensten Gefährten des Propheten bilden in Anlehnung an den Koran (Sure 42) eine Art Wahlmännerkollegium (as-schura: Die Beratung), das den Kalifen benennt. Später wird mit der Beschränkung auf nur drei oder gar nur einen Wahlmann der Erblichkeit des Kalifats Rechnung getragen: nur noch der regierende Kalif ernennt als einziger Wahlmann den gewünschten Nachfolger. Da der Nachfolger aus der Prophetenfamilie stammen soll, vermischen sich so Wahlrecht und Geblütsrecht. Dem neuen Kalifen wird gehuldigt und ein Treuegelöbnis dargebracht. Seit Kalif Abu Bakr (632 bis 634) erweisen die führenden Persönlichkeiten der islamischen Gemeinschaft ihre Verehrung durch einen symbolischen Handschlag, indem sie die geöffnete Handfläche des Kalifen mit einem Finger leicht berühren. Diese Huldigung und Gehorsamserklärung (bai'a) entspricht dem mittelalterlichen Lehenseid. Ist dieser Akt zunächst eine ausschließlich staatsrechtliche Bindung, so erhält er allmählich eine religiöse Bedeutung als Verpflichtung gegenüber Allah, der durch seinen irdischen Stellvertreter repräsentiert ist. Auf Zuwiderhandlung steht die Todesstrafe (Sakrileg). Die staatlichen Beamten werden vom Kalifen ernannt, so der Kadi (regionaler Oberrichter), der Wesir (Träger des höchsten Staatsamtes), der Katib (Generalsekretär für bestimmte Bereiche), der Mufti (Gutachter in Religionsrecht), der Emir (Provinzgouverneur), die Feldherren und viele andere.

Die Ausbreitung des Islam

Zu Lebzeiten Mohammeds sind zwei Drittel der arabischen Stämme für die Sache des Islam gewonnen worden. Mohammed selbst ist nicht nur mit friedlichen Mitteln für seine Glaubensgemeinschaft eingetreten. Im Gegensatz zum Christentum, dessen Stifter vor Pilatus den überirdischen Charakter seiner Gemeinschaft (Joh 18, 36: „Mein Reich ist nicht von dieser Welt") betont hat, ist der Islam von den ersten Tagen an ein Politikum gewesen. Während Christus Waffengewalt strikt ablehnt (Matth 26,52: „Alle, die zum Schwert greifen, kommen durch das Schwert um"), ist für Mohammed auch die Waffe ein geeignetes Instrument für die Ausbreitung des rechten Glaubens. Kurz vor seinem Tod ist noch den nichtbekehrten Stämmen der Kampf angesagt worden.

DER „HEILIGE KRIEG"

Im Denken Mohammeds nimmt die Vorstellung vom Glaubenskampf (dschihad) einen breiten Raum ein. Der Kampf gegen Ungläubige ist ein verdienstvolles Werk, durch das man sich das Paradies verdient (Sure 3,163; 4,76 u. a.) oder aber mindestens irdische Beute (Sure 48,20) erwirbt. Das arabische Wort kann sowohl den erklärten Krieg als auch den Kampf des einzelnen meinen, es ist abgeleitet vom Zeitwort „sich für eine Sache bemühen". Damit ist die Verwirklichung des Koranauftrages eine Frage der Auslegung geworden, die missionarische Bemühung ebenso bedeuten kann wie eine Kriegserklärung gegenüber Nichtmuslim. Unabhängig von Kampfmittel und -stil stehen als Gegner die „Ungläubigen" gegenüber, die Nichtmuslim, die Scheinkonvertiten und die wieder Abgefallenen. Der Glaubenskampf dient sowohl der Expansion des islamischen Machtbereichs als auch dessen Verteidigung. Er bedarf im Gegensatz zum „Heiligen Krieg" keiner staatlichen Organe oder zentralen Lenkung, praktisch erfolgt er oft auf Eigeninitiative. Der „dschihad" gegen Nichtmuslim unterscheidet eigentliche „Heiden" und sogenannte „Schriftbesitzer". Mit diesem Begriff meint Mohammed die Juden und Christen, weil sie durch Thora und Evangelium Schriften der göttlichen Offenbarung besitzen. Sie dürfen nach ihrer Unterwerfung unter einen islamischen Herrscher ihre Religion frei ausüben, wenn sie eine Kopfsteuer als Zeichen der Demut und Ergebenheit entrichten. Gleichzeitig erlangen sie dadurch den Schutz durch einen islamischen Verteidiger, denn im Gegensatz zu ihm darf ein ungläubiger Untertan keine Waffen tragen. Der Hadit überliefert den angeblich authentischen Ausspruch Mohammeds: „Wer einem Juden oder Christen Unrecht tut, gegen den werde ich selbst als Ankläger auftreten am Tag des Gerichts". Die Heiden ohne jeglichen Anteil an den göttlichen Offenbarungen müssen bis zur Annahme des Islam bekämpft werden. Über die Anwendung des dschihad gibt es keine einhellige Auffassung in der islamischen Welt. Nach schiitischer Auffassung kann es seit dem Jahr 874 (Entrückung des 12. und letzten Imams) keinen Glaubenskampf mehr geben, nach sunnitischer Auffassung dauert er bis zum Sieg des Islam als alleiniger Religion an. Um den Glaubenskampf als persönliche Aktion unternehmen zu können, bildet sich entlang den Grenzen der islamischen Reiche eine monastische Kriegerkaste, die als eine Art Ordensritter von Ordensburgen (ribat) aus immer wieder den Kampf gegen Christen und Heiden aufnimmt.

DIE „RECHTGELEITETEN" KALIFEN (632–661)

Abu Bakr (632–634) Mohammed hat seine Nachfolge nicht geregelt, aber es ist für die Gemeinde in Mekka und Medina keine Frage, daß Abu Bakr „as-Siddiq" (Der Wahrhafte) der Nachfolger und damit der erste Kalif sein soll. Er entstammt einer angesehenen Kaufmannsfamilie Mekkas, und als Jugendfreund Mohammeds ist er einer seiner ersten Anhänger, der sich mit seinem ganzen Ansehen und Vermögen bedingungslos der gemeinsamen Sache unterordnet. Abu Bakr, der gleichzeitig einer der Schwiegerväter Mohammeds war, hat seine großen historischen Verdienste dadurch erworben, daß er die islamische Gemeinde, die durch die Autorität des Propheten lose zusammengehalten worden war, trotz der kritischen Zeiten nach Mohammeds Tod zu einer Einheit zusammenfügte. Die Abfallbewegungen werden von ihm und dem geschickten Feldherren Chalid ben al-Walid (gest. 642) schnell gestoppt. In den beiden Jahren seines Kalifats erhält der junge Staat genügend Widerstandskraft gegenüber den inneren Schwierigkeiten und ausreichend Elan für seinen Aufschwung zur Weltmacht.

Omar (634–644) Anfänglich ein Gegner des Propheten, entwickelt sich Omar nach seinem Übertritt zum Islam mit beispielhafter Frömmigkeit und zielstrebiger Willenskraft zu einem wichtigen Vorkämpfer für die neue Gemeinschaft. Auch er war ein Schwiegervater Mohammeds und zu dessen Lebzeiten als einflußreicher Berater ein wichtiger Gemeindeführer. Während seiner zehnjährigen Regierung werden entscheidende Siege errungen. Bis 637 haben islamische Eroberer das byzantinische Palästina und Syrien erobert.
Die Kriegszüge werden ostwärts über die syrische Wüste hinaus geführt, und ein mächtiger Gegner wird angegriffen: Das persische Sassanidenreich ist durch lange Kriege mit Byzanz geschwächt und kann dem Elan der sieggewohnten Glaubenskämpfer nicht lange Widerstand leisten. Die Araber schlagen zwei Armeen der Sassaniden, erobern deren Hauptstadt Ktesiphon (637) und haben damit ganz Mesopotamien gewonnen.
Die Kämpfe, die teilweise im Stil des altarabischen Beutezuges (razzia) stattfinden, haben die rivalisierenden Stämme unter der Fahne des Propheten vereinigt und die Stammesrivalitäten gedämpft bzw. in militärische Erfolge umgesetzt, will doch jeder Stamm den verfeindeten Nachbarn an Tapferkeit und Eroberungen übertreffen. Außerdem ist die in Aussicht stehende Kriegsbeute stets angetan, die alten Querelen vergessen zu lassen. Neben diesen grundlegenden Problemen hat Omar neue Schwierigkeiten zu überwinden. Immer deutlicher zeichnet sich die Gefahr ab, daß die erfolgsgewohnten Krieger in ihrem Siegestaumel jedes Gefühl für Zusammenhalt und Zusammengehörigkeit angesichts der großen Entfernungen vom Mutterland und ihrer weiten Distanz untereinander verlieren, daß sie schließ-

Der Felsendom in Jerusalem ist das älteste islamische Heiligtum repräsentativen Charakters. Wahrscheinlich wurde bereits 669 unter 'Abd el-Melik mit dem Bau begonnen. Die vielfarbige, aus verschiedenen Zeiten stammende Fliesenausstattung gibt nicht mehr den alten Zustand wieder.

lich disziplinlos und tollkühn sich in Abenteuer stürzen, die zweifelhaft sind und letztlich Rückschläge bringen können. Andererseits bedeutet eine lange Kampfpause eine Verweichlichung, die angesichts der fremden Kulturen in den orientalischen Städten und Luxusresidenzen eine gefährliche Aufweichung der islamischen Traditionen heraufbeschwört. Omars Bemühungen gelten gezielt dieser Gefahr. Abseits von den Städten werden zur Kasernierung der islamischen Eroberungssoldaten befestigte Militärlager angelegt, in denen die Ideale der Beduinenmoral gepflegt werden. Obendrein sichert diese Befestigungskette Wege und Verbindungen nach Medina zum Kalifen. Mehrere Militärlager entwickeln sich zu arabischen Städten in fremdem Land: Kufa, Basra und später Samarra im Iraq, Fustat (Altkairo) in Ägypten, Kairuan (Qairawan) in Nordafrika. Wirtschafts- und Sozialprivilegien erhalten den Eroberern ihre Führungsrolle und lassen eine arabische Militäraristokratie in den besetzten Ländern entstehen. Von diesen Garnisonen aus brechen auch die weiteren Eroberungszüge auf, die bis 644 die restlichen Teile des Iraq, Südpersien und Ägypten dem Islam unterwerfen.

Omar weiß um die Notwendigkeit, die unterschiedlichen Völkergruppen der eroberten Reiche zu einem beständigen Staatsgefüge zusammenzuschließen. Es soll auf dem Koran beruhen und von der arabischen Kriegerschicht zusammengehalten werden. 637 beruft er seine Generäle und die maßgebenden Prophetengefährten zur sogenannten „Tagung von al-Dschabija" nach Dschaulan (Landschaft Golan) bei Damaskus, um die Regierungsform in den eroberten Ländern festzulegen. Die byzantinischen und persischen Beamten sollen ihren Aufgabenbereich beibehalten. Da Arabien ausschließlich muslimisch werden soll, werden nichtbekehrte Juden und Christen nach Mesopotamien und Syrien umgesiedelt. Das Steuerrecht der islamischen Länder wird den religiösen Verhältnissen und Koranvorschriften angepaßt. Hier wie bei der Landverteilung und beim Militärdienst wird scharf zwischen den drei Bevölkerungsgruppen unterschieden: Muslim, nichtislamische monotheistische Gruppen der Schriftbesitzer und rechtlose Götzendiener. Diese müssen dem Islam gewonnen werden, und dann wird sie wie alle Muslim den Sozialvorschriften des Koran unterworfen. Spezielle Richtlinien sind nur für die schutzbefohlenen (dimmi) Juden, Christen, Zoroastrier und Sabier erforderlich. Sie haben alle eine differenzierte Kopfsteuer (dschizja) zu entrichten, von der Frauen, Kinder, Mönche und Einsiedler ausgenommen sind. Ferner muß jeder Nichtmuslim eine Bodensteuer (charadsch) gemäß Sure 23,74 entrichten. In Naturalien muß ein jeweils festzulegender Prozentsatz der Ernteerträge und des Viehbestandes abgeliefert werrden, eine festgelegte Pauschalsteuer nach einer Art Einheitswert muß in bar bezahlt werden. Nachdem der Übertritt zum Islam auch bei diesen Gruppen verstärkt um sich greift, müssen auch die Neubekehrten besteuert werden, um die Höhe der Staatseinnahmen zu garantieren. In Ablösung der unterschiedlichen Zeitrechnungen der eroberten Länder wird das Jahr der Hidschra (622) als Beginn des verbindlichen islamischen Kalenders festgesetzt.

Als der 60jährige Kalif 644 wegen einer Privatsache ermordet wird, endet die entscheidende Regierung der bedeutungsvollsten Herrschergestalt der arabischen Frühzeit, die die Weichen für das islamische Mittelalter gestellt geprägt hat.

Otman (644–656) Unter Hintansetzung anspruchsberechtigter Prophetengefährten wird überraschend Otman ben Affan als Nachfolger Omars gewählt. Er entstammt der Sippe der Omajjaden und ist mit zwei Töchtern Mohammeds verheiratet, was ihm den Ehrentitel „Herr der beiden Leuchten" einträgt. Seine Frömmigkeit, Güte und Nachgiebigkeit haben seine Wahl bestimmt, kann doch die auf persönlichen Machtzuwachs ausgerichtete Führungsschicht keine starken Kalifen wünschen. Als Otman den schüchternen, im Grunde aber untauglichen Versuch unternimmt, die Mißstände in der Führungsschicht auszuräumen oder zumindest einzudämmen, zieht er sich zusätzlich zur Feindschaft der erfolglosen Thronanwärter die Opposition mächtiger Sippen zu. Als auch noch Mohammeds Witwe A'ischa die allgemeinen Mißstände und den Sittenverfall der Schwäche und Haltlosigkeit Otmans anlastet, brechen in Ägypten und dem Iraq Unruhen aus, die sich zu offenem Aufruhr in vielen Landesteilen steigern. Der greise Kalif wird ein Opfer des Straßenmobs von Medina.

Ali (656–661) Ali ben Abi Talib kommt als Ehemann von Fatima, Mohammeds einziger Tochter mit Chadidscha, eine besonders wichtige Rolle im führenden Familienverband zu. Ein großer Teil hält ihn für den von Allah vorbestimmten unmittelbaren Prophetennachfolger, dem die ersten drei Kalifen sündhaft seinen Platz vorenthalten haben. Dennoch widersprechen Alis Wahl zwei mächtige Gruppen. Die Prophetenfamilie unter A'ischas Führung besiegt Ali in der sogenannten Kamelschlacht 656 bei Basra, der Sippe Otmans, den Omajjaden, stellt sich Ali 657 in der Schlacht bei Siffin am Euphrat; doch trotz des fast schon errungenen Sieges akzeptiert Ali eine diplomatische Lösung. Da das einberufene Schiedsgericht den Fall keineswegs bereinigt, wenden sich viele Anhänger Alis aus Verärgerung über den verschenkten Sieg von ihm ab. Familienzwist, Blutrache, Machtkampf und mit Waffengewalt verfochtene religiöse Auffassungen schaffen gemeinsam das Klima für einen anhaltenden Bürgerkrieg, in dessen Verlauf nicht nur Ali, der Kalif ohne besondere militärische und politische Begabung, ermordet wird, sondern der langfristig die Spaltung der islamischen Welt in verschiedene politische und religiöse Blöcke begründet.

DAS KALIFAT DER OMAJJADEN

Abkehr von der Einheit Angesichts der engen Verflechtung von Religion und Politik kann es in der islamischen Gemeinde nicht ausbleiben, daß die unterschiedlichen Stellungnahmen zu an sich politischen Fragen nicht nur zu politischen Sondergruppierungen führen, sondern daß diese auch religiös verbrämt werden und zu Sektenbildungen sich ausgeweitet haben. Während der Regierungszeit Alis ist die Grundlage vorbereitet worden für die Auseinanderentwicklung der islamischen Gemeinde in Sunniten, Schiiten und Charidschiten. Entzündet hat sich der Zwiespalt an der Frage, wer Kalif sein solle, welchen Anforderungen er genügen müsse und welche Autoritäten und Qualitäten von ihm ausgehen. Die Sunniten orientieren sich an der Sunna (Pfad, Weg, Lebensführung) des Propheten. Moham-

Khalif Walid I., einer der großen Bauherren der Omajjaden, ließ in den Jahren 706 und 714/15 die Große Moschee in Damaskus errichten, als Triumphmal gegenüber der christlichen Sakralarchitektur, und sie mit aller Pracht, die seiner Zeit zur Verfügung stand, ausstatten (Otto-Dorn). Mit ihren Ausmaßen von rund 158×100 m ist sie eine der größten Bauten der islamischen Welt.

meds Aussprüche, Handlungen, Gepflogenheiten und auch seine schweigenden Einverständnisse sind ihre Richtschnur, niedergelegt in den Chadit-Sammlungen und belegt durch die Prophetengefährten. Da die Sunna so den Wesenskern des Islam ausmacht, verstehen sich deren Beachter, Befolger und Bewahrer, die Sunniten, als die Wahrer des wahren Islam. Schiiten sind die Angehörigen der Schi'a (Abspaltung, Partei), die als Parteigänger des Ali ben Abi Talib nur diesen als rechtmäßigen Nachfolger Mohammeds anerkennen. Nach schiitischer Überzeugung entscheidet Allah über den Nachfolger Mohammeds, der Ali benannte. In die weitere Nachfolge kann nur ein Nachkomme Alis berufen werden, der von seiner Persönlichkeit her die Voraussetzung dazu erfüllt, Imam (Führer) der Gemeinde zu sein. Dieser personengebundene Leitsatz hat keimhaft eine Spaltungstendenz in sich getragen und eine fast unübersehbare Fülle von schiitischen Gruppen und Untergruppen heraufbeschworen. Nach Alis Tod erfolgt die eigentliche Entzweiung der Schiiten und der Sunniten aufgrund der Erbfolgeprobleme, die ein Machtkampf sind. Da sich beide Gruppen ihren authentischen Anführer suchen, ist die politische Feindschaft offenkundig. Gesellschaftlich freilich stehen die Schiiten immer in der Gunst auch der anderen Muslime, ist doch ihr Anführer stets ein Nachkomme Alis, ein Alide. Die untrennbare Verknüpfung von politischen mit religiösen Motiven wird überdeutlich am Beispiel der dritten Hauptgruppe, den Charidschiten. Der Ursprung der Sekte liegt im Aufstand einiger Heeresteile im Lager Alis nach der Schlacht von Siffin. Die Rebellen (charidschi = die Auszügler) erachteten Ali wegen des verschenkten Sieges als seines Amtes unwürdig, die Strafe Allahs mußte ihn treffen. Sie wählten sofort einen Gegenkalifen und bekämpften Ali. Leidenschaft und religiöse Unbeugsamkeit, starre Überzeugungen und theokratische Frömmigkeit schaffen eine Bewegung, der erbarmungslose Bekämpfung Andersgesinnter, Muslim wie Nichtbekehrter, heilige Pflicht ist und der der Tod im Glaubenskrieg als gottgefälliges Werk erscheint. Für den politischen Bestand und Zustand der islamischen Welt sind die Charidschiten oft eine größere Gefahr als äußere Feinde.

Aus der Spätzeit der Omajjaden stammen die nach dem Vorbild römischer Grenzkastelle erbauten Wüstenschlösser. Zur Zeit ihrer Erbauung waren sie von blühenden Gärten umgeben. Die Steppenlandschaft war durch von den Bergen herangeleitete Bewässerungssysteme fruchtbar gemacht. Im Inneren waren die Schlösser kostbar ausgestattet mit Wandmalereien, Stuck- und Mosaikarbeiten und Steindekor. Die abgebildete Festung Qasr el-Kharanah in Jordanien ist eine der wenigen erhaltenen.

Der Aufstieg der Omajjaden Alis erbittertster Gegner ist Moawija ben Sufjan, der mächtige syrische Statthalter aus dem Hause des Prophetenonkels Omajja. Von ihm leitet sich die erste islamische Kalifendynastie ab, die Omajjaden (661–750). Der ehemalige Schreiber des Propheten hat als Statthalter und Feldherr eine steile Karriere hinter sich, und unter Ausnützung der politischen Lage mit ihrer Abneigung gegen Ali stellt er sich offen gegen ihn, denn er begreift die Bedeutung Syriens und seiner Zentrale Damaskus. 661 erkennen ihn mit Ausnahme der Charidschiten alle als rechtmäßigen Kalifen an. Moawijas staatsmännisches Geschick entfaltet sich schon zu Beginn seiner 20jährigen Regierungszeit. Dabei stehen ihm fähige und verläßliche Gefolgsleute zur Seite. Befriedung und Verwaltung von Ägypten und dem Iraq erkennt er als entscheidend für die Zukunft des Reiches, sind diese Länder doch Stützen und Zentren der arabischen Welt. Sein wichtigstes historisches Verdienst, dem seine Lebensaufgabe gewidmet ist, ist die Aussöhnung der verfeindeten arabischen Hauptstämme, namentlich der Nordaraber (Stamm Qais), denen er selbst angehört, und der Südaraber (Stamm Kalb) in Syrien, deren gegenseitiger Haß alle Muhen scheitern zu lassen droht. Moawija kann diese Konsolidierungspolitik erfolgreich beenden, als alle Stammesverbände uneingeschränkt seinen Sohn Jazid als designierten Kalifen anerkennen. Trotz mancher Anfechtungen funktioniert diese dynastische Nachfolgeordnung, und 14 Kalifen dieser Familie regieren bis zur Revolte der Abbasiden 750. Trotz der relativ kurzen Regierungszeit kommt der Periode der Omajjaden eine grundlegende Bedeutung für die islamische Welt zu, da sie deren erste Konsolidierungsphase ermöglicht.

Das Reich der Omajjaden Das arabische Reich hat weitere Ausdehnungen erfahren. 647 ist Tripolitanien von Ägypten aus unterworfen worden, Oqba ben Nafi hat einen ersten Vorstoß quer durch Nordafrika geführt und 667 die Byzantiner bei Karthago entscheidend geschlagen. 682 zieht er bis an die Atlantikküste. Von Persien aus dringen die Araber nach Afghanistan vor und erobern Buchara und Samarkand. Eine weitere Stoßrichtung führt über den Oxus bis Taschkent, im Süden werden Beludschistan, das Indusdelta und der Pandschab erobert. Im Westen haben neue Eroberungen Nordafrika und das Berberland gesichert. Kairuan ist Zentrum der Arabisierung geworden, die Festungsstadt Tingis (Tanger) das Sprungbrett nach Norden. 711 überwinden Berber und Araber gemeinsam die Meerenge nach Europa unter dem Kommando des Berbers Tarik (Gibraltar: Berg des Tarik) und zerschlagen binnen zweier Jahre das Westgotenreich in Spanien. Der Siegeslauf führt nach Narbonne, Avignon und Lyon ins Frankenreich. Erst die Niederlage 732 bei Tours und Poitiers durch die Franken (Karl Martell) beschränkt die arabische Expansion auf die Iberische Halbinsel. Mit dem gleichzeitigen Vordringen der arabischen Eroberer nach Europa und Indien hat die arabische Ausbreitung im Jahre 711 ihren vorläufig größten Umfang erreicht.
Das Weltreich der Araber, vom Atlantik bis zum Indus, von der Sahara bis zu den Steppen und Wüsten Innerasiens, trägt den

Keim seines Zerfalls schon in sich: die zersetzende Wirkung des ererbten Partikularismus. Zusätzlich gären die Gegensätze von Lebensformen und Gebräuchen, Nationaltraditionen und Stammestemperamenten. Die arabischen Stammeskämpfe lähmen zu oft noch Verwaltung und Heer, entladen sich in blutigen Aufständen. Die einzelnen Reichsteile sind zu schnell erobert worden und zu gegensätzlich, um rasch zu einer Reichseinheit zusammenzuwachsen. Obendrein sind ihre Eroberer, getrieben von Glaubenseifer, oft nur von bloßer Abenteuerlust, Kampfgeist und Beutegier, nicht aber von Kolonisations- und Organisationsideen, bis auf wenige Kalifen selten ausgestattet mit staatsmännischen Fähigkeiten. Eine rigorose Arabisierung des Reiches kann nicht der richtige Weg sein für eine dauerhafte Reichsbildung. Letztlich aber ist trotz etlicher genialer Kalifen (Abdalmalik 685–705, Walid 705–715, Hischam 724–743) die Zeit zu kurz, die Dynastie angesichts der naturbegründeten Schwierigkeiten zum Scheitern verurteilt, noch bevor eine echte Chance zur Festigung der eroberten Gebiete vorhanden gewesen wäre.

Die Kultur des frühen Islam

Die Kultur der ersten islamischen Epoche ist noch eine rein arabische. Es läßt sich allenthalben die ungebrochene Gültigkeit der Beduinenwelt, der Nomadengesellschaft feststellen; auch die wenigen Städte sind in ihrem Wesen und ihrem Lebensrhythmus in das Nomaden- und Beduinenleben (Karawanen) eingebettet. Ein kultureller Neubeginn ist umso weniger bemerkbar, da er als ausgesprochen negativ empfunden und sogar ausgeschaltet wird. Werden doch die Beduinenkrieger angesichts fremder Kulturen in arabischen Exklaven (Festungsstädte) geradezu isoliert.

Ein Neubeginn ist lediglich auf dem Gebiet der Architektur festzustellen, doch sind sehr wenige Beispiele überliefert. Dies gründet neben der Neubautätigkeit späterer Generationen besonders in der materiellen Anspruchslosigkeit der Wüstenkrieger wie auch in mangelndem Architekturgebrauch der auf Eroberung ausgerichteten Reiterzüge. Wo doch Architektur benötigt wird (Moscheen, Lager, Schlösser, Paläste, Karawansereien) ist während der ersten Phase in den eroberten Gebieten von einer Weiterbenutzung und Umwandlung übernommener vorhandener Anlagen auszugehen, ferner von Auftragsarbeit durch einheimische Künstler und Handwerker. Wie immer während der militärischen und politischen Aufbauphase eines Imperiums folgen künstlerische Ausdrucksformen frühestens in der zweiten oder dritten Generation (Phasenverschiebung). So fördern auch die ersten vier Kalifen keine Bautätigkeit, die Moscheen sind primitive Gebetsräume in Anlehnung an Mohammeds Haus. Dieses wird dann zum Vorbild der Moschee mit Innenhof (Atrium; Patio), umlaufenden Säulengängen und hoforientierten Räumen im Schutz starker Außenmauern und des Wachturms (Minarett). Erst in der Omajjadenzeit entstehen dann die systematischen Großanlagen in Kairuan (671), Fustat/Alt-Kairo (709/710), Medina (708/709), Mekka (709/710), Jerusalem (688), den Lagerstädten Kufa und Basra und in der Hauptstadt Damaskus (707/715). Es ist entwicklungsgeschichtlich logisch, daß die Anlagen in den hellenistischen, byzantinischen und sassanidischen Gebieten sich zunächst stark an die Vorgängerbauten anlehnen (Arkaden von Andschar).

In die Spätzeit der Omajjaden fallen die fast nur in Ruinen erhaltenen Wüstenschlösser in Syrien (Minya 712/715, Qasr al Hair al Garbi 727, Mschatta 744). Nach dem Vorbild römischer Grenzkastelle umstehen Rundtürme die quadratischen Lagerpaläste mit zentralem Innenhof oder Rasterschema um mehrere Innenhöfe. Einzelne Lustschlösser (Qusair Amra 712/715, Hammam as-Sarach 725/730) sind auf zentrale Badeanlagen in der Nachfolge der römischen Thermen beschränkt. Der einzige bekannte Palast aus Kufa (Dar al-Imara) zeigt orientalische Anklänge und vollzieht so den Übergang zur anschließenden Abbasidenkunst.

Unter den Omajjadenschlössern nimmt „Mschatta", Jordanien, aus der Zeit Walids II. (743–744) eine Sonderstellung ein, und zwar durch seine Größe von 144×144 m, durch die Aufgliederung und durch die Prachtfassade aus Kalkstein, von der hier ein Detail abgebildet ist. Seit 1904 befindet sich das Fragment als Geschenk Sultan 'Abdulhamids an Kaiser Wilhelm II. in der Islamischen Abteilung der ehemals Staatlichen Museen, Berlin-Ost.

DIE WELT DES MITTELALTERS

Die Entfaltung des Abendlandes: Das europäische Mittelalter

Die Grundlagen der mittelalterlichen Welt
Das Abendland als eine Synthese aus Antike, Christentum und Germanentum hat sich im Laufe eines Jahrtausends geformt. Es erwächst aus einer Vielzahl wandernder Stämme zu einer geistig-religiösen Einheit, zu einer Kulturgemeinschaft der romanisch-germanischen Völker, welche Byzanz und seinem geistig-kulturellen und religiösen Strahlungsfeld gegenübersteht. Abendland – das bedeutet, trotz der zunächst (seit dem 16. Jahrhundert) geographischen Festlegung (lat. occidens = die Länder im Westen, Europa, im Gegensatz zum Orient, dem Morgenland), zumindest seit den Romantikern die geistig-religiöse und kulturelle Einheit der europäischen Menschheit – ein Gedanke, der ungebrochen bis in die Gegenwart hinein wirkt.

Die Grundlagen der abendländischen Völker- und Kulturgemeinschaft sind vielfältig, dennoch lassen sich drei Hauptwurzeln nachweisen, die den Unterbau der abendländischen Welt abgeben. Das europäische Mittelalter geht hervor aus der Verschmelzung von Germanentum und christlicher Kirche, sodann erwächst die abendländische Welt linear aus dem Römischen Reich, d. h. der Antike in ihrer spezifisch griechisch-römischen Ausprägung. Die germanischen Völker, die im Verlauf der Völkerwanderung in den geschichtlichen Kreis des Orbis Romanus hineintreten, haben sich mit den Wirkkräften der antiken Kultur und des Christentums auseinanderzusetzen, wobei sich durch das neue ethnische Element der germanischen Völker eine eigenständige Kultureinheit ausformt, die nicht nur gegenüber der Antike ein andersgeartetes Bewußtsein entfaltet, sondern auch gegenüber anderen, als fremdartig empfundenen Kulturen.

Im Jahre 1054 – auf dem Thron von Byzanz sitzt Kaiser Konstantin IX. Monomachos (1042–1055), ein schwächlicher Epigone der ruhmreichen mazedonischen Dynastie, den Patriarchenstuhl von Konstantinopel hat Michael Kerullarios inne, ein Machtpolitiker, erfüllt von schrankenlosem Ehrgeiz, ihm aber stehen in Rom Papst Leo IX. und der fanatische Byzanzgegner Kardinal Humbert gegenüber, der spätere Verfasser des Traktates „Adversus simoniacos" von 1057 und Vorbereiter der gregorianischen Reform – in jenem schicksalsträchtigen, für Europa so bedeutungsvollen Jahr 1054 erscheinen die päpstlichen Legaten unter Führung von Humbert von Moyen-Moutier, dem Kardinal von Silva Candida, in Konstantinopel und legen auf den Altar der Hagia Sophia eine Exkommunikationsbulle für Michael Kerullarios, welche den Bruch zwischen der Christenheit des Westens und der des Ostens, der sich schon lange zuvor abgezeichnet hatte, endgültig besiegelt. Dieses durch den ungestillten Ehrgeiz zweier Kirchenfürsten ausgelöste Anathema (Kirchenbann) im Jahre 1054 erweist sich dann in seiner geschichtlichen Konsequenz als nicht mehr überwindbar, wie etwa noch das Schisma des Photios im 9. Jahrhundert, von nun an stehen sich eine abendländisch-lateinische und eine morgenländisch-griechische Christenheit gegenüber, welche jede für sich – trotz aller noch weiter bestehenden Berührungspunkte – sich in ihrer nur ihr eigenen Individualität weiter zu entfalten anschickt. Mit dem durch Kardinal Humbert in Konstantinopel vollzogenen Bruch findet jedoch zugleich eine Entwicklung ihren Höhepunkt, welche durch die Krise des Römischen Reiches im 3. Jahrhundert, die Teilung des Imperium Romanum in eine weströmische und eine oströmische Hälfte und die Gründung von Konstantinopel als zweitem Rom eingeleitet worden war: die Entstehung zweier Welten, wobei jede für sich ihr eigenes Bewußtsein ausprägt. Im Jahre 1054 aber wird sich das geistig noch armselige Abendland seiner selbst bewußt, es löst sich von dem glänzenden Byzantinischen Reich, dessen Welt man nun klar als fremdartig erkennt.

Bereits mit den Staatsgründungen der germanischen Völker auf dem Boden des Römischen Reiches gewann die römische Reichsidee einen neuen Bezug: Nachdem die Germanen sich aus der Begrenzung ihres stammesstaatlichen Denkens gelöst hatten, eigneten sie sich den universalen

Sogenannte Krone des byzantinischen Kaisers Konstantin IX. Monomachos (1042–1055). Unter seiner Regierung vollzieht sich der Bruch zwischen der Christenheit des Westens und der des Ostens. Gold mit Grubenschmelz. Größe 5 cm. Budapest, Ungarisches Nationalmuseum.

römischen Staatsgedanken an, sie begriffen sich von nun an als die neuen Träger des Imperium Romanum – ein Gedanke, der die gesamte mittelalterliche Welt durchzieht und geradezu zum Katalysator für das abendländisch-mittelalterliche Kaisertum wird, das für sich den Anspruch erhebt, das römische Weltreich weiterzuführen.

Dem mittelalterlichen Kaiser als dem Inhaber der römischen Kaiserwürde, die ihm durch die Translatio imperii (Übertragung des Kaisertums auf die deutschen Könige) Papst Leos III. auf Karl den Großen am 25. Dezember 800 zugefallen war, und den mittelalterlichen Königen steht als germanisches Element der Adel zur Seite, der zu einem wesentlichen Träger der Staatsgewalt wird. Ihm kommen eigenständige oder von der Krone verliehene Rechte zu, welche den Herrschaftsbereich der mittelalterlichen Könige oft erheblich einschränken: diese regieren nicht absolut wie der spätrömische Imperator, sondern nur mit der Einwilligung und dem Rat des Adels. Daher zieht sich auch wie ein Leitfaden durch die Geschichte des mittelalterlichen Europa die Auseinandersetzung der Königsgewalt mit den partikularen Kräften. Nur eine starke, sich in der Persönlichkeit eines überragenden Herrschers verkörpernde Zentralgewalt vermag diese zu steuern, daher neigt der mittelalterliche Staat immer wieder zu einer Desintegration. Dem Zugriff der königlichen Herrschaft entzieht sich mit dem Adel zugesicherten Rechten dann zugleich aber auch die Masse der vom adeligen Grundherren abhängigen freien und unfreien Bauern, welche Dienste und Abgaben an den Grundherren zu leisten haben. Das gesellschaftliche Gefüge ist daher mehr oder weniger ausgeprägt feudalistisch: es zeigt sich eine ständische Schichtung der Gesellschaft in einem streng hierarchisch aufgebauten System, wobei das Fundament der Pyramide die breite Masse der Unfreien und Hörigen bildet, die Spitze der oberste Lehnsherr.

Die mittelalterlichen Könige aber übertrifft an Rang und Ansehen der Kaiser, wenn ihm auch keine echte Herrschaftsgewalt über sie zukommt. In seinem Selbstverständnis sieht sich das mittelalterliche Kaisertum, das den deutschen Königen zufällt, in der Kontinuität des Imperium Romanum stehend, und da die römische Reichsidee sich mit Konstantin dem Großen auch mit der christlichen verschmolz, begreift sich der mittelalterliche Kaiser nicht nur als Nachfolger der römischen Imperatoren, sondern auch als von Gott dazu berufener Wahrer der religiösen Einheit. In der Fortführung der Idee eines universalen, den „populus christianus“ umfassenden „Imperium Romanum Christianum“ ist der mittelalterliche Kaiser sowohl Beschützer des „Orbis Romanus“ als auch des „Orbis christianus“. In einem sakral-transzendenten Bezug stehend, tritt er dem anderen Repräsentanten des Christentums, dem Papsttum, zur Seite, beide Gewalten aber, die höchste geistliche (Sacerdotium) und die höchste weltliche (Imperium), sind geeint in der allein zum Heil führenden Kirche. Diese Einheit des christlichen Abendlandes, der res publica christiana, wird dann im 11. Jahrhundert durch die Hierokratie, die Priesterherrschaft Papst Gregors VII. (1073–1085) entscheidend gefährdet. Der von Gregor VII. ausgelöste Investiturstreit erweist sich als Entscheidungskampf zwischen Papst und Kaiser, zwischen Sacerdotium und Imperium, dessen Einheit in dieser Auseinandersetzung zerbricht und damit die mittelalterliche „Ordo“ (Ordnung) antastet. Das Verhältnis der beiden Gewalten zueinander erfährt einen grundlegenden Wandel, zum Führer Europas schwingt sich das Papsttum auf, während das deutsche Königtum seine Vorzugsrolle vor den anderen Königen Europas einbüßt. Diese vom Papsttum geförderte Entwicklung, die eine Einigung Europas im Hochmittelalter unter der Lehnshoheit des Kaisers verhindert, leitet das Emporkommen der späteren „Nationalstaaten“ ein. Bereits nach dem fränkischen Machtverfall im 9. Jahrhundert stand der universalistischen Reichsidee ein Staatenpluralismus gegenüber, und nach dem von Papst Innozenz III. (1198–1216) geschürten Thronkrieg nach der Doppelwahl von 1198 in Deutschland büßt der Kaiser seine Hegemonie in Europa endgültig ein, der Glanz des „Reiches“ erlischt. Es sinkt mit Friedrich II. dahin, die Hand des Henkers von Karl von Anjou vernichtet am 29. Oktober 1268 auf dem Markt von Neapel mit der Hinrichtung des staufischen Knaben Konradin „jenes herrliche Geschlecht, dem wir angehören“ – wie es Konradin selbst ausgedrückt hat. Zugleich aber sind mit dieser gewaltsamen Störung der mittelalterlichen „Ordo“ die Grundlagen für das Ende des Mittelalters gelegt. Nun aber tritt in die „Politik der europäischen Staaten endgültig Macht an Stelle der Vollmacht, die Herrschaft des Ich an die Stelle der Dienstherrschaft aus höherem Auftrage. Nur der Name des Reiches blieb und an ihm haftend seine untilgbare Würde“. (H. Kämpf)

Vom universalistischen „Ordo“ des Mittelalters sind jedoch nicht nur Sacerdotium und Imperium umschlossen, auch der einzelne Mensch und die Gesellschaft insgesamt werden von ihm erfaßt. Der agrarfeudalistische Sozialaufbau mit seiner ständischen Schichtung nach einem streng hierarchischen System erscheint unantastbar, er ist aus göttlicher Ordnung erwachsen und erhält dadurch seine Rechtfertigung; in der Diesseitigkeit spiegelt sich zugleich die himmlische Rangfolge.

Mit der Ausprägung des universalistischen Ordo des frühen und hohen Mittelalters durch die Aufnahme und Aneignung des antiken Kulturgutes und der christlichen Lehre durch die germanischen Völker nimmt die abendländische Geschichte ihren Anfang; dabei wird die Aufnahme der mediterranen antiken Kultur durch die nördlichen Völker zu einem sich wiederholenden Vorgang, wie die zahlreichen „Renaissancen“ erweisen: In der „Karolingischen Renaissance“ vollzieht sich die erste umfassende Aufnahme der griechisch-römischen Kultur in ihrer spätantiken Ausformung im Abendland. Zum Träger dieser breiten Aneignung spätantiken Formengutes im Norden aber werden die Franken.

1685 teilte der Thüringer Schulmann C. Cellarius (1638–1707) die Geschichte der Menschheit in der noch heute zumeist üblichen Periodisierung in Altertum, Mittelalter und Neuzeit auf. Der Begriff bildete sich aus der humanistisch-philologischen Bezeichnung „media latinitas“, mit der von den Humanisten die Sprachepoche von Konstantin dem Großen bis zu Karl dem Großen gekennzeichnet wurde, die Sprachepoche von Karl dem Großen bis zur Renaissance wurde als „infima latinitas“ bezeichnet. Seit seiner Entstehung ist der Begriff „Mittelalter“ (nlat. medium aevum) einem vielfältigen terminologischen Veränderungsprozeß unterworfen worden: Vom Wertbegriff, wie ihn Humanismus und Renaissance prägten, und vom Epochenbegriff eines Cellarius geht der Wandel zum typologischen Begriff der Moderne, in der östlichen Geschichtsschreibung ist er längst durch neue begriffliche Kategorien abgelöst worden. Humanismus und Renaissance betrachteten die Antike als anzustrebendes Ideal, und da man das eigene Zeitalter als „rinàscita“ und „rinascimento“ (Wiedergeburt) auffaßte, stufte man das zwischen dem Altertum und der eigenen Epoche liegende Jahrtausend als „gotisch“, d. h. „barbarisch“, ein. Im 17. Jahrhundert erfuhr dann der Begriff Mittelalter mit G. Horn in Leyden und C. Cellarius in Halle seine systematische Einführung in die Geschichtsschreibung, die Bezeichnung Mittelalter wurde zum Epochenbegriff für die Zeit zwischen dem Altertum und der Neuzeit (Schlözer, Gatterer, Lessing u. a.). Die bereits durch die

PER ME REGES REGNANT – durch mich herrschen die Könige, so lautet die Inschrift auf der deutschen Kaiserkrone aus der Zeit Ottos II. oder Ottos III. Sie weist auf die Translatio imperii (Übertragung des Kaisertums auf die deutschen Könige) hin, die durch die Krönung symbolisiert wird. Die reich verzierte Krone stammt aus einer westdeutschen Goldschmiedewerkstatt. Bügel und Kreuz sind später, zur Zeit Konrads II., hinzugefügt worden. Gold, Filigran, Edelsteine und Perlen, Grubenschmelz. Kunsthistorisches Museum, Wien.

Renaissance erfolgte Abwertung der mittelalterlichen Epoche wurde durch die Aufklärung dann fortgesetzt, das Mittelalter faßte man allgemein als „finstere" Zwischenzeit auf. Erst die deutsche Romantik und die von ihr ausgehende kritische Geschichtsforschung wandelten die abschätzige Bewertung mit dem zunehmend besseren Verständnis des mittelalterlichen Quellenmaterials zu einer positiven Gesamtbeurteilung um. Die Romantik faßte das Mittelalter gar als Idealzeit auf, als Höhepunkt der menschlichen Geschichte, in der Mitte zwischen den Anfängen und dem Ende der Menschheit liegend.

Als Bezeichnung für eine Epoche erweist sich der Begriff Mittelalter als eine Hilfskonstruktion, die sich nur auf die abendländische Kultur der romanisch-germanischen Völker bezieht. Der Begriff umfaßt die Werdezeit des Abendlandes (6.–8. Jahrhundert), ausgehend vom Untergang des weströmischen Reiches und den germanischen Staatenbildungen, die Jahrhunderte der mittelalterlichen Einheit (9.–11. Jahrhundert), die der Fülle und schweren Krise (12.–14. Jahrhundert) und den „Herbst des Mittelalters“ (J. Huizinga, 14./15. Jahrhundert). Die Auffassungen über die Wende des Mittelalters zur Neuzeit sind unterschiedlich, als Endpunkte gelten: die Zeit des Interregnum in Deutschland vom Ende der Staufer bis zur Wahl Rudolfs von Habsburg (1254 bis 1273), die Niederlage von Papst Bonifaz VIII. (1294–1303) im Kampf mit Philipp IV. von Frankreich, der mit dem Überfall in Anagni 1303 endet, die Entstehung der Nationalstaaten nach 1330, die Renaissance, die Entdeckungen des 15. Jahrhunderts und die Reformation. Als oberste Grenze für das Ende des Mittelalters werden zuweilen auch die Aufklärung und die Französische Revolution angesetzt, mit der die Feudalherrschaft in Europa aufhört. In der Erweiterung des historischen Gesichtsfeldes auch auf den außereuropäischen Bereich im 20. Jahrhundert mußte der bisher geltende Mittelalterbegriff in seinem nur auf den europäischen Geschichtsverlauf ausgerichteten Bezug notwendigerweise einer Veränderung unterworfen werden. Der Begriff Mittelalter wurde jetzt zunehmend als „Entwicklungsalter“ innerhalb einer in sich begrenzten Kulturzone begriffen. Die Bezeichnung „Mittelalter“ wandelte sich damit zum typologischen Begriff, der auf zeitlich und räumlich weit auseinanderliegende, in ihren Phänomenen aber gleichartige Entwicklungsphasen innerhalb der Menschheitsgeschichte angewandt werden kann. Der typologische Gebrauch des Mittelalterbegriffes hatte bereits seine Vorgriffe, er begegnete bei Heinrich Leo (1835), der die Begriffe Altertum, Mittelalter und Neuzeit auf die griechisch-römische Antike übertrug, und bei F. G. Welcker, einem Freund Wilhelm von Humboldts, der die Periode vom Ende der Dorischen Wanderung bis zum Beginn der frühklassischen Zeit als „griechisches Mittelalter“ bezeichnete. Heute wird der Begriff Mittelalter in seinem typologischen Gebrauch beinahe auf alle Kulturen angewandt. Man spricht innerhalb der Entwicklung eines Volkes oder eines Kulturkreises immer dann von Mittelalter (etwa einem japanischen), wenn sich ein bestimmtes soziologisches Gepräge ausgeformt hat. Das gesellschaftliche und staatliche Gefüge ist in der mittelalterlichen Entwicklungsphase aristokratisch-feudalistisch; Voraussetzung des feudalistischen Systems ist eine vorwiegend agrarisch orientierte Wirtschaft. Dem typisch mittelalterlichen Aufbau von Wirtschaft, Gesellschaft und Staat entsprechen eine ritterlich-höfische Kultur und eine starke Bindung des Individuums an die ständische Gemeinschaft und ein Umschlossensein des einzelnen durch Religion und Kirche.

Im Gang der Weltgeschichte aber ist das europäische Mittelalter die Epoche, in der das Abendland als eigener Kulturkreis neben anderen seine ihm eigene Ausprägung erfährt. Der Welt der heidnischen Barbaren tritt – in den Vorstellungen des mittelalterlichen Menschen – die geordnete, gesittete Welt der Christenheit gegenüber, das Imperium christianum als Nachfolger des constantinischen Rom, das durch Karl den Großen seine politische Einigung erfährt. Als Karl der Große, seit 768 alleiniger Herr und König der Franken, am Weihnachtstag des Jahres 800 von Papst Leo III. die Kaiserkrone in dem Augenblick empfängt, da er sich in der alten Petersbasilika zu Rom an der Gruft des heiligen Petrus vom Gebet erhebt, erreicht das Werden des Abendlandes seinen ersten Höhepunkt; in der acclamatio des versammelten römischen Volkes und der adoratio (Huldigung) des Papstes, der vor Karl das Knie beugt, zeigt sich nach außen hin im Glanz des römischen Kaiserkrönungszeremoniells erstmals die Einheit des christlichen Abendlandes im politischen Sinne, die doch zugleich eine innere, geistige ist, wie sie die Romantik und hier vor allem Novalis in seiner berühmten Schrift „Die Christenheit oder Europa“ einem unter dem Einfluß der Aufklärung stehenden Zeitalter wieder vor Augen rückte. Aber mit der Erhebung Karls zum Imperator und Augustus nach 400 Jahren Schweigen im ehemaligen römischen Westen wird zugleich der Anspruch auf Ranggleichheit mit dem Kaiser von Konstantinopel erhoben, wenn ihn auch Karl der Große selbst nur zögernd durch die Aufnahme des Zusatzes „imperium Romanum gubernans“ (Verweser des Römischen Reiches) zu seinem Königstitel vertritt. Auf das Kaisertum Karls des Großen beruft sich dann das der Ottonen und Staufer, und auch das sakrale Königtum der französischen Kapetinger und Valois gründet auf die Kaiserkrönung des Jahres 800; Karl der Große – „Charlemagne“ – ist der Ahnherr der französischen Könige, die schließlich als unerbittliche Widersacher des „Reiches“ die älteste Nation Europas formen. Die im Mittelalter erreichte Einheit des Abendlandes aber findet trotz aller Umbrüche und gewaltsamen Veränderungen in der geistig-politischen Größe „Europa“ ihre säkulare Fortsetzung, das Phänomen Europa, das die Welt in seinen Bann ziehen und ihr bis in die Gegenwart hinein seinen Stempel aufdrücken wird, ist ohne seine mittelalterlichen Grundlagen nicht zu verstehen.

DAS FRÜHE MITTELALTER. AUFSTIEG, BLÜTE UND VERFALL DES FRANKENREICHES UNTER DEN MEROWINGERN UND KAROLINGERN

Herrschaft der Merowinger

Chlodwig und die Entstehung des Fränkischen Reiches In der Mitte des 5. Jahrhunderts erreichen die Franken Cambrai und Amiens und damit das Gebiet an der Somme; von den Statthaltern des untergehenden Römischen Reiches werden sie als Föderaten anerkannt. Föderatenpflichten erfüllt bereits der Vater Chlodwigs, Childerich (gest. 481/482), aus dem Geschlecht der Merowinger, der als Gaukönig und Herrscher über einen salischen Stammesteil der Franken von Tournai aus in römischen Diensten gegen Westgoten und Alamannen kämpft. Bestimmte Stoßrichtungen der fränkischen Expansion sind damit schon vorgezeichnet, aber das römische Rezept, die Franken (wie anderswo auch andere germanische Stämme) in ein Bündnis- und Abwehrsystem einzugliedern, soll sich bald als untauglich erweisen.

Als Schöpfer des Fränkischen Reiches kann man Chlodwig (481–511), den Sohn Childerichs, bezeichnen. Wie sein Vater ist er zunächst nichts anderes als ein Kleinkönig neben anderen, ausgestattet mit einem begrenzten Herrschaftsbereich. Es gelingt ihm jedoch, durch Ausschaltung tatsächlicher oder potentieller Rivalen die Alleinherrschaft zu erringen. Dabei gehört auch Mord zu den Mitteln, mit denen er dieses Ziel erreicht, wie aus den Berichten des fränkischen Geschichtsschreibers Gregor von Tours hervorgeht. Mit gestärkter königlicher Macht vernichtet er die letzte Bastion Roms in Gallien, das Reich des Syagrius, den er 486/87 bei Soissons schlägt. Das Seine-Becken mit Paris, das zur merowingischen Königspfalz wird, gehört nun zum Herrschafts- und Siedlungsbereich der Franken. Chlodwigs rücksichtslose

Durchsetzung der Alleinherrschaft und eine weitere, energische Expansion nach Süden bilden die ersten Stufen im Entstehungsprozeß des fränkisch-merowingischen Reiches. Dabei fällt umfangreiches und jetzt herrenloses römisches Domänenland dem Frankenkönig als Beute in die Hände und wird Königsgut. Teile davon kann er seiner adeligen Gefolgschaft zuweisen, um auf diese Weise das Band zwischen König und Adel zu festigen.

Chlodwigs Ziel, die Herrschaft über ganz Gallien zu erringen, konnten die Alamannen gefährden, ein germanischer Stamm, der vom Elsaß aus nach Süden, Norden und Nordwesten vordringt, jedoch 496/497 geschlagen und der fränkischen Herrschaft unterworfen wird. Mit diesem Vorgang hängt eine Entscheidung des Merowingerkönigs zusammen, die von historischer Bedeutung ist und in ihren Folgewirkungen weit über den aktuellen Anlaß hinausreicht. Es handelt sich um den Übertritt Chlodwigs zum römisch-katholischen Glauben. Ausschlaggebend sind dabei nach Gregor von Tours eine militärische Notsituation im Kampf gegen die Alamannen, in der Chlodwig den Christengott um Hilfe angefleht habe, verbunden mit dem Einfluß seiner burgundisch-katholischen Frau. Man darf jedoch annehmen, daß diese Entscheidung primär das Resultat kühler, machtpolitischer Überlegungen gewesen ist. Anders als der Ostgotenkönig Theoderich akzeptiert Chlodwig das Christentum nicht in seiner arianischen Form, die eine unüberbrückbare Barriere zwischen Goten und Römern bildet, sondern er nimmt den römisch-katholischen Glauben der galloromanischen Bevölkerung an, die teilweise – im Süden des Landes – von Westgoten beherrscht wird. Dies hat Signalwirkung und muß Sympathien auslösen, die sich politisch nutzbar machen lassen. 498 läßt sich der Frankenkönig zusammen mit Gefolgsleuten von Bischof Remigius von Reims taufen. Damit beseitigt Chlodwig nicht nur eine religiöse Schranke zwischen Franken und Galloromanen, er gewinnt dadurch auch die Unterstützung der Bischöfe und deren Diözesanorganisation. Jetzt ist es ein Franke, der den katholischen Glauben und die Kirche schützt, eine germanisch-

Siegelring Childerichs.

Das im Auftrag des 676 gestorbenen Bischofs Warnebertus von Soissons geschaffene Reliquiar zeigt die vielfältigen Einflüsse in der Kunst der Merowingerzeit. Pflanzliche Gebilde byzantinisch-mediterraner Herkunft (Rückseite) wechseln sich ab mit Tiergebilden mit getrennten Gliedmaßen und Köpfen nach germanischer Art. Kupfer, vergoldet mit Einlagen. Stift Beromünster.

romanische Synthese ist erreicht, und das spezifisch mittelalterliche Prinzip der Verknüpfung von königlicher Macht und römisch-katholischer Konfession ist begründet worden. Auf dieser Grundlage erscheint es den Zeitgenossen Chlodwigs mehr als gerechtfertigt, daß er das arianische Westgotenreich mit Toulouse als Mittelpunkt 507 beseitigt und damit die fränkische Herrschaft bis zur Garonne ausdehnt. Auch die Expansionspolitik über den Rhein hinaus beginnt bereits jetzt und wird zur existentiellen Bedrohung für das Thüringerreich.

Nach dem Tode Chlothars, des Sohnes Chlodwigs, fangen die blutigen Auseinandersetzungen um die Herrschaft im Merowingerreich von neuem an. Es kommt zu einem zwanzig Jahre währenden Bürgerkrieg, der zu einer Dreiteilung des Frankenreiches (Austrasien, Neustrien, Burgund) führt.

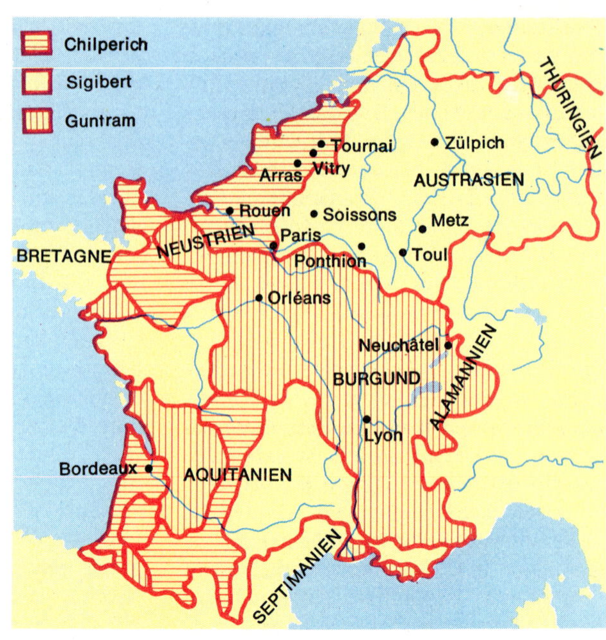

Reichsteilung und Expansion nach Chlodwig Die merowingischen Herrscherdynastien dieser Zeit machen nicht den scharfen Unterschied zwischen öffentlichem und privatem Eigentum hinsichtlich des von ihnen errichteten und ausgebauten Fränkischen Reiches. Da die nachgeborenen Söhne in gleicher Weise als erbberechtigt gelten, wird das fränkische Herrschaftsgebiet in einen westlichen Reichsteil Neustrien (zwischen Schelde und Loire mit Paris) und einen östlichen Reichsteil Austrasien (mit Reims und Metz) aufgeteilt. Dieses Teilungsprinzip wird merowingisch-karolingische Tradition und soll in späteren Zeiten zu weitreichenden Folgen führen. Der Keim für Konflikte zwischen den Teilreichen ist von Anfang an gelegt. Gleichzeitig muß jedoch betont werden, daß durch diese Teilungen das regnum Francorum, das Königreich der Franken, als Gesamtinstitution nicht aufhört zu existieren. So setzen auch die Söhne Chlodwigs als gleichberechtigte Teilherrscher (jeder ist rex Francorum) gemeinsam die expansive Politik ihres Vaters fort. 531 werden Burgund und der Südteil des Großthüringischen Reiches erobert – der Norden fällt an die damals verbündeten Sachsen –, weitere alamannische Gebiete werden unterworfen und auch Bayern gerät in Abhängigkeit.

Innere Entwicklung des Merowingerreiches Durch die Entscheidung Chlodwigs, das Christentum anzunehmen, wurde eine romanisch-germanische Symbiose initiiert, in der sich Strukturelemente, Denkweisen und Institutionen aus beiden Bereichen miteinander verknüpfen und gegenseitig durchdringen. Römische Verwaltungs- und Rechtserfahrungen kommen den merowingischen Kanzleien in den Königspfalzen zugute, wo erst später die weltlichen Urkundenschreiber (referendarii) durch Geistliche ersetzt werden. In der unmittelbaren Umgebung des Königs entwickelt sich in Gestalt der vier Hofämter ein Ansatz zu einer zentralen Reichsverwaltung. Kämmerer (Schatzverwaltung), Mundschenk (Kellerei), Marschall (Pferde) und Seneschall (Truchseß, verantwortlich für das Verpflegungswesen des Hofes) sind Ämter, deren Bedeutung weit über die ursprünglichen Funktionsbereiche hinausreicht: Ihre adeligen Inhaber gewinnen durch ihre beständige Königsnähe Ansehen und politischen Einfluß.

Zur Verwaltungseinheit des Fränkischen Reiches wird die Grafschaft. An ihrer Spitze steht ein Graf, der vom König eingesetzt wird und in seinem Auftrag handelt. Die Wurzeln der Institution des Grafen reichen sowohl in den romanischen als auch in den germanischen Bereich zurück. Der Graf ist zuständig für das Heeresaufgebot der Grafschaft, das er im Notfall zusammenrufen muß, er ist Vorsitzender des Grafengerichtes, wo schwere Kriminalfälle verhandelt werden, und er besitzt verschiedene Verwaltungskompetenzen. Im Gegensatz zur spätrömischen Praxis ist diese Vereinigung ziviler und militärischer Aufgaben in einer Hand ausgesprochen germanisch.

Die Macht des merowingisch-fränkischen Königs beruht nicht nur auf einer ihm ergebenen königlichen Gefolgschaft, mit der er in gegenseitigem Treueverhältnis verbunden ist, und – materiell – auf den Königsgütern, sondern auch auf der alten germanischen Auffassung, daß bestimmte Familien oder Sippen mit besonderen göttlichen Heilskräften begnadet seien. Das „Königsheil" gebietet es, den König aus Familien zu wählen, deren Heil sich durch politisch-militärische Erfolge, Reichtum und Fruchtbarkeit für alle sichtbar zeigt. Das Königsheil – ein von der modernen historischen Forschung geprägter Begriff – wird zur Basis für das Geblüts- und Erbrecht einer Königsfamilie; das Verhältnis zwischen Erbrecht auf der einen und dem Wahlrecht eines bestimmten adeligen Wählerkreises auf der anderen Seite wird zum Grundproblem bei der Entwicklung der fränkisch-deutschen Königswahl. Chlodwig war noch durch Volkswahl, durch die Wahl der Freien, König geworden, rasch schränkt sich jedoch der Wählerkreis ein. Allein die Tatsache, daß die Wahl durch einen größeren oder kleineren Keis von Wählern aus den Reihen des Adels zur notwendigen Legitimationsgrundlage des mittelalterlichen Königs gehört, verbietet Vergleiche dieses Königtums etwa mit dem absolutistischen Königtum des 18. Jahrhunderts. Trotz einer grundsätzlichen Gebots- und Verbotsgewalt (Bann) ist der fränkische König bei der Verwaltung des riesigen Reiches und bei den häufigen Feldzügen im Rahmen der fränkischen Expansion wie auch bei Auseinandersetzungen zwischen den Teilreichen, die sich nach Chlodwig gebildet haben, auf den Adel angewiesen. Vor allem der grundbesitzende Adel auf dem Lande, der nicht in unmittelbarem Königsdienst steht wie die Grafen, orientiert sich dabei primär an seinen eigenen, lokal-regionalen Interessen. Bis etwa 600 n. Chr. haben sich fränkische, burgundische und nicht zuletzt galloromanische Grundbesitzer zu einem grundbesitzenden Adel verbunden, zu dem auch Bischöfe und Äbte großer Klöster mit ihren Grundherrschaften gehören. Vor allem kirchliche Grundherrschaften sind oft immun, d. h. kein weltlicher Beamter, wie etwa der zuständige Graf, darf den Immunitätsbezirk betreten, um dort Steuern oder andere Gelder einzuziehen. Auch die Niedergerichtsbarkeit (leichtere Kriminalfälle) fällt dem Grundherren zu, der sich, wenn er geistlichen Standes ist, dabei durch einen weltlichen Vogt vertreten läßt. Die Immunität wird vom König verliehen, sie hat Vorbilder im römischen Bereich und entwickelt sich zu einem außerordentlich wichtigen Faktor in der mittelalterlichen Verfassungsgeschichte.

Spannungen und Konflikte zwischen den Teilreichen erhöhen die Macht des merowingisch-fränkischen Adels: 614 setzt er im Edikt von Paris (Edictum Chlotharii) durch, daß die königlichen Beamten, vor allem also die Grafen, nur noch aus dem jeweils ortsansässigen, regionalen, grundbesitzenden Adel rekrutiert werden sollen. Die Primärfunktion des Grafen, im Auftrag des Königs und nur des Königs zu handeln, kann jetzt durch partikulare Interessen der neuen Grafenschicht gefährdet werden. Aus den Reihen des Adels kommt auch der Hausmeier (major domus), der sich aus dem Hofamt des Seneschall entwickelt hat. Er steht an der Spitze der königlichen Gefolgschaft, hat weitreichende Aufgaben, und seine politische Macht nimmt nicht zuletzt wegen der Krisen innerhalb der merowingischen Herrscherfamilien ständig zu. Das Hausmeieramt wird später die Basis für den Aufstieg der Karolinger.

Im wirtschaftlich-sozialen Bereich leben zwar manche antiken Traditionen auf dem Gebiet des Handels und des Münzwesens fort, doch prägen die Franken als germanisches Bauernvolk der Gesellschaft rasch ihren Stempel auf. Das agrarische Element triumphiert über spätantike Urbanität, die Naturalwirtschaft wird dominant.

Diese Anfangsseite – incipit liber – aus dem Sacramentarium gelasianum ist ein gutes Beispiel für die merowingische Buchmalerei mit ihrer charakteristischen Tierornamentik. Die einzelnen Lettern sind aus Fischen und Vögeln zusammengesetzt. Apostolische Bibliothek im Vatikan.

Christianisierung und Kirchenorganisation im Fränkischen Reich Die Taufe Chlodwigs und seiner Gefolgsleute bedeutete weder Anfang noch Ende der Christianisierung im ehemaligen römischen Gallien. Vor allem auch rechts des Rheins, bei den Hessen, Thüringern und in Bayern gibt es noch große Missionsfelder. Lange noch besteht, insbesondere auf dem Land, bei Teilen der Franken die Verehrung heidnischer Götter, und heidnische Gebräuche halten sich unter der erst dünnen Decke der neuen Religion. Durch den Taufakt von Reims lassen sich Vorstellungen, in denen die Germanen über Jahrhunderte hinweg gelebt haben, natürlich nicht von heute auf morgen aus dem Bewußtsein verdrängen. Durch die Verschmelzung der germanisch-fränkischen und romanisch-katholischen Bevölkerungsteile zu einem einheitlichen Reichsvolk wird jedoch – in einem wechselseitigen Prozeß – die Christianisierung Schritt für Schritt vorangetrieben. Ihr Erfolg hängt nicht zuletzt ab von der Existenz, dem Aufbau oder Wiederaufbau einer Kirchenorganisation, die teilweise schwer unter den Stürmen der Völkerwanderung gelitten hat.

Von der Ebene der Bistümer bis hinunter zur Dorfpfarre muß die kirchliche Ordnung wiederhergestellt oder neu geschaffen werden. Die mit Chlodwig neu entstandene Situation kommt der allgemeinen Christianisierung im fränkischen Bereich und damit verbunden der Stabilisierung der Diözesanorganisation zugute. Mainz und Köln blühen wieder auf, im 7. Jahrhundert werden in den Rhein-, Maas- und Moselgebieten auch große Teile der Landbevölkerung christlich. In den städtischen Bischofssitzen ist die Bevölkerung bereits christlich, als die Franken vorstoßen, oder der Prozeß der Chri-

Gürtelschnalle der Königin Arnegundis. Silber mit Goldauflage, Filigran, Almandinen und Perlen. Entstanden in einer merowingischen Werkstatt des 6. Jahrhunderts. Saint-Denis bei Paris, Kirchenschatz.

stianisierung verläuft dort naturgemäß schneller.

Die christianisierten Franken werden häufig selbst zu Verkündern der neuen Religion. Alamannische Gebiete und die Umgebung von Würzburg gehören zu den fränkischen Missionsfeldern. Um 600 ist am Bodensee das Bistum Konstanz entstanden, um 600 treffen – unter der Führung des Kolumban – auch die ersten irischen Mönche im Frankenreich ein, die einen weiteren, wesentlichen Faktor bei der Durchsetzung des Christentums im Gesamtbereich fränkischer Herrschaft darstellen. Die irischen Wandermönche sind an strenger Askese orientiert, auch ihre missionarische Wanderschaft verstehen sie als Form der Askese; um Gott zu dienen, verlassen sie die irische Insel. Weitere Charakteristika irischen Mönchtums sind der hohe Bildungsstand und die Pflege der Literatur, der Buchmalerei und anderer geistig-wissenschaftlicher Tätigkeiten in den irischen Klöstern. Vieles davon gelangt mit den Missionaren in das kontinentale Westeuropa, auch in England missionieren die Iren.

Unter Kolumban entsteht das Kloster Luxeuil in den Vogesen, das bekannteste unter den verschiedenen irischen Klostergründungen im Frankenreich. Kolumbans Schüler Gallus gibt den Anstoß zur Entstehung des berühmten Klosters St. Gallen, Kilian missioniert in der Würzburger Gegend und stirbt dort als Märtyrer, und um 700 läßt sich eine starke Aktivität fränkischer, jedoch an den Normen irischen Mönchtums orientierter Missionare in Bayern feststellen: Emmeran, Korbinian und Rupert sind aus der frühmittelalterlichen Geschichte von Regensburg, Freising und Salzburg nicht wegzudenken. Trotz der Bemühungen und Erfolge der irischen Mission gibt es für die angelsächsischen Missionare, die um 700 in das kontinentale Westeuropa kommen, noch viel zu tun. Schon im späten 6. Jahrhundert hatte in England selbst die Mission durch Benediktiner begonnen, durch Vertreter jenes Ordens, der 529 mit der Gründung des Klosters in Monte Cassino durch Benedikt von Nursia seine Geburtsstunde erlebt hatte und dessen Ordensregel mit ihrer maßvollen Ausgewogenheit der verschiedenen Bereiche monastischen Lebens für Jahrhunderte zur Grundlage des abendländischen Mönchtums werden soll. Diese Regel wird, anders als die des Kolumban, von Rom begünstigt, das Papsttum hat auch den Anstoß für die benediktinische Mission im späten 6. Jahrhundert gegeben; die Orientierung an Rom wird zum Wesensmerkmal der angelsächsischen Kirche. Wie bei den Iren kann man auch in den angelsächsischen Klöstern einen hohen Bildungsstand feststellen, und der Mönch Beda tritt uns um 700 als einer der bedeutendsten Gelehrten seiner Zeit gegenüber. Anders jedoch als in Irland steht in der angelsächsischen Kirche nicht das Kloster, sondern das Bistum im Zentrum der Kirchenverfassung. Romorientierung und Kirchenorganisation sind Wegweiser, die von den angelsächsischen Missionaren im fränkisch beherrschten Bereich aufgestellt werden. Der berühmteste unter ihnen ist Wynfrith-Bonifatius, der seine Tätigkeit mit Missionierung in Friesland beginnt. Ab 722 missioniert er im Auftrag des Papstes und versehen mit fränkischen Schutzbriefen bei den Hessen und Thüringern, wobei seine Position durch die Ernennung zum Missionsbischof gestärkt wird. Ein sieghafter Christus, der selbst den Tod überwunden hat, ein starker König und Gefolgschaftsherr werden in der frühen Mission an die Germanen herangetragen, die Macht des Christengottes wird betont, und in diesem Rahmen ist auch das Fällen einer dem Gott Donar geweihten Eiche bei Fritzlar durch Bonifatius zu sehen. Bonifatius gründet die Klöster Fritzlar und Fulda, 732 erhält er – mit der Ernennung zum Erzbischof – vom Papst den Auftrag, eine kirchliche Organisation rechts des Rheins aufzubauen bzw. neu zu organisieren. In diesem Zusammenhang entstehen die Bistümer Salzburg, Regensburg, Freising, Passau, Eichstätt, Würzburg und Erfurt mit festen Diözesangrenzen und Diözesanämtern, worauf von den irischen Wandermissionaren kein Wert gelegt worden ist.

Münze König Chlodwigs. Der Kopf zeigt das charakteristische lange Haar. Umschrift: CHLODOVEUS REX FR.

Auch im fränkischen Kernbereich wird Bonifatius tätig: Mit Unterstützung der Hausmeier Pippin und Karlmann finden 743/44 Reformsynoden der fränkischen Kirche statt, manche Bistumsgrenzen werden neu fixiert, jedoch provoziert der eifrige Bonifatius nicht zuletzt in diesem Zusammenhang auch den Widerstand von gewichtigen Teilen des fränkischen Episkopats, den auch die karolingischen Hausmeier nicht übersehen können und dürfen. Bonifatius' Einfluß sinkt und sein Wunsch, im hohen Alter und nach langer Missions- und Organisationsarbeit als Erzbischof in Köln einen festen Kirchensprengel zu erhalten, geht nicht in Erfüllung; er wird Erzbischof von Mainz, das aber gerade deswegen eine besondere Ehrenstellung unter den deutschen Bistümern erlangt, die in zunehmendem Maße auch zu einer starken politischen Stellung wird. Bonifatius stirbt, wo er begonnen hat: Bei einem Missionsversuch in Friesland wird er erschlagen und in Fulda begraben.

Das Frankenreich der Karolinger

Der Aufstieg der Karolinger und das päpstlich-fränkische Bündnis Der Aufstieg der Karolinger zum führenden Königshaus in Europa, das entscheidend von ihrer Politik geprägt werden soll, ist eng verknüpft mit der beherrschenden Stellung, die das adelige Hausmeieramt in den fränkischen Teilreichen gewonnen hat. De iure repräsentiert der König die oberste Gewalt, de facto hat sie der Majordomus inne. Als Hausmeier in Austrasien treten auch die Karolinger in das Licht der Geschichte. Die Herrschersippe ist durch Heiratsverbindungen zwischen den grundbesitzenden Arnulfingern und den Pippiniden entstanden. Pippin der Ältere ist Hausmeier des merowingischen Königs Dagobert. Das begehrte Amt ist in Austrasien bereits erblich geworden, bevor es als Institution im späteren karolingischen Königtum aufgeht. Hauptziel der karolingischen Hausmeier ist es zunächst, den drohenden Zerfall des fränkischen Gesamtreiches zu verhindern sowie die von den Merowingern errichtete Herrschaft über andere Stämme und Gebiete zu erneuern bzw. zu erweitern. 687 schlägt der Enkel Pippins des Älteren, Pippin der Mittlere, den Hausmeier des von inneren Konflikten geschwächten Teilreiches Neustrien bei Tertry und wird dadurch zum führenden Mann im gesamten Reich, dessen Herrschaft in seiner Hand vereinigt ist. Seine offensive Politik gegenüber den Alamannen und Bayern schafft eine erneute Abhängigkeit von den Franken und wird von seinem unehelichen Sohn Karl Martell erfolgreich fortgesetzt. Der Beiname „Martell“ (= Hammer), den Karl (714–741) trägt, geht auf seinen entscheidenden Sieg über die Araber zurück, den er 732 bei Tours und Poitiers erringt. Mohammedanische Streifscharen, denen 711 auch das Westgotenreich in Spanien erlegen war, drangen über Spanien in das Fränkische Reich vor. Einer weiteren Expansion schiebt der Sieg Karl Martells einen Riegel vor. Mit Hilfe der Langobarden unterwirft er Burgund, östlich des Rheins erneut die Alamannen und auch Bayern gehört unter seiner Herrschaft zum fränkischen Einflußbereich.

Das alles erreicht er als Hausmeier. Schon unter Karl Martell gibt es Versuche des Papsttums, das starke Fränkische Reich zum Bundesgenossen gegen die Langobarden in Italien zu gewinnen, deren Ausdehnungspolitik den Päpsten zunehmend lästiger und gefährlicher wird. Gregor III. bittet daher in mehreren Briefen an Karl und den fränkischen Adel um Hilfe gegen den langobardischen König Liutprand und erinnert dabei ganz bewußt und massiv daran, daß es um die Geschicke St. Peters, als dessen Nachfolger sich die Päpste verstehen, gehe. Trotz aller Ehre, die mit dem päpstlichen Gesuch an die fränkischen Hausmeier verbunden ist (schließlich appelliert das Haupt der Christenheit an sie) und trotz allen religiösen Druckes, der dabei ausgeübt wird, kommt es zu keinem Eingreifen Karl Martells in Italien. Verwandtschaftliche Beziehungen zum langobardischen Königshaus, die langobardische Hilfe bei der Vertreibung arabischer Restgruppen aus der Provence und – im Zusammenhang damit – die offensichtliche Abneigung des fränkischen Adels, gegen die Langobarden zugunsten des fernen Papstes zu ziehen, haben die Ablehnung entsprechender päpstlicher Bitten motiviert. Den Adel aber braucht der Hausmeier bei der Durchsetzung weiterer Pläne, eine starke Opposition kann er nicht riskieren.

Den entscheidenden Schritt zur Königswürde der Karolinger unternimmt erst Pippin der Jüngere (741–768), der Vater Karls des Großen, der zusammen mit seinem Bruder Karlmann zunächst als Hausmeier das Reich beherrscht und erfolgreich gegen Alamannen, Bayern und Sachsen kämpft. Immer wieder versuchen die Stämme östlich des Rheins, die in der einen oder anderen Form über sie ausgeübte fränkische Herrschaft abzuschütteln. Vor dem Hintergrund einer Adelsopposition, an der sich ihr Halbbruder Grifo beteiligt hat, setzen die beiden Brüder mit Childerich III. noch einmal, aber zum letzten Mal, einen merowingischen König auf den Thron, der längst zum Instrument in ihrer Hand geworden ist. Von Childerich sagt Einhard, der Biograph Karls des Großen, er habe nur noch den nutzlosen Königstitel besessen, während alle Macht längst in den Händen der Hausmeier gelegen habe. Damit wird der Machtwechsel von den Merowingern zu den Karolingern begründet. Als Vertrauter Karls des Großen schreibt Einhard natürlich aus einer parteiischen Perspektive.

Zwei Hauptmotive sind es, die Pippin, dessen Bruder sich 747 in ein italienisches Kloster zurückzieht, dazu veranlassen, sich nicht mehr, wie seine Vorfahren, mit Titel und Macht des Hausmeieramtes zufrieden zu geben, sondern nach der königlichen Würde zu streben. Einmal soll die tatsächliche Machtfülle, die er inzwischen erworben hat, im Königstitel ihren adäquaten rechtlichen Ausdruck finden, zum andern kann das Königtum, mit dem ja nicht zuletzt auch der Erwerb der merowingischen Königsgüter verbunden ist, das Ansehen und die Macht Pippins gegenüber dem allgemeinen und potentiellen oder tatsächlichen Rivalen nur steigern. Seine historische Bedeutung erhält der Schritt Pippins jedoch vor allem dadurch, daß er ihn mit Hilfe des Papsttums vollzieht. Damit ist die für die Geschichte des europäischen Mittelalters

Verkleinertes Faksimile einer Urkunde mit Unterschrift Pippins, durch welche dem Kloster Fulda die Villa Teiningen geschenkt wird. Ausgefertigt im Juni 760 zu Attigny. Staatsarchiv Marburg.

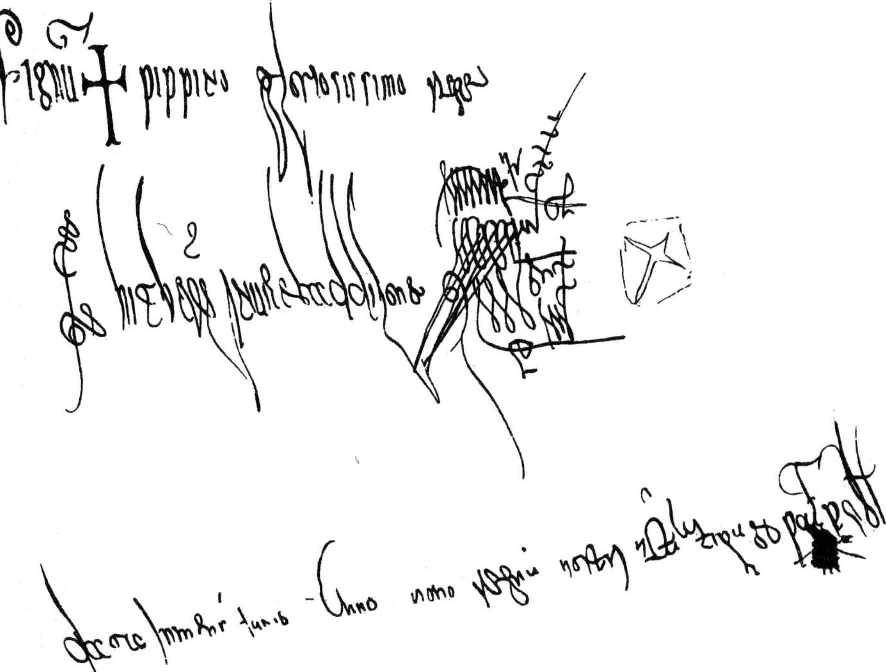

charakteristische Verknüpfung von fränkisch-deutscher, königlich-kaiserlicher Politik mit den Geschicken des Papsttums und Italiens begründet worden, eine Folgewirkung, die weit über die unmittelbaren Anlässe hinausreicht.

Pippin besitzt zwar eine außerordentliche Machtfülle, sie allein aber wäre in den Augen der Zeitgenossen keine Legitimation dafür gewesen, mit Childerich III. den letzten Vertreter einer Königsfamilie vom Thron zu vertreiben, die über Jahrhunderte hinweg das Fränkische Reich repräsentiert hatte. Nicht die karolingischen Hausmeier, sondern die Merowinger besitzen königliches Geblüt, aus dem erbrechtliche Ansprüche abzuleiten sind und abgeleitet werden. Anscheinend, so kann man gegen Pippin einwenden, haben grundsätzlich die Merowinger das besessen, was die moderne Forschung „Königsheil" nennt, d. h. die frühmittelalterliche Vorstellung, nach der sich heraushebende Einzelherrscher oder Herrscherfamilien mit besonderen göttlichen Heilskräften versehen wurden. Es ist nicht auszuschließen, daß diese ursprünglich heidnisch-germanische Vorstellung auch noch im christianisierten Merowingerreich lebendig gewesen ist, in das ohnehin viele germanische Elemente tradiert wurden.

Nur der Papst als Nachfolger Petri und Vertreter Gottes auf Erden, das Oberhaupt der römisch-katholischen Kirche, kann demnach dem fränkischen Hausmeier Pippin die fehlende Legitimationsgrundlage verschaffen. Dies ist der Hintergrund für die berühmte Anfrage, die Pippin an Rom richten läßt, ob es gut sei oder nicht, daß im Fränkischen Reich Könige regieren, die keine Macht besitzen. Papst Zacharias gibt zur Antwort, es sei besser, denjenigen König zu nennen, der die Macht habe, als den, der sie nicht besitze, damit die „Ordnung" (Ordo) nicht gestört werde. Auf der Grundlage dieser Antwort kann Pippin es wagen, den merowingischen König abzusetzen, ihn samt seiner Familie in ein Kloster zu schicken und sich selbst 751 vom fränkischen Adel in Soissons zum König wählen zu lassen. Dies ist die Geburtsstunde des karolingischen Königtums. Die Antwort des Papstes Zacharias muß sowohl aus der konkreten Situation des Papsttums in diesen Jahren als auch aus bestimmten theoretischen Vorstellungen heraus verstanden werden. Wieder sind es die Langobarden, die Rom und römisches Gebiet bedrohen. Hilfe von Byzanz, das über einige Gebiete Italiens noch Herrschaftsrechte besitzt und dessen Kaiser sich als legitime Nachfolger der römischen Caesaren verstehen, ist nicht zu erwarten. Das oströmisch-byzantinische Reich ist mit äußeren Bedrohungen im eigenen Bereich konfrontiert (arabisches Vordringen, Vorstoß der Bulgaren), außerdem hat sich das Verhältnis zwischen Ostrom und dem Papsttum wegen theologischer Streitigkeiten abgekühlt, vor allem im Zusammenhang mit dem Bilderstreit. Dabei geht es um die Frage, ob Bilder von Heiligen verehrt werden sollen oder nicht. Sie wird in Rom bejaht, in Byzanz zeitweilig verneint. Was liegt aus der Sicht des Papstes daher näher, als sich an das Fränkische Reich anzulehnen, in dem die rom-orientierte angelsächsische Mission St. Peter im Bewußtsein der Gläubigen stärker als anderswo etabliert hat und dessen Hausmeier mit seiner Anfrage Rom die Entscheidung in einer politischen Angelegenheit höchsten Ranges zubilligt. Hilft man Pippin, so kann man auch auf seine Hilfe rechnen. Dar-

Reiterstatuette Karls des Großen. Frühes 9. Jahrhundert. Der Herrscher trägt den kurzen karolingischen Reitermantel mit Fibelschluß auf der rechten Schulter, auf dem Haupt eine Lilienkrone und in der linken Hand den Reichsapfel. Bronze, Höhe 23,5 cm. Musée du Louvre, Paris.

Talisman Karls des Großen. Treibarbeit in Gold, Filigran, Edelsteine und Perlen. Höhe 7,3 cm. 9. Jahrhundert. Reims, Schatzkammer der Kathedrale. Der Talisman befand sich im Grab des Kaisers, als es um 1000 von Otto III. geöffnet wurde. Wie schon bei den Germanen, wurden auch in karolingischer Zeit Gold und Edelsteinen magische Kräfte zugeschrieben.

über hinaus kann sich Papst Zacharias in seiner Antwort auf die Ordo-Vorstellung stützen, eine von Augustin und anderen formulierte und in das Mittelalter hinein tradierte Theorie, nach der die Weltordnung ein Abbild der göttlich-himmlischen Ordnung sei. Jedes Ding, jede Institution und jeder Stand hat im Rahmen dieses Denkmodells seinen festen Platz, bestimmte Funktionen sind ihm zugeordnet. Ein König muß vor allem die Macht und die Fähigkeit besitzen, regieren zu können. König Childerich, der letzte merowingische König, aber ist ein rex inutilis, ein nutzloser König, geworden, der nach Darstellung der Karolinger nur den leeren Titel führt. Die Antwort des Papstes ebnet den Weg zur Wahl Pippins, darüber hinaus jedoch wird der neue König von Vertretern des fränkischen Episkopats mit heiligem Öl gesalbt. Damit wird vor aller Welt demonstriert, daß dieses junge, karolingische Königtum eine christlich-sakrale Weihe besitzt, die den Legitimationsprozeß vollendet und die alten germanischen Vorstellungen vom Königsheil ersetzt. Man greift dabei als Vorbild auf die Verschmelzung weltlicher und geistlicher Gewalt im alttestamentarischen Priesterkönigtum von Saul und David zurück. Mit der in der Salbung sichtbar gewordenen Ableitung des neuen Königtums von Gott, mit der endgültigen Abkehr von alten germanischen Legitimationsmustern, die in die heidnische Zeit zurückreichen, tritt auch ein neues Element in das Staatsdenken: die Trennung von Amt (ministerium) und Person, von Königtum und König.

Das Bündnis zwischen Papst und Frankenkönig erhält seine Krönung durch den Besuch des Papstes Stephan II., der im Winter 753 über die Alpen kommt und sich mit Pippin in der fränkischen Königspfalz Ponthion in der Nähe von Paris trifft. Im Rahmen dieses Besuches werden 754 die Vereinbarungen von Quierzy getroffen, durch die der Weg zur Italienpolitik einer ganzen Reihe deutscher Königsdynastien des Mittelalters bereits grundsätzlich vorgezeichnet wird. Erneut ist es die langobardische Expansionspolitik in Italien, die Papst Stephan zu seiner Reise bewegt hat. König Aistulf hat 751 den Exarchat von Ravenna erobert und bedroht auch Rom. Die Bitten des Papstes an die Langobarden verhallen ungehört, Byzanz, der rechtlich zuständige Schutzherr, ist mit sich selbst beschäftigt, so bleibt nur der Weg zu dem neuen fränkischen Verbündeten übrig, dem man ja schließlich drei Jahre vorher zum Königtum verholfen hat. Mit dem Exarchat von Ravenna ist das Kerngebiet des Byzanz noch verbliebenen Herrschaftsgebietes in Italien an die Langobarden verloren gegangen. Hier hatte, in der Stadt Ravenna, der Exarch-Patricius, der byzantinische Statthalter, seinen Sitz, ihm unterstanden auch die byzantinischen Verwaltungsbezirke (Dukate) Rom mit der Stadt Rom, Neapel sowie einige Verwaltungsbezirke in Süditalien, z. B. in Kalabrien. Angesichts der konkreten machtpolitischen Situation in Italien erweisen sich jedoch die byzantinischen Herrschaftsrechte in zunehmendem Maße als rein theoretisch. Diese Erfahrung muß auch Papst Stephan II. machen. Die Beschlüsse von Quierzy bringen dem Heiligen Stuhl unmittelbare, greifbare Vorteile, die Hilfe, die man 751 dem damaligen Hausmeier Pippin geleistet hat, zahlt sich aus. Es kommt nicht nur zu einer personalen Bindung zwischen Papst und fränkischem König, deren Rechtscharakter forschungsmäßig schwer zu bestimmen ist, gewiß jedoch eine gegenseitige Treueverpflichtung beinhaltet, sondern auch zu ganz konkreten Zusagen für Rom: Pippin verspricht, die von den Langobarden besetzten Gebiete, in denen sich auch Besitzungen der römischen Kirche befinden, zurückzuerobern und alle Rechte und Gerechtsame des Heiligen Stuhles wiederherzustellen. Auch Pippin kann jedoch mit dem Ergebnis der Verhandlungen zufrieden sein. Er wird erneut gesalbt, diesmal vom Papst selbst, womit noch einmal und nachdrücklich die Legitimität des neuen Königtums sichtbar wird. Dies ist nicht zuletzt wegen einer sich abzeichnenden Oppositionsbewegung notwendig, die gefährlich werden kann. Sie orientiert sich an Pippins Bruder Karlmann, der sein Kloster in Italien verläßt und wohl auf langobardisches Drängen hin in das Frankenreich kommt, um Pippin von seinen Italienplänen abzuhalten, und nicht zuletzt, um Erbansprüche für seine Söhne geltend zu machen. Seine Pläne gehen jedoch nicht in Erfüllung und er spielt von da an keine greifbare Rolle mehr in der karolingischen Politik. Die Salbung des Papstes ist also willkommen und nicht weniger sein Gebot an alle Franken, in Zukunft ihre Könige nur noch aus dem Geschlecht Pippins zu wählen. Gleichzeitig erhält der fränkische König, zusammen mit seinen Söhnen, 754 vom Papst den Titel eines „Patricius Romanorum", eines Patricius der Römer. Es ist in der Forschung umstritten, ob es sich dabei um den oben erwähnten Titel des Patricius-Exarchen handelte, der ja nur vom oströmischen Kaiser verliehen werden konnte, oder um ein auf Dukat und Stadt Rom bezogenes Amt, in dessen Bezeichnung sich römische Autonomiebewegungen spiegeln, die von Papst und Adel getragen werden. Entscheidend, gerade auch im Hinblick auf das spätere deutsche Kaisertum des Mittelalters, sind die Aufgaben, die mit diesem Titel verbunden werden: Der Patricius Romanorum ist vor allem zur Verteidigung der Kirche und ihres Oberhauptes verpflichtet, nicht nur theoretisch, sondern notfalls auch durch sein Eingreifen in Italien.

Pippin führt den Titel in seinen Urkunden nicht, vielleicht ahnt er die Konsequenzen, die damit auf die Dauer zu erwarten sind. In der aktuellen Situation von 754 versucht er zunächst, das Langobardenproblem durch Verhandlungen zu lösen, die jedoch zu keinem Ergebnis führen. So muß er sein Versprechen einlösen und 754 mit dem fränkischen Heeresaufgebot nach Italien ziehen. Aistulf unterwirft sich seiner Oberhoheit und verspricht, die eroberten Gebiete zurückzugeben, hält aber seine Versprechen nicht ein, sondern zieht wieder gegen Rom, was zu einem erneuten Appell des Papstes an Pippin führt. Das Ergebnis des 2. Feldzuges im Jahre 756 ist die berühmte Pippinische Schenkung (Donatio Pippini), mit der die Grundlage für den Kirchenstaat geschaffen wird. Pippin zwingt Aistulf zur Herausgabe des Exarchats von Ravenna und übergibt dieses Gebiet zusammen mit anderen Gebietsstreifen in Italien dem Heiligen Stuhl als Schenkung. Der genaue Umfang des Kirchenstaates in seinem Frühstadium ist nicht zu fixieren, auf jeden Fall handelte es sich um Gebiete und Besitzungen um Ravenna, Bologna, Ferrara sowie um eine Art Landbrücke, die sich durch Mittelitalien über Perugia und Narni nach Rom erstreckte. Pippin lehnt es byzantinischen Gesandten gegenüber ab, den Exarchat von Ravenna und andere von den Langobarden befreite Gebiete ihrem rechtmäßigen Herren, dem oströmischen Kaiser zurückzugeben, mit der Begründung, er habe nicht für die Menschen, sondern für den hl. Petrus gekämpft. In diesen Zusammenhang gehört auch die sog. Konstantinische Schenkung, die nicht mit der Pippinischen Schenkung verwechselt werden darf. Es handelt sich dabei um eine an der Kurie entstandene Fälschung. Darin heißt es, Kaiser Konstantin der Große (306–337) habe dem damaligen Papst Silvester und seinen Nachfolgern alle Gebiete Italiens

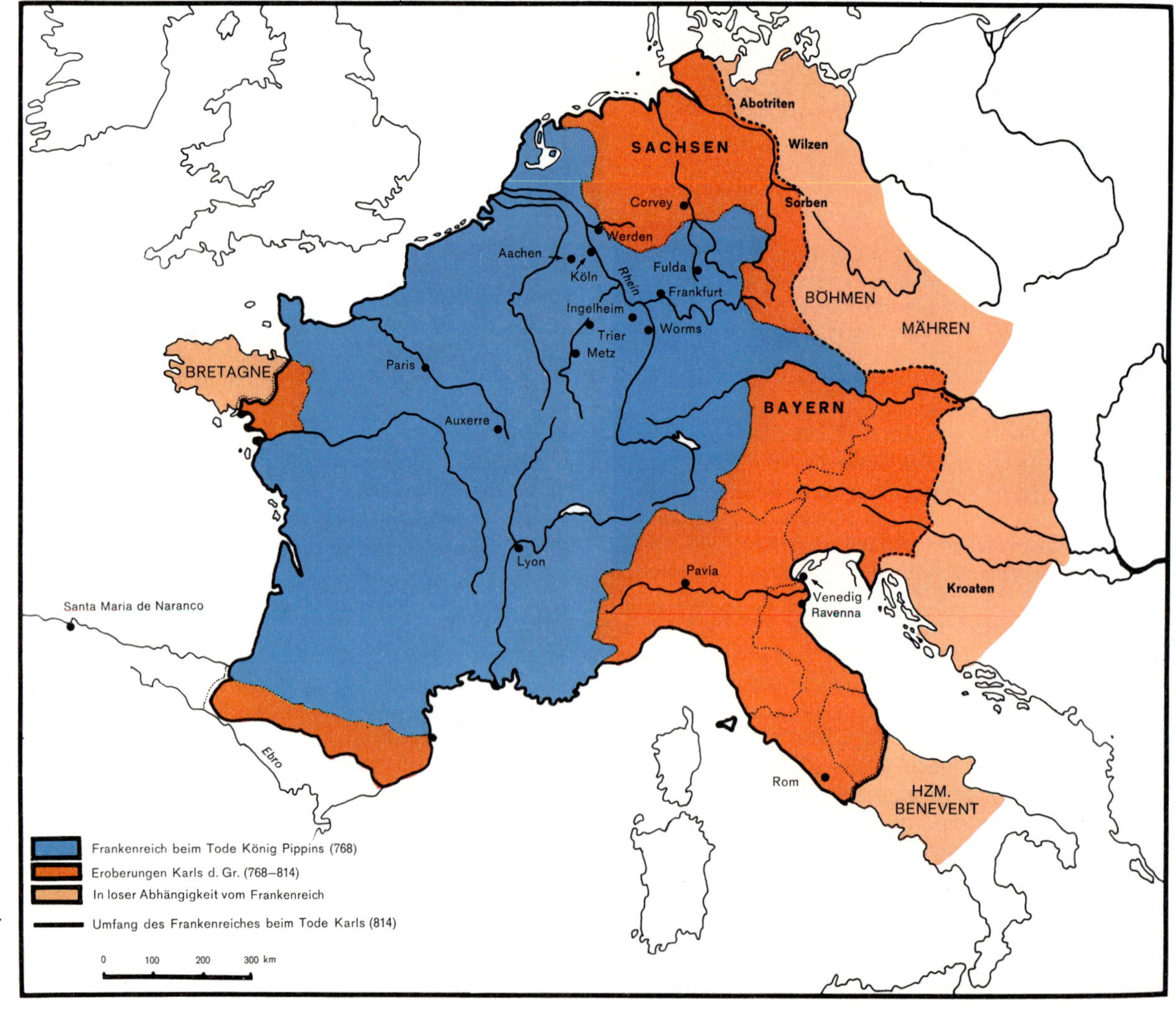

Mitteleuropa zur Zeit Kaiser Karls des Großen.

und des Weströmischen Reiches überlassen. Der päpstlichen Gewalt wird in der Fälschung eine der kaiserlichen absolut ranggleiche Stellung eingeräumt. Hier zeigen sich bereits Tendenzen, die auf kommende, schwere Konflikte zwischen den Universalmächten Kaisertum und Papsttum hinweisen. Es ist nicht geklärt, ob das Papsttum Pippin gegenüber mit der Konstantinischen Schenkung argumentiert hat, das Datum der Entstehung ist ebenfalls unklar, man vermutet jedoch, daß die Fälschung noch im 8. Jahrhundert entstanden ist.

Die Herrschaft Karls des Großen: Die Entstehung der fränkischen Großmacht und des karolingischen Kaisertums

Außen- und innenpolitisch waren schon in der Merowingerzeit viele Grundelemente der karolingischen Politik vorgeprägt worden. Dazu gehörten die Expansion über den Rhein hinaus sowie das Prinzip der Erbteilungen im Königshaus, an dem man festhielt. Auch Pippin war noch vor seinem Tode dieser Tradition gefolgt. Er hatte seinen Söhnen Karl dem Großen (768–814) und Karlmann jeweils einen Teil von Austrasien, Neustrien, Burgund und Aquitanien als Herrschaftsbereich zugewiesen. Bald kommt es deswegen zu Spannungen zwischen den Brüdern, nicht zuletzt wegen der Frage, ob das ökonomische Gewicht der zugeteilten Gebiete gleichwertig ist. Der Konflikt verschärft sich erheblich infolge der unterschiedlichen Haltung Karls und Karlmanns gegenüber den Langobarden und dem Papsttum. Durch Vermittlung der Königinmutter Bertrada, der Frau Pippins, kommt es zu einer Eheschließung zwischen Karl und der Tochter des Langobardenkönigs Desiderius. Die einstige langobardisch-fränkische Freundschaft scheint – wie in den Zeiten Karl Martells – wieder aufzuleben, das Papsttum, das ja eben wegen der langobardischen Gefahr das Bündnis mit den Franken gesucht hat, fühlt sich hintergangen und bedroht, und dies nicht ohne Grund: Abgesichert durch die neuen Beziehungen zu Karl nimmt Desiderius die traditionelle Expansionspolitik in Italien wieder auf, in Rom wird eine langobardenfreundliche Richtung sehr stark, die dem Papst mit Pressionen zusetzt. Karls Bruder Karlmann hingegen bleibt dem von Pippin geschaffenen Modell eines päpstlich-fränkischen Bundes treu und warnt vor der Politik Karls; sein Tod (771) verhindert einen schärferen, vielleicht bewaffneten Konflikt zwischen den Brüdern.

Durch Karlmanns Tod wird Karl der Große zum Alleinherrscher im Fränkischen Reich, Karlmanns Witwe flieht zum

Sogenannte „Eiserne Krone der Langobarden". Sie besteht aus einem breiten, goldenen, mit Edelsteinen besetzten Reif, der im Innern von einem eisernen Ring zusammengehalten wird, der laut Überlieferung aus einem Nagel vom Kreuz Christi angefertigt wurde. Man hat angenommen (heute umstritten), daß mit dieser Krone seit dem Ende des 6. Jahrhunderts die langobardischen Könige und auch Karl der Große gekrönt wurden. Aus dieser Tradition heraus ließen sich die meisten deutschen Könige des Mittelalters und schließlich Napoleon (1805) und Ferdinand I. von Österreich (1838) als Könige der Lombarden krönen. Domschatz von Monza.

Langobardenkönig, der seinerseits erneut den Exarchat angreift, vor Rom zieht und Papst Hadrian I. dazu auffordert, die Söhne Karlmanns zu Königen zu salben. Dies kann zu einer Gefahr für Karls Herrschaft werden, die er rasch erkennt und mit einer für ihn charakteristischen konsequent-rücksichtslosen Aktion beantwortet. Er beendet sofort seine langobardenfreundliche Politik, verstößt seine langobardische Gemahlin und benutzt den Hilferuf Hadrians als Anlaß für den Langobardenkrieg (773/74), dessen Ziele und Ergebnisse weit über das hinausgehen, was Pippin intendiert und erreicht hatte. Nach der Kapitulation des Desiderius beseitigt Karl die seit Jahrhunderten bestehende autonome langobardische Herrschaft in Italien und nimmt selbst den Titel eines Königs der Langobarden, rex Langobardorum, an. Er ist jetzt König der Franken und der Langobarden. Beauftragte des Königs kommen nach Italien, um die Herrschaft zu sichern, die langobardischen Herzogtümer Spoleto und Benevent im Süden werden von Karl abhängig. Anders auch als Pippin führt Karl zusätzlich den Titel eines Patricius Romanorum in seinen Urkunden. Dies macht auch formal deutlich, daß Karl in die Verpflichtungen zum Schutz der Kirche, des Kirchenstaates und des Papstes eintritt, sie jedoch auch im Sinne von Herrschaftsrechten weit mehr auszuschöpfen beginnt als sein Vater. Die Schenkungen und Zusagen von 754 und 756 werden von Karl bei seinem ersten Rombesuch im Jahre 774 feierlich erneuert, aber erst bei einem weiteren Rombesuch 781 kommt es zu einer einigermaßen klaren Fixierung des päpstlichen Herrschaftsbereiches: der Exarchat von Ravenna mit der Pentapolis (5 Seestädte an der Ostküste Italiens) gehört dazu, nicht jedoch Spoleto und Benevent. Grundsätzlich freilich wird die Unterstützung der päpstlichen Gebietsansprüche, bei allen Querelen und Auseinandersetzungen, fester Bestandteil nicht nur in der Politik der Karolinger, sondern auch ihrer ottonischen Nachfolger.

781 läßt Karl in Rom seine Söhne Pippin und Ludwig zu Königen salben, Pippin wird Unterkönig für Italien, man führt die fränkische Grafschaftsverfassung ein, eine königstreue Reichsaristokratie, deren Mitglieder auch Burgunder oder Alamannen sein können, übernimmt in dem eroberten langobardischen Kerngebiet in Norditalien mit Pavia als Zentrum in zunehmendem Maße Aufgaben verschiedener Art, es entsteht jenes „Reichsitalien", das in der mittelalterlichen deutschen Geschichte eine so große Rolle spielen soll.

Nach der Inschrift am Fuß des Kelches sind der von Karl dem Großen abgesetzte bayerische Herzog Tassilo und seine Gemahlin Liutpirc die Stifter dieses Konsekrations- und Spendenkelches, der damit in die zweite Hälfte des 8. Jahrhunderts datiert wird. Unter allen kirchlichen Altargefäßen zeichnet sich dieser durch seinen außerordentlichen Schmuckreichtum und durch figurale Szenen aus und bleibt in seiner Art einzig bis in die Zeit der Romanik. Fünf große Ovalbilder in Silberniello mit der Majestas Domini Christus mit vergoldetem Kreuznimbus sitzt auf einem Thron, dessen Lehne die Buchstaben Alpha und Omega zeigt – und den vier Evangelisten mit ihren Symbolen bedecken große Teile der edel geformten Kuppa. Stift Kremsmünster.

Dies alles geschieht ohne Rücksicht auf Byzanz, die Durchsetzung der eigenen Interessen hat Vorrang, jedoch will Karl auf der anderen Seite keinen Konflikt mit dem Oströmischen Reich, es geht ihm auch nicht um einen erkennbaren Weltherrschaftsanspruch.

Wie weit Karls Ansehen bereits über den unmittelbaren christlich-abendländischen Bereich hinausragt, zeigt der Hilferuf des mohammedanischen Omajjaden-Emirs von Córdoba gegen einen ebenfalls mohammedanischen Gegner in Spanien. Karl geht darauf ein, offensichtlich aus der Absicht heraus, seinen Einflußbereich auszudehnen und einem Teil der spanischen christlichen Bevölkerung wieder einen christlichen Herrscher zu verschaffen. 778 kommt es zum Spanienfeldzug, der mit einer Niederlage endet: im Tal von Roncesvalles (frz. Roncevaux) wird ein Teil des fränkischen Heeres aufgerieben, dabei fällt auch der bretonische Graf Roland, auf den sich das Rolandslied bezieht. Schließlich gelingt es Karl jedoch, eine spanische Mark zu errichten, die 812 bis zum Ebro reicht. Östlich des Rheins kämpft Karl der Große mehr als dreißig Jahre lang gegen die Sachsen. Es sei der schwerste Krieg gewesen, den das fränkische Volk geführt habe, schreibt Karls Biograph Einhard. Zu diesem noch freien germanischen Stammesverband gehören Westfalen, Ostfalen und Engern sowie Bevölkerungsgruppen an der nördlichen Elbe. Frei sind die Sachsen als Gesamtstamm nur nach außen, innerhalb des Stammes gibt es – quellenmäßig recht gut belegte – scharfe soziale Unterschiede zwischen einer grundbesitzenden und führenden Aristokratie, Freien, Halbfreien und Unfreien. Adelige, Freie und Halbfreie sind auch auf der jährlich tagenden Stammesversammlung in Markloh an der Weser vertreten, in der gemeinsame Beschlüsse getroffen werden, de facto jedoch hat der Adel aufgrund der Besitzverhältnisse in Sachsen das entscheidende Wort in einer Zeit, in der generell Grund und Boden zu Maßstäben sozialer und politischer Stellung werden.

Der Krieg beginnt 772 und endet im Jahre 804. Zu den Motiven gehören gewiß die Bemühungen, die Überfälle sächsischer Streifscharen auf fränkische Grenzgebiete zu beenden. Schon Pippin hatte damit zu tun gehabt. Im Gegensatz zu ihm jedoch unterwirft Karl in einem oft rücksichtslos und grausam geführten Krieg ganz Sachsen und macht es zu einer eroberten Provinz des Fränkischen Reiches. Dabei ist schwer zu klären, ob er diesen Krieg führte, um dieses noch heidnische Gebiet mit dem Schwert zu missionieren, oder ob es um einen Angriffskrieg ging, für den die Mission nur Alibifunktion hatte. Vermutlich spielen beide Motive eine Rolle und waren untrennbar miteinander verknüpft, auf keinen Fall jedoch darf man das aggressiv-expansive Element übersehen, das sich schon in den Langobardenkriegen gezeigt hatte. Der Krieg gegen die Sachsen zerfällt in drei Hauptphasen: In der ersten Phase, von 772 bis 782, werden bereits weite Teile Sachsens der fränkischen Herrschaft unterworfen, wobei es den Franken zugute kommt, daß keinesfalls alle Sachsen in einer Front gegen sie stehen, sondern erhebliche Teile des sächsischen Adels mit den neuen Herren kooperieren. Sie nehmen rasch das Christentum an und mit ihnen die von ihnen Abhängigen. Offensichtlich steht die Angst vor inneren Konflikten aufgrund sozialer Spannungen im Hintergrund. Karl ist klug genug, dies rasch zu erkennen: Nach Einführung der fränkischen Grafschaftsverfassung im Jahre 782 setzt er viele sächsische Adelige als Grafen ein. Häufige sächsische Vertragsbrüche während der ersten Phase tragen zu einer Verhärtung der fränkischen Politik bei, hinzu kommt eine Aufstandsbewegung, die sich um den westfälischen Adeligen Widukind sammelt. Zwischen 782 und 785, der zweiten Phase, wird die Unterwerfung mit aller Rücksichtslosigkeit durchgesetzt. Dazu dient auch ein königlicher Erlaß, durch den die christliche Kirche und ihre Vertreter, die im Gefolge des fränkischen Heeres nach Sachsen gekommen sind, rigoros und unter Androhung der Todesstrafe bei irgendwelchen kirchen- oder priesterfeindlichen Handlungen unter den Schutz des Reiches gestellt werden. Zusätzlich wird erklärt, wer nicht bereit sei, sich taufen zu lassen, müsse ebenfalls mit der Todesstrafe rechnen. Selbst in der engen Umgebung Karls des Großen wird an dieser Art von Mission Kritik geübt: Alkuin, der angelsächsische Gelehrte und Vertraute des Königs, weist in einem Brief darauf hin, nach den Lehren der Bibel und der Kirchenväter solle man das Wort Gottes mit der Predigt und nicht mit dem Schwert verbreiten. Vor diesem Hintergrund ist es leicht erklärlich, warum ein Teil der Sachsen Widukind folgt. Nicht zuletzt gehört ein viel diskutiertes und bis heute nicht wirklich geklärtes Ereignis in diesen Rahmen: das tatsächliche oder angebliche Blutbad, das Karl der Große durch die Hinrichtung einiger Tausend aufständischer Sachsen in Verden an der Aller anrichten läßt. Die Quellenlage verbietet ein eindeutiges Urteil über diesen Vorgang, sowohl grundsätzlich als auch hinsichtlich der genannten Zahl von mehr als 4000 Getöteten. Nach einigen Jahren bricht auch die Widerstandsbewegung Widukinds zusammen: Er macht mit dem Frankenkönig seinen Frieden, läßt sich taufen und verschwindet damit aus der Geschichte der Sachsenkriege. 792 ist die Eingliederung Sachsens bereits soweit fortgeschritten, daß ein Teil der harten Bestimmungen von 782 wesentlich gemildert werden kann. Die häufig angedrohten Todesstrafen bei Vergehen gegen kirchliche Einrichtungen und Vertreter der Kirche werden zum Teil durch Geldbußen ersetzt. Die dritte und letzte Phase der Sachsenkriege dauert von 792–804. Es handelt sich dabei um eine auf die nordelbischen Gebiete begrenzte Aufstandsbewegung, die von Karl, soweit sie auf andere Bezirke überzugreifen droht, rasch erstickt und auch an ihren Ausgangspunkten nach einer Reihe von Feldzügen niedergeschlagen wird. Viele der Aufständischen werden in andere Gebiete des fränkischen Herrschaftsbereiches deportiert, Ortsnamen wie Sachsenhausen oder Sachsen bei Ansbach zeugen noch heute davon. 100 Jahre nach der Niederwerfung Sachsens stellt dieser Stamm die ersten deutschen Könige.

Auch Bayern wird durch Karl den Großen dem Fränkischen Reich faktisch eingegliedert. Dort hat sich ein recht lebensfähiges Stammesherzogtum unter den Agilolfingern entwickelt. Zu den Rechten der Herzöge, die in Regensburg residieren, gehört die Einsetzung von Bischöfen. Gleichzeitig ist nach außen dieses Stammesherzogtum an die Karolinger gebunden: Herzog Tassilo hatte bereits 757 Pippin den Lehenseid geleistet, ihn jedoch gebrochen, als er bei Kämpfen des Königs gegen Aquitanien das Heer verließ. Mehr als 20 Jahre später benutzt Karl der Große diesen Vorgang, um die Absetzung Tassilos zu erzwingen. Hinzu kommen Vorwürfe, der Herzog habe sich mit den Avaren verbunden. Auf einem Reichstag 788 in Ingelheim wird Tassilo zum Tode verurteilt, jedoch von Karl begnadigt und in ein Kloster geschickt. Der König läßt Bayern von nun an durch fränkische Präfekten verwalten, das ältere Stammesherzogtum ist somit gewaltsam beseitigt worden.

Gegen die Avaren, ein mongolisches Reitervolk, das sich an der Donau festgesetzt hat und Raubzüge unternimmt, begnügt sich Karl, wie auch anderwo, ebenfalls nicht – nach dem Muster Pippins – mit Eindämmung und Tributzahlung, sondern er führt gegen sie von 791–799 einen Angriffs- und Vernichtungskrieg. Die Ringburgen der Avaren werden gestürmt, ihre Schätze erbeutet, fränkisch-deutsche Siedler kommen in den Südosten, Salzburg wird zu einem Zentrum der Mission.

Das Reich Karls des Großen hat eine für die Zeit ungeheure Ausdehnung erhalten. Ebro, Eider, Garigliano und Raab markieren als Flüsse geographisch seine Grenzen. Politisch-militärisch läßt sie der Kaiser durch die Errichtung von Grenzmarken sichern. So gibt es eine Ostmark, eine karantanische Mark (Kärnten), eine dänische Mark und andere mehr. An ihrer Spitze stehen Markgrafen, deren Haupt-

Kaiser und Gefolgsleute sind im Frühen Mittelalter ständig auf Reisen, um in den weiten Gebieten selbst nach Recht und Ordnung zu sehen, Gerichtstage abzuhalten, Privilegien zu erteilen und die Selbständigkeitsbestrebungen der Lokalfürsten zu kontrollieren. Um den Gottesdienst auch außerhalb der Kirche abhalten zu können, durften hohe Geistliche und Fürsten seit dem 7. Jahrhundert nach einem päpstlichen Privileg an kleinen tragbaren Altären die Messe lesen lassen. Bei diesen ist in einen mit Edelmetall oder Elfenbein verkleideten Holzkern eine Steinplatte eingelassen, auf welcher der Kelch während der Feier steht. Bei dem abgebildeten Adelhauser Tragaltar handelt es sich um eines der frühesten Beispiele, dessen Porphyrplatte von zwei gleichartigen Silberplatten gerahmt wird. Sie enthalten gleichschenklige Medaillonkreuze in Zellenschmelz und symmetrische Bandgeflechte, während die Langseiten von Grubenschmelzbändern mit Kreuzmedaillons gerahmt werden. Anscheinend ist er der einzige erhaltene Tragaltar aus der Zeit Karls des Großen. Augustinermuseum, Freiburg.

Initiale „B“ aus dem Dagulf-Psalter. Entstanden zwischen 783 und 795 in der Hofschule Karls des Großen. Diese Hofschule verdankt ihre Entstehung zahlreichen Aufträgen Karls, der in Italien wohl die Pracht alter Handschriften hatte bewundern können.
Die in sich verschlungenen Bandornamente führen die Tradition insularer Buchmalerei, wie wir sie aus der Werkstatt irischer und angelsächsischer Mönche kennen, weiter. Österreichische Nationalbibliothek, Wien.

aufgabe vor allem darin besteht, die Marken schnell und wirkungsvoll vor Einfällen zu schützen.

Im Westen Europas ist die karolingische Großmacht entstanden, Karl zum Herren Europas geworden. Noch immer aber ist er, rechtlich gesehen, nicht mehr als der König der Franken, der Langobaren und der Patricius der Römer, auch wenn seine Macht längst über das Königtum hinausgeht und er zumindest ebenso stark ist wie die byzantinischen Kaiser im Osten des ehemaligen Römischen Reiches, die er nicht vertreiben will, neben denen er sich aber als absolut gleichberechtigt versteht. Das karolingische Königtum ist zu einem Großkönigtum geworden, das im Kaisertitel nur noch einen längst machtadäquaten, rechtlich-formalen Ausdruck finden muß und soll.

Die Ereignisse, die zum karolingischen Kaisertum führen, das zum Vorbild für das mittelalterliche Kaisertum schlechthin werden soll, gehen von Rom aus. Längst ist dort das Papsttum unter den Einfluß des stadtrömischen Adels und seiner verschiedenen Fraktionen und Gruppierungen geraten, aus dessen Reihen die Päpste gewählt werden. Auch im Jahr 799 kommt es zu Auseinandersetzungen, in deren Verlauf Papst Leo III. bei einer Prozession in Rom überfallen wird. Er kann nach einiger Zeit fliehen und wendet sich an den Schutzherren der Kirche, an den Patricius Romanorum, Karl den Großen, der sich zu dieser Zeit in Paderborn aufhält. Die Sachsenkriege nähern sich – mit Ausnahme der letzten Aufstände im Norden – ihrem Ende, königliche Pfalzen werden errichtet und die Zellen von Bistümern entstehen in Paderborn und anderswo. Mitten in dieser organisatorisch-integratorischen Arbeit und als Sieger über die heidnischen Sachsen empfängt der König den hilfesuchenden Papst. Als Ergebnis der Paderborner Verhandlungen zieht Karl im Sommer des Jahres 800 mit einem großen Aufgebot nach Rom. Als Kaiser kehrt er wieder zurück.

Leo III. empfängt ihn bereits noch vor der Krönung mit Kaiserzeremoniell zwölf Meilen vor der Stadt und befreit sich von den gegen ihn seitens der Verschwörergruppe vorgebrachten Beschuldigungen, die sowohl seine Amtsführung als auch seinen Lebenswandel betreffen, durch einen Reinigungseid, den er selbst ablegt. Am 25. Dezember des Jahres 800 setzt er Karl in der Peterskirche die Kaiserkrone auf. Es wird in der historischen Forschung viel darüber diskutiert, ob Karl an diesem Tag durch das Vorgehen des Papstes überrascht worden sei, ob er dieses neue, westliche Kaisertum, das an die Seite des bereits bestehenden oströmischen tritt, überhaupt angestrebt habe. Schließlich berichtet Karls Biograph Einhard, der Kaiser habe nach dem Krönungsvorgang erklärt, wären ihm die Absichten des Papstes bekannt gewesen, so hätte er die Kirche trotz des hohen Feiertages nicht betreten. Gegen einen Überraschungscoup des Papstes und für die Annahme, daß Karl der Große mit dem Kaisertum durchaus einverstanden gewesen ist, ja, es auch angestrebt habe, sprechen gewichtige Gründe. So ist es nicht vorstellbar, daß Leo ohne Absprache mit dem König, von dem sein Wohlergehen abhing, eine Entscheidung von derartiger Tragweite, wie sie die Kaiserkrönung bedeutete, getroffen hat. Auch konnten verschiedene Elemente des Empfangszeremoniells, als die Franken sich Rom näherten, spätestens von diesem Moment an nur als Hinweis auf die kommenden Ereignisse und nicht anders verstanden werden. Weiterhin berichten die Lorscher Annalen, wie Einhard ebenfalls eine zeitgenössische und gut informierte Quelle, ganz eindeutig von einer Synode der römischen und fränkischen Bischöfe, bei der man Karl das Kaisertum angetragen habe, ohne auf seinen Widerspruch zu stoßen. In der Darstellung der Annalen wird das Angebot mit einem Hinweis auf die faktische Machtsituation in Europa begründet: Karl besitze bereits alle ehemaligen Kaisersitze (sedes) in Italien, Gallien und Germanien, darum solle das „nomen imperatoris“, der Titel des Kaisers, der konkreten Realität auch einen rechtlich-formalen Ausdruck verleihen. Dies entspricht ganz der traditionellen Ordo-Theorie, nach der sich Sache und Bezeichnung, res und nomen, decken sollen, so auch im Bereich politischer Machtausübung. Wenn tatsächlich in Rom so argumentiert wird, muß dies Karl jederzeit als akzeptabel erschienen sein, denn eben vor diesem theoretischen Hintergrund war es, ebenfalls mit Hilfe des Papsttums, seinem Vater Pippin ja gelungen, die Königswürde anstelle der Merowinger zu erlangen. In der Tat übersteigt die Macht Karls schon lange die normalen Sphären eines frühmittelalterlichen Königtums. Es ist längst zu einem übergreifenden Großkönigtum geworden, dessen Träger Byzanz und seinen Kaisern gegenüber die absolute Gleichberechtigung anstrebt. Einhards Bericht muß deshalb nicht erfunden sein, er kann weit mehr bedeuten als eine rein literarische Bescheidenheitsfigur. So ist es vorstellbar, daß zwar die grundsätzliche Entscheidung für die Kaiserkrönung mit Karl abgesprochen war, nicht aber jede Einzelheit des protokollarischen Ablaufes, in dem nach der Sicht des Frankenkönigs dem Papst und den Römern vielleicht eine optisch zu starke Stellung eingeräumt wurde. Heil und Glück wünschen die akklamierenden Bürger Roms dem „imperator Romanorum“, dem „Kaiser der Römer“, und eben dieses Wort „Römer“ kann den Unwillen des Kaisers erregt haben, von dem Einhard spricht: Zwar hat Karl keine Einwände gegen ein karolingisches Kaisertum, auch nicht gegen den Krönungsort Rom, gewiß aber dagegen, daß die „Römer“ als reichstragendes Volk, als Reichsvolk in diesem Zuruf erscheinen. Für ihn können dies allein die Franken sein, als deren König er sich primär versteht. Für Einhard spricht auch der Fortgang der Ereignisse: Karl läßt 812 in Aachen ohne päpstliche Mitwirkung seinen Sohn Ludwig zum Mitkaiser erheben und gebietet ihm, sich selbst die Krone aufs Haupt zu setzen; auch nennt er sich in seinen Urkunden nicht Kaiser der Römer, sondern König der Franken und der Langobarden und Kaiser, „der das Römische Reich regiert“. Hier wird der Charakter des neuen, karolingischen Kaisertums deutlich: Die reale Machtbasis bildet das 774 um Norditalien erweiterte Fränkische Reich und sein Herrschaftsbereich, der vom Atlantik bis zur Elbe reicht. Diese

Macht ist unabhängig vom Kaisertitel. Dieser Titel bedeutet vielmehr eine erhöhte Würde, aber auch eine gesteigerte Verpflichtung gegenüber der Christenheit, der Kirche, Rom und dem Papsttum: die Aufgaben des einstigen Patricius sind im Kaisertitel aufgegangen, Karl wird zum Schutzherren eines ideellen Imperiums im christlichen Sinne, auf dem Boden des alten Römischen Reiches. Dies kann und wird auch vom zweiten und älteren Kaisertum in Byzanz als Usurpation und Gefahr verstanden werden, obwohl es Karl um Parität geht, um nicht mehr und nicht weniger. Nach einer Phase der Spannungen und begrenzter militärischer Konflikte um Venetien und Dalmatien, byzantinische Herrschaftsgebiete in Italien, die Karl an sich reißt, kommt es 812 zur endgültigen Einigung und Abgrenzung der beiden kaiserlichen Sphären: Karl gibt die Gebiete heraus, Ostrom erkennt ihn als Imperator und Basileus (König) an, und Karl wird erlaubt, die byzantinischen Kaiser mit „Bruder" anzusprechen. Im Grunde jedoch verstehen sich die oströmischen Kaiser als die einzig legitimen Nachfahren der römischen Caesaren auch weiterhin.

Die Struktur des Karolingischen Reiches

Viele Institutionen des Fränkischen Reiches übernehmen die Karolinger von den Merowingern und entwickeln sie weiter. Das Königtum hat durch die Verbindung mit dem Papsttum, durch Salbung, Krönung und – nach 800 – durch das neue Kaisertum eine gesteigerte Sakralität erhalten, die seinem Ansehen förderlich ist und sich politisch auch darin auswirkt, daß die Stellung des karolingischen Königs gegenüber der fränkischen Kirche sehr stark ist: Ohne seinen Willen kann z. B. kein Bischof sein Amt antreten, will er nicht von Anfang an schwerste Konflikte riskieren, auf den Schenkungen und den Leihegaben der Könige beruht in weitem Umfang die wirtschaftliche Basis der Kirche. Wie die Merowinger betrachten die Karolinger das Reich als erblichen Privatbesitz, den man unter die Söhne aufteilen kann und aufteilt. Freilich steht der König nicht, wie absolute Herrscher des 18. Jahrhunderts, über den Gesetzen. Die Stammesrechte gelten weiter, so auch die Lex Salica, die Kodifizierung des fränkischen Stammesrechtes, die in die Merowingerzeit zurückreicht. Karl der Große hat auch den Anstoß zur Aufzeichnung von Stammesrecht gegeben, wie z. B. bei den Sachsen. Altes und immer wieder mündlich tradiertes Gewohnheitsrecht wird jetzt schriftlich fixiert. Die königliche Macht bleibt auch beschränkt durch die Rechte der sozialen Schicht, aus der das Königtum kommt, eben der Aristokratie, die ihre Position zu wahren weiß. Der König ist nicht zuletzt auch deswegen auf den Adel angewiesen, weil es in dieser Zeit ein ihm zugehöriges, jederzeit einsatzbereites, stehendes Heer nicht gibt, sondern sich bei einem geplanten kriegerischen Vorhaben des Reiches erst die adeligen Aufgebote sammeln müssen, wie etwa vor dem Zug des Jahres 774 nach Italien, der zur Vernichtung des Langobardenreiches führt.

Eine Art Zentralverwaltung existiert in Form der verschiedenen Hofämter, des Pfalzgrafen, der den König beim Hofgericht vertreten kann, und nicht zuletzt in der Hofkapelle. Ursprünglich die Gemeinschaft der Geistlichen am Hof, hat sie bald auch weltliche Funktionen und umfaßt die königliche Kanzlei. Auch bei der politisch-theologischen Beratung des Königs spielt die Kapelle eine wichtige Rolle, häufig kommen königstreue Bischöfe und Äbte aus ihren Reihen. Die Bezeichnung „Kapelle" geht zurück auf den Mantel, die „cappa" des heiligen Martin,

Blick in den achteckigen Zentralbau der Pfalzkapelle Karls des Großen in Aachen. Im Zentrum des Raumes schwebt der von Kaiser Friedrich Barbarossa gestiftete Kronleuchter, der mit seinen Türmchen und verbindenden Mauern ein Abbild des heiligen Jerusalem darstellt. Die Kapelle ist der älteste erhaltene steinerne Kirchenbau nördlich der Alpen, zugleich Vorbild für alle späteren Residenzkapellen.

eine Reliquie, die von den Mitgliedern der Hofgeistlichkeit betreut wird. Hofkapelle und Reichsaristokratie als der Teil des Adels, der in unmittelbarem Königsdienst steht, sind die Stützen der Zentralgewalt. Dabei muß darauf verwiesen werden, daß es in dieser Zeit keine feste Residenzstadt als Hauptstadt des Reiches gibt. Der König ist mit seinem Gefolge oft unterwegs von Pfalz zu Pfalz; bestimmte Pfalzen entwickeln sich freilich zu bevorzugten Aufenthaltsorten, die auch entsprechend ausgestattet werden, wie vor allem Aachen, die Lieblingspfalz Karls des Großen. Wie in der Merowingerzeit bleibt das Reich in Grafschaften aufgeteilt. Auch in unterworfenen Gebieten wird die Grafschaftsverfassung eingeführt, stammeseigene und potentiell gefährliche Herzogsgewalten werden, wie in Bayern, von den Karolingern ausgeschaltet. Durch königliche Erlasse, die man nach den Kapiteln „Kapitularien" nennt und die sich auf die verschiedensten Bereiche des weltlichen wie des geistlichen Lebens beziehen, soll eine Art Reichsgesetzgebung zustande kommen, ein Versuch, der angesichts der Ausdehnung des karolingischen Imperiums und der adeligen Eigeninteressen von Anfang an problematisch bleibt, wenn auch keinesfalls ohne jede Wirkung. Missi dominici, Königsboten, sollen die Einhaltung der königlichen Erlasse im Reich überwachen und ganz allgemein Hüter des königlichen Willens sein. Meist handelt es sich dabei um einen hohen weltlichen Adeligen und um einen hohen Geistlichen. Die Kirche steht in der Karolingerzeit – wie noch intensiver später bei den Ottonen – stark im Dienst des Königtums, das sich ja schließlich auch sakral versteht, nach dem alttestamentarischen Vorbild Davids. Der König sorgt dafür, daß in den wichtigen Bistümern und Abteien Bischöfe und Äbte seines Vertrauens wirken. Privilegien verschiedener Art sind die Gegenleistung für den kirchlichen Königsdienst. Das Lehenswesen soll eine abgestufte Bindung zwischen Zentralgewalt und Adel schaffen. Es hat eine personale und eine reale (dingliche) Komponente. Die personale Bindung besteht darin, daß sich der Vasall in einem ganz bestimmten Zeremoniell seinem Lehensherren verpflichtet und ihm den Treueid leistet. Es ist eine Bindung auf Gegenseitigkeit: Beide Partner sollen sich im Kriegsfall und bei anderen Angelegenheiten gegenseitig helfen. Die Bindung des Vasallen an den Lehensherren wird in zunehmendem Maße dadurch verstärkt, daß der Vasall für seine Dienste ein Stück Land mit den dazugehörigen Bauern als Lehen (beneficium genannt, später feudum) bekommt. Er soll damit eine gesicherte wirtschaftliche Basis erhalten, um seine Verpflichtungen gegenüber dem Lehensherren jederzeit erfüllen zu können. Das Lehenswesen, in dem in einer langen Entwicklung romanische, keltische und germanische Elemente vereinigt werden, führt im Lauf der Zeit zur Herausbildung einer Lehenspyramide. An ihrer Spitze steht der König, darauf folgen die Kronvasallen, zu denen Grafen und Herzöge gehören, danach die mittleren und unteren Schichten des Adels. Ein Lehensmann kann einen Teil seines empfangenen Lehens an einen Untervasallen weitergeben. Dieser Untervasall ist natürlich zunächst und primär seinem Lehensherren, etwa einem Grafen, verpflichtet, die Bindung an den König lockert sich dadurch. Auch führt der Wunsch von Lehensbesitzern, das einmal verliehene Gut im Besitz der Familie zu halten, zu Spannungen. Theoretisch soll ein Beneficium nach dem Tod des Vasallen an den Lehensherren zu dessen freier Verfügung zurückgehen, doch verläuft die Entwicklung zunehmend in Richtung einer Erblichkeit der Lehen: je stärker das Königtum auf den Adel angewiesen ist, um so mehr muß es ihm in dieser Hinsicht nachgeben.

Die politisch tonangebende und grundbesitzende Aristokratie ist bezüglich ihres privaten Besitzes (Allod) wie auch hinsichtlich ihres Lehenbesitzes dazu berechtigt, in ihren jeweiligen Bereichen Grundherrschaft auszuüben. Auch Bischöfe und Äbte sind Grundherren. Als solche kommt ihnen Herrschaft über den ihnen zugehörenden Grund und Boden sowie über die dort ansässigen Leute, zumeist Bauern, zu, nicht zuletzt auch gewisse richterliche Befugnisse. Die Grundherrschaft ist auch eine Produktionsform: einen Teil seines Landes läßt der Grundherr von Leibeigenen und Fronbauern unmittelbar bewirtschaften; den größeren Teil jedoch gibt er an hörige Bauern aus, die ganz bestimmte Parzellen bewirtschaften müssen. Davon sollen sie ihren eigenen Lebensunterhalt bestreiten, hinzu kommen Abgaben an den Grundherren, die im Frühmittelalter primär aus Naturalien bestehen. Zusätzlich müssen sie gewisse Dienste unmittelbar für den Grundherren leisten, die man Frondienste nennt. Der Meier sorgt im Auftrag des Grundherren dafür, daß Abgaben und Frondienste wie vorgeschrieben geleistet werden. Zu den Abgaben gehört auch der Zehnt an die Kirche: der theoretisch zehnte Teil des erwirtschafteten Produkts muß an die der Grundherrschaft zugehörende Kirche abgeliefert werden. Jeder Grundherr kann eine Kirche errichten und den Priester einsetzen (Eigenkirchenwesen).

Adel, Geistlichkeit und Bauern sind die drei großen Stände des Frühmittelalters. Das Königtum und die hohe Geistlichkeit rekrutieren sich aus den Reihen des Adels, die Bauern sind in der Mehrzahl in der einen oder anderen Form unfreie Hörige, die keinen politischen Einfluß haben. Es gibt freie Bauern, doch verringert sich die Zahl zunehmend in der Karolingerzeit. Ihre Produktionsfläche ist zu klein, um den verschiedenen Verpflichtungen nachzukommen, die mit dem Status des Freiseins verbunden sind, wozu auch der Kriegsdienst gehört. So geben die freien Bauern sehr häufig dem Druck adeliger Grundherren nach und fügen sich in deren grundherrliche Verbände ein. Zu diesen gehören auch Handwerker. Ein eigenständiges Handwerk, wie es sich später arbeitsteilig in den Städten entwickelt, gibt es noch nicht. Handel findet sich auch in der Karolingerzeit, aber nur in begrenztem Umfang, verglichen mit dem Hoch- und Spätmittelalter. Handelszentren sind vor allem der flandrische und westfränkische Küstenbereich. Von hier aus wird Handel mit England und Skandinavien getrieben. Insgesamt gesehen ist jedoch die Agrarwirtschaft der dominante wirtschaftliche Faktor.

Mit Einhard und Alkuin wurden bereits die Namen zweier berühmter Mitglieder des gelehrten Kreises genannt, den Karl der Große um sich gesammelt hat und der Ausgangspunkt und Träger der sogenannten „Karolingischen Renaissance" ist. Sie darf nicht verwechselt werden mit der eigentlichen Renaissance des 15. und 16. Jahrhunderts, die sich ja scharf vom Mittelalter distanzierte. Ausgangspunkt für den Kreis um Karl ist nicht die Wiederbelebung der Antike, sondern das Bestreben nach Vereinheitlichung und Weiterentwicklung der klerikalen Bildung, nicht zuletzt im monastischen Bereich. Das Verlangen nach authentischen, zuverlässigen Texten führt dabei auch zur Beschäftigung mit spätantiken christlichen, aber auch nichtchristlichen Texten. Das Motiv, sich mit der literarischen Antike zu beschäftigen, ist also ein grundlegend anderes als das der neuzeitlichen Renaissance: Kirche und Klerus sollen auf einem festen Bildungsfundament stehen, um ihren vielfältigen Aufgaben gerecht werden zu können. Das Ergebnis dieses Bemühens freilich führt – über den ursprünglichen Anlaß hinaus – zu einer intensiveren Beschäftigung mit antiken Autoren; so wird manches bewahrt, was sonst vielleicht verloren gegangen wäre. Zum Hofkreis Karls gehören auch der Langobarde Paulus Diaconus, der eine Geschichte seines Volkes schreibt, und der vielseitig gebildete

Das in der Abtei Conques aufbewahrte Bursenreliquiar Pippins von Aquitanien (gest. 830) zeigt ein frühromanisches Kruzifix zwischen Maria und Johannes in Treibarbeit. Darunter befinden sich Reste einer karolingischen Darstellung. Schatz der ehemaligen Abteikirche.

Theodulf von Orleans, der auch als Königsbote tätig ist. Die Aachener Pfalz erhält durch die heute noch erhaltene, nach byzantinischem Vorbild erbaute Pfalzkirche mit dem steinernen Thron Karls des Großen ihre sichtbare Krönung.

Der Zusammenbruch des Karolingischen Reiches und die Entstehung des Deutschen Reiches Verschiedene Ursachen führen nicht lange nach dem Tode Kaiser Karls zu einer permanenten Krise des Karolingischen Reiches, aus dessen Erbmasse das spätere Frankreich und das Deutsche Reich hervorgehen, beide als Nachfolgestaaten eines Imperiums, das in der damaligen europäischen Welt nicht seinesgleichen hatte. Schon allein die Schwierigkeit, in so großen Räumen beim Stand der damaligen Technik und Nachrichtenübermittlung Anordnungen der Zentralgewalt wirksam werden zu lassen, ist trotz der Instrumente der Kapitularien und der Königsboten sehr problematisch. Hinzu kommen die partikularen Eigeninteressen des Adels, soweit er nicht in unmittelbarem Königsdienst steht. Das Selbstbewußtsein adeliger Kreise wird nicht zuletzt dadurch erheblich gestärkt, daß sie im 9. und 10. Jahrhundert oft ganz auf sich gestellt die Abwehr gegen Feinde von außen tragen müssen, während sich die königliche Zentralgewalt in Bruderkriegen schwächt. Im Westen des Reiches handelt es sich bei der äußeren Gefahr um die Einfälle normannischer, vor allem dänischer Wikinger. Sie nutzen die innere Krisensituation des Fränkischen Reiches aus, unternehmen weite Raubzüge auch im Landesinneren, von denen vor allem Kirchen und Klöster gefährdet sind, und verbreiten den Schrecken eines oft erbarmungslosen und grausamen Gegners. Die angelsächsischen Königreiche zerbrechen unter den Schlägen der Normannen, bis im Verlauf des 8. Jahrhunderts, fortgesetzt im Jahrhundert danach, das Haus Wessex die Führung übernimmt, unter Alfred dem Großen erfolgreich den Widerstand organisiert und um 870 die Wikinger zu friedlicher Niederlassung zwingt. Ganz England wird schließlich unter der Krone von Wessex geeinigt. Im Fränkischen Reich dauern die Angriffe bis 911. Erst nach schweren Niederlagen lassen sich die letzten hier noch umherziehenden Wikingergefolgschaften zu einem Vertrag mit dem westfränkischen König Karl dem Einfältigen bewegen. Nach englischem Vorbild treten auch im fränkischen Vertrag die Normannen zum Christentum über und werden über ihren ersten Herzog Rollo Vasallen des Königs. Die Normandie entwickelt sich rasch zu einem gut organisierten Herzogtum. 1066, als die Nachfahren der Wikinger längst zu französischen Rittern geworden sind, zieht Wilhelm von hier aus, um England zu erobern. Erst nach 1000 hören die Einfälle

Auf seinem Thron sitzend, empfängt Kaiser Karl der Kahle (gest. 877), von Leibwachen und Beratern umgeben, eine Delegation von Mönchen aus dem Kloster Tours, die im Auftrag ihres Abtes Vivian jene Handschrift überbringen, in der sich diese Miniatur befindet. Bibliothèque Nationale, Paris.

und Angriffe vor allem norwegischer Wikinger in Irland auf. Die Aktivitäten, die von Schweden ausgehen, haben mehr den Charakter des Handels. Von den Einheimischen Waräger genannt, ziehen bewaffnete schwedische Händlergruppen die Flüsse Rußlands hinauf und knüpfen Verbindungen mit der byzantinischen und arabischen Welt an. Arabische Münzfunde in Skandinavien legen dafür Zeugnis ab. Auch als Staatengründer spielen die Waräger eine Rolle: Rurik errichtet das Reich um Nowgorod, auch bei der Entstehung des Reiches von Kiew spielen Waräger, die man Rusj nennt, eine Rolle. Sie werden im Laufe der Zeit von der slawischen Bevölkerung integriert. Eine weitere Gefahr bilden die Ungarn, ein Reitervolk, das in der Mitte des 9. Jahrhunderts seine Wohnsitze in Rußland verläßt und sich zwischen Theiß und Donau ansiedelt. Die Ungarn zerstören das Großmährische Reich und unternehmen weite Raubzüge nach Westen. Vor allem der bayerische und sächsische Adel muß sich in dieser Situation bewähren.

Das generelle Versagen der königlichen Zentralgewalt, was all die Angriffe in West und Ost erst ermöglicht, resultiert aus dem traditionellen fränkischen Prinzip, das Reich unter die Söhne der Königsfamilie aufzuteilen, was schließlich den Sieg über den Gedanken der Reichseinheit davonträgt. Es kommt unter weniger starken Herrschern als Karl dem Großen zum Zerfall des Karolingischen Reiches. Schon Karl hat 806, also noch acht Jahre vor seinem Tod, in der Divisio Imperii (Teilung der Herrschaft) den Versuch einer rationalen Aufteilung des Reiches mit der Einsetzung seiner Söhne als Unterkönige unternommen, die gemeinsam für den Schutz der römischen Kirche zuständig sein sollen. Sein Sohn Ludwig I. (814–840), wegen seiner vielen Bemühungen um eine Kirchen- und Klosterreform auch der Fromme genannt, glaubt mit der 817 auf dem Reichstag in Aachen beschlossenen Ordinatio Imperii eine Lösung gefunden zu haben, bei der die Einheitsidee den Vorrang haben soll. Ludwig selbst, der ja bereits Kaiser ist, soll die koordinierende Spitze des Systems bilden, die Kontinuität sucht er durch die Erhebung seines Sohnes Lothar zum Mitkaiser sicherzustellen. Sein Sohn Ludwig soll die Gebiete östlich des Rheins, Pippin den Westen mit dem aquitanischen Bereich verwalten; sie werden als Unterkönige eingesetzt. Lothars Gebiet ist das nach ihm benannte Lothringen, ein breiter Streifen, der sich von der Nordsee bis Italien erstreckt. Der eigentliche Konflikt bricht wegen der zweiten Eheschließung Ludwigs des Frommen mit Judith, der Tochter des bayerischen Grafen Welf, aus. Aus dieser Ehe geht ein weiterer Sohn, Karl, hervor, und in seinem Interesse soll eine neue Teilungsregelung angestrebt werden. Die anderen Söhne rebellieren und setzen zeitweilig den Vater fest, der 840 stirbt. Es kommt daraufhin zu blutigen Kämpfen, die man als eine Art Erbfolgekriege bezeichnen kann und in denen Teile des fränkischen Adels verbluten. Nach dem Tod Pippins entsteht ein Bündnis zwischen Karl dem Kahlen im Westen und Ludwig dem Deutschen im Osten, das sich gegen ihren Bruder Lothar I. richtet. Sie beschwören ihr Bündnis nach dem Sieg über Lothar in den Straßburger Eiden. Der Text wird für das westfränkische Heer in altfranzösischer, für das ostfränkische Kontingent in althochdeutscher Sprache verlesen, damit ihn die jeweiligen Truppenteile verstehen können. Die spätere Entstehung neuer Nationen zeichnet sich hier im sprachlichen Bereich bereits ab. Politisch weist der Vertrag von Verdun aus dem Jahre 843 den Weg in die Zukunft: Ludwig der Deutsche wird als Herrscher des Ostfränkischen Reiches bestätigt, Karl der Kahle für den westfränkisch-französischen Bereich, Lothar für Lothringen mit Aachen, für Italien und – später – auch für die Kaiserwürde. Zwar hält man an der Idee der Reichseinheit fest und trifft sich auf gemeinsamen Hoftagen, um allgemeine Probleme, wie etwa die Normannengefahr, zu beraten, doch im Laufe der Zeit beginnen sich die durch die Teilung von 843 entstandenen Gebiete immer stärker um ihre eigenen Probleme zu kümmern. Lothringen wird 870 zwischen dem westfränkisch-französischen und dem ostfränkisch-deutschen Reich geteilt, 880 kommt es vorübergehend ganz zu Ostfranken. Noch einmal wird das Karolingerreich unter der Krone Kaiser Karls des Dicken (882–887) vereint. Der Adel setzt ihn jedoch 887 in Tribur wegen seines Versagens im Kampf gegen die Normannen ab. Der Prozeß, der zur Entstehung des Deutschen Reiches führt, beschleunigt sich. Der ostfränkische Adel wählt Arnulf von Kärnten zum König im Ostreich. Er ist ein uneheliches Kind von Karlmann, dem Sohn Ludwigs des Deutschen. Arnulf hat also noch karolingisches Geblüt, noch hält man an der Dynastie fest. In Westfranken machen sich Graf Odo von Paris, in Burgund Rudolf und Ludwig zu selbständigen Königen. Von 893 bis 987 tragen jedoch in Frankreich noch einmal Karolinger die Königskrone, bis sie danach von den Kapetingern abgelöst werden. Auch in Italien wirkt sich die Auflösung der karolingischen Zentralgewalt in der Entstehung autonomer, partikularer Herrschaftsgebiete aus: Graf Wido von Spoleto kämpft mit Graf Berengar von Friaul um die Herrschaft. Schließlich kommt mit Ludwig dem Kind (899–911) im fränkischen Ostreich der letzte, noch unmündige Karolinger auf den Thron, für den andere die Regentschaft führen, eine Situation, in der Lothringen wieder zum Westreich übergeht. Nach seinem Tod wendet sich das Ostfränkische Reich endgültig von den Karolingern ab. Bayern, Franken, Sachsen und Schwaben wählen 911 im oberfränkischen Forchheim den fränkischen Herzog Konrad als Konrad I. (911–919) zum deutschen König, ein nichtkarolingischer Stammesherzog hat damit die Krone erworben.

Vor allem in Bayern und Sachsen haben reiche, altadelige Geschlechter, die sich im Kampf gegen die Ungarn bewährten, die Herrschaft über ihre Stammesverbände übernommen. Die Rechte der Stammesherzöge nähern sich oft königlichen. Mit den Liutpoldingern ist in Bayern das jüngere Stammesherzogtum entstanden, die sächsischen Herzöge kommen aus dem Haus der Liudofinger, in Schwaben gibt es Machtkämpfe zwischen mehreren Familien, ebenso in Franken.

Nach der – in der Zuschreibung nicht ganz gesicherten – Reiterstatuette Karls des Großen (s. Abb. S. 210) ist diese Darstellung Kaiser Lothars I. das erste authentische Kaiserbildnis der karolingischen Kunst. Zwei Soldaten mit Helm, Schwert, Lanze und Schild bilden hinter dem Kaiser die Thronwache. Aus dem Lothar-Evangeliar, um 865. Bibliothèque Nationale, Paris.

Konrad kommt aus dem Geschlecht der Konradiner, das sich durchgesetzt hat. Betrachtet man den Regierungsantritt Konrads I. als Beginn einer eigentlich deutschen Geschichte, so wird man auch sogleich mit einem Grundproblem mittelalterlicher deutscher Geschichte konfrontiert, nämlich dem Verhältnis zwischen königlicher Zentralgewalt und den partikularisch orientierten Fürsten, in diesem Falle den Stammesherzögen, die ja Konrad zum König erhoben haben. In ihrer Wahl haben sie dokumentiert, daß sie kein Auseinanderfallen des jungen Ostfränkischen Reiches wollen: es soll unter der Krone vereinigt sein; keinesfalls jedoch ist damit beabsichtigt, eine Einschränkung der herzoglichen Rechte hinzunehmen. Eben dies versucht Konrad, wobei er sich am Vorbild des einstigen starken karolingischen Königtums orientiert, das herzogliche Zwischengewalten nie toleriert hat. Doch die Situation hat sich völlig gewandelt, und auch die Kirche, auf die sich Konrad – wie später erfolgreich die Ottonen – stützt, kann ihm nicht zur Durchsetzung seines Zieles verhelfen. Es kommt zu ernsten, auch kriegerischen Konflikten, die von den Ungarn ausgenutzt werden, die plündernd durch Bayern, Sachsen und Schwaben ziehen. Dies ist dem Ansehen des Königs abträglich. Als Konrad stirbt, läßt er die Zentralprobleme der Ungarn und der

Stammesherzöge ungelöst zurück. Die Herrschaft geht auf die Sachsen über: Herzog Heinrich wird, zunächst von Franken und Sachsen, 919 zum König gewählt, die Herrschaft des sächsisch-ottonischen Königshauses hat begonnen. In einem von der Forschung viel diskutierten Bericht schreibt der ottonische Geschichtsschreiber und Mönch des Klosters Corvey an der Weser, Widukind, der sterbende Konrad habe seinem Bruder Eberhard erklärt, die Franken hätten kein „Königsheil" mehr (fortuna atque mores), und im Interesse des Reiches sei es besser, die Krone dem starken Herzog Heinrich von Sachsen zu geben. Die Designation kommt damit als neues Moment in den Gesamtprozeß der fränkisch-deutschen Königswahl hinein. Auf Heinrich I. bezogen ist es nicht klar, ob das sogenannte „Königsheil" in dieser Zeit noch eine Rolle spielt, ob die Designation oder die darauffolgende Wahl in Fritzlar das stärkere Gewicht haben. Beides gehört zur Königserhebung, und fest steht, daß Heinrich I. 919 König wird. Damit beginnt ein neuer Abschnitt in der deutschen Geschichte.

DAS HOHE MITTELALTER
DAS ABENDLAND IM ZEICHEN VON KAISERTUM UND PAPSTTUM

Das Imperium christianum: Die Einheit des Abendlandes In den Vorstellungen des Mittelalters bilden alle christlichen Länder ein Reich, das Imperium christianum, in dem allen christlichen Königen als Gesalbten des Herrn die Aufgaben des „imperator Romanorum augustus", wie sich die christlichen Kaiser seit Otto II. nennen, zufallen können: der Kampf gegen die Heiden und der Schutz und die Hege der ecclesia, der Kirche. Die mittelalterliche Christenheit versteht sich so als Einheit, als „universitas christiana", der zwei Häupter voranstehen, Kaiser und Papst, imperium und sacerdotium, denen gleichermaßen die von Gott gegebene Gewalt zur Lenkung der einen Christenheit zusteht und die „durch göttliches Mysterium miteinander verschmolzen" sind und als „Gipfel der Welt in der Einheit ewiger Liebe zusammenwirken" (Damiani, Disceptatio synodalis, Lib. de Lite I, 93). In den Hoheitsansprüchen der Päpste seit Gregor VII. wird dieses „göttliche Mysterium" zusammenbrechen und mit ihm die Einheit des christlichen Abendlandes, in leidenschaftlichem Anspruch formuliert Bonifaz VIII. nach Ausklang des Hochmittelalters in der Bulle „Unam sanctam" 1302 das Verhältnis von Kirche und Staat in der Lehre von den „zwei Schwertern": „Beide liegen in der Gewalt der Kirche, das geistliche Schwert nämlich und das körperliche, nur daß dieses für die Kirche, jenes von der Kirche zu führen ist, jenes von der Hand des Priesters, dieses von der des Königs und der Krieger, doch nach dem Wink und mit der Erlaubnis des Priesters. Es muß aber ein Schwert unter dem anderen stehen und die weltliche Autorität der geistlichen Gewalt unterworfen sein ... Es ist aber diese (die geistliche) Autorität, wenn sie auch einem Menschen gegeben ist und durch einen Menschen geübt wird, keine menschliche, sondern vielmehr eine göttliche Gewalt, durch den göttlichen Mund dem Petrus gegeben. Wer sich also dieser von Gott so geordneten Gewalt widersetzt, der widersetzt sich Gottes Ordnung ... Daher erklären, sagen und bestimmen wir, daß dem römischen Priester untertan zu sein für jedes menschliche Geschöpf schlechterdings zur Heilsnotwendigkeit gehört." Damit brechen unversöhnliche Gegensätze hervor, die schließlich zu einem Zusammenbruch der mittelalterlichen Welt führen sollen.

Die universalen Ansprüche des römischen Weltreiches nehmen das östliche und das westliche Kaisertum auf, nach der staatsrechtlichen Auffassung des Mittelalters ist das Deutsche Reich Nachfolger des Römischen. In der „translatio imperii", der Übertragung der Kaiserwürde auf Karl den Großen durch Leo III., ist nach der Auffassung des Papsttums das Kaisertum von den Griechen auf die Franken übergegangen, in der Entstehung eines westlichen Kaisertums, das dem byzantinischen gegenübertritt, hat sich die „Renovatio Romani imperii" vollzogen, wenn auch Ludwig der Fromme (814–840) den sich daraus ergebenden universalen und hegemonialen Anspruch wieder abzuschwächen versuchte, indem er auf seine Siegelbulle „Renovatio regni Francorum" setzte und somit den Krönungsvorgang nur als Erneuerung des fränkischen Königtums verstanden wissen wollte. Der byzantinische Basileus aber nahm in Erwiderung auf diese Herausforderung, die Karl der Große im Grunde nicht wollte, wenn man seinem vertrauten Biographen Einhard Glauben schenken darf, den Beisatz „tōn Rhomaiōn" (der Römer) in seinen Titel auf. Zugleich aber tritt bei der translatio imperii der Anspruch des Papstes auf die Verleihung der Kaiserwürde hervor, was Karl der Große zurückzuweisen versuchte, indem er seinen Sohn, Ludwig den Frommen, sich selbst krönen ließ. Als Ludwig 816 von Papst Stephan IV. in Reims nochmals gekrönt wurde, wandelte sich die Kaiserkrönung jedoch zu einem unantastbaren Recht des Papstes – ein folgenschwerer Triumph der siegreichen ecclesia.

Die politische Kernidee Ottos III., die Renovatio imperii Romanorum, die Erneuerung des Römischen Reiches, hat jedoch nicht die Universalherrschaft der deutschen Kaiser im realen Sinne zur Folge, sie bleibt mehr oder minder reine Idee; dem Kaiser kommt nur mehr „auctoritas" im alt-römischen Sinne als den übrigen christlichen Königen zu. Dieses Mehr an Würde und Ansehen soll dann bereits im 13. Jahrhundert vom französischen Königtum in Frage gestellt werden. Im römischen Recht geschulte französische Juristen lehren um 1300: „Der König von Frankreich hat alle Gewalt in seinem Königreich, die der Kaiser im Kaiserreich hat ... (Er ist) Herr seines Reichs, so wie der Kaiser Herr der Welt ist im Imperium. Denn das Königreich Frankreich und andere Königreiche der Welt waren früher als das Imperium ... Und weil der König von Frankreich vor dem Kaiser da war, kann er gewissermaßen um so vornehmer genannt werden." Eine Verwirklichung des hegemonialen Anspruchs des deutschen Kaisertums im realpolitischen Sinn gelingt eigentlich nur Heinrich VI., der den Treueid der Könige von Armenien und Cypern empfängt, Richard Löwenherz von England huldigen läßt und Frankreich seiner Lehenshoheit zu unterwerfen unternimmt. Für die meisten deutschen Kaiser aber bleibt der Anspruch auf Oberhoheit innerhalb des Imperium christianum auch im politischen Sinne unverwirklicht, die Universalherrschaft wird nicht erreicht, da die Kaiserkrone keine Befehlsgewalt über die Länder außerhalb des Reiches verleiht. Nur einige Länder der abendländischen Christenheit geraten unter die Lehenshoheit des Reiches. Seit Heinrich I. ist der Herzog von Böhmen-Mähren deutscher Vasall, zeitweilig sind die Könige von Dänemark und Ungarn tributpflichtig oder leisten Mannschaft, die Lehenshoheit über Polen, die von

Otto I. begründet wird, dauert bis Ende des 12. Jahrhunderts an.
Die universale Reichsidee bleibt aber trotz der Widersprüchlichkeit zur politischen Wirklichkeit fortdauerndes hohes Ziel des deutschen Königtums, die Durchsetzung der Universalherrschaft, das Zusammenfallen der auctoritas der Kaiserwürde mit der Lehenshoheit über die christlichen Könige ist permanentes Stimulans des mittelalterlichen Kaisertums. Dieses versteht sich aber nicht nur als weltlicher Oberherr über das Imperium christianum, sondern seit den Tagen Karls des Großen auch als custos fidei, Wächter des Glaubens, und Herr der Kirche. Den deutschen Königen kommt das Schutz- und Führungsrecht über die Kirche und das Papsttum zu, dessen Geschichte im Hochmittelalter daher unlösbar mit der des Reiches verknüpft ist. Sehr bald stellen jedoch die Päpste den Kaisern eigene Hoheitsansprüche entgegen, und Gregor VII. fordert dann erstmals – gestützt auf kanonisches Recht und abgeleitet aus den cluniazensischen Reformideen – die libertas, die Freiheit der Kirche, was soviel bedeutet wie die Herrschaft auch über den weltlichen Staat, da das Himmlische über das Irdische erhaben sei. Das „Dictatus Papae“ des ehemaligen Cluniazenser-Mönches Hildebrand, der als Gregor VII. den Kampf mit der weltlichen Herrschaft aufnimmt, getragen von dem Glauben, das Gottesreich auf Erden verwirklichen zu müssen – diese mit unerbittlicher Leidenschaft dargelegte Überzeugung soll die bisherige Ordnung des Mittelalters in ihren Grundfesten erschüttern. Der Investiturstreit zwischen Kaiser und Papst, zwischen Heinrich IV. und Gregor VII., in dem es um die Herrschaft der Kirche über den Staat geht, verändert die Welt des Mittelalters, im Investiturstreit wird erstmals der Bruch in der mittelalterlichen „ordo“ sichtbar. Der Reichsidee und der Lehre von der Gleichberechtigung der beiden Gewalten Kirche und Staat, an der die deutschen Kaiser weiterhin festhalten, werden kurialistische Theorien entgegengesetzt, hinter denen das Gebilde eines päpstlichen Lehensstaatensystems durchschimmert. Das geänderte Verhältnis von Kirche und Staat drückt Bernhard von Clairvaux in der neuen Form des Gleichnisses von den zwei Schwertern aus: Nicht mehr wie bisher komme dem Kaiser das weltliche, dem Papst das geistliche Schwert zu, sondern beide besitze allein die Kirche, da sie Gott dem heiligen Petrus übertragen habe. Der Kaiser könne nur das weltliche Schwert auf Geheiß des Priesters für die Kirche Gottes führen, aber es gehöre ihm nicht.

Der Legende nach soll Petrus seinen Stab den Trierer Bischöfen Valerius und Eucharius geschenkt haben, woraus die Trierer Bischöfe ihre unmittelbare apostolische Nachfolge ableiteten. Bischof Egbert ummantelte den Holzstab mit geschlagenem Goldblech. Hals und Knopf ließ er mit Edelsteinen, Perlen und Filigranarbeiten ausstatten. Um 980. Domschatz, Limburg/Lahn.

Dies ist ein völlig verwandeltes Bewußtsein, in dem neuen Machtanspruch der Kirche und ihrer Päpste aber sinkt das Reich dahin, das Hohe Mittelalter überschreitet seinen Zenit. Die neue gregorianische Vorherrschaft der Kirche aber versinnbildlicht sich in dem Bannfluch, den Gregor VII. dem deutschen König Heinrich IV. auf dem Höhepunkt des Investiturstreites entgegenschleudert und der beinahe dessen Vernichtung gebracht hätte: „Mir als Deinem Stellvertreter und durch Deine Gnade ist von Gott die Macht gegeben, zu binden und zu lösen im Himmel und auf Erden ... Von diesem Vertrauen getragen, für die Ehre und Verteidigung einer Kirche, untersage ich im Namen des allmächtigen Gottes, des Vaters, des Sohnes und des Heiligen Geistes, kraft Deiner Gewalt und Vollmacht dem König Heinrich, dem Sohn des Kaisers Heinrich, der wider Deine Kirche in unerhörtem Übermut aufgestanden ist, die Lenkung des ganzen deutschen Reichs und Italiens und entbinde alle Christen von der Fessel des Eides, die sie sich angelegt haben oder anlegen werden, und verbiete, daß man ihm als König diene. Und ... weil er sich selbst von Deiner Kirche losreißt, indem er sie zu spalten trachtet, so binde ich ihn an Deiner Statt mit dem Bande des Fluches."

Das Reich im Hohen Mittelalter

DIE ZEIT DER OTTONEN: DIE ERNEUERUNG DES ABENDLÄNDISCHEN KAISERTUMS

Die Berufung Heinrichs I. (919-936) Vom Totenbett aus sendet Konrad I. – nach dem Bericht Widukinds von Corvey – 918 seinem mächtigen sächsischen Widersacher, Herzog Heinrich, die Kroninsignien und designiert ihn damit zu seinem Nachfolger. Im Mai des Jahres 919 wird Heinrich I. dann von den in Fritzlar versammelten Großen der Sachsen und Franken förmlich zum König erhoben. Mit Heinrich I., einem Mann von mächtiger und harter Nüchternheit, beginnt die Geschichte des sächsischen Herrscherhauses im Deutschen Reich. Tatkräftig fängt Heinrich I. an, die neue Königswürde zu festigen und das Ostfrankenreich nach außen hin abzusichern. 921 muß sich Herzog Arnulf, der von seinen Baiern und einem Teil der Ostfranken zum Gegenkönig erhoben worden ist, Heinrich I. unterwerfen, 925/26 kann Lothringen wiederum dem Ostreich, das 919 in einer erzählenden Quelle als „regnum Teutonicorum", als Reich der Deutschen bezeichnet wird, zurückgewonnen werden. 924 erreicht Heinrich von den in Deutschland eingefallenen Ungarn gegen Tributleistung einen neunjährigen Waffenstillstand, und als er 933 die Ungarn in der Schlacht an der Unstrut besiegt, ist die drohende Gefahr zunächst einmal gebannt. In schweren Kämpfen schlägt Heinrich I. zudem im Osten die westslawischen Völkerschaften jenseits der Havel und der mittleren Elbe. Noch bevor er einen Romzug zum Erwerb der Kaiserkrone unternehmen kann, stirbt er in Memleben; in seinem Nachfolger wird sein von ihm designierter ältester Sohn aus zweiter Ehe, Otto I., einhellig von allen Vertretern der deutschen Stämme in Aachen zum König erhoben; die Zeremonie der Königserhebung Ottos steht in der Tradition des fränkischen Königtums.

Otto I. der Große (936–973): Der Aufstieg des Deutschen Reiches Durch Heinrichs I. zielbewußte Politik war das Ostfränkische Reich wieder zu einer Einheit zusammengefügt und nach außen hin abgesichert worden. Auf dieser Erneuerung des deutschen Königtums und Königreiches (regnum), mit der die seit dem Vertrag von Verdun sich abzeichnende Entstehung des Deutschen Reiches ihren Abschluß findet, kann nun Otto I. aufbauen; Ziel seines Wirkens ist es zunächst, die königliche Gewalt gegenüber den Stammesherzögen zu stärken. Als Otto I. nach dem Tode Arnulfs von Bayern im Jahre 937 von dessen Sohn und Nachfolger Eberhard den Verzicht auf die Hoheit über die bairische Kirche fordert, kommt es zu einer alle Herzogtümer außer Schwaben erfassenden Aufstandsbewegung, die Otto erst 941 endgültig niederschlagen kann. Die Herzogtümer besetzt er jetzt neu durch Familienangehörige, um durch die verbindende Kraft der Blutsverwandtschaft die Einheit des Reiches künftig zu sichern. Ottos Sorge gilt jedoch nicht nur der Festigung der Königsmacht im Innern des Reiches, er nimmt auch die Sicherung der Grenzen mit aller Kraft in Angriff. Von Ludwig IV. von Frankreich erreicht er 942 im Friedensschluß zu Visé den Verzicht auf Lothringen, im Osten setzt er die Politik seines Vaters erfolgreich fort. Schon zu Beginn seiner Regierung, von 936–937, werden zwei Marken gegen die Slawen errichtet: Gegen die Wagrier im östlichen Holstein und die Adoriten und Redarier in Mecklenburg erhält Hermann Billung eine Mark an der unteren Elbe, die südlich davon liegende Mark unter Gero ist gegen die Sorben und Wilzen gerichtet. Systematisch wird dann in den folgenden Jahren die deutsche Oberhoheit über die slawischen Stämme ausgebaut, 930 wird Herzog Boleslav I. von Böhmen unterworfen. Als seine wesentliche Aufgabe sieht Otto I. die Christianisierung der slawischen Völker an, zum Zentrum der Slawenmission wird das von Otto begründete Erzbistum Magdeburg erhoben.

Auch in Burgund und Oberitalien versucht Otto den Einfluß des Reiches gemäß karolingischer Tradition wiederzugewinnen. Nachdem Rudolf II. von Burgund das Symbol der Herrschaft über Italien, die heilige Lanze Konstantins des Großen, Otto zugesandt hatte, nimmt er

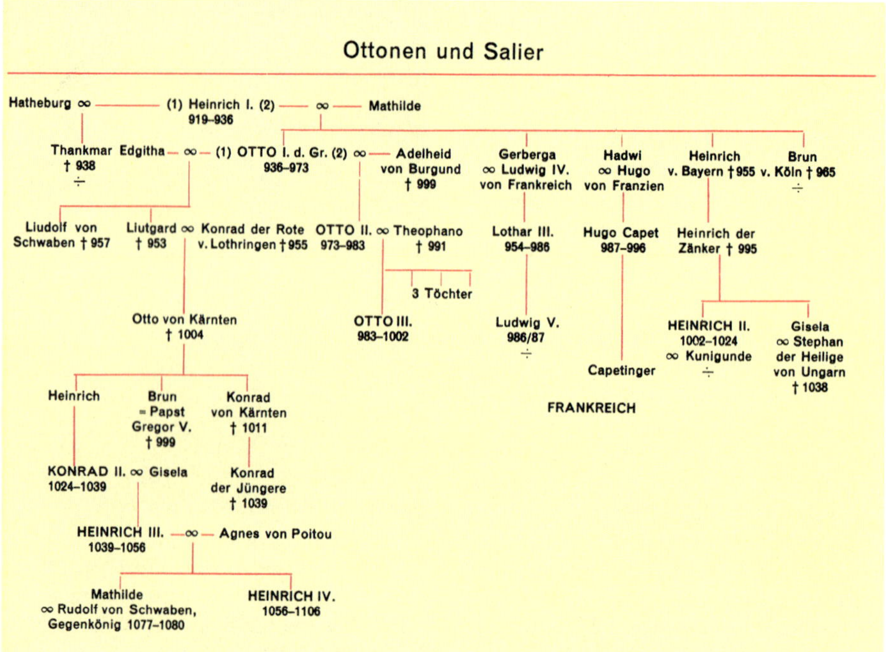

nach dessen Tod den unmündigen König von Hochburgund als Vormund in seinen Schutz. Da dessen Schwester Adelheid von Berengar II. von Ivrea, der sich die Herrschaft in Oberitalien angemaßt hat, gefangen gesetzt worden ist, unternimmt Otto von 951–952 mit starkem Heer einen Italienzug. Pavia wird erobert, und Otto I. nennt sich als rechtmäßiger Nachfolger der Karolinger „rex Francorum et Langobardorum". Die aus der Gefangenschaft entflohene Adelheid wählt er zu seiner Frau. Da Ottos Sohn aus erster Ehe, Herzog Liudolf von Schwaben, durch die Heirat seines Vaters seine Erb- und Nachfolgeansprüche gefährdet sieht, empört er sich mit zahlreichen Anhängern gegen seinen Vater. Der Liudolfingische Aufstand bricht zusammen, als die Ungarn erneut verheerend in Deutschland einfallen. Als sie das von Bischof Ulrich verteidigte Augsburg belagern, tritt ihnen Otto mit dem Aufgebot aller deutschen Stämme außer den Sachsen entgegen und schlägt sie am 10. August 955 vernichtend (Schlacht auf dem Lechfeld). Das Ungarnheer wird bei der Verfolgung völlig aufgerieben, und die Ungarn werden daraufhin seßhaft. Einen weiteren Erfolg in seiner Ostpolitik kann Otto erringen, als er noch im gleichen Jahr aufständische Slawenstämme in der Schlacht an der Recknitz im östlichen Mecklenburg besiegt.

Nach dieser Sicherung des Reiches nach Osten hin kann sich Otto wieder entschieden Italien zuwenden, und als Papst Johann XII. Otto gegen Berengar II. um Hilfe ersucht, unternimmt er seinen zweiten Italienzug (961–965). Am 2. Februar wird Otto I. in Rom zum Kaiser gekrönt. Von nun an wird die Herrschaft der deutschen Kaiser von ihrer Italienpolitik geprägt werden. Bereits Heinrich I. hatte an die gesamtchristliche karolingische Tradition angeknüpft, Otto der Große wird zum Erneuerer des Reiches Karls des Großen und zum Begründer eines christ-

Durch die Heirat Ottos II. mit der byzantinischen Prinzessin Theophano (972) geht der Traum seines Vaters, Ottos des Großen, seine Kaiserwürde auch durch den Ostkaiser anerkannt zu sehen, in Erfüllung. Bei der abgebildeten Heiratsurkunde (Ausschnitt) ist die Schrift mit Purpurkreisen unterlegt, die Löwen und Greife, die Rinder schlagen, enthalten. Niedersächsisches Museum, Wolfenbüttel.

Im Mittelalter war das Sticken eine bevorzugte Tätigkeit vornehmer Damen. Die sogenannte Kriegsfahne, die um 962 entstanden ist, wurde vielleicht von der Schwester Ottos des Großen angefertigt, wenn die Inschrift „Gerberga me fecit“ – Gerberga fertigte mich an – so gedeutet werden kann.
In der Mitte zeigt die Arbeit den siegreichen Gottessohn mit dem Kreuzstab, flankiert von Sol und Luna; in den oberen Ecken die Erzengel Michael und Gabriel. Domschatz, Köln.

lich-deutschen Reiches. Mit der Kaiserkrone übernimmt er „die Hegemonie über die abendländische Christenheit, nicht zum Zwecke der Machtpolitik, sondern um diese Christenheit im Bunde mit der Kirche zum ewigen Heil zu führen“ (Mitteis). Ein drittes Mal zieht Otto der Große nach Italien, als er wiederum vom Papst, dem von einer Gegenpartei vertriebenen Johann XIII., um Unterstützung gebeten wird. Nunmehr kommt der gefestigte und abgesicherte Herrschaftsanspruch des deutschen Kaisers auch in dem unruhigen Italien voll zur Geltung. 966 zieht Otto nach Italien, wo er sich fast sechs Jahre lang aufhält. 967 wird sein Sohn Otto II. zum Kaiser gekrönt, auf der Synode von Ravenna erhebt Johann XIII. 967 Magdeburg auf Betreiben des Kaisers zum Erzbistum, in süditalienischen Feldzügen wird der mit dem byzantinischen Kaiser Nikephoras verbündete Sohn Berengars II., Adalbert, vertrieben. Als es 969 zur Palastrevolution in Byzanz kommt, willigt Johannes Tzimiskes in einen Frieden mit dem westlichen Kaisertum ein, und die schon lange geplante byzantinische Heirat Ottos II. kann vollzogen werden: 972 wird Otto II. in Rom mit der byzantinischen Prinzessin Theophano vermählt, womit die Bemühungen Ottos des Großen, seine Kaiserwürde durch den Ostkaiser anerkennen zu lassen, Erfolg haben. Das aus karolingischer Tradition erwachsene, auf die deutschen Könige übertragene Kaisertum gewinnt durch die überragende Herrscherpersönlichkeit Ottos des Großen eine nicht mehr antastbare Festigung und erlangt Gleichwertigkeit mit dem Hoheitsanspruch der byzantinischen Kaiser. Während so die Strahlkraft des Reiches sich in dem beständig unruhigen Italien bemerkbar macht und selbst in Byzanz das Reich nicht mehr übersehen werden kann, gelingt es auch im Osten des Deutschen Reiches den Hoheitsanspruch gegenüber den slawischen Völkern durchzusetzen. Bereits die Unterwerfung Boleslavs I. von Böhmen, der Sieg über die Ungarn auf dem Lechfeld und über die Slawen an der Recknitz waren Schritte auf dem Wege, dem Reich im Osten einen dauerhaften Frieden zu sichern, Höhepunkt der Ostpolitik Ottos I. ist dann die Errichtung des Erzbistums in Magdeburg, das die Slawenmission im Raum Elbe–Oder übertragen bekommt. Erster Erzbischof von Magdeburg wird der Geschichtsschreiber, Abt Adalbert von Weißenburg. Zuvor gelingt es jedoch Markgraf Gero, 963 das Land zwischen Warthe und Oder tributpflichtig zu machen. Herzog Mieszko I. (etwa 960–992) von Polen, der den nach dem Zusammenschluß der polnischen Stämme unter dem Geschlecht der Piasten

Ottonischer Kaiser, von geistlichen und weltlichen Würdenträgern umgeben, auf dem Reichsthron. Das Bild stammt aus dem Evangeliar Ottos III., das um 1000 in der Benediktinerabtei auf der Insel Reichenau geschaffen wurde. Charakteristisch ist die Monumentalität der Darstellung. Pergament. Bayerische Staatsbibliothek, München.

entstandenen wohlorganisierten polnischen Staat regiert und ihn nach Westen auszudehnen versucht, muß sich nach dem Zusammenstoß mit Markgraf Gero diesem unterwerfen und schließt sich unter dem Einfluß seiner tschechischen Gemahlin Dubravka dem westlichen Christentum an. Es entsteht das Missionsbistum Posen, und Staat und Kirche Polens geraten ins Einflußfeld der ottonischen Reichskultur.

Im Inneren des Reiches stützt sich Otto I.

mehr und mehr auf die Kirche, da die Gefolgschaft der weltlichen Träger der Königslehen, der Herzöge, unzuverlässig ist und sich der König gegenüber den Machtansprüchen der weltlichen Großen absichern muß. Otto der Große wendet sich daher dem Episkopat zu, hatten sich doch die süddeutschen geistlichen Würdenträger in den Zeiten der Bedrohung bereits als starke Stütze des Königs erwiesen. Otto begründet daher das Reichsbeamtentum. Um die Königsmacht zu festigen, wird die Herrschaft der geistlichen Würdenträger, die ohne rechtmäßige Erben bleiben, während die weltlichen Herren nach Erblichkeit streben, ausgebaut und sie durch die Vergabe von Rechten eng an den König gebunden. Die Ernennung des Episkopats liegt ganz in der Hand Ottos I., die Bischöfe und Äbte erhalten jetzt wieder in erheblichem Maße Grundbesitz, was seit der Karolingerzeit stark zurückgegangen war. Das Episkopat bekommt Hoheitsrechte und gräfliche Befugnisse, ja ganze Grafschaften, die Immunität wird ausgebaut, zudem werden die Rechte der hohen Gerichtsbarkeit verliehen. Den geistlichen Würdenträgern wird es dadurch möglich, selber Lehen zu vergeben und einen Dienstadel zu schaffen, durch den die königliche Heerestruppe jederzeit verstärkt werden kann. Es entstehen so leistungsfähige kirchliche Herrschaften, auf welche sich das Königtum in Zeiten der Bedrohung zu stützen vermag, ohne Gefahr zu laufen, in den Strudel partikularistischer Bestrebungen mit hineingezogen zu werden.

Im Zeichen eines so nach innen und außen gefestigten Reiches hält Otto der Große zu Ostern 973 einen Hoftag in Quedlinburg am Harz ab, zu dem Gesandte aus Rußland, Bulgarien, Ungarn und Byzanz und Vertreter Polens, Böhmens und Dänemarks herbeieilen. Der Hoftag spiegelt den neuerwachten Glanz des Reiches, wenige Wochen später wird Otto der Große jedoch 61jährig vom Tode dahingerafft. Bereits die Zeitgenossen erkannten den ungeheuren Verlust für das Reich.

Die Nachfolger Ottos des Großen: Weltreichsgedanke und universales Kaisertum

Der Sohn Ottos des Großen, Otto II. (973–983), übernimmt ein nach innen und außen gesichertes Reich, das er gegen den Einfall Harald Blauzahns von Dänemark im Jahre 974 und den Aufstand Herzog Heinrichs des Zänkers von Bayern zu halten vermag. Auch der Versuch König Lothars von Frankreich, 978 Lothringen zu erobern, kann abgeschlagen werden; nach einem Feldzug bis vor die Mauern von Paris kommt es 980 zum Friedensschluß in Margut an der Chiers. Von 980–983 unternimmt Otto II. einen Italienzug, und als er gegen die Fatimiden vorgeht, die unter ihrem Emir Abu'l-Qasim von Sizilien aus die langobardischen Fürstentümer Unteritaliens angreifen, erleidet Otto eine vernichtende Niederlage bei Cotrone in Kalabrien; nur durch eine abenteuerliche Flucht kann er sich der drohenden Gefangenschaft entziehen. Im letzten Regierungsjahr Ottos II. gehen während eines großen Slawenaufstandes die Billungische Mark und die Nordmark verloren. Otto II. gelingt es nicht mehr, das Werk seines Vaters fortzusetzen, er stirbt 983, erst 28jährig, in Rom. Auf den Thron gelangt sein dreijähriges, bereits auf dem Reichstag zu Verona von den deutschen und italienischen Großen zum König gewähltes Söhnchen, Otto III. (983–1002).

Für ihren minderjährigen Sohn übernimmt die Kaiserinwitwe Theophano die Regentschaft. Mit Unterstützung des Mainzer Erzbischofs Willigis kann sie sich gegen den Bayernherzog Heinrich den Zänker, der die Vormundschaft und Krone erstrebt, durchsetzen und vermag in den folgenden Jahren durch eine geschickte Regierungsführung die Rechte ihres Sohnes in Italien und Deutschland zu wahren. Nach dem Tode Theophanos 991 übernimmt Kaiserin Adelheid, die Großmutter Ottos III., die Vormundschaft; Erzbischof Willigis von Mainz gewinnt jetzt noch stärkeren Einfluß. 15-jährig erlangt dann schließlich Otto III. selbst die Herrschaft und zieht 996 nach Italien. In Rom erhebt er seinen Vetter Bruno von Kärnten als Gregor V. zum ersten deutschen Papst und wird von diesem zum Kaiser gekrönt. Politisches Ziel Ottos III. ist die Renovatio imperii Romanorum, die Verwirklichung eines Imperium christianum, in dem Kaiser und Papst gleichermaßen zum Wohl der Christenheit regieren und das Reich von Rom aus, das für Otto III. „caput mundi“, Haupt der Welt, ist, geleitet werden soll. Im Planen des jungen Otto verbinden sich Erinnerungen an das christliche römische Weltreich und an Karl den Großen, dessen Gruft er öffnen läßt, mit der von Cluny ausgehenden Erneuerungsbewegung des Mönchtums. Ein geistliches Imperium soll sich über das Abendland ausbreiten, in dem der Kaiser geistliches und weltliches Oberhaupt ist, Italien und Deutschland das Zentrum bilden, dem die übrigen Staaten Europas als mittelbare oder unmittelbare Glieder unterstehen. Der Kaiser ist Herr der universalen Kirche, der die Päpste erwählt und ordiniert.

997 kann Otto III. nach seiner Rückkehr nach Italien eine Empörung unter Johannes Philagathos und Johann I. Crescentius niederwerfen; Rom wird nun zur Reichsresidenz erhoben. Nach dem Tode Gregors V. wird Gerbert von Aurillac auf Betreiben Ottos 999 als Silvester II. auf den Stuhl Petri erhoben, von ihm erhält Otto III. die Erlaubnis zur Gründung eines Erzbistums in Gnesen für Polen und in Gran für Ungarn. Diese Pläne werden auf einer Pilgerfahrt Ottos III. nach Polen verwirklicht. Mieszkos Sohn, Herzog Boleslaw Chrobry von Polen, wird als römischer patricius, als Statthalter, direkt unter die Hoheit des Kaisers gestellt. Ungarn und Polen werden so gleichberechtigt mit den übrigen Teilen des Reiches in das neue Imperium Romanum eingegliedert. Ein Aufstand der Römer 1001, der auch in Deutschland sofort eine Opposition gegen den Kaiser wach werden läßt, gefährdet die Herrschaft Ottos III. Als er 1002, erst 22jährig, bereits stirbt, hinterläßt er in Italien, von dem aus er das universale Kaisertum zu verwirklichen versucht hatte, ein brüchig gewordenes Herrschaftsgebiet.

Der Nachfolger Ottos III., dessen universale Pläne mit seinem Tode zusammenstürzen, Heinrich II. (der Heilige) (1002–1024), Herzog von Bayern, Sohn Hein-

Von der Äbtissin Theophanu, deren Name noch an ihre byzantinische Großmutter Theophano, die Gemahlin Ottos II., erinnert, stammt das abgebildete Reliquienkreuz aus dem ehemaligen Damenstift Essen. Münsterschatz, Essen.

Adlerfibel des frühen 11. Jahrhunderts. Das einzige erhaltene Stück aus dem der Kaiserin Gisela, der Gemahlin König Stephans des Heiligen von Ungarn, zugeschriebenen Goldschmuck. Der Schmuck wurde 1880 zufällig bei Erdarbeiten in Mainz entdeckt. Die übrigen Stücke gingen im Zweiten Weltkrieg in Berlin verloren. Mittelrheinisches Landesmuseum, Mainz.

richs des Zänkers, der sich geschickt gegen seine Rivalen durchsetzen kann, sucht daher, nachdem Oberitalien beim Tode Ottos III. verlorengegangen ist (Markgraf Arduin von Ivrea in Pavia vom langobardischen Adel zum König erhoben) und Boleslaw von Polen seinen Machtbereich auf Kosten des Reiches ausgedehnt hat, zunächst seine Herrschaft in Deutschland zu festigen und den wiedererstarkten herzoglichen Partikularismus zurückzudrängen. Mit Heinrich II. kommt wieder ein nüchtern-praktischer Mann auf den deutschen Thron, dem es auf zwei Italienzügen (1004, 1013/14) gelingt, die Herrschaft in Oberitalien wiederherzustellen; 1014 läßt Heinrich II. sich in Rom zum Kaiser krönen. Von 1003 bis 1018 wendet er sich gegen Boleslaw Chrobry (992–1025) mit wechselndem Erfolg, bis schließlich 1018 der Polenherrscher in den Frieden von Bautzen einwilligt: Lausitz und Milzenerland kann sich Boleslaw als deutsches Lehen erhalten. Zur Sicherung des Obermaingebietes und zur Mission der Mainslawen stiftet Heinrich II. 1007 auf der Frankfurter Synode das Bistum Bamberg, 1012 wird der Dom geweiht, 1020 besucht Papst Benedikt VIII. Heinrich in Bamberg, um Hilfe für Unteritalien zu erbitten; das Bistum Bamberg wird jetzt direkt Rom unterstellt. Unter Heinrich II. erfährt das ottonische Reichskirchensystem, das Bischöfe und Kirche eng an den König band, seine Vollendung. Die Reichskirche wird noch weiter ausgebaut, die Stellung der Bischöfe verstärkt und der kirchliche Besitz vermehrt. Die Reichsabteien werden im Geiste der cluniazensischen Bewegung reformiert. Die Kirchenreform wird zu einem bedeutenden Anliegen des Kaisers. Auf dem 3. Italienzug (1021–1022) gelingt es Heinrich II., die Hoheit des Reiches über die langobardischen Fürstentümer wiederherzustellen und eine weitere Ausdehnung von Byzanz in Süditalien aufzuhalten. Alle weiteren Pläne des Kaisers werden dann durch seinen Tod im Jahre 1024 zunichte gemacht. Mit Heinrich II. erlischt das sächsische Kaiser- und Königshaus, im Dom seines geliebten Bamberg findet der Kaiser seine letzte Ruhestätte.

Kaiser Heinrich II. und seiner Gemahlin Kunigunde von Luxemburg verdanken wir das Baseler Antependium, auf dem beide am Fuße der zentralen Christusfigur in Ergebung und Ehrfurcht kniend dargestellt sind. Ursprünglich war diese goldene Altarverkleidung für das Kloster St. Michael in Bamberg angefertigt worden. Von dort gelangte sie nach Basel und schließlich nach Paris. Das Meisterwerk der ottonischen Reliefkunst ist wahrscheinlich um 1015–1020 in Reichenau oder Fulda geschaffen worden. Musée de Cluny, Paris.

DAS FRÄNKISCH-SALISCHE HERRSCHERHAUS (1024–1125): RINGEN ZWISCHEN KAISER UND PAPST

Den Nachfolgern Heinrichs II. gelingt es, das Kaisertum wieder in vollem Umfang herzustellen und es in höchstem Glanz erstrahlen zu lassen. Italien und Deutschland werden wieder zu einer Einheit, durch die Angliederung Burgunds wird Frankreich gehindert, seinen Einfluß in Italien geltend zu machen. Seit Konrad II. trägt das Reich erneut die Bezeichnung „Imperium Romanum", aber es wird zugleich verstärkt als geistliches Imperium verstanden, in dem dem Kaiser neben der weltlichen Ordnungsgewalt auch die geistliche zukommt. Dieser Anspruch, der seit Heinrich II. voll hervortritt, der als Haupt des Gottesreiches auf der Synode von Sutri 1046 drei Päpste absetzt, muß zum Kampf mit der Kirche und dem Papsttum führen, welche neue Impulse von der mönchischen Bewegung, die von dem 910 gegründeten Kloster Cluny ausgeht, erfahren. Die Welle tiefgreifender religiöser Erneuerung, welche über die abendländische Welt hinweggeht, führt in direkter Linie zum Investiturstreit und damit zu einem Zusammenbruch des kaiserlichen Machtanspruchs.

Konrad II. (1024–1039) Nach dem Aussterben der Ottonen wird Konrad II. zum deutschen Kaiser gewählt. Bereits auf seinem 1. Italienzug (1026–1027) empfängt er die Kaiserkrone 1027 in Rom durch Johann XIX. Eine Fürstenerhebung unter Herzog Ernst II. von Schwaben kann er niederwerfen, auch die ottonische Machtstellung im Osten des Reiches kann er wieder aufbauen. Polen muß die deutsche Lehenshoheit anerkennen. Durch die Vereinigung des Königreichs Burgund im Jahre 1033 mit dem Deutschen Reich nach dem Tode Rudolfs III. von Burgund, der Konrad die burgundische Erbfolge zugesichert hatte, wird die Dreiheit der Königreiche Deutschland, Italien und Burgund, welche das hochmittelalterliche Imperium ausmachen, erreicht und Frankreichs Einflußnahme auf Italien für Jahrhunderte beseitigt. Um seine Herrschaft gegen den herzoglichen Partikularismus zu festigen, stützt sich Konrad wie bereits seine Vorgänger auf die Reichskirche sowie auf weltliche Königsbeamte, die sogenannten Ministerialen. Zugunsten der Aftervasallen oder Untervasallen, der Vasallen der großen Herren, schreibt das Lehensgesetz Konrads II. die Erblichkeit der kleineren Lehen vor, weswegen der König diese gänzlich auf seine Seite ziehen kann. Als Konrad II. nach seinem 2. Italienzug, bei dem erstmals die Städtefreiheit in Oberitalien nicht niedergerungen werden kann, in Utrecht 1039 stirbt, hinterläßt er seinem Sohn eine gefestigte Herrschaft mit gewaltiger weltlicher Machtfülle.

Heinrich III., Haupt des Gottesreiches, und die klösterliche Reformbewegung Mit Heinrich III. (1039–1056) gelangt eine tiefreligiöse Natur auf den deutschen Herrscherthron, die von der geistlichen Aufgabe des Königsamtes durchdrungen und von der Notwendigkeit der Kirchenreform überzeugt ist. Die deutsche Kaisermacht steigt mit Heinrich III. zu ihrer Scheitelhöhe. Die vom Vater hinterlassene Machtstellung im Osten gegenüber den westslawischen Nachbarreichen kann gehalten und sogar noch ausgeweitet werden, 1041 zwingt Heinrich III. Břetislav von Böhmen, der Pläne eines großen christlichen Slawenreiches verfolgte, zur Unterwerfung, Böhmen gerät in deutsche Lehensabhängigkeit. Neben Böhmen und Polen tritt 1044 noch Ungarn als deutsches Lehensreich, geht aber bereits 1046 wieder verloren. Nach der Ernennung Adalberts zum Erzbischof von Bremen setzt eine umfassende Missionstätigkeit und kirchliche Organisierung im gesamten Nordgebiet bis Grönland, Finnland und Island ein. Außenpolitische Erfolge vermag Heinrich III. auch gegen Gottfried den Bärtigen von Oberlothringen und Baldwin von Flandern zu erringen, die niedergeworfen werden können, und durch das Vorschieben der kaiserlichen

Lehenshoheit über das den Griechen durch die Normannen abgewonnene Apulien.
Von einer nach außen hin gesicherten Machtfülle aus kann Heinrich III., der wie keiner seiner Vorgänger von der Priesterähnlichkeit seines Königsamtes erfüllt ist, sich der Verwirklichung kirchlicher Reformideale hingeben. Von dem 910 von Herzog Wilhelm von Aquitanien gegründeten Kloster Cluny in Burgund, das direkt dem Papst unterstellt worden war, nahm die klösterliche Reformbewegung ihren Ausgang. Aus tiefer religiöser Besinnung hatte man es sich in Cluny, das frei von direkter weltlicher und bischöflicher Gewalt einen raschen Aufschwung nahm, zur Aufgabe gemacht, Frömmigkeit und sittliche Zucht unter den Mönchen wiederherzustellen. Die strenge Beobachtung der Benediktinerregel und unbedingter Gehorsam gegenüber dem Abt wurden verlangt, Kleidung und gemeinsames liturgisches Gebet wurden strengeren Regeln unterworfen. Letztliches Ziel der cluniazensischen Bewegung war die Befreiung der Kirche von weltlichen Einflüssen und politischer Macht. Die cluniazensische Reform findet rasch Aufnahme in anderen Klöstern, zahlreiche Klöster West- und Mitteleuropas unterstellen sich der Aufsicht des Abtes von Cluny. In Deutschland wird das Kloster Hirsau im nördlichen Schwarzwald zum Mittelpunkt der Reformbewegung, die auch die weltlichen Gewalttätigkeiten einzudämmen versucht und daher die Gottesfriedensbewegung ins Leben ruft, welche die Verletzung der Gotteswaffenruhe (treuga Dei) für alle hohen Festtage und für die Zeit von Mittwochabend bis Montagfrüh mit hohen geistlichen und weltlichen Strafen bedroht. Die cluniazensische Reformbewegung erfährt eine Ergänzung durch eine von Flandern und Lothringen ausgehende klösterliche Erneuerungsbewegung, die ebenfalls Reformen im Sinne der Benediktinerregel durchzusetzen versucht.
Heinrich III. verschreibt sich ganz den Zielen der klösterlichen Reformbewegung, ohne voraussehen zu können, daß er damit die seit den Merowingern und Karolingern bestehende und von Otto I. erneut begründete Schutzherrschaft des Königs und Kaisers über den Papst und damit die führende Stellung des Kaisertums im Imperium christianum in ihrer Kernidee bedroht. In der dadurch heraufbeschworenen Auseinandersetzung zwischen dem Kaisertum und Papsttum zerbricht die kaiserlich-königliche Machtstellung. In Deutschland übernehmen schließlich die Landesfürsten die Führung, der Partikularismus trägt letztlich den Sieg davon und in Europa werden die nationalen Königtümer tonangebend. Aber auch das Papsttum vermag es nicht, seine Vorstellung vom Sacerdotium durchzusetzen; der Traum von einem Weltimperium unter päpstlicher Führung scheitert im Spätmittelalter am Widerstand der nationalen Könige gegen eine Herrschaft des Stuhles Petri.
Als Heinrich III. seinen ersten Italienzug (1046–1047) unternimmt, findet er in

Ebenfalls eine Stiftung Heinrichs II. ist der berühmte Goldaltar (Pala d'Oro), ein Altarvorsatz, der noch heute dem Hochaltar des Aachener Münsters vorgeblendet ist. Trotz aller Unterschiedlichkeit zum Baseler Antependium (linke Seite) läßt sich eine gewisse Stilverwandtschaft nicht verleugnen. Die Darstellung des Abendmahles zeugt nicht nur von einem hohen handwerklichen Können, sondern auch von einem ausgeprägten Sinn für die Gesetze der Komposition. Um 1020. Dom zu Aachen.

Aus dem Schatz des Bamberger Domes, wo Heinrich II. seine letzte Ruhestätte gefunden hat, stammt sein sogenannter Sternenmantel, von dem das Mittelstück hier abgebildet ist. Der Mantel ist wahrscheinlich in einer süddeutschen Werkstatt um 1020 entstanden.
Mit dem Tode Heinrichs II. am 13. Juli 1024 nach 23jähriger Regierung im Alter von 52 Jahren erlöschen sowohl das sächsische Kaiserhaus als auch das Geschlecht der Lindolfinger in männlicher Linie.

Rom Zustände vor, die seinen kirchlichen Reformideen völlig widersprechen: Drei Päpste, Benedikt IX., Silvester III. und Gregor VI., haben nacheinander das höchste Amt der Kirche inne, für das zumindest der Tuskulaner und der Crescentier völlig unwürdig sind. Auf Synoden in Sutri und Rom vom 20. bis 23. Dezember 1046 erklärt Heinrich III. die drei Päpste für abgesetzt, den sittenstrengen Gregor VI. wegen Simonie. Auf den päpstlichen Thron gelangt auf Nomination Heinrichs hin, der das Recht auf die Papsternennung für den deutschen König wieder sichert, Bischof Suidger von Bamberg als Clemens II., der Heinrich zum Kaiser krönt. Als Vorkämpfer der Kirchenreform kann der Kaiser zunächst das Papsttum in die Reichskirche eingliedern, das ottonische Kirchensystem wird dadurch zur höchsten Geltung gebracht. Als der Bischof von Toul als Leo IX. (1048–1054) von Heinrich zum Papst ernannt wird, kann sich der Reformgeist in Rom endgültig durchsetzen, insbesondere die lothringische Reformbewegung faßt mit Leo IX. in Rom Fuß. Wachsendes Selbstvertrauen gewinnt die Kirche mit der Durchführung der cluniazensischen Reform und durch den Rückhalt am pseudoisidorisch durchsetzten kanonischen Recht, das die Vorrangstellung des Papstes in allen Glaubens- und Kirchenrechtsfragen zu betonen beginnt. In enger Zusammenarbeit mit dem Kaiser, durch Synodalbeschlüsse und durch Reisen zu wichtigen Synoden kann Leo IX. cluniazensische Reformideen durchsetzen, insbesondere das Verbot der Simonie,

d. h. des Kaufs geistlicher Ämter, und der Priesterehe. Das Zölibat, die Ehelosigkeit der Geistlichen, wird zu einem besonderen Anliegen des reformistischen Papsttums. Nicht nur in den kirchenrechtlichen Arbeiten seines Beraters, Humbert von Moyenmoutier, den Leo IX. zum Kardinal ernannt hat, sondern auch in der Ausübung der päpstlichen Herrschaft machen sich somit die neu erhobenen Vorstellungen von einem Primat des Papsttums bemerkbar. Allerdings führen diese Primatvorstellungen Leos, die durch die Stärkung der hierarchischen Stellung des Papstes in der Gesamtkirche fest verankert werden sollen, zu einem Mißerfolg beim Versuch, eine Union mit der griechischen Kirche unter päpstlicher Oberhoheit zu erreichen. Der über den Patriarchen von Konstantinopel, Michael Kerullarios, 1054 ausgesprochene päpstliche Bannfluch führt zum bis in die Gegenwart hinein dauernden Schisma zwischen der römisch-katholischen und griechisch-orthodoxen Kirche. Auch gegen die Normannen, welche Süditalien besetzt halten, erleidet Leo IX. eine vernichtende Niederlage bei Civitate, als er sie – auch im Auftrag des Kaisers – wegen ihres Angriffs auf Benevent zu bestrafen versucht. Als Leo IX. wenig später stirbt, wird der Bischof von Eichstätt und Kanzler Heinrichs III. als Viktor II. sein Nachfolger. Mit dem Tode des 39jährigen Heinrich III. 1056 in Bodfeld am Harz zeichnet sich ein tiefer Einschnitt in der Geschichte des Reiches und Papsttums ab: die kommende Auseinandersetzung zwischen geistlicher und weltlicher Gewalt im Investiturstreit unter der Herrschaft Heinrichs IV. führt zur Befreiung der Papstkirche vom Einfluß der deutschen Könige und Kaiser.

Der Investiturstreit: Das Ringen um eine neue Ordnung des christlichen Abendlandes – Heinrich IV. und die Priesterherrschaft Gregors VII. Die letzten zwei Jahrhunderte des Hochmittelalters sind von der Auseinandersetzung um die Führung der abendländischen Christenheit erfüllt. Höchstes Ziel der cluniazensischen Reform ist die „libertas ecclesiae“, jeglicher weltliche Einfluß auf die Kirche und ihre Vertreter soll ausgeschaltet werden. Dieses Ziel faßt nach dem ersten großen Reformpapst Leo IX. wieder Nikolaus II. ins Auge, dem es gelingt, seine Wahl ohne Einflußnahme des römischen Adels und des deutschen Königs oder seiner Vertreter durchzusetzen. Noch sein Vorgänger, Stephan IX. (1057–1058), hatte nach vollzogener Wahl nachträglich die Erlaubnis der deutschen Regierung eingeholt. Im Papstwahldekret von 1059 überträgt Nikolaus II. entsprechend seiner Wahl in Siena die Wahl des Papstes den Kardinalbischöfen. Gleichzeitig erfolgt ein grundsätzliches Verbot der Laieninvestitur, die bereits von dem radikalen Humbert von Moyenmoutier in seinem Hauptwerk „libri tres adversus simoniacos“ von 1058 neben der Simonie und Eigenkirche in leidenschaftlicher Weise verworfen worden war. All das bedeutet nicht mehr Reform, sondern Revolution der Kirche, die sich gegen die Hoheit des Reiches selbst richtet. Als Herausforderung an den deutschen König erweist sich auch die Belehnung Richards von Aversa und Robert Guiscards mit Capua, Apulien, Kalabrien und dem noch zu erobernden Sizilien. Diese Wende in der Normannenpolitik des Papstes verletzt eindeutig Reichsrechte in Unteritalien. Zur Durchsetzung seiner Interessen stützt sich das Papsttum auf die Pataria (ein Spottname von pattari = Trödler), das nach dem Trödelmarkt benannte Volk von Mailand, wie es bereits Humbert empfohlen hatte. Unter dem Druck der revolutionären Volksbewegung muß sich der Mailänder Erzbischof in die päpstliche Abhängigkeit begeben.

In Deutschland übernimmt Heinrich IV. (1056–1106) nach der schwachen Regentschaft seiner Mutter, Agnes von Poitou, 1065 die Königsherrschaft, nachdem er mündig geworden ist. Streitigkeiten um die Papstanerkennung anläßlich des Schismas von 1061 (unter Führung des Reformers Hildebrand war Bischof Anselm von Lucca als Alexander II., 1061–1073, gewählt worden; ihm stand der Reformgegner Honorius II., 1061–1064, gegenüber, der mit Zustimmung der Regentin zum Papst erhoben worden war) hatten zuvor den italienischen und deutschen Episkopat gespalten, schließlich mußte Agnes gehen, im Staatsstreich von Kaiserwerth (1062) gewann Anno von Köln Einfluß auf den jungen König, auf der Synode in Mantua 1064 erhielt Alexander II. dann auch die Zustimmung der deutschen Bischöfe. Heinrich IV. übernimmt die Reichsgeschäfte in einer Zeit der inneren und äußeren Krise des Reiches und in dem Augenblick, als sich das Papsttum anschickt, die Vorherrschaft der deutschen Könige abzuschütteln. Gegen den Widerstand der Thüringer und Sachsen, zu deren Führer sich Otto von Northeim in dem blutigen Sachsenaufstand von 1073–1074 macht, kann der junge König das Königsgut absichern und die Königsmacht wiederherstellen; nach dem Sieg Heinrichs bei Homburg a. d. Unstrut 1075 unterwerfen sich Otto von Northeim und die Sachsen. Die Forderung nach einer Abschaffung der Laieninvestitur, welche das gesamte Reichskirchensystem aushöhlen würde, wird auch von Alexander II., freilich erfolglos, erhoben, dies ändert sich jedoch, als der Mönch Hildebrand nach tumultarischer Wahl 1073 als Papst Gregor VII. (1073–1085) den Stuhl Petri betritt. Langfristiges, leidenschaftlich verfolgtes Ziel Gregors ist die Unterordnung der weltlichen Gewalt unter die unbedingte Herrschaft des Papstes. Im „Dictatus papae“ legt er seine Gedanken über die universale Stellung des Papstes nieder, dem es auch erlaubt ist, Kaiser abzusetzen: „Nur der römische Bischof allein kann der allgemeine Bischof genannt werden. – Er allein darf sich der kaiserlichen Insignien bedienen. – Kein Name ist dem seinen in der Welt zur Seite zu stellen. – Ihm ist erlaubt, Kaiser abzusetzen. – Sein Ausspruch darf von keinem angetastet werden, er selbst darf allein die Bestimmungen aller anderen verwerfen. – Er selbst darf von keinem gerichtet werden. – Er vermag ohne jede Mitwirkung einer Synode Bischöfe abzusetzen und Gebannte wieder in die Gemeinschaft der Kirche aufzunehmen. – Er vermag die Untertanen von ihrer Pflicht gegen abtrünnige Fürsten zu entbinden. – Die römische Kirche hat sich nie geirrt und wird auch nach dem Zeugnis der Schrift nie in Irrtum verfallen.“ Neben die Vorschrift des Zölibats und das Verbot der Simonie tritt jetzt als erstes Ziel der Kampf gegen die Laieninvestitur, welcher nicht nur die Kirche vom Einfluß der Laien befreien, sondern durch den die Kirche ihre Macht verstärken soll, um die „libertas ecclesiae“ wahren zu können. Der König ist nicht mehr „rex et sacerdos“, als Geweihter wird er nur noch als Laie anerkannt. Solche Forderungen müssen rasch zum Zusammenstoß des deutschen Königtums mit dem Papsttum führen, das auf der römischen Fastensynode 1075 verschärft ausgesprochene Verbot der Laieninvestitur entzieht dem König unter Banndrohung jedes Recht bei der Bistumsverleihung und gefährdet damit das Reichskirchensystem und den Bestand der Regierung überhaupt. Als Gregor anläßlich der Besetzung des Mailänder Erzbistums Heinrich den Kirchenbann androht, was in die Ordnung der Reichskirche eingreift, erklären die deutschen und lombardischen Bischöfe auf der von Heinrich nach Worms einberufenen Reichsversammlung und Synode 1076 Gregor VII. für abgesetzt. Im Absetzungsdekret schreibt Heinrich IV.: „Weil ihr Urteil ganz offenbar vor Gott und Menschen gerecht und beifallswürdig ist, pflichtete auch ich ihm bei, und ich untersage Dir jedes Recht der päpstlichen

Gewalt, das Du zu haben schienst, und befehle Dir, von dem Stuhl der Stadt, deren Patriziat mir durch Zuteilung von Gott und durch die beschworene Zustimmung der Römer geschuldet wird, herabzusteigen.“ Gregor antwortet darauf mit der Bannung und Absetzung Heinrichs und löst alle Untertanen des Königs vom Treueid. Dies ist etwas völlig Neues, der sogenannte Investiturstreit wird damit heraufbeschworen, der Entscheidungskampf zwischen Kaiser und Papst um die zukünftige Führung im Abendland bricht aus. In Deutschland kommt es sofort wieder zur Erneuerung der Fürstenopposition, und auf einem Fürstentag in Tribor beschließen die Großen des Reiches die Absetzung des Königs, falls er sich nicht binnen Jahresfrist vom Bann löse. Heinrich IV. zieht daher im Winter nach Oberitalien und erscheint vom 26. bis 28. Januar 1077 dreimal im Büßergewand vor der Burg von Canossa, wo sich der Papst aufhält. Schließlich gewährt Gregor VII. Heinrich IV. die Absolution und löst den Bann, die Investiturfrage wird hinausgeschoben. Die deutschen Fürsten fühlen sich durch den Papst hintergangen und wählen im März 1077 in Forchheim unter Mißachtung des Geblütsrechts (Wahl aus dem königlichen Geschlecht) Herzog Rudolf von Schwaben zum Gegenkönig, der auf die Nachfolge seines Sohnes verzichten und den Fürsten die freie Königswahl zugestehen muß. Das Doppelkönigtum führt zum Bürgerkrieg in Deutschland (1077–1080). Schließlich wird Rudolf von Schwaben 1080 in der Schlacht von Höhenmölsen getötet. Als Gregor 1080 Heinrich IV. abermals bannt, wird auf dessen Betreiben hin auf einer deutsch-italienischen Synode zu Brixen der Erzbischof Wibert von Ravenna als Clemens III. (1080–1100) zum Gegenpapst erhoben. 1081 kann Heinrich dann nach Italien ziehen, wo er bis 1084 Rom belagert, das ihm schließlich die Tore öffnet. Clemens wird feierlich als Papst inthronisiert und krönt Heinrich IV. zum Kaiser. Gregor ruft den Normannenführer Robert Guiscard zu Hilfe, der in Rom einfällt und die Stadt furchtbar verwüstet. Heinrich muß zurückweichen, aber auch Gregor kann sich nicht mehr länger in der Stadt halten; er stirbt 1085 in Salerno in der Verbannung im Gefühl der vollen Niederlage.

Im Inneren des Reiches gelingt es Heinrich IV. im Lauf der nächsten Jahre allmählich, den Frieden wiederherzustellen, 1085 verkündet er die Gottesfriedensbewegung, und als 1088 der nochmals 1081 aufgestellte Gegenkönig, Graf Hermann von Salm, fällt, befindet sich der Kaiser auf der Höhe seiner Macht. Dies soll sich jedoch rasch ändern, als Urban II. (1088–1099) das Werk Gregors fortsetzt. Während eines 2. Italienzugs (1090–1097) des Kaisers fällt 1093 sein Sohn Konrad von ihm ab, und als Herzog Welf I. von Bayern die Alpenpässe sperrt, muß Heinrich IV. völlig machtlos in Italien ausharren. Erst als der Kaiser Welf I. 1096 den Besitz Bayerns bestätigt, kann

König Heinrich IV. vor Gräfin Mathilde von Tuscien und Abt Hugo von Cluny. Aus der „Vita Mathildis“ des Donizo von Canossa, Oberitalien, um 1114. Miniaturmalerei auf Pergament. Rom, Biblioteca Vaticana.

er nach Deutschland zurückkehren. Hier verkündet er 1103 in Mainz einen allgemeinen Reichsfrieden auf vier Jahre, als er jedoch 1104 von Papst Paschalis II. (1099–1118) erneut gebannt wird, setzt sich sein Sohn, König Heinrich, vom Papst anerkannt, an die Spitze einer Fürstenverschwörung, nimmt 1105 seinen Vater auf der Burg Böckelheim an der Nahe gefangen und zwingt ihn 1106 auf einem Fürstentag in Ingelheim zur Abdankung.

Die Beendigung des Investiturstreits unter Heinrich V. Nach Kämpfen mit seinem Vater und nach dessen Tod 1106 kann sich Heinrich V. (1106–1125) allgemein durchsetzen. Wie sein Vater verlangt er das Investiturrecht für sich und findet dabei Rückhalt im gesamten Reich, während der Papst seinen Einfluß in Deutschland völlig verloren hat. Auf seinem 1. Italienzug (1110–1111) nimmt Heinrich V. Paschalis II. gefangen; im erzwungenen Frieden von Ponte Mammolo muß der Papst dem König das Investiturrecht mit den Temporalien, den weltlichen Besitzungen und Rechten, vor der Weihe durch Ring und Stab belassen. Paschalis krönt Heinrich zum Kaiser. Unter Erzbischof Adalbert von Mainz bildet sich alsbald wie gegen seinen Vater eine Fürstenopposition. Nach dem Tod der Gräfin Mathilde zieht Heinrich V. erneut nach Italien (1116–1118), um ihr Erbe anzutreten, und als in Rom Paschalis vertrieben wird, setzt er den Erzbischof Mauritius von Braga als Gregor VIII. zum Gegenpapst ein, während die nach Frankreich geflohenen Kardinäle den Erzbischof Guido von Vienne als Calixt II. (1119–1124) zum Papst wählen. In Italien hat das Papsttum jegliche Machtbasis verloren, setzt aber ungebrochen von Frankreich aus den von Gregor VII. begonnenen Kampf gegen den Kaiser fort, der eine Revolution der innerkirchlichen Ordnung, aber auch der „ordo“ des Mittelalters herbeiführt. Nach vielen Ansätzen kommt es schließlich am 23. September 1122 doch noch zu einer Einigung zwischen Kaiser und Papst im Wormser Konkordat, welches den Investiturstreit beendet. Heinrich verzichtet auf die Investitur mit Ring und Stab, er erklärt: „Ich... überlasse der heiligen katholischen Kirche die ganze Investitur durch Ring und Stab und gestatte, daß in allen Kirchen, die in meinem König- oder Kaiserreich liegen, kanonische Wahl und freie Weihe stattfinde.“ In Deutschland soll vor der Weihe die königliche Belehnung mit den Regalien durch das Zepter erfolgen, in Italien und Burgund nach erfolgter Weihe. In Deutschland muß also die Wahl in Gegenwart des Königs oder seiner Abgesandten vollzogen werden, so daß der König Einfluß auf die Wahl ausüben kann, während das in Italien und Burgund nicht mehr möglich ist. Hier erfährt die Königsgewalt eine empfindliche Schwächung. Durch Zugeständnisse des Kaisers und Papstes findet so der kirchenpolitische Streit um die Stellung der Bischöfe, der fünfzig Jahre lang das Reich erschüttert hatte, sein Ende, der Kampf um Einheit oder Zerfall der mittelalterlichen Weltordnung mündet in einem Kompromiß. Heinrich IV. hatte, erfüllt vom Machtwillen des salischen Geschlechts, die staatliche Hoheit gegen die Fürsten und den Papst verteidigt, aber er konnte den Kampf gegen die Strömungen und Kräfte der Zeit nicht voll durchstehen. In dem schließlichen Verzicht auf die Ernennung der geistlichen Amtsträger wird das germanische Eigenkirchenrecht preisgegeben, durch die Verleihung von Land und weltlichen Hoheitsrechten an die gewählten Bischöfe und Äbte durch den König werden diese aus Reichsbeamten zu Lehensfürsten. Als Reichsvasallen treten sie gleichberechtigt neben

In den Hofwerkstätten von Palermo wurde diese Cappa 1133 für den Normannenkönig Roger II. von Sizilien angefertigt. Das Meisterstück der Stickereikunst zeigt deutlich den islamisch-fatimidischen Einfluß. Später wurde die Cappa zum Krönungsmantel der deutschen Kaiser. Schatzkammer der Hofburg, Wien.

die weltlichen Herren, die als eigentliche Sieger des Investiturstreits hervorgehen. Heinrich V. stirbt 1125 in Utrecht an einem Krebsleiden.

Zeit des Übergangs: Die Herrschaft Lothars von Sachsen Mit dem Tode Heinrichs V. endete das salische Herrscherhaus. Jetzt wird die durch den Investiturstreit gestärkte Stellung der Fürsten allzu deutlich. Unter Leitung des Feindes Heinrichs V. und der salischen Politik, Adalberts von Mainz, wählen die Fürsten in Mainz in freier Wahl nicht Heinrichs von ihm ernannten Neffen, den Staufer Friedrich von Schwaben, sondern seinen langjährigen Feind, den sächsischen Herzog Lothar von Supplinburg (1125–1137) zum deutschen König. Die Folge ist ein langjähriger Kampf mit den Staufern, in dem der Bruder Friedrichs von Schwaben, Konrad, zum Gegenkönig erhoben wird. 1134 und 1135 unterwerfen sich schließlich Friedrich II. von Schwaben und Konrad. Von Herzog Sobeslav von Böhmen kann der Vasalleneid erlangt werden, Dänemark wird in die Lehensabhängigkeit zurückgeführt, 1135 nimmt Boleslaw III. von Polen in Merseburg Pommern und Rügen zum Lehen. Unter Lothar von Sachsen setzt systematisch die nordostdeutsche Kolonisation ein, mit der Adolf von Schauenburg (Holstein), Konrad von Wettin (Mark Meißen, Mark Lausitz) und Albrecht der Bär (Nordmark), der sich später Markgraf von Brandenburg nennt, betraut werden. In zwei Italienzügen versucht Lothar von Sachsen, die Hoheit des Reiches in Italien wieder zu sichern. Nach einem Schisma in Rom 1130 kann sich Innozenz II. (1130–1143) mit Unterstützung Bernhards von Clairvaux, der führenden religiösen Persönlichkeit der Zeit, und Lothars gegenüber Anaklet II. (1130–1138) behaupten. Von Innozenz wird Lothar auf seinem 1. Italienzug (1132–1133) zum Kaiser gekrönt. Noch einmal unternimmt der Kaiser einen Italienzug von 1136–1137 zum Schutze Innozenz' II. gegen Roger II. von Sizilien. In den Besitz der Mathildeschen Güter gelangt jetzt Heinrich X. der Stolze von Bayern. Auf dem Rückweg von Italien stirbt der Kaiser in Breitenwang bei Reutte 1137, nachdem er seinen Schwiegersohn Heinrich den Stolzen zum Nachfolger designiert hat.

DAS STAUFISCHE IMPERIUM (1138–1254): LETZTE MACHTENTFALTUNG DES KAISERTUMS IM HOCHMITTELALTER

Die Herrschaft Konrads III. und die Erneuerung des Imperiums unter Friedrich Barbarossa Die Wahl des Staufers Konrad zum deutschen König (er war bereits 1127 Gegenkönig Lothars gewesen) im Jahre 1138 bedeutet wieder einen Sieg des freien Wahlrechts; Heinrich der Stolze von Bayern erschien einigen Fürsten zu mächtig. Konrad III. (1138–1152) wird rasch allgemein anerkannt, muß sich aber mit dem mächtigen Heinrich dem Stolzen auseinandersetzen, der ihm die Huldigung versagt. Konrad ist nicht gewillt, Heinrich

Vertreibung und Tod des Papstes Gregor VII. Aus der Chronik des Otto von Freising (gest. 1158). Durch Klerus und Volk (nicht durch die Kardinäle) war der Mönch Hildebrand aus dem Reformkloster Cluny zum Papst gewählt worden: er nennt sich Gregor VII. Er ist sowohl von dem Ideal asketischer Frömmigkeit als auch von der Papstidee erfüllt. In seiner Amtszeit erreicht die Auseinandersetzung zwischen weltlicher und kirchlicher Macht ihren Höhepunkt. Universitätsbibliothek, Jena.

Kaiser Friedrich Barbarossa mit seinen Söhnen, König Heinrich und Herzog Friedrich. Miniatur aus der Welfenchronik im Kloster Weingarten. 1179–1191. Die Gesichter zeigen noch keinerlei individuelle Züge. Die Darstellung entspricht dem byzantinisierenden Stil. Landesbibliothek, Fulda.

von Bayern die beiden Herzogtümer Sachsen und Bayern zu belassen, und so kommt es zum Kampf zwischen Staufern und Welfen, den nach dem Tode Heinrichs des Stolzen dessen Bruder Welf für Heinrichs Sohn, Heinrich den Löwen, fortsetzt. 1140 wird Welf bei Weinsberg (bei Heilbronn) von Konrad geschlagen, im Frieden von Frankfurt müssen die Welfen auf Bayern verzichten. Von einem notwendigen Italienzug, wo Eugen III. (1145–1153) Rom auf Druck des Senats hin verlassen muß, wird Konrad durch die Teilnahme am 2. Kreuzzug abgehalten, zu der er sich durch die Predigt Bernhards von Clairvaux hinreißen läßt; der Kreuzzug scheitert völlig. Als Konrad III. 1152 in Bamberg stirbt, hinterläßt er seinem Neffen, Friedrich von Schwaben, ein völlig ungefestigtes Reich.

Friedrich I. (1152–1190), der von den Italienern wegen seines rotblonden Haares den Beinamen Barbarossa erhält, wird in Aachen zum König gekrönt; die Fürsten erhoffen von ihm die Lösung des Staufer-Welfen-Konflikts. Friedrich Barbarossa erreicht die Aussöhnung, indem er 1156 Heinrich den Löwen mit Bayern belehnt, Österreich wird zum Herzogtum erhoben und den Babenbergern übertragen. Ein Reichslandfrieden stellt 1152 den inneren Frieden wieder her. Nach salischem Vorbild schafft Friedrich Barbarossa ein sich vom Oberrhein bis Eger und Plauen erstreckendes Königsgut; die „vis maxima regni“, die Kernlandschaft staufischer Macht mit den großen Königspfalzen Hagenau, Trifels und Kaiserslautern liegt im Südwesten. Die Befriedung im Inneren und die Festigung der Königsmacht geben Friedrich I. die Handhabe, wieder nach außen hin zu wirken und dem Reich die zentrale Stellung in Europa zurückzugewinnen. Bereits 1152 kann er einen Thronstreit in Dänemark schlichten und das Land wieder unter deutsche Lehensherrschaft stellen, auch Ungarn und Polen erkennen die deutsche Oberhoheit an. Durch seine Ehe mit Beatrix, der Erbin von Hochburgund, wird die Grafschaft Burgund wieder der Machtsphäre des Reiches verbunden. Zur Wiederherstellung des Römischen Reiches, welche Friedrich bereits bei seiner Thronbesteigung proklamiert hatte, wendet er sich Italien zu, wohin er bereits 1154 bis 1155 einen Zug unternimmt. Von Hadrian IV. (1154–1159) empfängt er die Kaiserkrone und liefert dem Papst dessen gefährlichsten Gegner, Arnold von Brescia, einen Schüler Abaelards, zur Hinrichtung aus. Bei seiner Italienpolitik, die auf eine Wiederaufrichtung der Reichsgewalt in Italien hinzielt, muß der Kaiser mit dem Widerstand der inzwischen mächtig und selbständig gewordenen Städte Oberitaliens, allen voran Mailand, rechnen. Auf dem Reichstag von Roncaglia 1158 läßt er daher die alten Königsrechte, die Regalien, über die Städte durch eine Reihe von Juristen, darunter Rechtsgelehrte der Universität Bologna, die im Römischen Recht geschult sind, festlegen. Um die Durchsetzung dieser Regalien gegenüber den lombardischen Städten und ihrem Verbündeten, dem Papst, wird Friedrich fast 20 Jahre lang ringen müssen. Der 2. Italienzug (1158–1162) Friedrich Barbarossas ist daher gegen die lombardischen Städte gerichtet, das aufständische Mailand kann 1162 nach fast einjähriger Belagerung bezwungen werden, seine Befestigungsanlagen werden geschleift, die Bevölkerung ausgesiedelt. In Rom kommt es 1159 zur Wahl zweier Päpste, des vom Kaiser geförderten Viktor IV. (1159–1164) und Alexanders III. (1159–1181), der sich gegen Friedrich

Kaiser Friedrich Barbarossa erhob Gelnhausen zur Reichsstadt und errichtete dort im spätromanischen Stil seine Kaiserpfalz, von der die Ruinen der Hauptgebäude hier sichtbar sind. Rechts: Reste des zweistöckigen Palastes, dessen Untergeschoß heute zugeschüttet ist; links: die zweischiffige Eingangshalle, über der sich die Burgkapelle befand. Daran schloß sich weiter links ein hoher Wachtturm an. Die Stallungen und Wirtschaftsgebäude befanden sich im Rücken des Betrachters.

auf die Lombarden sowie auf Sizilien, England und Frankreich stützt. Das von Friedrich veranlaßte Konzil von Pavia (1160) und die geplante Zusammenkunft mit Ludwig VII. von Frankreich an der Saônebrücke von Saint-Jean-de-Losne können das Schisma nicht beseitigen; auch das Bündnis mit Heinrich II. von England nützt dem Kaiser nicht viel, da der englische König in Konflikt mit Thomas Becket, dem Erzbischof von Canterbury, gerät. Auf einem 4. Italienzug von 1166–1168 können die Erzbischöfe Rainald von Köln und Christian von Mainz einen bedeutenden Sieg über die Römer bei Tusculum erringen, Friedrich erobert Ascona, doch reibt eine plötzlich auftretende Seuche 1167 das kaiserliche Heer in Rom nahezu auf, die lombardischen Städte stellen sich sofort gegen den Kaiser, der nach Deutschland fliehen muß. Erst der 5. Italienzug (1174–1178) bringt 1177 im Frieden von Venedig die Aussöhnung mit Alexander III., nachdem der Kaiser 1176 von dem überlegenen Heer der Mailänder bei Legnano geschlagen worden war. Heinrich der Löwe hatte die Heeresfolge verweigert. Dem Frieden mit dem Papst folgt 1183 im Frieden von Konstanz die Beilegung des Konflikts mit den lombardischen Städten. Innerhalb ihrer Mauern erhalten die Städte die Regalien, in den städtischen Landgebieten erwerben sie diese meist durch einmalige Geldzahlungen. Nominell bleibt die Oberhoheit des Reiches über die oberitalienischen Städte gewahrt. Auf seinem letzten Italienzug (1184–1186) vermählt Friedrich Barbarossa seinen Sohn Heinrich in Mailand mit Konstanze, der Erbin des letzten Normannenkönigs Wilhelm II., wodurch das Reich auch Einfluß auf Süditalien erhält und die Macht des Kaisers gewaltig gesteigert wird.

In Deutschland hatte sich derweil das Verhältnis zu Heinrich dem Löwen erheblich verschlechtert, und als 1179 erneut Klagen gegen den Herzog erhoben werden, eröffnet Friedrich Barbarossa das Gerichtsverfahren gegen ihn. Als der Herzog trotz mehrfacher Ladungen nicht erscheint, wird er verurteilt, seiner Lehen entsetzt und 1180 geächtet. Auf dem Reichstag in Gelnhausen wird sein Herzogtum Sachsen je zur Hälfte zwischen dem Erzbischof von Köln und Bernhard von Anhalt geteilt. Mit Bayern wird Otto von Wittelsbach belehnt. Im Reichskrieg von 1180–1181 gegen Heinrich den Löwen zerbricht die welfische Machtstellung, Heinrich geht in die Verbannung nach England. Der Sturz Heinrichs des Löwen stärkt die Reichsgewalt, schwächt aber zugleich auch die Christianisierung und Germanisierung des Ostens. Seit 1180 gibt es keine Stammesherzogtümer mehr, eine Entwicklung, die bereits unter den Ottonen eingesetzt hatte. Sie werden durch Herrschaftsgebiete (Territorien) ersetzt, deren Inhaber den Reichsfürstenstand bilden. Als Sultan Saladin 1187 die Kreuzfahrerstaaten vernichtet und Jerusalem besetzt, übernimmt Friedrich Barbarossa die Führung des 3. Kreuzzuges (1189–1192), auf dem er am 10. Juni 1190 im Flüßchen Saleph ertrinkt. Die Herrschaft im Reich geht daraufhin auf seinen Sohn Heinrich VI. über.

Die staufische Weltmonarchie unter Heinrich VI. (1190–1197) Unter dem Sohn und Nachfolger Friedrich Barbarossas, Heinrich VI., gelangt das staufi-

Heinrich VI., der Sohn und Nachfolger Friedrich Barbarossas, (1190–1197), bereits 1185 zum König von Italien gekrönt, übernimmt mit 24 Jahren die Regierung. Durch seine Heirat mit der normannischen Prinzessin Konstanze steht Heinrich ein Erbanspruch auf den Thron des normannischen Sizilien zu. Als der Normannenkönig Wilhelm II. von Sizilien im November 1189 kinderlos stirbt, gelingt es Heinrich, das normannische Königreich mit dem deutschen Königtum zu verbinden. Weihnachten 1194 läßt er sich in Palermo zum König von Sizilien krönen. Auf dem Reichstag in Bari (1195) setzt er seine Gemahlin Konstanze zur Regentin beider Sizilien ein. Darstellung aus der Manessischen Liederhandschrift. Universitätsbibliothek, Heidelberg.

sche Reich auf seinen Machtgipfel. 1191 unternimmt der junge König einen Italienzug, auf dem er von Coelestin III. (1191–1198) zum Kaiser gekrönt wird, muß aber nach dem Ausbruch einer Seuche nach Deutschland zurückkehren. Gegen seine Politik hat sich in Deutschland eine Opposition der Fürsten gebildet, die durch England und den Papst unterstützt wird. In Sizilien hat man einen Gegenkönig, Tankred von Lecce, aufgestellt, mit dem Richard Löwenherz ein Bündnis gegen den Staufer eingegangen ist. Ein Glücksfall spielt Heinrich den englischen König in die Hände, der auf dem Rückweg von Palästina in Österreich durch Herzog Leopold V. von Österreich, den er vor Akkon tödlich beleidigt hatte, gefangen genommen und dem Kaiser ausgeliefert wird. Seine Freilassung erreicht Richard Löwenherz durch die Zahlung eines sehr hohen Lösegeldes und die Leistung des Lehenseides für England. Nun kann Heinrich gegen den Papst und seine Verbündeten vorgehen. Auf einem 2. Italienzug (1194 bis 1195) erobert er Sizilien und wird am 25. Dezember 1194 in Palermo zum König des Normannenreiches gekrönt. Der Kaiser erlangt jetzt eine universale Stellung, er will zudem die Lehenshoheit über alle abendländischen Länder erreichen. Tripolis und Tunis werden tributpflichtig, ihre Kronen nehmen die Könige von Zypern und Armenien von Heinrich VI. zu Lehen. Byzanz wird nur gegen jährliche Tributzahlungen Frieden gewährt. Mit Heinrich VI. lebt die römische Weltmachtidee wieder auf, Deutschland wird zum Angelpunkt des Weltgeschehens. Der Versuch Heinrichs jedoch, in Deutschland die Erbmonarchie durch ein Reichsgesetz durchzusetzen und damit die „Unio regni ad imperium", die dauerhafte Verbindung Siziliens mit dem Kaiserreich, zu erreichen, scheitert am Widerstand des Papsttums und der deutschen Fürsten, obgleich er den weltlichen Fürsten die Erblichkeit ihrer Lehen, den geistlichen den Verzicht auf das Spolienrecht, d. h. den Anspruch des Königs auf ihren beweglichen Nachlaß, anbietet. So muß sich Heinrich mit der Wahl seines zweijährigen Sohnes zum deutschen König begnügen. Heinrichs universales Denken läßt ihn bereits 1195 den Plan fassen, auf einem Kreuzzug, der das Werk des christlichen Kaisers krönen soll, die Ostküste des Mittelmeeres seinem Imperium einzugliedern. Doch diese Pläne werden zunichte, als der Kaiser zu Beginn des Kreuzzuges in Messina vom Sumpffieber hinweggerafft wird. Sein jäher Tod „war für das deutsche Reich die größte Katastrophe seiner mittelalterlichen Geschichte" (Hampe).

Castel del Monte, das Jagdschloß des Hohenstaufer-Kaisers Friedrich II. in Apulien, um 1240 erbaut, ist eine gelungene Synthese gotischer, römischer und islamisch-orientalischer Baukunst. Jeder Ecke des achteckigen Zentralbaus ist nochmals ein achteckiger Wehrturm vorgelegt, durch den Treppen zu den oberen Geschossen und zum Wehrgang emporführen. Im Gegensatz zur abweisenden Strenge des Außenbaus ist der ebenfalls achteckige Innenhof reich und luftig durch Loggien gegliedert.

Das Ringen zwischen dem Papsttum und Friedrich II.: Letzte Blütezeit und Zusammenbruch des staufischen Imperiums

Ein Jahr nach dem Tode Heinrichs VI. wird in Rom Lothar von Segni als Innozenz III. (1198–1216) zum Papst erhoben, eine überragende Herrscherpersönlichkeit, welche durch „Rekuperationen" auf Kosten des Reiches den Kirchenstaat zu erweitern versucht; ihm wird von der Regentin Konstanze bei ihrem Tode die Vormundschaft über ihren unmündigen Sohn Friedrich übertragen. In Deutschland kommt es zu einer verhängnisvollen Doppelwahl, bei der sich die freie Fürstenwahl endgültig durchsetzt und welche zu einem jahrzehntelangen Thronstreit und Bürgerkrieg führt. In diesen Wirren im Reich zerbricht die deutsche Kaisermacht, England und Frankreich greifen in die deutsche Politik ein, und der Weg zur Bildung eines europäischen Staatensystems wird endgültig geebnet. Der Stauferanhang wählt im März 1198 den jüngsten Sohn Friedrich Barbarossas, Philipp von Schwaben (1198–1208), zum König, um dem rechtmäßigen Erben, dem Sohn Heinrichs VI., Friedrich, die Krone zu erhalten; ihm stellt der Erzbischof von Köln mit englischer Unterstützung den am englischen Hof aufgewachsenen jüngeren Sohn Heinrichs des Löwen, Otto IV. von Braunschweig (1198–1215), entgegen. In dem nun ausbrechenden Thronkrieg zwischen den Staufern und Welfen verbinden sich die letzteren mit England, Philipp II. Augustus von Frankreich stellt sich auf die Seite des Staufers. Innozenz entscheidet sich zunächst für Otto IV., erkennt dann aber 1208 Philipp von Schwaben an, als Ottos Königtum seit 1204 zusammenzubrechen beginnt. Der Tod Philipps, der 1208 in Bamberg einer Privatrache Ottos von Wittelbach zum Opfer fällt, führt zur allgemeinen Anerkennung Ottos im Reich, der dem Papst die Rekuperationen zugesteht und daraufhin von Innozenz 1209 zum Kaiser gekrönt wird. Als Otto sich jedoch Unteritalien zuwendet, unterstützt Innozenz III. die Wahl Friedrichs II. (1212–1250) zum deutschen König, der sich mit Frankreich verbindet und rasch Anerkennung in Deutschland findet. Gegenüber dem Papst bestätigt Friedrich II. die Zugeständnisse Ottos IV. für die Bischofseinsetzung in Deutschland 1213 in der Goldenen Bulle von Eger. Dies bedeutet einen endgültigen Verzicht auf alle Vorrechte, welche das Wormser Konkordat dem deutschen König bei der Bischofswahl und -einsetzung noch eingeräumt hatte. Die Reichskirche als Fundament der deutschen Königsmacht scheidet damit aus. Der deutsche Thronstreit wird schließlich durch die Schlacht von Bouvines am 27. Juli 1214, die Entscheidungsschlacht zwischen den Bündnispartnern der Staufer und Welfen, England und Frankreich, beendet. Otto IV. und seine Verbündeten werden von Philipp Augustus von Frankreich besiegt, der König von Frankreich übersendet Friedrich II. den erbeuteten goldenen Reichsadler und gesteht ihm somit gleichsam die Herrschaft im Reich zu. „Seit jener Zeit verloren die Deutschen ihr Ansehen bei den Franzosen", berichtet ein Chronist von Petersberg bei Halle. Nutznießer des deutschen Thronstreites ist neben Frankreich, das zur kommenden Führungsmacht Europas im Spätmittelalter aufsteigt, das Papsttum, das unter Innozenz III. Weltstellung erlangt (Lehenshoheit über England, Skandinavien, Aragon, Portugal und Armenien; der 4. Kreuzzug führt zur Eroberung von Konstantinopel, zur Unterwerfung der griechischen Kirche und zur Begründung eines lateinischen Kaisertums). Beim 4. Laterankonzil 1215, das von etwa 1300 Prälaten und den Patriarchen von Konstantinopel und Jerusalem besucht wird, spiegelt sich die universale Machtstellung des Papsttums am Ausgang des Hochmittelalters.

In Deutschland baut Friedrich II. systematisch das staufische Königsgut wieder auf. 1220 wird sein Sohn Heinrich zum deutschen König gewählt, für ihre Zustimmung zur Wahl legt Friedrich die Rechte der geistlichen Fürsten in der „Confoederatio cum principibus ecclesiasticis" (Übereinkunft mit den geistlichen Fürsten) fest: Die geistlichen Fürsten erhalten weitgehende landesherrliche Rechte, das Königtum gibt das Münz-, Markt-, Zoll- und Stadtgründungsrecht im Reichskirchenbesitz auf, ferner die Gerichtsbarkeit und den Burgenbau. Das Reichskirchengut wandelt sich damit endgültig zu territorialen geistlichen Fürstentümern (erst durch Napoleon wieder aus der Reichsverfassung beseitigt). 1231 erzwingen die weltlichen Fürsten im „Statutum in favorem principum" (Erlaß zugunsten der weltlichen Fürsten) dieselben Rechte, wie sie bereits die geistlichen innehaben, von König Heinrich: der Entstehung der Landesherren ist damit ein bedeutender Meilenstein gesetzt.

Kirche des 1144 in Jerichow (Mark Brandenburg) gestifteten Prämonstratenserklosters. Sie wurde wahrscheinlich gegen 1200 vollendet und ist als Flachdeckenbasilika mit Rundpfeilern ganz aus Backstein erbaut. Ein imposantes Beispiel für die hochromanische Baukunst im östlichen Randgebiet des damaligen Abendlandes.

Während Friedrich II. Deutschland seinen Söhnen weitestgehend zur Herrschaft überläßt, verfolgt er in Sizilien, wo er sich zumeist aufhält, den Ausbau seiner Macht. Er errichtet ein straff organisiertes Staatswesen, in dem er unabhängig von kirchlicher Beeinflussung regiert. Sein Hof wird zum kulturellen Mittelpunkt, er selbst verfaßt ein Buch über die Falkenjagd (De arte venandi cum avibus). Im ersten staatlichen Gesetzbuch des Mittelalters, den Konstitutionen von Melfi, wird 1231 die zentralisierte Herrschaftsordnung Siziliens festgehalten. Wie seine Vorgänger muß sich Friedrich II., der 1220 zum Kaiser gekrönt worden ist, mit dem Papsttum auseinandersetzen, denn im Sinne Innozenz' III. führt Gregor IX. (1227–1241) die päpstliche Politik weiter. Die Verzögerung des bereits vor der deutschen Königswahl versprochenen Kreuzzuges nimmt der Papst zum Anlaß, um gegen Friedrich vorzugehen und ihn zu bannen. 1228/29 führt der Kaiser schließlich ein Kreuzheer nach Palästina, wo er die Abtretung der heiligen Stätten und ihrer Verbindungsstraßen zum Meer erreichen kann, und im Frieden von Ceperano mit dem Papst 1230 kann sich Friedrich wieder vom Bann lösen. Als er 1235 wegen einer erneuten Empörung seines Sohnes Heinrich nach Deutschland ziehen muß, verkündet er in Mainz ein Großes Landfriedensgesetz. Unter der staufischen Herrschaft dehnt sich das Reich erheblich im Norden und Osten aus. Nach der Schlacht bei Bornhöved 1227, wo die norddeutschen Herren unter Führung Lübecks den Sieg über Waldemar II. von Dänemark davongetragen haben, nimmt die Kolonisation zu und die deutsche Hanse blüht auf, im Osten erfolgt die Eroberung Preußens durch den Deutschen Orden unter Hermann von Salza (1209–1239). In Italien gelingt es Friedrich nach seiner Rückkehr, den Widerstand der Lombarden zu brechen. 1237 schlägt er die lombardischen Städte, wo sich die Parteien der kaisertreuen Ghibellinen (benannt nach der staufischen Burg Waiblingen) und der päpstlichen Guelfen (von Welfen) herausgebildet haben, bei Cortenuova. Als 1239 erneut der Konflikt mit der Kurie ausbricht und Gregor IX. den Kaiser abermals bannt, besetzt dieser Teile des Kirchenstaates und führt in Reichsitalien eine Verwaltung nach sizilischem Muster ein.

Unter Innozenz IV. (1243–1254) beginnt der Endkampf zwischen Kaiser und Papst. Auf dem Konzil von Lyon 1245

Nur wenige Jahre trennen den Dom in Monreale auf Sizilien (letztes Viertel des 12. Jahrhunderts) von der Backsteinkirche in Jerichow. In dem obigen Innenraum entfaltet sich die ganze Pracht der normannisch-romanischen Kunst Siziliens, die von verschiedenen Einflüssen geprägt ist. Byzantinische vermischen sich mit anglo-normannischen, während die Araber, die das Land lange Zeit beherrscht haben, ebenfalls ihre Spuren hinterlassen haben.

läßt der Papst Friedrich für abgesetzt erklären, die folgenden Jahre kämpft der Papst verbissen gegen den Kaiser, wobei ihm beinahe jedes Mittel recht ist. Als Friedrich II. plötzlich 1250 in Fiorentino bei Foggia stirbt, ist seine Herrschaft in Italien gänzlich ungesichert. In Deutschland ist bereits 1246 ein Gegenkönig gegen die Regentschaft von Friedrichs Sohn Konrad aufgestellt worden, der jedoch bald stirbt, 1247 wird erneut ein Gegenkönig, Graf Wilhelm von Holland (1247 bis 1256), gewählt, der sich halten kann, da Konrad IV. (1250–1254) nach Sizilien zieht. Beim Tode Wilhelms von Holland kommt es zum Interregnum in Deutschland (1256–1273), da sich die beiden Kandidaten, Richard von Cornwall, der von England unterstützt wird, und Alfons X. von Kastilien, den die Kurie und Frankreich fördern, nicht durchsetzen können. Auf Sizilien kann sich das staufische Herrscherhaus gegen den Papst nach dem Tode Konrads 1254 noch bis 1268 halten. Die Verteidigung übernimmt Manfred, der natürliche Sohn Friedrichs II., als Reichsverweser für Konradin, den Sohn Konrads IV., er fällt jedoch 1266 in der Schlacht bei Benevent im Kampf gegen den Bruder Ludwigs IX. von Frankreich, Karl von Anjou, den der Papst mit Sizilien belehnt hat. 1267 zieht Konradin mit Friedrich von Baden nach Italien, wo er rasch Anhänger findet. Er wird jedoch 1268 bei Alba nahe Tagliacozzo geschlagen und am 29. Oktober in Neapel auf Befehl Karls von Anjou hingerichtet. Der letzte Hohenstaufe, der Kaisersohn Enzio, stirbt 1272 nach 23jähriger Gefangenschaft in Bologna. Das Erlöschen des staufischen Geschlechts bringt den endgültigen Sieg des Papsttums über das Kaisertum, mit ihm endet das hochmittelalterliche Imperium.

Der Aufstieg der christlichen Königreiche im Hochmittelalter

Frankreich: Vom Partikularismus zur Erringung der nationalen Einheit Frankreich steigt nach dem Zusammenbruch des Karolingerreiches und einer Epoche stärkster feudaler Zersplitterung, welche die französischen Könige ausgelöst haben, seit dem 12. Jahrhundert aus der feudalen Selbstzerstörung durch zielbewußte Vergrößerung der Krondomäne und im Zeichen immer entschiedener sich repräsentierender Königsherrschaft gegen Ausgang des Hochmittelalters zu einer bedeutenden Macht im sich ausbildenden Staatengefüge Europas empor. In der Auseinandersetzung mit den Robertinern (benannt nach Robert dem Tapferen, Graf von Anjou und Blois) unter Hugo

Aigues Martes in der Camarque wurde 1246 von Ludwig dem Heiligen gegründet. Dieser stark befestigte Hafen unterstand als einziger Mittelmeerhafen dem französischen König direkt. Von hier aus schiffte sich Ludwig IX. 1248 zum 6. und 1270 zum 7. Kreuzzug ein. Die Befestigung, die sein Sohn Philipp der Kühne ab 1272 errichten ließ, ist nahezu unversehrt erhalten.

Magnus, Herzog von Franzien, Gegenspieler Ludwigs IV. (936–954), vollzieht sich im 10. Jahrhundert der dynastische und machtpolitische Niedergang der französischen Karolinger (843–987). Als Ludwig V., Sohn Lothars (954–986), bereits nach einjähriger Regentschaft stirbt, endet die Herrschaft der Karolinger-Könige in Frankreich, die Königswürde geht auf die robertinische Dynastie über, Hugo Capet (987–996), der Sohn des Hugo Magnus, gewinnt die französische Königskrone. Die Kapetinger herrschen mit ihren direkten Nachfolgern in Frankreich bis 1328, in Nebenlinien sogar bis 1848. Wie die Karolinger-Könige seit Karl dem Einfältigen sind die ersten Kapetinger (Robert II., 996–1031; Heinrich I., 1031–1060; Philipp I., 1060–1108) Schattenkönige, die großen Kronvasallen schränken den Handlungsspielraum des französischen Königs auf Grund ihres machtpolitischen Übergewichts auf ein Minimum ein und entkleiden das Königtum weitgehend seiner Rechte, so daß der feudale Auflösungsprozeß sich ungehindert bis zum Beginn des 12. Jahrhunderts fortsetzen kann. Eine Wende bahnt sich erst mit der Herrschaft Philipps I. an, der die Machtposition des Königtums zu festigen vermag und durch den Verzicht auf die Laieninvestitur mit Ring und Stab 1104 bei gleichzeitigem Vorbehalt der Verweigerung der Belehnung mit dem Kirchenbesitz oder der Forderung des Treueids dem König eine Art Kontrollrecht über die Bistümer zu sichern vermag. Den von seinem Vater eingeleiteten Wiederaufstieg des französischen Königtums kann der energische Ludwig VI. der Dicke (1108–1137) fortsetzen; er unterwirft unbotmäßige Vasallen der Krondomäne und verbessert die Beziehungen zur römischen Kurie, als er Calixt II. gegen Heinrich V. Schutz und Unterstützung anbietet und damit die französische Schirmherrschaft über das vom Reich bedrohte Papsttum begründet. Die vom Übergewicht des Kaisertums sich lösenden Päpste stützen sich von nun an auf die emporsteigende Romania, wo sie eine neue Grundlage ihrer Macht finden. Ein gescheiterter Angriff Heinrichs V., der im Bunde mit seinem Schwiegervater Heinrich I. von England die schwache kapetingische Monarchie niederzwingen will, führt zu einem ersten Aufflammen eines französischen Nationalgefühls, wie Abt Suger von Saint-Denis (1122–1251), der Berater Ludwigs, zu berichten weiß. Infolge der Kreuzzüge steigert sich das nationale Selbstgefühl schließlich zum Sendungsbewußtsein. All diese Entwicklungen schaffen die günstigen Voraussetzungen, auf denen die französische Königsmacht erblühen kann, das Land sich aus der feudalen Anarchie zu einer starken Zentralgewalt zu entwickeln vermag, während das Deutsche Reich sich von einem starken Königtum, das sich mehr und mehr in überstaatlichen und übernationalen Zielen verstrickt und sich im Ringen mit der universalen Gewalt des Papsttums zugrunde richtet, zur staatlichen Auflösung hinneigt.

Unter Ludwig VII. (1137–1180) sieht sich das französische Königtum dann einer langandauernden Belastung ausgesetzt. Als in England Heinrich Plantagenet als Heinrich II. 1154 den Thron besteigt und damit das Angevinische Reich begründet, führen die zwischen England und Frankreich bestehenden dynastischen Verbindungen rasch zur Auseinandersetzung der französischen Krone mit der englischen, die mehr als die Hälfte Frankreichs innehat. Unter Philipp II. Augustus (1180–1223) gelingt der französischen Monarchie im Kampf mit dem Angevinischen Reich unter Heinrich II., Richard Löwenherz und Johann der endgültige Durchbruch zu einer gefestigten Machtposition, von der aus der französische König nun entscheidend in die europäische Politik einzugreifen vermag. Nach wechselvollen Kämpfen, die Philipp oftmals an den Rand des Todes oder der Gefangenschaft bringen (etwa gegen Richard Löwenherz), fällt die Entscheidung unter Johann in der Schlacht bei Bouvines 1214, in der das englisch-welfische Heer unter Otto IV. vernichtend geschlagen wird. Philipp kann alle englischen Besitzungen nördlich der Loire erringen, zugleich entscheidet er den deutschen Thronstreit zugunsten Friedrichs II. Auch Philipps Sohn, Ludwig VIII. (1223–1226), setzt den Kampf gegen England fort (er entreißt 1224 den Engländern Poitou und Saintonge), und auch die Regierungszeit Ludwigs IX. des Heiligen (1226–1270) steht im Zeichen der Auseinandersetzung mit dem Angevinischen Reich. Unter Ludwig dem Heiligen finden die Albigenserkriege (1209 bis 1229) in Südfrankreich im Vertrag von Paris mit Graf Raimund VII. von Toulouse ihren Abschluß. Die Ketzerei der Katharer und Waldenser kann ausgerottet werden, die Languedoc wird Eigentum des kapetingischen Königtums, das sich dadurch bis zum Mittelmeer vorschieben kann. Im Frieden zu Paris 1258 mit England wird der Konflikt mit dem Angevinischen Reich beigelegt, Heinrich III. erkennt den Verlust aller Besitzungen nördlich der Charente an und leistet für das Herzogtum Guyenne den Lehenseid. Durch die Verbindung heimgefallener Lehen mit der Krondomäne, den Ausbau der Zentralverwaltung und die Entwicklung des obersten Hofgerichts (Parlament) stärkt Ludwig IX., der von Bonifaz VIII. heiliggesprochen wird, systematisch die französische Monarchie, die mit dem Verfall der Stauferherrschaft zur führenden Macht in Europa im Spätmittelalter aufsteigt.

England – Das Anglonormannische und Angevinische Reich Der Aufstieg der englischen Krone, der sich in vielfach gewaltsam unterbrochenen Schüben vollzieht, setzt mit König Egbert von Wessex (802–839) ein, der die Oberhoheit über die anderen angelsächsischen Reiche erringen kann. Nach dem Einfall der Dänen muß sich sein Enkel Alfred der Große (871–899) in schweren Kämpfen gegen diese durchsetzen, aber erst unter Ethelstan (auch Athelstan, 925–940) und Edgar dem Friedfertigen (959–975) kann in Siegen über Dänen, Norweger und Schotten das Herrschaftsgebiet der angelsächsischen Könige über fast ganz England ausgedehnt werden. Unter Edgar und seinem Ratgeber, dem Erzbischof von Canterbury, Dunstan (909–988), erfolgt eine Reformierung der Kirche im Sinne der Reformideen von Cluny; durch seine Kirchenpolitik kann der König die Macht der englischen Krone erheblich stärken, die jedoch sofort wieder brüchig wird, als unter Ethelred II. (978–1016) erneut verheerende Einfälle der Dänen erfolgen. Der König erhebt eine erste allgemeine Steuer in einem mittelalterlichen Staatswesen, das Danegeld, um den Invasoren Tribut zu zahlen. Nach dem Tode des Königs wählen die Großen den Dänen Knut zum englischen König. Mit Knut dem Großen (1016–1035) und seinen Söhnen (Harald Hasenfuß, 1035–1040; Hardeknut, 1040–1042) setzt die dänische Herrschaft in England ein, die bis 1042 währt und Traditionen der angelsächsischen Dynastie folgt. Die angelsächsische Herrschaft in England endet nach der Regierung Edwards III. des Bekenners (1042–1066) mit der Schlacht bei Hastings.

Als Edward der Bekenner 1066 stirbt, erhebt der Herzog der Normandie, Wilhelm der Bastard, Thronansprüche gegen Harald, der bereits zum englischen König gewählt worden ist, und versichert sich dabei der Unterstützung der römischen Kurie. Bei Hastings verliert König Harald am 14. Oktober 1066 die Schlacht gegen das normannische Invasionsheer und büßt dabei sein Leben ein, der normannische Herzog, der den Beinamen „der Eroberer" erhält, besteigt als Wilhelm I. (1066–1087) den englischen Thron. Die romanisierten Normannen errichten nun eine Fremdherrschaft über das angelsächsische England, welche die politische, gesellschaftliche und kulturelle Struktur des Landes völlig verändert. England wird vom wikingischen Skandinavien losgelöst und wendet sich dem lateinischen Europa zu. Das normannische Feudalsystem wird eingeführt, welches die Ausbildung einer starken Zentralgewalt begünstigt, bestehende und für die normannischen Eroberer brauchbare Institutionen werden übernommen. Oberherr des gesamten Grund und Bodens ist der König, die angelsächsischen Grundherren werden systematisch durch normannische Barone ersetzt, die aber dem starken normannischen Königtum unterworfen sind, so daß die Ausbildung von Territorien und einer Landeshoheit – wie es auf dem Kontinent der Fall ist – verhindert werden kann. Alle bedeutenden weltlichen und geistlichen Ämter, insbesondere die Bistümer, werden nur mit Normannen besetzt. Als Folge der Eroberungspolitik Wilhelms I. entsteht im anglonormannischen Staat ein monarchischer Absolutismus verbunden mit einer straffen Zentralisation der Verwaltung; die hierarchisch gegliederte, auf die monarchische Spitze hin orientierte Feudalordnung vermögen auch die Nachfolger Wilhelms des Eroberers durchzusetzen und weiter auszubauen.

Nach dem Tode Wilhelms I. kommt es zu Thronstreitigkeiten zwischen seinen Söhnen, aus denen Wilhelm II. Rufus (der Rote) (1087–1100) als Sieger hervorgeht. Nach seiner Herrschaft, während der erste kirchenpolitische Streitigkeiten ausbrechen, gewinnt der dritte Sohn Wilhelms des Eroberers, Heinrich I. (1100–1135), durch einen Handstreich gegenüber seinem älteren Bruder, Robert Kurzhose, die englische Königskrone und vereinigt die Normandie wieder mit England. In seiner Krönungscharta, die als das erste englische Verfassungsgesetz anzusehen ist, bestätigt er die Freiheit der Kirche, bekennt sich zur Staats- und Herrschaftsordnung seines Vaters und zu den Gesetzen Edwards des Bekenners und verspricht die Mißstände der Regierung seines Bruders Wilhelm zu beseitigen. Den Ausgleich mit der Kirche erreicht Heinrich schließlich 1107 im Vertrag von Westminster, als er auf die Investitur mit Ring und Stab verzichtet, sich aber seinen Einfluß auf die hohe Geistlichkeit Englands dadurch sichert, daß die Bischofswahl am Hof und in seiner Gegenwart oder eines Beauftragten abgehalten werden muß. Nach französischem Vorbild richtet Heinrich ein Schatzamt (Exchequer) als oberste Finanzbehörde ein: Seit 1118 werden die Abrechnungen der einzelnen Sheriffs, der absetzbaren Kronbeamten, durch besonders dafür eingesetzte Mitglieder des Kronrates überprüft. Nach dem Tode Heinrichs I. folgt auf die starke Herrschaft der drei Normannenkönige das „Zeitalter der Anarchie". Heinrich I. hatte, nachdem sein Sohn beim Untergang der „Blanche Nef" ertrunken war, seine Tochter Mathilde, die Witwe Kaiser Heinrichs V., zur Erbin eingesetzt und sie mit Gottfried Plantagenet (von planta genista, dem Ginsterzweig, den er als Helmzier trug), dem

Überquerung des Kanals durch Wilhelm den Eroberer. Ausschnitt aus dem Teppich von Bayeux, den man fast als zeitgenössische Reportage bezeichnen könnte, denn die bestickte Leinwand wurde wahrscheinlich 1077, wenige Jahre nach dem dargestellten Ereignis, von englischen Stickerinnen ausgeführt. Bischofspalais, Bayeux.

Sohn des Grafen von Anjou, Maine und Touraine, vermählt. Als die Barone den unter Zwang Heinrichs zustandegekommenen Treueid Mathilde gegenüber nicht anerkennen und Stephan von Blois (1135–1154), den Sohn der Schwester Heinrichs, Adela, zum König erheben, kommt es zu einem langjährigen furchtbaren Bürgerkrieg, als 1139 Mathilde in England landet. Die königliche Verwaltung bricht beinahe völlig zusammen, und es herrscht feudale Anarchie. Stephan kann sich behaupten, erkennt aber schließlich im Frieden von 1153 den Sohn Gottfrieds und Mathildes, Heinrich von Anjou, als Nachfolger an. Als Heinrich II. (1154–1189) besteigt er 1154 den englischen Thron, die Herrschaft des damit in England zur Macht kommenden Hauses Anjou-Plantagenet dauert bis 1399. Das durch Heinrich II. begründete Angevinische Reich erstreckt sich von der schottischen Grenze bis zu den Pyrenäen und umfaßt mehr als die Hälfte Frankreichs (die Normandie besitzt Heinrich II. von seiner Mutter, Anjou, Maine und Touraine durch seinen Vater, Guyenne mit Gascogne und Poitou durch seine Ehe mit Eleonore, der geschiedenen Gattin Ludwigs VII. von Frankreich). Diese gewaltige Ausdehnung seines Reiches zwingt Heinrich II. zu fortwährenden kriegerischen Auseinandersetzungen, er festigt dabei die englische Vormachtstellung auf den Britischen Inseln, 1174 erzwingt er den Lehenseid des schottischen Königs, er dehnt seine Lehenshoheit über Wales aus und unterwirft 1171/72 teilweise Irland. In der Auseinandersetzung um die geistliche Gerichtsbarkeit erläßt Heinrich II. 1164 die „Konstitutionen von Clarendon“, durch welche sich der König die Rechtshoheit und den Strafvollzug über Geistliche sichert. Als der frühere Kanzler des Königs, Thomas Becket, jetzt Erzbischof von Canterbury, die Anerkennung der Konstitutionen verweigert, kommt es zum Bruch mit dem König, Becket flieht nach Frankreich, kehrt aber wieder zurück und versöhnt sich mit Heinrich II., als er sich jedoch erneut gegen ihn wendet, wird er am 29. Dezember 1170 von vier königlichen Rittern in der Kathedrale von Canterbury ermordet. 1172 kann sich Heinrich II. wieder mit dem Papst aussöhnen und muß sich 1173 am Grab des 1173 heiligge-

sprochenen Thomas Becket in Canterbury einer Kirchenbuße unterziehen. Trotz Zugeständnissen in der kirchlichen Gerichtsbarkeit kann er jedoch die lehensrechtliche Unterordnung der Kirche aufrechterhalten und wahrt ausdrücklich seine Rechtshoheit. Durch Gerichtsreformen wird die feudale Gerichtsbarkeit zugunsten der königlichen zurückgedrängt und Geschworenengerichte werden eingeführt. In dieser Zeit bildet sich das auf älteren Volksrechten fußende Common Law, das allgemeine englische Recht, in den königlichen Gerichten aus.

Der durch die Rechts- und Verwaltungsreform Heinrichs II. verwirklichte Staatsaufbau in England gewinnt dann unter seinem Sohn und Nachfolger, Richard Löwenherz (1189–1199), besondere Bedeutung, da dieser sich während seiner zehnjährigen Herrschaft nur sieben Monate in England aufhält. Die Teilnahme am 3. Kreuzzug (1189–1192) führt auf der Rückkehr zur Gefangennahme durch Kaiser Heinrich VI., von der er sich nur durch hohe Lösegeldzahlungen befreien kann. Die Regierungszeit Richards ist erfüllt von der Auseinandersetzung mit Philipp II. Augustus von Frankreich, der von seinem Bruder Johann Unterstützung erfährt; Richard kann dem französischen König nach seiner Rückkehr vom Kreuzzug empfindliche Niederlagen zufügen, stirbt jedoch bereits 1199.

Unter Johann ohne Land (so genannt, weil er bei der Apanagierung seiner Brüder durch seinen Vater Heinrich II. leer ausging) (1199–1216) geht die Auseinandersetzung mit Frankreich weiter, 1214 landet Johann in La Rochelle, nachdem er den Konflikt mit Innozenz III. angesichts der drohenden Landung Philipps II. von Frankreich durch Lehensnahme Englands aus der Hand des Papstes beizulegen vermocht hatte. Die Niederlage der Verbündeten Johanns bei Bouvines 1214 führt jedoch zum Verlust alles Festlandbesitzes nördlich der Loire. Als Folge der Niederlage spitzt sich die innenpolitische Situation in England zu. Die Barone, die ihre Lehen in Frankreich verloren haben und durch die Unterstellung Johanns unter Rom zu Aftervasallen herabgedrückt worden sind, empören sich und zwingen den seiner festländischen Verbündeten beraubten König auf der Wiese Runnymede bei Windsor zur Erklärung der Magna Charta (libertatum) am 15. Juni 1215, welche die Interessen des Adels- und Ritterstands vertritt. Der König wird dem bestehenden englischen Recht unterworfen und kann mit Gewalt zu seiner Einhaltung gezwungen werden. Das geltende Lehensrecht wird aufgezeichnet, und es wird festgesetzt, daß keine Steuern ohne die Zustimmung der Kronvasallen erhoben werden dürfen. Durch den Papst unterstützt, verweigert Johann später der Charta seine weitere Zustimmung, in dem daraufhin ausbrechenden Krieg zwischen dem König und den Baronen setzt sich schließlich eine

Das Schicksal des Kanzlers Thomas Becket, des späteren Erzbischofs von Canterbury, hat immer wieder, sogar bis in unsere Zeit hinein, Künstler inspiriert. Das erst um 1424 entstandene Gemälde von Meister Francke zeigt die Verhöhnung des hl. Thomas von Canterbury durch die Schergen des Königs. Kunsthalle Hamburg.

regierungstreue Gruppe unter William Marshal, dem Earl of Pembroke, durch, welche Heinrich III. zum König erhebt.

Skandinavien: Die Bildung der nordischen Reiche und ihre Christianisierung
Die mittelalterliche Frühzeit Skandinaviens ist durch die Expansion der Normannen, wie man zusammenfassend die Dänen, Schweden und Norweger nennt, erste wikingische Königreichsbildungen, Auseinandersetzungen mit dem Reich und von Deutschland ausgehende Missionsansätze gekennzeichnet. Führend sind in Skandinavien zunächst meist die dänischen Könige (Harald Blauzahn, etwa 940–986; Svend Gabelbart, 986 bis 1014). Die Streifzüge der Wikinger überziehen ganz Europa und greifen bis in den hohen Norden, nach Grönland, unter Erik dem Roten aus. Um 1000 erfolgt

dabei die erste Entdeckung Amerikas durch die Wikinger. Um 1000 wird Norwegen gewaltsam christianisiert, sodann auch Island um diese Zeit, in Schweden dringt die christliche Lehre langsamer vor. Einen ersten Höhepunkt erreicht die skandinavische Reichsbildung unter Knut dem Großen (1018–1035), der als König von England und Dänemark 1028 Norwegen erobert und 1031 sogar Schottland zur Huldigung zwingt. Mit Knuts Tod zerfällt dieses bedeutende nordische Reich wieder, in Dänemark gelangt 1047 Svend Estridsson (1047–1076) auf den Thron, den sein Haus vier Jahrhunderte lang innezuhaben vermag. Svend Estridsson leistet Heinrich III. und Heinrich IV. den Vasalleneid, und diese Abhängigkeit vom Reich wird unter seinen Nachfolgern je nach der Stärke des deutschen Königtums immer wieder erneuert. Erst mit der Herrschaft Waldemars I. des Großen (1157–1182) kann sich Dänemark nach einer Periode wechselnder Königskämpfe und Bürgerkriege stabilisieren, mit ihm steigt Dänemark zu einer bedeutenden Macht im Norden empor. Vom Kaiser nimmt er 1162 Dänemark zu Lehen und kann das Verhältnis zum Reich fruchtbar gestalten. Erst unter Knut IV. (1182–1202) ändert sich das wieder, als dieser dem Kaiser die Lehenshuldigung verweigert. Nach der Huldigung des Reichsfürsten Bogislav von Pommern 1185 bezeichnet sich Knut als König der Dänen und Slawen. Unter Waldemar II. dem Sieger (1202–1241), welcher 1219 Estland erobern kann, bricht nach der Schlacht bei Bornhöved 1227 die dänische Herrschaft über Norddeutschland wieder zusammen, mit Waldemar II. endet die dänische Großmachtzeit.

Norwegen wird unter Magnus dem Guten (1035–1047) vorübergehend von Dänemark getrennt, nach dem Tode Hardeknuts wird Magnus auch König von Dänemark. Unter Harald dem Strengen (1047–1066) wird Dänemark wieder selbständig, sein Anspruch auf England erlischt, als er 1066 gegen König Harald von England in der Schlacht bei Stamfordbridge sein Leben einbüßt. Unter seinen Nachfolgern (Olaf Kyrre, 1066 bis 1093; Magnus Barfuß, 1093–1103) bis zu Sigurds Tod (1130) bleibt das Reich verhältnismäßig stabil, Thronstreitigkeiten stürzen das Land dann in einen Jahrzehnte dauernden Bürgerkrieg, ehe es Sverrir (1177–1202) von der Partei der „Birkenbeine" – nachdem bereits der Reichstag zu Bergen (1164) beschlossen hatte, daß das Reich fortan unteilbar sei und die Thronfolge nach Erbrecht erfolgen soll – gelingt, die Grundlagen für ein starkes Erbkönigtum zu schaffen, während Dänemark und Schweden ein Wahlkönigtum aufweisen. Die Konsolidierung des norwegischen Erbkönigtums gelingt dann Haakon Haakonsson (1217–1263) und Magnus VI. Haakonsson Lagaboetir, dem Gesetzesverbesserer.

In Schweden folgt auf die Uppsalakönige das Königsgeschlecht der Stenkil unter Stenkil Ragnvaldsson um 1060, gegen das die heidnischen Svear Upplands Gegenkönige aufstellen. Das Christentum dringt während des 11. Jahrhunderts langsam in Schweden vor, bis sich 1104 das Land dem neugegründeten dänischen Erzbistum Lund unterstellt. Auf die Stenkil folgt mit Sverker dem Älteren (um 1130 bis 1156) das Königshaus der Sverkir, das zeitweilig vom Geschlecht Eriks (von 1156–1160 König von Schweden; Schutzheiliger Schwedens nach seiner Enthauptung durch den Dänenprinzen Magnus) abgelöst wird (Knut, 1167–1196; Erich Knutsson, 1208–1216), ehe es mit Johann 1222 ausstirbt. Mit Erik Eriksson (1222 bis 1250) endet der Stamm Eriks des Heiligen, und auf den schwedischen Thron gelangen die Folkunger (1250–1319), auf die sich bereits Erik Eriksson gestützt hatte.

Die Iberische Halbinsel im Zeichen der Reconquista Mit der Schlacht am Guadalete 711 endete das Reich der Westgoten auf der Iberischen Halbinsel, Spanien gerät mit Ausnahme einiger christlicher Randgebiete unter die Statthalterschaft der Kalifen von Damaskus, jedoch setzt sehr bald die Reconquista, d. h. die Rückeroberung des Landes ein; der Sieg Pelayos bei Covadonga über die Muslime 722 führt zur Begründung des Königreiches Asturien, das unter Alfons III. (866 bis 910) seine Grenzen erheblich erweitern kann. Die Wiedereroberung wird in den folgenden Jahrhunderten systematisch von den christlichen Königreichen Asturien-León, Navarra, Aragon, Katalonien und Kastilien, die sich im Frühmittelalter herausbilden, vorangetrieben. Die Kämpfe gegen die Mauren sind zunächst völlig weltlicher Natur, nehmen dann aber im 12. Jahrhundert den Charakter von Kreuzzügen an. Als Erben der Gotenkönige erheben die Herrscher von Asturien-León einen gewissen Hoheitsanspruch über die anderen christlichen Königreiche der Iberischen Halbinsel. Das Königreich León übernimmt 1037 Ferdinand I. der Große von Kastilien (1035 bis 1065), nachdem er dessen letzten König Bermudo III. besiegt hat. Unter seinem Nachfolger Alfons VI. erlangt der Kampf gegen die Mauren einen glanzvollen Höhepunkt, Toledo wird 1085 erobert, und unter seinem Vasallen Roderich Diaz, genannt Cid, d. h. Herr, können die Almoraviden aus Afrika zurückgeschlagen werden. Unter Alfons VII. (1126–1157) erleidet die Reconquista einen empfindlichen Rückschlag, als die afrikanischen Almohaden seit 1149 das almoravidische Spanien überrennen, und auch unter Alfons VIII. von Kastilien (1158–1214) droht ein ähnliches Schicksal, als der König bei Alarcos 1195 durch Abu Jusuf Ja'qub al-Mansur vernichtend geschlagen wird. Der dadurch heraufbeschworenen Gefahr einer erneuten Eroberung der Iberischen Halbinsel durch die Mauren kann die vereinte Heeresmacht der christlichen Königreiche Kastilien, Aragon und Navarra durch den Sieg bei Navas de Tolosa am 16. Juli 1212 begegnen. Neben Kastilien hatten die Könige von Aragon erfolgreich gegen die Mauren gekämpft. 1118 vermochte Alfons I. von Aragon (1101 bis 1134) das muslimische Königreich Zaragoza zu erobern, und die Reconquista findet auch unter den weiteren Königen von Aragon, das seit Ramiro II. mit Katalonien vereinigt ist, ihre Fortsetzung, und erst die Eroberung von Murcia 1241 unter Jakob I. dem Eroberer (1213–1276) durch das Königreich Kastilien schaltet Aragon-Katalonien aus der Reconquista aus. Ihren Höhepunkt erreicht die Reconquista unter Ferdinand III. dem Heiligen (1217–1252) von Kastilien-León; 1236 wird Córdoba, 1241 Murcia erobert und 1248 Sevilla, das Almohadenreich löst sich auf, und nur ein muslimischer Reststaat hält sich in Granada. Eine Expedition nach Marokko kommt wegen des Todes Ferdinands nicht mehr zur Ausführung, nach ihm gerät die Reconquista für 2½ Jahrhunderte infolge des Niedergangs der königlichen Gewalt auf der Iberischen Halbinsel zum Stillstand.

Die Staatenbildungen im slawischen Raum Ost- und Südosteuropas Nach der Slawisierung des ost- und südosteuropäischen Raumes seit dem Ende des 4. Jahrhunderts, wobei sich bei der Wanderung, Ausbreitung und Landnahme der slawischen Stämme erste Herrschaftsbildungen abzeichneten, kommt es gegen Ende der slawischen Wanderzeit zur ersten Bildung loser Großflächenstaaten, die sehr rasch dem Einfluß der führenden Mächte der Zeit, dem Karolingerreich und dem Byzantinischen Reich, ausgesetzt sind, was auf die Dauer gesehen zu einer Europäisierung der in Ost- und Südosteuropa siedelnden Slawen und Magyaren führt.

Die Christianisierung Polens, das aus dem politischen Zusammenschluß der polnischen Stämme (Poleni = Feldbewohner)

Jahrhundertelang wurde die Geschichte Spaniens von dem mit wechselndem Erfolg geführten Kampf zwischen Mauren und Christen geprägt. Die Reconquista oder Zurückeroberung der christlichen Provinzen erreicht durch die Eroberung Toledos durch Alfons VI. (1072 bis 1109) einen Höhepunkt. Zu den von diesem König errichteten Befestigungsanlagen gehören auch die von Avila auf der nahezu kahlen Hochebene Altkastiliens. Sie enthält 86 Türme und 79 befestigte Tore.

im 10. Jahrhundert unter dem Geschlecht der Piasten hervorgeht, erfolgt unter Mieszko I. (etwa 960–992), unter dem sich das Polnische Reich nach Westen auszudehnen versucht, wobei es mit dem Deutschen Reich unter Markgraf Gero zusammenstößt und tributpflichtig wird. Durch die Anerkennung der deutschen Lehenshoheit und im Zusammengehen mit dem Deutschen Reich kann sich das christianisierte Polen (966 Missionsbistum Posen gegründet) bis zur Ostsee ausdehnen, und diese Politik setzt erfolgreich Mieszkos Sohn, Boleslaw I. Chrobry (992–1025), fort, der in enger Freundschaft mit Otto III. die Vormachtstellung Polens im westslawischen Raum noch auszuweiten vermag (Gründung des Erzbistums Gnesen). Das gute Verhältnis zum Reich wird jedoch gestört, als Boleslaw sich weigert, dem Nachfolger Ottos III., Heinrich II., für das erworbene Böhmen und Mähren den Lehnseid zu leisten. Nach langen Kämpfen verliert zwar Boleslaw im Frieden von Bautzen 1018 Böhmen, kann aber die Lausitzer Mark für sich erwerben. Auch unter seinem Sohn Mieszko II. (1025–1034) dauern die Auseinandersetzungen mit dem Reich unter Konrad II. fort, und 1033 gerät Polen wieder in Lehensabhängigkeit vom Reich, nachdem es Pommern, Mähren, die Lausitz und das Gebiet zwischen Weichsel und Bug verloren hat. Die Wirren gehen nach Mieszkos Tod weiter (1039 Verlust Schlesiens an Böhmen), bis es Kasimir I. Restaurator (1039–1058) gelingt, in Anlehnung an die Salier den polnischen Staat wiederherzustellen. Boleslaw II. (1058–1079) wird durch eine Koalition zwischen Heinrich IV., Böhmen und Rußland bedroht, die er durch Anlehnung an Gregor VII. abzuwenden vermag, die Hinrichtung Bischofs Stanislaus von Krakau führt jedoch zum Konflikt mit dem geistlichen und weltlichen Adel Polens, der ihn aus dem Lande vertreibt. Erst mit Boleslaw III. (1102–1138) erlebt das Polnische Reich noch einmal einen Machtaufschwung (Unterwerfung Pommerns 1121, Belehnung mit Westpommern und Rügen auf dem Merseburger Hoftag 1135) unter Stärkung der Organisation der Kirche und unter Regelung des dynastischen Erbfolgerechts durch Einführung des Seniorats. Dennoch zerfällt die Reichseinheit unter Boleslaws Nachfolgern in den Kämpfen der Teilfürsten, die für $1\frac{1}{2}$ Jahrhunderte kein polnischer Herrscher mehr zu vereinigen vermag. Nur noch die Kirche und Dynastie verkörpern ein gewisses verbindendes Element; in das so entstehende Machtvakuum staatlicher Auflösung verselbständigter piastischer Territorialstaaten stößt erfolgreich die deutsche Ostkolonisation vor (Eindeutschung Pommerns, Schlesiens und der westlichen Randgebiete Polens). 1226 wird der Deutsche Orden durch Konrad von Masowien zur Bekämpfung der heidnischen Preußen herbeigerufen, der die Unterwerfung der Preußen und ihre Eindeutschung unternimmt.

In Böhmen gelingt die staatliche Einigung und die Überwindung des Stammespartikularismus dem tschechischen Geschlecht der Přemysliden; unter dem Eindruck der Ungarngefahr erfolgt eine starke Anlehnung an das Deutsche Reich, das unter Heinrich I. 929 die Lehensabhängigkeit herstellen kann. Durch Boleslaw I. von Polen ist Böhmen aufs äußerste gefährdet, wird aber von Heinrich II. wieder befreit und kann durch die Angliederung des bisher ungarischen Mähren um 1029 an Bedeutung gewinnen. Břetislav (1037–1055) von Böhmen stößt sogar bis Polen vor, muß sich aber auf Intervention Heinrichs III. hin unterwerfen und 1050 seine Eroberungen wieder an Kasimir I. von Polen abtreten. Die wachsende Macht der böhmischen Herzöge kommt auch darin zum Ausdruck, daß Heinrich IV. 1086 Vratislav I. (1086–1092) zum König erhebt. Wie in Polen ruft die Einführung der Senioratsverfassung im Jahre 1055 Thronwirren und Machtkämpfe hervor, jedoch kann sich die Přemysliden-Dynastie halten, 1158 wird die Primogenitur eingeführt, und 1158 verleiht Friedrich Barbarossa Vladislav II. die Königskrone, die von nun an erblich wird. Seit dem 12. Jahrhundert setzt die deutsche Kolonisation ein und führt zur verstärkten Einwanderung von Bauern und Handwerkern. Durch die Gründung von Städten nach deutschem Muster bildet sich ein Bürgertum aus, das neben den Adel und hohen Klerus tritt, zu dem noch der aus dem Ritterstand hervorgehende niedere Adel hinzukommt; alle diese gesellschaftlichen Gruppen formen seit dem 13. Jahrhundert den böhmischen Ständestaat, der seit Přemysl Ottokar I. (1198–1230), der bedeutende Privilegien der deutschen Herrscher und der Päpste zugesprochen bekommt, und Přemysl Ottokar II. (1253–1278) einen gewaltigen Machtanstieg zu verzeichnen hat (1251 Herrschaft über Österreich, seit 1254 Gewinn der Steiermark, 1260 Erringung von Teilen der Slowakei, von Egerland 1266, von Krain und Kärnten 1269). Als Kandidat greift der böhmische Herrscher in die deutsche Königswahl ein, findet aber in der Schlacht auf dem Marchfeld nach seiner Ächtung 1278 den Tod, und auf die böhmischen Lande erheben fortan die Habsburger Anspruch.

Mähren wird bereits im Frühen Mittelalter unter der Dynastie der Mojmiriden selbständig und steigt zur Führungsmacht innerhalb des slawischen Raumes empor. Die Anlehnung an Byzanz unter Rastislav (846–870) geht einher mit der Christianisierung der mährischen Lande durch die Slawenapostel Konstantin und Methodius; das entstehende slawische Christentum (slawische Kirchen- und Literatursprache, sog. glagolitisches Alphabet) dringt in der Folgezeit nach Bulgarien, Rußland und Serbien vor. Nach dem Tode Svatopluks (870–894), der Mähren noch mehr vergrößern kann, verfällt das Mährische Reich rasch und wird 906 durch die Ungarn vernichtet.

Das Ungarische Reich der ugro-finnischen Magyaren, die nach der Mitte des 9. Jahrhunderts, von den Petschenegen vertrieben, nach Westen vorstoßen, entsteht in der Pannonischen Tiefebene im 10. Jahrhundert auf den Trümmern des Mährischen Reiches. In den folgenden Jahrzehnten dringen die magyarischen Steppennomaden aus der Puszta heraus immer wieder verheerend hervor (32mal Angriffsfeldzüge gegen Ostfranken, Vorstöße nach Italien, Lothringen, Westfranken, Spanien, Burgund), ehe ihre totale Niederlage bei Augsburg 955 zur Seßhaftwerdung und allmählichen Christianisierung führt. Unter Stephan I. dem Heiligen (997–1038) wird dann die feste Angliederung Ungarns an die Christenheit des Westens vollzogen. Nach einem vorübergehenden Machtverfall der Dynastie der Arpaden (Einfälle der Petschenegen und Kumanen, Lehensabhängigkeit vom Deutschen Reich 1044) entfaltet sich die Macht der ungarischen Krone unter Andreas I. (1047–1061), Béla I. (1061–1063) und Géza I. (1074–1077) von neuem, und unter Ladislaus I. (1077–1095) kann 1091 Binnenkroatien angegliedert werden, während Koloman I. (1095–1114) dalmatinische Städte hinzugewinnen vermag. Durch die Pacta conventa von 1102 ist Kroatien dann durch Personalunion mit Ungarn verbunden.

Die territoriale Ausdehnung Ungarns auf dem Balkan führt im 12. Jahrhundert zu Auseinandersetzungen mit dem Byzantinischen Reich: 1128 greift Johann II. in die ungarischen Thronstreitigkeiten ein, und obgleich sich die neue Adria- und Balkanmacht nach dem 2. Kreuzzug der antibyzantinischen Koalition der europäischen Mächte unter Roger II. von Sizilien anschließt, vermag Manuel I. in den Kämpfen der Thronprätendenten Bosnien, Kroatien und Dalmatien 1167 für Byzanz zu annektieren und seinen Schwiegersohn als Béla III. (1173–1196) auf den Thron von Ungarn zu bringen. Nach dem Tode Manuels 1180 kann Béla III. jedoch die verlorengegangenen Gebiete für Ungarn wieder zurückgewinnen. Die im 12. Jahrhundert einsetzende Herbeirufung deutscher Kolonisten, der „Sachsen“, nach Siebenbürgen, findet im 13. Jahrhundert ihre Fortsetzung. 1222 muß Andreas II. (1205–1235) unter dem Druck des ungarischen Adels die Goldene Bulle erlassen, welche die Stellung des Adels erheblich verstärkt (Begrenzung der Heerfolgepflicht des Adels, Steuerfreiheit,

Der serbische König Wladislaw aus der Dynastie der Nemanjiden hat die Kirche Milesewa gestiftet. Die nebenstehende Wandmalerei, die um 1234 entstanden ist, zeigt, wie der königliche Stifter von der Madonna Christus empfohlen wird.

Sicherheiten gegen Verhaftung, Besteuerung und Güterkonfiskation, Beschwerde- und Widerstandsrecht). Verheerend wirkt sich für Ungarn der Einfall der Mongolen aus, die das Land nach der Niederlage Bélas IV. (1235–1270) verwüsten und entvölkern, zugleich führen die Abwehrmaßnahmen des Königs zu einem weiteren Verfall der Zentralgewalt und einer nochmaligen Stärkung des Adels. Nach dem Tode des letzten Arpiden Andreas III. (1290–1301) geht die ungarische Krone an das Haus Anjou über.

Bei der mittelalterlichen Reichsbildung auf dem Balkan treten neben Byzanz als bedeutendstem machtpolitischen Faktor Rußland, Ungarn, Venedig, die Kurie und der deutsche Kaiser; beeinflussend wirkt sich auch die Rivalität zwischen der römischen und der griechisch-byzantinischen Kirche aus, welche beide die südslawische Kirchenorganisation ihrem Bereich durch diplomatische Maßnahmen, aber auch durch militärische Bedrohung zuzuordnen versuchen. Insbesondere aber durch die Eingriffe der byzantinischen Großmachtpolitik verändert sich die Staatenwelt auf dem Balkan beständig und zeichnet sich daher gegenüber dem westslawischen Raum durch Instabilität aus.

Das Bulgarische Reich erreicht nach seiner Konsolidierung im 8. Jahrhundert, die mit militärischen Vorstößen gegen Byzanz einhergeht, nach starker Einflußnahme der Byzantiner (Eingliederung in die byzantinische Kirchenorganisation) unter dem griechisch erzogenen Symeon dem Großen (893–927) eine bedeutende politische und kulturelle Blüte, die sich auch machtpolitisch in vier Kriegszügen gegen Byzanz äußert. Die Kriege gegen das Byzantinische Reich erschöpfen jedoch Bulgarien völlig, so daß es unter Symeons Nachfolger Peter (927–969) nach dem Angriff des mit Byzanz verbündeten russischen Großfürsten Svjatoslav von Kiew in seinem Ostteil zu einer byzantinischen Grenzmark absinkt, während noch Westbulgarien unter Samuel (972–1014) Widerstand leistet. Dem byzantinischen Kaiser Basileios II. (976–1025), dem „Bulgarentöter", gelingt schließlich 1018 die Integration des gesamten Bulgarien in das Byzantinische Reich. Durch Einführung der Themenverfassung werden die letzten Reste staatlicher Selbständigkeit beseitigt, jedoch kann die Unabhängigkeit 1186 wieder unter Peter und Iwan Asen zurückgewonnen werden. Das Zweite Bulgarische Reich expandiert sehr rasch unter Kalojan (1197–1207) und Iwan Asen II. (1218–1241) und erreicht erneut eine bedeutende kulturelle Blüte. Einfälle der Ungarn und Mongolen (1242 Tributpflicht), die Ausrottung der Asendynastie 1258, Adelskämpfe und weitere Auseinandersetzungen mit Byzanz führen in der zweiten Hälfte des 13. Jahrhunderts dann zu einer immer weiter um sich greifenden staatlichen Auflösung.

Die Anfänge einer Staatsbildung in Kroatien, das bereits seit der Mitte des 7. Jahrhunderts Ansätze zu einer Christianisierung aufweist, liegen im Dunkeln; um 880 kann Fürst Branimir die byzantinische Oberhoheit teilweise abschütteln, und Tomislav (910–928) löst sich schließlich völlig von Byzanz und erhebt das Land 924 zu einem unabhängigen Königreich, das jedoch unter Stephan Držislav (969–997) wieder unter byzantinischen Einfluß gerät. Zu einem Konkurrenten Venedigs steigt das Land unter Stephan I. (1035–1058) und unter Peter Krešimir IV. (1058–1073) empor. Als jedoch nach 1091 Thronwirren ausbrechen, gliedert der Arpade Koloman I. Kroatien in Personalunion an Ungarn an.

Die Staatsbildung Serbiens zieht sich infolge der erdrückenden Übermacht des Byzantinischen Reiches und der beständigen Bedrohung durch die benachbarten Ungarn und Bulgaren über mehrere Jahrhunderte hin. Ansätze zu staatlicher Selbständigkeit im 9. Jahrhundert unter Vlastimir, im 10. Jahrhundert unter Časlav (927–949) und im 11. Jahrhundert durch die Fürsten von Zeta werden immer wieder zerschlagen, und erst in der 2. Hälfte des 12. Jahrhunderts kann 1171 Stephan Nemanja (1151–1196) einen serbischen Staat begründen, der 1180 die byzantinische Oberhoheit beseitigen kann. Stephan II. (1196–1228) und Stephan Uros I. (1243–1276) führen die Konsolidierung und den Ausbau der Kirchenorganisation weiter, bis Serbien im 13. Jahrhundert unter Stephan Uroš II. (1282–1321) und Stephan Uroš III. (1322–1331) nach dem Sieg über die Bulgaren bei Kustendil 1330 zur führenden Macht auf dem Balkan emporsteigt.

Die Anfänge des Russischen Reiches unter der Dynastie der Rurikiden Die Entstehung des Russischen Reiches geht auf die schwedischen Waräger zurück, die als Kriegerkaufleute über das Netz der osteuropäischen Ströme den Handel mit den Märkten des Orients aufzubauen versuchen und dabei Stützpunkte entlang ihrer Handelsrouten errichten; sie begründen zugleich Tributherrschaften über die Stämme der Balten, Slawen und Finnen. Aus dem Zusammenschluß der einzelnen Herrschaftsgebiete der Waräger und der Vereinigung des Nordens um Nowgorod mit dem Süden um Kiew durch Oleg (879–912) aus dem Geschlecht der Rurikiden geht das Kiewer Reich hervor, das infolge des Fernhandels zwischen Skandinavien und dem Vorderen Orient und durch Unterwerfung slawischer Stämme seine Macht unter Igor (912–945), Fürstin Olga (945–962) und Svjatoslav (962–973) beständig zu erweitern vermag. Gleichzeitig erfolgt eine schrittweise Christianisierung der sich rasch slawisierenden warägischen Oberschicht, und unter Großfürst Vladimir (978–1015) wendet sich Rußland nach der Annahme der Taufe durch den Alleinherrscher 988 dem Christentum zu. Mit der Christianisierung öffnet sich Rußland zunehmend der byzantinischen Kultur, und unter der kulturellen Strahlkraft von Byzanz erreicht die Kultur des Großfürstentums Kiew selbst ihre erste eigene Blüte, insbesondere unter Jaroslav dem Weisen (1019–1054), der auch politisch Rußland zu einem Machtfaktor im Osten emporführen kann. Verhängnisvoll wirkt sich nach Jaroslavs Tod die Teilung des Reiches unter seine fünf Söhne aus, da aus dem Senioratsprinzip (an der Spitze steht der Senior der Rurikiden als Großfürst über Kiew und Nowgorod, die Teilfürstentümer gehören den jüngeren Familienmitgliedern nach fester Rangordnung) und der erbrechtlichen Aufsplitterung seit 1068 ständige Bruderkriege erwachsen, die zu einem Niedergang des Kiewer Staates führen. Erst 1097 wird auf der Fürstenversammlung von Ljubeč das Gesamtreich neu geordnet, doch kann die Zuteilung der Teilfürstentümer an die verschiedenen Zweige des Rurikidenhauses zu erblichem Besitz den Verfall des Russischen Reiches nicht aufhalten, die Fürstenkriege gehen weiter, in denen die Städte schweren Schaden nehmen und der landbesitzende Adel (Bojaren) emporsteigt. Nach dem Erreichen einer gewissen Stabilität gelangt Vladimir Monomach (1113–1125) auf den großfürstlichen Thron und regiert als letzter russischer Alleinherrscher des Mittelalters, dem es noch einmal gelingt, das Kiewer Reich zusammenzuhalten. Nach seinem Tode zerfällt das Reich endgültig in Teilstaaten, die sich auf Kosten des Kiewer Kernlandes ausbreiten. Die überragende Bedeutung Kiews nimmt zusehends ab, und 1169 besiegt und tötet Andrej Bogoljubskij den Großfürsten von Kiew, plündert die Stadt und verlegt nicht einmal mehr seine Residenz in das durch Auswanderung bereits entvölkerte Kiew. Der neue Großfürst herrscht von dem Waldgebiet des Nordostens aus (1147 erste Erwähnung Moskaus), Kiew selbst wird einem untergeordneten Gefolgsmann übertragen. Neue Mittelpunkte bilden sich im Südwesten um Halič und im

Nordosten um Nowgorod und das Fürstentum Wladimir-Susdal. Die Kämpfe der Teilfürsten gegeneinander um die Großfürstenwürde dauern auch während des 13. Jahrhunderts bis zum Einfall der Mongolen an.
Nachdem der mongolische Stammesfürst Temudschin nach der Unterwerfung der Tataren sich 1206 zum Herrscher aller Mongolen als Tschingis Khan erhoben hat, erobert er nach der Besiegung südsibirischer Stämme im Jahre 1207 China seit 1211 und im Westen das Reich von Choresmien und greift schließlich Nordpersien, Armenien und Georgien an, um sich dann gegen die Polovzer in der südrussischen Steppe zu wenden. Als die Fürsten von Kiew, Černigov und Halič diese unterstützen, werden sie in der Schlacht an der Kalka am 31. Mai 1223 vernichtend geschlagen. Unter Batu, dem Enkel Tschingis Khans, findet die mongolische Eroberung ihre Fortsetzung, 1237 werden die Wolgabulgaren geschlagen und nach dem Sieg am Sit 1238 kann das gesamte Oka- und obere Wolgagebiet erobert werden. Am 6. Dezember 1240 fällt Kiew, Halič und Wolynien werden unterworfen, und die mongolischen Heere dringen nach Ungarn und in die Walachei und weiter nach Polen und Schlesien vor. Bei Liegnitz wird am 9. April 1241 ein polnisch-deutsches Ritterheer unter Herzog Heinrich II. von Schlesien durch den Mongolenherrscher Orda völlig aufgerieben, während ein anderes Mongolenheer im Tal der Theiß Béla IV. von Ungarn besiegt. Der plötzliche Tod des Großkhans Ügedei und der daraufhin erfolgende Rückzug Batus rettet Europa vor einer Unterwerfung durch die Mongolen. Batu errichtet dann nach der Unterjochung Bulgariens und Transkaukasiens mit der Herrschaft der Goldenen Horde eine Tributherrschaft über Rußland. Tribute, Treueversprechen und Gehorsam der Rurikiden und die Stellung von Truppenkontingenten sichern und festigen die Herrschaft der Goldenen Horde, welche für Rußland zu einem wirtschaftlichen und kulturellen Niedergang führt. Zugleich bringt die Mongolenherrschaft eine völlige Abwendung vom Westen mit Ausnahme Nowgorods mit sich.

DIE KREUZZÜGE: DIE „HEILIGEN KRIEGE" DES CHRISTLICHEN ABENDLANDES

Die Kirche des Abendlandes fördert im Mittelalter alle kriegerischen Unternehmungen gegen Ungläubige, so gegen Ketzer wie z. B. die Albigenser in Südfrankreich und gegen Heiden, wie etwa die Wenden, Ungarn und Preußen, insbesondere aber die Kriegszüge der abendländischen Christenheit zur Befreiung der Heiligen Stätten in Palästina von der islamischen Herrschaft, wodurch das Ansehen des Papsttums, das die Kreuzzüge ins Leben ruft, gewaltig steigt. In den Kreuzzügen als Heilige Kriege tritt die Einheit des christlichen Abendlandes bildhaft vor Augen; unter Aufopferung von Gut und Blut für eine religiöse Idee und über alle nationalen Begrenzungen hinweg vereinigt sich das christliche Rittertum im Kampf gegen den als feindlich betrachteten heidnischen Islam, der die höchsten Stätten der Verehrung der Christenheit durch seine Expansion bedroht. Die Pilgerfahrt in den Nahen Osten, in das Land, wo Christus gelebt hatte, war bereits seit dem ausgehenden Altertum unter der abendländischen Christenheit Brauch geworden, wobei die Araber diesen Besuch der Heiligen Stätten gegen Zahlung einer Abgabe gestattet hatten. Zum Anlaß für die Kreuzzüge, welche die abendländische Christenheit vom Ende des 11. bis zum Ende des 13. Jahrhunderts immer wieder zu gemeinsamem, von opfermutigem idealem Streben getragenen Handeln zusammenführen, wird die immer gefährlicher werdende Ausbreitung der türkischen Seldschuken. Das Byzantinische Reich gerät so bereits seit der Mitte des 11. Jahrhunderts in den Sog der seldschukischen Expansion und muß 1071 nach einer entscheidenden Niederlage den Verlust Armeniens hinnehmen. Ein Hilfegesuch des oströmischen Kaisers an Papst Gregor VII. führt zu Kreuzzugsvorbereitungen, die allerdings nicht zur Ausführung gelangen. Als jedoch Jerusalem von den Seldschuken erobert wird und die Pilgerfahrten erschwert werden, fällt der erneute Hilferuf von seiten des byzantinischen Kaisers Alexios I. 1095 auf fruchtbaren Boden, Papst Urban II. ruft auf der Synode von Clermont-Ferrand am 27. 11. 1095 mit feuriger Rede die abendländische Christenheit zum „Heiligen Krieg" gegen die ungläubigen Muslime und zur Befreiung des Heiligen Grabes auf; zugleich entfacht der Eremit Peter von Amiens mit Kreuzpredigten eine Massenbewegung, in der bestimmte Tendenzen und Strömungen der Zeit zusammenfallen, was dem byzantinischen Hilfegesuch eine Wendung vom Beistand für die bedrängte Christenheit des Oströmischen Reiches zum Glaubenskrieg gegen die Muslime und zum Kampf um die Befreiung Jerusalems gibt. Hier mischen sich die gesteigerte Religiosität der Zeit, die Strömungen der Cluniazensischen Reformbewegung, die Frömmigkeit des Rittertums, das zum ritterlichen Ideal auch den Kampf für die Kirche und den Glauben zählt, und Vorstellungen der „militia Christi" mit Abenteuerlust, Hoffnung auf materiellen Gewinn und auf Erlangung eines Ablasses der Sünden, welchen der Papst den Kreuzfahrern verspricht.

1. Kreuzzug (1096–1099) Zwei Kreuzfahrergruppen machen sich schließlich auf den Weg ins Heilige Land: Unter Führung Peters von Amiens ein Kreuzzug der „kleinen Leute" vor allem aus Lothringen, der in der Heimat zunächst große Judenverfolgungen in den rheinischen Städten aus religiösen, wirtschaftlichen und sozialen Gründen auslöst, und ein Kreuzfahrerheer von Rittern unter der Führung Gottfrieds von Bouillon, des Herzogs von Niederlothringen, mit seinen Brüdern Balduin von Flandern und Eustach, Raimunds IV., Graf von Toulouse, Roberts, Herzog von der Normandie, Sohn Wilhelms des Eroberers, Bohemunds von Tarent, Sohn Robert Guiscards, und seines Neffen Tankred und Roberts II., Graf von Flandern. Für die römische Kirche ist dieser Kreuzzug ein Triumph, denn während sich Heinrich IV. und Philipp I. von Frankreich in Bann befinden, führt sie Fürsten und Ritter in den Heiligen Krieg gegen die Ungläubigen; aber es ist vor allem die romanische Ritterschaft, welche in den Kampf zieht, während aus Deutschland sich nur die lothringische beteiligt. Auf unterschiedlichen Wegen gelangen die Kreuzfahrerheere nach Palästina, aber während die zügellosen Massen Peters von Amiens bereits auf dem Wege durch den Balkan und Kleinasien nahezu vollständig aufgerieben werden, erreichen die Ritterheere Konstantinopel, wo sie mit Ausnahme Raimunds dem Kaiser Alexios Komnenos den Lehnseid für die zu erobernden Gebiete leisten. Nach Kämpfen in Kleinasien (1097 ergibt sich Nikaia; Sieg bei Dorylaion über den Sultan Kylydsch Arslan von Ikonion) belagert das Hauptheer, nachdem sich Balduin von Flandern abgetrennt hat (Erwerb von Edessa), von Oktober 1097 bis Juni 1098 Antiocheia, das schließlich durch Verrat fällt. Nachdem der Emir von Mossul, Ketbogha, besiegt worden ist, erreichen die Kreuzfahrer schließlich 1099 das von den Fatimiden 1098 eroberte Jerusalem und können es am 15. 7. 1099 nach fünfwöchiger Belagerung erstürmen. Die religiöse Erregung führt zu einem Blutbad, das alle bisherigen Gewalttaten des Kreuzzugs übertrifft: zu Tausenden wird die jüdische und muslimische Bevölkerung Jerusalems abgeschlachtet. Nach französischem Vorbild wird das christliche Königreich Jerusalem als Lehnsstaat begründet, daneben bestehen die kleineren Lehnsstaaten Tripolis und

Ein Kreuzritter verfolgt einen fliehenden Heiden, der sich beim Reiten zurückwendet und mit Pfeil und Bogen auf den Verfolger schießt. (Eine bei den asiatischen Reitervölkern entwickelte Technik.) Wandmalerei in der Krypta des Domes von Aquileia, Italien.

Edessa als Grafschaften und Antiocheia als Fürstentum. Gottfried von Bouillon wird zum Beschützer des Heiligen Grabes ernannt und kann 1099 den Sultan von Ägypten bei Askalon besiegen, nach seinem Tode 1100 nimmt sein Bruder Balduin I. (1100 bis 1118) den Königstitel an. Ihm folgen Balduin II. (gest. 1131), Fulco von Anjou (gest. 1143), der das Königreich Jerusalem am weitesten auszudehnen vermag, Balduin III. (gest. 1162), Amalrich (gest. 1173), Balduin IV. (gest. 1184), Balduin V. (gest. 1186) und Guido von Lusignan (gest. 1195). Die Lage der Kreuzfahrerstaaten ist schwierig, sie können sich nur in beständiger Auseinandersetzung mit den Muslimen halten. Ihre Versorgung übernehmen die italienischen Seestädte, allen voran Venedig. Der Fall von Edessa 1144 führt schließlich zum 2. Kreuzzug.

2. Kreuzzug (1147–1149) Nach dem Fall Edessas entzündet sich der Wille zu einem neuen Kreuzzug durch die Predigt Bernhards von Clairvaux zu Speyer. Zwei Könige, Ludwig VII. von Frankreich und Konrad III. von Deutschland, werden zu Führern des 2. Kreuzzugs, der erneut Judenpogrome in den rheinischen Städten auslöst. Über Ungarn und Konstantinopel gelangen die Heere nach Kleinasien, wo der Hauptteil des deutschen Heeres Ende Oktober 1147 bei Dorylaion eine vernichtende Niederlage gegen die Muslime hinnehmen muß. Die Reste des geschlagenen Heeres schließen sich dem vorrückenden französischen König an, der unter schweren Verlusten nach Attaleia gelangt und sich dort einschifft, während das Landheer ebenso wie die getrennt operierenden deutschen Fußtruppen unter Bischof Otto von Freising von den Türken vernichtet werden. Im Frühjahr 1148 treffen Otto und Konrad mit Ludwig in Jerusalem zusammen, doch scheitern gemeinsame Aktionen gegen Askalon und Damaskus.

3. Kreuzzug (1189–1192) Veranlassung zum 3. Kreuzzug geben die Eroberungen Sultan Saladins, der nach der Einnahme Mossuls und Aleppos 1187 das Heer der Kreuzfahrerstaaten bei Hattin schlägt und am 2. Oktober des gleichen Jahres Jerusalem erobern kann, wobei er die christlichen Einwohner aufs großmütigste behandelt. Im Abendland rüstet man daraufhin zum 3. Kreuzzug. Von Regensburg aus tritt Kaiser Friedrich I. Barbarossa 1189 als alternder Mann den Kreuzzug an, der nach einem glänzenden Sieg bei Ikonion erfolgreich zu verlaufen verspricht, doch ertrinkt der Kaiser am 10. Juni 1190 beim Baden im Kalykadnus (Saleph), und die Führung des Kreuzzuges geht auf den englischen König Richard Löwenherz über, der zusammen mit Philipp II. Augustus, dem König von Frankreich, zur See ins Heilige Land fährt; beteiligt sind auch die italienischen Seestädte Pisa, Genua und Venedig. Akkon, das von König Guido von Lusignan bereits zwei Jahre lang belagert worden ist, wobei sich die Reste des deutschen Kreuzfahrerheeres unter Herzog Friedrich V. von Schwaben, dem Sohn Friedrich Barbarossas, beteiligten, kann im Juli 1191 erobert werden, ebenso geht Zypern an die Kreuzfahrer über, und Guido von Lusignan erhält es von Richard Löwenherz zu Lehen. Philipp II. von Frankreich ist inzwischen erkrankt in seine Heimat zurückgekehrt, und 1192 wird schließlich ein Waffenstillstand mit Saladin geschlossen, der den Kreuzfahrern neben dem Rest ihrer nordsyrischen Besitzungen noch den Küstenstrich von Jaffa bis Tyros beläßt. Auf diesem Kreuzzug treten nationale Gegensätze erstmals ganz offen hervor, und die Zwistigkeiten der Fürsten tragen wesentlich mit zum Mißerfolg bei.

4. Kreuzzug (1202–1204) Nach dem Tode Kaiser Heinrichs VI., der einen Kreuzzug plante, der nicht mehr zur Ausführung gelangen sollte (ein vorausgeschicktes Heer unter Konrad von Querfurt hatte bereits Beirut erobert), gewinnt wieder das Papsttum die Führung in der Kreuzzugsbewegung, doch folgt dem Kreuzzugsaufruf Innozenz' III. diesmal nur der Adel, insbesondere der französische, da die Könige Mittel- und Westeuropas in Kriege verstrickt sind. Der Kreuzzugszehnte, der neu eingeführt wird, soll den 4. Kreuzzug finanzieren helfen. Führer sind der Markgraf Bonifaz von Montferrat, Baldwin VIII. von Flandern, die Grafen von Blois, Champagne u. a. m. Da die Kreuzfahrer den von den Venezianern verlangten Überfahrtspreis nicht bezahlen können, erklären sie sich bereit, zunächst für Venedig die christliche Stadt Zara in Dalmatien zu erobern. Als der byzantinische Prinz Alexios in Zara um Hilfe für seinen Vater, Kaiser Isaak II. Angelos, bittet, der von seinem älteren Bruder Alexios III. geblendet und entthront worden war, fahren die Kreuzfahrer auf der venezianischen Flotte nach Konstantinopel weiter, das sie am 17. Juli 1203 einnehmen. Isaak Angelos und sein Sohn Alexios IV. werden auf den byzantinischen Thron erhoben, doch leistet die Bevölkerung Widerstand gegen die damit verknüpften Bedingungen der Zahlung hoher Geldsummen und der Verbindung der griechischen Kirche mit der römischen. Nach einem Umsturz, der einen lateinerfeindlichen Kaiser auf den Thron bringt, stürmen die Kreuzfahrer erneut die Stadt, die sie jetzt restlos ausplündern, wobei ein Großteil der Kunstwerke vernichtet wird. Die Kreuzfahrer errichten jetzt ohne Billigung des Papstes ein „Lateinisches Kaisertum", das bis 1261 währt, während sich ein griechisches in Nikaia und ein weiteres in Trapezunt am Schwarzen Meer halten kann. 1261 beseitigt Michael Palaiologos, unterstützt von Genua, von Nikaia aus das Lateinische Kaisertum. Nach 1204 wird Griechenland unter den Kreuzfahrern aufgeteilt, die Einheit des Byzantinischen Reiches zerfällt, das seine machtpolitische Bedeutung als Bollwerk gegen den Islam einbüßt. Außer der Bildung des Lateinischen Kaisertums in Konstantinopel verläuft der 4. Kreuzzug ergebnislos.

5. Kreuzzug (1228–1229) Ein französischer Kinderkreuzzug scheitert 1212 grausam. Als sich Kinder aus Frankreich und den Rheinlanden im Alter von etwa acht bis sechzehn Jahren auf den Weg ins Heilige Land aufmachen, in der Hoffnung, dort auf friedliche Weise mehr zu erreichen als die Kämpfenden, kommen sie im Sturm auf dem Meer um oder geraten in die morgenländische Sklaverei. Auch ein Kreuzzug des Königs Andreas II. von Ungarn 1217/1218 scheitert, als er von Akkon aus vorzudringen versucht, und ebenso bleibt ein Vorstoß von Pilgern unter Führung des Kardinals Pelagius nach Ägypten (Eroberung der Festung Damiette 1219) ohne Erfolg. Dies ändert sich erst, als Kaiser Friedrich II., der bereits 1215 einen Kreuzzug versprochen hatte, als Gebannter von 1228–1229 zur See einen Kreuzzug nach Akkon unternimmt und mit dem ägyptischen Sultan al-Malik al-Kamil einen Vertrag abschließen kann, der der abendländischen Christenheit Jerusalem, Nazareth und Bethlehem für zehn Jahre sichert. Trotz Bann und Interdikt krönt sich Friedrich II. in Jerusalem zu dessen König. Doch bereits 1244 geht Jerusalem für die Christenheit für immer verloren, als die Choresmier im Auftrag des ägyptischen Sultans die Stadt zurückerobern.

6. Kreuzzug (1248–1254) Bereits ein Kreuzzug zur Wiedergewinnung der Heiligen Stätten unter dem Grafen Thibaut von der Champagne scheiterte, und genauso erfolglos verläuft der 6. Kreuzzug, den Ludwig IX. der Heilige, König von Frankreich, unternimmt. Über Zypern gelangt er nach Ägypten und erobert im Frühjahr 1249 Damiette. Als er jedoch nach Kairo ziehen will, um die Sarazenen in ihrem Machtzentrum anzugreifen, erfährt er eine vernichtende Niederlage bei Mansurah, wird mit dem gesamten französischen Heer gefangengenommen und kann sich nur durch Zahlung eines hohen Lösegeldes freikaufen. Im Anschluß daran begibt sich Ludwig nach Palästina, wo er während 4 Jahren Aufenthalt Akkon und andere Küstenstädte befestigen läßt.

7. Kreuzzug (1270) Von 1261 bis 1272 greifen die Mamluken erfolgreich die Reste des Königreichs Jerusalem an, 1268 erobert Baibars I. Jaffa und Antiocheia. 1270 unternimmt Ludwig IX. den letzten Kreuzzug des Abendlandes gegen das Sultanat in Tunis, wo er und der größte Teil seines Heeres durch eine Krankheit dahingerafft werden.

Das völlig ohne Beistand gelassene Palästina fällt jetzt dem Ansturm der Mamluken zum Opfer, 1291 geht Akkon, der letzte Kreuzritterstützpunkt, verloren, die Christen ziehen sich aus Tyros, Beirut und Sidon zurück, die Zeit der Kreuzzüge endet mit dem 13. Jahrhundert.

Die Ergebnisse der Kreuzzüge Im 13. Jahrhundert büßt die ursprünglich zündende Kreuzzugsidee mit den zunehmenden Miß-

Graf Hugo I. von Vaudémont im Kreuzfahrergewand umarmt bei seiner Rückkehr von einem Kreuzzug nach sechzehn Jahren Abwesenheit seine Gemahlin. Skulptur aus der Klosterkirche in Belval (Vosges). Drittes Viertel des 12. Jahrhunderts. Nancy, Franziskaner-Kirche. Das Relief zeigt den kantigen Stil Ostfrankreichs.

Als das Seldschukenreich dem Islam im Osten neue Angriffswucht verlieh und damit zur ständigen Bedrohung für die Reste des Byzantinischen Reiches wurde, erwuchs im Westen der im Grunde Byzanz fremde Kreuzzugsgedanke. Wenige Jahre nach der Schlacht von Mantzikert beschloß bereits Papst Gregor VII., als „dux et pontifex" an der Spitze eines großen Ritterheeres gegen die Heiden vorzudringen, um das heilige Grab zu befreien und die Seldschuken wieder aus Kleinasien hinauszuwerfen, Pläne, die durch den Investiturstreit nicht zur Ausführung gelangen konnten. Erst unter dem byzantinischen Kaiser Alexios I. Komnenos (1081 bis 1118) konnte dann der Westen eingreifen; Papst Urban II. hielt 1095 eine Synode in Piacenza ab, auf der – wie der Chronist Bernold von St. Blasien schreibt – Konstantinopel den Papst um Hilfe anflehte, die zu gewährleisten er den Abgesandten des byzantinischen Kaisers versprach. Auf dem Konzil von Clermont hielt Urban II. dann seine berühmte Predigt, die im Abendland die Kreuzzugsbegeisterung entfachte und schließlich zum 1. Kreuzzug führte.

erfolgen gegen die Muslime ihre Kraft ein, sie erweitert sich wohl zunächst noch zum Verständnis des Kampfes gegen jede Form des Heidentums und ist nicht mehr nur auf die Rückeroberung der Heiligen Stätten ausgerichtet, doch verblaßt der Kreuzzugsgedanke dann zusehends und findet sich nur noch gelegentlich beim Abwehrkampf gegen die Türken. Religiös und politisch ist das Ergebnis der Kreuzzüge gering, geistig und kulturell weitet sich zweifellos der Horizont des Abendlandes durch die Kontakte mit der muslimischen Welt, vor allem die neuen Erkenntnisse auf den Gebieten der Philosophie, der Dichtung und Medizin sind bedeutend (Rezeption der Werke des Aristoteles in der Bearbeitung des Arabers Averroes). Auch die Entfaltung der ritterlich-höfischen Welt des Abendlandes während des Hochmittelalters ist in vielem auf die Kreuzzüge zurückzuführen, insbesondere waren es die französischen Ritter, welche zu Trägern der Kreuzzüge wurden, wobei das daraus resultierende Selbstbewußtsein und vor allem die sich aus den Kreuzzügen ergebende Verstärkung der Position der französischen Könige, welche sich als Führer der Kreuzritterheere auszeichneten, wesentlich zur Einigung des Landes beitrugen. Nicht zu übersehen sind die wirtschaftlichen Veränderungen, die im Gefolge der Kreuzzüge eintreten. Einen bedeutenden Aufschwung des Handels erleben die lombardischen Städte im Inneren Italiens und vor allem die Seestädte wie Venedig, Genua und Pisa, die sowohl vom aufblühenden Orienthandel als auch vom Transport der Kreuzfahrer profitieren. Politisch leidet das Verhältnis Europas zum Byzantinischen Reich durch die Kreuzzüge erheblich, da sich das Schisma von 1054 infolge der Kirchenpolitik der Kreuzfahrer in Palästina noch vertieft und da die Eroberung Konstantinopels und die Schaffung des Lateinischen Kaisertums auf dem 4. Kreuzzug das Oströmische Reich machtpolitisch beinahe völlig zerschlagen. Bedeutsam ist jedoch die Öffnung des östlichen Mittelmeerraumes, der stärker ins Einflußfeld Europas gerät. Ein Ergebnis der Kreuzzüge ist schließlich noch die Gründung der drei großen geistlichen Ritterorden, der Templer, Johanniter und Deutschritter. Die Tempelherren oder Templer, die nach ihrem in der Nähe des salomonischen Tempels gelegenen Ordenshaus in Jerusalem benannt werden, entwickeln sich aus einem wahrscheinlich 1118 geschlossenen Bund von acht französischen Rittern. Sie tragen einen weißen Mantel mit rotem Kreuz. 1291 wird der Orden nach Zypern verlegt, 1312 erfährt er auf dem Konzil von Vienne durch Papst Clemens V. seine Aufhebung, unter Philipp V. von Frankreich werden die Templer als Ketzer verfolgt, da sich der König ihre Besitztümer aneignen will. Die Johanniter oder Hospitaler gehen aus der Brüderschaft des Hospitals des heiligen Johannes von Jerusalem hervor. 1113 von Papst Paschalis II. als Orden bestätigt, bildet sich daraus schließlich nach dem Vorbild der

Marmorgrabmal eines Templer-Ritters, um 1250, in der Templer Church in London.
Die im 12. Jahrhundert entstandenen Ritterorden gingen von Frankreich aus. Ein champagnischer Ritter, Hugo von Payens, gründete 1119 den Orden vom Tempel (milites templi) in Jerusalem. Die Ritter sollten dem König von Jerusalem nicht mehr nur 40 Tage im Jahr wie im Lehnswesen, sondern fortwährend zur Verfügung stehen, um den vielfältigen Verteidigungsaufgaben in den Kreuzfahrerstaaten nachkommen zu können. Vom Papst privilegiert, entfaltete der Orden sich rasch und verbreitete sich im Abendland; in der Folgezeit bildeten sich als weitere Ritterorden die Johanniter (ein zum Ritterorden sich wandelnder älterer Spitalorden), die Deutschherren und die spanischen und portugiesischen Orden aus. 1307 wurde den Templern in Frankreich durch Philipp IV. der Prozeß gemacht, auf dem Konzil von Vienne 1312 wurde der Orden aufgehoben.

Templer ein Ritterorden, der die aktive Nächstenliebe zur Regel erhebt und einen schwarzen Mantel mit weißem Kreuz trägt. 1291 geht der Orden nach Zypern, 1309 nach Rhodos und schließlich 1530 nach Malta, wo er bis 1798 verbleibt (daher auch als Malteser bezeichnet). Der Deutsche Orden (auch Deutschritter genannt) entwickelt sich 1198 zum Ritterorden aus einer Brüderschaft für Krankenpflege, die 1190 bei der Belagerung von Akkon von Kaufleuten aus Lübeck und Bremen gestiftet wurde (Ordo domus Sanctae Mariae Teutonicorum); seinen Sitz hat er in Akkon, seine Mitglieder tragen einen weißen Mantel mit schwarzem Kreuz. Der Orden weist bald einen großen Besitz in Palästina, Griechenland und Süditalien auf. Nach dem Fall Akkons 1291 wird der Sitz des Hochmeisters des Deutschen Ritterordens nach Venedig verlegt, 1309 nach der Marienburg und 1457 nach Königsberg. Nach dem Scheitern einer Niederlassung in Siebenbürgen wird der Orden unter dem bedeutenden Hochmeister Hermann von Salza von dem polnischen Herzog Konrad von Masowien nach Preußen berufen, das in den folgenden Jahren von den Deutschrittern erobert und in einen blühenden Ordensstaat mit Städten und Burgen umgewandelt wird. Das Land wird systematisch kolonisiert und germanisiert (Ansiedlung von Bauern und Handwerkern aus dem Inneren Deutschlands), zugleich wird seit 1274 der Kampf mit den heidnischen Litauern gemäß der ursprünglichen Bestimmung des Ordens aufgenommen. Die kulturellen Leistungen des Ordens im Osten sind bedeutend, allerdings werden die slawische Bevölkerung und die Preußen völlig unterdrückt. Von den gewöhnlichen Mönchsorden heben sich die Ritterorden der Kreuzzüge durch ihre über das herkömmliche Gelübde der Armut, Keuschheit und des Gehorsams hinausgehende Verpflichtung zum Kampf gegen die Ungläubigen ab. Während die Deutschen sich im Deutschen Ritterorden sammelten, wurde der Orden der Johanniter und Templer vorwiegend von Franzosen gebildet. In allen drei Orden finden sich Ritter, Priester und dienende Brüder.

DIE KULTUR DES FRÜHEN UND HOHEN MITTELALTERS

Bereits in den Anfängen der mittelalterlichen Entwicklung findet im Merowingerreich eine gesellschaftliche und politische Umformung statt, an deren Ende der Staatsaufbau und die Gesellschaftsstruktur des Mittelalters stehen. Die städtische Wirtschaftsform der Spätantike wird Schritt für Schritt durch eine Naturalwirtschaft verdrängt, was zu einem Zurückgehen der Urbanisierung führt. Mit der Entstehung autonomer Grundherrschaften – Domänen von oft bedeutenden territorialen Ausmaßen mit eigener Jurisdiktion, autarker Bewirtschaftung und Eigenkirchenwesen – ändert sich allmählich auch die Gesellschaftsstruktur zu einer vorwiegend agrarisch orientierten Sozietät – eine Entwicklung, die mit dem Sieg der Hausmeierdynastie der Arnulfinger im Merowingerreich noch zunimmt. In der Ausbildung von Verhältnissen personaler Bindung und Abhängigkeit vollzieht sich der erste Schritt zum mittelalterlichen Lehnsstaat; seit Pippin dem Mittleren wird dieser Prozeß noch weiter vorangetrieben, der fränkische Staat wandelt sich mehr und mehr zum mittelalterlichen Vasallenstaat. Die fränkisch-normannische Sonderform des heute in der Forschung universalgeschichtlich aufgefaßten Feudalismus, das Lehnswesen, entsteht aus dem Zusammenwachsen von Formen der keltischen Vasallität (kelt. gwas = Knecht; lat. vassus), der römischen Kommendation (commendatio) und der germanischen Gefolgschaft unter Erweiterung dieser personalen Bindungen durch das Lehen (beneficium, feudum, feodum) in der späten Merowinger- und beginnenden Karolingerzeit. Beschleunigt durch eine weitgehende Säkularisierung von Kirchengut und durch die als Folge des arabischen Vorstoßes intensivierte Ausbildung der fränkischen Reiterei tritt das Lehnswesen im Karolingerreich bereits während des 9. Jahrhunderts als voll ausgeprägt entgegen. Im weiteren Geschichtsverlauf kommt es dann zu einer zunehmenden Differenzierung bei der Entwicklung des Lehnswesens in den sich seit den fränkischen Reichsteilungen unterschiedlich ausformenden Herrschaftsbereichen.

Die Kultur des Mittelalters erreicht einen ersten Höhepunkt mit der politischen Kulmination des Frankenreichs unter Karl dem Großen, was zu einer bedeutenden kulturellen Blüte führt. In der Bildungsbewegung der „Karolingischen Renaissance", deren Träger der königliche Hof und die Kirche, Kleriker und Mönche, sind, erfolgt eine bewußte Rezeption spätantiken, christlichen Kulturgutes in dem Streben, mit der Renovation der geistigen Tradition der Antike ein neues hohes Zeitalter des Geistes und der kulturellen Größe einzuleiten: „Wenn Eure (des Kaisers) Absichten ausgeführt werden, kann ein neues Athen im fränkischen Land erstehen, prächtiger als das alte. Denn unser Athen, geadelt von den Lehren Christi, wird die Weisheit der Akademie übertreffen" (Migne, Patrologia Latina 100, ep. 86) – so hat es Alkuin von York, der Leiter von Karls Palastschule in Aachen, auch „Akademie" genannt, als Programm aufgestellt. Wenn auch die Karolingische Renaissance mit ihren hochgesteckten Erwartungen und dem idealistischen Überschwang einer breiteren Bildungsschicht im letzten an der Differenziertheit der Formenwelt einer Spätkultur, die sie sich anzueignen suchte, scheitern mußte, so kann nicht übersehen werden, daß sich mit ihr nach einer Phase des kulturellen Niedergangs und des Absinkens in einen die antike Tradition aufgebenden Primitivismus in dem Versuch, der Antike neuen Gehalt und neue Form zu geben, ein Schöpferisch-Neues anbahnte, aus dem heraus die abendländische Kulturentwicklung ihren Aufschwung nahm.

Die Karolingerzeit erweist sich so im Ablauf der abendländischen Geschichte als erste geschlossene Kulturepoche, in der Karl der Große mit einer bewußten Kulturpolitik, die auf die Ausformung des geistigen Lebens und der Kunst und die Bildung des Klerus mit der Gründung von Kloster- und Domschulen ausgerichtet ist, an die spätrömische Antike anknüpft, was zu einer verstärkten Aufnahme spätantiker Elemente nach einer Periode des Erlöschens führt, wenn auch nicht von einer direkten Renovation der Spätantike gesprochen werden kann – doch bewirkt dieser Versuch der Weiterführung der spätrömischen Tradition und ihrer Verknüpfung mit dem germanischen Element in der Karolingischen Renaissance ein erstes Aufblühen der frühmittelalterlichen abendländischen Kultur, die in Kunst, Wissenschaft und Literatur erste reiche Früchte trägt. An seinem Hof versammelt Karl die bedeutendsten Gelehrten seiner Zeit, den Angelsachsen Alkuin, Theologe und Dichter, den er zum Leiter der Hofschule in Aachen erhebt und der ihn in geistlichen Angelegenheiten berät, ferner den Langobarden Paulus Diaconus, der die Geschichte seines Volkes verfaßt, Einhard, den Verfasser der Vita Caroli Magni, Paulinus von Aquileia, den Westgoten Theodulf von Orléans, Theologe und Dichter, den Grammatiker Petrus von Pisa. Die Bemühungen Karls des Großen um eine Erweiterung des Bildungskreises und eine Anknüpfung an die spätantike Tradition bewirken zahlreiche kulturelle Leistungen, so eine Schriftreform durch die Ausbildung der die Grundlage der heutigen Schrift abgebenden karolingischen Minuskel, das Aufblühen einer Poesie in lateinischer Sprache, die wieder auf ihre klassische Form zurückgeführt wird (Briefe des Baiern Servatus Lupus, Abt von Ferrières, um 805 bis 862, in klassischem Latein, die zugleich den humanistischen Austausch in der karolingischen Epoche aufzeigen), eine rege Gelehrsamkeit mit einer Pflege der Geschichtsschreibung und Zeitchronik; für eine Erhaltung der tradierten klassischen Literatur ist die Einrichtung von Schreibschulen an den Klöstern zum Kopieren der vorhandenen literarischen Werke bedeutsam geworden, in der Karolingerzeit erfolgt auch eine Hinwendung zum eigenen Volksgut mit der Sammlung und Aufzeichnung germanischer Heldenlieder.

Die karolingische Literatur weist zwei Gattungen auf, zum einen die heidnisch-germanische, bisher nur mündlich überlieferte Dichtung, die in karolingischer Zeit ihre schriftliche Aufzeichnung erfährt (Hildebrandlied, Merseburger Zaubersprüche, Beowulf-Epos), und eine neu entstehende christliche Literatur (Wessobrunner Gebet, Muspilli, Heliand, Predigtsammlungen, etwa Hrabanus Maurus' „De laudibus sancta crucis", Otfried von Weißenburgs Evangelienharmonie). Das erste deutsche Buch, in althochdeutscher Sprache verfaßt, der deutsche Abrogans, entsteht, von Norditalien her angeregt, um 765 in Freising; diese Glossensammlung gehört zur Gruppe der frühen Schriftdenkmäler der karolingischen Literaturentwicklung – bei den Glossaren oder Glossen handelt es sich um mit deutschen Erklärungen versehene lateinische Wörtersammlungen; althochdeutsche Glossen werden lautgetreu noch bis in das 14. und 15. Jahrhundert hinein abgeschrieben. Zu Trägern der karolingischen Kultur werden die Klöster, die mit dem Abschreiben von Handschriften zugleich für die Erhaltung, Verbreitung und Vervielfältigung der literarischen Denkmäler sorgen; althochdeutsche Schreiborte sind die Klöster Weißenburg, Reichenau, St. Gallen, Murbach, Monsee, Freising, Lorsch, Würzburg, Regensburg, Bamberg, Tegernsee, Passau, Mainz, Fulda, Trier, Salzburg. In dem Praeceptor Germaniae, dem Schüler Alkuins, Hrabanus Magnentius Maurus (gest. 856), Abt von Fulda und Erzbischof von Mainz, findet die Karolingische Renaissance ihre Weiterführung und fruchtbare Ausformung, wobei sich Hrabanus Maurus sowie sein dichtender Schüler, Walahfrid Strabo (gest. 849), Abt von Reichenau, um eine Vertiefung der philosophisch-theologischen Bildung des Klerus bemühen. Hincmar von Reims, Erzbischof von 845 bis 882, und Regino von Prüm (gest. 915) prägen mit ihren politischen Denkschriften und der Weltchronik das geistige Profil der Epoche mit, die in dem von Karl dem Kahlen an die Hofschule berufenen irischen Philosophen Johannes Scotus Eriugena einen ihrer schärfsten, tiefschürfendsten und selbständigsten Denker bis hin zu den Scholastikern aufweist.

Aus dem Bemühen höfischer und klerikaler Kreise im Karolingerreich, sich die Formen- und Kunstwelt der Spätantike anzueignen, d. h. den Steinbau und die dem germanischen Wesen bisher fremde Darstellung des Menschen durch Bildhauerkunst und Malerei, erwächst von ungefähr 800 bis in die 1. Hälfte des 10. Jahrhunderts eine eigenständige Kunstepoche (im Französischen treffend „Style Charlemagne" genannt), welche den Beginn der abendländisch-mittelalterlichen Kunstentwicklung in der Entbindung neuer schöpferischer Kräfte signalisiert, wenn auch die Vorbilder oftmals mißverstanden werden – wesentlich ist jedoch der neue Bedeutungsgehalt, der den geschaffenen Kunstwerken zugemessen wird. Die hauptsächlich ornamental ausgerichtete vorkarolingische Kunst wird abgelöst durch eine eigene Kunstentwicklung, für die das Kaiserhaus und die klerikale Bildungsschicht verantwortlich zeichnen: in ihr geht es um die bewußte Aneignung der spätantiken Formenwelt.

In der Baukunst führt der Anknüpfungsprozeß an die spätrömisch-frühbyzantinische Kunst- und Formensprache nach der Unterbrechung der antiken Bautraditionen im Norden durch die Völkerwanderung zu einer Wiederaufnahme der Errichtung von Monumentalbauten in Stein, sei es für sakrale (Kirchen- und Klosterbau), sei es für profane (Palastbau) Zwecke. In der Vielzahl der übernommenen Bautypen ist noch die Unsicherheit des Beginnens abzulesen, in der Sakralbaukunst begegnen der Zentralbau, die mit oder ohne Querhaus versehene Basilika und die Saalkirche mit Rechteckchor. Der stadtrömische Typus der T-förmigen, mit durchlaufendem Querschiff ausgestatteten Basilika aus der Zeit Constantins des Großen wird in der karolingischen Epoche insbesondere in Reichsklöstern (Fulda, Hersfeld) wieder aufgenommen und neu belebt; im Laufe der Zeit unterliegt das basilikale Schema dann auf Grund wechselnder kirchlicher Bedürfnisse vielfachen Veränderungen und Weiterentwicklungen, wobei bereits in karolingischer Zeit die „ausgeschiedene Vierung" vorbereitet wird. Bedeutende Eigenschöpfungen des karolingischen Kirchenbaus sind die Doppelchoranlage und das dem Langhaus als eigener Baukörper vorgelagerte sogenannte Westwerk (Centula, 790 bis 799; Corvey, 873 bis 885; Werden, 875 bis 943), dessen Funktion umstritten ist; wahrscheinlich diente der zentralbauartige, in mehrere Stockwerke unterteilte Raum zwischen den beiden Türmen als Gastkirche für den Herrscher bei seinem Aufenthalt in den Klöstern. Die Gestaltung der Klosteranlagen insgesamt wird zu einer die mittelalterliche Bauentwicklung beherrschenden Aufgabe, die noch bis in die Barockzeit hinein ihre Gültigkeit behält: Zum Vorbild wird der um 820 von einem unbekannten Mönch des Klosters St. Gallen entworfene karolingische Idealplan für eine Klosteranlage, der die Gebäude nach ihren Funktionen um die basilikale, doppelchörige Klosterkirche innerhalb der Umfassungsmauern gruppiert und so das Kloster als einen autarken, für sich bestehenden Organismus ausweist. Bedeutendster Zentralbau der Karolingerzeit ist die Aachener Pfalzkapelle Karls des Großen, die sich die Palastkapelle des byzantinischen Kaisers Justinian, San Vitale in Ravenna, zum Vorbild nahm; die Aachener Pfalzkapelle wirkt weiter in zahlreichen Nachfolgebauten (Pfalzkapelle in Nimwegen, Stiftskirche Ottmarsheim) bis hin zu den doppelgeschossigen Herrschaftskapellen vom 11. bis zum 13. Jahrhundert.

In Malerei und Bildnerei ist in der karolingischen Kunstentwicklung die Kleinkunst vorrangig, monumentale Plastik findet sich nicht, nur in Aachen bestand wahrscheinlich eine Bronzegießerwerkstatt. In der Goldschmiedekunst (Deckel des Codex aureus; Paliotto aus S. Ambrogio, Mailand; Regensburger Tragaltar) und Elfenbeinschnitzerei erreicht die karolingische Kunst beachtliche Leistungen; letztere wird unterteilt in die Ada-Gruppe (um 800), Liuthard-Gruppe (Mitte 9. Jahrhundert) und Metzer-Gruppe (Mitte 9. bis 10. Jahrhundert). Das Schwergewicht der karolingischen Kunst liegt in der in den Palast- und Klosterschulen gepflegten Buchmalerei, die sich an spätantiken und byzantinischen Vorlagen – aus Mangel an eigener Bildtradition – orientiert und sie für den eigenen Gebrauch schöpferisch umbildet; sie dient vor allem der Ausstattung von oft von den Königen und Kaisern in Auftrag gegebenen liturgischen Büchern (Evangelien, Psalmen, Antiphonare usw.), deren in langwieriger Abschreibearbeit hergestellte Texte mit kostbaren Miniaturen illustriert werden, wobei sich ein fester Formenschatz herausbildet, der auf Grund unterschiedlicher Stilmerkmale, die auf verschiedene Schulen zurückzuführen sind, voneinander geschieden werden kann; die wichtigsten Schulen sind die Ada-Gruppe, die Palastschule, die Schulen von St. Gallen, Reims, Tours, Metz und St. Denis.

Thema der Buchmalerei des Mittelalters bis ins 13. Jahrhundert hinein sind vor allem religiöse Darstellungen: die Verkörperung der Glaubensinhalte, der religiösen Vorstellungen, der göttlichen Personen, des Paradieses und die Illustrierung der von den heiligen Schriften des Alten und Neuen Testaments berichteten Geschehnisse. Dazu treten die Verkörperung der Heiligenviten und -legenden, ferner Symbolik und Typologie, Dogmatisches (z. B. Ecclesia und Synagoge) und Moralisches – man denke an den Kampf der Tugenden und Laster bei Prudentius, an das proelium carnis et spiritus bei Conrad von Hirsau. Neben diesen religiösen Darstellungen finden wir in weit bescheidenerem Ausmaße Illustrationen wissenschaftlicher Texte, gelehrter Kommentare zu den heiligen Schriften, theologischer Abhandlungen, aber auch medizinischer, pharmazeutischer, astronomischer, kalendarischer, musikalischer, manchmal auch historischer Inhalte, wie z. B. der Chronik des Otto von Freising. Eine eigene Gattung bilden die antiken Autoren, die Komödiendichter Plautus und Terenz, die Agrimensoren, Boethius, Aesop u.a.m. Seit dem 12. Jahrhundert kommen dann auch Bilder zu deutschen Dichtungen hinzu, zum Rolandslied des Pfaffen Konrad, zu Eneide, Tristan oder den Marienliedern des Priesters Wernher. Eine reichhaltige Kategorie ergeben die bildlichen enzyklopädischen Zusammenstellungen alles Wissenswerten, etwa Hrabanus Maurus' „De universo", Lambert von St. Omers „Floridus" und Herrad von Odilienbergs „Hortus deliciarum". Eine Abteilung für sich stellen schließlich die Bildnisse von Herrschern, Bischöfen, Äbten, Mönchen oder Laien dar, die in den meisten Fällen ein Buch halten oder beten und uns in sogenannten Dedikations- und Repräsentationsbildern begegnen.

Die abstrakte Weltverneinung des Mittelalters und die Idealität der mittelalterlichen Kunst nehmen den Menschen in seiner Geistigkeit und seinen Beziehungen zur jenseitigen Welt zum Vorbild in Miniatur- und Wandmalerei (monumentale Wandmalereien der karolingischen Epoche haben sich kaum erhalten; karolingischer Freskenzyklus in Müstair, Schweiz, Freskenreste in St. Benedikt zu Mals in Südtirol, Außenkrypta von St. Maximin in Trier); das geistige Leben im Transzendenten machte das Auge für die Formen der Umgebung unempfänglich. Ein immer tieferes Sichhineinleben und -denken in die christlichen Schriften, die als Ausfluß des abstrakten semitischen Geistes nur geringe Naturanschauung und kein intensives Naturempfinden besitzen, führt in der mittelalterlichen Kunst zu einer Vernachlässigung der Sinne, die den Menschen mit der Außenwelt verbinden. In der wandellosen Hierarchie, in welcher sich für die spätere scholastische Spekulation, der Summa Theologica, alle Wesen und Dinge abstufen, erscheint die Natur an niedrigster Stelle. Soweit die Scholastiker sich mit Einzelheiten der Natur beschäftigen, tun sie es nur, um in der Natur Symbole für die „veritates aeternaes" zu finden; die Natur ist gleichsam eine Bilderschrift des Übersinnlichen. In der Kunst kommt es nicht mehr auf schöpferische Nachahmung der Natur an, wie es die Antike kannte, sondern auf eindringliche Gestaltung des geistigen Gehalts. Das Wesentliche soll herausgearbeitet werden, das Heilige, ja das Jenseitige soll erschütternd und zur religiösen Versenkung ladend in Erscheinung treten. Die mittelalterliche Malerei wird deshalb mehr und mehr zu einer Bilderschrift, zu einer Bilderschrift des Religiösen und des göttlichen Wortes. Schon in der griechischen Kirchenliteratur des 4. Jahrhunderts (Basilii Sec. Opp. ed. Garn. II) finden wir diesen Gedanken, der im 7. Jahrhundert durch Gregor den Großen seine christlich-theoretische Begründung zusammenfassend findet. Charakter und Zweck der Malerei sind demnach in Gregors Worten ausgedrückt: „Quod legentibus scriptura, hoc idiotis praestat pictura cernentibus" (Was die Heilige Schrift dem Lesenden sagt, das zeigt die Malerei dem unwissenden Menschen bei der Betrachtung) (Ep. lib. IX, ep. 9) und: „Idcirco pictura in ecclesii adhibetur, ut hi, qui litteras nesciunt, saltem in parietibus videndo legant, quae legere in codicibus non valent" (Deshalb wird die Malerei in den Kirchen angebracht, damit diejenigen, welche die Buchstaben nicht kennen, wenigstens an den Wänden sehend lesen, was sie in den Büchern nicht zu lesen vermögen) (Ep. lib. VIII, ep. 3). Der künstlerische Selbstzweck in der christlichen Malerei des Mittelalters tritt also zurück, „Elemente, welche nur diesem Zwecke dienen, wie die landschaftliche Erweiterung und Ausschmückung der Szenen, finden keinen Platz in der Bilderschrift, da diese das Ziel der Deutlichkeit am besten durch konventionelle Typen und Abreviaturen alles Überflüssigen erreicht“ (L. Kaemmerer). Hrabanus Maurus sagt im 21. Buch seiner Enzyklopädie „De universo“ von der Malerei: „Pictura est imago exprimens speciem rei alicuius, quae dum visa fuerit, ad recordationem mentem reduxit“ (Die Malerei als Abbild der äußeren Erscheinung einer Sache ruft beim Beschauen im Geiste eine Erinnerung hervor).

Auf die karolingische Kunstperiode folgt die Stilepoche der ottonischen Kunst, d. h. die deutsche Kunst unter den Ottonen, die als selbständige, sich von der karolingischen Kunst, aber auch von der Kunstentwicklung in Frankreich und Italien mehr und mehr abhebende, die Führung im abendländischen Kunstgeschehen übernehmende Kunstentwicklung durch H. Jantzen in der Kunstgeschichte ausgewiesen wurde; sie währt vom letzten Drittel des 10. Jahrhunderts bis ins erste Drittel des 11. Jahrhunderts und ist gekennzeichnet durch eine völlige Umformung des aus der Antike Übernommenen im Sinne der geistig-religiösen Vorstellungen und der transzendenten ideellen Ausrichtung der ottonischen Zeit, welche den Beginn der eigentlichen geistigen Welt des Mittelalters markiert. Nicht mehr Erneuerung und Anknüpfung an die antike Kunstwelt unter engem Anschluß an die spätantiken Vorlagen bestimmen das Kunstwollen der ottonischen Epoche, deren Grundlage die Bildung des Deutschen Reiches unter Heinrich I. ist und die Übernahme der Kaiserwürde durch das sächsische Haus der Ottonen, sie formt vielmehr Eigenständiges, wobei der übernommene Naturalismus spätrömischer Kunst mehr und mehr einem Weglassungs- und Stilisierungsprozeß unterliegt, der schließlich bis hin zur Formenaskese in der späteren mittelalterlichen Kunstentwicklung führt. Wie in karolingischer Zeit treten Kaiserhaus, Klerus und hoher Adel als Auftraggeber auf, die Kunsttätigkeit entfaltet sich jetzt ausschließlich in den Klöstern. Die Erneuerung des Imperiumsgedankens unter Otto I. und die Heirat Ottos II. mit Theophano lassen Byzantinisches in die ottonische Kunst eindringen, insbesondere in die darstellenden Künste wie Buchmalerei und Goldschmiedekunst, die besonders vom Hof gepflegt werden. Während die Elfenbeinproduktion zurückgeht, entfaltet sich die Goldschmiedekunst voll und erreicht dabei höchste Qualität (Vortragekreuze im Essener Domschatz, Pala d'oro in Aachen, Baseler Antependium, Reichskleinodien, Lotharkreuz in Aachen). Bedeutsam für die ottonische Bildnerei, die sich durch eine lebendige expressive Gestaltung auszeichnet, ist die Entwicklung freiplastischer Darstellungen; es finden sich seit 1000 die ersten Kultbilder (Gero-Kruzifix in Köln, goldene Madonna in Essen). Auch der Bronzeguß in monumentalen Formen lebt in ottonischer Zeit wieder auf; davon zeugen die gegossenen Kirchentüren mit Zyklen figürlicher Reliefs in Hildesheim, Augsburg und Mainz. In der Malerei erreicht die Buchmalerei in der ottonischen Epoche einen Höhepunkt, der vor allem in den um 1000 entstandenen Miniaturen der Reichenauer Schule, die als Hochleistungen mittelalterlicher Miniaturmalerei überhaupt gelten können, seinen stärksten Ausdruck findet. Zentren der ottonischen Buchmalerei sind neben der Reichenau Köln, Trier, Echternach, Hildesheim, Regensburg, Fulda, Salzburg u. a. Wandmalerei aus ottonischer Zeit ist nur wenig erhalten geblieben, so die vollständige Ausmalung in St. Georg zu Oberzell auf der Reichenau; Bruchstücke finden sich in Essen, Trier, Echternach, Fulda u. a.

Die ottonische Bautätigkeit entfaltet sich vor allem in der Errichtung der großen Bischofsdome, so in Straßburg, Bamberg, Paderborn, Augsburg, Regensburg, Worms, Magdeburg, Eichstätt, Münster, wobei der aus constantinischer spätrömischer Zeit stammende Bautypus mit durchlaufendem Querhaus und die seit merowingischer Zeit übliche Aufgipfelung der Türme weiterentwickelt werden. Es bildet sich der Kirchentyp der kreuzförmigen dreischiffigen Querhausbasilika mit ausgeschiedener Vierung, festem Maßsystem und Vorchorjoch heraus, der im Grundriß bis in die gotische Zeit hinein Gültigkeit besitzt. Von den karolingischen Westwerken ausgehend, werden zur Betonung von Kircheneingang und Westchor die ersten Türme errichtet; der Westchor mit Querschiff wird zumeist mit einem großen Turm überbaut, der von kleineren Seitentürmen flankiert ist. Die Zweiturmfassade kommt nach der Jahrtausendwende am Oberrhein auf (Basel, Straßburg). Im Gruppenbau des Westchores wird die Richtungsbetonung der frühchristlichen Basilika aufgehoben; mit der Errichtung steiler Baugruppen wird eine aufsteigende, in sich ruhende Gliederung der Baumassen ermöglicht. Im Westen des Reiches erfolgt zuweilen eine Verbindung von Westchor und Westwerk (Essen, Maastricht), Rückgriffe auf den in karolingischer Zeit ausgeprägten Zentralbau kommen vor, werden jedoch immer seltener. Die Gliederung der ottonischen Bauwerke nach außen hin, die aus Bruchsteinen hochgemauert werden und eine Verputzung erhalten, erfolgt durch Lisenen mit Rundbogenfriesen, jedoch ist sie zurückhaltend und läßt die Wand in ihrem Charakter bestehen, verwischt auch nicht ihre Funktion. Die ottonischen Bauwerke, welche ein neues Formgefühl und eine gewonnene Sicherheit des Bauens zeigen, weisen keinen Sockel auf, die Mauern wachsen unmittelbar aus dem Boden. Auch im Inneren der mit Flachdecken ausgestatteten ottonischen Kirchenbauten sind die Schmuckformen zurückgedrängt, die Wandflächen bleiben ungegliedert und erhalten Belebung durch reiche Ausmalung und zweifarbige Mauerung, besonders der Bogenleibungen (Schichtwechsel). Das Gebundene System (quadratischer Schematismus), bei dem die Maßeinheit für den Grundriß das Vierungsquadrat ist und das zur Konstruktionsform der romanischen Basilika wird (Chorquadrat nach Osten, quadratische Querhausflügel nach Nord und Süd, quadratische Mittelschiffjoche im Westen mit halb so großen, quadratischen Seitenschiffjochen), erhält eine Betonung durch einen die Arkadenzone rhythmisierenden Stützenwechsel (Wechsel von zwei in der Form unterschiedlichen Stützen innerhalb einer Arkadenstellung; beim sächsischen Stützenwechsel folgen Pfeiler – Säule – Säule – Pfeiler, beim rheinischen wechseln Pfeiler – Säule – Pfeiler). Die ottonische Baukunst entwickelt das Pilz- und Würfelkapitell und formt das korinthische Kapitell nordisch um, indem sie als Schmuckelemente menschliche Köpfe zufügt.

Das geistige Leben spielt sich in der Epoche der Ottonen in den Dom- und Klosterschulen ab. Insbesondere wird die Geschichtsschreibung entwickelt. Unter Otto I. entsteht im Deutschen Reich aus der Annalistik eine neue Art der Reichsgeschichtsschreibung; sie wird anfänglich vor allem in den Klöstern Sachsens, wie Hildesheim und Quedlinburg, gepflegt. Unter den Geschichtswerken der ottonischen Zeit ragt insbesondere die Sachsengeschichte des Mönchs Widukind von Corvey hervor, die er der Tochter Ottos und Adelheids, der Äbtissin Mathilde von Quedlinburg, überreicht hat. Die Regierungsperiode Heinrichs II. behandelt die umfangreiche, sich mit der Reichsgeschichte befassende Chronik des Bischofs Thietmar von Merseburg. Die Dichtung der ottonischen Zeit wird noch vorwiegend in der lateinischen Sprache verfaßt. Meisterhafte Übersetzungen ins Deutsche liefert der im Kloster St. Gallen wirkende Mönch Notker Teutonicus, der Deutsche (geb. etwa 950, gest. 1022); den Umfang seiner Werke – Übersetzungen aus dem Lateinischen und Griechischen – kennen wir aus der Überlieferung und aus brieflichen Erwähnungen: zu nennen sind die Übersetzungen der Psalmen, des Buches Hiob, Boethius' Trost der Philosophie, Catos Distichen, die Buccolia des Vergil, das Organon des Aristoteles u. a. m. Wie Notker der Deutsche schreibt auch der Hymnen- und Sequenzendichter Ekkehard I. (geb. etwa 900/10, gest. 973) im Kloster St. Gallen. Gedichte in lateinischen Hexametern über die Gründung des Klosters Gandersheim und über die Taten Ottos des Großen verfaßt die Nonne Hrothsvitha von Gandersheim, die erste deutsche Dichterin, ferner sechs Dramen, dramatisierte Heiligengeschichten in der Art des Terenz, der – wie es ihre Absicht war – so sein christliches Gegenstück erhält.

Um 1000 setzt der erste das gesamte Abendland umfassende Stil der mittelalterlichen Kunst, die Romanik, ein, die in Frankreich seit der Mitte des 12. Jahrhunderts durch die Gotik, in Deutschland seit Mitte des 13. Jahrhunderts, als zweite umfassende mittelalterliche Stilepoche abgelöst wird. In Deutschland fallen die Anfänge der Romanik in die Zeit der Salier, in der außerdeutschen Kunstgeschichte wird der Begriff auch auf die davorliegende Kunstentwicklung angewandt, die in einigen Ländern auch als vorromanische Kunst bezeichnet wird. Der Begriff „romanisch“ wurde 1820 von dem französischen Kunstgelehrten de Gerville geprägt und wenige Jahre später von dem französischen Kunstgelehrten Arcis de Caumont aufgegriffen, der weit bekannter als de Gerville war. Schließlich fand der Terminus nach seiner Verbreitung in Frankreich auch im deutschen Schrifttum, zuerst durch Waagen 1839, Aufnahme. De Gerville wandte die Bezeichnung „romanisch“ auf die bisher mit unterschiedlichen Begriffen (etwa byzantinisch, neugriechisch, altdeutsch, vorgotisch in Deutschland) belegte abendländische Baukunst seit 1000 an, da sie in bestimmten Bauformen Ähnlichkeiten mit römischen aufwies. In der Folgezeit erfuhr der Begriff eine Ausweitung und wird heute auf die gesamte Stilepoche zwischen der Kunst der Karolingerzeit und der Gotik angewandt, in Deutschland schiebt sich allerdings noch die ottonische Kunst zwischen die Kunst der Karolinger und das Einsetzen des romanischen Stils. Hauptgebiete der Entfaltung der romanischen Kunst, wobei sich überall nationale Varianten ausbilden, sind Deutschland, Frankreich und Norditalien (hier insbesondere die Lombardei), ferner Nordspanien, das mit dem französischen Languedoc eine kulturelle Einheit bildet, England gerät wegen seiner politischen Verbindungen zur Normandie ins Einflußfeld französisch-normannischer Stileinflüsse, Nord- und Osteuropa hingegen werden vom romanischen Stil nur wenig berührt. In Deutschland ist die Kunst auch in romanischer Zeit weiterhin aufs engste mit der jeweiligen regierenden Dynastie verbunden – man spricht daher von einer ottonischen, salischen und staufischen Kunst –, in Frankreich bilden sich hingegen sog. Kunstlandschaften aus, wobei der Norden mit intensiven germanischen Einflüssen (Normannen) vom noch stärker der antiken Tradition verbundenen Süden zu unterscheiden ist. Im Norden vor allem auf den Grundlagen der karolingischen Kunst aufbauend, entwickelt die Romanik deren Synkretismus verschiedener Formen (irisch-angelsächsische und merowingische Traditionen, Rezeption der spätantiken Kunst und Einflüsse der byzantinischen Kunst, die wiederum auf dem Erbe der griechisch-römischen Antike basiert) weiter, doch gibt sie der Kunst jetzt eine feste Kontur und setzt an die Stelle des tastenden Kopierens der Vorbilder, das die vorromanische Kunst kennzeichnete, eine klare und selbständige Umformung unter Ausprägung eines eigenen Stils.

Wie bereits in vorromanischer Zeit sind in der Romanik wiederum die Kirche und die Herrscherhäuser Auftraggeber, in der Spätphase tritt auch der Adel als Auftraggeber hervor. Hauptaufgaben der romanischen Kunst sind demzufolge der Kirchen- und Klosterbau und die Schaffung des für den Gottesdienst benötigten Geräts und der liturgischen Bücher, die Herrscherhäuser geben vor allem den Bau ihrer Kirchen- und Königspfalzen in Auftrag, erst später kommt die Errichtung von Burgen und Wehrbauten hinzu. Die Gründung neuer befestigter Städte und die Ausbreitung der Mönchsorden führen zu einer regen Bautätigkeit während der romanischen Epoche, ferner das Aufkommen von Wallfahrten zum Grab des hl. Jakobus in Santiago de Compostela als Ersatz für eine Pilgerreise zu den heiligen Stätten in Jerusalem, was entlang der Pilgerstraßen neue Klostergründungen entstehen läßt.

Hauptaufgabe der romanischen Baukunst, die ihre Höhepunkte im Kirchenbau hervorbringt, ist die Entwicklung des monumentalen Wölbungsbaues, der zu einer anderen Gestaltung der Struktur der Wand zwingt, wird diese doch durch die Einführung der Wölbung im gesamten Innenraum um 1100, was zu einer gesteigerten architektonischen Wirkung im Inneren führt, im Gegensatz zu den vorromanischen Bauten nicht mehr nur senkrecht belastet, sondern muß jetzt auch den Seitenschub der Gewölbe auffangen und ableiten. Der Gruppenbau der Basilika als vorherrschende Bauform erfährt im Sinne der eigenen Stilbildung der romanischen Kunst eine bereichernde Weiterentwicklung, die sich vor allem im Außenbau, der künstlerisch durchgeformt wird, äußert: die von einander im Inneren als auch nach außen hin unterschiedenen einzelnen Bauteile, die additiv aneinander gefügt werden, werden kraftvoll zusammengefaßt, was durch eine Gleichgewichtigkeit der Bauteile und insbesondere die Höhentendenz der romanischen Basilika erreicht wird, indem der Richtungsbau-Charakter des spätrömischen Basilikatypus aufgegeben wird. Der im Osten gelegenen Baugruppe mit Querschiff und Apsis wird als Gegengewicht eine reich ausgebildete Fassade (als Einturm- oder Doppelturmfassade) oder ein zweiter Chor im Westen gegenübergestellt, wobei die Betonung dieser beiden Baugruppen noch durch die Hinzufügung zahlreicher, in ihrer Bedeutung über den praktischen Zweck hinausgehender Türme gesteigert wird; mit der Höhenrichtung, auf welche die Baugruppen ausgerichtet sind, und der vertikalen Akzentuierung von Chor, Vierung und Westeingang, denen in der Liturgie besondere Bedeutung zukommt, ist ein architektonischer Bezug und damit eine Zusammenfassung aller Baugruppen gegeben. Der tektonischen Gliederung des Außenbaus entspricht eine solche auch im Inneren, wodurch sich der romanische Kirchenbau wesentlich vom frühchristlichen und byzantinischen unterscheidet (untektonischer Mosaikschmuck). Die romanische Baukunst zeichnet sich durch eine Schwere und wuchtige Massigkeit der Mauern, aber auch jedes einzelnen Bauteiles aus, zylindrische und kubische Formen werden mit Vorliebe additiv aneinandergefügt, wobei der Kontrast nicht zu verwischen versucht wird. In der romanischen Architektur äußert sich so in gesteigerter Form das nordische germanische Element, die Rezeption spätantiker Kunstformen erfährt eine völlige Umformung und Weiterbildung, wobei das eigene Stilgefühl in gesicherter Weise voll zum Durchbruch kommt.

Auf die liturgischen Bedürfnisse bezogen, entwickelt die Klosterbaukunst eine Vielzahl von Varianten sowohl für das Querhaus als auch für die Choranlage. Gegensätzlich zur vorromanischen Baukunst wird die Krypta zumeist als Hallenkrypta gestaltet; eine Vergrößerung ist bis zum Säulenwald – wie etwa in Speyer oder Gurk – möglich; die Säulen tragen ein Kreuzgratgewölbe. In Deutschland entwickelt sich in der Salierzeit unter dem Einfluß der von Cluny ausgehenden Reformbewegung, wobei jedoch die Reformideale baukünstlerischer Schlichtheit in Cluny selbst seit Gregors VII. Wirken wieder aufgegeben werden, eine spezielle Bautendenz, die sog. Hirsauer Bauschule (um 1080 bis 1150), die vor allem in Sachsen und Bayern, welche antikaiserlich eingestellt sind, besonderen Einfluß gewinnt. Zur großen Bauaufgabe der romanischen Stilepoche gehört die Errichtung der Kaiserdome, denen neben ihrer religiösen Bedeutung zumeist auch eine dynastische als Grabeskirchen des Kaiserhauses zukommt. Die frühsalische Baukunst bezieht ihre Impulse von dem von Cluny ausgehenden Reformgeist, von Burgund und der älteren oberrheinischen Baukunst: angestrebt ist die Verwirklichung architektonischer Schlichtheit, wie sie die altchristliche Basilika zeigte, zugleich wird der Typus der kreuzförmigen Basilika mit ausgeschiedener Vierung entwickelt, der für die romanische Baukunst in Deutschland bestimmend werden soll. Eine Aufgabe der reformerischen Tendenzen, wie sie unter Konrad II. und Heinrich III. wirksam waren, erfolgt seit 1080 unter Heinrich IV.; es dringen jetzt oberitalienische und damit auf antike Traditionen zurückgehende Einflüsse in die Baukunst ein (reiche antikisierende Bauplastik und Wölbung im Speyrer Dom), die für die Folgezeit vorbildlich sein werden.

Wie in der Baukunst prägt sich während der Romanik auch in Bildnerei und Malerei ein eigener selbständiger Stil aus, der alle auf antikes Erbe zurückgehenden Gestaltungsformen ausscheidet und in der Verbildlichung der christlichen Vorstellungsinhalte zu neuen Ausdrucksformen findet. Von der romanischen Wandmalerei haben sich nur Fragmente erhalten, die Buchmalerei hingegen, die in salischer Zeit ihren Höhepunkt gewinnt, bietet wie schon in der karolingischen und ottonischen Epoche reiche Beispiele, die die endgültige Loslösung von antiken Vorlagen zeigen. Jeglicher körperlich-räumliche Illusionismus ist aufgegeben zugunsten einer geistig-seelischen Verdichtung des Bildinhalts, naturalistische Anklänge wie Baum- und Bergdarstellungen sind zu stilisierten, attributiv gehandhabten, formelhaften Zeichen erstarrt, deren Formelkanon über sassanidische Einflüsse bis in die Kunstwelt des Alten Orient zurückreicht. Der Realitätsbezug bei der Zusammenstellung von Menschen und Dingen hinsichtlich ihrer natürlichen Größenverhältnisse ist aufgehoben, es geht nicht um die „reale Wahrheit“ des Bildlichen, sondern um die Versinnbildlichung des Transzendenten in der künstlerischen Aussage.

In der Bildhauerkunst entsteht während der Romanik mit der Entwicklung der Bauplastik erstmals im Mittelalter eine Großplastik in Stein in Südfrankreich, Spanien und Norditalien, die noch stark an die Fläche gebunden ist. Kirchenportale, Kreuzgänge, Kapitelle, Fassaden werden in romanischer Zeit mit Skulpturen geschmückt (Ausbildung des Figurenportals in Frankreich), bedeutungsvoll sind die oft expressiv gestalteten eschatologischen Themen im Tympanon der Kirchenportale. Mit der Ausformung der Bauplastik gewinnt die romanische Kunst wieder die monumentale Form zurück, die seit der Antike aufgegeben worden war.

Das islamische Mittelalter

DAS ISLAMISCHE WELTREICH VOM UNTERGANG DER OMAJJADEN BIS ZUM ENDE DES ABBASIDEN-KALIFATS (749–1258)

Aufstieg der Abbasiden

VORAUSSETZUNGEN FÜR DEN ZUSAMMENBRUCH DER OMAJJADEN-HERRSCHAFT

Das islamische Weltreich um 750 Das Großreich der Omajjaden war geschaffen worden dank der seltenen Fülle ausgezeichneter Feldherren und weitblickender Staatsmänner, die die Vielfalt von Kulturen, Völkern und Sprachen der unterworfenen Gebiete zur Einheit zusammenzufügen suchten. Da es an arabischen Vorbildern naturgemäß fehlen mußte, waren byzantinische und persische Institutionen als Vorbilder heranzuziehen für alle Bereiche der militärischen, administrativen, steuer- und finanztechnischen Organisation. Kopten, Perser und Griechen stellten die Beamtenschaft, Arabisch setzte sich erst allmählich als Amtssprache durch. Es war angesichts der kurzen Regierungszeiten der Omajjaden-Herrscher zudem unvermeidlich, daß die Einigungsbemühungen oft im Ansatz stecken bleiben mußten. Unter der Oberfläche gärten die Gegensätze und Widersprüche der Lebensformen, Gebräuche, Nationaltraditionen und Temperamente. Erschwerend mußte sich der natürliche Gegensatz zwischen arabischen Eroberern und fremdstämmigen Unterworfenen auswirken. Wieweit man sich von den dem Koran zugrunde liegenden arabischen Verhältnissen und den von Mohammed angestrebten Idealzuständen entfernt hatte, war überdeutlich am Beispiel des Kalifen abzulesen: Das patriarchalische Oberhaupt mit seiner Autorität über die Stammesfamilien war zu einem absoluten Monarchen geworden, der bereitwillig das Ziegenfellzelt der Nomaden gegen den Palast in Damaskus oder eines seiner syrischen Wüstenschlösser eintauschte. In seiner Neuorientierung entfernte sich der Herrscher von seiner geistigen, politischen und sozialen Herkunft in zunehmendem Maße, was gemeinsam mit der mangelnden Verankerung der fremden Macht im besiegten Land umso mehr zu Auseinandersetzungen führen mußte, als das höchst labile Staatsgebäude auf der persönlichen Gefolgschaftstreue aufgebaut war und die Verwaltung aus den oben genannten Gründen den eigenen Händen zu entgleiten drohte.

Dynastische Probleme und religiöse Sonderentwicklungen Die prinzipiellen Schwierigkeiten der späten Omajjaden-Zeit forderten eine Gegenentwicklung geradezu heraus. Umso stärker mußte dies dann geschehen, wenn jene Grundprobleme theologischer und politischer Natur zum Tragen kommen konnten, welche die islamische Welt in zwei einander verhaßte Lager zu spalten vermochten: Es konnte nicht ausbleiben, daß Sunniten und Schiiten aufeinanderprallten. Nach der Meinung der Schiiten waren die Omajjaden Usurpatoren der Kalifenwürde, ihr Griff nach der Herrschaft eine Sünde, die es zu korrigieren galt. Ihrem theologischen Verständnis der Rechtgläubigkeit des Anführers aller Mohammedaner entsprechend, stand diese Führungsrolle nur einem unmittelbaren Nachkommen Mohammeds zu, einem der Nachfahren Alis (Aliden). Auf die Ehen Alis mit Mohammeds Töchtern Fatima und Haula aus dem Stamme Banu Chanifa führten sich zwei dynastische Linien zurück, von denen jede sich samt ihrer Anhängerschaft in Persien und Mesopotamien aufgesplittert und sich, um die unterschiedlichsten Fanatiker geschart, zu halb politischen, halb theologisch-mystischen Parteien und letztlich zu höchst streitbaren Sekten entwickelt hatte. Gemeinsam war ihnen im Grunde nur die Ablehnung der Sunniten und der von diesen unterstützten Omajjaden-Dynastie, deren genealogischer Bezug auf Mohammed etwas entfernter war.

Da sich die Sunniten auf eine stark nationalistische Koraninterpretation festgelegt hatten, mußte ihre Wirksamkeit eine regionale Grenze finden und bei entsprechender geographischer und politischer Konstellation die Führungsrolle an die Schiiten abgetreten werden, deren Öffnung für fremde Kulte und Kulturen die stärkere Wirkung versprach. Doch nicht nur das verwirrende Netz der religiösen und dynastischen Sonderentwicklungen, die den Boden für das große und verzweigte Schisma der Schia bereiteten, erwies sich als immer gefährlicher. Aus dem Lager der streng orthodoxen Sunniten gesellten sich all jene Kreise zur anti-omajjadischen Opposition, die zwar nicht die Legalität des Herrscherhauses in Frage stellten, denen aber dessen offen zur Schau getragene Verweltlichung eine schwere Verletzung der Reinheit des Glaubens bedeutete, die früher oder später den göttlichen Willen und Zorn herausfordern mußte und dadurch für die Gemeinschaft aller Gläubigen verderbenbringend war.

Soziale Spannungen Seit Wellhausen wurde immer wieder auf die nationalen und sozialen Gründe für den Sturz der Omajjaden hingewiesen. Diese richtige Erkenntnis muß aber differenziert werden. In Arabien ist die Unzufriedenheit über den Anteil am imperialen „Kuchen“ vorhanden gewesen; je nach Einsatz während der Kriege bemessen sich der Ehrenrang, die soziale Stellung und die Stammesrivalität der Beduinen; mit zunehmender Entfernung vom Ursprungsland nimmt das Interesse der Bevölkerung an der Expansion ab; materiellen Gewinn bringen die Eroberungen, die mehr und mehr zu Beutezügen werden, bestenfalls noch den Grenzprovinzen; mangelndes Interesse und die für die Beduinen immer komplizierteren Feldzüge (Flotte, Belagerung) erfordern ein Berufssoldatentum, dessen Besoldung angesichts des schwindenden Beuteaufkommens zu einem ernsten Problem wird. Der Steuerzahler bekommt sehr bald zu spüren, was ihm die Armee wert sein muß. Das Abebben des Expansionskrieges als Volksbewegung läßt die inneren Stammesrivalitäten samt ihrer beduinischen Anarchie und Blutrache-Mentalität wieder verstärkt aufflammen. Das drängendste Sozialproblem entspringt der arabisch-beduinischen Rechts- und Sozialordnung selbst: Das patriarchalische Stammesleben kennt die „mawali“, Angehörige der Familie bzw. des Clans auf Grund der Blutsverwandtschaft oder eines Klientelwesens, das vornehmlich die freigelassenen Sklaven der Großfamilie umfaßt. Aus Rassenstolz und Machtpolitik übertragen die Araber diesen Begriff ihrer Beduinengesellschaft auf die eroberten Länder und zwingen die Neubekehrten, sich dem Patronat eines der arabischen Stämme auf ihrem Gebiet zu unterstellen. In einer sozial minderwertigen und steuerrechtlich benachteiligten „Klienten“-Stufe werden all jene zusammengefaßt, denen man die im Koran verbürgte und nach prophetischer Tradition (sunna) gebührende Gleichberechtigung versagt. Die Unzufrie-

Etwa 200 km südlich von Bagdad liegt mitten in der Wüste die Festung Ukhaidir. Hierher zog sich der ehemalige Statthalter von Kufa Isa ibn Musa zurück, als er sich mit al-Mansor entzweit hatte.

denheit bei den mawali ist offenkundig und unmittelbar gefährlich. Ihre Lage ist gegenüber Schutzherren, Gesetz und Steuerbehörden instabil, ihr Ansehen geringer als das der arabischen Alt-Muslime. So ist ihre Bewegung weder anti-arabisch, geschweige denn anti-islamisch. Ganz im Gegenteil ist ihre Forderung höchst islamisch, gründet sie doch letztlich in Mohammed selbst. „Hier herrschte so viel Unsicherheit und Mangel an politischem Gleichgewicht, daß die Waage eines Tages wie in jeder aus Fremderoberung hervorgegangenen Gesellschaft verhängnisvoll umschlagen mußte.“ (Cahen)

DER UMSTURZ DER ABBASIDEN

Die Erhebung konnte nur noch eine Frage des günstigsten Zeitpunktes sein, nachdem sich die unzufriedenen Perser des zerschlagenen Sassanidenreiches an der Spitze aller auf Neuerung bedachten mawali je nach Lage und Temperament offen oder versteckt den unterschiedlichen oppositionellen Gruppen angeschlossen hatten. Ihre besondere Gunst gehörte den Charidschiten, jenen fanatischen Gottesstreitern pietistischer Unbeugsamkeit, die schon gegen Ali gekämpft und ihn ermordet hatten.
Die Erregung steigert sich verschiedentlich zu regionalen Aufständen, in deren Wirrnissen die anti-omajjadische Propaganda die revolutionäre Stimmung um den Urenkel von Abbas ben Abdalmuttabib, Mohammed ben Ali, kristallisiert. Ihm hat sein Vetter Abu Haschim (gest. 716), ein Enkel Alis und Haulas, seine göttliche Sendung übertragen. So vereinigen sich die Auffassung der Schiiten und das göttliche Königsheil der Aliden auf jene Familie, die sich nach ihrem Stammvater al-Abbas, einem Onkel Mohammeds, Abbasiden nennt. Mohammed ben Ali ererbt eine straff organisierte Gefolgschaft, die von ihrem Zentrum im heutigen Jordanien aus die Fäden einer großangelegten Erhebung spinnt, deren Führer Abu Muslim 747 in der persischen Provinz Chorasan den offenen Aufstand beginnt und die Revolte nach Persien und Mesopotamien trägt. Da vorwiegend Chorasanier den Kampf führen und letztlich dessen Nutznießer sind, wollte man häufig eine anti-arabische Bewegung vermuten. Diese Vereinfachung muß aber abgelehnt werden. In diesem Grenzbezirk des Gesamtreiches sind besonders viele arabische Truppen stationiert, und angesichts der den unzufriedenen mawali anhaftenden Passivität und mangelnden Engagierung für spezifisch innerarabische Probleme kann dort die anti-omajjadische Opposition besonders gut operieren. Da den mawali auch der letzte Einblick in die innerarabischen Stammes- und Überlieferungsprobleme verschlossen bleibt, sind sie besonders willkommene und für die Propaganda empfängliche Parteigänger. Die einzelnen Motive der Oppositionellen sind auch so schwierig auseinanderzuhalten, und die eigentliche Absicht ist für die Omajjaden-Regierung erst dann ersichtlich, als es schon zu spät ist. Da es in Chorasan keine eigene alidische Partei gibt, entfällt dieses Spaltungselement, und alle Kräfte können so vereinigt werden für die abbasidischen Ziele gegen die Omajjaden. Als auch noch inneromajjadische Thronstreitigkeiten die Kräfte der Regierung blockieren, Marwan II. aus innenpolitischen Gründen seine Residenz nach Harran verlegen und in den Schutz der Qais flüchten muß, ist die Ohnmacht der Omajjaden vollkommen. Der geniale Führer und Organisator Abu Muslim besiegt in wenigen Monaten die Omajjaden-Feldherren der Reihe nach im Iran, und 749 pflanzen seine Truppen ihre schwarzen Fahnen über der Zentrale Kufa auf. In neuntägiger Entscheidungsschlacht werden die Omajjaden-Truppen vollständig aufgerieben. Die syrischen Städte ergeben sich ohne Widerstand, Marwan II. flüchtet über Harran und Damaskus in die ägyptische Seestadt Farma, wo er 750 im Kampf gegen die nachrückenden Abbasiden fällt.
Im Oktober 749 ziehen 14 Abbasiden-Führer in Kufa ein, mit der Huldigung von 12 chorasanischen Häuptlingen ist ihre Macht militärisch durchgesetzt. Am 28. November 749 nimmt Abu'l-Abbas in der Moschee zu Kufa die öffentlichen Huldigungen für die neue Dynastie entgegen. In seiner Kanzelrede legt sich der neue Kalif einen Beinamen zu: as-Saffach, der Blutvergießer. Seinem programmatischen Namen folgend werden die Omajjaden unbarmherzig ausgerottet. Zu einem panarabischen Versöhnungsbankett nach Palästina zusammengerufen, werden sie alle niedergemacht, die Leichen der Vorfahren ausgegraben, die Kalifengräber geschändet. Nur ein 18jähriger Junge entkommt dem Gemetzel.

Die Epoche der Abbasiden

DIE BLÜTEZEIT DER ABBASIDEN-KALIFEN

Die ersten Herrscher und der Beginn der Dynastie Nach dem Sieg auf dem Schlachtfeld gilt es, eine gemeinsame Basis für das Reich vom Atlantik bis zum Himalaja zu finden, soll es nicht an den Schwierigkeiten zerbrechen, an denen die Omajjaden gescheitert sind und welche die Abbasiden zu ihrem Vorteil ausgenutzt haben. As-Saffach schafft in den wenigen Jahren seiner Regierungszeit (749 bis 754) mit bedenkenloser Härte die Grundlage für den Staat. Sein Bruder Abu Dschafar Abdallah nimmt mit der Nachfolge den Beinamen al-Mansor bi'alah (Der mit Gott Siegreiche) an und legt den Grundstein für das islamische Mittelalter, das nunmehr die 200 Jahre seines „Goldenen Zeitalters" antritt. Die geschichtliche Bedeutung des zweiten Abbasiden-Kalifen (754 bis 775) liegt in seiner Überzeugung, daß die Herrschaft über ein so umfangreiches, von derart unterschiedlichen Völkern bewohntes und von so zahlreichen einander zuwiderlaufenden politischen, geistigen und sozialen Kräften bestimmtes Reich nur dann dauerhaft zusammengehalten werden könnte, wenn das Herrscheramt und der Kalif entsprechend verankert und respektiert werden würden. Der diesbezügliche Mangel hat ja die abbasidische Revolte erst ermöglicht, und man ist sich dieser Problematik durchaus im klaren. Zudem mußten nicht nur die Omajjaden überwunden werden, sondern eine Reihe von Aufständen ist zur Sicherung der neuen Dynastie niederzuschlagen: Die alte Rivalität arabischer Stammesgruppen, die Eifersucht zwischen syrischen und iraqischen Arabern, die ungebrochene Kraft der alidischen Bewegung, die unbeugsamen Charidschiten, die eigenen fanatischen Parteigänger der Rawanditen, die Anhänger des von al-Mansor der politischen Räson zuliebe ermordeten ehemaligen Aufstandsführers Abu Muslim, von Byzanz unterstützte Christen im Libanon sowie aufständische Kopten in Ägypten – sie alle bereiten dem neuen Herrscherhaus politische und militärische Probleme in Fülle. Eine ernsthafte Bedrohung für die Abbasiden in ihrer Gesamtheit bilden sie allerdings nicht, sie sind von lokaler Bedeutung, und in den teilweise weit entfernten Gebieten kann sich ihre Gegnerschaft nicht zentral auswirken, nicht das Gründungswerk al-Mansors beeinträchtigen. Mit realistischem Blick für das Machbare und Notwendige und mit unbeugsamer Energie besorgt er die Organisation der öffentlichen Verwaltung, den Ausbau von Verkehrswesen, Nachrichtendienst und Straßennetz. Seine Förderung von Handel und Handwerk schafft obendrein die Basis für die sich anbahnende arabische Zivilisation. Diese erhält einen zusätzlichen Impuls, als al-Mansors Sohn al-Mahdi (775 bis 785) die Verkehrsverbindungen gezielt nach Indien ausbauen läßt und dem Osthandel besondere Bedeutung beimißt. Als Feldherr hat er außerordentliche Erfolge gegen Byzanz errungen. Seine Truppen dringen bis an den Bosporus vor, und Kaiserin Irene muß den Frieden durch hohe Tributzahlungen erkaufen. Dies hat weitreichende Auswirkungen für die militärische Macht des Islamischen Reiches, aber auch für das Selbstbewußtsein der Kalifen. Al-Mahdis Sohn Harun al-Raschid (786 bis 809) hat jenen Feldzug angeführt und beantwortet die diplomatische Aufkündigung der Tributleistungen durch Kaiser Nikephoros I. (802 bis 811) aus seiner Machtposition heraus: „Im Namen Allahs, des Gnädigen und Barmherzigen. Von Harun, dem Beherrscher der Gläubigen, an Nikephoros, diesen Hund von einem Römer. Wahrlich, ich habe deinen Brief gelesen, o Sohn einer ungläubigen Mutter. Ich werde dafür sorgen, daß du die Antwort zu sehen bekommst. Du brauchst sie nicht zu hören. Salem."

Die früheste uns bekannte islamische Keramik stammt aus Samarra. Wohl in Nachahmung des chinesischen Porzellans, das am Kalifenhof bekannt war, versuchten die Töpfer die graue Tonware mit einer weißen Glasur zu versehen. 9. Jahrhundert. Museum für Kunsthandwerk, Frankfurt.

Harun al-Raschid („Der dem rechtgläubigen Weg folgt") bricht erneut auf, überzieht Zypern (805), Rhodos (807) und Kleinasien mit Krieg. Nach der Einnahme von Ikonium, Ephesus, Tyana und Herakleia ist Nikephoros (arab.: Niqfur) zu höchsten Tributleistungen bereit.

Unter Harun, diesem besonnenen Feldherren, fähigen Verwalter, Mäzen der Künste und Gelehrsamkeit und überzeugten Wahrer des Islam, in Literatur und Überlieferung (Tausendundeine Nacht) übermäßig verherrlicht, erreicht das abbasidische Kalifat seinen Höhepunkt. Sein zweitgeborener Sohn, Abu-l-Abbas Abdallah, mit dem Herrschernamen Al-Mamūn (813 bis 833) ist der letzte Große der Abbasiden-Kalifen, denen in jeweils langen Regierungsperioden die Möglichkeit zu Neuorganisation und Sicherung des islamischen Weltreiches gegeben ist, wobei die Fähigkeit des jeweiligen Nachfolgers auf Erfolg und Geschick des Vorgängers aufbaut und das Werk entscheidend voranzutreiben vermag.

Der Staatsaufbau Unerläßlich für den Bestand des Großreiches ist dessen Neuordnung, wie sie seit al-Mansor richtungweisend angestrebt worden ist. An einigen zentralen Punkten läßt sich die Abkehr vom arabischen ‚Urzustand', dessen Unbrauchbarkeit letztlich durch den Niedergang der Omajjaden unwiderlegbar dokumentiert worden ist, und der Neuansatz besonders deutlich ablesen.

Herrscherlegitimation Als historische Lehre aus dem Machtwechsel ergibt sich die Notwendigkeit, Amt und Person des Herrschers so zu festigen, daß dem Kalifen im Laufe der Konflikte seiner Untertanen weder die Leitung des Staates aus den Händen gleiten noch er selbst Gegenstand der Anfeindungen werden kann. Der Wandel des Kalifen-Begriffes ist nach dem Sturz der Omajjaden nicht nur unvermeidlich, sondern für die Abbasiden geradezu notwendig. Nach der sunnitischen Auffassung gingen kraft göttlichen Willens einzelne Funktionen des Propheten auf den

Kalifen über, z. B. die Entscheidung über Krieg und Frieden, die höchste richterliche Gewalt, die oberste Staatsverwaltung, militärischer Oberbefehl, Aufsicht über das vom Koran vorgeschriebene Steuerwesen. Diese Machtdelegierung wird rechtskräftig durch die Huldigung des Volkes an den neuen Kalifen, der aber weder Gesetze erlassen noch ändern oder auslegen kann, denn das Gesetz ist von Mohammed unverrückbar ein für allemal verkündigt worden, es ist die „gerade Straße" (schari'a) für die Gläubigen. Dem Kalifen obliegen die Wahrung des gottgesetzten Rechts und der Reinheit des Glaubens, die Pflege der Religiosität und die Förderung der Theologie. Im Sinne des Familienrechts bezeichnen sich die Abbasiden als Erben des Propheten, und bei feierlichen Anlässen trägt der Kalif den Mantel (burda) Mohammeds, eine der kostbarsten Reliquien des Islam. Der Kalif ist nicht nur zeitlicher König (malik), sondern der Fürst aller Gläubigen (amur al-mu'minin), ja der Inhaber des Imamats. Der Imam (Vorgänger) ist der Erbberechtigte, in dem in ununterbrochener Reihenfolge die von Gott verliehenen Tugenden lebendig sind. Dank der durch diese Erbfolge auf ihn übergegangenen göttlichen Lichtsubstanz ist der Imam sündlos und unfehlbar, der von Gott der Menschheit bestimmte Führer (arab.: amma = vorausschreiten). Ihm steht in der Moschee eine reservierte Loge (maqsura) zu, sein Name wird auf Münzen geprägt und in der Freitagspredigt angeführt. Er ist als „Schatten Allahs auf Erden" (zill Allah fi'l-ard) nicht nur dem menschlichen Bereich entrückt, sondern ihm geradezu entzogen. So ist das Kalifat religiös derart abgesichert, daß der Gegner des Kalifen automatisch zum verdammten Religionsfrevler wird.

R e c h t g l ä u b i g k e i t u n d G e s e t z g e b u n g Neben der angreifbaren Stellung des Kalifen ist die Zerrissenheit in verschiedene Glaubensrichtungen einer der wichtigsten Gründe für das Zerbröckeln der Omajjaden-Herrschaft gewesen. Die lokalen inneren Kämpfe und Aufstände im Anschluß an die Regierungswechsel machten deutlich, wie dringend auch auf diesem Sektor eine staatsfestigende Neuordnung war. Als Pfeiler der Staatsordnung gilt eine rigorose Rechtgläubigkeit (Orthodoxie) nach den herrschenden Vorschriften und Lehrmeinungen der sunnitischen Theologie. In ihrem Namen gehen die Kalifen, insbesondere al-Mahdi, al Hadi (785/86) und Harun al-Raschid, gegen die Ketzer (zindiq) vor. Darunter versteht man in der frühen Abbasidenzeit Scheinkonvertiten, die unter dem Deckmantel einer vorgetäuschten Befolgung islamischer Vorschriften insgeheim ihren alten Glaubensvorstellungen anhängen. Zur Ausrottung der Ketzerei (zandaqa) hat ein Großinquisitor (sahib az-zanadiqa) sie aufzuspüren, vor Gericht zu stellen und der Kreuzigung zuzuführen, falls sie nicht abschwören. Der schiitische Fanatismus wird so zur Staatsräson, die Entwicklungen im Bereich der Literatur, der Wissenschaft und der Philosophie zu hindern vermag.

Ähnlich wie in der alttestamentarischen Gesellschaft existiert im Islam die grundlegende Forderung nach einer völlig dem göttlichen Gesetz entsprechenden Staats- und Sozialordnung. Dies ergibt nicht nur die Konsequenz eines Inquisitionsverfahrens, sondern auch die Forderung nach Schaffung gottgefälliger Sozialzustände. Diese sind auch aus politischen Gründen anzustreben, sind doch die mawali wegen der angestrebten sozialen Verbesserungen gegen die Omajjaden gezogen. Der nötigen einheitlichen Rechtspraxis kommt man mit dem grundlegenden Werk „Muwatta" (Der geebnete Pfad) entgegen, das der große Lehrer der Schule von Medina, Malik ibn Anas (715 bis 796), verfaßt. Der wichtigste Beitrag stammt aber bezeichnenderweise nicht von der arabischen Seite direkt, sondern von einem maula aus Kufa. Aba Hanufa (699 bis 767) gründet die iraqische Schule. Sein Schüler Aba Yusuf Ya'qub (715 bis 789) verfaßt im Auftrag Harun al-Raschids, dessen Oberkadi er ist, das „Buch von der Grundsteuer". Er führt eine Steuerpraxis ein, die den staatlichen Bedürfnissen ebenso entspricht wie der Gesamtheit des kanonischen Rechts (schari'a) des Koran. Asch-Schafi'i (767 bis 820) aus Palästina schließt jene Entwicklung ab, die das Recht dem persönlichen Interpretationsspielraum entzieht und zu einem geschlossenen Corpus macht. Der Koran kennt keine sozialen Standesunterschiede und auch keine Trennung der Völker in diskriminierendem Sinn. Minderheiten und Stämme werden in den Volkskörper integriert, ihr Zusammengehörigkeitsgefühl toleriert. Die bunte Vielfalt orientalischer Städte, z. B. Andalusierviertel in Rabat, Viertel der Zuwanderer aus Kairuan in Fes, türkisches Viertel in Bagdad, Stadtviertel der Christen oder Juden allerorts, gibt heute noch ein beredtes Beispiel dieser Einstellung. Die Übereinstimmung von Koranvorschrift und politischem Alltag ist Sache der Regierenden.

V e r w a l t u n g u n d S t a a t s a p p a r a t Die Omajjaden hatten die zentrale Verwaltung und die Administration der Provinzen Gouverneuren überlassen, die an der Spitze eines eigenen Beamtenapparates nahezu selbständige Positionen innehatten. Demgegenüber schafft die abbasidische Verwaltung eine straffe Zentralisierung mit stärkerer Kontrolle, was die Organisation insgesamt zu einem festgefügten Apparat macht, an seiner Spitze der Kalif als absoluter Herrscher.

Nach persischem Vorbild begründet as-Saffach (750 bis 754) das Amt des Wesirs (arab. wazara = eine Last tragen) als des höchsten Staats- und Hofwürdenträgers, der Staatsgeschäfte und Staatsfinanzen leitet, Provinzstatthalter und Truppenkommandeure ernennen und entlassen kann, formell immer im Namen des Kalifen, oft aber nach eigenem Ermessen. Trotz seiner scheinbar allmächtigen Stellung ist er immer von der Gunst des Kalifen abhängig, deren Entzug ihm Amt und Leben kosten kann. Seit der Mitte des 9. Jahrhunderts stabilisiert sich das Amt des Wesirs. Die Straffung der Verwaltung führt zum Entstehen einer förmlichen Beamtenschicht als neue soziale Kaste. Als Kuttab (Schreiber, Sekretär) sind in der Zentralregierung arabisierte Iranier neben Leuten aus dem Iraq tätig. Mit zunehmendem Verwaltungsausbau nehmen ihre Anzahl und die Vielfalt ihrer Zuständigkeiten zu. Persönliches Interesse und Spezialisierung führen dazu, daß die kuttab, vornehmlich aus mawali-Familien, nach der Erblichkeit ihrer Ämter streben. So entsteht eine Art Kaste von langdauernder politischer Wirksamkeit.

Neben dem Wesir gibt es noch kein förmliches „Kabinett", sondern nur unter der Leitung eines Verantwortlichen einzelne Dienststellen (pers. diwan: Register der öffentlichen Verwaltung), deren Abgrenzung erst allmählich erfolgt: diwan al-charadsch (Finanzen, Steuer), diwan asch-schurta (Polizeidirektion), diwan al-barid (Postdirektion), diwan az-zimam (Verwaltungs- und Rechnungskontrolle) und diwan an-nazar fi'l-mazalim (Untersuchungsbehörde für Beschwerde gegen Verfügungen der Verwaltungsstelle) als Appellationsinstanz. Eine Neuorganisation zu Beginn des 10. Jhs. schafft eine zusätzliche einzige Zentralstelle (diwand ad-dar) mit territorialen, ressortbezogenen Unterabteilungen. Die Rechtspflege (qadā) überwacht seit Kalif Omar (634 bis 644) in jeder Region ein Kadi (qadi) mit Kompetenz über das gesamte islamische Zivil- und Strafrecht, wobei ihm Schreiber (kātib) und Gerichtsvollzieher (aun) zur Seite stehen. Als Rechtsgelehrtem ohne Funktion kommt dem mūfti nur Gutachtertätigkeit zu. Harun al-Raschid schafft das Amt des Oberkadis (qadi'l-qudat: Kadi der Kadis) mit überregionalen Vollmachten. Spezielle Aufgaben haben die Armeerichter (qadi'l-askar) und Lagerrichter (qadi'l-machalla) auf Feldzügen und bei Waffenstillstandsverhandlungen.

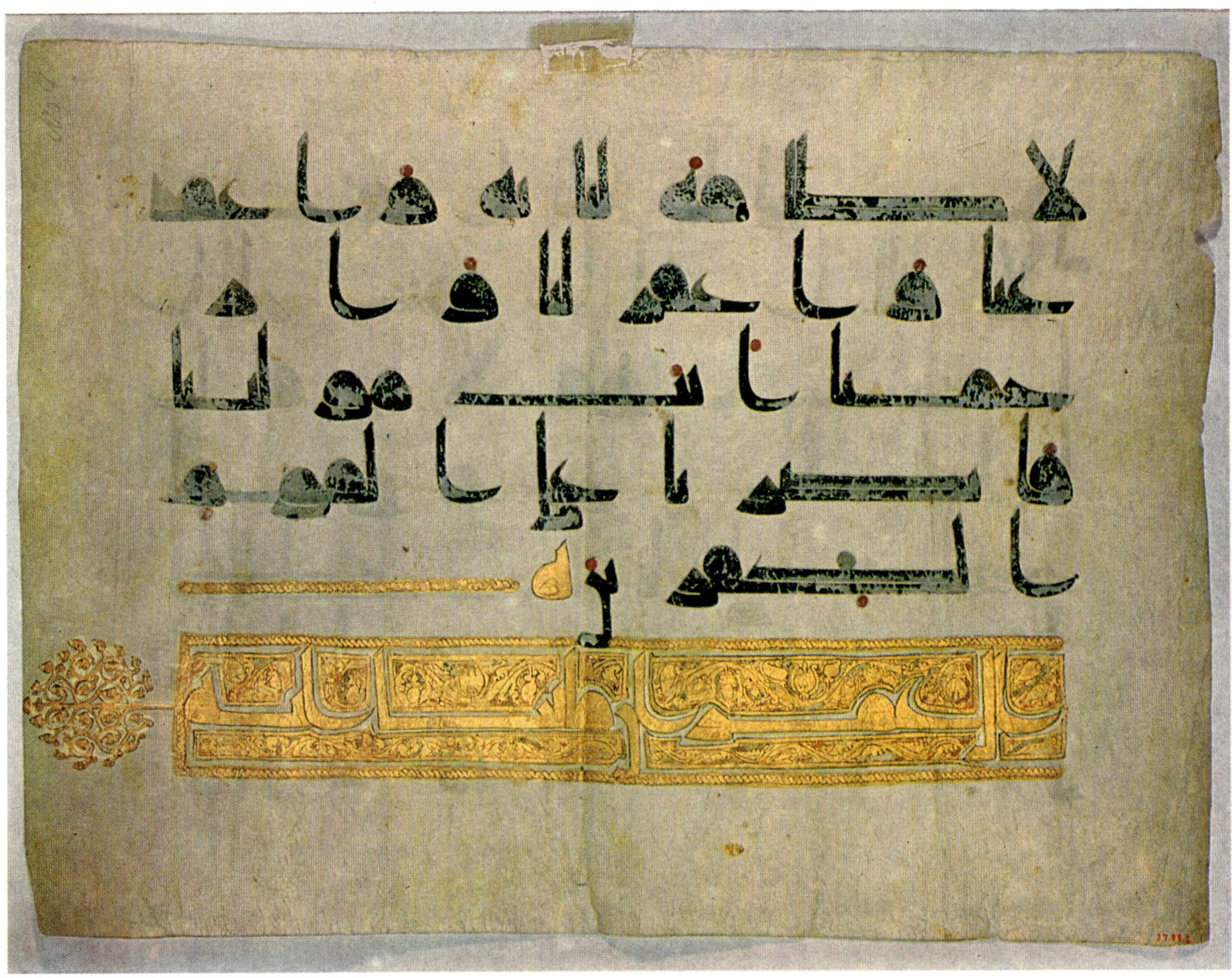

Koranseite mit Kufi-Schrift. Diese ursprünglich eckige Steilschrift – die Bezeichnung stammt wohl von der Stadt Kufa – wurde nach und nach wuchtiger und gelöster und entwickelte sich zur Kalligraphie. Syrien oder Irak, 9. Jahrhundert. Metropolitan Museum, New York.

Wissenschaftspflege und Kultursynthese Harun al-Raschids zweiter Sohn Abu'l-Abbas Abdallah mit dem Herrschernamen al-Ma'mūn (813 bis 833) schafft zwar mit der Inqūisition (michna) ein hartes staatliches Kontrollsystem, aber es ist ausschließlich auf Glaubensangelegenheiten ausgerichtet und führt nicht zu der zu befürchtenden Lahmlegung der Wissenschaften. Für sie hat al-Ma'mūn eine eigene Institution geschaffen, das „Haus der Weisheit" (Dar al-Chikma) in Bagdad (830). Dieser „Akademie der Wissenschaften" ist ein gut ausgestattetes Observatorium an der Stadtgrenze angegliedert, eine medizinische Schule mit hochqualifizierten Ärzten und ein Übersetzungsinstitut, in dem die Übertragung philosophischer, naturwissenschaftlicher und medizinischer Schriften systematisch betrieben wird. Der vom Drang nach Förderung und Verbreitung aller geistigen Errungenschaften erfüllte Kalif macht seine Hauptstadt zur Wirkungsstätte der angesehensten Gelehrten und zu einem geistigen Ausstrahlungszentrum. Ohne Rücksicht auf Schwierigkeiten und Kosten werden Werke antiker Autoren aus Konstantinopel herangeschafft.

Besonders im gemeinsamen Lebensraum von Arabern und Iraniern vollzieht sich der Verschmelzungsprozeß, der durch den Zustrom nicht-arabischen Kulturgutes die arabisch-islamische Kultur entstehen läßt. Der Anteil von Nicht-Arabern in ihr ist so groß, daß man teilweise den arabischen Anteil auf die altarabischen vorislamischen Reste beschränken wollte. Diese Kultur ist aber dadurch arabisch, daß die vielen vorher getrennten Völker sich nun durch das einigende Band der Koransprache verständlich machen können. In Arabisch wird selbst anti-arabische nationalistische Literatur verfaßt, der ehemalige Beduinendialekt ist Weltsprache geworden. Islamisch ist die Kultur, weil sie im gemeinsamen islamischen Weltreich entsteht, dessen original-arabische Herkunft sich auf den Ausgangspunkt seiner Bewegung und seine Offenbarungsreligion beschränkt, während aufgenommene Kulturgüter als tragende Elemente wirken können: Jüdisches, antikes, christliches und iranisches Erbe ist Bestandteil des Islamischen Reiches.

Orientalisierung der islamischen Welt Das Schicksal der Omajjaden war ein warnendes Beispiel, daß das neue Weltreich nicht nach arabischen Vorbildern organisiert werden konnte. Das Gebot der Stunde lautet: Assimilierung. Sie wird erreicht in der neuen islamischen Kultur, die immer stärker orientalisiert wird. Diese unumgängliche Abkehr von der reinen arabischen Kultur vollzieht sich schrittweise; die in der Omajjadenzeit in Ansätzen vorhandenen Entwicklungen werden bereitwillig aufgegriffen und konsequent weiterverfolgt.

Im religiösen Bereich ist der altiranische Begriff der absoluten Monarchie als Verkörperung göttlicher Macht in die islamische Welt eingedrungen, hat sich im Denken von Theologen und Juristen fest verankert und zur Neuinterpretation des Kalifenamtes geführt. Im staatsrechtlichen Bereich wird dies überdeutlich durch die Hereinnahme des orientalischen Zeremoniells.

Nach persischem Vorbild entsteht das ehrfurchtgebietende Ritual, durch das die gewöhnlichen Sterblichen von der unnahbaren Majestät des Fürsten unüberbrückbar getrennt werden. Selbst höchsten adeligen Besuchern entzieht sich der Kalif hinter einem Vorhang. Der Zugang zum Fürsten wird auf außergewöhnliche Umstände beschränkt, die wenigen Audienzen regelt der Kammerherr (chādschib), der nach dem Wesir zum ranghöchsten Staats- und Hofbeamten emporsteigt. Bei besonderen Anlässen (Feste, Siegesfeiern, Botschafterempfänge) zeigt sich der Kalif mit unerhörtem Prunk altorientalischer Potentaten. Die Macht der Herrscherdynastie beruht in zunehmendem Maße nicht mehr auf der freiwilligen Anerkennung durch die aristokratischen Araber, die immense Schar der Sklavendienerschaft und privater Klienten ist die neue Stütze. Der Kalif heiratet keine Araberin, sondern wählt unter seinen Haremssklavinnen. Im familiären Bereich verfällt mit zunehmender Orientalisierung die altarabische Wertschätzung der Frau und läßt jene entwürdigende Welt aus Haremsgitter und Eunuchen entstehen, die heute noch das Bild der islamischen Familie entstellt. Bekannt ist im administrativen Bereich die Herausbildung des Wesiramtes nach dem Vorbild des iranischen vuzurg framadar, dem Premierminister des Sassanidenreiches, sowie das Heranwachsen der Beamtenschicht aus islamisierten Nichtarabern. Im kulturellen Bereich kann die Orientalisierung besonders rasch um sich greifen, denn die fremdsprachige Literatur wird zumeist erst ins Syrische und Mittelpersische (Pehlevī) übersetzt und dann ins Arabische übertragen, oft genug ist das Verständnis der Texte durch die mitgelieferten orientalischen Kommentare bestimmt. Die Übersetzer sind häufig syrische Christen oder iranische Zarathustrier gewesen.

Im literarischen Bereich ist das orientalische Übergewicht erdrückend. Die tabellarische Aufschlüsselung der nach C. Cahen wichtigsten Autoren in den beiden ersten abbasidischen Jahrhunderten ergibt, daß das arabische Ausgangsland gegenüber Persien nur in zwei literarischen Gattungen bestehen kann, gegen die Gesamtheit der orientalischen Kulturlandschaften insgesamt aber nicht konkurrenzfähig ist.

Die Orientalisierung personifiziert sich in der Familie der Barmakiden. Der Stammvater Barmak war buddhistischer Oberpriester in Balch (Westafghanistan). Als Konvertit wählte er eine schiitische Erziehung für seinen Sohn Chalid, der nach glänzender Militärkarriere verschiedene hohe und höchste Ämter unter den drei ersten Abbasidenkalifen erreicht. 17 Jahre lang laufen alle Fäden des Weltreiches durch seine und seiner Söhne Hände, die Erziehung Harun al-Raschids obliegt dem Asiaten. Seine beiden Söhne, al-Fadl und Dscha'far, regieren als Statthalter der östlichen und westlichen Reichshälfte, wo sie ihren Einfluß zur Geltung zu bringen wissen. Eine angebliche Liebesaffäre bedeutet den Sturz der mächtigsten Orientalenfamilie der Abbasidenzeit.

Neue Reichszentrale Den inneren Strukturänderungen entsprechend ist der Sitz der Zentralgewalt vom arabischen Ursprungsland nach dem Iraq und dann nach Syrien verlegt worden, zuletzt hat Damaskus das Erbe Medinas innegehabt. Die Abbasiden-Kalifen wählen ihrerseits nicht nur ein neues Zentrum, dieses wird vielmehr aus unbedeutenden Anfängen systematisch geschaffen und einem nie gekannten Höhepunkt zugeführt. Die neue Herrscherdynastie hat ihrer Herkunft aus Kufa und ihrer Verwurzelung in Chorasan entsprechend einen Ort im Iraq gewählt, wo der unmittelbare Kontakt zur iranischen Welt gewährleistet ist. Das überregionale Zentrum Kufa ist trotz seiner wichtigen Rolle für Wirtschaft, Handel, Verkehr und Kultur wegen seiner Affinität zu den Aliden hierfür nicht geeignet. Nach ersten Versuchen – Abu'l-Abbas, der Dynastiegründer, hatte sich im iraqischen Haschimija bei Kufa niedergelassen – wählt al-Mansor 762 ein Christendorf aus der Sassanidenzeit mit dem Namen Bagdad (Baghdad) auf einer Insel zwischen Euphrat und Tigris in der Nähe der Sassanidenresidenz Ktesiphon. Ursprünglich ist nur an ein Hoflager für den Kalifen und seine Leibwache aus Chorasan gedacht gewesen, doch holt al-Mansor ein astrologisches Gutachten ein und legt im August 762 den Grundstein für seine neue Metropole: „Bei Allah, ich werde die Stadt bauen. Darin werde ich wohnen, solange ich lebe, und meine Nachkommen sollen nach mir darin wohnen. Sie wird ohne Zweifel die blühendste Stadt werden." Den Ausbau des durch kühle Nächte und das Fehlen von Moskitos begünstigten Ortes läßt sich al-Mansor 4 883 000 Drachmen kosten, das Baumaterial für die kreisförmige Stadt von drei Kilometern Durchmesser liefert die Sassanidenresidenz al-Madain, obendrein ist jede Stadt des gesamten Reiches aufgefordert, sich am Neubau zu beteiligen und die fähigsten Handwerker zu schicken. Vier Jahre arbeiten rund 100 000 Arbeiter, Architekten, Maler, Mosaikkünstler, Ziegelmacher aus Syrien, Ägypten, Mesopotamien und Persien an dieser außergewöhnlichen Stadt, in deren von dreifachem Ringwall geschütztem Zentrum sich der Kalifenpalast und die Hauptmoschee befinden. Mansor hat seine Residenz symbolisch gesehen und erklärt, er müsse genau im Mittelpunkt des Reiches wohnen.

Setzt sich al-Mansors Benennung „Medinat as-Salem" (Stadt des Friedens) gegenüber dem ursprünglichen Namen auch nicht durch, so erfüllen sich doch die politischen Wünsche des Neubegründers. Am Schnittpunkt der Wasserwege und der Handelsstraßen in alle Himmelsrichtungen entwickelt sich die Stadt, die Konstantinopel übertreffen soll. In den nach Gilden unterteilten Handelsvierteln bilden sich vier selbständige große Märkte, und im 10. Jahrhundert leben schätzungsweise eineinhalb Millionen Menschen in der Stadt.

Das Leben in diesem Zentrum ist durch und durch orientalisch, die schon für die Anlage maßgebenden persischen Einflüsse sickern immer stärker in die Stadt ein und müssen ihren Charakter ebenso prägen, wie sie das Wesen des Islams insgesamt zu ändern in der Lage sind.

Bagdads Lage an der Grenze zwischen arabischem und iranischem Sprach- und Siedlungsgebiet ist symptomatisch für die Struktur des Abbasiden-Reiches und seiner Geisteshaltung. Die reichstragende Rolle des Arabertums ist abgelöst vom Islam, die arabische Vorherrschaft ist ersetzt durch eine orientalische Theokratie, der Islam ist orientalisiert. Bagdad ist in seinem Wesen mehr Babylon, Seleukia und Ktesiphon verpflichtet, als es sich Medina oder Mekka verwandt fühlen könnte, der Ablösung Ktesiphons ist die islamisch-orientalische Vollendung Bagdads gefolgt, wo nicht mehr arabische Patriarchen regieren, sondern die islamischen Nachfolger persischer Großkönige, von deren Herrschaft eine arabische Quelle sagt: „Diese Dynastie herrschte mit einer Politik, in der sich Religion und Königtum miteinander verbanden; die hervorragendsten und frömmsten Leute gehorchten ihnen der Religion wegen, und der Rest gehorchte aus Furcht."

DER AUFSTIEG DER TÜRKEN UND DIE BLOCKBILDUNG IM ABBASIDEN-REICH

Innere Schwierigkeiten hatten den Zerfall des Omajjaden-Reiches beschleunigt bis zu jenem Zeitpunkt, an dem die Revolte der Abbasiden den Machtwechsel einleitete. Das elementare Interesse der Abbasiden hatte nun der Ausräumung eben jener Zerfallsursachen zu gelten, aber trotz entsprechender Bemühungen und nie dagewesener Organisationsformen kann das Reich nicht so erstarken, daß es die neuen Probleme ohne Erschütterung bis in sein innerstes Wesen hätte überstehen können. Während die Ursachen für den Zusammenbruch der Omajjaden durch staatstragende

Malwiyya (Spirale) nennen die Araber das etwa 50 m hohe Minarett der Großen Moschee von Samarra. Das Bauwerk, entstanden in der Zeit der Kalifen Mutawakkil (847–861) erinnert vage an die Zikkurats aus dem präislamischen Mesopotamien. Es steht etwa 30 m von der Moschee entfernt.

Elemente abgelöst werden sollten, wird andererseits der Keim gelegt für die neuen Zerfallserscheinungen, die schon während der ersten Jahrzehnte des 9. Jahrhunderts sichtbar werden und die vor allem mit der Rolle der Türken verbunden sind.

Von Bagdad nach Samarra In die Struktur des islamischen Staates kommt ein neues Element durch Kalif al-Ma'mūn (813 bis 833), das zunächst militärische, langfristig aber politische Konsequenzen haben soll. Aus Kriegsgefangenen und Militärsklaven, die als Tribute turkmenischer Vasallenfürsten gestellt worden sind, rekrutiert er eine türkische Leibgarde. Sein Nachfolger al-Mu'tasin (833 bis 842) wirbt systematisch unter islamisierten Stämmen und schafft aus ihnen ein stehendes Heer, in

dem ausschließlich Türken sämtliche Offiziersstellen innehaben; Araber sind völlig ausgeschlossen, ja nicht einmal Perser finden Zutritt zu diesen neuen Elitetruppen. Macht und Einfluß dieser ausschließlich dem Kalifen verpflichteten Truppe müssen schnell wachsen, mit ihnen aber auch die Überheblichkeit der sich ihrer Sonderstellung bewußten Türken gegenüber allen Bevölkerungsschichten, während diese namentlich in Bagdad ihrerseits ihre Geringschätzung gegenüber den unkultivierten Barbarenemporkömmlingen keineswegs verbergen. Stimmung und Situation nehmen Formen an, deren Entschärfung nur durch eine Residenzverlegung erreicht werden kann, weshalb al-Mu'tasin den türkischen General Aschnas mit der Erbauung einer starken Residenzfestung tigrisaufwärts, 100 km von Bagdad entfernt, beauftragt. Die anschließenden 60 Jahre, in denen das neugegründete Samarra Residenz und Hauptquartier des Kalifen ist, hätten bedeutungsgeringe Episode bleiben können, wenn sie nicht die Entwicklung des Kalifats bestimmt hätten. Der ganze Staat ist ja, um eine Wiederholung der Ereignisse um 749 zu vermeiden, auf die Person des Fürsten und seine sakrale Legitimierung zugeschnitten worden. Aber dieser Fürst ist nun von jeglicher geistigen Quelle seiner Herrschaft abgeschnitten, weitab einer Verankerung im arabischen oder orientalischen Bevölkerungsteil inmitten seiner Leibgarde völlig isoliert. Es wiederholt sich das Schicksal des verlöschenden Römerreiches, und auch diese – türkischen – Prätorianer gewinnen einen unverhältnismäßig starken Einfluß auf den Souverän, und ihren Führern ist der Weg zu Schlüsselpositionen im Staat weit über ihre militärischen Zuständigkeiten und Fähigkeiten hinaus geöffnet. Der Zuzug stammesverwandter türkischer und kurdischer Clans festigt die Stellung zusehends. Die für die weitere Staatsentwicklung unheilvolle Weichenstellung ist abgeschlossen mit der Ablösung des bisherigen Soldsystems durch Belehnung mit Staatsgütern. Länder und deren Steuerertrag können zur Belohnung und Entlohnung vergeben werden, die Belehnung (iqta) verliert bald ihren Charakter als zeitlich befristete Privilegienverleihung und entwickelt sich trotz lautstarker juristischer Einwände zu einem erblichen Lehen. Damit gebieten die türkischen Lehensträger über weite Ländereien und können sogar bereits Abbasiden-Prinzen zum Gegenstand ihrer Politik machen. Kalif al-Watiq (842 bis 847) muß der türkischen Machtfülle Rechnung tragen und an Aschnas den Sultan-Titel verleihen, unter al-Muqtadir (908 bis 932) haben die Türken auch das Wesiramt an sich gerissen, was der Kalif durch Schaffung der neuen Würde eines „Emir der Emire" (amir al-umara) auszugleichen sucht. Die durch die türkische Unterwanderung geschaffenen Zwiespälte des Reiches sind aber mit den herkömmlichen Mitteln nicht zu überwinden. Die türkische Militärkaste mischt sich weder mit den anderen Volksgruppen noch nimmt sie an deren geistigem und wirtschaftlichem Leben teil. Sie ist ausschließlich auf die Sicherung des Reiches nach außen ausgerichtet. Als sie auch noch zur Niederschlagung innerer Unruhen eingesetzt wird, ist es offenkundig, daß das türkische Element nicht im islamischen Staat würde aufgehen können und daß die bestehende Kluft immer breiter werden muß und die Zersplitterung des Reiches nur noch eine Frage des günstigen Zeitpunktes sein kann. Dem hätte nur eine universale Politik eines auf Ausgleich bedachten Kalifen abhelfen können, doch dieser ist auf dem besten Weg, das politische Instrument seiner Prätorianer zu werden und der Absplitterung ganzer Reichsteile tatenlos zusehen zu müssen.
Wie vorher das Eindringen der Araber in die Räume der antiken Mittelmeerkulturen deren Erscheinungsbild grundlegend änderte, so handelt es sich auch beim Vordringen der Türken um eine kulturumprägende Völkerwanderung, deren erste Etappe im Auftreten der türkischen Waffensklaven (mameluken) zu sehen ist.

Die politische Zersplitterung Mit der beginnenden Ohnmacht der Kalifen zeichnet sich die Entwicklung zur Auflösung des Gesamtreiches in Reichsfürstentümer ab. Es ist eine deutliche Folge des itqa-Systems, daß die Statthalter besonders der entfernteren Provinzen die Steuereinkünfte nicht mehr in vollem Umfang nach Bagdad an die zentrale Staatskasse abliefern, sondern nur noch einen festen Tribut entrichten. Es ist nur eine natürliche Folge der Belehnung, daß die Statthalter mehr oder weniger zu unabhängigen Reichsfürsten aufsteigen, deren Ziel die Erblichkeit ihrer Herrschaftsbereiche ist. Damit ist der Weg beschritten hin zur Entwicklung autonomer Reichsteile und Dynastien. Dieser Prozeß beginnt schon unter Harun al-Raschid 800 und setzt sich verstärkt fort mit zunehmender Türkenpolitik, ist doch die Entfremdung des Kalifen von seinen Statthaltern die beste Voraussetzung für deren Unabhängigkeitsbestrebungen. Obendrein müssen sie in der Bevorzugung der mißliebigen Türken eine Brüskierung sehen, die sie in ihren Verselbständigkeitsbestrebungen nur bestärken kann. Zu diesem stammes- und machtpolitischen Aspekt soll bald noch ein religiöses Moment kommen.

Die westlichen Reichsteile Die Reichsteile in jenem „von drei Meeren umgebenen" (Mittelmeer, Atlantik, Sahara, d. h. Sandmeer) äußersten Westen (maghreb al-Aqsa) machen sich als erste selbständig unter der Führung eigener Dynastien. Die Sonderentwicklung ist hier begünstigt durch das Vorhandensein eines geschlossenen großen Stammesverbandes, der Berber in Nordafrika, und der nur schwachen Eingliederung des erst ab 711 eroberten romanischen Spanien in das Omajjaden-Reich.

D i e O m a j j a d e n (750 bis 1036) Die beim ersten Blick auf die historische Karte der islamischen Welt überwältigende Fülle von Einzelentwicklungen setzt mit dem Jahre 750 ein. Dem Massaker an seiner Familie durch den Abbasiden as-Saffach entkommt der junge Omajjade Abdarrachman I. ben Mo'awija, ein Enkel des großen Kalifen Hischam (724 bis 743). Nach vierjähriger Flucht durch Palästina, Ägypten und Nordafrika findet er Zuflucht beim Berberstamm seiner Mutter. 755 setzt er nach Andalusien (al-Andalus, aus lat. Vandalusia) über, und unter geschickter Ausnutzung innerarabischer Spannungen sammelt er die anti-abbasidische Opposition um sich und zieht mit ihnen gegen die abbasidischen Statthalter Spaniens. Er läßt sich zum Emir ausrufen, und nach vier Jahren hat er den Fortbestand der Omajjaden-Herrschaft gesichert, auch gegenüber dem Einfall der Franken, 778, unter Karl dem Großen (Rolandslied). Der nun einsetzende stete Einwandererstrom aus Nordafrika, Zentralarabien und Syrien bedeutet die endgültige Orientalisierung Spaniens. Abdarrachman II. (822 bis 852) kann sein Reich bereits voller Ruhe und innerem Frieden regieren, 844 schlägt er die seeräuberischen Normannen und sichert die Atlantikküste durch Burgenketten. Einen einzigartigen Höhepunkt erlebt das Maurenreich unter Abdarrachman III. (912 bis 961), der das verbleibende Omajjaden-Reich nach einigen Auflösungserscheinungen reorganisiert und einem vorher nicht gekannten kulturellen und politischen Höhepunkt zuführt. Die Annahme des Kalifentitels, 929, bedeutet zwar die juristische Spaltung der islamischen Welt, deren Einheit aber nur noch formell weiterbestanden hat. In der Hauptstadt Cordoba schützen 30 km lange Mauern etwa eine Million Einwohner, denen 300 öffentliche Bäder, 80 Freischulen und mehr als 300 Moscheen zur Verfügung stehen. Die Universität mit einer weltberühmten Bibliothek ist führend – nicht nur im islamischen Europa. Die Blütezeit des Kalifats von Cordoba läßt sich in der Stadt heute noch ablesen und konzentriert sich in der erhaltenen Hauptmoschee mit ihren nahezu 1000 Säulen und den verschwenderischen Gebetsnischen. Orientalische Prachtentfal-

785/86 begann der vor der Verfolgung durch die Abbassiden geflohene Omajjade Abdarrachman I mit dem Bau der Großen Moschee in Cordoba. Von seinen Nachfolgern wurde sie weiter ausgebaut. Heute ist sie mit ihren nahezu 1000 Säulen die drittgrößte Moschee der Welt. Kennzeichnend für die Baukunst der spanischen Omajjaden sind die wohl von den Westgoten übernommenen doppelten Hufeisenbogen.

tung und üppiger Luxus haben in ihr und in der von Berbern zerstörten Palaststadt az-Zahra bei Cordoba eine Ausprägung erfahren, die später nicht mehr erreicht werden soll. Das Kalifat von Cordoba fällt im frühen 11. Jahrhundert den anstürmenden Wellen berberischer Eroberer zum Opfer.

Die Berber (788 bis 1269) Die Kriegszüge des 7. Jahrhunderts haben auch den nördlichen Rand des Berbergebietes berührt. Die Sammelbezeichnung (lat. barbari; arab. Barabira) umfaßt jene unterschiedlichen, zur weißen Rasse des Mittelmeerraumes zählenden nomadisierenden Stämme, die seit 9000 Jahren in Nordafrika nachweisbar sind. Ihre schriftlose Sprache gehört zur semitischen Gruppe. Trotz der Eingliederung von Berbertruppen in die Eroberungszüge, namentlich gegen Spanien, stoßen die Araber insgesamt auf hartnäckigen Widerstand. Das harte Regiment arabischer Statthalter führt zu erbitterten Aufständen um 740, die unter religiösem Aspekt geführt werden. Zwar kann Kalif al-Mansor (754 bis 775) sie noch einmal niederschlagen, doch mit ihnen beginnt die Loslösung Nordafrikas vom Bagdader Kalifat. Zur politischen Bewegung wird sie mit dem Auftreten von Idris I. (788 bis 793). Der Gründer der nach ihm benannten ersten Dynastie Marokkos ist ein Enkel des Propheten Mohammed und muß nach einer mißglückten anti-abbasidischen Revolte aus Medina fliehen (786). In der alten Römerstadt Volubilis (arab. Oulili) findet der vor der Abbasidenrache Flüchtende freundliche Aufnahme bei den abbasidenfeindlichen Berbern. Seiner Herkunft gemäß verbreitet er unter den großteils noch heidnischen, jüdischen oder christlichen Berbern den Islam in der dem orthodoxen Sunnismus verwandten Spielart der medinensischen Schule (malikitscher Ritus). In kurzer Zeit ist er als Imam das geistliche und weltliche Oberhaupt einer religiös-politischen Berberkoalition in Nord- und Mittelmarokko. Der Territorienausbreitung mit Propaganda und Waffengewalt folgt in Sichtweite der verfallenden Römerstadt auf einem uneinnehmbaren Steilkegel die Anlage von Walila mit Moschee, Münzstätte und nach Stämmen gegliederten Quartieren als befestigtes Zentrum. Die rasche Etablierung der Idrissiden-Macht kann allerdings in Bagdad nicht hingenommen werden. 793 stirbt Idris I. an Gift, seinen Biographen zufolge auf Veranlassung Harun al-Raschids. Mit der Grabstätte hat die Befestigung auch den Namen ihres Gründers erhalten. Heute ist Moulay Idriss die heilige Stadt Marokkos, deren Zentrum dem Nichtmohammedaner versperrt bleibt.

Nach dem Giftmord auf Bagdader Veranlassung an einem Interimsregenten übernimmt der nachgeborene Sohn Idris II. (804 bis 828) die Herrschaft. Er zieht sich stärker in das Berberland zurück und grün-

Innenhof mit Löwenbrunnen in der Alhambra. Auf einem Hügel gelegen, von dem man ganz Granada überblicken kann, ist dieser festungsartige Palast mit seinen drei Innenhöfen wohl die Gipfelleistung der islamischen Profanarchitektur. Während der Almoraviden- und Almohaden-Herrschaft mit ihren strengen asketischen Auffassungen war von Luxus keine Rede gewesen. Um so mehr haben sich die Nasriden, die Erbauer der Alhambra bemüht, die Festung mit allen Bequemlichkeiten auszustatten und die Innendekoration nach künstlerischen Gesichtspunkten zu gestalten.

det 809 am Fuß des Mittleren Atlas, gegenüber einer vom Vater veranlaßten Berbersiedlung die Stadt Fes. Zusätzlich zu dieser Verankerung im Stammeselement zieht er viele Araber aus Andalusien und Tunesien nach Fes, das seine Stammesaufteilung bewahrt hat. Zwar fließt das Wirken der beiden ersten Idrissiden in der verklärenden Darstellung der Quellen oft untrennbar ineinander, es bleibt aber doch gesichert, daß sie nicht nur die Berber dem Islam gewannen, sondern den ersten islamischen Staat auf marokkanischem Boden schufen. Erbstreit und innerer Zerfall schwächen den Idrissidenstaat in einer Weise, daß er im 10. Jahrhundert Spielball und Zankapfel der Herrscher in Andalusien und Ägypten wird. Die Eingliederung in das Kalifat von Cordoba bedeutet die politische Zusammenfassung der westislamischen Länder unter einer Herrschaft und schafft die Voraussetzung für die anschließenden Großreiche der Berber. Für ihre Entstehung ist es wichtig, daß sich der Maghreb dem orientalischen Zugriff aus eigener Kraft entzogen hat, Fes und Cordoba sind als geistige und politische Zentren noch widerstandsfähig genug.

Um die Mitte des 11. Jahrhunderts ruft ein fanatischer Anführer die in militärisch-religiösen Gemeinschaften in befestigten Saharagrenzposten lebenden Kriegermönche zu einer Art Kreuzzug in den Norden auf, um den Islam in seiner reinen Form wiederherzustellen. Diese Almoraviden (al-morabirun: Bewohner einer Klosterburg) sind die erste Welle einer berberischen Völkerwanderung, die aus dem Sahara-Raum über den Hohen Atlas bricht und von ihrem Militärlager Marrakesch (1061) aus ganz Marokko und Andalusien erobert. Das in Spanien und Nordafrika geschaffene Maurenreich beruht auf einer losen Provinzorganisation mit religiöser Gemeinsamkeit: Religionserneuerung und volkstümlicher Mystizismus sind als geistiges Band stark genug. Mit zunehmender kultureller Überlagerung aus dem politisch abgesunkenen Andalusien verebbt die Kraft der Nomaden, und nach einem Jahrhundert müssen sie einer neuen Welle Platz machen. Als politische Opposition und religiöse Gegenbewegung formiert sich seit 1125 die nächste Welle aus der Sahara, die Almohaden (al-muwahhidun: „Bekenner der Einheit Gottes"). Abdalmumin, der Gründer der Almohaden-Dynastie (1133 bis 1269), prägt die religiösen Ideen des Reformators Ibn Tumart (gest. 1130) in das umfassendste Maurenreich der Geschichte um. Über Marokko, Algerien, Tunesien, Tripolitanien und Spanien erstreckt sich das Großreich, dessen gänzlich verschiedenartige Landesteile durch enge wirtschaftliche und kulturelle Bindungen miteinander verknüpft werden. Dem Abbasiden-Herrscher wird jede Autorität abgesprochen, eine eigene Stammestheokratie mit allen geistlichen, sozialen und militärischen Aufgaben betraut, der Staat funktioniert als Familienverband patriarchalischer Prägung: Der Regent steht dem Thronrat von zehn Stammesfürsten und 40 Stammesdelegierten vor. Im 13. Jahrhundert erleidet das Almohaden-Reich im Osten starke Einbußen, Berber- und Araberstämme dringen erneut vor. Im Norden stoßen die Kreuzfahrer der Reconquista nach Andalusien vor. Nach dem bahnbrechenden Sieg von Las Navas de Tolosa (1214) fallen 1236 Cordoba und 1248 Sevilla. Nur das Königreich Granada kann sich bis 1492 behaupten. Die gleichen Minarette in Marrakesch, Rabat und Sevilla bezeugen noch die Blütezeit der maurischen Kultur zwischen Kastilien und der Sahara, dem Atlantik und der Oase Siwa.

Die Aghlabiden (800 bis 909) Während die Omajjaden- und Berbergründungen aus ihrem Wesen heraus antiabbasidisch sind, geht die Herausbildung eines dritten westislamischen Blocks und einer eigenen Dynastie mit abbasidischer Billigung vonstatten. Die Dynastie der Aghlabiden (800 bis 909) erkennt nominell die Oberhoheit der Abbasiden an, herrscht tatsächlich aber uneingeschränkt über einen erheblichen Teil Nordafrikas. Die westliche Hälfte Libyens, ganz Tunesien und das östliche Algerien entwickeln sich einheitlich. Der Dynastiengründer al-Aghlab ist als Armeekommandeur aus Ostpersien (Chorasan) mit seinen Truppen nach Nordafrika verlegt worden, um einen Aufstand niederzuschlagen. Erst sein Sohn Ibrahim beendet die Rebellion und wird von Kalif Harun al-Raschid (786 bis 809) zum Gouverneur ernannt, sein Lehen ist erblich.

Dem abbasidischen Vorbild entsprechend verlegt er seinen Sitz von Kairuan in eine starke Befestigung. Vom persischen Stammeshintergrund losgelöst, sichert Ibrahim ben al-Aghlab seine Herrschaft inmitten einer feindlichen Umgebung durch ihm treu ergebene Militärsklaven aus dem Sudan. Nach mehreren Aufständen der Araber und Berber gegen die orientalische Regierung verfügt Abu Mohammed Zijadatallah I. (817 bis 838) über ein gefestigtes Reich, und die Dynastie gelangt auf den Höhepunkt ihrer Macht. Der geplanten Expansion über das Mittelmeer wird ein religiöser Anstrich gegeben: ein Theologe aus Kairuan steht als Kommandeur einem Expeditionskorps vor, das 827 in Sizilien landet. Trotz der Pest im arabischen Lager können 831 Palermo erobert und das neue Emirat Sizilien (Siqillijja) eingegliedert werden, das bisher zum Byzantinischen Reich gehört hat. Messina und Syrakus fallen an die von den Christen als Sarazenen benannten Muslim, ihre Flotte dringt nach Neapel vor, besetzt Bari und segelt nach Venedig. Landungstruppen erobern Ostia und plündern die Vatikanstadt (846). Der sarazenische Ansturm überrennt Malta (868) und die Küstengebiete Unteritaliens, Raubzüge führen tief nach Oberitalien und in das Alpenvorland. In der Provence (889 bis 975) und auf dem Großen Sankt Bernhard befinden sich sarazenische Stützpunkte, Gruppen stoßen nach Chur und St. Gallen vor. Papst Johannes VIII. (872 bis 882) ist den Sarazenen jahrelang tributpflichtig.

Mit dem Namen der Aghlabiden sind in Tunesien wichtige Kunstwerke verknüpft. Die Moschee in Kairuan, die Olivenmoschee in Tunis und die Große Moschee in Sus, dem wichtigsten Hafen des Reiches, sind die namhaftesten Sakralbauten der Ära. Nach den Vorbildern römischer und byzantinischer Anlagen schaffen die arabischen Architekten wichtige Nutzbauten, so die noch bestehenden Zisternen in Kairuan, Raqqada und Abbasijja, Brücken, Aquädukte, Wassermühlen, Dämme und Kanalisationssysteme (Kairuan). Land und Städte erleben einen sichtbaren Wohlstand, der in Landwirtschaft, güteraustauschendem Fernhandel und Seeräuberei gründet. Verteidigungsketten mit Signaltürmen und Klosterburgen (ribat) mit kasernierten Kriegermönchen sichern Küste und Land.

Der Verfall des Aghlabidenreiches setzt mit dem Verlust Kalabriens an die Byzantiner ein, Einfälle der Ägypter schwächen das Kernland. Die durch despotisches Auftreten und hohe Steuern geschürte allgemeine Unzufriedenheit im Land steigert sich zu Aufständen verschiedener Stämme. Die Herrschaft der Aghlabiden endet im Blut von Familienfehden, das Reich fällt an Ägypten.

Die östlichen Reichsteile Der Verselbständigungsprozeß der östlichen Reichsteile ist mit dem Sohn Harun al-Raschids eng verbunden, dem Kalifen al-Mai'mūn (813 bis 833), der von Ostpersien (Chorasan) aus den Kalifenthron angestrebt hat und nunmehr seine Parteigänger wegen ihrer treuen Dienste bei Erb- und Thronstreitigkeiten mit respektablen Belehnungen abfinden muß.

Die Tahiriden (820 bis 873) Im Jahre 820 setzt al-Ma'mūn seinen verdienten Heerführer Tahir ibn al-Husain, ursprünglich ein persischer Sklave, als Statthalter in Ostpersien und Zentralasien ein. Dieser erklärt bald seine Unabhängigkeit, und 823 beerbt ihn sein Sohn Talha, wobei dem Kalifen kein Mitspracherecht eingeräumt wird. Erstmals seit der Eroberung durch die Araber ist damit im Iran wieder ein autonomer Staat entstanden. Trotz einer nominellen Anerkennung der kalifalen Oberhoheit ist die östliche Provinz für die Abbasiden verloren. Ein militärisches Vorgehen gegen diese Bestrebungen ist dem Kalifen nicht anzuraten, denn die Tahiriden sind die Kommandeure der schurta, jener Polizeitruppe in Bagdad, die für öffentliche Ruhe und Ordnung sowie Beachtung der Gesetze zuständig ist. Zu Zeiten politischer Unruhe kommen ihnen nahezu unumschränkte Befugnisse zu. Will der Kalif nicht gänzlich von der türkischen Leibwache abhängig werden, darf er sich den Rückhalt in dieser persischen Truppe nicht verscherzen. So ist die Stellung der Tahiriden auch während ihrer autonomistischen Bestrebungen unangreifbar.

Die Tahiriden-Residenz in Nischapur ist ein Zentrum islamischer Gelehrsamkeit, die Herrscher sind großzügige Mäzene von Kunst und Wissenschaft. Dies wären günstige Voraussetzungen für die Ausprägung einer ersten nationalpersischen Kultur gewesen, doch die islamische Orthodoxie ist noch zu stark und das Vorbild der als verpflichtend empfundenen arabischen Kultur zu lebendig.

Ab 867 verlieren die Tahiriden ihre Ländereien, und ihr Gebiet wird 873 von den Saffariden annektiert.

Die Saffariden (861 bis 900) Weitab von den Reichszentralen und eingebettet in große Gebirgszüge zwischen Ostpersien und dem Indusbecken hat Sistan, das heutige Afghanistan, günstige geographische Voraussetzungen für eine in sich geschlossene Sonderentwicklung. Obendrein ist das Land abseits der großen Handelsstraßen für die abbasidische Zentralregierung von geringerem Interesse. Gegen einwandernde charidschitische Beduinen und gegen die Untätigkeit der Regierung entsteht eine Aufstandsbewegung, an deren Spitze sich der ehemalige Anführer einer Räuberbande und Kupferschmied (as-Saffar) Ya'qub ibn Lait stellt. Er gründet 861 ein Fürstentum städtisch-demokratischen Charakters und die nach ihm benannte Saffariden-Dynastie. Der Kalif ernennt den ehemaligen Straßenräuber wegen seines Organisationsgeschicks zum Emir unter der Bedingung, für Ruhe und Ordnung zu sorgen. Dieser weitet den Auftrag zu Kriegszügen aus und annektiert das benachbarte Tahiriden-Reich. Auch Kabul muß ihm huldigen, und die bisher größtenteils buddhistische Bevölkerung Afghanistans wird islamisiert. Ya'qub unterwirft sich Ostpersien und erreicht die Oberheit über Mukran, Belutschistan und Sind (Pakistan). In seinem Siegerbewußtsein unternimmt er sogar einen Eroberungszug gegen Bagdad, der allerdings mißglückt. Sein Bruder Amr (878 bis 900) kann trotz seiner Feldherrenfähigkeiten die saffaridischen Gebiete nicht zusammenhalten und verliert seine Herrschaft an die Samaniden, die ihn im Jahre 900 gefangensetzen. Ohne große Spuren zu hinterlassen, geht das Saffariden-Reich in den Nachfolgestaaten auf.

Die Samaniden (819 bis 999) Die ersten autonomen Ostprovinzen werden alle dem Reich der Samaniden einverleibt. Die ostiranische Dynastie leitet ihren Namen von ihrem Stammvater Saman Chudat ab, dessen vier Enkel auf Anordnung des Kalifen Ma'mun 819 vom tahiridischen Statthalter in Ostpersien (Chorasan) belehnt wurden. Sie streben versuchsweise nach Unabhängigkeit, und Nasr ibn Achmad übernimmt 873 das zusammengebrochene Tahiriden-Reich; als Statthalter von Transoxanien baut er diese Landschaft zum Kernland der Dynastie aus. Sein Bruder Isma'il (892 bis 901) schließt mit der Unterwerfung der Saffariden die Reichsgründung ab. Nasr II. (913 bis 943) regiert die gesamte Osthälfte des Kalifats von den Grenzen Mesopotamiens bis an die Grenze Indiens. Erstmals haben Perser die arabische Oberherrschaft abgeschüttelt. Der traditionelle Landadel ist der alteingesessenen Priesterfamilie eng verbunden und bildet die Grundlage des samanidischen Feudalstaates. Da er auch Träger der altiranischen Kultur und der überlieferten Traditionen ist, kann der aufgeklärte Samaniden-Hof das Zentrum einer neuen nationalpersischen Kultur werden, deren Kern eine neu entstandene persische Literatur ist. Die vorislamische persische Literatur war infolge ihrer Übersetzung ins Arabische erhalten worden. Selbst sassanidisches und indisches Literaturgut wurden unter anderem durch ibn al-Muqaffa (gest. 757) und Abbas aus Merv (gest. 815) überliefert. Im Samaniden-Reich wird nun auch wieder persische Literatur geschaffen, die im umfangreichen Epos Schahname von Abu l'Mansur, genannt Firdausi (gest. 1020), ihren Höhepunkt hat. Das persische Selbstgefühl wird wieder aufgerichtet. Der Kampf zwischen dem Guten, dem Bösen und dem Fremden spiegelt altiranisches Denkschema. Wenn Firdausi als „Erbfeind" die Türken nennt, so ist dies nicht historisches Unwissen, sondern politische Aktualisierung, deren Vordringlichkeit gar nicht ernst genug genommen werden kann. Höfische Gedichte, Dichterkreise und ganze Dichterschulen sorgen für einen literarischen Reichtum, der das Samaniden-Reich überdauert.

Der politischen Festigung entspricht natürlich auch ein großer Aufschwung der bildenden Kunst. Auf dem Gebiet der Baukunst ist das systematische und planvolle Anlegen von Grabbauten zu nennen, ein von den Abbasiden vernachlässigter Kunstzweig. In der Hauptstadt Buchara wird das Grabmal für Isma'il entworfen als Prototyp der späteren Grabdenkmäler. Wie ein geflochtener Korb wirkt der kuppelbekrönte Quaderbau, bei dem der verwendete Ziegel als konstruktives und oberflächengestaltendes Element benützt wird, durch das die an sich massige Architektur graphisch und dekorativ aufgelöst und entlastet wird. Nischapur und Samarkand sind bedeutende Zentren der Keramik, in der eine an die Wandmalerei erinnernde Technik dem Künstler neue Gestaltungsmöglichkeiten eröffnet. Trotz der zu beobachtenden iranischen Imitationsversuche ist die angestrebte Gleichwertigkeit gegenüber dem benachbarten chinesischen Porzellan nicht erreicht worden. In Samarkand ist es eine besonders bevorzugte Kunstform, Bänder mit kalligraphischen Inschriften auf Teller und Schalen zu setzen.

Das Samaniden-Reich ist in seiner Spätphase durch Machtkämpfe der immer stärker werdenden Aristokraten innerlich mehr und mehr geschwächt worden. Die immer stärker in ganzen Stammesverbänden eindringenden Türken aus den Steppen Zentralasiens stürmen gegen das Samaniden-Reich an und überrennen es schließlich. Nachdem sich die Ghaznawiden Ostpersiens (Chorasan) bemächtigt haben, erobern die ebenfalls türkischen Karachaniden den Iran. Damit endet die samanidische Epoche, die ohne Zweifel das Goldene Zeitalter des islamischen Zentralasien gewesen ist.

Die Ghaznawiden (998 bis 1190) Im verlöschenden Samaniden-Reich sind türkische Sklaven zu Heerführern und Statthaltern emporgestiegen. Mahmud von Ghazna (998 bis 1030) macht sich selbständig, tritt das Samanidenerbe an und vergrößert sein Reich durch gezielte Eroberungen in Indien. Mit ihm beginnt die islamische Geschichte Indiens. Dank seiner guten Beziehungen zum Abbasiden-Kalifen al-Qadir (991 bis 1031) erlangt er die Reichsunmittelbarkeit und kann den Nachfolgern seiner Dynastie ein großes und wohlgeordnetes Reich hinterlassen, in dem der eroberte mittlere und nördliche Pandschab (Lahore) als Ausgangspunkt für die weiteren islamischen Eroberungen in Hindustan (Nordindien) dient. Mahmuds Bedeutung in der islamischen Geschichte liegt darin, daß er erstmals als „Sultan" (legitime Herrschaft, Staatsordnung) bezeichnet wird, dem der Kalif seine Machtfülle

uneingeschränkt einräumt. Für die Geistesgeschichte der islamischen Welt ist es von nicht überschätzbarer Bedeutung, daß er als überzeugter Sunnit die sunnitische Reaktion gegen die verschiedenen schiitischen Schattierungen (vgl. Fatimiden) einleitet.
Die genannten Dynastien mit den von ihnen beherrschten Territorien vom Ostrand Mesopotamiens bis nach Sind (Pakistan) zeigen stellvertretend für alle Sonderentwicklungen im iranisch-asiatischen Raum das gleiche Entwicklungsschema beim Ausbau einer Bagdad-unabhängigen Lokalherrschaft. Alle diese neuen Königreiche kommen nach dem gleichen Schema zustande: Ein mächtiger Herrscher (Kalif) ernennt einen seiner fähigsten Heerführer unabhängig von dessen Werdegang (Kupferschmied, Eseltreiber, Räuberhauptmann u. ä.) zum Statthalter in entfernten und unruhigen Provinzen. Wird das herrschaftsverleihende Machtzentrum schwächer, erstarken automatisch die Gouverneure bis hin zur Selbständigkeit. Dieses Schema wiederholt sich immer wieder. Eine Ausnahme bilden lediglich die Maghreländer, wo die Teilstaaten in politischen Traditionsgründen (Andalusien) oder gemeinsamen Stammeselementen (Marokko) wurzeln und eine noch so schwache Bagdadbeziehung nicht festzustellen ist. In den anderen Teilreichen lebt die gesamtislamische Reichsidee wenigstens formelhaft immer wieder auf, etwa in der Nennung des Kalifennamens beim Freitagsgebet oder der Aufnahme des Kalifennamens in die Münzinschriften.

Das Reichszentrum In den westlichen und östlichen Reichsteilen sind die Sonderentwicklungen durch die türkische Usurpation im Reichszentrum ausgelöst oder begünstigt worden. Im Reichszentrum selbst ist das Herausbilden von Teilstaaten nach anderen Kriterien vonstatten gegangen.

Die Tuluniden (868 bis 905) Der ehemalige türkische Militärsklave Tulun war in der Leibgarde des Kalifen al-Mu'tasim (833 bis 842) in den Kommandeursrang aufgerückt. Sein militärisch gründlich ausgebildeter Sohn Achmed wird 868 zum stellvertretenden Gouverneur in Ägypten ernannt. Da die eigentlichen Gouverneure das üppige Hofleben in Bagdad und Samarra den lästigen Regierungsquerelen vorzuziehen pflegen, ist der türkische Vizestatthalter bald der eigentliche Herr im Land. Seine umfangreiche Machtfülle steigert er durch eine starke, straff organisierte und disziplinierte Armee aus Negersklaven, byzantinischen Söldnern und stammesverwandten Türken, die alle nicht auf den Kalifen, sondern auf ihn selbst vereidigt sind. Ohne Rücksicht auf die Zentralregierung besetzt Achmed ben Tulun 877 die wichtigsten Städte in Syrien und Palästina. Sein offenes Auftreten als Gouverneur von Ägypten und Syrien führt zum unumgänglichen Konflikt mit dem Kalifen und zu Aufständen. Achmed überwindet mit Diplomatie, Geschick und Waffenglück alle Probleme und nistet sich auf einer stark befestigten Burg in Altkairo ein. Sein Sohn Chumarawaih (884 bis 895) muß sein Erbe zwar zunächst mit Waffengewalt behaupten, aber für einen nur mäßigen Tribut mit einer 30jährigen Laufzeit erhält er die kalifale Bestätigung als Statthalter von Ägypten, Syrien und Nordmesopotamien einschließlich der jeweiligen Grenzgebiete. Das politische Arrangement wird eingesegnet durch die Heirat der 12jährigen Tuluniden-Prinzessin mit dem Kalifen al-Mu'tadid (892 bis 902).

Mausoleum Isma'ils (892–901) aus der Dynastie der Samaniden. Dieses in Buchara erbaute Grabmal mit seiner kunstvollen „Steinflechtarbeit" ist zum Prototyp späterer Grabbauten geworden. Das Ziegelmuster ist auf die Wechselwirkung zwischen Licht und Schatten abgestimmt.

Erschöpfte Staatsfinanzen, eine zerrüttete Verwaltung, die fortschreitende Demoralisierung der Armee, Brudermorde und Familienzwiste, Abfall der besten Heerführer und Aufstände in Syrien gemeinsam mit einem Einfall der Kalifentruppen nach Ägypten bringen diesen Staat unentrinnbar dem immer schnelleren Verfall entgegen. Seine Auflösung ist nur noch eine Frage der Zeit.
Als der letzte Tulunide 905 nach Bagdad deportiert wird, hat Ägypten trotz der nur kurzen Herrschaftsdauer einen wichtigen Abschnitt seiner politischen, wirtschaftlichen und kulturellen Entwicklung hinter sich. Erstmals wieder seit Kleopatra hat Ägypten eine faktisch unabhängige Regierung, erstmals seit der Pharaonenzeit ist Syrien der ägyptischen Herrschaft wieder eingegliedert. Dies hat wirtschaftliche Folgen von weitreichender Bedeutung; fließen doch die Finanzmittel nicht mehr nach Bagdad, sondern verbleiben im Land und erlauben den Ausbau der Bewässerungssysteme, das Erschließen neuer Anbauflächen und gemeinsam mit der Gesetzgebung das Anheben der Lebensbedingungen der Fellachen. Der allgemeine Wohlstand wächst, das Handwerk, an seiner Spitze die traditionelle Tuchweberei, blüht. In Kairo entsteht 885 die Tuluniden-Moschee als frühester sakraler Monumentalbau Ägyptens. Der charakteristische arabische Moscheestil ist erstmals voll ausgebildet als Ergebnis der Verschmelzung mesopotamisch-persischer Synthesen mit hellenistischen Anklängen entsprechend den islamischen Anforderungen.
Nach der Niederwerfung der Tuluniden fällt Ägypten wieder an den Kalifen. Die gemachten schlechten Erfahrungen mit türkischen Statthaltern können sich gegen die Abhängigkeit des Kalifen von den Türken aber nicht behaupten. Denn wie sonst anders wäre es zu erklären, daß der Kalif wiederum einen türkischen Statthalter in Ägypten einsetzt. Mohammed ben

Tughdsch (935 bis 946) aus der Landschaft Ferghana (heute Sowjetrepublik Usbekistan) baut seine unabhängige Herrschaft soweit aus, daß ihm der Kalif den alttürkischen, vorislamischen Titel „ichschid" verleihen muß, nach dem die kurzlebige türkische Dynastie der Ichschididen (935 bis 969) sich benennt.

Die Fatimiden (909 bis 1171) Das politische Werk der Tuluniden und Ichschididen wird erst von der Dynastie der Fatimiden (909 bis 1171) vollendet: die politische Verselbständigung Ägyptens. Diese Dynastie von arabischer Herkunft identifiziert sich viel stärker, als es ihre persische oder usbekische Vorgängerin vermochte, mit Ägypten und macht das Land nunmehr zu einer wirklich unabhängigen Macht. Ägypten wird während der fatimidischen Epoche zur eigentlich arabischen Macht, zum stärksten Faktor der arabischen Welt. Die geistige Welt der Fatimiden ist verankert im Sektierertum der Ismailiten. Die ismailitische Religion, eine schiitische Bewegung mit neuplatonischen, persischen und frühchristlichen Elementen, hat ein reich entwickeltes theologisch-weltanschauliches System geschaffen und hat durch unermüdliche Verbreitung in Persien, Indien, Syrien, Irak, an der arabischen Küste des Persischen Golfes und ganz besonders in Nordafrika eine große Gemeinde gefunden, die den Nährboden für die gewaltsame Auflehnung gegen Staat und Gesellschaft abgibt, welche wegen ihrer weitgehend sunnitischen Prägung der schiitischen Glaubenswelt keinen Raum lassen. Nach 150jährigen Revolten, die das Kalifat aufs heftigste erschüttert haben, wird 909 Ubaidallah („Der kleine Diener Gottes") als der erwartete Mahdi („Der von Gott geleitete Führer") zum ersten Imamkalifen der Fatimiden erhoben. Angesichts des unverhohlenen staatsgefährdenden Charakters seiner Bewegung hat er schon zuvor aus Nordsyrien weichen müssen und ist über Palästina und Ägypten nach Nordafrika gelangt, wo das eben zusammengebrochene Aghlabiden-Reich den geeigneten Boden für eine Neuformierung bietet.

Die Bezeichnung der Fatimiden-Dynastie hat programmatischen Charakter, entsprechend der mystischen Verehrung der Fatima und ihres Gatten Ali, des nach ismailitischer Überzeugung ersten der unfehlbaren schiitischen Imame. Nach verschiedenen Erschütterungen erfolgt ein rascher Machtanstieg in Nordafrika, und die Gründung von Kairo (al-Qahira: Die Siegreiche) setzt den Schlußstein unter die fatimidische Machtverschiebung: Der kulturelle, religiöse, politische und militärische Brennpunkt der fatimidischen Interessensphäre hat sich aus dem Berberland in das arabisierte Ägypten verlagert. Dort bildet sich eine starke „Theokratie", während der Ägypten unabhängig ist vom sunnitischen Kalifat in Bagdad und während der 13 schiitische Kalifen ihr Hoheitsgebiet über Palästina bis tief nach Syrien hinein ausbreiten. Im Westen herrschen sie – gestützt auf einen großen Berberstamm – über Libyen, Tunesien, Sizilien und Ostalgerien, bis die andalusischen Omajjaden ihren Zugriff nach Marokko und Spanien stoppen. Nordafrika ist zum Kampfobjekt der schiitischen Fatimiden und der sunnitischen Omajjaden geworden.

Die Kluft zwischen schiitisch-ismailitischer Herrscherschicht und den nach wie vor großen Teilen sunnitischer, oft auch christlicher (koptischer) und jüdischer Bevölkerung hat den Fatimiden-Staat nicht belastet. Weitab jeglicher Intoleranz haben Mitglieder der unterschiedlichen Religionen hohe und höchste Staatsämter verwaltet. Ein Vertrag mit dem byzantinischen Kaiser Konstantin VIII. (1025 bis 1028) regelt, daß die auf fatimidische Veranlassung zerstörte Grabeskirche in Jerusalem wiedererrichtet und dafür der Name des schiitischen Kalifen az-Zahir (1021 bis 1036) in das Freitagsgebet der Muslim auf byzantinischem Gebiet aufgenommen wird. Landwirtschaft, Gewerbe und Handel florieren, erträgliche Steuern und reichliche Staatseinkünfte kommen dem Lande zugute (Straßen, Brücken, Kanäle, Bewässerungen). Mit dem Wohlstand des Reiches wachsen auch sein Ansehen und der Ruhm der Dynastie. Az-Zahir hinterläßt seinem Sohn ein so umfangreiches Vermögen, daß er als der reichste Herrscher seiner Zeit gelten kann. Während die Mutter, eine Haremssklavin aus Äthiopien, für den erst siebenjährigen Ma'add al-Mustansir (1036 bis 1094) regiert, beginnt bereits der Auflösungsprozeß des Fatimiden-Reiches. Das berberische Stammland in Nordafrika geht verloren (1045), die Normannen erobern Sizilien (1061), die Seldschuken Palästina mit Jerusalem (1071) und Syrien mit Damaskus (1076). Mißernten, Seuchen, Stammesaufruhr und Heeresrevolten lähmen gemeinsam mit zunehmender Korruption in der Beamtenschaft das Reich immer stärker, und nach den ersten erfolgreichen Einfällen der Kreuzfahrer ist es unter al-Hafiz (1131 bis 1149) auf das ägyptische Kernland zusammengeschrumpft. Die letzten Fatimiden, Knaben von 5, 9 und 16 Jahren, sind verstrickt in Komplotte und Intrigen von Offizierskorps und Harem, kurdische Söldnerkommandeure belassen diese Schattenherrscher als prunkvolle Staffage. Als sie von den vordringenden Kreuzfahrern immer stärker bedrängt werden, bittet man an verhängnisvoller Stelle um Hilfe: Die türkischen Herren in Syrien und dem Iraq kommen bereitwillig zu Hilfe, und Saladin beendet das fatimidische Schattenka-

Innenhof der Aqmar-Moschee in Kairo, die 1125 vollendet wurde. Der eigenwillige Stil war für Ägypten völlig neu.

lifat. Ägypten geht auf im Reich der Ajjubiden.

Die Ajjubiden (1171 bis 1250) Die Familie stammt aus Armenien, ihr Begründer Ajjub ist ein kurdischer Söldnerführer, der vom abbasidischen Auftraggeber weg in seldschukischen Dienst tritt, wo er gemeinsam mit seinem Bruder in Syrien rasch zu Ehren kommt. Sein Sohn Saladin (Salahaddin) hindert die Kreuzfahrer am Einfall nach Ägypten in das brüchig gewordene Fatimiden-Reich, das er 1171 selbst übernimmt. Mit der Fatimiden-Herrschaft macht er auch der schiitischen Andersgläubigkeit ein Ende. Von Ägypten aus greift er erfolgreich nach der arabischen Halbinsel (Jemen, Sanaa, Aden). Saladin erhält vom abbasidischen Kalifen die Bestätigung als unabhängiger Sultan und macht sich an die Rückeroberung Jerusalems und der übrigen Kreuzfahrerstaaten in Syrien, Palästina und dem Libanon. Die mehrfache Erbteilung des Ajjubiden-Staats hat dessen führende Rolle in der Geschichte der Kreuzzüge nicht beeinträchtigt, er ist und bleibt die einzige politische Kraft des Nahen Ostens.
Eine Revolte der türkischen Militärsklaven (mameluken) und der Mord am letzten Ajjubiden-Erben beenden die Dynastie, deren Erbe die ägyptischen Mameluken antreten.
Die Bedeutung der Ajjubiden-Herrschaft ist eine dreifache: Auf politisch-militärischem, kulturellem und wirtschaftlichem Sektor hat die Dynastie weit über ihre 80 Regierungsjahre hinaus gewirkt. Der politische Sektor ist erfüllt von der Rückeroberung der Kreuzfahrerstaaten sowie den Kämpfen, Friedensschlüssen und Arrangements im Verlauf des fünften und sechsten Kreuzzuges. Der kulturelle Bereich umfaßt die umfangreiche Bautätigkeit (Medresen, Moscheen, Zitadellen, Spitäler), die Dekorationen mit ihrer Weiterentwicklung des fatimidischen Stils und die Kleinkunst mit Keramik, Metallbearbeitung und Holzschnitzkunst (Grabmal Saladins in Damaskus). Besondere Hervorhebung verdient die umsichtige Wirtschaftspolitik, dank deren Systematik eine Hebung des allgemeinen Wohlstandes im syrisch-ägyptischen Ajjubiden-Reich festzustellen ist. Ausbau und Verbesserung der Bewässerungsanlagen machen das Reich zu einem Exportland für Reis, Sesam und Hirse besonders in die Handelsrepubliken Genua und Venedig. Als Folge der Wirtschaftsbeziehungen entstehen die ersten europäischen Konsulate im Orient. „Musselin“ und „Damast“, die begehrten Gewebe aus Mossul und Damaskus, südarabischer Weihrauch, Damaszener Rosenöl und Orangenöl-Parfum sind hochgeschätzte Handelsgüter. Syrisches Zuckerrohr verdrängt in den europäischen Küchen den Honig.

Zugangstor zur Zitadelle von Aleppo. Solche Zitadellen wurden in erster Linie gegen die Kreuzfahrer gebaut. Sie wurde im 12. Jahrhundert errichtet und von Saladin weiter ausgebaut.

Die Liquidierung der von arabischen und berberischen Volksgruppen ausgehenden, religiös begründeten und national-ägyptisch endenden Fatimiden-Bewegung durch die Ajjubiden bedeutet eine Bereinigung im Bagdader Sinn, ist doch durch die Erhebung der ismailitischen Imame zu Kalifen die islamische Welt letztlich gedrittelt gewesen: In Bagdad und Cordoba regieren sunnitische Kalifen, in Kairo ein schiitischer. Mit dem Erlöschen des andalusischen Omajjaden-Kalifats, 1036, und dem Verschwinden des ägyptischen Fatimiden-Kalifats, 1071, ist durch türkische Hand die Einheit der islamischen Welt unter Bagdader Führung formell wiederhergestellt.
Ergab die Summe der Entwicklungen in den östlichen und westlichen Reichsteilen deren direkte und indirekte Abhängigkeit von den politischen Strukturen am Hof in Bagdad und Samarra, so ist der nämliche ursächliche Zusammenhang auch für die Länder des Reichszentrums festzustellen. Die politischen Auswirkungen der Lage der Kalifen, ihrer Abhängigkeit von den in allen Schlüsselpositionen präsenten Türken und Kurden, hat die Entwicklung nicht nur ermöglichen, sondern sie ist ihr gestaltender Faktor gewesen in Syrien, Palästina, Ägypten und Arabien. Die arabisch-nationalistische fatimidische Bewegung ist politisch und religiös eine Antibewegung zu der vorangehenden Tuluniden-Zeit gewesen, und die Liquidierung durch die Ajjubiden stellt den ursprünglich türkisch bestimmten Zustand wieder her.
Es wird oft die Meinung vertreten, die Kreuzzüge seien nur ein störender Einbruch in die islamische Welt gewesen ohne größere Auswirkungen. Der Gang der Ereignisse zeigt aber, daß sie doch zumindest beschleunigend gewirkt haben auf den Zusammenbruch des Fatimiden-Reiches, wenngleich die Gründe für dessen Erlahmung andernorts gesucht werden müssen. Der rasche ajjubidische Übergriff nach Ägypten muß im Zusammenhang mit den Kreuzzügen gesehen werden, ebenso der Ausbau der Ajjubiden-Herrschaft in Syrien und Palästina überhaupt. An der pauschalen Bedeutungslosigkeit der Kreuzzüge kann nicht festgehalten werden.

DIE ENTMACHTUNG DER ABBASIDEN-KALIFEN

Die Bujiden und das Vordringen der Perser (945 bis 1058) Nachdem sich mit den Dynastien der Saffariden und Saminiden im iranischen Mutterland selbst und mit den Aghlabiden sogar in einem arabischen Kernland persische Teilstaaten etabliert hatten, konnte deren Griff nach der Reichszentrale nicht lange ausbleiben. Er ist verbunden mit der Dynastie der Bujiden. Mehr als hundert Jahre herrschen sie über den westlichen Iran und Mesopotamien, ohne das Amt der politisch längst

Mit der Machtübernahme durch die Seldschuken vollzieht sich im Sakralbau und ganz besonders im Moscheebau Persiens ein grundlegender Wandel. Der während der Partherherrschaft entstandene Iwan kommt erneut zu Ehren. Die bedeutendste der Iwanmoscheen im seldschukischen Persien ist die oben abgebildete Meschid-i-Dschum'a in Isfahan.

entmachteten sunnitischen Kalifen anzutasten. Abu Schudscha Buyah's Söhne kommen als Heerführer an die Macht, und die schiitischen Iranier werden zu praktisch unabhängigen Herrschern von Teilstaaten. Mit dieser Machtfülle nicht zufrieden, erobern sie 945 Bagdad und lassen sich wohlklingende Ehrentitel von ohnmächtigen Kalifen verleihen: „Säule des Reiches" (Imad ad-daula), „Pfeiler des Reiches" (Rukn ad-daula) und „Stärker des Reiches" (Mu'izz ad-daula). Trotz erheblicher Machtfülle und weitausgedehntem Reichsgebiet kann das Reich nicht gegen die Seldschuken bestehen, nachdem es mangels verbindlicher Erbordnung zum Zankapfel geworden ist.

Die von den Abbasiden verliehenen arabischen Phantasietitel betonen und stärken die Stellung der neuen Machthaber gegenüber der arabisch-islamischen Welt, die tatsächlichen Machtverhältnisse und ihre Absichten sind ablesbar im Titel „Schahanschah", den sie im Anklang an den antiken und sassanidischen „Großkönig" schaffen und der bis heute fortlebt. Zwischen den Blöcken der Abbasiden- und Seldschuken-Herrschaft ist dieses „iranische Zwischenspiel" wichtig für die Geistes- und Religionsgeschichte des Islam, haben doch die Bujiden die soziale und theologische Verankerung des Schiismus in einer so tatkräftigen Weise gefördert, daß er lange nach ihrem Verschwinden aus der Politik die Restauration des Sunnismus unter den Seldschuken überdauern kann.

Die türkischen Großreiche Der Aufstieg der Türken ist als auslösender Faktor der beschriebenen Entwicklung genannt worden. In drei Phasen vollzieht sich der von den Türken eingeleitete Umwandlungsprozeß im Reich der Abbasiden. Die erste Etappe ist die schon kennengelernte der Etablierung türkischer Söldner als Leibgarden und der aus ihr resultierenden Abhängigkeit der Kalifen von ihren „Prätorianern". Die zweite Etappe der türkischen Völkerwanderung ist der Aufschwung türkischer Statthalter zu Reichsfürsten. Die Dynastien der Tuluniden, Ghaznawiden und Ajjubiden sind die namhaftesten Vertreter dieser Phase. Die dritte Phase der türkischen Einwanderung beginnt nach 1030, als frische Türkenstämme in den Vorderen Orient einbrechen, ganz Iran erobern und seit 1037 ein großes vorderasiatisches Reich unter der Führung der Seldschuken gründen.

Die Großseldschuken (1055 bis 1092) Weite Gebiete Zentral- und Vorderasiens werden vom 11. bis zum 13. Jahrhundert vom Geschlecht der Seldschuken beherrscht, die gemeinsam mit ihren turkmenischen Stämmen sich zurückführen auf ihren Ahnherren Seldschük ibn Duqaq. Seldschüks Enkel führen einen Teil der Nomadenstämme von ihren Weideplätzen in der Kirgisensteppe jenseits des Oxus in Mittelasien um 1000 nach Südwesten, erobern 1038 Ostpersien (Chorasan), besiegen die ebenfalls türkischen Ghaznawiden und öffnen dem ersten Großseldschuken Tegril Beg (1038 bis 1063) den Weg nach Persien und dem Iraq. Sie sind orthodoxe Sunniten und treten auf als Befreier und Beschützer der Abbasiden-Kalifen gegenüber den schiitischen Bujiden. Während diese in ihrer Hauptstadt Schiras die wahren Herrscher des Reiches geworden sind, bemäntelt der hilflose Abbaside in Bagdad seine Ohnmacht mit einer prunkvollen Hofhaltung voll üppiger Verschwendung. Die Seldschuken überrennen 1055 die Bujiden und „befreien" den Kalifen al-Qa'in (1031 bis 1075) und mit ihm ganz Bagdad. Den Türkenführer Tegril Beg begrüßt der Kalif als „König des Ostens und des Westens", was weitab von orientalischer Wortfülle die tatsächlichen Machtverhältnisse spiegelt: Von Inneranatolien bis zur chinesischen Mauer, von Armenien über den Iraq bis nach Syrien erstreckt sich das Seldschuken-Imperium mit seinen Zentren Merw (Mary in Turkmeniens Sandwüste Karakum), Isfahan und Bagdad. Nach mehreren Anläufen auf Regionalebene hat erstmals eine türkische Dynastie die Führung in der islamischen Welt übernommen. Ihre starke Identifizierung mit dem Islam ergibt sich aus ihrer Frontstellung gegenüber den schiitischen Fatimiden, gegen die sie einen „Heiligen Krieg" proklamieren. Sie haben sich dem Kalifen gegenüber zur Bekämpfung der Ketzer verpflichtet, obendrein bietet sich dadurch die Eroberung Ägyptens, die aber nicht gelingt.

Die Seldschuken sind der iranisch-islamischen Kultur gegenüber sehr aufgeschlossen, den örtlichen Schiismus drängen sie zugunsten des Sunnismus zurück, für den sie in Bagdad 1067 ein orthodoxes Wissenschaftszentrum errichten. Hier wird das systematische Lehr- und Wissenschaftsgebäude angewendet und ausgebildet, das letztlich für den Gesamtislam bestimmend wird. Für die seldschukische Staatsverwaltung wird eine eigene Anleitung, das „Buch der Regierung" (Siyasat-nama), in persischer Sprache verfaßt. Zwar kommen hier die traditionellen chorasanischen Verwaltungspraktiken stark zum Vorschein, doch werden sie der türkischen Eroberung und den türkischen Erfordernissen angepaßt. Trotz eines hohen Grades an Iranisierung der Großseldschuken ist das Fortleben der türkischen Sprache als Kulturträger hervorzuheben.

Erbstreitigkeiten innerhalb des Herrscherhauses führen dazu, daß sich das Großseldschukische Reich nach 1092 in einzelne Teilstaaten aufsplittert. Diese Partikulargewalten behaupten sich gemeinsam mit den Herrschaftsgebieten einiger autonom gewordener, ebenfalls türkischer Vasallen, bis ihnen allen die Mongoleninvasionen des 13. Jahrhunderts ein Ende bereiten.

Die Rum-Seldschuken (1075 bis 1307) In den Grenzkämpfen gegen das Byzantinische Reich tragen die Türken einen Sieg nach dem anderen davon. Nach dem Verlust von Edessa und Antiochia erleiden die Byzantiner bei Mantzikert/Malazgirt in Ostanatolien 1071 eine so vernichtende Niederlage, daß sie den Seldschuken das Vordringen nach Kleinasien nicht verwehren können. Vor den Toren Konstantinopels entsteht im altehrwürdigen Nikaia die Seldschuken-Hauptstadt Iznik. Im Gegensatz zu den gegen Ägypten gerichteten Unternehmungen ist die türkische Einwanderung nach Anatolien nicht zentral geplant oder geleitet, sie ist vielmehr Ausdruck einer Opposition gegenüber den zentralseldschukischen Bestrebungen. Diese partikularen Kräfte der Seldschuken gründen ihren eigenen Staat 1075 außerhalb der traditionellen islamischen Territorien in Kleinasien. Mit der Umwandlung eines bisher byzantinischen Kernlandes in einen islamischen Staat beginnt die Entwicklung hin zur modernen Türkei. Wegen der Staatsgründung im oströmischen (rum) Gebiet werden diese Seldschuken zur genaueren Unterscheidung Rum-Seldschuken genannt. Sie werden im 12. und 13. Jahrhundert zu den wichtigsten Handelspartnern der ägäischen und vorderasiatischen Welt, als die Häfen des Mittelmeeres und der Schwarzmeerküste fest in ihren Händen sind. Die heute noch erhaltenen umfangreichen Architekturschöpfungen geben ein anschauliches Bild von der Kultur der Seldschuken, die nach der Organisation des Landes angesichts der gewandelten Bedürfnisse eine rege Neubautätigkeit entfalten. Bedeutsam wird der Staat der Rum-Seldschuken auch als kulturelles Auffangbecken für die geistigen Strömungen aus den ostseldschukischen Staaten, deren Vertreter vor den Mongolen in den Westen flüchten. Anatolien wird 1243 auch erstmals von den Mongolen überrannt, fristet aber als Vasallenstaat des mongolischen Oberherren noch ein politisch bedeutungsloses Dasein bis 1307, während dessen aber die kulturelle Bedeutung fortdauern kann, ist sie einem Gesetz der Phasenverschiebung zwischen politischer und kulturell-künstlerischer Entwicklung entsprechend doch nicht an militärpolitische Ereignisse unmittelbar gekettet.

ABBASIDISCHE RESTAURATIONSVERSUCHE

Nachdem das Großseldschukische Reich in einzelne Nachfolger- und Vasallenstaaten aufgesplittert ist, versucht der Kalif in Bagdad seine Selbständigkeit und politische Handlungsfähigkeit wieder zu erreichen, hat die „Befreiung" von 1055 doch nur einen Wechsel der Wachmannschaften, nicht aber eine Änderung der Lage des streng bewachten Kalifen gebracht.

Nach einer langen Reihe untätiger und auch unfähiger Kalifen kommt mit an-Nasir (1180 bis 1225) ein energischer und politisch gewandter Mann auf den Thron. Er versteht es, die im Iraq weitverbreiteten schiitischen Vereinigungen mit Geheimbundcharakter der jugendlichen Ritterschaft für sich zu gewinnen, stützt sich auf ihre Waffen und auf eine erfolgreiche Propaganda und kann tatsächlich nach 1194 ausgedehnte Eroberungszüge bis nach Zentralpersien hinein unternehmen. Dieses letzte Aufflackern kalifaler Macht ist nur durch die gemeinsame Aktion von

Einen völlig eigenen Charakter zeigen die oktogonalen und zylindrischen Türben (Grabtürme) Kleinasiens. Die abgebildeten Türben in der Nähe vom Vansee im Osten der Türkei knüpfen an die alten Steppentraditionen an durch die Zweigeschossigkeit, in der sich das zentralasiatische Doppelritual – Aufbahrung im Grabzelt und nachträglich Erdbestattung – spiegelt. (Otto-Dorn)

In der Baukunst der Mameluken verbinden sich seldschukische und fatimidische Elemente zu einer neuen Einheit. So entsteht ein eigenständiger mamelukischer Sakralbau, die Grabmoschee oder Grabmedrese, in der sich Grab und Schule vereinen. Besonders imposant ist die obige Grabmedrese des Sultan Hassan in Kairo (vollendet 1362) mit einer Fläche von fast 8000 qm.

Schiiten und Sunniten möglich geworden, hatte diese Kluft bisher ja nicht nur das Universalreich gelähmt, sondern oft genug Rivalitäten gefördert und Abspaltungen herbeigeführt. Diese gemeinsamen Anstrengungen kommen aber zu spät angesichts der heranstürmenden Mongoleninvasion.

DAS ENDE DES ABBASIDEN-KALIFATS

Der Zusammenbruch Im 12. Jahrhundert leben die Mongolen als Jäger, Fischer und Hirten zwischen den Flüssen Onon und Kerülen in Zentralasien. Von dort aus brechen sie nach allen Seiten in die Hochkulturen als Eroberer ein. Eine erste Welle zieht südwärts, vernichtet Ostpersien (Chorasan) und überflutet 1220 den Iran, eine zweite Welle strömt 1237 über Rußland, Polen, Ungarn und die Balkanländer. Eine dritte Stoßrichtung von mongolischen, tatarischen und türkischen Stämmen ergießt sich 1257 aus Transoxanien nach Persien und in den Iraq. Den Mongolenfürsten Hülagü Khan begleitet sein schiitischer Wesir, der ostpersische Enzyklopädist und Astrologe at-Tusi (1201 bis 1274), der als erklärter Gegner des Sunnitenkalifen den Mongolensturm gegen Bagdad anstrebt. Die Mongolen unterbreiten ein Friedensangebot, doch in Unkenntnis über seine wirkliche Lage lehnt der Kalif al-Mu'tasim (1242 bis 1258) ab. Nach kurzem Kampf wird Bagdad am 10. Februar 1258 gestürmt, der Kalif wird hingerichtet. Die Bewohner werden das Opfer der plündernden Soldaten, die Schiiten werden auf Bitten at-Tusis verschont, die Christen auf Veranlassung der Gemahlin Hülagüs, die selbst eine nestorianische Christin ist.

Die Mameluken (1250 bis 1517) Das Idealbild und den verklärten Ruhm der Abbasiden-Kalifen machen sich die türkischen Herren von Syrien und Ägypten zunutze. Ein Verwandter des letzten Abbasiden wird nach Kairo geholt, und ihm als Kalifen gelten die Huldigungen der Mameluken. Im Gegensatz zu den anderen Vasallendynastien sind die Mameluken nicht auf einen bestimmten Stamm oder eine Familie bezogen, sondern mit einer einzigartigen Institution verbunden: Weiße türkische Militärsklaven (arab.: mamluk) sind als Nicht-Mohammedaner in nicht-islamischem Gebiet aufgewachsen. Noch im Knabenalter kommen sie als Unfreie in den Besitz eines Sultans oder Emirs, der sie kaserniert (Verbot des Kontaktes mit der einheimischen Bevölkerung), als Ritter und Soldaten ausbildet und sie dann freiläßt und militärisch organisiert. Auch für ihren Übertritt zum Islam hat der Ausbilder zu sorgen. Loyalität gegenüber ihren Herren und Zusammenhalt unter den Kameraden sind die Fundamente des auf einem komplizierten Organisationssystem beruhenden Mameluken-Staates, der genügend Festigkeit aufbringt, um die Mongolen zurückzuschlagen. In Syrien und Ägypten haben sie die Macht von 1250 bis 1517 inne, während der eine Linie von 22 abbasidischen Scheinkalifen den Zusammenhang mit der mittelalterlichen Welt des Islam aufrecht erhält und bis zur Eroberung durch die Osmanen.

Die islamische Kultur des Mittelalters

Die Märchen aus „Tausend und eine Nacht", fanatische Glaubenskämpfer und schwüle Haremsszenen prägen allzu oft die europäischen Vorstellungen von der mittelalterlichen Welt des Islam. Einige Bereiche der islamischen Kultur können die Kenntnis der islamischen Geschichte vervollständigen.

Die geistige Kultur Als kulturbestimmend hat sich neben der vorislamischen Nomadenkultur der arabischen Halbinsel von der ersten Stunde an der Koran erwiesen. Er kennt keinen Zwang, sich zum Islam zu bekehren, duldet Judentum, Christentum und Zoroastertum und schafft damit die Grundlage für ein friedvolles Nebeneinander von Rassen und Religionen: „In der Religion gibt es keinen Zwang" (Sure 2,256). Diese Toleranz fällt erst späteren Glaubenseiferern und ihren Sekten zum Opfer. Mit der Ausdehnung der islamischen Macht ist auch die Verbreitung des Koran verbunden, was die überragende Rolle der arabischen Sprache in allen islamisierten Ländern einleitet. Die Berührung der an sich schon überaus reichen und vielfältigen arabischen Sprache mit den Sprachen der eroberten Länder, von Latein über das Griechische bis hin zum Persischen, hat eine zusätzliche Bereicherung bewirkt. Von al-Chalil (gest. 791) wird erstmals die arabische Sprache in einem Wörterbuch erfaßt, das von ibn-Seid (gest. 1065) umfaßt 20 Bände. Seit dem 5. Jahrhundert n. Chr. gibt es bereits arabische Literatur, die allen Veränderungen zum Trotz eine äußere Kontinuität bis heute bewahrt hat, was vornehmlich in der Verwendung der in wesentlichen Punkten gleich gebliebenen Literatursprache gründet. Vom Heldenlied der Nomaden reichen die Literaturgattungen über das Spottgedicht, das Liebesgedicht, die Sprichwörter, Tierfabeln, Sprüche der Wahrsager bis hin zur Reimprosa, in der der Koran abgefaßt ist, und zum Märchen. Eine umfangreiche Rolle kommt dem gelehrten Schrifttum zu. Ursprung der arabischen Wissenschaften sind die blühenden Hochkulturen, deren Erbe die islamischen Staaten antreten. Die persische und die byzantinische Zivilisation haben mit ihren Kulturtraditionen auch ihre Wissenschaften an die Araber abgegeben. Mit dem Nachholbedarf des wissensdurstigen Naturvolkes stürzen sich die Araber auf das Studium der Künste und Wissenschaften. War die Fachliteratur erst einmal ins Arabische übersetzt, war der wissenschaftliche Aufstieg der Araber nicht mehr zu bremsen. Alchimie, Architektur, Astrologie, Astronomie, Botanik, Geographie, Pharmazie, Mathematik, Medizin, Naturwissenschaften und Technik sollen die großen Betätigungsfelder arabischer Wissenschaftler werden. In der Alchimie mischen sich Naturphilosophie und praktische Chemie, die Astronomie ist aus religiösen Gründen unerläßlich, müssen doch nach dem Mondkalender die Festtage berechnet werden. Das erste Pflanzenbuch entsteht noch vor 895. Ist der Koran ursprünglich als religiöse Anleitung und als brauchbare Richtlinie für den Alltag in allen Bereichen bestimmend, so führt die Berührung mit den antiken und orientalischen Philosophen bald zu einer Auseinanderentwicklung, die schon frühzeitig zur Trennung des Glaubens von den Wissenschaften führt. Im 10. Jahrhundert stellt Abulal Tenukiden fest: „Es gibt zwei Arten von Menschen: Die einen haben Verstand und keinen Glauben, die anderen haben Glauben und wenig Verstand." Manches aufklärerische Gedankengut wird in Europa erst im 17. Jahrhundert bekannt, wo es dann auf fruchtbaren Boden fällt (Defoe: Robinson Crusoe). So verwundert auch nicht die Herausbildung eines philosophischen Weltbildes, das mit den Namen des Arabers al-Kindi, der Perser al-Farabi und Ibn Sina und ihrer spanischen Nachfolger Ibn Gabriol und Ibn Badjdja verknüpft ist. Platonisches Erbe wird mit aristotelischen Elementen zu jener Synthese „vermischt", ohne die die geistige Blüte des von ihnen beeinflußten christlichen Mittelalters kaum denkbar wäre.

Seite aus dem Manuskript „Kalila wa Dimna" (Fabeln des Bidpai), etwa 1300. Diese Tierfabeln stammen ursprünglich aus Indien. Zum Teil wurde der gleiche Stoff auch in Europa, z. B. von Lafontaine, benutzt. Schule von Bagdad. Bibliothèque Nationale, Paris.

Zur Geisteskultur der islamischen Welt

Seite aus dem Manuskript „Die Maqamen (Unterhaltungen) des Hariri", illustriert von Yahia ibn Mahmud el-Wasiti (1237). Die Kamelgruppe ist von einer frappierenden Realität. Schule von Bagdad. Bibliothèque Nationale, Paris.

zählt auch das ritterliche Leitbild, das männliche Tugend und Verherrlichung der Frau einschließt und im Islam viel verbindlicher gewesen ist als im christlichen Mittelalter. Auf das vorislamische Beispiel des Ritters in der Wüste gründend, besitzt es eine zweite Wurzel im Kriegertum, ohne das der Islam nicht über den Familienkreis Mohammeds hinausgedrungen wäre. Auch das ritterliche Verhältnis zur Frau hat islamischen Ursprung: „Die Ehe ist die Hälfte der Religion", stellte Mohammed fest, der selbst beispielhaft in Güte und Nachsicht gegenüber Frauen gewesen ist. Der Koran trennt die Lebensbereiche von Mann und Frau strikt, ohne die ritterliche altarabische Verehrung der Frau aufzuheben. Die Mehrehe ist an die Verehrung der Frau gebunden und ergibt sich aus Versorgungsgründen in der Gesellschaft der Wüstenkrieger als Naturgebot. Zur Vielweiberei in des Wortes negativer Bedeutung wird sie erst mit zunehmender geistiger Vernachlässigung der Frau in den orientalischen Städten, in deren abklingenden Kulturen verschlagene Eunuchen den Harem zum Objekt ihrer Intrigen machen und den Idealen der Wüstenritter keinen Platz mehr lassen. Die unterschiedlichen Verhältnisse an oft dekadenten Fürstenhöfen und in den ganz anders orientierten Kreisen der Bevölkerung verbieten ein Pauschalurteil.

Die materielle Kultur Der Islam ist trotz seiner Herkunft eine städtische Kultur. Mohammed hatte seinen Glauben in Mekka und Medina verkündet, die Ausübung des Kultes (Freitagsgebet, rituelle Waschungen) hat Moschee und Badehaus als Voraussetzung. Im städtischen Lebensbereich hat sich der Islam auch besonders gut entfaltet, doch hat er den Rahmen des Personenverbandes (feudales System) nicht verlassen. Die islamischen Städte haben nie die Rechtslage der europäischen erhalten: Rat und Gerichtsbarkeit, Marktrecht, Zoll-, Steuer- und Münzprivilegien sind ihnen vorenthalten. Die hellenistischen, römischen oder orientalischen Städte üben zunächst keinen Einfluß auf die islamische Gesellschaft aus, die arabischen Eroberer siedeln nicht in ihnen, sondern daneben. Allmählich schwindet allerdings die Trennung von orientalischer und islamischer Stadt. Beträchtliche Menschenmassen bringen auch soziale Probleme. Gemäß der vom Koran vorgeschriebenen praktischen Mildtätigkeit werden schon bald Mittel aus frommen Stiftungen für die Speisung von Armen, Pilgern und Reisenden aufgewendet. In der Medrese (öffentliche Schule) werden Lehrer und Lernende kostenlos verpflegt, bald wird eine Armenküche angegliedert. Kalif al-Qadir (991 bis 1031) läßt in den Moscheen die Armen aus der Palastküche verpflegen. Saladin (1169 bis 1193) setzt Fleisch- und Zuckerzuteilungen fest. Die Fatimiden verteilen an Freitagen Brot und Trinkwasser. Zur Medrese gehört oft ein Krankenhaus. Ohne Ansehen der Person wird der Kranke aufgenommen, der Aufenthalt ist unbefristet, morgens und abends finden Visiten statt; Verpflegung, Raumpflege, Wäsche und Massagen werden von Krankenpflegern besorgt. Ärztlicher Nachtdienst und Sonderabteilungen sind eingerichtet. Im Sterbefall übernimmt das Krankenhaus die Beerdigungskosten.

Die Städte sind nicht nur Ziel- und Kreuzungspunkt von Handelsstraßen, sondern auch die Zentren der geographischen Kenntnisse. Das erste Buch über China entsteht nach einer Ostasienreise des Soleiman von Persien aus. Unter dem Titel „Die goldenen Wiesen" veröffentlicht im 9. Jahrhundert Massudi die Ergebnisse seiner 25jährigen Forschungsreisen. Astronomische Kenntnisse befähigen die Geographen zur Anfertigung genauen Kartenmaterials. In der Tradition des frühesten arabischen Handbuchs für Geographie aus dem Jahre 740 entstehen nicht nur wissenschaftliche Werke, sondern auch Reisebeschreibungen. Beide Gattungen sind förderlich für die Kenntnis und den Ausbau der Handelswege. Während Europa vom Fernen Osten noch nichts ahnt, stehen die Araber in Handelsverbindungen mit Indien, China, Innerafrika, Osteuropa, Rußland und Skandinavien. Im Ostasienhandel wird der Landweg dem Seeweg vorgezogen. Karawanen bringen die chinesischen Waren aus Samarkand (Turkestan) bis nach Aleppo in Syrien. Nach China bestehen drei Handelswege, einer über Kaschmir, einer über Khotan jenseits des Karakorum-Passes und ein dritter durch die Mongolei. Die Kaufleute beliefern China mit Edelsteinen, Korallen, Pferden, Wollstoffen und venezianischem Scharlachtuch und bringen Seidenstoffe und Brokate, Porzellan, Tee und Heilmittel. Für einen Löwen kann man in China 30 000 Ballen Stoff erhalten. Die verkehrstechnischen Leistungen sind um so bemerkenswerter, als man den Wagen nicht verwendet und die bis zu 5 km langen Karawanen (mittlerer Umfang: 1000 Kamele, 120 Händler) eine tägliche Wegstrecke von nur 25 km zurücklegen. Der umfangreiche Handel erfordert entsprechende Nutzbauten. In den Städten ist der Bazar (arab.: suq; pers.: bazar; türk.: scharschi) als das traditionelle Handelszentrum weiterhin bevorzugt. In räumlichem Nebeneinander organisieren sich entlang der oft überdeckten Gassen mit Ladenzeilen Innenhofgebäude, überdachte Hallen, Moscheen, Medresen, Brunnen, Bäder und Latrinen. Das Gesamtgebiet ist oft durch Mauern (Brandgefahr) gegliedert und durch Tore verschließbar (Aufruhr). Wohn- und Handelsgebiete sind in der Regel getrennt. Neben den Umschlags- und Verkaufsplätzen entstehen auch in den Stadtzentren Lagerplätze für die Karawanen. Der Chan (pers. chanä = Haus) ist das Quartier für fremde Kaufleute, für ihre Kamele und Pferde sowie ein Lagerhaus zur Feilbietung der Waren. Von der arabischen Wurzel funduq lebt er im italienischen Fondaco (Handelshof) und in der spanischen Fonda (Herberge für Reisende) fort. Vorislamische Einrichtungen bleiben bestehen: Der byzantinische Kaisermarkt (agorá kaiseraia) besteht als Qaisarijja bis heute fort (Granada: Verkaufsviertel al-Caiceria). Der architektonische Einfallsreichtum der arabischen Baumeister hat sich mit den städtebaulichen Gegebenheiten zu vereinigen. Entlang der Karawanenwege entstehen in Tagesmarschabständen Chane, die am Rastplatz Schutz und Wasser gewähren sollen.

Die Bedeutung der arabischen Kultur für die Geschichte und Entwicklung der Medizin ist weithin bekannt. Hatten die Medizinmänner der vorislamischen Beduinen nur über eine primitive Volksmedizin verfügt, so ändert sich dies schlagartig. Die Abbasiden-Kalifen lassen im 9. Jahrhundert von syrischen Christen Hunderte von Werken der griechischen Medizin ins Arabische übersetzen. Entgegen gewisser Behauptungen ist die islamische Medizin aber nicht nur griechische Heilkunst in arabischer Sprache gewesen. Namentlich auf den Gebieten der Chirurgie und Augenheilkunde sind große Fortschritte erzielt worden, die alle auf Beobachtung und Experiment anstelle kosmologischer Heilspekulationen basieren. Der spanische Staatsmann und Arzt Lisanaddin ibn al-Chatib erkennt die Pest als Infektionskrankheit und stellt sich damit gegen Überlieferungen des Propheten. Der Damaszener Arzt Ibn an-Nafis widerlegt die Blutbahntheorie des Galen und beschreibt den Lungenkreislauf 400 Jahre vor William Harvey.

Islamische Kunst Ist die darstellende Kunst des christlichen Mittelalters vom Inhalt her auf die Religion abgestimmt, so ist die islamische Kunst schon formal vom Koran geprägt, während es die Kunstinhalte weniger sind. Die islamische Kunst ist vom sogenannten Bilderverbot bestimmt. Es beruht auf der Überzeugung, daß eine Darstellung von animalischen Wesen (Menschen, Tiere) als eine Lästerung Allahs zu verurteilen ist, da nur er alleine „Schöpfer und Gestalter" (Sure 54,24) sei, er hat „Himmel und Erde . . . geschaffen und er hat euch Menschen geformt" (Sure 64,2). Jesus kann nur „mit Gottes Erlaubnis" (Sure 3,49; 5,110) Vögel aus Lehm gestalten. Eine ausgesprochene bilderfeindliche Doktrin enthält der Koran nicht. Aus den Sammlungen der Mitteilungen (hadit) der mündlichen Überlieferungen und aus verbindlich anerkannten Lebensgepflogenheiten Mohammeds aus dem 8. Jahrhundert entwickelt sich eine Bilderfeindlichkeit, die den Verfertigern von Bildern Höllenqualen androht. Die im 8. Jahrhundert niedergeschriebenen Vorstellungen geben die weiterhin gültige Meinung aus der Omajjadenzeit wieder, das Bilderverbot ist eine Waffe gegen den Polytheismus (antike Götterfiguren, Tiergottheiten) gewesen. Es muß in unmittelbarem Zusammenhang mit der Verbreitung des Islam gesehen werden: Da den Neubekehrten die alten Götterbilder weggenommen werden mußten, wurde der Einfachheit halber und um Rückfälle zu vermeiden (symbolische Bilder, bildhafte Anspielungen, mehrdeutige Bilder), eine allgemeine Bilderfeindlichkeit entwickelt. So ist die Zerstörung von Kultbildern anderer Religionen und die Vernichtung von Bildwerken anderer Kulturen, deren Religionscharakter nicht ausgeschlossen werden konnte, eine missionarische Notwendigkeit. Bei der Umwandlung von Kirchen in Moscheen werden Fresken und Mosaiken übermalt, figürliches Inventar wird entfernt und zerstört. Mit dem Wegfall dieser missionarischen Motivation ist auch eine bildliche Kunst im Islam möglich, soweit die Gefahr der Bilderanbetung ausgeschlossen ist. Wandbilder in der Moschee dürfen sich nicht in Gebetsrichtung befinden, Darstellungen der Gottheit verbieten sich ebenso. Umgekehrt wird gerade das Bild auch zur Verbreitung islamisch-monotheistischer Gedanken herangezogen: Oft findet sich die Szene, in der Mohammed und Ali die Kaaba von Götzenbildern reinigen. Bebilderte Gebrauchsgegenstände sind üblich, ferner Palastausschmückungen und natürlich das Herrscherporträt auf Münzen. Das Fortleben spätantiker Herrscher- und Herrschaftsdarstellungen läßt sich feststellen. Die verbreitete Ausstattung von Stadtmauern und -toren mit Bildern dient dem nämlichen Zweck. Tafelbilder und Großplastiken sind nicht vorhanden, Ausnahmen sind schon allein wegen des Fehlens geeigneter Künstler auf außerislamische Einflüsse zurückzuführen. Es handelt sich dann um erbeutete und weiterverwendete Kunstwerke (Spolien) oder um Arbeiten fremder Künstler: So gestalten byzantinische Baumeister, Mosaizisten und Bildhauer für den Cordobeser Kalifen Abdarrachman III. (912 bis 961) ab 936 dessen Palaststadt Medina az-Zahra, die dann prompt 1010 von den orthodoxen Berbern wegen ihres dekadenten Luxus dem Erdboden gleichgemacht wird – haben extreme Ausleger des Bilderverbotes doch schon immer sogar gegen Spielzeugpuppen und figürliche Zuckerbäckerei gewettert. Handhabung und Verbot von Bildern ist nicht zu trennen von missionarischen Überlegungen, Volksbildung und abergläubischen Vorstellungen. Wo eine differenzierte Einstellung zum Bild vorausgesetzt werden kann, sind die Verhältnisse grundlegend anders. Unter dem Fatimidenwesir Yazuri (1050 bis 1058) findet ein regelrechter Malerwettbewerb statt; Jagdszenen, Allegorien und Aktdarstellungen schmückten schon die Wüstenschlösser der Omajjaden, Bagdad und Samarra schlossen sich dieser Tradition an. Diese Kostbarkeiten sind nur einem kleinen Kreis von gebildeten Liebhabern zugänglich, die Abgeschlossenheit des häuslichen Aufbewahrungsortes verhindert zusätzlich eine negative Auswirkung auf das Volk.

Die spezielle Ausprägung einer islamischen Architektur ist nur bei jenen Bauwerken möglich, die wesenhaft mit dem Glauben in

Verbindung stehen. Die Moschee (arab.: dschami) entwickelt sich – mit Ausnahme der übernommenen Bauten (Aqsa-Moschee in Jerusalem, Omar-Moschee in Damaskus, Hagia Sophia in Konstantinopel) – als Typ der Lagermoschee nach der Form des befestigten Lagers. Die rechteckigen Außenmauern ummanteln einen Innenhof, zu dem hin von der Mauer her überdachte Arkadengänge Raum schaffen. Eine apsisartige Nische (Mihrab) zeigt die Gebetsrichtung (Qibla) nach Mekka an, ein Wach- und Verteidigungsturm (Minarett) an der gegenüberliegenden Mauer verleiht der Gesamtanlage eine Hauptachse. Diesem im Maghreb verbreiteten Typus der Lagermoschee steht auf dem Boden der ehemals oströmischen Länder die zentralgewölbte Kuppelmoschee als Nachfolgerin und Weiterentwicklung der byzantinischen Kuppelkirche gegenüber. In Persien entsteht ein dritter Moscheetyp im Anklang an den sassanidischen Kultraum (Liwan-Typ) mit öffentlicher Schule (Medrese), der dann auch im Westen Verbreitung findet. Dem einfachen architektonischen Grundschema entsprechend kann die Lagermoschee ohne bauliche Beeinträchtigung durch Multiplikation den Anforderungen der Besuchermassen angepaßt werden.

Zum spezifischen Ausdrucksmittel der islamischen Kunst wird das Ornament. Begünstigt durch die Einschränkung der darstellenden Abbildung (Bilderverbot), spielen im Bereich der Architektur und der Kleinkunst Flächenverzierungen eine überragende Rolle. Stein, Backstein, Mosaik, Stuck, Keramik, Holz, Elfenbein, Glas, Bronze, Gold und Silber sind für diese Ausdrucksart gleich vorzüglich geeignet. Jene üppigen Flächenverzierungen und unendlichen Ornamentbänder, die eine Wand als eingearbeiteter Teppich voller Arabesken ihrer Schwere und Masse berauben, sind als typisch islamisch in die Kunstgeschichte eingegangen. In den Sternenmustern schlagen sich der Nachthimmel der wandernden Beduinen, denen kalte Sterne das Lebensgestirn und die glühende Sonne ein feindliches Element sind, ebenso nieder wie die nach Gestirnen ausgerichteten orientalischen Hochkulturen. Sprache, Musik und Kunst, jene Dreiheit kultureller Äußerungen, sind von den nämlichen ästhetischen Kategorien geprägt. Im Multiplikationsverfahren wird eine scheinbar unerschöpfliche Fülle von Themen mit nur geringfügigen Variationsschritten nach einem übergeordneten System vorgetragen, das in Musik und Dekoration den gleichzeitig einlullenden und aufpeitschenden schiebenden Rhythmus des Reiters erahnen läßt. Formale Veranlagung und mathematische Begabung steigern sich zu den exakten und formschönen, im Grunde reine Mathematik verkörpernden Stalaktiten- und Prismensystemen des Dekorationsmotives „Almocarabes“. Was Ordnung bedeuten kann, zeigt die bis zu untrennbarer Identität sich steigernde Nähe von Schriftzügen (Kalligraphie) und ornamentaler Dekoration. Die islamische Dekoration ist ihrem Wesen nach graphisch. Durch die Flächenwirkung, die in buntem Kachelmosaik oder in plastischem Gipsstuck im Gefolge der als graphisches Gespinst erscheinenden Ziegelmauern und Backsteinbänder ganze Wände aufzulösen vermag, wird ein optisches Überspielen der statischen Verhältnisse ermöglicht, wodurch schwere Monumentalbauten nichts Schweres und Lastendes, sondern immer etwas Leichtes und Elegantes an sich haben. Als charakteristisch für die islamische Kunst, speziell die der Maurischen Kultur in Spanien und Nordafrika, wird oft der Hufeisenbogen genannt. Dies ist aber nur mit der Einschränkung zutreffend, daß von den islamischen Eroberern nach 711 das im westgotischen Spanien verwendete Hufeisenmotiv der germanischen Völkerwanderungszeit aufgegriffen und mit genialer Perfektion, in den eigenen Formenschatz eingepaßt, weiterentwickelt wird.

Detail des Stalaktitgewölbes im großen Iwan an der Südseite der Meschid-i-Dschum'a von Isfahan.

Die Bedeutung der islamischen Kultur

Für das christliche Abendland ist die Kultur des islamischen Mittelalters vor dem traditionellen Feindbild in ihrer Bedeutung bis zur Unkenntlichkeit verblaßt. Noch vor nicht allzu langer Zeit wurde die islamische Kultur als die von abschreibenden Epigonen verzerrt, sofern nicht überhaupt ein fanatischer Glaubenseifer nur ihren Zerstörungsdrang entfachte. Die Vorstellung von einer Art Totengräber der Antike klang unterschwellig bis in unsere Tage mit. Die Araber brachen in die Mittelmeerwelt ein, nachdem Germanen 200 Jahre zuvor das Römische Reich zerstört und das „mare nostrum“ zur Beute für den Stärksten hatten werden lassen. Das politische Erbe der römischen Imperatoren traten – langfristig – die Päpste und lateinischen Kaiser an, aber der kulturelle Nachfolger waren in hohem Maße die islamischen Staaten. Für das christliche Abendland verblieben nur ein von Germanen durchpflügtes Restitalien und die Provinzen der Gallier und Germanen als Gebietsanteil am Imperium Romanum. Das prozentual umfangreichere Erbe an römischem Staatsgebiet, damit an römischer und romanisierter Bevölkerung und somit an antiker Kultur ging in den islamischen Ländern auf. Erst mit der Rückflutung der unter der islamischen Herrschaft bewahrten und weiterentwikkelten Kulturgüter, der geistigen sowie der technischen und materiellen, über das maurische Spanien, das kosmopolitische Venedig und die Kulturberührung im Gefolge der Kreuzzüge wurde ein Kreis geschlossen, in den die islamischen Eroberer als letzte eingetreten waren. Erst auf dem Umweg über die islamischen Staaten kam das christliche Abendland in den gesamten Besitz der antiken Kultur.

DIE AUSSEREUROPÄISCHE WELT IM ALTERTUM UND MITTELALTER

Zentralasien in Antike und Mittelalter

Eine Geschichte Zentralasiens zu schreiben, bedeutet auch, einen Bericht zu geben über die Art, in der die Berührung der drei westlichen Kulturen, der Indiens, der des Iran und jener der griechisch-römischen Antike, mit der Kultur Chinas erfolgt ist.

DIE ÄLTESTE GESCHICHTE ZENTRALASIENS ALS PROBLEM DER ÜBERLIEFERUNG

Erst sehr spät wurde versucht, das Wissen über die frühe Geschichte dieses fast als Mittelpunkt des großen Kontinents Asien zu bezeichnenden Gebietes aus den Aufzeichnungen der griechisch-römischen Geschichtsschreiber und den Mitteilungen der chinesischen Quellen zusammenzutragen. Vieles aus diesen Quellen besitzt nur die Form indirekter Aussage und bedarf, um voll verstanden zu werden, noch einer eingehenden zusätzlichen Interpretation. Nach Alter und Umfang ist die westliche Überlieferung der der Chinesen überlegen. Mittelasien oder Westturkestan ist im Westen das Vorfeld Zentralasiens, also des Tarim-Beckens und der hieran nördlich angrenzenden Dzungarei. Das Vorfeld im Osten bildet die heutige chinesische Provinz Kan-su. Sie war bis in das Frühe Mittelalter in der Hand nichtchinesischer Völker und grenzt im Osten unmittelbar an das Tarim-Becken. Für die Kultur des Tarim-Beckens war es von untergeordneter Bedeutung, daß es den Chinesen schon um Christi Geburt zeitweise gelang, militärisch und politisch hier Fuß zu fassen. Die einheimische Regionalverwaltung blieb auch während des Bestehens der chinesischen Militär- und Zivilverwaltung weiterhin im Amt.
Man wird fragen, warum die chinesische Aktivität in Mittelasien im Vergleich zu der des Westens erst verhältnismäßig spät einsetzte. Der Grund ist nicht zuletzt darin zu suchen, daß es ein chinesisches Reich erst seit 235 v. Chr. gab. Damals wurden die einander bekämpfenden einzelnen chinesischen Reiche durch eine alle umfassende Staatsgründung abgelöst.
Im Westen dagegen hatte nicht erst der Eroberungszug Alexanders den Pamir im Osten und den Syr-darja im Norden erreicht und damit Zentralasien berührt. Schon dem achämenidischen Persien gelang es, durch Feldzüge gegen die in den altpersischen Inschriften als Vasallen bezeichneten Könige der „spitzmützigen“ Saka im Norden und im Osten gegen die Häuptlinge in Baktrien die gleiche politische Ausdehnung zu erreichen.

DAS TARIM-BECKEN ALS „TERRA INCOGNITA“

Trotz dieser Nähe erst des achämenidischen und später des von Alexander gegründeten Großreiches bleiben auch dem Westen die einzelnen geschichtlichen Vorgänge im Tarim-Becken zunächst so gut wie unbekannt. Mehr bekannt sind dagegen die Völkerbewegungen in der an das Tarim-Becken nördlich angrenzenden Dzungarei. Das ist kein Zufall, der sich vielleicht durch den Verlust wichtiger Geschichtsquellen erklären ließe. Ist doch das Tarim-Becken sicher auch in dieser Zeit nicht das Zentrum einer diesen geographischen Raum als ganzes umfassenden Macht. Die machtpolitische Struktur dieses Gebietes, wie sie erst aus der Zeit der chinesischen Eroberung um Christi Geburt bekannt ist, kennt vielmehr nur kleine, auf die Oasen und einzelne Gebietsstreifen an Flußläufen beschränkte Stadtstaaten, die sich in ihrer Zivilisation eng an den Osten des Iran anschließen. Kennzeichnend hierfür ist hier der enge Zusammenhang mit der parthischen Zivilisation des 1. und 2. Jahrhunderts v. Chr. im Ostiran. Die holzgeschnitzten Ornamente der Möbel weisen ebenso wie die Frauen- und Männerkleidung auf den erhaltenen Fresken auf parthische Vorbilder. Was dann aus den ersten Jahrhunderten nach Christus an chinesischem Kulturgut in den ausgegrabenen Ruinenstädten erhalten ist, gehörte zum Bedarf und Gebrauch der chinesischen Besatzungsbehörden.

DIE DZUNGAREI IN VORCHRISTLICHER ZEIT ALS HERD GROSSER VÖLKERBEWEGUNGEN

Anders als das Tarim-Becken ist der nördliche Teil Ostturkestans, die Dzungarei, von einer nomadischen Bevölkerung von Viehzüchtern bewohnt. Die Namen der hier wohnenden Stämme sind durch die von Ptolemaios benutzten Itinerare der griechischen Fernhändler bekannt. Eine Ausnahme innerhalb dieser auf nomadischer Grundlage bestehenden politischen Gliederung macht allein das westlich an die eigentliche Dzungarei angrenzende Gebiet um den Issyköl. Dort erwähnen die chinesischen Quellen ein Reich der Wu-sun, das neben anderen Stämmen auch die Saken umfaßte. Es erstreckt sich im Westen bis zum Syr-darja. Dieses Reich besitzt eine klar überschaubare politische Gliederung unter einem König, dem Kumbak (chin.: Kun-mo): Ihm unterstehen Unterhäuptlinge mit dem Titel Yabgu. Dieses Reich der Wu-sun muß schon im 2. Jahrhundert v. Chr. bestanden haben. Aus den chinesischen Quellen gewinnt man den Eindruck, daß die Wu-sun, von denen später, um 127 v. Chr., Westturkestan erobert wird, in das Gebiet am Issyköl erst eingewandert sind.
Was in früherer Zeit geschah, ist nur in Umrissen aus den Berichten griechischer Quellen bekannt, die ebenso wie die aus späterer Zeit stammenden chinesischen Mitteilungen offensichtlich die gleiche ostiranische Überlieferung, wenn auch nicht so ausführlich, wiedergeben.
Um den Zusammenhang beider Berichte zu verstehen, hat man davon auszugehen, daß die Iranier fast alle Nomaden an ihrer Nordgrenze, also nicht nur die Stämme in Westturkestan, sondern auch die Nomaden Südrußlands, als Saken bezeichneten. So sind also auch die Skythen Südrußlands für die Iranier Saken gewesen. Das ist wichtig, um die Vorgänge zu verstehen, über die sowohl die griechischen als auch die chinesischen Quellen berichten. So muß es nach der griechischen Überlieferung in Zentralasien zwei verschiedene Völkerbewegungen gegeben haben, in deren Mittelpunkt in jedem Fall die später aus Südrußland bekannten Skythen gestanden haben. Nach einem Bericht sind die Skythen durch die Issedonen aus ihren Wohnsitzen verdrängt worden; nach dem zweiten haben sie jene Wohnsitze, die sie nach der Vertreibung durch die Issedonen gewonnen haben, unter dem Druck der Massageten räumen müssen und sind dann, zunächst nach Süden ziehend, der Küste des Kaspischen Meeres gefolgt. Später wanderten sie, der Küste weiter folgend, in Richtung Norden am Kaukasus

vorbei nach Südrußland. Tatsächlich kennt noch Strabo im Nordosten Armeniens ein skythisches Reich, dessen Bewohner in der Quelle mit der iranischen Bezeichnung Saken belegt werden. Nach Strabo habe es bis in die achämenidische Zeit bestanden und sei erst von den Satrapen des Großkönigs erobert worden.

Die chinesische Überlieferung, die wesentlich später aufgezeichnet wurde als die zuerst bei Herodot schriftlich niedergelegte, ursprünglich skythische Erzählung über diese Völkerwanderung, berichtet ebenfalls von einer Südwanderung der Skythen. Die Bezeichnung ist hier Sai-wang. Sie setzt sich aus zwei Bestandteilen zusammen, Sai, dem Saken-Namen, und wang, dem chinesischen Wort für König. Die Sai-wang waren nicht „Sakakönige", wie eine mögliche Übersetzung lauten könnte, sondern „königliche Saka", was der Bezeichnung „königliche Skythen" der griechischen Überlieferung entsprechen würde. Die in dem gleichen Zusammenhang berichtete Einwanderung der Massageten könnte auch von der Bedeutung des Namens her vielleicht mit der Westwanderung der Ta-yüeh-tchih des chinesischen Berichtes in Verbindung gebracht werden. Die Parallele ist vom Namen her gegeben, da sowohl die Bezeichnung „Massageten" als auch der von den Chinesen gebrauchte Name das Wort für „groß" enthält.

Für die Frühgeschichte Zentralasiens hat man also von einer stark mythische Züge tragenden alten Überlieferung auszugehen, die noch am vollständigsten und klarsten in den griechischen Quellen ver-

Unter Zentralasien wird hier das Gebiet zwischen dem Kaspischen Meer und der Oase Tun-huang in Nordwestchina verstanden. Den westlichen Teil bezeichnet man als Russisch-Turkestan. Zu ihm gehören die Provinzen oder Republiken von Turkmenistan, Usbekistan und Tadschikistan, die Steppen- und Wüstenlandschaften um die vom Amu-Darja und Syr-Darja mit ihren Nebenflüssen bewässerten Obstgärten und Felder; auch die afghanischen Gebiete nördlich der schneebedeckten Gipfel des Hindukusch und der Bergkette Koh-i-Baba gehören geographisch zum westlichen Zentralasien. Jenseits des Pamir-Massivs liegt Ost- oder Chinesisch-Turkestan, die Provinz Sin-kiang. Nördlich davon erstrecken sich die Bergketten des Tien-schan und die Steppen Sibiriens. Im Süden bilden die Gebirge des Karakorum, Kun-lun und Altyn-Tagh einen natürlichen Grenzwall gegen Indien und Tibet. Im Osten reicht Zentralasien bis zum westlichen Ende der „Großen Mauer". Eingeschlossen in diese großartigen natürlichen Wälle liegt die Wüste Taklamakan, eine endlose Fläche von Treibsand, umsäumt von schmalen Lößstreifen und Steinwüsten auf den Ausläufern der steilen Berge. Diese Wüste war einst umgeben von zahlreichen blühenden Oasen, für deren Bewässerung neben den Flüssen Tarim und Yarkend-Darja ausgeklügelte unterirdische Kanalsysteme sorgten.

Den Besitz Zentralasiens machten sich abwechselnd indo-iranische, mongolische und türkische Volksstämme streitig, bis die Mongolen unter Dschingis-Khan das Netzwerk unterirdischer Bewässerungskanäle zerstörten. Die Geschichte dieses Gebietes ist die Geschichte einer endlosen Kette von Wanderbegegungen verschiedenster Völkergruppen. So wissen wir, daß um 165 v. Chr. die Yüeh-tchih aus ihrer Heimat in Kan-su unter dem Ansturm der Hsiung-nu nach Westen ausweichen mußten. Ihrerseits verdrängten sie die Saken aus Baktrien. Um 130 v. Chr. versuchten die Chinesen mit den Yüeh-tchih ein Bündnis gegen die Hsiung-nu zu schließen, 435 machten die T'o-pa-wei Ostturkestan tributpflichtig und nur wenig später kam es im Westen zu einer ähnlichen Entwicklung, als die Hephthaliten die Sogdiana, Baktrien und das Tarim-Becken eroberten. Den Todesstoß empfing die chinesische Herrschaft in Zentralasien 751 mit der Vernichtung eines chinesischen Heeres durch die Araber.

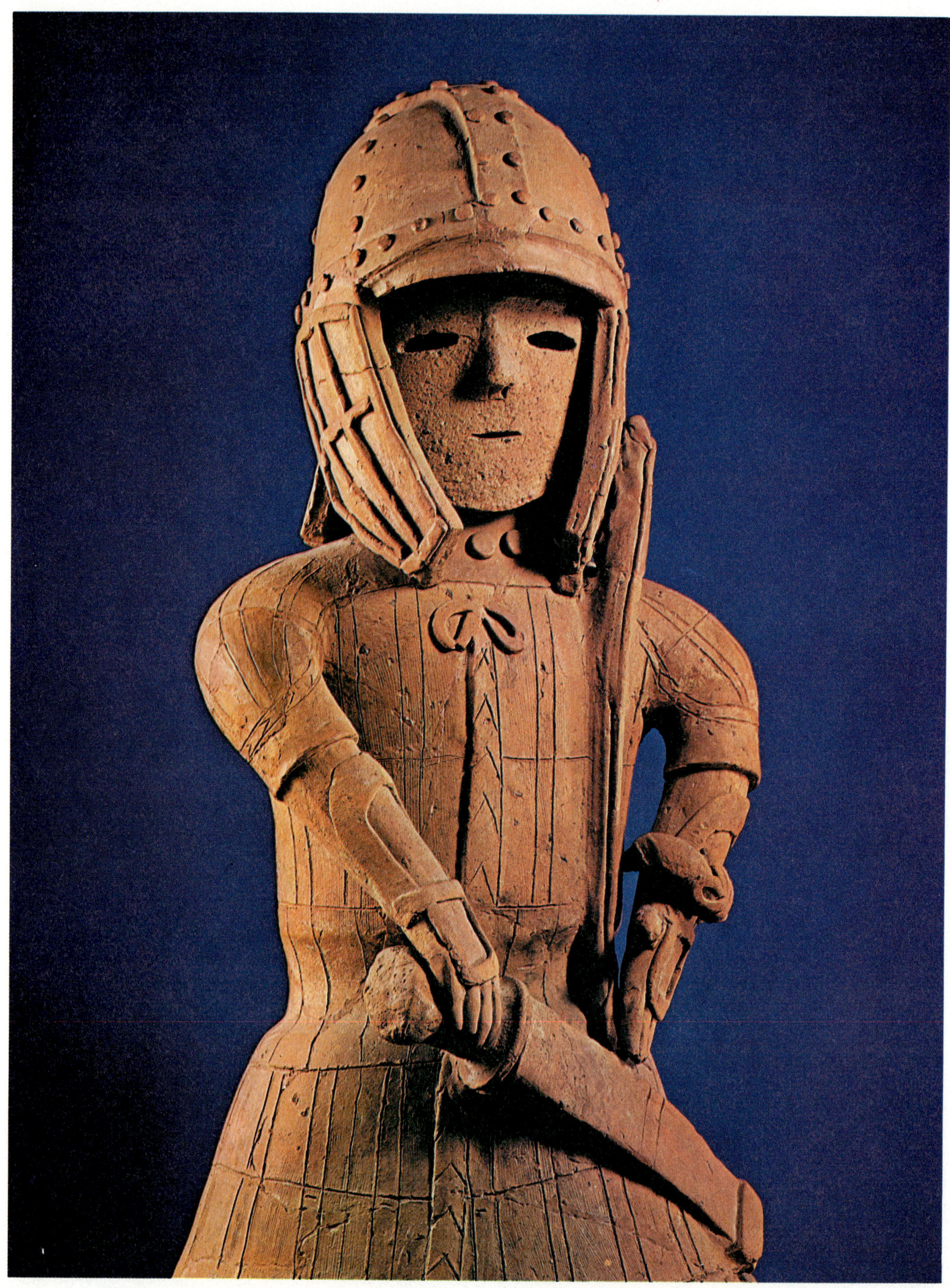

treten ist. Nach ihnen waren schon im 8. oder 7. Jahrhundert v. Chr. nomadische Gruppen, aus der Dzungarei kommend, zunächst nach Westturkestan und weiter nach Südrußland gezogen.
Erst mit dem Jahrhundert unmittelbar vor der Zeitenwende setzen die ersten chinesischen Quellen ein, die auf eigener Beobachtung beruhen. Aus dieser Zeit stammen auch erste chinesische Aufzeichnungen, Briefe und Akten, die in den ausgegrabenen Ruinenstädten gefunden wurden.

DIE WANDERUNG DER TA-YÜEH-TCHIH UND DER HSIUNG-NU NACH WESTEN

Die offiziellen Quellen wissen für die Zeit des 2. Jahrhunderts v. Chr. über eine Völkerbewegung zu berichten, die unter dem Druck des nichtindogermanischen Volkes der Hsiung-nu entstanden war. Damals haben die Ta-yüeh-tchih von Wohnsitzen aus, die sich ursprünglich in der chinesischen Provinz Kan-su befanden, den Weg nach dem Westen angetreten.
Um 127 v. Chr. setzt der Einbruch dieser Stämme, denen sich die Wu-sun angeschlossen haben, nach Westturkestan ein. Von diesen Eroberern nehmen die Tayüeh-tchih oder Tocharer den Nordteil Baktriens ein, wo später eine Landschaft nach ihnen als Tocharestan bezeichnet wird, während die Wu-sun unter ihren Yabgus zunächst die Sogdiana erobern. Die Überlieferung einzelner Fürstengeschlechter in der Sogdiana weiß noch in der ersten Hälfte des 7. Jahrhunderts von ihrer angeblichen Herkunft aus der chinesischen Provinz Kan-su zu berichten. Ebenso gab es auch in einem Teil des nördlichen Afghanistan, in dem Gebiet um Qunduz, noch in dieser Zeit Überlieferungen, die von einer Herkunft der Bewohner aus einem Gebiet nördlich der Turfan-Oase wußten.
Erst in der Zeit um Christi Geburt haben die sogenannten Hsiung-nu das ehemalige Gebiet der Wu-sun um den Issyköl im Westen der Dzungarei besetzt und beginnen, sich nach Westsibirien in Richtung auf den Uralfluß hin auszubreiten. Schon vor Ptolemaios haben sie hier um 150 n. Chr. den Ural in der Gegend seiner Mündung erreicht, die sie wegen der vielen Mündungsarme mit dem türkischen Wort yaiq = „ausgebreitet" bezeichneten (möglicherweise: yaiq su = ausgebreitetes Wasser). Wahrscheinlich in dieser Zeit müssen diese Hsiung-nu durch die gleichfalls in diesem Gebiet von den Chinesen erwähnten Kirgisen die türkische Sprache angenommen haben, was die türkische Bezeichnung des Uralflusses erklärt.

Skythischer Bogenschütze. Typisch der mit ornamentalen Mustern übersäte, zum Reiten geschaffene Anzug, der breite Köcher (Goryt) und der sehr große elastische Bogen. Eine spitze Kappe bedeckt den Kopf, die Füße sind vermutlich nackt.
Die Kampftaktik der Skythen war wie ihre Kleidung ganz auf Beweglichkeit abgestellt. In den griechischen Quellen heißt es: sie pflügen nicht und sie säen nicht, sie kennen keine festen Häuser, sondern leben in Wagen. Die Männer verbringen ihre Tage im Sattel.
Scherben einer griechischen Bauchamphora des Malers Exekias (530–520 v. Chr.). Universitätsmuseum in Philadelphia.

„Der Krieg ist der Vater aller Dinge" sagte Heraklith – und dieses Wort gilt für den skythischen Bogenschützen ebenso wie für den japanischen Haniwa-Krieger. Es bedurfte nicht der Seidenstraße um den Spruch des griechischen Weisen zu dokumentieren.

DER SEIDENHANDEL ALS WEGBEREITER DER KENNTNIS ÜBER ZENTRALASIEN

Schon in sehr früher Zeit beginnt die Verbindung Mittelasiens mit Indien. Neben der unmittelbar kürzesten Verbindung über Ladakh und Gilgit durch das Svat-Tal wird von den indischen Kaufleuten auch noch der Weg über das heutige Afghanistan benutzt, um von dort aus das Tarim-Becken zu erreichen. Indische Kaufleute besuchen damals regelmäßig die Märkte am Syr-darja, wo chinesische Seide gegen indische Perlen und skythisches Gold getauscht wird. Es handelt sich hier um einen stummen Tauschhandel, da es zu diesem Zeitpunkt noch keine von Chinesen und Iraniern gemeinsam verstandene Handelssprache gibt. Dieser stumme Tauschhandel wird bald nach der in China durchgeführten Währungsreform durch die Bezahlung in Goldmünzen ersetzt. Die Seidenballen enthalten jetzt nach den überkommenen griechischen Berichten genaue Angaben des Preises und der Qualität. An den Handel am Syrdarja erinnern noch die Bezeichnungen Syr = Seide und Yaxartes (iranisch) und Tschen-tschu (chinesisch) = Perle. Be-

richte indischer Kaufleute über den hier durchgeführten Handel finden sich im Werk des Plinius d. Ä. Damals besteht zwischen den Häfen an der südarabischen Küste und denen an der indischen – hier kommen besonders die Hafenplätze in der Nähe der Indus-Mündung in Betracht – ein sehr lebhafter Handel, der im Westen von Handelsfirmen in Alexandria und in Indien von indischen Großkaufleuten, wie jenem von Plinius erwähnten Rachias, getragen wird. Rachias hat auch über den Handelsverkehr am Syr-darja berichtet.
Eine andere Handelsstraße, die sowohl von indischen als auch von griechischen Kaufleuten benutzt wird führt aus dem Tal des Amu-darja zu den Pässen im Quellgebiet dieses Flusses und erreicht von dorther das Tarim-Becken. Entsprechend dem Anteil indischer Kaufleute an diesem Handel sind auch die ältesten bekannten Bezeichnungen der Gebirge am West- und Nordrand des Tarim-Beckens indisch. Namen wie Imaos (Hima) oder Ottorakora (Uttarakuru) weisen auf entsprechende Bezeichnungen im Sanskrit.

DER ANTEIL DER GRIECHISCHEN KULTUR UND ZIVILISATION AN DER INNEREN ENTWICKLUNG ZENTRALASIENS

Den engen wirtschaftlichen Verbindungen zwischen Indien und Afghanistan kommen auch die politischen und religiösen Beziehungen zwischen beiden Ländern entgegen. Politisch gesehen hat sich auf dem Boden des heutigen Afghanistan und Nordindiens als Folge der Eroberung dieser Gebiete durch Alexander den Großen ein griechisches Reich gebildet. Die Städte, wie Taxila im Panjab und Ain Kanum im Norden Afghanistans, tragen ein völlig griechisches Gesicht. Die Ausgrabungen brachten die Ruinen griechischer Tempel und zerstörte griechische Statuen ans Licht. Die in diesem Reich geprägten Goldmünzen gehören zu dem Vollkommensten, was griechische Goldschmiedekunst auf diesem Gebiet je geschaffen hat. Die politische Struktur dieser Reiche entwickelt sich nach dem Vorbild jener durch die makedonischen Eroberer gegründeten Städte. Außerhalb ihrer Mauern beginnt die Herrschaft der viehzüchtenden Nomadenstämme, denen die Vergangenheit dieses Landes gehört hat. Sie beugen sich zunächst der Macht der griechisch-baktrischen Stadtkönige. Erst allmählich kommt es zu einem Übergang der politischen Macht von den Griechen zu diesen ostiranischen Nomaden. Es gibt hier keine griechischen und ostiranischen Epochen, die sich durch scharfe Grenzen voneinander abheben. Übernehmen doch die Nomadenhäuptlinge schon vor der politischen Gewalt auch die Zivilisation der griechischen Könige in den Städten. Damals wird von den Saken die griechische Schrift übernommen, wodurch die bisher schriftlose Sprache dieser Nomaden zur Literatursprache werden kann.
Der äußere Anstoß kommt von der buddhistischen Mission. Die aus Gandhara, einem Teilgebiet des indisch-griechischen Königreichs, einwandernden Missionare des Buddhismus bedienen sich zur Verbreitung ihrer Lehre der Landessprachen und benutzen zu deren Aufzeichnung zunächst auch die griechische Schrift. Es wiederholt sich hier der gleiche Vorgang, wie ihn die buddhistische Ikonographie kennt. Werden doch nicht nur das Buddhabild, sondern auch die Darstellungen der Taten Buddhas in einer von griechischen Künstlern geprägten Form überliefert. Der damals in Baktrien und dem Tarim-Becken gesprochene ostiranische sakische Dialekt wird mit griechischen Buchstaben geschrieben. In dieser griechischen Schrift sind noch buddhistische Handschriften, zuletzt aus dem Ende des 10. Jahrhunderts, einer Zeit, in der im Westen des Tarim-Beckens die Verbreitung des Islam beginnt, geschrieben.
In der Sogdiana ist die Notwendigkeit der Einführung der griechischen Schrift zur Aufzeichnung der Landessprache nicht gegeben. Besitzt man doch für die sogdische Sprache schon seit dem Ende der achämenidischen Zeit ein eigenes, aus der aramäischen Schrift abgeleitetes Alphabet. Hier wird wie in Baktrien die Kultur von der Stadt her geprägt, die ältere vorgriechische Formen bewahrt hat. Später kommt es dann dazu, daß die Nomadenhäuptlinge die Herrschaft über die Stadt gewinnen. Diese Entwicklung läßt sich jedoch erst für die zweite Hälfte des 6. Jahrhunderts nachweisen. Aber noch im 7. Jahrhundert gibt es, wie schon erwähnt, in der Sogdiana Dynastien von Stadtherren, die ihre Herkunft auf die ostiranischen Eroberer zurückführen können, die sogenannten Yüeh-tchih aus der chinesischen Provinz Kan-su, aus der sie im 2. Jahrhundert v. Chr. nach Westen ausgewandert waren.

DAS GROSSREICH DER KUSCHANA

Während aber in der Sogdiana die bestehenden Staatsgründungen mit Ausnahme des Reiches von Chwarezm, das schon zur Zeit Alexanders des Großen unter mächtigen Königen stand, keinen besonders großen Umfang erreichen, kann sich in Baktrien auch nach der Entmachtung der griechischen Könige durch die ostiranischen Nomaden ein Großreich entwickeln. Aus dem ehemaligen Reich der griechischen Könige in Baktrien wird

Ein skythischer Krieger bespannt seinen Bogen mit einer Sehne. Typisch auch diesmal wieder die weiche, den ganzen Kopf umhüllende Mütze (Baschlyk). Die Füße stecken in weichen Lederstiefeln. Zu der Zeit gab es noch keine Steigbügel. Die Darstellung auf dem silbernen Gefäß wurde in Treibarbeit und Ziseliertechnik ausgeführt. Das Stück stammt wahrscheinlich aus einer griechischen Werkstatt der Schwarzmeerküste. Eremitage, Leningrad.

allmählich ein Nomadenreich, das unter dem Namen der Dynastie der Kuschana weltgeschichtliche Bedeutung erreicht hat. Dieses Reich der Kuschana, das unter herausragenden Königen wie Kanischka und Kadphises die Zivilisation und die Kunstüberlieferung der Griechen mit dem ostiranischen und indischen Kulturerbe verschmolzen hat, ist religiös tolerant. Iranische Elemente spielen neben hinduistischen eine nicht geringe Rolle. Erst allmählich hat der Buddhismus eine solche Bedeutung erlangt, daß er die Religion des Reiches der Kuschana bestimmt. Große Stiftungen von Klöstern und Gedächtnisschreinen (Stupa) werden von den Königen der Kuschana, unter ihnen besonders Kanischka, gemacht und bestimmen die weitere Entwicklung des Buddhismus. Buddha wird in dieser Zeit in Kleidung und Attributen wie ein Häuptling der Kuschana dargestellt. Ähnlich geschieht es mit den Begleitern Buddhas. Sie erhalten das Aussehen von Kriegern der Kuschana.

DIE HSIUNG-NU ALS POLITISCHE KRAFT IM TARIM-BECKEN UND DER DZUNGAREI

Im Tarim-Becken und in der Dzungarei hat sich in dieser Zeit ein anderes nomadisches Volk nichtindogermanischer Herkunft festgesetzt, das die chinesischen Quellen als Hsiung-nu bezeichnen. Teile von ihnen, die sogenannte südliche Horde, sind unter chinesische Oberherrschaft getreten und haben sich in der Provinz Kan-su längs des Richthofen-Gebirges niedergelassen. Der größere Teil, die nördliche Horde, ist unabhängig geblieben und versucht, die Verbindungen, die China als sogenannte Seidenstraßen mit dem Westen verknüpfen, unter Kontrolle zu bringen. Schwerpunkt der Kämpfe ist auf der nördlichen Route dieser Karawanenwege der wichtige Stützpunkt Hami am Barkul-See, den die Hsiung-nu und die Chinesen abwechselnd in Besitz haben.

Gefährlicher wird die Situation für die Chinesen, als sich die Oasenstaaten des Tarim-Beckens an der mittleren Route der Seidenstraße, Karaschahr und Kutscha, mit den Hsiung-nu verbünden, um die Staaten am Südweg der Seidenstraße, wie Chotan, unter ihre Kontrolle zu bringen. Diese Oasenstaaten treibt ihr wirtschaftlicher Ehrgeiz zu Bündnissen mit den Hsiung-nu. Sie wollen den Handelsverkehr nach dem Westen allein durch ihr Gebiet gelenkt wissen. Die Kämpfe zwischen den einzelnen Oasenstaaten führen dazu, daß die Hsiung-nu im 1. Jahrhundert n. Chr. durch ein Gegeneinanderausspielen dieser Staaten zeitweise eine Oberherrschaft über das gesamte Tarim-Becken gewinnen können und damit den Weg nach dem Westen kontrollieren. Diese Situation ist für die Chinesen politisch und militärisch gleich unerträglich. Sie brauchen von den Gütern des Westens vor allem Eisenerz und Kupfer, da China damals nur über geringe Erzvorkommen verfügt. Es sucht daher um jeden Preis die Oasenstaaten mit Waffengewalt zu unterwerfen. Es gelingt ihm sogar, Kaschgar, den westlichsten der Stadtstaaten des Tarim-Beckens, den vorher die Hsiung-nu besetzt haben, in die Hand zu bekommen.

Aber die Herrschaft der Chinesen über das Tarim-Becken ist fast immer von Rückschlägen begleitet. Die einzelnen Staaten wechseln hier je nach der politischen Lage von der Seite der Chinesen auf die der Hsiung-nu und umgekehrt. Zu einer Änderung kommt es erst, als nicht zuletzt infolge der chinesischen Kolonisation in Nordchina Völker, die zuletzt dort und in der westlichen Mandschurei beheimatet waren, wie die Sienpi und die Juan-Juan, die nördliche Horde der Hsiung-nu angreifen. Ein großer Teil der früher mit den Hsiung-nu föderierten Stämme fällt darauf von ihnen ab.

Die nördliche Horde flüchtet nach dem Westen in das ehemalige Gebiet der Wu-sun, das zwischen den Flüssen Ili, Tschu und dem oberen Syr-darja liegt.

Statue des Kuschana-Königs Kanischka. Unter seiner Herrschaft erreicht das Kuschanareich seinen politischen und kulturellen Höhepunkt. Purushapura, das heutige Peshawar in Pakistan, wird zur Residenz. Archäologisches Museum, Mathura, Indien.

Ihre Anwesenheit in diesem Raum wurde auch durch Ausgrabungen, die von russischer Seite in Kenkol durchgeführt worden sind, wahrscheinlich gemacht. Hiernach müssen nach dem anthropologischen Befund mongoloide und indoeuropäische Gruppen zusammengelebt haben. Das würde darauf hindeuten, daß sich die Hsiung-nu mit den zurückgebliebenen Teilen der Wu-sun zusammengeschlossen haben. Andere Teile der Hsiung-nu haben sich nördlich von Kutscha in der Dzungarei niedergelassen. Die westliche Gruppe im Gebiet der Wu-sun spielt als Substrat für die Entstehung der späteren türkischen Stämme eine Rolle. Aus dieser Zeit stammen die ersten türkischen Flußnamen. So wurde auch, wie oben erwähnt, der Unterlauf des Ural wegen seiner weitverzweigten Mündung Yaik genannt.

Die Anwesenheit der Hsiung-nu im 2. Jahrhundert n. Chr. hat im Tarim-Bekken zweifellos zu einer gewissen Unterbrechung der Beziehungen mit dem Westen geführt und bewirkt, daß sich hier das ostiranische Kulturelement länger unverändert erhalten hat.

Das gilt auch für die Oasenstaaten in Kansu. Hier bleibt das ostiranische Element ebenfalls als kulturtragende Schicht noch im 4. und 5. Jahrhundert in einer Form lebendig, die im Westen längst der Assimilierung an neue Völker zum Opfer gefallen ist. In Ku-tschang in Kan-su lehrt und schreibt im 4. Jahrhundert n. Chr. der große indische Gelehrte Kumariwa, der durch seine Übersetzungen aus dem Sanskrit in das Chinesische eine große Bedeutung für die Verbreitung buddhistischer Schriften in China besitzt. Ku-tschang und Tun-huang in der Provinz Kan-su bewahren jene vom Westen her bestimmten geistigen Überlieferungen, für die später nach dem Fall von Ku-tschang im Jahre 430 dann die Turfan-Oase neuer Mittelpunkt wird.

Auch in der Provinz Kan-su sind die Oasenstädte Träger der Kultur. Sie bleiben von den Wanderungsbewegungen der Steppenvölker unberührt. Das gilt für die aus dem Westen der Mandschurei in Kan-su eingewanderten Aza ebenso wie für die südlichen Hsiung-nu und die türkischen Elemente in Sien-pi, aus denen sich das Steppenimperium der T'u-yu-hen bilden wird. Die Steppen von Kan-su und vor allem die Bergweiden im Richthofen-Gebirge werden von einer tibetisch-türkischen Mischbevölkerung bewohnt, die später unter dem Namen Tanguten bekannt wird. Die Tanguten entwickelten unter dem Einfluß der buddhistischen Klöster eine eigene Schrift- und Literatursprache, die erst in diesen Tagen entziffert wurde.

Wandmalerei aus einer Höhle in Tun-huang (Ende des 7. Jahrhunderts). Der Ausschnitt zeigt eine chinesische Grenzbefestigung. Im Vordergrund Soldaten bei einer Übung.

DIE HUNNISCHE WESTWANDERUNG IN DER SICHT DER SOGDISCHEN KAUFLEUTE MITTELASIENS

Die entscheidenden Einschnitte in der Geschichte Zentralasiens sind mit den Hunnen verbunden. Wir begegnen dieser Bezeichnung zuerst im Jahre 311 im Brief eines sogdischen Kaufmanns aus Samarkand, der aus China kam, an seinen heimischen Stadtherrn. Der Brief, der nie Samarkand erreichte, berichtet, daß die Hunnen die damalige chinesische Hauptstadt erobert hätten, ein Ereignis, das von den chinesischen Quellen, die darüber berichten, mit den Hsiung-nu in Verbindung gebracht wird. In dieser Zeit aber kann von einer Macht der Hsiung-nu nicht mehr gesprochen werden. Wenn die Chinesen trotzdem von den Hsiung-nu sprechen, gebrauchen sie hier nur eine archaische Bezeichnung, die das gleiche Volk meint, für das die Sogder den Namen Hunnen anwenden. Aus den chinesischen Quellen ist bekannt, daß in Kan-su ein Volk wohnte, das auch von den chinesischen Quellen als Hunnen bezeichnet wurde. Bei ihnen handelt es sich wahrscheinlich um Völker, die mit den Aza und Sien-pi aus der westlichen Mandschurei, wo sie noch später erwähnt werden, nach Kan-su gekommen sind. Die Sogder kennen dieses Volk durch ihre Handelsniederlassungen in der Provinz Kan-su. Wenn sie berichten, daß die Hunnen damals die chinesische Hauptstadt erobert hätten, meinen sie damit nicht die Hsiung-nu, sondern jene Hunnen, von denen auch Stämme dieses Namens in Kan-su anzutreffen sind. Diese Hunnen, unter denen also die Sien-pi zu verstehen sind, haben in der Mitte des 4. Jahrhunderts Westturkestan erobert. Im Unterschied zu den Hsiung-nu handelt es sich bei ihnen um Stämme mit einem sehr starken türkischen Substrat. Ihr Name wird in Westturkestan in einer ostiranischen Umschreibung des Wortes „Hunnen" mit hion, das in der lateinischen Form Chionitae in westlichen Quellen erscheint, wiedergegeben. Diese Hunnen haben in Westturkestan ein Reich errichtet. Es handelt sich bei ihm um eine ähnliche Staatsbildung, wie sie fast zur gleichen Zeit von den Hunnen in der chinesischen Provinz Kan-su durchgeführt wird, die dort nach ihrem regierenden Clan Ts'ü-kü genannt werden.

Die kulturelle Situation in Kan-su und in der Sogdiana ist ungefähr die gleiche. Auf dem Substrat eines ostiranischen Volkes, das in beiden Fällen die Yüeh-tchih sind, bildet sich eine neue Kultur, die von den Nomaden auch ausgeprägt türkische Züge übernimmt. In Kan-su muß dieser türkische Einfluß noch stärker gewesen sein als in Westturkestan, da sich hier schon im 1. Jahrhundert n. Chr. mit der südlichen Horde der Hsiung-nu in erheblichem Umfang auch nichtindogermanische Nomaden angesiedelt haben und die staatliche Struktur bestimmen.

So wie diese Musikanten mögen auch die sogdischen Kaufleute ausgesehen haben, die mit ihren vielen Handelsniederlassungen sich eine Art Monopolstellung im Ost-West-Handel gesichert hatten. Sie verkauften aus China bezogene Seide im Westen und lieferten den Chinesen iranisches Silber, das bei jenen hoch im Kurs stand, griechischen Schmuck und kunstvoll mit Bildern und Ornamenten verzierte Baumwolltücher aus Ägypten.
Bei der abgebildeten Plastik handelt es sich um eine Grabbeigabe aus der T'ang-Zeit um 800 n. Chr. Gefunden in Sian, Provinz Schansi, China.

DIE ABLÖSUNG DER HUNNENREICHE IM WESTLICHEN UND ÖSTLICHEN RANDGEBIET ZENTRALASIENS DURCH DIE JUAN-JUAN UND HEPHTHALITEN

Eine ungestörte Entwicklung dieser beiden Substrate zu einer geschlossenen Kultur ist weder im Osten, in Kan-su, noch in Westturkestan möglich. In Kan-su haben um 430 die T'o-pa-Wei die Unabhängigkeit dieses Staatengebildes zerstört und Kan-su zu einer Provinz ihres Reiches gemacht. Im Westen kommt es nur zwei Jahrzehnte später zu einer ähnlichen Entwicklung. Die sogenannten Hephthaliten, ein ebenfalls nichtindogermanisches Volk, das nach der chinesischen Überlieferung aus dem Altai stammt, erobert die Sogdiana und Baktrien und bald darauf auch das Tarim-Becken. Die Häuptlinge der Hephthaliten besitzen türkische Titel und übernehmen iranische Herrschaftssymbole. Sie sind die ersten Nomaden, die in Westturkestan eigene Münzen prägen. Diese Münzprägung lehnt sich im Norden, in der Sogdiana, an die Münzen der iranischen Stadtfürsten und in Baktrien, dem heutigen Afghanistan, an die Münzprägung der Kuschana-Fürsten an.

In Baktrien haben die Hephthaliten noch stärker als in der Sogdiana iranische Titel übernommen. In dem Gebirgsgebiet des nördlichen Afghanistan können sich hephthalitische Häuptlinge, die den iranischen Königstitel führen, bis in die erste Hälfte des 7. Jahrhunderts halten. Im Süden, im Kabultal, besteht eine hephthalitische Königsdynastie, die sich zum Buddhismus bekennt, sogar bis in das 10. Jahrhundert. Als Hephthaliten werden auch jene Iranier bezeichnet, die im Gegensatz zu den Nomaden in Städten wohnen.

Die hephthalitischen Nomaden unterscheiden sich schon äußerlich von der einheimischen Bevölkerung durch ihr Aussehen. Sie besitzen neben anderen Eigentümlichkeiten auch die, sich das Kopfhaar zu rasieren. Der hephthalitische Großkhan, der von chinesischen Gesandten mehrfach besucht wird, regiert in einem Ort im nördlichen Afghanistan, der in den Quellen mit dem ostiranischen Namen für Fürstenresidenz, Bagkath, bezeichnet wird. Er empfängt dort die Gesandten, nach altem nomadischen Brauch in einer Jurte sitzend, mit einer merkwürdigen Krone auf dem Haupt, die vielleicht in ihrer Form sassanidischen Kronen ähnelt. Bei den Hephthaliten gibt es ein besonderes Gefolgschaftswesen, das die Byzantiner (Prokop) und Chinesen erwähnen. Die Gefolgschaften werden von ihren Gefolgsherren, bei denen es sich meist um Stadtfürsten handelt, ernährt und mit Waffen und Kleidung ausgestattet. Sie haben ihnen in Erfüllung ihrer Gefolgspflicht in allen Kämpfen auch um den Preis der eigenen Vernichtung die Treue zu halten. Eine ähnliche Einrichtung gibt es auch bei den sogenannten Protobulgaren.

Auch das Tarim-Becken steht wie die Sogdiana unter der verhältnismäßig lockeren Oberherrschaft der hephthalitischen Nomaden, die den ostiranischen und tocharischen Stadtherren in ihren Oasenstaaten die Verwaltung überlassen. Ähnlich den Yüeh-tchih, und hier im besonderen den Kuschana, ist es ihnen gelungen, den nördlichen Teil Indiens zu unterwerfen. Die Inschriften ihrer Könige, deren zum Teil türkische Titel hier in sanskritisierter Form wiedergegeben werden, bleiben neben dem Bericht eines byzantinischen Indienreisenden die einzigen Zeugnisse ihrer auch dort ausgeübten Herrschaft. Das Hephthaliten-Reich in Indien hält sich bis in das erste Drittel des 6. Jahrhunderts. Damals hat der alexandrinische Kaufmann Johannes mit dem Beinamen Indikopleustes, der Indienfahrer, ihr Reich besucht und ihre Eigentümlichkeiten beschrieben.

Im Osten Zentralasiens, in der Provinz

Kan-su, aber auch im Nordwesten, in der Dzungarei, läßt sich fast gleichzeitig mit den Hephthaliten im Westen ein anderes Nomadenvolk nieder, das von den Chinesen Juan-Juan genannt wird und sich in seinem Kern aus mongolisch-türkischen Stämmen zusammensetzt. Zwischen den Juan-Juan und den Hephthaliten bestehen enge Beziehungen, die auch in Heiraten der Häuptlingsgeschlechter untereinander ihren Ausdruck finden. Während die Hephthaliten sich offensichtlich, wie ihre Münzen andeuten, zur Religion Zarathustras bekennen, haben die Juan-Juan den Buddhismus als Religion angenommen. Der große Grottentempel in der chinesischen Provinz Schan-si in Yün-kang wird im Jahre 475 n. Chr. von ihnen gestiftet. Im großen und ganzen tritt aber bei den Juan-Juan das nomadische Element stärker hervor als bei den Hephthaliten, die viel schneller ihre Eigenart aufgeben als die Juan-Juan. Das zwischen Juan-Juan und Hephthaliten bestehende gute Verhältnis begünstigt den Handelsverkehr, der auf den sogenannten Seidenstraßen, sowohl durch das Tarim-Becken als auch durch die Dzungarei, von China nach dem Westen führt. Auch der Pilgerverkehr von China nach Indien nimmt in dieser Zeit zu.

ZENTRALASIEN ALS MITTELPUNKT DES ERSTEN TÜRKISCHEN GROSSREICHES

Die Mitte des 6. Jahrhunderts bringt eine politische Umwälzung, die sowohl für das Hephthaliten-Reich als auch für den Staat der Juan-Juan das Ende bedeutet. Die Türken, ein Nomadenvolk, das nach der chinesischen Überlieferung aus dem Altai kommt, von dem aber schon erhebliche Teile seit langer Zeit im Westen, im Siebenstromland, seßhaft sind, vernichten die Reiche beider Völker. Unter den Khanen Istämi und Bumin gelingt es ihnen, wahrscheinlich erst die Hephthaliten und dann im Jahre 552 n. Chr. die Juan-Juan zu unterwerfen. Sie können so in der ersten Hälfte des 6. Jahrhunderts ein Reich gründen, das mit seinem Ostteil die Mandschurei und im Westen die Don-Mündung und das Schwarze Meer erreicht. Im Norden hat es die Kirgisen und die ihnen verwandten Stämme am oberen Jenissei seiner Herrschaft unterworfen. Im Tarim-Becken reicht es bis zum Kunlun und weiter nach Westen, im Süden bis an die Grenze des Panjab.
Dieses große Reich ist in vier Khanate eingeteilt, die von einem Oberkhan, der auf dem sogenannten Goldenen Berge residiert, und drei weiteren Khanen regiert werden. Die Thronfolge richtet sich nach dem Grad der Verwandtschaft: den älteren folgen die jüngeren Brüder. Dem Khan folgt also nicht der eigene Sohn auf den Thron, sondern erst der jüngere Bruder.
Was von den Titeln der Fürsten und über die Herrschaftsstruktur ihres Reiches bekannt wurde, scheint in der Hauptsache vom Iran her bestimmt. Religiös gesehen sind diese Türken, die als obersten Gott den Himmel anbeten, Schamanisten. Die Türken im Osten dagegen verehren, wie später die Mongolen, die Sonne als höchsten Gott. Die Türken sind die ersten, die dazu übergehen, die ostiranischen Stadtherren durch Mitglieder ihrer eigenen Fürstenfamilie zu ersetzen. So folgt auf den sogdischen Stadtherrn Maniak ein Türke, der den Titel Tarchan führt. Auch die frühe islamische Überlieferung, wozu Berichte in der Chronik von Buchara gehören, deutet diese Entwicklung an.
Die Türken sind zeitweise mit den Byzantinern gegen die Perser verbündet. Es gibt aber auch Zeiten, in denen sie die Byzantiner angreifen; die byzantinische Festung Bosporus an der Meerenge von Kertsch wird in diesen Kämpfen von ihnen erobert. Ähnlich wechselvoll ist auch ihr Verhältnis zu den Chinesen. Die Khane der Türken sind die ersten Nomadenfürsten Mittelasiens, die mit dem Westen regelmäßig Gesandtschaften austauschen. Eine Reihe zeitgenössischer Gesandtschaftsberichte und sogar Teile von Gesandtschaftsschreiben in griechischer Übersetzung sind erhalten.

Schon während der Han-Zeit (206 v. Chr. – 200 n. Chr.) hatte der in Indien entstandene Buddhismus auf den Karawanen-Straßen Zentralasiens den Weg nach China gefunden. Die abgebildete Stele stammt aus den um 460 n. Chr. begonnenen Yün-Kang-Höhlen. Der etwas manierierte Stil ist typisch für die von T'o-pa-wei gegründete Nördliche Wei-Dynastie (389–535).

DER RELIGIÖSE ANSTOSS ZUR ENTSTEHUNG DER ERSTEN TÜRKISCHEN KULTUR

Unter der Herrschaft der Türken hat sich die christliche Mission, die vor allem von Nestorianern betrieben wird, weiter verstärkt. Schon unter den Hephthaliten haben nestorianische Missionare Mittelasien und vielleicht sogar die Turfan-Oase im Osten besucht. Bereits Ende des 6. Jahrhunderts erwähnen byzantinische Quellen zum ersten Male eine große Zahl von Christen unter den türkischen Gefangenen. Die christliche Mission führt zur Übersetzung von Teilen der Heiligen Schrift aus dem Syrischen, der Kirchensprache der Nestorianer, in das Alttürkische. Hiervon sind nur noch Teile der Weihnachtserzählung und aus der hagiographischen Literatur die Passion des heiligen Georg erhalten. Sie stammen aus Handschriftfragmenten von Turfan, wo auch Fragmente der Literatur anderer Religionen (Manichäismus und Buddhismus) in alttürkischer Übersetzung gefunden wurden. Damals, um 585, wird die manichäische Kirche von der im persischen Reich gelöst. Samarkand wird Sitz einer eigenen manichäischen Kirche, zu der auch Gemeinden gehören, die in Turfan und Kan-su bestehen. Manichäische Andachtsbücher und heilige Schriften wurden in mittelpersischer und sogdischer Sprache in Turfan gefunden. Hierzu kommen noch Reste von Fresken mit Darstellungen einer nestorianischen Messe und einige Miniaturen.

Im Gegensatz zur Religion Manis und dem Christentum hat sich der Buddhismus bei den Türken zunächst nur sehr zögernd durchgesetzt. Hier spielen die Heiraten türkischer Häuptlinge und Stadtherren in Westturkestan mit aus dem Osten kommenden Prinzessinnen eine Rolle. So brachte die Frau des Stadtherrn von Buchara, wie noch die späte islamische Überlieferung zu berichten weiß, einen buddhistischen Tragaltar mit nach Westen. Im Gegensatz zu der Sogdiana hat sich in der heutigen turkmenischen Sowjetrepublik und in Afghanistan der Buddhismus stärker durchgesetzt. Hier stammen die meisten Zeugnisse aus dem 7. und 8. Jahrhundert. Aus dieser Zeit wurde in Kara-tepe ein buddhistisches Heiligtum mit der Kolossalfigur eines liegenden Buddha ausgegraben, und in Termes am Amu-darja stammt ein buddhistisches Nonnenkloster aus dieser Zeit. Bekannt sind im Tal des Kabul-Flusses bei Bamiyan die in der Felswand stehenden Kolossalstatuen Buddhas.

Die erste türkische Staatsbildung hat sich als ganzes nur solange halten können, wie China noch geteilt war. Mit der Vereinigung Chinas und dem Beginn der neuen Dynastie der T'ang ist das Ende des türkischen Reiches gekommen. Die chinesischen Kaiser unterwerfen erst das Ostreich im Jahre 630 und von 675 an auch den türkischen Westen, der im engeren Sinn das Gebiet nördlich des Syr-darya bis hin zum Ili umfaßt. Dieses westtürkische Khanat bleibt im Gegensatz zu dem Reich der Osttürken als selbständiger Staat unter chinesischer Oberherrschaft bestehen, während die bisher ihm unterstellten Stadtstaaten der Sogdiana den türkischen Staatsverband verlassen und chinesische Vasallen werden. Dadurch kommt es hier zu einer Verstärkung des chinesischen Einflusses vor allem im Bereich der Religion und Kultur und damit auch zu einer stärkeren Verbreitung des Buddhismus in der Sogdiana.

Diese Epoche ist für Westturkestan mit einer kulturellen Blüte verbunden. Die damals entstandene Sommerresidenz des Fürsten von Samarkand in Pendschikänd, aber auch die Paläste anderer Stadtherren geben mit ihren Wandgemälden ein außerordentlich lebendiges Bild von der hohen Kultur, die sich unter chinesischer Oberherrschaft in der letzten Hälfte des 7. Jahrhunderts in diesem Raum entwickelt hat. Ein gewisser Nachteil besteht hier in dem Vorhandensein von Sonderentwicklungen im Sinne eines stark akzentuierten Regionalismus, den offenbar nicht nur die chinesische, sondern schon die türkische Oberherrschaft gefördert hat. In Chwarezm gebraucht man eine andere Sprache und Schrift als in Samarkand. Das Chwarezmische hebt sich deutlich vom Sogdischen ab. Die Kanzleien der Fürsten wissen dieser Vielfalt Rechnung zu tragen. Das auf dem Berg Mug kurz vor dem Zweiten Weltkrieg gefundene Archiv des sogdischen Fürsten von Samarkand enthielt neben sogdischen auch arabische und alttürkische Aktenstücke. Die engen Beziehungen, die vor allem Chwarezm zu den byzantinischen Niederlassungen auf der Krim besitzt, stellen auf kulturellem Gebiet ein Gegengewicht zu dem dar, was Samarkand und Buchara von der Kultur Persiens übernommen haben.

ARABER UND CHINESEN IM KAMPF UM DAS WESTLICHE RANDGEBIET ZENTRALASIENS

Eine neue Situation bringt für Mittelasien die Verbreitung des Islam in Persien. Zwar folgt auf die Eroberung des östlichen Iran durch die Araber in der Mitte des 7. Jahrhunderts noch nicht der arabische Angriff auf Mittelasien. Zwischen ihm und dem Beginn der Eroberung der sogdischen Staaten liegt ein halbes Jahrhundert. Die sogdischen Staaten werden in diesem Kampf gegen die Araber vom chinesischen Kaiserreich nur sehr ungenügend unterstützt. Auch die Westtürken können ihnen nur selten zu Hilfe kommen. China ist zunächst nicht in der Lage einzugreifen, weil das damals entstandene tibetische Großreich die über Kan-su laufenden Verbindungen Chinas mit dem Westen unterbrochen hat. Hinzu kommt, daß fast zur gleichen Zeit, in der der arabische Vorstoß gegen die Sogdiana erfolgt, mit dem Mittelpunkt am Orchon ein neues osttürkisches Reich entsteht, das in den inschriftlich erhaltenen Tatenberichten seiner Khane zum ersten Male eine selbst geschriebene Geschichte hinterlassen hat. Dieses Reich umfaßt im Osten auch die Turfan-Oase und bildet zusammen mit der tibetischen Staatsgründung eine gefährliche Sperre für den Weg der Chinesen nach dem Westen Asiens.

Es ist den Chinesen in dieser Zeit unmöglich, mit den Heeren über die Seidenstra-

Wandmalerei aus Pendschikänd, der Sommerresidenz der Fürsten von Samarkand. Die Form der Harfe erinnert an die noch heute in Afghanistan benutzten Instrumente. 7. bis 8. Jahrhundert n. Chr. Eremitage, Leningrad.

ßen nach Mittelasien zu gelangen, um dort eingreifen zu können. Gleichzeitig haben die Ost- oder Kök-Türken, die das alttürkische Reich wiederherstellen wollen, die Westtürken im Siebenstromland unterworfen und sind durch die Sogdiana bis fast an den Amu-darja vorgedrungen. Ihre Offensive bedeutet aber für die mittelasiatischen Staaten keine Entlastung. Dem Geschick der arabischen Feldherren gelingt es sehr bald, den größten Teil der mittelasiatischen Staaten unter die islamisch-arabische Oberherrschaft zu bringen.

Voraussetzung für das chinesische Eingreifen im Westen ist die Öffnung der Zufahrtswege zu den Seidenstraßen im Tarim-Becken und in der Dzungarei, die im Süden durch die von den Tibetern im Westteil besetzte chinesische Provinz Kansu und im Norden durch die von den Kök-Türken behaupteten Oasenstaaten Turfan und Hami gesperrt sind. Den Zugang sucht man zunächst auf diplomatischem Wege freizubekommen: Ein erster Versuch, mit einem Bündnis, an dem die Kirgisen im Norden und die Westtürken beteiligt sind, das Ziel zu erreichen, scheitert. Erst Mitte des 8. Jahrhunderts vermag China, durch eine Allianz mit den Kirgisen und den Uiguren die Blockierung der Nordwege der Seidenstraßen zu beseitigen. Erst jetzt können chinesische Heere in Mittelasien in den Krieg gegen die Araber eingreifen. Aber die große Schlacht bei Talas gegen die Araber geht für die Chinesen verloren. Die Araber haben sich mit den Tibetern verbündet und damit die chinesischen Verteidigungsstellungen in Mittelasien lahmgelegt. Die Folge des dadurch unvermeidlichen chinesischen Rückzuges ist die Islamisierung Mittelasiens im Norden bis zum Syr-darja und im Osten bis zum Pamir. Nur das Tarim-Becken bleibt bis zum Ende des 1. nachchristlichen Jahrtausends politisch unabhängig und bekennt sich weiter zum Buddhismus. Einer der Mittelpunkte ist im Südwesten der Staat von Chotan.

DIE ENTSTEHUNG ISLAMISCHER TÜRKISCH-IRANISCHER STAATEN IM WESTLICHEN RANDGEBIET ZENTRALASIENS

Nach dem arabischen Sieg und der Bekehrung der mittelasiatischen Staaten südlich des Syr-darja zum Islam bahnt sich eine Entwicklung an, die zu der Entstehung einer Reihe von türkischen Staaten führt, die sich zum Islam bekennen. Es wiederholt sich damit im Westen, was schon fast zwei Jahrhunderte vorher im Osten geschehen war, wo eine Reihe türkischer Stämme sich dem Buddhismus anschloß und damit die Voraussetzung für das Entstehen einer eigenen buddhistisch-türkischen Kultur schuf, die hier von dem Volk und Staat der Uiguren getragen wurde.

Es zeigt sich bald, daß im Westen mit dem Übertritt der Karachaniden zum Islam eine Entwicklung begonnen hat, die zu einer weiteren Ausbreitung des Islam nach Osten führen muß. Der erste Übertritt eines Karachanidenfürsten zum Islam erfolgt in Kaschgar im Jahre 926 n. Chr. Dieser Übertritt des in den Quellen Satuq Bugra Chan genannten Fürsten kennzeichnet eine weltgeschichtliche Wende. Die Städte des Tarim-Beckens, wie Chotan, Kaschgar und Kutscha, deren Bevölkerung sich bisher zum Buddhismus bekannt hat, nehmen jetzt den Islam an, der sich bis weit in die chinesische Provinz Kan-su hinein ausbreiten kann. Buddhistische Tempel werden islamische Moscheen. Nur die Oasenstaaten Turfan und Hami halten noch bis zum 15. Jahrhundert am Buddhismus fest.

TÜRKISCHE UND OSTIRANISCHE KULTUR IM WESTLICHEN RANDGEBIET ZENTRALASIENS

Dieser von Türken getragene Islam unterscheidet sich deutlich von der in der Sogdiana schon seit zwei Jahrhunderten bestehenden, vom Iran her bestimmten Form dieser Religion. Der Herrschaft der nach dem Iran hin orientierten Samaniden fehlt der spezifisch türkische Charakter, wie ihn der karachanidische Islam besitzt. Das sogdisch-ostiranische Element bestimmt die Formen der Architektur, die Literatursprache ist nicht wie im Norden und Osten das Türkische, sondern das Neupersische. Auf die älteren noch arabisch geschriebenen Werke folgen daher in der Sogdiana bald neupersische Übersetzungen. Für diese Literatur sind Buchara und Samarkand die Zentren. Die Schwerpunkte der türkisch-islamischen Kultur liegen in Kaschgar und Balgassun im Siebenstromland.

Aus dem kulturellen Erbe der Karachaniden schöpfen die Seldschuken und später indirekt die Osmanen. Die von 926 bis um 1220 bestehende Herrschaft der Karachaniden bedeutet einen Höhepunkt für die türkisch-islamische Kultur. Noch die letzten Khane der Karachaniden, wie jener Ibrahim ben Hassan Ulugh Tamgač Khan, sind würdige Verwalter des großen kulturellen Erbes ihrer Ahnen. Der von ihm erbaute Palast in Afrasiab, dem alten Samarkand, das wenige Jahre später durch die Mongolen zerstört wird, ist einer der schönsten Palastbauten in Mittelasien.

Die Karachaniden gehörten ursprünglich zu den Qarluq, die in der zweiten Hälfte des 9. Jahrhunderts das alte Gebiet der Westtürken mit dem Reichsmittelpunkt bei Talas besetzten. Sie haben dann, gegen die Samaniden kämpfend, in der zweiten Hälfte des 10. Jahrhunderts den östlichen Teil des Samanidenreiches erobert.

Was die Karachaniden für den Norden Westturkestans und das Tarim-Becken bedeuten, leisten schon zweihundert Jahre früher die Samaniden für die eigentliche Sogdiana. Hier spielt das Neupersische

Würdenträger aus der „Höhle der Sechzehn Schwertträger", Kyzil, Chinesisch-Turkestan, 6.–7. Jahrhundert n. Chr. Der lange Mantel aus geblümter Seide, die weite Hose und der mit Scheiben besetzte Gürtel erinnern an die Tracht der Kuschana. Stiftung Preußischer Kulturbesitz, Indische Abteilung, Berlin.

die Rolle, die dem Türkischen bei den Karachaniden zugekommen ist. Auch Kultur und Zivilisation werden sehr stark von persischen Vorbildern bestimmt. Man kann daher zwei sich deutlich auch kulturell voneinander abhebende Staatsbildungen feststellen: das Reich der Samaniden im Gebiet zwischen dem Syr-darja und dem Amur-darja und das im Norden und Osten daran angrenzende der Karachaniden. (Die Samaniden waren wahrscheinlich Iranier, aber nicht ohne türkische Verbindungen.) Südlich des Amur-darja gibt es jenes von Türken geführte Reich, das Mahmud von Ghazna geschaffen hat. Hier wie in dem wenig später auch in der Sogdiana von den Karachaniden übernommenen Staat der Samaniden wird bald auch das Türkische nicht nur Verwaltungs-, sondern auch Literatursprache. Die ausgezeichneten Handelsverbindungen, die mit dem Westen in Richtung auf die damalige islamisch-arabische Hauptstadt Bagdad bestehen, sowie nach Süden über Nordindien an das Meer führen, geben diesen türkischen Reichen eine ganz besondere Bedeutung. Die von Mittelasien ausgehenden Vorstöße türkischer Nomaden folgen den Straßen der Karawanen. Das gilt sowohl für den Weg nach Westen als auch den nach Süden. Nach Westen ziehen jene Seldschuken, die später nicht nur den Iran, sondern auch Teile des eigentlichen arabisch-islamischen Kalifats erobern. Andere Turkvölker wandern nach Süden, wo sie im Panjab und später im Gujarat türkische Reiche auf indischem Boden gründen, die Vorläufer des Staates der Sultane von Delhi. Den Beginn dieser Entwicklung kennzeichnet die Strategie des Mahmud von Ghazna, der mit der Eroberung Afghanistans beginnt und dann von dort aus seine Vorstöße nach Indien unternimmt.

Die politische Entwicklung im Norden Mittelasiens wird in erster Linie von Völkerbewegungen bestimmt, die im Osten ihren Ausgang genommen haben. Hierzu gehört auch die Flucht einer Gruppe der Kitan nach Westen, die in Westturkestan unter der Bezeichnung Kara Kitai ein eigenes Reich gründet. Nordchina, das Land ihrer Herkunft, haben tungusische Stämme aus dem Nordosten erobert; hierdurch wird zeitweise die Verbindung zwischen Nordchina und Mittelasien unterbrochen, so daß ein großer Teil der Kaufleute zunehmend den Seeweg benutzt.

Die große Kulturepoche der Karachaniden wird dann durch den Vorstoß der Mongolen nach Westen beendet. Er gehört jedoch nicht mehr zur Zeit des islamisch-türkischen Mittelalters. Nach seinen Auswirkungen auf die Staatenbildung in Zentralasien ist er in die Darstellung der Geschichte der Neuzeit zu setzen.

Fragment einer Wandmalerei aus Khocho, Provinz Turfan, Chines.-Turkestan. 9. Jahrhundert n. Chr. Es zeigt Siddharta, der auf seinem Pferd Kanthaka aus dem Palast seines Vaters in Kapilavastu (Indien) flieht, um dem Prunk der Welt zu entsagen. Die linke Hand des Boddhisatva zeigt die Geste des Lehrens. Das Pferd zeigt die typischen Merkmale der von den Chinesen besonders geschätzten Pferderasse aus der Fergana.
Obgleich viele Städte des Tarim-Beckens, die sich bisher zum Buddhismus bekannt hatten, im Zuge des islamischen Vormarsches zum Islam übertreten, hält sich im Oasenstaat Turfan der Buddhismus noch bis zum 15. Jahrhundert. Stiftung Preußischer Kulturbesitz, Indische Abteilung, Berlin.

DIE GESCHICHTLICHE ENTWICKLUNG ZENTRALASIENS IM ALTERTUM UND MITTELALTER

v. Chr.

800–750 Westwanderung der Skythen als Teil einer aus dem Randgebiet Chinas kommenden Völkerbewegung. Diese Skythen, in ihren späteren Wohnsitzen in Südrußland von den Persern als Saka paradraya = „die Skythen jenseits des Meeres" bezeichnet, sind von Massageten verdrängt worden, die später zusammen mit den Skythen (Saken) in Westturkestan erwähnt werden.
Einzelne Stämme, die in Westturkestan und Südrußland bezeugt werden, sind die Sigynner und die „königlichen Skythen", letztere von den chinesischen Quellen als „Sai-wang" = „Saken-Skythenkönige" bezeichnet.
Der Wanderungsweg geht am Südrand des Kaspischen Meeres entlang nach Norden. Hieran erinnert ein Sakenreich = Skythenreich im Nordosten Armeniens, das noch in achämenidischer Zeit besteht.

628–550 Zoroaster wirkt als Religionsgründer in Baktrien unter dem Schutz des achämenidischen Fürsten Hystaspes.

588–569 Sakische (skythische) Söldner als Leibwächter des ägyptischen Königs Apries.

Um 540 Funde chinesischer Rohseide aus dem Besitz der keltischen Fürsten der Heuneburg (Grabbestattung Hohenmichele).

529 Der persische König Kyros fällt in der „Ebene der Daher", das ist etwa im Gebiet des heutigen Buchara, gegen die Massageten.

Um 521 Kämpfe des persischen Königs Dareios gegen die Saken (Skythen), die nur zu einem Teil von ihm unterworfen werden. Er hat den Yaxartes (Syr-darja) zur persischen Nordgrenze gemacht.
Wahrscheinlich hat dieser König im Gedenken an den Tod des Kyros das Sperrfort Kyrou eschate erbaut. Wie die Perser diese Völker sahen, zeigt die Darstellung Tribut bringender Saken in Persepolis.

Um 450 Beschreibung eines Karawanenweges bei Herodot, der von der Nordküste des Schwarzen Meeres über die Landenge zwischen Don und Wolga nördlich des Aralsees bis etwa in die Gegend des oberen Ilitales hinführte, wo sich offenbar mit den hier jenseits des Gebirges im Tarim-Becken wohnenden Issedonen der Handel mit Seide abwickelte. Funde von Münzen der Städte Bosporos und Pantikapaion in der Dzungarei geben hier einen archäologischen Hinweis.

Um 410 Funde chinesischer Seide auf dem Bestattungsplatz Kerameikos der Athener sowie im Grabe einer Verwandten des Alkibiades geben archäologisch einen Zeitansatz. Berichte des Ktesias, des griechischen Leibarztes des persischen Königs, bringen die literarische Bezeugung der Seide.

Um 360 Die Fürstengräber in den Kurganen von Pazyrik im Altai enthalten neben chinesischer Seide und chinesischen Spiegeln aus der Zeit der Kämpfenden Reiche auch Spiegel griechischer Herkunft. Auch Textilien, wie ein persischer Teppich, ein Wandbehang mit Darstellungen mesopotamischer Herkunft und ein Stoff mit dem Bild einer am Feueraltar opfernden Fürstin, weisen auf Beziehungen zum Westen.

330–328 Alexander der Große erobert Mittelasien. Verhandlungen mit dem Fürsten von Chwarezm über die Benutzung einer Karawanenstraße von Chwarezm nach der Meerenge von Kertsch. Alexander sichert seine Herrschaft durch die Heirat mit Roxane, der Tochter eines baktrischen Fürsten. Die Anlage von städtischen Siedlungen mit makedonischen Besatzungen und griechischer Bevölkerung in der Sogdiana und in Baktrien weist auf den Plan einer griechischen Kolonisation im Ostiran in der Art der am Oxus ausgegrabenen Stadt Ain Kanum. Der Yaxartes wird zur Grenze im Norden.

Um 328 Verlegung des Seidenhandels (stummer Tauschhandel) vom Oberlauf des Ili an den Yaxartes, den Syr-darja (Seidenfluß). Beteiligung indischer Kaufleute an diesem Handel, die dort Perlen gegen Seide tauschen. Das führt zu intensiven indischen Handelsbeziehungen, die den Weg über Mittelasien benutzen (Berichte bei Plinius dem Älteren, Zeugnis der indischen Bezeichnungen der hier berührten Gebirge).

Um 247 Arsakes gründet in der Sogdiana im Gebiet der Aparner ein Reich, das sich nach Süden über Chorassan ausdehnt. In parthischen Gräbern finden sich als Beigaben chinesische Spiegel aus der Zeit der Kämpfenden Reiche, also der Zeit vor 221 v. Chr.

221 Einigung Chinas durch Tsch'eng huang-ti. Beginn des Ausbaus der chinesischen Mauer (Limes-System) in der Provinz Kan-su. Das Gebiet der Ordossteppe wird chinesisch. Hierdurch Zusammenstoß mit den Hsiung-nu.

210 Entstehung des nomadischen Großreiches der Hsiung-nu. Unter dem Häuptling Tu-men werden die Yüeh-tchih, ein ostiranisches Volk, in den Westen der heutigen Chinesischen Provinz Kan-su abgedrängt. Unter Mao-tun und seinem Nachfolger als Herrscher über die Hsiung-nu werden diese Yüeh-tchih in Kan-su besiegt. Der größere Teil von ihnen zieht daraufhin nach Westen. Die Wu-sun, ein Volk zwischen Ili und Syr-darja, werden von ihnen unterworfen. Hierdurch kommen auch die Skythen (Saken) nördlich des Syr-darja in Bewegung.

127 Es ist anzunehmen, daß die 127 v. Chr. den Syr-darja überschreitenden Nomaden, die Tocharer, Sakarauloi und Asioi, zu den von den Hsiung-nu verdrängten ostiranischen Völkern gehören. Die Einteilung unter fünf den Titel Yabgu tragende Häuptlinge, die sich nicht nur auf die Sogdiana, sondern auch auf Baktrien erstreckt, deutet darauf, daß jene einzeln bei Strabo aufgeführten Völker, die 127 v. Chr. den Yaxartes überschreiten, vorher schon zwischen Ili und Syr-darja ein Reich gebildet hatten, das diese Einteilung besaß. Der Ort der Herkunft der damals nach Westturkestan vorgedrungenen Völker lag teils im Westen der Provinz Kansu, teils in der Turfan-Oase, aber auch in dem Gebiet zwischen Ili und Tschu.

Um 70 Infolge der ständigen Kriege zwischen Rom und den Parthern wird die Nordroute durch die Dzungarei nach China von den römischen Kaufleuten nicht mehr benutzt, weil der römische Handel das parthische Reich umgeht, das auch die Sogdiana beherrscht; er bedient sich der Handelsstraßen über Nordindien und Baktrien, die von den Kuschana kontrolliert werden und parthischer Überwachung entzogen sind. Wie die Beschreibung bei Plinius dem Älteren zeigt, wird damals die Paßstraße über den Pamir in das Tarim-Becken bevorzugt.

Um 48 Die Südgruppe der Hsiung-nu unterstellt sich dem chinesischen Reich. Dieser Teil der Hsiung-nu läßt sich im Westen der Provinz Kan-su nieder. Zusammen mit den ostiranischen Kleinen Yüeh-tchih und den um 200 n. Chr. aus der Mandschurei einwandernden Aza und Teilen der Sien-pi kommt es hier unter dem Einfluß des Buddhismus zur Entstehung einer frühen türkischen Kultur, deren Zentren Ku-tschang und T'un-huang sind.

36 Trennung einer Westgruppe unter dem Häuptling Tschi-tschi von den Nord-Hsiung-nu, die sich im Raum zwischen Ili und Syr-darja niederlassen. Obwohl bald von den Chinesen vernichtet, führt ihr Erscheinen im Westen zu den bekannten Wanderungsbewegungen der Alanen und Az aus Westturkestan nach Südrußland und zu politischen Umwälzungen in Baktrien. Ein Teil der Az (Asiani bei Trogus genannt) hat damals die Herrschaft der Sakarauken über die Tocharer im Norden von Baktrien abgelöst.

n. Chr.
61–74 Das Tarim-Becken wird von den Nord-Hsiung-nu zeitweise besetzt. Ihre Herrschaft wird aber durch die Politik der Oasenstaaten, Kaschgar, Chotan, Kutscha und Karaschahr, weitgehend unterhöhlt.
Die Versuche der Nord-Hsiung-nu, durch die Besetzung von Hami auch die Nordroute der Seidenstraße unter ihre Kontrolle zu bringen, scheitern.
Trotz der ständigen Kämpfe gelingt es der buddhistischen Mission in den Städten des Tarim-Beckens Fuß zu fassen und dann weiter in den Nordwesten Chinas vorzudringen. Es ist die Zeit der ersten Übersetzungen aus dem Sanskrit in das Chinesische.

91–93 Die Sien-pi verdrängen die Nord-Hsiung-nu vom Orchon und schließlich auch aus dem Gebiet südlich der Gobi.

106 Der Westen des Tarim-Beckens rebelliert im Kampf gegen die Nord-Hsiung-nu gegen die sich immer weiter ausbreitende chinesische Herrschaft.

158 Rückzug der Hsiung-nu aus dem Norden des Tarim-Beckens und aus der Dzungarei in die Kirgisensteppe im Nordwesten. Kleinere Gruppen der Nord-Hsiung-nu bleiben und setzen sich nördlich von Kutscha fest.
Die Mündung des Uralflusses erhält in dieser Zeit die türkische Bezeichnung Yaik, der „Ausgebreitete", die der Ende des 2. Jahrhunderts schreibende Ptolemaios überliefert. Die Erwähnung zeigt, daß damals schon jene Hsiung-nu, die nach Westen vordrangen, türkisiert waren.

166 Die türkisch sprechenden Sien-pi besetzen in dieser Zeit die Dzungarei.

Um 200 Die aus der Dzungarei ausgewanderten Aza lassen sich im Westen Kan-sus und jenseits des Richthofengebirges im Kukunorgebiet nieder. Sie und die Tibeter bilden später das Substrat der T'u-yu-hen.

Um 250 Das Reich der Kuschana wird durch den sassanidischen König Schapur I. zerstört. Mission der Manichäer in der Sogdiana unter Mar Amu. Der Tatenbericht Schapurs I. bei Persepolis berichtet in griechischer, parthischer und mittelpersischer Sprache über die Ausdehnung der persischen Reichsgrenzen, die im Südosten sogar Peschawar erreichen.

293–303 Die Paikuli-Inschrift des sassanidischen Königs Narsé bezeugt das Bestehen einer persischen Oberherrschaft über die Sogdiana und das alte Baktrien. Nur die Könige von Chwarezm und der den Norden des heutigen Afghanistan umfassende Rest des Reiches der Kuschana werden als Vasallen aufgeführt.

Um 350 Es kommt zur Eroberung der Sogdiana und Baktriens durch die in den chinesischen Quellen als Hsiung-nu bezeichneten Hunnen, die die Perser mit dem Wort Hion (lat.: Chionitae) bezeichnen.

Um 360 Nach Kämpfen des sassanidischen Königs Schapur II. gegen die Chioniten hat er zuletzt die Landnahme dieser Stämme sanktioniert. Sie stehen fortan unter einer nominellen Oberherrschaft der Sassaniden, die für ihre Kriegsdienste Geldzahlungen an sie leisten.

363 Der König der Chioniten nimmt als Vasall der Sassaniden an der Belagerung der römischen Festung Nisibis in Mesopotamien teil.

374 Angriff der Hunnen auf die germanischen Reiche in Südrußland.

Um 376 Das damals bestehende Reich der Liang umfaßt die chinesische Provinz Kan-su mit dem Lopnor-Gebiet und dem Ostteil des Tarim-Beckens. Ostiranier, Hsiung-nu und Türken werden hier in einer iranisch-indisch-chinesischen Zivilisation zusammengefaßt, die allmählich eine eigene Kultur entwickelt. Religion ist der Buddhismus.

Um 397 Entstehung des Reiches der hunnischen Ts'ü-kü. Seine politischen und kulturellen Zentren sind Ku-tschang und T'un-huang (sogd. Droana). T'un-huang ist Schreibschule für buddhistische Schriften in Kutschang. Mittelpunkt eines Kreises von Übersetzern buddhistischer Werke in das Chinesische. Zu den führenden Persönlichkeiten gehört hier der aus Indien stammende Kumariva. In Ku-tschang gibt es auch eine Niederlassung sogdischer Kaufleute.

402 Der Kagan Sche-lun der Juan-Juan greift die nordchinesischen T'o-pa an.

439 Ku-tschang durch die nordchinesischen T'o-pa, die überwiegend türkischer Nationalität sind, erobert. Die hierbei gefangengenommenen sogdischen Kaufleute werden erst von einer sogdischen Gesandtschaft ausgelöst. Sie hat über die Eroberung Westturkestans durch die Hunnen (Hsiung-nu) am chinesischen Kaiserhof berichtet.

Um 440 Es kommt zur Eroberung Westturkestans durch die sogenannten Hephthaliten, die aus dem Altai kommen. Sie haben die Südgrenze gegen Persien bis nach Gurgan am Kaspischen Meer vorgeschoben. Die Residenz des hephthalitischen Großkhans liegt in der Nähe von Qunduz, südlich des Amu-darja. Die sogenannten kidaritischen Hunnen werden von den Hephthaliten aus der Sogdiana nach Süden abgedrängt. Ihre von der Kidaris, ihrer besonderen Kopfbedeckung, abgeleitete Bezeichnung wird vor allem in Baktrien gebraucht und erst später, ähnlich wie früher Saka tigrachauda (= spitzmündige Saken), zu ihrer offiziellen Bezeichnung, die auch in Herrschertitulaturen verwendet wird (Münzlegenden).

457 Die Hephthaliten, von Peroz zur Unterstützung in dem Kampf um den persischen Thron gegen seinen Bruder Hormizd III. um Hilfe gerufen, gewinnen entscheidenden Einfluß auf die politische Führung des Iran.

Um 470 Die Hephthaliten dringen nach der Eroberung des Kabultales nach Nordindien in den Panjab vor.

Um 475 Die Stiftung des buddhistischen Höhlentempels von Yün-kang, in der chinesischen Provinz Shan-si, durch die Juan-Juan weist auf die schon damals starke Verbreitung des Buddhismus bei diesem Volk hin.

484 Der persische König Peroz findet mit seinem Heer in einer Schlacht gegen die Hephthaliten den Untergang.
Die folgende Zeit wird durch die politische Allianz der Juan-Juan mit den Hephthaliten, die auch in den Heiratsverbindungen ihrer Fürsten zum Ausdruck kommt, bestimmt. Hierbei kontrollieren die Hephthaliten das eigentliche Tarim-Becken, während die Juan-Juan den Westen der chinesischen Provinz Kan-su, die Turfanoase und das Gebiet von Hami behaupten. Demnach sichert das politische Zusammengehen der Juan-Juan mit den Hephthaliten den Handelsverkehr von China nach dem Westen.

Um 502 Toramana, einer der ersten bekannten hephthalitischen Khane in Nordindien, hat wie seine Nachfolger Mihirakula und Chingila nicht nur den Panjab und Gunjarat, sondern auch weite Teile Nordindiens erobert. Ihr Reich besuchen die großen Kaufleute aus dem Westen. So der Alexandriner Kosmas Indikopleustes (= „der Indienfahrer"), der über seine Reisen in einem noch heute erhaltenen Werk geschrieben hat.
Die Hephthaliten in Indien besitzen wie die in Baktrien eigene Könige, die dem Großkhan, der südlich des Amu-darja residiert, unterstehen.

Um 520 Der buddhistische Pilger Song Yün besucht auf seiner Reise nach Indien zuerst das Reich der Hephthaliten in Baktrien und wird von dem hephthalitischen Großkhan in seiner Jurte empfangen.

Um 530 Ein wahrscheinlich nestorianischer Mönch bringt versteckt Kokons der Seidenraupe in das Byzantinische Reich. Er hat die Kokons aus einem von ihm Serindia genannten Land, mit dem wahrscheinlich das Turfangebiet gemeint ist, nach dem Westen gebracht.

Um 545 Die Türküt (chines. T'u-kiue), die zu den Untertanenstämmen der Juan-Juan gehören, für die sie Waffen schmieden, greifen die Tölös (chines. T'iele), die Osttürken, an und unterwerfen sie. Es kommt zur Bildung eines Ost- und Westtürken umfassenden Reiches, das im Osten von dem Khan Bumin (chines. T'u-men) und im Westen von Istämi (chines. Che-tie-mi) geführt wird. Istämi bekleidet nach der Aussage seiner Gesandten die Würde eines Oberkhans. Beide Khane gehören zu einer Dynastie, die aus P'ing-liang-fu im ehemaligen Reich der Ts'ü-kü in der Provinz Kan-su stammt.

546–551 Vernichtung des Hephthalitenreiches im Westteil des Tarim-Beckens und in der Sogdiana. Hierbei bleibt der damals südlichste Teil des Reiches, der eigene Khane besaß und sich mit den Persern unter seinem Herrscher Katulf gegen das hephthalitische Reich im Norden verbündet hatte, bestehen. Es befindet sich fortan unter türkischer Oberherrschaft und umfaßt das heutige Afghanistan und den Panjab.

551–552 Die Osttürken unter Bumin vernichten zusammen mit den Westtürken unter Istämi das Reich der Juan-Juan unter Anagai. Ein Teil der Juan-Juan flüchtet nach Nordchina (türk. Tabgatsch). Von dort werden sie später an die Türküt ausgeliefert.

558 Auswanderung der während des Krieges der Türken gegen die Hephthaliten in den westlichen Teil des Kaukasus geflüchteten sogenannten Awaren in das oströmische Reich, wo ihnen Wohnsitze angewiesen werden.

Um 560 Unterwerfung der als Ogur (= Oguz) bezeichneten türkischen Stämme in dem Raum zwischen den Flüssen Ural und Don und dem Asowschen und Kaspischen Meer.

568 Blockade des Transits jener Seide, die aus der zum Reich der Türküt gehörenden Sogdiana über Persien nach dem Westen ausgeführt wird. Vorausgegangen ist im gleichen Jahr die Besetzung des Yemen durch die Sassaniden, was ihnen die Kontrolle des Seeweges von Indien in das oströmische Reich möglich macht.

568 Die von dem Sogder Maniak geführte türkische Gesandtschaft schließt mit dem byzantinischen Kaiser einen Handelsvertrag und ein militärisches Bündnis. Letzteres sieht einen gemeinsamen Angriff auf Persien vor. Es kommt zur Errichtung einer türkischen Handelsniederlassung in Konstantinopel.

569 Empfang einer byzantinischen Gesandtschaft durch den Großkhan Istämi auf dem Ektag bei Kutscha, der damaligen Winterresidenz des Großkhans, und zu weiteren Verhandlungen, an denen auch persische Diplomaten teilnehmen, in der Sommerresidenz des Khanes bei Talas. Feldzug des Khans gegen die Kirgisen.

579 Politischer Bruch der Türken mit den Byzantinern. Eroberung der byzantinischen Festung Bosporos an der Meerenge von Kertsch durch die Türken. Tod des Großkhans Istämi. Teilnahme byzantinischer Gesandter an seiner Beisetzung. Der neue Großkhan Tardu wird von der gleichen Gesandtschaft in seiner Residenz besucht.

586 Der osttürkische Khan T'o-po zeigt sich als Förderer des Buddhismus. Unter ihm kommt es zu Übersetzungen buddhistischer Schriften in das Türkische, das damit Literatursprache zu werden beginnt. Die Inschrift von Bugu mit dem fragmentarisch erhaltenen Tatenbericht eines osttürkischen Khans aus dieser Zeit benutzt neben sogdischer Schrift und Sprache noch die Brahmi-Schrift. Damals entstehen die buddhistischen Fresken von Kyzil bei Kutscha, und in Samarkand kommt es zur Bildung einer eigenen manichäischen, von Mesopotamien unabhängigen Kirche. Eine lebhafte nestorianische Mission verbreitet gleichzeitig das Christentum unter den Türken. Ihre Mission hatte schon unter den Hephthaliten begonnen. Balch als nestorianisches Erzbistum wird bald zum Zentrum dieser Mission.

599 Kämpfe des türkischen Oberkhans mit den Persern in Baktrien, die das hier unter türkischer Oberherrschaft stehende baktrische Hephthalitenreich angegriffen haben. Ein Schreiben mit einem Bündnisangebot gegen Persien des Großkhans Tardu, das gleichzeitig einen Bericht über seine Taten enthält, wird dem byzantinischen Kaiser Maurikios überreicht. Frieden des Tardu mit dem Chinesischen Reich.

601 Ein Aufstand türkischer Stämme gegen den Großkhan Tardu zwingt ihn, bei den tibetisch-türkischen T'u-yu-hen im Kukunorgebiet Zuflucht zu suchen.

Um 608 P'ei-kiu, ein chinesischer Staatsmann, schreibt eine Schrift über Zentralasien, welche die geographischen und verkehrspolitischen Voraussetzungen der chinesischen Westpolitik klarlegt.

Um 625 Der westtürkische Großkhan T'ong-che-hu (= Tonga yabgu, griech.: Ziebel) greift nach einem Bündnis mit dem byzantinischen Kaiser Herakleios die Sassaniden an. Angesichts des doppelten Angriffes sind sie gezwungen zu kapitulieren. Der Sohn des Khans, der als sein Statthalter in Qunduz residiert, heiratet eine Tochter des Kaisers Herakleios, die nach der Vergiftung des Fürsten durch seine erste Frau, eine Tochter des Herrschers von Turfan, wieder in ihre Heimat zurückkehrt.

625 Christliche Missionare aus Balch (Nestorianer) kommen nach China und schaffen hier die Voraussetzung für eine nestorianische Kirchenorganisation, die noch ein Jahrhundert später besteht, als sie sich zu dieser Zeit auch auf den Norden Chinas ausdehnt.

630 Der osttürkische Großkhan Hie-li (= Ilig) muß mit seinem Volk vor den Chinesen kapitulieren. Die ihm bisher unterstellten Stämme müssen sich auf chinesischem Territorium ansiedeln. Der Khan selbst stirbt in chinesischer Gefangenschaft.

630 Reise des buddhistischen Pilgers Hiuentsang über Turfan, Kutscha, den Westteil des Tarim-Beckens, die Sogdiana und Baktrien nach Indien. Höhepunkte seiner Schilderung sind der Empfang durch den König von Kutscha und die Begegnung mit dem westtürkischen Khan T'ong che-hu. Damals war im Gegensatz zu Turfan und dem Tarim-Becken in Westturkestan und Baktrien der Buddhismus kaum verbreitet.
Im gleichen Jahr wird T'ong che-hu ermordet, und sein Reich zerfällt in zwei Stammesgruppen, die Nu-che-pi im Westen und die Tu-lu-Stämme im Osten, die beide unter eigenen Khanen stehen.

683 Beginn des Unabhängigkeitskampfes der Osttürken. Berichte in alttürkischer Sprache über diese Ereignisse sind im Gebiet des Orchon und der Tola auf Steinen in der Form von Obelisken erhalten. Hiernach waren es Qutlug Khan und sein Berater Tonjuquq, die aus osttürkischen Stämmen den Köktürkischen Staat bildeten.

681 Erste Angriffe der Araber von Chorassan richten sich gegen das Reich von Chwarezm und den unter einem Fürsten mit dem Titel Diwastitsch stehenden Stadtstaat von Samarkand.

692 Befreiung der seit zweiundzwanzig Jahren von tibetischen Garnisonen im Tarim-Bekken aus kontrollierten Staaten von Kutscha, Karaschahr, Kaschgar und Chotan durch chinesische Truppen. Damit ist jetzt ein chinesisches Eingreifen in Westturkestan zur Unterstützung der dort bestehenden Staaten gegen die Araber möglich. Das wird für die Nordroute durch die Eroberungen, die Qapagan-Qagan, der Nachfolger Qutlugs, als Herrscher über die Köktürken gemacht hat, verhindert. Es gelingt ihm hier, die beiden Stammesverbände der Westtürken, die Tulu und die Nu-che-pi-Stämme, 689 und 699 zu unterwerfen. Damit sind jetzt die Westtürken, die Onogur (= zehn Stämme), und die Osttürken, Toquz oguz (= neun Stämme), wie in den Zeiten Istämis und Bumins in einem Reich vereinigt, das den Chinesen den Zugang nach Westturkestan versperren kann.

705 Eroberung von Termez am Amu-darja und weiter südlich von Qunduz durch den arabischen Feldherrn Qutaiba. Das hier bestehende Vizekönigtum der Westtürken unter

türkischen Prinzen (tigin) mit dem Titel yabgu wird beseitigt.

709 Die Araber unter Qutaiba erobern den Stadtstaat Buchara und setzen hier die einheimische Dynastie der Tugschada ein.

712 Samarkand wird von den Arabern erobert, nachdem der Versuch der Köktürken unter Kültegin, auch die Sogdiana wieder mit dem Türkischen Reich zu vereinigen, gescheitert ist. Ein Bericht über diesen Feldzug der Köktürken unter Kültegin in der Sogdiana ist in alttürkischer Sprache auf den Orchoninschriften in der Mongolei erhalten.
Da der Süden des Tarim-Beckens in seinem Westteil von Tibetern besetzt wird, ist China erneut der Weg nach dem Westen zur Unterstützung der Staaten der Sogdiana und Baktriens verwehrt.

741–743 Erst die Zerstörung des Reiches der Köktürken durch eine von China gelenkte Rebellion der Basmil-Uiguren und Qarluq öffnet den chinesischen Heeren den Weg nach dem Westen.

747 Ein chinesisches Heer überschreitet jetzt den Pamir und befreit die Handelsstraßen, die vom Nordosten des heutigen Afghanistan nach Indien führen, von den Tibetern.

750 In diesem Jahr wendet sich der chinesische Stoß gegen den Norden Westturkestan. Es gilt hier, mit dem Fürsten von Taschkent einen unzuverlässigen Vasallen Chinas zu treffen, um jetzt nach der Besiegung der Tibeter im Süden auch die nördlichen Zugänge nach dem Westen der chinesischen Kontrolle zu unterwerfen.

751 Die Araber, von dem Sohn des Fürsten von Taschkent zu Hilfe gerufen, schlagen die Chinesen in der Schlacht bei Talas; damit ist Westturkestan bis zum Syr-darja nicht nur arabisch, sondern auch islamisch. Der arabischen Eroberung ist aber im Süden eine Grenze gesetzt. Wenn auch Balch und Qunduz arabisch werden, gelingt es den arabischen Heeren zunächst nicht, den Hindukusch zu überschreiten. Das Kabul-Tal, Kaschmir und Gilgit bleiben weiter unter eigenen Königen buddhistisch. Das gleiche gilt für das Tarim-Becken, wo Kaschgar und Chotan noch fast zwei Jahrhunderte Schwerpunkte des Buddhismus bleiben sollen.

762 Die Uiguren und der König von Kutscha greifen auf der Seite der legitimen T'ang-Dynastie in den chinesischen Bürgerkrieg ein. Nach ihrem Sieg über die Türken tritt das uigurische Reich an die Stelle der Staatsgründung der Köktürken. Ihre Hauptstadt Qarabalgassun am Orchon wird damals zum neuen Mittelpunkt der manichäischen Kirche, die seit 585 ihr zweites Zentrum in Samarkand besaß.

770 Weiterer Ausbau der nestorianischen Kirchenorganisation, die sich des Schutzes der chinesischen Kaiser erfreuen kann. Ein Teil der Qarluq südöstlich des Balkasch-Sees und am Ili nimmt das nestorianische Christentum an. Andere bleiben wie die zunächst nach Norden, in das Tal des oberen Jenissei, ausweichenden Kirgisen weiter Anhänger der Schamanen.
Die Zugehörigkeit zur Religion entscheidet über den Gebrauch der Schrift. Die heidnischen Qarluq bei Talas und die heidnischen Kirgisen am oberen Jenissei gebrauchen weiter die alte, seit der Mitte des 7. Jahrhunderts nachweisbare alttürkische Runenschrift. Die Christen dagegen benutzen für die Inschriften zum Gedächtnis ihrer Toten die syrische Estrangelo-Schrift.

843 Vorstoß der Kirgisen gegen das Reich der Uiguren, das daraufhin zusammenbricht. Die Uiguren fliehen nach Süden und lassen sich in der Turfanoase in Chotscho, Bischbaliq und Kutscha nieder. Das hier von ihnen begründete Reich hält sich bis in die Zeit Dschingis Khans. Über die buddhistischen Stadtstaaten im westlichen und südlichen Tarim-Becken, vor allem Chotan, wird die Verbindung mit dem buddhistischen Indien aufrechterhalten.

Um 860 In dieser Zeit läßt sich im Westen der chinesischen Provinz Kan-su eine andere uigurische Gruppe nieder, die sich ebenso wie die Uiguren in Kutscha und Chotscho zum Buddhismus bekennt. Sie kann sich bei ihrer kulturellen Entwicklung auf die dort seit dem 5. Jahrhundert bestehenden buddhistischen Klöster stützen, die durch ihre Übersetzer, aber auch durch ihre Schreibschulen, die mit großen Bibliotheken verbunden sind, das geistige Gesicht dieses Gebietes bestimmen. Die in Kan-su als Sariguigur bezeichnete uigurische Gruppe und das uigurische Reich von Chotscho und Kutscha sind die wichtigsten Vermittler des indischen Buddhismus nach China. Sie sind Träger einer bis in die Zeit Dschingis Khans lebendigen osttürkischen Kultur.

Um 875 Einsetzung von Regenten aus der in Balch beheimateten Dynastie der Samaniden in Buchara und Samarkand. Mit ihrer Einsetzung wird die fast hundertfünfzig Jahre bestehende Herrschaft der arabischen Statthalter beendet und die politische Macht an die Sogder zurückgegeben. Die Samaniden vertreten den sunnitischen ostiranischen Teil gegenüber dem schiitischen westiranischen der Buyiden. Noch heute sind Westturkestan und Afghanistan im Gegensatz zum Iran sunnitisch.

Um 890 Zerstörung des Reiches der buddhistischen Kabul-Schahis in Kabul und Ghazna durch Ya'qub ibn al-Laith.
Die hier bestehende drei Jahrhunderte alte buddhistisch-türkische Kultur bildete den westlichsten Teil der großen buddhistisch-türkischen Oikumene, die zwischen den Grenzen Chinas und des Iran bestand.
Die ersten Zeugnisse einer islamisch-türkischen Literatur unter Mahmud von Ghazna sind ohne diese Tradition nicht zu denken. Träger des Staates von Ghazna sind die Khalatsch, die noch nach ihrer Bekehrung zum Islam auf ihren Grabsteinen weiter die alttürkische Runenschrift gebrauchen.

Um 910 Von den Fürsten von Ghazna wird das Reich der Turkschahis in Sind zerstört. Damit ist es zum Untergang des letzten buddhistisch-türkischen Reiches im Westen gekommen.

920 Staatsgründung der Yagma, die aus dem Gebiet zwischen Ili und Tschu kommen, im Raum von Kaschgar. Ihnen folgen die sogenannten Karachaniden. Teile von ihnen, bestehend aus den christlichen Qarluq und anderen Stämmen, bleiben und bilden in ihrem alten Gebiet ein Reich mit dem Mittelpunkt Balassagun.

Um 926 Der Khan der Karachaniden, Satuq Bugra Chan, tritt zum Islam über. In der Folge werden die buddhistischen Tempel auch hier in Moscheen umgewandelt. Von Kaschgar aus wird der Westen des Tarim-Beckens für den Islam gewonnen.

955 Tod des später als Heiliger verehrten Satuq Bugra Chan.

999 Ein Khan der Karachaniden von Kertsch erobert Buchara und beendet damit die samanidische Herrschaft in der Sogdiana.

998 Sultan Mahmud von Ghazna beginnt seine Eroberungen. Er stammt aus einer Familie sogenannter Mameluken (Militärsklaven). Schon sein Vater Sebük tegin hatte von den Samaniden die Provinzen Balch, Tocharestan, Bamian, Ghor und Gartschistan zur Verwaltung erhalten. Auch er hatte Plünderungszüge nach Indien unternommen.

1014–1026 Mahmud von Ghazna gelingt es, einen großen Teil Indiens zu erobern.

1037 Zwei Häuptlinge einer Gruppe von Oguz, die sich nach dem Gründer ihrer Dynastie Seldschuq (Seldschuken) nennen, werden von den Sultanen von Ghazna zu ihren Statthaltern in den Städten Merv und Nischapur der Provinz Chorassan eingesetzt.

1041 Besiegung des Sultans von Ghazna bei Dandanqan durch die Seldschuken. Zur Folge des Sieges gehört eine weitere Aufsplitterung Westturkestans in politische Machtgruppen; den Karachanidenhäuptlingen stehen jetzt die Führer der seldschukischen Clane feindlich gegenüber.
Die Sultane von Ghazna ziehen sich nach ihrer Niederlage gegen die Seldschuken nach Indien zurück, wo sie Lahore zu ihrer Residenz machen.

Um 1040 Übernahme des nestorianischen Christentums durch die mongolischen Stämme Naiman, Kerait und Merkit. In der gleichen Zeit haben die Tanguten, die den Westen Kan-sus besetzt haben, für die Übersetzung der buddhistischen Schriften in ihre Sprache eine eigene Schrift entwickelt.

1069 Yussuf von Balassaghun verfaßt für einen Karachanidenherrscher einen Fürstenspiegel in türkischer Sprache.

1073 Mahmud al Kaschgari schreibt in Kaschgar in türkischer Sprache ein Buch in der Form einer Enzyklopädie, das sich mit den Türken seiner Zeit beschäftigt. Der Fürstenspiegel und das Werk zeigen, daß es nicht nur in Ghazna, sondern auch in soweit auseinanderliegenden Orten wie Kaschgar und Bal-

1096 gassun zur Entwicklung einer einheitlichen islamisch-türkischen Schriftsprache gekommen ist.

1112 und 1130 Der Seldschukenfürst Sandjar regiert als Herrscher von Chorassan in Merv. Mit ihm beginnt und scheitert ein erster Versuch, die verschiedenen, sich gegenseitig bekämpfenden Staatsbildungen Westturkestans zu einem Reich zusammenzufassen.

1117 In dieser Zeit vermag sich Sandjar gegen die Karachaniden durchzusetzen.

1138 Eingriff Sandjars in die Thronfolge der Gaznaviden.
Der Schah von Chwarezm wird von Sandjar besiegt, erlangt aber seine Verzeihung.

1141 Besiegung Sandjars durch die aus Nordchina kommenden Qara Chitai bei Qatwan in der Nähe von Samarkand. Die Sogdiana geht verloren, Chwarezm schließt sich den Qara Chitai an.

1153 Die Oghuz, mit denen Sandjar seine Kriege führt, rebellieren in Balch und nehmen ihn gefangen.

1157 Tod Sandjars, der 1153 wieder frei wurde.

1163 Yelü Che', die Schwester des verstorbenen Gurkhans der Qara Chitai, tritt die Regentschaft an. Ihre bis 1178 dauernde Regierung bedeutet den letzten Höhepunkt der Macht der Qara Chitai vor dem Zusammenstoß dieses Reiches mit Dschingis Khan, der unter ihrem Sohn und Nachfolger erfolgt.
Yelü, dem die Bedeutung „Eber" zukommt, war schon während der Herrschaft der Qitan (Chitai) über Nordchina der Name ihres regierenden Clans, den auch die Qara Chitai im Westen führten.
Gurkhan bezeichnet den Weltherrscher; auch diesen Titel hatten die Qitanherrscher schon in China geführt.

1162–1202 Ghiyath al-din Muhammad ist Herrscher der Ghoriden, die ihren Namen nach Ghor, einer Landschaft im zentralen Hochland von Afghanistan, tragen. Diese Fürsten sind, wie die von Chwarezm, Türken und wie diese Vasallen des großen Sultans Sandjar. Nach seinem Sturz wechselt der Fürst von Ghor die Oberherrschaft der Seldschuken mit der der Qara Chitai.

1172 Takasch, der Fürst von Chwarezm, nach der Vertreibung durch seinen Bruder von den Qara Chitai wieder eingesetzt, begründet eine neue Macht in Westturkestan.

1193 Takasch erobert Chorassan mit Merv und Nischapur.

1194 Takasch von Chwarezm schlägt bei Ray Togrul III., den Herrscher der Seldschuken; hierdurch fällt auch der Westteil des Iran in seine Hand.

1204 Schihab al-din Muhammad von Ghor schlägt den Nachfolger von Takasch in der Herrschaft über Chwarezm, Muhammad ben Takasch, am Amu-darja bei Balch und erobert Chwarezm.

Indien – Das „Märchenland" jenseits des Indus

DIE GESCHICHTE DES SUBKONTINENTS VON DEN ANFÄNGEN BIS ZUR ISLAMISCHEN INVASION

Am Anfang des 19. Jahrhunderts schreibt Lazzaro Papi, Soldat und Schriftsteller: „Ihr bittet mich, lieber Freund, um eine Beschreibung Indiens, und Ihr glaubt, daß mir dies leicht fallen sollte, weil ich in diesem Land zehn Jahre gewohnt habe. Wenn Ihr Euch mit einer einfachen Skizze begnügen wollt, werde ich versuchen, Euren Wunsch zu erfüllen, aber ich bitte Euch vorerst, Eure jetzige Meinung in eine völlig gegenteilige zu verwandeln..." (Lettre sull'India Orientali, I, Philadelphia [Pisa] 1802, S. 1). Klischees, Vorurteile und Schlagworte kennzeichneten offenbar schon damals das Indienbild der Europäer und dürften auch noch heute zu bekämpfen sein. Indien, das Land der Geheimnisse, das Land unvorstellbaren Reichtums und unvorstellbarer Armut, das Land der Gegensätze und Diskontinuitäten, das Land der Einheit in der Vielfalt sind wohl mit die am häufigsten zu findenden Schlagworte über Indien im Westen. Voraussetzungen für diese unklaren Vorstellungen und Zerrbilder dürften nicht nur in mangelnder Detailinformation und interessenbedingten Voreingenommenheiten liegen, sondern durchaus auch in der Besonderheit, daß es keine eigentliche indische historische Literatur gibt und daß die Archäologie auch für jüngere Epochen das einzige Forschungsinstrument ist. Literarischer Tradition kommt kaum Bedeutung zu. So wurde zwar ein abstrakter Technizismus vermieden, doch gibt es andererseits keine vorbereitenden, klassifizierenden Arbeiten. Hinzu kommt, daß durch das Klima fast alles Material aus länger zurückliegenden Zeiträumen zerstört wurde.

Vor- und Frühgeschichte

Indien ist etwa so groß wie Europa ohne Rußland, es erstreckt sich über 30 Breitengrade und umfaßt daher nahezu alle Klimazonen. Im Norden bildet der Himalaya die Wetterscheide, aus dem Westen ziehen sich die Wüsten über den Indus hinweg bis in den Panjab hinein, der Osten und Süden des Subkontinents und große Teile Zentralindiens sind von feuchten Sümpfen bedeckt. Diesen verschiedenen klimatischen Zonen entsprechen auch unterschiedliche Typen der Zivilisation. Kleine, primitive Stämme in den Dschungeln des Südens werden schließlich zur Klasse der unterworfenen Leibeigenen, die von den Nomaden des Nordens beherrscht werden. Bis zu einem gewissen Grade läßt sich von einer Isolierung Indiens sprechen, die eigene kulturelle Entwicklungen ermöglicht, andererseits kommt es immer wieder zu Invasionen über die Nordwestpforte vom Iran, von Afghanistan und Zentralasien her. Die Küsten des Dekkhan und die Südspitze werden dagegen durch die Schiffahrt erschlossen, so daß Kontakte mit Zentral- und Westasien, dem Irak, mit Arabien, Ägypten, Indonesien und China nicht ausbleiben.

Weitgehend durch die geographisch-klimatischen Gegebenheiten bedingt, entwickelt sich die Wirtschaftsform des riesigen Landes. Noch heute ist Indien ein bäuerliches Land mit sehr ungleich verteilter Bevölkerung. Im Inneren (Dekkhan) finden sich große Flächen von rotem Laterit, die sich wenig für die Landwirtschaft eignen. Die Westküste (Malabar) mit Äquatorialklima ist reicher, die Ostküste (Coromandel) wiederum kennt keinen Monsun und lebt von den Deltas der großen Flüsse. Das Becken des Ganges eignet sich besonders für Reis- und Weizenanbau. Die Landschaft der Ganges-Brahmaputra-Ebene ist fast tischeben, so daß es immer wieder zu gewaltigen Überschwemmungen und Flußlaufverlegungen kommt. Im Norden befindet sich ein gebirgiger Streifen mit großen Waldgebieten und zahlreichen fruchtbaren Tälern. Zu den produktivsten Zonen zählt der Panjab. Über diesen geographischen Raum verteilen sich die großen städtischen Anlagen, von denen einige ganz neu (Kalkutta, Karatschi), andere 1000 Jahre alt sind (Benares, Peschaur), andere wiederum erst jetzt durch die Archäologie entdeckt werden.

Die indischen Sprachen gliedern sich in eine fast nicht überschaubare Vielfalt von Untergruppen und Dialekten, doch ehe man bei einem so gewaltigen Sprachraum von Zerrissenheit spricht, sollte bedacht werden, daß etwa 98% aller Sprecher einer der drei großen Gruppen angehören: dem Indoarischen, dem Drawidischen und dem Austroasiatischen. Die Herkunft des Drawidischen liegt noch weitgehend im dunkeln. Älteste Schriftzeichen wurden in Mohenjo Daro und Harappa gefunden, konnten aber noch nicht identifiziert werden. Man datiert sie ins 3. Jahrtausend v. Chr. Erst viel später, in der Zeit Aśokas (250 v. Chr.), entwickeln sich zwei Alphabete, von denen das Brahmi als Ahnherr aller heutigen indischen Alphabete gilt. Aus ihm bilden sich zwei Hauptformen, eine nördliche (Nagari-Schrift), die heute weitgehend in Gebrauch ist, und eine südliche (Grantha, Telugu, Kanaresisch und Tamil).

Die Bevölkerung Indiens zeigt unterschiedliche Typen von ganz heller bis fast schwarzer Hautfarbe. Als früheste Besiedler nimmt man negride Gruppen an, Vorfahren der Melaniden, von denen noch Restgruppen anzutreffen sind (Munda in Tschota-Nagpur und an der Malabarküste). Später wanderten vermutlich aus dem westlichen Asien europide Altformen der Weddiden ein, die sich mit den Negriden vermischten, während gleichzeitig altmongoloide Einwanderer nach Süden vordrangen. Dann folgte eine Einwanderungswelle der Vorfahren der heutigen Drawida-Völker. Diese Skizze einiger Besonderheiten des indischen Raumes soll nur andeuten, wie fragwürdig es offenbar ist, von einer Einheit oder Zerrissenheit, von Kulturkontinuität oder Kulturbrüchen auf dem indischen Subkontinent zu sprechen.

Die Vorzeit des Menschen geht in Indien etwa 500 000 Jahre zurück, doch ein 1884 in Mittelindien gefundener Schädel ging verloren, vom ältesten Menschen kennt man nur Werkzeuge aus Stein, Zeugnisse der Kunst fehlen, Malereien und Felsgravierungen sind nicht über das 5. Jahrhundert v. Chr. zurückzudatieren. Ähnlich wie in Europa lassen sich in Indien verschiedene Eiszeiten und Zwischeneiszeiten unterscheiden, an deren Stelle für den tropischen Süden Pluviale (Regenperioden) mit ihren Zwischenphasen treten. Im einzelnen unterteilt man auch nach der Art der gefundenen Werkzeuge bzw. nach Fundorten. Der Zweiten Eiszeit entspricht das Prä-Soan (Fundstellen entlang dem Becken der Soan) mit grob behauenen Steinwerkzeugen, vergleichbar der europäischen Clactonien-Technik, während in Mittelindien (Narmada- und Godavari-Becken) schon Abschläge vermischt mit Faustkeilen vom Abbéville- oder Acheul-Typus auftreten. Das Alt-Soan (Zweite Zwischeneiszeit) bietet eine entwickeltere Industrie. Eine besondere Gruppe von Steingeräten mit scharfer Schneide bezeichnet man als „Pebble-Kultur", daneben finden sich weiterhin Faustkeile. Fundorte sind die Hügel des Himalaya-Vorgebirges. Parallelen wurden in Ost- und Südafrika festgestellt. Das Jung-Soan (Dritte Eiszeit mit Zwischeneiszeit) umfaßt Reste der Pebble-Kultur und in einer zweiten Phase Levallois-Abschläge, im Süden auch Techniken des Acheuléen und Formen, die dem europäischen Moustérien vergleichbar sind. Das End-Paläolithikum entspricht der Mittelsteinzeit in Ost- und Südafrika. Die Schichten mit Faustkeilen sind oft überlagert mit Gerät aus Feuerstein (Klingen, Stichel, Schaber), während sich schon die Mikrolithen ankündigen. Bei diesen handelt es sich um kleine Werkzeuge (Halbmonde, Segmente, Dreiecke, Trapeze), die auch in Europa, Afrika und Westasien vorkommen. Offenbar gehören sie zu neuen Menschengruppen, die das Gerät zum Fischfang und zur Jagd benutzten. Man unterscheidet hier zwei Schichten, je nachdem, ob die Geräte mit oder ohne Keramik gefunden werden. Erstmals treffen wir jetzt auf Spuren des Menschen, einen langschädeligen Typ, einen Verwandten der hamitischen Gruppe Nordostafrikas. Auffallend für die Altsteinzeit Indiens ist das Nebeneinander der Pebble-Kultur im Norden und der Faustkeilindustrie im Süden. Letztere scheint aus Afrika zu stammen, während die neuen Klingenindustrien, die zum mikrolithischen Werkzeug überleiten, mit dem Auftreten des Homo sapiens zusammenfallen.

Im Neolithikum finden sich neue Werkzeugtypen, das spitznackige Beil und das Schulterbeil. Neben den mikrolithischen Gegenständen gibt es solche aus Kupfer, Bronze und Keramik. Die Bevölkerung wird seßhaft und wohnt in Holzhütten. An der Westgrenze läuft allerdings eine andere Entwicklung schon geraume Zeit parallel. Über die Pässe von der iranischen Hochebene her wandern Völker ein, die sich in den Ebenen des Panjab und Sind niederlassen und eine städtische Kultur entfalten. Älteste Siedlungen wurden in Kile Gul Mohammad im Nordwesten von Quetta (Belutschistan) entdeckt, die man auf etwa 3350 v. Chr. datiert. Es folgt dann eine Ausbreitung in verschiedene Richtungen. Älteste Ansiedlungen östlich von Quetta sind Kechi beg, Togau, Toji, im Norden im Tal des Zhob Loralai, Duki, Periano Ghundai u. a. Im Süden unterscheiden wir zwei Gruppen, Nal-Amri, nach dem Indus hin orientiert, und Kulli, näher an der Küste liegend. Für Zhob und Quetta ist bemalte Keramik mit meist rotem Untergrund kennzeichnend, für Nal-Amri und Kulli dagegen Keramik mit hellem Untergrund. Auf den insgesamt doch recht dürftigen Spuren dörflicher Siedlungen werden dann gegen 2500 v. Chr. die Städte Harappa und Mohenjo Daro errichtet. Es scheint sich dabei um eine neue Welt zu handeln. Jedenfalls gibt es bis heute keine Belege für eine Kontinuität. Mit der Indus-Kultur tritt Indien in die Geschichte im engeren Sinne ein.

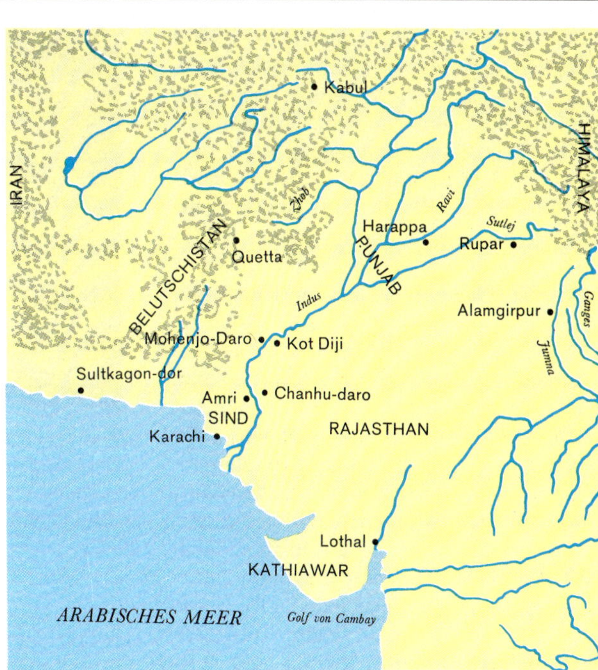

Die wichtigsten Städte der Indus-Kultur. Aus der Karte ist deutlich ihre enorme Ausdehnung zu ersehen: sie erstrecken sich von Sutkagon-dor im Südwesten bis Alamgirpur im Jumna-Becken im Osten, vom Golf von Cambay im Süden bis Harappa und Rupar am Fuße des Himalaya.

Die Industal-Kulturen

Erst seit 1921 beginnen Ausgrabungen durch Daya Ram Sahni, R. D. Banerjee und dann Sir John Marshall, die eine hochentwickelte Stadtkultur im Tal der Flüsse Indus, Ravi und Satlej nachweisen. Von nicht entzifferbaren Inschriften auf Siegeln abgesehen, gibt es auch hier keine literarischen Zeugnisse, so daß der historische Ablauf der Indus-Kultur nur erschlossen, über Beginn und Ende nur spekuliert werden kann. Neuere Grabungen in Kot Diji (bei Khaipur) zeigen 21 Besiedlungsschichten, von denen die oberen typische Phasen der Harappa-Kultur, die anderen dagegen eine eigene Kultur darstellen. Kot Diji ist Mohenjo Daro und Harappa im Niveau seiner Keramik, im Typus seiner Befestigungen und auch in der Stadtplanung voraus. Eine Schicht verkohlten Materials scheint dafür zu sprechen, daß Kot Diji von Harappa gewaltsam erobert wurde. Das Ende der Industal-Zentren datiert man auf etwa 1500 v. Chr. Es kam gewiß nicht plötzlich durch gewaltsame Zerstörung, wie lange angenommen wurde, vielmehr setzte die Invasion arischer Gruppen nur den Schlußpunkt unter eine länger andauernde Phase des Niedergangs.

Die beiden größten Städte, Harappa (in der Nähe von Montgomery, mittleres Panjab) und Mohenjo Daro (bei Larkana, mittlere Sind), sind offenbar nach astrologischen Gesichtspunkten geplant worden: Charakteristisch sind eine Zitadelle als Sitz der religiösen und weltlichen Macht im Westen, eine Wohnstadt im Osten und der rechtwinkelige Grundriß der Straßen in Nord-Süd und Ost-West-Richtung. Die Häuser mit z. T. mehr als zwei Stockwerken sind zur Straßenseite hin meist fensterlos, die Zimmer gruppieren sich um einen Zentralhof. Die Ausstattung der Häuser mit Badezimmern, ein größeres städtisches Schwimmbecken und ein ausgezeichnetes Kanal- und Abwassersystem deuten auf das hohe technische und kulturelle Niveau der Bewohner hin. Diese verfügen über eine Schrift (man hat etwa 270 verschiedene Zeichen auf vielen Tausend Siegeln gefunden), doch bereitet die Deutung noch große Schwierigkeiten. Während nur wenig Skulpturen und Bronzen gefunden wurden (meist Fayence- und Terrakotta-Statuetten), ist die Zahl der Siegel recht groß. Die meisten sind quadratisch und zeigen oben eine Bildinschrift, darunter das Relief eines Tieres, einer Gottheit oder einer Kulthandlung. Sehr häufig wird ein „gehörnter Gott" abgebildet, ihm zur Seite Nashorn, Büffel, Tiger und Elefant. Die verschiedenen religionsgeschichtlichen Ausdeutungen, z. B. als Vorläufer Śivas, müssen jedoch eher als Spekulationen gelten. An Statuetten fanden sich nur dreizehn aus Steatit, Kalkstein und Alabaster, von denen elf ältere bärtige Männer darstellen, in denen man über das Industal gebietende Priesterkönige zu erkennen glaubt. Die beiden Bronzen aus Mohenjo Daro zeigen nackte Tänzerinnen. Zahlreiche Terrakotten scheinen Hausidole, Votivgaben oder Spielzeuge gewesen zu sein. Frauengestalten könnten Abbilder der großen Muttergöttin sein, Männerfiguren mit übergroßer Nase, Glotzaugen und sinnlichem Mund vielleicht Priester. Bevorzugt werden in der Darstellung jedoch Tiere wie Stiere, Büffel, Hunde, Schafe, Elefanten u. a. m. Die bemalte Keramik gibt Aufschluß über bevorzugte Techniken und

Tanzendes Mädchen. Kupferbronze. Dieses in der „verlorenen Form" gegossene Figürchen ist vielleicht der künstlerisch interessanteste Fund der Indus-Kultur. New Dehli, National Museum of India.

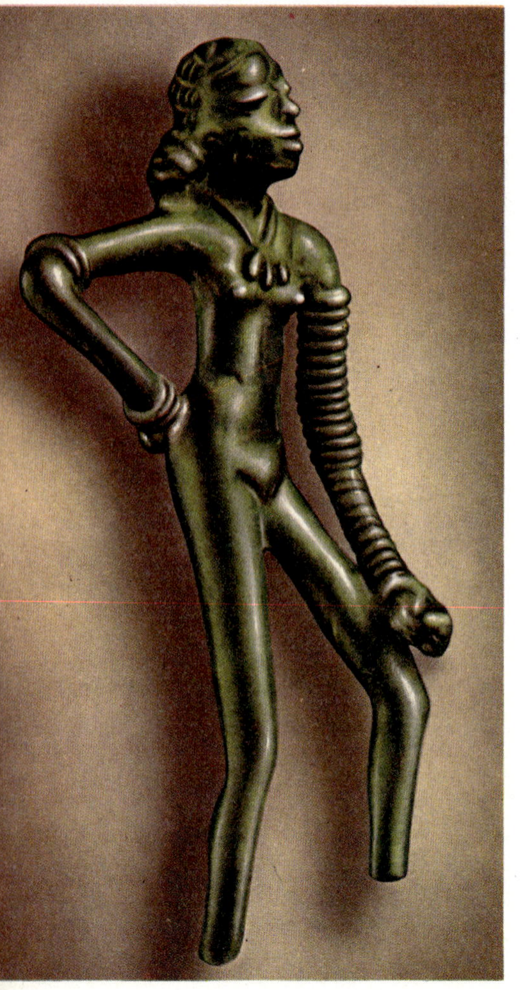

Siegel mit Stier und Inschrift. Wahrscheinlich wurden solche Siegel zum Versiegeln von Gefäßen und Ballen verwendet. Mohenjo Daro. Karachi, National Museum of Pakistan.

Motive. Die Bilder bestehen aus geometrischen Mustern, Blättchen, Schachbrettmustern, sich überschneidenden punktierten Kreisen, fast naturalistischer Darstellung von Pflanzen und Tieren, während menschliche Figuren recht steif wirken. Im Kunstgewerbe lassen sich zwei Gruppen von Gegenständen unterschiedlichen Niveaus unterscheiden. Die Oberschicht verfügt über Bronzegegenstände, Vasen, Krüge, Spiegel, Rasierklingen, Schmuck aus Silber, Gold und Halbedelsteinen, während die Unterschicht immer noch Messer aus Flintstein und Tonwaren verwendet.

Ein ausgedehnter Fernhandel vor allem mit Mesopotamien, aber auch mit Persien, Afghanistan und Zentralasien ermöglicht vor allem der Oberschicht einen hohen Lebensstandard. Schon im Laufe des 2. Jahrtausends v. Chr. nehmen dann offensichtlich die Handelsbeziehungen mit dem Westen ab, die Lebensbedingungen verschlechtern sich und fremde, vielleicht auch drawidische Elemente wandern ein.

Die Vedische Zeit

Mit der Invasion arischer Gruppen in der Mitte des 2. Jahrtausends v. Chr., die in mehreren Wellen das vorarische Substrat überlagern, endet die Indus-Kultur. Bis heute ist nicht zureichend geklärt, woher diese vedischen Arier, die zuerst im kleinasiatischen Raum nachgewiesen wurden, kamen, ebensowenig wer die indischen Ureinwohner gewesen sind. Das Kulturbild des vedischen Indien ist nur aus den Hymnensammlungen des Rigveda zu erschließen, der später durch ritualistische Anhänge, die Brahmanas, und andere Einfügungen, wie die Aranyakas und philosophisch-spekulative Geheimlehren, die Upanishaden, ergänzt wird. Die Indo-Arier sind kriegerische Halbnomaden, die mit Hilfe überlegener Bewaffnung (Bronzeschwert, Helm, Lederrüstung, von Pferden gezogene Streitwagen) und größerer Beweglichkeit die einheimische Bevölkerung überrennen und nach Osten ziehend schließlich ganz Nordindien erobern. Sie befehden sich aber auch gegenseitig. Im Verlauf dieses Vormarsches verändert sich allerdings auch ihre Zivilisation erheblich. Die Indo-Arier bilden eine Oberschicht, gegliedert in die Klassen der Priester (brahmana), Krieger (kshatriya) und Bauern (vaiśya), die sich von den einheimischen Leibeigenen (śudra) klar abheben. Sie werden mit der Zeit seßhaft, bauen Gerste an, später auch andere Getreidesorten und Reis. Der Reichtum wird aber durch das Vieh, vor allem Rinder, die auch die Währung darstellen, repräsentiert. Da Häuser und Hütten aus Bambus, Schilf, Gras und Lehm gebaut werden, sind aus der frühen Zeit keine Denkmäler erhalten; erst im 6. Jahrhundert v. Chr. stoßen wir auf Steinbauten und umfangreichere Befestigungsanlagen. Die alten Götter, von denen Indra beim Volk am meisten verehrt wird, sinken allmählich im Rang ab und müssen neuen Idolen weichen. Vishnu wird zum Zentrum eines neuen Monotheismus, im Gegensatz zu Brahma, der Personifizierung des Opfers der brahmanas. In dieser späteren Phase bildet sich auch die Lehre vom Kreislauf der Wiedergeburten aus, begleitet von einer Mystik und Moraltheorie der Könige und des Adels in Reaktion auf die Überspitzung des Opferrituals durch die Priesterkaste.

Die spätvedische Zeit bis um 500 v. Chr. ist vor allem aus den späteren Veden erhellt, dem Atharvaveda und der exegetischen Literatur. Hinzu treten die altindischen klassischen Epen Mahabharata und Ramayana, schließlich die hinduistischen Mythen, die Puranas. Aus diesen Texten läßt sich erschließen, daß das Volk der Kauravas im Gebiet nördlich des heutigen Delhi sich mit den Pancalas im Süden verbindet. Das Territorium dieser Völker wird als „Mittelland" politisches und religiöses Zentrum Indiens. Weiter östlich liegen Kosala (später Oudh) und Videha (später Nord-Bihar), südlich Kaśi (später Benares). Einerseits wird in den Texten von herrlichen Palästen und Städten berichtet, zugleich aber zeigt sich deutlich die innere Zerrissenheit, der ständige Kampf kleiner Stämme und Staaten gegeneinander mit Grenzverschiebungen und Fluktuationen der Bevölkerung.

Sprache der indo-arischen Einwanderer ist das Sanskrit, doch stammen die ersten Texte erst aus dem 2. Jahrhundert v. Chr.

Erst zu einem verhältnismäßig späten Zeitpunkt kam es zur Erforschung von Prä-Maurya-Kulturen des ersten Jahrtausends v. Chr. So entdeckte eine italienische Forschergruppe im Swat-Tal (Nordpakistan) Nekropolen mit Erd- und Feuerbestattungen, verstreut über den Raum zwischen Kohistan und Indus, Bir und Buner; Zusammenhänge mit dem protohistorischen Iran sind deutlich. Diese Kultur ist gekennzeichnet durch eine Keramik verschiedener Formen von grauer und roter Farbe und durch kupferne und eiserne Gegenstände. Aus den einzelnen Schichten lassen sich drei Epochen erschließen: Zunächst bevorzugt man die Einäscherung, die Keramik ist ziemlich grob, rot oder schwarz und man verwendet Kupfer. In einer zweiten Periode geht man zur Erdbestattung über, die Keramik, meist grau, wird feiner und ist auf der Töpferscheibe geformt. Die dritte Periode dauert etwa bis ins 4. Jahrhundert v. Chr. Hier taucht das Eisen auf, die Keramik ist rot und dünnwandig. Im Ganges-Gebiet findet sich seit Beginn des 1. Jahrtausends v. Chr. eine graue, bemalte Keramik; Zentren sind Hastinapura im Hochtal des Ganges und Kauschambi. Neben der grauen Keramik gibt es noch Erzeugnisse mit schwarzen Ausbuchtungen, die man für die Vorläufer der „Northern-Black-Polished-Ware“ hält, die sich dann 500–200 v. Chr. durchsetzt. Diese Phase fällt mit dem Gebrauch des Eisens zusammen. Jetzt nimmt auch die städtische Kultur wieder zu, Münzen aus Kupfer oder Silber werden geprägt, eine rege Handelstätigkeit ist festzustellen.

Für die Wohnbauarchitektur ist Taxila im westlichen Panjab bedeutsam. Hier wurden Stadtviertel mit einer stratigraphischen Folge vom 5. bis ins 2. Jahrhundert v. Chr. ausgegraben. Die Stadt behielt wohl während der Zeit des Achämenidischen Reiches eine gewisse Selbständigkeit und war wegen der günstigen Lage an der Straße nach Afghanistan bedeutsam. Gleiches gilt auch für Charsada am Zusammenfluß des Swat und des Kabul. Die Ausgrabung erfolgte erst 1958 durch Sir Mortimer Wheeler, der einen Graben, geschützt durch einen mit ungebrannten Ziegeln verschalten Erdwall, entdeckte, Befestigungen, die der Verteidigung gegen mazedonische Eroberer dienten.

Das Zeitalter Buddhas

Die zahlreichen Adelsrepubliken und absolutistischen Kleinstaaten, die bis zum 6. Jahrhundert v. Chr. entstanden sind, werden schließlich im 5. Jahrhundert v. v. Chr. durch die großen Machtstaaten von Magadha und Kosala erobert und ausgeschaltet. Magadha wird unter Bimbisara, der die neue Hauptstadt Rajagrha (heute Rajgir) gründet, zum mächtigsten Reich des damaligen Indien. Kosala erstreckt sich vom Reich von Kaśi (Benares) bis zu den Ausläufern des Himalaya. Brutaler und ehrgeiziger als ihre Väter dehnen Ajataśatru (Magadha) und Virudhaka (Kosala) ihren Herrschaftsbereich aus. Bestimmend für die indische Geschichte um die Mitte des 1. Jahrtausends v. Chr. ist aber nicht das politische Geschehen, sondern das Auftreten Buddhas und Mahaviras, die den Buddhismus und Jainismus begründen. Die Erstarrung der alten Religion unter den Brahmanen zu reinem Schematismus und Formalismus, Kastengegensätze, Kontraste zwischen einer reichen Oberschicht, dem Wohlstand von Kaufleuten, Händlern, Großgrundbesitzern und Bankiers und einer großen, zahlenmäßig überlegenen Unterschicht bilden den Boden für neue Erlösungsreligionen, deren Zeit Karl Jaspers als Achse der Weltgeschichte betrachtet: „In diesem Chaos wurden die Grundkategorien hervorgebracht, in denen wir bis heute denken, und es wurden die Ansätze der Weltreligionen geschaffen, aus denen die Menschen bis heute leben.“ (Vom Ursprung und Ziel der Geschichte, Frankfurt 1955, S. 15).

Buddha wird um 560 v. Chr. in Kapilavatthu als Sohn des Königs Shuddhodana aus dem Geschlecht der Śakyas geboren. Sein eigentlicher Name ist Siddharta (der sein Ziel erreicht hat). Er wird auch Gautama genannt nach dem Brauch altindischer Adelsfamilien, sich den Namen eines vedischen Sehers zuzulegen. Die Überlieferung nennt ihn dann Bodhisattva (den zur Erleuchtung Bestimmten), bis er sich selbst den Namen Buddha, der Erleuchtete, gibt. Seine Biographie, in der sich Dichtung und Wahrheit stark vermischen, tritt hinter der Lehre zurück. Bis zu seinem Tod um 480 v. Chr. wandert er predigend durch Nordindien und gewinnt zahlreiche Anhänger.

Buddhas Lehre, die am zuverlässigsten in den heiligen Schriften der Sekte der Vibhajyavadins in Pali-Sprache überliefert ist, gliedert sich in drei Abteilungen (Körbe = Tipitaka): den „Korb“ der Mönchsdisziplin, den „Korb“ der Lehrreden und den „Korb“ der Dogmatik. Buddha entwickelt ein neues Welt- und Geschichtsbild. Jede Welt enthält in der Mitte die kreisförmige Erde mit dem Berg Meru im Zentrum. Unter der Oberfläche liegen die Höllen, auf ihr leben Menschen, Tiere und Dämonen, und nur die höchsten Götter befinden sich in der unräumlichen Region der Nichtformen. Die Geschichte jeder Einzelwelt zerfällt in vier Abschnitte (Asankhyeya), die zeitlich nicht berechenbar sind und sich in ständigem Kreislauf

Siddharta verläßt seine schlafende Gemahlin, um der Welt zu entsagen. Im Hintergrund sein Diener Chandaka, der ihm seinen Turban bringt. Steinrelief (ursprünglich bemalt) aus Hadda, Afghanistan. 5. Jahrhundert n. Chr. Musée Guimet, Paris.

wiederholen. Auch den Theismus lehnt Buddha ab. Die Welt folgt ihren unerbittlichen immanenten Gesetzen und entwickelt sich nicht auf ein bestimmtes Ziel hin. Geschichte hat keinen Sinn, ist aber trotzdem nicht zufällig und willkürlich. Die Welt gilt als Manifestation des Gesamt-Karmas aller Lebewesen. Weiter wendet sich Buddha gegen die Thesen der Vedanta, Geheimlehren monistischer Spiritualisten, die nur einen Allgeist, das Brahma, als Urkraft des Universums anerkennen. Buddha meint dagegen, die Person löse sich in zahllose Einzelfaktoren, die er „Dharmas" nennt, auf. Dharma bedeutet letzte, nicht mehr erklärbare und reduzierbare Daseinsfaktoren, die ein Individuum und seine Erlebniswelt zustande bringen. Solange das erlösende Wissen um die wahren Zusammenhänge des Daseins fehlt, entstehen immer wieder Willensregungen, neue Triebkräfte, die bewirken, daß der Bewußtseinsstrom beim Tod nicht erlischt, sondern sich in einer neuen Existenz fortsetzt. Der Weg zur Erlösung, Aufhebung des Nichtwissens wird erreicht über die vier edlen Wahrheiten vom Leiden, von der Entstehung des Leidens, seiner Aufhebung und vom Weg, der zu seiner Aufhebung führt.

Der Weg ist nach Buddha der edle, achtfache Pfad: rechte Anschauung, rechte Gesinnung, rechtes Reden, rechtes Handeln, rechtes Leben, rechtes Streben, rechtes Überdenken und rechtes Sich-Versenken. Höchste Stufe ist das Erlöschen, Vernichtung des Nichtwissens und Eingehen in das Nirvana. Gut ist, was zur Erleuchtung, zum Nirvana führt, schlecht, was von diesem Weg abbringt. Zwischen Gut und Böse gibt es zahlreiche Abstufungen, so daß der Grundzug der buddhistischen Ethik gradualistisch zu nennen ist. „Alles Böse meiden, das Gute tun, und das eigene Herz läutern – das ist die Lehre des Buddha." Das Nichttun des Bösen entspricht dem Unterlassen von Tötung, Diebstahl, Unkeuschheit, Lüge und Alkoholgenuß. Das Gute erschöpft sich nicht in Passivität, sondern erfordert Aktivität.

Der Buddhismus entwickelt sich in zwei Hauptrichtungen. Eine konservative (Hinayana = „Kleines Fahrzeug") sucht den alten Bestand zu wahren, zu systematisieren und zeitgemäß auszubilden und ist heute in Ceylon, Birma, Siam, Kambodscha und Laos zu finden. Die andere bringt Neuerungen und ist in Nepal, China, Tibet, Korea und Japan zu Hause (Mahayana = „Großes Fahrzeug"). Nach dieser Aufspaltung etwa zu Beginn unserer Zeitrechnung erfolgt eine Renaissance des Hinduismus mit Neuerungen durch Nagarjuna (1. bis 2. Jahrhundert n. Chr.). Später dringen immer stärker tantristische Züge, d. h. erotische Praktiken, in den Buddhismus und Hinduismus ein.

Der Jainismus weist viele Gemeinsamkeiten mit dem Buddhismus auf, doch erkennt er die Existenz von Einzelseelen an, die mit der Materie verknüpft sind und im Laufe der Wiedergeburten immer neu durch das Handeln befleckt werden. Diese Seelen müssen durch Einhaltung der fünf Gebote und Kasteiung rein gehalten werden. Auch der Jainismus spaltet sich in die Digambaras (Luftbekleideten, Nackten) und Svetambaras (Weißgekleideten). Im Gegensatz zum Buddhismus hat der Jainismus noch heute Einfluß in Indien, wurde aber nicht zur Weltreligion.

DIE BEGEGNUNG MIT EUROPA

Im 6. Jahrhundert v. Chr. wird Nordwest-Indien Teil des Perserreiches unter den Achämeniden (Kyros II., Dareios I.). In der Inschrift von Behistun erscheint die Provinz Gandhara, das Land um Kabul-Peshawar. Der Indus wird zum Strom Persiens. Indische Bogenschützen nehmen unter Xerxes am Feldzug gegen Griechenland teil, später an den Niederlagen gegen Alexander.

Persische Einflüsse wirken bis in die Zeit Aśokas. So wird die von rechts nach links geschriebene Kharoshthi-Schrift nach Indien gebracht, persische Stilelemente beeinflussen die Kunst der Mauryas.

In die Geschichte der indischen Staaten, vor allem Magadhas, kommt erst wieder Licht durch Mahapadma Nanda, dessen Dynastie auf die der Śiśunagas von Magadha folgt. Das Ende der Nandas, die durch Candragupta (320–298), den Begründer des Imperiums der Maurya, gestürzt werden, und der Indienfeldzug Alexanders des Großen fallen ungefähr zusammen.

Während griechische und römische Quellen ausführlich diese Ereignisse schildern, fehlt in den altindischen jede Spur. Erst in neuerer Zeit befaßt man sich genauer mit diesen Vorgängen und gelangt zu einem eher negativen Alexanderbild. Alexander hat wohl die Verbindung zwischen Indien und Griechenland hergestellt, doch dies nur durch unendliches Leid, Greueltaten und Plünderungen erreicht. Alexander nutzt für seine militärischen Erfolge nicht nur die Schlagkraft seiner Truppen, sondern auch die innenpolitischen Verhältnisse in Indien. So gelangt er unter unglaublichen Strapazen über Taxila den Kabulfluß abwärts ans Westufer des Indus. Diese Gruppe wird von Hephaistion geführt, während Alexander selbst mit der anderen Hälfte des Heeres ins Swat-Tal zieht, die Felsenburg Aornos nimmt und dann über eine Schiffsbrücke den Indus überquert. Alexander schlägt Poros, zieht weiter nach Osten, überschreitet die Flüsse Chenab und Ravi und erreicht den Bias. Hier weigern sich seine Soldaten, ihm weiter zu folgen. Alexander muß den Rückzug antreten. Zwar hinterläßt er die eroberten Gebiete in griechischer Hand, doch schon nach zehn Jahren ist die griechische Oberherrschaft abgeschüttelt. Entscheidend für die Begegnung des griechischen und indischen Raumes sind nicht so sehr die militärischen oder politischen Aspekte, als vielmehr die kulturellen Berührungen. Erstmals kommt es zu einer genaueren Berichterstattung über Land, Bevölkerung, Sitten und Religion. In der Baukunst vereinigen sich buddhistischer Inhalt und griechische Form zu einem neuen Stil in der Gandhara-Kunst. Erst viel später wird der griechische Einfluß auf die indische Astronomie sichtbar.

Das Reich der Mauryas

Candragupta begründet um 320 v. Chr. die Maurya-Dynastie (320–185 v. Chr.), deren bedeutendster Herrscher Aśoka wird. Das Reich erstreckt sich vom Indus bis nach Bengalen, vom Himalaya bis zum Vindhya-Gebirge. Nach der erfolgreichen Abwehr Seleukos I. Nikator 305 v. Chr. erweitert Candragupta sein Reich nach Westen bis Afghanistan. Wichtigste Quelle über die sozialen und kulturellen Verhältnisse des Maurya-Reiches sind die Berichte des Griechen Megasthene. Er schildert die Hauptstadt Pataliputra, deren Reste in Patna entdeckt wurden. Auch das Bild des sozialen und wirtschaftlichen Lebens ist bei ihm recht anschaulich dargestellt. Er unterscheidet sieben Berufsgruppen, die ihm am auffälligsten erscheinen: Philosophen, Landleute, Krieger, Kunsthandwerker, Hirten, Aufpasser und schließlich Ratgeber des Königs. Die Bevölkerung wird einschließlich ihres Besitzes jährlich erfaßt. Alles Land gehört dem Königshaus, das sich vor allem durch Pachtsteuern finanziert. Hinzu kommen Naturalabgaben. Handwerksbetriebe, Händler, Freudenhäuser u. ä. bedürfen staatlicher Konzession und bezahlen dafür eine Art Umsatzsteuer. Das Land wird zentralistisch regiert. Verschiedene Ämter regeln die planvolle Besiedlung, den Anbau, den Ausbau der Straßen und die Instandhaltung von Kanälen und Schleusen. Die andere Hauptquelle für den vorliegenden Zeitraum stellt das Staatsmodell des Kautalya dar. Verwaltung, Steuersysteme, Wirtschaft und Recht wer-

den genau beschrieben. Nie werden später die Mittel despotischer Machtpolitik offener formuliert als hier, und Max Weber schreibt, gegen dieses Werk sei der „Principe" Machiavellis geradezu harmlos.
Herausragender Herrscher der Maurya-Dynastie ist Aśoka (ungefähr 268–233 v. Chr.). Verschiedene Inschriften vor allem auf den Aśoka-Säulen und ceylonesische Chroniken sowie tibetanische Zeugnisse lassen die Ausdehnung des gewaltigen Reiches erkennen. Aśokas Biographie ist teilweise legendär, einige Quellen erwähnen große Grausamkeiten (so soll er, um auf den Thron zu gelangen, 6 seiner Brüder umgebracht haben), und erst nach dem Feldzug gegen das Kalinga-Reich läßt sich ein Wandel erkennen, belegt durch ein großes Felsenedikt. Aśoka sympathisiert mit dem Buddhismus, läßt Klöster errichten, macht Stiftungen und fördert die Missionstätigkeit, die den Buddhismus durch Mahinda nach Ceylon bringt. Als politische Einheit zerfällt das Großreich bald nach Aśokas Tod, seine künstlerischen Leistungen dagegen überdauern Jahrhunderte, weniger vielleicht in einzelnen Denkmälern als im Formwillen.
Besondere Elemente sind die Entwicklung des Stupa und der Steinbau. Der Stupa ist ein massives, halbkugelförmiges Bauwerk, aus frühgeschichtlichen Bestattungshügeln entwickelt, wird aber bald zum magisch-mystischen Instrument, das Reliquien enthält und große Wirkung auf die Umgebung ausübt. Fast alle Bauelemente haben Symbolcharakter. So deutet man z. B. die Halbkugel als das Gewölbe des Himmels, eine kleine Einfriedung auf der Spitze als Sitz der Götter. Eine Gruppe von sieben übereinandergetürmten Schirmen zeigt die Aufeinanderfolge immer höherer Himmel. Die Asche der Opfer wird schließlich auf neun, den acht Kardinalpunkten und dem Zenit entsprechende Fächer verteilt, und die einzelnen Teile des Stupas werden als Symbole der Elemente, der göttlichen Buddhas betrachtet. Schließlich werden Stupas an den Orten errichtet, an denen nach dem Glauben des Volkes Dämonen und Schutzgötter ihr Wesen treiben. Wie die meisten Stupas sind auch fast alle Klöster aus der Zeit Aśokas verschwunden. Dagegen finden sich zahlreiche der berühmten Aśoka-Säulen (Sankasya, Rummindei, Rampurva, Sarnath, Sanchi u. a.), die aus einfachem, aber glänzend poliertem Kalkstein bestehen. Sie erreichen eine Höhe bis zu 9 m und werden im Verlauf weniger Jahrzehnte immer mehr verfeinert. Das Kapitell entfaltet sich zu einer „Glocke" aus Lotosblättern, die

Löwenkapitell der Aśoka-Säule in Sarnath aus poliertem Chunar-Sandstein. Höhe 2,10 m. 240 v. Chr. Sarnath-Museum. Der Säulenschaft ist von einer Glocke aus stilisierten Lotosblättern gekrönt. Die Deckplatte zeigt einen Fries mit vier „Rädern der Lehre" (Symbole der buddhistischen Lehre), zwischen denen sich abwechselnd die Darstellungen von je einem Pferd, einem Stier, einem Elefanten und einem Löwen befinden.

Deckplatte wird reich verziert und mit einem Fries versehen, der die vier „Räder des Gesetzes“ mit jeweils einem Pferd, einem Stier, einem Elefanten und Löwen darstellt. Wenig wissen wir über Malerei und Keramik der Aśoka-Zeit, die eine hohe Stufe erreicht haben müssen.
Zu den ältesten in Felsen gehauenen Denkmälern gehören die acht Grotten von Bihar, die man Aśoka und seinem Neffen Daśaratha zuschreibt. Typisch ist auch hier die feine Politur der Innenwände, die ihren Ursprung in der achämenidischen Tradition hat.
In die Zeit der Maurya-Dynastie fällt auch die Entstehung der großen Epen, genauer ihre schriftliche Fixierung. Das Mahabharata hat heute einen Umfang von 100.000 Doppelversen und schildert den Krieg zwischen den Kauravas und Pandavas; eingestreut sind zahlreiche Mythen, Legenden, Fabeln, Parabeln, Belehrungen über Religion, Sittlichkeit, Recht usw. Als fast selbständiges Epos ist die Bhagavadgita mit religiösen, philosophischen und ethischen Unterweisungen eingeschoben. Sie bildet die philosophische Grundlage des modernen Hinduismus: Erlösung ist nur durch glaubensvolle Ergebenheit in den Willen Gottes zu erlangen. Das andere große Nationalepos ist das Ramayana mit der Sage vom göttlichen Helden Rama, dem vom König der Riesen seine Gattin Sita geraubt wird. Rama, das Vorbild der Tugend, Ideal der Vollkommenheit, wird als eine der sieben Inkarnationen des Gottes Vishnu dargestellt. Nach einem Auflösungsprozeß der Sippengesellschaft bildet sich im Verlauf des 1. Jahrtausends v. Chr. eine neue Klasse von Kaufleuten, die die Kaste der Brahmanen in ihrem Ansehen zurückdrängt. Diese Entwicklung wird durch den Buddhismus noch begünstigt. Durch das Maurya-Reich wird das gesamte Gebiet zusammengehalten, die indische Kunst, stark vom Iran beeinflußt und angeregt, beginnt wieder zu leben.

Die Zeit des Übergangs: Sunga-, Andhra- und Kushana-Dynastie

Der letzte Herrscher der Maurya-Dynastie wird von seinem Oberbefehlshaber ermordet, der die Śunga-Dynastie begründet (185–72 v. Chr.). Noch während seiner Regierungszeit gelingt es den Griechen unter Demetrios von Baktrien, tief in indisches Gebiet vorzudringen und Taxila und die Hafenstadt Pattala im Indusdelta zu besetzen. Demetrios zieht dann weiter bis Bharukaccha (Broach) und wendet sich schließlich nach Zentralindien, wo er die Stadt Ujjain einnimmt. Ein anderer Teil des Heeres marschiert vom Panjab aus ins Gangestal und gelangt bis zur früheren Hauptstadt Pataliputra. Die griechische Herrschaft ist allerdings auch diesmal nur von kurzer Dauer, der Bürgerkrieg in Baktrien zwingt Demetrios schließlich zur Rückkehr.
Eine neue Usurpatoren-Dynastie, die der Kanvas, muß bereits nach 45 Jahren (28 v. Chr.) der Andhra-Dynastie weichen, die seit 150 v. Chr. im östlichen Maharastra an die Macht gelangte und ihr Reich jetzt bis Zentralindien ausdehnt. Ihr Reich zerfällt im 3. Jahrhundert n. Chr. Rom importiert von hier Gewürze, Diamanten und Perlen. Indische Händler fahren nach Ceylon, Burma, Malaya, Java und Annam. Die frühindische Kunst erlebt nun eine Blüte.
Der Zerfall der Maurya-Dynastie hat in Nordindien eine lose Föderation mehrerer Königreiche zur Folge, von denen das Kalinga-Reich (etwa 100 v. Chr. bis 300 n. Chr.) unter der Cheti- oder Mahameghavahana-Dynastie das bedeutendste ist. Reste der Hauptstadt Kalinganagara sind erhalten geblieben, vor allem Festungsbauten.
Nach dem Tode Menanders (um 145 v. Chr.) nimmt im Norden der Druck asiatischer Reitervölker immer mehr zu. Die Saken (Śakas) oder Skythen erobern 139 v. Chr. Baktrien, müssen dann aber die Oberhoheit des Mithridates II. anerkennen und werden dann ihrerseits von einem chinesischen Nomadenvolk, den Yüe-chi vertrieben. So fallen die Saken in der ersten Hälfte des 1. Jahrhunderts v. Chr. in Nordwestindien ein und erobern weite Teile des Industales. Hier werden sie um 50 n. Chr. von den Kushanas abgelöst, während sie sich im Süden länger halten, wo Rudradaman Mitte des 2. Jahrhunderts n. Chr. eine Herrschaft aufbaut, die sich über Zentralindien, Malwa, Kathiawar, Katsch und Sind erstreckt. Erst die Guptas können Ende des 4. Jahrhunderts dieses Gebiet annektieren.
Das Kushana-Reich (50–320 n. Chr.) entsteht durch den Zusammenschluß von fünf Stämmen. Es gelingt den Kushanas, das indo-parthische Reich von Seistan bis Mathura und Gujarat und zum Indus zu erobern, die letzten baktrischen Griechen zu besiegen und unter Kanishka einen politischen und kulturellen Höhepunkt zu erreichen. Das gut organisierte Reich grenzt an China und die Provinzen des römischen Imperiums. Residenz ist Purushapura (heute Peshawar in Westpakistan). Mit der iranischen Invasion unter dem Sassanidenkönig Shapur I. (241) endet die Dynastie, das Reich zerfällt in kleinere Staaten, die vom Iran abhängig werden.
Bedeutendster Steinbau aus der Zeit der Śunga-Dynastie ist der Stupa von Bharhut mit seiner kostbaren steinernen Umzäunung, einer Nachahmung der bisher üblichen Holzkonstruktion. Alles ist recht massiv, was wohl auf die Unsicherheit beim Gebrauch des neuen Materials zurückzuführen ist. Plump sind auch die Figuren der Schutzgötter und der buddhistischen Szenen, die die Rundmedaillons und die Verbindungsbalken zieren. Auch die Reliefs sind noch recht flach. Sorgfältiger sind die Holzbauten jener Zeit, die Stadttore, die mehrstöckigen Häuser, die Tempel und Ehrentore dargestellt. Eine Weiterentwicklung läßt sich bei der runden Versammlungshalle von Bairat bei Jaipur und bei der Garuda-Säule in Besnagar bei Bhilsa beobachten. Seine Vollendung erreicht der Śunga-Stil dann in dem Zaun, der den Bodhi-Baum und den „chankrama“ (den ersten Gang des Buddha nach seiner Erleuchtung) in Bodh Gaya in Bihar umgibt. Die Pfeiler und Decksteine wirken schlanker und sind mit Lotosmedaillons verziert, die männliche und weibliche Köpfe oder heraldische Tiere umschließen.
Unter der Herrschaft der Satavahanas (Andhra-Kunst) werden die Stupas von Sanchi durch Hinzufügen von vier Toren vollendet. Sie zählen zu den Meisterwerken indischer Kunst. Zwei steinerne Pilaster laufen in Gruppen von Elefanten und Zwergen aus, die wiederum zwei senkrechte in triratna-Symbole (Rad des Gesetzes und Dreizack, welche Buddha, seine Lehre und den Mönchsorden versinnbildlichen) auslaufende Pfosten tragen. Diese Pfosten werden von drei gebogenen waagrechten Steinbalken durchkreuzt. Statuen und Baumgöttinnen, Reitern und Löwen dienen als Stützen und erlauben so eine Bearbeitung des Steins, als ob das Material aus Holz bestünde. Zahlreiche Gruppen von Göttern und Tieren, Szenen aus dem Leben Buddhas, der selbst immer nur durch Symbole angedeutet wird, vervollständigen das Kunstwerk.
Besondere Beachtung verdienen die westindischen Höhlenklöster aus der Zeit der Andhra-Dynastie, von denen die größte Gruppe (Junnar auf dem Dekkhan-Pla-

Der Naga (Schlange) Elapatra und sein Gefolge verehren Buddha, der nur symbolisch durch einen leeren Sitz unter einem Baum angedeutet ist. Relief vom Bharhut-Zaun, 2. Jahrhundert v. Chr. Indian Museum, Calcutta.

teau, östlich von Bombay) aus 150 Höhlen besteht. Es folgen die Anlagen von Krisnagiri (Khaneri) nördlich von Bombay, Ajanta und Ellora. Man ahmt die Holz- und Ziegelbauweise nach, arbeitet mit Blendarchitektur, meiselt Türme, Balkone und Dachfenster aus dem Felsen, daneben finden sich schwere Elefantengruppen, in Khaneri auch riesige Buddhas.
Der größte Teil der Stupas an der Ostküste ist zerstört, doch läßt sich aus den ausgegrabenen, mit Skulpturen reich ausgestatteten Marmorplatten eine gute Vorstellung von den Bauwerken gewinnen. Reliefs schildern u. a. auch das Leben Buddhas, der nun in menschlicher Gestalt auftritt, umgeben von Göttern und Genien. Aus den Funden kann man eine Entwicklung der Technik und des Stils ablesen, die ihren Höhepunkt Mitte des 2. Jahrhunderts n. Chr. erreichen. Einflüsse hellenistisch-römischer Kunst sind nachweisbar, sollten aber nicht überschätzt werden.
Die Kunst des Kushana-Reichs ist durch eine Mischung verschiedener Stilelemente gekennzeichnet, die sich vor allem in den Münzen spiegelt, wo römische, indo-griechische, graeco-baktrische und parthische Motive erkennbar sind mit neuen zoroastrischen und indischen Zügen. Der Buddhismus entwickelt in der graeco-iranischen Umgebung neue Tendenzen, man baut um den historischen Buddha ein ganzes System von Bodhisattvas auf, die alle Züge der iranischen Licht-Gottheiten annehmen. Sie werden auf Lotosblumen sitzend oder stehend, mit Flammen, die aus den Schultern hervorbrechen, dargestellt.
Da der Schiefer Ghandaras keine Höhlenanlagen zuläßt, legt man Klöster in Form von Höfen an, die auf ansteigenden Terrassen die Stupas umschließen. Berühmtestes Beispiel ist der Stupa Kanishkas in Peshawar. Die Grundmauern maßen 90 m im Quadrat, fünf Stockwerke aus Stein erreichten eine Höhe von 75 m, dazu gehörte eine wunderbar geschnitzte harmika von dreizehn Stockwerken und ein eiserner Schirm-Mast von 120 m Höhe. Insgesamt hatte das Bauwerk also eine Höhe von 200 m.
Statuen und Reliefs, die die Zwischenräume der römischen Pfeiler und indischen Säulen an den Wänden der Stupa-Plattformen füllen, zeigen Buddha-Figuren und Szenen aus Buddhas Leben und sind in einem späten hellenistisch-syrischen Provinzstil ausgeführt.
Ursprung und Entwicklung der Gandhara-Kunst wurden organisch erstmals von Alfred Foucher untersucht, der das Phänomen mit einem progressiven Zerfall des ursprünglichen Beitrags der griechischen Elemente erklärte. Genaue Analysen der verschiedenen Komponenten und ihrer wechselseitigen Zusammenhänge müssen noch geleistet werden.
Als Wurzel der klassischen indischen Kunst und bestimmend für den folgenden Verlauf der Gupta-Kunst muß Mathura angesehen werden, Schauplatz des oben skizzierten Kulturzusammenstoßes. Betrachtet man die Skulpturen und Reliefs der Tempel von Isapur z. B. genau, so stellt man fest, daß die römischen Vorbilder nicht kopiert, sondern in reinsten indischen Stil umgesetzt worden sind. In der Mathura-Kunst erscheint der Raum als geschlossenes Ganzes, dessen Form und Dichte sich in den verschiedenen Bestandteilen, welche die Szene bilden, widerspiegeln. Man kann geradezu von einer Kulturrevolution sprechen, einer Ausarbeitung und Darstellung eines indischen Gegenkanons gegenüber der hellenistischen Theorie. Volkstum kommt wieder zur Geltung, die Brahmanen-Priester gelangen wieder an die Macht, das im 2. Jahrhundert hochentwickelte klassische Sanskrit wird Hofsprache.

Entwicklungen im Buddhismus

Auch der Buddhismus macht in den ersten Jahrhunderten nach Christus tiefgreifende Wandlungen durch. Der Mahayana-Buddhismus verändert Inhalt und Ziel der Religion. Das „Große Fahrzeug“ unterscheidet sich von der traditionellen Lehre vor allem durch seine aktivistische Ethik, seinen umfangreichen Heiligenkultus und seine monistische Philosophie. Man soll nicht nur für das eigene Heil sorgen, sondern es Buddha nachtun. Dahinter steht die Auffassung, daß nicht Śunyata (die Leerheit oder vollkommene Weisheit) oder Karuna (das allgemeine Mitleid) die höchste Wahrheit bedeuten, sondern erst ihre Verschmelzung zum Bodhichitta führt, einem Zustand, in dem nichts bleibt außer der Bestimmung, bodhi, die vollendete Erkenntnis, zu erlangen. Der Bodhichitta führt weiter aufwärts über zehn Stufen. Jeder ist also potentiell ein Buddha und kann ein vollkommen Erleuchteter werden. Letztes Ziel ist es, nicht die Auslöschung im Nirvana, sondern die Buddhaschaft zu erlangen. Dieser neue Ansatz ist für alle offen, nimmt auf die Interessen des Laientums stärker Rücksicht, führt aber im Eifer der Popularisierung auch zum Überschreiten seiner Grenzen und bringt schließlich eine Degeneration im Mahayana mit sich, da eine Vermischung heterogenster Elemente unvermeidlich ist. Dem Bedürfnis nach überirdischen Helfern kommt man entgegen, indem man zahlreiche Heilige erfindet, die auch nach ihrem Tode weiterwirken. Auch die Götter der Hindus werden einbezogen. Die Verehrung der Götter, Buddhas und der Bodhisattvas findet nach hinduistischem Ritus statt. Diese Entwicklung führt in der zweiten Hälfte des 1. Jahrtausends n. Chr. zu einer neuen Richtung, die man nach den von den Priestern verwendeten „Vajras“ (Diamanten), aus Metall hergestellten kleinen Zeptern, als „Diamantenes Fahrzeug“ bezeichnet.

Im Zentrum der „Mittleren Lehre“ Na-

Großer Stupa von Sanchi, umgeben von einem Steinzaun mit vier monumentalen, 10 m hohen Steintoren (torana). Diese Torana, so zierlich als wären sie aus Holz, orientieren das Bauwerk nach den vier Himmelsrichtungen und werden mit ihren reich skulptierten Pfosten und Querbalken zu den größten Leistungen indischer Kunst gerechnet. Der Kernbau des Großen Stupas stammt noch aus der Zeit Aśokas. Die Erweiterung dieses Kerns sowie die Hinzufügung des Steinzauns erfolgte im 1. Jahrhundert v. Chr. unter der Herrschaft der Satavahanas aus dem Dekkhan.

garjunas steht der Begriff Sunyata (Leere, Leerheit). Nagarjuna zeigt, daß alle Begriffe, aus denen die verschiedenen philosophischen Schulen ihr Weltbild zu gewinnen suchen, Widersprüche enthalten, andere Begriffe voraussetzen und daher relativ sind. Er fragt, ob etwas als echte Realität bezeichnet werden kann, das immer von etwas anderem abhängig ist. Einem Dharma kann also nichts mehr Eigenständiges zugeschrieben werden, es ist leer. Dies gilt dann auch für die Gesamtheit alles Existierenden. Ich und Welt haben keine substantielle Grundlage, Leerheit ist das einzige einheitliche Prinzip, zu dem eine konsequente relativistische Philosophie gelangen kann.

Von den einzelnen religiösen Systemen, die auf bestimmte Religionsstifter zurückgehen, muß man den Hinduismus abheben, der aus einer Verschmelzung der vedisch-brahmanischen Religion der arischen Einwanderer mit vorarischen Religionen des Industales und des dravidischen Südindiens hervorgeht. Den Beginn setzt man um 800 v. Chr. an, spricht allerdings zunächst von Brahmaismus, während der Begriff Hinduismus etwa ab 800 n. Chr. gebräuchlich wird. Hinduismus ist primär ein soziologischer Begriff, eine Bezeichnung des Lebens innerhalb von Kasten. Es gibt keinen Stifter dieser Religion, keine allgemein verbindlichen Dogmen, keine Bekehrung von Individuen. Anhänger des Hinduismus können Polytheisten, Monotheisten, ja Atheisten

sein. Maßgebend bleibt allein die Zugehörigkeit zu einer Kaste und die Anerkennung der Veda.
Auch in der brahmanischen Religion entwickeln sich verschiedene Richtungen. Śiva und Vishnu sind die beiden wichtigsten Götter des späteren Brahmaismus (Hinduismus). Sie werden zum Mittelpunkt eigener Glaubensbewegungen, die sogar die islamische Fremdherrschaft überdauern. Menschwerdungen Vishnus sind Krishna und Rama.

Die ursprünglich buddhistische Statue wurde später durch Auftragen eines Sektenzeichens und der heiligen Schnur zu einem Vishnu-Bild umgewandelt. Mathura-Schule. Kushana-Periode.

Das Reich der Guptas

Im 4. Jahrhundert n. Chr. steigt eine bis dahin unbedeutende Dynastie auf, deren Begründer den Namen Gupta trug und dessen Enkel Candragupta die Grundlagen für ein Großreich legt, das bis um 500 n. Chr. erhalten werden kann. Außerhalb des Machtbereichs bleiben die westlichen Satrapen, der Süden mit den Pallavas, Chalukyas und Vakatakas und Ceylon. Unter Candragupta II. (376–415) erreicht die Gupta-Ära ihren politischen und kulturellen Höhepunkt. Schon unter Kumaragupta I. (seit 415–455) nehmen Einfälle zentralasiatischer Nomaden, iranischer Hunnen (weiße Hunnen), zu. Sie können vorübergehend durch Skandagupta (455–470) abgedrängt werden, doch nachdem sie das Reich des Sassanidenkönigs Firoz erobert haben, stürmen sie stärker gegen die Grenzen des Gupta-Reiches an, das nach dem Tod Budhaguptas zerfällt. Die Hunnen werden zu Herren großer Gebiete Nordindiens, das freilich nur Provinz ist in einem Reich, das sich von Persien bis Khotan erstreckt. Die Hunnen assimilieren sich kaum, starke Gegenkräfte entstehen, und ungefähr 527 n. Chr. kann Yaśodharman die Hunnen entscheidend schlagen und Indien befreien.
Man nennt die Gupta-Ära nicht ohne Grund das perikleische Zeitalter Indiens. Der größte Dichter des alten Indien, Kalidasa, dürfte aus dieser Zeit stammen, wenn sein Leben auch nicht exakt datierbar ist. Sein ausgezeichnetes Sanskrit, eine psychologische Einfühlungsgabe, Naturgefühl, umfassende Bildung, Weltkenntnis und Religiosität sind Grundlagen für die Qualität seines Schaffens, das z. B. von Goethe begeistert aufgenommen wurde. Für den Zusammenhang mit der indischen Geschichte bedeutsam ist sein Versepos Raghuvamśa, das das legendäre Leben des Helden Raghu schildert. Sehr realistische Züge, der Verzicht auf billige Lob-Preisung der Fürsten verweisen auf solide Staatskenntnis des Dichters, der vielleicht auch das Staatslehrbuch des Kautalya gelesen hatte.
Als Hauptwerk der Erotik gilt das Kamasutra des Vatsyayana, das ebenfalls nicht genau zu datieren ist. Hier erfahren wir Details über den Lebensstil der Oberschicht, der Städter, über die Ausstattung ihrer Wohnräume, ihre Körperpflege, Heiratsformen, ihr Liebesleben usw. Die häufig verbreiteten Auszüge aus dem Kamasutra, verengt auf den Bereich der Sexualität und Erotik, werden daher dem Gesamtwerk in keiner Weise gerecht.
Gegenstück zum Arthaśastra des Kautalya und zum Kamasutra des Vatsyayana ist das Dharmaśastra des Manu, das sich mit religiöser Lebensführung im Sinne des Brahmaismus, mit Recht und Sitte befaßt. Bevorzugt werden hier die Brahmanen, die zum Beispiel selbst für einen Mord nicht mit der Todesstrafe zu rechnen haben, im Gegensatz zu Angehörigen der niederen Kasten.
Verschiedene Dramen befassen sich mit den gesellschaftlichen und staatlichen Verhältnissen, so das Mricchakatika („Das irdene Wägelchen"), das unter dem Namen Vasantasena auch in Europa aufgeführt wurde und damit endet, daß ein armer, junger Hirte den König tötet und selbst dessen Stelle einnimmt, und das Mudrarakshasa, ein politisches Intrigenstück mit realem Hintergrund.
Auch die wissenschaftliche Literatur, vor allem in den Bereichen Medizin, Heilkunde und Mathematik, wird auf hohem Niveau weitergepflegt.
Entscheidende Neuerung der Gupta-Periode ist der Hindu-Freibautempel, der sich schon in der Kushana-Zeit zu entwickeln beginnt. Er wird nun auf einer breiten Plattform errichtet, zu der auf allen Seiten Stufen hinaufführen. Um den Schrein legt man einen Umwandlungsgang. Mehrere hinzugefügte Stockwerke verwandeln allmählich die cella in einen hohen Turm. Schließlich errichtet man seitlich der zur Plattform führenden Stufen oder an den vier Ecken Nebenkapellen, während die Kulthalle erst im Mittelalter an Bedeutung gewinnt. Wie der buddhistische Stupa wird auch der Hindu-Tempel als Weltmodell gedeutet, als Abbild des Weltberges. Wie beim Städtebau spielen beim Tempelbau Religion, Mystik, Astronomie und Symbolik eine große Rolle. Grundelemente sind das Quadrat und gleichseitige Dreieck (Nordindien) und der Kreis (Südindien). Aus der regelmäßigen Reihung der Quadrate ergibt sich ein Raster, das fast allen Hindu-Tempeln zugrunde liegt. Die Verwendung des Quadrats hat religiöse Bedeutung, es symbolisiert die absolute, unveränderbare Form, ist Sitz einer Gottheit. Diese geometrischen Grundfiguren ändern sich über Jahrhunderte nicht. Dahinter steht die Legende von Vastu-Purusha-Mandala. Vastu-Purusha ist irgend etwas Existierendes, Undefiniertes, das Himmel und Erde blockierte und von den Göttern auf den Boden gepreßt wurde. Mandala heißt Form, Vastu-Purusha-Mandala ist demnach die Form, in der geordnetes Sein existiert. Diese Form ergibt sich aus dem vedischen Opferritus. Der runde Altar (Kreis) versinnbildlicht Bewegung und zyklische Zeit, das Quadrat steht für das Endgültige, Absolute, die Form schlechthin. Bauen bedeutet für

In der Gupta-Zeit erreichte die Höhlenarchitektur ihren Höhepunkt. Die obige, ganz in den Fels gehauene, säulengeschmückte Chaitya-Halle in Ajanta ist zweifellos eine der eindrucksvollsten buddhistischen Kultstätten Indiens. Die Halle ist in ein Mittelschiff und zwei Seitenschiffe gegliedert. 7. Jahrhundert n. Chr.

den Inder, die Umwelt ordnen. Neben diesen grundlegenden Prinzipien müssen zusätzlich zahlreiche komplizierte Proportionsforderungen erfüllt werden, die gesamte Anlage ist in ein magisch-harmonisches Verhältnis zu Zeit, Raum und Kaste des Erbauers zu bringen.

Die großen Bauwerke der Gupta-Zeit sind verschwunden, doch wurden zahlreiche Schreine entdeckt, die größte Gruppe in den Dschungeln Zentralindiens.

Aber auch die Höhlen-Architektur bleibt in Mode, vor allem im Dekkhan. Alte buddhistische Klöster werden den neuen Bedürfnissen angepaßt, neue errichtet. Skulpturen und Reliefs zeigen zunehmend auch weltliche Motive, Liebespaare, Tänzergruppen usw. Die wichtigsten dieser Höhlenklöster finden sich in Ajanta, Ghatotkacha, Aurangabad, Elura und Bagh. Nicht nur die Buddhisten, sondern auch die Hindus legen Höhlentempel, und zwar meist zu Ehren Śivas, an. Die Ausschmükkung ist nicht so prächtig wie die der buddhistischen Anlagen, wirkt aber vor allem bei der Gestaltung der Wände mit z. T. überlebensgroßen Reliefs von mythologischen Szenen großartiger. Beste Beispiele bieten die Höhlentempel von Elura, die Höhlen auf der Insel Elephanta (in der Bucht von Bombay), die Udaygiri-Höhlen bei Bhilsa u. a.

Die Plastik entwickelt den sog. klassischen Stil. Die Figuren sind vergeistigt, das Antlitz Buddhas ist mild und edel, in tiefe Meditation versunken.

Wandgemälde in den Höhlen von Ajanta lassen ein hohes Niveau ahnen, wenn auch die Farben sich vielfach zersetzt haben. Die Umrißlinie dominiert, Schatten vermitteln jedoch Übergänge. Die Perspektive ist bekannt, doch haben die Gemälde wenig Raumtiefe.

Das Bharat-Natya, der noch heute gebräuchliche Tanzstil, ist voll ausgebildet. Die Schritte gehen von der Ferse aus. Gesten, Schritte und Figuren sind äußerst fein ausgearbeitet, sogar Bewegungen der Augen werden unterschieden und dienen dem Ausdruck differenziertester Empfindungen.

Die klassische Periode der indischen Literatur kennt folgende wichtigste Sprachkreise: das Sanskrit, Hochsprache und von Kalidasa zur Blüte gebracht; es ist auch die Sprache der großen Epen. Das Pali, eine Literatursprache der mittelindischen Stufe, in der man vor allem rein wissenschaftliche theoretische und religiöse Werke verfaßt. Das Prakrit, ein mittelindischer Dialekt.

In der Philosophie treten sechs Systeme des Brahmaismus hervor, die sich in ihrer sachlichen Kritik und nüchternen Analyse von Dichtung und Religion unterscheiden. Gemeinsam erkennen sie die Autorität der Veden an, deren geistige Erfahrungen sie einer Prüfung durch den Verstand unterziehen. Der Verstand bleibt aber der Intuition untergeordnet. Die Systeme sind der Nyaya des Gautama, das Vaisesika des Kanada, das Samkhya des Kapila, der Yoga des Pantanjali, die Mimamsa des Jaimini und der

Ein Vergleich der obigen Buddha-Statue aus der Gupta-Periode mit der Statue Seite 310 aus der Kushana-Zeit zeigt, welchen Weg die Kunst in diesen Jahrhunderten zurückgelegt hat. Typisch für die meisten Buddha-Darstellungen ist das Fehlen jeglichen Schmucks. 5. Jahrhundert n. Chr. Indian Museum, Calcutta.

Vedanta des Badarayona. Vor allem der Yoga wurde in Europa populär, allerdings häufig auf den körperlichen Bereich verengt, während eine achtfache Methode der Pflege von Zucht, Befolgung der Gebote, Einnehmen bestimmter Sitzarten, Regulierung des Atems, Zurückziehen der Sinnesorgane von den Objekten, Ausrichten des Denkens auf einen bestimmten Gegenstand und Meditation zur Erkenntnis und letzten Vollkommenheit führt. Rege Missionstätigkeit bewirkt, daß zu Ende der Gupta-Zeit der gesamte indochinesische Raum zutiefst von indischem Denken, indischen Sitten und indischer Religion beeinflußt ist. Noch heute orientiert sich die Sprache in Burma, Siam, Kambodscha und Laos am Indischen und legt das indische Alphabet zugrunde.

Die Phase der Dezentralisierung

Nach der klassischen Zeit der Guptas folgt nun eine Phase der Neuordnung und Umstrukturierung, die in ihrer Bedeutung für die Geschichte Indiens mit dem Übergang von der Antike zum Mittelalter verglichen werden kann. Obwohl der Tod Harshas 647 n. Chr. nur eine formale Zäsur setzt, die ein Ausschwingen der vorangegangenen Epoche nicht ausschließt, gibt es nun für Jahrhunderte bis zu den islamischen Eroberungen kein einheitliches, durchorganisiertes Großreich mehr. Vielmehr heben sich einige bedeutendere Völker und Dynastien heraus, die z. T. beachtliche Größe erlangen, sich aber ständig bekämpfen und sich in einem machtpolitischen Gleichgewicht halten, so daß die Möglichkeit imperialistischer Ausdehnung oder völliger Vernichtung immer gegeben ist. Im Norden geraten so die Verhältnisse oft in völlige Verwirrung, während sich die Bedeutung des historischen Geschehens unter den Pallavas mehr in den Süden verlagert, der nun gleichwertig neben dem Norden politisch und kulturell betrachtet werden muß. Wenn wir auch schon in der vorchristlichen Sanskritliteratur vom Dekkhan und von Südindien hören und offenbar intensive Handelsbeziehungen bestanden haben, wenn auch das Auftreten der Pandyas, Cheras und Cholas bereits eine längere Kulturentwicklung voraussetzte, so lagen die Zentren der Großreiche doch im Norden. Deutlicher wird das Bild mit den Śatavahanas (Andhras), die im 1. Jahrhundert v. Chr. den Dekkhan beherrschen. Sie treiben Welthandel, und besonders mit Rom unterhält man gute wirtschaftliche Beziehungen. Nach Plinius (23–79 n. Chr.) sollen jährlich Waren (Parfüme, Gewürze, Edelsteine, Elfenbein, Seide, Edelhölzer, Baumwolle, Tiere für die Zirkusspiele) im Werte von 550 Millionen Sesterzen importiert worden sein, was zu einem Goldabfluß und einer Wirtschaftskrise führte. Zugleich werden vom Süden aus Hinterindien und Indonesien erschlossen. Die Sprachen Südindiens gehören zur dravidischen Gruppe und gliedern sich in Tamil, Telugu und Kanaresisch; Dichterschulen sind nachweisbar, doch nimmt nach und nach der arische Einfluß zu. Die dynastischen Verhältnisse der frühen Cholas, Pandyas und Cheras liegen weitgehend im dunkeln. Der früheste bekannte König der Cholas ist Karrikal (um 100 n. Chr.), der Puhar erbaut. Im 5. Jahrhundert n. Chr. kommt dann die Pallava-Dynastie an die Macht.

Aus der Übergangsphase von etwa 550 bis 750 hebt sich der Aufstieg der Pratiharas im Westen, der Palas im Osten und der Rashtrakutas im Dekkhan und Süden heraus, die ihre Blütezeit im 8. und 9. Jahrhundert erleben, um im 10. und 11. Jahrhundert entweder völlig zu zersplittern oder neuen, mächtigeren Dynastien zu weichen.

Die Sozialstruktur der indischen Gesellschaft ist auch im Frühen Mittelalter durch ein Kastensystem gekennzeichnet, das sich verschärft und stärker differenziert. Im Verlauf des Assimilations- und Integrationsprozesses fremder Völker entwickeln sich neue Gruppierungen, unter denen die Rajputen als Träger der großen Dynastien eine besondere Stellung einnehmen und eine ausgeprägt aristokratisch-theokratische, exklusive Oberschicht bilden. Diese Oberschicht besteht z. T. aus führenden Häuptlingen dravidischer Stämme, teils aus Fremden, die Indien schon im 5. und 6. Jahrhundert betreten haben, schließlich aus Emporkömmlingen sozialer Unterschichten. Führend bleiben die Brahmanen. Ständige Verfeinerung und Komplizierung der Riten und Übersteigerung der Theorie des Tempelbaus festigen die geistig-religiöse und damit auch die politische Machtstellung. Die offizielle Religion verflacht jedoch häufig durch zunehmende Erotisierung und eine vordergründig materielle Auffassung der symbolischen Gehalte, die oft als Vorwand für orgiastische Ausschweifung dienen. Von hier entwickelt sich der Tantrismus, der praktische Methoden zur Realisierung der letzten Wahrheit in den tantras, d. h. in magischen Riten, niederlegt. Diese Methoden sind oft stark erotischer Natur, bedienen sich des esoterischen Yoga, Hymnen, Zauberformeln u. ä. Im Mittelpunkt des buddhistischen wie hinduistischen Tantrismus steht das Prinzip, daß im absoluten Sein die zwei Aspekte des Negativen und Positiven, des Statischen und Dynamischen, das Prinzip reinen Bewußtseins und das der Aktivität aufgehoben und verschmolzen sind. Im Prozeß der Verwirklichung des Zustands vollkommener Einheit kommt es allerdings zu einem Dualismus, der Leiden bedeutet. Dieser Dualismus muß überwunden werden. Die beiden Aspekte der Einheit begreift man als Śiva und Śakti (Brahmaismus) oder Prajna und Upaya (Buddhismus), die dann als Inkarnation des weiblichen und männlichen Prinzips schlechthin gelten. Die Vereinigung beider führt zur letzten Vollkommenheit, wobei der sexuelle Bereich ursprünglich nicht im Vordergrund stand.

Schwebende Göttin. Dieses Wandgemälde im Höhlentempel Nr. 17 von Ajanta gibt uns ein Beispiel für den höchst verfeinerten Lebens- und Kunststil der Gupta-Zeit. Ende des 5. Jahrhunderts n. Chr. Der Gupta-Einfluß war noch Jahrhunderte später in vielen Teilen Asiens, zum Beispiel auf Ceylon und in Südostasien, spürbar.

Die Hauptbedeutung des letzten großen Reiches im Norden und Westen Indiens, des Pratihara-Reiches, liegt in dem zähen Widerstand gegen islamische Eindringlinge. Der Aufstieg unter Nagabhata I. beginnt im zweiten Viertel des 8. Jahrhunderts und führt unter Bhoja (836–883) zu einem ersten Höhepunkt. Hauptstadt wird Kanauj. Bhoja verfügt über eine ausgezeichnete Armee mit Kavallerie. Als Hindu verehrt er vor allem Vishnu in seiner Inkarnation als Eber. Bhojas Nachfolger Mahendrapala I. (etwa 885–907) dehnt das Herrschaftsgebiet schließlich vom Himalaya bis zu den Vindhyas im

Süden und vom östlichen zum westlichen Ozean aus. Thronfolgekämpfe im 10. Jahrhundert führen dann zur Auflösung in zahlreiche kleinere rajputische Königreiche, wie das der Paramaras in Malwa, der Chandellas, der Kalachuris, der Gahadavalas und der Chahumanas in Rajasthan.

Die Anzahl erhaltener Tempel ist gering; sie zeigen auch kein hohes künstlerisches Niveau. Bruchstücke lassen die Auflösung des Gupta-Ornaments in ein den Arabesken und Umschriftfriesen der islamischen Kunst verwandtes Bandornament erkennen. Gute Beispiele sind Tempel in Bhinmal und Osian (9. Jahrhundert). Aus dem 10. Jahrhundert stammen die Tempel von Chamba und Brahmor, der Sonnentempel von Markhera und das Zentralstück des großen Sonnentempels von Modhera in Gujarat. Eines der frühesten Beispiele für die Pratihara-Baukunst unter den Kesari-Königen ist der Muktesvara-Tempel in Bhuvanesvara. Der Ausbau und die Verfeinerung der Pratihara-Architektur erfolgt aber erst vom 10. bis zum 13. Jahrhundert.

Im Nordosten Indiens gilt Gopala als Begründer der Pala-Dynastie. Am Ende seiner Regierung (etwa 750–770) ist Bengalen geordnet. Unter seinen Nachfolgern Dharmapala (770–810) und Devapala (810–850) wird das Reich erweitert und umfaßt ganz Nordindien bis zur Grenze Burmas, im Süden bis zu den Vindhyas. Nach Zerfallserscheinungen Ende des 9. Jahrhunderts, vorübergehender Erneuerung durch Mahipala (992–1040) und Ramapala (1084–1126) erfolgt die endgültige Verdrängung durch die Senas, die ihrerseits dann den Mohammedanern weichen müssen. Bauwerke erhalten sich nur in den trockeneren Gebieten im Westen. Der Gupta-Stupa wird ins Riesenhafte vergrößert, man errichtet mehrstökkige Klöster, die Tempel entwickeln sich allmählich zu einer losen Abart des Hindutempels. Der Ichaigosh-Tempel in Gaurangapur kann als die endgültige Form des Bengali-Tempels, der aus Ziegeln errichtet wird, gelten. Auch die Plastik orientiert sich zunächst an der Gupta-Tradition mit anfänglich plumpen, schweren Formen, die sich im 10. Jahrhundert verfeinern. Malerei ist nur in wenigen Palmblatt-Manuskripten überliefert. Die Pala-Kunst übt großen Einfluß auf ganz Indien und Südostasien aus.

In Südindien löst sich das Pallava-Reich unter den Angriffen der Pandyas aus dem Süden, der Östlichen Chalukyas aus dem Norden und der Rashtrakutas aus dem Westen auf. Schließlich können die Cholas die gesamte südindische Tiefebene unter sich vereinigen. Ihr Aufstieg wird erst zu Beginn des 14. Jahrhunderts durch die Herrschaft der Mohammedaner unterbrochen. Im Vergleich zum Norden fehlt dem Süden ein adäquater Mittelpunkt. Die Quellen des Reichtums liegen in den Küstengebieten, so daß die Königreiche sich meist an der Peripherie bilden, um sich dann erst zum Zentrum hin auszudehnen. Dies erschwert zugleich eine umfassende Eroberung durch den Norden.

Alle großen Mächte Indiens werden von den Rashtrakutas, den früheren Vizekönigen der Chalukyas, zumindest zeitweise unterworfen. Ihr Reich umfaßt den gesamten Dekkhan, Malwa und Gujarat. Vasallen im Süden sind die Gangas von Maisur, im Osten die Chalukyas von Vengi, im Norden zeitweise alle Länder bis Chitograh, Kanauj und Kalanjar. Handelsbeziehungen knüpft man bis zum Persischen Golf und Sind. Unter Krishna I. (758–773) und Dhruva (780–793/794) erfolgt der Aufstieg, unter Govinda III. (793/94–814) erreicht die Dynastie ihren Höhepunkt, während unter Amoghavarsha I. (814–880) erste Krisen auftreten. Aufstände der Vasallen und Thronkämpfe gefährden die Herrschaft. Nach vorübergehender Konsolidierung durch die Könige Krishna II., Indra III. und Krishna III. wird Karka II. 974 von Taila II., dem Begründer der Westlichen Chalukya-Dynastie, gestürzt.

Bedeutende Kunstwerke sind aus der Zeit der Rashtrakutas erhalten, von denen die Höhlentempel von Elura aber eher einen Nachklang des 7. Jahrhunderts und damit der Chalukyas von Badami darstellen. Der berühmteste Tempel, der Kailasa, ist

Rajarani-Tempel in Bhuvaneśvara, Orissa. 10. Jahrhundert n. Chr. Sowohl der Turm als auch die Kulthalle sind mit reichem Skulpturenschmuck versehen, der mit der Architektur eine unzertrennbare Einheit bildet. Auch die Innenräume sind sorgfältig ausgestattet.

dagegen eine einzige, buchstäblich aus dem Felsen eines Berghanges herausgehauene monumentale Skulptur, die die Silhouette des Berges Kailasa, des Wohnsitzes der Götter, imitiert. Unter den Tausenden aus dem Fels herausgearbeiteten Figuren ragen besonders die Darstellungen Śivas heraus, dem der Tempel geweiht ist. Er tritt auf als Schöpfer und Zerstörer, als Herr des Tanzes, göttlicher Liebhaber und Dämonentöter. Neben ihm begegnen seine Gefährtin Parvati und sein elephantenköpfiger Sohn Ganesha, der Gott der Weisheit und Gelehrsamkeit. Nach einer Zwischenphase, in der die Chalukyas Kanchi erobern können, ordnen Ende des 7. und zu Beginn des 8. Jahrhunderts Narasimhavarman II. Rajasimha und Paramesvararvarman das Reich der Pallavas neu. Durch Bürgerkriege geschwächt, wird die Dynastie dann von Aditya I. (879–907), dem Begründer des neuen Chola-Reiches, gestürzt.

Die zweite Phase des Pallava-Stils findet ihre Ausprägung in den Rathas, den Höhlentempeln und vor allem in dem Meeresstrand-Tempel von Mamallapuram. Die Rathas („Himmlischer Wagen") werden aus einzelnen großen Felsblöcken herausgehauen und ahmen mehrstöckige Gebäude nach, während tatsächlich nur die Säulengänge und das Heiligtum echt sind. Der im Grundplan quadratische „Darapaudi-Ratha" gilt als Leitbild des gesamten südindischen, sog. Dravida-Stils. Der Ufertempel von Mamallapuram gleicht im Aufbau dem Berg Meru, dem Weltberg, dessen sieben Stufen sich zum Himmel erheben. Die hervorragendste Skulptur dieser Epoche, ein Felsrelief in Mamallapuram, stellt die „Herabkunft der Ganga" dar, einen Hindumythos. Gott Śiva errettet die Welt vor Überflutung, indem er den Fluß zunächst auf seinen Kopf herabstürzen läßt.

Durch ihre beherrschende Rolle im Seehandel breiten die Pallavas ihre Kunst nach Ceylon, der Malaiischen Halbinsel und nach Funan am Unterlauf des Mekong aus, wo Pallava-Stil und Gupta-Stil miteinander konkurrieren.

Zu den bemerkenswertesten Schöpfungen frühmittelalterlicher Baukunst gehört der große Śiva-Tempel in Elura. Dieses riesige Bauwerk, dessen Silhouette den Berg Kailasa, den Wohnsitz der Götter, symbolisiert, ist kein richtiger Höhlentempel, sondern eher eine aus dem Berg herausgeschlagene monumentale Skulptur.

Die islamische Invasion

Das Jahr 1000 trennt grob gesehen das alte und mittelalterliche Indien. Erstmals dringt Mahmud von Ghazni bis in den Panjab vor und leitet so eine der kritischsten Phasen der indischen Geschichte ein. Bis jetzt hatte sich die Kultur der herrschenden Klassen in nahezu ungebrochener Kontinuität entwickeln können und das Leben in allen seinen Bereichen bestimmt. Die Invasionen durch Alexander, die baktrischen Griechen, die Kushanas und Śakas, die Hunnen und die Araber in Sind blieben im Selbstverständnis der Inder immer nur zeitlich begrenzte Episoden. Nach den Jahrhunderten der beginnenden politischen Desintegration gibt es nun Ende des 10. Jahrhunderts keinen allgemein anerkannten nationalen Brennpunkt mehr, auch keine militärische Macht im Norden, die einerseits die kriegführenden Könige im eigenen Land hätte in Schach halten, andererseits deren Kräfte gegen die türkischen Eroberer hätte einigen und organisieren können. Soziale Stagnation, territoriale Zersplitterung, politischer Zerfall stehen durchaus miteinander in Zusammenhang.

Gewiß gibt es im Norden (Königreiche der Kalachuris, Chandellas, Paramaras, Chalukyas und Vaghelas) und im Süden (Westliche Chalukyas, Yadavas, Kakatiyas, Hoysales, Cholas und Pandyas) Herrschaften, in denen sich indisches Leben, Denken und Sitten ungebrochen halten. Aber die Etablierung des Islam in Nordindien führt zu religiösen, sozialen und politischen Problemen, zu einer Kluft zwischen islamischen und hinduistischen Bevölkerungsgruppen, die bis in die jüngste Vergangenheit, ja Gegenwart, sichtbar wird. Mit Qutb-ud-din Aibak (1192 bis 1206) beginnt endgültig die islamische Periode der indischen Geschichte.

Erste Vorstöße der Araber datieren bis ins 7. Jahrhundert, getragen von Kaufmannsorganisationen und Privatunternehmern. Später folgen zur Absicherung militärische Unternehmungen, die die arabische Herrschaft über Seistan, Kabul und Sind absichern. Die noch unsicheren Verhältnisse stabilisieren sich im 11. Jahrhundert durch die mächtige Yaminiden-Dynastie von Ghazni. Von den Brückenköpfen Mansura und Multan aus führen dann Ende des 9. Jahrhunderts die Türken den entscheidenden Schlag gegen Indien. Mahmud von Ghazni (998–1030), dessen Vater aus der untergeordneten Verwaltung der persischen Samaniden-Dynastie aufgestiegen war, herrscht bereits in einem Reich, das sich vom Kaspischen Meer bis in den Panjab erstreckt. Diese Periode endet erst 1292, als Ala-ud-din Khalji sich selbst zum Sultan von Delhi ernennt, und gliedert sich in zwei Hauptphasen, von denen die erste um 1192/93 mit dem Sieg Mohammeds von Ghur über Prithviraj III. von Ajmer bei Tarain abschließt.

Mahmud von Ghazni annektiert innerhalb weniger Jahre den Panjab, nimmt Kanauj mit seinen 10.000 Tempeln, drängt die Chandellas und Palas zurück und erobert schließlich Somnath an der Westküste. Mit ihm erscheinen neue Elemente der Kriegsführung, die bis dahin unbekannt waren: der totale Krieg, Übergriffe gegen die Zivilbevölkerung, Niederbrennen von Städten, Versklavung der Unterworfenen und Oktroyieren einer fremden Religion. In der islamischen Überlieferung gilt Mahmud von Ghazni als einer der größten Könige. Die Inder betonen dagegen seine Maßlosigkeit, erinnern sich an die Zerstörung ihrer Tempel und die Verletzung ihrer heiligsten Gefühle. Zweifellos fügte er der indischen Wirtschaft schwerste Schäden zu und leitete den Abbau der indischen Unabhängigkeit ein.

Obwohl das Ghazni-Reich Mitte des 11. Jahrhunderts nur noch seine indischen Gebiete besitzt, bedroht von Seldschuken und anderen türkischen Stämmen, wird Lahore zum Mittelpunkt islamischer Bildung und persischer Kultur.

Von den Bauten der Ghazni-Dynastie ist wenig erhalten. Das um 1115 als Siegesturm in Ghazna errichtete Ziegel-Minarett war ursprünglich zweistufig. Über dem sternförmigen Unterbau erhob sich noch ein etwa gleich hoher zylindrischer Schaft. Die obere Schmuckzone zeigt einen Text in Kufi-Schrift.

Abgelöst werden die Ghazniden von den Ghuriden, die ihr Zentrum in Ghur, nördlich von Kabul, haben. Ihr bedeutendster Herrscher ist Mohammed von Ghur, der 1186 Sind und Lahore nimmt und gegen die indischen Königreiche im Raum von Delhi vordringt, Bengalen erobert und die letzten Zentren des Buddhismus niederwirft. Die Folgen des islamischen Vorstoßes können kaum überschätzt werden. Bisher standen alle Eindringlinge auf einer tieferen Kulturstufe und ließen sich verhältnismäßig leicht in das hinduistische System integrieren. Das ist jetzt nicht mehr möglich. Erstmals ist das Land in religiöser und sozialer Hinsicht zerteilt. Erst durch die Moslems kommt der Begriff „hindu“ in Gebrauch, um die vorgefundene Bevölkerung deutlich zu kennzeichnen. Die türkischen Eroberer verletzen das religiöse Empfinden der Inder so schwer, daß diese sich immer vom Islam und seinen Trägern distanzieren. Dies führt auch zu einem Wandel im religiösen Bewußtsein und induziert die Annahme neuer, strengerer Regeln und Verhaltensmuster im gesamten Dasein. Al-Biruni, ein Zeitgenosse, beschreibt die Kluft zwischen Islam und Hinduismus: „Sie (die Inder) bezeichnen uns als Teufelsbrut und nennen alles, was wir tun, das gerade Gegenteil von allem Guten und Anständigen.“

Nach dem Zerfall der großen Reiche der Palas und Pratiharas steigen zahlreiche neue, kleinere Dynastien auf, die sich bekämpfen, Widerstand gegen die Türken leisten und zuletzt alle von diesen unterworfen werden. Vom Pratihara-Reich lösen sich zunächst die Paramaras (948 bis 1260) mit dem bedeutendsten Herrscher Bhoja von Dhara. Er gilt nicht nur als fähiger Feldherr, sondern auch als Förderer von Bildung und Kultur, gründet Schulen, Städte und Tempel, die meist Śiva geweiht werden (vgl. den Tempel von Nilakanthesvara bei Udepur in Bhilsa). Die östlichen Provinzen des Pratihara-Reichs werden von den Chandellas genommen (etwa 831–1308), den Hausmeiern der Herrscher von Kanauj. Herausragende Bauwerke sind die Tempel in Khajuraho, besonders der Kandariya-Mahadeva-Tempel, in dem sich Architektur und Plastik harmonisch verbinden. Einflüsse des aufkommenden Tantrismus spiegeln sich in der beliebten Darstellung göttlicher Liebespaare, wobei man in den

erotischen Beziehungen zwischen Mann und Frau diejenigen von Mahadeva und der Großen Göttin abbildet.
Neben den Chahumanas und den Chalukyas von Gujarat ragen die Vaghelas und die śivaitischen Kesari hervor. Mahisivagupta I. Yayati Kesari (etwa 970–1000) gründet am Ufer eines künstlichen Sees den riesigen Lingaraja-Tempel als Pilgerzentrum, der mit seinen gewaltigen Mauern und seinem Skulpturenschmuck den Stil von Orissa in seiner vollen Reife zeigt. Der Rajarani-Tempel (vgl. S. 314 aus gelbem Sandstein zeichnet sich durch sorgfältige Gestaltung der Innenräume aus. Neben dem Jagannatha-Tempel in Puri gilt als dritter „Wolkenkratzer-Tempel" der Surya-Tempel von Konarka, errichtet von Narasimhadeva I. Ganga (1239 bis 1264). Er ist als Nachbildung des Wagens des Sonnengottes Surya entworfen.
Im Süden bricht nach einem letzten Aufschwung unter Vikramaditya VI. (1076 bis 1126) das Reich der Chalukyas in die Königreiche der Hoysalas im Süden, der Kakatiyas im Osten und der Yadavas im Norden auseinander. Die Tempel, welche jetzt stets aus einer offenen Vorhalle in der Front, einer geschlossenen Kulthalle und einem massiven Schrein, außerdem aus zahlreichen Nebengebäuden bestehen, werden mit einer ständig wachsenden Fülle architektonischer Motive, Ornamente und Skulpturen von Gottheiten verziert. Der Schwerpunkt liegt nicht mehr auf den vertikalen, sondern den horizontalen Linien, die durch betonte Plinthengesimse, Türstürze und tiefe Zäsuren in den Säulen betont werden. Zahlreiche solcher Tempel sind am Oberlauf des Krishna, Tungabhadra und der Bhima erhalten. Zu den besten zählen der Kallesvar in Kukkanur, der Jaina-Tempel in Lakkundi, der Siddhesvar in Haveri und der Somesvara in Gadag.
Das Pallava-Reich war unter den Angriffen der Pandyas, der Östlichen Chalukyas und der Rashtrakutas zusammengebrochen. Jetzt beherrschen die Cholas Südindien. Rajaraja der Große (985–1014) erobert den nördlichen Teil Ceylons, macht Polonnaruwa zur Hauptstadt und errichtet dort den bedeutenden Steintempel, den Śiva Devala. Rajaraja fördert die Künste und Literatur, baut eine ausgezeichnete Verwaltung auf, ist tolerant und fromm. Seiner Gepflogenheit, Inschriften mit historischen Einleitungen zu versehen, verdanken wir das wichtigste Quellenmaterial für diese Zeit. Seine Nachfolger Rajendra I. (1012–1044) und Kulottunga III. (1178–1216) festigen die Hegemonialstellung. Man kontrolliert mit einer guten Flotte den gesamten Golf von Bengalen; das Kolonialreich umfaßt Ceylon, die Malaiische Halbinsel und Sumatra. Die Cholas legen große Hauptstädte wie Tanjore, Gangaikondacholapuram und Kanchi an, übernehmen im Tempelbau zunächst den späten Pallava- und Chalukya-Typ, vermehren dann aber die Stockwerke und Galerien um den Hof und erweitern so die Tempel zu heiligen Tempelstädten, die das religiöse, soziale und wirtschaftliche Zentrum bilden. Resultat dieser Entwicklung sind die kaiserlichen Riesentempel, wie etwa der Brihadisvara zu Gangaikondacholapuram u. a. Handelsbeziehungen, die von gigantischen internationalen Organisationen getragen werden, hält man aufrecht zu China und Java im Osten, Arabien und den Ländern um den Persischen Golf im Westen. Die Industrie entwickelt sich lebhaft, vor allem in der Edelsteinverarbeitung, Metallurgie, Weberei und Salzgewinnung. Nach Kulottunga III. regen sich lokale Kräfte, und Rajendra III. dient bereits als Lehensmann der Pandyas.
Mit dem politischen Zerfall Indiens, einem langen Prozeß, gehen entsprechende Veränderungen in Sprache und Literatur, Religion und Philosophie, in den sozialen und wirtschaftlichen Ver-

Die erotischen Skulpturen des Kandariya-Mahadeva-Tempels in Khajuraho (10. Jh. n. Chr.) symbolisieren die Vereinigung des Gläubigen mit der Gottheit.

hältnissen einher. Die Sanskritliteratur verliert an schöpferischer Kraft und wird zu einer exklusiven Angelegenheit des Hofes. Die literarischen Erzeugnisse des indischen Mittelalters wirken durchweg stereotyp und mühselig. Oft ahmt man nur klassische Modelle nach. Bedeutsam scheint die Verlagerung der literarischen Produktion in den Bereich der Anthologien, Enzyklopädien, Lexika und Grammatiken, der wissenschaftlichen Fachliteratur und der Geschichtswerke. In der Religion erlebt der Brahmaismus eine triumphale Wiedererneuerung. Zugleich läßt sich ein intellektueller Niedergang, die Tendenz zu Aberglauben und unmoralischen Praktiken feststellen, die aber im Kontext der politischen, wirtschaftlichen und sozialen Geschichte gesehen werden müssen. Die wesentlichen Merkmale des indischen Sozialsystems, wie sie in der Smriti-Tradition früherer Jahrhunderte festgelegt worden waren, werden in Kommentaren und Gesetzessammlungen gläubig tradiert und z. T. verschärft, etwa in Hinblick auf Kastendifferenzierungen, die Stellung der Frau, den Brauch der Witwenverbrennung u. a. m.

Ceylon

Die Geschichte Ceylons ist eng mit der Indiens verflochten. Schon im Ramayana hören wir von der Insel Lanka (Ceylon). Auch griechische und später römische Texte geben Aufschlüsse, die allerdings auf ihre Glaubwürdigkeit kaum mehr überprüfbar sind. Ceylon ist im 1. Jahrtausend vor Christus von Primitivstämmen bewohnt, deren Herkunft bis jetzt nicht nachweisbar ist. Einwanderer unter König Vijaya bringen eine indo-arische Sprache, das Singhalesisch, mit, das gewisse Verwandtschaft zum Gujarati und Marathi zeigt. Der Buddhismus kommt mit Aśoka auf die Insel, der bis heute in seiner Form des Hinayana dominiert.

Bedingt durch die klimatischen Verhältnisse werden immer wieder große Stauseen, sog. Tanks, angelegt, die neben den Stupas zu den wichtigen, heute noch sichtbaren Kulturdenkmälern zählen. Im 1. und 2. Jahrhundert n. Chr. entsteht im Südosten ein neues Kulturgebiet mit der Hauptstadt Mahagama. Nach der Kolonisation durch nordindische Völker greifen vor allem südindische Reiche immer wieder in die Geschichte Ceylons ein. Am durchschlagendsten ist das Auftreten der Cholas im 11. Jahrhundert, die von 1017 bis 1070 die Insel in ihren Besitz bringen. Nachdem die alte Hauptstadt zerstört worden war, begründet König Vijayabahu, der auch die Cholas wieder vertreiben konnte, Polonnaruwa. Im 12. Jahrhundert kann dann Parakramabahu sogar nach Südindien ausgreifen und die Grundlage für die bedeutenden kulturellen und wirtschaftlichen Leistungen dieser Epoche legen. In seiner Regierungszeit entsteht der größte Stausee, der je in Ceylon gebaut wurde, mit einer Oberfläche von etwa 18 Quadratkilometern. Im 13. Jh. bildet sich ein tamilisches Königreich in Nordceylon, die Hauptstadt muß aufgegeben werden und das Zurückweichen nach dem Süden ist nicht mehr aufzuhalten. Dadurch muß man den Reisbau aufgeben und sich auf den Außenhandel mit Zimt und anderen Gewürzen verlegen, den aber weitgehend nicht die Singhalesen, sondern Araber, Südinder und schließlich Europäer durchführen.

Die buddhistischen Könige fördern vor allem die Gestaltung religiöser Themen.

Zu einem Zeitpunkt, da der Buddhismus in seinem Entstehungsland schon am Erlöschen ist, steht er auf Ceylon in hoher Blüte. Aus dem 12. Jahrhundert stammt die Kolossalfigur eines liegenden Buddha (Länge 14 m). Gewisse Einzelheiten, wie die Falten des Gewandes, erinnern an frühe Gupta-Skulpturen.

In beiden Residenzstädten finden sich Tempel und Skulpturen, deren berühmteste, der aus einer Felswand herausgemeißelte liegende Buddha, das Eingehen in das Nirwana symbolisiert. Dieses Kolossalrelief ist etwa 14 m lang, ein Kunstwerk, das dem buddhistischen Ideal von Gelassenheit und letztem Frieden überzeugenden Ausdruck verleiht.
Die Gesellschaft Ceylons wird, ehe im 3. Jahrhundert v. Chr. der Buddhismus sich durchsetzt, von der brahmanischen Kultur und Gesellschaftsstruktur geprägt, vor allem durch die Vierständeordnung. Im Mittelalter erfolgt dann eine Gliederung in zwei große Schichten, eine Oberschicht, die sog. kulinas, zu denen neben Angehörigen der alten Kshatriya-Familien auch Grundbesitzer gehören, und die hinas, die Dienstleistungen zu verrichten haben. Die hinas unterteilen sich wiederum in vier Berufskasten.
Die wichtigsten Kunstdenkmäler stammen fast alle entweder aus dem 6. Jahrhundert n. Chr. oder aus späterer Zeit, dem 12. Jahrhundert, wie die erwähnte Buddhastatue in Polonnaruwa. Zu den älteren Beispielen gehören die Felsmalereien von Sigiriya, die ihr Gegenstück in den Wandmalereien von Ajanta haben. Die Fresken stellen Prinzessinnen, Hofdamen und Dienerinnen dar mit übertrieben betonten weiblichen Reizen. Gelb, Ocker, Orange und Grün sind die vorherrschenden Farben.
Bedeutsam ist auch das literarische Schaffen. So wird der buddhistische Pali-Kanon, der in Indien verlorengegangen ist, überliefert. Dazu kommt eine umfangreiche kommentierende Literatur in Altsinghalesisch, dann auch in Pali. Als Geschichtsquelle dienen zahlreiche Chroniken, in Pali verfaßt, von denen die älteste, der Dipavamsa („Inselchronik"), das Zeitalter des frühen Buddhismus und die Geschichte der Insel bis ins 4. Jahrhundert n. Chr. behandelt.

Zu den schönsten Malereien im Gupta-Stil außerhalb Indiens gehören zweifellos die Fresken sogenannter „Wolkenmädchen" in einer der Felsenvertiefungen am Pfad zur Bergfestung Sigiriya auf Ceylon. Um 500 n. Chr.

Zusammenfassung

Überblicken wir die Geschichte Indiens bis zum entscheidenden Einschnitt durch das Vordringen des Islam, so lassen sich einige Hauptzüge und charakteristische Merkmale herausheben. Das über lange Zeiträume hinweg völlige Fehlen literarischer Quellen, das Vorherrschen der Archäologie als Lieferant für Informationen führt dazu, daß Höhepunkte in der politischen, kulturellen und religiösen Entwicklung sichtbar werden, zwischen denen Bindeglieder oft zu fehlen scheinen. Induskultur, Vedische Zeit, Maurya – und Gupta-Reich ragen heraus mit Hochleistungen in der Literatur, die allerdings lange nur mündlich überliefert wird, in Baukunst und Plastik, in der Ausbildung religiöser und philosophischer Systeme, in Wissenschaft und staatlich-wirtschaftlicher Organisation. Dazwischen gibt es immer wieder Phasen der Zersplitterung, des Niedergangs, fremder Invasionen, die mehr oder weniger stark ihre Spuren hinterlassen. So entsteht ein eigenartiges Bild von Kontinuität und Tradition einerseits, von Brüchen, Veränderungen, Diskontinuitäten andererseits. Zwiespältig ist auch der „Nationalcharakter". Während Al-Biruni eine Tendenz zur Selbstgefälligkeit und Abwertung aller Auswärtigen kritisiert und den Indern vorwirft, sie seien dumm und hochmütig, dazu geizig von Natur aus, loben andere Autoren die Gerechtigkeit, den Glauben, die Treue, Ehrenhaftigkeit und Toleranz des indischen Volkes. Man muß sich natürlich klar machen, daß man bis weit ins 19. Jahrhundert hinein, schon in Hinblick auf räumliche Ausdehnung, ethnische und sprachliche Vielfalt der sich heftig bekämpfenden Völker, schlechterdings nicht von einer indischen Nation im modernen Sinn sprechen kann. Genau so unsinnig ist es daher auch, einzelnen Dynastien oder Königen „Landesverrat" vorzuwerfen, weil sie mit ausländischen Eindringlingen paktiert hatten. In diesem Zusammenhang braucht man sich nur an die europäischen Verhältnisse zur gleichen Zeit erinnern, an die Politik der einzelnen Nationen und der Kirche, an die zwiespältige Ost- und Italienpolitik der Ottonen und Staufer usw. Die Grundlagen aber, die in den ersten Jahrtausenden indischer Geschichte gelegt werden, erweisen sich doch als so stark, daß sie die folgenden Jahrhunderte fremder Herrschaft, vor allem europäischer Besetzung, überdauern und als Bindeglied für eine indische Nation dienen können. Sie reichen jedoch nicht aus, die Kraft des Islam zu kompensieren. Die Spaltung des indischen Subkontinents wird seit dem 13. Jahrhundert gelegt.

Südostasien im Strahlungsfeld des indischen und chinesischen Kulturkreises

DIE POLITISCHE UND KULTURELLE ENTWICKLUNG DER SÜDOSTASIATISCHEN VÖLKER VOR DER KOLONIALZEIT

Geographische Lage Das äußere Antlitz Südostasiens wird von den sich vom Himalaya-Gebirge aus nach Süden erstrekkenden Gebirgszügen beherrscht. Im Westen bilden das Patkai- und Arakan-Gebirge einen starken Riegel gegenüber Vorderindien, und die Ostflanke markiert das Gebirgsmassiv von Laos und Annam, das im Nordosten das Tongking-Becken vom Inneren Asiens trennt. Die beiden Gebirgsketten bilden, vereinfacht ausgedrückt, die Schenkel eines Winkels, der vom Südostasiatischen Zentralmassiv geteilt wird, das sich über das Schan-Gebiet bis auf die Malaiische Halbinsel erstreckt. So entsteht im Westen des Massivs das intramontane Irawadi-Chindwin-Becken, das durch das Irawadi-Delta zum Andamanischen Meer hin geöffnet ist, während im Osten des Südostasiatischen Zentralmassivs zunächst das Menam-Becken liegt, das weiter östlich vom Korat-Plateau überragt wird, dessen Nordrand an die annamitische Bergkette stößt, weiter südlich abflacht und dem Mekong folgend sich in einem riesigen Delta zum Südchinesischen Meer hin öffnet.

Der Nord-Süd-Verlauf der Gebirge schreibt auch den großen Flüssen Irawadi, Menam und Mekong ihren Weg vor. Sie entspringen im nördlichen Hochland und dringen in mehr oder weniger breiten Tiefländern nach Süden vor. Mit regelmäßigen Überschwemmungen suchen sie die angrenzenden Ufergebiete heim und hinterlassen von Krankheiten verseuchte Sümpfe oder fruchtbares Ackerland.

Auch die Menschen folgen seit frühester Zeit der von den Gebirgen und Flüssen gewiesenen Richtung. Im Zuge mehrerer nach Süden gehender Wanderungen wird das Land besiedelt, und so entsteht im Laufe der Jahrtausende ein buntes, insbesondere von der paläomongolischen Rasse geprägtes, zur tibeto-chinesischen Sprachfamilie gehörendes Völkerbild, das alle Kulturstufen der Menschheit – ausgenommen die des nomadischen Viehzüchters – kennt. Dabei wird seit alters her der dem chinesischen Hochland näher liegende Teil vorwiegend von China und der weiter westlich gelegene von Indien geprägt. Nur im Süden ziehen die Flußmündungen Seefahrer an, deren Einfluß aber auf den Küstenstreifen beschränkt bleibt.

Der indonesische und der philippinische Archipel werden vom Festland her besiedelt, vermögen aber einen so hohen Grad an Eigenständigkeit zu entwickeln, daß sie nur bedingt zum südostasiatischen Kontinent gerechnet werden können.

Der Nord-Süd-Verlauf der Gebirge und damit auch der Flüsse hat die Geschichte des südostasiatischen Festlandes geprägt. Seit frühester Zeit sind die Menschen dieser vorgezeigten Richtung gefolgt. Im Zuge mehrerer nach Süden gehender Wanderungen wird das Land besiedelt. Nur im Delta der großen Flüsse steht das Land einer Besiedlung vom Meer her offen.

Die Vorgeschichte des südostasiatischen Kontinents

FOSSILE FUNDE

Südostasien bildet schon in frühester Zeit einen beliebten Ort für menschliche Niederlassungen, so daß mit Hilfe fossiler Reste die gesamte Evolution des Menschen über die Stufen der Dryopithecinen, des Homo erectus und des Homo sapiens bis hin zum modernen Menschen vom Cromagnon-Typ nachgezeichnet werden kann.

Reste der Dryopithecinen Ähnlich wie in Europa, Nordafrika, Mittelostafrika und Nordindien findet man auch in Nordvietnam und Südchina fossile Überreste vorhominider primitiver Menschenaffen, Dryopithecinen, die vor 20 bis 10 Millionen Jahren Afrika und Eurasien besiedelt und sich in den von wenigen natürlichen Barrieren durchbrochenen Waldgebieten ungehindert verbreitet haben. Ein wichtiger Vertreter dieser Menschenaffen ist der auch hier aufgefundene Prokonsul, der bereits Merkmale des später entstehenden Menschen aufweist; einzelne Individuen dieser Rasse können so groß wie Gorillas, aber auch so klein wie Schimpansen sein. Ihnen gemeinsam sind bestimmte morphologische Merkmale, die sie in die gleiche Gattung verweisen und sie daher zu Vorfahren sowohl des Gorillas als auch des Schimpansen werden lassen, wodurch der Prokonsul nahe an die Abstammungslinie des Menschen heranreicht.

Der Homo erectus auf Java Im Jahre 1891 entdeckte Eugène Dubios bei Trinil, in der Nähe von Ngawi auf Mitteljava, Teile eines „Affenmenschen“-Fossils, wußte aber noch nicht, was er mit diesem Fund anfangen sollte, da ein ähnlich altes Menschenfossil bisher noch nirgends entdeckt worden war. Daher maß Dubios den Menschenaffenmerkmalen seines Fundes mehr Bedeutung bei als den Menschenmerkmalen und gab ihm den Namen Pithecanthropus erectus, d. h. aufrechter

Affenmensch. Als Dubios während des Zweiten Weltkriegs starb, wußte er noch immer nicht, daß er eines der wichtigsten Glieder der Menschheitsentwicklung gefunden hatte.
In den dreißiger Jahren des zwanzigsten Jahrhunderts griff G. H. R. von Koenigswald die Arbeit von Dubios auf und entdeckte bei Modjokerto in Ostjava neue Fossile. Durch genaue stratigraphische Untersuchungen stieß der Paläontologe auf Individuen, die zu viel früheren Zeiten als das von Dubios gefundene gelebt haben müssen. Mit ihrer Hilfe ist nun der Nachweis möglich, daß in Java während mehr als einer halben Million Jahre Frühmenschen der Gattung Homo erectus gelebt haben.
Da diese Funde alle auf der Erdoberfläche gemacht wurden, wo sie durch Erosion freigelegt worden waren, begannen zwischen 1962 und 1965 die Javaner damit, das Werk Koenigswalds fortzusetzen, und führten dabei erstmals auch großangelegte, kontrollierte Grabungen durch. Die hierbei entdeckten Funde bestätigen im wesentlichen die alten Auskünfte, jedoch lassen sie auch Vermutungen aufkommen, daß einzelne Teile über den Homo erectus hinausweisen und vielleicht von Australopithecinen stammen, die vor fünf Millionen Jahren aufgetaucht sind und als die ersten Hominiden gelten, die vor etwa 800 000 Jahren durch den Homo erectus abgelöst worden sind. Die Hypothese, daß es sich bei diesen Funden aus Java sicherlich um Reste des Homo erectus handeln müsse, findet ihre Bestätigung bei einem Vergleich mit den Fossilien aus der Höhle von Chou-kou-tien bei Peking, in der der kanadische Professor für Anatomie Davidson Black im Jahre 1927 fossile Menschenreste entdeckt und ausgegraben hat.
Die Merkmale der Schädel aus Java und Chou-kou-tien stimmen erstaunlich gut überein. Ohne Zweifel handelt es sich um Angehörige der gleichen Menschenart, denn bei beiden ist die Schädeldecke dick, die Stirn flach und fliehend und die Überaugenwülste treten stark hervor. Mit Blacks Fund kann die Gehirnmasse des damaligen Menschen bestimmt werden, die bei etwa 1000 ccm gelegen haben dürfte und somit nicht mehr einem Affen, sondern nur einem Menschen zugeschrieben werden kann. Heute weiß man, daß das Gehirnvolumen bei derartigen Funden zwischen 775 und 1300 ccm variiert und sich stark von dem des modernen Menschen, das zwischen 1200 und 1500 ccm liegt, unterscheidet.
Es ist aber bis jetzt noch nicht bekannt, wie sich der Homo erectus, der nach modernen Theorien aus Afrika stammt, über die Kontinente verbreitet hat. Ein Ursprungsgebiet dieser frühen Menschenrasse ist sicherlich die in Ostafrika gelegene Gegend bei der Olduwai-Schlucht in Tansania gewesen. Auf dem Landweg sind es von Olduwai um den Indischen Ozean herum sowohl bis Peking als auch bis Java etwa 13 000 Kilometer. Diese Entfernung muß der damalige Mensch zu Fuß zurückgelegt haben, wozu ihn seine Becken- und Beinknochen, die ihn als guten Läufer auszeichnen, befähigt haben; wahrscheinlich hat er sich mit einem rollenden oder watschelnden Gang fortbewegt. Bei der Bewältigung dieser gewaltigen Strecken hat er sich von Pflanzen und Wildbret ernährt, wobei er bereits über den Gebrauch des Feuers verfügt hat. Da das Erlegen großer Tiere einen hohen Grad von Planung und Kooperation unter den Jägern erfordert, muß der damalige Mensch auch ein Kommunikationssystem beherrscht haben. In seinem Aussehen ähnelt dieser Homo erectus schon sehr dem späteren Homo sapiens, der in Java ebenfalls auftaucht und mit dem in Europa lebenden Neandertaler verwandt ist.

Der Solo-Mensch auf Java In Ngandong am Solo-Fluß wurde eine Reihe von Menschenschädeln gefunden, deren Untersuchung ergab, daß diese Geschöpfe vor etwa 100 000 Jahren einer Kannibalenmahlzeit zum Opfer gefallen sind. Die Einordnung der Funde macht große Schwierigkeiten, so daß die Wissenschaftler heute zu der Annahme neigen, diese Menschen einer südostasiatischen Sonderentwicklung unter den Menschenrassen zuzuschreiben, die unmittelbar an den fortgeschrittenen Typus des Homo erectus aus Java anknüpft. Da die Funde vom Solo-Fluß nicht in eine geradlinige Evolution des Menschen passen, wählte man für sie, ähnlich wie für den Rhodesien-Menschen aus Broken Hill, einen eigenen Namen und nannte sie Homo sapiens soloensis, um ihre Sonderstellung innerhalb der Gruppe des Homo sapiens zu unterstreichen. Sie unterscheiden sich auch durch ihre Gehirnmasse, die zwischen 1035 und 1225 ccm liegt, vom Homo erectus.

Der Homo sapiens auf Borneo Handelt es sich bei dem Solo-Menschen noch um eine sehr frühe Form des Homo sapiens, so zeigt der Fund aus der Niah-Höhle auf Borneo, daß zur Zeit des Solo-Menschen die auf den modernen Menschen, den Homo sapiens, zusteuernde Entwicklung bereits in vollem Gange gewesen sein muß. Diese neue Menschenrasse wird entweder die weniger entwickelten Formen des Solo-Menschen aufgenommen oder ihn vielleicht sogar ausgerottet haben. Überlebt hat der moderne Mensch, der das biologische Erbe früherer Rassen fortgesetzt hat.

Von der australoiden Urbevölkerung Südostasiens, den sogenannten Negritos, haben nur wenige bis heute überlebt. Sie sind von kleinem Wuchs, dunkelhäutig und wollhaarig und leben auf der mesolithischen Kulturstufe.

Der Homo wadjakensis auf Java Den voll entwickelten modernen Menschen dürfte der aus Java stammende Homo wadjakensis repräsentieren, da er dem cromagnoniden Typ in Europa entspricht. Reste hiervon waren bereits im Jahre 1889 in einem Steinbruch mit dem Namen Wadjak in Südjava entdeckt worden. Da der Fund erst wesentlich später, nachdem weitere Glieder der Entwicklungskette ans Tageslicht gekommen waren, gedeutet werden konnte, ist die Datierung sehr erschwert, zumal inzwischen die geologische Schicht durch Steinbrucharbeiten am Fundplatz abgebaut worden ist. Hellmut de Terra datiert den Wadjak-Menschen in die letzte Eiszeit, während beispielsweise von Koenigswald diese Datierung für sehr unwahrscheinlich hält und ein wesentlich jüngeres Datum für richtig erachtet.

DIE URBEVÖLKERUNG SÜDOSTASIENS

Die fossilen Funde geben einen reichhaltigen Eindruck von der Evolution des Menschen, soweit sie sich in Südostasien abgespielt hat. Aber trotzdem liegen die Ursprünge der Völker dieses Kontinents noch immer tief im Dunkel verborgen.

Die frühe Bevölkerung Südostasiens ist heute weitgehend ausgestorben, so daß ihre Zusammensetzung aus sehr spärlichen Überresten erschlossen werden muß. Man nimmt an, daß die frühesten bodenständigen Einwohner melanesischer oder australoider Herkunft gewesen sind, welche die Spanier einst Negritos nannten, von denen man heute nur noch in ganz abgelegenen Gegenden spärliche Reste findet. Auf einigen Inseln der Philippinen konnte sich eine größere Zahl von ihnen erhalten, aber dennoch machen sie nur noch 0,5% der gegenwärtigen Gesamtbevölkerung aus. In Vietnam ist das negritische Element ganz verschwunden, und in Thailand bevölkern noch einige dieser Ureinwohner den Süden sowie das Grenzgebiet zur Malaiischen Halbinsel.

Neben den Negritos gehörten die einst sehr zahlreichen Wedda zur Urbevölkerung, die aber ihre Selbständigkeit nicht bewahren konnten und daher in anderen, von außen eingewanderten Stämme aufgegangen sind.

Die frühen Völker Südostasiens schweifen nomadisierend umher und ernähren sich in erster Linie von dem, was ihnen Jagd und Fischfang bescheren. Ihre Hütten sind äußerst einfach und schlicht, und ihre Kleidung fertigen sie aus Rindenbast. Als Waffen genügen ihnen neben dem Blasrohr Pfeil und Bogen. Ebenso anspruchslos und einfach sind auch die religiösen Vorstellungen, und viele von ihnen glauben, nach ihrem Tode auf eine mit fruchtreichen Bäumen bestandene Insel der Toten zu gelangen, die man nur über einen Baumstamm erreichen kann.

Die Urbevölkerung auf der Inselwelt wird von Primitiv-Indonesiern gebildet, die erste Ansätze eines eigenen gesellschaftlichen und kulturellen Lebens entwickelt haben, das nur noch in sehr spärlichen Resten erhalten ist und kaum Rückschlüsse auf den früheren Zustand erlaubt.

Die südostasiatische Frühgeschichte: Von den frühesten Wanderungen bis zur Entstehung bronzezeitlicher Kulturen

Hoabin- und Bacson-Kultur Die auf dem südostasiatischen Kontinent bodenständige Bevölkerung erfährt eine erste große Veränderung durch Menschen, die zwischen 5000 und 3000 v. Chr. hierher einwandern und vielleicht melanesischer Herkunft sind. Sie hinterlassen Relikte einer Kultur, die in größerem Maße bei dem Dorf Hoabin in der Nähe Hanois im Norden Vietnams und bei dem ebenfalls dort gelegenen Ort Bacson gefunden worden sind. Neben groben Abschlagwerkzeugen, geschliffenen Steinbeilen, Steinmörsern, Stößeln und Mahlsteinen entdeckte man eine einfache handgefertigte Keramik, die gelegentlich mit Schnureindrücken verziert ist.

Somit wird die frühe Geschichte Südostasiens nicht durch die Ureinwohner bestimmt, sondern von Menschen, die aus dem Norden eindringen und vom Tongking-Becken aus allmählich nach dem Süden ausschweifen und die ursprünglichen Bewohner in die Berge und Wälder zurückdrängen. Während die Gründer der Hoabin-Kultur dunkelhäutige Menschen von kleiner Statur sind, zeichnen sich die Bacsonien durch eine hellere Hautfarbe, höheren Wuchs und wellige Haare aus. Allmählich jedoch vermischen sich diese Einwanderer mit den bereits vorher ansässig gewesenen Menschen. Kaum ist jedoch dieser Prozeß der Assimilierung und Eingewöhnung der Hoabin- und Bacson-Menschen abgeschlossen, dringen um das Jahr 3000 v. Chr. neue Einwanderer vom Norden her ein.

Einwanderung der Protomalaien In der Zeit zwischen 3000 und 1000 v. Chr. stößt von China aus eine Menschenrasse nach dem Süden vor, die man gewöhnlich Austronesier nennt. Sie gehören der spätsteinzeitlichen Kulturstufe an, die sich durch den Gebrauch von viereckigen Breitbeilen, austronesischen Sprachen, des Auslegerkanus, durch Reisbau, gezähmte Rinder und die Gewohnheit, Megalith-Monumente zu errichten, auszeichnet.

Protomalaiische Wanderung, Kartierung nach der Verbreitung des neolithischen Vierkantbreitbeiles von Yünnan aus (nach Heine-Geldern). Die roten Punkte geben die Dichte der Fundstellen an. Im Gegensatz zum bronzezeitlichen Tüllenbeil werden die Rechtecksteinbeile im Stiel befestigt.

Der Historiker Heine-Geldern hat mit Hilfe des von den Protomalaien verfertigten jungsteinzeitlichen Vierkantbreitbeiles die Etappen der Wanderung zu rekonstruieren versucht. Demnach vollzieht sich die Einwanderung in nordsüdlicher Richtung durch die Flußtäler, wobei das des Mekong bevorzugt wird. Nach Erreichen der Küste setzen die Austronesier auf die Inselwelt über und erreichen mit Hilfe ihrer hervorragenden nautischen Fähigkeiten schließlich im Westen die Insel Madagaskar vor Afrika und im Osten das Gebiet der Osterinseln vor Lateinamerika.

Schon in sehr früher Zeit beherrschen die Protomalaien den Anbau von Hirse, Bananen und Zuckerrohr. Für den Hausgebrauch und die Feldbestellung domestizieren sie das Schwein und das Rind; ihre Häuser und Boote errichten sie aus Bambus. Die zu den Protomalaien gehörenden Ifugao im Norden der Insel Luzon entwickeln ein großartiges System, um Reisterrassen an den steilen Hängen der Täler zu bewässern. Hierzu stauen sie einen Fluß und leiten das Wasser in Bambusröhren aus großen Entfernungen herbei, wobei kleinere Schluchten durch Aquädukte überwunden werden. Sicherlich beruht dieses System der Feldbestellung auf einer sehr stabilen Gemeindeverfassung, denn nur so kann auf lange Sicht eine derartige Leistung Bestand haben.

Nach Beendigung ihrer Wanderung beeinflussen die Protomalaien zahlreiche

Sprachen; noch heute weist die Sprache von über 120 Millionen Menschen in diesem Raum gewisse verwandte Bezüge auf.

Oberteil einer Kesseltrommel aus Ngoc-lu, Tongking. Durchmesser 87 cm. Museum von Hanoi. Wie so oft auf solchen Kesseltrommeln, sind auch hier sogenannte „Totenschiffe" abgebildet. Mit diesen Trommeln, oft Regentrommeln genannt, ahmte man das Geräusch des Donners, der den ersehnten Regen ankündigt, nach.

Einwanderung der Deuteromalaien Eine weitere, größere Einwanderungswelle erreicht Südostasien etwa um das Jahr 300 v. Chr. Die nun eindringenden Menschen sind äußerlich durch deutliche mongolide Züge gekennzeichnet, sie besitzen einen wesentlich höheren Zivilisationsgrad als ihre Vorgänger und bringen den Gebrauch des Eisens nach Südostasien. Das gesellschaftliche Leben ordnen sie auf der Basis der Dorfgemeinschaft, indem sie eine demokratische Ordnung errichten, die von einem Vorsteher beaufsichtigt wird. Die meisten Gruppen unterscheiden zwischen Freien und Sklaven; jeder Freie kann zum Häuptling einer Dorfgemeinschaft gewählt werden. Die Deuteromalaien eröffnen in Südostasien eine neue historische Epoche, da sich ihre Kultur über den gesamten Kontinent und die gesamte Inselwelt ausbreitet.

Dong-son-Kultur Im Jahre 1924 entdeckten Forscher in der Nähe des nordvietnamesischen Dorfes Dong-son Fundstücke, deren Deutung ergab, daß sie einer Epoche angehören, in deren Verlauf sich in Südostasien neben dem Stein als zweiter Werkstoff die Bronze durchsetzt, neben der vereinzelt bereits erste Verarbeitungen von Eisen auftreten. Dieses Quellenmaterial aus Dong-son fordert zu Vergleichen mit ähnlichen Kulturerzeugnissen heraus, wobei sich eine Gegenüberstellung mit chinesischen Funden aus der Bronzezeit aufdrängt. Hierbei ergibt sich eine besondere Einzigartigkeit der Entdeckungen: sie erfüllen wesentliche Voraussetzungen für eine eigenständige Kultur.

Die vergleichende Untersuchung ergibt auch, daß sich die neue Kultur nicht im südostasiatischen Raum aus sich selbst heraus entwickelt hat, sondern im benachbarten Norden zumindest vorbereitet worden ist. In Indochina wird sie aber entscheidend modifiziert, worauf sie sich dann sehr rasch in allen Teilen Südostasiens und der Inselwelt durchsetzt; am Tempo der Ausbreitung wird ersichtlich, daß die Mobilität bei den frühen asiatischen Wandervölkern sehr groß gewesen sein muß. Reste der Kultur finden sich nämlich noch in Neuguinea, und manche Forscher neigen sogar zu der Annahme, daß Motive aus Melanesien und Neuseeland der Dong-son-Kultur zuzuschreiben sind.

Angesichts des ausgedehnten Verbreitungsgebietes kann die Bezeichnung „Dong-son-Kultur" nicht ganz korrekt sein; die Funde aus dem nordvietnamesischen Dorf sind zwar typisch für die Bronze-Eisen-Steinverwertung in Südostasien, stehen selbst aber noch am Beginn der Metallverarbeitung. So kann die örtlich begrenzte Bezeichnung nur sehr bedingt auf die gesamte Bronzezeitkultur im südostasiatischen Raum übertragen werden.

Der Gebrauch von Metall scheint bereits während des 8. und 7. Jahrhunderts vor der Zeitenwende in Südchina bekannt gewesen zu sein. Die Künstler verwenden den neuen Werkstoff in erster Linie für Beile, Dolche, Schnallen, Kleinplastiken und Kesselpauken, wobei sich ihnen neue Möglichkeiten der Formgebung und Ausschmückung eröffnen. Diese Neuerungen dringen in der Zeitspanne zwischen dem 5. und 3. Jahrhundert nach Indochina vor, und bereits am Ende des ersten Jahrhunderts v. Chr. umfaßt ihr Einflußgebiet auch Indonesien. Zu diesem Zeitpunkt verliert die neue Kultur ihre besondere Wirkung in Nordvietnam, da sich hier immer stärker chinesische Strömungen durchsetzen; sie besteht aber in der Inselwelt noch weiter und kann sich dort sogar gegenüber den Einflüssen aus Indien behaupten.

Registriert man die Fundstellen für den neuen Werkstoff, so stellt man fest, daß nur auf Sumatra, Java, Borneo, Celebes, Timor und Neuguinea nennenswerte Kupfererzlager anzutreffen sind. Hieraus darf man schließen, daß Bronze damals sehr wertvoll gewesen ist und der Besitz von Bronzegegenständen nur Herrschern oder anderen wichtigen Persönlichkeiten erschwinglich gewesen sein dürfte. Die einfache Bevölkerung wird sich weiter mit Steinwerkzeugen begnügt haben, wie sie noch heute auf manchen Inseln anzutreffen sind. Die Dong-son-Kultur ist daher in erster Linie eine aristokratische Kultur, die sich weniger im Alltag auswirkt, als vielmehr im Kultleben; zudem spielt sie bei der Selbstdarstellung der Herrscher eine wichtige Rolle. Diese Vermutung wird auch dadurch bestärkt, daß manche Gegenstände viel zu sehr verziert und allzu zierlich sind, als daß sie im täglichen Gebrauch bestehen könnten.

Die neue Produktionsweise wird auf allen Inseln Indonesiens heimisch, und viele der wertvollsten und besten Stücke fand man seltsamerweise auf weniger bedeutenden Inseln; so stießen Forscher auf bronzene Beile in Java und Sumatra, auf Bali, Celebes, Salajar, Buton, Banda und Flores. Ebenfalls auf Bali und Celebes entdeckte man kleine Bronzekellen und -spaten, und in Java und Roti traten Zeremonienäxte ans Tageslicht. Während des Zweiten Weltkrieges stießen Forscher auf dem Plateau von Bandung auf Bruchstücke von Lehmformen für Beile, Speerspitzen und Armbänder, so daß man heute auch weiß, wie die Bronze verarbeitet worden ist. Dieser Fund erbringt auch den Beweis, daß die Produktion an Ort und Stelle erfolgt sein muß und nicht in jedem Falle Fertigprodukte von außen eingeführt worden sind. Die Steinform zum Guß von Kesseltrommeln ergibt schließlich noch interessante Aufschlüsse über das erstaunlich hohe Niveau der

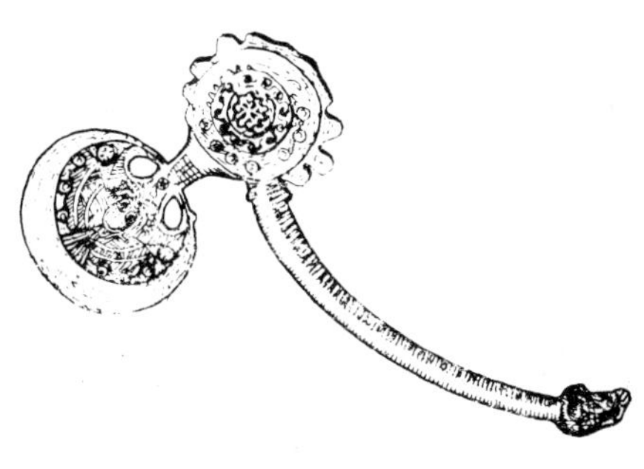

Zeremonialaxt aus Roti (Indonesien). Höhe 83,5 cm.

Kunst des Gießens während der Periode der Dong-son-Kultur.

Betrachtet man den Aussagewert, den die Funde dieser Kultur vermitteln, so erkennt man, daß die Religion und die mit ihr verbundenen rituellen Handlungen das Leben in der damaligen Zeit beherrscht haben. Als Mittler zwischen den Lebenden und den Geistern der Toten dienen die Zauberer und Schamanen. Bei ihren Beschwörungen der Verstorbenen spielen Trommeln eine große Rolle, und die auf ihnen dargestellten Bilder geben Auskunft über das Weltbild der damaligen Zeit. So finden sich auf ihnen Darstellungen von Barken, die mit menschenähnlichen Gestalten besetzt sind, deren Gewänder offensichtlich aus Federn gefertigt worden sind. Man kann vermuten, daß hier die Seelen der Toten zusammen mit den als Vögel verkleideten Schamanen in das jenseitige Reich der Toten einfahren. Die Schamanen hoffen dort zu erfahren, was die Zukunft wohl bringen mag, um es nach der Rückkehr den irdischen Menschen mitzuteilen.

Der Schamanismus dürfte auch bei der Ausbreitung der Dong-son-Kultur eine große Rolle gespielt haben, und noch heute ist die religiöse Verehrung der Schamanen gerade in den Gegenden deutlich ausgeprägt, in denen die Einflüsse dieser Kultur besonders stark waren und die vom indischen oder islamischen Glauben nicht erreicht worden sind.

In den Gräbern, die aus der Bronzezeit stammen, findet sich eine große Fülle von wertvollen Beigaben, die erkennen lassen, daß die Beisetzung des Leichnams mit einem weitläufigen Zeremoniell begangen worden sein muß. Der Tote bekommt in das Grab möglichst alle seine irdischen Besitztümer mit, um nach dem Tode das gewohnte Leben weiterführen zu können. In der frühen Zeit wird der Sarg noch der Erde anvertraut, und erst in späteren Jahrhunderten geht man dazu über, Grabgewölbe zu errichten, die in drei Kammern aufgeteilt sind. Im mittleren Teil wird der Sarg aufgestellt, während in dem einen Nebenraum die Grabbeigaben, später auch in verkleinerter Ausführung, ausgebreitet werden und im anderen ein Altar errichtet wird. Auf die Altäre stellt man brennende Lampen, die von wertvollen bronzenen Gestellen getragen werden; ein besonders reich verziertes Exemplar stammt aus Lach-truong in Nordvietnam.

Eine Besonderheit bilden in der Dong-son-Kultur die Trommeln, deren Verbreitungsgebiet von der Inneren Mongolei bis zu den Kai-Inseln vor Neuguinea reicht und die die Menschen über fast 2000 Jahre hin anfertigen und verehren; noch im beginnenden 20. Jahrhundert werden in Burma und Westsiam Kesseltrommeln hergestellt, die den frühesten Vorbildern sehr ähnlich sehen. Die höchste Blüte erreicht die Fertigung in Indonesien, denn das größte Modell stammt aus Pedjeng auf Bali und wird noch heute in einem Tempel als der „Mond von Pedjeng" verehrt. Andere Trommeln zeigen Gestalten in chinesischer oder zentralasiatischer Tracht und lassen dadurch erkennen, daß sie bis nach Indonesien exportiert worden sind.

Die Vielfalt der Motive der Dong-son-Kultur dringt tief in das Bewußtsein der Menschen in Südostasien ein, prägt ihr Leben und spiegelt sich noch heute im Alltag wider. Zu den wichtigsten Gestaltungselementen gehört die Doppelspirale, die sich besonders ausgeprägt auf Gold- und Silberarbeiten der Batak auf Sumatra findet. Die bronzezeitlichen Perlen aus Stein und Glas werden noch immer für Verzierungen verwendet und gelten auf entlegenen Inseln sogar als Zahlungsmittel. Außerdem zeigt so manches Bekleidungsstück aus Sumatra das dem religiösen Leben entstammende Totenschiff mit den Männern, die ein federgeschmücktes Gewand tragen. In der Architektur wird bis heute der aus der Dong-son-Kultur übernommene vorspringende Dachgiebel verwendet. Auch im Kriegswesen leben noch immer Einzelerscheinungen aus der Bronzezeit weiter; so erinnern der javanische zweischneidige Dolch mit der wellenförmigen Klinge sowie das eiserne malaiische Stoßmesser, das man „tumboklado" nennt, an Vorbilder aus dieser Zeit.

Die großartigen kulturellen Leistungen aus der Bronzezeit führen immer wieder dazu, daß sich Wissenschaftler fragen, ob der Ursprung der Dong-son-Kultur wirklich nur in Südchina oder nicht vielleicht weiter entfernt zu suchen sei. Eine faszinierende Hypothese hat hierzu der Wiener Historiker Robert Heine-Geldern entwickelt; er hat den Nachweis erbracht, daß Beziehungen zwischen der südostasiatischen Bronzezeit und den Wandervölkern aus Mitteleuropa bestehen, die im 9. und 8. Jahrhundert v. Chr. den Balkan verlassen hatten. Der Wissenschaftler führt aus, daß Thraker, Illyrer, Kimbern, Kaukasier und vielleicht sogar Teutonen bis nach Mittelasien vorgedrungen sind und sich dort in drei Gruppen geteilt haben. Die eine erreicht Nordwestchina, während eine zweite in das Gebiet zwischen dem Huang-ho und dem Jangtsekiang vorstößt und sich dann im Küstengebiet von Mittel- und Südchina niederläßt. Die dritte Gruppe schließlich zieht gleich nach dem Süden und gelangt so nach Yünnan und Nordostindochina. Dieser Theorie entsprechend waren also die Ursprünge der Dong-son-Kultur unabhängig von der chinesischen Chou-Kultur.

Heine-Geldern kann seine Ansicht von der europäischen Herkunft der Dong-son-Kultur auf eine große Zahl von Beweisen stützen. Die zweischneidigen Schwerter werden nämlich erst dann in China bekannt, als sie dort, aus dem Westen kommend, eingeführt werden; sie finden sich aber auch in Gräberfeldern Indochinas und des Kaukasus sowie im übrigen Ost-

Gestalt, die eine Stange hält und vielleicht als Lampenträger diente. Dong-son. 2. Jh. v. Chr.? Bronze. Museum Guimet, Paris.

europa. Zur südostasiatischen Bronzekultur gehören als charakteristische Merkmale die Dolchgriffe, die die Form von Menschengestalten haben; eine derartige eigenwillige Formgebung findet sich sonst nur in Holstein und im Kaukasus. An die Hallstatt-Kultur in Europa erinnern die Bronzebeile der Dong-son-Zeit. Auch die Art der Verzierungen, die bei Funden aus Dong-son oder aus Pradjekan in Ostjava angetroffen werden, ähnelt sehr stark europäischen Vorbildern. Aus dem Kaukasus könnte so manche Gürtelschnalle oder Bronzestatue stammen, die auf Sumatra gefunden worden ist. Verblüffende Überschneidungen entdeckt man auch beim Vergleich der späten Chou- und Dong-son-Kunst einerseits mit der Kunst aus jungsteinzeitlichen Kulturen des Donaugebietes und der Ukraine andererseits; in beiden Kulturkreisen werden Spiralmotive verwendet. Auf Felszeichnungen, die auf den Kai-Inseln anzutreffen sind, findet sich ein typisches Wirbelmotiv, das auf skandinavische Einflüsse hinzuweisen scheint. Das Mäandermuster, das so charakteristisch für die griechische Kunst geworden ist, schmückt auch Erzeugnisse der Hallstatt-Kultur und taucht wieder auf Töpferwaren aus Samron Seng in Kambodscha, Kalumpang in Mittelcelebes und auf Urnen aus Sumatra und Sumba auf. Als letztes Beispiel in dieser reichhaltigen Kette, die noch erweitert werden könnte, sei das Motiv der ziehenden Hirsche genannt, das sich sowohl in Südostasien als auch im Kaukasus besonderer Beliebtheit erfreut; es findet sich auf Bronzeäxten, Kesseltrommeln und Bronzeurnen aus Phnom Penh in Kambodscha und aus Madura.

Wohl mag manches Detail in diesem Beweisgang unschlüssig oder weniger überzeugend sein, jedoch verblüfft immer wieder die Reichhaltigkeit der Überschneidungen. Daher ist es keinesfalls vertretbar, diesen Beweis von Robert Heine-Geldern völlig zu übergehen und einseitig zu behaupten, die Dong-son-Kultur wäre einfach nur ein provinzieller Ableger der späten Chou-Zeit und daher ein rein asiatisches Kulturprodukt.

Einflüsse Chinas und Indiens auf Südostasien

Die Auswirkungen der um die Zeitenwende von außen eindringenden Einflüsse sind für Indonesien und Südostasien von unterschiedlicher Dauer und Intensität: Während Indien die südlichen Küsten und die Inselwelt gleichsam nur im Vorübergehen streift und sein Einfluß im 5. Jahrhundert wieder nachläßt, als es seine maritime Bedeutung verliert, erobert und annektiert China die Ebene von Tongking und zwingt diesem Gebiet auf längere Dauer seine hochentwickelte Zivilisation auf.

Sinisierung von Tongking Die frühen Bewohner in den Küstengebieten des nördlichen Vietnam bearbeiten den Boden mit geschliffenen Steinhacken, nützen den Wechsel der Jahreszeiten für die Bewässerung der Felder und steigern so ihre Ernteerträge. Daneben gehen sie auf Fischfang, wobei sie mit den Tätowierungen am Körper die gefährlichen Krokodile abzuschrecken suchen. Die geographische Nähe zu China hat immer wieder Beziehungen zwischen diesen Leuten und den nördlichen Nachbarn aufkommen lassen. So stammen auch aus dem chinesischen Sprachgebrauch die ältesten Bezeichnungen für die Bewohner dieses Küstenstreifens; zunächst werden sie in der Chou-Zeit einfach Lac oder Lac-Viet genannt, unter den Chin heißen sie dann Hsi-Wu oder Hsi-Wu-Lo oder schlicht Wu-Lo. Im Jahre 207 v. Chr. taucht erstmals die Bezeichnung Giao-chi auf, womit das „Land Giao, das am Fuße des Gebirges liegt", also das heutige Tongking mit seinen nordöstlichen Nachbargebieten am Chinesischen Meer, gemeint ist. Zu dieser Zeit nämlich beginnt der Kaiser Chin Shih Huang-Ti nach der

Mit geometrischen Ornamenten und Tieren geschmückte Urne; gefunden in der Nähe von Phnom Penh, Kambodscha. Südliche Dong-son-Kunst. 4. Jh. v. Chr. Bronze. 35 cm hoch. Nationalmuseum Phnom Penh.

Einigung des damaligen China auch das Yang-tse-Becken zu erobern. Gegenüber den Landstrichen am Meer und den dort ansässigen Viet-Stämmen bleibt er zunächst zurückhaltend, jedoch verleitet schließlich der Mangel an Lebensmitteln die Grenztruppen dazu, auch das Gebiet der Viet zu erobern. Im Jahre 208 v. Chr. kann Trieu-Da, der Statthalter in Nam-Viet, die Würde eines unabhängigen Königtums erwerben. Im Jahre 137 treten Schwierigkeiten mit den mächtigen Nachbarn im Norden auf, die im Jahre 111 zu einer Invasion der Chinesen führen. So beginnt das chinesische Protektorat über Nam-Viet, das bis zum Jahre 938 n. Chr. bestehen bleibt.

Die unterworfenen Menschen beugen sich der Fremdherrschaft nicht widerspruchslos; Symbolfiguren für den Widerstandsgeist sind in den frühen Jahren die beiden Schwestern Tru'ng-Trac und Tru'ng-Nhi, die für die kurze Spanne zwischen den Jahren 40 und 42 n. Chr. die Hoffnung auf Unabhängigkeit nähren können. Dann kann ihr Gegner, der chinesische Kommandant Ma Yuan, nach und nach das gesamte Land wieder unter Kontrolle bringen, wodurch er eine Massenflucht auslöst, welche die Verbreitung der alten Bronze-Eisen-Kultur maßgeblich fördert. Chinas Kultur, die im wesentlichen von dem aus dem Konfuzianismus abgeleiteten Rationalismus und dem aus dem Taoismus hervorgegangenen individualistischen Mystizismus bestimmt wird, kann nun nach dem Süden vordringen und in Nam-Viet Fuß fassen, wobei den von Chinesen eingesetzten Verwaltungsbeamten eine wichtige Mittlerrolle zukommt.

Von den Chinesen übernehmen die Vietnamesen die verfeinerte Kunst des Damm- und Kanalisationsbaus und steigern so die landwirtschaftliche Produktion. Die Einteilung der agrarisch genutzten Fläche in Kastenfelder und die dadurch entstehenden Gebiete für die Besiedlung fördern die Entstehung des vietnamesischen Dorfes, in dem sich allmählich das Prinzip der Arbeitsteilung durchsetzt, wodurch sich vereinzelte Zentren von Handwerkern und Händlern bilden. Trotzdem bleibt das Dorf eine in sich geschlossene Einheit, die gemeinschaftlich verwaltet wird und eine autonome Zelle darstellt.

Durch die Flucht der früheren einheimischen Kulturträger entsteht ein Vakuum, in das mehr und mehr chinesische Vorbilder eindringen, wodurch die Überreste der alten Dong-son-Kultur vollständig ausgelöscht werden. Anschaulich geben hierüber die Grabbeigaben Aufschluß, denn in ihnen spiegelt sich getreulich das tägliche Leben wider, das, dem Glauben nach, der Tote im Jenseits fortsetzt. Er bekommt daher Kleidungsstücke, Waffen, Spiegel und auch Schmuckstücke mit, und wirklichkeitsgetreue Modelle von Bauernhöfen ergänzen die Grabausstattung. Die Keramikarbeiten werden nach chinesischen Vorbildern geformt, doch lassen sie noch gewisse individuelle Züge erkennen, womit sie über die chinesischen Vorlagen hinausgehen. Die sonstige künstlerische Aktivität orientiert sich sklavisch an den chinesischen Vorbildern und ahmt sie möglichst exakt nach.

Die besondere Bedeutung der Sinisierung Vietnams ist wohl darin zu sehen, daß hiermit der Grundstein für die spätere Ausdehnung des chinesischen Einflusses über weitere Teile Südostasiens gelegt wird.

Die Deltalandschaft Tongkings verdankt ihre Fruchtbarkeit den Schlammassen, die der Rote Fluß auf seinem Weg aus dem Norden dem zerklüfteten Gebirge entrissen hat. Doch der Fluß ist nicht nur Baumeister, er ist auch Zerstörer. Um die Kraft des Wassers zu nutzen, muß man seine Kraft zähmen, indem man Uferdämme errichtet, eine Methode, die sich als gefährlich erwiesen hat. Der eingedämmte Fluß steigt; zur Zeit des Hochwassers fließt er 8 m oberhalb des Niveaus der Ebene. Wenn die Dämme nachgeben, tritt eine Katastrophe ein, der man nur wehren kann, indem man die Dämme weiter erhöht, aber nicht ohne gleichzeitig auch das Ausmaß der ständig drohenden Gefahr zu vergrößern.

Indische Expansion Im ersten Jahrhundert n. Chr. dehnen die Inder ihre Seefahrten bis an die Küsten Südostasiens aus und erreichen schließlich sogar die Sunda-Inseln. Die Ursachen für diese weiten Fahrten sind nur sehr schwer zu rekonstruieren. Eine treibende Kraft ist sicherlich die indische Religion des Buddhismus gewesen, die die Schranken der Kasten sowie das Streben nach rassischer Reinheit beseitigt hat, wodurch ein wesentliches Hindernis, das bisher Kontakte zu auswärtigen Völkern verhindert hat, beseitigt worden ist. Diese neue Aufgeschlossenheit veranlaßt die Chinesen, auf der Handelsverbindung zwischen China und dem Pamir-Gebirge, der Seidenstraße, indische Kaufleute und buddhistische Missionare nach China einwandern zu lassen, von wo aus der neue Glaube auch in das nördliche Vietnam eindringt. Ein weiterer Grund für die Expansion kann auf dem wirtschaftlichen Sektor gesehen werden. Das lukrative Angebot von seltenen und wertvollen Gewürzen lockt die Inder an, wodurch eine, für die damalige Zeit weltumspannende Handelsverbindung geknüpft wird, die von Indien aus zunächst westwärts bis in das römische Alexandria im Mündungsdelta des Nils und ostwärts bis zur Mündung des Irawadi und weiter über die Handelsstraße durch Birma über Yünnan in das Innere Chinas reicht und schließlich sich bis in das Küstengebiet von Tongking erstreckt, wo sie auf die Routen des chinesischen Seehandels stößt, der die Verbindung zur weiter nördlich verlaufenden Seidenstraße herstellt. Auf diesem weitläufigen Handelssystem werden die Waren vom Osten nach dem Westen und auch in umgekehrter Richtung verschoben, so daß sich noch heute zahlreiche Funde aus römischen Werkstätten in Südostasien finden lassen.

Die Seefahrt in diesen Breiten muß sich an den besonderen Bedingungen der Monsun-Winde orientieren. Nach einer Hinfahrt mit dem Südwest-Wind ist der indische Seefahrer gezwungen, auf den Nordost-Monsun im nächsten Jahr zu warten. Für diese Zeit benötigt er eine sichere Unterkunft, um vor den Unbilden des Wetters und den Gefahren, die von den Bewohnern des Festlandes her drohen, geschützt zu sein. So sehen sich die Inder veranlaßt, Faktoreien zu errichten, die zu Stützpunkten ihrer Zivilisation werden, da sie sich auch daranmachen, die fruchtbaren Flußniederungen durch Drainagen trockenzulegen und mit dem Ackerbau zu beginnen. Allmählich bilden sich umfangreiche Siedlungen, in denen immer mehr Inder eine Wohnstatt finden. In diesen Siedlungen begegnen uns bald die indischen Gottheiten, die allmählich auch von den umliegenden Bewohnern anerkannt werden. Doch auf religiösem Gebiet zeigt Indien ein sehr verwirrendes Gesicht, da hier der sehr frei formulierte, von Bräuchen, Zeremonien und rassischen Vorstellungen lebende Hinduismus mit dem missionarischen Buddhismus konkurriert. Der Hindu verehrt die dreifache Verkörperung der einen und obersten Gottheit in Brahma, Vishnu und Śiva, wodurch eine Vielzahl von religiösen Sekten entstehen kann. Während beim Hinduismus die vage Formulierung zur Aufsplitterung führt, fördert andererseits die Auslegung der von Buddha im späten 6. und frühen 5. Jahrhundert v. Chr. formulierten Weisheiten die innere Spaltung. Die wichtigste Splittergruppe bilden die Anhänger des Mahayana, des „großen Fahrzeugs", was später mißbräuchlich als Hinayana, als „kleines Fahrzeug", bezeichnet wird. Diese Lehre orientiert sich an den geheiligten Texten des in Pali geschriebenen Buches mit dem Titel „Tipitaka". Unter den Anhängern des „kleinen Fahrzeugs" vertritt die orthodoxe Richtung die Theravada-Bewegung, die „Lehre von der Hohen Geistlichkeit", die auch in den südlichen Küstenländern Südostasiens Eingang findet. Das Vordringen indischen Gedankengutes nach Südostasien erfolgt allerdings langsam und findet seinen Niederschlag in einigen indisierten Staaten.

DIE INDISIERTEN STAATEN

Infolge der indischen Einwirkungen entstehen in den Deltalandschaften und Küstenebenen des südlichen Südostasien Staaten, die zu bedeutenden Kulturzentren der gesamten Halbinsel werden.

Krishna, den Berg Govardhana emporhebend. Hochrelief auf einer Sandsteinplatte. Höhe 1,61 m. Funan-Kunst, Kambodscha. Um 520 n. Chr. Nationalmuseum, Phnom Penh. Während die indischen Bildhauer meistens nicht frei im Raum arbeiteten, sind die Künstler Funans darüber hinausgegangen. Zwar lehnt sich auch die nebenstehende Statue an ein Steinpaneel an, aber da man in Kambodscha keine Höhle graben konnte wie in Indien, hat man durch aneinandergefügte Steinpaneele versucht, künstlich eine Grotte nachzubilden.

Funan Das Zentrum dieses Staates liegt zwischen dem Fluß Bassac und dem Golf von Siam und umfaßt das Gebiet der südlichen Regionen des heutigen Kambodscha. Schon sehr früh dehnt sich das Staatswesen auf die Küste des Golfs von Siam und wohl auch auf Birma aus.

Die Menschen, die in diesem Gebiet siedeln, geben der Anthropologie heute noch viele Rätsel auf. Funde an der Küste erlauben jedenfalls die Annahme, daß die Menschen, die hier einstmals gewohnt haben, mit den Indonesiern sehr nahe verwandt gewesen sein müssen. Auf diese Feststellung stützt sich die Theorie, die von einer indonesischen Expansion entlang den Küsten Südostasiens ausgeht; jedenfalls sind mit sehr großer Wahrscheinlichkeit zu dieser Zeit Indonesier an der Ostküste Malayas ansässig. Während also der Küstenstreifen von Menschen bewohnt wird, die den Indonesiern nahestehen, dürfte im Norden von Funan mit einer Mischbevölkerung aus Mon und Khmer zu rechnen sein. Die beiden Bevölkerungsteile wohnen eng beeinander und verschmelzen schließlich.

Über die Entstehung des staatlichen Gemeinwesens berichten uns in erster Linie Sagen und Legenden. Ihnen zufolge hat ein Brahmane, vom Traum inspiriert, sein Schiff an der Küste anlegen lassen und die Tochter eines einheimischen Herrschers geheiratet. Dieser verschlingt daraufhin, um seiner Tochter eine Mitgift zu verschaffen, das Wasser, das das ganze Land bedeckt, und schafft so fruchtbaren Ackerboden. Die Sage verdeutlicht den Weg von der Landung bis zur Verbindung der Inder mit der Bevölkerung aus der von unzähligen Flußläufen durchzogenen Deltalandschaft.

Diese sagenhafte Erklärung von der Entstehung des Staates Funan geht am Beginn des 3. Jahrhunderts n. Chr. in historische Wirklichkeit über. Zu dieser Zeit tritt ein Herrscher aus dem Dunkel der Vergangenheit, der gute Beziehungen zu China und besonders zu Indien unterhält. Im 4. und 5. Jahrhundert werden die Kontakte nach dem Westen noch intensiver und Inder besteigen den Thron und fördern das Land sowohl auf wirtschaftlichem als auch auf kulturellem Gebiet.

Die indischen Kaufleute finden an Funan besonderen Gefallen wegen der naheliegenden Bergwälder Kambodschas und des Kardamom-Gebirges, die reich an begehrten Gewürzen sind. Außerdem sind die Flußmündungen des Bassac und Mekong gut für die Errichtung von Faktoreien geeignet, in denen die China- und Indonesienfahrer Proviant aufnehmen können. Zudem erlauben die fruchtbaren Schwemmlande einen ertragreichen Akkerbau, und so wird das Land am Meer zu einer bedeutsamen Drehscheibe im west-östlichen Handelsverkehr.

An der Wende vom 5. zum 6. Jahrhundert wird Funan von dem König Kaundinya-Jayavarman, einem Nachfahren eines indischen Brahmanen, regiert, dessen Leistungen durch Sanskrit-Texte der Nachwelt überliefert worden sind. Nach dem Tode dieses Königs im Jahre 514 übernimmt Rudravarman die Herrschaft und führt das Land zu seinem kulturellen Höhepunkt. Er läßt die ersten großartigen Plastiken errichten, die besonders von chinesischen Reisenden gelobt werden.

Leider hat sich bisher die Archäologie mit Zufallsfunden begnügt, so daß heute noch keine genaue Vorstellung über die wirkliche Breite des künstlerischen Schaffens der damaligen Zeit möglich ist. Nur die Fundstelle von Oc-eo ist genauer untersucht worden und hat zahlreiche Reste einer eindrucksvollen Kulturleistung ans Tageslicht gebracht.

Die Tempelanlagen sind damals entweder aus Holz errichtet worden oder haben zur höheren Stabilität Backsteinelemente eingefügt bekommen. Die hiervon erhaltenen Reste lassen erkennen, daß die Bauweise von der indischen Gupta- oder Nach-Gupta-Zeit beeinflußt worden ist; denn man bemüht sich, Felsen- oder Monolith-Heiligtümer aus Süd- und Zentralindien nachzubilden.

Bei den übrigen Funden aus Oc-eo lassen sich grob gesehen zwei Gruppen unterscheiden: auf der einen Seite fallen die importierten Kunstgegenstände auf, auf der anderen fasziniert den Betrachter die heimische Produktion. Die eingeführten Stücke erwecken großes Interesse, da sie die Intensität des Fernhandels erkennen lassen. Ein bedeutender Teil der Importe entstammt dem von den Römern beherrschten Imperium; hiervon legen Münzen mit dem Bilde Marc Aurels oder Scherben aus Attika ein beredtes Zeugnis ab. Bei diesem Handel werden die Inder wohl eine Mittlerrolle gespielt haben, doch führen sie auch eigene Waren ein, wie die Steingemmen zeigen: die von den

abgebildeten Menschen vorgeführte Haltung „königlicher Ungezwungenheit“ hat nämlich ihr Vorbild in indischen Heiligenbildern.
Im Bereich der Bildhauerei – allerdings ließ sich kein größeres Werk hiervon in Oc-eo selbst auffinden – sind ebenfalls Beziehungen zur Gupta-Ära erkennbar. Als besonders treffendes Beispiel hierfür gilt die in der „Ebene des Schilfes“ gefundene Buddhafigur.
Von den bildhauerischen Aktivitäten geben wichtige Zeugnisse Aufschluß, die man auf dem Hügel Phnom Da gefunden hat, der in der Nähe der Stadt Angkor Borei liegt. Während der 25jährigen Regierungszeit Rudravarmans, der besonders Vishnu verehrt hat, werden mehrere bedeutsame Statuen dieser Gottheit hergestellt. Obwohl die Anlehnung an indische Gupta-Vorbilder unverkennbar ist, sieht man doch, daß hier die Kunst Funans einen eigenen Weg beschreitet. Die Bildhauerei findet nämlich den Durchbruch zur Vollplastik, die in Indien nicht vorkommt. Die Künstler vermeiden noch die völlig freistehende Darstellung, doch veranlaßt sie hierzu die Sorge um ein Zusammenbrechen der großen Steinmassen, und daher werden mit großem Geschick zur Abstützung Waffen in die Gesamtkomposition eingebaut, um der Figur auf der Grundlage oder an der Rückwand einen weiteren Halt zu verleihen. Bei der Gestaltung der Figuren überwiegen Zartheit und Grazie, wodurch den Körpern eine hohe Sensibilität eigen wird. Die Gesichter vermitteln eine tiefe innere Ruhe und eine heitere Schönheit; das Haupt wird umspielt von der natürlichen Haartracht oder gekrönt von der Vishnu-Mitra.
Diese künstlerischen Gestaltungsmittel finden auch Eingang in die Bildhauerkunst des Buddhismus. Die Gestalt Buddhas wird ebenfalls vollplastisch dargestellt, wobei als wichtiges Stützelement das knöchellange Gewand dient. Die Gesichtszüge werden von den Künstlern weich und zart gestaltet. Leider finden sich aber gerade von dieser Kunstrichtung nicht allzu viele Beispiele, so daß eine allgemeine Charakteristik sehr erschwert ist.
Nach dem Tode König Rudravarmans verfällt die große Kunst Funans und teilt sich auf in Splittergruppen, die alsbald an Bedeutung verlieren oder untergehen. Auch das staatliche Gemeinwesen büßt allmählich seine Vormachtstellung ein und es wird zu einer leichten Beute seiner Nachbarn. Dabei ist die Feststellung wichtig, daß die Bewohner von Chen-la wohl das Territorium übernehmen können, sich aber die strategische und handelspolitische Bedeutung auf Indonesien verlagert.

Die Nachfolgestaaten Funans Der Untergang Funans bedeutet für die Kaufleute einen schweren Schlag, denn sie müssen sich nach Ersatzhäfen und neuen Standorten für ihre Faktoreien umsehen. Beim Blick auf die Karte wäre man geneigt, der Malaiischen Halbinsel eine besondere Schlüsselrolle zuzuschreiben. Jedoch sind hier nur relativ unbedeutende Überreste aus der damaligen Zeit ans Licht gekommen. Es ist wohl mit Sicherheit anzunehmen, daß systematische Ausgrabungen noch wichtige Aufschlüsse ermöglichen könnten.

Bronze-Statue Avalokitesvaras. Ak Yum, Angkor. Stil von Prei Kmeng. Zweite Hälfte des 7. Jhs. Nationalmuseum Phnom Penh. Avalokitesvara war der berühmteste aller Bodhisatvas, der in ganz Asien besonders populär war. Sein Name bedeutet „der Herr, der voll Mitleid auf die Welt hinabblickt“.

Niederlassungen von größerer Bedeutung entstehen in Pagan und Thaton in Birma, die aber in ihrer Wichtigkeit von denen um Phra Pathom und Pong Tuk in Siam übertroffen werden. Auch an diesen Orten zeigen sich indische Einflüsse, die an die späte Gupta-Zeit erinnern.
Die eigentliche Nachfolge auf wirtschaftlichem Gebiet tritt das Reich Śri Vijaya mit seinem Zentrum Palembang auf Sumatra an. Der chinesische Pilger I-ching besucht auf seiner Pilgerreise, die ihn nach Indien bringen soll, dieses neue Handelszentrum. Auf der ersten und später auch auf seiner zweiten Reise benützt er seinen Aufenthalt dazu, wichtige Sanskrit-Texte ins Chinesische zu übertragen. Der Aufstieg Śri Vijayas ist aber zu dieser Zeit noch nicht abgeschlossen; er setzt sich bis ins 8. und 9. Jahrhundert fort. Erst dann zerbricht auch dieses Reich und sein Erbe geht auf Java über, wo sich die große Dynastie von Sailendra ausbreitet. Diese behauptet schließlich von sich, der würdigste und eigentliche Erbe des einstmals großen Reiches von Funan zu sein. Wohl neigt dieses Herrscherhaus manchmal zu Übertreibungen, aber im 8. und 9. Jahrhundert werden von hier aus große Seefahrten unternommen, in deren Verlauf die Küstengebiete von Champa, Tongking und die Küstenstreifen der Malaiischen Halbinsel besucht werden. Diese Leistungen bestätigen nur die Behauptungen, die im Reiche von Śri Vijaya die wirkliche Nachfolge Funans sehen wollen.

Das Königreich Chen-la Den Namen dieses Königreiches am Mittellauf des Mekong erfahren wir zuerst aus chinesischen Überlieferungen. Das Gebiet wird hauptsächlich von Angehörigen des Khmer-Stammes bewohnt. Diese haben hier Strukturen entwickelt, die sich entscheidend von denen in Funan unterscheiden. Während die Bevölkerung des Landes am Meer mit allen Nachbarn in Frieden leben will, um den Handel nicht zu behindern, sehen die Menschen des Binnenlandes mit Neid auf den Reichtum im Süden.
In der Mitte des 6. Jahrhunderts heiratet der aus der Dynastie von Funan hervorgegangene Bhavavarman I., wohl ein Enkel von Rudravarman, eine Prinzessin von Chen-la und bemüht sich, Funan seiner Herrschaft zu unterwerfen. Als er um das Jahr 598 stirbt, ist die Vereinigung der beiden Reiche schon ziemlich weit fortgeschritten. Ihm folgt sein Bruder Chitrasena auf den Thron, der sich als Regent Mahendravarman nennt; sein Sohn Iśanavarman übernimmt im Jahre 611 oder vielleicht auch erst 616 die Regierung und gründet die neue Hauptstadt Iśanapura.

Lakshmi. Stil von Sambor. Kambodscha. Sandstein. Höhe 1,27 m. Anfang des 7. Jhs. Nationalmuseum Phnom Penh. Diese Statue steht am Anfang einer Reihe von weiblichen Darstellungen. Sie ist typisch für das Schönheitsideal der damaligen Zeit.

Avalokitesvara aus Thailand. Kunst von Śrividjaya. Bronze. Höhe 63 cm. Mitte des 8. Jh.s. Nationalmuseum Bangkok.

Diese Stadt wird für die Zukunft von unschätzbarer Bedeutung, da sich in ihr eine eigenständige Kultur entwickelt, die als der erste Ursprung der Khmer-Kultur bezeichnet werden kann. Nach dem heutigen Namen des Terrains heißt die dort anzutreffende Kunstrichtung „Stil von Sambor". Um die Anlage des Stadtbildes mit den charakteristischen Tempeln verstehen zu können, muß man sich Klarheit über die religiöse Symbolwelt der Brahmanen verschaffen. Die dreieinige Gottheit wohnt nach diesen Vorstellungen auf dem heiligen Berg Meru und beherrscht von dort aus Raum und Zeit. Folglich bildet das Zentrum der Tempelanlage ein Turm-Heiligtum, das nur ein Bildnis der Hauptgottheit enthält; um diesen Mittelpunkt gruppieren sich mehrere Nebengebäude, in denen die Gemahlin oder das Gefolge des obersten Gottes verehrt werden. Die Tempelanlagen müssen nicht sehr weiträumig sein, da zu ihnen nur die Brahmanen Zutritt haben. In weiteren Nebengebäuden befinden sich Schatzkammern oder Räume für die Kultrequisiten. Die gesamte Anlage wird von einer Mauer eingesäumt, wobei die Eingänge meist Verkleinerungen des Hauptheiligtums darstellen. Steht der Tempel in der Mitte der Stadt unmittelbar neben dem Königspalast, so versinnbildlichen die beiden Gebäude in erstaunlicher Klarheit die Gesamtheit des Universums, bestehend aus dem Tempel im Zentrum neben dem Sitz des weltlichen Herrschers, der gleichzeitig Statthalter der Götter auf Erden ist. Dieses architektonische Muster wird von den frühen Khmer über Jahrhunderte hinweg beibehalten, denn mit der Zeit wird es so sehr mit magischen Inhalten aufgeladen, daß eine Abänderung nicht mehr ratsam erscheint.

Die frühesten Tempel, dies gilt in ganz besonderem Maße für die indischen Vorbilder, sind aus Holz gebaut. Die Khmer übernehmen zunächst die Holzbauweise und gehen erst allmählich zur Verwendung von Stein über. Leider sind hölzerne Heiligtümer nicht mehr überliefert, aber es ist anzunehmen, daß die Steinbauten im wesentlichen Kopien oder konsequente Weiterentwicklungen der Holzbauten gewesen sind. Somit achten die hierfür erforderlichen Baumeister und Architekten nicht auf die dem neuen Werkstoff immanente Eigengesetzlichkeit, sondern beugen ihn streng ihren künstlerischen Belangen. Wo die Geschmeidigkeit des Steins versagt, greift der Baumeister zu Gips und formt so die Feingliedrigkeit nach, die das Holz ermöglicht.

Der Tempel von Sambor ist in mehreren Etappen errichtet worden; der südliche Teil stammt wohl in seiner Gesamtheit aus der Zeit Iśanavarmans. Im Zentrum der Anlage steht auf einer Terrasse der majestätische Turm, der das vom König selbst aufgestellte Bildnis des „lächelnden Śiva" enthalten hat. Den Tempel umgeben fünf mehreckige Türme. Der nördliche Teil des Heiligtums ist ebenfalls im ersten Viertel des 7. Jahrhunderts neu gestaltet worden; leider ist die Innenausschmückung verschwunden, so daß man nur mehr die Hauptlinien des Dekors nachvollziehen kann.

Nach dem Tode König Iśanavarmans etwa im Jahre 628 tritt als nächste prägende Herrschergestalt Bhavavarman II. ins Licht der Geschichte, der um 639 bereits regiert und sein Amt bis etwa 656 bekleidet. Neben anderen Kulten setzt sich jetzt immer mehr der Śivaismus als königliche Religion durch. Will man den Kunststil dieses Herrschers charakterisieren, lohnt es sich, den Stil von Prei Kmeng zu betrachten, der bei einem verhältnismäßig kleinen Heiligtum Anwendung gefunden hat, aber dennoch wesentliche Elemente erkennen läßt. Die Kunst knüpft grundsätzlich an den bisherigen Vorbildern an, fügt aber immer wieder weitere Details hinzu und begibt sich damit ständig in die Gefahr, allzu verfeinert oder überladen zu werden, doch verhindert dies ein recht wacher Sinn für plastische Formen.

In ähnlicher Weise verfährt auch Bhavavarmans Nachfolger Jayavarman I., der möglicherweise sein Sohn ist und der bis zum Jahre 681 regiert. Da dieser König kinderlos stirbt, breiten sich in Chen-la immer mehr anarchische Auflösungserscheinungen aus, die große kulturelle oder politische Fortschritte verhindern. Das Reich zerfällt in seine einzelnen Fürstentümer, und in der Zersplitterung leuchten nur noch da und dort kleinere Glanzlichter auf.

Die Khmer

Im 8. Jahrhundert befinden sich die alten Khmer-Fürstentümer in einem dauernden Prozeß der Auflösung; innere Zwistigkeiten und Anfechtungen von außen lähmen die Kräfte. Die wirtschaftlichen Möglichkeiten werden von den Nachbarstaaten genutzt, da in den Ebenen Kambodschas keine eigentliche Macht besteht.

Gründung des Reiches Wir erfahren nicht aus zeitgenössischen Quellen, wie wieder eine stabile Herrschaft der Khmer begründet worden ist, jedoch hilft diese Lücke die Inschrift einer Stele aus Sdok Kak Thom schließen, die wohl im Jahre 1052 verfaßt worden ist. Hier wird berichtet, daß König Jayavarman II., der als Gast oder Gefangener am Hofe des javanischen Herrscherhauses der Śailendra gelebt hat, im Jahre 790 nach Kambodscha zurückkehrt, allmählich wichtige Provinzen erobert und schließlich seine Bindungen an Java löst, um sich im Jahre 802 als neuer „universeller Herrscher" proklamieren zu lassen. Während der nun einsetzenden Konsolidierung der Herrschaft beginnt auch ein neuer Aufschwung der Kultur.

Einen ersten Höhepunkt erlebt das Land während der Regierungszeit von Indravarman I., dessen Vater wohl ein Onkel von Jayavarman III. (850–877) gewesen ist; Indravarman erbt im Jahre 877 die von seinen Vorgängern eroberten Provinzen. Zu seiner größten Leistung zählt die Anlage eines Bewässerungssystems, das die vom Fluß Roluos gelieferten Wasser dem Reisbau zuführt, wodurch die nach dem Fluß benannte Stadt eine sichere Lebensgrundlage erhält. Für den Ahnenkult errichtet er den Tempel Preah Ko, der zu den größten Leistungen der gesamten Khmerkunst gehört. Ein weiterer Prachtbau dieser Zeit ist der Tempelberg Bakong, der den Gipfel der Bautätigkeit Indravarmans darstellt. Der König hat hiermit großartige Zeugnisse der Götter- und Ahnenverehrung hinterlassen, die seine Nachfolger zu stets neuen Nachbildungen veranlassen und ihren Ehrgeiz anregen.

Erstmalig spürt diesen Eifer Indravarmans Nachfolger Yaśovarman I., der von 891 bis 900 regiert. Schon bald erkennt er, daß für seine Pläne in der alten Hauptstadt kein geeigneter Platz mehr zu finden ist, und er sucht daher eine neue Stätte, die es erlaubt, den Ahnenkult zu einer neuen Blüte zu führen. Nur wenige Kilometer nördlich von Roluos findet er einen geeigneten Platz in der Ebene von Ang-

Plan von Angkor

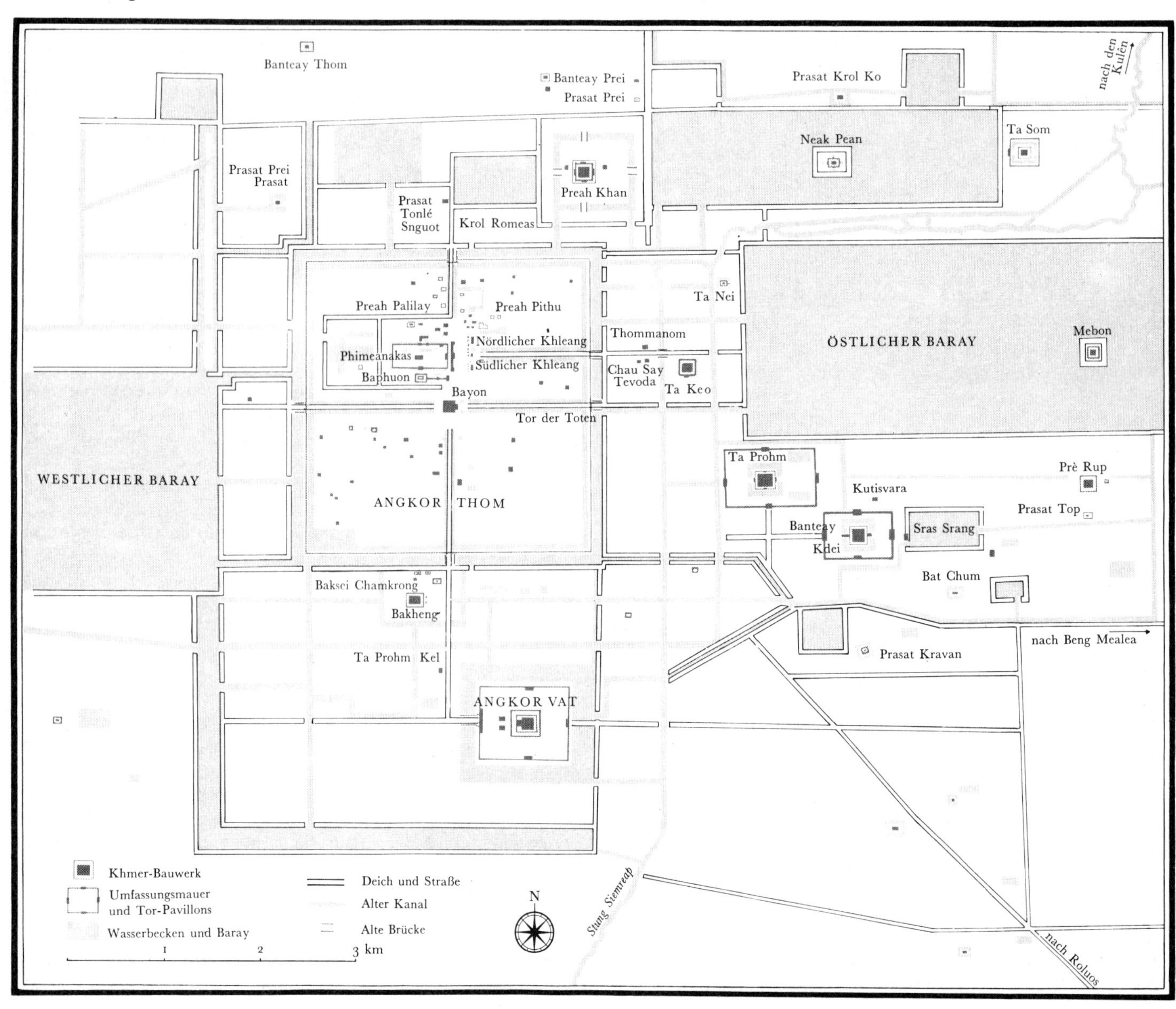

kor, die beinahe im geometrischen Mittelpunkt seines Reiches liegt. Yaśovarman gründet hier die Stadt Yaśodharapura, die für etwa 300 Jahre die Hauptstadt des Khmer-Reiches bleiben soll.

Das Herrschaftssystem Das neue Reich der Khmer erhält die Grundlage seiner Existenz aus dem Reisanbau. Um diese wassergierige Pflanze das ganze Jahr über mit dem nur während der vier Monsun-Monate fallenden Regenwasser zu nähren, ist es im Binnenlande notwendig, große Staubecken zu errichten; die hierfür erforderlichen Techniken sind erstmals in Chen-la entwickelt worden. Indravarman läßt das erste uns bekannte große Staubecken mit einer Länge von 3800 Metern und einer Breite von 800 Metern erbauen und sichert damit die Versorgung von Roluos. Um ein ähnliches Projekt verwirklichen zu können, muß Yaśovarman in der weiter nördlichen Ebene von Angkor mit der Arbeit beginnen. Er läßt den östlichen Baray ausheben, der insgesamt 6 Millionen Kubikmeter Wasser fassen kann. Dieses großartige Projekt, das alle überschüssigen Kräfte des Reiches bindet, gibt Aufschluß über die Struktur des damaligen Khmer-Reiches: Der König verfügt allein über den Boden und seine Nutzung; er verteilt das Land unter denjenigen, die es bebauen sollen. Beim Regierungswechsel pflegt der neue Herrscher die Landverteilung seines Vorgängers zu bestätigen. Die eigentlichen Verwaltungsfunktionen liegen in den Händen einer immer mehr anschwellenden Beamtenschaft. Die Ämter werden nach einem uns heute nicht mehr rekonstruierbaren Schlüssel verteilt.

Auf dem Lande bestehen Dorfgemeinschaften, denen der jeweilige Dorfälteste voransteht. Die Dörfer geben als Gegenleistungen für die vom Staat durchgeführten öffentlichen Dienste Naturalien. Mit dem Erlös der Ernte werden Arbeitskräfte für Großprojekte gewonnen, wie sie die Anlage von Staubecken oder Tempelbezirken darstellen. So sind in den Großbauten der Khmer-Könige keine Produkte überspitzter oder gar fehlgeleiteter Phantasie zu sehen, sondern Manifestationen einer „höheren Einheit", wodurch die Gesellschaft im eigentlichen Sinne, auch jedermann äußerlich sichtbar, versinnbildlicht wird.

Der König ist aber nicht nur der Besitzer des Bodens, sondern auch der Inhaber des obersten Befehles über die Truppen und der erste Richter seines Landes. Die meisten in den Quellentexten vorkommenden Streitigkeiten befassen sich mit Grenz- und Markierungsproblemen, zu deren Schlichtung der König über eine

Parade des Heeres König Suryavarmans II. (1113–1150), Angkor Vat, Reliefgalerie, Westteil des Südflügels. Sandstein, 12. Jahrhundert n. Chr.

Hierarchie von untergeordneten Gerichten verfügt. Als Ahndungen werden meist Leibesstrafen verhängt, jedoch können höhere Beamte bei Verfehlungen auch zu Geldbußen verurteilt werden.

Der Khmer-Staat beruht demnach auf der Einheit von Dorfgemeinschaften und Beamtenschaft, als deren Gesamtverkörperung der König angesehen wird. Als Inhaber des gesamten Bodens verhindert er eine private Nutzung; Überschüsse fließen an die Gemeinschaft zurück, indem sie der König wieder in Form von Großanlagen oder heiligen Götterbezirken der Gesellschaft im weitesten Sinne nutzbar macht. Erst im 12. Jahrhundert gerät diese Grundstruktur des Khmer-Reiches in Vergessenheit.

Das kulturelle Zentrum: Angkor Die wechselnde Ausgestaltung des politischen und kulturellen Zentrums der Khmer-Zeit kann als Leitfaden dienen, mit dessen Hilfe die strukturellen Veränderungen transparent werden. Zunächst orientiert sich der Bauwille an Vorbildern älterer Hauptstädte. Im Stile von Koh Ker werden im Tale von Angkor die Tempel Pre Rup und der östliche Mebon errichtet. Der König Rajendravarman legt den Mebon im Mittelpunkt des von Yaśovarman geschaffenen Staubeckens an und unterstreicht damit seine innere Verbundenheit mit diesem Herrscher.

In der ersten Hälfte des 11. Jahrhunderts entstehen zwei weitere Tempelberge, der Ta Keo und der Phimeanakas. Diese Anlagen dürften wohl mehrere Könige beschäftigt haben, da in diese Zeit politische Wirren fallen. Im Jahre 1001 kommt es zu dynastischen Fehden, aus denen Jayavarman und Suryavarman I. als Sieger hervorgehen. Beide bekämpfen sich dann in einem neunjährigen Kriege (1002 bis 1011), den schließlich Suryavarman zu seinen Gunsten beenden kann. Dieser König hat den Bau der beiden Tempel weiter und zu Ende geführt.

Um die Mitte des 11. Jahrhunderts baut Udayadityavarman II. (1050–1065) den dritten großen künstlichen Stausee, den westlichen Baray, der achttausend Meter in der Länge und zweitausendzweihundert Meter in der Breite mißt. In seiner Mitte werden der westliche Mebon und der Baphuon errichtet. Die Architekten des letztgenannten Tempels haben das strukturelle Gleichgewicht nicht zu wahren gewußt, indem sie einzelne Bauelemente allzu stark belastet haben, so daß später der gesamte Tempel zusammenstürzte.

Zu Beginn des 12. Jahrhunderts übernimmt Suryavarman II. die Königsherrschaft; er ist ein sehr machtbewußter Herrscher und ist seit der Regierungsübernahme darauf bedacht, ein Bauwerk zu errichten, das diesen äußeren Machtanspruch repräsentiert. Als ein hierfür geeignetes Grundstück erscheint ihm, da die meisten Gebiete zwischen den Staubecken bereits bebaut sind, das etwa einen Quadratkilometer große Terrain im Bereich der alten Hauptstadt Yaśodharapura. Diese Anlage bekommt den Namen Angkor Vat und gilt als der „höchste Ausdruck der künstlerischen, technischen und geistigen Erfahrungswelt dieses Volkes und seiner schöpferischen Kräfte. Mit Angkor Vat haben die Khmer-Künstler jenen Punkt erreicht, über den hinaus es nur Exzeß, Wiederholung oder Manierismus, mit einem Wort: Dekadenz geben kann" (Mazzeo und Antonini). Noch heute vermittelt die Anlage einen ungeheuren Eindruck vom religiösen und architektonischen Geist seines Erbauers.

Nach Durchschreiten der äußeren Umfassungsmauer betritt der Besucher des Tempels eine kreuzförmige Plattform, die zum Haupt-Gopuram (1. Terrasse) führt. Hierauf betritt man den Kreuzgang, wobei der Weg immer geradeaus weiterführt. So erreicht man die 2. Terrasse und kann rechts und links die beiden „Bibliotheken" sehen. Über zwei steile Treppen gelangt man dann zur dreizehn Meter höher gelegenen oberen Terrasse. Diese Treppen führen zu den Gebäuden, die das zentrale Heiligtum umgeben. Im Gegensatz zu den unteren Plattformen, die rechteckig sind und 185x215 und 100x115 Meter messen, ist die obere Terrasse quadratisch mit einer Seitenlänge von 60 Metern. Gewaltig und überragend wie schon die äußere Architektur ist auch die Ausschmückung von Angkor Vat. Den Künstlern stehen gewaltige Flächen zur Verfügung, die sie mit Blendfenstern und fein ziselierten Figuren ausschmücken. Die Motive hierfür stammen aus allen erreichbaren Mythen und Legenden und beziehen sich meist auf den Gott Vishnu.

Der Tempelbezirk wird von den Gläubigen und den Priestern zu periodisch stattfindenden rituellen Feiern aufgesucht. In seinem Bereich vollzieht sich auch die mystische Gottwerdung des irdischen Repräsentanten der obersten Gottheit, des Herrschers, und aus dieser Sinngebung heraus ist Angkor Vat auch das königliche Mausoleum.

Mit der Errichtung von Angkor Vat ist die Bautätigkeit noch nicht abgeschlossen. Bereits im Jahre 1186 wird der Tempel Ta Prohm eingeweiht, der der Mutter des Königs gewidmet ist. Im Jahre 1191 weiht Jayavarman auch seinem Vater einen Tempel, den er in Preah Khan

Kopf des Königs Jayavarman VII. (1181–1200). Sandstein, Höhe 41 cm.
Jayavarman VII., der letzte große Herrscher des Khmerreiches, war eine zwiespältige Persönlichkeit. Obgleich er ein Anhänger des Buddhismus war, hat er den Kult des Gottkönigs auf Erden beibehalten. Nachdem die Eroberungszüge Suryavarmans II. ein böses Ende genommen hatten – die Cham hatten Angkor zerstört –, war es Jayavarman gelungen, das Khmerreich erneut zur Blüte zu bringen. Die Königsidee hatte infolge des Niederbrennens Angkors ihre magische Kraft eingebüßt. Vielleicht hat er die Königsidee zu retten versucht, indem er sich als König-Buddha verehren ließ.

errichten läßt. Die heilige Dreiheit rundet der Tempel Banteay Kdei in Angkor ab, in dem – der König hat sich vom Hinduismus gelöst – Buddha selbst verehrt wird. Stilistisch wirkt besonders der Tempel Ta Prohm in der Zukunft weiter.
Philipp Stern sieht in dem Bau dieser Tempel eine erste Phase des von Jayavarman veranlaßten Kunstschaffens. In der zweiten Phase zeigt sich eine Reform der religiösen Verehrung, denn nun treten in der Kunst Elemente auf, die bisher eine untergeordnete Rolle gespielt haben. Künstler werden beauftragt, bestehende Bauten zu erneuern, und in Angkor wird sogar die alte Stadtmauer renoviert oder, so weit erforderlich, neu angelegt. Damit entsteht ein Fundament, auf dem später weitergebaut werden kann. Außerdem werden noch einige kleinere Tempel außerhalb Angkors errichtet. In der abschließenden dritten Phase konzentriert sich die Bautätigkeit Jayavarmans ganz und gar auf die Hauptstadt.
Mit seiner religiösen Reformbewegung setzt sich der König vor allem zugunsten des Buddhismus und gegen den sehr stark gewordenen Hinduismus ein. Er ist der erste Herrscher, der das Sinnbild des Königtums nicht aus seinem Namen und dem Śivas zusammensetzt, sondern durch das Symbol Buddhas. Für diese religiöse Neuerung läßt Jayavarman das größte und eindrucksvollste Bauwerk in der Ebene von Angkor errichten, den Bayon. In mehreren Abschnitten entsteht dieses Bauwerk, das wohl auf Resten früherer Tempel steht, von denen heute aber nichts mehr erhalten ist. Der Bayon ähnelt im äußeren Grundriß sehr dem Tempelberg von Angkor Vat. Der Gebäudekomplex steigt ebenfalls terrassenförmig an, und das Hauptheiligtum steht auf einer dritten Plattform, die eine Breite von 57 Metern und eine Länge von 80 Metern hat. Im Mittelpunkt dieser Terrasse, die von einer Galerie eingesäumt wird, thront das runde Heiligtum, das aus einem Zentralraum und 12 Nebenräumen besteht; weitere Pavillons runden die Anlage auf der obersten Terrasse ab. Alle Gebäude dieser obersten Stufe des Tempelberges werden mit Türmen gekrönt, insgesamt mindestens 54, so daß ein Wald von Türmen entsteht, der etwa 43 Meter in die Höhe ragt; die Fassaden eines jeden Turmes sind ausgerichtet nach den vier Himmelsrichtungen und mit gewaltigen Kolossalgesichtern geschmückt, die dem Gesamtbauwerk seine Einzigartigkeit verleihen. Diese großen Gesichter auf den Türmen versinnbildlichen die Allgegenwart der Gottheit, aber auch des Herrschers, der ja der irdische Stellvertreter der Gottheit ist. Ein besonderer Reiz wird erzielt, wenn man um den Bayon herumgeht: die vielfältigen Gesichter erwecken dann den Eindruck, als bewege sich die gesamte Anlage mit. Damit wird die Verbindung zu jener Sage hergestellt, derzufolge sich Buddha, um aufdringlichen Zauberern zu entgehen, vervielfältigt und in die Lüfte erhoben habe und sich nun tausende von Buddhas, ähnlich dem Meer der Sterne, hoch oben im Kreise bewegt haben. Im zentralen Heiligtum thront der meditierende Buddha selbst, und in den Seitenräumen stehen Statuen von den großen Würdenträgern des Reiches, um von hier aus an der Vergöttlichung des Königs teilzuhaben.
Bei der Gestaltung der Innenräume hat sich Jayavarman VII. ebenfalls von dem Vorbild Angkor Vat leiten lassen, auch wenn zu seinen Lebzeiten nur mehr ein geringer Teil der Reliefs fertiggestellt worden ist. Der König stirbt im Jahre 1200, und seine Nachfolger bemühen sich, die noch freien Wände mit den Leistungen des großen Königs zu dekorieren. Daher finden sich unter den Wandbildern auch Darstellungen von Kriegszügen gegen Champa. Großartige Reliefs zeigen daneben prächtige Szenen aus dem Alltagsleben. Um die großen Steinflächen im Inneren mit Leben zu erfüllen, werden die Bildhauer zur Eile angetrieben. Ungeheuere Mengen von Votivstatuen entstehen, und bald tauchen neben Bildern der königlichen Familie auch Gestalten des einfachen Volkes auf. So ist allmählich in diesem Pantheon die Gesamtheit des Reiches repräsentiert; um dem großen Bedarf an Bildnissen nachzukommen und um die Zeitpläne einhalten zu können, verwendet man Bronze, die sehr zügig und problemlos verarbeitet werden kann. Die Ikonographie erlebt besonders dann großartige Höhepunkte, wenn sie sich die Gestaltung Buddhas vornimmt; der Buddha auf der Naga ist einem größeren Kreis von Verehrern bekannt geworden, und auf dem Grunde eines Brunnens im Bayon hat man eine Statue gefunden, deren Gesichtszüge deutlich die des Königs erkennen lassen. Es mag sich hierbei um die Hauptgottheit des Bayon, also Jayabuddha, gehandelt haben, deren Name den des Königs und Buddhas in sich vereinigt.
Der Bau des riesigen Tempelberges erschöpft die Kräfte des Landes. Zunächst wird das haltbare Material immer knapper, und schließlich muß man auch leicht verderblichen Stein verwenden. Es dauert auch nicht lange, bis die anderen Vorräte aufgebraucht sind; die Pflege des Ackerlandes und der Bewässerungssysteme wird vernachlässigt, und eine stark aufgeblähte Beamtenschaft verhindert eine zielstrebige Politik. Die Folge hiervon ist, daß Angkor und damit Kambodscha die einstige dominierende Stellung in Südostasien verlieren.

SÜDOSTASIEN IM SCHATTEN DER KHMER

Champa Während des 7. und 8. Jahrhunderts erlebt Champa, das östlich des Mittellaufes des Mekong gelegen ist, eine ähnliche Blüte wie Chen-la. Der König Prakasadharma, der von 653 bis gegen 686 regiert, stammt über eheliche Verbindungen von Mahendravarman aus Chen-la ab. Das Hauptobjekt seiner künstlerischen Ambitionen ist die Stadt Mi-son; hier findet sich noch heute ein Turm, in dem noch wertvolle Reste aus dieser Zeit vorhanden sind und der als charakteristisch für den eigenständigen Mi-son-Stil gelten kann. Die Kunstrichtung zeigt in der damaligen Zeit zahlreiche Überschneidungen mit der Khmer-Kunst. Hierzu kommt es, weil zwischen beiden Reichen enge Handelsverbindungen bestehen und weil Champa nach der Zerschlagung des Funan-Reiches kurzfristig seinen Einflußbereich auch auf die östlichen Provinzen Chen-las ausgedehnt hat und damals für kurze Zeit auf die Khmer anregend wirken konnte.
Als die unmittelbaren Nachbarn der Khmer sind die Cham stets das Ziel expansionsbesessener Könige aus Angkor. Dieser Druck wirkt um so schwerer, da auch die nördlichen Nachbarn, die Annamiten, nach Champa eindringen wollen. Deswegen suchen die Cham die Freundschaft mit China. Trotzdem erobern im Jahre 982 die Annamiten weite Teile des Landes und verwüsten die Hauptstadt Indrapura. Der König Harivarman II. kann von Vijaya aus das Land neu organisieren und schließlich einen neuen Aufschwung einleiten. Auch eine weitere Plünderung durch die Annamiten im 11. Jahrhundert kann die Kräfte des Landes nicht auslöschen, so daß das Reich bereits nach kurzer Zeit sich als ungewöhnlich stark zeigt. König Harivarman IV. (1074–1081) vereitelt sogar einen Einfall der Annamiten, ja er kann sogar die aggressiven Khmer zurückdrängen und schließlich ein Bündnis zusammen mit Angkor und China gegen Annam schließen.
Nach einer Zeit der Ruhe wollen im Jahre 1128 die Khmer Champa zu einem Bündnis gegen Annam zwingen. Auf den Widerstand der Cham hin erobern die Khmer das Land und fügen es als Provinz ihrem Reich an. Erst als die Größe des westlichen Nachbarn schwindet, können die Herrscher in Champa wieder daran

gehen, abgefallene Provinzen zurückzuerobern und eine eigene Verwaltung aufzubauen.

Annam (Dai Viet) Die Schwäche der T'ang-Kaiser in China ausnützend festigt Ngo Quyen (938–944) die eigene Position und baut ein unabhängiges Verwaltungssystem auf. Zwar erkennt er offiziell Chinas Oberhoheit an, jedoch versucht er, dessen Einfluß möglichst abzuschwächen. Um der Bevölkerung neue Anbauflächen zu verschaffen, bemühen sich er und seine Nachfolger um eine Ausweitung des Gebietes auf Kosten der im Süden angrenzenden Cham. Mit den wechselnden Dynastien ändern sich auch die Hauptstädte in Annam. Die älteste, noch von den Chinesen angelegte Hauptstadt ist Dai-la gewesen; ihr folgt Co-loa, worauf unter der Dynastie der Li (1009–1225) Hanoi neuer Mittelpunkt des Reiches wird, das von nun an bis 1804 Dai Viet heißt.

Burma Der westliche Nachbar der Khmer kann sich verhältnismäßig eigenständig entwickeln. Im 10. Jahrhundert endet die allmähliche Unterwanderung der Mon durch die von den expandierenden Chinesen vertriebenen Burmesen. Im Jahre 1044 gründet der König Anawratha von Pagan (1044–1077) das erste burmesische Reich. Durch die Eroberung der Mon-Provinz Thaton gelangen in die Hauptstadt zahlreiche erfahrene Verwaltungsbeamte, die beim Aufbau des neuen Reiches eine wichtige Hilfe sind. Ihnen fol-

Aufmarsch des Heeres der Khmer und ihrer Verbündeten im Feldzug gegen Champa. Bayon, Angkor, um 1200 n. Chr. Obgleich nur rund 50 Jahre das obige Relief von denen des Angkor Vat (vgl. S. 331) trennen, ist der künstlerische Qualitätsabfall nicht zu verkennen.

gen Handwerker und Künstler, die für den kulturellen Aufstieg unentbehrlich sind. Die Söhne Anawrathas setzen das von ihrem Vater begonnene Werk fort, und im 12. Jahrhundert erlebt das Land eine so große Blüte, daß es den im beginnenden 13. Jahrhundert anstürmenden Mongolen einen dauernden Widerstand entgegensetzen kann.

Die Inselwelt Seit dem Ende des 9. Jahrhunderts blühen auf Java die Hindukulte wieder auf. Die Dynastie von Śailendra verliert zur gleichen Zeit in Java an Bedeutung und kann sich nur noch auf Sumatra behaupten. Sie versucht von Śri Vijaya aus, die frühere Tradition fortzuführen und im Seehandel zwischen Indien und China eine Vermittlerrolle zu spielen. Doch Teile der indonesischen Bevölkerung aus den höher gelegenen Gegenden Sumatras verlassen die Insel und siedeln sich auf der Malaiischen Halbinsel an, wo sie um das Jahr 1160 an der Südspitze die Stadt Singapur gründen. Nach der Zerstörung durch javanische Krieger beginnen die Bewohner von Singapur im Jahre 1253 auf dem Gebiet der späteren Stadt Malakka nochmals von vorne.
Im Wettstreit um die führende Rolle im Ost-West-Handel spielt nun auch das neue Königreich von Ostjava eine wichtige Rolle, das seinen Machtanspruch auch auf Bali ausdehnen will. Bereits im 10. Jahrhundert kommt es daher zur unmittelbaren Konfrontation zwischen Ostjava und Śri Vijaya. Gleichzeitige indische Angriffe auf Śri Vijaya bewirken, daß Ostjava um 927 zur Vorherrschaft gelangt und König Airlangga immer größere Teile aus dem einstigen Landgebiet von Śri Vijaya unter seine Kontrolle bringen kann.
Auf Java läßt diese politische Neuordnung eine blühende Kultur entstehen. Die Architektur erlebt einen Höhepunkt in den Sakralbauten von Prambanan. In der Mitte des quadratischen Innenbezirks wird ein Tempel errichtet, in dem ein Herrscher die mystische Vereinigung mit den Göttern erfahren hat. Neben solchen hinduistischen Vorstellungen leben aber auch noch buddhistische Reste weiter und verbinden sich zu einem religiösen Synkretismus.
Auch auf Bali gehören die Tempel zu den wesentlichsten Kulturgütern dieser Zeit. Ihre Anlage setzt sich aus Einzelbauwerken zusammen, die aber keine harmonisch abgerundete Einheit ergeben. Das Kunsthandwerk verbindet sich in Bali mit der Literatur, woraus um das Jahr 1000 n. Chr. ein besonders typisches Puppenspiel, Wayang-kulit, entstanden ist. Am verbreitetsten ist es in der Form des Schattenspiels, wobei die aus Leder geschnittenen Silhouetten vor dem Zuschauer auf Stäben getragen werden. Hierzu erklingt Gamelan-Musik, die hauptsächlich durch Schlaginstrumente erzeugt wird. Auf Bali werden zur Gamelan-Musik auch Tänze aufgeführt, die meist religiöse Inhalte verkörpern sollen und eine besondere Körperbeherrschung vom Interpreten verlangen.

Auflösung der alten Welt Südostasiens

Die Staaten Südostasiens haben durch die Einflüsse aus Indien und China einst eine wesentliche Prägung erfahren. Diese Beeinflussung von außen erfährt ihren Höhepunkt und gleichzeitig ihr Ende in der Errichtung des Bayon durch Jayavarman VII. Angkor lebt zwar weiter, Besucher loben stets seine einmalige Schönheit, aber der Glanz hat keine Ausstrahlungskraft mehr, ihm fehlt das Leben und er ist des religiösen Gehalts beraubt.

Das Ende von Angkor Nach Jayavarman errichtet kein König mehr Tempel in Angkor. Noch sind heute nicht alle Einzelheiten des Unterganges der einstigen Metropole bekannt, denn die Wissenschaftler haben sich bisher meist mit den Glanzzeiten dieser Kultur befaßt, jedoch kann vermutet werden, daß eine wesentliche Ursache hierfür im Nachlassen der religiösen Anschauung, also im Schwinden der Einheit von Gott, Königtum und Volk zu sehen ist. Die Folge hiervon ist, daß große Gemeinschaftsleistungen ausbleiben. Nicht nur die Tempel veröden, sondern auch die Pflege der Bewässerungsanlagen wird vernachlässigt. Mit der Zeit wird in den verkommenen Bewässerungssystemen von Angkor die gefürchtete Malariamücke heimisch. Der Boden verliert, wenn er nicht rechtzeitig mit neuem Schlamm gedüngt wird, seine Nährstoffe; heute stehen die Tempelruinen in der Gegend Kambodschas, in der Boden von der mindersten Qualität anzutreffen ist. Die Khmer ziehen ab und siedeln sich jetzt bevorzugt in den Gebieten des alten Funan oder Chen-la an. So verwaist Angkor allmählich und wird ein lohnendes Ziel für raubgierige Feinde. Die Thai ziehen immer wieder plündernd und brandschatzend durch die Tempelberge und tragen wertvolle Schmuckstücke fort.

Unter der Śailendra-Dynastie erreichte die buddhistische Kunst auf Java ihre höchste Blüte. Um 800 n. Chr. wurde der Borobudur, das größte buddhistische Heiligtum, erbaut, dessen Terrassen mit Reliefs geschmückt sind. Die untenstehende Abbildung zeigt, wie die Schiffe Sri Vijayas mit ihren Auslegern ausgesehen haben.

Vordringen der Thai Zu Beginn des 13. Jahrhunderts dringen im Norden Südostasiens die Mongolen vor und veranlassen die Völker, die noch nicht ihrer Oberhoheit unterstehen, ihre bisherigen Wohnsitze zu verlassen und durch Flucht einer neuen Gewaltherrschaft zu entgehen. Daher ziehen zu dieser Zeit die Thai nach dem Süden und gründen nacheinander mehrere Fürstentümer. Bereits in der Mitte des 13. Jahrhunderts haben sie sich die Khmer, Mon und Burmesen unterworfen und ihrem Staatsverband eingeordnet. Zwischen den Jahren 1250 und 1260 veranlaßt die mongolische Eroberung von Nan-chao, das bisher als Pufferstaat zwischen Thai und Mongolen betrachtet worden ist, einen weiteren Marsch der Thai nach Süden. Allmählich erstrecken sich ihre Fürstentümer längs der Flüsse Meping und Menam, wo sie einen großen zusammenhängenden Block bilden.
Um dem Druck der Mongolen gewachsen zu sein, schließen sich die nördlichen Fürsten zu einer „Heiligen Allianz" zusammen, an deren Spitze ein König namens Mangrai steht. Er gründet im Jahre 1296 die Stadt Chiengmai, die den Mittelpunkt des Königreiches Lan Na („Land der Millionen Reisfelder") bildet.
Die südlichen Bereiche des Thai-Landes, das Gebiet Sukhothai, vereinigt meist auf Kosten der Khmer der König Rama Khamheng. Er führt im Jahre 1283 eine neue Schrift ein, die auf der Kursivschrift der Khmer aufgebaut ist und künftig als die einzig gültige Schreibweise angesehen wird. Auf dieser Basis bauen die beiden Nachfolger Rama Khamhengs, Lo Thai und Lu Thai, die kulturellen Einrichtungen weiter aus. Dabei nehmen sie von den unterworfenen Völkern zahlreiche Anregungen auf: Die Mon beeinflussen die Thai auf dem Gebiet der Ikonographie; als Religion erkennen sie den Theravada-Buddhismus an und auf dem Gebiet der Organisation des Reiches lassen sie sich von den sonst eher als feindlich angesehenen Mongolen inspirieren. Im 14. Jahrhundert verdichten sich die Beziehungen zwischen den beiden Thai-Staaten, die schließlich im 15. Jahrhundert unter dem König Tiloka zu einer fast völligen Vereinigung geführt hätten, wenn nicht im Süden die Dynastie von Sukhothai durch die Dynastie von Ayuthya abgelöst worden wäre, die jedoch gerade dieser Frage noch unentschlossen gegenübersteht.

Kurze Blüte in Champa Im 13. Jahrhundert bekennt sich die Bevölkerung auch hier wieder stärker zum Theravada-Buddhismus. Manche künstlerischen Ausdrucksformen der alten angkorianischen Kunst leben noch weiter fort, doch geben nur sehr wenige Kunstschätze über diese Zeit Auskunft, da das bisherige Gestaltungselement Stein wieder vom Holz abgelöst wird.
Champa kommt die Schwächung des westlichen Nachbarn kaum zugute, da es sich nun plötzlich neuen Feinden konfrontiert sieht; an seinen Grenzen tauchen ab 1283 immer häufiger mongolische Horden des Kubilai Khan auf. Nur noch der mächtige König Che Bong Nga (1360 bis 1390) kann sich einige Zeit gegen die neuen Feinde wehren. Während seiner Regierungszeit blüht der sogenannte Binh-dinh-Stil, womit die Kunst der Errichtung von Gold- und Kupfertürmen gemeint ist. Angeregt durch die letzten Höhepunkte der Khmer-Kunst entstehen prächtig verzierte und monumental angelegte Türme, die besonders durch ihre Ornamente und Blendwerke den Betrachter faszinieren. Erst im Jahre 1471 wird dann Champa von den Mongolen endgültig unterworfen.

Die Tran und Le in Vietnam In Vietnam regiert ab dem Jahre 1225 die Dynastie der Tran, die eine Ausweitung des Herrschaftsgebietes anstrebt, da die in der Ebene von Tongking herrschende Überbevölkerung immer bedrohlicher wird. Diesen Plan kann die Nähe der Mongolen nur vorübergehend aufhalten; Querelen mit dem nördlichen Nachbarn führen sogar zu einer kurzfristigen Okkupation durch die Ming, die aber im Jahre 1418 wieder aus dem Lande gewiesen werden können. Dem König Le Loi gelingt es schließlich, die chinesische Vormundschaft gänzlich zu beseitigen und die Herrschaft seiner eigenen Dynastie zu begründen, die das Land reorganisieren und schließlich auch territorial die Nachfolge der Cham übernehmen kann.

Anbetende weibliche Gestalten. Relief von den Silbertürmen, Zentral-Vietnam. Stil von Binh-dinh, erste Hälfte des 12. Jhs. Sandstein. Höhe 0,83 m. Museum von Tourane.

China: Das Reich der Mitte von seinen Anfängen bis zur Ming-Dynastie

Anders als die abendländisch-europäische Geschichte, deren Ereignisse und Verlaufsformen bis heute unser Welt- und Geschichtsbild, unser Selbstverständnis wie unser auf die Zukunft gerichtetes Denken und Planen geprägt haben, entwickelt sich die chinesische Geschichte. Das soll nicht heißen, daß in China alles ganz anders, unbegreiflich wäre. Auch hier gibt es im Lauf der historischen Entfaltung der Menschheit die typischen Probleme der Aneignung der Naturkräfte, der Bildung unterschiedlicher Kulturen aufgrund von Sozialisation und Unterwerfung, der Legitimation politischer Herrschaft, der Spannung zwischen den Gesellschaftsschichten, von wirtschaftlicher und kultureller Blüte und krisenhaftem Verfall, von Expansion nach außen und Zerfall politischer Einheit. Aber die Andersartigkeit der chinesischen Entwicklung, der die Eschatologie des Christentums, der Fortschrittsglaube der Aufklärung, die rationale Logik der neuzeitlichen Technik und Naturwissenschaften fehlen, kommt schon in ihrer mehrtausendjährigen, ungebrochenen Tradition und dem stolzen Bewußtsein von ihr zum Ausdruck. Zwar ist es nicht so, daß schon in der Frühzeit des 3. und 2. Jahrtausends v. Chr. „das Chinesische" voll ausgeprägt wäre: Auch die chinesische Kultur ist das Ergebnis eines langen, vielfältigen Prozesses der Ineinander- und Auseinanderentwicklung unterschiedlichster kultureller, politischer, ökonomischer, sozialer und geistiger Elemente. Aber schon früh, mit der Chou-Dynastie (seit 1050 v. Chr.), ist in dem Raum, der bis zur Gegenwart zum Kernland Chinas gehört, am mittleren Huangho, eine Hochkultur zu finden, deren wesentliche materielle und geistige Bestandteile – Bewässerungskultur, Seide, Schrift, patriarchalisches Familiensystem mit Ahnenkult – als „chinesisch" zu bestimmen sind. Und ebenfalls früh – verglichen mit der europäischen Geschichte und ihrer Diskontinuität – besteht seit der Ch'in-Dynastie (221 bis 206 v. Chr.) und der Han-Dynastie (206 v. Chr. bis 220 n. Chr.) ein zum Absolutismus tendierendes Kaisertum. Seine ideelle Rechtfertigung ist eng mit dem Gedanken der Reichseinheit verknüpft und erweist sich bis ins 20. Jahrhundert hinein als lebensfähig. China ist heute die einzige Nation der Erde, die „gleichzeitig auf eine uralte Reichsidee und eine völlig aus sich selbst heraus entwickelte, in ihren Wurzeln nirgends mit Europa verflochtene Kultur" zurückblicken kann (W. Bauer). Das gibt dem von ihm vertretenen Sozialismus maoistischer Prägung und seiner – wiewohl als Hegemonialstreben noch zurückgewiesenen – Geltung als atomare und politische Weltmacht zusätzliches Gewicht, vor allem in den Ländern der sog. Dritten Welt, die im Aufbegehren gegen die Folgen der kolonialen Vergangenheit auch die europäische Tradition generell in Frage stellen.

VORGESCHICHTE: NEOLITHIKUM UND BRONZEZEIT

Die ältesten Spuren menschlichen Lebens im chinesischen Raum stammen aus dem älteren Paläolithikum: Die Fundstelle von Chou-k'ou-tien bei Peking hat neben Steinwerkzeugen, Abschlägen aus Quarz und Quarzit, auch Skelettreste einer mongoliden Frühform des Menschen, des bekannten Sinanthropus, freigegeben. Der Übergang vom Jungpaläolithikum zum Neolithikum scheint in China im 8. und 7. Jahrtausend v. Chr. stattgefunden zu haben. Indizien für frühen Pflanzbau und Funde sog. Mattenkeramik, d. h. durch Abdrücke von Textilien verzierter Tonwaren, weisen darauf hin. Mit der Yang-shao-Kultur (so benannt nach dem Hauptfundort am mittleren Huangho), die ins 6. bis 4. Jahrtausend zu datieren ist, tritt uns eine voll jungsteinzeitliche Kultur entgegen, die bereits als Grundlage der späteren chinesischen Kultur angesprochen werden kann. Neben den Feldbau in den Bewässerungsebenen des Huangho und seiner Nebenflüsse, der ein wohlorganisiertes Damm- und Kanalsystem voraussetzt, ist die Schweinezucht getreten. Ob die bemalte Bandkeramik dieser Kultur auf mehr als auf mittelbare Zusammenhänge mit ähnlichen Kulturen in Südrußland und Ungarn, etwa der Tripoljekultur, hinweist, ist bis heute in der Forschung umstritten. Daß China schon zu diesen Zeiten Kontakte mit den westasiatischen Kulturgebieten gehabt

Neolithisches Henkelgefäß, ohne Töpferscheibe mit der Hand geformt und kalt bemalt. Provinz Kansu. Zweite Hälfte des 2. vorchristlichen Jahrtausends. Yang-shao-Kultur. Museum für Ostasiatische Kunst, Köln.

hat, kann man als sicher annehmen, doch über die Intensität dieser Kontakte lassen sich nur Vermutungen anstellen. Dies gilt auch für die auf die Yang-shao-Kultur folgende Lung-shan-Kultur (3. Jahrtausend und Anfang des 2. Jahrtausends v. Chr.). Neben ihr existieren im Norden an den Küsten des Gelben Meeres, in der Südmandschurei und in Nordkorea maritime Kulturen, deren Leitform eine Keramik mit Schnur-, Matten- und Geflechtabdruck ist.

Im 2. Jahrtausend vollzieht sich in China, möglicherweise ausgehend von der Kupferkultur Nordwest-Kansus, der Übergang zur Bronzezeit. Das archaische Reich der sagenhaften Hsia-Dynastie (ca. 1800 bis ca. 1500 v. Chr.), das statt des Wahlkönigtums nun ein erbliches Königtum kennt, muß als bronzezeitlich angesprochen werden. Mit der ihm folgenden Shang-Dynastie (ca. 1500 bis 1122 v. Chr.) tritt der chinesische Raum aus dem Stadium der Vorgeschichte in das der Geschichte: Die auf Tausenden ausgegrabener Schildkrötenschalen und Opfertierknochen eingeritzten sowie in Bronzegefäße gegossenen Bilderzeichen, die religiösen Zwecken dienten (Orakel, Beschwörung, Weihe), weisen ebenso wie die Ausgrabungen von planmäßig angelegten Städten mit Merkmalen einer hierarchisch gegliederten Gesellschaft auf die Existenz einer Hochkultur hin.

DAS REICH DER SHANG

An der Spitze dieses Reiches, dessen Zentrum in Nordost-Honan (Hauptstadt: Anyang) liegt, steht ein König („Kaiser", chin. Ti), der zugleich oberster Priester ist, also seine politische Gewalt durch seine religiös-magische Macht legitimiert. Die an ihn durch eine Art Lehensverhältnis gebundene „adlige"Oberschicht lebt in befestigten, große Tempelanlagen enthaltenden Städten. Mit Bronzewaffen und Streitwagen ausgerüstet, herrschen diese „Lehensherren" über die unterworfene bäuerliche Urbevölkerung, die noch mit Steinwerkzeugen den Boden bearbeitet, die Deiche instand hält und für den Bau der für die Kriegswagen notwendigen Wege zuständig ist. Eine zahlreiche „Sklavenschaft" von Handwerkern stellt Waffen, Sakralgegenstände und Dinge des täglichen gehobenen Bedarfs her. Zahlreiche Beutezüge des „Reichs der Mitte" in das Gebiet benachbarter Völker charakterisieren diese kriegerische Shang-Kultur.

In der Bronzekunst der Shang fällt die bereits hochstilisierte, reiche Ornamentik auf; vorherrschende Motive sind ein Fabelwesenkopf (T'ao-t'ie) und ein mäanderartiges „Donnermuster" (Lei-wen). Neben der Schrift, die mit über 2000 Zeichen schon hoch entwickelt ist, verfügen die Shang über eine exakte Zeitrechnung. Die Religion, von schriftkundigen Priestern verwaltet, durchdringt mit der Verehrung von Fruchtbarkeitsgöttern und Ahnengeistern, mit Magie, Orakel und Menschenopfern das gesamte gesellschaftliche Leben. In ihrem Mittelpunkt steht die Verehrung des Tao, des gesetzmäßigen Prinzips des geordneten Weltalls und des Naturgeschehens. Sie wird vom König als oberstem Priester im göttlichen Auftrag verantwortlich wahrgenommen. Versagt er als Sachwalter der irdischen und kosmischen Ordnung, etwa bei Naturkatastrophen oder bei Treuebruch gegenüber seinen Lehensträgern, kann ihm sein Mandat streitig gemacht werden. Vielleicht auf solche Überlegungen gestützt, nutzt die im Tal des Weiho ansässige Sippe der türkischen Chou um 1122 die Abwesenheit des Shang-Königs infolge eines Feldzuges zum Angriff auf die damalige Hauptstadt Yin (nach der die Shang- oft auch Yin-Dynastie genannt wird), erobert und zerstört sie. An die Stelle des obersten Ahnen- und Staatsgottes der Shang, eines Vegetationsgottes „Shang-ti", setzen die Chou ihren Himmelsgott „T'ien" und leiten von ihm den „göttlichen Auftrag" für ihre Herrschaft her. Von nun an wird es zu einem zentralen Element der chinesischen Dynastiengeschichte – im übrigen auch zum Gliederungsprinzip und Argumentationsmittel der chinesischen Hofgeschichtsschreibung –, daß am Anfang einer neuen Dynastie die Neuerteilung des „Auftrags des Himmels" (T'ien-ming) an den aufgrund seiner Tugend (Te) besonders befähigten neuen Herrscher steht. Demnach kann es, vom Konfuzianismus später nachdrücklich betont, „keine zwei Kaiser unter einem Himmel geben". Die Verehrung des aus der Verschmelzung von Shang-ti und T'ien entstehenden „Großhimmel-Obergottes" Hao-t'ien shang-ti als oberster Gott des Staatskultes obliegt weiterhin allein dem Kaiser.

Bronzenes Opfergefäß vom „kuang"-Typ. Deckel in Form eines drachenähnlichen Tieres. Die Ornamentik zeigt stilisierte T'ao-t'ie-Masken. Späte Shang- oder frühe Chou-Zeit, um 1000 v. Chr. Musée Guimet, Paris.

DIE CHOU-DYNASTIE: ZEIT DES UMBRUCHS

Die Herrschaftszeit der Chou-Dynastie wird in drei Epochen untergliedert: in die Zeit der Westlichen Chou (1050 bis 771 v. Chr.), die Ch'un-ch'iu-Zeit (771 bis 481 v. Chr.) und die „Zeit der kämpfenden Reiche" (Chan-kuo) (481 bis 249 v. Chr.).

In der Zeit der Westlichen Chou bildet sich im Bereich des mittleren und unteren Huangho ein reiner Feudalstaat heraus: Der Chou-König belehnt seine Sippenmitglieder, die „hundert Familien", mit Kriegern und Territorien, die oft erst noch erobert werden müssen. Meist sind diese „Lehen" nichts anderes als kleinere oder größere Garnisonsstädte mitsamt dem um die Stadt

herum liegenden Ackerland. Während jedoch das Königsland in der Mitte nicht erweitert werden kann, dehnen die Lehensherren ihre Gebiete durch Kolonisation und Eroberung ständig in die umliegenden Lößbergländer und Täler aus. Zwangsumsiedlungen der Shang-Bevölkerung durch die neuen türkisch-tibetischen Herren sind dabei nicht selten. In der Auseinandersetzung zwischen dem Zentralismus der nach unumschränkter Macht strebenden Könige und den zentrifugalen Bestrebungen der Lehensherren müssen letztere, zeitweise über 1000 an der Zahl, siegen. König Li Wang (878 bis 841 v. Chr.), der sich dieser Entwicklung entgegenzustemmen versucht, wird durch einen Aufstand der Lehensfürsten zur Flucht gezwungen. Auch im Kampf gegen die im Norden ansässigen Nomadenvölker der Türken und Mongolen erwerben sich Lehensträger neue Macht und neue Rechte, während der gleiche Kampf an den zahlenmäßig kleinen Klan des Herrscherhauses ständig nur hohe Anforderungen stellt.
Die Shang-Kultur erhält durch die Chou neue Impulse: Zu Sprache und Schrift, Bronzekunst und Ackerbau (neben Hirse zunehmend Weizen; Übergang vom Wanderfeldbau zum Brachwechsel) fügen die Chou ihr patriarchalisches Familiensystem, die Verehrung von Himmelsgottheiten, die Herstellung von Filz und Wollstoffen. Die Shang-Priester werden, da die Chou kein Priestertum kannten, zu Schreibern, Lehrern, „Gelehrten", und somit zu einer sozialen Schicht, die zwischen dem Adel und der Unterschicht der Bauern und Handwerker anzusiedeln ist. Die Menschenopfer werden offiziell abgeschafft.
Vom weiteren Niedergang der königlichen Macht und dem Aufkommen von feudalen Großstaaten ist die zweite Periode der Chou-Dynastie (771 bis 481 v. Chr.) geprägt. Die Hauptstadt, bisher Hsi-an, wird 770 nach Lo-yang (Provinz Honan) verlegt, als nördliche Lehensfürsten den Chou-König töten und Shensi erobern. Die neuen Chou-Herrscher haben von nun an kein Königsland mehr zur Verfügung und müssen sich deshalb praktisch auf ihre religiösen Funktionen beschränken. Den Schutz des Königshauses übernehmen sog. Hegemone (Diktatoren), d. h. die jeweils mächtigsten Lehensherren. Der erste dieser Hegemone ist der Fürst Huan (685 bis 643 v. Chr.) von Ch'i (Nordshantung), eine durch den Bronze-, Eisen- und Salzhandel reichen Lehensstaat. Solange die nun existierenden großen Lehensstaaten, etwa elf an der Zahl, sich untereinander bekämpfen, können die Hegemone auch bei der Abwehr der nomadischen Nord- und Nordwestvölker die Führung der gemeinsamen Feldzüge übernehmen. Als sich dann die Lehensstaaten zu Bünden zusammenschließen, ist die Macht der Hegemone gebrochen, die „Zeit der kämpfenden Reiche" beginnt.
Nicht nur politisch, auch sozial und wirtschaftlich bedeutet die Ch'un-ch'iu-Zeit (bisweilen auch Zeit der Östlichen Chou-Dynastie genannt) eine Zeit des Umbruchs. Die Einführung allgemeiner Steuern auf Verbrauchsgüter (Salz) und die Kodifikation des Rechts – Maßnahmen, die der strafferen Verwaltung der großen Lehensstaaten dienen – treffen vor allem die kleinen Landadligen. Die Kaufleute werden zu einer staatstragenden Schicht, da sie nun den Warenverkehr zwischen den einzelnen Feudalgütern und den an Bevölkerung rasch wachsenden Haupt- und Garnisonsstädten sicherstellen: den Transport der Naturalabgaben vom Land in die Städte und die Versorgung der Landbevölkerung mit handwerklichen Produkten der Städte (z. B. mit den neu aufkommenden gußeisernen Feldbaugeräten, Pflugschar und Sichel). Der allmähliche Übergang von der Natural- zur Geldwirtschaft (zuerst in Ch'i) und die zunehmende militärische Bedeutung der Bauernsoldaten, welche die in den ständigen Kämpfen dezimierten Ritterheere auffüllen müssen, tragen ebenfalls zur Entmachtung des niederen Adels bei.
Diese Entwicklung setzt sich in der dritten Periode der Chou-Dynastie, der „Zeit der kämpfenden Länder (streitenden Reiche)", fort. Die nun übriggebliebenen Einzelstaaten umgeben sich mit befestigten Grenzen, um im ständigen Kampf gegeneinander besser geschützt zu sein, und verstärken die zentrale Verwaltung ihres Hoheitsgebietes. Am rigorosesten und erfolgreichsten geht dabei der im heutigen Shensi und Ost-Kansu gelegene, überwiegend türkisch-tibetische West-Staat Ch'in vor: Sein Berufsbeamtentum und sein Volksheer mit der Tendenz zum Vernichtungskrieg ermöglichen es Ch'in, in wechselnden Bündnissen (oft steht eine Nord-Süd-Achse gegen eine Ost-West-Liga) einen Gegner nach dem andern zu besiegen. Im Jahr 249 v. Chr. (nach anderen Datierungen: 256 v. Chr.) dankt der letzte, vollkommen ohnmächtige Chou-König ab, und 221 v. Chr. ist das gesamte China unter der Herrschaft der Ch'in-Kaiser geeinigt.

GEISTIGE GRUNDLAGEN DER CHINESISCHEN KULTUR

Die politisch-soziale Umbruchszeit der zweiten und dritten Periode der Chou-Dynastie führt auch im kulturellen Bereich zu fruchtbaren Auseinandersetzungen, deren schöpferische Leistungen weit über diese Zeit hinaus für die Geschichte Chinas von Bedeutung werden. K'ung-tse (551 bis 479 v. Chr.), bei uns unter dem Namen Konfuzius bekannt, ein wandernder Hauslehrer, regt die schriftliche Aufzeichnung bislang im wesentlichen nur mündlich tradierter Überlieferungen an und versucht dadurch, die gefährdete patriarchalische Familienordnung der frühen Feudalzeit neu zu beleben. Von den ihm zugeschriebenen Schriften, einem Buch historischer Epen (Shu-ching), einem Buch der Lieder (Shih-ching), Aufzeichnungen von Riten, Wahrsage- und Orakelsprüchen, stammt wohl nur eine Chronik des Staates Lu, der Heimat des Konfuzius, von ihm persönlich. (Der Titel dieses Werkes, „Ch'un-ch'iu", wörtlich „Frühling und Herbst", wurde auf die gesamte zweite Periode der Chou-Dynastie übertragen.) In Konfuzius' religiös vertiefter Ethik – zwischen dem sittlichen Wollen und Handeln des Menschen und

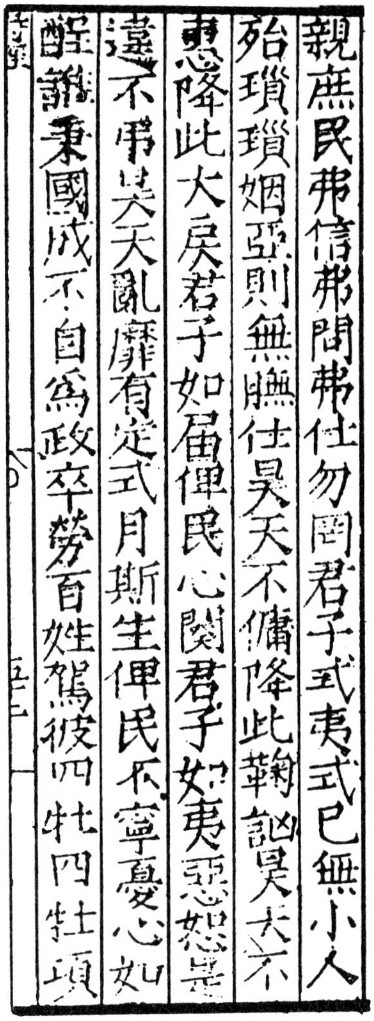

Shi-ching oder Buch der Lieder nach dem Urtext der Sammlung des K'ung-tse (Konfuzius). Diese gehört zur Ältesten überlieferten chinesischen Literatur.

Tonfigur einer hockenden Frau. Sie stammt aus der Ch'in-Dynastie (221–207 v. Chr.) und zeugt von einer verblüffenden Beobachtungsgabe. Ausgegraben 1964 in der Provinz Shensi.

dem Naturgeschehen bestehen Wechselwirkungen – kommt den auf Treue, Fürsorge und Gehorsam gegründeten Beziehungen innerhalb der Familie zentrale Bedeutung zu. Die Pflichten gegenüber der Familie gehen denen gegenüber dem Staat vor, doch beruht im übrigen der Staat auf der gleichen patriarchalischen Vater-Sohn-Beziehung, d. h. auf dem bedingungslosen Gehorsam des Untertanen gegenüber dem Herrscher (der seinerseits wiederum „Sohn des Himmels" ist). Dem Herrscher empfiehlt Konfuzius jedoch, nicht aktiv in die Tagespolitik einzugreifen, sondern wie der Himmel durch das Vorbild seiner moralischen Würde zu wirken.

Unter den vielen Schülern, welche die konfuzianischen Gedanken weiterentwickeln und zu einem geschlossenen System der Gesellschafts- und Morallehre machen, ragen Meng-tse (372 bis 289 v. Chr.) und Hsün-tse (298 bis 238 v. Chr.) heraus.

Im Gegensatz zu der auf dem Prinzip der Ungleichheit basierenden, ja auch für die Oberschicht gedachten Familienethik der Konfuzianer propagiert Mo Ti (479 bis 381 v. Chr.) eine alle Menschen des „Volkes" umfassende Liebe und die Ächtung von Angriffskriegen. In der Tendenz seiner Lehre, von seinen straff organisierten Schülern noch stärker anti-restaurativ, politisch freilich erfolglos gegen die Konfuzianer ausformuliert, liegt die Bemühung um Gleichheit aller Klassen der Gesellschaft und um eine auf den Gemeinnutzen abgestellte Realpolitik und sparsame Volkswirtschaft anstelle des feudalistischen Privilegien-, Klientel- und Ritenwesens.

Als ein legendenumwobener großer Einzelgänger lehrt Lao-tse – nach alter chinesischer Überlieferung ins 6. Jahrhundert, nach moderner Forschung in den Ausgang des 4. Jahrhunderts v. Chr. zu datieren – die Abkehr von der Entartung der religiösen und sozialen Normen durch die Hinwendung zur Natur und die Vertiefung in ihre Geheimnisse. Das ihm zugeschriebene, in der Exegese und Übersetzung äußerst vieldeutige Buch „Tao-té-ching" handelt vom Geschehenlassen des natürlichen Seins, des Tao, des ewigen Naturgesetzes. Lao-tses Lehre vom „Nicht-aktiv-Handeln" (Wu-wei) kann im Bereich der Sippe (Familie) und des Staates als Aufforderung zum Ungehorsam, zur Anarchie, zum Individualismus, zum Widerstand gegen die Reglementierungen des positiven Rechtes aufgefaßt werden. Zum Teil sind von seinen taoistischen Schülern, unter denen Chuang-tse der berühmteste ist, auch Aussprüche und biographische Details in dieser Richtung überliefert.

Neben den bisher skizzierten Lehren der Konfuzianer, Mohisten (Begründer Mo-Ti) und Taoisten, welche allesamt auch für die Entwicklung der klassischen Literatur des chinesischen Altertums zentrale Bedeutung erlangen, sind unter den „Hundert Schulen" dieser geistigen Umbruchszeit der mittleren und späten Chou-Dynastie noch die kosmologische Schule des Tsou Yen (um 300 v. Chr.) und die „Gesetzesschule" zu erwähnen.

Tsou Yen, in Shantung beheimatet, führt die gesamte menschliche und kosmische Ordnung auf das Zusammenspiel von Yin und Yang und das Wirken der fünf Elemente Holz, Feuer, Wasser, Metall und Erde zurück. In der Nachfolge seiner Lehre, die später vor allem von Geheimgesellschaften tradiert wird, scheint im 1. Jahrhundert v. Chr. erstmals die Theorie von der Kugelgestalt der Erde entwickelt worden zu sein. Die „Gesetzesschule", auch die „Legalisten" genannt, bemüht sich im Gegensatz zu den Konfuzianern und deren Propagierung des Gewohnheitsrechtes und der „Sitte" (Li), dem durch den neuen Absolutismus der Lehensstaaten geschaffenen positiven „Recht" (Fa) Anerkennung zu verschaffen und die vom Herrscher bzw. Kanzler erlassene Rechtsnorm zur unumschränkten Norm privaten und öffentlichen Verhaltens zu erklären. Unter den Vertretern dieser Schule ragt Shang Yang (Shang-tse; gest. um 338 v. Chr.) hervor. Die von ihm durchgeführten Reformen machen den Weststaat Ch'in zu einem zentralistisch verwalteten und militaristischen, also damals in bezug auf die anderen Lehensstaaten „modernen" Staat.

DER EINHEITSSTAAT DER CH'IN (255 bis 206 v. Chr.)

Nachdem Cheng Wang, König von Ch'in (246 bis 221 v. Chr.), die im Osten und Nordosten bestehenden Staaten Han, Wei, Chao, Chi und Yen sowie den großen, zwischen Yangtse und Huangho gelegenen Südstaat Ch'u erobern konnte – wichtige Hilfsmittel dabei sind die vom Westen (Chao) übernommene Kavallerie und der Gebrauch eiserner Waffen–, nennt er sich seit 221 v. Chr. Shih Huang-ti, was soviel wie „erhabener Kaiser des Anfangs" heißt (huang entspricht in etwa der Bedeutung des römischen „Augustus"). Der Name der Ch'in-Dynastie wird fortan zum Landesnamen „China".
Unter der Regierung von Shih Huang-ti (246/221 bis 209 v. Chr.) wird China zu einem zentralisierten, von Beamten verwalteten Einheitsstaat. Gemäß der Theorie der Legalisten ist alle politische Macht im Kaiser konzentriert, der die Gesetze erläßt und die Verwaltung leitet. Doch in der Praxis führt ein Kanzler die Regierungsgeschäfte, während der Kaiser auf periodischen Reisen wie beim Aufenthalt im Kaiserpalast astral-kultischen Zeremonialbedürfnissen Genüge tut. Das gesamte Land wird, nach der Tilgung jeglichen Feudalwesens, in „Kreise" (hsien) und „Gaue" (chün) gegliedert und zunächst von Militärgouverneuren, dann pro Gau von jeweils einem Zivil- und Militärgouverneur sowie einem direkt dem Kaiser verantwortlichen Kontrolleur verwaltet. Die Maße und Gewichte, auch die Wagenspurbreite, das Münzwesen (Kupferwährung), die Schrift und Amtssprache werden vereinheitlicht. Die Beseitigung der regionalen Unterschiede durch diese Reformen soll den ungehinderten Warenverkehr und die gleichmäßige Verwaltung insbesondere der Bewässerungssysteme an Weiho und Huangho sowie die einheitliche Erhebung der Boden-, Kopf- und Marktsteuern sicherstellen. Diese Maßnahmen dienen aber auch der Ausschaltung der innenpolitischen Opposition, die vor allem von den Konfuzianern vorgetragen wird. Eine von Kanzler Li Sih (208 hingerichtet) im Jahre 213 v. Chr. verfügte Bücherverbrennung richtet sich daher hauptsächlich gegen die Schriften, welche in der feudalistischen Tradition stehen.
Nach außen hin wird das Ch'in-Reich durch Feldzüge im Norden (Ordos-Gebiet) und im Süden gegen die dortigen Thai- und Yüe-Stämme vorübergehend ausgedehnt. Die teilweise aus früheren Zeiten stammenden Grenzwälle ehemaliger Lehensstaaten werden, sofern sie im nördlichen Grenzgebiet liegen, unter ungeheuren Anstrengungen zu einer damals angeblich 4800 km langen „Großen Mauer" ausgebaut. Sie besteht aus Erd- und Holzwällen und soll die Nord- und Nordwestgrenze gegen die Bedrohung durch die räuberischen Steppenbewohner, insbesondere gegen die zu dieser Zeit sich bildende Föderation der Hsiung-nu, schützen. Nicht nur zum Bau der „Großen Mauer", auch zum Straßen- und Dammbau sowie zur Errichtung der Befestigungsanlagen, Paläste und des kaiserlichen Mausoleums der Hauptstadt Hsienyang (nahe der Einmündung des Kingho in den Weiho) wird rigoros die zwangsarbeitsverpflichtete Bevölkerung eingesetzt.
Die Zentralisierungsmaßnahmen der Ch'in-Regierung, die oft mit blutiger Gewalt durchgeführt werden, lösen nach dem Tod von Shih Huang-ti rasch zahlreiche regionale Aufstände aus, angeführt von ehrgeizigen Militärgouverneuren, oppositionellen früheren Feudalherren oder Männern aus dem einfachen Volk.

DAS WELTREICH DER HAN

In den Kämpfen der ausgehenden Ch'in-Dynastie setzt sich unter vielen Mitrebellen und rivalisierenden Regionalstaaten ein Mann ostchinesischer bäuerlicher Herkunft, Liu Pang oder Liu Chi genannt, als Sieger durch. Er begründet, als Kaiser nach seinem Tod Kao Tsu genannt (206 bis 194 v. Chr.) (fortan bleibt in China der Brauch offizieller posthumer Kaisernamen bestehen), die Herrschaft der sog. Han-Dynastie. Sie dauert formal bis zum Jahre 220 n. Chr. und wird in zwei Epochen untergliedert, nämlich in die Zeit der Westlichen Han-Dynastie (206 v. Chr. bis 25 n. Chr.) und in die Zeit der Östlichen Han-Dynastie (25 bis 220 n. Chr.).
Unter den Han-Kaisern entwickelt sich China, das um 200 v. Chr. über 12 Millionen steuerpflichtiger Haushalte zählt, was einer Gesamtbevölkerung von über 70 Millionen entspricht, auf der Basis des Einheitsstaates der Ch'in zu einem Gentry-Staat fort. Die seit der Aufhebung des Bücherverbots, 191 v. Chr., wieder vom Konfuzianismus geprägte Beamtenschaft wird zwar vom Kaiser in ihren Spitzenpositionen bestimmt, hat jedoch die Tendenz, sich zu einem selbständigen Apparat auszubilden. Durch Studium der Klassiker und später durch Staatsprüfungen erwerben die Beamten ihre Qualifikation. Die Inhaber hoher Ämter gehen bald dazu über, ihre im Amt erworbenen Reichtümer in den Kauf von Ländereien und die Ausbildung ihrer Söhne zu stecken. So entsteht allmählich eine neue, sich sozial nach unten abschließende Schicht von Großgrundbesitzern (Gentry), die, kinderreich und oft miteinander verwandt oder verschwägert, große Teile des Beamtenwesens zu monopolisieren trachten und mit der von ihnen abhängigen Provinzbeamtenschaft und Pächterklasse zu einem in der weiteren chinesischen Geschichte politisch und ökonomisch bedeutsamen Machtfaktor werden.
In seiner Kultur zeigt das han-zeitliche China – die Chinesen bezeichnen sich noch heute gegenüber den Nicht-Chinesen als „Han" – fast alle Züge, die wir als typisch chinesisch empfinden. Im Bereich der geistigen Kultur sind das der vielfältige Gebrauch einer zeichenreichen Schrift, eine eigenständige Mathematik, Taoismus und Konfuzianismus, Kaisertum und Beamtentum, die Historiographie (grundlegendes Vorbild die „Shih-chi" des Sih-ma Ch'ien, 145 bis 86 v. Chr.) und der Enzyklopädismus (am bekanntesten das „Buch der Berge und Meere", Shan-hai-ching). Im Bereich der materiellen Kultur erleichtern Erfindungen wie der von Tieren gezogene eiserne Pflug, der Schubkarren, der Seidenstoff, das Papier (um 100 n. Chr. angeblich von einem Eunuchen erfunden), die Anästhesie mittels indischem Hanf und die Akupunktur das menschliche Leben.
Unter Kaiser Wu-ti (140 bis 86 v. Chr.) erreicht nach der Phase einer gewissen Re-Feudalisierung unter Kaiserin Lü und Kaiser Wen das Han-Reich die Stufe seiner größten Machtentfaltung nach außen, und zugleich stellen die rasch anwachsende Bevölkerung und die ungenügend steigende und immer schwankende Produktivität der Wirtschaft die Han-Regierung vor große Probleme.
Im Norden Chinas kann Wu-ti die permanente Bedrohung durch die Hsiung-nu, welche unter Mao-tun ein mächtiges zentralasiatisches Reich gebildet haben, durch mehrere, freilich sehr verlustreiche Feldzüge bannen, und auch das vom Volk der Yüeh-chih bewohnte Tarim-Becken kann als „Westlande" zu chinesischem Kolonialland gemacht werden (104/102 v. Chr.). Damit blüht der transkontinentale Handel auf den sog. „Seidenstraßen" auf. China bezieht über sie aus dem westlichen Zentralasien Glas und die Anregung des Wein- und Pfirsichbaumanbaus, es liefert Seide, kunstvolle Lackprodukte, Arzneistoffe und Gewürze sowie porzellanähnliches Steinzeug. Im Nordosten kann China über die Südmandschurei seine Macht bis nach Korea ausdehnen. Es wird als „Chao-sien" chinesisches Kolonialland. Damit ist auch der Handel mit Japan in chinesischer Hand. Im Süden werden, ausgehend von Kanton, die Gebiete von Kwangtung, Kwangsi,

In den letzten Jahrzehnten haben die Ausgrabungen in China ständig neue Überraschungen gebracht. So wurde in der Provinz Kansu 1969 ein großes Grab aus der späten Han-Dynastie (206 v. Chr.–220 n. Chr.) mit einer imponierenden Zahl von Bronzefiguren, von Pferden und berittenen Kriegern und von Streitwagen geöffnet.

Tonkin, von Yünnan und Kweitschou sowie Nordvietnam in das Han-Reich einbezogen.

Die zahlreichen, von Wu-tis Nachfolgern gegen die Hsiung-nu fortgeführten Feldzüge belasten mit ihren riesigen Kosten den Staatshaushalt. Die Notwendigkeit einer höheren Besteuerung zusammen mit der Erfordernis nach einer halbwegs gesicherten Ernährung der stetig anwachsenden Bevölkerung zwingen die Regierung, wirtschaftspolitische Maßnahmen zu suchen, welche in dem ständigen Wechsel von „fetten und mageren Jahren", also von agrarischen Überproduktions- und Unterproduktionskrisen, ein konstantes Wachstum garantieren. Aber der Entwicklungsstand der chinesischen Volkswirtschaft erlaubt hier trotz Latifundienwesen und Ansätzen zum Großkapitalismus in der Kaufmannschaft keine großen Erfolge. Staatsmonopole auf Salz und Eisen und Münzverschlechterungen helfen nur kurzfristig.

Unter den Nachfolgern Wu-tis verfällt die Macht der Zentralregierung wieder, und der Einfluß von Gentry-Cliquen nimmt zu. Über die Eunuchen des Hofes und die Konkubinen der kaiserlichen Familie suchen rivalisierende Gentry-Familien ihre Stellung zu festigen. Unter dem Usurpator Wang Mang, der seit 6 v. Chr. Regent minderjähriger Kaiser ist und seit 9 n. Chr. als selbsternannter Kaiser der Dynastie Hsin herrscht, soll eine umfassende Wirtschaftsreform die politische Macht der Zentrale stärken. Die Reformmaßnahmen – Staatsmonopole auf Salz, Wein und Eisen, Auflösung des größten Großgrundbesitzes, Ansiedlung landloser Bauern, Errichtung von staatlichen Kreditinstituten und „Ausgleichsämtern" – scheitern jedoch an der Korruption der Beamtenschaft und am Widerstand der Gentry und des einfachen Volkes. Nach dem Sturz Wang Mangs durch den Aufstand der „Roten Augenbrauen" (23 n. Chr.) kann in blutigen Kämpfen, die Millionen von Menschen das Leben kosten, die Herrschaft der Han-Dynastie restauriert werden. Unter der Späteren (oder Östlichen) Han-Dynastie wird die Hauptstadt von Hsi-an-fu nach Lo-yang verlegt.

Nach einer Zeit des Aufschwungs aber, während der auch das verlorengegangene Turkestan zurückerobert werden kann (73 bis 102 n. Chr.), mehren sich wieder die Anzeichen tiefsitzender Krisen. Am Hof kämpfen Eunuchen- gegen Literatencliquen, im Land draußen streiten die Generäle der Provinzialtruppen miteinander um die Hegemonie, das Volk leidet unter Beamtenwillkür, Krieg, Hunger und Armut. Der Aufstand der sog. „Gelben Turbane“, einer wohl schon buddhistisch beeinflußten sektiererischen Volksbewegung mit ekstatischen und messianischen Zügen, deren Ziel ein Reich des Friedens und der sozialen Gerechtigkeit ist, beginnt 184. Er kann zwar von den regulären Truppen mit der finanziellen und moralischen Hilfe der sich bedroht fühlenden Gentry niedergeschlagen werden, aber die siegreichen Generäle nützen ihre erneuerte Macht gegen das Kaisertum aus. Der stärkste unter ihnen, Ts'ao Ts'ao, kann sich trotz der militärischen Unterstützung durch die Hsiung-nu, welche er als Gegenleistung auf chinesischem Reichsboden ansiedelt, nicht gegen General Liu Pei im Westen (Provinz Szechuan) und den Süden durchsetzen. Auch sein Sohn, der sich „Kaiser“ nennt und den letzten Han-Herrscher Hsien Ti (190 bis 220 n. Chr.) zur Abdankung zwingt, schafft es nicht, die Reichseinheit wiederherzustellen.

REICHSTEILUNG UND FREMDHERRSCHAFT IM NORDEN (220 bis 580 n. Chr.)

Nebeneinander bestehen seit 220 drei unabhängige Staaten in China: Wei, Shu-Han und Wu. Aufgrund der späteren Historiographie gilt der Nordstaat Wei (220 bis 265), welcher 237 den südmandschurischen Staat Yen und 263 den Südstaat Shu-Han bezwingen kann, als Träger der legitimen Kaiser-Nachfolge. Unter der Herrschaft der Westlichen Chin-Dynastie (265 bis 317) kann Wei das Reich zwar vorübergehend nochmals einen (280 bis 307), aber es ist dann doch zu schwach, dem Vordringen „barbarischer“ Nomadenvölker nach Nordchina länger Widerstand zu leisten. Eine mißlungene Abrüstung (die chinesischen Soldaten verkaufen ihre Waffen an die Hsiung-nu und Hsien-pi gegen Landabtretung, anstatt sie der Chin-Regierung zum Einschmelzen abzuliefern) trägt das ihre dazu bei.

Ähnlich den unbeständigen Reichsgründungen der ostgermanischen Stämme auf dem Boden des ehemaligen Römischen Reiches kommt es im 4. und 5. Jahrhundert n. Chr. in Nord- und Mittelchina zur Bildung einer Fülle kurzlebiger „Staaten“, deren Herrscher-„Dynastien“ von nicht-chinesischen Nomadenvölkern des Nordens und Westens gestellt werden, von Hsiung-nu (nun „Hu“, „Hunnen“ genannt), Hsien-pi, Tungusen, Türken und Tibetern. Die unterworfene chinesische Bauernbevölkerung erweist sich, wenngleich Hunderttausende nach Kansu und Südchina auswandern, als kontinuierliche Kraft. Wie noch öfter in der chinesischen Geschichte kann die zahlenmäßig kleine Oberschicht der fremden Eroberer assimiliert, d. h. sinisiert werden. Sie paßt sich an die durch Landwirtschaft und konfuzianische Ethik geprägten Lebensformen der chinesischen Gentry an und hat nach zwei, drei Generationen viele Merkmale ihrer „Fremdheit“ verloren. Am bedeutendsten unter den nicht-chinesischen „Nord-Dynastien“ wird das T'opa-Reich (385 bis 550) im Norden der heutigen Provinz Shansi. Es tritt die Nachfolge des tibetischen Großstaates von Fu Chien (357 bis 385) an, bildet im Kern einen türkisch-mongolischen Stammesstaat, arrangiert sich mit der chinesischen Beamten-Gentry und treibt für eine lange Zeit eine erfolgreiche expansive Außenpolitik, auch gegenüber den benachbarten Nomadenvölkern.

In Südchina können sich während dieser Zeit der Reichsteilung wechselnde einheimische Dynastien halten. Die drohende Eroberung durch einen tibetischen Söldnerführer kann 383 in einer siegreichen Schlacht am Feiho abgewehrt werden. Mit Hilfe der aus Nordchina zugezogenen Bauern können, ausgehend von den Kerngebieten um Nanking, die Täler des südostchinesischen Berglandes kolonisiert werden. Die Wirtschaft, durch Handelsbeziehungen zu den südostasiatischen Ländern angeregt, blüht auf. Zwischen der zugezogenen nordchinesischen Gentry, landlos, zum Teil Militärs, mit nicht allzuviel Kapital, und der eingesessenen, d. h. schon Jahrhunderte früher eingewanderten südchinesischen Gentry, die gewaltigen Grundbesitz und riesige Kapitalien angehäuft hat, kommt es jedoch zu starken Spannungen. Sie sind mit ein Grund dafür, daß es den „Südlichen Dynastien“ nicht gelingt, die Teilung des Reiches zu überwinden.

DER BUDDHISMUS IN CHINA

Das wichtigste kulturelle Ereignis während der „Zeit der drei Reiche“ und der Spaltung in Nördliche und Südliche Dynastien ist die Ausbreitung des Buddhismus in China. Gehören die Anfänge buddhistischer „Mission“ schon in die Han-Zeit, so wird der Buddhismus nun, in der Mahayana-Form und dem chinesischen Welt- und Menschenverständnis angepaßt, zu einer geistig-religiösen und bald auch wirtschaftlichen und politischen Macht.

Die buddhistischen Klöster und Tempel, untereinander zwar lose verbunden, jedoch keine staatsbedrohende „Kirchenorganisation“, werden nicht nur zu Zentren der Volksfrömmigkeit, sondern zu Schulen, welche die Volkssprache pflegen (im Gegensatz zu der klassischen Schriftsprache, die den Gebildeten vorbehalten ist), und zu wichtigen Vermittlern und Auftraggebern von Handel, Gewerbe und bildenden Künsten. Entscheidend für die weitere Ent-

Über die Karawanenstraßen Zentralasiens gelangte der in Indien entstandene Buddhismus auch nach China. In der Kunst der Handelsstädte entlang dieser Straßen hat die neue Weltanschauung ihre Spuren hinterlassen wie in dieser Wandmalerei aus Miran in Chinesisch-Turkestan mit der Darstellung des predigenden Buddhas inmitten einer Gruppe von Schülern.

Der um 400 entstandene sitzende Buddha aus vergoldeter Bronze zeigt die typischen Merkmale des graeco-buddhistischen Gandhara-Stils. Die Seidenstraße diente nicht nur dem Güterverkehr, sie war auch die Straße der Pilger und Missionare und die buddhistische Kunst nahmen die Züge der Kulturen an, durch deren Gebiet die Straße führte. Fogg Arts Museum, Cambridge, Massachusetts.

wicklung der chinesischen Kultur wird, daß der Buddhismus die vertrauten Lehren des Konfuzianismus und Taoismus (die ja im Grunde auch keine Religionen sind, an die man glaubt, sondern Regeln menschlichen Verhaltens darstellen, die man rational befolgt) nicht verdrängen kann und verdrängen will, sondern ergänzt durch seinen Erlösungs- und Wiedergeburtsglauben bzw. durch die Messias-Erwartung (im Maitreya-Buddhismus).

Sowohl in den Nördlichen Dynastien, wo der Buddhismus wegen seiner nicht-chinesischen Herkunft den Fremdvölkern besonders als Staatsreligion zusagt, wie beim einfachen chinesischen Volk des Nordens und Südens erfährt der Buddhismus eine rasche Verbreitung. Kommt es 446 im T'opa-Reich aufgrund einer Gentry-Kontroverse, die konfuzianische und volkstaoistische Kreise ausnützen, zu einer blutigen und zerstörerischen Aktion gegen die buddhistischen Klöster und Mönche, so steht auf der anderen Seite die großzügige Förderung buddhistischer Literatur und Philosophie durch Kaiser Wu-ti von der südchinesischen Liang-Dynastie (502 bis 549). Pilgerfahrten nach Indien finden statt, die Künste, allen voran die Großplastik (Buddha-Statuen!) und die figürliche (Wand-)Malerei, blühen auf.

DIE ERNEUERUNG DER REICHSEINHEIT UNTER DER SUI-DYNASTIE

Einem General des Nordwestens, Yang Chien, gelingt es, die Reste des zerfallenden T'opa-Reiches mit den anderen Nordstaaten zusammenzufassen und die letzte Süd-Dynastie (Ch'en-Dynastie, 557 bis 588) niederzuwerfen. Als Kaiser Wen Ti (589 bis 605) begründet er die Herrschaft der Sui-Dynastie über das nach mehr als 360 Jahren der Spaltung nun wiedervereinigte chinesische Reich. Sie ist zwar nur von kurzer Dauer (589 bis 618), doch besteht ihre historische Bedeutung darin, als eine Art Vorläuferdynastie die Grundlagen für den politischen und kulturellen Höhepunkt des chinesischen „Mittelalters" im T'ang-Reich geschaffen zu haben.

Das wiedervereinigte Reich, das etwa 50 Millionen steuerpflichtiger Einwohner zählt (was einen Bevölkerungsrückgang gegenüber der Han-Zeit bedeutet!), wird von der Zentrale aus (zunächst Ch'ang-an, dann Lo-yang) verwaltet, wobei die einzelnen Provinzen durch Statthalter regiert werden. Unter Kaiser Yang Ti (605 bis 618), der bei der Ermordung des sparsamen und anti-konfuzianischen Wen Ti die Gentry des Ostens und Südens hinter sich weiß, wird zur Heranbildung eines qualifizierten (elitären) Beamtentums ein staatliches Prüfungssystem geschaffen, das mit gewissen Modifikationen bis in den Anfang des 20. Jahrhunderts von Bestand sein wird. Der Bau des sog. „Kaiserkanals" zwischen dem Huangho und dem Yangtsekiang soll nicht nur den wirtschaftlichen Austausch, sondern auch den politischen und kulturellen Ausgleich zwischen Nord- und Südchina fördern. So hat etwa der Norden von den Nomaden eine ganz neue Tracht (Hose, Mütze) übernommen, der Süden den Reis zusammen mit Gemüse (besonders Bohnen) und Fisch zum Hauptnahrungsmittel der Bevölkerung gemacht, während im Norden noch der Genuß von Weizen und Schweine- und Hundefleisch dominiert.

DAS WELTREICH DER T'ANG

Aus den inneren Kämpfen, die den Niederlagen des Sui-Kaisers gegen die Turkstämme des Nordens und gegen Korea und seiner schließlichen Ermordung folgen, gelingt einer sinisierten T'opa-Sippe unter Führung von Li Shih-min die Wiederherstellung der Ordnung und die Konsolidierung des Reiches. Als T'ang-Dynastie (618 bis 907) machen ihre Herrscher – unter denen Li Shih-min, als Kaiser T'ai-tsung (627 bis 650) genannt, und sein Sohn Kao-tsung (650 bis 683) herausragen – China für wenigstens anderthalb Jahrhunderte zu einer unumschränkten Großmacht des Ostens, deren Grenzen von Nordkorea bis ins südliche Westsibirien und von der Mongolei bis nach Nordvietnam reichen.

Diplomatische und wirtschaftliche Beziehungen, bevorzugt als „Tributgesandtschaften" ferner Könige an den chinesischen Kaiser von der Hofhistoriographie überliefert, bestehen zu fast allen Ländern Südostasiens, zu Japan, Ceylon und Südindien, zu Persien und Arabien. Die Hauptstadt Ch'ang-an (das heutige Hsian), die im 8. Jahrhundert fast 2 Millionen Einwohner in einem Geviert von 10×8 Kilometern zählt, steht zumindest gleichberechtigt neben den beiden anderen internationalen Kulturzentren der damaligen Welt, neben Byzanz und Bagdad. Kolonien ausländischer Kaufleute, die ihre einheimischen

Religionen mitbringen, existieren nicht nur in der Hauptstadt, sondern in den größeren Umschlaghäfen, wie Kuangchou (dem heutigen Kanton) und Yang, und Binnenhandelszentren wie Lo-yang (der zweiten Hauptstadt), Pien, Ch'engtu.

Eine Land- und Steuerreform zusammen mit einem System ziviler Arbeitsdienstverpflichtung sowie eine Verwaltungsreform (Umgestaltung der zentralen Zivilverwaltung; Übergewicht der regionalen Militär- über die Zivilverwaltung) bilden das Fundament, auf welchem die Wirtschaft der frühen T'ang-Zeit prosperiert. Die Absicht, möglichst allen Bauern gleichviel Land zur Bearbeitung vom Staat zur Verfügung zu stellen und damit das Pachtwesen und letztlich die Bildung von Großgrundbesitz zu verhindern, läßt sich nur in Ansätzen verwirklichen. Beamte, buddhistische und taoistische Klöster, auch einzelne Kaufleute mit engen Beziehungen zur T'ang-Regierung schaffen es, größeren Besitz an Grund und Boden zu erwerben und sich gleichzeitig der Besteuerung zu entziehen.

Prachtentfaltung und Stilgefühl der Hofaristokratie und der reichen Gentry in den Provinzialstädten fördern alle Arten von Künsten. Während von der Architektur, der Großplastik, der Malerei (hier werden von den Chinesen der Buddhist Wu Tao-tse, 680 bis 760, und der Landschaftsmaler Wang Wei, 699 bis 759, am meisten gerühmt) und dem Kunsthandwerk nur wenig bis zur Gegenwart überliefert ist (einige der besten Werke befinden sich heute in Japan, aus der Nara-Zeit erhalten), ragen unter den 2200 Autoren der 49 000 Gesammelten Gedichte der T'ang-Zeit, noch heute verständlich und nachvollziehbar, Li T'ai-po (701 bis 762) und Tu Fu (712 bis 770) heraus.

Im Bereich der Technik und der materiellen Kultur der T'ang-Zeit sind neben dem Gebrauch von Steinkohle zur Wärmeerzeugung, dem Kompaß, dem Flugdrachen, dem Schießpulver zu Feuerwerkszwecken, den Sonnen- und Wasseraduhren besonders das Porzellan und der Buchdruck zu nennen. Das Porzellan, zuerst noch gelblich-bräunlich, wird bald von einem Luxusobjekt des Hofes zu einem wichtigen Exportartikel. Der Buchdruck (das älteste gedruckte chinesische Buch stammt aus dem Jahr 868) revolutioniert die Verbreitung von Literatur, Philosophie und Wissenschaft. Die Medizin der T'ang-Zeit, durch staatliche Kontrolle der Arzneilisten und der ärztlichen Ausbildung unterstützt, befindet sich auf einem hohen Stand. Quecksilberamalgam für Zahnfüllungen, Starstich und orthopädische Behandlung von Knochenbrüchen sind bekannt. Die gebildeten Ärzte, meist Beamte, werden – das ist in China bis ins 19. Jahrhundert üblich – nicht für die Behandlung von Krankheiten honoriert, sondern generell dafür, daß die ihnen anvertrauten Personen gesund bleiben. Der T'ang-Kodex (735), das erste vollständig erhaltene Zivil- und Strafgesetzbuch Chinas, in dem u. a. die Tortur als Mittel der Rechtsfindung und die Sippenhaft als Strafe verankert sind, wird zur Grundlage der Rechtsprechung und aller weiteren Kodifikationen.

In der zweiten Hälfte des 8. Jahrhunderts setzt der Niedergang der T'ang-Macht ein. Die Schlacht am Talas im Jahr 751, wo chinesische Truppen von einem islamisch-arabischen Heer geschlagen werden, markiert zwar den Endpunkt der Westexpansion Chinas, ist aber letztlich nicht mehr als ein Vorpostengeplänkel. Der Aufstand des An Lu-shan jedoch, eines von der Hofclique des Kanzlers Li Lin-fu und der kaiserlichen Konkubine Yang protegierten, gegen die mongolischen Kitan erfolgreichen Militärgouverneurs, stürzt 755 bis 757 die Dynastie in eine schwere Krise. Sie kann nur mit Glück und mit der Waffenhilfe des mittelasiatischen Reitervolkes der Uiguren, welche dafür die zurückeroberte Hauptstadt Lo-yang plündern und die Lieferung großer Mengen von Seidenballen zugestanden bekommen, überstanden werden. 763 muß die T'ang-Regierung hilflos zusehen, wie Tibeter die Hauptstadt Ch'ang-an plündern. Das Tarim-Becken und damit die Kontrolle des Seidenstraßen-Handels geht gegen Ende des 8. Jahrhunderts an das von Tibet ausstrahlende Tufan-Reich verloren.

Die vielen Grab-Figuren, die seit dem Anfang dieses Jahrhunderts zutage gefördert wurden, vermitteln uns einen lebendigen Eindruck vom täglichen Leben Chinas in den ersten Jahrhunderten unserer Zeitrechnung (220-350 n. Chr.). Völkerkundliche Sammlungen, Mannheim.

Die Querrolle „Konzert beim Kaiser, von Hofdamen gespielt" wird Chou Wen-chu aus Nanking, einem Maler am Hofe des Kaisers Li-yü (960–975) der Sung-Dynastie zugeschrieben. Möglicherweise geht das Gemälde auf ein T'ang-Vorbild zurück. Der obige Ausschnitt zeigt ein im damaligen China beliebtes Thema. – Tusche und Farbe auf Seide. 10. Jh. Art Institute, Chicago.

Eine nationalistische, fremdenfeindliche Reaktion, literarisch am bedeutendsten von dem Konfuzianer Han Yü (768 bis 824) vertreten, löst im 9. Jahrhundert den Kosmopolitismus der vorangegangenen Zeit ab. Das Verbot fremder Religionen, 843 nach dem sich abzeichnenden Zusammenbruch der Uiguren und des Tibetischen Reichs erst möglich, bereichert zwar, wie geplant, die Staatskasse mit den konfiszierten „Kirchengütern" und den Steuerzahlungen ehemaliger Priester und Mönche, trifft aber die kleinen chinesischen Sekten von Manichäern, nestorianischen Christen, Mohammedanern und Anhängern des Zoroaster tödlich. Der ebenfalls schwer betroffene Buddhismus kann sich schon wenige Jahre später erholen. Seine Seelenwanderungs- und Vergeltungslehre wird nun, ursprünglich vom einfachen Volk als gegen die Gentry gerichtet empfunden, von der konfuzianischen Gentry zu ihrem Werkzeug umgeformt: „Jeder, dem es in diesem Leben schlecht ergeht, muß sich durch Gefügigkeit gegen die Regierung und die Gentry so benehmen, daß er wenigstens im nächsten Leben eine Chance für ein besseres Leben bekommt" (W. Eberhard).

Der Zwang, die Grenzprovinzen durch starke Militärgarnisonen zu schützen, sowie die Praxis der T'ang, die Militärverwaltung über die Zivilverwaltung zu stellen, haben schon im 8. Jahrhundert, wie der Aufstand des An Lu-shan zeigt, zur Erstarkung der Regionalgewalten und damit zur Schwächung der Zentralgewalt geführt. Im 9. Jahrhundert verstärkt sich diese Tendenz. Der Bauern-Aufstand des in den Staatsexamina gescheiterten Salzhändlers Huang Ch'ao (gest. 884) kann zwar nochmals (Kanton und Ch'ang-an erleiden dabei schwerste Verluste) dank der Hilfstruppen der türkischen Sha-t'o niedergeworfen werden, aber die Macht der Provinzgouverneure ist in diesem und den ihm folgenden Bürgerkriegen so groß geworden, daß die Herrschaft der T'ang-Kaiser faktisch zu existieren aufgehört hat.

In der Übergangszeit der „Fünf Dynastien" (907 bis 960) löst sich die Reichseinheit

völlig auf. Im Norden erwächst dabei China mit dem Reich der mongolisch-tungusischen Kitan (Chitai), dessen Herrscher die sog. Liao-Dynastie (937 bis 1125) begründen, ein expansiver Gegner, der bald große Teile Nordchinas in seine Gewalt gebracht hat. Die Sung-Dynastie, welche sich aus dem Durcheinander kurzlebiger Dynastien (fünf im Norden, zehn im Süden) als stabile Kaiser-Dynastie herausbildet, kann sich das Wohlverhalten der Kitan nur durch hohe jährliche Tribute und Ankauf der von ihnen gezüchteten Pferde sichern.

DIE SUNG-DYNASTIE (960 bis 1280)

Unter den Sung wird China zu einem reinen Beamtenstaat. Kaiser T'ai Tsu (960 bis 976) und später erneut Kaiser Shen Tsung (1068 bis 1086) streben eine ausschließliche Zivilverwaltung, der auch die Armee untersteht, an. Es gibt nun im Durchschnitt zehnmal soviel Beamte mit staatlichem Diplom wie zur T'ang-Zeit, und die Beamten, meist schlecht bezahlt, werden mit der Steuerfreiheit ihres Grundbesitzes zufriedengestellt. Vielfältige Parteirichtungen, die sich gegenseitig bekämpfen und die Reformen der Regierung (etwa unter Wang An-shih) zu blockieren suchen, charakterisieren die innenpolitische Szene. Gewinner sind die Grundbesitzer (Gentry), die auf ihren Gütern praktisch autark und fast autonom leben, teilweise eigene Schulen und Truppen unterhalten und sich ihre Loyalität der Regierung gegenüber mit weiteren Privilegien honorieren lassen.

Der innenpolitischen Schwäche der Sung-Kaiser entspricht ihre außenpolitische: Als 1115 ein Pakt der Sung mit dem nomadischen Nordvolk der Ju-chen (Dschurdschen), die Kitan gemeinsam anzugreifen, wegen der militärischen Ohnmacht der Sung platzt, greifen die Ju-chen ihrerseits nach der Besiegung der Kitan 1125 die Sung-Hauptstadt Pienliang (das heutige K'ai-feng) an und erobern sie mitsamt dem kaiserlichen Hof. Während die Ju-chen in dem eroberten Nordchina ihr Chin-Reich begründen (Chin-Dynastie, 1115 bis 1234), erneuern die nach Südchina geflohenen Reste der Kaiserfamilie als Südliche Sung-Dynastie (1127 bis 1280) ihre Herrschaft. Neue Hauptstadt wird nun Linan (das heutige Hangchou). Damit ist das politische Schwergewicht aus Not dorthin verlagert worden, wo spätestens seit der T'ang-Zeit das wirtschaftliche und kulturelle Schwergewicht liegt: in die Südprovinzen. Hier erlaubt das feuchte, warmgemäßigte Klima zwei und mehr Ernten pro Jahr, erbringt der Naßreisanbau hohe Erträge, ist die Überschwemmungsgefahr des Yangtse und seiner Nebenflüsse nicht so groß wie beim Huangho und erzielt der Überseehandel mit Korea, Japan, Südostasien und Arabien reiche Gewinne. Hier haben sich die für die chinesische Kultur fortan wichtigen Elemente des Teeanbaus, der Porzellanherstellung und des Buchdrucks, wenn sie nicht hier schon entstanden sind, rasch ausgebreitet.

Wirtschaftlich gesehen, ist die Zeit der Nördlichen und der Südlichen Sung-Dynastie durchaus eine Blütezeit. Die hohen Tributzahlungen an die Kitan und das tangutische Nordwestreich Hsi-Hsia machen nur wenige Prozente des Staatshaushaltes aus (viel weniger, als der Unterhalt entsprechend umfangreicher Heere und die Rüstung kosten würde). Die Eisen- und Edelmetallförderung steigert sich gegenüber der T'ang-Zeit um ein Vielfaches, ebenso die Produktion von Seidenstoffen und Porzellan. Der Ware-Geld-Ware-Kreislauf beschleunigt und verstärkt sich in solchem Maße, daß der Einsatz von Papiergeld, schon in der ausgehenden T'ang-Zeit bekannt, nun allgemein üblich wird, um die Liquiditätsprobleme mit der oftmals gehorteten und umgeschmolzenen Kupferwährung sowie die Schwierigkeiten bei Transport und sicherer Aufbewahrung des gewichtigen und Platz beanspruchenden Metalls zu umgehen. Der bis heute aktuellen Gefahr, durch Druck neuen Geldes Staatsdefizite auszugleichen, entgeht auch der Sung-Staat nicht. Eine galoppierende Inflation trifft im 13. Jahrhundert vor allem die kleinen Beamten als staatliche Lohnempfänger.

Auch kulturell bedeutet die Sung-Zeit, vor allem vor dem Hintergrund der folgenden Stagnation unter der Mongolenherrschaft, für China nochmals eine Blütezeit. In der Malerei, dem Selbstverständnis der Sung-Epoche nach das Zentrum der Künste, wetteifert seit der T'ang-Zeit die sog. „Nordschule", eine mehr realistisch und prunkvoll-akademisch malende Richtung, mit der „Südschule", deren Maler mehr Wert auf den persönlichen Ausdruck, die intuitive Linienführung und die Stimmung des Ganzen legen. Beliebte Motive sind erhabene Berglandschaften und lyrische Naturpassagen, ferner Blumen- und Vogeldarstellungen. Die monochrome Tuschemalerei im Geist des von der Gentry gepflegten Zen-Buddhismus (chines. Ch'an) verbindet höchste technische Meisterschaft mit äußerster Einfachheit der Mittel und meditativer Tiefe der Aussage. In der Literatur stehen neben einer umfangreichen Unterhaltungsliteratur in der Umgangssprache die vom gebildeten Publikum hoch geschätzten „Pinsel-Aufzeichnungen", aphorismen- und essayartige Notizen künstlerisch aktiver Beamter, Künstler-Politiker, Dichter-Maler von ihren Empfindungen, Erlebnissen und Gedanken über Kunst und Politik, Gesellschaft und Religion. Das Kunsthandwerk, gipfelnd im Porzellan der weltberühmten „Seladon-Ware", entspricht mit archaisierenden Stilmustern und Werkstoffen (Bronze, Lack, Jade) dem Geschmack der reichen Gentry, die ihr Geld auch in den Kauf von Antiquitäten und riesigen Enzyklopädien, welche das Wissen jener Zeit sammeln, steckt. Die Rückbesinnung auf die eigenen kulturellen Werte sowie die durch den Buchdruck „demokratisierte" und durch die Anforderungen der Beamtenprüfungen notwendige Beschäftigung mit den Klassikern führt zu einer schöpferischen Fortentwicklung des Konfuzianismus. Chou Tun-i (1017 bis 1073) und Chang Tsai (1020 bis 1077) entwickeln kosmologische Theorien, welche neben denen des Buddhismus bestehen können. Ch'eng Hao (1032 bis 1085) und Ch'eng I (1033 bis 1107) propagieren die Überwindung der natürlichen Ungleichheit der Menschen durch Liebe (Jen). Der „Scholastiker" Chu Hsi (1130 bis 1200) schließlich bringt diesen Neo-Konfuzianismus in ein normatives System ethischer Regeln und praktischer sozialer Verhaltensweisen, welches auch nicht zur Gentry gehörende Leute befolgen können.

Dafür, daß auch die unteren Klassen einen kleinen Anteil vom Wohlstand des Staates und der Gentry abbekommen, gibt es im 11. und 12. Jahrhundert mehrere literarische Hinweise – auf staatliche Kornspeicher, welche bei Hungersnöten billig Getreide abgeben, auf staatliche Altersheime und Spitäler, Waisenhäuser und Apotheken, auf Bestattungsämter, welche für die relativ kostspieligen konfuzianischen Bestattungen Beihilfen gewähren, auf öffentliche, teilweise kostenlose Badehäuser und Bordelle.

Nach dem Zusammenbruch der Sung-Dynastie und der Eroberung Chinas durch die Mongolen lassen sich die Maler in zwei Gruppen einteilen. Die eine stellte sich in den Dienst der neuen Machthaber, während die andere von den Künstler-Gelehrten gebildet wurde. Zur ersten Gruppe, deren Motive hauptsächlich Pferde und Herrscher-Porträts waren, gehörte auch Jen-jen-fa, von dem das unten abgebildete Gemälde stammt. Die zweite Gruppe, deren Mitglieder überwiegend der Sung-Hofaristokratie entstammten, zog sich aus Protest gegen die Fremdherrschaft in „Einsamkeit und Stille" zurück. Fogg Art Museum, Cambridge, Massachusetts.

Nach der Vertreibung der Mongolen waren die Ming-Kaiser bestrebt in Zukunft weitere Mongoleneinfälle zu verhindern. Sie ließen zu diesem Zweck das bereits während der Ch'in-Periode (221–207 v. Chr.) begonnene Verteidigungssystem zur „Großen Mauer" zusammenfassen.

CHINA UNTER DER MONGOLENHERRSCHAFT (1280 bis 1368)

Als zu Beginn des 13. Jahrhunderts im Norden die Horden der Mongolen erscheinen, wird die mit ihren Tributzahlungen erfolgreiche Ausgleichs- und Schaukelpolitik der Sung gegenüber den Nordstaaten Chin (Ju-chen) und Hsi-Hsia zunächst nicht in Frage gestellt. Denn unter Tschingis Khan erobern die Mongolen zuerst, 1211 bis 1215, die Kernlande des Chin-Reiches mitsamt der Hauptstadt Yen-ching (Pe-king) und vernichten dann, 1226/27, das schon seit 1209 tributpflichtige Hsi-Hsia. Erst 1234, nach dem Fall der zweiten Chin-Hauptstadt K'ai-feng, stehen sich am Grenzfluß Huai Mongolen und Sung gegenüber. Dennoch kommt es für längere Zeit zu keinem Angriff der Mongolen auf das Sung-Reich, weil unter dem Großkhan Ogodai die Interessen der Mongolen auf andere Ziele im Westen gerichtet sind. Erst unter Großkhan Möngke und seinem Bruder und Nachfolger Kubilai (seit 1260) kommt es zu Kämpfen mit chinesischen Grenztruppen. 1276 erobern die Mongolen die Sung-Hauptstadt Hangchou und führen den minderjährigen Kaiser und die Regentin-Mutter nach Peking in die Internierung. 1279 erlischt der letzte Widerstand von Sung-Generälen in Fukien. Ganz China ist damit, zum ersten Mal in seiner Geschichte, von einem „barbarischen" Erobervolk besetzt.

Als Teil des mongolischen Weltreiches, das sich zu dieser Zeit über ganz Asien erstreckt, bedeutet für China die Thronbesteigung des Kubilai Khan als chinesischer Kaiser in gewissem Sinn die Rettung vor der völligen Zerstörung der chinesischen Kultur. Zwar herrschen die Mongolen unumschränkt über die als 4. Klasse ans Ende gesetzten „Südbarbaren", gemeint ist das 60-Millionen-Volk des Südlichen Sung-Reiches, und die Nordchinesen, die zusammen mit Kitan, Ju-chen und Koreanern die 3. Klasse bilden. Sie wandeln riesige Ackerflächen in Weideland um und lassen sich kaum einem Sinisierungsprozeß unterwerfen, insofern sie weiterhin ihre eigene Sprache sprechen und Heiraten mit Chinesen verbieten. Aber unter Kubilai wird die Residenz von Karakorum nach Peking (Ta-tu, auch Khan-balyk oder „Cambaluc" genannt) verlegt. Kubilai selbst begründet als Kaiser Shih Tsu die Yüan-Dynastie; er und seine Nachfolger machen sich, als die Expansionspläne gegen Japan, Burma und Java scheitern, an den inneren Ausbau des chinesischen Khanats. Wie glanzvoll und reich die Zivilisation

Zu den Glanzleistungen der Sung-Dynastie gehören die Keramik-Erzeugnisse, die in Form und Farbe wohl nicht übertroffen worden sind. Bemerkenswert ist, daß es sich bei diesen Erzeugnissen, von einigen Ausnahmen abgesehen, noch nicht um Porzellan, sondern um bei hoher Temperatur gebranntes Steinzeug handelt. Sie sind meistens mit einer monochromen, durch Eisenoxyd gefärbten Glasur überzogen und stammen nicht von irgendwelchen namentlich bekannten Künstlern, sondern von anonymen Töpfern, die für die von kaiserlichen Beamten verwaltete Manufaktur tätig waren. Besonders die für den Hof gebrannten Waren (kuanyao) sind heute außerordentlich geschätzt.

Chinas unter der Mongolenherrschaft trotz des in chinesischen Augen erschreckenden Verfalls noch ist, spiegeln bis heute bei aller mittelalterlich-europäischen Befangenheit die Berichte des Marco Polo. Er lebt von 1275 bis 1291 zusammen mit seinem Vater und seinem Onkel am Hofe des Großkhans, ist in offiziellen Missionen in China tätig und lernt so Land und Leute wie auch den Prunk des Hofes genau kennen. Er beschreibt die überlegte Ordnung der großen Städte, wo ihm die Märkte, das System der Feuerwehr und die zahlreichen Prostituierten besonders auffallen, und die planmäßige Verwaltung des Riesenreiches mittels eines gut ausgebauten Post- und Kuriernetzes auf normierten Straßen und Kanälen.
Im 14. Jahrhundert beginnt die mongolische Militärherrschaft zu degenerieren. Hofintrigen rivalisierender Adelscliquen, führungsschwache und dafür haremsaktive Kaiser, Aufstände der von rücksichtslosen mongolischen „war lords“ ausgebeuteten chinesischen Agrarbevölkerung führen zu bürgerkriegsähnlichen Wirren. Strafexpeditionen, Verschärfung der anti-chinesischen Gesetzgebung (Verbot von Waffen- und Pferdebesitz) und eine inflationäre Finanzpolitik lassen den Druck anwachsen.
Aus den vielen lokalen Unruhen kämpft sich schließlich Chu Yüan-chang (1328 bis 1398), ein ehemaliger buddhistischer Mönch bäuerlicher Herkunft, langsam nach oben. Die von ihm geführte Rebellenbewegung der „Roten Turbane“, welche in Verbindung mit der buddhistischen Geheimsekte „Weißer Lotos“ steht, kann

1356 Nanking erobern. Nach Ausschaltung der Führer anderer Rebellentrupps und dem Anschluß von Intellektuellen und Gentry-Kreisen mindert sich der sozialrevolutionäre und verstärkt sich der nationale, anti-mongolische Charakter der Aufstandsbewegung. 1367 hat Chu Yüan-chang das Yangtse-Gebiet unter seiner Kontrolle, ein Jahr später ist die Mongolenhauptstadt Ta-tu (Peking) in seiner Hand, und die letzten Mongolenheere verlassen in geordnetem Rückzug China.

DIE NATIONALE RESTAURATION UNTER DER MING-DYNASTIE

Chu Yüan-chang begründet 1368 in Nanking, als Kaiser T'ai Tsu (1368 bis 1398) genannt, die Ming-Dynastie. Deren Herrschaft (nominell bis 1644), in ihren Grundzügen von ihm geprägt und von Kaiser Yung-lo (Ch'eng Tsu; 1403 bis 1424) weiter ausgebaut, ist gekennzeichnet durch übersteigerten Staatsabsolutismus (ein Erbe auch der Mongolenzeit!), durch ihre nationale Restaurationspolitik und durch ihre neokonfuzianische Orthodoxie.

Alle Exekutivorgane der Zentralregierung sind nun dem Kaiser direkt unterstellt, das seit der Han-Zeit bestehende Kanzleramt ist beseitigt. Ein Zensorat (auch für die Buchzensur zuständig) und eine staatliche Studienanstalt sorgen für die Kontrolle und die Heranbildung einer ideologisch zuverlässigen Beamtenschaft. Unter den schwächeren Kaisern der späten Ming-Zeit greifen dann jedoch die Eunuchen des Hofes in die politischen Entscheidungen mit ein und geraten damit oft in blutige Gegensätze zur Beamtenschaft.

Den Ming-Herrschern gelingt es, die am Ende der Mongolenzeit daniederliegende Wirtschaft wieder anzukurbeln, die Geldwirtschaft zu restituieren, das brachliegende Ackerland neu zu besiedeln. Der Reisanbau wird durch neue Sorten intensiviert, die Verarbeitung der seit der Sung-Zeit sich rasch verbreitenden Baumwolle erfolgt zunehmend in Fabriken (um Shanghai), die Porzellanmanufakturen vervielfachen sich und werden jetzt auch von Privatleuten betrieben. Äußerer Ausdruck für das wirtschaftliche Wachstum und die innere Stabilität der Ming-Zeit ist eine starke Bevölkerungszunahme: Zählt China um 1400 etwa 65 Millionen Einwohner, so sind es um 1600 etwa 150 Millionen.

Um die weiterhin drohende Gefahr von Mongolen-Einfällen zu bannen, führen die Ming-Kaiser zahlreiche Feldzüge und lassen die „Große Mauer" in eine über 2000 Kilometer lange massive Steinbefestigung umwandeln. Trotzdem gelingt es den Mongolen zweimal (1449 und 1550), auf ihren Beutezügen bis Peking zu kommen und dabei einmal sogar einen chinesischen Kaiser gefangenzunehmen. Auch die Kämpfe gegen die japanischen Piraten, deren gut organisierte Raubzüge die Küsten heimsuchen, bleiben bis ins 16. Jahrhundert hinein eine Hauptaufgabe, deren sich die Ming-Regierung freilich mangels einer erfolgreichen Flottenpolitik schließlich durch Evakuierung ganzer Küstenstriche zu entledigen sucht.

Zu den bemerkenswertesten außenpolitischen Unternehmungen der Ming Zeit gehören sieben große Übersee-Expeditionen. Unter der Leitung des mohammedanischen Eunuchen Cheng Ho führen sie zwischen 1405 und 1433 nach Java und Sumatra, in den Indischen Ozean und den Persischen Golf, nach Aden und zur Ostküste Afrikas. Ziel dieser Expeditionen ist vermutlich, den nach dem Zusammenbruch des Mongolenreiches unterbrochenen Transkontinentalhandel zur See wiederaufzunehmen und die nominelle Oberherrschaft Chinas über ganz Asien zu erneuern und zu festigen. Diese Expeditionen finden aber wegen ihrer Kostspieligkeit keine Fortsetzung. Als 1517 zum erstenmal Europäer vor der chinesischen Küste auftauchen – es handelt sich um Portugiesen –, werden sie, nachdem man sie in Nanking dem Kaiser vorgeführt und ihre Gewehre kopiert hat, zunächst wie die japanischen Piraten als „Barbaren" behandelt und wieder vertrieben.

In der Tradition der Künstler-Gelehrten der Yüan-Dynastie steht auch die von Shen Chou (1427–1509) gegründete Wu-Schule. Obgleich die chinesische Ming- inzwischen die mongolische Yüan-Dynastie abgelöst hatte (1368), hielt auch Shen Chou sich vom Hofe fern und lebte gemäß dem Ideal der Yüan-Meister in „Zurückgezogenheit und Stille".

Japan – „Land der aufgehenden Sonne“

DIE ENTFALTUNG DER JAPANISCHEN STAATLICHKEIT UND KULTUR BIS IN DIE ZEIT DER KÄMPFENDEN DAIMYATE

Zusammen mit China gehört Japan unter allen Staaten der Erde zu den ältesten, d. h. zu den Ländern mit einer bis in die Gegenwart reichenden historischen Kontinuität nationaler Staatlichkeit und Kultur. Doch anders als China, das im Verlauf seiner dreitausendjährigen Geschichte mehrfach für ganze Generationen unter die oft stark prägende Herrschaft fremder, zumeist nomadischer, dann aber in die chinesische Agrargesellschaft assimilierter Völker geriet, ist Japan bis zur amerikanischen Besetzung der Jahre 1945–1952 nie in seiner nationalen Souveränität beeinträchtigt worden. Die Invasionsversuche der Mongolen, die zuvor das chinesische Kaiserreich erobert hatten, in den Jahren 1273 und 1281 scheiterten und würden wohl selbst im Fall ihres Erfolgs eine Episode geblieben sein angesichts der weiteren historischen Entwicklung des Mongolenreiches. Und die von den USA im Jahre 1853 erzwungene „Öffnung“ des „mittelalterlich-feudalen“ Tokugawa-Japan konnte in rascher Aufnahme dieser Herausforderung durch die europäisch-nordamerikanische Kultur zur Chance einer umfassenden politischen, sozialen und wirtschaftlichen Modernisierung umgeformt werden. Damit entging Japan nicht nur dem Schicksal, ein Kolonialobjekt der imperialistischen Westmächte zu werden, sondern entwickelte sich aus eigener Kraft zu einer „Großmacht“ von Weltrang. Fast die gesamte Dynamik der japanischen Geschichte – was zu ihrem Verständnis bis ins 19. Jahrhundert hinein wichtig ist – stammt also aus der Spannung der inneren Entwicklung der japanischen Gesellschaft und ihrer Wirtschafts- und Herrschaftsformen, nur zu einem kleinen Teil aus dem Anstoß äußerer politischer oder kultureller Einflüsse. Bei einer solchen Abgeschlossenheit des Inselreiches kommt den naturgeographischen Grundlagen für das Verständnis der historischen Entwicklung eine besondere Bedeutung zu.

DIE LANDESNATUR

Die vier Hauptinseln, aus denen Japan noch heute besteht – Hokkaido, Hondo (Honshu), Shikoku und Kyushu – sind alle nur zwischen 100 und 270 km breit, d. h. der Weg zum Meer ist nirgendwo länger als 140 km. Die Hauptinsel Hondo, Ausgangs- und Mittelpunkt der historischen Entwicklung bis zur Gegenwart, ist mit den beiden anderen südlichen Inseln, Shikoku und Kyushu, durch die verkehrsfreundliche „Inlandsee“ verbunden. Aufgrund des starken Reliefs der Gebirgsrücken im Landesinnern, der dichten Bewaldung und der schlechten Gebirgsböden kommen fast nur die Terrassen- und Schwemmlandböden der Täler, der kleinen Becken (bonchi) und der Küstenebenen (heiya) für die agrarische Nutzung und Besiedlung in Frage. Insgesamt beträgt die landwirtschaftlich zu nutzende Fläche Japans bis heute nicht mehr als 16% der Gesamtfläche des Landes. Die Aufteilung Japans in über 600 kleine „Kammern“, von denen nur 16 größer als 1000 km² sind und die in sich homogen und gegen die benachbarten Einheiten abgeschlossen sind, wird von der Natur so förmlich angeboten, daß auch der Verlauf der japanischen Geschichte zu großen Teilen aus den antagonistischen Bestrebungen nach Zentralisierung, größeren Zusammenschlüssen kleiner Einheiten bzw. Dezentralisierung in lokale Einheiten besteht.

Bei dem eben geschilderten kleinräumigen Landschaftsmosaik konzentriert sich naturgemäß wegen des größeren Potentials die politische und ökonomische Entwicklung bevorzugt in den größten „Kammern“ der Hauptinsel Hondo. Das sind zunächst die Kinki-Ebene an der Bucht von Osaka (1250 km²) mit den alten politischen Zentren Nara und Kyoto, dann die Ebene von Nagoya an der Ise-Bucht (1880 km²) und schließlich die Kanto-Ebene an der Bucht von Tokyo (13.200 km²).

Vom Relief und vom Klima (feuchtheißer Sommermonsun) her verständlich, bietet Japan (der Name bedeutet sowohl in der chinesischen Schreibweise „jihpen“ als auch in der japanischen „Nippon“ „Land der aufgehenden Sonne“) seine „Fensterseite“ (Omote-Nippon) dem Pazifik dar, während die dem koreanischen und chinesischen Festland zugewandte Nordwestküste, mit verhältnismäßig wenig Buchten und Ebenen ausge-

Während der Eiszeit waren die japanischen Inseln durch Landbrücken mit dem asiatischen Festland verbunden. Ob tatsächlich zu dieser Zeit schon eine Einwanderung stattgefunden hat, ist fraglich. Bislang ist sie durch keinerlei Funde belegt. Während des Mesolithikums findet dann eine Besiedlung aus Sibirien statt, wie sich anhand von entsprechenden Werkzeugtypen und Sprachresten nachweisen läßt.

stattet sowie vom kalten Wintermonsun benachteiligt, als „Ura-Nippon" (Rückseite Japans) empfunden wird. Natürlich ist die geschichtliche Entwicklung Japans in eine solche Einteilung bereits untrennbar eingegangen.

FRÜHZEIT UND YAMATO-STAAT

Die ethnische Zusammensetzung der japanischen Bevölkerung gibt in ihrer rassischen Vielschichtigkeit noch heute grobe Hinweise auf die unterschiedliche Herkunft der Einwanderer und die phasenhafte Besiedlung des Landes. Neben den Jomon-Menschen mit ihren geringen mongolischen Rassemerkmalen, den Trägern einer neolithischen, nach ihrer Schnurkeramik benannten Jäger- und Sammlerkultur (ungefähr 4500–300 v. Chr.), treten die Rassemerkmale mongolischer und malaiischer Einwanderer, die Träger der sog. Yayoi-Kultur (300 v. Chr. bis 300 n. Chr.) sind, sowie Züge der Ainu, jener durch die über Korea und aus der südostasiatischen Inselwelt Einwandernden verdrängten Urbevölkerung. Die ebenfalls nach ihrer Keramik benannte Yayoi-Kultur, in ihren archäologischen Relikten weit besser faßbar als die Jomon-Kultur, stellt für Japan den Schritt auf eine neue, höhere Kulturstufe dar: Zur Bronze- und Eisenverarbeitung treten der durch den Naßfeldreis intensivierte Ackerbau, eine durch die Töpferscheibe verbesserte Keramik und eine technisch höherwertige Weberei, und somit ist die für die Sozialstruktur entscheidende Bildung von arbeitsteilig organisierten Dörfern möglich.

Infolge der oben skizzierten naturgeographischen „Kammerung" des Landes kommt es rasch zur Ausbildung einer Fülle von lokalen politischen Gebilden; eine chinesische Chronik des 1. Jahrhunderts n. Chr. erwähnt, daß es in Japan 100 und mehr Teilreiche gäbe. Zentren der Yayoi-Kultur scheinen nach dem archäologischen Fundbild die Gegend um Fukuoka auf Nord-Kyushu und die Gegend um Nara (Yamato) gewesen zu sein. Auf engere Handelsbeziehungen mit dem Chinesischen Reich weisen nicht nur direkt und indirekt die Berichte in chinesischen Chroniken hin, sondern auch die Funde chinesischer Spiegel, Schmucksachen, Münzen und Waffen in japanischen Gräbern; Gesandtschaften sollen nach der chinesischen Präfektur in Korea (Lo-lang) sowie nach China selbst immer wieder ausgeschickt worden sein.

Im 4. und 5. Jahrhundert n. Chr. hat sich im Bereich der Yayoi-Kultur – in Randgebieten existieren daneben noch die Jomon-Kultur und die Ainu-Kultur – infolge des lockeren Zusammenschlusses von Clans (Geschlechterfamilien, jap. uji) ein „Staat" gebildet, den man heute nach dem führenden Clan den Yamato-Staat nennt. Dem Reichsmythos nach wurde er bereits 660 v. Chr. von einem Urenkel der Sonnengöttin Amaterasu Omikami gegründet. Mit der Form eines erblichen sakralen Kaisertums versteht der führende Yamato-Clan seinen durch eine kluge Bündnis-, Heirats- und Militärpolitik geschaffenen und ständig erweiterten Machtbereich als „Staat" zu konsolidieren. In ihm bilden die anderen Clans eine adelige Oberschicht, die je nach dem Grad ihrer verwandtschaftlichen Nähe zum Herrscherhaus mit hohen, erblichen Ämtern betraut wird. In ihren eigenen Territorien üben diese Clans durch ihre Priesterfunktion und durch ihre wirtschaftliche Macht den bestimmenden Einfluß auf die große Schicht unterworfener Bauern und Sklaven aus.

Seine Geschlossenheit und Stärke demonstriert der Yamato-Staat überzeugend durch Feldzüge gegen die weiter in Randgebiete zurückgedrängte Jomon-Bevölkerung in Nord-Hondo und Süd-Kyushu sowie gegen die koreanischen Staaten Koguryo und Silla. Während der Zeit des Yamato-Staates (ungefähr 300–600 n. Chr.) übernimmt Japan die überlegene chinesische Kultur, vor allem die Schrift

Tonfigur der mittleren Yomon-Kultur. Höhe 25,7 cm. Um 1500 v. Chr. Sammlung Y. Yamasaki. Die Bedeutung dieser eigentümlichen, an Tierformen erinnernden Figuren ist noch unklar. Es wird vermutet, daß sie als Stellvertreter die verschiedenen menschlichen Krankheiten auf sich nehmen sollten.

und das konfuzianische Gedankengut. Der Streit um die – der offiziellen Geschichtsschreibung nach im Jahr 538 erfolgte – Übernahme des über die Vermittlung Koreas ebenfalls aus China stammenden Buddhismus spaltet die Clans des Yamato-Staates in zwei Lager und führt zu jahrzehntelangen Auseinandersetzungen und Kämpfen. In ihnen setzt sich schließlich im Jahre 587 der reformbereite, pro-buddhistische Soga-Clan gegen die konservativen, den einheimischen Shinto-Kult verteidigenden Clans der Mononobe und Nakatomi durch. Unter der Regentschaft des Kronprinzen Shotoku (593–622) – das Kaisertum ruht auf den Schultern der Kaiserin Suiko (592–628) – kommt es nicht nur zur Anerkennung des Buddhismus als Staatsreligion, sondern auch zu den Anfängen einer drei Generationen währenden tiefgreifenden Reform-Ära. Sie wandelt Japan während eines Jahrhunderts in einen zentralisierten Beamtenstaat, über den der als Gottheit verehrte Kaiser mit absoluter Macht herrscht.

DAS ZEITALTER DER ABSOLUTEN KAISERHERRSCHAFT (UNGEFÄHR 600–1185)

Der Kronprinz Shotoku, von koreanischen Gelehrten erzogen, fordert in seinen im Jahr 604 publizierten „17 Artikeln" die offizielle Verehrung Buddhas und die Anerkennung der absoluten Herrschaft des Kaisers. Die ebenfalls von ihm begonnene Reform der Verwaltung, welche das System erblicher Sippenämter durch ein dem Kaiser verantwortliches Beamtentum nach chinesischem Vorbild zu ersetzen sucht, wird nach Shotokus Tod und den sich daran anschließenden Machtkämpfen, die den Soga-Clan ruinieren, von seinem Sohn, dem Kronprinzen Nakano-Oe, und dessen Mitarbeiter Nakatomi-no-Kamatari (dem Ahnherrn der Fujiwara), mit der sog. Taika-Reform im Jahre 646 fortgesetzt. Was Shotoku seinerzeit nicht erzielt hatte, nämlich den Privatbesitz der Clans an Land und Unfreien zugunsten des Kaisers zu beseitigen, wird nun erreicht. Nach den vier Artikeln des Reform-Edikts vom 22. 1. 646 werden die Angehörigen des Adels aber für diesen Verlust durch die teilweise erbliche Verwaltung ihrer ehemaligen Territorien entschädigt, ferner durch Unterhaltslehen und Ehrenämter am Hofe. Weitere Bestimmungen gelten der systematischen Vermessung, Neuverteilung und Besteuerung des Kulturlandes, einer damit zusammenhängenden Anlegung von Registern für Volkszählungen sowie der Gründung einer neuen, ständigen kaiserlichen Hauptstadt als Zentrale der besoldeten Beamtenhierarchie. Daß es Jahrzehnte braucht, bis diese umwälzende Reform in die Praxis umgesetzt ist, zeigen die nach dem Tod Nakano-Oes (als Kaiser Tenji 672 gestorben) von seinen Nachfolgern vorgenommenen ergänzenden Rechtskodifikationen. Mit dem vom Kaiser Mommu (697–707) angeregten Taiho-Kodex (701) findet das „Jahrhundert der Reformen" seinen Abschluß. Japan wird nun unter der absoluten Herrschaft des Kaisers von einem Großkanzler und seinem Amt verwaltet, dem wiederum acht Fachministerien unterstehen. Das gesamte Reich ist in 66 Provinzen mit 592 Distrikten aufgeteilt, und die vom Kaiser ernannten Provinzgouverneure sowie die von der Zentralverwaltung kontrollierten Distriktsbeamten haben für die Steuereinziehung und die Durchsetzung der kaiserlichen Gesetze zu sorgen. Diese Gesetze regeln bis in Einzelheiten hinein praktisch jeden Bereich des privaten und öffentlichen Lebens, von den Steuern und dem Erbrecht, der Landwirtschaft und dem Militärwesen über die Angelegenheiten der Shinto-Schreine und buddhistischen Klöster bis hin zur Bekleidung bei Hochzeit und Tod, zur Marktordnung und zum Unterhalt der Straßen und Brücken. Daß diese Bestimmungen des Taiho-Kodex, vor allem unter schwachen Kaisern, nie überall und vollständig Anwendung finden, ist verständlich und auch nicht so wichtig wie die zumindest theoretische, juristisch fixierte Inanspruchnahme absoluter, bürokratisch verankerter Macht des Kaisers. Ebenso bedeutsam ist, daß die durch die Reform anscheinend entmachteten Clans durch ihre Umformung in eine hierarchisch abgestufte Hof- und Beamtenaristokratie nur an Ansehen und Privilegien gewinnen und über die Möglichkeit von Stiftungen an Klöster oder Neulandgewinnung die Bildung steuerfreien Großgrundbesitzes anstreben können.

Während der Nara-Zeit (710–784) – so genannt nach der neuen Hauptstadt Heijokyo, dem heutigen Nara – und der frühen Heian-Zeit (794–967) erlebt Japan unter der unbestrittenen persönlichen Herrschaft tatkräftiger Kaiser eine „goldene Zeit". Handwerk und Künste blühen. Für die hohen Ansprüche der an Macht und Wohlstand stetig wachsenden buddhistischen Klöster und Tempel sowie die Bedürfnisse des Hofes zeugen noch heute meisterliche Plastiken, Bauwerke, Malereien und Gebrauchsgegenstände (wie etwa der prachtvolle, von seiner Witwe gestiftete Hausrat des Kaisers Shomu). Und Nara selbst, die Hauptstadt, demonstriert mit ihrer großzügig geplanten gitterförmigen Straßenanlage und der ausgewogenen Verteilung von Palästen, Regierungsgebäuden, Tempeln und Parkanlagen die Rationalität der neuen Regierungsform ebenso wie deren Stabilität. Auch ihre Nachfolgerin, Heiankyo (das heutige Kyoto, das bis 1869 Regierungssitz bleibt), wohin man 794 wegen des als bedrohlich empfundenen politischen Einflusses der großen Klöster in Nara den Hof verlegte, weist in ihrer Stadtanlage und ihrer Ausstattung den gleichen Anspruch auf. Der innere Ausbau des Reiches, durch Provinztopographien und Katasteraufnahmen unterstützt, erfolgt mittels der Einführung einer einheitlichen Kupfer- und später Silberwährung, der Verbesserung der landwirtschaftlichen Arbeitsmethoden, der Ausweitung der Agrarfläche, der Errichtung eines zusammenhängenden Straßen- und Postsystems sowie der Förderung zentraler Märkte. Die geistige Kultur wird stark von den buddhistischen Klöstern und Klerikern geprägt sowie den im Zusammenhang damit entstehenden Sekten.

Die Macht des Kaisers, der als Abkömmling der Sonne göttliche Verehrung genießt und Symbol der nationalen Reichseinheit ist, wird schon vom System her einerseits durch die Macht der ihm unterstellten Zentralbürokratie gestärkt, andererseits geschwächt, insofern eine ständige Kontrolle der Spitzenbeamten, also der Großkanzler und Minister, nötig wäre. Dazu kommt, daß die Steuereinnahmen, deren Steigerung ja ein Hauptziel der Reform des 7. Jahrhunderts war, infolge der Zunahme steuerfreien privaten Großgrundbesitzes (shoen) stetig zurückgehen. Vergebens versucht die Zentralregierung dieser Entwicklung, die auf die Hausmachtbildung feudaler Sippen hinausläuft, durch verschiedene Maßnahmen, wie die Reform des Steuerwesens, das Verbot von Landschenkung an Klöster, die Errichtung einer Kontrollbehörde der Provinzialverwaltung u. a., Einhalt zu gebieten. Mit der zunehmenden Schwächung der kaiserlichen Macht und Zentralverwaltung einher geht der Machtzuwachs der großen Adelsfamilien, die von ihren Hof- und hohen Verwaltungspositionen aus ihre Eigeninteressen verfolgen. Unter ihnen ist der Fujiwara-Clan bald am mächtigsten.

Nachdem bereits der Sohn des Ahnherrn Nakatomi-no-Kamatari, Fuhito (659–720), Großkanzler von vier und Schwiegervater von zwei Kaisern war und die Fujiwara während fast der gesamten Nara-Zeit Mitglieder im Kronrat stellten, wird Fujiwara Yoshifusa (804–872) der erste in einer Reihe ständiger Regenten

Gesamtansicht des Horyu-ji-Tempelkomplexes in Nara. Es handelt sich um den ältesten erhaltenen japanischen Tempel, mit dessen Bau bereits 607 n. Chr. von Kronprinz Shotoku begonnen wurde, der sich zum Buddhismus hatte bekehren lassen. Durch die Einführung des Buddhismus wurden die kulturellen Bindungen Japans an das China der T'ang-Zeit gestärkt. Die Pagode (auf dem Bild deutlich sichtbar) ist hier eine Holzkonstruktion, während die chinesischen Pagoden vielfach aus Mauerwerk bestehen.

(sessho), die für minderjährige Kaiser die Regierungsgeschäfte führen. Unter der „Herrschaft" des Fujiwara Mototsune (836–891) wird die Macht dieser Sippe so groß, daß sie fortan, mit dem Kaiserhaus jeweils aufs engste versippt, sämtliche wichtigen Staatsämter nach ihrem Ermessen besetzen und die Thronfolge in ihrem Sinne regeln kann. Im Besitz dieser von der kaiserlichen Autorität geschützten politischen Macht und im Besitz riesiger ertragreicher Ländereien können die Fujiwara alle anderen Konkurrenten unter dem Hofadel verdrängen. Unter denen, die sich deshalb vom Hof in die Außenprovinzen zurückziehen, um sich dort mit der Hilfe kriegerischer Gefolgsleute eine neue Machtgrundlage zu schaffen, ragen die von kaiserlichen Prinzen begründeten Familien der Taira und Minamoto heraus. Doch ihre Revolte kann 940 blutig niedergeschlagen werden. Und mit Fujiwara Saneyori und Fujiwara Michinaga (966–1028) erreicht die Macht dieser Familie ihren Höhepunkt.

Kulturell beginnt sich in der frühen Heian-Zeit eine „Japanisierung", d. h. eine Abwendung von den chinesischen Vorbildern in Kunst, Literatur, Philosophie und Wissenschaft und eine Hinwendung zu als originär empfundenen japanischen Ausdrucksformen, bemerkbar zu machen. Der Hofadel (kuge) kultiviert, ja stilisiert seine Lebensweise auf eine bis heute in ihren Zeugnissen ansprechende Art; das Verfassen von Kurzgedichten und deren Niederschrift in kalligraphischer Form gehört ebenso zu diesem Lebensstil wie die sorgsame Auswahl farblich raffiniert aufeinander abgestimmter Kleidungsstücke und die Wahrung der Etikette. Die Abwendung von den chinesischen Vorbildern kommt auch im Abbruch der diplomatischen Beziehungen zu China im Jahre 894 zum Ausdruck. Nachdem bereits 663 ein letzter japanischer Versuch, den Einfluß in Korea aufrechtzuerhalten, gescheitert war, beginnt damit eine lange Phase der schöpferischen japanischen Selbstisolierung.

Die „späte Heian-Zeit" (967–1185) wird, wie ihr anderer Name „Fujiwara-Zeit" andeutet, von der politischen und ökonomischen Hegemonialstellung des Fujiwara-Clans geprägt. Die staatlichen Verwaltungsbehörden verlieren, nachdem Michinaga seit 995 als „Kampaku" praktisch die gesamten Regierungsgeschäfte über die Fujiwara-Hauskanzlei abwickelt und fast alle höheren Ämter unter den Fujiwara und den mit ihnen verwandten oder befreundeten Sippen erblich werden, weitgehend an Bedeutung. Das hat aber auch zur Folge, daß die Macht der Zentralverwaltung außerhalb des Machtbereichs der Fujiwara rasch schwindet und die provinzielle Militäraristokratie hier an Grundbesitz und damit an personeller und finanzieller Schlagkraft gewinnt. Da auch die Fujiwara auf die Waffenhilfe der neuen Militäraristokratie (bushi) angewiesen sind, um gegen feindliche Clans oder Klöster vorzugehen, wird das neue Feudalsystem, das auf einer Gefolgschafts- und Lehensbeziehung zwischen Herr und Vasall beruht, bald allgemein üblich. Gegenüber dem ohnmächtigen Kaisertum und dem feinnervigen, entpolitisierten Hofadel erweist sich die durch effiziente Verwaltung und militärische Bewährung in ihrem Selbstbewußtsein gestärkte Militäraristokratie als neue aufsteigende soziale Schicht.

Mit dem langsamen Niedergang der

Macht der Fujiwara im 12. Jahrhundert kommt es zu jahrzehntelangen Kämpfen zwischen den beiden mächtigsten Sippen der Militäraristokratie, den Taira und den Minamoto. Zunächst gelingt es 1160 den Taira unter ihrem Führer Kiyomori, die Fujiwara und Minamoto weitgehend zu entmachten und deren Ämter zu übernehmen; Fukuhara (ein Stadtteil des heutigen Kobe), Sitz der Taira-Verwaltung, wird zum neuen politischen Zentrum. Dann aber setzen sich in einem fünfjährigen Kampf, dem sog. Gempei-Krieg, die Minamoto gegen die Taira durch. Die Niederlage in der Seeschlacht von Dannoura (bei Shimonoseki) im Jahr 1185 besiegelt das Schicksal der Taira und leitet die Epoche des sog. Kamakura-Shogunats ein (1192–1333). Die Bezeichnung für diese Epoche der japanischen Geschichte, die klassische Zeit der Samurai, der japanischen Ritterkaste, rührt von dem Ort Kamakura her, einem ehemaligen Fischerdorf, welches das Oberhaupt der weitverzweigten Minamoto-Sippe, Yoritomo (1147–1199), zum militärischen Hauptquartier und Verwaltungszentrum des Clans, dann, nach seiner Ernennung zum „Shogun“, d. h. „Militärregenten“, zum Regierungsmittelpunkt Japans gemacht hat. Kyoto, die Residenz des Kaisers und seines Hofes, bleibt aber weiterhin die offizielle Hauptstadt.

Am Vorgang dieses Machtwechsels läßt sich ein für die gesamte japanische Geschichte typisches politisches Phänomen zeigen: Kraft- und funktionslos gewordene Teile des Regierungs- und Verwaltungssystems werden selten gegen neue, funktionierende Teile direkt ausgetauscht. Meist bleiben die alten Teile (Personen) in Form von Ehrenämtern und -titeln neben den neuen Realitäten bestehen, bis auch diese wieder durch die Entwicklung zu Ehrenämtern degradiert werden. So tritt an die Stelle der Nara-Kaiser die Regentschaft der Großkanzler der Fujiwara-Sippe und an deren Stelle dann das Shogunat der Minamoto, das seinerseits durch die „Reichsverweserschaft“ (Shikken) der Familie Hojo abgelöst wird, wobei alle früheren Institutionen weiterhin fortdauern, ihrer politischen Kraft freilich längst beraubt.

Japan hat mit dem Shogunat der Minamoto den Schritt vom zunächst absolutistischen, dann aristokratischen Beamtenstaat der Nara- und Heian-Zeit zum Feudalstaat getan. Das spiegelt sich nicht nur in der Änderung des Staatsaufbaus, dessen Verwaltung nun nach lehnsrechtlichen Maximen neu geordnet wird, sondern auch im Wandel der Literatur und bildenden Künste. Standen in der Heian-Zeit mit dem „Kopfkissenbuch“ der Hofdame Sei Shonagon (um 1002) und der „Geschichte vom Prinzen Genji“ (um 1010) die persönlichen Impressionen und Erlebnisse der höfischen Welt im Mittelpunkt des gebildeten Interesses, so sind es nun Heldengeschichten von der Art des Heiji-monogatari“ und des „Gempei Seisuki“, die kriegerische Taten und Tugenden verherrlichen.

Minamoto no Yoritomo, Begründer der Shogunats-Regierung in Kamakura. Das Porträt wird Fujiwara Takanobu (1142–1205) zugeschrieben, und ist typisch für eine neue Richtung in der Kunst, das Bestreben, mit sparsamen Mitteln alle die Persönlichkeit bestimmenden Eigenschaften herauszustellen.

JAPANS FEUDALES ZEITALTER: KAMAKURA-SHOGUNAT UND MUROMACHI-ZEIT (1192–1573)

In der Entwicklung des japanischen Feudalismus, dessen Grundlage die Ländereien des Kriegerstandes (bushi) und die Dienst(hoko)-Lehens(chigyochi)-Beziehung zwischen Herrn und Vasall bilden, kann man drei Phasen unterscheiden: den Frühfeudalismus der späten Heian- und der Kamakura-Zeit, den mittleren Feudalismus des 14. und 15. Jahrhunderts und den Spätfeudalismus der Daimyo des 16. Jahrhunderts und der Tokugawa-Ära.

In der ersten Phase, dem Frühfeudalismus, kommt es bei der Bewirtschaftung des privaten, steuerfreien Grundbesitzes (shoen) im Besitz von Familien des Hof- und Beamtenadels zur Herausbildung eines eigenen Kriegerstandes. Er wächst teilweise aus dem Bauernstand heraus und eignet sich selbst Land und Macht an. Mit dem Sieg der Minamoto über die Fujiwara und Taira gelangt eine solche Familie der Militäraristokratie an die Regierungsgewalt. Unter deren Shogunat wird der weitere soziale Aufstieg der Bushi durch Rechtskodifikationen bisher ungeschriebener Feudalprinzipien und die Umstellung der zentralen Staatsverwaltung nach feudalrechtlichen Maximen gesichert.

Die zweite Phase des japanischen Feudalismus wird durch die sog. Shugo geprägt, das sind ursprünglich von den Shogunen bzw. Shikken ernannte Militärgouverneure in den Provinzen, die mit dem Abnehmen der Zentralgewalt der Kamakura- und Ashikaga-Shogune die ihnen anvertrauten Provinzen bald souverän als Privatbesitz betrachten und ihn um den Besitz kleinerer, oft durch lange Kriege ruinierter Bushi sowie von Hofadligen und Klöstern vergrößern. Nach zahlreichen Kämpfen untereinander um die Vergrößerung ihrer Herrschaftsgebiete, der sog. „Zeit der Kämpfenden Daimyate“ (1478–1573), gehen aus dem Kreis der Shugo einige wenige Daimyo-Geschlechter (daimyo = „großer Namen“) hervor, womit die dritte Phase erreicht ist.

Gemeinsam ist allen drei Phasen, daß sie von den Kriegern (Samurai) und deren materieller und geistiger Kultur bestimmt werden. Der lange Zeit ungeschriebene Kodex dieser ritterlichen Kultur enthält pragmatische Anforderungen der feudalen Agrar- und Gesellschaftsverfassung, wie Gefolgschaftstreue, Wahrhaftigkeit, Ehrliebe, ebenso wie Elemente des konfuzianischen Rechtsdenkens (Gehorsam gegenüber dem Älteren und Vorgesetzten, Verantwortung für die Familie und den sozialen Schwachen, Anerkennung sittlicher Normen im öffentlichen Leben) und Gedanken des Zen-Buddhismus (etwa die geistige und körperliche Selbstdisziplin, die Askese, das naturnahe Leben, die Betonung der Gemütswerte). Der Lebensstil der Bushi (Samurai) färbt auch auf die anderen Gesellschaftsschichten ab, wie sich an der Literatur, dem Wandel des Wohnhausbaues, der Veränderung der Eheform und des Erbrechts sowie an der raschen Ausbreitung des Zen-Buddhismus ersehen läßt. Außenpolitisch zwar als ein glänzender, bald zum nationalen Mythos verklärter Erfolg, innenpolitisch jedoch als Keim einer tiefen Krise des feudalen Shogunats-Systems stellen sich die erfolgreich abgewehrten Invasionsversuche mongolischer Heere in den Jahren 1274 und 1281 dar. Vom „Götterwind“ (kamikaze), der die feindlichen Flotten kentern läßt, unterstützt, schlagen die Samurai-Heere den Gegner zurück. Die Konzentration großer stehender Heere an der Küste und die sonstigen aus Vorsicht noch bis zum Jahr 1312 aufrechterhaltenen Verteidigungsmaßnahmen kosten die Staatsführung riesige Summen und tragen mit zum Sturz des Kamakura-Shogunats bei.

Im Zusammenhang mit der Schwächung des Shogunats und der wachsenden Unzufriedenheit immer größerer Teile der Ritterschaft ob ihrer wirtschaftlichen Abhängigkeit kommt es zu einem Umsturzversuch und einer Restauration der kaiserlichen Macht unter dem Tenno Godaigo. Sie ist freilich nur von kurzer Dauer (1333–1336), weil die geplante Wiederherstellung der alten zivilen Beamtenregierung angesichts der mangelnden Erfahrung des neuen Amtsadels und der übermächtigen realen Machtverhält-

Nijo-tenno, der siebzehnjährige Kaiser, flieht als Hofdame verkleidet aus dem Palast, um bei der Taira-Sippe Zuflucht zu suchen. Szene aus dem Heiji-monogatari, eine Darstellung aus dem Kampf zwischen den Sippen der Taira und der Minamoto. Das Bild ist ein gutes Beispiel für die sogenannte Yamato-e-Kunst. Da die Ausstrahlungskraft der chinesischen Kultur nachgelassen hatte, begannen die Japaner sich auf ihre eigene Geschichte zu besinnen.

Weniger dem heldenhaften Kampf der Samurai-Heere als dem „Götterwind" Kamikaze, der die Invasionsflotte vernichtete, ist das Scheitern des Mongolenangriffs zuzuschreiben. Wie erbittert der Kampf geführt wurde, zeigt der obige Ausschnitt aus einer Bildrolle.

nisse der feudalen Provinzialherren sich als unmöglich erweist. An die Stelle der Militäradministration der Minamoto bzw. Hojo (die ja de facto die politische Macht in Händen hatten) tritt nun das Shogunat der Familie Ashikaga. Die Zeit ihrer Herrschaft (formell bis 1573) wird nach dem Hauptquartier des Clans im Bezirk Muromachi (Kyoto) auch die Muromachi-Zeit genannt.

Im wesentlichen ist diese Zeit durch innere Wirren und Kämpfe gekennzeichnet, die aufgrund des Fehlens einer starken Zentralgewalt den Dezentralisierungsbestrebungen der einzelnen Provinzialherren (Shugo) entspringen. Neben Kyoto, nach wie vor die größte Stadt des Landes, treten nun neue militärisch-politische und kulturelle Zentren; am bedeutendsten unter diesen Burg- und Hafenstädten wird Osaka. Auf die sog. „Zeit der Höfe im Norden und Süden" (1336 bis 1392), ein Schisma, das in Kyoto und Yoshino je einen Kaiser sieht und demzufolge zu Rivalitätskämpfen und Gewalttaten aller Art reichlich Anlaß bietet, folgt eine ruhigere Zeit, die vor allem den kunstliebenden Ashikaga-Shogunen Yoshimitsu (1358–1408) und Yoshimasa (1436–1490) Entfaltungsmöglichkeiten gewährt. Unter den kulturellen Leistungen dieser Zeit sind vor allem die Porträtmalerei, die Tusch-Malerei des Zen sowie die Perfektionierung des Nō-Spiels und der Pavillon-Architektur hervorzuheben. Daneben verdienen noch die Ausgestaltung der Tee-Zeremonie und der Ziergarten-Architektur – bis heute gepflegte wichtige Bestandteile des Lebens der japanischen Oberschicht – besondere Erwähnung.

Der Bürgerkrieg der Periode Onin (1467 bis 1477), eine Auseinandersetzung zwischen rivalisierenden Vasallenkoalitionen des Ashikaga Yoshimasa, bildet den Auftakt für die sog. „Zeit der kämpfenden Länder (Daimyate)" (1478–1573). In ihr geht die Herrschaft der Ashikaga-Shogune zugrunde, und der schon abgeschwächte Dualismus von Hofadel und Kriegerstand, von Tenno und Shogun, weicht nun vollends einer rein feudalen Gesellschaft. In den zahllosen Kämpfen dieser Zeit eines dezentralisierten Feudalismus gehen viele Regionalherrscher (Shogu-Daimyo) zugrunde, und neue, oft von kleinen Bushi mit Hilfe schlagkräftiger Vasallenheere gegründete Daimyo-Geschlechter kommen an die Macht. Sie bringen in ihrem Herrschaftsbereich alle noch freien Bauern und unabhängigen Samurai in ihre Abhängigkeit, schaffen sich eigene Gesetze und Verwaltungsorganisationen, fördern Handel und Gewerbe im Umkreis ihrer Burgstädte und verteidigen ihr autonomes Territorium mit Waffengewalt und wechselnden Bündnissen bis zum letzten.

Die für die Kriegführung und Verwaltung benötigten Samurai sind nun zu spezialisierten Beamten und Kriegern geworden, die ihren Lebensunterhalt nicht mehr aus den Naturalabgaben ihres Vasallenlehens bestreiten, sondern aus dem Sold (in Geld oder Naturalien), den ihnen ihr Dienstherr zahlt.

Korea zwischen China und Japan

VON DER PRÄHISTORISCHEN ZEIT BIS ZUR JAPANISCHEN INVASION

Die geographische Lage bestimmt von den Anfängen bis zur Gegenwart die Geschichte Koreas: Als Halbinsel des ostasiatischen Kontinents liegt es sowohl für das mächtige Festlandsreich China als auch für den Inselstaat Japan greifbar nah, und diesen „Griff“ nach Korea haben die beiden Nachbarn im Verlauf der koreanischen Geschichte denn auch abwechselnd getan, natürlich unterschiedlich – auch im Erfolg – in der historischen Verwirklichung ihres Machtanspruchs. Noch die jüngste Vergangenheit, die Befreiung Koreas aus der japanischen Kolonialherrschaft im Jahre 1945 und das Eingreifen chinesischer Truppen im Korea-Krieg 1950–1953, zeigt das Land im Einflußbereich dieser beiden Mächte. Erstaunlich ist und bleibt, daß Korea es trotz dieser Jahrtausende währenden Konstellation gelungen ist, seine kulturelle Eigenart und eine gewisse staatliche Selbständigkeit zu bewahren, wobei freilich offenbleiben muß, inwieweit die gegenwärtige Teilung des Landes in zwei koreanische Staaten als Folge des Ost-West-Gegensatzes nur eine Episode sein wird. Die Gründe für die – trotz des bis ins 19. Jahrhundert hinein dominierenden Einflusses Chinas – bewahrte Selbständigkeit Koreas sind vermutlich stärker als in seiner ethnischen Andersartigkeit in seiner, von China aus gesehen, peripheren Lage und in seiner mangelnden Attraktivität als landwirtschaftlich günstiges Siedlungsland für chinesische Kolonisten zu suchen. Ferner darin, daß der Zugriff Japans, ohnehin nur möglich in Zeiten der inneren und damit äußeren Schwäche des chinesischen Kaiserreiches, bis zur gewaltsamen „Öffnung“ Koreas 1876 und seiner kolonialen Unterwerfung (seit 1910) stets temporär und regional begrenzt blieb.

In prähistorischer Zeit finden sich im Bereich des heutigen Korea, von der Archäologie und Ethnologie noch immer nicht klar erhellt, neben der autochthonen Urbevölkerung eine Fülle kleiner Stämme hauptsächlich wohl tungusischer Herkunft auf der Stufe neolithischer Jäger, Fischer und Sammler. Sie vermischen sich, zunächst durch ihre Nahrungsgrundlage voneinander in Küsten- und Berglandkulturen geschieden, miteinander und mit den in immer neuen Wellen aus Nord- und Südasien einwandernden Menschen. Schon früh sind, durch archäologische Relikte und historische chinesische Quellen belegt, Einflüsse der chinesischen Kultur wirksam: So gelangt die Kenntnis der Bronze- und Eisenverarbeitung nach Nordkorea. Auch die Technik des Wasserreisanbaues und die Beherrschung der Schrift lernt Korea von China und gibt sie dann an Japan weiter. Im politischen Bereich sieht die Abhängigkeit Koreas von China während des 1. Jahrtausends v. Chr. so aus, daß immer wieder einzelne Feudalherren aus den östlichen Grenzmarken des chinesischen Ch'ou-Reiches ihren Machtbereich über den Yalu hinweg nach Nordkorea hinein erweitern. Zur Zeit der beiden Han-Dynastien (206 v. Chr.–220 n. Chr.) wird Korea vom Kaiser Wu-ti als „Cho-son“ (Land der Morgenfrische) zu einer chinesischen Präfektur gemacht und planmäßig mit chinesischen Siedlern kolonisiert, wovon Ausgrabungen bei Lo-lang (nahe Pjöngjang) zeugen. Der Zerfall des Han-Reiches und die Erstarkung des japanischen Yamato-Reiches beenden diese Phase kolonialer Abhängigkeit.

Zur Zeit der Han-Dynastie (206 v. Chr.–220 n. Chr.) unterhielten die Chinesen in Nordkorea eine Militärkolonie mit der Hauptstadt Lo-lang. Von dort stammt der abgebildete Korb mit Lackmalerei. Das Stück wurde zweifellos aus China importiert. Das Zentrum der Lackindustrie befand sich in Ssech'uan im Westen Chinas.

Gürtelschnalle aus getriebenem Gold mit Türkiseinlagen. Sie stammt aus einem Grab in Lo-lang, Hauptstadt der von Kaiser Wu-ti gegründeten Militärkolonie in Nordkorea. Sie wurde zusammen mit Lackarbeiten, die um die Zeitwende datierbar sind, ausgegraben. Es handelt sich um ein Meisterwerk chinesischer Goldschmiedekunst. Ein gewisser zentralasiatischer Einfluß ist aber unverkennbar. Nationalmuseum, Korea.

Jagdszene aus dem „Grab der Tänzer“ in T'ung kou, Mandschurei. Wandmalerei auf Putz. Koguryŏ-Dynastie (37–668 n. Chr.). Als das Grab nach nahezu 1600 Jahren geöffnet wurde, waren die Farben kaum verblichen. Kein anderes Bild schildert das kriegerische Koguryo-Volk besser, das sein ganzes Leben zu Pferde in der Ebene der Mandschurei zubrachte.

Unter den seit Beginn des 4. Jahrhunderts n. Chr. in emigrations- und deportationsträchtigen Kriegen miteinander um die Vorherrschaft kämpfenden drei koreanischen Reichen Koguryŏ (im Nordwesten), Paekche (im Südwesten) und Silla (im Südosten) kann sich endgültig 668 das von China unterstützte Reich Silla gegen seine Rivalen und das mit ihnen verbündete japanische Yamato-Reich (es unterhielt seit 370 in Südkorea eine Militärkolonie) durchsetzen. Politisch und kulturell eng vom China der T'ang-Dynastie abhängig, wird das im Großreich Silla bis zum Fluß Taedong geeinte Korea (Hauptstadt: Kyongju) nun von Beamten zentral verwaltet, die nach dem chinesischen Vorbild in einer eigenen Akademie ausgebildet und geprüft worden sind. Anders als in China steht jedoch der Zugang zur Beamtenschaft nur dem Adel offen. Der Buddhismus, im 4. Jahrhundert aus China übernommen, schon früh mit bedeutenden Kunst- und Bauwerken repräsentiert und bald in allen Gesellschaftsschichten tief verwurzelt, wird 920 zur Staatsreligion erklärt. Die politische Führung ist jedoch inzwischen schon von dem durch separatistische Bewegungen gelähmten Groß-Silla auf ein im Norden neu entstandenes, seit 918 „Koryo“ (jap. Korai, worauf unser „Korea“ zurückgeht) genanntes Reich übergegangen.

Die große Herrscherpersönlichkeit des Wang Kon (877–943) hat „Koryo“ mit militärischem und diplomatischem Geschick zur Großmacht gemacht. Unter ihm und seinen Nachfolgern (Wang-Dynastie), besonders unter König Munjong (1047–1083), erlebt das seit 935/936 geeinte Korea eine kulturelle Blütezeit. Die neue Hauptstadt Kaesong wird zum Zentrum eines vom Amtsadel straff verwalteten und militärisch erfolgreich gegen die Angriffe der nomadischen Kitan und Juchen verteidigten Reiches, in dem die Wissenschaften (Geschichtsschreibung) und Künste (Pagodenbau, Seladon-Keramik, Wandmalerei in Klöstern, Blockbuchdruck) blühen. Korea wird nun zum „internationalen“ Umschlagplatz für Waren und Kunsthandwerk aller Art.

Noch ehe der Mongolensturm über das chinesische Kaiserreich hereinbricht und auch Korea trifft, haben hier Machtkämpfe zwischen dem mächtigen buddhistischen Klerus und dem Adel das Land in Unruhe gestürzt und eine Militärregentschaft der Ch'oe-Sippe hervorgebracht. Unter der Mongolenherrschaft (1231–1368) – der 1232 auf die Insel Kangwha geflüchtete Hof muß schließlich 1259 sein Exil aufgeben – sind die meisten koreanischen Könige zum Marionettendasein verurteilt; mitsamt dem Hof folgen sie in Haartracht und Kleidung der mongolischen Mode. Immerhin aber erlauben die Mongolen die Heirat ihrer Stammesangehörigen mit koreanischen Frauen und Männern, während das Konnubium mit Chinesen Mongolen verboten bleibt. Schwer lasten auf dem Land die riesigen Kosten für die Zurüstung der drei Invasionsversuche, welche die Mongolen gegen Japan unternehmen (zwei gescheiterte 1273/1274 und 1281, ein geplanter 1283/1285).

Blutige Hofintrigen und ständige Überfälle japanischer „Piraten", d. h. von den japanischen Feudalherren organisierter und finanzierter Kommandounternehmen, prägen das Korea des 14. Jahrhunderts schon vor und erst recht nach dem – im übrigen friedlichen – Abzug der Mongolen im Jahre 1368. In dem sich bildenden Machtvakuum schwingt sich 1392 der in vielen Kämpfen gegen die Japaner und Grenznomaden bewährte General Yi Song-gye zum neuen Herrscher auf. Als König T'ae-jo (gest. 1401) regiert er das nun wieder „Cho-son" genannte Land von der neuerbauten Hauptstadt Hanjang (Seoul) aus. (Die von ihm begründete Yi-Dynastie wird bis 1910 dauern, freilich oft wiederum nur als Marionette fremder Machthaber). Die koreanische Kultur und Staatsverwaltung richten sich nun wieder stark nach dem chinesischen Vorbild aus. Der Neo-Konfuzianismus wird zur offiziellen Staatslehre erklärt und durch den Bau zahlreicher Schulen (Akademien) gefördert, der Buddhismus dagegen durch staatliche Maßnahmen (u. a. Verbot des Tempelbaus und der Klostersklaverei) systematisch zurückgedrängt. Damit sollen die Macht und das Ansehen des buddhistischen Klerus gegenüber der konfuzianischen Beamtenschaft der Zentralverwaltung gemindert werden. Eine Bodenreform und Neuorganisation des Heerwesens sichern zusammen mit einer Rechtskodifikation den inneren Frieden und den wirtschaftlichen Ausbau des Landes.

Unter der Regierung von T'ae-jos Nachfolgern T'ae-jong (1401–1419) und Se-jong (1419–1451) sind die Einführung des Drucks mit beweglichen Metall-Lettern und die – gegen den generationenlangen Widerstand chinesisch schreibender konfuzianischer Gelehrter durchgedrückte – Einführung einer eigenen koreanischen Buchstabenschrift, die eine bodenständige Literatur und Wissenschaft ermöglichen soll, als bis heute im öffentlichen Bewußtsein fortlebende Kulturleistungen zu nennen. Im Bereich der Politik kommt es nach dem Tod des Königs Se-jo (gest. 1468) unter schwächeren Herrschern zu immer umfangreicheren Parteienkämpfen (tangjaeng) rivalisierender Beamten- und Hofcliquen. Sie bestimmen auch die innenpolitische Szenerie des 16. Jahrhunderts bis zur Katastrophe der Invasion japanischer Heere in den Jahren zwischen 1592 und 1597/98.

Bei dem ca. 9 m hohen Turm, in der Nähe der heutigen Stadt Kyongju, handelt es sich wahrscheinlich um eine Sternwarte. Der Turm wurde mit genau 365 Steinen erbaut. Alte Silla-Dynastie, 7. Jh. n. Chr.

Porträt eines hohen Beamten aus der Regierungszeit des Königs Se-jong (1419–1451) von einem Berufsmaler des staatlichen „Bureaus der Künste" angefertigt. Tusche und Farbe auf Seide. Hängerolle 1,80 m lang und 1,05 m breit. Duksoo-Palastmuseum für Schöne Künste, Seoul.

Afrika

DER DUNKLE KONTINENT VON DER FRÜHZEIT BIS ZUM VORDRINGEN DER EUROPÄER

Die Vor- und Frühgeschichte des afrikanischen Kontinents

Afrika stand in den letzten Jahrzehnten im Mittelpunkt der Diskussion um die Anfänge der menschlichen Kultur. In keinem Erdteil kann die Geschichte der Menschheit im biologischen Sinn so weit in die Erdgeschichte hinein verfolgt werden wie in Afrika, wo für viele Jahrhunderttausende die Zentren menschlichen Lebens gelegen sind. Den Eiszeiten der nördlichen Hemisphäre entsprechend ist die geologische Gliederung der älteren Steinzeit in Afrika durch vier „Regenzeiten" (Pluvialperioden) bestimmt, die eine Besiedlung der heutigen Trockengebiete ermöglichten. Den Zwischeneiszeiten (Interglazialen), die in Europa Wiederbewaldung brachten, entsprechen in Afrika Trockenzeiten mit infolge der Eisschmelze erhöhtem Meeresspiegel. Umstritten ist allerdings noch, inwieweit man afrikanische Pluvialperioden und nördliche Kaltzeiten parallelisieren kann; auch innerhalb Afrikas scheint der Klimarhythmus nicht zeitgleich verlaufen zu sein.

Zu den ältesten sicheren Überresten menschlichen Daseins gehören afrikanische Fundkomplexe, die bis in die Übergangsphase vom Tertiär zum Quartär zurückreichen. Geologisch und nach der Fauna sind die Funde als altpleistozän anzunehmen. Absolut chronologisch datiert man heute – nach Untersuchungen mit Hilfe der Potassium-Argon-Methode – die frühesten Funde auf 1 860 000 Jahre oder wenig mehr; einstweilen gilt dieses Datum allerdings nur für Ostafrika, es ist jedoch anzunehmen, daß es auf ganz Afrika übertragen werden kann, da die Artefakte überall auf dem Schwarzen Kontinent entdeckt wurden und somit die dazugehörige Kultur in ganz Afrika verbreitet gewesen ist. An einigen Fundstellen wurden aus groben Felsbrocken hergestellte Werkzeuge mit scharfer Kante (Geröllgeräte) geborgen, die zur Materialbearbeitung dienten. Es sind dies die Leitfossilien der Olduwai-Kultur (Oldowan), der aller Wahrscheinlichkeit nach frühesten Phase der afrikanischen Altsteinzeit. Das bisher als früher angenommene Kafuan ist nach den Arbeiten von Bishop, Cole und anderen aus der Abfolge afrikanischer Kulturen zu streichen. Auf dem gesamten Erdteil folgen darauf die Faustkeilkulturen (auch als chelles-Acheul bezeichnet). Mehrere Jahrhunderttausende lang bleiben die Faustkeile bei einem großen Teil der Menschheit die wichtigste Typengruppe der Steingeräte. Kennzeichnende Steingeräte sind neben dem am weitesten verbreiteten Faustkeil aber auch Schneiden- oder Spaltkeile, die statt der Spitze eine mehr oder weniger breite Schneide haben und vielleicht auch als Beile verwendet wurden, ferner Rundscheiben (Diskoide) und kugelförmige Wurfsteine (Bolas). Nach Funden in Algerien und Ostafrika werden die Menschen, die diese Geräte benutzten, dem Verwandtenkreis der Pithecanthropus (Homo-erectus)-Gruppe zugeordnet. Aus dem Endstadium der langen Faustkeilperiode stammen auch die ersten Nachweise der Feuernutzung und des längeren Aufsuchens von Höhlen. Kennzeichnend für die Entwicklung der Steinwerkzeuge sind eine sehr große Typenvariation und die Tendenz zu allmählicher Verkleinerung und zum Teil auch Verfeinerung. Funde aus der Zeit des letzten Pluvials gibt es in fast allen Teilen Afrikas. Die Menschen, die diese Werkzeuggruppen herstellten, sind offenbar mehr oder weniger ferne Verwandte des eurasischen Neandertalers gewesen.

Die Austrocknung im Verlauf des letzten Interpluvials splittert die bis dahin einheitliche Grundkultur in verschiedene mittelpaläolithische Kulturgruppen auf, deren Wirtschaft vorwiegend auf Großwildjagd beruht. Ausgrabungen an den Kalambofällen, wo in Kulturschichten der Zeit um 40 000 v. Chr. Wurzeln, Früchte und Reste von Grabstöcken gefunden wurden, lassen den Schluß zu, daß auch die Pflanzenkultivierung oder jedenfalls die Gewinnung pflanzlicher Nahrung bereits eine gewisse Rolle spielt. Mittel- und Jungpaläolithikum abzugrenzen, ist in Afrika schwieriger als in Europa. Das kulturelle Bild Afrikas differenziert sich zwischen dem 7. und 5. Jahrtausend v. Chr. immer deutlicher. In der neolithischen Feuchtphase im Norden des Kontinents, die vom 6. bis ins 3. Jahrtausend v. Chr. anhält, bieten weite Gebiete beiderseits des Niltals und in der Sahara bessere Lebensbedingungen als heute. Dort bilden sich verschiedene neolithische Kulturgruppen, unter denen diejenigen im ägyptischen Niltal im 5. Jahrtausend v. Chr. beginnen. Oberägyptische Funde lassen auf Beziehungen zum Sudan, unterägyptische auf frühe Verbindungen über die Landenge von Suez schließen. Neben den vorderasiatischen Einflüssen beginnt man allmählich auch die afrikanischen Grundlagen der altägyptischen Hochkultur um 3000 v. Chr. anzuerkennen.

Eine Bronzezeit im europäischen Sinn kann außerhalb Ägyptens höchstens für Nordwestafrika einschließlich Mauretaniens angesetzt werden, wo Bronzefunde

Kopf aus gebranntem Ton. Aus den Funden bei Nok. Höhe 22,9 cm. 2.–1. Jahrhundert v. Chr. Die Ausgrabungen bei dem Dorf Nok erbrachten kleine, zumeist zerbrochene Menschen, Elefantenköpfe, zusammengekauerte Affen und Menschenköpfe von natürlicher Größe darstellende Terrakotta-Plastiken.

Blick in das Innere des Ellipsen-Gebäudes bzw. Palastes, der früher als „Tempel" bezeichnet wurde. Zimbabwe.

jedoch recht selten sind. Die Eisenverarbeitung rückt seit den letzten Jahrhunderten v. Chr. in mehreren Schüben vor. Die Nok-Kultur mit ihren zum Teil lebensgroßen Terrakotta-Plastiken scheint im zentralen Nigeria als frühe eisenzeitliche Kultur bereits vor Beginn unserer Zeitrechnung geblüht zu haben. Ihr entstammen die bisher ältesten Zeugnisse plastischer Kunst in Afrika außerhalb Ägyptens. In den Jahrhunderten um Christi Geburt kommt es im östlichen Afrika zur Entstehung von Handelsstationen an der Küste, deren Gründung von Südarabien aus erfolgt. Das 1. Jahrtausend n. Chr. bringt größere Wanderbewegungen, in denen sich vor allem die Völker der Bantu-Sprachgruppen, aber auch nilotische und nordwestafrikanische Stämme ausbreiten. Viele Reichsbildungen folgen. Ihre Spuren finden sich z. B. in den Wallanlagen von Bigo (Uganda), den Ruinen von Zimbabwe und Khami (Rhodesien), von Mapungubwe und Bambandyanalo (Südafrika).

Die Problematik afrikanischer Geschichtsschreibung

Bei einer Betrachtung der geschichtlichen Entwicklung Afrikas sind mehrere große historische Räume zu unterscheiden: so der gesamte Norden (nördlich der Sahara), das Niltal, der Sudan (vom Roten Meer bis zum Atlantik und von der Sahara bis in den tropischen Regenwald) sowie das Afrika südlich des Sudans, das allerdings nicht eine solche Dichte historischer Kernlandschaften aufweist wie die übrigen Räume Afrikas. Es wäre falsch, die afrikanische Geschichte der europäischen parallel periodisieren zu wollen. Eine historische Periodenfolge kann auch nur für einzelne Räume gelten, zwischen denen es deutliche Phasenverschiebungen gibt. Die Gleichzeitigkeit von historisch Ungleichzeitigem ist ein Charakterzug der afrikanischen Geschichte, z. B. im Verhältnis von Nordafrika zum Sudan, wo bestimmte Entwicklungen erst wesentlich später einsetzen. Im Gegensatz zu Nigeria ist etwa in Südafrika die Eisenverarbeitung erst für das 13. Jahrhundert n. Chr. nachgewiesen. Hier reicht die Verwendung von Steinwerkzeugen noch bis weit ins 19. Jahrhundert hinein. Solcher Probleme müssen wir uns bewußt sein, wenn wir uns dem folgenden, groben Periodisierungsversuch der afrikanischen Geschichte anschließen: Alte Geschichte bis zum Einbruch des Islam; Mittlere Geschichte bis zum Beginn der europäischen Einflußnahme; Neue Geschichte von den Anfängen des europäischen Vordringens in Afrika bis zum Anfang der Neuesten Zeit. Nur in Ägypten vermitteln die Quellen ein detailliertes Bild der Alten Geschichte Afrikas. Für den von Berbern besiedelten Nordwesten müssen wir uns auf die Aussagen der Griechen und Römer stützen, die Informationen aus zweiter Hand (Phöniker und Karthager) bieten und die Ereignisse allein aus ihrer Sicht schildern. Aus archäologischen Befunden lassen sich zwar kulturgeschichtliche Einsichten, selten aber zugleich Einblicke in die politische Geschichte gewinnen. Nicht minder problematisch gestaltet sich die Quellenlage im Sudan: Schriftliche Quellen liegen hier erst aus der Zeit nach der Islamisierung vor und berichten nur selten über die vorislamische Zeit. Im gesamten Afrika südlich des Sudans schließlich sind wir völlig abhängig von Grabungsfunden oder europäischen Berichten, die aber erst im 16. Jahrhundert einsetzen. Nur in den ostafrikanischen Handelsstädten, die aber nicht zu den Staatengründungen der Eingeborenen zählen, ist die Quellenlage günstiger. In mündlicher Tradition überkommene Herrscherlisten können wichtige Hilfsmittel zur Periodisierung sein, sagen selbst aber nur wenig über die allgemeine Geschichte eines Reiches aus.

Die afrikanischen Reiche

Kusch und Aksum Seit etwa 1000 v. Chr. übt in Nubien das Reich Kusch erheblichen Einfluß auf die ägyptische Geschichte aus. Es verdankt seine Stärke wesentlich dem Zwischen- und Fernhandel mit afrikanischen Produkten, die in das Ägypten der Ptolemäer und in die antike Welt exportiert werden. Im Verlauf des 3. Jahrhunderts n. Chr. büßt es an Kraft und Einfluß ein und unterliegt um 350 n. Chr. dem Reich von Aksum, das der äthiopischen Königslegende zufolge um 950 v. Chr. gegründet wurde. Sein städtisches Zentrum findet sich im Vorgebirge des nördlichen äthiopischen Bergmassivs. Wie Kusch, so verdankt auch Aksum seine wirtschaftliche Kraft und kulturelle Blüte vor allem seiner führenden Stellung im Fernhandel: Auf halbem Weg zwischen Indischem Ozean und hellenistischer Welt gelegen, ist Aksum ein bedeutender Umschlagplatz und zu gleich eine Art Großmarkt für die Produkte seines afrikanischen Hinterlandes. Die Christianisierung von Aksum um 350 n. Chr. ist vor allem das Werk syrischer Missionsapostel. Nach einer nicht näher bekannten, folgenschweren Katastrophe etwa im 10. Jahrhundert und unter zunehmendem islamischem Druck verschiebt sich der Schwerpunkt des Reiches Aksum in das zentrale Abessinische Hochland, wo es bis heute unter dem Namen Äthiopien besteht. Im 5. und 6. nachchristlichen Jahrhundert etwa bilden sich in Nubien insgesamt drei christliche Reiche, die teilweise bis ins 14. Jahrhundert dem arabisch-islamischen Druck widerstehen. Schließlich tritt das islamische Reich Fung ihre Nachfolge an.

Darfur, Wadai und Kanem-Bornu Diese Reiche des östlichen und zentralen Sudan scheinen vor allem von Kusch wesentliche Impulse empfangen zu haben; aber auch ägyptische Einflüsse sind nicht auszuschließen. Die Geschichte von Kanem-Bornu ist am sichersten belegt. Weiß- und schwarzafrikanische Elemente mischen sich in diesem Reich. Ein lebhafter Handel, vor allem mit Sklaven, der eigentlichen Währung auf den Märkten des Zentralsudan, verbindet Kanem-Bornu mit dem Nil und der Mittelmeerküste. Über diese Wege hält dann auch der Islam im 11. Jahrhundert seinen hier gewaltlosen Einzug. Kanem-Bornu bleibt bis ins 19. Jahrhundert hinein wirtschaftlich und politisch ein bedeutendes Machtzentrum, dessen Einfluß zeitweise bis an den Niger und in den Fessan reicht. Zu seinem Untergang trägt, von der Krise und dem Ende der ein Jahrtausend lang herrschenden Dynastie abgesehen, wesentlich die Unterbrechung des Sklavenhandels durch die europäische Kolonisation bei.

Gana, Mali und Songhai Diese drei bekanntesten Reiche des Sudan liegen am mittleren und oberen Niger am südlichen Ausgang der großen Karawanenrouten. Die Anfänge Ganas, des ältesten und berühmtesten dieser Staaten, an der Südgrenze der westlichen Sahara sind bis etwa ins 4. Jahrhundert n. Chr. zurückzuverfolgen. Gold- und Salzhandel verhelfen ihm zu Macht und Reichtum. Im 9. Jahrhundert erreicht Gana seine höchste Blüte und erliegt zwei Jahrhunderte später dem Ansturm der muslimischen Almoraviden. Das Reich Mali tritt in der Reihe der sudanesischen Staatsgebilde seine Nachfolge an. Mali lebt wie zuvor Gana vom Transsaharahandel und dehnt sich im Laufe seiner Geschichte immer weiter aus: Im 14. Jahrhundert reicht es von der Wüste im Norden bis zum tropischen Urwald im Süden und vom Atlantik bis zum Gebiet östlich des Nigerknies. Malis Nachfolge übernimmt im 15. Jahrhundert das Reich Songhai mit der Hauptstadt Gao, das in seiner Blütezeit fast das gesamte frühere Gebiet Malis an sich bringen kann. Ende des 16. Jahrhunderts erliegt Songhai den von Sultan Mulai Ahmed el-Mansur zur Suche nach den sagenhaften Goldgruben der Neger ausgesandten und mit Feuerwaffen ausgerüsteten marokkanischen Truppen, die Gao und Timbuktu einnehmen. Mit dem Untergang Songhais endet die Zeit der sudanischen Großstaaten, die ihre Kraft vor allem dem Transsaharahandel verdankten. Die Ankunft der Europäer an den afrikanischen Küsten führt zu einer für Afrika wirtschaftsgeographisch und historisch folgenreichen Umlenkung des Handels: Die binnenländischen Staaten verarmen, und im unmittelbaren Hinterland der Küsten bilden sich neue Staaten wie Aschanti, Dahome, Yoruba und Benin, die von nun an den Zwischenhandel kontrollieren und vor allem zu Lieferanten der Europäer im transatlantischen Sklavenhandel werden. Mit der friedlichen Islamisierung der Haussa-Stadtstaaten zwischen Niger und Tschadsee wird der Islam bis zum 16. Jahrhundert zur Religion des größten Teils der Wüsten- und Savannenländer Nordafrikas.

Die Reiche Bantu-Afrikas Die geradezu explosive Ausbreitung der Bantustämme ist ein noch weitgehend ungeklärtes Forschungsproblem. In die Zeit zwischen 600 und 1500 fällt die große Wanderung der Bantu aus einer noch unbekannten Urheimat, die vielleicht mit der eisenverarbeitenden Nok-Kultur identisch ist. Um das 7. oder 8. Jahrhundert erreichen Stämme der Bantu-Sprachgruppe das östliche Gebiet der großen Seen und verbreiten sich von hier aus. Um 900 tauchen Bantu als Kupferschmiede in Katanga auf. Schon um das 10. Jahrhundert müssen sie das heutige Rhodesien erreicht haben. Erst spät treten die Bantu in die Geschichte ein. Zur Zeit der Ankunft der Europäer gibt es in Bantu-Afrika nur drei bedeutendere Machtzentren: das Kongoreich am unteren Kongo und in Nord-

Goldmünze mit Bildnis des Kaisers Uazeb I. von Äthiopien. Anfang des 4. Jahrhunderts n. Chr. Durchmesser 18 mm.

angola, das Reich des Monomotapa in Rhodesien und die Hima-Staaten im Zwischenseengebiet. Die Jahrhunderte fortschreitender Zivilisation, die zur Begründung dieser politischen Zentren führten, liegen im Dunkel. Die Hima-Staaten (Bunyoro, Buganda, Rwanda u. a.) im Gebiet der großen ostafrikanischen Seen verdanken ihre Entstehung den Wanderungen viehzüchtender Völker. Sie kommen erst Mitte des 19. Jahrhunderts mit den Europäern in Kontakt.

Reiterstatue aus Benin. Bronze. 16. oder 17. Jahrhundert. Slg. A. Held, Ecublens. Obgleich die Anfänge des Stadtstaates Benin wohl in das 6. Jahrhundert n. Chr. zurückreichten, kam es erst im 12. Jahrhundert zur Ausbildung eines sakralen Königtums. Die Beherrschung des Küstenhandels sowie erfolgreiche Kriege gegen die Nachbarstämme führten zu einem großen Reichtum. Das gesamte gesellschaftliche, religiöse und künstlerische Leben war auf den vergöttlichten Herrscher ausgerichtet. Die Bearbeitung der Bronze erreichte einen hohen Grad von Vollkommenheit, von dem auch diese Statue eines nordnigerianischen Gesandten zeugt.
Voller Staunen berichteten die Portugiesen, die Benin 1472 entdeckten, von der üppigen Pracht dieser Residenz, die mit breiten Straßen innerhalb einer Wallmauer angelegt war.

Die Indianerkulturen des mittleren und südlichen Altamerika

Mesoamerika von der vorgeschichtlichen Zeit bis zur Ankunft der Spanier

DIE VORGESCHICHTE DES MITTELAMERIKANISCHEN KONTINENTS

Die Bewohner des nördlichen und zentralen mexikanischen Hochlandes lassen sich in der Zeit vor dem 2. Jahrtausend v. Chr. kulturell den Jägern und Sammlern der meso-indianischen Wüstengruppe zuordnen. In die Zeit zwischen 7000 und 5000 v. Chr. dürften die ersten Anbauversuche (Mais, Kürbisse, Chili und Bohnen) fallen, die bis zum 2. Jahrtausend v. Chr. zu sehr brauchbaren Züchtungen weiterentwickelt werden. Zwischen 3000 und 2000 v. Chr. gelingt die Kreuzung des Maises zu einer besonders ergiebigen Art. Um 2000 v. Chr. ermöglicht diese ertragreiche Maisproduktion eine ortsgebundene Landwirtschaft in kleinen Dorfgemeinschaften. Der allgemeine Übergang zur Landwirtschaft läßt Mittelamerika bis zu dieser Zeit zu einem geschlossenen Kulturgebiet zusammenwachsen. Die folgende Neoindianische Periode (von 2000 v. Chr. bis zum ersten Kontakt mit den Europäern) wird in zwei noch vorgeschichtliche Phasen untergliedert, bevor die großen Hochkulturen hervortreten: In der präklassischen Stufe setzt die Herstellung von Keramik ein. Zentrale Kultstätten mit pyramidenstumpfförmigen, von Kultanlagen bekrönten Hügeln werden errichtet. Die Anfänge bedeutender Kunststile zeichnen sich ab. In der zweiten Phase, der proto- oder frühklassischen Stufe, werden die kulturellen Zeugnisse zunehmend differenzierter und weiter entwickelt zur Grundlage jener großen mittelamerikanischen Kulturen, die um 300 n. Chr. beginnen. Technisch stehen die altamerikanischen Kulturen auf jungsteinzeitlicher Stufe. Eine kulturelle Beeinflussung von Europa aus ist nicht nachweisbar; möglich, wenngleich nach Art und Grad umstritten, ist sie von Ostasien aus. Die berühmte Kon-Tiki-Fahrt Heyer-

Typisch für die La Venta-Kultur sind die monolithischen Kolossalköpfe, die von 15 bis 30 Tonnen wiegen. Die Aufstellung solcher Steinmassen setzt eine gut organisierte Gemeinschaft mit einer mächtigen Führerschicht voraus. Sowohl die Rassenmerkmale als auch die hochentwickelte Bildhauerkunst der Olmeken – so nennt man die Träger dieser Kultur – stellen die Forschung vor bisher ungelöste Rätsel.

dahls (1947) sollte die Möglichkeit eines kulturellen Zusammenhangs mit Polynesien demonstrieren, vermochte aber nicht zweifelsfrei den erstrebten Beleg zu erbringen, daß die angenommene kulturelle Beeinflussung auf solchem Wege erfolgte. Um 1500 v. Chr. beginnen die vorklassischen Kulturen im Hochtal von Mexiko. Auch die Anfänge der Kultur von La Venta an der Golfküste fallen in diese vorklassische Zeit. In der klassischen Zeit (etwa 200 v. Chr. bis 900 n. Chr.) erreicht sie ihren Höhepunkt ebenso wie die Kultur von Teotihuacán und die der Tiefland-Maya. In der nachklassischen Zeit (nach 900 n. Chr.) gelangt die Kultur der Maya in Yucatán, stark beeinflußt durch die Tolteken (Chichén Itzá), zu einer neuen Blüte. Monte Albán und Mitla in Südmexiko werden nach 1300 Kulturzentren der Mixteken. Weiter nördlich dehnen die Azteken, die 1370 Tenochtitlán gründen, ihren Herrschaftsbereich aus. Mit der spanischen Eroberung tritt für einige dieser Völker der Untergang oder kulturelle Niedergang ein. Andere vermögen Elemente ihrer Kultur zu bewahren oder passen sich der neuen spanischen Kultur an.

DIE FRÜHEN KULTUREN VON LA VENTA UND TLATILCO

Den bedeutendsten Kulturkreis Mesoamerikas bildet um 500 v. Chr. die La Venta-Kultur. Als Zentrum gilt La Venta in der Tabasco-Ebene, dessen Kultur sich über den Raum von Veracruz gegen den Golf von Mexiko und das anschließende Hinterland erstreckt. Die La Venta-Kultur wird häufig auch als olmekische Kultur bezeichnet, obgleich nicht sicher ist, ob die Olmeken, die später in diesem Gebiet siedeln, schon Träger dieser Kultur gewesen sind. Umstritten ist auch die Frage, ob La Venta kulturell Ursprung und Grundlage aller späteren mesoamerikanischen Entwicklungen gewesen ist oder selbst bereits andere, unbekannte Vorläufer und Vorstufen hatte.

Das Zeremonialzentrum von La Venta umfaßt Pyramiden, rechteckige Plätze und kleinere Plattformen, die zumeist aus Lehm erbaut, später wiederholt erweitert und rekonstruiert worden sind. Bau und Erhaltung einer solchen Anlage lassen auf eine komplexe soziale Organisation schließen. Es ist anzunehmen, daß die Bevölkerung, die dieses Zentrum erbaute und erhielt, verstreut in kleineren Dorfgemeinschaften im näheren und weiteren Umland siedelte. In La Venta selbst wohnte vermutlich nur eine Priesterschaft, die religiöse und weltliche Leitungsfunktionen innehatte. Charakteristisch für die La Venta-Kultur ist die Steinplastik. Das Material dazu wurde von weither, wahrscheinlich auf dem Wasserweg, in das gesteinsarme Gebiet geschafft und hier mit Steinwerkzeugen bearbeitet, da die Metallverarbeitung noch unbekannt war. Die Großplastik, deren bedeutendste Zeugnisse die monumentalen Steinköpfe von La Venta sind, ist auf ein kleines Gebiet beschränkt gewesen. Die Kleinplastik der La Venta-Kultur hingegen scheint auf weitem Raum verbreitet gewesen zu sein.

Der über weite Regionen Mittelamerikas reichende Einfluß der La Venta-Kultur ist besonders deutlich im religiös-kultischen Bereich zu fassen: in der Idee einer Priesterkaste, die als Elite die soziale und religiöse Organisation bestimmt, ferner im Jaguarkult und in der Verehrung eines Regengottes, was in den späteren theokratischen Kulturen Altamerikas fortlebt. Weitreichende Handelsbeziehungen, möglicherweise aber auch politische Expansion mit der Gründung von Tochterkulturen mögen ausschlaggebend für

Reichweite und Intensität der von La Venta ausgehenden religiös-kultischen und allgemein kulturellen Impulse gewesen sein. Noch nicht hinreichend geklärt ist die Frage nach den Anfängen einer Schrift in La Venta. Eine glyphische Schrift, welche zur Grundlage für die spätere Maya-Schrift wird, scheint in der mittleren präklassischen Periode von hier ihren Ausgang genommen zu haben. Das gleiche könnte für das später in ganz Mesoamerika verbreitete Rechen- und Kalendersystem, besonders für den 260tägigen Ritualkalender, gelten.

Bereits vor La Venta, das um 400 v. Chr. zerstört oder verlassen wird, blüht in Mexiko die Kultur von Tlatilco, benannt nach dem Fundort im Hochtal von Mexiko (um 750 v. Chr.). Das im Vergleich zu benachbarten Gebieten recht hohe kulturelle Niveau von Tlatilco spiegelt sich vor allem in künstlerischen Produkten wie formenreichen Keramiken und Tonfiguren, die Rückschlüsse auf Kleidung, Schmuck, Haartracht und religiöse Bräuche erlauben.

Tonfigur aus Tlatilco. Höhe 11 cm. Sie zeigt ganz andere Rassenmerkmale als die olmekischen Monumentalköpfe. Vielleicht handelt es sich um eine Angehörige der Urbevölkerung, die schon vor der olmekischen Einwanderung in diesem Gebiet ansässig war. Möglicherweise hat es in Tlatilco die erste intensive Rassenmischung auf dem amerikanischen Kontinent gegeben, die dann zu einer einmaligen kulturellen Blüte geführt hat.

MESOAMERIKA UM CHRISTI GEBURT

Um Christi Geburt gehen in Mesoamerika aus den großen Tempelanlagen städtische oder stadtähnliche Zentren hervor. Zu den wichtigsten gehört Tres Zapotes I, das nach dem Fundort benannt ist. Bedeutendstes Fundstück neben Gebäuderesten ist eine Stele, die nach dem Stand der heutigen archäologischen Forschung das älteste Datum aufweist, das in der Art des späteren Maya-Kalenders berechnet worden ist (nach unserer Zeitrechnung das Jahr 31 v. Chr.). Den Steinmonumenten aus Tres Zapotes nach zu urteilen, scheint der Wer-Jaguar, der Gott der La Venta-Kultur, nicht mehr die Hauptgottheit zu sein. Stattdessen dominiert jetzt eine Figur mit kleiner runder Nase und einer vorgewölbten, die Nase überragenden Oberlippe. Diese Gottheit scheint mit Himmel und Wasser in Verbindung zu stehen. Möglicherweise liegt hier der Ausgangspunkt für die spätere Verehrung des Regengottes. Ein weiteres bedeutendes Zentrum aus dieser Zeit ist Chiapa de Corzo, in dessen Spätphase Tempel aus Kalksteinblöcken mit flachen Dächern errichtet werden.

Am Rande der heutigen Hauptstadt von Guatemala liegt Kaminaljyú. Diese große Ruinenstätte ist in der spätformativen Periode das Hauptzentrum im Hochtal von Guatemala und scheint eine hohe Bevölkerungszahl gehabt zu haben. Zur unbefestigten Zentralsiedlung mit ihren mehr als 200 Plattformen und Pyramiden gehört eine Reihe von Siedlungen oder Weilern. Die Pyramiden enthalten häufig Grabgewölbe, in denen die Priester- oder Adelsschicht beigesetzt ist, umgeben nicht nur von reichen Grabbeigaben, sondern auch von Dienern oder Sklaven, die entweder geopfert worden oder ihren Herren freiwillig in den Tod gefolgt sind. Die Begräbnissitten lassen Rückschlüsse auf die Sozialstruktur zu. Wahrscheinlich existierten drei Klassen oder Stände: eine Priesterelite, die religiös-kultische Leitungsfunktionen und weltliche Macht zugleich besaß, Bauern und Handwerker und ein dienender Stand, den möglicherweise Sklaven bildeten.

Im Gebiet der Tiefland-Maya findet sich bereits um Christi Geburt eine voll entfaltete Kultur. Davon zeugen Zeremonialzentren mit ihren steinernen Tempelpyramiden und anderen großen Gebäuden, die Rückschlüsse auf eine ausgebildete Gesellschaftsordnung zulassen (z. B. Uaxactún, Tikal); bemerkenswert sind reich ausgestattete Grabkammern mit falschen Gewölben. Diese frühe Maya-Kultur läßt sich von der nachfolgenden klassischen Zeit, in die sie bruchlos übergeht, dadurch abheben, daß sie weder eine glyphische Schrift noch Steinmonumente aufweist.

Im Norden Mesoamerikas, bei der heutigen Stadt Oaxaca, entfaltet sich seit etwa 500 v. Chr. auf dem Bergrücken Monte Albán ein Kulturzentrum, das kulturell in Zusammenhang mit La Venta steht. Während sich in vorchristlicher Zeit die bedeutendsten kulturellen Entwicklungen Mesoamerikas im Süden und Südosten abzeichnen, hat sich um Christi Geburt im Hochtal von Mexiko eine neue Kultur herausgebildet, die dann in der 1. Hälfte des nachchristlichen Jahrtausends die kulturelle Vorherrschaft in Zentralmexiko einnehmen und auf weite Teile Mesoamerikas nachhaltigen Einfluß ausüben wird: die Kultur von Teotihuacán. Um Christi Geburt befindet sie sich in den Anfängen ihrer klassischen Periode, in der die beiden größten Pyramiden der Stadt entstehen: die Sonnen- und die Mondpyramide. Die Größenordnung der Bauwerke von Teotihuacán, das als die umfassendste stadtartige Anlage Mittelamerikas gilt, läßt auf eine weite Ausdehnung und ein großes Menschenreservoir der Kultur schließen. Die Mehrzahl der wohl vorwiegend bäuerlichen Bevölkerung lebte wahrscheinlich auch hier in abhängigen Siedlungen am Rande der Stadt.

Um 300 n. Chr. setzt die volle Entfaltung dieser zivilisatorisch und künstlerisch hochstehenden Kultur ein: Teotihuacán wandelt sich zu einer Stadt und damit zu einer der wenigen ständig bewohnten Stätten in Mexiko; die meisten anderen Ruinenstätten waren rein religiöse Zentren und Wallfahrtsorte, die nur von der Priesterkaste bewohnt wurden. Teotihuacán weist in der Phase um 300 n. Chr. (Xolalpán-Phase) ein religiöses und aller Wahrscheinlichkeit nach auch ein weltliches Verwaltungszentrum auf. Die Schätzungen über seine Einwohnerzahl schwanken zwischen 50 000 und 250 000. Unbekannt ist noch die Regierungsform. Es dürfte jedenfalls keine reine Theokratie mehr gewesen sein, zumal um 300 n. Chr. an größeren Bauten vorwiegend Paläste errichtet werden, während der Tempelbau völlig zurückgeht. Berühmt sind die in diesen Palästen und in den Tempeln gefundenen farbenprächtigen Fresken. Neben zahlreichen Terrakotten sind auch einige Monumentalskulpturen erhalten geblieben. Sie zählen zu den ältesten mexikanischen Götterdarstellungen in Großformat. Über die Religion selbst ist nur wenig bekannt. Erwiesen ist, daß unter den zahlreichen Gottheiten dem Regengott Tlaloc, dem Feuergott Huehuetéotl und Quetzalcoatl, der gefieder-

Tempelbezirk von Teotihuacán, der von der „Sonnenpyramide" beherrscht wird. Sie ist das größte, in einer einzigen Bauperiode errichtete Gebäude Alt-Amerikas. Teotihuacán war wahrscheinlich das religiöse, aber auch weltliche Verwaltungszentrum einer recht fortgeschrittenen Kultur mit einem Kalender und den Anfängen einer Schrift.

ten Schlange, erhöhte Bedeutung zukamen. In Teotihuacán begegnen neben dem Gebrauch des 260tägigen Kalenders auch die Anfänge einer Symbolschrift.

Offen bleibt, ob Teotihuacán die Hauptstadt eines mächtigen Reiches gewesen ist oder nur ein sich durch seinen Reichtum auszeichnender Stadtstaat. Die klassische Periode Teotihuacáns dauerte bis um 600 n. Chr. Im Dunkeln liegt der Zeitpunkt, an dem die Stadt zerstört oder verlassen worden ist. Möglicherweise wurde sie um 650 n. Chr. von barbarischen Völkerschaften niedergebrannt, die um diese Zeit in das Hochtal von Mexiko vorstießen.

DIE MITTELAMERIKANISCHEN INDIANERKULTUREN UM DIE MITTE DES 1. NACHCHRISTLICHEN JAHRTAUSENDS

Um 500 n. Chr. findet in Mesoamerika die Entwicklung der ersten nachchristlichen Jahrhunderte einen gewissen Abschluß, da die religiös-kultischen und stadtähnlichen Zentren mit ihren sie umgebenden bäuerlichen Siedlungen ihre volle Ausprägung erfahren haben. Der mit Hilfe künstlicher Bewässerung gesteigerte, ertragreiche Ackerbau ermöglicht die vollständige Versorgung der Städte, in denen sich wahrscheinlich neben der Priesterelite eine weltliche Herrschaft etabliert hat. Die herausragenden Kulturen dieser Zeit, Teotihuacán, Monte Albán und die Kultur der Tiefland-Maya, sind der frühklassischen und klassischen Periode zuzurechnen. Alle diese Kulturen zeichnen sich durch die Unterschiedlichkeit ihrer Entwicklungsstufen aus. Während Teotihuacán seinen Zenit bereits überschritten hat, gelangen die Tiefland-Maya erst um 600 n. Chr. zu einer vollen künstlerischen und wissenschaftlichen Blüte.

Monte Albán Um 500 ist der Monte Albán ein hochstehendes Kulturzentrum, das stark durch Teotihuacán beeinflußt ist, aber doch wiederum eigenständig genug, um sich selbständig zu entfalten. Träger dieser Kultur ist zu dieser Zeit das Volk der Zapoteken. Jetzt werden auf dem Monte Albán große, verschiedene Typen aufweisende Gebäudekomplexe errichtet. Die erhalten gebliebenen steinernen Grundmauern auf dem wasserlosen Bergrücken sind wohl die Reste einer blühenden Stadt mit seßhafter Bevölkerung, deren Versorgung nur mit Hilfe gut organisierter Wasser- und Lebensmittelzufuhr möglich war. Die Regelung der weltlichen und religiösen Belange lag wahrscheinlich in den Händen zweier gleichberechtigter Herrscher. Bemerkenswert sind die reich ausgestatteten Gräber, von denen weit über 100 entdeckt wurden. Die großen und kunstvollen Bildurnen, die als Grabbeigaben gefunden wurden, sind wahrscheinlich Götterdarstellungen. Sie geben einen gewissen Aufschluß über die Götterwelt der Zapoteken, welche etwa 30 männliche und sieben weibliche Gottheiten umfaßt.

Hauptgott scheint auch hier der Regengott gewesen zu sein. Die Kenntnis eines Kalendersystems, das den 260tägigen Ritualkalender zur Grundlage hat, wie er überall in Mesoamerika begegnet, ist für die Zapoteken ebenso nachgewiesen wie eine Schrift, deren bislang nicht entzifferte Glyphen nicht mit den Kalenderzeichen übereinstimmen. Darin scheint die zapotekische Kultur weiter entwickelt gewesen zu sein als die von Teotihuacán. In den folgenden Jahrhunderten strahlt die zapotekische Kultur auch auf andere Teile Mesoamerikas aus. Sie erlischt, als die Zapoteken im 10. Jahrhundert nach einer rund tausendjährigen kulturellen Entwicklung aller Wahrscheinlichkeit nach von den Mixteken nach Süden verdrängt werden.

Tiefland-Maya Als zweite herausragende, eigenständige und Teotihuacán durchaus ebenbürtige Kultur im 1. nachchristlichen Jahrtausend ist in Mesoamerika die der Tiefland-Maya zu nennen, die im Tempel- und Städtebau, in der Monumentalplastik und in der Wissenschaft ihre bedeutsamsten Leistungen erbrachte. Das Zentrum der klassischen Maya-Kultur liegt im tropischen Regenwaldgebiet im Norden Guatemalas, das heute beinahe unbewohnt ist, in Honduras und teilweise in Regionen der mexikanischen Staaten Chiapas und Tabasco. Die bedeutendste Fundstelle ist Tikal, wobei noch ungeklärt ist, ob dieser Ort nur Tempelzentrum oder Hauptstadt mit einer ständig dort siedelnden Bevölkerung gewesen ist. In der spätklassischen Zeit um 800 n. Chr. jedenfalls scheint Tikal eine echte Stadt mit fortwährend anwesender Einwohnerschaft gewesen zu sein. Neben Tikal sind als bedeutende Tempelstädte u. a. Copán in Honduras, Palenque, Uxmal, Quiriguá, Motalquatal, Syil, Yaxchilán und Bonampak zu erwähnen. Heute weiß man allein im Tiefland des Maya-Gebietes um etwa 130 Zentren, in denen hieroglyphische Inschriften gefunden wurden. Neben der Schriftkenntnis ist für die Tiefland-Maya auch der Kalendergebrauch erwiesen. Ihre glyphische Schrift ist bislang noch nicht vollständig entziffert. Enträtselt sind hingegen, von wenigen Ausnahmen abgesehen, die kalendarisch-astronomischen Glyphen ihrer Monumente. Die wissenschaftliche Elite der Maya-Indianer war neben der Schreibkunst führend in der Aufstellung von Kalendersystemen, in der Astronomie und Arithmetik. Mit Hilfe der kalendarischen Serien gelangen den Tiefland-Maya grandiose astronomische Berechnungen. Technisch hochentwickelt und formenreich ist auch die Kleinkunst. Ihre Motive stammen häufig aus dem religiös-kultischen Bereich, der im Leben der Tiefland-Maya eine große Rolle spielt. Unter den zahlreichen Göttern, denen die gewaltigen, aus behauenen Kalksteinblöcken errichteten Tempelanlagen geweiht sind, dominieren Mais- und Vegetationsgötter, die Götter des Regens und der Fruchtbarkeit, des Mondes, der Sonne und des Planeten Venus. Ein Mittelpunkt des religiösen Lebens ist die Zeitphilosophie, die in dem komplizierten Kalendersystem Ausdruck findet. Grausam erscheinen die kultischen Rituale, denn die Götter forderten Menschenopfer, wie sie in den Wandmalereien dargestellt worden sind. Religiös-kultisch bestimmt ist auch das rituelle Ballspiel, das bei den Tiefland-Maya in der spätklassischen Zeit auftaucht und ähnlich auch bei den späteren Kulturen Mexikos verbreitet ist. In der Baukunst kommt daher seit der Mitte des 1. Jahrtausends der Errichtung von Ballspielplätzen erhöhte Bedeutung zu. Es kann vermutet werden, daß der fliegende Ball die Sonne verkörperte.

Bemerkenswert ist, daß eine Reihe von in anderen Kulturkreisen revolutionären technischen Neuerungen, Erfindungen und Erkenntnissen bei dieser hochentwickelten Kultur fehlt: So können die Maya kein echtes Gewölbe bauen; Waage, Töpferscheibe und Rad bleiben ihnen ebenso unbekannt wie die Metallverarbeitung. Trotz ihres ausgebauten und ausgedehnten Straßennetzes kennen sie weder den Wagen als Transportmittel noch das Pferd als Zugtier. Die Form ihrer politischen Organisation ist nicht eindeutig zu bestimmen. Jedenfalls scheint das Maya-Gebiet in Fürstentümer oder Stadtstaaten unter erblicher Herrschaft aufgegliedert gewesen zu sein. Nach den Herrschern, die möglicherweise Priesterfürsten gewesen sind, folgt in der Sozialstruktur als nächste Rangstufe eine höhere Aristokratie, die kleinere Teilbereiche verwaltet; unter ihr steht der niedere Adel. Die breite Basis der sozialen Pyramide bildet die ländliche Bevölkerung, die, im Vergleich zur wissenschaftlich-technischen, religiös-kultischen und politischen Elite auf niedriger Kulturstufe stehend, in ihren dörflichen Gemeinschaften zusammenlebt.

Eines der größten noch ungelösten Rätsel

Markierstein für das rituelle Ballspiel. Möglicherweise stellte der Ball die Sonne dar. Er war aus Gummi und durfte nur mit dem Rücken und den Knien gestoßen werden. Die Spieler trugen einen Knie- und Hüftschutz. Die Platte hat einen Reliefdekor mit Hieroglyphen, die einen Tag des Jahres 590 n. Chr. andeuten. Museo Nacional de Antropologia, Mexico D. F.

der mittelamerikanischen Archäologie ist die Frage nach den Hintergründen für den Untergang der Maya-Kultur, der um 800 einsetzt. Die Möglichkeit eines Angriffs von außen ist nicht von der Hand zu weisen, obgleich eine schwere innere Krise als Ursache naheliegender erscheint: Möglicherweise wurde die herrschende Oberschicht in einer Art Revolution von der aufbegehrenden Bevölkerung vertrieben oder vernichtet, so daß die hierarchisch strukturierte soziale Organisation in sich zusammenbrach. Die Bevölkerung im Maya-Tiefland nimmt dann rasch ab, und schon um 1000 n. Chr. erinnern nur noch Ruinen an die einst blühenden Kulturzentren.

Auch an der mittelmexikanischen Golfküste ist eine klassische Epoche nachweisbar, die ungefähr von 200–1000 n. Chr. dauerte. Die bedeutendsten Kulturen dieser Zeit sind hier die von Tajin und Remojadas.

MESOAMERIKA VOM BEGINN DER HISTORISCHEN ZEIT BIS IN DIE JAHRHUNDERTE VOR DER SPANISCHEN EROBERUNG

Die späte klassische Periode (600–900 n. Chr.) war eine unruhige, von Kriegen, Vertreibungen und Verschiebungen ganzer Völker bestimmte Zeit. Nach dem Untergang der theokratischen Kultur von Teotihuacán (100–800 n. Chr.), deren Einfluß von ihrem Zentrum im Hochland von Mexiko bis in das westliche Guatemala reichte, stoßen kriegerische Nomadenstämme der Nahua-Sprachgruppe aus dem Norden weiter in die Mesa Central vor. Sie assimilieren sich mit der dortigen Bevölkerung, nehmen deren höhere Kulturstufe an und werden so zu Erben dieser bodenständigen Hochkulturen.

Zapotekische Graburne aus Monte Albán. Sie ist aus einzeln gefertigten Keramikteilen zusammengesetzt. Höhe 65 cm. Den genauen Zweck des zylindrischen Gefäßes kennen wir nicht. Es gibt keine Beweise dafür, daß es sich um einen Behälter für die Toten gehandelt hat. Sammlung Sra Machida Armila, Mexico D. F.

Hervorstechendste kulturelle Errungenschaft der einwandernden Mixteken ist die selbständige Entwicklung einer Bilderschrift, die sich grundlegend von der Hieroglyphenschrift der Maya unterscheidet. Die mixtekischen Faltbücher aus Hirschleder oder „amatl“ („Papier aus Pflanzenfasern“) setzen nach unserer Zeitrechnung im Jahr 692 n. Chr. ein. Im Laufe der folgenden drei Jahrhunderte erstarkt der verhältnismäßig kleine Stamm der Mixteken. Von ihrem Kernland, der Mixteca Alta, aus, dehnen sie ihren Herrschaftsbereich durch Einheirat in die zapotekischen Fürstenhäuser, aber auch durch kriegerische Expansion auf große Gebiete der benachbarten Zapoteken im Süden aus. Die Mixteken, welche Kenntnisse der Metallverarbeitung besitzen, sind besonders bekannt für ihre feingliedrigen Goldarbeiten.

Die Tajin-Totonaken werden nach der Pyramide El Tajin benannt, da noch ungeklärt ist, ob sie mit jenen Totonaken identisch sind, die später von den spanischen Eroberern an der mittleren Golfküste angetroffen werden. Charakteristisch ist ihre im Vergleich zu den Mixteken nachgerade „barocke“ Tempelarchitektur; die Darstellungen ihrer Götter zeichnen sich durch ihre „lächelnden Gesichter“ in auffälliger Weise aus.

Bei der Ankunft der Spanier reicht die Erinnerung respektive die mündliche, mythendurchwebte Überlieferung der Indianer noch zu den Tolteken und ihrer sagenumwobenen Stadt Tollan (Tula) zurück. Mit den Tolteken setzt die historische Zeit des vorspanischen Mexiko ein: die nachklassische Periode, die von 900 bis 1520 n. Chr. dauert. An ihrem Beginn steht die Ankunft des gewaltigen, noch halbmythischen Eroberers Mixcoatl („Wolkenschlange“), der ungefähr um 900 n. Chr. mit seinen kriegerischen Horden in das Hochtal von Mexiko einfällt. Nachdem die Invasoren sich mit den bisherigen Einwohnern vermischt und deren kulturelles Erbe angetreten haben, nennen sie sich nach ihrer Hauptstadt Tollan, die zugleich ihr zentrales Heiligtum ist, Tolteken. Bis um 1100 n. Chr. beherrschen sie das mittlere Mexiko. Zu diesem Zeitpunkt scheinen sie – oder stark unter ihrem politischen und kulturellen Einfluß stehende Völker – nach Süden auch in das Siedlungsgebiet der Maya vorgestoßen zu sein. Mißernten, daraus resultierende wirtschaftliche Krisen und innere politische Auseinandersetzungen, die in Kämpfen rivalisierender Führer gipfeln, schwächen die Widerstandskraft des toltekischen Reiches gegenüber dem Druck von aus dem Norden andrängenden Völkerschaften und leiten so den Fall der toltekischen Zivilisation ein. Neue Nomadenstämme überrennen die nördliche Bastion der mexikanischen Kultur. 1168 erfährt Tollan ein ähnliches Schicksal wie Jahrhunderte zuvor Teotihuacán: Die Zerstörung der Stadt bei einer neuerlichen Invasion von Nomadenstämmen besiegelt den Untergang des Toltekenreiches.

Dem Fall von Tollan im Jahre 1168 folgt in Mexiko ein politisches Chaos. Neue Wellen von aus dem Norden her nachdrängenden Völkerschaften, Chichimeken genannt, überfluten das Land und okkupieren die wichtigsten Zentren. Als letzter Nahua-Stamm wandern die Azteken in die Mesa Central ein. Sie kommen aus den nordwestlichen Grenzgebieten Mittelamerikas und nennen sich nach ihrem mythischen Stammvater auch Tenocha. In den Jahren nach dem Fall des Toltekenreiches und dem Untergang von Tollan besiedeln sie das Hochtal von Mexiko. Zwei kriegerische Jahrhunderte, erfüllt vom Machtkampf rivalisierender Stadtstaaten, folgen. Die umstrittene Oberherrschaft bleibt nur selten für längere Zeit bei einem der konkurrierenden Kleinreiche. Um 1370 gründen die Azteken auf einer Insel des Texcoco-Sees im Raum der heutigen Millionenstadt Mexico ihre Hauptstadt Tenochtitlan. Lange Zeit haben sie, die zunächst als kriegerischer Nomadenstamm auf niederer Kulturstufe ins Land gekommen sind, als gefürchtete Söldner im Dienst verschiedener Kleinreiche gestanden. Mit der Wahl ihres militärischen Führers Acamapichtli (1375–1395), der Stamm und Heerwesen neu und fest organisiert, beginnt der unaufhaltsame Aufstieg der wegen ihrer militärischen Stärke und Härte ebenso wie wegen ihres blutigen Kults gefürchteten Azteken zur Vormacht im mexikanischen Hochland. Ihren Höhepunkt erreicht diese Machtentfaltung im aztekischen Reich des 15. und frühen 16. Jahrhunderts, das den Raum von der Ost- bis zur Westküste und im Süden bis weit über Oaxaca hinaus kontrolliert. Die drei Säulen, auf die sich diese Herrschaft stützt, sind die überlegene wirtschaftliche Macht des Staatsvolkes, die von den Unterworfenen erzwungenen Tributleistungen und der weitreichende Handel, der ausschließlich aztekischen Händlern als Privileg vorbehalten ist. Bei der Ankunft der Spanier sind die Azteken damit beschäftigt, die letzten Horte des Widerstands gegen ihre Macht niederzuzwingen. Ihr Kampf mit dem im Westen benachbarten Bauern- und Fischervolk der Tarasken in Michoacan wird durch die spanische Eroberung unterbrochen.

Speerschleuder, deren reich mit Skulpturen verzierter Teil mit einem Überzug aus Goldblech versehen ist. Solche Speerschleudern verlängerten den Arm und verliehen dem Speer mehr Kraft und eine größere Weite. Das abgebildete Exemplar war wahrscheinlich eine aztekische Zeremonialwaffe und gehörte zu der Sammlung die Cortés dem Kaiser Karl V. im Jahre 1519 übersandte. Museo Nazionale Preistorico ed Etnografico „Luigi Pigorini", Rom.

Die klassische Kultur der im Tiefland siedelnden Maya erreicht um 790 n. Chr. ihre größte Ausdehnung. Das letzte, in einem ihrer Tempelzentren überkommene Datum entspricht in unserer Zeitrechnung dem Jahr 909. In diesem letzten Jahrhundert der klassischen Periode wird das Kernland mit seinen zahlreichen kultischen Zentren von den Maya aufgegeben und verlassen. Für mehr als ein Jahrhundert verliert sich die Spur ihrer Kultur, bis sich weiter nördlich, auf der Halbinsel Yucatán, das neue Zentrum der Maya-Kultur abzuzeichnen beginnt. Zwischen dem 10. und 11. Jahrhundert hebt hier die Erneuerung der nachklassischen Maya-Kultur an. Die anfangs rege Bautätigkeit zeigt in der Architektur der bedeutenden Stadt Chichén Itzá im nördlichen Yucatán deutliche Einflüsse toltekischer Stilelemente. Für annähernd zwei Jahrhunderte gelingt zwischen den führenden Dynastien der drei Herrschaftszentren Uxmal, Chichén Itzá und Mayapán eine politische Einigung in Gestalt der „Liga von Mayapán" (1007–1194). Die Ära der „Liga" ist kulturell die Blütezeit der nachklassischen Periode und bringt politisch die Ausgestaltung einer Art „Neuen Reiches" der Maya. Das Bündnis zerbricht schließlich am Hegemonialstreben der einzelnen Partner. Das Land sinkt politisch zurück in ein Nebeneinander rivalisierender unabhängiger Fürstentümer, in deren langsamen Niedergang die Ankunft der Spanier fällt. In den Bruderkriegen, die das Ende der „Liga" markieren, wird 1204 Chichén Itzá erobert. Seine Bewohner fliehen in die tropischen Regenwälder des heutigen Guatemala. Unweit des alten Tikal finden sie Zuflucht auf einer Insel im See von Flores. Dieses kleine neue „Reich“ verteidigen sie bis 1697 erfolgreich, zunächst gegen Angriffe ihrer eigenen Volksgruppen, später gegen die spanischen Konquistadoren. Die Geschichte der Maya zwischen 1194 und 1441 liegt weitgehend im Dunkel. 1441 geht Mayapán unter, das zuletzt die Vorherrschaft über ganz Yucatán erkämpft und sich mit Hilfe von Söldnertruppen aufrechterhalten hatte. Bei einer Erhebung großer Teile des unterworfenen Landes gegen die Tyrannei wird die befestigte Stadt dem Erdboden gleichgemacht.

Tonflasche mit dem für die Chavin-Kultur typischen Steigbügelausguß. Das Stück könnte um Christi Geburt entstanden sein und ist einfarbig. Erst später tritt eine zweifarbige Bemalung auf. Der wuchtige Ausguß setzt ein hohes keramisches Können voraus, das auf eine längere Tradition schließen läßt. Über den Zweck der Steigbügelform ist man sich noch nicht einig. Möglicherweise sollte damit eine zu schnelle Verdunstung verhindert werden. Sammlung Bernoulli, Basel.

Südamerika von der Frühzeit bis zur imperialen Periode des Inkareiches

DIE UR- UND FRÜHGESCHICHTE DES SÜDAMERIKANISCHEN KONTINENTS

Mindestens seit 12 000 v. Chr. gibt es Menschengruppen, Sammler und Jäger, in Südamerika (El Jobo, Venezuela). Entlang der Küste und den Hochtälern der Anden breiten sie sich nach Süden aus. Der früheste nachgewiesene Feldbau, dessen Spuren an der peruanischen Küste gefunden wurden, setzt etwa um 4000 v. Chr., also mehr als ein Jahrtausend später als in Mexiko ein. Die Keramik beginnt, wie in Mittelamerika, mehr als ein Jahrtausend nach der Pflanzenkultivierung. Südamerika läßt sich in drei kulturgeographische Zonen gliedern: in die zirkumkaribische Zone, das Tiefland und das Andenhochland. Zur zirkumkaribischen Zone zählen Panama, Kolumbien und Venezuela sowie die Karibischen Inseln. Für Kolumbien ist bereits 3000 v. Chr., mehr als ein Jahrtausend früher als für Peru, Keramik nachgewiesen; die ältesten venezolanischen Keramiken stammen aus der Zeit um 1000 v. Chr. Im Inland (Westvenezuela) taucht Keramik erst um 200 v. Chr. auf. Das läßt den Schluß zu, daß die Keramikkenntnis überseeischen Ursprungs ist und sich dann von der Küste aus ins Inland verbreitet. Im Tiefland des Amazonasbeckens gehören die frühesten Keramikfunde in die Zeit um 1000 v. Chr. Ihre wichtigsten Fundstellen datieren in das Jahrtausend zwischen 500 v. und 500 n. Chr. Die Keramikherstellung breitet sich von Ostperu (Chavin) bis zur Amazonasmündung aus. Eine spätere Keramik, mehrfarbig bemalt und mit plastischer Dekoration, rückt zusammen mit dem Maisanbau vermutlich von Ostecuador aus den Amazonas abwärts bis zur Mündung vor (1000 n. Chr.). Das Andenhochland von Mittelkolumbien bis Nordwestargentinien und Mittelchile schließlich ist in der frühen Zeit durch ein deutliches Kulturgefälle von Nord nach Süd gekennzeichnet. Die älteste Keramik aus der Zeit um 3000 v. Chr. stammt aus Valdivia an der Küste Ecuadors. Technische und künstlerische Perfektion lassen jedoch auf transpazifischen Import aus Südjapan schließen. Das langsame Vordringen der Keramikkenntnis in südlicher Richtung wird schließlich durch die europäische Eroberung Südamerikas abgeschnitten. So hat die Keramik die Region der Araukaner in Chile nicht überschritten. Kulturen wie die der Nomadenjäger auf den argentinischen Pampas und die der südamerikanischen Küstenfischer bleiben davon unberührt. In Südamerika haben insgesamt nur wenige frühe Zentren einen Entwicklungsstand erreicht, der die Ausbildung von städtischen Siedlungen und Reichen ermöglicht. Diese Zentren liegen fast ausnahmslos im Nordwesten und werden unter den Begriff der Anden-Hochkulturen zusammengefaßt.

DIE FRÜHEN KULTUREN DES ANDENRAUMES

Chavin Die Chavin-Kultur, benannt nach dem Fundort Chavin de Huántar im nordperuanischen Gebirgsland, scheint die älteste Kultur im Andengebiet zu sein. Überkommen sind in dem Zeremonialzentrum von Huántar die Ruinen monumentaler Tempelanlagen, flache, in Stein geschnittene Reliefbilder, Skulpturen, Keramiken, Webereierzeugnisse und einige Goldzierate. In der Keramik kommt hier zum erstenmal der typische Steigbügelausguß vor, eine Form, die sich bis in die spanische Zeit hinein hält. In der Chavin-Kultur ist der Ackerbau entwickelt, er umfaßt eine große Vielfalt in der Pflanzenkultivierung und erreicht zu Beginn unserer Zeitrechnung eine technisch recht hohe Stufe (Anbau auf bewässerten Terrassen). Im Mittelpunkt der religiösen Kulte steht eine Jaguar-Gottheit. Wahrscheinlich gab es in der Chavin-Kultur eine Priesterkaste, die Landnahme, organisierten Feldbau und Götterverehrung leitete. Die Spuren der Chavin-Kultur finden sich in einem Großteil Perus auf künstlerischem und religiösem Gebiet.

Paracas Zeitgleich mit Chavin entfaltet sich im Süden Perus seit der Mitte des ersten vorchristlichen Jahrtausends die Kultur von Paracas. Ihre Zentren liegen in den Tälern von Nazca, Ica und Pisco. Die Kultur erhielt jedoch ihren Namen von der Halbinsel Paracas, wo die Träger der Kultur ihre Toten bestatteten. Die Grabbeigaben, die Aufschluß über die Para-

Stickerei auf einem Totentuch von der Halbinsel Paracas mit der Darstellung von Raubkatzen-(Jaguar?)Dämonen. Sie sind mit Alpakawolle auf einen Baumwollgrund gestickt. Größe des Ausschnittes: etwa 60x90 cm. Paracas-Nekropolis-Kultur. Südliche Küste von Peru. Lindenmuseum, Stuttgart.

cas-Kultur geben, sind dank der extremen Trockenheit des Bodens in der Paracas-Wüste in erstaunlichem Ausmaß erhalten geblieben. Sie geben Kenntnis von einer blühenden Kultur, hinter deren künstlerischer Vielseitigkeit die Zeugnisse der zeitgleichen Hochlandkulturen zurücktreten. Charakteristisch für die Paracas-Kultur sind ihre Keramik und Textilien, welche in den verschiedensten peruanischen Webtechniken angefertigt sind. Es sind dies die besten altamerikanischen Webereien. Eine Beeinflussung dieser Kultur durch die Mayas wird vermutet. Man unterscheidet zwei kulturelle Abschnitte: Paracas-Cavernas (Früh-Paracas) und Paracas-Nekropolis (Spät-Paracas).

Als Cavernas werden die in den roten Porphyr der Hügel der Halbinsel Paracas gehauenen Schachtgräber bezeichnet. Aus den Grabfunden kann entnommen werden, daß sich die Träger der Paracas-Kultur mit kurzen, hemdartigen Leibröcken, mit Lendentuch, Turban und Gürtel kleideten, wie es auch noch in der Inka-Zeit üblich gewesen ist. Die gefundenen Textilien sind weitaus einfacher als die zeitlich späteren von Nekropolis. Die schwarz-weiß-roten Keramiken von Cavernas stehen am Beginn der für Südperu charakteristischen polychromen und gravierten Keramik.

Die später einsetzende kulturelle Phase von Paracas-Nekropolis (sie reicht bis etwa 200 n. Chr.) ist durch ihre vollendete Textilkunst gekennzeichnet. In den unterirdischen Grabkammern auf der Halbinsel Paracas wurden über 400 Mumien geborgen, die in Totentücher zusammen mit Grabbeigaben gewickelt waren; diese Gewebe sind farbenprächtige Kunstwerke mit reichen Stickereien, deren Symbolik bislang erst zum Teil enträtselt ist.

San Agustín (Kolumbien) Die Kultur von San Agustín im Quellgebiet des Rio Magdalena ist die älteste der bisher bekannten altkolumbianischen Kulturen. Die Anfänge dieser steinzeitlichen Kultur, die bis ins 8. Jahrhundert n. Chr. bestanden haben dürfte, sind nicht genau festzulegen. Auch ihre Träger sind unbekannt. Megalithische Grabkammern und Schreine, Steinfiguren und Felsreliefs entstanden dort in den ersten Jahrhunderten

n. Chr. Überlebensgroße Menschen- und Tierdarstellungen stehen in den zum Teil weiträumigen, fast tempelähnlichen unterirdischen Kult- und Grabräumen oder auf den umliegenden Hügeln von San Agustín. Reste menschlicher Behausungen konnten bisher nicht nachgewiesen werden. Auch San Agustín dürfte also ein kultisches Zentrum gewesen sein.

DIE KULTUREN DES ANDENRAUMES UM DIE MITTE DES 1. NACHCHRISTLICHEN JAHRTAUSENDS

Die bedeutendsten, annähernd zeitgleichen, aber räumlich weit voneinander getrennten altperuanischen Kulturen sind die von Moche (oder Mochica) an der Nordküste und die von Nazca in den Sandwüsten des Südens. Um 500 n. Chr. erreichen diese lokal begrenzten Kulturen ihren künstlerischen Höhepunkt, so daß auch hier von einer klassischen Epoche gesprochen werden kann. Kennzeichnend für diese Kulturen sind eine erhebliche Bevölkerungszunahme, die ausgebildete soziale und politische Organisationsformen vermuten läßt, die Verbesserung der Ackerbautechnik (Düngung) sowie die Entwicklung der Goldschmiedekunst und der Metallverarbeitung (Gold, Silber). Die hohe künstlerische Entwicklungsstufe von Nazca und Moche zeigt sich besonders in der Keramik, die in der keramischen Kunst der südlichen Hemisphäre den höchsten Gipfel darstellt und in der beide Kulturen eine besondere stilistische Tradition ausbilden: Während in Nazca Gefäße mit geraden Wänden dominieren, herrscht in Moche die geschlossene Kugelform mit Henkel und halsförmigem Ausguß vor. Die Gefäße der Nazca-Kultur, deren wichtigste Fundorte die Siedlungen und Friedhöfe in den Tälern der Ica und Nazca sind, erweisen sich in ihrer handwerklichen Ausführung als ein Höhepunkt der peruanischen Töpferei. Die Textilien von Nazca sind denen aus Paracas in der Technik und den Farbnuancen verwandt, sie sind aber nicht so kostbar gearbeitet.

Die Moche-Kultur der nordperuanischen Küstentäler, benannt nach dem Fundort im Moche-Tal, setzt im 3. Jahrhundert ein und besteht bis ins 9. Jahrhundert n. Chr. Zu den bedeutendsten Bauwerken aus den für Moche typischen rechteckigen ungebrannten Lehmziegeln zählen die sogenannte Sonnen- und Mondpyramide. In der Tonbildnerei erreicht die Moche-Kultur ihren künstlerischen Höhepunkt in der Darstellung des menschlichen Antlitzes in den Kopfgefäßen. In der entwickelten Metallverarbeitung (neben Gold und Silber auch Kupfer und Blei) kommen als neue Techniken der Guß in der verlorenen Form, der Metallüberzug und das Verlöten verschiedener Metalle hinzu. Anstelle der noch unbekannten Bronze wird eine Legierung von Gold, Silber und Kupfer verwendet – insgesamt eine peruanische Tradition, der auch die Goldschmiedekunst der Inka verhaftet ist.

Links: Schmuckplatte aus Tridacna-Muschel mit Inkrustationen aus Gold und edlen Steinen. Die geflügelte Figur trägt in einer Hand eine Keule, in der anderen Schleuderkugeln oder Bolas. Expansive Tiahuanaco-Kultur. Privatsammlung. Rechts: Gefäß aus bemaltem Ton. Kultur von Moche. Sammlung Bernoulli, Basel.

Eine der bekanntesten Ruinenstätten Altamerikas ist Tiahuanaco in der Nähe des Titicaca-Sees im heutigen Bolivien. Dieser Tempelbezirk bildete sicherlich den Mittelpunkt einer reichen und blühenden Kultur; unbekannt sind allerdings ihre Anfänge sowie ihre Träger. Charakteristisch sind die großen monolithischen Tempeltore; das berühmteste ist das sogenannte Sonnentor, ein Monolith von 3 m Höhe und 3,75 m Breite, in den der Durchgang gehauen ist und über diesem ein Fries in Flachrelief, bevölkert von Fabelwesen, wie sie auch in Chavin begegnen, allerdings mit dem Unterschied, daß hier nicht der Jaguar oder der Kondor, sondern der Mensch im Mittelpunkt steht. Herausragend sind die farbenfrohe Keramik und die Textilkunst. Die Kultur von Tiahuanaco wird in drei Phasen eingeteilt: in Früh-Tiahuanaco, in die klassische Periode und in das expansive Tiahuanaco. In der Metallverarbeitung sind hier in der klassischen Periode bereits Kupfer- und Bronzeguß bekannt. Gegen 700 n. Chr. breitet sich der Tiahuanaco-Stil, der sich mit dem weltlichen von Huari, einem nördlicher gelegenen, wohl politischen Zentrum mit beachtlicher Bevölkerungszahl in der Provinz von Ayacudo, vermischt hat, über ganz Peru aus.

Die gewaltigen Mauern der Inka-Festung Sacsayhuaman wurden ca. 1450 n. Chr. in Zickzacklinie erbaut und gehörten zu dem Verteidigungssystem der Hauptstadt Cuzco. Sie legen Zeugnis ab von der despotischen Macht der Inka. 30.000 Arbeiter sollen acht Jahre daran gebaut haben.

DIE HISTORISCHE ZEIT BIS ZUR SPANISCHEN EROBERUNG

In Kolumbien ist die geheimnisvolle Megalith-Kultur des kultischen Zentrums von San Agustín erloschen, ohne über ihren lokalen Raum hinausreichende kulturelle Impulse ausgesandt zu haben. Die hochkulturellen Ansätze im nördlichen Andenraum bleiben auf die beiden Kordillerenketten beschränkt. In Kolumbien, wo die archäologische Feldarbeit allerdings noch nicht sehr weit vorgedrungen ist, sind nur zwei Regionen mit einer höheren Kulturentwicklung bekannt: die Quimbaya-Kultur im mittleren Cauca-Tal und die Kultur einiger Chibcha-Stämme, die im Hochland von Bogotá bereits Tendenzen zur Bildung kleiner Staatswesen erkennen lassen, aus denen später unter den Muiscas Ansätze einer Großstaatenbildung hervorgehen.

In Peru verläuft die Entwicklung in ähnlichen Bahnen wie im alten Mexiko: Die theokratische Kultur von Tiahuanaco in Bolivien, die religiös-kulturell von ebenso weitreichendem Einfluß war wie diejenige von Teotihuacán im Hochtal von Mexiko, bricht wie diese zusammen. Mit dem Verblassen der kultischen Zentren geht der Verfall des weiträumig einheitlichen religiös-kulturellen Zusammenhalts einher. Nach der Überwindung des daraus resultierenden Unruhezustands setzt zu Beginn des 2. Jahrtausend die historische Tradition ein. Neue zivilisatorische Impulse und Entwicklungstendenzen zeichnen sich ab: So entstehen bedeutende Handelszentren mit dichter Bevölkerung. In diesen Kleinstädten, die an höher gelegenen Punkten der Küstentäler oder an wichtigen Schnittpunkten erbaut werden, gibt es neben religiösen Bauwerken, Verwaltungsbauten, großen Wohnanlagen und Vorratsspeichern sogar Parks und Gärten. Befestigungsanlagen, wie sie vordem unbekannt waren, lassen den Schluß zu, daß in dieser Zeit bereits Aufstände unterworfener kleinerer Stämme abzuwehren gewesen sind. Die ersten Stadtkulturen zeigen eine Veränderung in den Lebensformen ihrer Bewohner: Die Arbeitsteilung schreitet rasch fort. Die keramische Kunst wird zur gewerblichen Gebrauchskunst, ihr Produkt zur Massenware, die meist nur noch mit Modeln in Serie gefertigt wird. Nur in den wertvollen und darum vom Massenmarkt ausgeschlossenen Geweben, den Gold- und Silberarbeiten lebt die Tradition der hohen Kunst weiter.

Die von solchen Veränderungen bestimmte, nun einsetzende historische Periode in Peru gilt als die Zeit der „Städtegründer und der kleinen Königreiche“. Unter ihnen zwingt eine zunächst unbedeutende Dynastie im Laufe von drei Jahrhunderten ein Imperium zusammen: das Reich der Inka. Von einer starken militärischen Macht getragen und gestützt auf eine ebenso straff organisierte Priester- und Beamtenhierarchie baut es in seiner Kultur auf den Erfahrungen, Kenntnissen und Leistungen der unterworfenen Völker und früheren Kulturen auf – eine Tatsache, die von der amtlichen „historischen“ Überlieferung der Inka sorgsam übergangen wird. Die Vorgeschichte der Inka, deren Staatsgründung zur Zeit der ersten Berührung mit den Europäern bereits Sage ist, liegt darum weitgehend in mythischem Dunkel. Historisch gesichert ist ihre Entwicklung erst seit dem Regierungsantritt des großen Inka Pachacutec im Jahre 1438, mit dem die eigentliche imperiale Zeit des Inka-Reiches anbricht. Mit der Ermordung des letzten herrschenden Inka Atahualpa am 29. 8. 1533 durch die Spanier endet sie.

Die Indianerkulturen Nordamerikas

Nordamerika vor 1500, also vor der Entdeckung der „Neuen Welt" 1492 durch Kolumbus und die dann folgende intensivere Erforschung des Nordkontinents durch den Venezianer Giovanni Caboto 1497, die von den Azoren stammenden Brüder Corte-Real und den Spanier de Soto, ist ein Kontinent auf der Stufe der Steinzeit-Kultur. Die hier lebenden Menschen, deren Zahl für die Zeit um 1500 auf etwa 1 Million geschätzt wird und die von den Europäern aufgrund des Irrtums des Kolumbus, Indien gefunden zu haben, als „Indios", „Indiens", „Indians", „Indianer" bezeichnet werden, haben zwar eine erstaunliche Fülle unterschiedlicher Kulturen, Sprachen und Stammesformen ausgebildet, aber anders als in Mittel- und Südamerika ist hier nirgendwo der Sprung zu einer Hochkultur mit deren Elementen einer hierarchisch gegliederten, arbeitsteiligen Gesellschaft, einer theokratischen Herrschaft, mit Städten und einer schriftlichen Überlieferung geglückt. Die höchste zivilisatorische Stufe unter allen nordamerikanischen Indianerstämmen erreichen die deutlich von Mesoamerika beeinflußten Pueblo-Kulturen des Südwestens mit den bei ihnen gebräuchlichen Kulturtechniken der künstlichen Bewässerung, des Ackerbaus, der Töpferei (ohne Drehscheibe) und Weberei sowie der Steinarchitektur.

Das Bild, das ein Durchschnittsbürger bei uns noch immer von den nordamerikanischen Indianern hat, ist ein Klischee. Es paßt, wenn überhaupt, mit Abstrichen nur auf einen ganz speziellen, historisch sehr spät entstandenen indianischen Kulturtyp: den Bison jagenden Prärieindianer um die Mitte des 19. Jahrhunderts. Zu ihm gehört neben dem wehenden Federschmuck, der Kriegsbemalung, Pfeil und Bogen unabdingbar das Pferd und

„Vogelstein" aus gebändertem Schiefer. Man glaubt, daß diese Objekte als Gegengewichte für Speerschleudern dienten, doch ist diese Erklärung noch sehr unsicher. Im Bereich der Großen Seen hat sich das Oberflächenbild in den Jahrtausenden vor unserer Zeitrechnung immer wieder gewandelt. Eis, Wasser, Tundra, Nadel- und Laubwälder wechselten sich ab.

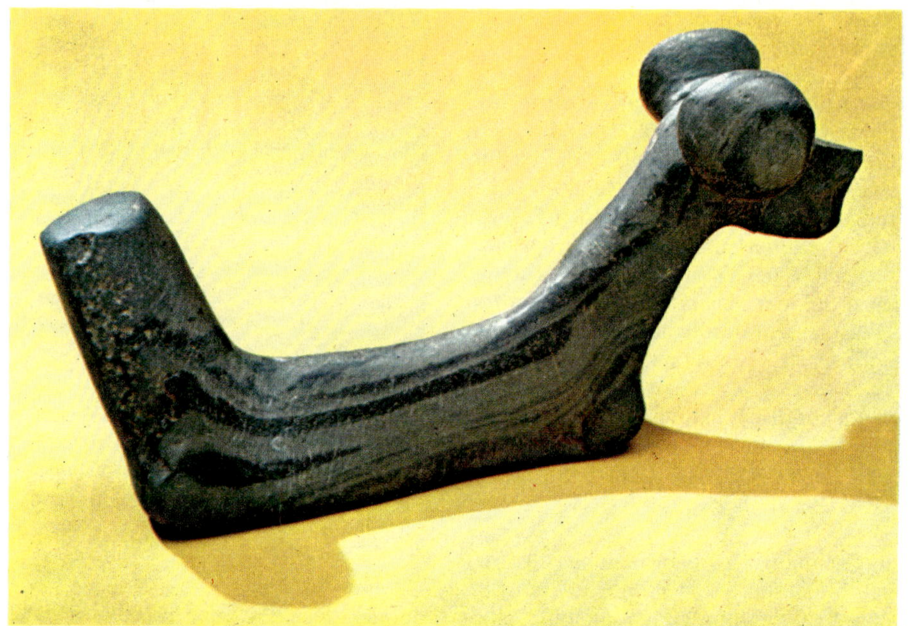

Luftbild des heutigen Pueblo Acoma, eine der ältesten noch bestehenden Indianersiedlungen des nordamerikanischen Südwestens. Die bis zu drei Stockwerke hohen, aus Stein errichteten Gebäude sind in parallelen Reihen angeordnet. Rechts im Vordergrund eine Missionskirche, deren älteste Teile vor 1644 erbaut wurden.

der Tomahawk, das eiserne Kriegsbeil. Aber der vorkolumbische Indianer (den es als einen allgemeinen Typ nicht gibt!) kennt kein Pferd und auch kein Eisen. Auch das Rad, diese zentrale Erfindung des Menschen der „Alten Welt“, ist ihm unbekannt. Als Haustiere, d. h. als domestizierte Wildtiere, halten die nordamerikanischen Indianer vor Kolumbus lediglich den Hund (auch als Zug- und Tragtier) und den Truthahn. Ihre je nach den Möglichkeiten des Naturraums und der überlieferten Wirtschafts- und Stammesverfassung modifizierte Lebensweise wird generell durch den Fischfang und die Jagd, das Sammeln wilder Pflanzen und den Ackerbau bestimmt, wobei das gemeinsame Auftreten aller dieser Wirtschaftsformen bei einem Stamm zwar nicht die Regel, aber auch nicht selten ist.

Nord- und Südamerika, daran lassen die archäologischen Befunde keinerlei Zweifel, kennen keine autochthone Menschenrasse, sondern wurden von Asien aus, genauer gesagt: von Nordostsibirien aus durch Steinzeitmenschen der mongoliden Rasse des Typs Homo sapiens erschlossen. Diese steinzeitlichen Großwildjäger folgten ihrem Wild und wanderten bzw. sickerten wohl in mehreren Wellen über Alaska und Kanada in den neuen Kontinent ein. Das erfolgte – die Forschung ist sich darin noch nicht einig – jedenfalls frühestens um 35.000 v. Chr., spätestens während des 2. Maximums der letzten Eiszeit, der sog. Wisconsin- (bei uns: Würm-)Eiszeit, also zwischen 23.000 und 8000 v. Chr. Zu dieser Zeit nämlich befand sich an der Stelle der heutigen Bering-Straße ein fester, ca. 1500 km breiter Landrücken, der Nordostsibirien und Alaska miteinander verband. Wie in ihrem asiatischen Herkunftsgebiet lebten diese mongoliden Steinzeitmenschen vorwiegend von der Jagd auf das diluviale Großwild der Tundren und Nadelwälder, daneben vom Sammeln wilder Beeren, Moose und Flechten. Solange der Weg nach Süden offenstand (zwischen 18.000 und 7000 v. Chr. versperrte eine sich quer über den Kontinent erstreckende, stellenweise bis zu 3000 m hohe Eisbarriere diesen Weg), zogen einzelne Gruppen entlang dem Ostrand der Rocky Mountains ins Gebiet der heutigen USA und über die mittelamerikanische Landbrücke zum südamerikanischen Kontinent.

Nach der Art ihrer Steinwerkzeuge lassen sich in der paläo-indianischen Periode mehrere Kulturen unterscheiden. Ganz am Anfang stehen sog. Grobschaber und grob bearbeitete Hauwerkzeuge, Formen im übrigen, die mit dem Artefaktmaterial Ost- und Südostasiens übereinstimmen und in Nordamerika in den ariden Randkulturen des Westens (Desert Cultures) teilweise bis in die historische Zeit hinein (also bis nach 1500) von den Sammler-Stämmen benützt werden. Dann folgen steinerne Pfeil- und Lanzenspitzen mit beidseitig fein retuschierten Formen, die sich in die Clovis- und Sandia-Kultur einerseits und die etwas jüngere Folsom-Kultur andererseits unterteilen lassen. Beide Phasen können mit Hilfe der C 14-Methode auf eine Zeit von vor 10.000 v. Chr. datiert werden. Gemeinsam ist diesen Kulturen, daß ihre Träger von der Jagd auf das pleistozäne Großwild leben, also von der Jagd auf das Mammut, den Säbelzahntiger, das Urnashorn, den Berglöwen, den Großen Elch, den Riesenhirsch, den Urbison, das Urkamel, den Riesenbiber und das Riesenfaultier.

Mit dem Verschwinden dieses Großwilds aufgrund der sich verändernden Vegetation der Nacheiszeit – im Südwesten schon um 8000 v. Chr., in den Great Plains erst um 4000 v. Chr. – folgt im sog. Archaikum (8000/4000 v. Chr. bis 1000 v. Chr.) eine technologisch stagnierende, durch nicht-spezialisierte Wildbeuterwirtschaft (Jagd auf Kleintiere, Fischfang und Sammeln wilder Pflanzen) gekennzeichnete Phase. Während dieser Zeit kommt es im arktischen Norden aus dem Zusammentreffen paläo-indianischer Geschoßspitzen-Kulturen und jungpaläolithischer Mikroklingen-Kulturen, die in einer letzten Einwanderungswelle aus Sibirien nach Alaska gekommen sind, zur Herausbildung der Grundlagen der späteren Eskimo-Kultur (ihr frühester Fundkomplex, Kap Denbigh, ist um 2000 v. Chr. zu datieren).

Im östlichen Waldland, im Mississippi-Tal und den Tälern seiner Nebenflüsse kommt es um die Mitte des 1. Jahrtausends v. Chr. unter dem Einfluß der vorklassischen meso-amerikanischen Hochkultur zur Ausbildung der sog. Woodland-Kultur. Charakteristikum aller ihrer drei Phasen (Adena = Early Woodland, ca. 1000–400 v. Chr.; Hopewell = Middle Woodland, ca. 400 v. Chr. bis 400 n. Chr.; Late Woodland, ca. 400 bis 700 n. Chr.) sind Erdhügel (mounds), die zum Teil Erd- und Brandbestattungen enthalten und in jedem Fall Zentren eines hochentwickelten Totenkultes gewesen sind. Abgelöst wird die Woodland-Kultur durch die „effigy mounds“ der Mississippi-Kultur (700 n. Chr.–1700 n. Chr.), viele hundert Meter lange, aber nur einen Meter hohe Erdwälle in Form von stilisierten Menschen und Tieren oder auch geometrischen Mustern. Auch ausgesprochene Tempelpyramiden aus Erde (nicht aus Stein und Schutt wie in Mittelamerika) werden von den Angehörigen dieser Kultur errichtet. Die materielle Grundlage dieser beiden Kulturen des östlichen Waldlandes ist eine Mischung des traditionellen Wildbeutertums und des Feldbaus (Mais, Sonnenblume, Gänsefuß); Kleidung und Häuser bzw. Zelte bestehen aus Leder und Rinde, die Gebrauchsgegenstände aus Stein, Horn und Holz. Wo die Töpferei noch unbekannt ist, also in den Randbereichen der Woodland- und Mississippi-Kultur (die beide eine eigenständige Keramik kennen), werden Matten und Körbe aus Weidenruten und Schilfrohr, aus Holzspänen und Birkenrinde geflochten – genauso wie in den auf einer rückständigeren Kulturstufe verbleibenden subarktischen Gebieten nördlich des St. Lorenz-Stromes. In den Präriegebieten, dem Land zwischen den östlichen Waldgebieten und den Rocky Mountains, bildet sich die paläo- und meso-indianische Büffeljagd-Kultur unter dem Einfluß der Mississippi-Kultur (Keramik und Ackerbau) zu einer Prärie-Dorf-Kultur um, die sich erst im 17. Jahrhundert nach Einführung des Pferdes zu einer Prärie-Jäger-Kultur (zurück-)entwickelt.

Im Südwesten, im Gebiet der heutigen Staaten Arizona und Neu-Mexiko, kommt es ebenfalls auf der Grundlage meso-amerikanischer Einflüsse kurz vor Christi Geburt zur Ausbildung einer ganzen Fülle sich regional rasch differenzierender Kulturen, die alle auf den im Laufe des 1. Jahrtausends v. Chr. übernommenen lebens- und gesellschaftsverändernden Kulturtechniken der Töpferei und Weberei (auch Baumwolle) und des Feldbaus domestizierter Pflanzen (Mais, Kürbis, Bohne) beruhen. Die beiden bedeutendsten unter ihnen sind die Anasazi-Kultur (gegliedert in eine ältere „Basketmaker“ = Korbflechter- und in eine jüngere Pueblo-Phase) und die Hohokam-Kultur. Deren beider Errungenschaften sind teilweise noch in der Gegenwart zu bewundern: Bei der Anasazi-Kultur sind es die großen, der Hauptphase den Namen gebenden „Pueblos“, große Siedlungen mit Hunderten von in einem mehrstöckigen Baukomplex zusammenhängenden Wohnungen, die unter überhängenden Canyon-Wänden, aber auch frei in der Landschaft aus Steinen und Trokkenziegeln errichtet wurden und manchmal bis heute bewohnt sind. Im 13. Jahrhundert n. Chr. mußten die Anasazi aufgrund von langanhaltenden Dürreperioden und Einfällen athapaskischer Stämme (Navajos, Apatschen) die Mehrzahl ihrer Pueblos aufgeben und weiter nach Osten zum oberen Rio Grande abwandern. Die heutigen Pueblo-Indianer der Hopi, Zuni, Keres und Tano, die bereits zur Zeit der

Kugelkopfkeule aus dem Gebiet der östlichen Woodlands. Die Kugel ist zu einem stilisierten Kopf umgebildet. Oben ist aus Perlmuttscheiben eine Schlange dargestellt. Das Stück ist eines der frühesten Beispiele indianischer Holzschnitzkunst. 17. Jahrhundert. Nationalmuseum Kopenhagen.

Ankunft der ersten Spanier hier lebten, sind die Nachfahren dieser vorgeschichtlichen Anasazi.

Charakteristika der Hohokam-Kultur im südlichen Arizona und in den Oasen der Sonora-Wüste sind die Anlage großer Bewässerungssysteme und (seit der sog. Konsolidierungsphase 900–1100 n. Chr., die auf die sog. Kolonialphase seit 600 n. Chr. folgt und der Klassischen Phase, die bis 1500 reicht, vorausgeht) ihr enger Kontakt zum mittelamerikanischen Kulturgebiet. So hat man Ballspielplätze, Farbpaletten aus Stein und aus Kupfer gegossene kleine Glocken ausgegraben. Und die Sprache der Nachfolger der Hohokam, der heutigen Pima- und Papago-Stämme, das Uto-Aztekische, ist mit dem Nahua der Azteken verwandt.

Neben diesen beiden Kulturen des Südwestens, zu denen als dritte bedeutsame noch die Mogollon-Kultur tritt (wiewohl unsicher ist, ob es sich bei ihr um eine eigenständige Kultur oder eine Mischform handelt), existieren zur gleichen Zeit auf einer primitiveren Stufe im Raum des zentralen Texas, in den großen Beckenlandschaften zwischen Sierra Nevada und Rocky Mountains, bis zur Südküste Kaliforniens Kulturen, deren Angehörige Sammler sind, wie sich aus Funden von Mahlsteinen mit Handwalzen, Stampfern etc. schließen läßt, die von Grassamen, Hickorynüssen und Wurzeln leben und die Jagd offensichtlich nur sporadisch ausüben. Als eine archaische Form dieser Sammler-Kulturen ist die Cochise-Kultur zu nennen.

Isoliert von ihrem asiatischen Herkunftsgebiet, haben sich die nordamerikanischen Indianer im Laufe ihrer vorgeschichtlichen Entwicklung regional äußerst stark differenziert und eine in der Zusammensetzung wie im Wandel verwirrende Fülle von Stammes-, Kultur- und Sprachformen hervorgebracht. Um 1500 soll es über 55 unabhängige Sprachfamilien mit insgesamt rund 200 Sprachen gegeben haben; heute sind es noch 125 Sprachen, von denen viele nur noch von wenigen Stammesangehörigen gesprochen werden – als Überreste einst sehr viel mächtigerer Sprachen.

Gemeinsam ist allen indianischen Sprachen ihr sehr komplizierter grammatikalischer Bau (sie gehören zu den sog. inkorporierenden Sprachen) und ihr großer Wortschatz. Sie haben jedoch kein einziges Element, das ihnen allen materialiter gemeinsam wäre. So verständigten sich Angehörige verschiedener Sprachen durch eine fast gemein-indianische Zeichensprache. Unter den von den Wissenschaftlern heute einheitlich klassifizierten sieben großen Sprachfamilien (eskimoische, athapaskische, algonkinsche, irokesische, Muskhogee-, Sioux- und utoaztekische Sprachen) sind um 1500 das athapaskische Idiom im Norden, das algonkinsche Idiom im Westen und das siouxanische Idiom im Mittelwesten am weitesten verbreitet. Wie durch Wanderungsbewegungen aufgrund von kontinuierlichem Ortswechsel infolge der Wirtschaftsweise oder von Stammeskriegen schon in vorgeschichtlicher Zeit ein Nebeneinander ursprünglich „fremder" Stämme zustandekommt, kann die Sprachenkarte der nordamerikanischen Indianer verdeutlichen: So haben die Cheyenne und Crow in den westlichen Plains zwar die gleiche Kultur (Bisonjagd), aber eine verschiedene Sprache; dagegen haben die bäuerlichen Hopi in Arizona und die jägerischen Paiute in Nevada verwandte Sprachen, aber eine unterschiedliche Kultur (nach W. Nölle).

Gleich welcher Sprachfamilie und gleich ob kurz- oder langschädeligen Rassetyps (die Ethnologie hat wenigstens acht verschiedene Rassen ermittelt): allen Indianern ist das seidig blauschwarze, dichte und glatte Haar gemeinsam und eine im Grundton gelbe Hautfarbe, die vom dunklen Gelb bis zum Schokoladenbraun reicht, je nach Wohngegend und Stammeszugehörigkeit. (Das von den Europäern zur Namengebung herangezogene, übrigens keineswegs gemein-indianische Phänomen der „Rothaut" beruht auf der roten Bemalung der Haut aus zeremoniellem oder kriegerischem Anlaß.) Gemeinsam ist allen nordamerikanischen Indianern auch ein, im einzelnen freilich sehr unterschiedlicher, totemistischer Seelen- und Totenkult, der Naturdinge und Tiere verehrt und bei nicht wenigen Stämmen im Glauben an eine höchste überirdische Kraft gipfelt. Die Gesellschaftsordnung der einzelnen Stämme ist sehr vielgestaltig, sie kennt sowohl vater- wie mutterrechtliche Bindungen, neigt aber im allgemeinen zu einer Unterordnung der Frau; sie überläßt bei vielen Stämmen dem einzelnen Mitglied sowie ganzen Sippen einen großen Freiheitsraum, kennt aber auch streng hierarchisch gegliederte Formen. Für alle nordamerikanischen Indianer der vorkolumbischen Zeit scheint zu gelten, daß sie keinen Familiennamen kennen, sondern jede Person ihren eigenen „typischen" Namen trägt. Der Häuptling eines Stammes wird meist nur als primus inter pares (Erster unter Gleichen) empfunden, dem nicht nur kraft seines Amts (als Sprecher des Ältestenrates), sondern mehr noch wegen seiner körperlichen Stärke, Kriegslist, Weisheit, organisatorischen Begabung usf. Autorität zukommt.

DAS AUSGEHENDE MITTELALTER UND DIE ANFÄNGE DER NEUZEIT

Aufstieg, Blüte und Niedergang des Byzantinischen Reiches

FRÜH- UND MITTELBYZANTINISCHE ÄRA

Ansätze zur Bildung des Byzantinischen Reiches und Entstehung der christlichen Kirche Die ersten Ansätze zur Bildung eines Staatswesens, das unter dem Namen Byzantinisches Reich aus dem alten Imperium Romanum herauswachsen sollte, zeigten sich schon in jenen Reformen mit denen Diocletian und Constantin, die beiden großen Kaiser der Restauration, das im Sterben liegende Römische Reich heilen wollten. Zu den Mitteln, die sie diesem Reich verordneten, gehörte die Teilung der Führung in zwei regional auseinanderliegende Kommandozentralen. Damit sollte Krisenherden, die im Osten des Reiches infolge der Angriffe des sassanidischen Persien an der Euphrat-Front und im Westen durch den Druck der Germanen an der unteren Donau entstanden waren, begegnet werden. Die Delegierung eines Teils der obersten Kommandogewalt in das alte Byzanz, die Stadt an der Nahtstelle Europas und Asiens, war dazu bestimmt, den ersten Ansatz für eine oströmische staatliche Sonderentwicklung zu bilden.

Ein zweites Mittel, die Gewinnung der Christen für den Staat, hatte der Regeneration des Reiches zu dienen. Es galt zunächst, organisatorisch jene zahlreichen christlichen Zentren in einer einheitlichen Organisation zusammenzufassen und so den Aufbau einer christlichen Kirche möglich zu machen. Diese nach dem Vorbild des Staates aufgebaute Kirche blieb trotz ihrer späteren Reformen ein Torso. Ihr fehlten das für alle Christen gleich verbindliche Glaubensbekenntnis und das allen gemeinsame Oberhaupt. Besonders hart war für den Staat der Kampf um das Glaubensbekenntnis, das in der Retorte philosophischer Deduktionen fast die Form einer mathematischen Formel angenommen hatte. Man konnte in keiner der Formulierungen die Zeichen eines fein ausgeklügelten Kompromisses übersehen. Mit dieser Glaubensformel als dem Werk von Gelehrten ließ sich niemals die Einheit der Christenheit, das Hauptziel aller Reformen des Reiches, gewinnen.

Wiedergewinnung der staatlichen und religiösen Einheit als Aufgabe Ostroms Den Untergang der westlichen Hälfte des Imperium Romanum als politische Institution hatte die große germanische Völkerwanderung bewirkt. Der Ostteil des Reiches konnte überleben, weil sie hier nur Südosteuropa erfaßt hatte. Afrika war in der Hand der Vandalen, Spanien und Westfrankreich waren in der der Westgoten; über das übrige Gallien herrschten die Franken und Burgunder, die Britische Insel mit Ausnahme des keltischen Nordens war von Angeln und Sachsen besetzt, während sich in den Grenzprovinzen an der oberen Donau die Bajuwaren niedergelassen hatten. Italien, der Kern des Weströmischen Reiches, tauschte die ostgotische Herrschaft und die ihr folgende sechzehnjährige byzantinische gegen eine Teilung in langobardisch und byzantinisch besetzte Zonen.

Das weströmische Imperium Romanum war mit Ausnahme der alten Hauptstadt Rom und einiger italienischer Landesteile Besitz der neu entstandenen germanischen Staaten geworden. Damit konnte schon nach der Konsequenz der politischen Tatsachen das oströmische Imperium für sich allein die legitime Nachfolge des Römischen Reiches in politischer und ethnischer Beziehung in Anspruch nehmen. Aus dieser Situation ergab sich für den überlebenden oströmischen Reichsteil die Aufgabe, den Versuch einer Restaurierung des alten Imperium Romanum mit dem Mittelpunkt Rom für diese westliche Hälfte zu unternehmen. Das hieß Afrika, Spanien, Gallien, Italien und die anderen von den Germanen besetzten Teile des Imperium Romanum waren zurückzugewinnen und, gestützt auf die dort noch bestehende römische Zivilverwaltung, die germanischen Staatsgründungen zu beseitigen. Diesen Versuch hat Justinian unternommen. Er gelang aber nur in Afrika, Italien und zu einem kleinen Teil in Spanien.

Die zweite Aufgabe, die dem Oströmischen Reich gestellt war, bestand in der Gewinnung der religiösen Einheit durch die Erhaltung der von Constantin gegründeten christlichen Kirche. Auch hier blieb es bei Teillösungen. In den Frontlinien einer sich abzeichnenden religiösen Sezession wurden schon jene politischen Grenzen sichtbar, die später die Ausdehnung des aus dem oströmischen Imperium entstehenden Byzantinischen Reiches kennzeichneten.

In der religiösen Sezession, welche die folgende politische Grenzziehung vorbereitete, kamen auch die ethnischen Unterschiede zum Ausdruck. Die hellenistische Zivilisation, die bisher das alte Kulturerbe dieser Länder wie ein Mantel überdeckt hatte, begann mit dem Untergang der alten Führungsschicht zu verschwinden. Hatte doch die Christianisierung hier besonders zu einer Aktivierung der bisher von der griechischen Hochsprache verdrängten Volkssprache geführt. Aus der Sprache des Volkes wurde die der Kirche. Das Evangelium und andere christliche Schriften hatten schon bald eine koptische, eine syrische und eine armenische Übersetzung erhalten. Ihr Einfluß wuchs durch die nur die Landessprache benutzenden Mönche innerhalb der orientalischen christlichen Kirchen von Jahr zu Jahr. Die Konzile von Ephesus und Chalkedon hatten nicht nur gegen die christlichen Glaubensvorstellungen der orientalischen Kirche entschieden, sondern auch über die späteren politischen Grenzen. Damit war innerhalb der Kirche schon der entscheidende Bruch vollzogen. Reichsbehörden, Universitäten und Heer blieben die einzigen Institutionen, wo man die griechische Staatssprache weiter benutzte und hierdurch diese Völker noch im Verband des Oströmischen Reiches hielt. Gleichzeitig begann die Macht der orientalischen Kirchen immer größer zu werden, ihr politisches Gewicht im Staat wuchs von Jahr zu Jahr. Das bewirkte nicht zuletzt die Ausdehnung ihrer Mission über die Grenzen des Reiches. Südarabien, Abessinien und der Sudan wurden von ihnen für das Christentum gewonnen. Es folgten dank nestorianischer Mission Teile des Iran und Mittelasiens.

Übergang von der Geldwirtschaft zur Naturalwirtschaft: Kennzeichen eines allgemeinen wirtschaftlichen und zivilisatorischen Schrumpfungsprozesses Nicht weniger gefährlich als die religiöse Sezession erwies sich eine andere Entwicklung, die in der Wirtschaft zu einer Umwälzung führte: der Prozeß des Übergangs von der Geldwirtschaft zur gemäßigten Naturalwirtschaft. Er erfaßte zunächst nur jene Provinzen des alten Imperium Romanum, die in germanischer Hand waren. Im Oströmischen Reich kam es zu dieser Entwicklung erst in der Mitte des 6. Jahrhunderts. Begonnen hatte es mit einer Schrumpfung des Außenhandels, die entstand, weil damals die wichtigsten von den Byzantinern benutzten Welthandelsstraßen blockiert wurden. So geschah es im Seehandel mit Indien, den die Blockade des Ausgangs des Roten Meeres, der in den Indischen Ozean führenden Straße von Bab el Mandeb, unterbrochen hatte. Die hier mit Unterstützung des abessinischen Negus und des Königs der Nobades im Sudan geführten Kämpfe zur Öffnung der Meerenge brachten nur zeitweise einen Erfolg; denn die Besetzung des Jemen durch persische Truppen im Jahre 568 verschloß den oströmischen Kaufleuten für immer den Zugang zum Indischen Ozean.

Ähnliche Auswirkungen brachte die seit Beginn des 6. Jahrhunderts erkennbare Unterbrechung jener Straße, die die Don-Mündung mit dem Kama- und Wolgagebiet verband. Von dort kamen im Austausch gegen byzantinische Luxuswaren sibirische Pelze und sibirisches Gold in das Oströmische Reich. Die Besetzung des Mündungsgebietes des Don durch die türkischen Onoguren machte dem oströmischen Kaufmann den Zugang zu diesem Markt unmöglich. Zu einer Unterbrechung kam es auch bei der seit Jahrhunderten von der Meerenge von Kertsch über den Paß von Derbent und von dem Südufer des Kaspischen Meeres nach Chwarezm in die Sogdiana führenden Handelsstraße. Sie wurde an den Kaukasuspässen und von den Persern unterbrochen. Der Verlust aller dieser Handelsverbindungen hat den oströmischen Fernhandel entscheidend getroffen. Wie sehr sich zum Beispiel die Situation für den Import von Seide verschlechtert hat, zeigt der Versuch Konstantinopels, durch die Anlage eigener Maulbeerbaumplantagen die Voraussetzung zur Züchtung der für die Produktion des Rohmaterials notwendigen Seidenraupen zu schaffen.
Die unmittelbare Folge dieser Blockade der wichtigsten Handelsstraßen war zunächst der Rückgang des Exportes byzantinischer Luxuswaren. Der Wert des Umsatzes dieser Waren sank, und damit verminderten sich auch die Geldvorräte, die durch die Exporterlöse entstanden waren. Diese Krise wurde durch die ständige Abnahme der Goldreserven auf Grund von Subsidien und Tributleistungen an die Nomadenvölker der Grenzgebiete noch weiter verschärft. Dieser Abfluß der Goldvorräte und das Sinken des Industriepotentials, eine Folge des Rückgangs der Einfuhr von Rohstoffen durch die Handelssperren – betroffen wurden vorwiegend Betriebe der Herstellung und Verarbeitung von Textilien –, führten nicht nur zu einer Schrumpfung des Geldumlaufes, sondern auch zu einem Rückgang in der Erzeugung hochwertiger Exportwaren. Hierdurch mußte jetzt in der allgemeinen Wertskala der Wert von Grundbesitz an die erste Stelle rücken. Das aber bedingte eine Verlagerung der wirtschaftlichen Macht von den Bürgern der Stadt mit ihren Handwerks- und Industriebetrieben auf die Schicht der mittleren und großen Grundbesitzer.

Beginnende Umwälzungen in den Formen der Reichsverteidigung Die so entstandene wirtschaftliche Lage konnte nicht ohne Einfluß auf die Finanzierung der byzantinischen Rüstungsausgaben bleiben. Der mit der wirtschaftlichen Umschichtung verbundene Rückgang machte nur noch wenige und zahlenmäßig kleine Heere finanziell möglich. Das bedeutete, daß man militärische Entscheidungen jetzt lediglich an einem Schwerpunkt suchen konnte. Auf die Kriegslage des Reiches übertragen hieß das, wenn man in Mesopotamien den Krieg gegen Persien offensiv führen wollte, mußte man sich auf anderen Kriegsschauplätzen im Osten ebenso wie im Südosteuropa, in Italien und in Afrika auf die Defensive beschränken. Der Verteidigungskrieg stützte sich in diesem Fall in der Hauptsache auf die bestehenden Festungsanlagen, von denen aus die dort stationierten Verbände der sogenannten Limitanei der zahlenmäßig schwachen, hier zur Verfügung stehenden Feldtruppe Unterstützung gewähren konnten. Die Soldaten dieser Grenztruppen hatte man dort zusammen mit ihren Familien angesiedelt, damit sie für die Verteidigung der Kastelle, in denen sie für den Kriegsfall stationiert waren, sofort zur Verfügung standen, um eindringende Feinde solange aufzuhalten, bis die Feldtruppe zur

Erneuerung des Oströmischen Reiches unter Justinian

Stelle war. In Friedenszeiten ernährten sich diese Soldaten mit Unterstützung ihrer Familienangehörigen aus dem ihnen im näheren Umkreis der Kastelle zugewiesenen Land. Diese Befestigungen und ihre Verteidiger konnten aber nur dann ihre Aufgabe erfüllen, wenn ein Feldheer vorhanden war, das sie ablösen konnte, nachdem sie den feindlichen Angriff zunächst aufgehalten hatten. Da man bis zu dieser Zeit fast nur in den Sommermonaten Krieg führte, konnten die Grenzen in dieser Weise erfolgreich verteidigt werden. Schwierigkeiten entstanden erst durch das Auftreten der Reiternomaden in Südosteuropa und auf der arabischen Halbinsel. Gegen sie erwies sich eine Verteidigung, die sich nur auf Kastelle stützte, angesichts der Beweglichkeit dieser in Reiterverbänden kämpfenden neuen Feinde als unwirksam. Die Kastelle konnten gegen sie auch nicht mehr ihre Funktion, der Landbevölkerung als Zufluchtsstellen zu dienen, erfüllen. Die Schnelligkeit der berittenen Nomaden nahm den Leuten auf dem Lande jede Möglichkeit, rechtzeitig die Kastelle zu erreichen. Die Folge war eine weitgehende Entvölkerung der Grenzprovinzen des Reiches.
Jener ungleiche Kampf mit einem durch seine Kampftechnik überlegenen Gegner zusammen mit dem häufig ausbleibenden Sold – eine Folge der Wirtschaftskrise – zermürbten auf die Dauer die Moral der Truppe. Eine der Folgen war jene Meuterei unzufriedener Soldaten, die im Winter des Jahres 602 den Marsch des rebellierenden Heeres auf die Hauptstadt auslöste. Dem Kaiser, seiner Familie und einem Teil der hohen Aristokratie kostete dieser Aufstand das Leben. Erst acht Jahre des Schreckens mußten vorübergehen, ehe im Jahren 610 der Sohn des Statthalters von Afrika, Herakleios, an der Spitze der Mittelmeerflotte in Konstantinopel landend, dem Regime der Meuterer und ihres zum Kaiser erhobenen Führers ein Ende bereitete.
Diese Katastrophe, die auch das innere Gleichgewicht des Reiches erschütterte, war von einem Kampf um das Überleben des Oströmischen Reiches als Staat begleitet. Die Heere des sassanidischen Persien, der einzigen Großmacht der damals bekannten Welt neben dem Oströmischen Reich, hatten die Reichsgrenzen im Osten überschritten. Ägypten, Syrien, Palästina und ein Teil Anatoliens wurden von ihnen besetzt. Zusammen mit den avarischen Reiternomaden Südosteuropas hatten sie die Hauptstadt Konstantinopel schon von zwei Seiten, von Europa und Asien aus, eingeschlossen. In diesem Augenblick des unmittelbar drohenden Untergangs gelang es mit Hilfe der Türken aus Mittelasien, die Persien nicht nur von Osten aus, sondern auch im Norden angreifen, das Reich zu retten. Es war Ktesiphon und nicht Konstantinopel, das jetzt seine Tore den Siegern öffnen mußte. Der persische Großkönig Chosrau II. wurde fern von seiner Hauptstadt durch eine Palastrevolution gestürzt und wenig später getötet.

Die Störung des innenpolitischen Gleichgewichts durch die Zunahme der Großgrundbesitzer Was auf diesen Sieg folgte, war für das Oströmische Reich wohl eine Restauration, aber keine Regeneration, die eine Lösung der religiösen Fragen verbunden mit einer durch die Wirtschaftskrise notwendigen gesellschaftlichen Umschichtung erfordert hätte. Einzelne Ansätze in dieser Richtung hatte es schon gegeben. Aber erst die Not der kommenden Jahre öffnete den Reformen den Weg für einen Umbau des Staates.
Es ging zunächst um jene entscheidende Störung des Gleichgewichts, die durch eine einseitige Verteilung der Masse des anbaufähigen Bodens an eine kleine Gruppe von Besitzern entstanden war. Fast alles Land gehörte entweder dem Kaiser, den Kirchen oder den Magnaten. An sie hatten die mittleren und kleineren Landbesitzer ihr Eigentum nicht zuletzt durch die bauernfeindliche Finanzpolitik des Staates verloren. Der damals allmächtige Großgrundbesitz bildete mit seiner eigenen Güterverwaltung einen Staat im Staate, zwar war die enge Bindung zwischen Bauerntum und Heer schon seit der römischen Kaiserzeit infolge einer Umschichtung im Besitz des Bodens verloren gegangen, aber die Soldaten kamen damals noch nicht, wie es für diese Zeit die Namen der Truppenteile verraten, fast ausschließlich von der Peripherie des Reiches und bestanden auch aus ethnischen Gruppen, die zu dem Staat, den sie verteidigen sollten, nur in einer sehr losen Beziehung standen, wie die Soldaten aus den Grenzprovinzen des Reiches in Südosteuropa und im Osten Anatoliens. Von den großen Gütern im Inneren des Reiches kam niemand. Hier wurde jeder Mann als Arbeitskraft für die Bestellung des Landes und die Einbringung der Ernte gebraucht.

Neue Formulierungen eines christlichen Dogmas Die Reform des Heeres und der Neuaufbau der Reichsverteidigung waren nur durch eine Agrarrevolution zu lösen, die zugleich eine Umschichtung der Gesellschaft bewirken mußte. In der religiösen Frage galt es, jene Gefahr, die durch die ein-

Die noch heute erhaltene Befestigung von Alanya in der Türkei zeigt ebenso wie in Istanbul die Landmauer, die durch ihre Verbindung des Goldenen Hornes und des Marmarameeres die Stadt von Angriffen aus Europa schützt und die erst in der letzten Zeit freigelegte Seemauer die hohe Kunst der byzantinischen Befestigung. Ihr Zweck war es, den Gegner schon im Vorfeld der Mauer durch ein tief gestaffeltes System von Gräben und Befestigungsanlagen vor der eigentlichen Mauer abzuwehren.

seitige Formulierung des Glaubensbekenntnisses für die Einheit der christlichen Kirche entstanden war, zu überwinden. Das christliche Dogma in der Formulierung der Monotheleten verleugnete in seiner überspitzten Formulierung ebensowenig wie das monophysitische Glaubensbekenntnis das Erbe der hellenistischen Philosophen, deren Vorlesungen die Theologen der ersten großen Konzilien, die an der Formulierung jener Glaubensbekenntnisse beteiligt waren, noch besucht hatten. Was im Zeitalter der Niederschrift der Evangelien und in der Zeit der Christenverfolgungen in den ersten beiden Jahrhunderten n. Chr. keineswegs ein zentrales Anliegen der Christenheit gewesen war, die Definition eines christlichen Dogmas, hatte seit dem Beginn des 4. Jahrhunderts innerhalb der christlichen Oikumene erst jene Gräben aufgerissen, die keine Kompromißformel mehr zuschütten konnte.
Auch unter Kaiser Herakleios suchte man mit neuen Formulierungen und Ausdeutungen des Glaubensbekenntnisses im Sinne eines Monotheletismus (Willenseinheit) Christi oder eines Monoergismus, jener Einheit von Kraft, die in Gott und Christus lebendig sein sollte, den Graben zwischen den beiden christologischen Auffassungen zuzuschütten. Aber alle Versuche, im Dogma eine Annäherung in der Auffassung über die Beschaffenheit der christlichen Substanz und das Verhältnis von Christus zu Gott zu erzielen, bleiben vergeblich. Am Starrsinn der Theologen beider Seiten scheiterte jeder in diese Richtung gehende Versuch.
So traf der Angriff der von der Glaubensbotschaft des Islams geeinten arabischen Stämme ein sozial und religiös zerrissenes Oströmisches Reich. Die entscheidende Schlacht am Yarmuk 636 in Syrien war nicht nur der militärische Sieg des arabischen Kalifen Omar über das christliche Heer, sondern auch die Vollstreckung des Todesurteils über jenes Oströmische Reich, das man in der Zeit zwischen Justinian und Herakleios zwar konserviert, aber nicht reformiert hatte. Der folgende Zusammenbruch unter den militärischen Schlägen der arabischen Eroberer nahm den Byzantinern fast alle östlichen Provinzen: Armenien, Syrien, Palästina, Ägypten. Halten konnte man nur eine Front, die sich auf die Gebirge im Osten Anatoliens stützte.

Heeres- und Agrarreform und Vordringen der Slaven In der jetzt auf die Phase der ersten Eroberung folgenden Zeit militärischer Selbstbehauptung blieb den Nachfolgern des Herakleios nur wenig Zeit für die Durchführung innerer Reformen. Die religiöse Frage, soweit sie das Dogma betraf, hatte sich selbst gelöst, denn das Reich hatte alle Länder, um derentwillen das Glaubensbekenntnis in der Formulierung geändert worden war, wie Ägypten, Syrien, Armenien, an die neue arabisch-islamische Macht verloren. So gab es für die sogenannte orthodoxe Richtung des christlichen Glaubensbekenntnisses zunächst keine erkennbaren Gegner innerhalb der neuen Grenzen des Byzantinischen Reiches.
Dagegen mußte das Problem der Neuordnung des landwirtschaftlichen Besitzes unter dem Gesichtspunkt einer Reform der Reichsverteidigung gelöst werden. Jetzt begann die Einteilung des Reiches in wehrkreisähnliche Bezirke, die sogenannten Themen, wo die bisher beobachtete strenge Trennung von Zivil- und Militärbehörden weitgehend aufgehoben wurde. Entscheidend war bei dieser Reform, daß sie aus den bisher landlosen Soldaten eine neue grundbesitzende Schicht machte. Der einzelne Soldat erhielt jetzt ein Bauerngut, dessen Erträge ihm besser als der zuletzt herabgesetzte und unregelmäßig gezahlte Sold den Lebensunterhalt sicherte. Die Bewirtschaftung dieser Güter hatte hierbei durch Familienangehörige zu erfolgen. Die „Stratiotengüter", wie die neugeschaffenen Parzellen hießen, waren in ihrer Größe nach der Waffengattung des einzelnen Soldaten bemessen. So unterschieden sich die Güter der in der Reiterei dienenden Soldaten wegen der von ihnen zu leistenden größeren Aufwendungen von den Parzellen der zu Fuß dienenden Mannschaften durch ihren größeren Umfang.
Um diese Soldatengüter schaffen zu können, parzellierte man im Verordnungswege einen Teil des kaiserlichen, kirchlichen und privaten Grundbesitzes. So war es möglich, fast alle Soldaten der bisher im Felde stehenden Armeen anzusiedeln. Die neuen Wehrkreise, wie man die Themen bezeichnen kann, trugen zum Teil noch Namen der Feldheere, aus denen sie hervorgegangen waren. Durch ein gut eingespieltes Alarmsystem war der rechtzeitige Einsatz der Soldaten auch bei einem unerwarteten Angriff des Feindes gesichert. Die Organisation dieser ersten Themen wurde in den letzten Jahrzehnten des 7. Jahrhunderts soweit abgeschlossen, daß sie Anatolien ganz und in Europa etwa den heute türkischen Teil Thrakiens umfaßte.
In dem zunächst fast nur aus Stützpunkten bestehenden europäischen Reichsteil mußte das Problem der schon einige Jahrzehnte vorangegangenen Landnahme slavischer Stämme auf dem Boden des Reiches gelöst werden. Die Slaven hatten ihre seit der Mitte des 6. Jahrhunderts bekannten Wohnsitze jenseits der unteren Donau, die sich zum Unterlauf des Dnjepr ausdehnten, aufgegeben, um mit den 558 aus Mittelasien nach Europa gekommenen Awaren die Donau zu überschreiten und sich auf römischem Gebiet niederzulassen. Damals wurde der größte Teil der Balkanhalbinsel mit Ausnahme der Küste und einiger Gebirgsregionen in den Karpaten von ihnen besetzt. Die einheimische Bevölkerung war entweder in die festen Städte an der Küste oder in das für berittene Nomaden unzugängliche Gebirge geflüchtet.
Auch das wieder erstarkte Byzantinische Reich konnte diese slavischen Stämme nicht mehr vertreiben. Man mußte sich damit abfinden, einige von ihnen, wie die Kroaten und Serben, in dem bisher von ihnen besetzten Gebiet anzuerkennen, um sie wenigstens staatsrechtlich an das Byzantinische Reich durch ein Föderatenverhältnis zu binden. Gegen andere slavische Stämme, die sich in Griechenland, Makedonien und Thrazien niedergelassen hatten, entschied man sich für ein militärisches Vorgehen, in der Absicht, sie nach ihrer Unterwerfung unter die byzantinische Herrschaft allmählich im griechischen Volkstum zu assimilieren. Bei dem Versuch, das zu erreichen, gab es mit den nach Thrazien und Makedonien vorgedrungenen Stämmen, die sich den 675 über die Donau gekommenen türkischen Protobulgaren angeschlossen hatten, erbitterte Kämpfe. Ziel der Byzantiner war es, hier nicht nur das Reich in seinen alten Grenzen wiederherzustellen, sondern auch durch die Einrichtung der Themen in den neu eroberten Reichsteilen dieses verlorene griechische Siedlungsgebiet für die Byzantiner zurückzugewinnen. Die Themen hatten in Südosteuropa ähnliche Aufgaben zu erfüllen wie in Mitteleuropa die von den deutschen Königen an der Ostgrenze ihres Reiches errichteten Markgrafschaften. Diese sollten dazu dienen, die unterworfenen slavischen Stämme innerhalb der deutschen Bevölkerung zu assimilieren.

Die Abwehr des arabisch-islamischen Angriffs Für das Byzantinische Reich gab es nach den Reformen im Innern und der Neuordnung der Verteidigung an den Grenzen nur zu bald eine neue Bewährungsprobe. Die Araber unter Führung der omajjadischen Kalifen hatten Damaskus als Hauptstadt gewählt. Dort hatte man, getragen von der Masse der nichtarabischen Bevölkerung, die auch jetzt noch in der Kultur und Zivilisation des oströmischen Imperiums lebte, zunächst an eine Eroberung seines noch christlichen Teils unter dem Zeichen des Islam gedacht; das wollten auch die Omajjaden, die als islamische Kalifen in diesem Fall den Thron der byzantinischen Kaiser besteigen würden. Für sie kam es zunächst darauf an, Konstantinopel, die Residenz der christlichen Kaiser und den Mittelpunkt des östlichen Teils des alten Römischen Reiches, zu erobern. Mit der Absicht, das zu erreichen, erschienen noch im Jahre 717 arabische Flotten und Heere vor den Mauern der Stadt am Bosporus. Doch ihr Unternehmen scheiterte.
Am Bosporus, an der Nahtstelle zwischen Europa und Asien, brach sich, wie wenig mehr als zwei Jahrzehnte später im Westen bei Tours und Poitiers, die Angriffswelle der arabischen Eroberungstruppen des Kalifen. Beide Niederlagen zusammen bedeuteten für die Araber mehr als nur zwei verlorene Schlachten. Sie kosteten der Dynastie der Omajjaden die Herrschaft über die Araber und die Führung des Islam.
Unter dem neuen Kalifengeschlecht der Abbassiden vollzog sich eine Umorientierung der arabischen Politik. Man wollte nicht mehr ein nur dem Islam unterworfenes Imperium Romanum von Damaskus aus regieren. Die neue Konzeption folgte in ihrer machtpolitischen Zielsetzung den Traditionen des sassanidischen Iran. Das hieß, politisch die Konzeption der gestürzten sassanidischen Könige und damit letztlich der ersten persischen Reichsgründer, der Achämeniden, erfüllen und bedeutete, die Grenzen des alten achämenidischen Persien vom Pamir bis

zum Bosporus und den Dardanellen, den Meerengen zwischen Europa und Asien, wiederzugewinnen.

Entstehung einer neuen Aristokratie und Staatsbildung der Bulgaren Auch im Byzantinischen Reich zeichnete sich in dieser Zeit ein innerer Umbruch ab. Jene revolutionäre Epoche, in der man unter den Formen einer Agrarrevolution die Ansiedlung des Heeres in den Themen durchgeführt hatte, war abgeschlossen. Was folgte, war eine Phase der Konsolidierung der neuen Gewalten, gekennzeichnet durch eine allmählich vor sich gehende Umwandlung des alten Offizierkorps in einen neuen, grundbesitzenden Adel.

Hemmend für diese Entwicklung war der Einfluß der Stadtwirtschaft, insbesonders durch die beiden Großstädte Konstantinopel und Saloniki. War es doch beiden Städten gelungen, im Abendland und in Osteuropa neue Märkte zu erobern, die ihnen für bestimmte Warengruppen eine Monopolstellung sicherten. Die großen Kaufleute dieser Städte bildeten innenpolitisch einen Gegensatz zu der neu entstandenen Offiziersaristokratie. Außenpolitisch war es nach dem Sturz der Omajjaden und der Selbstbehauptung der Byzantiner zu der Bildung einer Reihe von neuen Staaten gekommen, die das Byzantinische Reich zu einer politischen und militärischen Umgruppierung seiner Kräfte zwangen. Einen entscheidenden Anstoß zu einem politischen Umdenken gab hier die Staatsbildung der sogenannten Protobulgaren. Sie waren nachdem sie im 6. Jahrhundert und in der ersten Hälfte des 7. Jahrhunderts in Südrußland zwischen Dnjepr und Don ein Reich gebildet hatten, 674 unter dem Druck der in diesen Raum einwandernden chazarischen Reiternomaden zum größten Teil auf römisches Gebiet übergetreten, wo sie sich zunächst zwischen der unteren Donau und dem Balkangebirge neue Wohnsitze sicherten. Die dort schon früher eingewanderten Slaven hatten sie in ihr von einem Khan regiertes Steppenimperium aufgenommen. Wenn in diesem neuen Staat auf byzantinischem Reichsgebiet alles, was schriftlich festgehalten werden sollte, zunächst nur in griechischer Sprache aufgezeichnet wurde, kommt darin nicht nur zum Ausdruck, daß die ehemaligen Griechenstädte an der unteren Donau eine wichtige Rolle innerhalb dieser protobulgarischen Staatsbildung spielten, sondern daß die Bulgaren auch eine enge Verbindung mit dem byzantinischen Staat, in dem sie zunächst als Föderaten neue Wohnsitze erhalten hatten, besaßen. Auf eine kurze Phase von Versuchen, die Bulgaren militärisch niederzuringen, war die Anerkennung der neuen Macht durch den Kaiser am Bosporus erfolgt.

In den folgenden Jahrzehnten hatten die Bulgaren offensichtlich in Erfüllung ihrer Förderatenpflichten das Byzantinische Reich sowohl gegen innere Feinde, wie den Gegenkaiser Justinians II., als auch unter Leo III. gegen auswärtige Gegner wie die Araber, die in den Jahren 717 und 718 Konstantinopel belagert hatten, unterstützt. Auf diese Zeit eines loyalen Verhältnisses zwischen beiden Mächten folgte zu Beginn des 9. Jahrhunderts eine Epoche, die durch eine erneute bulgarische Expansion auf byzantinischen Reichsgebiet gekennzeichnet war. Die Ursachen dieser neuen Angriffswelle lagen in einer allgemeinen Veränderung der politischen Situation für die Bulgaren auf der Balkanhalbinsel.

Nach dem Zusammenbruch und der Zerstörung des Avarischen Reiches durch die fränkischen Karolinger im Jahre 798 konnten sich nur die Bulgaren als unabhängige Macht in Südosteuropa behaupten. Teile der Avaren, unter ihnen auch alte bulgarische Stämme, die sich schon um 558 ihnen angeschlossen hatten, suchten daher jetzt, ebenso wie die bisher mit ihnen verbündeten Slaven, Anschluß an das Bulgarische Reich. Das bedeutet für die Bulgaren eine erhebliche Verstärkung ihres in den Kämpfen mit den Byzantinern dezimierten reiternomadischen Kerns. Von dieser Entwicklung aus gesehen konnte es kein Zufall sein, daß der Führer der neuen bulgarischen Expansionspolitik, der Khan Krum, aus diesen ehemals zum avarischen Imperium gehörenden bulgarischen Stämmen, hervorgegangen war. Sein Name Krum gibt das türkische Wort qurum, das die Bedeutung „Regierung" bzw. „Reich" hat, wieder; qurum besitzt als Bezeichnung dieses Fürsten ähnlich wie das arabische Wort Daulah und die lateinische Bezeichnung res publica programmatische Bedeutung und weist als Beiname dieses Khans auf eine Änderung der Politik hin. Im Gegensatz zu seinen Vorgängern, die sich als mehr oder weniger enge Verbündete des Byzantinischen Reiches verstanden, hat Krum mit diesem Namen auf eine von Konstantinopel unabhängige bulgarische Staatsidee hinweisen wollen. Aus ihr erklärt sich auch die unter ihm durchgeführte bulgarische Eroberungspolitik. Es entsprach diesem neuen, dem alten Reiternomadentum fernliegenden und mehr den slavischen Siedlern entgegenkommenden Staatsgedanken, daß das heutige bulgarische Kernland, das Tal der Maritza mit dem Hochland um Sofia, damals zu einem Teil des Bulgarischen Reiches gemacht wurde. Es kennzeichnet auch den politischen Wandel, daß dieser Khan, obwohl er sich noch nicht zum Christentum bekannte, in seiner Hauptstadt, die im wesentlichen noch in der alten Holzbauweise der Nomaden errichtet worden war, den ersten großen repräsentativen Steinbau nach dem Vorbild des alten Kaiserpalastes in Konstantinopel, der Magnaura, bauen ließ. Krum fühlte sich schon als bulgarisch-byzantinischer Kaiser, obwohl er selbst noch den alten türkischen Herrschertitel führte. Hier kündigt sich schon an, was später unter dem Zaren Boris-Michael mit christlichen Vorzeichen verwirklicht werden sollte, die Schaffung eines bulgarischen Kaiserreiches, das nicht mehr nur von Bulgaren, sondern von einer überwiegend slavischen Bevölkerung getragen wurde, ein Reich, das zum Vorläufer des altrussischen Imperiums in Osteuropa werden sollte.

Die militärische Expansion der Araber Nordafrikas nach Südeuropa und der Rückzug der Byzantiner aus dem Westen des Mittelmeerraumes Eine andere Staatsgründung, die das Byzantinische Reich in seinen Auswirkungen noch stärker als das bulgarische Imperium berührte, war die politische Schöpfung der Aghlabiden in Nordafrika. Die Aghlabiden waren ursprünglich nur Emire der Kalifen von Bagdad, über deren Heere sie in Nordafrika das Kommando führten. Schon ihre Stellung an der Peripherie des arabischen Imperiums gab ihnen eine größere Unabhängigkeit als anderen Statthaltern. Führten sie doch bald den islamischen Glaubenskrieg gegen die Christen in Sizilien und Unteritalien und damit zugleich gegen den westlichen Teil des Byzantinischen Reiches in Europa. Ihre Stellung zu Italien entsprach der Karthagos zur römischen Republik. Anders aber als damals wurde Italien jetzt nicht mehr von Rom, sondern von Konstantinopel aus, der Stadt am Bosporus, verteidigt.

Die neue Expansion der Bulgaren unter Krum hatte eine Unterbrechung der wichtigsten militärischen Etappenstraße nach dem Westen bewirkt, der Via Egnatia, die Saloniki mit dem Adriahafen Dyrrachion, dem heutigen Durazzo, verband. Von dort hatten die Truppen, die man auf diesem Wege nach Italien in Marsch gesetzt hatte, nur noch die Meerenge zu überwinden, um in die Kämpfe gegen die Aghlabiden auf Sizilien eingreifen zu können. Die Unterbrechung dieser Straße durch die Bulgaren war daher für die Kämpfe in Sizilien fast kriegsentscheidend. Die byzantinischen Stellungen gegen die von Nordafrika aus operierenden Araber waren jetzt nicht mehr zu halten. Die Folge war ein weiterer Rückzug der Byzantiner aus dem Westen. So begann jene Periode der Isolierung des Byzantinischen Reiches von der abendländischen Staatenwelt, die erst mit den Kreuzzügen ihr Ende fand. Das Byzantinische Reich war nur noch in der Lage, seine Kräfte an zwei Kriegsschauplätzen einzusetzen, gegen die Slaven und Ungarn in Südosteuropa und an der anatolischen Ostgrenze. Es hörte damit auf, für die Staaten des Abendlandes die zuletzt entscheidende Macht zu sein. Der Aufstieg eines neuen abendländischen Kaiserreiches im Westen wurde daher auch von der Machtpolitik her legitimiert.

Das Bilderverbot und seine Folgen Die eigentlichen Ursachen für diese Entwicklung kamen aber aus dem Byzantinischen Reich. Jene Niederlage gegen den Islam, die dem alten Oströmischen Reich den größten Teil seiner asiatischen Provinzen genommen hatte, bewirkte nicht nur eine Veränderung der Grenzen und der Formen der Reichsverteidigung. Der byzantinische Mensch, der als Christ an die Unzerstörbarkeit seines Reiches glaubte, suchte die Gründe für die Katastrophe, die das Imperium ereilt hatte, nicht in politischen und militärischen Versäumnissen, sondern vielmehr in der Nichtbeachtung der Gesetze Gottes und der Gebote des christlichen Glaubens.

Es konnte kein Zufall sein, daß es in erster

Linie Phrygien war, welches hier zur Buße und Umkehr aufrief. Hatte doch in Ephesus nach der frommen Überlieferung der Lieblingsjünger des Herrn zuletzt gelebt. Hier in der Johanneskirche befand sich sein Grab, das seit alter Zeit von einem nicht abreißenden Strom von Pilgern besucht wurde. Seinem apostolischen Auftrag folgend, legten die phrygischen Bischöfe die Hand auf jene Stelle der Heiligen Schrift, wo man nach ihrer Meinung die Gebote Gottes verletzt zu haben schien, das Bilderverbot des Dekalogs. Es war die damals allgemein verbreitete Verehrung der Bilder Christi, der Gottesmutter, der Apostel und der Heiligen, die nach der Meinung der phrygischen Väter gegen das Bilderverbot des Dekalogs verstoßen hatte. In dieser Verletzung der Gebote Gottes sah man letztlich den Grund jener Niederlage gegen den Islam. Weil das byzantinische Volk durch die Verehrung der Bilder seine Gesetze verletzt hatte, habe sich Gott von ihm abgewandt. In dieser Richtung etwa gingen die Gedanken der Feinde der Bilder.

Phrygien im Westen Kleinasiens war aber nicht nur ein Land mit einer alten, in urchristliche Zeit hinabreichenden Tradition. Hier und weiter im Osten standen die besten Heere des Byzantinischen Reiches, wie die Armee des Themas Anatolikon. Soldaten und Offiziere glaubten hier den die Bilder in den Kirchen verdammenden Bischöfen. Auch Kaiser Leo III., den, wie man annahm, Gott durch den Sieg über die Araber gesegnet hatte, schloß sich den Bilderverfolgern an. Damit war mit nur kurzen Unterbrechungen der Sieg der Bilderfeinde für mehr als ein Jahrhundert gesichert.

An der Peripherie des Reiches, in den byzantinischen Besitzungen auf der Krim, in Georgien, aber vor allem im byzantinischen Ober- und Mittelitalien lehnte man das Verbot der Bilder in den Kirchen und ihre Zerstörung als Häresie ab. Mit dem Kampf gegen die neue Irrlehre der byzantinischen Kirche verband man aber auch die Ablehnung des Kaisers und seiner „häretischen" Obrigkeit. Den die Bilder verfolgenden Kaiser konnte nach dieser Meinung nicht Christus zum Gebieter über die christliche Oikumene ausgewählt haben, wie es bei der Krönung und Erhebung eines Kaisers hieß. So wurde die religiöse Ablehnung zur politischen Sezession. Zu ihrem Führer und Sprecher machte sich der Papst in Rom. Die letzte Konsequenz dieser Entwicklung war die Erhebung eines eigenen „rechtgläubigen" abendländischen Kaisers. Dieser durchaus revolutionäre Akt der Kaiserkrönung Karls des Großen am Weihnachtstage des Jahres 800 in Rom nahm dem byzantinischen Kaiser den Anspruch auf die Universalherrschaft und gab sie in die Hände des zum Kaiser gekrönten fränkischen Königs und seiner Nachfolger. Fortan war die christliche Welt geteilt. Etwas mehr als zwei Jahrhunderte sollten aber noch dahingehen, ehe ein römischer Kardinal auf dem Altar der Hagia Sophia in Konstantinopel die Bannbulle des Papstes niederlegte und damit auch die religiöse Gemeinschaft in Christus zwischen Byzanz und dem Abendland auflöste.

Der Kampf um die politische und religiöse Führung in Südosteuropa In Südosteuropa blieb für die Byzantiner die Auseinandersetzung mit den Slaven das Hauptproblem. Der Versuch, ihre Assimilierung im griechischen Sprach- und Kulturraum zu erreichen, war nur in dem begrenzten Rahmen der ursprünglich Griechisch sprechenden Landesteile geglückt und fällt in die Zeit vor der Einführung des Kirchenslavischen in den Gottesdienst der Bulgaren und Serben. Hier hatte die Organisation der Themen noch eine Wiedergewinnung des verlorenen griechischen Siedlungsbodens erreichen können. Anders stand es um die Slaven in Mazedonien und Bulgarien. Der sich immer mehr vergrößernde Anteil der Slaven an der bulgarischen Staatsbildung und vor allem das von Ohrid in kirchenslavischer Sprache verbreitete Christentum schlossen hier eine Lösung in der Form einer Assimilierung aus.

Noch beunruhigender als die Unmöglichkeit, die Slaven in größerem Rahmen in das Byzantinische Reich zu integrieren, erwies sich aber die vom Ostfränkischen Reich im Westen ausgehende Christianisierung der Slaven, bei der die Gewinnung für das römische Christentum auch ihre politische Einordnung in den abendländischen Reichsverband einschloß. Kroatien und das ehemalige Gebiet der Karentaner (Kärnten) ebenso wie die Stämme der Slavenen (Slovenen) waren schon durch deutsche Missionare weitgehend für die Kirche des Westens gewonnen worden. Diese Entwicklung sollte die missionspolitische Offensive der Byzantiner, die auf das Gebiet des Mährischen Reiches angesetzt wurde, unterbinden. Zu ihren Mitteln gehörte die Entwicklung einer eigenen slavischen Schrift in der Form der älteren Glagolitza und der jüngeren Kyrillitza, die die Grundlage für die Verbreitung der slavischen Übersetzungen der Heiligen Schrift bildete. Diese Mission die neben der Entwicklung eines besonderen Alphabetes die Übersetzung der Heiligen Schrift in das sogenannte Kirchenslavisch einschloß, wurde von den beiden Brüdern Konstantinos und Methodios geleistet. Dort, wo man zunächst diese Offensive angesetzt hatte, in Mähren und damit in unmittelbarer Nähe des Ostfränkischen Reiches, war das Werk der beiden Brüder an der feindlichen Haltung der Vertreter der westlichen Kirchen gescheitert. Dagegen gelang es, die unter bulgarischer Herrschaft stehenden Slaven für das Christentum zu gewinnen. In Bulgarien, wo sich das neue Alphabet für die Schreibung der slavischen Sprache bald durchgesetzt hatte, begann eine erste Epoche der slavischen Literatur, die der altrussischen noch voranging. Damit wurden nicht nur die politischen Grenzen des Byzantinischen Reiches enger, sondern auch die Ausdehnung seiner Kultur war jetzt eingeschränkt. Zwar hat das slavische Christentum der Bulgaren das byzantinsche Erbe niemals vergessen, aber der griechisch-byzantinischen Oikumene war doch mit der Entstehung eines auch literarisch mündigen bulgarischen Sprachgebietes für alle Zeiten eine Grenze gesetzt.

Dieser Seidenstoff mit der Darstellung von Zirkuskämpfen (wie hier mit Löwen) stammt aus der kaiserlichen Manufaktur. Die Herstellung und der Vertrieb von Seidenstoffen war ein kaiserliches Monopol. Während der größte Teil der Stoffe für den Export bestimmt war, diente ein kleinerer Teil auch den Zwecken der kaiserlichen Repräsentation. Das ist bei dem heute in Paris aufbewahrten Wagenlenkerstoff der Fall, das den Kaiser bei seinem Triumphzug auf dem Wagen zeigt.

Konsolidierung der byzantinischen Grenzen im Osten - Neugründung selbständiger nationaler Staaten Im Osten war die Periode arabischer Expansion und damit der Bewegungskrieg zunächst zu Ende gegangen. Man kämpfte jetzt auf verhältnismäßig engem Raum; der Feind war nicht mehr unmittelbar der Kalif, sondern sein Markgraf, der Emir der arabischen Grenzverteidigung im Irak, der berühmte Saif ad Daulah („Schwert des Reiches"). Die von den Byzantinern in diesen Kämpfen erzielten Geländegewinne blieben verhältnismäßig gering. Es waren Abnutzungskämpfe, die auf den später von Kilikien und Mesopotamien aus unternommenen Durchbruch vorbereiten sollten. In dieser Zeit kam es im Nordwesten des umkämpften Gebietes zu neuen Staatsbildungen. So gewannen Armenien und Georgien ihre verlorene politische Unabhängigkeit zurück. Beide Staaten bekannten sich zum Christentum.

Wenn auch die Armenier als Monophysiten außerhalb der byzantinischen Kirche standen, so erhielten sie doch einen großen Teil ihrer kulturellen Impulse aus dem Byzantinischen Reich. Aus der Einsicht, die nationale Individualität dieses Volkes nicht mit der Waffe der sozialen und religiösen Assimilierung auslöschen zu können, sahen beide Großmächte, das Kalifat und das Byzantinische Reich sich dazu veranlaßt, das alte armenische Reich unter der Dynastie der Bagratiden wiederherzustellen. Das Vorhandensein einer besonderen armenischen Schrift in Verbindung mit einer armenischen Literatur- und Kirchensprache hatte hier wohl den größten Anteil an der nationalen Selbstbehauptung der Armenier gehabt.

Auch die Georgier waren wie die Armenier schon seit dem 4. Jahrhundert im Besitz einer Kirchen- und Literatursprache, die sich auch einer eigenen Schrift bediente. Zu Beginn der arabischen Herrschaft hatte ein Teil der Georgier im Nordosten des Byzantinischen Reiches Zuflucht gesucht und dort eine von einem georgischen Magnaten aus dem Geschlecht der Bagratiden geführte Markgrafschaft gegründet. Mit ihr begann von jenem Gebiet aus, in dem heute die Stadt Kars liegt, die Bildung eines selbständigen georgischen Staates, dessen spätere Hauptstadt Tiflis noch bis in die Mitte des 13. Jahrhunderts von einem arabischen Emir behauptet wurde. Andere Ansätze zu einer Staatsbildung an der Ostgrenze des Byzantinischen Reiches gingen von Kilikien aus. Dort war es nach dem Verlust der Selbständigkeit des armenischen Königreiches durch die Seldschuken zu einer neuen armenischen Staatsbildung gekommen.

Die wirtschaftliche Expansion der italienischen Seestädte Von schicksalhafter Bedeutung für die weitere Entwicklung des Byzantinischen Reiches sollte die Rolle der italienischen Seestädte Venedig und Genua sein. Venedig besaß im Westen seit langem für den Absatz einer ganzen Reihe byzantinischer Waren ein Monopol. Was an byzantinischen Luxuswaren etwa auf der Messe von Pavia angeboten wurde, hatten venezianische Firmen dorthin gebracht. Aber den Venezianern genügten nicht die Gewinne aus dem Kommissionsgeschäft mit byzantinischen Waren. Eigener machtpolitischer Ehrgeiz erwachte, genährt von dem Bewußtsein, auf dem Rialto an einer Nahtstelle zwischen dem Byzantinischen Reich und den abendländischen Reichen angesiedelt zu sein. Die ersten Auswirkungen dieses neuen Selbstbewußtseins zeigten sich in einer Expansion, die die Ostküste der Adria zu einem venezianischen Einflußgebiet machte. Die Venezianer schlossen hier alle Häfen der adriatischen Ostküste, die sich unter ihrer Herrschaft befanden, vom Fernhandel aus und beschränkten sie auf den Nahverkehr einer Material- und Lebensmittelzulieferung für Venedig. So begründeten sie an der Adria ein Handelsimperium, das sie bald auch auf den östlichen Teil des Mittelmeeres ausdehnen konnten.

Die Ausdehnung ihres Einflusses auf die Märkte und Rohstoffquellen Südosteuropas begann in einer zweiten Phase ihrer Expansion fühlbar zu werden. Auf Kroatien und Ungarn folgten die bisher unter byzantinischer Kontrolle stehenden serbischen und bulgarischen Märkte. Dieser venezianische Handelsimperialismus verdrängte, nachdem byzantinische Soldaten schon vorher weichen mußten, auch den byzantinischen Kaufmann aus diesem Teil Südosteuropas.

So zeichnete sich jetzt hier im Westen nach den politischen Rückschlägen auch eine wirtschaftliche Einengung des byzantinischen Lebensraumes ab.

Die Folgen der Staatsbildung der Normannen für das Byzantinische Reich Die schwierige militärische Situation, in der sich die Byzantiner nach dem Verlust der Macht an die Normannen in Unteritalien befanden, hat der wirtschaftlichen Vormacht der Venezianer noch eine politische hinzugefügt, die eindeutig auf Kosten der Byzantiner ging.

Die Normannen, an die die Byzantiner in Unteritalien die Macht verloren hatten, waren ursprünglich byzantinischer Söldner gewesen, die gegen die Araber auf Sizilien und Unteritalien eingesetzt worden waren. Sie hatten nach einem Militärputsch und der Eroberung des arabischen Sizilien unter ihrem König Roger I. in Süditalien ein eigenes Reich gegründet, das zu einem der modernsten Staaten auf europäischen Boden wurde, in dem bewußt den verschiedenen Bevölkerungsteilen, Griechen Arabern, Italienern, die Möglichkeit eigener nationaler Entfaltung gegeben war. Die diesen Staat tragenden Normannen fühlten sich mit dem Recht des Stärkeren berufen, die Nachfolge des Byzantinischen Reiches nicht nur in Südosteuropa, sondern überhaupt im östlichen Mittelmeer zu übernehmen. Normannische Heere zogen auf der Via Egnatia, der alten byzantinischen Heerstraße, in Richtung auf die byzantinische Hauptstadt. Damit war die unmittelbare Gefahr einer Eroberung des Reiches durch die Normannen gegeben.

Wenig hatte es den Byzantinern genutzt, daß sie dem Bulgarischen Reich nach langen Kämpfen an der Wende zum 2. Jahrtausend seine politische Selbständigkeit genommen hatten. Es zeigte sich bald, daß die militärische Kraft des Reiches, diesen neu eroberten Raum zu beherrschen, nicht ausreichte, nachdem neue Belastungen in Unteritalien auch dort eine Konzentration militärischer Kräfte erforderlich machten. Der Mantel des universalen Machtanspruchs, der einst für das Byzantinische Reich geschaffen war, erwies sich jetzt als zu groß für jenen Körper, der nach den großen Aderlässen der vorangegangenen Jahrhunderte immer mehr zusammengeschrumpft war.

Veränderungen der Gesellschaftsstruktur und Rückgang der merkantilen Kraft Hinzu kamen jene Veränderungen, die vor allem die Gesellschaftsstruktur berührten. Die Schicht der Großgrundbesitzer und der zu Territorialherren gewordenen Themenkommandeure hatte mit ihrer jeden Fortschritt lähmenden Macht das natürliche soziale Gleichgewicht innerhalb der byzantinischen Gesellschaft zerstört. Auch die Träger der städtischen Wirtschaft und die Besitzer des Kapitals in der Hauptstadt waren gegen die neue Aristokratie dieser Großgrundbesitzer machtlos. Hinzu kam, daß die hauptstädtische Wirtschaft seit dem Beginn des 11. Jahrhunderts einen Schrumpfungsprozeß durchgemacht hatte, der eine Folge des zurückgehenden Absatzes der byzantinischen Waren war. Die Haupteinnahmen des Staates brachten jetzt nicht mehr die Erlöse des Handels, sondern die Zölle der Meerengen.

Die sinnvolle Verwendung dieser Gelder für dringende innere Aufgaben war aber angesichts der gestiegenen militärischen Ansprüche nicht mehr möglich. Die Umschichtung der Gesellschaftsstruktur durch die Entstehung einer Aristokratie mit einem übermäßig großen Landbesitz hatte auch zu einem Rückzug des Staates aus der Regionalverwaltung geführt, so daß die Themenheere nur noch auf dem Papier für die byzantinische Reichsverteidigung zur Verfügung standen. Die Stratiotengüter hatten längst ihre eigentliche Bedeutung verloren und waren in Abhängigkeit zur Militäraristokratie geraten. Der Kaiser stand daher unter dem Zwang, sich eine neue Armee aus selbst angeworbenen Söldnern zu schaffen, Söldner, zu denen auch jene Normannen zu rechnen waren, die sich später in Unteritalien gegen die byzantinische Heerschaft erhoben. Die Söldner kosteten Geld, das man nur noch aus den Einnahmen der Zölle erbringen konnte, denn was die Finanzverwaltung sonst an Steuereinnahmen an die Staatskasse abführte, war zu gering. Dazu verminderten die wachsende Zahl der Immunitäten und andere Arten von Steuerbefreiungen von Jahr zu Jahr mehr die zur Verfügung stehenden Einnahmen. Das Mittel, durch Verschlechterung des Goldgehaltes der Münzen durch Beimischung anderer Metalle Gewinne zu erzielen, mußte auf die Dauer das Vertrauen in die byzantinische Währung erschüttern. Der byzantinische Goldsolidus, einst die Leitwährung im Mittelmeerraum, verlor jetzt diese Stellung an die Münzprägungen der italieni-

schen Kommunen wie Mailand, Venedig und später Florenz. Den weiteren Weg des wirtschaftlichen Abstieges kennzeichnen Verpfändungen von Einahmen und der Verkauf von Privilegien.
Als besonders verhängnisvoll erwies sich hierbei der 1082 mit Venedig geschlossene Handelsvertrag. Er gab den Venezianern die ungehinderte Möglichkeit des freien Handels in allen Städten des Byzantinischen Reiches. Dieser Handelsvertrag war als Preis für eine Hilfe gedacht, die die Venezianer den Byzantinern im Kampf gegen die Normannen versprochen hatten. Mit diesem Vertrag hatte Konstantinopel für seine eigene Wirtschaft das Todesurteil unterschrieben. Die jetzt durch keinerlei Abgaben belasteten venezianischen Kaufleute vernichteten mit Hilfe ihrer Privilegien die noch bestehenden byzantinischen Firmen.
Die Möglichkeit, mit Osteuropa Handelsbeziehungen zu unterhalten, hatte der Vorstoß reiternomadischer Gruppen, der sogenannten Komanen, die die russische Chroniken Polowetzer nannten, unmöglich gemacht. Sie hatten die Verbindung zwischen den Häfen des Schwarzen Meeres und den russischen Fürstentümern unterbrochen. So kam es auch von dieser Seite zu einer Isolierung des Byzantinischen Reiches.
In jener Zeit einer schweren politischen und wirtschaftlichen Krise entwickelte sich die bisher verachtete und nur vom Volk gesprochene neugriechische Sprache zur Literatursprache. Das sogenannte attische Griechisch, bisher allein die Sprache der Literatur, verlor einen großen Teil seiner Bedeutung und wurde, wie im Westen das Lateinische, nur noch als Sprache der Gelehrten gebraucht. Diese neugriechische Volkssprache war es, die zusammen mit der orthodoxen Kirche das Griechentum vor dem Untergang bewahrt hat.

Die Bedrohung des Byzantinischen Reiches durch die Kreuzzüge Das Reich schien in der zweiten Hälfte des 11. Jahrhunderts im Begriff, den Weg einer inneren und äußeren Auflösung zu gehen. In dieser Situation der Ausweglosigkeit, den scheinbar sicheren Untergang vor Augen, mußte ein erneuter unerwarteter Aufschwung wie ein Wunder wirken.
Die Stunde des Unterganges schien gekommen, als die Seldschuken in der Schlacht von Mantzikert 1071 auf dem armenischen Hochland das byzantinische Heer vernichteten. Die Niederlage war so groß, daß sie sogar den byzantinischen Kaiser als Gefangenen in der Hand der Sieger ließ. Nach diesem Sieg, dem ein Umsturz in Konstantinopel folgte, weil die Regierung den durch den gefangenen Kaiser unterzeichneten schmachvollen Frieden verwarf, drangen die türkischen Seldschuken bis zur Meerenge vor. Ihr Sultan wählte Nikaia zu seiner Residenz, das er als letzte Station auf dem Wege in die byzantinische Hauptstadt betrachtete.
Der Niederlage in Anatolien folgten für das Byzantinische Reich nicht weniger verhängnisvolle politische Veränderungen in Südrußland. Hier hatte ein noch nicht wie die Seldschuken zum Islam bekehrtes türkisches Volk, die Komanen, den Weg über die untere Donau nehmend, einen Vorstoß auf Konstantinopel unternommen. Schon allein die Niederlage von Mantzikert hätte den Fall der Hauptstadt nach sich ziehen und damit das Schicksal des Reiches besiegeln können. Angesichts der jetzt von Osten kommenden Komanen schien eine Rettung des Reiches undenkbar. Und doch gelang es dem byzantinischen Kaiser in dieser Stunde des scheinbar unvermeidbaren Unterganges, durch ein geschicktes Ausspielen der Uneinigkeit der türkischen Angreifer aus Anatolien den von ihnen drohenden tödlichen Schlag abzuwenden.
Aber es sollte auch noch von anderer Seite Hilfe kommen. Im Abendland hatte das Fortschreiten der seldschukischen Eroberung, die zu einer Erschwerung des Zugangs zu den heiligen Stätten für abendländische Pilger führte, die Bewegung der Kreuzzüge ausgelöst. Man wollte Jerusalem und die Stätten des Wirkens Christi mit dem Schwert aus der Hand der Ungläubigen befreien. Es waren die Kreuzfahrer mit ihren Heeren schwergepanzerter Ritter, die von Konstantinopel durch die Eroberung der seldschukischen Hauptstadt Nikaia die ständige türkische Bedrohung nahmen. Das eroberte Nikaia wurde den Griechen wieder zurückgegeben. Unter dem Druck der Kreuzfahrer vollzogen die Seldschuken ihren Rückzug auf Konia und Kaisarea. Beide Städte bildeten fortan Schwerpunkte ihres Reiches, da sie die Straße zu den Taurischen Pässen nach Kilikien und damit den Weg für Byzanz nach Syrien und Palästina sperren konnten. Das Ergebnis der Kreuzzüge brachte nicht die Vertreibung der Seldschuken aus Anatolien, sondern für die Byzantiner nur die Befreiung des westlichen Teils Kleinasiens. Sie konnten nur noch die Stellung der kleinasiatischen Griechen in der Zeit der Perserkriege behaupten. Zweifellos bedeutete die Verdrängung der Seldschuken aus dem Westen Kleinasiens eine Entlastung des Reiches. Der nachlassende Druck im Osten ermöglichte die Konsolidierung der byzantinischen Stellung in Südosteuropa. Auf der anderen Seite war die Abwehr der Seldschuken mit einer Rücknahme der byzantinischen Stellung in den Westen Kleinasiens verbunden. Vom Bild der Ausdehnung des alten achämenidischen Reiches her gesehen, das als machtpolitische Konzeption die politische Planung der beiden ersten Jahrhunderte des abbassidischen Kalifats beherrscht hatte, konnten die Seldschuken als Lehnsträger der Kalifen dieses politische Leitbild des islamischen Imperialismus fast verwirklichen. Aber erst die Osmanen, die, 1202 als Lehnsträger der Seldschuken im Nordosten Anatoliens angesiedelt, dort ihren Aufstieg begannen, sollten diese ursprünglich achämenidische machtpolitische Konzeption mit der Eroberung der Meerengen verwirklichen.

Der türkische Islam als Erbe des östlichen Teils des byzantinischen Anatolien Auch der Sieg der Kreuzfahrer konnte dem Byzantinischen Reich nicht die Stellung einer Großmacht zurückgeben. Im Nordosten des eigentlichen Anatolien hatte Georgien im Süden das ehemalige armenische Kerngebiet erobert. Die dort bestehenden armenischen Fürstentümer hatten sich an diesen neuen Staat angeschlossen. Auf Georgien folgte das seldschukische Reich in Syrien jenseits des Taurus, und auf der anderen Seite dieses Gebirges behauptete sich, Kilikien beherrschend, das kleinarmenische Königreich. Auch im Südwesten Anatoliens gab es neue Staaten. So hielt sich in Smyrna ein seldschukisches Emirat, stand in Ephesus unweit der Grabkirche des Apostels Johannes bei der dort errichteten Zitadelle eine seldschukische Moschee. Seldschukische Emire regierten jetzt über dieses Gebiet, das von den Joniern an bis zu den byzantinischen Herrschern immer eine Hochburg des Griechentums gewesen war. Die große Aufgabe der Byzantiner in Anatolien, das Werk der Kaiser Nikephoros Phokas, Johannes Tzimiskes und schließlich Basileios II. mit der Eroberung Kilikiens, Syriens und Palästinas wiederaufzunehmen, blieb nach dem Tode Basileios II. unausgeführt. Das Werk dieses letzten großen Kaisers der mazedonischen Dynastie wurde allein von den Kreuzfahrern fortgesetzt, die Byzantiner blieben davon ausgeschlossen. Diese Entwicklung war eingetreten, nachdem die Seldschuken den Byzantinern den Durchbruch in Richtung Syrien versperrt hatten, so daß die dort bestehenden lateinischen Staaten, ohne militärische Konsequenzen von Konstantinopel fürchten zu müssen, ihre politischen Bindungen zu den Byzantinern aufgeben konnten.

Die Epoche der abendländischen Herrschaften in Syrien und Palästina Diese durch die Kreuzzüge entstandenen lateinischen Reiche kontrollierten zur Zeit ihrer größten Ausdehnung den Raum zwischen Euphrat und Mittelmeer und von den Südhängen des Taurus bis zum Golf von Akkaba. In dem machtpolitischen Vakuum, das sich zwischen den seldschukischen Eroberungen und dem ägyptisch-islamischen Reich der Fatimiden gebildet hatte, konnten sie ihre Staatsgründungen durchführen. Staaten der Kreuzfahrer, wie die Markgrafschaft Edessa und das Fürstentum Antiochia, kontrollierten den Handelsverkehr zwischen Mesopotamien und den syrischen Küstenstädten des Mittelmeeres und zwischen dem Südosten Anatoliens und Syrien. Andere Kreuzfahrerstaaten hatten sich ähnlich wichtige handelspolitische Stützpunkte gesichert. So besaß das Königreich Jerusalem die Kontrolle über die von Aden am Indischen Ozean zum Mittelmeer nach Gaza führende sogenannte Weihrauchstraße und überwachte damit gleichzeitig einen Teil der Pilgerstraße von Ägypten zu den heiligen Stätten des Islam in Mekka und Medina. Es scheint damals sogar das Rote Meer zu der Einflußsphäre dieses Kreuzfahrerreiches gehört zu haben, denn es kann kein Zufall sein, daß sich etwa in dieser Zeit das nubische Reich zur orthodoxen christlichen Religion bekehrte, nachdem es fast ein halbes Jahrtausend lang eine

Hochburg des christlichen Monophysitentums gewesen war.
So hatten die Kreuzzüge zunächst kaum zu einer wirklichen Erweiterung der byzantinischen Macht im Osten geführt. Das geschah erst unter dem dritten Kaiser der Dynastie der Komnenen, Manuel. Seine Vorgänger Alexios und Johannes hatten sich als Diplomaten und Feldherrn gleich glänzend bewährt. Die große Stunde der Komnenen kam, als sich die Kreuzfahrer nach den ersten Niederlagen durch die islamische Gegenoffensive in einer Phase des Durchhaltenmüssens befanden. Waren doch die Kreuzfahrerstaaten nur zu halten, wenn ihr Heer ständig Ersatz aus der Heimat erhielt. Sie brauchten den Zuzug von Kriegern aus dem Abendland, um den Abnutzungsprozeß durch Krieg und Krankheit ausgleichen zu können. In Konstantinopel wußte man das. In dieser Periode der Krise der Kreuzfahrerstaaten wurde das Byzantinische Reich aktiv. Aus der lehnsrechtlichen Bindung, die die Kreuzfahrer durch ihren Eid gegenüber dem byzantinischen Kaiser noch vor der Eroberung des Heiligen Landes eingegangen waren, wollte man jetzt eine reale politische Abhängigkeit machen. Den Kaisern gelang es hierbei, zeitweise alle Kreuzfahrerstaaten zur Anerkennung der byzantinischen Oberherrschaft zu bringen.

DIE SPÄTBYZANTINISCHE ÄRA

Byzanz unter der Führung starker Herrscherpersönlichkeiten – Erste Ansätze zu einer neuen europäischen Ordnung Damit war nach der Katastrophe der gegen die Seldschuken verlorenen Schlacht von Mantzikert im Jahre 1071 und den Jahrzehnten des drohenden Unterganges ein neuer Aufstieg des Reiches erreicht worden. Aber dieser Aufstieg kam nicht von innen. Er beruhte auf einer geschickten Politik und zeitweise auch auf einer besseren militärischen Taktik. Die Struktur der Gesellschaft des Byzantinischen Reiches mit ihren Schwächen wurde durch den äußeren Aufstieg nicht verändert. Der innere Zerfall ging unaufhaltsam weiter. Die Säulen, die diesen Staat getragen hatten, wurden jetzt vollends zerstört. Das betraf vor allem die byzantinische Agrarstruktur und die von ihr abhängige Wehrkraft. Der Großgrundbesitz hatte sich, gestützt auf die ihm vom Kaiser verliehenen sogenannten Pronoia-Rechte, jene Immunitätsbewilligungen, die ihn vom Staat und seinen Verpflichtungen fast vollständig frei machten, eine unangreifbare Machtposition gesichert.
So wurde die Expansion des Reiches nach außen von einem Rückzug des Staates im Inneren begleitet. Die Stärke des Kaisertums lag nur noch in der persönlichen Ausstrahlung der Träger der Krone, nicht aber in der Macht des Staates, an dessen Spitze sie standen. Solange sich die Kaiser der durch diese inneren Verhältnisse des Reiches gezogenen Grenzen ihrer Macht bewußt waren, blieb das Byzantinische Reich vor einem äußeren Zusammenbruch bewahrt. Manchem schien es damals, daß die Zeiten, in denen der Kaiser von Byzanz einst Schiedsrichter für die Welt des Mittelmeerraumes gewesen war, wiedergekommen seien. So führten der Glanz der Persönlichkeit und die diplomatische Geschicklichkeit, die einzelne Kaiser bei der Durchführung ihrer Politik zeigten, oft zu einer Überschätzung des dem Byzantinischen Reich in dieser Zeit noch Möglichen.
Nicht zuletzt hierdurch kam es unter dem letzten der bedeutendsten Kaiser aus der Dynastie der Komnenen, Manuel, zu einer Katastrophe. Manuel hatte aus einem gewissen ihm eigenen Hang zur Romantik heraus den Versuch unternommen, das Reich Justinians wieder zum Leben zu erwecken. Das bedeutete Wiederherstellung des byzantinischen Imperiums in Südosteuropa und in Italien. Unter ihm kamen jetzt byzantinische Heere wieder nach Mittelitalien. Dieser fast anachronistisch anmutende Versuch einer Restauration scheiterte aber am Widerstand der Normannen und der Mittelmeerpolitik des abendländischen Kaisers Friedrich Barbarossa aus der Dynastie der Staufer.
An diesem Punkt befand sich das Byzantinische Reich an einer Peripetie, die über die Außenpolitik hinaus das eigene Schicksal berührte. Hier zeichnete sich die große Wende ab, die das Zeitalter der Universalreiche von dem der Nationalstaaten trennte: der Übergang von den feudalen Strukturen, die sich auf die Güterkomplexe der großen Magnaten und die kirchlichen Institutionen stützten, zu den neuen kommunalen Ordnungen der europäischen Städte. Diese Entwicklung vollzog sich in fast revolutionärer Form. Vor dem Hintergrund des Beginnes einer immer weiter um sich greifenden Geldwirtschaft, die auch die Agrarwirtschaft einbezog, wuchs die Macht der neuen Städte. Das galt nicht allein für Oberitalien; die gleiche Entwicklung vollzog sich auch im Rheintal und im Osten Frankreichs.
Anders aber als die beiden Universalreiche Deutschland und Byzanz zeigte sich das Normannenreich als ein Staat klar abgegrenzter Nationalitäten, mit einem überschaubaren Staatsapparat und festen kontrollierbaren Einkünften. Vergleichbares gab es nur in den oberitalienischen Stadtrepubliken des Lombardischen Bundes.
In dieser Epoche akzentuierten sich damit neue Formen staatlicher Ordnung, gegenüber denen das Byzantinische und abendländische Kaiserreich veraltet erscheinen mußten. Sie waren von den neuen Staatsbildungen her gesehen ein Anachronismus, der zwangsläufig zur Auflösung bestimmt war. Die Bewegung des Neubeginns kennzeichnete weiterhin ein Rückgreifen auf die Volkssprache. Das war die natürliche Folge des sozialen Aufstiegs neuer Schichten in den Städten. In den hier entstandenen kommunalen Ordnungen wurde die Sprache des Volkes nicht nur gesprochen, sondern auch geschrieben. Geschäftsbriefe, städtische Urkunden, aber auch eine Literatur, für die sich diese Schichten interessierten, wurden jetzt in dieser Sprache verfaßt. Im Byzantinischen Reich ging die Verbreitung der Volkssprache von den beiden Großstädten Konstantinopel und Saloniki aus. Hier entstanden die ersten literarischen Werke in der neugriechischen Volkssprache. In Griechenland diente die Entwicklung dieser Literatur der Erhaltung des griechischen Volkes als Nation, nachdem das Byzantinische Reich als politische Form untergegangen war.

Der Versuch einer Restauration des universalen Byzantinischen Reiches Die Restaurationsversuche des Kaisers Manuel scheiterten an einer Fehleinschätzung des inneren Zustands des byzantinischen Staatswesens und einer Ignorierung des Nationalbewußtseins der neu entstandenen südosteuropäischen Staaten. Die Scheinerfolge, wie die Anerkennung der byzantinischen Oberherrschaft durch die Kreuzfahrerstaaten, konnten nicht darüber hinwegtäuschen, daß der Versuch einer Restauration des justinianischen Reiches schon mit der byzantinischen Niederlage bei Myriokephalon im Jahre 1176 gegen die Seldschuken gescheitert war. Der Versuch, die Sperriegel der Seldschuken zu durchbrechen, war mißglückt und damit die Aufrechterhaltung einer unmittelbaren Landverbindung zu den Kreuzfahrerstaaten in Syrien und Palästina, die die erste Voraussetzung der Ausübung einer byzantinischen Oberherrschaft gewesen wäre. Dieses militärische Versagen im Osten ebenso wie das Scheitern der byzantinischen Versuche, sich in Italien gegen den Widerstand der Normannen festzusetzen, erschütterte auch die byzantinische Machtstellung in Südosteuropa. Die Herde des Widerstandes lagen im altserbischen Gebiet, und zwar in der Landschaft um Rava Ruska, dem späteren Sandschak von Novi Pazor, und an der Adria im Gebiet um die Stadt Zeta und erstreckten sich über einen Teil des heutigen Montenegro. Hier hatte es schon immer Widerstand gegen Byzanz gegeben. Es begann mit dem Versuch, ein besonderes serbisches Königreich mit abendländischer Orientierung gegen das byzantinische Kaisertum aufzubauen. Die ersten Ansätze hierzu zeigten sich schon in der zweiten Hälfte des 11. Jahrhunderts. Die Reformpäpste sahen damals in Serbien einen willkommenen Bundesgenossen für ihren Kampf gegen das Byzantinische Reich und zeichneten dabei den serbischen Fürsten mit einer von ihnen verliehenen Königskrone aus. Für Rom sollte Serbien nach Ungarn im Norden den Brükkenkopf gegen das byzantinische Südosteuropa bilden. Hoffte man doch auf diesem Wege die verlorene kirchliche Suprematie wiederherstellen zu können. Andererseits sahen die serbischen Zupane den byzantinischen Machtzerfall und glaubten, gestützt auf die Normannen, daß die Zeit reif sei, für die Erringung der nationalen Unabhängigkeit. Hatte doch schon die Verbreitung der slavischen Kirchensprache eine Grenze zu dem Griechisch sprechenden byzantinischen Reichsteil gezogen.

Das Erwachen eines gesamteuropäischen politischen Bewußtseins Es wäre falsch, die Zeit des byzantinischen Kaisers Manuel nur unter dem Gesichtspunkt des Zerfalls der byzantinischen Staatsmacht zu sehen. Das Byzantinische Reich stand noch zu dieser Zeit, die schon alle Anzeichen des Untergangs trug, im Mittelpunkt einer großen europäischen Koalition, die es in dieser Ausdehnung erst hundert Jahre später wieder gegeben hat. Es zeigte sich zum ersten Mal, was die Neuzeit unter der Bezeichnung eines „Konzerts der europäischen Mächte" kennt: die Verbindung der Staaten Europas in zwei großen Koalitionen. Zu ihnen gehörten damals neben den altrussischen Fürstentümern Wladimir und Kiev im Osten die spanischen Staaten im Westen und England im Norden, neben den Rum-Seldschuken in Anatolien die Staatsbildung der Fatimidensultane in Kairo. Sie umfaßte islamische ebenso wie christliche Staaten. Damals war es die Auseinandersetzung zwischen den Staufern unter Friedrich Barbarossa und der von Heinrich dem Löwen geführten welfischen Partei, die die europäischen Staaten spaltete. Es zeigte sich deutlich, daß das Zeitalter der Isolierung des Byzantinischen Reiches in Europa zu Ende war. Auch Konstantinopel gehörte als Stadt nicht nur geographisch zu Europa. In dieser politischen Situation beschränkten sich die eigentlich bewegenden Kräfte der Koalition auf das Normannenreich im Mittelmeerraum und das abendländische Kaisertum unter Friedrich Barbarossa, das sich der Umklammerung der in Deutschland nach Norden und Osten zielenden welfischen Expansion und der von Süditalien nach Norden ausgreifenden normannischen zu erwehren hatte. In der gemeinsamen Bedrohung fanden sich beide Kaiser zusammen.

Diese beiden großen Koalitionen zeigen, daß es in jener Zeit erstmals zu dem Bewußtsein einer Oikumene der europäischen Staaten gekommen war, die ohne ein Gefühl für den notwendigen Ausgleich im Miteinanderleben nicht zu denken ist und für die man später die Bezeichnung balance of power, „Gleichgewicht der Kräfte" gebrauchte. Dieses Gleichgewicht zeigte sich schon damals als entscheidend für das Zusammenleben der europäischen Staaten.

Der politische Rahmen dieser Koalitionen war für das Byzantinische Reich mit einer Belastung verbunden, der es auf die Dauer nicht gewachsen war. Wie das abendländische Kaisertum mit einem zwar sehr kostbaren, aber alten und brüchigen Mantel zu vergleichen ist, der, als er zerriß, die häßliche und unschöne Gestalt der spätmittelalterlichen Territorialstaaten unverhüllt sichtbar werden ließ, so verschwand auch die Schwäche und Morschheit des byzantinischen Staates hinter einem Mantel äußeren Glanzes, der eine verfehlte Wirtschaftspolitik verbarg, die im Augenblick größerer Belastungen zusammenbrach. Hierzu kam es, als eine überlegene militärische Macht, die Kreuzfahrer, die byzantinische Hauptstadt Konstantinopel angriff.

Der als Pala d'Oro bekannte byzantinische Tragaltar im Dom von San Marco in Venedig besitzt nicht mehr seine ursprüngliche Gestalt, in der er im letzten Jahrzehnt in Konstantinopel für den venezianischen Dogen Pietro Orseolo angefertigt wurde. Seine Entstehung fällt in die gleiche Zeit wie die ebenfalls in Zellschmelz ausgeführte byzantinische Staurothek in Limburg. Sie gehört daher in ihren ältesten Teilen noch in die Zeit des Kaisers Konstantinos Prorphyrogenetos unter dem diese Kunst einen besonderen Höhepunkt erreichte. Zu den letzten erhaltenen Schöpfungen dieser großen Periode der byzantinischen Goldschmiedekunst gehört die aus der Mitte des 11. Jahrhunderts stammende sogenannte Monomach-Krone.

Byzanz nach dem Verlust seiner Weltstellung Mit der Zeit Manuels, jener äußerlich glanzvollen Epoche, der dann fast unmittelbar der Untergang folgte, hatte das Byzantinische Reich aufgehört, ein Universalstaat zu sein. Konstantinopel war schon damals zu einer Stadt Europas geworden, die ihre Bedeutung als Metropole eines Weltreiches verloren hatte. Die bewegenden Kräfte der beiden Koalitionen gingen von dem Normannenreich in Süditalien und von der welfischen Staatsgründung in Mitteleuropa aus und nicht mehr von dem Byzantinischen Reich, dem auf der anderen Seite die Macht des abendländischen Kaisertums gegenüberstand. Byzanz unter Manuel war nicht mehr die alles entscheidende Weltmacht, sondern nur eines der Mitglieder der beiden großen Koalitionen, die damals durch das Gleichgewicht ihrer Kräfte die Entwicklung in Europa bestimmten. Die Versuche Manuels, das alte Byzantinische Reich der Zeit Justinians im Mittelmeerraum zu restaurieren, müssen ebenso wie der Versuch des staufischen Kaisers, die Nachfolge des weströmischen Imperiums und des Reiches Karls des Großen zu übernehmen, als Anachronismus angesehen werden.

Was das Byzantinische Reich an Macht wirklich besaß, zeigte sich in dem Augenblick, als die von Venedig nach Konstantinopel gelenkte Kreuzfahrerflotte vor den Mauern der byzantinischen Hauptstadt am Bosporus erschien. Die bisher unbezwungene alte Kaiserstadt, die auf der Landseite durch eine damals uneinnehmbare Befestigung geschützt wurde, erwies sich auf der Seeseite als verwundbar. Die dort errichteten Mauern besaßen nicht die Stärke der Bestigungen auf der Landseite. Auch ließen sich diese Mauern wegen ihrer großen Ausdehnung nicht an allen Stellen in gleicher Weise verteidigen, da die relativ kleine Armee von Söldnern dazu nicht ausreichte. So konnte ein Feind, der, gestützt auf seine Flotte, von der Seeseite her angriff, mit einer gewissen Sicherheit auf Erfolg rechnen. Als daher im Jahre 1204 das auf venezianischen Schiffen ursprünglich für die Befreiung des Heiligen Landes bestimmte Kreuzfahrerheer, das die Venezianer aus wirtschaftpolitischem Ehrgeiz nach Konstantinopel gelenkt hatten, vor der Kaiserstadt erschien, fiel sie, die fast ein Jahrtausend lang von keinem feindlichen Heer erobert worden war, nach einem Sturmangriff in die Hand des Feindes.

Diese von den Venezianern manipulierte Eroberung schuf die Voraussetzung für die Durchführung eines politischen Programmes, das die Aufteilung des Reiches in Einflußsphären und der byzantinischen Hauptstadt in Sektoren vorsah.

Die Eroberung seiner Hauptstadt durch die Kreuzfahrer schien die Existenz des Byzantinischen Reiches auszulöschen. Es zeigte sich aber, daß dieses Reich nicht ein Staat im Sinne der antiken Polis war, der mit der Zerstörung seiner Stadt kapitulieren mußte. Im Byzantinischen Reich war der Katastrophe von 1204 schon eine innere Revolution vorausgegangen, in der sich das nationale Element gegen die universalstaatliche Berufung

Bei dem von Benozzo Gozzoli stammenden Portrait des byzantinischen Kaisers Johannes VIII., der 1439 an dem Konzil von Florenz teilgenommen hatte, handelt es sich um eine posthume Darstellung. Es ist aber möglich, daß der 1420 geborene Gozzoli auf dem 1459/61 gemalten Fresko mit dem Zug der heiligen drei Könige, das viele berühmte Persönlichkeiten darstellt, eine von ihm während des Konzils angefertigte Skizze benutzt hat.

durchgesetzt hatte. Kennzeichnend für die Richtung, in der diese Entwicklung verlief, war der stärkere Gebrauch der neugriechischen Sprache, die sich, wie schon erwähnt, allmählich auch in der Literatur durchzusetzen begann.

Die Wiedergeburt von Byzanz als Nationalstaat auf dem Boden Kleinasiens Als die „Lateiner", wie die Mächte des Abendlandes in Byzanz genannt wurden, Konstantinopel erobert hatten, erhob sich in Kleinasien der nationale Widerstand. Mittelpunkt war hier Nikaia, einst der Sitz großer Konzilien und später Hauptstadt des ersten seldschukisch-türkischen Reiches. Es ist bezeichnend, daß in dieser mit Hilfe der Kreuzfahrer den Türken entrissenen Stadt der jetzt aufflammende nationale Widerstand seinen Mittelpunkt fand. Sozial gesehen kamen die Führer des Widerstandes nicht aus dem Volk, sondern es waren anatolische Magnaten. Es wäre aber falsch, den Widerstand aus diesem Grund als Ausdruck einer feudalen byzantinischen Reaktion in nationalem Gewande zu sehen. Jener Laskaris und später sein Sohn, die als Kaiser den Widerstand gegen die lateinische Herrschaft führten, fühlten sich nicht als Aristokraten, sondern als Führer der nationalen und religiösen Opposition. Es ist bezeichnend, daß auch das Oberhaupt der byzantinischen Kirche, der Patriarch, die Hauptstadt verließ und seinen Sitz in Nikaia nahm. Man empfand den Gegensatz zu den Lateinern ebenso religiös wie national. Aus dem nationalen Selbstbewußtsein heraus wurde Romaioi, die alte Selbstbezeichnung der Byzantiner, gegen das Wort Hellenes eingetauscht. Die Führer des nationalen Widerstandes in Anatolien bereiteten sich zum Marsch auf Konstantinopel vor. Sie scheuten in diesem Kampf auch nicht das Bündnis mit den neu entstandenen Nationalstaaten auf der Balkanhalbinsel, die religiös auf der gleichen Seite wie die Byzantiner standen, denn auch sie bekannten sich zum orthodoxen Christentum. Anders als später die Palaiologen, die 1260 Konstantinopel eroberten, vertraten die Kaiser aus dem Hause Laskaris den Verzicht auf die bisherige universalstaatliche Konzeption. Sie nahmen die Balkanstaaten, die auf dem Boden des alten Byzantinischen Reiches entstanden waren, als etwas Gegebenes hin und sahen ihr Reich als einen dieser Nationalstaaten an, dem nur das Kaisertum einen besonderen Vorrang gewährte. Besondere Bedeutung besitzt die Tatsache, daß jetzt, was die Person des Kaisers betrifft, deutlich ein Wandel erkennbar ist. Das Bewußtsein, Führer eines universalen Reiches

zu sein, verschwindet mehr und mehr. Man fühlt sich in der Gemeinschaft der anderen Staatsoberhäupter Europas nicht mehr wie früher als Oberhaupt, sondern als eines ihrer Glieder. Diese neue Auffassung des Herrscheramtes bestimmte auch Inhalt und Stil des Briefwechsels, den der Kaiser von Nikaia aus mit dem Kaiser Friedrich II. von Hohenstaufen in Sizilien führte. Der byzantinische Kaiser sah die Weltordnung nicht mehr als etwas Gegebenes an, das jeder Diskussion entzogen blieb; vielmehr suchte er sie wie später Leibniz im Sinne einer Theodizee philosophisch zu begreifen. Man kann also von einer gewissen Säkularisierung des byzantinischen Reichsgedanken sprechen. Auch als 1260 Konstantinopel wieder die Hauptstadt des Byzantinischen Reiches wurde und durch den neuen Kaiser aus dem Hause der Palaiologen die Herrschaft der lateinischen Kaiser gestürzt worden war, unterblieb eine Restauration des universalstaatlichen Kaisertums. Man hatte die Dynamik der politischen Kräfte im Mittelmeerraum im Gegensatz zu der gestürzten Dynastie der Komnenen voll begriffen. So verstand der erste Kaiser aus dem Hause der Palaiologen, Michael VIII. sein Kaisertum als politisches Mandat ohne jene sakrale Weihe, deren Fehlen bei den früheren Kaisern undenkbar war. Das erklärt die aus politischen Machtgründen eingegangene Union mit der römisch-katholischen Kirche, für die er das orthodoxe Glaubensbekenntnis aufgab, weil er sich davon einen politischen Vorteil versprach.
Unter diesem Kaiser kommt der Übergang von der universalstaatlichen Auffassung des Kaisertums zum Selbstverständnis des byzantinischen Staates als einer der Mittelmeermächte besonders klar zum Ausdruck. So hat er nicht nur mit Hilfe des Königs von Aragon die französischen Anjou aus Sizilien vertrieben, um einem unmittelbar bevorstehenden Angriff der von den Anjou geführten Koalition auf Konstantinopel zu begegnen, sondern auch einen Bund mit der sizilianischen Untergrundbewegung gegen die Franzosen nicht gescheut. Hierdurch wurden 1282 die Franzosen durch einen gewaltsamen blutigen Umsturz für immer von der Insel vertrieben; der byzantinische Kaiser hatte diesen Aufstand durch Waffen und Geld unterstützt.

Auch in einer anderen Frage erwies sich der Kaiser als Realpolitiker, der unbelastet von den Ressentiments aus einer religiösen Auffassung seines Kaiseramts mit dem ägyptischen Sultan in Kairo einen Vertrag abschloß, der die Lieferung von Sklaven aus Südrußland betraf. Dieser Vertrag beteiligte den byzantinischen Kaiser an den Gewinnen, die jene aus Südrußland von den Khanen der Goldenen Horde nach Ägypten exportierten Sklaven erbrachten, indem die von der Küste des Schwarzen Meeres in See stechenden Sklavenschiffe bei der Durchfahrt durch Bosporus und Dardanellen mit einer besonderen Abgabe belastet wurden, die bei der Durchfahrt entsprechend der Zahl der Sklaven zu entrichten war.

Der Verlust der Selbständigkeit von Byzanz als Folge der großen Wirtschaftskrise des Mittelmeerraumes Wenn sich auch hier die große Geschicklichkeit des Kaisers in der finanziellen Ausnutzung politischer Situationen zeigte, kann das nicht darüber hinwegtäuschen, daß der byzantinische Staat, der Konstantinopel wieder in Besitz genommen hatte, auf die Dauer nicht lebensfähig war. Diese für ein Weltreich bestimmte Hauptstadt Konstantinopel erwies sich für das doch sehr klein gewordenen Reich als viel zu groß. Das, was früher die Bedeutung dieser Stadt gewesen war, industrieller und wirtschaftlicher Mittelpunkt und Vermittler zwischen Europa und Asien zu sein, traf längst nicht mehr zu. Die Schuld daran trugen weniger die Nachlässigkeit einzelner Regierungen und der Egoismus bestimmter sozialer Gruppen als vielmehr eine Veränderung der wirtschaftlichen Gesamtsituation, die nicht von Byzanz zu verantworten war. Die große wirtschaftliche Krise jener Zeit, die auch Konstantinopel erfaßt hatte, hing mit einer Neuorientierung der Handelswege zusammen. Konstantinopel wurde von den großen Welthandelsstraßen nicht mehr berührt. Die Anfänge dieser Entwicklung gehen in das 10. Jahrhundert zurück. Sie werden dadurch gekennzeichnet, daß jener Landweg, der von China über Mittelasien an die Meerengen führte, jetzt nur noch zu einem geringen Teil benutzt wurde. Der Grund lag nicht zuletzt darin, daß in Nordchina das Reich der türkischen Kitan (Liao) von dem tungusischen Volk der Kin (Djurtschen) zerstört worden war. Reste der Führerschicht der Kitan und einzelne ihrer Untertanenstämme waren damals nach Mittelasien ausgewichen und hatten hier in Westturkestan das Reich der Karachitai gegründet. Es lag auf der Hand, daß diese Kitan mit jenen, die sie aus China vertrieben hatten, keine Beziehungen unterhielten. Die Folge war, daß nicht nur in dieser Zeit kaum Waren von China auf jenem Wege nach Westen kamen, sondern daß man in China fast ausschließlich den Seeweg für den Export wählte. Er führte von den südchinesischen Häfen über die Insulinde, Ceylon und das Rote Meer zu den ägyptischen Häfen. Diese Wahl eines anderen Handelsweges läßt sich mit archäologischen Mitteln nachweisen. Auf der Fustat (lat. Fossatum) genannten Zitadelle von Kairo wurden chinesische Keramik und Porzellane gefunden, die in ihren ältesten Stükken noch der ersten Hälfte des 11. Jahrhunderts angehören. Aus früherer Zeit kennt man im ägyptischen Raum keine chinesischen Funde. Das bedeutet, daß seit dem ersten Jahrtausend der Handel mit China den Seeweg benutzte. Gleichzeitig zeigt sich eine Schrumpfung jenes chinesischen Exports, der bisher den Landweg gewählt hatte; das erklärt, warum auch der Ostseeraum nicht mehr mit Exportgütern aus dem Orient und vor allem China beliefert wurde. Auch hier kann man sich auf die Aussage der Bodenfunde stützen, denn die Funde islamischer Münzen mit Prägungen aus Mittelasien, Aserbaidschan und dem Irak hören mit dem Ende des ersten Jahrtausends auf, einer Zeit also, aus der die frühesten chinesischen Exportfunde in Ägypten stammen. Das läßt die Annahme zu, daß der auf dem Landweg durchgeführte Export aus China nach Europa damals aufgehört haben muß.
Ein besonders interessantes Zeugnis aus jener Zeit, als der Ostseeraum noch mit Waren aus China versorgt wurde, stammt aus Birka bei Stockholm und dokumentiert, wie stark der chinesische Export gewesen sein muß, den in diesem Falle die Chazaren über die warägischen Bauernkaufleute in den Ostraum vermittelt hatten. Es sind Funde aus Gräbern auf der Insel Birka. Die hier bestatteten Wikingerkrieger tragen um die Beine Binden aus chinesischer Seide. Dieser Fernhandel über Ägypten umging Byzanz und stärkte wiederum die wirtschaftliche Stellung der italienischen Seestädte Genua und Venedig, die zu dem Sultan von Ägypten sehr enge Beziehungen unterhielten. Eine Änderung dieser wirtschaftlichen Situation ergab sich erst durch die Reichsgründung Tschingis Khans. Damals entstand ein politisch wie militärisch gut abgesichertes Reich, das von China bis nach Südosteuropa reichte und über ausgezeichnete Straßen verfügte. Hierdurch wurden die Endpunkte dieser mongolischen Karawanenstraßen aus Ostasien, die in der Hauptsache an der Südküste der Krim lagen, für die italienischen Seestädte von Bedeutung. Ihre Schiffe hatten jetzt durch die Meerengen des Bosporus und der Dardanellen zu fahren, um die Endstationen der von China kommenden Handelsstraße zu erreichen. An die Stelle von Alexandrien und Damiette in Ägypten waren jetzt Kaffa und Balaklava auf der Krim getreten. Das bedeutete für Genua, daß es den Zugang zum Schwarzen Meer gewinnen mußte, der sich von 1204 bis 1260 in der Hand der lateinischen Kaiser befand. Daher wurde die Festsetzung in Konstantinopel für die Genuesen wichtigstes politischen Ziel. Hier berührten sich ihre Interessen mit denen des byzantinischen Kaisers, denn Genua konnte wegen seines eigenen Engagements im Fernhandel mit China nicht dulden, daß die Venezianer allein den unmittelbaren Zugang zu den Endstationen des Handels mit Ostasien besaßen. Hieraus erklärt sich das Zusammengehen Genuas mit dem byzantinischen Reich von Nikaia bei der Rückeroberung Konstantinopels. Nach der Besetzung der Stadt durch die Byzantiner konnten die Genuesen über ihre Niederlassung Galata in Konstantinopel den Zugang zu den Häfen am Nordufer des Schwarzen Meeres kontrollieren, die von den Karawanen aus China besucht wurden.

Das Ende des Byzantinischen Reiches als Konsequenz einer weltpolitischen Entwicklung Es war unausweichlich, daß diese Situation das Byzantinische Reich zum Gefangenen seiner geographischen Lage und damit der wirtschaftlichen Interessen der Genuesen machte. Von einer eigenen byzantinischen Mittelmeerpolitik läßt sich daher seit dem Beginn des 14. Jahrhunderts nicht mehr sprechen. Man lebte von dem, was der genuesische Transit der Waren über die Meerengen für den Zoll von Konstantinopel

übrig ließ. Das war wenig genug, da der größte Teil der Zolleinahmen auch hier über Galata in die genuesischen Taschen floß.
Aber auch diese Phase, in der das Byzantinische Reich an der Kette der genuesischen Wirtschaftsinteressen lag, ging bald zu Ende. Die Ausbreitung der türkischen Osmanen, die sich von einem Lehnsträger der Seldschukenherrschaft zur stärksten Macht im anatolischen Raum entwickelt hatten, entschied auch über das Schicksal von Konstantinopel. Der osmanische Sultan verfolgte mit seinem Plan, das Byzantinische Reich zu erobern, nicht nur ein Prestigeunternehmen. Auch er sah die großen wirtschaftlichen Vorteile, die ihm die Kontrolle der Meerengen brachte. So bedeutete die Einahme Konstantinopels im Jahre 1453 durch die Türken nicht nur die Liquidierung der Hauptstadt eines längst untergegangenen Weltreiches, sondern auch den Griff nach einer der damals wichtigsten Handelsverbindungen. Wenige Jahre später, nachdem die Türken in Konstantinopel eingerückt waren, mußten auch die genuesischen Stützpunkte auf der Krim kapitulieren. Damit war zugleich eine Entscheidung gegen den Handel im Mittelmeerraum gefallen. Denn nun erreichten die Luxuswaren aus dem Fernen Osten Europa nicht mehr über die Häfen der Krim und die Meerengen. Der Handel aus Ostasien ging jetzt andere Wege. Hatte doch die Eroberung von Kairo durch die Osmanen im Jahre 1517 auch den Seeweg für das Abendland versperrt. Der Handel mit Ostasien wurde jetzt zum Monopol der Tataren, die, gestützt auf die Chanate Astrachan an der unteren Wolga und Kasan am Oberlauf des Flusses und auf ihre Verbindung mit den Moskauer Kaufleuten, den Handel mit Ostasien in den Händen hielten, bis auch sie nach dem Verlust der Selbständigkeit ihrer Chanate mit den gleichen Aufgaben in den Dienst der russischen Großmacht traten.
Kasan fiel 1552, Astrachan wurde nur wenige Jahre später erobert. Mit seiner Eroberung begann die Entwicklung des neuen universalen russischen Imperiums, das auf seinem Eroberungszug dem Weg der mongolisch-tatarischen Handelsstraßen nach Mittelasien und China folgte und so das noch heute bestehende sibirisch-russische Reich schuf.

Der byzantinische Patriarch als Erbe der byzantinischen Kaiser Konstantinopels letzte weltpolitische Funktion, Hüter der Meerengen zu sein, war mit der Eroberung von 1453 beendet. Was den Byzantinern blieb, war die Erhaltung der griechischen Nation, verteidigt durch die griechischen Geistlichen und Mönche, während der Patriarch von Konstantinopel, fast mit der Macht eines Priesterkönigs ausgestattet, die Nachfolge der byzantinischen Kaiser antrat. Der Einfluß dieser griechischen Patriarchen, auf die sich die türkischen Eroberer nach ihrer Niederlassung in der Hauptstadt des ehemaligen byzantinischen Reiches stützten, ging weit über das hinaus, was einst die politischen Grenzen des Reiches in den letzten Jahrhunderten seines Bestehens umschlossen hatten; mit Unterstützung der türkischen Sultane konnte der Patriarch auch seine Macht über die Kirchen der Bulgaren und Serben ausdehnen. Griechische Metropoliten und Bischöfe waren hier an die Stelle der Würdenträger der slavischen Kirche getreten. Der Patriarch und seine Bischöfe waren so nach der türkischen Eroberung nicht nur Bewahrer des geistlichen Erbes der byzantinisch-griechischen Kultur, sondern sie waren gleichzeitig für fast alle orthodoxen Christen des türkischen Reiches der geistliche Vormund.
Damit wurde aus dem byzantinischen Patriarchen ein allgemeiner Patriarch, der mit der Führung der orthodoxen Oikumene auch die Oberherrschaft über die slavischen Kirchen in Südosteuropa in seiner Hand vereinte, nachdem ihre nationalen Autonomie von den Türken aus politischen Gründen beseitigt worden war.
Man kann daher noch nach dem Sturz des byzantinischen Kaiserreiches von einem Weiterleben des byzantinischen Imperiums unter der Führung des Patriarchen von Konstantinopel sprechen. Er besaß auf geistlichem Gebiet jene Macht, die den späteren byzantinischen Kaisern im Weltlichen gefehlt hatte. Er konnte im Namen des Sultans jederzeit seinen Willen in Südosteuropa durchsetzen.
Doch wäre es falsch, das Werden der griechischen Nation, soweit sie aus dem Staatsvolk des Byzantinischen Reiches hervorgegangen ist, mit dem Wirken des Patriarchen in Konstantinopel zu verbinden. Der Patriarch war trotz aller Macht nur ein Arm der türkischen Regierung und der Exponent jener Schicht ehemaliger byzantinischer Magnaten, die, im Fanar genannten Stadtteil von Konstantinopel wohnend, von den Türken auch für eine Reihe politischer Aufgaben eingesetzt wurden. Diese nach ihrer Herkunft aus dem Fanar „Fanarioten" genannten Griechen waren bei den slavischen und rumänischen Völkern ebenso verhaßt wie die griechischen Bischöfe und Metropoliten des Patriarchen.
Das Weiterleben des griechischen Volkes und seiner Sprache und Überlieferung ist weniger das Verdienst des Patriarchen und der ihm dienstbaren Geistlichkeit als vielmehr das der griechischen Dorfpfarrer und Mönche, die beide abseits von der großen Politik nicht nur für die Verkündung des Evangeliums tätig waren, sondern darüber hinaus die Erhaltung der griechisch-byzantinischen Überlieferung sicherten. Sie haben dafür gesorgt, daß die griechische Nation und die neugriechische Sprache auch während der Herrschaft der Osmanen nicht vergessen wurden. So war zwar das Byzantinische Reich als Erbe eines Universalstaates dem Untergang geweiht, es hat aber über diesen Untergang hinaus den Weg zur Nation durch das griechische Volk gefunden.

Die von Sinan Bey, einem Schüler des Maestro Paolo di Ragusa geschaffene Miniatur gehört zusammen mit dem von Bellini gemalten Bild und der Darstellung auf einer Medaille zu den wenigen zeitgenössischen Portraits Mehmeds II. Fatih.

DIE ERBEN DES BYZANTINISCHEN REICHES

Unter den Erben des Byzantinischen Reiches ist Venedig an erster Stelle zu nennen, denn es ist fast zu der gleichen Zeit entstanden, wie das Reich am Bosporus, das auch während des 7. und 8. Jahrhunderts die ihm eigentümliche Gestalt gewonnen hat.

Ansätze der venezianischen Staatsbildung Die Voraussetzungen für die Entwicklung Venedigs wurden durch die Expansionspolitik des Kaisers Justinian geschaffen. Die Ausführung des Planes dieses Kaisers, Italien als den wichtigsten Teil des Weströmischen Reiches wieder in die unmittelbare Macht des Imperiums zurückzubringen, hat auch indirekt die politischen Voraussetzungen für die Entstehung Venedigs gegeben.
Die ersten Ansätze für eine besondere venezianische Staatsbildung zeigen sich mit dem Zerfall der byzantinischen Herrschaft in Oberitalien. Es ist die Zeit um 700, in der ein Aufstand in Ravenna gegen das selbstherrliche Vorgehen des Kaisers Justinian II. und der Sieg des Kaisers über diesen Aufstand, eine allgemeine Bewegung des Abfalls unter den in Italien stehenden byzantinischen Truppenteilen auslöste. Damals war ein großer Teil der byzantinischen Kastellbesatzungen in der Romagna auf die Seite der Langobarden übergetreten. Wenig später mußte sich auch die Residenz des Byzantinischen Vizekönigs von Italien, Ravenna den Langobarden ergeben. Diese Epoche der politischen Neuordnung war erst zu Ende, als das Langobardenreich 774 Bestandteil des großen, von Karl dem Großen geleiteten, Fränkischen Reiches wurde. Damals hatten sich in Italien noch einige Teile der ehemaligen byzantinischen Besitzungen gehalten. Hierzu gehörten neben der dalmatinischen Küste Istrien und Venetien. Istrien wurde wenig später von den Franken erobert, Venetien hielt sich, auf das Gebiet der Lagunen und einen schmalen Streifen an der Küste be-

schränkt, auch nach der fränkischen Eroberung Oberitaliens. Hier in dem Raum der venezianischen Lagunen auf der Insel Rialto lag die Residenz des byzantinischen Dux oder Militärkommandanten, der als Doge (=dux) über die in die Lagunen geflüchteten byzantinschen Kaufleute, Handwerker, aber auch die hier schon länger ansässigen römischen Einwohner regierte. Er war Chef der Militär- und Zivilverwaltung, der aber nicht mehr von Konstantinopel eingesetzt, sondern von den mächtigsten Familien gewählt wurde. Ganz allmählich entstand aus der ursprünglich bestehenden Militärverwaltung, die von einem Dux geführt wurde, eine Oligarchie, das heißt, die Herrschaft einiger Familien, die den Dogen als Oberhaupt des neuen Staates auf Lebenszeit wählten.

Für die Entwicklung war es von besonderer Bedeutung, daß gleichzeitig mit den Vorgängen in Venedig das Patriarchat von Aquileia (Grado) in eine immer enger werdende Verbindung zu diesem venezianischen Stadtstaat trat. (Der Patriarch residierte zeitweise in Grado, nachdem er wegen der Langobarden seinen ursprünglichen Sitz Aquileia aufgegeben hatte.) Hierdurch kam es in dem neuen venezianischen Staatswesen zu jener Zusammenfassung der kirchlichen, politischen und militärischen Führung, die eine der Grundlagen für die besondere Machtentfaltung Venedigs werden sollte. Dieser politische Aufstieg wurde noch dadurch besonders gefördert, daß es gelang, mit den fränkischen Königen in Italien und ihren Nachfolgern ein relativ gutes Verhältnis zu erreichen, das auch in Verträgen seinen Niederschlag fand, die den Venezianern einen ungehinderten Besuch der Messe von Pavia sicherte und ihnen außerdem die Privilegien verschaffte, dort ungehindert ihre Waren absetzen zu können. Damit wurde Venedig, das noch nominell zum Byzantinischen Reich gehörte, zur Filiale des byzantinischen Handels in Europa. Hierhin wurden die byzantinischen Waren zollfrei geliefert, um unter Ausnutzung der fränkischen Privilegien mit großem Gewinn in Pavia verkauft zu werden. Venedig besaß damit fast eine Monopolstellung im Verkauf byzantinischer Luxuswaren im Abendland, die die Grundlage eines immer weiter anwachsenden Reichtums seines Gebietes bildete.

Wie schon betont, war es nicht allein das wirtschaftliche Element, das den Aufstieg Venedigs begründete, auch die Verbindung mit dem Patriarchat spielte eine bedeutende Rolle. Aquileia unterstanden Bistumssitze nicht nur im heute kroatischen und slovenischen Gebiet, sondern an der Küste Dalmatiens bis fast zum Ausgang des adriatischen Meeres. Damit bestand neben der politischen Staatsgründung auch eine kirchliche Herrschaft, die zwar nicht überall durchgesetzt werden konnte, aber doch als legitimer Anspruch nachzuweisen war. Venedig besaß hierdurch für seine Politik der Expansion auch den Rechtsanspruch des Patriarchats auf Wiederherstellung der kirchlichen Herrschaft. Im Rahmen dieser Politik konnte sich Venedig zuerst am nordöstlichen Teil der Adria-Küste Stützpunkte schaffen, die ihm für die Zulieferung von Lebensmitteln und Schiffsbauholz dienten, aber selbst nicht das Recht zum Fernhandel besaßen. Ihre Schiffe konnten also nicht Konstantinopel besuchen. Hieran zeigte sich, daß Venedig sehr früh auf ein Handelsmonopol in der Adria hinarbeitete, das politisch noch dadurch unterstützt wurde, daß der Patriarch von Aquileia in den meisten Häfen an der Ostküste der Adria die erzbischöfliche Gewalt besaß. Da in dieser Zeit die ihm so unterstellten Bischöfe in den Städten entscheidenden Einfluß ausübten, bedeutete auch die Verbindung Venedigs mit der Kirchenprovinz Aquileia eine wichtige Voraussetzung für die politische

Die von Gentile Bellini (1425 bis 1516) gemalte Prozession zum Dom von San Marco gibt eine Vorstellung von dem in Konstantinopel von den byzantinischen Kaisern durchgeführten Umzügen. Die hierbei gebrauchten Zeremonialgewänder entsprechen weitgehend den aus byzantinischen Miniaturen bekannten Staatsroben. Accademia, Venedig.

und militärische Besitzergreifung des Adria-Raumes.

Der stufenweise Aufstieg der Venezianer zur Führungsmacht im Ostteil des Mittelmeerraumes Für den Aufstieg Venedigs läßt sich eine Chronologie aufstellen: Sie hat mit dem Jahr 753 zu beginnen, die Zeit, in der das byzantinische Exarchat zusammenbrach, nachdem Ravenna in die Hände der Langobarden gefallen war.
Es folgt als nächstes Ereignis die Unterbrechung der Via Egnatia, in der ersten Hälfte des 9. Jahrhunderts, jener Straße, die von Saloniki nach Durazzo führte, und den Hafen am Ägäischen Meer mit dem an der Adria verband. Hierdurch wurde es den Byzantinern unmöglich, ihre Truppen auf dem für sie kürzesten Wege nach Unteritalien zu bringen. Sie konnten daher die Straße von Otranto nicht mehr schützen, so daß das byzantinische Unteritalien nur durch Flottenverbände, die um den Peleponnes herumfuhren, erreicht werden konnte. Damit mußte am Ausgang der Adria ein machtpolitisches Vakuum entstehen. Der dritte chronologische Einschnitt, der eine weitere Stufe des Aufstiegs Venedigs kennzeichnet, war das Eindringen der Ungarn in das Gebiet der Donautiefebene. Diese ungarische Landnahme, die um das Jahr 900 erfolgte, unterbrach die Landverbindungen der Byzantiner mit dem Abendland. Es schloß die Byzantiner von dem nordwestlichen Teil der Balkanhalbinsel aus, verhinderte aber auch, daß die ostfränkischen Könige und Kaiser ihr Reich nach Südosteuropa erweitern konnten. Zunächst wurde der Einfluß, den die Mission von Salzburg und Passau in diesem Raum besaß, unterbrochen. Auch der Kaufmann aus Regensburg konnte jetzt nicht mehr der Donau folgend mit seinen Waren bis nach Saloniki kommen oder auf dem Unterlauf der Donau das Schwarze Meer erreichen. Was aber für die byzantinischen Kaufleute eine Isolierung bedeutete, erhöhte den Warenumsatz in Venedig. Durch die militärische Lage bedingt, konnte sich der Aufstieg Venedigs so in einem politischen Machtvakuum vollziehen, das durch die Ausschaltung der Byzantiner gegeben war. Ein weiterer zeitlicher Einschnitt in der politischen Entwicklung Venedigs ist mit dem Jahr 1081 verbunden. Damals gingen die Normannen, die sich in Unteritalien festgesetzt hatten, über die Adria, um auf der Via Egnatia in Richtung auf Saloniki vorzustoßen. Hierdurch war sowohl die Stellung der Byzantiner wie die Venedigs bedroht. Die Byzantiner behandelten in dieser Notsituation Venedig wie eine gleichberechtigte Macht, von der man Hilfe erwartete, die jene Bedrohung durch die Normannen beseitigen sollte. Um diesen Preis der Hilfe gegen die Normannen hat das Byzantinische Reich den Venezianern das Privileg des freien Handels in allen Reichsteilen gewährt und hiermit auch die Steuerfreiheit verbunden. Der freie Handel wäre allein nicht von einer so großen Bedeutung gewesen. Venedig war staatsrechtlich immer noch ein Teil des Byzantinischen Reiches. Das zeigt etwa der Ornat des Dogen, der der Amtskleidung eines byzantinischen Patriziers entsprach. Viel wichtiger war die Tatsache, daß den Venezianern auch die Steuerfreiheit gegeben wurde: das sicherte ihnen gegenüber den byzantinischen Kaufleuten einen erheblichen Vorteil, sie konnten durch die von der Steuer nicht belasteten Preise ihre Waren fast konkurrenzlos im Byzantinischen Reich absetzen. Die Folgen dieses Privilegs bedeuteten den Ruin der byzantinischen Wirtschaft.
Ein weiterer Einschnitt folgt mit der Einnahme Konstantinopels durch die von Venedig dorthin gelenkten Kreuzfahrer im Jahre 1204. Wenn auch Nikaia noch später mit den Venezianern in Konstantinopel verhandelte, war doch durch ihr Engagement mit dem lateinischen Kaisertum für die Byzantiner die Entscheidung für Genua gefallen, so daß diese Macht nach der Eroberung von Konstantinopel jene besonderen Privilegien der Niederlassung am Bosporus erhielt, die es ihr ermöglichte an der Schwarzmeerküste Handelsniederlassungen zu errichten und damit dem venezianischen Handel eine entscheidende Niederlage zuzufügen. Venedig hat zu dieser Zeit schon die Herrschaft über einen Teil des Ostmittelmeerraumes verloren. Was es besaß, waren Besitzungen wie Kreta und eine Reihe von Inseln im Ägäischen und Adriatischen Meer, die zusammen mit einigen Städten auf der Peloponnes eine Kette von Stützpunkten von Venedig nach Konstantinopel bildeten. Sie konnten aber nicht dafür entschädigen, daß die innere, aus der gemeinsamen Herkunft stammende Beziehung zum Byzantinischen Reich jetzt aufgehört hatte.

Genuas Aufstieg zunächst als Bundesgenosse der langobardischen Könige, dann der fränkischen und deutschen Kaiser
Genua, die andere große Seestadt des Abendlandes, konnte sich nicht wie Venedig auf das Erbe des Byzantinischen Reiches berufen. Es war als Gegner des Byzantinischen Reiches hochgekommen, als eine Stadt des langobardischen und später fränkisch gewordenen Italiens. Um 650 war es zusammen mit der ligurischen Küste zuerst von den Langobarden besetzt worden, die Genua und den anderen Seestädten weitgehend eine eigene Verwaltung ließen. Genua hatte wie Pisa jetzt die Aufgabe, für die Langobarden Handel zu treiben und gegebenenfalls auch die Verteidigung der Küste durchzuführen, da die Langobarden keine Flotte besaßen. Weder Genua noch Pisa besaßen langobardische Beamte, die in die Selbstverwaltung der Stadt eingreifen durften.
Genua mußte sich zunächst gegen die Konkurrenz der sogenannten kampanischen Städte wie Amalfi, Salerno, Gaeta und Neapel durchsetzen. Diese Städte, die wie Venedig offiziell noch zum Byzantinischen Reich gehörten, besaßen ähnlich wie Venedig nicht durch Zölle eingeschränkte Handelsbeziehungen mit Konstantinopel und für das Frankenreich entsprechende Privilegien, die es ihnen ermöglichten, byzantinische Waren zu günstigeren Preisen als Genua im Westen abzusetzen. Für Genua bedeutete daher die Beseitigung der Selbständigkeit dieser kampanischen Städte durch die normannische Eroberung Unteritaliens jenen Augenblick, wo der eigene Aufstieg begann. Als normannische Untertanen waren die kampanischen Städte keine Gefahr mehr für Genua, da damit ihre Beziehungen zu Konstantinopel abgebrochen wurden, weil die Normannen für Byzanz Feinde und daher eine Handelsbeziehung mit ihnen unmöglich war. Weiter bedeutete die normannische Machtergreifung in Unteritalien und Sizilien, die dort auch die arabische Herrschaft beseitigt hatte, die ungefährdete Nutzung der Straße von Messina. Die arabische Kontrolle der Straße von Messina, war damit beseitigt. Die Genuesen konnten jetzt an der Westküste Italiens entlangfahren und dann über die Straße von Messina den kürzesten Weg in das Ägäische Meer benutzen.
Genua hatte in jener Zeit, in der ihm noch die Meerenge von Messina versperrt war, also bis in die zweite Hälfte des 11. Jahrhunderts, sich auf Handelsbeziehungen im westlichen Teil des Mittelmeerraumes beschränken müssen. Seine Handelspartner waren hier Marseille, der große Hafen Frankreichs im Süden, und Barcelona, die Hauptstadt der spanischen Mark. Mit beiden Städten bestanden ebenso alte Handelsverbindungen wie mit Nordafrika. Von den Handelspartnern waren natürlich auch die angebotenen Waren abhängig. So konnte Genua zunächst keine byzantinischen Waren verkaufen, dafür aber arabische Waren aus Nordafrika. In diesem Teil seines Warenkatalogs bestand ein Vorsprung gegenüber Venedig. Auch konnten die Genuesen schwarze Sklaven aus Westafrika anbieten, die in nordafrikanischen Häfen gekauft waren. Die Herrschaft der Normannen über die Straße von Messina war zunächst mit einer gewissen Abhängigkeit Genuas von den Normannen verbunden, die jetzt die Kontrolle über die Straße besaßen. Hinzu kam, daß die Normannen seit dem Wirken der Reformpäpste zum päpstlichen Stuhl ein sehr enges Verhältnis besaßen. Um sich jeder Abhängigkeit zu entziehen, lag es für Genua nahe, sich auf die Seite der Gegner der Normannen und auch der Reformpäpste zu stellen. Es befand sich daher immer bei der Partei des deutschen Königs und Kaisers, und daher auch oft auf der Byzanz feindlichen Seite. Die große Stunde Genuas kam, als Venedig durch die Eroberung der Hauptstadt Konstantinopel im Jahre 1204 für ein Zusammengehen mit den Byzantinern nicht mehr in Frage kam. Bei der Wiedereroberung von Konstantinopel von Anatolien aus, mußten sich daher die Byzantiner auf die Genuesen stützen. Man vereinbarte die Unterstützung der Byzantiner durch die genuesische Flotte bei der Eroberung Konstantinopels.
Trotz der engen politischen Bindung an Byzanz in den letzten beiden Jahrhunderten bis 1453 hat Genua niemals das aufgenommen, was Venedig in seiner wechselvollen Geschichte von dem byzantinischen Erbe immer bewahrt hat. Sei es nun in der architektonischen Form des Markus-Domes, der die Kirche der Apostel in Konstantinopel nachahmt, oder in dem alten, aus der ursprüng-

lich byzantinischen Verwaltung entlehnten Staatsaufbau mit einem Dux (Dogen) an der Spitze. Genua hat auch in den Bauten seiner auf byzantinischem Boden errichteten Handelsniederlassung immer abendländischen, gotischen Formen gegenüber den byzantinischen Traditionen den Vorzug gegeben. Das, was von den genuesischen Bauten ihrer Niederlassung auf der europäischen Seite des Bosporus in Galata noch erhalten ist, zeigt eindeutig abendländische, gotische Formen.

DAS BYZANTINISCHE ERBE IN ARMENIEN UND GEORGIEN

Man kann nicht sagen, daß Armenien und Georgien erst durch die Byzantiner zum Staat geworden sind. Die Anfänge beider Staaten reichen noch in die Zeit der Diadochen Alexanders des Großen zurück. Aber diese hellenistische und römische Epoche hatte in keiner Weise prägend auf die spätere Entwicklung dieser Staaten eingewirkt. Diese Rolle hat zweifellos Byzanz übernommen. Auch wenn man bei Armenien bedingt durch die dogmatische Spaltung, einer Folge der Entscheidung des Konzils von Chalkedon im Jahre 451, von einem gewissen Abrücken, einer deutlichen Umorientierung, in der folgenden inneren Entwicklung sprechen kann, so daß die Armenier jetzt das hellenistisch geprägte Erbe von Byzanz aufgaben und sich der von Syrien vermittelten literarischen Kultur zuwandten. Diese Umorientierung, die Antwort auf die Entscheidung von Chalkedon, hat sich auch negativ auf die Bewahrung der alten armenisch-hellenistischen Überlieferung ausgewirkt. Alle Mythen, wie die Herkunftssage der Armenier, die durch Strabo überliefert wird, nachdem sie offensichtlich in armenisch-hellenistischer Zeit aufgezeichnet wurde, sind damals untergegangen. Man hat in der Zeit nach Chalkedon dieses hellenistische historische Bild beiseite geschoben und an seine Stelle eine eigene armenische Überlieferung gesetzt, die, aus jüngerer Zeit stammend, in syrischen Quellen aufgezeichnet war. Die armenische Überlieferung, die erhalten ist, beginnt erst im 5. Jahrhundert schriftliche Gestalt zu gewinnen, zu ihr gehört ein griechisch geschriebenes Werk noch aus der Zeit vor Chalkedon. Dieses Werk, ein Zeugnis für die vor Chalkedon bestehende Beziehung zwischen Armenien und Byzanz wird dann von syrischen Werken, in syrischer Sprache, die aus dem Raum von Edessa und Nisibis stammen, abgelöst. Aber auch diese Übersetzungen aus dem Syrischen reflektierten oströmische Quellen. Der Typus der ursprünglich syrischen Weltchronik, der seit Eusebius die christliche Geschichtsschreibung prägte, hat auch Armenien literarisch befruchtet. Noch später spürt man eine sehr starke Anteilnahme der Armenier an Vorgängen aus der byzantinischen Geschichte. So hat der Armenier Sebeos, als der armenische General Heraklios im Jahre 610 oströmischer Kaiser wurde, in seiner Geschichte auch eine Darstellung der Taten dieses Herrschers gegeben. Von jener Zeit an entwickelte sich in Armenien eine eigene armenische Literatur, die sehr eingehend auch die Ereignisse in Byzanz verfolgte.

Begünstigt hat diese Entwicklung, daß auf oströmischen Boden eines der Themen, das nach den hier angesiedelten armenischen Soldaten Armeniakon genannt wurde, schon als Vorbereitung der in der Mitte des 9. Jahrhunderts erfolgten Staatsgründung angesehen werden kann. Armenier, die vor den Arabern in das Byzantinische Reich geflüchtet waren und als Soldaten gegen die Eroberer ihres Heimatlandes kämpften, wurden hier angesiedelt. Eine ganze Reihe byzantinischer Kaiser stammt aus diesem „armenischen" Wehrkreis des Byzantinischen Reiches. Man wird vermuten dürfen, daß bei der Wiedererrichtung des armenischen Staates in der Mitte des 9. Jahrhunderts jene Armenier, die aus diesen byzantinischen Themen stammten, zu den staatsbildenden Kräften im wiedererstandenen Armenien gehörten. Armenien hat dann knapp zwei Jahrhunderte, um 885 bis zur Mitte des 11. Jahrhunderts, als selbständiger Staat bestanden. Dieser politisch nicht mehr bestehende Staat war nach dem Sturz des Königtums von dem erst in Dvin und später in Etschmiatzin residierenden Katholikos wie ein Priesterkönig regiert worden. Das byzantinische Erbe in die armenische Staatsgründung im 9. Jahrhundert eingebracht zu haben, war das Verdienst des armenischen byzantinischen Thema. Dieses byzantinische Erbe hatte dann nach dem Ende der armenischen Bagratiden-Dynastie im 11. Jahrhundert die inneren Voraussetzungen dafür geschaffen, daß Armenien in den byzantinischen Staat eingegliedert werden konnte. Diese politische Vereinigung mit dem byzantinischen Staat dauerte allerdings nur kurze Zeit, denn wenig später hat die seldschukische Eroberung die Voraussetzungen für ein armenisch-byzantinisches Reich für immer beseitigt. Ein Teil der Armenier floh nach Kilikien, um dort ein neues armenisches Reich zu gründen, ein anderer trat unter die Herrschaft von Georgien, des anderen christlichen Staates im Osten.

Die Bindungen Georgiens an die byzantinische Welt Georgien war vielleicht noch stärker als die Armenier mit dem Byzantinischen Reich verbunden. Diese Bindung ist schon dadurch gegeben, weil es hier eine Glaubensspaltung wie sie die Entscheidung des Konzils von Chalkedon für Armenien herbeigeführt hatte, nicht gab. Georgien blieb durch sein orthodoxes Bekenntnis religiös eng an Byzanz gebunden. So gab es auf dem Athos, dem Berg der byzantinischen Mönche, ein georgisches Kloster ebenso wie ein russisches und serbisches. An der Spitze der georgischen Kirche stand ein Patriarch, der wie in Armenien den Titel Katholikos führte. Auch Georgien war wie Armenien kein Staat, den erst das Byzantinische Reich geschaffen hat. Seine Entstehung fiel wahrscheinlich schon in die Zeit der Diadochen. Aber auch hier hatte diese hellenistische Überlieferung wenig für die Zukunft vorgeprägt.

Entscheidend für die Staatsbildung im Mittelalter ist hier der Westen des späteren georgischen Reiches, das Gebiet um die Hafenstadt Petra, das heutige Batum; es war aus militärischen Gründen von den Byzantinern im 6. Jahrhundert besetzt worden. Petra war der Mittelpunkt des Reiches von Kolchis, während das eigentliche Georgien mit der Hauptstadt Mhzeta ursprünglich als Reich von Iberien bezeichnet wurde. In Petra hatten einheimische Könige bis etwa in die 2. Hälfte des 6. Jahrhunderts regiert, als die Byzantiner ihre Herrschaft beseitigten. Im Gegensatz zu Iberien, das stark unter persischen Einfluß stand, war Kolchis immer mit Byzanz verbunden. Nach der arabischen Eroberung des persischen Reiches und großer Teile des oströmischen Imperiums ist auch Georgien in der Mitte des 7. Jahrhunderts zum größten Teil unter arabische Herrschaft gekommen. Von dem ehemaligen Kolchis, dem Gebiet um das heutige Batum, ist dann im 9. Jahrhundert der Anstoß zu einer georgischen Nationsbildung ausgegangen. Über Kolchis war das byzantinische Erbe an Georgien gelangt, denn die Wiedergewinnung des Gebietes dieses ehemaligen Reiches setzte vom byzantinischen Territorium aus ein. Jene dort noch bestehende alte georgische Markgrafschaft wurde unter Führung der armenischen Bagratiden von Byzanz aus mit neuem Leben erfüllt. Von hier aus hat das spätere georgische Königshaus der Bagratiden erst das eigentliche Georgien erobert und dort ein Reich gegründet, das fast bis zum Untergang gegen Ende des 18. und Anfang des 19. Jahrhunderts von dieser Dynastie regiert wurde. Georgien hat literarisch auf dem Wege von Übersetzungen das byzantinische Element übernommen, in der darstellenden Kunst in der Gestalt der Bilder unmittelbar, denn in Georgien hat es nie wie in Byzanz einen Bilderstreit gegeben. Georgien war der Verehrung der Bilder immer treu geblieben, das bedeutet, daß hier im Gegensatz zu Byzanz noch eine ungebrochene christliche ikonographische Überlieferung, die in die frühe Zeit hinabreichte, bestand.

Georgien als Schutzmacht für das südliche und westliche byzantinische Gebiet nach dem Einbruch der Seldschuken in Anatolien Der Einbruch der Seldschuken in Anatolien brachte zunächst auch Georgien eine Niederlage. Aber im Gegensatz zu den Byzantinern, die erst mit Hilfe der Kreuzfahrer einen Teil von dem, was sie durch die Seldschuken verloren hatten, zurückerhalten konnten, gelang es den Georgiern unter ihrem tatkräftigen König Georg IV. nicht nur die Seldschuken zurückzuschlagen, sondern hier das Reich sogar um Teile des alten Armenien zu erweitern.

Im Jahre 1204, als die alte byzantinische Hauptstadt Konstantinopel erobert wurde und es so aussah, als ob damit das Byzantinische Reich zu bestehen aufgehört habe, wurde Georgien durch diese Katastrophe veranlaßt, einen Vorstoß für die Erhaltung wenigstens eines Teils dieses Reiches zu unternehmen. Mit Unterstützung georgischer Truppen, die die Königin Thamar von Georgien in Marsch gesetzt hatte, kam es in Trapezunt zur Errichtung eines byzantinischen

Kaiserreiches, das bis in die zweite Hälfte des 15. Jahrhunderts unter der Dynastie der Komnenen bestanden hat. Seine Hauptstadt Trapezunt fiel erst einige Jahre nach Konstantinopel in die Hand der Türken. Dieses politische Engagament, aber auch das Vorhandensein einer mehr oder weniger großen Gruppe byzantinischer Emigranten bewirkte die Aufrechterhaltung enger Beziehungen zwischen Georgien und Byzanz. Die seldschukische Eroberung hatte zu einer Absetzbewegung von Griechen aus dem Osten Anatoliens nach Georgien geführt. Sie haben dort zu einer weiteren Verstärkung des byzantinischen Einflusses geführt. Noch heute gibt es in Georgien eine recht bedeutende griechische Minderheit, die aus Kleinasien stammt.

Die Bedeutung des kleinarmenischen Staates für die Erhaltung des byzantinischen Erbes im Südosten Kleinasiens Der jüngste der im Osten entstandenen Staaten mit einem byzantinischen Erbe war Kleinarmenien, der Staat der Rubeniden. Die Rubeniden, die in Kleinarmenien regierende Dynastie, hatte unter dem Eindruck der byzantinischen Niederlage bei Mantzikert in Armenien und angesichts des Zurückweichens der byzantinischen Truppen den Weg nach Süden gesucht, um hier der Unterwerfung durch die Seldschuken zu entgehen. Damals hat Ruben, Mitglied der armenischen Königsdynastie der Bagratiden in Kilikien am Taurus einen neuen Staat gegründet, für den man die Bezeichnung „Kleinarmenien" gebrauchte. „Kleinarmenien" behauptete sich unmittelbar an den Pässen des Taurus, in der Mitte zwischen den Seldschuken von Konia und den christlichen Kreuzfahrerstaaten in Syrien und Palästina, an einer strategisch überaus günstigen Stelle, die es bewirkte, daß sich dieser Staat bis 1375 halten konnte, bevor er von dem ägyptischen Sultan Schaiban erobert wurde (der letzte armenische König von Kilikien, Leo VI. ist erst 1393 in Paris gestorben). Auch dieses Reich bewahrte byzantinisches Erbe, wenn es auch stark syrische Elemente aufgenommen hat.

DAS BYZANTINISCHE ERBE BEI DEN TÜRKISCHEN STEPPENVÖLKERN

In dem gleichen Zusammenhang wie die Reiche Kleinarmenien, Armenien und Georgien müssen auch die byzantinischen Einwirkungen auf die Türken erwähnt werden. Hierbei ist deutlich zu unterscheiden zwischen den Türken, die sich zum Islam bekannten und jenen Türken, die Schamanisten waren und den Byzantinern im südrussischen Raum begegneten. Im Gegensatz zu diesen türkischen Stämmen haben die Türken Anatoliens, die sich zum Islam bekannten, nur indirekt byzantinisches Erbe in sich aufgenommen. Hier hat der religiöse Gegensatz doch zu stark gewirkt, so daß es nicht zu einer Übernahme byzantinischer Kulturelemente gekommen ist.

Bei den Nomadenstaaten Südrußlands kann man schon sehr früh von byzantinischen Einwirkungen sprechen, die vor allem aus den Donauprovinzen aber auch von der Krim ausgingen. Auf der Krim befanden sich byzantinische Stützpunkte mit einem Hinterland, das sich bis tief in das Gebirge der Südspitze erstreckte. Die Byzantiner konnten sich hier über die Zeit der tatarischen Eroberung hinaus bis in die zweite Hälfte des 15. Jahrhunderts halten. Noch heute sind im Südwesten der Krim, in den Bergen des Jailagebirges eine ganze Reihe von Felskirchen mit byzantinischen Wandgemälden erhalten. Ebenso bestehen auch in Kertsch noch byzantinische Kirchen. Diese byzantinische Kultur auf der Krim, die noch in die spätantike Periode hinabreicht, aus der die Basilika von Cherson stammt, in der Vladimir der Heilige die Taufe zum Christentum empfing, hat besonders in früher Zeit auf die türkischen Stämme Südrußlands eingewirkt. Damals, in der Zeit des 6. und 7. Jahrhunderts setzt von hier aus eine Bekehrung ein. Im 7. Jahrhundert gelingt es hier Kowrat, dem Khan der Onoguren, den späteren Bulgaren, die damals in der Nogaischen Steppe, dem Gebiet zwischen Dnjepr und Don wohnten, zum Christentum zu bekehren. Dieser Khan hat nach seiner Bekehrung den Titel eines byzantinischen Patriziers erhalten. Im Rahmen dieses Bekehrungswerkes kam es auch dazu, daß byzantinische Prinzessinen Türken heirateten. Das erste bekannte Beispiel stammt aus der Zeit des Herakleios, dessen Tochter den Sohn des westtürkischen Khans, der in der Gegend von Kundus im heutigen nördlichen Afghanistan residierte, heiratete. Diese Heiraten wirkten sich in Richtung auf eine Verstärkung des kulturellen und politischen Einflusses aus.

Stärker wird dann die byzantinische Einwirkung auf die Bulgaren, nachdem sie 675 die Donau überschritten und sich im Gebiet zwischen Balkan und Donau niedergelassen hatten. So wird die bulgarische Staatssprache in der die offiziellen Aufzeichnungen wie etwa die Tatenberichte der Khane geschrieben sind, das byzantinische Griechisch. Das gilt sowohl für große Inschriften, wie die des Khans Terwel, als auch für die nur kurzen Gedächtnisinschriften in denen Khane wie Omurtag und Krum noch an der Wende des 8. zum 9. Jahrhundert ihrer gefallenen Gefolgsleute gedachten.

DAS BYZANTINISCHE ERBE BEI DEN SLAVEN

Wesentlich stärker und nachhaltiger als in Südrußland und bei den sich in Südosteuropa bildenden Reichen der türkischen Nomaden hat sich das byzantinische Erbe bei einem Teil der Slaven bemerkbar gemacht. Der erste Ansatz ist hier naturgemäß durch das Missionsunternehmen der beiden Brüder Konstantinos und Methodios gegeben. Ihr Scheitern im Norden, in Mähren, ist symptomatisch. Es zeigt, daß hier das abendländische Christentum schon stärker verwurzelt war, als die von Byzanz erst später eingepflanzte kirchenslavische Form der christlichen Verkündigung. Ungarn und Kroatien blieben weiter für das abendländische Christentum offen. Die missionarische Ausstrahlung des Patriarchats von Aquileia, dessen Bistümer sowohl im Gebiet der Slowenen wie der Kroaten lagen, war nicht zu überwinden. Auch Ungarn hat unter den Königen Geza und Stephan um das Jahr 1000 das Christentum in der Form, wie es ihm aus dem Abendland gebracht wurde, angenommen.

Das Werk der Brüder Konstantin und Methodios konnte sich nur in den Grenzen des ersten bulgarischen Reiches behaupten, nachdem dort der Khan Boris sich für diese Form des Christentums entschieden hatte. Das bedeutete aber, daß das kirchenslawische Christentum nicht nur im Gebiet der heutigen bulgarischen Volksrepublik, sondern auch in Mazedonien, das einen Teil des ersten bulgarischen Reiches bildete, Fuß fassen konnte. Von dem hier gegründeten Patriarchat von Ochrid aus, verbreitete es sich bis zur Grenze des römisch-katholischen Christentums im Norden, die mit der politischen Grenze des kroatischen Reiches identisch war und nach Süden, wo das byzantinische Reichsgebiet einem weiteren Vordringen Halt gebot. Das bedeutet also, daß nicht nur die Bulgaren, sondern auch die Serben diese Form der christlichen Verkündung annahmen. (Die Verbreitung der kirchlichslawischen Sprache für Liturgie und Verkündigung in Rumänien fällt in die Zeit nach der Eroberung des bulgarischen Reiches durch die Türken im 14. Jahrhundert und gehört daher nicht in diesen Zusammenhang.) Die Orientierung nach dem Patriarchat von Ochrid bedeutete indirekt eine Übernahme des Erbes des Byzantinischen Reiches. Aber dieses Erbe blieb nicht unbestritten. Die Beseitigung des Patriarchats von Ochrid, als Oberhaupt einer autokephalen Kirchenslawisch sprechenden Kirche nach dem Untergang des ersten bulgarischen Reiches mit dem Ende des ersten Jahrtausend verstärkte die Verbindung zu Konstantinopel und rief damit die nationale Opposition auf den Plan. Die Folge waren Aufstände, in denen man sich kirchlich an Rom anlehnte. Es ist jene Zeit der Reformpäpste im 11. Jahrhundert, in der Rom versuchte, die verlorene Suprematie über Südosteuropa wiederzugewinnen. Gregor VII., der Papst des Investiturkampfes, gab nicht nur dem kroatischen Fürsten die Königskrone, sondern auch dem serbischen König von Zeta.

Dieser Kampf um die nationale Unabhängigkeit gegen ein byzantinisches Erbe, das die eigene nationale Entfaltung im slawischen Sinne unterdrücken wollte, sollte ein Jahrhundert später in ein kritisches Stadium treten, als die Kreuzzüge das politische Geschehen bestimmten. Der von den Normannen in Südosteuropa bedrohte byzantinische Kaiser wandte sich um Hilfe an den Sultan Saladin in Kairo, der damals Ägypten und Syrien beherrschte. Er sollte gegen die Kreuzfahrerstaaten vorgehen und damit erreichen, daß der Papst die Normannen zum Kreuzzug ins Heilige Land veranlassen würde, damit sie dort ihren von Saladin bedrohten Landsleuten helfen könnten. Die Rechnung ging aber nicht auf. Vor die Wahl gestellt, entweder die Kreuzfahrerstaaten im Heiligen Land vor dem Angriff Saladins zu retten oder mit Hilfe der Normannen die verlorene geistliche Suprematie über Südosteuropa wiederzugewinnen, entschied sich der Papst für das letztere. So vollzog sich fast zur gleichen Zeit, in der die normannischen Heere auf der Via Egnatia gegen Saloniki vorrückten, das Schicksal der Kreuzfahrer. 1187 wurde Jerusalem von Saladin erobert, nachdem schon vorher die Schlacht von Hattin gegen Saladin verloren gegangen war. Damit folgte der Zusammenbruch der lateinischen Herrschaft in Palästina und Syrien, aus dem nur ein schmaler Küstenstreifen, dank der Intervention des abendländischen Kaisers und der Könige von Frankreich und England, gerettet werden konnte. Auf der Balkanhalbinsel war die Folge der normannischen Intervention das nationale Aufbegehren der Serben und Bulgaren. Die Herrscher beider Länder erhielten von Rom eine Krone, die ihnen ein päpstlicher Legat aufsetzte. Auch Bosnien vollzog, ähnlich wie Bulgarien und Serbien, unter seinem Bann damals den Anschluß an die Kirche von Rom. Innozenz III., der große Papst in Rom, stand damit vor der Verwirklichung seines Planes, der Südosteuropa als Ganzes wieder dem Papst unterstellen wollte. 1204 ist dieser Plan dann mit der Eroberung Konstantinopels in seinem letzten Stück durchgeführt worden. Aber dieser Sieg Roms über das byzantinische Erbe in Südosteuropa hatte ebensowenig Bestand, wie das lateinische Kaisertum am Bosporus. Als die byzantinischen Kaiser 1260 wieder in ihre alte Hauptstadt einzogen, vollzog sich fast gleichzeitig auch die Rückbesinnung der südosteuropäischen Staaten auf das byzantinische Erbe. Es ist jene große Periode einer großen schöpferischen serbischen und bulgarischen kirchlichen Kunst, die ganz im byzantinischen Erbe steht, das hier fast bis zur Gegenwart bewahrt wurde.

Anders als in Südosteuropa hat es in Rußland nie einen Bruch innerhalb der Überlieferung dieses Erbes gegeben. Hier blieb in der Isolierung durch die türkischen Nomaden im Osten und Süden das byzantinische Erbe fast am reinsten erhalten. Es ist kein Zufall, daß das alte byzantinische Reichssymbol, der Doppeladler, auch zum Zeichen des Moskauer Staates wurde.

Verkündigung. Rückseite der Ikone Maria Seelenretterin. Tempera, Leinen auf Holz. Höhe 92 cm, Breite 68 cm. Ohrid, Nationalmuseum.

ZEITTAFEL ZUR BYZANTINISCHEN GESCHICHTE

325 Das Konzil von Nikaia. Festlegung des christlichen Dogmas in Gestalt des Glaubensbekenntnisses.

351 Entscheidende Niederlage der arianischen Richtung des Christentums infolge der Konsolidierung des westlichen Reichsteils durch den oströmischen Kaiser Konstantinos.

364 Der Tod des Kaisers Julian auf dem Rückzug nach einem erfolglosen Feldzug gegen die Perser bewirkt den Zusammenbruch der oströmischen Herrschaft in Armenien und Ostsyrien. Der von seinem Nachfolger Jovian abgeschlossene Friede gibt $^{4}/_{5}$ Armeniens und den Osten Syriens in die Hand der Perser. Damit sind ebenso wie durch die Unabhängigkeit der germanischen Stämme im Westen für die Arianer hier in Ostsyrien (Nisibis) und in Armenien für die Monophysiten die Voraussetzungen einer weiteren von Konstantinopel aus nicht mehr zu unterbindenden Ausbreitung geschaffen.

378 Die Niederlage des Oströmischen Reiches gegen die Westgoten bei Adrianopel schafft die politischen Voraussetzungen für die germanischen Reichsbildungen auf weströmischem Territorium. Mit dem Tod des Kaisers Valens in dieser Schlacht ist das arianische Christentum als Religion des römischen Staates endgültig gescheitert.

381 Das Konzil von Konstantinopel sanktioniert den Sieg der orthodoxen Richtung über die Arianer.

410 Die Einnahme Roms durch Alarich nimmt Rom endgültig die Stellung als zweiten politischen Schwerpunkt des Römischen Reiches neben Konstantinopel. Auf den Rückzug des weströmischen Kaisertums von Rom nach Ravenna folgt allmählich der Aufstieg des Papsttums als der neuen christlichen Universalmacht.

455 Die Ermordung des weströmischen Kaisers Valentinian III. und ein Jahr zuvor seines leitenden Ministers Aetius führten zur Auflösung des weströmischen Kaisertums und der entscheidenden Phase einer Konsolidierung germanischer Staaten auf weströmischem Reichsgebiet (Westgoten in Gallien und Katalonien. Vandalen in Andalusien und Afrika).

431 Das Konzil von Ephesus verwirft die von dem Patriarchen Nestorios von Ephesus vertretene, nach ihm als „nestorianische" bezeichnete Richtung des Christentums.

451 Das Konzil von Chalkedon sanktioniert das Dogma von den untrennbaren und nicht zu vereinigenden Naturen Christi. Damit werden die Nestorianer und die Anhänger der einen Natur Christi in Armenien, Syrien und Ägypten zu Häretikern erklärt. Die spätere politische Abspaltung nach der Eroberung durch die Araber wird hier auf religiösem Gebiet vorbereitet.

474 Regierungsantritt des bis 491 regierenden isaurischen Kaisers Zeno. Er und sein aus Syrien stammender, bis 518 regierender Nachfolger Anastasios vertreten den monophysitischen Kurs des oströmischen Kaisertums, der zu einer weiteren Sezession der ehemals weströmischen Reichsteile führt.

493 Begründung des oströmischen Königstums in Italien, das den nach Absetzung des letzten weströmischen Kaisers Romulus Augustulus entstandenen Zustand der Illegalität unter dem Heermeister Odoakers im Auftrage Konstantinopels beendet.

513 Der Versuch der orthodoxen christlichen Richtung, sich unter dem Usurpator Vitalianus gegen den Kaiser Anastasius durchzusetzen, scheitert.

533 Der von Belisar begonnene Feldzug gegen die Vandalen in Afrika ist erfolgreich. Der Krieg gegen die Mauren (Berber) kann aber erst 548 vorläufig beendet werden.

535 Der Krieg Belisars, zur Rückeroberung Italiens gegen die Ostgoten unternommen, vermag sein Ziel nur zum Teil zu erreichen. Auch nach der Kapitulation des gotischen Königs Witichis in Ravenna wird der Krieg noch gegen die Gotenkönige Totila und Teja bis zum Jahr 552 geführt. Die Rückeroberung des östlichen Oberitaliens gelingt erst 562.

568 Der größte Teil des von den Goten und Franken eroberten Italiens geht an die Langobarden verloren.

572 Der letzte Versuch einer Restauration des Weströmischen Reiches in Spanien scheitert 584. Das Weströmische Reich wurde nach diesem Restaurationsplan in Anlehnung an die Tetrarchie Diokletians von Exarchen (Vizekönigen) in Karthago (Afrika), Ravenna (Italien) und Cordoba (Spanien) regiert.

582 Die Eroberung von Sirmium (in der Nähe von Belgrad) durch die 558 nach Europa gekommenen Awaren weist auf den unmittelbar bevorstehenden Verlust fast ganz Südosteuropas für das Oströmische Reich infolge der Besetzung und Landnahme durch Slaven und Awaren hin.

582 Der in diesem Jahr die Regierung antretende Kaiser Maurikios vermag die Grenzen des Oströmischen Reiches in Italien (Apenningrenze und Korridor Rom–Ravenna), in Südosteuropa (von der Mündung der Donau bis Belgrad) und gegen Persien (in Armenien und dem nördlichen Mesopotamien) zu stabilisieren.

602 Sein Sturz durch eine Soldatenrevolte unter dem Subalternoffizier Phokas führt in Südeuropa und Vorderasien zum Zusammenbruch der von ihm wiederhergestellten Grenzen.

602 Phokas zum Kaiser erhoben.

607 Phokas erkennt die päpstliche Suprematie an.

610 Sturz des Phokas durch den Sohn des Statthalters von Afrika, Herakleios.

614 Eroberung von Jerusalem durch die Perser.

619 Eroberung von Ägypten durch die Perser und Einrichtung einer persichen Verwaltung in diesem Land.

623 Offensive des Herakleios gegen die Perser.

623 Belagerung Konstantinopels durch Awaren und Perser.

628 Zusammenbruch des persischen Reiches nach der Eroberung von Ktesiphon durch Herakleios. Wiederherstellung der alten Grenzen des Oströmischen Reiches im Osten.

631 Kirchenpolitischer Kompromiß in der Dogmenfrage. Die Monophysiten werden durch die monoergetische Formel gewonnen. Trotz der anfänglichen Zustimmung von Armenien und Syrien und des Papstes scheitert die neue Glaubensformel an dem Patriarchen von Jerusalem.

636 Sieg der Araber in der Schlacht am Jarmuk in Syrien über das oströmische Heer.

638 Jerusalem von den Arabern erobert.

640 Dvin, die Residenz des armenischen Patriarchen, wird erobert.

641 Auf den Tod des Herakleios folgt die Regierung der Kaiserin Martina und des Heraklonas, die beide durch einen Beschluß des Senates abgesetzt werden. Er erhebt den noch unmündigen Konstanz zum Kaiser, der später Pogonatos genannt wird.

642 Alexandria wird von den Byzantinern geräumt.

647 Kappadokien und Kaisareia von Arabern erobert.

649 Zypern durch die Araber erobert.

653 Verhaftung des Papstes Martin durch den Exarchen, der 649 die Kirchenpolitik der kaiserlichen Regierung auf einem Konzil verurteilt hatte.

654 Rhodos von den Arabern erobert.

655 Niederlage des Kaisers durch die Araber an der lykischen Küste.

660 Ermordung des Theodosios, des Bruders des Kaisers, durch Konstans, da er offenbar Anspruch auf die Mitregenschaft erhoben hatte.

663 Versuch des Kaisers, das weströmische Kaisertum wieder zu erneuern; daher regiert er von 663 bis zu seiner Ermordung 668 in Syrakus in Italien.

668 Regierungsantritt Konstantins IV.

670 Mit Kyzikos gewannen die Araber nach Chios, Rhodos, Kos und Zypern den Konstantinopel am nächsten liegenden Stützpunkt.

674–678 Ständige Angriffe der Araber gegen Konstantinopel, um die Stadt zu erobern. Sie werden durch Einsatz des griechischen Feuers zurückgeschlagen.

680 Niederlage des Kaisers gegen die Bulgaren, die sich seit 675 in der Dobrudscha festgesetzt hatten. Diese besetzen darauf das Land zwischen Balkan und Donau. Erste Residenz des Khanes bei Varna.

680–681 VI. ökumenisches Konzil in Konstantinopel, das den Monotheletismus verurteilt und die Rechtgläubigkeit im Sinne der zwei unvermischten Naturen Christi wiederherstellt.

681 Der Versuch des Heeres, auch für die beiden Brüder des Kaisers die Krönung zu erreichen, wird von Konstantin III. mit ihrer Verstümmelung beantwortet. Die Regierung des Reiches wird damit im Sinne der Monarchie für die Zukunft bestimmt.

685 Tod des Kaisers und Nachfolge seines Sohnes Justinian II.

687 Erste Erwähnung der fünf ältesten Themen (eines in Europa, vier in Kleinasien).

691/92 Konzil in Konstantinopel, das den Fragen der inneren und äußeren Kirchenordnung gewidmet ist.

695 Sturz des Kaisers durch die Zirkuspartei der Blauen. Justinian an der Nase verstümmelt (um ihn regierungsunfähig zu machen), nach Cherson auf der Krim verbannt. Leontios zum Kaiser erhoben.

697 Eroberung des Reichteiles Afrika durch die Araber.

698 Empörung der Flotte gegen Leontios, die Tiberios zum Kaiser einsetzt.

705 Justinian II. durch Unterstützung des bulgarischen Khanes Tervel als Kaiser wiedereingesetzt.

711 Die byzantinische Festung in Ceuta an der Meerenge von Gibraltar fällt. Niederwerfung eines italienischen Aufstandes in Ravenna, während der Papst auf Einladung des Kaisers in Konstantinopel weilt.

711 Eine Meuterei der gegen Cherson auf der Krim eingesetzten Truppen kostet dem Kaiser und seiner Familie das Leben.

711–717 Das rasche Aufeinanderfolgen der Kaiser Philippikos (711–713), Anastasios II. (713–715) und Theodosios III. (715–717) wird überschattet durch die drohende Auseinandersetzung mit den Arabern, die einen Angriff auf Konstantinopel vorbereiten.

717 Leo III. zum Kaiser erhoben, der mit Unterstützung der Bulgaren den arabischen Angriff zur See auf Konstantinopel abschlägt und die Araber 718 zum Rückzug zwingt.

726 Auftreten Leos III. gegen die Bilderverehrung im Byzantinischen Reich.

730 Verbot der Bilderverehrung durch den Kaiser.

733 Heirat seines Sohnes mit einer Chazarenprinzessin im Rahmen eines Bündnisses mit den Chazaren gegen die Araber.

740 Entscheidender Landsieg Leos III. bei Amorion über die Araber.

730 Ein offizielles durch Beschluß des Reichsrates (Silention) sanktioniertes Edikt ordnet die Vernichtung der Bilder und die Bestrafung ihrer Verehrung an.

741 Nach dem Tode Leos II. besteigt sein Sohn als Konstantin V. den Thron. Empörung gegen den jungen Kaiser. Der Usurpator Artavasdos nimmt 742 selbst die Krone an.

743 Nach den Siegen bei Sardes und Modriana kann er wieder als Kaiser in Konstantinopel einziehen.

747 Seesieg der Byzantiner über die Araber in den Gewässern von Zypern.

751 Einnahme von Ravenna durch die Langobarden. Zusammenbruch der byzantinischen Herrschaft in Ober- und Mittelitalien.

754 Das Konzil in Konstantinopel billigt die bilderfeindlichen Erlasse des Kaisers.

763 Byzantinischer Sieg bei Anchialos über die Bulgaren.

775 Der Tod des Kaisers gibt seinem Sohn Leon IV. die Regierung, der schon 780 stirbt.

780 Wegen der Minderjährigkeit seines Nachfolgers Konstantin IV. regiert seine bilderfreundliche Mutter Irene als Regentin.

783 Beginn der Unterwerfung der Slavenstämme auf der Peloponnes und in Mittelgriechenland.

787 Das unter dem Einfluß der Kaiserin in Nikaia einberufene Konzil kassiert die früher erlassenen bliderfeindlichen Bestimmungen und stellt die Bilderverehrung wieder her.

790 Staatsstreich des Kaisers gegen seine Mutter Irene, um sie als Reichsregentin auszuschalten.

792 Vernichtende Niederlage des Kaisers gegen die Bulgaren bei Markellai.

797 Gegenrevolution seiner Mutter beseitigt die Alleinherrschaft des Kaisers, der jetzt geblendet wird.

802 Sturz der Kaiserin Irene durch ihren leitenden Minister Nikephoros, der sich selbst zum Kaiser macht. Seine Eingriffe in die Finanzpolitik und Geldwirtschaft führen zu einer Normalisierung der Stadtwirtschaft. Auf dem Land paßt er den Wert der Militärgüter den gestiegenen Grundstückspreisen an. Gleichzeitig setzt eine Vergrößerung dieser Güter ein, die die erhöhten Ausgaben für die Veränderung in der Bewaffnung berücksichtigt.

805 Auf der Peloponnes Aufstand der Slaven, angriff auf Patras. Ausbau der Themen auf bisher slavischem Gebiet.

806 Angriff des arabischen Kalifen auf byzantinischen Gebiet in Anatolien kann vom Kaiser nur durch hohe Tributleistung abgewendet werden.

811 Der Kaiser wird von den Bulgaren vernichtend geschlagen und fällt in der Schlacht.

811 Thronbesteigung des Michael Rangabe, der das westliche Kaisertum des 800 zum Kaiser in Rom gekrönten Kaisers Karls des Großen anerkennt.

813 Die Niederlage des Kaisers bei Versinikia gegen die Bulgaren führt zu seinem Sturz. Thronbesteigung des bilderfeindlichen Leo V.

815 Eine Synode in Konstantinopel erneuert die bilderfeindlichen Maßnahmen.

820 Der Kaiser wird in der Hagia Sophia während des Gottesdienstes ermordet. Nachfolger wird der Initiator seiner Ermordung, Michael II.

821 Aufstand des sogenannten Sklaven Thomas. Volksbewegung auf sozialer Grundlage, der sich die meisten Themenheere und die Flotte anschließen, sie richtet sich gegen die damals bestehende soziale Machtverteilung. Thomas wurde von dem Patriarchen von Antiocha zum Kaiser gekrönt.

823 Der Versuch des Thomas, Konstantinopel zu erobern, scheitert an den starken Befestigungen und der Tatsache, daß Michael II. gegen den Usurpator durch den Bulgarenkhan Krum unterstützt wird.

829 Tod Michaels II. Sein Nachfolger baut die byzantinische Stellung am Schwarzen Meer aus. Der Ausbau der Themen an der kleinasiatischen Schwarzmeerküste und auf der Krim weist auf die Vorbereitung einer Abwehrstellung gegen das von Warägerhäuptlingen geführte Reich der Rus. Die Unterstützung der Chazaren an der Donmündung und der Ausbau einer militärischen Stellung im Nordosten des Reiches begünstigen die Entstehung eines unabhängigen georgischen Staates.

838 Niederlage gegen die Araber bei Amorion im Süden Anatoliens und auf der Straße nach Ankyra bei Dazimon.

842 Nach dem Tode des Kaisers 842 regiert für den unmündigen Michael III. seine Mutter, die Kaiserin Theodora.

843 Auf einer Synode in Konstantinopel erreicht die Kaiserin die Wiederherstellung der Bilderverehrung.

853 Vorstoß der byzantinischen Flotte gegen den arabischen Kriegshafen Damiette.

856 Ein Staatsstreich beendet die Regentschaft der Kaiserin Theodora. Selbstregierung des Kaisers mit seinem Onkel, dem Caesar Bardas. Gründung einer Universität in Konstantinopel.

863 Papst Nikolaus I. setzt den nach Absetzung seines Vorgängers zum Patriarchen ernannten Photios seinerseits ab. Der Konflikt wird vor dem Hintergrund der byzantinischen Slavenmission geführt.

864 Der bulgarische Khan Boris nimmt als Folge der vorangegangenen Missionsarbeit der Brüder Konstantinos und Methodios in Mähren das byzantinische Christentum an.

867 Michael III. wird von seinem Mitkaiser Basileios ermordet, der schon 565 seinen Berater, den Caesar Bardas, getötet hatte. Basileios, der sich selbst zum Kaiser macht, begründet die fast zwei Jahrhunderte regierende makedonische Dynastie.

871 Der karolingische Kaiser Ludwig II. erobert Bari, das wenige Jahre später wieder byzantinisch wird.

871 Unter Basileios I. wird die byzantinische Stellung in der Adria gefestigt. Nach der Wiedergewinnung von Bari werden auch die dalmatinischen Städte wieder Byzanz unterstellt. Gleichzeitig erfolgt in dieser Zeit die Bekehrung der Serben zum byzantinischen Christentum durch Sawa, den Schüler des Methodios. Kroatien dagegen muß dem römisch-katholischen Christentum überlassen werden.

886 Tod Basileios' I. dessen Nachfolge sein Sohn Leon VI. antritt. Seine Bedeutung liegt in sei-

ner gesetzgeberischen Tätigkeit. Er bringt die Kodifikation des mittelalterlichen byzantinischen Rechtes in Gestalt der Basilika zu Ende. Sein eigener Anteil an diesem Gesetz umfaßt die Novellen.

912 Tod Leos VI.; Regentschaft für den minderjährigen Konstantin VII. unter Beteiligung der Mutter des Kaisers, Zoe.

914 Druck Simeons von Bulgarien auf die Regentschaft. Der Zar wird zum Basileus von Bulgarien durch den Patriarchen von Konstantinopel gekrönt.

917 Verheerende Niederlage der Byzantiner durch Simeon, der über die Würde des Mitkaisers die Regierung des byzantinischen Reiches in die Hand bekommen will.

918 Die Bulgaren am Golf von Korinth. Die schwierige Lage führt zur Umbildung der Regentschaft, in die der Drungarios (Admiral) Romanos Lekapenos als führende Persönlichkeit eintritt.

920 Lekapenos wechselt die Stellung eines Mitkaisers mit der eines Hauptkaisers. Seine Söhne rücken ebenso wie der legitime Kaiser in die Rangstellung von Mitkaisern (zuletzt 924).

941 Russische Angriffe unter dem Großfürsten Igor werden von den Byzantinern siegreich abgewehrt.

943 Edessa und weitere Teile Ostsyriens und Nordmesopotamien von den Byzantinern erobert, die aus dem Zerfall der arabischen Zentralgewalt Nutzen ziehen. Gewinnung des Mandylions, des wundertätigen Christusbildes aus Edessa, und Hinführung nach Konstantinopel.

945 Palastrevolution der Söhne des Lekapenos gegen ihren Vater. Die Herrschaft wird ihnen wenige Wochen später durch den legitimen Kaiser Konstantin VII. Porphyrogenetos, den Purpurgeborenen, genommen. Der neue Kaiser wendet sich als Gesetzgeber gegen die Magnaten. Bauernschutz-Gesetze sollen einer weiteren Verstärkung der Macht der Magnaten durch Vergrößerung ihres Grundbesitzes steuern. Der Kaiser, ein Bewahrer der alten literarischen und wissenschaftlichen byzantinischen Kultur, ist selbst Schriftsteller und Künstler.

957 Erste Ansätze einer erfolgreichen Rückeroberung im Osten. Hadath in Nordsyrien und Samosata im nördlichen Mesopotamien genommen.

959 Der Tod des Kaisers macht seinen Sohn Romanos II. zum Kaiser, der schon 963 stirbt.

963 Die Kaiserin als Regentin heiratet Nikephoros Phokas, der 961 Kreta zurückerobert und 962 Aleppo in byzantinischen Besitz gebracht hat. Nikephoros wird Kaiser.

963 Reaktion gegen die Bauernschutzgesetze des Konstantinos VII. Porphyrogenetos zugunsten der Magnaten.

965 Kilikien mit den Städten Tarsos und Mopsuestia wird erobert. Gleichzeitig gelangt Zypern wieder durch eine Aktion der Flotte in byzantinischen Besitz; damit sind die strategischen Voraussetzungen für die Unterwerfung Syriens und Palästinas gegeben.

968 Gesandtschaft des Liutprand von Cremona im Auftrage Ottos des Großen in Konstantinopel.

969 Antiochia, der Sitz des Patriarchen, von den Byzantinern erobert.

969 Der 968 von Nikephoros Phokas veranlaßte Angriff der Rus von Kiew auf Bulgarien droht zur Bildung eines bulgarisch-russischen Reiches zu führen. Der Großfürst Svatoslav setzt den bulgarischen Zaren Boris II. ab und nimmt dessen Stelle ein. Ermordung des Kaisers infolge einer Verschwörung des Feldherrn Johannes Tzimiskes mit der Kaiserin, der darauf seine Nachfolge antritt.

971 Die Herrschaft Svatoslavs über Bulgarien wird durch Tzimiskes beseitigt, der in einer Festung eingeschlossene russische Großfürst muß kapitulieren und sich zur Räumung Bulgariens und der von ihm besetzten byzantinischen Stützpunkte an der Schwarzmeerküste verpflichten.

972 Otto II. heiratet die byzantinische Prinzessin Theophano in Rom.

974–975 Aus der Abwehr eines Angriffs der ägyptischen Fatimidensultane auf das byzantinische Syrien entwickelt sich ein großer Eroberungsfeldzug gegen arabisches Gebiet, der neben Damaskus, Baalbek und Emesa in Palästina zur Eroberung der wichtigen Häfen Akko und Kaisareia und von Nazareth und Tiberias führt.

976 Tod des Tzimiskes und Nachfolge Basileios' II. und seines Bruders Konstantin, der Söhne des legitimen Kaisers Romanos II., die unter Beratung des Eunuchen Basileios regieren.

979 Der Versuch der Familie Phokas, unter Bardas Phokas die Macht zurückzugewinnen, scheitert.

985 Sturz des kaiserlichen Beraters, des Eunuchen Basileios, durch den Kaiser, der seitdem allein regiert.

986 Aufstand der Bulgaren unter dem Komitopulos Samuel, der sich zum Zaren ausrufen läßt. Basileios wird bei dem Versuch der Niederwerfung auf dem Rückzug von Samuel entscheidend geschlagen.

989 Der Aufstand des Bardas Phokas kann von Kaiser nur mit Hilfe einer russischen Hilfstruppe niedergeschlagen werden. Der russische Großfürst Vladimir tritt zum byzantinischen Christentum über und heiratet eine byzantinische Prinzessin.

996 Magnatenfeindliche Gesetze des Kaisers zum Schutze des Bauerntums.

1001 Beginn der byzantinischen Offensive gegen das Bulgarenreich Samuels.

1014 Samuels Heer wird im Gebiet der oberen Struma von Basileios eingekreist und vernichtet. Samuel stirbt wenige Tage später.

1018 Das Bulgarenreich verliert seine Unabhängigkeit und wird ein Teil des Byzantinischen Reiches.

1020 Ausbau der Ostgrenze durch Errichtung syrischer, mesopotamischer und armenischer Themen. Armenien tritt unter byzantinische Herrschaft.

1025 Tod des Kaisers bei dem Versuch, Süditalien wieder durch weitere Eroberungen zu einem byzantinischen Reichsteil im alten Umfang zu machen. Der nur drei Jahre regierende Bruder des Kaisers bleibt auch als Regent ohne politische Bedeutung.

1028 Zoe, die fünfzig Jahre alte Nichte Basileios II., heiratet den Eparchen Romanos Argyros und macht ihn damit zum Kaiser. Als Vertreter der Magnatenschicht baut er die das Bauerntum schützenden Gesetze des Basileios II. ab.

1040 Erste Ansätze zur Bildung eines serbischen Nationalstaates unter Peter Deljan, der sich 1041 zum Zaren in Belgrad ausrufen läßt, werden niedergeschlagen.

1042 gelingt es dem Fürstentum Zeta (Montenegro) als erstem der südslawischen Staaten, die Unabhängigkeit zu gewinnen, während Rascien, Zachlumien und Bosnien noch weiter unter byzantinischer Oberherrschaft bleiben.

1043 Der Putsch des in Süditalien kommandierenden Generals Maniakes scheitert vor Saloniki.

1045 Neugründung der Universität Konstantinopel unter Führung des Psellos.

1054 Aus liturgischen Differenzen kommt es zum offiziellen Bruch zwischen der römischen und byzantinischen Kirche.

1055 Mit dem Tod des Konstantinos IX. Monomachos endet die Reihe der zum Kaiser erhobenen Ehemänner der Kaiserin Zoe.

1056 Mit der Regierung der Theodora, der Schwester der Zoe, die seit 1055 regiert, findet die Herrschaft der von Basileios I. begründeten mazedonischen Kaiserdynastie ihr Ende.

1057 Mit Isaak Komnenos erreicht das erste Mitglied dieser bis 1204 mit Unterbrechungen regierenden Familie die Kaiserwürde, nachdem von ihm Michael VI., der von der sterbenden Kaiserin ernannte Vertreter der hauptstädtischen Zivilpartei, gestürzt worden war.

1058 Absetzung des Patriarchen Michael Kerullarios, der ähnlich wie in Rom der Papst, den Versuch unternommen hatte, die Kirche als unabhängige Macht neben die des Kaisers zu stellen.

1059 Abdankung des Kaisers unter dem moralischen Druck der Kirche. Sein Nachfolger, Konstantin Dukas, war ein Exponent der hauptstädtischen Partei, die auf der Seite der sich emanzipierenden Kirche stand.

1068 Romanos IV. Diogenes heiratet die nach dem Tode des Kaisers regierende Kaiserin und wird damit Kaiser.

1071 1071 fällt Bari in die Hände Robert Guiskards, der an der Spitze der Normannen mit Unterstützung des Papstes die byzantinische Herrschaft in Süditalien und die dort bestehenden Kleinstaaten beseitigt hatte. Mit den Normannen beginnt die Vertreibung der Sarazenen. Gleichzeitig vernichtende Niederlage der Byzantiner gegen die türkischen Seldschuken bei Mantzikert in Armenien, die den Kaiser zum Gefangenen macht. Der Sohn Konstantins X. Dukas wird als Michael VII. Kaiser.

1072 Der Aufstand Konstantin Bodins, der sich zum Zaren in Serbien (Prizren) ausrufen läßt, wird niedergeworfen.

1077 Michael von Zeta (Montenegro) erhält, wie ein Jahr vorher der Fürst Demetrius Zvonimir von Kroatien, durch Papst Gregor VII. die Königskrone.

1078 Der Militärputsch Nikephoros Botaneiates' glückt mit Unterstützung des Seldschukensultans Alp Arslan, der durch unpopuläre fiskalische Maßnahmen, wie einem staatlichen Getreidemonopol, neue Einnahmen aus der Erhöhung des Brotpreises zu erzielen sucht. Nikephoros wird Kaiser und heiratet die Frau seines gestürzten Vorgängers. Das Zusammengehen der putschenden Generäle mit den seldschukischen Emiren und Sultanen führt zum endgültigen Zerfall der byzantinischen Macht in Kleinasien.

1080 Gründung des seldschukischen Sultanats Rum im Nordwesten Kleinasiens mit dem Mittelpunkt in Nikaia in unmittelbarer Nähe von Konstantinopel.

1081 Abdankung des auch von seinen ausländischen Söldnern verlassenen Kaisers zugunsten des Alexios Komnenos. Der Sieg des Normannenführers Robert Guiskard über die Byzantiner nimmt ihnen nach dem Fall von Bari jetzt auf der anderen Seite der Adria auch Durazzo. Der Vormarsch der Normannen auf der Via Egnatia gegen Saloniki beginnt. Die damit entstandene strategische Situation, die sowohl Venedig mit der Kontrolle des Ausganges der Adria wie die Byzantiner durch die Erschütterung ihrer Stellung in Südosteuropa trifft, führt zum Zusammengehen der beiden Mächte.

1082 Ein weitreichender Vertrag gibt Venedig innerhalb des byzantinischen Reiches eine so bevorzugte Stellung, daß dort zwangsläufig ein wirtschaftlicher Zerfall eintreten muß.

1090/91 Belagerung Konstantinopels durch die Petschenegen von der Landseite und die seldschukische Flotte unter dem Emir Tzachas von Smyrna von der Seeseite. Der Belagerungsring wird durch ein Bündnis des Kaisers mit den Komanen in der Schlacht im Levuniongebirge gegen die Petschenegen gesprengt.

1097 Der zweite Kreuzzug führt zur Vernichtung der seldschukischen Stellung im Nordwesten Kleinasiens. Es kommt zum Rückzug der Seldschuken nach dem Südosten Kleinasiens, wo sie im Besitz von Kaisareia die Tauropässe nach Kilikien, Syrien und Palästina sperren.

1098 Eroberung Kilikiens durch die Kreuzfahrer.

1099 Fall Jerusalems. Damit sind außer Alexandrien wieder alle alten Patriarchate in christlichem Besitz.

1107 Niederlage des Normannen Bohemund bei Durazzo, dem jetzt der byzantinische Kaiser einen Frieden diktiert, der ihn zu seinem Lehensmann macht.

1118 Thronbesteigung des Johannes Komnenos.

1122 Entscheidender Sieg des Kaisers über die nach Makedonien und Thrakien vorgedrungenen Petschenegen.

1128 Ungarn nach einem Vorstoß auf das byzantinische Belgrad zum Frieden gezwungen.

1137 Öffnung des Weges nach Syrien durch Niederwerfung des kleinarmenischen Königreiches in Kilikien, das die Tauropässe beherrscht. Tarsus, Adana und Mamistra werden byzantinisch.

1142 Feldzug des Kaisers nach Syrien und Palästina, um dort die byzantinische Herrschaft zu restaurieren, wird nur bis Antiochia geführt.

1143 Tod des Kaisers und Nachfolge seines Sohnes Manuel Komnenos. Die Heirat mit Berta von Sulzbach, einer Verwandten des deutschen Kaisers Konrad II. erfolgt im Rahmen des Zusammengehens der Byzantiner mit dem deutschen Kaiser gegen die Normannen.

1147 Der Kreuzzug Konrads II. von den Normannen zu einem Angriff auf das byzantinische Korfu, Korinth und Theben benutzt. Fortführung der byzantinischen Seidenweber nach dem normannischen Sizilien.

1149 Der Aufstand der Serben führt auch zu Kriegen gegen Ungarn. Bildung einer byzantinischen Koalition mit Deutschland und Venedig und einer normannischen Koalition mit Welfen, Serbien, Ungarn und Frankreich.

1152 Der Tod Konrads II. verschiebt die Auseinandersetzung mit den Normannen in Italien.

1155 Landung der byzantinischen Flotte in Ankona. Besetzung der italienischen Adria-Küste bis hin nach Apulien.

1167 Dem Kaiser gelingt es, durch Ausnutzung der Kämpfe um die Thronfolge in Ungarn, wieder Kroatien, Bosnien, Sirmium (das Gebiet um Belgrad) und Dalmatien unter seine Oberhoheit zu bringen.

1172 Auch Serbien unter Stephan Nemanja muß die Oberhoheit des Byzantinischen Reiches anerkennen.

1176 Die vernichtende Niederlage der Byzantiner bei Myriokephalon schließt jeden weiteren byzantinischen Versuch, in Palästina und Syrien wieder die Oberherrschaft zu gewinnen, aus.

1177 Der Ausgleich zwischen Friedrich Barbarossa mit dem Lombardenbund und dem Papst nimmt den Byzantinern auch in Italien jede Möglichkeit einen neuen Intervention.

1183 Der Tod Manuels führt zum Umsturz. Andronikos, der Usurpator, läßt erst die gestürzte Regentin, die Kaiserinmutter, und dann den jungen Kaiser selbst töten. Darauf folgt der Rachefeldzug der Ungarn für die getötete Regentin. Der ungarische Angriff stößt über Belgrad, Nisch gegen Sofia vor.

1185 Der von Flotte und Landheer unterstützte Angriff der Normannen, der zur Eroberung von Saloniki führt, bedroht auch Konstantinopel. Er entfacht in der Hauptstadt einen Aufruhr, der dem Usurpator das Leben kostet. Isaak, der neue Kaiser, kam aus den Reihen der grundbesitzenden Aristokratie. Den Aufstand der Bulgaren, die auf eine Wiederherstellung ihres alten Reiches drängen, muß er hinnehmen. Asen läßt sich 1187 in Tirnovo zum bulgarischen Zaren krönen.

1190 Der von Friedrich Barbarossa geführte Kreuzzug erreicht Konstantinopel.

1202 Der Papst in Rom gewinnt über Ungarn nach der Abdankung Stephan Nemanjas entscheidenden Einfluß.

1203 Der König von Bosnien nimmt den römisch-katholischen Glauben an.

1204 Der bulgarische Zar Kalojan wird von einem päpstlichen Kardinal zum König gekrönt. Wenige Monate vorher war Konstantinopel durch die Lateiner erobert und dort ein römisches Kaisertum gegründet worden. Vorher hatte die Verbindung des Normannenreiches mit dem abendländischen Kaisertum unter Heinrich VI. der politischen Machtstellung des byzantinischen Reiches den Todesstoß versetzt, an dem auch der Tod des Kaisers 1197 nichts ändern konnte. Der 1203 durch die Venezianer von Korfu nach Konstantinopel umgeleitete Kreuzzug eroberte daher eine politisch schon entmachtete Stadt.

1205 Der Sieg der Bulgaren über den erst 1204 erhobenen lateinischen Kaiser Balduin in der Schlacht bei Adrianopel, bei der der Kaiser gefangen wird, führt zu einer entscheidenden Schwächung seines Reiches.

1208 Krönung des Theodor Laskaris zum byzantinischen Kaiser in Nikaia, das jetzt die Residenz der byzantinischen Kaiser und der Patriarchen wird.

1211 Der Kaiser vermag sich gegen den Angriff der Seldschuken von Osten durch einen Sieg zu behaupten.

1214 Erster Friedensvertrag zwischen dem lateinischen und dem byzantinischen Kaiserreich.

Zur gleichen Zeit wird von Theodor Laskaris die Pontusküste bis Sinope erobert, die das nach Westen vorgedrungenen byzantinischen Kaiserreich Trapezunt unterworfen hatte.

1215 Auf den Despoten Michael, den Gründer des bis zum Golf von Patras und der heutigen albanischen Südgrenze reichenden byzantinischen Westreiches Epirus mit der Hauptstadt Arta, folgt sein Stiefbruder Theodor Angelos.

1224 Theodor erobert das bisher von Lateinern regierte Saloniki.

1222 Thronbesteigung des Johannes Vatatzes in Nikaia.

1225 Eroberung von Adrianopel durch Vatatzes, der über die Halbinsel Gallipoli nach Europa übergreift.

1230 Die Niederlage bei Klokotnica kostet Theodor von Epirus die Herrschaft und entscheidet in dem Dualismus zwischen Epirus und dem Reich von Nikaia für das letztere.

1235 Bündnis mit den Bulgaren zur Eroberung Konstantinopels.

1241 Der Einbruch der Mongolen in Südrußland neutralisiert vorerst die bulgarische Aktivität auf dem Balkan.

1242 Das Seldschukenreich von Rum mit der Hauptstadt Konya und das Kaiserreich Trapezunt werden Vasallen der Mongolen. Damit wird dem Reich von Nikaia auch im Osten die Möglichkeit eines Angriffes genommen.

1246 Das Reich von Nikaia kann Saloniki besetzen.

1254 Tod Johannes Laskaris'. Sein Sohn Theodor II. Laskaris wird Kaiser in Nikaia.

1258 Sein Tod bringt für Michael Palaiologos auf dem Wege über die Regentschaft für den unmündigen Sohn des Verstorbenen die Kaiserwürde.

1258 Der Nachfolger Kaiser Friedrichs II. in Unteritalien, König Manfred, besetzt außer der Insel Korfu die wichtigsten Häfen an der Küste von Albanien und Epirus.

1261 Ein Vertrag mit Genua über Waffenhilfe bei der Eroberung Konstantinopels sichert den Genuesen ihre spätere Machtstellung im Byzantinischen Reich. Im gleichen Jahr wird Konstantinopel kampflos erobert.

1267 Die Genuesen erhalten das Recht der Niederlassung in Galata, einem Vorort Konstantinopels. Zur gleichen Zeit kommt es in Viterbo zur Bildung einer Koalition mit dem Ziel der Restauration des lateinischen Kaiserreiches, die von Karl von Anjou geführt wird.

1272 Bündnis Michael VIII. Paleiologos mit Nogai, dem Führer der Goldenen Horde.

1274 Kirchenunion des byzantinischen Kaisers auf dem Konzil von Lyon mit der römisch-katholischen Kirche.

1281 Die Erhebung des Franzosen Martin IV. zum Papst beseitigt den Schutz, den die Kirchenunion dem Byzantinischen Reich gegen Karl von Anjou gewährt hatte.

1282 Die Bundesgenossen Karls von Anjou, Serbien und der byzantinische Teilstaat Nikaia, greifen das Reich von Nikaia in Europa an. Skopje wird damals serbisch. Karl von Anjou selbst wird an einem Angriff durch den Aufstand in Sizilien gehindert, der ihm die Herrschaft über die Insel und damit die wichtigste Basis seiner Macht nimmt. Der Versuch der Restauration eines lateinischen Kaiserreiches in Konstantinopel ist damit gescheitert. 1282 wird Andronikos der Nachfolger Michaels VIII. dessen Regierung durch harte Maßnahmen zur Sanierung der byzantinischen Staatsausgaben gekennzeichnet ist. Weitere Abwertung der byzantinischen Münzen durch Herabsetzung des Edelmetallgehaltes.

1296 Die Vereinigung der beiden byzantinischen Teilstaaten Epirus und Thessalien mit dem Reich von Konstantinopel wird durch die Serben in Makedonien und in Thessalien durch die katalanische Kompanie, die sich des bisher lateinischen Herzogtums Athen bemächtigt, nur zu einem Teil realisierbar.

1299 Heirat der Tochter Kaisers Simonis' mit dem Serbenkönig Milutin II. soll die byzantinische Grenze gegen Serbien in Makedonien sichern, sie führt zu einem starken byzantinischen Kultureinfluß in Serbien.

1304 Beginn jener bis 1308 dauernden Auseinandersetzungen des Reiches mit seinen katalanischen Söldnern.

1311 Athen wird nach dem Untergang des Walter von Brienne ein katalanisches Fürstentum.

1318 Aussterben der Dynastie der Angeloi in Epirus und Thessalien führt lediglich zu einigen Gebietsverbesserungen für das Byzantinische Reich im Süden von Epirus und im Norden von Thessalien.

1321 Ausbruch eines Bürgerkrieges zwischen Andronikos II. und seinem Enkel, dem späteren Andronikos III.

1325 Andronikos zum Mitkaiser seines Großvaters gekrönt, während gleichzeitig Brussa von den Osmanen unter Urchan erobert wird.

1328 Abdankung Andronikos II. nach militärischen Auseinandersetzungen und Regierung seines Enkels als Alleinherrscher.

1334 Ein Friedensvertrag zwischen dem Serbenzar Duschan und Andronikos III. besiegelt die Abtretung von Ochrid, Strumica und Prilep an Serbien. Die makedonische Frage wird damit in serbischem Sinne entschieden.

1337 Nikomedia wird ebenso wie 1331 Nikaia türkisch. Epirus wird mit Anatolien dem Byzantinischen Reich angegliedert.

1341 Der Tod Andronikos III. und die Regentschaft für den unmündigen Kaiser wird zum Anlaß eines Bürgerkrieges, nachdem sich Johannes

Kantakuzenos nach einem Putsch der Kaiserinwitwe und des Patriarchen selbst zum Kaiser ausrufen ließ. Kurz vorher hatte sich auf einem Konzil in Konstantinopel die von Gregorios Palamas verteidigte religiöse Richtung der Hesychasten durchgesetzt.

1342 Machtergreifung der antiaristokratischen ,,sozialistischen" Bewegung der Zeloten in Saloniki.

1343 Eroberung Albaniens und des südlichen Makedoniens (Vodena und Kastoria) durch den serbischen Zaren Stephan Duschan.

1346 Bündnis des Johannes Kantakuzenos mit den Osmanen unter Urchan. Heirat der Tochter des Kantakuzenos mit dem Sultan.

1347 Kantakuzenos zieht mit türkischer Unterstützung in Konstantinopel ein.

1349 Zusammenbruch der Herrschaft der Zeloten in Saloniki.

1348 Eroberung von Thessalien durch die Serben.

1352 Krieg zwischen Genua und Venedig, bei dem es um den freien Zugang zu den Meerengen geht; Venedig unterstützt den legitimen Kaiser Johannes Palaiologos gegen Kantakuzenos, der auch die Osmanen hinter sich weiß, während die Palaiologen außerdem von den Serben Hilfe erhalten. Festsetzung der Osmanen an den Dardanellen.

1354 Die Osmanen besetzen Gallipoli und können dadurch nicht nur den freien Übergang nach Südosteuropa behaupten, sondern auch die Dardanellen sperren. Infolge dieser Ereignisse wird Kantakuzenos durch einen Putsch zur Abdankung gezwungen.

1359 Die Osmanen stehen vor Konstantinopel.

1362 Adrianopel wird durch die Osmanen erobert.

1369 Persönlicher Übertritt Johannes V. zum katholischen Glauben.

1371 Eroberung des serbischen Makedonien nach der Schlacht von Thschernomen an der Maritza durch die Osmanen.

Die Medaille, die einen Durchmesser von 9 cm besitzt, befindet sich im Victoria und Albert-Museum in London. Auch sie geht auf Bellini zurück, der 1479 im Auftrag des Dogen, der damit einen Wunsch Mehmeds II. erfüllte, nach Istanbul geschickt wurde. Die Medaille enthält in lateinischer Schrift und Sprache die Angabe, daß sie von Bellini geschaffen wurde.

1376 Während des Krieges zwischen Johannes V. und seinem Sohn Andronikos IV. dringt letzterer mit türkischer Unterstützung in Konstantinopel ein und tritt dafür die Insel Tenedos den Türken ab.

1382 Aufteilung des Byzantinischen Reiches in vier Herrschaftsgebiete, die vom Kaiser und seinen drei Söhnen regiert werden.

1383 Serrhes wird türkisch.

1387 Saloniki von den Osmanen erobert.

1389 Die Schlacht auf dem Amselfeld beendet die staatliche Unabhängigkeit Serbiens.

1391 Tod Johannes' V. und Thronbesteigung Manuels II.

1393 Thessalien von den Osmanen erobert. Zur gleichen Zeit verliert Bulgarien, nachdem die Hauptstadt Tirnovo eingenommen worden war, seine Unabhängigkeit.

1396 In der Schlacht bei Nikopolis wird die unter dem Befehl des ungarischen Königs Sigismund stehende Befreiungsarmee von den Osmanen vernichtend geschlagen.

1402 Die Schlacht bei Angora bringt für die Osmanen eine vernichtende Niederlage und gewährt dem Byzantinischen Reich eine Atempause.

1422 Belagerung Konstantinopels durch Sultan Murad II. Die starken Befestigungen bewahren die Stadt vor der Eroberung.

1430 geht Saloniki endgültig an die Osmanen verloren.

1439 Union der Byzantiner mit der römisch-katholischen Kirche auf dem Konzil von Florenz.

1443 Bildung einer neuen christlichen Befreiungsarmee unter dem König Vladislav III. von Polen und Ungarn, der dem Appell des Papstes folgte.

1444 Nach anfänglichen Siegen dieser Armee erleidet sie eine vernichtende Niederlage bei Varna, bei der auch der König Vladislav den Tod findet.

1446 Die Isthmusbefestigungen (Hexamilionmauer) werden von den Osmanen durchbrochen und der Peloponnes (Morea) wird unterworfen.

1449 Konstantin XI. der letzte byzantinische Kaiser wird in Morea gekrönt.

1453 Am 29. Mai wird Konstantinopel nach starker türkischer Artillerievorbereitung im Sturm erobert.

1456 Athen wird türkisch.

1460 Eroberung des Hellesponts durch die Osmanen.

1461 Das Kaiserreich Trapezunt wird von den Osmanen eingenommen.

Das Späte Mittelalter – Zerfall der abendländischen Einheit

Der frühe Tod Heinrichs VI. im September des Jahres 1197 und die deutsche Doppelkönigswahl von 1198 beenden nicht nur die Blütezeit des hochmittelalterlichen Deutschen Reiches, zugleich tritt auch eine Wende im Ablauf der europäischen Geschichte ein. In den ausbrechenden Thronstreitigkeiten erfährt das deutsche Königtum eine nicht mehr rückgängig zu machende Schwächung zugunsten der Fürsten und werdenden Territorialherren. Gleichzeitig vollzieht sich in den die erste Hälfte des 13. Jahrhunderts beherrschenden Auseinandersetzungen zwischen den die bisherige mittelalterliche Entwicklung des Abendlandes prägenden Mächten Papsttum und Kaisertum, in deren Zusammenwirken sich die „universitas christiana" verkörperte, der Niedergang des Reiches und die Auflösung der abendländischen Einheit. Ehe es jedoch zum Zusammenbruch des Reiches und zum Machtschwund des mittelalterlichen Papsttums kommt, erfahren diese beiden dominierenden Kräfte mittelalterlicher Geschichtsentfaltung noch einmal in den Gestalten des Staufers Friedrich II. und des Papstes Innozenz III. eine letzte Glanzzeit. Mit der „Unio regni ad imperium", der durch die Herrschaft Friedrichs II. bewirkten Vereinigung Siziliens mit dem Deutschen Reich, scheint der zeitweilig bereits verblaßte imperiale Gedanke einer „Renovatio imperii Romani" wiederum machtvoll erneuert und mit der Person Innozenz' III. der päpstliche Oberhoheitsanspruch noch einmal einen unbeugsamen Vertreter gefunden zu haben. Jedoch führt die durch den Hierokratismus Gregors VII. im Investiturstreit eingeleitete Diastase der zwei universalen Gewalten, Imperium und Sacerdotium, in der sich der kirchlich-weltliche Einheitsordo der abendländischen Welt auflöst, schließlich dann doch nach dieser letzten blendenden Entfaltung unter Innozenz III. und Friedrich II. zum Zusammenbruch des staufischen Imperiums und zur politischen Entmachtung des Papsttums: die mittelalterliche Ordnung wird damit in ihren Grundlagen erschüttert.

In dem Ringen der beiden dominierenden Mächte der Christenheit vollzieht sich gleichzeitig der Aufstieg der „Nationalstaaten", die an Stelle des Reiches die politische Führung in Europa übernehmen. Deutschland und Italien, die bisher den Schwerpunkt des Abendlandes gebildet hatten, gehen in einer Staatenwelt auf, in der sich das politische Gewicht mehr und mehr aus der Mitte Europas in seine Randzonen verlagert. Am Ende der hochmittelalterlichen Phase der europäischen Geschichte hat der sich bereits mit dem Verfall der fränkischen Macht an der Wende vom Früh- zum Hochmittelalter abzeichnende Staatenpluralismus vollends seine Ausprägung erfahren. In ihm erweisen sich die einzelnen Völker als gleichberechtigte Glieder: Während die Kaiserkrone weiterhin den Deutschen verbleibt, haben sich die slawischen Völker weitgehend aus der Reichsabhängigkeit gelöst und durchlaufen ihre eigene, zumeist dynastisch gefärbte Geschichte, und im Westen werden Frankreich und England mehr und mehr zu Wirkkräften, die in die Geschichte Europas eingreifen. Seit dem Zusammenbruch des staufischen Kaisertums, was in Italien zu einem gefährlichen Machtvakuum führt, verlagert sich das Gravitationszentrum aus Flandern und dem niederländisch-niederrheinischen Gebiet in den Mittelmeerraum, wo die englische und französische Kreuzzugs- und Mittelmeerpolitik, gefördert durch die zeitweilige englisch-französische Waffenruhe und die auf Frieden bedachte Politik Ludwigs IX., der Aufstieg Aragons, die Auseinandersetzung um das Lateinische Kaisertum in Byzanz, der Versuch, die letzte Frankenfeste in Palästina, Akkon, zu retten, und der Kampf um Sizilien der europäischen Politik Schritt für Schritt ihren Stempel aufdrücken.

Friedrich II., der „Verwandler der Welt". Unter seiner Herrschaft kommt es zur Vereinigung Siziliens mit dem Deutschen Reich.

Der Aufstieg der autonomen, sich selbst bestimmenden, nur ihren eigenen Interessen verpflichteten Nationalstaaten, in deren Sog die europäische Geschichtsentwicklung immer stärker hineingezogen wird, vollzieht sich vor dem Hintergrund des Kampfes der zwei ein Zeitalter bestimmenden Kräfte Imperium und Sacerdotium, durch deren Niedergang der Weg zur völligen Entfaltung der mit neuem Machtanspruch ihrer Herrscher (Charisma, theokratische Amtsgedanken) auftretenden, im Gang ihrer politischen Geschichte vielfach von dynastischen Entwicklungen abhängigen Einzelstaaten endgültig freigegeben wird. Die Kausalität dieser Vorgänge ist vielschichtig, im Westen, in Frankreich, ist sicherlich eine der Grundlagen für den Aufstieg des französischen Staates in der zum Reich unterschiedlichen Ausgestaltung des Lehnswesens zu sehen, dessen zentripetale Wirkung, insbesondere bedingt durch die Institution der Ligesse, im Gegensatz zur zentrifugalen Wirkung des Lehnswesens in Italien und dem Reich, wo es sich immer mehr verdinglicht („Der Vasall dient, weil er ein Lehen hat", H. Mitteis), eine zentralistische Ausrichtung auf den König hin hervorruft, der so durch Zusammenfassung seiner Macht zugleich einen Aufschwung des Staatswesens bewirkt. In dem straff zentralisierten Lehensstaat erfolgt die Machtausweitung der französischen Krone durch Geltendmachung oberlehnsherrlicher Rechte. So werden die Engländer „sozusagen auf dem Verwaltungswege aus dem Lande gedrängt", und der Krieg von 1294 bis 1297 zwischen Philipp IV. dem Schönen und Edward I. von England ist als „Vorgang der inneren französischen Staatsbildung" (W. Kienast) aufzufassen.

Diese Schritte auf eine moderne Staatlichkeit hin, die Institutionalisierung der öffentlichen Gewalt, die zum vorrangigen Moment der spätmittelalterlichen Phase wird, erfolgen in den einzelnen Ländern Europas strukturell und zeitlich unterschiedlich: in England, Sizilien und den spanischen Königreichen im Rahmen der Nationalmonarchien, in Ober- und Mittelitalien in den Kommunen und in Deutschland und anfänglich auch in Frankreich in den Territorialherrschaften. Die Entwicklung des deutschen Territorialstaates, der nicht einfach als „Zerfallsprodukt des Reiches" (G. Tellenbach) angesehen werden kann, findet ihre entscheidendste Grund-

Reliquienbüste von Ludwig IX., dem Heiligen (1226–1270). Die Büste ist etwas unter Lebensgröße und ist wohl anfangs des 14. Jahrhunderts entstanden. Schatzkammer der Kathedrale Notre Dame zu Paris.

legung mit der Kräftigung der Territorialherrschaften gegenüber dem Reich durch die „Confoederatio cum principibus ecclesiasticis" Friedrichs II. von 1220 und das „Statutum in favorem principum" von 1231.

Mit der Festigung der übergeordneten öffentlichen Gewalt im 13. Jahrhundert vollzieht sich zugleich die Ausprägung der abendländischen Souveränität. In geschickter Benützung des römischen Rechts, das nach seiner Wiedergeburt im 12. Jahrhundert in der neu sich bildenden Rechtspflege Kaiserrecht ist, wird die Formel „Rex est imperator in regno suo" (der König ist Kaiser in seinem Reich – Bulle „Per venerabilem" des Papstes Innozenz III. von 1204), unter Aneignung der kaiserlichen Vorrechte durch die Monarchien, zum Ansatzpunkt für die Infragestellung des Vorranges des universalen Kaisertums. Dieses Axiom in der bisherigen Weltordnung des Mittelalters, zuerst angetastet von Frankreich, wird zunehmend brüchig, gefördert durch den politischen Niedergang und Machtschwund des Reiches, zugleich aber auch in der politischen Theorie als göttliche Weltordnung verteidigt (Alexander von Roes, Dante). In den pro- und antiimperialen Auseinandersetzungen wandelt sich das politische Weltbild und stimmt damit mit der faktisch bereits vollzogenen Unabhängigkeit der Einzelstaaten vom Reich überein. Die erlangte Souveränität der „regna" (Königreiche) und anderer Gewalten erfährt nun auch ihre theoretische Untermauerung: Bei der Ausgestaltung einer antikaiserlichen Staatstheorie geht dabei vor allem das normannische Staatsdenken (Richard von Lacy, Alanus) führend voran, das sich ohne Zögern über die bestehende politische Ordnung hinwegsetzt. Die sich jetzt jeglichen Einspruchs von außen verschließenden öffentlichen Gewalten, die sich mit ihrem Gleichheitsanspruch neben den „status imperii" (Status des Kaiserreiches – Bezeichnung für die kaiserliche Gewalt; das Wort Staat entsteht erst später) stellen, also ihre „regalia" (hier monarchische Gewalt) oder „potestas" (die von den Landesfürsten oder Städten verkörperte Gewalt) mit der Kaisergewalt gleichsetzen, durchlaufen so, ihre Legitimität durch das Recht und die politische Theorie absichernd, in den Jahrhunderten des Späten Mittelalters einen Entwicklungsprozeß zum autonomen modernen Staat hin. Durch die Auflösung der die Einheit des Abendlandes verkörpernden universalen Gewalten Kirche und Reich beschleunigt, wird mit der „Bildung und Entfaltung einer Behördenorganisation, die der Fürst nicht nur als Instrument für seine Machtsteigerung gebraucht, von der er vielmehr auch selbst in seiner herrscherlichen Willkür eingeschränkt wird" (G. Tellenbach), unter Zurückdrängung der feudalen Strukturen, der Schritt vom mittelalterlichen Lehensstaat zum modernen Beamtenstaat vollzogen. Durch die Entwicklung von Finanzen, Justiz und Armeen (Ersatz des aus dem Adel hervorgehenden schweren Panzerreiters mit seinem zumeist ritterlichen Gefolge durch Söldnerheere, wo das Schwergewicht auf der Infanterie liegt), wodurch der Zentralisierungsprozeß noch eine weitere Steigerung erfährt, entfaltet sich mit der Potenzierung der staatlichen Gewalt, die Schritt für Schritt genügend Kontrollinstanzen zur Durchsetzung ihrer Ansprüche instituiert, der autonome abendländische Staat. Am Ende eines vielschichtigen Entwicklungsweges, den die sich herauskristallisierenden europäischen Staaten während des Spätmittelalters durchlaufen und auf dem die ersten Phasen des sich nun abzeichnenden europäischen Machtkampfes seit Friedrich II. zu registrieren sind, hat sich ein Kreis gleichberechtigter souveräner Staaten in Europa herausgeschält, durch deren wechselnde Machtkonstellationen die weitere Geschichte des Abendlandes geprägt wird. Das während des Späten Mittelalters gebildete europäische Staatensystem drückt dann zugleich auch auf Grund der seit dem 15. Jahrhundert erfolgenden europäischen Expansion der außereuropäischen Welt ihren Stempel auf: der neuzeitliche Geschichtsverlauf erhält so vom Abendland her seine wesentlichsten Impulse.

Erweist sich somit die spätmittelalterliche Phase europäischer Geschichtsentfaltung am vordergründigsten durch den Niedergang des Reiches, die Auflösung der „universitas christiana" und die Ausformung der europäischen Staatenwelt gekennzeichnet, ist also das Späte Mittelalter eine Zeit der Umbildung, in der früher geltende Ordnungen zusammenbrechen und durch neue, sich allmählich herausschälende ersetzt werden, so läßt sich diese Umformung während des Spätmittelalters auch in anderen Bereichen, sei es dem wirtschaftlichen oder gesellschaftlichen, sei es dem kulturellen oder geistigen, beobachten. Zweifelsohne stehen in der Zentralität der sozialen und damit verknüpft auch der ökonomischen Entwicklung während des Späten Mittelalters die Europa seit 1348 durchziehenden Pestepidemien, die, aus dem Orient eingeschleppt, die abendländische Welt mit furchtbarer Wucht treffen und hier zu einem Massensterben führen, in dessen Verlauf die Dörfer und Städte oft um weit über die Hälfte ihrer Einwohner dezimiert werden. Läßt das 13. Jahrhundert, dieses „Zeitalter der Klarheit und Hierarchie" (M. Bloch), die Mediävisten noch von einer Blütezeit sprechen, in der mit dem Aufschwung der Landwirtschaft und den Verbesserungen auf technischem Gebiet ein Rückgang der Hungersnöte zu verzeichnen ist, in der, bedingt und gefördert durch die Entfaltung des Handels, sich ein wirtschaftlicher Wohlstand herausbildet, in die das Aufblühen der Städte fällt und in der sich die Kulmination der Gotik vollzieht – läßt also dieses Zeitalter mit seiner hohen Geistigkeit (Minnesang; Dante, an der Schwelle zum 14. Jahrhundert stehend, aber noch dem 13. Jahrhundert zutiefst verhaftet) alle Schlüsse auf eine stetige

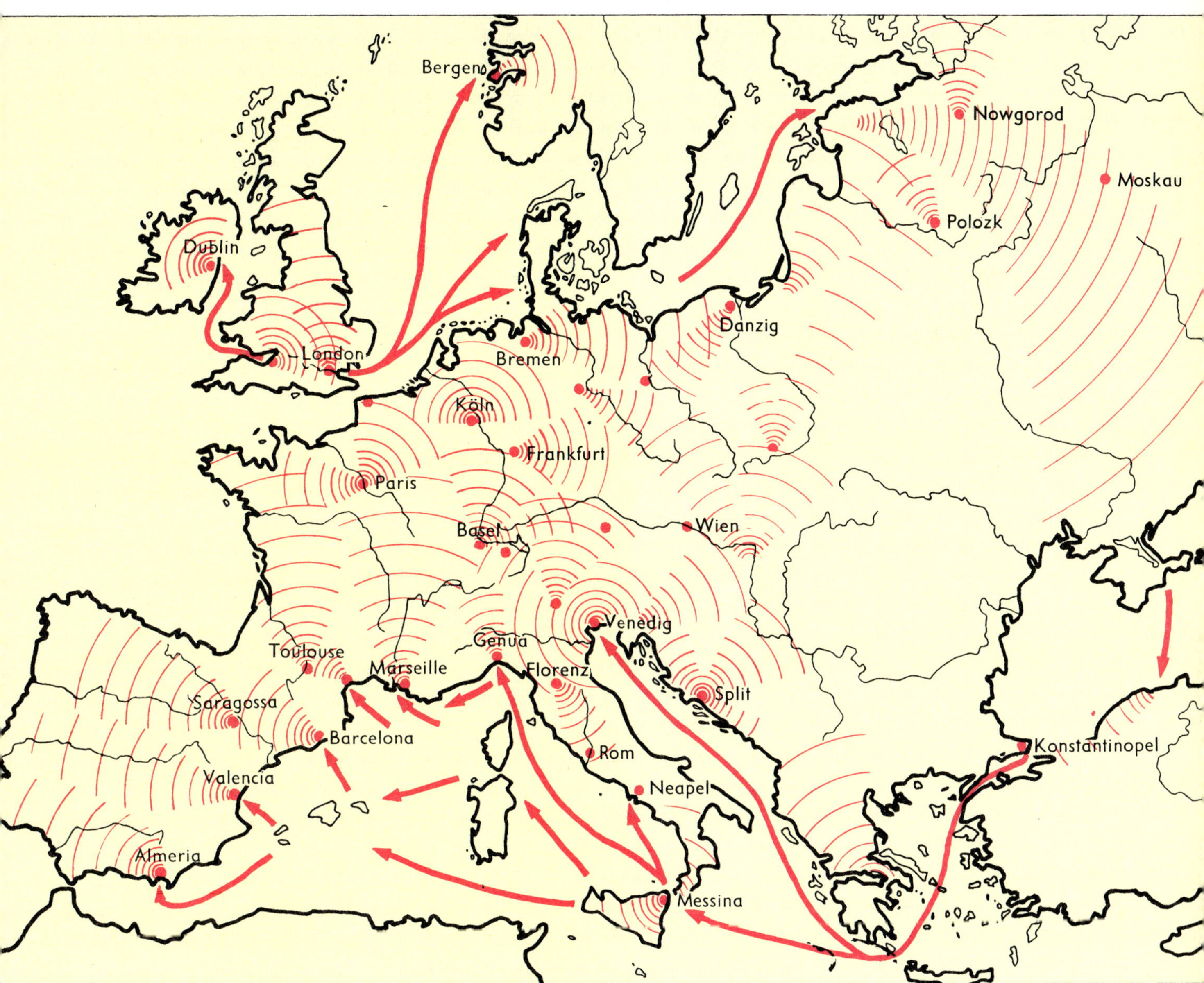

Die Pest in Europa 1347–1352. Der „Schwarze Tod" breitet sich über ganz Europa aus: Frühjahr 1347 Krim, Konstantinopel; Oktober Messina; Ende 1347 Griechenland; Januar 1348 Ragusa, Genua, Venedig, Avignon; Anfang 1348 Balearen; März Florenz, Narbonne; Frühjahr Barcelona, Almeria; April Toulouse; Mai Valencia; Juni Trient, Mühldorf, Paris; Juli Rom; August Triest, Calais, Bristol; September Saragossa; November London; Ende 1348 Bretagne; 1348–49 Dänemark; Januar 1349 Krakau; Anfang des Jahres 1349 Polozk; April Basel, Wien; Sommer Bergen; Juli Dublin; September Zürich, Frankfurt; Dezember Köln; April 1350 Magdeburg; Mai Bremen; Juli Danzig; Frühjahr 1352 Rußland; August Nowgorod.

Weiterentwicklung zu, so tritt mit der Ausbreitung der Beulenpest in Europa und der durch sie verursachten Verminderung der Bevölkerung (die Bevölkerungszahlen des frühen 14. Jahrhunderts werden in Teilen Europas erst wieder während des 16. Jahrhunderts erreicht) ein zwar sich schon vorher abzeichnender, jetzt aber erst voll zum Durchbruch gelangender Rückschlag ein, der im sozio-ökonomischen Bereich im Zuge einer durch die große Entvölkerung bewirkten Agrarkrise zu weitgehenden Umstrukturierungen führt. Nicht ohne Berechtigung hat man daher in Hinblick auf die Pest von einem „Zusammenbruch in der bevölkerungsmäßigen Entwicklung Europas" gesprochen, von einem „der entscheidendsten Ereignisse der gesamten europäischen Geschichte" (F. Lütge).

Den während des 14. Jahrhunderts in Europa sich vollziehenden Umwandlungen auf wirtschaftlichem und gesellschaftlichem Gebiet gehen Veränderungen im Denken und Empfinden parallel, die in einer geistigen und religiösen Krise gipfeln. Das 13. Jahrhundert, das in dem Versuch, die Kirche in großangelegten Reformen zu erneuern, die Schaffung der neuen Orden der Minoriten oder Franziskaner, Prediger oder Dominikaner bringt, in dessen Verlauf der Aufstieg der Universitäten mit ihrer gewaltigen Befruchtung des geistigen Lebens fällt, in dem das scholastische Denken mit Albertus Magnus (1206–1280), Thomas von Aquino (1224–1274) und Siger von Brabant (um 1240–1284) seine höchste Entfaltung nimmt, dieses „Jahrhundert lichtvoller Geistigkeit" (J. Le Goff) wird von einem Zeitalter abgelöst, in dem sich der Niedergang des Papsttums, das in völlige Abhängigkeit von Frankreich gerät (Avignonesisches Papsttum, „Babylonische Gefangenschaft der Kirche"), vollzieht und in dem der Versuch unternommen wird, den Zwiespalt von Glauben und Vernunft aufzudecken. Der englische Franziskaner Wilhelm von Ockham (um 1290–1348) bestreitet die Fähigkeit der

Vernunft, alles zu begreifen: die Theologie ist für sie unerreichbar. Nach Ockham haben nur die Einzeldinge Wirklichkeit, die Allgemeinbegriffe sind hingegen nur Namen (Nomina). Das System der Hochscholastik mit seinem Streben nach Synthesen mündet so im Nominalismus der Spätscholastik, die in Duns Scotus, Wilhelm von Ockham und Thomas Bradwardine ihre bedeutenden Vertreter findet. Aber die Kritik und Skepsis, der Wille, das Gleichgewicht eines in scharfsinnigem Denken entstandenen Systems zu erschüttern, führen schließlich zu einem Pluralismus der Meinungen und Ideen, aus dem in der ersten Hälfte des 15. Jahrhunderts noch einmal ein großer Denker des Mittelalters herauszufinden versucht: Nikolaus von Kues (1401–1464), der die intuitive Schau der Mystik mit der Scholastik zu vereinigen strebt. Er steht jedoch allein in seiner Zeit. Ein neues heraufdämmerndes Zeitalter bezieht seine Impulse aus anderen Quellen: das geistige Gewicht des Abendlandes verlagert sich von Norden nach Italien.

Das Deutsche Reich im Zeichen der Auflösung

Das Spätmittelalter ist in der Mitte Europas durch die Auflösungserscheinungen des Deutschen Reiches und die Schwächung der königlichen Macht gekennzeichnet, was in den Grundzügen bereits durch das Interregnum nach der Doppelwahl von 1257 bis 1273 eingeleitet worden ist: zum bestimmenden Faktor bei der Königswahl wird das Kolleg der Kurfürsten, das seine Macht bei jeder Neuwahl in eigennützigem Interesse gebraucht, um so den König seinem Willen gefügig zu machen und weiteres Reichsgut zu erlangen. Der um 1230 geschaffene „Sachsenspiegel" des Eike von Repgow, ein Rechtsbuch, führt als Wähler die Erzbischöfe von Mainz, Trier und Köln an, ferner den sächsischen Herzog, den Markgrafen von Brandenburg und den rheinischen Pfalzgrafen. Als Könige können sich im Späten Mittelalter nur Herrscher mit großer Hausmacht gegenüber den Territorialherren durchsetzen, da das bereits in der Zeit des staufisch-welfischen Thronstreites angetastete Reichsgut zum größten Teil an die Fürsten übergeht. Im Verlauf des Späten Mittelalters macht die Ausprägung der Landeshoheit, welche durch die an die weltlichen Fürsten und die geistlichen Herren gewährten Privilegien Friedrichs II. eingeleitet worden war, rasche Fortschritte, die Entstehung der „Landesherren" schreitet voran, und es bilden sich im großen und ganzen selbständige Fürstenstaaten und autonome Städte. Für die Fürsten sind die eigenen Landesinteressen vorrangig, das Reichsinteresse tritt dagegen zurück; zum Mitträger der Reichsidee werden die Kurfürsten, aber insbesondere immer dann, wenn das Papsttum in seiner Forderung, Obergewalt über das Reich ausüben zu müssen, kurfürstliche Interessen verletzt. Eine Aushöhlung der landesherrlichen Macht erfolgt seit der Mitte des 13. Jahrhunderts, als der Grundsatz des patrimonialen Charakters der Territorien zu Erbteilungen in den Fürstenhäusern führt; zu dieser Schwächung tragen auch das Entstehen der Ständeversammlungen und der Landstände (zumeist Städte, Ritter und Klerus) bei. Die Stadt durchläuft im Spätmittelalter vielfach eine völlig autonome Entwicklung; zwar können nicht alle Städte ihre völlige Unabhängigkeit erringen, es bilden sich jedoch etwa 70 bis 80 freie Reichsstädte heraus, die nur noch dem Kaiser selbst unterstehen. Im Gegensatz zu Frankreich, das im Späten Mittelalter seine nationale Einheit erringen kann, gerät Deutschland infolge der Ausbildung der Landeshoheit immer mehr in einen Prozeß der Aufsplitterung, der vor allem im Westen des Reiches besonders groß ist: Ober- und Niederlothringen zerfallen hier in eine Vielzahl selbständiger Herrschaften (Geldern, Brabant, Seeland, Holland, Flandern), die schließlich den Herzögen von Burgund zufallen.

Rudolf I. von Habsburg (1273–1291) schafft mit seinem Sieg über Ottokar von Böhmen die Grundlage für das spätere habsburgische Großreich und die Donaumonarchie. Bildnis von seinem Grabmal im Dom zu Speyer.

Die Bildung des Hausmachtkönigtums: die Herrschaft Rudolfs I. von Habsburg und Adolfs von Nassau Da in Italien Papst Gregor X. (1271–1276) einen neuen Kreuzzug plant, fordert er die Einsetzung eines regierungsfähigen deutschen Königs und verlangt daher von den Kurfürsten Neuwahlen. Auf Betreiben des Burggrafen Friedrich von Nürnberg wird schließlich in Frankfurt am Main Rudolf I., Graf von Habsburg (1273–1291), zum deutschen König gewählt; er hat beträchtliche Besitzungen (Elsaß, Breisgau, Aar- und Zürichgau) und ist ein treuer Anhänger der staufischen Partei. Als Rudolf I. die Rückgabe des nach dem Tode Friedrichs II. entfremdeten Reichsgutes verlangt, wobei er seine Wähler ausnimmt, kommt es zur Auseinandersetzung mit König Ottokar von Böhmen (1253–1278), der Rudolf die Huldigung verweigert hatte. Im Verlauf zweier Feldzüge kann Rudolf Ottokar niederringen, der 1278 nach dem Sieg Rudolfs auf dem Marchfeld auf der Flucht erschlagen wird. Der Sieg über Ottokar von Böhmen begründet die habsburgische Hausmacht, da Rudolf die östlichen Länder Österreich, Steiermark, Kärnten und Krain einzieht und sie seinen Söhnen und Verwandten zu Lehen gibt. Mit der Schaffung von Eigenbesitz verstärkt sich zugleich auch die Stellung des Königtums, das ja einen Teil wichtiger Rechte unter Friedrich II. abgegeben hatte. Aber auch im Westen, im Herzogtum Schwaben und in der Schweiz, vermag Rudolf I. seine Hausmacht beträchtlich zu erweitern, obgleich sich die Herrschaft der Habsburger mehr und mehr nach Osten, nach Österreich, verlagert, wo die Grundlagen für das spätere habsburgische Großreich geschaffen werden. Die Kaiserkrönung Rudolfs scheitert zweimal an dem zu frühen Tod Gregors X. und Nikolaus' III. (1277–1280), und in Italien selbst kann Rudolf die frühere Reichspolitik der deutschen Könige nicht fortsetzen; er muß auf die Romagna verzichten, die man an der Kurie als einen Teil des Kirchenstaates ansieht. Im Westen vermag Rudolf I. den Pfalzgrafen Otto IV. von Burgund, der ihm nicht als Lehensmann gehuldigt hat, zur Unterwerfung zu zwingen, jedoch kann er die zunehmende Annäherung der Grafschaft an Frankreich nicht verhindern. Rudolf stirbt 1291 in Speyer und wird im Dom begraben, eine gesicherte Nachfolge für sein Haus vermochte er nicht zu schaffen.

Die Wahl des unbedeutenden Grafen Adolf von Nassau (1292–1298) kommt auf Betreiben des Erzbischofs von Mainz, Gerhard von Eppstein, zustande, da die Kurfürsten keinen mächtigen deutschen König auf dem Thron wollen und daher nicht Rudolfs Sohn Albrecht wählen. Als Adolf von Nassau sich in Meißen und Thüringen eine Hausmacht aufzubauen beginnt, gerät er in Gegnerschaft zum Erzbistum Mainz, dessen Interessen er im Eichsfeld verletzt. Im englisch-französischen Krieg wegen Guyennes geht Adolf von Nassau ein Bündnis mit Edward I. von England gegen Subsidienzahlungen ein, verspricht aber zugleich gegen Geldzahlungen Frankreich die Wahrung der Neutralität. 1298 setzt eine Kurfürstenversammlung in Mainz Adolf wieder ab und erhebt nun doch den Habsburger Albrecht zum König, gegen den Adolf in der Schlacht bei Göllheim am Donnersberg fällt.

Siegel Kaiser Rudolfs I. von Habsburg mit der Inschrift RUDOLFUS: DEI: GRATIA: ROMANORUM: REX: SEMPER: AUGUSTUS.

Das Deutsche Reich unter wechselnden Königshäusern bis zur Herrschaft der Luxemburgischen Kaiser Mit dem Habsburger Albrecht I. von Österreich (1298–1308) findet die Hausmachtpolitik seines Vaters ihre Fortsetzung. Eine Zusammenkunft mit Philipp IV. von Frankreich in Quatrevaux 1299 regelt das Verhältnis zu Frankreich, 1301/02 können die vier aufsässigen rheinischen Kurfürsten mit Hilfe der durch die Aufhebung der Rheinzölle gewonnenen Städte niedergeworfen werden. Statt dem Papst Bonifaz VIII. (1294–1303), der sich anfangs gegen Albrecht stellte, ihm dann aber die Kaiserkrone anbietet, gegen Frankreich Hilfe zu leisten, wendet sich Albrecht dem Osten zu, wo er nach der Ermordung des letzten männlichen Przemysliden, Wenzels III., Böhmen als erledigtes Lehen betrachtet und seinen Sohn Rudolf nach einem Feldzug gegen die böhmischen Stände zum König erklären läßt. Als jedoch Rudolf 1307 plötzlich stirbt, erhebt die habsburg-feindliche Partei Heinrich von Kärnten zum böhmischen König. Weitere Pläne Albrechts in den östlichen Gebieten werden durch seine Ermordung 1308 zunichte gemacht.

Gegen den Willen des französischen Königs wird Heinrich VII., Graf von Luxemburg (1308–1313), zum deutschen König erhoben, womit die Vormachtstellung der Habsburger im Reich wieder eingedämmt werden kann. Nach der Absetzung Heinrichs von Kärnten auf Veranlassung der Reichsfürsten durch eine böhmische Partei belehnt Heinrich VII. seinen Sohn Johann mit Böhmen, der durch die Heirat von Wenzels II. jüngerer Tochter Elisabeth 1310 Böhmen an die Luxemburger bindet und damit deren Hausmacht beträchtlich erweitert. In einem Italienzug 1310 bis 1313, der von den Ghibellinen, der ehemals kaisertreuen Partei, jubelnd begrüßt wird, versucht Heinrich VII. den Glanz des deutschen Kaisertums wieder aufleben zu lassen. In seiner Schrift „De monarchia" preist Dante die kaiserliche Universalherrschaft und verkündet in einem Brief an die Fürsten und Völker Italiens die Herrschaft Heinrichs als den Beginn des Goldenen Zeitalters. In Mailand zum König der Langobarden erhoben, 1312 zum Kaiser gekrönt, scheint der Italienzug erfolgreich zu sein, doch leistet das guelfinische Florenz erbittert Widerstand. Ein bevorstehender Krieg mit König Robert von Neapel, gegen den Heinrich mit Friedrich von Sizilien verbündet ist, was ihm sicherlich die Gegnerschaft des Papstes eingebracht hätte, kommt durch den plötzlichen Tod des Kaisers nicht zum Ausbruch.

Die Uneinigkeit der Kurfürsten, welche den Gegensatz zwischen Habsburg und Luxemburg spiegelt, führt im Reich erneut zu einer Doppelwahl: Friedrich von Österreich (1314–1330), dem Sohn Albrechts I., steht mit Ludwig IV. dem Bayer (1314–1347) ein Wittelsbacher gegenüber. Durch den Sieg der Eidgenossen am Berg Morgarten 1315 über Friedrichs Bruder Leopold I. von Österreich wird Friedrichs Macht erheblich geschwächt. Ludwig bestätigt daraufhin den Waldstädten ihre Reichsunmittelbarkeit, und der Dreiländerbund entwickelt sich durch die Aufnahme neuer Städte (1332 Luzern, 1351 Zürich, 1352 Glarus und Zug, 1353 Bern) zur achtörtigen Eidgenossenschaft weiter. Der mit dem Böhmenkönig Johann verbündete Ludwig kann 1322 Friedrich von Österreich bei Mühldorf am Inn schlagen, und der Wittelsbacher ist alleiniger deutscher König. Mit Papst Johann XXII. (1316–1334) entbrennt noch einmal der das Mittelalter bestimmende Kampf zwischen sacerdotium und imperium, und 1327 bis 1330 unternimmt Ludwig IV. einen Romzug, auf dem er in Mailand die eiserne Langobardenkrone empfängt und Pisa unterwerfen kann. Gegen Robert von Neapel und Johann XXII. geht er ein Bündnis mit Friedrich III. von Sizilien ein. In Rom hat die Bevölkerung ein demokratisch-republikanisches Stadtregiment errichtet, Ludwig wird die Signorie in der Stadt auf ein Jahr übertragen, und am 17. Januar 1328 erhält er die Kaiserkrone. Gegen Johann spricht Ludwig IV. wegen Ketzerei und Majestätsbeleidigung die Absetzung und Todesstrafe aus, zum Gegenpapst wird Nikolaus V. erhoben. Da Ludwig aber den von den Römern erwünschten Kriegszug gegen Robert von Neapel nicht unternimmt, wird er mitsamt dem Gegenpapst wieder vertrieben. Eine Verständigung mit Avignon scheitert, da Ludwig auch bei dem Nachfolger Johannes' XXII., Bene-

Sigismund, der Sohn des Kaisers Karl IV., wurde 1368 in Nürnberg geboren. 1378 erbte er die Markgrafschaft Brandenburg. Durch seine Verlobung mit Maria, der Tochter Ludwig des Großen von Polen und Ungarn, wurde er 1387 König von Ungarn. Von den deutschen Kurfürsten 1410 zum Kaiser gewählt regierte er bis zu seinem Tode am 9. Dezember 1437 in Znaim. Gemälde von Albrecht Dürer. Germanisches Nationalmuseum Nürnberg.

dikt XII. (1334–1342), das päpstliche Approbationsrecht nicht anerkennt. Gegen die Kurie und damit zugleich Philipp VI. von Frankreich geht der Kaiser schließlich ein Bündnis mit Edward III. von England ein. Die um ihre Rechte fürchtenden deutschen Kurfürsten unterstützen jetzt auch Ludwig gegen Frankreich und den Papst. Der Kurverein von Rhens verkündet als Reichsrecht, daß der von den Kurfürsten oder ihrer Mehrheit gewählte König nicht der päpstlichen Bestätigung bedürfe. Auf dem Reichstag in Frankfurt 1338 wird das Rhenser Weistum in veränderter Fassung als Kaisergesetz verkündet: durch die Königswahl werden zugleich auch Rechte und Titel des Kaisers vergeben.

In Koblenz trifft Ludwig IV. 1338 mit dem englischen König Edward III. zusammen, der durch Fürstenspruch als rechtmäßiger König von Frankreich anerkannt wird. Als Ludwig jedoch Edward nur ungenügend unterstützt, scheitert dessen Feldzug gegen Philipp von Frankreich. Schließlich löst Ludwig das Bündnis mit England und verbündet sich mit Philipp von Frankreich. Diese schwankende Außenpolitik sowie die rücksichtslose Hausmachtpolitik Ludwigs, die ihm die Feindschaft der Luxemburger zuzieht, läßt den Widerstand gegen ihn im Reich anwachsen, und ein Teil der Fürsten verbündet sich mit Clemens VI. (1342–1352), der einen Prozeß gegen Ludwig wegen kirchlicher Vergehen, Einmischung in den Armutsstreit, Begünstigung der Ketzer (z.B. Marsilius von Padua) u.a. anstrengt. Schließlich wählen die Kurfürsten Karl IV. 1346 zum Gegenkönig. Einen drohenden Bürgerkrieg verhindert der Tod Ludwigs 1347 auf der Bärenjagd.

Die Herrschaft der Luxemburgischen Kaiser (1346–1437) Mit Karl IV. (1346 bis 1378) besteigt ein hochbegabter und gebildeter Monarch den deutschen Thron. Nach der Königswahl in Rhens teilen die Kurfürsten dem Papst die Wahl mit, bitten diesen aber nur noch um die Kaiserkrönung, nicht jedoch um die Approbation; für Italien hat Karl allerdings den päpstlichen Approbationsanspruch bereits anerkannt. Die Krönung Karls erfolgt im November 1346 in Bonn. Karls IV. Politik ist auf die Stärkung seiner Hausmacht ausgerichtet, von seinem Erbland Böhmen aus erweitert er seine Territorialmacht durch Aufkauf und Verträge (Vereinigung Schlesiens mit Böhmen, Erwerb der Niederlausitz von den Wittelsbachern u.a.), wobei er sich auf die böhmischen Silbergruben stützt. Unter Karl IV. entwickelt sich Prag zu einem kulturellen Zentrum (Erbauung der Prager Neustadt, des Domes, der Burg Hradschin, des Karlsteins), das 1348 eine Universität – die erste in Deutschland – erhält. In Karls Herrschaft fällt das Auftreten der Pest von 1348 bis 1352, welche ganz Europa erfaßt und breite Teile der Bevölkerung hinrafft. Von 1354–1355 unternimmt Karl einen Italienzug, der der Erlangung der Kaiserkrone dienen soll. Von der Hand des päpstlichen Legaten erhält Karl 1355 die Kaiserkrone, muß aber auf Verlangen der Kurie – vom Volke verhöhnt – eilends die Stadt wieder verlassen. Ein zweiter Italienzug Karls fällt in die Jahre 1368/69. Bereits 1365 war Karl IV. nach Avignon gereist, um Papst Urban V. (1362–1370) zur Rückkehr nach Rom zu überreden. 1367 war Urban dem nachgekommen und ergriff Partei gegen die Visconti, gegen die nun Karl mit großem Heer vorrückt, jedoch nichts erreichen kann. Enttäuscht kehrt Urban V. daher 1370 wieder nach Avignon zurück.

Da Karl IV. sich mit der Dezentralisierung des Reiches abgefunden hat, erläßt er 1356 ein Reichsgrundgesetz, die Goldene Bulle, durch das die Königswahl geregelt wird. Für die Königswahl ist die Mehrheit der Wählerstimmen maßgebend, Wähler sind die sieben Kurfürsten, welche die Wahl des Königs schon längere Zeit innehatten (drei geistliche: Erzbischof von Mainz, zugleich

Kaiser Karl IV. (1346–1378) war der Gründer der ersten deutschen Universität in Prag. Bildnisbüste im Prager Dom von Peter Parler aus Gmünd.

Erzkanzler für Deutschland, Erzbischof von Trier, zugleich Erzkanzler für Burgund, Erzbischof von Köln, zugleich Erzkanzler für Italien; vier weltliche: König von Böhmen – Erzschenk –, Pfalzgraf bei Rhein – Erztruchseß –, Herzog von Sachsen-Wittenberg, – Erzmarschall–, Markgraf von Brandenburg, – Erzkämmerer). Die Einberufung der Wahlversammlung erfolgt durch den Erzbischof von Mainz, die Wahl soll in Frankfurt, die Krönung in Aachen, der erste Reichstag in Nürnberg stattfinden. Den Kurfürsten wird eine Sonderstellung eingeräumt, sie erhalten bestimmte Hoheitsrechte (Zoll-, Burg-, Münz-, Salz-, Berg- und Judenregal sowie die uneingeschränkte Gerichtsbarkeit). Die Kurfürstentümer werden für unteilbar erklärt, und die Erbfolge wird im Mannesstamm nach dem Erstgeburtsrecht geregelt. Die Goldene Bulle schreibt die Erstarkung der Kurfürsten auf Kosten der Zentralgewalt, des Königtums, fest; letzteres ist nun völlig auf seine Hausmacht angewiesen. Karl IV. gelingt es als erstem Kaiser nach den Staufern wieder seinem Sohn Wenzel die Königskrone zu sichern, 1376 wählen die Kurfürsten Wenzel zum deutschen König und krönen ihn in Aachen. 1378 stirbt Karl IV., durch die Aufgabe der nicht haltbaren Stellungen in Italien und Burgund und die Aufnahme einer dynastischen Hausmachtspolitik im Osten hat er dem Reich wieder eine machtpolitische Stabilität gegeben.

In die Regierungszeit Wenzels (1378 bis 1400) fällt der Süddeutsche Städtekrieg (1377 bis 1389). Die süddeutschen Städtebündnisse in der zweiten Hälfte des 14. Jahrhunderts haben die Aufgabe, die Selbständigkeit der Reichsstädte gegen die Fürsten und die Reichsritter zu sichern (Schwäbischer Städtebund, 1376 gegründet; elsässischer Städtebund, der sich 1381 zum Rheinischen Städtebund erweitert: mit dem Schwäbischen schließt er sich zum großen Süddeutschen Städtebund zusammen). Die Städte lehnen den von Wenzel 1383 in Nürnberg ausgerufenen Reichslandfrieden ab, und Wenzel stellt sich auf die Seite der Fürsten, die 1388 unter Eberhard dem Greiner die schwäbischen Städte bei Döffingen besiegen. Zuvor haben jedoch die Schweizer Eidgenossen (Bern, Zürich, Luzern, Zug) ein Ritterheer unter Herzog Leopold III. von Österreich in der Schlacht bei Sempach 1386 vernichtend geschlagen, 1389 erkennt Österreich die Unabhängigkeit der Eidgenossen an. Im Reich verkündet Wenzel 1389 den Landfrieden zu Eger, der die Städte zur Aufgabe ihrer Bündnisse zwingt. Der Fürstenstaat hat sich gegenüber den Städtebünden durchgesetzt, die sich allmählich auflösen.

In seinem Stammland Böhmen wächst derweil der Widerstand gegen Wenzel, der träge und trunksüchtig ist, und 1394 wird er durch Jobst von Mähren und die Landesherren, die sich mit Wenzels Bruder Sigismund, Österreich und Meißen verbündet haben, gefangengenommen, doch erzwingen die Kurfürsten wieder seine Freilassung. Seit 1397 tragen sich die Kurfürsten jedoch ernsthaft mit dem Gedanken der endgültigen Absetzung Wenzels, und die vier rheinischen Kurfürsten erklären am 20. August 1400 Wenzel für abgesetzt und wählen Ruprecht von der Pfalz (1400 bis 1410) zum deutschen König.

Ruprechts Regierung ist trotz dessen redlicher Bemühung im großen und ganzen glücklos, ein 1401–1402 unternommener Romzug scheitert (Niederlage bei Brescia gegen Mailand), im Reich bildet sich 1405 der Marbacher Bund (Kurmainz, Baden, Württemberg, Straßburg, 17 Städte Schwabens), der gegen den König und seine pfälzische Hausmachtpolitik gerichtet ist. 1410 stirbt Ruprecht von der Pfalz, und die Uneinigkeit der Kurfürsten führt wieder einmal zu einer Doppelwahl: auf den deutschen Thron gelangt der Bruder Wenzels, Sigismund (1410–1437), Markgraf von Brandenburg, König von Ungarn; Mainz und Köln wählen Jobst von Mähren, der jedoch bereits 1411 stirbt.

Die Hausmacht von Sigismund ist beträchtlich, zu seinem Erbe gehört die Markgrafschaft Brandenburg, er ist König von Ungarn, und Böhmen gewinnt er nach dem Tode seines Bruders Wenzel. Hauptaufgabe Sigismunds ist die Beseitigung des abendländischen Schismas, dies schon im eigenen Interesse, da er die nach der Schlacht von Nikopolis (1411) dringend benötigte Kreuzzugshilfe für Ungarn gegen die Osmanen nur nach der Beilegung der Kirchenkrise erwarten kann. Sigismund bereitet daher entschieden das Konzil von Konstanz (1414 bis 1418) vor, wo der deutsche König nochmals als Schutzherr der

Kirche auftritt. Auf dem Konzil von Konstanz erleidet Johann Hus (1369/70 bis 1415) als Ketzer den Feuertod. Dies führt in Böhmen zu dem von 1419 bis 1436 dauernden Hussitenkrieg. Die Anhänger von Hus, Hussiten, auch Kalixtiner (von calix = Kelch) oder Utraquisten genannt (sie verlangen das Abendmahl sub utraque specie auch für den Laien), versuchen ihre vom Konzil verworfene Lehre gewaltsam durchzusetzen. Nach dem Tode Wenzels 1419 kommt es zum offenen Aufstand, als die Nachfolge Sigismunds, des Mörders von Hus, bevorsteht. Eine radikale Richtung der Hussiten sind die Taboriten (benannt nach der befestigten Stadt Tabor, die sie auf einem Berg bei Austi errichtet haben), welche die Transsubstantiationslehre verwerfen und nur die Bibel als Grundlage des Glaubens anerkennen. Zusammen mit dem Ritterstand erheben sich Bauern und Kleinbürger vor allem gegen die Deutschen, die 1420 zur Flucht gezwungen werden. Sigismund kann zwar die Krone von Böhmen auf dem Hradschin erlangen, er kann sich jedoch in Böhmen nicht durchsetzen, bei Deutsch-Brod wird Sigismunds Heer 1422 von den Hussiten vernichtet. In zahlreichen Kriegszügen verheeren die Hussiten 1426/27 Bayern, Österreich, Franken, Sachsen, Lausitz, Schlesien und Brandenburg, bei Aussig (1426), Mies (1427) und Taus (1431) erleiden die Reichstruppen schwere Niederlagen. 1433 werden schließlich die Prager Kompaktaten geschlossen, jedoch kann mit der Beendigung des Hussitenkrieges nicht die Gründung eines tschechischen Nationalstaates erreicht werden. Allerdings ist die Stellung des Königtums in Böhmen erheblich geschwächt, das Deutschtum stark zurückgedrängt. Der Kampf um das böhmisch-deutsche Königtum bleibt jedoch vorerst unentschieden, und Sigismund, der in Italien die Langobarden- und die Kaiserkrone (1433) erhalten hat, kann in Böhmen sein Erbrecht schließlich erfolgreich verteidigen. Gegen Ende der Regierungszeit Sigismunds fallen die westlichen Gebiete seines Reiches an die mächtigen Herzöge von Burgund aus der Nebenlinie der Valois. 1431 fällt auch das Herzogtum Lothringen nach dem Aussterben des direkten Mannesstammes an eine französische Dynastie.

Das Haus Habsburg auf dem deutschen Kaiserthron Mit Albrecht II. von Österreich (1438 bis 1439) gelangt das Haus Habsburg auf den deutschen Kaiserthron, den es jahrhundertelang innehaben wird. Nach dem frühen Tod Albrechts bei einem Kriegszug gegen die Türken wählen die Kurfürsten Friedrich III. von Innerösterreich (1440 bis 1493) zum deutschen König. Er stellt sich auf die Seite des Papstes Eugen IV., 1445 schließt er mit ihm ein Konkordat für Österreich, dem 1448 eines für Deutschland mit Nikolaus V. (1447 bis 1453) folgt. Um eine Reichsreform bemüht sich Friedrich III. vergeblich. Da die kaiserliche Gewalt schwach ist, nimmt das Fehdewesen immer mehr zu. Auf den mangelnden Rechtsschutz im Reich ist die immer stärkere Ausbildung der Femegerichte zurückzuführen, die ihre Urteile heimlich fällen; das Urteil lautet immer auf Freispruch oder Tod durch den Strang.

Außenpolitisch muß das Reich unter Friedrich III. schwere Verluste hinnehmen, zuerst 1443 bis 1450 im Krieg mit den Eidgenossen, dann vor allem in der Auseinandersetzung mit Burgund. 1460 wird Schleswig-Holstein nach dem Aussterben der Grafen von Schauenburg mit Dänemark vereinigt, 1466 wird das Ordensland Westpreußen mit Ermland an Polen abgetreten. Eine expansive Politik betreibt Karl der Kühne von Burgund (1467 bis 1477). 1468 verleibt er Lüttich ein, im Vertrag von Saint-Omer 1469 gewinnt er das Oberelsaß, Breisach und die Grafschaft Pfirt, 1473 annektiert er Geldern und Zutphen. 1475 erobert er das Herzogtum Lothringen, muß aber 1476 Niederlagen bei Grandson und Murten auf dem Marsch gegen Bern hinnehmen, im Kampf gegen eine Übermacht eidgenössischer, elsässischer und lothringischer Truppen findet er 1477 bei Nancy den Tod. Durch die Heirat von Karls Tochter Maria mit dem Erzherzog Maximilian wird die habsburgische Hausmacht um die Freigrafschaft Burgund und die Niederlande erweitert. Als letzter deutscher König wird Friedrich III. 1452 von Nikolaus V. in Rom zum Kaiser gekrönt.

Die Herausbildung der Nationalstaaten Europas

Für die geschichtliche Entwicklung des Abendlandes im Späten Mittelalter ist die Änderung des politischen Weltbildes kennzeichnend. Mit dem schrittweisen Verfall des Kaisertums seit Friedrich II. wird die aus der Tradition des Imperium Romanum sich herleitende Vorstellung von einem die Länder der abendländischen Welt umfassenden christlichen Universalreich in zunehmendem Maße durch partikularistische Tendenzen verdrängt, die – sich mehr und mehr in einem sich von der universalen Reichsidee des Frühen und Hohen Mittelalters abhebenden Einzelstaatendenken ausdrückend – schließlich in der Bildung der europäischen Nationalstaaten einmünden. An die Stelle des universalen Reiches des Frühen und Hohen Mittelalters treten jetzt mehrere Einzelstaaten, die untereinander – rangmäßig einander ebenbürtig – um die Vormacht rivalisieren. Eine maßgebliche Rolle bei der Entwicklung der europäischen Länder zu autonomen Einzelstaaten kommt der öffentlichen Gewalt zu, in den westeuropäischen Ländern also der Monarchie, die allmählich im Verlauf des Hohen Mittelalters ihre zukunftsweisende Ausformung und insbesondere ihre Konsolidierung, auch nach außen hin, erlangt hat. Abschluß dieser Entwicklung ist die Ausbildung der königlichen Souveränität, die im Späten Mittelalter erreicht wird.

In all diesen Umwandlungsprozessen unterscheidet sich dabei die Entwicklung in Westeuropa von der in Deutschland und in Italien wesentlich: In letzteren kann die Monarchie die partikularistischen, der Ausprägung der uneingeschränkten Zentralmacht entgegenwirkenden zentrifugalen Kräfte der sich bildenden Städte und Fürstentümer nicht einschränken.

Zugleich vollzieht sich eine Wandlung in der Stellung des Königtums. Das Charisma der Herrscher, die Vorstellung von ihrem Gottesgnadentum, worin ihr Führungsanspruch gründet, verstärkt sich im 12. und 13. Jahrhundert zusehends, so daß schließlich die Autorität des Kaisers, seine übergeordnete Rangstellung, nicht mehr anerkannt wird. Diese neue Einstellung findet

Ausschnitt aus einem Gemälde Rogiers van der Weyden mit einer Darstellung des letzten Herzogs von Burgund, Karl dem Kühnen.

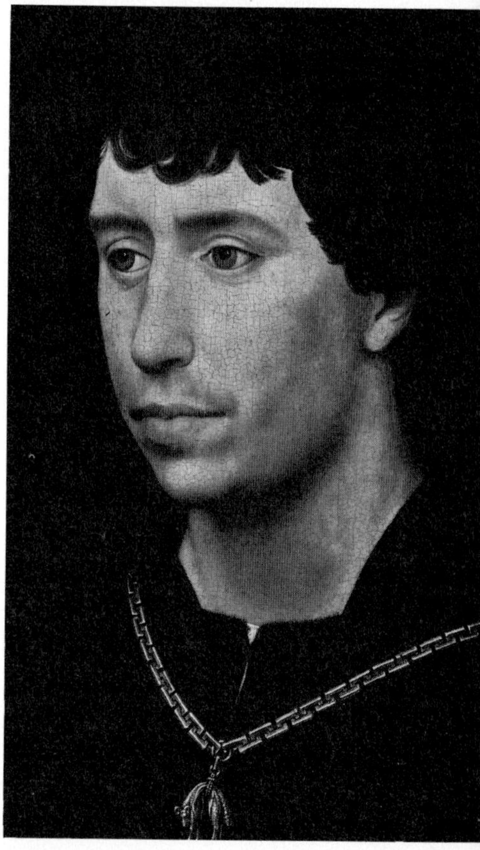

Ludwig XI. unterstützt die Lütticher bei ihrem Aufstand gegen den burgundischen Herzog Karl den Kühnen. Aus „Mémoires de Ph. de Commines“, Nantes.

ihren Niederschlag in einem Brief Innozenz' III. an den König von Frankreich (1202): der König, der auf Erden keinen Höheren anerkennt, ist Kaiser in seinem Königreich. Damit ist sowohl die Emanzipation vom Kaiser de facto erreicht als auch die Möglichkeit, sich zum Teil kaiserliche Rechte anzueignen. Diese zunächst nur auf Frankreich bezogene neue Haltung machen sich nach und nach auch die anderen europäischen Monarchien zu eigen. Allerdings dauert das Ringen um die kaiserliche Autorität und das Festhalten an der Universalreichsidee noch weiterhin an, wie sich aus den politisch-theoretischen Schriften des Guillaume Durand (1271/72), Roberts des Weisen von Neapel (1309) und Olduradus' de Ponte (1313) ablesen läßt; die Auseinandersetzung ist jedoch aus dem praktisch-realen Bereich schon weitestgehend in den theoretisch-abstrakten verdrängt.

Die zunehmende Emanzipation der europäischen Monarchien vom Kaisertum hat in erster Linie die Ausbildung der monarchischen Allgewalt (Souveränität) zur Zielsetzung, sie erweist sich als notwendige Voraussetzung für die staatliche Konsolidierung, für welche die Ausschließung aller auswärtigen Einmischungen und die Aufhebung aller in das Staatswesen eingreifenden Machtbefugnisse von außen her erforderlich ist. Die Ausprägung der Souveränität nach innen und nach außen erfolgt insbesondere durch Zurückdrängung aller lehnsrechtlichen Bindungen, die mit ihren partikularistischen und damit zentrifugalen Tendenzen und ihren überterritorialen Forderungen der staatlichen Zielsetzung einer Stärkung der zentralistischen Kräfte und dem Erreichen einer inneren und äußeren Konsolidierung entgegenwirken. Eine Sonderstellung in dieser Entwicklung nimmt England ein, wo schon sehr früh, in der angelsächsischen Zeit, durch den Treuevorbehalt dem König gegenüber die Konzentrierung aller Kräfte in einer Gewalt begünstigt wird.

Neben der Abschaffung des Lehnsherrentums dient auch das Streben nach Landfrieden der Monopolisierung der Staatsgewalt. Mit seinem Eingreifen in das Fehderecht und die autonomen Rechtsgewohnheiten zugunsten eines allgemeinen Friedens und Schutzes hat der Landfrieden die Vereinheitlichung der partikularistischen Kräfte im Staat zum Ziel und gibt in Westeuropa den Königen als Wahrern des Landfriedens ein Mittel zum weiteren Ausbau ihrer königlichen Allgewalt in die Hand. Auch in dieser Entwicklung geht England voran: Bereits in angelsächsischer Zeit sorgten die Könige für die Einhaltung der von ihnen erlassenen Landfriedensgebote. Frankreich kennt Friedensbemühungen seit dem 11. Jahrhundert, die ein-

schränkende Gesetzgebung des Landfriedens kann sich jedoch nur schwer durchsetzen, da er auf den Widerstand der adeligen Kreise stößt.
Mittel zur Durchsetzung der monarchischen Herrschaft in den neuen, sich bildenden Staaten ist die das Staatsgefüge mehr und mehr durchdringende Bürokratie, die sich überall im Abendland ausbildet. Ihre stärkste Vervollkommnung erreicht sie in Frankreich, wo sie eine bedeutende Rolle im Staatsleben einnimmt; das bürokratische System Frankreichs wird für die anderen europäischen Staaten zum Vorbild. An die Stelle des Lehnstaates tritt nun mehr und mehr der Beamtenstaat, in dem der Machtanspruch des Herrschers durch jederzeit absetzbare Beamte durchgesetzt werden kann.
In den neu sich ausformenden Staaten, in denen sich eine Umstrukturierung der älteren Formen vollzieht, erfährt auch das Verhältnis zum Papsttum eine Umgestaltung. Der Souveränitätsanspruch bezieht sich auch auf das Papsttum. Zudem bewirkt die charismatische Vorstellung vom monarchischen Herrschertum, daß die Regenten „von Gottes Gnaden" sich nicht nur dem Oberhoheitsanspruch des Kaisers, sondern auch dem des Papstes zu entziehen versuchen. Trotz eines Weiterwirkens der Idee von der Universalität der Kirche und trotz ihrer zeitweiligen Erneuerung vermögen die restaurativen Phasen in der Entwicklung der päpstlichen Macht nicht darüber hinwegzutäuschen, daß der Prozeß einer politischen Entmachtung und damit Ausschaltung des Papsttums in den kirchlichen Angelegenheiten der einzelnen Staaten Schritt für Schritt zunimmt. Der Weg der Ausklammerung der päpstlichen Einmischungsmöglichkeiten in das Kirchenwesen der einzelnen Staaten führt zur Ausprägung der Landes- und Territorialkirchen, die – ähnlich der politischen Entwicklung der westeuropäischen Staaten – sich zunehmend verselbständigen, wobei sie allmählich in die Souveränität der Staaten einbezogen und ihnen stufenweise eingegliedert werden.

ENGLAND – DER WEG IN DEN NATIONALSTAAT

Die spätmittelalterliche Entwicklung Englands bis zur Herrschaft des Hauses Lancaster Als Heinrich III. (1216 bis 1272), der Nachfolger Johanns ohne Land, 1227 die Regierung in England selbständig antritt, übernimmt er ein Land, das, durch den Verlust der Normandie vom unmittelbaren festländischen Einfluß abgeschnitten, völkisch weitestgehend zusammengewachsen ist. Da Heinrich ein aufwendiges Hofleben führt, erregt er mehr und mehr den Unwillen der Barone, der sich in dem Maße steigert, wie die Päpste, die Geld für ihren Kampf gegen Friedrich II. benötigen, maßlos die englische Kirche besteuern und viele Pfründen an Ausländer vergeben. Als auch Heinrich wegen der Annahme der sizilianischen Krone für seinen Sohn Edmund erhöhte Steuerforderungen stellt, bricht 1258 bis 1265 ein Aufstand der Barone aus. Sie entwerfen ein Reformprogramm, die Provisionen von Oxford (1259), die den König von einem baronialen Ausschuß abhängig machen; alle Ämter besetzen sie mit ihren Parteigängern neu. Unter den Baronen tritt jedoch bald eine Spaltung ein: Maßgebend wird die Partei des niederen Adels unter Simon von Montfort. In dem Streit des englischen Königs mit den Baronen wird Ludwig IX., der Heilige, von Frankreich zum Schiedsrichter aufgerufen. Er entscheidet in Mise d'Amiens 1264 zugunsten der königlichen Gewalt; der Spruch findet allerdings nicht die Anerkennung der Barone. Als der Bürgerkrieg ausbricht, schlägt Simon von Montfort die königliche Armee 1264 bei Lewes und setzt Heinrich und seinen Sohn gefangen. Damit ist die Regierungsgewalt in seine Hände gelangt. Unter ihm erfährt das Parlament (parlamentum = Besprechung, Versammlung) seine weitere Ausgestaltung. Vorgeprägt im magnum concilium Heinrichs III., das aus den Kronvasallen und den ersten Dienern des Königs bestand, zu denen 1254 noch vier Ritter als Vertreter der Grafschaften hinzukamen, erhält es durch Simon seine verbindliche Gestalt: Er beruft in das Parlament von 1265 neben je zwei Grafschaftsrittern noch zwei Bürger aus jeder Stadt. Unter dem Kronprinzen Edward, der 1265 aus der Gefangenschaft fliehen kann und Simon bei Evesham schlägt, leben dessen Reformideen weiter (Model Parliament von 1295; Ritter und Bürger bilden zusammen mit Adel und Klerus als den oberen Ständen die Parlamentsversammlungen).
Unter Edward I. (1272 bis 1307) erreicht das englische Königtum eine Machtfülle und Stabilität, wie sie erst wieder unter den Tudorkönigen erlangt wird. Edward I. ist als bedeutender Gesetzgeber in die Geschichte eingegangen. Er reformiert das Bodenrecht und das öffentliche Recht und versucht durch gezielte Verordnungen und Bestimmungen die Grundlagen seiner Macht zu schaffen und eine gefestigte Herrschaftsordnung aufzubauen. Neben dem Recht reformiert Edward auch das Rechts-

Edward II., der vierte Sohn Edwards I. und seiner ersten Gemahlin, Eleanor von Kastilien, besitzt nicht die politischen Fähigkeiten seines bedeutenden Vaters. Durch seine Günstlingswirtschaft verfeindet er sich mit den Großen des Landes. Die Unbeliebtheit Edwards erleichtert seine Absetzung durch die Opposition. Am 21. September 1327 wird er im Kerker ermordet. Bildnis von seinem Grab in der Kathedrale von Gloucester.

Die gotische Baukunst nimmt in England eine andere Entwicklung, wie das Beispiel der Kathedrale St. Andreas in Wells zeigt. Im Gegensatz zu Frankreich wird die Waagerechte betont und das Figurenprogramm überzieht die gesamte Breite der Fassade. Der Bau wurde von Bischof Reginald de Bahun (gestorben 1191) begonnen. Fassade und Langhaus stammen aus der Zeit zwischen 1220 und 1239, während der Oberbau der Türme erst im 14. und 15. Jahrhundert vollendet wurde.

verfahren. So werden u. a. in französischer Sprache year books, d. h. Prozeßberichte, geschrieben, die der Wahrung des Rechtsgutes dienen. In dem Maße, wie sich die Regelung Edwards I. durchsetzt, wächst das Ansehen der Richter; sie bilden schließlich einen eigenen Stand mit Gildenhäusern, die immer mehr zum Zentrum einer eigenen Rechtslehre werden und im 14. Jahrhundert zu den herausragendsten Bildungsstätten neben Oxford und Cambridge zählen.
Unter Edward I. erfährt das englische Parlament seine weitere Ausprägung: Die Commons, die Vertreter der Gemeinwesen, also der Grafschaften, Städte und Marktflecken, gewinnen im Parlament immer mehr an Bedeutung. Dies ist in erster Linie auf die hohen Steuerforderungen infolge der Kriege mit Frankreich wegen der Provinz Guyenne (1294 bis 1297), mit Wales (1272 bis 1284) und Schottland (1297) zurückzuführen. Da die Kriege nicht mehr auf der Grundlage des feudalen Ritterdienstes erfolgen, sondern von Söldnerheeren getragen werden, die Unsummen verschlingen, ist eine neue Besteuerung vonnöten, deren Hauptlast die Gentry und die Städte zu tragen haben. Zur leichteren Eintreibung der Steuern ist die Krone bestrebt, die vorherige Zustimmung der Commons zu erlangen.

Neben der Festigung seiner Macht nach innen hin verfolgt Edward I. auch eine expansive Politik nach außen. In zwei Feldzügen 1277 und 1282 bis 1284 erobert er Wales und teilt es in Grafschaften ein. Zur kriegerischen Auseinandersetzung mit Schottland kommt es, als nach dem Aussterben der schottischen Könige mit Alexander III. sich sein Nachfolger John Balliol gegen Edward als Oberlehnsherrn empört. Edward beansprucht daraufhin die Krone für sich, wogegen sich die Masse der Bevölkerung, angeführt von den kleinen Gutsbesitzern, den Lairds, erhebt. Unter William Wallace, dem Führer des Aufstands, werden die Engländer 1297 bei Stirling besiegt, doch kann Edward 1298 die mit Philipp IV. dem Schönen verbündeten Schotten bei Falkirk schlagen. Ein Kleinkrieg unter dem zum König gekrönten Robert Bruce dauert noch jahrelang fort. Als Edward 1307 stirbt, hinterläßt er eine fest gefügte Königsherrschaft.
Unter Edward II. (1307 bis 1327) artet die gesamte Politik zu einer verderbenbringenden Günstlingswirtschaft aus, die das Land in schwere Unruhen stürzt. Um seinen an der Regierung stark beteiligten Günstling Pierre Gaveston aus der Gascogne gegenüber den rebellierenden Magnaten zu schützen, ist Edward II. zu allen Zugeständnissen bereit. Die unter der Führung von Thomas Lancaster stehenden Barone, welche die Regierung in die Hand bekommen wollen, stellen Forderungen (Ordiances), die den König stark einschränken und teilweise entmachten. 21 Barone werden als Lords Ordainers eingesetzt. Aus ihnen erwächst eine gemäßigte Gruppe unter Earl Pembroke, die im Einvernehmen mit Edward die Ordiance weiterverfolgen will. In dem gleichzeitig wieder entbrennenden Krieg mit Schottland wird Edward II. 1314 bei Bannockburn von Robert Bruce vernichtend geschlagen, Schottland bleibt unabhängig. Im Namen Edwards regiert Thomas Lancaster von 1314 bis 1322, als er jedoch gegen die Günstlinge des Königs,

Die Chronik von Jean Froissart behandelt die Kriege in der Zeit von 1327–1400. Die Darstellung der Erstürmung einer Stadt (Brest) im 100jährigen Krieg ist gleichzeitig ein frühes Beispiel für den Einsatz von Artillerie im Festungskampf. Bibliothèque Nationale, Paris.

die Despensers, vorzugehen beginnt, wird er von Edward II. bei Boronbridge in Yorkshire geschlagen und enthauptet. Die Ordiances werden widerrufen. Die nun verstärkt einsetzende Günstlingswirtschaft führt wiederum zu umstürzlerischen Umtrieben, die in der Königin Isabella und ihrem Liebhaber Roger Mortimer ihre Führung haben. Der König wird abgesetzt, in Kenilworth gefangengehalten und dort schließlich grausam ermordet.

Sein Nachfolger, sein Sohn Edward III. (1327 bis 1377), kann die eigentliche Herrschaft erst antreten, nachdem er Roger Mortimer gestürzt hat (1330). In Edwards III. Regierungszeit fällt der Ausbruch des 100jährigen Krieges mit Frankreich, der zunächst die großen englischen Siege bei Crécy und Poitiers bringt. Beendet wird die erfolgreiche englische Kriegführung durch die aus Ostasien 1349/50 vordringende Pest. Durch den Schwarzen Tod wird die englische Bevölkerung von ungefähr 4 Millionen auf etwa 2½ Millionen verringert. Erst im Jahre 1369 flackert der Krieg wieder auf, die Franzosen erringen einen Sieg bei La Rochelle. Der Krieg entwickelt sich aus den Thronansprüchen Englands in Frankreich nach dem Aussterben der Kapetinger, wird aber mehr und mehr zu einer Sache des Volkes, das in dem Siegeszug der Heere erstmals eine nationale Angelegenheit sieht. Nicht zuletzt bewirkt dies die neue Zusammensetzung der Heere, die auf Grund der neuen Bewaffnung mit dem alten walisischen Langbogen und der Unterstützung der Bogenschützen durch die abgesessenen Ritter ihre Siege erringen. Der französische Ritter wird durch den bogenbewehrten Yeoman besiegt. Im Zusammenwirken der ritterlichen und bäuerlichen Schichten im englischen Heer, die bereits in Grafschaftsverwaltung und Parlament zusammenarbeiten, können Siege errungen werden. Dies hat tiefgreifende soziale Folgen, da die feudale Klasse mit dem Verlust ihres militärischen Monopols ihre frühere Stellung einbüßt. Dieser Prozeß wird noch beschleunigt, als im Verlauf des Krieges an die Stelle der durch eine Lehens- oder Wehrpflicht aufgebotenen Ritter und Fußsoldaten eine Berufsarmee tritt, welche zugleich auch um Beute ficht.

Folgenreich erweist sich der Krieg auch für das englische Parlament. Durch den Krieg mit Frankreich steigt der Geldbedarf im Land, was Edward III. zu Zugeständnissen an das Parlament zwingt. Die Teilung in das House of Lords (Oberhaus) und das House of Commons (Unterhaus) ist nun nachweisbar. Das Steuerbewilligungsrecht des Parlaments („No taxation without representation"), das seinen Anfang unter Johann ohne Land nahm, wird voll ausgebildet. Der König verzichtet auf das Recht, von den Einwohnern seiner Krondomäne Steuern zu erheben. Ebenso werden die vom König bewilligten Petitionen der Commons zu Gesetzen (daraus leitet sich das Gesetzgebungsrecht des Unterhauses ab). In den letzten Jahren seiner Regierung erweist sich Edward III. infolge seines Altersschwachsinns als regierungsunfähig. Es brechen innere Unruhen aus. John von Gent führt die Partei der Barone an, deren Forderungen im Parlament auf Widerstand stoßen. In Schottland besteigt nach dem Tode von David Bruce 1370 das Haus Stuart den Thron.

Für Richard II. (1377 bis 1399), einem Enkel Edwards III., der zehnjährig auf den Thron kommt, regiert zunächst John von Gent. In seine Amtszeit fallen die Reformpredigten John Wyclifs, eines Professors in Oxford. Er verwirft die weltliche Herrschaft der Kirche, bestreitet die Transsubstantiation im Abendmahl, vertritt die Abschaffung des Papsttums und der Klöster und erklärt die Priesterbeichte und Heiligenverehrung für unwirksam. Von der Vorherbestimmung sei das Seelenheil abhängig, den Gläubigen komme ein allgemeines Priestertum zu. Wyclifs Lehre wird 1382 zum Teil für ketzerisch erklärt. Unter Heinrich IV. und Heinrich V. werden die Anhänger Wyclifs, die Lollarden, grausam verfolgt (1401 Gesetz über Ketzerverbrennung). In die Regierungszeit Richards fällt auch der große Bauernaufstand von 1381. Er ergibt sich teilweise aus der Unzufriedenheit der Bauern mit der Regierung, teils aus den Spannungen, die aus dem bäuerlichen Widerstand gegen die Frondienste erwachsen. Zu Führern der Erhebung werden Wat Tyler und John Ball. Die Rebellion, die sich vor allem gegen John von Gent richtet, kann schließlich niedergeschlagen werden, nicht zuletzt dank der Unerschrockenheit Richards, der 1389 die Regierung selbst übernimmt und mit den Rebellen, welche in London eingedrungen sind, persönlich verhandelt. Bis 1397 regiert Richard maßvoll und kann seine Gewalt gegenüber den großen Baronen stärken, plötzlich entfaltet er jedoch ein despotisches Willkürregiment, das schließlich zu seiner Absetzung und Gefangennahme durch Heinrich von Hereford, dem Sohn John von Gents, führt. Das Parlament erklärt Heinrich zum König, mit ihm kommt das Haus Lancaster auf den englischen Thron.

Die Herrschaft des Hauses Lancaster (1399 bis 1461) Da Heinrich IV. (1399 bis 1413) seine Regierung dem Parlament verdankt, ist er auf die Wahrung von dessen Rechten bedacht. Unter ihm beginnt die Verfolgung der Wyclif-Anhänger (Lollarden), als deren erbittertster Feind sich sein Sohn Heinrich V. (1413 bis 1422) erweist. Für die Herrschaft Heinrichs V. ist allerdings nicht die Lollardenverfolgung bestimmend, sondern der erneute Anspruch Englands auf die französische Krone. Heinrich V. beginnt erneut den Krieg gegen Frankreich. Er schlägt das französische Heer bei Azincourt (1415) und ebenso bei Meaux. Nach seinem Tode übernimmt für seinen minderjährigen Sohn Heinrich VI. (1422 bis 1461) Humphrey von Gloucester die Regierungsgeschäfte, während John of Bedford den Krieg mit Frankreich weiterführt. Bedford stößt bis vor die Tore Orléans vor. Hier findet der Siegeszug durch ein Ereignis, das eng mit dem Namen Jeanne d'Arcs verbunden ist, ein Ende. Orléans wird befreit, Reims eingenommen und Karl VII. zum König von Frankreich gekrönt. Alle Friedensverhandlungen mit England scheitern trotz der französischen Erfolge, da England an dem Anspruch auf die französische Krone festhält. In England stehen sich zwei Parteien gegenüber, die Kriegspartei des Regenten Humphrey von Gloucester und die Friedenspartei unter dem Kardinal von Canterbury und York, Beaufort. Die Friedenspartei gewinnt die Oberhand. Jedoch richtet sich der Haß nach dem 1449 erfolgenden Verlust der Normandie, der Niederlage bei Bayeux 1450 und dem Fall von Caen und der letzten Stützpunkte außer Calais gegen die Friedenspartei und hier insbesondere gegen William de la Pole wegen der geheimen Abtretung Maines an Frankreich (1455). Mit der Schlacht bei Castillon endet der 100jährige Krieg, im gleichen Jahr verfällt Heinrich VI. dem Wahnsinn. Durch den Krieg hat die Ausbildung des englischen Nationalbewußtseins einen bedeutenden Aufschwung erfahren.

FRANKREICH IM ZEICHEN DES HUNDERTJÄHRIGEN KRIEGES

Im Späten Mittelalter ist die Geschichte Frankreichs gekennzeichnet durch die starken, nach außen gerichteten Hegemonialbestrebungen, durch die Stärkung der zentralen Macht des Königtums unter Aufsaugung der großen Kronvasallen und durch die Unterwerfung der Kirche. Voraussetzung für eine derartig ausgeprägte politische Aktivität ist ein starkes gefestigtes Königtum, wie es sich unter Philipp IV. dem Schönen (1285 bis 1314) herausbildet. Philipp IV. setzt die Eroberungspolitik seiner Vorgänger, Ludwigs IX. des Heiligen (1226 bis 1270) – Gewinnung der Grafschaft Toulouse – und Philipps III. des Kühnen (1270 bis 1285) – Gewinnung von Poitiers als Kronlehen – fort. Zunächst versucht er die Einverleibung der unter fremder Lehenshoheit stehenden französischen Provinzen möglichst kampflos zu erreichen. So geht er in dem zum Hennegau gehörenden Valenciennes, in den Argonnen, in den Bistümern Toul und Verdun, im Herzogtum Lothringen und im Erzbistum Lyon vor. Mit Pfalzgraf Otto IV. von Burgund schließt er einen Vertrag, der besagt, daß das Land dessen Tochter als Mitgift bei ihrer Verheiratung mit seinem Sohn Philipp V. gegeben werden soll und daß er auf alle Regierungsrechte verzichtet. Das Lehnsverhältnis bleibt allerdings bestehen.

In den Jahren 1294 bis 1297 führt Philipp IV. Krieg mit England um Guyenne, das englisches Lehen ist. Edward I. zwingt Flandern zu einem Bündnis mit ihm, indem er die Ausfuhr der englischen Wolle sperrt und dadurch die flandrischen Tuchweber arbeitslos macht. Hieraus entwickelt sich ein Aufstand der Flandern, die sich gegen ihren französischen Lehnsherrn erheben. Für Flandern wird der Krieg mehr und mehr zu einem nationalen Freiheitskrieg, der auch nach dem Waffenstillstand Frankreichs mit England im Jahre 1297 weitergeführt wird. Ausschlaggebend hierfür sind soziale Spannungen. Sie entladen sich 1302 in der Morgenfeier von Brügge, in einem Gemetzel, bei dem die französische Besatzung niedergemacht wird. 1302 sichern die Zünfte Flandern in der Schlacht bei Kortrijk die Selbständigkeit.

Ein beherrschendes Element der Regierungszeit Philipps IV. ist die Auseinandersetzung mit dem Papsttum. Nach der Lehre der französischen Staatsjuristen ist das Herrscherrecht des Königs älter als das des Papsttums. Auf Grund dieser Anschauung beansprucht Philipp IV. volle Steuerhoheit über die kirchlichen Güter seines Landes, wogegen sich Bonifaz III. leidenschaftlich wendet. Er verbietet jegliche Abgabe der Geistlichkeit an den Staat und begründet dies mit der Lehre von den zwei Schwertern (Bulle unam sanctam, 1302). Eine Aussöhnung gibt es nicht, und 1303 nimmt Philipp den Papst gefangen und erzwingt nach dessen Tod die Wahl eines Franzosen und dessen Übersiedlung nach Avignon in Frankreich (Babylonische Gefangenschaft der Kirche). Im französischen Machtbereich bleibt das Papsttum nun 70 Jahre; damit ist die mittelalterliche Weltherrschaft der Päpste endgültig beendet.

Auf Philipp IV. folgen seine drei Söhne, Ludwig X. (gest. 1316), Philipp V. (gest. 1322) und Karl IV. (gest. 1328). Mit Karl IV. stirbt die Linie der Kapetinger aus, da 1312 die Reichsstände die Thronfolge von Frauen ausgeschlossen und damit die Erbansprüche einer Tochter Ludwigs X.

ausgeschaltet haben. Die Herrschaft übernimmt das Haus Valois (1328 bis 1498). Philipp VI. (1328 bis 1350) besteigt als erster Valois den Thron. In seine Regierungszeit fällt als bedeutendstes Ereignis der Beginn des 100jährigen Krieges mit England. Den Hintergrund des Krieges bildet der englisch-französische Gegensatz, der auf den festländischen Lehen Englands beruht: Ein Teil des französischen Bodens ist im Besitz des englischen Königshauses, untersteht aber zugleich dem König von Frankreich als oberstem Lehensherrn. Zur Entladung des Gegensatzes kommt es im 100jährigen Krieg, dessen Beginn die Erbansprüche Edwards III. auf den französischen Thron nach dem Aussterben der Kapetinger herbeiführen. Zunächst sind die Engländer weit überlegen. Mit Hilfe der flämischen Städte schlagen sie die französische Flotte bei Sluis 1340 und siegen bei Crécy 1346. Die Pest und soziale Unruhen in beiden Ländern erzwingen eine Unterbrechung des Krieges.

Unter Johann II. dem Guten (1350 bis 1364) bricht der Krieg mit England erneut aus. Die Engländer vernichten ein französisches Ritterheer bei Poitiers (1356) und nehmen König Johann gefangen. Er bleibt vier Jahre in englischer Gefangenschaft. Gefördert durch die Verschwendungssucht des Hofes, die steigenden Kriegslasten und die Verminderung der Arbeitskräfte durch die Pest gerät Frankreich in eine wirtschaftliche Krise, die zusammen mit den ständigen Steuerforderungen der Regierung eine feindselige Volksstimmung gegen den König und Adel entstehen läßt. Es kommt zu einer Reaktion des Volkes; unter den Bürgern tritt als Führer Etienne Marcel, ein reicher Tuchhändler, hervor, der mit seinen Forderungen der Überwachung der Regierung durch ständische Vertrauensmänner die Unterstützung Karls des Bösen von Navarra gewinnt, der im Einverständnis mit

Im 100jährigen Krieg erringen die Engländer anfänglich große Siege. Aus der Chronik von Froissart (vgl. S. 416) stammt die Darstellung der Schlacht von Crécy (1346). Bibliothèque Municipale de Toulouse.

England nach der Krone strebt. Der Dauphin lehnt die Forderungen ab und zieht sich, als ein blutiger Aufstand ausbricht, nach Compiègne zurück, wohin er die Stände beruft. Etienne Marcel gewinnt damit die Macht in Paris. Gleichzeitig kommt es unter der durch den Krieg aufs stärkste geschädigten Bauernschaft zu einer Rebellion, die sich rasch ausbreitet. Etienne Marcel unterstützt den Aufstand, bringt aber damit die auf Ordnung bedachte Bevölkerung gegen sich auf, und als er plant, in das vom Dauphin belagerte Paris englisch-navarrische Truppen eindringen zu lassen, erschlagen ihn die Pariser 1358. Der Dauphin triumphiert in Paris. 1360 wird der Frieden von Brétigny mit England geschlossen: England verzichtet auf die französische Krone und erhält die festländischen Gebiete als lehnsunabhängigen Besitz.

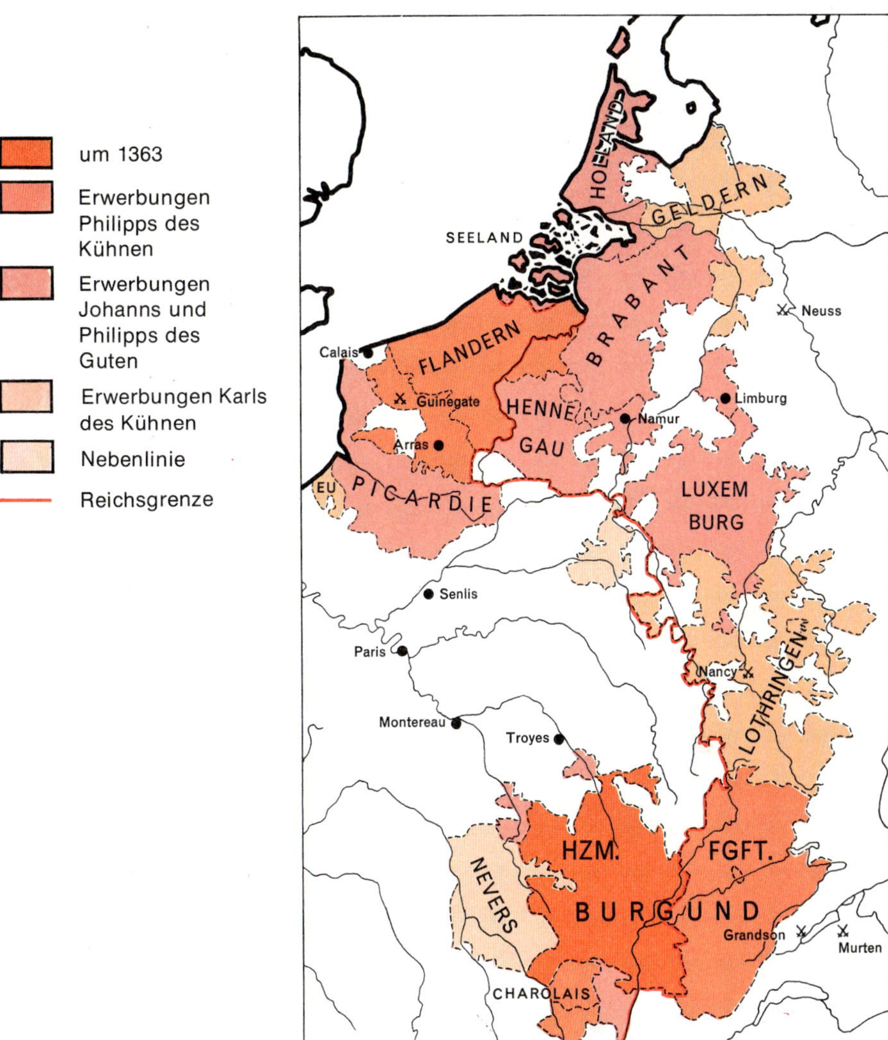

Unter Karl V. dem Weisen (1364 bis 1380), einem juristisch geschulten und kulturell interessierten Herrscher, der Frankreich die innere Ordnung wiedergibt, beginnt der Krieg mit England erneut. Anlaß ist die Nicht-Anerkennung des im Frieden von Brétigny ausgesprochenen Verzichts auf die Lehnshoheit über die englischen Besitzungen in Frankreich. Bertrand du Guesclin leitet die Truppen und beginnt eine Umformung des Heeres nach dem Vorbild Englands. Die Franzosen sind schließlich siegreich und erobern bis zum Waffenstillstand von Brügge (1375) alle Besitztümer bis auf Bordeaux, Bayonne, Dax, Saint-Sever und Calais zurück.

Nach dem Tode Karls V. übernehmen für seinen minderjährigen Sohn, Karl VI. (1380 bis 1422), dessen Oheime, die Herzöge von Anjou, Burgund und Berry, die Herrschaft. Da der sich 1388 für mündig erklären lassende König seit 1392 zeitweilig an einer Geisteskrankheit leidet, übernehmen unter Führung von Ludwig von Orléans wieder seine Oheime die Regierung. Kennzeichnend für Karls VI. Regierungszeit sind die aus den ständigen Steuerforderungen erwachsenden Aufstände, zu denen der Zwist Frankreich-Burgund hinzukommt. Die Gefahr, die Burgund für Frankreich in seinem Ringen um eine hegemoniale Stellung bildet, zeichnet sich bereits unter Karl VI. ab. Mit der Übergabe Burgunds durch Johann den Guten an Philipp den Kühnen wird diese Entwicklung eingeleitet. Während der Regierung Karls VI. zielen die Bestrebungen Philipps des Kühnen und seines Sohnes, Johanns des Unerschrockenen, die sich vorwiegend als französische Prinzen fühlen, hauptsächlich auf eine größtmögliche Einflußnahme im französischen Königreich. Ein Wandel tritt nach der Ermordung Johanns des Unerschrockenen ein. Sein Sohn, Philipp der Gute (1419 bis 1467), geht ein Bündnis mit England ein, stellt sich also gegen Frankreich. Der Bruch zwischen Burgund und Frankreich wird auch nicht mehr durch die spätere Einigkeit Philipps des Guten mit Karl VII. von Frankreich aufgehoben. Bemerkenswert an Philipps des Guten Machtbestrebungen ist, daß er Machtvermehrung nicht mehr vorwiegend durch Heiratspolitik betreibt, sondern durch Geld und politischen Druck. Burgund steigt durch diese Politik zu einer Großmacht auf, welche Frankreich bedroht.

Die Auseinandersetzungen zwischen Burgund und dem Hause Orléans stürzen Frankreich in einen tiefen inneren Zerfall. In dieser inneren Zerrissenheit erfolgt der erneute Ausbruch des englisch-französischen Krieges. 1415 landet Heinrich V. in Frankreich. In der Schlacht von Azincourt werden die französischen Truppen völlig aufgerieben. Karl von Orléans wird gefangengenommen, und der mit den Engländern verbündete Johann der Gute von Burgund erkennt Heinrich V. als König von Frankreich an. Die Engländer stoßen weiter erobernd vor (Eroberung der Normandie, 1419 Fall von Rouen), während die Burgunder in Paris eindringen. Karl VII. flieht nach Bourges, wo er als Haupt der Armagnacs der Partei der Burgunder gegenübersteht. Nachdem alle Einigungsversuche gescheitert sind, und als Johann der Unerschrockene von Burgund ermordet wird, schließt Philipp der Gute von Burgund den Vertrag von Troyes (1420) mit den Engländern, wonach Heinrich V. als König anerkannt wird. Nach dessen plötzlichem Tod im Jahre 1422 übernimmt sein Bruder, John of Bedford, die Herrschaft in Frankreich. Die Truppen Karls VII. (1422 bis 1461) werden von den Engländern weiterhin erfolgreich geschlagen. Da erzwingt Jeanne d'Arc an der oberen Maas den Umschwung. Durchdrungen von ihrer göttlichen Mission, reißt sie die französischen Truppen mit sich und demoralisiert durch ihre Siege den Kampfgeist der Engländer. Sie dringt siegreich vor und führt Karl VII. nach Reims zur Krönung. Jeanne d'Arc gerät schließlich in englische Gefangenschaft und wird als Ketzerin verbrannt. Nach ihrem Tode wird sie zur französischen Nationalheiligen erhoben, und

Philipp der Gute von Burgund (1419–1469) verbindet sich mit England gegen Frankreich (Vertrag von Troyes, 1420). Die obige Darstellung aus einer Miniatur des 15. Jahrhundert zeigt Jean Vauquelin, der Philipp dem Guten eine von ihm verfaßte Chronik überreicht.

das französische Volk kämpft in ihrem Geist siegreich weiter. Am Ende des Krieges (1453) ist Frankreich frei. Den Engländern verbleiben als festländischer Besitz nur Calais und die Kanalinseln. Durch den Sieg wird das französische Königtum gestärkt und Frankreich zum nationalen Einheitsstaat hingeführt. Die Finanzen werden neu geordnet, und die Errichtung eines stehenden Heeres wird ermöglicht; der Feudaladel muß auf sein Recht, Truppen aufstellen zu können, verzichten, ist aber dennoch durch seine ihm verbleibende Machtfülle eine Gefahr für das Königtum. Die Bildung des Heeres wird zu einem Monopol des Staates. Die Pragmatische Sanktion von Bourges (1438) sichert der Krone den Einfluß auf die Kirche, da sie nur Franzosen als Bischöfe zuläßt und die Gerichtsbarkeit des Papstes über den Klerus einschränkt (Gallikanismus).

SKANDINAVIEN ZUR ZEIT DER UNION

Mit der Schlacht von Bornhöved 1227 wurde im Norden Europas das Ende der dänischen Großmachtstellung herbeigeführt. Unter den Waldemar II. dem Sieger nachfolgenden Herrschern ist besonders Erik VII. Glipping bedeutsam, dessen Regierungszeit vom Machtkampf Adel–Königtum geprägt ist. In einer großen Handfeste muß er erklären, jährlich einen Danehof (Reichstag) einzuberufen. Diese erste Einschränkung der Königsmacht führt dann immer mehr zu einer Auflösung der königlichen Gewalt. So muß Christoph II. (1320 bis 1326) eine Wahlkapitulation, die seine Rechte stark beschränkt, beschwören und wird vertrieben, als er zur Behebung des Finanzzusammenbruchs, der unter Erik VIII. Menved (1286 bis 1319) erfolgte, Adel und Klerus besteuert. In den ausbrechenden Thronwirren ist Graf Gerhard III. der Große von Holstein, ein Schauenburger, maßgebend. Er wird zum Reichsverweser bestellt und sein Mündel Herzog Waldemar V. zum König gewählt. Waldemar III. (1326 bis 1330) setzt den Machtansprüchen des Schauenburgers keinerlei Widerstand entgegen, so daß die holsteinische Linie maßgebend im Reich wird. Hiergegen begehrt schließlich ganz Dänemark auf, und 1340 wird Gerhard ermordet. Die Herrschaft ergreift Waldemar IV. (1340 bis 1375), der die völlig aufgelöste Königsmacht wiederherstellt. Er kann den alten Reichsumfang wieder erreichen. Er hinterläßt zwei Töchter, von denen die jüngere, die in Norwegen verheiratete Margarete, die bedeutendere ist. Sie setzt beim dänischen Reichsrat 1376 in Slagelse die Wahl ihres Sohnes Olaf (1376 bis 1387) durch. Olaf besteigt nach dem Tode seines Vaters auch den Thron Norwegens, wodurch die norwegisch-dänische Union begründet wird. Bis zum Kieler Frieden von 1814 bleibt Norwegen mit Dänemark verbunden. 1387 stirbt Olaf ohne einen Erben zu hinterlassen; so wird Margarete (1387 bis 1412) Königin der Union und 1389 auch Königin von Schweden. Der schwedische Thron fällt ihr allerdings nicht ohne Kampf zu. Sie muß sich gegen König Albrecht durchsetzen. In der Schlacht bei Asle (1389) wird Albrecht besiegt und gefangengenommen. Zu ihren Lebzeiten noch verschafft Margarete ihrem Großneffen Erich von Pommern die Thronfolge über die drei Reiche.

Die Regierung Margaretes zeichnet sich durch die Festigung der Königsmacht dem Adel gegenüber und durch eine diplomatische Innenpolitik aus. So gesteht sie 1397 in der Kalmarischen Union – einer Einberufung der Reichsräte aller drei Länder zur

Krönung Erichs und zur Bestätigung dessen, daß die Reiche auf immer unteilbar der Dynastie Erichs verbleiben – den drei Ländern ihre eigenen Rechte und Gesetze und ihre königlichen Räte zu. Auch nach außen hin versucht sie sich abzusichern, indem sie Schleswig, in dem die dänische Nebenlinie ausgestorben ist, Gerhard von Holstein, der sich seiner bereits bemächtigt hat, beläßt, um so für Schweden bei etwaigen Reibereien frei zu bleiben.
Erich von Pommern (1412 bis 1439) führt die geschmeidige Politik Margaretes nicht fort und beginnt mit Holstein einen Krieg um Schleswig, in den auch die deutsche Hanse miteinbezogen wird, da Erich versucht, das deutsche Kaufmannstum aus dem Norden zu verdrängen. Im Frieden von Vordingborg 1435 muß Erich Schleswig Holstein belassen. Auch innenpolitisch gibt Erich die diplomatische Richtung Margaretes auf und sucht eine Verschmelzung der Länder zu erzwingen, indem er ihre verschiedenen Rechte und Gesetze beiseiteschiebt. Dies stößt besonders auf schwedischen Widerstand: Unter Engelbrecht Engelbrechtsson bricht ein Bauernaufstand aus, der zum Abfall Schwedens von Dänemark führt. Als jedoch an Stelle Erichs Christoph III. von Bayern (1439 bis 1448) vom Reichstag zum König gewählt wird, schließt sich Schweden der dänischen Krone wieder an. Auch Norwegen huldigt dem neuen König. Christoph nimmt wieder Margaretes diplomatische Politik auf und regiert jedes Land nach seinen eigenen Gesetzen und mit seinen eigenen Räten. Christoph stirbt ohne Nachkommenschaft. In Dänemark und Norwegen folgt Christian I. von Oldenburg (1448 bis 1481), während in Schweden Karl Knutsson gewählt wird. Dieser muß aber, da er die Adelsmacht auszuschalten versucht, fliehen, und 1457 wird Christian auch zum König von Schweden gewählt. Innerhalb der Union schließen sich Norwegen und Dänemark durch den Unionsvertrag von Bergen enger zusammen (1450), der besagt, daß bei gemeinsamer Königswahl und Wahrung der eigenen Selbständigkeit beide Länder ewig vereint bleiben sollen. Da Christian durch Erbfolge Herzog von Schleswig wird, wählen ihn die Stände auch zum Grafen von Holstein, um eine Trennung der beiden Länder zu verhindern. Die Selbständigkeit der Länder gegenüber Dänemark bleibt gewahrt, so daß sie mit Dänemark als Personalunion zusammengebunden sind und freies Wahlrecht unter den Erben des Königs haben. Auf Christian folgt Johann (1481 bis 1513), unter dem ein erstes dänisch-russisches Bündnis zustande kommt, das sich gegen Schweden richtet.
In Norwegen bricht unter Magnus VI. Haakonsson (1263 bis 1280), der sich durch Rechtserneuerungen auszeichnet, der unter Magnus V. begonnene Konflikt mit der Kirche erneut aus. Durch große Zugeständnisse gelingt es ihm jedoch, den Klerus zufriedenzustellen. Gleichzeitig zeichnet sich bereits eine Unbotmäßigkeit des Adels ab, die Haakon V. Magnusson zu umgehen versucht, indem er die staatliche Lokalverwaltung mit von ihm abhängigen Beamten besetzt, an Stelle der vorher adeligen, die sich unabhängig fühlten.
Haakon V. Magnussons Enkel, Magnus VII. Eriksson folgt ihm auf dem Thron nach und wird 1319 auch König von Schweden. Da sich Norwegen während der Unionsregierung vernachlässigt fühlt, überträgt Magnus VII. das Land seinem Sohn Haakon VI. Magnusson (1355 bis 1380) zur gemeinsamen Regierung. Haakon wird mit Margarete von Dänemark verheiratet, die die Union Dänemark, Norwegen und Schweden begründet. Zu diesem Zeitpunkt befindet sich Schweden mit Norwegen nicht mehr in einer Unionsgemeinschaft, da es diese noch unter Magnus VII. auf Grund des Verlustes von Öland und Gotland an Dänemark aufsagte. In den ausbrechenden Kämpfen setzt sich

König Karl VII. von Frankreich (1422–1461). Dem Haß gegen die englischen Eroberer verdankt es Karl, daß er seine Macht in Mittelfrankreich und im Süden festigen kann. Gemälde auf Holz von Jean Fouquet. Louvre, Paris.

Albrecht III. (1363 bis 1389), der Sohn einer weiteren Tochter von Magnus VII., durch.

OSTEUROPA – DER AUFSTIEG DER SLAWISCHEN VÖLKER IM SPÄTEN MITTELALTER

Im Späten Mittelalter geht in Osteuropa der Aufstieg der slawischen Völker – wie er schon im Hochmittelalter eingesetzt hatte – weiter voran, die nichtslawischen Völker (Byzantiner und eurasische Steppenvölker) werden dadurch mehr und mehr zurückgedrängt. Gefördert wird der Aufstieg der osteuropäischen Staaten durch eine Veränderung der machtpolitischen Zusammensetzung in Osteuropa im Späten Mittelalter, so erfährt die deutsche Macht im Osten eine wesentliche Schwächung und die Vorherrschaft von Byzanz im Balkanraum erlischt. Einen bedeutenden Faktor in der Strukturierung Osteuropas spielt auch weiterhin die Ostkolonisation, die bis zum 14. Jahrhundert währt.

Auch im Spätmittelalter bleibt Polen in zahlreiche Teilfürstentümer aufgespalten (vier piastische Teilherzogtümer, Großpolen, Kleinpolen, Masowien), es bestehen jedoch immer wieder Versuche zur Verwirklichung einer polnischen Einheit, angebahnt wird sie durch den Herzog von Großpolen und Erben von Pommerellen, Premysl II. (gest. 1296). Die Wirren um die Thronfolge Wenzels III. von Böhmen nützt schließlich Wladyslav I. Lokietek geschickt aus und einigt durch Überwindung der teilfürstlichen Interessenstreitigkeiten den polnischen Vielstaat. Durch seine Krönung 1320 in Krakau verleiht er ihm zugleich eine starke Zentralgewalt im Königtum, was Polen neues machtpolitisches Gewicht verleiht. Es kann sich daher erneuter böhmischer Thronansprüche erwehren, die nach der Beendigung der böhmischen Thronwirren mit der Wahl Johanns von Luxemburg wieder erwachen. Zugleich kann Polen nach seiner inneren Stärkung an eine Expansion zur Ostsee hin denken, was zu Auseinandersetzungen mit dem Deutschen Orden führt. Johann von Böhmen gibt seine Ansprüche auf den polnischen Thron nicht auf, jedoch kann Wladyslavs I. Sohn Kasimir III. der Große (1333 bis 1370) schließlich einen Friedensschluß erreichen.

Wie in Polen und Böhmen erstarkt auch in Ungarn im 14. Jahrhundert das Königtum unter dem Haus Anjou, das nach dem Aussterben des ungarischen Herrscherhauses der Arpaden (1301) die ungarische Krone übernimmt. Karl I. Robert von Ungarn (1308 bis 1342) vermag die in den Thronwirren mächtig gewordenen Stämme einzudämmen, und das Königtum kann nach der inneren Konsolidierung auch außenpolitisch wirken. Der Friedensschluß zwischen Polen und Böhmen kommt unter Vermittlung Ungarns zustande, Kasimir III. von Polen macht dabei große Zugeständnisse (Abtretung u. a. von Schlesien). Ungarn betreibt wie Böhmen eine geschickte Heiratspolitik, durch die es seine Macht mit dynastischen Mitteln auf friedlichem Wege beständig erweitert. Auf Grund eines 1339 geschlossenen Familienvertrages schließen sich nach dem Tode Kasimirs III. von Polen, des letzten polnischen Piasten, Ungarn und Polen zusammen, und Ludwig I. von Ungarn (1370 bis 1382) wird auch zum König von Polen gewählt, wobei das Schwergewicht in dem Doppelreich Ungarn zukommt. Allerdings löst sich mit dem Tode Ludwigs diese Union wieder auf. Von den Töchtern Ludwigs fällt Polen Hedwig, Ungarn Maria zu. Der mit Maria vermählte Sigismund von Luxemburg gelangt damit zur Herrschaft. Gegen die in Ungarn vordringenden Osmanen erleidet er eine verheerende Niederlage bei Nikopolis (1396). Unter ihm und seinem Nachfolger Albrecht II. von Habsburg (1437 bis 1439) nehmen die inneren Schwierigkeiten mehr und mehr zu, die Magnaten maßen sich immer mehr Rechte an. Nach siebenjährigem Interregnum übernimmt als Reichsverweser Johannes Hunyadi (1446 bis 1457) die Macht in Ungarn, wo zur vordringlichsten Aufgabe die Abwehr der Osmanen geworden ist. Erst nach dem Sieg bei Belgrad 1456 nach vorausgegangenen Niederlagen (Warna 1444, Amselfeld 1448) können die Osmanen vom Süden Ungarns zurückgedrängt werden.

In Polen kommt es in der zweiten Hälfte des 14. Jahrhunderts zu einer Personalunion mit Litauen, woraus eine bedeutende Macht in Osteuropa erwächst. Durch die Heirat Hedwigs von Polen mit dem heidnischen litauischen Großfürsten Jagiello, der den christlichen Glauben annimmt, wird diese neue Machtkonstellation ermöglicht; als Wladyslav II. Jagiello (1385 bis 1434) gelangt dieser zur Herrschaft. Eine Einigung Litauens erfolgte bereits in der Mitte des 13. Jahrhunderts durch Mindowe (gest. 1263), bis zum 14. Jahrhundert hat sich die litauische Macht zusehends gefestigt. Gedimin (1316 bis 1341) kann daraus eine Großmacht aufbauen. Eine Ausdehnung nach Norden verhindert der starke Ordensstaat, im Südwesten und Südosten schließen sich jedoch die ostslawischen Teilfürsten auf Grund der Unterdrückung durch die Tataren freiwillig an Litauen an, welches so seine Macht beständig erweitern kann. Unter den gemeinsam regierenden Brüdern Kynstate und Olgerd (1341 bis 1376) stellt Litauen eine bedeutende Macht dar, welche 1386 dann mit Polen zusammengeschlossen wird. Die alten Ziele Litauens, welche auf Eroberungen gegen die Tataren in der Ukraine ausgerichtet sind, werden auch weiterhin nicht aufgegeben, und Polen-Litauen kann nach Südosten sich ausdehnen, nach Norden vermag auch der Sieg bei Tannenberg (1410) gegenüber dem Deutschen Orden keinen durchschlagenden Erfolg zu bringen. Gegen die Personalunion richtet sich zunächst die Politik Witolds (1392/1401 bis 1430), der nach der Berufung Jagiellos auf den polnischen Thron die Führung Litauens innehat. 1399 erleidet Witold eine vernichtende Niederlage bei Wolska gegen das Tatarenreich, daraufhin wendet er sich wieder stärker Polen zu und gelobt der polnischen Krone ewige Treue: sein Großfürstentitel wird ihm bestätigt. Unter dem gemeinsamen Zusammenwirken Witolds und Jagiellos kommt es zu einer polnisch-litauischen Blütezeit (1425 bis 1430). Eine Änderung im politischen Gefüge tritt mit dem Tod Witolds (1430) und Jagiellos (1434) ein. Unter der Herrschaft Wladyslavs III. Jagiello in Polen-Litauen kommen Ungarn und Böhmen 1438 an das Haus Habsburg, nach dem Tode Albrechts II. von Habsburg wird Wladyslav von Polen auch zum ungarischen König gewählt. Das polnisch-litauisch-ungarische Großreich bricht allerdings mit dem Tode Wladyslavs auseinander.

Auf dem Balkan ermöglicht der Niedergang der byzantinischen Macht die eigenstaatliche Entfaltung der balkanischen Völker während des Spätmittelalters, die von 1018 bis 1180 währende byzantinische Fremdherrschaft wird von der Phase des Aufstiegs der Balkanstaaten abgelöst. Serbien erringt im 14. Jahrhundert eine Vormachtstellung auf dem Balkan. Unter Stephan IV. Duschan Urosch (1331 bis 1355) kann Serbien sich nochmals ausdehnen, die Nordgrenze wird bis an die Donau vorgeschoben, in Süden zählen Albanien, Makedonien und Teile Griechenlands zum serbischen Großreich. Auch nach innen hin vermag Stephan Duschan durch Stärkung der Zentralgewalt das Reich zu festigen, doch sind die auseinanderstrebenden Kräfte bereits so groß, daß sein Sohn Stephan V., der letzte Nemanja, nicht mehr ihrer Herr wird. In dem einsetzenden Zerfallsprozeß beginnt sich das Reich in einzelne Adelsfürstentümer aufzuspalten, die dem auf dem Balkan vordringenden Osmanischen Reich nichts mehr entgegenzusetzen haben. In der Schlacht auf dem Amselfeld 1389, in der sich die südslawischen Völker vereint den Osmanen entgegenstemmen, erleidet das serbische Reich eine entscheidende Niederlage, und Teile des serbischen Großreiches geraten unter osmanische Herrschaft.

Krönung Ludwigs VIII. (1223–1226) und seiner Gemahlin Blanka von Kastilien. Miniatur des 14. Jahrhunderts aus „Grandes Chroniques de France". Bibliotheque Municipale de Toulouse.

Der Niedergang des serbischen Reiches ermöglicht den Aufstieg Bosniens, das unter Ban Kulin (1180 bis 1204) seine Selbständigkeit erringt und unter Stephan Twrtko I. (1353 bis 1391) eine Blütezeit erlebt; es wird unter ihm zum Königreich erhoben. Thronstreitigkeiten nach seinem Tode führen jedoch zu einem Zusammenbruch der bosnischen Macht.

Bulgarien erlebt im 14. Jahrhundert eine Blütezeit, während der staatliche Machtverfall mehr und mehr fortschreitet. In der Mitte des 14. Jahrhunderts spaltet es sich in zwei Teilstaaten, in einen nordwestlichen mit der Hauptstadt Widin und einen im Nordosten (Dobrudscha) mit Kaliakra als Hauptstadt. Den Vorstoß der Türken vermag Bulgarien nicht aufzuhalten, 1396 wird es Provinz des Osmanischen Reiches (bis 1878). Im 13. Jahrhundert bilden sich die rumänischen Fürstentümer (Walachei und Moldau, anfangs Grenzmarken Ungarns); sie allein können mit geringfügigen Gebietsverlusten von der osmanischen Eroberung frei bleiben.

DER SÜDEN EUROPAS IM AUSGEHENDEN MITTELALTER

Kastilien und Aragon Für die Iberische Halbinsel ist das Späte Mittelalter, wie für die übrigen europäischen Staaten, eine Zeit der inneren Umstrukturierung. Die Aristokratie erhebt sich gegen das Königtum, und die Städte erringen neue Privilegien. Die seit Jahrhunderten andauernde Reconquista weist keine größeren Erfolge auf. Im Späten Mittelalter prägen sich in Europa allmählich führende Mächte aus, die infolge ihrer expansiven Tendenzen immer härter aufeinanderstoßen. Innerhalb der sich abzeichnenden Auseinandersetzungen geraten die kleineren und mittleren Staaten Europas unter zunehmenden Druck. Sie müssen sich zur Sicherung ihrer eigenen Existenz oder aus wirtschaftlichen und politischen Gründen in das Spannungsfeld miteinbeziehen lassen. Man kann daher im Spätmittelalter bereits von einem Zusammenspiel innerhalb des europäischen Staatensystems sprechen.

Auch die Iberische Halbinsel wird mehr und mehr in das politische Geschehen Europas miteinbezogen, insbesondere Kastilien unter Alfons X. (1252 bis 1284). Er wird als Enkel Philipps von Schwaben zum deutschen Gegenkönig gewählt. Allerdings sind seine Interessen weniger auf Deutschland als auf Italien gerichtet. Seine Pläne scheitern jedoch an den innenpolitischen und finanziellen Schwierigkeiten Kastiliens. Unter seinem Nachfolger Sancho IV. (1284 bis 1295) wird diese europäische Politik in noch größerem Maße weitergeführt. In dem sich aus der Sizilianischen Vesper entwickelnden Krieg hält sich Sancho auf französischer Seite, in dem englisch-französischen Krieg nach 1294 auf englischer.

Die Vormundschaft für Sanchos Sohn Ferdinand IV. (1295 bis 1312) und seinen Enkel Alfons XI. führt Sanchos Gemahlin, Maria de Molina. In Alfons' XI. (1312 bis 1350) Regierungszeit fallen die Kriege mit den Mauren. Ein Heer des marokkanischen Sultans landet in Spanien, kann aber von einem kastilisch-portugiesischen Heer in der Schlacht am Salado (1340) vernichtend geschlagen werden.

Innenpolitisch bedeutsam ist die Wiederherstellung der Ordnung, die ins Wanken geraten ist. Peter I. (1350 bis 1369) gerät mit Heinrich von Trastamara, dem illegalen älteren Sohn Alfons, in einen heftigen Thronstreit. Auch Peters I. Regierungszeit läßt die politische Verflechtung der abendländischen Staatenwelt erkennen. Peter ist mit Blanka von Bourbon vermählt, wendet sich aber der schönen Maria de Padilla zu; als Blanka nach zehnjähriger Kerkerhaft stirbt, tritt Frankreich auf die Seite Heinrichs von Trastamara, während Peter sich mit dem Schwarzen Prinzen, dem Sohn Edwards III. von England, verbündet. Als du Guesclin, der Führer der französischen Armee, Heinrich von Trastamara nach Spanien bringt, wird das französische Heer von den Engländern unter dem Schwarzen Prinzen bei Nájera geschlagen und du Guesclin gefangengenommen. Da aber Peter die Verpflichtungen, die er den Engländern gegenüber eingegangen ist, nicht halten will, läßt der Schwarze Prinz Guesclin wieder frei, der erneut nach Kastilien zieht und 1369 Peter I. bei Montiel endgültig schlagen kann. Damit gelangt Heinrich II. von Trastamara (1369 bis 1379) auf den Thron. Durch Heinrich bleibt Kastilien nun für mehr als ein Jahrhundert mit Frankreich verbündet. Ein Erbfolgekrieg bricht unter der Herrschaft Johanns I. (1379 bis 1390) aus. Johann erhebt nach dem Tode Ferdinands I. von Portugal Ansprüche auf dessen Thron, da er mit Beatrix, der Erbtochter Ferdinands, verheiratet ist. Kastilien erleidet eine Niederlage bei Aljubarrota, womit die Kämpfe um Portugals Thron ein Ende finden: Portugal bleibt selbständig. Auf Johann I. folgen Heinrich III. (1390 bis 1406), Johann II. (1406 bis 1454) und Heinrich IV. (1454 bis 1474). Ihre Regierungen bringen in verstärktem Maße Aufstände des Adels gegen das Königtum.

Die Geschichte Aragons (es umfaßt auch die Kataloniens und Valencias) ist von der zweiten Hälfte des 13. Jahrhunderts an eng mit der Siziliens verknüpft. Peter III. (1276 bis 1285) ist mit Konstanze, der Tochter König Manfreds von Sizilien, vermählt und sammelt ein Heer zur Eroberung der Insel, wird aber nach der Vertreibung der Franzosen (Sizilianische Vesper) nach Palermo gerufen und zum König gekrönt. Danach macht ihm der vom Papst eingesetzte und aus Sizilien vertriebene Karl von Anjou den Thron streitig. Dieser wird mehrfach besiegt. Papst Martin bannt daraufhin Peter III. und überträgt Aragon dem Bruder Philipps IV. des Schönen, Karl von Valois. Der Feldzug zur Sicherung Aragons für Karl Valois schlägt jedoch fehl (1285). Alfons III. (1285 bis 1291), der älteste Sohn Peters, geht erstmals als abendländischer Herrscher ein Bündnis mit dem Mamlukensultan von Ägypten ein, der ihm finanzielle Unterstützung für den Krieg um Sizilien gewährt. Da Alfons früh stirbt, folgt ihm sein Bruder Jakob II. (1285 bis 1327) auf dem Thron nach. Er muß im Frieden von Anaghi auf Sizilien verzichten (1295) und wird dafür vom Papst mit Korsika und Sardinien belehnt. Der Kampf um Korsika wird in den Regierungszeiten seiner Nachfolger fortgesetzt; so auch unter Alfons IV. (1327 bis 1336). Dessen Sohn Peter IV. (1336 bis 1387) bringt die von einer Nebenlinie erworbenen Balearen an sich und versucht, da er noch ohne männliche Nachkommenschaft ist, die Thronfolge seiner Tochter zu sichern. Bedeutsam in Peters IV. Regierungszeit ist die Gewinnung von Sizilien durch Erbschaft. Mit seinen Söhnen Johann I. (1387 bis 1395) und Martin I. (1395 bis 1410) stirbt die Linie aus. Den Thron besteigt Ferdinand I. (1412 bis 1416) aus der kastilischen Dynastie. Dessen Sohn Alfons V. der Weise (1416 bis 1458) gewinnt Neapel hinzu. Ihm folgt sein Bruder Johann II. (1458 bis 1479), der zugleich König von Navarra ist. Die Katalanen verweigern ihm die Anerkennung. Mit Unterstützung Ludwigs XI. von Frankreich kann er den Aufstand niederschlagen. 1472 erkennen die Katalanen Johann II. wieder an.

Portugal Unter Ferdinand (1367 bis 1383) kämpft Portugal in Verbindung mit den Engländern gegen Heinrich von Trastamara. Das Bündnis mit den Engländern bleibt bis zum 15. Jahrhundert bestehen und gestaltet sich zu festen Handelsbeziehungen zwischen den beiden Ländern aus. Zum Nachfolger Ferdinands wird sein Halbbruder Johann I. (1385 bis 1433) erhoben, der Portugals Unabhängigkeit gegenüber Kastilien in der Schlacht von Aljubarrota 1385 wahren kann. Da seine Erhebung zum König vor allem den Ständen zu verdanken ist, sucht er durch besondere Fürsorge die Harmonie mit ihnen zu wahren. Nach dem Sieg über Kastilien gelingt es Johann I., Ceuta in Nordafrika zu erobern. Als Stapelplatz für Handelsgüter ist es von größter Bedeutung. Mit diesem Vorstoß nach Nordafrika verlagert sich das außenpolitische Interesse Portugals immer mehr nach Afrika. Die zukünftige Expansion des portugiesischen Königreichs zeichnet sich damit deutlich ab; mit Heinrich dem Seefahrer (gest. 1460) gewinnt sie ihren ersten Höhepunkt. Heinrich der Seefahrer, ein Sohn Johanns I., gründet, mathematisch und astronomisch interessiert, in Sagres eine Seefahrtschule und fördert die Entdeckungsfahrten entlang der afrikanischen Küste entschieden. So wird 1455 Cabo Verde entdeckt und 1482 die Kongomündung erreicht.

Sizilien Die Eroberung Siziliens durch die Normannen im 11. Jahrhundert setzte der arabischen Herrschaft auf der Insel ein Ende, nicht jedoch dem arabisch beeinflußten kulturellen Leben. Unter den Normannen wird Sizilien wieder eine Einheit mit Unteritalien. Im 12. Jahrhundert gehen Sizilien und Unteritalien in den Besitz der Staufer über. Erst Roger I. ordnet das durch innere Unruhen zerrissene Staatswesen neu, worin ihm Friedrich II. 1221 nachfolgt. In den Constitutiones von Melfi (1231) führt er eine Zusammenfassung der inneren Neustrukturierung durch. 1268 wird Karl I. von Anjou Erbe des mittelmeerischen Stauferbesitzes. Er bekommt von Papst Urban IV. die Krone Siziliens als päpstliches Lehen angeboten, da der für den minderjährigen Konrad regierende König Manfred I. mit seiner zunehmenden Macht den päpstlichen Machtbestrebungen gefährlich wird. Nach harten Kämpfen siegt Karl von Anjou. 1265 wird er in Rom zum König gekrönt. Er verlegt seine Residenz nach Neapel und besetzt alle einflußreichen Beamtenstellen mit Franzosen. Mit zunehmender Festigung seiner Macht wächst sein hegemoniales Streben. Er plant die Eroberung von Byzanz. Bevor er allerdings seine Ziele verwirklichen kann, bricht ein Volksaufstand, bekannt als Sizilianische Vesper (1282), gegen sein Regime aus. Die Aufständischen bieten Peter III. von Aragon, dem Schwiegersohn König Manfreds, die Krone an. In den entbrennenden Kämpfen unterliegt Karl von Anjou. Da

Thronwirren ausbrechen, wird eine aragonische Sekundogenitur errichtet (1296). Im Frieden von Caltabellotta (1302) wird der dritte Sohn des inzwischen verstorbenen Peters von Aragon, Friedrich III. (1296 bis 1337), zum König gekrönt. Allerdings bringen die jahrzehntelangen Wirren einen Niedergang sowohl im wirtschaftlichen als auch im politischen Bereich mit sich; die unter Friedrich III. errichtete Herrschaftsordnung wird brüchig, was auch unter den Nachfolgern Friedrichs III., Peter II. (1337 bis 1342), Ludwig II. (1342 bis 1355) und Friedrich IV. (1355 bis 1377), nicht rückgängig gemacht werden kann. Nach dem Tode Friedrichs IV., der keinen männlichen Nachfolger hinterläßt, bleibt Sizilien durch eine jüngere Linie mit Aragon verbunden. Im 15. Jahrhundert erkennen Aragon und Sizilien dann Ferdinand von Kastilien als Oberherrn an.

DIE KULTUR DES SPÄTEN MITTELALTERS

Obgleich die Gotik in ihrer geistigen Haltung in vielem eine Vorwegnahme in der Spätromanik hat, weist sie dennoch in ihrem Daseinsverständnis ein gänzlich neues Grundkonzept auf, das im 12. Jahrhundert, die wissenschaftlich-geistigen Strömungen des 10. Jahrhunderts „verarbeitend", fast schlagartig zum Durchbruch gelangt. Als Wiege der spätmittelalterlichen Kultur wird Frankreich betrachtet.

Ist das 8. und 9. Jahrhundert in geistiger Hinsicht noch rein als kontemplativ anzusprechen, ohne eine weiterführende und ordnende Durchdenkung der herangetragenen Dinge, in erster Linie gemäß der Auffassung des Hl. Augustin einem besseren Bibelverständnis dienend, so ändert sich dies im letzten Drittel des 10. Jahrhunderts. Als richtungsweisend hierfür wird Gerbert von Aurillac angesehen, der sich 972 als Leiter der Domschule in Reims niederläßt. Ihn fesseln die Schriften des Boethius, eines römischen Adeligen christlichen Glaubens (geb. 480), der die bedeutendsten Werke des Aristoteles und Platons durch die Übersetzung ins Lateinische sowie durch eigene Kommentierung Westeuropa öffnen wollte. Gerbert von Aurillac verbreitet das Werk des Boethius, das unvollendet geblieben ist, da er von Theoderich d. Gr. wegen angeblichen Verrats hingerichtet wurde, unter seinen Schülern, somit unbewußt den Anstoß gebend, an Hand der von Aristoteles gelehrten Logik die Enge des augustinischen Systems zu durchbrechen und den Weg zu weiterführendem Forschen zu öffnen.

Der durch die Schriften des Boethius (da die aristotelischen Urtexte erst im 12. Jahrhundert entdeckt werden, bleibt das Werk des Boethius die einzige Quelle bis zum Spätmittelalter) gegebene neue Denkansatz findet durch die politischen Umstände in Frankreich einen günstigen Nährboden vor: Politisch sowie auch kulturell befindet sich Frankreich in einer Phase des Verfalls, der die Suche nach neuen Inhalten und Werten als Reaktion in sich trägt. In dem durch den Verfall bedingten Wirrwarr des 10. Jahrhunderts erweist sich die Anwendung der aristotelischen Logik als Möglichkeit, auf gedanklichem Wege Ordnung zu finden, was seine Faszination nicht verfehlt und woran sich die Geister des 11. Jahrhunderts entzünden. Neben den aristotelischen Schriften bringt Gerbert von Aurillac Westeuropa auch die von den Arabern erlernte Astronomie und Mathematik mit – an Hand des Abakus, dem antiken Rechenbrett, lehrt er das Addieren und Subtrahieren größerer Summen und dadurch mittelbar die Multiplikation und Division, sowie die Abstraktheit der Zahl –, die für den naturwissenschaftlich-empirischen Realismus der Spätscholastik eine wesentliche Rolle spielen.

Unter der Einwirkung der geistigen Anstöße des ausgehenden 10. Jahrhunderts entsteht ein gewaltiger Forschungsdrang, alle Daseinsgebiete erfassend und sich auf das gesamte Abendland ausdehnend, immer wieder durch die politischen, kirchlichen und gesellschaftspolitischen Ereignisse beschleunigt, so durch den beginnenden Zerfall der abendländischen Einheit und durch die Auseinandersetzung zwischen den die bisherige mittelalterliche Entwicklung des Abendlandes prägenden Mächten Papsttum und Kaisertum – Sacerdotium und Imperium –, in deren Zusammenwirken sich die „universitas christiania" verkörperte.

Bis zum 12. Jahrhundert ist das Geistesleben geprägt von einem ungeordneten Ineinander der Wissenschaften, der Theologie und Philosophie, die in der im wesentlichen von Abaelard geschaffenen Arbeitsmethode, die zum Grundprinzip scholastischen Arbeitens wird, behandelt werden, wonach bei jedem Problem die Möglichkeiten des dafür und dagegen zu Rate gezogen werden, um schließlich zu einem abschließenden Ergebnis zu kommen.

Vor dem Hintergrund eines zunehmenden Forschungsbedürfnisses entwickeln sich im 13. Jahrhundert zahlreiche Universitäten, deren Bedeutung in ihrer Zeit daran ermessen werden kann, daß sie faktisch wie auch rechtlich eine Monopolstellung erlangen, u. a. an einer eigenen Gerichtsbarkeit und einem eigenen Siegel abzulesen. Unter diesen Universitäten entwickelt sich die von Paris seit dem Ende des 13. Jahrhunderts als bedeutendste und prägendste für die abendländische Bildung.

Aus dem Studieneifer und der Forschungsbegierde der Zeit heraus entwickelt sich an den Universitäten bald eine spezifische allgemeingültige Arbeitsmethode, die, von Abaelard vorgeprägt, sich in drei Stufen vollzieht, beginnend mit dem Studium eines Textes, lectio genannt, worauf, mit quaestio betitelt, die Darstellung oder Auffindung eines Problems gefordert wird; als letztes folgt die determinatio, die Stellungsnahme. Mit fortschreitender Einbürgerung der Arbeitsmethode, dem Grundprinzip der Scholastik, wird vielfach die Stufe der lectio übersprungen und sogleich die Auffindung eines Problems angegangen, wobei nicht willkürlich vorgegangen wird, sondern immer ein ordnender Bezug eingehalten wird, der der Erforschung eines gesamten Wissensgebietes dient. Im 13. Jahrhundert werden großangelegte enzyklopädische Werke geschaffen (Speculum maius = Weltspiegel und Speculum doctrinale des Dominikanermönchs Vinzenz von Beauvais; Tom von Chantimpré verfaßte das Werk „De natura rerum" und Albertus Magnus schreibt einige Abhandlungen „De animalibus" über die Tiere sowie „De vegatilibus libri VII" über die Pflanzen u. a.), daneben werden größere Überblicke entworfen, die in den sogenannten Summas ihren Niederschlag finden (Summa de virtibus et viris, Magisteium divinale von Wilhelm von Auvergne, Summa creaturis des Albertus Magnus, von Thomas von Aquino die Summa theologica, u. v. m.).

In der Besinnung auf die Ratio und die Anwendung der Gesetze der Logik wird der Universalismus entwickelt. Zu den Hauptvertretern dieser als Frühscholastik bezeichneten Epoche sind in Frankreich Abaelard und Gilbert de la Porée, in Deutschland Hrabanus Maurus, Notker der Deutsche, Hugo von St. Viktor, in Italien Petrus Damiani, Anselm von Canterbury, Bonaventura und in England Alkuin, Johann Scotus Eriugena und Adelhard von Bath zu rechnen.

Während des 13. Jahrhunderts, der Zeit der Hochscholastik, vollzieht sich die Trennung der Wissenschaft von der Philosophie, insbesondere der Naturphilosophie und der Theologie. Zu den Hauptvertretern der Hochscholastik zählen in Frankreich Vinzenz von Beauvais, Johann von Jandun, in Italien Aegidius von Rom, in Deutschland Dietrich von Freiberg, Witelo und Ulrich von Engelberg.

Das 14. und 15. Jahrhundert, in dem sich der Niedergang des Papsttums, das in völlige Abhängigkeit von Frankreich gerät (Avignonesisches Papsttum, „Babylonische Gefangenschaft der Kirche"), vollzieht, gewinnt der Nominalismus, wie ihn der englische Franziskaner Wilhelm von Ockham (1290 bis 1348) prägt (nur Einzeldingen kommt Wirklichkeitscharakter zu, während den übergreifenden Allgemeinbegriffen nichts Wirkliches entspricht, sie bloße Namen, Nomina, darstellen), die Oberhand, der mit seinem Zweifel, daß die Vernunft alles zu begreifen vermag – er stellt die Theologie außerhalb ihres

Der „Liebesgarten" spielt in der Kunst des Späten Mittelalters eine wichtige Rolle. Durch eine Mauer von der Umwelt abgeschirmt treffen sich die Liebenden in diesem Garten, der paradiesische Züge trägt. Flämische Miniatur aus dem Roman Renaud de Montauban von Loyset Lidet. 15. Jahrhundert. Bibliothèque de l'Arsenal, Paris.

Begriffsfeldes –, bereits den durch die experimentelle Forschung des 13. Jahrhunderts eintretenden Empirismus mit seinem Angriff auf den Glauben in Frage stellt und den Zwiespalt zwischen Glauben und Ratio, der die Spätscholastik beschäftigt, aufdeckt, was schließlich zur Ausprägung der spätscholastischen Mystik führt, die Gott nicht wissenschaftlich zu erkennen strebt, sondern durch die Verinnerlichung in einem ganz spezifisch eigenen gefühlsbetonten Erlebnis sucht. Die bedeutendsten Vertreter der Spätscholastik sind in Frankreich Nikolaus von Oresme, Peter d'Ally und Johann Buridan, in Deutschland Nikolaus von Cues und Albert von Sachsen, in Italien Dante, in England Wilhelm von Ockham.

Die Kunst der Gotik In engem Zusammenhang mit den neuen geistigen Grundlagen der Scholastik bildet sich auch im künstlerischen Bereich, durch die neuen technischen Errungenschaften im Wölbungsbau eine Voraussetzung findend, ein neuer Stil aus, der gewissermaßen als Umsetzung des veränderten Denkens in die künstlerische Sprache aufgefaßt werden kann. Vorrangige Bedeutung kommt auf dem Gebiet der Kunst hierbei der sakralen Baukunst zu (die Rolle der Kirche als Auftraggeberin bleibt bis zum Ende der Hochgotik ungebrochen), deren Beginn und Blüte mit der geistigen Entwicklung des Zeitalters parallel läuft, während die Malerei und Profanarchitektur erst in der Spätgotik an Bedeutung gewinnen. Bestimmt wird die Ausformung der sakralen Baukunst und hier der Kathedrale durch die Mystik, die auf Grund ihres Suchens nach dem Gotterlebnis die Schaffung von dem geistigen Erlebnis entsprechenden Räumen fordert. Es entstehen sich nach allen Seiten hin entgrenzende Raumformen, verwirklicht durch eine sich bis zur Hochgotik fortwährend steigernde Höhentendenz, weiter durch die Auflösung und Durchlichtung der in der Romanik noch schweren Mauerzonen, was in der diaphanen Struktur der Hochgotik, welche die Mauerflächen transparent macht und so den Innenraum illusionär ins Außerräumliche entgrenzt, seinen Höhepunkt findet. Die Bedeutung, die dem Licht durch die diaphane Struktur zukommt, wird durch die Anbringung der bunten Glasfenster noch weitergeführt. Betrachtet man die gotische Sakralbaukunst als Symbol des religiösen Denkens der Zeit, so ist ein Anstoß in der Auffassung von der Methaphysik des Lichtes zu finden, wie sie Hugo von St. Viktor in dem Kloster von St. Viktor in der Nähe von Paris lehrt, wonach im Licht eine Eigenschaft Gottes zu sehen ist.

Bedeutsam (symbolhaft den großen Synthesen der Zeit entsprechend) ist der plastische Schmuck der Kathedralen, der als theologisches Programm sich dem Beschauer zeigt. Mit der Spätgotik und ihrem empirischen nüchternen Skeptizismus tritt erneut ein Wandel in der sakralen Architektur ein. Es bildet sich die Form der Hallenkirchen aus, deren Raumwirkung nicht mehr so sehr in einer ungeheuren Höhe des Baues liegt – wie es in den Kirchenbauten der Hochgotik der Fall war, wo die Höhenausdehnung immer die Breitenausdehnung extrem überspielte oder gar negierte –, als vielmehr in einem in seiner Längen-, Breiten- und Höhenausdehnung wohlausgewogenen Raumkörper, bei dem keiner Komponente mehr ein extremes Übergewicht vor der anderen zukommt. Neben den ausgewogeneren Verhältnissen wird der Innenraumeindruck vor allem durch das Prinzip der Weiträumigkeit geprägt, der durch die offene Pfeilerstellung zustande kommt, die den Blick nur wenig behindert; überallhin, sogar bis ins Gewölbe der Seitenschiffe hinauf, die mit dem Mittelschiff die gleiche Höhe besitzen, wird Einblick gewährt und der Eindruck des bewußten Verzichts auf die Trennung der einzelnen Baukörper – Mittelschiff, Seitenschiffe, Chor – erzeugt. Das Prinzip der Weiträumigkeit wird noch unterstützt durch das Licht, das wiederum wie in der vorangegangenen Periode eine wesentliche Rolle spielt. Es fällt durch große Fenster ungehindert ein und durchzieht gleichmäßig ohne Brechung den Raum und fördert die Sichtbarwerdung aller Raumteile. Es gibt daher nirgends dunkle Schatten in der Kirche, alle Teile werden gleichmäßig er-

leuchtet; die mystische Wirkung erzielenden Licht- und Schattenspiele der vorhergegangenen gotischen Sakralbauten finden sich nicht mehr. Das Zusammenspiel der einzelnen Bauelemente bewirkt ein weiteres für die spätgotische Kirche wesentliches Phänomen, den Eindruck des Einheitsraumes, in dem den Pfeilern lediglich noch einteilender Charakter – dem auf dem basilikalen Schema begründeten theologischen Grundgedanken sowie der Liturgie entsprechend – zukommt.
Gesonderte Bedeutung kommt den Umfassungsmauern zu, die als klare Abgrenzung des Innen gegen das Außen in Erscheinung treten, als Negativform des Innenraumes.
Im Gegensatz zur Hochgotik, die als nationaler Stil von Frankreich ausstrahlt und in den Ländern des Abendlandes ihre spezifisch eigenen Sonderformen entwickelt, ist die Spätgotik ein eigener selbständiger Stil mit eigener geschichtlicher Entwicklung; er basiert auf einem sich wandelnden Daseinsverhältnis, einhergehend mit dem Aufstieg des Bürgertums als Macht, was die Entstehung zahlreicher Stadtkirchen als Ausdruck von Bürgerstolz, Reichtum und Macht zur Folge hat, neben die nun vermehrt die Profanarchitektur, die Rathäuser, Familiensitze und Schlösser, tritt.
In der Spätgotik gewinnt auch die Malerei an Bedeutung, die besonders in den Niederlanden einem Höhepunkt entgegengeht. Die Tafelmalerei, in Frankreich und Flandern die Miniaturmalerei nehmen den breitesten Raum künstlerischen Schaffens ein, dem sich durch die Entwicklung der Öltempera ganz neue Ausdrucksmöglichkeiten bieten. Neu in der Malerei der Gotik ist auch die Schaffung des räumlichen Bezugs der dargestellten Dinge und Personen zueinander, was die Flächigkeit der Bildnisse der Romanik überwindet.
Die Plastik wird aus der programmbezogenen Bestimmung des Sakralarchitekturschmuckes herausgeführt in eine mehr und mehr daseinsbezogene Realität, was sich in einer Erzählfreudigkeit der täglichen Dinge, was auch für die Malerei zutrifft, und Erdverbundenheit der Darstellung, im Gegensatz zu den vorangegangenen Epochen, die idealisierend gestalteten, ausdrückt. Seit der Jahrhundertmitte gewinnen große Meister unter ihrem Namen an Bedeutung, die dem Stil ihre persönlichen Merkmale aufdrücken und den Künstler allmählich aus der mittelalterlichen Anonymität herausführen.

Die Literatur des Späten Mittelalters Das zentrale Thema der spätmittelalterlichen Literatur ist der Minnesang, eine aristokratisch-höfische Gesellschaftskunst, die, um 1100 in der Provence beginnend, ihren Höhepunkt 1190–1220 in der deutschen Minnedichtung findet. Die bedeutendsten Vertreter in Frankreich sind: Wilhelm IX. von Poitiers, Bernart von Ventadorn, Marcabru, Daniel Arnaut; in Deutschland Heinrich von Morungen, Walther von der Vogelweide. In Wolfram von Eschenbach findet die Epik ihren bedeutendsten Vertreter. Der Roman entwickelt die sich im gesamten christlichen Abendland ausprägende Form des geschichtlichen Ritterromanes weiter, z. B. in dem Lancelot-Epos oder in dem berühmten und bedeutenden Roman de la Rose. Im Norden feiert die Saga Triumphe, vor allem Island steht hier an erster Stelle, während im Süden mit Dante die mittelalterliche Literatur ihren Abschluß erfährt.

Hôtel-Dieu in Beaune (Burgund). Es wurde 1443 von Nicolas Rolin, dem Kanzler von Burgund, gegründet und auf eigene Kosten eingerichtet zur Pflege mittelloser Kranker.

DAS PAPSTTUM VON PETRUS BIS ZUM BEGINN DER NEUZEIT

Petrus (33 bis 67?)
Erster Papst. Als Bischof von Rom Vorsteher der römischen Christengemeinde. Martyrium während der Christenverfolgungen unter Nero in den Jahren zwischen 64 und 67.
Linus (67? bis 76?)
Anadetus (76? bis 88?)
Klemens I. (88? bis 97?)
Sogenannter 1. Klemensbrief in 61 Kapiteln, frühestes authentisches Dokument der nachapostolischen Zeit. Vorrang und Primat Roms werden darin als Selbstverständlichkeit dargestellt.
Evaristus (97? bis 105?)
Alexander I. (105? bis 115?)
Sixtus I. (115? bis 125?)
Telesphorus (125? bis 136?)
Hyginus (136? bis 140?)
Pius I. (140? bis 155?)
Anicetus (155? bis 166?)
Soter (166? bis 175?)
Eleutherus (175? bis 189)
Viktor I. (189 bis 199)
Auftreten der Irrlehre des Adoptianismus oder Monarchianismus.
Zephyrinus (199 bis 217)
Erste Erklärung zum Dogma der Dreifaltigkeit, die erhalten ist.
Kalixtus I. (217 bis 222)
Urban I. (222 bis 230)
Pontian (230 bis 235)
Anterus (235 bis 236)
Fabian (236 bis 250)
Als zweiter Papst nach Petrus erleidet Fabian unter Kaiser Decius den Märtyrertod.
Kornelius (251 bis 253)
Lucius I. (253 bis 254)
Stephan I. (254 bis 257)
Ketzertaufstreit unter Bischof Cyprian von Karthago, dem Primus von Afrika.
Sixtus II. (257 bis 258)
Beendigung des Ketzertaufstreits, Duldung der Wiedertaufe von Gläubigen, die zur römischen Kirche übertreten oder zurückkehren wollen, in Afrika. Dritter Märtyrerpapst (Hinrichtung unter Valerian).
Dionysius (259 bis 268)
Erste Formulierung des Begriffs ,,homousios" im Sinne der Wesensgleichheit von Gott-Vater und Gott-Sohn.
Felix I. (269 bis 274)
Eutychianus (275 bis 283)
Kajus (283 bis 296)
Marcellinus (296 bis 304)
Marcellus I. (308 bis 309)
Wahl wegen der diocletianischen Verfolgungen erst nach einer Sedisvakanz von fast vier Jahren.
Eusebius (309/310)
Miltiades (311 bis 314)
Wahl nach einer Sedisvakanz von zwei Jahren. Während seines Pontifikats siegt Constantin über Maxentius am Ponte Milvio in Rom am 28. 10. 312, was de facto den Sieg des Christentums über das Heidentum bedeutet. De iure schafft das Mailänder Toleranzedikt Constantins vom Februar 313 die rechtliche Gleichstellung des Christentums mit den heidnischen Kulten.
Silvester I. (314 bis 335)
Gegensatz von Arianern und Athanasianern. 325 Allgemeines Konzil in Nicäa (Absetzung des Arius, Verkündigung des Symbolum Nicaenum mit dem homousios, der Wesensgleichheit von Vater und Sohn).
Marcus (336)
Julius I. (337 bis 352)
Auf der Synode von Sardica/Sofia von 341 Versuch der Friedensstiftung zwischen Arianern und Athanasianern.
Liberius (352 bis 366)
Höhepunkt der Auseinandersetzung zwischen Athanasianern und Arianern. Felix II. als Gegenpapst von Kaiser Constantius II. eingesetzt.
Damasus I. (366 bis 384)
Von den Arianern wird Ursinus als Gegenpapst aufgestellt. Übergang des Titels Pontifex Maximus auf die Päpste. Die Lehre von der Trinität setzt sich im Drei-Kaiser-Dekret vom 27. 2. 380 endgültig durch. 381 zweites Allgemeines Konzil in Konstantinopel (Symbolum Nicaeno-Constantinopolitanum als endgültiges Credo).
Siricius (384 bis 399)
Erlaß von 386, daß Bischöfe nur mit päpstlicher Zustimmung geweiht werden dürfen.
Anastasius I. (399 bis 401)
Innozenz I. (401 bis 417)
Bekämpfung der nordafrikanischen Irrlehren der Donatisten, Pelagianer u. a. m. ,,De civitate Dei" Augustins.
Zosimus (417 bis 418)
Bonifaz I. (418 bis 422)
Gegenpapst Eulalius.
Coelestin I. (422 bis 432)
Innerkirchliche Auseinandersetzungen mit den Donatisten in Nordafrika. Drittes Allgemeines Konzil in Ephesus 431.
Sixtus III. (432 bis 440)
Leo I. der Große (440 bis 461)
Erster Höhepunkt des Papsttums. Viertes Allgemeines Konzil 451 in Chalkedon. 452 Verhandlung mit dem in Oberitalien vordringenden Hunnenkönig Attila, der daraufhin den Rückzug antritt. Verhinderung der Brandschatzung Roms und der Niedermetzelung der Bevölkerung durch Verhandlung mit dem Vandalenkönig Geiserich 455.
Hilarius (461 bis 468)
Simplicius (468 bis 483)
Kaiser Zenon I. von Ostrom erläßt 482 zugunsten der Monophysiten in den orientalischen Provinzen auf Rat des Patriarchen von Konstantinopel, Akakios, das Henotikon, welches die Glaubensformel des Konzils von Chalkedon verdammt und damit den vorläufigen Bruch mit Rom heraufbeschwört (Akakios-Schisma).
Felix III. (483 bis 492)
Gegenpapst Felix II. Bannung des Akakios, seit 484 daraufhin Schisma, d. h. dogmatische Spaltung, zwischen der West- und Ostkirche.
Gelasius I. (492 bis 496)
Gegenüber Kaiser Anastasios I. von Ostrom vertritt Gelasius den römischen Primatanspruch. In einem Brief an Anastasios stellt er die Autorität der Bischöfe der Gewalt des Herrschers gegenüber. Grundlage der späteren mittelalterlichen ,,Zweigewaltenlehre".
Anastasius II. (496 bis 498)
Symmachus (498 bis 514)
Gegenpapst Laurentius als Kandidat Kaiser Anastasios' I. Unnachgiebige Politik gegenüber Konstantinopel. Symmachianische Fälschungen. 499 erstes Papstwahldekret zur Vermeidung von Schismen.
Hormisdas (514 bis 523)
Beendigung des Schismas von 482 (regula fidei des Hormisdas). Der skythische Mönch Dionysius Exiguus stellt durch Sammlung der Konzilkanones den codex canonum ecclesiasticorum zusammen (erstes lateinisches Kirchengesetzbuch). 525 schlägt er die Zeitrechnung ab Christi Geburt vor.
Johannes I. (523 bis 526)
Entsendung nach Byzanz durch Theoderich den Großen, um von Kaiser Justin die Aufhebung der Maßnahmen gegen die Arianer im Byzantinischen Reich zu erlangen.
Felix IV. (526 bis 530)
Begründung des Mutterklosters des Benediktinerordens Monte Cassino 529 durch Benedikt von Nursia (Regula Sancti Benedicti).
Bonifaz II. (530 bis 532)
Erster Papst germanischen Geblüts. Gegenpapst Dioskur von Alexandrien.
Johannes II. (533 bis 535)
Agapet I. (535 bis 536)
Silverius (536 bis 537)
Gotenkriege. Byzantinische Herrschaft in Italien. Absetzung durch Belisar.
Vigilius (537 bis 555)
Niedergang des Papsttums unter Vigilius. 544 Verschleppung nach Konstantinopel. 553 fünftes Allgemeines Konzil von Konstantinopel.
Pelagius (556 bis 561)
Wegen seiner Anerkennung des 5. Ökumenischen Konzils von Konstantinopel kann er sich nur mit byzantinischer Hilfe in Mittel- und Unteritalien durchsetzen. Seit Pelagius muß der Papstweihe erst die kaiserliche Wahlbestätigung vorausgehen.
Johannes III. (561 bis 574)
Einfall der Langobarden unter Alboin 568.
Benedikt I. (575 bis 579)
Pelagius II. (579 bis 590)
Gregor I. der Große (590 bis 604)
Erster Mönchspapst. Als erster Papst nennt er sich servus servorum Dei. Neuordnung der päpstlichen Domänenverwaltung. Schaffung des ersten Sozialstaates christlicher Prägung. Beginn der Christianisierung der Langobarden und Angelsachsen (durch Augustinus von Canterbury). Keine Stärkung des päpstlichen Primates. Gregor der Große: vierter bedeutender abendländischer Kirchenlehrer neben Hieronymus, Ambrosius und Augustinus, den er aber – auf ihm fußend – verflacht. Fruchtbare schriftstellerische Tätigkeit. Begründer des Vulgärkatholizismus.
Sabinianus (604 bis 606)
Bonifaz III. (607)
Bonifaz IV. (608 bis 615)
Adeodatus I. (615 bis 618)
Bonifaz V. (619 bis 625)
Honorius I. (625 bis 638)
638 verkündet Kaiser Herakleios I. zur Versöhnung der Monophysiten die monotheletische Lehre in der Ekthesis (= Auslegung);

sie besagt, Christus habe zwar zwei Naturen, aber in ihm sei nur ein Wille (thelema) vorhanden. Honorius stimmt in zwei Briefen dem Monotheletismus bzw. Monoenergismus zu, jedoch ist unklar, wie weitgehend diese Zustimmung gewesen ist. Die dem Unfehlbarkeitsdogma widersprechenden Briefe spielten noch auf dem Vatikanischen Konzil von 1870 eine Rolle.
Severinus (640)
Johannes IV. (640 bis 642)
Theodor I. (642 bis 649)
Martin I. (649 bis 655)
Verwerfung des Monotheletismus sowie der Ekthesis und des von Konstans II. erlassenen Typos auf einer Synode im Lateran 649. Wie bei seinen Vorgängern Weihung ohne vorherige kaiserliche Zustimmung. Verschleppung Martins nach Konstantinopel und Verbannung als Hochverräter nach Cherson. Größtes Opfer des Caesaro-Papismus des Ostens.
Eugen I. (655 bis 657)
Schon 654 als Gegenpapst aufgestellt.
Vitalian (657 bis 672)
Vom oströmischen Kaiser abhängig. Besuch Kaiser Konstans II. 663 in Rom und Plünderung von dessen Kunstschätzen.
Adeodatus II. (672 bis 676)
Donus (676 bis 678)
Agathon (678 bis 681)
Bestätigung der den Monotheletismus ablehnenden Lehre des Dyostheletismus. Beilegung des theologischen Streits auf dem 6. Ökumenischen Konzil in Konstantinopel 680. Honorius I. wird auf die Liste der verfluchten Ketzer als Förderer des Irrglaubens gesetzt.
Leo II. (682 bis 683)
Er wird von Konstantin IV. erst bestätigt, als er Honorius I. als mitschuldig am Monotheletismus verurteilt.
Benedikt II. (684 bis 685)
Johannes V. (685 bis 686)
Übergewicht des griechisch-orientalischen Elements in der römischen Kirche. Mit Johannes V. beginnt eine Reihe von griechischen und syrischen Päpsten.
Kanon I. (686 bis 687)
Sergius I. (687 bis 701)
Gegenpäpste Paschalis und Theodor. Einführung des Agnus Dei in die Messe.
Johannes VI. (701 bis 705)
Johannes VII. (705 bis 707)
Sisinnius (708)
Konstantin I. (708 bis 715)
Konstantin II. als Gegenpapst. Reise nach Byzanz 710 und Einigung über die trullanische Synode von 692.
Gregor II. (715 bis 731)
Hinwendung des Papsttums zum Frankenreich. Der englische Benediktinermönch Winfried, der spätere heilige Bonifatius, erhält von Gregor den Auftrag zur Bekehrung in Deutschland. Verschärfung der Gegensätze zum Westen und zum Papsttum von seiten Konstantinopels durch den sogenannten Ikonoklasmus. Schutz des Papstes gegenüber Ostrom durch die Langobarden. Verbindung Gregors mit Karl Martell 722.
Gregor III. (731 bis 741)
Er setzt sich gegen Kaiser Leon III. für die Bilderverehrung ein. Unterstellung von Sizilien, des byzantinischen Unteritalien sowie der illyrischen Kirchenprovinz unter das Patriarchat von Konstantinopel durch Leon III. Missionierung Deutschlands durch den zum Erzbischof erhobenen Bonifatius.
Zacharias (741 bis 752)
Legitimierung des Aufstiegs der Karolinger: König im Merowingerreich soll der sein, der die Macht hat. Der letzte Merowinger, Childerich III., wird ins Kloster geschickt und Pippin III. mit päpstlicher Vollmacht vom heiligen Bonifatius in Soissons 751 zum König gesalbt.
Stephan II. (752 bis 757)
753 Zug über die Alpen zu König Pippin III., dem Kurzen oder Jüngeren, Sohn Karl Martells, um Hilfe gegen die Langobarden zu erflehen. 754 Pippinisches Schenkungsversprechen in Quierzy-Laon. Salbung Pippins III. mit seinen beiden Söhnen Karl und Karlmann und Verleihung des Titels Patricius Romanorum. Eine neue Schenkungsurkunde Pippins III. führt zur Begründung des Kirchenstaates. Die Fälschung der sogenannten Konstantinischen Schenkung (Constitutum Constantini Imperatoris oder Donatio Constantini) aus der Kanzlei Stephans II. Angebliche Urkunde Constantins des Großen, die besagt, der Kaiser habe Silvester I. Rom und die Westhälfte des Römischen Reiches übertragen.
Paul I. (757 bis 767)
Stephan III. (768 bis 772)
Gegenpäpste Konstantin II. und Philippus.
Hadrian I. (772 bis 795)
Einnahme des Langobardenreiches durch Karl den Großen. Bestätigung der Pippinischen Schenkung. 787 7. Ökumenisches Konzil in Nicäa. Verurteilung des Ikonoklasmus.
Leo III. (795 bis 816)
Kaiserkrönung Karls I. am 25. 12. 800.
Stephan V. (816 bis 817)
Krönung und Salbung Ludwigs des Frommen 816 in Reims. Das Papsttum nimmt von nun an das Recht der Kaiserweihe für sich in Anspruch.
Paschalis I. (817 bis 824)
Der Pactum Ludovicianum bestätigt unter anderem die päpstliche Souveränität im Kirchenstaat. Forderung nach Reinheit der Papstwahl ohne Simonie.
Eugen II. (824 bis 827)
Die Constitutio Lothari Kaiser Lothars I. bildet einen Höhepunkt der kaiserlichen Machtstellung über das Papsttum.
Valentin (827)
Gregor IV. (827 bis 844)
Verfall der Karolingerherrschaft. Reichsteilung im Vertrag von Verdun 843.
Sergius II. (844 bis 847)
Anwachsen der Simonie.
Leo IV. (847 bis 855)
Befestigung Roms angesichts der Sarazenengefahr. 850 Krönung Ludwigs II. zum Mitkaiser Lothars I. Entstehung der Pseudo-Isidorischen Dekretalen wahrscheinlich in Reims. Große Sammlung päpstlicher Kanones, die in der Absicht ge- und verfälscht wurden, die Unabhängigkeit der Bischöfe von den weltlichen Gewalten zu fördern; der Papst ist mit umfassenden Rechten ausgestattet. Entlarvung im 16. Jahrhundert.
Benedikt III. (855 bis 858)
Gegenpapst Anastasius durch Ludwig II. unterstützt.
Nikolaus I. der Große (858 bis 867)
Anspruch auf die höchste Gewalt des universalen Papsttums mit einer Unterordnung der weltlichen Gewalt. Seine Briefe fordern die Trennung der Gewalten. 867 Bruch mit der Ostkirche wegen des Prozesses gegen den Patriarchen Photios.
Hadrian II. (867 bis 872)
Johannes VIII. (872 bis 882)
Völlige Ohnmacht des Papsttums. Krönung Karls II., des Kahlen (875), und Karls III., des Dicken (881), zu Kaisern. Erster Papstmord an Johannes VIII.
Martin I. (Marinus I.) (882 bis 884)
Hadrian III. (884 bis 885)
Stephan V. (885 bis 891)
Adoptierung Herzog Widos II. von Spoleto und Krönung zum Kaiser 891.
Formosus (891 bis 896)
Wiederholung der Kaiserkrönung Widos II. und Krönung von dessen Sohn Lambert zum Kaiser. Kaiserkrönung Arnulfs von Kärnten 896.
Bonifaz VI. (896)
Stephan VI. (896 bis 897)
Leichensynode über Formosus mit Leichenschändung. Erwürgung Stephans VI. im Kerker.
Romanus (897)
Theodor II. (897)
Johannes IX. (898 bis 900)
Auf Kaiser Lambert gestützt, versucht Johannes IX. wieder Ordnung im Kirchenstaat zu schaffen, jedoch vergebens.
Benedikt IV. (900 bis 903)
Leo V. (903)
Christophorus (903 bis 904)
Sergius III. (904 bis 911)
Mörder seiner beiden Vorgänger. 905 wird Berengar von Friaul König von Italien. Saeculum obscurum des Papsttums. Mit Theophylakt wird eine Adelsfamilie bestimmend in Rom.
Anastasius III. (911 bis 913)
Lando (913 bis 914)
Johannes X. (914 bis 928)
Als Papst in seiner moralischen Haltung zweifelhaft, stellt er das Papsttum unter die Machtwünsche der herrschenden Persönlichkeiten seiner Zeit. Krönung Berengars von Friaul zum Kaiser von Italien im Jahre 915 und nach dessen Tod Erhebung von Wido II. von Tuszien zum König von Italien im Jahre 926. Anerkennung der Wahl Konrads I. und Heinrichs I. durch die Kirche in den Jahren 916 und 918, ohne daß einer von beiden in Rom die Kaiserkrone empfangen hätte. Als er sich im Alter ernstlicher um die Kirche bemüht und sich gegen die Alleinherrscherin in Rom, Marzia, die Gemahlin Widos II. von Tuszien, stellt, läßt sie ihn einkerkern und 928 erwürgen.
Leo VI. (928)
Stephan VII. (928 bis 931)
Johannes XI. (931 bis 935)
Auch unter ihm, einem Sohn der Marzia und vermutlich des Papstes Sergius III., steht das Papsttum unter weltlichem Einfluß, vor allem von Marzia. Als Albrecht II. von Tuszien, ein Sohn Marzias aus erster Ehe, Macht gewinnt, läßt er Mutter und Halbbruder einsperren und bringt das Papsttum unter cluniazensischen Einfluß.
Leo VII. (936 bis 939)
Erster im Sinne Clunys wirkender Reformpapst.

Stephan VIII. (939 bis 942)
Martin II. (Marinus II) (942 bis 946)
Agapet II. (946 bis 955)
Versuch Alberichs II., geistliche und weltliche Macht in einer Hand zu vereinen, indem er Agapet und den römischen Adel zu schwören zwingt, daß nach dem Tod Agapets sein Sohn Oktavian, Graf von Tusculum, Papst wird. In die Amtszeit Agapets fällt der Sieg Ottos I. über die Ungarn am Lechfeld am 10. 8. 955.
Johannes XII. (955 bis 963)
Mit knapp zwanzig Jahren bereits Papst, tyrannisch und ungebildet; unter ihm wird der Lateran zum Bordell. Hinter dem Rücken von Berengar von Ivrea und dessen Sohn Adalbert Kaiserkrönung von Otto I. und Adelheid (Geburtsstunde des Sacrum Imperium Romanum) und Bestätigung der Schenkungen Pippins II. und Karls des Großen im Privilegium Ottonianum. Bald danach Verschwörung Johannes' XII. mit Adalbert von Ivrea gegen Otto I., der erneut gen Rom zieht. Johannes entflieht und wird auf einer Synode in der Peterskirche seiner zahlreichen weltlichen und kirchlichen Vergehen wegen angeklagt und für abgesetzt erklärt.
Leo VIII. (963 bis 965)
Kann sich gegen Benedikt V., der als Gegenpapst aufgestellt wird, durchsetzen, da der Kaiser hinter ihm steht.
Benedikt V. (964)
Mit dem Beinamen Grammaticus belegt, ist er in die Papstgeschichte als Gelehrter eingegangen. Er wird von Otto I. und Papst Leo VIII. abgesetzt und nach Hamburg verbannt, wo er 966 stirbt.
Johannes XIII. (965 bis 972)
Auf Grund seines selbstherrlichen Regierungsstils kommt es zum Aufstand. Johannes XIII. entflieht zu Otto I., mit dessen Hilfe er sein Pontifikat wieder etablieren kann. Beginn der Slawenmission.
Benedikt VI. (973 bis 974)
Benedikt VII. (974 bis 983)
Johannes XIV. (983 bis 984)
Bonifaz VII. (984 bis 985)
Johannes XV. (985 bis 996)
Krönung Hugo Capets, des Neffen Ottos I., zum König von Frankreich.
Gregor V. (996 bis 999)
Erster deutscher Papst. Ihm begegnet der Widerstand der in Rom herrschenden Familie der Crescentier (Wahl des Griechen Johannes Philagathos als Gegenpapst). Nach Rückkehr Ottos III. Wiedereinrichtung des Pontifikats unter Gregor V.
Silvester II. (999 bis 1003)
Französischer Abstammung; er zählt zu den größten Gelehrten. Ziel seines Pontifikats war die Ostmission; so krönt er in Ungarn dessen christlich gewordenen König Stephan.
Johannes XVII. (1003)
Johannes XVIII. (1004 bis 1009)
Sergius IV. (1009 bis 1012)
Benedikt VIII. (1012 bis 1024)
Kann sich gegen den Gegenpapst Gregor sowie auch gegen den Kardinal von Porto, der als Papst aufgestellt werden soll, durchsetzen und das Papsttum aus der Beeinflussung durch die italienische Familienpolitik lösen. Er regiert in erster Linie weltlich-politisch, indem er die Erhebung gegen Byzanz unterstützt. Erst auf Drängen des Kaisers setzt er sich, so 1022 auf der Synode in Pavia, für die Reformen von Cluny ein und verbietet zum ersten Male die Priesterehe.
Johannes XIX. (1024 bis 1032)
Simonistischer Papst. Vollziehung des Schismas von seiten der Ostkirche. Kaiserkrönung Heinrichs II. und Giselas.
Benedikt IX. (1032 bis 1045)
Wird mit fünfzehn Jahren durch Bestechung von seiten seines Vaters, Alberichs II. von Tusculum, sowie durch die Unterstützung Konrads II., der in Benedikt ein gefügiges Werkzeug hat, zum Papst gewählt. Aufstand der Crescentier in Rom und Aufstellung eines Gegenpapstes, Silvester III. Nach seiner Rückkehr verkauft Benedikt die Papstwürde an den späteren Gregor VI., worauf Heinrich III. auf den Synoden von Sutri (1046) und Rom (1046) alle Päpste absetzt.
Silvester III. (1045)
Gregor VI. (1045 bis 1046)
Klemens II. (1046 bis 1047)
Damasus II. (1048)
Leo IX. (1049 bis 1054)
Verkörpert ein päpstliches Idealbild. Beruft sich zur Rechtfertigung des Patrimonium Petri auf die Pseudo-Isidorischen Dekretalen. Formelle Tennung von Ostrom, Staatsgründung der Normannen in Unteritalien.
Viktor II. (1055 bis 1057)
Stephan IX. (1057 bis 1058)
Benedikt X. (1058 bis 1059)
Nikolaus II. (1058 bis 1061)
Verbot der Laieninvestitur.
Alexander II. (1061 bis 1073)
In sein Pontifikat fällt die Schlacht bei Hastings, die Eroberung von Bari durch die Normannen und der Sieg des Islams bei Mantzikert über Byzanz.
Gregor VII. (1073 bis 1085)
Im Sinne Clunys wirkender Papst; Erlassung des Investiturdekrets, Bann gegen Heinrich IV.
Viktor III. (1086 bis 1087)
Urban II. (1088 bis 1099)
Ausrufung des ersten Kreuzzuges auf der Synode von Clermont durch Urban. Auf seinen Einfluß hin wird Anselm von Canterbury Erzbischof in England. Während seines Pontifikats wird der Zisterzienserorden begründet.
Paschalis II. (1099 bis 1118)
Nach Investiturstreitigkeiten mit Heinrich V. schließt Paschalis, ein ehemaliger Cluniazensermönch, im Vertrag von Mammolo 1111 einen Kompromiß, wonach er die Investitur ohne Simonie und nach den kanonischen Regeln billigt; jedoch zieht er sein Zugeständnis bald nach der Kaiserkrönung Heinrichs V. wieder zurück und muß vorübergehend nach Benevent entfliehen. Begründung des Klosters Clairvaux in seiner Amtszeit.
Gelasius II. (1118 bis 1119)
Die Wahl des greisen Gelasius, vormals Mönch von Monte Cassino, erfolgt ohne Mitsprache Heinrichs V., was für den Papst Gewaltmaßnahmen von kaisertreuer Seite, Verfolgungen und Mißhandlungen nach sich zieht. Aufstellung eines Gegenpapstes von kaiserlicher Seite mit Gregor III.
Kalixtus II. (1119 bis 1124)
In Cluny gewählt und in Rom bestätigt, zwingt er Gregor III. zur Flucht, bannt seinen Widersacher Heinrich V.; Beilegung des Investiturstreites.
Honorius II. (1124 bis 1130)
Setzt das Wormser Konkordat 1122 durch und bringt nach dem Aussterben des salischen Kaiserhauses 1125 Lothar von Supplinburg an die Reichsspitze; Bestätigung Rogers II. von Sizilien als Herzog von Apulien.
Innozenz II. (1130 bis 1143)
Wird von Anaklet II., dem von den Kardinälen gewählten Gegenpapst, der Roger II. von Sizilien zum König der Insel erhebt, nach Frankreich vertrieben, wo er in Clairvaux durch Bernhard von Clairvaux Unterstützung findet. Kann zur Kaiserkrönung mit Hilfe Lothars III. zurückkehren, muß jedoch nach der Rückkehr Lothars erneut vor seinen Widersachern fliehen.
Coelestin II. (1143 bis 1144)
Lucius II. (1144 bis 1145)
Eugen III. (1145 bis 1153)
Ein Schüler Bernhards von Clairvaux. Er steht im Kräftefeld Rogers von Sizilien und Barbarossas, für welchen er sich entscheidet (Konstanzer Vertrag 1153); 2. Kreuzzug.
Anastasius IV. (1153 bis 1154)
Hadrian IV. (1154 bis 1159)
Einziger englischer Papst, beginnende Zuspitzung zwischen Papsttum und Kaisertum um die Oberhoheit.
Alexander III. (1159 bis 1181)
Höhepunkt der Auseinandersetzung Kaisertum–Papsttum.
Lucius III. (1181 bis 1185)
Bannung der Häretiker und Einführung der Inquisition.
Urban III. (1181 bis 1185)
Eroberung des Kirchenstaates durch Friedrich I.
Gregor VIII. (1187)
Klemens III. (1187 bis 1191)
Wiederherstellung des Kirchenstaates; 3. Kreuzzug.
Coelestin III. (1191 bis 1198)
Erneute Bedrohung des Kirchenstaates durch Heinrich VI. und dessen Krönung auf dem Wege nach Sizilien.
Innozenz III. (1198 bis 1216)
Vormund Friedrichs II.; Urheber der sich in der kirchlichen Rechtssammlung befindlichen Dekretale Venerabilem; Etablierung des Kirchenstaates; Konflikt mit Johann ohne Land um die Lehnshoheit über die englische Kirche; Entstehung der Bettelorden in der Nachfolge des heiligen Franziskus und des heiligen Dominikus.
Honorius III. (1216 bis 1227)
Verfasser des Liber censum Romanae ecclesiae; 5. Kreuzzug; Krönung Friedrichs II. und seiner Gemahlin Konstanze; Krönung Peters de Courteney zum Kaiser des Lateinischen Kaiserreiches von Byzanz.
Gregor IX. (1227 bis 1241)
Auseinandersetzungen zwischen Friedrich II. und Gregor (mehrmalige Bannung Friedrichs), die in der Forderung Gregors, auf die gefälschte Konstantinische Schenkung Bezug nehmend, nach der weltlichen Herrschaft über alle Länder der Erde gipfeln. Organisation der Inquisition.
Coelestin IV. (1241)
Innozenz IV. (1243 bis 1254)
Im Laufe der noch aus dem Pontifikat Gregors herüberreichenden und weiter fortgeführten Auseinandersetzung mit Friedrich II. flieht Innozenz nach Frankreich, nach Lyon, von wo aus er den Kampf gegen Friedrich

und später auch gegen dessen Nachfolger fortführt.
Alexander IV. (1254 bis 1266)
Urban IV. (1261 bis 1264)
Einführung des Fronleichnamfestes 1264, Belehnung Karls von Anjou mit Sizilien.
Klemens IV. (1265 bis 1268)
Residiert in Viterbo, wo für zwei Jahre Thomas von Aquino am päpstlichen Hof wirkt; Etablierung Karls von Anjou in Neapel-Sizilien und Krönung desselben zum König; Hinrichtung des vierzehnjährigen Staufers Konradin in Sizilien mit Billigung des Papstes.
Gregor X. (1271 bis 1276)
Innozenz V. (1276)
Hadrian V. (1276)
Johannes XXI. (1276 bis 1277)
Einziger portugiesischer Papst von hohem wissenschaftlichem Rang.
Nikolaus III. (1277 bis 1280)
Sichert die Freiheit und Unabhängigkeit des Kirchenstaates, Festigung der Union mit Byzanz.
Martin IV. (1281 bis 1285)
Zerstört unter dem Einfluß Karls von Anjou die Union mit Byzanz; Niedergang der Herrschaft Karls von Anjou (Sizilianische Vesper 1282, Peter III. von Anjou noch 1282 Nachfolger Karls) und Erhebung von weiten Teilen Italiens gegen den Papst, da er weiterhin dem allseits verhaßten Karl von Anjou zugeneigt bleibt.
Honorius IV. (1285 bis 1287)
Nikolaus IV. (1288 bis 1292)
Ende des Kreuzzugsfanatismus.
Coelestin V. (1294)
Bonifaz VIII. (1294 bis 1303)
Treibt intensive Familienpolitik und erneuert den Machtanspruch Gregors IX. auf die weltliche Oberhoheit des Papstes über den gesamten Erdkreis.
Benedikt VI. (1303 bis 1304)
Klemens V. (1305 bis 1314)
Beginn des babylonischen Exils der Kirche durch Klemens, der in Lyon und später in Avignon residiert; Vernichtung des Templerordens.
Johannes XII. (1316 bis 1334)
In Cahors in Frankreich geboren, stellt er das Papsttum auch weiterhin in die Abhängigkeit der französischen Krone; wie bei seinem Vorgänger ist sein Hof durch Verschwendung und Nepotismus gekennzeichnet.
Benedikt XXII. (1334 bis 1342)
Sucht die weltlichen Mißstände des Papsttums in Avignon zu beseitigen und wird wie seine Vorgänger durch die Abhängigkeit von der französischen Krone in die politischen Auseinandersetzungen Frankreich–Deutschland hineingezogen, worauf die deutschen Kurfürsten mit dem Kurverein von Reims antworten.
Klemens VI. (1342 bis 1352)
Unter ihm erreichen Weltlichkeit, Luxus, Verschwendung und Nepotismus am päpstlichen Hof in Avignon ihren Höhepunkt.
Innozenz VI. (1352 bis 1362)
Karl VI. (Innozenz läßt ihn in Rom zum Kaiser krönen) legalisiert in der Goldenen Bulle von 1356 die Beschlüsse des Kurvereins von Reims.
Urban V. (1362 bis 1370)
Kehrt von der heiligen Brigitta von Schweden und Petrarca beraten, nach Rom zurück und bekämpft die Mißstände innerhalb der Kirche. Kaiser Johannes V. Paläologus kommt nach Rom und tritt zur katholischen Kirche über, um das Schisma zu beenden; 1370 Rückkehr nach Avignon, Kreuzzug nach Alexandrien befürwortet.
Gregor XI. (1370 bis 1378)
Ist der letzte französische Papst, der auf Betreiben der Katharina von Siena 1377 endgültig nach Rom zurückkehrt. Katharina von Siena versucht, zwischen dem Papst und dem sich unter Florenz erhebenden Italien zu vermitteln, ohne jedoch Gregor zur Milde gegenüber den Aufständischen belehren zu können.
Urban VI. (1378 bis 1389)
Tyrannisch und autokratisch regierend, bringt er die Kardinäle gegen sich auf, die einen Gegenpapst, Klemens VII., aufstellen, womit das Schisma im Abendland seinen Anfang nimmt.
Bonifaz IX. (1389 bis 1404)
Er beseitigt das Schisma nicht, so daß auf Klemens VII. Benedikt XIII. als Gegenpapst folgt.
Innozenz VII. (1404 bis 1406)
Gregor XII. (1406 bis 1415)
Im Verlaufe des Schismas kommt es zur Aufstellung eines weiteren Gegenpapstes mit Alexander V.; Beendigung des Schismas durch Abdankung Gregors 1415; Wirken von John Wiclif und Jan Hus.
Martin V. (1417 bis 1431)
Erster Renaissancepapst. Konsolidierung des Papsttums, Mäzen zahlreicher Künstler der Frührenaissance; Beginn der Hussitenkriege.

Oben: Fresko aus dem päpstlichen Palast in Avignon. Unten: Papstpalast in Avignon. Residenz der Päpste während der sogenannten Babylonischen Gefangenschaft der Kirche.

DIE EUROPÄISCHE WELT IN DER NEUZEIT

Das Zeitalter der Entdeckungen

Die überseeischen Entdeckungen: das kühne Vordringen der europäischen Seefahrer in die Weiten der Weltmeere, die Umschiffung Afrikas, die Entdeckung Amerikas, die in der Folge immer weiter um sich greifende europäische Kolonisierung in Übersee – dieser gesamte Prozeß europäischer Ausbreitung über die Erde mit seiner Errichtung ausgedehnter Herrschaftsbereiche in den neuentdeckten Weltteilen jenseits der Ozeane bedeutet nicht nur für die Geschichte Europas, sondern auch für die der Menschheitsentwicklung insgesamt eine Zäsur. Im europäischen Geschichtsverlauf verlagert sich das Gewicht der geschichtlichen Wirkkräfte aus dem mediterranen Raum und der Mitte Europas in dessen Randzonen, zu den atlantischen Nationen der Portugiesen, Spanier, Niederländer, Franzosen und Engländer, die durch zahllose Entdeckungs- und Eroberungsfahrten, durch das systematische Vordringen in den fremden Erdteilen mit der sich daran anschließenden Besiedlung Schritt für Schritt ihre Kolonialreiche aufbauen. Im Osten entspricht dem das Erstarken Rußlands, sein kontinentales Vordringen in die Weite des asiatischen Raumes: die Erschließung Sibiriens bis an die Küsten des Pazifik.

Im universalhistorischen Zusammenhang gesehen, bedeutet der Aufbau überseeischer Kolonialreiche durch die europäischen Staaten ein Novum in der Geschichte der Menschheit. Die Berührungen der höheren und niederen Kulturen untereinander, derer, die in der Zentralität des Weltgeschehens standen, und derer, die am Rande der „Oikumene" und damit zugleich auch der geschichtlichen Dynamik lagen, die aber oftmals in plötzlichem Vordringen von der Peripherie her in das geschichtliche Leben der Hochkulturen eingriffen, diese Beziehungen und Verflechtungen räumlich weit auseinanderliegender Kulturen und Völker miteinander erfolgten in der geschichtlichen Frühzeit, im Altertum und auch im Mittelalter zumeist auf kontinentalem Wege, durch Wanderbewegungen von Stämmen und ganzen Völkern über weite Landstrecken hinweg (erinnert sei hier an die für die höheren Kulturen oftmals verheerenden, den Verlauf der Weltgeschichte verändernden Züge zentralasiatischer Völkerscharen seit der Antike), im Zuge transkontinentalen Handels (z. B. der Transasienhandel über die Seidenstraße hinweg) und als Folge kriegerischer Vorstöße in den wechselnden Phasen expansiver Ausweitung der einzelnen Völker der Erde, um nur einige Möglichkeiten der Verbindung der Kulturen miteinander während der antiken und nachantiken Zeit aufzuzeigen. Wohl begegnet vor dem Anbruch der Neuzeit gelegentlich auch ein maritimes Ausgreifen einzelner Kulturen und Völker, etwa das der Thalassokratien des Altertums, auch sind Migrationen größerer Menschheitsgruppen über See vor den europäischen Entdeckungsfahrten keine Seltenheit (die gesamte phönikische und griechische Kolonisation während des Altertums ist in diesem Sinne aufzufassen; allerdings ist sie auf den Mittelmeerraum beschränkt. Erinnert sei in diesem Zusammenhang auch an die nachchristlichen Migrationen im polynesischen Raum, die – seit 700 n. Chr. sich verstärkend – zur Entdeckung und Landnahme neuer Gebiete führen. Noch um 1350 kommt es zur letzten historisch faßbaren malaio-polynesischen Wanderungswelle, der „heke"= große Flotte, in deren Verlauf größere Bevölkerungsgruppen von den Gesellschaftsinseln nach Neuseeland gelangen; ihre Nachfahren werden hier zu Schöpfern der Maori-Kultur), dennoch besteht zwischen all diesen interkontinentalen Verbindungen der frühen geschichtlichen Zeit, des Altertums und des Mittelalters, sei es zu Lande, sei es zu See, und den überseeischen Entdeckungen Europas zu Beginn der Neuzeit ein grundlegender Unterschied: er begründet sich nicht nur durch die höhere Dichte an während der Neuzeit vollzogenen interkontinentalen Verknüpfungen, sondern vor allem durch ihre geschichtliche Wirkkraft, die dem Verlauf der Menschheitsgeschichte eine andere Richtung gibt. Waren alle bisher universalgeschichtlich sich tiefer auswirkenden interkontinentalen Verbindungen von Völkern und Kulturen auf den Raum der Alten Welt beschränkt, auf die bereits der Antike bekannten Erdteile Europa, Asien und Afrika, und hatten sich die einzelnen Kulturkreise dieser „Oikumene" trotz aller Kontakte miteinander einer Verschmelzung und damit Vereinheitlichung entzogen – obgleich es nicht an Versuchen fehlte, diese herbeizuführen –, so erschließt die Ausweitung Europas mit ihrer Überwindung der trennenden Barriere des Ozeans nicht nur neue geographische Horizonte, indem in das Blickfeld der Menschheit jetzt alle Kontinente dieser Erde treten, sondern sie führt vor allem auch in einem permanenten Prozeß der Kolonisierung der neu entdeckten Gebiete zu einer „Europäisierung weiter Teile der Erde, ethnisch und kulturell, freilich in verschiedenster Abstufung". „Seit dem 15. Jahrhundert werden die Weltmeere zu einem Element, das die Erdteile auch verbindet, statt sie zu trennen" (F. Valjavec), die Welt wächst zusammen, sie wird in dem durch die europäische Ausbreitung herbeigeführten Näherrücken der einzelnen Kontinente allmählich zu einem Ganzen, das dennoch trotz aller vereinheitlichenden Tendenzen, die sich in der Moderne infolge des Vordringens der europäischen Technik über die gesamte Erde hinweg noch verstärkter als bisher bemerkbar machen, eine Differenziertheit in seinen einzelnen Teilen nie ganz verliert, wobei diese sogar in der gegenwärtigen Phase der Weltgeschichte auf Grund der Emanzipationsbewegungen der farbigen Völker aller Wahrscheinlichkeit nach wieder intensiver hervortreten wird.

Im Zuge der überseeischen Entdeckungen und Eroberungen Europas werden bisher voneinander isolierte Kulturkreise miteinander konfrontiert, die infolge der Ungleichheit ihrer Entwicklungsstadien zumeist unentrinnbar in einen Kampf verwickelt werden, in dem es für den technisch-zivilisatorisch Unterlegeneren nur noch ums nackte Überleben gehen kann. In dem Ablauf der Vernichtung beim Zusammenstoß der außereuropäischen Welt mit einem auf Eroberung und Unterwerfung drängenden Europa werden unwiederbringbar Völker und Kulturen in der

Am 7. Oktober 1571 wird die türkische Flotte in der Straße von Lepanto (Einfahrt in den Golf von Korinth) von der spanischen und der venezianischen Flotte unter dem Oberbefehl von Juan d'Austria besiegt.

Blüte ihrer Entfaltung hinweggeschwemmt, die Menschheit zahlt in dem Prozeß des Zusammenwachsens der Welt einen „oft schreckenerregenden Preis" (O. Köhler), der manchem heute aus der Retrospektive, die ethische Momente in sich aufgenommen hat, als äußerst fragwürdig erscheinen mag, wobei jedoch außer acht gelassen wird, daß alle Wirkprozesse in der Geschichte sich aus den Kräften heraus entfalten, die immer nur einer bestimmten Zeit zu eigen sind: moralische Tendenzen in einer Geschichtsbetrachtung verkennen ebenso wie eine Historiographie, die unter einer vorgegebenen Ideologie steht, die Tatsache, daß Geschichte nur aus der jeweiligen unwiederholbaren Situation einer bestimmten Zeitphase heraus verstanden werden kann und daß es dabei durchaus geschichtliche Perioden geben kann und auch immer geben wird, die ethische Auffassungen, die einem späteren Zeitalter vorbehalten sind, völlig entbehren. Die europäische Kolonialausbreitung wird so vorangetrieben vom Willen zur Eroberung, zur Ausbeutung und Inbesitznahme der fremden Erdteile jenseits des Ozeans, eine der Haupttriebfedern zum Ausgriff Europas über die Weltmeere hinweg ist immer die Verheißung auf Gewinn in den fernen Kontinenten gewesen, wobei in mehr oder minder starkem Ausmaße missionarische Bestrebungen, psychologische Momente wie Abenteuerlust und Entdeckerfreude, die Ausweglosigkeit einer existentiellen Situation in der Alten Welt, die zur Auswanderung zwang, die religiöse Intoleranz des alten Europa und vielerlei Tendenzen mehr hineinspielten. Kennzeichnend für die europäische Ausbreitung ist, wie aus einem Gefühl der Überlegenheit mit gänzlichem Unverständnis für die fremden Kulturen, mit denen man in Verbindung kommt, der Expansionsprozeß vorangetrieben wird; sicherlich trug diese Grundhaltung entscheidend mit zu der Inhumanität bei, mit der man den außereuropäischen Kulturen und Völkern in weiten Teilen der Erde begegnete. Die Berührung der Europäer mit den außereuropäischen Kulturen aber führt schließlich zu einer Dichte der interkontinentalen Kontakte, wie sie zuvor noch nie gegeben war, wobei selbst die Weltmeere ihre trennende Funktion einbüßen. Das bewirkt, daß erstmals in der Weltgeschichte alle bisher isoliert verlaufenden Entwicklungen „in einem breiten Hauptstrom des neuzeitlichen Geschehens" einmünden. „Es beginnt jetzt eine Weltgeschichte

neuer Art, die sich von der bisherigen Weltgeschichte in vielem und grundlegend unterscheidet. Nunmehr ist die Erde recht eigentlich erst ‚erschlossen‘ “ (F. Valjavec); es bildet sich die „Welt des Größeren Europa“.

Von diesen einschneidenden Vorgängen seit dem 15. Jahrhundert ausgehend, scheint es begründet, der traditionellen Dreiteilung der Geschichte im Altertum, Mittelalter und Neuzeit folgend, die Epoche seit den überseeischen Entdeckungen Europas mit dem Begriff „Neuzeit“ zu umschreiben. Diese Periodisierung, die seit dem 19. Jahrhundert besteht, stützt sich nicht zu Unrecht auf die Auffassung, daß die europäischen Entdeckungsfahrten des 15. und 16. Jahrhunderts einen solchen Einschnitt in der Weltgeschichte vollzogen haben, daß eine Abgrenzung zu den bisherigen Epochen geschichtlicher Entfaltung der Menschheit, welche konventionell in Ur- und Frühgeschichte, Altertum und Mittelalter gegliedert sind, als zwingende Notwendigkeit erschien. Vertieft wird eine solche Auffassung noch durch Entwicklungen im Europa des 15. Jahrhunderts, die auf Grund ihres zäsurhaften Charakters den Ausklang des Mittelalters und den Anbruch eines neuen, sich andersartig strukturierenden Zeitalters ankündigen, sei es die Strömung des Humanismus, der im 15. Jahrhundert seinen Höhepunkt erreicht, sei es der religiöse und kulturelle Aufbruch des europäischen Menschen in Reformation und Renaissance zu neuen Stufen des Bewußtseins, sei es die epochale Erfindung der Buchdruckerkunst durch Johannes Gutenberg (vor 1400 bis 1468) um 1450, u. a. m. In all diesen geschichtlichen Wirkprozessen streift der abendländische Mensch die Fesseln der mittelalter-

lichen Welt ab, in deren unumstößlich scheinende Ordnung er bis zum Beginn des Spätmittelalters fest eingebunden war, bis allmählich diese ihren Sinn auf die jenseitige Dimension des Seins richtende Ordnung brüchig zu werden beginnt, um schließlich im Ansturm der neuen Errungenschaften, Gedanken und Strömungen vollends zu zerbrechen. Es setzt mit den Anfängen des Spätmittelalters in vielen Teilen Europas eine Bewußtwerdung der diesseitigen Komponente des Daseins ein, die während der Hochphase mittelalterlicher Entwicklung undenkbar gewesen wäre, die sich aber jetzt mehr und mehr im geistigen Leben bemerkbar macht, um schließlich nach den Vorstufen eines sich wieder erneuernden Greifens des nachantiken Menschen nach einer Diesseitigkeit der Dinge – wie es bereits im Trecento in Italien zu beobachten ist – im zunehmenden Entgleiten der abendländischen Welt aus der in transzendenten Bereichen wurzelnden Regelhaftigkeit des Mittelalters in den oben erwähnten Strömungen zu münden. Ein solches Erwachen zu einer neuen Welthaltigkeit des Seins aber, in dessen Mitte die Renaissance den Menschen in all seiner Größe und Erhabenheit rückt, während der Manierismus ihn auch in seiner Niedrigkeit und Schmach zeigt, trägt immer autonom den Willen zu einer grundlegenden Erkenntnis des Menschen und der ihn umgebenden Umwelt, die seinen Lebensraum bildet, zu einem möglichst vollständi-

Doppelseite aus der 42zeiligen Gutenberg-Bibel, deren Druck Johannes Gutenberg 1455 vollendete. Das Exemplar ist im Gutenberg Museum, Mainz, aufbewahrt. „Die Erfindung der Buchdruckerkunst war das größte Ereignis der Geschichte . . .“ (Victor Hugo).

gen Erfassen der Zusammenhänge in sich. In diesem Willen zur Erkenntnis der Welt und der Stellung des Menschen darin aber, wohin der abendländische Geist jetzt entschieden seine Wendung nimmt, gründet die mit dem 15. Jahrhundert anbrechende Epoche der Neuzeit: das Streben nach Erfahrung des Seins mit all seinen Phänomenen durch das Mittel des Verstandes, nicht mehr das spirituale Erfassen einer jenseitigen Welt, auf welche die diesseitige bezogen ist, wie es das Mittelalter kennzeichnete, durchzieht alle Phasen des neuzeitlichen europäischen Geschehens; nicht mehr das „sub specie aeternitatis" bestimmt den abendländischen Geist, sondern die Kraft der „ratio", aus der heraus sich die moderne Kultur entwickelt, die im Zuge der europäischen Ausbreitung über die Erde zugleich Weltkultur wird. Wohl vermögen sich die asiatischen Kulturen in einem Prozeß der Abschließung gegen alle fremden Kultureinflüsse, wie ihn das China der Mandschu, das Japan des Tokugawa-Shogunats (1603 bis 1868) vollzieht, den andringenden Europäern und ihrem Verständnis des Seins gegenüber zunächst noch zu behaupten, während dies den Kulturen Amerikas und der Südsee nicht gelingt, aber diese Bewahrung ist nichts weiter als ein Aufschieben der Konfrontation mit dem seit dem 15. Jahrhundert neue Konturen gewinnenden europäischen Geist: letztlich bleibt die Auseinandersetzung mit Europa dann auch den Kulturen in diesem Teil der Erde nicht erspart. Der Vorgang der Europäisierung der gesamten Erde, welcher die Weltgeschichte seit dem 15. Jahrhundert durchzieht und ihr den prägenden Stempel aufdrückt, berechtigt uns, den Begriff „Neuzeit" auch auf die außereuropäische Welt zu übertragen und ihre geschichtliche Entwicklung seit den europäischen Entdeckungsfahrten unter diesem von der europäischen Geschichte her gebildeten Zeitbegriff zu sehen. Denn auch die außereuropäischen Kulturen, deren geschichtliche Entwicklung zu einem anderen Stand der kulturellen Entfaltung geführt hat, als ihn Europa erreichte, geraten von nun an ins Blickfeld des neuzeitlichen Europa: sie passen sich entweder dem Stand seiner Zivilisation an oder zerbrechen an ihr; erst die jüngste Moderne läßt vielleicht auch andere Möglichkeiten, darunter auch die einer allmählichen Enteuropäisierung der Welt zu.

Die mit dem Beginn der Neuzeit einsetzende weltumspannende Expansion Europas legt nun die Annahme nahe, daß es ausschließlich an dieser Stelle der Erde, in dem beschränkten Raum des europäischen Kontinents, auf Grund der historischen Entwicklung zu einer Kristallisation all der Kräfte, Fähigkeiten und geistigen und technischen Errungenschaften kommen konnte, welche sich als Voraussetzung für eine Ausbreitung über die Erde erweisen. Geht nun tatsächlich auch im Ablauf der geschichtlichen Entfaltung der Menschheit der Impetus zu einem totalen Ausgreifen über die Erde vom europäischen Kontinent aus, so muß doch auf einige Phänomene in den außereuropäischen Kulturkreisen aufmerksam gemacht werden, welche Ansätze zu einer ebenfalls weltweiten Ausbreitung dieser in sich bargen, wobei jedoch entweder diese Impulse zu schwach waren oder aber durch Umstände erstickt wurden, die sich aus der im Hinblick auf das Abendland andersgearteten morphologischen Struktur dieser Kulturen erklären lassen. Insbesondere ist es der chinesische und der muslimische Kulturkreis, welcher Kristallisationspunkte für eine Expansion im europäischen Sinne in sich birgt. Die Ausbreitung des Islam seit dem 7. Jahrhundert über weite Teile der eurasischen Landmassen und des afrikanischen Kontinents hinweg schloß zugleich auch maritime Vorstöße in sich ein. Bereits im 9. Jahrhundert finden wir muslimische Handelsstützpunkte in Vietnam und in südchinesischen Hafenstädten, und im 11. Jahrhundert griff der muslimische Handel auch auf Java über, bis schließlich im 15. Jahrhundert die Araber fast als einzige den Seehandel im Indischen Ozean kontrollierten. Sie entwickelten hier wahrscheinlich auch die Karavelle, die sie dann vor allem im Mittelmeer verwendeten, wo auch die europäische Welt diesen Schiffstyp kennenlernte und sich aneignete, bis er zur Grundlage ihrer Hochseeschiffahrt wird. Wenn so der islamische Kulturkreis im maritimen Bereich sich bis zum 15. Jahrhundert als durchaus ebenbürtig dem Abendland erwies, ja mit seinen technischen Errungenschaften im Schiffsbau und seinen Kenntnissen in der Seefahrt sogar befruchtend auf es einwirkte, so zeigt das Jahr 1571 bereits die vollzogene Wende auf: in der Seeschlacht von Lepanto vermögen Spanien, der Papst und die Republik Venedig den weiteren Vorstoß der Osmanen im Mittelalter aufzuhalten; es ist jedoch nicht so sehr die Begrenzung des osmanischen Machtbereichs im Mittelmeer, was hier beispielhaft angeführt werden soll, als vielmehr die Tatsache der maritimen Überflügelung der islamischen Welt durch Europa, was sich in dem Seesieg von Lepanto deutlich niederschlägt. In der systematischen Entwicklung der europäischen Schiffahrt mit der planmäßigen Schaffung aller nautischen Voraussetzungen, wie sie vor allem Heinrich der Seefahrer (1394 bis 1460) (Seefahrerschule von Sagres) betrieb, vollzieht sich – insbesondere nach der zur Ausnützung der besseren

Heinrich der Seefahrer (1394–1460) sandte seit 1418 Schiffe zur Entdeckung der westafrikanischen Küste aus (Seeweg nach Indien). Er gründete in Sagres (Algarve) eine Sternwarte und die erste Seefahrtschule.

Windverhältnisse auf dem freien Meer erfolgten Abwendung von der Küstenschifffahrt – die Grundlegung der ozeanischen Seefahrt Europas, durch die die abendländische Welt die ältere islamische Seefahrt weit hinter sich zurückläßt.

Spielt sich so im muslimischen Kulturkreis auf dem Gebiet der Seefahrt eine Überflügelung durch Europa ab, so werden im chinesischen Kulturbereich Entwicklungen auf eine verstärkte maritime Ordnung hin aus Gründen einer Divergenz zur staatsideologischen Doktrin wieder unterbrochen. Wohl verfügen die Chinesen über eine hochstehende Seefahrtstechnik und kommt es – allerdings unter der Leitung muslimischer Eunuchen – von 1405 bis 1433 in China zu großangelegten Übersee-Expeditionen, die durch die Malakka-Straße bis nach Indien und Ostafrika vorstoßen, dennoch bleiben diese Unternehmungen ohne weitere Resonanz in China. Sie werden sehr rasch wieder abgebrochen, da sie als konträr zur universalistischen Welt- und Staatsauffassung Chinas empfunden werden, und so bleibt der im selben Jahrhundert wie die europäischen Entdeckungsfahrten vor sich gehende überseeische Ausgriff Chinas ohne universalhistorische Auswirkung. Somit ist es im Ablauf der weltgeschichtlichen Geschehnisse der europäischen Staatenwelt vorbehalten, den Griff nach Übersee zu wagen und allmählich im Prozeß wachsender Ausbreitung über die Erde die Welt zu einem Ganzen zusammenzuschließen. Von den europäischen Seemächten des Mittelalters, dem Normannenstaat Rogers II., der Hanse im Norden und den Seestädten Genua und Venedig im Mittelmeer, führt dabei ein direkter Weg zu den ozeanischen Staaten Europas der Neuzeit, die sich in den verschiedenen Phasen der europäischen Expansion wechselnde Hegemonialstellungen über weite Teile der Erde zu sichern vermögen; in den Anfängen sind es vor allem die iberischen Staaten Spanien und Portugal, die sich ozeanische Weltreiche aufbauen, bis sie von den europäischen Seemächten des Nordens, den Niederlanden und insbesondere England, das nach dem Untergang der Armada im Jahre 1588 Schritt für Schritt zur ersten maritimen Macht Europas emporsteigt, abgelöst werden.

DIE ÜBERSEEISCHEN ENTDEKKUNGEN UND DIE ANFÄNGE DER EUROPÄISCHEN KOLONISATION

Die Entdeckungsfahrten einiger kühner Seefahrer am Ende des Spätmittelalters, in den letzten Jahrzehnten des 15.und zu Beginn des 16. Jahrhunderts, weiten das geographische Weltbild Europas beträchtlich aus, einige der europäischen Staaten sind in ihrer Entwicklung nun an einem Punkt angelangt, der sie nach Übersee ausgreifen läßt: nach Amerika, Ostasien und nach den Ländern rings um den Indischen Ozean. Es sind vor allem die iberischen Staaten, wo die Voraussetzungen für diesen Ausgriff über die engen Grenzen Europas hinweg gegeben sind. Als atlantische Mächte wickelten Portugal und Kastilien ihren Außenhandel hauptsächlich über den Seeweg ab, für den Schutz der Küsten gegen die Mauren war zudem der Aufbau einer starken Flotte nötig. Der Aufstieg der iberischen Staaten zu seefahrenden Nationen erfolgt bereits im Spätmittelalter; durch die systematische Pflege der angewandten nautischen Wissenschaften wie Physik, Kartograhie und Geographie sind alle Voraussetzungen gegeben für den waghalsigen Ausgriff hinaus aufs freie Meer, der vor allem seinen Antrieb durch das Interesse der Krongewalt an den Unternehmungen, durch die Verheißung von Reichtümern in Indien, durch Abenteuerlust gepaart mit Goldgier und durch die Schwierigkeiten, welche sich infolge des Vorstoßes der Osmanen im Transithandel in der Levante ergeben haben, erfährt.

Mit dem 15. Jahrhundert setzt eine Phase sich mehr und mehr ausweitender Entdekkungen der überseeischen Welt ein; es entwickelt sich ein Entdeckungsdrang, der durch die Erkenntnisse der vorangegangenen Jahrhunderte vorbereitet worden ist. Mit dem Normannensturm erfuhr Europa eine Ausweitung seines geographischen Horizonts zuerst im abendländischen Bereich, wo die erobernden Wikinger alle Küsten und Buchten Europas von der Nordsee bis zum Mittelmeer erkundeten und von der Ostsee aus die russischen Flüsse hinab bis zum Schwarzen, Griechischen und sogar Kaspischen Meer fuhren. Danach richtete sich ihr Erkundungsdrang nach Norden: So fuhren sie auf der Suche nach neuen Wohnstätten die norwegische Küste hinauf, fanden Halagland (Helgoland) und das Nordkap mit der Erscheinung der Mitternachtssonne, stießen bis in die Gewässer des Weißen Meeres und des Polarmeeres vor und nahmen Island in Besitz, besiedelten Grönland (Eric der Rote) und entdeckten von dort aus Nordamerika, das sie Winland nannten. Mit diesen Fahrten wurden nun auch die überseeischen Bereiche dem geographischen Weltbild des Abendlandes angegliedert. Gerieten diese Kenntnisse auch teilweise wieder in Vergessenheit, so blieb noch die Kunde davon erhalten.

Trugen die Normannen zu einer Ausweitung des geographischen Horizonts im Norden bei, so erfuhr Europa durch die Berührung mit der mongolischen Goldenen Horde in Osteuropa eine Erweiterung seiner geographischen Kenntnisse nach Osten hin, und durch die Kreuzzüge trat eine bedeutende Ausweitung nach Süden hinzu. Im Zusammenhang mit dem Ausgriff nach Südosten, in den Vorderen Orient, kam zum ersten Mal in Europa der Begriff Übersee auf; er bezog sich zuerst allerdings nur auf die Operationsgebiete jenseits des Mittelmeeres. Die christlichen Ritter konnten sich zwar auf die Dauer nicht in Afrika und im Vorderen Orient festsetzen, sie brachten jedoch das Mittelmeer unter christliche Herrschaft; es entwickelte sich nun zum Hauptumschlagplatz für den Warenaustausch zwischen dem Westen, Osten und Süden. Mit den sich ausprägenden Handelsbeziehungen traf die Kunde von fernen mächtigen Ländern in Europa ein, welche noch durch die Berichte von Reisenden und Missionaren, vor allem aber durch die Aufzeichnungen Marco Polos, wesentlich bereichert wurde. Aus den europäisch-mittelalterlichen Entdeckungen gingen jedoch keine Verbindungen hervor, welche die Völker und ihre Kulturen in näheren Kontakt zueinander brachten; das war insbesondere auf den langen, schwierigen und gefahrvollen Landweg, der nach der Überfahrt über das Mittelmeer noch bewältigt werden mußte und über den die Berührung von Europa mit Asien erfolgte, zurückzuführen. Erst die Entdeckung des Seeweges bewirkte eine engere Verbindung des Abendlandes mit den außereuropäischen Völkern und ihren Kulturen, eine Verknüpfung, die weltgeschichtliche Bedeutung haben sollte, insofern als die Europäer im Verlaufe ihrer Jahrhunderte währenden Entdeckungen die gesamte Menschheit miteinander in Kontakt bringen, wodurch die Welt zu einer Einheit zusammenzuwachsen beginnt.

Zugleich mit der Inbesitznahme fremder Gebiete besiedeln die Europäer diese in ihrer heimischen Manier und machen die Ureinwohner mit ihrer Zivilisation bekannt, so daß man von einer Europäisierung der Welt sprechen kann. Für das Abendland erschließen sich auf Grund seiner Entdeckungen neue Dimensionen, die mit dazu beitragen, das mittelalterliche Weltbild zu zerstören, und die im wirtschaftlichen und sozialen Bereich umwälzende Veränderungen zur Folge haben. Das Schwergewicht des Handels verlagert sich von der Ost- und Nordsee in den Mittelmeerraum (Lissabon und Sevilla sind die führenden Häfen; Antwerpen ist bedeutsam als portugiesische Faktorei). Der Reichtum, der aus den Kolonien nach Europa fließt, kommt in erster Linie den beiden iberischen Staaten Portugal und Spanien zugute, die dadurch eine neue politische Bedeutung erlangen, insbesondere Spanien. Als neuer Faktor im Wirtschaftsleben gewinnt das Geld in steigendem Maße an Wichtigkeit. Der neue Reichtum wirkt sich allerdings nur für eine kleine, wirtschaftliche Interessen verfolgende Oberschicht aus; für das Gros der Bevölkerung entwickelt er sich jedoch zum Nachteil, da die Preise künstlich hochgehalten werden und dabei die Kaufkraft des Geldes durch die verstärkte Förderung von Edelmetallen, wodurch vermehrte Geldmittel in Umlauf gebracht werden, sinkt. Lohnstreitigkeiten in den Städten und ein Aufbegehren des Bauernstandes, dessen Erzeugerpreise mit der Geldentwertung nicht progressiv angehoben und dessen Hörigendienste verstärkt werden, sind die Folge.

Der Beginn der Entdeckungsfahrten im eigentlichen Sinne fällt ins 15. Jahrhundert; er hat seine Ursachen im Vordringen der Türken in Südosteuropa, wodurch der mediterrane Handelsweg nach dem Mittleren Orient blockiert wird, was die in der atlantischen Schiffahrt führenden Portugiesen und Spanier im Wettstreit miteinander nach einem neuen Seeweg nach Indien suchen läßt. Diese Suche führt zu unbeabsichtigten Entdeckungen – z. B. Amerikas –, die als Folge eine systematische Erkundung der Welt hervorrufen.

Voraussetzung für die Entdeckungsfahrten im 15. und 16. Jahrhundert sind die techni-

Weltkarte von 1520 von Seyler und Schoener, aus der Zeit vor der Weltumsegelung durch Magellan. Der hier abgebildete Teil zeigt nach der Vorstellung der Zeit Ostasien, Nord- und Südamerika mit Island im Norden, Australien (das zuerst Brasilia inferior hieß) und am rechten Rand die Westküste Europas.

schen Fortschritte in der Naturwissenschaft. Seit dem 14. Jahrhundert ist der Kompaß bekannt, die Lehre von der Kugelgestalt der Erde gewinnt neue Anhänger, um nur einiges zu nennen. Gleichzeitig mit diesen naturwissenschaftlichen Erkenntnissen verläuft eine planmäßige Entwicklung des Seewesens durch die iberischen Völker: So erläßt Kastilien Gesetze über die Seekriegführung, die Schiffahrt und den Seehandel und steht an der Spitze, was die nautischen Wissenschaften, wie die Physik, Geographie und Kartographie, anbelangt. Mit dem 15. Jahrhundert ergreift auch Portugal, das zu diesem Zeitpunkt sich von der Oberherrschaft Kastiliens befreit hat, die Initiative. Von seiner geographischen Lage her in seinem Außenhandel ganz auf den Seeweg angewiesen, begünstigt es die Schiffahrt. Bedeutenden Auftrieb erhält sie durch Prinz Heinrich den Seefahrer, den dritten Sohn König Johanns I.; er richtet u. a. eine Seefahrerschule ein, plant, Afrika zu umsegeln, und sendet jährlich zwei bis drei Schiffe entlang der Westküste Afrikas nach Süden zur näheren Erforschung aus. Träger der Entdekkungsfahrten sind somit die iberischen Staaten – vor allem Portugal und Kastilien –, was in ihrer atlantischen Lage begründet liegt, die notwendigerweise zu maßgeblichen Erfahrungen auf dem Gebiet der atlantischen Schiffahrt führen muß. Ihre Lehrmeister sind in erster Linie die Araber, sodann die Genuesen und Venezianer. So für größere Unternehmungen zur See geradezu prädestiniert, suchen die iberischen Reiche nach dem Seeweg nach Indien. Wirtschaftliche Erwägungen – Portugal legt systematisch um Afrika herum, am Roten Meer und am Persischen Golf, Stützpunkte an, um die Seeherrschaft und damit den Seehandel in die Hände zu bekommen – sind dabei ausschlaggebend, wobei als zusätzlicher Anreiz die Kunde von sagenhaften Reichtümern in den fernen Ländern hinzukommt. Als dritter Faktor tritt zu den wirtschaftlichen und politischen Interessen eine von der Kreuzzugsidee sich ableitende Religiosität, die sich an der Idee der zu erwartenden Heidenmission begeistert.

Durch den Orienthandel, den Portugal durch seine Erschließung des Seeweges nach Indien erringt, fließen große Reichtümer ins Land, welche seine wirtschaftliche Struktur umwälzend verändern. Ein

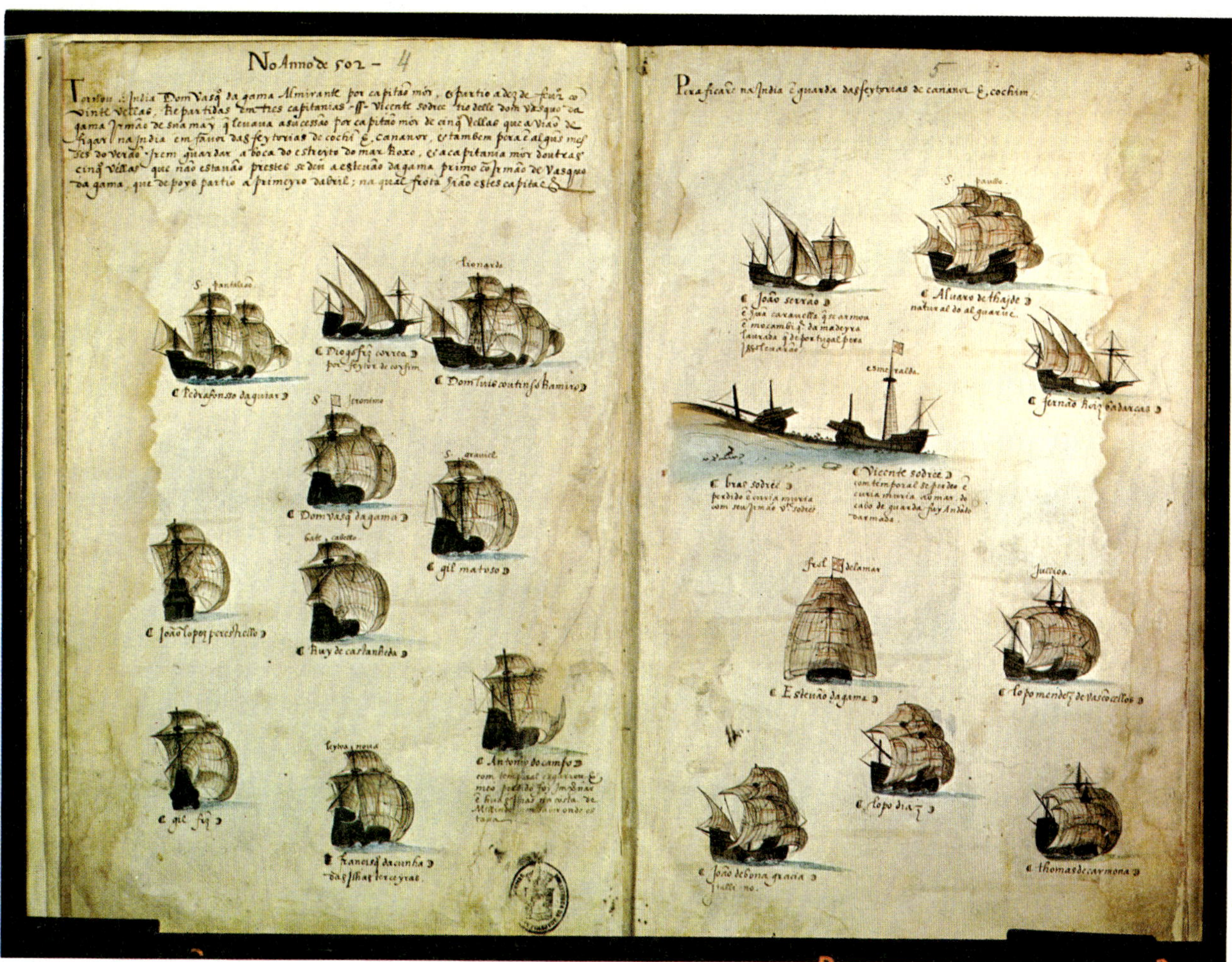

Schon die Römer hatten Seide und andere Luxusgüter aus dem Fernen Osten bezogen. Der Zwischenhandel wurde zu einem Monopol der Araber, Genuesen und Venetianer, zum Ärgernis der Seemächte Spanien und Portugal. Dies führte zur Entdeckung des Seeweges um das Kap der Guten Hoffnung durch den Portugiesen Vasco da Gama. Abbildung der Flotte, mit der er 1502 ausfuhr, in einem zeitgenössischen Manuskript.

Großteil der Bevölkerung wendet sich nun dem Orienthandel zu, geht auf Indienfahrt oder in die Kolonien, was einen inländischen Arbeitskräftemangel sowohl auf handwerklichem als auch auf landwirtschaftlichem Sektor bewirkt. Können die Einbußen in der Landwirtschaft durch die Umstellung der Äcker auf den lohnenderen Weinbau noch ausgeglichen werden, so ist dies auf handwerklichem Gebiet nicht mehr möglich. Mit dem Niedergang der inländischen Wirtschaft ist Portugal gänzlich von den Handelsgewinnen aus seinen überseeischen Besitzungen abhängig.

Für das Europa der Renaissance bringen die neuen Ländereien eine Fülle von Kenntnissen, neue Probleme und eine neue Denkweise. Das „Neue“ sind nicht nur die Entdeckungen, die zwischen 1420 und 1600 gemacht werden, das Neue sind auch die planmäßigen Expeditionen – finanziert und unterstützt von Handelsgesellschaften und reichen Privatleuten –, die eine Vielzahl neuer Waren auf den europäischen Markt bringen; sie werden insbesondere von den königlichen Höfen ausgesandt, um deren Einflußgebiet zu erweitern. So kann Karl V. sagen: „In meinem Reich geht die Sonne nicht unter.“

Als Motiv für die Expeditionen erweist sich nicht nur die Besitzgier, es ist vor allem der Bedarf an Edelmetallen für Münzzwecke, da die Gold- und Silbervorkommen in Europa erschöpft sind. Es liegt daher nahe, den Edelmetallbedarf aus den neuentdeckten Ländern zu decken, da diese kein Münzsystem haben und für sie Gold nichts anderes ist als ein glänzendes Metall, dafür geeignet, Amulette und Schmuck daraus zu fertigen. Neben dem Drang, Reichtümer zu erwerben, steht noch das Verlangen, durch die mit der Eroberung einhergehende Missionierung ein Gott gefälliges Werk zu tun. Es ist bezeichnend, daß die Entdeckungen in erster Linie von den katholischen Ländern Europas ausgingen.

Die Entdeckung und Eroberung der „Neuen Welt“ ist ohne die technischen Errungenschaften der Renaissance nicht denkbar. Wegbereiter sind die Kosmologen, die Kartographen und Schiffsbauer; die letzteren bauen, gestützt auf jahrhundertealte Erfahrungen, Karavellen, die mehr den Launen der Winde und Meeresströmungen gewachsen sind. Die Schiffe eines Kolumbus können gegen den Wind segeln. Sie entstehen aus zwei grundverschiedenen Schiffstraditionen. Die eine geht auf das seetüchtige Handelsschiff der Nordsee und der atlantischen Küstenschiffahrt zurück, der anderen liegen die Rudergaleere und die Lateinsegel der Küstenschiffe des Mittelmeeres zugrunde. Es ist somit nicht verwunderlich, daß der Anstoß für zielbewußte Entdeckungen von jenen Nationen ausgeht, die auf den Atlantischen Ozean hinausblicken, allen voran Spanien und Portugal. Die Erde erfährt im 16. Jahrhundert ihre endgültige Enthüllung, und der europäische Geist kann sich aus der Weltvorstellung der Antike lösen.

Die Entdeckungen der Portugiesen: Die Erkundung des Seewegs nach Indien Der portugiesische Ausgriff aufs Meer hinaus erfolgt bereits systematisch unter Prinz Heinrich dem Seefahrer, die Erkundungs-

Bildnis des portugiesischen Seefahrers Affonso d'Albuquerque (1453–1515). Nach der Entdeckung des Seeweges nach Indien gründet Portugal Handelsniederlassungen in den entdeckten Ländern.

fahrten der Portugiesen stoßen dabei bis an die afrikanische Westküste vor. Unter König Johann II. (1481 bis 1495) finden diese Unternehmungen ihre Fortsetzung, die nach Afrika entsandten Expeditionen entdecken die Kongomündung, dringen bis nach Südwestafrika vor, und schließlich gelingt Bartolomeo Diaz 1487 die Umsegelung des Kaps der Guten Hoffnung. Dem laufen Versuche unter Pedro de Covilhao parallel, von Ägypten aus die Erforschung der Küstenverbindungen vom Roten Meer nach Ostafrika und Vorderindien vorzunehmen. Während die Spanier Indien auf dem Westweg zu erreichen versuchen, treiben die Portugiesen ihr Unternehmen voran, das gleiche auf dem östlichen Wege zu erreichen. Unter König Manuel dem Glücklichen erhält der Admiral Vasco da Gama den Auftrag, Afrika zu umsegeln und nach Ostindien vorzustoßen, was ihm auch nach einer Fahrt von 10 Monaten tatsächlich gelingt. Zur Sicherung des Seeweges nach Ostindien legen die Portugiesen in der Folgezeit eine Anzahl von befestigten Stützpunkten rings um Afrika an. In Kämpfen mit den Arabern, welche aus dem Handel im Gebiet des Indischen Ozeans zum größten Teil herausgedrängt werden können, siegen die Portugiesen dank ihrer Schiffsartillerie. Unter dem zweiten Generalgouverneur, Affonso d'Albuquerque, wird 1509/10 an der Westküste Indiens die Hafenstadt Goa erobert, die zum Zentrum des portugiesischen Handelsimperiums im Gebiet des Indischen Ozeans wird. Über Ceylon greift Albuquerque bis nach Südostasien aus, 1511 kann er Malakka erobern, der Weg in den Fernen Osten ist für die Portugiesen frei.

Bereits 1513/14 landet ein portugiesisches Schiff in Kanton. Die Portugiesen schalten sich nun in den Handel zwischen China und dem Malaiischen Archipel ein, und da der direkte Handel mit Japan den Chinesen verboten ist, ergreifen die Portugiesen auch diese Möglichkeit (1543). 1570 wird der Hafen Nagasaki für den portugiesischen Handel geöffnet, der zum Zentrum der portugiesischen Kaufleute, aber auch der Jesuitenmission aufsteigt. Rasch übernehmen die Portugiesen auch den Gewürzhandel, der vorher in den Händen der Araber lag, die aber durch zahllose Kämpfe restlos herausgedrängt werden. Da die politischen Herrschaften zu Beginn des 16. Jahrhunderts in Indien, China und Japan schwach sind, gelingt es den Portugiesen ohne größere Schwierigkeiten ein etwa hundert Jahre währendes Handelsimperium aufzubauen, das erst gegen Ende des 16. Jahrhunderts bis in die Mitte des 17. durch die vorstoßenden Holländer und Engländer bis auf geringe Restbestände vernichtet wird. Der portugiesische Vorstoß nach Westen beruht im Grunde auf einem Zufall. Auf der Fahrt nach Indien gerät der Portugiese Cabral im Atlantik zu weit nach Westen und entdeckt dadurch 1500 Brasilien, das somit zu einer portugiesischen Kolonie wird.

Die spanischen Entdeckungen: Kolumbus und die Entdeckung Amerikas – Der Aufbau des spanischen Kolonialreichs Als bedeutendstes weltgeschichtliches Ereignis fällt in das letzte Jahrzehnt des 15. Jahrhunderts die Entdeckung Amerikas durch Christoph Kolumbus. Kolumbus besaß in den Künsten der Nautik und Seefahrerkunst reiche Gaben, 1470 als Angestellter eines genuesischen Bank- und Handelshauses nach Lissabon gekommen, versucht er, nachdem er den Atlantik mehrfach geschäftlich bis Madeira befahren hat, den König von Portugal von seiner Idee, Indien auf dem Westweg zu erreichen, zu überzeugen, jedoch erfolglos. Er wendet sich daher an den Hof von Kastilien und kann schließlich dort nach jahrelanger vergeblicher Bemühung 1492 – nach dem Fall von Granada – seinen Plan durchsetzen. Gegen die Verpflichtung, die neuentdeckten Länder der Krone Kastiliens zu unterstellen (vor allem erwartet man von seiten des kastilischen Hofes, nach dem Maurenkrieg in den fernen Ländern Gold zu finden), erhält Kolumbus drei Schiffe, die am 3. August 1492 von Palos aus in See stechen. Nach zehn Wochen Fahrt landet Kolumbus auf einer der Bahamainseln, zudem erreicht er noch Cuba und Haiti. 1493 kann Kolumbus eine zweite Expedition mit 17 reich ausgestatteten Schiffen unternehmen, unter den Passagieren befinden sich auch ein Benediktiner als Apostolischer Nuntius und eine Anzahl von Mönchen, da die kastilische Krone eine systematische Heidenmissionierung in den neuentdeckten Ländern plant. Auf weiteren Fahrten entdeckt Kolumbus u. a. Trinidad, Jamaica und die Orinocomündung, als Gouverneur über die neuentdeckten Ländereien versagt er jedoch gründlich und wird von der Krone seines Amtes wieder enthoben. 1506 stirbt er in Spanien. Er ist nicht nur der Entdecker der Neuen Welt, sondern bereitet auch den Boden für das überseeische spanische Weltreich vor, das im 16. Jahrhundert entsteht.

Im Verlauf des 16. Jahrhunderts gehen die Entdeckungen in der Neuen Welt rasch voran, die Spanier zielen dabei vor allem auf die Inbesitznahme von großen Territorien, was nicht ohne Eroberungen und die Unterdrückung ganzer Völker vor sich geht. 1511 besetzen die Spanier Cuba, 1512 stoßen sie erstmals nach Florida vor. Balboa, der Befehlshaber einer Festlandsexpedition, gelangt 1513 erstmals bei Panama an den Stillen Ozean, den er zum

Genua, die bedeutendste Hafen- und Handelsstadt des Mittelmeeres um 1480. Ausschnitt aus einem Gemälde von Christofero Grassi.

Besitz der Könige von Spanien erklärt. Von 1499 bis 1502 erfolgt die systematische Erforschung der Festlandküste von Honduras bis Nordbrasilien, zu Anfang des 16. Jahrhunderts werden Patagonien und die La-Plata-Mündung entdeckt. Als erster beschreibt der florentinische Forscher Amerigo Vespucci den neuen Erdteil, der von dem deutschen Kosmographen Martin Waldseemüller auf seiner Weltkarte von 1507 Amerika genannt wird.

Eine der großen Leistungen der Entdekkungsgeschichte gelingt im ersten Viertel des 16. Jahrhunderts einem Portugiesen, Ferdinand Magalhaes, der beschließt, auf dem Westweg über Amerika den Fernen Osten zu erreichen. Ihm gelingt als erstem die Umsegelung der Erde und damit auch der empirische Beweis von ihrer Kugelgestalt. In portugiesischen Diensten erprobt (Teilnahme an den Unternehmungen Albuquerques nach Goa und Malakka), findet er dennoch für seine Pläne am Hof von Lissabon keine Aufnahme und sieht sich daher gezwungen, in die Dienste der spanischen Krone zu treten. Im Auftrag Karls V. segelt er am 20. September 1519 von Spanien aus durch den Südatlantik, passiert die Meerenge zwischen der Südspitze des amerikanischen Kontinents und Feuerland und durchsegelt in drei Monaten und 20 Tagen den Pazifik; im Kampf mit Eingeborenen auf den Philippinen findet er den Tod. Sein Steuermann Delcano übernimmt das Kommando über das Schiff Victoria und führt es durch den Indischen Ozean um das Kap der Guten Hoffnung nach Europa zurück. Von den fünf Schiffen mit 265 Mann Besatzung, mit welchen Magalhaes zur ersten Weltumsegelung aufgebrochen war, kommen jedoch nur noch 18 Mann und ein Schiff am 7. September 1522 zurück, insgesamt dauerte das Unternehmen drei Jahre. Der Ertrag ist bedeutend, die nach Spanien gebrachte Ladung kann das gesamte Unternehmen mit noch beträchtlichem Gewinn abdecken.

Die Entdeckungsgeschichte in der Neuen Welt kann man in zwei Phasen einteilen, das ausgehende 15. und die ersten beiden Jahrzehnte des 16. Jahrhunderts umfaßt die Epoche der Entdecker, von 1520 bis 1550 dauert die Zeit der Konquistadoren (Eroberer). Wohl von der spanischen Krone ermächtigt, jedoch nicht unterstützt, sind die Konquistadoren hinsichtlich der Mittel für ihre Unternehmungen im großen und ganzen auf sich selbst angewiesen. Sie können daher nur mit geringem militärischem Gefolge ausziehen, jedoch gelingt es ihnen dennoch, auf abenteuerlichen Eroberungszügen zwei große Indianerreiche der Neuen Welt, die in ihrem politischen Gefüge stabil und kulturell hochstehend waren, niederzuringen. Der ehemalige Sekretär des Befehlshabers von Cuba, Hernan Cortés, erobert in den Jahren von 1519–1521 in Zentralmexiko das Aztekenreich. Von 1530 bis 1533 nimmt ein anderer Konquistador, Francisco Pizarro, das sich von Ecuador bis Chile erstreckende Reich der Inka in Besitz. Diego de Almagro, einer seiner Mitbefehlshaber, dringt von Peru aus gegen das heutige Bolivien vor, durchquert es und stößt bis weit nach Chile vor. 1538 läßt Pizarro Almagro als Konkurrenten erdrosseln, 1541 rächen ihn seine Freunde, indem sie Pizarro umbringen. Die Konquistadoren sind hart, rücksichtslos und brutal, aber darin, in ihrer Intelligenz, Risikofreudigkeit und in ihrem vor nichts zurückschreckenden Mut sind ihre spektakulären Erfolge zum Teil begründet, hinzu kommt die Überlegenheit ihrer Waffen und der zivilisatorischen Technik.

Auf die Phase der Konquistadoren folgt in dem Prozeß der Inbesitznahme der Neuen Welt die Zeit der Administratoren. Die spanische Krone schickt sich an, die in unbarmherziger Rücksichtslosigkeit eroberten Gebiete zu verwalten; an die Stelle der ziemlich unabhängigen Eroberer treten Beamte, Richter und Geistliche, zugleich setzt verstärkt die Missionierung des überseeischen Reiches durch die spanische Kirche und katholische Orden ein. Bis etwa 1550 haben die Spanier Mittelamerika, Mexiko, Peru, Paraguay und Bolivien in Besitz genommen. Zahlreiche Städtegründungen werden in Angriff genommen (1535 Lima durch Francisco Pizarro, 1535 Buenos Aires durch Pedro de Mendoza, 1541 Santiago durch Pedro de Valdivia). Jedoch nicht nur auf dem südamerikani-

Begegnung der Alten und der Neuen Welt am 12. Oktober 1492, als Kolumbus und seine Begleiter die Bahamainsel Guanahani betreten und auf ein Volk brauner Hautfarbe stoßen. Columbus bezeichnete diese Menschen als „Indios". ▷

schen Kontinent, auch in Nordamerika dringen die Spanier vor. Von Florida aus entdeckt Hernandez de Soto die Appalachen und das östliche Mississippigebiet, er dringt weiter westwärts bis nach Kansas vor und zieht dann wieder den Mississippi abwärts bis zum Golf von Mexiko (1539 bis 1542). In den Jahren 1540 bis 1542 durchquert Vazquez Coronado die Prärien bis zum Missouri.

Für den amerikanischen Kontinent bedeuten die Entdeckungen eine tiefe Zäsur in seiner Geschichte und Kultur, die weitestgehend einen Bruch erfahren, da die Indianerkulturen entweder zurückgedrängt oder ausgelöscht werden. Die gesamte Neue Welt wird im Verlauf der Jahrhunderte europäisiert. Die einheimische Bevölkerung nimmt während des 16. Jahrhunderts erheblich ab, der Rest vermischt sich mit den Weißen, die in immer größerem Zustrom einwandern. Gegensätzlich zu Amerika hat die Zeit der Entdeckungen in Afrika und Asien keinen solch tiefen ethnischen, politischen und kulturellen Einschnitt gebracht. Hier verharren die Europäer zumeist an den Küsten, wo sie Handels- und Stützpunkte errichten, während das Innere der Länder relativ unerschlossen bleibt, Afrika z. B. ist bis ins 19. Jahrhundert hinein ein dunkler Erdteil. Die Entdeckungen rufen sogleich auch eine Konkurrenz der europäischen Staaten untereinander hervor; im Vertrag von Saragossa 1529 einigen sich Spanien und Portugal über ihre grundsätzlichen Interessen in der überseeischen Welt, die sie in zwei ihnen zustehende Hälften aufteilen, was freilich auf die Dauer nicht andere Mitbewerber in Europa auszuschließen vermag. Der Kampf um die außereuropäischen Kolonien nimmt seit dem Ende des 16. Jahrhunderts verstärkt zu, und die europäische Politik weitet sich zugleich zur Weltpolitik aus. Europa tritt seine Vorherrschaft in der Welt an.

Das Zeitalter der Glaubensspaltung und Glaubenskämpfe

Gegen Ende des Späten Mittelalters vollzieht sich innerhalb der europäischen Staatenwelt ein grundlegender Wandel ihrer Staatlichkeit: In einem seit dem 10. Jahrhundert sich abzeichnenden Prozeß der „Versachlichung“ und „Institutionalisierung“ der Herrschaft verwandeln sich die Reiche, wie sie das Zeitalter des Feudalismus auf europäischem Boden hervorgebracht hatte, zu modernen Staaten. An die Stelle des einen, universalen, in der Nachfolge Roms stehenden Reiches war sehr rasch im Verlauf mittelalterlicher Geschichtsentfaltung eine Vielzahl von Mächten getreten, die zunehmend ihr eigenes geschichtliches Leben entwickelten, und je mehr auch die noch tradierte universalistische Reichsidee verfiel, desto verstärkter machte sich der nach dem Niedergang des Karolingischen Reiches in Europa eingetretene Mächtepluralismus bemerkbar, bis am Ausgang des Mittelalters – nach einem permanenten Prozeß der Zurückdrängung des Reiches und der Ablehnung seines Universalanspruchs – ein Nebeneinander sich als gleichberechtigt verstehender moderner abendländischer Staaten entstanden ist. Im Zeichen der Souveränitätsidee bildet sich der moderne europäische Staat, der sich aus den Auseinandersetzungen, die sich aus seinem Souveränitätsanspruch mit den benachbarten Mächten ergeben, in potenzierter Fülle seiner Gewalt erhebt, um aus dieser Machtkonzentration heraus den Ausgriff über die eigenen Grenzen hinweg zu wagen. Im Zuge der Durchsetzung der Idee der Souveränität verdichtet sich in den Staaten Europas nach innen die legale staatliche Gewalt bis hin zu ihrer Monopolisierung, während nach außen durch den Anspruch auf totale Unabhängigkeit von jeglicher fremden Einwirkung eine Abschließung gegen die anderen Mächte erfolgt. Freilich wird die Idee der Souveränität in dem an die Stelle des einen universalen Reiches getretenen Staatenkomplex infolge des Ringens um die Vormachtstellung in Europa immer wieder verletzt, so daß die europäische Geschichte der Neuzeit beständig von den wechselnden militärischen Konflikten, die im Zusammenhang des Kampfes um die Hegemonie in Europa heraufbeschworen werden, überschattet wird. Zu Mitteln der Herrschaftsausübung, die immer mehr ihre personalen Züge verliert, werden in den modernen europäischen Staaten die bürokratische Verwaltung, die sich in dem Versachlichungsprozeß der Herrschaft, welcher das gesamte Mittelalter durchzieht, ausformt, das Heer mit seinen aus allen Schichten der Bevölkerung rekrutierten Soldaten und die Diplomatie mit ihren Schritt für Schritt sich herausbildenden ständigen Gesandtschaften; ferner nützt der moderne abendländische Staat die mit der Entfaltung des Frühkapitalismus sich verstärkenden wirtschaftlichen Kräfte und die Errungenschaften der technologischen Entwicklung für seine Zwecke entschieden aus und bringt sie in dem Ringen um die beherrschende Stellung in Europa in das Spiel der Kräfte.

Dieses Spiel der Kräfte ist endgültig in den Anfängen der Neuzeit zuungunsten des Reiches verschoben worden. Zwar erreicht in der ersten Hälfte des 16. Jahrhunderts unter der Herrschaft Kaiser Karls V. (1519–1556), der als letzter Vertreter des mittelalterlichen universalen Kaisertums

Karl V. (1500–1558), Sohn Philipps des Schönen und Johannas der Wahnsinnigen. Kaiser von 1519–1556. Bildnis von Tizian, 1548. München. Alte Pinakothek.

angesehen werden kann, das hl. Römische Reich Deutscher Nation noch einmal einen Höhepunkt seiner Machtentfaltung, aber schon in der zweiten Hälfte des 16. Jahrhunderts vollzieht sich ein schrittweiser Auflösungsprozeß, der mit dem Dreißigjährigen Krieg seine Kulmination erfährt. Resignierend hatte sich bereits Karl V. nach Abschluß des Augsburger Religionsfriedens (1555), dem er seine Zustimmung versagte (womit er jedoch nicht zu verhindern vermochte, daß das lutherische Bekenntnis reichsrechtlich anerkannt wurde), im Jahre 1556 aus dem politischen Kampf in das westspanische Kloster Yuste zurückgezogen, und unter seinen Nachfolgern auf dem Kaiserthron, Ferdinand I. (1556 bis 1564), Maximilian II. (1564 bis 1576) und Rudolf II. (1576 bis 1612), gerät das Reich, ausschließlich „mit seinen inneren Angelegenheiten beschäftigt", immer mehr in den „Schatten der großen Politik", die zunehmend von den aufsteigenden Nationalmonarchien West- und Nordeuropas, zunächst aber vor allem von dem iberischen Königreich Spanien bestimmt wird. Wohl bleibt die politische Einheit des Reiches, die infolge der Glaubensauseinandersetzungen beständig bedroht ist, noch das gesamte 16. Jahrhundert hindurch gewahrt, das politische Schwergewicht hat sich jedoch mit dem Tode Karls V. nach Spanien verlagert, wo Philipp II. (1556 bis 1598), der den größten Teil der Besitzungen Karls V. und dessen Machtstellung ererbt hat und der die Politik seines Vaters mit gleicher Zielsetzung weiterverfolgt, durch die erzwungene Vereinigung Portugals mit Spanien im Jahre 1580 und eine zunächst außenpolitisch und militärisch erfolgreiche Politik (1559 zwingt Philipp II. Frankreich zum Verzicht auf seine Ansprüche in Burgund und Italien; Sieg über die Türken in der Seeschlacht von Lepanto) Spanien nicht nur zur Vormacht in Europa, sondern im konsequenten Aufbau eines überseeischen Weltreiches auf den Gipfel seiner Machtentfaltung überhaupt emporführt. Lassen uns die überseeischen Erwerbungen Spaniens und seine kontinentale Politik, die sich ohne Bruch in das oben erwähnte Ringen der modernen europäischen Staaten um die Vormacht in Europa einfügt, für die Regierungszeit Philipps II. von einem „Spanischen Zeitalter" sprechen, so machen der von 1567 bis 1648 dauernde Freiheitskampf der Niederlande gegen die spanische Herrschaft, der Untergang der Armada (1588) und schließlich der Friede von Vervins (1598), in dem Spanien auf jegliche Einmischung in Frankreich verzichtet, die Brüchigkeit der Vormachtstellung des Königreichs Spanien in Europa offenbar. Die spanische Vorherrschaft in Europa endet mit dem Ausklang des 16. Jahrhunderts, es steigen andere Staaten empor, und das 17. Jahrhundert sieht so eine neue Konstellation der europäischen Mächte, aus der zunächst vor allem die Generalstaaten, die in jahrzehntelangen Kämpfen gegen Spanien zur ersten See- und Kolonialmacht Europas aufsteigen, das im Norden in die hegemoniale Stellung Dänemarks eintretende Königreich Schweden und das unter Ludwig XIII. (1610 bis 1643) und seinem Minister, dem Herzog von Richelieu (1585 bis 1642), konsequent den Weg zum Absolutismus beschreitende Frankreich herausragen; England, das seit der Vernichtung der Armada den Aufstieg zur See- und Kolonialmacht vollzieht, steht unter der Herrschaft des Hauses Stuart (1603 bis 1689) anfangs noch am Rande des europäischen Geschehens und durchläuft seine eigenen Bahnen. Der Niedergang Spaniens, der noch die gesamte erste Hälfte des 17. Jahrhunderts überschattet und endgültig mit dem Abschluß des Pyrenäenfriedens zwischen Frankreich und Spanien im Jahre 1659 sein Ende findet, womit das spanische Königreich als Großmacht aus dem Konzert der abendländischen Mächte ausscheidet, begünstigt vor allem das Emporkommen Frankreichs, das zudem aufs entschiedenste von der Schwäche des Reiches profitiert, das sich in den Wirren des Dreißigjährigen Krieges (1618 bis 1648) total erschöpft.

In der Zentralität des europäischen Geschehens während der ersten Hälfte des 17. Jahrhunderts steht der Dreißigjährige Krieg, mit dem der konfessionelle Konflikt in Europa, der seit dem Thesenanschlag Martin Luthers (1483 bis 1546) im Jahre 1517 dem Zeitalter seine Prägung verliehen hatte (die Geschichtsschreibung spricht daher von einem konfessionellen Zeitalter oder einer Epoche der Glaubensspaltung), im großen und ganzen beendet und außerdem – darüber hinausweisend – eine völlige Neuordnung der europäischen Machtverhältnisse vollzogen wird. So gesehen, stellt der Dreißigjährige Krieg einen Einschnitt im Ablauf der neuzeitlichen europäischen Geschichte dar, mit ihm endet die erste Phase der neuzeitlichen Entwicklung: Europa tritt – bereits in der ersten Hälfte des 17. Jahrhunderts durch das Wirken eines Hugo Grotius, der das Naturrecht als vernünftiges Recht den von menschlicher Willkür geschaffenen Gesetzen gegenüberstellt („Das Naturrecht ist so unveränderlich, daß es selbst von Gott nicht verändert werden kann"), René Descartes (1596 bis 1650) und Baruch de Spinoza (1632 bis 1677) vorbereitet – in das Zeitalter des Rationalismus ein, in dem die Vernunft (ratio) – nach dem Zerbrechen der mittelalterlichen Einheit von Glaube und Vernunft in Theologie und Philosophie an der Wende zur Neuzeit – als die bewegende Kraft entdeckt wird, die auch die Gesetze der Natur zu erkennen vermag. Zugleich vollzieht Europa im Bereich des Staates eine entschiedene Hinwendung zum Absolutismus, dessen Staatsauffassung in der Lehre Macchiavellis von der Staatsräson wurzelt. Zum Vorbild der europäischen Staaten auf dem Weg zur Entfaltung des Hochabsolutismus werden Staatsform, Wirtschaftssystem und Kultur Frankreichs, das – durch Richelieu (Beseitigung der Sonderrechte der Reformierten, 1628/29) und Mazarin (Beseitigung der politischen Rechte der Stände 1648 bis 1653) vorbereitet – unter Ludwig XIV. (1643 bis 1715) zum absolutistischen Staat par excellence wird, in dem alle der Staatsgewalt widerstrebenden Kräfte assimiliert sind und Wirtschaft, Verwaltung und Heer im totalen Dienst des Staates stehen, so daß der französische König, der „legibus absolutus rex" ist, aus der potenzierten Machtfülle seiner Stellung heraus im expansiven Ausgreifen unter Ausnutzung der außenpolitisch günstigen Lage Frankreich zu einer Hegemonialstellung in Europa emporführen kann, welche die Geschichtsschreibung von einem Zeitalter Ludwigs XIV. sprechen läßt.

Ehe jedoch Frankreich der große Durchbruch im Wettbewerb der machtpolitischen Kräfte Europas gelingt, tobt in der Mitte des europäischen Kontinents auf dem Gebiet des Reiches, der Dreißigjährige Krieg mit allen Schrecken der Vernichtung, in dem die anfängliche Auseinandersetzung evangelischer Reichsstände mit der katholischen Fürstenpartei der Liga und dem Haus Habsburg (1618 bis 1629) durch den Eingriff europäischer Großmächte in das Kriegsgeschehen – zuerst Schwedens unter Gustav Adolf, 1629 bis 1632, der den deutschen Protestantismus vor der Vernichtung rettet, sodann Frankreichs – sich zu einem die gesamte europäische Staatenwelt erfassenden und verändernden Konflikt ausweitet. Aus dem konfessionellen Streit des habsburgischen Kaiserhauses mit Böhmen geht ein Wandel Europas von Grund auf hervor, „nach diesem Krieg sind nicht nur alle Voraussetzungen des früheren ‚konfessionellen Zeitalters' dahin, sondern Europa und schließlich durch Europa die ganze geschichtliche Welt in eine neue Epoche der Menschheitsgeschichte getreten" (O. Köhler). Der Dreißigjährige Krieg setzt den Schlußstrich unter eine sich bereits im spätmittelalterlichen Konziliarismus abzeichnende reformatorische Entwicklung,

Darstellung einer Zusammenkunft des Konzils zu Trient, das mit Unterbrechungen von 1545 bis 1563 tagte. Gemälde der venezianischen Schule.

in deren Verlauf die bisherige, das Mittelalter prägende Einheit der Kirche zerfiel. Aus der Herausforderung der weltlichen politischen Macht durch das spätmittelalterliche Papsttum und der allmählich eintretenden Besinnung auf eine spirituelle Ordnung der Kirche gingen Strömungen hervor, die in ihrer Verdichtung zu einer Auflösung der res publica Christiana als einem der Fundamente mittelalterlicher Ordnung und zu einem nicht geringen Teil zur Hervorbringung der souveränen europäischen Staaten führten, durch deren Aufstieg gegen Ende des Spätmittelalters und an der Wende zur Neuzeit der politische Verfall des Reiches als des anderen Pfeilers der mittelalterlichen Ordnung noch weiter vorangetrieben wurde.

Während es nun in der ersten Phase der Neuzeit den sich in dem Auflösungsprozeß der mittelalterlichen Welt bildenden, die mittelalterliche Idee von der Universalität von Kirche und Reich negierenden modernen europäischen Staaten gelingt, schrittweise Gewalt über die Kirche zu gewinnen und allmählich Staatskirchen hervorzubringen, verharrt das Reich weiterhin in dem Glauben an eine universale Kirche der Christenheit, als deren Herr sich der Kaiser versteht. In der aus der Heilssehnsucht und religiösen Ergriffenheit der Zeit und dem Drang nach einer Erneuerung der in all ihren Bereichen zutiefst verweltlichten Kirche an Haupt und Gliedern hervorgehenden Reformation, die sich in immer verschärfteren Beschwerden über den Zustand der Kirche auf Reichstagen als „gravamina nationis germanicae“ und in zahllosen Flugschriften ankündigte, wird jedoch die Idee der Universalkirche, an der Karl V. noch weiterhin festhält, de facto durch den Anschluß zahlreicher Territorialfürsten und Städte an die Reformationsbewegung auch im Reich aufgegeben. Alle in der Folgezeit vollzogenen Unternehmungen gegen das Geschehnis der Reformation, sie sich rasch über weite Teile Europas ausbreitet (Süd-, Ost- und Norddeutschland, skandinavische Länder) und von der Ausweitung der gleichzeitigen reformatorischen Strömung des Calvinismus begleitet wird (Schweiz, Pfalz, Frankreich, Niederlande, England, Schottland), sind somit als Versuche zu werten, die die Einheit der Kirche endgültig sprengende Reformation wieder rückgängig zu machen und die res publica Christiana wiederherzustellen – Versuche allerdings, die sich letztlich als unmöglich erweisen müssen. Schon das Bestreben Kaiser Karls V., die protestantischen Reichsstände im Schmalkaldischen Krieg mit Gewalt zur Rückkehr zum katholischen Glauben zu zwingen, ist trotz militärischer Erfolge auf Grund der außenpolitischen Konstellationen (Türkengefahr, Kriege gegen Frankreich, Feindschaft

des Papstes) zum Scheitern verurteilt, und die aus dem Konzil von Trient (1545 bis 1563) mit seinem Wiedererstarken der römischen Kirche sich entwickelnde Gegenreformation mit ihrer zwangsweisen Rekatholisierung und kirchlich-religiösen Erneuerung gibt letztlich den Anlaß zum Ausbruch des Dreißigjährigen Krieges in dem konfessionell gespaltenen Deutschland, dessen zwei Bekenntnisse, das katholische und das lutherische, seit dem Augsburger Religionsfrieden von 1555 reichsrechtlich anerkannt sind. Das, was sich anfangs als ein interner konfessioneller Konflikt des Reiches darstellt, der im Zusammenhang mit der Gegenreformation zu sehen ist, weitet sich letztlich Schritt für Schritt zu einer europäischen Angelegenheit aus, in die beinahe alle bedeutenden Mächte Europas verstrickt werden. Mit dem Dreißigjährigen Krieg endet schließlich im großen und ganzen die konfessionelle Auseinandersetzung in Europa, deren Wurzeln im Mittelalter zu suchen sind und die den europäischen Geschichtsverlauf über ein Jahrhundert lang überschattet und ihm seine Profilierung verleiht. Nach dem Westfälischen Frieden, mit dem der Prozeß des Niedergangs der politischen und geistigen Führerschaft von Kirche und Reich seinen Abschluß findet und neue politische und geistige Kräfte endgültig zum Durchbruch gelangen, kann nur noch bedingt von der europäischen Gesellschaft als Christenheit gesprochen werden, ihre „Emanzipation vom kirchlichen Christentum" ist vollzogen. Das Ende des Dreißigjährigen Krieges bringt fernerhin eine politische Neuordnung des europäischen Kontinents: Es hat sich das moderne europäische Staatensystem gebildet, in dem die Integration der Landeskirchen in den souveränen Staat durchgesetzt ist.

REFORMATION UND GEGENREFORMATION

Der Begriff Reformation (von lat. reformatio = Erneuerung, Neugestaltung) unterliegt im Verlaufe der Jahrhunderte mehrmals einem inhaltlichen Wandel. Erst mit dem 18. Jahrhundert bildet sich in der Begriffsentwicklung die inhaltliche Form heraus, wie sie heute in der Wissenschaft – wenn auch umstritten – üblich ist. Die im 15. Jahrhundert erfolgenden kirchlichen Reformbestrebungen werden in dieser Zeit mit Reformation bezeichnet, ebenso benennt man im 15. und 16. Jahrhundert die Gerichts-, Stadtrechts- und Reichsreformen (Reformation Kaiser Sigismunds und Kaiser Friedrichs III. u. a.). Die Hinwendung zum Evangelium wird im 16. Jahrhundert von protestantischer Seite als Reformation verstanden, erweitert bedeutet Reformation in dieser Zeit die von der Konfession unabhängige Ordnung der Verhältnisse in der Kirche. Im Augsburger Religions- und Landfrieden vom 25. September 1555 wird den Landesherren das Reformationsrecht (= ius reformandi) zugestanden. Im 18. Jahrhundert versteht man unter Reformation das Vorgehen Martin Luthers gegen die katholische Kirche und die als Folge daraus hervorgehende, sich von der römischen Kirche abspaltende Bewegung. Ludwig von Ranke (1795 bis 1886) erhebt dann den Begriff Reformation zu einem Epochenbegriff der deutschen Geschichte. Heute umfassen die Begriffe Reformation und Gegenreformation (katholische Reform, katholische Restauration) alle die historischen Begebenheiten, die im Zusammenhang mit dem Auftreten Luthers seit 1517 stehen und sich vom ersten Viertel des 16. Jahrhunderts bis ins 18. hinein erstrecken. Im Mittelpunkt der Auseinandersetzungen während der Bewegung der Reformation und der Gegenreformation stehen die religiösen Fragen.

Vom Anfang der Reformation an sind die politischen Kräfte mit der Frage der Kirchenerneuerung bzw. der Gründung protestantischer Landeskirchen verflochten. Der bei seiner Thronbesteigung gerade neunzehnjährige Kaiser Karl V. (1519 bis 1556) übernimmt ein gewaltiges Reich, in dem Spanien einschließlich Neapels und der amerikanischen Kolonien, die österreichischen Erblande (Österreich, Steiermark, Kärnten, Krain, Tirol, Vorderöster-

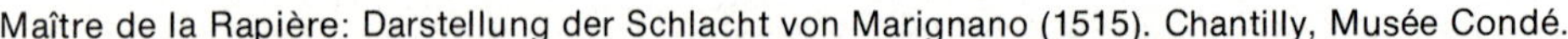
Maître de la Rapière: Darstellung der Schlacht von Marignano (1515). Chantilly, Musée Condé.

Gemälde von Lucas Cranach dem Jüngeren: „Luther im Kreise seiner Freunde". Von links: Johann Förster, Spalatin, Bugenhagen, Erasmus, Justus Jonas, Caspar Cruciger und sein bedeutendster Mitarbeiter, Philipp Melanchthon.

reich, Niederlande) und Burgund unter seiner Herrschaft vereint sind. Seinen großen Widersacher hat Karl V. in dem französischen König, Franz I., der seit der Schlacht von Marignano (1515) nomineller Oberherr über Nord- und Mittelitalien ist und eine expansive Italienpolitik betreibt, die ihn zugleich nach der Kaiserkrone greifen läßt, doch kann sich Karl V. mit Hilfe des Kurfürstenkollegiums durchsetzen. Die Krönung findet am 23. Oktober 1520 in Aachen statt, auf einem für das kommende Frühjahr einberufenen Reichstag sollen auch die Lehren Luthers behandelt werden.

Die deutsche Reformation, die mit dem Thesenanschlag Luthers im Jahre 1517 einsetzt, ist aufs engste mit dem Wirken und dem Leben des Reformators verbunden. Martin Luther (1483 bis 1546) ist der Sohn einer Familie kleinbürgerlichen Ursprungs. Nach dem Besuch der Schule in Mansfeld (bis 1495) wird er 1497 Schüler der Brüder von gemeinsamen Leben in Magdeburg. Nach dem Besuch der Universität Erfurt als Student der philosophischen Fakultät erwirbt er 1505 den philosophischen Magistergrad. Auf einer Reise schlägt ein Blitz neben ihm ein, und dieses Erlebnis führt ihn zu dem Entschluß, Mönch zu werden, und so tritt er in Erfurt bei den Augustiner-Eremiten ein. 1507 empfängt Luther im Dom zu Erfurt die Priesterweihe. Nach weiteren Studien in Erfurt unternimmt er 1510/11 eine Reise nach Rom. Nach seiner Rückkehr nach Wittenberg wird er 1512 Magister der Theologie und hält Vorlesungen über die Psalmen, über den Römer-, Galater-, Hebräer- und Titusbrief. Seit 1515 ist er neben der Bibelprofessur als Seelsorger an der Stadtkirche in Wittenberg tätig. 1516/17 hält Luther mehrere Disputationen über theologische Fragen und mehrere Predigten über den Ablaß. Im September 1517 schlägt er an der Schloßkirche von Wittenberg 95 Thesen gegen die scholastische Theologie an, was zunächst ohne Wirkung bleibt. Noch im gleichen Jahr versendet er 95 Ablaßthesen an die zuständigen Bischöfe, und als auch diese Aktion ohne nennenswerte Wirkung bleibt, legt Luther die Thesen einigen Theologen vor, die Luthers Anliegen erkennen, und es kommt zu einem allgemeinen Gespräch. Nach der Heidelberger Disputation im Jahre 1518 erhält Luther eine Vorladung nach Rom. Aus den ursprünglich allein gegen die Auswüchse des Ablaßhandels gerichteten Thesen Luthers, die überall in Deutschland publiziert worden sind und allmählich größtes Aufsehen erregen, entsteht Schritt um Schritt eine allgemeine Protestbewegung. Luther beginnt, auch die theologischen Grundlagen des Ablaßwesens, die Lehre von den guten Werken, anzufechten, womit er sich mit der katholischen Hierarchie und dem Papsttum direkt anlegt. Auf dem Augsburger Reichstag weigert sich Luther, die Forderung des Kardinallegaten Cajetan zu erfüllen, seine Ablaßthese Nr. 58, die gegen die oberste Lehrgewalt des Papstes gerichtet ist, zu widerrufen. Er flieht aus Augsburg nach Wittenberg und appelliert an ein Konzil. Ein päpstliches Dekret spricht die Exkommunikation über ihn aus, und Luther bezeichnet den Papst als Antichristen. 1519 findet die Leipziger Disputation mit dem Theologen Dr. Johannes Eck statt, auf der Luther die Unfehlbarkeit der Konzilien und den Primatanspruch des Papstes leugnet; nur die Heilige Schrift sei Grundlage des Glaubens. Luther entwirft ein Gottes- und Glaubensverständnis, das den Menschen auf sich selbst und auf die eigene Glaubenskraft besinnen läßt. Zum religiösen Kern aller evangelischen Lehren wird durch Luther die Verheißung Gottes im Glauben. 1520 werden die drei großen Programmschriften Luthers veröffentlicht: „An den christlichen Adel deutscher Nation", „Von der babylonischen Gefangenschaft der Kirche" und „Von der Freiheit eines Christenmenschen". Durch Eck wird Luther eine Bannandrohungsbulle überbracht, die Luther in Wittenberg öffentlich verbrennt. 1521 wird der Kirchenbann über ihn verhängt. Der Kaiser gewährt Luther freies Geleit zum Wormser Reichstag, auf dem er den Widerruf seiner Lehre verweigert; der Reichstag verhängt daraufhin über Luther und seine Anhänger die

Ablaßkrämer. Holzschnitt aus dem frühen 16. Jahrhundert. Sie machten sich die volkstümliche Ansicht zunutze, daß man sich durch die Entrichtung eines Geldbetrages von den Sünden befreien könne.

Reichsacht. Auf Veranlassung des Kurfürsten Friedrichs des Weisen wird Luther auf die Wartburg gebracht, wo er bis 1522 lebt und das Neue Testament ins Deutsche übersetzt. Diese Übersetzung ist das erste Dokument der neuhochdeutschen Sprache, 1524/25 nimmt Erasmus von Rotterdam gegen Luther Stellung in der Schrift „Über die Freiheit des Willens“; Luther antwortet mit der Schrift „Vom geknechteten Willen“. Er wendet sich nun endgültig vom Humanismus ab.

Die deutsche Reformation entzündet sich in erster Linie an der Ablaßfrage. Der Ablaß (lat. indulgentia) kommt im 11. Jahrhundert auf. Die katholische Kirche kann auf Grund des Schatzes an guten Werken Christi und der Heiligen einen Nachlaß der Bußen, die in der Beichte auferlegt werden, und der zeitlichen Strafen gewähren. Dieser Nachlaß ist zunächst mit Pflichten verknüpft, etwa an die Verpflichtung zu einer Wallfahrt nach Rom oder an einen anderen heiligen Ort oder an die Verpflichtung, an einem Kreuzzug ins Heilige Land teilzunehmen; später kann der Ablaß durch die Zahlung einer Geldsumme erworben werden. Daraus entwickelt sich ein regelrechter Ablaßhandel, und es ist gerade der durch den Ablaßhändler Johann Tetzel betriebene Mißbrauch, der Martin Luther zum Handeln treibt und ihn seine 95 Thesen aufstellen läßt, in denen er die im Mittelalter herausgebildete Ablaßlehre angreift. Das Vorgehen gegen die Mißbräuche im Ablaßwesen ist jedoch nur die äußere Umkleidung der Reformation, ihre tieferen Hintergründe hat sie in einer gesteigerten, tiefinbrünstigen Religiosität, die das gesamte Zeitalter ergriffen hat und der die durch die Renaissancekultur einem Verweltlichungs- und Veräußerlichungsprozeß unterworfene und durch Geschäfte entwürdigte katholische Kirche nicht mehr genügen kann. Diese Religiosität des Zeitalters, ohne welche der Verlauf der Reformationsbewegung undenkbar wäre, verdichtet sich geradezu in der Gestalt des Reformators Martin Luther: Seine religiösen Erfahrungen, insbesondere sein entscheidendes Erlebnis, daß eine Rechtfertigung des Menschen allein durch den Glauben erfolgen könne, werden zur inneren treibenden Kraft der Reformation, welche die religiöse Struktur des Abendlandes zutiefst verändert. Gegenüber dem persönlichen religiösen Erlebnis Luthers verblaßt der deutsche Humanismus in seiner Auswirkung auf die Reformation: Infolge seines gegen die mittelalterliche Scholastik gerichteten Angriffs ebnet er zwar der reformatorischen Bewegung in Deutschland den Weg, jedoch bleibt er zumeist in seiner Kritik der römischen Kirche stecken, die sich nur selten zu einer ausgesprochenen Kirchenfeindlichkeit ausweitet. Die Lehre Luthers eignet sich insbesondere der Norden Europas an, wo das Luthertum sehr rasch an Boden gewinnt.

Der Reformation in Deutschland steht die in Genf gegenüber, die von dem Franzosen Johann Calvin ins Leben gerufen wird. Bereits 1536 veröffentlicht Calvin in Basel seine Glaubenslehre, die „Institutio religionis Christianae“, 1541 baut er im aristokratisch geleiteten Genf ein Kirchenwesen auf, welches das Gemeindeprinzip zur Grundlage hat. Gewählte Geistliche und Älteste führen die Gemeinde, über die Gemeinden herrscht die Synode. Eine strenge Kirchenzucht wird eingeführt, wobei ein geistlich-weltliches Strafsystem alle Übertretungen ahndet. Zum Luthertum bildet sich eine Kluft heraus durch die unterschiedliche Auffassung vom Abendmahl, durch die voneinander verschiedenen Kirchenordnungen und durch die Prädestinationslehre. Durch sie vermag sich der Calvinist aktiv der Welt zuzuwenden und alle Erfolge als Erwähltheit vor Gott auszulegen. In der Abendmahlslehre kommt es 1549 durch den Consensus Tigurinus zu einer Übereinstimmung zwischen den Calvinisten und den Anhängern der Lehre Zwinglis. Der Calvinismus breitet sich insbesondere im Westen Deutschlands, in Frankreich, England, Schottland, den nördlichen Niederlanden sowie in Polen und Ungarn aus.

In England entwickelt sich als weitere Form reformatorischen Kirchenwesens die anglikanische Kirche seit König Heinrich VIII., der sich 1534 zum Oberhaupt der englischen Kirche ernennt. Seit 1547 nimmt die anglikanische Kirche die Lehre Calvins auf, allerdings wird die bischöfliche Verfassung weiter beibehalten. Unter Königin Elisabeth wird 1571 vom Parlament das in 39 Artikeln gefaßte Glaubensbekenntnis, das im wesentlichen calvinistische Züge trägt, niedergelegt. Die anglikanische Kirche ist Staatskirche, daneben entwickelt sich der Puritanismus, was im 17. Jahrhundert zu heftigen religiösen Auseinandersetzungen führen wird.

In Deutschland gewinnt der Protestantismus eine immer größere Strahlkraft, gefördert durch die Ausbreitung des Buchdrucks und das Anwachsen eines Lesepublikums, das an dem theologischen Streit, der sich insbesondere in Flugschriften niederschlägt, regen Anteil nimmt. Die bisherigen Autoritäten – Kaiser und Papst – verlieren an Einfluß, was sich politisch in einer reichsständischen Opposition zeigt. Gefördert wird die Ausbreitung des Protestantismus in Deutschland durch das Wohlverhalten der Landesherren, welche die lutherische Lehre als Ermächtigung ansehen, Kloster und Kircheneigentum einzuziehen. Der Ausbruch des Krieges zwischen Karl V. und Frankreich (1521 bis 1526), welcher den Kaiser von den Steuerbewilligungen des Reichstages abhängig macht, ermöglicht es den Landesherren, in ihren Territorien evangelische Landeskirchen aufzubauen. Im Reich bildet sich allmählich eine protestantische Partei heraus, gegen die Karl V. ziemlich machtlos ist, da das Vordringen der Osmanen ihn voll beansprucht. 1526 wird Karl V. zudem erneut in einen Krieg mit Franz I. hineingezogen, der mit dem Papst, Venedig, Mailand und Florenz verbündet ist (1527 Eroberung und Plünderung Roms: „Sacco di Roma"). Zugleich wächst die Türkengefahr beträchtlich, als diese im September 1529 gegen Wien vorrücken. Die Pflichten der Reichsverteidigung zwingen den Kaiser daher, die Ausbreitung des Protestantismus vor sich gehen zu lassen. 1529 unterzeichnen Braunschweig, Hessen und Anhalt gemeinsam mit den anderen protestantischen Reichsständen die „Protestation" gegen die Durchführung des Wormser Edikts. In der Confessio Augustana von 1530 auf dem Augsburger Reichstag wird von den Protestanten eine Grundsatzerklärung über die neue Lehre und die Kirchenorganisation abgegeben, die katholischen Reichsstände antworten darauf mit der „Confutatio" (Widerlegungschrift) des Johannes Eck. Auch der Augsburger Reichstag vermag die vom Kaiser erwünschte Rückkehr der protestantischen Reichsstände zum Katholizismus nicht zu erreichen, vielmehr schließen sich die Protestanten im Schmalkaldischen Bund 1531 zu einem Verteidigungsbündnis gegen die Religionspolitik des Kaisers zusammen. Die außenpolitische Situation zwingt schließlich Karl V., 1532 im „Nürnberger Religionsfrieden" den protestantischen Landesherren und Städten die vorläufige freie Ausübung ihrer Religion zu gewährleisten; er erhält dafür die erwünschte Türkenhilfe auch von den protestantischen Ständen.

Im Reich machen sich nun immer mehr die aufgestauten sozialen Spannungen bemerkbar, in die Jahre von 1522 bis 1523 fällt der Ritteraufstand. Die verarmten und ihrer militärischen Bedeutung beraubten Ritter wehren sich gegen ihre Lage unter dem Feldhauptmann des Kaisers, Franz von Sickingen (1481–1522), der den „Pfaffenkrieg" gegen das Erzbistum Trier führt, aber unterliegt. Die Niederlage bringt den endgültigen Niedergang des Reichsrittertums. Andersgeartet ist der Kampf der Bauern, der sich gegen grundherrliche Sonderrechte richtet. Von Waldshut und Stühlingen im Südschwarzwald ausgehend, breitet sich der Bauernaufstand seit dem Herbst 1524 rasch aus, entartet aber mehr und mehr in Plündern und Morden und undisziplinierten Raubzügen. Luther ergreift gegen die Bauern Partei, in seiner Schrift „Wider die mörderischen und räuberischen Rotten der Bauern" fordert er die landesherrliche Obrigkeit auf, gegen die Bauern vorzugehen, da er durch sie sein reformatorisches Werk gefährdet sieht. Bei Frankenhausen in Thüringen erleiden die Bauern schließlich eine vernichtende Niederlage, ihr Anführer Thomas Müntzer wird gefangengenommen und mit Tausenden von Aufständischen hingerichtet. Mit der Niederschlagung des Bauernaufstandes ist aber zugleich die Möglichkeit beseitigt, soziale Veränderungen herbeizuführen, die Agrarverfassung bleibt in ihrem ursprünglichen Zustand bis ins 19. Jahrhundert hinein erhalten. Die Wiedertäufer werden in vielen Teilen des Reiches grausam verfolgt. Die protestantischen Landesfürsten nehmen den Bauernaufstand zum Anlaß, ihre Landeskirchen zügig auszubauen, das Luthertum, welches sich durch protestantische Sektenführer, welche nicht nur die lutherische Glaubens- und Kirchenlehre angreifen, sondern auch den Bestand der Herrschafts- und Sozialordnung in Frage stellen, gefährdet sieht, unterwirft sich ohne Umschweife dem landesherrlichen Kirchenregiment. Es gerät in ein unmittelbares Abhängigkeitsverhältnis zum Fürsten, der in Kirchenfragen sein „placet" erteilen muß. Die Landesherren gewinnen die Kirchenhoheit und erweitern damit zugleich ihren Souveränitätsbereich, was zu Konflikten mit der kaiserlichen Zentralgewalt führen muß.

Die sich dank der militärischen und diplomatischen Erfolge Karls V. wieder für das Reich günstig gestaltende außenpolitische Lage (Eroberung von Tunis, dem Zentrum der islamischen Seepiraten im Mittelmeer, 1535; Frieden zu Crépy 1544: zehnjähriger Waffenstillstand mit Frankreich und Durchsetzung der Ansprüche des Reiches auf Mailand) ermöglicht es Karl V., gegen die protestantischen Stände vorzugehen. Karl V. sieht sich – noch der Reichs- und Kaiseridee des Mittelalters verhaftet – in der Rolle des Verteidigers der Einheit der Christenheit. Den protestantischen Herzog Moritz von Sachsen kann Karl V. zum Übertritt in das kaiserliche Lager bewegen, 1546 nimmt er gegen Hessen und Kursachsen den Schmalkaldischen Krieg mit Unterstützung des Papstes auf. Bei Mühlberg an der Elbe wird das sächsische Heer geschlagen und Kurfürst Johann Friedrich von Sachsen wird gefangengenommen, die Kurwürde erhält Moritz von Sachsen; Landgraf Philipp von Hessen unterwirft sich dem Kaiser, die Macht des Schmalkaldischen Bundes ist zunächst gebrochen.

Als nächstes versucht Karl V., die Reichsreform zu verwirklichen: in einem alle Reichsstände umfassenden „Ständebund" soll er die politisch-militärische Führung erhalten, was die Minderung der ständischen Autonomie und die Möglichkeit eines habsburgischen Erbkaisertums bedeutet hätte. Auf dem Augsburger Reichstag 1547 setzen sich die Stände jedoch dagegen zur Wehr, und Karl V. muß sein Vorhaben aufgeben. Als Moritz von Sachsen wieder ins protestantische Lager zurückkehrt, mit Heinrich II. von Frankreich 1552 einen gegen den Kaiser gerichteten Vertrag schließt (Vertrag von Chambord) und Karl V. aus Innsbruck vertreibt, können im Herbst 1552 die aufständischen Fürsten das Passauer Interim erzwingen: den Protestanten wird bis zum nächsten Reichstag freie Religionsausübung gewährt und Johann Friedrich von Sachsen und Philipp von Hessen werden aus kaiserlicher Haft entlassen. 1555 kommt es schließlich zum Abschluß des Augsburger Religionsfriedens: Die evangelische Konfession wird als gleichberechtigt neben der katholischen anerkannt, den Reichsständen wird die Kirchenhoheit zugesprochen, Andersgläubigen ist es erlaubt, in ein Territorium abzuwandern, wo der Landesherr der gleichen Konfession angehört. Die Zentralisierungsversuche des Kaisers sind letztlich nach langen Auseinandersetzungen am Widerstand der Reichsstände gescheitert, die evangelische Kirche hat ihre reichsrechtliche Anerkennung erfahren. Resignierend dankt Karl V. 1556 ab und zieht sich in das westspanische Kloster Yuste zurück.

Von Anfang der Reformation an verstärkt sich von katholischer Seite der Widerstand gegen die protestantischen Reichsstände, wodurch die Kluft zwischen den beiden konfessionellen Lagern immer tiefer wird. Gegen den Schmalkaldischen Bund ist die 1538 geschlossene „Liga" der katholischen Reichsstände gerichtet. 1540 wird der Jesuitenorden bestätigt, 1542 die Inquisition erneuert, auf dem seit 1545 tagenden Konzil von Trient (Tridentinum) wird eine Reform und Selbstbesinnung der katholischen Kirche in die Wege geleitet (Gleichsetzung der Heiligen Schrift mit der lateinischen Kirchentradition; erneuerte und reformierte Hierarchie der katholischen Kirche), die ihren Kampf gegen den Protestantismus aktiviert und die geistliche Oberherrschaft in Deutschland wieder zu erringen versucht. Eine wesentliche Rolle kommt dabei dem durch Ignatius von Loyola gegründeten Jesuitenorden zu, der eine Abwehrstrategie gegen den Protestantismus entwickelt und zum Träger der Gegenreformation in Deutschland wird. Die strenge Ordensdisziplin der „Gesellschaft Jesu", die zum absoluten Gehorsam gegenüber dem Papst und dem Ordensgeneral verpflichtet, gibt der römischen Kirche eine Waffe in die Hand, deren pädagogische und politische Arbeit nach etwa einem

halben Jahrhundert reiche Früchte in der politisch und militärisch durchgesetzten Gegenreformation tragen soll.
Nach Karl V. Abdankung besteigt der bisherige Reichsverweser, sein Bruder Ferdinand I., (1556 bis 1569), Erzherzog von Österreich, den deutschen Kaiserthron, Karls Sohn Philipp II. fällt das spanische Erbe mit Mailand und Neapel, den Niederlanden, der Freigrafschaft Burgund und den überseeischen Kolonien zu. Außenpolitisch ist die Lage des Deutschen Reichs bedrohlich geworden, da die Osmanen nach der Schlacht von Mohacs (1526) Ungarn mit Ausnahme des Nordwestens und Westens besetzt und im Osten das tributpflichtige Fürstentum Siebenbürgen errichtet haben. 1562 kann Ferdinand gegen die Leistung von Tributzahlungen einen achtjährigen Frieden mit dem Osmanischen Reich abschließen, doch ist das Reich zur ständigen Verteidigungsbereitschaft gezwungen.
Im Gegensatz zu seinem Vater gewährt Maximilian II. (1564 bis 1576) die Religionsfreiheit. Er lehnt die Verkündigung der Beschlüsse des Tridentinum ab, 1568 gewährt er den Grundherren und Rittern in Ober- und Niederösterreich die Freiheit des religiösen Bekenntnisses innerhalb ihres Herrschaftsbereichs. Den evangelischen Ständen in Böhmen gibt er 1575 ein Toleranzversprechen, dessen Wahrung durch gewählte Defensoren (Verteidiger) überwacht werden soll. Gegen den Calvinismus vermag sich die lutherische Orthodoxie abzugrenzen, als man sich 1577 auf eine gemeinsame, in der Konkordienformel niedergelegte Lehrauffassung einigt. Während so der Protestantismus aus der von kaiserlicher Seite gewährten Duldung heraus den Höhepunkt seiner Ausbreitung erreicht, hat die evangelische Expansion dennoch zugleich ihren Zenit überschritten, da die katholische Gegenreformation aktiv zu werden beginnt. Unter Papst Gregor XIII. (1572 bis 1585) werden mehrere Nuntiaturen in Deutschland eingerichtet, und vor allem verstärkt sich der Kampf der katholischen Kirche gegen den Protestantismus unter Maximilians Nachfolger, dem in Spanien erzogenen Rudolf II. (1576 bis 1612). Durch ihn erfolgt die Einleitung der Restauration in Österreich und Böhmen, woraufhin gegen Ende des 16. Jahrhunderts Tausende von Protestanten die habsburgischen Lande verlassen. In den geistlichen Territorien von Fulda und Mainz sowie in den Bistümern Bamberg und Würzburg erringt die Gegenreformation unter Rudolf II. bedeutende Erfolge. Die Reformationszeit ist in ihrer letzten Konsequenz nur aus der tiefen Religiosität der Menschen des 16. Jahrhunderts zu erklären; die während des Zeitalters des Konfessionalismus mit seinen Bewegungen von Reformation und Gegenreformation angestauten Spannungen, die sich bereits im 16. Jahrhundert in barbarischen Exzessen zeigen und in einer harten Intoleranz gegenüber Andersgläubigen ihren Ausdruck finden, entladen sich schließlich zu Beginn des 17. Jahrhunderts in einem verheerenden Glaubenskrieg in der Mitte Europas, in dessen dreißigjährigem Verlauf das Reich aufs schwerste geschädigt wird. Der aus der Verweltlichung und dem religiösen Substanzverlust der katholischen Kirche erwachsende reformatorische Gedanke, den sich ständisch-partikulare Interessengruppen im Reich zu eigen machen, welche damit die kaiserliche Zentralgewalt zu schwächen versuchen, wobei ihnen die äußere Bedrohung durch Türken und Franzosen entgegenkommt, mündet nach einer zunehmenden Polarisierung der konfessionellen Lager in einem verheerenden Religionskrieg, den die geschwächte kaiserliche Herrschaftsgewalt nicht mehr zu steuern vermag. Die Glaubensspaltung Europas kann auch durch den Dreißigjährigen Krieg nicht überwunden werden, an seinem Ende steht der endgültige Niedergang des Reiches und der vollzogene Aufstieg der Nationalstaaten, welche in eine neue staatliche, gesellschaftliche und religiöse Ordnung eintreten. Der Übergang Europas in die Epoche der Neuzeit hat sich endgültig mit dem Abschluß des Dreißigjährigen Krieges vollzogen.

DIE EUROPÄISCHE STAATENWELT IM ZEITALTER DES KONFESSIONALISMUS

Frankreich: Die Zeit der Hugenottenkriege Auch das französische Königreich gerät im 16. Jahrhundert in den Strudel der religiösen Auseinandersetzungen, auch wenn diese nicht die gleiche Sprengkraft wie im Deutschen Reich erlangen. Franz I. (1515 bis 1547) hält sich an das mit Papst Leo X. 1516 geschlossene Konkordat: in seinen Händen liegt die Ernennung der hohen Geistlichkeit Frankreichs, der Klerus hat jährlich hohe Abgaben zu leisten. Die Außenpolitik von Franz I. ist völlig auf die Bekämpfung der hegemonialen Machtstellung des Habsburgischen Reiches ausgerichtet, er schreckt aus diesen Gründen auch nicht vor Verträgen mit den Osmanen zurück, in seine außenpolitischen Erwägungen sind auch die Verträge mit den protestantischen Ständen im Deutschen Reich einzuordnen. Im Inneren verfolgt er rücksichtslos die Calvinisten, die den zentralisierenden Tendenzen des französischen Königtums entgegenstehen. Trotz der grausamen Verfolgungen können sich die Hugenotten unter Heinrich II. (1547 bis 1559) immer mehr ausbreiten, 1559 halten sie sogar ihre erste Nationalsynode in Paris ab. Als Hugenotten (Huguenots, Eidgenossen) werden die Calvinisten in Frankreich bezeichnet. Seit 1555 bilden sie Gemeinschaften, denen zahlreiche Vertreter des Adels angehören. Das Hugenottentum ist eine Variante des in mehreren Ausprägungen sich herausbildenden französischen Protestantismus. Seit der Mitte der vierziger Jahre des 16. Jahrhunderts nimmt die Calvinisierung in Frankreich mehr und mehr zu, dabei politisiert sich das Hugenottentum durch eine anwachsende Übereinstimmung mit ständischen Interessen. Die Auseinandersetzung des Hugenottentums mit dem Absolutismus der französischen Krone führt zu den von 1562 bis 1598 dauernden Hugenottenkriegen, wobei der Konflikt mit dem katholischen Königtum in der Bartholomäusnacht oder Pariser Bluthochzeit vom 24. August 1572 gipfelt.
In Frankreich gewinnen die katholischen Guise seit Heinrich II. immer mehr an Einfluß, insbesondere auf den unter der Regentschaft seiner Mutter Katharina von Medici stehenden minderjährigen Franz II. (1559 bis 1560). Als der ebenfalls minderjährige Karl IX. (1560 bis 1574) die durch das Haus Bourbon repräsentierten Hugenotten im Edikt von Saint Germain bedingt anerkennt, ermorden die Guisen daraufhin eine Vielzahl von Hugenotten 1562 (Blutbad von Vassy). Frankreich erlebt nun insgesamt acht Hugenottenkriege, in deren Verlauf der französische Adel erheblich vermindert wird. In dem Kampf um die Anerkennung des Calvinismus in Frankreich und der Durchsetzung ihrer Konfession entwickeln einige Calvinisten radikale, auf der Grundlage des Naturrechts basierende Anschauungen (etwa der Nachfolger Calvins in Genf, Theodor Beza), welche den Tyrannenmord legitimieren. Diese Anschauungen sind gegen das französische Königtum gerichtet und rufen zahlreiche politische Morde hervor. (Beide Führer der gegeneinander kämpfenden Adels- und Konfessionsparteien, Franz Guise und Ludwig Condé, werden ermordet.) Die Hugenotten erfahren Unterstützung von England, Hessen und Kurpfalz, die Guisen von Spanien. Der von Heinrich Guise, dem Führer der katholischen Liga, und dem Admiral Coligny getragene Glaubenskrieg findet eine vorläufige Unterbrechung 1570 mit dem Frieden von Saint Germain, und die Hugenotten können ihre Position festigen. Als der Einfluß Colignys auf Karl IX. zunimmt, entschließt sich Katharina von Medici zu handeln. Die Vermählung ihrer Tochter Margarete mit Heinrich von Navarra, als zahlreiche adelige Hugenotten in Paris weilen, bietet ihr eine günstige Gelegenheit, das Problem zu lösen. In der Bar-

Franz I. (1515 bis 1547) von Frankreich zu Pferde. Gemälde seines Hofmalers François Clouet. Paris, Louvre. Die 32jährige Regierungszeit des ritterlichen und mutigen Monarchen ist fast ständig von den Kriegen gegen das Haus Habsburg erfüllt. Durch den Sieg bei Marignano gewinnt er die nominelle Herrschaft über Nord- und Mittelitalien.

tholomäusnacht 1572 wird der bedeutende Staatsmann und Anführer der Hugenotten, der Admiral von Frankreich, Gaspard de Coligny, dessen Einfluß auf Karl IX. ausgeschaltet werden soll, mit Tausenden seiner Anhänger in Paris und in den Provinzen ermordet. In Paris sind es schätzungsweise 2000 bis 3000 Hugenotten, die umgebracht werden, in den Provinzen 12 000 bis 20 000.

Die Hugenotten können sich jedoch in der Küstenfestung La Rochelle halten und vermögen im Süden und Westen Frankreichs eine Verteidigungsorganisation aufzubauen. Heinrich III. (1574 bis 1589) muß nach erneuten Kämpfen in das Edikt von Beaulieu 1576 einwilligen, das den Hugenotten Konzessionen einräumt. Als Heinrich von Navarra aus dem calvinistischen Haus Bourbon legitimer Thronerbe wird, führt dies zum „Krieg der drei Heinriche" (1585 bis 1589), bei dem sich die Guisen wiederum mit Spanien verbünden und zunächst Heinrich Guise, sodann Heinrich III. umgebracht werden. 1589 kann Heinrich von Navarra als Heinrich IV. (bis 1610) die Herrschaft übernehmen: Er kann die Kämpfe mit Spanien siegreich beenden, tritt zum katholischen Glauben über und beendet die Glaubenskriege durch eine ausgleichende Religionspolitik, welche die Kluft zwischen Hugenotten und Katholiken zu überwinden sucht. Gegen zahllose Widerstände erläßt er am 30. April 1598 das Toleranzedikt von Nantes. Es gewährt den Hugenotten bedingte Religionsfreiheit. Sie erringen eine Beteiligung an allen Ämtern und Würden in Frankreich, es werden konfessionell gemischte Kammern in den Parlamenten (oberste Gerichtshöfe) gebildet, die Streitfälle zwischen Katholiken und Protestanten regeln sollen, den Calvinisten wird das zwar regional eingeschränkte, aber gesicherte Recht zugestanden, ihren Gottesdienst ausüben zu können, ihre militärischen Stützpunkte (Sicherheitsplätze) bleiben für acht Jahre ihrer Verfügungsgewalt unterstellt. Heinrich IV. kann so den Glaubenskrieg beenden, die ständische Opposition eindämmen, Frankreich bleibt zwar katholisch, kann aber unter Mitwirkung der Hugenotten, welche einen gesicherten Rechtsstatus erhalten haben, einer Blütezeit entgegengehen. Heinrich IV. handelt nach den Grundsätzen des bedeutenden Rechtsgelehrten Jean Bodin (1530 bis 1596), der angesichts der Glaubens- und Ständekämpfe die absolute Souveränität des durch den König verkörperten Staates entwickelt (Hauptwerk „Six livres de la république", 1577).

England im Zeichen der religiösen Auseinandersetzungen Heinrich VIII. (1509 bis 1547) tritt zunächst als Verteidiger des Katholizismus hervor (von Papst Leo X. erhält er den Titel eines „Defensor fidei", Verteidiger des Glaubens), als sich jedoch der Papst weigert, seine Ehe mit Katharina von Aragon zu scheiden, geht er zum Kampf gegen das Papsttum und die katholische Kirche über. Nach einer Anklageerhebung 1530 gegen den gesamten englischen Klerus, von der sich die englische

Die Bartholomäusnacht. Zeitgenössische Darstellung von F. Dubois. Kantonalmuseum, Lausanne. Anläßlich der Hochzeit der Tochter von Katharina von Medici, Margarete, mit Heinrich von Navarra sind viele Hugenottenführer in Paris. Dies veranlaßt Katharina von Medici und die katholischen Führer, zu handeln, und Karl IX. verteilt selbst die Rollen für das angesetzte Blutbad. In der Provinz werden etwa 20.000 Hugenotten umgebracht.

Kirche 1531 für insgesamt 118 000 Pfund freikauft, verstärkt Heinrich VIII. seinen Druck auf die Kurie und findet schließlich als oberster Gesetzgeber der Kirche Anerkennung. Durch „acts of Parliament" läßt Heinrich seine weiteren Eingriffe in den Rechtsbereich der englischen Kirche sanktionieren, 1533 wird seine heimlich vollzogene Ehe mit Anne Boleyn nach der Nichtigkeitserklärung seiner ersten Ehe durch den Erzbischof von Canterbury als oberstem kirchlichen Gerichtsherrn legalisiert. Durch die Suprematsakte von 1534 läßt sich Heinrich VIII. schließlich zum Oberhaupt der englischen Kirche erheben, die in der Loslösung vom Papst der englischen Krone nun völlig untersteht. Mit Hilfe der Suprematsakte von 1534 erstickt Heinrich VIII. jede Opposition gegen seine Eheaffären, die mit politischen Zielen verbunden sind, und seine Religionspolitik; wer keinen Eid auf die Suprematsakte leistet, wird hingerichtet, darunter auch der frühere Lordkanzler Sir Thomas More, Morus genannt, der Verfasser der „Utopia". Der Säkularisierung der Bischofskirche folgt noch die Aufhebung der Orden unter dem Lordkanzler Thomas Cromwell; der Klosterbesitz wird eingezogen. 1540 ist die Neuordnung der „Kirche von England" vollzogen.

Unter Heinrichs Nachfolger, seinem Sohn Eduard VI. (1547 bis 1553), der die wil-

Heinrich VIII. von England. Gemälde von Hans Holbein d. J., Rom, Galleria Nazionale.

Königin Elisabeth I. (1558–1603) von England. Gemälde in der National Portrait Gallery, London. Um 1591 (sog. Cobham-Portrait).

lensstarke Politik seines Vaters wegen seiner Jugend nicht fortzusetzen vermag, breitet sich der Protestantismus in England aus. Das in Englisch verfaßte und überall verbindliche Gebetbuch von 1549 (common prayer book) kann den Ansprüchen der Protestanten noch nicht genügen, erst das redigierte Gebetbuch von 1552 und die „42 Artikel" von 1553 genügen den protestantischen Erwartungen, stellen sie doch einen Sieg des Protestantismus über die katholische Gottesdienstordnung dar.

Unter Maria der Katholischen (1553 bis 1558) setzt die katholische Restauration mit Hilfe Spaniens ein (Maria heiratet 1554 Philipp II. von Spanien). An die Stelle der protestantischen Bischöfe treten wieder katholische, die antiklerikale Gesetzgebung Heinrichs VIII. wird durch Parlamentsbeschluß wieder aufgehoben und 1555 setzen systematische „Ketzerverfolgungen" ein. Die Reformation in England ist jedoch nur scheinbar besiegt, der innere Widerstand in England wächst und schlägt in Haß um, vor allem gegen die Abhängigkeit vom Papsttum und der für England ungünstigen, an Spanien orientierten Politik.

Nach Marias Tod gelangt die Tochter der Anne Boleyn, die junge Elisabeth (1558 bis 1603), auf den englischen Thron, die unter der Beratung von Sir William Cecil zunächst eine geschickte Verhandlungspolitik mit den Protestanten und Katholiken, der Kurie, Spanien und Frankreich führt. Schließlich wendet sich Elisabeth dem Protestantismus zu. In der Suprematsakte von 1559 wird die Königin nicht als Oberhaupt der Kirche, sondern als ihr Treuhänder bezeichnet. Die Uniformitätsakte des gleichen Jahres fordert von den Gläubigen den regelmäßigen Besuch des Gottesdienstes ohne Abendmahlszwang. Die Anglikanische Kirche erhält damit ihr festes Fundament. In einem Gebetbuch von 1559 wird die der Messe ähnliche anglikanische Gottesdienstordnung festgelegt. Einen Abschluß bei der Schaffung der englischen Nationalkirche bilden die 39 Artikel von 1563. Anhänger andersgearteter Glaubenslehren werden zunächst nicht verfolgt, erst das Ketzergesetz von 1593 bedroht diejenigen, welche dem anglikanischen Gottesdienst fernbleiben. Daraufhin wandern viele Anhänger des radikalen Puritanismus nach Holland aus. Eine Gefährdung der Herrschaft Elisabeths und ihres Aufbauwerkes der anglikanischen Kirche stellt Maria Stuart dar, die 1568 an den englischen Hof geflohen ist, nachdem sie in Schottland zur Abdankung gezwungen worden war, als sie den Mörder ihres Mannes heiratete und versucht hatte, die seit 1560 bestehende calvinistische Nationalkirche Schottlands für den Katholizismus zurückzugewinnen. Neunzehn Jahre lang lebt Maria Stuart in der Gefangenschaft Elisabeths. In vom Papst Pius V. unterstützten Verschwörungen versucht Maria Stuart die Restauration der katholischen Kirche in England zu erreichen und Elisabeth abzusetzen. Als Pius V. 1570 in einer Bannbulle Elisabeth für exkommuniziert und abgesetzt erklärt, sucht diese Rückhalt bei Frankreich. In das „Ridolfi"-Komplott (benannt nach dem Hauptverschwörer, dem italienischen Kaufmann Ridolfi) sind französische und schottische Adelsgruppen, Philipp II., Maria Stuart, der englische Herzog von Norfolk und der Papst verwikkelt, der Herzog von Norfolk wird hingerichtet. Die Enthauptung Maria Stuarts erfolgt, als ihre Beteiligung an einer hochverräterischen Verschwörung nachweisbar wird (1587).

Der Aufstand der katholischen Iren gegen England 1580 wird vom Papst und Philipp II. unterstützt. Als die Engländer sie-

Aufstellung der Flotten im Ärmelkanal. 1588 sandte Philipp II. die „Große Armada" gegen das ihm verhaßte England aus.

gen, entschließt sich Philipp II. zum Angriff auf England. Es soll nicht nur der Tod Maria Stuarts gerächt werden und dem Katholizismus in England wieder zum Durchbruch verholfen werden, zugleich hofft Philipp II. damit auch den Kaperkrieg englischer Schiffe gegen die spanische Silberflotte zu beenden (Bedrohung der spanischen und portugiesischen Handelsrouten nach Südamerika durch englische Kaperschiffe unter den Kapitänen Hawkins, Frobisher, Drake u. a. m.). Während die spanischen Vorbereitungen für die Ausrüstung einer riesigen Flotte zur Invasion Englands seit 1587 laufen, führt Sir Francis Drake mit seinem Geschwader Unternehmungen gegen spanische Häfen durch. 1588 nimmt die Armada schließlich Kurs auf England, wird jedoch in neuntägiger Seeschlacht von den schnelleren englischen Schiffen, die zudem über eine weitreichende Artillerie verfügen, auseinandergetrieben. Die der englischen Kriegsflotte weit überlegene Armada wird schließlich durch einen Sturm zum größten Teil zerstört. Von nun an steht dem Aufstieg Englands als See-, Kolonial- und Handelsmacht nichts mehr im Wege. Die erste englische Koloniegründung erfolgt 1584 durch Sir Walter Raleigh in Nordamerika (Virginia). England steigt nun unter Elisabeth zu einer bedeutenden Handelsmacht empor (1571 Eröffnung der Londoner Börse).

Der Freiheitskampf der Niederlande
1477 waren die südlichen Provinzen der Niederlande einschließlich der größten und wirtschaftlich bedeutendsten Provinz Holland Maximilian I. zugefallen, bis 1543 waren durch Erbverträge auch die nördlichen Provinzen an das Haus Habsburg hinzugekommen; 1555 fielen die Vereinigten Nie-

Wilhelm von Oranien. Gemälde in der Staatlichen Gemäldegalerie Kassel. Wilhelm I. von Oranien (1553–1584) tritt 1573 zum Calvinismus über. Seit 1580 hat Philipp II. über ihn als „Feind Spaniens und Pest der Christenheit" die Acht verhängt, 1584 wird er ermordet. Sein Wirken und seine staatsmännischen Fähigkeiten bereiten die Errichtung der niederländischen Republik vor.

derlande Philipp II. von Spanien zu. Während der wallonische Süden katholisch bleibt, nimmt der flämisch-friesische Norden den Protestantismus an. Die Vereinigten Niederlande stellen eine bedeutende wirtschaftliche Macht dar, Antwerpen ist mit seiner Börse das Zentrum des europäischen Kapitalmarktes, zudem sind Antwerpen und Rotterdam bedeutende Umschlagsplätze für den Welthandel. Neben den wirtschaftlichen Vorteilen (hohes Steueraufkommen, das den Wert des amerikanischen Silbers um ein mehrfaches übersteigt) sind die Niederlande vor allem wegen ihrer strategischen Lage für das Habsburgerreich und seine Hegemonialpolitik äußerst bedeutsam, so daß Spanien nicht gewillt ist, diesen Besitz wieder aus den Händen zu geben.

Im Zuge der Ketzerverfolgungen Karls V. brechen in den Niederlanden Unruhen aus, die sich 1565, als Philipp II. die Inquisition verschärfen und die Bistümer verkleinern läßt, zum Volksaufstand ausweiten. Als „gueux" („Bettler") bezeichnet man spanischerseits die niederländische Adelsopposition, die aus dem Schimpf- den Ehrennamen „Geusen" macht. Die regionalen Aufstände und Bilderstürme versucht der neue, 1567 von Philipp II. eingesetzte Statthalter, Herzog Alba, in Sondergerichten („Blutrat vor Brüssel") zu bekämpfen. Die Hinrichtung der Grafen Egmont und Hoorn ist das Fanal zur allgemeinen, alle Provinzen erfassenden Erhebung, deren Führer Wilhelm von Oranien wird. Schwer machen die „Wassergeusen" den Spaniern zu schaffen, da sie vor allem deren Seetransporte und Stützpunkte angreifen. 1573 wird Alba abberufen, 1576 schließen sich alle niederländischen Provinzen in der „Genter Pazifikation" zusammen, doch kann der neue Statthalter Alexander Farnese die Einheit der Provinzen wieder sprengen. Die Südprovinzen beenden 1578 den Aufstand, doch führen die sich in der „Union von Utrecht" 1579 noch enger zusammenschließenden nördlichen Provinzen den Kampf weiter; nach der Erklärung der Unabhängigkeit an Spanien kommt es zur Gründung der „Generalstaaten" unter der Führung Hollands. 1585 kann Alexander Farnese Antwerpen einnehmen und die sieben unabhängigen Republiken des Nordens sind auf höchste gefährdet, doch beginnt nun England die Generalstaaten finanziell und militärisch zu unterstützen, so daß der Krieg fortgeführt werden kann. Mit dem Untergang ihrer Armada haben die Spanier jedoch bereits ihren Machthöhepunkt überschritten, die spanischen Truppen können zurückgeworfen werden, und 1609 können die Generalstaaten einen zwölfjährigen Waffenstillstand abschließen. In der Folgezeit beginnt der Ausgriff der Generalstaaten aufs Meer und damit ihr kolonialer Aufschwung, der auch die Festigung nach innen hin beschleunigt.

Spanien unter Philipp II. Während im 16. Jahrhundert der Aufstieg neuer Großmächte im Norden Europas zu verzeichnen ist, ist im Süden ein machtpolitischer Rückgang zu beobachten, obgleich im Spanien Philipps II. scheinbar noch einmal eine Machtballung durch die Hinzugewinnung und Ausdehnung des spanischen Kolonialbesitzes sich abspielt, doch ist darin zugleich die Peripetie verankert: Spanien steht an der Wende zum Schritt in die politische Bedeutungslosigkeit nach Einbüßung seiner Großmachtstellung. Doch wird dieser Punkt erst unter den Nachfolgern Philipps II. (1556 bis 1598) erreicht, in seiner Regierungszeit kann man mit Recht noch von einem „Spanischen Zeitalter" sprechen. Doch die Vorboten der sinkenden Macht Spaniens kündigen sich bereits in dem Abfall der Niederlande, dem Untergang der Armada und dem Frieden von Vervins 1598 an, als Spanien auf jegliche Einmischung in Frankreich verzichtet. Auf der anderen Seite stehen durchaus noch beachtliche außenpolitische Erfolge (Seesieg der „Heiligen Liga" bei Lepanto gegen die Osmanen, Anschluß Portugals an die spanische Krone 1580). Nach innen hin versucht sich Spanien gegen jegliche protestantische Tendenz und Umwandlungsversuche abzuschließen, wozu von seiten Philipps II. Maßnahmen wie Ketzerverbrennungen und die Verstärkung der Inquisition zählen. Die spanischen Juden und Mauren werden planmäßig ausgerottet, die Rechte der Stände beschnitten. Die Entmachtung des Adels zwingt diesen weitestgehend zur Auswanderung in die Kolonien. Eine restriktive Handelspolitik mit Handelsverboten, Staatsbankrotten und einer infolge der Edelmetalleinfuhr sich beschleunigenden Inflation führen auch den wirtschaftlichen Niedergang Spaniens herauf.

Fernando Alvarez de Toledo, Herzog von Alba (1507–1582).

Die Ausbreitung der Reformation in Skandinavien In den nordeuropäischen Ländern öffnet sich während des 16. Jahrhunderts zunächst Dänemark voll dem Protestantismus. 1536 erfolgt die Gründung der lutherischen Kirche Dänemarks durch König Christian III. (1534 bis 1559); ihre Verfassung entwirft der deutsche Reformator Johannes Bugenhagen. Da Dänemark seit 1380 dem Nachbarstaat Norwegen in Personalunion verbunden ist, kann dort ebenso der Protestantismus Fuß fassen, auch Island öffnet sich dem lutherischen Bekenntnis. In Schweden muß König Gustav I. Wasa (1523 bis 1560) die Reformation gegen den Widerstand der Bevölkerung durchsetzen. Zur Reformierung des Staatswesens und zur Abtragung der Staatsschulden bei der Hansestadt Lübeck wird der Klosterbesitz eingezogen. Unter Erich XIV. (1560 bis 1568) betreibt Schweden eine expansive Politik, es strebt nach der Vorherrschaft im Ostseeraum, kann Estland gewinnen und Rußland zeitweilig zurückdrängen. König Johann III. (1568 bis 1592) kann seinen katholischen Sohn Sigismund auf den polnischen Thron bringen, da er mit der Jagellonenprinzession Katharina verheiratet ist, sein Versuch, die katholische Religion in Schweden wiederherzustellen, scheitert jedoch.

Polen vor der Gegenreformation In den Sog der russischen und schwedischen Expansionsbestrebungen gerät im 16. Jahrhundert Polen, dessen zentrale königliche Gewalt eingeschränkt ist und das in zahlreiche adelige Herrschaften zersplittert ist. 1569 erfolgt der Anschluß Litauens an das polnische Königreich, das dadurch unmittelbar dem Russischen Reich benachbart wird. In den letzten Jahrzehnten der Jagellonen-Herrschaft faßt der Protestantismus in all seinen Spielarten (Calvinismus, „böhmisch-mährische Brüder" u. a.) auf Grund der uneingeschränkten Toleranz Fuß. Die Duldung aller Glaubensbekenntnisse vom Katholizismus über das Judentum zur griechisch-orthodoxen Religion und zum Protestantismus ist im Zeitalter des Konfessionalismus außergewöhnlich. Ausdruck dafür sind die „Articuli Henriciani" von 1572 von Heinrich von Valois (1572 bis 1574), welche das Widerstandsrecht des polnischen Adels und seine Religionsfreiheit festlegen. Das Prinzip der Duldung aller religiösen Glaubensbekenntnisse beschränkt sich jedoch nicht allein auf den Adel, sondern gilt gleichermaßen für breite Teile der Bevölkerung Polens. Katholische Restaurationsbestrebungen setzen erst mit König Sigismund Wasa ein, und im Zuge der Gegenreformation wird Polen ebenfalls in blutige Glaubenskriege gestürzt.

Das Ende des Zeitalters der Glaubenskämpfe (1618–1648/60)

In der ersten Hälfte des 17. Jahrhunderts endet in Europa das Zeitalter, das entscheidend durch den Zerfall der christlichen abendländischen Glaubenseinheit geprägt worden ist. Die Geschichte des Dreißigjährigen Krieges, der als religiös motivierte Revolte beginnt und als Machtauseinandersetzung souveräner deutscher und auswärtiger Staaten endet, spiegelt den Wandel: Die konfessionelle Frage tritt in den Hintergrund und wird durch den Kampf gemischt-konfessioneller Gruppierungen abgelöst, die sich mehr oder weniger aus reinen Herrschaftsinteressen zusammenfinden. Am Ende des Dreißigjährigen Krieges „sind nicht nur alle Voraussetzungen des früheren ‚konfessionellen Zeitalters' dahin, sondern Europa und schließlich durch Europa die ganze geschichtliche Welt [treten] in eine neue Epoche der Menschheitsgeschichte [ein]" (O. Köhler).

Daß der Zerfall der Glaubenseinheit epochale Bedeutung gewinnt, liegt einmal an der Zerstörung des mittelalterlichen „ordo", die er besiegelt: Reich und Kirche, Kaiser und Papst, als weltlicher und geistlicher Arm ein und derselben sakral verstandenen und universalen Ordnung, verlieren parallel ihren Anspruch. Die Religion wird in den Dienst souveräner Territorialstaaten genommen. Durch die konfessionelle Aufspaltung und die Bestimmung des Augsburger Religionsfriedens, nach der der Landesherr die Konfession der in seinem Herrschaftsgebiet Lebenden bestimmen kann („cuius regio, eius religio"), hat das Reich nun auch auf deutschem Boden seinen sakralen und umfassenden Anspruch verloren. Der Dreißigjährige Krieg kann daher auch zu einem Kampf um die zukünftige Gestalt des Reiches und seine verfassungsrechtliche Bestimmung werden.

Die epochale Bedeutung der Glaubensspaltung liegt auch in der Verbindung mit der Ausbildung der modernen Nationalstaaten und des modernen Staates. Setzt man üblicherweise mit der eigenverantwortlichen Machtübernahme Ludwigs XIV. im Jahr 1661 in der Geschichtswissenschaft den Beginn des Zeitalters des Absolutismus an, so ist doch unübersehbar, daß die Wurzeln des Absolutismus bis weit in das Mittelalter zurückreichen. Der Absolutismus und der moderne Staat formten sich parallel zu und im Zusammenhang mit den Glaubenskämpfen aus. Die konfessionelle Problematik bleibt im Zusammenhang mit dem Absolutismus mindestens bis zum Edikt von Nantes durch Ludwig XIV. (1685) bestehen. Die Ausbildung eines Mächtepluralismus in Europa, in dem souveräne Territorialstaaten mit einer Einheit von Herrschaftsgewalt, beherrschtem Volk und Herrschaftsgebiet gegeneinander und miteinander die Geschichte Europas und ihr eigenes geschichtliches Leben entwikkeln, läuft parallel zur endgültigen Verabschiedung des mittelalterlichen „ordo". In der Form eines „konfessionellen Absolutismus" (W. Roscher, K. Eder u. a.) z. B. bei Philipp II. von Spanien zeigt sich diese Verbindung bereits im 16. Jahrhundert deutlich. Die erste Hälfte des 17. Jahrhunderts bringt in vielen europäischen Staaten maßgebliche innenpolitische Entscheidungen, die die zukünftigen Staatsformen in Europa bestimmen und der absolutistischen Herrschaftsordnung vor allem in Frankreich den Weg bereiten.

Die Beobachtung dieser Vorgänge und ihrer Bedeutung hat die Historiker zu Epochenbegriffen wie „konfessionelles Zeitalter" (O. Brunner), „Zeitalter der Glaubensspaltung" (J. Lortz), „. . . und der Konfessionsbildung" (E. W. Zeeden), „Zeitalter der Glaubenskämpfe" (E. W. Zeeden) usw. geführt. Man nimmt dabei gewöhnlich den Zeitraum zwischen 1618 und 1648 bzw. 1660 noch unter diese Epochenbegriffe. Für die deutsche Geschichte bildet der Westfälische Friede mit seinen territorialen, verfassungsrechtlichen und religiösen Bestimmungen den Abschluß dieses Zeitalters und zugleich die Grundlage zukünftiger Entwicklungen. Für den gesamteuropäischen Raum eignet sich als obere Epochengrenze besser das Jahr 1660, in dem der Friede von Oliva nach dem Westfälischen und dem Pyrenäenfrieden (1659) endgültig die moderne kontinentale Mächtekonstellation festlegt. Doch ist die erste Hälfte des 17. Jahrhunderts, das „Zeitalter des Dreißigjährigen Krieges" ohne Zweifel vor allem eine Übergangszeit, die – rückwärts gewandt – das Ende der Glaubenskämpfe bringt oder maßgeblich vorbereitet, und die – nach vorne gerichtet – dem Zeitalter des Absolutismus, das unter Ludwig XIV. seinen Höhepunkt erlebt, den Boden bereitet.

DER DREISSIGJÄHRIGE KRIEG (1618 bis 1648)

Die Vorgeschichte des Dreißigjährigen Krieges Die Vorgeschichte des Dreißigjährigen Krieges, der für die Reichsgeschichte das einschneidendste Ereignis mit sehr langfristigen Folgen bedeutet, reicht mindestens bis zur Mitte des 16. Jahrhunderts zurück. Die konfessionelle Teilung des Deutschen Reiches, die mit dem Augsburger Religionsfrieden von 1555 besiegelt worden ist, hat nach 1560 immer klarer zur Erörterung möglicher Konfessionsbünde geführt. Dadurch ist bereits bis zur Wende zum 17. Jahrhundert die Staatlichkeit des Deutschen Reiches entscheidend geschwächt worden. Wichtige Institutionen des Reichsrechtes sind durch das solidarische Auftreten der Katholiken und der Protestanten gelähmt worden. So erkennen 1588 z. B. die Katholiken den evangelischen Leiter der Visitationskommission, Joachim Friedrich von Brandenburg, nicht an. Damit ist deren Tätigkeit, die in der Überprüfung der Urteile des Reichskammergerichts liegt, unmöglich gemacht. Zwischen 1590 und 1603 führen solidarische Erklärungen der Protestanten ferner zur Lähmung der Tätigkeit des Reichs-Deputationstags, des Reichshofrats und schließlich auch des Reichstags. Die fünf unter Kaiser Rudolf II. (1576 bis 1612) einberufenen Reichstage zeigen fast immer die gleichen Gruppierungen zwischen Protestanten und Katholiken. Immer geht es auch um dieselben Auslegungsprobleme des Augsburger Religionsfriedens: die Anerkennung des Calvinismus; das Reformationsrecht der Reichsstände; die Säkularisierung und Protestantisierung landsässiger, d. h. nicht reichsunmittelbarer Stifte, Klöster und Bistümer; die Verbindlichkeit der „Declaratio Ferdinandea" für katholische geistliche Fürsten, d. h. ob katholischen geistlichen Fürsten die Freiheit der evangelischen Religionsübungen zugestanden ist; die Verbindlichkeit des geistlichen Vorbehalts (Zwang zur Niederlegung der Regierung bei Übertritt zum Protestantismus für katholische geistliche Fürsten) auch für protestantische Stände, Dom- und Stiftskapitel. In der Regel ist dabei das ursprüngliche Recht durch die Tatsachen gebrochen worden. Gar keine Einigung hat sich vor allem über den „Geistlichen Vorbehalt" erzielen lassen, da die protestantischen Fürsten nicht auf diese lukrative Versorgungsmöglichkeit ihrer jüngeren Söhne mit Domkapiteln z. B. verzichten wollten.

Militärischen Charakter gewinnen nach dieser Aufweichung der Reichsspitze die Glaubensstreitigkeiten erstmals, als 1606 der Bayernherzog Maximilian an der Reichsstadt Donauwörth nach einem offenen Streit zwischen den Glaubensgegnern innerhalb ihrer Mauern die Reichsacht vollzieht und sie als Pfand für die unbeglichenen Kosten „vorläufig" in seinen Besitz nimmt. Auf dem Reichstag 1607/08 in Regensburg ist die Situation durch die Sorge der Protestanten um den Fall Donauwörths und mögliche weitere Aktionen der katholischen Seite gekennzeichnet. Nach Ablehnung ihrer Forderung nach Legalisierung der nach 1555 erworbenen vormals katholischen Territorien verlassen sie mit Ausnahme Kursachsens den Reichstag. Damit

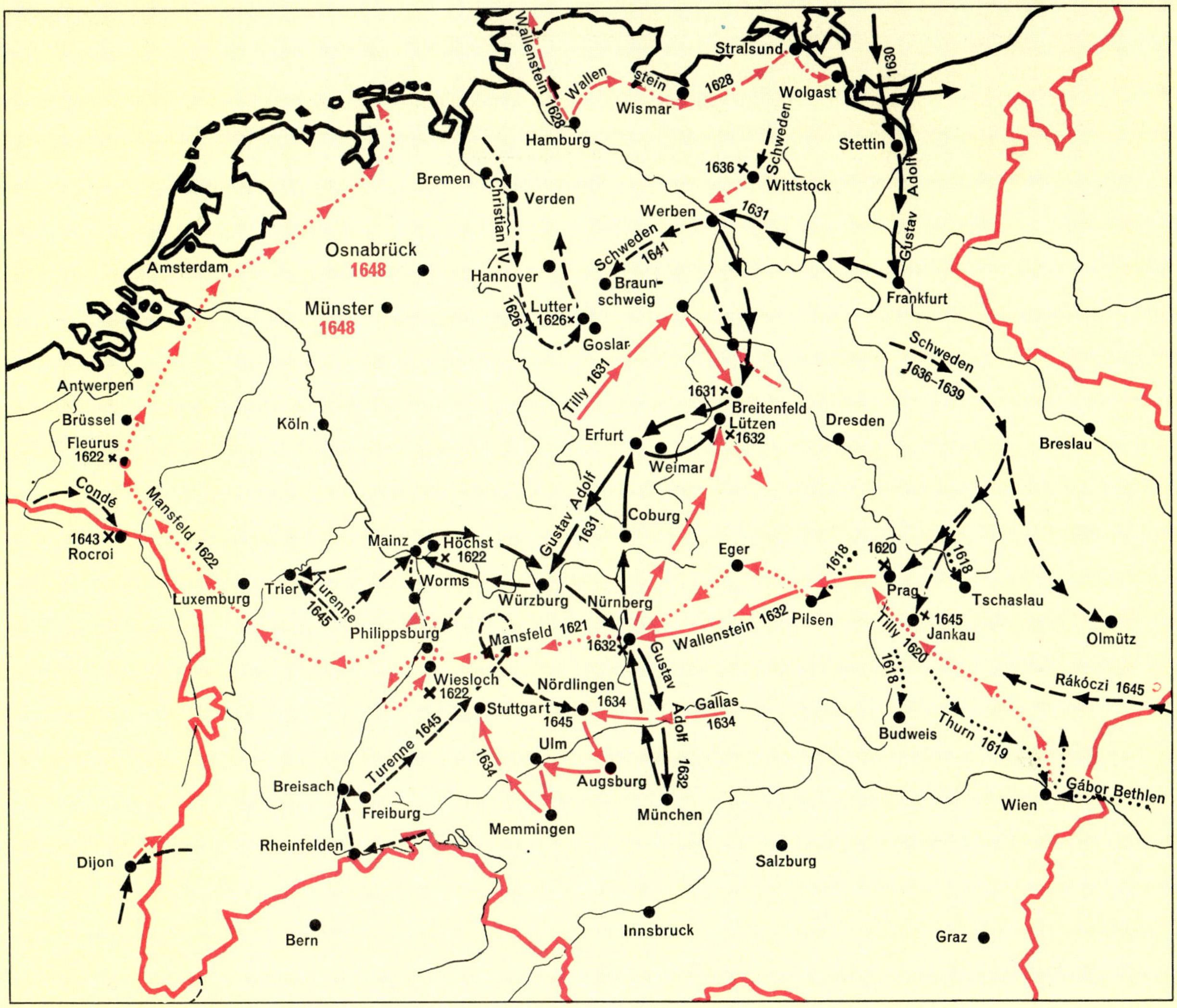

DER DREISSIGJÄHRIGE KRIEG 1618–1648

Wichtige Feldzüge:

ist die Reichsverfassung quasi außer Kraft gesetzt. Unter der Initiative der Kurpfalz kommt es zu einer evangelischen Union (14. Mai 1608) mit Württemberg, Ansbach, Ansbach-Bayreuth, Baden-Durlach und später mit Ulm, Straßburg, Nürnberg, Hessen-Kassel, Pfalz-Zweibrücken und Kurbrandenburg (1610). Obwohl die Union nur Rechtswidrigkeiten und Gewalttätigkeiten abwehren möchte, verhindert sie aber de facto „jede Ausübung der Reichsgewalt, die ihren Anschauungen widerspricht" (G. Mentz). Das katholische Gegenstück läßt nur ein Jahr auf sich warten: Am 10. Juli 1609 bildet sich unter bayerischer Führung die katholische Liga mit den drei geistlichen Kurfürsten von Köln, Mainz und Trier sowie fast allen anderen katholischen Ständen (mit Ausnahme Österreichs, Salzburgs und Sachsens).

Der bewaffnete Kampf droht bereits 1610 auszubrechen, als der französische König im Jülich-Clevischen Erbfolgestreit (1609 bis 1614) sich mit den Niederlanden und der Union zusammenschließt, um gegen das habsburgische Kaiserhaus vorzugehen, das die nach dem Tod Herzogs Johann Wilhelm von Kleve freigewordenen Gebiete als erledigte Reichslehen einziehen will. Nur die Ermordung des französischen Königs Heinrich IV. 1610 scheint diesen Krieg verhindert zu haben. Entgegen den habsburgischen Interessen wird schließlich im Vertrag von Xanten 1614 das umstrittene Herzogtum in einen von Brandenburg regierten Teil mit Cleve, Mark und Ravensberg und die der Pfalz-Neuburg zufallenden Gebiete von Jülich und Berg geteilt. Bereits hier zeigt es sich, daß die auswärtigen Mächte in die Auseinandersetzungen im Reich durch ihre dynastischen, religiösen und machtpolitischen Interessen einbezogen werden. Dies wird ebenso deutlich, als Brandenburg 1618 in den Besitz des unter polnischer Lehenshoheit stehenden Herzogtums Preußen gerät und damit seinen und den protestantischen Herrschaftsbereich weiter ausdehnt. Diese protestantischen Fürsten müssen vor allem Frankreich als natürliche Verbündete gegenüber der weiterhin drohenden habsburgischen, insbesondere spanischen Umklammerung erscheinen. Als der kinderlose Kaiser Matthias (1612 bis 1619) im Oñate-Vertrag 1617 die spanische Anerkennung der Thronfolge des Enkels Ferdinands I., Ferdinand von der Steiermark, auf die Kronen von Ungarn und Böhmen durch die Abtretung österreichisch-habsburgischer Besitzungen im Elsaß an Philipp III. von Spanien erkauft, ist diese Gefahr für Frankreich nicht von der Hand zu weisen.

Angesichts dieser vielschichtigen Verknüpfung dynastischer, konfessioneller, macht- und bündnispolitischer Interessen im Reich mit den Anliegen auswärtiger Staaten und der fortgeschrittenen Schwächung der Reichseinheit wird es verständlich, daß ein regionaler Konflikt einen umfassenden und lang andauernden Krieg auslösen kann. Dieser Krieg gerät zu einem Kampf um die zukünftige Gestalt des Reiches, das sich entweder zentral vom Hause Habsburg gelenkt oder dezentral auf ein Territorialfürstentum gestützt entwickeln wird, das kontinentaleuropäisch zur Großmacht oder machtpolitisch schwach zu einer Vielfalt von Teilstaaten wird.

Der böhmisch-pfälzische Krieg Der Anlaß und die erste Phase des Krieges, der sog. „böhmisch-pfälzische Krieg“ (1618 bis 1623), sind also noch weitgehend regional, ständisch und konfessionell bestimmt. Durch den Verzicht Spaniens auf eigene Erbansprüche ist Ferdinand von Steiermark noch zu Matthias' Lebzeiten durch Wahl der Stände König von Böhmen (6. 6. 1617) und Ungarn (16. 5. 1618) geworden. Seine streng katholische und gegenreformatorische Politik in der Steiermark ist bekannt und führt bereits hier zu starkem Widerstand der calvinistischen Stände in Böhmen. Als nach dem Regierungsantritt Ferdinands einige protestantische Kirchen in Böhmen gesperrt oder niedergerissen werden, berufen die von den böhmischen Landständen gewählten königlichen Defensoren, die über die Einhaltung des 1609 von Rudolf gewährten Majestätsbriefs über die Religionsfreiheit in Böhmen zu wachen hatten, einen Protestantentag. Am 23. Mai 1618 überreicht die Vertretung dieses Protestantentages ein Protestschreiben auf der Prager Burg. Dabei stürzt eine Gruppe radikaler Adeliger die beiden kaiserlichen Statthalter Martinitz und Slawata sowie deren Sekretär nach bereits 1419 im Neustädter Rathaus geübtem Brauch (sog. „Erster Prager Fenstersturz“ am Beginn der Hussitenkriege) aus dem Fenster, was einer Kriegserklärung gleichkommt.

Tatsächlich wird aus der spontanen Aktion ein bewaffneter Aufstand. Unter Graf Thurn kämpft ein böhmisches Heer. Der im Krieg mit Spanien liegende Herzog von Savoyen stellt eine Söldnertruppe unter Ernst von Mansfeld zur Verfügung. Auf politischer Ebene konstituieren die Böhmen wieder den Landtag als Organ der ständischen Gruppen und widerrufen 1619 die Anerkennung Ferdinands aus dem Jahr 1617. Als neuen böhmischen König wählen sie den Führer der protestantischen Union und Calvinisten Kurfürst Friedrich V. von der Pfalz. Inzwischen aber hat sich auch Ferdinands Stellung gefestigt: 1619 stirbt Kaiser Matthias, und Ferdinand von Steiermark wird als Ferdinand II. zum Kaiser gewählt (1619 bis 1637), nachdem sich die Protestanten als unfähig erweisen, einen eigenen Kandidaten zu stellen. Mit ihm tritt nun ein konsequenter Vertreter der katholischen Reorganisation an die Spitze des Reiches, dem es gelingt, sich für die bevorstehende Auseinandersetzung die Finanzhilfe Spaniens und des Papstes zu sichern. Außerdem bekommt er Truppenkontingente aus Polen gestellt. Friedrich von der Pfalz dagegen erhält zunächst nur von Bethlen Gabor von Siebenbürgen auswärtige Unterstützung. Während Friedrich V. vergebens auf die Unterstützung der Union (und auch seines Schwiegervaters, Jakobs I. von England) hofft, übernimmt der Bayernherzog Maximilian gegen die Zusicherung der Kostenerstattung und der Pfälzer Kurwürde den Oberbefehl über das Ligaheer. Im Juli 1620 dringt sein Heer un-

Belagerung Magdeburgs im Jahre 1631 durch Tilly. Kupferstich von Matthäus Merian.

ter der Leitung Johann Graf Tserclaes von Tilly in Oberösterreich ein, unterwirft dort die mit den Böhmen sympathisierenden Protestanten und dringt anschließend gegen Prag vor. Am 8. November 1620 erleidet der isolierte Friedrich in der Schlacht am Weißen Berg bei Prag eine vernichtende Niederlage, wird geächtet und flieht als „Winterkönig" geschmäht nach Holland.

Damit ist die böhmische Revolte beendet. Unter dem Deckmantel der Gegenreformation wird aus Böhmen ein habsburgisches Erbland unter einer von Wien gelenkten, zentralistischen Verwaltungsorganisation gemacht. Der Kaiser läßt die Führer des Aufstandes hinrichten oder verweist sie des Landes. Durch die Konfiskation des Besitzes wird vor allem der tschechische Adel vernichtet und in den neuen Großgrundbesitzern eine großteils deutschsprachige und dem Kaiser loyale Aristokratie geschaffen. Die „verneuerte Landordnung" des Jahres 1627 erklärt außerdem die Wenzelkrone für erblich und entzieht den Böhmen das Wahlrecht der Stände.

Während nur einige protestantische Fürsten und Heerführer den Kampf fortsetzen (so Ernst von Mansfeld, Herzog Christian von Braunschweig, der Administrator vom Bistum Halberstadt und Markgraf Georg Friedrich von Baden), die Union sich aber 1621 auflöst, verfolgt der Bayernherzog konsequent sein Ziel, die Kurwürde, weiter. Spanier und Truppen der Liga unter Tilly besetzen die rechtsrheinische Pfalz mit Heidelberg und Mannheim, und der Kaiser spricht 1623 Maximilian I. von Bayern die pfälzische Kurwürde zu.

Der niedersächsisch-dänische Krieg

Durch das Engagement Ernst von Mansfelds und Christian von Braunschweigs aber hat sich der Krieg bereits aus Böhmen und der Pfalz in andere Reichsgebiete verlagert und beschwört in der zweiten Phase den niedersächsisch-dänischen Krieg (1623 bis 1629) herauf. Verfolgt von spanischen und vor allem Tillys Truppen haben sich Mansfeld und Christian von Braunschweig auf die Seite der Niederländer im wieder auflebenden spanisch-holländischen Krieg geschlagen, werden aber im August 1623 bei Stadtlohn von den Truppen Tillys geschlagen. Die Konzentration der habsburgischen Armeen in Nordwestdeutschland läßt jedoch nun die Protestanten im Norden des Reiches um ihre säkularisierten und protestantisierten Stifte fürchten, ruft außerdem England angesichts der Gefahr eines gemeinsamen Vorgehens der Habsburger gegen die Niederlande auf den Plan. So kommt es im Dezember 1625 zu einem Bündnis zwischen

Wallenstein. Ausschnitt aus einem Gemälde van Dycks.

Holland, England und Dänemark. Gleichzeitig aber verbindet dieses auswärtige Bündnis sich mit dem Reichsgeschehen, da Christian IV. von Dänemark als Herzog von Holstein ebenfalls deutscher Reichsfürst und Kriegsoberster des niedersächsischen Kreises ist. Neben seine religiösen Motive für den Kriegseintritt treten also verfassungsrechtliche Bindungen an das Reich und schließlich ein aktives Interesse an dem Erwerb der Bistümer Bremen und Verden. Er rückt nach Westfalen vor.

1625 entschließt sich angesichts dieser Situation der Kaiser zur Aufstellung eines kaiserlichen Heeres unter Wallenstein, um nicht die Liga die Last des Krieges allein tragen zu lassen und militärisch völlig von Maximilian von Bayern abhängig zu sein. Die „außerordentlichste Gestalt" des 30jährigen Krieges (L. von Ranke), Albrecht von Wallenstein, 1583 geboren und aus protestantischer tschechischer Adelsfamilie stammend, seit 1606 katholisch und in kaiserlichen Diensten im Rahmen der böhmischen Kontributionen zu großem Vermögen und Landbesitz gelangt, bietet dem Kaiser ein selbst geworbenes Heer an, das nach neuen Grundsätzen unterhalten werden soll: „Der Krieg soll den Krieg ernähren". (Die Soldzahlungen sind durch Kontributionen zu finanzieren.) Ausgerüstet mit den Mitteln, die eigens dazu errichteten Manufakturen auf Wallensteinschem Besitz hergestellt werden, hinterlassen seine Truppen im folgenden Krieg tiefe Spuren, wo immer sie auftreten. Sein Heer schlägt 1626 Mansfelds Truppen bei der Dessauer Brücke, während im selben Jahr noch Tilly den Dänenkönig bei Lutter am Barenberg schlagen kann. Vereint treiben sie die Truppen des Dänenkönigs durch fast das gesamte Norddeutschland bis nach Jütland (1627). Dort läßt sich Wallenstein „Generalissimus des baltischen und oceanischen Meeres" nennen, doch zur endgültigen Niederringung der Dänen fehlen ihm die Schiffe, die ihm die Hansestädte verweigern. Die Belagerung Stralsunds mißlingt so deshalb, weil dänische und schwedische Schiffe die Stadt ungehindert von der See her versorgen können.

Dennoch steht die kaiserliche Seite 1629 auf dem Höhepunkt ihrer Macht: War bereits die Erstellung des kaiserlichen Heeres unter Wallenstein ein Moment zentralistischer Bestrebungen Ferdinands gewesen, dem bereits in der eigenmächtigen Ächtung des pfälzischen Kurfürsten ein Brechen geltender Reichsgesetze vorausgegangen war, so ist sein nun 1629 erlassenes Restitutionsedikt ein eindeutiger Akt zur Stärkung der monarchistischen und zentralistischen Reichsspitze, also einer absolutistischen Reichsreform: Die Rückgabe aller seit 1552 (Passauer Vertrag) von den Protestanten eingezogenen geistlichen Güter hätte eine völlige Umgestaltung im Reich bedeutet. Gegen diese Tendenzen und die Aufhebung der Declaratio Ferdinandea, die zusammen nur eine Stärkung des Hauses Österreich bedeuten konnten, erhebt sich nicht nur der protestantische, sondern auch der katholische Widerstand. Auf dem Kurfürstentag in Regensburg erzwingen die Fürsten beider Konfessionen vor allem die Absetzung Wallensteins, in dem sie den militärischen Repräsentanten des kaiserlichen Absolutismus erblicken.

Der schwedische Krieg Diese Entlassung erfolgt in einem äußerst ungünstigen Zeitpunkt, da sich gerade König Gustav II. Adolf von Schweden anschickt, auf der Seite der Protestanten in den Krieg gegen den Kaiser einzutreten. Auch diese dritte

Unterschrift Wallensteins.

Phase des Dreißigjährigen Krieges, der sog. „schwedische Krieg“ (1630 bis 1634/35), ist nicht aus rein religiösen Motiven erklärbar. Gustav Adolf verfolgt bei persönlich unzweifelhaft tiefer Religiosität ehrgeizige Ostseepläne, liegt im Kampf mit dem vertriebenen katholischen Wasakönig in Polen, Sigismund III., der Ansprüche auf Schweden geltend macht, und wird von dem französischen leitenden Minister, Kardinal Richelieu, ermuntert, gegen die auch Frankreich bedrohende Übermacht der Habsburger vorzugehen. So wird Schweden nach dem Ausscheiden der Dänen mit dem Frieden von Lübeck (1629) zum starken auswärtigen Partner der Protestanten.

Zunächst zögern die Protestanten jedoch, sich dem Schwedenkönig anzuschließen. Die Besetzung Pommerns durch Gustav Adolf scheint den Ansprüchen des protestantischen Brandenburg entgegenzulaufen. Doch als sich Tilly nach der in dieser Verzögerungsphase gelungenen Einnahme Magdeburgs gegen Sachsen wendet, geben Brandenburg und Sachsen ihre Zurückhaltung gegenüber Gustav Adolf auf. Dieser versichert sich im Vertrag zu Bärwalde französischer Subsidien, verpflichtet sich zur Wiedereinsetzung der vertriebenen Reichsstände und besiegt Tillys Truppen zum ersten Mal bei Breitenfeld (1631). Mit diesem Sieg atmen die Protestanten des Reichs auf und schwenken auf die Linie des Schwedenkönigs ein. Laufend verstärkt dank der französischen und holländischen Hilfe, besetzt Gustav Adolf die Gebiete der Liga an Main und Rhein, drängt die bayerischen Truppen aus der Pfalz und schlägt schließlich Tilly entscheidend bei Rain am Lech (1632). Tilly wird dabei tödlich verwundet.

In dieser prekären Situation beruft der Kaiser erneut Wallenstein und stattet ihn im 2. Generalat „in absolutissima forma“ mit so weitreichenden Vollmachten aus, daß z. B. Ranke sie als „den größten Eingriff in die Reichsverfassung, die man seit Jahrhunderten erlebt hatte“ bezeichnet. Innerhalb kürzester Zeit organisiert Wallenstein die kaiserliche Armee neu, zieht über Prag und Pilsen nach Nürnberg, dabei aber einer umfassenden militärischen Auseinandersetzung mit den Schweden ausweichend. Gustav Adolf bewegt sich 1632 von Nürnberg nach Norden und stellt schließlich den zögernden Wallenstein im November 1632 bei Lützen. Zwar siegen die Schweden (16. 11. 1632), doch zahlen sie mit dem Tod ihres Königs dafür einen zu hohen Preis.

Erneut ist die Möglichkeit zum Frieden gegeben. Der kaiserliche Hof ist jedoch nicht zu Zugeständnissen an die Schweden und Protestanten bereit. Wallenstein gerät im Rahmen dieser Verhandlungen am kaiserlichen Hof ins Zwielicht. Er verhandelt von Böhmen aus mit Brandenburg und Sachsen um einen allgemeinen Religionsfrieden im Reich und eine Vertreibung der auswärtig geführten Truppen, läßt jedoch zugleich Regensburg in die Hände der Schweden unter Bernhard von Weimar fallen und unterhält sogar diplomatische Kontakte zu den Schweden. In Wien hält man ihn für unzuverlässig und seine persönlichen Machtinteressen für gefährlich. Ein kaiserliches Patent vom 18. Februar 1634 beschuldigt ihn schließlich des Hochverrats, vor allem nachdem er durch den sog. „Pilsener Revers“ 1634 seine Offiziere zur persönlichen Treue verpflichtet hat. Wallenstein zieht sich mit einer Resttruppe nach Eger zurück und wird dort am 25. Februar 1634 von drei Offizieren ermordet.

Auf kaiserlicher Seite führt nun der Sohn des Kaisers, Ferdinand III., die Armee selbst, erobert Regensburg zurück, stellt die unter dem schwedischen Reichskanzler weiter geführte schwedische Armee bei Nördlingen (5./6. 9. 1634) und wendet dabei das Kriegsgeschehen wieder zugunsten der Österreicher. Im Frieden zu Prag (30. 5. 1635) gelingt es ferner, Sachsen gegen die Nichtdurchführung des Restitutionsedikts (Besitzstand von 1627 als Grundlage), die Lausitz und die Investition eines sächsischen Prinzen in dem Erzstift Magdeburg aus der Phalanx der Protestanten zu lösen. Dafür erkennen die Sachsen die Bayern in ihrer Kurwürde an, stimmen der Auflösung aller Sonderbünde im Reich zu und gestatten allein dem Reichsheer die Erfüllung der Aufgabe, die auswärtigen Truppen aus dem Reichsgebiet zu vertreiben. Nachdem diesem Frieden nach und nach mit Ausnahme Hessen-Kassels und Bernhard von Weimars alle deutschen Fürsten beitreten, scheint im Reich erneut der Friede und eine Stärkung der zentralen Reichsgewalt in absolutistischem Sinne möglich. Auch Schweden scheint in diesem Moment gegen die Behauptung von Stralsund zu einem Frieden bereit.

Der schwedisch-französische Krieg Die Dimensionen dieses Krieges haben sich jedoch längst in den gesamteuropäischen und machtpolitischen Rahmen geschoben, so daß der folgende schwedisch-französische Krieg (1635 bis 1648) endgültig zu einem bloßen Kampf um die Interessen Frankreichs, Spaniens, Schwedens, des Reiches und seiner Territorialfürstentümer werden kann. Die konfessionelle Frage spielt keine Rolle mehr, als Frankreich nun offen die militärische Bühne im Reich betritt und auf der Seite des schwedischen protestantischen Bundesgenossen weiterkämpft, den es bereits seit 1631 mit Subsidien unterstützt hat. Kaiserliche Truppen sind aus Metz und Lothringen (1632 bis 1633), schließlich aus weiteren Regionen des Elsaß vertrieben worden. Das Ziel Richelieus ist die Rheingrenze. Die 1634/35 geschlossenen Verträge mit den Generalstaaten Savoyen, Mantua, Parma, dem Herzog von Weimar und Schweden binden die Habsburger an vielen Fronten. Trotz anfänglicher Mißerfolge (kaiserliche Truppen können bis tief nach Frankreich vordringen) zeichnet sich seit 1640 eine französisch-schwedische Überlegenheit ab. Selbst die Isolation des Krieges, das Durchsetzen eines besonderen Reichsfriedens, gelingt dem neuen Kaiser Ferdinand III. (1637 bis 1657) nicht. Dreizehn furchtbare Jahre schleppt sich der Krieg ohne große Entscheidungsschlachten hin und vergrößert die Verwüstungen und Pressionen für die Bevölkerung. Vornehmlich Süd- und Mitteldeutschland werden zu einem Tummelplatz umherziehender schwedischer, französischer, spanischer und deutscher Söldnertruppen, die aus vielen Ländern und Konfessionen kommen, sich in ihrer Zusammensetzung kaum unterscheidend. Auch ihre Kampfesmethoden gleichen sich unter dem Druck des zu lange währenden Krieges nach und nach an: Unterschieden sich anfangs die Kampfesformen der disziplinierten spanischen Truppen („Spanisches Viereck“), des katholischen Liga-

Der Feldherr Johann Graf von Tilly hat mit seinen militärischen Erfahrungen dem Kaiserhaus große Dienste geleistet. Stich nach einem Gemälde von van Dyck.

Tod des Schwedenkönigs Gustav Adolf 1632 in der Schlacht bei Lützen, die von den Schweden siegreich beendet wird. Gemälde von Jan Asselijn (1610 bis 1652). Herzog-Anton-Ulrich-Museum, Braunschweig.

heeres unter Tilly, der protestantischen Söldnertruppen mit Spießen, Arkebusen und Piken, der seiner Kriegsdevise wegen verheerenderen Wallensteinschen Haufen und des beweglichen und sich auf starke Feuerkraft (leichte Musketen und Feldschlangen) stützenden schwedischen Heeres voneinander, so passen sich die Kampfesweisen häufig in für Volk und Land furchtbarer Weise mit fortgesetzter Kriegsdauer an. Abgesprengte Truppenteile geschlagener Armeen kämpfen auf eigene Faust weiter und durchziehen plündernd das Land. Die Armeen saugen die männliche kampffähige Bevölkerung in Deutschland auf und ziehen Trosse von Krämern, Lieferanten, Frauen, Kindern und Beutegütern hinter sich her. Als nach langwierigen Verhandlungen von 1642 bis 1648 in Osnabrück (protestantische Stände und Schweden) und Münster (katholische Stände und Frankreich) ein Erschöpfungsfriede geschlossen wird, hat das Deutsche Reich ohne Zweifel die größte Katastrophe seiner bisherigen Geschichte erlebt. Nicht nur der verfassungsrechtliche Zerfall, auch der Bevölkerungsverlust (nach neueren Forschungen Lütges auf dem Land ca. 40%, in den Städten 33%) von ca. 16 Millionen im Jahr 1620 auf ca. 10 Millionen 1648 und der vielfach vollständige Zusammenbruch der landwirtschaftlichen Produktion werfen das Reich hinter die westeuropäische Entwicklung zurück.

DER WESTFÄLISCHE FRIEDE VON 1648 ALS EPOCHENGRENZE

Die Schilderung des Dreißigjährigen Krieges hat deutlich werden lassen, daß diese Zeit eine Krisen- und Übergangsepoche darstellt. An der detaillierten Betrachtung können zugleich Grundmuster der vergangenen wie auch der kommenden Epoche erkannt werden. Gerade für das Reichsgebiet – aber nicht nur dafür – können die Beschlüsse des Westfälischen Friedens, der mit dem Sonderfrieden zwischen Spanien und den Vereinigten Niederlanden vom 30. Januar 1648 beginnt und zuletzt von den Reichsbevollmächtigten am 24. Oktober 1648 unterzeichnet wird, als Epochengrenze dienen.

Die religiösen Bestimmungen des Westfälischen Friedens ziehen unter den Prozeß der Glaubensspaltung und der neuzeitlichen Kirchenbildung einen Schlußstrich: Exakte Regelungen sollen künftige Auseinandersetzungen aus Glaubensgründen im Reich ausschließen, wenn nun der Augsburger Religionsfrieden von 1555 unter Einschluß der Calvinisten bestätigt wird, wenn 1624 als „Normaljahr" für den kirchlichen Besitzstand der Reichsgebiete festgelegt wird (Ausnahmeregelung für Osnabrück), wenn Kaiser und Reich als Schiedsrichter ausgeschaltet werden und wenn die Reichsbehörden paritätisch besetzt sowie zwei getrennte Gremien (Corpus Evangelicorum und Corpus Catholicorum) im Reichstag gebildet werden, falls religiöse Fragen behandelt werden müssen.

Die konfessionell getrennte Kirchenbildung, die sich seit 1521 vollzogen hat, ist damit abgeschlossen. Zwar existiert der Einheitsgedanke des Christentums weiter, er hat sich aber auf die verschiedenen Konfessionen konzentriert, die jeweils für sich die Repräsentation der Einheit und richtigen Lehre in Anspruch nehmen. Die Ausbildung einer konfessionell bestimmten Dogmatik und die Institutionalisierung der Kirchen führen zur Entstehung strukturell ähnlicher Organisationen der Konfessionen, wenn auch in der katholischen Kirche das zentralistische Prinzip, in der evangelischen Kirche das landeskirchliche Prinzip stärker betont wird. Für die zukünftige Religionsgeschichte in Europa aber werden zwei gemeinsame Tendenzen erkennbar: Einmal tendieren die Konfessionen zu Gruppierungen, wobei sich die Kirche und ihre orthodoxe Lehre und Erneuerungsbewegungen (wie z. B. der Pietismus im evangelischen und der Jansenismus im katholischen Bereich) gegenüberstehen. Andererseits stellt sich zukünftig die Frage nach dem christlichen Glauben selbst: Bereits 1650 formuliert Friedrich von Logau: „Lutherisch, päpstisch und calvinistisch, diese Glauben alle drei sind vorhanden, doch ist Zweifel, wo das Christentum denn sei." Von dem Gedanken der konfessionellen Gleichberechtigung über die Suche nach dem Gemeinsamen der Konfessionen, der Toleranz nicht-christlicher Religionen im 18. Jahrhundert, den Deismus und Pantheismus, bis hin zur radikalen Ungläubigkeit erstreckt sich so in der Folgezeit die Glaubensgeschichte in Europa und löst das konfessionelle Zeitalter ab.

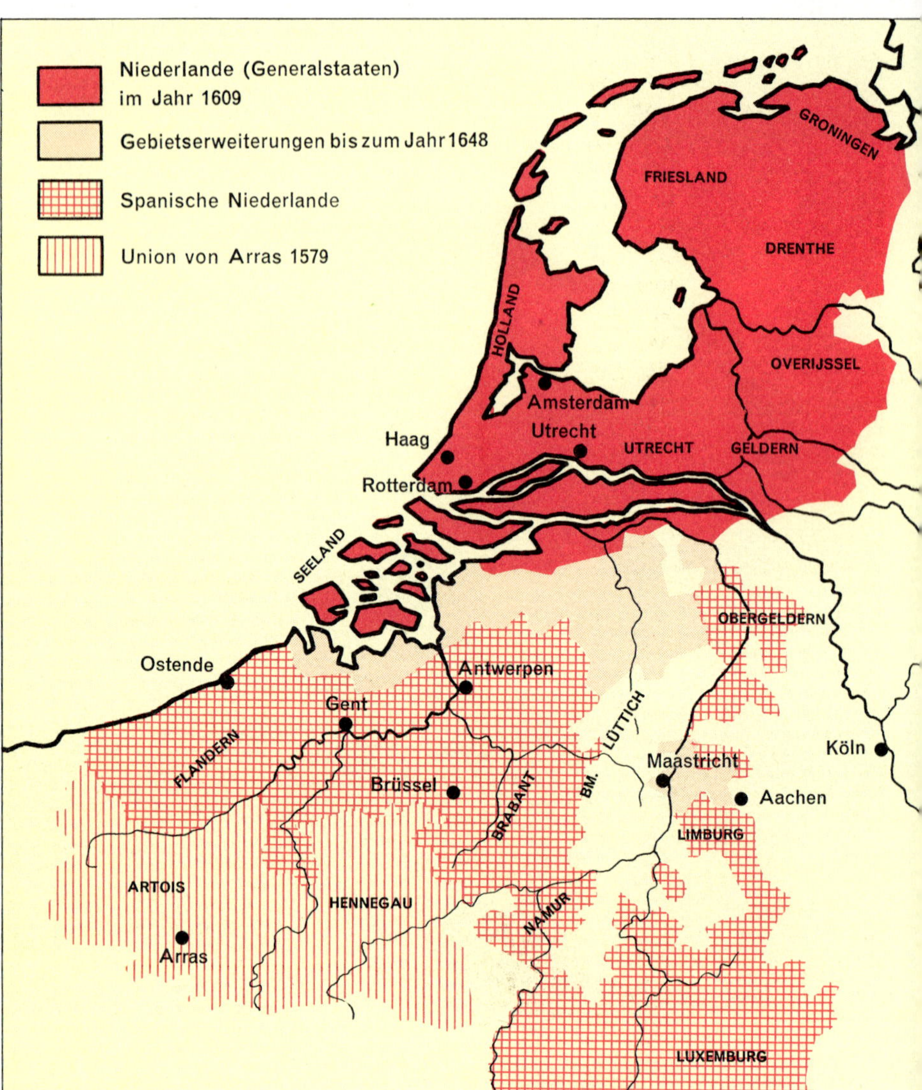

Entwicklung der Niederlande

Die verfassungsrechtlichen Bestimmungen des Westfälischen Friedens kennzeichnen den anderen Aspekt der Epochengrenze: Außen- und innenpolitisch gewinnen die Reichsstände größere Bewegungsfreiheit gegenüber dem Reich. Die kaiserlichen Rechte der Gesetzgebung und des Vertragsabschlusses werden vollkommen an die Zustimmung des Reichstages gebunden (seit 1663 ständiger Gesandtenkongreß). Die Reichsstände erhalten durch das „Ius foederatis" (Bündnisfreiheit, wenn sie nicht gegen das Reich gerichtet ist) und die oben dargestellte Beschränkung der Reichssouveränität auf konfessionellem Gebiet weitgehende Souveränität. Mit Bayern tritt ein neuer Stand in die Kurfürstenwürde.

So wird das Reich zu einem Staatenbund und selbst nicht zum Träger der weiteren politischen Entwicklung im absolutistischen Zeitalter. Die fürstliche „Libertät" hat gegenüber der kaiserlichen Zentralgewalt, wie sie etwa Ferdinand II. erstrebt hat, deutlich gesiegt. Allenfalls die kleineren Reichsstände erhalten durch das Reich einen gewissen Rückhalt gegenüber den Ansprüchen größerer. Die folgende Geschichte in Deutschland wird zur Geschichte der dezentralisierten Reichsgewalt, der souveränen Staatlichkeit der Einzelterritorien, die das volle Recht der Gesetzgebung, Steuerzahlungen, Gebietsherrschaft und Truppenaufstellung innehaben. Auf dem Boden des Territorialfürstentums entwickelt sich im Deutschen Reich – anders als z. B. in Frankreich – das Herrschaftssystem des Absolutismus.

Die territorialen Veränderungen durch den Westfälischen Frieden lassen sich in diesem Zusammenhang ebenfalls unter dem Aspekt der Epochengrenze betrachten. Mit der Ausdehnung Bayerns (Oberpfalz), Sachsens (Lausitz) und vor allem Brandenburgs (Hinterpommern und die Bistümer Halberstadt, Kammin, Minden und der Anwartschaft auf das Erzbistum Magdeburg) wird für diese Staaten die Grundlage zukünftiger Machtpolitik gelegt. Das Reich wird weiter geschwächt durch das Ausscheiden der Eidgenossenschaft und der Niederlande, die Besetzung der Flußmündungen von Weser, Elbe und Oder durch Schweden, das Vorpommern mit Stettin, Wismar, Rügen, das Herzogtum Bremen und Verden erhält und damit gleichzeitig Reichsstand wird, und durch die Ausdehnung des französischen Einflußbereiches bis an den Rhein: Frankreich erhält den Sundgau, das Vikariat über die Bistümer Metz, Toul und Verdun, die Vogtei über zehn elsässische Reichsstädte und die rheinischen Brückenköpfe Breisach und Philippsburg.

Damit haben sich die Machtzentren aus Mitteleuropa heraus an deren Peripherie verlagert: Mit Frankreich, Schweden und den Niederlanden steigen neue Großmächte auf, die sich (im Gegensatz zum Reich) durch Beteiligung am internationalen und lukrativen Seehandel wirtschaftlich vorteilhaft entwickeln werden und ihre staatliche Souveränität uneingeschränkt und zentral ausbauen. Endgültig ist auch die Gefahr einer habsburgischen Hegemonie beseitigt und sind die Akzente für eine französische Expansionspolitik gesetzt. Die weitere Geschichte Europas wird die Geschichte souveräner deutscher Einzelstaaten und ausländischer Nationalstaaten sein. In dieser Entwicklung bleibt das Reich „eine archaische Lebensform inmitten politischer Verjüngung des Kontinents" (G. Oestreich).

DIE AUSBILDUNG DES EUROPÄISCHEN STAATENSYSTEMS BIS ZUR JAHRHUNDERTMITTE

Bereits die Geschichte des Dreißigjährigen Krieges hat gezeigt, daß nicht nur im Reich, sondern in Gesamteuropa entscheidende Wandlungen feststellbar sind. Diese Wandlungen haben Krisencharakter und berühren sich in ihrer Kriegsgeschichte mit dem Dreißigjährigen Krieg. Das hat dieser ersten Hälfte des 17. Jahrhunderts auch die Bezeichnung „Zeitalter des Dreißigjährigen Krieges" eingebracht. Neben der Ausbildung eines neugeordneten Staatensystems prägen die Vorgänge dieser ersten Jahrhunderthälfte aber auch entscheidend die zukünftigen Herrschaftsformen in den europäischen Staaten. Man kann beide Entwicklungen mit dem Frieden von Oliva und dem Pyrenäen-Frieden abgeschlossen sehen und so etwa um 1660 dann das neue Zeitalter des Absolutismus ansetzen.

In den Generalstaaten (Bezeichnung der Niederlande im 17. Jahrhundert) hat sich das Bürgertum zur staatstragenden gesellschaftlichen Schicht entwickelt und ist durch einen enormen Wirtschaftsaufschwung zu Reichtum gekommen. Dieser Reichtum gründet sich vor allem auf den internationalen Seehandel, den die Niederländer mit der damals größten Handelsflotte beherrschen. Während des zwölfjährigen Waffenstillstands mit Spanien greifen sie über ihren ursprünglichen Handelsbereich, die Ostsee, hinaus in überseeische Gebiete: 1602 wird die Ostindische Kompanie gegründet, 1614 Neu-Amsterdam (das spätere New York), 1619 Batavia auf Java gegründet. Während sie seit 1621 erneut in den Krieg mit Spanien eintreten, hält die Ausdehnung weiter an: 1632 beginnt die Unterwerfung Ceylons, 1642 entdecken holländische Seefahrer Tasmanien (wie bereits 1605 Australien); 1651 wird Kapstadt von holländischen Handelsleuten angelegt. Amsterdam wird nach der Gründung der Wechselbank (1609) gleichzeitig zu einem europäischen Handels- und Finanzzentrum. Nach 1648 macht den Holländern (benannt nach der mächtigsten der sieben Provinzen mit 2/3 der Bevölkerung und Amsterdam im Zentrum mit 150 000 Einwohnern bereits um 1648) in der internationalen Schiffahrt nur England den Platz streitig, indem es gegen das Frachtmonopol der Niederländer protestiert. Auf diesem wirtschaftlichen Aufschwung beruht eine bürgerliche Handelsgesellschaft, die von der modernen Forschung als Ursprungsort aufgeklärten Denkens angesehen wird. So kann man die Entwicklung des Seehandelsrechts durch Hugo Grotius (1583 bis 1645) in seinem Buch „Mare liberum" (1609) und seine Begründung des Völkerrechts („De jure belli ac pacis", 1625) mit seiner Säkularisierung des Naturrechts unmittelbar auf diese holländische Gesellschaft und ihre Herrschaftsform beziehen. Auf politischem Sektor nämlich zeigt sich eine eigentümliche Spannung zwischen der militärischen Führung unter den Oraniern und der politischen Leitung des von den Generalstaaten (der Versammlung der Abgeordneten der Provinzialstände im Haag) gewählten Ratspensionärs, die letztlich die Ausbildung eines absolutistischen Staates verhindert. Bei außenpolitischer Gefahr – so z. B. in der Zeit des Krieges mit Spanien und später wieder angesichts der Bedrohung durch Ludwig XIV. – wird das Haus Oranien in dieser Zweiteilung der Kompetenzen dominieren, in ruhigeren Zeiten und während der Minderjährigkeit Wilhelms III. von Oranien ab 1750 gelingt es in Holland durchaus, die militärischen Statthalter von der Macht zu verdrängen (Ratspensionär Jan de Witt).

Neben dieser eigenständigen Bedeutung, die die Niederlande endgültig in der ersten Hälfte des 17. Jahrhunderts gewinnen, liegt ihre Bedeutung aber auch darin, daß durch sie letztlich Spanien seine Rolle auch als Landmacht zu verlieren beginnt. Bis zum Pyrenäenfrieden vom 7. November 1659 muß Spanien nicht nur den Niederlanden ihre Staatlichkeit zuerkennen, sondern verliert auch 1740 Portugal unter dem neuen Königshaus Braganza (Johann IV.), muß an Frankreich Artois, Roussillon und Teile Lothringens abtreten und sieht sich auch weiterhin von der Expansionspolitik Ludwigs XIV. in seinen nördlichen Besitzungen (Brabant, Flandern, Hennegau, Luxemburg, Franche Comté, Grft. Charolles) bedroht. So erlebt das habsburgische Spanien gleichzeitig und in Verbindung mit dem österreichischen Herrscherhaus, das es ja durch all die Kriegsjahre hindurch unterstützt hat, seinen außenpolitischen Niedergang, der aber letztlich auch auf innenpolitischen Verfallserscheinungen beruht: Die wirtschaftlichen Nachwirkungen der Geldentwertung (durch unkontrollierte Edelmetalleinfuhr) und die rücksichtslose Vertreibung und Ausrottung der Juden (Spaniolen) und Moriskos (maurisch-spanische Mischrasse) führen zur Entvölkerung und Verödung weiter Landstriche. Die Könige, Philipp III. (1598 bis 1621) und Philipp IV. (1621 bis 1665), legen die politische Führung jeweils ihren Günstlingen in die Hände. Graf Lerma geht als „größter Dieb Spaniens" in die Geschichte ein; sein Nachfolger, Graf Olivarez, bemüht sich wie er vergebens, durch eine weitere Konzentration der Staatsmacht (Ministerabsolutismus) den innen- und außenpolitischen Niedergang aufzuhalten.

An der Anerkennung der Staatlichkeit der Niederlande und dem unaufhaltsamen Niedergang Spaniens seit 1581/1588 zeigt sich am Ende des konfessionellen Zeitalters bereits ein doppeltes Motiv der modernen Staatengeschichte Europas: Die Stärke des modernen Staates ist, nachdem die traditionellen Legitimationsformen des Personenverbandsstaates ihren Sinn verloren haben, durch eine Interessenidentität von wirtschaftlicher, gesellschaftlicher und politischer Sphäre bestimmt. Der Niedergang Spaniens und der Aufstieg der Niederlande sind wesentlich ökonomisch bedingt. Daneben wird aber auch deutlich, daß die territorialstaatliche Entwicklung zu einer Abrundung der Herrschaftsräume führt, die auswärtige Herrschaftsinseln innerhalb der Staaten ausschließt und so zunächst Dynastienpolitik, dann nationale Politik zum Thema der modernen Geschichte erhebt.

Diese Motive lassen sich ebenso an der Geschichte der nord- und osteuropäischen Staaten in dieser ersten Hälfte des 17. Jahrhunderts erkennen. Bis zum Frieden von Oliva 1660 geht es hier um die Klärung territorialer und dynastischer Besitzansprüche. Die Auseinandersetzungen finden zwischen dem dänischen Königshaus und den Königshäusern der Wasa in Schweden und Polen statt, während sich das russische Haus Romanov nach dem Frieden mit Schweden (Stobova 1617) und Polen (1618) zunächst innenpolitisch behauptet, dann auch expansiv beteiligt.

Unter König Christian IV. (1588 bis 1648) ist Dänemark zunächst nach dem erfolgreichen Feldzug gegen Schweden um die norwegischen Lappmarken (sog. „Kalmarkrieg" 1611 bis 1613) noch die erste nordische Großmacht geblieben. Christian IV. will den skandinavischen Einheitsgedanken (Vereinigung der drei Kronen von Dänemark, Norwegen und Schweden) durchsetzen, verliert jedoch durch die Niederlage im Dreißigjährigen Krieg gegen Tilly und

Wallenstein nicht nur seine überragende Stellung als Kriegsoberster des niedersächsischen Kreises. Mit dem Frieden von Lübeck 1629 tritt Dänemark gleichzeitig seine hegemoniale Stellung an Schweden ab. Auch der Versuch, noch während der Zeit des Dreißigjährigen Krieges gegenüber den Schweden in Nordeuropa durch einen Feldzug territorialen Gewinn zu erzielen, scheitert 1643 bis 1645 wiederum kläglich. Im Frieden von Brömsebro (1645) wird Christian IV. zur Abtretung der norwegischen Provinzen Jämtland und Herjedalen, der Inseln Gotland und Ösel an Schweden gezwungen. Endgültig wird schließlich unter Friedrich III. (1648 bis 1670) Dänemark von Schweden territorial nach einem dritten schwedisch-dänischen Krieg 1657/58 durch den Frieden zu Roskilde zurückgedrängt: Schonen, Halland, Blekinge, Bohuslän und die Insel Bornholm gehen hier in den Besitz Schwedens über. Ab diesem Zeitpunkt spätestens geht Dänemark nach der glänzenden Renaissance-Zeit unter Christian IV. in eine absolutistische Phase mit begrenzterem territorialem Herrschaftsraum über.

Schweden behauptet dagegen nicht nur seinen Anspruch auf das „dominium maris baltici“, die Beherrschung des Wirtschaftsraums Ostsee, sondern steigt unter Gustav II. Adolf (1611 bis 1632) zur Großmacht auf, behauptet diese Stellung dank des staatsmännischen Geschicks des Reichskanzlers Axel Oxenstierna (1583 bis 1654) unter Königin Christine (1632 bis 1654) und baut sie schließlich sogar unter Karl X. Gustav (1654 bis 1660; Haus Pfalz-Zweibrücken der Dynastie Wittelsbach) aus. Nicht nur die Eroberungen gegenüber Dänemark, auch die im Dreißigjährigen Krieg gewonnene Stellung im Deutschen Reich und an den Flußmündungen Norddeutschlands, der Gewinn Rigas und Livlands (1621) und dessen Behauptung in zwei Kriegen gegen Polen (1521 und 1655 bis 1660) machen Schweden zur größten Territorial- und Handelsmacht des Nordens. Mit dem Frieden von Oliva 1660 nach dem zweiten schwedisch-polnischen Krieg ist die territoriale Abgrenzung in Nordeuropa abgeschlossen. Diese Machtausweitung der schwedischen Krone ist zunächst auf Gustav Adolfs Heeresreform (Bauernrekrutierungen und niederländischer Drill) gegründet, die sein Heer zum modernsten Europas werden lassen. Sie ist aber auch erkauft mit einer Erweiterung des politischen Einflusses des Hochadels im Reichsrat und einer Ausdehnung der wirtschaftlichen Privilegien des Adels. Die geldbedürftige Krone muß wegen der großen Kriegsanstrengungen – als die Einnahmen aus dem Seezoll nicht mehr ausreichen – Verpfändungen aus dem königlichen Domanialland vornehmen, die in adeligen Besitz übergehen, muß die Führungsstellen in Heer und Verwaltung dem Adel überlassen (Adelsbürokratie) und behauptet so nur durch eine „bestochene Loyalität“ des Adels gegenüber der Krone ihre militärisch-politische Vormacht in Nordeuropa.

Eine noch stärkere Stellung hat der Adel traditionell in Polen inne. Seit 1569 Wahl-Großfürstentum ist Polen formal eine Adelsdemokratie mit monarchischer Spitze. Tatsächlich wird es jedoch von den großen Magnatenfamilien beherrscht, die im Reichstag (Sjem) die Mehrheit der Sitze innehaben und ohne die der König keine neuen Gesetze (seit 1505) erlassen kann. So kann die katholische Seitenlinie der Wasa, die hier von 1587 bis 1668 herrscht, nur beschränkt ihre dynastischen (Anspruch auf die schwedische Königskrone) und territorialen Ziele gegenüber Schweden, Dänemark, Rußland und der Türkei verfolgen. Der Adel kann sich gegenüber der Krone durch sein „liberum veto“ und durch offene und geheime Bündnisse mit dem Ausland – Frankreich und Rußland – behaupten und öffnet Polen ausländischem Einfluß.

In Rußland ist nach den Wirren zwischen 1605 und 1613, die letztlich einen Kampf zwischen der politischen Behauptung des Bojarentums und einem revolutionär-bäuerlichen Radikalismus darstellen, das Haus Romanov mit Michael Fedorovic Romanov und dessen Vater, Patriarch Filaret (1618 bis 1633 Mitregent), an die Macht gelangt. Zwar geht der religiöse Einfluß auf Polen durch dessen teilweisen Übertritt zum römischen Katholizismus (unter Beibehaltung der Lehren und Riten) verloren, doch ermöglicht der innenpolitische Friede den späteren Aufstieg Rußlands unter Peter dem Großen. Zunächst setzt sich allmählich die Erkenntnis durch, daß die Zugänge zu den Meeren Schweden und die Türkei zu den „natürlichen“ Gegnern Rußlands machen werden.

Wie wichtig die Seefahrt für die Geschichte der Staaten wird, verdeutlicht vor allem das Beispiel Englands. Die dank ihrer natürlichen Lage auf den Seehandel und eine Kolonialpolitik verwiesenen Engländer hatten sich im 16. Jahrhundert gegenüber den Portugiesen und Spaniern mit Gewalt durchsetzen müssen. Nach dem Untergang der Armada Spaniens (1588) konnten englische Kaufmannsgilden („merchant adventurers“) ohne größere außenpolitische Verwicklungen immer weiter in die überseeischen Interessensphären der Spanier, Portugiesen und Niederländer eindringen. Für die weitere Entwicklung ist dabei ausschlaggebend, daß sich dieser Seehandel deutlich im englischen Parlament vertreten weiß, das gleichzeitig im 17. Jahrhundert gegenüber dem Königtum an Macht gewinnt. Die Verbindung von wirtschaftlichem Gesamtinteresse und politischer Absicherung wird besonders deutlich, als bereits Jakob I. (1603 bis 1625) gegenüber den Niederländern einen Anspruch auf ausschließlich englischen Fischfang in den englischen Küstengewässern erhebt. Sein Nachfolger, Karl I. (1625 bis 1649), bestätigt diesen Anspruch und versucht sogar seine Ausweitung auf eine allgemeine Kontrolle der „Narrow Seas“ um die englische Insel. Das auf seine Veranlassung von dem schottischen Gelehrten John Selden verfaßte Buch „Mare Clausum“ (Geschlossenes Meer, 1636) soll die Existenz eines unter britischer Hoheit stehenden „Mare Britannicum“ begründen und es allein englischen Schiffen vorbehalten. Gleichzeitig versucht man auf politischer Ebene die Schiffahrt zwischen den Kolonien und England allein in englische Hände zu bekommen. 1651 soll die Navigationsakte diesem Zweck dienen. Deutlich sind beide Vorgänge gegen die Niederländer gerichtet und führen schließlich auch zu drei Seekriegen gegen die Niederlande (1652 bis 1654, 1665 bis 1667, 1672 bis 1674), ohne dadurch eine in allen Stücken den englischen Vorstellungen entsprechende Lösung erreichen zu können. Immerhin kann sich auf dem Boden der Navigationsakte das englische Kolonialreich und seine riesige Seemacht erheben. Erst im 19. Jahrhundert werden die Prinzipien der Navigationsakte von der Freihandelslehre abgelöst und 1849 auch förmlich aufgehoben.

Der glänzende wirtschaftliche und außenpolitische Aufschwung vollzieht sich in einer Zeit der innenpolitischen Auseinandersetzung zwischen Parlament und Königtum unter den Stuarts Jakob I. und Karl I. Zum ersten Mal nennt sich Jakob I. als Inhaber der Kronen von Schottland, Irland und England „König von Großbritannien“. In gelehrten Traktaten versucht er, den übergeordneten Rang der Monarchie über Parlamente, Gesetze und Kirche zu begründen. Er kann sich dabei auf die königliche Sternkammer, das Privy Council, die königliche Gerichtsbarkeit, die anglikanische Kirche und die parlamentsunabhängigen Einnahmen aus Zöllen und Monopolen stützen, stößt jedoch bei der Finanzfrage an die Grenzen des bereits entwickelten parlamentarischen Systems. Dessen Macht gründet sich vor allem auf die Steuerbewilligung und Gesetzgebung des Parlaments, das diese Mittel ausspielt, als Jakob durch Steuerauflagen, Titel- und Ämterkauf die Parlamentsrechte umgehen will. Man befürchtet den Aufbau eines stehenden Heeres und eines Staatshaushalts, die sich der Kontrolle des Parlaments entziehen. Ge-

gen diese Praktiken formiert sich die Parlamentsopposition des Landadels (Gentry) und des Bürgertums (City) und zwingt u. a. den König durch Gesetze von 1624 und 1625 seine Prärogative in der Monopolvergabe und den Zolleinnahmen einzuengen.
Daß das Parlament nicht daran denkt, seine einmal erlangten Rechte aufzugeben, muß auch Karl I. erfahren, als er nach mehrmaligem Versuch, das Parlament aufzulösen, zunächst deren „Petition of Rights" (1628) entgegennehmen muß. In dieser Bittschrift formuliert das Parlament umfassender als je zuvor seine Rechte und verlangt Sicherheiten vor willkürlicher Verhaftung und Besteuerung. 1629 löst Karl I. das Parlament auf und regiert bis 1640 allein mit rigoroser Verfolgung aller politischen und religiösen Gegner. Dadurch aber treibt er die religiösen Gegner (Katholiken, Puritaner und radikale Independenten) in die Arme der politischen Opposition, wenn sie es nicht vorziehen, wie die „Pilgerväter" 1620, nach Amerika auszuwandern.
Der Widerstand des reformierten schottischen Adels im „Convenant", dem heiligen Bund mit Gott, gegen die kirchenpolitischen Neuerungen für Schottland wird zum Beginn einer grundsätzlichen Auseinandersetzung, die schließlich mit dem Sieg des Parlaments endet. Als die Finanzmittel des Königs nicht ausreichen, um gegen die Aufständischen 1638 vorzugehen, muß er nach elfjähriger Unterbrechung 1640 das Parlament wieder einberufen. Doch die protestantische Opposition im Unterhaus formuliert zunächst einen Beschwerdekatalog und verlangt vom König dessen Berücksichtigung, ehe es neue Steuern bewilligen lassen will. Auch die erneute Auflösung hilft Karl I. nicht aus seiner prekären Situation, da er in England keine Geldgeber findet. So muß er im November des gleichen Jahres das Parlament erneut berufen, das nun als „Langes Parlament" von 1640 bis 1653 tagt. Zunächst stellt es nach altem Recht einen Berater des Königs, den Earl of Stafford, unter Anklage und läßt ihn wie den maßgeblichen Verfechter der Kirchenpolitik Karls I., William Laud (seit 1633 Erzbischof von Canterbury), ins Gefängnis werfen. Im Mai 1641 wird Stafford enthauptet. Mit Erfolg setzt sich das Parlament auch in der Beschränkung der königlichen Gerichtsbarkeit und Steuergesetzgebung durch; nur in der kirchlichen Frage bleiben die Probleme bestehen. Aber auch die folgende Beilegung der Auseinandersetzung mit Schottland sichert noch nicht den inneren Frieden.
Im Oktober 1641 bricht in Irland ein blutiger Aufstand der katholischen Iren gegen die protestantische Oberschicht aus, doch das Parlament genehmigt Karl I. nicht den

Karl I. von England (1625 bis 1649). Gemälde Antonius van Dycks, Louvre, Paris. Wie sein Vater, Jakob I., versucht auch Karl die absolute Monarchie zu verwirklichen, wobei er unvermeidlich mit dem Parlament in Konflikt gerät.

Oberbefehl über eine Armee zur Bestrafung der Aufständischen. Es wirft Karl I. geheime katholische Neigungen vor. Da entschließt sich dieser zu einem direkten Vorgehen gegen führende Radikale im Unterhaus und erscheint mit einer bewaffneten Wachmannschaft (4. 1. 1642). Die gewarnten Radikalen sind jedoch in Sicherheit gebracht worden. Karl I. muß sich vor der aufgebrachten Bevölkerung aus London zurückziehen, geht nach Windsor und läßt Truppen anwerben. Der folgende Bürgerkrieg (1642 bis 1646) endet nach zwei verlorenen Schlachten (1644 bei Marston Moor, 1645 bei Naseby) und der Flucht Karls I. nach Schottland mit einer Auslieferung an das Parlament (1647). Dort hat inzwischen der Führer der radikalen Independenten (freikirchliche, calvinistische Gemeinden Ostenglands), Oliver Cromwell, maßgeblichen Einfluß erlangt. Cromwells Verhandlungen mit dem König scheitern erneut in der Kirchenfrage. Gleichzeitig führen Cromwells Verhandlungen mit dem Unterhaus über die zukünftige Kirchenverfassung Englands zu

Oliver Cromwell (1599 bis 1658), aus einer Familie des kleinen Landadels stammend, stellt sich im Parlament gegen die übersteigerten Steuerforderungen des Königs und seines verschwenderischen Hofadels. Als König Karl I. die Rechte des Parlaments zu beschneiden versucht, gerät er in Konflikt mit dem puritanischen Cromwell. Die Auseinandersetzung um die Errichtung eines absoluten Königtums endet schließlich 1649 mit der Verurteilung und Hinrichtung Karls I. Bildnis in der National Portrait Gallery, London.

einer offenen Auseinandersetzung zwischen den Presbyterianern und Cromwells Anhängern. Im Dezember 1648 läßt Cromwell schließlich seine Offiziere mit einem Heer in London einrücken, vertreibt die Presbyterianer aus dem Parlament und macht mit dem verbliebenen „Rumpfparlament" dem König den Prozeß. Nur mit Mühe gelingt es Cromwell, die notwendigen Stimmen für das Todesurteil zu gewinnen angesichts der imponierenden klaren Haltung des Königs. Dennoch wird dieser mit dem Vorwurf der Tyrannei und der versuchten Beseitigung fundamentaler Rechte des englischen Volkes verurteilt und am 18. Januar 1649 hingerichtet.

Während so die englische Geschichte bis zur Jahrhundertmitte mit der spektakulären Hinrichtung des Königs und dem Sieg des Parlaments endet, verläuft in Frankreich die Geschichte in völlig entgegengesetzter Richtung. Dort bestimmt seit 1624 Kardinal Richelieu als leitender Minister Ludwigs XIII. (1610 bis 1643) die Richtlinien der Innen- wie Außenpolitik. Sie sind uns u. a. in seinem „Avis au Roi" von 1629 und seinem „Politischen Testament" überliefert. Dort findet man klar herausgestellt, daß ihn die errungene Größe Spaniens tief beeindruckt und er an diesem Beispiel die machtpolitische Größe nach außen durch einen innenpolitischen Zentralismus begründet sieht. Politik kennt keine Hegemonie anderer Staaten und duldet keine Sonderinteressen im Inneren. Die Behauptung der machtstaatlichen „Souveränität" nach außen, das Durchsetzen der gesamtstaatlichen Interessen durch die „Staatsräson" und der staatliche Zentralismus mit Ausschaltung aller Zwischengewalten und Partikularinteressen sind die drei entscheidenden Richtlinien seiner Politik, die den französischen Absolutismus vorbereiten.

So ist die innenpolitische Szene in Frankreich im 17. Jahrhundert bestimmt von dem Kampf gegen die politischen Rechte des Hochadels, der Generalstände (die 1614 das letzte Mal vor der Französischen Revolution von 1789 einberufen werden) und der Hugenotten. 1627 erhält Richelieu durch Beschluß des „Conseil du Roi" (Königlicher Rat) die Möglichkeit, nach Aufständen der Hugenotten vor allem im Languedoc militärisch die durch das Edikt von Nantes garantierten politisch-militärischen Stützpunkte der Protestanten zu zerschlagen. Nach dem Fall von La Rochelle (1628) ist der Hauptwiderstand gebrochen. 1629 gibt Richelieu ihnen ihre religiösen, nicht jedoch ihre politischen Sonderrechte zurück („Gnadenfrieden von Alais").

Der Kampf gegen die Hugenotten, die von protestantischen Adelsgruppen geführt werden, ist gleichzeitig ein Element im Kampf gegen die Adelsgewalt schlechthin. Daneben schafft Richelieu gewisse Adelsämter (wie das des „Connétable" und des „Grand Admiral") ab, die mit zuviel Macht verbunden waren. Immer häufiger entsendet er Intendanten in die Provinzen oder zu den Militärbefehlshabern, um Erhebungen, Überwachungsaufgaben oder richterliche Gewalt auszuführen. Jedoch gelingt es ihm nicht, grundsätzlich die ständischen Gerichtshöfe zu beseitigen. Diese „Parlamente" in Paris und in der Provinz bilden daher auch den Kern eines Adelswiderstandes gegen Richelieus Politik einer Machterweiterung der Intendanten auf Kosten der ständischen Rechte des Adels. Dennoch muß festgehalten werden, daß es auch Richelieu, wie seinem Nachfolger, Kardinal Mazarin oder Ludwig XIV., gar nicht um eine völlige Beseitigung der Privilegien des Adels geht, sondern um die Bindung des Adels an den König und eine allgemeine Kontrolle des Staatswesens durch die königlichen Gewalten. Das berühmte Spitzel- und Polizeiwesen im absolutistischen Frankreich dient genau demselben Zweck und wird dann verständlich, wenn man das Ziel einer Zentralisierung des Staates mit den vielschichtigen politischen, juristischen, religiösen und auch militärischen Privilegien des Hochadels vergleicht, die sich aus althergebrachten Rechten ab-

Kardinal Richelieu (1585 bis 1642) verfolgt rücksichtslos sein Ziel, ein unumschränktes Königtum zu schaffen. Sein Kampf gegen die Hugenotten, die von protestantischen Adelsgruppen geführt werden, wird zum Kampf gegen die Adelsgewalt schlechthin. Gemälde von Philippe de Champaigne (um 1635) Louvre, Paris.

Als Spanien nach 12jähriger Unterbrechung 1621 den Krieg gegen die Niederlande wieder aufnimmt und sich im Dreißigjährigen Krieg engagiert, entsteht eine latente Kriegsgefahr in Frankreich. 1635 kommt es offiziell zum Krieg mit Spanien und in der oben abgebildeten Schlacht von Rocroi (1643) verliert Spanien Flandern und Hennegau. Gemälde von Louis le Paon. Musée National, Versailles.

leiten. Einen letzten Teilerfolg im Kampf gegen diese Rechte erringt Richelieu durch die Aufhebung des Rechts der Parlamente, gegen königliche Edikte Widerspruch einzulegen (1641).

Unter Kardinal Mazarin (1602 bis 1661, seit 1641 Kardinal in Paris und von 1642 bis 1661 leitender Minister unter dem unmündigen König Ludwig XIV.) führen diese Maßnahmen im Zusammenhang mit einer weiteren Steuererhöhung zur Behebung der Finanznot des Staates zu Versuchen des Adels, den Staat in eine vom Parlament kontrollierte Monarchie zu verwandeln, und zu dem letzten Adelsaufstand der „Fronde", dem sich auch das Pariser Parlament anschließt (1648 bis 1653). Es ist der letzte Entscheidungskampf über die zukünftige Herrschaftsform in Frankreich, der bis nahe an die Niederlage des Absolutismus führt. Letztlich ist die Uneinigkeit des Adels und die Abspaltung der Bürgerlichen (die sich anfangs wegen der hohen Steuerabgaben beteiligt haben) ausschlaggebend dafür, daß der nach Köln geflohene Mazarin zurückkehren kann, die Fronde zerschlagen wird und schließlich das letzte Aufflackern autonomer Bestrebungen in den Provinzen und in Paris durch Ludwig XIV. erfolgreich bekämpft wird. Nach diesem Aufstand hat sich der Zentralismus durchgesetzt. Es ist das Werk vor allem Richelieus und Mazarins gewesen unter einem nach dem Urteil der Historiker schwachen König Ludwig XIII. und einem minderjährigen Ludwig XIV., also die typische Form eines „Ministerabsolutismus". Die aufgebaute Herrschaftsform ist auch im Hinblick auf die außenpolitische Situation Frankreichs angestrebt worden. Die drohende spanische Umklammerung von Süden, Osten und Norden und das Bewußtsein der eben erst erfolgten spanischen Expansion unter Philipp II. lassen bereits Heinrich IV. von Navarra (1589 bis 1610, von einem Religionsfanatiker ermordet) in seinen letzten Lebensjahren scharf antihabsburgische Pläne verfolgen. Bei Richelieu dient die Behauptung der zentralen königlichen Gewalt nach dem Muster Spaniens ohne Zweifel der Stärkung der französischen politischen und militärischen Gewalt. Als Spanien 1621 den Krieg mit den Niederlanden wieder aufnimmt und sich im Dreißigjährigen Krieg engagiert, ist die latente Kriegsgefahr mit Frankreich sofort gegeben. Als zweites außenpolitisches Motiv kommt der Wunsch nach „natürlichen Grenzen", einer Klärung des beherrschten Raumes unter Ausschaltung persönlicher Rechtsbeziehungen in dem beanspruchten Raum hinzu. Deswegen richtet sich Richelieus Außenpolitik wie die seiner Nachfolger und König Ludwigs XIV. auf den Gewinn der Rheingrenze, die Erringung der Vikariate über die Bistümer Metz, Toul und Verdun und die Ausschaltung von Habsburg abhängiger Gewalten auf dem beanspruchten französischen Boden. Seit 1631 wird deshalb Schweden im Kampf gegen das habsburgische Kaiserhaus unterstützt. Im Mantuanischen Erbfolgestreit (1628 bis 1631) gewinnt Richelieu im Kampf gegen das Haus Habsburg die wichtige Bergfestung Pinerolo zur Kontrolle der spanischen Nebenlande in Italien. 1635 wird Spanien offiziell der Krieg erklärt und offen in den Dreißigjährigen Krieg eingegriffen. Selbst nach dem Dreißigjährigen Krieg läßt Mazarin weiterkämpfen gegen Spanien und gewinnt im Pyrenäenfrieden (7. 11. 1659) Artois, Roussillon und weitere Teile Lothringens.

Frankreich ist in dieser ersten Jahrhunderthälfte zur Großmacht aufgestiegen. Der nachfolgende Staat unter Ludwig XIV. erhebt diesen Anspruch und kann machtpolitisch, strukturell und kulturell zu einem Vorbild vieler europäischer Herrscherhäuser werden.

Das Zeitalter des Hochabsolutismus und die Herausbildung der modernen Europäischen Staatengemeinschaft

Das Zeitalter nach dem Dreißigjährigem Krieg wird von vielen Historikern als das klassische Zeitalter des Absolutismus angesehen. Dabei gilt der Staat Ludwigs XIV. als typisch für gesamteuropäische Tendenzen, was etwa auch in Epochenbezeichnungen wie „Das Zeitalter Ludwigs XIV." und „Das Französische Zeitalter" anklingt. In der neueren Forschung werden starke Bedenken gegen diese vor allem in Deutschland seit Mitte des vorigen Jahrhunderts übliche Schematisierung und Anwendung auf Gesamteuropa erhoben.

Die ältere Absolutismusforschung versuchte, vergleichbare Vorgänge in Europa zwischen 1648 bzw. 1660 und 1789 idealtypisch zusammenzufassen. Man kam dabei zu dem Bild europäischer Staaten, in denen im allgemeinen ein Monarch die unumschränkte Gewalt ausübt, durch kein Gesetz in seinem Handeln beschränkt ist („legibus solutus") und allein dem Gebot Gottes (später dem des Naturrechts) unterworfen ist. Der modernen Forschung scheint einmal dieser Aspekt allein der Charakterisierung der innenpolitischen Verhältnisse in einigen europäischen Staaten zu entsprechen (W. Besson). Neben den absolutistischen Staaten stehen solche, die ihren ständischen Charakter bis in das beginnende 19. Jahrhundert bewahren oder die – wie Großbritannien – einem parlamentarischen Staat den Weg bereiten. Noch problematischer wird der Absolutismus-Begriff, wenn etwa F. Wagner darauf hinweist, daß die Kennzeichen eines Absolutismus, einer uneingeschränkten Monarchie also, bereits in der Pharaonenzeit geschichtlich greifbar seien, also nicht allein zeitbedingt, sondern ein Grundmotiv der Geschichte bilden. Erkennt man aber den Absolutismus als das entscheidende und damit epochenbestimmende Moment der frühen Neuzeit an, dann bleibt seine zeitliche Begrenzung ein Problem. So schlägt Just vor, den Absolutismus bis in das 19. Jahrhundert reichen zu lassen. Walter Hubatsch schließlich glaubt überhaupt, daß weniger in der absolutistischen Herrschaftsform als in der „Herausbildung der modernen europäischen Staatengemeinschaft" das zentrale Grundthema dieses Zeitalters liege.

So ist die Verwendung des Absolutismus-Begriffes als Epochenbezeichnung nur sinnvoll, wenn man sich erstens bewußt ist, daß die Prinzipien eines idealtypischen Absolutismus nirgendwo – auch nicht in Frankreich – vollständig verwirklicht worden sind, daß zweitens Tendenzen in diese Richtung grundlegende Probleme der Zeit widerspiegeln und daß es drittens notwendig ist, den Absolutismus im Zusammenhang mit der Ausbildung des europäischen Staatensystems zu sehen. Dann kann man von der älteren Absolutismusforschung ausgehen und etwa die Form eines „konfessionellen Absolutismus" (z. B. bei Philipp II. von Spanien) von einem „Ministerabsolutismus" (bei Richelieu u. a.), einem „Höfischen Absolutismus" (oder „Hochabsolutismus" bei Ludwig XIV. u. a.) und einem „Aufgeklärten Absolutismus" (z. B. bei Friedrich dem Großen) unterscheiden. Immer bleibt das gemeinsame Kennzeichen der Kampf gegen die Macht der Stände zugunsten eines staatlichen Zentralismus. Die politischen Maßnahmen, verfassungsrechtlichen Formen und verwaltungstechnischen Organisationen mögen in den Staaten für die Historiker relevante Unterschiede aufweisen, am zeitlichen und thematischen Rahmen dieser Epoche des Absolutismus ändern diese wichtigen Verschiebungen nichts. So kann man die Epoche des Absolutismus bei den Vorformen des „konfessionellen Absolutismus" eines Philipp II. beginnen lassen, findet ihren Höhepunkt in der Zeit Ludwigs XIV., zwischen 1660 und 1715 also, und sieht sie in Auseinandersetzung mit aufklärerischem Gedankengut im 18. Jahrhundert bis zur Französischen Revolution.

Für eine Bewahrung des Epochenbegriffs spricht vor allem auch das staatstheoretische Bewußtsein der Zeit. Das politische Denken Ludwigs XIV. weiß sich gestützt durch eine theoriegeschichtliche Tradition etwa seit dem Florentiner N. Machiavelli, der in seinem Buch „Il Principe" (Der Fürst) ausführlich die Machtmittel eines starken Fürsten geschildert hat. Jean Bodin hat 1576 mit seinem Werk „Six livres de la République" die moderne Souveränitätslehre begründet und eine „Monarchie royale ou légitime" als die optimale Staatsform bezeichnet. Und selbst bei weniger deutlichem Binden an einen Herrscher als z. B. bei dem Kanzelredner Ludwigs XIV., Bossuet, treten die Staatstheoretiker von Hobbes über Lipsius bis Pufendorf für eine starke Zentralgewalt ein.

An der folgenden Schilderung des französischen Staates unter Ludwig XIV. soll die einheitliche Wirkung aller Maßnahmen hin auf einen zentralistischen Staat deutlich werden: Stehendes Heer, zentralisierte Verwaltung und enge Bindung von Thron und Altar dienen demselben Ziel einer Vergrößerung der Staatsmacht. Das Beispiel des Reiches kann dann diese Skizze verfeinern und modifizieren, den territorialen Besonderheiten in Europa exemplarisch gerecht werden. Die Darstellung der Entwicklung Englands hin zum Verfassungsstaat kann die staatstheoretische Alternative aufzeigen, die in eben diesem Jahrhundert ebenfalls Gestalt annahm und für die Moderne bestimmend wurde. Schließlich aber muß das Bild dieser Epoche mit der Schilderung des Kampfes um die moderne europäische Staatengemeinschaft abgeschlossen werden.

Der Staat Ludwigs XIV.

Nach dem Tod seines leitenden Ministers, Kardinals Mazarin, übernimmt am 10. März 1661 der 22jährige Ludwig XIV. selbst die Staatsgeschäfte. Vor dem einberufenen Staatsrat verbietet er seinen Ministern, in Zukunft irgendein Schriftstück ohne seinen Auftrag zu unterzeichnen, veranlaßt die Einstellung Colberts und bezieht sich auf den Befehl von 1659 an das Parlament von Paris, in Zukunft seine Erlasse ohne Widerspruch („remonstrance") stillschweigend zu registrieren. Das ist der Beginn der neuen Epoche in Frankreich und in diesem Zusammenhang für Europa.

Alle politische Macht soll künftig vom König ausgehen. Die königlichen Intendanturen in den Provinzen und Magistrate in den Städten erstrecken sich über das ganze Land. Den adeligen Grundherren werden nur noch Verwaltungs- und Polizeirechte auf ihrem Grund zugestanden. Geheimpolizei, strenge Zensurbestimmungen, königliche Haftbefehle („Lettres de cachet") und Sicherheitsverwahrung beschränken die politischen Freiheiten und werden rücksichtslos auch und gerade gegen den Hochadel angewandt.

Grundlage der königlichen Macht im Inneren wie im Äußeren wird der Ausbau des stehenden Heeres (1664 rund 40 000 Mann, 1672: 120 000, 1688: 290 000, 1703: ca. 400 000 Mann), das eine Größe

Einzug Ludwigs XIV. in Arras (Atrecht). Gemälde von A. F van der Meulen. Musée National, Versailles. In sorgsam gemalten Kabinettstücken gibt van der Meulen eine „Vie militaire" Ludwigs XIV.

erreicht, die seit der Antike mit Ausnahme der Türkei kein europäischer Staat erreicht hat. Die Ernennung der adeligen Offiziere behält sich Ludwig XIV. selbst vor und verhindert so das Entstehen einer von ihm unabhängigen militärischen Spitze.

Wenn sich auch im Bereich der Agrarverfassung seit langem dank der Entfaltung der Geldwirtschaft ein allgemeiner Wandel vollzogen hat, der eine horizontale und eine vertikale Mobilität bewirkt, die grundsätzlichen Standesunterschiede bleiben unter Ludwig XIV. bestehen. Während Bauern auf Grund der hohen Abgaben häufig zum Verkauf gezwungen sind und als Land- oder Manufakturarbeiter künftig ihr Leben fristen, gewinnen die adeligen Grundbesitzer hinzu und treten bürgerliche Kaufleute oder Zwischenpächter in die Grundherrschaft ein. Hier bietet sich ihnen die Möglichkeit, einen Adelstitel zu erkaufen (Adelsbrief) oder zusammen mit dem Ämterkauf zu erwerben. Der König bestimmt von daher die soziale Möglichkeit, die sich den Bürgern bietet. Die Ständeordnung bleibt erhalten, während der König die politische Repräsentation des ersten und zweiten Standes zurückdrängt.

Ludwig XIV. baut seinen Staat auf dieser gesellschaftlichen Privilegienordnung auf, in der sowohl alter „Schwertadel" und neuer „Amtsadel" von Steuerzahlungen bis auf gelegentliche Abgaben befreit sind. Die Geistlichkeit gibt einen „don gratuit", eine selbstbemessene freiwillige Abgabe, die während der Regierungszeit Ludwigs XIV. immerhin 224 Millionen Livres erreicht. Da dennoch die Finanzmittel für die aufwendige Kriegsführung und Hofhaltung bei weitem nicht ausreichen, auch die Mittel aus Ämterkauf nicht genügen, arbeitet sein Finanz- und Wirtschaftsminister Colbert bis zu seinem Tod ununterbrochen an Verbesserungen des Steuersystems und an einer Einschränkung der Ausgaben. Tatsächlich gelingt es ihm durch Steuererhöhungen, Senkung der direkten und Anhebung der indirekten Staatssteuern, aber auch durch gleichzeitige Einführung einer modernen staatlichen Rechnungsführung die Staatsfinanzen bis zu seinem Tod in Kontrolle zu halten. Danach und vor allem in der Zeit des Spanischen Erbfolgekrieges (1701 bis 1714) verschlechtern sich zusehends die Staatsfinanzen bis in die Nähe eines Staatsbankrotts.

Entscheidend für die weitere wirtschaftliche Entwicklung in Frankreich wird, daß Colberts Wirtschaftsprinzipien, von denen er sich eine Gesundung der Staatsfinanzen erwartet, ein ökonomisches Wachstum anstreben, das eine positive Handelsbilanz hervorbringen soll. Dazu dient ihm die Förderung des Manufakturwesens, ein Schutzzollsystem zugunsten der heimischen Produktion und die Förderung der wirtschaftlichen Expansion in überseeische Gebiete (Vorderindien, Indochina, Madagaskar, Nordamerika). Den in erster Linie angestrebten Geldüberschuß soll der Export kunstgewerblicher und manufakturell hergestellter Güter erbringen. Die Landwirtschaft dagegen soll niedrige Löhne durch die Erzeugung billiger Lebensmittel und Rohstoffe ermöglichen. Gleichzeitig soll ein möglichst hoher Bevölkerungsstandard erreicht werden, weswegen ein generelles Auswanderungsverbot und einzelne Eheerleichterungen veranlaßt werden.

Recht widersprüchlich mutet das Staatssystem dann jedoch angesichts der Religionspolitik an. Die Verwirklichung der Glaubenseinheit soll seit 1679 durch ein rigoroses Vorgehen gegen die etwa eine Million protestantischen Franzosen erreicht werden. Nach der Aufhebung des Toleranzedikts von Nantes 1685 und der damit verbundenen Beseitigung der religiösen Privilegien wandern ca. 500 000 Hugenotten nach Holland, der Schweiz, England und Deutschland aus, hinterlassen im Inneren irreparable Schäden im Wirtschafts- und Religionsgefüge und bringen den Einwanderungsländern eine Schicht gutgebildeter Handwerker, Spezialarbeiter, Kaufleute und Unternehmer. Die Entscheidung von 1685 erweist sich mehr und mehr als schwerer innenpolitischer Fehler und führt weiterhin zu Aufständen im Inneren bis 1710.

Der Glanz des „Sonnenkönigs" kann trotz seiner riesigen Hofhaltung (bis zu 20 000 Personen bewegen sich schließlich um den König) gewisse Schwierigkeiten nicht überdecken. So erfüllt bei ihm die Repräsentation der königlichen Macht einerseits tatsächlich die Funktion einer Selbstdarstellung absolutistischer Herrlichkeit, andererseits aber auch eine bewußte politische Funktion der Befriedigung unzufriedener Hochadeliger, der Verdeckung der breiten Unzufriedenheit vor allem in bäuerlichen Kreisen, die besonders von den Ernteausfällen betroffen sind. Wechselte bis dahin der Hof vom Louvre nach Saint-Germain, Chambord, Vincennes, Fontainebleau und dem alten Schloß zu Versailles und zurück, so veranlaßt Ludwig XIV. den Bau eines Kristallisationspunktes des politischen und kulturellen Lebens unter dem König mit seinem Sonnensymbol: des Schlosses zu Versailles. Mehr als fünf Jahrzehnte baut man an ihm; fast die gesamten Staatseinnahmen eines Jahres werden dadurch verschlungen (ca. 70 Millionen Livres); Armeen von Arbeitern, Planern, Malern, Bildhauern, Stukkateuren, Teppichwirkern usw. finden hier Beschäftigung (noch 1685 sind ca. 36 000 Arbeiter und 6000 Pferde am Werk). Versailles wird zum Vorbild europäischer Repräsentationsbaukunst des Barock.

Mehr noch wird ein Vorbild der Lebensstil des Königs und die Umgebung, die er sich schafft: Mit einer robusten Gesundheit, vielfältigen Begabungen, einem glänzenden Gedächtnis, Sinn für höfische Formen und einer ausgesprochen glücklichen Hand bei der Auswahl seiner Berater, Minister und der ihn umgebenden Künstler ausgestattet, führt dieser König ein Leben, das „weniger dem eines alten Edelmannes als dem eines reichen Bürgers" (Ch. Seignobos) gleicht. Seine Tage sind durch genaue Zeiteinteilung und hohe Arbeitsintensität genau geregelt. Bis ins kleinste sind auch die Repräsentationsformen und das höfische Zeremoniell geordnet, mit denen Ludwig XIV. seine Herrschaft und Person öffentlich demonstriert. Er zieht den Hochadel an den Hof, verleiht ihm politisch bedeutungslose Ämter dort und vergibt Pfründen, die ihren Inhabern gerade soviel an aufwendiger Repräsentation gestatten, daß sie sich nicht vom König unabhängig machen können. „Aus streitbaren Landedelleuten werden servile Höflinge, denen der König bei besonderem Eifer ein Amt oder eine Pension verleiht oder ihre Schulden bezahlt" (E. Weis).

Diese „repräsentative Öffentlichkeit" (J. Habermas) stellt die oberste Spitze eines Herrschaftssystems dar, das sich aus dem Gottesgnadentum des Fürsten legitimiert und in der Formel des Kanzelredners Ludwigs XIV., Jacques Bossuet (1627 bis 1704), „Un roi, une foi, une loi" (Ein König, ein Glaube, ein Gesetz), gut charakterisierbar ist. Dennoch sind die Schattenseiten nicht übersehbar: einmal der im Herrschaftsystem begründete und mit ihm verbundene expansive Drang des Staates, der unten noch zu schildern sein wird, andererseits sein klar repressiver Charakter, der nicht nur die Frühaufklärer zur Opposition bewegte, sondern auch z. B. angesichts des Todes des „Sonnenkönigs" den Herzog von Saint-Simon in seinen Memoiren zu den Worten veranlaßt: „Paris, das seine Abhängigkeit schwer ertrug, atmete erleichtert auf und gab sich der Hoffnung auf etwas mehr Freiheit hin. Man freute sich, nun auch die Herrschaft so vieler Menschen enden zu sehen, die ihre Macht mißbraucht hatten. Die Provinzen, die über ihren Ruin und die Unterdrückung ihres provinziellen Lebens in Verzweiflung waren, erbebten vor Freude. Die Parlamente und das sonstige Richterpersonal, die in ihrem Ansehen durch die königlichen Edikte niedergedrückt worden waren, hoffen auf eine Besserung ihrer Lage. Das verarmte, gedrückte Volk aber dankte in lärmendem Ausdruck Gott für diese Erlösung."

Das Reich nach dem Dreißigjährigen Krieg

Gegenüber dem nach außen kulturell und militärisch strahlenden zentralistischen Frankreich ist das Reich staatsrechtlich keine politische Größe mehr. Die oben geschilderten Bestimmungen des Westfälischen Friedens haben es zu einem Gebilde werden lassen, das Pufendorf nicht anders als ein „Monstrum" bezeichnen konnte. Mehr als 300 selbständige Territorien ohne gemeinsames Reichsgefühl existieren auf seiner Gesamtfläche.

Die Dezentralisierung wird in den ersten Jahrzehnten nach dem Westfälischen Frieden sogar verstärkt. Auf dem Nürnberger Exekutionstag (1648/49) gelingt zwar zunächst die Regelung über den Truppenabzug der spanischen und schwedischen Truppen, doch auf dem Augsburger Reichstag (1653/54) kommt es sofort zu Auseinandersetzungen um eine paritätische Besetzung des Kurfürstenkollegiums zwischen Protestanten und Katholiken (durch die neue bayerische Kurwürde hat sich das Verhältnis zugunsten der Katholiken verschoben). Neben der konfessionellen Blockbildung wird vor allem auch eine Blockbildung zwischen den Kurfürsten (8), den Fürsten (165) und den Reichsstädten (61) sichtbar. Die Beschlüsse des Augsburger Reichstages von 1654 erklären die Bestimmungen des Westfälischen Friedens in § 6 zum „Fundamentalgesetz des Heiligen Reichs, immerwährenden Richtschnur und ewigen norma judicandi", und ermöglichen außerdem den Reichsständen die Erhebung einer laufenden Abgabe zum Unterhalt der nötigen Garnisonen und Festungen. Während damit den Territorialherren die Errichtung stehender Heere ermöglicht wird, bleibt die Bildung einer Reichsarmee ohne militärischen Wert, da sie nur nach dem allgemeinen Beschluß eines Reichskrieges aufgestellt werden kann. Zwischen Kaiser und Reich werden nach dualistischem Ständeprinzip die Reichsorgane aufgeteilt: Der Hofkanzlei in Wien steht die Reichserzkanzlei in Mainz gegenüber, dem Reichshofrat (seit 1664 in Wien) das Reichskammergericht (seit 1693 in Wetzlar). Daneben gerät der Reichstag von Regensburg (seit 1663) allmählich wegen der Unlösbarkeit grundsätzlicher Probleme (Vorrang der Kurfürsten bei der Kaiserwahl, Abfassung einer unveränderlichen Wahlkapitulation, Verabschiedung einer Reichskriegsverfassung) zu einer permanent tagenden Gesandtenversammlung, in der die „unlösbaren Probleme des Reiches mit peinlicher Pedanterie behandelt, aber nicht erledigt wurden" (Carl Hinrichs).

Die Beschlüsse des Westfälischen Friedens und des Augsburger Reichstages von 1653/54 ermöglichen den Reichsständen die Bildung von „Assoziationen", die an die Defensivbündnisse des Dreißigjährigen Krieges anknüpfen. Bereits auf dem Augsburger Reichstag bringt eine fürstlich-protestantische Opposition dem Kaiser Abstimmungsniederlagen bei, wobei der brandenburgische Kurfürst Friedrich Wilhelm I. bereits eine entscheidende Rolle spielt. Die freie Assoziierung der Reichsstände bietet darüber hinaus auch Frankreich die Möglichkeit, auf Reichsebene gegen seinen Gegner Habsburg zu operieren. Als der Thronprätendent und Sohn des Kaisers, Ferdinand IV., 1654 stirbt, unterstützt Mazarin die Bildung einer „Kölner Allianz" (Dezember 1654) zwischen dem Bischof von Münster, den Kurfürsten von Köln und Trier und dem Pfalzgrafen von Neuburg, nachdem bereits vorher Verhandlungen mit Graf Waldeck zur Bildung einer antikaiserlichen Fürstenpartei gelaufen sind. Selbst die Wahl Ludwigs XIV. zum Kaiser wird nach dem Tod Ferdinands III. 1658 ins Spiel gebracht, doch betreibt man angesichts der Aussichtslosigkeit daneben über den Kurerzkanzler Johann Philipp von Schönborn die Kandidatur des Kurfürsten Ferdinand Maria von Bayern. Als sich dieser jedoch versagt, wird Leopold I. als erbberechtigter Sohn Ferdinands III. noch 1658 (bis 1705) zum Kaiser gewählt. In der Wahlkapitulation muß er sich aber verpflichten, in den noch andauernden französisch-spanischen Auseinandersetzungen Neutralität zu wahren. Ohne Zweifel bedeutet dies eine erzwungene Abkehr von der traditionellen österreichischen Hausmachtpolitik. Österreich wächst nicht zuletzt deshalb, weil es das Reich nicht mehr dafür einsetzen kann, seine dynastischen Ziele zu verfolgen, mehr und mehr aus dem Reich heraus.

Auf dem Reichsgebiet, das durch den Dreißigjährigen Krieg und die Bestimmungen des Westfälischen Friedens zu einem Hinterland des Welthandels geworden ist, entwickelt sich das Wirtschaftsleben in territorialer Beschränkung. Viele und hohe Zölle behindern den Fernhandel und bilden eine Einnahmequelle für die Kleinstaaten. Allein Frankfurt, Hamburg und Leipzig beanspruchen noch eine internationale Geltung, vor allem nach dem Rückgang der Hanse (1594 Verlust der norwegischen und dänischen Handelsrechte, 1598 Schließung des Stahlhofes in London). Obwohl die Bevölkerungsveränderungen im Laufe des Dreißigjährigen Krieges groß gewesen sind, findet kein grundsätzlicher Sozialwandel statt. Allmählich steigen die Bevölkerungszahlen wieder und finden bis in das 18. Jahrhundert hinein eine Bindung in die alte Agrarverfassung, die sich allenfalls in einer regionalen Ausweitung der Gutswirtschaft (östlich der Elbe), nicht aber grundsätzlich geändert hat. Das Deutsche Reich bleibt ökonomisch hinter den Seehandelsnationen und Frankreich zurück. Der regionale Absolutismus in seinen Territorien verändert daran nur wenig.

Neben absolutistischen Staaten wie Brandenburg und Bayern bestehen auf Reichsgebiet aber auch Staaten mit ständischer Verfassung (Württemberg, Mecklenburg). In Württemberg etwa ist die ständische Verfassung verbrieft, während sie in Kursachsen zwar erhalten, in der Regierungspraxis jedoch durch August den Starken in absolutistischem Sinne verändert wird. Dann jedoch, als dieser 1697 zum katholischen Glauben übertritt, um die polnische Königskrone zu erwerben, fällt den Landständen die wichtige Aufgabe der Bewahrung der angestammten Religion wieder zu. Ebenfalls differenziert sind die feststellbaren absolutistischen Tendenzen in geistlichen Territorien zu bewerten. Einmal verhindert hier die fehlende dynastische Perspektive eine Etablierung absolutistischer Führungssysteme. Dann besteht eine starke Schranke in der Bindung an Rom, die selbst durch feststellbare Tendenzen zur Befreiung vom Papst, etwa im Febronianismus, nicht gelöst werden können. Schließlich aber wirkt sich vor allem das Wahlsystem hemmend aus, das den Domkapiteln die Möglichkeit gibt, sich ihre Rechte verbriefen zu lassen. Aus diesem Grund, und weil sich damit einem päpstlichen Zentralismus ein Hindernis in den Weg stellte, verbietet Papst Innozenz XII. 1695 alle Wahlkapitulationen in geistlichen Fürstentümern.

Während sich Sachsen (1697 bis 1763 mit Polen) und Hannover (1692 die 9. Kurwürde an Herzog Ernst August, 1714 bis 1837 Personalunion mit dem Königreich Großbritannien) dynastisch eng mit auswärtigen Staaten verbinden, werden Bayern unter Maximilian I. (1597 bis 1651), Ferdinand Maria (1651 bis 1679) und Maximilian II. Emanuel (1679 bis 1726) sowie Brandenburg-Preußen unter Friedrich Wilhelm I. (1640 bis 1688) und Friedrich (III.) I. (1688 bis 1713, seit 1701 König) zu den herausragendsten deutschen absolutistisch regierten Staaten. München wird dabei zum katholischen Barockzentrum Süddeutschlands (Schloß Nymphenburg, Theatinerkirche). Ein einheitliches Heer, eine zentrale Verwaltung, merkantilistische Versuche unter Beratung des bedeutendsten deutschen Kameralisten, Johann Joachim Becher, kennzeichnen den bayerischen absolutistischen Staat.

Preußen wird in diesem Jahrhundert zur zweiten Großmacht im Reich neben Österreich. Friedrich Wilhelm I. gelingt es, gegenüber seinen Nachbarn Schweden, Polen und Dänemark in der zweiten Jahrhunderthälfte sein Territorium auszuweiten und seine volle Souveränität durchzusetzen. Die inneren Reformen dienen deutlich der starken Außenpolitik, die sich auf ein stehendes Heer von fast 30 000 Mann (bei 1,5 Millionen Einwohnern) stützen kann. Die langfristige Finanzierung dieses Heeres sichert er sich im Landtagsabschied von 1653, der das traditionelle Steuerbewilligungsrecht des Landtags einschränkt. Als Preis dafür gesteht er dem Adel die Unveräußerlichkeit seines Grundeigentums und die alleinige Erblichkeit innerhalb der Familie zu (Fideikommiß) sowie deren Patrimonialgerichtsbarkeit. Mit Ausnahme Ostpreußens gelingt ihm diese Ausschaltung der Landtage ohne größere Schwierigkeiten. Dort läßt er einige adelige Oppositionsführer hinrichten bzw. in Festungshaft legen. Zur Erfassung der Kontributionen (direkte Grund- oder Kopfsteuer) und der Akzise (indirekte städtische Verbrauchssteuer) werden staatliche Beamte eingestellt, „Kriegskammern" übernehmen die Funktion von Finanzbehörden für das Land, „Domänenkammern" die für den königlichen Privatbesitz. An der Spitze des Staates steht der Geheime Rat. Weitere Verwaltungsaufgaben für die Kommissariate in den Kriegskammern schließen sich an: Ausweitung des Handels und Gewerbes; Straßen-, Deich- und Kanalbau; Errichtung landwirtschaftlicher Versuchsgüter; Rodungen, Neuansiedelungen, usw. 20 000 Réfugiés (verweigernde Hugenotten in Frankreich) werden 1685 durch ein königliches Edikt aufgenommen und beleben die Berliner Textilmanufaktur. All diese Maßnahmen, die eine wirtschaftliche Förderung zum Zweck der Erhöhung von Steuern anstreben, reichen jedoch auch für Friedrich Wilhelm I. nicht hin, um sein stetes Lavieren im außenpolitischen und mili-

tärischen Bereich ausreichend zu finanzieren. So ist er weiterhin auf Subsidienzahlungen bei seinen Unternehmungen angewiesen, die sich vor allem auf eine Vertreibung der Schweden aus Vorpommern richten. Während Friedrich Wilhelm I. dies aber nicht gelingt, erreicht sein Nachfolger, Friedrich III., ein großes Ziel, das er selbst noch vorbereitet hat: die preußische Königskrone. Gegen die Stellung eines Hilfskorps für den Türkenkrieg, ein geheimes Defensivbündnis mit dem Kaiser und die Stellung von Truppen für den Spanischen Erbfolgekrieg erhält Friedrich III. im November 1700 die Erlaubnis zur Annahme des Königstitels für Ostpreußen (außerhalb des Reichsgebietes). Am 18. Januar 1701 krönt sich Friedrich III. in Königsberg selbst und nimmt den Herrschertitel „König in Preußen" an.

Englands Weg in den Verfassungsstaat

Unter Oliver Cromwell (1649 bis 1660) erlebt England um die Jahrhundertmitte eine tiefe Verfassungskrise, während es außenpolitisch sich in der Auseinandersetzung mit den Niederländern und Spaniern (1655 bis 1658 Krieg um die englische Handelsfreiheit in den spanischen Kolonien mit

englischen Erfolgen in Westindien) behauptet. Cromwell regiert ohne das Oberhaus, da es ihm zu sehr mit Parteigängern der Stuarts durchsetzt ist, dessen Repräsentanten er eben hinrichten hat lassen, erklärt die Monarchie für abgeschafft und England zum „Commonwealth and Free State". Doch keine der von ihm geschaffenen Herrschaftsapparate (41köpfiger Staatsrat, Volkswirtschaftsrat seit August 1650, Rumpfparlament bis 1653) genügen dem Anspruch des von religiösen und merkantilwirtschaftlichen Impulsen bestimmten Oliver Cromwell. Puritanische Säuberungswellen in Irland geben dort dem Iren-Haß den Anfang; dieselben Bemühungen in Schottland führen zu siegreichen Kämpfen bei Dunbar; auch der nach England eingedrungene Sohn Karls I., der spätere Karl II., muß bei Worcester zurückgeschlagen werden. 1653 löst Cromwell das Rumpfparlament auf und regiert bei einer Militärdiktatur der Puritaner als Lordprotektor England, nachdem sich ein von ihm berufenes „Parlament der Heiligen" als der Aufgabe nicht gewachsen gezeigt hat. Mit weitgehend religiöser Duldung, jedoch immer schärferem Vorgehen gegen politische Gegner regiert er bis zu seinem Tod 1658 England, ohne eine klare verfassungsrechtliche Absicherung eines neuen Herrschaftssystems hinterlassen zu haben.
Durch Parlamentsbeschluß auf maßgeblichen Einfluß General Monks und nach der Abdankung seines unfähigen Sohnes Richard Cromwell wird 1660 (bis 1685) der Sohn des enthaupteten Karls I., Karl II., auf den Thron berufen. Während einerseits dieser die absolutistischen Tendenzen seiner Vorfahren wieder aufnimmt (Einflußnahme auf das Oberhaus, Betonung des anglikanischen Staatskirchentums), verschärft seinerseits auch das Parlament in der Folgezeit den Konflikt mit der Krone erneut. Gerade die Religionsfrage muß auf Grund der Uniformitätsakte (die alle nicht-anglikanischen Geistlichen aus Ämtern und Pfründen verdrängt) und der 1673 vom Parlament durchgesetzten Testakte (Festlegung aller Amtsinhaber auf den Anglikanismus) zum Streitpunkt werden. Während nämlich die sog. „Dissenters" (außerhalb der Staatskirche stehende Puritaner, Independenten usw.) in großer Zahl auswandern, erteilt der König vielen Katholiken Indulgenzerklärungen, die sie von der Gültigkeit der Akte befreien, und setzt sie in einflußreiche Staatsämter. Gleichzeitig nehmen vom König veranlaßte Verhaftungen mehr und mehr zu. 1679 läßt sich darum das Parlament mit der „Habeas-Corpus-Akte" den Schutz vor willkürlicher Verhaftung erneut verbriefen.
Der Nachfolger Karls II., sein Bruder Jakob II. (1685 bis 1688), ist selbst katholisch. Als er offen durch eine Massierung der Indulgenzerklärungen eine katholische Restauration in absolutistischem Sinn durchsetzen will, erhebt sich ein starker Widerstand innerhalb der anglikanischen Kirche und unter den sich inzwischen im Parlament herausbildenden Fraktionen der „Whigs" (Bürgertum und Puritaner, die nach dem Spottnamen für die gegen die Stuarts eingestellten schottischen Bauern benannt werden) und der „Tories" (die meist dem ländlichen Adel und der anglikanischen Kirche angehören und nach den konservativen und königstreuen irischen Banditen benannt werden). Als ein Thronfolger (Jakob III.) geboren wird, besteht tatsächlich die Gefahr der Etablierung eines englischen katholischen Königshauses. Deshalb rufen 1688 Anhänger von Whigs und Tories den Enkel Karls I. und Schwiegersohn Jakobs II., den Statthalter von Holland, Wilhelm von Oranien, nach England. Jakob II. flieht angesichts der unhaltbaren Stellung und des mit Wilhelm gelandeten Heeres nach Frankreich und ermöglicht die unblutige „Glorious Revolution". Allein in Irland erhebt sich ein länger andauernder katholischer Widerstand, den Wilhelm III. 1690 in der Schlacht am Boyne-Fluß und mit der Kapitulation von Limerick (1692) bricht. Ehe er jedoch in Personalunion mit Holland den Thron übernehmen kann, formuliert das Parlament in Zusammenfassung aller ihm bis dahin zustehenden Rechte eine „Declaration of Rights" (1689).
Mit der Akzeptierung dieser Declaration durch Wilhelm III. von Oranien ist England 1689 zu einer konstitutionellen Monarchie und zu einem Verfassungsstaat geworden, der auch eine Gewaltenteilung in Legislative (Parlament und König) und Exekutive (König und Minister) kennt. Entscheidende Vorstellungen sind verwirklicht, die in den Schriften des Theoretikers der entstehenden bürgerlichen Gesellschaft, John Locke (1632 bis 1704), in dieser Zeit dargestellt werden. Der Staat erfüllt die Funktion einer Sicherung der persönlichen und sachlichen Freiheit des Bürgers und garantiert als Grundlage dieser Freiheit Rechtsgleichheit und Eigentum. Über die Repräsentation im englischen Parlament können Gentry (Landadel) und City (Großbürgertum) ihre Interessen wahrnehmen und den Aufstieg Englands zur ersten Handels- und Kapitalmacht der Welt absichern.
Damit sind wichtige Entscheidungen für die weitere Geschichte Europas gefallen: Das englische Modell kann zur Alternative gegenüber dem Absolutismus werden. Seine Position erlaubt ihm das Verfolgen einer Gleichgewichtspolitik auf dem Kontinent („Balance of Power"; deshalb Kriegseintritt gegen Frankreich 1689 bis 1697). Und England tritt als erste Seemacht ein in die Geschichte der Neuzeit vor Holland. Da gleichzeitig auch Frankreich nach Kolonien ausgreift, beginnt hier ein englisch-französischer Gegensatz in der Kolonialpolitik.

Der Kampf Ludwigs XIV. um die Hegemonie und die Herausbildung des modernen europäischen Staatensystems

Damit ist ein wichtiges Ergebnis vorweggenommen, das für das internationale Staatensystem in Europa in der modernen Geschichte Gültigkeit gewinnt: die europäische Rolle Englands. Sie wird jedoch nur dann verständlich, wenn man sie als das Ergebnis eines mit den Mitteln und Methoden der vorherigen Jahrhunderte kaum vergleichbaren Machtkampfes eines Staates um die Vorherrschaft in Europa begreift.

Die französische Hegemonialpolitik
Ludwig XIV. bedroht mit seiner Hegemonialpolitik in dieser zweiten Jahrhunderthälfte seine Nachbarn, vor allem Spanien, Österreich und die Niederlande. Als Ziel schwebt ihm ein nach Norden und Westen bis an den Rhein vergrößertes französisches Königreich vor, dessen politischer und militärischer Stärke in Europa kein Staat vergleichbares entgegenzusetzen hat. Diesem Zweck dient nicht nur sein um Vielfaches gegenüber seinen Vorgängern vergrößertes Heer und die Konzentrierung aller Staatsgewalt im Inneren, sondern auch eine dauernd neue Möglichkeiten suchende Bündnis- und Legitimationspolitik, die der Expansion scheinbare oder reale Rechtsgründe liefern soll. Subsidiengelder werden zu den bevorzugten Mitteln seiner Bündnispolitik, Gelder, die unter vielen anderen Staaten zeitweise auch Preußen zufließen. In den Kleinstaaten werden diese finanziellen Hilfen zu einem willkommenen Mittel zentralistischer und absolutistischer Machtpolitik.
Deutlich werden diese Prinzipien bereits bei dem ersten von Ludwig XIV. begonnenen Krieg, dem sog. „Devolutionskrieg" (1667/68) gegen Spanien und die Spanischen Niederlande. Ludwig XIV. gründet seinen Anspruch auf ein in Brabant geltendes Privatrecht der Devolution, nach der die Töchter aus erster Ehe vor den Söhnen aus der zweiten Ehe erbberechtigt sind. Nun ist Ludwig XIV. seit dem Pyrenäenfrieden mit der ältesten Tochter Philipps IV. von Spanien verheiratet und gibt an, nach dessen Tod (1665) vor dessen kränkelndem Sohn, Karl II., zumindest in

den Spanischen Niederlanden erbberechtigt zu sein. Zunächst gelingen Ludwigs diplomatische und militärische Manöver auch: Die im Rheinbund verbundenen Fürsten versprechen ihm die Verweigerung des Durchzugs fremder Truppen; Brandenburg bleibt ebenso neutral (gegen den Verzicht auf die polnische Königskrone) wie Österreich (das 1668 in einem Geheimvertrag Ludwig XIV. Teile Spaniens für den Sieg zuspricht). Widerstand erheben jedoch die Niederlande und England, die beide ein französisches Übergewicht in der Nordsee befürchten, deshalb ihre eigenen Streitigkeiten beilegen und zeitweise sogar die bis dahin eng mit den Franzosen verbundenen Schweden zu einer Tripelallianz bewegen können. Unter dem Druck dieser Länder gelingt Ludwig XIV. nur ein Teilerfolg im Frieden von Aachen (1668) mit der Abtretung von zwölf flandrischen Festungen (darunter Lille) an das französische Königreich.

In der Folgezeit entwickelt sich eine rege Geheimdiplomatie in Europa, die zunächst zur Auflösung des Rheinbundes im Reich führt, jedoch nicht deshalb, weil damit ein Umschwung gegen Frankreich signalisiert werden würde, sondern weil sich die Territorialfürsten von Einzelabkommen mit Ludwig XIV. mehr versprechen. Mehr und mehr Reichsfürsten schließen Subsidienverträge mit Frankreich ab oder werden durch Gebietsversprechungen auf dessen Seite gezogen (so u. a. Bayern, Pfalz, Köln, Hannover, Osnabrück, Pfalz-Neuburg, Kursachsen, Württemberg, Münster). Ziel der französischen Geheimdiplomatie ist die Vorbereitung des Kampfes gegen den holländischen Handelsgegner und das verhaßte „Krämervolk". Dort verfolgt der Ratspensionär Jan de Witt in diesen Jahren in völliger Verkennung der aggressiven Tendenzen Frankreichs eine Friedenspolitik und ist nicht bereit, zugunsten des Statthalters, Wilhelms III. von Oranien, die militärische Macht auszudehnen. Erst als nach 1670 (Geheimvertrag von Dover zwischen England und Frankreich) deutlich wird, daß der nach England auf den Thron zurückgekehrte Stuart Karl II. mit französischem Geld seine innenpolitischen Probleme zu lösen beabsichtigt, wird den Niederlanden klar, daß sie gegenüber dem übermächtigen Frankreich keine Bündnispartner mehr besitzen.

Als Ludwig XIV. 1672 gegen die Niederlande in den Krieg eintritt, stellt sich zunächst nur Brandenburg den französischen Plänen entgegen. In diesem Krieg um Holland (1672 bis 1679) muß der nach einem Staatsstreich an die Macht gekommene Wilhelm von Oranien (Jan de Witt wird von einer aufgebrachten Volksmenge ermordet) die Schleusen öffnen und große Teile des ebenen Landes entlang der holländisch-utrechtschen Grenze unter Wasser setzen, um die französischen Truppen zum Halt zu zwingen. Auf See gelingt ihm gleichzeitig die Abwehr der in den Krieg mit eingreifenden Engländer unter Karl II. Da schafft es 1672/73 der österreichische Diplomat, Freiherr von Lisola (er verfaßt auch eine Schrift gegen die französische Eroberungspolitik), eine antifranzösische Allianz zwischen Spanien, Österreich und den Niederlanden anzuregen. Bis 1678/79 entspinnt sich nun ein vielschichtiges diplomatisches und militärisches Ringen. Auf der einen Seite unterstützt Frankreich jede derzeit akute antihabsburgische Bewegung (z. B. Johan Sobieski in Polen, die Adelsaufstände in Ungarn, fördert Verbindungen zwischen den Ungarn und Türken), veranlaßt Schweden zum Einfall in die Mark Brandenburg, um deren Truppen vom Kriegsschauplatz in Holland abzulenken, und kämpft selbst gegen die Holländer. Andererseits sucht Österreich durch die Erklärung eines Reichskrieges (1674) Entlastung, und gewinnt Brandenburg durch einen glänzenden Sieg über die Schweden bei Fehrbellin (1675) zum ersten Mal militärischen Ruhm gegen eine Großmacht. Als nach unentschiedenem Verlauf der Kämpfe 1678/79 Frieden geschlossen wird, hat Frankreich dennoch seine Vormachtstellung mit dem Gewinn Lothringens, dem Abtreten weiterer Festungen an der Nordgrenze und der Franche Comté durch Spanien ausgedehnt. Brandenburg muß dagegen trotz seines Sieges Vorpommern mit Stettin an Schweden abtreten. Daß dieser Preis ihm für die Erhaltung der Niederlande zu hoch erscheint, macht der Große Kurfürst denn auch bald mit einem Frontwechsel deutlich: In einem geheimen Bündnisvertrag bindet er sich gegen die jährliche Zahlung von französischen Hilfsgeldern in Höhe von 100 000 Livres an Frankreich.

In den folgenden Jahren betreibt Ludwig XIV. seine territoriale Ausdehnungspolitik über die Bildung französischer Gerichtshöfe in Metz, Breisach und Besançon mit der Aufgabe, diejenigen Gebiete festzustellen, die irgendwann einmal unter französischer Herrschaft gestanden haben. Die sich darauf gründende „Reunionspolitik" (Wiedervereinigungspolitik) bringt Frankreich bis zum triumphalen Einzug Ludwigs XIV. in Straßburg (September 1681) das gesamte Elsaß ein, ohne daß die verbalen Proteste des Reichs und der Stände daran etwas ändern. Immerhin distanzieren sich mit Hannover, Sachsen und Bayern aber die ersten Stände von Frankreich. Brandenburg bleibt aber auf französischer Seite. Aus diesem Grund und angesichts der erneuten Türkengefahr beschließt man im Regensburger Stillstand (1684), den französischen Besitz vorläufig für 20 Jahre anzuerkennen.

Der Aufstieg Österreichs zur europäischen Großmacht Österreich, nach dem Westfälischen Frieden und durch die nachfolgenden Entwicklungen auf seinen Territorialbesitz zurückverwiesen, kämpft in dieser zweiten Jahrhunderthälfte an zwei Fronten. Seit 1663 muß es den Angriff der Türken abwehren. Gleichzeitig droht vor allem in der Frage einer spanischen Erbfolge die direkte Auseinandersetzung mit Frankreich. Indem es beide Auseinandersetzungen erfolgreich abschließen kann, steigt Österreich in dieser zweiten Hälfte des 17. Jahrhunderts zur Großmacht auf.

Obwohl die ungarische Stephanskrone (ebenso wie die böhmische Wenzelskrone) dem Hause Habsburg gehört, üben die Türken mit Ausnahme Oberungarns noch Herrschaftsrechte in Ungarn aus, verletzen aber ständig die Grenzen. Dabei entwikkeln die Ungarn ein ausgesprochenes Selbstbewußtsein gegenüber dem Wiener Hof, das nicht zuletzt auch in einem religiösen Gegensatz beruht (Reformierte in Ungarn, vor allem Siebenbürgen). Als die Türken nun unter dem Großwesir Mohammed Köprülü 1663 in Ungarn eindringen und mit der Unterstützung des Reiches und der Rheinbundstaaten (auch Frankreichs mit 6000 Mann) bei St. Gotthard an der Raab (1. 8. 1664) geschlagen werden, erhoffen die ungarischen Adeligen eine klare Demütigung der Türkei von Wien. Doch Kaiser Leopold I. (1658 bis 1705)

Johan III. Sobieski von Polen.

Ludwig XIV. Gemälde von Hyacinthe Rigaud (um 1701/02). Louvre, Paris. Frankreich war auf dem Höhepunkt der Regierungszeit Ludwigs XIV. die entscheidende Macht in Europa. Er war sich dieser Macht bewußt und wollte, daß die Welt sie bildhaft vor Augen habe (L. Andersen).

schließt einen „Schandfrieden“ in Vasvar, der den Türken den Besitz von Siebenbürgen und Neuhäusel und eine 20jährige Waffenruhe, Österreich aber freie Hand für die erwartete Auseinandersetzung mit Frankreich bringt.

In Ungarn brechen Aufstände aus, die sich gegen die Abhängigkeit von Wien und gegen die weiche Türkenpolitik der Habsburger richten. Als sich die österreichische Krone mit Dragonaden, Galeerenstrafen, Hinrichtungen usw. gegen die ungarischen Reformierten wendet und den Aufstand niederschlägt, empören sich die nordungarischen Karuzzen, deren Führer, Graf Imre Tököly, mit Unterstützung Ludwigs XIV. sich 1672 behaupten kann. Leopold I. verfolgt daraufhin im Westen eine versöhnliche Politik mit Ludwig XIV. (Friede von Nymwegen 1678, Duldung der französischen Reunionspolitik bis 1684) und droht, sich entschieden gegen die Ungarn zu wenden. Da ruft Tököly die Türken zu Hilfe.

Diese nehmen die Gelegenheit wahr, um den Waffenstillstand mit Österreich nicht zu verlängern und unter dem Großwesir Kara Mustapha nach Westen zu marschieren (Frühjahr 1683). Während die Türken Wien belagern, sammelt der nach Passau geflohene Kaiser Truppen für ein Entsatzheer. Mit Hilfe des Papstes kommt noch im Sommer eine christliche Front zustande, der sich von den größeren Staaten allein Brandenburg entsagt. Unterdessen hält sich die Stadt unter der Leitung des Grafen Starhemberg bis in den Herbst. Am 12. September 1683 befreit in der Schlacht am Kahlenberg ein polnisch-bayerisch-sächsisches Entsatzheer von ca. 70 000 Mann Stärke unter Johan Sobieski die Stadt von den Türken. In der nachfolgenden Offensive einer „Heiligen Liga“ mit Österreich, Polen, Venedig, dem Papst und seit 1686 Rußland werden die Türken von 1684 bis 1697 systematisch in großen Schlachten (Ofen 1686, Mohacs 1687, Belgrad 1688, Szlankamen 1691) bis auf den Balkan zurückgetrieben, ehe Prinz Eugen den endgültigen Sieg bei Zenta (1697) erringt. Nun bricht der Kaiser die Kämpfe wegen seiner gleichzeitigen Kriegführung im Westen (seit 1688 der „Pfälzische Krieg“ gegen Ludwig XIV.) ab. Die folgenden Verhandlungen mit der Pforte bringen im Frieden von Karlowitz 1699 die Besitzbestätigung über Ungarn und Siebenbürgen. Venedig erhält Morea. Erst mit der Zurückeroberung Moreas durch die Türken (1715) bricht ein neuer türkisch-österreichischer Krieg (1716 bis 1718) aus, den Prinz Eugen wiederum erfolgreich für Österreich beendet. Im Frieden von Passarowitz erreicht Österreich 1718 seine größte Ausdehnung. Nach dem vierten Türkenkrieg dieses Zeitalters (1737 bis 1739) muß es im Frieden von Belgrad Nordserbien und die Kleine Walachei wieder abtreten.

Dies geschieht aber bereits zu einer Zeit, in der unter Karl VI. (1711 bis 1740) mehr noch als unter seinen Vorgängern Leopold I. (1658 bis 1705) und Joseph I. (1705 bis 1711) deutlich wird, daß es trotz – oder wegen – der großen Ausdehnung, die das Habsburgerreich inzwischen erreicht hat, zu stärkeren Widerständen gegen die Durchsetzung eines zentralen Absolutismus kommt. Der elf Kernvölker umfassende Nationalitätenstaat ist unter dem Druck der Türken geschaffen worden. Die Dynastie der Habsburger (Domus Austria), die katholische Konfession und der habsburgische Hofadel aus allen Erbländern allein können den Zusammenhalt des Staatengebildes nicht garantieren. Der Errichtung absolutistischer Zentralbehörden mit lateinischer und später deutscher Amtssprache in Wien stehen nationalständische Rechte der Einzelterritorien gegenüber. Gerade nach den Türkensiegen

Darstellung der 1697 abgehaltenen Feierlichkeiten anläßlich des Friedens von Ryswyk. Aus dem Atlas von Stolk Stichting zu Rotterdam.

macht man darüber hinaus noch entscheidende Fehler, als man z. B. 1684 Ungarn wie ein erobertes Land behandelt und zahlreiche Protestanten hinrichten läßt. Leopold I. betrachtet sich als unumschränkter Herrscher und zwingt auf dem Preßburger Reichstag (1687) den Adel zum Verzicht auf wichtige nationalständische Rechte. So stößt auch das sog. „Einrichtungswerk" (seit 1689) zur wirtschaftlichen Erschließung und Besiedelung der durch die Türkenherrschaft entvölkerten Donaugebiete (z. B. Züge schwäbischer Volksgruppen in den Banat, sächsischer nach Siegenbürgen) auf den zunehmenden Widerstand des altständischen Adels und Bauerntums. Gegen die absolutistische und zentralistische Politik des Leiters der ungarischen Abteilung in Wien, Kardinal Graf Kollonitsch, erheben sich die Adeligen in Ungarn unter Franz Rákóczi und erreichen 1711 im Frieden von Sathmar eine selbständige Verwaltung nach eigenen, von ihrem Reichstag beschlossenen Gesetzen. So zeigen sich bereits in der Entstehungsgeschichte des österreichischen Vielvölkerstaates Grundmotive einer Problematik, die dann im 19. Jahrhundert im Zeichen des Nationalismus wieder aufgegriffen werden wird. Trotz einer glänzenden außenpolitischen und militärischen Behauptung, trotz der politischen, wirtschaftlichen und kulturellen Blüte Wiens als Mittelpunkt des Reiches und trotz der Errichtung zentraler Behörden (mit der Geheimen Konferenz als oberster Behörde seit 1709, der Hofkanzlei für die innere, der Staatskanzlei für die äußere Verwaltung, dem Hofkriegsrat und der Hofkammer für die Finanzen) fehlt Österreich insgesamt bereits im 17. Jahrhundert jene Möglichkeit zentralistischer Politik, die sich Ludwig XIV. in Frankreich bietet. Selbst staatliche Monopole auf Salz, Tabak, Eisen und Manufakturen (Textilien, Seide, Glas und Porzellan) und eine merkantilistische Wirtschaftspolitik (W. von Hörnigk) können langfristig die durch die mangelnde organisatorische Straffung und Planung (aber auch durch Protektion und Verschwendung) entstehende staatliche Schwächung nicht verhindern. Als im 18. Jahrhundert unter anderen Vorzeichen Joseph II. mit aufklärerischen Mitteln dieselben Probleme lösen will, scheitert auch er letztlich an nationalständischen Widerständen.

Der Abwehrkampf gegen Ludwig XIV.

Im Kampf gegen die französische Hegemonialpolitik ist Österreich und mit ihm das Reich bis 1697 durch die Türkenkriege stark behindert – eine Situation, die Ludwig XIV. rigoros zur Durchsetzung seiner territorialen Interessen ausnützt. Langfristig gesehen ruft er aber durch dieses Ausnützen der momentanen Schwäche seines Gegners einen organisierten Widerstand gegen seine Hegemonialpolitik hervor, zu dessen Seele und treibender Kraft der 1689 auch auf den englischen Thron gelangte Wilhelm von Oranien wird.

Im Grunde beginnen trotz weiterer absolutistischer Stärkung des Staates und offensiver Außenpolitik die innen- und außenpolitischen Schwierigkeiten Ludwigs XIV. gleichzeitig mit dem Edikt von Fontainebleau, der Aufhebung des Edikts von Nantes, im Jahr 1685. Gegen die Beseitigung der ehemals eingeräumten Rechte für die Protestanten in Frankreich erregen sich im Reich die Protestantischen Stände, darunter auch solche, die bisher mit Ludwig XIV. zusammengearbeitet haben. Friedrich Wilhelm von Brandenburg antwortet mit dem Edikt von Potsdam noch im selben Jahr, das den Hugenotten die Aufnahme in seinem Land zusichert. Neben religiösen Gründen leiten ihn aber auch wirtschaftliche und politische Motive, seine profranzösische Politik mehr und mehr aufzugeben. Ihm wird deutlich, daß ihn Ludwig XIV. nicht in seinem Ziel, dem Erwerb der Odermündung, gegen die Schweden unterstützen werde. So arrangiert er sich mit den Schweden, schlägt sich wieder auf die habsburgische Seite und nimmt auch an der letzten Phase des Türkenkrieges teil.

Als Ludwig XIV. nach dem Tod des 1685 verstorbenen Kurfürsten Karl II. von der Pfalz (Linie Pfalz-Simmern) den pfälzischen Erbvertrag mit den katholischen Pfalz-Neuburgern nicht anerkennt und selbst im Namen seiner Schwägerin Liselotte von der Pfalz Anspruch auf die Pfalz erhebt, sieht er sich im Reich einem wachsenden Widerstand gegenüber. 1686 formiert sich die schnell wieder zerfallende Allianz von Augsburg (Kaiser, Holland, Schweden und Spanien) gegen seine Hegemoniebestrebungen. Doch nach seinem Einmarsch 1688 in der Pfalz (Beginn des Pfälzischen Erbfolgekrieges, 1688 bis 1697) organisiert Wilhelm von Oranien eine bleibende Koalition zwischen Reich, Holland, Spanien und Savoyen gegen Ludwig XIV. Dieser überschätzt die Schwierigkeiten seiner Gegner (Glorious Revolution in England, Türkenkriege im Osten) langfristig und muß bereits 1689 die Pfalz wieder räumen. Die Taktik der „verbrannten Erde" bringt dabei der Pfalz Verwüstungen und die Zerstörung des Heidelberger Schlosses. Dennoch kann er sich auf dem Lande weiter behaupten, während er zur See bei La Hogue 1692 eine schwere Niederlage gegen die nun unter Wilhelm vereinte englische und holländische Flotte erleidet. Der Krieg bleibt dennoch ohne endgültige militärische Entscheidung. 1697 wird im Schloß Ryswyk bei Den Haag nach vorausgegangenem Sonderfrieden zwischen den Hauptkontrahenten ein Friedensvertrag unterzeichnet, der Ludwig XIV. einerseits zum ersten Male die Grenzen seiner Expansionspolitik zeigt, andererseits Frankreich im Besitz der durch die Reunionen gewonnenen Gebiete einschließlich Straßburgs bestätigt: Lothringen wird als Herzogtum wiederhergestellt; die Saar und die rechtsrheinischen Brückenköpfe mit Freiburg und Breisach gehen verloren; die französischen Finanzen sind durch die ausbleibenden Kontributionen zerrüttet. Im Jahr 1697 zeigen sich so deutlich die Grenzen französischer Macht im Westen wie im Osten (August der Starke wird gegen den französischen Gegenkandidaten Prinz Conti polnischer König; Österreich bannt durch die Schlacht bei Zenta die Türkengefahr).

Als 1700 endlich der als infantiler Krüppel regierende letzte spanische Habsburger, Karl II. (1665 bis 1700), stirbt, haben sich so für den vorbereiteten Kampf mit den Österreichern Ludwigs Chancen verschlechtert. Gegen die Erbansprüche Leopolds I. aus dem Testament Philipps IV. (des Vaters Karls II.) – Leopold ist mit dessen Tochter Margarete Theresia verheiratet – erhebt Ludwig XIV. für seine Frau Maria Theresia, der ältesten Tochter Philipps IV., die gleichen Ansprüche. Als dritter im Bunde der Aspiranten bringt sich Kurfürst Maximilian II. Emanuel von Bayern ins Gespräch, der die einzige Tochter Leopolds I. geheiratet hat und seit 1692 als königlich spanischer Generalstatthalter in Brüssel residiert. Im Ersten Teilungsvertrag vom Oktober 1698 wird sein Sohn Joseph Ferdinand als Erbe der spanischen Krone und der spanischen Niederlande vorgesehen, während die sonstigen Besitzungen zwischen Frankreich, Kaiser und England aufgeteilt werden sollen. Doch drei Monate nachdem Karl II. Joseph Ferdinand zum Gesamterben erklärt hat, stirbt dieser im Februar 1699. Da faßt man in Spanien gegen einen Zweiten Teilungsvertrag (Juni 1699) den Beschluß, das ungeteilte Erbe in Anlehnung an Frankreich zu erhalten. Dem König wird kurz vor seinem Tod im Oktober 1700 (1. November) noch ein Testament abgenötigt, das den Enkel Ludwigs XIV., Philipp von Anjou, zum Gesamterben einsetzt. Ludwig XIV. nimmt entgegen den Vereinbarungen des Zweiten Teilungsvertrages, die Erzherzog Karl (VI.) von Österreich, den zweitgeborenen Sohn Leopolds I., als Haupterben (Spanien, Niederlande und Kolonien) vorsehen, diesen letzten Willen Karls II. an und besetzt 1701 alle spanischen Besitzungen in Europa. Philipp von Anjou nimmt als Philipp V. den spanischen Thron ein. Weder der Kaiser noch die Seemächte England und Holland sind aber geneigt, die bourbonische Vorherrschaft in Westeuropa anzuerkennen. Am 7. September schließen sich Holland und England in der Haager Allianz mit Kaiser Leopold I. zusammen. So bricht der Spanische Erbfolgekrieg aus, der von 1701 bis 1714 nahezu alle europäischen Mächte indirekt oder direkt in die Auseinandersetzungen verwickelt. Preußen und Hannover müssen ohnehin nach ihren Verpflichtungen aus der Erhöhung zum Königtum der Allianz beitreten; 1702 wird der uneingeschränkte Reichskrieg erklärt. Einer der wenigen Partner Ludwigs XIV. ist der bayerische Kurfürst, der sich auf französischer Seite größeren Gewinn erhofft. Während ein kaiserliches Heer unter Prinz Eugen nach Italien (zur Sicherung Mailands, Neapels und Siziliens) marschiert, gelingt es Erzherzog Karl in Spanien gegen Philipp V. vorzugehen, kämpfen von Holland aus Truppen in den spanischen Niederlanden gegen Ludwig XIV. und landen die Engländer in Gibraltar. Zum Finanzierungszentrum wird London, das unter der Vorherrschaft der Whigs im Parlament zum wirtschaftlichen Hintergrund des Kampfes gegen Ludwig XIV. wird. Gerade die deutschen Kleinstaaten empfangen laufend englische Hilfsgelder zur Kriegsführung auf Reichsgebiet. Auf den Kriegsschauplätzen bedeutet bereits das Jahr 1704 eine gewisse Vorentscheidung, als das kaiserliche Heer unter Prinz Eugen von Savoyen und das englische unter Marlborough bei Höchstädt und Blindheim a. d. Donau den Vormarsch der französischen Truppen nach Wien stoppen und die Engländer in Gibraltar landen. Bis 1710 behauptet sich dennoch Ludwig XIV. trotz weiterer Niederlagen (1705 Turin, Ramillies 1706, Oudenaarde 1708) und dem unentschiedenen Ausgang einer der größten Schlachten des Jahrhunderts bei Malplaquet (1709). Da kommt ihm der politische Umschwung in England zugute: Die Tories gelangen an die Macht, wünschen Frieden und beginnen unter Viscount Bolingbroke als Außenminister Geheimverhandlungen mit Frankreich. 1711 wird Marlborough abberufen. Man hat vor allem kein Interesse an einer Vorherrschaft in Europa, auch nicht unter habsburgischem Vorzeichen. Nach dem plötzlichen Tod Kaiser Josephs I. (1705 bis 1711) ist nämlich die Perspektive eines erneuten habsburgischen Weltreiches von den Ausmaßen wie unter Karl V. möglich geworden. Erzherzog Karl ist seinem Bruder als Karl VI. (1711 bis 1740) auf den Kaiserthron gefolgt; an dem uneingeschränkten Erbe Spaniens sind die Seemächte nun nicht mehr interessiert. So betreibt England seine Gleichgewichtspolitik für den Kontinent konsequent bis zum Friedenskongreß in Utrecht (1713): England erhält wichtige Stützpunkte (u. a. Gibraltar, in Amerika Neufundland, Neuschottland und die Gebiete an der Hudsonbai); Philipp V. behält die spanische Königskrone und die Kolonien unter dem Vorbehalt, daß sich Spanien und Frankreich nie vereinen würden; Preußen kann sein Territorium mit dem Gewinn Lingens, Mörs und Neuchâtels abrunden. Österreich stimmt diesen Bestimmungen erst 1714 im Frieden von Rastatt zu und bekommt Mailand, Neapel, Sardinien und die spanischen Niederlande zugesprochen.

In Westeuropa sind damit in der „Herausbildung der modernen europäischen Staatengemeinschaft" (W. Hubatsch) am Ende des Zeitalters Ludwigs XIV. (ein Jahr nach dem Frieden von Rastatt stirbt der französische König) wichtige Entscheidungen gefallen: „Das mittelalterliche Prinzip von Erbfolge und Dynastiebildung über mehrere Länder hinweg mußte vor dem neuen System des Gleichgewichts zurücktreten" (Walther Hubatsch). Dennoch hat sich Österreich so sehr vergrößert, daß es nun über Besitzungen von der belgischen bis zur süditalienischen Küste verfügt. Wenn auch „die französischen Offensivstöße . . . durch europäische Koalitionen aufgefangen" worden sind (W. Näf), so hat der französische Staat unter Ludwig XIV. dennoch fast jenen Raum gewonnen, den er noch heute innehat. Italien und das Reich bleiben im Prozeß dieser Staatenbildung hinter der europäischen Entwicklung zurück, und im Reich steht nun neben dem Habsburgerreich als wichtiger Machtfaktor Preußen. Bestimmend auf dem kolonialen wie auf dem Seehandelssektor wird aber England, dessen Politik der „Balance of Power" der Mächtegruppierung auf dem Kontinent im Frieden von Utrecht vertragrechtliche Gestalt geben kann.

Ost- und Nordeuropa im Zeitalter des Hochabsolutismus Das Jahr des Beginns der endgültigen Auseinandersetzungen um die Mächtekonstellation im Westen signalisiert auch den Anfang eines entscheidenden Kampfes um das Staatensystem in Ost- und Nordeuropa.

Der eben von einer inkognito unternommenen Reise nach Westeuropa (1697/98) zurückgekehrte Zar Peter I. der Große (1689 bis 1725) wendet sich von seinem ursprünglichen Plan ab, über einen Türkenkrieg Zugang zum Meer zu gewinnen, nachdem er festgestellt hat, daß die westeuropäischen Verbündeten der „Heiligen Liga" nicht mehr an der Fortsetzung des Türkenkrieges, sondern an der Auseinandersetzung um das Erbe Spaniens interessiert sind. Peter der Große befreundet sich mit dem Gedanken einer anti-schwedischen Liga zusammen mit Polen und Dänemark, um der schwedischen Großmachtstellung im Norden und Osten Europas ein Ende zu bereiten. Dänemark wird dabei durch die schwedische Unterstützung für die Separationspolitik des Herzogs von Holstein-Gottorp, des Schwagers Karls XII. herausgefordert, August der Starke von Sachsen und Polen erhofft den Rückgewinn Livlands durch einen Sieg über die Schweden. Mit dem erfolglosen Versuch Sachsens, Riga überfallartig zu nehmen und mit dem Beginn dänischer Feindseligkeiten in Holstein beginnt der Nordische Krieg im Februar und März 1700. Karl XII. von Schweden (1697 bis 1718) verbucht zwar durch sein schnelles militärisches Vorgehen große Anfangserfolge (Landung auf Seeland und Sieg über die Russen 1700, Sieg über die Sachsen bei Riga 1701, Einnahme Warschaus und Vertreibung Augusts des Starken und Wahl Stanislaus Leszczinskis zum König bis 1704), doch scheitert er zuletzt an der mangelnden vertraglichen und diplomatischen Absicherung seiner erzwungenen Friedensschlüsse von Travendal (August 1700 mit Dänemark) und Altranstädt (1706 mit Polen). Als er 1707/08 den Krieg mit Rußland erneut aufgreift, indem er sich die Kosakenaufstände in der Ukraine zunutze machen will, trifft er auf eine von Peter dem Großen nach westlichem Vorbild erfolgreich umgewandelte Armee, der er 1709 bei Poltava entscheidend unterliegt. Der Rest der Geschichte des Schwedenkönigs wird zu einer politisch-militärischen Odyssee: 1709 bis 1714 versucht er – schließlich erfolgreich – die Türken zu einem Krieg gegen die Russen zu bewegen; 1714 reitet er mit wenigen Getreuen in vierzehn Tagen durch Ungarn und Deutschland bis Stralsund zurück, enttäuscht von den Türken, die einen strategischen Sieg am Pruth (1711) nicht vollständig genutzt haben; als er 1715 Stralsund aufgeben muß, wendet er sich über Norwegen gegen Dänemark; am 11. Dezember 1718 fällt er bei der Belagerung von Fredrikshald, wobei ein Mord nicht auszuschließen ist. Inzwischen haben die Russen Ingermanland (1702/03), Livland und Estland (1710) sowie Finnland (1713/14) erobert, hat Peter der Große sogar einen Seesieg bei Hangö (27. 7. 1714) errungen, sind nach dem Utrechter Frieden auch Preußen und Hannover der antischwedischen Koalition beigetreten und kann Frankreich seinen alten Verbündeten nur noch mit geringen finanziellen Mitteln unterstützen. Nach dem Tod Karls XII. müssen die Schweden in Friedensschlüssen mit Hannover (1719), Preußen (Stockholm 1720), Dänemark (Friedrichsburg 1720) und Rußland (Nystad 1721) sowie einem Waffenstillstand mit Polen ihre Großmachtstellung in Nord- und Osteuropa räumen: Hannover erhält Bremen und Verden, Preußen Stettin, die Inseln Usedom und Wollin und Vorpommern bis zur Peene; an Dänemark fallen die schleswigschen Besitzungen des Hauses Holstein-Gottorp, während Schweden Wismar und den Rest Vorpommerns mit Rügen noch behalten kann, dagegen auf die Befreiung vom dänischen Sundzoll verzichten muß; August der Starke muß in Polen als König anerkannt werden, und Rußland gewinnt Livland, Estland (beide unter rechtlicher Sonderstellung), Ösel, Dagö und einen Teil Kareliens (mit Wiborg), gibt jedoch Finnland zurück und zahlt an Schweden 2 Millionen Taler.

Damit ist Rußland der eindeutige Gewinner des Nordischen Krieges und richtet sich territorial nach Westen aus – eine Entwicklung, die geistes- und kulturgeschichtlich auch die russische Intelligenz seit dem 18. Jahrhundert beschäftigt, und die der konservative Restaurationsphilosoph Josef von Görres noch 1821 kommentiert „als das Asien, das in Europa übertritt, das orientalische Prinzip mitten im Occident". Peter der Große fördert diese Öffnung Rußlands nach Westen bewußt, auf die zögernden Vorbereitungen seiner Vorgänger Fjodorowitsch Romanow (1613 bis 1645), Aleksej Michailowitsch (1645 bis 1676) und Fjodor Aleksewitsch (1676 bis 1682) aufbauend. Noch im Krieg wird das „Fenster nach Europa", Petersburg, auf Sumpfboden unter Beteiligung zahlreicher ausländischer Baumeister erbaut, die Residenz von Moskau hierher verlegt und der russische Seehandel dorthin orientiert. Tief geprägt von seinem Studium westeuropäischer Literatur in der Zeit der Vormundschaft seiner Stiefschwester, der Zarewna Sofja (1682 bis 1689), seinen Kontakten zu der Ausländervorstadt Moskaus, der Sloboda, und vor allem von seinen berühmten Auslandsreisen (1697/98 und 1716/17) nach Preußen, Holland, England und Wien ist Peter I. der Große von der technischen und kulturellen Überlegenheit des westeuropäischen Auslands tief überzeugt. Sein persönlicher Anteil am Europäisierungsprozeß ist nicht zu überschätzen. Ausgebildet als Geschützmeister in Königsberg, Schiffsingenieur in Amsterdam und Navigator in London will der „Handwerker auf dem Thron" mit seinen Reformen tief in die russische Tradition eingreifen: Sind sein Aufbau einer Ostseeflotte und die Verfünffachung des Heeres und seine Ausbildung nach westeuropäischem Vorbild und mit deutschen Rangbezeichnungen, die Verschärfung der Dienstpflicht des Adels und die Einführung einer Kopfsteuer noch mit den Erfordernissen der Kriegsführung gegen Schweden erklärbar, die anderen Reformen beabsichtigen allein die Umformung des russischen Staates nach westlichem Vorbild und werden mit despotischer Gewalt gegen jeden Widerstand durchgesetzt: eine Verwaltungsreform (Senat als oberste Rechtsbehörde 1711, Fachministerien in elf Kollegien 1718, Reichseinteilung in elf Gouvernements, 50 Provinzen und Distrikte, Beamtenkontrolle durch Einsetzung von Prokuratoren 1711), die Kirchenreform (1721 Ersetzung des Patriarchats durch den Heiligen Synod unter Vorsitz des Zaren, sog. „Cäsaropapismus" in Rußland), die Erbfolgeregelung (Einerbfolge nach englischem Vorbild

Altersbildnis Zar Peters I. des Großen (1689 bis 1725). Dieser „Handwerker auf dem Thron" hat mit seinen Reformen tief in die russische Tradition eingegriffen. In Kriegen gegen die Türkei und gegen Schweden, dessen hegemoniale Stellung an der Ostsee im Nordischen Krieg zerschlagen wird, begründet Peter I. die Großmachtstellung Rußlands, das durch die expansive und auf die machtpolitische Position Rußlands ausgerichtete Politik Peters des Großen im 18. Jh. zu einem wichtigen Faktor im europäischen Mächtekonzert avancieren wird.

1714), die Einführung leibeigener Fabrikbauernschaften und weiterer Wirtschaftsmaßnahmen unter starkem ausländischen Einfluß (Staatsmonopole, Kanal- und Hafenbau, Gründung der Akademie der Wissenschaften in Petersburg u. a.) und die Eingriffe in die altrussische Sozialtradition, die bis hin zu Vorschriften für die Bart- und Kleidertracht reichen. Peter der Große schafft parallel zur Durchsetzung im auswärtigen Bereich eine „Revolution von oben". Doch fehlt ihm zu seiner Entwicklung Rußlands nach westlichem Vorbild ein freies Bürgertum in städtischer Selbstverwaltung als natürlicher Partner im Kampf um die Modernisierung Rußlands. So aber kann er die sozialgeschichtlichen Grundlagen des russischen Staates nicht verändern und verschärft eher noch die soziale Distanz zwischen Bauerntum und Adelsschicht (1713 erhalten die Grundherren die Patrimonialgerichtsbarkeit, nachdem erst 1649 die persönliche Leibeigenschaft der Bauern zum Gesetz geworden ist). Die Rangtabelle des Jahres 1722 eröffnet zwar auch den Nichtadeligen gewisse Aufstiegsmöglichkeiten, doch bleiben die persönliche Leibeigenschaft und die agrarische Grundstruktur Grundlage der russischen Gesellschaft, aus der „. . . dem Czaren wenig eigene Initiative entgegen(kam)", in der „aber der gegebenenfalls kaum überwindbare passive Widerstand zeigte, daß hier Traditionen wurzelten und starke Interessen wirksam waren" (R. Wittram). Ohne Zweifel sind so die Widerstandsbewegungen gegen Peter den Großen, die sich auch Aleksej, den Sohn Peters, nutzbar machen wollen, legitimer Ausdruck des problematischen Charakters seiner Europäisierungsbemühungen, die allenfalls eine Ober-, Bildungs- und Beamtenelite des russischen Volkes erreichte und veränderte, die aber zugleich auch bei gleichbleibender Eigentums- und verschärfter Sozialordnung den Bruch zwischen Ober- und Unterschicht langfristig verstärkte. So bleibt das Werk Peters des Großen in seiner Zeit und bis heute umstritten.

Am Beispiel Rußlands kann so deutlich werden, daß die territorialen Veränderungen, die der Nordische Krieg als Ergebnis bringt, nicht allein Ergebnis einer Außen- und Kriegspolitik, die durch eine Allianz – ähnlich wie im Westen gegen Frankreich – den hegemonialen Anspruch Schwedens abwehrt, sondern Reflexe innenpolitischer Strukturveränderungen sind, die es diesen Staaten erlauben, in eine außen- und machtpolitische Auseinandersetzung zu treten. Hierbei ist zunächst die Entwicklung in Dänemark interessant, wo es unter Friedrich III. (1648 bis 1670) zunächst zu einem Abbau der ständischen Rechte zugunsten einer absoluten Regierung durch Reichstagsbeschlüsse (1660 Erblichkeitserklärung der Königswürde, 1661 und 1662 Ermächtigungsgesetze durch gleichlautende Stände in Dänemark, Norwegen, Island und auf den Faröer Inseln) kommt. 1665 erläßt dann Friedrich III. sogar eine „Lex Regia", ein Königsgesetz, das Verfassungscharakter besitzt und in Dänemark als einzigem Land in Europa den Absolutismus verfassungsrechtlich verankert. Danach ist die Augsburgische Konfession alleinige Staatsreligion in Dänemark (Art. 1) und der König absoluter Alleinherrscher. Die Stärkung der königlichen zentralen Gewalt ist in Dänemark möglich geworden durch die Koalition des Königs mit dem Bürgertum und der Geistlichkeit gegen die Träger der ständischen Rechte, den Hochadel. Die Wendung nach außen und der Kampf gegen die schwedische Hegemonie kann sich auf diese Stärkung der zentralen Gewalt gründen.

Dieses Grundmuster im Kampf des Absolutismus gegen die ständischen Rechte, das Bündnis zwischen König und Bürgertum, wird auch in Schweden erkennbar, wo Karl XI. (1660 bis 1697) etwa seit 1680 mit Hilfe der nichtadeligen Reichstagsstände die Macht des Adels zu brechen versucht. Die „Reduktion", eine Einziehung der dem Adel zur Kriegsfinanzierung verliehenen Krongüter, führt schließlich zu einer gleichmäßigeren Besitzverteilung zwischen Krone, Adel und Freibauern. Die zurückgewonnenen Kron- und Zinsbauernhöfe ermöglichen nun eine bessere Versorgung des stehenden Heeres, ein festes Einteilungssystem und die Ansiedelung der Soldaten auf kleinen Hofstellen bringen wichtige Strukturveränderungen für das Militärwesen mit sich. Parallel dazu verhilft Karl XI. der Konflikt zwischen dem im 25köpfigen hocharistokratischen Rat repräsentierten Hochadel und dem niedrigen Adel dazu, den Reichsrat zu entmachten: 1680 wird Karl XI. in einer Erklärung die Unabhängigkeit von der Regierungsform zugestanden, die sich, 1634 gebildet, während seiner Unmündigkeit (seit 1660) erneut etabliert hatte und auf eine Herrschaft der Hocharistokratie hinauslief. Zwei Jahre später überträgt der Reichstag Karl XI. mit dem Verzicht auf jegliche freie Meinungsäußerung nahezu vollkommene Souveränität, die dieser schließlich 1693 auch formal mit einer „Souveränitätserklärung" beansprucht. Als sich gegen die folgende Auflösung der ständischen Selbstverwaltung in Livland eine adelige Opposition (unter Führung Johann Reinhold von Potkuls) erhebt, wird sie niedergeschlagen und Livland unter schwedische Verwaltung genommen. Gerade die hier sichtbar werdende Problematik einer Zentralisierung der Verwaltung des inzwischen von der Nordsee (Herzogtum Bremen) bis zum Ladoga-See reichenden schwedischen Reiches macht jedoch auch deutlich, daß Schwedens Anspruch auf das „Dominium maris baltici" zu inneren und außenpolitischen Schwierigkeiten führt, die dann ganz die Regierung Karls XII. (1697 bis 1718) bestimmen. Unter diesem König geht nicht nur die Großmachtstellung Schwedens an Rußland verloren, sondern auch die inzwischen gewonnene zentrale Stellung des Königs: Ein Jahr nach dem Tod Karls XII. wird 1719 dem früheren holstein-gottorpischen Geheimrat Baron Görtz, der die Außen- und Wirtschaftspolitik Schwedens seit 1715 für Karl XII. geleitet hat, der Prozeß gemacht. Mit Friedrich I. aus dem Haus Hessen-Kassel beginnt die „Freiheitszeit" in Schweden (1719 bis 1772).

Europa im Zeitalter der Aufklärung (1715–1789): Kongreßzeit, Krise und Aufgeklärter Absolutismus

Üblicherweise läßt man das Zeitalter des Absolutismus etwa vom Regierungsantritt Ludwigs XIV. bis zur Französischen Revolution reichen. Das Jahr 1715 bezeichnet insofern einen Einschnitt, als mit dem Tod Ludwigs XIV. derjenige Herrscher von der politischen Bühne abtritt, der nicht nur militärisch oder politisch, sondern auch staatstheoretisch den Hochabsolutismus repräsentiert hat. Gleichzeitig bedeutet dieses Jahr einen Einschnitt für das europäische Staatensystem, in dem sich das englische Gleichgewichtskonzept für den Kontinent deutlich durchgesetzt hat. Die Folgezeit bis 1740 ist gekennzeichnet durch einen gewissen Erschöpfungszustand auf dem Kontinent und einen großen Einfluß der englischen Diplomatie. Man könnte von daher mit W. Hubatsch das 18. Jahrhundert „politisch, wirtschaftlich und geistig" unter der „englischen Dominante" stehend sehen, ähnlich wie das 16. Jahrhundert unter der Spaniens und das 17. Jahrhundert unter der Frankreichs gestanden ist. Englisches Gedankengut wird vor allem von Frankreich ausgebreitet, durchdringt nicht nur den wissenschaftlichen und künstlerischen, sondern auch den politischen und sozialwissenschaftlichen Bereich. So kann man die aus vielen Quellen gespeiste Aufklärungsbewegung zur Grundlage eines Epochenbegriffes machen, der auch die zweite Jahrhunderthälfte umfaßt. Nach einer Krise des Staatensystems Europas um die Jahrhundertmitte mit zwei umfassenden Kriegen stellt sich dann nämlich heraus, daß die Aufklärung auch in die Staatsauffassung der Herrscher Eingang gefunden hat. Joseph II. von Österreich, Leopold von der Toskana, Friedrich der Große u. a. führen in einem neuen Herrscherbewußtsein Reformen in ihren Staaten durch, um diese zu modernisieren. Daß sie dabei natürlich in den Widerspruch zwischen dem staatlichen Anspruch auf Bevormundung im Zeitalter des Absolutismus und der aufklärerischen Forderung nach Befreiung des Menschen geraten, macht die besondere Spannung des „Aufgeklärten Absolutismus" aus, der „im Gegensatz zum Absolutismus und zur konstitutionellen Monarchie den Keim der Überwindung in sich" trägt (K. O. Freiherr von Aretin). Aus diesem Grund hat auch E. Walder darauf hingewiesen, daß die bürgerlichen Revolutionen des 18. Jahrhunderts ihre Grundideen aus demselben Gedankengut der Aufklärung schöpften wie der „Aufgeklärte Absolutismus", daß letzterer aber nicht den gesellschaftlichen und politischen Erfordernissen der Zukunft Rechnung tragen konnte, allenfalls ein vorübergehendes Herrschaftssystem oder das Prinzip der „Reform von oben" darstellte.

SOZIALER UND WIRTSCHAFTLICHER WANDEL, POLITISCHE THEORIE UND STAATSAUFFASSUNG IM ZEITALTER DER AUFKLÄRUNG

Deutlich zeigen sich im 18. Jahrhundert sozio-ökonomische Veränderungen gegenüber den vorausgegangenen Jahrhunderten, so daß die politischen Theorien der Aufklärung und die Staatsauffassung des „Aufgeklärten Absolutismus" auf den veränderten Hintergrund des wirtschaftlichen und gesellschaftlichen Bereichs bezogen werden müssen.

Bevölkerungsentwicklung und Agrarkultur Bis in das 17. Jahrhundert hinein haben in Europa eine hohe Kindersterblichkeit, mangelnde Hygiene und Ernährung, Hungersnöte, Seuchen und Kriege für ein nur sehr langsames bis stagnierendes Bevölkerungswachstum bei großer regionaler Unterschiedlichkeit gesorgt. Ca. 100 bis 120 Millionen Einwohner leben um 1700 in Europa; 100 Jahre später sind es nach neueren Schätzungen bereits zwischen 180 und 200 Millionen, und die Bevölkerungskurve läuft dann im 19. Jahrhundert steil weiter empor, um erst im 20. Jahrhundert durch die Kriegsverluste und sinkende Geburtenraten wieder flacher zu verlaufen. Von dieser Entwicklung werden im 18. Jahrhundert die Bevölkerungen im Nordwesten Europas deutlich früher und schneller erfaßt; die Bevölkerungsvermehrung greift aber schließlich nach und nach doch auf alle Regionen Europas über und macht es zum dichtbesiedeltsten Kontinent der Erde. Der Zeitpunkt der Tendenzwende in dieser „demographischen Revolution" (A. Landry) liegt – regional verschieden – ab 1730 bis Mitte des 19. Jahrhunderts mit Schwerpunkt in der zweiten Hälfte des 18. Jahrhunderts.

Sir Isaak Newton (1643–1727). Bildnis des Begründers der modernen Physik durch die Entdeckung des Gravitationsgesetzes (1666) und Ahnherr der englischen Aufklärung. National Portrait Gallery, London.

Die Ursachen dieses Wachstums werden von den Forschern einheitlich in einem Sinken der Sterblichkeitsrate, nicht in einem Ansteigen der Geburtenrate gesehen. Umstritten sind jedoch die Gründe für die höhere Lebenserwartung, die das Absinken der Sterberate verursacht. Feststellbar ist ein Zurückgehen der Versorgungskrisen und der Epidemien. Seit 1720 verschont die Pest Europa. Groß bleibt aber die Zahl derer, die anderen Krankheiten wie dem Keuchhusten, den Pocken oder der Kinderlähmung bis 1800 zum Opfer fallen. Erst dann kann man mit medizinischen Mitteln (Impfung) diesen Ansteckungskrankheiten in größerem Maße entgegenwirken. Sicher ist, daß auffällig viel weniger Menschen leichteren Krankheiten erliegen. Die Verbesserung der medizinischen und hygienischen Bedingungen in den Städten (Wasserversorgung, bessere ärztliche Diagnose und Behandlung u. a.) dürfte dazu wenig beigetragen haben, denn die gleichzeitig feststellbaren Zuwachsraten in den Städten haben die Bedingungen dort in gleichem Maße verschlechtert. Vielleicht ist wichtiger die verschärfte Handhabe der Quarantäne durch den im Absolutismus verbesserten Verwaltungsapparat gewesen, so daß die häufig von den Städten ausgehenden Epidemien isoliert und auf ein geringeres Ausmaß beschränkt werden können. Sicher tragen auch die billigeren Baumwollprodukte (aus Übersee z. T.) zu besseren Kleidungsbedingungen in den Unter- und Mittelschichten bei. Diese Tatsachen und auch die zunehmende Verwendung von Seife verringern die durch Temperaturschwankungen und einfache Übertragung verursachten Krankheiten. Gestiegene Lebenserwartung und sinkende Säuglingssterblichkeit hängen vor allem aber mit einer verbesserten Ernährungslage der Menschen zusammen. Umfangreiche Untersuchungen haben ergeben, daß in den europäischen Ländern vor der „demographischen Revolution" der Konsum hochwertiger Nahrung (tier- und pflanzeneiweißreiche Produkte, Erzeugnisse mit höhrem Vitamingehalt) und die Einnahme anderer Lebensmittel mit höherem Nährwert (Kartoffel, Weißbrot usw.) zugenommen hat. Diese Veränderung auf dem Agrarsektor selbst ist u. a. Folge eines verbesserten Informationsaustauschs über die Ländergrenzen hinweg, einer Bereitschaft und der Möglichkeit zu Veränderungen langgeübter Anbaumethoden und zu Neuanbau bisher unbekannter Sorten. Ferner zeigt es sich, daß der Ausbau der Verkehrswege und die Verbesserung der Vorsorgemaßnahmen (Speicherung) im Zeitalter des Absolutismus langfristig eine gleichmäßigere Verteilung der Nahrungsmittel sichert.

Wie sehr die Bevölkerungsentwicklung und die Veränderungen auf dem Agrarsektor bereits damals ursächlich und bedingend verknüpft werden, zeigt z. B. der 1798 erschienene Essay „On the Principle of Population" des Pfarrers und Volkswirts Th. R. Malthus: Wenn er hier die Ansicht vertritt, daß die Menschheit nicht unbeschränkt – in geometrischer Folge (2, 4, 8, ...), wie er glaubt – wachsen könne, da sonst die Ausdehnung der Nahrungsmittelproduktion – die in arithmetischer Folge (1, 2, 3, ...) verlaufe – mit der Bevölkerungsentwicklung nicht Schritt halten könne, so formuliert er Ende des Jahrhunderts die Befürchtung vieler Menschen, die die Bevölkerungs- und Landwirtschaftsrevolution irgendwann in eine Katastrophe münden sehen. Nun zeigen aber die Ergebnisse agrargeschichtlicher Forschungen, daß auf dem Agrarsektor im 18. Jahrhundert ein notwendiger Nachholbedarf nach der hochmerkantilistischen Benachteiligung gegenüber dem Gewerbesektor besteht. Äußerlich ablesbar ist dies zunächst an den seit 1730 steigenden Nahrungsmittelpreisen in Europa. Ab 1780 steigen diese Preise noch schneller, um zu Beginn des 19. Jahrhunderts ein über doppelt so hohes Niveau erreicht zu haben wie 1730. Da gleichzeitig die Gewerbelöhne und -preise fast gleichbleiben, ergibt sich im 18. Jahrhundert ein Anreiz zur Ausweitung der landwirtschaftlichen Produktion, die eine bessere Versorgung der Bevölkerung ermöglicht.

Trotz aller regionaler Unterschiede in Europa – die Entwicklung verläuft auch hier in einem deutlichen West-Ost-Gefälle – lassen sich folgende allgemeine Beobachtungen innerhalb der Agrarrevolution bis zu Beginn des 19. Jahrhunderts festhalten: Zunächst geht man nach besserer Information von England ausgehend dazu über, den Boden zu düngen, lernt durch gepflanzte Hülsenfrüchte, Gemüsesorten und vor allem die Kartoffel (seit 1770 in Frankreich) den Boden mit natürlichem Stickstoff anzureichern und locker zu halten. Dann findet im 18. Jahrhundert in günstig gelegenen Gebieten ein Übergang zur Fruchtwechselwirtschaft statt, wobei eine überlegte Abfolge im Anbau verschiedener Feldfrüchte die Ermüdung des Bodens und die Zerstörung durch Schädlinge und Krankheitserreger verhindert. Letztlich ermöglicht dieser Übergang zur Fruchtwechselwirtschaft eine Konzentration der Anbaufläche, da in den bis dahin verbreiteten Systemen der Mehr-Felder-Wirtschaft immer ein Teil des Bodens brach gelegen ist. So vergrößert sich damit die landwirtschaftlich nutzbare Fläche. Dasselbe bewirken großangelegte Kultivierungsleistungen unter landesherrlicher Regie wie die „Peuplierung" wüst gewordenen Landes unter Friedrich Wilhelm I. von Preußen (Entwässerung des Havellandes) u. a. Allgemein läßt sich in Europa im 18. Jahrhundert eine Erweiterung der landwirtschaftlich genutzten Fläche durch Rodungen, Entwässerungen und Rekultivierungen von brach liegendem Land feststellen, nicht zuletzt angeregt durch die rentableren Preisverhältnisse, die sich ergeben hatten. In diesem Zusammenhang aber stellt sich der Agrarordnung in Europa ein Problem, das von England ausgehend (enclosures) zu einer grundlegenden Veränderung der Sozialordnung und der Eigentumsverhältnisse auf dem Land geführt hat: das Verhältnis von Privateigentum, Pacht, Abhängigkeit und Gemeingut. Die altüberkommene Agrarverfassung garantierte einerseits den Bauern im Gemeingut ein Weide-, Wasser- und Holzrecht, das in der feudalen Subsistenzwirtschaft mit ihrer Abgaben- und Dienstleistungsordnung bei gleichbleibender oder nur minimal wachsender Bevölkerung ökonomisch funktionierte. Nun aber stehen diese altüberkommenen Regelungen einer modernen und marktorientierten Ausnutzung des Bodens entgegen. Veränderte Anbaumethoden, intensive und marktorientierte Bodennutzung und Fruchtwechselwirtschaft, dynamische Anpassung (auch der Pachtgebühren) an die Agrarkonjunktur und Ausnützung der Verkehrs- und Vorratsmöglichkeiten im Verteilungssektor erfordern eine private Eigentumsordnung und eine Ablösung der Zwergbesitzungen und -pachte. So kommt es in England seit dem 16. Jahrhundert zu einem Abbau des gemeindlichen Nutzungsrechts und zur Einhegung des Bodens (enclosure), der in die Hände größerer Besitzer gerät, da die kleineren Bauern die notwendigen Vermessungs- und Wegegebühren nicht bezahlen können. So werden gleichzeitig Klein- und Kleinstpächter freigesetzt, die die „industrielle Reservearmee" für die beginnende Industrielle Revolution bilden. Die Erweiterung der Anbauflächen und die nun mögliche intensivere Nutzung – auch mit qualitativ besseren Werkzeugen – ermöglicht in der Folgezeit die Ernährung der anwachsenden nichtagrarischen Bevölkerung. Ohne daß die regional-spezifischen Unterschiede in Europa hier übersehen werden dürfen – so bleiben weite Landstriche und ganze Länder rein agrarisch orientiert –, ist festzuhalten, daß die Agrarrevolution des 18. Jahrhunderts erst jenen ökonomischen „Take-off" ermöglicht, den Europa in der „Industriellen Revolution" erlebt und den Hobsbawm als „vermutlich das wichtigste Ereignis der Weltgeschichte seit der Entwicklung der Landwirtschaft und der Städte" bezeichnet.

Die Anfänge der Industriellen Revolution und der gesellschaftliche Wandel im 17. und 18. Jahrhundert Noch im 18. Jahrhundert zeigt sich in England ein grundsätzlicher Wandel des ökonomischen und sozialen Systems, der erst im 19. Jahrhundert den Menschen in Europa voll ins Bewußtsein tritt: Die gewerbliche Produktion beginnt sich sowohl von Handwerk und von der „Hausindustrie mit Verlagssystem" als auch von dem im Merkantilismus besonders geförderten Manufakturwesen zu lösen. Ein aufnahmefähiger Binnenmarkt und ein ausgedehnter Außenmarkt in aller Welt verbinden sich hier mit organisatorischem und erfinderischem Pioniergeist und ermöglichen den Übergang zum Fabrikwesen, das das Endprodukt durch Zerlegung des Arbeitsprozesses rationell und schnell entstehen läßt. Arbeiter und Produktionsmittel finden sich hier erstmals unter einem Dach. Ein Kapital investierender, den Arbeitsvorgang programmierender und organisierender Unternehmer zwingt die Arbeiter in ein „System der disziplinierten Massenarbeit", um Gewerbegüter in ausreichender Zahl auf den Markt zu bringen. Die Fabrikarbeit verändert nicht nur die sozialen Beziehungen Alteuropas, sondern schafft neue Bedürfnis- und Güterbeziehungen, die bei rationeller Nutzung der menschlichen Arbeitskraft und der natürlichen Rohstoffe ein stetes Wirtschaftswachstum hervorbringen, aber auch erfordern.

Voraussetzungen des neuen Systems sind die technischen Erfindungen, die eine Zerlegung der Produktion in Arbeitsschritte, den Einsatz von Maschinen und Energie und besondere Verfahren erst ermöglichen: Spinnmaschine (Hargreaves 1767; verbessert von Arkwright 1768), Webstuhl (Carwright 1785), Dampfmaschine (Watt 1764; 1776 erstmals in Betrieb genommen, sich 1785 durchsetzend), Puddelverfahren (1784), Straßendampfwagen (1769 Cugnot), usw. Die Mechanisierung der Spinnereien liegt am Anfang dieser Entwicklung, die Webereien folgen. Erst dann kommt es zur Schwerindustrie: Bis 1800 haben Boulton und Watt 500 Dampfmaschinen ihres Patents gebaut. Was sich hier in England abzeichnet, kommt jedoch erst im 19. Jahrhundert voll zum Tragen. Die Umwälzung des wirtschaftlichen und gesellschaftlichen Systems in Europa mit der Ausbildung großer Industriezentren ist noch nicht das Thema des 18. Jahrhunderts. Doch kündigt sich unter der Decke des brüchig werdenden Agrar- und Feudalsystems das Neue an. Zwar bleibt die Wirtschaft noch immer in erster Linie agrarisch orientiert, doch beginnt sie sich unter Bevölkerungsdruck hin zur Freisetzung der „industriellen Reservearmee" zu entwikkeln. Zunehmende Armenfürsorge, steigende Zahlen von landlosen Tagelöhnern usw. bilden die Unterseite der gesellschaftlichen Veränderungen vom 17. zum 18. Jahrhundert hin. An der Oberseite spiegeln die abnehmende Bedeutung des Adels und die zunehmende des Bürgertums für die Wirtschaft die sich wandelnden Wirtschaftsbedingungen.

Der Wandel verläuft in den einzelnen europäischen Staaten zeitlich unterschiedlich und unter stark abweichenden rechtlichen und politischen Bedingungen ab. In England verläuft er weitgehend bruchlos vom Staatsmerkantilismus Elisabeths, über die Politik Cromwells (Navigationsakte usw.) und der Stuarts hin zu der des Parlaments im 18. Jahrhundert: Vereinheitlichung des einheimischen Wirtschaftsgebietes, Ver-

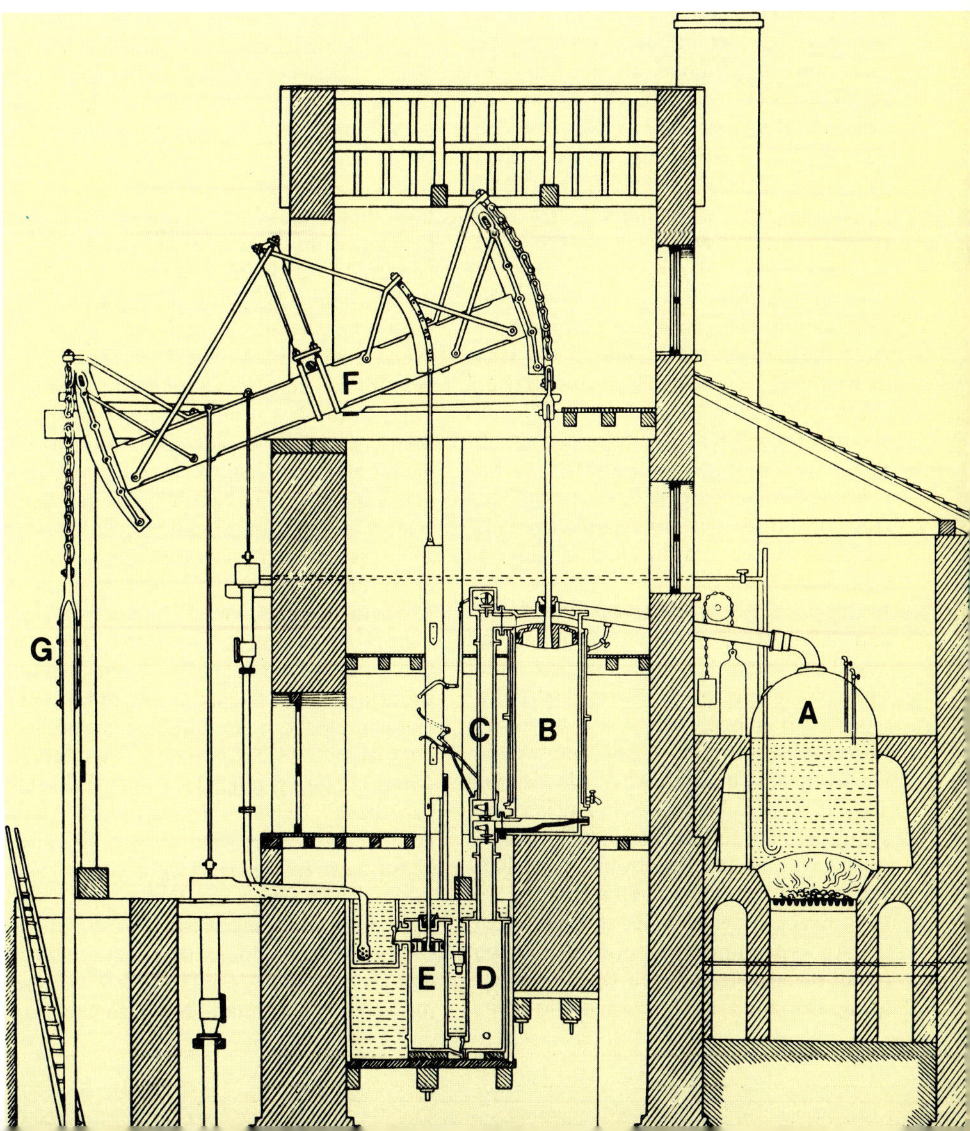

Schematischer Querschnitt durch eine einfach wirkende Dampfmaschine zum Antreiben einer Entwässerungspumpe in einem Bergwerk von James Watt aus dem Jahre 1788. Nach einer Darstellung aus dem Jahre 1827.
(A) Dampfkessel, (B) mit Dampf erwärmter, von einem Mantel umgebener Zylinder, (C) oben und unten mit dem Zylinder verbundenes Rohr mit (von oben nach unten) Einlaß-, Druckausgleich- und Auslaßventil, (D) Kondensator und (E) Luftpumpe im Wassertank, (F) Balancier, (G) Pumpengestänge zum Bergwerkschacht. Um die Maschine in Gang zu setzen, wird durch das geöffnete Einlaßventil Dampf in den Raum über dem oben stehenden Kolben geleitet; gleichzeitig wird das Auslaßventil zum Kondensator geöffnet und dadurch der Dampf im Zylinderraum kondensiert. Es entsteht ein Vakuum, so daß nun der auf den Kolben wirkende Luft- und Dampfdruck den Kolben nach unten drückt (Arbeitsgang). Ein- und Auslaßventil werden nun geschlossen und das Ausgleichsventil wird geöffnet, so daß auf beiden Seiten des Kolbens der gleiche Druck entsteht. Damit kann nun das schwere Pumpengestänge den Kolben nach oben ziehen und ein neuer Arbeitsgang beginnen. Die von J. Watt hier zusätzlich eingebaute Luftpumpe (E) dient dazu, das Vakuum im Zylinder länger aufrechtzuerhalten. Aus der einfach wirkenden Hubmaschine ohne Drehbewegung entwikkelt J. Watt um 1780 die erste Maschine mit Drehbewegung.

schwinden der Wirtschaftszölle und Aufrichten der Außenzölle über Meere und Kolonialgebiete hinweg, staatliche Kontrolle der Arbeitsweise und der Produktion, die Gründung von Handelskompanien kennen wir schon aus dem 16. Jahrhundert. Seit der Navigationsgesetzgebung bildet sich im 17. und 18. Jahrhundert ein Wirtschaftssystem heraus, das eine Zusammenarbeit zwischen dem in den Handelsgesellschaften organisierten Unternehmertum und dem Staat ermöglicht. Dabei arbeitet eine Großgrundbesitzerschicht auf dem Land nach marktwirtschaftlichen Prinzipien und vermehrt ihre wirtschaftliche Macht auf Kosten der Klein-Gentry und der Freibauern, während die Kleinbauern zu Armen, bzw. später zu Manufaktur- und Lohnarbeitern absinken. Auf dem Gewerbesektor schwächt das Manufaktur- und Verlagswesen den Mittelstand und bereitet er der abhängigen Lohnarbeit weiteren Boden. Eine Schicht von Großkaufleuten, die in Finanz- und Manufakturwesen, den Handelskompanien u. ä. tätig sind, und eine Schicht von Großgrundbesitzern sieht sich dabei von einer merkantilistischen Politik durch Anleihen und Kredite gedeckt, deren Zinsen, Zugeständnisse und Monopolverleihungen derselben adeligen Schicht von Großkaufleuten und -grundbesitzern zugute kommen, die im Unterhaus zugleich über Steuerbewilligungen die Zinsschulden garantieren. Die 1694 gegründete Bank von England ermöglicht dabei eine schnelle Finanzierung, und die Statuierung der Nationalschuld (1693) und der Board of Trade dienen dem Interessenausgleich zwischen Regierungs-, Finanz- und Handelsinteressen. Erst 1763 zeigt sich eine Kluft zwischen diesem verfilzten System und der Öffentlichkeit, als der Londoner Radikalismus dem korrupten System die Stirn bietet und nach dem Debakel des amerikanischen Krieges Reformen durchsetzt. Am Vorabend der Industriellen Revolution sind so Englands Wirtschaft und Gesellschaft von den Voraussetzungen und Vorzeichen der Industriellen Revolution bereits geprägt.

In den anderen europäischen Staaten verläuft dieser Weg zur Industrialisierung mit einer zeitlichen Verzögerung und unter weniger günstigen rechtlichen und politischen Bedingungen. So ist z. B. in Frankreich nach Ludwig XIV. der Adel weitgehend von der wirtschaftlichen Entwicklung ausgeschlossen. Wer hier als Adeliger unstandesgemäßer Beschäftigung – und als solche wird jedes Handwerk, bäuerliche Handarbeit, Handel und Gewerbe angesehen – nachgeht, verfällt der „Dérogeance", der Aberkennung des Adelstitels und geht seiner damit verbundenen Privilegien verlustig. Das alte Feudalsystem erfährt keine Umwandlung in ökonomischer Hinsicht bis an den Vorabend der Französischen Revolution, ja verhärtet sich um so mehr je mehr offenbar wird, daß es als solches nicht in der Lage ist, den Erfordernissen der zukünftigen Wirtschafts- und Gesellschaftsordnung gerecht zu werden. In der zweiten Jahrhunderthälfte bemüht sich der französische Adel zusehends, seine althergebrachten Rechte gegenüber dem politisch und wirtschaftlich erfolgreicheren Bürgertum zu behaupten. Der König selbst kann die entstandenen Widersprüche im Ancien Regime nicht mehr lösen. So treibt Frankreich der Revolution entgegen.

Die Beispiele England und Frankreich zeigen so in zwei Extremen, wie das 18. Jahrhundert sich auf das „vermutlich wichtigste Ereignis der Weltgeschichte seit der Entwicklung der Landwirtschaft und der Städte" vorbereitet.

Politik und Staat im Denken der Aufklärung Was sich im 18. Jahrhundert auf wirtschaftlichem Sektor erst vorbereitet und in der gesellschaftlichen Ebene gegen die feudale Gesellschaftsordnung erst durchsetzen will, die „Machtübernahme durch das Bürgertum", hat sich auf kulturellem Gebiet bereits vollzogen. In der „Aufklärung" wird die wirtschaftliche, soziale, politische und kulturelle Welt aus bürgerlicher Sicht interpretiert. Man formuliert die aufgeklärten Ideale der Tugend, Menschenwürde, Humanität, Geistesfreiheit, Toleranz, Hebung von Wohlfahrt und Gesittung, Rationalität und Gleichheit im Gegensatz zur häufig bestehenden Wirklichkeit. Und dies bringt die Aufklärung in klare Opposition zum absolutistischen Staat.

Wenn etwa John Locke, der Theoretiker der Glorreichen Revolution, in England 1688 formuliert, „die Vernunft lehrt alle Menschen, daß wir alle gleich und unabhängig sind, daß daher keiner dem anderen in bezug auf sein Leben, seine Gesundheit, seine Freiheit und sein Eigentum schaden soll" (Treatise of gouvernment), so nennt er bereits Ende des 17. Jahrhunderts in England entscheidende Elemente aufgeklärten politischen Denkens: Freiheit, Gleichheit und Eigentum. Diese Grundwerte des menschlichen Zusammenlebens werden nicht von der Gnade eines göttlich oder natürlich dazu legitimierten Herrschers abhängig gemacht, sondern sie sind natürliche Rechte. Diese Naturrechte kommen dem Menschen insgesamt seiner Natur nach zu; der Herrscher und mit ihm der Verwaltungs- und Rechtsapparat hat über die Einhaltung dieser Rechte zu wachen. So sind die Menschen nicht mehr für den Herrscher da, sondern der Herrscher für seine Untertanen. Nach Locke (und damit geht er über die gängige Vertragstheorie bei seinen Vorläufern Grotius, Pufendorf und Hobbes hinaus) wird das Herrschaftsverhältnis vom Volk dann kündbar, wenn der Herrscher nicht mehr Glück und Wohlfahrt seiner Untertanen fördert, die Menschenwürde mißachtet, Freiheit, Gleichheit und Eigentum verletzt.

Es ist klar, daß diese Theorie aus der englischen Glorious Revolution der ursprünglichen absolutistischen entgegengesetzt ist. Wenn nun im 18. Jahrhundert gerade in Frankreich eine breite Schicht aufgeklärter Denker an den Vorstellungen Lockes anknüpft und seit der Jahrhundertmitte die politische Wirklichkeit Frankreichs an diesen Idealen mißt, so ist der Widerspruch offenbar. Es ist kein Wunder, daß seit der Jahrhundertmitte der politische und soziale Akzent in der Aufklärungsbewegung deutlicher hervortritt: 1748 erscheint Montesquieus „De l'Esprit des lois" (Vom Geist der Gesetze) und mit ihm die aristokratisch-konservative Kritik am Absolutismus; 1750 beginnt Jean Jacques Rousseau mit seiner zukunftsbestimmenden Kulturkritik und legt 1762 in seinem Buch „Du contrat social" (Vom Gesellschaftsvertrag) die Grundlage der modernen Lehre von der Volkssouveränität; unterschwellig oder offenbar wird die Sozial- und Politikkritik auch in den Artikeln der seit 1751 erscheinenden „Encyclopédie" formuliert. Gerade die Enzyklopädie zeigt die Bewegung, zu der die Aufklärung seit der Jahrhundertmitte geworden ist. Nicht mehr einzelne große Denker sind die Träger aufgeklärten Gedankenguts. An ihr beteiligen sich Wissenschaftler, Künstler, Politiker, Ärzte, Bonvivants, Adelige und Bürgerliche aus nahezu allen Nationen Europas. Die Aufklärer stehen untereinander in Korrespondenz, lesen gegenseitig ihre Werke und nehmen dazu Stellung, schaffen sich in der „Encyclopédie" ihre eigene Bibel. Paris wird ihr Mekka, wohin schließlich auch diejenigen europäischen Fürsten und Fürstensöhne pilgern, die dort für ihre eigene Regierungspraxis Anregungen holen wollen.

Und gerade diese Verbindung ist wichtig für die Geschichte dieser zweiten Jahrhunderthälfte, die Verbindung zwischen Aufklärern, ihrem Gedankengut und Herrschern, die ihr Denken den neuen Vorstellungen von Politik und Ordnung öffnen. Keiner der Aufklärer vor 1789 ist politischer oder sozialer Revolutionär; er ist allenfalls Kritiker. Keiner der Philosophen der Aufklärung will die Revolution; doch jeder bereitet mit seinen Schriften den Boden für die bürgerliche Revolution vor. Die Praxis der Philosophen – und ihre Theorie – ist reformerisch oder utopisch orientiert. Sie sind meist – wie Voltaire – Anhänger

Lesung des französischen Aufklärers Jean le Rond d'Alembert (1717–1783) bei Madame Geoffrin, von François Boucher. Privatsammlung, Paris. Zusammen mit Diderot gibt d'Alembert die Enzyklopädie heraus, in deren Einleitung (Discours préliminaire, 1751) das Zeitalter der Naturwissenschaften angekündigt wird.

eines starken, absoluten Königtums – weil sie dem Instinkt der Masse mißtrauen und dem aufgeklärten einzelnen, der die Fäden in der Hand hält, mehr zutrauen. Sie wollen häufig – wie die Physiokraten um den Leibarzt Ludwigs XVI., Quesnay – die Fürsten über ihre eigentlichen Pflichten unterrichten und ihnen die „natürliche Ordnung" und die menschlichen Naturrechte erkennen lehren. Sie wünschen eine begrenzte Monarchie („monarchie limitée"), einen „Despot éclairé" (aufgeklärten Herrscher) und eine Reform des Staatsaufbaus, des Rechts, der Verwaltung und der Staatsfinanzen von oben her. Und hier treffen sie auf dieselben Interessen bei den Monarchen, die eine Verbesserung der sozialen, wirtschaftlichen, rechtlichen und politischen Situation in ihren Staaten anstreben. Nur von heute her gesehen erscheint uns deshalb das Bündnis zwischen Aufklärung und Absolutismus als „unnatürlich", weil es „den Keim der Überwindung" in sich selbst birgt. Daß die Ideen der Aufklärer konsequenterweise eigentlich in der Ablösung des Herrschers durch eine – wie immer auch organisierte – Machtübernahme durch die Beherrschten eine Fortsetzung finden müßten, erkennen nur wenige von ihnen am Vorabend der Französischen Revolution.

Nach der in erster Linie durch Mächteauseinandersetzungen geprägten ersten Jahrhunderthälfte wird die Zeit zwischen Hochabsolutismus und Französischer Revolution zu einer „Zeit des Aufgeklärten Absolutismus", der fruchtbaren Zusammenarbeit zwischen Aufklärern und aufgeklärten Herrschern wie Friedrich dem Großen in Preußen, Leopold II. von der Toskana, Joseph II. in Österreich. Macht und Herrschaft bleiben unter diesen Fürsten weiterhin absolut, deren Ausübung aber richtet sich nach dem wohlverstandenen Gesamtinteresse des Staates und seiner Untertanen. Für den aufgeklärten Monarchen ist der Staat nicht mehr ein Eigentum des Königs, sondern dient dem Wohl aller. Ohne das alte Herrschaftssystem zerbrochen zu haben, kann damit die Aufklärung in der Hand des Fürsten sogar zu einem Mittel werden, dessen zentralistische Macht zu erhöhen – wie man dies z. B. Joseph II. vorgeworfen hat.

DAS WERDEN DER AUSEINANDERSETZUNGEN DER JAHRHUNDERTMITTE

Ehe jedoch die Aufklärung im 18. Jahrhundert politisch zur Geltung kommt, erfährt das eben erst nach dem Nordischen und Spanischen Erbfolgekrieg gesicherte Gleichgewichtssystem in Europa dynastische Umgruppierungen und Verlagerungen. Grundsätzlich bleibt dabei aber das Prinzip der „Balance of Power" erhalten. Weder nach dem Polnischen Erbfolgekrieg (1733 bis 1738) noch nach dem Österreichischen (1740 bis 1748) und dem Siebenjährigen Krieg (1756 bis 1763) ist das kontinentale Kräfteverhältnis zugunsten einer Vorherrschaft irgendeines Staates verändert worden. Trotz des rapiden Aufstiegs Brandenburg-Preußens, eines deutlich erkennbaren Machtverlusts Österreichs, der zunehmenden Schwäche des Ancien Regime in Frankreich, einer rapiden Ausdehnung des russischen Reichs usw. bleibt diese machtpolitische Konstante erhalten, die Grundlage des englischen außenpolitischen Erfolgs im 18. Jahrhundert ist. Auf dieser Basis bauen die Engländer ihr koloniales Imperium weiter aus und setzen sich nach der Krise der Jahrhundertmitte gegen die kolonialen Konkurrenten Spanien und Frankreich endgültig durch. Mit der Emanzipation der nordamerikanischen Kolonien 1776 wird dann in der zweiten Jahrhunderthälfte das Zeichen gesetzt, das auf die große Revolution von 1789 in Europa hinweist.

England in der ersten Hälfte des 18. Jahrhunderts Nach dem Frieden von Utrecht erlebt England eine fruchtbare Friedenszeit. In einer fast dreißigjährigen Herrschaft der Whigs bei einer 21jährigen Amtsdauer ihres Führers Walpole erfahren des Manufakturwesen und der Handel einen enormen Aufschwung. Allerdings kommt dieser allein den Oberschichten zugute, während der Pauperismus unter den Bauern und Manufakturarbeitern zunimmt.

Nach dem Übergang der Krone an das Haus Hannover weilen die ersten Vertreter dieser Dynastie, Georg I. (1714 bis 1727) und Georg II. (1727 bis 1760), oft lange Zeit gar nicht in England, sondern in ihren Stammlanden. So nimmt natürlicherweise das Parlament weiter an Bedeutung zu und formt sich in dieser Zeit endgültig der englische Parlamentarismus aus. Das „privy council", der „königliche Rat", wird vom Organ der königlichen Exekutivgewalt zu einem Ausschuß der jeweils regierenden Partei. Der Lord des Schatzes, Sir Robert Walpole (1721 bis 1742), stützt sich allein auf die königstreue Gruppe der Parlamentarier und verschafft sich mit einem Bestechungs- und Patronagesystem treue Mitarbeiter. Demgegenüber bildet sich seit 1725 eine Gruppe von „Outs", die kein Amt unter Walpole annehmen und sich zu Fraktionen zusammenschließen. So sind die Regierungs- und Oppositionsfraktion entstanden. Das „Kabinett" ist ganz anders als in den absolutistischen Staaten Europas Ausdruck der Macht des Parlaments geworden und wechselt mit dem Wechsel der Parlamentsmehrheit seine Mitglieder. Erstmals zeigt der Wille der Wählerschaft Auswirkungen auf die Besetzung der obersten Regierungsspitze. Dieser Regierung steht nun eine Opposition gegenüber: die Gruppe der nicht an der Regierung beteiligten Parlamentarier. Doch vom modernen parlamentarischen Staatswesen ist auch England noch immer durch sein beschränktes Wahlrecht entfernt. Da nur die begüterten Kreise wählen dürfen, haben nur sie Einfluß auf die Zusammensetzung des Parlaments, damit auch – indirekt – auf die Regierung und schließlich auch auf die Wahl der Friedensrichter. Von einer modernen parlamentarischen Verfassung mit allgemeinem Wahlrecht und Gewaltenteilung, gleichen Chancen und Rechten kann also noch nicht die Rede sein.

Doch hat diese Klassenherrschaft im 18. Jahrhundert zu einer deutlichen Identifizierung von Staat und Wirtschaft geführt. Die am Handel interessierten und beteiligten Oberschichten haben die expansive englische Wirtschaft maßgeblich gefördert. Dies gilt naturgemäß vor allem für den Kolonial- und Seehandel, der auch im 18. Jahrhundert noch von den großen Handelskompanien getragen wird. Auf diesem kolonialen Sektor prallen die Interessen der Engländer zunehmend auf die der Franzosen in Nordamerika und Indien. Durchaus zu recht hat man diesen kolonialen Gegensatz im 18. Jahrhundert als die Wurzel des andauernden europäischen Gegensatzes zwischen diesen Großmächten angesehen.

Vor allem ist den Engländern die dynastische Verbindung zwischen dem französischen und spanischen Reich ein Dorn im Auge. Hier droht das ausgedehnte Kolonialreich der Bourbonen-Staaten das eben gewonnene europäische Gleichgewichtssystem zu zerstören. Haben die Engländer im Asiento-Vertrag (1714) sich den freien Handelszugang zu den spanischen Kolonien gesichert, so sehen sie sich in der Tat seit den 30er Jahren von diesem Südamerikahandel ausgesperrt. Seit 1738 nehmen die Auseinandersetzungen in den Kolonien zu; 1739 erklärt England den Spaniern den Krieg; seit 1740 unterstützt Frankreich die Spanier in ihren Auseinandersetzungen mit England. Die kolonialen Auseinandersetzungen werden so bereits in der ersten Jahrhunderthälfte zu einem Pulverfaß, das auch den europäischen Frieden zerstören muß. Im Siebenjährigen Krieg weitet sich dann die europäische Auseinandersetzung zu einem regelrechten Weltkrieg.

Die Kräfteverschiebung im Deutschen Reich Zu einem möglichen Kriegsschauplatz muß vor allem das Reich werden, das aufgrund seiner geringen Organisationskraft den Interessen der Einzelterritorien freien Spielraum bietet. Zwar existiert das Reich weiter als politische Institution, zwar übt der Kaiser gelegentlich sogar Ordnungsfunktionen aus, wird eine Zunftordnung verabschiedet und betet man sonntäglich in den lutherischen Kirchen für Kaiser und Reich, doch geht unaufhaltsam sein Einfluß auch im 18. Jahrhundert weiter zurück. Das Gewicht der Einzelstaaten nimmt dagegen zu: Nach dem Vorbild Ludwigs XIV. halten sie sich kleine oder größere stehende Heere, bauen eine landesherrliche Verwaltung auf und treiben eine gegenüber den Reichsinteressen selbständige Politik.

Aus der Vielzahl der manchmal lächerlich kleinen „Staaten" des Reiches ragen im Süden Kurbayern (mit der traditionellen dynastischen Verbindung zum Kurfürstentum Köln), in der Mitte Kursachsen (seit 1697 ja auch in Personalunion mit dem polnischen Königtum verbunden) und im Norden Hannover (in Personalunion mit der englischen Königskrone) hervor. Von den kleineren Staaten treten nur sie in der europäischen Politik in Erscheinung: Während die Kurfürsten von Sachsen ihre Residenzen Dresden und Warschau zu architektonischen und kulturellen Zentren des Barocks ausbauen und später in den dynastischen Auseinandersetzungen taktisch lavieren, um neuen Landgewinn zu erzielen, lehnen sich die Bayern an Frankreich an, um gegen Österreich einen starken Partner zu besitzen. Das Haus Hannover aber bildet für Frankreich den einzigen Angriffspunkt gegen England, jedenfalls solange die britische Flotte in ihrer Stärke den Zugriff auf die Insel verwehrt. Politisches und dann auch militärisches Gewicht gewinnt jedoch die Kräfteverschiebung, die zwischen Österreich und Preußen in der ersten Jahrhunderthälfte geschieht.

Österreich wird unter Karl VI. (1711 bis 1740) zwar im Binnenland weitgehend von militärischen Auseinandersetzungen verschont und erlebt eine Blütezeit des Barocks, doch täuscht dieser äußere Friede darüber hinweg, daß seine Großmachtstellung nur dann dauerhaft behauptet werden kann, wenn es gelingt, die weit auseinanderliegenden Territorien durch eine starke Zentralgewalt zusammenzuhalten. Hier zeigt es sich, daß die südlichen Niederlande gegen den Willen der Seemächte nicht wirtschaftlich und handelspolitisch entwickelt werden können, daß Österreich zu einer weiteren Expansion auf den Balkan angewiesen ist. Damit aber bleibt auch das Haus Habsburg vom lukrativen und der ökonomischen Entwicklung förderlichen Seehandel ausgeschlossen. Ferner wird für Karl VI. das Nachfolgeproblem virulent, will er den Zerfall des Reiches nach seinem Tod verhindern. In Abänderung des „Pactum Mutuae successionis" Leopolds I. von 1703 verfügt er, daß beim Aussterben des Mannesstammes die weibliche Thronfolge im Hause Habsburg einsetzte. Damit will er, dessen einziger Sohn (1716) früh verstorben ist, seiner nächstältesten Tochter Maria Theresia die Thronfolge sichern. Dieses Hausgesetz, nach der notariellen Beurkundung „Pragmatische Sanktion" genannt (13. 4. 1713), läßt Karl VI. von allen ständischen Land- und Reichstagen seiner Erb- und Kronländer einzeln annehmen, proklamiert es zum Staatsgrundgesetz und bemüht sich um seine internationale Anerkennung durch Einzelverträge

Friedrich Wilhelm I., der „Soldatenkönig", bei der Inspektion seiner „Langen Kerls". Zeichnung von Rösser.

mit den größeren deutschen und europäischen Mächten. Während er in dieser Hinsicht politischen Weitblick beweist, vernachlässigt er aber die Weiterentwicklung der inneren Verwaltung der Länder und die Aufstellung einer schlagkräftigen Armee.
Gerade in dieser Beziehung zeichnet sich die Herrschaft Friedrich Wilhelms I. (1713 bis 1740) in Preußen aus, das in dieser Zeit durch innere Reformen zu einer europäischen Großmacht aufsteigt. Äußerlich durch keine Kriege belastet, reformiert der pietistisch gesonnene Herrscher gleich nach Regierungsantritt des Hof-, Finanz-, Verwaltungs- und Militärwesen. Rentabilität und Sparsamkeit treten an die Stelle der großzügigen Haushaltspolitik und Ausgabefreudigkeit seines Vorgängers. Der kostspielige Hofstaat wird aufgelöst, ein Staatsetat aufgestellt, das Steuerwesen geordnet. Eine Oberrechenkammer kontrolliert Aus- und Eingaben in dem Staatsetat, vor allem die Kosten des Heeres, das von 38 000 auf 80 000 Mann erhöht wird. Dank seiner Fürsorge um jedes finanzpolitische Detail gelingt es nicht nur, die Schulden seines Vorgängers zu beseitigen und die enorm gestiegenen Militärlasten zu tragen, sondern auch noch einen sprichwörtlich gewordenen Überhang zu erwirtschaften („Juliusturm" bei Spandau). Das alles ist jedoch nur möglich, weil eine extrem merkantilistische Wirtschafts- und Bevölkerungspolitik betrieben wird: Die königlichen Domänen werden rationell bewirtschaftet, Manufakturen und Neusiedlungen angelegt, „Peuplierungspolitik" betrieben. Neben die für die Landbezirke geltende direkte Steuer („Contribution"), die bis zum Tode Friedrichs des Großen 1786 in ihrer Höhe unverändert bleibt, tritt als wichtigste Steuer die „Akzise" aus Gewerbeprodukten. Langfristig wirksamer jedoch als alle finanzpolitischen Maßnahmen sind die verwaltungspolitischen und sozialpolitischen Reformen, die sich unter dem „Soldatenkönig" durchsetzten. Unter dem Generaldirektorium in Berlin entstehen in den Kriegs- und Domänenkammern Frühformen modernster Regierungsverwaltung. In der Verwaltung sollen nach dem Willen des Königs nur solche Beamte tätig sein, die mit „Leib und Leben, mit Hab und Gut, mit Ehr und Gewissen dienen und alles daransetzen außer der Seligkeit – die ist vor Gott, aber alles andre muß mein sein". Das preußische Beamtenethos – wohl einmalig in der extremen Forderung nach Gehorsam, Untertänigkeit und Selbstaufopferung für den König und seinen Staat – ist maßgeblich von ihm aufgebaut worden. Bis in das 20. Jahrhundert hinein ist diese preußische Beamtentugend wirksam geblieben: Zuverlässigkeit, Pflichtgefühl, Sparsamkeit, Unbestechlichkeit, Fleiß, Anspruchslosigkeit, Ehrgefühl, usw., aber auch unbedingter, ja blinder Gehorsam innerhalb der Befehlshierarchie von oben her. Neben den neuen „Stand" des Beamten tritt der des Offiziers als das staatstragende Element in Preußen. Indem es Friedrich Wilhelm I. gelingt, den Adel für diese neue Funktion zu gewinnen, hat er – sicher erfolgreicher als der französische König – den Absolutismus auf die Spitze getrieben und gestärkt. Während der Adel schnell in die neugewonnenen Ehren im Staat und in der Armee hineinwächst, behält er gleichzeitig seine halbstaatlichen Gerichts- und Herrschaftsrechte in der Gutsuntertanenschaft. Daß damit – und dies kennzeichnet die Kehrseite der Herrschaft Friedrich Wilhelms I. – die Bauern und Tagelöhner völlig abhängig, ja teilweise rechtlos und ungeschützt bleiben, ist der Preis, der für die Integration des Adels in den absolutistischen Staat Friedrich Wilhelms bezahlt wird. Ohne Zweifel jedoch hinterläßt der Soldatenkönig, der selbst in Uniform auftrat und damit die Bedeutung des Militärs in Preußen betonte, bei seinem Tode einen straff organisierten Staat, dessen militärische Stärke bedeutender als seine Bevölkerungszahl ist, dessen ursprünglich auseinanderstrebenden Territorien auf eine Zentrale in Berlin ausgerichtet sind, und dessen Bedeutung als Großmacht noch unterschätzt wird.

Maria Theresia (1717–1780), Kaiserin von Österreich, im Kreise ihrer Familie. Gemälde im Schloß Schönbrunn bei Wien. Die Kaiserin führt mit Franz Stephan von Lothringen, den sie 1736 heiratet und in 29jähriger Ehe sechzehn Kinder schenkt, trotz politischer Belastungen eine vorbildliche Ehe.

DIE KRISE DER JAHRHUNDERTMITTE

Die durch die „Pragmatische Sanktion" Karls VI. zur alleinigen Erbin des habsburgischen Hausbesitzes gewordene Maria Theresia tritt ebenso im Jahre 1740 ihre Regentschaft an wie der Sohn des Soldatenkönigs, Friedrich II. („der Große"). Es war Karl VI. gelungen, die Anerkennung der Pragmatischen Sanktion durch die meisten auswärtigen Mächte zu erringen; nur Bayern und Sachsen hatten sie verweigert, während Frankreich Vorbehalte gemacht hatte. Beim Regierungsantritt Maria Theresias erheben Bayern und Sachsen Anspruch auf das habsburgische Erbe und werden durch Frankreich unterstützt, das in Fortsetzung einer bereits veralteten machtpolitischen Auseinandersetzung an einer Schwächung des Habsburgerreiches interessiert ist. England steht zur gleichen Zeit in der kolonialen Auseinandersetzung mit Frankreich in Amerika und Asien und würde bei einem Krieg in Europa kaum eine Stärkung der französischen Macht zulassen. In dieser machtpolitischen Ausgangslage gibt aber keineswegs eine dieser Mächte den Anstoß zum Krieg. Diesen beginnt der junge Preußenkönig: Unter Berufung auf das Unrecht eines freilich unter mysteriösen Umständen zustande gekommenen Vertrages des Großen Kurfürsten mit dem Kaiser über Schlesien läßt er preußische Truppen im Dezember 1740 in Schlesien einrücken. Gleichzeitig bietet er Maria Theresia die Garantie Preußens für ihr übriges Erbe an. Doch diese lehnt ab. So bricht ein Weltkrieg aus, bei dem Frankreich in einer Koalition mit Bayern und Sachsen neben Preußen in den Krieg gegen Österreich eintritt, England sich aber offen auf die Seite Österreichs stellt.

An vier Fronten wird gekämpft: Im Herzen Europas stehen die Truppen Preußens, Frankreichs, Bayerns und Sachsens denen Österreichs gegenüber; in den österreichischen Niederlanden findet ein Kampf vor allem der Franzosen gegen die Österreicher und seit 1743 gegen die Engländer statt; in Amerika und in Indien schließlich führen gleichzeitig die mehr und mehr zu den Hauptkontrahenten werdenden Mächte England und Frankreich ihre Gefechte um die koloniale Behauptung weiter. In dem Ersten Schlesischen Krieg (1740 bis 1742) gelingt es zunächst Friedrich, seine schlesischen Eroberungen zu behaupten, vereinigen sich die kontinentaleuropäischen Gegner Österreichs und marschieren nach Prag. Dort nimmt der Kurfürst Karl Albrecht von Bayern den böhmischen Königstitel an und wird bald darauf unter dem Schutz Frankreichs in Frankfurt am Main als Karl VII. (1742 bis 1745) zum Kaiser gewählt. Doch bereits am Tage seiner Krönung marschieren in seiner Landeshauptstadt München österreichische Truppen ein. Diese Wende ist gelungen, weil es den Österreichern trotz größter Bedenken gelungen ist, zum ersten Mal auch die Ungarn an einem Krieg für die habsburgische Monarchie aktiv teilnehmen zu lassen. Gegen politische Zugeständnisse werden die Ungarn bewaffnet und in die österreichische Armee aufgenommen. Maria Theresia schließt mit Friedrich im Frieden von Breslau (1742) einen Sonderfrieden, der diesem Schlesien und die Grafschaft Glatz garantiert. Der österreichischen Armee gelingt es nun, Prag zurückzuerobern und dem bayerischen Kaiser so seine kurfürstlichen Länder zu rauben. Als sich nun aber ein totaler österreichischer Erfolg abzuzeichnen

Friedrich der Große als Kronprinz. Porträt von Antoine Pesne. Stiftung Preußischer Kulturbesitz, Gemäldegalerie Berlin-Dahlem. Unter der Herrschaft Friedrichs II. entwickelt sich in Preußen ein „Aufgeklärter Absolutismus".

beginnt und zudem die Engländer auf die Seite Österreichs treten, sieht Friedrich seinen eben garantierten Erfolg bedroht und greift erneut in die Kämpfe ein. Doch sein Zweiter Schlesischer Krieg (1744 bis 1745) verläuft zunächst wenig erfolgreich: Sachsen zieht sich vom Krieg zurück und tritt dann auf die Seite Habsburgs gegen Preußen; Kaiser Karl VII. stirbt 1745 und sein Sohn schließt 1745 einen Sonderfrieden mit Habsburg. Erst ein Sieg gegen die vorgerückten Österreicher und Sachsen bei Hohenfriedberg garantiert Friedrich endgültig seine schlesischen Fürstentümer. Im Frieden von Dresden (1745) behält Friedrich seine eroberten Gebiete, erkennt gleichzeitig aber Franz, den Gemahl Maria Theresias, als Kaiser Franz I. an. Der Kampf zwischen den anderen Mächten aber dauert noch drei Jahre an und endet schließlich nach allgemeiner Erschöpfung: Der Friede von Aachen bringt Maria Theresia eine allgemeine Anerkennung der Pragmatischen Sanktion und läßt Frankreich leer ausgehen.

Doch damit ist die Krise der Jahrhundertmitte noch nicht beendet, sind die neuen Positionen in Europa und Übersee noch nicht klar genug abgesteckt. 1755 treten England und Frankreich in einen neuen Waffengang wegen ihrer kolonialen Kontroversen in Nordamerika ein. Pitt verkündet im englischen Unterhaus, daß Kanada auf deutschen Schlachtfeldern erobert werde und Frankreich wegen seiner europäischen Verpflichtungen nicht genug Truppen in Übersee einsetzen könne. Gleichzeitig vollzieht sich auf dem Kontinent eine machtpolitische Veränderung: Preußen hat sich nun territorial zwischen Sachsen und Polen geschoben, die beide in einer Personalunion verbunden sind. Seit 1746 ist außerdem Rußland unter der Zarin Elisabeth auf die Seite Österreichs getreten. Innerhalb noch nicht eines Jahrzents geschieht auf dieser Ausgangslage ein Koalitionswechsel, der im Jahr 1756 vollendet ist: Friedrich schließt am 16. Januar 1756 den preußisch-englischen Koalitionsvertrag von Westminster, Kaunitz am 1. Mai 1756 das Bündnis zwischen Österreich und Frankreich. Erneut erscheint der Preußenkönig als Friedensbrecher, als er Sachsen besetzt; diesmal aber ist sein Krieg eindeutig ein Präventivkrieg, der dem österreichisch-französischen Schlag gegen den entstandenen preußischen Großstaat zuvorkommt. In der Schlacht bei Kunersdorf 1759 erleidet Friedrich eine Niederlage, die ihn fast zerstört. Daß er sich und damit den preußischen Staat bis zum Frieden von Hubertusburg (1763) in diesem Siebenjährigen Krieg retten kann, liegt an der reichen englischen Unterstützung, an der mangelnden französischen Hilfe für die Österreicher, an Friedrichs unbezweifelbarem Feldherrengeschick, das ihm eine Reihe siegreicher Schlachten einbringt (Roßbach, Leuthen, Zorndorf), und schließlich am Ausscheiden Rußlands nach dem Tod der Zarin 1762: Der erbitterten Gegnerin Friedrichs, Elisabeth, folgt ein glühender Verehrer des Preußenkönigs auf den Zarenthron, Zar Peter III., und zum ersten Mal wird deutlich, welch ein Gewicht Rußland für die Geschicke Europas gewonnen hat. Zwar wird der neue Zar wenige Monate später ermordet und der Friede, den er geschlossen hat, von seiner Gemahlin, Zarin Katharina II., wieder aufgehoben, doch tritt Rußland nicht mehr in den Krieg ein. Wenige Tage vor dem allgemeinen Frieden in Europa (Friede von Hubertusburg 1763) sind auch die Kämpfe in Übersee zwischen England und Frankreich mit dem bourbonischen Spanien im Frieden von Paris (1763) beendet worden. In Indien war es Robert Clive seit 1757 gelungen, Schritt für Schritt die Franzosen aus dem vielversprechenden Indiengeschäft mit Militärgewalt herauszuwerfen und damit Indien zur Grundlage des englischen Kolonialreichtums zu machen. In Nordamerika gelingt es den Engländern, in den Jahren 1758/59 Kanada zu erobern und dort die englische Vorherrschaft zu begründen. Im Frieden von Paris nun muß Frankreich seine Besitzungen in Indien und Kanada sowie alles Land östlich des Mississippi an England abtreten. Spanien tauscht mit England Florida gegen die unerschlossenen Gebiete westlich des Mississippi. Der Friede von Paris sieht damit England als klaren Gewinner und Frankreich am Rande des Ruins. Auch der Friede von Hubertusburg, den Preußen mit Österreich und Sachsen schließt, sieht die englisch-preußische Seite als Gewinner: Nochmals wird Friedrich der Besitz von Schlesien und der Grafschaft Glatz garantiert. Sachsen wird wiederhergestellt und Österreich vom Preußenkönig die Stimme für die Kaiserwahl des Sohnes Maria Theresias, Joseph, in Aussicht gestellt. Preußen ist zur zweiten deutschen Großmacht neben Habsburg aufgestiegen, und der künftige deutsche „Dualismus" begründet.

EUROPA IM ZEITALTER DES AUFGEKLÄRTEN ABSOLUTISMUS

Die deutschen Staaten Schon als Kronprinz hat der spätere König von Preußen, Friedrich II., mit der Auffassung vom Gottesgnadentum des Herrschers gebrochen. Er steht mitten in der Gedankenwelt der Aufklärung, vertritt zwar keine neue Herrschaftsform, lehnt aber die Auffassung vom Staat als einem Mittel zur Verherrlichung, Machtsteigerung und persönlichen Triebbefriedigung des Fürsten ab. Auf außenpolitischem Gebiet bedeutet dies keine Veränderung. So wird auch die Heerespolitik des Vaters von Friedrich übernommen und das stehende Heer auf 166 000 Mann im Frieden und 200 000 Mann im Kriegsfall erhöht. In der Innenpolitik kann Friedrich II. in Preußen ebenfalls nahtlos an die vom Vater überkommene Politik anknüpfen. Im damals ca. 5 Millionen Einwohner umfassenden Preußen wird die bisherige Dreiteilung der Gesellschaft in Stände durch Friedrichs Maßnahmen sogar noch verschärft: Dem Adel bleibt unbeschränkte Macht auf seinen Gütern, ihm werden die hohen Offiziers- und Beamtenstellen vorbehalten, andererseits aber auch jede bürgerliche Tätigkeit als Kaufmann oder Industrieller untersagt. Das Bürgertum trägt den Hauptteil der Steuern, kann und soll daher genug verdienen, ohne jedoch Grundbesitz erwerben zu können, der dem Adel vorbehalten bleibt. Friedrich II. hält damit an einigen Grundmaximen des Merkantilismus fest, achtet auf eine aktive Handelsbilanz, auf Förderung von Handel und Industrie, wobei ihm vor allem die Seidenweberei, Glas- und Porzellanindustrie am Herzen liegen. Deutlich ist die Orientierung am französischen Vorbild zu erkennen. Doch zeigt er sich in seiner Bauernpolitik teilweise von physiokratischen Ideen beeinflußt. Er beseitigt zwar nicht die Erbuntertänigkeit der Bauern, doch erläßt er Verfügungen, die deren Situation wirtschaftlich verbessern sollen: In neugewonnenen Gebieten werden keine adeligen Grundherrschaften, sondern Bauerngüter geschaffen; der Verdienst der Bauern soll gebessert werden und nicht weiterhin zugunsten der Industrie niedrig bleiben. Neuerschließungen von landwirtschaftlich nutzbaren Gebieten wie im Oderbruch, der Warthe und Netzeniederung durch Entwässerung oder Melioration schaffen weitere landwirtschaftliche Reserven. Nach den Kriegen zeigt sich das Land wirtschaftlich und finanziell erschöpft. Alle seine Maßnahmen und Neuerschließungen, sein Kanal- und Straßenbau, die Belebung des Innen- und Außenhandels, der Ausbau des Bankenwesens („Seehandlung"), die Einführung eines strengen Steuerwesens sind daher nicht nur von einer aufgeklärt-rationalen Wirtschaftsgesinnung her erklärbar, sondern auch durch die Notwendigkeit der Verbesserung dieser schlechten Situation nach der Jahrhundertmitte. Die Aufklärung zeigt ihre Wirkung mehr noch in der Religions- und Rechtspolitik Friedrichs des Großen: Die Meinungs- und Religionsfreiheit für alle Untertanen und die Rechtsreform, die durch Samuel von Cocceji (1769 bis 1755) eingeleitet wird, sind geprägt davon: Abschaffung der Folter, der königlichen Eingriffe in das Rechtsverfahren, Einführung der Rechtsgleichheit und Unabhängigkeit der Rechtssprechung (Gewaltenteilung!), Abschaffung des Ämterkaufs, Einführung der staatlichen Prüfung und Besoldung der Juristen, einheitliche Prozeß-, Straf- und Gefängnisordnungen in ganz Preußen zeigen den Weg, der vom absolutistischen Polizeistaat zum aufgeklärten Rechtsstaat führt. 1781 erscheint eine neue Zivilprozeßordnung; 1794, acht Jahre nach Friedrichs Tod, kann das Allgemeine Preußische Landrecht in Kraft treten, das auch das Strafrecht einschließt.

Auch in Österreich folgt Maria Theresia bei der Umgestaltung und Modernisierung ihrer Länder z. T. den aufgeklärten Gedanken ihres Gegners der Kriegszeit. Ihre Maßnahmen sind aber noch eher mit denen des Vaters Friedrichs des Großen vergleichbar: Sie macht durch eine Verwaltungsreform aus den getrennten Ländern einen einheitlichen Beamtenstaat, der durch die Zentralverwaltung, Gubernien, über den gutsherrlichen Lokalverwaltungen stehende Kreisämter gekennzeichnet ist. (Ungarn und Belgien bleiben allerdings aus dieser Vereinheitlichung ausgeklammert.) Sie unterwirft auch die Adeligen und die Geistlichkeit der Steuerpflicht und fördert im Sinne des Merkantilismus die Manufakturen, baut zumindest in den österreichischen Ländern ein einheitliches Wirtschafts- und Verkehrsnetz auf. Durch die Ansiedelung deutscher Bauern im Banat und die Wiederbesiedelung Ungarns nach den Türkenkriegen soll Ersatz für die verlorenen Gebiete Schlesiens und neue landwirtschaftliche Reserven geschaffen werden. Die Abschaffung der Folter (1776) und die Trennung der Justiz von der Verwaltung, die Schaffung einer obersten Justizbehörde kennzeichnen die Ansätze einer aufgeklärten Rechtspolitik. Mit einer Finanzreform, dem Aufbau eines Volksschulwesens und dem Ausbau der Wiener medizinischen Schule durch den holländischen Arzt G. v. Swieten (der auch die erste Klinik errichtet) zeigt sich bereits unter Maria Theresia der „Josephinismus". Dieser Begriff bezeichnet die aufgeklärte katholische Staatsgesinnung des Sohnes Maria Theresias, die ganz auf den rational erkennbaren Nutzen ausgerichtet ist unter Beibehaltung des Absolutismus. Joseph II. ist seit 1765 Kaiser und Mitregent seiner Mutter und übernimmt nach ihr 1780 bis 1790 die Herrschaft über die österreichischen Lande. Mit zahlreichen Verordnungen greift der Kaiser in alle Lebensverhältnisse ein und erzielt z. T. wirkliche Fortschritte: 1781 werden die Leibeigenschaft abgeschafft und das Toleranzedikt erlassen, Wohlfahrtseinrichtungen (Kranken- und Waisenhäuser, Irren- und Blindenanstalten) geschaffen, ein Bürgerliches Gesetzbuch verfaßt, die Rechtsstellung der Juden verbessert; im Zuge starker Säkularisierungsmaßnahmen werden rund 700 Klöster in Österreich aufgehoben, das Bildungsmonopol der Jesuiten mit der Aufhebung des Ordens (1773) gebrochen, eine staatliche Kontrolle über die Kirche mit der staatlichen Priesterausbildung und -besoldung eingeführt. Selbst der Einspruch des Papstes Pius VI. 1782 in Wien kann diese christlich-liberale Staatskirchenauffassung Josephs nicht verändern. Doch wird Joseph II. durch den Widerstand der Staatsvölker gegen die Mißachtung ihrer nationalen Sonderrechte und Traditionen (1784 Deutsch als alleinige Amtssprache – eine nicht gegen die Staatsvölker gerichtete, sondern zur Vereinheitlichung des Reichsgebietes notwendige Maßnahme) gezwungen, nach Aufständen in den Österreichischen Niederlanden (1787) und dem Abfall der „Republik der vereinigten belgischen Provinzen" (1790) zur Rücknahme der meisten Reformen gezwungen, da sich zudem auch in den österreichischen Stammlanden die Widerstände mehren. Sein Bruder Leopold II., der ihm von 1790 bis 1792 auf den Thron folgt, versucht durch eine gemäßigtere Reformgesetzgebung und vor allem durch die Wiederherstellung der früheren ungarischen Verfassung die Monarchie und den einheitlichen österreichischen Staat zu retten. Der nahe an die französische Revolution füh-

Sogenannter Lymphgefäßmann, anatomisches Wachsmodell in der chirurgischen Klinik der von Joseph II. (1765–1790) gestifteten Militärakademie in Wien.

rende Versuch einer radikalen Reform von oben durch den Landesfürsten unter Joseph II. muß so als gescheitert angesehen werden.

Wie in diesen beiden deutschen Großstaaten zeigen sich auch in den anderen deutschen Staaten Reformbewegungen und enge Verbindungen der Fürsten und Städte mit den Ideen der Aufklärung. Das vielgestaltige Bild des in zahlreiche kleine und große Landesherrschaften und freie Städte zersplitterten alten „Römischen Reiches deutscher Nation" ist geprägt von einer regen geistigen und künstlerischen Bewegung, aber auch durch konkrete politische Bemühungen, wie z. B. des Karl Friedrich von Baden (1746 bis 1811), der 1767 die Folter abschafft, bereits 1760 den Landgemeinden Selbstverwaltung gewährt und 1783 die Leibeigenschaft aufhebt. Herder sagt von ihm: „. . . der beste Fürst, der vielleicht in Deutschland lebt." – Goethes Vaterstadt Frankfurt, Nürnberg, Augsburg, Hamburg (mit dem ersten deutschen Nationaltheater und Lessing als Dramaturgen), Osnabrück (mit dem Advokaten, Geschichtsschreiber und Schriftsteller Justus Möser), Leipzig (als Buchhandels- und Handelsmetropole, mit der Universität, als Literaturzentrum mit Gottsched und Gellert, Johann Sebastian Bach als Kantor der Thomasschule), Göttingen (mit der 1737 gegründeten und schnell aufblühenden Universität, an der der Schweizer Naturforscher und Dichter Albrecht von Haller, der Staatsrechtler Pütter, der Historiker A. Ludwig Schlözer lehren) und Weimar (mit Goethe und Schiller) werden zu wichtigen Zentren der regen Geisteskultur Deutschlands.

Berlin, Dresden, Würzburg, Wien u. a. sind daneben die künstlerischen und geistigen Mittelpunkte, deren Bauten noch heute von der hohen Kultur jener Zeit zeugen. Und auch das katholische Deutschland wird von der Aufklärung erfaßt: Von Trier aus verbreiten sich 1763 die Ideen des dortigen Weihbischofs Nicolaus von Hontheim, der unter dem Pseudonym Justinus Febronius die Forderung nach einer Verselbständigung der Bischöfe vom Papst vertritt (Febronianismus). In Bayern entsteht 1776 in Ingolstadt der Illuminatenorden als Geheimbund, der säkularistische Humanitätsideale vertritt und 1784 vom Kurfürsten Karl Theodor verboten wird. Die hohe Kultur in Deutschland, die sich auch an Namen wie Christian Wolff, Klopstock, Winkelmann, G. E. Lessing, Johann Gottfried Herder knüpft, findet nach einer Epoche einer schöpferisch-genialen Kunst in der Klassik ihre Vollendung (Goethe, Schiller, Hölderlin, Jean Paul, Heinrich von Kleist). Der Philosoph Immanuel Kant (1723 bis 1804 in Königsberg) wird mit seinen drei Kritiken zum Vollender und Abklärer der Aufklärung und weist den absoluten Anspruch der Vernunft in seine Schranken zurück. Insgesamt gesehen findet in Deutschland die bleibende Unzufriedenheit mit den politischen Rechten des Bürgertums jedoch nur geringen Ausdruck (z. B. in den Tendenzdramen des Sturm und Drangs oder bei Lessing und Schiller). Die Französische Revolution wird von vielen anfangs freudig begrüßt, in ihrer radikalen Ausführung dann jedoch von den meisten abgelehnt werden.

England in der zweiten Hälfte des 18. Jahrhunderts In den Jahren nach 1740 bis 1762 bewegt sich die englische Politik innerhalb der europäischen Erbfolgefragen und der Auseinandersetzung mit Frankreich und Spanien um die koloniale Behauptung. Im Inneren wird zunächst die Jakobitengefahr gebannt durch die Niederlage des Stuart-Prätendenten Prinz „Bonnie Charles" bei Culloden 1746, dann die bisherige Patronagepolitik durch die Pelhams, vor allem durch Henry Pelham, den Ersten Lord des Schatzes (1743 bis 1752), und den Herzog von Newcastle fortgeführt. In der kolonialen Auseinandersetzung schlägt aber die Stunde von William Pitt d. Ä. (geb. 1708, seit 1735 Unterhausmitglied, 1768 Earl of Chatham), der 1756 bis 1761 die englische Außenpolitik leitet und den Krieg gegen Frankreich entschlossen zu einem siegreichen Ende führt. Er stammt selbst aus einer englischen Seehandelsfamilie ab und stützt sich als großartiger Redner, Organisator und weitblickender Machtpolitiker auf die Öffentlichkeit, gehört keiner Parlamentsgruppe an und muß erst nach dem Regierungsantritt Georgs III. 1760 dessen Drang nach Selbstregierung weichen. Pitt, der selbst nie Erster Lord des Schatzes wird, sondern als Außenminister in dieser von außenpolitischen Fragen geprägten Zeit die eigentliche Politik bestimmt, wird allmählich durch den Protegé des Königs, Lord Bude, und Newcastle ausgeschaltet. Er demissioniert am 5. Oktober 1761. Mehr oder weniger durch Glück nur gelingt es der Regierung danach, den Krieg erfolgreich mit dem Frieden von Paris 1763 abzuschließen. Es folgt zwischen 1761 und 1783 der zeitweilig erfolgreiche Versuch Georgs III., ohne Partei zu regieren, das Kabinett zum Instrument des königlichen Willens zu machen und das Parlament zum Teilnehmer oder Soldnehmer der königlichen Pfründe. Es kann sich der königliche Einfluß während der rasch wechselnden Regierung zwischen 1762 und 1768 verstärken und in der Regierung North (1770 bis 1782) fast zwölf Jahre lang behaupten. Die Regierungszeit Georgs III. wird aber zugleich zu der Epoche einer politisch engagierten Öffentlichkeit, deren Schwerpunkt in London liegt. Den dort vertretenen verschiedenen Interessen von Regierung, Opposition, Wirtschaft, Finanz, Bürgerschaft und Unterschicht entspricht ein entwickeltes Pressewesen, das zum Träger von Reformbewegungen seit 1768 wird. Der Vergleichsfriede von Paris und der Sturz Pitts vertieft die Kluft zwischen Öffentlichkeit und Parlament. In einem Protest John Wilkes (seit 1757 Unterhausmitglied und Befürworter der Politik Pitts) im „North Briton" findet eine langjährige öffentliche Debatte um politische Fragen ihren Anfang. Seit 1767 erscheinen außerdem die Juniusbriefe, vermutlich von Sir Philipp Francis verfaßt, einem persönlichen Gegner des ersten Generalgouverneurs in Ostindien, Warren Hastings, die in bisher kaum dagewesener Form öffentlich Kritik an allen politischen Autoritäten üben. Als Wilkens Anhänger 1774 sechs von zehn Unterhaussitzen der Metropole London erringen können, er selbst wiederum als Abgeordneter von Middlesex ins Unterhaus zurückkehrt, ebben die Unruhen endlich ab. Doch der grundsätzliche Kampf ist noch nicht beendet. Wie sich hier zum ersten Mal der Gegensatz zwischen Metropole und korruptem Parlament zeigt, so ist die Erringung des Publikationsrechts für die Parlamentsdebatten ein Sieg der Wählerschaft über die Autonomie und Suprematie des Parlaments, ein bleibendes Instrument für eine bürgerliche Öffentlichkeit.

Der Ruf nach Reformen hört seit 1768 nicht auf, und Wilkes faßt 1776 die Anliegen der Reformer zusammen und weitet sie

Georg III. war der erste wirklich britische Herrscher aus dem Hause Hannover. Seine autoritäre, unnachgiebige Haltung führte zum Aufstand der nordamerikanischen Siedler. National Portrait Gallery, London.

aus, als er für London und die neuen Industriestädte sowie für die dichtbevölkerten Grafschaften Wahlrecht und Sitze gegen Streichung der verrotteten Flecken verlangt. Hier spiegelt sich die ökonomische Wandlung in England und der Einfluß des radikalen Schrifttums von Amerika wieder, wenn er außerdem die Regierungsgewalt auf das Recht der Individuen gründet und das Gewicht der Zahl in die Debatte wirft. Diese weitgehenden Vorschläge werden zunächst abgelehnt und von den dringenden finanziellen Problemen der Kriegs- und Nachkriegszeit mit der Kritik an der Ämterpatronage der Krone verdrängt. Dennoch zeigt es sich, daß die Entwicklung in England weiter ist als im übrigen Europa. Hier geht es um die innere Struktur eines Parlamentssystems, um die Repräsentation von Einzelinteressen im Staat. Immer jedoch bleibt auch der Londoner Radikalismus im Rahmen der konstitutionellen Reformen.

Nach dem Rücktritt von North im März 1782 wird die Bedeutung der Reformbewegung klar, als sich der König dem Druck beugen muß und nach einem kurzen Zwischenspiel der Regierungen Shelburne und Portland (mit Fox und North), den Gegner von Fox berufen muß, den jüngeren Pitt. Dieser appelliert – das ist typisch für die Situation dieser Zeit – in den Wahlen von 1784 an den „sense of the Nation". Spielt auch bei dieser Wahl noch immer der „influence" von Magnaten eine sehr große

Rolle, so zeigt sich doch, daß in England neben das Parlament eine breite „bürgerliche Öffentlichkeit" getreten ist. Pitt beseitigt zwar nicht die Korruption und kann sich zunächst nur mit der Kirche im Rücken und durch seine Popularität halten. Dann aber gelingt es ihm, die alte Whig-Herrschaft zu brechen und als Vertrauensmann des Königs und der Wählerschaft zu regieren. Hier künden sich bereits die Auseinandersetzungen in England an, die im 19. Jahrhundert geführt werden.

Südeuropa im Zeitalter der Aufklärung

Auch im Süden Europas, in Spanien, Portugal und Italien zeigen sich die Wirkungen der Auseinandersetzung der Aufklärung mit dem Staat.

In Portugal hat sich unter Königen aus dem Hause Braganza (seit 1640) seit 1654 (Freundschafts- und Handelsvertrag mit England) eine enge Verbindung mit dem englischen Königreich herausgebildet. Der bedeutendste Staatsmann Sebastian José de Carvalho, Marquis von Pombal (geb. 1699), Schwiegersohn des österreichischen Feldmarschalls Daun, wird unter König Joseph I. 1750 Außenminister und 1756 Premierminister. Nach dem Erdbeben von Lissabon 1755, das nicht nur fast die ganze Hauptstadt zerstört und mehr als 30 000 Menschenleben kostet, sondern auch die gesamte abendländisch-aufgeklärte Gesellschaft erschüttert, läßt Carvalho die Stadt nach rationalistischen Prinzipien wieder aufbauen. Seine adelsfeindlichen Maßnahmen (Gütereinziehungen) und Reformen im Sinne eines aufgeklärten Absolutismus bewirken eine Adelsverschwörung, die nach dem Attentat auf den König (1785) aufgedeckt wird und in einer Hinrichtung vieler hoher portugiesischer Adeliger endet. Die Stellung des Adels ist damit in Portugal gebrochen. Auch die der Opposition nicht ganz ablehnend gegenüberstehenden Jesuiten haben die Folgen zu spüren: 1759 werden sie verbannt, ihr Vermögen eingezogen und der päpstliche Nuntius ausgewiesen. Die Schärfe dieser Maßnahmen und eine lautstarke Regierungspropaganda verfehlen ihre Wirkung auf ganz Europa nicht. Von Portugal aus beginnt die Wendung gegen die starke Position der Jesuiten in den katholischen Staaten. So wird vor allem ihr Bildungsmonopol gebrochen: Das Schulwesen wird verstaatlicht, und die 1772 gegründete Universität von Coimbra wird zum Sitz der Aufklärungsphilosophie. Auch die Neuordnung des Heeres durch Graf Wilhelm von Schaumburg-Lippe stellt eine der großen Leistungen dieser Zeit in Portugal dar. Nach dem Thronwechsel von 1777 wird Carvalho zwar gestürzt, doch die schon von ihm durchgeführten Reformen bleiben bis zum Einmarsch Napoleons in Spanien und Portugal erhalten. Portugal wird gerade durch die Arbeit Carvalhos zu einem der ersten aufgeklärt-absolutistischen Staaten Europas.

Karl III. von Spanien (1759–1788). Sein Ziel war die militärische Reorganisation Spaniens, die Verteidigung seiner amerikanischen Besitzungen und die Durchführung innerer Reformen im Geiste des aufgeklärten Absolutismus.

Das nach dem spanischen Erbfolgekrieg an das Haus Bourbon gefallene Spanien steht in der Aufklärungspolitik den anderen Staaten zunächst etwa nach. 1746 folgt auf Philipp V. sein zweitgeborener Sohn Ferdinand VI. (bis 1759). Unter ihm beherrschen die Bemühungen um den Ausbau der absoluten Monarchie die innenpolitische Szene. Sein Minister Ensenada weitet vor allem das Heer aus, liberalisiert und fördert die Landwirtschaft, bleibt jedoch bei seinen Maßnahmen weitgehend in traditionellem Rahmen. Der starke Widerstand des Adels und Klerus gegen die allgemeine Steuerreform bringt ihn im Jahr 1754 zu Sturz. Auch unter Karl III. (1759 bis 1788) gelingt es nicht, diese Reform durchzusetzen. Karl ernennt 1766, nach einem Aufstand gegen die ersten Reformmaßnahmen, den Grafen Aranda zum Präsidenten des Kastilienrates, dem es immerhin gelingt, einige Reformen im Sinne des aufgeklärten Absolutismus durchzusetzen. Es ist zunächst dieser Aufstand, der die Möglichkeit gibt, gegen die Jesuiten vorzugehen: Am 29. Januar 1767 werden die Je-

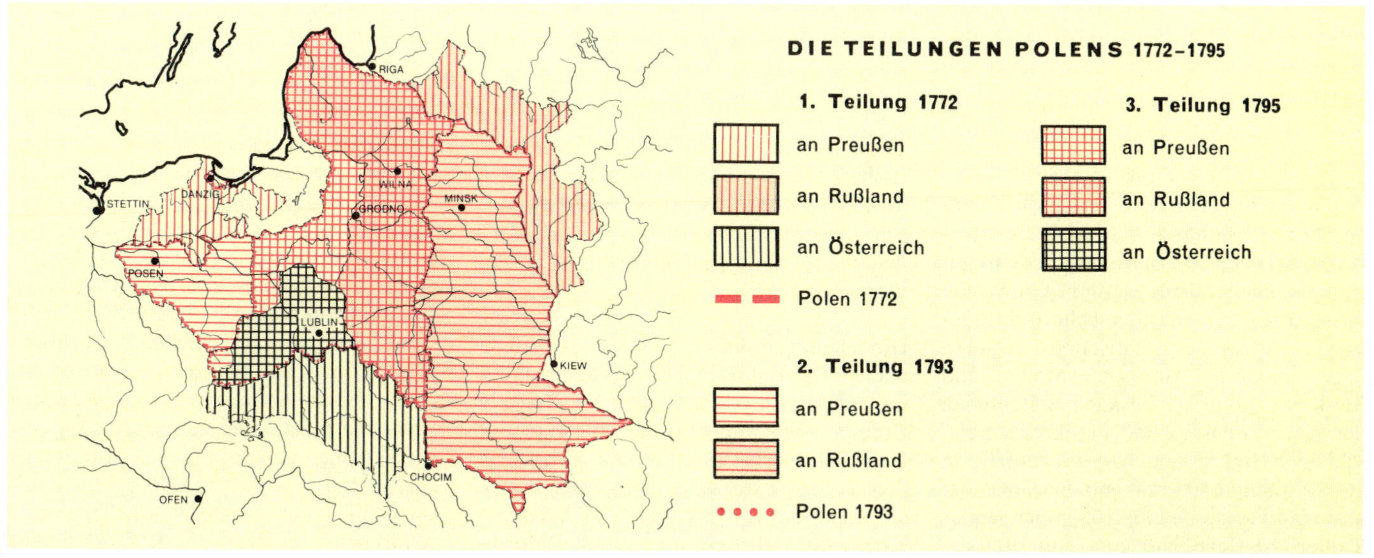

suiten ausgewiesen; der absolute Herrscher setzt sich gegen die Kirche durch. Die Schaffung eines obersten Gerichtshofes 1787 und die Zentrierung des Rechts auf die königlichen Erlässe bei gleichzeitiger Belassung der Gerichtsbarkeit für die Grundherrschaften und Gebietskörperschaften, die Verbesserung der Provinzverwaltung, der Versuch, die Bürgerschaft an der Gemeindeverwaltung zu beteiligen, sind dann weitere Maßnahmen, die in Spanien der Zentrierung der königlichen Macht dienen. In alle Lebensbereiche dringt dabei der König ein und wirkt vor allem durch eine Liberalisierung des Handels zukunftbestimmend. Trotz dieser Reformmaßnahmen, die auch von der Aufklärung bestimmt sind, bleibt aber Spanien etwas hinter der Entwicklung in Europa zurück.

Italien ist im 18. Jahrhundert wie das Deutsche Reich ein zersplittertes Gebilde, das in der ersten Jahrhunderthälfte nicht mehr als ein Objekt dynastischer Würfelspiele war. Nach den Kriegen ist zwar die Vorherrschaft des Hauses Habsburg weitgehend gebrochen, doch sind an dessen Stelle in den umstrittenen Gebieten wieder andere Fremdherrscher getreten. Von Herzogtümern über Königreiche, vom Papsttum bis zu Republiken fächern sich seine Regierungsformen. Nur in Sardinien-Piemont hat sich ein bedeutender italienisch regierter Staat herausgebildet, der aus der wechselnden Frontstellung zwischen Frankreich und Österreich territoriale Gewinne in Oberitalien gezogen hat. Die Republiken Genua, Lucca und Venedig haben sich zwar behauptet, jedoch ihre ursprüngliche Bedeutung verloren. Ebenso steht, machtpolitisch gesehen, der Kirchenstaat in dieser Zeit im zweiten Glied. Von der Aufklärung berührt zeigt sich hier vor allem der auch als Kirchenrechtslehrer bedeutende Papst Benedikt XIV. (1740 bis 1758). Clemens XIV. (1769 bis 1774) hebt 1773 den Jesuitenorden auf, doch verändert sich im wesentlichen nichts an der inneren Struktur des Kirchenstaates. Sein Nachfolger Pius VI. (1775 bis 1799) steht in scharfer Gegnerschaft zur Französischen Revolution und stirbt in Gefangenschaft in Valence. Die an politischer Macht, Bevölkerungszahl und Wirtschaftskraft bedeutendsten Gebiete Italiens werden jedoch von ausländischen Dynastien beherrscht: Sekundogenituren der Habsburger regieren in der Lombardei (Herzogtum Mailand und Modena) und in der Toskana, Seitenlinien der nun in Spanien und Frankreich herrschenden Bourbonen haben ebenfalls in zwei Linien in Parma und Piacenza, im Stato dei Presidi und im Königreich beider Sizilien die Herrschaft inne. Um 1750 erlebt Italien die entscheidende Wende hin zum Zeitalter der Reformen. Seit 1748 folgt bis zum Einmarsch von Bonaparte 1796 eine fast 50jährige Epoche der inneren Reformen, wobei die neu eingesetzten Dynastien eine befreiende Wirkung ausüben. Diese ausländischen Herrscher – Bourbonen und Habsburger – nehmen sich italienische Berater, die, wie vor allem neuere Darstellungen des italienischen Forschers Venturi zu zeigen versuchen, einen wesentlichen Anteil an den inneren Reformen haben. In Neapel und Mailand bilden sich zwei Zentren der italienischen Aufklärungsbewegung. Aufklärer sind wie überall in Europa Adelige: Die Gebrüder Verri im Norden treten durch ökonomische und staatsrechtliche Schriften in den Vordergrund; Beccaria gibt einen entscheidenden Anstoß zur Abschaffung der Folter und der Rechtsungleichheit in Europa; Filangieri, Genovesi, Pilati und Pompeo Neri wenden sich der praktischen Nutzanwendung aufklärerischen Gedankenguts in der Nationalökonomie, in Recht, Politik und Verwaltung zu. Bei den Reformen sticht vor allem der spätere Nachfolger Josephs II. auf dem Habsburgerthron, Großherzog Leopold I. von der Toskana, hervor, der die innere Verwaltung und Rechtspflege in seinem Staat nach aufklärerischen Grundideen umgestaltet, ein behördliches Überwachungssystem einrichtet und sogar eine Verfassung plant. 1773 werden auch in der Toskana die Jesuiten pensioniert und ihr Besitz beschlagnahmt. Nach seinem Regierungsantritt im Kaiserreich geht hier ein vielversprechender Ansatz einer aufgeklärten Reform von oben verloren. Ähnliche Bestrebungen zeigen sich auch in Mailand und vor allem in Neapel, wo unter Karl III. und Ferdinand IV. von Bourbon der regierende Minister Tanucci (1734 bis 1777) Reformen im italienischen Sinne erstrebt. 1767 werden hier die Jesuiten ausgewiesen, seit 1776 dem Papst der traditionelle Lehenszins verweigert. Antonio Genovesi lehrt hier, und durch ihn wird die Aufklärungsphilosophie Lockes nach Italien getragen. Insgesamt gesehen unterbrechen in Italien die französischen Truppen eine allmähliche Reform des Staatswesens, in dem die hervorragendsten Geister bereits auf die Vorbereitung eines italienischen Nationalbewußtseins hinweisen.

Die Teilung Polens Nur der Kampf in und um Polen stört in dieser zweiten Hälfte des Jahrhunderts die allgemeine Ruhe in Europa. 1764 wird dort der Günstling der Zarin Katharina II., Poniatowski, nach dem Tode Augusts III. von Sachsen-Polen, als Stanislaus II. (bis 1795) zum letzten König von Polen gewählt. Seine Reformpläne geben den Anlaß zu einer innerpolnischen Auseinandersetzung, die nach Einmischung Rußlands 1772 zur Ersten Teilung Polens führt: Österreich hat sich zusammen mit der Türkei gegen die Machtausweitung Rußlands gestellt, das sich seinerseits mit Preußen über die Gebietsausweitung verständigt. Ehe es zu umfangreichen Kampfeshandlungen kommt, einigen sich die Kontrahenten auf eine Verringerung des polnischen Reichsgebietes. Rußland kommt in den Besitz der Gebiete bis zur Duna und zum Dnjepr (fast 110 000 qkm), Preußen in den Westpreußens ohne Danzig und Thorn, des Bistums Ermland und des Netzedistrikts (ca. 35 000 qkm), Österreich erhält Ostgalizien und Lodomirien (ca. 70 000 qkm). Damit verliert Polen, das dieser Teilung ohnmächtig zusehen muß, rund ein Drittel seines Gebietes und die Hälfte seiner Bevölkerung. Stanislaus kann sich in seinem restlichen Herrschaftsbereich mit einigen seiner Reformen dank der inneren Abwehr gegen die ausländischen Mächte durchsetzen und gründet nach dem Reichstag von 1773 die Edukationskommission, die gewissermaßen als erstes Unterrichtsministerium Europas über die Verwendung des aufgehobenen Besitzes der Jesuiten zum Zwecke der Volksbildung wacht (1773 bis 1791). Sogar eine Verfassung erhält Polen nach dem „Vierjährigen Reichstag“ (1788 bis 1791) in der sog. „Mai-Konstitution“ (3. Mai 1791), die das liberum veto und das Recht zu Konföderationen abschafft, den Bürgern den Zugang zum Reichstag und zu den Staatsämtern garantiert und Polen in eine parlamentarische Wahlmonarchie umwandelt. Zur „Wiederherstellung der Ordnung“ bildet jedoch die Opposition unter russischer Hilfe eine Konföderation und zwingt den König zum Beitritt und Abtreten weiterer Gebiete an Rußland (Rest von Litauen, Hälfte von Wolhynien, Podolien u. a.; insgesamt ca. 236 000 qkm) und Preußen (Danzig, Thorn, Gnesen, Posen, Kalisch u. a.; insgesamt rund 55 000 qkm). Ein Jahr nach dieser Zweiten Polnischen Teilung führt der polnische Nationalheld Thadäus Koscuiszko (1746 bis 1817) eine allgemeine Volkserhebung an, die jedoch von den Russen und Preußen unter Suwarow niedergeschlagen wird. Mit der Dritten Polnischen Teilung, der Gefangennahme Kosciuszkos und der Abdankung des polnischen Königs endet der Todeskampf Polens im 18. Jahrhundert, das zu einer „Torte der Könige“ geworden ist, Opfer seiner inneren Widerstände gegen einen zentralistischen aufgeklärt-absolutistischen Staat und vor allem der Interessen Rußlands, Preußens und Österreichs. Rußland erhält zuletzt noch die restlichen ostpolnischen Gebiete und Kurland (rund

465 000 qkm), Österreich Westgalizien mit Krakau, Sodomir, Lublin, Radom u. a. (ca. 115 000 qkm) und Preußen Warschau, das Gebiet zwischen Weichsel, Bug und Njemen, einen Teil des Gebietes von Krakau (ca. 145 000 qkm).

Skandinavien nach dem Nordischen Krieg Schweden hat im Nordischen Krieg (1700 bis 1721) seine beherrschende Stellung in der Ostsee aufgeben müssen, und nach Karls XII. Tod war die Staatsgewalt in die Hand der vier Stände in Schweden übergegangen: Seit 1720 sitzen im Reichstag neben den alten drei Ständen des Adels, des Klerus und der Bürger die Vertreter der Bauern. Der König, Ferdinand I. aus dem Hause Hessen-Kassel, wird 1720 gewählt (regiert bis 1751) und unterliegt nach Reichstagsbeschluß gewissen Beschränkungen in seiner Amtsführung. So hat Schweden ein freiheitliches Grundgesetz erhalten, das ganz im Gegensatz zu den absolutistischen Staaten in Europa steht und es verfassungsgeschichtlich in die Nähe Englands rückt. Weitere Gesetze geben in der „Freiheitszeit" von 1720 bis 1772 Schweden konstitutionelles Gepräge: Die Reichstagsordnung aus dem Jahr 1723 z. B. und das Gesetz über die Druckfreiheit aus dem Jahr 1766 sind zukunftweisend. Indem die Könige nach dem Wahlakt diese Ordnung garantieren müssen, bietet sich der Vergleich mit England an. Der Reichstag kontrolliert den regierenden Reichsrat, der in Übereinstimmung mit dem König Beschlüsse fassen soll. Angriffskriege sind nur mit Zustimmung des Reichstages möglich, Steuerbewilligung und Verfügung über die Staatsfinanzen, Gesetzgebung und Gesetzesänderung, seit 1743 auch immer mehr die Rechtspflege liegen völlig in dessen Hand. Der Reichsrat wird in seiner Wirkungsmöglichkeit eingeschränkt und auf 16 Mitglieder beschränkt, von denen der König zwei Stimmen hat. Im Entlassungsrecht für den Reichstag und in der Kontrolle der Ratsprotokolle wird dieser ständestaatliche Parlamentarismus vollkommen und gipfelt in der Erklärung des Reichstages von 1751, daß die Beschlüsse der Stände unfehlbar seien. Im Parlament bildet sich ein Parteiensystem heraus, das dem englischen ähnlich ist. Bereits in der Regierungszeit Horns hatte es sich herausgeschält und unterschied sich anfangs vor allem durch die außenpolitische Grundeinstellung. Die Anhänger Horns sind für eine engere Bindung an Rußland eingetreten und tragen seit 1738/39 den Parteinamen „Mützen" (mössor). Gegen diese stellt sich seit den 30er Jahren eine Gruppe frankreichfreundlicher Parlamentarier, die sich als Partei der „Hüte" (hattar) bezeichnen. 1738 schließt Frankreich einen zehnjährigen Freundschaftsvertrag mit Schweden, das es gegen England und Rußland als Verbündeten Habsburgs ausspielen will. Ein Krieg, der auf Veranlassung der Hüte-Partei gegen Rußland 1741/42 geführt wird, endet mit einem klaren Sieg Rußlands, das wie im Nordischen Krieg ganz Finnland besetzt. Diese Niederlage bringt den Mützen beträchtlichen Aufschwung und läßt nach dem Tod der Königin Ulrike Eleonore 1741 Rußlands Einfluß auf die schwedische Thronfolge wachsen. Das Zarenregime unterstützt Adolf Friedrich aus dem Haus Holstein-Gottorf, wogegen die Hüte die Kandidatur des absolutistischen dänischen Kronprinzen Friedrich fordern. Die Freigabe des größten Teils Finnlands durch Rußland gegen die Wahl Adolfs gibt den Ausschlag für den Holsteiner. Im Frieden von Abö muß Schweden nur einen kleinen Distrikt im Süden Finnlands abtreten, und der Fluß Kymme wird Grenze zwischen Schweden und Rußland.

Adolf Friedrich dankt der Zarin Elisabeth ihre Wahlhilfe wenig: Auf dem Reichstag von 1746/47 werden die rußlandfreundlichen Mützen parlamentarisch entmachtet und der außenpolitische Anschluß an Preußen und Frankreich gesucht. Absolutistische Versuche Adolf Friedrichs scheitern aber 1756 vollkommen und lassen die Hüte das Heft noch fester in die Hand nehmen. Sie können sich erneut mit Unterstützung Frankreichs durchsetzen gegen die absolutistischen Neigungen des Königs und seiner Hofpartei, die sich zu einem Zweckbündnis mit der Mützenpartei verbündet hat. Frankreich unterstützt später auch den jungen Thronfolger Gustav, der 1771 als Gustav III. die Regierung antritt. Gegen Ende der Freiheitszeit haben sich die Parteien zu fast reinen Ständegruppierungen umgeformt: Die Hüte sind Interessenvertreter des Adels geworden, die Mützen Opposition der anderen Stände gegen die Privilegien des Adels, vor allem des Ämterrechts. So kann sich Gustav III. 1772 der Unterstützung der Hüte versichern, als er in einem Staatsstreich mit Unterstützung der Adeligen gegen die gerade im Reichstag in Mehrheit gekommenen Mützen vorgeht und in der royalistischen Revolution vom 19. August 1772 die Macht übernimmt. Gustav erklärt vor den Ständen, daß er die bisherige Regierungswillkür in eine ordentliche und geregelte Regierung umwandeln will, „so wie sie Schwedens uralte Gesetze vorschreiben und wie Schweden regiert worden ist in den Zeiten meiner großen Vorgänger". Die Minderung der Rechte des Reichstages bei Beibehaltung der Stellung des Adels in der Verwaltung sind die Folge dieses Staatsstreiches und das Ende der Freiheitszeit unter Gustav III. Mehr und mehr werden seine absolutistischen Neigungen deutlich, als er schließlich sogar mit Unterstützung der nichtadeligen Stände die Kompetenzen des Reichstages und die Ämterrechte des Adels beschränkt und die Rechtslage der Bauern verbessert („Vereinigungs- und Sicherheitsakte"). 1792 wird Gustav III. von einem Fanatiker der Adelsopposition auf einem Maskenball in der Oper ermordet und für seinen minderjährigen Sohn Gustav IV. eine Regentschaft eingerichtet. Trotz dieses abrupten Endes hat es sich in Schweden klar gezeigt, daß in Europa eigentlich nur England in der Lage ist, den Parlamentarismus vollständig auszubilden. Der Ständeausgleich der schwedischen Freiheitszeit ist nur vorübergehend gewesen und hat kein bleibendes und ausgleichendes Kräftespiel in einem parlamentarischen System gegenüber dem König aufrichten können.

In Dänemark setzt sich in der langen Friedenszeit unter den Königen Friedrich IV., Christan VI. und Friedrich V. der aufgeklärte Absolutismus durch: Dem leitenden Minister zwischen 1751 und 1771, Graf Johann Hartwig Ernst Bernstorff, gelingt es, Dänemark aus dem Siebenjährigen Krieg herauszuhalten und durch einen Vertrag mit Rußland Schleswig endgültig zu sichern. Die alte absolutistische Macht tritt 1770 in eine Reformphase, als der Geliebte der Königin Caroline Mathilde, der Gemahlin des geisteskranken Königs Christian VII. (1766 bis 1808), Graf Johann Friedrich Struensee, in den 18 Monaten seiner Regierungszeit gegen starken wirtschafts- und sozialpolitischen Konservativismus aufgeklärt-physiokratische Reformen durchsetzen will: Seine Maßnahmen richten sich gegen die merkantilistische Protektion im Handel und Manufaktur und wollen vor allem eine Besserung der Situation der Bauern erreichen. Doch seine Person ist zu sehr belastet, und als er 1772 durch eine Adelsverschwörung gestürzt, verurteilt und enthauptet wird – die Königin wird nach Celle verbannt –, setzt noch einmal eine Reaktion unter dem Minister Hoegh-Guldberg ein. Die Maßnahmen werden zurückgenommen und Dänisch wird zur alleingültigen Amtssprache erklärt (1773), während Struensee drei Jahre zuvor im Sinne einer Vereinheitlichung Deutsch zur allgemeinen staatlichen Amtssprache gemacht hatte. Unter dem Neffen Bernstorffs, Graf Andreas Bernstorff, der 1773 bis 1780 und 1784 bis 1797 Minister wird, gelingt die Vereinheitlichung Dänemarks in neuer Friedenszeit. Vor allem seit der Kronprinz Friedrich 1784 (bis 1797) die Regierung angetreten hat, entfaltet sich Dänemark zu hoher kultureller Blüte und werden auch soziale Reformen durchgeführt (Bauernbefreiung 1788).

Ludwig XIV. im Kreis seiner Wissenschaftler. Gemälde von H. Testelin im Musée National, Versailles.

BAROCK UND ROKOKO, RATIONALISMUS UND AUFKLÄRUNG: KUNST- UND KULTURGESCHICHTE EUROPAS IM 17. UND 18. JAHRHUNDERT

Nicht unumstritten ist eine zusammenfassende Betrachtung der Kunst und Kultur Europas im 17. und 18. Jahrhundert, die wie heute häufig üblich, unter dem Epochenbegriff „Barock" geschieht. Als eigener Stilbegriff zunächst auf die Bildende Kunst, dann auf die Musik, erst später auf die Literatur (F. Strich) und schließlich auf das gesamte künstlerische und kulturelle Geschehen zwischen Manierismus und Klassizismus angewandt, ist „Barock" eine Begriffsschöpfung, mit der der Klassizismus die Kunst der Vorepoche als „unnatürlich" abqualifizieren wollte. Wahrscheinlich von dem portugiesischen Wort „barroco" (für: unregelmäßig, schief; als Bezeichnung für eine unregelmäßig gewachsene Perle) abgeleitet, bezeichnet das Wort Barock in der französischen Enzyklopädie von 1758 den „superlatif du bizarre". Sieht noch J. Burckhardt im Barock nur den Verfall der Renaissance, so würdigen erst in den 80er Jahren des vorigen Jahrhunderts C. Gurlitt, H. Wölfflin, H. Riegl u. a. den Barock erstmals als selbständige Weiterentwicklung der europäischen Kultur im 17. und 18. Jahrhundert. Verwendet man diesen Begriff – neben der üblich gewordenen Stilbezeichnung für vergleichbare Spätstile – in seinem umfassenden Epochalsinn, so umgreift er sowohl die engere Barockperiode des 17. Jahrhunderts wie die klassizistischen Stilkomponenten Englands und Frankreichs im 18. Jahrhundert und vor allem auch das von dort seit ca. 1720 ausgehende Rokoko (von franz. „rocaille" = Muschel; als Dekorationsvorlage angewendet). Während aber das Rokoko in wichtigen Stilelementen noch einfacher dem Barock zuzuordnen ist, fällt dies angesichts eines deutlich feststellbaren antibarocken Zuges in der Aufklärungsbewegung schwerer, die parallel zum Rokoko als Geistesbewegung den Rationalismus (von lat. ratio = Vernunft) ablöst. Rationalismus und Aufklärung bezeichnen jene geistigen und philosophischen Richtungen, die seit der Reformation auf dem Humanismus aufbauend das Weltbild verändern.

Der Barock ist in allen Bereichen eine Kunst der Repräsentation. Er ist eine Kunst, die in den Dienst der fürstlichen, kirchlichen, adeligen und später auch großbürgerlichen Autorität gestellt wird. Könige, Fürsten, Bischöfe, Fürstbischöfe, Alt- und Neuadelige und reichste Bürger sind die Auftraggeber. Bürgerliche Künstler prägen die Themen, Inhalte und Formen der Kultur im Einklang mit ihren Auftraggebern. So bleibt die Kunst des Barock häufig allein Auftragskunst, Kunst zur Repräsentation und „Propaganda". Die Kirche stellt im barocken Kirchenbau gleichzeitig mit dem nach den Kriegen notwendigen Wiederaufbau ihre in der Gegenreformation erstarkte Stellung dar. Die Herrscherpersönlichkeiten repräsentieren mit dem Barock ihre im Zeitalter des Absolutismus gewonnene Souveränität und Macht. Als Auftragskunst bleiben die Bildende Kunst, Musik und Literatur angewiesen auf die enge Beziehung zwischen geistlicher, weltlicher und finanzieller Autorität und Künstlertum, auf das Mäzenatenwesen. In diesem Beziehungsverhältnis ist kein Platz für selbstbewußte Eigendarstellung, für Sozialkritik oder eigentlich bürgerliche Kunst. Wo derartige Motive scheinbar sichtbar werden, handelt es sich entweder (wie z. B. in der Malerei Adriaen Brouwers) um besonderen Realismus mit dem Zweck der Darstellung eines Sittenbildes, um eine besondere Gesellschafts- oder Herrschaftssituation oder um eine besondere Kunstrichtung gegen Ende des Zeitalters. Auch im Zeitalter der Aufklärung, das man im 18. Jahrhundert ansetzt, ändert sich an diesen soziologischen Bedingungen der Kunst nichts Entscheidendes. Der Kunstmarkt besteht fast ausschließlich im fürstlich-adeligen Bereich und erobert sich erst allmählich das Bürgertum. In dieser Entwicklung gehen die Niederlande und England voraus, Frankreich bietet sich unter veränderten Bedingungen die Möglichkeit, in einer freigeistigen Rokokowelt zu einem kulturellen Zentrum Europas zu werden. In Deutschland führt die große Zahl relativ unabhängiger Staaten zu einem vielschichtigen Beziehungsverhältnis zwischen Kunst und herrschender Elite. Doch die Öffnung der Kunst zur bürgerlichen Kunst, der Übergang öffentlicher Repräsentation zur bürgerlichen Öffentlichkeit geschieht noch nicht allgemein. Auftrags- und Repräsentationskunst auf der einen Seite, bürgerliches Künstlertum und Bewußtsein auf der anderen bleiben Grundlage der „Sozialgeschichte der Kunst und Literatur" (A. Hauser) des 18. Jahrhunderts.

PHILOSOPHIE UND WISSENSCHAFT, ENTDECKUNGEN UND ERFINDUNGEN IM 17. UND 18. JAHRHUNDERT

Von der Wissenschafts- und Geistesgeschichte her lassen sich die beiden Jahrhunderte zwischen dem Ende der Glaubenskriege und der Französischen Revolution als ein Weg der Befreiung von der religiösen und kirchlichen Dogmatik und Beengung charakterisieren.

Im 17. Jahrhundert werden dabei im Bereich der Philosophie durch den Aufbau großer Systeme sowie durch die Begründung des englischen Empirismus bei Francis Bacon (1561 bis 1626) und des rationalen Sensualismus bei John Locke (1632 bis 1704) die Grundlagen gelegt für den „Ausgang des Menschen aus seiner selbstverschuldeten Unmündigkeit", wie Immanuel Kant am Ende dieses Zeitalters das Wesen der Aufklärung im 18. Jahrhundert bestimmt. Am Beginn dieses Weges liegen die Versuche der drei großen Denker des 17. Jahrhunderts, René Descartes (1596 bis 1650), Baruch de Spinozas (1632 bis 1677) und Gottfried Wilhelm Leibniz (1646 bis 1716), durch eine untrennbare Verbindung von Mathematik und Philosophie zu einem harmonischen, vollkommenen und nach logischen Prinzipien geordneten Weltbild zu kommen. Man geht dabei im 17. Jahrhundert nicht über die Schranken hinaus, die der Glaube an Gott setzt, wohl aber erweitert man die Aussage

B. de Spinoza.

der kirchlichen Dogmatik. Bei der Betrachtung der Welt wird eine Harmonie sichtbar, die Gott als ihren Schöpfer um so größer erscheinen läßt: „Unser Bildner hat zu den Sinnen den Geist gefügt, damit wir vom Sein der Dinge, die wir mit den Augen betrachten, zu den Ursachen ihres Seins und Werdens vordringen", schrieb Johann Kepler (1571 bis 1630). Wenn man nun große Systeme entwirft, versucht man die Vielzahl der Entdeckungen einem harmonischen Ganzen zuzuordnen, das sich als göttliche Weltordnung begreift. Der Umbruch zum heliozentrischen Weltbild durch die Erkenntnisse Nikolaus Kopernikus' (1473 bis 1543), Keplers und Galileo Galileis (1564 bis 1642) ist die eine wichtige Grundlage, die dem kirchlichen Weltbild mit der Erde im Mittelpunkt entgegensteht und die eine Neubestimmung notwendig macht. Die andere ist eine neue Einstellung auch gegenüber der Erforschung der menschlichen Umwelt: Das Experiment, die Isolierung, die Wiederholbarkeit, Meß- und Zählmöglichkeit der Naturvorgänge und ihre Faßbarkeit in physikalische Gesetze dank der Mathematik ersetzen die Deduktion des Weltbildes und der Naturvorgänge aus den Grundlagen der Kirche. Eine zunehmende Flut von Entdeckungen und Erfindungen bestätigen den Menschen in seinem aus diesem Forschungslabor gewonnenen Selbstbewußtsein.

Es wird verhängnisvoll für die Kirche und das Christentum in der Folgezeit, daß sie eine so enge Verbindung mit dem mittelalterlichen Weltbild eingegangen waren, daß sie die neuen Erkenntnisse so lange blockiert und sich während der Glaubenskämpfe im Dogmenstreit ergangen hatten. Sind auch viele Naturwissenschaftler wie der Engländer Isaak Newton (1643 bis 1727) noch Anhänger eines Theismus, die an der Außer- und Überweltlichkeit Gottes, seiner Transzendenz, festhalten, so finden sich dennoch bereits bei Giordano Bruno (1548 bis 1600), dann bei Spinoza und vielen anderen pantheistische Züge: Gott und die Welt sind eins. Was oft zur Darstellung der göttlichen Herrlichkeit dient, kehrt sich dann ins Gegenteil, als der Mensch seine gewonnenen und neu erkannten Fähigkeiten zum alleinigen Maßstab der Dinge auf dieser Erde macht. Ein antikirchlicher, später antichristlicher Zug kennzeichnet so die Anfänge der Aufklärung, die zwar die meisten ihrer Grundgedanken bereits bis Ende des 17. Jahrhunderts vorfinden kann – wie Paul Hazard

Einer der glänzendsten Verfechter der Aufklärung war Voltaire. Jean Antoine Houdon (1741 bis 1828) hat dem großen Geist, dem frechen Spötter und unkonventionellen Menschen posthum ein Denkmal gesetzt. Bildnisstatue um 1780. Musée Lambinet, Versailles.

Wichtige Erfindungen

Jahr	Erfindung	Erfinder
1590	Mikroskop	Zacharias
1610	Astronomisches Fernrohr	Kepler
1642	Addiermaschine	Zacharias
1643	Quecksilberbarometer	Torricelli
1657	Pendeluhr	Huygens
1662	Bleistift	Städtler
1663	Manometer	v. Guericke
1669	Spiegelteleskop	Newton
1673	Multipliziermaschine	Leibniz
1681	Dampfkochtopf	Papin
1693	Porzellan (Europa)	Tschirnhaus
1711	Dreifarbendruck	Le Blond
1718	Quecksilberthermometer	Fahrenheit
1735	Gußstahl	Huntsman
1738	Spinnmaschine	Wyatt
1742	Thermometereinteilung	Celsius
1751	Hinterladergewehr	Chaumette
1752	Blitzableiter	Franklin
1754	Eisenwalzwerk	Cort
1767	Spinnmaschine	Hargreaves
1769	Dampfmaschine	Watt
1769	Straßendampfwagen	Cugnot
1778	Taucherglocke	Smeaton
1783	Heißluftballon	Montgolfier
1785	mechanischer Webstuhl	Cartwright
1795	hydraulische Presse	Bramah
1796	Steindruck	Senefelder
1799	Papiermaschine	Robert
1800	Drehbank	Maudsley
1804	Netzstrickmaschine	Jacquard
1807	Dampfschiff	Fulton

darstellt –, die aber in ihrer Radikalität eine neue Qualität gewinnt. Die Grundlehre des Christentums gerät ins Schwanken, wenn seit Beginn des 18. Jahrhunderts immer mehr Denker den Inhalt der Religion eingeschränkt sehen wollen auf das, was der Vernunft einsichtig ist: Gott hat zwar die Welt erschaffen, überläßt sie aber nun ihrem Lauf ohne einzugreifen (Deismus, vor allem in England, z. B. bei Shaftesbury, 1671 bis 1713).

Diese Veränderungen im Glauben treffen mit den Erfahrungen zusammen, die die Menschen des 17. und 18. Jahrhunderts durch Reisen und Reiseberichte machen: In Persien, China, Afrika und den anderen neuentdeckten Ländern leben auch Menschen, die eine sinnvolle Lebensordnung, harmonisches Zusammenleben und einen Gott kennen, wenn auch ihre Religionsausübung andere Formen besitzt. Was bereits im Humanismus angeklungen war, wird nun zum Programm: Beccarias Ringfabel greift Lessing auf: Gott hat der Menschheit drei Glaubensmöglichkeiten in die Hand gegeben; keine ist besser als die andere; ihr gemeinsamer Kern ist die „natürliche Religion" einer echten Menschenliebe. Die Idee religiöser Toleranz beherrscht das Denken und richtet sich nicht allein gegen die Kirche, sondern auch gegen die enge Verbindung von Kirche und Staat. Hier trifft sie auf manche Interessen der absolutistischen Herrscher, denen die Einflußmöglichkeiten der Kirche nicht in ihre Staatsauffassung passen und die das menschliche und wirtschaftliche Potential der Andersgläubigen in ihrem Staat zur Geltung kommen lassen wollen. Die staatlichen Toleranzedikte und der Josephinismus im habsburgischen Raum sind so Ergebnisse der Verbindung von Aufklärung und Absolutismus des „Aufgeklärten Absolutismus".

Allen Veränderungen im wissenschaftlichen, philosophischen und religiösen Denken liegt ein unbedingter Glaube an die Erkenntniskraft der Vernunft zugrunde. Die Aufklärer glauben an einen Fortschritt, wenn die Menschen nur nach den Vernunftprinzipien handeln würden. Auch die ethischen Fähigkeiten werden dabei meist aus ihrer christlichen Bindung gelöst und auf einen grundsätzlich zum Guten veranlagten Menschen bezogen. Es gelte nur, die Menschen über ihre wahre Bestimmung, nämlich das vernünftige und somit auch natürliche Denken und Handeln, „aufzuklären", um die Menschheit zu einem neuen und besseren Dasein zu führen. In dieser Programmatik liegt das Neue und die Stoßkraft der Aufklärung, die sich um so mehr gegen Kirche und Absolutismus richten muß, je mehr diese sich auf die Tradition und auf Gott berufen.

So kann die Aufklärung zu einer gesamteuropäischen Denkbewegung werden, die verschiedene bereits im 17. Jahrhundert entwickelte Gedanken aufgreift und sie dann auf alle Wissenschaften anwendet. Die Qualität und Form des Denkens, die Einheitlichkeit und Dynamik wie auch die Universalität und Aktualität der Probleme machen das eigentlich Faszinierende an der „Philosophie der Aufklärung" (E. Cassirer) aus, deren Wirkung bis heute reicht, auch wenn bereits während dieser Zeit sich gegen die Vernunftreligion und den Glauben an die mechanistisch verstandene Natur andere Geistesbewegungen wie der Pietismus, der Sturm und Drang, später der Idealismus und eine erneuerte christliche Gläubigkeit geltend machen können.

Deutlich wird die Verbindung mit der gesellschaftlichen und wirtschaftlichen Entwicklung in diesen Jahrhunderten, wenn man entdeckt, daß die Anfänge der Aufklärung in der Mitte des 17. Jahrhunderts im bürgerlichen Holland liegen, wo die kirchliche Toleranz, das Herrschaftssystem und die weltoffene Handelsrepublik Denkern wie Hugo Grotius, René Descartes, Baruch Spinoza oder Pierre Bayle (1647 bis 1706) eine relativ freie Wirkungsstätte bieten. Während sich John Locke, Leibniz oder Newton noch als vornehmlich christliche Forscher und Denker fühlen, bricht hier Bayle mit seinem „Dictionaire historique et critique" (1695/1697) den Dogmenglauben und vertritt einen reinen Skeptizismus und Kritizismus. Ohne daß hier der Raum für eine kurze Würdigung all der Denker ist, die daraufhin die Aufklärung in Europa tragen, sei doch wenigstens auf die wichtigsten hingewiesen: Etwa gleichzeitig um die Wende zum 18. Jahrhundert treten Frühaufklärer in England und Deutschland auf. Nach John Locke verbinden wir heute David Hume (1711 bis 1776), Edward Gibbon (1737 bis 1794), Adam Smith (1723 bis 1790) u. a. mit der Aufklärung auf der Insel. In Deutschland sind ihr Christian Wolff (1679 bis 1754), Gotthold Ephraim Lessing (1729 bis 1781), Joseph Mendelssohn (1729 bis 1786) und Immanuel Kant (1724 bis 1804) – um nur einige Beispiele zu nennen – verbunden. Die Aufklärung konzentriert sich jedoch in Frankreich, wo Paris um die Jahrhundertmitte zu einem Wallfahrtsort bildungshungriger Denker, Künstler, Politiker, Fürsten und Fürstensöhne wird. Neben dem glänzendsten Verfechter der Aufklärung, Voltaire (= F. M. Arouet, 1694 bis 1778), der mit beißendem Spott und glänzendem Stil die Kirche bekämpft, treten um die Jahrhundertmitte eine Vielzahl von Denkern, Wissenschaftlern und Künstlern, die sich nun auch mehr und mehr den politischen und sozialwissenschaftlichen Bereichen zuwenden: Denis Diderot (1713 bis 1784) und d'Alembert (1717 bis 1783) geben das Lexikon der Aufklärung, die Enzyklopädie seit 1751 heraus: Voltaire arbeitet mit, aber auch der Kulturkritiker und einflußreichste Vertreter der Lehre von der Volkssouveränität, Jean Jacques Rousseau (1712 bis 1778), der Physiokrat und Leibarzt des Königs, Quesnay (1694 bis 1774), Materialisten und Atheisten wie der deutschstämmige Baron d'Holbach (1723 bis 1789), de Lamettrie (1709 bis 1751) oder Helvétius (1715 bis 1771), spätere Politiker wie Turgot (1727 bis 1781) u. a. Das gesamte Wissen über Kunst, Wissenschaft und Technik soll in diesem gewaltigen Werk wiedergegeben werden, auch Politik, Soziologie und Wirtschaft. Von 1751 bis 1780 erscheinen 35 Bände, die trotz Verbots reißenden Absatz finden.

Gerade in der Enzyklopädie zeigen sich der dynamische Charakter der Aufklärung und ihre bildungsbürgerliche Trägerschaft, auch wenn viele Philosophen, Wissenschaftler und Künstler dem Adel entstammen. Die Aufklärung entwickelt sich ebenso wie die Kunst häufig innerhalb des Mäzenatentums, das im Zeitalter des Absolutismus Kunst und Wissenschaft erst ermöglicht. Dennoch beginnt sich daneben eine neue Form wissenschaftlich-künstlerischer Kultur abzuzeichnen: Lese- und Debattiergesellschaften, Salons und Clubs, insbesondere die Freimaurerlogen werden zu den Trägern der Zeitideen und den Vorstufen einer bürgerlichen Öffentlichkeit, die die Aufklärung bedingt und die sie hervorbringt. Abgestuft und von Land zu Land verschieden sind die sozialen Vermittlungsräume erkennbar, die den Austausch der neuen Ideen ermöglichen. Moralische Wochenschriften werden zu Vorstufen des Zeitungswesens, mehr oder weniger exklusive oder offene Salons zu Vorläufern der Jakobinerklubs, Lesezirkel und Bildungsvereine zu Vorbereitern einer breiten Volksbildung. Die Aufklärung bereitet so der Revolution und dem 19. Jahrhundert den Boden, ohne dies selbst in allen politischen Konsequenzen zu wollen. Einige der Aufklärer haben die Revolution vorausgesehen oder geahnt, waren aber meist schon gestorben als ihre Gedanken vollständig bis zu ihrer Pervertierung als „Kult der Vernunft" in der Französischen Revolution in die Tat umgesetzt werden sollten.

Wichtige Entdeckungen und Erfindungen im 17. und 18. Jahrhundert

Geographie	1610	Hudson-Bay	Hudson
	1616	Baffin-Bay	Baffin
	1642/59	Mauritius-Inseln, Tasmanien, Neuseeland, Neu-Guinea	Abel Tasman
	1721/22	Oster-Inseln, Samoa, Salomonen	Rogeveen
	1766/68	Polynesien, Melanesien	Bougainville
	1768/79	Ostküste Australiens, Neu-Kaledonien u. a.	James Cook
	Um 1600	sind ca. 49 % der Erde, 32 % ihrer Landfläche bekannt;	
	Um 1800	etwa 83 % der Erde, 60 % der Landfläche.	
Mathematik	1614	Logarithmentafel	Napier
	1637	Analytische Geometrie	Descartes
	1665	Infinitesimalrechnung	Newton
	um 1700	Wahrscheinlichkeitsrechnung	Bernoulli
	1788	Darstellende Geometrie	Monge
Physik	1609	Fall- und Pendelgesetze	Galilei
	1609/19	Planetengesetze	Kepler
	1618	Brechung des Lichtes	Snellius
	1662	Gasgesetz	Boyle
	1665	Beugung des Lichts	Grimaldi
	1666	Gravitationsgesetz	Newton
	1675	Berechnung der Lichtgeschwindigkeit	Römer
	1690	Wellentheorie des Lichts	Huygens
	1728	Aberration des Lichts	Bradley
	1738	Kinetische Gastheorie	Bernoulli
	1790	Berührungselektrizität	Galvani
Biologie/Chemie	1618	Blutkreislauf	Harvey
	1677	Samenfäden	Leeuwenhoek
	1727	Silbersalze	Schulze
	1735	Natürliches System der Lebewesen	Linné
	1747	Zuckergehalt der Rübe	Marggraf
	1766	Wasserstoff	Cavendish
	1771	Stickstoff	Rutherford
	1780	Verbrennungstheorie	Lavoisier
	1783	Leuchtgas	Minckelaers
	1791	künstliches Soda	Leblanc
	1799	Zement	Parker

DIE BILDENDE KUNST IM 17. UND 18. JAHRHUNDERT

Nirgendwo werden die neuen Stilelemente deutlicher erkennbar als in der Architektur. Kirche und Palast, die architektonischen Hauptaufgaben der Zeit, werden eingebettet zu einem Gesamtkunstwerk in die Gartengestaltung, die Hof- und Vorhofanordnung, Ummauerung, Straßenführung und das Stadtbild.

Für die barocke Kirchenarchitektur wird Vignolas Il Gesù in Rom (1568 ff.) zum Vorbild. Andere Italiener geben im 17. Jahrhundert weitere Impulse: Bernini vollendet die Raumverschmelzung von Lang- und Zentralbau durch ein Queroval (Sant'Andrea al Quirinale, 1658 ff.); Guarini verbindet mehrere Hohlzellen miteinander (San Lorenzo in Turin, 1668 ff.); Borromini krümmt erstmals die Wand zu einem harmonischen Gesamtraum (Sant'Ivo, 1642 ff.). Überall in Europa bleiben diese Grundmotive gleich, in Frankreich (Val-de-Grâce, 1645 ff.; Invalidendom, 1675 ff.), im protestantischen und anglikanischen Raum (Saint-Paul's Cathedral von Wren, 1716 bis 1722, St. Nikolaus in Prag, 1703 bis 1760) oder im bayerischen Bereich (Weltenburg der Gebrüder Asam, 1718 ff.; Rott a. Inn, 1758 ff. von M. Fischer; Vierzehnheiligen von B. Neumann, 1744 ff.). Meist formen vereinigter Zentral- und Kuppelbau auf ovalbetontem Grundriß, dreigestufte Innenarchitektur, heller Hauptraum mit Deckenmalereien, Skulpturen, Schmuckornamenten, gedrehten Säulengruppen und allegorischen oder symbolischen Figuren den sakralen Kirchenbau zu einem Gesamtkunstwerk, das mehr als solches denn in seinen Einzelheiten wirkt. Ohne daß sich das überkommene Schema radikal verändert, verlagert sich bei dem Bau von Klosteranlagen das Gestaltungsinteresse vom

Das Schloß von Versailles, aus Umbauten und Erweiterungen eines ursprünglich bescheidenen Jagdschlößchens entstanden, wurde das gültige Vorbild für die europäische Palastarchitektur. Die ganze Umwelt wurde einer einheitlichen Gestaltung unterworfen. Die Gesamtkomposition von Schloß und Park diente der Verherrlichung des Herrschers. Gemälde von Pierre Patel (1605 bis 1676), Musée de Versailles.

Kreuzgang fort zum Treppenhaus, dem Kapitelsaal, der Bibliothek und in den Wandelgängen. Immer bleibt auch hier das Einzelkunstwerk dem Gesamten zugeordnet. Die Herauslösung und museale Aufstellung verbietet sich nahezu. Die barocke Kirchenbaukunst will insgesamt das Heilige irdisch verherrlichen und repräsentieren. Die darstellende Kunst, Plastik und Malerei, verbindet z. B. in der Deckenmalerei den Kirchenraum mit dem göttlichen Himmel und dem Jenseits: Gemalte Engelsfiguren erhalten an der Schnittstelle zwischen senkrechter Wand und Decke plastische Beine, die in den Kirchenraum schweben. Malerei, plastische Innenarchitektur und äußere Bauform gehen ineinander über und nützen alle Möglichkeiten der Sinnestäuschung, um das Heilige bildlich festzuhalten. Wie die Kirche selbst zu einem dem menschlichen Dasein entrückten Bild göttlicher Herrlichkeit wird, ist der Altar überhöht, Mittelpunkt einer szenischen Darstellung der gläubigen Sakramentalhandlung. Angesichts der überwältigenden Repräsentation des Übersinnlichen, der ehrfurchtsgebietenden Gewalt der Kirchenarchitektur – die neugewonnene Stellung reflektierend –, wird es verständlich, daß der Barock dem einfachen Menschen zum Ausdruck allgemeiner Volksfrömmigkeit wird (v. a. in Italien und Bayern), daß die barocke Wallfahrtskirche Zielpunkt einer Glaubenssehnsucht aus der irdischen Niedrigkeit hin zur darin dargestellten überirdischen Herrlichkeit wird.

Die profane Architektur übernimmt einige Elemente der Sakralarchitektur. Ein geschmückter Mittelbau, häufig von einer Kuppel gekrönt, ein repräsentatives Treppenhaus, Seitenflügel mit Galerien, überhöhte Eckpavillons liegen hufeisenförmig um den Hof bzw. die Vorhöfe. Der barocke Palast bezieht die Umgebung in seine Wirkung mit ein: Er duldet neben sich kein Neben- oder Übergeordnetes. Auffahrtsstraßen laufen auf den Palast zu, in den Hofbereich ein, der sich zum Hauptbau hin verengt, wo manchmal sogar im Untergeschoß eine überdachte Ausstiegsmöglichkeit aus den auffahrenden Kutschen besteht. Hinter dem Palast und zu beiden Seiten ordnet sich eine hohe Gartenbaukunst die Natur zu dem Zweck herrschaftlicher Repräsentation unter: Strenge Symmetrie, ornamental wirkende Gras-, Strauch- und Blumengruppen, durch strenge Beschneidung kontrolliertes Wachstum, langgezogene und auf den Palast hin orientierte Wege und Kanalstraßen prägen diese Gartenarchitektur. Dieses Modell des französischen Barock wird nirgendwo eindrucksvoller und mächtiger verwirklicht als in dem neuen Schloß von Versailles, das zu einem ökonomischen und künstlerischen Lebenswerk unter Ludwig XIV. wird. Nicht nur die Gesamtkomposition von Straßenzuordnung, Gartenkunst und Baukunst dient der Verherrlichung des Herrschers, auch Raumaufteilung und Innenarchitektur, die Malerei und Plastik. Im Mittelpunkt liegen die königlichen Repräsentationsräume, an den Ecken besondere Salons. Berühmt und ebenfalls zum Vorbild vieler Nachahmungen wird die langgezogene Wandelgalerie von Versailles zwischen dem Friedens- und dem Kriegssalon, deren Deckengemälde die Taten Ludwigs XIV. verherrlichen, wobei eine Seite mit Spiegeln versehen ist („Spiegelgalerie") und die andere einen Blick auf die untergeordnete Natur im Garten erlaubt. Hier in Versailles wird wie bei vielen seiner Nachahmer eine Dreiteilung sowohl horizontal wie vertikal erkennbar: Dem überhöhten Mittelbau ordnen sich zwei symmetrisch liegende Eckpavillons bei, übereinander liegen ein hohes Sockelgeschoß, ein zweigeschossiger und architektonisch mit Säulen betonter Mittelteil und schließlich ein schwer wirkendes und gelegentlich durch eine Kuppel den Mittelbau hervorhebendes Dachgeschoß. Diese Dreiteilung findet sich nicht nur im profanen, sondern häufig auch im sakralen Innenbereich wieder: Auch hier folgen auf eine Sockelzone die betonte Mittelzone und dann der Gewölbebereich. Die profane Architektur zeigt gewisse nationale Unterschiede: So steht dem relativ strengen französischen der bewegtere und formal rundere Stil Italiens gegenüber. Neben den Schloßbau (z. B. Vaux-le-Vicomte 1657 bis 1661 in Frankreich; Pommersfelden 1711 ff., Würzburger Residenz 1720 ff., Dresdner Zwinger 1711 ff. in Deutschland; Blenheim Castle 1705 ff. und Lord Burlingtons Chiswick House 1729 ff. in England – um nur einige herausragende Beispiele zu nennen) tritt der Bau von Gartenpalais (wie das Wiener Belvedere von Hildebrandt 1714 ff. oder Friedrichs des Großen Sanssouci 1745 ff.), Stiften (Melk 1702 ff. von Prandtauer), aber auch profanen Nutzbauten, wie des nun zwischen Bühne und Zuschauerraum trennenden Theaters (Teatro Farnese in Parma 1618 bis 1628) und der Opernbau (z. B. in Berlin 1741 ff.). Die barocke Profanarchitektur bezieht das gesamte Stadtbild in die Orientierung auf die Residenz ein (Karlsruhe, Mannheim), bevorzugt bei den Stadtanlagen geometrische Straßen- und Wohnzüge (Place Royale in Paris 1605, Amsterdam 1613, London 1666, Nancy 1752) und entwickelt für den Festungsbau und die städtischen Verteidigungsanlagen besondere technisch-künstlerische Formen (ursprünglich von Vauban, dem Baumeister Ludwigs XIV. ausgehend, z. B. auch im Berlin des Großen Kurfürsten verwirklicht). Italien verleiht der Entwicklung dabei erste Impulse (Petersplatz, Fontana di Trevi, Spanische Treppe in Rom, Santa Maria della Salute in Venedig), die auf Deutschland überstrahlen (Würzburg, Dresden). Obwohl die barocke Baukunst in erster Linie herrschaftliche Baukunst ist, lassen Veränderungen auch im Wohnungsbau bei Bauerntum und Bürgern Entwicklungen erkennen, die zum modernen festen Wohnhaus hinführen. Bei reicheren Bürgern und Adeligen wird dabei der barocke Stil im kleinen nachgeahmt. Auch hier bezieht man die Hof- und Gartenanlagen in die Gesamtarchitektonik ein. Auch hier spielen Auffahrt und Treppenaufgang, Treppenhaus und Ausgestaltung von Repräsentationsräumen, Skulpturen und Ornamentik eine gewisse Rolle. Dies um so mehr, je mehr sich im 18. Jahrhundert das Zentrum des kulturellen Lebens, der Hof, aufzulösen beginnt und Adel und Großbürgertum höfische Formen nachzuahmen beginnen. Die Baukunst spiegelt diesen Wandel wider, wenn in adeligen und großbürgerlichen Bauten die repräsentativen Funktionen betont werden, daneben aber auch der private Intimbereich bürgerlicher Kultur sichtbar wird.

Im 18. Jahrhundert wird dann auch gerade an der Innenarchitektur, der Porzellan- und Möbelkunst des profanen Bereichs der Wandel von den schweren, prunkvollen und fast pathetischen Formen des Barock zum Leichteren, Zierlicheren, Aufgelösten und Zarten des Rokoko sichtbar (z. B. Hôtel de Soubise in Paris von Boffrand um 1735; Amalienburg von F. Cuvilliés 1734 bis 1739). Nimmt man diese Tendenz zur Grundlage, so kann man dann auch deutliche Rokokomomente z. B. im sog. „Friderizianischen Rokoko" (Sanssouci, Goldene Galerie des Charlottenburger Schlosses von Knobelsdorff und Nahl 1740 bis 1743) oder im sakralen Rokokobau D. Zimmermanns oder J. M. Fischers in Bayern feststellen. Neben die veränderte Ornamentik tritt hier vor allem die Tendenz zur Schaffung vollkommener Einheitsräume mit schwingenden Wänden als besonderes Kennzeichen des Rokoko.

Einer der begabtesten Architekten des bayerischen Rokoko war François Cuvilliés (1695 bis 1768). Von ihm stammt der Spiegelsaal (1734 bis 1739) im Schloß Amalienburg, München. Ausstattung von Johann Baptist Zimmermann und Joachim Dietrich.

Die barocke Plastik und Malerei hat zunächst in weiten Bereichen dienende Funktion für den sakralen oder profanen Bau, die Gartenarchitektur oder das Stadtbild. Die Plastik im sakralen Bereich reicht thematisch von Heiligenbildnissen, Marien- und Jesusdarstellungen zu Engelsfiguren, biblischen und allegorischen Figuren. Bei Bernini wird das Schaubild erneuert, das Raum- und szenische Wirkung erlangt (Vision der hl. Therese 1645). In Frankreich folgt ihm P. Puget (Milon von Kroton um 1670), in Berlin A. Schlüter (Berliner Schloß mit Reiterstatue des Großen Kurfürsten um 1700). Antike Impulse werden in Italien von A. Algardi und F. Duquesnoy, in Frankreich von F. Girardon, J.-B. Pigalle u. a., und in Wien von G. R. Donner (Brunnen am Neuen Markt um 1740) aufgenommen. Eine andere Tendenz folgt spanischem Einfluß zur mystischen Entrückung in der Darstellung bei bemalten Holzskulpturen und führt z. B. in Süddeutschland zu der nahezu lyrischen Darstellungskunst Ignaz Günthers (um 1760). Jedoch dürfen diese Einzelbeispiele nicht darüber hinwegtäuschen, daß die barocke Plastik in der Regel nicht subjektive Darstellungskunst beabsichtigt, sondern sich funktional der Gesamtwirkung des Sakral- und Profanbaus unterordnet, dort auch weniger als Einzelwerk wirken will. Ähnliches gilt für die Malerei, in der neben die traditionellen Altarbilder, Historien- und Porträtgemälde das umfangreiche Deckengemälde tritt, dessen funktionale Bedeutung oben kurz geschildert wurde. Ausgehend von Italien treten nun verstärkt die ideale Landschaft, dekorative Elemente und illusionistische Täuschungen, Verbindungen von plastischer und malerischer Kunst auf (Caravaggio, Baciccia, A. Pozzo). Anfangs bildet Rom das künstlerische Zentrum mit Domenichino, P. da Cortona, dann Bologna (G. Reni), Neapel (L. Giordano) und Venedig (G. B. Piazetta, Tiepolo, Canaletto). Eine besondere Entwicklung macht die niederländische Malerei durch, die Ausdruck der besonderen Gesellschafts- und Herrschaftsstruktur ist: Nicht die religiöse Malerei eines Rembrandt (1606 bis 1669) z. B. ist für die Niederlande typisch, vielmehr die Bildniskunst eines Frans Hals (gest. 1666), die Sittengemälde Adriaen Brouwers (1605/06 bis 1638), die Interieurstudien Jan Vermeers, gen. V. van Delft (1632 bis 1675), die Landschaftsmalerei Jacob van Ruisdaels (1628/29 bis 1682). Die in diesen Gemälden sichtbar werdende Realität des niederländischen Lebens wird möglichst realistisch und nüchtern dargestellt. Darin drücken sich sowohl das bürgerliche Selbstbewußtsein aus wie auch eine veränderte Funktion der Malerei, die hier tatsächlich auf einen Markt trifft, der die Kunstwerke wie Gebrauchsgegenstände behandelt. Peter Paul Rubens (1577 bis 1640) ist in diesem Raum als katholischer Flame sowohl künstlerisch wie auch weltanschaulich ein Außenseiter. Zweifellos jedoch ist er eher dem Barock zuzuordnen als seine niederländischen Zeitgenossen. Er nimmt die Stilmittel des italienischen Barock auf, ist an Tizian, Michelangelo und Tintoretto geschult, erfaßt stofflich wie stilistisch alle Bereiche künstlerischer Darstellungsmöglichkeiten und gestaltet diese zu einer dynamischen Komposition. Sein ungeheuer anmutendes Gesamtwerk von 500 bis 600 Gemälden und Stichen jedoch ist allein möglich durch ein nahzu rein kaufmännisch und kapitalistisch betriebenes Unternehmen, in dem die Werke nach seinen Entwürfen ausgestaltet oder gestochen werden und in dem der Meister selbst an seinen Geschöpfen oft nur noch die letzte Hand anlegt. Rubens Wirkung überstrahlt noch die der großen Italiener. Als Diplomat führen ihn politische Aufträge u. a. nach Frankreich, Spanien und England, wohin er wirkt (sein Schüler A. van Dyck wird als Hofmaler nach England gerufen und begründet eine wichtige Kunsttradition dort) und von wo er Impulse mitbringt. Während in Spanien Velázquez, Zurbarán und Murillo als Hauptvertreter des Barock vor allem die religiöse Malerei prägen, bestimmt zunächst in Frankreich ein klassizistischer Stil (Poussin) die Malerei, ehe über Claude Lorrain (1600 bis 1682) mit seinen idealistischen Landschaften sich bei Watteau (1684 bis 1721) die Farbgebung durchsetzt, das Rokoko ankündigt und die Rokokoidylle andeutet. Diese Rokokowelt bestimmt dann ganz Bouchers und Fragonards galante Malerei, La Tours Pastellporträts oder Chardins Stilleben. England besitzt in dieser Zeit in Reynolds (1723 bis 1792) einen großen Porträtmaler, der mit seinen ca. 2000 ge-

Die Familie Philipps IV. von Spanien. Gemälde von Velazquez (1599 bis 1660). Prado, Madrid. Die Figuren erscheinen fast lebensgroß; man sieht in den gemalten Raum hinein, als ob man davor stünde.

malten Porträts die englische Tradition fortsetzt, durch Porträts die Höhe des Standes festzuhalten. Seine Bilder sind nicht nur Musterdarstellungen der englischen Gesellschaft, sondern gelten neben seinen theoretischen Schriften als Grundlage des englischen Klassizismus. Daneben wirkt Gainsborough (1727 bis 1788) vor allem mit seiner Landschaftsmalerei auf die zukünftige künstlerische Entwicklung in England. Seine Bilder sind durch eine besondere Art der Wiedergabe von Licht- und Luftwirkungen gekennzeichnet. In Deutschland gelangt die Malerei erst im 18. Jahrhundert zu einer neuen und eigenständigen Stilstufe, etwa in den Altar- und Deckengemälden M. Günthers oder Maulpertschs.

EUROPÄISCHE LITERATUR IM 17. UND 18. JAHRHUNDERT

In der barocken Sprachgestaltung, der Neigung, die Wortkunst gegen die Alltagssprache abzuheben und dabei bestimmte vorgeprägte Wendungen und rhetorische Figuren zu verwenden, ist der Formwille der Dichtung des 17. Jahrhunderts durchaus der Bildenden Kunst vergleichbar. Daneben kann die Literatur aber, mehr als andere Kunstformen, das ausdrücken, was man immer wieder das „barocke Lebensgefühl" genannt hat. Sieht man nämlich auf die oft hinter die Formkunst zurücktretenden Inhalte und Aussagen, so zeigt es sich, daß das Lebensbewußtsein dieser Zeit von tiefen und unauflöslichen Gegensätzen geprägt ist: Neben unbändigen Lebenswillen und einen Immoralismus tritt tiefe Religiosität, neben den Willen zur Macht das Bewußtsein seiner Fragwürdigkeit, neben das genießerische Schwelgen die „Vanitas", das Bewußtsein der Vergänglichkeit des Irdischen. Zeit und Ewigkeit, Vergänglichkeit und Unzerstörbares, die Vielgestaltigkeit des Lebens, finden Ausdruck in monumentalen Werken der dramatischen oder epischen Dichtung. Daneben stehen die populären Romanformen, eine dramatische Dichtung, die auf der Wanderbühne oder einer großen Kulissenbühne spielbar ist, und eine lyrische Dichtung, die vor allem in Deutschland durch tiefe religiöse Empfindsamkeit bleibende Größe erlangt. Insgesamt stellt die Barockliteratur in Europa für die Entwicklung der Formen der Dichtkunst eine sehr fruchtbare Epoche dar.
In Spanien erlebt die Literatur nicht nur im Theater Calderons (1600 bis 1681) einen Höhepunkt. Sein Stück „Das Leben ein Traum" gibt einen Grundgedanken des barocken Lebensgefühles wieder. Calderon zeigt in seinen 121 weltlichen und 73 religiösen Dramen ebenso wie andere spanische Dichter (z. B. Luis de Góngora, Francisco de Quevedo) einen außergewöhnlichen Reichtum an Metaphern, Bildern, kunstvollen Wortverbindungen und metrischen Formen, die dem heutigen Leser das Verstehen der Inhalte eher erschweren als erleichtern. Das gleiche gilt von der italienischen Literatur des 17. Jahrhunderts, die sich stark von Spanien und Deutschland beeinflußt zeigt. Eine Erneuerung nach der petrarkistischen Lyrik des 16. Jahrhunderts erfolgt hier durch Giambattista Marino (1595 bis 1625), der die rationalen Mittel der Kunst betont. In Frankreich wird das 17. Jahrhundert zu einem klassischen Zeitalter der Dichtkunst. Bis ca. 1930 (D. Mornet) hat diese Bestimmung als französische „Klassik" eine Einordnung in die gesamteuropäische Barockliteratur erschwert. Erst heute setzt sich auch in der französischen Literaturwissenschaft mehr und mehr die Auffassung durch, daß die Formen und Inhalte der dramatischen Dichtung eines Corneille (1606 bis 1684), Racine (1639 bis 1699), Molière (1622 bis 1673) durchaus der gesamteuropäischen Entwicklung der Literatur vergleichbar sind. Hinter der dramatischen Dichtkunst bleiben die epische und lyrische Dichtung etwas zurück. Hier sind vor allem die Fabeln La Fontaines (1621 bis 1695) und eine reiche Brief- und Memoirenliteratur hervorzuheben. In England erreicht John Milton (1608 bis 1674) im 17. Jahrhundert in seinen Epen (Paradise Lost, Paradise Regained) überregionale Bedeutung. Den Beginn der deutschen Barockliteratur bildet die Gedichtsammlung „Das Buch von der Teutschen Poeterey" von Martin Opitz (1597 bis 1639). Er übersetzt in humanistischem Bildungsbewußtsein antike Tragödien als Musterdichtungen für die dramatische Dichtung und entwirft wie viele weitere Poetiker des 17. Jahrhunderts (bis Omeis, 1704) Muster für die formalen und technischen Spielmittel der Sprache. Die Inhalte der Dichtung treten demgegenüber zurück, müssen bei Opitz aber didaktische Absicht verfolgen. In der dramatischen Dichtung eines Andreas Gryphius (1616 bis 1664) wird erstmals die Einheit von Ort, Zeit und Handlung im deutschen Drama gestaltet, inhaltlich exemplarisch das barocke Lebensgefühl dargestellt. Neben der Wanderbühne, für die viele Barockdichter schreiben, ist der Schelmen- und Abenteuerroman die eigentlich volkstümliche Dichtkunst und erlebt mit dem abenteuerlichen „Simplizissimus" von Grimmelshausen (1622 bis 1676) seinen Höhepunkt. Zu großer Bedeutung kommt aber vor allem im Zeitalter des Barock in Deutschland die lyrische Dichtung. Nach Johann Arndt (1555 bis 1621) und Jakob Böhme (1576 bis 1624) werden der Jesuit Friedrich von Spee (1591 bis 1635), Paul Gerhard (1607 bis 1676), Angelus Silesius (1624 bis 1677) u. a. in ihrer barocken Bekenntnis- und Erbauungsdichtung zu literarischen Vorläufern des Pietismus. Daneben stehen erste Anklänge einer „galanten Dichtung" z. B. bei Philipp von Cesen (1619 bis 1689) oder Georg Philipp Harsdorffer (1607 bis 1658). Formal strenger gestalten Opitz, Gryphius oder Paul Fleming (1609 bis 1640) im Sonett, der Ode und in klassischen Versmaßen belehrende und auf sprachliche wie gedankliche Wirksamkeit bedachte Dichtung.
Die bildende Kunst bleibt auch im 18. Jahrhundert ausschließlich Auftragskunst; nur gelegentlich urteilt im Salon ein Bürgerlicher über den Wert eines Kunstwerks. Die Literatur aber befreit sich wie die Musik im 18. Jahrhundert davon teilweise. Mehr und mehr orientiert sie sich an einem bürgerlichen Publikum, schafft sie die Voraussetzungen zu einem Verständnis durch eine breitere gebildete Schicht. Der Dichter stellt sich wie der Tonsetzer auf der Bühne oder in einem öffentlichen Konzert dem Urteil des Bildungsbürgertums. Die moralische Wochenschrift und der literarische Essay werden in England und Deutschland zu den Medien, die den literarischen Geschmack bilden und die Inhalte und Absichten der Aufklärung diskutieren. Es geht der Aufklärung überhaupt mehr um den Inhalt als um die Form, insofern die Form jetzt funktionaler begriffen wird: Sie dient der Verdeutlichung der Absicht, der klaren Darstellung. Neben die im Barock geübten Formen treten so dichterische Kleinformen wie das Epigramm oder der Essay, neue Romanformen wie der Bildungs- oder Entwicklungsroman und schließlich das bürgerliche Drama. Häufig werden die Hauptschriften der Aufklärer zu literarischen Kunstwerken, wird die Schrift auch über Politik, Moral oder Wissenschaft zu einem Element der Dichtkunst. Man verwendet die dichterische Form umgekehrt auch, um ein Problem zu erläutern – und sei es ein so profanes wie den Getreidehandel (Ferdinando Galiani: Dialoge über den Getreidehandel). Wie sich das Gespräch der Aufklärer über Gesamteuropa erstreckt, werden die Elemente dieser Korrespondenz zu literarisch wertvollen Bausteinen der Dichtkunst: Französisch schreiben auch Nicht-Franzosen; der Brief wird als solcher innerhalb eines Romanes zu einem Kunstwerk. Briefliteratur, Memoiren und die Moralischen Wochenschriften sind die spezifischen Gattungen, die die Literatur der Aufklärungszeit auszeichnen.
In Frankreich gehören die Hauptschriften der Aufklärer deutlich zu den vornehmsten literarischen Zeugnissen: Voltaires Satiren,

Antoine Watteau (1684 bis 1721) hat des öfteren seine Motive der italienischen Komödie entnommen. Der „Gilles" entstand 1721. Louvre, Paris.

Essays, Epen, Tragödien, Verse und Romane ebenso wie Rousseaus drei Hauptschriften „La Nouvelle Héloise", „Le Contrat Social" und der „Emile". Von den vielen Schriftstellern dieser Zeit könnte man vielleicht noch Pierre Auguste Beaumarchais (1732 bis 1799) hervorheben, dessen Bühnenstücke das Ancien Régime beispielhaft darstellen und der in den Opern von Rossini („Der Barbier von Sevilla") und Mozart („Figaros Hochzeit") bis heute gespielt wird. Daneben steht im epischen Bereich Prévost (1697 bis 1763) als Mitbegründer der gefühlsbetonten, empfindsamen Literatur (neben Rousseau und Goethe). Während die spanische Literatur im 18. Jahrhundert ihre Bedeutung eingebüßt hat, ragen einige italienische Schriftsteller über ihre Zeit und Region hinaus: Die Schriften des „Vaters der italienischen Historie" Muratori (1672 bis 1750), des Geschichtsphilosophen Giambattista Vico (1668 bis 1744) und des Rechtsdenkers Beccaria (1738 bis 1794) und anderer wirken in ihrer Aussage wie in ihrer Funktion für die Entwicklung der italienischen Sprachkunst. Ebenso wie in England und in Deutschland werden die literarischen Wochenschriften (z. B. „Il Caffè" in Mailand) zu Zeugnissen des fruchtbaren literarischen und geistigen Lebens. Die Hauptleistung der italienischen Dichtung liegt in dieser Zeit wohl auf dem Gebiet der Oper, der Komödie (Carlo Goldoni, 1707 bis 1793) und der Memoirenliteratur. Hier werden die Memoiren des Italieners Giacomo Casanova (1725 bis 1798) zu einem Klassiker erotischer Literatur und gleichzeitig ein wichtiges kulturhistorisches Quellenmaterial. In Deutschland überschneiden sich in diesem Zeitabschnitt mehrere literarisch zu trennende Richtungen: das Rokoko, der Klassizismus, die Aufklärungsliteratur im engeren Sinne und die Empfindsamkeit. Mehr noch als in England oder in Frankreich kommt es dabei zu einer literaturimmanenten Diskussion über Wesen und Form der Dichtung, die schließlich die Voraussetzung schafft für eine Hochblüte literarischen Schaffens und das Entstehen literarischer Meisterwerke in der Goethezeit. Die sinnenfrohe Lyrik der Schäferdichtung wird zum Vorbild der Anakreontiker des deutschen Rokoko, Hagedorn (1708 bis 1754), Jacobi (1740 bis 1814) oder Gleim (1719 bis 1803). Wieland (1733 bis 1813) steht teilweise ebenfalls in dieser Tradition, hat jedoch vor allem durch seine Shakespeare-Übersetzung, seine „Geschichte des Agathon", dem ersten deutschen Bildungsroman, und seine Versdichtung „Oberon" Bedeutung erlangt. Aus der Reihe der Vertreter des deutschen Klassizismus könnte man als wichtigsten Gottsched (1700 bis 1766) hervorheben, der theoretisch („Versuch einer kritischen Dichtkunst vor die Deutschen"), dichterisch („Der sterbende Cato") und praktisch (über die 1727 gegründete „Deutsche Gesellschaft" und eine eigene Schauspielertruppe) für ein Zurückdrängen des barocken Dramas bei Berücksichtigung der vom französischen Klassizismus (Corneille, Racine) entwickelten Prinzipien eintritt. Weniger dogmatisch als Gottsched, schöpferischer und letztlich auch wirksamer ist Gotthold Ephraim Lessing (1729 bis 1781). Er weist in seinen theoretischen Schriften (1759 bis 1765: „Briefe, die Neueste Litteratur betreffend"; 1767 bis 1769): „Hamburgische Dramaturgie"; 1766: „Laokoon oder über die Grenzen der Malerei und Poesie") auf die Bedeutung Shakespeares hin, auf das notwendige Maß in der Gestaltung der Tragödie, auf den dynamischen Aufbau. Seine Trauerspiele „Miß Sara Sampson" und „Emilia Galotti", sein Lustspiel „Minna von Barnhelm" und sein Ideendrama „Nathan der Weise" werden zu Klassikern ihrer Gattung und weisen bereits auf die nachfolgende Goethezeit hin. Gegenüber der Aufklärung vertreten in der zweiten Jahrhunderthälfte andere Dichter eine Literatur, die stärker das Gefühl und die Phantasie zur Geltung bringt als die rationalistischen Aufklärungsdichter. Der Schweizer Jakob Bodmer (1698 bis 1783) und Johann Jakob Breitinger (1701 bis 1776) und der Deutsche Friedrich Gottlieb Klopstock (1724 bis 1803) gelten als Hauptvertreter dieser Literaturrichtung der Empfindsamkeit. Angeregt von der englischen empfindsamen Dichtung, vor allem Miltons, tritt Breitinger in seiner „Kritischen Dichtkunst" (1740) theoretisch und Klopstock in seinem „Messias" – um nur die wichtigsten Werke zu nennen – für eine Naturnachahmung und eine Mitleid erregende Dichtkunst ein. Auf all diese im

Der französische Komponist Jean Philippe Rameau. Gemälde von Jacques André Joseph Aved (1702 bis 1766). Musée des Beaux-Arts, Dijon.

18. Jahrhundert entwickelten Voraussetzungen aufbauend kann sich in der nachfolgenden deutschen „Klassik" mit den Werken Goethes, Schillers, Kleists u. a. die deutsche Literatur Weltgeltung verschaffen.

DIE EUROPÄISCHE MUSIKENTWICKLUNG IM 17. UND 18. JAHRHUNDERT

Wie in der bildenden Kunst gehen die maßgebenden Impulse für die Entwicklung einer besonderen Barockkultur von Italien aus. Neben den bedeutendsten Vertretern der italienischen Barockmusik, G. Gabrieli (1557 bis 1612), C. Monteverdi (1567 bis 1643), G. Frescobaldi (1583 bis 1643), A. Corelli (1653 bis 1713), A. Scarlatti (1660 bis 1725), Pergolesi (1710 bis 1736) und Vivaldi (1680 bis 1743), die teilweise an ausländischen Residenzen tätig sind, sorgen italienische Kapellmeister, Sänger und Instrumentalisten in den musikalischen Ensembles für eine Hochblüte italienischer Musikkultur. Stark von ihnen beeinflußt können in Deutschland M. Praetorius (1571 bis 1621), Heinrich Schütz (1585 bis 1672), Buxtehude (1636 bis 1707), Telemann (1681 bis 1767) und Johann Sebastian Bach (1685 bis 1750) und neben ihnen die im Ausland wirkenden Deutschen G. F. Händel (1685 bis 1759, seit 1712 in England wirkend) und Chr. W. Gluck (1714 bis 1787, besonders in Frankreich arbeitend) als Hauptvertreter des deutschen Barocks gelten. In Frankreich selbst stehen J. B. Lully (1632 bis 1687) und J. P. Rameau (1683 bis 1764) im Zentrum des barocken Musikschaffens, in England vor Händel noch Henry Purcell (1659 bis 1695). Im zweiten Drittel des 18. Jahrhunderts wird deutlich, daß Italien seinen Einfluß auf die europäische Musikentwicklung eingebüßt hat. In Wien bildet sich ein neues Musikzentrum um Josef Haydn (1732 bis 1809), Wolfgang Amadeus Mozart (1756 bis 1791) und Ludwig van Beethoven (1770 bis 1827) in der sog. „Wiener Klassik", von der die Impulse für die weitere Musikkultur in Europa ausgehen.

Während gleichzeitig die polyphone Komposition mit Kontrapunkt von Palestrina (1525 bis 1594) bis J. S. Bach ihre Vollendung erfährt, entsteht im Frühbarock Italiens gegen Ende des 16. Jahrhunderts die den Barock kennzeichnende Harmonieform, die sog. „Monodie". Hier steht der instrumentalen oder vokalen Stimmführung die fortlaufende Instrumentalbaßstimme gegenüber, der Generalbaß (ital. basso continuo). Mehrstimmige Generalbaßinstrumente (Cembalo, Orgel, Laute) und Melodieninstrumente (Violoncello, Fagott, Posaune), die die Baßstimme betonen, sorgen für eine vollstimmige Harmonie, die die Melodie „trägt" und in einer besonderen Schrift (Generalbaßschrift oder „bezifferter Baß") niedergeschrieben wird. Das Vorherrschen des Generalbasses in der Musik – vor allem im sakralen Bereich – hat die Musikwissenschaftler dazu veranlaßt, von dem Zeitalter bis 1750 als dem „Generalbaßzeitalter" zu sprechen. Erst dann treten wieder die vom Komponisten selbst ausgeschriebenen Begleitungen in den Vordergrund.

Der Generalbaß wird besonders zum Mittel der Vokalmusik, die außerdem ein neues Textverständnis von der Vorepoche unterscheidet. Im sakralen Bereich wird dies vor allem an der Entstehung des Oratoriums und der verwandten Gattungen wie Kantate und Passion deutlich. Der Name des Oratoriums geht wahrscheinlich auf die musikalischen Andachten Ende des 16. Jahrhunderts bei den Oratorianern in Rom zurück. Hier entstehen geistlich-allegorische und musikalisch-dramatische Vorstellungen wie die „Rappresentazione di anima e di corpo" von Cavalieri (1600). Bald werden auch Stoffe der biblischen Geschichte gestaltet, wobei entweder ein Erzähler die Handlung berichtet oder der Chor einen größeren Anteil erhält (Carissimi). Den Höhepunkt des biblischen Oratoriums bilden sicher die großen Chor-Oratorien J. S. Bachs (Weihnachts- und Osteroratorien) und Händels (Der Messias; Judas Makkabäus). Mit den „Jahreszeiten" Haydns wird dann der entscheidende Schritt zum weltlichen Oratorium getan. Daneben entwickelt sich die geistliche Chormusik vor allem im protestantischen Bereich mit den Schöpfungen Praetorius' und Bachs zu großer Höhe. Besonderen Rang in der Musikgeschichte nimmt der Barock vor allem aber durch die Schaffung der Oper im weltlichen Bereich an. Hier versuchen die Künstler alle Bereiche der Kunst auf der Bühne zur Geltung zu bringen. In den Metropolen Europas gelangen schnell alle Operngattungen in das Zentrum der musikalischen Bühnenkunst. Alessandro Scarlatti schafft die Opera seria, Pergolesi die Opera buffa. Hier werden im Bereich der ernsthaften Oper auf die Singspiele und mit der Opera buffa auf die Commedia dell'arte früherer Musikepochen zurückgegriffen. Pergolesi ist es auch, der mit der Aufführung seines Hauptwerks, der „Serva padrona", in Paris 1752 den Anstoß zur Gründung der Opéra Comique gibt. Hier trifft die Oper auf bereits parallel entwickelte Formen, die in die Vielfalt der darstellenden und musikalischen Künste dieser Gattung aufgenommen werden, auf das bereits 1581 erstmals nachweisbare Ballett de Cour und auf die von Lully entwickelten großangelegten „Ouvertüren", Tanzstücke (Menuett) und Orchestersuiten innerhalb des Opernschaffens. Mit Mozarts Opern (Figaro 1786, Don Giovanni 1787, Cosi fan tutte 1789) erreicht dann die Opera buffa in der „Wiener Klassik" ihren Höhepunkt. Kennzeichnend für die Oper des Barock wird neben den musikalischen Neuerungen auch ein Subjektivismus, der im kunstreichen Sologesang und der Betonung der Solovioline seinen Ausdruck findet.

Im Bereich der Instrumentalmusik entstehen neben der Fortentwicklung bereits bisher geübter Formen (Orgelkonzerte Jan Pieter Sweelincks, 1562 bis 1621, Heinrich Schütz', M. Praetorius', J. S. Bachs u. a.) das Solokonzert mit Orchester (Vivaldi), das Concerto Grosso (Corelli), die sog. „Italienische Sinfonie" (die noch Mozarts Frühwerke kennzeichnet) und in der „Wiener Klassik" die kammermusikalischen und orchestralen Sonaten, Streichquartette, Suiten und großen Sinfonien. Gerade im Bereich der weltlichen Instrumentalmusik läßt sich dabei sowohl die gesellschaftlich-politische Rolle der Musikkultur wie auch ein gewisser Wandel im 17. und 18. Jahrhundert erkennen: Die Musiker wirken als Kirchen- oder Hoforganisten und -musiker und betreiben so funktionale Musik. Am Hof erfüllen sie Repräsentationsfunktionen. Das Hoforchester wird dabei gelegentlich zu einem glanzvollen Schaustück fürstlicher oder kirchenfürstlicher Herrlichkeit. Wie wichtig dieses Beziehungsverhältnis ist, läßt sich etwa an der Glanzzeit des Mannheimer Hoforchesters unter Leitung von Johann Stamitz bis zum Ende der Regierungszeit Karl Theodors von Pfalz-Sulzbach (dann Übersiedelung nach München) von 1744 bis 1777 ablesen. Nach der Übernahme der Regentschaft in Bayern zerfällt das Mannheimer Musikzentrum rasch. Diese Beobachtung gilt allgemein für die Barockmusik. Große Instrumentalmusik und Opernkunst bleiben auch bis Ende des 18. Jahrhunderts in diesem Rahmen, doch an der Kammermusik, den musikalischen Kleinformen von Lied, Klaviersonate, Quartett usw. in der zweiten Hälfte des 18. Jahrhunderts deutet sich ein gewisser Wandel hin zur privateren Musikatmosphäre an, die im adeligen oder großbürgerlichen Salon eine dem Hof entferntere Rolle übernimmt. Damit sind in der Musik – darin vergleichbar der Literatur und bildender Kunst – die Voraussetzungen geschaffen für ein subjektiveres Kunstschaffen im 19. Jahrhundert, das in Verbindung mit der Vielzahl der geschaffenen künstlerischen Formen zu einer vielschichtigen und farbigen Kulturszene führt, in der u. a. auch das Beziehungsverhältnis von Künstler und Publikum sich verändert darbietet.

Europa im bürgerlichen Zeitalter

Die Französische Revolution als Aufbruch in eine neue Welt

„Wie die englische Revolution die Ära der neuen Regierungsformen eröffnete, so begann mit der Französischen das Zeitalter der neuen Gesellschaft in Europa." Unter dieses Motto stellt schon 1824 François Mignet die erste zusammenhängende Geschichte jener Ereignisse ab 1789, die die politischen, sozialen und wirtschaftlichen Verhältnisse in Frankreich grundlegend veränderten. Jenes Land, das einst den Absolutismus zu seiner höchsten Vollendung geführt hatte, vollzieht nun als erstes den Übergang vom feudalabsolutistischen zum bürgerlichen Herrschaftssystem und schafft damit neue Situationen und Impulse, die auch für die Entwicklung in den übrigen europäischen Nationen nicht ohne Folgen bleiben.

Der Bankrott des Ancien Régime Seit der Mitte des 18. Jahrhunderts verschärfen sich die sozialen und wirtschaftlichen Widersprüche und Ungleichheiten und führen zusammen mit politischen und finanziellen Unzulänglichkeiten und Mißerfolgen zur akuten Krise des Ancien Régime. Die Gesellschaft gliedert sich nach wie vor in drei Stände, die durch unterschiedliche Rechte und Pflichten getrennt und auch in sich alles andere als homogen sind. Dem hohen Klerus mit reichen Einkünften aus seinen Bistümern und Abteien steht der niedere Klerus gegenüber, dem nur Armut und die Verkündung des Glaubens zustehen. Der Adel teilt sich in den Hochadel, der durch seinen luxuriösen Lebensstil in immer größere Verschuldung gerät, den verarmten Landadel und die „noblesse de robe" (Amtsadel). Für ihn, der sich durch nichts anderes als seine Ahnenreihen auszeichnet, sind alle Staatsführungspositionen reserviert; der Adel ist im Besitz unzähliger Privilegien und genießt grundsätzlich Steuerfreiheit. Die übrigen Bevölkerungsschichten, die mit 98% der Bewohner Frankreichs den „Dritten Stand" bilden, trifft die Steuerlast dafür umso härter: zu nennen sind neben den indirekten Steuern die „taille" (Grundsteuer), die Kopfsteuer und der Zwanzigste sowie als Abgabe für den Klerus der Zehnte. Bevölkerungswachstum und Mißernten führen andererseits zu immensen Preissteigerungen und Versorgungskrisen vor allem bei Brot und Getreide, die auch später noch eine ständige Begleiterscheinung der revolutionären Ereignisse bleiben. Betroffen sind vor allem die städtischen Volksmassen und die besitzlosen Landarbeiter, die gleichbleibend niedrige Löhne erhalten und als „Vierter Stand" gekennzeichnet werden. Die besitzende Bauernschaft befindet sich in Abhängigkeit von den adeligen und zunehmend auch bürgerlichen Grundherren und muß bis zu 70% ihres Einkommens an Steuern abführen. Das Bürgertum dagegen erfährt einen blühenden Aufschwung, erwirbt zunehmend Besitz und Bildung und wird durch seine Aktivitäten im Fernhandel, der Schiffahrt sowie dem Bank- und Manufakturwesen zur vorherrschenden wirtschaftlichen Kraft, ohne davon politische Rechte ableiten zu können.

Unaufhaltsam verbreitet sich zudem der Geist der Aufklärung. Enzyklopädisten und Physiokraten, Persönlichkeiten wie Voltaire, Diderot, Montesquieu und Rousseau artikulieren ihre mehr oder weniger offene Kritik am herrschenden System und beschleunigen den Aufschwung der Philosophie. Salons, Cafés, Klubs und Freimaurerlogen werden zu Zentren einer bürgerlichen Opposition. Die intellektuelle Diskussion erhält neuen Auftrieb durch den amerikanischen Freiheitserfolg: allein in Paris zirkulieren fünf Auflagen der amerikanischen Verfassung – ein Phänomen, das als Argument für eine Einordnung der Vorgänge in Frankreich in eine umfassendere, „atlantische" Revolution gewertet wird. Die neuen Schlagworte wie Freiheit und Gleichheit stehen in krassem Widerspruch zum feudalen Charakter der Gesellschaftsordnung.

Die Kosten der außenpolitischen Auseinandersetzungen unter Ludwig XV. (1715 bis 1774) übersteigen bei weitem die Steuereinnahmen und führen den Staat in die finanzielle Krise. Die Krone sieht sich zu immer neuen Kreditaufnahmen gezwungen. Als Ludwig XVI. 1774 die Staatsgeschäfte übernimmt, werden 30% des französischen Haushalts allein von fälligen Zinsen verschlungen. Der König ist deshalb bestrebt, den Verfall der Finanzen durch Reformen aufzuhalten und ernennt den Physiokraten Turgot zum Finanzminister. Die Einführung der allgemeinen Grundsteuer, die Aufhebung der Zünfte, die Freigabe des Getreidehandels und andere Neuerungen scheitern am Widerstand der Hofpartei der Königin Marie Antoinette (mit dem Beinamen „Madame Defizit"), der Grundherren und Steuerpächter. Die Entsendung La Fayettes nach Nordamerika und das Eingreifen in den amerikanischen Unabhängigkeitskrieg vergrößern die Staatsschulden. 1777 versucht als Nachfolger Turgots der Bankier Jacques Necker aus Genf durch Anleihen und Reformansätze einen weiteren Anlauf zur Rettung aus der Misere. In einem Bericht (Compte rendu) legt er die Lage öffentlich dar und empfiehlt die Abschaffung der Steuerungleichheit. Auch er scheitert jedoch an den Protesten der privilegierten Schicht, die sich zu einer „aristokratischen Revolte" gegen die Bestrebungen eines aufgeklärten Absolutismus ausweiten und noch einen dritten Reformversuch unter dem Finanzminister Colonne verhindern. Das Parlament (Gerichtshof) von Paris fordert als Ausweg das Zusammentreten der Generalstände, denen allein die Befugnis für eine Neuordnung des Steuersystems zuerkannt wird. Der König setzt schließlich erneut den im Volk beliebten Necker ins Amt ein und verkündet am 8. August 1788 zum erstenmal seit 1614 die Einberufung der Generalstände – ein Ereignis, das allein schon von manchen Zeitgenossen als revolutionär empfunden wird.

Die Emanzipation des Dritten Standes In allen Wahlbezirken des Landes werden Versammlungen abgehalten, um die Delegierten für die Generalstände zu bestimmen, die in allen Schichten Hoffnungen erwecken. Die Wahlordnung vom 24. Januar 1789 begünstigt das Bürgertum, das so zum Träger der Revolution wird. Nachdem sich die Forderung nach einer Verdoppelung des Dritten Standes auf 600 Abgeordnete durchgesetzt hat, finden sich unter seinen Vertretern 212 Advokaten und 216 Kaufleute und Landwirte. Die Versammlungen verabschieden daneben ungefähr 60 000 Beschwerdebriefe (Cahiers), die sich häufig an vorgefaßten Mustern orientieren und den Abgeordneten mit auf den Weg nach Versailles gegeben werden. Sie werden zum Zeugnis der größten Volksbefragung in der modernen Geschichte und artikulieren die Unterschiede zwischen und innerhalb der Stände, doch richten sich alle – wenn auch aus gegensätzlichen Motiven – gleichermaßen gegen die Macht des Absolutismus. In Paris veröffentlicht der Abbé Sieyès (1748–1836) seine berühmte Flugschrift und stellt in ihr die Frage: „Was ist der dritte Stand? Alles, aber ein gefesseltes und unterdrücktes Alles. Was wäre er ohne den privilegierten Stand? Alles, aber ein freies und blühendes Alles. Nichts kann ohne ihn vorangehen, alles ginge unendlich viel besser ohne die anderen . . . Der dritte Stand umfaßt daher alles, was zur Nation gehört, und alles, was nicht der dritte Stand ist, darf sich nicht als zur Nation gehörend betrachten".

Am Morgen des 5. Mai 1789 werden die Generalstände vom König feierlich und nach dem Zeremoniell von 1614 eröffnet. Der Wunsch des dritten Standes nach einer Abzählung nach Köpfen bleibt unerfüllt, stattdessen ruft der König die Anwesenden zur Eintracht auf. Wieder einmal zeigt sich der schwache Wille Ludwigs XVI., der opportunistisch zwischen den Fronten von Aristokratie und Bürgertum pendelt. Auch die dreistündige Rede Neckers beschränkt sich auf das Problem der Finanzen. Einige Wochen hindurch verschleppt sich die Kontroverse um den Abstimmungsmodus und um die Prüfung der Abgeordnetenvollmachten. Die fehlende Aussicht auf eine Verständigung führt auf Initiative Sieyès am 10. Juni zum Beschluß des dritten Standes, bei Ab- wie Anwesenheit des Adels und des Klerus eine allgemeine Wahlprüfung abzuhalten. Tatsächlich folgen vereinzelte Delegierte des Klerus der Einladung.

Nach dem Abschluß der Prüfung folgt, wieder auf Anregung des Abbé Sieyès, ein viel schwerwiegenderer Beschluß. Die Abgeordneten des dritten Standes erklären sich mit 490 gegen 90 Stimmen am 17. Juni zur Nationalversammlung (Assemblée nationale), ordnen sich damit die Privilegierten unter und sprechen sich selbst das Recht zu, die eigentliche Frage der Steuern zu entscheiden. Am 19. Juni beschließt der Kronrat, die Maßnahmen der Versammlung aufzuheben und den Ständesaal unter einem Vorwand schließen zu lassen. Als die Delegierten am folgenden Tag vor versperrten Türen stehen, verlegen sie die Sitzung kurzerhand ins benachbarte Ballhaus. So erfolgt hier am 20. Juni der denkwürdige „Ballhausschwur", in dem sich alle mit nur einer Ausnahme feierlich verpflichten, „sich niemals zu trennen und sich überall zu versammeln, wo es die Umstände erforderlich machen sollten, bis die Verfassung errichtet und auf festen Grundlagen dauerhaft gestaltet wäre". Zwei Tage später schließt sich die Mehrheit der Geistlichen an; der Befehl des Königs, auseinanderzugehen, bleibt ohne Wirkung. Stattdessen formuliert Graf Mirabeau die Entschlossenheit der Versammlung, nur der Gewalt der Bajonette zu weichen. Am 27. Juni kapituliert der Monarch vor den neuen Gegebenheiten und erkennt die Nationalversammlung an. Der Aufstand der Abgeordneten in Versailles, der sich an der Frage der Abstimmung entzündete, hat damit unblutig den Sieg errungen und der politischen Revolution zum Durchbruch verholfen.

Der Funke der revolutionären Bewegung ist unterdessen auch auf die Volksmassen der Kleinbürger und des Proletariats übergesprungen. Die Arbeiter kämpfen vor den Bäckerläden um Brot und verlieren dadurch den Anspruch auf Lohn, den sie für den Lebensunterhalt des nächsten Tages brauchen. Demagogen wie Desmoulins und Marat heizen die Stimmung in den Straßen von Paris weiter an. Die Nachricht von der Entlassung Neckers und der Verlegung von Truppen in die Umgebung der Hauptstadt mündet im allgemeinen Ruf nach Waffen. Die Erregung der Massen entlädt sich schließlich am 14. Juli 1789 im Sturm auf die Bastille, die als Stadtburg und Gefängnis zugleich als Symbol des Ancien Régime gilt. Die Gefangenen werden befreit und die Festung dem Erdboden gleichgemacht. Der König nimmt die Verabschiedung Neckers zurück und sanktioniert durch seine Fahrt nach Paris die Ergebnisse des 14. Juli.

Die Meldungen über diese Ereignisse verbreiten sich wie ein Lauffeuer über ganz Frankreich und führen zu weitreichenden Folgen. Es beginnt eine massive Emigration des entmachteten Adels. Aufruhr in den Städten und die Absetzung der alten Institutionen kennzeichnen die Lage in den Provinzstädten (Munizipalrevolution). Auf dem Land erheben sich die Bauern gegen ihre Grundherren und verbrennen vielerorts die Zeugnisse ihrer Dienstpflichten mitsamt den Schlössern und ihren Schloßherren (Bauernaufstand). Überall ist die alte Ordnung zusammengebrochen.

Von der Abschaffung der Feudalordnung zur Verfassung von 1791 In der theoretischen Diskussion um die Ereignisse in Frankreich werden teils die politischen, teils die sozialen Veränderungen in den Mittelpunkt gestellt. Einigkeit herrscht darüber, daß durch einen „Neuanfang unter entschiedenstem Bruch mit der Vergangenheit" (Karl Griewank) der Charakter einer Revolution erfüllt ist. Der Übergang von der feudalen zur kapitalistischen Produktionsweise ist aber nicht von einem Tag zum anderen vollziehbar. Noch fehlt es außerdem an der rechtlichen Legitimation des neuen Gesellschafts- und Wirtschaftssystems.

Die definitive Neuordnung der Rechtsverhältnisse als Grundlage der neuen Ordnung läßt jedoch nicht lange auf sich warten. Unter dem Eindruck der Vorgänge im ganzen Land erhebt in der Sitzung der Nationalversammlung in der Nacht vom 4. zum 5. August 1789 der Vicomte de Noailles, der selbst nichts besitzt als Schulden, die Forderung, durch die Versammlung die Abschaffung aller Adelsrechte offiziell zu beschließen. In unvergleichbarer Euphorie überschlagen sich die Abgeordneten mit ihren Anträgen. Das Ergebnis ist das Ende aller feudalen Privilegien, persönlicher Dienstverpflichtungen, der Zwangsgerichtsbarkeit und jeglicher Abgaben. Der Ämterkauf und der Zehnte für den Klerus fallen dem Willen der Nation zum Opfer. Die Ernüchterung bleibt jedoch nicht aus; bei der schriftlichen Abfassung werden einige der Maßnahmen wieder eingeschränkt. Eigentliche Nutznießer sind die kleinen, mittleren wie großen nichtadeligen Grundbesitzer, denen nun die Aufnahme einer von alten Produktionshindernissen befreiten Agrarwirtschaft offensteht.

Als nächste Etappe auf dem Weg zur bürgerlichen Freiheit beschließt die Versammlung in Anlehnung an die amerikanische Bill of Rights am 26. August die „Erklärung der Menschen- und Bürgerrechte", die zum „Katechismus der neuen Ordnung" (Albert Soboul) wird. Geistige Grundlage ist das Naturrecht der Aufklärung, das jedem Menschen angeborene und unveräußerliche Rechte zuerkennt; eng verbunden mit der Freiheit wird das Prinzip der Gleichheit. Der Mensch besitzt Anspruch auf freie Rede und Schrift, auf Sicherheit und Widerstand gegen Unterdrückung, Zutritt zu allen Berufen und Ämtern sowie Gewissensfreiheit. Die einzige Schranke ist die Freiheit der anderen; soziale Unterschiede dürfen nur in ihrer „gesellschaftlichen Nützlichkeit" begründet sein. Eigentum wird zum „unverletzbaren und geheiligten Recht". Das Gesetz ist Ausdruck des Gemeinwillens („volonté générale") der Bürger, die in ihrer Gesamtheit als Nation den Ursprung der Souveränität beanspruchen. Als Garantie für die Volkssouveränität dient das Prinzip der Gewaltenteilung und das Recht, entweder selbst oder durch Vertreter die Finanzen und die Verwaltung zu kontrollieren.

Die Furcht vor den Gegnern der Revolution, geschürt durch das Veto des Königs gegen die Beschlüsse vom 26. August, und die Angst vor der Hungersnot halten die Volksmassen in ständiger Unruhe. Ein Offiziersbankett in Anwesenheit des Monarchen am 1. Oktober artet zur Provokation aus: die weiße Kokarde des Herrschers wird verteilt und die Trikolore der Nation mit Füßen getreten. Am 5. versammeln sich die Frauen aus dem Faubourg Saint-Antoine, denen sich rasch andere aus allen Stadtteilen anschließen, unter dem Ruf nach Brot. Schließlich setzt sich die Menge nach Versailles in Bewegung. Unter ihrem Druck begibt sich am 6. Oktober die königliche Familie nach Paris und verlegt ihre

Mit dem Sturm auf die Bastille, dem alten Pariser Staatsgefängnis, beginnt am 14. Juli 1789 die Französische Revolution. Zeitgenössisches Gemälde.

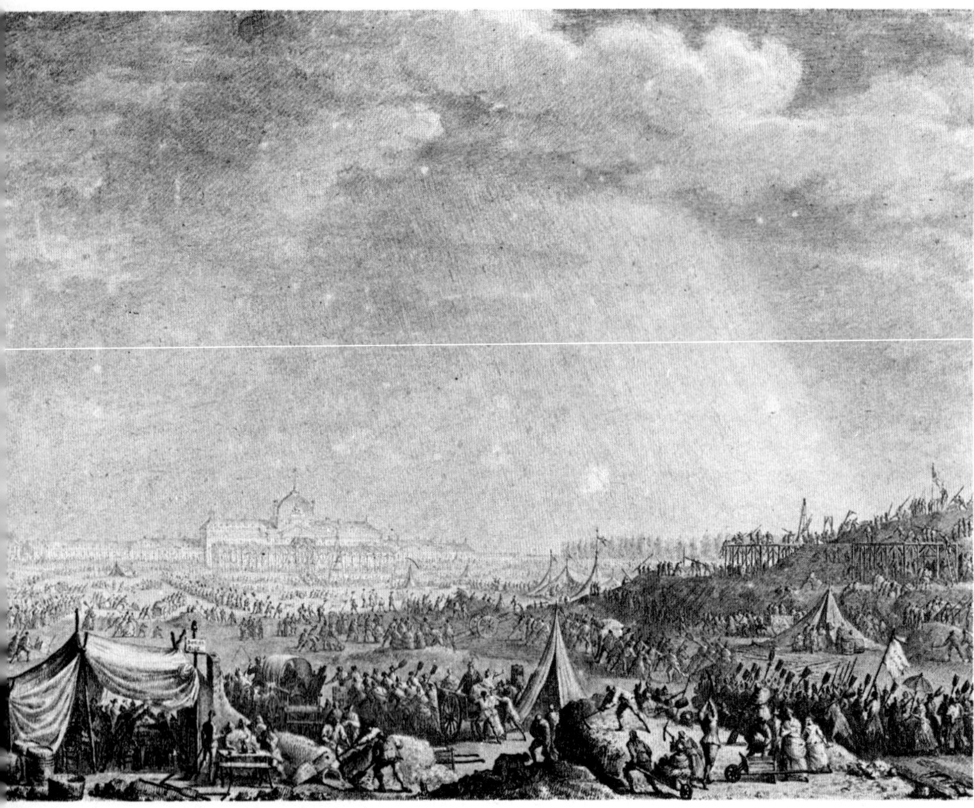

Prieur, Fête de la Fédération au Champs de Mars 1790. Louvre, Paris.

Residenz in die Tuilerien, das königliche Stadtschloß – die Nationalversammlung folgt wenig später. Der Monarch ist nun dem unmittelbaren Einfluß des Adels endgültig entzogen und steht, wie die Nationalversammlung, unter der Aufsicht des Volkes, das damit einen größeren Sieg als am 14. Juli errungen hat.

Durch den Fortgang der Revolution ist jedoch die Lösung des Finanzproblems um keinen Schritt vorangekommen. So verfügt am 10. Oktober die Nationalversammlung auf Antrag des Bischofs Talleyrand von Autun nicht nur die Einziehung der Kron- und Emigrantengüter, sondern auch der kirchlichen Besitztümer zum Nationaleigentum: „Von da an datiert der Haß des Klerus gegen die Revolution ... Von nun an zeigte er sich gleich dem Adel dem neuen Regime abgeneigt, dessen zähester und erbittertster Gegner er wurde“ (Mignet). Bis zum wirklichen Verkauf der Güter werden „Assignaten“ (Anweisungen) auf die Besitzungen ausgegeben, die zum Papiergeld der Revolution werden. Die Maßnahme kann jedoch die Finanznot nur vorübergehend lindern: die Ausgabe der Assignaten über den wirklichen Wert der Kirchengüter hinaus führt zur Inflation. Die Bauern verweigern die Anerkennung dieses Geldes, und schließlich sind nicht einmal mehr Bettler zu ihrer Annahme bereit.

Bald erwartet die institutionelle Geistlichkeit ein weiterer Schlag. Nach der Auflösung der Mönchsorden billigt die Nationalversammlung am 12. Juli 1790 die „Zivilverfassung des Klerus“. Damit wird eine Art Kirchenspaltung eingeleitet. Ziel ist die Schaffung einer französischen Nationalkirche: Bischöfe und Pfarrer werden wie die Beamten gewählt und zum Eid auf die Verfassung verpflichtet. Der Papst lehnt die Reform ebenso wie schon zuvor die Erklärung der Menschenrechte ab, und nur sieben Bischöfe sind zur Ablegung des Eids bereit. Der Rest wird, zusammen mit der Mehrheit der Pfarrer, zur neuen oppositionellen Kraft der „Eidverweigerer“.

Die Arbeit der verfassungsgebenden Versammlung zieht sich bis ins Jahr 1791 hinein. Es formieren sich unterschiedliche Parteien: die Girondisten (genannt nach dem Departement Gironde) rekrutieren sich aus dem mittleren Bildungsbürgertum und setzen sich für freies Eigentum und freie Wirtschaftsbetätigung ein. Ihnen gegenüber stehen die Montagnards („Bergpartei“), die in der Versammlung die obersten Bankreihen einnehmen, meist aus Paris stammen und radikalere Ideen vertreten; zu ihnen stoßen u. a. Robespierre, Marat, Danton und Desmoulins. La Fayette und Mirabeau suchen den Kompromiß mit dem König herzustellen; Mirabeaus Tod am 2. April 1791 stärkt den Einfluß der radikaleren Tendenzen. Die revolutionären Parolen finden vor allem Verbreitung durch die politischen Klubs, darunter als bedeutendstem den der Jakobiner, die ihren Namen von ihrem Versammlungsort, dem aufgelösten Dominikanerkloster St. Jakob in Paris ableiten, im ganzen Land straff organisiert sind und auf die Arbeit der Konstituante Einfluß auszuüben versuchen.

Am 3. September 1791 ist deren Werk vollendet, das zum Vorbild aller bürgerlichen Verfassungen im Europa des 19. Jahrhundert wird. Frankreich wird zu einer konstitutionellen Monarchie, in dem der König, entsprechend der Idee der Gewaltenteilung von Montesquieu, die Exekutive ausübt und nur noch über ein aufschiebendes Veto verfügt. Die Legislative wird in die Hand des Parlaments gelegt, das im Gegensatz zu England und Amerika aus nur einer Kammer besteht und alle zwei Jahre nach dem Zensuswahlrecht, d. h. von den „Aktiv-Bürgern“ mit Vermögen, gewählt werden soll. Die historischen Standesunterschiede fallen, die Erklärung der Menschenrechte wird der Verfassung als Präambel vorangestellt. Neu ist die Öffentlichkeit der Gerichte und die Wahl der Beamten, Richter und Geschworenen. Eine halbe Million Bürger, denen vordem nur die Rolle von Untertanen zugeordnet war, werden nun zu Beteiligten am politischen Leben Frankreichs. Die Neuordnung des administrativen Systems erfolgt durch die Aufteilung des Landes in 83 Departements mit eigener Selbstverwaltung anstelle der alten 15 Provinzen, sowie der Hauptstadt in 48 Sektionen (Stadtbezirke). Die politische Verantwortung kann nun von einer neuen, gesetzgebenden Nationalversammlung übernommen werden, die am 1. Oktober 1791 zusammentritt und aus völlig neuen, zum Teil unerfahrenen Köpfen besteht. Die Revolution scheint vorläufig abgeschlossen, zumal Ludwig XVI. nicht umhin kann, die Verfassung anzunehmen und sich zu verpflichten, „sie im Inneren aufrechtzuerhalten, sie gegen Angriffe von außen zu verteidigen und sie mit allen Mitteln, die sie mir überträgt, durchzusetzen“. Der König ordnet sich ihr, jedoch nur scheinbar und in der Hoffnung auf eine spätere Wiederherstellung seiner Macht, unter. Die Revolution wäre weniger radikal weitergegangen, wäre sie in der Folge nicht angegriffen worden.

Die Sammlung der Reaktion und der Ausbruch des Krieges Die Absichten des Monarchen werden erstmals offenkundig durch seinen Fluchtversuch am 21. Juni 1791. Er wird jedoch in Varennes erkannt und nach Paris zurückgebracht; sein Einzug

in der Hauptstadt wird zum „Leichenzug der Monarchie" (Soboul). Am 17. Juli versammelt sich eine erboste Volksmenge auf dem Champ-de-Mars, um als Konsequenz der Flucht eine Petition für die Absetzung des Monarchen zu unterzeichnen. Das Treffen wird jedoch mit Gewalt aufgelöst: 50 Tote sind die Bilanz dieser Ereignisse, das als „Blutbad auf dem Marsfeld" neue Emotionen erweckt.
Die emigrierten Adligen haben inzwischen keine Zeit verloren, die Bildung einer europäischen Koalition gegen das neue Regime in ihrer Heimat zu inspirieren, und auch Ludwig XVI. setzt seine letzten Hoffnungen auf einen Krieg der europäischen Nationen gegen Frankreich und beginnt geheime Verhandlungen mit dem Feind. Er nutzt die Angst des Volkes vor einer Invasion aus dem Ausland und vor der Konterrevolution von Aristokraten, Emigranten und Eidverweigerern. Die Fürsten Europas erklären sich mit seinem Schicksal solidarisch. In ihrer Erklärung von Pillnitz fordern der österreichische Kaiser Leopold II. und der preußische König Friedrich Wilhelm II. am 27. August 1791 die Wiedereinsetzung Ludwigs. Somit beendete die Revolution „die Kämpfe der Könige untereinander und leitete die der Könige mit den Völkern ein. Diese letzteren wären weit später erfolgt, wenn nicht die Herrscher selbst sie provoziert hätten. Sie wollten die Revolution unterdrücken und breiteten sie doch aus, denn indem sie sie angriffen, mußten sie sie zur Kühnheit ermutigen" (Mignet).
Als einer der scharfsinnigsten Gegner eines Krieges erweist sich der ehemalige Rechtsanwalt Maximilien de Robespierre (1758 bis 1794). Als Leopold II. am 1. März stirbt, steigt mit Franz II. ein Mann zur Macht, der jeden Kompromiß ablehnt und ein Ultimatum Frankreichs über die Zurücknahme der Erklärung von Pillnitz unbeantwortet läßt. Damit erhalten die Befürworter eines Krieges, allen voran die Girondisten, in Frankreich neuen Auftrieb. Schließlich erscheint am 20. April 1792 Ludwig XVI. in Begleitung aller seiner Minister in der Nationalversammlung und schlägt vor, in den Krieg gegen den König von Ungarn und Böhmen, also nicht gegen das gesamte Kaiserreich, einzutreten. Die Versammlung billigt mit nur zehn Gegenstimmen die Kriegserklärung. Damit beginnt ein Konflikt, der Europa fast ein Vierteljahrhundert hindurch erschüttern soll.
Der Kampf der Revolution muß nun gegen zwei Fronten geführt werden, gegen das Ausland und gegen die Reaktion im Inneren. Gleichzeitig wird der Krieg zum bestimmenden Faktor der weiteren Ereignisse. Der Krieg erfordert die Zusammenfassung aller Kräfte und wird zum „Knoten der Einheit und der revolutionären Übersteigerung" (François Furet). Er ist letztlich verantwortlich für die Verselbständigung bzw. für das „Ausgleiten" (Furet/Richet) der Revolution, das genauso gut als ihr eigentlicher Höhepunkt gewertet werden kann (Soboul/Mathiez/Lefebvre).
Die Sansculotten, die zu arm sind, um sich Kniehosen (Culottes) nach der Mode jener Zeit zu kaufen und von daher ihren Namen bekommen, werden zum „Zauberlehrling" der Revolution. Sie, deren Ideal die direkte Demokratie ist, werden durch fortgesetztes Elend zur Gewalt getrieben. Der Aufbau einer durch den Krieg notwendig gewordenen zentralen Rüstungswirtschaft (die bisherigen Betriebe sind weit über das Land verstreut und fallen zum Teil in Feindeshand) führt in Paris zu einem künstlichen und bisher ungekannten Industrialismus, der zudem vorübergehend zu einer „Klassensituation" führen sollte, und obwohl der Kern der revolutionären Argumentation weiterhin der Gegensatz zwischen arm und reich bleibt, so richtet sich die Aggression doch gegen den Gegner dieser Klasseninteressen, der in der Institution der Regierung als dem Unternehmer der Kriegswirtschaft gesehen wird – ein Phänomen, das vom eigentlichen, politischen Ausgangspunkt der Revolution weit entfernt ist.
Die Kriegsereignisse selbst sind zu Beginn durch Mißerfolge gekennzeichnet. Über die Hälfte der Offiziere sind emigriert, und die Armee befindet sich in Auflösung. Der leidenschaftliche Wille zur Verteidigung findet seinen Ausdruck in der Marseillaise, die, vom Hauptmann Rouget de Lisle als „Kriegslied für die Rheinarmee" komponiert, zum Kampflied der Revolution wird. In die gespannte Atmosphäre platzt am 25. Juli 1792 das von einem Emigranten verfaßte Manifest des Herzogs von Braunschweig, des Führers der verbündeten Heere gegen Frankreich. Es enthält die Forderung, Ludwig XVI. in seinen alten Stand zurückzuversetzen, und droht für den Fall, daß der königlichen Familie ein Leid geschehe, mit der völligen Vernichtung von Paris. Damit wird aber nur neuer Widerstand herausgefordert, der sich nun, da das Manifest die Interessengleichheit zwischen dem äußeren Feind und dem König offensichtlich macht, endgültig gegen die Person des Monarchen richtet.

Vom Sturz der Monarchie zur Diktatur des Wohlfahrtsausschusses Am 10. August 1792 kommt es zum Sturm der Volksmassen auf die Tuilerien. Die Schweizergarde, in deren Händen die Verteidigung des Schlosses liegt, wird blutig niedergemetzelt, und der König begibt sich vor der aufgebrachten Menge unter den Schutz der Nationalversammlung, die sich für seine Sicherheit verbürgt. Der Sieg der Aufständischen zwingt sie jedoch, die Absetzung des Herrschers zu verfügen. Der König wird als Gefangener in den Temple (einst Niederlassung des Templer-Ordens in Paris) überführt. Damit ist das Ende der Monarchie in Frankreich besiegelt, und die diktatorische Etappe der Revolution beginnt. Gleichzeitig ist eine der Grundlagen der Verfassung von 1791 beseitigt. Die Nationalversammlung beschließt deshalb auf Vorschlag Robespierres seine Auflösung und die Einberufung eines nach allgemeinem Wahlrecht gewählten Konvents, der am 21. September das Land zur Republik erklärt. Am Tag darauf beginnt das Jahr I des französischen Revolutionskalenders.
Im Machtkampf der Parteien gewinnen die radikalen Strömungen unter der Führung von Robespierre, Marat und Danton und durch den Einfluß der Jakobinerklubs die Oberhand. Anfang September schon werden in einer Welle der Gewalt 1100 Gefangene der Revolution aus den Gefängnissen gezerrt und ermordet. Schließlich erfolgt die Anklageerhebung gegen den König. Er wird für „schuldig der Verschwörung gegen die Freiheit der Nation und des Attentats auf die Sicherheit des Staates" erklärt, in einem Schauprozeß mit 361 gegen 360 Stimmen zum Tode verurteilt und am 21. Januar 1793 als Bürger Louis Capet durch die Guillotine hingerichtet.
Inzwischen ist auch im Krieg gegen den äußeren Feind der Wendepunkt zugunsten Frankreichs eingetreten. In der Kanonade von Valmy am 20. September stoppt General Dumouriez den Vormarsch des Gegners und zwingt die preußische Armee zum Rückzug. Der Sieg hat weniger militärische als moralische Bedeutung. Die Franzosen erobern noch das linke Rheinufer, Savoyen und Nizza und stoßen bis Ende des Jahres nach Mainz und gegen die österreichischen Niederlande vor. Im Februar des folgenden Jahres treten nun aber unter dem Eindruck der Hinrichtung Ludwigs XVI. England, Spanien, Holland, Portugal, Sardinien und Neapel der Koalition gegen Frankreich bei und fallen von verschiedenen Seiten in das französische Staatsgebiet ein (Erster Koalitionskrieg 1792 bis 1797). Nur die Schweiz und die skandinavischen Länder bleiben neutral. Mainz und das linke Rheinufer fallen an den Gegner zurück, und die allgemeine Bedrohung zwingt den Konvent im August zur Einführung der allgemeinen Dienstpflicht (levée en masse), der Grundlage für die Bildung des ersten Volksheeres der modernen Geschichte.
Die innenpolitische Lage steht unter dem Zeichen der Schreckensherrschaft. Am 10. März wird als politischer Gerichtshof ein Revolutionstribunal eingesetzt, das

Bildnis Maximilian Marie Isidor Robespierres (1758 bis 1794) auf einer zeitgenössischen Plakette. Während der Französischen Revolution war Robespierre einer der führenden Köpfe der Jakobiner.

einen immer stärker werdenden Justizterror ausübt. Wenig später kommt es zur Gründung von Überwachungsausschüssen, die als zentrale Institutionen für die Aufrechterhaltung der Ordnung sorgen sollen und sich aus den Reihen der Sansculotten rekrutieren. Bald reicht allein der Verdacht auf eine unpatriotische Einstellung zur Aburteilung und Hinrichtung eines Bürgers, Verhör und Verteidigung werden abgeschafft. Die Behörden stehen praktisch unter der Aufsicht der Jakobiner. Die eigentliche Macht übernimmt unter dem Druck der Kriegslage der Wohlfahrtsausschuß, der am 5. April geschaffen wird, um durch außerordentliche Maßnahmen die Verteidigung der Revolution zu stärken, sich aus neun im Konvent gewählten Mitgliedern zusammensetzt, schließlich unter die Führung von Robespierre gerät und den Konvent zu seinem Werkzeug degradiert. Am 2. Juni wird mit der Verhaftung der Girondisten die Partei der Gemäßigten beseitigt und der Weg für die Errichtung der Diktatur geebnet. Am 24. Juni wird die neue Verfassung des Konvents verabschiedet, die für jedes Gesetz Plebiszite vorsieht, die Gewaltenteilung aufhebt und in ihrem ersten Artikel das „allgemeine Glück" als „Ziel der Gesellschaft" verschreibt.

Unverändert steigende Brotpreise, Versorgungsprobleme und Arbeitslosigkeit werden zum Ausgangspunkt der sozialen Eskalation, die sich in ständigem Aufruhr entlädt. Der Wohlfahrtsausschuß wird zur provisorischen Regierung, hat uneingeschränkte Vollmachten und verfolgt eine Politik des Schreckens. Er sorgt auf der Grundlage von Verstaatlichungen für eine zentrale Wirtschaftsplanung, beschließt die Einführung einer Zwangswirtschaft und setzt zur Entschärfung der wirtschaftlichen Lage Höchstpreise für Lebensmittel und Löhne fest. Im April 1794 läßt Robespierre, der „Unbestechliche", seinen Mitstreiter Danton hinrichten und wird als Führer des Wohlfahrtsausschusses damit praktisch zum alleinigen Diktator Frankreichs. Im Mai wird das Christentum durch den „Kult der Vernunft" ersetzt. Der Glaube an ein „höchstes Wesen" (Être suprême) soll alle Gegensätze auflösen, doch die Lage der Volksmassen hat sich nicht verbessert. Es mehren sich deshalb die Stimmen derer, die des Terrors überdrüssig sind. Am 28. Juli 1794 fällt auch Robespierre einer Verschwörung seiner Gegner aus allen politischen Richtungen zum Opfer. Er wird der Tyrannei angeklagt und mit 21 Anhängern zur Guillotine geführt.

Die Phase der bürgerlichen Restauration

Mit dem Tod Robespierres endet die Schreckensherrschaft. Der Wohlfahrtsausschuß und das Revolutionstribunal lösen sich auf, und auch die politischen Klubs werden geschlossen. Jakobiner und Sansculotten werden im ganzen Land zu Verfolgten, während das Besitzbürgertum in seine alte Stellung von 1791 zurückkehrt und die Wirtschaftsfreiheit wiederhergestellt wird. Nach der Verabschiedung einer neuen Verfassung am 23. September 1795 löst sich der Konvent Ende Oktober auf und überträgt die Leitung des Staates einem fünfköpfigen Direktorium: „Als revolutionäre Macht hörte er in dem Moment zu bestehen auf, da die gesetzliche Ord-

Ludwig XVI. vor seiner Hinrichtung auf dem Place de la Concorde am 21. Januar 1793. Gemälde von Benazech in Versailles.

Demachy, La Fête de l'Unité (1793).

nung wieder begann. Drei Jahre Diktatur waren für die Freiheit verlorengegangen, nicht aber für die Revolution" (Mignet).
Durch die Direktorialverfassung von 1795 wird die Macht des Bürgertums gestärkt und das Erbe der bürgerlichen Revolution fortgesetzt. Zensuswahlrecht und Gewaltenteilung werden wieder eingeführt: das Direktorium ist für die Exekutive verantwortlich, die Legislative wird auf den „Rat der 500" (Beratung der Gesetze) und die „Versammlung der Alten" (Bestätigung der Gesetze) übertragen. Die Verwaltungsorganisation wird dezentralisiert und vereinfacht. Obwohl die wirtschaftlichen und finanziellen Probleme keineswegs gelöst sind, kommt das Land allmählich zur Ruhe. Die Bewegung der Massen gelangt zum Stillstand, wozu nicht zuletzt die Dezentralisation auch der Wirtschaft und die Überführung der Kriegsindustrie in verschiedene, private Hände beitragen: die Arbeiter werden auf mehrere und voneinander unabhängige Unternehmen verteilt und der Kraft ihrer Gemeinschaft beraubt. Ein Aufstand der Royalisten in den Pariser Sektionen wird bereits am 5. Oktober 1795 niedergeschlagen, doch bilden sie auch weiterhin noch eine Gefahr. Auf der anderen Seite versucht François „Gracchus" Babeuf in einer „Verschwörung der Gleichen" einen kommunistischen Umsturz und wirbt für die Wiederherstellung der Verfassung von 1793. Im Mai 1797 beendet die Hinrichtung Babeufs die jakobinische Bewegung.
Auch die Befriedung der Provinzen schreitet voran. General Lazare Hoche erhält den Oberbefehl über die Atlantikküste und beendet im Sommer 1796 den seit langem schwelenden Aufstand in der Vendée sowie den Bürgerkrieg in der Bretagne. Die Stellung des Direktoriums stabilisiert sich auch durch Erfolge gegen den äußeren Feind. Die französische Armee ist mit ihren jungen Offizieren und nationalistisch motivierten Soldaten den Söldnerheeren der europäischen Koalition weit überlegen. Sie schreitet von Sieg zu Sieg, gewinnt Belgien und das linke Rheinufer zurück und verbreitet überall die neuen Ideen der bürgerlichen Revolution. Am 5. April 1795 zieht sich Preußen im Sonderfrieden zu Basel aus der Koalition zurück; auch Spanien schließt mit Frankreich Frieden und eröffnet gegen England den Krieg.

Der Aufstieg Napoleons Die Entscheidung des Koalitionskrieges fällt schließlich in Oberitalien. Sie wird zum Triumph Napoleon Bonapartes und besiegelt den unaufhaltsamen Aufstieg dieses Mannes, der die Geschichte Europas zwei Jahrzehnte hindurch bestimmen soll. Geboren am 15. August 1769 in Ajaccio/Korsika als Sohn eines Rechtsanwaltes, ist er in seiner Jugend Anhänger der Ideen Rousseaus. Er erhält seine militärische Ausbildung in Brienne und wird 1785 zum Artillerieoffizier ernannt. Nach dem Ausbruch der Ereignisse des Jahres 1789 stellt er sich frühzeitig als Anhänger der Jakobiner in den Dienst der Revolution und führt seine Fähigkeiten bei der Belagerung von Toulon im Herbst 1793 eindrucksvoll der Nation vor Augen. Für seine Verdienste wird er zum jüngsten Revolutionsgeneral Frankreichs befördert.

Nach dem Sturz Robespierres befindet er sich für kurze Zeit in Haft, doch 1795 wird er bereits wieder maßgeblich an der Niederwerfung des Royalisten-Aufstandes beteiligt: „Bald kannte Bonaparte nur noch das Gesetz seiner Karriere" (Soboul). Am

Napoleon Bonaparte in der Schlacht bei Arcole (Ausschnitt), von Antoine-Jean Gros. Louvre, Paris.

2. März 1796 wird ihm der Oberbefehl über die Italien-Armee übertragen. In einem „Blitzkrieg" erobert er die Lombardei und wird als „Retter Frankreichs" gefeiert. Österreich wird im Frieden von Campo Formio (17. Oktober 1797) zu weitgehenden territorialen Zugeständnissen gezwungen. Das Gleichgewicht der Mächte in Europa wird gestört: überall in Italien entstehen Republiken, die zu Satellitenstaaten Frankreichs werden. Um die eigene Südflanke zu decken und die englische Vorherrschaft im Mittelmeer zu brechen, sticht Napoleon im Mai 1798 zum Feldzug nach Ägypten in See. Die Expedition endet jedoch mit dem Sieg der englischen Flotte unter Admiral Nelson.

Inzwischen ist das Direktorium in Paris in immer größere Bedrängnis geraten. Es kann sich nur noch aufgrund der außenpolitischen Erfolge behaupten, für die jener General Bonaparte sorgt. Dieser erfreut sich steigender Beliebtheit und erscheint als Garant der Revolution. Schließlich folgt er dem Ruf nach einem starken Mann und verständigt sich – nach Frankreich zurückgekehrt – mit Sieyès, den Sturz des Direktoriums herbeizuführen. Am 9. November 1799 sind auch dessen Tage gezählt, und Napoleon wird zum Ersten Konsul der Republik.

Europa im Zeitalter Napoleons

Menschen sind stets nur Handlanger und keinesfalls Ursache von Geschichte. Sie sind das Produkt politischer und sozialer Kräfte und werden doch vereinzelt zu deren Symbol. So trifft man in der Einteilung der Geschichte auf das „Zeitalter Napoleons". Seine Politik prägt nicht nur die Geschichte Frankreichs, sondern zieht sich als roter Faden durch die Entwicklung ganz Europas. Sein Hegemonialanspruch wird zu einer gesamteuropäischen Erfahrung: er bedrängt nicht nur unmittelbar die benachbarten Staaten, sondern fordert am Ende auch mittelbar die Verbreitung des Nationalitätsgedankens heraus.

Das Kaiserreich Napoleons Mit dem Beginn des neuen Jahrhunderts verfügt in Frankreich Napoleon Bonaparte über alle Vollmachten eines Diktators. Der „Rat der 500" ist aufgelöst und die neue Konsulatsverfassung in Kraft. Als erster Konsul vereinigt er in seiner Hand die Gesetzesinitiative und die Leitung der Regierung, ernennt Offiziere, Beamte und Richter. Er wird zur nationalen Integrationsfigur und 1802 vom Volk mit überwältigender Mehrheit auf Lebenszeit in seinem Amt bestätigt. Napoleon garantiert die bürgerlichen Erfolge der Revolution und erklärt bereits im Dezember 1799 diese für beendet. Sein politisches Konzept ist das eines autoritären, „aufgeklärten" Herrschaftssystems, ist die Synthese von revolutionären Ideen mit plebiszitären Elementen und einer starken Stellung des Militärs.

Im napoleonischen Staat sind Verwaltung, Gesellschaft, Wirtschaft, Recht und Erziehung gleichermaßen einheitlich geregelt und einem starken Zentralismus unterstellt. Ein spezialisiertes Berufsbeamtentum sorgt für die Durchsetzung der Regierungsanordnungen. Die Ordnung der neuen Rechtsverhältnisse wird in einem neuen Gesetzeswerk, dem Code civile (auch code Napoléon genannt), dauerhaft zusammengefaßt. Es garantiert die persönliche Freiheit, Rechtsgleichheit, privates Eigentum, Zivilehe usw. und sichert die führende Rolle des Großbürgertums. Die wirtschaftlichen Entfaltungsmöglichkeiten werden durch Schutzzölle, Straßenbau, Heeresaufträge und nicht zuletzt durch die Gründung der Bank von Frankreich gefördert, die auch zu einem Abklingen der Inflation beiträgt. Die politische Freiheit fällt dagegen dem autoritären Herrschaftssystem zum Opfer: ein starker Polizeiapparat und die Pressezensur verhindern eine Opposition; Kritiker wie die Schriftstellerin Madame de Staël, die Tochter Neckers, werden verbannt.

Die Expansionspolitik Frankreichs und der Angriff Neapels auf die Römische Republik führen inzwischen zu einem neuen Bündnis der europäischen Gegner (Zweiter Koalitionskrieg 1799 bis 1802). Neben England, Österreich, Portugal und Neapel sind diesmal auch anfangs Rußland und die Türkei beteiligt, während Preußen neutral bleibt. Nach anfänglichen Erfolgen der Koalition geht die Entscheidungsschlacht bei Marengo in Oberitalien am 14. Juni 1800 für sie verloren, und ein weiterer Sieg der Franzosen bei Hohenlinden führt am 9. Februar 1801 zum Frieden von Lunéville, in dem Österreich seine Konzessionen von Campo Formio erneuert. Der Sturz William Pitts in England ermöglicht im März 1802 den Frieden von Amiens, in dem England die Aufgabe seiner kolonialen Eroberungen gegen den Verzicht Frankreichs auf Ägypten eintauscht.

Durch die glänzenden militärischen Erfolge und das Funktionieren des innenpolitischen Systems ist Napoleon so weit gestärkt, daß er die Krönung seiner politischen Karriere vollziehen kann. Ein Senatsbeschluß vom 18. Mai 1804 erklärt ihn zum erblichen Kaiser der Franzosen und wird durch eine allgemeine Volksabstimmung eindrucksvoll bestätigt. Da in einem Konkordat 1801 die Aussöhnung mit der katholischen Kirche gelungen ist, reist

Am 2. Dezember 1804 wird der 35jährige Napoleon feierlich von Papst Pius VII. in der Kathedrale Notre-Dame in Paris zum Kaiser gesalbt. Die Krone jedoch setzt er sich und seiner vor ihm knienden Gemahlin Josephine selbst aufs Haupt. Ausschnitt aus einem Gemälde von Jacques Louis David. Louvre, Paris.

Papst Pius VII. am 2. Dezember 1804 selbst nach Paris, um die Salbung des Kaisers in der Kirche von Notre Dame vorzunehmen. Die Krone aber setzt sich Napoleon selbst aufs Haupt und vollzieht damit die endgültige Abkehr von der politischen Gedankenwelt der Revolution. In der Tradition Karls des Großen krönt er sich schließlich im Mai 1805 in Mailand mit der eisernen Krone der Lombarden zum König Italiens.

Bis 1814 ernennt Napoleon I. 31 Herzöge, 451 Grafen und 1500 Barone und schafft damit eine neue Adelsschicht. Und obwohl er die Nation immer mehr zu seinem persönlichen Eigentum werden läßt (seine Familienmitglieder erhalten Prinzentitel und werden zu Herrschern der Satellitenstaaten), bleibt ihm doch die Loyalität der Bevölkerung erhalten, die durch ihn die sozialen und rechtlichen Errungenschaften der Revolution auch weiterhin bewahrt sieht. Zudem dient ihm das Banner eines revolutionären Kaiserreichs als Legitimation dafür, gegen die traditionellen Dynastien Europas zu Felde zu ziehen, um die Völker zu „befreien", indem er sie gleichzeitig unter seine bzw. die französische Vorherrschaft bringt. Allein zwischen 1806 und 1812 werden zu diesem Zweck etwa 1,3 Millionen Soldaten rekrutiert; und auch wenn die politische und militärische Beherrschung durch Frankreich einmal endet, so bleibt als ständige Neuerung der Sieg der bürgerlichen Reformation überall in Europa zurück.

Das Ende des deutschen Kaiserreichs und der Zusammenbruch Preußens Napoleons Politik zielt auf die Auflösung des Heiligen Römischen Reiches deutscher Nation und auf die Bildung abhängiger deutscher Mittelstaaten, die gleichsam ein Gegengewicht gegenüber Österreich bilden sollen. Um die Entschädigungsansprüche Frankreichs aus dem Frieden von Lunéville zu regulieren, tagt seit 1802 ein Ausschuß des Regensburger Reichstages, der unter dem Einfluß Napoleons die Aufteilung der geistlichen Hoheitsgebiete beschließt (der Reichsdeputationshauptschluß vom 25. Februar 1803) und eine „Flurbereinigung" der deutschen Landkarte vornimmt. Betroffen sind 19 Reichsbistümer und 44 Reichsabteien, daneben aber auch 45 der 51 freien Reichsstädte; weit über drei Millionen Bürger werden dadurch einer neuen, weltlichen Obrigkeit untergeordnet. Gleichzeitig wird die Reichsunmittelbarkeit der Ritter aufgehoben und damit die letzte Stütze des österreichischen Einflusses im Reich beseitigt. Die Nutznießer sind (neben Preußen) vor allem Baden, Württemberg und Bayern, die – mit Hilfe von Bestechungsgeldern – ihr Territorium um ein Vielfaches vergrößern können, ihre Position stärken und als eine Art „Drittes Deutschland" neben Österreich und Preußen zu einer wichtigen politischen Kraft werden.
Unter ihrer Führung treten am 12. Juli 1806 insgesamt 16 Staaten aus dem Reichsverband aus und schließen den Rheinbund. Als „Vasallenstaaten" begeben sie sich unter den Schutz des französischen Kaisers, und schließlich stehen alle deutschen Fürsten mit Ausnahme Österreichs, Preußens, Braunschweigs und Kurhessens unter dem Protektorat Frankreichs. Als Gegenleistung stellen sie Festungsanlagen und Truppen zur Verfügung und schließen eine Allianz, „kraft derer jeder Kontinentalkrieg, welchen einer der vertragschließenden Teile zu bestehen hat, unmittelbar für alle übrigen eine gemeinschaftliche Sache wird". Der gesamte Westen und Süden Deutschlands wird so in den Herrschaftsbereich Napoleons I. integriert. Gleichzeitig werden in den Rheinbundstaaten bürgerliche Reformen in Gang gesetzt,

die dauerhafter als der Bund selbst sind. Resigniert proklamiert angesichts dieser Entwicklung am 6. August 1806 Kaiser Franz II. offiziell das Ende des Heiligen Römischen Reiches: „Wir erklären demnach durch Gegenwärtiges, daß Wir das Band, welches Uns bis jetzt an den Staatskörper des Deutschen Reiches gebunden hat, als gelöst ansehen, daß Wir das reichsoberhauptliche Amt und Würde durch die Vereinigung der konföderierten rheinischen Stände als erloschen und Uns dadurch von allen übernommenen Pflichten gegen das Deutsche Reich losgelöst betrachten und die von wegen desselben bis jetzt getragene Kaiserkrone ... niederlegen." Damit sind auf lange Sicht die Voraussetzungen für die Bildung eines deutschen Nationalstaates geschaffen.

Preußen ist seit dem Sonderfrieden von Basel 1795 in die Auseinandersetzungen mit Frankreich nicht mehr verwickelt. Elf Jahre lang sieht es untätig und unentschlossen dem Machtanstieg Napoleons zu und kann dabei selbst beachtliche Territorialgewinne erzielen. Die Stationierung französischer Truppen auf preußischem Gebiet (rechtsrheinisches Ufer) und andere Angriffe auf die preußische Souveränität sowie politische Intrigen (etwa um den Besitz Hannovers) bilden jedoch eine Herausforderung, die auf die Dauer nicht übersehen werden kann. Schließlich sieht sich König Friedrich Wilhelm III. zu einem überstürzten Ultimatum veranlaßt, in dem er den Abzug aller französischer Truppen rechts des Rheins und die Auflösung des Rheinbundes fordert. Napoleon reagiert mit einem Gegen-Ultimatum und marschiert in Thüringen ein. Das ehemals glorreiche, inzwischen aber veraltete Heer Preußens wird am 14. Oktober 1806 in einer Doppelschlacht bei Jena und Auerstedt vernichtend geschlagen, und der Kaiser der Franzosen zieht wenig später in Berlin ein, ohne auf nennenswerten Widerstand gestoßen zu sein. Im Frieden von Tilsit (7.–9. Juli 1807) muß sich Preußen auf seine Länder östlich der Elbe beschränken, während im Westen das Königreich Westfalen unter Napoleons Bruder Jerôme errichtet wird, das nach dem Willen des französischen Kaisers zum „Modellstaat" nach französischem Vorbild, zum ersten rational durchorganisierten Staat auf deutschem Boden ausgebaut werden soll. In der zur „freien Stadt" erklärten Ostseemonopole Danzig stehen französische Garnisonen den Preußen im Rücken. Reparationszahlungen, die Stationierung französischer Truppen und eigene Truppenbeschränkungen kennzeichnen den gründlichen Niedergang des Königreiches. Die Bevölkerung bleibt reserviert: „Ruhe ist die erste Bürgerpflicht", heißt es in einem Aufruf des Stadtkommandanten von Berlin.

Königin Luise von Preußen (1776–1810) trifft sich mit Napoleon in Tilsit (1807) um bessere Friedensbedingungen für ihr Land zu erbitten. Die Unterredung blieb erfolglos. Gemälde von N. Gosse in Versailles.

Kontinentalsperre, Spanienfeldzug und Erhebung Österreichs Mit dem Frieden von Amiens ist nur für kurze Zeit ein Waffenstillstand mit England hergestellt. Die Rückkehr William Pitts zur Macht verschärft die Spannungen mit Frankreich. Bereits im Mai 1803 erklärt England seinem Rivalen im Kampf um die Vorherrschaft in Europa, der gleichzeitig ein Kampf um die Beherrschung der kolonialen Welt ist, den Krieg. Dem französischen Plan einer Invasion über den Kanal kommt Pitt durch eine neue Koalition mit Österreich, Rußland und Schweden zuvor (Dritter Koalitionskrieg 1805). In der Schlacht bei Trafalgar (21. Oktober 1805) schlägt Nelson die französische Flotte und sichert damit die britische Seeherrschaft. Auf dem Kontinent bleibt Napoleon ungeschlagen: der Sieg in der „Dreikaiserschlacht" am 2. Dezember 1805 bei Austerlitz über den russischen Zaren Alexander I. und den österreichischen Kaiser wird zu einem weiteren Markstein seiner Erfolge.

Wenn auch Napoleon I. die Unmöglichkeit einer militärischen Bezwingung Englands erkennen muß, so versucht er, seinem eigentlichen Hauptgegner wenigstens wirtschaftlichen Schaden zuzufügen. Von Berlin aus erläßt er 1806 ein Dekret, in dem er über die britischen Inseln den Blockadezustand verhängt und jeglichen Handel mit England und mit englischen Waren untersagt. Dieser „Kontinentalsperre" schließt sich selbst Rußland an, nachdem Napoleon dem Zaren seine Unterstützung bei dessen Expansionspolitik im Süden und Norden des Reiches zusichert. Am Ende ist aber auch die Strategie der Wirtschaftsblockade zum Scheitern verurteilt. Die Sperre gegen England wird zur Sperre, zur „Eigen-Blockade" für die kontinentaleuropäischen nationalen Ökonomien. Andererseits erweisen sich die Festlandsküsten teils durch das Ausbrechen einzelner Fürsten und noch mehr durch Schmuggel als durchlässig. Der Kontinent bleibt, trotz Ausweitung der eigenen Produktion, von Importen des durch seine industrielle Revolution unverändert prosperierenden England abhängig, und überall wird die Versorgung mit britischen Waren zum Ausdruck des geheimen Widerstandes gegen die napoleonische Fremdherrschaft. Am Ende ist auch Napoleon I. zu Lizenzen für die Einfuhr englischer Produkte, vor allem von Textilwaren gezwungen, mit denen er später sogar seine Rußlandarmee ausstattet. Die Schwerpunktverlagerung und Beschränkung des Handels auf den inneren Markt hat eine verzögernde Wirkung auf das Wachstum der kontinentalen Industrie.

Portugal weigert sich von Anfang an, der Kontinentalsperre beizutreten und zieht sich damit den Unmut des französischen Kaisers zu. Im Vertrag von Fontainebleau sichert sich dieser 1807 Stationierungs- und Durchmarschrechte für Spanien, und noch im gleichen Jahr wird Portugal erobert, während das Königshaus Bragança nach Brasilien flüchtet. Im Februar 1807 führt der französische Marschall Murat, ein Schwager Napoleons, verstärkte französische Truppen „zum Küstenschutz gegen England" nach Madrid. Nach einem Aufstand gegen den frankreichfreundlichen „Generalissimus" Manuel de Godoy muß der spanische König Karl VI. zugunsten seines Sohnes Ferdinand VII. abdanken, der ein viel entschiedenerer Gegner Godoys ist. Napoleon sieht nun seine Interessen in Spanien gefährdet und erpreßt im Mai 1808 von Ferdinand den Verzicht auf die spanische Krone, die er seinem Bruder Joseph übergibt.

Die spanische Nation ist jedoch nicht bereit, sich der Fremdherrschaft zu beugen. Unter der Leitung von Adel und Klerus formiert sich der Widerstand, und überall in den Städten bilden sich Juntas, die den Aufruhr organisieren. In Sevilla wird sogar eine provisorische Gegenregierung für Ferdinand VII. gegründet. Militärische Niederlagen gegen die Aufständischen und die Landung eines englischen Heeres in Portugal verschlechtern die Position der Franzosen. Schließlich bricht Napoleon mit 300 000 Mann zum Feldzug gegen das südliche Nachbarland auf (1808/09), besetzt Madrid und Zaragoza und setzt erneut seinen Bruder Joseph ein. Der Widerstand des spanischen Volkes, noch geschürt durch die Gefangennahme des Papstes (1809), ist jedoch nicht gebrochen und läßt die französische Armee durch einen Guerillakrieg in Spanien nicht zur Ruhe kommen.

Die spanische Erhebung wirkt in Österreich, das seine Verluste aus dem Frieden von Preßburg vom 25. Dezember 1805 als Folge der Niederlage bei Austerlitz nicht verwunden hat, als Signal für den eigenen erneuten Widerstand. Heeres- und Verwaltungsreformen unter dem Minister Johann Philipp Stadion (1763 bis 1824) fördern das Gefühl der eigenen Stärke. Ein Manifest des Erzherzogs Karl an die „deutschen Völker" bleibt ohne Resonanz, und

so begibt sich das Land allein gegen Frankreich in den Krieg. Napoleon drängt die österreichische Armee nach Böhmen zurück und erreicht am 13. Mai 1809 Wien, doch in der Schlacht bei Aspern erleidet er noch im selben Monat die erste größere Niederlage auf dem Festland. Gleichzeitig beginnt unter der Führung von Andreas Hofer und Joseph Speckbacher ein Volkskrieg in Tirol gegen die französisch-bayerische Vorherrschaft. Trotz siegreicher Kämpfe der Aufständischen (Berg Isel) bleiben die Franzosen schließlich Herr der Lage; der zum Volkshelden aufgestiegene Hofer wird verraten und am 20. Februar 1810 in Mantua erschossen.

Der Sieg Napoleons in der Schlacht bei Wagram im Juli 1809 wird für die Habsburger-Monarchie zur Katastrophe. Erzherzog Karl und Stadion treten zurück, und das Land bekommt im Frieden von Schönbrunn (14. Oktober 1809) die Bedingungen seiner Kapitulation diktiert. Österreich wird zum Binnenland, verliert Salzburg, das Innviertel, Südtirol, den größten Teil Galiziens, Kärnten und seinen Besitz am Mittelmeer, der als „Illyrische Provinz" Frankreich einverleibt wird und damit die Kontinentalsperre gegen England vervollständigt. Im Inneren wird die eingeleitete Reformpolitik vorerst unterbrochen.

Die Erneuerung der Staaten des Deutschen Reiches Das Ende des Deutschen Reiches 1806 verhilft geistigen Strömungen zum Durchbruch, die schon lange im Verborgenen an Kraft gewonnen haben. Allmählich werden zwei Tendenzen spürbar: zum einen ein sich ständig verstärkendes Nationalgefühl, das sich letztlich gegen Napoleon richtet und von der deutschen Dichtung und Philosophie beeinflußt ist; zum anderen die Verbreitung liberaler und bürgerlicher Gedanken, die aus der Revolution in Frankreich entlehnt sind oder zumindest durch sie neuen Auftrieb erhalten und durch die Zerschlagung des Feudalismus auf die Errichtung eines neuen, „modernen" Staates zielen. Die kriegerischen Auseinandersetzungen gegen Napoleon werden nur mit halbem Herzen geführt: sie sind noch immer das Anliegen der Fürsten und nicht der Bürger.

Besonders deutlich zeigen sich die französischen Einflüsse in den Rheinbundstaaten. Baden wird unter dem Minister Sigismund von Reitzenstein (1766 bis 1846) zu einem zentralistischen Einheitsstaat, führt die Rechts- und Steuergleichheit sowie die Freiheit des Handels und der Religionsausübung ein und übernimmt den Code Napoléon. In Bayern wird Graf Maximilian von Montgelas (1759 bis 1838) zum Wegbereiter einer neuen Ordnung: 1808 werden hier die Leibeigenschaft aufgehoben und dem Volk nach dem Vorbild des Code Napoléon wesentliche Grundrechte gewährt. Außerhalb des unmittelbaren Herrschaftsbereichs Napoleons schließt sich vor allem Preußen der Reformbewegung an. Der Freiherr vom und zum Stein (1757 bis 1831) und Karl August von Hardenberg (1750 bis 1822) werden zu Initiatoren der Erneuerung, die im Gegensatz zu Frankreich „von oben" erfolgt, sich weit über die Grenzen Preußens hinaus fortsetzt und dem liberalen und demokratischen Staatsdenken in den deutschen Staaten den Weg bereitet.

Bei Stein, der 1804 als Minister nach Berlin berufen wird, verbinden sich Traditionsbewußtsein mit liberalen und demokratischen Ideen teils französischer und teils englischer Prägung. Sein Plan ist der stufenweise Ausbau der Selbstverwaltung. 1807 vorübergehend entlassen, entwirft er in seiner „Nassauer Denkschrift" sein politisches Testament. Wieder zurückberufen, setzt er durch ein Edikt vom 9. Oktober 1807 die Befreiung der Bauern von ihren feudalen Verpflichtungen weitgehend durch und beseitigt alle ständischen Beschränkungen. In der Städteordnung vom November 1808 verwirklicht er die Selbst-

Die Schlacht bei Aspern. Gemälde im Historischen Museum in Wien. Bei der Übersetzung der Donau unterhalb von Wien treffen die Heere Napoleons am 21. Mai 1809 in der zweitägigen Schlacht von Aspern und Eßling auf erbitterten Widerstand und mußten schließlich aufgeben. Napoleon wird hierbei zum erstenmal besiegt.

verwaltung in den Städten und überträgt damit den Bürgern politische Verantwortung. Kabinettsräte und Kollegialbehörden werden durch Fachminister und -beamte ersetzt. Freie Berufswahl, Rechtsgleichheit, Gewerbefreiheit und die Gleichberechtigung der Juden ergänzen das Bild eines modernen, bürgerlichen Rechtsstaates. Stein kann jedoch das von ihm begonnene Reformwerk nicht fortsetzen; er flüchtet, von Napoleon geächtet, und ist seit 1812 Berater des russischen Zaren.

Ihm folgt Hardenberg, der 1810 die preußische Staatskanzlei übernimmt. Zu seinen Reformen zählt die Aufhebung der Zünfte und die Säkularisierung der Kirchengüter. Durch das „Regulierungsgesetz" vom September 1811 erhalten die Bauern ihren Landbesitz als freies Eigentum. Gneisenau (1760 bis 1831) und Scharnhorst (1755 bis 1813) setzen gleichzeitig eine Heeresreform nach bürokratischen Spielregeln in Gang, während Wilhelm von Humboldt (1767 bis 1835) als Unterrichtsminister ein zeitgemäßes Bildungswesen schafft (1810 Gründung der Universität Berlin). Eine Generation von Reformern schafft so neue Verhältnisse, die zwar nicht einen einheitlichen und systematischen Charakter besitzen, aber doch von beständiger Natur sind. Sie reichen aus, eine neue Periode in der Geschichte Deutschlands einzuleiten und markieren zumindest den „Beginn der bürgerlichen Revolution in Preußen" (Friedrich Engels).

England, Nordeuropa und Rußland im Kampf gegen Napoleon Die Position Englands als Weltmacht bleibt durch die Napoleonischen Kriege unerschüttert. Durch seine Beteiligung in den drei Koalitionskriegen wird es zum Führer des Widerstandes gegen den französischen Expansionsdrang, erleidet dabei weder militärisch noch wirtschaftlich (Kontinentalsperre) spürbare Verluste und hat allenfalls unter der Schuldenlast des amerikanischen Krieges zu leiden. Die Gesamtausfuhr des Landes steigt zwischen 1802 und 1810 von 40 auf 50 Millionen Pfund: England wird zur „Werkstatt der Welt". Der Aufschwung ist nicht zuletzt das Verdienst von William Pitt dem Jüngeren, der von 1783 bis 1806 mit nur einer Unterbrechung das Amt des Premierministers in Händen hält, 1801 die Vereinigung Irlands mit Großbritannien herstellt und zur Festigung des britischen Kolonialreiches und damit zur Erschließung reicher Exportmärkte beiträgt. Bedeutungsvoll sind in diesem Zusammenhang die Erwerbung des größeren Teils von Kanada, die Besiedlung von Australien (seit 1788) und die Kontrolle über Indien. Erst nach 1810 machen sich durch sinkende Getreideeinfuhren die Folgen der Kontinentalsperre bemerkbar; Hungersnöte und

Arbeitslosigkeit werden zum Ausdruck wirtschaftlicher Schwierigkeiten und entladen sich 1811/12 in ersten „Maschinenstürmen". Die Hoffnung Napoleons, England wie einst die Römer Karthago zerstören zu können, bleibt Illusion.

Zu den Aktionen Englands, die die eigenen Interessen schützen und zur Lockerung der Kontinentalsperre beitragen sollen, zählen neben der Landung in Portugal auch die Beschießung Kopenhagens im Jahre 1807 und die Ausschaltung der dänischen Flotte. Auch im Norden Europas ergeben sich im folgenden weitreichende territoriale und politische Veränderungen. Der schwedische König Gustav IV. Adolf gerät durch seinen Beitritt zum dritten Koalitionskrieg in die Zange zwischen Napoleon und dem russischen Zaren, die im beiderseitigen Interesse einen Ausgleich suchen. Rußland erobert Finnland und sichert sich dessen Besitz im Frieden von Frederikshamm (17. September 1809). Der König wird von seinen eigenen Offizieren abgesetzt und muß seinem Oheim, Karl XIII., die Krone überlassen. Gleichzeitig wird eine neue Verfassung für Schweden ausgearbeitet, nach der die Gesetzesmacht zwischen dem König und einem Reichstag aus Vertretern des Adels, des Klerus, der Städte und Bauern aufgeteilt wird; der Reichstag verfügt über die Steuerhoheit und kontrolliert die vom König eingesetzte Regierung.

Der kinderlose Karl XIII. schließt mit Rußland und Frankreich Frieden und ernennt den französischen Marschall Bernadotte, einen Verwandten Napoleons, zum Kronprinzen. Diesem gelingt es 1812, die Unterstützung Rußlands für den Erwerb des unter dänischer Herrschaft stehenden Norwegens zu gewinnen. Nach der Einigung mit Dänemark wird jedoch in Norwegen selbst Widerstand laut: in Eidsvoll zwischen Oslo und Hamar spricht sich eine konstitutionelle Versammlung im Mai 1814 für die Selbständigkeit aus. Karl XIII. marschiert im Nachbarland ein, akzeptiert jedoch die neue norwegische Verfassung und begründet damit eine Personalunion zwischen beiden Nationen.

Die Allianz zwischen Frankreich und Rußland erfüllt keineswegs die Erwartungen der beiden Mächte. Das Zarenreich erzielt zwar im Norden und Süden territoriale Gewinne, sein wirtschaftlicher Handlungsspielraum ist aber durch die Kontinentalsperre empfindlich gestört. Seit Dezember 1810 landen deshalb wieder britische Schiffe in russischen Häfen. Da Napoleon begründete Zweifel an der Loyalität des Zaren hat und deshalb seinen Machtanspruch in Europa von Osten her bedroht sieht, entschließt er sich zum Feldzug gegen den ehemaligen Verbündeten. Er sammelt seine „Große Armee" von 600 000 Mann und zieht, gedeckt durch Militärbündnisse mit Österreich und Preußen, in drei Heeresteilen nach Osten. Am 22. Juni 1812 überschreitet er die russische Grenze, geht aus Schlachten bei Smolensk und Borodino siegreich hervor und zieht in die halb verlassene Hauptstadt Moskau ein.

Zar Alexander I. und sein Heerführer Kutusow haben ihren Rückzug wohl durchdacht, während der Kaiser der Franzosen seine Kräfte überschätzt hat. Fünf Wochen hindurch versucht Napoleon, mit dem Zaren über einen Frieden Verhandlungen

Bernardini: Perspektivische Ansicht des Angriffs der europäischen Koalitionsmächte auf Paris am 31. März 1814. Musée d'Ile de France, Sceaux.

aufzunehmen, doch dieser lehnt, nicht zuletzt unter dem Einfluß des Freiherrn vom und zum Stein, ab. Moskau geht in Flammen auf und wird zu drei Vierteln zerstört; zudem steht der Winter vor der Tür. Am 19. Oktober verläßt Napoleon mit 100 000 Mann unverrichteter Dinge die russische Hauptstadt, ständig verfolgt von russischen Truppen. Der Rückzug wird zum Alptraum und zum Desaster. Doch nicht die Armee ist es, sondern die Weite und Natur des Landes, die den französischen Kaiser bezwingt. Ohne Möglichkeit zur Versorgung mit Nahrungsmitteln und Kleidung, schrumpft die siegreiche Armee des Korsen zusammen. Schnee und Kälte, Hunger und Krankheiten dezimieren die Truppe, deren Mythos der Unbesiegbarkeit zerstört ist. Der Wendepunkt der napoleonischen Herrschaft über Europa ist damit erreicht. Von der „Großen Armee" kehren nur 1000 Mann in ihre Heimat zurück.

Die Befreiungskriege 1813 bis 1815 Der Unabhängigkeitswille der europäischen Nationen ist nach dem Scheitern des Rußlandfeldzuges nicht mehr aufzuhalten. Gleichzeitig wird auch im Inneren Frankreichs, vor allem aus den Reihen des Bürgertums, Kritik gegen Napoleon laut. Der Anstoß zur Erhebung Europas aber erfolgt ganz unerwartet: er ist verbunden mit dem Namen des preußischen Feldmarschalls Graf Yorck von Wartenburg (1759 bis 1830), einem entschiedenen Gegner der Reformen von Stein und Hardenberg, der das preußische Hilfskorps der Großen Armee befehligt. Eigenmächtig schließt er mit den Russen Frieden und leitet gemeinsam mit dem Freiherrn vom Stein in Ostpreußen die allgemeine Volksbewaffnung ein. Vor diese Tatsachen gestellt und unter dem Druck Hardenbergs und des Generals Scharnhorst mobilisiert der preußische König Wilhelm III. sein Heer und erklärt nach Abschluß eines Bündnisses mit dem Zaren im März 1813 Frankreich den Krieg. In seinem Aufruf „An mein Volk" verlangt er von allen Bürgern Opfer, „wenn wir nicht aufhören wollen, Preußen und Deutsche zu sein".

Die Schlacht bei Borodino 1812. Ausschnitt aus einem Gemälde von Lejeune. Unter großen Verlusten siegte jedoch Napoleon.

Im Frühjahr stoßen die gegnerischen Heere bei Großgörschen und Bautzen aufeinander, und Napoleon kann nur mit Mühe einen weiteren Sieg verbuchen. In Verkennung der fatalen Lage des Feindes beschränkt sich der französische Kaiser auf das Angebot eines Waffenstillstandes. Von allen Seiten schließt sich nun aber die Einkreisung durch die europäischen Völker: England, Österreich und Schweden treten in den Krieg ein. Noch einmal erlebt Napoleon I. bei Dresden Erfolge, doch dann kommt es am 16. bis 19. Oktober 1813 zur großen Völkerschlacht bei Leipzig.

Vier Tage lang tobt die Schlacht, bei der die Verbündeten alle ihre Kräfte gegen Napoleon richten. Auf dem Höhepunkt des Kampfes sind sie mit 295 000 gegen 160 000 Mann dem französischen Kaiser weit überlegen. Die Hauptarmee führt der österreichische Feldmarschall Schwarzenberg (1771 bis 1820); unter den Heerführern finden sich Namen wie Bernadotte, Blücher, Bülow, Wittgenstein und Yorck. Während des Kampfes sucht Napoleon vergeblich, Unterhandlungen mit dem Kaiser von Österreich aufzunehmen, und muß immer weiter in Richtung Leipzig zurückweichen. Schließlich bleibt ihm nur noch der Rückzug, der nur mit Mühe gelingt. Während die Nachhut unter dem Marschall Poniatowski in der Elster ertrinkt, entkommt der Kaiser der Franzosen mit 80 000 Mann über den Rhein. 100 000 Tote und Verwundete bleiben auf dem Schlachtfeld zurück. Auch politisch ergibt sich ein Trümmerhaufen. Der Rheinbund löst sich auf, die französische Herrschaft in Bayern und über Norddeutschland bricht zusammen und Holland, Oberitalien, Neapel und Dänemark fallen ab. Der österreichische Außenminister Metternich bleibt beim Versuch, mit Frankreich einen Frieden zu schließen, ohne Erfolg.

Die Koalition nimmt nun die Verfolgung Napoleons auf, Blücher und Schwarzenberg überschreiten den Rhein und stoßen damit ins Herz des napoleonischen Imperiums vor. Einzelne Siege wie bei Brienne können die Katastrophe nicht aufhalten. Die französische Nation ist wie gelähmt und von den jahrelangen Kriegshandlungen ihres Kaisers entkräftet. Unaufhaltsam

Arthur Wellesley Wellington (1769–1852), englischer Feldherr, in der Schlacht bei Waterloo. Ausschnitt aus dem Gemälde von Jan Willem Pieneman.

dringen die europäischen Verbündeten nach Paris vor und ziehen am 31. März in die französische Hauptstadt ein. Am 6. April 1814 wird Napoleon durch seine Armee zur Abdankung gezwungen, während eine provisorische Regierung unter Talleyrand die Staatsgeschäfte übernimmt. Der einst ruhmreiche Korse erhält die Insel Elba als Fürstentum zugesprochen und begibt sich mit einer Ehrengarde von 800 Mann dorthin ins Exil. Die Bourbonen aber kehren auf den französischen Thron zurück (Ludwig XVIII., 1814 bis 1824).
Frankreich übernimmt in Europa nun wieder diejenige Rolle, der allein es gewachsen ist und die auch einer großen Nation zur Ehre gereicht: die Rolle eines Staates neben anderen. Im ersten Pariser Frieden vom 30. Mai 1814 werden dem Land, gemessen an den Umständen, günstige Bedingungen gewährt: Frankreich wird auf seine Grenzen von 1792 beschränkt und erhält außerdem Saarbrücken. Am 14. Juni verkündet der neue König eine liberale Verfassung, begünstigt aber Adel und Klerus.

Die Herrschaft der Hundert Tage Während die Fürsten und Staatsmänner Europas seit dem 18. September 1814 im Wiener Kongreß über die Neugestaltung Europas beraten, versucht Napoleon noch einmal einen Anlauf zur Macht. Als sich in Wien die allgemeinen Spannungen häufen, landet er am 1. März auf dem Festland bei Cannes. Er verspricht radikale demokratische Reformen und kann die französischen Kerntruppen um sich versammeln. Trotz anfänglicher Ablehnung durch die Bevölkerung zieht er am 20. März unter dem Jubel der Massen in Paris ein und läßt sich in den Tuilerien nieder, während Ludwig XVIII. nach Gent fliehen muß.
Der französische Marschall Joachim Murat, der Ambitionen auf die Krone Italiens entwickelt, marschiert nach Oberitalien, wird aber im Mai 1815 bei Tolentino von österreichischen Truppen gestoppt und geschlagen. Die Engländer stellen nun unter ihrem Feldherrn Wellington ein Berufsheer und die Preußen unter Blücher ein Volksheer zusammen. Blücher wird zwar von Napoleon noch einmal bei Ligny in Belgien geschlagen, kann sich aber mit Wellington vereinigen. Am 18. Juni 1815 ist der Tag des Endkampfes gekommen: in der Schlacht bei Waterloo wird die Armee Napoleons zerschlagen und der Korse endgültig besiegt.
Napoleon, der Testamentsvollstrecker und gleichzeitige Überwinder der Französischen Revolution, stellt sich unter britischen Schutz und wird an Bord eines englischen Schiffes in die Verbannung auf die Atlantikinsel St. Helena geschickt, wo er – in 1900 km Entfernung von der afrikanischen Küste – fernab vom Weltgeschehen seine letzten Jahre verbringt und am 5. Mai 1821 stirbt. Das „Phänomen Napoleon" wird zur Vergangenheit und kann als Episode in die Geschichte Europas eingeordnet werden. Die europäische Koalition zieht inzwischen im Juli 1815 erneut in Paris ein. Im November wird der zweite Pariser Friede geschlossen: Frankreich verliert Teile seines Territoriums, muß der Stationierung fremder Truppen auf seinem Gebiet zustimmen und darüber hinaus eine Entschädigung von 700 Millionen Franc zahlen. Ludwig XVIII. kehrt in sein Amt zurück.

Europa zwischen Restauration und Liberalismus (1815–1850)

Die politische Neuordnung Europas Im November 1814 kommt man bereits zum dritten Mal in der Geschichte Europas seit der Reformation zusammen, um grundsätzlich die Machtverhältnisse auf dem Kontinent zu regeln: 1648 beseitigt der Westfälische Friede die Gefahr einer habsburgischen Hegemonie, 1713 wird durch den Frieden von Utrecht die Gefährdung des Gleichgewichts der Kräfte in Europa durch das Haus Habsburg oder Bourbon abgewendet; nun geht es erneut nach der drohenden Alleinherrschaft oder Vormachtstellung eines Staates unter Napoleon um einen Ausgleich der Kräfte.
Eine illustre Gesellschaft von 90 großen und kleinen Fürsten, 53 Herrschern nun mediatisierter Gebiete, 215 Führern anderer Fürstenhäuser, angeführt von den Vertretern der fünf Großmächte (Metternich für Österreich, Castlereagh für Großbritannien, Zar Alexander I. und Nesselrode für Rußland, Hardenberg und W. v. Humboldt für Preußen und Talleyrand für Frankreich), viele Vertreter anderer Staaten und Interessen (Schweizer, Frankfurter Juden, Vertreter des Papstes) und oft die gesamten Angehörigen und Begleiter machen Wien nicht nur zur politischen Kongreßstadt, sondern auch zu einem Zentrum der Geselligkeit und Kultur nach der Ab-

Altesse Royale, en but aux factions qui divisent mon pays et à l'inimitié des plus grandes puissances de l'Europe, j'ai terminé ma carrière politique et je viens comme Themistocle m'asseoir sur le foyer du peuple Britannique. je me mets sous la protection de ses lois que je reclame de Votre altesse Royale comme au plus puissant, au plus constant et au plus généreux de mes ennemis.

Rochefort 13 Juillet 1815 Napoleon

Zweite Abdankung Napoleons: „Als Gegenstand des Parteihaders, der mein Land zerreißt, und der Feindschaft der größten europäischen Mächte, beende ich meine politische Laufbahn. Ich komme wie Themistokles, um mich am Herd des britischen Volkes niederzulassen. Ich stelle mich unter den Schutz seiner Gesetze, die ich von Eurer Königlichen Hoheit als dem mächtigsten, dem standhaftesten und großherzigsten meiner Feinde erbitte", schreibt Napoleon am 13. Juni 1815 an den englischen Prinzregenten (den späteren König Georg IV.). Als Kriegsgefangener wird er auf die Insel Helena gebracht.

Ch. M. de Talleyrand (links, Ausschnitt aus einem Gemälde von Prud'hon) vertrat Frankreich auf dem Wiener Kongreß. Rechts: Der österreichische Außenminister Fürst Metternich (Gemälde von Th. Lawrence).

wendung der Herrschaft Napoleons. Theateraufführungen, Bälle und Konzerte (Beethovens 7. Symphonie und seine Orchesterkomposition zu Wellingtons Sieg bei Vitoria z. B.) lassen das Wort vom „tanzenden Kongreß" aufkommen, der nicht vorankomme.

Doch die Verhandlungen auf der politischen Ebene geraten in ernste Schwierigkeiten, als Rußland und Preußen Anspruch auf die Gebiete des von Napoleons Gnaden entstandenen Doppelkönigtums Sachsen-Polen stellen. Österreich und Großbritannien fürchten um das Gleichgewicht und schließen ein Geheimabkommen. Talleyrand nützt diese Situation geschickt zur Aufwertung der schwachen französischen Situation, tritt diesem Abkommen bei (3. Januar 1815) und sieht sich durch die Landung Napoleons bei Cannes gestärkt. Diese Bedrohung durch die Hundert-Tage-Herrschaft Napoleons fördert aber die Kompromißbereitschaft der Großmächte, so daß am 8. Juni 1815 mit der Wiener Kongreßakte das Ergebnis der Verhandlungen bekannt gegeben werden kann. Zustandegekommen sind die Ergebnisse vor allem durch ein Komitee der Großmächte; nie ist eine Vollversammlung zusammengetreten.

Frankreich behält seinen Besitz von 1792 und beschränkt sich auf das linksrheinische Gebiet; mit den Vereinigten Niederlanden (das bisherige Belgien unter österreichischer Herrschaft mit Holland), mit Schweden und Norwegen in Personalunion, mit der für immer als neutral erklärten Schweiz und dem um Savoyen erweiterten Königreich Sardinien-Piemont legt der Kongreß einen „Kranz mittlerer Staaten" um Frankreich.

Nicht überall können die alten Dynastien wieder ihre Herrschaft antreten wie in Spanien, Portugal, Sardinien, der Toskana, Neapel (nach einem gescheiterten Zwischenspiel Murats) oder im wiederhergestellten Kirchenstaat. Mit den österreichischen Sekundogenituren in der Toskana und in Modena, dem neugeschaffenen Königreich Lombardei-Venetien und dem Herzogtum Parma unter der Napoleon-Gattin Marie Luise von Österreich sichert Metternich maßgeblichen Einfluß in Italien für das Habsburgerreich. Italien selbst ist nur „geographischer Begriff"; keine zentrale Organisationsform ist für eine nationale Staatsform vorgesehen.

Österreich überläßt Belgien an die neugeschaffenen Niederlande, den Breisgau an Baden und Württemberg, erhält aber zugunsten der Abrundung des eigenen Gebietes Tirol, Vorarlberg, Kärnten, Krain, Triest, Galizien, Mailand, Venetien und Salzburg zurück. Als Vielvölkerstaat wächst es weit über das deutsche Gebiet hinaus, übt die Vorherrschaft in Italien aus und beansprucht im neugeschaffenen Deutschen Bund eine Führungsrolle.

Preußen gibt an Bayern Ansbach und Bayreuth, an Hannover Ostfriesland, Hildesheim, Goslar und Lingen und an Rußland die polnischen Gebiete aus der dritten Teilung Polens. Es begnügt sich mit der Teilung Sachsens und wird mit der Rheinprovinz (Kur-Trier, Kur-Köln, Aachen, Jülich und Berg) und Westfalen entschädigt. Nach dem Tausch von Lauenburg gegen Schwedisch-Vorpommern mit Dänemark ist es aber wirtschaftlich und konfessionell in zwei Teile gespalten, mit einer sich entwikkelnden Wirtschaft auf die Schaffung einer Verkehrs- und Markteinheit und Expansion angewiesen.

Die eigentlichen Gewinner der napoleonischen Ära werden jedoch Rußland und Großbritannien. Rußland gewinnt „Kongreßpolen" und ist endgültig zur führenden Kontinentalmacht aufgestiegen. Großbritannien in Personalunion mit dem neuen Königreich Hannover, im Besitz von Malta, Ceylon, der Kapkolonie und Helgolands bleibt für die nächsten hundert Jahre die beherrschende Seemacht. Mit dem Verbot der Vereinigung der beiden bourbonischen Häuser in Frankreich und Spanien, der Bildung des Königreiches der Niederlande auf der England gegenüberliegenden kontinentalen Küste, der Ausklammerung der Frage des Seerechts und der niederländischen Kolonien und der Schaffung eines ausgewogenen Kräfteverhältnisses auf dem Kontinent hat es das geschafft, wofür es in über zwanzigjähriger Kriegführung gegen Frankreich gekämpft hat: Sicherung der eigenen Seeherrschaft bei einem Gleichgewicht der Kräfte auf dem Festland („Balance of Powers"). Auf Grund eines starken öffentlichen Druckes in England setzt es sich außerdem für eine Deklaration ein, die ebenfalls Eingang in die Kongreßakte findet: Am 8. Februar 1815 erfolgt die feierliche Erklärung der Hauptmächte gegen den Sklavenhandel. Zwar kann noch nicht die Sklavenhalterei selbst, wohl aber der Handel mit Sklaven dadurch verboten werden. England sichert sich die Kontrolle auf See für diesen Bereich und setzt 1817 auch drohende Sanktionen für Sklavenhalterstaaten durch: Solche Staaten sollen von den europäischen Märkten ausgeschlossen werden. In London wird eine internationale Kommission zur Überwachung des Verbots eingerichtet.

Mit diesen Hauptbestimmungen hat der Kongreß zwar nicht eine vollständige Restaurierung des alten Zustandes erreicht, wohl aber eine ausgewogene Mächteverteilung im Sinne der Großmächte geschaffen. Das System bleibt angewiesen auf die Solidarität der Großmächte, die miteinander in Verbindung stehen müssen. Zunächst aber atmete „das alte fürstliche und adlige Europa auf, froh seiner wiedergewonnenen Sicherheit. Der große Plebejer war gefallen, der einmal doch den Hochgebornen

bewiesen hatte, was eines Mannes ungezähmte Kraft selbst in einer alten Welt vermag . . . Die alte Welt war wieder ganz ungestört, ganz unter sich". (H. v. Treitschke.)
Neben der Neuordnung der politischen Landkarte nach Napoleon in Europa ist auf dem Wiener Kongreß vor allem die Frage der Nachfolge des Deutschen Reiches zu lösen. Am 9. Juni 1815 wird die nach der 9. „deutschen Versammlung" in zweiter Lesung angenommene Bundesakte der allgemeinen Kongreßakte angegliedert (die ersten elf Artikel werden so unter den Schutz der Signatarmächte gestellt).
Die Erwartungen der deutschen Patrioten (und auch Steins) werden enttäuscht. An die Stelle des erhofften starken Zentralreichs tritt ein loser Staatenbund von 35 souveränen Fürsten und vier freien Reichsstädten. Zweck des Bundes ist die „Erhaltung der äußeren und inneren Sicherheit Deutschlands und der Unabhängigkeit und Unverletzbarkeit der einzelnen deutschen Staaten" (Artikel 2). Völkerrechtlich vertritt der Bund Bundesinteressen, können aber auch die Einzelstaaten ihre Interessen durch Kriege, Verhandlungen o. ä. vertreten. Oberstes Organ des Bundes wird ein ständiger Gesandtenkongreß, die Bundesversammlung in Frankfurt am Main. Im Plenum besitzen die Mittel- und Kleinstaaten soviel Stimmen, daß sie von den Königreichen nicht überstimmt werden können. Da zur Beschlußfassung Zwei-Drittel-Mehrheit vorgeschrieben ist, ist die Handlungsfähigkeit des Bundes beschränkt. Eine eigentliche Exekutive im Bundesbereich fehlt, Gesetze erlangen erst durch einzelstaatliche Gesetzgebung Rechtskraft. Das Bundesheer wird aus Kontingenten der Einzelstaaten gebildet; Mainz, Luxemburg, Landau, Ulm und Rastatt werden zu Bundesfestungen. Da für eine Veränderung der Bundesakte Einstimmigkeit erforderlich ist, hat diese Verfassung nahezu endgültigen Charakter. Ein Zugeständnis an die Tendenzen der Zeit wird allein im Artikel 13 gegeben, der vorsieht, daß in allen Bundesländern „landständische Verfassungen" eingerichtet werden sollen, wobei gleichzeitig das „monarchische Prinzip" gewahrt werden soll. Die Staatsgewalt in den Einzelstaaten muß damit in der Hand der Fürsten bleiben; eine Verfassung kann allenfalls die Ausübung und Mitwirkung der Rechte der Stände sichern.
Der Bund ist nicht nur organisatorisch die Negation des Nationalstaatsgedankens, ihm gehören mit dem König von England (als König von Hannover), dem König von Dänemark (als Herzog von Holstein und Lauenburg) und dem König der Niederlande (als Großherzog von Luxemburg) ausländische Herrscher an, und ihm bleiben Teile der Großstaaten Österreich und Preußen ausgegliedert (die polnischen, ungarischen und italienischen Gebiete Österreichs, West- und Ostpreußen sowie Posen). Solange Preußen und Österreich einig sind, funktioniert dieses System, das vor allem durch die Vormachtstellung Österreichs allein durch die Bekämpfung aller nationalstaatlichen Bestrebungen aufrecht zu halten ist.

„Der heilige Bund", geschlossen am 26. 9. 1815 von Zar Alexander I. von Rußland (rechts), Kaiser Franz I. von Österreich (Mitte) und König Friedrich Wilhelm III. von Preußen (links).

Auf der Pariser Friedenskonferenz 1815 legt Zar Alexander I. den Monarchen von Österreich und Preußen einen Vertragsentwurf vor, der den Frieden unter dem Banner des Christentums sichern soll. Seit dem Brand von Moskau ist der Zar von seiner Berufung als Friedensbringer und Erlöser der Völker erfüllt. Mystische und romantische Strömungen seiner Zeit in der orthodoxen Kirche Rußlands beeinflussen ihn, lassen ihn seit 1812 als „Bekehrter" und „Erwählter Gottes" für eine Erneuerung der Geschichte der Menschheit unter der alleinigen Führung des Souveräns Jesus Christus eintreten, der über die Völker als „Glieder einer und derselben christlichen Nation" herrscht. Als Vertreter der drei Wege der christlichen Religion sollen der protestantische König von Preußen, der katholische König von Österreich und der orthodoxe Zar von Rußland die gesamtchristliche Friedensordnung gewährleisten. Metternich sieht in diesem Dokument ein „lauttönendes Nichts", nimmt aber schließlich an dem Text entscheidende Korrekturen vor, um die liberal-christlichen Wendungen ins reaktionär-politische zu verkehren. Um den Zar nicht zu kränken, unterschreiben am 26. September 1815 die Monarchen von Rußland, Österreich und Preußen den Vertragstext. Alle europäischen Herrscher sind zur Mitunterzeichnung aufgefordert (mit Ausnahme des Papstes und des Sultans) und leisten nach und nach auch persönlich Folge mit Ausnahme des englischen Königs, der zwar beteuert, die gleiche Gesinnung zu haben, jedoch könne er ohne die Gegenzeichnung eines verantwortlichen Ministers keinen derartigen Vertrag eingehen.
Metternich und Alexander I. führen die Staaten Europas immer wieder zu Konferenzen zusammen, anfangs auch unterstützt von Castlereagh trotz britischer Zurückhaltung. Auf dem Kongreß von Aachen (1818) wird die Hl. Allianz der drei schwarzen Adler von Rußland, Österreich und Preußen um Frankreich erweitert; 1820 setzt Metternich auf dem Kongreß von Troppau das Interventionsprinzip gegen den britischen Widerstand durch. Man muß diese Vorgänge der äußeren Solidari-

tät vor dem Hintergrund der sich bereits voll entwickelten Auseinandersetzung mit der nationalen sehen (1819 wird mit den Karlsbader Beschlüssen auf breitester Front ein Vorgehen gegen die liberal-nationalen Bewegungen beschlossen), um zu erkennen, wie es Metternich gelingt, die Hl. Allianz nach 1818 mehr und mehr zu einem Instrument der Reaktion zu machen. Endlich gibt auch der Zar nach seinem anfänglichen Engagement sein Interesse an der Allianz auf, enttäuscht vom Scheitern seiner religiös-moralischen Interessen, von mehreren Anschlägen auf seine Person und vom polnischen Widerstand.

Vielleicht politisch noch wirkungsvoller als die von Anfang an durch idealistische Vorstellungen verschleierten Ziele der Hl. Allianz ist die sogenannte Quadrupelallianz zwischen England, Rußland, Österreich und Preußen, in der sich die Mächte auf die Erhaltung des politischen Status quo und zu Interventionen verpflichten, falls die Ordnung des Wiener Kongresses bedroht würde.

Doch nach 1820 wird deutlich, daß die gesamteuropäische Solidarität nicht zu verwirklichen ist. Vor allem England löst sich mehr und mehr aus der Politik der Bündnisse und Kongresse, sucht die „splendid isolation" und fördert als Vorkämpfer und Schutzmacht der kleinen Nationen deren Unabhängigkeit und die liberalen Bestrebungen auf dem Kontinent. Unter der Politik des Außenministers Canning (1822 bis 1827) wird das Bündnis der Gründerstaaten der „Heiligen Allianz" zum Gegenpol der englischen Politik, bleibt schließlich nur noch als konservativer Block bestehen (bis es unter einer Interessenkollision in der orientalischen Frage zwischen Rußland und Österreich zerbricht), dem mit England und Frankreich ein liberaler Westblock gegenübersteht.

Die Entwicklung politischer und weltanschaulicher Grundrichtungen Das Jahr 1815 und der Wiener Kongreß bilden in mehr als nur in der territorialen Machtpolitik einen Einschnitt in der neuesten Geschichte. Wenn es unter der Führung Metternichs gelingt, unter dem Banner von Solidarität, Legitimität und Restauration Europa äußerlich den Frieden zurückzubringen, so fällt damit gleichzeitig eine vorläufige Entscheidung über die politische Zukunft der Ideen der Französischen Revolution von 1789. Mit dem korsischen Emporkömmling fallen 1815 zugleich die politischen Herrschaftsansprüche des Bürgertums. Nicht, daß Napoleon der Garant der politischen Interessen des Bürgertums gewesen ist, wohl aber der machtpolitische Erbe der Ideen, die die Revolution und Politisierung der Bürger verursacht haben. Nach 1815 jedoch zieht sich ein Großteil der Bürger enttäuscht und gezwungen von dem Ergebnis des Wiener Kongresses in die entpolitisierte Wirtschafts- und Familiensphäre zurück. Das Biedermeier spiegelt in der Kunst diese Hinwendung zum privaten Bereich der Gemessenheit, Beschränkung, Gläubigkeit, Behaglichkeit und Beschaulichkeit bei politischer Entmündigung vor allem im deutschen Sprachraum wieder. Während aus möglichen Bürgern wieder Untertanen werden, findet dieser Vorgang gleichzeitig eine politisch-weltanschauliche Rechtfertigung durch die konservativen Denker des 19. Jahrhunderts. Viele wollen damit der Revolution die Bewahrung des organisch Gewordenen gegenüberstellen, das sich nicht einfach durch Ideen oder Verfassungen verändern lasse.

Die erste ernst zu nehmende Gesamtkritik an diesem Anspruch der Revolution unternimmt bereits 1790 das englische Unterhausmitglied und führende Mitglied der Whigs, Edmund Burke (1729 bis 1797). Aus Anlaß der Französischen Revolution

Die Teilnehmer des vom 18. 9. 1814 bis 9. 6. 1815 tagenden Wiener Kongresses. Vorn links und rechts, sitzend: Fürst Hardenberg (Preußen), Talleyrand (Frankreich), Graf Stackelberg (Rußland). Stehend: erster von links Wellington (England), sechster von links Metternich (Österreich).

Adam Smith (1723–1790). Begründer der klassischen Nationalökonomie. Radierung von Ridley.

trennt er sich von den liberalen Whigs und stellt in den „Reflections on the Revolution in France" (1790) den Gedanken der geschichtlichen Kontinuität als Grundidee konservativen (erhaltenden) Denkens dem totalen Anspruch der Revolution entgegen. Gerade die englische Verfassungsgeschichte zeige ihm, daß die Institutionen der Kirche, des Königtums, der Stände-, Familien- und Eigentumsordnungen in sich eine hohe Bedeutung trügen, die nicht einfach durch Vernunftprinzipien aufgehoben werden können. Die Franzosen de Bonard und de Maistre (1753 bis 1821) versuchen ebenfalls den Legitimismus der absolutistischen und feudalen Gesellschaftsordnung zu erweisen. De Maistre versucht, im „Du Pape" (1819) den Katholizismus und päpstlichen Primat auch als Grundlage der Staaten erneut zu begründen (Ultramontanismus). Bereits 1799 formuliert René Chateaubriand (1768 bis 1848) im „Essai sur les révolutions" seine Kritik an der Revolution von der Seite eines pietistischen Christentums her. Darin zeigt er eine ähnliche Haltung wie der deutsche Romantiker Friedrich von Hardenberg, gen. Novalis (1772 bis 1801), der 1799 in „Christenheit oder Europa" anstelle der gegenwärtigen Wirren ein verstärktes Bild der christlich-mittelalterlichen Ordnung entwirft. Gerade in der Romantik wird dem französischen Repräsentativsystem und der „Konstitutionskünstelei" abgesagt und dagegen das Vorbild eines idealisierten deutschen Mittelalters gestellt, das mit seiner festen Ordnung und Bindung das Volk an den Staat band. Der Preuße Friedrich Gentz (1764 bis 1832) übersetzt die Schriften Burkes und wird zum konservativen Denker, der allein durch den Konservativismus das europäische Gleichgewicht garantiert sieht. Als Vertrauter Metternichs unterstützt er dessen restaurative Politik. Der Staatstheoretiker Adam Müller (1779 bis 1829) formuliert in seinen „Elementen der Staatskunst" (1808/09) die Unteilbarkeit des gottgewollten, organisch gewordenen christlichen Ständestaates, der nicht naturrechtlich zu begründen sei und in seiner vielfältigen historischen Ausformung ein Recht auf Selbstbehauptung habe. Der Schweizer Karl Ludwig von Haller (1768 bis 1854) gibt der Zeit ihren Namen in seinem Werk „Restauration der Staatswissenschaften" (1816 bis 1834) und versucht eine eigene theoretische Begründung des Konservativismus zu geben: Der Staat habe vor allem die Aufgabe, das Bestehende zu erhalten, und ist privatrechtliches Eigentum des allein Gott verantwortlichen Fürsten. Dieser Fürst habe sein anvertrautes Gut nach bestem Wissen und Gewissen zum Wohl der politisch rechtlosen, zu Gehorsam verpflichteten Untertanen zu verwalten, in seiner Autorität gestützt durch die Kirche.

Während sich die Politik auf dem Kontinent unter der Führung Metternichs auf diese konservativen Ideen stützen kann, berufen sich viele Besitz- und Bildungsbürger auf die in England entwickelten liberalen Vorstellungen von der Freiheit der Person (gewährleistet in den Grund- oder Menschenrechten) in Glauben, Meinung und Wirtschaft (dabei vor allem Gewerbe-, Handels-, Unternehmer-, Koalitions- und Wettbewerbsfreiheit, Freizügigkeit in Staats- und staatsübergreifenden Wirtschaftsräumen), von einem Verfassungsstaat, der seine Herrschaftsgewalt durch Teilung und Grundgesetze einschränkt, als Rechtsstaat den Bürgern Sicherheit gewährt und vor allem innenpolitisch auf Machtpolitik verzichtet, der die politisch mündigen und besitzenden Bürger am Staat durch eine Repräsentation in einem Parlament beteiligt, das die Gesetze beschließt und die Regierung kontrolliert. Mit diesen Vorstellungen kommen die Ideen des Naturrechts, der Aufklärung, der reformatorischen Vorstellung von der Gewissensfreiheit, des deutschen Neuhumanismus und Idealismus (Kant, Schiller, W. v. Humboldt) und der klassischen Nationalökonomie (Adam Smith, Ricardo) im 19. Jahrhundert in einer einheitlichen Bewegung erneut zur Geltung. In der Unabhängigkeitserklärung und Verfassung der USA und in der Menschenrechtserklärung von 1789, der Verfassung von 1791, den Reformen in Preußen mit Bauernbefreiung, Städteordnung und Gewerbefreiheit und der Judenemanzipation sehen die Liberalen einige ihrer Vorstellungen bereits verwirklicht. Durch den Wiener Kongreß und die folgende Politik sind sie in die Defensive gedrängt, fühlen sich vor allem durch die Entpolitisierung vorzeitig auf den Bereich der Wirtschaft und Familie verwiesen, ehe notwendige weitere Reformen auf dem Kontinent durchgeführt sind. Daher kämpfen sie nach 1815 zuerst für eine Schaffung von Verfassungen und rechtsstaatlichen Garantien, dann aber auch für die Freiheit der Wirtschaft. Der Staat solle allein das freie Spiel der Wirtschaftskräfte, die persönliche Sicherheit und das Privateigentum garantieren, dann würde sich das Wirtschaftsleben selbst regeln, Angebot und Nachfrage auf dem freien Markt ausgleichen, den Fortschritt anregen, Arbeit, Wohlstand und Zufriedenheit garantieren. Diese Ideen wurden bereits von Adam Smith 1776 in seiner „Untersuchung über Natur und Ursache des Wohlstandes der Nationen" entwickelt. Als Endziel stellt man sich einen „Nachtwächter Staat" vor, der eine Politik des „Laissez faire" betreibt, was das „größte Glück der größten Zahl" sichern würde, wie es Herbert Spencer (1820 bis 1903) später formuliert. Die Philosophie Jeremy Benthams (1748 bis 1832) in „Einführung in die Grundlagen der Moral und Gesetzgebung" (1780) ist dabei ebenso maßgebend für den Liberalismus wie die Vorstellungen John Stuart Mills (1806 bis 1873) in seinem Werk „Über die Freiheit" (1859). Im „Staatslexikon" der badischen Professoren von Rotteck und Welcker (1834 bis 1848) findet sich die Darstellung des politischen Liberalismus, der in der ersten Hälfte des 19. Jahrhunderts immer mehr Anhänger gewinnt und um die Jahrhundertmitte seinen Höhepunkt erlebt.

Wie in der Französischen Revolution zeigt sich auch nach 1815 neben der gemäßigt liberalen noch eine radikalere demokratische Bewegung. Während die Liberalen sich durchaus noch eine durch eine Verfassung abgesicherte Konstitutionelle Monarchie vorstellen können, treten die Demokraten und Republikaner für eine eindeutige Verwirklichung der Gleichheit und Volkssouveränität ein. Vor dem Recht und der Freiheit des einzelnen solle das Recht der Mehrheit stehen, das im Staat repräsentiert sein solle. Darum geht es nicht allein um ein an den Besitz oder die Herkunft gebundenes Wahlrecht, sondern um ein allgemeines Wahlrecht, das die Gewählten an den Willen der Mehrheit der Bürger bindet. Mit diesen Vorstellungen weiß man sich in der Tradition der Gedanken Rousseaus, sieht sich aber vor allem bereits durch die französischen frühsozialistischen Theorien beeinflußt, in denen eine gerechtere Eigentumsverteilung, gleiche Bildungsmöglichkeiten und die Beseitigung der sich ausbildenden Klassen gefordert werden. Zunächst in erster Linie von den Kleinbürgern getragen, kann sich die demokratische Bewegung, je älter das Jahrhundert wird, desto mehr auf die anwachsende Klasse der gegen Lohn arbeitenden, nicht besitzenden Arbeiter stützen.

Es wird deutlich, daß es bei dieser Ausbildung politischer Grundrichtungen im 19. Jahrhundert nicht nur um die Verwirklichung weltanschaulicher Ideen, sondern um die konkrete Beteiligung von großen Bevölkerungsgruppen an der politischen, gesellschaftlichen und wirtschaftlichen Macht geht. Wenn der Konservativismus die feudale Ordnung restaurieren will, so unterstützt er letztlich damit die Macht bisher privilegierter Gruppen (des Adels und der Kirche z. B.); wenn der Liberalismus die freie Verwirklichung des einzelnen im Wirtschaftsprozeß anstrebt, so vertritt er die Interessen derer, die in diesem Wirtschaftsprozeß am meisten profitieren, und das sind im Zeitalter der Industriellen Revolution diejenigen, die über Grundbesitz, Eigentum an Geld oder an Maschinen, Arbeitsplätzen, Gruben usw. verfügen. Sofort aber entsteht die zentrale Frage nach der Sicherung und Beteiligung der lohnabhängigen Massen, die nun mehr und mehr in die Städte zu den Arbeitsplätzen ziehen. Während so im Laufe des 19. Jahrhunderts überall in Europa die demokratische Bewegung eine Erweiterung des Wahlrechts durchzusetzen versucht, wird gleichzeitig ihr Kampf mehr und mehr von sozialdemokratischen oder sozialistischen, gewerkschaftlichen und genossenschaftlichen Bewegungen übernommen.

Vertreter all dieser politischen Richtungen finden sich bei denen, die sich in jedem Fall gegen die alte Vorstellung einer Dynastienpolitik wenden: Der Staat wird seit der Französischen Revolution immer weniger als die feudale Ordnung einer Herrschaft unter einer Dynastie verstanden, sondern als die organische Einheit der Nation. Unter dem Eindruck der Französischen Revolution hat sich nicht nur Frankreich als Einheit zu fühlen begonnen, sondern besinnen sich auch die übrigen Völker auf ihre besonderen Gemeinsamkeiten: Raum und Abstammung (Nation von lat. nasci = geboren werden), Sprache, Geschichte, Sitten, Brauchtum, Religion, Temperament, besondere gewachsene Verbindungen u. a. m. Als die Franzosen sich unter der Marseillaise und der Trikolore in den Kriegen mit ihrem Staat identifizieren, ist der Unterschied zu den anderen Staaten deutlich geworden. Die Erfolge Frankreichs und Napoleons sind nicht zuletzt auf dieses entstandene Vaterlandsgefühl, den Patriotismus, der Franzosen zurückzuführen. Die drohende Überfremdung der Staaten Europas unter dem Eindruck der Revolution und unter Napoleon verstärken die nationalen Bindungen. Die Nationalbewegungen verbinden sich mit den Vorstellungen der Volkssouveränität ebenso wie mit den Ideen des Liberalismus oder der romantischen Geschichts- und Volksauffassung. Sie radikalisieren sich und bestimmen die Geschichte des 19. Jahrhunderts vor allem dort, wo die Vergangenheit noch keinen nationalen Staat hervorgebracht hat, in Deutschland, Italien, Polen, Ungarn, auf dem Balkan, in Belgien und Irland, dort, wo übernationale mächtige Staatsgebilde vorhanden sind, im spanischen Kolonialreich, Osmanischen Reich und im Österreichischen Kaiserreich, und dort, wo die vorhandene nationale Einheit unbefriedigend und ungenügend ist wie im Deutschen Bund. Nationalismus als Ausdruck der Überlegenheit einer Nation über die andere, Chauvinismus mit Bekämpfung anderer Nationalitäten, nationaler Minderheiten und Unterdrückung schwächer entwikkelter Nationen (im Imperialismus) werden so in der Geschichte des 19. Jahrhunderts immer wieder zu finden sein.

GRUNDZÜGE DER EUROPÄISCHEN STAATENGESCHICHTE BIS 1830

England im Zeichen der Industriellen Revolution Nach 1815 konzentriert sich die englische Innenpolitik zunehmend auf Grundprobleme, die mit der veränderten Wirtschafts- und Sozialordnung zusammenhängen. Da gleichzeitig das Ansehen der Krone unter der Regentschaft Georgs IV. (seit 1811 für seinen unheilbar erkrankten Vater Georg III., nach 1820 bis 1830 König von England und Hannover) sinkt, spielen sich die Auseinandersetzungen zwischen Regierung, Parlament und außerparlamentarischen Gruppen ab. Unter den Tory-Premierministern Robert Banks Jenkinson, Graf von Liverpool (1812 bis 1827), George Canning (Liberal Tory, 1827), Frederick John Robinson, Viscount Goderich (Liberal Tory, 1827 bis 1828) und Arthur Wellesley, Herzog von Wellington (1828 bis 1830), sind zuerst die wirtschaftliche Depression und Arbeitslosigkeit durch die Überproduktion zu überwinden. Gleichzeitig geraten die englischen Grundbesitzer durch die Wiederaufnahme der Getreideeinfuhren in Schwierigkeiten. Nachdem gerade sie durch die Kontinentalsperre profitiert haben, entsteht nun durch das billige Überseegetreide eine starke Konkurrenz. 1815 setzen daher die Grundbesitzer die Einführung von Getreideschutzzöllen durch, die von da an eines der Hauptprobleme der englischen Innenpolitik werden. Die davon hart betroffenen Arbeiter (bei niedrigsten Löhnen verteuert die Maßnahme die Lebensmittel) finden in dem Journalisten Cobbett (1762 bis 1835) ihren Anwalt und radikalisieren sich hin zur Forderung nach einer allgemeinen Parlamentsreform (u. a. Versammlung einer riesigen Arbeitermenge auf dem Petersfeld bei Manchester). Die Regierung läßt angesichts der gespannten Lage sechs Gesetze folgen, die Versammlungen von mehr als 50 Personen strikt verbieten, außerdem die Wirksamkeit der Presse stark einschränken. Unter dem Eindruck dieser Maßnahmen wandelt sich nach und nach die Einstellung gegenüber den Tories in England, die auch weiterhin zwischen liberalen Maßnahmen (Zulassung der Gewerkschaften, „Trade Unions", 1824, Lockerung der „Knebelgesetze" unter dem liberalisierenden Tory Canning) und Einschränkung der Arbeiterbewegung (Bestimmungen gegen Arbeitsvertragsvergehen) schwanken. Die entstandene Arbeiterbewegung gewinnt weiter an Boden, findet neben den politischen Führern Cobbett und Henry Hunt in dem Schneider Francis Place in Westminster einen pragmatischen Planer der Verbesserungsbemühungen, in Jeremy Bentham einen starken Befürworter eines allgemeinen, geheimen und gleichen Wahlrechts, und kann sich auf erste Erfolge im Kampf um die soziale Absicherung der Arbeiterschaft durch den Methodismus und die evangelikale Bewegung oder den unpolitischen Philanthropen Robert Owen (1771 bis 1858) stützen. Mit der ersten Fabrikvorlage von 1815 im Parlament, die allerdings erst 1819 durchgesetzt wird, wird die Arbeit von Kindern unter neun Jahren verboten und der Weg zur Arbeiterschutzgesetzgebung gewiesen.

Als zweites Hauptproblem stellt sich Großbritannien die Integration der katholischen Bevölkerung Irlands nach der Vereinigung mit England 1801. In dem Führer des irisch-katholischen Mittelstandes Daniel O'Connell (1775 bis 1847) findet die Bewegung um die Emanzipation der Katholiken einen streitbaren Fürsprecher. Nachdem er die nationale „Irish Catholic Association" 1825 reaktiviert hat, gelingt ihm 1828 der Eintritt ins Unterhaus. O'Connell findet seinerseits im Zuge einer allgemeinen Wandlung des Bewußtseins hin zum Liberalismus in dem Innenminister Robert Peel (1788 bis 1850) Unterstützung. Durch dessen Betreiben wird schließlich die Testakte des Jahres 1673 aufgehoben. Damit haben auch die Katholiken und Dissenters Zugang zu Staatsämtern erhal-

Schwur auf die Verfassung der Cortes von 1812 am 9. März 1820 in Madrid von König Ferdinand VII. von Spanien und der Besatzungstruppen unter dem Oberbefehlshaber D. Francisco Ballesteros. Stich von Rugendas.

ten. Doch O'Connell setzt seinen Kampf um die Rechte Irlands fort, bringt eine Erleichterung der Steuerlasten für Irland durch und fordert weiterhin die Aufhebung („Repeal") der Union mit England von 1801.

In der Außenpolitik Englands bildet das Jahr 1822 eine entscheidende Wende. Während bis dahin der insgeheim mit der allgemeinen Repressionspolitik sympathisierende Außenminister Castlereagh die Bindung an die Kontinentalmächte aufrechterhalten möchte und das Foreign Office weiterhin in alter Geheimdiplomatie führt, öffnet sein Nachfolger die Außenpolitik der Öffentlichkeit, die bereits vorher in der Frage der Unterstützung der südeuropäischen nationalen und liberalen Bewegungen ihren Anspruch auf Berücksichtigung auch in der internationalen Politik angemeldet hat. Unter diesem Druck muß bereits Castlereagh die Solidarität der Großmächte 1820 verlassen, erklärt eine geplante Intervention der Mächte für völkerrechtswidrig, da die Unruhen in Südeuropa Angelegenheit der Innenpolitik dieser Staaten seien. 1821 wird an diesem Standpunkt festgehalten, und 1822 nimmt sich Castlereagh vor dem Zusammentritt des Kongresses in Verona am 12. August nach einem Nervenzusammenbruch das Leben. Mit dem neuen Staatssekretär des Äußeren, George Canning, beginnt England klar die Freiheitsbestrebungen der Nationen zu unterstützen und erkennt z. B. Griechenland und die südamerikanischen Staaten in ihrer Unabhängigkeit an.

Nationale und liberale Bewegungen in Südeuropa Von Spanien bis Griechenland erleben die südeuropäischen Staaten zwischen 1815 und 1830 revolutionäre Unruhen, die Auswirkungen auf das „Internationale System" zeigen. So bricht am 1. Januar 1820 in Spanien unter der Führung von Oberst Rafael Riege (geb. 1785) ein Aufstand gegen die neuabsolutistischen Regierungsmaßnahmen von König Ferdinand VII. aus. Während der König die Aufständischen hinhält, ruft er die Großmächte um Intervention an, die nur gegen Englands Protest zustandekommt. Nach dem Sieg eines spanisch-französischen Heeres 1823 endet der Aufstand in einem blutigen Strafgericht. Die Franzosen bleiben im Land, auch als nach Ferdinands Tod (1828) in den Karlistenkriegen (1834 bis 1839) die alten Gegensätze wieder aufbrechen. Parallel zu den Unruhen in Spanien selbst geht nun endgültig das spanische Imperium in die Brüche: In den südamerikanischen Kolonien verläuft der Befreiungskampf unter amerikanischem Schutz („Monroe-Doktrin") erfolgreich.

Auch wenn wie in Spanien in Portugal eine revolutionäre Erhebung unter Oberst Sepulveda (1821) letztlich mit einem Mißerfolg und der Reaktion endet, offenbaren die parallelen innenpolitischen Auseinandersetzungen, daß die Wunde, die die Französische Revolution in das alte Europa geschlagen hat, weiterwuchert. Die Restauration der alten Gewalten vollzieht sich auch hier nur im Kampf mit den Cortes, die sogar den Versuch unternehmen, eine eigene Verfassung durchzusetzen. Nach längeren Unruhen, dem Herrschaftswechsel von Johann VI. über seine Tochter Maria II. da Gloria (1826 bis 1853), Dom Miguel (1827/28), Kaiser Pedro I. (von Brasilien) bis hin zum Gemahl von Maria II., Herzog Ferdinand von Sachsen-Coburg-Gotha (1837 König), können die Unruhen erst im Jahr 1847 als beendet angesehen werden. Auch hier findet parallel die Auflösung des Kolonialreiches statt, als sich Brasilien in seiner Unabhängigkeit – wiederum mit amerikanischer und britischer Unterstützung – behauptet.

Nach der Restauration durch den Wiener Kongreß trägt der seit 1796 bestehende Geheimbund der Carbonari die Hoffnungen in Italien auf einen erfolgreichen Kampf um die italienische Einheit gegen die Österreicher und die wieder eingesetzten Bourbonen im Königreich beider Sizilien. Dort zwingt eine Revolte der Carbonari 1820 in Nola Ferdinand I. eine Verfassung ab. Der General Guglielmo Pepe (1783 bis

1855) führt die Bewegung an, erleidet jedoch gegen die vom König heimlich herbeigerufenen österreichischen Hilfstruppen eine Niederlage. Hier ist die Reaktion ebenso scharf wie in Piemont, wo König Emanuel I. angesichts der übergreifenden Revolution gleichfalls die Österreicher zu Hilfe gerufen hat. Wie scharf die Österreicher durchgreifen, schildert der Dichter Silvio Pellico (1789 bis 1854) in seinem Buch „Le mie prigioni" (1832) aus dem Gefängnis auf der Festung Spielberg bei Brünn, wo er zusammen mit dem lombardischen Carbonariführer Graf Confalonieri eingekerkert ist. Doch bleibt gerade für den österreichischen Herrschaftsbereich festzuhalten, daß selbst im Zeitalter der Reaktion in mancher Hinsicht die reformerische Tätigkeit fortgesetzt wird, die bereits im Zeitalter des Aufgeklärten Absolutismus die Lombardei, Toskana u. a. zu relativ fortschrittlichen Staaten gemacht hat.

Die nationalen und liberalen Bewegungen bleiben nicht auf den westlichen Mittelmeerraum beschränkt. Bereits 1804 beginnt auf dem Balkan ein Aufstand der Serben unter Kara Georg Petrović, gen. Karadjordje (= schwarzer Georg). Die alte Tradition des Großserbischen Reichs, durch die orthodoxe Kirche immer aufrechterhalten, die Volksdichtung und die immer wieder aufflammenden Partisanenkämpfe gegen die Türken erhalten neuen Auftrieb durch eine niedergeworfene Rebellion der Janitscharen von Belgrad. Die dörflichen Autonomien, städtischen Zünfte, Knezen (Dorfschulzen), Händler und Priester führen den Widerstand der siegreichen Serben an, die sich weigern, die Waffen niederzulegen. Der Aufstand endet mit der Schaffung einer selbständigen politischen Ordnung durch die Serben mit Senat und Skupschtina (jährlicher Landtag mit Vertretern der Geistlichen, Kaufleute und Bauern). Karadjordje nimmt eine beherrschende Stellung ein. Obwohl die Türkei im Frieden von Bukarest eine serbische Autonomie anerkennt, besetzt sie das Land kurz darauf erneut. Erst ein zweiter Aufstand nach 1815 bringt den Serben die innere Autonomie gegen Tributverpflichtung an die Türken. Im Vertrag mit der Pforte wird die türkisch-serbische Doppelverwaltung 1816 vereinbart. Für eine liberale politische Ordnung aber ist die serbische Gesellschaft noch nicht reif: Der Führer des zweiten Aufstandes, Milosch Obrenović (1780 bis 1860), läßt Karadjordje 1817 ermorden, wird zum erblichen Oberknez gewählt und von der Pforte anerkannt. In geschicktem politischen Spiel zwischen Rußland und der Türkei kann er seine Herrschaft ausbauen und im Frieden von Adrianopel 1830 endgültig sichern.

Zar Nikolai I. von Rußland (1825–1855). Zeitgenössische Lithographie.

Griechenland genießt im Osmanischen Reich seit langem eine Sonderstellung. Durch die oft gewährte lokale Selbstverwaltung, den Einfluß der griechisch-orthodoxen Kirche und der Handelsaristokratie, die einen Großteil des griechischen Handels monopolartig in Händen hält, sind bereits Vorstufen einer möglichen Einheit gegeben. Seit 1814 gewinnt die patriotische Bewegung durch Bildung von Hetairien (Geheimbünden) großen Aufschwung. Die von Kaufleuten getragenen Bünde werden in Athen und Odessa gegründet, verbreiten sich schnell über ganz Griechenland, werden von griechischen Kaufleuten in Konstantinopel und ganz Europa unterstützt. Sehr systematisch wirkt man auf die öffentliche Meinung in Europa ein und bereitet den Aufstand vor, der schließlich 1821 in Jassy beginnt. Der Führer der Häterie seit 1818, Fürst Alexander Ypsilanti, wird jedoch geschlagen und auf österreichisches Gebiet abgedrängt. Dort wird er bis 1827 gefangengehalten. Überall erheben sich nun die Griechen und verkünden auf einem eiligst zusammengerufenen Nationalkongreß in Epidauros am 1. Januar 1822 die Unabhängigkeit des hellenischen Volkes und die Volkssouveränität. Die Wirkung auf dem ganzen Kontinent ist dank der vorherigen Propaganda unübersehbar: Begeistert feiern konservative und liberale „Philhellenen" (wie Ludwig I. von Bayern, Chateaubriand, Jean Paul, Hölderlin u. a.) den Aufstand, sammeln sich Freiwillige (wie Lord Byron) in Genf. Die Mächte selbst können sich nicht einig werden: England erklärt seine Neutralität, Rußland sein Wohlwollen, Österreich wehrt sich gegen die russische Intervention. Als aber die Ägypter unter Ibrahim Pascha zugunsten der Türken eingreifen, einigen sich England, Rußland und Frankreich (Londoner Vertrag 1827) zugunsten der griechischen Autonomie. Bei einem vielleicht ungewollten Zusammentreffen beider Flotten erleiden die Mohammedaner bei Navarino eine vernichtende Niederlage. Damit ist die Vorentscheidung gefallen; in Griechenland wird Graf Kapodistrias, der Hetairiengründer von Athen, zum Präsidenten der Republik gewählt. 1828 und 1829 führen die Türken gegen die Russen Krieg, der schließlich bei preußischer Vermittlung im Frieden von Adrianopel beendet wird. Deutlich zeigt sich dabei das machtpolitische Interesse Rußlands: Es erlangt die Donaumündung, Schutzrechte über Griechenland, dessen Souveränität endgültig auf der Londoner Konferenz (1830) anerkannt wird. Nach der Ermordung Kapodistrias 1831 in einem Bürgerkrieg wird 1832 Otto I. von Bayern zum König gewählt, der bis 1862 (seit 1843 mit Parlament) regiert.

Rußland unter Alexander I. und Nikolai I. Rußland wird nach 1815 in zwei Phasen zu einer maßgeblichen europäischen Großmacht: Nach den Initiativen Kaiser Alexanders I. (1801 bis 1825) in der Heiligen Allianz zwischen 1820 und 1823 verläßt es unter Nikolai I. (1825 bis 1855) den gemeineuropäischen Kurs und treibt mehr und mehr eine selbständige Machtpolitik, die zu Interessenkollisionen mit Österreich führt. Es unterstützt die Freiheitsbemühungen der Balkanstaaten, drängt auf die Verwirklichung des Friedens von Bukarest, gewinnt das ganze Donaudelta von den Türken, einen Teil Armeniens und hält bis 1834 die Donaufürstentümer unter russischer Verwaltung. Damit verfolgt es weiter das alte Ziel eines Zugangs zum Mittelmeer, wobei neben die Machtpolitik gegen die Türkei nun die Unterstützung von Freiheitsbewegungen, die den Gegner schwächen, tritt.

Daß es dabei den Zaren nicht um die Unterstützung liberaler Tendenzen geht, zeigt die Innenpolitik jener Jahre. Sehr schnell verläßt schon Zar Alexander I. nach der Ankündigung liberaler Institutionen in ganz Rußland bei der Eröffnung des polnischen Reichstags (1818) die liberale Politik. Kongreßpolen erhält zwar eine eigene Konstitution (mit Zweikammersystem, selbständigem Heer und Verwaltung), doch im russischen Reich selbst entstehen keine vergleichbaren Einrichtungen. Unruhen treten vor allem in den russischen Militärkolonien auf, die nach österreichischem Vorbild als Militärgrenze gegenüber dem Osmanischen Reich angelegt werden. Die dort neu angesiedelten 300 000 Bürger unterstehen ebenso wie die alte Einwohnerschaft schärfsten Reglementierungen und wehren sich dagegen. Dieser Widerstand wird aber ebenso gebrochen wie die Erhebung der Dekabristen in St. Petersburg am 26. Dezember 1825. Hier lehnt sich in erster Linie die Jugend des russischen Adels (meist Gardeoffiziere) gegen die absolutistische Herrschaft in Rußland auf. Ihre Ideen zielen auf die Schaffung eines konstitutionell-föderalistischen Staates (Nordbund) oder eines republikanisch-zentralistischen Staatenbundes (Südbund) und zeigen sich stark von den liberalen Ideen in Westeuropa beeinflußt. Der Aufstand wird im Keim erstickt und die Urteile sind gegen die Aufständischen scharf: Die fünf Haupttäter (darunter der Führer des Südbundes Oberst Paul Pestel) werden gehängt, mehr als 120 nach Sibirien verbannt. Das öffentliche und geistige Leben wird „gleichgeschaltet" und scharf überwacht (III. Abteilung der kaiserlichen Kanzlei unter Führung Alexander Benkendorffs).

Die Staaten des Deutschen Bundes zwischen Restauration und nationaler Opposition Die Enttäuschung der politisch Mündigen im deutschen Sprachraum ist nach 1815 tief. Bereits 1815 wird in Jena als Reaktion auf die enttäuschenden Beschlüsse von Wien die Deutsche Burschenschaft gegründet. Unter den „Reichsfarben" Schwarz-Rot-Gold vereint man sich zum Kampf für „Ehre, Freiheit, Vaterland". Aus dem Programm ist das Eintreten für die „werdende Einheit des teutschen Volkes" ebenso ablesbar wie für liberale Verfassungen. Auf dem 1817 zur Erinnerung an die Reformation und die Leipziger Völkerschlacht zusammengerufenen Wartburgfest der Burschenschaftler werden flammende Reden für die Einheit und Freiheit des deutschen Volkes gehalten, schließlich die Bundesakte, reaktionäre Schriften und Bundessymbole öffentlich verbrannt. Die Radikalen treiben zur Tat. Der Überzeugungstäter und Student Karl Ludwig Sand ermordet nach langer Vorbereitung 1819 den Schriftsteller Kotzebue, der als russischer Staatsrat im Dienst des Zaren steht und ihm als Agent der Restauration erscheint. Metternich sieht in dieser Tat das Signal für Gegenmaßnahmen, die nun gegen den Anarchismus ergriffen werden müßten, und ruft die Vertreter der wichtigsten Regierungen nach Karlsbad, wo scharfe Beschlüsse gegen die Burschenschaften und liberale Umtriebe erlassen werden: eine Kontrolle der Lehre der Professoren an den Universitäten, das Verbot der Burschenschaften, Ausschluß vom Studium im Falle der nachweislichen revolutionären Tätigkeit, Pressebeschränkungen und Einrichtung einer Zentraluntersuchungskommission in Mainz. Diese Beschlüsse werden Bestandteil der Wiener Schlußakte und damit der Bundesverfassung. Die liberale und nationale Bewegung ist damit im Deutschen Bund offiziell ausgeschaltet und wird mit polizeistaatlichen Mitteln überall verfolgt: Der Turnvater Jahn wird aufgrund dieser Beschlüsse zur Festungshaft verurteilt, Ernst Moritz Arndt seines Lehrstuhls in Bonn enthoben, Joseph Görres das Amt als „Generaldirektor des Unterrichts" in der preußischen Rheinprovinz abgesprochen. So bleibt der äußere Friede bis 1830 durch polizeistaatliche Maßnahmen erhalten; der Widerstand geht in den Untergrund, ist für die Fürsten immer greifbar vorhanden und harrt eines neuen Fanals, um wieder zu einer revolutionären Bewegung anwachsen zu können.

Obwohl grundsätzlich in Artikel 13 der Wiener Bundesakte festgehalten worden ist, daß eine „landständische Verfassung" in den Bundesstaaten eingerichtet werden solle, ist dies nur ein halbherziges Zugeständnis an die Tendenzen der Zeit: Die Ständeordnung und das „monarchische Prinzip" sind der radikal-demokratischen Forderung nach Abgrenzung der Bürgerrechte und Sicherung ihrer Mitsprache entgegengesetzt. Dennoch zeigen die eingerichteten Verfassungen der Bundesstaaten (Nassau 1814, Sachsen-Weimar, Schwarzburg-Rudolfstadt, Schaumburg-Lippe, Waldeck 1816, Bayern, Baden 1818, Württemberg 1819, Hessen-Darmstadt 1820; bis 1830 insgesamt 15 Staaten) gewisse Einschränkungen der fürstlichen Gewalt: Die monarchische Gewalt bleibt zwar in der Exekutive ungeteilt, Mitspracherecht einer Volksvertretung (im Ständewahlsystem bestimmt) wird in der Gesetzgebung gewährt; allein über die Steuererhebung, nicht aber über die Ausgaben des Staates darf die Volksvertretung mitbestimmen. Gelegentlich geht das Wahlrecht sogar in ein Zensuswahlrecht über, wird eine klare Abgrenzung der Gewalten formuliert, werden Grundrechte wie die Freiheit der Person, Freizügigkeit, Erwerbsfreiheit, Rechtsgleichheit (jedoch Einschränkungen in bezug auf den Geburts-, Besitz-, Bekenntnis- oder Bildungsstand) oder Meinungsfreiheit niedergelegt, so daß man die nach 1814 entstehenden Verfassungen durchaus als Fortschritt ansehen kann. Es ist jedoch nicht zu übersehen, daß es sich nicht um eine Beteiligung der politisch mündigen Bürgerschaft bei der Abschaffung veralteter feudalistischer Ordnungen handelt, sondern um Bemühungen der Fürsten, aus „Staatsräson" und Selbstbehauptungswillen die Verfassungsbewegung der Bürger abzufangen.

Vor allem die süddeutschen Staaten werden zu Vorkämpfern des Konstitutionalismus. Die Ausformung eines spezifisch süddeutschen Liberalismus (Baden) mit pazifistischen und nationalen Ideen (Welcker), Forderungen nach Selbstverwaltung, Schwurgerichten, Volksheeren und einer nationalen Wirtschaft (Friedrich List) zeigt dies deutlich. In München bildet sich nach der Flucht Görres' aus Bonn um den 1827 an die Universität berufenen Professor eine katholisch-liberale Bewegung, die ebenfalls in Frankfurt und Köln/Bonn vertreten ist. Dieser katholische Liberalismus bindet sich vor allem in den Kämpfen mit dem preußischen Staat enger zusammen.

Preußen wird damals im Deutschen Bund nicht nur von den süddeutschen Liberalen, sondern auch vom norddeutschen Liberalismus (um Dahlmann, Droysen) bereits als die mögliche Führungsmacht hin zu einer anderen als der gegenwärtigen deutschen Einheit angesehen. Obwohl es selbst trotz des 1815 abgegebenen Verfassungsversprechens des Königs ohne zentrale Verfassung bleibt, 1819 ausdrücklich auf eine „allgemeine, mit der geographischen und inneren Gestaltung seines Reiches unverträgliche Volksvertretung" verzichtet und das Staatswesen durch eine Provinzialordnung (1824) und eine Kreis- (1822) und Gemeindeordnung (1845) zu regieren versucht, wird Preußen vor allem durch die bereits 1818 geschaffene Zolleinheit (Beseitigung der 67 verschiedenen Zollgebiete im Preußischen Reich, Wegfall der Binnenzölle) zum Vorkämpfer einer nationalen Zolleinheit, die viele Liberale unter Führung Lists als Vorbedingung einer tatsächlichen deutschen Einheit ansehen.

Diese latente Einheitsbewegung muß gegen den Bund durchgesetzt werden. Als Partner gegen den Führer im Deutschen Bund, Österreich, erscheint das erstarkte Preußen. Dennoch läßt es dessen politische und territoriale Lage (Auseinanderfallen in ein evangelisches Ost- und ein katholisches Westreich bei weiterhin uneinheitlicher wirtschaftlicher Strukturierung) nicht zu, in einem liberalen Staat die Interessen gegeneinander ausspielen zu lassen. So bleibt Preußen ein absolutistisch und bürokratisch regierter Staat, der einem später zu verwirklichenden Deutschen Reich von Anfang an das belastende Kapital einer nicht verwirklichten Liberalisierung und Konstitutionalisierung mitgibt.

Lord Byron in der Tracht eines griechischen Freiheitskämpfers. Gemälde von T. Phillips. National Portrait Gallery, London.

Die bourbonische Restauration in Frankreich (1814 bis 1830) Es bleibt in Europa angesichts der Behauptung der Restaurationspolitik die Frage offen, ob es auch dem wiedereingesetzten Hause der Bourbonen in Frankreich gelingt, nach 15 Jahren Revolutions- und Kriegswirren, nach gewährten Freiheiten und gewachsenem Selbstbewußtsein seiner Bürger, das Land zu befrieden. Der Bruder des hingerichteten Ludwigs XVI., Ludwig XVIII. (1814 bis 1824), verkennt die Schwierigkeit seiner Aufgabe nicht: Er tritt nicht das Erbe des Ancien Régime, sondern das Napoleons an. Er bestätigt darum den napoleonischen Adel in seinen Rechten, behält die Verwaltungsordnung des Kaiserreiches bei und regiert mit liberalen und gemäßigten Ministern. Auf den Rat seines übernommenen Ministers Talleyrand hin (1754 bis 1838)

Ludwig XVIII. von Frankreich in seinem Arbeitszimmer. Gemälde von François Gérard. Museum Versailles.

gibt Ludwig XVIII. Frankreich auch eine Verfassung, die Charte Constitutionelle (4. Juni 1814), die zum Vorbild vieler deutscher Verfassungen wird: Mit ihrer Gewaltenteilung, einem Zweikammersystem und Zensuswahlrecht, einem Steuerbewilligungsrecht ohne Gesetzesinitiative, mit Grundrechten und weitgehender Publikationsfreiheit gewährt sie ein Mittelmaß zwischen der Restauration der alten Ordnung und den liberalen Tendenzen der Revolution.

In der nach 1816 mehrheitlich von Konstitutionellen getragenen Kammer wird Frankreich neben England zum Vorbild eines sich entwickelnden Parlamentarismus. Heftige Prinzipienkämpfe, wie die um die Pressefreiheit oder das Wahlrecht, Parteiungen mit der Bildung von Sitzordnungen („links" und „rechts") lassen Frankreich neben England als einen Hort des Liberalismus erscheinen. Schwierigkeiten entstehen vor allem, als der Führer der ultra-royalistischen Reaktion, der Neffe des Königs und einzige Fortsetzer der Dynastie, Herzog von Berry, von dem Fanatiker Louvel am 14. 2. 1820 in Paris erstochen wird. Ludwig muß den erstarkenden Ultra-Royalisten mit einem neuen Wahlrecht, mit Ausnahmegesetzen und härterer antiliberaler Politik entgegenkommen. Dennoch kann er den inneren Ausgleich weiterhin bis zu seinem Tode einigermaßen bewahren.

Als dann 1824 sein Bruder Karl X. (bis 1830) König wird, sieht sich die royalistische Reaktion weit stärker als bisher unterstützt. Karl meint, mit dem Emigrantenadel und dem Klerus gegen den Geist der Revolution regieren zu können. Die Liberalen fürchten zu Recht eine Erneuerung des alten Bundes zwischen reaktionärem Adel, Kirche und Königtum und äußern zunehmend ihren Widerspruch (Pierre Paul Royer-Collard, Félicité de Lamennais, Graf François Dominique de Montlosier) und organisieren sich angesichts der schärfer werdenden Repressionsmaßnahmen (Pressegesetze, kirchliche Schulaufsicht, Rückkehr der Jesuiten, Wahlrechtsänderung zur Stärkung der ultraroyalistischen Spitze). Geheimbünde (nach italienischem Vorbild „Carbonnerie" genannt) unter Führung La Fayettes bilden sich; alte Kriegslieder aus der Zeit der napoleonischen Kriege leben wieder auf (Béranger), und der Napoleonkult erhält großen Auftrieb. Der Korse wird erneut als der Vorkämpfer der Freiheit und Größe Frankreichs gegen die veralteten und reaktionären Mächte inner- und außerhalb Frankreichs hochgehalten. Auch der außenpolitische Erfolg Frankreichs in Griechenland und bei der Eroberung Algiers (der Staatsschatz Algeriens in Höhe von 50 Millionen Franken füllt die königliche Kasse und bildet Ausgangspunkt für den französischen Kolonialismus) kann die innere Spannung nicht mehr entladen.

DIE JULIREVOLUTION IN FRANKREICH UND IHRE FOLGEN

In den im Mai 1830 ausgeschriebenen Neuwahlen erlangen die Gegner der reak-

tionären Regierung Polignac die Mehrheit. Als der König daraufhin unter Berufung auf den Artikel 14 der Charte Constitutionelle, der ihn zu Sicherheitsmaßnahmen ermächtigt, drei Ordonnanzen zur Aufhebung der Pressefreiheit, der erneuten Änderung des Wahlrechts (Bindung an Großgrundbesitz) und zur Auflösung der eben gewählten Kammer erläßt, da ist die öffentliche Meinung bereits derart aufgeputscht, daß Paris nach vierzig Jahren erneut zum Schauplatz von Barrikadenkämpfen gegen das bourbonische Königshaus wird (28. Juli 1830). Karl X. wird von seinen Truppen im Stich gelassen und muß nach England fliehen. Doch entgegen den Erwartungen einer Wiederherstellung der Republik wählt die liberale Kammermehrheit den Herzog Louis Philippe von Orléans zum neuen König und verbleibt somit bei der bisherigen Verfassung, wobei allerdings nun der König seine Legitimität nicht von der Verfassung hat, sondern erst aus der Wahl gewinnt. Der „Bürgerkönig" Louis Philippe (1830 bis 1848) nennt sich denn auch nicht mehr wie seine Vorgänger „König von Frankreich", sondern „König der Franzosen von Gottes Gnaden und durch den Willen des Volkes". Erneut wird anstelle des bourbonischen Lilienbanners die revolutionäre Tricolore wieder Staatssymbol.

Man kann sich darüber streiten, ob die Julirevolution eine eigentliche „Revolution" gewesen ist. Eine gesellschaftliche und politische Umwälzung im engeren Sinne hat sie nicht bewirkt. Es bleibt das Zensus-Wahlrecht zugunsten des Großbürgertums erhalten; die Arbeiterbewegung hat sich nur am Rande angekündigt: In einem Pariser Vorort wird 1832 zum ersten Male die rote Fahne als Ausdruck des bewaffneten Widerstands gegen den Klassenstaat gezeigt. Ein häufiger Regierungswechsel unter Louis Philippe ist Zeichen dafür, daß es dem Bürgerkönig nur sehr mühsam gelingt, zwischen Revolution und Restauration in Frankreich verfassungs- und innenpolitisch zu agieren. Die grundsätzlichen Gegner des Regimes (Legitimisten, Republikaner und Bonapartisten) beginnen sich nach 1840 bereits wieder zu regen und finden nun eine neue Anhängerschaft in dem in diesem System benachteiligten Kleinbürgertum und in der Arbeiterschaft.

Die Julirevolution verhilft in vielen Staaten Europas dem liberalen Verfassungsdenken zu einem verschärften Kampf um seine politischen Vorstellungen. Mit der Julirevolution erlebt der Liberalismus seinen Durchbruch. Da er sich in Belgien gleichzeitig mit einem national- und volkspolitischen Problem verbindet, wirkt sich die Julirevolution dort am folgenreichsten aus. Hier hat sich seit der Union Belgiens mit Holland zum Königreich der Niederlande (seit 1815) der Gegensatz zwischen den ca. 3,5 Millionen katholischen Belgiern und den etwa 2 Millionen protestantischen Holländern zu einem Verfassungskonflikt zugespitzt. Die Belgier treten unter Wilhelm I. (1815 bis 1840) für eine ihrer Bevölkerungsstärke entsprechende Repräsentation in der Staatsspitze ein. Bis dahin aber sind in Beamtentum und Regierung die Holländer überrepräsentiert, liegen alle wichtigen Staatsinstitutionen auf holländischem Boden, sind Katholiken in dem Staat benachteiligt. Trotz der eigentlich wirtschaftlich vorteilhaften Allianz erheben sich darum die Belgier und bitten gleichzeitig England und Frankreich um Unterstützung (August 1830). König Wilhelm von Holland entsendet ein Heer nach Brüssel, muß jedoch nach Straßenkämpfen eine Niederlage einstecken. Die Belgier bilden eine provisorische Regierung, erklären am 4. Oktober 1830 ihre Unabhängigkeit und planen Wahlen zu einem Nationalkongreß. Die Engländer wünschen keinen französischen Einfluß und sind bereit, für diesen Preis den Plan von 1815, in einem vereinten Holland–Belgien einen Pufferstaat gegenüber Frankreich zu gründen, aufzugeben. So berufen sie eine Konferenz der Großmächte nach London, die Belgiens Unabhängigkeit und Neutralität auf alle Zeiten erklärt. Es ist kein eigentlich nationaler Staat, sondern ein Flamen und Wallonen in einem liberalen Verfassungs- und Rechtsstaat zusammenfassendes Gebilde entstanden, das seine Existenz im Zeitalter der entstehenden Nationalstaaten erst behaupten muß. Vor allem die freiheitliche Verfassung nach englischem Vorbild unter dem gewählten ersten König Leopold I. aus dem Hause Sachsen-Coburg („König der Belgier") garantiert neben dem Schutz der Großmächte dem neuen Staat seine Zukunft.

Während so im Westen ein neuer Staat auf liberaler Grundlage entstanden ist, geht im Osten Europas der letzte Verfassungsstaat in den Auseinandersetzungen nach 1830 unter. Im November 1830 erhebt sich das Volk in Polen, das seine politische Einheit und Unabhängigkeit wiedergewinnen will. Aber weder Rußland als Oberherr des Königreiches noch Österreich oder Preußen als Herren über polnische Gebiete haben ein Interesse an einem wiedererstarkten Polen. Ohne Hilfe von außen unterliegen die Polen unter der Führung von Leutnant Wysocki. Rußland gliedert das 1815 geschaffene „Kongreßpolen" seinem Staatsverband als Protektorat ein; Armee und Reichstag werden beseitigt, die polnische Kirche der russisch-orthodoxen angegliedert, die Universitäten von Wilna und Warschau geschlossen.

Auch nach Südeuropa strahlen die Wirkungen der Julirevolution von 1830 aus. In Italien kommt es zu Aufständen in den italienischen Mittelstaaten Modena, Parma, Bologna und in der Romagna, die von der bürgerlichen Oberschicht getragen werden. Doch zu vereinzelt sind die Aufständischen, zu gering die organisatorische und ideologische Vorbereitung, als daß die Bemühungen um eine Repräsentativverfassung durchdringen. Die Österreicher halten in ihren eigenen Staaten die Liberalen mit Verfassungsversprechen hin und greifen schließlich schnell und hart durch. Frankreich, das sich anfangs (u. a. mit der Besetzung Anconas) deutlich für die Freiheitskämpfer engagiert hat, muß sich auf den Widerstand der europäischen Großmächte hin zurückziehen und verliert dadurch viel von seinem Prestige in Italien. In der Folge konzentrieren sich die liberalen und nationalen Bewegungen in Italien mehr auf die ideologische und organisatorische Vorbereitung der Revolution und verlassen sich noch weniger auf ausländische Hilfe.

England kann die Revolution von 1830 (wie auch die folgende von 1848) vermeiden, wobei ihm seine wirtschaftliche Weltstellung zugute kommt. Es bewältigt die Probleme des modernen industriellen Massenstaates bereits zu dieser Zeit, in der die anderen Staaten Europas von den bürgerlichen Revolutionen erschüttert werden. Dabei wird Englands Herrschaftsform nicht wesentlich gefährdet. Sicher, das Revolutionsgeschrei reicht auch nach London herüber und wird von den seit 1825 wieder zugelassenen Trade Unions unterstützt. Doch als die neue Whig-Regierung 1832 ein Wahlreformgesetz durchbringt, beruhigt sich die Situation relativ schnell, obwohl dieses Gesetz keineswegs bereits das allgemeine, gleiche und geheime Wahlrecht allen Engländern zubilligt. Weiterhin bleibt die Wahlberechtigung von Besitz und Bildung abhängig und schließt die Lohnarbeiterschaft aus. Es beseitigt nur die „rotten boroughs", gibt den neuen Industriestädten wie Manchester oder Sheffield neue Wahlbezirke und dehnt das Wahlrecht über die erblichen „freeholders" (selbständige Bauern) auf die größeren Pächter aus. Insgesamt ca. 650 000 Engländer sind danach wahlberechtigt, nicht einmal ein Zwanzigstel der Bevölkerung. So geht auch der Kampf der Lohnarbeiterschaft um volle Gleichheit in England weiter. Doch man ist sich des fortschrittlichen Zustandes in England dabei bewußt. Über Bittschriften, Petitionen, Demonstrationen und Arbeitsniederlegungen versuchen die Arbeiter ihre Forderung nach politischem Einfluß durchzusetzen. Im Kampf um das allgemeine Wahlrecht formiert sich die Bewegung des „Chartismus" (benannt nach der Forderung, nach der „Magna Charta Libertatum" von 1215 eine „Volks-Charta" zu verabschieden), entsteht die erste Arbeiterzeitung Europas, „The Poor Man's Guardian". Die Arbeiterbewegung bleibt nicht unbeachtet: So macht die humanitäre Bewegung der „Philanthropen" auf die Zustände aufmerksam. Seit 1833 führt die Fabrikgesetzgebung zur Einrichtung einer staatlichen Überwachung der Arbeitsverhältnisse in Fabriken. Seit 1840 bilden die Arbeiter eigene Konsumgenossenschaften und Kassenvereine zur Besserung ihrer wirtschaftlichen Lage. Wenn auch in der ersten Jahrhunderthälfte noch nicht völlig die politische Gleichberechtigung geschaffen wird und die sozialen und ökonomischen Mißstände unübersehbar bleiben, so befindet sich England doch sichtbar auf dem Weg, über Wahlrechtsreformen und Sozialgesetzgebung die Arbeiterschaft in den parlamentarischen Staat zu integrieren.

Unter dem Einfluß der französischen Julirevolution kann sich auch in der Schweiz die liberale Reformbewegung mehr Geltung verschaffen. Hier werden in mehreren Kantonen die altständischen Verfassungen von neuen demokratisch-repräsentativen Verfassungen abgelöst, wobei die radikale Verwirklichung der Volkssouveränität und Rechtsgleichheit in Europa nahezu einmalig ist. Ein allgemeines Wahlrecht kennzeichnet die Eidgenössische Verfassung. Gerade in der weiterentwickelten und altschweizerischen Freiheit entwickeln sich in der ersten Hälfte des 19. Jahrhunderts die Gegensätze sehr stark, so daß Unruhen in den Kantonen, zwischen einzelnen Kantonen und Bündnisse (Sarner Bund und Siebenerkonkordat) der Kantone für oder gegen die neuen Ideen an der Tagesordnung sind.

Auch auf die Staaten des Deutschen Bundes zeigt die Juli-Revolution Auswirkungen. Im Mai 1832 versammeln sich auf dem Hambacher Schloß Studenten und Bürger und proklamieren öffentlich die Ideen von der Volkssouveränität, Rechts- und Wahlgleichheit, den Menschenrechten („Hambacher Fest"). Ein Jahr später kommt es in Frankfurt zu einem örtlichen Putsch gegen die Hauptwache, als Fanal gegen den dort tagenden Bundestag gedacht. Hier wie dort aber folgt kein allgemeiner Aufstand. Die Radikalen gehen in den Untergrund, flüchten meist ins Ausland und bilden Geheimbünde (wie den „Bund der Gerechten" oder den „Bund der Kommunisten" in Paris 1836). Im Gegenteil, Metternich kann die Ereignisse wiederum zur Stärkung der Reaktion benützen und veranlaßt Repressionsmaßnahmen gegen die wiedererstarkten Burschenschaften. Nun allerdings zeigt sich deutlich eine Zweiteilung in der europäischen Politik: Die Weststaaten Frankreich, England, Portugal usw. sind nicht mehr bereit, die konservative Interventionspolitik der Ostmächte Österreich und Rußland zu unterstützen. Hier im Osten hat sich nun auch Preußen in der Polenfrage deutlich konservativ gezeigt, was eine zunehmende Distanzierung der bürgerlichen Bewegung von dem preußischen Staat bewirkt. Wirksam jedoch zeigen sich die liberalen Bewegungen nach 1830 in einigen anderen Staaten des Deutschen Bundes: In Braunschweig wird der Herzog durch eine Verschwörung verjagt und sein Schloß angezündet (1830); zwei Jahre später muß sein Bruder, Herzog Wilhelm von Braunschweig-Öls, eine neue Verfassung gewähren, die Bürgern und Bauern größere Rechte einräumt. In Kurhessen (1830), Sachsen (1831), Hannover (1833) entstehen neue Verfassungen unter dem Druck der neuen Bewegung. Und auch nach der Repressionspolitik Metternichs bleibt der Widerstand nicht aus. Das spektakulärste und in die Zukunft weisendste Ereignis vollzieht sich in Hannover, als sieben Göttinger Professoren, unter ihnen die Brüder Jakob und Wilhelm Grimm, gegen das neue Grundgesetz des Königs Ernst August Stellung nehmen und ihres Amtes enthoben werden. Die Tat der Professoren, wie überhaupt die wissenschaftliche Arbeit der liberalen Professorenschaft Deutschlands, übt

Marsch auf Schloß Hambach am 27. Mai 1832. Zeitgenössischer Stich. Historisches Museum, Frankfurt.

Ausschnitt aus einem Gemälde von Eugène Delacroix: Der 28. Juli 1830 – Die Freiheit führt das Volk. Louvre, Paris.

Louis Philippe (1773–1850), der Bürgerkönig, besichtigt mit seinem Sohn das Museum von Versailles. Gemälde von Horace Vernet. Museum Versailles.

großen Einfluß auf die Weiterentwicklung des deutschen Liberalismus aus, der sich in einem Staatenbund entwickelt, dessen lokkere Organisationsform von vornherein ein wirkungsvolleres Vorgehen behindert hat. Neben diesen Auseinandersetzungen mit dem Liberalismus ist jedoch ein anderer Vorgang aus dieser Zeit bemerkenswert: Mit der Bildung des Deutschen Zollvereins (1834), maßgeblich angeregt von dem Nationalökonomen Friedrich List, fällt die Vorentscheidung über die äußere Gestalt des zukünftigen unitarischen deutschen Staatswesens. Österreich – und mit ihm der Mittelmeerhandel – bleibt aus dem werdenden deutschen Staat ausgeschlossen, der den Deutschen Bund – und auch das wird deutlich erkennbar – ablösen muß.

DIE REVOLUTIONEN DES JAHRES 1848

In ganz Europa (mit Ausnahme nur Englands und Rußlands) bedeutet das Jahr 1848 Unruhe und Revolution. Es liegt seit den 30er Jahren auf der Hand, daß sich weder der bürgerliche Liberalismus noch die entstehende Arbeiterbewegung mit den Zuständen seit 1815 einverstanden erklären würden. Die Worte „Umwälzung" und „Kampf dem Metternichschen Repressionssystem" liegen in der Luft. Überall in Europa existieren Untergrundorganisationen, die nur auf die Chance warten, um loszuschlagen. Bereits 1846 hat es ein Vorspiel in einem polnischen Aufstand gegeben (Krakau). Ein Jahr später haben sich in dem Schweizer Bürgerkrieg die revolutionären Ideen Geltung verschafft und nicht nur in den liberalen, sondern auch den konservativen Urkantonen Unruhen bewirkt. Neujahr 1848 erheben sich die Italiener in Mailand gegen die österreichische Fremdherrschaft; Unruhen in Livorno und Sizilien folgen, wo am 18. Januar eine Verfassung ausgerufen wird. Ende des Monats verzeichnet man Aufstände und Unruhen in München (gegen die Mätresse des Königs Ludwig I., Lola Montez), Pavia und Padua. Unter dem Druck der Ereignisse verspricht König Albert von Sardinien am 8. Februar seinem Land eine Verfassung (1849 in Kraft getreten). Am 11. Februar erhält die Toskana eine Verfassung.

Bereits im Januar ist in London im Auftrag des Internationalen Kommunistenbundes das „Kommunistische Manifest" erschienen. Das „Schreckgespenst" der proletarischen Revolution „geht um in Europa", wie das Manifest programmatisch formuliert. Und dies ist das Neue der 48er Revolutionen: Sie offenbaren den Bruch zwischen Bourgeoisie, Bürgern, Handwerkern, Bauern und den nicht am nationalen Markt durch Eigentum beteiligten Arbeitern. Im Kampf gegen die Restauration zerfällt die Einheitsfront.

Nirgendwo wird dies deutlicher als in Paris, das wieder einmal den Beginn der großen Unruhen macht. Hier, wo man seit 1830 glaubt, dem Metternichschen System entronnen zu sein, haben sich die mit dem Wahlsystem Unzufriedenen immer mehr Anhänger gesichert. Paris ist zu einer Millionenstadt geworden (von ca. 600 000 Einwohner im Jahr 1815 auf 1,36 Millionen im Jahr 1846) und zu einem zweiten Zentrum der Arbeiterbewegung neben London. Als eine Demonstration für eine Wahlrechtsreform verboten wird, weigert sich die Nationalgarde gegen die Versammlung vorzugehen (23. Februar 1848). Die Revolutionäre dringen in das königliche Palais ein; Bürgerkönig Louis Philippe ergreift die Flucht. Das Abgeordnetenhaus wird gezwungen, die Republik auszurufen und eine provisorische Regierung zu bilden. Doch obwohl die Arbeiterschaft der Revolution sicher die größte Schlagkraft verliehen hat, werden ihr von der Bildungsbürgerschaft nun die Zügel aus der Hand genommen: An die Regierung kommen die Journalisten, Rechtsanwälte und Ärzte. Eine Diktatur des Proletariats, wie sie der Sozialist Blanqui fordert, kommt nicht zustande. Im Gegenteil, die erste Wahl nach Einführung der allgemeinen Wahlpflicht (nun sind 9 Millionen statt 250 000 wahlberechtigt) verhilft dem gemäßigten Bürgertum zur Macht. Ein Vollzugsausschuß beschließt, gegen die Arbeiterbewegung vorzugehen und schließt u. a. die gerade errichteten Arbeitsstätten für Arbeitslose in Paris. So kommt es im Juni erneut zu einem Aufstand der radikalen Arbeiter, der von General Cavaignac rücksichtslos in Straßenschlachten niedergeworfen wird. Am Ende dieser blutigen Phase der 48er Revolution in Frankreich steht noch einmal der Sieg des Bürgertums, jetzt allerdings über den neuen Gegner: die Arbeiterschaft. Man gibt sich eine gemäßigt republikanische Verfassung und wählt in direkter Wahl den Neffen Napoleons und Kandidaten der sog. „Ordnungspartei", Louis Napoleon, zum ersten Präsidenten. Louis Napoleon regiert (seit Dezember 1848) mit katholischen und orléanistischen Ministern und kann dank des ihn umgebenden „Napoleon-Mythos" sogar mehr und mehr die eben errungenen demokratischen Rechte einschränken. Drei Jahre nach Regierungsantritt beginnt erneut für Frankreich das Ende der Revolution: Napoleon läßt die radikalen Führer verhaften und sich selbst in einem Plebiszit als Kaiser Napoleon III. bestätigen (1852). Eine geschickte Umwandlung der bestehenden Organe behält zwar die entstandenen Institutionen bei, räumt aber dem Kaiser autoritäre Vollmachten ein.

Die Revolution in Deutschland folgt unmittelbar auf die französische. Sie ernährt sich auch von den Kräften, die seit dem Regierungsantritt Friedrich Wilhelms IV. (1840 bis 1861) in Preußen auf die nationale Einigung unter Preußens Führung hoffen. Doch nach einem vielversprechenden Beginn der Regierung – Amnestie der Opfer der Demagogenverfolgung mit Rehabilitierung Arndts und Jahns, Milderung der Zensur, Verfassungsversprechen usw. – zeigt es sich gerade im Verlauf der 48er Revolution, daß der preußische König innen- wie außenpolitisch seine nationalen und liberalisierenden Absichten nicht durchsetzen kann.

Bereits im Februar 1848 springt der revolutionäre Funke auf Baden über (Volksversammlung in Offenburg), wo die „Märzforderungen" bereits den Doppelcharakter der Revolution in Deutschland zeigen: Neben einer Pressefreiheit, Vereinsfreiheit, Volksbewaffnung, Schwurgerichten, konstitutionellen Verfassung usw. fordert man eine Abstimmung all dieser Verfassungen in den deutschen Einzelstaaten aufeinander und die Einberufung eines gesamtdeutschen Parlaments. Überall zeigt sich in den folgenden Monaten das gleiche Bild: in Württemberg, Hessen-Darmstadt, Nassau usw. Und die Unruhen greifen auch auf Österreich und Preußen über. In Wien richten sich die Unruhen deutlich gegen das Polizei- und Zwangssystem Metternichs, aber auch gegen die sozialen und wirtschaftlichen Mißstände, unter denen vor allem die Arbeiterschaft zu leiden hat. Verschärft wird hier die Situation durch die nationale Problematik. Am 3. März fordert der ungarische Nationalistenführer Ludwig von Kossuth eine eigene nationale Verfassung für Ungarn. Am 6. März erreichen den Wiener Hof Petitionen und Entschließungen bürgerlicher Vereinigungen mit den bekannten Forderungen. Als nach der Erhebung der Studenten (12. März) die Unruhen zunehmen und die Demonstranten mit Militär zusammenstoßen, entsteht eine regelrechte Revolution. Metternich tritt zurück und flieht nach England (13. März). Doch nach einer Radikalisierung und Nationalisierung der Aufstände in Wien, Mailand, Venedig, Prag, Preßburg und Krakau (u. a. Slawenkongreß in Prag, 2. bis 12. Juni 1848) gelingt es dem österreichischen Militär, die Lage unter Kontrolle zu bekommen. Fürst Windischgrätz bezwingt die Prager (16. Juni 1848), Radetzky die Piemontesen und Mailand, und auch die Lage in Ungarn kann wieder unter Kontrolle genommen werden, allerdings erst im Herbst, nachdem die Revolution noch einmal in eine radikal-demokratische Phase umschlägt. Erst am 31. Oktober 1848 kann nach dem Sieg von Windischgrätz und Jelacić der Kampf als beendet angesehen werden. Die neue Regierung unter Fürst Felix Schwarzenberg handelt allein nach österreichischer Staatsräson, verwaltet den Vielvölkerstaat durch seine Dynastie, Armee und Bürokratie. Großösterreich mit einheitlicher Staatsbürgerschaft und Gesamtparlament (4. März 1849) werden so der Integration Deutsch-Österreichs in den entstehenden deutschen Einheitsstaat vorgezogen. Am 2. Dezember 1848 löst Franz Joseph den unfähigen Ferdinand I. ab.

Wie in Österreich dringt auch in Preußen die Revolution nicht voll durch. Nach Einzelerhebungen („Kölner Petition", „Bürgermeisterrevolution" und Unruhen in Berlin seit 14. März 1848) beruft der König den Zweiten Vereinten Landtag ein (18. März 1848), damit er an der Neufassung der Bundesverfassung mitwirken solle. Durch Zufall (Entladung zweier Schüsse bei einer Demonstration vor dem Berliner Schloß) wird Berlin zum Schauplatz von Barrikaden- und Straßenkämpfen, obwohl der König bei dem Volk großen Kredit genießt und selbst immer den Schein einer reform- und nationalgesonnenen Politik wahrt. Am 19. März bekundet er deshalb auch vor den Leichen der gefallenen Revolutionsopfer barhäuptig seine Ehrfurcht.

Und doch ist es gerade der Preußenkönig, der durch eine persönliche Entscheidung den wichtigsten Vorgang der 48er Revolution scheitern läßt: den Versuch der nationalen Einigung. Am 21. März 1848 noch unternimmt er an der Spitze eines Zuges von Ministern, Generälen und Prinzen einen Umritt durch Berlin und verkündet in einem Aufruf „An mein Volk und an die deutsche Nation": „... Deutschland ist von innerer Gärung ergriffen und kann durch äußere Gefahr von mehr als einer Seite bedroht werden. Rettung aus dieser doppelten dringenden Gefahr kann nur aus der innigsten Vereinigung der deutschen Fürsten und Völker unter einer Leitung hervorgehen. Ich habe heute die alten deutschen Farben angenommen und Mich und Mein Volk unter das ehrwürdige Banner des Deutschen Reiches gestellt. Preußen geht fortan in Deutschland auf." Doch der Versuch, sich an die Spitze der nationalen Erhebung zu stellen, muß halbherzig erscheinen, als er dem Druck Englands und Rußlands nachgeben muß und die Herzogtümer Schleswig, Holstein und Lauenburg wieder räumt, die er zum Schutz gegen Einverleibung in den dänischen Herrschaftsbereich besetzt hat.

Noch mehr als dieser nationale Rückzug enttäuscht Friedrich Wilhelm IV. von Preußen (1840 bis 1861) die nationalen und liberalen Hoffnungen, die sich mit der Paulskirchenversammlung verknüpfen. Dort in der Frankfurter Paulskirche haben sich vom 31. März bis 3. April 1848 500 Parlamentarier ohne direktes Mandat versammelt, um über die nationale Frage zu beraten. Man faßt unter der Führung des hessischen Liberalen Heinrich von Gagern den Beschluß zu allgemeinen, gleichen und indirekten Wahlen und bis dahin die Einsetzung eines Fünfziger-Ausschusses. Nachdem der Bundestag zugestimmt hat (7. April 1848), können mit Hilfe der Regierungen Anfang Mai die Wahlen stattfinden. Am 18. Mai tritt die gewählte Nationalversammlung zusammen, die erste frei gewählte Vertretung der Einwohner Gesamtdeutschlands. Es ist ein „Honoratioren-Parlament", in dem bei 550 Akademikern (darunter 49 Professoren, 157 Richter und Staatsanwälte, 66 Rechtsanwälte) nur 110 Vertreter aus der Wirtschaft, nur wenige Handwerker, ein Bauer und kein einziger Arbeiter vertreten ist. Man wählt

Kaiserdeputation von Abgeordneten des Frankfurter Parlaments vor Friedrich Wilhelm IV. von Preußen im Rittersaal des königlichen Schlosses zu Berlin am 3. April 1849.

Heinrich von Gagern zum Vorsitzenden, bestimmt am 27. Juni 1848 Erzherzog Johann von Habsburg als Reichsverweser und beginnt mit der Verfassungsarbeit für den Nachfolgestaat des Deutschen Bundes. Doch die Beratungen allein für die Grundrechte ziehen sich bis September hin. Man ist sich zwar über das gemeinsame Ziel einer Verfassung und Einheit für das Deutsche Reich einig, nicht aber über dessen zukünftige Verfassung. Neben zentralistischen Vorstellungen stehen föderative, neben monarchistischen demokratische. Mehr als dieses Problem jedoch belastet die Versammlung die Frage nach der zukünftigen Größe des Reiches. Die großdeutschen Föderalisten denken an eine Beteiligung Großösterreichs und ein Wahlkaisertum, die großdeutschen Republikaner an das Aufgehen aller Einzelstaaten in einem zentralen Reichsstaat mit einem mächtigen Reichstag. Die Kleindeutschen zielen auf ein preußisches Erbkaisertum ohne Österreich. Bis Oktober sind dann die ersten Entscheidungen gefallen (Artikel 1 bis 3): Das zukünftige Deutsche Reich werde nur dann Deutsch-Österreich aufnehmen, wenn dessen Verbindung mit den anderen habsburgischen Ländern allein in der Personalunion, nicht aber in einer gemeinsamen Verfassung bestehe. Daß dies natürlich bei der gegenwärtigen Politik Fürst Schwarzenbergs eine unmöglich zu erfüllende Forderung sein würde, ist den in Frankfurt Versammelten klar. Die Österreicher ziehen dann auch aus der Paulskirche aus, nachdem sie schon vorher die Reichsregierung niedergelegt haben.

Die endlich am 27. März 1849 beschlossene Verfassung (mit 267 gegen 263 Stimmen) sieht an der Spitze des zukünftigen Reiches einen Erbkaiser vor, neben ihm einen Reichstag, der aus einem Volkshaus und einem Staatenhaus besteht. Das Volkshaus soll dabei aus allgemeinen und direkten Wahlen hervorgehen, das Staatenhaus zur Hälfte aus den Regierungen und zur anderen Hälfte aus den Mitgliedern der Volksvertretung der Einzelstaaten. Das Reich soll für Schiffahrt, Post, Eisenbahn, Zoll, Münze, Maß, Gewicht, Heer, Flotte und Außenpolitik zuständig sein. Am 28. März 1849 wählt man König Friedrich Wilhelm IV. von Preußen mit 290 Stimmen bei 248 Enthaltungen zum Kaiser. An der Spitze einer Delegation von 32 Abgeordneten überbringt ihm der Präsident der Nationalversammlung „im Namen des Volkes" das Angebot der Kaiserkrone. Der preußische König erklärt nun aber der Gesandtschaft, daß er ohne Einverständnis der Fürsten in dieser Sache keine Entscheidung treffen könne. Einem Bekannten gegenüber äußert er: „Einen solchen imaginären Reif, aus Dreck und Letten gebakken, soll ein legitimer König von Gottes Gnaden sich geben lassen?" Seine tiefe Abscheu vor der Revolution und die Vorstellung des Gottesgnadentums verhindern die Annahme der Kaiserkrone, sicher aber auch nicht zuletzt das Bewußtsein, daß weder England noch Rußland und schon gar nicht Österreich an dem so entstandenen Reich Interesse gehabt hätten. Ja, er fürchtet sogar den Krieg mit Österreich, wenn er die Kaiserkrone annimmt. Friedrich Wilhelm IV. versagt so endgültig am 28. April 1849 seine Zustimmung und läßt damit gleichzeitig die inzwischen von 28 Regierungen anerkannte Reichsverfassung scheitern. Die Abgeordneten der Frankfurter Paulskirche reagieren mit Ratlosigkeit, geraten unter den Einfluß der Radikaldemokraten, und verlegen die Rumpfversammlung am 30. März nach Stuttgart, wo sie am 18. Juni 1849 von württembergischen Militär auseinandergesprengt wird.

DIE SOZIOÖKONOMISCHE ENTWICKLUNG EUROPAS IN DER ERSTEN HÄLFTE DES 19. JAHRHUNDERTS

Das ausgehende 18. und die erste Hälfte des 19. Jahrhunderts markieren sowohl in politischer, rechtlicher und zum Teil intellektueller als auch in sozialer und wirtschaftlicher Hinsicht einen radikalen Bruch mit der alteuropäisch-ständischen Ordnung. Die in Westeuropa zu politischer Mündigkeit und Macht gelangte bürgerliche Gesellschaft schafft nicht nur den bürgerlichen Staat, sondern sorgt auch für eine Revolution in den wirtschaftlichen und sozialen Beziehungen, während in Deutschland der Staat die Initiative ergreift, um die soziale und wirtschaftliche Rückständigkeit zu überwinden, und Rußland weitgehend im Zustand der Unterentwicklung verharrt.

Die neue Gesellschaft entsteht in einer atlantischen Revolution im Westen. Pionier dieser Entwicklung ist England, das als expansiver Handelsstaat und durch die Umstrukturierung seiner Landwirtschaft schon seit dem 17. Jahrhundert den Aufstieg der bürgerlichen Gesellschaft begünstigt und optimale Voraussetzungen für den Modernisierungsprozeß zwischen 1780 und 1850 geschaffen hat. Der erste tiefgreifende Schlag gegen die alteuropäische Sozialordnung wird in der Agrarrevolution des 18. Jahrhunderts geführt, die die traditionelle, noch halbfeudale Agrarverfassung in eine moderne markt- und profitorientierte verwandelt und zu den Bedingungen der Industriellen Revolution zu rechnen ist. Sie vollendet eine Entwicklung, die schon im 16. Jahrhundert unter der Tudor-Monarchie begonnen hat und richtet auf dem Land antagonistische soziale Verhältnisse ein: an die Stelle des feudalen, oft patriarchalischen Grundherrn tritt nunmehr ein auf die Steigerung seiner Grundrente bedachter Agrarbürger, der sein Land entweder selbst bewirtschaftet oder zu den steigenden Preisen für Nahrungsmittel angepaßten Bedingungen verpachtet. An die Stelle der vielen Klein- und Kleinstpächter, die nur nominelle oder geringe dingliche Abgaben leisten, tritt ein ländliches Proletariat von lohnabhängigen Landarbeitern und eine breite Schicht ländlicher Armer, deren sozialer und ökonomischer Status durch Minimallöhne bestimmt wird, die über die Armenunterstützung nach dem Muster des Speenhamland-Systems (nach 1795) so ergänzt werden können, daß das Existenzminimum gerade erreicht wird.

Die treibende Kraft dieser Agrarrevolution ist das Bevölkerungswachstum, das die Nahrungsmittelpreise steigen läßt, so daß eine Produktivitätssteigerung der Landwirtschaft durch die Modernisierung der Bewirtschaftungsmethoden und des Managements rentabel erscheint. Neuerungen wie der Übergang zur vollen Fruchtwechselwirtschaft und die Einführung verbesserter Aufzuchtmethoden in der Viehwirtschaft (Kunstwiesen, Stallfütterung) setzen jedoch eine Beseitigung der überkommenen Agrarverfassung voraus. Einmal müssen die traditionellen, halbfeudalen Pachtverhältnisse so verändert werden, daß einerseits dem Pächter ein Anreiz für Innovationen geboten wird, andererseits der Grundbesitzer durch eine dynamische Anpassung der Pachtgebühren an die Preisentwicklung an der Agrarkonjunktur teilhaben kann; sodann müssen im Interesse einer großflächigen Bewirtschaftung die Zwergpächter verschwinden, der Gemeindeanger und die gemeindliche Viehhaltung abgeschafft und die Gemengelage der Felder, d. h. die Streuung des von dem einzelnen Bauern bewirtschafteten Landes über die ganze Grundherrschaft, beseitigt werden, um die Produktionsentscheidungen ganz in die Hand des innovationswilligen Grundbesitzers oder Pächters zu legen. So wird durch den Abbau der gemeindlichen Nutzungsrechte und die Einhegung des Bodens die Rechtsnatur des Grundeigentums geändert. Es wird zum bürgerlichen Eigentum, geht in die alleinige Verfügungsgewalt des Eigentümers über und verliert seine gemeindlichen Bindungen. Den rechtlichen Rahmen für diese Umgestaltung der Agrarverfassung geben die Einhegungsgesetze (enclosure acts) ab, die das Parlament vor 1801 für jeden Einzelfall gesondert zu erlassen hat. Es wird eine Kommission eingesetzt, die alle Rechtsansprüche zu überprüfen und Entschädigungen zu gewähren hat, soweit sie nachgewiesen werden können, was jedoch bei einem häufig auf mündlicher Überlieferung beruhenden Bodenrecht nicht immer ohne weiteres möglich ist. Opfer der Einhegungsbewegung sind vor allem die Klein- und Kleinstpächter mit unsicheren Pachtbedingungen, denen die oft zu geringen Entschädigungen die gemeindlichen Nutzungsrechte und den Gemeindeanger nicht zu ersetzen vermögen, so daß sie zu lohnabhängigen Landarbeitern herabsinken. Die Einhegungsbewegung, die in der zweiten Hälfte des 18. Jahrhunderts und vor allem während der napoleonischen Kriege ihren Höhepunkt erreicht, wird jedoch nicht nur vom ländlichen Kleinadel, der gentry, durchgeführt. Die Initiative geht vielmehr oft auch von dem kapitalkräftigeren bäuerlichen Mittelstand, der yeomanry, aus, der seine Betriebe konsolidieren und vergrößern kann, wenn er in der Lage ist, die hohen Kosten für die Einhegungen zu bezahlen. Die Agrarkonjunktur zwischen 1793 und 1815 erlaubt zwar auch einigen Kleinbetrieben weiterzubestehen, die darauffolgende Depression, die bis in die 1830er Jahre hinein anhält und durch die auf Kosten der Industriebevölkerung erhobenen Getreidezölle nur unzureichend abgefangen werden kann, bereitet aber dann den Boden für eine neue Welle von Einhegungen, die die Zahl der bäuerlichen Kleinbetriebe weiter verringert, auch wenn Zahl und Umfang der eingehegten Flächen abnehmen.

Die durch das Bevölkerungswachstum und die Umstrukturierung der Agrarverfassung entstandene strukturelle und saisonale Arbeitslosigkeit auf dem Lande begünstigt zunächst das Wachstum der ländlichen Hausindustrie im Bereich der Textilindustrie als eines Auffanggewerbes. Sie ist nach dem Muster des Verlagssystems organisiert, in dem ein sogenannter Verleger eine Mittlerposition zwischen Produzenten und Konsumenten einnimmt und den ländlichen Industriearbeitern Rohstoffe und oft auch Webstühle liefert bzw. verpachtet, die fertigen Produkte dann wieder einzieht und mit Gewinn weiterverkauft. In dieser Vorform der industriellen Produktion wird allerdings der Typ der handwerklichen Produktion konserviert und der agrarische Lebenszusammenhang erhalten, da die Hausindustrie in Industriedörfern betrieben werden kann und der Heimarbeiter meist noch über ein kleines Stück Land verfügt. Die Familie ist noch nicht nur Wirtschaftseinheit, und die Arbeitsdisziplin ist weniger rigoros als unter dem Fabriksystem.

Dies ändert sich, als technologische Neuerungen die Umstellung der Textilindustrie auf Fabriksystem und maschinelle Massenproduktion ermöglichen und die Weber und Spinner allmählich von hochqualifizierten, selbstbewußten Handwerkern zu verelendeten Fabrikarbeitern herabsinken. James Hargreaves Spinning Jenny, Richard Arkwrights Spinnmaschine und Edmund Cartwrights mechanischer Webstuhl revolutionieren die Arbeitswelt, unterstützt von James Watts Dampfmaschine, die es möglich macht, den Standort der Fabriken von den Wasserläufen weg in die großen Städte zu verlegen. Der Übergang von der verlagsmäßig organisierten Hausindustrie zum Fabriksystem vollzieht sich allerdings nicht im Sinne eines chronologischen Nacheinander, vielmehr bestehen beide Produktionsformen in der ersten Hälfte des 19. Jahrhunderts nebeneinander fort und ergänzen sich. Die fortschreitende Arbeitsteilung und die Vereinfachung der Handgriffe in den Fabriken erlauben schließlich den Einsatz von Frauen und Kindern auf Kosten der Männer, was nicht nur die tradierten sozialen und familiären Muster verändert, sondern auch den Arbeitsmarkt in einer Weise aufschwemmt, die es den Unternehmern erlaubt, Minimallöhne zu zahlen, hohe Arbeitszeiten anzusetzen und rigorose disziplinarische Maßnahmen gegen unfügsame oder protestierende Arbeiter zu ergreifen. Schon kurzfristige Verspätungen bei Arbeitsbeginn oder geringfügige Produktionsfehler ziehen empfindliche Lohnkürzungen nach sich, mancherorts besteht Kaufzwang in den unternehmereigenen Läden, in denen überteuerte oder minderwertige Waren angeboten werden, so daß die Löhne der Arbeiter indirekt weiter gesenkt werden können. Soziale Sicherungen im Falle von Krankheit oder Arbeitslosigkeit fehlen, wenn man einmal von den finanziell wenig leistungsfähigen Selbsthilfeorganisationen der Arbeiter (friendly societies) und dem gefürchteten Arbeitshaus absieht. Diese Situation wirkt sich natürlich entscheidend auf die Aktionsmöglichkeiten der Arbeiterbewegung aus. Lohnkampfmaßnahmen sind angesichts der ständigen Bedrohung durch Aussperrungen und der geringen finanziellen Tragkraft der gerade in Entstehen begriffenen Gewerkschaften nur begrenzt möglich. Günstig für die Entwicklung der Arbeiterbewegung wirkt sich allerdings die Tatsache aus, daß die Modernisierung in den einzelnen Zweigen der Textilindustrie ungleichzeitig erfolgt. So profitieren die Handweber vor der Verbreitung des mechanischen Webstuhls von der Überproduktion an Garnen, die sich nach den technischen Verbesserungen der Spinnmaschine einstellt und einen für die Handweber günstigen Arbeitsmarkt schafft. Dies gilt sogar noch, nachdem der mechanische Webstuhl allgemein verbreitet ist, aber die Nachfrage nach Baumwollproduktionen die Kapazitäten der maschinellen Produktion überfordert und der handwerklichen Produktion eine letzte Chance gibt. Die selbstbewußten und gut ausgebildeten Handweber entwickeln eine eigenständige Arbeiterkultur und ein politisches Bewußtsein, das der gesamten englischen Arbeiterbewegung zugute kommt. Im ganzen steht sie jedoch der Verelendung der Arbeiter und der Ausbildung einer Klassengesellschaft machtlos gegenüber. Sie entwickelt verschiedene Strategien, die von einer Veränderung des politischen Systems in Gestalt einer Wahlrechtsreform, über die Humanisierung der Industriellen Revolution durch soziale Reformen und gewerkschaftliche Aktionen bis hin zur Konzeption neuer Gesellschaftsmodelle und restaurativer Utopien reichen, aber im großen und ganzen erfolglos bleiben. So müssen die dem kleinbürgerlichen Radikalismus nahestehenden politischen Reformer unter der Arbeiterschaft erkennen, daß die bürgerliche Wahlrechtsreform von 1832, die mit ihrer Unterstützung zustandegekommen ist, ihre Lage in keiner Weise verbessert und die Forderungen der chartistischen Wahlrechtsbewegung (so genannt nach der programmatischen „People's Charter", in der ein allgemeines, gleiches und geheimes Wahlrecht sowie Diäten für Parlamentsabgeordnete verlangt wurden) vom Parlament trotz ihrer Millionen Unterschriften abgelehnt werden. Die genossenschaftlichen Experimente, die in Anlehnung an die Sozialreformpläne des Baumwollunternehmers Robert Owen in den 20er und Anfang der 30er Jahre des 19. Jahrhunderts durchgeführt werden, akzeptieren zwar die neue Realität der industrialisierten Gesellschaft, bieten aber keine geeignete gesamtgesellschaftliche Alternative, während der Landreformplan des Chartistenführers Feargus O'Connor als restaurative Utopie einer kleinbäuerlichen Gesellschaft den neuen sozialen und ökonomischen Realitäten in keiner Weise mehr Rechnung trägt und kläglich scheitert. Dagegen sind gewerkschaftliche Organisation und Aktion noch halbwegs realistische Alternativen, doch erschwert die branchenmäßige und lokale Fixierung der Gewerkschaften die Errichtung einer Einheitsgewerkschaft. Die Weigerung der Unternehmer, gewerkschaftlich organisierte Arbeiter einzustellen, und die repressiven Maßnahmen der Regierung tun ein übriges, um die Gewerkschaftsbewegung zurückzuwerfen. Erst allmählich bildet sich in England gegen den Widerstand der Unternehmer, die die Ideologie des laissez-faire beschwören, eine Arbeiterschutzgesetzgebung heraus. Es beginnt mit gesetzlichen Regelungen zur Kinder- und Jugendarbeit in der Baumwollindustrie (1802, 1819, 1833), die dann schließlich auf den Bergbau (1842) und endlich auf alle Gewerbe (1847) ausgedehnt werden. Trotz der Bestellung von Fabrikinspektoren gelingt es den Unternehmern jedoch lange Zeit, diese Schutzmaßnahmen zu umgehen. Erst ab Mitte der 40er Jahre und in der zweiten Hälfte des 19. Jahrhunderts bessert sich die Lage der Arbeiter, die mit überlangen Arbeitszeiten und Niedrigstlöhnen die Akkumulation von Kapital und die Expansion der englischen Industrie und Außenwirtschaft entscheidend mitgetragen haben.

Schrittmacher der Industriellen Revolution in England ist die Baumwolle, die in der ersten Hälfte des 19. Jahrhunderts von allen Industrien den größten Beitrag zum gesamten Volkseinkommen leistet (7–8%), die höchsten Zuwachsraten pro Jahr aufweist (6–7%) und ungefähr 50% der englischen Exporte stellt. Die entscheidenden Veränderungen in der Organisation der Arbeit vollziehen sich hier, während andere Gewerbezweige der traditionellen handwerklichen Produktion verhaftet bleiben oder allenfalls nach dem Muster des Verlagssystems umstrukturiert werden. Dies gilt beispielsweise für Schuster, Schneider und Hemdenmacher. Außer in der Textilindustrie gibt es jedoch auch im Kohlebergbau, der durch den im Zuge der Verstädterung steigenden Bedarf an Heizmaterial stimuliert wird, Neuerungen und eine Erhöhung des Produktionsvolumens. Durch die Koksverhüttung, die neuartige Puddel- und Walzmethode und das Heißluftgebläse wird England zudem in die Lage versetzt, nicht nur die Qualität seines Eisens zu verbessern, sondern seine Produktionskapazitäten in einer Weise auszudehnen, die es zum Eisenexporteur für die anderen europäischen Staaten werden läßt, die später mit der Industrialisierung beginnen. Der große Sprung nach vorn erfolgt freilich erst mit dem Eintritt in das Eisenbahnzeitalter, der die Verkehrsrevolution, die im 18. Jahrhundert mit dem Bau von Kanälen und der Verbesserung des Straßennetzes begonnen worden ist, fürs erste abschließt.

Das politische System Englands ist wegen seiner Flexibilität, der relativen Offenheit seiner Führungseliten, die durch die Agrarrevolution und die von jeher engen Verbindungen zu der Handels- und Finanzbourgeoisie selbst schon im Wandel begriffen sind, und schließlich durch seine den Handels-, Finanz- und Industrieinteressen traditionell günstige Politik in der Lage, den Aufstieg der bürgerlichen Gesellschaft ohne Schaden zu überstehen. Die bürgerliche Wahlrechtsreform von 1832 paßt zwar die politische der sozioökonomischen Machtverteilung an, jedoch ohne die bisherige politische Elite oder das Agrarinteresse radikal zu entmachten.

In Frankreich bedurfte es hierzu einer politischen Revolution. Die politischen, rechtlichen, sozialen und wirtschaftlichen Strukturen des Ancien Régime werden nicht wie in England in einem langen Prozeß unterlaufen und allmählich von innen heraus transformiert, sondern durch Gesetz zerschlagen. Die Geschichte der sozioökonomischen Entwicklung Frankreichs in der erste Hälfte des 19. Jahrhunderts ist daher sehr viel enger mit der politischen Geschichte verbunden als in England, wo sich der Staat darauf beschränkt, nach Bedarf alle Hindernisse für die Unternehmer zu beseitigen und nur im Interesse der Landwirtschaft protektionistische Maßnahmen ergreift.

Deutlich werden die Unterschiede zwischen der Entwicklung in Frankreich und England in diesem Zusammenhang an der französischen Agrarrevolution, die in erster Linie eine politisch-rechtliche und weniger eine ökonomische ist. Am 4. August 1789 erklärt die Nationalversammlung die Abschaffung der Feudalverfassung, womit allerdings noch nicht das durchaus als bürgerliches Eigentum verstandene Feudaleigentum, sondern nur die damit verbundenen feudalen Rechte wie die grundherrliche Gerichtsbarkeit, die Hörigkeit der Bauern, das Jagdrecht oder der Kirchenzehnte gemeint sind. Die Grundrente dagegen wird nur gegen Entschädigung für ablösbar erklärt, wobei der Entschädigungsmodus zum Nachteil der Bauern nicht geregelt wird. Erst unter dem Eindruck des Krieges hebt der Konvent alle grundherrlichen Rechte entschädigungslos auf, was einer Freisetzung des Bauernstandes gleichkommt. Mit der Liquidierung der Agrarverfassung des Ancien Régime geht auch eine Umschichtung des Landbesitzes einher. Bereits 1789 wird das Kirchengut verstaatlicht und zur Deckung der Assignaten, der Währung der Revolution, herangezogen. Es folgen 1792/93 die Verstaatlichung und Veräußerung des Kronguts, der Emigranten- und der Gemeindegüter, wovon in erster Linie die kapitalkräftigeren und kreditfähigen Bauern und Bürger profitieren, so daß stadtnahes Land in bürgerlichen, stadtfernes Land meist in bäuerlichen Besitz übergeht, während die Tagelöhner und Häusler leer ausgehen und sogar eine Verschlechterung ihrer sozialen Lage in Kauf nehmen müssen, da die ihnen von der traditionellen Agrarverfassung garantierten gemeindlichen Rechte (z. B. Weiderechte oder Ährenlesen) zwar nicht aufgehoben, aber doch geschmälert werden, als der bürgerliche Eigentumsbegriff auf den Grundbesitz angewendet wird. Die Folgen des Verkaufs der sog. Nationalgüter für die ländliche Sozialstruktur sind allerdings schwer zu beurteilen, da die landschaftlichen Unterschiede groß sind und statistische Angaben noch nicht gesichert feststehen. Zwar scheint sich zunächst weniger die Zahl als mehr der Besitzstand der besser gestellten befreiten Bauern vermehrt zu haben, doch sorgen die gesetzlich festgelegte Realteilung in Verbindung mit dem Bevölkerungswachstum auf dem Lande dann wieder für eine Parzellierung des Bodens, so daß die Zahl der Klein- und Kleinstbauern schließlich doch anschwillt. Sie leben praktisch auf subsistenzwirtschaftlicher Basis und ergänzen ihr Einkommen durch Heimarbeit im Winter. Daneben kommt es zu einer Wiederherstellung des Großgrundbesitzes, der im allgemeinen jedoch nicht als kapitalistischer Agrarbetrieb bewirtschaftet, sondern wegen der großen Nachfrage nach Land in vielen kleinen Parzellen verpachtet wird. Dennoch ist die alte Agrarverfassung endgültig zerschlagen. Obwohl Gewohnheitsrechte und Gemeindeland auch nach der Revolution noch fortbestehen, hat sich die Rechtsnatur des Grundbesitzes in Richtung auf bürgerliches Privateigentum verändert. Die Aristokraten, die nach ihrer Rückkehr aus der Emigration wieder Landbesitz erwerben, werden zu Agrarbürgern, die Großgrundbesitzer, die ihr Land verpachten, leben in Paris nicht mehr als Feudalherrn, sondern als bürgerliche Rentiers. Zudem steigt der Anteil der bürgerlichen Grundbesitzer, für die Landbesitz ein Prestigeobjekt ist. Die Entfeudalisierung der Pachtverhältnisse führt somit in Frankreich nicht wie in England zum Aufbau einer markt- und profitorientierten Landwirtschaft. Veränderungen im Management, in den Bewirtschaftungsmethoden und den Betriebsgrößen bleiben vereinzelt, die Drei- oder Mehrfelderwirtschaft und der bäuerliche Klein- und Mittelbetrieb bestimmen die Wirtschaftsverfassung und prägen Frankreich als Agrarland. Die Zerstörung der feudalen Agrarverfassung zieht somit nicht automatisch den Übergang zu einer kapitalistischen Landwirtschaft nach sich, vielmehr bleiben vorindustrielle Formen erhalten, so daß es erst in der zweiten Hälfte des 19. Jahrhunderts zu größeren Produktivitätssteigerungen in der Landwirtschaft kommt. In Preußen gelingt es den Agrariern 1818 gar, ein Zollgesetz durchzusetzen, daß ohne Rücksicht auf die Industrialisierungsansätze im Rheinland die Einfuhr billiger englischer Waren ermöglicht. Hier deutet sich schon der in der Struktur des preußischen Staates angelegte Konflikt zwischen agrarischen und industriellen Interessen an, der die deutsche Geschichte während des ganzen 19. Jahrhunderts entscheidend bestimmen soll. Die Rückständigkeit der gewerblichen Produktion prägt jedoch auch die Struktur sowohl des Bürgertums als auch der Arbeiterbewegung. Das Bürgertum rekrutiert sich in erster Linie aus dem Berufsbeamtentum und ist mehr Bildungsbürgertum als Handels- oder Industriebürgertum, während die Arbeiterbewegung von den restaurativ-zünftlerischen Vorstellungen der kleinen Handwerker, den zwischen Protest gegen die Beschränkungen der Zahl der Meisterstellen im Zuge einer Gewerbeschutzpolitik und der Fixierung auf das Ideal des selbständigen Meisters hin und her gerissenen Gesellen und einer bürgerlichen Intelligenz maßgeblich beeinflußt wird. Die verarmte und verelendete Unterschicht dagegen bildet erst allmählich ein politisches Bewußtsein aus und artikuliert ihren sozialen Protest vorerst in Hungerrevolten und Unruhen wie dem berühmten Weberaufstand in Schlesien.

Dieses Bild ändert sich erst in der zweiten Hälfte des 19. Jahrhunderts, als auch Deutschland von der Industriellen Revolution erfaßt wird. Eine wesentliche Voraussetzung ist hierfür die Schaffung eines einheitlichen nationalen Marktes durch den Deutschen Zollverein von 1834, dem nach und nach alle deutschen Staaten beitreten. Da aber Österreich abseits steht und Preußen sich eine beherrschende Stellung verschaffen kann, ist damit auf wirtschaftlichem Gebiet bereits eine wichtige Vorentscheidung zugunsten der kleindeutschen und gegen die großdeutsche Lösung gefallen.

Noch ausgeprägter als in Deutschland ist die wirtschaftliche und soziale Unterentwicklung in Rußland, wo die in der Agrarverfassung verankerte Leibeigenschaft sowohl die Modernisierung der Landwirtschaft als auch die Entstehung eines freien Arbeitsmarktes verhindert. Immer wieder versucht die Regierung unter Zar Nikolaus II. die Bauern aus dem ländlichen Herrschaftszusammenhang herauszulösen, scheitert jedoch an der Opposition des Landadels, der die Führungspositionen im Staatsapparat und die Lokalverwaltung fest in Händen hält. Bauernaufstände, Bauernmärsche in die großen Städte und die Erkenntnis der Rückständigkeit der russischen Gesellschaft und Wirtschaft im Krimkrieg führen schließlich in der zweiten Hälfte des 19. Jahrhunderts zu ersten entscheidenden Agrarreformen. 1861 wird die Aufhebung der Leibeigenschaft proklamiert. Die gleiche Rückständigkeit zeichnet auch den gewerblichen Sektor aus, der sich in der ersten Hälfte des 19. Jahrhunderts zwar ausdehnt, jedoch keine Industrielle Revolution erlebt. Die Leibeigenschaft reicht sogar bis in die Bergwerke und Manufakturen, in denen Leibeigene eingesetzt werden, die zwar, wenn sie fern von ihrer Heimatgemeinde beschäftigt sind, formal zu Lohnarbeitern werden, aber an ihren Herrn immer noch einen Leibzoll abzuführen haben. Der Anteil dieser leibeigenen Arbeiter verringert sich in der ersten Hälfte des 18. Jahrhunderts zwar ständig, doch macht die Arbeiterschaft selbst nur einen geringen Prozentsatz der Bevölkerung aus. Hinzu kommt, daß eine englische oder französische vergleichbare bürgerliche Schicht fehlt, die zum Motor einer Industriellen Revolution hätte werden können.

VON DEN NATIONALSTAATEN BIS IN DIE GEGENWART

Das Zeitalter der Nationalstaaten und des Imperialismus

Die Umgestaltung des europäischen Staatensystems durch den nationalen und imperialen Gedanken

Europa im Zeichen des Krimkrieges Das europäische Revolutionsjahr von 1848 hatte bereits das Ende der außen- wie innenpolitischen Wirksamkeit der restaurativen Prinzipien der Heiligen Allianz angezeigt, unter denen sich vor allem die drei Ostmächte: Rußland, Österreich und Preußen zusammengefunden hatten, um den Geist der Französischen Revolution und des Bonapartismus in ganz Europa niederzuhalten.

Mit dem Krimkrieg (1853 bis 1856) endet das auf der Solidarität der Monarchen beruhende Ordnungssystem des Wiener Kongresses (1815) endgültig, und dies nicht zuletzt deshalb, weil mit der Niederlage Rußlands in diesem Kriege der mächtigste Verfechter des Legitimitätsprinzips seine Rolle als europäische Hegemonialmacht ausgespielt hat.

Von nun an werden Nationalismus und Imperialismus zu den alles bestimmenden außenpolitischen Prinzipien der europäischen Staaten, in denen das Bürgertum immer stärker zum Hauptfaktor der Politik wird, wenn auch nicht immer direkt auf der Grundlage einer parlamentarischen Demokratie wie in England.

Die Entwicklung kapitalistischer Produktionsverhältnisse in den Staaten Europas, die im 18. Jahrhundert in England ihren Ausgang genommen hatte, erfordert andere innen- und außenpolitische Notwendigkeiten als sie nach dem Wiener Kongreß für fast ein halbes Jahrhundert in Europa bestimmend gewesen sind. Die Industrialisierung bringt nicht nur eine effektive Technik der Produktion und des Tausches normierter Massengüter sowie ein funktionierendes Geld- und Finanzsystem mit sich, sondern auch ein rasches Anwachsen des Bruttosozialproduktes und damit auch eine wesentliche Steigerung des Realeinkommens der Gesamtbevölkerung. Diese ökonomischen Grundtatsachen des Kapitalismus zeitigen zugleich politische und soziale Folgen.

Politisch erfordert das neue Wirtschaftssystem zu seiner Ausformung und Vollendung den Nationalstaat als Voraussetzung für die Entwicklung eines einheitlichen Binnenmarktes und eine starke machtpolitische Repräsentation dieses Staates in allen Teilen der Welt zur Eroberung und Sicherung von Absatzmärkten und Rohstoffquellen. Zugleich braucht es einen spezifischen sozialen Rahmen, innerhalb dessen sich seine Produktivkräfte frei entfalten können.

Die Industrialisierung bringt eine grundlegende Wandlung der ökonomischen Produktionsverhältnisse in den zuvor überwiegend agrarisch bestimmten Wirtschaftsordnungen der europäischen Staaten durch die Veränderungen des Verhältnisses zwischen Kapital und Arbeit mit sich. Durch die Freisetzung dieser beiden bisher in Staat und Gesellschaft fiskalisch und ständisch eingebundenen Produktionsfaktoren erfolgt eine unbeschränkte und sogar staatlich geförderte Entwicklung von individueller Profitmaximierung und kollektiver Arbeitsteilung auf der Basis von Privatisierung und Mechanisierung der Produktion mit der gesellschaftlichen Folge der Entstehung zweier von diesem Prozeß in ihrem Bewußtsein total abhängiger antagonistischer Klassen: der Bourgeoisie und des Proletariats, die gemeinsam die Umstürzung bzw. Umformung des vorindustriellen Staates betreiben und zugleich zum Verteilungskampf um den gemeinsam erarbeiteten wirtschaftlichen Profit antreten, den sie wiederum gemeinsam gegenüber der ausländischen Konkurrenz auf allen Märkten der Welt zu vermehren trachten.

Während des Krimkrieges zeigen sich erstmals die von nun an alles bewegenden ideologischen Faktoren Nationalismus und Imperialismus, wenngleich sie die diplomatischen Schritte und militärischen Aktionen der einzelnen am Kriege beteiligten Mächte nur zeitweilig und unterschiedlich bestimmen. Der Krieg bricht zwischen Rußland und der Türkei, an deren Seite England und Frankreich, später Sardinien treten, aus. Zunächst scheint dieser Krieg nichts anderes zu sein, als einer der vielen kriegerischen Konflikte, die sich aus den gegensätzlichen Interessen in der orientalischen Frage seit dem Niedergang des Osmanischen Reiches ab der zweiten Hälfte des 18. Jahrhunderts von Zeit zu Zeit ergeben. In seinem Verlauf erweist er sich jedoch als ein Entscheidungskampf der euro-

Schlachtszene aus dem Krimkrieg von 1853–1856. Stich von Cottin nach einem Gemälde von Sorieul, 1855.

päischen Großmächte um ihre Machtstellung, denn nach dem Frieden von Paris (1856) wandelt sich mit dem Übergang der europäischen Hegemonialstellung von Rußland auf Frankreich das europäische Staatensystem grundlegend.
Frankreich kann sich England annähern und somit seine außenpolitische Isolation überwinden. Durch das Bündnis Österreichs mit den Westmächten, wodurch ohne Kriegseintritt Österreichs starke russische Kräfte an der Ostgrenze gebunden werden, beginnt der feindliche Gegensatz zwischen diesen ehemals verbündeten Staaten, der vor allem Preußen zugute kommt, das während dieses Krieges neutral geblieben ist. Rußland sucht die Annäherung an Frankreich, während sich der schon bestehende Gegensatz zu England weiter vertieft. Die Teilnahme Sardiniens am Krieg bringt die Unterstützung der Westmächte für die Einigung Italiens (1859 bis 1861).

Das Aufkommen der nationalen Frage und der Hegemonieanspruch Frankreichs unter Napoleon III. In den ersten drei Jahrzehnten nach dem Krimkrieg wandeln sich die europäischen Großmächte zu Staaten mit imperialem Anspruch.
In England (wie auch in Belgien und Holland) triumphiert der Liberalismus endgültig auf einer demokratischen Basis. Hierfür wird der erste Schritt mit der Wahlrechtsreform von 1832 getan, wenngleich dadurch das Land vor der Stadt noch immer bevorrechtet bleibt und die Arbeiterschaft noch kein Stimmrecht erhält. Nach 1860 beginnt der allmähliche Übergang des parlamentarischen Systems von der Oligarchie zur Demokratie, wofür der Manchester Liberalismus wesentliche Vorarbeiten geleistet hat. Die Wahlrechtsreform von 1867 vergrößert die Wählerschaft auf ein Drittel, die von 1884 und 1885 – die letzten vor 1914 – dehnen das Wahlrecht auf fast drei Viertel aller erwachsenen Männer aus. Gleichzeitig entstehen die modernen Parteien, die sich aus den alten Parteien – der Whigs und der Tories – von cliquenhaften Interessengruppen zu nationalen Vereinigungen fortentwickeln.
Die konservative Partei wird 1867, die liberale 1877 gegründet. Beide Parteien wechseln sich fast regelmäßig in der Regierung ab, und beide verfügen über einen hervorragenden Führer: die Konservativen über Disraeli und die liberalen über Gladstone. Beide Rivalen sind sich wie ihre Anhänger darin einig, daß der Laissez-faire-Kapita-

Schlacht bei Königgrätz. Gemälde von Röcklin, 1894. Der 1866 ausbrechende Krieg zwischen Österreich und Preußen um die Vorherrschaft in Deutschland wird durch die Schlacht bei Königgrätz am 3. Juli 1866 entschieden. Entgegen der Erwartung Napoleons III. siegen die vereinigten preußischen Armeen unter Helmuth von Moltke über das österreichische Hauptheer unter Ludwig August Ritter von Benedek.

Recht vielseitig waren die Gründe, die zum Krimkrieg (1853 bis 1856) führten. Frankreich und England ist es vor allem darum zu tun, das Gleichgewicht im Mittelmeerraum zu wahren, während England zudem den Landweg nach Indien schützen möchte. Aquarell von Simpson mit einer Darstellung der Verwüstung nach einem Sturmangriff der Franzosen auf Malakow.

lismus das England entsprechende Wirtschaftsystem sei. Die Konservativen finden sich unter Disraeli mit dem Freihandel und gesellschaftlichen Reformen ab und hören auf, eine ausschließlich Adelsinteressen vertretende Partei zu sein, während unter Gladstone die Liberalen für das Bürgertum endgültig salonfähig werden.
In Frankreich verläuft der Weg zum Liberalismus über den Umweg der plebiszitären Diktatur Napoleons III. Das Zweite Kaiserreich (1852 bis 1870) wird von der konservativen und katholischen Rechten als Damm gegen die revolutionäre Flut des Jahres 1848 begrüßt, es bedeutet jedoch nicht die Rückkehr zum „ancien regime". Die liberale Bourgeoisie kann sich ohne größere Schwierigkeiten mit diesem demokratischen Cäsarismus abfinden, zieht er doch die Arbeiter und Bauern in seinen Bann, während er zugleich nichts unversucht läßt, um Wohlstand und Wirtschaftswachstum des Renten- und Industriebürgertums zu fördern. Vom materiellen Fortschritt erhofft sich Napoleon III. zugleich die Lösung der Arbeiterfrage. Unter seiner direkten Mitwirkung entstehen zahlreiche soziale und karitative Einrichtungen. Durch die Errichtung öffentlicher Bauten – vor allem in Paris unter der Ägide Haussmanns – sorgt er für Arbeitsmöglichkeiten. In der Außenpolitik, der er sich besonders zuwendet, bekennt sich Napoleon III. zum Nationalitätsprinzip, allerdings nur insoweit, als es dem Prestige und der Machtpolitik Frankreichs förderlich ist.
Sein anfangs ausschließlich autoritäres Kaisertum wandelt sich spätestens ab 1860 unter dem Druck der Republikanisch-Demokratischen Opposition durch Zugeständnisse gegenüber dem Parlament in ein liberales.
Nach der Niederlage Frankreichs im Krieg gegen Preußen (1870) setzt jedoch der Aufstand der Pariser Kommune dem Bonapartismus ein Ende. Die an dieses sozialistisch-kommunistische Zwischenspiel einer Rätedemokratie anschließende Dritte Republik – zunächst unter Thiers (1871 bis 1873), Mac Mahon (1873 bis 1879) und Grévy (1879 bis 1887) – fußt verfassungsrechtlich auf dem allgemeinen Wahlrecht für die Deputiertenkammer, die mit dem Senat die Nationalversammlung (Legislative) bildet, die den Präsidenten (Exekutive) auf sieben Jahre wählt und die Minister kontrolliert. Aufgrund der überaus starken Zersplitterung der Kammer in Parteicliquen, denen jegliches festes Programm fehlt, kommt es zu ständig wechselnden Mehrheiten, die fortwährende Regierungsumbildungen zur Folge haben (50 Kabinette bis 1914). Politisch hat die sich in immer kürzeren Abständen vollziehende Ablösung der Kabinette keine ernsthaften Folgen, weil sich periodisch immer dieselben Männer an den Regierungen beteiligen. Sie gehören alle der bürgerlichen Mittelschicht aus der Provinz an. Dieser Staat der Advokaten, Schriftsteller und Ärzte, in dem die alte Linke, die politische Mitte bildet, vermag sich erfolgreich gegen die sich bald wieder regende monarchische Reaktion durchzusetzen.

Deutschland: Rivalität zwischen Preußen und Österreich und die Ära Bismarck
Seit 1815 vertritt der Deutsche Bund mit seinen 39 souveränen Staaten Deutschland politisch. De facto bestimmen jedoch das Königreich Preußen und das Kaiserreich Österreich die deutsche Politik, gegen deren Richtungen sich auch der Frankfurter Bundestag nicht durchsetzen kann. Es ist auch nicht seine Aufgabe, integrierend zu wirken im Hinblick auf die nationale Einheit, vielmehr dient er in erster Linie als

Abwehrform gegen liberale und sozialistische Tendenzen als Nachwehen der 48er Revolution. Mit dem Scheitern dieser Revolution sind auch die Träume von einem „kleinen“ (ohne Österreich) oder „großen Deutschland“ (mit Österreich) verflogen, zurück ist die politische und wirtschaftliche Rivalität zwischen Preußen und Österreich geblieben, die trotz der reaktionären Position, auf die sich beide Staaten wieder zurückgezogen haben, die direkte Konfrontation zwischen ihnen und damit auch die Austragung des nationalen Einheitskampfes zu einer Frage der Zeit macht.
Gestützt auf ihre traditionellen politischen Instrumente: Heer, Polizei, Kirche und Beamtentum versuchen die Habsburger die alte absolutistische Regierungsform wiederum zu etablieren. Die Kaiser Franz Joseph (1848 bis 1916) oktroyierte Verfassung tritt niemals in Kraft und wird 1851 aufgehoben, womit aufs neue Kabinettspolitik mit persönlichen Vertrauten konstitutionelle Ministerverantwortlichkeit ablöst. Dennoch ist diese Wiederherstellung der alten Ordnung selbst bei Teilen des Adels nicht immer willkommen. Der niedere Adel unterstützt den Neoabsolutismus des Ministeriums Bach, der allein dem Hochadel Vorteile bringt, nicht. Aufgrund der durch Gesetz vom 24.3.1849 festgesetzten Ablösezahlungen an die Gutsbesitzer für die Bauernbefreiung, die nicht sehr hoch liegen, ist dieser Teil des Adels, der vordem seine Ländereien mit kostenlosen Arbeitskräften bewirtschaftet hatte, nunmehr gezwungen, seine Liegenschaften zu verkaufen, während der Hochadel, der durch die Entschädigung genügend Kapital erhalten hat, um seine Güter zu modernisieren, seine Vermögen sichern kann. Das Bürgertum, dessen politischen und wirtschaftlichen Bestrebungen das „Bachsystem“ ebenfalls entgegensteht, tritt infolge der wirtschaftlichen Rückständigkeit Österreichs noch nicht sehr stark in Erscheinung.
In Preußen vermag die dortige reaktionäre Politik Friedrich Wilhelms VI. und seiner Hofkamarilla das Rad der Geschichte noch weniger stark zurückzudrehen. Die immer raschere Entwicklung des Kapitalismus beginnt hier bereits die Gesellschaft zu verändern, so daß die Regierung neben den junkerlichen auch die bürgerlichen Interessen zu berücksichtigen gezwungen ist. Es besteht in Preußen ein Drei-Klassen-Wahlrecht, das zumindest dem vermögenden Bürgertum Anteil an den politischen Entscheidungen verschafft, wenn auch der Landtag nur das Steuerbewilligungsrecht besitzt. Die politische Macht liegt aber auch in Preußen bei Regierung und Bürokratie. Oppositionelle Ansätze zeigen sich nur innerhalb des Bürgertums des wirtschaftlich am weitesten entwickelten Gebiets Preußen, des Rheinlandes. Hier ist man mehr nach England orientiert und nicht wie das ostelbische Junkertum nach dem autokratischen Rußland. Zugleich treibt die Regierung eine fortschrittliche Wirtschaftspolitik, die den materiellen Interessen des entstehenden Industriebürgertums weitgehend entgegenkommt, nicht zuletzt durch den forcierten Eisenbahnbau.
Vergleicht man die Machtstellung Preußens und Österreichs in dem Zeitraum vor der kriegerischen Auseinandersetzung beider Staaten um den Führungsanspruch in Deutschland, so ist festzustellen, daß Österreich in den Jahren nach der 48er Revolution immer stärker den Rivalitäten zwischen seinen zum nationalen Bewußtsein erwachenden Völkerschaften ausgesetzt wird, während sich in Preußen immer deutlicher jene wirtschaftlichen und gesellschaftlichen Kräfte rühren, die des deutschen Nationalstaates zur unabdingbaren Voraussetzung ihrer Weiterentwicklung bedürfen.
Wie Frankreich profitiert auch Preußen von der wirtschaftlichen Hochkonjunktur der 50er Jahre; Österreich hingegen vermag sich nicht aus eigener Kraft zu industrialisieren und muß deshalb den eigenen Fortschritt ausländischen Kreditgebern und Technikern überlassen. Nur die italienischen Gebiete bewahren das Habsburgerreich vor dem Staatsbankrott, der auch dann sofort eintritt, als die Niederlage gegen Sardinien und Frankreich (1859) nicht nur die Aufgabe des politischen Führungsanspruches über Italien, sondern auch den realen Verlust der Lombardei bringt. Der Neoabsolutismus überdauert diese Krisensituation nicht, in der sich auch die Ungarn ihrer nationalen Selbständigkeit aufs neue besinnen. Die durch das Oktoberdiplom von 1860 verkündete Verfassung soll den Ausgleich zwischen Zentralismus und Föderalismus schaffen; sie scheitert jedoch vor allem an den nationalen Maximalforderungen der Ungarn auf der Grundlage der Pragmatischen Sanction von 1713. Das Februarpatent von 1861 beseitigt den Föderalismus wieder und versucht durch Teilung der Legislative zwischen Krone und Reichsrat dem Einheitsstaatsstreben ein moderneres Aussehen zu geben, für das sowohl die politischen als auch die wirtschaftlichen Voraussetzungen fehlen.
Während das Habsburgerreich in diesen Jahren offenbart, daß es auch in Deutschland faktisch nicht in der Lage ist, seinen Hegemonialanspruch aufrechtzuerhalten, schafft Preußen während dieses Zeitraumes die entscheidenden wirtschaftlichen Voraussetzungen für die nationale Einigung Deutschlands unter seiner Führung. Aufgrund der raschen eigenen Wirtschaftsentwicklung gelingt es, die Wirtschaften der übrigen deutschen Staaten an sich zu binden. Im Ruhrgebiet, in Schlesien und im preußischen Teil Sachsens entwickelt sich eine starke Schwer- und Textilindustrie, die die wirtschaftliche Vormachtstellung Preußens begründet. Österreich hingegen wird in den 50er Jahren immer mehr in eine Randlage gedrängt, indem es von allen wirtschaftlichen Vereinheitlichungen innerhalb des deutschen Raumes bei Verkehr, Zoll und Währung ausgeschlossen bleibt.
Mit Wilhelm I. beginnt auch politisch für Preußen eine „Neue Ära“, die zunächst den Verfassungsstreit (1862 bis 1866) zwischen Krone und liberaler Mehrheit des Landtages bringt. Anlaß für diesen Kampf um größere politische Freiheiten ist die von Kriegsminister Roon vorbereitete Heeresreform zur Verstärkung der aktiven Truppe und der Reserve entsprechend der seit 1814 gestiegenen Bevölkerungszahl. Die liberale Mehrheit des Landtages und die öffentliche Meinung in Deutschland wenden sich gegen diese Strukturveränderungen, die eine Stärkung der Krone auf Kosten der im Befreiungskriege entstandenen demokratischen Grundkonzeption der Landwehr bedeuten.
In zwei Landtagen vermag sich Wilhelm I. nicht gegen die liberale Mehrheit durchzusetzen. Der 1862 zum Ministerpräsidenten berufene Bismarck verhindert die Abdankung des Königs und erklärt sich bereit, das umstrittene Wehrgesetz notfalls auch gegen den Landtag durchzubringen. Entgegen der österreichischen Situation ist der beim Regierungsantritt Bismarcks bestehende Verfassungskonflikt nur zeitweilig und keineswegs von wirtschaftlichen und gesellschaftlichen Krisenerscheinungen begleitet. Mit Bismarck, der die Verstärkung des Heeres durchsetzen kann, beginnt jedoch die Zurückdrängung des liberalen Momentes innerhalb der Gesellschaft zugunsten des nun auch das gesamte Zivilleben überformenden preußisch-deutschen Militarismus, der gesellschaftliche Änderungen nur noch durch Sanktion von oben zuläßt.
Unter Bismarcks politischer Führung beginnt allerdings auch der Entscheidungskampf mit dem Habsburgerreich um die Hegemonie in Deutschland. Seine Realpolitik, die der Außenpolitik mit Einsatz des Krieges als „ultima ratio“ der Politik den Vorrang vor der Innenpolitik einräumt, stärkt die preußische Monarchie zum Entscheidungskampf gegen den österreichischen Rivalen 1866, dem 1864 noch der Kampf beider Mächte gegen Dänemark um die Herzogtümer Schleswig und Holstein vorangeht, derentwegen es dann zum Krieg zwischen beiden kommt. Auf Preußens Seite stehen die kleineren norddeutschen

Die Schlacht bei Sedan (1870) in einer zeitgenössischen Darstellung. Die französische Niederlage (Napoleon III. wird in der Schlacht bei Sedan gefangengenommen) bedeutet das Ende des zweiten französischen Kaiserreiches.

Staaten, auf der Seite Österreichs Hannover, Sachsen, Kurhessen und die süddeutschen Staaten. Unter dem Oberbefehl des Generals Moltke gelingt den besser vorbereiteten und ausgerüsteten preußischen Truppen ein schneller Sieg über Österreich und seine Verbündeten, der auf Drängen Bismarcks nicht bis zur totalen Niederlage des Gegners weitergeführt wird. Österreich muß sich mit der Auflösung des Deutschen Bundes einverstanden erklären; Preußen annektiert alle gegnerischen Staaten nördlich der Mainlinie mit Ausnahme Sachsens und Hessen-Darmstadts. Unter Preußens Führung wird sodann der Norddeutsche Bund (1867) gegründet.

Der Bismarckschen Machtpolitik zollt nunmehr auch die Mehrheit der Liberalen Beifall. Der preußische Verfassungskonflikt wird durch die Annahme der Indemnitätsvorlage im Landtag, wo die verfassungswidrige Regierung Bismarcks nachträglich gebilligt wird, beigelegt. Dieser demokratische Sündenfall spaltet die preußischen Liberalen. Während die seit 1861 bestehende Fortschrittspartei in Opposition bleibt, unterstützt die 1867 gegründete Nationalliberale Partei unter Bennigsen den preußischen Weg.

Es gelingt Bismarck bei diesen gewichtigen Änderungen im mitteleuropäischen Raum jegliche ausländische Einmischung fernzuhalten. Frankreich läßt jedoch erkennen, daß es die jetzt anstehende nationale Einigung der Deutschen durch den Zusammenschluß der nord- und süddeutschen Gebiete nur bei entsprechenden Gegenleistungen zulassen würde.

Die wirtschaftliche Einigung Deutschlands ist bereits eine Tatsache. Im Berliner Zollparlament sitzen auch die süddeutschen Staaten seit 1868. Auch auf dem Gebiet der Wirtschaftsgesetzgebung existieren gleichartige Ordnungsvorstellungen. Der süddeutsche Partikularismus ist jedoch auf politischem Gebiet trotz der Unterstützung der Einigungsbestrebungen seitens der Industrie und des Protestantismus im demokratischen, katholischen und dynastischen Lager noch nicht überwunden. Es besteht die Möglichkeit, die französische Karte gegen Bismarck auszuspielen. Als jedoch Napoleon für seine neutrale Haltung während des preußisch-österreichischen Krieges die Saar, die bayerische Pfalz und Rheinhessen fordert, nutzt Bismarck diese überspannten Kompensationsforderungen diplomatisch geschickt, indem er Preußen zum Verteidiger der territorialen Unversehrtheit auch den süddeutschen Staaten empfiehlt.

Als es im Zusammenhang mit der spanischen Erbfrage zur direkten diplomatischen Konfrontation zwischen Frankreich und Preußen kommt, läßt es das Prestige beider Staaten nicht mehr zu, den Konflikt friedlich beizulegen. Der Forderung Napoleons III., den Verzicht des Prinzen Leopold von Hohenzollern-Sigmaringen auf die Thronkandidatur durch Preußen förmlich bestätigen zu lassen, folgt Bismarcks Veröffentlichung der gekürzten „Emser Depesche", mit der die französische Regie-

rung vor der Weltöffentlichkeit brüskiert wird. Frankreich antwortet mit der Erklärung des Krieges, auf den sich auch Preußen bereits eingestellt hat.
Entgegen den französischen Erwartungen treten die süddeutschen Staaten sofort auf die Seite des Norddeutschen Bundes. Da auch Österreich aufgrund der preußenfreundlichen Haltung des russischen Kaisers Alexander II. auf Rache für 1866 verzichten muß und auch die anderen Nachbarstaaten neutral bleiben, kommt es zum schnellen Sieg der Verbündeten gegen Frankreich und zum Sturz des französischen Kaisertums (1870).
Bismarck nutzt die Kriegsbegeisterung aller Deutschen zur Gründung des (zweiten) deutschen Kaiserreiches, das nach Verträgen mit den Einzelstaaten unter Ausschluß Österreichs 1871 in Versailles von Militär und Hochadel proklamiert wird.
Dennoch bringt diese kleindeutsche Lösung nicht einen rein deutschen Nationalstaat. In ihm leben neben Polen und Dänen seit der Annexion Elsaß-Lothringens (1871) auch Franzosen. Gerade die Einverleibung Elsaß-Lothringens, die ohne Befragung der betroffenen Bevölkerung erfolgt, soll in der Folgezeit zur schwersten Belastung für das deutsch-französische Verhältnis werden, wodurch die Bewegungsfreiheit der deutschen Außenpolitik entscheidend eingeengt wird.
Das Deutsche Reich ist nach seiner Verfassung kein Volksstaat, sondern ein Bundesstaat unter der Hegemonie Preußens. Der preußische König vertritt als „Deutscher Kaiser" das Reich nach außen, führt den militärischen Oberbefehl und ernennt ohne Zustimmung des vom gesamten deutschen Volk gewählten Reichstages den Reichskanzler, der in militärischen Fragen weder ein Informations- noch ein Mitspracherecht besitzt. Der Reichstag verfügt zwar über das Recht der Gesetzgebung und der Haushaltsaufstellung, aber er kann keinerlei direkten Einfluß auf die Innen- und Außenpolitik der Regierung ausüben.

Rußland unter Alexander II. Auch innerhalb des reaktionärsten Staates unter den europäischen Großmächten – Rußland – kommt es in den ersten Jahrzehnten nach dem Krimkrieg zu innenpolitischen Veränderungen. Mit dem jungen Kaiser Alexander II. (1855 bis 1874) scheint die Zeit der Befreiung für Rußland angebrochen. Die liberalen Ansätze der Reform-Ära (1856 bis 1874) entspringen seitens des Zaren nicht zuletzt aus der Einsicht in die Notwendigkeit grundlegender gesellschaftlicher Wandlungen, von oben will man die Autokratie vor ihrer Zerstörung von unten bewahren. Der verlorene Krimkrieg besitzt dabei Signalwirkung. Er hat endgültig die innere Schwäche dieses Riesenreiches offengelegt. Die rückständige Wirtschaftsweise Rußlands auf der Grundlage der Leibeigenschaft vermag mit der wirtschaftlichen, technischen und militärischen Konkurrenz der westeuropäischen Staaten nicht mehr mitzuhalten. Das Gebot der Stunde heißt Befreiung der Bauern zur „Entfesselung" des Menschen für den nunmehr als notwendig erkannten Industrialisierungsprozeß.
Die Aufhebung der Leibeigenschaft (1861) bringt jedoch weder die totale Befreiung des russischen Bauern noch seine ausreichende Versorgung mit Land. Mit ungenügenden Landanteilen ausgestattet, die er dem Staat zudem noch bezahlen muß, weil dieser die Gutsbesitzer für den Verlust von Land und billiger Arbeitskraft mit Geld entschädigt hat, bleibt er seiner für die Steuerzahlungen kollektiv haftenden und die Feldanteile kollektiv verteilenden Dorfgemeinde (Mir) unterstellt.
Dem Befreiungsdekret folgt 1864 die Einrichtung von Selbstverwaltungsorganen (Zemstva) auf Gouvernements- und Kreisebene, die zumindest auf dem Gebiet der Infrastruktur gewisse selbständige Funktionen besitzen. Im selben Jahr kommt es zur Gerichtsreform, die den von der Exekutive unabhängigen Richter und öffentliche Gerichtsverfahren bringt. 1870 folgt die Einführung der Selbstverwaltung der Städte und 1874 die Einführung der allgemeinen Wehrpflicht.
Die Regierung beginnt jedoch unter dem Eindruck eines Attentatsversuches auf Alexander II. ihre positive Einstellung gegenüber der Gesellschaft wieder zu revidieren. Administrative Maßnahmen ersetzen erneut jegliche gesellschaftliche Eigeninitiative. Unter dem Erlebnis der verschärften Reaktion und vor allem der sozialen Mißstände auf dem Lande beginnt in den 60er Jahren unter den russischen Studenten die Bewegung des Ins-Volk-Gehens (Narodničestvo), die zunächst durch entsagungsvolle aufklärerische Tätigkeit unter den Bauern tätig ist, um dann – nicht zuletzt auch dadurch, daß sie im Volke isoliert geblieben ist – gegen Ende dieses Jahrzehnts zur revolutionären Terrororganisation „Narodnaja Volja" (Volksfreiheit) zu radikalisieren. Diese Nihilisten geben sich – „verrannt in die Rechte der Vernunft, auf die sie um so mehr pochen, je weniger sie davon Gebrauch machen" (Tjučev) – dem Glauben hin, durch Attentate das System der Selbstherrschaft zum Einsturz bringen zu können. Ihr erfolgreiches Attentat auf Alexander II. (1881) bringt sie jedoch nicht der Revolution näher, sondern es verschärft im Gegenteil nur die Gewaltmaßnahmen der Regierung unter Alexander III. (1881 bis 1894).

Die nationalen Machtstaaten Europas im Zeichen des Imperialismus

In den 80er Jahren des 19. Jahrhunderts wandelt sich der Charakter der europäischen Mächtebeziehungen vom „Fieberwahn des Imperialismus" ergriffen grundlegend. An die Stelle der traditionellen Machtpolitik tritt nun mehr bei allen Großmächten – unabhängig von ihrer industriellen Entwicklung – der letztlich im Rationalen nicht mehr festzumachende Trieb nach Kolonien und Absatzmärkten als Statussymbolen einer Teilnahme an der Weltherrschaft. Daneben wird die traditionelle Politik im europäischen Bereich weiterbetrieben. Noch immer ist die Frage der Zukunft des Osmanischen Reiches sowie diejenige der Schließung der Meerengen am Bosporus ungelöst; hinzugekommen ist das Problem einer Neuordnung des Balkans.

DIE AUSSEN- UND KOLONIALPOLITIK DER NATIONALSTAATEN EUROPAS IM ZEITALTER DES IMPERIALISMUS

Nach dem Frieden von Paris (1856) betrachtet Rußland neben England auch Österreich als seinen Hauptgegner. Es weigert sich standhaft, die Integrität des Osmanischen Reiches für alle Zukunft zu gewährleisten, wozu sich die anderen europäischen Großmächte bereit erklären. England, Frankreich und Österreich schließen daraufhin einen Garantievertrag, in welchem sie einen russischen Angriff auf die Türkei als casus belli betrachten. Ein Jahr später kommt es jedoch zu einer französisch-russischen Annäherung. Napoleon III. findet sich zur Stärkung des russischen Einflusses auf dem Balkan bereit, womit er nicht nur den türkischen, sondern auch den englischen und österreichischen Interessen zuwiderhandelt.
Die russische Regierung unterliegt in der orientalischen Frage dabei dem Druck panslawistischer Kreise, die nach der einseitigen Kündigung der Neutralitätsklausel des Pariser Friedens, die Rußland mit Unterstützung Preußens während dessen Krieges mit Frankreich unternimmt, immer stärker auf eine Lösung im russischen Sinne drängen. Die Londoner Siebenmächtekonferenz (1871) bringt für Rußland mit Unterstützung Bismarcks die freie Fahrt durch die Meerengen. Obwohl sich Rußland 1873 im Dreikaiserbündnis mit Deutschland und Österreich zu einer konservativen Friedenspolitik mit gegenseitigen Konsultationsversprechen bekannt hat, treibt es auch in der Folgezeit seine expansionisti-

sche Politik auf dem Balkan weiter, die im russisch-türkischen Krieg (1877 bis 1878) den ersten politischen Erfolg für den Panslawismus bringt. Die im Frieden von San Stefano (1878) russischerseits durchgesetzte Vergrößerung der Balkanstaaten (vor allem Bulgariens) auf Kosten der europäischen Gebiete der Türkei trifft auf massiven Widerstand Österreichs und Englands. Bismarck gelingt es, als „ehrlicher Makler" zwischen den feindlichen Parteien auf dem Berliner Kongreß (1878) zu vermitteln, jedoch die durch den Druck Österreichs und Englands umgestalteten Friedensbedingungen lassen Rußland ohne sonderlichen Gewinn aus diesem Kriege hervorgehen. Rumänien, Serbien und Montenegro werden selbständig, aber das unter russischem Einfluß stehende Bulgarien muß territoriale Einbußen hinnehmen und bleibt ein zwar selbständiges, aber tributpflichtiges Fürstentum. Rußland erhält den 1856 verlorenen Teil Bessarabiens wieder und gewinnt Teile Armeniens, während Österreich Bosnien-Herzegowina besetzt.

Der Frieden wird erhalten, er bringt jedoch eine Entfremdung zwischen Rußland und Deutschland und eine weitere Verschärfung des russisch-österreichischen Gegensatzes auf dem Balkan, während sich Deutschland und Österreich einander annähern. Die nationalen Probleme in Südosteuropa bleiben darüber hinaus ungelöst.

Englands Gegnerschaft zu Rußland resultiert jedoch nicht nur aus der Meerengenfrage und den sich daraus ergebenden Gefährdungen für die Handelswege nach Indien, sondern nicht minder auch aus dem expansiven Drang des Russischen Reiches nach Osten. Bereits 1861 wird die Grenze gegen China bis zum Amur und Ussuri vorgeschoben, während man sich in der Mongolei und Chinesisch-Turkestan Handelsprivilegien sichert. Noch stärkeres Mißtrauen Englands weckt allerdings die Eroberung des mittelasiatischen Raumes, die von den 40er bis zu den 60er Jahren währt, obgleich Afghanistan nicht unter russischen Einfluß kommt, so daß von einer „Bedrohung Indiens" kaum die Rede sein kann.

Mit Anfang der 80er Jahre beschleunigt sich die koloniale Ausdehnung der europäischen Großmächte, die zu einer Verschärfung der internationalen Gegensätze führt. Für die Expansionspolitik des Imperialismus, die sich entweder direkt durch Gebietserwerbungen im außereuropäischen Raum oder indirekt durch Wirtschaftseinfluß äußert, gibt es eine Reihe von Gründen: Gewinnung neuer Absatzmärkte für die Massenverbrauchsgüter der nationalen Industrie, rentable Kapitalanlagen im Ausland und Erschließung neuer Rohstoffquellen, die zur Sicherung der Kontinuität und Weiterentwicklung des kapitalistischen Produktionsprozesses und in diesem Zusammenhang auch zur Beilegung sozialer Konflikte im eigenen Lande für notwendig erachtet werden. Im Imperialismus übersteigert sich das Nationale als gesellschaftliche Integrationskraft zum kollektiven Gefühl der Überlegenheit der eigenen Zivilisation über die Primitivität und Barbarei der anderen Völker.

Der nun beginnende Wettlauf um die Verteilung der noch nicht kolonisierten Gebiete der Erde (vor allem in Afrika, Asien und Ozeanien) bzw. um die Sicherung des wirtschaftlichen Einflusses (insbesondere in China, Persien und Türkei), von dem sich nur Japan befreien kann um den Preis des eigenen Aufstiegs zu einer imperialen Macht, bringt bis zum ersten Weltkrieg 84% der bewohnten Erdoberfläche in die Gewalt der europäischen Staaten, der USA und Japans.

Bis heute ist der Nutzen und Schaden der Kolonialpolitik sowohl für die Großmächte als auch für die von ihnen abhängigen Völker umstritten geblieben. Selbst innerhalb der sozialistischen Parteien der II. Internationale kann man sich vor 1914 nicht zu einer eindeutigen Verurteilung jeglicher Kolonialpolitik entschließen. Ohne Zweifel treibt die brutal oktroyierte Zivilisation des Maschinenzeitalters auch die Betroffenen auf den Weg des Fortschritts und befreit sie manchmal sogar von noch grausamerer Herrschaft und Ausbeutung durch eigene Feudalkasten. In den meisten Fällen muß jedoch hierfür ein allzu hoher Preis gezahlt werden: der Verlust der eigenen kulturellen und gesellschaftlichen Identität und die Zerstörung der eigenen Agrar- und Gewerbestruktur.

Während in der ersten Hälfte des 19. Jahrhunderts gegenüber dem 18. eher eine Tendenz der Abwendung von kolonialer Politik festzustellen war, weil der durch England in Gang gesetzte „Freihandel" der staatlichen Handelsmonopole des Merkantilismus nicht bedurfte, beginnt seit Anfang der 80er Jahre des 19. Jahrhunderts ein wahres Wettrennen um die noch nicht in koloniale Abhängigkeit gebrachten Gebiete in Übersee.

Der Imperialismus unterscheidet sich vom traditionellen Kolonialismus in erster Linie durch das Ausmaß an staatlichem und gesellschaftlichem Engagement. Hatten zuvor die europäischen Regierungen nur zögernd koloniale Erwerbungen durch einzelne Personen bzw. durch Handelskompanien im Nachhinein akzeptiert, indem sie „die Flagge dem Handel" folgen ließen, wenn sie nicht überhaupt derartige Abenteuer als zu kostspielig empfanden, so werfen sie nunmehr ihr gesamtes nationales Ansehen für den zielbewußten Erwerb außereuropäischer Einflußsphären in die Waagschale.

Dem planmäßigen Einsatz politischer und militärischer Mittel bei der Eroberung folgt die systematische Durchdringung der in Besitz genommenen Gebiete durch die eigene Kapital- und Wirtschaftskraft. Es ist eine Frage der Zeit, wann die europäischen Mächte, zu denen sich seit den 90er Jahren noch Japan und die USA gesellen, bei der Abgrenzung ihrer Interessensphären in unmittelbare Gegnerschaft geraten werden. 1881 setzt sich Frankreich in Tunesien fest, 1883 in Annam, am Kongo und in Somaliland. 1883 und 1884 erwirbt Deutschland Südost- und Südwestafrika sowie Togo und Kamerun. Am brisantesten für das internationale Machtgefüge wird aber die Okkupation Ägyptens durch England, die zur direkten Konfrontation mit Frankreich führt.

Für Bismarck ist dies ein willkommener Anlaß, durch Förderung der kolonialen Gegensätze der anderen Großmächte die Spannungen im europäischen Mächtesystem aus dem Zentrum in periphere Zonen abzuleiten. Aus diesem Grunde ist seine eigene Kolonialpolitik durchaus nicht eindeutig auf deutschen Machtzuwachs in Übersee ausgerichtet. Er erkennt zwar die Notwendigkeit bestimmter Handelsstützpunkte in Afrika und im Pazifik an, sein Hauptaugenmerk gilt jedoch unmißverständlich der Sicherung der Existenz des Deutschen Reiches gegenüber Frankreich und Rußland. Seine Unterstützung französischer Ansprüche in Afrika gegenüber England verfolgt deshalb in erster Linie die Absicht, Frankreich Kompensationen für die verlorengegangenen elsaß-lothringischen Gebiete zu verschaffen, um somit dessen Revanchepolitik zu unterlaufen und England für die deutschen Ordnungsvorstellungen im mitteleuropäischen Raum zugänglicher zu machen. Allerdings soll auch die deutsche Kolonialpolitik in der Folgezeit mehr als ein Kompensationsangebot gegenüber anderen Großmächten zur Durchsetzung deutscher Interessen in Europa werden, indem sie vor allem in der Zeit nach Bismarck zu einem Mittel der Realisierung deutscher Weltmachtträume hochgetrieben wird.

Zwischen 1885 und 1892 tritt jedoch noch einmal eine kurze Ruhephase vor dem Ausbruch des ungehemmten imperialen Anspruchs aller Großmächte ein.

In England überläßt man in den folgenden Jahren wieder wie zuvor privaten Handelskompanien die Erschließung neuer kolonialer Gebiete und mit Rußland versucht man im asiatischen Raum (Afghanistan) zu einem Ausgleich zu kommen. In Frankreich hingegen betrachtet man nach dem

Zeitgenössische Darstellung einer Pariser Telefonzentrale im ausgehenden 19. Jahrhundert. Der von Johann Philipp Reis in Friedrichsdorf bei Hamburg 1861 erfundene Fernsprecher ermöglicht in der Folgezeit ganz neue Aspekte der Kommunikation durch die rasche Verständigung über kurze und weite Entfernungen hinweg. Ein Telefonnetz wird allmählich in allen Ländern der Erde aufgebaut und läßt zusammen mit den anderen technischen Erfindungen im Verkehrswesen die Kontinente dieser Erde immer mehr zusammenrücken.

Sturze Jules Ferrys (1885) eine Zeitlang jegliche Kolonialpolitik als Ablenkung von der nationalen Hauptaufgabe, der Durchbrechung der Isolierung in Europa. Auch Bismarck scheut weitere koloniale Wagnisse, die Deutschlands Stellung in Europa in Gefahr bringen könnten.

Aus diesem Grunde überlassen auch die Großmächte auf der Berliner Kongo-Konferenz (1884/85) dem belgischen König Leopold II. den Kongo (Kongo-Freistaat) gegen gewisse Auflagen – der Unterlauf des Kongos wird u. a. zur Freihandelszone erklärt – zur privaten Nutzung. Zu weiteren internationalen Absprachen über andere strittige Gebiete in Afrika kommt es allerdings nicht. Man stellt es z. B. den beiden unmittelbaren Kontrahenten in Westafrika – England und Frankreich – anheim, ihre Interessensphären untereinander abzuklären.

Das Bismarcksche Bündnissystem Noch einmal nehmen die alten europäischen Probleme das Hauptinteresse für sich in Anspruch. Die Frage der Meerengen und Bulgariens wirkt sich selbst auf das zuvor gute deutsch-russische Verhältnis immer negativer aus. Deutsche Militärs (Waldersee) beginnen schon für einen Präventivkrieg gegen Rußland zu plädieren (1887).

Wie oben erwähnt ist es bereits auf dem Berliner Kongreß (1878) zu einer Verschlechterung der Beziehungen zwischen beiden Mächten gekommen. Bismarck schließt daraufhin 1879 ein gegen einen russischen Angriff gerichtetes Verteidigungsabkommen mit Österreich-Ungarn (Zweibund). Dennoch kann er durch ein höchst kunstvolles diplomatisches Doppelspiel, das seinen Nachfolgern später als zu kompliziert erscheinen soll, die hegemoniale Stellung des Deutschen Reiches in Europa noch einmal nach allen Seiten sichern.

1881 wird auf drei Jahre ein geheimes Neutralitätsabkommen (Dreikaiservertrag) zwischen dem Deutschen Reich, Österreich-Ungarn und Rußland abgeschlossen, in welchem sich die Vertragspartner im Falle des Angriffes einer vierten Macht zu wohlwollender Neutralität verpflichten. 1882 folgt der Dreibund, ein geheimes Verteidigungsabkommen zwischen dem Deutschen Reich, Österreich-Ungarn und Italien für den Fall eines französischen Angriffes auf Italien oder Deutschland, das 1887 erneuert und durch zwei Sonderabkommen ergänzt wird, in denen Österreich-Ungarn und Italien bei Gebietsgewinnen auf dem Balkan oder den türkischen Inseln eine gegenseitige Verständigung über angemessene Kompensationen verabreden, während das Deutsche Reich nunmehr auch dann den Bündnisfall für gegeben betrachtet, wenn Italien mit Frankreich wegen Nordafrika in einen kriegerischen Konflikt gerät.

Der Dreikaiservertrag, der 1884 um weitere drei Jahre verlängert werden kann, läuft jedoch 1887 aus, weil die Spannungen zwischen Österreich-Ungarn und Rußland nicht mehr beizulegen sind.

Bismarck schließt daraufhin im selben Jahr den „Rückversicherungsvertrag“ mit Rußland für drei Jahre. In diesem geheimen Neutralitätsabkommen erkennt Deutschland die historischen Rechte Rußlands auf dem Balkan (Bulgarien) an und verpflichtet sich zu moralischem und diplomatischem Beistand in der Meerengenfrage für den Preis der wohlwollenden Neutralität Rußlands im Falle eines Krieges.

Zugleich fördert Bismarck den Abschluß eines Beistandspaktes zwischen Österreich-Ungarn, Italien und England, der den Besitzstand des Osmanischen Reiches garantieren und somit Rußland den Weg zum Bosporus und den Dardanellen verlegen soll. Damit hat Bismarck die Möglichkeiten seines diplomatischen Meisterspiels im Hinblick auf ein rein defensives Bündnissystem zur Absicherung der deutschen Hegemonialstellung in Mitteleuropa bis auf das äußerste ausgereizt. Es ist eine Frage der Zeit, wie lange sich noch die anderen europäischen Mächte zugunsten Deutschlands gegeneinander ausspielen lassen, zumal die deutsche Politik durch dieses höchste gewagte diplomatische Doppelspiel in Gefahr kommt, ihre Glaubwürdigkeit zu verlieren.
Betrachten wir aber zunächst die innenpolitische Entwicklung Deutschlands während dieses Zeitraumes.

DIE INNENPOLITISCHE ENTWICKLUNG DES DEUTSCHEN KAISERREICHES UNTER BISMARCK

Das Deutsche Reich erhebt zwar nach außen von Anfang an den nationalen Anspruch einer politischen Großmacht, als die es auch ohne Zweifel anerkannt wird, seine innere Entwicklung bleibt aber hinter der der westeuropäischen Großmächte zurück. Trotz seiner ständig wachsenden Wirtschaftskraft bleibt die politische Mitverantwortung des für die Entwicklung der kapitalistischen Produktionsverhältnisse verantwortlichen Bürgertums äußerst begrenzt oder eher indirekt. Im Gegensatz zu England und Frankreich ist das Bismarckreich nicht demokratisch. Hier sind nicht in erster Linie die politischen Parteien der bürgerlichen Klasse die Träger der staatlichen Macht, sondern die Bürokratie und das Militär, die sich beide in erster Linie aus der absteigenden Klasse des Adels rekrutieren. Die bonapartistischen Züge dieses Regimes offenbaren sich nicht zuletzt gegenüber der Masse, die Bismarck durch eine paternalistische Sozialgesetzgebung und politische Gängelung (Sozialistengesetze) vom Sozialismus abzubringen versucht.
Eine solche nicht den wirtschaftlichen und gesellschaftlichen Gegebenheiten entsprechende Politik kann ohne eine starke Hand nicht bestehen und ist trotz alledem auf ein ständiges Lavieren angewiesen, um die Gegensätze zwischen Adel und Bürgertum nicht offen ausbrechen zu lassen. Letztlich verhindert nicht die Schaukelpolitik Bismarcks zwischen liberal (1871 bis 1878) und konservativ (1878 bis 1890) eine solche politische Konfrontation dieser gesellschaftlichen Kräfte, sondern die allgemeine Furcht der Besitzenden und Privilegierten vor dem Sozialismus gibt dem Kaiserreich bis an das Ende seiner Tage soviel Widerstandskraft, daß es trotz einer permanenten inneren Krisensituation auch nach der Abdankung Bismarcks (1890) weiterbestehen kann.
Das Deutsche Reich ist nicht der Nationalstaat aller Deutschen, den sich die liberale Bewegung der 48er Jahre erträumt hat. Es ist, wie bereits erwähnt, ein Bundesstaat mit einer nicht rein deutschen Bevölkerung. Darüber hinaus zählen zu seinen 25 Staaten große und kleine mit sehr unterschiedlicher Bevölkerungszahl und Wirtschaftskraft. Allen voran steht Preußen,

„Der Lotse geht von Bord". Karikatur aus der satirischen Zeitschrift „Punch" nach der Entlassung Bismarcks (1890).

dessen demographische und ökonomische Überlegenheit die anderen erdrückt. Hinzu kommt, daß in diesem Reich zwei Konfessionen vorhanden sind.
All dies gibt genügend Zündstoff, um das Feuer des politischen Partikularismus zumindest am Schwelen zu halten. Die Frage jedoch, die unabhängig davon, ob mit der Reichsgründung nun der Weg zum Föderalismus oder zum Zentralismus beschritten wird, in den Vordergrund rückt, ist diejenige, ob dieses Reich der Deutschen verpreußt oder ob Preußen in ihm aufgehen wird. Eine Frage, die darüber entscheiden wird, ob die privilegierte Adelskaste des ostpreußischen Junkertums die weitere Politik in einem konservativen Sinne bestimmen oder ob sich letztlich der süddeutsche und rheinische Liberalismus durchsetzen wird.
Zu der aufgezeigten Unterschiedlichkeit der deutschen Staaten kommt noch die Verschiedenheit der rechtlichen Grundlagen ihres politischen Lebens. Am krassesten ist die Differenz zwischen den süddeutschen Staaten einerseits, wo fast für die gesamte Bevölkerung eine politische Mitbestimmung existiert, und Preußen und Sachsen andererseits, wo durch ein abgestuftes Wahlverfahren nur für eine reiche Minderheit eine solche Beteiligung möglich ist. Für das Herrenhaus wird in Preußen kein Mitglied gewählt und für den Landtag gibt es das Dreiklassenwahlrecht.
Die Parteien besitzen aus diesem Grunde auch nicht dieselbe Bedeutung für das politische Leben wie diejenigen Englands und Frankreichs.
Die stärkste Reichstagspartei sind in den ersten Jahren nach der Reichsgründung die Nationalliberalen, die als Partei des national gesinnten westdeutschen Bürgertums für den liberalen Rechtsstaat kämpft und für Bismarcks Außenpolitik eintritt. Ganz bismarckisch ist die liberal-konservative Deutsche Reichspartei (Freikonservative), während sich insbesondere die preußischen Altkonservativen kritisch verhalten. Die Fortschrittspartei (später Freisinnige) verhält sich immer distanzierter gegenüber der Bismarckschen Politik, während die nationalen Minderheiten, die immer stärker werdenden Sozialdemokraten und seit dem Kulturkampf auch das Zentrum, die Partei des politischen Katholizismus, in der Opposition stehen. Da zwischen 1871 und 1890 keine der Parteien die absolute Mehrheit erringen kann und die Parteien darüber hinaus sehr zersplittert sind, kann Bismarck nach Gutdünken regieren, indem er sich auf wechselnde Mehrheiten stützt.
Bis 1878 sind dies die Nationalliberalen und die Freikonservativen, die Vertreter des liberalen Bürgertums, mit denen er die Wirtschaftskraft und das außenpolitische Prestige des Reiches steigert und zugleich gegen den Katholizismus („Kulturkampf") antritt.
Doch nach 1878 sucht Bismarck seine Anhänger bei den Konservativen. Hierfür gibt es mehrere Gründe: erstens die sozialdemokratische Gefahr, zweitens die Aussichtslosigkeit eines totalen Sieges über den Klerikalismus, drittens die Wirtschaftskrise von 1873, die Bismarck zum Protektionismus führt, wohin ihm nicht alle Liberalen zu folgen gewillt sind, während es auf seiten der konservativen Agrarier aus diesem Grunde zu einer Annäherung kommt und viertens die radikaleren Elemente innerhalb der Liberalen, die eine Liberalisierung

des autoritären Führungsstils Bismarcks wünschen.
Zunächst jedoch stützt sich Bismarck einige Jahre auf wechselnde Mehrheiten. Während er 1878 mit Hilfe der Liberalen das Sozialistengesetz durchbringt, findet er die Unterstützung des Zentrums beim Übergang zur Schutzzollpolitik.
Ab 1881 aber kommt es nach der Spaltung der Nationalliberalen zum Zusammenschluß aller konservativen Kräfte in einem Rechtskartell, bei dem Bismarck sowohl für seine Sozialpolitik (zwischen 1883 und 1889 Einführung der gesetzlichen Kranken-, Unfall-, Alters- und Invalidenversicherung) als auch für seinen Kampf gegen die Sozialdemokratie den nötigen Rückhalt findet.
Bismarcks Entlassung 1890 hat ihre Gründe nur z. T. in den zunehmenden persönlichen Differenzen des alten Reichskanzlers mit dem jungen selbstbewußten Kaiser Wilhelm II. (1888 bis 1918), der aus maßloser Selbstüberschätzung ein persönliches Regiment vorzieht. Mindestens ebenso stark wirken Bismarcks hartnäckiges Festhalten am Kampf gegen die Sozialdemokratie und am Bündnis mit Rußland.
In der Rückschau drängt sich bei kurzsichtiger Sehweise der Eindruck auf, als habe seine autoritäre Politik letztlich nur zu Niederlagen geführt; denn weder gelang es ihm, Sozialdemokraten und Katholiken niederzukämpfen, noch die nationalen Minderheiten zwangseinzugliedern. Dabei läßt man jedoch außer Acht, daß die Reichseinheit 1890 fester geschmiedet war als 1871, und seiner integrativen Kraft konnten und wollten sich selbst weder die internationalen Sozialdemokraten noch die ultramontanen Katholiken entziehen.
Zugleich hat Deutschland während dieses Zeitraumes wegen seiner militärischen Stärke und des Übergewichts seiner Bevölkerungszahl die Vormachtstellung in Europa erobert. Sein geistiges und kulturelles Leben zieht auch das Ausland an. Übermächtig expandiert seine Wirtschaft und es scheint an der Zeit zu sein, europäische gegen imperiale Politik einzutauschen wie es auch die anderen europäischen Großmächte tun bzw. im Begriffe sind zu tun.

NEUE BÜNDNISSYSTEME IM EUROPÄISCHEN MÄCHTEKONZERT

Die Großmächte beginnen sich nunmehr zum Endkampf um die Weltmacht zu rüsten. Obwohl ihr eigener Kontinent aufgrund ihrer Rivalitäten um koloniale Einflußzonen manchmal aus dem Blickpunkt ihrer Interessen zu geraten scheint, bleibt er letztlich der Schauplatz ihrer weltpolitischen Auseinandersetzung.
Wenn auch in den 90er Jahren die alten Bündnisse sich aufzulösen beginnen und die europäischen Staaten sich nach Bundesgenossen umsehen, mit deren Hilfe der eigene Weltmachtanspruch am besten zu erreichen ist, so sind dennoch „einige scheinbar unverrückbare Konstanten im europäischen Mächtekonzert“ immer zu berücksichtigen: die deutsch-französische Feindschaft wegen Elsaß-Lothringens, die russisch-österreichischen Gegensätze auf dem Balkan, der österreichisch-italienische Streit um das Trentino und die seit Abschluß des Zweibundes (1879) bestehende deutsch-österreichische Freundschaft. Alles andere scheint in Fluß gekommen. Für ein Bündnisgefüge nach Bismarckschem Vorbild, das mit seinem komplizierten System eines wechselseitigen Interessenausgleichs jede selbständige außenpolitische Aktivität hemmt, ist die Zeit nicht mehr gegeben.

Das Deutsche Reich auf dem Weg in die außenpolitische Isolation Die Nichterneuerung des Rückversicherungsvertrages durch den neuen Reichskanzler Caprivi (1890 bis 1894) zugunsten einer geradlinigen Außenpolitik auf der Grundlage des Dreibundes und einer Annäherung an England signalisiert den Wendepunkt in der europäischen Bündnispolitik. Die deutsch-englische Annäherung – eingeleitet durch den Tauschvertrag Helgoland–Sansibar (1890) – veranlaßt Rußland zur Aufnahme von Bündnisverhandlungen mit Frankreich.
Die nunmehrige konsequente Westorientierung des Deutschen Reiches ist bereits zu Bismarcks Zeiten begonnen worden, als der Reichskanzler 1887 die deutschen Börsen für russische Anleihen sperrte und damit die russische Regierung zwang, auf den französischen Kapitalmarkt auszuweichen. Dennoch lassen sich die Russen viel Zeit, bis sie sich Frankreich auch außenpolitisch annähern. Der russischen Autokratie ist das republikanische Frankreich suspekt, und zur Sicherung der eigenen Westgrenze wegen des verstärkten Engagements im Fernen Osten sieht man das Deutsche Reich lieber im eigenen als im österreichisch-ungarischen Lager. So kommt erst 1892 eine Militärkonvention mit Frankreich zustande, der dann 1894 ein formelles Bündnis folgt. Beide Partner verfolgen dabei unterschiedliche Ziele: für Frankreich bedeutet das Bündnis die Unterstützung der eigenen Revanchepolitik gegenüber Deutschland; für Rußland ist es zugleich auch eine Absicherung gegenüber England.
Für die deutsche Außenpolitik ergibt sich aus der Tatsache der französisch-russischen Annäherung die unmittelbare Gefahr eines Zweifrontenkrieges im Kriegsfalle. Frankreich ist aus seiner außenpolitischen Isolierung ausgebrochen, während sich eine solche für die Mittelmächte nunmehr abzuzeichnen beginnt. Die erwünschte Übereinstimmung mit England kommt nicht zustande, weil England kein Interesse an einer direkten Bindung an den Dreibund zeigt und darüber hinaus das Deutsche Reich und England in kolonialen Fragen aneinander geraten.
Letzteres steht im Zusammenhang mit dem erneuten direkten Eingreifen der Großmächte in die kolonialen Fragen. Die britische Regierung betreibt von nun an eine konsequente staatliche Kolonialpolitik zur Eroberung von Gebieten in Übersee und Asien, die durch ihren wirtschaftlichen Vorteil bzw. ihre strategische Lage von großer Bedeutung sind.
In erster Linie trifft man dabei in Afrika und im Fernen Osten auf den Widerstand Frankreichs, aber auch das Deutsche Reich will seine Ansprüche gewahrt sehen. Aus den scharfen englisch-französischen Gegensätzen in den Kolonialgebieten vermag Deutschland jedoch kein Kapital für sich herauszuschlagen. England zeigt kein Interesse, mit dem Deutschen Reich zusammenzugehen, und Frankreich unterläßt alles, was die diplomatische Lage des Reiches verbessert hätte. Mitte der 90er Jahre befindet sich das Deutsche Reich somit in einer fast totalen außenpolitischen Isolation.
Italien hat sich zwar bei der Erneuerung des Dreibundes (1891) des Beistandes des Deutschen Reiches für seine Mittelmeerpolitik versichert, aber es ist nicht geneigt und außerdem auch viel zu schwach, Deutschland wirksame Unterstützung in weltpolitischen Fragen zu leisten.
Österreich-Ungarn ist zu sehr mit seinen inneren Nationalitätenstreitigkeiten beschäftigt und außerdem zu stark auf dem Balkan engagiert, um seinem deutschen Bündnispartner wirksame außenpolitische Hilfe leisten zu können.
Die grobschlächtige deutsche Politik gegenüber England, die vor allem in der ägyptischen Frage immer wieder darauf hinweist, daß ohne deutsche Hilfe das britische Empire nicht zu vollenden sei, sowie die arrogante Politik Englands gegenüber Deutschland führen aus augenblicklichen Empfindlichkeiten heraus im Laufe der Zeit zu einem immer tieferen Mißtrauen gegenüber den außenpolitischen Aktionen der anderen Seite.
Ihren Tiefpunkt erreichen die deutsch-englischen Beziehungen in der Burenfrage (1896). Die Glückwunschadresse Wilhelms II. an den Burenführer Krüger (Krügerdepesche) für die erfolgreiche Abwehr der aggressiven englischen Politik in dem

an Gold und Diamanten reichen Südafrika führt in England zu einer starken Verstimmung. Es kommt zu einer Welle antideutscher Demonstrationen, der die deutsche Öffentlichkeit eine nationalistisch überzogene Burenbegeisterung folgen läßt. In der deutschen Reaktion zeigt sich ohnmächtige Wut. Das Deutsche Reich ist in den kolonialen Fragen an den Rand gedrängt worden und kann aus den englisch-französischen Gegensätzen, die in der Faschodakrise ihren Höhepunkt erreichen, kein Kapital schlagen.

Der schwere Konflikt mit Frankreich um das Gebiet am oberen Nil und die Niederlage der englischen Politik des indirekten Eingreifens in der Burenrepublik zwingen die englische Diplomatie zur Aufgabe ihrer traditionellen Politik der splendid isolation, sie muß sich nach geeigneten Bundesgenossen umsehen.

Zwischen 1898 und 1901 unternimmt die britische Regierung mehrere Versuche zu einer Annäherung an Deutschland. Der Burenkrieg (1899 bis 1902), der Boxeraufstand in China (1900) sowie der britische Ausgleich mit den USA um den Bau des Panamakanals (1901) lassen in Regierungskreisen die Befürchtung einer Isolierung Englands aufkommen. Die Sorge Englands vor der Bildung eines antibritischen Kontinentalblocks hat jedoch keinen realen Hintergrund; denn weder kann sich Deutschland zu einer Koalition mit Rußland gegen das britische Empire verstehen, noch Frankreich, angesichts der Überlegenheit der englischen Flotte.

Dennoch überzeugt die hypothetische Gefahr einer gegen England gerichteten Koalition die jüngere Generation der englischen Staatsmänner von der Notwendigkeit bündnispolitischer Absicherungen der eigenen Weltmachtstellung. Der Wortführer dieser Neuorientierung der britischen Außenpolitik ist J. Chamberlain. Überzeugt von der Idee einer gemeinsamen Weltherrschaft der angelsächsischen und teutonischen Rasse offeriert er – allerdings ohne ausdrücklichen Auftrag seines Premierministers – ein Bündnisangebot an Deutschland (1898). Zweck ist zunächst eine Absicherung der englischen Stellung bei den bevorstehenden Auseinandersetzungen im Sudan und in Südafrika. Für Deutschland bietet sich damit die Chance einer direkten Bindung Englands an den Dreibund zu einer wirksamen Paralysierung der russisch-französischen Absichten. Die deutsche Diplomatie schlägt unter dem maßgeblichen Einfluß Holsteins – der Zentralfigur der deutschen Außenpolitik zwischen 1890 und 1906 – diese Offerte aus. Holsteins illusionäre Politik der „freien Hand", die von der Annahme ausgeht, daß man den anderen Großmächten die eigene Politik oktroyieren könne, weil nicht Deutschland, sondern seine Rivalen der Bündnishilfe durch andere Mächte bedürfen, läßt die Chance einer deutsch-englischen Annäherung leichtsinnig verspielen und treibt England an die Seite der Gegner Deutschlands.

Allerdings wäre es eine allzu vordergründige Sicht der Dinge, wollte man annehmen, daß die Selbstüberschätzung der deutschen Position als Schiedsrichter zwischen Ost und West durch ein paar einflußreiche deutsche Politiker den Gang der Weltgeschichte so entscheidend bestimmt haben könnte. Die englische Politik ist auch während dieses Zeitraumes niemals ausschließlich auf die Möglichkeit eines Zusammengehens mit dem Deutschen Reich ausgerichtet. Erstens will man dort die eigene Tradition der Isolierung so lange wie möglich fortsetzen, und zweitens wird man sich im Laufe der Zeit immer bewußter, daß ein Zusammenspiel mit Rußland und Frankreich nach vorausgegangenem Interessenausgleich mit Petersburg und Paris für die eigene imperiale Politik ungleich weniger gefährlich ist als die Bindung an das von diesen beiden Mächten umklammerte Deutschland. Hinzu kommt, daß allmählich eine Annäherung an den angelsächsischen Bruderstaat – die USA – erfolgt.

Die aufgrund der finanziellen Schwierigkeiten Portugals allgemein erwartete Verpfändung seiner Kolonien an andere Staaten führt jedoch England und Deutschland zunächst zusammen. Im Angola-Vertrag von 1898 verabreden beide Mächte eine Aufteilung von Angola, Mozambique und Timor unter sich. Voraussetzung ist allerdings, daß Deutschland die Buren ihrem Schicksal überläßt und somit auf jegliche Einflußnahme in Südafrika verzichtet. Portugal zerstört aber diese Hoffnungen auf eine Annäherung zwischen beiden Mächten zumindest in ihrer Afrikapolitik, da es sich nicht an sie, sondern an Frankreich um finanzielle Hilfe wendet. Darüber hinaus zeigen auch die Engländer selbst keinerlei Interesse an einer Realisierung dieses Vertrages. In der Zwischenzeit vollzieht sich nämlich eine entscheidende Wende in den englisch-französischen Beziehungen, die eine Rücksichtnahme Englands auf deutsche Afrikainteressen nicht mehr so notwendig erscheinen läßt.

Die Annäherung Frankreichs an England Kurz nach Abschluß des Angola-Vertrages ist es zu dem seit langem erwarteten direkten Zusammenstoß Frankreichs mit England im Sudan gekommen. Eine französische Expedition unter Marchand hat Faschoda erreicht und dort die Trikolore gehißt, was nach dem von den europäischen Kolonialmächten bislang geübten Besitzrecht bedeutet hätte, daß das Gebiet am oberen Nil nunmehr der französischen Interessensphäre zuzurechnen ist. Die englische Regierung erkennt jedoch die neue Lage nicht an und beauftragt den auf Khartum vorrückenden General Kitchener so schnell wie möglich bei Faschoda die direkte Konfrontation zu suchen. Als Kitchener dort auf Marchand trifft, verlangt er den sofortigen Abzug der französischen Expedition, den Marchand ohne ausdrücklichen Befehl aus Paris hartnäckig verweigert.

Diese Faschoda-Krise verletzt den Nationalstolz der Franzosen zutiefst: der Krieg scheint zwischen beiden Mächten unvermeidbar. Infolge mangelnder militärischer Vorbereitung und nicht zuletzt auch wegen der Dreyfus-Affäre, die die französische Nation in zwei Lager spaltet, muß Frankreich einlenken. Ministerpräsident Delcassé ruft Marchand zurück und sucht in der Folgezeit zielbewußt nach einem umfassenden Ausgleich mit England in allen kolonialen Fragen.

Bereits 1899 zeitigt diese Annäherungspolitik erste Früchte. Im Sudan-Vertrag verzichtet Frankreich auf jegliche Ansprüche in Ägypten und im Sudan und erhält dafür ganz Westafrika als Interessensphäre zugesprochen. Deutschland hat das Nachsehen. Für England besteht keine Notwendigkeit mehr auf Erfüllung des Angola-Vertrages. Es erneuert sogar 1899 die bereits aus dem 16. Jahrhundert stammenden Garantien für den portugiesischen Kolonialbesitz, wofür es sich wiederum die wohlwollende Neutralität der Portugiesen bei der Lösung seiner noch anstehenden Probleme in Südafrika sichert.

Im Fernen Osten verläuft Deutschlands halbherzig betriebene Kolonialpolitik zunächst erfolgreicher. Der politische und soziale Niedergang des Chinesischen Reiches hat bereits seit mehr als einem halben Jahrhundert die europäischen Mächte auf den Plan gerufen. Mit überlegener Waffengewalt, die China erstmals in größerem Ausmaß während des Opiumkrieges gegen England (1840 bis 1842) anzuerkennen gezwungen ist, erpressen sie ungleiche Verträge, die ihnen den chinesischen Machtbereich öffnen. Mit den billigen Massenkonsumgütern der westlichen kapitalistischen Industrie werden der Handel und das Gewerbe Chinas zerstört und das Reich der Mitte dem wirtschaftlichen und sozialen Zerfall anheimgegeben. Mit dem erzwungenen Pachtvertrag auf 99 Jahre für Kiautschou (1898) eröffnet das Deutsche Reich das Wettrennen der Weltmächte um die direkte Aufteilung Chinas in Interessensphären. Rußland folgt mit Dairen, England mit Weihaiwei und Frankreich mit Kuangchouwan.

Allerdings ist auch hier Deutschlands „Platz an der Sonne", den der Staatssekretär des Äußeren, Bülow, auf dem Forum der Weltpolitik fordert, eher schattig; denn die Hoffnung im Pazifik der Nachfolger Spaniens im Fernen Osten zu werden, zerschlägt sich durch die Intervention der USA, die im spanisch-amerikanischen Krieg (1898) das spanische Kolonialreich zerstören und neben Kuba, Puerto Rico, Hawai und Guam auch die Philippinen annektieren, auf die man deutscherseits sein Augenmerk gerichtet hat. Mit einem Teil Samoas und den Karolinen muß man sich schließlich zufriedengeben.

Noch einmal eröffnet sich jedoch die Chance einer englisch-deutschen Annäherung. Rußlands Vordringen in der Mandschurei läßt den englisch-russischen Gegensatz erneut aufklaffen, so daß ein Krieg zwischen beiden Mächten in greifbare Nähe rückt. In Südafrika bringt der Burenkrieg (1899 bis 1902) England in unerwartete militärische Schwierigkeiten. In Frankreich fordert die öffentliche Meinung „Rache für Faschoda", und auf seiten Englands fühlt man sich, – obgleich die französische Regierung selbst wenig geneigt ist, sich der Sache der Buren anzunehmen –, eher zu den Deutschen hingezogen, deren offizielle Politik in dieser für das britische Empire so kritischen Zeit entgegen der burenfreundlichen Stimmung im Lande in Erwartung englischen Entgegenkommens in der Zukunft strikte Neutralität bekundet.

In der Folgezeit kommt es allerdings zwischen beiden Mächten nur zu Ansätzen einer gegenseitigen Abstimmung in weltpolitischen Fragen. Für Deutschland besteht die Furcht, durch ein allzu enges Zusammengehen mit England Rußland herauszufordern; England fühlt sich durch den beschleunigten Aufbau einer deutschen Schlachtflotte unter Admiral Tirpitz angegriffen. Jedenfalls gelingt es der deutschen Regierung nicht, für ihr Stillhalten in der Burenfrage bei den Engländern irgendwelche Gegenleistungen einzufordern. Der Boxeraufstand in China und die sich nach der Niederschlagung dieser chinesischen Erhebung gegen die „fremden Teufel" durch eine international zusammengesetzte Strafexpedition unter deutschem Kommando (Waldersee) ergebende Verschärfung der Spannungen unter den Weltmächten um China veranlassen jedoch die Engländer, weiterhin die Freundschaft Deutschlands zu suchen. Da Rußland die verworrene Lage ausnutzt, seine Machtstellung in der Mandschurei weiter auszubauen, so daß die Gefahr besteht, daß es über kurz oder lang ganz Nordchina seinem politischen und wirtschaftlichen Einfluß unterwerfen würde, sieht sich England gezwungen, sich nach Verbündeten umzusehen, die einer weiteren Zerstückelung Chinas auf Kosten eines immer stärkeren Ausschlusses des internationalen Handels nicht zuzustimmen gewillt sind. Im Jangtse-Vertrag (1900) verpflichten sich England und Deutschland zu einer „Politik der

Zeitgenössische Darstellung der Schlacht bei Paardeberg (1900). Im Burenkrieg (1899 bis 1902) sind die Sympathien der Welt auf der Seite der heldenhaft kämpfenden Buren, die aber vor der militärischen Überlegenheit der Engländer kapitulieren müssen. Auch heute ist die alte Rivalität zwischen Buren und Engländern einer der Schlüssel zum Problem Südafrika.

Der Boxeraufstand in China und die Ermordung des deutschen Gesandten von Ketteler führen zu einem Eingreifen der Großmächte. Hierbei werden die deutschen Truppen am 22. Juni 1900 von Lord Seymour zum Sturm auf das Fort Haiku an die Spitze gestellt. Vorstudie zu dem Gemälde Carl Röchlings, „The Germans to the front".

offenen Tür" in ihren jeweiligen chinesischen Einflußbereichen und zur Wahrung der territorialen Integrität des Chinesischen Reiches sowie zur gegenseitigen Abstimmung ihrer Politik im chinesischen Raum.

Aber auch dieses Abkommen wird nicht der Ausgangspunkt für einen weltweiten Ausgleich der englischen und der deutschen Interessen. Es kommt im Gegenteil zu neuen Zerwürfnissen, weil sich Deutschland wenig geneigt zeigt, sich für die Freundschaft Englands die Feindschaft Rußlands einzuhandeln.

Noch immer glaubt man deutscherseits (Bülow, Holstein), daß Deutschlands Chance einer erfolgreichen imperialen Politik in seiner völligen Offenheit nach allen Seiten läge. Im erwarteten Krieg zwischen England und Rußland will man der lachende Dritte sein. In totaler Überschätzung der deutschen Position im Konzert der Weltmächte verspielt die deutsche Diplomatie auch in den Jahren 1902 und 1903 die letzten Möglichkeiten für den Abschluß einer deutsch-englischen Defensivallianz.

Die Einigung der europäischen Großmächte in den kolonialen Fragen unter Ausschluß des Deutschen Reiches

Deutschlands unentschiedene Haltung in allen außenpolitischen Fragen führt letztlich dazu, daß sich die Großmächte unter Ausschluß des Deutschen Reiches untereinander in allen strittigen kolonialen und weltpolitischen Fragen zu arrangieren beginnen. England schließt nunmehr mit Japan ein Bündnis (1902); Frankreich gelingt es, sich im selben Jahr mit Italien über Nordafrika zu einigen (Marokko gegen Tripolis) und ein allgemeines politisches Wohlverhalten auszuhandeln, wodurch der eben erst verlängerte Dreibund entscheidend aufgeweicht wird.

Der schwerste Schlag gegen Deutschland aber bedeutet die zwischen England und Frankreich abgeschlossene Entente cordiale (1904). Obgleich sie europäische Fragen nicht berührt, sondern nur einen Ausgleich zwischen beiden Mächten in den noch zwischen ihnen offenstehenden kolonialen Fragen anstrebt, schwächt sie die deutsche Position nachhaltig. Indem England für die Anerkennung seiner Position in Ägypten die Unterstützung der französischen Haltung in der marokkanischen Frage verspricht, wird der vermeintlich große Spielraum der deutschen Außenpolitik selbst für die verbohrtesten Vertreter einer Politik der „freien Hand" wie Holstein und Bülow von nun an existenzgefährdend eingeengt.

Deutschland, das insbesonders gegenüber England mehr als einmal auf ein Mitspracherecht in der Marokkofrage hingewiesen hat, kann sich mit Recht übergangen fühlen. Vergeblich sind die jetzt angestellten Versuche, aus der drohenden Isolierung herauszukommen, die nicht nur darin besteht, daß man gegen England und Frankreich keinerlei koloniale Probleme zu eigenen Gunsten lösen kann, sondern auch die europäische Machtstellung des Deutschen Reiches in Frage stellt.

Rußlands militärisches Desaster im Krieg gegen Japan (1904/5) bietet die Möglichkeit einer erneuten Annäherung an diese östliche Macht an. Allerdings bringen die im Zusammenhang mit den kriegerischen Ereignissen im Fernen Osten entstandenen russisch-englischen Komplikationen nicht die von deutscher Seite erwünschte Annäherung an Rußland und Frankreich, die vor allem von der französischen Regierung hartnäckig hintertrieben wird. Der Defensiv-Vertrag von Björkö (1905), der zwischen Wilhelm II. und Nikolaus II. persönlich abgeschlossen wird, bleibt ohne Wirkung. Der diplomatische Spielraum ist bereits zu eng geworden, als daß persönliche Bemühungen, selbst zwischen auf die eigene Politik einflußreichen Herrschern, die bereits in der Realität wirksamen, wenn auch noch nicht vollständig vertraglich festgelegten Bündniskonstellationen entscheidend verändern könnten.

Die 1. Marokkokrise Die erste Marokkokrise (1905/06) beweist auf das deutlichste, daß es für die deutsche Politik zu spät ist, aus der selbst mitverschuldeten ungünstigen außenpolitischen Situation herauszukommen.

Die von Frankreich systematisch betriebene Politik des allmählichen Integrierens Marokkos in den eigenen Einflußbereich, die durch vertragliche Absprachen mit England, Italien und nun auch Spanien abgesichert ist, obgleich nach wie vor der Sultan von Marokko im Sinne des Völkerrechts der dortige Alleinherrscher ist, soll der Ansatzpunkt für einen Prestigeakt der deutschen Diplomatie werden. Durch den Besuch Wilhelms II. in Tanger glaubt man, die Position des Sultans zu stärken und damit den Status quo wiederherzustellen. Frankreich muß im folgenden unter der Androhung militärischer Maßnahmen von deutscher Seite zumindest insoweit nachgeben, als es den Exponenten der englandfreundlichen Politik, Außenminister Delcassé, zu opfern gezwungen ist.

Mit diesem Teilerfolg gibt sich jedoch die deutsche Regierung nicht zufrieden. Statt nunmehr eine direkte Verständigung mit Frankreich zu suchen, hofft sie, auf einer internationalen Konferenz Frankreichs Stellung gegenüber England und Rußland zu schwächen, weil diese beiden Mächte nicht bereit bzw. nicht in der Lage seien, die französische Regierung bei einem so wenig völkerrechtlich und diplomatisch abgesicherten Vorgehen wie demjenigen in Marokko zu unterstützen.

Auf der internationalen Konferenz von Algeciras (1906) werden die deutschen Erwartungen nicht erfüllt. Es kommt im Gegenteil zu einer geschlossenen französisch-englisch-russischen Frontstellung gegenüber dem Deutschen Reich, die selbst von Italien unterstützt wird, während auf deutscher Seite allein Österreich-Ungarn steht.

Der französische Standpunkt setzt sich durch. Die deutsche Regierung erleidet eine schwere diplomatische Niederlage, die sich um so schwerwiegender für die Zukunft erweisen soll, weil damit nicht nur ein momentaner Prestigeverlust in einer kolonialen Frage verbunden ist, an der das Deutsche Reich sein großes eigenes Interesse zeigt, sondern vor allem dadurch, daß die zunächst auf Kolonialfragen eingeschränkte Entente cordiale nunmehr auch auf den europäischen Bereich ausgedehnt wird.

England ist zwar noch nicht zu einem direkten Bündnis gegen die Mittelmächte bereit, militärische Absprachen erfolgen jedoch erstmals während dieser ersten Marokkokrise. Die Bündnissituation vor dem Ausbruch des Ersten Weltkrieges nimmt immer konkretere Formen an. Während es im folgenden Jahr sogar zu einer ersten englisch-russischen Verständigung kommt, in der beide Mächte ihre Interessensphären in Persien abgrenzen und Rußland auf Afghanistan Verzicht leistet, wodurch England die Sicherung der indischen Grenze erreicht, bleibt Deutschland die einzige noch nicht zufriedengestellte Weltmacht, die ihre kolonialen Erwerbungen größeren Stils erst zu machen gewillt ist. Während die anderen Weltmächte an die Arrondierung ihrer Interessengebiete denken können, muß es Deutschland an außenpolitischem Spielraum gelegen sein, so daß es als der einzige Unruhestifter auf der Weltbühne erscheinen muß, während die anderen zu den feineren Mitteln des machtpolitischen Spiels übergehen, d. h. zu internationalen Absprachen zur Festigung der eigenen internationalen Position, wie es z. B. auf der zweiten Haager Friedenskonferenz (1907) zum Ausdruck kommt.

Die innenpolitische Entwicklung der europäischen Staatenwelt vor dem Ersten Weltkrieg

Aber nicht nur durch ihre direkten außenpolitischen Aktionen geraten die Mittelmächte in eine immer größere Isolierung. Langfristig wird für sie noch gefährlicher, daß sie – im Gegensatz zu England und Frankreich – in ihren Staaten dem demokratischen Prinzip nicht zum entscheidenden Durchbruch verhelfen. Indem sie mit der politischen und sozialen Entwicklung Westeuropas immer mehr außer Tritt kommen, werden sie auch zum ideologischen Rechtfertigungsgrund der modernen Massendemokratien für eine Aggression, obgleich auf deren Seite mit dem autokratischen Rußland ein in der Tat reaktionärer Staat steht.

Durch die russische Revolution von 1905 bekommt der Demokratisierungsprozeß, der sich lange Zeit nur noch unterschwellig vollzogen hat, in Europa wiederum einen starken Anstoß. Die demokratische Staatsidee beginnt ihren endgültigen Siegeszug, indem sie die traditionellen Machtpositionen in Staat und Gesellschaft, die sich Hochadel, Hochfinanz und Großindustrielle untereinander aufgeteilt haben, abzubauen und die Volksmassen an den politischen Entscheidungen direkt zu beteiligen beginnt.

ENGLAND: DIE ANFÄNGE DER LABOUR-PARTY

In England bringen die Wahlen von 1906 die entscheidende Wende. Zwei Jahrzehnte lang haben die Konservativen und die Unionistische Partei auf den Imperialismus gesetzt und alle innere Entwicklung gehemmt. Nunmehr stehen im Unterhaus 377 Liberalen nur noch 132 Konservative und 25 Liberal Unionists gegenüber, so daß das liberale Kabinett Campbell-Bannerman (1905 bis 1908) in der Lage ist, die längst fälligen Reformen in Staat und Gesellschaft ohne politische Rücksichtnahmen zu verwirklichen. Hierbei erwächst den Liberalen in der Labour Party, die sich 1906 konstituiert und die noch als Labour Representation Committee den Wahlkampf der Liberalen unterstützt hat, zugleich ein ernsthafter Konkurrent um die Gunst breiter Volksschichten, den es mit großzügigen sozialen Reformen in Schach zu halten gilt.

An die Macht gelangt durch die Mehrheitsentscheidung gegen das von J. Chamberlain vertretene System der Empire-Präferenzen, die eine Abkehr vom Freihandel bedeutet hätten, macht sich das Kabinett Campbell-Bannerman – gestützt auf die sich als Interessenvertretung der Arbeiterschaft verstehende Labour Party – sogleich an ein umfangreiches Gesetzgebungswerk zur Neuregelung des Arbeitsrechts (u. a. Sicherung der Rechtsstellung der Gewerkschaften, Unfallentschädigung, Achtstundentag im Bergbau, ansatzweise Einführung von Mindestlöhnen). Zusammen mit der Erhöhung des Flottenetats seit 1909 entstehen dadurch so hohe Lasten für den Staatshaushalt, daß sich das zweite Liberale Kabinett unter Asquith (1908 bis 1916) zu umwälzenden Maßnahmen auf dem Gebiete der Steuergesetzgebung entschließen muß. Das sogenannte „People's Budget" von 1909, das der vom linksliberalen Flügel herkommende Schatzkanzler Lloyd George im Unterhaus einbringt, zielt mit seiner beträchtlichen Erhöhung der Erbschafts- und Einkommenssteuer bewußt auf eine soziale Nivellierung der Besitzunterschiede. Der zu erwartende Widerstand des Oberhauses führt zu einer Verfassungskrise, die 1911 mit der Entmach-

Kaum ein Ereignis in den letzten 100 Jahren hat die Gemüter und die öffentliche Meinung in Frankreich so bewegt wie die Dreyfus-Affäre, bei der der Antisemitismus eine wichtige Rolle gespielt hat.
Das Foto zeigt wie der Artilleriehauptmann Alfred Dreyfus nach den Revisionsverhandlungen das Gerichtsgebäude verläßt (1900). Erst sechs Jahre später kommt es zu seiner Rehabilitation.

tung des House of Lords endet. Von nun an besitzt das Oberhaus bei Finanzgesetzen kein Veto mehr und bei allen anderen Gesetzgebungsvorhaben nur noch ein aufschiebendes Veto.
Obgleich die Liberalen sich weiterhin um soziale Reformen bemühen (Altersrente 1908, Kranken- und Arbeitslosenversicherung 1911), signalisiert gerade dieses Abweichen von altliberalen Vorstellungen durch eine stärkere Hinwendung zu den unterprivilegierten Schichten das Ende ihrer Epoche. Sie helfen die sozialen Mißstände ihrer Zeit zu beseitigen, indem sie die alte Gesellschaftsordnung mit aus den Angeln heben. Ihr Erbe aber, der für die Bedürfnisse der aufkommenden Massendemokratie besser gerüstet scheint, ist die Labour Party. Schon die Streikbewegung der Hafen- und Eisenbahnarbeiter im Sommer 1911, die die Liberalen nicht mehr in den Griff bekommen können, beweist, daß sie die Arbeiterbewegung nicht länger für ihre politischen Vorstellungen zu gewinnen vermögen.

FRANKREICH IM ZEICHEN DER DREYFUS-AFFÄRE

Das Ansehen des Parlaments und der Regierungen der Dritten Republik in Frankreich werden in den 90er Jahren durch den Panama-Skandal (1892/93) und die Dreyfus-Affäre (1894 bis 1906) tief erschüttert. Die militärgerichtliche Verurteilung des jüdischen Offiziers A. Dreyfus aufgrund gefälschter Dokumente zu lebenslänglicher Verbannung wegen Spionage spaltet das politische Frankreich in zwei unversöhnliche Lager. Unter dem Banner des Antisemitismus und der Staatsautorität sammeln sich auf der Rechten Armee, Klerus, Adel und Besitzbürgertum; unter dem des Liberalismus und der Rechtsstaatlichkeit die republikanischen und radikalen Vertreter des Bürgertums sowie die Sozialisten. Um die Wiederaufnahme des Prozesses zu erreichen, gründet die Linke 1898 die „Liga für die Verteidigung der Menschen- und Bürgerrechte“, der die Rechte ihre nationalistische „Action française“ folgen läßt, die wiederum den antiklerikalen Kurs der anderen Seite schürt.
Seit der Jahrhundertwende wird der Block der Radikalen in der französischen Politik tonangebend. Unter der Führung dieser radikalsozialistischen Gruppierung des kleinen und mittleren Bürgertums kommt es zur entscheidenden Zurückdrängung der monarchisch-reaktionären Kräfte und zur radikalen Trennung von Staat und Kirche (1904/05). Die Radikalsozialisten, die nur in ihren republikanischen und antiklerikalen Auffassungen, jedoch kaum in ihrer antikapitalistischen Haltung radikal sind, behaupten bis 1914 ihre Vormachtstellung unangefochten gegenüber den Sozialisten, die ständigen Spaltungen unterworfen sind.
Unter dem Kabinett Clemenceau (1906 bis 1909) kommt es zur völligen Rehabilitierung von Dreyfus: ein eindeutiger Sieg der zivilen Gewalt über die Armee. Neben der Forderung nach vollständiger Laizierung des Schulwesens umfaßt das Regierungsprogramm Clemenceaus eine Reihe sozialistischer Programmpunkte (Einrichtung einer allgemeinen Altersversicherung, Zehn-Stunden-Tag, Ausdehnung der Unfallversicherung auch auf die Landarbeiter und die Einführung einer progressiven Einkommenssteuer und einer Vermögenssteuer). Trotz dieses eindrucksvollen Regierungsprogramms und einer ebenso eindrucksvollen Regierungsmannschaft entschließen sich die Radikalsozialisten nur in einem sehr begrenzten Umfang zu Reformen zugunsten der unteren Volksschichten. Den „individualistischen und besitzbürgerlichen Vorstellungen der französischen Mittelschichten weitgehend verhaftet“, vermögen sie sich vom „Prinzip der uneingeschränkten Aufrechterhaltung des Privateigentums“ nicht zu lösen. Es ist deshalb auch kein Wunder, daß, als in den Jahren 1907 bis 1909 Frankreich von einer syndikalistischen Streikwelle erfaßt wird,

die Regierung Clemenceau hart und autoritär reagiert. Von dem sozialen Reformprogramm bleibt darum letztlich nur die Einführung des Zehn-Stunden-Tages und die Altersversorgung für Eisenbahner übrig. Auch in der Frage der progressiven Einkommenssteuer kommt es im Block der Radikalen zu Meinungsverschiedenheiten. Obgleich die von Finanzminister Caillaux vorgesehene Progression bei einem Einkommen von mehr als 100 000 Francs jährlich 4% nicht übersteigen soll, blockiert ein Teil der Radikalsozialisten zusammen mit dem Großbürgertum dieses Reformvorhaben, das die Staatsfinanzen langfristig auf eine gesunde Grundlage gestellt hätte.

Der Bruch zwischen den Radikalsozialisten und den Sozialisten bleibt nicht aus. Die folgende Periode unter Briand – Clemenceau wird wegen seines autoritären Führungsstils 1909 gestürzt – ist durch labile Regierungsmehrheiten gekennzeichnet. Die politischen Aktivitäten verlagern sich außerdem auf die außerparlamentarische Opposition: die „Action française" auf der Rechten und den Syndikalismus auf der Linken. Im Vordergrund des innenpolitischen Kampfes stehen dabei die Modernisierung des Steuersystems und die Änderung des Wahlsystems von der Mehrheits- zur Verhältniswahl.

Nach der Marokkokrise von 1905 kommt es außerdem unter Poincaré als Staatspräsidenten zu einer starken Wiederbelebung des Revanchegedankens. Der integrale Nationalismus verdeckt in der Hoffnung auf den unvermeidbaren, aber reinigenden Krieg mit Deutschland in der Folgezeit bis zum Ausbruch des Ersten Weltkrieges immer stärker die sozialen Gegensätze; denn im Vertrauen auf das Bündnis mit Rußland und den Interessenausgleich mit England richtet die französische Nation ihr Augenmerk immer mehr auf die militärische Vorbereitung dieses Entscheidungskampfes.

DEUTSCHLAND UNTER WILHELM II.

Im Deutschen Reich bleibt die Entwicklung zum parlamentarischen System bis zum Ersten Weltkrieg aus. Obgleich Reichskanzler Bülow (1900 bis 1909) im Frühjahr 1906 erklärt, daß er sich nunmehr an eine bestimmte Parteienkonstellation gebunden fühle, leitet seine konservativliberale „Block-Politik" für Deutschland nicht das Zeitalter der parlamentarischen Demokratie ein. Nach einigen – für die Zeitgenossen hoffnungsvollen – Ansätzen verläuft diese Entwicklung im Sande. Von seiner Konzeption her kann der „Bülow-Block" in diesem Sinne auch nur mißverstanden werden. Von seinem Schöpfer in erster Linie als Sammlungspolitik in der Bismarckschen Tradition des innenpolitischen Opportunismus gegen das Zentrum und die Sozialdemokratie verstanden, soll dieser Block letztlich nur der Sicherstellung der politischen und gesellschaftlichen Vormachtstellung der konservativen Schichten dienen.

Bülow stellt den Liberalen (Nationalliberale, Freisinnige Volkspartei, Freisinnige Vereinigung, Deutsche Volkspartei) ein freiheitliches Vereinsgesetz und eine Reform des Dreiklassenwahlrechts in Preußen in Aussicht. Ersteres kommt 1908 tatsächlich zustande. Allerdings legt der sogenannte Sprachenparagraph seinen nur bedingt liberalen Charakter bloß. Den Polen in den Grenzen des Deutschen Reiches wird der Gebrauch der Muttersprache in öffentlichen Versammlungen verboten. Bülows Politik der kleinen innenpolitischen Zugeständnisse führt in dem Augenblick zu unüberwindlichen Spannungen mit den liberalen Parteien, als die starre Haltung der konservativen Parteien (Deutschkonservative und Freikonservative) eine Reform des preußischen Wahlrechts und eine Reichsfinanzreform erfolgreich blokkiert. Einig sind sich beide Flügel des „Bülow-Blocks" nur in den Grundfragen der Außenpolitik.

Doch bevor die Gegensätze zwischen beiden Flügeln offen ausbrechen, erschüttern zwei Skandale das Ansehen des Kaisers und die Stellung des Reichskanzlers. Stärker als der Eulenburg-Skandal (1908), durch den Wilhelm II. in persönliches Zwielicht gerückt wird, schadet die „Daily Telegraph"-Affäre (1908) der Stellung des Kaisers. Ein unqualifiziertes Zeitungsinterview des Kaisers über das deutsch-britische Verhältnis, in dem sich Wilhelm II. als Freund Englands, das er u. a. während des Burenkrieges mit Rat und Tat unterstützt habe, hinstellt, wird nicht nur in England selbst als Anmaßung empfunden, sondern ruft auch in Deutschland bei allen Parteien des Reichstags Proteststürme hervor. Der mitschuldige Kanzler – er hat das ihm vom Kaiser vorgelegte Manuskript ohne Überprüfung zur Veröffentlichung freigegeben – gibt den Kaiser der öffentlichen Kritik preis. Das durch die beiden Skandale stark erschütterte politische Selbstvertrauen Wilhelms II., das ihn unter dem Eindruck der allgemeinen Kritik zu dem Zugeständnis veranlaßt, zukünftig die verfassungsmäßigen Verantwortlichkeiten in der Politik des Reiches zu wahren, wird jedoch von Bülow nicht zu Veränderungen in der durch die Verfassung festgelegten Alleinverantwortung des Kanzlers vor dem Kaiser zugunsten einer Verantwortung des Kanzlers zumindest auch dem Reichstag gegenüber ausgenutzt. Dennoch erhält der

Das ungeschickte und voreilige Taktieren Wilhelms II., sowie seine Einmischung in alle weltpolitischen Ereignisse und seine manchmal unbedachten Äußerungen, führten zu einem steigenden Verlust des internationalen „Goodwill" für Deutschland. Französische Karikatur des deutschen Kaisers als kriegslüsterner, säbelrasselnder Barbar.

Reichstag durch das Zurückweichen des Kaisers vor der Kritik aller Fraktionen ein stärkeres Gewicht, so daß sich von nun ab im Prinzip die Tendenz zur parlamentarischen Demokratie verstärkt. Ende 1908 verlangen Sozialdemokratie, Zentrum und Freisinnige eine verfassungsmäßig eindeutige Regelung der Verantwortung des Reichskanzlers und eine Veränderung der Verfassung dahingehend, daß alle Kriegserklärungen der Zustimmung des Reichstages bedürfen sollen. Letztlich erreicht der Reichstag allerdings nur das Recht, bei Interpellationen durch Mehrheitsbeschluß seine Meinung festlegen zu können (1912), wodurch ihm wenigstens das Recht zugestanden wird, ein Mißtrauensvotum gegenüber der Regierung auszusprechen, ohne daß er damit auch den Kanzler hätte stürzen können.

Wenige Monate nach der „Daily Telegraph"-Affäre bricht der „Bülow-Block" auseinander. An der preußischen Wahlrechtsfrage scheiden sich zuerst die Geister. Bülow erklärt sich im Oktober 1908 zu einer Reform des preußischen Wahlrechts bereit, lehnt aber eine Übertragung des Reichstagswahlrechts auf Preußen ab. Damit verstimmt er sowohl die Konservativen, die jegliche Wahlrechtsänderung ablehnen, als auch die Freisinnigen, die auch für Preußen allgemeine und gleiche Wahlen fordern, während die Nationalliberalen zumindest direkte und geheime Wahlen verlangen. Zum endgültigen Bruch zwischen beiden Flügeln kommt es im Zusammenhang mit der Reform der Reichsfinanzen (1909). Der schon seit Jahren defizitäre Staatshaushalt verlangt für seinen Ausgleich eine jährliche Mehreinnahme an Steuern in Höhe von 500 Millionen Reichsmark. Seitens der Regierung will man das Defizit durch eine Erweiterung der Erbschaftssteuer und durch die Erhöhung bzw. Neueinführung verschiedener Verbrauchssteuern decken. Freisinnige und Sozialdemokratie laufen gegen die Erhöhung der Konsumsteuern Sturm; Konservative und Zentrum gegen die Erbschaftssteuer. Nach dem Scheitern der Steuervorlage reicht Bülow seinen Abschied ein, der vom Kaiser nach der Entscheidung des Reichstages über die Reichsfinanzen auch ohne weiteres Zögern angenommen wird. Die Ordnung der Reichsfinanzen aber erfolgt nach den Vorstellungen der Konservativen und des Zentrums. An die Stelle der Erbschaftssteuer setzen sie eine stärkere Besteuerung des mobilen Kapitals, und zugleich beschließen sie Steuern auf Zündhölzer und Schaumwein sowie die Erhöhung der Kaffee- und Teesteuern und der Tabak- und Brausteuer.

Weder die Episode der Blockpolitik noch die Vorgänge beim Sturz des Kanzlers lassen sich letztlich als ein Sieg des parlamentarischen Systems im Deutschen Reich feiern. Wenn auch die neue Regierung Bethmann Hollweg (1909 bis 1911) den Beschlüssen der neuformierten Reichstagsmehrheit aus Konservativen und Zentrum zustimmt und somit sich nach außen den Wünschen des Reichstags beugt, so daß die Ablösung Bülows im nachhinein so aussehen kann, als sei zum ersten Mal eine Regierung wegen einer parlamentarischen Niederlage zurückgetreten, offenbaren diese innenpolitischen Ereignisse nur die Instabilität und Immobilität der politischen Führung. Das persönliche Regiment des Kaisers ist vor der Öffentlichkeit durch die beiden Skandale völlig in Mißkredit geraten, ohne daß daraus verfassungsrechtliche Konsequenzen zugunsten der immer selbstbewußter werdenden Reichstagsparteien gezogen werden. Die innere Schwäche des Reiches ist auf autoritärem Wege nicht mehr und auf parlamentarischem Wege noch nicht zu beseitigen. Die folgende Zeit bis zum Ausbruch des Ersten Weltkrieges soll zeigen, daß auch nicht alle Parteien sich ihrer dahingehenden Verantwortung bewußt sind.

Der neue Reichskanzler Bethmann Hollweg ist außerdem nicht die aktive und entschlossene Persönlichkeit, die der Reichspolitik von oben entscheidende Anstöße zu einer Anpassung an die gewandelten politischen und sozialen Verhältnisse hätte geben können. Da die Gegensätze zwischen liberal und konservativ im Zuge der Auseinandersetzungen um die Reform der Reichsfinanzen unüberwindbar geworden sind, kommt es in der Folgezeit zu einer parlamentarischen Annäherung der Linksliberalen (Freisinnige Volkspartei, Freisinnige Vereinigung, Deutsche Volkspartei), die sich 1910 zur Fortschrittlichen Volkspartei zusammenschließen, an die Sozialdemokraten. Die Linksliberalen streben die parlamentarische Monarchie auf dem Wege schrittweiser Reformen an, und sie treffen sich in diesen politischen Vorstellungen mit der revisionistischen Mehrheit der Sozialdemokratie. Die Sozialdemokratie, die bei den Reichstagswahlen 1912 stärkste Partei wird, stimmt 1913 sogar indirekt der großen Rüstungsvorlage zu, indem sie zwar nicht für die Heeresverstärkung, aber wenigstens für die Deckungsvorlage, die eine Vermögensabgabe und die Einführung einer Erbschaftssteuer einschließt, stimmt. Im konservativen Lager hingegen versteift sich die ablehnende Haltung gegenüber jeglichen Reformen, die man als Liberalisierungstendenzen – als den Anfang vom Ende – bewußt mißversteht. Hierzu zählen alle direkten Reichssteuern auf den Besitz und wie zuvor eine Reform des Dreiklassenwahlrechts in Preußen. Bethmann Hollweg strebt zumindest einige Modifizierungen des preußischen Wahlrechts an, indem er u. a. für die Einteilung der Wählerklassen nicht mehr die Steuerleistungen allein, sondern auch akademisches Studium bzw. Zugehörigkeit zum öffentlichen Dienst berücksichtigt sehen will. Aber auch dieser gemäßigte Reformversuch scheitert 1910 an der starren Haltung der Konservativen, die vom Zentrum, das aus kulturpolitischen Gründen an einer Mehrheit von Konservativen und Zentrum im preußischen Landtag interessiert ist, unterstützt werden.

Die von Bethmann Hollweg vorangetriebene Lösung der elsaß-lothringischen Frage, die diesem Reichsland die innere Autonomie gewährt (1911), kommt zu spät, um noch seit Jahrzehnten Versäumtes gegenüber der dortigen Bevölkerung nachzuholen. Zudem bessert sich in Elsaß-Lothringen die Lage nicht spürbar, weil die dort stationierten Truppen von der Zivilverwaltung weiterhin völlig unabhängig bleiben und fortfahren, die dortigen Reichsbürger als „Eingeborene" zu behandeln. Der Zabern-Zwischenfall (1913), bei dem preußisches Militär ohne Rücksicht auf die bestehende Rechtslage gegenüber Demonstranten selbstherrlich Verhaftungen vornimmt, die im nachhinein von höchster Stelle gebilligt werden, wirft ein Schlaglicht auf die gesamte innenpolitische Situation im Reich. Der Reichskanzler, der dem Rechtsstandpunkt, nachdem ein Vorgehen gegen demonstrierende Bürger Angelegenheit der Polizei und der Gerichte ist, zum Sieg verhelfen will, kann sich nicht gegen das hohe Militär in der Umgebung des Kaisers durchsetzen. Dem Reichstag, der zum ersten Male von seinem Interpellationsrecht Gebrauch macht und der Regierung seine Mißbilligung ausspricht, verbleibt damit auch nichts anderes als die Offenbarung seiner politischen Ohnmacht vor der Öffentlichkeit. Politik und zivile Gewalt scheitern an den Grenzen, die ihnen die militärische Gewalt im Reich setzt.

ÖSTERREICH-UNGARN IM ZEICHEN DER NATIONALITÄTEN-KRISE

Ähnlich – jedoch noch hoffnungsloser – verläuft in Österreich-Ungarn die innenpolitische Entwicklung. Der Nationalitätenstaat der Donaumonarchie mit großen sozialen und ökonomischen Unterschieden zwischen den einzelnen Völkerschaften kann immer weniger den zentrifugalen Kräften politischen Widerstand entgegensetzen. Die Stunde gehört dem Nationalismus der Völker und nicht mehr ihren auf das Reich ausgerichteten aristokratischen Eliten.

Während der Regierung unter den Kabinetten Koerber und Beck (1900 bis 1908), die durch „Konzentration der Kräfte der Arbeit" die Nationalitätenstreitigkeiten auf die Wirtschaft abzulenken versuchen, kommt es auch in Österreich-Ungarn um das Jahr 1905/06 zu einer Liberalisierung der Verfassungsverhältnisse, die noch einmal auf eine Erhaltung dieses Vielvölkerstaates hoffen lassen. Das Jahr 1905 bringt einen Ausgleich in Mähren, durch den das Nebeneinander von Tschechen und Deutschen in diesem Reichsteil auf vorbildliche Weise geregelt wird. Zugleich wird 1907 in der österreichischen Reichshälfte für die Wahlen in den Reichsrat das allgemeine, gleiche, direkte und geheime Wahlrecht eingeführt, während in Ungarn das Zensuswahlrecht, das die Herrschaft der magyarischen Herrenschicht sichert, fortbesteht. Diese Verfassungsänderung, die den Vertretern der nichtdeutschen Nationalitäten das Übergewicht im Reichsrat sichert, erfolgt nicht zuletzt unter dem Eindruck der russischen Revolution. Die slawische Mehrheit besiegelt aber endgültig die Arbeitsunfähigkeit des Reichsrates; denn mit dem Verschwinden der bisher privilegierten Gruppen des Adels und des Großbürgertums zugunsten moderner Massenparteien brechen die nationalen Gegensätze erst völlig auf. Obgleich es der Regierung Beck auch weiterhin gelingt, in manchen Teilen der Donaumonarchie die Nationalitätenstreitigkeiten abzubauen, vermag sie dennoch nicht den Sprachen- und Machtkampf zwischen Tschechen und Deutschen, der in Böhmen von 1908 bis 1914 auf beiden Seiten mit unverminderter Schärfe geführt wird, beizulegen.

Seit 1909 kann die Donaumonarchie nur noch autoritär – auf dem Verordnungswege – regiert werden. 1913 wird der böhmische Landtag aufgelöst, 1914 der Reichsrat vertagt.

RUSSLAND: DIE WIEDERHERSTELLUNG DER AUTOKRATIE

In Rußland scheint mit dem Ausbruch der Revolution im Januar 1905 das Ende der Autokratie nur noch eine Zeitfrage zu sein. Spätestens mit dem „Oktobermanifest" (1905), das bürgerliche Freiheiten und Wahlen zu einem Parlament (Duma) verheißt, sieht es so aus, als beschritte Rußland den Weg zu einem demokratischen System. Es sind aber gerade dieses Manifest und die Erfahrungen der letzten Monate mit ihren Arbeiterstreiks und Bauernaufständen, die die anfangs breite Front oppositioneller und revolutionärer Bewegungen auseinanderbrechen lassen. Mit dem Manifest geben sich Teile der Liberalen, die sich von nun an „Oktobristen" nennen, bereits zufrieden, während dem russischen Kaiser in der sich nunmehr auch in politischen Parteien formierenden großrussischen Rechten im Kampf gegen diese vagen konstitutionellen Zugeständnisse ein brauchbarer Verbündeter erwächst. Unversöhnlich feindlich gegenüber dem alten System bleiben nur die Sozialdemokraten (Bolschewiki und Menschewiki), die Sozialrevolutionäre und ein Teil der Liberalen, die konstitutionellen Demokraten, die nach ihren Anfangsbuchstaben auch „Kadetten" genannt werden. Mit dem Zusammenbruch des Dezemberaufstandes in Moskau (1905) gewinnt die Reaktion wiederum die Oberhand. Die erste Reichsduma, die im Frühjahr 1906 gewählt wird, löst die Regierung wegen ihrer radikalen Richtung bereits im Sommer wieder auf. Ebenso ergeht es der zweiten Duma im Frühjahr 1907. Durch eine Manipulation des Wahlrechts schafft sich die Regierung mit der dritten Duma die „Duma der Herren, Popen und Lakaien" (1907 bis 1912). Von nun an kann Ministerpräsident Stolypin mit Recht erklären: „In Rußland gibt es keinerlei Revolution". Die Ära des russischen „Scheinkonstitutionalismus" (Max Weber) mit einer sichergestellten konservativen Mehrheit in der dritten und vierten Duma (1912 bis 1917) bringt Rußland keinerlei politischen und sozialen Fortschritt. Bis zum Ausbruch des Ersten Weltkrieges feiert der großrussische Chauvinismus Triumphe und verbindet sich mit der unter Nikolaj II. (1894 bis 1917) immer stärker pervertierenden Autokratie (Rasputin) zu einer unnatürlichen Verbindung, die die Kluft zwischen Gesellschaft und Staat immer weiter aufklaffen läßt.

Für die Möglichkeit sozialökonomischer Veränderungen im Russischen Reich wirkt sich insbesondere erschwerend aus, daß die russische Wirtschaft seit der Bauernbefreiung (1861) nur von geringen Zuwachsraten der Gesamtproduktivität gekennzeichnet ist. Dies ist in erster Linie auf die langsame Steigerung der landwirtschaftlichen Erzeugung zurückzuführen. Nur tendenziell läßt sich die Entwicklung der russischen Wirtschaftsstruktur mit der der hochindustrialisierten Länder des Westens vergleichen. Bis zur Revolution von 1917 existiert eine „dualistische Wirtschaft mit einer recht modernen Industrie und einer rückständigen Landwirtschaft". Weder die Wirtschaftspolitik des Finanzministers Witte in den 90er Jahren zugunsten der Schwerindustrie und des Verkehrswesens auf Kosten der Landwirtschaft (hohe direkte und indirekte Steuern), die an der „schwachen agrarischen Basis" scheitern, noch die Stolypinschen Agrarreformen (1906 bis 1911), die zu keinem vollen Erfolg führen, weil „nicht gleichzeitig ein rascher Industrieaufbau erfolgte", können an der die Gesamtentwicklung belastenden Grundtatsache Entscheidendes ändern. Darüber hinaus betreibt die russische Regierung mit hohen Ausgaben für Heer und Marine sowie für Zinszahlungen für im Ausland aufgenommene Anleihen anstelle vermehrter produktiver Ausgaben (Verkehrswesen, Volksbildung) eine äußerst kurzsichtige Haushaltspolitik, die die Ausbildung einer leistungsfähigen Volkswirtschaft noch obendrein verzögert.

Die europäischen Machtstaaten auf dem Weg in den Ersten Weltkrieg

Bevor die Flutwelle des Chauvinismus über ganz Europa zusammenschlägt, kommt es noch einmal zu einer vorübergehenden Abkühlung der nationalen Leidenschaften. Die demokratischen Tendenzen in der inneren Entwicklung aller europäischen Großmächte scheinen die Lust am Untergang auf notwendige politische und soziale Reformen zu lenken. Doch dies trügt; denn erst der mit dem Fortschreiten der Demokratie verbundene integrale Nationalismus schafft jene brisante Ladung, die jeder beliebige Anlaß entgegen jeglichen politischen Kalküls zur kriegerischen Entladung bringen kann. Dabei ist es im Grunde ohne Bedeutung, welche Strecke auf dem Weg zur modernen Massendemokratie die jeweilige Großmacht bereits zurückgelegt hat. Vom Nationalismus wird – wie es die sozialistischen Parteien der II. Internationale schmerzlich erfahren müssen – selbst die – nach Marx – internationale Arbeiterklasse erfaßt.

Die deutsch-englische Flottenrivalität und die englisch-russische Verständigung

Die Zeit außenpolitischer Ruhe verbunden mit innenpolitischer Einkehr soll nicht lange währen. Dafür sorgen in erster Linie die deutsch-englische Flottenrivalität (1906 bis 1909) und die englisch-russische Verständigung (1907). Bereits die erste Marokkokrise (1905/06) hatte entgegen den Erwartungen der deutschen Regierung nicht zum Auseinanderbrechen der englisch-französischen Entente geführt. Obgleich Frankreich den Abschluß eines direkten Verteidigungsbündnisses mit England nicht erreicht, kommt es zumindest zu Besprechungen der Generalstäbe beider Länder als ständiger Einrichtung, die mit ihren konkreten Absprachen im Kriegsfall und dem Austausch militärischer Geheimnisse ein solches Abkommen vollständig ersetzen.

Parallel zu dieser sich entwickelnden englisch-französischen Landkriegsplanung kommt es seit der Marokkokrise auch zu einer sich immer mehr steigernden deutsch-englischen Flottenrivalität. Hat bis dahin das deutsche Flottenbauprogramm unter Admiral Tirpitz schwerlich als eine ernsthafte Bedrohung der englischen Herrschaft auf allen Weltmeeren gelten können, so leitet England selbst die Wende ein. Mit dem Bau der neuen Großkampfschiffe vom Typ der Dreadnoughtklasse glaubt die englische Admiralität vor der deutschen Konkurrenz einen entscheidenden Vorsprung herauszuholen. In Wahrheit aber verspielt England damit nur den Vorteil seiner numerischen Überlegenheit an konventionellen Kriegsschiffen. Wider Erwarten reagiert Deutschland schnell und konsequent und erweist sich darüber hinaus als durchaus imstande, im maritimen Wettlauf nicht nur den alten Abstand zu halten, sondern sogar zu verringern. Mit den beiden Flottennovellen von 1906 und 1908 schafft es insbesondere in den Jahren 1908 bis 1911 „eine für England immerhin kritische Übergangslage". Die liberale Regierung Campbell-Bannermann hofft zunächst durch allseitige Rüstungsbeschränkungen zu einer Verringerung des eigenen Flottenbauprogramms zu kommen. Allerdings führen die Haager Friedenskonferenz (1907) und direkte diplomatische Fühlungsnahmen in Berlin nicht zu den englischerseits gewünschten Ergebnissen. Nach dem Scheitern des deutschen Marokko-Vorstoßes ist man in maßgeblichen Kreisen der deutschen Öffentlichkeit (Flottenverein) immer mehr zu der Überzeugung gekommen, daß England immer wieder dem imperialen Streben Deutschlands entgegentreten würde und daß dem nur dadurch begegnet werden könne, daß man selbst eine starke Kriegsflotte aufbaut, die im Ernstfall der englischen Paroli zu bieten in der Lage sei. Admiral Tirpitz nutzt die Gunst der Stunde zu einer Beschleunigung des deutschen Flottenbauprogramms. Dies wiederum rüttelt die englische Öffentlichkeit auf, deren Presse den populären Slogan „two keels to one" erfindet. Die englische Regierung macht sich aber diese Forderung, für jedes Schiff, das Deutschland auf Kiel lege, selbst deren zwei bauen zu lassen, zunächst noch nicht zu eigen. Als jedoch alle Versuche der englischen Seite, zu einem Übereinkommen mit Deutschland zu kommen, an der starren Haltung Wilhelms II. und Tirpitz' scheitern, sieht sich die Regierung Asquith 1908 gezwungen, formell zu erklären, daß sie sich weiterhin an den „two powers standard" gebunden fühle, nach dem die englische Flotte immer so stark sein solle wie jene der beiden im Range nachfolgenden Seemächte zusammen. Als aber England aufgrund der ungeschickten Haltung des Kaisers und gezielter Fehlinformationen von dritter Seite annehmen muß, daß es den Deutschen entgegen aller anderslautenden Versicherungen daran gelegen ist, Englands unangefochtene Stellung auf allen Weltmeeren in Frage zu stellen, um sich selbst eine derartige Hegemonialrolle zu schaffen, kommt es 1909 in England zu einer erneuten Flottenpanik, die mit der Bewilligung des Baubeginns von gleichzeitig acht Dreadnoughts endet. Die Flottenfrage belastet aber auch weiterhin das deutsch-englische Verhältnis auf das schwerste, obgleich England trotz oder gerade wegen des offensichtlichen Imponiergehabes Wilhelms II. und des unverhohlenen Stolzes der deutschen Mittelschichten auf des Reiches Weltgeltung, für die eine starke Flotte der äußere Beweis zu sein scheint, wenig Grund zu der Annahme hat, daß die deutsche Regierung allen Ernstes gewillt ist, über die im zweiten Flottengesetz (1900) auferlegte Selbstbeschränkung, nach dem die Verstärkung unter dem „Risikogedanken" erfolgen soll, d. h. jedem potentiellen Gegner durch eine eigene schlagkräftige Flotte einen Angriff riskant zu machen, hinauszugehen.

Während sich die deutsch-englischen Mißverständnisse und Meinungsverschiedenheiten allmählich zu unüberwindlichen Gegensätzen auszuweiten beginnen, gelingt es der englischen Regierung, mit Rußland eine Verständigung herbeizuführen, die zur englisch-russischen Entente von 1907 führt. Die außenpolitischen Maximen bzw. Vorurteile der Nach-Bismarck-Zeit, die davon ausgingen, daß sich „Bär" und „Walfisch" niemals verständigen könnten, so daß gerade die ungebundene Mittellage des Deutschen Reiches überaus vorteilhaft sei, müssen damit auch als deutsche Wunschvorstellung revidiert werden. Die Entente mit Rußland beschränkt sich zunächst auf die konkrete Bereinigung offenstehender Streitfragen: Räumung Tibets durch die englische Militärmission, Verzicht Rußlands auf die Einbeziehung Afghanistans in die eigene Einflußsphäre und Aufteilung Persiens – unter formaler Aufrechterhaltung seiner Integrität – in eine nördliche (russische), eine südliche (englische) und eine neutrale Mittelzone. Selbst in der Frage Konstantinopels und der Meerengen zeigt die englische Regierung ihre grundsätzliche Bereitschaft, Rußland in Zukunft entgegenzukommen. Obgleich dieses Aufarbeiten offenstehender Fragen zwischen den beiden Großmächten zunächst gegen keine andere Großmacht gerichtet ist, woran vor allem Rußland gelegen ist, das dies gegenüber Berlin und Wien glaubhaft zu versichern weiß, erwächst trotz erheblicher Widerstände in der englischen Öffentlichkeit aus dieser Entente allmählich eine gewisse außenpolitische Interessenidentität, die sich bei beiden letztlich ausschließlich gegen die Mittelmächte richtet.

Die bosnische Annexionskrise Die bosnische Annexionskrise (1908/09) erleichtert es der russischen Regierung, ihre letzten Verbindungen mit Berlin und Wien abzubrechen. Im Juni 1908 ist es im Osmanischen Reich zu einer Revolution gekommen; die jungtürkische Bewegung fordert einen konstitutionellen Staat und ist bereit, vor allem den Nationalitäten in den europäischen Territorien der Türkei volle Gleichberechtigung zu gewähren. Die österreichische Regierung nutzt die Gunst der Stunde und wandelt die seit dem Berliner Kongreß bestehende Okkupation Bosniens und die Herzegowina in eine Annexion um. Die Zustimmung Rußlands erreicht der österreichisch-ungarische Außenminister Aehrenthal von seinem russischen Kollegen Iswolski gegen die Zustimmung der Donaumonarchie zur Öffnung der Dardanellen für russische Kriegsschiffe; ein für Rußland nach dem Verlust des fernöstlichen Port Arthur durch den Krieg mit Japan um so dringlicheres Anliegen, weil es seine Flotte nunmehr im Schwarzen Meer konzentrieren will. Als sich jedoch die beiden Westmächte zu einer Änderung der Meerengenregelung nicht bereit finden, fühlt sich Rußland durch den fait accompli der Okkupation hintergangen. Serbien, das seine großserbischen Reichspläne durchkreuzt sieht, mobilisiert in der Hoffnung auf russische Hilfe. England versichert Rußland seine Unterstützung, während sich Frankreich zurückhält. In Deutschland spricht man von „Nibelungentreue" gegenüber Österreich-Ungarn (Bülow). Die deutsche Regierung lehnt zwar die Präventivkriegsabsichten seines Bündnispartners gegen Serbien ab, warnt aber Rußland in einer offiziellen Note vor einem direkten kriegerischen Eingreifen. Unter diesen starken diplomatischen Druck gesetzt, erklärt sich Rußland mit der Annexion nachträglich einverstanden und veranlaßt auch Serbien zum Nachgeben. Als Erfolg der deutschen Politik ist zu werten, daß es den Ausgleich Österreich-Ungarns mit der Türkei vermittelt. Die erhoffte Sprengung der Entente Rußlands mit England und Frankreich bleibt allerdings aus. Die Ereignisse führen Rußland im Gegenteil noch stärker an die Seite der Westmächte. Hinzu kommt außerdem, daß sich das Deutsche Reich in eine noch größere Abhängigkeit zu seinem einzigen verläßlichen Verbündeten begeben hat; angesichts der auf dem Balkan weiterbestehenden Spannungen und der inneren Nationalitätenkonflikte der Donaumonar-

Zar Nikolaus II. von Rußland (1868 bis 1918) bei der heiligen Kommunion anläßlich seiner Krönung im Jahre 1896. Zeitgenössische Darstellung. Unter der Regierung Nikolaus' II. mehren sich die sozialen Spannungen in Rußland, bis es zur Entladung in den Revolutionen von 1905/06 und 1917 kommt.

chie eine außenpolitisch riskante Bindung.

Die 2. Marokkokrise und ihre außenpolitischen Folgen Die nächsten Jahre bringen eine kurze Atempause. Zwischen Frankreich und Deutschland kündigt sich sogar eine Verständigung über die künftige Marokko-Politik an. Die bosnische Krise fördert deutscherseits das Bestreben, die „elende Marokkoaffäre" (Wilhelm II.) so schnell wie möglich zu beenden, da man auf lange Sicht nicht verhindern zu können glaubt, daß Marokko französisch wird. In einem Abkommen mit Frankreich billigt die deutsche Regierung die politische Vormachtstellung Frankreichs in Marokko, während sich Frankreich dazu versteht, die formelle Souveränität Marokkos und die wirtschaftliche Gleichberechtigung der übrigen Nationen in Marokko anzuerkennen. In der Folgezeit kommt die marokkanische Frage aber dennoch nicht zur Ruhe, was vor allem darauf zurückzuführen ist, daß eine reibungslose Abgrenzung deutscher und französischer Wirtschaftsinteressen in Nordafrika ausbleibt. Ein Aufstand gegen den Sultan von Marokko veranlaßt die französische Regierung 1911 Marokko direkt zu annektieren. Diese völkerrechtliche Verletzung der Algeciras-Akte bietet der deutschen Regierung Gelegenheit zum unmittelbaren Eingreifen. Mit der Entsendung des Kanonenbootes „Panther" (Panthersprung) nach Agadir kommt es zur zweiten Marokkokrise. Auf deutscher Seite glaubt man, durch diesen Beweis eventueller Kriegsbereitschaft Frankreich für die Überlassung Marokkos zur Herausgabe des französischen Kongogebietes zwingen zu können. Da die französische Regierung ein solches Kompensationsgeschäft ablehnt und England auf die Seite Frankreichs tritt, muß sich die deutsche Regierung schließlich mit der französischen Abtretung Neu-Kameruns zufriedengeben.

Durch die zweite Marokkokrise kommt es zu einem noch engeren Zusammengehen zwischen England und Frankreich. Auf dem Höhepunkt der Krise stellen die Generalstäbe beider Länder einen gemeinsamen Aufmarschplan gegen Deutschland

Kanonen am Bosporus. Mehr der Rivalität der Großmächte als der eigenen militärischen Stärke verdankt es das Türkenreich, daß es die Riegelstellung am Bosporus halten kann.

auf, in dem auch das sofortige Eingreifen der englischen Armee in den Krieg vorgesehen ist. Zugleich vereinbaren beide Regierungen auf diplomatischer Ebene ein gemeinsames Handeln im Falle eines Angriffes von dritter Seite. Der Abschluß eines offiziellen Bündnisses unterbleibt nur mit Rücksicht auf das englische Parlament, das eifersüchtig darüber wacht, daß sich England nicht durch außenpolitische Abhängigkeiten seiner Souveränität begibt.

Deutschlands Weltpolitik ist mit dem Ausgang der zweiten Marokkokrise noch tiefer in die Sackgasse geraten. Es ist offensichtlich, daß das Deutsche Reich nicht in der Lage ist, seine außenpolitischen Vorstellungen in Übersee durchzusetzen, wenn England und Frankreich damit nicht einverstanden sind. Auf deutscher Seite steht man nunmehr vor der Alternative, entweder einen Interessenausgleich mit England zu suchen oder durch erhöhte Rüstungsanstrengungen gegen alle Welt die eigenen Weltmachtvorstellungen durchzusetzen. Tirpitz nutzt die Stunde der deutschen Schmach, um bei Regierung und Reichstag eine erneute Verstärkung des deutschen Flottenbauprogramms durchzusetzen; hat doch der Ausgang der Marokkokrise seiner Ansicht nach bewiesen, daß das Deutsche Reich zur Unterstützung seiner imperialen Pläne eine noch stärkere Flotte braucht. Auf Regierungsseite sieht man angesichts der weltpolitischen Lage die Gefahren einer solchen Politik des erhöhten Rüstungsdrucks. Glaubt man auch nicht auf weitere Rüstungsanstrengungen hinsichtlich des Heeres verzichten zu können, so sieht man doch in bezug auf den Ausbau der Flotte den Bogen überspannt. Entgegen den Vorstellungen Tirpitz' sucht die Regierung Bethmann Hollweg deshalb einen Ausgleich mit England herbeizuführen. Da man englischerseits zwar gegen die Erringung der absoluten Hegemonialstellung auf dem Kontinent durch Deutschland ist, andererseits aber nicht umhin kann, anzuerkennen, daß Deutschland aufgrund seiner Wirtschaftskraft ein Faktor der Weltpolitik ist, den man nicht auf lange Sicht isolieren kann, ohne dessen gesamte Gesellschaft zu militarisieren, scheint der Boden in England für einen Ausgleich mit Deutschland nicht ungünstig. Die Initiative geht von der deutschen Regierung aus. Um den gesteigerten Rüstungsforderungen der Marine zumindest die Spitze gegen England zu nehmen, entschließt sich Bethmann Hollweg zur Aufnahme von Verhandlungen mit England über eine beiderseitige Reduzierung des Flottenbaues und über ein politisches Abkommen. Ansätze zu Gesprächen gibt es schon seit 1909. Direkte Verhandlungen kamen allerdings erst 1912 – nach der Vorbereitung einer deutschen Flottennovelle – in Gang. Auf Einladung Wilhelms II. besucht der englische Kriegsminister Haldane Berlin. Haldane wünscht den deutschen Verzicht auf eine weitere Flottenverstärkung und bietet als Gegenleistung ein politisches Abkommen an. Ersterem kann Bethmann Hollweg wegen des Widerstandes des Kaisers und der Marineleitung nicht nachkommen. Das von dieser Seite als Preis für die Verlangsamung des Schlachtschiffbaues geforderte Neutralitätsabkommen mit England muß Haldane wiederum mit Rücksicht auf Englands Beziehungen zu Frankreich und Rußland ablehnen. Schließlich macht die deutsche Regierung den Vorschlag eines deutsch-englischen Nichtangriffsabkommens als Voraussetzung für die Verlangsamung des deutschen Flottenbautempos. Für das englische Kabinett ist dieser Vorschlag, der nur eine Verzögerung, nicht aber eine Unterbrechung des deutschen Flottenbauprogramms zur Folge gehabt hätte, als deutsche Gegenleistung zu gering. Man erklärt sich dafür lediglich zu einer Note bereit, in der erklärt werden soll, daß England sich an keiner politischen Kombination beteiligen wolle, deren Ziel die Aggression gegen Deutschland sei. Dies genügt wiederum der deutschen Regierung nicht, so daß es schließlich doch zur Bewilligung der Flottennovelle durch den Reichstag kommt. Am gegenseitigen Mißtrauen scheitern somit letztlich die Versuche einer deutsch-englischen Flottenverständigung. England schreitet nunmehr zur verstärkten Konzentration seiner Marine in der Nordsee, was anfänglich eine wesentliche Schwächung seiner maritimen Präsenz im Mittelmeerraum mit sich bringt. Indem es dadurch stärker als zuvor seine dortigen Interessen dem Schutz der im Mittelmeer konzentrierten französischen Flotte überlassen muß, sieht es sich – vor allem durch die Haldane-Mission in Berlin – auch stärker als zuvor dem Drängen Frankreichs zum Abschluß eines förmlichen Bündnisses ausgesetzt. London kann einem solchen Anerbieten noch einmal aus dem Weg gehen, dic englisch-französische Marine-Konvention und weitergehende diplomatische Vereinbarungen zwischen beiden Regierungen (1912) bringen aber – wie man auf englischer Seite selbst erkennt und warnend darauf hinweist – England für die Gegenleistung des Schutzes seiner Mittelmeerinteressen in die Zwangslage des automatischen Schutzes der französischen Nordküste im Falle eines deutschen Angriffes.

Europa am Vorabend des Ersten Weltkriegs Vorerst kommt es aber noch einmal zu einer auf den Balkan begrenzten erfolgreichen deutsch-englischen Zusammenarbeit im Verlauf der Balkankrise (1912/13) und insbesondere auf der Londoner Botschafterkonferenz.

Nach der Besetzung Marokkos durch französische Truppen hält auch Italien seine Stunde für gekommen, das längst begehrte Tripolis, das ihm die Großmächte schon seit langem als Interessensphäre zugestanden haben, unmittelbar seinem Herrschaftsbereich einzugliedern. Nachdem die Türkei ein dahinlautendes Ultimatum abgelehnt hat, besetzen italienische Truppen die tripolitanischen Küsten. Von den Großmächten erhält die mitten im Frieden überfallene Türkei keinerlei Hilfe. Sie leistet aber unerwartet hartnäckigen Widerstand. Ermuntert durch den italienisch-türkischen Krieg und das Nichteingreifen der Großmächte halten die Balkanstaaten ihre Stunde zum Endkampf gegen den türkischen Despotismus und zur Arrondierung ihrer Herrschaftsgebiete für gekommen. Unter russischem Patronat kommt es 1912 zum Balkanbund zwischen Bulgarien, Serbien und Griechenland, der sich in erster Linie gegen eine Ausdehnung Österreich-Ungarns bei der nunmehr fälligen Aufteilung der europäischen Türkei richtet. Als die Albaner die Gunst der Stunde zu einer Erhebung gegen die türkische Herrschaft nutzen, greifen die Balkanbundstaaten und Montenegro das Osmanische Reich zur Befreiung Mazedoniens, Thraziens und Albaniens an. Infolge dieses Angriffes ist die Türkei zu einem raschen Friedensschluß mit Italien unter Abtretung von Tripolis und der ägäischen Inselgruppe des Dodekanes gezwungen. Die verbündeten Balkanstaaten erobern in kurzer Zeit außer Konstantinopel den gesamten europäischen Teil der Türkei. Als Folge entwickelte sich eine kritische internationale Lage.

Serbien, dem Rußland den Rücken stärkt, beansprucht Zugang zur Adria, dem sich Italien widersetzt. Letzteres wiederum wünscht die Annexion Albaniens, während Griechenland gegen die italienische Besetzung des Dodekanes protestiert. Österreich-Ungarn widersetzt sich jeglichem serbischen und italienischen Machtzuwachs und deckt die Ansprüche Bulgariens. Rußland hingegen befürchtet bulgarischen Druck auf Serbien und die Türkei und trägt Sorge um seine eigene Meerengenpolitik.

Die Ermordung des Thronfolgers Erzherzog Franz Ferdinand von Österreich-Ungarn und seiner Gemahlin am 28. Juni 1914 in Sarajewo ist der direkte Anlaß zum Ausbruch des Ersten Weltkrieges.

Die Türkei ruft die europäischen Großmächte um Vermittlung an. Deutschland und England bemühen sich auf der Londoner Botschafterkonferenz um den Frieden von London (1913), der die Abtretung aller türkischen Gebiete westlich der Linie Enos Midia und aller ägäischen Inseln bringt. Da sich aber die Balkanstaaten über die Beute nicht einigen können, greift das seine Kräfte überschätzende Bulgarien Serbien an. Der zweite Balkankrieg (1913) bringt in der Folge eine Intervention Rumäniens, Griechenlands, Montenegros und der Türkei zugunsten Serbiens. Die Türkei erobert Adrianopel zurück. Bulgarien wird vollständig geschlagen. Im Frieden von Bukarest (1913) verliert es die südliche Dobrudscha an Rumänien, den größten Teil Mazedoniens an Serbien, Adrianopel an die Türkei, Griechenland erhält endgültig Kreta, einen Teil Mazedoniens mit Saloniki und Kavalla. Außerdem wird Albanien ein selbständiges Fürstentum. Obgleich ihre Interessen unmittelbar tangiert werden, halten sich Österreich-Ungarn und Rußland aus dem Krieg heraus. Auf ersteres, das gegen Serbien zur Rettung Bulgariens eingreifen wollte, wirken Deutschland und Italien mäßigend. Eine Intervention zugunsten einer Lösung der Meerengenfrage im eigenen Sinne hält Rußland noch für verfrüht, zumal Frankreich den Krieg nicht wünscht.

Daß der Krieg lokalisiert bleibt, ist letztlich das Verdienst Deutschlands und Englands. Diese zeitweilige Zusammenarbeit zur Erhaltung des Friedens führt im Juni 1914 zu einer Verständigung zwischen beiden Staaten über den Bau der Bagdad-Bahn. England stimmt dem Bau der Bahn durch die deutsche Bagdadbahngesellschaft zu, dafür verzichtet diese auf die Weiterführung der Strecke von Basra zum Persischen Golf. Auf dem Balkan, dem „Pulverfaß Europas", bleibt allerdings die Lage sehr labil. Vor allem Serbien ist enttäuscht, weil es die Adria nicht erreicht hat; aber auch in Rumänien herrscht Unzufriedenheit gegenüber Österreich-Ungarn wegen der rumänischen Minderheit in Siebenbürgen.

Da man in den europäischen Hauptstädten in der Folgezeit ständig mit einem neuen Ausbruch der Balkankrise rechnet, werden die Mächtebeziehungen durch diese internationale Hypothek auf das stärkste belastet. Gerade die Kriegsgefahr zwischen Rußland und Österreich-Ungarn trägt dazu bei, daß alle Großmächte ihr Heil in der Verfestigung ihrer Bündnisse und in der Vermehrung ihrer Rüstungsanstrengungen suchen. In den Völkern Europas selbst wächst die Bereitschaft zur großen Auseinandersetzung, so daß keine Regierung der Großmächte in ihren Überlegungen über Krieg und Frieden sich wegen der öffentlichen Meinung des eigenen Landes in bezug auf ersteres Zurückhaltung aufzuerlegen braucht. Die Völker sind bereit zur Abrechnung oder zur Revanche. Was auch immer der einzelne darunter zu verstehen glaubt, ist letztlich unbedeutend, geht es doch um die Erfahrung der geschichtlichen Größe der eigenen Nation, um derentwillen auch das Sterben nur eine Bereicherung der persönlichen Lebenserfahrung sein kann. Was bedeuten in Anbetracht dieses ausufernden Chauvinismus noch der sozialökonomische Entwicklungsgrad der einzelnen Gesellschaften selbst!

Die deutsche und französische Aufrüstung schaukeln sich in den beiden letzten Vorkriegsjahren 1913/14 wechselseitig hoch. Alle aber stellt Rußland in den Schatten, dessen „Großes Programm" der Heeresvermehrung (geplante Friedensstärke 1,8 Millionen gegenüber Deutschland mit 820 000) alles bisher Dagewesene überbietet. Die europäischen Großmächte konzipieren bereits zu Friedenszeiten den Massencharakter des späteren Weltkrieges. Nur in England kommt es zu keiner wesentlichen Steigerung der Stärke des Landheeres. Dennoch scheinen beide Bündnissysteme letztlich doch immer defensiv ausgerichtet zu sein; denn die direkte Auseinandersetzung wünscht keiner. Im Frühjahr 1914 rechnet man zumindest in Deutschland nicht mit einem französischen oder englischen Angriff. Die laufenden Verhandlungen mit England über den Bau der Bagdadbahn tun ein übriges zur Stärkung dieses Sicherheitsgefühls, das sich allerdings wie bei den anderen Mächten schon seit einiger Zeit mit einem Gefühl des Fatalismus mischt.

Die Ermordung des österreichischen Thronfolgers in Sarajewo am 28. Juni 1914 löst einen Automatismus der gegenseitigen Generalmobilmachungen und Kriegserklärungen aus, der sich aus der seit langem verfestigten Mächtekonstellation in Europa ergibt. Weitgehende militärische Absprachen und ständige Beistandszusicherungen der verbündeten Mächte untereinander aus den vergangenen Jahren erzeugen jetzt jene unbedingte Bündnistreue, die nicht mehr unterscheiden läßt, ob man in den Krieg auch tatsächlich zur Wahrung der eigenen nationalen Interessen eingreift.

Am 23. Juli stellt Österreich-Ungarn zur Aufklärung des Mordanschlags und zur Unterdrückung jeglicher nationalistischer Umtriebe an seinen Grenzen Serbien ein auf 48 Stunden befristetes Ultimatum. Die serbische Antwort fällt unbefriedigend aus, weil dieses voll und ganz durch Rußland gedeckt wird, das seine Mobilisierung im Falle eines Angriffes auf Serbien ankündigt. Daraufhin kommt es zum Abbruch der diplomatischen Beziehungen zwischen Österreich-Ungarn und Serbien. Beide Staaten mobilisieren. Englische und deutsche Vermittlungsversuche bleiben ohne Erfolg. Der Kriegserklärung Österreich-Ungarns an Serbien (28. 7.) folgt die Teil-, dann die Generalmobilmachung Rußlands (30. 7.), die diejenige Österreich-Ungarns nach sich zieht (31. 7.). Das Deutsche Reich mobilisiert ebenfalls und erklärt Rußland (1. 8.) und Frankreich (3. 8.) den Krieg.

Am 3./4. August marschieren deutsche Truppen in das neutrale Belgien ein. Dies hat die Kriegserklärung Englands zur Folge (4. 8.). In den nächsten Tagen folgen die Kriegserklärungen Österreich-Ungarns an Rußland (6. 8.), Serbiens an das Deutsche Reich (6. 8.), Frankreichs und Englands an Österreich-Ungarn (11. und 12. 8.). Die kriegerische Auseinandersetzung hat die Dimension eines Weltkrieges angenommen, und die Völker Europas ziehen mit fast religiöser Begeisterung in den Kampf. Der „Geist des 4. August" erzeugt jenes Truggefühl der nationalen Solidarität, das jeglichen Klassen- und Kastengeist für immer hinweggefegt vermeint. In den Schützengräben und in den Massengräbern scheint die Demokratie ihren totalen Triumph zu feiern. Vor dem nunmehr ausbrechenden ungehemmten Chauvinismus der Völker werden die kriegstreibenden politischen Gegensätze im europäischen Mächtesystem der Vorkriegszeit zu unbedeutenden Querelen. Die Völker – nicht ihre Regierungen – melden nunmehr ihre Ansprüche auf nationale Größe an.

Das Zeitalter der Weltkriege

Es ist schwierig, vielleicht unmöglich, einen so komplexen Zeitraum wie den vorliegenden unter einem Begriff zusammenzufassen, vor allem dann, wenn man bedenkt, daß die Entwicklung nicht in allen europäischen Ländern gleich verlief. Die Unterschiede liegen besonders in den spezifischen politisch-geistigen Traditionen und ungleichen Strukturen im ökonomischen und gesellschaftlichen Bereich begründet.

Als Leitbegriffe könnten dienen: Diskontinuität, Umbruch, Widersprüche. Neben gewaltigen Leistungen in den Natur- und Geisteswissenschaften stehen zwei Weltkriege und der Faschismus in einigen Ländern; neben Großtaten des menschlichen Geistes die Barbarei; neben technischem Fortschritt und ungeheurer Steigerung der Produktion und Produktivität Weltwirtschaftskrisen; neben Tendenzen der Demokratisierung die zunehmende Möglichkeit, ganze Völker zu manipulieren; neben einer ungeheuer erweiterten Öffentlichkeit der Funktionsverlust eben dieser Öffentlichkeit. Technokratie und Bürokratie bestimmen die politischen Entscheidungen und führen zur Formalisierung demokratisch-parlamentarischer Praktiken. (Die Reihe ließe sich fortsetzen.)

Gratis! 3. Extra-Blatt. Gratis!

Vossische Zeitung

Königlich privilegirte Berlinische Zeitung von Staats- und gelehrten Sachen.

Haupt-Geschäftsstelle Breite Str. 8/9, Berlin C.

Der österreichische Thronfolger und seine Gattin ermordet.

Einer grauenvollen Bluttat sind der Erzherzog-Thronfolger Franz Ferdinand von Oesterreich-Ungarn, und seine Gattin, die Herzogin von Hohenberg, zum Opfer gefallen. Durch Schüsse serbischer Fanatiker wurden sie ermordet, nachdem sie einem Bombenattentat, durch das einige Offiziere aus ihrem Gefolge und einige Personen aus dem

Die Epoche ist weiter geprägt durch die Ausbildung unterschiedlicher Herrschaftstypen (sozialstaatliche, faschistische und kommunistische Modelle), durch eine Ideologisierung politischer Konflikte, durch Blockbildungen und Revolutionen. Erstmals verfügen Großmächte über die Möglichkeit, die gesamte Menschheit zu vernichten. Die Unfähigkeit, Konflikte jeder Art vernünftig politisch zu lösen, und die Einsicht in die denkbaren Konsequenzen halten sich in einem vagen Balancezustand.

Der Erste Weltkrieg

Der heutige Forschungsstand erlaubt es nicht mehr, an die Diskussion über Ursachen, Schuld oder Verantwortung mit der Formel Lloyd Georges heranzugehen, alle beteiligten Mächte seien irgendwie in diesen Konflikt hineingeschlittert. Völlig unzulänglich ist es, Fragen wie die nach den Bedingungen für die Möglichkeit eines derartigen Krieges, nach den entscheidenden Aktivitäten beim Kriegsausbruch, nach dem Verhalten der Großmächte während der Juli-Krise, nach der Bedeutung des Imperialismus und dem Zusammenhang von Innen- und Außenpolitik vom Anlaß her

beantworten zu wollen. Formeln wie „Es hat niemanden gegeben, der einen Weltkrieg herbeiführen wollte“ oder „Mit soviel Blindheit ist wohl selten eine europäische Großmacht in einen Existenzkampf hineingestolpert“ erschweren das Verständnis, statt zu einer sachlichen Klärung beizutragen.
Eher werden einige Zusammenhänge aus folgenden Zitaten deutlich: „Jede erfolgreiche imperialistische Zwangspolitik nach außen stärkt auch im Innern das Prestige und die Machtstellung der Klassen, Parteien, Stände, unter deren Führung der Erfolg errungen wird“ (Max Weber) – „Werde in meiner Praxis auch für später mich nur auf Gott und mein scharfes Schwert verlassen und scheißen auf die ganzen Beschlüsse“ (Kommentar Wilhelms II. zur Haager Friedenskonferenz 1899) – „Wir müssen Weltpolitik und Kolonialpolitik betreiben . . . ehe wir ein größeres Deutschland in anderen Weltteilen suchen, müssen wir uns ein größeres Deutschland in Mitteleuropa schaffen“ (Prof. Hasse, Vorsitzender des Alldeutschen Verbandes 1906) – „Recht und Unrecht sind im Völkerrecht da von Bedeutung, wo der Rechtsverletzer nicht so mächtig ist, daß er sich über alles hinwegsetzen kann“ (v. Bülow an Wilhelm II.) – „Wir kämpfen nicht mehr um die Herrschaft auf dem inneren Markt, sondern um die Herrschaft auf dem Weltmarkt . . . Wir wollen Gott danken, daß der Krieg uns den Anlaß und die Möglichkeit gibt, ein wirtschaftliches System zu verlassen, das den Höhepunkt seiner Erfolge zu überschreiten im Begriffe steht“ (Delbrück zu Beginn des Krieges). Schon 1887 formuliert v. Bülow an v. Holstein Pläne über eine totale Niederwerfung Rußlands, 1908 spricht v. Aehrenthal von der Beseitigung des serbischen Staates als Ziel der Balkanpolitik, 1909 beklagt v. Holstein, daß v. Bülow und Kaiser Wilhelm II. nicht den Krieg riskieren wollen. 1912 entwickelt Rathenau seine Gedanken über Mittelafrika und Mitteleuropa. Kriegsminister von Einem fordert, eine politische Betätigung von Soldaten und Offizieren auch nach der Entlassung dürfe nur für die staatstragenden Parteien, nicht aber zugunsten der SPD erlaubt sein.
Diese einzelnen Auffassungen, die sich allerdings ergänzen ließen und für weite Kreise durchaus als repräsentativ gelten können, genügen natürlich nicht für eine Gesamtbeurteilung. Veränderungen im politischen, sozialen, ökonomischen und geistigen Bereich seit der Französischen Revolution sind von größter Bedeutung. Liberaldemokratisches Prinzip und konservativ-monarchische beharrende Kräfte stehen einander gegenüber. Als dritte Variante kommt die Möglichkeit einer sozialistischen Revolution hinzu. Technische Neuerungen und die Industrialisierung führen zu immer differenzierterer Arbeitsteilung und Massenproduktion. Verbunden damit sind im kapitalistischen System Ungleichgewichtigkeiten, zyklische Konjunkturschwankungen, Absatzprobleme und ein Konkurrenzkampf, der sich zunehmend nach außen, in die Kolonien, auf die Weltmärkte verlagert. Zugleich steigen neue Gruppen auf. Das liberale Besitzbürgertum beansprucht Rechte, die z. T. in Widerspruch zur herrschenden politischen und sozialen Ordnung stehen. In Deutschland scheitert das Bürgertum und zieht sich für Generationen auf scheinbar unpolitische Positionen zurück. Die Ausbildung eines Demokratiebewußtseins verkümmert hier. Eingeholt wird diese Umschichtung durch das Entstehen des Industrieproletariats, das seinerseits vom Bürgertum gegenüber Rechte fordert. Von all diesen inneren Spannungen und Konflikten suchen die Mächte, die sich wie Österreich-Ungarn z. B. durch den aufkommenden Nationalstaatsgedanken in ihrer Existenz zusätzlich gefährdet sehen, mittels einer imperialistischen Außenpolitik abzulenken. Ideologisch sind diese expansionistischen Bestrebungen durch biologistischen Sozialdarwinismus, Rassedenken und Sendungsbewußtsein überlagert.
In Deutschland wird eine fortgeschrittene Technologie von einer weithin traditionellen Gesellschaft übernommen. Der Durchbruch erfolgt rasch und ruckartig. Nach der ersten Weltwirtschaftskrise 1873 folgt bis 1896 eine Phase der Hochindustrialisierung mit langanhaltenden Wachstumsstörungen (1873 bis 1879, 1882 bis 1886, 1890 bis 1895) und eine strukturelle Agrarkrise. Neben ein organisiertes Großunternehmertum tritt der moderne Interventionismus des Staates, der in einer pragmatischen antizyklischen Konjunkturpolitik (Exportoffensive und Gewinnung der Außenmärkte im Sinne des informal Empire und kolonialer Territorialherrschaft) ein wichtiges Stabilisierungsmittel sieht. Innere Konflikte um die Verteilung des Volkseinkommens und den Zugang zur Macht werden so entschärft, die Herrschaft privilegierter gesellschaftlicher Gruppen befestigt. Seit Bismarcks Entlassung gelingt es dann immer weniger, die deutsche Politik in Einklang mit der internationalen Diplomatie zu bringen.
In England formulieren die Kolonialreformer der Bentham-Schule (Roebuck, Durham, Molesworth, Wakefield, J. St. Mill u. a.) als Ziele einer imperialistischen Kolonialpolitik: Abfließen überschüssiger Bevölkerung, Absorbieren der Überkapazität der Fabriken und überschüssigen Kapitals, Verhinderung sozialer Revolutionen. Neben der Besetzung oder Annexion zahlreicher Gebiete in Afrika und Asien entwickelt man Indien nach merkantilistischen Grundsätzen als Wirtschaftskolonie. Kennzeichen des britischen Imperialismus dieser Zeit sind die Bevorzugung von Freihandels- und Freundschaftsverträgen mit schwächeren Staaten, wobei man den Einsatz größter Machtmittel einschränkt.
Rußland, im Gegensatz zu anderen Nationen territorial geschlossen, strebt gleichfalls nach territorialer Ausbreitung, Erweiterung der Kapitalanlagen im Ausland, Wettbewerb um überseeische Märkte und um Beherrschung von Rohstoffgebieten. Frühe Zusammenstöße mit westeuropäischen Mächten ergeben sich im Zuge der Expansion zur Ostsee und zum Schwarzen Meer hin. Problematisch ist weiter der Ausbau der Transsibirischen Eisenbahn und der Ostchinesischen Linie durch die Mandschurei. Die Koreapolitik verschärft das Verhältnis zu Japan. Erst seit 1900, als Witte von Bezobrazov ausgeschaltet wird, wendet sich Rußland dem Mittleren und Nahen Osten zu und konzentriert sich mehr auf die Binnenmärkte. Endgültig nach dem russisch-japanischen Krieg 1905 wendet man sich westeuropäischen Problemen zu

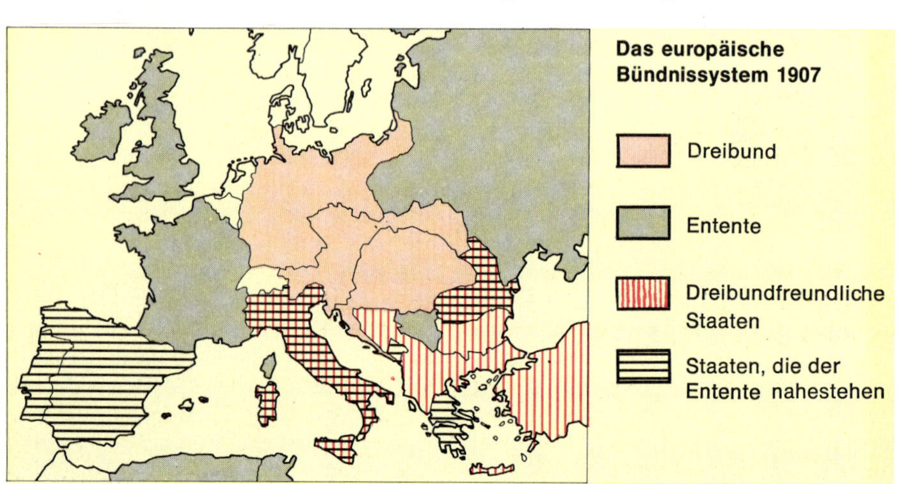

und sucht drohende soziale Umwälzungen durch außenpolitische Erfolge abzuwehren.
Italien steht den übrigen Mächten nicht nach. Am Vorabend des Tripoliskrieges meint Corradini, die Nation müsse den Krieg wollen, denn dieser sei, welthistorisch betrachtet, das einzig ethische Erziehungsprinzip. Auch hier läßt sich zeigen, daß diese und ähnliche verschwommene Thesen vor dem Hintergrund des Sozialdarwinismus eines Pasquale Turiellos, der Elitentheorie Gaetano Moscas, des Antiliberalismus Ruggero Bonghis und Paretos Idee der herrschenden Klasse nur dazu dienen, von den tatsächlichen gesellschaftlichen Schwierigkeiten abzulenken. Italien ist ein Musterbeispiel dafür, wie in einem Land mit hoher Emigrationsquote, vielen Analphabeten und extrem niedrigen Löhnen kontinuierliche Krisen durch die Existenz noch unkapitalisierter Räume kompensiert werden können, wobei sich als Folge ein Ruin des Handwerks und die Entstehung eines kolonialen Proletariats ergeben. Einerseits beherrschen ausländische Konzerne wie Oetker, Kössler-Mayer, Hemps, Siemens-Schuckert, Oerlikon und Alioth den Markt. Andererseits exportiert Italien selbst Kapital vor allem nach Nordafrika und in die europäische und asiatische Türkei. Nach Mißerfolgen (Niederlage von Adua 1896) betreibt Italien gegen die Warnungen europäischer Mächte die Okkupation von Tripolis. Am 5. November 1910 erklärt Giolitti die türkische Souveränität für beseitigt und stellt damit Europa vor ein ähnliches fait accompli wie seinerzeit Österreich anläßlich der Bosnischen Annexion die im Balkan engagierten Staaten.
Frankreich stößt vor allem im afrikanischen Raum mit England zusammen. 1893/94 kommt es zu Konflikten in Siam und wegen der Ostgrenze Belgisch-Kongos. 1894 bis 1897 unterwirft Frankreich Madagaskar, dehnt die Nigerkolonie aus, besetzt Gebiete um den Tschad-See und bereitet das Protektorat über Marokko vor. Eine letzte große Krise im Zusammenhang mit dem englischen Vorgehen im madhistischen Sudan (Faschoda-Krise 1898) wird beigelegt. Abschließend verständigen sich Frankreich und England über ihre Interessen durch die Entente cordiale 1904.

EUROPÄISCHE POLITIK UND BÜNDNISKONSTELLATIONEN

Lange Zeit wurden das deutsche Vorgehen, die deutsche Politik am Vorabend des Weltkriegs begründet mit seiner Einkreisung durch die anderen europäischen Mächte. Ein Überblick über die wichtigsten Konflikte und das Zustandekommen der bedeutendsten Allianzen zeigt aber, daß man eher von einer „Auskreisung" sprechen muß. Während England und Frankreich z. B. ihre Krisen beilegen, tritt Deutschland als „verspätete" imperialistische Großmacht auf mit Ansprüchen, die zwar verständlich sind, jedoch in Hinblick auf die bereits erfolgte Aufteilung der wichtigsten Gebiete wenig Aussicht auf Verwirklichung haben konnten. Schon der 1882 abgeschlossene Dreibund zwischen Deutschland, Österreich-Ungarn und Italien kann in seiner Tendenz nicht mehr als defensiv gesehen werden (vgl. dagegen den Zweibund von 1879). Dies gilt vor allem für die Erneuerungen 1887 und 1891. Deutschland geht in Hinblick auf Nordafrika und mögliche italienisch-französische Konflikte weitreichendste Verpflichtungen ein. Als äußerst problematisch sollte sich dann auch der Artikel VII, den Balkan und eventuelle Kompensationen im Falle einer Aufhebung des Status quo betreffend, erweisen. Entscheidend ist auch, daß Italien von Beginn an klarmacht, daß es sich nie an einer Auseinandersetzung beteiligen könne, in die England verwickelt sei. Gute deutsch-englische Beziehungen sind also Bedingung für den Erhalt der Substanz des Dreibunds.
Das Jahr 1900 bedeutet in mancher Hinsicht eine Wende. In Italien löst der frankophile Rudini seinen Vorgänger Crispi ab. Es gelingt, nach Beendigung des Wirtschaftskrieges mit Frankreich über den Briefwechsel Brinetti-Barrère die Beziehungen zu verbessern. Deutschland verzichtet nach der Entlassung Bismarcks auf die Erneuerung des Rückversicherungsvertrages mit Rußland, das sich nach mehreren Versuchen, doch noch zu einem Vertrag zu kommen, nach Frankreich orientiert (1894). Differenzen im Dreibund werden sichtbar, als sich Italien in der tunesischen Frage nicht genügend unterstützt sieht, und wegen des Mazedonischen Reformprogramms 1903. Deutlicher zeigt die Erste Marokkokrise 1906, daß der Dreibund kein geschlossenes System mehr darstellt. Mit als Folge des ungeschickten deutschen Vorgehens kommt es außerdem 1907 zu einem englisch-russischen Vertrag. Einen ersten Präzedenzfall für die österreichisch-italienische Kontroverse in Balkanfragen schafft dann die Bosnische Annexion 1908/09. Italien fühlt sich übergangen und schließt 1909 mit Rußland den Vertrag von Racconigi. Der Tripoliskrieg schließlich, der unmittelbar in die Balkankriege 1912/13 einmündet, verschärft die Spannungen weiter. Frankreich schließt mit Rußland eine Militärkonvention ab.
Im Verlauf weniger Jahre kristallisiert sich einerseits die Entente mit England, Frankreich und Rußland, andererseits die Gruppierung der Mittelmächte mit Italien heraus. England freilich hütet sich vor zu festen Bindungen, während auf der anderen Seite Italien einen Unsicherheitsfaktor darstellt, allzuoft allerdings durch die österreichische und auch deutsche Diplomatie provoziert.

JULIKRISE UND KRIEGSAUSBRUCH

Am 28. Juni 1914 fällt der verhängnisvolle Schuß in Sarajewo: Franz Ferdinand fällt einem Attentat zum Opfer. Die auf dem europäischen Kontinent, besonders auf dem Balkan, angesammelten Spannungen kommen zur plötzlichen Entladung. Der Ablauf des folgenden diplomatischen Ge-

Staatsbesuch des Präsidenten der französischen Republik, Poincaré, am Zarenhof vom 21.–23. Juli 1914. Dieser Besuch unterstrich die Festigkeit der französisch-russischen Allianz für den Kriegsfall.

schehens ist aber keinesfalls als mechanischer Prozeß zu sehen, der notwendig zum Weltkrieg führen mußte. Genauso verfehlt wäre es, von einem reinen Mechanismus der bestehenden Allianzen zu sprechen. Monokausalität gibt es in der Geschichte nicht. Die Bedingungen für die Möglichkeit eines großen Konflikts sind wohl vorhanden, doch sind es nach wie vor Menschen, die Politik machen. Bei einer gerechten Würdigung auch einzelner Personen muß man sich allerdings des äußerst differenzierten, dialektischen Verhältnisses zwischen Individuum und Umwelt (Gesellschaft) bewußt sein.

Das Attentat löst in Europa einen Schock aus, die allgemeinen Sympathien gelten Österreich. Niemand denkt zu diesem Zeitpunkt aber an Krieg, schon gar nicht an einen Weltkrieg. Poincaré verbindet mit seinem Beileid die Warnung vor antiserbischen Ausschreitungen, während die französische Presse bereits den Verdacht äußert, Österreich werde den Vorfall zum Vorwand für ein scharfes Vorgehen gegen Serbien benutzen. Rußland gibt zu erkennen, daß man einer Satisfaktion für die Donaumonarchie zustimmen werde, soweit nicht die Souveränität und Integrität Serbiens noch das Prestige Rußlands als Schutzmacht Serbiens berührt würden. Niemand also bestreitet Österreich das Recht auf angemessene Forderungen, während zugleich mögliche Fronten sichtbar werden. In Österreich selbst ist die Stimmung keineswegs so, daß ein Krieg gegen Serbien automatisch folgen müßte. Franz Ferdinand war nicht sonderlich beliebt. Der Druck zum Krieg geht hauptsächlich von der Mehrheit der bürgerlichen deutschsprachigen Presse aus. Innerhalb der Regierung schließen sich leitende Beamte (Hoyos, Forgách und Macchio), auf militärischer Seite der Generalstabschef Conrad von Hötzendorf an. Außenminister Graf von Berchtold möchte sich zunächst mit bestimmten Forderungen wie der Auflösung gewisser Vereine, der Entlassung des Polizeiministers u. ä. begnügen. Besonders der ungarische Ministerpräsident Tisza nimmt gegen eine antiserbische Kriegspolitik Stellung. Er befürchtet, Rußland werde im Konfliktfall eingreifen. In der Phase dieser Unentschlossenheit gewinnt die deutsche Stellungnahme überragende Bedeutung. Als Tschirschky (Botschafter in Wien) am 30. Juni einen ersten Überblick gibt und vor übereilten Schritten warnt, bemerkt Wilhelm II. am Rande: „Tschirschky soll den Unsinn lassen! Mit den Serben muß aufgeräumt werden, und zwar bald.“ Zur Erkundung der deutschen Haltung wird am 4. Juli Graf Hoyos nach Berlin entsandt. Mit sich führt er ein Memorandum und ein Handschreiben Franz Josephs. Nach anfänglichen Differenzen zwischen dem Auswärtigen Amt in Berlin, das für eine friedliche Lösung plädiert, und dem Generalstab, der den Krieg will, zeichnet sich die Entscheidung für den Krieg immer deutlicher ab, in voller Kenntnis möglicher Konsequenzen. Am 5. Juli sagt Deutschland seine Unterstützung für jede denkbare Aktion Österreichs zu (Blankoscheck). Erst diese Zusage macht das folgende Vorgehen Österreichs möglich. Szögyény schreibt am 5. Juli an Graf Berchtold: „Nach dem Déjeuner . . ., ermächtigte mich Seine Majestät, unserem Allergnädigsten Herrn zu melden, daß wir auch in diesem Fall auf die volle Unterstützung Deutschlands rechnen können . . . Rußlands Haltung werde jedenfalls feindselig sein, doch sei er hierauf schon seit Jahren vorbereitet, und sollte es sogar zu einem Krieg zwischen Österreich-Ungarn und Rußland kommen, so könnten wir davon überzeugt sein, daß Deutschland in gewohnter Bundestreue an unserer Seite stehen werde.“

Ein schwerer Gang. Der deutsche Botschafter in London, Fürst von Lichnowsky, am 3. August 1914, auf dem Wege zum Foreign Office.

Während der Sitzung des österreichischen Ministerrats am 7. Juli setzt sich dann endgültig Berchtold mit einem radikalen Kurs und dem Plan, Serbien unannehmbare Forderungen zu stellen, durch. Zugleich beschließt man, Italien über das geplante Vorgehen nicht zu informieren. Um die notwendigen Vorbereitungen zu verschleiern und die Öffentlichkeit zu täuschen, begeben sich alle wichtigen Personen in Urlaub (Moltke, Tirpitz, Wilhelm II., Bethmann Hollweg, Falkenhayn). Inzwischen wird das Ultimatum, das bis zum 19. Juli ausgearbeitet und über dessen Inhalt Berlin ständig unterrichtet ist, vorbereitet. Tschirschky berichtet am 10. Juli an v. Jagow über den Inhalt eines Gesprächs mit Berchtold: „Die Frist zur Beantwortung müsse möglichst kurz bemessen werden, wohl 48 Stunden . . . Sollten die Serben alle gestellten Forderungen annehmen, so wäre das eine Lösung, die ihm ‚sehr unsympathisch‘ wäre, und er sinne noch darüber nach, welche Forderungen man stellen könne, die Serbien eine Annahme völlig unmöglich machen würden.“ Der Kommentar Wilhelms II. lautet: „Den Sandschak räumen! dann ist der Krakeel sofort da!“ Deutschland drängt wiederholt zu rascherem Vorgehen und empfiehlt auch, die Note erst zu übergeben, wenn Poincaré wieder aus Petersburg abgereist sei. Am 19. Juli erscheint in der Norddeutschen Allgemeinen Zeitung eine kurze Notiz, die auf mögliche Auseinandersetzungen zwischen Österreich-Ungarn und Serbien hinweist mit der Hoffnung, der Konflikt möge lokalisiert bleiben. Verfasser dieser Notiz ist Jagow selbst. Jetzt horchen die Diplomaten Europas auf; eine fieberhafte Aktivität setzt ein. Jagow leugnet auf entsprechende Nachfragen jede Kenntnis vom Inhalt des zu erwartenden Ultimatums ab, das am 23. Juli Serbien überreicht wird, mit Forderungen, die die Souveränität dieses Staates in Frage stellen. Zugleich wird aber auch die zu erwartende Haltung der Großmächte deutlich.

Pourtalès berichtet am 21. Juli bereits aus Petersburg, der russische Außenminister Sasonow habe erklärt, Rußland würde es nicht dulden, daß Österreich-Ungarn Serbien gegenüber eine drohende Sprache führe oder militärische Maßregeln treffe, daß man auch in Paris und London die Vorgänge sehr ernst nehme. Serbien wendet sich nach Erhalt der Note sofort an Rußland, Italien und England, um eine Milderung der Bedingungen zu erreichen. Bei den Entente-Mächten wird das Ultimatum allgemein abgelehnt. Rußland spricht sich wie erwartet für eine Unterstützung Serbiens aus und ordnet die Vormobilmachungsperiode an. Grey, der englische Außenminister, kritisiert die Forderungen, regt Vermittlungen an und schlägt zunächst eine Fristverlängerung vor. England glaubt noch an eine Lokalisierungsmöglichkeit. Paris verhält sich recht passiv, doch empfiehlt Cambon noch am 24. Juli eine Konferenz der Mächte. Gleichzeitig wird der französische Botschafter in Petersburg angewiesen, Rußland die unbedingte Solidarität Frankreichs zuzusichern. Österreich lehnt aber, von Deutschland sekundiert, eine Fristverlängerung brüsk ab. Deutschland verbittet sich jegliche Vermittlungsversuche als „Einmischung" und behauptet nach wie vor, völlig unbeteiligt zu sein, setzt aber zugleich seine geheimen Vorbereitungen für den Krieg fort. Immer deutlichere Hinweise Lichnowskys aus London, England werde sich im Kriegsfall kaum neutral verhalten, hält Jagow zurück und leitet sie erst zwei Stunden vor Ablauf der Frist nach Wien weiter. Als Baron Giesl die serbische Antwort erhält und feststellt, daß sie keine bedingungslose Unterwerfung enthält, bricht er die diplomatischen Beziehungen sofort ab und verläßt mit dem vorbereiteten Gepäck und dem planmäßigen Zug Belgrad. Es erfolgt die Teilmobilmachung gegen Serbien. Deutschland drängt, die Kriegserklärung möglichst rasch folgen zu lassen, um einer Vermittlung der Entente zuvorzukommen, und weist den Vorschlag Greys vom 26. Juli, in London eine Viermächtekonferenz abzuhalten, zurück. Eine letzte Chance, den Krieg zu verhindern, ergibt sich, als Wilhelm II. am 28. Juli(!) Kenntnis von der serbischen Antwort erhält und feststellt: „Eine brillante Leistung für eine Frist von 48 Stunden. Das ist mehr, als man erwarten konnte! Ein großer moralischer Erfolg für Wien, aber damit fällt jeder Kriegsgrund fort. Darauf hätte ich niemals Mobilmachung befohlen!" Er schickt eine Anweisung an das Auswärtige Amt, man solle Wien zum Einlenken raten. Bethmann Hollweg wartet aber mit der Weiterleitung dieses Auftrags, bis er die Nachricht von der Kriegserklärung erhalten hat, fälscht außerdem die kaiserliche Instruktion in wesentlichen Punkten ab. Die europäischen Mächte werden vor vollendete Tatsachen gestellt; Wien kann nicht mehr zurück. Die Ereignisse überstürzen sich. In Rußland hält man den Krieg mit Österreich für unvermeidlich, mit Deutschland für unmittelbar bevorstehend. In Hinblick auf die bekannte Schnelligkeit der deutschen Mobilmachung setzen die Militärs am 29. Juli die Generalmobilmachung durch, die allerdings nochmals in eine Teilmobilmachung abgewandelt werden kann. Moltke wiederum bezeichnet bereits eine russische Teilmobilmachung als Grund für eine deutsche Generalmobilmachung, die unbedingt zum Krieg führen muß. Der deutsche Plan sieht außerdem die sofortige Besetzung Luxemburgs und Lüttichs vor, die Verletzung der Neutralität zweier Länder als Auftakt zur raschen Eröffnung des Kriegs gegen Frankreich. Am 29. Juli eröffnet Grey dem deutschen Botschafter in London eindeutig, England werde nicht neutral bleiben. Damit stürzt das Lokalisierungsgebäude des deutschen Kanzlers zusammen. Noch am 30. Juli aber lehnt Bethmann Hollweg die russische Anregung, das Haager Schiedsgericht einzuschalten, ab. Am 1. August erfolgt die deutsche und französische Mobilmachung, um 19.00 Uhr die Kriegserklärung an Rußland; am 3. August die Kriegserklärung an Frankreich; am 4. August die Kriegserklärung Englands an Deutschland als Antwort auf den Einmarsch in Belgien. Italien ist, in Widerspruch zu bestehenden Verträgen, in keiner Weise von der Entwicklung unterrichtet worden und entscheidet sich deshalb in Übereinstimmung mit den Abmachungen des Dreibunds für Neutralität.

DER VERLAUF DES ERSTEN WELTKRIEGS

Schon zu Beginn zeigen sich die Schwierigkeiten, moderne Millionenheere planvoll und koordiniert zu führen. Der Schlieffenplan ermöglicht wohl, den Offensivplan Joffres zu zerschlagen, doch in der entscheidenden Phase des deutschen Vormarsches reichen die Kräfte nicht mehr, um Paris vom Westen her zu umfassen. Am Vorabend der Marneschlacht ist ein annäherndes Gleichgewicht hergestellt. Die Marneschlacht selbst und der deutsche Rückzugsbefehl vom 9. September 1914 sind nach wie vor umstritten, doch lassen sich deutliche Mängel in der deutschen Führung nicht bestreiten. Während Joffre Franzosen und Engländer nicht zu einer Offensive fortreißen kann, gelingt es der 2. OHL unter Falkenhayn nicht, die feindlichen Überflügelungsmanöver zu durchkreuzen und die Nachschubhäfen der Engländer in Calais und Boulogne zu erreichen. Nach verlustreichen Schlachten bei Lanagemarck, Dixmuiden, Ramskapelle, Ypern und Messines erstarrt die Westfront von der Schweizer Grenze bis zum Kanal im Stellungskrieg.

Auch im Osten ist trotz glänzender Anfangserfolge eine Entscheidung im Bewegungskrieg nicht möglich. Neun deutsche und 32 österreichische Divisionen sollen hier die Verteidigung gegen 91 russische Divisionen übernehmen. Ein gemeinsamer Feldzugsplan fehlt. Die Offensive gegen Galizien bricht in den Schlachten von Rawa Ruska und Lemberg zusammen. In Ostpreußen gelingt es zwar Hindenburg, bei Tannenberg (26. bis 31. 8. 1914) die Narew-Armee Samsonows zu vernichten, doch bleibt die Njemen-Armee erhalten. Der Versuch, nach dem Vordringen bis vor Warschau und Przemysl bei Lodz den Gegner endgültig zu treffen, mißlingt. Auch im Osten erstarrt die Front von der Ostsee bis zu den Karpaten. 1915 verschlechtert sich die Lage durch den Krieg in der Türkei und die Intervention Italiens. In Italien ist die Meinung über den Kriegseintritt gespalten. Die Entscheidung liegt letztlich bei drei Personen, dem König, dem Ministerpräsidenten Salandra und dem Außenminister Sonnino, die Kabinett und Parlament völlig im unklaren über den Inhalt der laufenden Verhandlungen in London lassen. Man entscheidet sich für die Entente einmal in Hinblick auf den Kriegsverlauf, wegen der Haltung Englands und nicht zuletzt wegen der mangelhaften Information und ungenügenden Kompensationszusagen seitens der Mittelmächte. An den imperialistischen Kriegszielen Italiens besteht kein Zweifel, ebensowenig aber auch an der Tatsache, daß Italien nicht im Widerspruch zum Dreibund handelt.

Die verlustreichen Materialschlachten des Jahres 1915 in West und Ost bringen keine Entscheidungen. Falkenhayn muß improvisieren. Nach außen hin scheinen die Erfolge überwältigend (Masurenschlacht, Karpatenschlacht, Durchbruch bei Gorlice-Tarnow, Narew-Offensive, Herbstfeldzug gegen Serbien), doch kommt es nicht zu Entscheidungen. Die Jahre 1916/17 sind durch den Stellungskrieg gekennzeichnet, der hohe Opfer fordert. Der Krieg wird immer mehr zur Materialschlacht mit neuen Techniken und Waffen (Handgranate, Gewehrgranate, Minenwerfer, MG und Panzer). Zwar scheitert in der Flandernschlacht der englische General Haig, doch sind die Verluste auf deutscher Seite erheblich. Man kann nur noch errungene Positionen verteidigen. Im Osten läßt sich die Brussilow-Offensive nur mit Mühe an den Karpaten aufhalten. Im Westen glaubt Falkenhayn mit seinem Verdun-Plan, der den Gegner zur Ausblutung zwingen soll, eine Lösung gefunden zu haben. Am Schluß aber stehen 270 000 gefallenen Franzosen 240 000 geopferte deutsche Soldaten gegenüber. In der Somme-Schlacht vom Juli bis Oktober fallen erneut 267 000 deutsche Soldaten und 6000 Offiziere. Eine dritte OHL mit Hindenburg und Ludendorff wird gebildet.

Die Überlegenheit der Entente im Seekrieg steht von Beginn an fest. Trotz hervorragender Leistungen der deutschen Flotte müssen schon im ersten Kriegsjahr die Kriegs- und Handelsflotte von den Weltmeeren verschwinden, das Schicksal der Kolonien ist besiegelt. Selbst die Skagerrak-Schlacht vom 31. Mai 1916 kann die Gesamtlage im Norden nicht beeinflussen. Deutschland wird eingeschnürt und in seiner Wirtschaft verhängnisvoll getroffen. Einen Ausweg sucht man im U-Boot-Krieg, der aber in seiner totalen Führung, auch gegen neutrale und Passagierschiffe,

dem Völkerrecht widerspricht und erstmals zu Spannungen mit den USA führt (Versenkung der Lusitania am 7. Mai 1915, der Arabic im Herbst und der Susses im Frühjahr 1916).

Der Kriegseintritt der USA bringt eine entscheidende Wende. Die USA vollziehen die Abkehr von der bisherigen Isolationstradition seit Washington und Monroe. Der Vorgang muß auch im Zusammenhang der amerikanischen imperialistischen Weltpolitik spätestens seit 1898 gesehen werden. Keinesfalls geht es den USA nur um eine Verteidigung westlicher Demokratie. Der Kriegsausbruch bringt wesentliche wirtschaftliche Vorteile und rettet vor einer drohenden Agrarkrise. In Rußland deutet sich ein Wandel durch die Märzrevolution an.

Nachdem die U-Boot-Waffe zunächst erfolgreich eingesetzt werden kann (man versenkt bis zu 600 000 Tonnen Schiffsraum pro Monat), beginnt bereits im September ein Rückgang. Die Entente ist Herr der Welttonnage und kann auch über die Handelsflotten neutraler Staaten verfügen. Der Schiffsneubau in den USA übertrifft alle Vorstellungen. Convoy-System, neue Abhorchmethoden und Minensperren führen zu steigenden Verlusten auf deutscher Seite. Die 3. OHL kann wohl die Krisen des Landkriegs 1917 relativ gut überstehen, doch gelingt es nicht, die Vorteile genügend zu nutzen (eine englisch-französische Offensive wird durch den geplanten Rückzug Hindenburgs pariert; ein englischer Angriff zwischen Arras und Lens am 9. April wird aufgefangen; der Angriff auf Nivelles in der Champagne scheitert). Auch die Stärkung der österreichischen Front gegen Italien (Isonzo-Schlacht) wird durch englische, französische und dann amerikanische Divisionen ausgeglichen.

Luftkampf zwischen einem deutschen und einen französischen Jagdflugzeug über den französischen Linien im Weltkrieg. Zeitgenössische Darstellung.

Das Scheitern der Kerenski-Offensive im Osten macht eine Fortsetzung des Krieges für die provisorische Regierung in Rußland unmöglich. Lenin und Trotzki setzen sich mit ihren Plänen durch; der Weg zum Sonderfrieden ist offen. Die Verhandlungen ziehen sich lang hin. Nachdem aber Deutschland erneut marschiert und bis Narwa vordringt, entschließt sich Lenin zur Kapitulation. Für Rußland bedeutet das den Verzicht auf Finnland, den Verlust von Estland, Livland, Litauen und Kurland, die Preisgabe der polnischen Provinzen und die Räumung der Ukraine. Aber die Front im Osten kann nicht aufgehoben werden.

Ein letztes Mal versucht die 3. OHL, durch eine Offensive im Westen die militärische Entscheidung herbeizuführen. Trotz der gefährlichen Lage ignoriert man aber das maßvolle 14-Punkte-Programm Wilsons vom 8. Januar 1918. Der Angriff muß am 5. April abgebrochen werden. Einzelvorstöße bei Armentières, die Maioffensive am Chemin des Dames, der Juli-Angriff an der Marne und in der Champagne bringen nur Teilerfolge, die verfügbaren Kräfte schmelzen dahin. 1918 befinden sich bereits 1,8 Millionen Amerikaner in Frankreich, die monatlich durch 250 000 Mann verstärkt werden. Nun setzt die Entente zu Gegenstößen in Palästina, auf dem Balkan und in Italien an. Nach dem „schwarzen Tag" vom 8. August gelangt man in Deutschland zu der Erkenntnis, daß der Krieg nicht mehr siegreich zu beenden ist. Trotzdem hält man noch immer an Belgien als Ersatz für die Kolonien fest. Am 29. September tragen Hindenburg und Ludendorff dem Kaiser und der Regierung den Entschluß zur Kapitulation vor. Am 3./4. Oktober geht die Bitte um Waffenstillstand an Wilson ab. Am 31. Oktober kapituliert die Türkei. In Österreich proklamieren Polen, Tschechen und Südslawen ihren Willen zur Errichtung unabhängiger Nationalstaaten. Die Meuterei der Marinesoldaten in Kiel leitet dann den inneren Zusammenbruch ein. Am 8. November wird der Kaiser zum Rücktritt aufgefordert. Am 11. November kommt es im Wald von Compiègne zur Unterzeichnung des Waffenstillstandes.

BEURTEILUNG DES ERSTEN WELTKRIEGS

Die innere Politik, Formen von Regierung und Gesellschaft, moralische Energien der Nationen, wirtschaftliche Reserven waren im 20. Jahrhundert zu Waffen von größter Bedeutung geworden. Der politisch-militärische Kampf verknüpft sich mit Ideen, die die Völker als repräsentativ für ihr Wesen ansehen. In Deutschland ist man fest davon überzeugt, die monarchische Staatsform mit straffer, autoritärer Zusammenfassung aller Kräfte müsse den modernen, parlamentarischen Demokratien überlegen sein. Hierin täuscht man sich jedoch gründlich. Zwar kommt es in England und Frankreich zu größten inneren Schwierigkeiten und Spannungen, zu gewissen Schwerfälligkeiten in den Entscheidungen, weil man von parlamentarischen Mehrheiten abhängig ist, doch verhindert die Stärke der Staatsgesinnung auf dem Boden liberaler, demokratischer Tradition ein Versagen der Staatsform. Die oberste Leitung und Führung des Kriegs bleibt immer in der Hand der verantwortlichen Regierung. In Rußland wird die innere Geschlossenheit zuerst durch die schweren Niederlagen der Jahre 1914/15 gesprengt. Die Vorbereitung der Revolution ist in vollem Gang; der Staatsapparat versagt. In Österreich-Ungarn bleibt es im Innern zwar bis zum Tode Franz Josephs ruhig, doch gelingt es auch in der Folge nicht, die inneren Probleme zu lösen; im Gegenteil, sie verschärfen sich. Jeder Widerstand wird administrativ unterdrückt. Auch die innere Entwicklung des Bismarckreiches endet mit dem Zusammenbruch. Der „Burgfriede" bricht 1917 zusammen. Die Kluft zwischen Staat und Arbeiterschaft läßt sich nicht mehr verbergen. Es kommt zur Radikalisierung der Arbeiter. Bethmann Hollweg kann sich mit geplanten Reformen nicht gegen Kaiser, politische Rechte und OHL durchsetzen, er muß zurücktreten. Die Parteien, jahrezehntelang von politischer Verantwortung ausgeschlossen, zeigen sich den neuen Aufgaben nicht gewachsen.

Die vielfältigen Friedenssondierungen über zahlreiche offizielle, halboffizielle und eher private Kanäle lassen sich so zusammenfassen, daß Deutschland zu Beginn des Ersten Weltkriegs jeglichen Abstrich an seinen Forderungen im Glauben an den raschen Sieg ablehnte und auch später niemals grundsätzlich von seinen Positionen abrückte. Die Entente weigerte sich mit zunehmender Siegesgewißheit, auf Lösungen einzugehen, die den Sieg nicht anerkannt hätten. Rußland wollte vor allem Konstantinopel, die Westküste des Bosporus, des Marmara-Meeres und die Dardanellen, Süd-Thrazien, die Küste Kleinasiens zwischen dem Bosporus, dem Fluß Sakaria und dem Golf von Ismid. Italien erhielt im Londoner Vertrag das Gebiet des Trentino, Südtirol bis zum Brenner, Stadt und Gebiet von Triest, ganz Istrien, die Provinz Dalmatien und alle von ihm besetzten Inseln des Dodekanes zugesprochen.

Frankreich war vor allem an der Wiederherstellung seines Staatsgebiets und der Rückgabe von Elsaß-Lothringen interessiert. Demgegenüber müssen, wenn man noch bedenkt, daß die Kriegsziele der Entente sich erst im Verlauf des Kriegs herauskristallisierten, die deutschen Kriegsziele als die weitestreichenden und zugleich unrealistischsten bezeichnet werden. Es ging um Ausbau und Sicherung der deutschen Weltmachtstellung, wobei die überseeischen Ziele und die Orientziele als Fortsetzung der seit 1890 im Zuge eines voll bejahten Imperialismus betriebenen Weltpolitik erscheinen. Schon als im September 1914 Wilson erste inoffizielle Friedensangebote übermittelt, antwortet ihm Unterstaatssekretär Zimmermann, Deutschland wünsche unter allen Umständen den Krieg durch einen dauerhaften Frieden zu beenden. Seine Erfüllung setze aber eine Abrechnung nicht nur mit Frankreich, sondern auch mit Rußland und England voraus. Die kontinentalen Kriegsziele bestehen aus dem Aufbau erweiterter Einflußmöglichkeiten Deutschlands. Von begrenzten unmittelbaren Annexionen (Lüttich, Longwy-Briey, Luxemburg, polnischer Grenzstreifen, Kurland, Litauen) reichen sie über „Mitteleuropa" als wirtschaftlicher Einheit unter deutscher Führung und einer Kette von vorgelagerten mehr oder minder abhängigen Pufferstaaten (Belgien, Polen, Ukraine) bis zur Absteckung wirtschaftspolitischer Einflußsphären (Rumänien, Türkei, Georgien). Hinzu kommt eine Arrondierung und Konzentration des afrikanischen Kolonialbesitzes durch Bildung eines „Mittelafrika", das über den Sudan und Ägypten eine Verbindung zur arabi-

Der Kriegsbeginn 1914 löste in Deutschland Begeisterung aus. Zahllose Bilder wie dieses zeigen den Soldaten-„Humor" jener Tage bei der Abreise an die Front gegen Frankreich.

Der „Rat der Vier" im Mai 1919 während der Friedenskonferenz in Versailles. Von links: Lloyd George, Orlando, Clemenceau, Wilson.

schen Welt erhalten soll. Diese Politik wird bis 1917 durchgehend nicht nur von Gruppen von Alldeutschen und der OHL propagiert, sondern sie wird von einer breiten Front vertreten, vom alldeutschen Flügel der Konservativen und Nationalliberalen bis zum Zentrum, Freisinn und dem rechten Flügel der SPD. Diese Politik entspricht zudem den Eingaben der deutschen Wirtschaftsverbände.

Zweifelsohne haben alle Großmächte imperialistische Expansionspolitik betrieben, konkrete machtstaatliche und wirtschaftliche Interessen verfolgt. Das Interesse an einem Krieg wird aber auf Grund des vorliegenden Materials bei Deutschland am deutlichsten. Zusammenhänge mit inneren Krisen der Gesellschaft, sozialen Konflikten, einer überholten Staatsform werden zunehmend erhellt. Vor diesem Hintergrund nur, im Blick auf die gesamteuropäische Entwicklung des 18. und 19. Jahrhunderts, läßt sich die Verursachung des Ersten Weltkriegs erklären und verstehen.

Mit diesem Krieg geht nicht nur für Deutschland eine Epoche zu Ende, wenn hier auch die Umwälzungen am gravierendsten erscheinen. Die Gesellschaftsstruktur verändert sich, der Adel verliert seine Machtpositionen, das Bürgertum schichtet sich um, die Gruppen der Angestellten und Beamten erlangen neue Bedeutung, die Arbeiterschaft erkämpft sich ihre Rechte, die Staatsform wird abrupt in eine liberal-demokratische umgewandelt. Es zeigt sich aber auch, daß breite Gruppen der deutschen Gesellschaft den neuen Belastungen nicht gewachsen sind, daß sie Veränderungen gar nicht wollen, daß bestimmte Denkweisen und Mentalitäten ungebrochen erhalten bleiben. Hier schon liegt der Keim für das Scheitern der Weimarer Republik.

Mit dem Ersten Weltkrieg treten die USA aus ihrer Isolation, die zukünftige Konstellation großer Blöcke zeichnet sich in ersten Umrissen ab. Mit dem Ersten Weltkrieg beginnt zudem eine Phase der Entkolonisierung und Aufgabe des Imperialismus alten Stils.

Es wäre aber verfehlt, diesen Krieg nur als Schlußstein einer vergangenen Epoche zu sehen oder als Zäsur zwischen zwei Geschichtsperioden. Mit seinen vielfältigen Ergebnissen stellt er einen Katalysator dar, der latent vorhandene Strömungen deutlicher hervortreten läßt, bedeutet er doch Bindeglied zwischen dem 19. Jahrhundert mit all seinen Diskrepanzen und dem 20. Jahrhundert, in dem bislang verdeckte und verdrängte Konflikte zum Ausbruch kommen.

Die Zeit zwischen den Weltkriegen

Die Russische Revolution, Weltwirtschaftskrisen und die Etablierung des Faschismus in Italien setzen erste Warnsignale. Übernationale Zusammenschlüsse wie der Völkerbund erweisen sich als unzureichend, Krisen mit politischen Mitteln beizulegen. Ein Gegenüber demokratisch-parlamentarischer und totalitärer Systeme bildet sich heraus. Die USA und UdSSR vollziehen einen unglaublich raschen Aufstieg zu Weltmächten. Zugleich erlangen die europäischen Randstaaten, die Balkanstaaten, die Staaten des Vorderen Orient und Fernen Ostens zunehmend Autonomie und Bedeutung in der internationalen Politik. Mit den tiefgreifenden innen- und außenpolitischen Veränderungen und sozialen Umbrüchen verbinden sich Wandlungen in den Natur- und Geisteswissenschaften. Durch Max Planck, Albert Einstein, Pascual Jordan, Friedrich von Weizsäcker u. a. kommt es zu naturwissenschaftlichen Horizonterweiterungen. Es eröffnen sich Perspektiven einer neuen Kosmologie, einer neuen Biologie und Anthropologie. Auf die Geschichtswissenschaft wirken sich Methoden und Erkenntnisse der Soziologie, Erkenntnistheorie und Ideologiekritik verändernd und fördernd aus. Der Historismus findet in Deutschland seinen letzten großen Vertreter in Friedrich Meinecke. Die Sprachwissenschaften entfalten, allerdings weniger in Deutschland, den synchronischen Ansatz Saussures weiter und legen so die Grundlage für die moderne Linguistik. In der Literatur wird der traditionelle vom sog. modernen Roman abgelöst (Rilke, Kafka, Camus, Kassack, Broch). Neue Wege gehen Malerei und bildende Kunst. Korrespondierend entwickelt sich die Kunstsoziologie, denn mit dem neuen Verhältnis der

Öffentlichkeit zur Kunst, mit der Entstehung ganzer Kulturindustrien, entstehen völlig neue Probleme, deren Analyse und Lösung mit Bedingung für eine freie Gesellschaft sind.
Im Gegensatz zu früheren nationalstaatlichen Bestrebungen nimmt nun die Tendenz zu, imperialistische Reichsbildungen durch politisches Rassedenken zu stützen, ganze Völkergruppen unter der hegemonialen Führung nur eines Teils zu vereinigen. Letzte Steigerung dieses Denkens findet sich in dem ganz primitiv naturalistischen und deterministischen Werk Alfred Rosenbergs (Mythos des 20. Jahrhunderts). Unmittelbar verflochten mit den Ereignissen der Politik sind Veränderungen im Wirtschaftsbereich. Die Völker geraten in starke Abhängigkeit zu ihrer wirtschaftlichen Leistungskraft und zu den Ländern, die über lebensnotwendige Rohstoffe verfügen. Verwissenschaftlichung der Arbeit, Taylorismus, Fließband und Automation, Zwang zur Konzentration und Bildung von Kartellen und Trusts bedeuten den Untergang der individualistischen, freien Privatwirtschaft. Die AG wird zur Normalform. Hinzu kommen staatliche Zwangssyndikate, staatlicher Dirigismus (Roosevelts „New Deal"). Schutzzollsysteme bleiben bestehen. Selbst England gibt seine Freihandelspolitik auf und bemüht sich, das Commonwealth zu einer riesigen Wirtschaftseinheit aufzubauen (Konferenz von Ottawa 1932). Die entstehenden Spannungen verschärfen sich durch das Währungschaos, das seine Ursache in einer inneren Verschuldung der Staaten, dem Druck der Kriegsschulden und der Reparationslast und der Verschiebung des Schwergewichts von der Alten zur Neuen Welt hat. Hier fließen Gelder zu, während in den westeuropäischen Ländern die Stetigkeit des Wachstums gefährdet ist. Schlußpunkt dieser Entwicklung, zu deren Steuerung staatliche Maßnahmen, Devisenkontrollen, bilateraler und multilateraler Kompensationshandel mit Clearingverfahren für die Spitzen des Warenaustausches nicht ausreichen, ist die gigantische Weltwirtschaftskrise von 1929.

DIE WEIMARER REPUBLIK UND DIE ENTFALTUNG DES NATIONALSOZIALISMUS

Von Anfang an haben die Politiker der Weimarer Republik mit großen Schwierigkeiten zu kämpfen. Der Krieg war verloren. Der Versailler Vertrag mit dem Verlust Westpreußens, der Schaffung des polnischen Korridors und der Bildung der Freien Stadt Danzig, mit der Einbuße der Provinz Posen und großer Teile Oberschlesiens, mit der Besetzung des Rheinlands, der Abtretung des Saarlands, mit der Forderung radikaler Abrüstung, Reparationsansprüchen, die selbst Fachleute (Keynes) als phantastisch und unökonomisch kritisierten, vor allem aber mit dem umstrittenen Artikel 231 – dieser Vertrag wurde von der Mehrheit der deutschen Bevölkerung nie akzeptiert. Dabei muß aber, auch wenn der Vertrag als politisch kurzsichtig zu kritisieren ist, nicht das maßlose deutsche Vorgehen in Brest-Litowsk vergessen werden, ebensowenig wie die Kontinuität der deutschen Kriegsziele und die Haltung gegenüber dem 14-Punkte-Programm Wilsons und gegenüber anderen Vermittlungsversuchen während des Krieges.
Wirtschaft und Finanzen sind zerrüttet. Die heimkehrenden Soldaten müssen wieder in den Arbeitsprozeß eingegliedert werden. Die linken Parteien zerfallen in zahlreiche, sich gegenseitig bekämpfende Flügel. Man ist auf eine Demokratisierung weder geistig noch praktisch richtig vorbereitet. Verwaltungsapparat, Wirtschaft, Justiz, Großagrarier und Militär bleiben unangetastet, stehen der neuen Republik bestenfalls gleichgültig abwartend gegenüber, nehmen erzielte Leistungen und Verbesserungen gelassen hin, kritisieren jeden Mißerfolg. Insgesamt sucht man jegliche Mitverantwortung zu verdrängen.
Während der ersten Monate, ja Wochen überstürzen sich die Ereignisse. Nachdem Wilhelm II. nicht von sich aus rechtzeitig zurücktritt, vielmehr die Flotte nochmals eine kriegerische Unternehmung durchführen soll, kommt es zum Aufstand der Matrosen in Kiel. Von hier aus verbreitet sich die Revolution rasch bis nach München, wo Kurt Eisner die Republik ausruft. Überall bilden sich Arbeiter-, Bauern- und Soldatenräte, die freilich kaum eine Vorstellung haben, wie ihre Theorien in die Praxis umzusetzen seien. In Berlin konstituiert sich der Rat der Volksbeauftragten, der gemeinsam mit Mehrheitssozialisten und Unabhängigen die Gewalt ausübt. Von Anfang an stehen aber die Mehrheitssozialisten (Ebert, Scheidemann) den revolutionären Bestrebungen mißtrauisch gegenüber. Als ein Kompromiß zwischen dem linken Flügel der Mehrheitssozialisten und der USDP sichtbar wird, spaltet sich deren radikaler Flügel als *Spartakus* ab. Um den radikalen Gruppen zuvorzukommen, ruft Scheidemann am 9. November die Republik aus. Wenig später verkündet Liebknecht die sozialistische Republik. Die folgenden Wochen sind durch heftige Zusammenstöße zwischen Polizei und Regierungstruppen mit Spartakisten gekennzeichnet. Es bleibt eine tiefe Kluft zwischen radikalen Arbeitern und der Regierung. Als Folge treten die USDP-Mitglieder aus der Regierung aus, zugleich spaltet sich der Spartakus-Bund endgültig ab und nennt sich nun KPD unter der Führung Rosa Luxemburgs und Karl Liebknechts. Nach neuen Massendemonstrationen am 5. Januar 1919 werden Rosa Luxemburg und Karl Liebknecht in Berlin verhaftet und von einer Gruppe von Freikorpsoffizieren ermordet.
Am 19. Januar 1919 finden die Wahlen zur Nationalversammlung statt, die am 6. Februar in Weimar zusammentritt und Friedrich Ebert zum Reichspräsidenten wählt. Die Verfassung tritt am 14. August 1919 in Kraft. In ihrer Bedeutung für den Zusammenbruch der Republik ist sie oft überschätzt worden, doch kann nicht bestritten werden, daß das reine Verhältniswahlsystem die Parteienzersplitterung und Polarisierung im politischen Leben begünstigte, die Bildung regierungsfähiger Koalitionen erschwerte. Als besonders problematisch erwies sich der Art. 48 mit den außerordentlichen Vollmachten für den Reichspräsidenten. Entscheidend bleibt aber, mit welchem Geist eine Verfassung ausgefüllt wird.
Die Zeit von Weimar ist weiter gekennzeichnet durch den Aufstieg der NSDAP, deren Erfolge aufs engste mit der wirtschaftlichen Entwicklung verknüpft sind. Rechtsextremistische Umsturzversuche (Kapp-Putsch 1920, Hitler-Putsch 1923) können allerdings noch zurückgewiesen werden. Außenpolitisch sucht man durch Verträge (Rapallo 1922, Locarno 1925) die internationalen Beziehungen zu normalisieren. Wirtschaftlich lassen sich drei Phasen unterscheiden: die Zeit der unbegrenzten Reparationsforderungen und der ungehemmten Inflation (1919 bis 1923), die Zeit der Stabilisierung und Prosperität (1924 bis 1929) und die Große Depression, die das Ende der Reparationen, aber auch das Ende der Republik bedeutet (1929 bis 1932).
Am Tage nach der Urteilsverkündung im Prozeß Erzberger-Helfferich marschiert die Marinebrigade des Kapitäns Ehrhardt in Berlin ein. Als unter Noske Abwehrmaßnahmen erörtert werden, fällt das berüchtigte Wort v. Seeckts: „Truppe schießt nicht auf Truppe". Die Reichswehr versagt sich der Regierung gegen eine Bedrohung von rechts. Kapp als neuer „Reichskanzler" scheitert zwar nach wenigen Tagen, vor allem weil die Berliner Beamten streiken, doch offenbart sich die Schwäche der Republik. Bedenklich ist auch, daß man den Generalstreik, zunächst als Abwehrmittel ausgerufen und angeheizt, nicht mehr unter Kontrolle bringt und von denselben Einheiten brutal niederwerfen läßt, die soeben noch den Staat bedroht hatten. Auch das Verhalten der Justiz im Zusammenhang mit dem Kapp- und Hitler-Putsch

wirft ein bezeichnendes Licht auf die unterschiedliche Anwendung des Gesetzes gegenüber linken und rechten Gruppen. Als man etwa 4000 Personen, die an den Aufständen im Ruhrgebiet teilgenommen hatten, verhaftet und gegen 822 Personen bereits Urteile über insgesamt 919 Jahre Gefängnis verhängt hatte, war noch kein einziger Teilnehmer des Kapp-Putsches zur Rechenschaft gezogen worden. Beim Hochverratsprozeß gegen Hitler, Röhm, Ludendorff, Frick u. a. leitet der Staatsanwalt das Verfahren mit einer Lobrede auf Hitler ein. Hitler selbst kann den Prozeß zu einer propagandistischen Demonstration umfunktionieren und kommt mit der Mindeststrafe davon. Die gerichtliche Ahndung politischer Morde zwischen 1919 und 1922 besteht darin, daß bei einer Gesamtzahl von 354 von Rechtsstehenden begangenen Morden nur 24 Verurteilungen erfolgen, 23 geständige Täter werden freigesprochen, die Dauer der Einsperrung beträgt durchschnittlich 4 Monate. Dagegen stehen insgesamt 22 von Linksstehenden begangene Morde. Die Täter werden alle verurteilt, die Dauer der Einsperrung beträgt im Durchschnitt 15 Jahre.

Für eine kritische Beurteilung und Würdigung der Vorgänge, die zum Scheitern der Republik beitrugen, ist die Einsicht in den unmittelbaren Zusammenhang von Wirtschaft und Politik unerläßlich. Die alten Regeln der Wirtschaftspolitik gelten nicht mehr, das überlieferte Instrumentarium versagt. Wichtige Wirtschaftszweige sind Konzern-Kartell-gebunden und reagieren auf Nachfrageschwund nicht mit Preissenkungen, sondern als Monopolisten und Oligopolisten. Ein schwieriges Problem ist weiter die Frage der interalliierten Kriegsschulden und der deutschen Reparationen. Beides führt zu Gold- und Devisenbewegungen auf Grund politischer Entscheidungen, wobei die USA den Fehler begehen, das Gold zu horten, ohne die umlaufende Geldmenge gleicherweise zu erhalten. Es muß dabei weiter bedacht werden, daß die Reparationen nur ein Teilproblem darstellen, und die Inflation schon mit Kriegsende einsetzt. Der Krieg war aus Anleihen, nicht aus Steuern finanziert. 1919 betrug die Reichsschuld etwa 156 Mrd. Goldmark. Hinzu kommen dann Reparationen in fast gleicher Höhe. Das deutsche Angebot, diese Schuld durch Arbeit abzutragen, wird abgelehnt, so daß das Problem des Transfers entsteht.

Ein allgemeines Zurückgehen der Exporte, eine Stagnation in der Kolonialpolitik, Kapitalkonzentrationen, der Rückgang der Landwirtschaft, unausgeglichene Zahlungsbilanzen, für Deutschland speziell der Verlust der meisten Auslandsguthaben, der Kolonien, von Elsaß-Lothringen und ein Expansionsstop im Osten verschärfen die Krise. Dieser kann man nicht beikommen, weil man nur die Wechselkurse im Auge hat, während zugleich die Kreditvermehrung unkontrolliert bleibt. Erst der Ruhrkampf macht allen Beteiligten klar, wie nötig eine Lösung ist. Die Folgen der Inflation zeigen sich unmittelbar in zunehmender Radikalisierung (Ermordung Erzbergers, Rathenaus, Kapp-Putsch, Hitler-Putsch). Trotz erster Erfolge der Rentenmark bewirken die starke Arbeitslosigkeit, die Kürzung der Beamtengehälter, Steuererhö-

Freikorps-Einheiten und SA, die auch die öffentlichen Gebäuden besetzten, bei der Verhaftung des Münchener Oberbürgermeisters und seiner Stadträte während des Novemberputsches 1923 (9. 11.).

hungen, die Verlängerung der Arbeitszeit bei den Maiwahlen 1924 eine Zunahme der NSDAP. Erst mit dem Dawes-Plan beginnt eine sachgerechte Reparationspolitik. Der gesamte Plan steht in Zusammenhang mit dem Wiederaufbau Europas und Deutschlands. Man setzt eine Jahreszahlung von 2,5 Mrd. Mark in gestaffelter Form fest, wobei die Finanzierungsquellen genau umrissen werden. Den Transfer übernimmt ein Spezialist. Zwischen 1924 und 1929 erholt sich die deutsche Wirtschaft; Produktion, Konsum und Volkseinkommen steigen. Aber es handelt sich um eine Scheinblüte, denn die Investitionen nehmen nicht zu, die Handelsbilanzen bleiben passiv, nur amerikanische Kredite ermöglichen die Reparationszahlungen, doch sind diese Kredite zu kurzfristig, die Zinssätze zu hoch. Hinzu kommt auch ein spekulatives Finanzgebaren der deutschen Großbanken. Der Reichsbank fehlen Kontrollmittel wie Offenmarktpolitik und Mindestreserven. Probleme der Nationalisierung, der Trust- und Kartellbildung bleiben ungelöst. Immerhin nimmt die NSDAP ab und kann 1928 nur als Splitterpartei bezeichnet werden.

Der Young-Plan legt dann die Höhe und die Zeit der Reparationszahlungen endgültig fest (59 Jahreszahlungen zwischen 1,7 und 2,4 Mrd. Mark), doch macht sich das Fehlen des Reparationsagenten negativ bemerkbar, als die kurzfristigen Kredite abgezogen werden und die Kapitalflucht nicht mehr zu kontrollieren ist.

Das wirtschaftliche Gleichgewicht in Europa ist gestört. Österreich ist kaum lebensfähig, Deutschland labil, Frankreich kämpft mit der schleichenden Inflation oder duldet sie, England betreibt eine Deflationspolitik ohne Wachstumschancen. Die USA sind größter Gläubiger aller Länder. Sie geben Kredite von etwa 9,5 Mrd. Dollar an Europa bei gleichzeitig starker Binnenkonjunktur, so daß ein Umschlag in eine Rezession jederzeit möglich ist. Verdeckte Krisenherde sind vorhanden (Überkapazität der Landwirtschaft und Textilindustrie). Im Glauben an ewigen Aufstieg bewertet man die Kurse immer höher. Im Oktober und November 1929 bricht diese Spekulation zusammen, wodurch eine Liquiditätskrise ausgelöst wird. Die Folge ist der Abzug der Kredite aus Europa. Es kommt zu steigenden Arbeitslosenzahlen, der Deflationspolitik Brünings, der Zunahme der NSDAP und zur Machtergreifung Hitlers zu einem Zeitpunkt, als die Krise im wesentlichen schon wieder im Abklingen ist.

Die Krise trifft das Volk hart, und sehr subjektiv gibt man die Schuld pauschal der Regierung, den Parteien, dem Staat, Finanzschiebern und Kapitalisten. Die radikalisierten Massen strömen der NSDAP zu, soweit sie nicht von KPD und SPD erfaßt werden. Deutsche Kapitalisten und Großgrundbesitzer bekennen sich offen zur Diktatur, wobei sich der größere Teil der sog. volkskonservativen Bewegung zuwendet, zu der Deutschnationale, Zentrum und DNVP gehören.

Beginn des Juden-Boykotts in Berlin im April 1933. Die Abbildung zeigt einen SA-Mann vor einem jüdischen Geschäft.

Nachdem Müllers große Koalition an der Frage der Arbeitslosenversicherung zerbricht, wird Brüning zum Kanzler berufen. Schon die erste Agrarvorlage führt zum Auseinanderfallen mit der DNVP. Links bezeichnet man Brünings Politik als sozialreaktionär, weil er die Sozialausgaben einschränkt, die Wirtschaft aber schone, rechts kritisiert man die Tendenz zur Zwangswirtschaft und zum staatlichen Dirigismus. Zunehmend operiert Brüning mit dem Art. 48. Als das Parlament mit Mehrheit die Aufhebung der Verordnung zur Besteuerung der Beamtenbezüge verlangt, löst Brüning es einfach auf. Nur Bagatellgesetze werden vom Parlament noch verabschiedet, während insgesamt 57 Notverordnungen zur Durchsetzung der Politik dienen. Dabei werden die Reichswehrführung, Interessenvertreter der Industrie und des Großgrundbesitzes, der Staatssekretär und Sohn des Reichspräsidenten zu Institutionen, die an Einfluß alles Legale weit in den Schatten stellen.

Unbestritten sind wohl Brünings außenpolitische Erfolge. Doch links- wie rechtsradikale Gruppen wollen den Sturz der Republik. Ende 1931 ist die Demokratie am Ende, der Reichstag wird bedeutungslos, Brüning stürzt schließlich über die geforderte Aufhebung des SA-Verbots und die Frage der Osthilfe. Die folgenden Jahre unter Papen und Schleicher bedeuten dann die Liquidierung der Weimarer Republik. Der antiparlamentarische autoritäre Staat wird Wirklichkeit, wird zum totalen Unstaat mit Hitlers Verordnung zum Schutz von Volk und Staat und dem Gesetz gegen die Neubildung von Parteien.

Die Ursachen für den Zusammenbruch sind vielfältig und verzahnt. Die einzelnen Faktoren lassen sich etwa so gruppieren und folgenden Bereichen zuordnen: dem materialen Bereich (wirtschaftliche und soziale Verhältnisse, außenpolitische Lage, Vorgeschichte, verlorener Krieg, Versailles, vorherrschende Staatsgesinnung, Konkurrenz vieler Gruppen um Machtpositionen); dem personalen Bereich (politische Entscheidungen der verantwortlichen Personen mit ihren Konsequenzen); dem formalen Bereich (Verfassung).

Die Geschichte des Nationalsozialismus beginnt 1919 mit dem Eintritt Hitlers in die DAP (Deutsche Arbeiterpartei). Im München dieser Zeit, als sich bereits militärisch-politische Kreise um Oberst Ritter von Epp und Hauptmann Ernst Röhm bilden, sich eine weitverzweigte Konspiration rechtsradikaler Gruppen ausbreitet, finden sich günstige Voraussetzungen für den Rechtsradikalismus. Hitler wird in der DAP Werbeobmann, kann sich rasch durchsetzen dank seiner Rednergabe und verdrängt 1921 Drexler. Seit 1920 heißt die Partei NSDAP, sie ist streng hierarchisch aufgebaut mit einer ausgesprochenen Führerposition für Hitler, der auch die Gründung einer militärischen Parteitruppe durchsetzt (SA). Parallel dazu läuft der Ausbau der Parteiorganisation und -koordination, wobei andere rechtsradikale Gruppen im Falle eines Anschlusses sich bedingungslos zu unterwerfen haben. Sozialistische Elemente des Parteiprogramms von 1920 werden rasch beseitigt, 1930 trennt sich Otto Strasser vorübergehend von der Partei, während sein Bruder Gregor Strasser als Führer des linken Flügels 1934 ermordet wird. Die Wählerschaft der NSDAP rekrutiert sich zum überwiegenden Teil aus den Angehörigen des alten und neuen Mittelstandes. Einigendes Kennzeichen dieser Gruppen ist eine Mentalitätsstruktur als Resultat eines zunehmenden ökonomischen Konzentrations- und Zentralisationsprozesses, geprägt von der Furcht vor Proletarisierung einerseits und dem Haß gegen Großgrundbesitz und Großindustrie andererseits. In das von Deutschnationalen und Stahlhelm organisierte Volksbegehren gegen den Young-Plan schaltet sich die NSDAP geschickt ein und nutzt die sich eröffnenden Propagandamöglichkeiten durch Alfred Hugenberg, einen Alldeutschen, der früher Kruppdirektor war, dann Herr eines Konzerns von Zeitungsverlagen wurde, einer Nachrichtenagentur und der Ufa. Mit diesem Mann erschließen sich auch Zugänge zum Großkapital, vertreten etwa durch Thyssen und Kirdorf. Thyssen z. B. ermöglicht den Bau des „Braunen Hauses", er finanziert Naziführer wie Göring, er arrangiert auch den Vortrag Hitlers vor dem Industrieklub in Düsseldorf am 27. Januar 1932. Unmittelbar danach (vgl. auch die Besprechung am 4. Januar 1933 in der Villa Schröders in Köln) gibt ein Konsortium der Industrie, geführt von Vögler und Springorum, eine Million RM und bezahlt Wahlkampfschulden der NSDAP. Am 20. Februar 1933 beschließt eine Versammlung mächtiger Industrieller, darunter Vögler, Flick, Krupp, v. Schnitzler, Bisch und Schacht, Hitler mehrere Millionen RM zur Verfügung zu stellen. Seit 1929 fordert der Reichsverband der Deutschen Industrie zunehmend die unbeschränkte Herrschaft der Unternehmer in Deutschland, Einschränkungen der wirtschaftlichen Betätigung öffentlicher Körperschaften, den Abbau der Sozialversicherung, die Ausschaltung staatlicher Stellen aus dem Tarifwesen, eine Steuersenkung für die Besitzenden.

Sehr früh hat die Partei Erfolge bei den Studenten und Hochschulprofessoren. Äußeres Zeichen des Erfolges ist der ins Detail durchorganisierte Nürnberger Reichsparteitag vom August 1929. Es werden SA-Standarden geweiht, SA- und HJ-Kolonnen marschieren, auch erste Einheiten der SS unter Himmler. Im März 1930 zählt die Partei 210 000 Mitglieder. In Rednerschulen bildet man bis 1930 etwa 2000 Personen aus. Parteiinterne Konflikte (Bruch mit Otto Strasser, Gegengründung der nationalsozialistischen Kampfgemeinschaft und der Schwarzen Front, Konflikte zwischen der Berliner SA unter Stennes und der Gauleitung unter Goebbels) überwindet Hitler im Führermythos. Negativ zur Demokratie und positiv zum totalitären Staat ist die Einstellung der Reichswehr. Für die Haltung der katholischen Kirche ist bedeutsam die Fuldaer Bischofskonferenz vom 18. März 1933, wo man die Gläubigen zur Treue gegenüber der rechtmäßigen Obrigkeit mahnt (vgl. auch die Verlautbarung des Erzbischofs Gröber von Freiburg auf der Diözesansynode am 25. April, die Erklärung des Kardinals Bertram in Beuthen am 4. Mai, den gemeinsamen Hirtenbrief aller deutschen Bischöfe vom 3. Juni). Einen Höhepunkt der Unterstützung des NS-Regimes bedeuten dann die Kundgebungen der Ordensoberen, Verbandsvorsitzenden und Organisationen (Görresgesellschaft) anläßlich des Reichskonkordats im Juli 1933, die weit über das übliche diplomatische Maß hinausgehen (Kardinal Faulhaber: „Uns kommt es aufrichtig aus der Seele: Gott erhalte uns unseren Reichskanzler"). Die evangelische Kirche ist durch ihre Tradition der Monarchie grundsätzlich verbunden und gelangt nicht zu einer positiven Einstellung gegenüber der Republik. Bis 1932 kann man von distanzierter Loyalität sprechen. Dann verstärkt sich die Agitation der evangelischen Anhänger der NSDAP. Wilhelm Kube fördert 1931 einen festen Kreis evangelischer Nationalsozialisten, der sich später „Deutsche Christen" nennt. Man wendet sich gegen Marxisten, gegen das Zentrum, gegen Juden, gegen Untüchtige und Minderwertige, gegen Pazifismus, Internationale und Freimaurertum. Zwar gibt es Gruppen und Einzelpersönlichkeiten, die gegen den Rechtsradikalismus Stellung beziehen, doch das Wahlergebnis vom 5. März kommentiert Generalsuperintendent Dr. Otto Dibelius: „Es werden unter uns wenige sein, die sich nicht dieser Wendung von Herzen freuen." Seit dem 28. März häufen sich dann Loyalitätsbekundungen.

Die Ursachen für die Möglichkeit des Faschismus, der sich ja nicht in allen europäischen Ländern in gleicher Weise durchsetzen konnte, sind vielfältig. Seit dem 18. Jahrhundert erfolgte ein grundlegender Strukturwandel von Staat, Gesellschaft und Wirtschaft. Das Zeitalter der Revolution brachte soziale Umwandlungen, die Emanzipation des liberalen Bürgertums, den Aufstieg des Kapitalismus, sozialistische Gleichheitsforderungen und den Herrschaftsanspruch des Vierten Standes. Die Welt wird komplizierter, undurchschaubarer. Der einzelne fühlt sich nicht mehr gesichert, schwere Krisen häufen sich. Die ideologische Gegenfront zu den Ideen der Aufklärung und Französischen Revolution formiert sich aus einem imperialistisch übersteigerten Nationalismus, einer konservativ-autoritären Vergottung des Staates, einer nationalistisch-etatistischen Sonderform des Sozialismus und einer völkisch-rassistisch begründeten Gemeinschaftsideologie. Der traditionelle Judenhaß wandelt sich in einen politisch-sozialen und biologistischen Antisemitismus. Sonderprobleme für Deutschland ergeben sich aus der Sonderlage und dem Sonderbewußtsein der Deutschen gegenüber der Französischen Revolution und ihren Folgen, aus dem Scheitern der Revolution von 1848, aus inneren Strukturproblemen des neuen Deutschen Reiches und dem im Ersten Weltkrieg gipfelnden Drang zur Weltmacht, schließlich aus der krisenreichen Nachkriegsgeschichte der Weimarer Republik. Das Verharren in einer der neuen Demokratie widersprechenden Tradition des Obrigkeitsstaates wirkt sich vielfach aus: im Nichtfunktionieren der parlamentarischen Regierungspraxis, im Drang zum Präsidialsystem, in der Zersplitterung der Parteien, im Aufstieg antidemokratischer Bewegungen, in der Militarisierung des außerparlamentarischen Raumes, in der Popularisierung einer terroristischen Machtphilosophie, in der Radikalisierung wirtschaftlich bedrohter Mittelschichten und in der Anfälligkeit der Bürokratie und Justiz für hierarchische Ordnungsideologien.

DAS GEISTIGE UND KÜNSTLERISCHE LEBEN ZWISCHEN DEN WELTKRIEGEN

Literatur und Sprachwissenschaft Als eine der letzten einigermaßen faßbaren und abgrenzbaren literarischen Epochen kann man den Expressionismus ansehen, demgegenüber besondere Ausformungen wie Futurismus, Dadaismus und Surrealismus in ihrer Bedeutung zurücktreten, zumindest im Bereich der Literatur. Träger des Expressionismus sind die zwischen 1875 und 1895 Geborenen, diejenigen also, die die Krise und den Krieg bewußt miterlebt haben. Zu den wichtigen Autoren zählen Barlach, Becher, Benn, Döblin, Kafka, Kaiser, Sternheim, Heinrich Mann, E. Toller, Trakl, Fritz von Unruh, F. Werfel, Stadler, Georg Heym, August Stramm und der junge Brecht. Die frühen Expressionisten setzten Nietzsches Kritik an der europäischen Kultur fort, verwerfen zugleich die Erfolge des 19. Jahrhunderts, die Naturwissenschaften, das ganze positivistische Weltbild, Realismus, Logik, Kausalität und Psychologie. Das Weltgefühl ist bestimmt vom Individualismus, von Disharmonie und Anarchie, von einer Vertrautheit mit dem Tode. Das innere Erlebnis steht über dem äußeren Leben. Der Dichter soll Künder sein, das innere Leben zum Ausdruck bringen. Kurt Pinthus fordert, daß in der Kunst der Verwirklichungsprozeß nicht von außen nach innen, sondern von innen nach außen geschieht. „... der Geist löst nicht, zerfließend, sich selbst auf, sondern, sich verdichtend, löst er die Welt auf, um sie, erlösend, neu zu schaffen." Das Fühlen wird bis zum Pathos, zum Schrei intensiviert. Dem entspricht eine Absage an die Formkunst Georges, Rilkes und Hofmannsthals. Die Sprache wird orgiastisch, bevorzugt freie Rhythmen, verzichtet auf alles Beiwerk. Die Erlebnisse sollen nicht objektiviert werden. Erst später entwickelt sich die Ich-Dichtung zur Wir-Dichtung. Besondere Stilmittel der Lyrik sind Diskontinuität der Bilder, Visionen, Simultaneität, ununterbrochener Wechsel äußerer und innerer Eindrücke, mythisch-apokalyptische, naturhafte, religiös-christologische, utopische, groteske und formalistische Ausdrucksschichten. Im Drama sind kennzeichnend eine Entindividualisierung der Personen, die Aufgabe der motivierenden Szenenverknüpfung, eine Reihung der Szenen, Episierung, Stationentechnik, Monologisierung und Entmaterialisierung der Bühne. In der Epik ist charakteristisch die Aufgabe des Psychologisierens, der Kausalität. Statt dessen herrschen Knappheit, Sprünge, Montage vor. Die Sprache ist lärmend, schreiend, zornig und grell.

Die politische Haltung der Expressionisten ist allerdings umstritten. Der politische Protest ist oft nur ein formaler, ein rhetorischer (vgl. Werfel: „Ich kann gar nicht beschreiben wie kontradiktorisch die Begriffe Politik und Poesie für mich sind."). Die große Ausnahme dürfte Ernst Toller sein. Die Bedeutung des Expressionismus wird in der intensiven Debatte im Zusammenhang mit der Realismusproblematik sichtbar, geführt vor allem von Marxisten um Brecht, Bloch, Lukacs und Seghers (vgl. die Moskauer Exilzeitschrift „Das Wort" 1937/38; die Diskussionen des Bundes proletarisch-revolutionärer Schriftsteller in der „Linkskurve" und der Russischen Assoziation Proletarischer Schriftsteller). In Theorie und Praxis der Expressionisten selbst muß man die Ursachen dafür suchen, daß Marxisten wie Faschisten sie für ihre Zwecke nutzbar zu machen suchten.

Bertolt Brecht. Karikatur von B. F. Dolbin.

Besondere Bedeutung kommt Bert Brecht zu, der viele Anregungen von Piscator erhält. Piscator setzt bereits alle modernen Techniken wie Projektionen, laufendes Band, Lautsprecher und Film ein, versteht aber sein Theater als dokumentarisches. Brecht nun will die einzelne Szene in ihrem politischen und sozialen Zusammenhang zeigen, nicht einen Ausschnitt, sondern ein komplexes Weltbild. Er will pädagogisches Theater, das mit Hilfe von Kommentaren die Richtung des zu Lehrenden angibt. Er will objektives, überindividuelles Theater. Es muß Standort bezogen werden. Die gesellschaftlichen Verhältnisse sollen in ihrem kausalen Zusammenhang sichtbar werden. Theater bietet keine fertigen Antworten, keine fertigen Lösungen, es will Denkprozesse in Gang setzen. Der Verfremdungseffekt (V-Effekt) besteht darin, „daß das Ding, das zum Verständnis gebracht, auf welches das Augenmerk gelenkt werden soll, aus einem gewöhnlichen, bekannten, unmittelbar vorliegenden Ding zu einem besonderen, auffälligen, unerwarteten Ding gemacht wird. Das Selbstverständliche wird in einer gewissen Weise unverständlich gemacht, das geschieht aber nur, um es dann verständlicher zu machen".

Wandlungen der Gattungsformen werden sichtbar. Im Drama steht die sog. „Offene" Form der „Geschlossenen" gegenüber. Es gibt nicht mehr eine enge Führung der Handlungsstränge, die Teile verselbständigen sich. Der Mensch wird gezeigt in seinen biologischen, sozialen, religiösen, moralischen Gefangenheiten. Die Zeit wird zur selbständigen, in die Ereignisse eingreifenden Wirkungsmacht (vgl. Brechts „Baal"). Die Zeitqualität dominiert über der Zeiterstreckung. Der Raum wirkt als Katalysator, das sichtbar zu machen, was die Handlung allein nicht sichtbar machen könnte. Der Aktionsort bezeichnet zugleich die Aktion. Kollektivgeschehen ereignet sich in Kollektivräumen. Die Sprache ist nicht einheitlich, sie ist mehrschichtig, es gibt Stilmischungen, Kontraste. Auch der Charakter der Person, die augenblickliche Lage prägen die Sprache. In der Epik wird der traditionelle vom sog. modernen Roman abgelöst, wobei formale und strukturelle Gesichtspunkte im Vordergrund stehen. Hauptmerkmale sind: standortsloses Erzählen, Fehlen eines allwissenden auktorialen Erzählers und einer einheitlichen Perspektive, Desintegration der Zeit, Durch- und Nebeneinandererzählen, Verlust der Spannung, Verzicht auf rationale und psychologische Motivierung, Verlust der Kausalität, Ende des „Helden", Überwiegen der Analyse. Als Beispiele können gelten der parabolische Roman Kafkas (Amerika, Das Schloß, Der Prozeß), der moderne Ich-Roman (Rilke: Die Aufzeichnungen des Malte Laurids Brigge; Sartre: Der Ekel; Camus: Der Fremde; später Max Frisch: Stiller, Homo faber, Mein Name sei Gantenbein); Beispiele für De- und Rekomposition des Romans sind: James Joyce: Ulysses; Hermann Broch: Die Schlafwandler, Der Tod des Vergil; Robert Musil: Der Mann ohne Eigenschaften; Alfred Döblin: Berlin Alexanderplatz.

In der Sprachwissenschaft tritt neben die traditionelle diachronische Methode die synchronische Betrachtungsweise. Im Zentrum der traditionellen Grammatik stand immer die Frage, ob Sprache auf Natur oder Konvention zurückgehe. Die Debatte führte zur Entwicklung der Etymologie und zur Diskussion, inwieweit die Sprache regelhaft sei. Von den Stoikern über die Alexandriner läßt sich das Bemühen um systematische grammatische Beschreibung und Formulierung von Syntaxregeln verfolgen (Protagoras, Dionysius Thrax, Apollonius Dyscolus, bei den Römern später Donatus und Priscian). Mittelalter, Scholastik, Renaissance und Neuzeit knüpfen hier an. Im 19. Jahrhundert erfolgt dann die Ausarbeitung von Prinzipien und Methoden, die Entwicklung der historischen Lautlehre und vergleichenden Sprachwissenschaft. Eine neue Richtung setzt ein mit dem Strukturalismus, dessen Ziel es ist, sprachliche Gebilde in ihre

Franz Marc: Der Mandrill, 1913. Öl auf Leinen, 91x131 cm. München, Bayerische Staatsgemäldesammlung.

kleinsten Einheiten zu zerlegen und die Beziehungen zwischen diesen Einheiten zu untersuchen. Eine Weiterführung erfolgt durch die generative Transformationsgrammatik (Saussure, Bloomfield, Trubetzkoy, Hjelsmlev, Martinet, Chomsky). Saussure gilt als Begründer dieser Richtung mit seiner Unterscheidung zwischen Sprache und Sprechen, Kompetenz und Performanz. Sprache erscheint als Zeichensystem, das im Zusammenhang mit Kommunikationsmodellen zu beschreiben ist. Eine Grammatik, die alle möglichen Sätze einer Sprache erzeugt (generiert), nennt man generative Grammatik. Daneben müssen die Beziehungen zwischen einzelnen Elementen beschrieben und erklärt werden. Die Gesamtheit von Kategorien und Beziehungen in einem Satz nennt man seine strukturelle Beschreibung. Die generative Grammatik muß also die strukturelle Beschreibung der Sätze mitliefern, sie muß dabei die Komponenten Syntax, Semantik und Phonologie enthalten. Die Möglichkeiten der Linguistik sind heute bei weitem nicht erschöpft, die moderne Linguistik ist nicht zuletzt wegen der großen Schwierigkeiten in viele Richtungen zerspalten. Schwerpunkte liegen heute auf den Gebieten maschineller Übersetzung, Textlinguistik, Pragmalinguistik, Soziolinguistik.

Malerei Epochen- oder Periodenbezeichnungen dürfen nicht darüber hinwegtäuschen, daß sich ähnlich wie in der Literatur verschiedene Richtungen überschneiden können, daß einzelne Künstler verschiedene Phasen durchlaufen, Wandlungen vollziehen und sich nicht einfach nach dem Schubladensystem bestimmten Stilrichtungen zuordnen lassen. Eine gewisse Abgrenzung aller neueren Stilrichtungen gegen den Impressionismus (etwa 1860 bis 1880) läßt sich feststellen. Es folgen Jugendstil (1880 bis 1925), Expressionismus (1885 bis 1933), Neoimpressionismus (1888 bis 1899), Pointillismus (1899 bis 1904), Symbolismus (1889 bis 1897), Nabismus (1889 bis 1899), Fauvismus (1905 bis 1907), Kubismus (1907 bis 1940), Futurismus (1910 bis 1918), Abstrakte Kunst (ab 1910), Der Blaue Reiter (1911 bis 1913), Dadaismus (1916 bis 1922), Bauhaus (1919 bis 1933) und Surrealismus (ab 1924). Nur auf einige dieser Richtungen kann hier eingegangen werden.

Der entscheidende Bruch in der bislang gleichmäßig fortlaufenden Geschichte der westlichen Kunst wird im Kubismus vollzogen. Er entspringt dem Bedürfnis bildnerischer Ordnung. Die Idee steht über der Empfindung, die Kenntnis der Wirklichkeit über der Anschauung. Der Kubismus läßt sich in drei Phasen gliedern: die cézannesche, die analytische und die synthetische, wobei es freilich Abgrenzungsprobleme gibt. Juan Gris definiert: „Neue Zusammenstellungen aus bekannten Formen schaffen, die rein bildnerische Andeutungen oder Metaphern sind." Guy Habasque schreibt: „Im Kubismus gibt es keine romantische Ich-Bezogenheit, keine Übersinnlichkeit, kein dunkles Wirken natürlicher verwandelter Elemente." Apollinaire drückt es so aus: „Was den Kubismus von der früheren Malerei unterscheidet, ist die Tatsache, daß er keine nachbildende, sondern eine begriffliche Kunst ist, die sich beinahe bis zum Schöpferischen erhebt." Anfänge finden sich bei Braque, Derain, Matisse und Picasso, der sich von den tragischen Themen der „Blauen Periode" und dann von der „Rosa Periode" löst. Er orientiert sich nun an afrikanischen Bildwerken, an der primitiven iberischen Kunst, z. T. auch an El Greco. 1910 erfolgt die erste Wende mit dem Übergang von der Darstellung des Körperhaften zur Gestaltung des Reliefs. Merkmale sind der Verzicht auf naturalistische Details, die Verschmelzung mit der Bildfläche, die Ablehnung der klassischen Perspektive, Mißtrauen gegenüber visueller Erfahrung schlechthin. Apollinaire definiert: „Der authentische Kubismus . . . wäre die Kunst, neue Zusammenstellungen mit Formalelementen zu malen, die nicht der Realität der Vision, sondern der Realität des Begriffs entlehnt werden.“ Später wandelt er ab: „Der wissenschaftliche Kubismus ist die Kunst, neue Zusammenstellungen zu malen mit Formalelementen, die nicht der Realität der Vision, sondern der Realität der Kenntnis entlehnt sind.“

Um der Gefahr zu entgehen, daß die Verbindung mit der Wirklichkeit völlig verloren geht, greifen Braque und Picasso zur Verstärkung des Bildaufbaus auf Kosten der Struktur des Bildgegenstandes. Große schräge, nach oben zusammenlaufende Linien überlagern oder ersetzen die kleinen rechteckigen, von Senkrechten und Waagrechten begrenzten Steine, aus denen mauerartig das Bildnis z. B. der Fanny Tellier zusammengefügt ist. Vereinfachte graphische Zeichen reichen aus (so werden etwa Violine und Gitarre durch Schallöcher oder Wirbel angedeutet). Farbe und Struktur sind völlig unabhängig voneinander. Wieder eine Wende tritt ein mit Papiers collés und Collage. Braque will das Geigenholz mit dem gleichen Verfahren wiedergeben, das man zur Vortäuschung von Maserungen auf Wänden verwendet. Ende 1912 entdeckt er in Avignon Tapeten, die Holzmaserungen imitieren, und klebt drei ausgeschnittene Stücke auf eine Kohlezeichnung (Obstschale mit Glas). Die neue Entdeckung wird aber von Braque und Picasso verschieden angewandt. Bei Braque entsprechen die aufgeklebten Tapetenstücke einem Farbflecken, einer Fläche. Bei Picasso dagegen gleicht das Wachstuch völlig dem nachgeahmten Gegenstand. Bei Braque sprechen wir daher von Papiers collés, bei Picasso von Collage. Eine letzte Wandlung erfährt diese Richtung im synthetischen Kubismus. Kahnweiler will die handgemalte Fläche durch vorfabrizierte Elemente ersetzen. Hier deutet sich der Sieg des Fertigproduktes, des maschinell hergestellten Gegenstandes an. Es bahnt sich eine rein flächige Malerei an, die Zerstückelung des Gegenstandes wird aufgegeben. Klar tritt der Gegenstand aus kräftigen Bändern, die zu reinen Rechtecken gefügt sind, heraus (vgl. Braque, Stilleben mit Violine und Glas; Picasso, Harlekin).

Im Expressionismus (vgl. Literatur) tritt an Stelle der von außen aufgezwungenen Ordnung die Regellosigkeit. Überbordende Zeichnung, mißtönende Farbe, gestörte Ordnung sind Kennzeichen. Nach van Gogh und Gauguin erreicht der Expressionismus seinen Höhepunkt in den germanischen Ländern (Skandinavien, Deutschland, Österreich, Schweiz) zwischen 1880 und 1918. Themen sind die Revolte, die Gewalttätigkeit, Selbstzerpflükkung, Wahnsinn, primitive sexuelle Zügellosigkeit, das Schreckenerregende, der Tod, die Großstadt. Allerdings zählt sich einer der typischsten Expressionisten, Soutine, selbst nicht zu dieser Richtung.

Mit Klassifizierungen muß man also äußerst vorsichtig sein. Der Expressionismus ist eher eine Tendenz, die einzelnen Maler sind ausgesprochene Individualisten. Ein erster Abschnitt, 1885 bis 1900, umschließt die Vorläufer Gauguin, van Gogh, Toulouse-Lautrec, dann Ensor, Munch, Hodler. Man wendet sich gegen den Impressionismus, gegen den Objektivismus von Cézanne und Seurat. Der zweite Abschnitt beginnt 1905 mit den deutschen Malern der „Brücke“, mit Rouault und der blauen Periode von Picasso. Die dritte Phase, 1910 bis 1930, umfaßt die deutschen und wienerischen Expressionisten, Chagall, Soutine, Modigliani. 1912 übernimmt die Gruppe „Der blaue Reiter“ die Führung, die dann in der abstrakten Malerei bahnbrechend wirkt. Urheber des Expressionismus in Deutschland ist Kirchner, während der sehr populäre und gefragte Pechstein zu sehr im Dekorativen aufgeht. Nolde ist Einzelgänger: „In der Kunst, was sind Gesetze? Was ist Willkür und Zügellosigkeit? Jeder wirkliche Künstler schafft neue Werke, neue Schönheit, und es entstehen neue Gesetze . . .“ Neben Corinth sind auch Hans von Marées und Max Liebermann besonders zu erwähnen. Hinzu kommt Arnold Böcklin. Durch die expressionistische Plastik von Wilhelm Lehmbruch und Ernst Barlach läßt sich der Einfluß von Maillol und Rodin spüren. Wirkungen haben auch Strindberg, die Philosophie von Bergson, die Psychologie Freuds. Eine neue Generation führt die Richtung weiter mit Otto Dix, Max Beckmann, Georg Grosz.

Wichtigste Mitglieder des „Blauen Reiters“ sind Macke, Marc, Kandinsky, Feininger, Klee, Schlemmer. Der abstrakte Maler will mit seinen Bildern die Welt der konkreten Erscheinungen ausweiten. Freilich ist die Abstraktion keine Erfindung der modernen Welt (vgl. Gotik, Renaissance). 1910 entsteht das Werk Kandinskys, der unter dem Eindruck der kommenden Krise eine Schrift über das Geistige in der Kunst verfaßt. Er kritisiert den Positivismus der Menschen, die nur anerkennen, was meßbar und wägbar sei. Kandinsky formuliert drei Prinzipien: 1. Jeder Künstler, als Schöpfer, hat das ihm Eigene zum Ausdruck zu bringen (Element der Persönlichkeit). 2. Jeder Künstler hat als Kind seiner Epoche das dieser Epoche Eigene zum Ausdruck zu bringen (Element des Stiles im inneren Werte, zusammengesetzt aus der Sprache der Epoche und der Sprache der Nation). 3. Jeder Künstler hat als Diener der Kunst das der Kunst im allgemeinen Eigene zu bringen (Element des Rein- und Ewig-Künstlerischen). Die erste Ausstellung des „Blauen Reiters“ erfolgt vom Dezember 1911 bis Januar 1912 bei Tannhäuser in München.

André Breton eröffnet seine Schrift „Le

Walter Gropius und Adolf Meyer: Fagus-Werke, 1911. Alfeld an der Leine.

Surréalisme et la Peinture“ mit dem Satz: „Das Auge existiert im wilden Naturzustand“ (um 1925). Er stützt sich dabei auf die Kunst der sog. Primitiven, speziell die Kunst Ozeaniens, die Kunst der Geisteskranken und die Kunst der Autodidakten. Der Surrealismus stellt die Totalität der Kultur in Frage und versucht, die vollständige Typologie des menschlichen Seins aufzustellen. Es handelt sich nicht mehr nur darum, zu wissen, wie man schreiben oder malen soll, sondern darum, jenseits von Malerei und Literatur zu erforschen, wie der Mensch zu retten sei. 1925 zählt das Manifest des Surrealismus u. a. Uccello, Seurat, Moreau, Matisse, Derain, Picasso, Braque, Duchamp, Chirico, Klee, Masson zu seiner Richtung. An der ersten Ausstellung 1925 in der Galerie Pierre in Paris nehmen u. a. Arp, Chirico, Klee, Miró, Picasso, Ray teil. Eine Wendung zum Marxismus vollziehen 1927 Aragon, Breton, Eluard, Péret, Unik. Andere entfernen sich nun vom Surrealismus wie Artaud, Desnos, Masson. Später, als unter Stalin der sozialistische Realismus ausgerufen wird, distanziert man sich wieder. 1935 kommt es defenitiv zum Bruch der Surrealisten mit dem Kommunismus. Der Surrealismus definiert sich philosophisch, indem er es als seine höchste Antriebskraft bezeichnet, jenen geistigen Punkt bestimmen zu wollen, an dem „Leben und Tod, das Wirkliche und Vorgestellte, Vergangenheit und Zukunft, das Aussprechbare und das Unaussprechliche, das Oben und das Unten aufhören, als Widersprüche wahrgenommen zu werden“. (Vgl. André Breton, Second Manifeste du Surréalisme, Paris 1963; vgl. auch Breton, Manifeste du Surréalisme; drs. Genèse et Perspective artistiques du Surréalisme, 1941.)
Eine besondere Richtung stellt das „Bauhaus“, 1919 von Gropius begründet, dar. Gropius fordert die Einheit aller bildenden Künste unter Führung der Baukunst. Technik und industrielle Formung werden einbezogen. Mitarbeiter sind Feininger, Marcks, Meyer, Klee, Schlemmer, Kandinsky. 1932 wird das Bauhaus geschlossen. Es hat stärkste Wirkungen auf das deutsche und internationale künstlerische Leben, trotz der Gefahr eines reinen Funktionalismus.

Film Nach Vorläufern schon im 19. Jahrhundert (1868 erfindet J. B. Linnett den Taschenkinematographen; Muybridge erfindet für Reihenaufnahmen von Tieren das Projektionslebensrad; 1887 erfindet O. Anschütz den elektrischen Schnellseher; 1882 baut Ch.-E. Reynau sein Projektions-Praxionskop; 1889 Friese-Greene eine Spezialkamera zur Reihenphotographie auf Negativfilmband; 1893 führt Edison die heute noch benutzte Filmbreite von 35 mm und die Perforation ein; 1895 bauen die Brüder Lumière die ersten brauchbaren Aufnahme- und Wiedergabeapparate) führt Messter 1903 in Berlin erstmals die Verbindung seines Kosmographen mit dem Grammophon vor. 1929 werden die ersten theaterreifen Tonfilme in Deutschland aufgeführt. Die Länge der Filme wächst von 10–20 m auf 300 m. Bedingt durch den Krieg sucht man dann Propagandafilmen der Entente mit der Gründung der Universum Film AG (Ufa) 1917 zu begegnen. Nach dem Krieg wird Deutschland dann zum führenden Filmland (E. Lubitsch: Madame Dubarry, 1919; F. W. Murnau: Faust, 1926). Schauspieler sind W. Krauss, C. Veidt, F. Kortner. Auch abstrakte Filme entstehen (vgl. deutsche Avantgardisten um die Maler H. Richter, V. Eggeling, W. Ruttmann, O. Fischinger). 1927 erfolgt der Durchbruch des Tonfilms. Man kopiert zunächst Dramen, Opern, Operetten. Es entstehen Sängerfilme, Revue- und Tanzfilme (vgl. Ruttmanns „Melodie der Welt“, C. Froelichs „Die Nacht gehört uns“). Berühmte Filme sind weiter „Broadway Melody“ (1929), „Der Kongreß tanzt“ (1931). Zunehmend greift man auch sozialkritische und zeitbezogene Themen auf („Der blaue Engel“, 1930; „Westfront 1918“, 1930; „Dreigroschenoper“, 1931). In Frankreich setzen sich andere Richtungen durch, ein poetischer Realismus, in dem sich impressionistische und naturalistische Strömungen mit romantischer Ironie und Skepsis mischen („Unter den Dächern von Paris“, 1930). In England dominieren Dokumentarfilme. A. Korda, J. Grierson und Hitchcock machen sich Namen.
Es muß als Katastrophe für die deutsche Entwicklung bezeichnet werden, daß mit dem Aufstieg des Nationalsozialismus und der Machtergreifung 1933 der Ausverkauf deutschen Geistes und deutscher Kultur beginnt. Die Vielfalt künstlerischer Tätigkeit erlöscht abrupt. Was Rang und Namen hat muß emigrieren, wird verfolgt, zumindest am Reden, Schreiben, Malen, an der Kommunikation gehindert. Während im Ausland Kunst und Kultur in fruchtbarer Kritik und Auseinandersetzung sich fortentwickeln, erfolgt in Deutschland eine Phase der Banalität, Kleinheit vermischt mit unglaublicher Borniertheit, die in verschiedenen „Manifesten“ etwa so auf den Begriff gebracht wird: „Machen wir uns doch von der lächerlichen Idee frei, daß es unsere Pflicht sei, das Volk zum hohen Kunstverständnis zu erziehen. Wenn wir der SA ein textlich und gesanglich gutes, mitreißendes Marschlied schenken und dadurch einen seichten oder gemeinen Schlager aus ihren Reihen verdrängen, haben wir tausendmal mehr für die deutsche Kunst getan, als wenn wir versuchen, einer naturgemäß kleinen Anzahl von SA-Leuten das Violinkonzert von Beethoven nahezubringen.“ (Prof. M. Kutschmann, Nationalsozialistische Kunst, in: Deutsche Kultur-Wacht, Blätter des Kampfbundes für deutsche Kultur, 1933, Heft 1, S. 5–6).

DIE HERRSCHAFT DES NATIONALSOZIALISMUS

Den Auftakt zur Machtergreifung bildet der Reichstagsbrand vom 27. Februar 1933, den man geschickt ausnutzt, um eine großangelegte Verfolgung politischer Gegner durchführen zu können. Am 28. Februar erläßt Hindenburg die Notverordnung zum Schutz von Volk und Staat mit der Aufhebung der Grundrechte. Am 23. März nehmen mit Ausnahme der SPD alle bürgerlichen Parteien das Ermächtigungsgesetz an. Im April erfolgt die Gleichschaltung der Länder, am 2. Mai die Auflösung der Gewerkschaften, im Juni und Juli die Zerschlagung aller übrigen Parteien. Am 14. Juli beginnt mit dem Gesetz gegen die Neubildung von Parteien endgültig die Alleinherrschaft der NSDAP. Eine äußere Legalität der Machtergreifung im formaljuristischen Sinn ist insofern gegeben, als der Reichstag beschlußfähig ist, selbst wenn man bedenkt, daß 81 kommunistische Abgeordnete zwangsweise an der Teilnahme der Sitzung gehindert wurden. Die Zusammensetzung des Reichsrats entspricht aber nicht der Verfassung, da es sich z. T. um Beauftragte der eingesetzten Reichsbeauftragten für Sicherheit und Ordnung handelt, nicht um frei gewählte Vertreter.
Die Konkurrenz zwischen SA und Reichswehr spitzt sich 1934 zu. Hitler nimmt die Legende von einem drohenden Putsch Röhms zum Vorwand, um diesen und andere SA-Führer am 30. Juli in Bad Wiessee verhaften und z. T. noch am selben Tag ohne Rechtsgrundlage erschießen zu lassen. Der Aktion fallen u. a. zum Opfer Kahr, Ministerialdirektor Klausener von der Katholischen Aktion, Schleicher mit Frau, General von Bredow, Gregor Strasser. Papen steht unter Hausarrest. Carl Schmitt preist den Massenmord als Richtertum des Führers.
Vor allem in den Juden findet man den Gegner schlechthin. Schon Anfang 1933 beginnt eine antijüdische Gesetzgebung, die Säuberung von Beamtentum, Justiz, Hochschulwesen und Ärzteschaft. Bis 1938 kann sich etwa ein Viertel der 550 000 Juden der drohenden Vernichtung entziehen. Eine Verschärfung bringen die Nürnberger Gesetze 1935. Seit der Reichskristallnacht 1938 spitzt sich die Situation rasch zu, und

im Krieg wird dann die totale, planmäßige Vernichtung der Juden Wirklichkeit. Parallel mit dem Antisemitismus laufen Pläne zur Versklavung östlicher Völker, zur Umvolkung rassisch wertvoller Bestandteile germanischer Nachbarvölker und Euthanasie und Eugenik.

Auch im kulturellen Bereich erfolgt die völlige Gleichschaltung. Andersdenkenden drohen Nichtaufnahme in Standesorganisationen, Ausschluß, Berufsverbot, Existenzvernichtung. Verfemt und ausgeschlossen werden z. B. die Brüder Mann, Kollwitz, Liebermann, Zweig, Wassermann, Kerr, Döblin, Kaiser und Werfel, während sich Autoren wie Binding, Hans Grimm, Agnes Miegel und Hans Carossa anpassen. Mit der Ächtung von Bebel, Bernstein, Einstein, Brecht, Brod, Ossietzky, Remarque, Schnitzler, Tucholsky, Barlach, Hofmannsthal, Bergengruen, Kästner, Lasker-Schüler, Zuckmayer und vielen, vielen anderen kommt es zur Vernichtung eines Jahrhunderts deutscher Kultur. Man appelliert an niedrigste Instinkte unwissender, ignoranter Bürger, Banalität, Brutalität und Gigantismus feiern Triumphe. Vom Gesetz zur Einziehung von Erzeugnissen sog. entarteter Kunst (31. Mai 1938) sind u. a. betroffen Beckmann, Chagall, Klee, Kokoschka, Kollwitz, Barlach, Kandinsky und Gropius.

Als institutionelle Grundlage des Systems dient die Gestapo, während der weitere Ausbau von der SS getragen wird, die sich als Kern der Partei versteht. Heydrich baut seit 1931 den Sicherheitsdienst (SD) auf. Himmler wird schließlich zum Herrn über die gesamt politische Polizei. Im Juni 1936 ernennt Hitler ihn zum Reichsführer-SS. Der Apparat ist total, und selbst ursprünglich begeisterte Nationalsozialisten wie Hans Frank bemerken kritisch, jeder Volksgenosse könne ohne Verteidigungsmöglichkeit auf jede Zeitdauer in ein KZ gebracht werden. Am 20. März 1933 läßt Himmler unter SS-Leitung in Dachau ein Lager gründen. Es folgen die KZ's Oranienburg, Esterwegen, Quedna, Buchenwald, Flossenbürg, Mauthausen. Mit Kriegsbeginn schwillt dann die Zahl der Verhafteten rasch an bis in die Millionen. Dörfer und Städte wetteifern „Judenrein" zu werden (Aufschriften wie „Hunden und Juden ist das Baden verboten" sind keine Seltenheit). Hitler vor NS-Kreisleitern 1937: „Ich sage nicht ‚Kampf', weil ich kämpfen will, sondern ich sage ‚Ich will dich vernichten'." Die Äußerungen, die sich beliebig vermehren ließen, sind öffentlich, was in der Reichskristallnacht geschah, konnte man, wenn man wollte, beobachten. Gewiß hat die Mehrheit der Deutschen diese Barbarei nicht gebilligt. Sie hat sie geduldet, vielfach aus Angst vor Bedrohung des eigenen Lebens. Die Mitverantwortung liegt wohl im politischen Verhalten vor 1933, denn ihre Ziele hatte die NSDAP nie geheimgehalten.

Hitlers Außenpolitik muß im Kontext der ideologischen Grundüberzeugungen gesehen werden, einem Ideenkonglomerat, in dem sich pseudoreligiös zugespitzter Nationalismus und Sendungsidee des Reichs vermischen. Die völkisch-rassische Herrschaftskonzeption steht über der staatlichen, der Kampf wird zum absoluten Grundprinzip allen politischen und sozialen Lebens erhoben, eine biologistische Gesellschaftslehre überträgt schematisch Kategorien des Freund-Feind-Denkens in die Politik. Mit der Taktik von Beschwichtigung, Verhandlungsbereitschaft, Werbung um internationale Anerkennung verbunden mit wohldosierten Drohungen, überraschenden Sonderaktionen und vollzogenen Tatsachen gelingt eine Konsolidierung bis 1935. Das militärische und kriegswirtschaftliche Potential zur Vorbereitung der Gewaltpolitik wächst rasch. Erstes Ziel ist die Zerstörung des kollektiven Völkerbundsystems durch Einzelakte (Isolierung Frankreichs durch ein Bündnis mit Italien und dem „germanischen" England). Fernziel ist die Verwirklichung des völkischen Staates und die Gewinnung von Lebensraum im Osten (Rußland) (vgl. „Mein Kampf", auch die von Rauschning aufgezeichneten Gespräche und die Tischgespräche Hitlers 1941/42, weiter die Rede vor dem Düsseldorfer Industrieklub im Januar 1932 sowie Vorträge vor Generalen, Parteifunktionären, Wirtschaftsführern und Publizisten vor und nach 1933).

Am 14. Oktober 1933 tritt Deutschland aus dem Völkerbund aus. Am 26. Januar erfolgt eine Neuorientierung der Ostpolitik durch einen deutsch-polnischen Nichtangriffspakt, bei gutem Verhältnis zu Rußland, das aber seinerseits schon 1933 einen Nichtangriffspakt mit Frankreich unterzeichnet. In den folgenden Jahren verschärft sich das Verhältnis zu Österreich und Italien. Dollfuß wird am 25. Juli 1934 von österreichischen Nazis ermordet. Im gleichen Jahr kommt es zur Eingliederung des Saargebiets, zu einer Umgruppierung der europäischen Mächte durch Sonderaktionen der englischen Appeasementpolitik und Mussolinis Abessinienkrieg, zum deutsch-britischen Flottenabkommen, 1935 zur allgemeinen Wehrpflicht und zum Aufbau der Luftwaffe. Am 8. März 1936 marschiert Hitler in das entmilitarisierte Rheinland ein und verletzt so den Locarno-Vertrag. In den folgenden Jahren baut Hitler die Achse Berlin–Rom aus und erweitert sie um die asiatische Großmacht Japan im Antikomintern-Pakt.

Am 11. März 1938 erfolgt das Ultimatum an Österreich, am 12. März öffnet Seyß-Inquart den deutschen Truppen die Grenzen. Der nächste Schritt richtet sich gegen die Tschechoslowakei, deren innere Schwächen Hitler geschickt nutzt. Henlein wird angewiesen, unannehmbare Ansprüche zu erheben: „Wir müssen also immer so viel fordern, daß wir nicht zufriedengestellt werden können." Am 20. Mai 1938 mobilisiert Prag, dann Berlin. Unter dem Druck der europäischen Diplomatie und auf Grund von Warnungen des Generalstabs (Ludwig Beck) lenkt Hitler zunächst ein. Er nimmt den Vorschlag einer Viermächtekonferenz (29. September 1938), an der die Tschechoslowakei als Hauptbetroffener nicht beteiligt ist, an. Auch Rußland

Szene aus Fritz Langs „Metropolis" (1926) – versklavte Massen in einer Zukunftsstadt. Prototyp des Monsterfilms.

wird übergangen. Am 1. Oktober beginnt dann der Einmarsch deutscher Truppen. In der Nacht zum 15. März 1939 verkündet Hitler dem nach Berlin zitierten Ministerpräsidenten Hácha, deutsche Truppen seien auf dem Weg nach Prag, um Sicherheit und Ordnung aufrechtzuerhalten. Am 16. März proklamiert er von der Prager Burg aus die Errichtung eines Protektorats Böhmen und Mähren. Auch Polen erhält seinen Anteil.

Am 28. April 1939 kündigt Hitler den deutsch-polnischen Pakt und das deutsch-englische Flottenabkommen und läßt für den 1. September den Angriff auf Polen ausarbeiten. Am 23. August sichert er sich ab durch den Pakt mit Stalin, in dem im geheimen Zusatzprotokoll die Abgrenzung der Interessensphären definiert wird. Rußland soll Finnland, das Baltikum, die Osthälfte Polens und Bessarabien erhalten. Am 22. August äußert Hitler: „Ich habe nur Angst, daß mir noch im letzten Moment irgendein Schweinehund einen Vermittlungsvorschlag vorlegt." Am 1. September erfolgt der Angriff auf Polen, am 3. September reagieren England und Frankreich mit dem Ultimatum. Deutschland besetzt Dänemark und Norwegen (9. April 1940), zerschlägt die Westfront verbunden mit der Besetzung Belgiens und Hollands. Frankreich bricht zusammen, England scheint isoliert, die USA sind zur Intervention noch nicht bereit. Nach der gescheiterten Invasion Englands nehmen dann Pläne eines Rußlandfeldzugs greifbare Formen an. Zugleich erweitern italienische Vorstöße im Balkan und in Nordafrika den Expansionsraum. Im Frühjahr 1941 werden Jugoslawien und Griechenland überrannt. Ungarn, Rumänien, Slowakei, Bulgarien und Kroatien treten dem Dreimächtepakt bei. Am 22. Juni 1941 beginnt der Angriff auf Rußland.

Der Krieg entwickelt sich zum Weltkrieg mit dem Überfall Japans auf Pearl Harbor am 7. Dezember 1942. Die Ereignisse überstürzen sich nun. Hitler übernimmt das Oberkommando, entläßt Brauchitsch, verabschiedet fast die Hälfte seiner Generale. U-Boot-Krieg und Luftkrieg erweisen sich als immer verlustreicher, hinzu kommen Fehleinschätzungen, Fehlplanungen, Rohstoff- und Personalmangel. Stalingrad (1942/43) und die Kapitulation in Nordafrika leiten den Zusammenbruch ein. Mussolini stürzt. Im Juni 1944 beginnt die Invasion. Auf den Konferenzen von Teheran (Dezember 1943) und Jalta (Februar 1944) fallen bereits die Entscheidungen über das Europa nach Hitler. Trotzdem träumt man in Deutschland noch immer von einem germanischen Großreich, vom Nordkap bis zu den Alpen, vom Atlantik bis zum Schwarzen Meer. Erst die deutschen Kriegsziele und die Vernichtungsaktionen zu einem Zeitpunkt, als der Krieg schon verloren war, können die Reaktionen und Vergeltungen im Gegenschlag verständlich machen. Rußland z. B. sollte als riesiger Truppenübungsplatz dienen, z. T. als Siedlungsgebiet für germanische Reichsbauern, die per Rassenauslese aus ganz Europa geholt werden sollten. Die 180 Millionen Russen sollten verkommen, an der Vermehrung gehindert werden. Man beschloß, jede Intelligenz zu verhindern, bei Schwierigkeiten die Bevölkerung in Ghettos zu konzentrieren und durch ein paar Bomben zu vernichten. Generalgouverneur Frank: „Wenn wir den Krieg gewonnen haben, dann kann meinetwegen aus den Polen und Ukrainern und dem, was sich sonst hier herumtreibt, Hackfleisch gemacht werden." 1944 gibt es 20 offiziell anerkannte KZ-Lager mit 165 angeschlossenen Arbeitslagern. Spezielle Judenvernichtungslager sind neben Auschwitz Chelmo, Treblinka, Bergen-Belsen, Majdanek und Sobibor.

Der Widerstand Der Widerstand, der in Deutschland zweifellos geleistet wurde, erfolgt aus sehr verschiedenen Motiven und von sehr unterschiedlichen Gruppen. Er kann keinesfalls als Alibi für die Masse des Volkes gelten. Es gibt die alten politischen Gegner von der Linken, enttäuschte Konservative, Teile der Kirche, Einzelgänger aus dem Staatsapparat und der Wirtschaft, seit 1939 zunehmend auch Militärs. Die politische Rechte opponiert nicht gegen Hitler. Die Mittelparteien sinken zunächst zu machtlosen Splittergruppen herab. Das Zentrum scheint gelähmt durch die Annäherung des Katholizismus an das Regime. Die SPD befindet sich seit dem Kapp-Putsch im Rückzug, doch erwächst hier zuerst der Geist des Widerstands unter Julius Leber. Aber auch eine linke Einheitsfront kommt nicht rechtzeitig zustande. Gerade die KPD arbeitet dem Faschismus offen in die Hände und bekämpft primär die SPD. Der erste Widerstand wird von denen geleistet, die den Terror zuerst zu spüren bekommen, es sind dies die Organisationen der Arbeiterbewegung („Roter Stoptrupp" in Berlin, „Sozialistische Front" in Hannover u. ä.). Diese Versuche finden ein Ende 1938 mit der Verhaftung und Verurteilung führender Personen (Fritz Erler, Hermann Brill, Otto Brass, Kurt Schmidt). Die Kommunisten werden dann durch die Politik Stalins in eine verzweifelte Lage gebracht, sie füllen die Lager der KZ's, ohne zu ahnen, daß sie Opfer des Verrats der eigenen Genossen sind.

Viele Kirchenführer der evangelischen Kirche begrüßen zunächst das neue Regime, aber schon 1933 ruft Martin Niemöller alle Pfarrer auf, sich in einem Notbund gegen die antijüdische Personalpolitik der Kirche zusammenzuschließen. Allerdings richtet sich der Widerstand häufig nicht gegen das Regime an sich, sondern ist mehr auf Wahrung der eigenen Autonomie bedacht. Als Hemmnis wirken sich aus: das protestantische Staatsverständnis, das Unvermögen eines politischen Widerstands, national-konservative Befangenheit, Antiliberalismus, Ablehnung der Demokratie, die Vorstellung eines lutherischen Reichs deutscher Nation vor dem Hintergrund der Synthese von Thron, Nation und Altar, das Unbehagen an Weimar, weltanschaulicher Antimarxismus, das Trauma von Versailles und ein latenter Antisemitismus. Auch in der katholischen Kirche bleibt die Opposition weitgehend kirchenbezogen. Antibolschewismus und Antisemitismus überwiegen die Kritik am Nationalsozialismus.

In zivilen und militärischen Kreisen bleibt die Opposition zunächst sporadisch (Edgar Jung, Carl Goerdeler). Eine erste Wende beim Militär bahnt sich 1936/37 an, als Hitler zur außenpolitischen Expansion übergeht. Im Mittelpunkt des Widerstands steht Beck. Nach der Blomberg-Fritsch-Krise 1937/38 wird Brauchitsch sein Nachfolger. Beck und Goerdeler arbeiten eng zusammen. Ein neuer Kern bildet sich dann nach dem Rücktritt Becks um die Abteilung Abwehr im OKW mit Oberst Oster, der von Admiral Canaris gedeckt wird und Kontakte zum Auswärtigen Amt unterhält.

Während des Krieges bildet sich der Kreisauer Kreis, benannt nach seinem Zentrum, dem Gut des Grafen Helmuth James Moltke in Kreisau (Schlesien). Die Mitglieder mischen sich von der Rechten bis zur Linken, stark beteiligt sind auch altpreußische Adelige. Es gehören dazu Graf Yorck von Wartenburg, Carl Dietrich von Trotha, Sozialisten wie Adolf Reichwein, Carlo Mierendorff, Theo Haubach unterhalten Kontakte, ebenso wie Julius Leber. Es schließen sich Christen an wie Pater Alfred Delp. Politisches Ziel ist eine übernationale föderalistische Lösung.

Vereinzelt bleiben auch Aktionen wie die der Weißen Rose mit Hans und Sophie Scholl, Christoph Probst, Willi Graf, Alexander Schmorell und Prof. Kurt Huber. Als diese Menschen verhaftet und ermordet werden, wagen Universität, Mitprofessoren und Studenten kein Wort, nicht einmal ein Gnadengesuch.

Erfolgversprechender gestalten sich die Bemühungen des Obersten Claus Graf Schenk von Stauffenberg, der sich um Ausbau zuverlässiger Stützpunkte in der Armee bemüht. Neben ihm wirken Friedrich Olbricht (Chef des Heeresamts in Berlin) und Generalmajor Henning von Treskow.

Es gelingt jedoch nicht, Frontkommandeure zu gewinnen. Anfang 1943 hebt die Gestapo das Büro Oster aus und verhaftet Dohnanyi, Bonhoeffer und Josef Müller. Damit fällt die Abwehr aus. Im Februar wird die Bastion Canaris zerschlagen, am 4. Juli 1944 erfolgt die überraschende Verhaftung von Leber und Reichwein. Man versucht nun, über Rommel General Speidel zu gewinnen, findet auch Unterstützung durch General Stülpnagel. Als Stabschef bei Fromm kann Stauffenberg an Hitlers Lagebesprechungen teilnehmen und soll deshalb das Attentat selbst durchführen. Dieses mißlingt, doch laufen die geplanten Aktionen an. Sie scheitern letztlich am Zaudern der Wehrmachtskommandeure. Am erfolgreichsten operiert noch Stülpnagel in Paris, aber Eisenhower und Montgomery gehen nicht auf Verhandlungen ein. Stülpnagel wird hingerichtet. Der Verfolgungswelle fallen etwa 5000 Menschen zum Opfer. Noch am 9. April 1945 läßt man Canaris, Oster und Bonhoeffer hinrichten.

Mit der Kapitulation am 8. Mai 1945 schließt ein Kapitel deutscher Geschichte, das keinesfalls aus dem Bewußtsein gestrichen, und nicht als „Verkehrsunfall" der deutschen Geschichte bezeichnet werden kann.

Oberst Claus Graf Schenk von Stauffenberg legte am 20. Juli 1944 im Führerhauptquartier jene Bombe, die Hitler töten und Millionen von Menschen das Leben retten sollte. Das Attentat mißlang jedoch und Stauffenberg und seine Mitverschwörer wurden verhaftet und standrechtlich erschossen.

ITALIEN – DIE DURCHSETZUNG DES FASCHISMUS UNTER MUSSOLINI

Mussolini behält ähnlich wie Hitler äußerlich die Verfassung bei, doch wird das Parlament völlig bedeutungslos, während der faschistische Großrat den eigentlichen Kern des Regimes darstellt. Nach Zerschlagung der Gewerkschaften, aber auch der Unternehmerverbände im Sinne der Idee eines korporativen, berufsständisch gegliederten Staates, bemüht sich Mussolini um Hebung des Bildungsniveaus, sucht die wirtschaftliche Abhängigkeit vom Ausland zu mindern („Getreideschlacht"), führt Bodenverbesserungen durch (Austrocknung der Pontinischen Sümpfe), aber seit 1935 wird das Übergewicht des Staates über die Wirtschaft erdrückend. Im Gegensatz zu Hitler vermeidet Mussolini einen Bruch mit der katholischen Kirche, die im Kampf gegen Kommunismus, Freimaurerei, Liberalismus und Sozialismus auf seiner Seite steht. Mit den Lateranverträgen (11. Februar 1929) kommt es zu einer Lösung des seit 1871 bestehenden Konflikts (Anerkennung der Vatikanstadt als Hoheitsgebiet des Papsttums, Bestätigung des Katholizismus als einzige Staatsreligion, obligatorischer Religionsunterricht in den Schulen, rechtlich bindender Charakter der kirchlichen Trauung, Gewährung einer dauernden Rente von 5% eines Kapitals von 1 Milliarde Lire an den Heiligen Stuhl).

Die Leistungen des Faschismus können aber nicht vergessen lassen, mit welcher Brutalität der Aufstieg verbunden ist, obwohl Mussolini besser als Hitler oder Stalin den Schein relativer Mäßigung wahren kann. Auch verzichtet er bis zum Abessinienkrieg 1935 auf eine herausfordernde Außenpolitik. Im Hintergrund steht aber immer der Traum vom Mittelmeerimperium, alte Ansprüche auf Nizza, Savoyen, Korsika und Tunis werden nie aufgegeben. Erst nach langem Zögern tritt Mussolini am 11. Juni 1940 in den Krieg gegen Frankreich ein, doch zeigt sich bald, daß die militärischen Kräfte Italiens in keiner Weise genügen, um durchschlagende Erfolge zu erzielen. In Afrika und auf dem Balkan ist man bald auf deutsche Hilfe angewiesen. Griechenland schlägt den italienischen Angriff hart zurück. Hitler muß einen größeren Balkanfeldzug improvisieren, der wiederum seine Rußlandpläne verzögert, während zugleich England Hilfstruppen nach Griechenland entsendet. Rasch dringen dann englische und amerikanische Einheiten in Sizilien vor (1943/44) und setzen unter Montgomery aufs Festland über. Am 25. Juli 1943 wird Mussolini gestürzt und verhaftet. Nach der abenteuerlichen Befreiung aus der Haft organisiert er noch einmal in Norditalien eine faschistische Republik, doch kann er den Vormarsch der Alliierten nur verzögern. Am 28. April 1945 erschießen italienische Partisanen Mussolini in der Nähe von Como bei seinem Versuch, in die Schweiz zu fliehen.

SPANIEN – BÜRGERKRIEG UND SIEG DES FASCHISMUS UNTER FRANCO

Im Mittelpunkt des Zeitraums zwischen den Weltkriegen steht der gescheiterte Versuch, ein freies politisches System zu schaffen und einige Ursachen der Rückständigkeit und Not zu beseitigen. Spanien wird formal von einer demokratischen Monarchie regiert, doch vertreten Regierung und Parlament (Cortes) nicht die wichtigen gesellschaftlichen Kräfte in Spanien. Wahlen werden manipuliert; Arbeiter und Bauern stehen außerhalb und organisieren sich in sozialistischen, anarchistischen Gruppen oder in den Gewerkschaften. Am erfolgreichsten erweist sich die sozialistische Gewerkschaft UGT (Unión General de Trabajadores), die sich aber über der Frage eines Beitritts zur Dritten Internationalen spaltet. Es entsteht die Spanische Kommunistische Partei, die jedoch bis zum Bürgerkrieg ohne Bedeutung bleibt. Daneben gibt es die CNT (Confederación Nacional de Trabajo), eine reine Anarchistengruppe, und die FAI (Federación Anarquista Iberica).

Die Armee, militärisch wertlos, bildet nach wie vor das Reservoir für Offiziere aus den Mittelschichten. Mächtig dagegen ist die spanische Kirche mit 80 000 Priestern, Mönchen und Nonnen. Diese Kirche, hierarchisch aufgebaut und von Grund auf konservativ, gilt als Bollwerk der herrschenden Ordnung. Zwischen 1931 und 1936 kommt es dann zum Zusammenbruch. 1931 tritt der König ab, es entsteht eine provisorische Regierung aus Republikanern und Sozialisten unter Alcalá Zamora. Man will Reformen, Liberalisierung, eine moderne, fortschrittliche, demokratische Verfassung. Katalonien erhält eine autonome Regierung, den Basken wird sie in Aussicht gestellt. Es folgen Gesetze zur Agrarreform, Verordnungen über Krankengeld, bezahlten Urlaub u. ä. Gewaltaktionen der Anarchisten machen aber Neuwahlen erforderlich mit dem Ergebnis, daß die rechte Gruppe CEDA (Confederación Española de Derechas Autónomas) unter Gil Robles 110 Sitze erhält und die Neuerungen wieder aufhebt. Die Lage verschärft sich innenpolitisch so, daß die Generale Franco und Goded aus Marokko mit Fremdenlegion und regulären maurischen Truppen anrücken. Neuwahlen 1936 zeigen erstmals eine klare Polarisierung von Rechts und Links. Die Linke Volksfront erzielt mit 278 Abgeordneten einen klaren Sieg. Das politische Leben kommt nicht mehr zur Ruhe. Ein für den 11. Juli geplanter Aufstand der Rechten beginnt dann am 17. Juli um 5 Uhr nachmittags. 24 Stunden später teilt sich Spanien in zwei Lager. Bis zum 21. Juli befinden sich bereits 1/3 Spaniens in der Hand der Rebellen. Die weitere Eroberung zieht sich bis 1939 in vier Hauptphasen hin. Nach der Besetzung Südwestspaniens und dem Vorrücken gegen Madrid werden von April bis Oktober die nördlichen Gebiete, die baskischen Provinzen, Santander und Asturien genommen. Vom März bis April 1938 dringen die Truppen Francos zur Mittelmeerküste vor und schneiden Katalonien ab. Mit dessen Eroberung bricht der Widerstand in Mittelspanien zusammen. Am 29. September 1936 schon war Franco von der Militärjunta zum Regierungschef gewählt worden. Er taktiert äußerst geschickt und kaltblütig, vereinigt die Falange mit den Karlisten, macht sich zum Oberhaupt und wirft zugleich ehemalige Führer der Falange ins Gefängnis. Das Volk sucht man mit Terror gefügig zu machen. Insgesamt läßt sich sagen, daß die Revolte sich nicht gegen eine soziale Revolution richtete, sondern diese erst hervorbrachte. Auf beiden Seiten kommt es zu Übergriffen und Greueltaten. Man nimmt etwa 580 000 Tote an, von denen 160 000 als Opfer der eigentlichen Kampfhandlungen gelten können. Die Mehrzahl wird aus politischen Gründen ermordet, wobei die Nationalisten für etwa 400 000 Hinrichtungen verantwortlich sind.

FRANKREICH ZWISCHEN DEN WELTKRIEGEN

Im Jahre 1937 liegt die französische Außenpolitik in Trümmern, die Nation ist in allem gespalten, einig nur in dem Wunsch, einen zweiten Weltkrieg zu vermeiden. Die Niederlage von 1940 schließt einen Niedergang ab, über dessen Ursachen die Meinungen auseinandergehen. In den zwanziger Jahren läßt sich zunächst ein Wirtschaftswachstum verzeichnen, das nationale Einkommen und die Industrieproduktion steigen, wobei vor allem die großen Industriellen und die in der Industrie Tätigen ihre Lage verbessern können. Geschädigt werden in Frankreich Rentner und Personen mit festen Einnahmen, als die Inflation den Wert des Franc sinken läßt. Nach 1930 setzt eine Verschlechterung ein, die auch durch eine deflationistische Politik nicht aufgehalten werden kann. Im Sommer 1936 beendigt die Volksfrontregierung unter Léon Blum die Deflation, ohne die Situation entscheidend verbessern zu können. Erst seit 1938 unter Daladier und dem Finanzminister Paul Reynaud sind Fortschritte sichtbar.
Auch innenpolitisch erweist sich das Jahrzehnt nach dem Krieg als verhältnismäßig stabil. Radikale Gruppen wie die Action Française, die „Jeunesses Patriotes", „Faisceau" und „Croix de Feu" verlieren seit Poincaré an Bedeutung. Auf der Linken verstärkt sich der Einfluß der Reformisten im Allgemeinen Arbeiterverband (CGT), von dem sich das kommunistische Element 1921 abspaltet und die CGTU bildet. Auch die Sozialistische Partei zerfällt über der Frage, ob ein Anschluß an die Dritte Internationale erfolgen solle. Die Mehrheit (SFIC) ist für den Beitritt, die Minderheit wird zur französischen Sektion der Arbeiter- oder zur Zweiten Internationale (SFIO). Obwohl Frankreich in den dreißiger Jahren oft am Rande eines Bürgerkriegs steht (herausragende Unruhen am 6. Februar 1934 in Paris), erkennt man, daß es ein Fehler der Kommunisten und Sozialdemokraten in Deutschland war, nicht gemeinsam gegen den Faschismus vorgegangen zu sein.
Außenpolitisch steht Frankreich einmal im Schatten der englischen Appeasement-Politik, zum andern im Banne der Überraschungstaktik Hitlers. Das französische Bündnissystem zerfällt. Zu spät erkennen Frankreich und England nach Zerschlagung der Tschechoslowakei die drohende Kriegsgefahr, der sie durch Garantieerklärungen an Polen vorbeugen wollen. Völlig unvorbereitet in militärischer, technischer und militärwirtschaftlicher Hinsicht wartet man ab, eilt Polen nicht zu Hilfe. Am 10. Mai dringen deutsche Truppen in den Niederlanden ein, besetzen Belgien und werfen französische Einheiten zurück. Am 14. Juni marschiert die deutsche Armee in Paris ein. Rettung erhofft man sich von Pétain, der am 22. Juni zu Compiègne den Waffenstillstand unterzeichnen muß. Frankreich wird in eine besetzte und eine nichtbesetzte Zone eingeteilt. Während die Rechte über das Ende der Republik jubelt, zieht sich die Waffenstillstandsregierung nach Vichy zurück und revidiert die Verfassung, Pétain macht sich selbst zum „Chef de l'Etat français". Die Gewerkschaften werden aufgelöst, man träumt von einer nationalen Revolution. Die Rolle der Kirche spiegelt sich darin, daß Pius XII. schon am Vorabend des Krieges den Bann über die Action Française aufhebt.
In der Folge steht Frankreich vor außerordentlichen Belastungen. Rohstoffe, Maschinen, Vorräte jeder Art sind von Deutschland beschlagnahmt. Während 60% des kultivierten Bodens und 65% der Industrie in deutscher Hand bleiben, muß die französische Regierung pro Tag 400 Millionen Francs für Besatzungskosten aufbringen. Eine schlechte Ernte bringt das Land im Winter 1940/41 an den Rand des Verhungerns. Trotzdem kann Pétain seinen Einfluß aufrechterhalten, wird vom Erzbischof von Lyon als „die Verkörperung des leidenden Frankreichs" gefeiert. Laval wird Außenminister, kann aber Pétain nicht wie beabsichtigt ausschalten und wird seinerseits von Admiral Darlan verdrängt, der Deutschland militärische Anlagen in Syrien und Nordafrika zur Verfügung stellt.
Mit dem Fortgang des Krieges gewinnt dann die Résistance an Boden. Der November 1942 bringt das Ende von Vichy. Zum alleinigen Führer der Bewegung „Freies Frankreich" wird nach Ausschaltung Girauds General de Gaulle. Ihm gelingt es im Zuge der Invasion, seine Verwaltungsorgane einzusetzen und den Übergang zur Fünften Republik einzuleiten.

ENGLAND IM ZEICHEN DER APPEASEMENT-POLITIK

Auch England leidet unter den Nachkriegswirkungen (1932 etwa 22% Arbeitslose), doch kommt es hier kaum zu politischen Unruhen. Das parlamentarische System erweist sich als stabil. Selbst der sog. Generalstreik von 1926 war nie einer, da der Trade Union Congress nicht an einer Konfrontation mit der Regierung interessiert war. Kommunisten spielen kaum eine

Eintreffen des britischen Premierministers Nevill Chamberlain auf dem Münchener Flughafen zur Konferenz am 29. 9. 1938. Er wird von Gauleiter Adolf Wagner, Ritter von Epp (links von Chamberlain) und Ribbentrop (rechts in Zivil) abgeholt.

Rolle, und auch die Rechte unter Sir Oswald Mosley kann nicht ernst genommen werden. Es gibt in der britischen Politik nichts, was den Mittelstand in Angst versetzen könnte. Eine äußere Beruhigung kommt durch die Wahlen 1929 zum Ausdruck. Es ist die erste Wahl mit gleichem Stimmrecht für Frauen. Konservative und Labour erreichen je über 8 Millionen Stimmen, die Liberalen etwa 5 Millionen. Labour ist die überzeugendste Trägerin des Völkerbundgedankens und des Pazifismus. Aber es handelt sich um eine Minderheitenregierung, die England in den „Great Slump" gleiten läßt. MacDonald tritt zurück. Es wird eine Nationalregierung bis 1945 gebildet. Das Kabinett besteht aus vier Labour-Leuten, vier Konservativen (darunter Baldwin und Neville Chamberlain) und zwei Liberalen. Den durchgeführten Einschränkungen (Kürzung von Sozialleistungen, von Einkommen der Minister und Beamten, Erhöhung der Einkommensteuer) stimmt die Mehrheit der Wähler zu. Nach dem Tod MacDonalds steht die Politik zunehmend im Zeichen der aggressiven Revisionspolitik Deutschlands. Hinzu kommt ein Thronwechsel, denn Edward VIII. dankt zugunsten der Ehe mit Mrs. Simpson ab. Georg VI. wird König. Irland verweigert seine Zustimmung und proklamiert sich als souveräner Staat Eire. Die folgenden Jahre sind gekennzeichnet durch eine Außenpolitik, die die Gefahr des Nationalsozialismus völlig verkennt. Lloyd George besucht 1936 Hitler und ist von ihm begeistert. Den Einmarsch in Österreich nimmt man widerspruchslos hin. In der Tschechei-Frage übt London Druck aus, um Prag verhandlungsbereit zu machen. Der Überfall auf die Rest-Tschechei allerdings bedeutet das Ende der Appeasement-Politik. Am 31. März erfolgt die Garantieerklärung an Polen, der sich Frankreich am 27. April anschließt. Nach dem deutschen Einmarsch in Polen erklären England und Frankreich sofort den Krieg. Erste britische Divisionen setzen auf den Kontinent über. Sir Winston Churchill wird Premier und sagt in seiner ersten Unterhauserklärung offen „Blut, Mühe, Tränen und Schweiß" voraus. Mit Dünkirchen scheint sich eine Katastrophe anzubahnen, doch gelingt es, z. T. durch Hitlers Zögern begünstigt, über 338 000 Menschen zu retten. Im Juli 1940 beginnt der Luftkampf über England. Deutschland verliert letztlich 1733 Flugzeuge gegen 915 britische. England behält die Lufthoheit und startet seit dem 25. August Bombenangriffe auf deutsche Industriegebiete. Am 7. Juli 1941 landen erste amerikanische Truppen in Island. Später kommt es aber zu scharfen Auseinandersetzungen zwischen Großbritannien und den USA wegen der Verhandlungen mit Stalin. Roosevelt will vor allem das Einvernehmen mit Stalin, er sanktioniert den russischen Erwerb im Fernen Osten, ohne Churchill und Tschiang Kaitschek zu konsultieren. Churchill wiederum sucht einer Festlegung der polnischen Westgrenze bis zur Oder-Neiße-Linie zu widerstehen, muß sich aber zurückhalten. Mittlerweile setzt Air Chief Marshal Sir Arthur Harris die Bombardierung deutscher Städte fort. Am 14. Februar 1945 wird Dresden zerstört, es kommen 60 000 bis 250 000 Menschen um.

Ausblick Das beherrschende Phänomen zwischen den beiden Weltkriegen ist die Entstehung und Etablierung von Faschismus und Nationalsozialismus, wovon freilich nicht alle europäischen Staaten in unmittelbarem Sinn betroffen sind. In gewisser Parallelität dazu kann von einer Schwäche der parlamentarisch-demokratischen Systeme zumindest bis zum Ausbruch des Zweiten Weltkriegs gesprochen werden. Die tieferen Ursachen für diese Entwicklungen liegen weit zurück, sie reichen mindestens bis in die Französische Revolution, wenn auch ökonomische, soziale, politische Veränderungen im 19. Jahrhundert als bedingende Faktoren deutlicher sichtbar sind. Akute Krisen und äußere Umstände bringen nur zum Ausbruch, was schon lange als Möglichkeit angelegt ist. Eine kritische Beurteilung dessen, was vor allem in Deutschland während des Dritten Reichs geschah, muß von der Einsicht ausgehen, daß die Verantwortung nicht auf einzelne Personen abgeschoben werden kann, um eigene Mitschuld und Mitverantwortung zu verdrängen. Ebenso muß es aber verfehlt erscheinen, eine Kollektivschuld zu suchen, wenn auch vielen Deutschen der Vorwurf nicht erspart bleiben kann, nicht rechtzeitig von den Möglichkeiten des Widerstands Gebrauch gemacht zu haben. Obrigkeitsstaatliches Denken, mangelhafte Bereitschaft komplizierte Zusammenhänge zu durchdenken, die Bereitschaft, Schuld für Krisen bei Minderheitengruppen zu suchen, mangelnde politische Tradition und Einübung demokratischer Lebensformen u. a. schufen den Boden für Hitlers Erfolg. Die Westmächte ihrerseits diskreditierten sich, als sie Hitlers Politik zustimmten, solange sie nur antikommunistisch orientiert war, als sie seiner Expansionspolitik tatenlos zusahen und selbst verfolgten Juden aus Devisengründen keine Aufnahme gewährten.

Ein Faschismus in der vorangegangenen skizzierten Ausformung dürfte sich kaum wiederholen. Die Gefahren neuzeitlicher Technokratien, die über die Politik zunehmend dominieren mit dem Trend, daß Opposition nur noch im Rahmen der akzeptierten Bedingungen stattfindet, sollten jedoch für die Zukunft nicht unterschätzt werden.

Der Zweite Weltkrieg (1939–1945)

Die Erforschung der Geschichte des Zweiten Weltkriegs hat in den vergangenen Jahren eine Flut von Büchern hervorgebracht. Kenner nehmen an, daß allein in der Spanne zwischen den Jahren 1961 und 1967 ungefähr 50 000 Veröffentlichungen zu diesem Thema erschienen sind. Die Fülle von wissenschaftlichen Arbeiten darf aber nicht darüber hinwegtäuschen, daß die Erschließung der Kriegsjahre von 1939 bis 1945 noch nicht beendet ist. Besonders die diplomatisch-politischen Vorgänge liegen auf Grund der „Zurückhaltung" der Länder Großbritannien, Frankreich, Italien und vor allem der Sowjetunion bei der Öffnung von Archiven noch weitgehend im Dunkel. Zudem wird gerade in den genannten Ländern – anders als in der Bundesrepublik Deutschland, wo das Jahr 1945 eine tiefgreifende Zäsur bildet und die Kontinuität der Geschichte unterbrochen worden zu sein scheint – die Verbindung mit der damaligen politischen Situation gewahrt, so daß die Betrachtung der Ereignisse des Zweiten Weltkrieges noch sehr stark gegenwartsverpflichtet und weniger „rein" historisch ist.

Trotz dieser ungeheueren, teilweise unüberwindlichen Schwierigkeiten darf das Bemühen um eine Gesamtdarstellung der damaligen Ereignisse nicht erlahmen, damit gerade angesichts der diffus wirkenden Einzeluntersuchungen der Blick für die Gesamtproblematik nicht verlorengeht.

DIE INTERNATIONALE LAGE UNMITTELBAR VOR KRIEGSAUSBRUCH

Am Ende der dreißiger Jahre wird das internationale politische Leben von Europa und von Nordamerika aus gesteuert. Dabei gelten die USA und Großbritannien als die Bollwerke der Demokratie, während in den meisten übrigen Ländern von Bedeutung, einschließlich der UdSSR, autoritäre Systeme herrschen. Das vom wirtschaftlichen Aufstieg geprägte Deutsche Reich stellt zu allen wichtigen Ländern Verbindungen her, nur gegenüber der Sowjetunion wird als der Verkörperung des Kommunismus ein tiefgreifender Gegensatz betont.

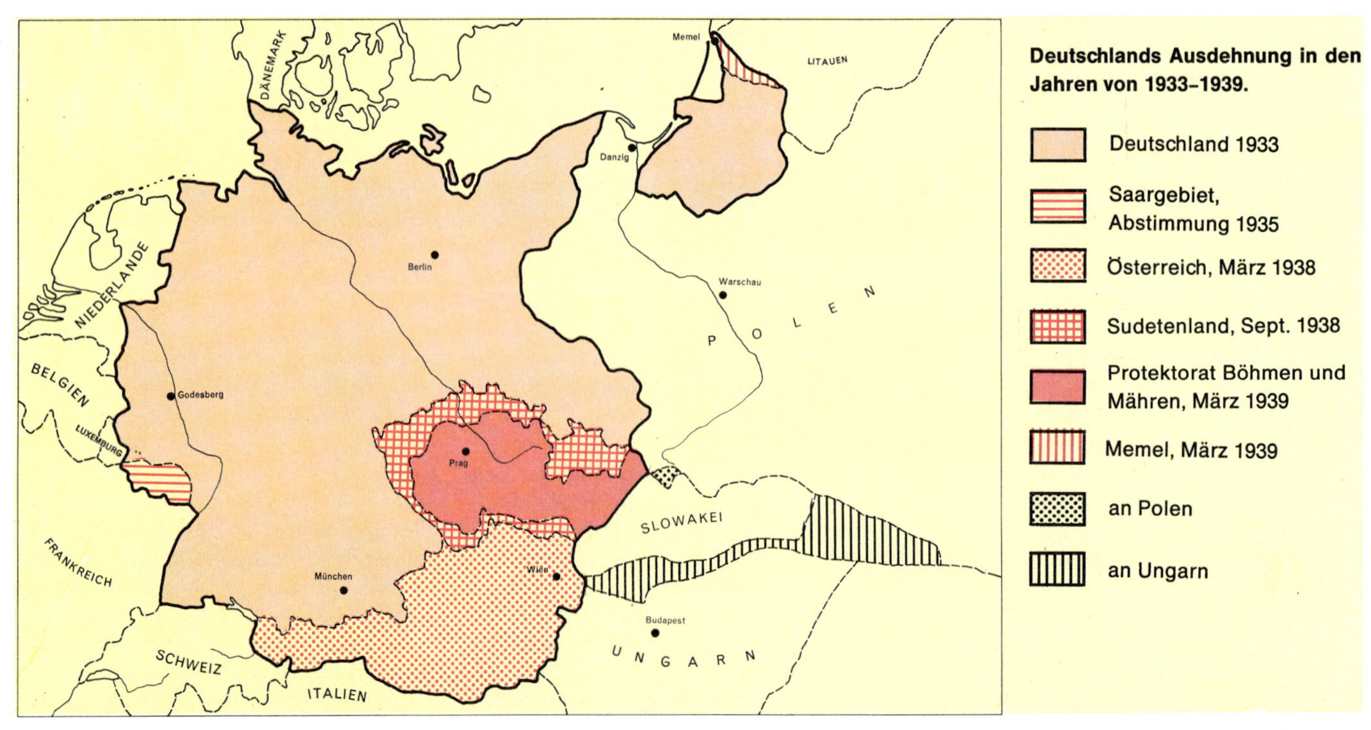

Bis zum Januar des Jahres 1939 sieht England, trotz der Annektierung des Sudetenlandes durch Deutschland, die Balance der Kräfte in Europa noch gewahrt. Doch als in der Nacht vom 14. zum 15. März der tschechische Staatspräsident Dr. Hacha einen Vertrag unterschreiben muß, durch den Böhmen und Mähren deutsches Protektorat werden und die Slowakei zu einem unter deutschem Schutz stehenden selbständigen Staat wird, und als am 7. April Mussolini die Besetzung Albaniens einleitet, das hierauf Italien in Form einer Personalunion angegliedert wird, und weitere Aktionen Italiens auf dem Balkan drohen, sieht England das Gleichgewicht aus den Fugen geraten. Durch die Ankündigung der allgemeinen Dienstpflicht sowie die englische Zusicherung des Beistandes für Polen, Griechenland, Rumänien und die Türkei wird deutlich, daß sich London jetzt mit Washington einig weiß und, wie schon zuvor vom US-Präsidenten ausgesprochen, in Italien und seinem Verbündeten nördlich der Alpen mutmaßliche Angreifer sieht. Die UdSSR fühlt sich jetzt in die Isolation gedrängt und deutet an, sie sei bereit, mit Deutschland anstehende Fragen zu erörtern; gleichzeitig sucht jedoch Stalin auch die Tür zu den Westmächten offenzuhalten, wo ihm jedoch sehr bald angedeutet wird, daß es zu keiner Einigung hinsichtlich einer sowjetischen Besetzung des Baltikums kommen werde.
Diese sich anbahnenden Zeichen einer Solidarität der Nachbarn sowohl untereinander als auch speziell mit Polen schätzen Hitler und sein Außenminister von Ribbentrop nicht sonderlich hoch ein, und so ergeht im Frühjahr des Jahres 1939 an die deutsche Wehrmacht die Anweisung, daß man sich auf einen im Herbst beginnenden Krieg gegen Polen vorzubereiten habe.
In diesem Zusammenhang ist zu berücksichtigen, daß sich im Sommer des gleichen Jahres sowohl in Danzig als auch in den Gebieten mit deutscher Minderheit in Polen Unruhen mehren. Am 23. August fällt in die gespannte Situation die Nachricht von der Unterzeichnung eines deutsch-sowjetischen Nichtangriffspaktes. Der Weltöffentlichkeit bleibt allerdings verborgen, daß dieses Abkommen durch ein Polen und das Baltikum in Interessensphären einteilendes Zusatzabkommen ergänzt ist. Die hiermit ausgeschlossene Aggression durch die UdSSR verleitet Hitler dazu, noch am gleichen Tage als Termin für den Angriff auf Polen den 26. August festzusetzen. Als am 25. August die Unterzeichnung eines englisch-polnischen Beistandspaktes bekannt wird, muß eine Terminverschiebung vorgenommen werden.
In diese Zeit sich häufender Anzeichen für einen Krieg fallen zahlreiche Vermittlungsversuche verschiedenster Politiker, darunter auch Roosevelts und des Papstes, und am 28. August 1939 schlägt England sogar noch direkte Verhandlungen zwischen Deutschland und Polen vor. Hitler geht auf diesen Vorschlag ein und verlangt das Erscheinen eines polnischen Bevollmächtigten, doch aus Warschau kommt statt dessen am 30. August die Meldung von der Mobilmachung. Obwohl auch jetzt noch Mussolini und Göring Zwischenlösungen vorschlagen, bleibt Hitler unzugänglich und setzt am 31. August den Termin für den Angriff auf Polen auf den 1. September, 4.45 Uhr, fest und eröffnet damit den Zweiten Weltkrieg.

DER KRIEGSAUSBRUCH

Die militärische Situation bei den Achsenmächten Bei Beginn des Angriffs auf Polen kommandiert Adolf Hitler als Reichskanzler die Wehrmacht des Deutschen Reiches. Ihm stehen als Chef des Oberkommandos der Wehrmacht (OKW) Keitel und als Chef des Wehrmachtführungsstabes Jodl zur Seite; Oberbefehlshaber des Heeres ist zu dieser Zeit von Brauchitsch, die Luftwaffe führt Göring und die Kriegsmarine Raeder, der am 30. Januar 1943 durch Dönitz ersetzt wird.
Das Deutsche Reich ist damals nicht isoliert, denn es hat auf internationalem Gebiet in erster Linie in den Regierungen Italiens und Japans Verbündete gefunden. So sind seit dem November 1936 Deutschland und Japan durch den Antikominternpakt zusammengeschlossen, dem im Januar 1937 auch Italien beitritt. Nachdem eine deutsch-italienische Übereinkunft im Oktober/November 1936 zur Verkündung der „Achse Berlin–Rom" geführt hat, der im März 1939 Spanien beitritt, vertiefen sich im Jahre 1939 die Bindungen zu Italien durch den Freundschafts- und Bündnispakt („Stahlpakt"). Im Jahre 1940 schließen Deutschland, Italien und Japan noch einen „Dreimächtepakt", der die Neuordnung Europas und Ostasiens vorsieht und dem im Jahre 1942 sich auch Ungarn, Rumänien, die Slowakei, Dänemark, Finnland, Bulgarien, Kroatien und Nanking-China anschließen. Im gleichen Jahr kommt es zwischen Deutschland, Italien und Japan zusätzlich noch zu einem Militärbündnis. Innerhalb des europäischen Teils dieses Vertragssystems ist das Deutsche Reich die unumstrittene politische und militärische Führungsmacht.
Die deutsche Wehrmacht ist in den Jahren vor dem Kriegsausbruch sehr überstürzt aufgerüstet worden und nur ein geringer Teil der Mannschaften hat eine vollständige Ausbildung erhalten. Daneben verfügt Deutschland über eine hochqualifizierte, aber zahlenmäßig bescheidene Kriegsflotte und eine im Aufbau befindliche, jedoch zunächst nur zahlenmäßig überlegene Luftwaffe. Trotz verschiedener Mängel ist die deutsche Kampfkraft der ihrer Gegner zunächst überlegen, da die Nachbarregierungen auf Grund einer Fülle innenpolitischer und außenpolitischer Schwierigkeiten der Kriegswirtschaft wenig Aufmerksamkeit geschenkt haben. Einen eindrucksvollen Beweis ihrer neuen Stärke hat die deutsche Wehrmacht bereits bei ihrem Einsatz während des spanischen Bürgerkriegs erbracht.

Die Eroberung Polens (Der Fall „Weiß") Im Angriff auf Polen sieht Hitler zunächst nur eine isolierte Aktion, die keineswegs von vornherein weitere Kriegshandlungen nach sich ziehen sollte. Den Planungen zufolge soll durch eine rasche militärische Aktion (später wählt man hierfür die Bezeichnung „Blitzkrieg") der im Weichselbogen stationierten polnischen Armee der Rückzug nach Osten abgeschnitten werden. Das derzeitige deutsche Staatsgebiet ermöglicht eine derartige Einkreisung, der sich am 5. September auch die Slowakei anschließt. Jedoch führt ein solches Vorgehen im Osten zu einer fast völligen Räumung der Stellungen an der deutschen Westgrenze.
Bereits kurz nach dem Einmarsch in Polen bemüht sich Hitler in seiner Reichstagsrede vom 1. September einerseits durch die Vortäuschung eines polnischen Überfalls auf den deutschen Sender Gleiwitz und andererseits durch übertreibende Aussagen hinsichtlich der an sich schon sehr zahlreichen Greueltaten gegen die volksdeutsche Bevölkerung in Polen ein verzerrtes Bild der Lage zu zeichnen. England und Frankreich lassen sich nicht verwirren und fordern am 3. September ultimativ den Rückzug der deutschen Truppen hinter die Reichsgrenze und erklären nach Ablauf der gesetzten Frist dem Deutschen Reich den Krieg, jedoch unterlassen sie die für den 15. Kriegstag Polen gegenüber zugesagte Offensive im Westen des Deutschen Reiches und nützen die dort bestehende schwache Präsenz deutscher Truppen nicht aus. In der Zwischenzeit haben die deutschen Soldaten fast ganz Polen besetzt, die polnischen Armeen bei Radom und Bzura geschlagen und die Hauptstadt eingekreist, die zur Festung erklärt worden ist. Am 17. September beginnt auch die Sowjetunion den Einmarsch in Polen und besetzt die ihr im Vertrag vom 23. August eingeräumten Gebiete, wozu das von den deutschen Truppen eroberte Gebiet um Lemberg wieder geräumt wird.
Die Einnahme der Festung Warschau zieht sich bis zum 27. September hin, worauf die Kampfhandlungen in Polen beendet sind.

Bereits am 28. September unterzeichnet der deutsche Außenminister einen Grenz- und Freundschaftsvertrag mit der UdSSR, der das Gebiet zwischen Weichsel und Bug dem Deutschen Reich und Litauen der UdSSR als Interessengebiet zuspricht. Am 1. November wird das Deutsche Reich um die Freie Stadt Danzig, um die durch den Versailler Vertrag an Polen abgetretenen Gebiete, um Lodz, das nach Osten erweiterte Oberschlesien und den Bezirk um Zjechanow vergrößert. Das übrige Polen ist seit dem 12. Oktober einem Generalgouverneur mit Sitz in Krakau unterstellt.

Der finnisch-sowjetische Winterkrieg Bei ihrem Bestreben, die mit Deutschland vereinbarten Gebiete rasch unter Kontrolle zu bringen, stößt die UdSSR zwar nicht in den Baltischen Staaten, wohl aber in Finnland auf beträchtlichen Widerstand. Daher bombardieren russische Flugzeuge am 30. November 1939 Helsinki, während gleichzeitig sowjetische Truppen auf ihrer gesamten Länge die finnische Ostgrenze überschreiten. Obwohl die Finnen den gegnerischen Truppen unterlegen sind, können sie diese bis zum März 1940 aufhalten, müssen allerdings in der Gegend um Viborg die „Mannerheim-Linie" räumen. Es gelingt den Finnen sogar, von den Westmächten Unterstützung zu erlangen, doch reicht diese nicht für einen nennenswerten Erfolg aus. Daher muß Finnland am 12. März 1940 in einem Friedensvertrag die Karelische Meerenge mit Viborg und Teilen Ostkareliens, Hangö und Transitrechte im Gebiet von Petsamo an die UdSSR abtreten.

DER VORMARSCH DER ACHSENMÄCHTE

Bereits am 6. Oktober 1939 hat Hitler in einer Rede vor dem Reichstag auf der Basis des neuen Status quo ein Verhandlungsangebot an die englische Regierung gerichtet, das diese jedoch am 12. Oktober entsprechend anderslautender internationaler Verpflichtungen ablehnen muß. So kommt es in den Monaten Oktober und November zur Verlegung der in Polen freigewordenen deutschen Truppen an die Westgrenze, da Hitler bereits für den 12. November den Angriff auf den Westen zunächst nur über Belgien, dann auch unter Einbeziehung der Niederlande vorgesehen hat. Doch dieser Termin kann nicht eingehalten werden und andere Kriegsschauplätze rücken in den Vordergrund.

Die Besetzung Dänemarks und Norwegens („Fall Weserübung") Verursacht durch eine alliierte Denkschrift vom 19. September 1939 weist die deutsche Seekriegsleitung bereits im Oktober 1939 darauf hin, daß möglicherweise durch eine englische Besetzung Skandinaviens das Deutsche Reich die Vorherrschaft in der Ostsee verlieren und von der Zufuhr schwedischen Erzes abgeschnitten werden könne. Daher läßt Hitler im OKW den Plan für eine Landung in Norwegen sowie für eine Besetzung Dänemarks ausarbeiten. Auch die sich anbahnende Kooperation zwischen Finnland und den Westmächten läßt Eile geboten erscheinen.

Daher kommt es zu einem Wettlauf zwischen Deutschland und den Alliierten um die Besetzung Norwegens. Als Termin für die Verminung und Besetzung der westnorwegischen Häfen vereinbaren England und Frankreich am 28. März den 5. April, doch muß das Vorhaben auf den 8. April verschoben werden. Die deutsche Regierung setzt unterdessen den Beginn der „Weserübung", also der Besetzung Dänemarks und Norwegens, für den 9. April fest.

Der Blitzkrieg gegen Dänemark, das als Durchzugsland von entscheidender Bedeutung ist, verläuft nahezu kampflos, da die dortige Regierung die Auslieferung der Waffen angeordnet hat und sich mit einem Protest abfindet. Jedoch bei dem Vordringen in Norwegen kommt es zu heftigen Kämpfen zwischen deutschen Truppen einerseits und norwegischen sowie britischen Verbänden andererseits. Durch schnelle Landungen an der Küste Süd- und Mittelnorwegens können die Deutschen einige Stützpunkte erobern; größere Schwierigkeiten ergeben sich allerdings bei Narvik, wo ein Gebirgsregiment der deutschen Wehrmacht von zehn Zerstörern abgesetzt wird, die von englischen Seestreitkräften angegriffen werden. Wohl gehen die deutschen Schiffe verloren, doch die gelandeten Truppen können ihren Brückenkopf halten und ausbauen. Die zwischen dem 15. und 19. April bei Namsos und Andalsnes an Land gebrachten alliierten Verbände müssen sich zusammen mit ihren verbündeten norwegischen Truppen wieder einschiffen oder kapitulieren. Trotzdem geben aber die Briten noch nicht auf und besetzen am 28. Mai Narvik; doch müssen sie sich zurückziehen, als bei Dünkirchen ihre kämpfenden Landsleute eingeschlossen worden sind und damit eine unmittelbare Bedrohung Englands entstanden ist.

Der norwegische König Haakon hat inzwischen sein Land verlassen und ist nach London geflohen. Die deutsche Regierung setzt daher eine neue Verwaltung unter dem Reichskommissar Terboven ein, der mit dem Führer der „Nasjanal Samling" Quisling zusammenarbeitet. Durch die Eroberung Dänemarks und Norwegens ist die deutsche Kriegführung auf eine sehr breite Basis gestellt worden und es sind hiermit vor allem die Grundlagen für den späteren Seekrieg im Atlantik gelegt worden. Um sich nicht noch mehr aus dem Nordseebereich verdrängen zu lassen, landen englische Truppen auf Island, während die USA im September 1941 Grönland annektieren.

Der Westfeldzug („Fall Gelb") Schon Anfang Oktober 1939 hat Hitler den Beschluß für einen Angriff auf Frankreich gefaßt, doch muß der Beginn der Offensive insgesamt 29mal meist aus wetterbedingten Gründen verschoben werden. Während dieser Wartezeit wird die deutsche Konzeption entscheidend abgeändert. War ursprünglich die Hauptlast auf den rechten Flügel gelegt worden, der einen raschen Zug nach dem Westen unternehmen sollte, so wird nun auf Anraten des Generals von Manstein der Schwerpunkt in die Mitte der Angriffsfront gelegt, wodurch ein rascher Durchbruch zur Sommemündung erfolgen und eine Einkreisung der belgisch-französischen Truppen im Norden ermöglicht werden soll. Da auch Hitler an dieser Änderung der Konzeption beteiligt gewesen ist und diese sich als äußerst nützlich erwiesen hat, bildet sie eine wesentliche Grundlage dafür, daß der Reichskanzler bei sich mehr und mehr „militärische Unfehlbarkeit" entdeckt.

Der Kampf gegen die Niederlande beginnt am 10. Mai 1940 mit Luftlandungen bei Den Haag und Rotterdam, das bereits am 14. Mai kapituliert. Am Tage zuvor ist Königin Juliane nach London geflohen und hat dort eine Exilregierung eingerichtet. Wohl deshalb bricht der Widerstand rasch zusammen, und am 15. Mai um 11.45 Uhr erfolgt die Kapitulation der Niederlande. Ähnlich schnell verlaufen die Kämpfe in Belgien. Am 13. Mai erobern die deutschen Truppen Lüttich, und am 17. Mai kann Brüssel, das zur offenen Stadt erklärt worden ist, besetzt werden. Bereits am folgenden Tag können die Deutschen auch Antwerpen einnehmen, und weitere zehn Tage später erklärt der belgische König Leopold III. die Kapitulation seines Landes.

Am mittleren Frontabschnitt werden am 13. Mai die Ardennen überwunden. Da entgegen den Überlegungen der französischen Führung die deutschen Truppen von der Sommemündung aus nach Norden vorstoßen, gerät die französische Nordarmee in eine Umklammerung, und die Briten müssen sich am 26. Mai nach Dünkirchen zurückziehen. Da jedoch am 24. Mai die deutsche Führung den Panzerangriff auf Dünkirchen anhalten läßt, können mit französischer Hilfe und unter Aufwendung aller verfügbaren Schiffe sämtliche englischen Soldaten aus der Umklammerung abgezogen werden, doch müssen sie ihre gesamte Ausrüstung zurücklassen. Da im Juni den deutschen Truppen der Durchbruch an der von den Franzosen eiligst erstellten neuen Front bei der Aisne gelingt, werden die französischen Soldaten an der Maginot-Linie abgeschnitten und am 14. Juni zur Kapitulation gezwungen. An eben diesem Tage erfolgt, nach schwerem Beschuß der militärischen Anlagen an der Peripherie, die kampflose Besetzung von Paris. Kurz zuvor, am 10. Juni, hat die italienische Regierung ihre Einstellung zum Krieg geändert und die bisher proklamierte Nichtbeteiligung aufgekündigt. Seither kämpfen italienische Truppen, allerdings recht erfolglos, an den Alpenpässen zu Frankreich.

Während der französische General de Gaulle im Exil in London erklärt, der Kampf gegen Deutschland werde fortgesetzt, nimmt Marschall Pétain über spanische Mittelsmänner Verhandlungen mit der deutschen Regierung auf. Nach einer zwischen Hitler und Mussolini herbeigeführten Einigung übergibt eine deutsche Delegation an der Stelle der Unterzeichnung des Waffenstillstandes von 1918, im Wald bei Compiègne und in demselben Eisenbahnwaggon, die deutschen Bedingungen, die am 22. Juni von der französischen Regierung unterzeichnet werden. Der nordwestliche Teil Frankreichs wird abgetrennt, damit ist die gesamte Kanal- und Atlantikküste in deutscher Hand, während Frankreich für den Restteil eine eigene Regierung erstellen darf und seine Flotte nicht ausliefern muß. Die Pétain unterstellten Minister richten in Vichy eine provisorische Verwaltung ein, während de Gaulle in London ein „Nationalkomitee der Freien Franzosen" begründet, das auch von der englischen Regierung anerkannt wird.

Die Unternehmen „Seelöwe" und „Felix" In den Juni-Tagen werden in Deutschland Überlegungen angestellt, ob nun sofort im Anschluß an diesen Erfolg ein Angriff auf England erfolgen soll. Die Ernsthaftigkeit dieser Überlegungen unterstreicht die „Weisung Nr. 16", die die Vorbereitung eines Unternehmens „Seelöwe" anordnet und im Hinterland der Kanalküste entsprechende Manöver anlaufen läßt. Doch zeigt sich bald, daß das deutsche Kriegspotential für ein derartiges aufwendiges Unternehmen zu Wasser, zu Lande und in der Luft unzureichend ist. Selbst Hitler wird in seiner Haltung schwankend, denn einerseits glaubt er noch immer an einen Ausgleichsfrieden mit England, andererseits möchte er den frischen Nimbus der Unbesiegbarkeit nicht aufs Spiel setzen.

Daneben wird von den Achsenmächten noch ein anderer Plan ventiliert, demzufolge Großbritannien seine starken Festungen im Mittelmeer, in erster Linie Gibraltar, genommen werden sollen. Hitler reist deswegen am 23. Oktober 1940 an die spanische Grenze und bespricht sich dort mit Franco. Doch dieser verlangt für seine Beteiligung die Lieferung von Getreide und Treibstoff sowie Teile des französischen Kolonialbesitzes. Die beiden Regierungschefs werden sich in dieser Frage nicht einig, und im Dezember lehnt Spanien eine Mitarbeit am Unternehmen „Felix" gegen Gibraltar ab.

Der Kriegsverlauf in Afrika Die Kämpfe um die Cyrenaika und den Zugang zu Ägypten Durch den Beitritt Italiens in die Kriegshandlungen ergeben sich für die deutsche Regierung neue Verpflichtungen und Möglichkeiten. So muß einerseits das italienische Kolonialreich, besonders das seit dem Jahre 1936 als Vizekönigreich Etiopia eingegliederte Abessinien, verteidigt werden, andererseits können von den italienischen Besitzungen aus die angrenzenden Kolonien Englands und Frankreichs angegriffen werden.

Zunächst ergreift Italien selbst die Initiative und erobert vom 6. bis 19. August 1940 von Abessinien aus Britisch-Somali-Land; ein zweiter italienischer Kriegszug geht von der Kolonie Libyen aus in Richtung Ägypten, jedoch bewirkt er einen starken britischen Gegenschlag, dem die Truppen Mussolinis nicht gewachsen sind. So verliert der Duce nicht nur die Cyrenaika, sondern auch 130 000 Soldaten, während England insgesamt 500 Gefallene zu beklagen hat. So kann Italien nur mit Hilfe des Deutschen Reiches eine Wendung erwarten und bittet in Berlin um Hilfe.

Hitler akzeptiert das Ersuchen seines Partners und ordnet die Aufstellung eines deutschen Afrikakorps an, das dem General Rommel unterstellt wird und am 14. Februar 1941 in Tripolis eintrifft. Da die Briten in der Zwischenzeit einen Teil ihrer Truppen nach Griechenland verlegt haben, können sie den vereinigten deutsch-italienischen Verbänden nur geringfügigen Widerstand entgegensetzen. So müssen die Engländer die Cyrenaika wieder abgeben, doch behalten sie weiterhin das seit dem 8. April eingeschlossene Tobruk, das von der See aus versorgt wird.

Obwohl die deutschen Truppen Malta und den Suezkanal durch die Luftwaffe immer wieder angreifen lassen, gelingt den Engländern eine erhebliche Störung der Versorgung für die deutschen Soldaten in Nordafrika. Daher gerät der deutsch-italienische Angriff unmittelbar vor der ägyptischen Grenze ins Stocken. Gleichzeitig können die Briten im italienischen Kolonialreich große Erfolge erzielen. Denn in den Monaten Januar und Februar des Jahres 1941 besetzen sie Italienisch- und wiederum Britisch-Somaliland und eröffnen den Angriff auf Abessinien. Bereits am 5. April des gleichen Jahres wird Addis Abeba eingenommen, und am gleichen Tag kehrt Kaiser Haile Selassie aus dem Exil wieder in sein Land zurück.

Auch an der Nordfront gewinnen die Engländer wieder die Oberhand, denn sie haben ihren Stützpunkt Malta so sehr befestigt, daß in der Zeit von Oktober bis Dezember 1941 von 123 000 BRT deutschen Nachschubs nur 44 500 BRT unbeschädigt nach Tripolis gelangen und somit beim Afrikakorps schwere Versorgungsprobleme aufkommen. Die hierdurch ermöglichte Gegenoffensive der Briten vom 18. November führt zum Entsatz von Tobruk und zur Einnahme von Benghasi.

Doch bereits am 21. Januar 1942 kann eine neuerliche deutsche Gegenoffensive begonnen werden, da unter Einsatz aller Hilfsmittel endlich der dringend erforderliche Nachschub Nordafrika erreicht. Daher erobert nun Rommel Benghasi zurück und deutschen U-Booten und Flugzeugen gelingt es, das Übergewicht Englands im Mittelmeerraum zurückzudrängen. Nach erbitterten Kämpfen können die deutsch-italienischen Verbände am 21. Juni Tobruk zur Kapitulation zwingen und am 23. Juni sogar die ägyptische Grenze überschreiten. Die rastlose Verfolgung der 8. britischen Armee bringt zwar äußerlich eindrucksvolle Geländegewinne ein, doch werden hierdurch die Nachschubwege immer länger und die Kräfte der deutschen Truppen zunehmend aufgebraucht. In der letzten Befestigungslinie vor dem ägyptischen Kernland, etwa nurmehr 100 Kilometer westlich von Alexandria, bei El Alamein kommt der deutsche Angriff zum Stehen. Am 31. August gelingt es den Deutschen nicht, in einem groß angelegten Gefecht diesen letzten Abwehrgürtel zu durchbrechen. Während der Nachschub für die deutschen Truppen immer spärlicher fließt, holen die Engländer aus dem nahen Nil-Tal alle noch verfügbaren Reserven und beginnen am 23. Oktober um 23.00 Uhr unter dem Kommando des Generals Montgomery die für sie entscheidende Operation „Lightfoot". Zwar können die deutschen Soldaten erste Angriffe der Briten noch zurückweisen, doch am 3. November bleibt der Rückzug der einzige Ausweg. Bereits am 13. November räumen die deutschen Truppen Tobruk wieder, und am 20. November muß auch Benghasi erneut abgegeben werden.

So haben die Briten wiederum die Cyrenaika in ihre Hand bekommen, und General Montgomery kann es sich erlauben, eine Verschnaufpause einzulegen.

Das Ende der Kämpfe in Nordafrika Die Ursache dieser britischen Zuversicht ist auch in der Landung alliierter Streitkräfte in Nordwestafrika zu sehen. Wohl haben seit längerer Zeit die deutsche und italienische Regierung mit dem Aufbau einer neuen Front im westlichen Mittelmeer gerechnet, doch der Termin und die Stoßrichtung haben sie überrascht. So kann am 7. und 8. November 1942, nur von einigen der Vichy-Regierung unterstellten französischen Truppen behindert, General Eisenhower in Algerien und Marokko die ihm aufgetragene Invasion durchführen.
Die deutsche Regierung ordnet nun eiligst die Übersetzung aller deutschen und italienischen Verbände nach Tunesien an, womit ganz Libyen an die Alliierten abgetreten wird. Als neue Verteidigungslinie muß die auf tunesischem Gebiet südlich von Gabes liegende und von den Achsenmächten stark befestigte Mareth-Stellung aufgebaut werden. Doch als die 8. britische Armee weiter vorrückt und die anrückenden Amerikaner zusätzlich den Aktionsraum der deutsch-italienischen Truppen weiter einengen, zieht sich das Afrikakorps hinter die Stadt Kairouan zurück, wodurch die tunesisch-libyschen Verbände auf einen separaten Brückenkopf zusammengedrängt werden, der auf die Dauer nicht gehalten werden kann.
Da Hitler Rommel nach seinem Genesungsurlaub nicht mehr an die Afrikafront zurückkehren läßt, wird der dortige Oberbefehl am 9. März 1943 dem Generaloberst von Arnim übertragen. Dieser kann nur noch am 7. Mai Biserta und Tunis von deutschen Truppen räumen lassen und schließlich am 13. Mai die Kapitulation unterzeichnen. Damit sind die Kämpfe in Afrika beendet und etwa ein Vierteljahr nach der Kapitulation von Stalingrad müssen auf afrikanischem Boden 252 000 Italiener und Deutsche den Weg in die Gefangenschaft antreten. Ab jetzt ist die „Festung Europa" auf ihrer Südflanke gegenüber feindlichen Angriffen ohne Schutz.

Kriegsverlauf auf dem Balkan Deutschland will zwar den Krieg vom Balkan fernhalten, doch Italien sieht nur hier eine Möglichkeit, das seit dem Verlust der Cyrenaika geschwächte Selbstbewußtsein der Bewohner wieder aufzurichten. Daher nimmt der Duce das seit April 1939 von italienischen Truppen kontrollierte Albanien zum Ausgangspunkt für ein Vorgehen gegen Griechenland, und ohne vorherige Absprache mit den Verbündeten überschreiten am 28. Oktober 1940 italienische Truppen die Grenze und italienische Flugzeuge bombardieren Patras. Bei der am gleichen Tag in Florenz stattfindenden Begegnung zwischen Mussolini und Hitler kann sich der deutsche Reichskanzler nur sehr mühsam mit dem eigenmächtigen Vorgehen des Partners abfinden.
Der Vormarsch der italienischen Soldaten wird von den Griechen nicht nur aufgehalten, sondern sie nehmen sogar den Italienern ein Drittel von Albanien ab. Die britische Regierung hält ihre Griechenland gemachten Zusagen ein, indem sie – auf Kosten ihrer Präsenz in Nordafrika – auf Kreta Stützpunkte errichtet und ab 7. März sogar einige Einheiten im Hafen von Athen an Land gehen läßt. Auf Grund der bestehenden wirtschaftlichen Bindungen zwischen Deutschland und dem Balkan ist Hitler anfangs bemüht, den italienisch-griechischen Gegensatz mit friedlichen Mitteln beizulegen, doch hat er hierbei keinen Erfolg. Daher rücken am 2. März 1941 deutsche Truppen in Bulgarien ein, das am Tag zuvor dem Dreimächtepakt der Achsenländer beigetreten ist. Hitler verspricht sich von diesem Eingreifen einen besseren Schutz seiner Südost-Flanke bei dem zu dieser Zeit schon geplanten Kriegszug gegen Rußland. Da auch die jugoslawische Regierung unter Cvetkovic am 25. März dem Dreimächtepakt beitritt, scheint ein Krieg auf dem Balkan vermeidbar zu sein. Doch gleich nach seiner Rückkehr nach Belgrad wird Cvetkovic gestürzt und sein Amt übernimmt der von König Peter II. eingesetzte Simovic.

Weil Hitler annimmt, daß die neue jugoslawische Regierung durch England und vielleicht auch durch die UdSSR Unterstützung erhält, plant er nicht nur einen Angriff gegen Griechenland, sondern auch gegen Jugoslawien. Die Richtigkeit dieser Vermutung unterstreicht der am 3. April bekannt gewordene Abschluß eines Freundschafts- und Nichtangriffspaktes zwischen Jugoslawien und der UdSSR. Deutschland eröffnet am 6. April den Angriff mit einer Bombardierung Belgrads, worauf in der Nacht vom 6. zum 7. April britische Flugzeuge über Sofia Bomben abwerfen. An dem nun einsetzenden Vormarsch deutscher und italienischer Verbände beteiligen sich auch ungarische und bulgarische Einheiten. Die vorrückenden Truppen schließen die jugoslawischen Truppen in Bosnien ein und erzwingen am 17. April deren Kapitulation.

Nachdem die deutschen Truppen am 14. Juni in Paris einmarschiert waren fährt Adolf Hitler mit seinem Stab durch die Stadt. Der Westfeldzug („Fall Gelb") dauerte vom 10. Mai bis 25. Juni 1940.

Einmarsch der deutschen Panzerspitze in die Ukraine, Juni 1941. Ohne Ankündigung unter Führung des Generalfeldmarschalls von Brauchitsch begann am 22. Juni 1941, 3.15 Uhr, der deutsche Angriff auf Rußland. Der Angriff erfolgte mit 153 Divisionen, darunter 19 Panzer- und 15 motorisierte Divisionen, 600.000 motorisierten Fahrzeugen, 3.580 Panzern, 7.481 Geschützen und insgesamt 3,2 Millionen Mann. Unterstützt wurde der Angriff durch drei Luftflotten und die rumänische Armee.

Parallel hierzu verläuft die Eroberung Griechenlands durch die deutsche Wehrmacht, die im Norden durch die erbitterte Verteidigung der Metaxas-Linie geringfügig verzögert wird. Britische Einheiten, die aus Ägypten abgezogen worden sind, versuchen in der Höhe des Olymps und am Thermopylenpaß den Zugang nach Mittelgriechenland zu versperren. Doch der Durchbruch der deutschen Soldaten gelingt und am 27. April rücken deutsche Truppen in Athen ein.

Die noch verbleibende Einnahme Kretas erreichen die Achsenmächte in der Zeit vom 20. Mai bis 1. Juni 1941, wobei in äußerst schwierigen Kämpfen über 2000 Männer ihr Leben verlieren und fast ebenso viele als vermißt und verwundet gemeldet werden.

Der Kriegszug auf dem Balkan bewirkt, daß der jugoslawische Staat auseinanderfällt. König Peter flieht ins Exil nach London und richtet dort eine Regierung ein. Unterdessen werden die Verhältnisse auf dem Balkan neu geregelt. Kroatien erklärt seine Unabhängigkeit, und an die Spitze des Staates tritt als „Poglavaik" Dr. Ante Pavelić, der sich in erster Linie auf die Freiheitsbewegung „Ustascha" stützt. In Serbien setzt die deutsche Militärverwaltung eine von Einheimischen gebildete Regierung ein, die aber auf Grund zweier untereinander verfeindeter Partisanengruppen kein Ansehen gewinnen kann. Die eine Guerillatruppe entsteht in Westserbien um den General Mihajlović, der monarchisch-zentralistische Ziele verfolgt und daher gegen die Selbständigkeit Kroatiens ist; daneben organisiert der aus dem kroatischen Landesteil stammende Generalsekretär der kommunistischen Partei Jozip Broz, genannt Tito, der sich des Rückhalts der UdSSR sicher weiß, sozialistische Kadertruppen, die Mihajlović und seine Anhän-

Dieses Plakat bestätigt, daß die deutschen Truppen zunehmend unter Versorgungsschwierigkeiten litten.

ger bekämpfen. Da sich die Exilregierung auf die Seite von Mihajlović schlägt, gerät sie schnell in Gegensatz zu den Kommunisten.
Bulgarien sichert sich aus der Kriegsbeute Mazedonien und Nordostgriechenland und weigert sich trotzdem weiterhin, an einem eventuellen Krieg gegen die UdSSR teilzunehmen. Griechenland wird einer italienischen Militärverwaltung unterstellt und der Kriegszustand beendet, worauf die deutschen Truppen abziehen können.
Angesichts der Erfolge des Deutschen Reiches auf dem Balkan sucht Rumänien von sich aus den Anschluß an die Achsenmächte und bekommt deutsche Waffen geliefert. Hierfür verspricht Bukarest Deutschland Anteile an der Erdöl-Produktion. Auf die Forderung der UdSSR hin und nach deutschem Zuspruch tritt Rumänien an Rußland die Nord-Bukowina ab, worauf auch Ungarn Gebietsforderungen anmeldet, die schließlich zu einer Staatskrise in Rumänien führen. König Carol muß zugunsten eines Sohnes Michael abdanken, und auf Bitten der von dem neuen König eingesetzten Regierung kommen deutsche Truppen ins Land, die eine Modernisierung der rumänischen Wehrmacht einleiten.

Der Krieg gegen Rußland (Unternehmen „Barbarossa“) Die Vorgeschichte des Unternehmens „Barbarossa“ ist reich an Widersprüchen. Einerseits läßt sich nur durch eine Eroberung Rußlands die von Hitler schon seit Jahren propagierte Gewinnung von „Lebensraum“ realisieren, andererseits bedeutet die im August 1939 mit der Sowjetunion herbeigeführte Verständigung eine Abkehr von Kriegshandlungen gegenüber diesem Land. Nach einiger Zeit macht sich Hitler mit dem Gedanken vertraut, daß er den Nichtangriffspakt brechen muß, doch dann zeigt ein Vergleich der Kräfte, daß die UdSSR gegenüber Deutschland zahlenmäßig weit überlegen ist. Schließlich erkennt Hitler, daß Rußland sicherlich mit den bisherigen territorialen Erweiterungen nicht zufrieden ist, England aber nicht zum Frieden gegenüber Deutschland geneigt ist, solange es hoffen kann, daß Rußland in den Krieg gegen Deutschland eintritt. Aus dieser Ungereimtheit der Problemlage ergeben sich die widersprüchlichen Vorbereitungen des Ostfeldzuges. Während Hitler den Generalstab des Heeres beauftragt, Pläne für den Feldzug zu erstellen, unternimmt er eine Friedensinitiative, um eine politische Lösung anzustreben; denn er weiß, daß je länger der Krieg dauert, desto mehr das Deutsche Reich von wirtschaftlichen Lieferungen aus der UdSSR abhängen wird. Außerdem gestattet die sich anbahnende Zusammenarbeit der USA mit Großbritannien nicht mehr viel Zeit und politischen Spielraum.
Angesichts dieser Situation kommt Hitler zu dem Ergebnis, daß bis zum Jahre 1943 die Sowjetunion und England besiegt sein müssen. Daher sei im Jahre 1941 die UdSSR zu unterwerfen, worauf er dann im Jahre 1942 die britische Weltmachtstellung im Mittelmeer durch eine weitausgreifende dreifache Zangenbewegung zu Lande vernichten könne. Hierzu solle der eine Keil von Libyen aus über Ägypten nach Syrien, ein zweiter über Bulgarien unter Einbeziehung der Türkei und ein dritter über den Kaukasus durch den Iran vorgestoßen werden, um im konzentrischen Angriff die britischen Positionen in Übersee auszuschalten. Nur unter Berücksichtigung dieser überheblichen, extrem kontinental ausgerichteten Dimensionen der deutschen Strategie wird es vielleicht verständlich, weshalb Hitler dem Rußlandfeldzug von Anbeginn an nur eine subsidiäre Bedeutung beimißt und ihn auf Grund der ununterbrochenen Erfolgsserie der deutschen „Blitzkriege“ nur als Sommeraffäre vorbereitet und bei sich abzeichnendem Mißerfolg so starrsinnig am Erreichten festhält.
Im Herbst des Jahres 1940 wird bei den Gesprächen Ribbentrops in Moskau und Molotows in Berlin deutlich, daß die UdSSR in Finnland, Rumänien, Bulgarien und in der Türkei Ziele verfolgt, die denen des Deutschen Reiches zuwider laufen. Auf den letzten Versuch Hitlers, die UdSSR an die Achsenmächte zu binden und zu Vorstößen gegen Indien und den Persischen Golf zu veranlassen, antwortet Stalin mit der Forderung nach Erfüllung seiner Wünsche in Westeuropa. Nach dem Scheitern dieser politischen Gespräche gibt Hitler Anfang April 1941 die Weisung für den Ostkrieg.
Den Planungen zufolge soll der Krieg gegen Rußland von deutscher Seite aus so verlaufen, daß durch Vorantreiben von Panzerkeilen und die Bildung großer Kessel ein Abrücken der in Weißrußland stationierten Verbände nach dem Osten verhindert werden soll. Als Endziel wird die Linie Astrachan–Wolga–Archangelsk („Ostwall“) angestrebt, wovon aus dann eventuell die Industriegebiete im Ural bombardiert werden könnten.
Der deutsche Angriff auf die UdSSR erfolgt ohne Ankündigung am 22. Juni 1941 um 3.15 Uhr, und ihm schließen sich in den darauffolgenden Tagen Verbände aus Rumänien, der Slowakei, Finnland, Ungarn und Italien an. Die deutschen Truppen umfassen damals insgesamt 3,2 Millionen Mann und die der Roten Armee 4,7 Millionen; auf deutscher Seite stehen 19 Panzer- und 15 motorisierte Divisionen und auf sowjetischer Seite 5 Panzerdivisionen. Der deutsche Angriff wird zudem von drei Luftflotten unterstützt. Der Frontverlauf teilt sich in drei Abschnitte, wobei im Norden dem russischen Marschall Woroschilow der Generalfeldmarschall Ritter von Leeb, in der Mitte dem Russen Timoschenko von Bock und im Süden dem russischen Oberbefehlshaber Budjenny als deutscher Oberbefehlshaber von Rundstedt gegenübersteht.
In den ersten Monaten des Angriffs gelingen den Achsenmächten, besonders auch vor Leningrad, wichtige Erfolge und die russische Armee muß starke Verluste hinnehmen. Jedoch gelingt es nicht, den Zusammenhalt der Roten Armee insgesamt zu brechen. Am 21. August entscheidet Hitler, daß der Angriff auf die Hauptstadt Moskau zurückgestellt werden und stattdessen zuerst die Eroberung des wirtschaftlich bedeutsamen Donezbecken sowie die Abschneidung Rußlands von den Ölfeldern im Kaukasus erfolgen soll. Im Oktober 1941 können diese Ziele erreicht werden, doch wird auch hierdurch der russische Widerstand nicht vernichtet.
Nun gibt Hitler den Angriff auf Moskau frei, und Stalin antwortet hierauf mit der Forderung an seine Truppen, daß die Stadt bis zum letzten zu verteidigen sei. Die Führung im mittleren Abschnitt übernimmt auf russischer Seite nun der General Schukow, während sein Vorgänger Timoschenko Budjenny im Süden ablöst; die eigentliche Verteidigung der Hauptstadt obliegt dem General Wlassow. Der Angriff auf die Stadt beginnt am 15. November, bleibt aber am 5./6. Dezember infolge heftiger russischer Gegenwehr und unvorhergesehener Kälteeinbrüche im verminten Vorgelände von Moskau stecken. Da Stalin inzwischen eine Verständigung mit Japan erreicht hat, braucht er keinen Zweifrontenkrieg mehr zu befürchten und kann nun starke und frische Verbände aus dem Osten an die Front bei Moskau verlegen. Die deutschen Truppen, die auf Sichtweite an Moskau herangekommen sind, haben aufgrund von Erfrierungen starke Verluste und müssen schließlich auch Gelände wieder abgeben. In dieser Situation ordnet Hitler am 16. Dezember an, daß fanatischer Widerstand zu leisten und kein Fußbreit Boden abzugeben sei.
Doch die Kämpfe im Winter 1941/1942 bringen an allen Frontabschnitten Rückschläge für die deutschen Truppen. Besonders die Nachlässigkeit, daß das deutsche Ostheer nicht rechtzeitig für den Winter eingekleidet worden ist, verursacht eine ungeheuere Krise. Es zeichnet sich nun immer deutlicher ab, daß die UdSSR – anders als die Länder Westeuropas – nicht in einem Blitzkrieg erobert werden kann. Erschwerend kommt für die deutsche Füh-

rung die zunehmende Ausbildung von Partisanenverbänden im Hinterland hinzu, die vor allem lebenswichtige Nachschubwege für die Front unterbinden. So werden auch im rückwärtigen Gelände zahlreiche Gruppen der Achsenmächte gebunden, die an der Front dringend gebraucht würden.

In dieser Zeit des Rückschlages nimmt Hitler eine Umorganisation der Führungsspitze vor. Sich selbst überträgt er nun den Oberbefehl über alle Truppenteile und setzt an der Ostfront im Nordabschnitt von Küchler, in der Mitte von Kluge und im Süden von Bock ein. Zur Auffrischung der kämpfenden Truppen werden aus den nichtrussischen Kriegsgefangenen Freiwilligenkontingente zusammengestellt, deren Stärke schließlich über eine Million Soldaten umfaßt. Allerdings weigert sich Hitler bis zum Jahre 1944, dem 1942 in Gefangenschaft geratenen großrussisch eingestellten General Wlassow den Kampf gegen die Sowjetarmee aufnehmen zu lassen.

Die Strategie des Jahres 1942 wird von deutscher Seite nach folgender Devise gestaltet: Zunächst soll die Eroberung der Ölfelder am Kaukasus und dann die Abschnürung der Wolga erfolgen, womit eine Unterbindung der amerikanischen Hilfslieferungen aus dem Iran verbunden ist. Dieses von wehrwirtschaftlichen Überlegungen getragene Konzept erfordert ungeheuere Einsätze von Menschen und Material und ist daher vom militärischen Gesichtspunkt aus mit einem sehr großen Risiko verbunden.

Als Vorbereitung für das eigentliche Ziel versteht die deutsche Führung im Juni und Juli 1942 die Eroberung der Festung Sewastopol auf der Halbinsel Krim und das etappenweise Vorrücken von Truppen auf das Wolgaknie bei Stalingrad. Neben diesen Unternehmungen erfolgt der Hauptvorstoß zu den Ölfeldern von Batum-Baku am Kaukasus. Doch gegenüber dieser Strategie beweist die Sowjetführung große militärische Beweglichkeit, denn sie läßt die deutschen Truppen und ihre Verbündeten fast ungehindert vorrücken, so daß sie am 21. August auf dem höchsten Berg des Kaukasus, dem Elbrus, die deutsche Flagge hissen können. Entscheidende Kämpfe haben allerdings nicht stattgefunden, weshalb der von Hitler vorgesehene Schlag gegen die Südflanke der Roten Armee nicht zustande kommt. Auch der deutsche Vormarsch auf Stalingrad ist so lange erfolgreich, wie auf freiem Feld gekämpft wird. Im Stadtgebiet selbst setzen die Sowjets heftige Gegenwehr entgegen, so daß nach mehrmonatigen Gefechten gerade neun Zehntel der Stadt eingenommen sind; dann bleibt auch hier die Offensive stecken.

Der jetzige Frontverlauf zeigt, daß die deutschen Truppen über ein ungeheuer weites Gebiet verstreut sind, wo allein zur Aufrechterhaltung des Frontverlaufs alle nur irgendwie verfügbaren Kräfte eingesetzt werden müssen und selbst geringste Verluste nicht mehr ausgeglichen werden können. Somit sind die Voraussetzungen für einen erfolgreichen Gegenangriff der Roten Armee einmalig günstig. Die deutsche Kriegführung hat die äußerste Belastbarkeit aller ihr zur Verfügung stehenden Mittel erreicht.

Der Krieg gegen England auf den Weltmeeren und in der Luft Der Seekrieg Da eine erfolgreiche Invasion in England unwahrscheinlich und die hierdurch entstehende Gefahr eines langwierigen Zweifrontenkrieges für die Truppen der Achsenmächte unzumutbar erscheinen, aktiviert Hitler gegen die britische Insel seine Seestreitkräfte, um so die von dort ausgehenden Initiativen kontrollieren, stören oder unterbinden zu können.

In der Nordsee beginnt Großbritannien nach der irrtümlichen Versenkung des englischen Passagierschiffes „Athenia“ durch das deutsche Schiff „U 30“ am 4. September 1939 den schon im Ersten Weltkrieg praktizierten Blockadekrieg. Im Herbst des Jahres 1939 und im Frühjahr 1940 halten sich durchschnittlich 14 deutsche U-Boote ständig in den Gewässern um Großbritannien auf und fügen der Handelsschiffahrt große Verluste zu. Ab dem Juni 1940 dehnen die deutschen Kriegsschiffe ihr Operationsfeld über den Atlantik hinaus bis in den Pazifik und Indischen Ozean aus. Ihr Ziel sind auch dort britische Konvois und Versorgungszüge für die englische Wirtschaft. Die USA tragen jedoch maßgeblich dazu bei, daß die englischen Verluste möglichst schnell wieder ausgeglichen werden; so überläßt Washington allein am 3. September 1940 Großbritannien 50 Zerstörer, wofür es das Benützungsrecht für englische Stützpunkte erhält.

Da sich die deutsche U-Boot-Waffe als sehr erfolgreich erweist, wird in der Zeit zwischen April und Dezember 1941 die Zahl der durchschnittlich auf See kreuzenden Schiffe auf 30 angehoben. Schon vor dem Angriff der Japaner auf Pearl Harbor und somit vor dem offiziellen Kriegseintritt übernehmen die USA an der Seite Großbritanniens immer umfangreicher werdende Entlastungsunternehmungen. So landen am 7. Juli 1941 US-Truppen auf Island, und ab September des gleichen Jahres übernimmt die US-Atlantik-Flotte die Bewachung der Dänemark-Straße sowie die Sicherung der schnellen Versorgungskonvois über den Nordatlantik.

Im Mittelmeer konzentriert sich der Einsatz der englischen Flotte in erster Linie auf die Unterstützung der in Nordafrika und später auch in Griechenland kämpfenden Truppen. Dabei spielt Malta mit seinem hervorragenden Hafen eine nicht zu überschätzende Rolle, die erst geschmälert wird, als England im ersten Halbjahr 1942 starke Verbände in den Indischen Ozean verlegen muß. Denn nun bahnt sich allmählich eine deutsch-italienische Seeherrschaft im zentralen Mittelmeer an, die allerdings nur kurzzeitig anhält.

Der Luftkrieg Bei den Blitzkriegen hat die deutsche Luftwaffe beweisen können, daß sie trotz des überhasteten Aufbaus den gegnerischen Kräften überlegen ist. Daher wird sie schon in die ersten Planungen des Unternehmens „Seelöwe“ einbezogen, und die Luftflotten 2 und 3 greifen mit ca. 1300 Kampf- und 900 Jagdflugzeugen England und dort vornehmlich London an. Doch sie können das englische Luftabwehrsystem nicht ausschalten und erleiden selbst starke Verluste. Nachdem das Unternehmen „Seelöwe“ abgeblasen worden ist, richten sich die Luftangriffe in erster Linie gegen die Industriezentren Coventry und Birmingham.

Der Einsatz der Luftflotte in Nordafrika und dann besonders in Rußland führt zu einer Verringerung der Flüge in der „Luftschlacht um England“. Dabei zeigt sich, daß die anfangs überlegenen deutschen Flugzeugtypen ab 1941/1942 von Neukonstruktionen der Alliierten übertroffen werden. Auch die durch das Radarsystem wesentlich verbesserte Flugzeugabwehr läßt die Chancen der deutschen Luftwaffe immer mehr schrumpfen. Der Generaloberst Udet, der das Technische Amt des Luftfahrtministeriums leitet, verliert den Glauben an eine weitere günstige Entwicklung in Deutschland und wählt am 17. November 1941 den Freitod.

Inzwischen haben sich auch die Grundsätze für die Durchführung der Luftschlacht erheblich verändert. Bereits am 11. Mai 1940 hat das englische Kabinett den Entschluß gefaßt, daß deutsches Hinterland nicht mehr bei Bombenabwürfen geschont werden müsse. Dies führt nach englischen Angriffen auf Berlin dazu, daß ab dem 6. September 1940 praktisch keinerlei Beschränkungen im Luftkrieg mehr bestehen und sowohl militärische als auch zivile Ziele bekämpft werden dürfen. Seit Großbritannien von den USA auch Flugzeuge geliefert bekommt, zeichnet sich immer deutlicher ab, daß der Vorsprung der deutschen Flugzeugtechnik aufgebraucht ist und die Luftflotte in zunehmendem Maße zur Verteidigung des deutschen Reichsgebietes eingesetzt werden muß. Je mehr die Luftflotte an Bedeutung verliert, desto tiefer sinkt das Ansehen des Reichsmarschalls Göring bei Hitler und dem deutschen Volk.

Diesen Prestigeverfall können auch die in den Jahren 1942/1943 konstruierten und 1944 erstmals einsatzbereiten neuen Waffen nicht aufhalten. Zwar erzielen die ersten Düsenflugzeuge (Me 262) und Raketenflugzeuge (Me 163) noch sehr beachtliche Erfolge, doch die V 1, ein unbemanntes Flugzeug, kann die in sie gesetzten Erwartungen nicht erfüllen und von ca. 8000 abgeschossenen Projektilen erreichen nur 29% das Ziel. Auch die seit dem 8. September 1944 auf England abgefeuerten V 2-Raketen richten keinen kriegsentscheidenden Schaden mehr an. Sowohl die ausgebaute britische Luftabwehr als auch die ständigen alliierten Luftangriffe auf die Abschußbasen von V 1 und V 2 verhindern eine durchschlagende Wirkung dieser „Wunderwaffen".

DIE NIEDERWERFUNG DER ACHSENMÄCHTE

Nachdem Hitler die Leistungsfähigkeit der ihm unterstellten Truppen bis aufs letzte beansprucht hat, ohne haltbare Frontverläufe erreicht zu haben, sehen die sowjetischen Führungsstäbe die Zeit für den entscheidenden Gegenschlag gekommen.

Die Katastrophe von Stalingrad Am 19. und 20. November 1942 durchstoßen drei sowjetische Heeresgruppen die rechts und links von der 6. deutschen Armee kämpfenden rumänischen Verbände und können am 22. November ihre Angriffszangen im Donbogen schließen. Durch diese russische Aktion werden 284 000 deutsche Soldaten eingeschlossen. Hitler schaltet sich nun selbst in diesen Abschnitt des Krieges ein und ordnet an, nachdem ihm Göring die Versorgung des Kessels durch die Luftwaffe verbürgt hat, daß ein Ausbruchsversuch, wie ihn Generaloberst Paulus vorgeschlagen hat, nicht in Frage kommt. Um die Verbindung zum Hinterland herzustellen, unternimmt Generalfeldmarschall von Manstein mit der 4. Panzerarmee zwichen dem 12. und 21. Dezember einen Entsatzversuch, scheitert jedoch 48 Kilometer vor Stalingrad. Nach seinem Rückzug stellt sich auch heraus, daß die Luftwaffe auf Grund schlechten Wetters, zunehmender feindlicher Behinderung und ständiger Verluste frontnaher Flugplätze nicht in der Lage ist, die Versorgung der Eingeschlossenen auch nur annähernd sicherzustellen, und so muß die 6. Armee im Stadtgebiet von Stalingrad schrittweise, wobei Haus für Haus verteidigt wird, zusammenrücken. Trotz heroischer Anstrengungen nimmt die Abwehrkraft von Tag zu Tag ab, und als am 10. Januar 1943 die sowjetische Führung die gewaltsame „Liquidierung" des Kessels beschließt, ist der Widerstand so schwach, daß der Kessel geteilt werden kann. Da nun weitere Kampfhandlungen sinnlos erscheinen, kapituliert am 31. Januar der Hauptteil mit dem inzwischen zum Generalfeldmarschall ernannten Paulus und am 2. Februar folgt der Rest der deutschen Truppen diesem Schritt. Insgesamt 90 000 Soldaten müssen den Weg in die Gefangenschaft antreten; am 7. November 1943 gibt Stalin bekannt, daß in der Stadt 146 300 Gefallene aufgelesen und verbrannt worden sind.
Über den ungeheueren Verlust an Material und Menschen hinaus wird Stalingrad zur symbolischen Wendemarke im Zweiten Weltkrieg. Die deutsche Führung hat be-

Deutscher Panzer vor Stalingrad im Dezember 1942 beim Beschuß eines Bauernhauses. Man versuchte, den Riegel um Stalingrad von außen aufzubrechen.

wiesen, daß sie zu schwerwiegenden Fehleinschätzungen fähig ist und in aussichtsloser Lage eher an irrationale Kräfte appelliert, statt wirksame Hilfe zu leisten. Bei den alliierten Truppen hingegen stärkt der Sieg die Zuversicht und Kampfbereitschaft.

Der Zusammenbruch der Achsenmächte in Rußland Schon während der Kämpfe um Stalingrad ist die Rote Armee bis zum Don vorgedrungen, doch einen weiteren Vormarsch kann die deutsche Heeresgruppe Süd durch zwei Angriffsschlachten verhindern. Im Norden und im mittleren Frontabschnitt durchbricht die russische Armee ebenfalls die gegnerischen Stellungen, und die deutsche Heeresleitung muß sich Ende Januar 1943 mit der Sicherung der östlich des Dnjepr bestehenden Stellung über Orscha–Witebsk–Welikije Luki zufrieden geben, um für schwere Winterangriffe gerüstet zu sein. Im Schutze der Schlammperiode sammelt sich die deutsche Wehrmacht und setzt im Juli 1943 zu einer letzten großen Offensive im Raum von Kursk an. Dieser Angriff muß aber abgebrochen werden, als deutsche Verbände nach Italien abgezogen und Einbrüche in weiter südlich gelegenen Abschnitten der Ostfront wieder geschlossen werden müssen. Angesichts dieser Lage ordnet Hitler ein starres Festhalten an eroberten Gebieten an, auch wenn hierdurch wehrtechnisch aufwendige Frontverläufe entstehen, die die Rote Armee zu Vorstößen geradezu einladen müssen. Der Gegner erkennt dies, greift die sich ihm bietende Chance auf und fügt den Achsenmächten erheblichen Schaden zu.
In der zweiten Hälfte des Jahres 1943 setzt sich zunächst die Südflanke der Roten Armee in Bewegung, worauf die deutsche Armee Charkow und schließlich auch das Donezbecken räumen muß. Auf Grund eines sowjetischen Durchbruchs bei Melitopol werden die deutsch-rumänischen Verbände auf der Krim abgeschnitten. Am 6. November 1943 ist für die deutsche Wehrmacht auch Kiew unhaltbar geworden, und am 3. Januar 1944 stößt die Rote Armee bis an die ehemalige polnische Ostgrenze vor. In den darauffolgenden Tagen dringen die Sowjets in Nordrumänien ein und erreichen weiter nördlich die ehemalige tschechische Grenze. Jetzt ist auch im Norden der Vormarsch der Roten Armee nicht mehr aufzuhalten und die von Hitler in der Heeresleitung vorgenommenen Umbesetzungen können den wachsenden Kräfteverlust bei den deutschen Truppen nicht aufhalten. Bereits im Januar 1944 betreten russische Soldaten Lettland und Teile Ostpolens. Somit haben sich die Sowjets zu Beginn der Schlammperiode eine günstige Ausgangslage für eine Sommeroffensive verschaffen können.
Die schon immer bestehende zahlenmäßige Überlegenheit der Roten Armee erhöht sich jetzt noch mehr, da sie aus den wiedergewonnenen Gebieten neue Soldaten rekrutiert und die Hilfslieferungen der westlichen Verbündeten immer häufiger eintreffen, wodurch entstandene Materiallücken sehr rasch ausgefüllt werden. Außerdem werden auf Grund der zu erwartenden Landung der Alliierten in Westeuropa dort immer mehr deutsche Truppen gebunden und müssen zusätzliche Verbände aus dem Osten herangeschafft werden. Die erfolgreiche Landung der Alliierten in der Normandie am 6. Juni 1944, die zur Errichtung einer weiteren Front in Europa führt, veranlaßt die Russen zum Beginn ihrer Sommeroffensive, die, begünstigt durch die äußerst dünne Besetzung des Mittelabschnittes, zur Einkreisung der deutschen Heeresgruppe Mitte durch zwei Angriffsspitzen führt, worauf diese zur Kapitulation gezwungen wird.
Allerdings gelingt es hierbei nicht, bis nach Riga vorzustoßen und die deutsche Heeresgruppe Nord vom Deutschen Reich abzuschneiden. Im August 1944 dringt die Rote Armee bis zur Weichsel vor, doch überschreitet sie diese noch nicht und leistet den ihre Ankunft erwartenden Aufständischen der polnischen Untergrundbewegung keine Hilfe, die deswegen von deutschen Truppen überwunden werden können. Jetzt wirkt sich auch der Frontwechsel Rumäniens für die deutschen Truppen nachteilig aus, und auch in Finnland gewinnen die Kräfte die Oberhand, die an einer Einstellung des Krieges interessiert sind. Am 4. September stellen die Finnen das Feuer ein, und zwei Tage später fliegt eine Delegation von Helsinki nach Moskau, um hier einen Waffenstillstand zu unterzeichnen.

Letzte Kämpfe auf dem Balkan. In Rumänien ist der Marschall Antonescu in erster Linie für die Zusammenarbeit mit der deutschen politischen und militärischen Führung verantwortlich, und auf seine Veranlassung hin unterstützen die Truppen dieses Landes die deutschen Unternehmungen in der Ukraine, im Kaukasus und auf der Krim. Als die Sowjets während ihrer Frühjahrsoffensive 1944 bis an die rumänische Grenze heranrücken und im August dieses Jahres sogar den Großteil der rumänischen Verbände in einen Kessel einschließen, kommt es zum Sturz und zur Verhaftung Antonescus. Die neue Regierung Sanatescu stellt auf Anweisung König Michaels die Kämpfe mit der UdSSR ein und fordert die deutschen Truppen bei freiem Abzug zum Verlassen des Landes auf. Als jedoch am 25. August deutsche Flugzeuge Bukarest bombardieren, erklärt Rumänien dem Deutschen Reich den Krieg. Die hierdurch im Frontverlauf entstehende Lücke kann nicht mit Soldaten aufgefüllt werden, und so rückt die Rote Armee bis an die jugoslawische Grenze vor. Durch die ausbleibende Benzinzufuhr aus Rumänien erleidet die deutsche Versorgung einen schweren Rückschlag.
Die bulgarische Regierung befindet sich zu Beginn des Jahres 1944 nur mit den USA und Großbritannien im Kriegszustand, während gegenüber der UdSSR erfolgreich die Neutralität gewahrt wird. Als am 1. September sowjetische Verbände die bulgarische Grenze erreichen, sendet am 5. September die Regierung Murawieff der UdSSR eine Kriegserklärung. Doch schon am 9. des Monats kann der pro-russische Georgieff die Regierung übernehmen, der den Sowjets die Grenzen öffnet, worauf diese, ohne auf Widerstand zu stoßen, ganz Bulgarien besetzen. Bereits am 28. Oktober unterzeichnen Regierungsmitglieder aus Sofia in Moskau einen Waffenstillstand, worauf sich die Bulgaren unter sowjetischem Oberbefehl an den Kämpfen gegen deutsche Truppen in Mazedonien beteiligen.
Nach dem Abfall Bulgariens haben die Ägäischen Inseln ihren Wert für die deutschen Truppen zur Aufrechterhaltung der Neutralität der Türkei verloren und daher sieht sich die deutsche Oberste Heeresleitung veranlaßt, die Truppen aus dem südlichen Balkan abzuziehen. Hierdurch kommt nun die gesamte Balkanfront ins Wanken. In Serbien gewinnen die Anhänger des kommunistischen Partisanenführers Tito auf Kosten der Regierung Nedić und des Partisanenführers Mihajlović immer mehr Einfluß, zumal sie durch Großbritannien unterstützt werden. Bisher ist es aber Tito noch nicht gelungen, selbst über Bosnien nach Serbien einzudringen. Dies gelingt ihm erst im September 1944, wo er sofort mit den an der Grenze eintreffenden sowjetischen Verbänden Kontakt aufnimmt. Dadurch wächst der Widerstand gegen die sich absetzenden deutschen Truppen, und am 20. Oktober 1944 fällt Belgrad in die Hand der Sowjets und der Titoisten. Nur im allerletzten Moment gelingt den deutschen Truppen auch der Abzug aus Albanien, wo ihnen schon die Einkreisung gedroht hat.
In diesen Monaten hält nur noch die Regierung Pavelić in Kroatien zu Deutschland, das sich seit dem Abfall Italiens auf dem Balkan allein um das Kriegsgeschehen kümmern muß. Der südliche Frontverlauf kann auf der Höhe von Mostar stabilisiert werden, doch durch den Sonderwaffenstillstand Italiens mit den Alliierten wird den Briten der Weg nach Kärnten und in die Steiermark geöffnet, so daß die auf dem

Balkan stationierten deutschen Truppen vom Reich abgeschnitten sind.
Auf Grund dieser Entwicklung gewinnt Ungarn an strategischer Bedeutung. Erst am 19. Mai 1944 besetzen deutsche Truppen das Land, um sein Verbleiben an der Seite des Deutschen Reiches und die Verfügung über sein Militärpotential sicherzustellen. Der Reichsverweser von Horthy will nach dem Abfall Rumäniens, dem Zusammenbruch des Karpatenwalls und dem Verlust Siebenbürgens der UdSSR einen Waffenstillstand anbieten, muß aber auf deutschen Druck hin dieses Ersuchen zurückziehen und wird auf Grund seiner mangelnden Zuverlässigkeit nach Deutschland gebracht. Die Macht übernimmt nun der Führer der „Pfeilkreuzlerpartei" Szálasi, der allerdings im Volk kaum Anerkennung findet. Durch den Übertritt des Oberbefehlshabers der 1. ungarischen Armee auf die Seite der Sowjets dringen diese in das Land ein und erreichen am 9. Dezember die Donau nördlich von Budapest. Am 29. Dezember versuchen sie die völlige Einnahme des ringsum eingeschlossenen Budapests, doch dessen Widerstand dauert bis zum Februar des nächsten Jahres.

Der Sturm auf die „Festung Europa"
Großbritannien wird seit Kriegsbeginn von den USA unterstützt, das deswegen seine Neutralitätsgesetzgebung abbaut. Darüber hinaus wird der US-Präsident durch das Leih- und Pachtgesetz („Lend Lease Act") ermächtigt, an die Alliierten auch ohne Bezahlung Kriegswerkzeug liefern zu lassen, worauf auch an die UdSSR Kriegsmaterial abgegeben wird. Somit ist hier juristisch die schon seit Kriegsbeginn nicht mehr bestehende Neutralität der USA beendet und in den amerikanischen Häfen werden deutsche und italienische Schiffe beschlagnahmt.
In der Folgezeit kommt es nun zu der langjährigen und für Europa folgenreichen Kooperation zwischen drei recht verschiedenen Persönlichkeiten. Seit 1933 regiert in den USA als Präsident Franklin D. Roosevelt, der durch sein Wirtschaftsprogramm des New Deal die Leistungskraft der USA wieder erneuert und trotz isolationistischer Bestrebungen und Maßnahmen die internationale Zusammenarbeit nicht völlig vernachlässigt hat. In Großbritannien trägt seit dem Jahre 1940 Winston S. Churchill, der ein Koalitionskabinett aus Konservativen und Liberalen leitet, die politische Verantwortung. Mit ihnen arbeitet auf sowjetischer Seite Josef W. Stalin zusammen, der gerade bei Kriegsausbruch nach einer großen Säuberungswelle (1936 „Prozeß der 16", 1937 „Prozeß der 17" und 1938 „Prozeß der 21") sämtliche oppositionellen Kräfte in Partei und Armee ausgeschaltet hat. Als Diktator beherrscht er die Sowjetunion, und zu Beginn des deutschen Angriffs auf die UdSSR proklamiert er den „Großen Vaterländischen Krieg". Er mobilisiert alle verfügbaren Kräfte des Landes mit Hilfe des von ihm verkündeten Prinzips der „verbrannten Erde".
Die Kontakte zwischen den Alliierten vertieft das 1941 unterzeichnete britisch-sowjetische Bündnis gegen Deutschland und die sowjetische Annahme des Angebots der USA zur Lieferung von Kriegsmaterial. Zu dieser Zeit beginnt Großbritannien auch die praktische militärische Zusammenarbeit mit den USA zu intensivieren, wozu ein gemeinsamer Verteidigungsausschuß („Permanent Joint Board of Defense") aufgestellt wird. Besondere Bedeutung erlangt schließlich noch die Einrichtung der Combined Chiefs of Staff, die unter Anordnung ihrer Regierungen handelt und der auch der Nachrichtendienst, die Waffen- und Truppengattungen, sämtliches Kriegsmaterial und das Verhältnis zwischen Zivil- und Militärverwaltungen in neu besetzten Gebieten sowie die Überwachung der einheitlichen Befehlsgewalt untersteht.
Eine ideelle Absicherung erhält die Kooperation durch die am 14. August 1941 von Roosevelt verkündete „Atlantik-Charta", derzufolge die von ihm im Januar des gleichen Jahres verkündeten „Vier Freiheiten" (Freiheit der Rede und Meinung, des Glaubens und Freiheit von Not und Furcht) erweitert werden sollen. Hinzu kommen jetzt der Verzicht auf Gebietsgewinn, das Versprechen, daß territoriale Veränderungen nur mit Zustimmung der Betroffenen vorgenommen werden sollen, die Bestätigung des Selbstbestimmungsrechts für alle Völker, der Wunsch nach Beteiligung aller Völker am Welthandel und an internationaler Zusammenarbeit, die Garantie der Freiheit der Meere und schließlich die Proklamation des Verzichts auf Waffengewalt. Es wird jedoch ausdrücklich festgestellt, daß diese Vergünstigungen dem Deutschen Reich nicht zugute kommen sollen.
Nach dem durch den japanischen Angriff auf Pearl Harbor ausgelösten Kriegseintritt der USA sind besonders die Sowjets brennend daran interessiert, daß die westlichen Alliierten durch eine Landung in Europa zu einer Entlastung des Krieges in Rußland beitragen. Doch diese wissen seit dem Probeunternehmen bei Dieppe vom 19. August 1942, daß noch viele Probleme für eine erfolgreiche Invasion zu überwinden sind. Daher beginnen die USA mit der Erhöhung ihrer Streitkräfte von anfänglich zwei auf schließlich 12 Millionen Mann im Jahre 1946 und außerdem werden höhere Beträge für die Kriegswirtschaft ausgegeben. Diese wird einer straffen Planung, Lenkung und Kontrolle unterworfen, die Produktionszweige sowie Verbrauch und Forschung werden koordiniert, und die Produktivität der Landwirtschaft wird erweitert.
Schließlich werden auf einer Reihe von Konferenzen, von denen hier allerdings nur die wichtigsten berücksichtigt werden können, die weiteren konkreten Schritte des Vorgehens gegen die Achsenmächte diskutiert. So wird zunächst auf der 1. Washington-Konferenz zwischen Roosevelt und Churchill als Grundkonzept für die Kriegführung vereinbart, daß sich die Alliierten gegenüber Japan zunächst in der Defensive halten und ihr Hauptaugenmerk Europa zuwenden, wozu eine gemeinsame Front in Afrika aufgebaut werden soll. Die Konferenz endet mit einem Pakt von 26 mit den Achsenmächten kriegführenden Parteien, die vereinbaren, daß kein Land einen separaten Frieden schließen wolle.
Bereits wenige Monate später informieren die westlichen Alliierten Stalin von der Landung in Nordafrika und Vertreter der drei Großmächte überlegen weitere gemeinsame Maßnahmen gegen das Deutsche Reich.
Nach der glücklichen Landung in Westafrika findet das nächste Gespräch zwischen Roosevelt und Churchill zwischen dem 14. und 24. Januar 1943 in Casablanca statt. Hier beschließen die beiden Politiker, daß nun eine Landung auf Sizilien angestrebt werden solle. Außerdem bringt Roosevelt die Forderung ein, daß Deutschland bis zur bedingungslosen Kapitulation („Unconditional surrender") bekämpft werden solle. Schließlich vereinbaren die beiden Grundsätze für den systematischen Bombenkrieg in Deutschland.

Der Zusammenbruch in Italien Gemäß den Vereinbarungen von Casablanca bereiten die Alliierten die Invasion auf Sizilien vor. Diese erfolgt dann am 10. Juli 1943 und kann von deutschen Truppen kaum behindert werden. Unter dem von der erfolgreichen Landung ausgehenden Schock bricht das faschistische Regime in Italien zusammen. Am 25. Juli hat Mussolini allen Rückhalt verloren, er muß zurücktreten und wird verhaftet.
Bereits am 3. September handelt die neue Regierung Badoglio mit den Alliierten einen Waffenstillstand aus und unterzeichnet ihn, gibt ihn jedoch erst am 8. September der Öffentlichkeit bekannt. In dieser Zeit landen amerikanische Truppen an der Südspitze Kalabriens und erobern die Städte Tarent und Salerno. Da die deutsche Regierung einen Frontwechsel der neuen politischen Spitze befürchtet hat, sind so-

fort umfangreiche militärische Maßnahmen eingeleitet worden, um die Folgen dieses Schrittes nicht völlig außer Kontrolle geraten zu lassen. Daher rücken nun deutsche Truppen auf dem Balkan und in Südfrankreich in die bisher von Italienern gehaltenen Stellungen ein. Außerdem schickt Feldmarschall Rommel starke Verbände, mit deren Hilfe die Übergänge über den Apennin und die Alpen frei gehalten werden sollen.

Am 10. September besetzen deutsche Truppen die Hauptstadt Rom, entwaffnen die dortigen italienischen Soldaten und organisieren den Widerstand gegen die Alliierten. Diese nehmen am 30. September die Hafenstadt Neapel ein. Hierauf beziehen die Deutschen eine Verteidigungslinie bei dem Kloster Monte Cassino, das auf Grund der Bombardierungen der Alliierten und der heftigen deutschen Gegenwehr völlig zerstört wird. Als dort den deutschen Truppen die Umklammerung droht, ziehen sie sich nördlich der Hauptstadt zurück, die zur „offenen Stadt" erklärt wird. Schließlich räumen die deutschen Soldaten auch Pisa und Florenz, wobei letzteres schon vorher militärisch nicht genutzt worden ist, doch werden, außer der Ponte Vecchio, alle Brücken gesprengt.

Der Zusammenbruch der Westfront Um einer Invasion in Frankreich vorzubeugen, läßt die deutsche Führung am Atlantik und am Kanal einen Verteidigungswall errichten, dessen Bedeutung allerdings in der Propaganda stark übertrieben wird. Die Einsätze zur Abwehr des Invasionsversuches leitet Generalfeldmarschall Rommel. Doch die verschiedenen Konzepte auf deutscher Seite über das mögliche Ziel der Invasion und über grundsätzliche Fragen einer Invasionsabwehr führen zu einer Verzettelung der Kräfte. Außerdem setzen im April 1944 starke alliierte Luftangriffe im Küstengebiet ein, so daß die Vorbereitungen auf dem Festland erheblich behindert werden.

Die Invasion in der Normandie, die Operation „Overlord", beginnt am 6. Juni 1944 mit dem Absetzen von Fallschirmjägern um 3.30 Uhr, denen auf 6400 Landefahrzeugen um 6.30 Uhr Tausende von Soldaten folgen. Die deutschen Truppen sind zu diesem Zeitpunkt zerstreut, und daher gelingt es ihnen nicht, den Gegner sofort ins Meer zurückzustoßen. In den der Invasion folgenden Tagen vergrößern die westlichen Alliierten ihre Brückenköpfe und vereinigen sie schließlich. Bereits am 12. Juni haben 326 000 Soldaten den Kanal überquert, und am 29. Juli sind es schon über 1 566 000. Rommel muß angesichts der personellen und materiellen Überlegenheit der Alliierten die Front immer weiter zurückverlegen, doch kann er ihren Zusammenhalt wahren. In diesen Wochen versucht der Feldmarschall immer wieder Hitler davon zu überzeugen, daß der Krieg verloren sei, und er überlegt sogar, ob er nicht auf eigene Faust einen Waffenstillstand anbieten solle. Da er am 17. Juli während eines Fliegerangriffes auf sein Auto schwere Verwundungen erleidet, wird er durch Generalfeldmarschall von Kluge abgelöst.

Als die Amerikaner am 25. Juli bei St. Lô eine schwache Stelle in der deutschen Front entdecken und am 31. August nach Avranches durchbrechen können, gehen sie unter dem Kommando des Generals Patton mit starken Panzerverbänden zum Bewegungskrieg in Nordfrankreich über. Schon zuvor, am 15. August, sind von Neapel aus auch in Südfrankreich alliierte Truppen gelandet, haben am 17. August die Städte Chartres und Orleans besetzt und am 20. die Seine erreicht. Am 25. August treffen die amerikanischen Panzer in Paris ein, dessen Widerstand der Stadtkommandant, General von Choltitz, auf eigene Verantwortung abgebrochen und dadurch die Zerstörung der Stadt verhindert hat. Noch am Tag der Einnahme zieht General de Gaulle in Paris ein.

Die deutschen Truppen haben sich angesichts dieser Übermacht auf Anweisung Hitlers rasch zurückgezogen, doch die Schnelligkeit und die Luftüberlegenheit der Alliierten verhindert den Aufbau einer neuen Front auf französischem Boden. So öffnet sich den britischen Soldaten, die die deutsche Front an der Seine durchbrochen haben, ungehindert der Weg nach Belgien. Erst bei Aachen und Trier bleiben die Engländer vor dem deutschen Westwall stehen, obwohl dieser zu diesem Zeitpunkt längst veraltet ist und kaum mehr zur Abwehr stärkerer Verbände dienen kann.

Als die Alliierten im September dann auf breiter Front die deutsche Westgrenze erreicht haben, suchen sie nach einer geeigneten Stelle für den Durchbruch. Während dieser Zeit unternimmt die deutsche Hee-

Die Operation „Overlord", die Invasion der Alliierten in der Normandie, beginnt am 6. Juni 1944. Nach der Landung von US-Truppen bei St. Lo, in den Morgenstunden des Tages „D", werden mit Hilfe von Amphibienfahrzeugen Nachschub an Infanteristen und Kriegsgerät für die in Strandnähe kämpfenden Einheiten herangeführt.

resleitung einen letzten Versuch, um dem Gegner Schaden zuzufügen. Fast unbemerkt sind auf Kosten der Nebenfronten und anderer Kriegsschauplätze deutsche Truppen zusammengezogen worden, die am 16. Dezember bei schlechtem Wetter in den Ardennen eine Offensive eröffnen und rasch Überraschungserfolge erzielen können. Doch als sich das Wetter wieder bessert, können die Alliierten auf Grund ihrer Luftüberlegenheit die Offensive bei Bastogne stoppen und schließlich wieder zurückschlagen. Alle weiteren offensiven Unternehmen der deutschen Truppen bleiben schon nach kurzer Zeit wieder stecken, denn die deutschen Reserven sind inzwischen auch in diesem Raum aufgebraucht.

Der Zusammenbruch der Front im Osten und Südosten Parallel zum Druck auf die Westfront verstärkt sich auch die Angriffsbereitschaft der UdSSR in Osteuropa. Die deutschen Truppen können kaum mehr nennenswerten Widerstand leisten, und ihre Hauptaufgabe besteht vorwiegend darin, den Zusammenbruch der Front zu verhindern. Am 12. Januar 1945 beginnen die Sowjets eine neue große Offensive, die sich allmählich auf die ganze Mittelfront ausweitet. Die Stoßrichtungen sind jetzt Ostpreußen, Berlin und Breslau. Durch das Vordringen der russischen Truppen im Weichseltal wird Ostpreußen abgeschnitten, und Ende Januar stehen die ersten Verbände der Roten Armee an der Oder. Nun werden die Kernlande des Deutschen Reiches bedroht, denn sowohl Breslau als auch Berlin sind nun im höchsten Maße gefährdet. Da ergeht vom Führerhauptquartier der Befehl, daß sich die wichtigsten Städte des Reiches als „Festungen" zu verteidigen haben. Angesichts der anrückenden Sowjetsoldaten versucht die Zivilbevölkerung in großen Trecks nach dem Westen zu gelangen. Hierdurch werden die wichtigen Verkehrsverbindungen verstopft und die in Ostdeutschland gelegenen Städte füllen sich mit Flüchtlingen. Deswegen hat die Bombardierung des mit Soldaten und Flüchtlingen überfüllten Dresdens in der Nacht vom 13. auf den 14. Februar zu so großen und schrecklichen Menschenverlusten geführt. Im März setzen sich die in Ostpreußen stehenden deutschen Truppen über die Ostsee ab, einigen Verbänden gelingt die Flucht nicht mehr und sie müssen vor der Übermacht des Gegners kapitulieren.
Ein ähnliches Bild der Auflösung bietet sich zur gleichen Zeit an der Donaufront. Infolge des neuerlichen sowjetischen Angriffs vom 24. März ziehen sich auch in diesem Abschnitt die deutschen Truppen immer weiter zurück, worauf am 13. April Wien der Roten Armee überlassen werden muß. Über Kärnten dringen unterdessen immer mehr anglo-amerikanische Truppen nach Österreich ein und schneiden die in Jugoslawien befindliche deutsche Heerestruppe vom Reich ab.

MASSNAHMEN IM SCHATTEN DES KRIEGES

Der Widerstand der unterworfenen Völker Der Einmarsch der deutschen Truppen führt in den besetzten Gebieten zur Entstehung unterschiedlich starker Widerstandsgruppen. In Dänemark, Norwegen und Holland schließen sich sehr aktive Widerstandskämpfer verschiedener politischer Richtungen zusammen, während in Jugoslawien, Belgien und Griechenland kommunistisch eingestellte Gruppen ein Übergewicht erhalten.
Besondere Bedeutung gewinnt die Widerstandsbewegung in Frankreich, wo der Handlungsspielraum der deutschen Militärverwaltung durch die Résistance und die Maquis-Bewegung eingeengt wird. Mit ihnen kämpfen außerdem im besetzten Norden die Libération-Nord und im Süden die Libération-Sud. Daneben erhält in beiden Gebieten die kommunistische „Front national" eine besondere Bedeutung. Im Jahre 1941 nimmt General de Gaulle Kontakte zu den Widerständlern auf und gründet ein zentrales Auskunfts- und Aktionsbüro in London.
Der Partisanenkrieg verschärft sich in allen besetzten Gebieten infolge einer Reihe von Erlassen und Befehlen der deutschen Reichsleitung. So ordnet Hitler im Oktober 1941 an, daß bei Einsätzen gegen Partisanen auch Geiselerschießungen vorgenommen werden sollen, und im Dezember des gleichen Jahres ergeht der Befehl, Verhaftungen seien so durchzuführen, daß die Angehörigen über das Schicksal des Verhafteten im unklaren bleiben. Hinzu kommt, daß SS und SD bei ihren Maßnahmen ohne jede Rücksicht vorgehen. Beispiele, die die Welt erschüttern, sind die Vernichtung des tschechischen Dorfes Lidice bei Prag nach dem Attentat auf den SS-Obergruppenführer Heydrich und die Zerstörung des französischen Dorfes Oradour-sur-Glane durch die SS.

Die „Endlösung der Judenfrage" Im Schatten des Krieges verfolgt Hitler außerdem noch die Pläne, die sich aus seinem Rassenwahn herleiten. So läßt er nach der Eroberung Polens die systematische Ausrottung der dort lebenden Juden durchführen. Hierzu werden die jüdischen Menschen zunächst in Gettos eingewiesen, wo sie Massenverhaftungen oder Erschießungen und schließlich Razzien und Pogromen schutzlos ausgeliefert sind. Ab dem Jahre 1941 geht man zu Liquidationen am Ort und nach 1942 zum Abtransport der jüdischen Bevölkerung in Massenvernichtungslager über. In Rußland wird mit der Durchführung der „Endlösung" der SS-Obergruppenführer Heydrich beauftragt. Er führt dort das Programm der „Wannsee-Konferenz" aus, das für die russischen Juden zunächst den Einsatz in Arbeitskolonnen, dann die Dezimierung durch Zwangsarbeit bei unzureichender Ernährung und schließlich den Abtransport in Vernichtungslager vorsieht. Insgesamt kommen infolge dieser Politik in den Todeslagern bei Auschwitz, Chelmno, Belzec, Sobibor und Treblinka über vier Millionen Juden ums Leben. Hierbei läßt sich die deutsche Regierung durch entsprechende Gesetze der Verbündeten oder befreundeter Regierungen unterstützen; Widerstand leisten hiergegen nur die Regierungen in Finnland, Italien und Dänemark.

Der durch den Krieg verursachte Widerstand in Deutschland Die Politik der deutschen Regierung auf den Kriegsausbruch hin und das sich anschließende Vorgehen gegen Widerstandsgruppen und Juden weckt bei manchen höheren Beamten und Offizieren Verantwortungsgefühl und sie erinnern sich der in einer solchen Situation allen Verantwortlichen auferlegten Pflicht, die Rechtmäßigkeit des Staatswesens nach Maßgabe der eigenen Möglichkeiten zu überprüfen. So hat bereits bei der Bekanntgabe des Angriffes auf die Tschechoslowakei durch Hitler der damalige Chef des Generalstabes Generaloberst Beck gegen das Vorgehen protestiert, weil er über die Skrupellosigkeit empört gewesen ist, mit der Hitler die Wehrmacht für seine Aggressionen einzusetzen beabsichtigt hat. In der Begründung seines Protestes stellt der Generaloberst fest: „Es ist ein Mangel an Erkenntnis der Aufgabe, wenn ein Soldat in höchster Stellung in solchen Zeiten seine Pflichten und Aufgaben nur in dem begrenzten Rahmen seiner militärischen Aufträge sieht, ohne sich der höchsten Verantwortung vor dem gesamten Volk bewußt zu werden. Außergewöhnliche Zeiten verlangen außergewöhnliche Handlungen!"
Doch für lange Zeit faszinieren die militärischen Erfolge Hitlers auch Skeptiker und Kritiker. Erst ab dem Jahre 1943, besonders nach den Fehlern von Stalingrad, mehren sich die Zweifel und kritischen Stimmen. Doch nun überrascht so viele das glückliche Geschick, das Hitler bei Attentatsversuchen beisteht; mancher gewinnt sogar den Eindruck, „Hitler sei vom Teufel behütet".
Ein letzter entscheidender Versuch, Hitler zu töten, wird bei dem Attentat vom

Churchill, Roosevelt und Stalin auf der Konferenz in Jalta auf der Krim vom 4.–11. Februar 1945. Die Konferenz von Jalta dient der Ergänzung der 1943 in Teheran gefaßten Beschlüsse.

20. Juli 1944 unternommen, das der Oberst Claus Schenk von Stauffenberg im Führerhauptquartier in Ostpreußen verübt. Auf Grund des Fehlurteils, Hitler sei bei dem Anschlag ums Leben gekommen, entfalten die bisher im verborgenen operierenden Verschwörer ihre Umsturzpläne in Berlin. Doch das plötzliche Auftreten Hitlers vor den Mikrophonen des Rundfunks beweist das Scheitern des Unternehmens, und in einer von Himmler geleiteten Aktion werden alle Mitverschwörer in Gewahrsam genommen. Innerhalb weniger Stunden kann der durch das Attentat ausgelöste Aufstand niedergeschlagen werden. Jetzt zeigt sich, daß der Kreis der unmittelbaren und mittelbaren Mitwisser sehr groß ist und alle Richtungen, selbst Persönlichkeiten in hohen Parteiämtern, umfaßt; sogar ein Regierungsprogramm haben die Widerstandskämpfer bereits ausgearbeitet.

Noch in der Nacht nach dem Attentat läßt Hitler die Hauptverschwörer von Stauffenberg, Olbricht, von Quirnheim und von Haeften erschießen. Die weiteren Verschwörer werden in einer Reihe von Schau- und Nebenprozessen vor dem Volksgerichtshof abgeurteilt, wo unter Leitung des Vorsitzenden Dr. Freisler Hunderte von Todesurteilen gegen Offiziere, Beamte, Politiker, Gewerkschaftsführer und Geistliche beider Konfessionen gefällt werden. Die Aburteilungen ziehen sich vom August 1944 bis zum April 1945 hin; manche Angeklagte entgehen ihrem Urteil nur, weil ihre Prozesse bei Kriegsende noch nicht abgeschlossen sind.

Andere Unternehmungen ähnlicher Art werden zwar noch geplant, haben aber angesichts der nun getroffenen Vorsichtsmaßnahmen keine Aussicht auf Erfolg mehr. Infolge des Attentats vom 20. Juli endet die Tätigkeit der Widerstandsgruppe des „Kreisauer Kreises“, da viele Anhänger in Gefangenschaft geraten sind. Ein letzter nennenswerter Widerstand wird in München von einer Gruppe junger Studenten geleistet, die sich zur „Weißen Rose“ zusammengeschlossen haben. Nach einer Flugblattaktion in der Münchner Universität werden die meisten Mitglieder gefangengenommen und teilweise sogar hingerichtet.

Die psychologische Kriegsführung Auf Grund der Erfahrungen aus dem Ersten

Weltkrieg und der inzwischen erfolgten technischen Vervollkommnung der Nachrichtenmittel – besonders des Rundfunks – schenken alle am Krieg beteiligten Parteien der psychologischen Kriegsführung große Aufmerksamkeit. Dabei gilt für alle Seiten der Grundsatz, die öffentliche Meinung im Lande so zu steuern, daß die gesamte Bevölkerung ihren Einsatz für den Krieg auf ein Höchstmaß steigert. Hierbei ist es der autoritären Führung in Deutschland leichter möglich, durch ein Einfuhrverbot ausländischer, auch neutraler Zeitungen und ein Abhörverbot für feindliche Rundfunksender die eigene Bevölkerung zu isolieren und die durch Einschüchterung, ja Terrormaßnahmen ins Wanken geratene Kampfmoral wieder zu festigen. Im Zweiten Weltkrieg erlebt die psychologische Massenbeeinflussung einen nie für möglich gehaltenen Aufschwung, denn sie erweist sich, insgesamt gesehen, innerhalb der eigenen Staatsgrenzen als sehr erfolgreich, während sie jedoch als Mittel der Zersetzung der gegnerischen Widerstandskraft eher versagt. Auf Grund dieser Wirkung erlangen die Bevollmächtigten für die Propagandamittel, in Deutschland der Reichsminister für Volksaufklärung und Propaganda, Dr. Goebbels, eine geradezu überragende Bedeutung. Denn anders als die politischen und militärischen Führer lenken sie mit raffiniert gestalteten suggestiven Mitteln die Stimmung innerhalb der Bevölkerung und haben so großen Einfluß auf die ihnen anvertrauten Massen.

DIE NEUGESTALTUNG EUROPAS DURCH DIE ALLIIERTEN

Sobald sich der Zusammenbruch der Achsenmächte abzeichnet, beginnen in den Gesprächen der Alliierten die Fragen hinsichtlich der künftigen Gestaltung Europas immer mehr Raum einzunehmen. Erste wichtige Ergebnisse für die Zukunft des Deutschen Reiches bringt die Besprechung der alliierten Außenminister in Moskau vom 19. bis 30. Oktober 1943. Hierbei einigen sich diese auf eine Zusammenarbeit bis zum Endsieg und auf die Bestrafung der deutschen Kriegsverbrecher durch ein Gerichtsverfahren. Auf dieser Konferenz wird auch festgelegt, daß nach dem Sieg in Italien und Österreich die Demokratie wieder eingeführt werden solle.
Weitere Details der künftigen Formung Europas regeln Roosevelt, Churchill und Stalin auf der Konferenz von Teheran vom 28. November bis 1. Dezember 1944. So legen die Politiker als die künftige Grenze Polens im Osten die Curzon-Linie und im Westen die Oder fest.
Eine zusätzliche Vorentscheidung fällt, als der US-Präsident allein den Morgenthau-Plan unterzeichnet, der vorsieht, daß Deutschland nach Beendigung des Krieges zerstückelt und die Industrie zugunsten der Landwirtschaft weitgehend beseitigt werden solle. Diesem Vorhaben stimmen jedoch die Verbündeten nicht zu, und so muß auf der Konferenz von Dumbarton Oaks vom 21. August bis 7. Oktober 1944 Roosevelt seine Unterschrift wieder zurücknehmen. Unmittelbar im Anschluß an diese Besprechung treffen sich Churchill, Eden und Stalin in Moskau und kommen überein, wie die Einflußsphären auf dem Balkan aufgeteilt werden sollen. Demnach werden Rumänien, Bulgarien und Ungarn unter sowjetischen, Griechenland unter britischen und Jugoslawien unter britischen sowie sowjetischen Einfluß kommen.
Ihre letzte große Zusammenkunft vor Kriegsende haben Roosevelt, Churchill und Stalin bei der Konferenz von Jalta vom 4. bis 11. Februar 1945. Dabei werden die Polen-Frage, die Politik gegenüber Nachkriegsdeutschland und am Rande die künftige Rolle Jugoslawiens behandelt. Hinsichtlich Polens kommen die drei Politiker überein, daß in die kommunistische Regierung des Lubliner Komitees auch Mitglieder der polnischen Exil-Regierung aufgenommen werden sollen. Außerdem gelingt es Stalin, die Zustimmung der beiden anderen Verhandlungspartner zur Curzon-Linie als endgültige polnische Ostgrenze zu erhalten. Über die polnische Westgrenze hingegen will man sich jetzt erst in einem endgültigen Friedensvertrag Klarheit verschaffen. Gegenüber dem Deutschen Reich wollen die Alliierten nunmehr so verfahren, daß sie die Herrschaft des Nationalsozialismus beseitigen und das Land in Besatzungszonen aufteilen. Um die Wirtschaftskraft zu lähmen, werden Fabrikanlagen demontiert und muß das Reich Reparationen erbringen. Außerdem sollen gewisse Gebietsabtretungen vorgenommen werden. Die Herrschaft in Deutschland soll künftig einem Alliierten Kontrollrat übertragen werden.
Damit sind die Grundlinien für die künftige Gestaltung Europas gelegt. Hauptanliegen der Alliierten ist es ab jetzt, die Kriegshandlungen abzuschließen. Weitere Details der Europa betreffenden Probleme werden erst nach der Kapitulation bei den Verhandlungen in Potsdam vom 17. Juli bis 2. August 1945 vereinbart.

DIE KAPITULATION DES DEUTSCHEN REICHES UND DIE FOLGEN DES KRIEGES

Die Kapitulation Im Süden setzen die letzten Kampfhandlungen ein, als in den ersten Monaten des Jahres 1945 die alliierten Verbände in die Alpen vorstoßen und dadurch die Abwehrfront in diesem Abschnitt vernichten. Ohne Wissen Hitlers unterzeichnen hier am 28. April die deutschen Truppen einen Waffenstillstand, geben diesen aber erst am 2. Mai bekannt. Zu diesem Zeitpunkt versucht Mussolini, auf Schweizer Boden zu fliehen, doch er wird von Partisanen bei Como gefangengenommen und erschossen. Die Alliierten stoßen gleichzeitig über den Brenner vor und dringen in Kärnten und in der Steiermark ein.
Im Westen setzen die Alliierten im Februar zum Großangriff auf den Rhein an. Durch einen glücklichen Umstand fällt ihnen bei Remagen die nur leicht beschädigte Rheinbrücke in die Hände, die erst zusammenstürzt, als auf der östlichen Flußseite ein etwa 50 Kilometer breiter Brückenkopf gebildet worden ist. Am 24. März überschreiten bei Oppenheim amerikanische und bei Wesel britische Truppen den Rhein, so daß nun die Alliierten in drei Stoßrichtungen in das Innere Deutschlands vordringen können. Im Süden erreichen die Amerikaner über Würzburg, Nürnberg, Stuttgart, Ulm, München schließlich Salzburg, während in der Mitte das Ruhrgebiet

Deutsche Kriegsgefangene bei Stalingrad. Hier endete Anfang Februar 1943 die 6. Armee. Der deutsche Rückzug aus Rußland begann.

umgangen wird und die dort stationierten deutschen Truppen eingekesselt werden. Zur gleichen Zeit riegeln britische Verbände die in der „Festung Holland" stationierten Einheiten ab und stoßen am 3. Mai bis Hamburg vor. Zuvor schon, am 25. April, sind die in der Mitte vorrückenden Amerikaner bei Torgau auf die ersten sowjetischen Soldaten getroffen. General Eisenhower lehnt es ab, weiter vorzudringen, und zieht sich schließlich auch aus Mecklenburg zurück und überläßt dieses Gebiet den Sowjets.

Im Osten eröffnet die Rote Armee am 16. April 1945 ihren letzten Angriff in Richtung Berlin, dessen Vorgelände sie am 20. April erreicht. Am 25. April ist die Reichshauptstadt eingeschlossen und wird im wesentlichen nur mehr von Volkssturm und Hitlerjugend verteidigt. Hitler nimmt sich am 30. April, nachdem er zuvor Dönitz zu seinem Nachfolger ernannt hat, selbst das Leben, und am 2. Mai kapituliert die Reichshauptstadt.

Alle übrigen deutschen Soldaten geraten jetzt in das immer enger werdende Kampfgebiet zwischen den anglo-amerikanischen und sowjetischen Verbänden und müssen sich allmählich geschlagen geben. Angesichts dieser Lage bleibt für die Reichsregierung unter Dönitz nicht mehr viel anderes zu tun übrig, als die Kapitulation vorzubereiten.

Am 4. Mai bieten die den Engländern gegenüberstehenden deutschen Truppen eine Teilkapitulation an, die in Lüneburg unterzeichnet wird. Doch Eisenhower verwirft eine Teilkapitulation und besteht auf einer Gesamtkapitulation. Dönitz sendet deshalb den Generaloberst Jodl zu Generaladmiral von Friedeburg, die zusammen die Alliierten um einen Aufschub von vier Tagen bitten, damit die deutschen Soldaten aus dem Osten in den Westen zurückkehren können. Eisenhower gestattet aber nur zwei Tage und droht nach deren Verstreichung weitere Kämpfe an. So unterzeichnet Jodl am 7. Mai um 2.41 Uhr im amerikanischen Hauptquartier zu Reims die Gesamtkapitulation der deutschen Wehrmacht, und Keitel wiederholt diesen Akt am 9. Mai 0.16 Uhr im sowjetischen Hauptquartier in Karlshorst bei Berlin. Die deutsche Regierung ist unterdessen nach Mürwik bei Flensburg ausgewichen. Dort wird sie am 23. Mai durch eine britische Panzerbrigade in Gewahrsam genommen, und die Alliierte Kommission erklärt Dönitz, daß seine Regierung nunmehr aufgehört habe zu existieren.

Will man sich Gedanken über die Gründe für diese Katastrophen machen, so ist es unzweckmäßig, in einzelnen Faktoren die Ursache zu suchen. Weder die von der Propaganda geweckte Hoffnung auf den „Endsieg" noch der Einsatz von Geheimwaffen hätten eine Wendung herbeiführen können; diese hat bereits die Niederlage von Stalingrad eingeleitet. Auch der Faktor Verrat, der durch Flüsterpropaganda immer neue Nahrung erhalten hat und durch die hohe Beteiligung selbst wichtiger Offiziere in den Widerstandsgruppen gerechtfertigt erscheint, hat letztlich an den Fronten kaum zu Entscheidungen geführt. Der militärische Zusammenbruch ist vielmehr im Gesamtverlauf des Krieges programmiert; das ungleiche Kräfteverhältnis hat nie einen deutschen Erfolg ermöglichen können. Überraschend ist vielmehr die Tatsache, daß trotz der schier aussichtslosen Lage die deutschen Truppen in dem Mehrfrontenkrieg so lange ausgehalten und Widerstand geleistet haben.

Die Opfer des Krieges Der Zweite Weltkrieg ist bis heute der größte Land-, Luft- und Seekrieg der Geschichte überhaupt gewesen. Seine Bilanz zu erfassen, bedeutet unsägliches Leid in ganz Europa und in den benachbarten Gebieten zu erkennen; das dürfte aber unmöglich sein. Um wenigstens eine gewisse Vorstellung von den Größenordnungen der Schäden zu vermitteln, sollen einige statistische Tatsachen festgehalten werden.

Menschenverluste: Nach Schätzungen hat der Krieg von 1939 bis 1945 etwa 55 Millionen Menschen das Leben gekostet, etwa 35 Millionen Menschen sind verwundet worden und 3 Millionen Menschen gelten als vermißt. Dieser Krieg ist keine Auseinandersetzung nur unter Soldaten gewesen, sondern Hauptleidtragender ist die zivile Bevölkerung mit 20 bis 30 Millionen Toten, darunter 7 Millionen Russen, 4,2 Millionen Polen und 3,8 Millionen Deutsche. Die größten Verluste unter der kämpfenden Truppe verzeichnet die Sowjetunion, die 13,4 Millionen Gefallene zu beklagen hat; in Deutschland sind es etwa 4 Millionen.

Kriegskosten: Der Kampf ist auf beiden Seiten mit hohem Materialeinsatz betrieben worden. Man schätzt, daß allein an Kriegskosten etwa 1500 Milliarden US-Dollar angefallen sind. Davon haben die USA 21, Großbritannien 20, Deutschland 18 und die UdSSR 13 Prozent aufgebraucht.

Die Bevölkerungsbewegungen infolge des Krieges Da das Deutsche Reich zu keiner Zeit die gesamte deutschsprachige Bevölkerung umfaßt hat, gibt es besonders bei den östlichen Nachbarn zahlenmäßig starke deutsche Minderheiten. Die gegen sie vorgenommenen Repressionen sind ein Grund für den Ausbruch des Zweiten Weltkrieges gewesen. Während des deutschen Vorstoßes werden in den Ostgebieten durch die deutsche Regierung bevölkerungspolitische Maßnahmen durchgeführt, in deren Verlauf Tausende von Polen zwangsweise in das „Generalgouvernement" eingegliedert werden. Auch auf dem Balkan lösen Grenzänderungen Fluchtbewegungen aus, und nach 1941 verlassen vor allem viele Serben Kroatien und Slowenien.

Nach dem Einmarsch der UdSSR in Ostpolen werden von dort etwa zwei Millionen Menschen nach Nordrußland umgesiedelt. Ebenfalls auf Anweisung der Sowjetregierung müssen im Jahre 1941 Deutsche und Angehörige anderer „unzuverlässiger Völker" wie Esten, Litauer, Kalmücken und Kaukasier nach Sibirien auswandern.

In den letzten Monaten des Krieges wird angesichts der vorrückenden Sowjettruppen die Ostbewegung durch eine Flucht nach dem Westen abgelöst. Nun streben viele Volksdeutsche aus dem Donauraum nach Österreich, und bei dem Zusammenbruch der Ostfront verlassen viele in Polen und Ostpreußen lebende Menschen ihre Heimat und strömen nach dem Westen.

Doch auch durch die Kapitulation des Deutschen Reiches kommen die Menschen nicht zur Ruhe, denn infolge der in Potsdam beschlossenen „Überführung deutscher Bevölkerungsteile" aus Polen, der Tschechoslowakei und Ungarn beginnt eine gnadenlose Verfolgung deutschsprachiger Menschen, durch die etwa 7 Millionen Menschen ihre Heimat verlassen müssen und etwa 3 Millionen ihr Leben verlieren. In die durch die Vertreibung entvölkerten Gebiete rücken in den folgenden Jahren Menschen aus weiter östlich gelegenen Gebieten nach.

Doch auch im Westen können sich nicht alle Flüchtlinge sicher fühlen. Denn hier stellt sich nun heraus, daß Anfang September 1944 auf Vorschlag des damaligen englischen Außenministers Eden die westlichen Alliierten beschlossen haben, alle in ihren Machtbereich geflohenen Sowjetbürger der UdSSR zu übergeben, ob sie wollen oder nicht. In Jalta wird diese Zwangsrepatriierung in einem geheimen Zusatzprotokoll bestätigt. Hiervon sind nach dem Zweiten Weltkrieg in erster Linie die etwa 10 000 Soldaten des Generals Wlassow sowie die etwa 20 000 Kosaken betroffen, die ihre Heimat verlassen haben und nach Österreich gezogen sind. Entgegen ihren Gesuchen werden alle diese Menschen an die Sowjets ausgeliefert.

So haben infolge des Zweiten Weltkrieges etwa 30 Millionen Europäer – 60 Prozent davon sind Deutsche – ihre Heimat verloren. Seither kann man aber auch sagen, daß sich in Ostmitteleuropa Völker- und Staatsgrenzen nahezu decken.

Der Aufstieg der Sowjetunion zur Weltmacht

DIE RUSSISCHE REVOLUTION

Durch den Ersten Weltkrieg sind die innenpolitischen und sozialen Konflikte in den verschiedenen Ländern Europas zunächst überdeckt und in den Hintergrund gerückt worden, je länger jedoch der Krieg andauert, desto schärfer treten diese Konflikte nun hervor. Im zaristischen Rußland machen sich die Mängel des bestehenden Regierungssystems während des Krieges immer stärker bemerkbar, und die bisher unterschwellig vorhandenen Spannungen zwischen den sozialrevolutionären Kräften und der alten zaristischen Ordnung weiten sich zur offenen Auseinandersetzung aus. Ende 1916 kommt es auf Grund der militärischen Entwicklung und der sich nun immer offener zeigenden Mängel innerhalb der Verwaltung zu einer innenpolitischen Krise, bei der der „Progressive Block" in der IV. Duma die Ablösung der Regierung fordert, was jedoch nur zum Teil erreicht werden kann. Auch in Kreisen des Hofes und des Hochadels plant man, den sich abzeichnenden Zusammenbruch des Zarenreiches durch gewaltsame Veränderungen in der Führung zu verhindern. Man ermordet daher den aus Sibirien stammenden Mönch Grigorij J. Rasputin, um seinen verderblichen Einfluß auf die Zarin Alexandra zu beseitigen. Eine Veränderung Rußlands von der Spitze her wird jedoch durch die ausbrechende Revolution von unten her beendet.

Im Deutschen Reich, für das der Krieg mehr und mehr zur Zerreißprobe und zum Existenzkampf geworden ist, versucht man, den sich ankündigenden Zusammenbruch des Zarenreiches zu beschleunigen, und es werden daher bereits ab 1915 Kontakte zu russischen revolutionären Kreisen in der Emigration, aber auch in Rußland selbst hergestellt. Die deutsche Regierung und ihre Heeresleitung wenden bedeutende Geldmittel auf, um die innerrussische Revolution voranzutreiben und dadurch die Entente zu schwächen. Die Gelder fließen dabei den Bolschewiken zu, da man auf deutscher Seite annimmt, daß die Menschewiken auf seiten der Entente stehen. Der revolutionären Entwicklung in Rußland kommen die militärische Situation und der Zusammenbruch des Verteilungssystems entgegen, was nicht nur den Nachschub für die Armee und die Belieferung der Kriegsindustrie unterbindet, sondern auch die städtische Bevölkerung besonders hart trifft, die nun nicht mehr ausreichend mit Nahrungsmitteln versorgt werden kann. Massendemonstrationen und Streikbewegungen in mehreren Städten sind die Folge, am 23. Februar (8. März) 1917 brechen wegen der schlechten Lebensmittelversorgung Unruhen in Petersburg aus, und die Regierung beschließt, gegen die Aufständischen militärisch vorzugehen, doch verweigern die zur Verstärkung der Polizei eingesetzten Truppen, als sie gegen die Demonstranten vorgehen sollen, den Gehorsam; es kommt zu einer Verbrüderung von Arbeitern und Soldaten, was der Regierung in der Hauptstadt die Machtgrundlage entzieht. Am 28. Februar (13. März) 1917 konstituiert sich ein Ausschuß der vertagten Duma als „Provisorische Regierung", zwei Tage später wird Zar Nikolaus gezwungen, für sich und seinen Sohn die Abdankungsurkunde zu unterzeichnen. Am 3. März wird Rußland Republik, und die Herrschaft des Hauses Romanov ist zu Ende.

In der Folgezeit bricht zwischen dem Exekutivkomitee der Duma und dem neu entstandenen „Provisorischen Exekutivkomitee des Petrograder Sowjets der Arbeiter- und Soldatendeputierten" (konstituiert nach dem Vorbild der Revolution von 1905) ein Machtkampf aus. Während die Regierung unter Kerenskij auf eine Fortsetzung des Krieges dringt (allerdings scheitert die Kerenskij-Offensive nach Anfangserfolgen), plädiert der Sowjet in einem Aufruf an die „Proletarier und Werktätigen aller Länder" für einen Frieden „ohne Annexionen und Reparationen".

Mit der Februarrevolution von 1917 wird die Auflösung der alten staatlichen Ordnung in Rußland eingeleitet. Nach dem Zusammenbruch des alten Systems des Zarismus gelangen die Dumaparteien an die Macht, welche die bürgerlichen Schichten repräsentieren und an dem Bündnis mit den westlichen Alliierten festhalten. Die breiten Schichten hingegen wünschen Frieden und bessere Versorgung. Die die Herrschaft besitzende, demokratisch gesinnte „Provisorische Regierung" verliert zunehmend an Macht gegenüber der sich mehr und mehr durchsetzenden Partei der Bolschewiken. Überall entstehen Arbeiter- und Soldatenräte, im Petrograder Stadtsowjet und später im Exekutivausschuß des Allrussischen Rätekongresses, um den sich die sozialistischen Gruppen scharen, zeichnet sich das Weitergehen der russischen Revolution ab. Bis zum Herbst 1917 haben Arbeitslosigkeit und Hunger und die sich zuspitzende wirtschaftliche Situation ihren Höhepunkt erreicht, doch kann sich die Provisorische Regierung zu keinerlei Maßnahmen entschließen, obgleich sie über keine ausreichenden Mittel mehr zur Fortsetzung des Krieges gegen Deutschland verfügt.

In dieser instabilen Situation ergreift Vladimir Il'itsch Ul'anov, genannt Lenin, der im April mit Hilfe der deutschen Obersten Heeresleitung aus seinem Schweizer Exil nach Rußland zurückgekehrt ist, in das Geschehen ein, die Lage für seine bolschewistische Partei nützend, die – bisher einfluß-

Der Sturm auf das Winterpalais in Petrograd am 25. 10. 1917 bringt die Bolschewisten an die Macht.

und orientierungslos – von ihm zu einem Machtfaktor ausgebaut wird. Mit dem Slogan „Land und Frieden", den vordringlichsten Wünschen des Volkes, gewinnt er für sich die breiten Massen und zieht mit der Parole „Alle Macht den Räten" die sozialistischen Parteien, die Sozialrevolutionäre und die Menschewiki, die zuvor die Provisorische Regierung unterstützten, auf seine Seite. In seinen „Aprilthesen" verkündet Lenin das Programm des rücksichtslosen Kampfes gegen die Provisorische Regierung und alle politischen Gruppierungen, welche die Fortsetzung des Krieges wünschen. Zu seinen Mitkämpfern gehört Leo Trotzkij, der Vorsitzende des Petrograder Stadtsowjet, der die Arbeiter bewaffnet und sich der Hilfe der Garnisonstruppen versichert. In den Räten kommt den Bolschewisten zunächst jedoch noch die Minderheit zu, ein Putschversuch im Juli schlägt fehl, und Lenin muß sich für längere Zeit wieder ins Ausland, nach Finnland, begeben. Dennoch vermag der neue Ministerpräsident Alexander Kerenskij nicht, die inneren Konflikte zu beseitigen und den Verfall der öffentlichen Verwaltung zu bremsen, und sein Versuch, seine instabile Position mit militärischen Erfolgen zu festigen, schlägt fehl. Als der Armeeoberbefehlshaber General Kornilov im September 1917 die Regierung durch eine Militärdiktatur ersetzen will, muß Kerenskij die Hilfe der Bolschewiki in Anspruch nehmen, denen es daraufhin gelingt, in den Sowjets von Petersburg und Moskau die Mehrheit zu erringen. Das Zentralkomitee der Partei beschließt den bewaffneten Aufstand, den Leo Trotzkij organisiert.

Trotzkij läßt alle strategisch wichtigen Punkte Petersburgs besetzen, und am 7. November (nach russischer Zeitrechnung der 25. Oktober; daher die Bezeichnung Oktoberrevolution), als die Vertreter aller Arbeiter- und Soldatenräte des Landes auf dem 2. Allrussischen Sowjetkongreß zusammentreten, setzt der Sturm auf das Winterpalais, den Sitz der Provisorischen Regierung, ein. Die gemäßigten Abgeordneten verlassen daraufhin die Sitzung, der Rest stimmt Lenin zu. Der 2. Allrussische Sowjetkongreß, in dem die Bolschewisten mit den Linken Sozialrevolutionären nach dem Auszug der Menschewisten und Rechten Sozialrevolutionäre tonangebend sind, erklärt den „Rat der Volkskommissare" unter Lenin zur neuen Regierung. Damit geht die Regierung gemäß der Maxime der Bolschewiken auf die Volkskommissare über. Auch in Moskau können sich die Bolschewiki nach längerem Kampf durchsetzen, und in den folgenden Wochen dehnen sie ihre Herrschaft in großen Teilen Rußlands aus. Von Kerenskij kann noch die Verfassungsgebende Nationalversammlung berufen werden. Bei den Wahlen vom 25. November (8. 12.) bleiben die Bolschewiken mit etwa 25% der Stimmen und 175 von 707 Sitzen klar in der Minderheit. Daher läßt Lenin dieses demokratisch gewählte Gremium am Tage nach seiner Konstituierung am 6. Januar 1918 (19. 1.) durch Rote Truppen auseinandersprengen und ruft die russische Sozialistische Republik aus. Die anderen Parteien werden nun systematisch ausgeschaltet, und die alte Führungsschicht wird Schritt für Schritt ausgerottet. Die Bolschewiken beginnen ihre Einparteienherrschaft.

Außenpolitisch fordert Lenin, der Bewegungsfreiheit für die innere Konsolidierung des neuen russischen Staates braucht, sogleich einen allgemeinen Frieden ohne Gebietsabtretungen und Kriegsentschädigungen auf der Grundlage des Selbstbestimmungsrechts der Völker, worauf Rußland von den Entente-Mächten als Feind betrachtet wird; sie unterstützen daher die gegenrevolutionären Weißen Truppen in Rußland und senden eigene Streitkräfte. Der Waffenstillstand mit den Mittelmächten wird Mitte Dezember 1917 geschlossen. In den anschließenden Verhandlungen von Brest-Litowsk fordern die Mittelmächte als Vorbedingung die Abtretung aller besetzten Gebiete. Trotzkij erklärt daraufhin den Kriegszustand ohne Annahme der deutschen Bedingungen für beendet. Deutschland, Österreich-Ungarn und die Türkei schließen daraufhin mit der Ukraine den sogenannten „Brotfrieden": Gegen Anerkennung der Ukraine als unabhängiger Staat verpflichtet sich die Ukraine zu Getreidelieferungen an die Mittelmächte. Nach einer Offensive gegen die Sowjetunion sieht sich diese schließlich gezwungen, am 3. März 1918 in den Frieden von Brest-Litowsk einzuwilligen (Verlust von Estland, Lettland, Litauen und Polen, Anerkennung von Finnland und der Ukraine als selbständige Staaten).

RUSSLAND UNTER LENIN

Nach der Oktoberrevolution von 1917 ist die Herrschaft in Rußland fest in den Händen der Bolschewistischen Partei, die nun, nachdem sie sich auch gegenüber der Intervention der Westmächte zu halten vermocht hat, die Stabilisierung im eigenen Land in Angriff nimmt. Hierbei wird der Industrie eine Schlüsselposition eingeräumt. Aufgrund vorgenommener Enteignungen hat sich die Produktion von Industriegütern teilweise vermindert oder hat gänzlich aufgehört. Um einen völligen Zusammenbruch der Industrie zu verhindern, greift Lenin den bereits im Mai 1918 auf dem ersten gesamtrussischen Wirtschaftskongreß gefaßten Gedanken einer staatlichen Lenkung durch eine planmäßige Nationalisierung wieder auf, in der Hoffnung, durch eine straffere Ordnung die Effektivität der Industrie zu verbessern. Es wird der Aufbau einer Arbeiterverwaltung beschlossen, und kurz darauf wird die Nationalisierung einzelner Industrien sowie verschiedener Großbetriebe zum Gesetz erhoben. Die Basis der Industrieorganisation bildet die Arbeiteradministration, in der die Betriebskomitees, an deren Stelle später die Gewerkschaften treten, bestimmend sind. Der folgerichtigen stetigen Aufwärtsentwicklung in der Industrie stellt sich allerdings bald die Situation auf dem Land entgegen, das von seiten der bolschewistischen Regierung wegen der einseitigen Bevorzugung der Industrie zunächst total vernachlässigt wird. Die negative Entwicklung im agrarischen Bereich verhindert, daß die auf dem ersten gesamtrussischen Volkswirtschaftkongreß formulierten Beschlüsse, durch eine staatlich gelenkte industrielle Revolution die gesamtrussischen Wirtschaftsverhältnisse zu verbessern, nicht in der Praxis verwirklicht werden können.

Die Bauern erleben ihre eigene Revolution, welche ihre Einbeziehung in eine vom Industrieproletariat her bestimmte Organisation nicht ermöglicht. Die Revolution der Bauern richtet sich gegen die Grundbesitzer und strebt eine Gleichheit auf dem Lande an, die man durch die Umverteilung des Bodens zu erreichen versucht, wobei sich gerade hier der Gleichheitsgrundsatz als beinahe unpraktikabel erweist, da in den dicht besiedelten Gebieten auf den einzelnen weniger Land entfällt als in den menschenleeren Siedlungsräumen. An der Revolution, die in den Städten stattfindet, nehmen die Bauern nur wenig Anteil, und als infolge des Zusammenbruchs der Industrie von den Städtern keine Industriegüter mehr im Austausch für Nahrungsmittel angeboten werden können, halten sie ihre Lebensmittel zurück; hinzu kommt, daß für die Bauern, nachdem die Revolution sie von allen Zahlungsverpflichtungen befreit hat, keinerlei Notwendigkeit mehr besteht, ihre Produkte zu verkaufen. In den Städten wirkt sich diese Entwicklung verheerend aus, zumal ja durch die bäuerliche Revolution die landwirtschaftlichen Großbetriebe, die zuvor ausschließlich für den Markt produzierten und ihn in erster Linie mit Nahrungsmitteln versorgten, aufgelöst wurden. Die allgemeine städtische Hungersnot spitzt sich zu, als nach dem Frieden von Brest-Litowsk die Mittelmächte die getreidereiche Ukraine besetzen und in anderen landwirtschaftlich wichtigen Zonen Bauernunruhen ausbrechen. Die Regierung Lenin, welche ihren industriellen Aufbau wie auch den Fortbestand der eigenen Partei gefährdet sieht, entschließt sich daraufhin zu einer gewaltsamen Lösung des Problems. Es bildet sich eine Art Requisitionssystem, das vorerst nur den Überschuß der Landwirtschaft eintreibt. Die Bauern bekommen für die ihnen abgenommenen Lebensmittel keinerlei Gegenwerte, so daß sie mehr und mehr das Interesse an einem Überschuß im Anbau verlieren und nur noch für ihre eigenen Bedürfnisse produzieren. Beschleunigt wird diese Entwicklung noch durch die Methode der zur Requisition eingesetzten Komitees, die, zumeist aus den armen Schichten der Bevölkerung zusammengesetzt, den Großbauern Land für weitere Umverteilung wegnehmen, wodurch noch durchaus ertragreiche Höfe ruiniert werden. Das Resultat dieser Unternehmungen ist ein rapides Absinken der Ernteerträge, und die bolschewistische Regierung sieht sich daher gezwungen, gegen die Bauern rücksichtsloser vorzugehen, um die Arbeiterschaft, welche die Basis ihrer politischen und industriellen Revolution bildet, gefügig zu halten.

Auf dem Höhepunkt der innenpolitischen Krise, während der Rußland durch die einander entgegenwirkenden Vorgänge auf dem Land und in den Städten als einheitlicher Wirtschaftskörper zerstört wird und alle Versuche der Regierung, ihre Zielsetzungen zu verwirklichen, scheitern müssen, werden noch von außen Erschwernisse herangetragen. Die bewaffnete Intervention der Westmächte hält den Bürgerkrieg weiterhin aufrecht, so daß sich unter dieser Kraftprobe die Schwächen der sich noch im Aufbau befindlichen bolschewistischen Regierung sofort bemerkbar machen, insbesondere die noch ungenügende Verwaltung und die nicht schlagkräftige Armee. Daher wird für die Regierung Lenin die Beseitigung der innen- und außenpolitischen Probleme gleich wichtig. Der industriellen Revolution werden zunächst die Bewältigung der drohenden Hungersnot und der Massenarbeitslosigkeit sowie die Aufrüstung vorangestellt. Aus diesem Grund wird die Industrie, die der Verfügungsgewalt der bolschewistischen Regierung unterstellt ist, sofort den Bedürfnissen des Krieges angepaßt, wobei sich für die Produktion erschwerend auswirkt, daß rohstoffreiche Gebiete wie das Wolgagebiet, der Ural, Sibirien, Turkestan, der Kaukasus und das Donezbecken unter antibolschewistische Herrschaft geraten sind; zudem verhängen die Westmächte eine Wirtschaftsblockade über Rußland. Die Industrie wird daher gemäß den besonderen Bedingungen einem Militärregime unterworfen; an der Spitze stehen Kommissare, die mit allen Vollmachten ausgestattet sind, wodurch die Arbeiterorganisationen, die bisher nach ihren eigenen Vorstellungen die Betriebe weitgehend leiten konnten, zu reinen Befehlsempfängern abgestempelt werden.

Die nun einsetzende Einzelleitung erfordert einen riesigen Beamtenapparat, der den des Zaren weit übertrifft, und bereits im November 1918 ist der gesamte Binnenhandel nationalisiert. Es beginnt jetzt der sog. Kriegskommunismus, der sich im Laufe des Jahres 1919 vollständig ausprägt. Nun übernimmt der Staat alle Produktions- und Distributionsfunktionen selbst. Weitere zentralistische Maßnahmen betreffen vor allem das Ernährungswesen. Man geht dazu über, die Versorgung der Stadtbevölkerung (erst später auch die der Bauern), die zur Aufrechterhaltung der Kriegsproduktion benötigt wird, zu regeln und sie einigermaßen zu sichern. Es wird ein Rationalisierungssystem ausgearbeitet, nach dem die Nahrung im Verhältnis 4:3:1 an die drei Schichten, in welche die Stadtbevölkerung eingeteilt worden ist, vergeben wird: vier Teile an die Schwerarbeiter, drei an die übrigen Werktätigen und ein Teil an die ehemaligen Besitzenden. Die Nahrung wird unentgeltlich ausgegeben, und je weiter dieses System ausgebaut wird – es erstreckt sich auch auf die staatliche und kommunale Dienstleistung –, desto mehr büßt das Geld seine ursprüngliche Rolle ein. Diesem Prozeß Rechnung tragend und in der Hoffnung, die durch die Verteuerung der Produkte immer mehr zunehmende Inflation in den Griff zu bekommen, versucht die Regierung alle geschäftlichen Beziehungen zwischen staatlichen Betrieben auf geldlosen Verkehr umzustellen, wobei als neue Verrechnungsgrundlage sog. Arbeitseinheiten dienen, worunter man die Arbeitsleistung einer einfachen qualifizierten Arbeitskraft versteht. Als Zahlungsmittel werden nun auch vorwiegend Naturalien verwandt.

Trotz dieser gezielten Organisation kann die innere Krise jedoch nicht überwunden werden. Wohl kann man mit diesem Distributionssystem die nötigsten Bedürfnisse der Stadtbevölkerung befriedigen und die Aufrechterhaltung der Produktion erzwingen, so daß sich das sowjetische Rußland militärisch behaupten kann, aber mit der Jahreswende 1919/1920, die auch die Beendigung des Bürgerkrieges bringt, erlebt Rußland eine der größten Hungersnöte. Die zur Verfügung stehenden Nahrungsrationen sind viel zu klein, um auf die Dauer ausreichend zu sein, die anderen Bedarfsartikel des täglichen Lebens, etwa Kohle und Holz, werden von der Industrie verbraucht, so daß sich vor allem die städtische Bevölkerung in eine katastrophale Lage gestürzt sieht; neben dem Hunger treten jetzt zahlreiche Seuchen auf. Aufgrund der

Wladimir Iljitsch Lenin (1870–1924). Mit Hilfe der deutschen Regierung gelangt er am 16. April 1917 nach Petrograd und reißt die russische Revolution an sich.

Lage in den Städten setzt in diesen Jahren eine Stadtflucht großen Ausmaßes ein, und als 1920 der Krieg beendet ist, sieht sich die bolschewistische Partei einer durch die einseitige Förderung der Kriegsindustrie und die Stadtflucht gänzlich zerrütteten Wirtschaft gegenüber. Mit Ende des Bürgerkrieges nimmt die Aufrüstung dann nicht mehr die alles beherrschende Stellung innerhalb der Aufgaben des Staates ein, doch wird das System des Kriegskommunismus beibehalten, das die rücksichtslose Ausbeutung des Bauerntums und die Subordinierung der Industrie unter ein militärisches Reglement zur Grundlage hat. Ferner plant man, militärische Mittel und Methoden auf die gesamte Wirtschaft auszudehnen und sie ohne irgendeinen Übergang sofort in die kommunistische Wirtschafts- und Gesellschaftsform überzuleiten. Die gesamte Bevölkerung wird jetzt in Arbeitsarmeen aufgeteilt, die zu den verschiedensten Arbeiten, zur Trockenlegung von Sümpfen, zum Straßenbau usw., abkommandiert werden. Arbeitsverweigerung wird als Desertion bestraft. Vor allem die Bauern werden zu derartigen Arbeiten herangezogen.

Mit einer militärisch geführten Organisation, die eine größtmögliche Ausnutzung der zur Verfügung stehenden Arbeitskräfte und höchste Einsatzfähigkeit ermöglicht, hofft man die Wirtschaft hoch zu bringen, wobei das Hauptaugenmerk wiederum der Industrie gilt, die planmäßig, beginnend mit dem Transportwesen über die Produktionsmittelindustrie und die Bedarfsartikelindustrie, aufgebaut werden soll. Dabei soll ohne irgendwelche Entwicklungs- und Aufbauphasen sofort der allerneueste technische Stand ausgenützt werden. Große Erwartungen setzt man dabei auf die – allerdings noch fehlende – Elektrizität. Neben dem Aufbau der Industrie schließt die Planung, die aus den Fehlern der vergangenen Jahre gelernt hat, nun auch die Landwirtschaft mit ein, allerdings nur in beschränktem Maße und im vorwiegend ausbeuterischen Sinne. Da sie in die Gesamtorganisation miteinbezogen werden soll, wird die landwirtschaftliche Produktion einem einheitlichen Reglement unterworfen. Die Regierung erhofft sich dadurch, die bisherige bäuerliche Eigenbedarfswirtschaft rückgängig machen zu können, wobei die Gründung von landwirtschaftlichen Großbetrieben bereits ins Auge gefaßt wird. Allerdings vermögen die Bolschewiken trotz ausgedehnter Reglements und weitreichender Organisation den freien Handel zwischen Stadt und Land keineswegs einzudämmen, da es der Bevölkerung nur so möglich ist, außerplanmäßig an Bedarfsgüter heranzukommen. So decken die Städter ihren Nahrungsbedarf zum größten Teil auf diesen Märkten, während die Bauern Salz und Manufakturwaren im Tausch erlangen können.

Auf diese Weise zerfällt die russische Wirtschaft in dieser Zeit in eine staatlich gelenkte Naturalwirtschaft und in eine freie Marktwirtschaft, wobei letztere sogar überhand nimmt, da erneute gegenrevolutionäre Bewegungen sowie eine polnische Intervention die teilweisen Erfolge der Wirtschaftsplanung zunichte machen und das Land wieder in eine bürgerkriegsähnliche Situation stürzen. 1920/21 erleben die Städte ihre größte Hungersnot, und die allgemeine Stimmung des Volkes richtet sich jetzt gegen die Partei; es kommt zu Protestkundgebungen, die in der Revolte der Kronstädter Matrosen und Soldaten im März 1921 gipfeln und zu einer politischen Krise führen, die den Bestand der Partei gefährdet.

Die Neue Ökonomische Politik In dieser politischen Krise entschließt sich Lenin zu einer Lockerung des bisherigen Kurses, wobei diesmal das Augenmerk stärker auf die Landwirtschaft gerichtet wird, deren Bedeutung für die Existenz des Staates voll erkannt worden ist. Die Ablieferungspflicht wird durch eine feste Naturalsteuer ersetzt, was die freie Verfügung über wirtschaftliche Überschüsse erlaubt. Ebenso wird der freie Warenaustausch auf dem lokalen Markt erlaubt, was eine begrenzte Reprivatisierung einleitet, die der Staat, der weiterhin der stärkste Wirtschaftsträger ist, kontrolliert, und was in bestimmtem Maße auch zu einem Wettbewerb zwischen der Privat- und der Staatswirtschaft führt. Unter dem neuen Wirtschaftskurs, der Neue Ökonomische Politik genannt wird, entwickelt sich die Landwirtschaft stetig aufwärts, und bereits 1927 kann sie als weitgehend saniert angesehen werden. Aus den ökonomischen Zwängen des Wettbewerbs mit der Privatwirtschaft lernend, orientiert sich nun auch die Industrie an den Bedürfnissen des Marktes, was, da unter der Bevölkerung aufgrund des brachliegenden Warenmarktes ein ausgesprochener Warenhunger herrscht, die Industrialisierung rasch vorantreibt. Da im Gegensatz zu den Industriepreisen die Agrarpreise stagnieren, zeichnet sich bald wieder ein Auseinanderklaffen zwischen der Industrie und der Landwirtschaft ab, was das Zurückbleiben letzterer mit allen bereits erfahrenen negativen Erscheinungen bedeutet.

RUSSLAND IN DER STALINISTISCHEN ÄRA

Neuorientierung der Wirtschaftspolitik unter Stalin Seit 1922 ist Lenin, der 1924 stirbt, wegen schwerer Krankheit nicht mehr fähig, die Regierungsgeschäfte voll zu übernehmen. In seiner Nachfolge versucht vor allem Trotzkij, der zweite Mann des Staates, die Macht zu übernehmen; er wird jedoch von Stalin („Mann aus Stahl"), dessen bürgerlicher Name Josif Wissarionowitsch Dschugaschwili lautet, verdrängt. Unter ihm wird die Wirtschaftspolitik neu orientiert, indem die privatkapitalistischen Einflüsse Schritt um Schritt abgebaut werden. Es erfolgt eine Umwandlung im Industrialisierungsprozeß, der bisher, westlichem Vorbild folgend, auf den Ausbau konsumnaher Produktionszweige ausgerichtet war. Nunmehr wird unter straffer staatlicher Lenkung das gesamte Spiel der freien Kräfte im Wirtschaftsleben ausgeschaltet und der Vorrang der Schwerindustrie eingeräumt. Man geht dabei von dem großen Reichtum an eigenen Bodenschätzen aus, der es erlaubt, die Selbstkosten der Industrieprodukte herabzusetzen. So will man für Rußland eine gesunde, autarke Industrie schaffen, die dann zum Garanten für eine florierende Wirtschaft werden und dem Land politische Unabhängigkeit sichern soll. Aus den Mißerfolgen der Vergangenheit lernend, soll sich nun der Aufbau der Schwerindustrie innerhalb eines ökonomischen Gleichgewichts vollziehen, so daß mehrere wirtschaftliche Aufbauprogramme gleichzeitig verlaufen. Den Grundstock des wirtschaftlichen Aufbaus bildet die Industrie. Hierfür wird ein Zeitraum von fünf Jahren, ein sog. Fünfjahresplan, festgesetzt. 1928 läuft der erste Fünfjahresplan an, wobei sogleich Schwierigkeiten durch die Kapitalarmut auftreten, weswegen im Mittelpunkt des Planes ein umfassendes Investitionsprogramm steht, das neben kostensparenden Planungen und Kalkulationen auch die rücksichtslose Ausbeutung der menschlichen Arbeitskraft vorsieht. Unter diesen Voraussetzungen vermag Rußland bereits bis 1938 an dritter Stelle der Weltproduktion von Kohle und Eisen zu stehen und den Vorsprung der westlichen Industrieländer einzuholen.

Gleichbedeutend wie die Investitionen in der Industrie sind auch die für die Landwirtschaft, der für die Ernährung der Arbeiter und auch als Rohstofflieferant größte Bedeutung zukommt. Um ein gefährliches Auseinanderentwickeln zwischen Stadt und Land, wie es in der Vergangenheit geschehen war, zu verhindern, ist ein Marktausgleich zwischen beiden fest vorgesehen, d. h. einer produktiv arbeitenden Landwirtschaft soll ein ausreichender Markt an industriellen Bedarfs- und Konsumgütern gegenüberstehen. Um in der Landwirtschaft jedoch eine größtmögliche Produktivität zu erreichen, wird auch hier das zentralistische System vorangetrieben, und nach dem Motto, aller Boden gehört dem Staat, werden staatlich gelenkte Staatsfarmen errichtet (Sowchosen) oder die einzelnen Höfe werden zu genossenschaftlichen Betrieben (Kolchosen) zusammengefaßt, in deren Dienst alle Bauern ihre Arbeitskraft zu stellen haben. Arbeitsverweigerung wird mit Zwangsarbeit bestraft. Trotz dieser straffen Organisation verläuft die agrarische Entwicklung nicht störungsfrei, da zu Beginn industrielle Austauschgüter nicht in genügendem Ausmaße zu Verfügung stehen, so daß die Bauern ihr Getreide lieber dem Vieh verfüttern oder größere Reserven anlegen. Hinzu kommt, daß in den neuen Betriebsorganisationen sich keiner recht verantwortlich fühlt, daß das Vieh unsachgemäß versorgt wird und daß die Maschinen, sofern welche vorhanden sind, nicht rationell ausgenützt werden. Als ungünstige Witterungsbedingungen die Ernteerträge auch noch reduzieren, zeichnet sich für die russische Regierung ein erneuter Engpaß in der Ernährung ab und sie sieht sich vor die Frage gestellt, entweder in die Landwirtschaft mehr Geld zu investieren, das der Industrie entzogen werden müßte und sie durchaus gefährden würde, oder Zwangsmittel anzuwenden. Die Regierung entscheidet sich für letzteres, so daß sich die Reserven der Landwirtschaft bald erschöpfen. In dem Kampf um Getreide werden die Methoden der staatlichen Stellen immer härter, vor allem die noch nicht in Sowchosen und Kolchosen organisierten Bauern werden davon betroffen, und hier insbesondere die Kulaken, die reicheren Bauern. Sie werden verfolgt, von ihren Höfen vertrieben und jeglicher Existenz beraubt, indem sie keine Nahrung erhalten und ihnen die Arbeit verweigert wird, wenn sie nicht bereits durch Zwangsdeportationen, die ungeheuer viele Todesopfern fordern, beseitigt werden. Unter diesem Terror suchen viele Bauern wenigstens ihre physische Existenz abzusichern, indem sie freiwillig in die Kolchosen oder Sowchosen gehen, so daß geradezu eine Massenflucht in die staatlichen Institutionen einsetzt. Für die bolschewistische Regierung ist der sich ausbreitende Massenkollektivismus äußerst günstig, da sich dadurch die beabsichtigte Ausweitung des Reglements sehr schnell vollzieht. Die Volksmassen freilich leben unter dieser staatlichen Organisation schlechter als zur Zeit des Zaren, da sie jedoch seit Jahrhunderten an absolutistischen Zwang gewöhnt sind, können sie auch jetzt botmäßig gehalten werden, zumal sie durch die kommunistische Doktrin in die gläubige Hoffnung versetzt werden, daß bessere Zeiten kommen werden, wenn der Weltkommunismus den Sieg errungen hat. Die Gewaltsamkeit allerdings, mit der die Regierung die Kollektivierung vorantreibt, bringt nicht den gewünschten Erfolg, da der Aufbau einer dafür notwendigen Organisation und Planung damit nicht Schritt hält und die entsprechenden qualifizierten Arbeiter, welche imstande wären, die technische Revolution in der noch äußerst rückständigen Landwirtschaft zu leiten, fehlen. Als nachteilig wirkt sich noch aus, daß die gewaltsam zusammengetriebenen Bauern zu ihrer Sowchose bzw. Kolchose keinerlei Zugehörigkeitsgefühl und dementsprechend auch kein Pflichtgefühl entwickeln.

Unterdessen wird die Industrialisierung forciert; im Herbst 1929 drängt man bereits, als sich Produktionssteigerungen abzeichnen, auf eine Beschleunigung des Arbeitstempos und vor allem auf die Entwicklung der Schlüsselindustrien: der Maschinenbau und die Energieerzeugung sollen vorangetrieben werden. Daß hierdurch eine enorme Einschränkung der Bedürfnisse der Massen notwendig wird, wird hingenommen. Um den Industrialisierungsprozeß zu dynamisieren, werden alle Möglichkeiten des effektiven Einsatzes der Arbeitskräfte ausgenutzt. So führt man das ununterbrochene Betriebsjahr ein, d. h. auf fünf Arbeitstage folgt jeweils ein Ruhetag, wobei die Ruhezeit der einzelnen Arbeitsgruppen, in welche die Belegschaft aufgeteilt ist, auf verschiedene Tage fällt. Zur weiteren Steigerung der Arbeitsleistung wird ein Prämiensystem eingeführt, das Betriebe und Arbeiter untereinander um Höchstleistungen in der Produktion wetteifern läßt. Unter dem Aspekt der zu erwartenden Produktionssteigerung wird der neue Slogan „Fünfjahresplan in vier Jahren" eingeführt. Begünstigt werden diese Ziele durch die Massenkollektivierung, die der Regierung die Möglichkeit in die Hand gibt, alle zur Verfügung stehenden Arbeitskräfte rücksichtslos auszubeuten. Unter angespanntem Einsatz nimmt die Industrialisierung einen sprunghaften Aufschwung.

Als jedoch infolge der einseitigen Förderung der Schwerindustrie und aufgrund der Schwierigkeiten in der Landwirtschaft erneut eine Krise eintritt – 1932 wird Rußland von einer schweren Hungersnot heimgesucht –, entschließt sich die bolschewistische Regierung unter Stalin zu einer Verlangsamung des Tempos der Industrialisierung und zum Aufbau der bisher vernachlässigten Industriezweige. So soll die Leichtindustrie gefördert werden, und man versucht von jetzt an, die verschiedenen Industriezweige in ihrer Produktion besser aufeinander abzustimmen und die Industrien, die aufeinander angewiesen sind, sich gleichzeitig entwickeln zu lassen. Da sich vor allem noch der Mangel an technisch qualifizierten Arbeitskräften bemerkbar macht, soll dem im zweiten Fünfjahresplan durch die Errichtung von Ausbildungsstätten Rechnung getragen werden.

Der innenpolitische Aufbau der Sowjetunion Neben dem Aufbau der Wirtschaft ist den sowjetischen Machthabern die Durchsetzung der kommunistischen Idee ebenso wichtig. Die Massenkollektivierung der dreißiger Jahre, welche das Volk der bolschewistischen Partei total ausliefert, fördert dieses Unternehmen wesentlich. Die Verwirklichung der kommunistischen Ziele wird nun mit diktatorischen Maßnahmen vorangetrieben. Als Machtinstrument steht der Partei hierbei neben der Roten Armee die Geheime Staatspolizei zur Verfügung. Von ihr wird jeglicher Widerstand im Keim erstickt und durch ein Spitzelsystem die Bevölkerung unterdrückt gehalten. In systematischen Säuberungsaktionen, besonders in den Jahren von 1936 bis 1938, in Partei und Heer, durch die selbst hohe Offiziere und Funktionäre abgeurteilt werden, wird das diktatorische System gefestigt. Zunächst geht es gegen die sogenannte Rechtsopposition, die sich gegen die harte Agrarpolitik wendet, dann gegen jeden möglichen Rivalen Stalins; so wird auch Tuchatschewskij, der Führer der Roten Armee, denunziert und hingerichtet, was die russische Armee für mehrere Jahre empfindlich schwächt. Sieben bis acht Millionen Menschen fallen – vorsichtigen Schätzungen zufolge – diesen Aktionen zum Opfer. Mit den Säuberungsaktionen ist der soziologische Umschichtungsprozeß in Rußland endgültig vollzogen. Eine neue Generation, die in dem neuen Rußland groß geworden ist, wird jetzt tonangebend. Sie ist von einem neuen Bewußtsein geprägt und erfüllt von der großen Tradition des russischen Reiches. Volk, Heimat, Vaterland werden wieder Ideale, und als die bolschewistische Partei nach innen hin ihre Herrschaft gänzlich gefestigt sieht, kann sie es sich leisten, zum Teil auch um des Propagandaeffektes im Ausland willen, ihre Einheitspartei in demokratische Formen zu kleiden. Nach der russischen Verfassung besteht der vom Volk gewählte Oberste Sowjet (Rat), das höchste gesetzgebende

Der Kreml in Moskau. Seit etwa 1500 die befestigte Burg der Zaren, seit 1918 Sitz der Sowjetregierung.

Sowjetische Panzer rollen am 3. Mai 1945, nach der Erstürmung des Reichstagsgebäudes, durch das Brandenburger Tor in die Straße Unter den Linden in Berlin ein.

Organ der Staatsgewalt, aus zwei Kammern, dem Sowjet der Union und dem Sowjet der Nationalitäten. Der äußeren Form nach entspricht die neue russische Verfassung also den Parlamenten der westlichen Welt.

Die Außenpolitik der Sowjetunion

Außenpolitisch verfolgt Rußland ganz konsequent das Ziel, dem Weltkommunismus zum Sieg zu verhelfen. Es begründet die kommunistische Internationale (Komintern), welche die kommunistischen Parteien anderer Staaten vereinigt und ihnen bindende Anweisungen zur Gegenrevolution übermittelt. Zunächst wird das bolschewistische Rußland von keinem Staat der Welt anerkannt, und als 1922 Deutschland im Abkommen von Rapallo über die Streichung der gegenseitigen Kriegsschuld das System anerkennt, reagiert die übrige Welt mit Empörung. Nach und nach müssen sich die Staaten jedoch zur Anerkennung entschließen, wodurch die UdSSR schließlich wieder Schritt für Schritt weltpolitische Profilierung erhält. Außenpolitisch kommt vor allem dem Verhältnis zu Deutschland eine bedeutende Rolle zu. Zusammengeführt werden beide Mächte durch gemeinsame Interessen: Deutschland geht es insbesondere darum, seine Reparationslasten zu verringern, Rußland ist hingegen vor allem darum bemüht, störende westliche Einflüsse abzuwenden. Diese Interessensgemeinschaft schlägt sich erstmals in dem Vertrag von Rapallo nieder, in dem auch eine gegenseitige wirtschaftliche Förderung beschlossen wird. Dieses positive Verhältnis bleibt auch während der Hitlerzeit bestehen, da beide Mächte sich in ihren weltpolitischen Zielsetzungen zunächst entgegenzukommen scheinen.

Zu Beginn des Zweiten Weltkriegs ist Rußland zu einem deutsch-russischen Nichtangriffspakt bereit, da Stalin ein tiefes Mißtrauen gegen die Westmächte hegt und das Dritte Reich der Sowjetunion Zugeständnisse macht, zu denen der Westen nicht bereit ist. Der Nichtangriffspakt mit dem Deutschland Hitlers wird im August 1939 geschlossen: Das Baltikum und der Osten Polens entlang der Weichsel und Naru werden Rußland als Operationsgebiet zugesprochen, wovon Stalin sofort Gebrauch macht. Er läßt das ihm zugestandene Gebiet besetzen und gliedert es seiner Machtsphäre ein. Danach folgen zielstrebige Verträge über russische Stützpunkte mit den Staaten des Baltikums, deren Integration bald danach erfolgt. Finnland allein verweigert jegliche Zugeständnisse, worauf die Sowjetunion angreift und im März 1940 einen für sie günstigen Frieden diktiert, der die Abtrennung Kareliens von Finnland beinhaltet. Karelien wird als karelo-finnische Republik der UdSSR eingegliedert. Nach dieser erfolgreichen Ausdehnung nach Norden wendet sich das russische Interesse nach Süden, dem Balkan und den Dardanellen zu. Die UdSSR kann Bessarabien okkupieren, schränkt sich aber in ihren weiteren Interessen auf dem Balkan ein, da sie mit deutschen Interessen kollidieren. Zu diesem Zeitpunkt beginnt sich die Einstellung des nationalsozialistischen Deutschland zu dem russischen Vertragspartner zu wandeln, was sich deutlich im Münchner Pakt zeigt, wo Rußland unter den befreundeten Mächten nicht genannt wird. Als die Gespräche mit Molotow in Berlin, die sich um die Balkan- und Dardanellenfrage drehen, an den Forderungen Rußlands scheitern, ist der Krieg gegen die Sowjetunion von deutscher Seite aus schon vorprogrammiert. Am 22. Juni 1941 beginnt der deutsch-russische Krieg, in dessen Verlauf Rußland sich erfolgreich den Alliierten anschließt. Durch seinen Platz auf der Gewinnerseite ist der machtpolitische Zuwachs Rußlands am Ende des Zweiten Weltkriegs enorm, seine Stellung als Weltmacht ist erreicht.

Europa nach dem Zweiten Weltkrieg

Die Problematik der Darstellung der Zeitgeschichte Die Kenntnis der Zusammenhänge der wichtigsten zeitgenössischen Geschehensabläufe und der hierbei wirkenden Kräfte ist für ein reflektiertes Leben unerläßlich. Doch leider leisten – der Eindruck drängt sich auf – gerade in der jüngsten Zeit die Informationslieferanten wesentlich gründlichere Arbeit als deren berufene Interpreten und so ist es schier unmöglich, auf sehr gedrängtem Raume alle Aspekte des Geschehens nach dem Zweiten Weltkrieg angemessen zu berücksichtigen. So kann diese Darstellung Europas nach dem Zweiten Weltkrieg nicht mehr sein als eine vorläufige Skizze, die manches stark vereinfacht oder nur mit vagen Strichen andeutet.

Bei der Auseinandersetzung mit der jeweiligen Gegenwart müssen sich Interessenten gewisser Problematiken bewußt sein. Der Historiker muß sich bei seiner Arbeit vor allem auf die Fülle des Quellenmaterials, seien es Akten, Dokumente, Protokolle, Nachschriften, Zeitungen, Tagebücher, Briefe oder Memoiren, stützen und hieraus seine Schlüsse ziehen. Doch bei der Bearbeitung dieses Materials ist größte Vorsicht geboten, denn ihm gegenüber ist die von Ernst von Salomon formulierte Warnung zu beherzigen, daß nicht allein im Kriege der Propagandawille jeder Äußerung erkannt und belegt werden müsse, sondern daß in unserer Epoche jede Handlung primär durch ideologische Gründe bestimmt sei. Auch die Berufung auf lebende Zeugen, also von Beobachtern wichtiger Ereignisse oder Vorgänge als passiv Beteiligte oder selbst Handelnde, ist behutsam zu handhaben, denn kein Mensch vermag, wie J. Burckhardt bereits festgestellt hat, seine eigene Auffassungsgabe zum Kriterium der Wahrheit zu machen und zu behaupten, daß wirkliches Geschehen genau das sei, was er wahrgenommen habe. Und Burckhardt hat bereits erkannt, daß das, was geschieht, nur dadurch zum Ereignis wird, daß Geist und Gefühl ihm Form und Bestand geben.

Auch das in den Instituten und Archiven ruhende Quellenmaterial ist nicht ohne Schwierigkeiten auszuwerten, denn zunächst will das umfangreiche Material sinnvoll archiviert sein und dann müssen für den Benützer Kataloge erstellt werden. Doch diese erscheinen mitunter erst nach Jahrzehnten. Da in der vorliegenden Untersuchung der gesamteuropäische Aspekt berücksichtigt werden soll, hat der Leser auch zu beachten, daß die Archivgepflogenheiten in Ost und West und die Offenheit gegenüber den Benützern sehr unterschiedlich sind.

Bietet schon die Materialbeschaffung schier unüberwindliche Schwierigkeiten, so wachsen diese noch, wenn man mit der Interpretation beginnt. Die vielschichtigen Problematiken, die zu analysieren sind, machen es erforderlich, daß man sich ihnen mit den Methoden der verschiedensten Wissenschaften nähert. So treffen sich bei der Quellenanalyse die Geschichtswissenschaft, die Soziologie, die Politische Wissenschaft und neben der Rechtswissenschaft auch die Wirtschaftswissenschaft. Im kulturellen Bereich begegnen sich die Literatur- und Musikwissenschaft sowie die wissenschaftliche Kunstbetrachtung. Es ist heute für einen einzelnen kaum mehr möglich, alle diese Bereiche in gleicher Weise zu kennen oder gar zu beherrschen.

Außer der Fülle der schon genannten Schwierigkeiten sollte man sich noch darüber hinaus bewußt werden, daß es nicht die Aufgabe einer solchen Kurzfassung der geschichtlichen Analyse sein kann, die heterogenen, vielschichtigen und differenzierten Strömungen der Zeit nach 1945 auf einen oder mehrere Nenner zu bringen. Die Vielfalt der in dem Thema eingeschlossenen Fragestellungen verlangt den Mut zur Lücke. Zwar sollen grundsätzlich die in Europa wirkenden Kräfte immer im Mittelpunkt bleiben, doch hin und wieder läßt sich die systolische Verengung nicht vermeiden. Dann werden die deutschen Verhältnisse ausführlicher behandelt werden. Dieses von der Lückenhaftigkeit des Forschungsmaterials diktierte Verfahren soll auch hierin eine Rechtfertigung finden, daß sich die in Ost und West erkennbaren Entwicklungen hier, wie in einem Brennglas, auf engstem Raum zusammendrängen und so den kritischen Leser eigene Rückschlüsse ziehen lassen.

Die Überwindung der Folgen des Zweiten Weltkriegs

Charakteristik der Jahre 1945 bis zur Gegenwart Der Zweite Weltkrieg hat das Gesicht Europas grundlegend verändert. Die Wandlungen zeigen sich zunächst auf geographischem Gebiet, wo die Neuregelungen durch die Alliierten Staaten verschwinden lassen, Gebietsabtretungen hervorrufen oder sogar neue Staaten entstehen lassen.

Auf wirtschaftlichem Gebiet zeigt sich sehr bald, daß Europa seine seit dem Ersten Weltkriege schwindende Stellung noch mehr verloren hat. Die schwierige Ernährungslage, der Wohnungsmangel und die Trümmerhalden lähmen jahrelang den Wiederaufbau, und erst durch den Marshall-Plan gewinnt der Neuanfang wieder an Schwung. Die sozialen Veränderungen werden im wesentlichen durch die Millionen heimat- und besitzloser Flüchtlinge hervorgerufen, wodurch früher führende Schichten an Bedeutung verlieren und besonders in Osteuropa neue Bevölkerungsteile in leitende Anstellungen und Positionen nachdrängen.

Auch auf kulturellem Gebiet verursacht der Zweite Weltkrieg tiefgreifende Veränderungen. Zahlreiche Zeugnisse der Vergangenheit sind in Schutt und Asche gesunken, und nur ein kleiner Teil von ihnen kann wieder restauriert werden. Außerdem ist durch die kulturfeindliche Politik des Dritten Reiches ein beachtlicher Teil der kulturschaffenden Kraft ins Ausland abgedrängt worden oder infolge des Krieges ums Leben gekommen. Die schwierigen Jahre nach dem Zweiten Weltkrieg und der hieraus entspringende Trend zum materiellen Denken verleitet nicht dazu, kultureller Betätigung den ihr zukommenden Rang einzuräumen.

DIE NEUORDNUNG EUROPAS, INSBESONDERE DEUTSCHLANDS, DURCH DAS POTSDAMER ABKOMMEN

Im Mittelpunkt aller Europa betreffenden Überlegungen der Siegermächte steht am Ende des Zweiten Weltkriegs das Deutsche Reich, das eine so grundlegende Änderung erfahren soll, damit von ihm niemals mehr eine die Welt bedrohende Kriegsgefahr ausgehen könne. Laut Kapitulationsurkunde vom 8. Mai 1945 ruhen seit diesem Tage 23.01 Uhr die Waffen in Deutschland, und das Oberkommando der Deutschen Wehrmacht hat den Oberbefehlshabern der Alliierten Streitkräfte die Befehlsgewalt abgetreten. Die Regierungen der Siegerstaaten übernehmen nun die politische Verantwortung für das geschlagene Deutsche Reich und stellen am 5. Juni in einer Deklaration eindeutig fest, daß sie die oberste Autorität in allen Deutschland betreffenden Angelegenheiten übernehmen und den Anspruch erheben, später dessen rechtliche Lage zu bestimmen sowie seine Grenzen abzustecken. Die notwendige Entscheidung über die künftige Gestaltung des von Deutschland am Ende des Krieges beherrschten Gebietes durch die Alliierten fällt auf der Dreimächtekonferenz von Berlin, die im Cecilienhof bei Potsdam vom 17. Juli bis 2. August 1945 tagt und deren Ergebnis am Schlußtag veröffentlicht wird. Auf sowjetischer Seite hat an dieser Konferenz der Vorsitzende des Rates der Volkskommissare der Union der Sozialistischen Sowjetrepubliken, Generalissimus J. W. Stalin, teilgenommen. Auf westlicher Seite sind bei dieser Konferenz mit dem US-Präsidenten Truman und dem britischen Premier Attlee neue Personen in den Vordergrund getreten. Zu diesen Veränderungen ist es gekommen, weil am 12. April 1945 Präsident Roosevelt gestorben und nun durch seinen Vizepräsidenten ersetzt worden ist. In Großbritannien hat bei den Wahlen vom Juli des Jahres 1945 die Konservative Partei unter Churchill nicht mehr die Mehrheit erhalten, und an seine Stelle ist nun der Chef der Labour Party getreten, dessen Außenminister der ehemalige Gewerkschaftsführer Bevin wird.

Der im Abkommen von Potsdam behandelte Themenkatalog umfaßt zunächst die politischen und wirtschaftlichen Neuregelungen für Deutschland, äußert sich dann zur Reparationsfrage und zur weiteren Nutzung der deutschen Kriegs- und Handelsmarine, bestimmt die Stellung der Stadt Königsberg und des umliegenden Gebietes und bekräftigt den Wunsch der Alliierten nach einem Prozeß gegen die Kriegsverbrecher. Außerdem beschäftigt sich das Abkommen mit Fragen hinsichtlich Österreichs und Polens sowie der Friedensverträge weiterer europäischer Länder und sieht schließlich die „ordnungsgemäße Überführung deutscher Bevölkerungsteile“ aus Polen, der Tschechoslowakei und Ungarn nach Deutschland vor.

Damit bildet das Abkommen eine Rahmenverordnung, deren Details noch in den folgenden Monaten und Jahren festgelegt werden sollen. Zur Überwachung der von den Alliierten gegebenen Anordnungen setzen die Großmächte einen Kontrollrat ein, der aus den Oberbefehlshabern der vier Besatzungszonen gebildet wird und dessen Beschlüsse einstimmig gefaßt werden müssen. Dieser Kontrollrat nimmt am 30. August 1945 seine Arbeit auf und erfüllt sie bis zum 20. März 1948.

Sofort nach Bekanntwerden des Abkommens beginnen die Länder Osteuropas mit der Überführung der deutschen Bevölkerung. Zwar heißt es in dem Abkommen, daß „jede derartige Überführung, die stattfinden wird, in ordnungsgemäßer und humaner Weise erfolgen soll“, doch kann hiervon in der Praxis keine Rede sein. Allein im August 1945 strömen täglich rund 30 000 Flüchtlinge durch Berlin, und im Oktober haben bereits 1,3 Millionen Vertriebene die 59 Durchgangslager der Stadt passiert. Amtliche Schätzungen ergeben im April 1953, daß bei dieser Überführungsaktion etwa 2,5 Millionen Menschen verschollen sind. In den westlichen Zonen führt dieser Bevölkerungszuwachs zu einer weiteren Lebensmittelverknappung, und die Essenszuteilungen liegen über ein Jahr lang unter der Minimalration von 1150 Kalorien.

Das ehemalige Staatsgebiet des Deutschen Reiches wird von den Alliierten aufgeteilt. Die UdSSR nimmt sich den Nordteil von Ostpreußen mit der Stadt Königsberg und bekommt als Verwaltungsgebiet die Provinzen Restpommern mit Mecklenburg, Halle-Merseburg und Magdeburg, Anhalt sowie Teile von Braunschweig und schließlich Sachsen, Thüringen und Brandenburg. Die Amerikaner übernehmen Hessen, Bayern, Nordbaden und Nordwürttemberg, während sich die Briten Schleswig-Holstein, Hamburg, das aus den Resten Braunschweigs, Oldenburgs und Hannovers gebildete Land Niedersachsen sowie das aus der nördlichen Rheinprovinz und Westfalen entstandene Nordrhein-Westfalen aneignen. Für die Franzosen bleiben dann noch der südliche Teil der Rheinprovinz und die Länder Baden und Südwürttemberg-Hohenzollern. Die ehemalige Reichshauptstadt Berlin ist schon am 12. Juli 1945 in vier Besatzungszonen aufgeteilt worden. Die beabsichtigte Auflösung des Landes Preußen, die auf den Widerstand der UdSSR stößt, wird erst durch das Kontrollratsgesetz Nr. 46 am 25. Februar 1947 verwirklicht.

Die Alliierten wollen aber nicht nur Land und Bevölkerung in Deutschland unter ihre Kontrolle bringen, sondern auch den neuen Geist hier bestimmen und die falschen Ideale des Dritten Reiches und deren Repräsentanten ausschalten. Daher werden durch das Potsdamer Abkommen die NSDAP und alle NS-Gesetze verboten, die die Grundlage des Hitlerstaates bildeten oder die unterschiedliche Behandlung hinsichtlich Rassen- und Religionszugehörigkeit verursacht haben. Darüber hinaus verfügen die Besatzungsmächte, um ihrer Zielsetzung, „jeder nazistischen und militaristischen Betätigung und Propaganda vorzubeugen“, nahe zu kommen, daß alle NS-Führer und -Beamten, Kriegsverbrecher und alle den Alliierten gegenüber feindlichen Elemente verhaftet und interniert werden. In den Westzonen wird zur Überprüfung der Bevölkerung ein Fragebogen mit über hundert Fragen bezüglich der Beziehungen zur früheren NSDAP ausgegeben. Der Kontrollrat setzt fünf Kategorien der Belastung fest: Demnach können Hauptschuldige, Schuldige, Minderbelastete, Mitläufer und Unbelastete unterschieden werden. Über das Ausmaß der Bestrafung für die Beteiligung am NS-Regime sollen Spruchkammern befinden, die im Laufe des Jahres 1946 eingerichtet werden.

Zur Überwindung des Nationalsozialismus und des damit verbundenen Militarismus sieht das Potsdamer Abkommen weiter vor, daß „das Erziehungswesen in Deutschland so überwacht werden muß, daß die nazistischen und militaristischen Lehren völlig entfernt werden und eine erfolgreiche Entwicklung der demokratischen Ideen möglich gemacht wird“. In diesem Zusammenhang beabsichtigt das Abkommen auch die Zulassung demokratischer politischer Parteien; hierunter verstehen die Alliierten nur antifaschistische Parteien. Sie werden im September 1945 ermächtigt, in der Legislative, Exekutive und Jurisdiktion der Länder mitzuarbeiten. Auf Druck der UdSSR hin müssen sich am 22. April 1946 in der SBZ die Kommunistische und die Sozialdemokratische Partei zur SED zusammenschließen, deren künftige theoretische und praktische Grundlage der Marxismus-Leninismus sein soll. In den Westzonen werden nach der Zulassung der Parteien Gemeinde- und Kreistagswahlen durchgeführt, und nach den ersten demokratischen Landtagswahlen treten an die Stelle der von den Alliierten ernannten Regierungen allgemein gewählte ausführende Gewalten.

Für die Behandlung der Hauptkriegsverbrecher arbeiten die Alliierten zur Ergänzung der im Potsdamer Abkommen niedergelegten allgemeinen Richtlinien bis zum 8. August ein Statut zur Errichtung eines Internationalen Militärgerichtshofes aus. Dem Statut zufolge sollen an der Spitze des Gerichtshofes vier Vorsitzende mit jeweils vier Stellvertretern aus jedem Signatarstaat stehen, und das Gericht soll sich mit den Verbrechen gegen den Frieden, Kriegsverbrechen und Verbrechen gegen die Menschlichkeit befassen; außerdem wird es dem Gerichtshof ermöglicht festzustellen, ob eine Gruppe oder Organisation des NS-Staates sich Verbrechen schuldig gemacht hat. Hierbei soll „die Tatsache, daß ein Angeklagter auf Befehl seiner Regierung oder eines Vorgesetzten gehandelt hat“ nicht als ein Strafausschließungsgrund gelten, sondern höchstens als Strafmilderungsgrund. Außerdem wird in dem Statut festgestellt, daß jede Siegermacht einen Ankläger stellt und den Angeklagten das Recht auf Verteidigung zusteht. Es wird auch angeordnet, daß alle Urteile des Gerichtshofes endgültig sind und vom Kontrollrat zwar geändert, aber nicht erhöht werden können.

Der Internationale Gerichtshof tritt am 20. November 1945 erstmals in Nürnberg zusammen. Die für die Verhandlung erstellte Liste von Angeklagten enthält die

Besatzungszonen nach dem 2. Weltkrieg. Aus der britischen, französischen und amerikanischen Besatzungszone ging 1949 die Bundesrepublik Deutschland hervor, aus der russischen die Deutsche Demokratische Republik.

Namen von 24 Personen. Laut Anklageschrift werden gegen sie folgende Vorwürfe erhoben: widerrechtlicher Bruch des Versailler Vertrages durch Betrug; Bedrohung und Verstoß gegen internationale Abmachungen; Vernichtung von 5,7 Millionen Juden; Verbrechen gegen den Frieden durch militärische Aggressionen; Kriegsverbrechen durch Massenmord, Marterungen, Experimente an lebenden Menschen; Vernichtung von vier Millionen Menschen in Auschwitz und von 1,5 Millionen in Maidanek; Massentötungen in der UdSSR vor allem bei Smolensk und Stalingrad; Ermordung von Kriegsgefangenen und Geiseln; Deportation von Zwangsarbeitern sowie die Plünderung der besetzten Gebiete. Gleich zu Beginn des Prozesses macht die Verteidigung der Angeklagten darauf aufmerksam, daß im Statut des Gerichtshofes fundamentale Rechtsgrundsätze mißachtet worden seien: So sei das Verbrechen gegen den Frieden auch jetzt noch kein geltendes Völkerrecht, das Strafgesetz, nach dem die Angeklagten gerichtet werden sollen, sei erst nach der Tat geschaffen und Richter, Ankläger und Gerichtsverfassung seien durch die gleiche Partei bestellt worden. Die Alliierten weisen diese Ausführungen zurück und beenden das Verfahren nach ihren Grundsätzen. Bei der Urteilsverkündung am 1. Oktober 1946 wird bekannt, daß Göring, Ribbentrop, Keitel, Kaltenbrunner, Rosenberg, Frank, Frick, Streicher, Sauckel, Jodl, Bormann (in Abwesenheit) und Seiß-Inquart zum Tode verurteilt werden sollen; Hess, Funk und Raeder erhalten eine lebenslängliche Zuchthausstrafe und Schirach mit Speer eine zwanzigjährige, Neurath eine fünfzehnjährige und Dönitz eine zehnjährige Gefängnisstrafe. Schacht, Papen und Fritzsche werden freigesprochen. Zu verbrecherischen Organisationen erklärt der Gerichtshof die NSDAP (von der Ortsgruppe an), Gestapo, SD und SS, abgesehen von erzwungenen Mitgliedern, die an Verbrechen unbeteiligt waren. Die Verurteilten sollen ihre Strafe in der Haftanstalt Spandau absitzen. Göring entzieht sich der Urteilsvollstreckung durch Selbstmord. In der Folgezeit werden noch weitere Gerichtsverfahren gegen Ärzte, Juristen, hohe Beamte des früheren Auswärtigen Amtes, Wirtschaftsführer, das Rasse- und Siedlungshauptamt der SS und die „Einsatzgruppen" bei Judenvernichtungen im Osten durchgeführt, doch beteiligen sich an diesen Verfahren die britischen, französischen und sowjetischen Vertreter nicht mehr.

Außer diesem Problemkreis behandelt das Potsdamer Abkommen auch Fragen der Wirtschaftsordnung. Hierzu wird bestimmt, daß „in praktisch kürzester Frist das deutsche Wirtschaftsleben zu dezentralisieren ist mit dem Ziel der Vernichtung der bestehenden übermäßigen Konzentration der Wirtschaftskraft". Außerdem soll „bei der Organisation des deutschen Wirtschaftslebens das Hauptgewicht auf die Entwicklung der Landwirtschaft und der Friedensindustrie für den inneren Bedarf" gelegt werden. Um die Basis der deutschen Wirtschaft zu zerstören, werden alle deutschen Patentrechte konfisziert, die Patente als Teil der deutschen Reparationen bezeichnet und alle Patentlisten den alliierten Behörden zur Verfügung gestellt. Deutsche Wissenschaftler und Fachkräfte werden, teils durch Zwangsmaßnahmen, in die Länder der Siegermächte verschickt. Das US-Kriegsministerium hat hierzu später erklärt, die Erkenntnisse aus der deutschen Forschung hätten die amerikanische Entwicklung auf manchen Gebieten in kürzester Zeit um zehn Jahre vorangebracht. Die britische Regierung übernimmt die Verwaltung der Kruppwerke und aller Ruhrzechen, und französische Behörden kontrollieren die Saarbergwerke. Zur Erreichung des wirtschaftspolitischen Leitzieles sieht das Potsdamer Abkommen auch Reparationen vor, die erst durch eine entsprechende Konferenz noch festgelegt werden sollen. Das Ergebnis wird im Dezember

Eröffnung des Nürnberger Prozesses am 20. 11. 1945. Der Militärgerichtshof bestand aus je einem Vertreter der USA, Englands, Rußlands und Frankreichs. Das kriegsgerichtliche Verfahren richtet sich gegen deutsche Persönlichkeiten, die nach dem 2. Weltkrieg als Kriegsverbrecher galten, sowie gegen nationalsozialistische Organisationen. Die Urteilsverkündigung erfolgte am 1./2. 10. 1946.

1945 mitgeteilt, und es sieht unter anderem vor, daß an die UdSSR – ungeachtet der Reparationen aus der eigenen Zone – 26 Prozent der Reparationen aus den Westzonen abgegeben werden sollen. Dieser Punkt führt bei der Außenministerkonferenz in Moskau vom 10. März bis 24. April 1947 zu Streitigkeiten zwischen den Westmächten und der UdSSR, als sich die beiden Seiten nicht über die Höhe der aus den Reparationen erzielten Profite einigen können. Seitdem bleibt die Gesamtregelung dieser Frage in der Schwebe.

Eine weitere Möglichkeit zur Lähmung der deutschen Wirtschaft sehen die Alliierten schließlich in der Demontage von Industriebetrieben. Die Amerikaner und Briten legen noch im Jahre 1947 eine Demontageliste vor, die 682 Werke umfaßt, wovon 25 Prozent für die UdSSR bestimmt sind, während der Rest durch eine Reparationskonferenz unter 18 Staaten aufgeteilt werden soll. Die Bekanntgabe dieser Vorhaben löst unter den Arbeitern, Gewerkschaften und Länderregierungen heftige Proteste und Unruhen aus.

Daneben befassen sich die Alliierten auch mit der Frage, wie das verbleibende Wirtschaftsleben in Deutschland aussehen soll. Am 11. Juli 1946 nimmt England im Kontrollrat einen früheren Vorschlag der USA auf und empfiehlt die Festlegung einer einheitlichen Wirtschaftspolitik in allen vier Zonen. Die UdSSR lehnen die Ausklammerung eines Aspektes ab und befürworten eine politische und wirtschaftliche Einigung Deutschlands. Doch am 2. Dezember 1947 beschließen England und die USA die Zusammenlegung ihrer Zonen, die von Frankreich und der UdSSR als dem Potsdamer Abkommen zuwiderlaufend bezeichnet wird. Doch die USA und England setzen die eingeschlagene Richtung fort und weisen die in ihren Zonen bestehenden Landtage an, einen Wirtschafts- und Exekutivrat zu bestellen, der seinen Sitz in Frankfurt am Main haben soll. Die UdSSR errichtet hierauf in ihrer Zone eine Deutsche Wirtschaftskommission, die aus den Chefs der Gebietsverwaltungen und den Gewerkschafts- und Bauernverbandsvorsitzenden besteht. Bereits im Frühjahr 1948 wird in der westlichen Doppelzone eine Bank Deutscher Länder gegründet, als deren Aufgabe festgelegt wird, die Noten für die in den Westzonen vorgesehene Währungsreform vorzubereiten. Die Durchführung der Reform erfolgt am 20. Juni 1948, als erstmals Noten, auf die neue Deutsche Mark (DM) lautend, ausgegeben werden. Schon am 23. Juni folgen die Machthaber der SBZ auf Anweisung der UdSSR diesem Schritt und führen ihrerseits ebenfalls eine eigene Währung ein.

Einen Sonderstatus innerhalb der deutschen Gebiete erhält das Saarland, das ab dem 7. Juli 1945 mit eigener Verwaltung unter französischem Protektorat steht. Am 11. April 1947 regeln die Alliierten des Westens den Status dieses Gebietes neu, als sie gegen den Widerspruch der UdSSR auf der Moskauer Konferenz die Zustimmung zur wirtschaftlichen Eingliederung in Frankreich bei politischer Autonomie geben. Die Bevölkerung des Saarlandes akzeptiert diese Regelung im Oktober des gleichen Jahres, worauf nach Verabschiedung einer Verfassung und Errichtung einer Regierung am 1. April 1948 die Zollgrenze zwischen dem Saargebiet und Frankreich aufgehoben und der französische Franc als Währung eingeführt wird. Am 3. Mai 1950 erhält Paris durch die Saarkonvention bis zum Abschluß eines Friedensvertrages mit Deutschland das Recht, die Gruben an der Saar auszubeuten.

DIE KONSTITUIERUNG ZWEIER STAATEN IN DEUTSCHLAND

Nach dem Potsdamer Abkommen sollen in Deutschland demokratische Gedanken und Ideale gefördert, aber das Repräsentativsystem nur bis zur Landesebene verwirklicht werden. Statt einer zentralen Verwaltung sieht das Abkommen die Errichtung von fünf Zentralstellen auf den Gebieten des Finanzwesens, des Transport- und Verkehrswesens sowie des Außenhandels und der Industrie vor. Diese Abteilungen, an deren Spitze Staatssekretäre stehen sollen, werden dem Kontrollrat unterstellt. Diese Absicht des Potsdamer Abkommens wird nicht realisiert, da Frankreich am 24. März 1946 vor Einrichtung dieser Zentralstellen die Festlegung der Westgrenze wünscht. Hierauf antwortet die Sowjetunion am 29. April und fordert die Einrichtung einer gesamtdeutschen Regierung. Diese Frage beschäftigt auch die auf Initiative Bayerns in München stattfindende Konferenz aller deutschen Ministerpräsidenten. Dabei wiederholen die Vertreter der SBZ die Forderung nach Errichtung einer politischen Zentralregierung vor einer wirtschaftlichen Fusion und verlassen das Treffen, als ihre Vorstellung von der Mehrheit der Ministerpräsidenten abgelehnt wird. Auch die Tagung der Außenminister in London befaßt sich mit diesem Problem, doch kann auch sie keine Einigung finden, da umstritten bleibt, welche Aufgabenbereiche einer möglichen Zentralregierung zugewiesen werden sollen. Die drei westlichen Außenminister geben am 6. März ihren Regierungen die Empfehlung weiter, in dieser Frage künftig enger zusammenzuarbeiten. Unter dem Eindruck der unterdessen die Lebensfähigkeit Westberlins bedrohenden Blockade deuten die USA bei der Beratung der westdeutschen Ministerpräsidenten in Koblenz (8.–10. Juli 1948) ihre grundsätzliche Bereitschaft zur Bildung eines Weststaates an. Hierauf erörtern die westdeutschen Vertreter auf Niederwald die Möglichkeiten der inneren Gestaltung der drei Westzonen.

Die Errichtung der Bundesrepublik Deutschland Nach diesen allgemeinen Sondierungsgesprächen treffen sich vom 11. bis 23. August 1948 die elf westdeutschen Ministerpräsidenten zu einem Verfassungskonvent in Herrenchiemsee und debattieren dort über die juristischen Grundlinien einer möglichen neuen deutschen Verfassung. Die politische Ausgestaltung des Verfassungstextes wird einem Parlamentarischen Rat übertragen, der aus 65 Mitgliedern zusammengesetzt wird und am 1. September in Bonn seine Arbeit aufnimmt. Bereits nach neun Monaten ist der Text einer Verfassung ausgearbeitet worden und kann den Landtagen der Länder zur Abstimmung vorgelegt werden. Außer dem Freistaat Bayern akzeptieren alle Länder den Verfassungstext, der am 23. Mai in Bonn veröffentlicht wird. Um die Vorläufigkeit der Neuregelung zu unterstreichen, geben die Mitglieder ihrem Werk die Bezeichnung „Grundgesetz".

Das Grundgesetz Laut Artikel 20 des Grundgesetzes soll die Bundesrepublik ein „demokratischer und sozialer Bundesstaat" sein und gemäß Artikel 28 von den „Grundsätzen des republikanischen, demokratischen und sozialen Rechtsstaates" geleitet werden. Damit gelten als Grundprinzipien der Staatsordnung folgende Kategorien: die Demokratie, die Sozialstaatlichkeit, die Rechtsstaatlichkeit und der föderalistische Aufbau. Nach Artikel 79 dürfen diese Prinzipien während der Geltungsdauer des Grundgesetzes nicht aufgehoben werden.
Bei der Verfertigung des Grundgesetzes ist darüber hinaus auch festgelegt worden, daß dem Grundgesetz, im Gegensatz zur Weimarer Verfassung, gewisse oberste Grundwerte, die die freiheitlich-demokratische Grundordnung bilden, zugrunde liegen sollen. Somit bekennt sich die im Grundgesetz getroffene verfassungspolitische Entscheidung zu der Vorstellung, daß der Mensch in der Schöpfungsordnung einen eigenen selbständigen Wert besitze und Freiheit und Gleichheit dauernde Grundwerte der staatlichen Einheit seien. Hierdurch wird das Grundgesetz zu einer wertgebundenen Ordnung, die den Schutz von Freiheit und Menschenwürde als obersten Zweck allen Rechts anerkennt. Das Menschenbild des Grundgesetzes ist nicht das des selbstherrlichen Individuums, sondern das der in der Gemeinschaft stehenden und ihr vielfältig verpflichteten Persönlichkeit. So haben die Väter des Grundgesetzes nach den schrecklichen Erfahrungen des Dritten Reiches das Gegenteil eines totalen Staates angestrebt. Denn die freiheitlich-demokratische Grundordnung läßt sich auch als eine Ordnung bestimmen, die unter Ausschluß jeglicher Willkürherrschaft eine rechtstaatliche Herrschaftsordnung auf der Grundlage der Selbstbestimmung des Volkes nach dem Willen der jeweiligen Mehrheit und der Freiheit und Gleichheit darstellt. Demnach sind zu den grundlegenden Prinzipien dieser Ordnung mindestens zu rechnen: die Achtung vor den im Grundgesetz konkretisierten Menschenrechten, vor allem vor dem Recht der Persönlichkeit auf Leben und freie Entfaltung, die Volkssouveränität, die Gewaltenteilung, die Verantwortlichkeit der Regierung, die Gesetzmäßigkeit der Verwaltung, die Unabhängigkeit der Gerichte, das Mehrheitsprinzip und die Chancengleichheit für alle Parteien einschließlich dem Recht auf Ausübung der Opposition.
Im Rahmen dieser durch das Bundesverfassungsgericht präzisierten Ordnung sieht das Grundgesetz zur Gewährleistung einer handlungsfähigen Regierung eine starke Stellung des Bundeskanzlers vor, der mit Hilfe seiner „Richtlinienkompetenz" die Grundsätze der Regierungspolitik verbindlich festlegen kann. Er ernennt praktisch die Minister und kann laut Artikel 67 vor Ablauf der Legislaturperiode sein Amt nur verlieren, wenn der Bundestag „mit der Mehrheit seiner Stimmen einen Nachfolger wählt" (konstruktives Mißtrauensvotum).
Daneben räumt das Grundgesetz den Parteien eine zentrale Position ein und läßt ihnen zwei wichtige Vorrechte zukommen: Sie nehmen an der politischen Willensbildung des Volkes teil und müssen ihre Verfassungstreue nicht vor ordentlichen Gerichten, sondern ausschließlich vor dem Bundesverfassungsgericht nachweisen.
Doch in gewissem Gegensatz dazu steht der Artikel 38, der die Mitglieder des Bundestages noch immer fern aller Bindungen als „Vertreter des ganzen Volkes" bezeichnet, die „an Aufträge und Weisungen nicht gebunden und nur ihrem Gewissen unterworfen" sind.
Die Väter des Grundgesetzes haben bei der Gestaltung der Rechte der Bundesorgane nicht die geschichtlich gewachsene, längst vor Errichtung einer Zentralgewalt bewährte Bedeutung der einzelnen Länder übersehen. Daher ist im Grundgesetz die föderative Ordnung als ein Grundprinzip der Herrschaftsausübung berücksichtigt worden. Das Bindeglied bei der Verknüp-

fung von Bundes- und Länderinteressen ist der Bundesrat. Als Institution der Länderregierungen nimmt er teil an der gesetzgebenden und vollziehenden Gewalt des Bundes. Bei Verfassungsänderungen und bei Gesetzen, die die innere Ordnung der Länder berühren, ist die Zustimmung der Länderkammer einzuholen. Ihr Mitwirkungsrecht erstreckt sich auch auf alle anderen Gesetzgebungswerke, doch kann der Bundestag diesbezügliche Einsprüche mit seiner Mehrheit zurückweisen. Da die Länderkammer meist im Hintergrund bleibt, hat sie in der Öffentlichkeit nicht das große Aufsehen erregt wie die Abgeordnetenkammer, doch hat sie auf Grund zäher und von Kompetenz getragener Mitarbeit zur qualitativen Verbesserung der Gesetzeswerke maßgeblich beigetragen.
Nach dem Grundgesetz hat die Stellung des Staatsoberhauptes, vergleicht man sie mit der des Reichspräsidenten der Weimarer Verfassung, die größten Einbußen hinnehmen müssen. Der Bundespräsident erhält sein Amt nicht mehr unmittelbar vom Volke, sondern wird von der Bundesversammlung, die aus den Mitgliedern des Bundestages und ebenso vielen Vertretern der Länderparlamente besteht, gewählt. Nach den negativen Erfahrungen mit den Präsidialkabinetten der Weimarer Zeit sind die politischen Kompetenzen des Präsidenten erheblich eingeschränkt worden. Im wesentlichen verfügt er nur noch über repräsentative Funktionen: Er vertritt die Bundesrepublik nach außen, fertigt die Gesetze aus, schlägt den Kanzlerkandidaten im Bundestag vor, ernennt und entläßt formell die Bundesminister und kann den Bundestag auflösen. Umstritten ist bis heute, ob das Staatsoberhaupt der Bundesrepublik bestimmte politische Akte nach eigenem Ermessen verweigern und damit in den politischen Entscheidungsprozeß aktiv eingreifen kann.
Eine entscheidende Stärkung hat das Grundgesetz der dritten Gewalt, der Judikative, zukommen lassen. So wacht nach Artikel 93 das Bundesverfassungsgericht über die Bundesorgane und die Vereinbarkeit von Bundes- und Landesrecht mit dem Grundgesetz, wozu sogenannte Normenkontrollverfahren durchgeführt werden, in denen Rechtsnormen am Maßstab des Grundgesetzes geprüft werden. Die Entscheidungen des Bundesverfassungsgerichtes haben zum Teil unmittelbar Gesetzeskraft oder binden die Legislative bei der Gesetzesverabschiedung.

Schaffung der Bundesrepublik Deutschland durch die Verkündigung des Bonner Grundgesetzes am 23. Mai 1949 durch Dr. Konrad Adenauer. V.l.n.r.: Vizepräsident Dr. Schäfer, Präsident des parlamentarischen Rates, Dr. Adenauer, Vizepräsident Schönfelder und Jean Stock.

Die wichtigsten innen- und außenpolitischen Entwicklungen in der BRD Mit der Verabschiedung des Grundgesetzes hat die praktische Politik der Bundesrepublik Deutschland ihre Grundlage erhalten, und von der vorläufigen Hauptstadt Bonn aus kann nun mit dem Aufbau einer eigenständigen Politik begonnen werden.
Am 14. August 1949 wird bei den Wahlen zum 1. Bundestag die CDU mit 139 Sitzen die stärkste politische Kraft; ihr folgen die SPD mit 131 und die FDP mit 52 Abgeordneten als die zweit- und drittstärkste Fraktion. Am 12. September wählt die Bundesversammlung Professor Dr. Theodor Heuss zum ersten Bundespräsidenten; der Bundestag bestimmt in seiner konstituierenden Sitzung Dr. Konrad Adenauer zum ersten Bundeskanzler. Doch zunächst steht die Regierung der Bundesrepublik ganz im Schatten der alliierten Kommissare. Eine erste staatsrechtliche Vereinbarung kann die Bundesregierung mit ihrem Beitritt zum Marshall-Plan unterzeichnen. Erst am 6. März 1951 werden auf der New Yorker Außenministerkonferenz die Kompetenzen der Bundesrepublik erweitert. Nun kann die Bundesrepublik Deutschland vollberechtigtes Mitglied im Europarat werden, worauf am 9. Juli die westlichen Besatzungsmächte den Kriegszustand mit Deutschland als beendet erklären. Bereits auf der Washingtoner Konferenz der westlichen Außenminister verbinden diese die Änderung des Besatzungsstatuts mit der Verpflichtung zu einem deutschen Truppenbeitrag. Adenauer erklärt daraufhin die Einführung der allgemeinen Wehrpflicht als mit der deutschen Verfassung konform und erreicht hierdurch die Unterzeichnung des Deutschland- oder Generalvertrages. Doch 144 Abgeordnete des deutschen Bundestages legen dagegen beim Bundesverfassungsgericht Protest ein, der jedoch aus formalen Gründen zurückgewiesen wird. Die Bundestagsmehrheit nimmt hierauf die Verträge, die eine Bindung an die Westmächte darstellen, an und stellt somit die Weichen für die künftige Geschichte der Bundesrepublik Deutschland.
Bei den Wahlen zum 2. Deutschen Bundestag gewinnt die Partei Adenauers erneut die Mehrheit. Hierauf werden durch den Bundestag in das Grundgesetz die ersten Wehrergänzungen eingefügt. Im Oktober des Jahres 1954 tritt die Bundesrepublik mit der Unterzeichnung der Pariser

Verträge der Westeuropäischen Union bei. Am 15. Januar 1955 erklärt nun auch die UdSSR den Kriegszustand mit Deutschland für beendet und bezeichnet die Wiedervereinigung als eine Angelegenheit der Deutschen. Doch Westdeutschland bindet sich in dieser Frage durch die stillschweigende Annahme der sogenannten Hallsteindoktrin, wonach bei diplomatischer Anerkennung der DDR der sofortige Bruch mit der BRD erfolgen soll. Somit ist die Außenpolitik der Bonner Regierung vom zunehmenden Anschluß an die westlichen Staaten gekennzeichnet.

Durch die Aufnahme der Bundesrepublik in das Nordatlantische Verteidigungsbündnis (NATO) am 5. Mai 1955 wird die Souveränität des westdeutschen Staates nach außen demonstriert. Nun reist Adenauer nach Moskau und vereinbart dort, als einzige Ausnahme gegen die Hallsteindoktrin, die Aufnahme diplomatischer Beziehungen zwischen beiden Staaten, wofür die sowjetische Regierung alle noch in ihrem Herrschaftsbereich verbliebenen Kriegsgefangenen frei läßt.

Am 6. März 1956 verabschiedet der Bundestag die notwendige Grundgesetzänderung zum Aufbau der Bundeswehr, und noch am 7. Juli des gleichen Jahres beschließt das Parlament das Gesetz über die Einführung der allgemeinen Wehrpflicht für Männer zwischen dem 18. und 45. Lebensjahr.

Die wirtschaftlichen Beziehungen der BRD erfahren durch den am 5. Juli 1957 erfolgten Beitritt der Bundesregierung zur Europäischen Wirtschaftsgemeinschaft (EWG) und zur Europäischen Atomgemeinschaft (EURATOM) eine erhebliche Ausweitung. Seither ist die Bundesrepublik Deutschland eng mit den internationalen westeuropäischen und nordatlantischen Bündnissystemen verknüpft. Erst in der „Phase der Entspannung" wird die Öffnung nach dem Osten angestrebt und damit neue Wege und Möglichkeiten der Außenpolitik eröffnet.

Die Wiedereingliederung des Saargebietes Das Saar-Problem wird Gegenstand wiederholter deutsch-französischer Gespräche, die jedoch Anfang der 50er Jahre noch zu keinem Ergebnis führen, da Frankreich seine bisherigen Positionen halten möchte und die Regierung in Bonn, auch unter Einfluß der parlamentarischen Opposition, die staatsrechtliche Zugehörigkeit des Saargebietes zu Deutschland nicht aufgeben kann.

Am 23. Oktober 1954 kommt es zwischen Adenauer und dem französischen Ministerpräsidenten Mendès-France zu einer vorläufigen Einigung, indem das Saargebiet in die Westeuropäische Union eingegliedert wird und künftig bis zum Abschluß eines Friedensvertrages an allen westeuropäischen Einrichtungen beteiligt werden soll. Frankreich und die Bundesrepublik wollen Garanten dieser Lösung sein.

Am 24. Dezember 1954 stimmt die französische Nationalversammlung dieser Regelung, dem Saarstatut, zu, und am 27. Februar 1955 akzeptiert sie auch der Deutsche Bundestag. In dem Statut ist auch eine Befragung der saarländischen Bevölkerung vorgesehen. Die hierfür erforderliche internationale Kommission wird am 24. Juni konstituiert. Obwohl der französische Außenminister Pinay vor der Volksabstimmung angekündigt hat, daß eine Ablehnung des Saarstatutes durch die Bevölkerung keine neuen Verhandlungen hervorrufen würde, lehnen am 23. Oktober 1955 67,11% der Bevölkerung des Saargebietes das Statut ab. Hierauf tritt der bisherige Ministerpräsident Hoffmann zurück und sein Amt übernimmt der parteilich nicht gebundene Heinrich Welsch. Trotz der warnenden Stimmen vor der Volksabstimmung gibt der französische Außenminister bei seinem nächsten Besuch in Bonn zu erkennen, daß er zusammen mit der Bundesregierung und der Landesregierung in Saarbrücken eine neue Lösung suchen wolle.

Die hierauf beginnenden Verhandlungen führen zu einer Grundsatzerklärung über die politische Vereinigung des Saarlandes mit der Bundesrepublik, die am 31. Januar 1956 vom saarländischen Landtag gebilligt wird. Daraufhin heben am 16. März die Mitglieder des Landesparlaments das Staatsangehörigkeitsgesetz vom Jahre 1946 auf, demzufolge Saarländer nicht mehr als deutsche Staatsangehörige gelten sollten. Zu dieser Zeit haben sich auch Adenauer und der französische Ministerpräsident Mollet in Luxemburg über die Lösung weiterer Einzelprobleme hinsichtlich der Saarfrage geeinigt. So kann am 27. Oktober das abschließende Saarabkommen von den westdeutschen und französischen Regierungsvertretern unterzeichnet werden. Ab dem 1. Januar 1957 ist das Saarland ein Teil der Bundesrepublik Deutschland. Übergangsbestimmungen regeln noch offene Währungs-, Wirtschafts- und Verkehrsprobleme.

Das Ende der Adenauer-Ära Im Jahre 1957 erringt Konrad Adenauer nochmals die absolute Mehrheit im Deutschen Bundestag. In den folgenden Jahren wird deutlich, daß seine allzu starre Haltung gegenüber dem Osten keine Fortschritte bringen kann. Höhepunkt dieser Entwicklung ist der Bau der Berliner Mauer im August 1961. Nach Abschluß des deutsch-französischen Freundschaftsvertrages im Januar 1963, den Adenauer und de Gaulle als ihr politisches Vermächtnis hinterlassen, tritt Adenauer zurück. Sein (ungeliebter) Nachfolger Ludwig Erhard, als Vater des „Deutschen Wirtschaftswunders" schon zu Lebzeiten eine Legende, kann sich nur bis November 1966 halten.

Die wechselnden Koalitionen Eine wachsende Instabilität beim Koalitionspartner FDP veranlaßt die CDU/CSU zu einer großen Koalition mit der SPD. Unter dem christdemokratischen Bundeskanzler Kurt Georg Kiesinger kommen erstmals Sozialdemokraten in die Regierung. Vizekanzler und Außenminister wird Willy Brandt.

Während sich Brandt in dieser Regierung zu einer charismatischen Figur mit hoher moralischer Glaubwürdigkeit entwickelt, scheitert Kiesinger an inneren Querelen. Folgerichtig gehen die Wahlen vom September 1969 verloren und Willy Brandt bildet mit der neu erstarkten FDP eine sozialliberale Koalition, welche bis 1982 Bestand hat. Sie gewinnt auch die Bundestagswahlen 1972. Brandt selbst muß 1974 nach einer haarsträubenden Spionageaffäre zurücktreten, die sein Ansehen schwer erschüttert. Er bleibt aber Vorsitzender der SPD.

Neuer Kanzler wird Helmut Schmidt, der sich bei Amtsantritt großen wirtschaftlichen Problemen gegenüber sieht. Der erste Energieschock in Folge des Jom-Kippur-Krieges lähmt das Wirtschaftsleben der import- und exportabhängigen Bundesrepublik. Er kann sich aber behaupten und gewinnt die Wahlen 1976 und 1980 zusammen mit dem Koalitionspartner FDP. Die innenpolitische Lage verhärtet sich 1977 durch eine Reihe von terroristischen Anschlägen auf Persönlichkeiten von Staat und Wirtschaft. Höhepunkt dieser Entwicklung ist die Entführung einer Lufthansa-Maschine nach Mogadischu (Somalia), die jedoch durch den Einsatz einer Spezialtruppe des Bundesgrenzschutzes befreit wurde.

Kohl und „Die Wende" Mit dem Koalitionspartner ergeben sich in der Folge Differenzen über innen- und außenpolitische Probleme. Die 1979 beschlossene Nachrüstung der NATO, die Frage der Staatsverschuldung und das rapide Ansteigen der Arbeitslosenzahl führen zu Spannungen und veranlassen die FDP zum Verlassen der Koalition. Am 1. Oktober 1982 wird der Vorsitzende der CDU Helmut Kohl neuer Bundeskanzler einer rechtsliberalen Koalition, der Vorgang geht als „Wende" in die Geschichte ein. Am 6. März 1983 wird diese Regierung bei Neuwahlen klar bestätigt.

Die neue Regierung bremst zwar die

Der amerikanische Präsident Ronald Reagan und der Bundeskanzler der BRD Helmut Kohl.

Staatsverschuldung, beseitigt die Inflation, auch die Konjunktur verbessert sich, das Hauptproblem – die Arbeitslosigkeit – vermag sie aber vorerst nicht zu lösen.
Dazu kommen fortwährende Arbeitskämpfe um die Einführung der 35-Stunden-Woche im Jahre 1986, mit denen die Gewerkschaften der neuen Koalition das Leben schwer zu machen versuchten. Auch „Die Grünen" sorgen als Ökologie-Bewegung für wachsenden Druck.
Die sozialdemokratische Opposition ist in sich zerstritten und obendrein durch einen Skandal (Neue Heimat) erheblich belastet. So gewinnt Kohl auch die Bundestagswahl im Februar 1987 unangefochten.

Die Errichtung der Deutschen Demokratischen Republik Als die Londoner Sechs-Mächte-Konferenz im Jahre 1948 Empfehlungen für eine westdeutsche Zentralregierung erstellt, verläßt die UdSSR die Sitzungen des Alliierten Kontrollrates in Deutschland. Damit ist die Spaltung des ehemaligen Deutschen Reiches vollzogen, und die östliche Seite fühlt sich an früher eingegangene Verpflichtungen nicht mehr gebunden. Auf dem 2. Volkskongreß der Sozialistischen Einheitspartei (SED) wird die Bildung eines „Deutschen Volksrates" beschlossen, der bis zum März 1949 den Entwurf einer gesamtdeutschen Verfassung erarbeitet. Im Mai des gleichen Jahres finden Wahlen für den 3. Volkskongreß statt, der dann am 30. des Monats den Verfassungsentwurf bestätigt. Am 7. Oktober des Jahres 1949 erfolgt dann die Proklamierung der Deutschen Demokratischen Republik durch den „Deutschen Volksrat".

Die Verfassungsentwicklung von 1949 bis 1968 Dem ostdeutschen Staatsgebilde wird durch die SED, die seit 1946 infolge des Zwangszusammenschlusses von SPD und KPD besteht und 1949 zur „Partei neuen Typs", also nach dem Vorbild der Leninschen Kaderpartei organisiert ist, die Staats- und Gesellschaftsauffassung des Marxismus-Leninismus zugrunde gelegt. Diese Lehre geht davon aus, daß sich die historische Entwicklung der Menschheit in großen Zügen gesetzmäßig vollziehe und am Ende dieses Weges die klassenlose kommunistische Gesellschaft stehe. Diese geschichtsphilosophische Grundanschauung wird nun auf die sowjetisch besetzte Zone übertragen.
Nach heutiger Auffassung der SED ist die historische Entwicklung in der DDR bisher so verlaufen: Von 1945 bis 1949 hat die antifaschistische-demokratische Umwälzung stattgefunden, die dann von 1949 bis 1961 durch den Übergang vom Kapitalismus zum Sozialismus abgelöst worden ist. Seit 1961 wird der umfassende Aufbau des Sozialismus betrieben und gemäß dieser Wandlungen hat die Verfassung von 1949 im Jahre 1968 durch eine neue Verfassung abgelöst werden müssen. Diese Entwicklung hat in aufschlußreichen Verfassungsänderungen ihren Niederschlag gefunden.
Anders als die Väter des westdeutschen Grundgesetzes, die die Weimarer Verfassung als eine Art „Anti-Verfassung" verstanden haben, sehen die Verfasser der Grundordnung der DDR in ihr ein positives Vorbild. Daher erhält ihr Verfassungstext einen stark liberal-demokratischen Charakter. Erst bei genauerem Hinsehen fallen die Elemente der volksdemokratischen Staatsordnung auf. So stellt die Verfassung in Artikel 50 fest, daß „höchstes Organ der Republik die Volkskammer ist". Damit wird in der DDR eine „Versammlungsregierung" vorbereitet, denn die Exekutive wird nicht zweite, gleichgestellte Gewalt, sondern ist nur dienendes Organ und wird von der Volkskammer nach Gutdünken berufen oder entlassen. Hier klafft allerdings eine große Lücke zwischen Verfassungstheorie und Verfassungswirklichkeit; denn in der Realität ist die Exekutive die ausschlaggebende Kraft und die Volkskammer schrumpft zu einem reinen Zustimmungsparlament zusammen.
Über die Konstituierung der Regierung gibt der Artikel 92 der DDR-Verfassung Auskunft, in dem es heißt: „Die stärkste Fraktion der Volkskammer benennt den Ministerpräsidenten; er bildet die Regierung. Alle Fraktionen, soweit sie mindestens 40 Mitglieder haben, sind im Verhältnis ihrer Stärke durch Minister und Staatssekretäre vertreten." Somit sind alle Fraktionen, auch eine eventuelle Opposition, an der Regierung beteiligt. Diese Verpflichtung aller zur Mitarbeit unterstreichen auch die Artikel 3 und 4 der Verfassung. So verordnet der Artikel 3 im zweiten Absatz, daß „jeder Bürger das das Recht und die Pflicht zur Mitgestaltung in seiner Gemeinde, seinem Kreis, seinem Land und in der Deutschen Demokratischen Republik" hat, und Artikel 4 sagt aus, daß „jeder Bürger verpflichtet" ist, „im Sinne der Verfassung zu handeln und sie gegen ihre Feinde zu verteidigen".
In einem untergeordneten, dienenden Verhältnis wird auch die Judikative gehalten. Daher werden zunächst laut Artikel 132 die höchsten Justizorgane durch die Volksvertretung bestimmt, Artikel 66 schaltet die Verfassungsgerichtsbarkeit aus und endlich schließt Artikel 89 jegliches richterliches Prüfungsrecht aus. Mit diesen Grundentscheidungen folgt die erste DDR-Verfassung trotz gewisser Anklänge an das Weimarer Vorbild in Kernfragen doch dem Verfassungsmodell der UdSSR aus dem Jahre 1936.
In der Spanne zwischen dem Jahre 1949 und 1968 hat die DDR-Verfassung zwei durchgreifende Änderungen erfahren. Die erste bringt die Abschaffung der Länder und die zweite die Einrichtung des Staatsrates.
Seit Bestehen der DDR hat der Föderalismus nie eine dem in der BRD vergleichbare Bedeutung gehabt. Trotz der Nennung der Länder in Artikel 1 der Verfassung von 1949 und der Existenz einer Länderkammer muß man von einem „gewichtslosen Parlamentarismus" (W. Abendroth) sprechen, denn die Länder haben gegenüber der Volkskammer nur ein aufschiebendes Einspruchsrecht. Durch den Vollzug des Gesetzes vom 23. Juli 1952 treten an die Stelle der Länder sogenannte Bezirke, bei denen es sich aber nicht um „Organe einer mit eigenständigen Verwaltungsfunktionen ausgestatteten Gebietskörperschaft, sondern (um) unmittelbar staatliche Verwaltungsbehörden der Republik und damit (um) Bestandteile ihrer Behördenorganisation" handelt. Im Sinne dieser fortschreitenden Zentralisierung ist dann auch die vom Gesetz angeordnete Auflösung der Länderkammer, die am 8. Dezember 1958 veröffentlicht wird. Damit hat die DDR einen wichtigen Schritt zu dem dem leninistischen Prinzip entsprechenden „demokratischen Zentralismus" vollzogen.
Unmittelbar nach dem Tode des ersten DDR-Präsidenten Wilhelm Pieck wird durch die Änderung der Artikel 101 bis 108 die Kompetenz des Präsidenten stark ausgeweitet, so daß der Staatsrat nun zu dem beherrschenden Organ des Verfassungssystems wird. Der Vorsitzende des Staatsrates, damals Walter Ulbricht, kann Volksbefragungen durchführen lassen, gibt verbindliche Interpretationen der Gesetze, erläßt Beschlüsse mit Gesetzeskraft und befindet in der Landesverteidigung.

Im Jahre 1968 verkündet der Vorsitzende des Staatsrates vor der Volkskammer, daß „die Verfassung vom 7. Oktober 1949 ihre Aufgabe erfüllt" habe. Das bedeutet, daß die Staatsführung der Meinung ist, die erste Verfassung habe sich noch zu sehr an den demokratischen Traditionen der Weimarer Verfassung orientiert und müsse nun durch eine noch stärker am Modell der sowjetischen Versammlungsregierung orientierte Staats- und Regierungsform abgelöst werden, in der der dominierende Herrschaftsanspruch der SED absolut gesichert ist. In der Sprache Ulbrichts klingt das so: „Die entwickelte sozialistische Gesellschaft erhält durch die sozialistische Verfassung ein neues staatsrechtliches Fundament, das den Stand der erreichten Entwicklung erfaßt und uns zur Lösung der neuen Aufgaben befähigt." Hiermit wird ein bezeichnendes Schlaglicht auf die Rechtsauffassung im marxistischen Denken geworfen. Der Kommunismus kennt, wie hier ersichtlich, „keinen festen, überzeitlichen Maßstab für den Rechtsinhalt, also etwas, das einer Rechtsidee, einem überzeitlichen sogenannten Rechtswert oder dem (scholastischen) Naturrechtsdenken entsprechen würde. Das Recht ist nicht nur mit seiner Wirklichkeitsseite im Unterschied zu seiner ideenmäßigen Seite, sondern insgesamt einbezogen in die Gesellschaft und eine bestimmte gesellschaftliche Funktion" (Böckenförde).

Die Verfassung von 1968 unterscheidet zunächst zwischen „politischen" und „ökonomischen Grundlagen, Wissenschaft, Bildung und Kultur". Zu ersterem gehört, daß die DDR als „sozialistischer Staat deutscher Nation ... die politische Organisation der Werktätigen in Stadt und Land (ist), die gemeinsam unter Führung der Arbeiterklasse und ihrer marxistisch-leninistischen Partei den Sozialismus verwirklichen" (Artikel 1). Bemerkenswert ist hierbei, daß die noch von Ulbricht stets verfochtene These von der einen deutschen Nation, die sich in zwei Staaten konstituiert habe, durch die neue These von zwei deutschen Nationen ersetzt wird. Außerdem schreibt die Verfassung hiermit die Führungsrolle der SED verfassungsrechtlich fest und normiert dadurch den Rahmen des Staates und seiner Organisationen. Unter den ökonomischen Grundlagen nimmt das „sozialistische Eigentum", das als „gesamtgesellschaftliches Volkseigentum", als „genossenschaftliches Gemeineigentum" und als „Eigentum gesellschaftlicher Organisationen der Bürger" vorkommen kann, die wichtigste Stelle ein. Daneben gilt der „Grundsatz der Planung und Leitung", also der sozialistischen Planwirtschaft. Ergänzend hierzu sieht die DDR-Verfassung in Wissenschaft und Forschung „wesentliche Grundlagen der sozialistischen Gesellschaft", da es deren Aufgabe ist, „die Gesellschaft und das Leben der Bürger zu schützen und zu bereichern, die wissenschaftlich-technische Revolution zu meistern ..." (Artikel 17 Absatz 3).

Aus dem II. Abschnitt der Verfassung mit dem Titel „Bürger und Gemeinschaften in der sozialistischen Gesellschaft" soll das erste Kapitel „Grundrechte und Grundpflichten der Bürger" hervorgehoben werden. Obwohl der Wortlaut der Formulierungen hier noch sehr stark an den in westlichen Verfassungen erinnert, so ist doch in den Diskussionen um die Grundrechtsauffassung deutlich geworden, daß die DDR-Verfassung die Grundrechte nicht als Schranken zum Schutz eines individuellen-privaten Bereichs gegen den Staat und seinen Eingriff, sondern als auf den Staat und die politische Sphäre bezogene Mitgestaltungsrechte des Bürgers versteht. So wird beispielsweise die Verwirklichung des „Rechts der Mitbestimmung und Mitgestaltung" als „hohe moralische Verpflichtung für jeden Bürger" verstanden (Artikel 21 Absatz 3). Ähnlich verhält es sich auch bei anderen Grundrechten. So hat „jeder Bürger der DDR das Recht auf Arbeit" und der „Gesellschaft nützliche Arbeit ist eine ehrenvolle Pflicht für jeden arbeitsfähigen Bürger", so daß schließlich „das Recht auf Arbeit und die Pflicht zur Arbeit eine Einheit bildet" (Artikel 24 Absatz 1). Durch diese enge Verknüpfung von Grundrechten mit Grundpflichten verlieren die Grundrechte den nach BRD-Rechtsauffassung vertrauten Charakter als subjektive öffentliche Rechte.

Zu Beginn des III. Abschnittes, der „Aufbau und System der staatlichen Leitung", also das Regierungssystem, behandelt, wird deutlich hervorgehoben, daß im politischen wie im ökonomischen Bereich als „tragendes Prinzip" der Demokratische Zentralismus und das leninsche Prinzip der Parteiorganisation gelte. Im übrigen trägt die neue Verfassung den seit 1949 getroffenen Verfassungsänderungen Rechnung. Oberstes Entscheidungsgremium ist nach wie vor gemäß dem Wortlaut der Verfassung die Volkskammer, jedoch liegt die größte Kompetenz beim Staatsrat als organisierendem und beim Ministerrat als vollziehendem Organ.

Seit dem Rücktritt Ulbrichts hat sich eine Machtverschiebung vom Staatsrat hin zum Ministerrat ergeben, bis schließlich durch ein Gesetz aus dem Jahre 1974 der Staatsrat ganz aus dem politischen Entscheidungsprozeß ausgeschieden ist. Diese Veränderungen sind im Jahre 1976 wieder aufgehoben worden, als die einst Ulbricht zugewiesenen Machtpositionen nun auf Honecker übertragen worden sind.

Die wichtigsten innen- und außenpolitischen Entwicklungen in der DDR Seit der Verabschiedung der ersten Verfassung ist die DDR ein sozialistischer Staat nach sowjetischem Muster. Erster Präsident der Republik wird Wilhelm Pieck, und Otto Grotewohl bildet die erste Regierung. Zu Beginn der Gründerjahre leitet Walter Ulbricht die SED, der auch zu einem der drei stellvertretenden Ministerpräsidenten ernannt wird. Am 6. Juni 1950 hält sich der Parteichef mit einer Regierungsdelegation in Warschau auf und anerkennt dort die Oder-Neiße-Linie als endgültige Grenze zwischen Polen und der DDR. Auch mit der Tschechoslowakei und Ungarn schließt die DDR Verträge ab und normalisiert so ihr Verhältnis zu den osteuropäischen Nachbarn.

Die am 15. Oktober 1950 durchgeführte Wahl erfolgt erstmals nach dem Prinzip der Einheitsliste, weshalb das Ergebnis kaum mehr Aufschluß über die Stärke der Opposition in der DDR zuläßt. Die neue Regierung richtet nach der Verteilung der Ministerien Koordinierungsstellen für sachverwandte Ministerien ein, deren Leiter das Präsidium des Ministerrats bilden.

Am 29. Mai 1952 schließt sich die DDR durch die Errichtung der Zonengrenze gegenüber dem Westen ab. Im gleichen Jahr noch errichtet die DDR-Regierung mit der „Gesellschaft für Sport und Technik" eine Organisation für die vormilitärische Ausbildung. Das Regime betreibt unterdessen einen langwierigen Kampf gegen die Kirchen. Ulbricht sanktioniert die hierdurch ergangenen Maßnahmen damit, daß er am 5. Mai 1952 dem Staat der DDR die Funktion der Diktatur des Proletariats zuschreibt.

Die seit Kriegsende die Bevölkerung bedrückenden Versorgungsschwierigkeiten dauern an und bewirken eine Verhärtung der politischen Linie. Im November des Jahres 1952 wird deswegen zunächst der zuständige Minister abberufen, später verhaftet und dann wegen Sabotage verurteilt. Dann erfolgt eine Normenerhöhung, und schließlich sieht sich die Regierung, um regimefeindliche Umtriebe auszuschalten, zur Errichtung einer Volkskontrolle aus Haus- und Straßenobleuten veranlaßt, die die Arbeit der Volkspolizei unterstützen sollen.

Am 16. Juni 1953 führen neuerliche Normenerhöhungen zu Protestdemonstrationen gegen die Regierung, worauf diese die verordneten Maßnahmen rückgängig

Mit dem Bau der Mauer in Berlin (hier ihr Verlauf in der Nähe des Brandenburger Tores) begann die DDR am 13. 8. 1961.

macht und zu ihrer freiwilligen Einhaltung auffordert. Doch am 17. Juni steigern sich die Demonstrationen in Berlin zu einem Aufstand, gegen den die DDR-Regierung Panzer der sowjetischen Besatzungsarmee einsetzen läßt. Der Ostteil Berlins wird daraufhin sowohl vom Westen als auch vom eigenen Hinterland abgeriegelt. Doch die Unruhen greifen auf die Provinz über. Nun antwortet die Regierung einerseits mit scharfen Sanktionen, führt aber andererseits auch eine Revision der Wirtschaftspolitik durch. So wird die Bereitstellung von Geldmitteln erhöht und man versucht, die neuerliche Festsetzung von Arbeitsnormen zu vermeiden und die Bevölkerung besser mit Nahrungsmitteln zu versorgen.

Parallel zur außenpolitischen Stärkung der BRD erfolgt auch die äußere Aufwertung der DDR. Am 25. März 1954 erkennt sie die UdSSR als souveränen Staat an und nimmt mit ihr Beziehungen wie mit anderen souveränen Staaten auf. Die Reservatrechte der sowjetischen Besatzungsmacht beziehen sich jetzt nur noch auf die Gewährleistung der Sicherheit. Ausgestattet mit dieser neuen Würde beginnt die DDR mit der Errichtung eigener Streitkräfte. Am 26. September 1955 wird in diesem Sinne die Verfassung ergänzt, und am 26. Januar 1956 beschließt die Volkskammer das Gesetz zur Aufstellung einer „Nationalen Volksarmee“ und die Errichtung eines Verteidigungsministeriums, um die militärischen Verpflichtungen im Rahmen des Warschauer Paktes zu erfüllen.

In diesem Jahre wirken sich auch die Beschlüsse des XX. Parteitages der KPdSU in der DDR aus, und so verkündet Ulbricht am 4. März die Abkehr vom „Personenkult“ und die Rückkehr zur kollektiven Führung im Sinne Lenins. Größtes Problem der DDR-Regierung ist unterdessen die andauernde Fluchtbewegung nach dem Westen geworden. Bereits bis zum Jahre 1957 haben 2,7 Millionen, also 15 Prozent der Bevölkerung, darunter besonders viele Fachkräfte, das Land verlassen. Zunächst versucht die Regierung durch wirtschaftliche Beschlüsse, die Lage in den Griff zu bekommen. Der laufende Siebenjahresplan sieht die verschärfte Sozialisierung und für das Jahr 1960 die Zwangskollektivierung vor. Zuvor schon hat die Partei auf dem V. Parteitag den Übergang zur „Vollendung des Sozialismus“ verkündet und beschlossen, den Lebensstandard der BRD im Jahre 1961 zu überholen. Als weitere Maßnahme zur Verbesserung der Versorgung wird durch Partei und Regierung die Lebensmittelrationierung aufgehoben. Da trotzdem die Zahl der Flüchtlinge immer schneller anwächst, sieht sich die DDR-Regierung am 13. August 1961 zur Schließung der Zonenübergänge in Berlin gezwungen. Hier und an der Zonengrenze wird der generelle Schießbefehl erlassen.

Auch der VI. Parteitag im Jahre 1963 befaßt sich in erster Linie mit Wirtschaftsproblemen. Er beschließt ein „Neues ökonomisches System“, das langfristig auch tatsächlich einen Anstieg der Produktion und des Sozialprodukts bewirkt.

Eine wichtige Neuerung für das Selbstverständnis der DDR bringt im Jahre 1964 der Freundschaftsvertrag zwischen ihr und der UdSSR, denn in ihm taucht erstmals vertraglich fixiert die Festlegung der Drei-Staaten-Theorie auf, derzufolge Westberlin als selbständige politische Einheit betrachtet wird.

Mauerbau und Führungswechsel Am 13. August 1961 beginnt die DDR mit dem Bau der Mauer um Westberlin. Dieser „antifaschistische Schutzwall“ soll in Wirklichkeit den großen Flüchtlingsstrom stoppen, durch den das Land wertvolle Arbeitskräfte einbüßte. Durch das vom 6. Parteikongreß der SED 1963 beschlossene „Neue ökonomische System der Planung und Lenkung“, welches den Betrieben mehr Eigenständigkeit gab, wird die DDR zur stärksten Wirtschaftsmacht des Ostens nach der UdSSR.

Die DDR entwickelte sich zum Juniorpartner der Sowjets, wobei die bedingungslose Linientreue in Moskau anerkannt wurde. Außenpolitisch blieb sie jedoch außerhalb des Ostblocks isoliert. Im Oktober 1969 und im Mai 1970 kam es zu Treffen zwischen Willy Brandt und Willy Stoph. Ergebnisse dieser neuen Politik waren das Berliner Viermächte-Abkommen (1971), der Verkehrsvertrag über die Zufahrten von der Bundesrepublik nach Berlin (1972) und der Grundlagenvertrag zwischen der DDR und der Bundesrepublik (1972).

Am 3. Mai 1971 löste Erich Honecker Walter Ulbricht als Ersten Sekretär der SED ab. 1976 wird er auch Vorsitzender des Staatsrates. 1973 erfolgte gemeinsam mit der Bundesrepublik die Aufnahme in die Vereinigten Nationen, in diese Zeit fällt auch die Errichtung ständiger Vertretungen, wodurch de facto diplomatische Beziehungen zwischen den beiden deutschen Staaten aufgenommen wurden.

Unter dem Schlagwort, daß „von deutschem Boden nie wieder ein Krieg ausgehen dürfe“, verbesserte die DDR durch eine Reihe von Maßnahmen ihr Verhältnis zur BRD. Ein Besuch Helmut Schmidts im Dezember 1981 war freilich von den Ereignissen in Polen überschattet.

Die Bundesrepublik trug ihrerseits durch die Gewährung vom Milliardenkrediten an die DDR viel zur Verbesserung der Beziehungen bei.

Erich Honecker und Helmut Kohl.

Im Herbst 1987 kommt Erich Honecker nach langem Tauziehen um formaljuristische Voraussetzungen schließlich in die Bundesrepublik.

Die Berlin-Frage Als Berlin von den sowjetischen Truppen erobert worden ist, hat der sowjetische Stadtkommandant Bersarin den ersten Magistrat mit Oberbürgermeister Werner an der Spitze eingesetzt. Hierauf kehren in die Stadt in Moskau ausgebildete Polit-Kader, die sogenannte „Gruppe Ulbricht“, zurück und beginnen im Juni 1945 mit der Errichtung antifaschistischer Parteien.

Im Juli des gleichen Jahres ziehen amerikanische, britische und französische Soldaten in der Stadt ein. Berlin wird hierauf in vier Sektoren geteilt, die durch Alliierte Kommandanten verwaltet werden. Die einzigen freien Bezirks- und Magistratswahlen finden im Oktober 1946 statt. Hierbei gewinnt die SPD die meisten Stimmen und übergibt das Amt des Oberbürgermeisters an Ostrowski, der im Mai 1947 von Louise Schroeder abgelöst wird. Bereits zu dieser Zeit beginnen die Sowjets mit einem Nervenkrieg gegen die Stadt, indem sie den Waren- und Postverkehr behindern und ihrer Kontrolle unterwerfen wollen. Denn von Anbeginn an wird ein freies Berlin inmitten des sowjetischen Machtbereichs von der Moskauer Regierung als eine Art Provokation empfunden.

Als Reaktion auf die in der Bundesrepublik durchgeführte Währungsreform blokkiert im Winter 1948/49 die UdSSR den Warenverkehr von und nach Berlin und beginnt damit die erste Berlin-Krise. Die westlichen Alliierten antworten hierauf mit einer „Luftbrücke“, während der zu Spitzenzeiten täglich bis zu 927 Flüge mit bis zu 6393 Tonnen Gütern durchgeführt werden.

Massiver sowjetischer Druck führt im September 1948 zur Verlegung des Stadtparlaments nach Westberlin. Als ein neuer Ost-Magistrat Friedrich Ebert von der SED zum Bürgermeister bestimmt, ist die Spaltung Berlins institutionell festgeschrieben. Bei den Neuwahlen zum West-Magistrat gewinnt die SPD, und als Oberbürgermeister zieht Ernst Reuter in das Schöneberger Rathaus ein.
Als im Mai 1949 die Blockade aufgehoben wird, bleibt das Versorgungs- und Verkehrsnetz (bis auf S- und U-Bahn) zerrissen. Der Ostteil der Stadt wird noch im Oktober dieses Jahres zur Hauptstadt der DDR, doch behält auch sie weiterhin einen gewissen Sonderstatus. Laut Artikel 23 des Grundgesetzes der Bundesrepublik Deutschland gilt Westberlin, im Sinne eines Bundeslandes, als Teil der Bundesrepublik. Trotzdem bleibt Berlin einer der wichtigsten Zankäpfel zwischen den ehemaligen Verbündeten des Zweiten Weltkrieges.
Eine zweite große Berlin-Krise löst die UdSSR im Jahre 1958 aus, als Chruschtschow im November den Abzug aller Truppen binnen sechs Monaten aus der Stadt verlangt und die Bildung einer „Freien Stadt West-Berlin" fordert. Im Falle einer Weigerung kündet er die Übergabe der Kontrollwege an die DDR an. Angesichts der festen und entschiedenen Haltung des Westens muß jedoch die UdSSR diese Forderungen zurückziehen.
Eine dritte Berlinkrise provoziert Ulbricht durch den Bau der Mauer am 13. August 1961. Den West-Berlinern wird der Zugang zu den Ostsektoren der Stadt untersagt und an der Mauer der Schießbefehl erlassen. Seither ist es an der Demarkationslinie immer wieder zu Zwischenfällen gekommen, die ständig eine Klimaschwankung zwischen Ost und West nach sich gezogen haben.
Erst im Dezember 1963 ermöglicht es das zwischen Berliner Senat und DDR-Regierung ausgehandelte erste Passierscheinabkommen, daß West-Berliner ihre Verwandten in Ost-Berlin besuchen können.
Trotzdem bleiben die Standpunkte der beiden Seiten in den wesentlichen Fragen unverändert. Der Osten beharrt auf seiner Meinung und spricht von der „selbständigen politischen Einheit West-Berlins" und ignoriert bei internationalen Verhandlungen die Bindung der Stadt an die Bundesrepublik. Der Westen hingegen besteht auf seinem Rechtsstandpunkt, wonach die Drei- und Vier-Mächte-Vereinbarungen der Kriegs- und Nachkriegszeit unverändert gültig sein sollen.
Die Berlin-Verträge 1971 und 1972 bringen zwar eine Erleichterung in der geteilten Stadt, eine befriedigende Lösung sind sie aber nicht.

Die Entwicklung Europas bis in die Gegenwart

WESTEUROPA

Italien Im Jahre 1940 ist Italien auf deutscher Seite in den Krieg getreten. Doch die schweren Niederlagen und Verluste lösen antifaschistische Strömungen aus, so daß am 25. Juli 1943 Mussolini verhaftet und die faschistische Partei aufgelöst wird. Der Waffenstillstand Italiens mit den Alliierten führt zur Besetzung weiter Gebiete durch deutsche Truppen, in denen nach seiner Befreiung Mussolini als Staatschef einer Sozialistischen Republik eingesetzt wird. In den folgenden Monaten kämpfen Italiener auf deutscher und alliierter Seite. Nach der Einnahme Roms durch die Westmächte überträgt König Viktor Emanuel die königliche Gewalt auf seinen Sohn Umberto II., und die antifaschistische Regierung Badoglio wird durch das Koalitionskabinett unter Bonomi abgelöst.
Nach der endgültigen Besetzung Italiens durch die Alliierten werden Strafgesetze gegen die faschistischen Führer erlassen und eine allgemeine Entwaffnung angeordnet. Am 20. Juni 1945 entsteht eine Regierung, die von den Parteien der Kommunisten, Sozialisten, Christlichen Demokraten, Liberalen, Aktionisten und Arbeiterdemokraten getragen wird. Außenminister wird in diesem Kabinett De Gasperi; doch schon am 9. Dezember übernimmt dieser nach dem Ausscheiden der liberalen und arbeiterdemokratischen Minister das Amt des Ministerpräsidenten.
Während seiner Amtszeit entscheidet sich am 18. Juni 1946 das italienische Volk mit 12 zu 10 Millionen Stimmen für die Einführung der Republik, worauf König Umberto II. abdankt.
Im Februar des Jahres 1947 schließen die Alliierten mit Italien in Paris einen Friedensvertrag. Das Land muß zur Erreichung der äußeren Ruhe Reparationsleistungen auf sich nehmen, Triest mit seinem istrischen Hinterland an Jugoslawien abgeben und die Kolonien samt der Flotte abtreten.
Die Meisterung der Inflation durch den Finanzminister Einaudi bringt bei den Parlamentswahlen den Christlichen Demokraten die absolute Mehrheit. Hierauf wird Einaudi Staatspräsident und De Gasperi setzt als Ministerpräsident bis 1953 seine Politik gegen die Opposition der Kommunisten unter Togliatti und der Linkssozialisten unter Nenni fort. Doch während seiner Regierungszeit mehren sich bereits die Krisensymptome in Italien. Es entstehen im Jahre 1949 in Süditalien von Kommunisten geschürte Aufstände, in deren Verlauf Großgrundbesitzer in Kalabrien enteignet werden. Diese Maßnahmen lassen die Chancen der Radikalen bei den Wählern steigen. In den Jahren 1951 und 1952 einigt Saragat die gemäßigten Sozialisten. Aus den Wahlen des Jahres 1953 gehen dann die radikalen Parteien auf Kosten der Christlichen Demokraten gestärkt hervor. Bis etwa 1960 spitzt sich die italienische Staatskrise allmählich zu, doch dann brechen die Unruhen offen aus, als die Neofaschistische Partei in Genua ihren Parteitag abhalten will. Ministerpräsident Fanfani bewältigt diese Krise und sucht in einer „Öffnung nach Links" die Koalition mit den gemäßigten Sozialisten.
Während sich die Wirtschaft besonders in Norditalien zur Europareife entwickelt, bleibt der Süden das Problemkind des Landes. Auch terroristische Aktionen rechts- und linksradikaler Gruppen nehmen zu. Sie gipfeln 1978 im Mord am christdemokratischen Ministerpräsidenten Aldo Moro und im Anschlag auf den Bahnhof von Bologna, der 83 Menschenleben fordert.
Eine Zeit politischer Stabilität erlebt Italien ab 1983, als der Sozialist Bettino Craxi ein Kabinett der linken Mitte bildet; dieses Bündnis hält bis 1987. In dieser Zeit gelingen dem Staat auch bedeutende Erfolge im Kampf gegen die Mafia und die Radikalen. Außenpolitisch kann Italien den Konflikt mit Österreich durch die Gewährung eines Autonomie-Status an Südtirol beilegen.

Iberische Halbinsel

Spanien Obwohl Franco zunächst durch sein Regime das Land in die Isolation geführt hat, ändern zu Beginn der 50er Jahre die USA ihre Haltung gegenüber der Regierung in Madrid. Im Jahre 1953 kommt es zum Abschluß eines Stützpunkt-Vertrages, der Spanien Wirtschafts- und Militärhilfe einbringt, wofür den USA Stützpunkte überlassen werden. Im Zuge der Auflösung der nordafrikanischen Kolonien verliert Spanien im Jahre 1956 seine Besitzungen an Marokko.
Bei seiner Innenpolitik stützt sich Franco besonders auf das Militär und die Stände. Allerdings häufen sich seit 1962 die Unru-

hen gegen Zensur und politische Unfreiheit. Doch mit Hilfe des Fremdenverkehrs kann Spanien einen ansehnlichen wirtschaftlichen Aufschwung erreichen. Größter Unruheherd bleibt jedoch in Spanien das Baskenland, das immer wieder durch Terrorakte die Öffentlichkeit auf den hier herrschenden Geist des Separationismus hinweist, der die Regierung zu härtesten Gegenmaßnahmen herausfordert.
Eine Wendung in der spanischen Politik läßt sich erst erkennen, als Franco im Alter von 83 Jahren schwer erkrankt und am 30. Oktober 1975 dem Prinzen Juan Carlos interimistisch die Regierungsgeschäfte überträgt. Nach dem Tode und der Beerdigung des Caudillo wird Juan Carlos am 22. November zum König ausgerufen und vier Tage später in sein Amt eingesetzt.
Bei den ersten freien Parlamentswahlen seit über vierzig Jahren im Juni 1977 siegt die Union des Demokratischen Zentrums unter Adolfo Suarez. Ein Putschversuch rechtsgerichteter Militärs im Februar 1981 scheitert am entschlossenen Eingreifen des Königs für die Demokratie. Bei den Wahlen 1982 gewinnen die Sozialisten die absolute Mehrheit, ihr Generalsekretär Felipe Gonzales wird Ministerpräsident. Die Mitgliedschaft in der NATO wird am 13. März 1986 durch Referendum bestätigt.
Die gute wirtschaftliche Entwicklung des Landes, besonders seit dem Beitritt zur EG, wird durch schwere Terroraktionen der baskischen Seperatistenorganisation ETA überschattet.

Portugal Hier errichtet seit 1932 der Ministerpräsident Salazar ein autoritäres Regime. Nach dem Ende des Zweiten Weltkriegs sinkt der Wohlstand im Landesinneren, und in den Kolonien Angola und Mozambique häufen sich die Unruhen. Nach dem Tode Salazars führt Caetano dessen Erbe unverändert weiter.
Eine Verschwörung stürzt die Regierung Caetano und am 15. Mai 1974 übernimmt die Kolonialarmee unter General Spinola die Regierung in Lissabon. Die Putschisten rufen in Portugal die Republik aus und setzen die bisher im Verborgenen wirkenden politischen Kräfte frei. Gleich nach ihrer Machtübernahme trennt sich die Revolutionsregierung von den überseeischen Besitzungen Portugals in Afrika und legt deren Schicksal in die Hände der dort wirkenden politischen Kräfte.
Zunächst entsteht der Eindruck, als würden die Kommunisten die Macht an sich reißen. Mit radikalen Enteignungen von Betrieben und Großgrundbesitzern schwächen sie aber sehr rasch die Wirtschaftskraft des Landes, so daß sich die gemäßigten Kräfte wieder durchsetzen können. Der Sozialist Soares führt das Land aus der Krise der späten 70er Jahre.
Im Mai 1987 wird einer der Führer der Revolution von 1974 Otelo des Carvalho einer neuerlichen Verschwörung – diesmal gegen die Demokratie – schuldig befunden und zu 15 Jahren Zuchthaus verurteilt. Bei den Wahlen im Juli 1987 erringt die rechtsliberale PSD die absolute Mehrheit, Cavaco Silva wird Ministerpräsident.

Frankreich Die Nachkriegszeit beginnt für Frankreich mit dem Einzug General de Gaulles in das befreite Paris am 25. August 1944. Zusammen mit der französischen Widerstandsgruppe Résistance bildet er eine Provisorische Regierung. Tiefgreifende Gegensätze innerhalb der Regierung führen bereits im Januar 1946 zum Rücktritt des Generals.
Im Oktober des gleichen Jahres wird durch eine Volksabstimmung von der Mehrheit der französischen Bevölkerung eine neue Verfassung angenommen, die sich jedoch nicht wesentlich von der der III. Republik unterscheidet. In ihr ist es wiederum nicht gelungen, die Regierung mit der erforderlichen Stabilität und Effektivität auszustatten. Daher lösen sich in den 12 Jahren der IV. Republik 25 Regierungen mit 18 verschiedenen Ministerpräsidenten ab. Dabei entspricht der Wechsel in der Führung in den seltensten Fällen einem Wechsel der Mehrheiten im Parlament. Vielmehr zeigt sich hierin, daß das Parlament sich nicht mit der Aufgabe begnügt, die Regierung zu kontrollieren, sondern von ihr erwartet, daß sie seine politischen Vorstellungen verwirklicht. So spiegelt sich im Parlament eine wichtige Besonderheit des französischen Parteiwesens wider. Infolge der weitgehend individualistischen und teilweise radikalen politischen Mentalität der französischen Bevölkerung entspringt eine Wahlentscheidung oft einer Protesthaltung. Diese Tatsache stärkt im Frankreich der IV. Republik sowohl die Kommunisten als auch die Gaullisten. Zwischen diesen beiden Flügelparteien werden die mittleren Gruppierungen nach und nach aufgerieben.
Aus diesen Gründen zeigen sich die die Republik tragenden Parteien in zunehmendem Maße unfähig, die anstehenden Aufgaben zu lösen. So bleibt die Frage nach der Stellung Frankreichs gegenüber Deutschland offen, die Einigung Europas kommt ins Stocken und die Probleme der sozialen Frage sowie des Kolonialismus bleiben ungelöst. Nur widerstrebend stimmt Frankreich nach dem Scheitern der Europäischen Verteidigungsgemeinschaft der Einbeziehung der Bundesrepublik in die NATO zu.

General Charles de Gaulle, 1. Präsident der V. Republik in Frankreich, beendete die Kämpfe in Algerien und ließ dessen Unabhängigkeit zu. Bemühte sich sehr um die deutsch-französische Freundschaft und betrieb eine eigenwillige Außenpolitik.

Parallel zu dieser außenpolitischen Zurückhaltung verläuft eine verstärkte innenpolitische Aktivität. Die während der Kriegsjahre eingeleitete neue Familienpolitik hat zu einem Anwachsen der französischen Bevölkerung geführt. Auf wirtschaftspolitischem Gebiet zeichnet sich nach dem Kriegsende eine Konzentration der Klein- und Mittelbetriebe ab, und durch Nationalisierungen der Banque de France, der großen Geschäftsbanken, der Versicherungsgesellschaften und der Renault-Werke trägt der Staat zur Dynamisierung der Wirtschaft bei. Außerdem versucht die Regierung durch Wirtschaftsplanung (planification), womit allerdings keine Zentralverwaltungswirtschaft im kommunistischen Sinne gemeint ist, eine aktive Wirtschaftspolitik, indem sie für das Wachstum der privaten Wirtschaft Orientierungshilfen gibt. Trotzdem versäumt es die IV. Republik, die regionalen Unterschiede rechtzeitig auszugleichen; auch der Modernisierung der Betriebe läßt sie zu wenig Hilfe zukommen.
Den letzten Ausschlag für das Scheitern der IV. Republik gibt die Kolonialpolitik. So gelingt es ihr nicht, den von kulturell-zivilisatorischer Mission erfüllten Heimatfranzosen und Siedlern in Übersee klar zu machen, daß das Ende der Kolonialzeit gekommen ist. Statt dessen verwickelt sich Frankreich im Jahre 1946 in einen immer aufwendiger werdenden Krieg gegen Nordvietnam, der im Jahre 1954 mit der

französischen Niederlage bei Dien Bien Phu und der Selbständigkeit von Laos, Kambodscha und dem geteilten Vietnam endet. Im gleichen Jahr bricht in Algerien der Kampf aus, denn die Armee hat die Überzeugung gewonnen, daß sie in Vietnam von den Politikern im Stich gelassen worden ist, und will nun einem abermaligen politischen Versagen zuvorkommen. Dieses Vorgehen bringt Frankreich an den Rand des Bürgerkrieges.

In dieser prekären Situation erklärt sich auf Anfrage des Staatspräsidenten Coty General de Gaulle erneut bereit, die politische Macht zu übernehmen. Bei seinem Regierungsantritt dankt das Parlament freiwillig ab und beendet so die Zeit der IV. Republik. Die Franzosen sehen zu dieser Zeit in de Gaulle den Retter eines französischen Algeriens. Doch im Laufe der nachfolgenden Jahre löst der General alle oppositionellen Kräfte auf und kann schließlich im Jahre 1962 auf der Konferenz von Evian die Modalitäten für den Weg Algeriens in die Unabhängigkeit aushandeln lassen. Auch gegenüber den schwarzafrikanischen Gebieten schlägt der General eine vorsichtige Politik ein. Er gewährt ihnen zwar die Unabhängigkeit, aber gleichzeitig erreicht er wirtschaftliche und kulturelle Bindungen, so daß deren Beziehungen zu Frankreich erhalten bleiben.

In dem von General de Gaulle ausgearbeiteten Verfassungstext schlägt sich sein Demokratieverständnis nieder. Er stärkt hier die Exekutive, deren Entscheidungen die Nation in ihren Vertretungskörperschaften billigen oder ablehnen, sie aber nicht durch Debattieren zwischen parteilichen Gruppeninteressen festlegen kann. Der Staatspräsident – das Amt hat de Gaulle für sich ausersehen – erhält dieser neuen Verfassung zufolge eine Amtszeit von sieben Jahren und gewährleistet so die Kontinuität des Staates. Ohne parlamentarisch verantwortlich zu sein, bestimmt er die Richtlinien der Politik, während der Ministerpräsident sowohl sein Vertrauen als auch das des Parlaments benötigt.

Auf außenpolitischem Gebiet sieht de Gaulle Frankreich als eine „Nation mit ungebundenen Händen“, die ihre „Größe“ in einem „Europa der Vaterländer“ unter Ausschluß Großbritanniens zur Geltung bringen muß; daher verwirft der General strikt alle supranationalen Prinzipien. Im Zuge dieser Politik sucht de Gaulle den Ausgleich mit der Bundesrepublik und errichtet eine eigene französische Atomstreitmacht. Der Kritiker Servan-Schreiber nennt diese Außenpolitik „nationalen Größenwahn“, doch de Gaulle glaubt, hiermit sowohl den Einfluß der USA wie auch den der UdSSR in Europa mindern zu können.

Gegenüber dieser ehrgeizigen Außenpolitik muß die französische Innenpolitik zurücktreten. Zwar kann das Land im Jahre 1965 das höchste Bruttosozialprodukt unter allen europäischen Industrienationen vorweisen, doch das „französische Wirtschaftswunder“ hat keinen Ausgleich der sozialen Differenzen gebracht. So stößt in der zweiten Hälfte der sechziger Jahre der General mit seiner Innenpolitik auf wachsenden Widerstand. Der autoritäre Regierungsstil bewirkt darüber hinaus eine Verhärtung der innenpolitischen Fronten. In der „Bewegung des 21. Mai“ vom Jahre 1968 macht sich die Opposition Luft, und nur mit äußerster Anstrengung kann de Gaulle die in diesem Jahre stattfindenden Parlamentswahlen mit der Devise „Ich oder das Chaos“ gewinnen. Als er jedoch im Jahr darauf eine Volksabstimmung über eine Verfassungsreform zu einem neuerlichen Bekenntnis zu seiner Person gestalten will, scheitert er und muß als Staatspräsident abdanken. Sein Amt übernimmt nun Georges Pompidou, der eine vorsichtige Politik der Korrekturen einleitet. Nach seinem Tode setzt im Mai 1974 Giscard d'Estaing die eingeschlagene Richtung fort. Er wird am 10. Mai 1981 von François Mitterand abgelöst, dessen Sozialisten bis März 1986 auch im Parlament über die absolute Mehrheit verfügen.

In der Bündnispolitik geht Frankreich eigene Wege. Nach einem Abrücken von der NATO folgt um 1980 eine Wiederannäherung, die Freundschaft mit Deutschland wird besonders gepflegt und durch konkrete Absichtserklärungen auch auf dem militärischen Bereich erweitert.

Auf dem Gebiet der friedlichen Nutzung der Atomenergie wird Frankreich führend in Europa, nach der folgenschweren Katastrophe von Tschernobyl führt diese Technologie aber zu einer psychologischen Belastung.

Eine Serie von Bombenanschlägen erschüttert Frankreich im Jahre 1986. Ihre Hintergründe liegen in der höchst undurchsichtigen Verstrickung Frankreichs in die Nahost-Konflikte. Verstärkter Fremdenhaß, vornehmlich gegen Einwanderer aus Nordafrika, begünstigt das Aufkommen einer rechtsradikalen Bewegung unter Jean-Marie Le Pen.

Die Benelux-Staaten Schon im Jahre 1944 haben die drei Exilregierungen die Bildung einer Benelux-Zollunion vereinbart. Im Jahre 1948 wird sie verwirklicht und 1958 zu einer Wirtschafts- und 1960 zu einer Paßunion erweitert. Seit dem Jahre 1964 gibt es einen für die drei Länder wirkenden gemeinsamen Gerichtshof.

In Belgien ruft zwar zunächst die Rückkehr König Leopolds III. einen Generalstreik hervor, doch sein Rücktritt zugunsten seines Sohnes Baudouin beruhigt die oppositionellen Gruppen. Eine zweite schwere Krise erlebt das Land erst wieder im Jahre 1960, als das Kongogebiet um seine Unabhängigkeit ringt. Als innenpolitisches Problem besteht die Frage der Abgrenzung der Interessen der flämischen und wallonischen Bevölkerung.

Diese Probleme bestehen bis in die jüngste Gegenwart und führen immer wieder zu Regierungskrisen. Die Hauptstadt Brüssel erfährt als Sitz der EG eine bedeutende Aufwertung.

Die Niederlande erholen sich sehr rasch von den Folgen des 2. Weltkrieges. Auch die immer wiederkehrenden Schäden durch Sturmfluten werden durch gewaltige Wasserschutzbauten endgültig gebannt. Im Rahmen der EWG entwickelt das Land neben seiner Industrie vor allem seine klimatisch bevorzugte Landwirtschaft. Der Ausbau des Hafens von Rotterdam und die Entdeckung großer Erdgasvorkommen im Norden des Landes fördern die gute Entwicklung der Wirtschaft.

Nach dem 2. Weltkrieg schließt sich Luxemburg den europäischen Bündnissen an und wird u. a. Gründungsmitglied der Montanunion. Luxemburg ist Sitz verschiedener europäischer Behörden, seine wirtschaftliche Grundlage ist vorerst noch die Stahlindustrie, deren Krise in den 80er Jahren führt zu massiven Umstrukturierungen.

Großbritannien Wie schon der Erste Weltkrieg so bringt auch der Krieg gegen Hitler maßgebliche Erschütterungen der englischen Weltmachtstellung. In den Vierzigerjahren muß das Land einsehen, daß es endgültig zu einer zweitrangigen Macht herabgesunken ist. Diese Tatsache macht zunächst vielfältige Veränderungen im Inneren des Landes erforderlich.

Schon im Jahre 1943 sind die notwendigen Korrekturen der Gesellschaftspolitik im Beveridge-Plan skizziert worden. Demnach soll in England die Chancengleichheit aller Bürger und ihre wirtschaftliche Sicherheit hergestellt werden. Dem Plan zufolge kann dies nur durch Vollbeschäftigung und öffentliche Wohlfahrtseinrichtungen geschehen. Träger dieser Unternehmungen soll der Staat selbst werden, der sich dadurch zum Wohlfahrtsstaat mit weitgehenden Lenkungsbefugnissen wandeln würde.

Da die Öffentlichkeit für die praktische Verwirklichung dieser neuartigen Pläne die Labour-Party für geeigneter hält, wählt sie in einer „Revolution ohne Tränen“ den bewährten Kriegshelden Churchill ab und ersetzt ihn durch Attlee. England dürfte

Königin Elisabeth II. von England, eskortiert von den „Horse Guards", auf dem Weg zur Parlamentseröffnung im Jahre 1961. Nach dem Tode Georgs VI. am 6. 2. 1952 wird gemäß eines Commonwealth-Beschlusses von 1947 Elisabeth zur Königin des Reiches ausgerufen und am 2. Juni 1953 gekrönt. Charles Duke of Cornwall ist Thronfolger.

sich damals bei der Wahlentscheidung weniger für eine Partei oder für eine Person, sondern wohl eher für eine neue Lebensweise entschieden haben. Nur so ist zu erklären, weshalb bis 1951 und dann wieder von 1964 bis 1970 die Labour-Party die absolute Mehrheit erhalten hat.

Zunächst eröffnet die Regierung die programmatischen Neuerungen durch die Nationalisierung der Bank von England (1946), der zivilen Luftfahrt (1946 Gründung der BEA), der Kohlenzechen (1946), der Eisenbahnen und des Transportwesens (1947), der Strom- und Gasversorgung (1947/48) sowie der Eisen- und Stahlindustrie (1947). Dieser Vorgang erfolgt gegen Entschädigung der Eigentümer und stellt keine Sozialisierung im kommunistischen Sinne dar. Zum Instrument staatlicher Planung und Lenkung werden nämlich die Gewerkschaften, deren freie Entfaltung hierdurch allerdings erheblich eingeschränkt wird. Fragwürdig bleibt dieses Vorgehen nicht nur in seiner äußeren Form, sondern auch hinsichtlich seiner Wirtschaftlichkeit. Eine Produktionssteigerung hat sich nicht eingestellt und eine Gesundung der englischen Wirtschaft folgt diesen Maßnahmen nicht.

Mehr Erfolg als mit der Wirtschaftspolitik hat die Labour-Party mit ihren Sozialmaßnahmen. So wird schon durch die Education Act die Chancengleichheit auf dem Gebiete der Erziehung und Ausbildung hergestellt. Diesem Gesetz folgt 1946 die National Health Service Act, durch die im Krankheitsfalle jedem Bürger kostenfreie ärztliche Versorgung gewährt wird. Ergänzt werden diese Maßnahmen durch eine allgemeine Invaliden-, Unfall- und Arbeitslosenversicherung sowie durch Alterspensionen, Witwen- und Waisenrenten, die die Armut in England beseitigen, den allgemeinen Lebensstandard anheben und zu einer Nivellierung der sozialen Unterschiede beitragen.

Die 1951 und 1970 an die Regierung gelangte Konservative Partei hat diese gesetzlichen Maßnahmen weitgehend beibehalten und nur die Stahlindustrie und das Straßentransportwesen wieder reprivatisiert. Hierbei wird deutlich, daß sich nach dem Zweiten Weltkriege die Konservative Partei von einer Standesorganisation zu einer Volkspartei gewandelt hat und nun gegenüber der Labour-Party in erster Linie die Beibehaltung der persönlichen Freiheit und die Wahrung des privaten Eigentums betont. Zwischen diesen beiden großen Organisationen verliert die Liberale Partei zunehmend ihre Anhänger, wozu auch das englische System der Mehrheitswahl entscheidend beiträgt.

In der Außenpolitik unterstützt die Labour-Party den Wunsch der Kolonialvölker nach Selbstbestimmung. Diese Wendung in der Politik wird nur angesichts der ungeheueren inneren Schwierigkeiten des Landes verständlich. Großbritannien muß sich jetzt von seinen Besitzungen „östlich von Suez" trennen. Dieser Vorgang verläuft in zwei Wellen. Während der Regierung Attlee bringt die India Independence Act im Jahre 1947 die Entstehung der beiden Staaten Indien und Pakistan, und unter dem konservativen Premier Macmillan erhalten zwischen 1957 und 1963 die afrikanischen Völker ihre Selbständigkeit. Die meisten der neuen Staaten werden Mitglieder des Commonwealth und bleiben so durch Vorzugszölle mit dem ehemaligen Mutterland verbunden. Die unterschiedlichen Auffassungen in der Frage der Garantien hinsichtlich der Rechte der schwarzen Majoritäten führen im Jahre 1961 zur Entstehung der Südafrikanischen Union und 1965 zur Trennung von Rhodesien.

Gegenüber den USA und dem kommunistischen Machtbereich läßt sich Großbritannien unter dem Druck der Öffentlichkeit von einem gemäßigten Pragmatismus leiten. So findet sich London verhältnismäßig schnell mit den neuen Gegebenheiten in Osteuropa ab. Den wirtschaftspolitischen Veränderungen in Westeuropa kann jedoch die Regierung nicht tatenlos zusehen.

Ab Mai 1979 regiert die konservative Ministerpräsidentin Margaret Thatcher in England.

Allerdings führen die vielfältigen internationalen Verpflichtungen dazu, daß der Antrag nach Aufnahme in die EWG in den Jahren 1963 und 1967 scheitert und erst im Jahre 1972 Erfolg hat. Diese Mitgliedschaft ändert jedoch die wirtschaftlichen Verhältnisse nicht; im Gegenteil: die „englische Krankheit“ wird zu einem gesamteuropäischen Problem.

Auch der Beitritt zur EG kann die „englische Krankheit“ zunächst nicht heilen. Rückständige Technologie, fortwährende Arbeitskämpfe und eine gesellschaftliche Verkrustung führen zu einem wirtschaftlichen Niedergang mit enormen Arbeitslosenzahlen.

Erst die im Mai 1979 erfolgte Wahl der konservativen Margaret Thatcher zum Ministerpräsidenten bringt durch deren energisches Eingreifen einen deutlichen Wandel.

Auch außenpolitisch verschafft sie sich Respekt durch die entschlossene militärische Lösung des Falkland-Konfliktes mit Argentinien im Juni 1982.

Trotz bedeutender wirtschaftlicher Erfolge kann aber das Hauptproblem des Landes – die Arbeitslosigkeit – vorerst nur in Ansätzen gelöst werden. Es handelt sich dabei vornehmlich um eine Strukturkrise, entstanden durch den Niedergang der traditionellen Industrien. Große wirtschaftliche Vorteile ergeben sich aber durch die riesigen Erdöl-Funde in der Nordsee, wodurch das Land von derartigen Einfuhren unabhängig wird.

OSTEUROPA

Polen Am Ende des Zweiten Weltkriegs muß die neue polnische Regierung ein bitteres Erbe übernehmen: Das Volk ist durch den Krieg stark dezimiert und besonders die Schicht von Führungskräften ist fast völlig vernichtet worden; die Städte und auch die meisten Industrieanlagen liegen in Schutt und Asche. Diese Engpässe und die Umsiedlung der Menschen aus den an die Sowjetunion abzutretenden östlichen Gebieten in die von den Deutschen geräumten Westprovinzen machen eine Unterstützung durch die Sowjetunion unerläßlich. Die Regierung der Nationalen Einheit, eine Gruppe aus Vertretern der ehemaligen Exilregierung in London und Angehörigen des einstigen Lubliner Komitees, läßt infolge des Druckes oppositioneller Kräfte am Anfang des Jahres 1947 Wahlen durchführen, die – bei Protesten der Westmächte auf Grund angenommener Wahlfälschungen – einen großen Sieg der Regierung erbringen. In der dann erstellten Verfassung werden die Arbeitsmöglichkeiten der Opposition stark eingeschränkt. Der Führer der nichtkommunistischen bäuerlichen „Volkspartei“ Mikolajczyk verläßt deshalb das Land. Die Fragen der Grenzziehung und innerer Probleme werden künftig in Abstimmung mit der UdSSR geregelt, denn die Zusammenarbeit mit dem Westen und Hilfen aus dem Marshall-Plan lehnen die nun dominierenden Kommunisten und ihre Sympathisanten ab.

Bald treten jedoch innerhalb der Kommunisten Spannungen auf. So kristallisieren sich Gegensätze zwischen den während der Okkupation im Lande verbliebenen Heimatkommunisten (um Gomulka) und den in die Sowjetunion geflüchteten Kommunisten (um Bierut und Ochab) heraus. Im Zusammenhang mit der Jugoslawienfrage bricht der Streit der beiden Flügel offen aus, denn Gomulka lehnt die Verurteilung Titos ab und fordert einen größeren Spielraum für eine nationale Politik innerhalb des sozialistischen Lagers. Nach harten Auseinandersetzungen verliert Gomulka seine Ämter.

Während dieser Jahre schließt sich die polnische Führung eng dem russischen Vorbild an. Doch die wirtschaftlichen Schwierigkeiten können nicht überwunden werden. Die schwierige materielle Lage und das harte Vorgehen der Partei gegen die Kirche in dem vom Katholizismus geprägten Land verbittern die Bevölkerung und führen zum offenen Streit mit der Partei und dem sie leitenden Bierut. Als bald nach dem Tode Stalins auch Bierut stirbt, entbrennt ein Ringen um den Parteivorsitz. Schließlich kann Gomulka den Wettbewerb für sich entscheiden.

Gomulkas politische Ansichten können innerhalb des Spektrums kommunistischer Meinungen als liberal bezeichnet werden. So begründet er am 21. Oktober 1956 einen „Polnischen Frühling im Oktober“ mit der Rücknahme der Teilkollektivierung der Landwirtschaft, der neuerlichen Privatisierung der Handwerksbetriebe und der Vermehrung der Mitspracherechte der Arbeiter in den Betrieben. Die Intellektuellen des Landes nutzen die neuen Chancen, doch da der Schwerpunkt des wirtschaftlichen Einsatzes weiterhin auf der Schwerindustrie liegt, verbessern sich die Einkommensverhältnisse nur vorübergehend und die Stellungnahmen zur Politik fallen sehr oft negativ aus. Als sich die Kritik an der Regierungspolitik ausweitet, müssen viele der liberalen Beschlüsse wieder zurückgenommen werden, womit Gomulka sehr schnell das Vertrauen der Bevölkerung verliert.

Einen letzten großen Erfolg erlebt Gomulka, als am 7. Dezember 1970 der deutsch-polnische Vertrag anläßlich des Besuches des westdeutschen Bundeskanzlers Brandt unterzeichnet wird. Doch die Preiserhöhungen für Nahrungsmittel und eine Reihe von Konsumgütern führen in den Industriegebieten zu Unruhen.

Weder Gomulka noch sein Nachfolger Gierek sind in der Lage, die ökonomischen Probleme des Landes zu lösen. Ein kurzer Aufschwung wird durch hohe Auslandskredite ausgelöst, deren Rückzahlung

Der Pole Woityla wird Oberhaupt der katholischen Kirche und nennt sich Papst Johannes Paul II.

aber wieder neue Probleme schafft. Ein Absinken des ohnehin niederen Lebensstandards ist die Folge.
Moralisch unterstützt vom polnischen Papst Johannes Paul II., der 1979 erstmals als Oberhaupt der katholischen Kirche seine Heimat besucht, gründen die Arbeiter die freie Gewerkschaft „Solidarität", Lech Walesa wird ihr Führer.
Die anfänglichen Erfolge lassen Auflösungstendenzen des kommunistischen Systems erkennen, was von Moskau nicht geduldet wird. General Wojtech Jaruzelsky wird Regierungschef, er verhängt im Dezember 1981 das Kriegsrecht und regiert fortan mit eiserner Faust. Die kurze liberale Entwicklung in Polen ist zu Ende, auch der Friedensnobelpreis an Lech Walesa und wiederholte Besuche und Appelle des Papstes bleiben wirkungslos.
Erst 1987 werden die letzten Oppositionellen freigelassen, langsam tritt eine Normalisierung ein, wenngleich die hohe Auslandsverschuldung weiterhin ein ungelöstes Problem darstellt.

Tschechoslowakei Die geringen Zerstörungen und die weitgehend intakten Industrieanlagen erlauben in diesem Lande nach dem Ende des Krieges einen raschen Wiederanfang. Innerhalb der Regierung der Nationalen Front, die mehrere Parteien umfaßt, gewinnt die Kommunistische Partei, die in der Tschechoslowakei nicht gespalten ist, rasch ein Übergewicht. So beaufsichtigt der dieser Partei angehörende Innenminister die Polizei, den Sicherheitsdienst und das Gefängniswesen und ist für die Aussiedlung der Minderheiten aus Deutschland und Ungarn verantwortlich. Der kommunistische Informationsminister kontrolliert den Rundfunk und das Pressewesen, und sein kommunistischer Kollege im Landwirtschaftsministerium betreibt die Enteignung der Großgrundbesitzer und verteilt den Boden der Ausgesiedelten. Auch die Gewerkschaften werden von den Kommunisten beherrscht. Daher ist es nicht verwunderlich, daß bei den Wahlen am 26. Mai 1946 die KP mit 40 Prozent der Stimmen stärkste Partei im tschechischsprechenden Teil des Landes wird.
Die tschechoslowakische Regierung hat ihre schon gegebene Zustimmung zur Aufbauhilfe aus dem Marschall-Plan im Juli 1947 widerrufen, und dies nach den Besprechungen in Moskau. Im Frühjahr 1948 verstärken sich vor den Wahlen die Spannungen zwischen den Parteien. Als am 20. Februar 1948 die nichtkommunistischen Minister vom Chef des Innenressorts die Rücknahme einiger außergewöhnlicher Beförderungen verlangen, treten sie auf dessen Weigerung hin zurück. Auf Grund mangelnder Absprache bleibt eine Minderheit von Ministern im Amt, worauf die Entscheidung über den Rücktritt der ganzen Regierung in die Hand des Staatspräsidenten Benes gefallen ist. Dieser muß infolge öffentlichen Druckes die Rücktrittsgesuche der bürgerlichen Minister annehmen und ihre freigewordenen Plätze an Kommunisten oder ihre Sympathisanten abgeben. So ist in Prag die kommunistische Partei auf völlig legalem Wege an die Macht gekommen. Als Benes wenige Monate später stirbt, übernimmt sein Amt der KP-Vorsitzende Gottwald.
Unter der Herrschaft der Kommunisten wird in der CSSR eine Zentralverwaltungswirtschaft nach sowjetischem Muster installiert, die die Produktionszahlen und das Plansoll für alle Betriebe vorschreibt und private Initiativen bremst. Unterdessen entledigt sich der Staatspräsident durch eine Reihe von „Titoistenprozessen" seiner sämtlichen Gegner in und außerhalb der Partei.
Diese Maßnahmen festigen das Regime so sehr, daß beim Tode Stalins und Gottwalds kaum Unruhen ausbrechen. Erst im Jahre 1963 mehren sich die inneren Schwierigkeiten, weil die Wirtschaft einen realen Rückgang des Sozialprodukts verzeichnet. Die in Gang kommende Kritik wirkt sich nicht nur in der Politik, sondern auch in Literatur und Wissenschaft aus. Die nun von Novotný geleitete kommunistische Partei kann sich nicht mehr zu Reformen aufraffen, so daß die negative Haltung in der Bevölkerung wächst. Im Herbst 1967 ruft die Kulturpolitik der Regierung ernsthafte Demonstrationen hervor. Novotný erleidet im Politbüro bei mehreren Abstimmungen Niederlagen, und schließlich verurteilt das Zentralkomitee der Partei seine bisherige Politik und zwingt ihn zum Rücktritt vom Parteivorsitz. Am 5. Januar 1968 übernimmt sein Amt der bisherige Erste Sekretär der Slowakischen Kommunistischen Partei, Dubček, der den Reformatoren Ansporn gibt und einen „Sozialismus mit menschlichem Antlitz" einzuführen beginnt.
Besonders die konservativen Kreise in der KP befürchten eine Abkehr von Moskau und eine Hinwendung zum Westen sowie das Übergreifen der Reformideen auf sozialistische Nachbarvölker. Nach mehrfachen Warnungen überschreiten in der Nacht vom 20. zum 21. August 1968 Truppen des Warschauer-Paktes (aus der UdSSR, aus Polen, Ungarn und Bulgarien) die Grenze der Tschechoslowakei. Ein Teil der Bevölkerung antwortet mit dem passiven Widerstand. In Prag findet der bereits vom Zentralkomitee der KP. Tsch. abgerufene XIV. Parteitag illegal statt.
Alexander Dubcek wird auf Befehl Moskaus durch Gustav Hušak ersetzt, die schrittweise „Normalisierung" bringt schließlich die vollständige Ablösung der Reformpolitiker.
Liberaler Geist regt sich erst wieder, als am 7. Januar 1977 oppositionelle Kreise die sogenannte „Charta 77" veröffentlichen, mit der die in der Schlußakte von Helsinki verbrieften Rechte eingemahnt werden.
Erst 1987 zeigen sich zaghafte Ansätze zu einer neuen Politik. Bemerkenswert ist, daß die wirtschaftlichen Reformen Gorbatschows in der Sowjetunion deutliche Ähnlichkeit mit dem „Prager Frühling" aufweisen.

Ungarn Im Februar 1947 ist durch die Pariser Friedensverträge Ungarn wieder in den Grenzen von 1937 hergestellt worden. Ähnlich lange wie das Zustandekommen der Friedensverträge hat die Machtübernahme durch die Kommunistische Partei gedauert. In geduldiger „Salami-Taktik" hat sie ihr Ziel erreicht, und zusammen mit der im Juni 1947 zwangsweise angeschlossenen sozialdemokratischen Partei baut sie ihre Herrschaft auf.
In Ungarn führt der Streit zwischen Stalin und Tito, ähnlich wie in Polen, zum Konflikt zwischen den während des Krieges in die UdSSR emigrierten, stalinistisch orientierten Kommunisten um Rakosi und den Heimatkommunisten um Rajk. Mit Hilfe der Geheimpolizei schaltet Rakosi seine Gegner aus und in einer Reihe von Schauprozessen werden sie verurteilt. Rajk wird am 15. Oktober 1949 hingerichtet, doch im

Kardinal Josef Mindszenty, Fürstprimas von Ungarn, wurde 1948 von der kommunistischen Regierung wegen Hochverrats angeklagt und am 8. Februar 1949 zu lebenslänglicher Haft verurteilt, später jedoch freigelassen.

Prag, Hauptstadt der Tschechoslowakei

Sommer 1956 muß seine Unschuld eingestanden werden.
Infolge dieser Ausschreitungen gerät die Kommunistische Partei in wachsende Isolierung und die durch die einseitige Industrialisierung bedingte Lebensmittelknappheit verursacht Unruhen in der Bevölkerung. Zur Steigerung der landwirtschaftlichen Produktion setzt Rakosi im Jahre 1953 Imre Nagy ein. Der nun beginnende Streit um die Bevorzugung der Industrie oder der Landwirtschaft scheint im Jahre 1956 zugunsten Rakosis entschieden, als die aus Moskau eintreffende Kritik an der Politik Stalins eine Umorientierung herbeiführt. Der Aufstand in Polen weckt in Ungarn im Oktober Sympathiekundgebungen, zu deren Niederschlagung die Regierung sowjetische Soldaten anfordert. Hierüber ist die Bevölkerung entsetzt und es brechen blutige Unruhen aus. Der populäre Nagy wird Ministerpräsident, aber er kann den Abzug der sowjetischen Truppen nicht erreichen. Diese verharren auf den eingenommenen strategisch wichtigen Positionen und warten auf Verstärkung. Unterdessen versucht die Regierung, die Bevölkerung durch einige Konzessionen zu beruhigen, doch der Druck der öffentlichen Meinung erzwingt am 1. November die Erklärung der Neutralität Ungarns und den Austritt aus dem Warschauer Pakt.
Kádár, der zu Beginn der Unruhen KP-Vorsitzender geworden ist, flieht zu den sowjetischen Truppen. Am 4. November besetzt die Rote Armee gegen teils erbitterten Widerstand der Bevölkerung das Land, und Kádár erhält das Amt des Ministerpräsidenten. Am 7. November widerruft er die Neutralitätserklärung und beginnt, durch behutsame Maßnahmen die Ruhe wiederherzustellen. Nagy, der zum Symbol des Widerstandes geworden ist, wird unter Bruch des Versprechens des freien Geleits von der Roten Armee verhaftet und im Jahre 1958 hingerichtet. Die Bevölkerung lehnt zunächst Kádár als Verräter ab, doch gelingt es ihm rasch, in Ungarn einen bescheidenen Wohlstand zu schaffen. Als erstem Land im Ostblock werden in kleinem Rahmen privatwirtschaftliche Aktivitäten zugelassen, was in der Versorgung und im Dienstleistungsbereich zu großen Fortschritten führt.
Eine 1970 einsetzende Zusammenarbeit mit Österreich und der dadurch beginnende rege Fremdenverkehr zeigt erstaunliche Erfolge. Eine der ersten Auslandsreisen führt den sowjetischen Parteichef Gorbatschow nach Ungarn, wo er mit großem Interesse das „ungarische Modell des Sozialismus“ studiert. Diesen positiven Ansätzen stehen freilich eine hohe Auslandsverschuldung und eine ab 1987 spürbar werdende ökonomische Krise gegenüber.

SOWJETUNION

Der Spätstalinismus (1945–1953) Nach schwer erkämpftem Sieg, der über 20 Millionen Menschen das Leben gekostet hat und in dem mehr als 25 Millionen Menschen obdachlos geworden sind, regiert als „Führer und Genius“ Generalissimus Stalin absolut und autoritär das Volk der Sowjetunion. Mit Hilfe der Geheimpolizei, die von Berija (er lebte von 1899 bis zu seiner Liquidation im Jahre 1953) geleitet wird, kontrolliert er die Verwaltungs- und Parteibürokratie. Unter Stalin hat sich die KP in eine Massenpartei der Funktionäre gewandelt; um diese diszipliniert zu halten, wird jede Abweichung von der Generallinie der Partei schwer bestraft.

In der Kulturpolitik werden in der Nachkriegszeit die großen Leistungen Stalins herausgestellt. Durch Personenkult und „Sowjetpatriotismus" läßt er sich und seine Verdienste feiern. Als Gegner gelten in diesem Kampf „Objektivismus", „Formalismus" und „Kosmopolitismus".
Gemäß diesem gewandelten Bild seiner Person führt Stalin im Jahre 1946 eine Verfassungsänderung durch und teilt sich die Ämter des Ministerpräsidenten, des Verteidigungsministers (allerdings gibt er dieses Amt bereits im Jahre 1947 an Bulganin ab) und des Ersten Sekretärs des Zentralkomitees zu. Damit hat sich Stalin sowohl die Partei als auch die Armee und die Verwaltung untergeordnet.
Innere Machtkämpfe in der Kommunistischen Partei führen im Jahre 1949 nach dem Tode Shdanows zur Ausschaltung der „Reaktionäre" Kusnezow, Kossygin und Andrejew durch die „Troika" Malenkow, Berija und Chruschtschow..
Das Wirtschaftsleben der Sowjetunion wird nach dem Kriege einem strengen bürokratischen Planungs- und Leistungssystem unterworfen. In dieses werden auch die ca. 20 Millionen Kriegsgefangenen einbezogen sowie die nach dem Kriege hinzugewonnenen Satellitenstaaten in Ost- und Südosteuropa, die Reparationen und Zwangsexporte erbringen müssen. Der unmittelbaren Behebung der Kriegsschäden soll der 4. Fünfjahresplan dienen, der ein ehrgeiziges Wohnungsbau-, Aufrüstungs- und Produktionssteigerungsprogramm enthält. Als weitere Schwerpunkte der Wirtschaftspolitik gelten: Wiederaufbau der Industrie in Westrußland, Ausbau der im Kriege verlegten Industriebetriebe, Erschließung der Polarzonen und Erweiterung der landwirtschaftlichen Anbaufläche. Auf die Initiative Chruschtschows hin werden Großkolchosen und Agrostädte errichtet, doch auch sie können kaum zur Linderung der Versorgungskrise beitragen.
Der 5. Fünfjahresplan der Sowjetunion bringt eine Schwerpunktverlagerung zugunsten industrieller Großprojekte. So sollen an der Wolga und am Dnjepr riesige Staudämme für Bewässerungsanlagen erstellt und Energie für die moderne Waffenproduktion gewonnen werden. Denn nach der Brechung des US-Monopols arbeitet die UdSSR mit Nachdruck an der Herstellung von Atom- und Raketenwaffen.
In der Außenpolitik versucht Stalin, die Länder Ost- und Südosteuropas eng an die Sowjetunion zu binden. Den Herrschaftsbereich des Sozialismus riegelt er durch die Errichtung des „Eisernen Vorhanges" (Churchill) hermetisch ab. Die Länder, die mit der UdSSR verbunden sind, büßen ihre Selbständigkeit ein. Als sich im Jahre 1948 Jugoslawien dieses Druckes entledigen will, beginnt Stalin eine unerbittliche Kampagne gegen Tito und seine Anhänger. Diese Aktionen halten die jugoslawische Politik letztlich nicht auf, und so erhält die von Stalin verfochtene Zwei-Lager-Theorie eine erhebliche Schwächung.
Als Ausgleich dafür sucht Stalin, auch in den von den Westmächten kontrollierten Bereich vorzudringen. Daher unterstützt er die von den Kommunistischen Parteien entfachten Aufstände in Syrien, im Libanon und in Griechenland. Auch die Kommunistische Partei Chinas erhält nach ihrer Machtergreifung russische Hilfen. Im Jahre 1949 hält sich deswegen Mao Tse-Tung in Moskau auf. Ein Beistandspakt sichert der Volksrepublik China militärische und wirtschaftliche Unterstützung. Indirekte Hilfen gehen in den Jahren 1950 und 1951 auch an Nordkorea.
Als Stalin im März des Jahres 1953 stirbt, ist zwar die sowjetische Macht räumlich erheblich ausgeweitet worden, aber seit dem Abfall Jugoslawiens ist die Einheit der kommunistischen Staaten zerstört. Auf wirtschaftlichem Gebiet ist eine erhebliche Steigerung des Potentials erreicht worden, aber die Zuwachsraten sinken und die Arbeits- und Kapitalreserven sind erschöpft. Somit kann festgestellt werden, daß bis zum Tode Stalins keine der Theorie entsprechende Lebensverbesserung eingetreten ist.
Nach dem Tode Stalins besinnt sich die sowjetische Führung wieder auf das Prinzip der kollektiven Führung. Staatspräsident wird Woroschilow, das Amt des Ministerpräsidenten geht an Malenkow und erster Stellvertreter wird Kaganowitsch; das Außenministerium übernimmt Molotow und das Innenministerium für kurze Zeit Berija. Chruschtschow leitet künftig die Partei als Erster Sekretär des Zentralkomitees. Der sich aus dieser Ämterverteilung ergebende Machtkampf findet in erster Linie zwischen dem Malenkow- und Chruschtschowflügel statt. Im Jahre 1954 bootet Chruschtschow seinen Gegner aus und führt nun zusammen mit Bulganin die UdSSR.

Die Chruschtschow-Ära (1956–1964)

Auf dem XX. Parteitag distanziert sich die Kommunistische Partei mit Chruschtschow an der Spitze von dem Personenkult und Dogmatismus der Stalinzeit. Die Bücher des früheren Machthabers werden verworfen und seine Denkmäler gestürzt. Chruschtschow setzt die seit 1953 spürbare Phase der Liberalisierung, des „Tauwetters" (benannt nach dem gleichnamigen Roman von Ilja Ehrenburg), fort. Im Jahre 1957 gelingt Chruschtschow die endgültige Ausschaltung seiner Feinde; Malenkow, Molotow, Kaganowitsch und Schepilow werden aus dem ZK ausgeschlossen, und an ihre Stelle treten neben anderen Koslow, Breschnew und Kossygin. Nach dem Rücktritt Bulganins vom Amt des Ministerpräsidenten im Jahre 1958 führt Chruschtschow allein die Sowjetunion.
In einem im Jahre 1959 beginnenden Siebenjahresplan will der neue Alleinherrscher die USA in der Pro-Kopf-Erzeugung überholen. Doch im Jahre 1962 veranlassen Preiserhöhungen eine Revision der Perspektivpläne. Die UdSSR ist sogar gezwungen, in Kanada und Australien Getreide einzukaufen, um die Versorgung der eigenen Bevölkerung zu gewährleisten.
Auf ideologischem Gebiet sucht Chruschtschow den Ausgleich mit Jugoslawien und akzeptiert dessen sozialistischen Sonderweg. Jedoch vertieft sich seit dem Jahre 1959 der Konflikt mit der Kommunistischen Partei Chinas. Im Jahre 1960 verteidigt auf der Moskauer Konferenz von 81 kommunistischen Parteien der Vertreter Chinas, Teng Hsiao-Ping, Stalins Zwei-Lager-Theorie und verwirft Chruschtschows Thesen von der Koexistenz. Diese Theorie bestimmt schon seit dem Jahre 1956 die Außenpolitik der Sowjetunion. Hiermit soll das Konzept der Weltrevolution dem atomaren Zeitalter angepaßt werden. So gelten als politische Zielsetzungen: die Vermeidung internationaler Kriege, die Verstärkung des Wirtschaftskampfes, die Herstellung der Aktionseinheit mit farbigen Völkern und die Kontaktaufnahme mit den westlichen Ländern unter Ablehnung jeglicher ideologischen Koexistenz.
Chruschtschow will mit dieser Politik nach den beiden Weltkriegen eine dritte Krise des Weltimperialismus einleiten. Er eröffnet die Phase der dynamischen Offensiven mit einer Einschaltung in die Politik des Nahen Ostens. Im Jahre 1958 stellt er sein provokatives Berlin-Ultimatum und durch Drohungen verursacht er im Jahre 1960 das Scheitern der Pariser Gipfel-Konferenz. Eine letzte Etappe dieser Politik bildet im Jahre 1962 das Kuba-Unternehmen, das unter dem Druck der landwirtschaftlichen Engpässe und des sich verschärfenden Konflikts mit China abgebrochen werden muß. Im Oktober des Jahres 1964 wird Chruschtschow überraschend aller seiner Posten enthoben. Das Amt des Staatspräsidenten übernimmt nun Mikojan und Erster Sekretär des Zentralkomitees wird Breschnew.

Die Breschnew-Ära (1964–1982) Zunächst wendet sich die neue Führung verstärkt der Wirtschaftspolitik zu. Auf dem XXIII. Parteitag im Jahre 1966 erläutert der neue Ministerpräsident Kossygin den künftigen Fünfjahresplan, der „verstärkte

Anreize zu materieller Interessiertheit" bringen soll. Doch auch die neuerlichen Bemühungen auf dem Wirtschaftssektor bringen keine große Wende in der materiellen Versorgung der Bevölkerung.

Auf diesem Parteitag beteuert die Parteiführung auch ihre Entschlossenheit, die Politik der Entspannung fortzusetzen. Doch entgegen diesen Bekenntnissen bemüht sich die Parteiführung, zunächst den Herrschaftsbereich abzusichern. Daher führt sie im Jahre 1968 die Absetzung der Reformpolitiker in der Tschechoslowakei durch und verstärkt die russische Flotte im Mittelmeer. Auch gegenüber China wird eine Einigung gesucht, doch stößt Moskau hier auf die Ablehnung der Führung in Peking.

Eine neue Phase der Politik scheint sich zu eröffnen, als sich die Sowjetregierung gegenüber der Bundesrepublik Deutschland zu Verhandlungen bereit erklärt. In der Spanne zwischen 1970 und 1972 kommt es zu intensiven Ost-West-Gesprächen, die schließlich zu einem Viermächteabkommen für Berlin, zu einem Gewaltverzichtsvertrag und dann noch zu einem deutsch-sowjetischen Vertrag führen.

In den späten Jahren der Breschnew-Ära kommt es politisch und wirtschaftlich zu gewissen Erstarrungen, die nur durch die großen Erfolge der Sowjets im Weltraum einigermaßen überdeckt werden. Die gewaltige Ausweitung der Rüstung überfordert das Land sichtbar. Dadurch werden auch erste Abrüstungspläne erwogen, die jedoch zunächst am Widerstand der Militärs scheitern.

Breschnew stirbt im November 1982 in Moskau, sein Nachfolger Juri Andropow überlebt ihn nur kurz. Ihm folgt Konstantin Tschernenko, von dem aber auch keine fortschrittlichen Impulse ausgehen.

Glasnost und Perestroika (ab 1985)

Mit Michail Gorbatschow folgt hingegen ein äußerst ambitionierter Mann aus der Nachkriegsgeneration. Mit seinen Schlagworten „Perestroika" (Umgestaltung) und „Glasnost" (Offenheit) erregt er weltweit Aufsehen. Mit neuen, unkonventionellen Abrüstungsvorschlägen reißt er die weltpolitische Initiative an sich und bringt die andere Supermacht in Zugzwang.

Das Ziel Gorbatschows ist eine massive Rüstungsreduktion durch kontrollierte Entspannung. Die frei werdenden Mittel sollen den Lebensstandard in der Sowjetunion heben und so den Kommunismus wieder attraktiv machen. Ob das Ziel der Weltrevolution endgültig aufgegeben wurde, bleibt fraglich.

Im Frühjahr 1986 ereignet sich im Kernkraftwerk Tschernobyl ein Reaktorunfall mit ungeahnten Folgen: große Teile Europas werden radioaktiv verseucht, am Katastrophenort müssen Zehntausende umgesiedelt werden. Die weltweiten Proteste gegen die Kernkraft bekommen mächtigen Auftrieb.

BALKANHALBINSEL

Jugoslawien Hier tragen den Widerstand gegen die deutschen Truppen die königstreue serbische Opposition (Tschetniki) und die kommunistische Partisanenbewegung unter Josip Broz, genannt Tito. Als die kommunistischen Partisanen gemeinsam mit der Roten Armee den deutschen Truppen Belgrad entreißen können, befindet sich Tito auf einem Höhepunkt seiner Popularität. Mittels einer unbeschreiblichen persönlichen Autorität macht er sich an den Neuaufbau des Landes und kann dabei die widersprüchlichsten nationalen, religiösen und kulturellen Gegensätze in dem Vielvölkerstaat überwinden.

Größere Schwierigkeiten als der Ausgleich im Inneren bereitet der außenpolitische Kurs. Stalin wünscht sich für den Balkan eine bulgarisch-jugoslawische Föderation, doch Tito und der bulgarische Parteichef Dimitroff beabsichtigen die Gründung eines aus Jugoslawien, Bulgarien, Rumänien, Albanien und dem durch eine Revolution noch zu befreienden Griechenland bestehenden Balkanstaates, der von Moskau weitgehend unabhängig sein soll. Die Pläne Stalins lehnt Tito deswegen ab, da er befürchtet, die moskauhörige bulgarische KP könne die Kontrolle über sein Land gewinnen. Stalin verweigert daraufhin Jugoslawien einen Handelsvertrag und Tito wirkt auf die Abberufung der sowjetischen Experten aus Jugoslawien hin. Am 4. Mai 1948 beleidigt Stalin absichtlich die jugoslawische Armee und wirft ihr vor, allein hätte sie niemals den Sieg über die deutschen Truppen errungen. Daneben betreibt Stalin die Absetzung Titos als KP-Vorsitzenden; doch dieser läßt die jugoslawischen Stalinisten verhaften, worauf am 28. Juni 1948 das Kominform Tito und seine Partei der ideologischen Abweichung beschuldigt. Alle weiteren Versuche Stalins, Tito durch Moskauer Vertrauensleute oder durch Versagen von Unterstützung zu beseitigen, scheitern. Vielmehr wirken die von Stalin gegen Titos nationalen Selbstbehauptungswillen vorgebrachten Beschuldigungen noch lange Zeit in den Volksdemokratien Osteuropas weiter.

Nach der Überwindung dieser großen äußeren Gefahr setzt Tito seinen Weg zum Sozialismus fort, doch benötigt er hierfür ausländische Unterstützung, die er nun im Westen erlangen kann. Um den gewaltigen regionalen Unterschieden in Jugoslawien Rechnung zu tragen, verwirft Tito das System einer staatlichen Gesamtplanung. Vielmehr wird in kleinen Schritten für die Betriebe ein Organisationssystem erarbeitet, wonach die Unternehmen genossenschaftliches Eigentum bleiben und die Arbeiter über Räte den Betrieb selbst leiten. Die Arbeiter wählen auch selbst die Betriebsleiter und bestimmen jeweils über die Höhe der Investitionen. Die Verwaltung der Betriebe wird mit der Leitung der Gemeinden koordiniert. Außerdem verpflichtet Tito die Länder zum Ausgleich untereinander; so muß das reiche Slowenien beispielsweise ärmere Provinzen im Süden unterstützen. Eine Annäherung an die UdSSR wird zwar durch den Besuch

Michail Gorbatschow erregt weltweites Aufsehen durch die Schlagworte „Perestroika" (Umgestaltung) und „Glasnost" (Offenheit).

Josip Broz, genannt Tito, durch seine unbestrittene persönliche Autorität gelingt ihm der Neuaufbau des Vielvölkerstaates Jugoslawien.

Chruschtschows in Belgrad eingeleitet, doch die ungarischen Ereignisse vom Jahre 1956 beenden diese ersten Ansätze wieder.
Eine wichtige Wirtschaftshilfe ist dem Lande durch die fast 1 Million im Ausland arbeitenden Staatsbürger zugefallen. Ihre Überweisungen in die Heimat ermöglichen einen spürbaren Aufschwung des Landes. Als weitere wichtige Quelle des Wohlstandes hat die Regierung in Belgrad den Tourismus entdeckt.
Mit dem Tod Titos am 4. Mai 1980 tritt die lange schon befürchtete Zäsur in der Nachkriegsgeschichte des Landes ein. Die noch von Tito geschaffene kollektive Führung wird der aufgestauten Probleme nicht Herr, zu den wirtschaftlichen Sorgen kommt ein sich verstärkender Nationalitäten-Konflikt, welcher das föderative System in Frage stellt.
Auch das Prinzip der Arbeiter-Selbstverwaltung in den Betrieben zeigt sich als nicht effizient; aus vielerlei Gründen arbeitet die Mehrzahl der Betriebe unwirtschaftich. Dazu kommen eine Reihe von Wirtschafts-Skandalen, welche die internationale Reputation des Landes erschüttern.

Rumänien Führende politische Kraft wird im Jahre 1944 die Nationale Demokratische Front (FND), die bei den Wahlen des Jahres 1946 89 Prozent der Stimmen erhält. Da die Opposition das Ergebnis nicht anerkennt, wird sie zerschlagen. Im Zuge dieser Maßnahmen dankt König Michael ab.
Nun gründet Gheorghiu-Dej eine Einheitspartei und macht sich zu ihrem Generalsekretär. Unter seiner Herrschaft erfährt das Land eine intensive Industrialisierung. Daneben betreibt er eine vorsichtige Politik der Eigenständigkeit. Nach seinem Tode im Jahre 1965 greift diese Zielsetzungen der ab 1967 amtierende Parteichef Ceausescu auf. Er begrüßt den Reformkurs in der Tschechoslowakei, sucht Kontakte zu den USA und hütet sich sehr, die Freundschaft mit der UdSSR zerbrechen zu lassen. In der Folge entwickelt sich um Ceausescu ein Personenkult, der durch die wirtschaftliche und politische Entwicklung des Landes nicht zu begründen ist. Zwar werden gewaltige Projekte verwirklicht – wie etwa der Donau-Schwarzmeer-Kanal – der Lebensstandard der Bevölkerung bleibt aber auch für Ostblock-Verhältnisse äußerst bescheiden.

Bulgarien Im Jahre 1946 betreibt die von dem ehemaligen Generalsekretär der Komintern Georgi Dimitroff (1882 bis 1949) geführte „Vaterländische Front“ die Abschaffung der Monarchie durch eine Volksabstimmung. Hierauf bildet Dimitroff eine Regierung, vernichtet die Bauernpartei und schaltet alle oppositionellen Politiker in und außerhalb seiner Partei aus. Der Stalinist Tscherwenkoff ist von 1950 bis 1956 Ministerpräsident und gehört noch bis 1961 dem Politbüro an. Die Macht in der Partei hat inzwischen Schiwkoff übernommen. Im Jahre 1965 schlägt er einen „titoistischen“ Putschversuch nieder. Seit 1971 wird Bulgarien nach einer neuen Verfassung regiert.
In den frühen 80er Jahren öffnet sich Bulgarien vorsichtig aus der Isolation und normalisiert seine Beziehungen zu den westlich orientierten Nachbarn Türkei und Griechenland.

Albanien Im Jahre 1945 errichtet der Vorsitzende der Kommunistischen Partei Enver Hodscha eine Volksfront-Regierung. Nach dem Bruch mit Jugoslawien schließt sich die Regierung in Tirana Stalin an und erhält dafür sowjetische Entwicklungshilfe. Der Entstalinisierungswelle folgt die albanische Kommunistische Partei nicht, sondern bricht im Jahre 1961 die Beziehungen zur UdSSR ab. Danach orientierte sich Albanien an der Volksrepublik China. Nach deren Konflikt mit Vietnam im Juli 1978 wird auch diese Zusammenarbeit aufgegeben. Seither verharrt das Land in vollständiger politischer Isolierung. Erst 1988 wird mit ersten Bemühungen um den Aufbau des Tourismus eine Tendenzwende möglich.

Griechenland Eine Sonderrolle spielt Griechenland, da es als einziges Land des Balkan nicht in den kommunistischen Machtbereich geraten ist. Nach dem Abzug der deutschen Truppen kehrt noch im Jahre 1944 die Exilregierung mit Erzbischof Damaskinos nach Athen zurück. Doch schon bald beunruhigen das Land kommunistische Aufstände, die den Einsatz britischer Truppen erforderlich machen.
Im Jahre 1947 kehrt mit König Paul die Monarchie wieder im Lande ein. Die Ausbildung der Truppen, die gegen die im Norden operierenden Kommunisten eingesetzt werden, übernehmen nun die USA. Mit ihrer Hilfe kann im Jahre 1949 der Bürgerkrieg beendet werden. Die Wahlen des Jahres 1952 gewinnt Papagos, der hierauf Ministerpräsident wird, doch im Jahre 1955 geht sein Amt auf Karamanlis über, der es bis 1964 behält. In diesem Jahre wird Konstantin II. neuer König von Griechenland und die Wahlen des gleichen Jahres gewinnt der Zentrumsvorsitzende Papandreou.
Eine antimonarchistische Regierungskrise verbunden mit einer Verschwörung linker Offiziere führt bereits im Jahre 1965 zum Rücktritt der Zentrumsregierung. Da die Unruhen weiter anhalten, wird die Armee verunsichert, und am 21. April 1967 begründet ein Staatsstreich konservativer Obristen ein Militärregime. Der König versucht noch im Dezember des gleichen Jahres einen Gegenputsch, doch dieser scheitert und der Monarch muß das Land verlassen.
Ab dem Dezember 1968 herrscht Ministerpräsident Papadopoulos praktisch unangefochten. Auf Grund des Versagens seiner Regierung in der Zypernkrise des Jahres 1973 kommt es zum Sturz der Militärregierung. Die Armee organisiert selbst die Rückkehr zur parlamentarischen Demokratie und im August 1974 wird Karamanlis erneut Ministerpräsident.
Seit Januar 1981 ist Griechenland Mitglied der EG. Im Oktober dieses Jahres erhält die Panhellenische Bewegung unter Andreas Papandreu die absolute Mehrheit, er versucht seither, das Land auf einen neutralen Kurs innerhalb Europas zu bringen. Der Grenzkonflikt mit der Türkei wegen vermuteter Erdölvorkommen in der Ägäis wird 1988 beigelegt.

NORDEUROPA

Nach der Befreiung von den deutschen Truppen verstärken die Länder Skandinaviens ihre Zusammenarbeit. Im Jahre 1951 führt diese Kooperation zur Bildung eines Nordischen Rates, der die kulturelle und sozialpolitische Verständigung vorsieht. Im Jahre 1955 tritt auch Finnland diesem Rat bei.

Dänemark Zunächst regelt das Land sein Verhältnis zu den Besitzungen am Polarkreis. Im Jahre 1948 erhalten die Bewohner der Färöer-Inseln und 1953 Grönland ihre innere Autonomie. Wichtigstes Problem der Regierung wird Anfang der siebziger Jahre der Beitritt zur EWG. Dieses endet im Jahre 1972, als Königin Margarete den Thron besteigt, erfolgreich. Nach der Zustimmung durch das Volk wird Dänemark am 1. Januar 1973 zusammen mit Großbritannien und Irland neues Mitglied in der Wirtschaftsgemeinschaft.
Die überproportionale Entwicklung des Wohlfahrtsstaates führte in der Folge zu einer Überforderung der Staatsfinanzen. Seit 1983 versucht eine konservative Regierung unter Poul Schlüter durch Einsparungen den Problemen Herr zu werden.

Norwegen Mit amerikanischer Hilfe überwindet Norwegen die Folgen des 2. Weltkrieges rasch, trotz der ungünstigen geographischen Lage entwickelt es sich zu

den sogenannten „kleinen Industriestaaten", wozu in den 70er Jahren die Entdekkung und Erschließung gewaltiger Erdölvorkommen in der Nordsee beitragen.
Innenpolitisch wechseln die Mehrheiten fast regelmäßig zwischen den Sozialisten und den Konservativen. Ein Antrag auf Abschaffung der Monarchie wird 1976 mit großer Mehrheit durch Volksabstimmung abgelehnt.

Finnland Trotz massiven sowjetischen Drucks und starker kommunistischer Infiltration können die Präsidenten Paasikivi (1946 bis 1955) und Kekkonen (seit 1956) eine ständig drohende Sowjetisierung verhindern. Die Regierung trägt in ihrer Außenpolitik dem Druck des starken Nachbarn Rechnung. Daher schließen Helsinki und Moskau im Jahre 1948 einen Beistandspakt und 1950 ein Handelsabkommen ab. Im Jahre 1952 erfüllt Finnland gegenüber der UdSSR alle seine Reparationspflichten. Einen letzten Versuch des Anschlusses an die Sowjetunion unternimmt im Jahre 1958 die Kommunistische Partei Finnlands, doch 1961 können auch die hieraus entstandenen Spannungen ausgeglichen werden.
Trotz einer schmalen Rohstoffbasis entwickelt sich Finnland zur Industrienation, insbesonders der Maschinenbau und die Werften genießen Weltruf. Bis 1982 ist Urho Kekkonen Präsident, ihm folgt Mauno Koivisto.

DIE NEUTRALEN LÄNDER EUROPAS

Österreich Seit dem am 13. März 1938 vollzogenen Anschluß an das Deutsche Reich teilt Österreich dessen Schicksal im Krieg. Seine Truppen kämpfen an allen Kriegsschauplätzen zusammen mit deutschen Verbänden, und ab dem Jahre 1943 leidet das Land schwer unter dem Bombenkrieg, der zu erheblichen Zerstörungen in allen größeren Städten, besonders in Wien, führt. Schon auf der zweiten Konferenz von Moskau (18. bis 30. Oktober 1943) stellen die Alliierten fest, daß Österreich nach dem Ende des Krieges wieder Republik werden solle.
Zwischen dem 7. und 11. April 1945 ziehen Soldaten der Roten Armee kämpfend in Wien ein, und nach Besprechungen mit der sowjetischen Besatzungsmacht beginnt Dr. Karl Renner mit Vertrauensmännern der drei großen Parteien – ÖVP, SPÖ, und KPÖ – Gespräche hinsichtlich einer selbständigen, demokratischen Republik.
Bereits am 27. April 1945, also noch vor der Kapitulation des Deutschen Reiches, verkündet eine provisorische Regierung aus den drei großen Parteien die Unabhängigkeit Österreichs. Neuer Staatskanzler wird der Sozialdemokrat Dr. Renner, der über die Legislative und Exekutive für ganz Österreich verfügt. Bei der Kapitulation der deutschen Truppen stehen die Sowjets in Klagenfurt und Graz, während die amerikanischen Soldaten in Salzburg, Linz und Steyr einmarschieren. Erste Schritte zu einer neuen Verwaltung bilden die Außerkraftsetzung vom Geist des Nationalsozialismus geprägter Gesetze und Verordnungen sowie die Wiedereinsetzung der Verfassung Österreichs vom 5. März 1933. Die Oberhoheit bildet allerdings eine Alliierte Kontrolle. Die Hauptstadt Wien wird ähnlich wie Berlin in vier Sektoren eingeteilt, jedoch wechseln sich die Alliierten bei der Verwaltung der Innenstadt ab.
Am 11. September 1945 verkünden die Alliierten die Unabhängigkeit der Republik Österreich, und am 20. Oktober erkennt der Kontrollrat die bisherige provisorische Regierung an. Bei den Wahlen zum Nationalrat und Bundesrat wird die ÖVP stärkste Partei, dichtauf gefolgt von der SPÖ. Die KPÖ kann keinen großen Anhang in der Bevölkerung nachweisen. Hierauf bildet Leopold Figl von der ÖVP unter Einschluß aller Parteien eine Koalitionsregierung. Die Bundesversammlung wählt am 20. Dezember Dr. Renner zum ersten Bundespräsidenten. Die Besatzungsmächte akzeptieren diese Staatsspitze.
Bei der Behandlung der wirtschaftlichen Fragen und der Abfindung der Siegermächte bringt die UdSSR den Wunsch nach Übereignung der Erdölfelder bei Zistersdorf und der Donaudampfschiffahrtsgesellschaft vor. Da die USA in erster Linie die Überführung von Vermögenswerten in die UdSSR verhindern wollen, stimmen sie der Gründung einer russisch-österreichischen Aktiengesellschaft für Erdölprodukte zu. Weitere schwerwiegende Konzessionen werden der UdSSR nicht gemacht.
Daneben schließt Österreich mit Italien ein Abkommen, das die zwischen beiden Staaten stehende Südtirol-Frage bereinigen soll. Beide Staaten vereinbaren, daß die in Südtirol lebende deutschsprachige Bevölkerung völlige Gleichberechtigung und ein bestimmtes Maß an Autonomie erhalten soll.
Schließlich müssen, um die Lebensfähigkeit der Republik zu gewährleisten, noch Wirtschafts- und Währungsprobleme geklärt werden. Zunächst leisten die USA zur Durchführung einer Währungsreform im Rahmen des Marshall-Planes Hilfe und gewähren außerdem kurzfristige Anleihen. Trotzdem führen diese Stützungsmaßnahmen nicht sofort zum Erfolg und machen weitere gesetzliche Maßnahmen erforderlich.

Neben New York und Genf wird die österreichische Bundeshauptstadt der dritte Sitz der Vereinten Nationen; am linken Donauufer entstehen die monumentalen Bauten der sogenannten „UNO-City".

Auf mehreren Konferenzen wird seit 1949 die Frage nach dem künftigen Status der Republik innerhalb der europäischen Mächte behandelt. Österreich wünscht sich den Abschluß eines Staatsvertrages, der ihm künftige Selbständigkeit erbringen soll. Doch in dieser Frage wird zunächst kein Ergebnis erreicht. Wohl gelingt es der österreichischen Regierung Härten der Besatzungspolitik zu mildern, doch bleibt die Lage des Staates nach wie vor unsicher. Auf wirtschaftlichem Gebiet wird unterdessen ein leichter Aufschwung erzielt, und im Januar 1954 kann Wien auf weitere Hilfen aus dem Marshallplan verzichten.
Der österreichische Bundeskanzler Raab nützt sehr geschickt die sich Mitte der fünfziger Jahre anbahnende kurzfristige Entspannungsphase und kann nach intensiven Besprechungen in Moskau am 15. Mai 1955 den Abschluß eines Staatsvertrages erreichen. Dieser bringt Österreich den Schritt in die freiwillig gewählte Neutralität und führt zum Abzug der alliierten Truppen. Noch im gleichen Jahr beschließt das österreichische Parlament die immerwährende Neutralität und richtet ein Aufnahmegesuch an die Organisation der Vereinten Nationen.
In der Neutralität erlebt Österreich einen deutlichen Wirtschaftsaufschwung, der im Jahre 1962 allerdings erhebliche Preissteigerungen und höhere Lohnforderungen seitens der Gewerkschaften hervorruft. Die innenpolitische Stabilität erreicht eine von 1947 bis 1966 bestehende Große Koalition. Hierin stellt die ÖVP stets den Kanzler, während die SPÖ den Posten des Vizekanzlers besetzen kann. Dieser Proporz setzt sich bis in die unteren Spitzen der Verwaltung fort. Unter Bundeskanzler Klaus gewinnt im Jahre 1966 die ÖVP die Wahlen eindeutig und die Koalition zerbricht. In den Jahren bis 1970 erlebt das

Land einen bedeutenden Wirtschaftsaufschwung trotz einer sehr vorsichtigen Sparpolitik seiner Regierung, wodurch die Staatsfinanzen endgültig saniert werden. Dies ist die Basis der nachfolgenden Hartwährungspolitik. Klaus versteht es aber nicht, seine Erfolge in Popularität umzusetzen und verliert die Wahlen im März 1970 gegen Bruno Kreisky, der eine sozialistische Alleinregierung bildet. Durch eine zwar sehr populäre aber wirtschaftlich bedenkliche Politik (hohe Staatsverschuldung) gewinnt er auch die Wahlen 1975 und 1979. Erst als mehrere Skandale im Umfeld der Regierungspartei das Land erschüttern, verliert Kreisky 1983 die absolute Mehrheit. Die SPÖ bildet nun unter Führung ihres neuen Vorsitzenden Fred Sinowatz eine kleine Koalition mit der liberalen FPÖ, die allerdings 1986 durch einen deutlichen Rechtsruck dieser Partei scheitert. Franz Vranitzky – ein Bankdirektor – führt die Sozialisten in den Wahlen vom 23. November 1986 und sichert ihnen die relative Mehrheit. Die Folge ist eine Neuauflage der großen Koalition mit der bürgerlichen ÖVP unter deren Obmann Alois Mock.

Schon längst vernarbt geglaubte Wunden brechen auf, als bei den Präsidentschaftswahlen 1986 der frühere Generalsekretär der UNO Kurt Waldheim deutlich siegt. Sowohl die Sozialisten als auch jüdische Kreise führen wegen der Kriegsvergangenheit Waldheims eine nicht enden wollende Kampagne, deren Beweise sich allerdings in der Regel als Fälschungen herausstellen.

Schweden Im Jahre 1945 hat dieses Land den höchsten Wohlstand in ganz Europa. Ihn verdankt es seiner erfolgreichen Neutralitätspolitik, die seit dem Jahre 1932 von der Sozialdemokratischen Arbeiterpartei bestimmt wird. Seit dem Jahre 1946 leitet Tage Erlander die Regierung in Stockholm.

Während der sozialdemokratischen Herrschaft wird das Land an der Ostsee zu einem von vielen bewunderten Musterland freiheitlichen Sozialismus. Ein Wegbereiter dieser Politik ist der Finanzminister Wigforss gewesen, der schon zu Beginn der sozialdemokratischen Machtübernahme das Konzept der antizyklischen Wirtschaftspolitik übernommen hat. So kurbelt der Staat in Krisenzeiten durch die Erhöhung der öffentlichen Ausgaben die Produktion und die Beschäftigung an, während er in Zeiten der Hochkonjunktur Zurückhaltung übt. Ein weiterer Eckpfeiler der sozialdemokratischen Politik ist der staatlich geförderte Wohnungsbau. Daneben betreibt der Staat eine radikale Steuerpolitik und finanziert damit ein modellhaftes Sozialversicherungssystem.

Nach dem Zweiten Weltkrieg sieht sich die Sozialdemokratische Arbeiterpartei einer wachsenden Inflation gegenüber. Jetzt tritt ergänzend zu dem Wigforss-Programm das „Rehn-Meidner-Modell“, demzufolge nur in einer dynamischen Gesellschaft die Vollbeschäftigung gesichert werden könne. Daher fördert der Staat Umschulungsprogramme und gewährt Umzugsbeihilfen. Auch auf diese Weise kann Schweden seine führende Position weiterhin festigen.

Doch in den sechziger Jahren tauchen neue Krisensignale auf. Es erweist sich nun als immer schwieriger, die Produktionsentwicklung mit den Lohnerhöhungen in Einklang zu halten, denn immer mehr Arbeitskräfte sind in den öffentlichen Dienst übergewechselt und belasten die Staatskasse. Daneben gilt auch die Tatsache als Krisenursache, daß viele Betriebe ihre Kapitalien ins Ausland verlegt und so mitgeholfen haben, daß zwischen 1960 und 1967 das Wachstum jährlich um durchschnittlich ein Prozent gesunken ist. Außerdem sind viele Betriebe aus den Städten abgezogen, doch die Arbeitskräfte sind durch ihr eigenes Wohnhaus an den einmal gewählten Standort gebunden und können sich der betrieblichen Wanderbewegung nicht anschließen.

Nachdem die Sozialdemokraten im Jahre 1968 nochmals die absolute Mehrheit im schwedischen Reichstag gewonnen haben, tritt der Ministerpräsident Erlander im Oktober des Jahres 1969 zurück und übergibt sein Amt an Olof Palme. Unter seiner Regierung führt der Staat Volkspensionen ein und bemüht sich um die weitere Ausdehnung seines Einflusses im Wirtschaftsleben. Selbst die Gründung staatlicher Banken und Industrieverwaltungsgesellschaften wird durchgeführt. Zwar ist ein quantitativer Erfolg dieser Reformtätigkeit erkennbar; welche Qualität er allerdings hat, wird in Schweden erregt diskutiert.

Im Jahre 1976 verlieren die Sozialdemokraten die Mehrheit im Reichstag, es folgt eine bürgerliche Koalitionsregierung. Dies bleibt ein Zwischenspiel, denn schon 1982 gewinnen die Sozialisten unter Olof Palme die Mehrheit zurück. Dieser populäre Ministerpräsident, der sich auch durch konsequente Forderungen auf dem Gebiet der Menschenrechte einen Namen gemacht hat, wird 1986 ermordet. Im folgt Ingvar Carlsson.

Schweiz Mit großer Aufmerksamkeit kann das Alpenland auch während des Zweiten Weltkrieges seine Neutralität wahren. Nach der Beendigung der Kriegshandlungen beteiligt sich die Schweiz aktiv an karitativen Aufgaben sowie an internationalen kulturellen und wirtschaftlichen Einrichtungen. Das Land ist beliebter Treffpunkt für internationale Konferenzen. Das weltberühmte Bankwesen sichert ihm außerdem großes Ansehen. Die wirtschaftliche Entwicklung des Landes ist insgesamt stabil. Diese Stabilität wird auch nicht durch fallweise innere Konflikte in Frage gestellt. Studentenunruhen 1980 in Zürich und der Jura-Konflikt (die französischsprachigen Bewohner des Kantons Bern fordern einen eigenen Kanton) bilden eher eine Ausnahme. Hingegen regen sich die Geister gegen die weitere Hinwendung zur Atomkraft, insgesamt wird die Frage des Umweltschutzes in diesem hochindustrialisiertem Land aktuell. Dazu trägt auch das Transitproblem bei.

Der Kalte Krieg in Europa: Die Bildung von antagonistischen Staatenblöcken

DIE SPALTUNG DER ALLIIERTEN

Während des Zweiten Weltkriegs spielen politische oder ideologische Unterschiede zwischen den Alliierten kaum eine entscheidende Rolle, da sie sich einig wissen in dem gemeinsamen Ziel der Unterwerfung des faschistischen Deutschlands und damit der Beseitigung der von ihm ausgehenden Gefahren des Militarismus. Mehr jedoch als Großbritannien oder Frankreich verfolgt die UdSSR bei der Aufteilung der eroberten Gebiete in Europa auch territoriale Gelüste, deren Befriedigung ihr nach der gemeinsamen Kraftanstrengung und dem Vorstoß der Roten Armee bis an die Elbe greifbar nahe zu sein scheint. Daher besteht Stalin bei allen Verhandlungen darauf, den Einflußbereich der UdSSR, wie er einmal durch den Kriegsverlauf festgelegt worden ist, nicht schmälern oder zurückdrängen zu lassen. In diesem Zusammenhang ist auch die Warnung des Außenministers Molotow vom 29. Juni 1945 an die Westmächte zu sehen, als diese die rumänische Frage erneut aufwerfen wollen, die die UdSSR bereits in ihrem Sinne geregelt sieht, und hierher gehört auch die Anmeldung der Besitzrechte der UdSSR auf die Erdölvorkommen in Österreich.

Daneben gibt es eine Reihe von Problemen, die der UdSSR einen geringen Spielraum ermöglichen; denn ihre Pacht- und Leihschulden an die USA betragen 11 Milliarden US-Dollar. Unter Berücksichtigung dieser Verpflichtung schlägt die Regierung der UdSSR den Weg einer strikten Wahrung der getroffenen Vereinbarungen, besonders der des für sie günstigen Potsdamer Abkommens, ein.

Daneben belastet das Ost-West-Verhältnis die Verfügung der USA über die Atom-Bombe, an der in der UdSSR nur im geheimen gearbeitet wird. Um diesen Vorsprung des Westens einzudämmen, verlangt am 19. Juni 1946 der Vertreter der Sowjetunion, Gromyko, im Atomausschuß der UNO das Verbot der Herstellung und Lagerung von Atomwaffen, während die USA, um Einblick in die russischen Forschungen zu bekommen, eine internationale Atomkontrolle fordern.

Auch bei der Festlegung der künftigen Politik gegenüber den mitteleuropäischen Ländern häufen sich die Auffassungsunterschiede zwischen den Alliierten. So protestieren am 17. März 1947 die USA gegen eine russische Einmischung in die inneren Verhältnisse Ungarns. Auf der Pariser Konferenz vom 27. Juni bis 1. Juli 1947 lehnt die UdSSR den Wunsch der USA nach Bildung einer mitteleuropäischen Organisation ab, die den einzelnen Regierungen übergeordnet sein und die wirtschaftliche Hilfe zentral organisieren soll. Bereits am 30. September 1947 wird bei dem Treffen der kommunistischen Parteien Jugoslawiens, Bulgariens, Frankreichs, Italiens, Polens, Ungarns sowie der Tschechoslowakei und der UdSSR die Vertiefung des Ost-West-Gegensatzes deutlich. Hier nämlich konstatiert der sowjetische Politiker Shdanow in seiner Rede, daß die Welt in ein imperialistisches Lager um die USA und in ein antiimperialistisches um die UdSSR geteilt sei und der Marshallplan ein Werkzeug des Imperialismus darstelle und daher durch die Kommunisten torpediert werden müsse.

Die europäischen Bündnissysteme im Schatten der USA Zusammen mit den übrigen westeuropäischen Ländern werden die westlichen Besatzungszonen Deutschlands für die USA im sich zusehends verschärfenden Ost-West-Konflikt zu wichtigen Partnern. Daher gewinnt eine realistische Auffassung gegenüber den Zonenverwaltungen sehr rasch an Bedeutung, und die Klärung der Frage nach der deutschen Kriegsschuld und der damit zusammenhängenden Bewältigung der Vergangenheit verliert zunehmend an Wichtigkeit. Die US-Regierung ändert vielmehr ihre Meinung gegenüber Deutschland und nimmt davon Abstand, das deutsche wirtschaftliche Potential zu schmälern oder gar zu vernichten, sondern zieht es vor, dieses für die eigenen Zwecke zu nutzen. Seit dem Jahre 1947 breitet sich in den USA die Überzeugung aus, daß man zumindest die vorläufige Teilung Deutschlands in Kauf nehmen müsse. Diese Haltung greift auch auf die westeuropäischen Länder über, die ja durchaus nicht gestärkt aus dem Zweiten Weltkrieg hervorgegangen sind, und veranlaßt sie, sich mit den USA zu einem Nordatlantik-Pakt (NATO) zusammenzuschließen. Zu diesem Bund gehören seit dem 4. April 1949 die Benelux-Staaten, Dänemark, Frankreich, Großbritannien, Island, Italien, Norwegen, Portugal, Kanada und die USA; Griechenland und die Türkei treten der Gemeinschaft am 25. Februar 1952 bei.

Dieses Bündnis stellt allerdings nur einen, wenn auch entscheidenden Anfang dar, denn der Korea-Krieg macht jetzt die bereits weltweit gewordenen Konturen der Ost-West-Spannung offenbar. Bei seiner Analyse kommt daher Waldemar Besson zu der Schlußfolgerung, daß nun „die Westeuropäer noch dringlicher nach amerikanischer Führung verlangten und vor allem die militärische Seite eine neue Aktualität" gewann. Zwar sind die Europäer zunächst bemüht, mit eigenen Mitteln dem gewachsenen Bedürfnis nach Sicherheit Herr zu werden, doch dies scheitert im Jahre 1954 nach einem zähen vierjährigen Ringen um eine Europäische Verteidigungsgemeinschaft (EVG). Innerhalb nicht einmal zweier Monate sehen sie nun den Ausbau der Pariser Verträge vor und stoßen damit auf Verständnis bei den USA. Diese plötzliche Wandlung westlicher Integrationsbemühungen soll selbst die Sowjetführung überrascht haben.

Für die seit 1949 bestehende Bundesrepublik Deutschland wird im Jahre 1954 der von der zwischen dem 28. September und 3. Oktober tagenden Londoner Neunmächtekonferenz genehmigte Beitritt zur NATO zu einem entscheidenden Ereignis, denn die Frage der eigenen Identität erfährt hierdurch eine grundlegende Fixierung. Die Bundesrepublik gewinnt mit diesem Schritt einen eigenen, international anerkannten, politischen und militärischen Wert, und die Bundesregierung weiß sehr wohl, daß sie damit, trotz aller europäischen und gesamtdeutschen Vorbehalte, ihren politischen Spielraum zunächst auf Westdeutschland beschränkt und ein eindeutiges Bekenntnis zum Westen abgelegt hat. Damit gerät Bundeskanzler Adenauer in scharfen Gegensatz zur damaligen SPD-Opposition, die im Deutschen Bundestag verlangt, die Regierung solle keine Westpolitik entwerfen, „die nicht die Möglichkeit einer aktiven Wiedervereinigungspolitik positiv einbezieht".

Die europäischen Bündnissysteme im Schatten der UdSSR Als Antwort auf das die Regierungen Osteuropas faszinierende Angebot des US-Außenministers Marshall, dem die tschechische Regierung schon zugestimmt hat und das sie auf sowjetischen Druck hin wieder abweisen muß, schlägt am 11. Juni 1947 der damalige sowjetische Außenminister die Errichtung einer eigenen Wirtschaftsorganisation für den Ostblock vor. Stalin sieht hierin eine große Chance, auch auf die Wirtschaftsstrukturen der sich schon nach sowjetischem Muster entwickelnden Volksdemokratien Einfluß nehmen zu können.

Nach einer Reihe von vorbereitenden Gesprächen gründen am 25. Januar 1949 die Vertreter der Sowjetunion, Bulgariens, Ungarns, Polens, Rumäniens und der Tschechoslowakei in Moskau den „Rat für gegenseitige Wirtschaftshilfe" (RWG), der im Westen auch COMECON (Council for Mutual Economic Assistance) genannt wird. Am 23. Februar schließt sich dem Abkommen auch Albanien an; die Deutsche Demokratische Republik vollzieht diesen Schritt am 29. September 1950. Die Vertreter Jugoslawiens nehmen zwischen 1956 und 1958 nur mehr an den Tagungen teil, seit 1964 arbeitet das Land nur noch in den seinen Interessen entsprechenden Gremien mit. Im Laufe des wachsenden Konfliktes zwischen Moskau und Peking scheidet Albanien wieder aus dem RWG aus.

In der ersten Phase der Zusammenarbeit bis zum Tode Stalins im Jahre 1953 konzentrieren sich die Länder Osteuropas auf die Erreichung wirtschaftlicher Unabhängigkeit vom Westen. Aus diesem Grunde müssen viele traditionelle Wirtschaftsbeziehungen aufgegeben und eine strukturelle Umorientierung nach der Sowjetunion und deren Wünschen durchgeführt werden. Die UdSSR installiert ein Netz bilateraler Wirtschaftsbeziehungen und erreicht hierdurch, daß durch ein Preisdiktat und die Ausrichtung der Binnenwirtschaften auf die sowjetischen Planungen zunehmend das sowjetische Modell der Zentralverwaltungswirtschaft in den Ländern Osteuropas mit übernommen werden muß.

In der zweiten Phase der Zusammenarbeit von 1953 bis 1956 einigen sich die Länder auf eine Koordinierung der Produktion. Nun wird die bisherige einseitige Produktion für den sowjetischen Bedarf durch eine Mischproduktion abgelöst. In der dritten Phase bis 1964 entwickelt sich die Zusammenarbeit zu einer beachtlichen Großraumwirtschaft, denn die einzelnen Wirtschaftsbereiche werden nun zunehmend miteinander koordiniert. Trotzdem bereitet es auch künftig große Schwierigkeiten, die zum Teil langfristigen Plansolls tatsächlich zu erfüllen.

Die gegenwärtig letzte Phase der Zusammenarbeit beginnt im Jahre 1971 mit der Annahme des Komplexbeschlusses, der die

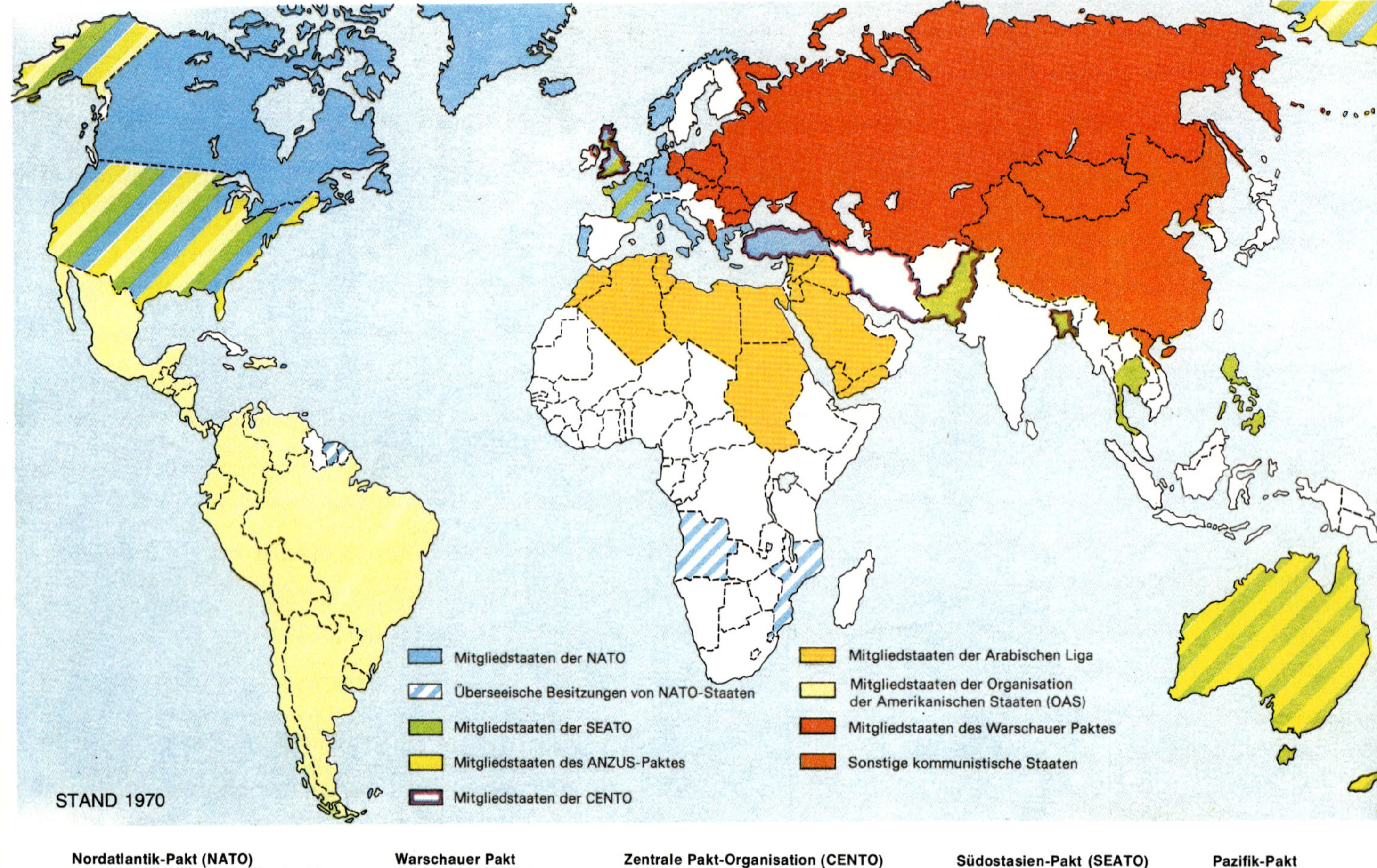

Nordatlantik-Pakt (NATO)
Belgien, BRD, Dänemark, Frankreich, Griechenland, Großbritannien, Island, Italien, Kanada, Luxemburg, Niederlande, Norwegen, Portugal, Türkei, USA.

Warschauer Pakt
Bulgarien, DDR, Polen, Rumänien, Sowjetunion, Tschechoslowakei, Ungarn

Zentrale Pakt-Organisation (CENTO)
Großbritannien, Iran, Pakistan, Türkei. (Die USA sind nicht Mitglied, sind jedoch in Kommissionen und Stäben vertreten.)

Südostasien-Pakt (SEATO)
Australien, Frankreich, Großbritannien, Neuseeland, Pakistan, Philippinen, Thailand, USA.

Pazifik-Pakt (ANZUS)
Australien, Neuseeland, USA.

„sozialistische ökonomische Integration" vorsieht. Diesem Programm zufolge wird die bisherige supranationale Komponente aufgegeben und an ihre Stelle die wirtschaftliche Souveränität der einzelnen Staaten gesetzt. Die Länder sollen nun freiwillig ihre Planungen aufeinander abstimmen und innerhalb von zehn bis fünfzehn Jahren alle nationalen Wirtschaftselemente in einen gemeinsamen Wirtschaftsorganismus einbringen.

Trotz dieser Wandlungen bleibt bestehen, daß die Länder Osteuropas von den Rohstofflieferungen aus der UdSSR abhängig sind. Da außerdem die Märkte der einzelnen Länder für eine moderne Massenproduktion zu klein sind, hat sich eine übernationale Arbeitsteilung entwickelt: Die DDR und die CSSR produzieren Maschinen, chemische Produkte und Fabrikanlagen, die DDR liefert zudem feinmechanische Waren und optische Geräte, Polen legt das Schwergewicht auf die Verarbeitung von Steinkohle, den Schiffbau und die Textilherstellung, Ungarn steuert auf Grund seiner Bauxitvorkommen Aluminiumprodukte und schwere Transportmittel bei, während Bulgarien und Rumänien in erster Linie landwirtschaftliche Güter liefern und Rumänien zusätzlich mit Erdöl den Markt zu befriedigen sucht. Die Sowjetunion schließt sich diesem Austausch nicht an, sondern ist bemüht, alle Produkte des Lebensbedarfs im eigenen Land herzustellen. Ergänzend zu diesen wirtschaftlichen Vereinbarungen knüpft die UdSSR als weiteres Bindemittel den „Warschauer Pakt" vom 14. Mai 1955. Diesen Vertrag über Freundschaft, Zusammenarbeit und gegenseitigen Beistand unterzeichnen Albanien, Bulgarien, die DDR, Polen, Rumänien, die UdSSR, die Tschechoslowakei und Ungarn. Gemäß der Präambel bildet der Pakt eine Antwort auf den Beitritt der Bundesrepublik Deutschland zur NATO. Doch dieser Vertragsabschluß kann auch mit der Unterzeichnung des österreichischen Staatsvertrages vom 15. Mai 1955 in Zusammenhang gebracht werden, denn mit ihm erlischt das Recht auf Stationierung sowjetischer Truppen in Rumänien und Ungarn, und der Warschauer Pakt stellt nun ein neues militärisches Kontrollinstrument der UdSSR über die Länder Osteuropas dar.

Das Bündnis ist aber nicht so fest, daß Krisen ausgeschlossen wären. So wird im Jahre 1956 der Versuch der ungarischen Regierung unter Nagy, aus dem Pakt auszutreten und das Land zu neutralisieren, zu einer schweren Belastung des Paktes. Sowjetische Truppen intervenieren in Ungarn und infolge dieses Ereignisses verstärkt die Sowjetführung die Koordinierung der einzelnen Teilstreitkräfte. Als im Jahre 1961 die Verteidigungsminister der Paktländer die Durchführung gemeinsamer Manöver beschließen, zieht sich auf Veranlassung des Staats- und Parteichefs Gheorghiu-Dej Rumänien aus dem Bündnis zurück. Die Regierung in Bukarest beruft sich bei diesem Schritt auf die grundsätzliche Gültigkeit der nationalen Souveränität der einzelnen Mitgliedsländer. Die bislang schwerste Krise des Paktes stellt die Intervention der Mitgliedsländer in der Tschechoslowakei am 20. und 21. August des Jahres 1968 dar. Zur Rechtfertigung dieses Unternehmens verweist die sowjetische Führung auf die These von der begrenzten Souveränität sozialistischer Staaten (Breschnew-Doktrin).

Um das Bündnis zu festigen, erfolgt am 17. März 1969 eine Reform seiner inneren Struktur. Hauptorgane des Warschauer Paktes sind seitdem der Politische Beratende Ausschuß, in den jeder Mitgliedsstaat Delegierte entsendet, sowie das Vereinigte Kommando, das für die Verteidigungsfähigkeit, Ausbildung und Ausrüstung zuständig ist. Daneben besteht seit dem Jahre 1969 ein Komitee der Verteidigungsminister, das in seiner Arbeit von einem neu gebildeten Militärrat der Vereinigten Streitkräfte unterstützt wird. Durch eine Ämterhäufung bei den führenden Politikern ist eine enge Verzahnung auf Partei-, Regierungs-, Wirtschafts- und Militärebene gegeben.

DIE STRUKTURELLE ANPASSUNG DER LÄNDER EUROPAS AN DIE HEGEMONIALMÄCHTE

Vorbemerkung Die Hegemonialmächte sind nach dem Ende des Zweiten Weltkriegs bemüht, durch die Gewährung von Anfangs- und Aufbaukapital die in Europa angestauten ökonomischen Energien zu nutzen. Die USA leisten dies durch den Marshall-Plan, die UdSSR durch den „Rat für gegenseitige Wirtschaftshilfe". Hierdurch erfährt das Leben in den europäischen Ländern schwerwiegende innere Veränderungen.

Die beiden deutschen Staaten als Beispiele für die antagonistische Anpassung Wohl haben sich diese Umwälzungen in den verschiedenen Staaten sehr unterschiedlich niedergeschlagen, doch welche strukturellen Tendenzen hierdurch ausgelöst worden sind, läßt sich relativ gut am Beispiel der Bundesrepublik Deutschland und der Deutschen Demokratischen Republik ablesen, da dort die Kursänderung am konsequentesten vollzogen worden ist.

Die Bundesrepublik Deutschland Durch die zunehmende Industrialisierung ändert sich der Charakter der Bevölkerung; der ländliche Anteil geht immer mehr zurück und zu Beginn der siebziger Jahre herrscht die urban-industrielle Lebensform vor. Trotzdem lassen es die hohe Zahl von Beschäftigten und die Höhe des wirtschaftlichen Aufkommens im Dienstleistungssektor geraten erscheinen, in bezug auf die BRD von einer „Industrie- und Dienstleistungsgesellschaft" zu sprechen. Im Rahmen dieser Gesellschaftsform wächst der Lebensstandard breiter Bevölkerungsschichten, doch wesentliche Einkommensunterschiede bleiben bestehen. Die zaghaften Versuche des Gesetzgebers, diese Unterschiede abzubauen, z. B. durch die VW-Aktien, haben sich bisher als unwirksam erwiesen.

Die gesellschaftliche Schichtung in der Bundesrepublik Deutschland hat sich gegenüber der des Deutschen Reiches nicht grundsätzlich geändert. Die neuen Führungsgruppen sind herkunftsmäßig weitgehend mit den alten identisch. Aber inmitten aller Kontinuität hat sich vielerlei gewandelt; am meisten betroffen sind hiervon das Verhältnis des Staates zur Armee, die Funktion der Bildung, die Einschätzung der gesellschaftlichen Herkunft sowie das Verhältnis von Amt und Autorität.

Für diese Veränderungen sind vor allem die nach dem Zweiten Weltkrieg auf Veranlassung der westlichen Alliierten neu eingepflanzten Demokratie- und Gleichheitsgedanken verantwortlich. Wegweisend ist auch das im Land praktizierte und durch die Massenmedien verbreitete Vorbild der US-Amerikaner.

Auch der private Bereich erfährt einschneidende Änderungen. Die durch die zunehmende Industrialisierung notwendig gewordene Mobilität führt zur Vernichtung der traditionellen Großfamilie. So hat in den Jahren zwischen 1950 und 1962 die Zahl der Frauen im Alter der Arbeitsfähigkeit nur um neun Prozent zugenommen, die Zahl der erwerbstätigen Frauen ist jedoch um neunzehn Prozent gestiegen.

Hieraus lassen sich folgende Konsequenzen ableiten. Das Streben nach Sicherheit und Wohlstand löst in weiten Kreisen ein starkes Konsumbedürfnis aus. Was zunächst nur nach einem Nachholbedarf aus Kriegs- und Nachkriegszeit ausgesehen hat, ist zu einer Dauererscheinung geworden. Nach 1957 ist es eindeutig, daß sich die Wirtschaft auf den Konsum eingestellt hat und nun „Konsum um jeden Preis" zur Wirtschaftsbelebung erforderlich ist. Daher muß ein künstlicher Bedarfsdruck durch fortwährende Stimulierung des Konsumwillens geschaffen werden. Diese für alle westlichen Industriegesellschaften typische Erscheinung der intensiven Bedarfsweckung breitet sich immer mehr aus und findet vor allem in einem ausgefeilten Reklamewesen seinen Niederschlag.

Eine zweite Konsequenz läßt sich an der Familienstruktur ablesen. Die Zahl der kinderreichen Familien sinkt ständig, das natürliche Bevölkerungswachstum in der Bundesrepublik wird rückläufig und im Jahre 1972 schlägt es erstmalig in einen Bevölkerungsrückgang um. In vielen westdeutschen Familien erlangt das Kind eine freiere und selbständigere Stellung als in früheren Generationen. Es fällt auch auf, daß sich die Vorstellungen der Eltern über die spätere Rolle ihrer Kinder verändern. In fast allen Familien hat die Erwartung an Bedeutung verloren, daß die Kinder einmal für die greisen Eltern sorgen. Durch die Anspannung aller Kräfte bemühen sich nun viele Eltern, das künftige wirtschaftliche Wohlergehen ihrer Kinder zu steigern und durch deren sozialen Aufstieg einen eigenen Prestigegewinn zu erhalten. Der damit selbst auferlegte Leistungsdruck bringt aber oft die ganze Familie in neue, bisher unbekannte Zwangssituationen.

Dieser Wandel privater Institutionen hat dazu beigetragen, daß immer weitere Bereiche der Erziehung an öffentliche Einrichtungen wie Kindergärten, Schule, Lehre und Jugendgruppen abgetreten werden müssen. Jedoch ist mit der Aufgabenverlagerung noch keine verbesserte pädagogische Situation geschaffen worden. Vielmehr sind in der Pädagogik selbst tiefgreifende Widersprüche sichtbar geworden. Der Soziologe Schelsky hat diesen Problemkreis so zusammengefaßt: „Die Tugendkataloge des Familienlebens und des Verhaltens in den bürokratischen Superorganisationen unserer Gesellschaft sind weitgehend unidentisch geworden, ja in vielen Fällen behindern de facto familiäre Tugenden (Vertrauen, Großzügigkeit, Zurückhaltung, Vornehmheit usw.) Durchsetzung und Erfolg im Raum der Organisationen und Öffentlichkeit."

Die Deutsche Demokratische Republik In dem sowjetisch besetzten Teil Deutschlands hat infolge des Einflusses der UdSSR eine andere, ebenso tiefgreifende gesellschaftliche Umwälzung stattgefunden. Die alte Oberschicht ist konsequent aus ihren führenden Positionen verdrängt worden und an ihre Stelle sind oft eilends ausgebildete Kräfte getreten, die den fachlichen Anforderungen anfangs nicht immer gewachsen gewesen sind. An den Universitäten entstehen Arbeiter- und Bauern-Fakultäten, in denen die Kinder der bisher benachteiligten Schichten jetzt bevorzugt ausgebildet werden. Diese werden auch deshalb erforderlich, da die Wirtschaft der DDR sehr unter den Kriegslasten und der Fluchtbewegung zu leiden hat, die vor allem den Weggang vieler qualifizierter Fachkräfte erbracht hat.

Die Stadt-Land-Streuung der Bevölkerung sowie die Verteilung der Erwerbstätigen auf die verschiedenen Wirtschaftsbereiche ähneln heute den Verhältnissen in Westdeutschland, mit den freilich nicht unerheblichen Abweichungen, daß in der Landwirtschaft wesentlich mehr Arbeitskräfte beschäftigt sind, im Handel und in den Dienstleistungsbereichen dafür eindeutig weniger.

In der Gesellschaftspolitik wird in der DDR gemäß der dem Marxismus-Leninismus eigenen Zentralverwaltung ebenso langfristig und systematisch vorgeplant wie in der Wirtschaftspolitik; auch in diesen Bereichen will die politische Führung nichts dem Zufall überlassen. So versucht die DDR-Regierung, die soziale Gleichheit von oben her konsequent zu verwirklichen, jedoch wird der soziale Erfolg eng an die

politische Linientreue geknüpft. Innerhalb der Gruppe der politisch Zuverlässigen findet ein ziemlich objektiver Leistungswettbewerb statt, da niemand mit der Vorgabe wirtschaftlicher Macht oder bestimmter Bildungsprivilegien in den Konkurrenzkampf eintritt.
Stärker als in der BRD wird der einzelne in der DDR in das Gesellschaftssystem eingefügt. Seine gesamte Lebensführung wird nicht ihm selbst und seinen persönlichen Wünschen überlassen, sondern hat sich am Maßstab des „sozialistischen Menschen" zu orientieren. So wird zwar die Familie vom Staat durchaus gefördert, doch die kollektive Betätigung des Menschen außerhalb des Familienkreises wird als erstrebenswerter bezeichnet. Wohl deswegen gehören in der DDR weitaus mehr Menschen politischen Parteien und gesellschaftlichen Vereinigungen an als in der BRD. So überläßt die Partei und Staatsführung der DDR den Menschen nicht sich selbst, persönliches Wohlergehen, Versagen oder mangelndes Angepaßtsein gelten nicht als Privatsache, sondern die Gesellschaft übt eine wirksame Kontrolle aus.

Zusammenfassung Da die Gesellschaft des ehemaligen Deutschen Reiches durch die Auswirkungen des Zweiten Weltkrieges am intensivsten in ihren Grundfesten erschüttert worden ist, lassen sich in den beiden Nachfolgestaaten überdeutlich die Merkmale der neuen, gegensätzlichen Gesellschaftsstrukturen in Europa ablesen. In den übrigen Ländern West- bzw. Osteuropas sind diese Veränderungen ebenfalls erkennbar, müssen aber dort stärker historisch gewachsenen Kräften Rechnung tragen. So bleibt festzuhalten, daß diesseits und jenseits des „Eisernen Vorhanges" auf die wohl gleichlautenden Fragestellungen nach dem Sinn und der Gestaltung des Lebens zwei völlig verschiedene Antworten gefunden werden.
Dabei muß jedoch berücksichtigt werden, daß die Sowjetunion trotz ihrer ideologischen Ablehnung der Staats- und Gesellschaftsformen in den USA durchaus sich am äußeren Lebensbild ihres Kontrahenten orientiert und im eigenen Lande sowie in den von ihr abhängigen Staaten Osteuropas, je nach technischem und finanziellem Vermögen, Vorbilder der USA zu kopieren sucht. Somit gewinnen Erzeugnisse des Fortschritts in Ost und West wie Mode, Architektur, Medienwesen usw. trotz grundsätzlicher ideologischer Unterschiede nach außen hin oft ein sehr verwandtes Gesicht.

Die Integration Europas

DER LEIDVOLLE WEG ZUM GESAMTEUROPÄISCHEN ZUSAMMENSCHLUSS

Das Ende des Zweiten Weltkriegs bildet in der Geschichte der europäischen Staaten einen außerordentlich wichtigen Wendepunkt. Obwohl seit mehr als einem Jahrtausend Europas kulturelle Einheit empfunden und seit dem 14. Jahrhundert seine politische Einigkeit beschworen wird, sind weder Glaube noch Intellekt in der Lage, das einigende Band zu knüpfen. Denn immer wieder festigte sich zu Blütezeiten europäischer Geschichte das Dogma von der Souveränität der Staaten. Nicht einmal die langwährende Türkengefahr konnte hieran etwas ändern. Vielmehr führte die durch sie letztlich mitausgelöste Reformation zum religiösen Schisma in Europa. In den Glaubenskriegen gingen die Ständestaaten des Mittelalters unter und an ihre Stelle traten rivalisierende Flächenstaaten, die den religiösen und staatlichen Pluralismus fortsetzten.
Einen neuerlichen Einigungsversuch bewirkte im ausklingenden 18. Jahrhundert die in bürgerlichen Kreisen rasch fortschreitende Bildung, die ein Aufkeimen gesamteuropäischen Bewußtseins nun verbunden mit der Forderung nach politischer Freiheit auslöste. Doch die Einigung erfolgte hierdurch noch nicht und blieb eine von gebildeten und weitsichtigen Menschen artikulierte Forderung ohne reale Chance auf Verwirklichung.
Die durch den Zweiten Weltkrieg eingeleitete Wende scheint die psychologische Grunderfahrung zu bestätigen, wonach erst die elementare Gefährdung engere Bindungen ermöglicht. Denn nach blutiger Selbstzerfleischung in zwei alle Länder Europas heimsuchenden Kriegen, nach der düsteren Vision Oswald Spenglers vom „Untergang des Abendlandes" und dem beklagenswerten Scheitern des Völkerbundes, in dem einst Stresemann und Briand für die Einigung Europas plädiert haben, nimmt die europäische Idee eine neue Gestalt an. Dabei ist auch zu berücksichtigen, daß der Bedeutungsverlust Europas den Aufstieg der Vereinigten Staaten von Amerika gefestigt und den der Sowjetunion gefördert hat, die einen großen Teil Ost- und Südosteuropas unter ihre Kontrolle gebracht hat.
Eine weitere Minderung ihres Einflusses müssen die Länder Europas schließlich auch darin erkennen, daß die neuen Großmächte wie etwa mit der UNO globale Bündnissysteme anstreben, die die Chancen der kleineren Staaten auf gleichberechtigte Mitsprache schrumpfen lassen. So ist es für die vom Krieg heimgesuchten Länder Europas ein Gebot des Überlebens, wenn sie sich zusammenschließen und so das noch verfügbare Potential an politischer, wirtschaftlicher, militärischer und kultureller Kraft ungeteilt wirksam werden lassen wollen.
Schließlich führt die Diskussion der Deutschland-Frage immer wieder die Vertreter der europäischen Staaten zusammen, die es

Premierminister Winston Leonard Spencer Churchill. Maßgebender Mann der Europapolitik Englands nach dem 2. Weltkrieg. Seiner Initiative entstammt das im März 1946 gebildete United Europe Commitee, das Konservative, Liberale aber auch Mitglieder der Labour-Partei vereinigt.

als eine wichtige Aufgabe ansehen, in Deutschland dafür zu sorgen, daß von hier aus niemals wieder eine so große Gefahr ausgeht, wie es während des Zweiten Weltkriegs der Fall gewesen ist. Einen entscheidenden Durchbruch vollzieht Winston Churchill am 19. September 1946, als er in seiner vielbeachteten Züricher Rede ausführt: „... Wir müssen eine Art Vereinigte Staaten von Europa schaffen. Der Weg dorthin ist einfach. Es ist nichts weiter nötig, als daß Hunderte von Millionen Männer und Frauen Recht statt Unrecht tun und Segen statt Fluch dafür ernten ... Die Zeit (dafür) ist vielleicht knapp bemessen. Im Augenblick haben wir eine Atempause. Die Geschütze schweigen. Das Feuer ist eingestellt; aber die Gefahren sind noch nicht vorüber. Wenn wir die Vereinigten Staaten von Europa schaffen wollen, oder wie sie auch immer heißen, welche Form sie auch immer annehmen mögen, dann müssen wir jetzt beginnen." Der Engländer hat sicherlich seine Zuhörer in Erstaunen versetzt, als er fortfährt: „Der erste Schritt zur Neubildung der europäischen Familie muß eine Partnerschaft Frankreichs und Deutschlands sein. Nur so kann Frankreich die moralische Führung in Europa wiedererlangen. Es wird keine Erneuerung Europas geben ohne ein geistig großes Frankreich und ein geistig großes Deutschland." Churchill schließt seine Rede mit den Worten: „Wenn anfangs nicht alle Staaten der Union beitreten wollen oder können, so müssen wir doch alle diejenigen vereinen und zusammenschließen, die dazu bereit und in der Lage sind. Die Bewahrung der Völker aller Rassen und aller Länder vor Krieg und Knechtschaft muß auf solide Grundlagen gestellt werden und auf der Bereitschaft aller Männer und Frauen beruhen, lieber zu sterben, als sich Tyrannen zu beugen."

ERSTE SCHRITTE ZUR VERWIRKLICHUNG DER EUROPÄISCHEN GEMEINSCHAFT

Unter dem Eindruck des sich vertiefenden Gegensatzes zwischen den siegreichen Verbündeten des Zweiten Weltkrieges beginnt die Europafrage neue Dimensionen anzunehmen. Zwar verschließt sich die britische Regierung den unionistischen Europaplänen Churchills, doch hält auch sie eine militärische Stärkung der Länder Westeuropas für erforderlich. So wird zu einer ersten Vorstufe europäischer Integration das Bündnisabkommen zwischen England und Frankreich vom 4. März 1947, dem sich am 17. März in Brüssel auch die Benelux-Länder anschließen. Dieser militärische Pakt, der sich gegen eine mögliche Aggression Deutschlands richtet, enthält auch ein Bekenntnis zu den Idealen der Vereinten Nationen und der Demokratie. Parallel zur militärischen Zusammenarbeit tritt in der Folgezeit noch eine wirtschaftliche, als sich am 16. April des gleichen Jahres 18 europäische Staaten zur wirtschaftlichen Zusammenarbeit (OEEC) entschließen. Die militärische Bündnispolitik wird am 28. September erweitert, indem ein ständiger Westverteidigungsstab unter Marschall Montgomery gebildet wird, der in erster Linie eine Standardisierung der Waffen anstrebt.

Als eine übergeordnete Instanz für alle Europa betreffenden Bemühungen wird in den kommenden Jahren der aus privaten Organisationen entstandene Europarat ausgebaut. Am 11. April 1949 tagt erstmals der ihm angeschlossene Ministerausschuß und begründet vom 3. bis 5. November offiziell die europäische Zusammenarbeit. Das Gremium schlägt auch den Beitritt Deutschlands und des Saargebietes in den Rat vor.

Auf Veranlassung der französischen Regierung, vertreten durch den Außenminister Schuman, wird zwischen dem 9. Mai 1950 und dem 18. April 1951 eine Behörde für die westeuropäische Kohlen- und Eisenindustrie (Montan-Union) gegründet, der neben Frankreich, Italien, den Benelux-Staaten auch die Bundesrepublik Deutschland angehört. Zur gleichen Zeit unterzeichnen die meisten westeuropäischen Länder auch eine ihre Regierungen verpflichtende Konvention zum Schutz der Menschenrechte und Grundfreiheiten in Rom.

Nach dem Abschluß dieser gemeinsamen Anstrengungen rückt die Koordination der militärischen Kontingente wieder in den Vordergrund, da der Kalte Krieg immer schärfere Formen annimmt. Daher konferieren vom 27. bis 30. Dezember 1951 die sechs Länder der vereinigten Kohlen- und Eisenindustrie (Montan-Union) über den sogenannten Pleven-Plan, der den Aufbau einer europäischen Armee in drei Schritten vorsieht. Bereits am 27. Mai 1952 unterzeichnen die Länder dieser Gemeinschaft in Paris ein Abkommen, das eine Europäische Verteidigungsgemeinschaft (EVG) begründen soll.

Nach dem Scheitern dieses Vertrages in der französischen Nationalversammlung und der hiermit notwendig gewordenen Verhandlungen der Westmächte wird am 5. Mai 1955 beschlossen, daß der Brüsseler Pakt vom 17. März 1948 nach dem Beitritt der Bundesrepublik Deutschland zu einer Westeuropäischen Union (WEU) umgewandelt wird. Die hierauf intensiver werdenden Verhandlungen auf europäischer Ebene führen in der Folgezeit zu weiteren Einigungen.

DAS WECHSELSPIEL BEI DER VERWIRKLICHUNG DER INTEGRATION

In den ersten Juni-Tagen des Jahres 1955 beschließen die Außenminister der Benelux-Staaten, Frankreichs, Italiens und der Bundesrepublik Deutschland in Messina, eine neue „Phase auf dem Weg zum Bau Europas einzuleiten" und „die Schaffung eines Vereinigten Europas durch die schrittweise Fusion der nationalen Wirtschaften, die Schaffung eines gemeinsamen Marktes ... fortzusetzen". Gleichzeitig nehmen sich die Minister vor, den Gedanken einer gemeinsamen Organisation zu prüfen, die die Verantwortung für die Nutzung von Atomenergie zu friedlichen Zwecken übernehmen soll.

Der Weg zur wirtschaftlichen Einigung Europas Nach der Ankündigung der sechs Außenminister, einen gemeinsamen Markt zu errichten, innerhalb dessen alle Zoll- und sonstigen Handelsschranken fallen sollen und die Wirtschafts-, die Finanz- und die Sozialpolitik der Mitgliedsstaaten koordiniert werden soll, horchen die übrigen Staaten Europas auf, denn ihnen wird deutlich, daß ein möglicher gemeinsamer Markt eine weitgehende Veränderung der Handelsströme bringen, sie benachteiligen oder gar ins Hintertreffen geraten lassen kann. Wortführer dieser Haltung wird Großbritannien, das die schädlichen Folgen der Beschlüsse von Messina besonders fürchtet.

Trotzdem weiß die Regierung in London, daß für sie ein Beitritt zum Markt der Sechs nicht in Frage kommt, denn das englische Parlament dürfte wohl nicht einer Übertragung von Souveränitätsrechten an übergeordnete, supranationale Institutionen zustimmen. Auch die Regierungen Schwedens, Österreichs und der Schweiz, die auf Grund ihrer Neutralität dem Bündnis nicht beitreten können, äußern erhebliche Bedenken. Daher kommt in der zweiten Hälfte des Jahres 1956 aus England der Vorschlag, entsprechend der klassischen Freihandelslehre solle in Europa eine Freihandelszone errichtet werden, damit der Graben zwischen dem geplanten gemeinsamen Markt der Sechs und den übrigen Ländern nicht zu tief werde.

Der Verlauf des ungarischen Volksaufstandes im Oktober 1956 sowie der gleichzeitigen Suez-Krise führen den europäischen Ländern vor Augen, wie stark ihre wirtschaftliche Abhängigkeit von Amerika und wie schwach ihre politische Kraft gegenüber dem Ostblock geworden ist. Daher stellt nun auch der deutsche Wirtschaftsminister Erhard seine Bedenken zurück, und innerhalb weniger Monate arbeiten die westeuropäischen Regierungen Verträge

Bundeskanzler Adenauer, Staatssekretär Walter Hallstein (später Präsident der EWG) und Ministerpräsident Antonio Segni (Italien) beim Unterzeichnen der Römischen Verträge.

über die Gründung einer Europäischen Wirtschaftsgemeinschaft (EWG) und einer Europäischen Atomgemeinschaft (EURATOM) aus. Bereits am 25. März 1957 erfolgt in Rom die Unterzeichnung der Vertragsentwürfe. Diese römischen Verträge stellen einen wichtigen Markstein in der Entwicklung Europas nach dem Zweiten Weltkrieg dar.

Europäische Wirtschaftsgemeinschaft (EWG) Der Vertrag sah für das wirtschaftliche Zusammenwachsen eine Spanne von 1958 bis 1970 vor, in der schrittweise die Zölle abgebaut und neue Außenzölle vereinbart werden sollen. Außerdem sollten in dieser Zeit eine europäische Marktordnung für landwirtschaftliche Erzeugnisse, Bestimmungen hinsichtlich der Einführung der Niederlassungsfreiheit vorbereitet, Beschränkungen des freien Dienstleistungsverkehrs sowie des Kapitalverkehrs aufgehoben und schließlich eine gemeinsame Handelspolitik gegenüber allen Staaten der übrigen Welt vorbereitet werden. Der Vertrag sah darüber hinaus auch schon Anpassungen auf den Gebieten der Sozialpolitik, des Kapitalverkehrs und der Steuerpolitik vor. Laut Vertrag ist es den Ländern noch selbst überlassen, wieweit diese Anpassung gehen soll.
Gemeinsames Organ der Länder der EWG ist eine Kommission, also ein Exekutivorgan der Gemeinschaft, die mit einem umfangreichen und hochqualifizierten Beamtenapparat in Brüssel ihren Sitz hat. Die Kommission arbeitet mit den einzelnen Mitgliedsländern eng zusammen, verfügt über einen zentralen Überblick und kann so die mittlere Linie ausloten, auf die sich dann die Minister einigen können.
Den Gründungsmitgliedern Frankreich, Bundesrepublik Deutschland, Italien, Belgien, Niederlande und Luxemburg folgen 1973 Großbritannien, Dänemark und Irland. 1981 kommt Griechenland hinzu, 1986 folgen Spanien und Portugal.
Mit dem Anwachsen der Gemeinschaft verstärken sich auch die Probleme, insbesondere die Finanzierung des Agrar-Sektors belastet in alljährlichen Zerreißproben den Ministerrat.

Europäische Atomgemeinschaft (EURATOM) Etwas im Schatten der wirtschaftlichen Gemeinschaft hat sich die Atomgemeinschaft entwickelt. Ihre Aufgabe ist es, die gemeinsame Entwicklung der Kernforschung, die Gewährleistung des Austausches wissenschaftlicher und technischer Kenntnisse, die Durchführung einer regelmäßigen und angemessenen Versorgung aller Verbraucher der Gemeinschaft mit Kernbrennstoffen und schließlich die Kontrolle der friedlichen Nutzung der Kernbrennstoffe zu gewährleisten.
Auch nach der Festsetzung des Marktes der sechs EWG-Staaten werden die Verhandlungen mit den übrigen Ländern Europas fortgesetzt. Doch diese scheitern letztlich immer wieder an dem alten Gegensatz zwischen der nationalstaatlichen und freihändlerischen Auffassung einerseits und dem neuen Gemeinschaftsdenken andererseits. Außerdem bemüht sich Großbritannien, auch die Staaten des Commonwealth in die Gemeinschaft einzubringen, womit es auf Widerstand stößt.
Daher schließen Großbritannien, Dänemark, Norwegen, Schweden, Österreich, die Schweiz und Portugal am 4. Januar 1960 eine Konvention, die die Gründung einer European Free Trade Association (EFTA) vorsieht. Obwohl auch hier der stufenweise Abbau der Zölle vorgesehen ist, unterscheidet sich der Vertrag doch beträchtlich von dem der EWG. So bleiben für die landwirtschaftlichen Güter nationale Bestimmungen gültig, eine gemeinsame Außenhandelspolitik wird nicht beabsichtigt und eine Anpassung der Wirtschafts-, Finanz- und Sozialpolitik nicht ins Auge gefaßt. Jedoch sieht der Vertrag in seiner Präambel auch die weitere Zusammenarbeit mit der EWG vor.
Die Gemeinschaft der Sechs entwickelt sich in den ersten Jahren ihres Bestehens sehr gut, und der Erfolg wird in der Welt mit Respekt aufgenommen; ihr Vorbild suchen sogar Staaten Afrikas und Lateinamerikas nachzuahmen.

Der Krisenherd Europa: Die Probleme religiöser und nationaler Minderheiten

Vorbemerkung Die vertraglichen Vereinbarungen der Alliierten nach dem Ende des Zweiten Weltkriegs haben zwar maßgeblich dazu beigetragen, daß in Ost- und Mitteleuropa die Landesgrenzen weitgehend mit den Nationalitätengrenzen identisch geworden sind, doch haben sich am Rande noch einige ungelöste Probleme als meist nur hin und wieder ausbrechende, ihr wirkliches Ausmaß aber verheimlichende Pulverfässer erhalten.
So darf bei aller idealistischen Bereitschaft zur Integration der Staaten Europas nicht vergessen werden, daß die Geschichte dieses Kontinents jahrhundertelang von seiner geographischen Kleinräumigkeit geprägt worden ist und sich abseits der Machtzentren stets unabhängige Völkerschaften und Volksgruppen mit eigenen Formen des Zusammenlebens erhalten haben. Je mehr nun die Integration in den zurückliegenden Jahrzehnten vorangetrieben worden ist, um so mehr breitet sich bei den Menschen in diesen Randzonen die Befürchtung aus, sie könnten ihre gewachsenen Lebensformen einbüßen. Daher rührt sich mehr oder minder laut als Gegenkraft zur Integrationsbewegung der Geist der Separation. Vielleicht gehören die Minoritätenkonflikte bald der Vergangenheit an, doch heute sind sie Warnsignale für allzu technokratische Einheitsfanatiker und verdienen eine gebührende Aufmerksamkeit.
Bei der Betrachtung dieser Probleme soll nun aber nicht mehr auf die jugoslawische Frage eingegangen werden, da dort der Ausgleich der Landesteile ein gesamtstaatliches Problem darstellt. In den folgenden Abschnitten sollen vielmehr wichtige Probleme solcher nationaler Minoritäten behandelt werden, deren Forderungen meist hinter dem Panorama der Geschichte des jeweiligen Landes verschwinden.

EUROPÄISCHE SEPARATIONSBESTREBUNGEN

Der Konfessionsstreit in Nordirland Unter allen Minoritätenkonflikten hat bis heute der seit 1968 in Nordirland tobende Bürgerkrieg die meisten Opfer gefordert. Dieser Streit hat bereits im Jahre 1920 seinen Anfang genommen, als die Insel in zwei Teile gespalten worden ist. Der nördliche Teil, der sich „Ulster" nennt, ist nicht identisch mit der historischen Provinz, sondern wird von sechs Grafschaften gebildet. Die 270 Meilen lange Grenze zwischen den beiden Teilen der Insel läuft über Berge, durchquert Flüsse, teilt Farmen, Dörfer und Straßen, ja zerschneidet sogar Häuser. Weder Geschichte noch Geographie rechtfertigen diese Zwangsregelung.
In Ulster stehen derzeit 800 000 Nachkommen protestantischer, englisch-schottischer Siedler rund 530 000 katholischen Iren gegenüber. Die Katholiken werden von den Protestanten unterdrückt, und daher rebelliert diese Minderheit seit Jahrzehnten gegen die Repressalien der Mehrheit. Seit etwa 50 Jahren regiert nämlich in der Nordprovinz die protestantische Unionspartei, unter deren Herrschaft sich keine konstruktive Opposition hat bilden können. Hierzu trägt maßgeblich das geltende Wahlrecht bei. Ihm zufolge haben nämlich nur Hausbesitzer, Pächter von Häusern oder Wohnungen ein Stimmrecht, das für Geschäftsleute nach der Höhe der von ihnen gezahlten Steuern abgestuft wird. Auf Grund dieses Rechtes besitzen

Belfast, Nordirland. Brennende Protestantenhäuser im Ardoyne-Viertel während der bürgerkriegsähnlichen Unruhen am 10. 8. 1971.

240 000 Bürger Nordirlands im Alter von über 21 Jahren kein Stimmrecht. Die überwiegende Mehrheit dieser ausgeschlossenen Bürger sind Katholiken. Auf Grund dieser Sachlage kommt es zu solchen Mehrheitsverhältnissen, wie sie bei den Gemeindewahlen in Derry sichtbar geworden sind: Die 68% katholischer Bevölkerung mit einer Gesamtzahl von 20 650 Personen erhalten 8 Sitze, die Protestanten mit 8737 Stimmen jedoch 12 Sitze. Diese Bestimmungen des Wahlgesetzes werden noch ergänzt durch eine die Protestanten begünstigende Wahlkreiseinteilung.

Zu diesen Problemen kommt hinzu, daß Nordirland heute eine der höchsten Arbeitslosenquoten Europas hat. Diese verteilt sich aber nicht gleichmäßig auf die beiden Konfessionen, sondern läßt erkennen, daß weitaus mehr Katholiken als Protestanten ohne Beschäftigung sind. Diese soziale Härte verschärft nun aber auch die schon bestehende politische, denn oft ziehen, da die Arbeitslosen meist keine anständige Wohnung besitzen, mehrere Familien zusammen, wodurch der so entstandenen Wohngemeinschaft nur eine Stimme bei den Wahlen verbleibt.

Außer auf den genannten Gebieten stoßen auch auf dem Erziehungssektor die Gegensätze schroff aufeinander. Da es in Nordirland lediglich Konfessionsschulen gibt, betrachtet die katholische Kirche die Erziehung der Kinder als Teil ihrer Mission, und auch bei den Protestanten breitet sich eine ähnliche Ansicht aus. Solange aber die Kinder nach Konfessionen getrennt erzogen werden, kann die tiefgreifende Spaltung in der Bevölkerung nicht überwunden werden.

Heute fühlen sich die protestantischen Ulsteraner von den Katholiken umlagert und hängen an Großbritannien, von dem sie unablässig Hilfe fordern. Die Sozialleistungen des britischen Wohlfahrtsstaates, die landwirtschaftlichen Subventionen, die für Ulster jährlich 100 Millionen Pfund ausmachen, sowie der freie Zutritt zum britischen Markt für Fertigwaren bilden entscheidende wirtschaftliche Stützen, tragen aber gleichzeitig dazu bei, daß der Wunsch nach irischer Einheit bei den Protestanten nicht gedeihen kann.

Erst die Solidarität der des Terrors auf beiden Seiten überdrüssigen Frauenbewegungen jenseits der Konfessionsgrenzen hat in allerjüngster Zeit die Hoffnung auf eine vielleicht doch noch friedliche Beilegung des so langjährigen Konfliktes wieder etwas aufkommen lassen.

Separationsbestrebungen in Spanien Infolge des Zwangsregimes unter Franco sind die Rufe nach Separation weitgehend verstummt. Nur im Baskenland setzt sich der Ruf nach Autonomie immer wieder mit Gewaltaktionen durch, denn dieses Volk, das nicht zur indogermanischen Gemeinschaft gehört, will unter allen Umständen seine Eigenständigkeit wahren und nicht von spanischen Bevölkerungsteilen unterwandert werden.

Nach dem Tode Francos mehren sich auch in anderen Regionen die Stimmen nach Neuordnung der politischen Macht, da Francos Diktatur auf die Volksgruppen der Iberischen Halbinsel kaum Rücksicht genommen hat.

Der Regionalismus in Frankreich Hier ist das Gefälle zwischen der Hauptstadt und den 22 Regionen auf politischem, wirtschaftlichem, sozialem und kulturellem Gebiet besonders groß. Hierunter leiden in erster Linie die Randprovinzen, Bretagne und Korsika, sowie das zentrale Okzitanien. Doch in Paris, wo der Zentralstaat unangefochten als französischste aller französischen Institutionen gilt, kann man sich mündige Regionen einfach nicht vorstellen. Daher vertiefen sich seit Jahren die Gegensätze, und in den Provinzen verstärkt sich der Ruf nach Regionalisierung, nach der Delegierung wirklicher Kompetenzen. Beobachter fürchten, daß diese Forderungen bald schon auch im französischen Baskenland, im Elsaß und in der Normandie Unterstützung finden könnten.

Französische Minderheiten in der Schweiz Für die Zentralregierung in Bern stellen die etwa 10 000 Mitglieder der Bewegung „Rassemblement Jurassien" mit ihrem Führer Roland Béguelin ein besonderes Problem dar. Das Ziel dieser französisch sprechenden Jurabevölkerung ist es, zu verhindern, daß sie gegenüber der deutschsprachigen Volksgruppe zurückgesetzt wird, und sie fordert daher für ihre Anhänger im In- und Ausland das Stimmrecht sowie für den gesamten Jura die Autonomie, also die Bildung eines eigenen Kantons, was schließlich nach einem Referendum auch tatsächlich verwirklicht wird.

Griechen und Türken auf Zypern Unter der Führung des Erzbischofs Makarios wünscht die griechisch-orthodoxe Mehrheit (80%) der Insel den Anschluß an Griechenland, während die türkische Minderheit die Teilung anstrebt. Die griechische EOKA-Bewegung unter der Leitung des Oberst Grivas bekämpft die Türken, die sich besonders des englischen Schutzes sicher wissen. Im Jahre 1959 beschließen die Türkei, Griechenland und Großbritannien die Errichtung einer Republik auf Zypern, die bereits in den Jahren 1963 und 1964 von heftigen Bürgerkriegskämpfen erschüttert wird, worauf UN-Truppen zur Garantie des Friedens auf der Insel stationiert werden.

Aus noch ungeklärten Gründen wird im Juli 1974 Präsident Makarios von der griechisch-zypriotischen Nationalgarde gestürzt. Dieses Ereignis veranlaßt die Türkei zur Invasion auf der Insel und zur Besetzung ihres der türkischen Küste nächstgelegenen Nordteils. Im November 1983 erklärt die türkische Volksgruppe einseitig die Unabhängigkeit des von ihm gehaltenen Gebietes. Außer von der Türkei wird dieser Schritt von keinem anderen Land anerkannt. Somit stehen sich auf der Insel zwei getrennte Staaten gegenüber, wobei allerdings die ethnische Trennung auch für eine gewisse Ruhe in der weiteren Entwicklung sorgt. An der Grenzlinie sind weiter UN-Truppen eingesetzt.

Erzbischof Makarios III. von Zypern, das Haupt des politischen Widerstands, hier bei einer religiösen Feier. Seit 1955 kämpfte er für das Selbstbestimmungsrecht der Zyprioten, und war bestrebt, Zypern an Griechenland anzuschließen.

Deutsche und Ungarn in Siebenbürgen

Nur in diesem Bereich Europas hat der Zweite Weltkrieg nicht zur Vertreibung der deutschen Bevölkerung geführt. Nach dem derzeitigen Informationsstand leben die Deutschen, Ungarn und Rumänen in Siebenbürgen relativ harmonisch zusammen. Wohl hat ihnen die Regierung in Bukarest aufgetragen, die rumänische Sprache zu erlernen und am sozialistischen Aufbau des Landes mitzuarbeiten, doch kulturell kann sich jede Volksgruppe nach ihren Neigungen und ihrer Individualität entfalten.

DIE EUROPÄISCHE ENTSPANNUNG

Die Konferenz über Sicherheit und Zusammenarbeit in Europa (KSZE) Auf der Grundlage der Empfehlungen, die die Botschafter der europäischen Staaten zu Fragen der Sicherheit und Zusammenarbeit ausgearbeitet haben, eröffnen am 18. September 1973 die Delegierten der Regierungen Europas und der USA in Genf die Arbeitsphase der KSZE.

Trotz des Drängens der UdSSR und deren Verbündeter kommen die Verhandlungen über die drei Themen der Konferenz nur sehr langsam voran. Folgende Schwerpunkte stehen im Mittelpunkt der Gespräche: zwischenstaatliches Zusammenleben in Europa (Korb I), Zusammenarbeit in den Bereichen der Wirtschaft, der Wissenschaft und der Technik sowie der Umwelt (Korb II) und Zusammenarbeit in humanitären und anderen Bereichen (Korb III).

Nachdem im Juni und Juli des Jahres 1975 auch für den letzten Fragenkomplex Kompromisse erzielt worden sind, treffen sich am 1. August die Staats- und Regierungschefs und für die sozialistischen Staaten auch die Generalsekretäre der kommunistischen Parteien in Helsinki, um während eines großen Gipfeltreffens die Schlußakte der Konferenz zu unterzeichnen und in von weitreichender Hoffnung getragenen Entspannungserklärungen einen neuen Geist zu proklamieren.

Damit entsprechen sie ganz den in der Konferenz gefundenen Übereinkünften. So legen die Teilnehmerstaaten hinsichtlich des ersten Problemkreises (Korb I) fest, daß sie sich künftig bei ihren Beziehungen untereinander leiten lassen wollen von der souveränen Gleichheit aller Staaten, vom Gewaltverbot, der Unverletzlichkeit der Grenzen, vom Prinzip der territorialen Integrität, der friedlichen Streitregelung, der Nichteinmischung in innere Angelegenheiten anderer, der Achtung der Menschenrechte und Grundfreiheiten, des Selbstbestimmungsrechts der Völker, der Zusammenarbeit zwischen den Staaten und der Erfüllung völkerrechtlicher Verpflichtungen.

Beim zweiten Programmpunkt (Korb II) kommen die teilnehmenden Staaten überein, Maßnahmen zur Förderung des Handels zu ergreifen; allerdings erzielen sie keine Einigung über die Gewährung der Meistbegünstigung. Sie beabsichtigen aber, den Austausch von Wirtschaftsinformationen zu verbessern und Geschäftskontakte zu erleichtern sowie die Möglichkeiten der industriellen Kooperation zwischen den Unternehmen und Organisationen der Teilnehmerstaaten zu fördern. Die Unterzeichnerstaaten bestätigen, daß eine verbesserte wissenschaftliche und technische Zusammenarbeit im Interesse der menschlichen Lebensbedingungen liegt; Landwirtschaft, Energie, Verkehrswesen, Physik, Chemie, Meteorologie und Hydrologie werden u. a. als Bereiche verstärkter Zusammenarbeit ausdrücklich genannt.

Im dritten Bereich (Korb III) schließlich vereinbaren alle Beteiligten, daß familiäre Bindungen durch verbesserte Reisemöglichkeit gefestigt, Anträge auf Familienzusammenführung ohne Benachteiligung für den Antragsteller in „humanitärem Geist" geprüft werden sollen. Auch die persönlichen, beruflichen und touristischen Reisemöglichkeiten sollen schrittweise vereinfacht werden, ebenso Begegnungsmöglichkeiten der Jugend und Sportler. Zur Entwicklung des gegenseitigen Verständnisses aller Teilehmerstaaten wird die Rolle von Presse, Rundfunk und Fernsehen, Kino und journalistischer Tätigkeit hervorgehoben. Insbesondere sollen der Austausch von kulturellen Erzeugnissen und die Arbeitsbedingungen der Journalisten erleichtert werden.

Eine abschließende Einigung erzielen die Staaten dahingehend, daß im Sommer des Jahres 1977 in Belgrad auf der Ebene der Außenminister beraten werden soll, welche Ergebnisse die Konferenz erbracht hatte und welche Verbesserungen der Sicherheit und Zusammenarbeit in Europa ausgehandelt werden könnten.

Eine entscheidende Schwäche der Vereinbarungen von Helsinki muß darin gesehen werden, daß sie die Teilnehmerstaaten nicht unmittelbar binden, sondern ihnen nur der Charakter von Empfehlungen verliehen worden ist. So setzt schon kurz nach der Unterzeichnung der Schlußakte das Bemühen der Teilnehmerstaaten ein, die einzelnen Punkte der Vereinbarung nach eigener Interessenlage zu interpretieren.

Die Verhandlungen über beiderseitige Reduzierungen von Streitkräften und Rüstungen und damit zusammenhängende Maßnahmen in Mitteleuropa (MBFR) Während die sowjetische Führung die Entspannung der politischen Konflikte in Europa als ihr eigentliches Anliegen bezeichnet, schlagen die NATO-Mitglieder am 25. Juni 1968 in Reykjavik eine ausgewogene und beiderseitige Truppenverminderung in Europa als geeigneten Schritt zur Verringerung der bestehenden Spannun-

Eröffnungssitzung im Sitzungssaal des Finlandia-Hauses zum KSZE-Gipfeltreffen vom 30. 7. bis 1. 8. 1975 in Helsinki. Auf der Konferenz über Sicherheit und Zusammenarbeit in Europa kann man sich auf den Entwurf einer Schlußakte einigen. Diese wird in Anwesenheit von 33 europäischen Regierungschefs (außer Albanien), den USA und Kanada unterzeichnet, und jedem Regierungschef wird die gleiche Redezeit eingeräumt.

gen vor. Zunächst reagiert die östliche Seite überhaupt nicht auf die Ventilierung des militärischen Aspekts und betreibt angestrengt die auf politische Ziele ausgerichtete Europa-Konferenz. Als am 27. Mai 1970 der NATO-Ministerrat in Rom seinen Vorschlag wiederholt, antworten am 22. Juni des gleichen Jahres die Staaten des Warschauer Paktes im Budapester Memorandum dahingehend, daß sie feststellen, die „Reduzierung der ausländischen Streitkräfte" könne in einem Organ diskutiert werden, dessen Bildung auf der „gesamteuropäischen Konferenz" zu beschließen sei. Hierdurch will die UdSSR ihr Projekt der damals noch gefährdeten Europa-Konferenz gewahrt sehen, doch die NATO-Staaten antworten, daß die Sicherheitsprobleme, denen die Europa-Konferenz gewidmet sein solle, nicht nur in ihren politischen Dimensionen diskutiert werden könnten.

Als hierauf die Verhandlungsbereitschaft der UdSSR stagniert, reist im September des Jahres 1972 der US-Außenminister Kissinger nach Moskau und teilt dort den führenden sowjetischen Außenpolitikern mit, daß die Vereinigten Staaten und ihre Verbündeten nicht gewillt seien, auf eine Parallelität zwischen der Europa-Konferenz und den MBFR-Verhandlungen zu verzichten. Als sich hierauf die UdSSR immer noch zurückhaltend zeigt, sieht sich der Westen außerstande, weiter an den Vorbereitungsgesprächen zur Europa-Konferenz teilzunehmen. Erst jetzt lenken die Staaten des Warschauer Paktes ein, und beide Seiten vereinbaren als Beginn für die Vorverhandlungen den 31. Januar 1973 und als Verhandlungsort die österreichische Hauptstadt Wien.

Nach dem Abschluß der Vorgespräche beginnen am 31. Oktober 1973 ebenfalls in Wien die eigentlichen Verhandlungen. Sie erbringen aber bis zum Jahre 1975 keine Annäherung der Grundposition der 19 Teilnehmer (13 NATO-Staaten und sechs Warschauer-Pakt-Staaten). Während die NATO-Staaten an ihrer Forderung nach „ausgewogenem" Abbau der Landstreitkräfte zur Verringerung des östlichen konventionellen Übergewichts bis zu einem zahlenmäßigen Gleichstand mit den NATO-Staaten bei 700.000 Mann festhalten, verharren die kommunistischen Staaten auf ihrer Ablehnung des „Versuchs, das historisch gewachsene Kräftegleichgewicht in Europa" einseitig, zum Vorteil der NATO, zu ändern, und fordern weiterhin die numerisch und prozentual gleiche Reduzierung der Rüstung aller Teilnehmer unter Einbeziehung der Luftstreitkräfte und Kernwaffen. Die Staaten des Ostblocks lehnen die Festlegung gemeinsamer Höchststärken für jede Allianz mit dem Argument ab, daß dann einige Ländern, vor allem die BRD, ihre Streitkräfte nicht zu reduzieren brauchten, sondern womöglich noch vermehren könnten.

Eines der größten Radioteleskope der Welt, in der Eifel, mit einem Spiegeldurchmesser von 100 m.

DIE KULTURELLE ENTWICKLUNG EUROPAS NACH DEM ZWEITEN WELTKRIEG

In den Jahren nach der kriegerischen Auseinandersetzung rücken die Staaten Europas auf geistigem Gebiet immer näher aneinander. Die Kultur wird hierdurch international, und das Abrücken von völkischen und regionalen Bindungen zunehmend erkennbar. Gleichzeitig vertieft sich die seit dem Jahrhundertbeginn deutliche Kluft zwischen den modernen, auf die Massen ausgerichteten Kulturbereichen und den Entwicklungen auf den traditionellen Gebieten der Geisteswissenschaften, der Philosophie, darstellenden Kunst, Musik und Literatur, die nun zunehmend nur mehr für einschlägig vorgebildete Kreise einsichtig bleiben. Während in den herkömmlichen Bereichen der Kultur an die Intellektualität immer höhere Anforderungen gestellt werden, kehren sich die Gestalter der Massenkultur zunehmend von der Rationalität ab und wenden sich emotionalen und trivialen Bereichen zu, wodurch eine neue, geistig anspruchslose, finanziell aufwendige, spektakuläre Unterhaltungskultur in Musical, Show, Kino, Fernsehen erzeugt wird.

GRUNDLEGENDE VERÄNDERUNGEN IN DEN WISSENSCHAFTEN

Nach dem Zweiten Weltkrieg verändern besonders die Naturwissenschaften weiterhin ihren traditionellen Charakter. Der Begriff der Materie bedarf bereits um die Jahrhundertwende einer Neudefinition, seit die Physik in das Atom eingedrungen ist und erkannt hat, daß die Atome keineswegs letzte unteilbare körperliche Bestandteile des Wirklichen sind, sondern höchst komplizierte Gebilde.

Es kann nun keine Rede mehr davon sein, daß der „Materialismus" eine einfache Erklärung des Weltganzen darstellt. Die Materie selbst bedarf der Erklärung; ihr Begriff ist mit dem der Energie verschmolzen und sie selbst erscheint nur als eine Manifestation der Energie.
Im zunehmenden 20. Jahrhundert wird die Technik als eine beherrschende Lebensmacht zum Problem. Nach dem Zweiten Weltkrieg sind es besonders die Entwicklungen, die man unter dem Namen der „zweiten technischen" oder „industriellen Revolution" zusammenfaßt (Automation, elektronische Rechenautomaten und „Denkmaschinen", die Selbststeuerung der technischen Apparaturen, die neue Wissenschaft der Kybernetik), die den Menschen in seinem Dasein unsicher werden lassen, seine kritische Rationalität herausfordern, doch stets auf Grund der immanenten Kompliziertheit auch Resignation, Weltflucht und Aversionen gegenüber aller technischen Neuerung entstehen lassen.

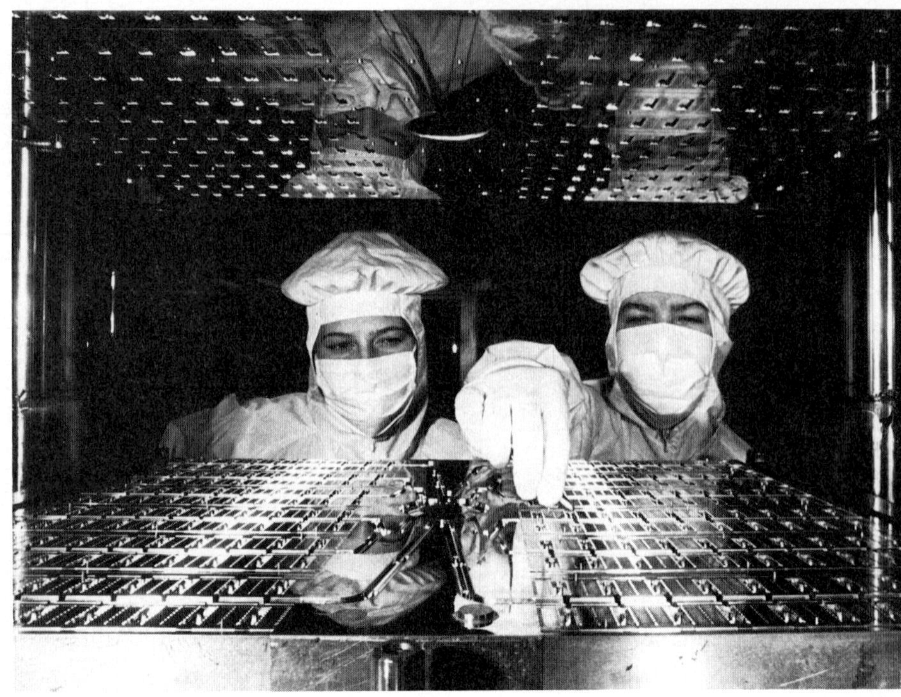

Durch die Serienproduktion von Halbleitern (Chips) werden die elektronisch gesteuerten Geräte und Computer immer billiger und schneller.

WANDLUNGEN IN DER PHILOSOPHIE

Die philosophische Durchdringung und Bewältigung der umwälzenden Ergebnisse der modernen Physik haben neue philosophische Richtungen entstehen lassen. Besonders der Neu-Positivismus und die neue Metaphysik bemühen sich um die Verarbeitung der von den Naturwissenschaften aufgeworfenen Probleme. So finden sich unter den Philosophen dieser Richtungen sowohl Mathematiker (Weyl, Hilbert, Brouwer), Physiker (Einstein, Planck, Schrödinger, Heisenberg, Jeans, Eddington, von Weizsäcker) oder „eigentliche" Philosophen (Cassirer, Reichenbach, Wenzl, Dingler, Bavink) als auch Männer, bei denen sich nicht ermessen läßt, ob sie als Mathematiker oder Philosophen bedeutender sind (Whitehead, Russell).
Die Richtung des Neu-Positivismus befaßt sich, vereinfacht ausgedrückt, mit folgenden drei Problemen: Logische Grundlegung der Mathematik (logisch-mathematische Grundlagenforschung), wissenschaftliche Begriffsbildung und Theorie der erfahrungswissenschaftlichen Erkenntnis.
Im letzten Bereich kommt es nach dem Zweiten Weltkrieg zu einer Weiterführung des in der Philosophenschule des Wiener Kreises schon vor 1938 entwickelten Verifikationsprinzips. Demnach müssen Aussagen über die Wirklichkeit, die als sinnvoll erkannt werden wollen, „verifizierbar" sein. Jedoch stellt sich heraus, daß es in der Wissenschaft, gerade an entscheidenden Stellen, Aussagen von hohem oder ganz umfassendem Allgemeinheitsgrad gibt, deren Verifizierbarkeit unmöglich ist, da zu diesem Zweck das gesamte Universum durchgemustert werden müßte. Einen Ausweg aus diesem Dilemma hat K. Popper gewiesen, der an die Stelle der Verifikation das Prinzip der Falsifikation setzt und feststellt: Hypothesen werden nicht durch Verifikation bewiesen, sie können aber durch Falsifikation widerlegt werden.
Diese Entwicklungen haben dazu geführt, daß es zu den Prinzipien der Philosophie gehört, keine totalen Systeme der Welterklärung mehr aufzustellen und keine Bekenntnisse zu solchen zuzulassen, sondern nüchtern und mit logischer Strenge Schritt für Schritt voranzugehen.
Den neuen Tendenzen des Jahrhunderts trägt auch eine ganz andere philosophische Richtung, die Existenzphilosophie, Rechnung. Sie greift auf Gedanken des Dänen Kierkegaard zurück und erklärt in neuem Geist Wesen und Bedeutung des Menschen. Für sie ist alle Existenz immer Existenz des Menschen und diese ist immer individuelle Existenz, also nicht von anderen Größen ableitbar. Hierin unterscheidet sich diese philosophische Richtung beispielsweise von der Lebensphilosophie Bergsons, die den Menschen als Glied eines überindividuellen „Lebensstroms" verstanden hat. Die Existenzphilosophie sieht den Menschen dynamisch und seinem Wesen nach an Zeit und Zeitlichkeit gebunden. Menschliches Dasein gilt daher als ein In-der-Welt-Sein und ist immer ein Mit-anderen-Sein.
Unter den Philosophen dieser Richtung ist der Begriff „Existenzphilosophie" umstritten. Sartre nennt sich selbst Existentialist, doch Jaspers verwendet die Bezeichnung „Existenzphilosophie", und Heidegger lehnt sie für seine Philosophie ab, denn die „Existenzanalyse" ist für ihn nur der erste Teil einer umfassenden Ontologie.

Jaspers Für ihn steht fest, daß der Mensch immer mehr ist, als er von sich wissen kann. Existenz kann also nicht mit Begriffen beschrieben werden, sie kann allenfalls durch sie erhellt werden. Wichtig sind ihm hierfür vor allem die Kategorien „Freiheit", „Kommunikation" und „Geschichtlichkeit". Ebensowenig wie das menschliche Sein kann das Ganze der Welt erfaßt werden. Die Welt und alles, was in ihr ist, werden umfaßt von einem letzten, absoluten Umgreifenden;

Karl Jaspers (1883–1969), Begründer einer christlichen Existenzphilosophie, begann seine Laufbahn als Psychiater.

Jaspers nennt dieses die Transzendenz. Nach seinem Weltbild gibt es Situationen, in denen sich Existenz unmittelbar verwirklicht. Hiermit meint er Grenzsituationen wie Tod, Leiden, Kampf, Schuld. Indem wir in eine solche Situation mit offenen Augen eintreten, werden wir ganz wir selbst.

Heidegger Er wirft der antiken wie der abendländisch-christlichen Philosophie vor, sie habe das Dasein des Menschen nach der Seinsart der Dinge zu bestimmen gesucht: das Sein des Menschen verstanden nach Art des Vorkommens und Vorhandenseins von Dingen. Heidegger sucht nun eine neue, eine ontologische Begründung, denn die Frage nach dem Sein ist von der Philosophie, weil das Sein nicht zu objektivieren ist, weil es für das Leerste, Allgemeinste und Selbstverständlichste genommen worden ist, übersehen worden. Um eine Lehre vom Sein zu begründen, untersucht Heidegger die Grundstrukturen des menschlichen Daseins. Diese „Fundamentalontologie“ bildet den Hauptinhalt des Buches „Sein und Zeit“.
Hierin nennt Heidegger seine Grundbestimmungen „Existenzialien“. Für ihn ist Dasein wesenhaft In-der-Welt-Sein, und menschliches Dasein findet sich immer schon an einem bestimmten, unverwechselbaren, seinem Wollen entzogenen Ort vor, es ist „geworfen in sein Da“. Das Dasein in der Welt ist geprägt von der Seinsart der Bekümmerung, der „Sorge“. Diese Sorge des Menschen bezieht sich auf anderes, den Menschen umgebendes Seiendes, auf die Dinge und auf das „Zeug“ oder „Zuhandene“, im Kern aber immer auf die eigene Seinsweise. Eine menschliche Grunderfahrung ist die „Angst“. Der Mensch ängstigt sich nicht so sehr vor anderem Seienden, sondern vor der Möglichkeit des eigenen Nicht-Seins. Die Angst ist die radikale Erfahrung, in der dem Menschen das Seiende im Ganzen entgleitet: Er begegnet seinem eigenen Tod. Besinnung aber lehrt uns erkennen, daß der Tod uns nur zur Übernahme der eigenen Existenz aufruft, er offenbart die Unwiderruflichkeit unserer Entscheidungen, ruft uns auf zum eigentlichen und eigenen Leben in Freiheit und Selbstverantwortung. Diese Betrachtung des Todes ist für Heideggers Analyse der Schlüssel, um die Zeit, die Zeitlichkeit als Grund und Grenze, als Horizont des menschlichen Seins freizulegen.

Andy Warhol, Marilyn Monroe. 1967. Seidensiebdrucke auf Papier. Je 94 cm im Quadrat. Kunsthalle Hamburg. Warhols Bilder haben innerhalb der Pop-Art die Bedeutung der Malerei in Frage gestellt, denn er arbeitete wirklich mit der Kamera und druckte dann die photographierten Bilder.

NEUERUNGEN IN DER DARSTELLENDEN KUNST

Zum ersten Kristallisationspunkt der Kunst wird nach dem Zweiten Weltkrieg Paris. Obwohl man dort die ungegenständliche Malerei stets mit einigem Mißtrauen beobachtet hat, ist in dieser Stadt die Gruppe „Abstraction-Création“ zu Haus, und ihre Ausstrahlungskraft zieht die Jüngeren an. In der Öffentlichkeit bürgert sich für die Kunst dieser modernen Richtung die Bezeichnung „abstract“ ein, doch vermag sie nur unzureichend die Fülle der verschiedenen, verwandten und divergierenden Strömungen anzudeuten. Auch die Begriffe „Art informel“, „Tachismus“, „Action painting“, „abstrakter Impressionismus“ oder „Expressionismus“ sind nur Mittel zur Einordnung, aber oft nicht zutreffend.
Gemeinsam ist allen diesen Künstlern, daß sie ihre Werke vom Anspruch des Inhalts entlasten. Ihre Bilder schildern nicht mehr, illustrieren nicht mehr, sie sollen reagieren. Bei der Suche nach der neuen Wirklichkeit, unabhängig vom Augeneindruck und von der äußeren Realität, sind Ideen wegbereitend gewesen, die in verschiedenen europäischen Ländern ansatzweise schon früher herangereift sind. Besonders Paul Klee stößt bei diesen Künstlern auf vertieftes Verständnis.
In der Mitte der 50er Jahre bahnt sich ein neuer Wandel an, als sich der Blick der Künstler neuen Zielen zuwendet und sich Widerstand gegen das „Informel“ erhebt. Paris verliert nun seine Vormachtstellung, und England sowie die USA wirken auf die Kunst des europäischen Kontinents ein. In erster Linie werden die Signale von Pop und Minimal Art von den jungen Künstlern erkannt und verstanden. Als zweite Kunstrichtung gewinnt die Op Art Bedeutung, die die Rhythmisierung der Bildoberflächen, die anfangs noch intuitiv aus den qualitativen Bedingungen des Stofflichen erfolgt ist, ordnet und mechanisiert. Als dritter Schwerpunkt schließlich manifestiert sich die Wiederkehr der Realität, jener „Neue Realismus“, der sich ungeachtet nicht zu übersehender Pop-Einflüsse letztlich auf die alten Traditionen von Verismus und „Neuer Sachlichkeit“ stützt und in der sogenannten „Neuen Figuration“ expressive, surreale und konstruktive Anregungen miteinander verbindet.

MODERNE TENDENZEN IN DER MUSIK

Die Musik der modernen Zeit leidet unter Kontaktschwierigkeiten, weshalb die Kommunikation zum zentralen Problem dieser Musik wird. Es bleibt das Verdienst der Komponisten der ersten Nachkriegsjahre, daß sie Schönberg und Webern wieder entdecken. Deren Wirkung beim Publikum ist bis heute in stetem Steigen begriffen. Wichtiger noch ist, daß durch diese beiden Musiker einer ganzen Generation von Komponisten der Weg gewiesen wird.
Daneben gewinnt Messiaen mit seinem Klavierstück „Mode de valeurs et d'intensités“ an Bedeutung, in dem er alle Elemente der Komposition, für welche sich mehr und mehr der aus der Physik entlehnte Begriff „Parameter“ eingebürgert hat, in Reihen ordnet. Obwohl der Komponist selbst dieses Verfahren in weiteren Werken so nicht fortsetzt, gewinnt dieses Stück dokumentarischen Wert, zumindest hinsichtlich der nachhaltigen Wirkung, die es ausgelöst hat. Der hiermit begründete Serialismus manifestiert sich in der Tatsache, daß bis zur Gegenwart kaum ein wesentliches Werk entstanden ist, das nicht Spuren hiervon zeigt.
Als Sonderform des Serialismus entwickelt sich die „punktuelle Technik“. Unter dieser Bezeichnung wird eine Spätphase des seriellen Verfahrens zusammengefaßt, in welcher sich die Strukturen fast in Einzeltöne auflösen; das Notenbild wird hierbei auf einzelne trigonometrische Punkte reduziert. Sie treten an die Stelle durchgehender Linienzüge, kompakter Zusammenklänge und voll auskomponierter Rhythmen.
Während die meisten modernen Komponisten noch der punktuellen Musik zuneigen, entwickeln Boulez und Stockhausen eine neue Musik, die als Aleatorik bezeichnet wird. Hierbei greifen sie auf Techniken des 18. Jahrhunderts zurück, wobei gewisse Teile der Komposition als austauschbar angesehen werden, deren Realisation freigehalten wird und die der Komponist nur in einer andeutenden Grafik fixiert oder die, wenn traditionell notiert, mehrere Auslegungen zulassen. Hauptmotiv bei dieser Art der Komposition ist zum einen das Verlangen,

Beginn des „absurden Theaters" mit „Warten auf Godot" von dem französisch schreibenden Iren Samuel Beckett. Albrecht Schönhals und Eric Schildkraut in der Aufführung des Hamburger Zimmertheaters.

aus dem überlieferten und nicht selten sterile Züge aufweisenden Kunst-Etablissement auszubrechen, zum anderen das Streben nach Freiheit in der Kunst.

Eine weitere Neuerung stellt die elektronische Musik dar. Es ist dem Westdeutschen Rundfunk zu verdanken, daß er dem Komponisten Eimert seit 1951 ungestörte Versuche auf diesem Gebiet ermöglicht hat, indem er ihm ein Sonderstudio für elektronische Musik zur Verfügung gestellt hat. Zu den Folgerungen aus der Elektronik gehört eine für den Musiker völlig neuartige ästhetische Situation. Er produziert sein Werk, das auf Tonband festgehalten wird, in einem definitiven Endzustand; das Stadium der Reproduktion entfällt. Manche Anhänger dieser Art von Musik haben sich dieser neuen Prämisse dadurch entzogen, daß sie sich von der „reinen" Elektronik abgesetzt haben. Stockhausen beispielsweise läßt bei jeder Aufführung die Tonbänder über weitere Modulatoren laufen, deren Aussteuerung vom Augenblick bestimmt wird; somit wird eine neue Form der Reproduktion erzielt.

Die Komponisten der neuen Musik haben im Westen viele Möglichkeiten, miteinander Kontakte aufzunehmen und sich gegenseitig zu bereichern. Bis zum Ende der 50er Jahre ist jedoch praktisch nichts über die Musikentwicklung jenseits des Eisernen Vorhanges zu erfahren. Selbst als nach Stalins Tod eine gewissen politische Tauwetterperiode einsetzt, wird nichts über das Musikleben bekannt, was Interesse erregen könnte. Einzig Schoschtakowitsch verkörpert im Westen die neue Musik Osteuropas, obwohl man allgemein weiß, über welch starke musische Substanz Russen, Polen, Tschechen, Slowaken, Ungarn, Rumänen und andere Völker jenes Raumes verfügen.

Eine erste Auflockerung macht sich in Polen bemerkbar, und es zeigt sich, als tastende Kontakte möglich werden, daß die Polen im Grunde auf musikalischem Gebiet nichts nachzuholen haben. Auf Polen folgt die Tschechoslowakei und später Jugoslawien; neuerdings regt sich auch in der DDR die neue Musik. Jedoch findet sie gerade hier nicht allzu intensive Unterstützung bei den politischen Machthabern, und daher ist es noch nicht möglich, sich ein angemessenes Bild über das Schaffen auf musikalischem Gebiet zu machen.

ASPEKTE DER MODERNEN LITERATUR

Das Ende des Zweiten Weltkriegs und die Aufspaltung Europas wirken auch auf das literarische Leben ein. Nur während einer kürzeren Periode üben einige Autoren, ihnen voran Bertold Brecht und Heinrich Böll, die in beiden Bereichen gedruckt werden oder zur Kenntnis gelangen, eine gewisse Verbindungsfunktion aus.

Die Menschen der Nachkriegszeit entdecken vor allem in dem Titel „The Age of Anxiety" von W. H. Auden eine Formel für ihre Gesamtlage. Fast alle Autoren, die nach dem Kriege zu schreiben beginnen, empfinden sich als eine um ihre Jugend betrogene Generation. Nur so erklärt sich der große internationale Erfolg der von Sartre und Camus theoretisch und dichterisch vorgetragenen Philosophie in der Literatur. Die Autoren sehen sich, wie ihre Zeitgenossen aus den traditionellen Familienbindungen, aus ihrer heimatlichen Verwurzelung verdrängt. Mit Ausnahme der Vertreter des sozialistischen Realismus, die wohl durch das von ihnen Abgelehnte wie das von ihnen Erstrebte eine Einheit bilden, befinden sich die Autoren in Europa auf der Suche nach neuen ästhetischen Grundsätzen: „Stil ist heute nicht mehr etwas Allgemeines, sondern etwas Persönliches, ja, eine Entscheidung von Fall zu Fall geworden. Es gibt keinen Stil mehr, es gibt nur noch Stile" (Friedrich Dürrenmatt). Hierdurch gewinnt das literarische Schaffen – wie auch in der Musik und in der darstellenden Kunst beobachtbar – einen stark experimentellen Charakter und nähert sich mit solcher Methode der Naturwissenschaft an.

Die schon in der ersten Hälfte des Jahrhunderts erkennbare Aufweichung der Grenzen der traditionellen Gattungen setzt sich nach 1945 verstärkt fort. Im Roman dominiert nur noch selten der Erzähler oder das Erzählte gegenüber Monologen, lyrischen Partien oder dramatischen Einschüben; die Lyrik kann zu in Zeilen aufgeteilter Prosa werden, und im Drama finden sich häufig auch epische Komponenten.

Der internationale Kontakt der Autoren nimmt zu, und gegenseitige Impulse werden gerne ausgetauscht, denn die in den meisten Nationen ähnliche Bewußtseinslage begünstigt eine Übereinstimmung der künstleri-

Szene aus „Die Katze auf dem heißen Blechdach" von Tennessee Williams. In den Hauptrollen Peter Mosbacher und Ida Krottendorf am Düsseldorfer Schauspielhaus. Einige amerikanische Dramatiker versuchen, in ihren Stücken die Neurose der modernen Welt zu schildern. Meister eines „psychologischen Realismus" ist Williams.

schen Tendenzen. Auf lyrischem Gebiet dominieren in Europa nach dem Zweiten Weltkrieg Apollinaire, Saint-John Perse, Aragon, Pound, Lorca, Thomas, Quasimodo und Neruda, während in der Erzählkunst Faulkner, Vittorini, Sarrante, Simon, Robbe-Grillet und Butor wegweisend werden; im Bereich des Dramas schließlich bestimmen O'Neill, Wilder, Williams, Miller, Giroudoux, Anouilh, Audiberti, Beckett, Genet, Ionesco, Frey und Osborne die neuen Gestaltungsrichtlinien.

In der von der Technik geprägten Gegenwart unterliegt die Sprache raschen Veränderungen. Es verstreicht oft nur eine kurze Frist zwischen der Entstehung neuer Redensarten und ihrem Verschleiß; neue Bezeichnungen erstarren rasch, nehmen einen Formelcharakter an, denn die „Sprache der verwalteten Welt" (Karl Korn) und des technischen Zeitalters zielt auf Präzision und Abstraktion, führt dadurch aber leicht zu Sinnentleerung, starrer Substantivierung, geringer Anschaulichkeit, Gefühlskälte. Da den Dichtern die Welt durch Worte abgestempelt vorkommt, richten sich ihre Bemühungen auf eine Durchbrechung dieser vorgegebenen Formeln und die Formung einer neuen Welt. Die überkommene Normalsyntax, auch die individuelle großer Stilisten des Jahrhunderts (Hesse, Brüder Mann), wird weitgehend aufgegeben und durch neue experimentelle Sprachformen ersetzt.

In der Lyrik erfolgt nach dem „Reim-Raffinement" der ersten Jahrzehnte des 20. Jahrhunderts unter dem Eindruck der internationalen Lyrik nach 1945 eine zunehmende Verwerfung des Reims. An die Stelle der herkömmlichen Ordnungssysteme treten neue Formen der Gliederung. Von manchen Autoren wird sogar eine auffällige graphische Anordnung der Wörter und Wortgruppen als optische Komponente in den Text eingebaut.

Im epischen Bereich gewinnt der Roman eine zentrale Bedeutung. Allerdings zeigt sich nun der Erzähler nicht mehr als der Alleswisser, sondern er läßt den Leser an seinen Zweifeln, Erwägungen und Prüfungen teilnehmen. Diesem Leser, der als ein kritischer gedacht wird, ist auch weitgehend die Interpretation der eingebauten Parabeln, Utopien, Symbole und Zerrbilder überantwortet. In Deutschland gestalten diese neue Form des Romans besonders Günter Grass, Heinrich Böll und Uwe Johnson.

Auf dramatischem Gebiet hat zunächst, abgesehen von den Werken bereits älterer Autoren wie Weisenborn und Zuckmayer, das Hörspiel an Bedeutung gewonnen, das auf Grund des Erfolges des expressiven Heimkehrerstückes „Draußen vor der Tür" von Wolfgang Borchert als das geeignete Medium für die verlorene Kommunikation mit dem Mitmenschen angesehen wird. Doch abgesehen von diesem Sonderweg des Dramas kann das eigentliche dramatische Schaffen nach Margaret Dietrich dort nicht mehr gedeihen, „wo die Erkenntnis von der Uneinsichtigkeit des Seins, vom Irrationalen des Geschehens, von der Unmöglichkeit der Kausalnachweise einsetzt". Bereits Max Frisch gelingt jedoch ein Ausweg, als er feststellt: „Allein dadurch, daß wir ein Stück Leben in ein Theater-Stück umzubauen versuchen, kommt Veränderung zum Vorschein, Veränderbares auch in der geschichtlichen Welt." Ausgehend von dieser Ansicht begründen Frisch und sein Schweizer Landsmann Dürrenmatt eine in der Grundlage jeweils spezifische Werkfolge und treten damit auf internationaler Ebene in Konkurrenz zu dem am „Berliner Ensemble" in Ost-Berlin sein episches Theater weiter entwickelnden Bertolt Brecht. Das deutsche Theater hat damit den Anschluß an das internationale Niveau gefunden, das in den 50er Jahren besonders von Genet, Beckett, Ionesco und anderen beherrscht wird.

Unter den literarischen Zirkeln gewinnt besonderes Ansehen in Europa der Kreis von jungen Schriftstellern um die Zeitschrift „Der Ruf". Als die alliierte Kulturbehörde der Zeitschrift die Lizenz entzieht, kommt es im April 1947 zu einer Art Notlösung, als auf Einladung des früheren Herausgebers, Hans Werner Richter, die Mitarbeiter der Zeitschrift am Bannwaldsee bei Füssen zusammenkommen und die nicht mehr zur Veröffentlichung gekommenen Manuskripte einander vorlesen. Damit beginnt indirekt der Anfang der „Gruppe 47", die in der zweiten Hälfte der 50er und bis ans Ende der 60er Jahre die Literatur in Westdeutschland und in den angrenzenden deutschsprachigen Gebieten bestimmt. Wichtigste Mitglieder dieser Gruppe sind Paul Celan, Ingeborg Bachmann, Hans Magnus Enzensberger, Siegfried Lenz, Peter Härtling, Walter Jens, Heinrich Böll, Günter Grass, Uwe Johnson und zuletzt noch Peter Handke. Damit sind auch schon alle wichtigen Schriftsteller der deutschen Gegenwartsliteratur genannt. Wohl haben nach dem Absterben der „Gruppe" andere ein Wiederaufleben einer derartigen Organisation versucht, doch weder die „Kölner Schule" um Dieter Wellershoff noch die „Dortmunder Gruppe 61" mit Max von der Grün und Günter Wallraff haben einen ähnlichen Erfolg gehabt.

In der Sowjetunion suchen die Dichter nach dem Tode Stalins den Anschluß an die modernen Entwicklungen. Diese neue russische Literatur interessiert sich nicht mehr für die Mythen, die Legenden der Kollektivierungsphase; sie nimmt keine Ausflüge in die heroische, wohl aber in die leidvolle Vergangenheit vor. Sie macht keine unverbindlichen optimistischen Anleihen bei der Zukunft, ihre Hauptgestalten stehen vielmehr im Spannungsfeld einer bäuerlichen Alltags- und Übergangsgesellschaft, deren Schwächen und Ungewißheiten präzise herausgearbeitet werden.

Doch die Literatur in der Sowjetunion ist in diesem Bestreben uneins. Während die einen Autoren das sozialistische Leben als eine Fortsetzung des früheren russischen ansehen (Rasputin, Twardowsky), rücken andere mehr und mehr von diesem Leben ab, und in „August Vierzehn" und im „Archipel Gulag" kommt Solschenizyn, der Hauptvertreter dieser literarischen Richtung, zu der Behauptung, daß die russische Revolution keine geschichtliche Notwendigkeit war, sondern einen historischen Unfall und damit eine weltanschauliche Fehlkonstruktion darstellt.

Heinrich Böll und der sowjetische Schriftsteller und Nobelpreisträger Alexander Issajewitsch Solschenizyn, der nach einer Teilveröffentlichung des „Archipel Gulag" am 12./13. 2. 1974 verhaftet und aus der UdSSR ausgewiesen wurde.

DIE AUSSEREUROPÄISCHE WELT VOM ENDE DES MITTELALTERS BIS IN DIE GEGENWART

Zentralasien von der Herrschaft Dschingis-Khans bis zum Machteinfluß der Sowjetunion nach dem Zweiten Weltkrieg

Das Mongolenreich

Die Herrschaft des Dschingis-Khan Die Entstehung des mongolischen Weltreiches gehört zu den großen Rätseln, die uns die Geschichte aufgibt. Einem armen, mittellosen, aber aus einer vornehmen Familie stammenden Häuptling fällt in wenigen Jahrzehnten die Herrschaft über den größten Teil Asiens zu. Es wäre billig, das mit dem Glück eines Abenteurers zu erklären, der gegenüber einer Reihe dem Untergang bestimmter Staaten allein eine echte Macht hinter sich wußte. Sicher kann man auch in diesem Sinne von einer Reife der Situation sprechen. Ebenso gewiß ist aber, daß die Mongolen eine militärische Überlegenheit erlangten, weil sie durch ständige Übung in den Waffen allmählich ein Übergewicht in den Kämpfen gegen ihre Nachbarn erreicht hatten, aber bis zu Dschingis-Khan waren die Stämme der mongolischen Steppe uneins. Nicht nur Stämme führten miteinander Krieg, auch die Gefolgschaften einzelner mächtiger Häuptlinge waren ständig in Kämpfe verstrickt.

So mußte es eine Vorbedingung für den Aufstieg des Dschingis-Khan sein, die Kämpfe dieser Stämme und Gefolgschaften zu beenden und alle Völker der mongolischen Steppe seinem Willen unterzuordnen. Das ist ihm erst im Alter von einundfünfzig Jahren gelungen. Damals wählt ihn die mongolische Heeresversammlung, der Quriltai, zum Dschingis-Khan, d. h. „zum Khan des Meeres“, wobei das Meer auf die grenzenlose Ausdehnung seiner Herrschaft hinweist. So wird dem Häuptling Temudschin die Bezeichnung eines die Welt beherrschenden großen Khans verliehen. Temudschin ist es gelungen, aus seiner Gefolgschaft eine ernst zu nehmende militärische Macht zu machen und mit ihr die großen mongolischen Stämme, wie die Tataren, die Kerait, die Naiman und die Merkit, zu unterwerfen.

Es wäre falsch, diese Unterwerfung nur als politischen Machtzuwachs zu sehen und nicht auch als die Übernahme eines großen kulturellen Erbes, das weit über den Raum der mongolischen Steppe reicht. Bekennt doch ein Teil dieser Stämme der Kerait, der Naiman und Merkit sich zum nestorianischen Christentum. Es gibt bei ihnen Kirchen aus Stein; sie sind erst in diesem Jahrhundert im Sand der Steppe wieder entdeckt worden. Aber nicht nur jene Denkmäler aus Stein sprechen von einer großen, aus dem Westen kommenden Kultur, auch die uigurische Schrift ist der lebendige Träger einer großen buddhistisch bestimmten Kultur. Sie hat sich auf der Grundlage der syrischen Estrangelo-Schrift entwickelt.

Der Raum, in dem diese nomadischen Kulturreiche, deren Erbe die Mongolen antreten, ihre Herrschaft ausgedehnt haben, geht weit über das von ihnen selbst beherrschte Gebiet hinaus. Nordchina gehört mit Peking ebenso dazu wie die Provinz Kansu, von der aus die Straßen nach dem Westen ihren Ausgang nehmen. Peking war die Residenz nomadischer Häuptlinge schon vor der mongolischen Eroberung. In den Stadtmauern finden sich Steine mit nestorianischen Grabinschriften. Auch sie erinnern an christliche Nomadenstämme. Dschingis-Khan unterwirft damals die hier herrschenden tungusischen Dschurtschen und übernimmt damit auch ihren Behördenapparat; hier hatte man sich schon lange der uigurischen Schrift bedient. Die Übernahme des Behördenapparates setzt ihn in die Lage, aus dem schriftlosen Nomadenstaat der Steppe ein wohlorganisiertes, mit Schriftverkehr ausgestattetes Reich zu bilden. Dschingis-Khan hat den Stämmen der Steppe auch ein Gesetzbuch gegeben, nicht in der Form von Rechtsbestimmungen, sondern in der Form von Leitsätzen, die das Verhalten der einzelnen Menschen in der Steppe regeln sollen. Dieses Gesetzbuch, die sogenannte Yassa, hat die ständigen Kämpfe beendet und die Steppenvölker geeint. Im Jahre 1206 ist Dschingis-Khan dann soweit, aus den Stämmen der Steppe eine Armee bilden zu können. Die Krieger sind in Zehntausendschaften und Hundertschaften eingeteilt. Ein ausgezeichnetes System für die Übermittlung von Befehlen durch Kuriere sorgt für die Überwachung des großen, kaum überschaubaren Raumes. Reitkamele dienen den ausschließlich berittenen Truppen für die Überwindung langer Strecken, hierbei werden die Pferde zur Schonung ohne Last mitgeführt, so daß sie ausgeruht für den Kampf zur Verfügung stehen.

Die ersten Eroberungen des Dschingis-Khan, die über die mongolische Steppe hinausgehen, gelten im Norden den Kirgisen und Oiraten, Völker, die in jenen bewaldeten Gegenden zu Hause sind, die allmählich in die sibirische Taiga übergehen; sie werden unterworfen. Erst dann, als der Norden befriedet ist, stoßen die Mongolen nach Süden vor und zwingen das sich vom westlichen Bogen des Huang-ho bis hinab zum Kukunor-See im Süden und nach Westen bis an den Rand des Tarim-Beckens erstreckende Reich der Tanguten (Si-hia) zur Anerkennung ihrer Herrschaft. Dieses Reich hat die Zugänge der Karawanenstraßen zum Tarim-Becken, durch das die berühmten Seidenstraßen nach dem Westen führen, unter seiner Kontrolle. Es wird von einem Mischvolk aus Tibetern und Türken bewohnt, das sich zum Buddhismus bekennt und von den Chinesen Si-hia genannt wird. Ähnlich hat Dschingis-Khan vorher die über Nordchina regierenden Kin, die tungusischen Dschurtschen, zur Anerkennung seiner Oberherrschaft gezwungen. Damit ist für ihn jetzt der Weg nach dem Westen frei. Einzig die Ausgänge dieser Straßen aus dem Tarim-Becken im Westen, die die Kara-Kitai beherrschen, müssen noch frei gemacht werden, um in den Osten des Iran zu gelangen. Die Kara-Kitai hatten ein Reich geschaffen, das sowohl die Nordroute der Seidenstraße, soweit sie durch das Siebenstromland ging, als auch die mittlere und südliche Route im Tarim-Becken, die zu den Pässen nach Westturkestan führte, kontrollierte. (Die Kara-Kitai waren Nachkommen jenes vor den Kin über Nordchina herrschenden türkischen Nomadenstammes, der sich Kitai oder Kitan nannte.)

Das Reich der Kara-Kitai wird von den Mongolen nicht zuletzt durch Unterstützung der dort wohnenden islamischen Bevölkerung erobert, die mit der Herrschaft der buddhistischen Kara-Kitai unzufrieden sind. Hier zeigt sich zum ersten Mal jene sehr enge Beziehung, die zunächst zwischen den Mongolen und den Angehörigen des Islam besteht. Diese Beziehung ist durch die große Zahl jener islamischen Kaufleute hergestellt worden, deren Karawanen die Mongolen als Karawanenführer auf ihrem Weg durch die Steppe des Ostens nicht nur begleitet, sondern für die sie auch die Lasttiere zur Verfügung gestellt haben.

Nach der Unterwerfung der Kara-Kitai stehen die Mongolen jetzt jenseits des Pamir an den Grenzen der Sogdiana und damit schon unmittelbar im Osten des Iran.

Die politischen Verhältnisse im Osten des Iran werden durch die Gegensätze zwischen den Türken der Sogdiana und Afghanistan bestimmt; der hier die Vormacht besitzende Fürst, der sogenannte Chwarezm-Schah, stützt sich auf die Oghuz, türkische Söldner aus der Turkmenensteppe. Sie waren aus dem Norden gekommen und hatten sich hier niedergelassen, um als Söldner im Dienste der verschiedenen islamischen Fürsten nicht nur Sold zu erhalten, sondern auch Beute zu gewinnen. Aus diesen Oghuz, von denen später ein Teil vor den Mongolen nach Westen flüchtet, sind die später in der Türkei und in Persien regierenden Dynastien hervorgegangen, die Osmanen und die persischen Sefewiden.

Der Zusammenstoß des Dschingis-Khan mit dem Chwarezm-Schah wird durch einen Handelskrieg ausgelöst. Der Chwarezm-Schah hat als Reaktion auf die Eroberung der Seidenstraße durch die Türken diese Karawanenstraße gesperrt, so daß die mit Seide beladenen Lasttiere der islamischen Kaufleute nicht mehr den gewohnten Weg von Osten nach Westen in den Iran zurücklegen können. Dem nun beginnenden Handelskrieg, in dessen Verlauf der Chwarezm-Schah vierhundertfünfzig islamische Kaufleute und ihre mongolischen Begleiter, die trotz des Verbotes Seide aus dem Osten bei Otrar am Syr-darya in die Sogdiana bringen wollen, niedermachen läßt,

Der Mongolenherrscher Dschingis-Khan (1155 oder 1167 bis 1227) schuf eines der größten Reiche der Geschichte.

folgt der offene Krieg. Es ist die gleiche Situation, die schon einmal in der Mitte des 6. Jahrhunderts zum Krieg geführt hatte, als damals der persische König den sogdischen Kaufleuten, die Seide aus China mit sich führten, den Grenzübertritt verweigert hatte. Auch damals hatte der Handelsboykott den Krieg zur Folge.

Die Situation, die den Kampf zwischen dem Chwarezm-Schah und Dschingis-Khan bestimmt, ist durch die Fehleinschätzung der Mongolen von seiten des Chwarezm-Schah gegeben. Sein Heer reicht nur für einen Feldzug von wenigen Monaten aus. Seine an sich gut ausgerüsteten türkischen Truppen müssen in der ersten Schlacht mit den Mongolen siegen. Für die zweite fehlt es ihm an Reserven. Ihm bleibt daher nach der ersten schweren Niederlage nur noch die Flucht.

Das Heer der Mongolen ist über die Nordroute der Seidenstraße gekommen. Dort gibt es um diese Jahreszeit Weiden, so daß die Pferde ausgeruht und in gutem Stande sind, als sie das Wüstengebiet um die Sogdiana erreichen, wo die wichtigsten Städte des Schahs liegen. Sie können daher so kämpfen, als wenn nicht mehrere tausend Kilometer zwischen dem Ort ihres Zusammenstoßes mit dem Chwarezm-Schah und ihren heimatlichen Weiden lägen.

Man wird fragen, worin lag die Stärke der Mongolen, die ihre Feinde fast lähmte. Es ist nicht zuletzt ihre Grausamkeit: das vollständige Auslöschen jedes Gegners, der ihnen Widerstand entgegenzusetzen versucht. Die meisten Städte, die sie angreifen, stehen vor der Wahl zwischen dem Untergang nach einer verlorenen Schlacht oder der Knechtschaft als Lohn ihrer Ergebung.

Dieser Schrecken, den die Mongolen verbreiten, ist eine ihrer stärksten Waffen, ein Schwert, das sie nicht stumpf werden lassen, indem sie jene Städte, die sich ihnen widersetzen, bis auf den Grund zerstören, verbrennen und ihre Asche mit dem Blut aller ihrer Einwohner tränken. Der Untergang der Städte, die sich gegen die Mongolen erhoben haben, ist ein Fanal des Schreckens, das weit leuchtet und mit der lähmenden Furcht fast überall den Willen zum Widerstand auslöscht. Diese Waffe des Schreckens wird von den Mongolen geschickt eingesetzt und hat ihnen den Weg zur Eroberung der Welt leicht gemacht. Den Fremden scheint ihr Morden und Zerstören sinnlos. Jeder fragt, warum sie die Welt mit dieser Grausamkeit erobern. Das ist von jenem Sendungsbewußtsein aus verständlich, das sie besitzen. Sie glauben, daß Gott ihnen, wie dem Jäger das Wild, diese Völker und Städte als Beute gegeben habe. Dschingis-Khan selbst fühlt sich als Vollstrecker einer religiösen Mission, in der ihn sein Schamane bestärkt hat.

Es ist ein ungleicher Kampf, den der Chwarezm-Schah gegen die Mongolen führen muß. Die türkischen Söldner, die dieser mächtige Fürst zusammengebracht hat, erweisen sich gegenüber der ungleich zahlreicheren Armee des Dschingis-Khan als eindeutig unterlegen. Es ist auch ein Kampf von Türken gegen Türken: der heidnischen Türken auf seiten der Mongolen, wie der Karluk und Uiguren, gegen die seit zwei Jahrhunderten zum Islam bekehrten Oghuz im Heere des Chwarezm-Schah.

Die Niederlage des Chwarezm-Schah bringt auch eine Auflösung seines Heeres mit sich. Ein großer Teil seiner türkischen Söldner schließt sich den Mongolen an. Dem Chwarezm-Schah bleibt, nachdem sich auch der größte Teil seiner Städte den Mongolen ergeben hat, nur noch die Flucht.

Die Handelsinteressen der Städte der Sogdiana bestimmen auch ihre politische Haltung. Sie wollen sich ihre Verbindungen nach Ostasien sichern; dadurch, daß sie sich den Mongolen ergeben, folgen sie ihren wirtschaftlichen Interessen, die sie ihren Vorteil nicht bei der Sache des Chwarezm-Schah suchen lassen, sondern bei den Mongolen, die ihnen den Handel mit der Seide über Zentralasien garantieren.

Als der Chwarezm-Schah gestorben ist, übernimmt sein Sohn die Führung. Er ist ein ausgezeichneter Krieger und Feldherr, aber kein Politiker. Er zieht sich in das afghanische Bergland zurück und stützt sich hier auf jene kriegerischen türkischen Stämme, die schon im Heer des Mahmud von Gazna den Kern gebildet hatten. Mit ihrer Hilfe gelingt es ihm, auf der Straße nach Kabul dem Mongolischen Heer eine schwere Niederlage beizubringen, Dschingis-Khan nimmt sie so ernst, daß er selbst das Kommando in diesem Abschnitt übernimmt und den Sohn des Chwarezm-Schah bis nach Indien verfolgt. Hier am Indus kommt es noch einmal zu einer Schlacht, in der jetzt die Mongolen Sieger bleiben. Der unterlegene Sohn des Chwarezm-Schah hat damals auf seinem Pferd schwimmend den Indus überquert und bei den türkischen Herrschern Nordindiens Zuflucht gefunden.

In dieser Zeit stoßen andere mongolische Feldherrn in den Westen des Iran vor. Es ist kein geplanter Eroberungszug, sondern er dient auch dem Zweck, den Chwarezm-Schah gefangen zu nehmen und so seinen Widerstand auszulöschen. Bei dieser Gelegenheit haben mongolische Heere den Kaukasus überschritten und an der Kalka noch am Ostufer des Asiatischen Meeres die russischen Fürsten vernichtend geschlagen. Die mongolischen Heere sind damals über die Meerenge von Kertsch gesetzt und haben die Niederlassungen der Venezianer an der Südküste der Krim geplündert.

Man hat in Südrußland die Tragweite des mongolischen Angriffs nicht erkannt. Glaubt man doch einen der zahlreichen Einbrüche von Völkern der Steppe, die meist nur von kurzer Dauer sind, vor sich zu haben. Die nächste Zeit scheint dieser Einschätzung der Lage zunächst Recht zu geben.

Dschingis-Khan hat damals, nachdem er sieben Jahre von der mongolischen Steppe abwesend gewesen ist, die Rückkehr angetreten. Hier hat er nach Feldzügen gegen die Dschurtschen auch das Reich der Tanguten, das sich ihm schon früher unterworfen hatte, vollständig zerstört. Seine Rückkehr ist aber weniger wegen dieser militärischen Aktionen erfolgt als vielmehr aus Sorge um die Nachfolge. Sein ältester Sohn Dschotschi bereitet eine Rebellion gegen den Vater vor. Erst wenige Monate vor seinem eigenen Tod befreit ihn der Tod dieses Sohnes von der Gefahr eines mongolischen Bruderkrieges. Dschingis-Khan selbst stirbt, kurz bevor sich die Hauptstadt der Tanguten, Ningh-sia am Huang-ho, den Mongolen ergibt, am 18. August 1227. Der sterbende Großkan hat noch vor seinem Tod bestimmt, daß die Einwohner der eroberten Stadt zu töten seien. Der Tod des Großkhans wird aber so gut geheimgehalten, daß bis heute Zweifel über den Ort seiner Beisetzung bestehen. Sie haben dazu geführt, daß man zwei Gräber des Dschingis-Khan kennt. Das eine nicht weit von Ningh-sia in der Ordossteppe, wo er gestorben ist, das andere auf jenem heiligen Berg im Norden von Ulan Bator, von dem die Ströme der Mongolei ihren Ausgang nehmen. Während die Lage des Grabes in der Mongolei heute nicht mehr bekannt ist, wird das Grab in der Ordossteppe noch heute gezeigt. Es sind mehrere Jurten, von denen einige Kleider und Waffen des Großkhans aufbewahren und eine von ihnen seinen Sarg enthält. Die von den Mongolen heilig gehaltene Stätte ist für Fremde nicht zugänglich.

Dschingis-Khans Nachfolger: Die Teilung des Mongolenreiches und sein Zerfall

Dschingis-Khan hatte ein politisches Testament hinterlassen. Dieses Testament bestimmt offensichtlich auch die Ausdehnung des Reiches, denn es teilt den noch nicht eroberten Westen mit Rußland seinem Enkel Batu zu, den Süden, den Irak mit dem Iran, hat er von einer Eroberung ausgeschlossen. China fällt an seinen Sohn Dschotschi und Zentralasien an die beiden ältesten Söhne Tschagatai und Ögötai. Ögötai ist der Nachfolger Dschingis-Khans als Großkhan, er ist der große Organisator des beim Tode des Dschingis-Khan noch im Rohbau befindlichen Reiches. Er hat ihm nicht nur eine feste Hauptstadt als Regierungssitz des Großkhans, Karakorum („Allgemeine Regierung"), gegeben, son-

Dschingis-Khan auf dem Thron. Ausschnitt aus einer persischen Miniatur.

dern auch die Verbindungslinien zu den verschiedenen Reichsteilen geschaffen, indem er überall Stationen, die mit Kriegern und Kurierpferden besetzt sind, eingerichtet hat, so daß die Nachrichtenübermittlung in kürzester Zeit erfolgen kann. Dem jüngsten Sohn Tolui überträgt Ögötai, der Anweisung Dschingis-Khans folgend, die Ordnung der Verhältnisse in Ostasien. Er hat weiter den Krieg gegen die Dschurtschen geführt und so die vollständige Eroberung Chinas durch die Mongolen vorbereitet, die dann über seinen Sohn Kubilai zur Bildung eines chinesisch-mongolischen Reiches führen soll. Unter diesen ersten Nachfolgern bleibt die Stellung Zentralasiens als Mittelpunkt des Reiches unbestritten. Hier tagen die Reichstage der Mongolen und stellen die Planung für die Eroberung des Westens auf.

Die Eroberung des Westens vollzieht sich wie nach einem Generalstabsplan. Die dafür notwendigen Truppen sind von allen mongolischen Heerführern bereitgestellt worden. Der Zug gegen Osteuropa, der Baku und Berke, die Enkel des Dschingis-Khan, in den Besitz dieses Erbes setzen soll, wird von Zentralasien aus als Aufmarsch in den Räumen nördlich vom Aralsee und Kaspischem Meer vorbereitet, um dann an der Wolga südlich von Kasan das Reich der Wolgabulgaren zu vernichten und von dort aus den Stoß weiter gegen Nordrußland zu führen, der die Eroberung von Moskau und Murom bringt, aber vor Nowgorod durch das plötzlich einsetzende Tauwetter zum Stillstand kommt. Von da aus setzen, von zwei Armeen durchgeführt, die Feldzüge in Polen und Schlesien ein, wobei die für die Mongolen siegreiche Schlacht von Liegnitz den westlichsten Punkt ihres Vorrückens nach Mitteleuropa bezeichnet. Eine andere aus Zentralasien vorrückende Gruppe hat 1240 Kiew erobert und den Süden Rußlands unter die Herrschaft der Mongolen gebracht. Eine zweite, sich von ihr trennende mongolische Heermacht erobert Ungarn. Die Expansion, die nach ihrer Planung nach Westen weitergehen soll, wird indirekt durch die Vorgänge in Zentralasien an ihrer vollen Durchführung gehindert. Der Tod des Großkhans Ögötai führt zu einem Stillstand bei den mongolischen Angriffstruppen. Ihre Führer warten auf Nachricht aus Karakorum. Auf den Stoß gegen Südrußland folgt nach der Wahl des neuen Großkhans Möngkä der Feldzug, der den Bruder des Großkhans, Hülägü, in den Besitz seines Erbes bringen soll. Hülägü unternimmt mit Beteiligung von Kontingenten fast aller mongolischer Heere jenen Feldzug, der ihn in den Besitz des Iran, Irak und Syriens setzen soll. Es gelingt ihm zwar, Bagdad zu erobern und in Aleppo und Damaskus einzuziehen, aber an der Davidsquelle in Transjordanien kommt es zur ersten großen Niederlage der Mongolen Hülägüs, die von den türkischen Mamluken, den Herren Ägyptens, geschlagen werden. Diese Schlacht bedeutet einen Wendepunkt. Das insofern, als sich von dieser Schlacht an im Jahre 1260 deutlich jene beginnende Integration der Mongolen durch die von ihnen eroberten Länder zeigt. An die Stelle der mongolischen Heeresverbände, die auf das Kommando des Großkhans hin die Welt erobert haben, treten jetzt mongolische Herrscher, die sich als Exponenten der von ihnen eroberten Länder und Reiche fühlen. Es zeigt sich, daß die Kultur dieser Völker stärker ist als die Waffen und der politische Wille der mongolischen Eroberer. Zum ersten Auseinanderbrechen des Reiches kommt es, als nach dem Tode des Khans Möngkä Arig Bögä zum Großkhan gewählt wird, der sich nicht gegen den Widerstand der Brüder Möngkäs, Kubilai in China und Hülägü in Iran, behaupten kann. Lediglich der Khan der Goldenen Horde, also der Mongolen in Osteuropa, steht auf seiner Seite. Man hat Arig Bögä, der Karakorum besetzt hat und sich auf das Kernland in der Mongolei stützt, durch eine wirtschaftliche Blockade des mongolischen Stammlandes zur Unterwerfung gezwungen. Kubilai, der Sieger und neue Großkhan geht aber nicht nach Karakorum, sondern zieht es vor, als Großkhan weiter in Peking zu residieren und hier die Stellung eines chinesischen Kaisers einzunehmen. Damit verlieren die Mongolei und Zentralasien ihre Rolle als beherrschender Mittelpunkt eines Weltreiches.

Der Zerfall des Reiches in einzelne Staaten, wie den der Goldenen Horde in Osteuropa und Westsibirien, den der Ilchane im Irak und im Iran, den der Sippe Kubilais mit China und der Mongolei und in die beiden Machtbereiche in Zentralasien unter den Nachfolgern Tschagatais und Ögötais ist damit besiegelt. Die vier Khanate als Symbole der vier Himmelsrichtungen, schon immer eine Einrichtung türkischer und mongolischer Weltreiche, sind unter den Nachfolgern Dschingis-Khans zu weit auseinander gerückt worden, als daß sie jetzt noch ein gemeinsames Weltreich tragen könnten. Die Integration in den Teilen bringt den Auseinanderfall des gesamten mongolischen Reiches. Die Übernahme des Islams im Westen und des Buddhismus im Osten ist hierzu der erste Schritt. Der Khan der Goldenen Horde, Berke, ist schon 1252 zum Islam übergetreten; damit ist die Assimilation der Mongolen an die türkischen Stämme in Südrußland eingeleitet, aber gleichzeitig auch der Gegensatz zu Hülägü und seinen Nachfolgern im Iran, die den Titel Ilchan annehmen und weiter Schamanen bleiben, entschieden. Ein Spruch des Großkhans Ögötai, der die Herrschaft über den Kaukasus der Goldenen Horde nimmt, und den Ilchanen gibt, ist hier nur der äußere Anlaß für die ständigen Auseinandersetzungen zwischen der Goldenen Horde und dem Ilchan-Reich. Angriffspunkte sind hier das Gebiet am Kaukasus und die Steppe zwischen dem Kaspischen Meer und der Grenze des Reiches Tschagatais in der Sogdiana. Nur dort berühren sich beide Reiche.

Damit stellt sich die Frage, wieweit auch Zentralasien als Ganzes von dieser Entwicklung der Integration betroffen wird. Man hat hier zu unterscheiden zwischen dem früher iranischen Westturkestan bis zum Syr-darya im Norden, das bis zum Amu-darya im Süden reicht, und dem Gebiet der türkischen Stämme in der Dzungarei und im Tarim-Becken. Es ist jener Teil des Mongolenreiches, den Dschingis-Khan seinen Söhnen Ögötai und Tschagatai als Erbe zugeteilt hatte. Vom Standpunkt der Mongolen ist es das wertvollste Gebiet des Reiches, Länder, die sich gegenseitig ergänzen. Da ist einmal das hochzivilisierte Westturkestan mit seinen reichen Städten, dann das Tarim-Becken, wo es Oasenstädte mit großen Einnahmen aus dem ständig unterhaltenen Karawanenverkehr gibt. Auf der anderen Seite besitzt es im Gebiet des heutigen Kasachstan in Gestalt der Steppe und des zur Steppe umgewandelten ehemaligen Ackerbaugebiets eine wichtige Ernährungsbasis für die von der Viehzucht abhängigen Mongolen, die ihnen gleichzeitig auch die Weiden für die zur Kriegsführung unbedingt notwendigen Pferde und Kamele sichert. Die Integration spielt hier keine Rolle, der Anteil der Türken und Mongolen an der Gesamtbevölkerung ist so stark, daß diese Gefahr niemals bestand. Die Mongolen haben hier zusammen mit den türkischen Stämmen die Staatsidee Dschingis-Khans weiter verwirklicht. Allerdings auch in negativem Sinne, insofern als sie die Kultur einer nomadischen, viehzüchtenden Herrenschicht der vorhandenen iranischen Bauernbevölkerung aufzwingen und durch die Zerstörung der Bewässerungskanäle eine weitgehende Verelendung dieser Landbevölkerung herbeiführen. Die Folge dieser Entwicklung ist, daß jetzt an die Stelle der iranischen Bauern türkische Viehzüchter treten. So wird in der Sogdiana eine hochzivilisierte, auf Bewässerung beruhende Landwirtschaft und die sie tragende Schicht von Bauern vernichtet, um türkischen Viehzüchtern Platz zu machen. Das gleiche wiederholt sich im Tarim-Becken, wo die Stelle der Iraner Kirgisen, Uiguren und mongolische Kalmüken einnehmen. Nur kleine iranische Inseln in den Oasen halten sich. Das sind in der Sogdiana die Tadschiken und im Tarim-Becken die Sarten. Das Erlöschen der alten Kultur nimmt also auf dem Land und nicht in den Städten seinen Anfang. In den Städten kann sich die alte Zivilisation, die von den Kaufleuten und Handwerkern getragen wird, zunächst noch weiter halten. Die Bedeutung der Stadt für ihren Staat ist den Mongolen nicht unbekannt geblieben. Sie unterstellen daher auch die Sogdiana nicht einem mongolischen Heerführer, sondern einem islamischen Kaufmann als Statthalter, der durch eine geschickte Verwaltung die wirtschaftliche Entwicklung, soweit sie auf der Stadtwirtschaft beruht, in stärkster Weise gefördert hat.

Der Gegensatz zwischen Mongolen und Türken wird vor allem durch die Religion verschärft, denn die türkischen Stämme bekennen sich ausnahmslos zum Islam, während die Mongolen sich der aus dem Buddhismus entwickelten lamaistischen Volksreligion angeschlossen haben. Schwerpunkt der mongolischen Bevölkerungskonzentration ist das Gebiet um Kuldscha. Gegenüber diesen beiden großen Religionen kann sich das noch im 14. Jahrhundert im Siebenstromland vertretene nestorianische Christentum nicht halten. Heute zeugen nur noch Grabsteine von der großen Verbreitung dieser Religion unter den türkischen Stämmen. Es ist vornehmlich die Zeit des 14. Jahrhunderts, aus dem die Grabschriften in türkischer Sprache und syrischer Schrift stammen. Im eigentlichen Tarim-Becken hat aber der Islam seit der karachanidischen Eroberung im 10. Jahrhundert festen Fuß gefaßt. Es ist jener sunnitische Islam, der in den Koranschulen der Sogdiana gelehrt wird, den dann im Tarim-Becken und seinen östlichen Randgebieten Missionare verbreiten, die selbst Türken sind. Es ist hierbei von Bedeutung, daß die im 10. Jahrhundert von Norden in die Sogdiana eingedrungenen türkischen Stämme wenig später zu einer islamisch-türkischen Schriftsprache finden, denn es ist kein Zufall, daß die türkische Mission besonders in jenem Gebiet großen Erfolg hat, das sich früher zum Buddhismus, Manichäismus und Christentum bekannte, wie die Oasen von Turfan und Hami. Hatten doch jene Religionen hier schon von sich aus eine türkische Schriftsprache entwickelt, die den islamischen Missionaren türkischer Nationalität ihre Aufgabe besonders leicht macht. In der eigentlichen Sogdiana übernehmen die türkischen Stämme mit dem Islam auch die persische Zivilisation und Kultur. Das ist vor allem für die späteren literarischen Schöpfungen dieser türkischen Stämme von großer Bedeutung. Anders steht es im Tarim-Becken. Hier fehlt neben der religiösen Botschaft des Islams etwas, das dem persischen Kultureinfluß in der Sogdiana entsprechen könnte. Die Kultur ist daher hier nur türkisch-islamisch. Das Religiöse überwiegt, so daß sich Literarisches aus persischer profaner Überlieferung neben der auch hier lebendigen türkischen Volksdichtung nicht durchsetzen kann. Während jene türkischen und mongolischen Stämme, die mit den Eroberern nach Westen ziehen, sich dort in der gesellschaftlichen Struktur mehr der von ihr unterworfenen Bevölkerung anpassen, haben jene Stämme, die vor allem nördlich des Syr-darya und zwischen Ili und Tschu sich niedergelassen haben, die alte ererbte Zivilisation der nomadischen Stammesstruktur beibehalten. Hier hat sich der Stamm und seine Einteilung bis hinab zu den Verbänden der einzelnen Familien bis zur russischen Eroberung in der Mitte des 19. Jahrhunderts erhalten. Der Islam verändert hier nur die Oberfläche, nicht aber das Denken und Handeln der Bevölkerung. Für das Tarim-Becken ist von Bedeutung, daß es sich hier um altes buddhistisches Gebiet handelt, das noch bis in das letzte Drittel des 10. Jahrhunderts am Buddhismus festgehalten hat. Der Islam ist hier durch den vorhandenen Buddhismus indirekt mitgeprägt worden. Nicht nur die buddhistischen Tempel werden zu islamischen Moscheen umgebaut, auch die Menschen haben die neue Religion dem Buddhismus, in dem sie gelebt haben, angepaßt. Das trifft auf die Intensität zu, mit der der Islam hier praktiziert wird. Sie ist stärker als in dem schon lange islamischen Westturkestan. Auch die später in das Tarim-Becken eindringenden Kirgisen, Kasaken und Uiguren können sich dieser geistig-religiösen Bewegung nicht entziehen.

Die Gefahr der Integrierung der Mongolen durch die von ihnen eroberten Völker ist von Dschingis-Khan vorausgesehen worden. Aus dieser Voraussicht hat er noch zu Lebzeiten die Grenzen seines Reiches, wie er sie haben wollte, in seinem politischen Testament abgesteckt. Die Existenz dieses Testamentes über die Verteilung der einzelnen Reichsteile, das damit indirekt über die beabsichtigte Ausdehnung des Mongolenstaates Aussagen macht, läßt sich indirekt aus der Verteilung des Reiches unter seinen Söhnen erschließen.

Der alten nomadischen Form der Reichsgliederung folgend, hat auch Dschingis-Khan sein Reich nach den vier Himmelsrichtungen in vier Khanate geteilt. Das Khanat im Süden, das das Tarim-Becken und in Westturkestan die Sogdiana umfaßt, erhält sein zweitältester Sohn Tschagatai. Den Norden mit dem östlichen Teil des Tarim-Beckens, der Dsungarei und den Ländern nördlich des Tienschan wird dem späteren Großkhan Ögötai übertragen. Den Osten, der die Stämme der Gobi und die an Nordchina angrenzenden Gebiete bis in die Nähe des heutigen Pekings einschließt, erhält sein jüngster Sohn Tolui. Der Westen, Osteuropa bis hin zum Ural, der beim Tode Dschingis-Khans noch nicht erobert worden ist, wird für seinen Enkel Batu bestimmt, da sein ältester Sohn Dschotschi ihm wenige Monate im Tode vorausgegangen war.

Diese Einteilung spart bewußt im Westen den Irak, den Iran und Syrien aus und läßt im Osten das eigentliche China außerhalb des Reiches. Offensichtlich sieht Dschingis-Khan in diesen Ländern die Gefährdung der mongolischen Herrschaft durch eine Integrierung und Assimilierung mit der einheimischen Bevölkerung als gegeben voraus und will damit einer möglichen Auflösung der mongolischen Staatsgewalt, die von diesen Ländern ausgehen könnte, begegnen. In Osteuropa scheint ihm diese Gefahr angesichts des starken türkischen Anteils an der Bevölkerung sowohl für Südrußland wie für das Land entlang der Wolga nicht gegeben zu sein.

Wie richtig Dschingis-Khan diese Gefahr der Assimilierung eingeschätzt hat, zeigt sich, als im Westen sein Enkel Hülägü nicht nur den Iran, sondern auch den Irak und Syrien erobert und aus diesen Ländern das Reich der mongolischen Ilchane gebildet hat, und im Osten fast zur gleichen Zeit sein Bruder Kubilai, über den stark turkisierten Norden Chinas hinausgehend, auch den nur von Chinesen bewohnten Süden erobert hat. Kubilai betrachtet sich nach der Eroberung Chinas als Nachfolger der chinesischen Kaiser, so daß er, als er nach dem Verzicht von Arig Bögä die Nachfolge seines Bruders Möngkä in Karakorum als Großkhan antreten soll, es vorzieht, weiter in Peking zu bleiben. Es zeigt sich darin, daß er auch als Großkhan Peking und China der Regierung des Weltreiches Dschingis-Khans in Karakorum vorzieht. In Peking sind die Interessen des chinesischen Reiches der Hauptgesichtspunkt seiner Politik. Unter seiner Führung haben die Mongolen in Vietnam Hanoi besetzt, sind nach Burma vorgedrungen und haben versucht, zweimal Japan zu erobern. Ähnlich handelt sein Bruder, der erste Ilchan Hülägü. Er will das von den türkischen Mamluken beherrschte Ägypten erobern und scheitert hierbei nicht zuletzt, weil ihm das seinem Heere zugeteilte Detachment der Goldenen Horde aus Osteuropa auf Anweisung von Sarai damals die Gefolgschaft verweigert. Auch dieser Gegensatz, der sich hier zwischen dem Reich der Ilchane Hülägüs und dem der Goldenen Horde Batus auftut, zeigt die beginnende Auflösung des Gesamtstaates.

Timur, der kein Mongole sondern Türke war, versuchte das Weltreich Dschingis-Khans wiederherzustellen. Nach einer zeitgenössischen persischen Miniatur, die in den letzten Jahren des 19. Jahrhunderts von N. Elias, Generalkonsul Großbritanniens für den Chorrassan, entdeckt wurde. Er publizierte sie in seiner englischen Ausgabe des Tarikh-i-Rashidi (Geschichte der Mongolen) von Mirza Mohammed Haidar.

Aber nicht nur die Trennung der beiden mongolischen Reichsteile bewirkt seinen Zerfall. Auch die Goldene Horde in Osteuropa vermag als mongolisch-türkisches Khanat ihre Herrschaft über die christlichen osteuropäischen Staaten nicht auf die Dauer zu behaupten. Hier liegt die Ursache des Untergangs nicht wie im Iran in der Integrierung und Assimilierung, sondern vielmehr in der religionspolitischen Orientierung der Mongolen. Die Khane der Horde sind zum Islam übergetreten. Das wirkt sich innerhalb der Staatenwelt Osteuropas so aus, daß es zu einem Gegensatz zwischen den islamischen Mongolen und Türken und den christlichen osteuropäischen Staaten kommen muß. Im Iran dagegen, wo die Christen nur eine Minderheit darstellen, bedeutet die Wahl des Islams die Einleitung einer Entwicklung, die zu einer Integrierung der Eroberer mit der von ihnen unterworfenen Bevölkerung führen muß. In Osteuropa finden sich damals die christlichen russischen Fürsten gegen die Goldene Horde zusammen. Die russischen Bauern weichen, weil sie für ihr christliches Bekenntnis fürchten, aus dem von den Tataren besetzten südrussischen Gebiet nach Norden aus, so daß es jetzt, auch ethnisch gesehen, zu der Bildung eines Schwerpunktes des christlichen Rußlands kommt, der seinen Kampf mit der Verteidigung des christlichen Glaubens gegen die islamischen Tataren motivieren kann. Hierzu wäre es vielleicht nicht gekommen, wenn etwa der Khan der Goldenen Horde sich für das Christentum als Staatsreligion entschieden hätte.

Durch die Ausgliederung des chinesischen und iranischen Reiches und des Gebietes der Goldenen Horde bleibt von dem Reich Dschingis-Khans nur das Reich Tschagatais und der Rest des ehemaligen Reichsteils Ögötais erhalten. Diese Entwicklung der Ausgliederung ist Mitte des 14. Jahrhunderts fast überall beendet. Von dem allein übrig bleibenden Zentralasien, dem Reich Tschagatais, das sehr stark noch die alte Gesellschaftsordnung aus der Zeit Dschingis-Khans bewahrt, wobei allerdings die Bedeutung der alten Clansippe mit der Zeit immer mehr zu schwinden beginnt, sollen auch spätere Versuche die Weltherrschaft in Asien aufzurichten ihren Ausgang nehmen.

Das Timuridenreich

Das gilt auch für Timur, der fast zwei Jahrhunderte nach Dschingis-Khan geboren wird. Timur ist kein Mongole, sondern ein Türke. Um seine Legitimität im Sinne der Reichsgründung Dschingis-Khans zu betonen, läßt er, nachdem es ihm gelungen ist, Chwarezm und Kaschgar zu erobern, wieder einen Großkhan aus der Sippe Dschingis-Khans wählen und nimmt für sich selbst nur den Titel eines Beg in Anspruch.

Die Stunde seines Aufstiegs ist von Timur günstig gewählt. Der letzte der Nachfolger Kubilais auf dem chinesischen Kaiserthron, Toghan Termür, hatte 1368, von der nationalen Befreiungsarmee verjagt, in nächtlicher Flucht Peking verlassen müssen. Fast über Nacht hat er den Luxus des Palastes in der chinesischen Hauptstadt mit dem einfachen Leben in einer mongolischen Jurte in der Einsamkeit der Gobi eintauschen müssen.

Das Reich der Ilchane hatte schon 1335 nach dem Tode des letzten Herrschers aus der Sippe Hülägüs, Abu Said, zu bestehen aufgehört. Nur das Khanat der Goldenen Horde hatte sich unter den Nachkommen Dschotschis, des ältesten Sohnes Dschingis-Khans, noch gehalten, wenn sich auch hier zuweilen die Gefahr einer Auflösung in einzelne Staaten deutlich abzeichnete.

Aus seiner Zeit heraus gesehen muß man die Eroberungen Timurs als den Versuch einer Wiederherstellung des Weltreiches Dschingis-Khans sehen. Man kann es aber nicht, wenn man nach dem Sinn des von Timur in wenigen Jahrzehnten geschaffenen Reiches fragt. Timur war als Feldherr und Truppenführer Dschingis-Khan vielleicht ebenbürtig, nicht aber als Reichsgründer und Gesetzgeber. Anders als Dschingis-Khan, der seinem Schamanen vertraute, ist er ein gläubiger Muslim. Von dort, aus dem religiösen Bereich, kommt ein wesentlicher Anstoß zu seinem politischen Handeln. Hinter ihm steht der fanatische Glaube an den Islam und das Bewußtsein, zu seinem Schutz ausersehen zu sein. Erst darauf folgt für ihn die Aufgabe, das alte Weltreich Dschingis-Khans wiederherzustellen.

Den Beginn seiner Eroberungen bezeichnet die Einnahme von Kaschgar und Chwarezm. Von Kaschgar aus ist es ihm möglich, das Tarim-Becken zu unterwerfen und die wichtigsten Wege der Seidenstraße, die von hier nach China führen, zu überwachen. Chwarezm, Endpunkt einer wichtigen Karawanenstraße, die über die Meerenge von Kertsch zu den südrussischen Häfen führt, gibt ihm jederzeit die Möglichkeit, in Südrußland einzugreifen und damit auch die Geschicke der Goldenen Horde zu bestimmen.

Zunächst unterwirft Timur den Osten Irans. Hier besiegt er das ebenfalls von Türken regierte Khanat von Herat und sichert sich durch den Besitz Afghanistans die Zugänge nach Indien. Diese Kämpfe ziehen sich länger hin. So hat ihn diese Aufgabe von 1379 bis 1385 festgehalten. Das hat ihn aber nicht gehindert, gleichzeitig in

Rußland einzugreifen, wo die Goldene Horde einem ähnlichen Schicksal entgegenzugehen scheint wie vorher das Ilchanenreich im Iran und der chinesische Mongolenstaat.

Timur hat die Aufgabe, die mongolisch-türkische Herrschaft des Ilchanreiches wiederherzustellen, zunächst nicht vollendet, sondern ist erst zur Unterstützung des bedrohten Khans der Goldenen Horde nach Osteuropa gezogen. Hier haben die christlichen Staaten neben dem Moskauer Großfürstentum, der Litauische Staat und das Reich der Bassarab in der Moldau, die Herrschaft der Goldenen Horde immer mehr zurückgedrängt. (Den Aufstieg des Großfürsten von Moskau und des Gebieters der Moldau hat das von ihnen beiden bekleidete Amt eines mongolischen Tributeinnehmers weitgehend gefördert. Der Name der moldauischen Fürsten Bassarab geht auf das gleiche mongolische Wort zurück, das die Bedeutung „Erpresser" besitzt.) Wie bedrohlich die Situation für die Goldene Horde wird, zeigt die Eroberung Kievs durch die Litauer im Jahre 1370. Als dann der Feldherr der Goldenen Horde im Jahre 1380 auf dem Kulikowo Polje (Schnepfenfeld) am Don von dem Moskauer Fürsten geschlagen wird, scheint das Reich der Goldenen Horde vor dem Zusammenbruch zu stehen, doch da greift Timur ein. Der von ihm gestützte Khan der Horde, Tochtamysch, kann jetzt wieder zur Gegenoffensive übergehen und 1382 Moskau belagern, das erneut den Tribut an die Tataren zu entrichten hat.

Allerdings wird Timur die Unterstützung der Goldenen Horde wenig gedankt. Tochtamysch, ihr Khan, versucht das Chaos im westlichen Iran zur Erweiterung seiner Macht auszunutzen. Hierzu hat er sich mit den Osmanen in Westanatolien auch gegen Timur verbündet. Timur unterwirft darauf den Westen des Iran und besetzt den Norden des Irak und die Kaukasusländer einschließlich Georgiens. Tochtamysch selbst wird von ihm in Südrußland an der Kondurtscha so vernichtend geschlagen, daß er am Ende als Flüchtling bei seinen früheren Gegnern Asyl suchen muß.

Timur hat damit außer dem ehemaligen Gebiet der Ilchane auch den von der Goldenen Horde beherrschten Raum unter seine Kontrolle gebracht. Um das Reich der Mongolen in seiner alten Ausdehnung wiederherzustellen, fehlt jetzt nur noch das ehemalige Mongolenreich in China.

Hier ist der Khan Toghan Temür vertrieben worden. Diese Aufgabe der Rückgewinnung Chinas hat sich Timur bis zuletzt vorbehalten. Als er aber jetzt vor den Toren Chinas steht, nachdem er sich das westliche Asien und auch die Mitte des Erdteils vollständig unterworfen hat, nimmt ihm, der im Begriff steht, an der Spitze eines großen Heeres bei Otrar den Syr-darya zu überschreiten, der Tod diese Aufgabe. Timur hat seine Eroberungen weiter ausgedehnt als Dschingis-Khan, ihm war Anatolien zugefallen, nachdem er 1402 durch die Schlacht bei Angora das Osmanenreich vernichtet hatte, ebenso wie vier Jahre vorher in Nordindien die Macht der Sultane von Delhi. Auch hier hatte eine Kette unvorstellbarer Grausamkeiten, Plünderungen und Zerstörungen seinen Feldzug begleitet. Als er am Ufer des Syr-darya stirbt, hat er nichts aufgebaut, sondern fast nur zerstört. Zentralasien und hier die Sogdiana mit Samarkand als Residenz sollten offenbar den Mittelpunkt seines Reiches bilden, das er durch die Waffen gewinnen, aber nicht mit dem Gesetz regieren konnte. So bringt sein Tod für den größten Teil der Welt, die er unterworfen hat, ein unübersehbares Chaos.

Zentralasiens Entwicklung nach dem Tode Timurs bis in die Gegenwart

Timurs Tod bedeutet gleichzeitig das Ende einer Periode, die von dem Versuch gekennzeichnet war, ein Weltreich mit den Mitteln einer nomadischen Stammesherrschaft aufzubauen. Die ebenfalls von Zentralasien ausgehende Eroberung Indiens durch Babur dagegen ist in Anlage und Ziel regional begrenzt. Eher könnte man noch den Versuch des Oiratenhäuptlings Galdan, auf der Grundlage eines Bundes der mongolischen Stämme ein Großreich dieser Art aufzubauen, in dem gleichen Zusammenhang sehen. Aber Galdans Unternehmen ist schon sehr schnell durch die Mandschu-Kaiser vereitelt worden. Ein Nomadenreich, das in der Lage ist, eine militärische, politische und gleichzeitig auch religiös-kulturelle Herrschaft über die alten Kulturstaaten Anatoliens, des Irak, des Iran und Chinas auszuüben, erweist sich, wie der Zusammenbruch der timuridischen Herrschaft unmittelbar nach dem Tode ihres Schöpfers in Asien beweist, als Utopie.

Im Westen, in Anatolien und Iran, treten die zunächst theokratisch aufgebauten Staatsbildungen der Osmanen und Sefewiden in regional begrenztem Rahmen die Nachfolge der alten nomadischen universalen Gewalten an. Im Osten können die Timuriden unter dem Sohn des Reichsgründers Schah Roukh noch für kurze Zeit die alte Macht behaupten. Aber mit seinem Tode zerbricht auch hier alles. Einzelne Mittelpunkte wie Samarkand, wo der Enkel Timurs, Ulug beg, regiert, oder Herat ragen nur durch ihre kulturelle Führung heraus. Politisch bleiben auch sie machtlos.

Man wird sich die Frage stellen, wieweit Zentralasien, das unter den Nachkommen der Söhne Dschingis-Khans, Tschagatai im Westen und Ögötai im Nordosten stand, das Erbe Dschingis-Khans bewahren konnte. Diese Khanate haben in ihrer inneren Struktur den Prozeß der großen Wandlung im Gegensatz zu anderen mongolischen Reichsteilen am besten überstanden. Das Reich Ögötais war schon 1309 als politische Einheit untergegangen, so daß der Westen Zentralasiens unter den Nachkommen Tschagatais, die häufig nicht mehr selbst im Besitz der Macht waren, das Erbe Dschingis-Khans am längsten bewahrt hat. Auch hier zeigt sich schon bald, welch eine Gefahr ein Übertritt zum Islam für die Erhaltung der mongolischen Macht bedeutet. Zunächst hat das Gebiet um den Issiköl bis zum oberen Ili am längsten an den alten Religionen festgehalten, zu denen neben dem Schamaismus der Mongolen bei den Türken am Ili das nestorianische Christentum und an der Peripherie in der Turfanoase der Buddhismus gehörten. Für die Verbreitung des Islam ist Tughlugh Temür von großer Bedeutung. Er ist 1347 zum Großkhan ausgerufen worden, ohne sich allerdings auf unmittelbare verwandtschaftliche Beziehung zu Dschingis-Khan berufen zu können. Tughlugh, der sich neben der Dsungarei auch das Tarim-Becken unterworfen hat, tritt 1347 zum Islam über. Das ist jene Wende, die auch für Zentralasien zunächst das Ende eines Weiterlebens der mongolischen Reichsidee bedeutet. Tughlugh gelingt es zwar, was er wohl durch seinen Religionswechsel erreichen wollte, Westturkestan wieder mit dem Reich Tschagatais zu vereinigen und so die Herrschaft der dort bestehenden vier Stammesverbände zu beseitigen, aber in einem größeren Zusammenhang gesehen bedeutet doch die Annahme des Islam für Zentralasien beides, die Auflösung der alten mongolischen Herrschaftsstruktur und die Abschließung gegenüber dem Osten. Der Religionswechsel Tughlughs bewirkt hier die Trennung von den Mongolen im Osten. Zwar kann er sein Reich jetzt bis nach Hami ausdehnen und die dort noch bis etwa 1330 nachweisbare Herrschaft der buddhistischen Uigurenfürsten mit dem Titel Idiqut beseitigen, die sich damals über Bischbalik und Chotscho erstreckte, aber er muß dann erfahren, daß die Grenze des Islam im Osten auch die Grenze seines Reiches ist. Mit dieser Zeit, den Eroberungen Tughlughs, beginnt jene sehr erfolgreiche islamische Mission in den chinesischen Westprovinzen, die hier zu der Entstehung der islamischen Dunganengemeinden führt. Eine andere Möglichkeit des Über-

Rückseite des zwischen 1490 und 1501 für Timur in Samarkand errichteten Mausoleums. Der Turm, Gur-i-Mir, mit achteckigem Unterbau, auf dem sich ein runder Tambour erhebt, zeigt mit seiner gerippten Kuppel die Verwandtschaft mit dem zentralasiatischen Steppenzelt.

lebens für das Reich Dschingis-Khans ist durch die sogenannte Weiße Horde gegeben. Sie bildet den östlichen Teil der Goldenen Horde und erstreckt sich jenseits des südlichen Ural nach Osten bis zum oberen Irtysch. Reichsgründer sind hier die beiden Brüder Batus, Orda und Schyban. Ihr Gebiet grenzt an das Reich Tschagatais. Zwischen der Sogdiana und dieser Weißen Horde bildet der Syr-darya die Grenze. Schon 1406, also unmittelbar nach dem Tode Timurs, stoßen die Führer dieses Khanates, die sich nach einem Nachkommen Dschingis-Khans, dem Reichsgründer Özbeg, Özbeken nennen, bis nach Buchara vor. Es gelingt ihnen, 1431 Chwarezm zu nehmen, so daß es nur noch eine Frage der Zeit sein kann, wann sie die Sogdiana ganz erobern. Das geschieht zwischen 1495 und 1500. Damit werden in Zentralasien die Dzungarei und das Tarim-Becken vom Westen abgeschnitten. Die Folge ist, daß die Entwicklung dort jetzt in einem fast provinziellen Rahmen verläuft, bei der der Islam auch hier den politischen Rahmen bestimmt. So kommt es dort ähnlich, wie an anderen Stellen der Welt, wo der Islam die Herrschaft gewonnen hat, zur Bildung von geistlichen Bruderschaften unter der Führung politisch-religiöser Herrscher, die sich damals im Tarim-Becken um die sogenannten Chodschas, angebliche Nachfahren des Propheten Mohammed scharen. Es treten damals zwei Gruppen besonders hervor, die Aqtaghlyq, das bedeutet „die vom weißen Berg" – gemeint ist das Gebiet um Kaschgar – und die Qarataghlyq, das heißt „die vom schwarzen Berg"; sie besitzen Jarkänd als Mittelpunkt. Politisch gesehen kommt es damit zu einer Rückbildung, die Oasen schließen sich wieder zu einzelnen Stadtstaaten zusammen, die nur die politischen Interessen des kleinen, von ihnen kontrollierten Raumes bewegen.

Dieser politische Schrumpfungsprozeß ist nicht zuletzt die Folge wirtschaftlicher Veränderungen. Schon während der Yüan-Dynastie, also unter der Herrschaft der Mongolen in China, ist der chinesische Handelsverkehr über den Seeweg nach dem Westen wieder aufgenommen worden. Chinesische Dschunken oder von Chinesen abhängige islamische Kaufleute besuchen damals sogar die ostafrikanischen Häfen. Damit wird die Bedeutung der sogenannten Seidenstraßen, die durch Zentralasien nach dem Westen führen, weitgehend entwertet, ein Prozeß, der sich weiter verstärkt, nachdem die Verbindung zwischen dem Tarim-Becken und der Sogdiana infolge der Besetzung Westturkestans durch die Schybaniden oder Usbeken die bisher bestehende, wenn auch lose politische Verbindung ganz beseitigt hat. Schließlich hat auch die Benutzung eines nördlichen Weges für den Handelsverkehr von Europa nach China in Zentralasien zu einer weiteren Verödung der Transitwege geführt. Entscheidend ist für die Bevorzugung dieser Straße das Chaos zwischen den Nachfolgern und Erben Timurs. Auch jene Straße, die von Kertsch nach Chwarezm in die Sogdiana führt und dort den Anschluß an die Seidenstraße nach China findet, wird damit jetzt erheblich weniger benutzt. Man bevorzugt nun allgemein die als Etappenstraße für die Versorgung der Goldenen Horde aufgebaute, gut gesicherte Straße im Norden. Der Weg führt dort von den russischen Städten im Norden aus nach Sarai oder Kasan, dann über den Paß des Ural in das südliche Sibirien, um von dort, geschützt von den Militärlagern der Khane der Weißen Horde, über die mongolischen Randgebiete Chinas Peking zu erreichen. An dieser Straße hat sich das bis zum Ende des 16. Jahrhunderts bestehende Khanat von Sibir gebildet, das in der Nähe von Tobolsk am Ob seinen Mittelpunkt besitzt. Aber auch dieses Khanat wird wie vorher das von Kasan im Westen von den Russen erobert. 1598 muß der letzte der Khane von Sibir, Kutschum, sein Reich am Ob aufgeben und bei den Nogaiern in Südrußland Zuflucht suchen. Damit ist der größte Teil jener von Ögötai in Verbindung mit der Gründung der mongolischen Hauptstadt Karakorum angelegten Militärstraße in die Hand der Moskauer Großfürsten gelangt. Wenig später folgt auch der östlich bis zur chinesischen Grenze führende Teil dieser Straße. Damit besitzen jetzt russische Kaufleute die Möglichkeit, Waren, die aus Häfen an der Ostsee kommen, bis nach Peking und umgekehrt Waren aus Peking nach Moskau zu bringen.

Die Kaufleute, die diese Straße benutzen, sind zunächst keine Russen, sondern wie die Eroberer dieser Straße Tataren. Das gilt für Jermak wie seinen Auftraggeber Stroganoff. Gibt es doch in Peking wie in Moskau eigene Tatarenvorstädte, in denen sich die Warenlager dieser großen türkischen Fernhändler befinden.

Damit wird Mittelasien nicht nur aus der großen Politik, sondern auch vom Fernhandel ausgeschaltet. Das aber währt nur kurze Zeit. Es ist jene Periode, in der sich die beiden Großmächte, die das Erbe der mongolischen Staatsgründung angetreten haben, Rußland und China, ihre Eroberungen sichern. Für den Moskauer Staat bildet die 1572 erfolgende Eroberung des Khanates von Astrachan das Sprungbrett nach Mittelasien. Die Unterwerfung der südsibirischen türkischen Stämme, vor allem der Kasaken, bringt die Russen dann unmittelbar an die Grenze der Sogdiana und der Dzungarei.

China führt die Auseinandersetzung mit den Mongolen nach Zentralasien. Die Bekehrung der Mongolen zum Lamaismus im 16. Jahrhundert gibt hier den Anstoß. Die gelbe Sekte des Lamaismus hat auch Urga, das heutige Ulanbator, neben anderen befestigten Lagern der Mongolen zur Residenz des wiedergeborenen Buddha gemacht. Das bedeutet eine Verbindung der Mongolen mit Tibet und damit die Gefahr der Bildung eines tibetisch-mongolischen Großreiches auf der Grundlage des Lamaismus, das Zentralasien beherrscht. Die sieben ostmongolischen Khanate haben schon in der zweiten Hälfte des 16. Jahrhunderts den Lamaismus angenommen. Sie sind noch 1635 mit den Mandschus verbündet gewesen. Anders steht es aber um die vier westmongolischen Stämme und ihre Führer. Hier, bei den sogenannten Dzungaren, entwickelt sich in der zweiten Hälfte des 16. Jahrhunderts eine mongolische Macht, die nicht an einer politischen Bindung mit dem Reich der Mandschus interessiert ist, und sich konsequent nach Westen ausdehnt. Es ist der Weg, auf dem Dschingis-Khan begonnen hat, sein Reich aufzubauen. Der Führer der Mongolen heißt Galdan. Es ist ein Mann, der in seiner

Jugend in Lhasa Mönch gewesen ist. Galdan gelingt es 1681, Kaschgar zu erobern. Er steht damit vor den Toren der Sogdiana. Die Aufrichtung eines neuen zentralasiatischen mongolischen Weltreiches scheint unmittelbar bevorzustehen. Der große Mandschu-Kaiser Kang-hsi hat das Verdienst, diese Gefahr für sein Reich erkannt und den Versuch schon in seinen Ansätzen unterdrückt zu haben.

Die Kämpfe mit den Mongolen sind mit der Niederlage Galdans nicht beendet. Ein neuer Mongolenfürst, Zewang rabtan, folgt dem Vorbild Galdans. Ihm gelingt es sogar, die Stämme der ehemaligen Weißen Horde unter seine Herrschaft zu bringen. 1698 schlägt er die Kirgisen und Kasaken und kann 1716 sogar den russischen Militärposten in diesem Gebiet erobern, aber am Ende wird auch er von den Chinesen besiegt. 1724 ist dieser letzte mongolische Versuch, das Reich Dschingis-Khans wieder erstehen zu lassen, durch chinesische Heere unterdrückt.

Diese Kriege, die auch als Oiratenkriege bezeichnet werden, lassen Rußland und China sich in Zentralasien zum ersten Male begegnen. Während die Grenze am Amur die mongolischen Burjäten von den sieben ostmongolischen Stämmen durch den Vertrag von Nertschinsk für immer trennt, bleibt das Verhältnis zwischen Rußland und China in Mittelasien auch nach den Oiratenkriegen ungeklärt. Den Russen ist es zwar gelungen, Kasaken und Kirgisen wieder zu unterwerfen, sie haben auch die nach Westen geflüchteten westmongolischen Stämme wie die Torgut und die Kalmüken aufgenommen, aber feste Verträge, wie am Amur, gibt es hier nicht; der Grat des Gebirges bildet eine Grenze zwischen Einflußbereichen. Die Schwierigkeit ist, daß sowohl Kasaken wie Kirgisen, beide Stämme der Weißen Horde, sowohl auf russischem Gebiet als auch in der von China kontrollierten Dzungarei zu finden sind. Die Chinesen haben nach der Niederwerfung der Oiraten einem großen Teil von ihnen Weidegebiete, die früher den Oiraten gehört haben, gegeben. Nur an einzelnen Stellen, wie um Kuldscha, sind noch Kalmüken zurückgeblieben.

Auch der Sieg über Zewang rabtan ist nicht der letzte Versuch der Westmongolen (Dzungaren), das Weltreich Dschingis-Khans wenigstens in seinen Ansätzen wiederherzustellen. Auch der Dzungaren-Khan Amursana geht diesen Weg. Fest mit China verbündet, hat er das Iligebiet im Westen erobert, ehe er die Unabhängigkeit von der Mandschu-Herrschaft durch eine Rebellion zu erreichen sucht. Doch die Mandschu sind stärker, und Amursana muß am Ende auf russisches Gebiet fliehen. Ihm folgt ein Teil der Westmongolen, zu denen auch die Torguten gehören, die sich zunächst zwischen Wolga und Ural niederlassen.

Die Mandschu-Kaiser veranlaßt ihr Sieg über die Westmongolen dazu, auch das Tarim-Becken unter ihre Kontrolle zu bringen. 1759 erobert eine ihrer Armeen Kaschgar, das jetzt eine chinesische Militärverwaltung erhält, die ihrerseits Weisungen an die Gouverneure in Kuldscha, Urumtschi und Jarkänd zu geben hat. Die Mandschu suchen hierbei als Gegengewicht gegen den Lamaismus der Mongolen den Islam der Türken in dem von ihnen eroberten Gebiet besonders zu fördern. Auf die Dauer soll sich aber diese Politik als falsch erweisen, denn ein Jahrhundert später zeigt sich, daß auch der Islam in China gegen die Herrschaft der Mandschu mit offener Rebellion vorgeht. Das geschieht 1862, als sich in der chinesischen Provinz Kan-su dunganische Muslims gegen die chinesische Regierung erheben. Der dort entstandene Aufstand greift auch auf das Tarim-Becken über, wo in Kaschgar sich Yakub beg zum Khan und Chodscha ausrufen läßt. Er gehört zu jenen türkischen Muslims, die an den Kämpfen gegen die Russen in Kokand aktiv teilgenommen haben, was ihn nicht hindert, im Besitz der Unabhängigkeit jetzt mit ihnen ein Handelsabkommen für das von ihm gegründete Reich zu schließen.

Was die Russen mit diesem Abkommen beabsichtigen, zeigen sie 1871 mit der unmittelbar nach diesem Vertrag erfolgenden Besetzung des Ili-Beckens. Aber nicht nur sie, auch England, das durch Douglas Forsythe mit Yakub beg zur gleichen Zeit einen Handelsvertrag schließt, verfolgt ähnliche Ziele. Yakub beg, der bei seiner zentralasiatischen Staatsgründung an Afghanistan denkt, das seine Unabhängigkeit der Rivalität zwischen England und Rußland verdankt, glaubt durch sie auch das Bestehen des von ihm gegründeten Staates gesichert. Ostturkestan ist aber nicht Afghanistan. Was für die Großmächte Rußland und England richtig ist, trifft nicht für China zu. Die Regierung in Peking sieht in den Verträgen Yakub begs mit Rußland und England und dem später abgeschlossenen mit der Türkei eine Gefährdung ihrer eigenen Stellung in Zentralasien. Sie unterwirft daher sein islamisch-türkisches Reich, das nur knapp 11 Jahre bestanden hat, mit Waffengewalt. 1878 steht Kaschgar wieder unter einem chinesischen Gouverneur. 1881 muß sogar Rußland das Ili-Gebiet wieder an China zurückgeben.

Den Schlußstein in dieser Entwicklung, die das Tarim-Becken wieder an China bindet, setzt die 1884 erfolgte Bildung einer neuen chinesischen Provinz Sinkiang. Sie umfaßt die Dzungarei und das Tarim-Becken und unterstellt das gesamte Gebiet einem in Urumtschi regierenden Generalgouverneur. Die Regionalverwaltung dieser Provinz, die Rechtsprechung und Steuererhebung bleiben in den Händen des einheimischen Stammesfürsten. Bildung und Kultur werden wie bisher dem Islam und seinen Vertretern überlassen.

Mit dem Jahre 1912, der chinesischen Revolution, wird die Aktivität Rußlands in Ostturkestan wieder erheblich stärker. Die Gefahr eines militärischen Protektorates, wie es in etwas modifizierter Form Rußland für die einheimischen Khanate in Westturkestan und im Osten für die Äußere Mongolei durchgeführt hat, scheint auch auf Sinkiang zuzukommen. Daß dieser Fall nicht eintritt, liegt an der Geschicklichkeit des chinesischen Generalgouverneurs in Urumtschi, der hier mehr wie ein souveräner Herrscher als ein chinesischer Statthalter handelt. So gelingt es ihm, fast ausweglose Situationen, wie 1914 die Flucht von dreihunderttausend Kasaken aus Rußland nach Sinkiang und später nach dem Ersten Weltkrieg den Übertritt einer weißrussischen Armee, so zu meistern, daß ein Konflikt mit Rußland vermieden wird. Auch in der Frage der auswärtigen Beziehungen Sinkiangs handelt dieser Generalgouverneur wie der Leiter eines unabhängigen Staates, wenn er eigenmächtig über die Vertretung Rußlands durch Konsuln in Sinkiang entscheidet.

1928 hat diesen Generalgouverneur einer seiner Beamten ermordet, der dann auch seine Nachfolge antritt. Jener, weniger geschickt als sein Vorgänger, kann nicht jene Auswüchse in der chinesischen Verwaltung verhindern, die einen großen Aufstand der islamischen Bevölkerung hervorrufen. Die Unruhen beginnen zuerst in Hami und erfassen dann auch das Tarim-Becken Kaschgar und die Dzungarei. Die sich zum Islam bekennenden Uiguren, Kasaken und Kirgisen erheben sich, nachdem sie in der Person des Dunganen-Generals Matschung (des „großen Pferdes") einen charismatischen Führer gefunden haben. Sein Ziel ist ein von China unabhängiges islamisch-türkisches Reich in Zentralasien. Was dem China der Kuo-min-tang-Regierung versagt blieb, die Niederwerfung des Aufstandes, erreicht die UdSSR durch den Einsatz moderner technischer Waffen. Der geschlagene General muß auf russischem Boden Zuflucht suchen, wo er unmittelbar nach seiner Ankunft in Moskau unter ungeklärten Umständen stirbt.

Im Jahre 1941 geht die UdSSR mit dem Generalgouverneur von Sinkiang einen wirtschaftlichen Protektoratsvertrag ein, der die Erschließung der in der Provinz vorhandenen großen Erdölvorkommen zum Inhalt hat. Eine russische Armee von

10 000 Mann sichert die russischen Investitionen. Die chinesische Zentralregierung ist hiergegen wegen der damals bestehenden japanischen Bedrohung machtlos. Im Jahre 1942, als die militärische Situation der Sowjetunion sich durch den deutschen Angriff erheblich verschlechtert hat, kündigt der Generalgouverneur von Sinkiang den unter Zwang geschlossenen Vertrag und verlangt den Rückzug der Russen, nachdem die auf seine Anweisung mit der Zentralregierung geführten Verhandlungen ebenfalls keinen Erfolg gebracht haben. Die Russen fügen sich damals in den erzwungenen Rückzug, aber ihre Antwort bleibt nicht aus. Ein großer Aufstand der Kasaken unter Usun Batur läßt erkennen, daß sie den durch die Kündigung des Vertrages verlorenen Einfluß über die Errichtung eines sogenannten unabhängigen Staates Ostturkestan wieder zurückgewinnen wollen. Aber weder dieser Versuch der Ausrufung einer unabhängigen Republik Ostturkestan mit Achmed Gang als Präsident, der selbst aus der UdSSR stammt, noch der des Abschlusses eines Wirtschaftsvertrages führen zum Erfolg. 1950, nachdem 1949 China eine Volksrepublik geworden ist, gelingt es den Russen in Verhandlungen mit Mao-tse-tung in Moskau einen neuen Wirtschaftsvertrag durchzubringen, der sich auf die Ausbeutung des in Sinkiang gefundenen Zinns bezieht. Damals hat die UdSSR angesichts ihres Erfolges ihre früheren politischen Freunde, die Führer des Unabhängigkeitskampfes gegen China, preisgegeben, man läßt sogar zu, daß der Führer des Aufstandes, Usun Batur, in Urumtschi öffentlich gehängt wird.

Als die wirtschaftlichen Ausbeutungsmaßnahmen im Rahmen des Vertrages angesichts der veränderten Haltung der chinesischen Regierung nicht durchgeführt werden können, greift man wieder zur Waffe des nationalen Aufstandes. 1958 kommt es erneut zur Ausrufung einer uigurischen Republik in Sinkiang, die von der UdSSR mit Waffen und Ausbildern unterstützt wird. Die Guerillas operieren damals von Zentren im Tarbagatai-Gebirge, im Ili-Tal und im Gebiet von Kaschgar aus.

Die in der folgenden Zeit durchgeführte starke verkehrspolitische Erschließung sorgt für ein Abflauen der Unruhen, da sie die militärische Überlegenheit der Besatzungsmacht unterstützt. Ebenso haben Konzessionen der Chinesen gegenüber der einheimischen Bevölkerung in der Richtung einer religiösen und kulturellen Autonomie, die auch die Schreibung des Uigurischen in arabischer Schrift einschließt, zu einer gewissen Beruhigung geführt.

Entscheidend für die weitere Entwicklung Sinkiangs wird die Haltung der kasakischen, kirgisischen, turkmenischen und usbekischen Völker in den angrenzenden Sowjetrepubliken sein. Stellen doch diese Türkenstämme in der UdSSR nach den Ukrainern die stärkste nationale Gruppe. Auch bei ihnen besitzt ähnlich wie in Sinkiang der Islam eine große Bedeutung. Im Augenblick suchen sowohl China wie die UdSSR diesem Islam ihrer türkischen Untertanen schon mit Rücksicht auf ihre Weltpolitik entgegenzukommen. Ob das ausreicht, um hier politische Zielsetzungen innerhalb des Islams zu verhindern, vermag heute niemand zu sagen.

ZEITTAFEL ZUR ZENTRALASIATISCHEN GESCHICHTE

Um 1155 Geburt Dschingis-Khans (Temudschin).

1206 Erhebung Temudschins zum Großkhan aller mongolischen Stämme auf einer Stammesversammlung in der Nähe der Onon-Quelle.

1206–1209 Unterwerfung der Oiraten und Kirgisen im Nordwesten der Mongolei und im Südwesten der Uiguren.

1211 Angriff Dschingis-Khans gegen das Reich der Kin in Nordchina.

1212 Unterwerfung der Kitan im Nordosten der Kin.

1215 Peking erobert, die Kin werden Vasallen der Mongolen.

1218 Unterwerfung der Kara-Kitai im Westen der Dzungarei.

1220 Unterwerfung des Chwarezm-Schah; Unterwerfung von Samarkand und Buchara.

Winter 1220/21 Feldzug nach Afghanistan. Die Söhne Dschingis-Khans stoßen gegen Khasna vor. Niederlage der Mongolen bei Parwar. Dschingis-Khan kämpft am Indus gegen den Sohn des Chwarezm-Schah, dessen Heer vernichtet wird.

1227 Vernichtung des Reiches der Tanguten und Tod Dschingis-Khans.

1229 Wahl des Sohnes von Dschingis-Khan, Ögötai, zum Großkhan.

1230 Vorstoß der Mongolen nach dem Iran. Unterwerfung der westlichen Teile des Reiches Dschingis-Khans.

1231 Vorstoß der Mongolen gegen Korea.

1234 Das bisher von den Kin regierte Nordchina wird mongolisch.

1237–1242 Das Reich der Wolga-Bulgaren wird zerstört.

1240 Eroberung Kievs und Vorstoß der Mongolen nach Rußland und Polen. Schlacht bei Liegnitz in Schlesien.

April 1241 Ungarn von den Mongolen erobert.

1241 Rückzug wegen des Todes Ögötais.

1242 Eroberung des größten Teils von Anatolien. Vernichtende Niederlage der Rum-Seldschuken bei Kuzadag. Eroberung von Erzerum und Kaiseri.

1241–1246 Regentschaft der Witwe Ögötais.

1246–1248 Regierung Güyüks.

1251 Nach Regentschaft der Witwe Güyüks Wahl Möngkäs zum Großkhan.

1257 Eroberung des Iran durch die Heere Hülägüs, des Bruders Möngkäs.

1258 Eroberung Bagdads durch die Mongolen; Hinrichtung des Kalifs Musta-sim.

1257 Vorstoß des Bruders Hülägüs und des Großkhans Möngkä nach Südchina. Vordringen bis Vietnam; Hanoi von den Mongolen erobert.

1259 Tod des mongolischen Großkhan Möngkä auf dem Feldzug gegen Südchina in Ssetschuan. Versuch eines weiteren Bruders des Khans, Arig Bögä, sich in Karakorum als Großkhan zu behaupten.

1259 Niederlage der Mongolen an der Davidsquelle gegen die Mamluken.

1264 Kubilai wird anstelle von Arig Bögä Großkhan.

1269 Khaidu, Enkel Ögötais organisiert ein mongolisches Reich in Zentralasien.

1273 Khaidu behauptet Jarkent und Khotan im Tarim-Becken.

1277 Eroberung von Karakorum durch Khaidu.

1301 Tod Khaidus. Tschapar, der Sohn Khaidus, wird sein Nachfolger.

1309 Untergang des Reichsteils Ögötais.

1348 Tughluq-Timur regiert über den Reichsteil Tschagatais. Er erobert Samarkand und Buchara. Seine Hauptstadt ist erst Aksu, später Kaschgar.

1389 Beginn der Chodscha-Fürsten mit Khizr-Chodscha.

1540 Bildung von zwei theokratischen Brüderschaften, die Qarataghlyq (die vom schwarzen Berge) und Aqtaghlyq (die vom weißen Berge).

1673 Bildung eines westmongolischen Großreiches durch Galdan.

1678 Besetzung von Kaschgar durch Galdan.

1679 Eroberung von Hami und Turfan.

1690 Feldzug gegen Peking. Galdan wird hier noch vor der Stadt durch ein Heer der Mandschu bei Urga, dem heutigen Ulan Bator, geschlagen.

1697 Tod von Galdan.

1705 Mongolische Staatsbildung von Zewang Rabtan.

1717 Eroberung von Lhasa durch die nach Süden vorstoßenden Oiraten.

1727 Tod Zewang Rabtans.

1755 Eroberung der Dzungarei durch Amursana.

1756 Amursana muß auf russisches Gebiet ausweichen.

1758 Unterwerfung der Dzungarei durch China. Wiederherstellung der chinesischen Oberherrschaft im Tarim-Becken.

Um 1860 Privilegien für russische Kaufleute, im Ili-Gebiet und Kaschgar Handel zu treiben.

1862 Ausbruch des Dunganenaufstandes in Kansu.

1864 Yakub beg macht sich zum Khan und Chodscha in Kaschgar.

1872 Handelsvertrag Yakub begs mit Rußland.

1874 Handelsvertrag mit England.

1877 Die Armee Yakub begs wird von den Chinesen geschlagen.

1878 Flucht Yakub begs. Das Tarim-Becken und die Dzungarei sind chinesisch.

1881 Rückgabe des von den Russen 10 Jahre vorher besetzten Ili-Gebietes an China.

1884 Die Dzungurai und das Tarim-Becken werden zur chinesischen Provinz Sinkiang erhoben.

1934 Aufstand der Uiguren in Hami, dem sich Kaschgar anschließt. Erhebung des Dunganengenerals Ma Tsch'ung-ying gegen China. Bildung eines islamischen Reiches unter seiner Führung, das aber von den Chinesen mit russischer Unterstützung niedergeworfen wird.

1941 Vertrag der UdSSR mit der chinesischen Provinzialregierung von Sinkiang zur Ausbeutung der Erdölfunde.

1942 Bruch zwischen der Provinzialregierung und der UdSSR. Rückzug der russischen Berater aus Sinkiang.

1944 Aufstand der Kasaken in Kutscha mit russischer Unterstützung. Versuch der Errichtung einer separatistischen von der Provinzialregierung in Urumtschi unabhängigen Republik.

1949 Nach dem Sieg Maos in China Einsetzung einer provisorischen Volksregierung.

1955 Sinkiang wird zum autonomen uigurischen Gebiet erklärt.

1957 Herstellung von Verkehrsverbindungen (Autostraßen) nach Pakistan.

1964 Konflikt mit Indien, da die Straße indisches Gebiet tangiert. Verbesserungen der chinesischen Beziehung zu Pakistan. China verzichtet zugunsten Pakistans auf das Hunza-Gebiet.

Tibet von der Frühzeit bis in die Gegenwart

Die geschichtlichen Ereignisse der tibetischen Frühzeit sowie die Sitten und Gebräuche des Landes lassen sich nur an Hand von chinesischen Chroniken ermitteln, da einmal Aufzeichnungen in Tibet selbst erst seit 632 n. Chr. mit der Einführung der Schrift einsetzen (wobei die Vorzeit zudem in ein legendäres, mythisches Gewand gehüllt wird) und da es sich zum anderen bei den Hinweisen auf Tibet in den altindischen Quellen und in der altarabischen Saga aus der Zeit vor Herodot, dem auch eine indirekte Anspielung auf Tibet zugeschrieben wird, lediglich um Erwähnungen ohne genauere Darstellung handelt.
Seit dem Mittelalter werden mit dem Zusammenwachsen der Welt die Kenntnisse über den Fernen Osten fundierter, wozu insbesondere die Schilderungen des Marco Polo, des Franziskaners Oderich von Pordenone (1286 bis 1331) und des Antonio de Andrade (1580 bis 1643) beitragen.
Bereits in den ältesten chinesischen Chroniken wird von einer starken Bedrohung des Chinesischen Reiches von Südwesten her berichtet, von den „Fünf Hu" (den fünf Fremden). Hier handelt es sich um Stämme türkischer, mongolischer und tibetischer Abstammung. Als besonders bedrohlich erweisen sich die „Dritten Hu", die aus ihrem Stammland, das Ch'ianghai, Szuch'nan und Tibet umfaßt, immer wieder nach China vorstoßen; sie werden auch Ch'iang (K'iang) genannt (Kämpfe gegen den legendären chinesischen Kaiser Shun 2225 v. Chr.). Seit dem 12. Jahrhundert v. Chr. werden die südwestlichen Nachbarn in den chinesischen Chroniken Ch'iang bzw. Si-Ch'iang (westliche Ch'iang) genannt. Weiter ist den Chroniken zu entnehmen, daß zwischen China und Tibet zeitweilig auch friedliche Beziehungen bestanden, so während der Han-Dynastie (206 v. Chr. bis 220 n. Chr.). Unter den Stämmen der Ch'iang wird besonders der Stamm Ti erwähnt, der 351 im Nordwesten Chinas ein Königreich errichtet und sich bis 376 n. Chr. so weit ausdehnt, daß ihm „sieben Zehntel aller Länder der Erde" gehören. Die Ch'iang werden schließlich von den T'u fan aus Tibet abgelöst, die während der T'ang-Dynastie (618 bis 907) neben Tibet Teile von Kansu, Turkestan und Nordindien beherrschen. Unter ihrem König Tsan-p'u (dem Mächtigen), der als priesterlicher Hierarch von einem Mönchsrat umgeben in Lhasa regiert, entsteht bereits eine starke tibetische Monarchie. Nam-ri song (602 bis 629) beginnt das Reich zu einigen und eine schlagkräftige Militärmacht aufzubauen, daneben erobert er im Osten, Westen und Norden weitere Gebiete hinzu und nennt sein Reich Thuphod (das Mächtige), woraus sich vermutlich das chinesische Wort T'u fan ableitet.
Nam-ri son tsen wird als 29. König im Gyelrap aufgeführt, dem tibetischen Königsspiegel, der eine Genealogie der Könige von Tibet darstellt. Am Anfang der Reihe stehen 27 legendäre Könige (mit ihrem Auftreten beginnt die tibetische Zeitrechnung), von denen die sieben ersten mit dem Beinamen Trhi (Khri) vom Himmel herabstiegen; ihnen folgten die sechs irdischen Könige mit dem Beinamen „Leg", die sieben irdischen mit dem Beinamen „Dé", darauf die vier Mächtigen mit dem Beinamen „Tsen", danach herrschten die direkten Vorfahren der geschichtlichen Könige. Song-tsen-gam-po, der Sohn Nam-ri son tsens, regiert das unter ihm endgültig geeinte Reich von Lhasa aus, wo er seine Residenz errichtet. Durch seine ausgreifende Expansionspolitik (Eroberung des Tarimbeckens) schafft er ein tibetisches Großreich. Unter ihm wird im Jahre 632 n. Chr. eine Schrift nach indischem Vorbild eingeführt, und es werden zahlreiche Bibliotheken angelegt. Aus Indien wird auch der Mahayana-Buddhismus übernommen, der die bisherige tibetische Bon-Religion ablöst. Diese verstärkte Hinwendung nach Indien findet ihre Erklärung darin, daß ein Großteil der führenden Oberschicht Nordindien entstammt. Unter den Nachfolgern Song-tsen-gam-pos, Gung-song, Mang-song-mang-tsen (gest. 679) und Dü-song (gest. 704), ist letzterer von Bedeutung, da unter ihm durch rege außenpolitische Aktivitäten die Macht Tibets ausgebreitet und gefestigt wird. Sein Nachfolger Me-ak-tsom (704 bis 755) fördert unter dem Einfluß seiner Gemahlin Chin-Ch'eng, einer chinesischen Prinzessin, den Buddhismus (Errichtung von sieben Klöstern durch entflohene Mönche aus Khotan), der nach dem Tod der Prinzessin durch eine Pestepidemie eine vorübergehende Schwächung erfährt, da bis zur Volljährigkeit des minderjährigen Nachfolgers Me-ak-tsoms, Trhi-song-deu-tsen (ca. 755 bis 795), ein antibuddhistischer Minister die Macht inne hat.
Unter Thri-song-deu-tsen selbst erfährt der Buddhismus erneut eine Stärkung; in einem Streitgespräch, das in Don-mkhar gegen die immer noch starken Anhänger des Bon-Glaubens abgehalten wird, trägt er den Sieg davon; der Bon-Glauben wird verboten, und 794 wird in Lhasa ein buddhistisches Konzil abgehalten, auf dem die Mahayana-Richtung des Buddhismus durchgesetzt wird. Außenpolitisch wird Tibet mit der Eroberung von Ch'ang-an, der Hauptstadt Chinas, und der Einsetzung eines Tibet genehmen chinesischen Kaisers auf den Höhepunkt seiner Macht geführt. König Sä-na-lek (798 bis 815) übernimmt ein mächtiges Reich, das sich unter Räl-pa-cen (815 bis 836) territorial noch weiter ausdehnt; so nach Osten auf chinesisches Gebiet, nach Süden in den indischen Raum, im Westen erobert Räl-pa-cen das an Persien grenzende Land Bru-shal und im Norden alle Mongolenreiche. Trotz der Machtfülle Tibets unter Räl-pa-cen zeigt sich bereits der Keim des Niedergangs, der nicht zuletzt durch den religiösen Zwiespalt, der die Kräfte des Landes nach innen lenkt, ausgelöst wird. Schon zu Lebzeiten Räl-pa-cens hat seine einseitige Bevorzugung des buddhistischen Klerus antibuddhistische Strömungen in Tibet hervorgerufen, die schließlich zu seiner Ermordung führen. Die Zuspitzung des Konflikts tritt mit der Ermordung von Räl-pa-cens Nachfolger, Lang-dar-ma (836 bis 842), einem Anhänger der Bon-Religion, durch einen buddhistischen Mönch dann noch deutlicher hervor. Der Königsspiegel beschreibt diese Periode als eine Zeit, in der die buddhistische Religion vernichtet wird.
Mit den religiösen Kämpfen schreitet der Zerfall des Königreiches Groß-Tibet rasch voran; die nordöstlichen Tibeter im Tarimbecken verselbständigen sich; sie gründen im 10. und 11. Jahrhundert das Reich Hsi-hsia, das 1227 durch Dschingis Khan vernichtet wird.
Im 9. und 10. Jahrhundert geht die Bedeutung des restlichen Tibet, das nur noch Südtibet umfaßt, Schritt um Schritt zurück. Das Schwergewicht des politischen Wiederaufbaus verlagert sich nach dem Westen Tibets, wo die Könige von Guge herrschen. Ein Großenkel Lang-dar-mas wird Führer in Pu-rang, von wo aus er ganz Westtibet erobert. Einer seiner Söhne wird sodann als König von Guge dominierend, unter dessen Nachfolger wird schließlich wieder eine starke Monarchie errichtet. Mit Ye-she-ö, dem „Mönchskönig", kündigt sich in Tibet bereits die Entwicklung zum lamaistischen Priesterstaat an. Ye-she-ö fördert den Mahayana-Buddhismus und läßt in seiner Hauptstadt To-ling einen buddhistischen Tempel erbauen. In die Zeit Ye-she-ös fällt

das Wirken des Übersetzers buddhistischer Sanskrittexte, Rinch-en S-ang-po (958 bis 1055), der den Buddhismus in Tibet zu neuer Blüte emporführt. Unter dem Mönchskönig Ö-de wird der Weise Atisa aus Indien im Jahre 1042 nach Tibet berufen, und 1070 findet in To-ling unter König Tse-lde ein großes buddhistisches Konzil statt. Jene Zeit bringt auch eine Anzahl berühmter Gelehrter hervor: Ti-lo-pa und seinen Schüler Na-ro-pa sowie dessen Schüler Marpa, der zum Lehrer Mila Raspas (1040 bis 1123) wird, um dessen Gestalt die Tibeter eine den Kampf zwischen Buddhismus und Bon-Glauben betreffende Legende weben.

Als im 12. Jahrhundert durch den Fall von Magadha in Indien im Jahre 1197 im Zuge des Vorstoßes des Islam ein Bruch im bisherigen geistigen Austausch zwischen Indien und Tibet erfolgt, werden im religiös-geistigen Leben Tibets nun Sekten beherrschend, die seit dem 10. Jahrhundert begründet worden sind; so zum Beispiel die von Ti-lo-pa und Na-ro-pa ins Leben gerufene Ka-gyü-pa-Sekte, die von den Nachfolgern des Pha-dam-pa begründete Zhije-pe-Sekte und die von Atisas Schüler Drom geschaffene Ka-dam-pa-Sekte. Von den in der Nachfolge der Sekten entstehenden Klöstern ist das von Kön-cho gyelpo im Jahre 1073 gegründete Kloster Sa-kya am bedeutsamsten, da dessen Lamas die Epoche bestimmen.

Während des 12. und 13. Jahrhunderts wandelt sich Tibet, wie sich aus dem sich institutionalisierenden Mönchskönigtum ablesen läßt, mehr und mehr zum Priesterstaat, in dem die Lamas des Klosters Sa-kya bestimmend werden. 1244 regiert Sa-kya Pandita (1182 bis 1251), der Abt von Sa-kya, bereits wie ein Lamakönig. Da Sa-kya Pandita ein Freund des Mongolenprinzen Godan ist, die Mongolen zum Buddhismus bekehrt und ihnen zudem eine Schrift schafft, gerät Tibet in ein äußerst enges und freundschaftliches Verhältnis zu den Mongolen. Auf Grund dessen erlangt es bei den Mongolen eine gewisse Sonderstellung, die Sa-kya Pandita noch ausbauen kann, so daß ihm von Khublai Khan der Titel eines weltlichen Herrschers über Tibet verliehen wird und ihm somit die Position eines Vizekönigs zukommt. Während des 14. Jahrhunderts tritt dann eine Zersplitterung der einzelnen Sekten ein. Der älteren Sekte der Rotmützen (ihre Mitglieder tragen rote Mützen) – die Bezeichnung umfaßt alle nichtreformierten (der große Reformator ist Tsong-Rha-pa, 1357 bis 1419, der erneut den Sieg des Mahayana-Buddhismus herbeiführt) und nicht zum Zölibat verpflichteten Mönche – tritt seit dem 14. und 15. Jahrhundert die Sekte der Gelbmützen (ihre Anhänger tragen gelbe Mützen), die

Blatt aus einer tibetischen Handschrift. Links und rechts sind die an ihren Waffenrüstungen und Attributen erkennbaren Weltwächter dargestellt. Der kalligraphisch gestaltete Text ist in der sogenannten umed-Schrift abgefaßt. Rijksmuseum voor Volkenkunde, Leiden.

Geluk-pas, gegenüber, die sich im 17. Jahrhundert endgültig durchsetzen und unter deren Herrschaft sich der Priesterstaat schließlich festigt; so wird dem dritten Priesterherrscher, Sö-nam Gya-tso (1543 bis 1588), durch den mongolischen Herrscher Altan Khan, den er zur Gelben Kirche bekehrt hat, der Titel eines Dalai Lama verliehen, eine Bezeichnung, die sich weltweit durchgesetzt hat, im Gegensatz zu Tibet, wo die Bezeichnung für Dalai Lama Gya-tso (Ozean des Wissens) lautet.

Nachdem eine Revolte des osttibetischen Königs Be-ri mit Unterstützung der Mongolen abgewehrt worden war, ist mit dem fünften Dalai Lama, Lob-sang Gya-tso (1617 bis 1682), die Entwicklung Tibets zum Priesterstaat abgeschlossen. Im Jahre 1652 reist Lob-sang Gya-tso nach Peking zum Mandschu-Kaiser und erhält die offizielle Anerkennung seiner Herrschaft als Dalai Lama über ganz Tibet. Wichtig für seine Regierungszeit ist die Einsetzung eines weltlichen Regenten, dessen Stellung insofern von Bedeutung ist, da er in dem Interregnum zwischen zwei Dalai Lamas und bei der Minderjährigkeit eines Dalai Lama die gesamte Herrschaft in Händen hält. Weltlicher Regent zu Lob-sang Gyatsos Zeiten ist sein leiblicher Sohn Sang-gyas Gya-tso (1653 bis 1705), der nach dem Tode seines Vaters, dessen Hinscheiden aus innen- und außenpolitischen Gründen geheim hält und erst im Jahre 1688 einen neuen Dalai Lama, den sechsten namens Tsang-yang Gya-tso (1683 bis 1706), vorstellt, an dessen Berufungsechtheit allerdings wegen seines unmönchigen Lebens große Zweifel bestehen; er gilt als Verfasser populärer Liebeslieder. Er wird auf einer Reise nach Peking ermordet. Nach seinem Tode herrscht von 1708 bis 1757 der siebte Dalai Lama, Kal-zang Gya-tso, unter dessen Herrschaft sich die künftige Auseinandersetzung mit China bereits abzeichnet. Schon unter dem Dalai Lama Tsang-yang Gya-tso wird Tibet in den Konflikt zwischen den westmongolischen Oiraten und den Mandschus hineingezogen. Im Verlaufe der Auseinandersetzung, die sich an der Kontrolle der chinesischen Grenzländer entzündet hat, fallen die Oiraten 1717 in Tibet ein und bringen die Herrschaft an sich. Zunächst sind die westmongolischen Oiraten, die dem seit Tsang-yang Gya-tso bestehenden inneren Zwist ein Ende bereiten, den Tibetern nicht unwillkommen. Als sie jedoch mehr und mehr Siegerallüren zeigen, Lhasa plündern und den Potalapalast entweihen, bildet sich eine antioiratische Bewegung im Lande aus, die sich sofort hinter den Mandschu-Kaiser, K'ang-hsi, stellt, als dieser eingreift, um eine Angliederung Tibets an das oiratische Reich zu verhindern. K'ang-hsi wird schließlich als der Befreier des Landes angesehen, wobei die Tatsache, das sich der siebte Dalai Lama, Kal-zang Gya-tso, zu seinem Schutz bei der mandschurischen Armee aufhielt, eine wesentliche Rolle spielt. In den Kämpfen, die nun zwischen den Oiraten und den Mandschu um Tibet ausbrechen, werden die Chinesen zunächst geschlagen, bis sie dann 1720 Lhasa erobern können. Sie errichten nun über Tibet ein chinesisches Protektorat, das in der Folgezeit eine spezielle Ausprägung erfährt und bis ins 20. Jahrhundert Bestand hat.

Von nun an sind stets zwei chinesische Ambane, von einer kleinen Garnison unterstützt, in Lhasa anwesend, deren Aufgabe es ist, zu beraten, zu beobachten und das Ansehen und die Rechte des chinesischen Kaisers in Tibet hochzuhalten. Unter diesen Bedingungen nimmt die chinesische Kontrolle in den tibetischen Angelegenheiten immer mehr zu; dies ist besonders nach dem Einfall der indischen Gurkhas in Westtibet in den Jahren 1791/92 der Fall. Nun werden die Ambane den Dalai Lamas und den Pantschen Lamas gleichgestellt, die sich von nun an nicht mehr direkt an den chinesischen Kaiser wenden dürfen. Weiterhin regeln die Ambane die Verteidigung des Landes und die auswärtigen Beziehungen, sie kontrollieren den Außenhandel sowie die Einreise von Fremden und sprechen bei der Berufung von hohen Würdenträgern mit. Da China jedoch die Oberhoheit über Tibet, die das Land schließlich zu einer chinesischen Provinz gemacht hätte, aufgrund seines inneren und äußeren Verfalls nicht aufrechterhalten kann, bleibt Tibet im großen und ganzen doch sich selbst überlassen und kann sich in seinem äußeren und inneren Bestand im wesentlichen erhalten. Freilich bringt der Machtschwund Chinas in Tibet keineswegs ein Anwachsen der Macht des Dalai Lamas mit sich, da vom neunten bis zum zwölften Dalai Lama keiner die Volljährigkeit erlangt; vermutlich wurden sie ermordet. Die Gewalt liegt somit hauptsächlich in den Händen der Regenten, wobei die Pantschen Lamas von Taschilhunpo (im 17. Jahrhundert hat der fünfte Dalai Lama seinen Lehrer, den Abt von Taschilhunpo, Blo-bzang chos-kyi rgyalmtshan, als Inkarnation des Buddhas Amitaba anerkannt und ihm den Titel eines Pantschen Lamas verliehen), denen die Mandschus die weltliche Jurisdiktion über die angrenzenden Gebiete verliehen haben, eine eigenständige und zweifelsohne auch feindliche Linie gegenüber Lhasa einzuschlagen beginnen. Tibet behält zwar seine innere Autonomie, die außenpolitische Suzeränität Chinas aber vertreten die Ambane in Lhasa. 1724, 1726 und 1750 erfolgen jedoch Massakrierungen der chinesischen Garnison in Lhasa. Neigte Tibet bisher dazu, sich außenpolitisch abzuschließen, so tritt im 19. Jahrhundert in dieser Hinsicht eine Wandlung ein, was sich gegen Ausgang des Jahrhunderts und zu Beginn des 20. Jahrhunderts noch verstärkt. Tibet gerät nun in das Strahlungsfeld der Rivalität der Großmächte England, Rußland und China. Unter dem 13. Dalai Lama Thudän Gya-tso (1893 bis 1933) wächst der englische, chinesische und russische Einfluß bedenklich an.

1861 nimmt England, das bereits im 18. Jahrhundert Erkundungsvorstöße nach Tibet unternommen hat, mit Sikkim, einem Vasallenstaat Tibets, Handelsbeziehungen auf, die Tibet, das von China ohne Unterstützung gelassen wird, aufgrund der eigenen inneren Schwäche nicht mehr rückgängig machen kann, obgleich es dies mehrfach versucht. Es muß sogar eine von China befürwortete und unter chinesischem Schutz stehende englische Erkundung hinnehmen, und 1885 beginnt England eine Tibetmission zusammenzustellen, die allerdings auf chinesisches Betreiben hin wieder aufgelöst wird. Aufgrund der Aufhebung der Mission glauben die Tibeter eine Schwäche Englands gegenüber China zu sehen und dringen daher 1888 in Sikkim ein, wo sie bei Lingtu eine Festung errichten. Im gleichen Jahr allerdings noch werden sie von den Engländern wieder aus Sikkim verdrängt, und 1890 erkennt eine chinesische Konvention das englische Protektorat über Sikkim an, wozu der indische Vizekönig und der chinesische Amban ihre Zustimmung geben, was einer stillschweigenden Entmündigung Tibets gleichkommt. Bald danach, im Jahre 1894, kommen China und England in Darjeeling überein, auf tibetischer Seite ein britisches Handelszentrum zu errichten. Da Tibet aber bei China protestiert und China sich nicht in der Lage sieht, Tibet zu zwingen, wird das Vorhaben von chinesischer Seite aufgegeben. England verfolgt jedoch seine Politik gegenüber Tibet weiter und entschließt sich nun in aggressiver Weise gegen das Land vorzugehen, was von dem indischen Vizekönig Lord Curzon (1899 bis 1905) in die Wege geleitet wird. Grund für die britische Politik ist die Furcht vor einem russischen Eingreifen und einem englischen Prestigeverlust. Die Bedenken Rußland gegenüber waren nicht ganz unbegründet, da Tibet sich in dem Spielfeld der Großmächte mehr und mehr Rußland zuneigt, was sich unter anderem auch in dem Empfang des Lehrers des Dalai Lama beim Zaren ausdrückt, zudem zeichnet sich mit der russischen Annexion Kokands ein expansives russisches Vordringen im zentralasiatischen Raum ab. England entschließt sich zur Entsendung der Younghusband-Expedition, nicht zuletzt auch, um das englische Prestige zu erneuern, zugleich aber auch mit dem Ziel der Eroberung des Tschumbi-Tales, da es die bereits britischen Gebiete Sikkim und Bhutan trennt. Die Younghusband-Expedition ist eine Handelsmission, die von Militär begleitet wird; dieses ist so stark, daß es Tibet seinen Willen aufzwingen kann. Die Engländer dringen erfolgreich in Tibet vor und diktieren in Lhasa, in das sie 1904 vorstoßen, einen Vertrag, wonach Tibet zu einer Zahlung als Kriegsentschädigung verpflichtet wird; hinzu trifft eine dreijährige Abtretung des Tschumbitales sowie die Öffnung der Märkte von Gyantse und Gartok. Mit diesen Bestimmungen kann England seinen machtpolitischen Einfluß auch auf Tibet ausdehnen, und der Errichtung eines englischen Protektorats in Tibet steht nichts mehr im Wege.

Dennoch erkennt England die Souveränität Chinas an. Dieser politische Richtungswechsel Englands findet seine Begründung in der Politik Rußlands, das einer derartigen Ausdehnung der englischen Machtsphäre Widerstand entgegengesetzt hätte, ferner in der unerwünschten finanziellen Verpflichtung, die auf England bei einem Protektorat über Tibet zugekommen wäre. Hinzu kommt, daß die Anerkennung der chinesischen Oberhoheit über Tibet für die Briten keineswegs bei der augenblicklichen Schwäche Chinas sich einengend auswirken konnte. Entgegen den Erwartungen Englands verhält sich jedoch China gegenüber Tibet keineswegs schwach und nachlässig. Es ergreift nun verstärkt die Initiative: Da die aus dem Vertrag von 1904 resultierenden Bindungen Tibets an Großbritannien England die Möglichkeit einer Einfluß- und schließlich Machtübernahme offenlas-

Um den tibetischen Aufstand zu beenden, planten die Chinesen eine Entführung des Dalai Lama, dem es gelang, sich im Ausland in Sicherheit zu bringen. Das Foto zeigt den Dalai Lama (links) und den in China erzogenen Pantschen-Lama (rechts).

sen, sucht es Tibet aus den Verpflichtungen gegenüber England zu lösen, indem es zunächst für Tibet Kriegszahlungen leistet, woraufhin England sich aus dem Tschumbi-Tal zurückzieht. Danach ist China bestrebt, sein in Tibet vernachlässigtes Prestige zu erneuern, und 1908 marschiert es in das Land ein und erklärt den Dalai Lama zum geistlichen Herrscher ohne politische Funktion, woraufhin dieser vor den Chinesen nach Indien flieht. Bis 1910 hat China seine militärische Rückeroberung des Landes abgeschlossen.

Zunächst kommt es in Tibet nach der Ausrufung der Revolution in Peking im Jahre 1911 zu einer Vertreibung der Chinesen. 1912 kehrt der Dalai Lama Thubdän Gyatso nach Lhasa zurück, und 1913/14 bemüht sich England auf Grund der neuen Bedingungen im Chinesischen Reich für Tibet einen sicheren Status gegenüber China, praktisch eine tibetische Autonomie, auszuhandeln. Die Bemühungen scheitern jedoch; es wird aber ein vorübergehender Beschluß gefaßt, wonach das Land in ein äußeres und inneres Tibet aufgeteilt wird. Das äußere Tibet mit Lhasa als Hauptstadt wird unter britisches Protektorat gestellt, das Innere kommt an China. Da das englische Protektorat rein formeller Natur ist, kann der dreizehnte Dalai Lama die tibetische Autonomie aufrechterhalten, und auch nach seinem Tod, der heftige innenpolitische Machtkämpfe auslöst, vermag Tibet seine Unabhängigkeit zu bewahren, wobei ihm die Tatsache, daß China durch den Krieg mit Japan gebunden ist, zugute kommt.

Als China sich jedoch wieder von innen her gefestigt hat, beginnt es auch nach außen hin, die Ausdehnung und Konsolidierung seiner Machtsphäre in Angriff zu nehmen. 1949 wird die chinesische Republik ausgerufen, und bereits ein Jahr später fällt das wiedererstarkte China in Tibet ein. Tibet wendet sich an die UNO, um Protest einzulegen, vermag aber für seine Belange kein Interesse zu wecken, und sieht sich somit gezwungen, gegenüber China in ein Abkommen einzuwilligen, welches das Land dem chinesischen Mutterland angliedert, allerdings mit dem Zugeständnis, daß es seine nationale und regionale Autonomie bewahren kann. Nach diesem für China so erfolgreichen Abkommen beginnt es sogleich, auf stillem Wege die Angliederung Tibets an das chinesische Mutterland zu vollziehen und eine heimliche Unterwanderung gemäß den kommunistischen Prinzipien zu versuchen. Es werden Verbindungsstraßen und Behelfsflughäfen gebaut; ferner wird eine systematische Schwächung der Stellung des Dalai Lama betrieben, verbunden mit einer Änderung der Struktur des Landes; dies erreicht man u. a. durch eine untragbare hohe Besteuerung der Tempelidole und Heiligen Bücher in den Klöstern. Dagegen bildet sich bald ein tibetischer Widerstand aus, der in Osttibet seinen Ausgang nimmt. Zwischen Tibetern und Chinesen kommt es immer häufiger zu Auseinandersetzungen, und je mehr der Aufstand um sich greift, desto deutlicher tritt die Gefahr einer Geiselnahme des Dalai Lama durch die Chinesen hervor, um das Volk zur Ruhe zu zwingen. Aus diesem Grund flieht der vierzehnte Dalai Lama Tändzin Gya-tso (geb. 1935) nach Indien, worauf die Bevölkerung von Lhasa, welche ihm entschlossen zur Flucht verholfen hat, mit einer Schreckensherrschaft terrorisiert wird. Die Chinesen ersetzten die infolge der Flucht des Dalai Lama zum Erliegen gekommene tibetanische Verwaltung durch eine Militärdiktatur, die mit Hilfe von Geheimpolizei, Spitzeln und unter Einsatz von Propaganda sich durchsetzt. Zur weiteren Unterdrückung des tibetischen Volkes gehören Polizeikontrollpunkte, Identitätskarten und Nahrungsrationierungen.

Im Jahre 1987 regen sich aber neue Autonomiebestrebungen, die infolge des inzwischen einsetzenden Touristenstromes auch nicht verborgen bleiben. Unter der Leitung von Mönchen kommt es in Lhasa zu gewalttätigen Demonstrationen. China greift nur sehr moderat ein und verspricht die Behebung bestimmter Mißstände.

Die Welt des Islam

VOM ZEITALTER DES MONGOLENSTURMS BIS ZUR MACHTENTFALTUNG DER ARABISCHEN STAATENWELT IN DER GEGENWART

Die mongolische Eroberungswelle während des 13. Jahrhunderts erweist sich für die muslimische Welt als tiefer Einschnitt. Innerhalb des im Verlauf der letzten Jahrhunderte herausgebildeten Gefüges des islamischen Machtbereichs, in dem der Westen mehr und mehr gegenüber dem Osten des Kalifats, gegenüber Iran und Mittelasien, in den Hintergrund getreten war, kommt es zu weitgehenden Umwandlungen, die als Folge des mongolischen Vorstoßes eintreten. Durch die mongolische Expansion wird der islamische Osten aufs schwerste getroffen: Mittelasien mit seiner blühenden Kultur wird verheert, Bagdad als der geistige Mittelpunkt des Kalifats wird wie die berühmten Gelehrtensitze Mittelasiens zerstört. Infolge dieser Verwüstungen verliert der Osten der islamischen Welt während des 13. Jahrhunderts seine führende Stellung.

Die muslimische Welt während des mongolischen Zeitalters

DER WESTEN DES ISLAMISCHEN MACHTBEREICHS WÄHREND DES MONGOLISCHEN ZEITALTERS

Das Reich der Mamluken Im Westen der islamischen Welt, in Ägypten, steigen seit 1250 die aus dem Raum der Goldenen Horde und aus Kaukasien stammenden Mamluken (=Kaufsklaven), die Führer der türkischen Militäraristokratie des Landes, schlagartig empor und vermögen das 1260 erfolgende Vordringen der Ilkhane auf Damaskus durch eine unter General Baibars siegreich verlaufende Schlacht aufzuhalten und damit Ägypten vor dem mongolischen Zugriff zu bewahren. Als Baibars I. (1260 bis 1277) erringt dann der vom Nimbus des Sieges getragene Mamlukengeneral selber den Thron Ägyptens und versteht es, durch Steigerung der Schlagkraft des mamlukischen Heeres und auf Grund eines Bündnisses mit dem Reich der Goldenen Horde, was eine fortwährende Einfuhr neuer Mamluken ermöglicht, die mamlukische Herrschaft in Ägypten und Syrien zu festigen und ihren Machtbereich gegen Angriffe der Ilkhane abzusichern. Mit dem Aufstieg der Mamluken findet zugleich die Kreuzfahrerzeit endgültig ihren Abschluß: Gegen Ende des 13. Jahrhunderts können auch die letzten Reste der Kreuzfahrerstaaten im palästinensischen Raum ausgeschaltet werden. Die Vormachtstellung Ägyptens im östlichen Mittelmeerraum unter der Mamlukenherrschaft bleibt auch unter den Nachfolgern Baibars' I. erhalten, und infolge der Islamisierung der Ilkhane kommt es zu einem Ausgleich zwischen den bisher einander bedrohenden Mächten. Dieser außenpolitischen Stabilisierung des Mamlukenreiches entspricht im Inneren eine wirtschaftliche und kulturelle Blüte, wobei die sunnitische Orthodoxie erheblich ihre Positionen verstärkt. Die Zeit der bachritischen Mamluken wird schließlich nach einer Phase unbedeutender Herrscher mit der Machtübernahme Barquqs im Jahre 1382 von der der burdschitischen Mamluken abgelöst, deren Herrschaft bis 1517 andauert.

Der Regierungswechsel im Jahre 1382 bedeutet für die Geschichte des Mamlukenreiches keine eigentliche Zäsur, im großen und ganzen folgen die burdschitischen Mamluken den Zielrichtungen der Bachriten. Der Sohn Barquqs, Faradsch (1399 bis 1412), vermag durch geschickte Diplomatie sein Land vor einer erneuten mongolischen Invasion, dem grausamen Eroberungssturm Timur Lenks, zu retten und somit noch einmal Ägypten und damit den islamischen Westen dem verheerenden mongolischen Zugriff zu entziehen. Nach einer Periode tüchtiger Herrscher, unter denen Barsbai (1422 bis 1438), Tschaqmaq (1438 bis 1453) und Qa'it Bei (1468 bis 1496) besonders herausragen, wird Ägypten in seiner Entfaltung dann mehr und mehr durch das Anwachsen der osmanischen Macht eingeschränkt, bis es ihr schließlich zu Beginn des 16. Jahrhunderts anheimfällt. Die Glanzzeit der burdschitischen Mamluken ist nicht nur durch die zahlreichen Handelskontakte, insbesondere zu den Seerepubliken, und die Höhe der wirtschaftlichen Entwicklung gekennzeichnet – allerdings geht der wirtschaftliche Aufschwung dann sehr rasch infolge einer ungeschickten Wirtschaftspolitik der Burdschitenherrscher seit Barsbai zurück –, herausgehoben wird die burdschitische Epoche vor allem durch „die Verlegung der arabischen Geistigkeit an den Nil und weiter westlich in den Maghreb" (B. Spuler). Die innere Sicherheit, die der Mamlukenstaat zu gewährleisten vermag, und insbesondere die Abwehr der mongolischen Invasionen, kommen nicht nur Ägypten selbst zugute, in dem ein reiches geistiges Leben aufblüht (Abu'l-Fida, al-Maqrizi, Ibn Taghribirdi, an-Nuwairi, Ibn Challikan, Ibn Ajas u. a.), sondern auch dem islamischen Westen in Nordafrika, dem Maghreb, in dem sich – frei von äußeren Eingriffen – ebenfalls eine intensive Geistigkeit in arabischer Sprache entfaltet.

Maghreb Im Maghreb kommt es während des 13. Jahrhunderts zu einem Zusammenbruch des almohadischen Großreichs, als Abu Zakarija Jachja sich von den Almohaden lossagt. In das almohadische Erbe teilen sich mehrere berberische Dynastien, die in den Jahrhunderten vor dem auch nach Nordafrika zielenden Ausgreifen des Osmanischen Reiches auf Grund ihrer Kämpfe untereinander und ihrer inneren Zwiste und Auseinandersetzungen eine politische Einigung des Maghreb, wie sie unter den Almohaden erfolgt war, verhindern. Der von dem Berber Jaghamrasan (1236 bis 1285) gegründete Pufferstaat der 'Abd al Wadiden wird schließlich, nachdem er zeitweilig unter der Herrschaft der Meriniden, der Hafsiden und Spaniens gestanden hat, von den Türken annektiert. Auch der hafsidische Machtbereich wird im 16. Jahrhundert nach Perioden wirtschaftlichen Aufstiegs und politischer Konsolidierung, etwa unter al-Muntasir (1249 bis 1277), aber auch innerer Zerrissenheit, etwa unter Abu Jachja Abu Bakr (1318 bis 1346) und Abu'l-Abbas (1370 bis 1394), dem Osmanischen Reich, das nach dem Fall Ägyptens gegen Nordafrika vorstößt, angegliedert. Eine wechselhafte Geschichte durchläuft auch die Dynastie der Meriniden, die sich beim Zusammenbruch der almohadischen Machtstellung in einem fünfzigjährigen Kampf die Herrschaft über Marokko gesichert hatte. Von hier aus greifen die Meriniden immer wieder nach Spanien über, wo sie den bedrängten spanischen Arabern zu Hilfe kommen (Sieg bei Ecija 1275, Rückeroberung Gibraltars 1333), bis sie 1340 vertrieben werden. Die zweite Hälfte des 14. Jahrhunderts bringt dann infolge der Willkürakte der Wesire und der häufigen Herrscherwechsel in zahlreichen Bürgerkriegen den raschen politischen Verfall der Merinidendynastie: Schließlich wird sie 1420 durch die Dynastie der Wattasiden abgelöst. Auch diese kann sich jedoch auf die Dauer in Marokko nicht halten und muß seit Anfang des 16. Jahrhunderts nach einer Phase der Abwehr der in Nordafrika vordringenden Portugiesen den Scherifen (Prophetennachfahren) der Familie Sa'd Platz machen. Die sich in Marokko festsetzende scherifische Dynastie vermag dann selbst gegenüber den Türken, abgesehen von einigen formellen Zugeständnissen, ihre Unabhängigkeit zu bewahren.

Das muslimische Spanien In Spanien kann sich der islamische Reststaat nach der Rückeroberung des übrigen Spanien durch die christlichen Königreiche unter der Dynastie der Nasriden (1232 bis 1492) noch bis gegen Ende des 15. Jahrhunderts halten. Diese politische Stabilisierung gelingt teils durch Unterstützung der Meriniden, teils durch das enge Zusammengehen mit Kastilien. Als Folge dieser Phase verhältnismäßiger Ruhe kommt es zu einer letzten kulturellen Blüte, die sich vor allem auf künstlerischem Gebiet äußert (Bau der Alhambra). Auch in Nordafrika ist eine bedeutende Entfaltung der arabischen Kultur während der letzten Jahrhunderte des ausklingenden Mittelalters zu verzeichnen. Durch Ägypten vor den mongolischen Eroberungsstürmen abgeschirmt, vermag sich die arabische Geistigkeit ungestört zu entwickeln: Ihre Höhepunkte gewinnt sie mit den Werken der Historiker Ibn al-Chatib (1313 bis 1374) und Ibn Chaldun (1332 bis 1406) und des Weltreisenden Ibn Battuta (1304 bis 1377/1369?).

DER OSTEN DER ISLAMISCHEN WELT IM ZEICHEN DER MONGOLISCHEN INVASIONEN

Das Reich der Ilkhane Während sich so der Westen der islamischen Welt im mongolischen Zeitalter als im großen und ganzen von außen unberührt darstellt, in einem neuen Höhenflug noch einmal den Glanz arabischer Geistigkeit entfaltend, versinkt der islamische Osten in den Stürmen der mongolischen Eroberungswellen. 1258 fällt Bagdad, die Hauptstadt des Kalifenreiches, dem mongolischen Vorstoß anheim, womit zugleich die Vorrangstellung des Irak innerhalb der muslimischen Welt ihr Ende findet. Aus den Trümmern des zerschlagenen Kalifats im Osten entsteht das Reich der Ilkhane in Persien, das so für ein Dreivierteljahrhundert unter mongolische Herrschaft gerät. Unter Hülegü und seinen Nachfolgern kann sich diese zunächst konsolidieren und vermag dem Iran wieder eine gewisse Ruhe und wirtschaftliche Stabilität zu geben, mit dem Tode Abu Sa'ids (1317 bis 1335) geht die Herrschaft der Tschingiskhaniden in Persien jedoch bereits wieder zu Ende. Nach einer Periode zunehmender Islamisierung des Reichs der Ilkhane und sich verstärkender Absorbierung seiner mongolischen Führungsschicht durch die einheimische islamische Bevölkerung, löst sich die von den Ilkhanen geschaffene staatliche Ordnung im Iran seit 1335 in zahlreichen Bürgerkriegen wieder auf; zahllose Wirren, in denen sich verschiedene Dynastien und Herrscher gegenseitig bekämpfen, prägen dann die zweite Hälfte des 14. Jahrhunderts – in die das Wirken des großen Ghazelen-Dichters Hafiz (etwa 1320 bis 1389/90) fällt –, bis der Geschichtsverlauf in Persien und Vorderasien erneut von einem gewaltigen Mongolensturm bestimmt wird.

Die Timuridenherrschaft 1369 beginnt der Aufstieg Timurs, des Hausmeiers des in Samarkand herrschenden Fürsten. In den folgenden Jahrzehnten unterwirft er Persien (1379) und Kaukasien (1385/87), schließlich noch das Reich der Goldenen Horde. Gegen Ende des 14. Jahrhunderts greift Timur sodann noch nach Syrien und Nordindien (1398) aus und stößt 1402 erobernd und plündernd nach Anatolien vor (Schlacht bei Angora). Trotz dieser gewaltigen Eroberungen, die Timur noch durch einen Feldzug gegen China krönen wollte, erweist sich sein mit beispielloser Grausamkeit geschaffenes Reich nicht als dauerhaft: innerhalb zweier Jahre bricht es wieder auseinander, lediglich Persien und Transoxanien verbleiben seinen Nachfolgern.

Die Herrschaft der Söhne und Enkel Timurs in Persien und Transoxanien verläuft wesentlich friedfertiger als die ihres zerstörerischen Vorfahren. Infolge der inneren Ruhe tritt sehr rasch eine Konsolidierung der politischen Verhältnisse ein, der eine neue Blütezeit der persischen Kultur parallel geht. Allerdings ist die Herrschaft der Timuriden nicht frei von äußerer Bedrohung. Im Zweistromland vermag die Turkmenen-Horde vom „Schwarzen Hammel", die Qara-Qoyunlu, den Eroberungssturm Timurs zu überdauern und sich schließlich gegenüber den Ilkhaniden im Irak durchzusetzen; für das Timuridenreich stellen sie in der Folgezeit eine beständige Gefahr dar, bis sie 1466 bis 1468 durch die Aq-Qoyunlu, die „Weißen Hammel", unter Uzun Hasan ausgeschaltet werden. Diese verfolgen dieselbe Stoßrichtung wie die Qara-Qoyunlu: 1469 wird der Timuride Abu Sa'id bei Täbris besiegt, womit die Timuridenherrschaft im westlichen und südlichen Iran ihren Abschluß findet.

Indien Die Jahrhunderte vor der endgültigen Neugliederung der islamischen Ökumene, die erst zu Beginn des 16. Jahrhunderts abgeschlossen sein wird, erweisen sich auch für die islamischen Gebiete Indiens, das erstmals 711/712 in den muslimischen Einflußbereich miteinbezogen worden war und vor allem unter Mahmud von Ghazni (998 bis 1038) eine gewaltige und verheerende islamische Invasion erfahren hatte, als Zeit weitgehender Umstrukturierung der politischen Macht verbunden mit einer Ausweitung des islamischen Herrschaftsbereiches. Die das Punjab beherrschenden Ghaznaviden werden zu Beginn des 13. Jahrhunderts von dem aus Afghanistan stammenden Herrscherhaus der Ghuriden verdrängt, das unter Mu'izz ed-Din Mohammed zwischen 1190 und 1202 tief in indisches Gebiet vorstößt. Das durch ihn errichtete islamische Reich vermag sich unter Aibek und dessen Nachfolger Iltutmish (1211 bis 1236), der sich in einem siebzehnjährigen Ringen durchsetzen kann, zu halten und kann sogar vergrößert werden. Dieses Sich-Behaupten in einer feindlichen Hindu-Umwelt erfolgt unter unvorstellbaren Grausamkeiten, die sich auch unter den nachfolgenden islamischen Soldatenherrschern fortsetzen. In einem Prozeß permanenter Abwehr der aus dem afghanischen Bergland vordringenden Mongolen und der Selbstbehauptung der Muslime gegenüber der unterdrückten und fiskalisch zur Unterhaltung eines großen Heeres oft bis zum äußersten ausgebeuteten Hindu-Mehrheit gelingt trotz zahlreicher Rückschläge Schritt für Schritt die Ausweitung der islamischen Machtsphäre: Gegen Ende des 13. Jahrhunderts können der Dekkhan und Gujarat angegliedert werden, zwischen 1305 und 1311 erfolgen dann die ersten islamischen Vorstöße nach Südindien. Der 1316 in blutigen Auseinandersetzungen sich vollziehende Untergang der Sklaven- oder Chaldschi-Dynastie verursacht einen Machtverfall des islamischen Reiches in Indien, den auch der 1320 zur Herrschaft gelangende Tughlaq Schah nicht aufzuhalten vermag. In den unter seinem ihm nachfolgenden Sohn entstehenden Wirren machen sich 1347 der Dekkhan und 1352 Bengalen selbständig, die jedoch weiterhin islamisch bleiben. Erst mit Peroz (1351 bis 1388) setzt infolge stabilisierender Maßnahmen wieder eine Gesundung des islamischen Machtbereichs in Indien ein, allerdings wird der weitere Zerfall dadurch nur hinausgeschoben. Der in das letzte Jahrzehnt des 14. Jahrhunderts fallende Vorstoß Timurs nach Nordindien, wo 1398 Delhi erobert werden kann, bedeutet einen tiefen Einschnitt in der Kontinuität islamischer Herrschaft auf dem indischen Subkontinent, da eine weitere Entfaltung der muslimischen Einflußsphäre für Jahrzehnte verhindert wird. Die nach der mongolischen Invasion Timurs für 37 Jahre regierende Dynastie der Sajjids kann sich nie mehr so richtig durchsetzen, ein Umschwung tritt erst wieder mit der 1451 zur Herrschaft gelangenden Dynastie der Lodi oder Pathan-Könige ein.

Die Spaltung der muslimischen Welt in einen sunnitischen und schi'itischen Bereich seit dem 16. Jahrhundert

DIE ENTFALTUNG UND ENTWICKLUNG DES OSMANISCHEN REICHES

Der Aufstieg der Osmanen Im Gegensatz zu Indien wirkt sich der mongolische Eroberungssturm Timurs im Westen, in Kleinasien, nicht ganz so verheerend auf die muslimische Ökumene aus. Hier kann der zugefügte Schaden sehr rasch überwunden werden, und während in Spanien der islamische Machtbereich mehr und mehr durch die christlichen Königreiche eingeschnürt wird, vollzieht sich in Anatolien der Aufstieg der türkischen Osmanen, denen es gelingen soll, den muslimischen Herrschaftsanspruch tief nach Europa hineinzutragen und den bereits während der arabisch-islamischen Expansion des 7. und 8. Jahrhunderts unternommenen Versuch der Eroberung des Byzantinischen Reiches mit seiner Hauptstadt Konstantinopel erfolgreich zu vollziehen.

Die Osmanen leiten ihre Herkunft von dem mittelasiatischen Stamm Qajy ab, der 1254 infolge der mongolischen Ausbreitung in Kleinasien eingewandert sein soll. Zunächst in Nordwestanatolien sitzend, erfolgt die Gründung und Ausweitung des osmanischen Staates unter Osman I. (angeblich 1299 bis 1326) – von dem die Osmanen ihren Namen erhalten – und seinem Sohn Orchan (1326 bis 1359). Nach Süden und Nordwesten ausgreifend, überschreiten die Osmanen 1354 zum ersten Male die Meerengen und lassen sich in Gallipoli nieder. Der rasche Verfall der Herrschaft der Ilkhane in Anatolien begünstigt in den folgenden Jahrzehnten den Anstieg der osmanischen Macht, die nach einer Heeresreform (Militärlehen der Siphahi, Schaffung der sogenannten „neuen Truppe“, der Janitscharen, durch die „Knabenlese“ = devschirme) weit in das Gebiet der Balkanhalbinsel vorzustoßen vermag: Nach zahlreichen militärischen Unternehmungen (1385 Fall von Sofia, 1386 von Nisch; Sieg auf dem Amselfeld 1389; 1396 Vernichtung eines Kreuzzugsheeres unter dem ungarischen König Sigismund bei Nikopolis) ist das auf Konstantinopel und seine nächste Umgebung zusammengeschrumpfte Byzantinische Reich von den Osmanen völlig umklammert. Jedoch wird die Eroberung von Byzanz durch den nach Anatolien zielenden Vorstoß Timurs hinausgeschoben. Am 20. Juli 1402 werden die Osmanen bei Angora (dem heutigen Ankara) vernichtend von den mongolischen Truppen Timurs geschlagen, wodurch das Osmanische Reich in eine gefährliche innere Krise und eine Phase heftiger Machtkämpfe gestürzt wird, die erst mit dem 1421 zur Herrschaft gelangenden Sultan Murad II. vollends überwunden werden können.

Wiederaufstieg des Osmanischen Reiches und Eroberungspolitik unter Mehmed II. und seinen Nachfolgern Unter Murad II. beginnt auch wieder die osmanische Ausbreitung auf dem Balkan, die nach Anfangserfolgen (Einnahme Salonikis 1430) schwere Rückschläge bringt (Niederlage gegen ein Kreuzzugsheer bei Jalowatz 1443), schließlich jedoch durchgesetzt werden kann. Nach dem erneuten Sieg auf dem Amselfeld 1448 sind die Grundlagen zur Eroberung Konstantinopels gelegt, die unter Sultan Mehmed II. in Angriff genommen wird: Die Jahre von 1451 bis 1453 sehen den Todeskampf des das oströmische Erbe tragenden Byzantinischen Reiches – mit dem Fall Konstantinopels am 29. Mai 1453 erscheint eine vorderasiatische islamische Macht am europäischen Horizont, die innerhalb der nächsten Jahrhunderte tief in das europäische Geschehen eingreifen wird. Konstantinopel wird zur Hauptstadt des neuen mächtigen Osmanischen Reiches.

Nach der Eroberung Konstantinopels, das in Istanbul umbenannt wird, setzt Mehmed II. seine Expansion in Europa und Asien fort. Von 1454 bis 1463 dringt er weiter auf dem Balkan vor (Annektierung Serbiens 1454/55, Besetzung des Peloponnes). Die osmanischen Aktivitäten führen zum langandauernden zweiten osmani-

Osman I. gründete 1299 die osmanische Dynastie, der es mit der Eroberung Konstantinopels gelingt, in Europa Fuß zu fassen. Topkapi Saray-Museum, Istanbul.

schen-venezianischen Krieg (1463 bis 1479), während dem Mehmed auch in anderen Gebieten seine Eroberungspolitik fortsetzt (Annektierung aller genuesischen Handelskolonien und -niederlassungen am Schwarzen Meer; Besetzung Bosniens; Annektierung von Qaraman, 1468, und damit Ausdehnung der osmanischen Herrschaft bis zum Euphrat). Als Uzun Hasan von der neuen Turkmenendynastie der „Weißen Schafe“ in Anatolien einfällt, wobei ein koordinierter Angriff mit Venedig verabredet worden ist, kann Mehmed nur unter Schwierigkeiten die Situation meistern, 1473 kann er schließlich Uzun Hasan bei Baskent in die Flucht schlagen.

Durch die Eroberung Anatoliens 1474 unter Besetzung der Gebiete von Kleinarmenien und Kilikien kommt es zu Kontakten mit dem Mamlukenreich in Ägypten und Syrien. Nach der Bereinigung der Lage im Osten kann sich Mehmed wieder Europa zuwenden, und 1479 muß Venedig, die stärkste Seemacht im Mittelmeer, schließlich in einen Frieden einwilligen. Weitere Vorstöße im Westen (Angriff auf Rhodos, der jedoch von den Johanniter-Rittern abgeschlagen werden kann; Eroberung Otrantos in Süditalien) werden durch den Tod Mehmeds II. Anfang 1481 beendet. Mehmed war es jedoch gelungen, ein gewaltiges Reich zu errichten, das zu einem bedeutenden Machtfaktor für die nächsten Jahrhunderte werden und immer wieder in die europäischen Geschicke eingreifen sollte. Unter Mehmed und seinen Nachfolgern wird das Prinzip der Unteilbarkeit der Herrschaft im Osmanenreich eingeführt, wodurch alle Mitglieder der herrschenden Klasse dem Willen des Sultans unterworfen werden. Ein klares Thronfolgerecht sichert die konstante Entwicklung der Herrschaft des Sultans ab.

Unter Bayezid II. (1481 bis 1512) werden die Eroberungen Mehmeds abgesichert, und das Osmanische Reich wird auch von innen her stabilisiert. Zunächst muß Bayezid II. die bis 1495 dauernde Revolte seines Bruders niederkämpfen, die dieser von 1483 bis 1495 ziemlich erfolglos vom Exil aus durchführen muß. Gleichzeitig geht Bayezid systematisch an die Konsolidierung des Osmanischen Reiches, nach außen hin betreibt er eine gemäßigte Eroberungspolitik, die eher einer Abrundung des Reichskörpers dient (Besetzung der Herzegowina 1483, Eroberung der Häfen Kilia und Akkerman 1484), offener tritt immer mehr der Konflikt mit den Mamluken hervor, die auch seinen aufrührerischen Bruder unterstützen. Ein neuer osmanisch-venezianischer Krieg von 1499 bis 1503, in dem sich eine europäische Koalition abzuzeichnen beginnt, verläuft unentschieden, jedoch kann sich das Osmanenreich als Seemacht im östlichen Mittelmeer etablieren und Venedig völlig ausschalten. In der europäischen Diplomatie stellt das Osmanische Reich von nun an als Großmacht im Mittelmeer einen nicht mehr auszuschließenden Machtfaktor dar. Im Osten erwächst derweil dem Osmanenreich durch die politisch-religiöse Gemeinschaft der Safaviden, welche Schaich Safi-ud-Din von Ardabil (1252 bis 1334) gegründet hatte und die sich mit den mit der Osmanenherrschaft unzufriedenen Turkmenenstämmen verbündet, eine neue Gefahr. Nach der Sicherung des Friedens in Europa 1502/03 kann Bayezid gegen den Safaviden Isma'il I. (1502 bis 1524) vorgehen und ihn nach Aserbaidschan abdrängen, von wo aus dieser seine Herrschaft über ganz Iran ausdehnen kann. Die stabile Herrschaft Bayezids kommt am Ende seiner Regierung infolge von Thronstreitigkeiten ins Wanken, 1512 kann sich sein Sohn Selim durch eine Janitscharen-Revolte durchsetzen und Bayezid muß abdanken.

Die Blütezeit des Osmanischen Reiches

Sultan Selim I. (1512 bis 1520) gelingt es, durch die Vernichtung seiner Gegner seine Macht zu stärken und dann seine imperialen Ziele uneingeschränkt zu verfolgen. Zunächst wendet er sich gegen die Safaviden unter Schah Isma'il, welche den schi'itischen Islam zur Staatsreligion erhoben haben und damit die Vormachtstellung der Osmanen in der islamischen Welt gefährden. In einem Feldzug 1514 dringt Selim weit nach Iran vor, gerät jedoch auf Grund der von Isma'il angewandten Taktik der „verbrannten Erde“ in größte Versorgungsschwierigkeiten, was wiederum zu einer Janitscharen-Revolte führt, die Selim jedoch niederschlagen kann, was ihm diese Militärorganisation voll in die Hände spielt. In einer offenen Feldschlacht bei Tschaldiran am 23. August 1514 können die osmanischen Truppen schließlich die safavidischen niederringen, doch führt dies nicht zum Zusammenbruch das Safavidenreiches. Selim kann jedoch ganz Ostanatolien unterwerfen und sich nun dem Mamlukenreich zuwenden.

Dies geschieht 1516, und in der Schlacht von Mardsch Dabiq kann das Heer der Mamluken vernichtend geschlagen wer-

Edirne (Türkei). Moschee des Sultans Selim II. Die Selimiyye wurde zwischen 1570 und 1594 von dem berühmten Architekten Sinan erbaut.

den. Syrien und Ägypten fallen dem Eroberer ohne nennenswerten Widerstand anheim, und das Osmanische Reich hat sich in seiner Ausbreitung verdoppelt. Mit der Eroberung islamischer Kernländer fällt den Osmanen das geistige, administrative und künstlerische Erbe der hochislamischen Zivilisation anheim, das ihnen bisher nur durch die Seldschuken zugekommen war. Mit dem Verlöschen des Mamlukenreiches im Vorstoß der Osmanen wird das politische Vakuum, welches seit dem Niedergang des Abbasiden-Reiches im Vorderen Orient bestanden hatte, durch eine dauerhafte und stabile Ordnung ausgefüllt. Mit der Verschiebung des Zentrums des Islam nach Westen vertieft sich jedoch auch die Spaltung der muslimischen Welt, da Iran einen anderen, vom Osmanenreich unabhängigen Weg geht.

Süleyman der Prächtige Nachfolger Selims I. wird sein Sohn Süleyman II. (1520 bis 1566), der Prächtige, für den sein Vater alle Grundlagen einer stabilen Herrschaft gelegt hat, so daß dieser die Eroberungspolitik Selims ungebrochen fortsetzen kann; er sieht sich dabei im Westen dem Reich der Habsburger, im Osten dem der Safaviden gegenüber. Die osmanischen Angriffe zielen von 1520 an zunächst auf das unabhängige ungarische Königreich unter Ludwig II. (1516 bis 1526), dessen Schicksal in der Schlacht von Mohács 1526 besiegelt wird. Teile Ungarns, das wegen Aufständen in Anatolien von den Osmanen nicht ganz besetzt werden kann, werden unter osmanische Herrschaft gestellt, bleiben aber in einem halbautonomen Zustand unter dem habsburgfeindlichen Siebenbürger und zum König ernannten Johann Zápolya, der osmanischer Vasall wird. 1528 kann Erzherzog Ferdinand, der zum König von Ungarn gewählt worden war, Teile Mittelungarns besetzen, doch der Vorstoß Süleymans führt ihn bis vor Wien, das von den Habsburgern jedoch gehalten werden kann. Die Belagerung Wiens sichert Süleyman die Beherrschung Ungarns, die Türkengefahr bewirkt in Europa zumindest vorübergehend den Nürnberger Religionsfrieden von 1532 zwischen Protestanten und Katholiken. Ein weiterer osmanischer Feldzug 1532 gegen Österreich, der für beide Seiten unentschieden verläuft, führt zu einem den erreichten osmanischen Herrschaftszustand in Europa bestätigenden Frieden. Ferdinand gibt seine Ansprüche in Ungarn auf und erkennt Zápolya als osmanischen Vasallen an, dafür wird Ferdinands Herrschaft in Nordungarn durch Süleyman bestätigt. Der Tod Zápolyas 1541 löst neue Streitigkeiten aus, Ungarn wird zu einem Teil des Osmanischen Reiches, was die Habsburger 1547 in einem Vertrag bestätigen. Nunmehr grenzen die beiden Großmächte unmittelbar aneinander, was zu fortwährenden Grenzkonflikten führt. Die osmanische Expansion nach Mitteleuropa kommt jedoch vorläufig zu einem Stillstand.

Während der Auseinandersetzung mit Habsburg zu Lande beginnt Süleyman der Prächtige zugleich auch seine Stellung zur See im Mittelmeer auszubauen, wo Karl V. nach dem Niedergang der venezianischen Seemacht im Zusammengehen mit Genua eine starke Flotte unter dem Kommando von Andrea Doria, dem besten Flottenführer Europas zu dieser Zeit, aufgebaut hat. Nach der Eroberung von Rhodos durch Süleyman verlegt Karl V. den Johanniter-Orden auf Malta (1530), und mit der Eroberung von Tunis 1535 gewinnt er eine neue Flottenbasis im Westen. Aktivitäten Andrea Dorias auf dem Peloponnes zwingen Süleyman dazu, den eine Piratenflotte befehlenden und Algier beherrschenden türkischen Kapitän Chayreddin Barbarossa als Großadmiral in seine Dienste zu stellen. Algier wird dem Osmanischen Reich angegliedert, und Chayreddin Barbarossa baut eine mächtige Flotte auf, die in der Seeschlacht von Prevesa vor der albanischen Küste über eine Flotte der europäischen Alliierten unter Andrea Doria 1540 einen Sieg davontragen kann. Venedig muß daraufhin in einen Frieden mit dem Osmanischen Reich einwilligen, durch den es seine letzten Besitzungen auf dem Peloponnes, in Dalmatien und auf den Ägäischen Inseln aufgeben muß und endgültig seine einstige Machtstellung im Mittelmeer einbüßt. Süleyman aber hat mit dem Seesieg von Prevesa seine Seeherrschaft im östlichen Mittelmeer gesichert und kann nun auch zur See expansiv vorgehen (Raubzug an der Westküste Italiens 1543, Eroberung von Nizza 1543 zusammen mit der französischen Flotte). Auch unter dem Nachfolger Chayreddins, Turgud Re'is (1485 bis 1565), bleibt die osmanische Seeherrschaft unangefochten.

Im Osten kann Süleyman Wirren in Iran unter dem minderjährigen Sohn Isma'ils, Tahmasp (1524 bis 1576), zu seinen Gunsten ausnützen, in drei Feldzügen (1534/35, 1548 bis 1550 und 1554) versucht er das Safavidenreich zu schwächen oder gar niederzuringen, doch weichen die Safaviden beständig einer offenen Feldschlacht aus, und Nachschubprobleme lassen Süleyman immer wieder die Herrschaft über gewonnene Gebiete verlieren. Im Frieden von Amasya (29. 5. 1555) gewinnt Süleyman schließlich den Irak und die turkmenischen Fürstentümer Ostanatoliens, gibt dafür aber Ansprüche auf Aserbaidschan und den südöstlichen Kaukasus auf. In Arabien können Aden (1530), Suakin (1542) und Massaua (1557) hinzugewonnen werden, und Süleyman baut starke Flottenbasen am Roten Meer und am Persischen Golf (Basra) aus, wodurch die Portugiesen zurückgedrängt werden können. Dies alles führt zu einer Belebung der alten Handelsstraßen, was dem Osmanischen Reich wichtige Einkünfte sichert, obgleich die lange zuvor erfolgte Entdeckung des Seewegs um Afrika herum das ursprüngliche Handelsvolumen nie mehr erreichen läßt.

Der Niedergang des Osmanischen Reiches Nach Süleyman dem Prächtigen gerät das Osmanische Reich in eine Phase des Niedergangs, die auf die wachsende Machtlosigkeit und Unfähigkeit der Sultane zurückzuführen ist. Bereits unter Süleyman wurde zur Entlastung des Sultans das Amt des Großwesirs aufgebaut, der – aus der devschirme-Organisation hervorgehend – die Macht der devschirme-Klasse entschieden stärkte. Korruption und Nepotismus breiten sich zunehmend aus und zersetzen die Institutionen des Reiches. Bereits unter Selim II. (1566 bis 1574) beginnt sich der Niedergang der osmanischen Macht abzuzeichnen; um stärkeren Einfluß zu gewinnen, versuchen Selim II. und seine Nachfolger das Amt des Großwesirs zu schwächen, indem ein häufiger Wechsel der Inhaber vollzogen wird. Trotz der bereits unter Süleyman eingeleiteten inneren Schwächung des Osmanischen Reiches ist es nach außen hin noch stark genug, um auch während der zweiten Hälfte des 16. Jahrhunderts die erreichte Machtstellung zu halten, obgleich die osmanische Militärmacht bereits erste Niederlagen hinnehmen muß. 1571 wird die osmanische Flotte in der Seeschlacht von Lepanto von der Heiligen Liga vernichtend geschlagen, sie kann jedoch rasch wiederaufgebaut und die Seeherrschaft im östlichen Mittelmeer wiedererrungen werden (im Westen Eroberung von Tunis 1574).

Unter Murad III. (1574 bis 1595) dauern die inneren Zerfallserscheinungen im Osmanischen Reich an, nach der Ermordung des Großwesirs Mehmed Soqullu gewinnen der Harem und dann die führenden Janitscharenoffiziere immer mehr an Einfluß. Administrative, soziale und wirtschaftliche Schwierigkeiten nehmen zu, dennoch betreibt auch Murad III. eine Eroberungspolitik, die vor allem der Expansion des Fürstentums Moskau unter Iwan IV. entgegenwirken soll. Die Wirren nach dem Tode von Schah Tahmasp 1576 in Iran ausnützend, kann Murad III. den Kaukasus und Aserbaidschan 1578 erobern und so das Reich auf den Höhepunkt seiner territorialen Ausdehnung führen. Noch unter Murad III. kommt es zu einem erneuten österreichisch-osmanischen Krieg 1593, der nach der Einnahme von Teilen Zentralungarns und Rumäniens durch die Österreicher durch den zufälligen Sieg der Osmanen in der Schlacht von Keresztes 1596 eine Wendung erfährt, so daß die Habsburger in den Friedensvertrag von Zsitva Torok (1606) einwilligen müssen, der die osmanische Herrschaft über Ungarn und Rumänien wieder festigt, doch ist die osmanische Schwäche in Europa erstmals aufgedeckt worden.

Auch im Osten wächst mit dem Aufstieg von Schah 'Abbas I. (1587 bis 1629) und dem Wiedererstarken des Safavidenreiches eine neue Gefahr heran. Osman II. (1618 bis 1622) und Murad IV. (1623 bis 1640) versuchen dem durch Reformen, die das Osmanenreich wieder stabilisieren sollen, zu begegnen, und ihre Reformbemühungen werden unter Mehmed IV. (1648 bis 1687) durch die berühmte Dynastie der Köprülü-Großwesire fortgesetzt (Mehmed Köprülü, 1656 bis 1661; Ahmed Köprülü, 1661 bis 1676). 1603 kann Schah 'Abbas I. den Kaukasus und Aserbaidschan einnehmen, 1624 erfolgt die Eroberung des mittleren Irak, doch ermöglicht es das Reformwerk Murads IV., der iranischen Bedrohung zu begegnen; 1638 kann der Irak zurückgewonnen werden, und im Vertrag von Qasr-i-Schirin von 1639 wird die moderne türkisch-iranische Grenze festgelegt, und das Osmanische Reich kann sich wieder voll auf Europa konzentrieren. 1645 bricht anläßlich des Versuchs der Osmanen, Kreta zu erobern, ein neuer Krieg mit Venedig aus, der bis 1669 dauert und Anfangserfolge Venedigs bringt, bis Reformen Mehmed Köprülüs zum Erfolg führen: nach vierundzwanzigjähriger Belagerung kann Kreta 1669 erobert werden.

Die durchgeführten Reformen sind jedoch immer nur augenblicklicher Natur, sie beseitigen Mißstände, können jedoch die überlebten osmanischen Institutionen nicht erneuern, so daß das Osmanische Reich auf die Dauer nicht mit dem Fortschritt der aufsteigenden europäischen Nationalstaaten mithalten kann. Dennoch marschiert der Großwesir Qara Mustafa Pascha 1681 wiederum in Mitteleuropa ein und belagert Wien (1683). Unter dem Ansporn des polnischen Königs Johan III. (Jan Sobieski) kann Wien gehalten werden, und es bildet sich eine europäische Koalition, die gegen das Osmanische Reich vorgeht. Der Krieg gegen die Armeen der Heiligen Liga von 1683 bis 1699 endet im Frieden von Karlowitz: geschwächt tritt das Osmanische Reich in das 18. Jahrhundert ein.

Der Verfall des Osmanischen Reiches
Gegen Ende des 17. Jahrhunderts hat sich die Lage des Osmanischen Reiches grundlegend verändert. In den Kampf gegen die Osmanen ist neben Habsburg und Venedig, den alten Feinden der Hohen Pforte, noch Rußland getreten, das während der Regierungszeit Mustafas II. (1695 bis 1703), der vom Großwesir Hüsein Köprülü (1697 bis 1702) beraten wird, Asow erobert; Rußland geht es bei seinem Kriegseintritt darum, durch das Schwarze Meer und die Dardanellen ins Mittelmeer vorzustoßen. Die Niederlage bei Zenta im Jahre 1697 führt schließlich zum Frieden mit den Habsburgern in Karlowitz am 26. Januar 1699 und 1700 zum Frieden von Konstantinopel mit Rußland, dem das Gebiet bis an den Dnjestr, ferner die bedeutende Festung Asow zugesprochen wird, mit der es einen ersten Stützpunkt am Schwarzen Meer erhält.

Die Entsatzschlacht vor Wien 1683. Gemälde von Franz Geffels. Historisches Museum, Wien.

Die Friedensschlüsse um die Wende zum 18. Jahrhundert zeigen deutlich den Machtverfall des Osmanischen Reiches auf: Im Südosten Europas hat es seine hegemoniale Stellung eingebüßt; der Druck auf Mitteleuropa läßt nach, Österreich kann sich auf Kosten des Osmanenreiches erheblich nach Südosten ausdehnen. In den 109 Jahren zwischen der zweiten Belagerung von Wien und dem Frieden von Jassy im Jahre 1792, in denen das Osmanische Reich 41 Jahre lang in Kriege mit seinen europäischen Gegnern verwickelt ist, geht es für die Pforte nun darum, den Bestand des Reiches zu wahren und die Verfallsperiode zu überdauern. Als Verbündeter Habsburgs in dem Kampf gegen die Türken fungiert jetzt das an die Stelle Polens getretene Rußland, das ans Mittelmeer vorzustoßen versucht. Das Osmanische Reich wird dadurch während des 18. Jahrhunderts in die europäische Machtpolitik verstrickt. Die Gegner Habsburgs und Rußlands, insbesondere Schweden und Frankreich, unterstützen die Osmanen, die Niederlande und England, denen es um die Absicherung ihrer vom Sultan gewährten Handelsprivilegien in der Levante geht, verhalten sich neutral; sie sind nur darum bemüht, eine Kontrolle des Osmanischen Reiches durch irgendeinen europäischen Staat zu verhindern, da dies ihm ein deutliches Übergewicht im europäischen Mächtekonzert verleihen würde.

Den Auftakt zu den kriegerischen Verwicklungen der Türkei im 18. Jahrhundert bildet die erneute Auseinandersetzung mit Rußland unter der Regierung Achmeds III. (1703 bis 1730). Karl XII. von Schweden war 1709 nach seiner Niederlage bei Poltawa gegen die Russen auf osmanisches Gebiet geflüchtet, wo ihm Achmed III. Asyl gewährt. Von 1709 bis 1714 hält sich Karl XII. in Demotika in dem Bestreben auf, den Sultan zu einem Krieg gegen Rußland zu bewegen. Durch den Hospodar der Moldau, Demetrios Kantemir, läßt sich Peter der Große 1710/11 dazu verleiten, in die Türkei vorzustoßen, muß aber nach seiner Einschließung und Kapitulation am Pruth im Jahre 1711 in den Frieden am Pruth einwilligen, durch den es dem Sultan gelingt, verlorengegangene Gebiete wieder zurückzugewinnen. Als Folge des Verrates des Hospodars Demetrios Kantemir erlangen die schon im 17. Jahrhundert aufsteigenden griechischen Fanarioten stärkeren Einfluß. Nach Beendigung des Krieges mit Rußland kommt es schon wenige Jahre später zu erneuten, von 1714 bis 1718 währenden Auseinandersetzungen mit Venedig und Österreich. 1716 kann Prinz Eugen von Savoyen die Türken bei Peterwardein besiegen, und 1717 erobert er Belgrad. Unter dem Eindruck dieser Erfolge schließt die Hohe Pforte den Frieden von Passarowitz am 21. Juli 1718, in dem Venedig endgültig auf den Peloponnes verzichtet, der habsburgische Kaiser jedoch den Banat von Temesvár, die Kleine Walachei und den Nordsaum Serbiens erringen kann.

In den folgenden Jahren versucht Achmed III., dem geistige Interessen mehr liegen, den Frieden zu wahren. Er läßt fünf Bibliotheken erbauen, ferner eine Wasserleitung vom Nordende des Goldenen Horns nach Istanbul anlegen und eine Porzellanfabrik errichten. Infolge der allgemeinen Erschöpfung des Landes wendet sich die osmanische Öffentlichkeit eine Zeitlang von der Politik ab und mehr geistigen Dingen zu. Es setzt eine Welle der Europäisierung ein, die ihre Kulmination in der von 1717 bis 1730 währenden „Tulpenzeit" erfährt. Ihren Namen erhält diese Periode von der plötzlich – wie in europäischen Ländern auch – im Osmanischen Reich Mode werdenden Tulpenzucht. Um 1560 war die Wildtulpe von dem Gesandten Ogier Ghislain von Busbeck (1522 bis 1592) aus Anatolien nach Westeuropa gebracht worden, wo sie insbesondere in Holland veredelt wurde. Zu Beginn des 18. Jahrhunderts wird in der Türkei der Import holländischer Tulpen für die Oberschicht zur Leidenschaft. Europäische Einflüsse machen sich jetzt auch in der türkischen Baukunst bemerkbar, neben der Übernahme technischer Errungenschaften Europas wirkt sich die Europäisierung auch in der Ausbildung einer Diplomatie und in der Anpassung der türkischen Politik an die europäischen Kabinette aus.

Die friedliche Regierungsperiode Achmeds III. endet schließlich mit dessen Ermordung. Die mit dem Untergang der Safaviden einhergehenden Wirren in Persien, die Peter dem Großen eine Ausweitung Rußlands bis Gilan erlauben, werfen bereits ihre Schatten auf das Osmanische Reich, das 1723 bis 1733 militärische Unternehmungen gegen Persien durchführt. 1730 wird Achmed durch einen Volksaufstand gestürzt, und sein Neffe Machmud I. (1730 bis 1754) wird sein Nachfolger. Unter seiner Regierung, während der die Janitscharen jahrelang eine Willkürherrschaft ausüben, kommt es wieder zu Konflikten an der europäischen und persischen Front. Die Auseinandersetzungen mit den Habsburgern werden allmählich durch Kämpfe mit Rußland abgelöst. In dem von 1736 bis 1739 dauernden österreichisch-russischen Koalitionskrieg erweisen sich die Türken den militärisch geschwächten Österreichern gegenüber als ebenbürtig. Im Frieden von Belgrad 1739 verliert Habsburg die Gewinne von 1718 mit Ausnahme des Banats von Temesvár, während die Russen Asow erneut erhalten.

Im Osten des Osmanenreiches hatte in der Zwischenzeit der turkmenische Eroberer Schah Nadir die iranische Macht wiederhergestellt und Mesopotamien und die Gebiete östlich von Anatolien zurückgewonnen; er verlangt die Anerkennung der Schi'a als fünfte Rechtsschule des Islam. Die langandauernden, für beide Seiten erfolglosen Kämpfe zwischen den Osmanen und Nadir finden schließlich mit der Niederlage bei Eriwan (1746) und der Ermordung Nadirs ihr Ende. In den nach seinem Tode ausbrechenden Wirren kann das Osmanenreich die Grenze von Qasr-i-Schirin behaupten.

Der Vorstoß Rußlands – Abschluß der Kämpfe des 18. Jahrhunderts im Frieden von Jassy In die Regierungsperioden Osmans III. (1754 bis 1757) und Mustafas III. (1757 bis 1773) fällt der machtpolitische Umschwung, der an die Stelle Habsburgs Rußland als Vorkämpfer gegen die Osmanen treten läßt. Die Russen verstärken in der zweiten Hälfte des 18. Jahrhunderts ihre „Befreiungspropaganda", die sich nun neben den Slawen auch auf die Rumänen und Griechen auswirkt. Das Osmanische Reich, dessen Heerwesen mehr und mehr in der Friedenszeit seit 1739 verfällt, wird jetzt zum Spielball der europäischen Mächte. Im Jahre 1768 erklärt Mustafa III. auf Drängen Frankreichs, das immer größeren Einfluß über die Pforte gewonnen hat, Rußland den Krieg. 1769 besetzen die russischen Heere Bessarabien, die Moldau und die Walachei und 1770 stoßen sie nach Bulgarien vor. Im gleichen Jahr vernichtet die russische Flotte die türkische in der Bucht von Tscherschme. Unter Einwirkung von Österreich und Preußen, welche die russischen Erfolge beunruhigen, kommt es schließlich zum Friedensschluß von Kütschük Qaynardschy bei Silistria im Jahre 1774. Unter Katharina II. gewinnt Rußland den Nordrand des Schwarzen Meeres und die Schirmherrschaft über die Krim. 1775 kann der deutsche Kaiser auf Grund der Schwäche des türkischen Reiches durch geschickte Verhandlungen die Bukowina erlangen.

Unter der Herrschaft 'Abd ül-Hamids I. (1773 bis 1789) gelingt Rußland dann endgültig der Durchbruch als Vormacht am Schwarzen Meer. Rußland, das immer mehr als Schutzmacht der orthodoxen Völker auf dem Balkan auftritt, verstärkt seine Expansionspolitik gegenüber dem Osmanischen Reich, das allerdings nicht mehr allein für sich steht, sondern ein voll anerkanntes Glied des europäischen Mächtekonzerts geworden ist. Freundschaftliche Beziehungen bestehen zu England und Holland, Frankreich kann seinen über Jahrhunderte mit den Türken gepflegten Kontakt im 18. Jahrhundert noch vertiefen. Hinzu kommen Verträge mit einigen europäischen Staaten, 1733 mit Schweden, 1756 mit Dänemark und 1761 mit Preußen: Ein Bündnis mit Friedrich dem Großen war angesichts von dessen bedrohlicher Lage im Lager von Bunkelwitz geschlossen worden. Trotz dieser internationalen Verflechtung vermag das Osmanische Reich die Bedrohung durch Rußland nicht abzuwenden.

1781 geht Katharina II. von Rußland ein Bündnis mit Östereich ein, das gegen Preußen und die Türkei gerichtet ist, deren Aufteilung Josef II. von seiten Rußlands vorgeschlagen wird. 1783 wird die Krim von Rußland annektiert, 1784 erwirbt die Zarin das Schutzrecht über Georgien. Zum letzten Male verbinden sich Österreich und Rußland in dem Krieg von 1787 bis 1792 gegen die Türkei. Angestachelt von Preußen und England und in einem Bündnis mit Schweden stehend, das auf den Wiedererwerb Finnlands hinzielt, erklärt die Pforte 1787 den Russen den Krieg. 1789 besetzt ein österreichisches Heer unter Laudon Belgrad, Bukarest wird in Verbindung mit der russischen Armee eingenommen. 1791 sieht sich Österreich infolge von Aufständen in Belgien und Ungarn jedoch gezwungen, den Frieden von Swischtow einzugehen, der den Verlust der Moldau und Walachei ohne Orschowa bringt. Das den Krieg siegreich fortführende Rußland muß schließlich auf Grund der internationalen Lage in den Frieden von Jassy im Jahre 1792 einwilligen, der ihm den Gewinn des Gebietes zwischen Bug und Dnjestr sichert. Katharina II. kann damit die Nordküste des Schwarzen Meeres endgültig für Rußland erwerben.

Der Friede von Jassy bedeutet einen Einschnitt in der Geschichte des Osmanischen Reiches. Mit der Herrschaft Selims III. (1789 bis 1807) endet die Verfallsperiode der Türkei, und es setzt eine erste Phase von Reformen ein, die dem Osmanenreich eine neue Basis sozialer und politischer Art zu geben vermögen.

Im Inneren des Osmanischen Reiches dauert die bereits im 16. Jahrhundert einsetzende Zersplitterung in autonome lokale Herrschaften auf Grund der Schwäche der Zentralregierung das gesamte 18. Jahrhundert hindurch an. Lokale Machthaber, sogenannte „Talfürsten" (Dere Beys), können sich insbesondere in den asiatischen Teilen der Türkei, aber auch in Anatolien und in Kurdistan durchsetzen. Gefördert wird ihre Autonomie vor allem durch nationale Strömungen, welche eine weitere Zugehörigkeit zum multinationalen Osmanischen Reich ablehnen. Diese Strömungen verstehen die lokalen Machthaber für sich auszunützen. Genannt sei hier vor allem 'Ali Bey Tepedelenli, dem es gelingt, sich von Jánnina im Epirus aus ein beinahe unabhängiges Fürstentum seit 1787 aufzubauen. In Ägypten können die Truppen des Sultans nur mühsam den in Verbindung mit Rußland stehenden Mamluken 'Ali Bey in den Jahren 1768 bis 1772 niederwerfen, und auch Unruhen in Syrien in den Jahren 1770 und 1783 bis 1785 bereiten große Schwierigkeiten. Erweist sich so die osmanische Herrschaft im Nahen Osten als vielfach gefährdet, so stellt sie sich noch wesentlich lockerer im Maghreb dar. In Tripolitanien regiert seit 1711 die Pascha-Dynastie der Qaramanly, die zunächst für eine politische Stabilität der Provinz zu sorgen vermag, jedoch gegen Ausgang des 18. Jahrhunderts in inneren Zwistigkeiten verfällt. In Tunesien kommt 1705 der Bey Husain an die Macht, dessen Nachfahren das Land bis 1957 beherr-

„Die Schlacht bei den Pyramiden". Juli 1798. Gemälde von Lejeune.

schen. In Algerien, das in erster Linie von der Seeräuberei lebt, bis der Machtanstieg Frankreichs und Englands die Überfälle der Barbaresken-Schiffe einzuschränken vermag, regieren seit 1671 die Deys. Trotz einer gewissen Unabhängigkeit erkennen diese Provinzen die Oberhoheit des osmanischen Sultans an, im Gegensatz zu Marokko, das sich als unabhängiger Staat im Maghreb behaupten kann. Sultan Isma'il (1672 bis 1729) kann ein Heer von 150 000 Mann aufbauen und die Berber im Süden des Landes zurückdrängen. Sein Tod im Jahre 1729 führt zu schweren Wirren, die erst von der kraftvollen Persönlichkeit Mulai Mohammeds (1757 bis 1792) beendet werden können.

Der Wiederaufstieg des Osmanischen Reiches im 19. Jahrhundert Der Friede von Jassy von 1792, der in die Regierungsperiode Sultan Selims III. (1789 bis 1807) fällt, bedeutet in der Geschichte des Osmanischen Reiches eine Wende: Mit ihm endet die lange Zeit des Niedergangs, und das Osmanische Reich, das trotz der vielfachen, ihm von seinen europäischen Gegnern zugefügten Niederlagen noch ganz Anatolien, die arabische Welt vom Irak bis Nordafrika und den gesamten südlich der Donau gelegenen Balkanraum umfaßt, tritt in eine neue Phase seiner geschichtlichen Entwicklung ein, in der sich infolge grundlegender, über ein Jahrhundert währender Reformen auf sozialem und politischem Gebiet eine tiefgehende Erneuerung vollzieht. Dieses das 19. Jahrhundert umspannende Reformwerk wird von Sultan Selim III. eingeleitet und von Machmud II. fortgesetzt; beide Reformer stehen dabei noch ganz in der Tradition alter osmanischer Reformvorstellungen bei ihrem Bestreben, durch die Beseitigung von Korruption und Nepotismus den alten Institutionen wieder neue Funktionen zu verleihen. Die militärische Überlegenheit der Europäer zwingt Selim III. zu umfangreichen Militärreformen, die auch von Machmud II. durchgeführt werden. Selim III. schafft neue Streitkräfte, Nizam-i dschedid (=Neues System) genannt, die in ihrer Bewaffnung, taktischen Schulung, Organisation und Disziplin die Armeen Europas zum Vorbild haben. Neben diesen leistungsfähigen modernen Truppen, die allerdings nicht mehr als 10 000 Mann umfassen, bestehen jedoch auch die älteren Militäreinheiten in über zehnfacher Stärke weiter; diese stehen der Aufstellung der neuen Truppenverbände von Anfang an in feindseliger Weise gegenüber. Schließlich provozieren die neuen Truppen 1807 eine Janitscharenrevolte gegen Selim III., die zu ihrer vorübergehenden Auflösung führt.

Das Reformwerk Selims III. wird allerdings nicht nur durch den Konservatismus und die Opposition im Osmanischen Reich behindert, sondern vor allem auch durch äußere Gefahren, die das Reich in seiner Existenz ernsthaft bedrohen. Napoleons Vorstoß nach Ägypten im Jahre 1798 ruft einen Bruch zwischen der Türkei und dem bisher befreundeten Frankreich hervor und führt zu einer zeitweiligen politischen Annäherung der Pforte an England. Als Folge der napoleonischen Expedition nach Ägypten und Syrien in den Jahren 1789 bis 1799, die bereits 1798 durch den Sieg der englischen Flotte unter Admiral Nelson bei Abukir über die französische in Frage gestellt wird, kommt es zu einem russisch-türkischen Bündnis. Als die Franzosen 1802 durch die Engländer aus Ägypten vertrieben werden, tritt wieder eine Normalisierung der Beziehungen zwischen dem Osmanischen Reich und Frankreich ein. Als Folge greift die Türkei während der napoleonischen Feldzüge nicht ein. In den Jahren von 1806 bis 1812 wird das Osmanische Reich erneut in einen Krieg mit Rußland verwickelt, in dessen Verlauf das Zarenreich die Fürstentümer Moldau und Walachei und Bessarabien besetzt; im Frieden von Bukarest am 28. Mai 1812 gewinnt Rußland schließlich Bessarabien von der Pforte hinzu.

Im April 1807 bricht eine Janitscharenrevolte gegen Selim III. aus, die zur Absetzung des Sultans führt. Selim III. wird ein Jahr später ermordet, und auf den Thron gelangt Machmud II., der Sohn 'Abd ül-Hamids I. Machmud II. (1808 bis 1839) kann Schritt für Schritt seine Macht im Inneren festigen und vermag einige Herrschaften autonomen Charakters im Osmanischen Reich auszuschalten. Während so in einigen Gebieten des Osmanenreiches die Herrschaft des Sultans wieder gestärkt werden kann, geht in anderen das Streben nach Autonomie ungedämmt weiter. Bagdad und Basra werden bis 1831 von mamlukischen Paschas regiert, die weitestgehend unabhängig von der Pforte sind, unter dem seit 1806 als Statthalter über das Nilgebiet eingesetzten General Muhammad 'Ali (1769 bis 1849) entwickelt Ägypten ein zunehmendes Maß an Autonomie, und in anderen Teilen des Osmanenreiches kommt es infolge eines wachsenden Nationalgefühls unterdrückter Völker zu Aufständen: 1815 erheben sich die Serben zum zweiten Mal, und 1821 bricht der griechische Befreiungskrieg aus, der an die Grundlagen des Vielvölkerreiches der Türken rührt. 1821 kommt es zu einem Aufstand unter Fürst Alexandros Ypsilanti dem Jüngeren in Jassy. Daraufhin erhebt sich das gesamte griechische Volk, und am 1. Januar 1822 wird auf dem Nationalkongreß zu Epidauros die Unabhängigkeit des hellenischen Volkes und ein Verfassungsgesetz verkündet. In ganz Europa ruft

Die Seeschlacht bei Navarino im Jahre 1827. Gemälde von A. L. Garneray (Ausschnitt). Museum Versailles.

der griechische Unabhängigkeitskampf spontane Begeisterung hervor, und im Zuge einer alle Länder Europas erfassenden philhellenischen Bewegung eilen viele Freiwillige nach Griechenland, unter ihnen auch der englische Dichter Lord Byron, um auf seiten der Aufständischen zu kämpfen. Als die Janitscharen gegen die griechischen Rebellen auf dem Peloponnes versagen, geht 1824 der Gouverneur von Ägypten, Muhammad 'Ali, gegen sie vor und erringt zahlreiche Siege, was die Janitscharenkorps im Osmanischen Reich in weiteren Mißkredit bringt. Bereits 1815 hatte Machmud II. Selims moderne Truppen unter dem Namen Sekban-i dschedid wieder aufgestellt und sie dann nach Istanbul bringen lassen. Als die Janitscharen am 15. Juni 1826 zu revoltieren beginnen, gehen Machmuds neue Truppen gegen sie vor und richten unter ihnen in Istanbul und in allen Teilen des Reiches ein Massaker an. Damit ist der Weg frei für eine tiefgreifende Reform des türkischen Heeres.

Die Vernichtung der alten türkischen Armee wirkt sich militärisch zunächst jedoch verheerend aus, und der Kriegseintritt der europäischen Großmächte führt zu einer Wende im griechischen Freiheitskampf. 1827 wird die türkische Flotte in der Seeschlacht bei Navarino von der englischen, französischen und russischen vernichtet, und der russisch-türkische Krieg von 1828 bis 1829 zwingt den Sultan zum Einlenken. Im Frieden von Adrianopel 1829 erkennt die Pforte die Unabhängigkeit Griechenlands an, Samos, Chios, Epiros, Thessalien und Kreta bleiben jedoch weiterhin unter türkischer Herrschaft. Die Unabhängigkeit Griechenlands wird im Londoner Protokoll vom 3. Februar 1830 von den Schutzmächten Rußland, England und Frankreich bestätigt, auf der Londoner Konferenz wird der Sultan von den Großmächten zugleich zur Anerkennung der Autonomie Serbiens, der Moldau und der Walachei gezwungen.

Auch im arabischen Raum des Osmanischen Reiches machen sich jetzt verstärkt Unabhängigkeitsströmungen bemerkbar. Ägyptens Statthalter Muhammad 'Ali erobert Syrien, Südarabien und Südostanatolien und trägt in der Schlacht von Konya am 21. Dezember 1832 den Sieg über die moderne osmanische Armee davon. Im Frieden von Kütahya von 1833 erhält Muhammad 'Ali Syrien zusammen mit der Verwaltung Kilikiens. Um Hilfe gegen den ägyptischen Statthalter zu erlangen, geht Machmud II. daraufhin einen Schutzvertrag mit Rußland ein. Ende 1833 zwingen die europäischen Großmächte, als sie sich über eine Aufteilung des Osmanenreiches nicht einigen können und einen Sieg des ägyptischen Statthalters über den Sultan befürchten müssen, Muhammad 'Ali zum Rückzug und retten so Machmud II.

Machmud II. setzt in den folgenden Jahren seine Bemühungen um den Aufbau einer modernen Armee nach europäischem Vorbild fort. In neuen technischen Schulen werden die Offiziere ausgebildet und von preußischen Militärexperten unter dem Kommando von Moltke geschult. Ferner läßt Machmud II. ein säkulares Grundschulsystem aufbauen, das die Schüler auf die technischen Schulen vorbereiten soll. Die europäische Kleidung wird eingeführt und muß von den Regierungs- und Armeemitgliedern getragen werden. Wichtige Reformen werden auch für die Regierung und Finanzverwaltung in dem Bestreben durchgesetzt, die Zentralgewalt des Sultans zu stärken und die traditionellen Formen der Autonomie im Osmanischen Reich zu beseitigen. 1839 kommt es dann erneut zu Auseinandersetzungen mit dem Pascha von Ägypten, bei denen Machmud II. seine noch nicht voll ausgebaute Armee einsetzt und eine verheerende Niederlage in der Schlacht von Nezib am 24. Juni 1839 einstecken muß. Machmud II. stirbt darüber wahrscheinlich aus Gram.

Auf dem osmanischen Thron folgt ein Sohn Machmuds II. als 'Abd ül-Medschid I. (1839 bis 1861), der sich gegen Vorstöße Muhammad 'Alis, zu dem die türkische Flotte nach seinem Sieg übergegangen ist, wehren muß. Daraus entwickelt sich 1839 bis 1841 die orientalische Krise. In dem Krieg zwischen Muhammad 'Ali und dem Sultan wird Ägypten von Frankreich unterstützt, während der türkische Sultan Hilfe von England und Rußland erhält. In der 1. Londoner Konvention vom 15. Juli 1840, in der es zu einer Verständigung zwischen England, Rußland, Preußen und Österreich kommt, wird Frankreich ausgeschaltet. 'Abd ül-Medschid I. kann die 1833 an Muhammad 'Ali verlorenen Gebiete zurückgewinnen. In der 2. Londoner Konvention vom 13. Juli 1841, dem sogenannten Meerengenvertrag, den der Sultan mit den fünf europäischen Großmächten eingeht, wird die Durchfahrt durch die Dardanellen und den Bosporus für nichttürkische Kriegsschiffe in Friedenszeiten verboten.

Nachdem für das Osmanische Reich außenpolitisch wieder Ruhe eingetreten ist, kann der Sultan sich verstärkt den Reformen im Inneren zuwenden, die bereits von Selim III. und Machmud II. in Angriff genommen worden waren. Zwischen 1839 und 1876 werden die Reformen in einem umfangreichen Gesetzgebungswerk verankert, dem Tanzimat-i hayriyye („wohlwollende Anordnungen") oder kurz Tanzimat, weshalb die folgende Phase in der Geschichte des türkischen Reiches als Tanzimat-Periode bezeichnet wird. Am 3. November 1839 läßt 'Abd ül-Medschid I. im hatt-i scherif („erhabenes Schreiben") von Gülhane („Rosenhaus", ein Palast bei Istanbul) die Grundzüge des Reformwerks erstmals offiziell verkünden. Im hatt-i scherif wird die Abschaffung der Steuerpacht vom Sultan versprochen, ferner die allgemeine Rechtssicherheit, weiterhin sollen Steuerreformen durchgeführt werden. Nach europäischem Muster werden jetzt Recht, Verwaltung und Schulwesen ausgebaut. Die osmanische Regierung und Armee und das türkische Schulwesen erfahren so in der Tanzimat-Periode eine tiefgreifende Modernisierung, die mit ausländischer Hilfe durchgesetzt werden kann. Unter Sultan 'Abd ül-Medschid I. steigt der Minister Mustafa Mechmed Reschid Pascha, der zwischen 1839 und seinem Tod im Jahre 1856 sechsmal das Amt des Großwesirs innehat, zum bedeutendsten Mann der Tanzimat-Periode empor.

Die Autonomiebestrebungen in der arabischen Welt Napoleons ägyptische Expedition von 1798 bis 1801 leitet in der arabischen Welt mit der Zurückdrängung der Oligarchie der Mamluken oder Beis in Ägypten eine Autonomiebewegung ein, die allerdings nicht unmittelbar in die Unabhängigkeit führt, da die Araber politisch und militärisch noch nicht in der Lage sind, sich ohne Hilfe von außen vom türkischen Reich zu lösen: Als Folge geraten sie zunächst in ein Kolonial- und Protektoratsverhältnis zu europäischen Großmächten.

In Ägypten wird 1806 der albanische Offizier Muhammad 'Ali (türkisch Mechmed 'Ali) vom türkischen Sultan als Pascha über das Niltal eingesetzt. 1811 kann er durch Mord die Mamluken endgültig ausschalten, und in der Folgezeit vermag er seine Macht nach außen und innen zu stabilisieren. In den Jahren 1811 bis 1813 unterwirft er die Wahhabiten in Arabien, und von 1820 bis 1822 gewinnt er die Landschaften Nubien, Sennar und Kordofan am oberen Niltal hinzu. In den griechischen Unabhängigkeitskampf greift er seit 1825 erfolgreich ein. Im Inneren läßt er weite Ländereien durch den Staat beschlagnahmen, baut Landstraßen und schafft ein eigenes Heer und eine eigene Flotte, ferner reformiert er das Medizinalwesen und läßt die Verwaltung neu ordnen. Muhammad 'Alis Streben nach Unabhängigkeit führt seit 1830 zum Konflikt mit dem Osmanischen Reich. Trotz seiner militärischen Erfolge gegen den Sultan scheitert Muhammad 'Ali jedoch infolge des Eingreifens der europäischen Großmächte und muß sich mit der Erblichkeit seiner Statthalterschaft zufriedengeben. Auch Muhammad 'Alis Nachfolger, sein Enkel 'Abbas I. (1848 bis 1854), vermag die Autonomie Ägyptens gegenüber dem Osmanischen Reich zu wahren.

Auch im Westen des Osmanenreiches, im Maghreb, bleibt die seit dem 18. Jahrhundert bestehende, beinahe totale Unabhängigkeit von der Pforte während der ersten Jahrzehnte des 19. Jahrhunderts erhalten, mit Ausnahme Tripolitaniens, das weiterhin nominell zu Hohen Pforte gehört, allerdings wird die Autonomie der arabischen Staaten im Maghreb beim Vordringen der Europäer wieder aufgehoben. Seit 1830 beginnt Frankreich in Algerien vorzustoßen und 'Abd al-Kader siegreich zu bekämpfen. Die Eroberung Algeriens durch Frankreich dauert von 1830 bis 1847. Im Gegensatz zu Algerien kann Marokko seine bereits während des 18. Jahrhunderts aufgebaute Unabhängigkeit unter der scherifischen Dynastie auch gegen Frankreich das gesamte 19. Jahrhundert hindurch wahren, Tunesien hingegen, das sich seit 1847 enger an Frankreich anlehnt und dessen Autonomie 1871 offiziell von der Pforte anerkannt wird, wird bereits in der zweiten Hälfte des 19. Jahrhunderts von Frankreich besetzt. Mit dem Vorstoß der Europäer im Maghreb bricht für diesen Teil der islamischen Welt die Neuzeit an.

Die Tanzimat-Periode Nach Beendigung der Auseinandersetzungen mit dem ägyptischen Statthalter Muhammad 'Ali tritt das Osmanische Reich unter Sultan 'Abd ül-Medschid I. (1839 bis 1861) während der zweiten Hälfte des 19. Jahrhunderts in die Tanzimat-Periode ein, die durch umfangreiche und tiefgehende Reformen gekennzeichnet ist. Die Tanzimat-Periode umfaßt die Regierungszeit von 'Abd ül-Medschid I. und Sultan 'Abd ül-Asis (1861 bis 1876) und erreicht ihren Höhepunkt unter 'Abd ül-Hamid II. (1876 bis 1909). Nach Beendigung des Krimkrieges werden in dem auf Druck der europäischen Mächte hin am 18. Februar 1856 erlassenen Edikt hatt-i hümayun eine Vielzahl von Reformen versprochen (Abschaffung der Folter, Verbesserung des Steuer- und Gerichtswesens, Gewährung der Religionsfreiheit). Trotz zahlloser religiöser und nationaler Spannungen können die Reformen während der Tanzimat-Periode gegen den Widerstand breiter Kreise der türkischen Bevölkerung durchgesetzt werden.

Im militärischen Bereich werden ebenfalls dringend notwendige Reformen durchgeführt. Es erfolgt eine Erneuerung der Nizam-i dschedid und Sekban-i dschedid unter Hinzuziehung europäischer Instrukteure. Im Bereich von Regierung und Verwaltung wird ein übergreifendes bürokratisches System angestrebt, das stark zentralisiert ist (Übertragung aller Regierungsgewalt auf die Zentralverwaltung in Istanbul). Diese Zentralisierung der Regierungsmacht und die Ausweitung ihrer Aufgaben bedingt die Schaffung neuer Institutionen im zentralen Verwaltungsapparat, was die gesamte Tanzimat-Periode hindurch durch die Bildung von Expertengremien mit legislativen, exekutiven und richterlichen Funktionen im Bereich des Erziehungswesens, des Militärs, der Wirtschaft und der Rechtspflege vollzogen wird. Im Bereich des Erziehungswesens werden während der Tanzimat-Periode die traditionellen osmanischen Schulen, die Medresen, Schritt für Schritt durch ein neues säkulares Schulsystem ersetzt, das der Ausbildung der Verwaltungsbeamten und Offiziere dient. Dennoch besteht das System der Medresen weiterhin fort, deren Schüler nach ihrer Ausbildung heftigen Widerstand gegen die Tanzimat-Reformen leisten. Ihnen gesellen sich Oppositionelle aus allen Kreisen der türkischen Bevölkerung. In den sechziger Jahren des 19. Jahrhunderts kommt zu dieser bereits bestehenden Opposition noch Widerstand aus der neuen, durch die Tanzimat gebildeten Klasse hinzu, der sich in der Organisation der „Jungen Osmanen" zusammenschließt; allerdings arrangieren sich die Jungen Osmanen nach 1870 wieder mit der türkischen Regierung und

Sultan 'Abd ül-Hamid II. (1876–1909). Er setzt die Tanzimat-Reformen, die vor ihm von 'Abd ül-Medschid I. eingeführt wurden, fort.

geben ihren Widerstand gegen die Tanzimat-Reformen auf.
Steht so die Tanzimat-Periode innenpolitisch mit der Abschaffung osmanischer Institutionen durch aus dem Westen übernommene stark unter dem Einfluß Europas, so wird auch außenpolitisch die Entwicklung des Osmanischen Reiches weiterhin von den Einwirkungen der europäischen Großmächte geprägt. Von 1853 bis 1856 kommt es zum Krimkrieg, der zwischen der Türkei und Rußland ausbricht und im Zusammenhang des beständigen Ringens der europäischen Großmächte um beherrschende Machtpositionen zu sehen ist; das Osmanische Reich erhält dabei Unterstützung von England und Frankreich und schließlich auch noch von Sardinien. Der Krimkrieg entzündet sich an den bisher noch ungelösten gegensätzlichen Interessen in der orientalischen Frage. Rußland zielt schon lange auf den Besitz der Dardanellen und versucht dies durch die Zerschlagung der Türkei zu erreichen. Als Rußland dem Osmanischen Reich den Krieg erklärt, nutzt Napoleon III. diese Gelegenheit, um Frankreich außenpolitisch aus der seit dem Zusammenbruch der napoleonischen Herrschaft bestehenden Isolierung herauszuführen. In England fordert Lord Palmerston entgegen dem Premierminister Aberdeen den Krieg gegen Rußland, der dann auch am 28. März 1854 ausbricht. Der bis 1856 andauernde Krimkrieg endet mit einer Niederlage Rußlands; im Frieden von Paris am 30. März 1856 wird die Unabhängigkeit der Türkei von den europäischen Großmächten garantiert, ferner werden die Dardanellen für russische Kriegsschiffe gesperrt.

Nach dem Tode Sultan 'Abd ül-Medschids I. kommt sein Bruder 'Abd ül-Asis auf den osmanischen Thron, unter dessen Regierung die inneren Schwierigkeiten im Osmanischen Reich fortdauern. 1876 wird 'Abd ül-Asis bei einer Revolte ermordet und Sultan Murad V. gelangt zur Herrschaft, der sich jedoch als unfähig erweist und noch im gleichen Jahr bei einem Aufstand in der Herzegowina und in Bosnien von 'Abd ül-Hamid II. abgelöst wird, der bis 1909 die Geschicke des Osmanischen Reiches bestimmt. Der neue Sultan verkündet sogleich nach seiner Thronbesteigung eine von dem Großwesir Midhat Pascha und Hüseyin 'Avni Pascha ausgearbeitete Verfassung (Gleichheit vor dem Gesetz ohne Unterschied der Religion, Freiheit der Religionsausübung, Gewährung der Pressefreiheit, Sicherheit der Person und des Eigentums, Abschaffung der Folter u. a.). Es wird ein aus zwei Kammern bestehendes Parlament geschaffen, dessen Machtbefugnisse in der Legislative jedoch äußerst eingeschränkt sind. Allerdings ersetzt Sultan 'Abd ül-Hamid II. die Verfassung von 1876 sehr rasch wieder, ohne sie ganz aufzuheben, durch eine autokratische persönliche Herrschaft.

Aufstände von 1875/76 in der Herzegowina und in Ostrumelien führen zu Kriegen mit Serbien und Montenegro. In den Geheimkonventionen von Reichsstadt und Budapest sagt Österreich-Ungarn seine Neutralität im Falle eines russisch-türkischen Krieges zu, der dann auch 1877 ausbricht. Rußland besetzt den Schipkapaß, zwingt nach harten Kämpfen Plevna zur Kapitulation (10. 12. 1877), schließlich dringen russische Truppen bis nach Istanbul vor. Der Frieden von San Stefano vom 3. März 1878, durch den Montenegro, Rumänien und Serbien selbständig werden und der Rußland bedeutende territoriale Gewinne bringt, wird jedoch durch den Berliner Kongreß vom 13. Juni bis 13. Juli 1878 wieder abgeändert, wobei Rußland seine Gebietsgewinne teilweise aufgeben muß. Nach dem verlorenen Krieg kann 'Abd ül-Hamid II. seine persönliche Autokratie voll durchsetzen, gleichzeitig nimmt er die Tanzimat-Reformen wieder auf. Um den Bestand des Reiches zu wahren, unterdrückt 'Abd ül-Hamid II. noch intensiver alle nationalen und liberalen Tendenzen durch die Verbreitung der Idee des Panislamismus, der eine Einheit aller Muslime unter Führung des türkischen Sultans fordert, des Osmanismus, der besagt, daß alle Osmanen gleiche Bürger des türkischen Reiches unabhängig von ihrer Religionszugehörigkeit sind, und schließlich des Panturkismus, der nach einer Vereinigung aller Türkvölker strebt. Eine Aufteilung der Türkei umgeht 'Abd ül-Hamid II. vor allem aber durch eine Annäherung an das Deutsche Reich. Die Loslösungsversuche der christlichen Minoritäten beantwortet die türkische Regierung mit blutigen Unterdrückungen. Ein Krieg mit Griechenland im Jahre 1897 verläuft für die Türkei siegreich.

Die jungtürkische Revolution und der Zusammenbruch des Osmanischen Reiches im 1. Weltkrieg Seit 1890 wächst im Osmanischen Reich die Opposition gegen die bestehende Herrschaft. Der aktive Widerstand gegen 'Abd ül-Hamid bildet sich insbesondere in den Städten, die bedeutendste oppositionelle Gruppe ist die „Gesellschaft für Fortschritt und Einheit“, die 1889 von Studenten der militärischen Medizin-Akademie in Istanbul gegründet worden ist. Verfolgungen des Sultans auf Grund eines Mordversuchs an ihm im Jahre 1892 zwingen zahlreiche Gegner 'Abd ül-Hamids zur Flucht ins europäische Ausland. Seit 1906 fängt in der Türkei die jungtürkische Opposition an, eine rege Untergrundtätigkeit zu entfalten, 1907 schließen sich die verschiedenen Widerstandsgruppen schließlich zum „Komitee für Einheit und Fortschritt“ zusammen, das rasch Rückhalt in der gesamten Türkei findet. Als der Sultan 1908 das Komitee zerschlagen will, revoltiert die makedonische Armee, und die jungtürkische Revolution erzwingt die Wiederherstellung der Verfassung von 1876 und das Zusammentreten des Parlaments.

Eine am 31. März 1909 von 'Abd ül-Hamid II. durchgeführte Gegenrevolution wird von Armee-Einheiten wieder zerschlagen, der Sultan wird abgesetzt, und auf den osmanischen Thron gelangt sein Bruder Mechmed V. Reschad (1909 bis 1918), der gegenüber den Jungtürken kaum mehr selbständigen Einfluß besitzt. Das Komitee für Einheit und Fortschritt vollzieht jetzt eine Türkifizierung des Reiches in allen Bereichen und setzt eine Modernisierung durch, doch können auch die Jungtürken die innere Schwäche des Reiches nicht beseitigen, die sich europäische Mächte zunutze machen. 1911/12 erobern die Italiener Tripolis und die Cyrenaika, und im 1. und 2. Balkankrieg von 1912/13 verliert das Osmanische Reich große Teile seines europäischen Gebietes. In der Türkei richtet das Komitee jetzt eine Diktatur auf, die die Modernisierung des Reiches im Zeichen des türkischen Nationalismus und Säkularismus vorantreibt.

Während des Ersten Weltkriegs kämpft das Osmanische Reich auf der Seite der Mittelmächte, was auf die engen Verbindungen zwischen der Türkei und dem Deutschen Reich während der Jahre vor dem Ersten Weltkrieg zurückzuführen ist. Trotz zahlreicher militärischer Erfolge vollzieht sich schließlich der Zusammenbruch des Osmanischen Reiches und mit ihm der Untergang der osmanischen Gesellschaft und Zivilisation. Unter Sultan Mechmed VI. Wahid ed-Din (1918 bis 1922) wird am 30. Oktober 1918 der Waffenstillstand von Mudros unterzeichnet, der eine bedingungslose Kapitulation der Türkei und damit zugleich das Ende des Osmanischen Reiches bedeutet.

DIE ENTWICKLUNG DER MODERNEN TÜRKEI UNTER MUSTAFA KEMAL

Die Bedingungen des Waffenstillstands von Mudros sind für die Türkei äußerst hart, das Osmanische Reich muß der Besetzung durch die Land- und Seestreitkräfte der Alliierten geöffnet werden, alle Gefangenen der Türkei müssen freigelassen werden, die Osmanische Armee wird demobilisiert. Die Alliierten beginnen seit 1919 mit der Besetzung der ihnen durch das geheime Sykes-Picot-Abkommen vom 16. Mai 1916 zugestandenen Gebiete des Osmanenreiches. Am 15. Mai 1919 okkupieren die Griechen im Einverständnis mit den Entente-Mächten Smyrna, und die Italiener nehmen Antalya und große Teile von Südwestanatolien in Besitz. Auf Grund dieser Ereignisse tritt der Türkische Nationalkongreß am 23. Juli 1919 zusammen, der unter der Führung von Mustafa Kemal, dem Verteidiger von Gallipoli zur Zeit des britischen Landeversuchs, steht. Am 23. April eröffnet Mustafa Kemal die Nationalversammlung in Ankara und geht dann immer entschiedener gegen das schwächliche Regiment des Sultans vor. Die Alliierten vermögen sich jedoch gegenüber der Marionettenregierung Mechmeds VI. durchzusetzen, und am 10. August 1920 muß der Sultan den Friedensvertrag von Sèvres unterzeichnen (Leistung von Reparationen, Beschränkung der türkischen Armee, internationale Kontrolle der türkischen Häfen, der Flußschiffahrt, der Eisenbahnen und der Meerengen, Finanz- und Militärkontrolle, Gebietsabtretungen und Aufteilung des Osmanischen Reiches).

Der Friedensvertrag von Sèvres wird von den von Mustafa Kemal geführten Nationalisten nicht anerkannt. Als nach dem Abschluß des Vertrages von Sèvres die Griechen in Thrakien und Anatolien vorzudringen beginnen, wobei Tausende von türkischen Bauern abgeschlachtet werden, versteift sich der Widerstand der Nationalisten unter Mustafa Kemal, der systematisch eine Armee aufbaut. Von 1920 bis 1922 kommt es zum griechisch-türkischen Krieg, wobei die Griechen in der Schlacht am Sakarya-Fluß eine entscheidende Niederlage erleiden. In einer Gegenoffensive können die Türken im September 1922 Smyrna erobern. Da sich der Vertrag von Sèvres gegenüber der Türkei nur mit hohem militärischen Einsatz durchsetzen läßt, sind die kriegsmüden Alliierten zu neuen Friedensverhandlungen bereit; mit dem Friedensvertrag von Lausanne am 24. Juli 1923 wird der Frieden von Sèvres revidiert: Die Türkei erhält ihre volle Unabhängigkeit und Souveränität bestätigt, sie behält Anatolien vollständig, gewinnt wieder einen Teil der Ägäischen Inseln und Teile Ostthrakiens, verzichtet dafür aber auf alle nichttürkischen Gebiete.

Am 17. November 1922 war bereits die offizielle Regierung zurückgetreten, und am 18. November 1922 hatte Sultan Mechmed VI. abgedankt. Nach dem Frieden von Lausanne, der die außenpolitische Konsolidierung der Türkei herbeiführt, wird die Türkei am 29. Oktober 1923 zur Republik mit der Hauptstadt Ankara erklärt. Mustafa Kemal, der den Beinamen Atatürk

Mustafa Kemal (mit Brille). Er und die Nationalisten erkennen den Friedensvertrag von Sèvres (1920) nicht an. Dieser wird dann am 24. Juli 1923 durch den Vertrag von Lausanne revidiert.

(=Vater der Türken) erhält, wird Staatspräsident der Türkischen Republik. Durch die Verfassung erhält die Große Nationalversammlung die oberste Staatsgewalt zugesprochen, Exekutive, Legislative und richterliche Gewalt kommen ihr zu, ihre Mitglieder werden nach dem Prinzip des allgemeinen Wahlrechts gewählt. Die Exekutive liegt in den Händen des Präsidenten und des Kabinetts, das sich gegenüber der Nationalversammlung verantworten muß. Neben der Entwicklung des türkischen Nationalismus geht eine Strömung einher, die die Struktur der neuen türkischen Republik entscheidend formt: der Laizismus oder Säkularismus, der die tradierte Einheit von Staat und Religion in der Türkei aufzuheben trachtet (Beseitigung der religiösen Gerichtshöfe 1924, Verbot von Schleier und Fez, Schließung der Medresen u. a.). Am 10. April 1928 wird die Trennung von Religion und Staat in der Türkei total, man hebt den Verfassungsartikel auf, der den Islam zur Staatsreligion erklärt hatte, und die Republik wird zum säkularen Staat umgewandelt. Der Modernismus wird in der republikanischen Türkei zu einer bedeutenden Kraft, welche die überkommene osmanische Gesellschaft von Grund auf ändert. Um seine Reformen durchzusetzen, hält Kemal Atatürk eine Diktatur „auf Zeit" für notwendig, sowohl die Wahlen als auch die Nationalversammlung unterliegen daher der Kontrolle der Regierung. Kemal Atatürk stützt sich auf die Republikanische Volkspartei, welche – lange Zeit als einzige Partei zugelassen – alle Gruppen der Bevölkerung, die in Berufszweige eingeteilt ist, repräsentiert. Oppositionsparteien können sich kaum durchsetzen. In der Wirtschaft verfolgt Kemal das Prinzip des Etatismus, bei dem die private Initiative zwar noch die Grundlage des wirtschaftlichen Lebens bleibt, dem Staat aber die Möglichkeit gegeben ist, beständig in den gesamten Wirtschaftsprozeß einzugreifen.

Am 10. November 1938 stirbt Kemal Atatürk, was jedoch keinerlei Veränderungen im politischen Gefüge der Türkischen Republik hervorruft. Zu seinem Nachfolger als Staatspräsident wird am 11. November 1938 Ismet Inönü gewählt, der lange Zeit Premierminister war. Ismet Inönü bleibt den gesamten Zweiten Weltkrieg hindurch türkischer Staatspräsident, ihm kommen dabei die gleichen diktatorischen Machtbefugnisse zu wie Kemal Atatürk. Während des Zweiten Weltkriegs bleibt die Türkei zunächst neutral. Am 19. Oktober 1939 geht sie mit Großbritannien und Frankreich einen Bündnisvertrag ein, der die türkische Sonderstellung berücksichtigt. Im Verlauf des Krieges schließt sich die Türkei dann enger an die Alliierten an, und noch im letzten Kriegsjahr, am 1. März 1945, erklärt sie an Deutschland den Krieg. Einen Tag darauf wird die Türkei Gründungsmitglied der Vereinten Nationen.

DIE TÜRKEI NACH DEM ZWEITEN WELTKRIEG

Ihren während des Zweiten Weltkriegs vollzogenen engen Anschluß an die Westmächte behält die Türkei auch nach der Beendigung des Krieges bei, in der amerikanischen Balkan- und Mittelostpolitik kommt ihr schließlich eine wesentliche Rolle bei der Stabilisierung der Machtverhältnisse im Nahen und Mittleren Osten zu. Mit Jugoslawien schließt die Türkei am 9. August 1954 den sogenannten Balkanpakt, der den militärischen Beistand der unterzeichnenden Mächte im Falle eines Angriffs vorsieht und die territoriale Integrität und die kollektive Sicherheit der Signaturmächte gegeneinander beinhaltet. Am 21. Februar 1955 geht die Türkei zudem auf Betreiben der USA und Großbritanniens mit dem Irak ein Bündnis ein, den sogenannten Bagdadpakt, dem sich Pakistan und Iran anschließen. Diese Verteidigungsbündnisse ergänzt die Türkei, die außenpolitisch einen strikt prowestlichen Kurs verfolgt, noch durch ihre Mitgliedschaft und durch ihren Beitritt zur NATO am 25. Februar 1952. Am 5. März 1959 geht die Türkei mit den USA ein Verteidigungsabkommen ein, nachdem im Irak ein Staatsstreich stattgefunden hat (als Folge davon scheidet der Irak am 24. März 1959 aus dem Bagdadpakt aus).

Im Inneren der republikanischen Türkei läßt sich nach Beendigung des Zweiten Weltkriegs der Kemalismus als Regierungssystem nicht mehr aufrecht erhalten, da er insbesondere bei der Landbevölkerung keinen Rückhalt hat. Unter der Führung des ehemaligen Premierministers Celal Bayar, des parlamentarischen Führers Adnan Menderes und des bekannten Historikers Fuad Köprülü wird die Demokratische Partei gegründet, welche den Versuch unternimmt, ein demokratischeres politisches System und eine freie Wirtschaft einzuführen und die Republikanische Volkspartei zurückzudrängen. Bei den Wahlen am 14. Mai 1950 erringt die Demokratische Partei die Mehrheit, und Celal Bayar wird am 22. Mai zum Staatspräsidenten und Adnan Menderes zum Ministerpräsidenten berufen. Als die Demokratische Partei, welche das starre Einparteiensystem beseitigt hatte, infolge einer überstürzten Expansion in wirtschaftliche und durch die Zypern-Frage ausgelöste politische Schwierigkeiten gerät, versucht sie durch eine Reihe repressiver Maßnahmen ihre parlamentarische Mehrheit zu erhalten. Als am 19. April 1960 die Regierungsmehrheit der Nationalversammlung jegliche Betätigung der Parteien für drei Monate verbietet, wogegen Studenten am 28. April demonstrieren, kommt es, nachdem die Armee sich gegen die Durchführung des Kriegsrechts gestellt hat, am 27. Mai zu einem Militärputsch unter General Cemal Gürsel gegen die Regierung Menderes. Die oberste Staatsgewalt übernimmt zunächst der „Ausschuß der nationalen Einheit“ unter Leitung von General Gürsel. Am 13. November 1960 wird ein vorbereitender Verfassungsausschuß eingesetzt, zu Beginn des Jahres 1961 werden die Parteien wieder zugelassen, und am 26. Mai 1961 erhält die Türkei eine neue Verfassung. Am 18. Oktober 1961 erringt die Republikanische Volkspartei bei den Parlamentswahlen eine knappe Mehrheit. Die innere Lage der Türkei bleibt nach dem Staatsstreich von 1960 weiterhin instabil.

Nach 1962 gewinnt die Gerechtigkeitspartei in der Türkei zunehmend an Anhängern. Bei den Parlamentswahlen am 10. Oktober 1965 siegt die Gerechtigkeitspartei, und am 27. Oktober bildet Süleyman Demirel eine neue Regierung. Auf die Dauer kann jedoch auch die Regierung Demirel die sich stellenden Probleme nicht meistern. Die sozialen Spannungen können nicht beseitigt werden, die hohe Analphabetenrate bleibt bestehen, und die einseitige wirtschaftliche Förderung der Westtürkei ruft neue Probleme hervor. Als Folge radikalisiert sich auch das politische Leben. Einer Linken, vom revolutionären Sozialismus bis zum Anarchismus reichend, stehen Rechtsorganisationen gegenüber, die zumeist für die islamische Theokratie eintreten und sich gegen die Demokratie wenden. Galoppierende Inflation, immens ansteigende Lebenshaltungskosten, Aufstände von Studenten und Arbeitern in Istanbul lassen Anfang der 70er Jahre der Regierung Demirel immer mehr die Macht entgleiten, und am 12. März 1971 erzwingt die Armee den Rücktritt Demirels.

Der Rückkehr zur Demokratie 1974 folgte unverzüglich der Terror von rechts und links, welcher zeitweise anarchistische Züge annahm. 1980 ergriff erneut das Militär die Macht, 1982 trat eine Präsidialverfassung in Kraft, General Evren wurde Staatspräsident, der 1983 Neuwahlen zuließ, allerdings nicht unter Beteiligung aller politischen Kräfte.

Die Ägäis-Krise mit Griechenland wird 1988 praktisch beigelegt, die Türkei beantragt gleichzeitig ihre Aufnahme in die EG.

DIE HERRSCHAFT DER SAFAVIDEN-DYNASTIE IN IRAN (1500 BIS 1722)

Der Aufstieg der Safaviden Im 7. Jahrhundert war das Sassaniden-Reich von den Muslimen erobert worden, und bis zum Aufstieg der Safaviden-Dynastie gegen Ende des 15. Jahrhunderts war Groß-Iran, wozu auch das heutige Afghanistan zählte, im muslimischen Universalreich integriert oder wurde geteilt von einer Reihe verschiedener Herrscherhäuser regiert.

Nach der Reihe der Seldschuken- und Mongolenstaaten auf iranischem Boden gelingt es den Safaviden, einen vereinten iranischen Staat wiederherzustellen, der in seiner religiösen Grundlage im Schi'itentum (religiöse Überzeugung, die Herrschaft über die Muslime könnten nur Nachfahren – imamen – Mohammeds aus der Linie seines Schwiegersohnes 'Ali ibn Abi Talib ausüben; dem Schi'itentum stand die sunnitische Mehrheit gegenüber) und hier im Zwölfer-Schi'a (diese Sekte glaubte, daß von zwölf imamen der zwölfte und letzte imam verschwunden sei, um am Ende aller Zeiten als Messias – mahdi – wiederzukehren) wurzelt.

Unter den Mongolen traten die Safaviden mit Schaich Safi-ud-Din (gest. 1334) als Oberhaupt eines sunnitischen Sufi-Ordens in der Stadt Ardabil in Aserbaidschan erstmals hervor, seine Nachfahren hatten als seine Erben weiterhin die Führung des Ordens inne. Als sich die Safaviden in der zweiten Hälfte des 15. Jahrhunderts zunehmend in politische Auseinandersetzungen einmischen, wenden sie sich mehr und mehr – wahrscheinlich dadurch bedingt – der orthodoxen Zwölfer-Schi'a zu. Als der Safavide Dschunaid von dem turkmenischen Qara-Qoyunlu (=Schwarze Schafe) Dschihan Schah (1438 bis 1467) aus Ardabil vertrieben wird, beginnt er die Anhänger seines Ordens unter den turkmenischen Stämmen Anatoliens und Syriens zu sammeln und zur Zwölfer-Schi'a überzugehen. In dem Führer der Aq-Qoyunlu (=Weiße Schafe), Uzun Hasan (1453 bis 1478), findet er Unterstützung, zugleich beginnen Dschunaid und auch sein Sohn und Nachfolger Haidar (1456 bis 1488) und wiederum dessen Sohn 'Ali eine territoriale und geistige Vorherrschaft ihres militant gewordenen Sufi-Ordens zu erstreben. Mit dem Zusammenbruch des Reiches der Aq-Qoyunlu beginnt der Aufstieg der Safaviden (auch Qizilbasch = Rotköpfe nach ihrem charakteristischen Kopfschmuck genannt) unter 'Alis Bruder Isma'il. Nach schnellen Eroberungen und der Einnahme von Täbris nennt sich Isma'il 1501 Schah-in-schah (König der Könige) und geht offiziell zum Schi'itentum über. Von 1501 bis 1524 kann Isma'il Schritt um Schritt den Iran erobern, gegen die Osmanen unter Sultan Selim I. (1512 bis 1520) erleiden die Safaviden jedoch eine empfindliche Niederlage in der Schlacht von Tschaldiran 1514, was die Expansionspolitik Isma'ils eindämmt. In ganz Iran setzt sich die Lehre der Zwölfer-Schi'a als Staatsreligion durch; sie wird für den wahren Islam gehalten, während die benachbarten Sunniten als Häretiker gelten.

Innenhof (Südseite) des großen Poloplatzes Maidan-i-Schah, der den Zutritt zur von Schah 'Abbas 1612/13 in Isfahan erbauten Königsmoschee gestattet.

Unter dem minderjährigen Sohn Isma'ils, Tahmasp I. (1524 bis 1576), kommt es zu inneren Wirren, und es ist Tahmasps Aufgabe, die Zentralregierung gegen die partikularen, autonome Herrschaften anstrebenden Stammesfürsten zu stärken. Während der gesamten Regierungszeit von Tahmasp dauern die Wirren fort (Revolten in Täbris und Quazvin, der neuen Hauptstadt, nach 1568) und finden ihre Fortsetzung auch nach dem Tode von Tahmasp in Kämpfen um die Thronfolge, bis sich schließlich der Enkel von Tahmasp, Schah 'Abbas I. (1587 bis 1629), durchsetzen kann.

Blütezeit des Safavidenreiches unter 'Abbas dem Großen und Niedergang unter seinem Nachfolgern 'Abbas der Große führt eine Eroberungspolitik, die ihm Gebiete im Irak und Westafghanistan einbringt, vor allem aber kann er die Safavidenherrschaft in Iran wieder durchsetzen. Nach dem Vorbild der Janitscharen baut er eine ausgebildete Armee auf und verbessert die Artillerie mit Hilfe von zwei englischen Abenteurern. Zur Hauptstadt des Safavidenreiches wird Isfahan erhoben, das prächtig ausgebaut wird; unter 'Abbas dem Großen erfährt die kulturelle Entwicklung Irans eine neue Blüte. Bedeutend sind auch die Erfolge auf wirtschaftlichem Gebiet (Steigerung der Seidenexporte, Ausbau von Straßen und Karawansereien, Förderung des Handels), allerdings geht der ökonomische Aufschwung Zentralirans vielfach auf Kosten der Grenzprovinzen.
Die Politik Schah 'Abbas' des Großen, welche durch Reformen die Zentralregierung stärkte, wird von Schah Safi I. (1629 bis 1642) noch bedingt fortgeführt, jedoch vollzieht sich Schritt um Schritt der Niedergang des Safavidenreiches, teils auf Grund der Unfähigkeit der Herrscher, die im Harem aufwachsen und dort – abgeschirmt von der Außenwelt – erzogen werden und denen daher oft jegliche Verwaltungserfahrung mangelt, teils wegen der Situation in Iran, wo sich eine Zentralregierung auf die Dauer nur schwer gegen die in großen Teilen nomadische Bevölkerung durchsetzen kann. Nach dem unfähigen und grausamen Herrscher Safi I. kommt mit 'Abbas II. (1642 bis 1666) noch einmal ein tüchtiger Herrscher auf den safavidischen Thron, der die Rechte der Zentralregierung durchsetzen kann, während unter Safi II. (1666 bis 1694) diese vollends verfallen. Nach außen hin bleibt Iran allerdings bis ins 18. Jahrhundert hinein unangetastet, jedoch schwindet die Macht des safavidischen Herrschers im späten 17. Jahrhundert im Landesinneren immer mehr. Unter dem letzten Safavidenschah Husain I. (1694 bis 1722) gerät die Regierung völlig unter den Einfluß orthodoxer schi'itischer Führer.

IRAN IM 18. JAHRHUNDERT: UNTERGANG DES SAFAVIDENREICHES, HERRSCHAFT NADIR SCHAHS UND AUFSTIEG DER KADSCHAREN

In die ersten Jahrzehnte des 18. Jahrhunderts fällt die Auflösung des Safavidenstaates in Iran. Unter Schah Husain I. (1694 bis 1722) schütteln seit 1709 die sunnitischen Afghanenstämme unter Führung Mir Wais die persische Oberhoheit im Osten ab. Machmud, der zweite Nachfolger Mir Wais', greift schließlich Persien an, belagert Isfahan und erobert 1722 die Stadt; der Safavidenstaat löst sich daraufhin auf. Die Wirren benützen die Nachbarn Irans, um auf persisches Gebiet vorzudringen. In den Kämpfen Aschrafs, des Nachfolgers Machmuds, und Tahmasps II. gegen das Osmanische Reich kann dieses sich siegreich durchsetzen, bis der Turkmenenhäuptling Nadir Chan, der 1729 die Afghanen aus Isfahan vertreibt, in den dreißiger Jahren Erfolge gegen die Osmanen erringen kann. Nadir drängt schließlich Aschraf nach Belutschistan ab und macht sich 1736

zum Herrscher über Persien. Als Nadir Schah (1736 bis 1747) setzt er seine Eroberungen fort, stößt nach Afghanistan und seit 1738 in den Nordwesten Indiens vor, wo er 1738 Kandahar, Ghazni und Kabul, 1739 Lahore und nach der Besiegung des Großmoghuls Mohammed Schah noch Delhi einnimmt. Die Auseinandersetzungen mit dem Osmanenreich im Westen enden schließlich im Frieden von 1746. Nadirs Willkürherrschaft ruft jedoch inneren Widerstand hervor, und 1747 wird er ermordet.
Nach inneren Wirren nach Nadirs Tod wird eine gewisse Konsolidierung erst erreicht, als sich Karim Chan Zänd (1750 bis 1779) als Vizekönig durchzusetzen vermag; er regiert von Schiras aus den Süden Irans und erweist sich als Förderer der Kunst und Wissenschaft. In Kandahar vermag derweil Achmed Schah Durrani seit 1747 die Herrschaft zu erringen; er regiert das Land bis 1773. Unter seiner Herrschaft löst sich Afghanistan aus dem Persischen Reich. Er kann schließlich seinem Sohn Timur (1773 bis 1793) ein gefestigtes Reich übergeben, das sich erfolgreich einer Wiedereingliederung in den Verband des Iranischen Reiches widersetzen kann.

DIE HERRSCHAFT DER KADSCHAREN IN IRAN (1796 BIS 1925)

Erneute Einigung Persiens unter den Kadscharen In den Jahrzehnten nach Karim Chan Zänds Tod im Jahre 1779 vollzieht sich dann der Aufstieg Agha Muhammads aus dem türkisch sprechenden Stamm der Kadscharen. Er unternimmt nach seiner Flucht vom Hofe der Zänds mit Unterstützung der Stämme des Nordens sehr bald einen Feldzug gegen die Zänds, die er aus Isfahan vertreibt. Mit den Eroberungen Agha Muhammads Schah (1794 bis 1797), die zu einer erneuten Einigung Persiens im Umfang des Safavidenstaates führen, beginnt die Periode der Kadscharenherrschaft in Iran. Nach den Feldzügen im Süden stößt Agha Muhammad Schah 1795 nach Aserbaidschan, Armenien und Georgien vor und zerstört Tiflis. Schließlich gewinnt Agha Muhammad Schah noch Chorasan, kann jedoch Afghanistan nicht mehr zurückerobern. 1797 wird Agha Muhammad von einem Diener ermordet, Nachfolger wird sein Neffe Fath 'Ali (1797 bis 1834). Während seiner Regierungsperiode beginnen sich die europäischen Großmächte immer mehr in die inneren Angelegenheiten Irans einzumischen. Infolge des beständigen Wechsels der europäischen Politik während der napoleonischen Epoche geht der Krieg, den Schah Fath 'Ali mit Rußland führt, für Persien verloren. Im Frieden von Golistan von 1813 verliert Persien Schirwan, Baku und Därbänd an Rußland. Ein weiterer Krieg gegen das Zarenreich führt zu erneuten territorialen Verlusten Persiens im Frieden von Turkmantschai 1828.
Im Jahre 1834 stirbt Fath 'Ali Schah und einer seiner Enkel, Muhammad Schah (1834 bis 1848), gelangt auf den Thron. Während seiner Regierungszeit können die europäischen Mächte, allen voran England, ihren Einfluß noch ausbauen. Als gefährlich für den inneren Bestand Persiens erweist sich eine aus der Schi'a hervorgegangene religiöse Bewegung, die nach ihrem Stifter Sayyid 'Ali Muhammad, der sich 1844 „bab", d. h. „Tor" zur Erkenntnis der göttlichen Wahrheit, nennt, den Namen Babismus trägt. Der Bab verlangt in seinen Predigten und Schriften die Aufhebung der Behinderung des Handels und Wirtschaftslebens, eine bessere Stellung der Frauen und Kinder, größere soziale Gerechtigkeit, eine Senkung der Steuern und die Unverletzlichkeit des Privateigentums, ferner eine Milderung der Strafen. Die Babi-Bewegung gewinnt rasch zahllose Anhänger in Persien, und in die Regierungszeit Nasir-ud-Dins (1848 bis 1896) fällt dann die Auseinandersetzung mit dem Babismus.

Persien im Zeitalter des Imperialismus: Abwehr der europäischen Vorstöße
1848 besteigt Nasir-ud-Din den persischen Thron, den er 48 Jahre lang bis 1896 inne hat. Zwischen 1848 und 1852 kommt es zu Babi-Revolten, die jedoch blutig niedergeschlagen werden. Mit Hilfe seines Premierministers Mirza Taqi Chan setzt Nasir-ud-Din Reformen durch, die jedoch mit der Entlassung des Premierministers rasch wieder ihr Ende finden. Anläßlich des Versuchs Persiens, 1856/57 Herat zu besetzen, kommt es zu einem Zusammenstoß mit England; im Frieden von Paris von 1857 verzichtet Persien auf Herat und gerät dann in den folgenden Jahrzehnten immer mehr unter britischen Einfluß (Zugestehung wirtschaftlicher Konzessionen). Seit 1888 gerät Persien dann zunehmend unter politischen Druck von seiten Großbritanniens und Rußlands, die eine Vielzahl von Konzessionen auf dem Banken- und Verkehrssektor erringen können. Gegen die Konzessionspolitik des Schahs richtet sich sehr rasch eine Opposition, die aus den verschiedensten Kreisen des Irans hervorgeht.
1896 wird Nasir-ud-Din ermordet, und auf den persischen Thron steigt mit russischer und britischer Unterstützung Muzaffar-ud-Din (1896 bis 1907). Seit 1900 nimmt der Einfluß Rußlands infolge der Gewährung wichtiger wirtschaftlicher Konzessionen immer mehr zu, was wiederum eine gefährliche Opposition hervorruft, die 1906 zum offenen Widerstand übergeht. Schließlich wird eine beratende Nationalversammlung gewählt und am 30. Dezember 1906 eine Verfassung erlassen, die bis heute das Kernstück der iranischen Verfassung bildet.
Nach dem Tode Muzaffar-ud-Dins gelangt sein Sohn Muhammad 'Ali (1907 bis 1909) auf den persischen Thron. Durch den russisch-englischen Teilungsvertrag vom 31. August 1907 wird der Iran in drei Zonen eingeteilt (eine neutrale, eine russische und eine britische). 1908 kommt es zu einer nationalistischen Revolution gegen den Schah, der ins russische Exil fliehen muß; Nachfolger wird sein minderjähriger Sohn Achmad (1909 bis 1925), unter dem Iran immer stärker unter die Kontrolle Rußlands und Englands gerät.
Während des Ersten Weltkriegs wird Persien trotz seiner Neutralität in das Kriegsgeschehen mit hineingezogen, 1914 fallen die Türken nach dem Rückzug der russischen Truppen in Aserbaidschan ein, der deutsche Konsul W. Waßmuß organisiert 1915 im Süden eine Stammesrevolte gegen die Briten, aber schließlich können im Norden die Russen die Türken erfolgreich zurückschlagen, und 1916 erobern die Briten den iranischen Süden zurück. Die Niederlage der Mittelmächte sichert schließlich Großbritannien die Vorherrschaft in Persien.

DIE ENTWICKLUNG DES MODERNEN PERSIEN UNTER DER DYNASTIE DER PACHLAWI

1919 schließt Großbritannien einen Vertrag mit dem Iran ab, der allgemein als Protektoratsabkommen aufgefaßt wird, wogegen jedoch die USA und Frankreich, aber auch das persische Parlament und iranische Nationalisten Protest einlegen. Autonomiebestrebungen in Aserbaidschan, Demonstrationen und der erzwungene Rücktritt des probritischen Premierministers Vusuq-ud-Daula führen schließlich dazu, daß der anglo-persische Vertrag wieder aufgehoben wird. Durch einen Staatsstreich kommt 1921 der oberste iranische Offizier der Kosakenbrigade, Resa Chan, zur Macht, der eine starke Zentralregierung aufzubauen beginnt, die aufständischen Provinzen niederwirft und Reform- und Modernisierungsmaßnahmen einleitet. Am 12. Dezember 1925 wird die Dynastie der Kadscharen durch die der Pachlawi abgelöst und Resa Chan erhält die erbliche Würde eines Schah.
Resa Schah (1925 bis 1941) treibt nun systematisch die Modernisierung des Landes voran (Finanzreformen, Umformung des Rechtswesens nach europäischen Vorbildern, Reformierung des Bildungswesens,

verkehrstechnische Erschließung des Landes, Förderung der Industrialisierung). Unter Resa Schah wird Persien zu einem Nationalstaat, der sich nach innen hin weitgehend konsolidiert hat. Einen Bruch in der Weiterentwicklung des Iran bringt der Zweite Weltkrieg. Resa Schah muß 1941 zugunsten seines Sohnes Mohammed Schah abdanken, als britische und russische Truppen im August 1941 in Persien einmarschieren.

Die Unabhängigkeit des Iran wurde auf der Konferenz in Teheran 1943 von Roosevelt, Churchill und Stalin garantiert. Nach der Beendigung des Zweiten Weltkriegs muß sich Persien jedoch erst an die UNO wenden, um die Zurückziehung der russischen Truppen zu erreichen (Mai 1946). In der Außenpolitik verfolgt Iran einen mehr und mehr prowestlichen Kurs, die Anlehnung an die USA setzt seit Ende der vierziger Jahre ein. 1951 beschließt die Nationalversammlung – treibende Kraft ist Mohammed Mossaddegh – die Verstaatlichung der Erdölindustrie. Von der englischen und amerikanischen Regierung unterstützt, leiten die großen Erdölfirmen der Welt einen internationalen Boykott des iranischen Öls ein. Der zum Ministerpräsidenten ernannte Mossaddegh provoziert schließlich einen Verfassungskonflikt, als er durch eine Volksabstimmung das seit 1949 bestehende Recht des Schahs, die Nationalversammlung aufzulösen und Neuwahlen ausschreiben zu können, beseitigen will. Der Schah muß schließlich außer Landes fliehen, jedoch stürzt die von den Amerikanern ausgebildete Armee unter General Sahedi am 19. August 1953 Mossaddegh und der Schah kann zurückkehren.

Der erste Schritt der neuen Regierung ist die Beilegung des Erdölkonflikts (die Nationalisierung bleibt bestehen, die Gewinne werden jedoch zu gleichen Teilen aufgespalten). Durch die großen Einkünfte aus der Ölgewinnung nimmt die Wirtschaft Irans von jetzt an einen beträchtlichen Aufschwung. Nach innen erfolgt mit der Zerschlagung der Nationalen Front und der Tudeh-Partei eine Stabilisierung, außenpolitisch wendet sich Persien jetzt noch stärker dem Westen und hier vor allem den USA zu. Seinen Ausdruck findet dieser prowestliche Kurs Irans im Beitritt zum Bagdadpakt am 12. Oktober 1955.

Auch in den sechziger Jahren sieht sich der Iran zwei innenpolitischen Hauptproblemen gegenüber: Erringung innerer Stabilität und Durchführung von sozialen Reformen, die Mohammed Resa seit 1960 entschieden in Angriff nimmt. Die Volksabstimmung vom 27. Januar 1963 erteilt dem Sechs-Punkte-Reformprogramm der Regierung (Aufteilung des Großgrundbesitzes unter Landarbeiter, Beteiligung der Arbeiter am Reingewinn ihrer Betriebe mit 20%, Verbesserung des Wahlrechts u. a.) die Mehrheit. Gegen die „Revolution von oben" bildet sich ein heftiger Widerstand aus, jedoch können sich in den Parlamentswahlen am 17. September 1963 Kräfte durchsetzen, welche die Reformen des Schahs befürworten. Allerdings sind die Fortschritte, welche die sog. „Weiße Revolution" mit ihrer Landreform und den sozialpolitischen Maßnahmen bis zu den Anfängen der 70er Jahre erzielt, nur gering. Auch weiterhin bleibt die Kluft zwischen arm und reich bestehen, die vom Staat entschädigten Großgrundbesitzer investieren in der Industrie (neue industrielle Schicht der ehemaligen Feudalherren). Von der politischen Struktur her ist Persien eine aufgeklärte Autokratie, die demokratische Formen angenommen hat (neben der Staatspartei bestehen zwei von der Regierung gelenkte Oppositionsparteien).

Außenpolitisch verfolgt der Iran auch in den sechziger Jahren seinen prowestlichen Kurs weiter. Der Austritt des Irak aus dem Bagdadpakt führt zur Aufnahme enger Verbindungen, vor allem in wirtschaftlicher Hinsicht, mit den islamischen Staaten Türkei und Pakistan. Trotz seiner Zugehörigkeit zur CENTO versucht Iran seit 1965 einen mehr unabhängigen Kurs zwischen Ost und West zu steuern, wobei der Verbesserung der Beziehungen zur Sowjetunion und den Ostblockstaaten Vorrang zukommt. Es werden zudem Verbindungen zu den arabischen Monarchien aufgenommen, wobei der Ausgleich mit dem Irak im Vordergrund steht. Nach dem Rückzug Großbritanniens vom Persischen Golf beginnt Iran systematisch – unter Ausschaltung des revolutionären Nationalismus – dort seine Vormachtstellung auszubauen. Im Zusammenhang der persischen Hegemonialpolitik am Persischen Golf setzt eine enorme, durch die Ölmilliarden finanzierte Aufrüstung ein.

Im Februar 1979 kehrt der Schiitenführer Ayatollah Khomeini aus seinem Exil in Paris zurück und stürzt die Monarchie. Ende März wird mit einer Volksabstimmung die Gründung einer Islamischen Republik besiegelt. Die Begleitumstände dieses nicht ganz gewaltfreien Umsturzes nehmen dramatische Züge an, umso mehr die Außenwelt sehr überrascht reagiert. Es kommt zu einer massiven Konfrontation mit den USA, deren Botschaft in Teheran monatelang besetzt wird. Der Irak meint die Gunst der Stunde nützen zu können und verschafft sich gewaltsam einen strategisch besseren Zugang zum Golf am Schatt-el-Arab. Das Mullah-Regime schlägt aber mit fanatischem Eifer zurück und es entwickelt sich der sogenannte Golfkrieg, der auch 1988 noch unvermindert anhält. Auch der Einsatz von modernsten Waffen und das Opfer von Millionen Soldaten bringen keine Entscheidung.

Im Jahre 1987 droht dieser Konflikt zu eskalieren, als beide Staaten die internationale Schiffahrt im Golf zu behindern beginnen. Die USA und ihre Verbündeten entsenden daraufhin starke Flottenverbände in diese Region. Die Ausweitung unterbleibt, weil Moskau mäßigend einwirkt.

Die kriegführenden Staaten Irak und Iran dehnen den Krieg auf die internationale Schiffahrt im Golf durch Beschuß der Handelsschiffe aus. Die USA und ihre Verbündeten entsenden ebenso wie die Sowjetunion daraufhin starke Flottenverbände in diese Region.

AFGHANISTAN

Afghanistan, das bereits während des Mittelalters zuweilen unter Lokaldynastien beinahe unabhängig vom Persischen Reich und vom 16. und 18. Jahrhundert zwischen den Safaviden und Großmoghuln aufgespalten war, gelangt nach Nadir Schahs Tod unter der Herrschaft Ahmad Schah Durranis (1747 bis 1773) zur staatlichen Selbständigkeit. Dieser begründet in zahllosen Eroberungszügen ein Reich mit der Hauptstadt Kandahar. Der Sohn Ahmad Schah Durranis, Timur (1773 bis 1793), kann die staatliche Selbständigkeit wahren, doch zeigt sich bereits die Brüchigkeit des Afghanischen Reiches. Nach Timurs Tod folgt eine Periode der Aufsplitterung und des zunehmenden staatlichen Machtverfalls, in der der Einfluß Englands ständig zunimmt. Von Indien aus dringen die Engländer mehr und mehr gegen afghanisches Gebiet vor. Da die Briten sich in ihrer Indienpolitik durch die russische Expansion nach Osten bedroht fühlen, fassen sie den Plan, einen von England abhängigen Herrscher auf den afghanischen Thron zu bringen. 1839 beginnen die Engländer mit ihrer Invasion in Afghanistan, um das Land an Britisch-Indien anzugliedern und ihrer Marionette, Schah Schudscha, auf den Thron zu verhelfen. Die Afghanen leisten jedoch heftigen Widerstand und können in erbitterten Kämpfen schließlich die Briten zum Rückzug zwingen. Emir Dost Muhammad gelangt nach dem Tode Schah Schudschas auf den Thron und kann das Land staatlich einigen. Er gewinnt noch Balch, Badachschan (1855) und Herat (1863) hinzu.

In der zweiten Hälfte des 19. Jahrhunderts wächst der englische Druck auf Afghanistan. 1878 bricht der zweite afghanisch-britische Krieg aus, der bis 1880 dauert und den Briten die Kontrolle der afghanischen Außenpolitik einbringt. Durch den Krieg gelangt der afghanische Emir 'Abd ar-Rachman (1880 bis 1901) zur Herrschaft, der die Macht der Stämme in Afghanistan durch sein grausames Regiment eindämmen kann und die afghanische Position gegenüber Großbritannien und Rußland zu halten vermag. Unter 'Abd ar-Rachmans Sohn, Habib Ullah (1901 bis 1919), kann sich Afghanistan weiterhin gegenüber Rußland behaupten. Im Ersten Weltkrieg bleibt Afghanistan neutral, obgleich Deutschland unter Oskar Ritter von Niedermeyer und Werner Otto von Hentig Versuche unternimmt, Afghanistan auf die Seite der Mittelmächte zu ziehen. 1919 kann Afghanistan schließlich seine volle Unabhängigkeit erringen unter Aman Ullah (1919 bis 1929) als Folge des dritten britisch-afghanischen Krieges. Durch einen Vertrag im Jahre 1921 sichert es seine Souveränität auch gegenüber der Sowjetunion ab. Ein Reform- und Modernisierungsprogramm soll die Entwicklung des Landes vorantreiben, es kommt jedoch zum Widerstand der sunnitisch-orthodoxen Geistlichkeit, und Aman Ullah muß nach dem Ausbruch einer Stammesrevolte ins Exil gehen. Nach Machtkämpfen gelangt ein Verwandter des vertriebenen Königs, Nadir, auf den Thron, der dem Land Ruhe zu geben vermag. Die von ihm eingeleiteten Reformen setzt sein Sohn Sahir Schah fort. Bis zum Ausbruch des Zweiten Weltkriegs taktiert Afghanistan zwischen den Großmächten, bleibt während des Krieges neutral und behält bis zur Revolution von 1973 seine bündnisfreie Außenpolitik bei, was ihm Aufbauhilfe von Ost und West sichert. Innenpolitisch wird eine Demokratisierung Schritt für Schritt vollzogen, 1965 erhält Afghanistan erstmals ein auf Grund allgemeiner Wahlen gebildetes Parlament.

Im April 1978 wird Staatspräsident Daud Khan von der Armee gestürzt, die neue Regierung besteht größtenteils aus Mitgliedern der KP. Dagegen regt sich sofort Widerstand in der Bevölkerung, der bürgerkriegsähnliche Formen annimmt. Ab Dezember 1979 unterstützt die Sowjetunion offiziell durch die Entsendung von Truppen das ihr nahestehende Regime.

Es entwickelte sich ein Bürgerkrieg, in dem die moderne sowjetische Armee den fanatisch kämpfenden Mudjahedin (Befreiungskrieger) nicht gewachsen ist. Man spricht von einem sowjetischen Vietnam. Amerika liefert über Pakistan moderne Luftabwehrraketen, so daß den Sowjets auch die Lufthoheit entgleitet. Nach großen Verlusten und unter erheblichem internationalen Druck entschließt sich Gorbatschow Anfang 1988 zum Rückzug aus Afghanistan.

Die arabische Staatenwelt im Zeichen der nationalen Emanzipation

ÄGYPTEN IM 19. JAHRHUNDERT: VON DER HERRSCHAFT MUHAMMAD 'ALIS BIS ZUR BRITISCHEN BESETZUNG

Konnte Ägypten unter Muhammad 'Ali in der ersten Hälfte des 19. Jahrhunderts die Autonomie gegenüber dem Osmanischen Reich erringen, so wird diese Freiheit unter seinem Sohn Muhammad Sa'id (1854 bis 1863) und seinem Enkel Isma'il (1863 bis 1879) gegenüber den europäischen Mächten und der Hohen Pforte wieder verspielt. Muhammad Sa'id schafft die Sklaverei ab, läßt die ersten Eisenbahnen in Ägypten bauen, ferner erteilt er Ferdinand de Lesseps die Konzession zum Bau des Suezkanals. Unter Isma'il wird 1864 der Suezkanal eröffnet, er fördert den Ausbau des ägyptischen Eisenbahnnetzes und setzt sich für die Modernisierung des Landes ein. Gegenüber dem Osmanischen Reich vermag er die innere Selbständigkeit Ägyptens zu wahren, muß dafür aber die staatliche und militärische Oberhoheit der Hohen Pforte anerkennen. Die Reformen und Modernisierungsmaßnahmen Isma'ils führen Ägypten jedoch in eine immer größere Verschuldung hinein. Schließlich ist Isma'il gezwungen, zur Abwendung des Staatsbankrotts seine Hauptgläubiger um Hilfe zu bitten. England und Frankreich schaffen daraufhin eine Staatsschuldenverwaltung. Schließlich setzt die Hohe Pforte unter dem Druck Großbritanniens und Frankreichs Isma'il zugunsten seines Sohnes Muhammad Taufiq (1879 bis 1892) ab.

Muhammad Taufiqs Versuch, die Finanzen in Ordnung zu bringen, kann jedoch die allgemeine Unruhe im Lande nicht beseitigen, 1881/82 kommt es zu einer Militärrevolte, dem 'Urabi-Aufstand, der sich gegen den wachsenden europäischen Einfluß wendet und stark nationalistische Züge trägt. Da jedoch die europäischen Mächte um ihre Schuldentilgung besorgt sind, greift Großbritannien 1882 auf das Beistandsgesuch Muhammad Taufiqs hin ein und besetzt das Land.

Für 20 Jahre beherrscht der britische Generalkonsul Evelyn Baring, der spätere Lord Cromer (1883 bis 1907), Ägypten durch ein System indirekter Herrschaft, dem sich der Khedive Taufiq und auch dessen Sohn, 'Abbas Hilmi II. (1892 bis 1914), beugen. Lord Cromer kann Ägypten vor dem Staatsbankrott bewahren und es nach innen hin konsolidieren. Beim Ausbruch des Ersten Weltkriegs erklärt Großbritannien Ägypten schließlich zum Protektorat, da die Türkei an der Seite Deutschlands in den Krieg getreten ist. Der türkenfreundliche 'Abbas II. wird durch seinen Onkel Husain Kamil (1914 bis 1917) ersetzt, der als „Sultan von Ägypten" jedoch nur eine passive Rolle spielt. Er wird 1917 durch seinen Bruder Fu'ad I. abgelöst, dem es schließlich gelingt, Ägypten wieder die Unabhängigkeit zu geben.

Eröffnung des Suezkanals am 17. 11. 1869. Gemälde von Riou.

ÄGYPTEN NACH DEM ERSTEN WELTKRIEG: DIE ERLANGUNG DER UNABHÄNGIGKEIT

Als Großbritannien während des Ersten Weltkriegs Ägypten zu einem Protektorat erklärt, bedeutet dies eine wesentliche Zäsur in der Geschichte des Landes. Mit diesem Schritt waren die traditionellen Bande zum osmanischen Sultan als Oberherrn zerschnitten, und die Ägypter beginnen ihr Land mehr und mehr als unabhängigen Staat anzusehen. Am 13. November 1918 sucht eine ägyptische Delegation (arab. wafd) unter der Führung des Vizepräsidenten des ägyptischen Parlaments, Sa'd Saghlul (1860 bis 1927), den britischen Hochkommissar auf und bittet ihn, die Erlaubnis zu erteilen, daß eine ägyptische Abordnung die Pariser Friedenskonferenz besuchen darf. Als dieses Verlangen abgeschlagen wird, entwickelt sich aus der Delegation rasch eine bedeutende politische Partei, die Wafd-Partei, auf die sich der ägyptische Khedive Fu'ad I. (1917 bis 1922) stützen kann. Es kommt zu einem Aufstand in ganz Ägypten, und auf Grund der Entwicklung in Ägypten gelangt man in England immer mehr zu der Überzeugung, dem Land die Unabhängigkeit geben zu müssen, und am 28. Februar 1922 erklärt Großbritannien Ägypten für unabhängig. Zum ägyptischen König wird der Khedive Fu'ad erhoben. Großbritannien hatte Ägypten jedoch nur eine eingeschränkte Souveränität zugestanden, weswegen die innere Entwicklung des Landes von vornherein belastet ist und ganz im Zeichen des Ringens um die volle Unabhängigkeit steht. Aufgrund des Einfalls Italiens in Äthiopien im Jahre 1936 kann Ägypten schließlich einen Vertrag mit England abschließen.

DIE ENTWICKLUNG ÄGYPTENS NACH DEM ZWEITEN WELTKRIEG

Ägypten wird 1948 kaum vorbereitet in den Palästinakrieg verwickelt, der durch die Teilung Palästinas in einen arabischen und einen jüdischen Staat durch die Vollversammlung der Vereinten Nationen am 29. November 1947 ausgelöst wird. Als am 14. Mai 1948 David Ben Gurion den unabhängigen und souveränen Staat Israel proklamiert, wandeln sich die Kämpfe zwischen Juden und Arabern zum offenen Krieg, der ungünstig für Ägypten verläuft und nach Vermittlung der UN in einem Waffenstillstand endet. 1952 kommt es zu einem Staatsstreich von seiten des mit der Herrschaft König Faruks unzufriedenen Militärs. Unter Führung von General Muhammad Nagib erzwingt die Armee am 23. Juli 1952 die Abdankung Faruks, und 1953 übernimmt General Nagib selbst die Herrschaft, er wird jedoch bereits am 18. April 1954 durch den Führer der Militärjunta, Gamal 'Abd an-Nasir (Nasser), verdrängt, welcher ein totalitäres Regime mit einem Einparteiensystem institutionalisiert und Sozialisierungsmaßnahmen einleitet. Am 19. Oktober 1954 kann Nasser in einem Abkommen mit Großbritannien die Räumung der Suezkanalzone von britischen Truppen erreichen. Außenpolitisch steuert Nasser zunächst einen neutralistischen Kurs zwischen West und Ost, wendet sich dann aber mehr und mehr dem Ostblock zu. Am 26. Juli 1956 beschließt er die Verstaatlichung der Suezkanalgesellschaft, um deren Einkünfte für die Errichtung des Assuan-Staudammes zu verwenden. Daraufhin entschließen sich Großbritannien und Frankreich, zusammen mit Israel gegen Ägypten vorzugehen, und am 29. Oktober 1956 dringt Israel gegen die ägyptischen Stellungen auf der Sinai-Halbinsel vor. England und Frankreich leiten eine Luftoffensive gegen Ägypten ein. Auf Grund des Eingreifens der USA und der Sowjetunion kommt es schließlich zu einem Waffenstillstand.

Der Zusammenschluß von Ägypten und Syrien zur Vereinigten Arabischen Republik unter Nasser am 1. Februar 1958 bedeutet einen wesentlichen Schritt vorwärts bei der Verwirklichung des Panarabismus. Am 8. März 1958 erfolgt noch der Anschluß des Jemen an die VAR durch eine

Föderation. Da die Bildung der VAR in Syrien ernste Störungen im wirtschaftlichen Leben hervorruft, bildet sich dort sehr rasch ein Widerstand, und schließlich kommt es durch den Staatsstreich der syrischen Armee am 28. September 1961 wieder zum Bruch zwischen Syrien und Ägypten. Innenpolitisch strebt Nasser die Verwirklichung eines „arabischen Sozialismus" mit einer Nationalisierungspolitik in der Wirtschaft an.

Auch nach 1962 verfolgt der ägyptische Präsident Nasser seine panarabische Politik weiter gekoppelt mit der Durchsetzung eines arabischen Sozialismus. Er greift in den Bürgerkrieg im Jemen zugunsten der Republikaner ein. Außenpolitisch pendelt Ägypten noch zwischen Ost und West, so daß es Aufbauhilfe sowohl vom West- als auch vom Ostblock erhält (umfangreiche sowjetische Militärhilfe, Bau des Assuan-Dammes durch die Sowjets). Nach dem Bruch des Abkommens von Dschidda (24. 8. 1965) betreibt Nasser eine Politik des geheimen und offen Kampfes gegen die konservativen arabischen Monarchien, zugleich verschärft die VAR ihre Politik gegen Israel. Die ägyptischen Maßnahmen (u. a. Truppenmassierung an der Sinaigrenze) veranlassen Israel schließlich am 5. Juni 1967 zum Präventivkrieg gegen Ägypten, wobei es den israelischen Streitkräften gelingt, die gesamte Sinaihalbinsel bis zum Suezkanal zu besetzen. Außenpolitisch beginnt sich die VAR nach dem 6-Tage-Krieg wieder an die UdSSR anzulehnen. Eine Eskalation der Auseinandersetzung mit Israel tritt ein, als die VAR am 23. April 1969 den Waffenstillstand für beendigt erklärt und einen „Abnützungskrieg" gegen Israel ankündigt (Kommandounternehmen am Suezkanal; Luftangriffe Israels aut ägyptisches Hinterland; Erbeutung einer sowjetischen Radarstation durch eine israelische Kommandoeinheit; Lieferung von SAM-3-Luftabwehrraketen von Sowjetrußland an die VAR; operative Einsätze sowjetischer Piloten über israelischem Gebiet). Die Aktionen der arabischen Freischärler und die Eskalation im Nahen Osten geben Anlaß zu tiefer Besorgnis, die von den USA eingeleitete Friedensinitiative führt schließlich zum Erfolg, als die VAR den Rogers-Plan annimmt. Am 8. August 1970 tritt die Waffenruhe auf Grund des Rogers-Plans in Kraft.

Einen Bruch in der ägyptischen Politik bringt der plötzliche Tod Nassers am 28. September 1970 in Heliopolis, sein Nachfolger wird der Vizepräsident Anwar as-Sadat, der sich in den ausbrechenden Machtkämpfen durchsetzen kann, wobei die sowjetfreundlichen Kräfte ausgeschaltet werden, obgleich nach außen hin die Abhängigkeit von Rußland zunächst eher noch stärker wird. Eine innere Liberalisierung, die Annäherung an den Westen, das Abgehen vom Panarabismus, die Lösung von der UdSSR zeigen Sadats Abkehr vom „Nasserismus". Ungewöhnlich für einen arabischen Politiker läßt er den Drohreden gegen Israel auch Taten folgen: 1973 schlägt er plötzlich gegen Israel los, er bringt die Juden an den Rand einer Niederlage. Erst massive Hilfe von außen wendet das Blatt. Doch dieser beträchtliche Prestigegewinn ist letztlich der Grund, daß Israel einem Verhandlungsfrieden zustimmt. Es kommt zum Abkommen von Camp David, indem sich Menachim Begin verpflichtet, den Sinai zu räumen. Damit wird auch der Suezkanal wieder frei. Sadat hat am Verhandlungstisch mehr erreicht als die ägyptische Armee in drei schweren Kriegen. Sein Preis ist allerdings die Anerkennung Israels als Staat – ein todeswürdiges Vergehen in den Augen islamischer Fundamentalisten. Im Herbst 1981 wird Sadat das Opfer eines Attentats. Sein Nachfolger wird Hosni Mubarak. Erst im Jahre 1987 gelingt es ihm, Ägypten wieder in den Kreis der arabischen Staaten zurückzuführen.

DIE ARABISCHE STAATENWELT IM ZEICHEN DES NATIONALISMUS

Syrien Ebenso wie in Ägypten machen sich auch in den übrigen arabischen Ländern während des 20. Jahrhunderts zahlreiche nationalistische Bewegungen bemerkbar, die schließlich in einen umfassenden arabischen Nationalismus einmünden, der die Befreiung von jeglicher Fremdherrschaft und die arabische Unabhängigkeit anstrebt. In der Geschichte des arabischen Nationalismus bringt der Erste Weltkrieg eine Zäsur mit sich, durch ihn wird die osmanische Herrschaft nach dem Anschluß der Araber an die Entente-Mächte durch ein westliches Mandatssystem abgelöst. Im Juni 1919 ruft Emir Faisal in Syrien eine syrische Nationalversammlung ins Leben, welche die Unabhängigkeit der Gebiete des „Fruchtbaren Halbmonds" fordert, und am 20. März 1920 wird Faisal zum König von Syrien ausgerufen, als jedoch französische Truppen in Damaskus einrücken, wird Syrien unter Abtrennung des Libanon und Palästinas zu französischem Mandatsgebiet erklärt. Ein Drusenaufstand 1925 wird von den Franzosen brutal niedergeworfen, und alle ausgleichenden Verträge zwischen Frankreich und Syrien scheitern in den Jahrzehnten vor dem Zweiten Weltkrieg am Widerstand Frankreichs. Erst mit Beendigung des Zweiten Weltkriegs erhält Syrien seine Unabhängigkeit.

Sowohl innen- wie außenpolitisch ist die Lage in Syrien nach dem Zweiten Weltkrieg instabil; die Syrische Völkische Partei erstrebt eine großsyrische Lösung, es bestehen aber auch Absichten, sich entweder an der britisch-amerikanischen Nahostpolitik zu orientieren oder an den Ostblock anzuschließen. Die schwierige innere Situation mit Staatsstreichen, dem starken Einfluß der Armee, der Konfrontation der unterschiedlichsten politischen Bewegungen bis hin zum Kommunismus wird noch durch krasse soziale Mißstände und das Problem der Palästinaflüchtlinge verschärft. Vom 2. Dezember 1951 bis zum 25. Februar 1954 errichtet Adib Schischaqli eine Militärdiktatur. Die Vereinigung Syriens mit Ägypten zur VAR erfolgt auf Drängen von Präsident Schukri al-Quwwatli und der Ba'th-Partei. Am 30. September 1961 wird nach einem Offiziersputsch jedoch wieder die „Syrische Arabische Republik" ausgerufen. Im April 1964 brechen blutige Unruhen aus, jedoch kann sich der „gemäßigte" (panarabische) Ba'th-Flügel, der die Regierung führt, mit Hilfe der Armee halten. Die Machtkämpfe innerhalb der Ba'th-Partei gehen jedoch weiter, und ein Staatsstreich am 23. Februar 1966 bringt den linken Ba'th-Flügel an die Macht, der eine radikale Politik verfolgt und dadurch Syrien zum Hort der Feda'ijin macht. In seinem Kampf gegen Israel wird Syrien immer radikaler, jedoch führt die Frage um die Stellung der Palästinenser in Syrien zu immer heftigeren Kontroversen innerhalb der Ba'th-Partei, bis sich 1969 der Verteidigungsminister af-Asad durchsetzen kann: Syrien konzentriert sich von nun an auf den Befreiungskampf des palästinensischen Volkes. Am 13. November 1970 kommt Hafis al-Asad durch einen Staatsstreich an die Macht (Ausschaltung des linken ideologischen Flügel des Ba'th). 1976 griffen syrische Truppen erstmals in den Konflikt im Libanon ein. Der Plan eines staatlichen Zusammenschlusses mit Libyen scheitert, hingegen werden die Beziehungen zur Sowjetunion durch einen Freundschaftsvertrag im Jahre 1980 bestärkt. Hafis el-Asads Rolle im Libanon ist schwer zu durchschauen. Seine Truppen besetzen zeitweise große Teile des Landes, ebenso bezieht er Stellung gegen Jasir Arafat, den Führer der palästinensischen Befreiungsfront Al Fatah. 1983 werden die Beziehungen zu den USA deutlich schlechter, ein enormes Verteidigungsbudget (58% des Staatshaushalts) belastet das Land schwer.

Beirut, Hauptstadt des Libanon, wird durch den Bürgerkrieg, in dem praktisch jeder gegen jeden kämpfte, völlig zerstört.

Libanon Wie Syrien wird der Libanon auf der Konferenz von San Remo 1920 französischem Mandat unterstellt. 1926 wird er zur Republik erklärt und ein Parlament einberufen. Wie Syrien wird der Libanon nach der französischen Kapitulation gegenüber Deutschland durch britische und französische Truppen besetzt. Gegen Ende des Zweiten Weltkriegs erklärt der Libanon ebenfalls seine Unabhängigkeit.

Die innenpolitische Situation des Libanon bleibt auch nach der Erlangung der Souveränität auf Grund der religiösen Differenziertheit der Bevölkerung mit 54% Christen (griechisch-orthodox, armenisch-gregorianisch, Maroniten u. a.) und 45% Mohammedanern kompliziert; in der Verfassung vom 21. Januar 1947 (dem sog. „Nationalpakt") versucht man dem Rechnung zu tragen. Als Präsident K. Scham'un die Verfassung zu seinen Gunsten ändern will, bricht 1958 ein Bürgerkrieg aus, den die Regierung nicht in den Griff bekommt. Erst dem Nachfolger Scham'uns, General Fuad Schihab, gelingt es, die Lage zu festigen. Nach Parlamentsneuwahlen wird am 23. September 1964 Charles Hulw Staatspräsident, die innere Lage festigt sich, und der Libanon verfolgt seinen Kurs der „begrenzten Neutralität" weiter. Von 1968 an duldet der Libanon den Aufenthalt von Freischärlerverbänden im Grenzgebiet zu den Golanhöhen, von wo aus der Feda'ijin Guerillaaktionen gegen Israel unternimmt, was wiederum zu Vergeltungsaktionen Israels gegen den Libanon führt. Als Folge kommt es im Libanon zur Regierungskrise, Zusammenstöße zwischen der libanesischen Armee und den Freischärlern verschärfen die Situation, schließlich führen bürgerkriegsähnliche Unruhen, die das Land in einen prowestlich eingestellten christlichen Teil und in einen proarabischen muslimischen zu spalten drohen, zur Verhängung des Ausnahmezustandes durch die Regierung am 23. April 1969. Nach erneuten Kämpfen zwischen der libanesischen Armee und den Palästinensern wird unter Vermittlung der VAR in Kairo am 3. November 1969 ein Geheimabkommen unterzeichnet, das den Palästinensern zahlreiche Rechte im Libanon einräumt. Der Südlibanon bleibt weiterhin „al-Fatah-Land", der Libanon treibt immer weiter in die Krise, da sich gegen die PLO die rechtsnationale (hauptsächlich maronitische) Falange zu formieren beginnt. Der Libanon – einst die Schweiz des Nahen Ostens genannt – trieb in den 70er Jahren in einen Bürgerkrieg, in dem praktisch jeder gegen jeden kämpfte. So waren es zeitweise sechs verschiedene militärische Gruppierungen, die sich bei wechselnden Koalitionen bekämpften. Dazu kam die Einmischung von außen durch die Interventionsarmeen Syriens, der USA und Frankreichs. Unter diesen Voraussetzungen liegt auch die Wirtschaft des Landes völlig darnieder. Auch 1987 zeigte sich keine Lösung, wenn auch die Kämpfe selbst etwas an Intensität verloren haben.

Irak Im Irak brechen 1920/21 Unruhen aus, da man mit der Errichtung eines Mandats durch Großbritannien nicht einverstanden ist, der Aufstand kann jedoch unter schweren Verlusten niedergeschlagen werden. Um den arabischen Nationalismus in gewisser Hinsicht zufriedenzustellen und auch die haschimidische Dynastie unter Faisal und seinem Bruder 'Abd Allah zu entschädigen, die mit Thomas Edward Lawrence den „Aufstand in der Wüste" während des Ersten Weltkriegs gegen die Türken geführt hatten, wird Faisal 1921 zum König des Irak ausgerufen; das Mandatsverhältnis bleibt jedoch weiterhin bestehen. Durch den Vertrag von Bagdad von 1930 wird das britische Mandat durch ein Bündnisabkommen ersetzt, das den Irak zwar für unabhängig erklärt, ihn aber noch stark an Großbritannien bindet. Während des Zweiten Weltkriegs gelangt durch einen Staatsstreich die deutschfreundliche Regierung Raschid 'Ali al-Gailani an die Macht, wird aber von England rasch wieder gestürzt. Schließlich tritt auch der Irak in den Krieg gegen die Achsenmächte ein.

Unter König Faisal II. gerät der Irak nach dem Zweiten Weltkrieg in einen gesellschaftlichen Umwandlungsprozeß. Bestimmt wird die irakische Politik von Nuri al-Sa'id, der in Kairo am 22. März 1945 zusammen mit Ägypten, Syrien, Libanon, Transjordanien, Saudi-Arabien und dem Jemen die Arabische Liga gründete. Er versucht die Wirtschaft des Landes anzukurbeln, erfährt aber Einschränkungen durch die Interessen der Oberschicht. Außenpolitisch schließt sich der Irak durch den Bagdadpakt dem Westen an, mit Jordanien verbindet sich der Irak zur Arabischen Föderation am 14. Februar 1958. Völlig überraschend kommt jedoch der Militärputsch am 14. Juli 1958 unter Abdel Karim Kassem, bei dem König Faisal II., der Premierminister Nuri al-Sa'id und etwa 200 weitere Menschen ermordet werden. Die ersten Maßnahmen Kassems scheinen auf ein nasserfreundliches Regime hinzudeuten, jedoch bleibt die irakische Revolution in sich zerstritten. Die Gegnerschaft beinahe aller arabischen Staaten zieht sich Kassem zu, als er 1961 Anspruch auf das Scheichtum Kuwait erhebt.

Kassem wird durch einen Militärputsch unter General 'Abd as-Salim Muhammad 'Arif am 8. Februar 1963 wieder gestürzt; mit 'Arif kommt der irakische Zweig der Ba'th-Partei an die Macht, jedoch schaltet 'Ari den Ba'th nach Machtkämpfen und Revolten aus. Als 'Arif am 13. April 1966 bei einem Hubschrauberabsturz getötet wird, vereinigt sein Bruder 'Abd ar-Rahman 'Arif als neuer Staatspräsident die Macht auf sich, der die Lage im Irak jedoch ebenfalls nicht konsolidieren und die Kurdenfrage lösen kann. Über die innere Unsicherheit soll eine radikale Außenpolitik hinwegtäuschen. Auch 'Abd ar-Rahman 'Arif wird am 17. Juli 1968 durch einen Militärputsch wieder entmachtet. Neuer Staatspräsident wird General Sajjid Ahmad Hasan al Bakr, Vertreter des konservativen rechten Flügels der Ba'th-Partei, die Staatsgewalt übernimmt der „Rat des Kommandos der Revolution". Widerstand gegen sein Regime schlägt al Bakr brutal nieder, 1970 wird ein Militärputsch verei-

telt. In dem seit 1961 geführten Kampf gegen die aufständische Kurden kommt es aus innenpolitischen Überlegungen heraus zu einem Friedensabkommen 1970 mit den Kurden unter Mustafa Barzani. Unter al Bakr entwickelt sich der Irak zu einem volksdemokratisch-sozialistischen Einheitsstaat mit revolutionären Zügen.
Im Juli 1979 wird Saddam Husain Nachfolger von Al Bakr. Schon ein Jahr danach beginnt der Golfkrieg, an dessen Ausbruch er eine erhebliche Mitschuld trägt. Trotz seiner mehrheitlich schiitischen Bevölkerung – die heimlich mit dem Mullah-Regime im Iran sympathisiert – gelingt es ihm aber Dank der Hilfe seiner arabischen Freunde, dem Druck Persiens standzuhalten. Der Iran ist erst nach einer Abdankung Husains zum Frieden bereit.
Aus Furcht vor einem Machtzuwachs des Iran unterstützen die meisten arabischen Golfstaaten den Irak militärisch und finanziell. Trotz hoher Einnahmen aus dem Erdölgeschäft wird aber die Belastung des Krieges auf die Dauer unerträglich.

Jordanien Nach dem Ersten Weltkrieg löst England sein Versprechen nicht ein, die Gründung eines arabischen Gesamtstaates zu fördern, und übernimmt stattdessen Palästina als Mandat, von dem am 25. April 1920 das Ostjordanland abgetrennt wird. Mit britischer Mandatsverwaltung wird es am 25. Mai 1923 zum selbständigen Fürstentum Transjordanien proklamiert mit 'Abd Allah an der Spitze. Nach dem Zweiten Weltkrieg gewinnt Transjordanien am 22. Mai 1946 seine völlige Unabhängigkeit, und Emir 'Abd Allah nimmt den Königstitel an. Die von dem englischen General John Bagot Glubb Pascha vor dem Zweiten Weltkrieg aufgebaute Arabische Legion kann sich im Palästinakrieg gegen Israel behaupten, und Transjordanien gewinnt Ostpalästina und die Altstadt von Jerusalem hinzu. 1950 benennt sich der Staat in „Haschimidisches Königreich Jordanien“ um und erhält am 8. Januar 1952 eine Verfassung, die ihn zur konstitutionellen Monarchie mit erblicher Königswürde der Haschimiden erklärt. Nach der Ermordung König 'Abd Allahs 1951 und dem Thronverzicht seines Sohnes Talal 1952 besteigt dessen Sohn, Husain II., am 2. Mai 1953 den jordanischen Königsthron; er erweist sich in seiner Politik als äußerst wendig gegenüber den unterschiedlichen politischen Gruppierungen, was allerdings in der Außenpolitik keine klare Linie erkennen läßt. Als sich Husain II. 1958 infolge des irakischen Putsches gefährdet fühlt, erbittet er Schutz von Großbritannien, welches Truppen entsendet. In den folgenden Jahren sucht Jordanien als Gegengewicht zur VAR den Anschluß an Saudi-Arabien, was durch das Abkommen von Ta'iss vom 28. August 1962 über eine enge Zusammenarbeit auf wirtschaftlichem und militärischem Gebiet besiegelt wird.
Ein instabiles, beständig die Entwicklung gefährdendes Element stellen die für den Panarabismus empfänglichen Palästinaflüchtlinge dar, die dem Staats- und Wirtschaftsleben nicht eingegliedert werden können und der 1965 gegründeten PLO zuneigen. Die Partisanentätigkeit der PLO gegen Israel führt zu immer schwereren israelischen Vergeltungsschlägen gegen jordanische Grenzdörfer. Dem arabischen Druck kann sich Husain II. im 6-Tage-Krieg gegen Israel nicht entziehen, als Folge verliert er die Altstadt von Jerusalem und Westjordanien an Israel. Nach dem Nahostkrieg wird die Flüchtlingsfrage zu einem noch brennenderen Problem, der Einfluß der arabischen Freischärler nimmt noch mehr zu. Sie beginnen einen Staat im Staate aufzubauen, und die Feda'ijin gewinnen eine Einflußzone, von der aus sie Guerillaaktionen gegen Israel unternehmen. Schließlich kommt es seit 1968 zu immer heftigeren Zusammenstößen zwischen der königstreuen Armee und den Palästinensern, der Kampf der Feda'ijin gegen die Monarchie führt schließlich 1970 zum Bürgerkrieg, in den Syrien eingreift. Als die USA jedoch ihre Flotte im Mittelmeer verstärken und mit einer Intervention zugunsten Husains drohen, kommt es am 27. September 1970 unter Vermittlung Ägyptens zu einem Waffenstillstand und zu einem Abkommen zwischen Husain und 'Arafat, das jedoch von den Freischärlern immer wieder durchbrochen wird, ehe es 1971 nach neuen schweren Kämpfen gelingt, die Palästinenser in Jordanien zu entmachten.
Die Jahre seither verlaufen ruhig, wenngleich sich Jordanien immer wieder bemüht, die von Israel besetzten Westjordan-Gebiete zurückzubekommen. Angesichts des Palästinenser-Problemes geschieht dies offenbar aus arabischer Solidarität aber nur mit halbem Herzen.

Arabische Halbinsel In Arabien hatte der einflußreiche Emir des Hedschas, Scherif Husain I. von Mekka, während des Ersten Weltkriegs auf seiten der Entente-Mächte zum Freiheitskampf gegen die Türken aufgerufen und am 2. November 1916 den Titel „König der arabischen Länder“ angenommen. Nach Beendigung des Krieges lassen die britischen und französischen Interessen jedoch nicht die Bildung eines gesamtarabischen Staates zu, vielmehr beginnt Großbritannien gegen Husain den wahabitischen Sultan des Nedschd, 'Abd al-'Asis (Ibn Sa'ud), auszuspielen. Als sich 1924 Husain dann zum Kalifen aller Muslime ausrufen läßt, beginnt Ibn Sa'ud den Heiligen Krieg gegen ihn (1924/25). Husain muß abdanken, und am 8. Januar 1926 läßt sich 'Abd al-'Asis zum König des Hedschas und des Nedschd ausrufen. Nach der Eingliederung des Emirats 'Asir erhält das Königreich den Namen Saudi-Arabien. Der neue Staat kann sich nach außen und innen hin allmählich konsolidieren.
In dem 1932 begründeten Königreich Saudi-Arabien geht der Modernisierungsprozeß auch nach dem Zweiten Weltkrieg voran. 1953 besteigt der Sohn König 'Abd al-'Asis, Sa'ud, den saudiarabischen Thron. Neben Libyen, Libanon, Irak, Türkei, Iran, Afghanistan und Pakistan gibt auch Saudi-Arabien seine Zustimmung zur Nahostdoktrin Eisenhowers (1957), welche gegen eine kommunistische Aggression gerichtet ist und die Unterstützung der arabischen Staaten auf deren Wunsch hin verspricht. Am 2. November 1964 dankt König Sa'ud zugunsten seines Bruders Faisal ab, der Reformen einzuleiten beginnt, gegen den sozialrevolutionären Panarabismus eine Gegenpartei aufbaut (Intervention im jemenitischen Bürgerkrieg zugunsten der Royalisten, Gewinnung Jordaniens, Kuwaits und Tunesiens für den panislamischen Gedanken und eine Islamische Allianz, Ausbau der Luftverteidigung mit Hilfe der USA und Englands) und den Einfluß auf der Arabischen Halbinsel in Rivalität mit der VAR erweitert, zudem den Kommunismus als gegen den Islam gerichtet bekämpft. Saudi-Arabien unter Faisal geht es darum, nach dem Abzug Großbritanniens vom Persischen Golf dort kein politisches Vakuum entstehen zu lassen und diesen Raum mit seinen reichen Ölvorkommen vor dem radikal-revolutionären Arabertum abzuschirmen. Daher wird der Einfluß auf die Emirate am Persischen Golf ausgedehnt, und da Irans Interessen in die gleiche Richtung zielen, kommt es zur Verständigung zwischen den beiden Ländern 1968.
Im März 1975 wird König Feisal Opfer eines Mordanschlages, sein Nachfolger wird König Chalid, der 1982 stirbt, seither regiert König Abd el Asis. Die rückläufigen Preise beim Hauptexportgut Rohöl und die finanzielle Anstrengung im Golf-Konflikt belasten derzeit die wirtschaftlichen Möglichkeiten des Königreiches.
Der bereits nach dem Ersten Weltkrieg unabhängig gewordene Jemen mit theokratischer und feudalistischer Staats- und Gesellschaftsordnung, welcher immer wieder in Grenzstreitigkeiten mit Nachbarstaaten gerät, wird 1948 von einem Offiziersputsch erschüttert, der jedoch bald wieder zusammenbricht; als König wird der Sohn des ermordeten Jachja, Achmad, anerkannt.

Reibereien mit Großbritannien wegen der Kronkolonie Aden und der Inseln Kamaran und Perim führen zu einer Annäherung des wirtschaftlich rückständigen Landes an den Ostblock, gleichzeitig erfolgt ein Anschluß an die VAR. 1962 besteigt Muhammad Mansur bi'llah den Thron, wird jedoch sehr bald wieder durch einen Militärputsch unter General 'Abd Allah as-Sallal am 26. September 1962 gestürzt, jedoch nimmt der geflohene Imam mit königstreuen Stämmen den Kampf gegen die Revolutionäre auf, die mit der VAR einen Militärpakt abschließen. Das Abkommen von Dschidda vom 24. August 1965 zwischen Nasser und König Faisal von Saudi-Arabien, das die Aufhebung der Unterstützung der Royalisten und Republikaner im jemenitischen Bürgerkrieg vorsieht, schlägt fehl, da Nasser sich nicht daran gebunden fühlt. Nach dem Abzug der ägyptischen Truppen können sich die Republikaner mit sowjetischer Militärhilfe immer mehr gegenüber den Royalisten unter ihrem Imam Muhammad Mansur bi'llah durchsetzen, und es kommt schließlich 1970 nach achtjährigem Bürgerkrieg zu seiner Beendigung. Es bildet sich die Arabische Republik Jemen, jedoch bleibt die innenpolitische Lage weiterhin verworren.

Kuwait, das 1909 durch eine türkisch-britische Vereinbarung die Zusicherung seiner Autonomie erhalten hatte, steigt unter Scheich Achmad (1921 bis 1950) zum viertgrößten Erdölproduzenten der Welt auf. 1961 erhält Kuwait von Großbritannien seine völlige Unabhängigkeit. In den folgenden Jahren entwickelt sich Kuwait unter Scheich 'Abd Allah (1950 bis 1965) zu einem modernen Staatswesen. 1965 wird Sabbah as-Salim as-jabbah nach dem Tode 'Abd Allahs Staatsoberhaupt, der die Politik seines Bruders fortsetzt.

Kuwait ist heute der Staat mit dem höchsten Pro-Kopf-Einkommen auf der Welt, wenngleich auch hier wie in Saudi-Arabien gewisse Probleme deutlich werden.

Libyen Italien muß im Friedensvertrag von 1947 auf Libyen verzichten; am 11. November 1949 beschließen die UN dann die Unabhängigkeit Libyens, das am 24. Dezember 1951 zum unabhängigen Königreich unter Idris I. Senusi proklamiert wird. Außenpolitisch schließt sich Libyen durch einen Freundschaftspakt (29. Juli 1953) an Großbritannien an. Der Aufbau eines modernen Staates wird in Libyen durch die besondere Struktur des Landes erschwert, und Libyen ist daher stark auf die Hilfe des Auslands angewiesen. Am 26. April 1963 proklamiert König Idris I. Senusi den libyschen Einheitsstaat unter einer Zentralregierung. Durch die Entdeckung reicher Erdöllager erhält die Wirtschaft des Landes einen gewaltigen Aufschwung. Die Erschließung der Erdölvorkommen seit 1960 bewirkt jedoch starke soziale Verschiebungen und ruft eine innere Instabilität Libyens hervor. Bis 1969 verfolgt Libyen einen prowestlichen Kurs, am 1. September 1969 bricht jedoch in Abwesenheit von König Idris ein Militärputsch aus, der „Revolutionäre Kommandorat" unter dem Stabschef der Armee, Mu'ammar al-Gaddafi, übernimmt die Macht und ruft die Republik aus (Panarabismus und Verwirklichung eines arabischen Sozialismus als Ziele).

1977 erfolgte die Umwandlung Libyens in eine Volksdemokratie. Das Land ist durch seine Erdölförderung äußerst wohlhabend geworden. Diese wirtschaftliche Macht versucht Gaddafi in politische Macht zu überführen, was ihn zum Mittelpunkt verschiedener Konflikte macht. Die Versuche, mit den arabischen Nachbarn Staatenbündnisse unter seiner Führung einzugehen, scheitern durchwegs.

Es erhärtet sich der Verdacht, daß Libyen der internationalen Terrorszene als Basis dient. 1981 kommt es zu einer Konfrontation mit den USA wegen Hoheitsrechten in der Großen Syrte. Libysche Kampfflugzeuge greifen den US-Flugzeugträger Nimitz an, werden aber abgeschossen. Nach neuerlichen Terroraktionen, deren Spuren nach Libyen weisen, greifen 1986 amerikanische Kampfbomber das Hauptquartier Gaddafis an, er kommt aber mit dem Leben davon.

In der Person des tiefgläubigen libyschen Staatschef Gaddafi zeigt sich das Wiedererstarken des Islam.

Maghreb Im Westen Nordafrikas, in den islamischen Staaten des Maghreb, geht während der zweiten Hälfte des 19. Jahrhunderts die europäische Einflußnahme und Kolonialisierung weiter. Die Eroberung Algeriens durch Frankreich wird schon 1847 nach der Niederringung des Hauptgegners, 'Abd al-Kader (1808 bis 1883), abgeschlossen. Die zunehmende Besiedlung Algeriens durch Frankreich führt schließlich 1871 zu einem Aufstand der Rahmaniyya-Bruderschaft unter Führung Muhammad al-Muqranis, der jedoch niedergeworfen werden kann. Schließlich kann Algerien befriedet werden und steht im Ersten Weltkrieg fest hinter Frankreich.

Im Gegensatz zu Algerien kann Marokko während des 19. Jahrhunderts seine Unabhängigkeit bewahren, es gerät aber mehr und mehr in den Einflußbereich der europäischen Mächte. Doch kann Maulay al-Hasan (1873 bis 1894) zunächst noch Versuche der Franzosen (1884) und der Engländer (1892), Marokko in ein Protektorat umzuwandeln, auf Grund der Rivalität der europäischen Mächte abwenden. Schließlich einigen sich England und Frankreich jedoch über ihre Interessen in Marokko und Ägypten. Auf der auf Betreiben Deutschlands einberufenen Konferenz von Algeciras (1906) werden deutsche Ansprüche auf Marokko praktisch ausgeschlossen, Frankreich kann 1907 Casablanca besetzen, und 1911 wird nach der Entsendung des deutschen Kanonenboots Panther nach Marokko der Konflikt zwischen Frankreich und Deutschland um Marokko beigelegt. Deutschland erhält ein Gebiet in Äquatorial-Afrika, und Frankreich erklärt am 30. März 1912 Marokko zum Protektorat.

Auch Tunesien gerät während der 2. Hälfte des 19. Jahrhunderts zunehmend ins Interessenfeld Frankreichs. 1871 erkennt die Hohe Pforte die Autonomie des Landes an. Das Bestreben Italiens, in Tunesien ein Protektorat zu errichten, wird durch die Besetzung des Landes durch Frankreich im Jahre 1881 zunichte gemacht. Italien wendet sich daraufhin Libyen zu, das sich jedoch durch engen Anschluß an das Osmanische Reich gegenüber den italienischen Interessen bewahren kann. 1912 kann Italien dann jedoch mit Zustimmung der Hohen Pforte in Libyen ein Protektorat errichten.

Auch im Maghreb faßt der arabische Nationalismus in der Zeit zwischen den beiden Weltkriegen Fuß. In den beiden türkischen Provinzen Cyrenaika und Tripolitanien, welche Italien 1911/12 dem Osmanischen Reich abgenommen hat, kommt es zu heftigem Widerstand gegen die Italiener während des Ersten Weltkriegs. 1918 wird die Republik Tripolitanien ausgerufen, welche 1919 von Italien anerkannt wird, allerdings steht sie unter seiner Oberherrschaft. Unter den Faschisten wird das Land 1932 unterworfen, 1934 werden die Cyrenaika und Tripolitanien zur Kolonie Libyen vereinigt. Während des Zweiten Weltkriegs wird Libyen zum Kriegsschauplatz.

In Tunesien kommt es zu Unabhängigkeitsbestrebungen und nationalistischen Gruppierungen, als die Entente-Mächte ihren während des Ersten Weltkriegs den Arabern gegebenen Versprechungen nicht nachkommen. 1920 wird die Destur-Partei gegründet, aus der unter dem Juristen Habib Bourguiba die Neo-Destur-Partei hervorgeht, welche die volle Autonomie für Tunesien fordert; diese wird jedoch von Frankreich verweigert.

Tunesien kann am 20. März 1956 seine volle Souveränität erlangen, und auf Grund von Wahlen wird Habib Bourguiba am 15. April Ministerpräsident. Er leitet die Loslösung von Frankreich und eine Modernisierung des Staates in die Wege. Am 25. Juli 1957 erklärt die Verfassunggebende Versammlung Tunesien zur Republik, Bourguiba wird erster Präsident. Soziale Probleme erwachsen aus der raschen Bevölkerungszunahme und dem Anwachsen des städtischen Proletariats, doch sind die wirtschaftlichen Gegebenheiten für Tunesien nicht ungünstig, und die Regierung beginnt mit einem systematischen Wirtschaftsaufbau. Außenpolitisch steuert Bourguiba einen prowestlichen Kurs, der Abzug der französischen Truppen kann bereits 1958 erreicht werden. Auseinandersetzungen gibt es noch um den letzten französischen Stützpunkt in Biserta. Gegenüber dem arabischen Lager unter Nasser mit seinen hegemonialen Zielen verfolgt Bourguiba den Gedanken eines „maghrebinischen Zusammenschlusses“, eine andere Haltung als die übrige arabische Welt nimmt Tunesien auch gegenüber Israel ein, was zum Konflikt zwischen Tunesien und Kairo führen muß. Bourguiba verfolgt in den 60er und 70er Jahren seine Politik der Bündnisfreiheit weiter.

Algerien hat im Gegensatz zu Tunesien weitaus längere Zeit um die Erringung seiner Unabhängigkeit zu kämpfen, die Verfassung der IV. Republik, welche die völlige Integration Algeriens in Frankreich vorsieht, und das Algerienstatut von 1947 lassen den Widerstand in Algerien aufflammen. Das „Comité Révolutionnaire pour l'Unité et l'Action“ (RUA), die „Front de Libération Nationale“ (FLN) und die „Armée de Libération Nationale“ (ALN) übernehmen den Kampf um die Unabhängigkeit gegen Frankreich, der bald in einen Guerillakrieg übergeht, der fast die gesamte französische Armee in Algerien bindet. Das Algerienstatut vom 4. Februar 1958, die Revolte der Algerienfranzosen verbunden mit einem Militärputsch, die Konstituierung der Algerischen Exilregierung (GPRA) unter Ferhat 'Abbas in Kairo, die bald von der UdSSR und der VR China Unterstützung erhält, sind weitere Schritte auf dem Weg zur algerischen Unabhängigkeit. Die Verständigungspolitik de Gaulles ruft sowohl den Unwillen der französischen Siedler (Barrikadenaufstand in Algier 1960) als auch den der französischen Armee in Algerien hervor (Generalsputsch 1961; Gründung der OAS – Organisation de l'Armée Secrète – durch General Raoul Salan; Terroraktionen in Algerien und Frankreich), jedoch leiten Geheimverhandlungen zwischen Frankreich und der algerischen Exilregierung (Melun 1960, Evian und Lugrin 1961) die Unabhängigkeit ein. Durch den Vertrag von Evian (18. März 1962) wird der Algerienkrieg beendet und das Selbstbestimmungsrecht der Algerier garantiert, die sich in der Volksabstimmung vom 1. Juli 1962 für die Unabhängigkeit Algeriens aussprechen.

Mohammed Ben Bella wird durch allgemeine Wahlen für die Nationalversammlung zum Ministerpräsidenten bestimmt. Unter Kaltstellung der „historischen Führer“ der FLN, die zu einer straff organisierten Massenpartei umgewandelt wird, entwickelt sich Algerien zu einem totalitären Staat sozialistischer Prägung. Unter Mißachtung des Vertrages von Evian erfolgt die Verstaatlichung der französischen Ländereien, doch kann Ben Bella nicht zu weit gehen, da die wirtschaftliche Abhängigkeit von Frankreich zu groß ist. Doch bildet sich sehr rasch ein Widerstand gegen Ben Bellas Regime, und 1965 wird er durch einen Staatsstreich der Armee gestürzt; unter Leitung des ehemaligen Verteidigungsministers Houari Boumédienne übernimmt ein Revolutionsrat die Regierung. Gegen „Internationalismus und Zionismus“ gerichtet, steuert Algerien einen harten Kurs gegen Israel. Zu Frankreich besteht ein zwiespältiges Verhältnis, da Algerien Enteignungen französischen Besitzes vornimmt, auf der anderen Seite Frankreich wirtschaftliche Konzessionen gewährt. 1971 nationalisiert Algerien die meisten französischen Erdölgesellschaften, schließlich kann ein Kompromiß zwischen der CFP (Compagnie Française des Pétroles) und der algerischen Sonatrach erzielt werden. Als Sprecher der Entwicklungsländer und als Erdöl- und Erdgaslieferant beginnt Algerien seit den 70er Jahren eine neue Bedeutung innerhalb der islamischen Welt zu gewinnen.

In Marokko führt die Absetzung des Sultans Muhammad V. 1953 durch die Franzosen zur Auslösung einer nationalen Welle, der sich Frankreich beugen muß (Rückkehr Muhammads V. 1955). Am 18. August 1957 wird Marokko schließlich unabhängiges Königreich unter Muhammad V. Dieser leitet eine Modernisierung des Staates ein; nach außen hin führt er trotz zeitweiliger Spannungen eine ausgleichende Politik. 1961 übernimmt nach dem Tode Muhammads V. sein Sohn Hasan II. den marokkanischen Thron; er gibt dem Land 1962 eine Verfassung (konstitutionelle demokratische und soziale Monarchie). Außenpolitisch verfolgt Marokko keine panarabischen Ideen, es ist stattdessen auf eine Vergrößerung seines Territoriums gegenüber Algerien bedacht. Eine Bereinigung der Grenzstreitigkeiten zwischen Algerien und Marokko erfolgt 1970 im Abkommen von Tlemcen. Auch auf spanische Besitzungen innerhalb seines Territoriums (Ifni, Spanische Sahara) erhebt Marokko Ansprüche. 1969 tritt Spanien im Abkommen von Fes die Enklave Ifni ab. Gegenüber West und Ost vertritt Marokko eine bündnisfreie Politik, obgleich es mehr dem Westen zuneigt, innerhalb der arabischen Staatenwelt nimmt es eine vermittelnde Rolle ein, wendet sich gegen Hegemonieansprüche arabischer Staaten und tritt für die islamische Solidarität ein.

ISRAEL ALS FREMDKÖRPER IN DER ARABISCHEN WELT

Die Vorgeschichte des jüdischen Staates in Palästina reicht bis ins 19. Jahrhundert zurück, die Verwirklichung der Ideen des Zionismus nimmt dann nach der Beendigung des Zweiten Weltkriegs konkrete Gestalt an, als die Vollversammlung der UN am 29. November 1947 die Teilung Palästinas in einen jüdischen und arabischen Staat billigt und Großbritannien am 15. Mai 1948 die Mandatsverwaltung niederlegt; einen Tag zuvor hatte David Ben Gurion den unabhängigen und souveränen Staat Israel proklamiert. Der daraufhin ausbrechende Palästinakrieg verläuft mit Ausnahme Jordaniens für die schlecht ausgerüsteten arabischen Heere ungünstig, und die arabischen Staaten müssen in einen Waffenstillstand mit Israel 1949 einwilligen. Die Staatsbildung erfolgt nun rasch.

Im Oktober 1973 bricht auf Initiative Ägyptens der Jom-Kippur-Krieg aus und bringt Israel an den Rand einer Niederlage. Nur die massive Unterstützung durch die USA kann die Lage stabilisieren. Ab 1977 ist Menachem Begin Ministerpräsident, ihm gelingt auf Vermittlung der USA der Friedensvertrag vom Camp David mit Ägypten. Darin muß Israel zwar den Sinai räumen, gewinnt aber den Frieden mit seinem Hauptgegner Ägypten. Im Juni 1982 marschieren israelische Truppen im Libanon ein, ein verlustreicher Abnützungskrieg beginnt, der schließlich zum Rückzug führt. Itzhak Schamir bildet 1983 eine Mitte-Rechts-Koalition und versucht, die wirtschaftliche Lage des Landes (mit der höchsten Inflationsrate der Welt) zu normalisieren.

Indien – Von der islamischen Invasion bis zur Gegenwart

Die Herrschaft des Islam

Mit Qutb-ud-din Aibak (1206 bis 1210) beginnt endgültig die islamische Phase der indischen Geschichte, eine Epoche, die durch den Aufstieg der Moghuln seit 1526 begrenzt wird, deren Bezeichnung als das Sultanat von Delhi aber eher formalen Charakter hat. Nach der Sklaven-Dynastie (1206 bis 1287) gelingt es den Khaljis (1290 bis 1320) und den Tughluqs (1320 bis 1398), vorübergehend ganz Indien bis auf wenige Provinzen zu beherrschen. Doch schon Mitte des 14. Jahrhunderts erlangen Bengalen, das Königreich Bahmani und Vijayanagara Selbständigkeit, seit Timurs Invasion im Jahre 1398 spalten sich Provinzen wie Gujarat, Mewar Orissa, Jaunpur und Malwa ab. Sayyiden (1414 bis 1451) und Lodis (1451 bis 1526) können das Sultanat nur noch formal fortführen.
Durch Isolierung von den Stammländern, ständige Thronfolgekämpfe, Rebellionen des Adels, aber auch der Hindufürsten, durch Autonomiebestrebungen kleinerer Statthalter und Bedrohung seitens der Mongolen kann es nicht zu echter Konsolidierung der inneren und äußeren Verhältnisse, zum Ausbau eines Großreichs unter fähigen Staatsmännern kommen. Geprägt wird die Epoche durch das Aufeinanderprallen des islamischen und hinduistischen Gesellschaftssystems, die Ausbildung eines indo-islamischen Stils in der Architektur, durch gegenseitige Beeinflussung in Wissenschaft und Kunst, andererseits aber auch durch Verschärfung religiöser und sozialer Gegensätze.
Auskunft über die islamische Epoche bis zu den Moghuln erhalten wir zunehmend durch schriftliche Quellen, durch die Aufzeichnungen Amir Khusravs und Baranis, durch Timurs und Firuz Shahs Autobiographien, durch Reiseberichte etwa des Afrikaners Ibn Batutah, der sich 14 Jahre (1333 bis 1347) in Indien aufhielt. Nicolo Conti berichtet über Vijayanagara, der Russe Nikitin über Bahmani. Später mehren sich dann portugiesische Überlieferungen.
Mittelpunkt des gesellschaftlichen Lebens und Ausstrahlungsort für künstlerische und wissenschaftliche Entwicklungen ist der Hof mit einem aufwendigen Zeremoniell und einem hierarchisch aufgebauten Beamtenapparat. Kopf der Zivilverwaltung ist der Wesir, häufig der mächtigste Mann im Staat, über den sämtliche Einnahmen und Ausgaben laufen und dem alle anderen wichtigen Ministerien unterstehen. Der Staat finanziert sich durch agrarische Abgaben, eine Kopfsteuer der Hindus und ziemlich hohe Importsteuern. Fromme Mäzene stiften und erhalten Bildungseinrichtungen, so daß die Schulen Indiens zu Zentren der besten Könner in Kunst und Wissenschaft werden.
Von größter Bedeutung für den Islam ist das Gesetz, dem auch der Monarch untersteht. Es bilden sich einzelne „Schulen" aus, von denen die der orthodoxen Sunniten allein vier Hauptrichtungen entwickelt: Hanbali, Maiki, Shafi und Hanafi. Letztere erlangt größten Einfluß in Indien.
Die mohammedanische Invasion bringt eine weitgehende Vernichtung der aristokratisch-theokratischen Hindukultur des Mittelalters mit sich. Nur die Jainas können sich noch Tempelbauten in abgelegeneren Gegenden leisten. Ihnen verdanken wir die prächtigen Erneuerungen zu Dilwara im 14. Jahrhundert, aber erst im 15. Jahrhundert kommt es zu einer Renaissance der hinduistischen und jainistischen Architektur, Malerei und Plastik.
Der neue indo-islamische Stil ist bedingt durch die Gepflogenheit der neuen Herrscher, Trümmer zerstörter Hindu-Tempel zum Bau ihrer Moscheen zu verwenden, außerdem durch die Notwendigkeit, zahlreiche indische Baumeister, Handwerker und Künstler für sich arbeiten zu lassen. Neben der allgemeinen Wirkung von Größe und Weiträumigkeit bringt der Islam eine höher entwickelte Technik und Konstruktionsmöglichkeit durch die Verwendung von Mörtel und Zement, weiter einige völlig neue Grundformen. Die Moschee besteht aus Bogengang, Innenhof, mehreren Außeneingängen, vielschiffigen Säulenhallen mit einer besonderen, mittleren, kuppelgekrönten Halle, Gebetsnischen, einer Kanzel an der Rückwand und schlanken Türmen (Minaretts). Charakteristische Stilmittel sind die Neigung zur Abstraktion, die Betonung der Technik, eine ornamentale Plastik, geometrische Blumen und Arabesken, die Verwendung leuchtender Farben und kalligraphischer Motive. Dies verbindet sich mit indischen Besonderheiten. Die indische Kunst erwächst eher organisch aus einer durch Felder und Dschungel geprägten Landschaft. Grelle Farben werden hier vermieden, man bevorzugt unregelmäßig wirkende Ornamente. Ausgesprochen islamisch sind dagegen wieder die Gartenanlagen, die achteckigen Grundrisse vieler Bauwerke. Sonderstile bilden sich in den Provinz-Sultanaten aus, wobei Jaunpur, Nagaur und Malwa stärker nach Delhi hin, Kashmir, Gujarat und Bengalen dagegen mehr an der Hindukunst orientiert sind, während sich schließlich im Dekkhan vor allem persische Elemente durchsetzen.
Während der unsicheren dreißig Jahre seit Iltutmishs Tod 1236 (Nachfolger von Qutb-ud-din Aibak) gelingt es Balban (1265 bis 1287) in Verwaltung und Militärdienst aufzusteigen und solches Ansehen zu erlangen, daß die Krone an ihn übergeht. Ideologische Abstützung seiner Herrschaft, Deutung des Königtums als göttliche Gabe, Beanspruchung eines übermenschlichen Status führen zur Verletzung herkömmlicher islamischer Ideen von der konstitutionellen Gleichheit aller Gläubigen. Alle wichtigen Funktionen vereinigen sich im Herrscher. Nach Balbans Tod kann sich der Führer der Opposition 1290 als Sultan Jalal-ud-din Firuz selbst ausrufen.
Sitz und Symbol islamischer Macht ist Delhi. Die von Qutb-ud-din Aibak errichtete, später erweiterte Moschee Quwwat-ul-Islam bietet bestes Anschauungsmaterial für die schrittweise Entwicklung der indo-islamischen Architektur. Unmittelbar neben ihr erhebt sich das Qutb Minar zu einer Höhe von 73 m. Eine neue Stufe der indoislamischen Kunst zeigt dann das Grabmal Balbans an.
Als sich Firuz als zu schwach erweist, geht rasch die Macht an seinen Neffen Ala-ud-din Khalji über, der sich erfolgreich gegen mongolische Angriffe wehrt, Expeditionen nach Gujarat, Warangal und Chitor, Rajputana und Devagiri in Südindien unternimmt, dabei riesige Beute macht (bei der Übergabe von Warangal gelangt er in den Besitz des Staatsschatzes, der nach Augenzeugenberichten von 1000 Kamelen nicht abtransportiert werden konnte) und zeitweise ganz Indien unter seine Oberhoheit bringen kann. Mit Ala-ud-din Khalji, einem despotischen, grausamen, absolutistischen Tyrannen, endet auch die Dynastie. Ein Beispiel für die Verschmelzung indischer und islamischer Elemente in bester Vollendung ist Alai Darwaza, errichtet aus rotem Sandstein, von dem sich die aus wei-

ßem Marmor gestaltete Oberfläche mit Bändern von kalligraphischen Mustern abhebt.

Aus den Thronfolgekämpfen bis 1320 geht Ghazi Malik, der Begründer der Tughluq-Dynastie, siegreich hervor. Unter seinem Nachfolger Muhammad bin Tughluq (1325 bis 1351) erstreckt sich das Sultanat bis in den äußersten Süden. Kakatias, Yadyavas, Hoysalas und Pandyas verlieren endgültig ihre Autonomie. Die Regierungszeit Muhammads ist gekennzeichnet durch Grausamkeit gegen innen- und außenpolitische Gegner, gescheiterte militärische Unternehmungen in den Himalayagebieten und wirtschaftlichen Verfall.

Der vom Heer gewählte Firuz Shah (1351 bis 1388) gründet Firuzabad, das spätere Neu-Delhi. Seine Verdienste liegen in Städtegründungen, Kanalbauten, der Kultivierung neuen Landes, der Förderung von Handel und Landwirtschaft. Bigotterie, Intoleranz, Korruption beschleunigen aber den Verfall der islamischen Herrschaft, die schließlich durch Timur beendet wird.

Einmalig in der menschlichen Geschichte, abgesehen vom 20. Jahrhundert, dürfte die Niedermetzelung von 100 000 gefangenen Hindus in der Ebene vor Delhi sein. 1399 kehrt Timur über den Indus zurück. Dekkhan, Gujarat, Malwa, Jaunpur werden unabhängig. In den Nachfolgekämpfen um das Sultanat setzt sich Khizr Khan (1414 bis 1421), der Begründer der Sayyid-Dynastie, durch. Ihm gelingt es, die Verwaltung des Landes neu zu organisieren. Langsam erholt sich Delhi, wenn sich auch der Bestand des Sultanats nur mühsam erhalten läßt. Die Sayyid-Dynastie wird von den Lodis (Bukluk Lodi, 1451 bis 1489) abgelöst, die durch geschickte Politik unter Bukluk und Sikandar Shah (1489 bis 1517) Handel und Landwirtschaft beleben und im Zuge einer allgemeinen Prosperität auch eine kulturelle Renaissance begünstigen. Der letzte Herrscher, Ibrahim (1517 bis 1526), muß schließlich Babur, dem Begründer der Moghul-Dynastie, weichen.

Unter den Nachfolgestaaten erlangen das Bahmani-Sultanat und Bengalen größere Bedeutung. Bahman-Shah stellt zunächst die Souveränität im engeren Bereich her und kann trotz ständiger Auseinandersetzungen mit den zwei Hindu-Nachbarn im Süden, Warangal und Vijayanagara, die Expansion nach außen erfolgreich abschließen. Beide Hauptstädte des Reiches, Gulbarga und Bidar, werden wegen ihrer prächtigen Paläste, Moscheen und Grabmäler gerühmt und gelten als Mittelpunkte islamischer Bildung und Gelehrsamkeit. Verwaltungstechnisch ist man aber der Eingliederung zahlreicher Provinzen nicht gewachsen, zu stark sind die zentrifugalen Tendenzen und Autonomiebestrebungen

Der von Qutb-ud-din Aibak 1199 in Angriff genommene 73 m hohe Qutb Minar in Dehli hatte eine doppelte Funktion als Siegesturm und als Wachturm. Die Architektur ist völlig unindisch, im Grunde besteht das Minarett aus vier aufeinandergestellten seldschukischen Türben. Auch die Ornamentik ist rein islamisch. Im Vordergrund die etwa ein Jahrhundert später erbaute Alai Darwaza, der Südeingang zur Moschee.

der Statthalter. Das Reich zerfällt wiederum in fünf Nachfolgestaaten: Berar, Ahmednagar, Bidar, Bijapur und Golkonda.

Bengalen kann sich unter Sikandar seine Selbständigkeit sichern und für 200 Jahre verhältnismäßig ungestört entwickeln. Neben einem Aufschwung im Handel, in der Wirtschaft und Kunst kommt es zu einer regen Bautätigkeit. Von den frühen islamischen Bauwerken ist nichts erhalten. Erst Mitte des 14. Jahrhunderts stoßen wir auf Überreste mohammedanischer Bautätigkeit. Bedeutendstes Beispiel für den länglichen Typ mit gewölbtem Mittelschiff und Seitenflügeln, die von mehreren Kuppeln gekrönt werden, ist die Jami-Moschee oder „Adina“. Daneben gibt es Gebäude mit quadratischem Grundriß, von einer einzigen Kuppel überdacht, den Typ länglicher Struktur, unterteilt in mehrere Chorgänge mit Säulenreihen und Moscheen mit einer einzigen Kuppel und langen Gängen an drei Seiten. Da vorwiegend Ziegelsteine verwendet werden, spricht man auch vom bengalischen „Backstein-Stil“.

Den Hauptwiderstand gegen islamische Vorstöße leisten die Rajputen, deren Festungen in Chitor und Ranthambor erst nach hartnäckigem Widerstand genommen werden. Die überlebenden Rajputen gründen nach dem Niedergang des Sultanats die Königreiche Udaipur und Jodhpur. Mächtiger ist allerdings Vijayanagara, das unter drei Dynastien von 1336 bis 1565 besteht, ehe Rama Raja von den verbündeten Sultanen des Dekkhan geschlagen wird. Als bedeutendster König gilt Krishna Deva Raya (1509 bis 1529), der Städte anlegt, Stauseen und Bewässerungsanlagen errichtet und die Wirtschaft fördert. Die Hauptstadt Vijayanagara bedeckt nach zeitgenössischen Berichten eine Fläche von etwa 64 Quadratmeilen und stellt mit ihren sieben konzentrischen Mauerringen eine hervorragende Befestigungsanlage dar. Von den Bauwerken sind nur noch Fragmente erhalten. Bestes Beispiel für die neue Architektur sind die Elefantenställe; daneben die Reste der Tempel, die sich durch größeren Reichtum aller Bauelemente und der Dekoration auszeichnen. Als unerläßlicher Bestandteil gelten der Amman-Schrein und der Kalyana-mandapa, ein Säulenpavillon mit einer Plattform, um die Abbilder der Gottheit auszustellen. Form, Funktion und Dekoration bilden eine Einheit.

Die religiöse Entwicklung im indischen Raum ist durch das Nebeneinander zahlreicher Sekten (Vaisnavismus, Saivismus, Saktismus, Tantrismus) und das Hervortreten von Heiligen und Mystikern gekennzeichnet, die in den Mittelpunkt ihrer Lehre das Leitprinzip von Liebe und Demut (bhakti) stellen. Der Lehrer (guru) hilft auf den rechten Weg, doch kann letzte Rettung nur durch die Gnade Gottes erlangt werden. Herausragende Persönlichkeiten sind Ramananda und sein Schüler Kabir. Im islamischen Bereich bildet das Gegenstück der Sufismus mit den drei großen Heiligen Hazrat Nizam-ud-din Auliya von Delhi, Shaikh Farid-ud-din Mas'ud Ganj-i-Shakar und Ala-ud-din Sabir. Der Islam wandelt sich in Indien zu einem komplexen Glauben, in dem Wunder, Übernatürliches und Heiligenverehrung eine wichtige Rolle zu spielen beginnen.

Bis zu einem gewissen Grad kommt es zu einer Indisierung der mohammedanischen Gesellschaft (es entstehen privilegierte Klassen, Kastendenken, Harems). Auch in Eßgewohnheiten und anderen Äußerlichkeiten verbinden sich islamische und indische Traditionen. Vieles bleibt aber an der Oberfläche, trotz aller wechselseitigen Beeinflussung in Religion, Philosophie und Sprache (es bildet sich das Urdu, eine persianisierte Form des westlichen Hindi mit hinduistischer Grammatik und persischem Wortschatz). Die Hindus verharren bei ihrem sozialen Rigorismus, die Moslems mäßigen kaum ihre religiöse Intoleranz. Nach islamischer Theorie gibt es nur einen Glauben, ein Volk, eine Autorität. Nicht-Gläubige gelten grundsätzlich als Staatsfeinde. So müssen Hindus eine besondere Kopfsteuer bezahlen, sich von den Moslems durch ihre Kleidung unterscheiden und soziale, religiöse und wirtschaftliche Diskriminierungen auf sich nehmen.

Die europäischen Mächte in Indien

Eine neue Phase der indischen Geschichte beginnt um 1500 mit dem Auftreten der Portugiesen und dem Aufstieg der Moghuln. Die Situation im Norden ist gekennzeichnet durch politischen und sozialen Verfall, Unsicherheit und Auflösung der islamischen Kräfte. Auch die Hindus können sich nur in Rajastan halten. Die Nachfolgestaaten im Norden, Gujarat, Khandesh, Malwa, Jaunpur und Multan, werden alle früher oder später (Gujarat hält sich am längsten bis 1572) von den Moghuln erobert. Die Sultanate des Dekkhan existieren etwas länger, z. T. bis ins frühe 17. Jahrhundert hinein, werden dann aber auch annektiert. Gleiches gilt für Vijayanagara, das in der Schlacht bei Talikota einer Liga zwischen mehreren Sultanaten erliegt. Der Süden bleibt aber weitgehend unkontrolliert mit mehreren, insgesamt jedoch unbedeutenden Zentren. 1686/87 setzt sich auch hier mit Aurangzeb das Moghulenreich durch.

Das Auftreten der Portugiesen muß im Zusammenhang mit den wirtschaftlichen Verhältnissen in Europa, besonders mit dem Handelssystem gesehen werden. Indische Schiffe bringen die Güter nach Westen bis in den Persischen Golf, ins Rote Meer und nach Ostafrika. Den Zwischenhandel übernehmen die Araber, während Venetianer und Genuesen für die Weiterverteilung in den westeuropäischen Raum sorgen. Dieses System verteuert natürlich alle Waren erheblich. Die aufsteigenden Seemächte Spanien und Portugal sehen nicht gleichgültig zu, und Portugal erhält schließlich im Vertrag von Tordesillas 1493/94 die östliche Hälfte der Erde zugeteilt. 1497 bricht Vasco da Gama mit einer kleinen Flotte auf, um den Seeweg nach Indien zu erschließen. Er landet eher zufällig ein Jahr später bei Kalikut. Im Verlauf der folgenden Jahre kann Portugal mehr und mehr Fuß fassen und die islamische Konkurrenz ausschalten, wobei man sich auch Rivalitäten der einheimischen Lokalfürsten zunutze macht. Unmenschlichkeit und Brutalität kennzeichnen das erste Auftreten einer europäischen Macht in Indien. 1510 gelingt es Affonso d'Albuquerque, Goa einzunehmen, das zum Hauptstützpunkt ausgebaut wird. Portugal kontrolliert nun den Handel auf den östlichen Meeren und verdrängt die Araber.

Die Erfolge beruhen auf nicht beeinflußbaren Vorgängen wie der Bedrohung der Mamluken in Ägypten durch die Türken, weil in Persien eine neue Dynastie ihre Macht aufbaute, Nordindien zerspalten, der Dekkhan zerfallen war. Hinzu kommen überlegene Technik in Seefahrt und Artillerie. Kompetenzschwierigkeiten nach der Union mit Spanien (1580 bis 1640), Finanzkrisen im 17. Jahrhundert, Eigenmächtigkeiten von Hauptleuten und Kapitänen, der Aufstieg mächtiger Dynastien in Ägypten, Persien, Nordindien und das Auftreten der Marathen führen dann zum Machtverlust Portugals, das schließlich von Engländern und Holländern seit Beginn des 17. Jahrhunderts abgelöst wird.

Die Moghuln

Der Moghul-Staat wird gerne mit dem Maurya-Reich, Akbar mit Ashoka verglichen. In beiden Fällen handelt es sich um zentralisierte Großstaaten, wobei die Verwaltung und fast alle gesellschaftlichen Bereiche in diese Zentralisierung einbezogen sind. Beide Staaten fördern aus meist politischen Motiven eine antiorthodoxe Religion, beide bauen stark auf den Leistungen ihrer Vorgänger auf, beide bilden Höhepunkte ihrer Gesellschaftsformation, beide tragen den Keim des Zerfalles in sich.

Babur (1526 bis 1530) kann dank straffer Organisation und kriegstechnischer Überlegenheit die Grundlage für das spätere Großreich schaffen. Nach seinem Tod enden Nachfolgekämpfe erst 1576, als Akbar bereits 20 Jahre den Thron inne hat. Aus der Regierungszeit Humayuns (1530 bis 1556) und Sher Shahs (1540 bis 1545), die sich zeitweise heftig bekämpften, verdienen die Grabmale besondere Beachtung. Sher Shahs Mausoleum erhebt sich in der Mitte eines riesigen künstlichen Sees und bildet eine pyramidenförmige, sich stufenweise nach oben verjüngende Baumasse. Diese Terrassen werden von einer Säulenplatte (über 100 m Seitenlänge) getragen und von einer halbkugelförmigen Kuppel gekrönt. Die Qil'a-i Kuhna-Moschee besticht vor allem durch die Gestaltung der Fassade, die in fünf überwölbte Gefache aufgegliedert ist mit jeweils nischenartig eingelassenen Bodengängen. Gesimse, Friese, Öffnungen, Marmoreinlagen und Skulpturen verbinden sich sehr harmonisch zu einer Einheit. Neu ist insgesamt das Verfahren, Bauwerke in die Mitte parkähnlicher Anlagen zu verlegen. Der Garten mit gepflasterten Fußwegen, Blumenrabatten, Zypressenalleen, ornamentalen Wasserspielen, Bassins und Fontänen gilt als wichtige Ergänzung.

Akbar (1556 bis 1605) ist ein äußerst vielseitiger Mann, der sich erstaunliches Wissen aneignet, obwohl er selbst nicht lesen und schreiben kann. Für die Durchführung religiöser Dispute läßt er ein eigenes Gotteshaus (Diwan-i-Khass) errichten. Bis etwa 1575/1578 gilt Akbar als überzeugter Anhänger der Sunniten, er gründet dann eine eigene Religion, in der eklektisch Elemente aus allen ihm bekannten Glaubensrichtungen vermengt sind. Er will so eine Elite schaffen und zugleich einen Kompromiß mit anderen Teilen der herrschenden Schichten wie auch den Hindus herstellen. Bestimmte hinduistische Gebote oder Verbote (Rindfleischgenuß, Kastentrennung) behält er bei. Von den Parsen übernimmt er den Brauch, im Palast ein ewiges Feuer zu nähren, die Feuer- und Sonnenanbetung. Zu ersten Begegnungen mit dem Christentum kommt es 1572 durch den Jesuitenpater Julian Pereira, später Rodolfo Aquaviva und Antonio Monserrate. Akbar kann innerhalb weniger Jahre Gujarat, Orissa, Kashmir, Sind, Kandahar, Khandesh und die Sultanate des Dekkhan unterwerfen, jedoch nicht sein Ziel verwirklichen, die alte Herrschaft in Zentralasien wiederzugewinnen, die Portugiesen zu vertreiben und den Süden zu beherrschen.

Neben den Palastfestungen in Agra und Lahore gelten als wichtigste Zeugnisse der Bautätigkeit Akbars die neue Hauptstadt Fathpur Sikri und sein Grabmal. Letzteres liegt innerhalb weiter Gärten mit der üblichen Ausstattung. Von allen Seiten führen Eingänge zum Mittelpunkt, von denen aber alle außer dem südlichen blind sind, um Symmetrie vorzutäuschen. Jedes der Portale stellt ein kleines Monument für sich dar, Minarette aus weißem Marmor erscheinen nun in ihrer vollentwickelten Form. Das Grabmal selbst bildet ein Quadrat von etwa 115 m Kantenlänge und besteht aus fünf Terrassen. Eine hohe, kuppelüberwölbte Halle nimmt Gruft und Grabkammer auf. Säulenhallen, Säulengänge, Gliederung der Außenseiten, Pavillons aus rotem Sandstein und weißem Marmor bilden insgesamt ein Bauwerk, dem die gekonnte Gestaltung der Masse fehlt, wahrscheinlich, weil der Bauleiter Jahangir Fachmann für Malerei war, aber keinen Sinn für Größe und Linienführung architektonischer Baumassen hatte.

Die expansive Außenpolitik führt zu zahlreichen Reformen vor allem auf dem Gebiet des Steuerwesens und der Distriktverwaltung. Das Staatsgebiet wird in Sarkars (Distrikte) und Paraganas (Bezirke) unterteilt, wobei man die gesamte Anbaufläche katastermäßig erfaßt und nach Bodengüte klassifiziert. Die Förderung des Handels, eine Beseitigung zahlreicher Zölle, Straßenbau, Rationalisierung und intensivere Ausschöpfung aller Erträge führen einerseits in vielen Fällen zu einer Verschlechterung der Lage der Bauern, andererseits zur Ausbildung einer autarken Wirtschaft und bedeutender Industrien.

Die Entwicklung der Moghul-Literatur beginnt mit Babur, der seine Memoiren, das „Babur-Nahmeh", in seiner Muttersprache schreibt. Mit ihm beginnt auch eine neue Ära indisch-persischer Dichtung. In kurzer Zeit ist das Türkische als Hofsprache verdrängt. Akbar ist eng mit den Gelehrten Faizi und Abu Fazl befreundet, die z. B. die Übersetzung von Sanskritwerken ins Persische betreuen. Auch die ersten Bauten der Moghuln sind rein persischer Herkunft: Weite, offene Hallen, Pavillons und Kuppeln mit leuchtend glasierten Kacheln überzogen, sind charakteristisch. Unter Akbar läßt sich dann eine deutlich fortschreitende Indisierung beobachten. Das Mosaik aus bunten, glasierten Kacheln wird durch eines aus mehrfarbigem Sandstein, Marmor und Schiefer ersetzt. Neben der Architektur zählt die Miniaturmalerei zur bedeutendsten Moghul-Kunst. Es entstehen Illustrationen zu vielen geschichtlichen Werken, zu Epen und Erzählungen. Aber auch westlich-christliche Einflüsse sind neben persischen, islamischen und indischen Stilelementen zu beobachten. Bevorzugte Ausdrucksformen sind in der Moghul-Malerei das Porträt und die erzählende Darstellung.

Neben zahlreichen lokalen Schulen verbinden sich im rajputischen Stil der abstrakte Zug jainistischer Tradition mit der moghulischen Naturbeobachtung. Auch innerhalb der rajputischen Malerei unterscheidet man verschiedene Richtungen: die von Rajasthan und Malwa nördlich und westlich von Delhi, die des Dekkhan und die der Panjab-Staaten mit Barsohli, Jammes, Guler, Garhwal und Kangra. Die älteste erhaltene Malerei der Moghul-Schule ist ein großes, auf Baumwolle gemaltes Bild, das die männlichen Vorfahren der Dynastie um ein imaginäres Mahl versammelt darstellt. Akbar fördert die Malerei ganz gezielt, er läßt dünnes Papier, feine Pinsel und teure Farben wie Lampenschwarz, Lapislazuli, Blattgold beschaffen. Ein erster Auftrag für die kaiserliche Bibliothek ist das illustrierte Leben des islamischen Helden Hamaza. Das Werk füllt schließlich 17 Bände, von den ursprünglich etwa 1400 Illustrationen sind heute noch etwa 140 erhalten. Eines der prächtigsten Manuskripte ist das Razm-Nama (Buch der Kriege), eine perische Übersetzung des Mahabaratha. Hinzu kommen zahlreiche historische Werke wie „Tarikh-i-Alfi" (Geschichte der Welt) und „Akbar-Nama" mit 117 Miniaturen. Europäische Einflüsse zeigen sich dann in der zunehmenden Beherrschung der Perspektive, im souveränen Umgang mit Lichtquellen, in christlichen Motiven. Jahangir führt die Moghul-Malerei zur höchsten Vollendung. Auch Shah Jahan kann das Niveau noch halten, während es unter Aurangzeb zu einem künstlerischen Niedergang kommt.

Auf vier Hauptsäulen ruht die Existenz des Moghulreichs: auf der Persönlichkeit des Kaisers, dem Bündnis oder Einvernehmen mit den Rajputen, der Politik der Toleranz im Innern und einem Gleichgewicht der Macht nach außen.

Jahangir (1605 bis 1627) setzt im wesentlichen die Politik Akbars fort. Während seiner Regierung verlieren allerdings die Turanis und andere mohammedanische Gruppen an Einfluß. Zum Zuge kommt dagegen die Irani-Gruppe. Enger Kontakt besteht zu den Jesuiten, die ihre Kirche in Lahore zurückerhalten und in Agra sogar Taufen vornehmen können. Jahangir selbst besitzt eine persische Bibelübersetzung, er erlaubt öffentliche Kirchentätigkeit, ohne sich jedoch bekehren oder gar von der Polygamie abbringen zu lassen. 1608 erscheint erstmals ein Engländer, William Hawkins, mit einer Botschaft Jakobs I. in Surat. Erster offizieller Botschafter Englands ist dann Sir Thomas Roe, der 1615 in Ajmer eintrifft und dessen Aufzeichnungen als wertvollste Quelle für diese Zeit gelten müssen. Shah Jahan (1628 bis 1658) läßt bei seiner Thronbesteigung vorsorglich alle männlichen Verwandten hinrichten. Seine z. T. erfolgreichen Vorstöße in den Süden müssen hauptsächlich vom Norden finanziert werden, mit einer der Gründe für den späteren Niedergang. Mehr als seine Vorgänger neigt Shah Jahan zur Architektur. Taj Mahal, das Fort von Delhi und Jama Masjid zeigen Einflüsse des Sultanats, des hinduistischen Indiens und Persiens, die sich im Moghul-Stil vermischen. An Stelle des roten Sandsteins tritt nun der weiße Marmor und Stuck, dessen Verwendung geschwungenere Linienführung ermöglicht. Neu ist auch der gezackte Bogen. Ein besonderes Prunkstück, das unter Shah Jahan verfertigt wird, ist der berühmte Pfauenthron, dessen Wert damals auf 10 Millionen Rupien geschätzt wurde. 1739 gelangt er durch Nadir Shah nach Persien. Den Prunk der Herrscher bezahlt freilich die Bevölkerung mit großer Armut, mit Hungersnöten und Epidemien. Aurangzeb (1658 bis 1707), unter Shah Jahan Statthalter im Dekkhan, setzt sich gegen Mitbewerber erfolgreich durch, ermordet alle Brüder und deren Familien und nimmt seinen eigenen Vater gefangen. In einer ersten Periode von 25 Jahren hält sich Aurangzeb in Nordindien auf, dann verlagert er das politische Zentrum in den Dekkhan, was zu raschem Zerfall der Verwaltung im Norden führt. Zentralisierung und Expansion erfordern erhebliche Mittel, die Aurangzeb durch drei wichtige Neuerungen sichern will: Reformen im Steuerwesen (bessere Kontrolle der Beamten, Beseitigung überflüssiger Abgaben, Kopfsteuer der Hindus), verschärfte Maßnahmen zur Wahrung von Recht und Ordnung und besondere Vorschriften über die Stellung von Islam und Hinduismus. Eine zusammenfassende Darlegung des islamischen Rechts, Fatawa-i-Alamgiri, enthält u. a. Bestimmungen über die Abschaffung ungesetzlicher Steuern, Richtlinien über die Besteuerung von Bauernland und das Gerichtswesen; außerdem zahlreiche, z. T. puritanisch-bigotte Verordnungen, die am Empfinden des Volkes vielfach vorbeigehen und nur bedingt durchsetzbar sind.

Der Außenhandel mit Mekka, Persien, Abessinien, Konstantinopel und allmählich England bringt trotz großer Zuwachsraten nicht den erhofften Gewinn. Wichtigste Exportgüter, deren Wert allein für Bengalen auf 1,8 Millionen Rupien im Jahr geschätzt wird, sind Gewürze, Indigo, Wolle und Edelmetalle. Man importiert Fertigtextilien, Glas und Wein aus Europa, Pferde aus Persien, Tabak aus Amerika. Aurangzeb versucht, durch Zusammenschluß der Mohammedaner zu einer herrschenden Klasse den Wiederaufstieg des Moghulreichs durchzusetzen, aber es gelingt ihm nicht, einen wirksamen Verwaltungsapparat aufzubauen. Nach seinem Tod verzetteln sich die Nachfolger unter fruchtlosen dynastischen Rivalitäten, was das Vordringen europäischer Kolonialmächte begünstigt. Noch 1835 prägt die East India Company Münzen im Namen des Moghul-Kaisers, noch lange errichten die Provinzen Tribut nach Delhi, selbst die Marathen erkennen formal die Oberhoheit der Moghuln an, doch faktisch verlieren die Nachfolger Aurangzebs zwischen 1707 und 1765 die Kontrolle über die Provinzverwaltungen. Es bilden sich nun Parteien und Fraktionen, die jeweils den Mann ihrer Wahl als Regenten an die Spitze bringen wollen, Turanis und Iranis konkurrieren untereinander und mit Afghanen und zum Islam konvertierten Hindus, Rajputen und Marathen. Im Zusammenhang mit den persischen Invasionen geht alles Land westlich des Indus an Persien, die Pässe im Nordwesten an Afghanistan verloren. Das Wirtschaftsleben verlagert sich an die Küsten und nach Bengalen, Delhi wird Grenzgebiet, nachdem 1757 weite Teile des Punjab aufgegeben werden müssen. Die letzten Herrscher bis Bahadur Shah II. (1837 bis 1857) spielen keine Rolle mehr. Trotzdem ist das Moghul-Reich zu Beginn der Fünfzigerjahre des 18. Jahrhunderts immer noch gut organisiert. Über dem gesamten indischen öffentlichen Leben liegt ein Mantel persischer Kultur mit hinduistischer Unterströmung. Hof- und Geschäftssprache sind persisch, ebenso Kunst und Literatur, während der Hinduismus als Kult der ländlichen Massen erscheint.

Sikhs und Marathen tragen Sonderentwicklungen, die teilweise parallel zum Aufstieg des Moghul-Reichs verlaufen. Bei den Sikhs (von altindisch sisya „Schüler") handelt es sich um eine religiöse Erneuerungsbewegung, die von Guru Nanak begründet wird. Nach dem Bruch mit den Moghuln vollendet Govind Singh (1675 bis 1708), der zehnte in der Lehrerkette, die Umwandlung der Sekte in eine militant-religiöse Bruderschaft, vergleichbar vielleicht den Templern und anderen militärischen Orden des mittelalterlichen Europa. Kennzeichen der Mitglieder sind Turban und langes Haar. Es gibt keine Verehrung von Götterbildern, keine Kastenschranken.

Die Marathen sind ursprünglich Bewohner der gebirgigen Gegenden südlich und südwestlich von Bombay. Bald beherrschen sie das Gebiet bis zur Küste Konkans, vom Dekkhan bis Zentralindien. Die Führungsschicht hatte schon lange unter den Sultanen als Beamte und Soldaten gedient, vor allem die Familie der Bhonsles in Bijapur. Sivaji ist 1627 bis 1680 Oberhaupt dieses Clans. Nach Kontroversen mit den Moghuln bis zu deren Niedergang bricht aber auch das Reich der Marathen wieder auseinander, um erst 1714 bis 1760 einen neuen Aufschwung zu nehmen. Als eine der ersten entwickeln die Marathen im nordindischen Raum eine moderne Sprache und Literatur, die schon im 13. Jahrhundert bedeutsam ist. Im äußersten Süden besitzen sie seit 1765 Tanjore und Teile der Ostküste. Wichtig ist, daß auch die Marathen-Könige nur formal herrschen und die Macht an ihre Premierminister, die Peshwas abgeben müssen. Unter Baji Rao, dem zweiten Peshwa (1720 bis 1740), erfolgt die Erweiterung des Herrschaftsbereichs, doch machen sich nun die Generäle unabhängig. So herrscht die Gaikwar-Familie in Gujarat, die Holkwars verwalten Indore und das Malwa-Plateau, Gwalior ist Sitz der Sindias, von Nagpur aus machen die Bhonsles ihren Einfluß geltend. Schließlich müssen sich alle der britischen Finanz- und Militärgewalt beugen.

Europäischer Kolonialismus in Indien

Nachdem zunächst die Türken im Besitz der indisch-europäischen Handelslinien gewesen waren, schließt der erste Akt der Kolonisierung mit dem Erscheinen Portugals. Es folgt die Auseinandersetzung der protestantischen Seemächte Nordeuropas mit den katholischen des Südens und schließlich der Kampf zwischen Holland und England um den Gewinn Indiens.

Die Ausbildung des Absolutismus und Merkantilismus und die zunehmende Industrialisierung bewirken in Europa starke gesellschaftliche Veränderungen und setzen neue Aktivitäten frei, die sich in einer Ideologisierung des Gewinnstrebens und einer Aneignung von Privateigentum niederschlagen (vgl. die Theoretiker der Aufklärung wie z. B. John Locke). Es bilden sich Privatkompanien, die sich rasch zu modernen Syndikaten auf dem Prinzip des „Joint-Stock" entwickeln. Erbfolgekriege und damit verbundene gezielte Versuche, Interessensphären in Europa abzugrenzen, das Bemühen um ein Kräftegleichgewicht erfordern finanzielle Mittel, die nicht mehr

Porträtminiatur des Moghulherrschers Shah Jahan (1628 bis 1658). Victoria and Albert Museum, London.

im Rahmen der bisherigen Nationalwirtschaften aufgebracht werden können. Die steigende Produktion verlangt neue Absatzmärkte und neue Rohstoffquellen.

England bemüht sich vorerst unter Einhaltung bestehender Verträge, die Nordost- und Nordwest-Passage nach Indien und China zu finden, aber die große Auseinandersetzung mit Spanien scheint unausweichlich. Mit der Vernichtung der Armada 1588 ist das katholische Monopol gebrochen, in den Vordergrund rückt nun für England die Rivalität mit den Niederlanden. Nach ersten tastenden Versuchen (1591 segelt eine ganze Flotte um das Kap der Guten Hoffnung in die Indische See) kommt es 1600 zur Gründung der englischen East India Company, die trotz zahlreicher Rückschläge weit über zwei Jahrhunderte besteht und das Fundament für das britische Imperium des 19. Jahrunderts legt. Zunächst erfolgen hauptsächlich Einzelreisen, für die jeweils einige Geldgeber verantwortlich zeichnen und die den Gewinn entsprechend verteilen. Dann geht man zur Praxis über, jede Subskription gleich auf mehrere Fahrten auszudehnen. Es bilden sich „Joint-Stocks". Aus einem Kapitalstock werden die Gewinnanteile an die Kapitalgeber ausgeschüttet. Ab 1661 entstehen hieraus moderne Aktiengesellschaften. Erste Erfolge in Indien sind nur von kurzer Dauer (lokale Kriege der Sultanate und Rajputen, das Vordringen der Moghuln, das ungewohnte Klima wirken sich negativ aus), doch bis 1654 ist die ehemalige Oberhoheit Portugals in den asiatischen Meeren Legende geworden. Erstes Hauptquartier der Engländer in Indien ist Surat.

Holland begründet 1602 seine Verenigde Oost-Indische Companieen, geht gezielt gegen Portugal vor und konzentriert sich vor allem auf Ceylon, den Molukken, China und Japan, Coromandel und Surat in Indien und der indonesischen Inselgruppe. Konflikte mit England können nicht ausbleiben, obwohl man versucht, Schwierigkeiten durch Verträge zu überwinden. England zieht sich vom Archipel zurück. Zwar verlaufen die drei englisch-niederländischen Seekriege (1652 bis 1654, 1665 bis 1667, 1672 bis 1674) in Europa für England erfolgreich, doch im asiatischen Raum behält Holland die Seeüberlegenheit. Drei Schwerpunkte englischer Kolonisierung in Indien bilden sich aus: die Küste von Bombay, von Madras und von Bengalen. Madras wird zum wichtigsten Stützpunkt und zukünftige Hauptstadt Südindiens. Hohe Kosten und die Kriege gegen Holland führen in den Fünfzigerjahren des 17. Jahrhunderts zu ernsten Krisen der Gesellschaft, die 1708 nach dem Zusammenschluß mit der konkurrierenden „English Company Trading to the East Indies" sich neu formiert. Dank seiner geschickten Diplomatie, seiner guten Verwaltung, der Errichtung von Gerichtshöfen und der Einführung einer vernünftigen Währung kann sich England gegen andere Nationen durchsetzen und seine Umsätze und Gewinne ständig steigern. Im Vertrag von Utrecht 1713 begründet England dann endgültig seine politische und wirtschaftliche Vormachtstellung.

So wie früher Egoismus, mangelnder Weitblick und fehlende politische Substanz der einheimischen Rajputen das Eindringen islamischer Mächte begünstig hatten, deren Rivalitäten wiederum den Aufstieg der Moghuln ermöglichten, so erkennen auch diese nicht, was das Auftreten europäischer Nationen für Indien bedeutet. Um augenblicklicher Vorteile willen paktiert man mit Portugiesen, Holländern und Engländern und übersieht dabei, daß diese ihren Nutzen daraus ziehen.

Die Herrschaft Großbritanniens in Indien

Mit dem Erscheinen der Engländer in Indien, das zur wichtigsten Kolonie des Empire wird, ist nun endgültig die Möglichkeit gegeben, innereuropäische Konflikte nach außen zu verlagern. Der Niedergang des Moghul-Reichs, der Aufstieg und Verfall des Marathen-Staates, Separationsbewegungen und Abspaltungen kleinerer Fürstentümer, die schließlich alle Schutz- und Subsidiärverträge mit England vereinbaren müssen, das Aufhören einer eigenständigen Politik kennzeichnen die Entwicklung Indiens im 18. Jahrhundert. Diese Vorgänge sind eng verwoben mit den Aktivitäten der englischen East India Company, mit europäischen Konflikten, die zunehmend wirtschaftliche Hintergründe haben, z. T. in den Kolonien entstehen und dort häufig auch zuerst beendet werden. Der Österreichische Erbfolgekrieg, dann der Siebenjährige Krieg, zuletzt die Revolutionskriege Napoleons führen in Indien zur Auseinandersetzung zwischen England und Frankreich, die mit der völligen Verdrängung Frankreichs endet. Folge ist zugleich eine intensivere Verquickung englischer mit innerindischer Politik.

Die Handelskompanien verfolgen in dieser Zeit alle ein gemeinsames Ziel: Kapitalgewinne durch Handel, Erringung des Handelsmonopols zwischen den Kolonien und dem Mutterland, private Finanzierung, Verzicht auf politischen Machtzuwachs und territoriale Expansion. Die holländische Kompanie stößt vom Kap der Guten Hoffnung aus nach Kalikut, Kotschin, auf die indische Südwestküste und Ceylon vor, besetzt Negapatam und Pulikat, weiter nördlich Masulipatam und kleinere Häfen bis hinauf nach Bengalen. Das Monopol liegt allerdings im indonesischen Archipel mit Hauptsitz Batavia auf Java. Obwohl die Kompanie ein Viertel des gesamten Außenhandels bestreitet, ein hohes Steueraufkommen erbringt, durch private Gewinne jährlich 3,7 Millionen Gulden nach Holland fließen läßt, kommt es zum Verfall, weil man Dividende ausschüttet, die in keinem Verhältnis zu den Gewinnen stehen. Die französische Kompanie, 1664 von Colbert gegründet, stellt 1714 ihre Tätigkeit ein. Eine Neugründung findet in Indien in Pondicherry ihren Hauptsitz. Die Gewinne sind gut, bis zu 116%, doch bringen die Kriege gegen England solche Verluste, daß man 1769 aufgibt. Die 1709 reformierte East India Company hält sich dagegen bis 1858, wobei das Parlament die Handelsbriefe regelmäßig bestätigt und so größeren Einfluß gewinnt. Die Ziele sind eine Politik der Durchsetzung ziviler und militärischer Machtausübung, um Einnahmen zu schaffen, die eine unangreifbare Beherrschung Indiens sicherstellen (Gouverneur Sir Josiah Child, 1687). 1717 verfügt man aber erst über drei befestigte Handelsplätze: Bombay, Madras und Fort William bei Kalkutta. Vom Moghul-Kaiser erhält man gegen geringe Gebühren das Recht, in bestimmten Dörfern Steuern einzuziehen. Zwischen 1741 und 1763 erfolgt erstmals eine Abkehr von der Nichteinmischungspolitik, und von 1763 bis 1818 betreibt man die zielstrebige Unterwerfung ganz Indiens. Immer stärker nimmt dabei der Einfluß der Regierung zu (Regulating Act von 1773, India Act 1784).

Nach dem Sturz Walpoles ist es Kriegsminister Pitt, der England auf den Gipfel seiner Entfaltung als Kolonial- und Handelsmacht führt. Erste Zusammenstöße mit Frankreich im Gefolge des Österreichischen Erbfolgekriegs (der Status quo wird 1748 im Frieden zu Aix-la-Chapelle wiederhergestellt) zeigen, wie wichtig eine überlegene Seestreitmacht gerade für die Kolonialpolitik wird. Neue Kampfhandlungen während des Siebenjährigen Krieges enden damit, daß Frankreich in Indien keine Rolle mehr spielt (Präliminarfrieden von Fontainbleau 1762). Den Anstoß zur Expansion im Norden gibt die Eroberung Bengalens seit 1757. Hier kommt es im Verlauf der Kämpfe gegen den Nabob Siraj-ud Daula zur berühmt-berüchtigten Affäre des „Black Hole". 123 Engländer sollen in der Gefangenschaft verhungert sein. Dem Moghul-Kaiser, der in die Hände der Engländer fällt, beläßt man formal die Oberhoheit, erhält dafür aber das Recht der Steuereinziehung (diwani). In den folgenden Jahren zwingt man Mysore zu Tributzahlungen, den Nizam von Hyderabad zu einem Schutzvertrag. Die Konsolidierung im Süden macht den Weg frei für eine Ausdehnung in Zentralindien. Quqh muß ebenfalls einen Schutzvertrag unterschreiben, die Marathen werden in mehreren Kriegen geschlagen, so daß man die Gebiete des Dekkhan und Gujarats, Doabs und Agras, Delhi und Cuttack annektieren kann.

Die Ära der ersten Generalgouverneure Robert Clive (1756 bis 1767) und Warren

Robert Clive, Gouverneur der East India Company.

Hasting (1767 bis 1785) gilt als Epoche der Korruption, rücksichtsloser Ausbeutung und privater Bereicherung. Fast jeder Soldat ist zugleich Händler; Angestellte und Beamte der Kompanie kehren reich in ihre Heimat zurück, während die Kassen in London leer bleiben. Das Land dagegen leidet unter Hungersnöten. 1769/70 stirbt ein Drittel der Bevölkerung, ein Drittel des Kulturlandes wird verwüstet, zahlreiche Bauern verlieren ihr Land, während zugleich die Kompanie spekulative Reiskäufe betreibt und in aller Härte die Steuern einzieht. Erst mit Cornwallis kommt ein persönlich integrer Mann, der die Personalpolitik und Verwaltungstechnik reorganisiert und säubert. Er entdeckt z. B., daß ein ganzes Regiment bezahlt wird, das nur auf dem Papier existiert. Cornwallis dringt vor allem auf angemessene und regelmäßige Bezahlung der Beamten und schafft so die Grundlage für eine solide Verwaltung, für Pflichtbewußtsein und Einsatz zugunsten des allgemeinen Wohls. Allerdings werden Inder von höheren Positionen ausgeschlossen, was später zu dem Vorurteil führt, die Inder seien grundsätzlich nicht fähig, sich selbst effektiv zu verwalten. Unter Wellesley wird dann der Rest des indischen Subkontinents unterworfen.

Innerhalb weniger Jahrzehnte ist es einer privaten Handelsgesellschaft, deren erklärtes Ziel es war, keine Landgewinne zu erzielen und sich nicht in die inneren Angelegenheiten Indiens einzumischen, gelungen, fast ganz Indien zu kontrollieren. Die Ursachen dafür bestehen einmal darin, daß das englische Auftreten zu einem Zeitpunkt erfolgte, als der völligen staatlichen Anarchie aus eigenen Kräften nicht mehr begegnet werden konnte. Intensiviert wird das englische Vorgehen durch die Notwendigkeit, sich gegen europäische Konkurrenten durchzusetzen. Den Ausschlag für den Erfolg geben weiter die Beherrschung der See, die Überlegenheit der Waffen und der Kriegstechnik, militärische Disziplin, hervorragende Führer und eine breite Basis tüchtiger Männer auch in nachgeordneten Positionen, starke finanzielle Quellen und Reserven. Entscheidend auch, daß es nie zu einem Zusammenstoß zwischen dem britischen Imperialismus und der indischen Gesellschaft als Ganzem kommt. Schließlich verzichten die Briten auch auf eine Beeinflussung der indischen Sitten und Bräuche und behandeln Moslems und Hindus gleich unter Beibehaltung der indischen Sozialstruktur und Gesetzgebung. Trotzdem bleibt der Tatbestand, daß in mehreren Phasen ein riesiger Kontinent rücksichtslos ausgebeutet wird, ehe man zu spät Sanierungsmaßnahmen plant. Nach Abschöpfung enormer Profite, indem man für indische Waren nur wenig bezahlt, Indien dagegen zwingt, englische Produkte zu stark überhöhten Preisen zu kaufen, folgt eine Phase der Industrialisierung. Man zieht aus Indien Rohstoffe ab und versucht umgekehrt, möglichst viele Industrieprodukte an Indien zu verkaufen. Dabei wird gezielt die einheimische handwerkliche Produktion vernichtet. Innerhalb eines Jahrhunderts wird Indien, einst neben China größter Produzent nichtlandwirtschaftlicher Waren, zu einem rückständigen agrarischen Gebiet. Die letzte Phase entspricht der Epoche des Imperialismus und reicht bis zum Zweiten Weltkrieg.

Die Gesellschaftsstruktur erfährt in dieser Zeit eine Veränderung durch das neue Element der Nabobs, – in Indien zu Reichtum gelangte Engländer. Anfangs beschäftigt sich diese Oberschicht damit, zu jagen, zu reiten und Picknicks zu veranstalten. Man übernimmt sogar indische Kleidung und Nahrung, es gibt kaum rassische Vorurteile. Dies ändert sich, als die Zahl der Soldaten und Beamten zunimmt. Die Siedler verhalten sich rassebewußter und aggressiver. Man gibt die bisher tolerante Haltung der indischen Musik gegenüber auf (1780 wird die erste Konzerthalle in Kalkutta gebaut), Arrak weicht dem Madeira, Rotwein und Bier gelten als Getränk der Armen. Im Baustil importiert man englische Gepflogenheiten. Eine zahlreiche Dienerschaft versorgt den Haushalt, wobei man peinlich genau die Kastenunterschiede beachten muß. Auch innerhalb der englischen Gesellschaft selbst bilden sich Unterschiede aus, etwa zwischen Groß- und Kleinhändlern, vor allem aber zwischen zivilen Beamten und den Militärs. Die Haltung der Gesellschaft wird bigott, man vertritt die Meinung, eine heidnische Rasse sei nicht zum Herrschen befähigt.

Die Generalgouverneure nach Cornwallis, Lord Hastings, Amherst, Lord Auckland, Lord Ellenborough, Sir Hardings und zuletzt Lord Dalhousie bemühen sich mit wechselndem Erfolg, die britische Herrschaft zu sichern, auszuweiten und die innere Ordnung durch Reformen zu stabilisieren. Hastings ordnet 1818 die Wiederherstellung des Kanalsystems an, läßt Straßen erneuern und setzt sich in Bengalen für den Aufbau eines Bildungs- und Erziehungssystems ein. Auch Gerichtswesen und Steuerverwaltung werden verbessert. Amherst wird gleich nach Amtsantritt 1823 in Auseinandersetzungen mit Burma verwickelt und zieht sich schon 1828 zurück. Bentinck bemüht sich um Sparmaßnahmen, kann durch die Beseitigung der sog. Doppel-„Batta“, einen Sonderzuschuß für Truppen im Einsatz, auch gewisse Mehreinnahmen erzielen, doch als er die Summen zum Wohle Indiens verwenden will, verweigern ihm die Direktoren der Company ihre Unterstützung. Bentinck beseitigt die Provinzgerichtshöfe, ersetzt Persisch als Amtssprache durch lokale Dialekte und Englisch, legt die Einkommensteuer für 30 Jahre fest und verbietet gesetzlich Kinderarbeit und Witwenverbrennung. Lord Aucklands Zeit wird durch die afghanischen Kriege überschattet. Mehr Erfolg hat dann der letzte Gouverneur, Lord Dalhousie, der von der Überzeugung ausgeht, westliche Zivilisation und Verwaltung seien der indischen auf jeden Fall überlegen. Er organisiert den Panjab, wenn es auch nicht gelingt, alle Gruppen in eine pluralistische Gesellschaft zu integrieren. Bei seinen Annexionen verfolgt er das Prinzip des „Heimfalls“ (Doctrine of Lapse). Es geht dabei um die Thronfolge bei mangelnden Erben. Während Hindugesetze hier die Möglichkeit der Adoption vorsehen, meint Dalhousie, diese Adoptionen müßten von der obersten Regierung bestätigt werden, andernfalls fielen die Länder an die Regierung. So gewinnt man Satara, Jaitpur, Sambalpur, Udaipur, Jhansi, Nagpur und Oudh. Unter Dalhousie beginnen schließlich der Eisenbahnbau, die Reform des Postwesens und der Bau der ersten Telegraphenleitungen (1854 Kalkutta-Agra), die Errichtung von Schulen, Universitäten u. ä. Außenpolitisch geht es in diesen Jahren vor allem um die Kontrolle der nordwestlichen Grenzen, von denen aus man einerseits Zugang nach Persien und Zentralasien, andererseits ins Industal und nach Indien hat. Die Haltung Rußlands wird zum großen Problem. Eine erste Bedrohung kommt aber vom Nordosten, wo sich Burma ausdehnt. Nach anfänglichen Erfolgen müssen die Burmesen im Frieden von Yandaboo 1826 Arakan und Tenasserim abtreten, sich auf Assam zurückziehen und die Unabhängigkeit Manipurs anerkennen, einen Handelsvertrag mit England abschließen und eine britische Residenz zugestehen. Der zweite burmesische Krieg bricht 1852 aus und endet mit der Annexion Pegus durch Dalhousie.

Großen Gewinn zieht die East India Company aus der illegalen Einfuhr von Opium aus Burma und Britisch-Indien nach China. Als China aus Protest 1839 in Hongkong 20 000 Kisten mit Opium vernichten läßt, beginnt der Opiumkrieg von 1840 bis 1842. Im Frieden von Nanking muß China Hongkong abtreten und fünf chinesische Häfen öffnen. Nach einem neuen Krieg (1857 bis 1860) marschieren britische und französische Truppen in Peking ein.

Im Nordwesten Indiens ist Sind seit 1783 wieder unabhängiger geworden und teilt sich in drei Hauptzweige auf, die Shahdapur-Dynastie in Zentral-Sind, die Mirpur- oder Manikani-Dynastie in Mirpur und die Sohrabanis in Khaipur. 1843 werden die

Nach der Ermordung zweier englischer Offiziere im Jahre 1848 flammten die Feindseligkeiten zwischen Sikhs und Engländern wieder auf. Die Stadt Multan konnte aber erst 1849 nach längerem Artilleriebeschuß eingenommen werden.

Amirs von Sind geschlagen und verbannt.
Der Aufstieg des Sikhstaates im Panjab erfolgt seit 1761. Ranjit Singh übernimmt im Alter von 12 Jahren 1792 die Führung und schließt 1809 mit Metcalfe einen Vertrag, um die beiderseitigen Einflußsphären abzugrenzen. Mit Ram Mohan Roy gehört Ranjit Singh zu den bedeutendsten Indern seiner Zeit, der sich um Integration aller sozialen und religiösen Gruppen bemüht. 1849 geht der Panjab an England.
Auch in Afghanistan kommt es zur Auflösung infolge von Thronkämpfen und inneren Konflikten. Achmed Schah Durrani herrscht noch über ein Gebiet, das das heutige Pakistan und Afghanistan, Teile Persiens und Turkestans umfaßt. Seine Nachfolger hinterlassen 44 Söhne, die sich um das Erbe streiten und so den Zusammenbruch des Reiches herbeiführen. England interpretiert die russische Politik in diesen Zusammenhängen falsch und unternimmt eine diplomatische Gegenoffensive, als der russische Einfluß in Persien zunimmt. Es verwickelt sich unter Auckland in die afghanischen Kriege, die insgesamt mit einem Mißerfolg enden. Lediglich Sind wird annektiert. Auckland notiert in sein Tagebuch: „Wir haben kein Recht, Sind zu nehmen, aber wir tun es, und es wird ein vorteilhaftes, nützliches, menschliches Stück von Schurkerei sein."
Ein großer Abschnitt englischer Herrschaft in Indien wird durch die Meuterei der Sepoys abgeschlossen. Ursachen und Charakter dieses Aufstands sind noch immer umstritten. So spricht man von nationaler Erhebung, einem ersten Unabhängigkeitskrieg, mohammedanischer Verschwörung gegen die Hindus, von einem aristokratischen Anschlag gegen die neue Ordnung. Als gesichert kann gelten, daß die Meuterei weder ein rein militärischer Aufstand noch eine National- und Unabhängigkeitsbewegung war. In politischer Hinsicht handelt es sich um den letzten Versuch der konservativen Kräfte des alten Indiens, bestimmte Entwicklungen aufzuhalten. Die Gruppen, die etwas verloren hatten, unterstützen vor allem die Truppen, so die taluqdars von Oudh, die sardars von Jhansi, der Nana-Kreis, die Moghul-Fürsten und der Maulvi von Fyzabad. Die neu aufgestiegenen Klassen bleiben dagegen neutral. Man fühlt sich allgemein unterdrückt, sieht die kommunale Autonomie gefährdet, beobachtet besorgt die ständigen Annexionen. Einheimische Fürsten verlieren ihre Positionen, Landeigentümer fürchten um ihren Besitz. Ungeschicktes Verhalten in der Armee gegenüber der Masse der indischen Soldaten, Mißachtung der Kastenvorstellung, nicht über See zu fahren, und schließlich das Gerücht, die Patronentaschen seien mit Schweine- und Kuhfett eingeschmiert, bilden den Anlaß zur Meuterei. Nach einigen Anfangserfolgen in einem von beiden Seiten erbittert geführten Krieg wird der Aufstand rasch niedergeschlagen.
Entscheidend für die wirtschaftliche Entwicklung Indiens ist der Abbau dörflicher Selbständigkeit. Private Landlords ziehen nun wesentlich höhere Steuern ein als bisher, die sie an die Kompanie abführen („zamindari-System"). Der Weg wird frei für Spekulanten, Geldverleiher und Großgrundbesitzer. Ziel der East India Company ist es vor allem, durch Monopolisierung des Handels mit bestimmten Gütern Profite zu machen, wobei die Hauptschwierigkeit darin besteht, Indien gleichwertige Waren zum Tausch anbieten zu können. Der Handel geht allmählich in offene Plünderei über. Diese erste Phase bildet mit die Grundlage für die rasche Industrialisierung Englands. In der folgenden Periode wird

Indien als Absatzmarkt für britische Fertigprodukte erschlossen. Indische Importe belegt man mit hohen Einfuhrzöllen, umgekehrt gelangen englische Waren fast zollfrei nach Indien. Millionen indischer Handwerker verlieren ihre Existenz, wandern in die Landwirtschaft ab und bilden dort ein agrarisches Proletariat, das bis heute die Wirtschaft Indiens belastet. Der Präsident der Manchester Chamber of Commerce formuliert 1840 deutlich, das Ziel sei, Indien zur agrarischen Kolonie des britischen Kapitalismus zu machen.

Schwere Hungersnöte, die in der zweiten Hälfte des 19. Jahrhunderts etwa 20 Millionen Tote fordern, führen zusätzlich zur Paralysierung jeglicher Aktivität. Die Verschuldung Indiens beläuft sich 1901 auf 200 Millionen Pfund.

Von Bengalen geht der entscheidende Wandel der politischen, sozialen, religiösen und ökonomischen Verhältnisse auf der Grundlage einer neuen intellektuellen Entwicklung und Beeinflussung aus. Hier entstehen neue literarische Formen, wurzeln Sprachreformen, soziale Erneuerungen, hier artikulieren sich neue politische Ziele und religiöse Bewegungen. Erste Schulen der Engländer entstehen bei Kalkutta und in Chinsara (1800 bis 1814). Seit 1817 geht man daran, das britische Erziehungs- und Bildungssystem aufzubauen. Es entstehen zahlreiche Gesellschaften, Akademien und Zeitschriften (Academic Association, „Society for the Acquisition of Knowledge", „The Hindu Theophilanthropic Society"; Zeitschriften: „The Parthenon", „Hindu Pioneer", „The Bengal Spectator"). Erste Universitäten werden in Kalkutta (1857), Bombay (1857) und Madras (1857) gegründet. Umwälzungen zeichnen sich in der Ausbildung eines neuen Mittelstandes ab. Allmählich werden Besitz und Verfügen über Kapital zum Statussymbol, wenn auch der Landadel noch lange über dem Wirtschaftsadel dominiert, da er den militärischen und bürokratischen Staatsapparat beherrscht. Er bildet aber nur die oberste Kruste einer hierarchischen Gesellschaft und kann sich nicht mehr aus sich selbst regenerieren. Vorläufer der neuen Mittelklasse sind Agenten, die für Kauf- und Bankhäuser Geschäfte betreiben. Dann sind es Kaufleute, Beamte, Angestellte, Lehrer, Rechtsanwälte, mittlere Landeigentümer u. a. Führender Sozialreformer ist im 19. Jahrhundert Mahadev Govind Ranade. Im Bemühen, das Christentum abzuwehren und westliche Ideen durch Hervorheben der wesentlichen Grundsätze des Hinduismus zu kompensieren, entstehen neue religiöse Bewegungen, die sich in rationalistische und orthodoxe Flügel gruppieren. Rammohan Roy gründet die Sekte Brahma Samaj oder Brahma Sabha. Radha-kanta Devs formiert als orthodoxe Gegensekte Dharma Sabha. Wieder eine andere Bewegung, vor allem sozialreformerisch orientiert, entsteht unter Keshab-candra Sen. Svami Dayananda Sarasvati schließlich begründet die Sekte Arya Samaj.

Nach der Niederschlagung der Meuterei von 1857/58 kommt es zur Blüte des britischen Imperialismus in Indien unter den Generalgouverneuren von Lord Canning bis Lord Curzon. England bemüht sich um eine grundlegende Erneuerung des Steuersystems, der gesamten Verwaltung, des Gerichtswesens, der Landverteilung und der Armee, die man zu einer brauchbaren Söldnertruppe umwandelt. Weiter zielt man auf den Aufbau einer modernen Industrie, auf eine verkehrstechnische Erschließung des Landes und schließlich die Organisation eines Erziehungssystems nach englischem Muster. Der komplizierte Prozeß der Auseinandersetzung Indiens mit dem westlichen Europa führt aber auch zu einer Neubelebung des Hinduismus, zum indischen Nationalismus. England kann sich dem Problem nicht entziehen, durch zunehmende Liberalisierung zugleich die Auflösung der eigenen Macht zu betreiben. Erst seit den Erfahrungen des Ersten Weltkriegs freilich setzt sich in der öffentlichen Meinung Englands die Einsicht durch, man müsse sich schrittweise zurückziehen und Indien auf der Basis einer qualifizierten Selbstverwaltung und autonomen Regierung die Möglichkeit geben, als freie Nation im Commonwealth zu bleiben.

Am 1. November 1858 erfolgt die Übernahme Britisch-Indiens in den direkten Besitz der Krone, die Ära der East India Company ist zu Ende. Mit der Anerkennung der etwa 500 halbautonomen Fürstenstaaten sucht man die innere Lage zu beruhigen, legt aber auch die territoriale Aufteilung für lange Zeit fest. An der Spitze der Verwaltung Indiens steht nun ein Staatssekretär, zugleich Mitglied des Kabinetts, mit einem Rat (Council of India), von dessen 15 Mitgliedern wenigstens neun Indienerfahrung haben sollen. In Indien regiert ein Generalgouverneur mit dem Titel Vizekönig, Grundeinheit der Verwaltung bilden etwa 250 Distrikte, in denen die sog. „Collectors" unumschränkt herrschen. Zunächst kommt es zu einer Abkehr vom bisherigen Liberalismus, Inder haben keinen Zugang zum Civil Service, die Grundrechte werden eingeschränkt (Vernacular Press Act). Versuche einer Schul- und Hochschulreform durch Lord Curzon scheitern z. T. an der indischen Opposition. Vor allem aber die Teilung Bengalens ruft Protest hervor und führt zur „svadesi"-Aktion, einem Boykott gegen importierte Waren. Das Lied „vande mataram" (Ich verehre die Mutter) wird populär. Seit 1905 läßt sich dann eine Politik der Dezentralisation beobachten, die schließlich zu den Morley-Monto-Reformen sowie zur Bildung der Moslem-Liga führt.

Inder werden nun stärker an Legislative und Verwaltung beteiligt. 1911 läßt sich Georg V. in Delhi zum Kaiser von Indien krönen, verlegt die Hauptstadt von Kalkutta nach Delhi und hebt die Teilung Bengalens wieder auf, aus dem die neuen Provinzen Bihar und Orissa ausgegliedert werden. Die Mohammedaner fühlen sich durch die britische Politik, von der sie bisher am meisten profitiert hatten, übervorteilt und schwenken in die nationale Front ein. 1916 schließen Liga und Kongreß den Lucknow-Pakt. Trotz der Loyalität Indiens im Ersten Weltkrieg lassen Reformen und Mitbeteiligung der Inder im Sinne zunehmender Selbstregierung auf sich warten. 1919 werden die Montagu-Chelmsford-Reformen (Government Bill) erlassen, 1921 tritt die neue Verfassung in Kraft. Sie beinhaltet Dezentralisierung der Machtfülle, Kompetenzabgrenzungen zwischen Zentral- und Provinzregierungen, Umbildung der gesetzgebenden Räte zu wirklichen Parlamenten. In den Provinzen erfolgt eine Aufteilung in sog. „reservierte" und „übertragene" Ressorts, eine Doppelherrschaft (Diarchie), die allerdings die wichtigen Abteilungen wie Verteidigung und Außenpolitik, Bankwesen, Zölle, Handel und Strafrecht den Briten vorbehält.

Die Indische Nationalbewegung

Als die Regierung gegen die Stimmen der Inder ein Gesetz verabschiedet, das abgekürzte Gerichtsverfahren und Freiheitsbeschränkungen für Terroristen vorsieht, tritt im Kampf gegen diese „Rowlatt Act" Mahatma Gandhi an die Spitze der indischen Nationalbewegung. Die Wurzeln des Nationalismus, die Quelle seiner Ausbreitung liegen in Bengalen. Vor allem Mahadev Govind Ranade (1842 bis 1901), der die Indian National Social Conference gründet und Rajnarain Bose, geprägt von westlicher Bildung, verkünden die Überlegenheit der Hindu-Religion und indischen Kultur gegenüber christlicher Theologie und europäischer Zivilisation. Bedeutendster nationalistischer Führer in Bombay wird später Bal Gangadhar Tilak. Neben zahlreichen anderen Bewegungen hebt sich der Arya Samaj durch eine militante, antibritische Haltung hervor. Erste Ansätze zu politischer Vereinsbildung lassen sich schon vor 1857 erkennen, eine erste nationale Konferenz veranstaltet die Indian Association unter Surendranath Banerji 1883 in Kalkutta. Den Nationalkongreß als umfassende politische Bewegung ruft jedoch ein liberaler Engländer, Allan Octavian Hume (1829 bis 1912), ins Leben. Er versammelt sich 1885 in Bombay und wählt als ersten Präsidenten den bengalischen Christen W. C. Bonnerjee (1884 bis 1906). Das Programm ist anfangs gemäßigt, reformistisch, auf Zusammenarbeit mit den Briten abgestellt.

Über Wirtschafts- und Handelsfragen kommt es dann zu einer Polarisierung im Kongreß mit einem gemäßigten Flügel unter G. K. Ghokale und B. G. Tilak. Swaraj (Selbstherrschaft) wird zum Schlagwort. Im Verlauf der nächsten Jahre bilden sich radikale Sondergruppen, Geheimbünde mit Stützpunkten im Ausland. Tilak, der Führer der Extremisten, gehört zu den traditionsbewußten Chitpavan-Brahmanen und bejaht Reformen nur auf der Grundlage der eigenen Tradition. Nach seiner Entlassung aus dem Gefängnis 1914 nimmt der Radikalismus erneut zu. Die Gemäßigten gründen daraufhin die Liberale Föderation, bis sie durch die Wahlen der dreißiger- und vierziger Jahre ganz aus dem politischen Leben Indiens ausscheiden.

Gandhi kann sich erstmals in einer breiteren Öffentlichkeit als Führer der nationalen Bewegung profilieren, als er am 26. Februar 1919 in einem offenen Brief das Volk zum Widerstand gegen das Gesetz (Rowlatt Bill) aufruft. Zur Parole wird das Sanskritwort „Satyagraha" (Festhalten an der Wahrheit) mit den Aktionsformen der Nichtzusammenarbeit und des bürgerlichen Ungehorsams. Mohandas Karamchand Gandhi, später Mahatma Gandhi (dessen Seele groß ist), stammt aus dem Hindu-Mittelstand, aus der Händlerkaste von Gujarat, geht 1888 nach England, kehrt 1891 als Rechtsanwalt zurück und übersiedelt 1893 nach Natal in Südafrika, wo er seine ersten Erfahrungen in passivem Widerstand und politischer Organisation sammelt. 1915 kehrt er über London nach Indien zurück. Während der Jahrzehnte bis zu seinem Tod 1948 spielt er immer eine bedeutende Rolle, beherrscht lange aus dem Hintergrund den Kongreß, wird mehrmals inhaftiert, wieder freigelassen, verhandelt mit englischen Spitzenpolitikern, nimmt an einer Round Table Conference teil und muß schließlich doch erkennen, daß neue Kräfte in den Vordergrund treten. Seine persönliche Integrität war und ist unbestritten, während schon Zeitgenossen, auch sein Freund Nehru, seine politischen Handlungen kritisierten. Maxime seines Handelns sind Wahrheit, Gewaltlosigkeit, Keuschheit. Den großen Einfluß, den Gandhi auf seine Landsleute ausübte, führt man auf verschiedene Ursachen zurück. Er eignet sich die Werte des populären Vaisnavismus und die Tradition des Jainismus an, hinzu kommen eine allgemeine soziale Unzufriedenheit, das gesamte politische Klima und nicht zuletzt sein persönliches Charisma. Er sieht die indische Gesellschaft als eine pluralistische und akzeptiert die Moslems als getrennte Gesellschaft. Unterstützung findet er aus verschiedensten Kasten und Schichten, wobei die Motive keineswegs einheitlich sind.

Die Vermischung von Politik und Religion, seine Sozialethik, wonach die sozialen Probleme nicht durch Klassenkampf, sondern durch Erziehung der Reichen zu Treuhändern der Armen zu lösen seien, werden allerdings vom Kongreß abgelehnt. Den Praktikern internationaler Politik ist Gandhi nicht gewachsen, seine ungewöhnlich hohen moralischen Ansprüche überfordern die Masse der Bevölkerung.

Neuen Auftrieb erhält die Nationalbewegung durch die Tragödie des Panjab, wo es nach einer friedlichen Demonstration gegen den Gouverneur Sir Michael O'Dwyer zu blutigen Zusammenstößen mit britischen Truppen kommt. Rebellionen in anderen Städten werden aufs brutalste niedergeschlagen, die Inder gedemütigt. Aus Protest gegen diese Politik legt z. B. Rabindranath Tagore seinen Titel eines Knight ab.

Gandhi propagiert nun die Nichtzusammenarbeit, die vom Kongreß mit knapper Mehrheit unterstützt wird. Dazu gehören die Rückgabe von Titeln und Ehrenämtern, Boykott der Schulen, der englischen Gerichte und ausländischer Produkte. In dieser Phase läßt sich sogar ein Zusammengehen von Hindus und Moslems beobachten. Insgesamt verläuft die Bewegung wohl spektakulär, aber wenig effektiv. Anläßlich des Besuchs des Prince of Wales kommt es zu neuen Demonstrationen und Ausschreitungen, die Gandhi verurteilt. Er wird erstmals verhaftet. Zeitweise sind 25 000 politische Gegner in den Gefängnissen. Die nächsten Jahre sind gekennzeichnet durch eine Verschärfung der kommunalen Probleme, innere Auseinandersetzungen im Kongreß, eine Zunahme sozialer Spannungen und britische Reformversuche, die aber am autokratischen Charakter der Herrschaft nichts ändern. Neu belebt wird der indische Freiheitskampf durch das unglückliche Taktieren der britischen Regierung und das Vorgehen der Simon-Kommission. Es sollte gemäß der Government of India Act von 1919 nach 10 Jahren, also 1929, der Fortschritt der Reformen überprüft werden. Bei der Arbeit werden Inder ausgeschlossen, die daraufhin die Kommission boykottieren. Gegenvorschläge der Hindus (Nehru-Report von Motilal Nehru) und der Moslems (Jinnahs Ergänzungsvorschläge) fallen aber auch durch. Gandhi schlägt vor, den Briten ein Ultimatum zu stellen, bis zum 31. Dezember 1929 Indien den Dominion-Status zuzusichern. Als England ausweichend antwortet, erklärt J. Nehru, erstmals Präsident des Kongresses, um Mitternacht am 31. Dezember 1929 die Unabhängigkeit Indiens. Eine neue satyagraha-Bewegung (1930 bis 1934) beginnt.

Zweite Round Table Conference am 14. September 1932 im St. James Palace, London. Im Sessel: Lord Sankey, links von ihm: Sir Samuel Hoare, rechts vom Sessel: Gandhi, Pandit Madan und Sarvapalli Radhakrishnan.

Der Kampf richtet sich vor allem gegen die Salzgesetze. Die britische Regierung reagiert mit Repression und Terror. Gandhi wird bald verhaftet, zeitweise befinden sich mehr als 60 000 Menschen in den Gefängnissen. Round-Table-Konferenzen sollen einen Kompromiß finden und die Verständigung fördern. Am ersten Gespräch 1930 nimmt Indien jedoch nicht teil, während die Moslems versuchen, ihre Position zu festigen. 1931 trifft Gandhi mit dem Vizekönig Lord Irwin zusammen und schließt den Delhi-Pakt ab. Im gleichen Jahr vertritt er den Kongreß als einziger Delegierter bei der zweiten Round-Table-Konferenz. Gandhi kehrt mit leeren Händen nach Indien zurück. Deutlich zeigte sich, daß er kein Taktiker, kein Diplomat war. Die dritte Konferenz Ende 1932 wird wieder vom Kongreß boykottiert. Gandhi proklamiert nochmals die Wiederaufnahme des „Ungehorsams", doch läßt man ihn sofort verhaften, die Bewegung läuft sich tot und wird 1934 endgültig abgesagt. Die folgenden Jahre dienen der Vorbereitung einer neuen Verfassung. Der Government of India Act von 1935 sieht allerdings keine wirklich entscheidenden Verbesserungen vor und die Ziele (Einbeziehung der Fürstentümer in einen gesamtindischen Bundesstaat, Einführung der Diarchie in der Zentralregierung) werden vom Kongreß wie auch von den Fürsten abgelehnt.
Der Ausbruch des Zweiten Weltkriegs führt zu neuen Gegensätzen im Kongreß, vor allem zwischen dem linken Flügel um Nehru und Bose und der Gruppe um Gandhi. Bose gründet eine eigene Partei, den Forward Bloc, flieht 1941 aus britischem Arrest über Kabul und Moskau nach Deutschland, stellt hier aus indischen Kriegsgefangenen Truppen zusammen, die den Kern einer indischen Armee bilden sollen. 1943 verläßt er mit einem U-Boot Kiel, gelangt nach Singapur, wo er eine provisorische Regierung des Freien Indien gründet. Die von ihm reorganisierte Indian National Army nimmt mit drei Divisionen an der japanischen Frühjahrsoffensive 1944 gegen Indien teil. Bose kommt wahrscheinlich bei einem Flugzeugunglück auf Formosa um. Obwohl die Mehrheit der indischen Parteien und Gruppen sich gegen den Faschismus erklärt und England Unterstützung zusichert, lehnt der Vizekönig Minimalforderungen des Kongresses ab, so daß Gandhi erneut eine satyagraha-Bewegung ins Leben rufen kann, die bis 1942 andauert. Auch die Cripps-Kommission scheitert wegen Zugeständnissen an die Liga, an Autonomiebestrebungen einzelner Fürsten und wegen der starren Haltung Churchills. In der Quit-India-Resolution fordert der Kongreß die sofortige Freiheit Indiens, für den Fall einer Verweigerung droht man mit einem gewaltlosen Massenaufstand. Die Briten reagieren rasch, verhaften Gandhi und etwa 60 000 Nationalisten, verbieten den Kongreß von 1942 bis 1945. Von dieser Situation profitieren am meisten die Moslems und die Kommunisten, erstere hatten sich an dem Protest nicht beteiligt, während andererseits die Lage der Kommunisten durch die Politik Moskaus erschwert wird.
Die Nachkriegsverhandlungen werden dann entscheidend bestimmt durch den Regierungswechsel in England mit Clement Attlee als Premier und Lord Bethick-Lawrence als Staatssekretär für Indien.

Der Weg in die Unabhängigkeit

Die wirtschaftliche Entwicklung Indiens unter britischer Herrschaft bis zum Zweiten Weltkrieg ist zunächst gekennzeichnet durch die Bemühung, Indien an den Welthandel anzuschließen. Hauptschwierigkeiten bestehen in der Vermögensbildung und Kapitalbeschaffung. Öffentliche Bauprogramme, Bewässerungssysteme, Straßen- und Eisenbahnbau werden durch Darlehen und Anleihen finanziert und vorangetrieben. Das wirtschaftliche Schwergewicht richtet sich auf Baumwolle, Jute, Kohle, später Eisen und Stahl. Daneben entsteht eine chemische Industrie, es gibt Reis- und Mehlmühlen, Zuckerraffinerien, Zementwerke. Im Plantagenbetrieb werden Indigo, dann zunehmend Tee angebaut. Insgesamt betreibt England aber die Industrialisierung nur zögernd, da sie wegen der indischen Absatzmärkte nicht im britischen Interesse liegt. Erst zu Beginn des 20. Jahrhunderts können mit indischem Kapital die Tata-Werke in Bihar aufgebaut werden. Der indischen Baumwollindustrie verweigert man lange unter Berufung auf Freihandelstheorien die Schutzzölle. Die üblichen Mißstände des Frühkapitalismus mit langen Arbeitszeiten, niedrigen Löhnen und Kinderarbeit treten besonders kraß auf. Eine umfassende Sozialversicherung gibt es erst seit der Unabhängigkeit. So hält die Debatte, ob die indische Wirtschaft unter britischer Wirtschaft stagnierte, zunahm oder zurückging, noch an, was vor allem am unzureichenden statistischen Material liegt. Bei der agrarischen Produktion ergibt sich ein leichter Zuwachs, doch bleibt der Output weit hinter dem Bevölkerungszuwachs zurück. Der Anbau ölhaltiger Pflanzen wie Leinsamen, Raps, Sesamum u. ä. geht nach dem Ersten Weltkrieg zurück. Insgesamt beruht der Zuwachs im Agrarbereich meist auf einer extensiven, nicht auf einer intensiven Bewirtschaftung. Hohe Pachtgebühren, ländliche Verschuldung, Veräußerung und Zersplitterung von Grund und Boden sind die Hauptursachen für mangelnden Fortschritt.
Das vorhandene Kapital wird nicht wirksam genutzt, die Bevölkerungsstruktur verschiebt sich ungünstig in Hinblick auf das Alter. Im industriellen Bereich führt der Krieg zwar zu gewaltigen Investitionen, aber es bleibt eine Hypothek für das unabhängige Indien, daß Agrarwirtschaft und Industrie sich nicht organisch, systematisch und zielstrebig entwickeln, ganz abgesehen von den großen Problemen der Verteilung, des unübersichtlichen Arbeitsmarktes und der Bevölkerungsstruktur.
Ähnliches gilt für das Bildungswesen. 1910 schafft man ein neues Ressort für Erziehung mit finanziellen Garantien für die Volksbildung. 1913 plant man die Errichtung einer Universität für jede Provinz. 1919 wird eine umfassende Analyse der Erziehungs- und Bildungsprobleme durch die Calcutta University Commission vorgenommen. In den folgenden Jahren entstehen 17 neue Universitäten und fünf weitere Hochschulen, die nicht auf britische Initiativen zurückgehen. So die Benares Hindu University (1916), die Aligarh Muslim University (1920), das Serampore College am Ganges, die Visvabharati und eine Schule, die von Rabindranath Tagore begründet wurde. Schließlich verdient die Sreemathi Nathibai Damodher Thackersey Indian Women's University in Bombay Beachtung, die sich auf die Frauen- und Lehrerbildung konzentriert. Daneben gibt es spezielle Forschungsinstitute. Trotzdem ist die Analphabetenquote noch sehr hoch. Die Qualität der Schulen und Universitäten genügt nicht immer den Erfordernissen, das ganze System bleibt zu unbeweglich, zu wenig kreativ und gibt keine neuen Impulse.
Mit der Nationalbewegung läuft die Forderung nach sozialen Reformen parallel, doch dauert es bis 1930, ehe ein Gesetz erlassen wird, das das Mindestheiratsalter für Mädchen von 12 auf 14 Jahre, für Männer auf 18 Jahre heraufsetzt. Größte Schwierigkeiten bereiten hier auch religiös begründete Verbote und Kastenzwang. 1937 gesteht man den Frauen einen Anteil am Eigentum des Mannes zu, während Monogamie und die Möglichkeit der Ehescheidung noch nicht durchgesetzt werden können. Erfolgreicher bekämpft man dagegen die Tempelprostitutionen. Allmählich verliert das Kastensystem seine Bedeutung, wenn auch neue soziale Klassen entstehen, doch sind diese Unterschiede, die nicht auf dem Geburtsstand beruhen, weniger scharf. Besonderes Bemühen gilt den untersten Klassen und Unberührbaren, die ihr politisches

Bewußtsein entdecken und einen angemessenen Platz in der hinduistischen Gesellschaft verlangen. Insgesamt ist seit dem Weltkrieg nicht mehr die Frage entscheidend, ob, sondern wann die sozialen Schranken fallen.

Zusammenfassung Sowenig wie im 19. Jahrhundert besteht heute Übereinstimmung, wie die britische Herrschaft zu beurteilen sei, die Meinungen sind vielfach vom politischen und nationalen Standort bestimmt und reichen von völliger Ablehnung bis zum unkritischen Lobpreis. Inder kritisieren vor allem, daß die Teile, die am längsten unter britischer Herrschaft standen, heute zu den ärmsten des Subkontinents gehören, daß alle großen Probleme der Gegenwart in der Periode der englischen Herrschaft entstanden seien: so die Privilegierung der Prinzen, die Minderheitenprobleme, der Mangel in Industrie, die Vernachlässigung der Landwirtschaft, das Defizit an sozialen Dienstleistungen, die tragische Armut des Landes. Vom europäischen Standpunkt aus erscheint dagegen das politische System Indiens zur Zeit der britischen Herrschaftsnahme als ruiniert und korrupt. Chaos und Anarchie herrschten in kultureller, sozialer und wirtschaftlicher Hinsicht. Man habe die britische Herrschaft resigniert als einzige Alternative hingenommen. Dagegen wendet sich z. B. R. Palme Dutt (The Exploitation of India, Bombay 1949), der die imperialistische Phase aufgliedert in eine Periode des Handelskapitals, vertreten durch die East India Company bis etwa Ende des 18. Jahrhunderts, eine Periode des Industriekapitals während des 19. Jahrhunderts und schließlich eine Periode des Finanzkapitals. Interne Wirren nach dem Niedergang der Moghuln seien als Übergangsphase zu werten, während der sich die Gesellschaft evolutionär zu wandeln versuchte. Diese Möglichkeit sei durch die Invasion der Engländer zunichte gemacht worden. Auch in England selbst bildeten sich im 19. Jahrhundert drei Haupttendenzen hinsichtlich der zukünftigen Behandlung Indiens aus: eine konservative Tory-Richtung (H. H. Wilson), die empfahl, sich möglichst zurückzuhalten und auf christliche Mission zu verzichten; eine liberale Tory-Richtung (Metcalfe, Munro, Elphinstone), die die Einführung westlicher Ideen und Werte bejahte, und schließlich die radikale, rationale und religiöse Richtung (Bentham, James Mill, Macaulay, Bentinck, Trevelyan und Wilberforce). Unbestritten ist, daß England den Kontakt zur westlichen Kultur, zu westlichem Denken, zu westlichen Institutionen und Techniken herstellte, Indien an die Weltwirtschaft angliederte, das Land verkehrstechnisch erschloß und soziale Reformen einleitete. Allerdings darf bei dieser Würdigung nicht unterschlagen werden, aus welchen Motiven und in wessen Interesse all dies erfolgte und inwieweit nicht hierdurch eigenständige indische Entwicklungen verhindert wurden. England gelang es nicht, Indien wohlvorbereitet in die Unabhängigkeit zu entlassen.

Die Teilung Indiens

Die Ursachen für die Spaltung Indiens liegen weit zurück. Seit dem frühen 8. Jahrhundert waren Mohammedaner nach Indien eingedrungen, hatten Sind besetzt, unter den Ghaznaviden den Panjab erobert, um 1400 Kashmir besetzt, waren nach Bengalen vorgestoßen, im Süden bis Madras. Bis 1760 sind sie die beherrschende Kraft in Indien. Etwa 400 Jahre wird Nordindien von mohammedanischen Herrschern regiert, zweimal steht der gesamte Subkontinent geeint unter einem einzigen Herrscher. Allerdings bildet die mohammedanische Bevölkerung keine ethnische Einheit. Neben Arabern gibt es Türken, Pathans, Afghanen und Perser, während der größere Teil indische Moslems indischer Herkunft sind. Innere Reinigung und von außen bedingte Erneuerung fließen seit 1857/58 in der Pakistanbewegung zusammen, deren erste Ansätze auf Shah Wali-ullah von Delhi zurückgehen. Sein Sohn Shah Abdul Aziz und dessen Schüler Sayyid Ahmad, der die militante Wahabi-Bewegung begründet, setzen die Reform fort.

Anschluß an moderne Bildung erreicht man in der Aligarh-Bewegung. Im 20. Jahrhundert werden die Schriften Muhammad Iqbals bestimmend, der die besondere Bedeutung des Islam als Hort der Wahrheit theoretisch formuliert. Seit Reorganisierung der Liga 1934 setzt sich dann Muhammad Ali Jinnah durch, der die Autonomie in den Gebieten mit mohammedanischer Mehrheit anstrebt. 1930 schon schlägt er die Union der Frontier Province, British Baluchistan, Sind und Kashmir vor, für die 1933 Choudri Rahmat Ali den Begriff Pakistan prägt (P = Panjab, A = Afghans, K = Kashmir, S = Sind). Einigungsversuche zwischen Liga und Kongreß scheitern. Jinnah sieht allein in der Teilung eine Lösung und verweist auf die großen religiösen, sozialen und kulturellen Unterschiede. Daneben melden wichtige Minderheiten wie die kastenlosen Hindus unter Dr. Ambedkar, die All India Depressed Classes League unter Jagjivan Ram und die Sikhs ihre Sonderrechte an. Angesichts dieser Zersplitterung legt eine Kommission am 16. April 1946 einen Plan vor, der zwei Möglichkeiten vorsieht: die Gründung eines Staates Pakistan mit Ausschluß der Provinzen in denen Nicht-Moslems die Mehrheit haben, oder Pakistan mit den von Jinnah geforderten Gebieten, dann aber als getrennte Föderation, die mit Indien zusammenarbeiten muß. Jinnah entscheidet sich für die erste Variante. Nehru dagegen hält dies für illusionistisch. Fragen der Verwaltung, Wirtschaft, Verteidigung, des Transportes und Postwesens scheinen unlösbar, vor allem in Hinblick auf eine radikale Trennung von Panjab und Bengalen. Es kommt zu ersten blutigen Auseinandersetzungen. Attlee erklärt, daß sich Großbritannien definitiv bis zum Juni 1948 zurückziehen werde. Auch der letzte Vizekönig, Lord Mountbatten, meint, nur eine Teilung könne den großen Bürgerkrieg verhindern. Sein Plan ist ein Dominion-Status für Pakistan und Indien innerhalb des Commonwealth. Vom 15. August 1947 an soll es zwei unabhängige Dominions geben. Während man noch die Unabhängigkeit in Delhi und Karachi feiert, zeigen sich die Folgen dieser mangelhaft vorbereiteten Teilung. Massaker, verzweifelte Aktionen der Sikhs, Übergriffe krimineller Banden fordern Hunderttausende von Opfern. Gandhi muß erkennen, daß er politisch gescheitert ist, am 30. Januar 1948 wird er ausgerechnet von einem Hindu-Extremisten ermordet.

Mit der Annahme der Verfassung am 26. November 1949 und ihrem in Kraft treten am 26. Januar 1950 wird Indien zur größten Demokratie der Welt. Insgesamt lehnt man sich stark an westeuropäische Vorbilder an. An der Spitze des Staates steht der Präsident, dessen Amtszeit fünf Jahre beträgt. Er hat oberste Exekutivgewalt, ist Oberbefehlshaber der Streitkräfte, ernennt den Premier und auf dessen Vorschlag die anderen Minister, kann die Volkskammer auflösen. Die faktische Regierungsgewalt liegt beim Premier (1947 bis 1964 Nehru, 1964 bis 1966 Shastri, seit 1966 Indira Gandhi), der zusammen mit den Ministern den Ministerrat bildet. Die Gesetzgebung übt das Parlament aus, das aus einer Staatenkammer (Rajya Sabha) und einer Volkskammer (Lok Sabha) besteht. Erstere hat höchstens 250 Mitglieder, die die 219 Gliedstaaten und die größeren Unionsterritorien vertreten. Die Wahlen sind hier indirekt, wobei alle zwei Jahre ein Drittel der Abgeordneten für jeweils sechs Jahre neu bestimmt wird. Die Volkskammer setzt sich aus maximal 525 Mitgliedern zusammen, die in Einerwahlkreisen nach relativer Mehrheit gewählt werden. 24 Abgeordnete vertreten die Unionsterritorien, drei ernennt der Präsident. Nach dem Beitritt der 554 ehemaligen Fürstenstaaten mußte das Verhältnis zu ihnen genau geregelt werden. Durch den

State Reorganisation Act von 1956 kommt es zu einer Neugliederung, die Sprachgrenzen möglichst berücksichtigt. Heute gliedert sich Indien in 17 größere Staaten und 11 Unionsterritorien. Kashmir nimmt wegen der besonderen Problematik eine Sonderstellung ein, Sikkim steht unter indischem Protektorat, mit Buthan besteht ein Schutzvertrag. Die Gliedstaaten haben keine autonomen Verfassungen, doch liegen die untere und mittlere Verwaltung in ihrer Kompetenz. Die Judikative mit dem obersten Gerichtshof (Supreme Court of India) ist unabhängig. Indische Gesetzbücher sollen allmählich das noch z. T. geltende Common Law und das bürgerliche Recht der britischen Kolonialgesetze ablösen. So kommt es 1955 zu einem Hindu-Ehegesetz, das Scheidung ermöglicht und Einehe für alle Kasten vorschreibt. Seit 1956 ist die Frau im Erb-, Unterhalts- und Adoptionsrecht formal gleichgestellt. Auch die verschiedenen Religionen finden Berücksichtigung.

Pandit Nehru wird 1947 Premierminister der ersten unabhängigen indischen Regierung. Diese Stellung behält er bis zu seinem Tode im Jahre 1964.

Indien und Pakistan nach der Unabhängigkeit

Die Überwindung der großen Anfangsschwierigkeiten verdankt Indien vor allem zwei überragenden Persönlichkeiten, nämlich Nehru und Patel, obwohl beide sich charakterlich und in ihren politischen Konzeptionen stark unterscheiden. Nehru war Aristokrat, stark von der europäischen Kultur beeinflußt, der sich durch weitblikkendes Denken auszeichnete. Patel dagegen war ein strenggläubiger Plebejer, ein Hinduist, ein Mann der Praxis. Das Duumvirat endet 1950 mit dem Tod Patels.

Dringlichste Fragen sind die behutsame Integration der bis dahin autonomen Fürstenstaaten und die Ordnung der Beziehungen zu Pakistan. Über die Stufen der Annäherung, Demokratisierung und Integration sucht man die erste Frage zu lösen. Ernste Schwierigkeiten gibt es dabei mit Junagadh, Haiderabad und Kashmir. Der Muslim-Fürst von Junagadh erklärt seinen Anschluß an Pakistan, obwohl 80% seiner Untertanen Hindus sind. In die entstehenden Unruhen greift Indien militärisch ein und veranlaßt einen Volksentscheid, der eine Mehrheit für den Anschluß an Indien erbringt. Der Fürst von Haiderabad will unabhängig bleiben. Auch hier marschiert Indien im September 1948 ein, als es zu kommunistisch gelenkten Aufständen der ausgebeuteten Bauern kommt und erobert Haiderabad innerhalb von fünf Tagen. Kashmir stand bisher unter der Herrschaft der Hindu-Dynastie der Dogras und bildete weder religiös, kulturell noch sprachlich eine Einheit. Innere Unruhen, Einfall pathanischer Stammeskrieger und der Zusammenbruch der Kashmir-Armee, wobei Pakistans Rolle noch nicht restlos geklärt ist, führen zum Eingreifen Indiens. Zusammenstöße mit regulären pakistanischen Truppen werden erst durch einen Waffenstillstand 1949 beendet. In der Folgezeit ist Indien mit Unterstützung der UdSSR bemüht, Kashmir zu einem Bundesland der Union zu machen. Zu neuen antiindischen Unruhen kommt es 1965. Der entstehende indisch-pakistanische Konflikt kann erst durch die Intervention der Weltmächte und des Sicherheitsrates auf der Konferenz von Taschkent 1966 beigelegt werden.

Die indisch-pakistanischen Spannungen können wohl nur zureichend verstanden werden, wenn man die Geschichte des Islam in Indien und die besonderen Schwierigkeiten auch Pakistans nach der Teilung einbezieht. Jeder fünfte Westpakistaner ist Flüchtling. Man übernimmt das alte Problem der Provinzen, den geteilten Panjab, eine gefährliche Grenze, das unbekannte Baluchistan. Angegliedert werden schließlich Bahawalpur, Khaipur, Kalat, Makran, Las Bela, Kharan, Chitral, Amb, Dir und Swat innerhalb weniger Monate vom Oktober 1947 bis März 1948. Die Fläche umfaßt etwa 115 000 Quadratmeilen, die Bevölkerung etwa 4 Millionen Einwohner. Die ethnologische Zersplitterung, zahlreiche verschiedene soziale Gruppen mit unterschiedlichen Sprachen und gegensätzlichen Interessen, ideologische Gegensätze, eine verwaltungsmäßige Heterogenität, lokale Herrscher, traditionelle feudale und religiöse Kräfte erschweren die innere Beruhigung und einen kontinuierlichen Aufbau. Ein Sonderproblem besteht in der Trennung zwischen Ost- und Westpakistan. Nicht nur wegen der räumlichen Distanz und der damit verbundenen Schwierigkeiten hinsichtlich der Verkehrsverbindungen, des Postwesens, der Verwaltung und Verteidigung, sondern auch wegen der unterschiedlichen Mentalität der Bewohner und der wirtschaftlichen Gegensätze. Die Ostpakistaner gelten als geistig beweglicher und aufgeschlossener. Über die Hälfte der Bevölkerung Pakistans wohnt im Osten, sie hat aber nur etwa 16% der Gesamtfläche zur Verfügung. Hier kommt es rascher zu einer Landreform, während sich im Westen die Feudalstruktur stärker erhält. Der Osten fühlt sich vor allem wirtschaftlich benachteiligt, denn fast alle Importe gehen nach Westpakistan, während die Ostprovinz lediglich als Binnenabsatzmarkt dient. Auch in Armee, Verwaltung und Parlament sind die Ostpakistaner, unterrepräsentiert. Hinzu treten Divergenzen zwischen einer westlich beeinflußten Elite und Kreisen, die einen auf den Koran ausgerichteten islamischen Idealstaat aufbauen wollen.

Nach dem Tod Jinnahs (1948) und der Ermordung Liaquat Ali Khans (1951) entsteht zunächst ein Machtvakuum, das nach einigen zivilen Staatsstreichen der Armeeoberkommandierende Ayub Khan 1958 ausfüllt. 1969 muß er Yahya Khan weichen. Eine Verfassung wird bis 1958 diskutiert, sogleich vom Präsidenten Iskandar Mirza außer Kraft gesetzt, um 1962 erneut und verändert vorgelegt zu werden. Der Staat erhält die Form einer Präsidialdemokratie mit weitgehenden Befugnissen des Präsidenten. Er und der von ihm ernannte Ministerrat sind der Legislative nicht verantwortlich. Dacca wird zum Hauptsitz der Nationalversammlung, Bengali neben Urdu zur Nationalsprache erklärt. 1966 trifft sich die Opposition in Lahore, um zu beraten, wie die parlamentarische Demokratie wieder herzustellen sei. Hauptgegner Ayub Khans sind der seit 1966 entlassene Bhutto, der für einen islamischen Sozialismus eintritt und die Pakistan People's Party (PPP) leitet, weiter Sheik Mujibur Rahman, Präsident der ostpakistanischen Awami-Liga. Mujibur legt erstmals ein Sechs-Punkte-Programm vor, das letztlich auf die Autonomie Ostpakistans abzielt. 1967 kommt es zum Generalstreik, zu Zusammenstößen mit Polizeieinheiten, zu Verhaftungen zahlreicher Führer der Awami-Liga, darunter Sheik Mujibur. Eine im Frühjahr 1969 einsetzende Massenprotestbewegung, geleitet von Bhutto, schließt mit der Ablösung Ayub Khans und der Machtübernahme durch Yahya Khan, der das Kriegsrecht verhängt. Trotz verschiedener Reformversuche ergeben die Wahlen am 7. Dezember 1970 einen totalen Sieg Mujiburs in Ostpakistan, und auch im Westen setzt sich Bhutto erfolgreich durch. Die Lage spitzt sich zu, als eine für den 3. März 1971 geplante Nationalversammlung auf Bhuttos Protest hin verschoben wird. Mujibur ruft zu einer gewaltlosen Nicht-Zusammenarbeits-Bewegung auf und reißt am 7. März 1971 die gesamte Zivilverwaltung an sich. Verhandlungen mit Yahya Khan scheitern, in der Nacht vom 25. auf den 26. März greift die pakistanische Armee ein. Hunderttausende von Bengalen, vor allem Zivilisten, werden getötet, Millionen Menschen vertrieben. Im Gegenschlag ermorden die Bengalen ihrerseits zehntausende nichtbengalische Zivilpersonen. Indien wendet sich von Anfang an scharf gegen die pakistanischen Aktivitäten an seinen Grenzen. Im November schießt die indische Luftwaffe drei pakistanische Flugzeuge in der Nähe von Kalkutta ab. Am 3. Dezember 1971 erklärt Pakistan Indien den Krieg, den Indien schon nach 14 Tagen siegreich beenden kann. Ostbengalen wird unter Mujibur als Bangla Desh ein autonomer Staat. Die Spannungen haben seither nicht nachgelassen. Es ist von einer inneren Konsolidierung, von innerer Ruhe und einem ruhigen Aufbau noch weit entfernt. Im Januar 1975 beseitigt Mujibur Rahman die parlamentarische Demokratie und nimmt alle Exekutivgewalt in seine Hand.

Die außenpolitischen Maximen Indiens sind „Non-Alignment", Blockfreiheit und gute Beziehungen zu allen Nationen. Vor allem sieht es sich in den Anfangsjahren als Führer der asiatischen Staaten, scheitert aber bald an innerasiatischen Egoismen sowie auch an dem zunehmenden Engagement Rußlands, Chinas und der USA im südostasiatischen Raum. So beruft Nehru 1947 die Asian Relations Conference nach Delhi, doch fühlen sich die kleineren Staaten dominiert. Es folgen die Indonesische Konferenz 1949, die Colombo Conference 1954. Man behandelt den Kashmirkonflikt, die Unabhängigkeit Indonesiens, den Koreakrieg, die Indochina-Frage, die Vietnam-Frage, während zugleich die Großmächte Entscheidungen treffen, ohne nach den Interessen der asiatischen Nationen zu fragen. An der Bandung-Konferenz 1959 nehmen 29 Staaten teil, die die Hälfte der Weltbevölkerung, jedoch nur etwa 10% des Nationaleinkommens der Welt vertreten. Differenzen überwiegen verbale Übereinstimmungen.

Das Verhältnis Indiens zur UdSSR gestaltet sich vor allem seit der Dulles-Ära positiv. 1971 kommt es zu einem Vertrag über gemeinsame Forschung und Nutzung der ozeanischen Mineralien, weiter zu einem zwanzigjährigen Vertrag über Freundschaft und Zusammenarbeit zwischen beiden Ländern.

Problematischer gestaltet sich das Verhältnis zur Volksrepublik China wegen umstrittener Grenzgebiete. Es handelt sich dabei vor allem um die indisch-tibetanische Grenze, die in der Konvention von Shimla 1914 festgelegt worden war, um das Akasi-Chin-Gebiet in Ladakh und den Nordosten Kashmirs. Historische Ansprüche sind hier von beiden Seiten nicht eindeutig beweisbar. 1962 kommt es zu offenen Feindseligkeiten, China rückt rasch vor, zieht sich aber dann freiwillig hinter bestimmte Ausgangslinien zurück. Ein 1965 gestelltes Ultimatum verläuft im Sande. Seither lassen sich keine ernsteren Kontroversen zwischen beiden Ländern beobachten.

Auch innenpolitisch ist Indien noch nicht zu einer Stabilität gelangt, die längerfristige Prognosen erlaubte. Nur mühsam kann die starr hierarchisch gegliederte Sozialstruktur Indiens in eine westlichen Mustern entsprechende egalitäre Massengesellschaft umgewandelt werden. Nach wie vor ist die Kaste ein wichtiger politischer Faktor. Lange Zeit dominiert ausschließlich die Kongreß-Partei.

1969 erobert die von Indira Gandhi geführte regierende Fraktion des gespaltenen Kongresses die Zweidrittelmehrheit im Zentralparlament, doch lassen sich weitreichendere sozialistische Programme kaum gegen die Interessen der Großbauern und der privaten Industrie realisieren. Ungleichheiten sozialer, wirtschaftlicher, rechtlicher Art zeigen, wie weit die Verwirklichung der indischen Verfassung noch entfernt ist. Viele Inder beklagen die Korruption der Regierung und die Manipulationen bei Wahlen. Trotz der hieraus entstehenden Staatsverdrossenheit, die sich antidemokratische Gruppen nutzbar machen könnten, glauben Experten nicht an die Gefahr einer Revolution nach chinesischem Muster. Für einen gewaltsamen Umsturz plädieren z. Z. nur die Peking-orientierten Kommunisten, die in einer apathischen, resignierenden, statischen Gesellschaft kaum eine Basis finden.

Trotz eines weiteren großen Wahlerfolges 1980 kann Indira Gandhi die Probleme des Landes nicht einmal ansatzweise lösen. In Assam kommt es 1983 zu schweren Kämpfen, die Sikhs verschanzen sich in dem ihnen heiligen Tempel von Amritsar und können erst durch die Erstürmung durch Bundestruppen unterworfen werden. Von zutiefst gedemütigten Sikhs wird Indira Gandhi 1984 ermordert, ihr Sohn Rajiv Gandhi tritt die Nachfolge als Ministerpräsident an.

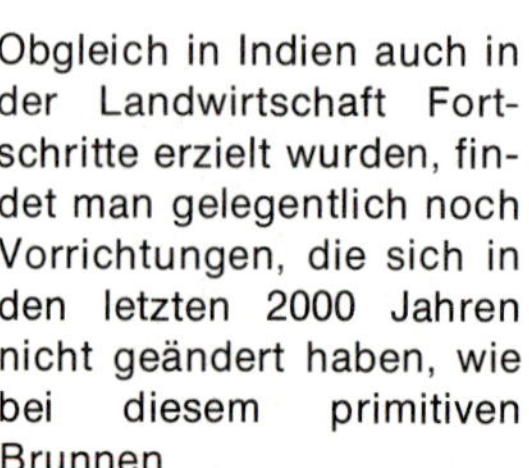

Obgleich in Indien auch in der Landwirtschaft Fortschritte erzielt wurden, findet man gelegentlich noch Vorrichtungen, die sich in den letzten 2000 Jahren nicht geändert haben, wie bei diesem primitiven Brunnen.

Die Schwierigkeiten innen- und außenpolitischer Art hängen eng mit den ungeheuren wirtschaftlichen Problemen zusammen. Indien gehört zwei Welten an. Politisch hat es seinen Platz unter den modernen Staaten, wirtschaftlich verbleibt es noch immer im vorindustriellen Zeitalter. Es gab keine Industrielle Revolution, weder im kapitalistischen noch kommunistischen Sinn. Es gab auch keine bürgerliche Revolution, keine konservative Revolution von oben, keine Bauernaufstände.

Indien ist Entwicklungsland mit dessen typischen Merkmalen: eine große Bevölkerung mit starken Zuwachsraten, eine unzulängliche gesundheitliche Versorgung, schlechte hygienische Bedingungen, eine hohe Analphabetenquote, niedrige Lebenserwartung, ungenügende Industrialisierung, mangelhafte Ausnutzung vorhandener Rohstoffe und agrarischer Kapazitäten wegen fehlenden Kapitals und ungenügend entwickelter Technologien. Darüber kann auch die Verfügung über Atombomben nicht hinwegtäuschen. Die indische Gesellschaft ist noch immer eine Dorfgesellschaft, etwa 82% der Inder leben in Dörfern und sind direkt oder indirekt von der Landwirtschaft abhängig. Fast die Hälfte des Bruttoinlandprodukts wird hier erwirtschaftet. Die Bildung einer Planungskommission und das Erstellen von Fünf-Jahres-Plänen sollten zur Lösung der Probleme beitragen. Hauptaufgaben waren zunächst die möglichst exakte Schätzung der Bedürfnisse und der verfügbaren Mittel und ein Entwurf von Wirtschaftsplänen, um die bislang statische Wirtschaft in eine evolutionäre umzuwandeln. Es mußten die Investitionen erhöht, Kapital beschafft, die Landwirtschaft gefördert und gleichzeitig industrialisiert werden mit dem Ziel, genügend Arbeitsplätze zu schaffen und zu einer gerechteren Verteilung des Volkseinkommens zu gelangen. Insgesamt können die Pläne nicht verwirklicht werden, was nicht zuletzt auf mangelnder Erfahrung und unrealistischen Zielsetzungen sowie einer ungenügenden Statistik beruht. So nimmt man z. B. die Wachstumsrate des Volkseinkommens als bekannt an und wandelt so das dynamische Wachstumproblem in ein statisches um. Der größte Teil der neuen Investitionen fließt in Kleinbetriebe und den Sektor Heimarbeit mit hoher Arbeits- aber geringer Kapitalintensität. Das Pro-Kopf-Einkommen bleibt weit hinter den Erwartungen zurück. So scheitert das diesen Planungen zugrunde liegende Mahalanobis-Modell.

Im Agrarbereich gilt es, durch Bewässerungssysteme und Staudammanlagen vom Monsun unabhängiger zu werden, die Produktion zu steigern und die Verteilung zu verbessern. Trotz gewaltiger Investitionen und der Errichtung riesiger Anlagen (Nagarjunasagar, Tungabhadra, Gandak, Kosi, Ukai, Bhakra Nangal u. a.) kann der Bedarf noch nicht gedeckt werden. Mit Landreformen versucht man, Feudalstrukturen abzubauen, vor allem das alte Pacht- und Steuersystem zu beseitigen und neue Arbeitsstellen zu schaffen. Der Plan scheitert einmal daran, daß gar nicht genügend Land zur Verteilung vorhanden ist, vor allem aber an den vorgefundenen ländlichen Besitz- und Machtverhältnissen, die im offenen Gegensatz zu den erklärten Zielen der Regierungspolitik stehen. Dies gilt sogar für die besonders geförderten Distrikte wie Madras, Andhra Pradesh, Bihar, Panjab und Uttar Pradesh. Weiterhin geben Landbesitzer kleine Parzellen im jährlichen Wechsel an Pächter ab, von denen sie z. T. mehr als die Hälfte der Ernte als Pacht fordern. Die Lobby der neu aufkommenden großbäuerlichen Führungsschicht ist stark. 1953/54 vereinigen etwa 13% der Haushalte 63% der Anbaufläche auf sich, und daran hat sich bis heute wenig verändert. Eine andere Lösung sucht man in der schon von Gandhi propagierten und an chinesischen Vorbildern orientierten Dorfgemeinschaft. 1959 verabschiedet der Kongreß-Parteitag in Nagpur eine Resolution mit folgendem Inhalt: „Die zukünftige Agrarstruktur soll durch Produktionsgenossenschaften bestimmt werden, in denen das Land zur gemeinsamen Bebauung zusammengefaßt wird. Die Bauern sollen ihre Eigentumsrechte behalten und an der Produktion je nach dem eingebrachten Land beteiligt werden." Die Reaktion auf diese Vorhaben besteht in der Gründung der Swatantra Partei (hauptsächlich Großgrundbesitzer), die im ersten Anlauf 1961 18 Sitze im Parlament erlangt. Das Programm wird nicht verwirklicht. Heute ist keine Lösung der Probleme in Sicht. Wohl steigt die Produktion, doch erzeugen die meisten Bauern nicht für den Markt, bestenfalls produzieren sie für den eigenen Bedarf. Indien hat nach wie vor mit die geringste Kalorienversorgung der Welt und muß jährlich Nahrungsmittel für 1 Mrd. Rupien importieren. Die Produktivität ist schlecht, da die Steigerung auf extensiver, nicht intensiver Bewirtschaftung beruht. Hinzu kommt noch, daß eine rationelle Viehwirtschaft in Indien wegen des Schlachtverbots von Rindern kaum möglich ist. Obwohl Indien mit etwa 245 Millionen Tieren den größten Rinder- und Büffelbestand der Erde hat, daneben über 100 Millionen Schafe und Ziegen, gibt es kaum Zucht- und Milchvieh. Der Milchertrag je Kuh ist mit 200 kg jährlich der niedrigste der Welt. Es fehlt an gutem Weideland, Düngemitteln und Futter.

Der industrielle Sektor läßt sich in zwei Hauptgruppen gliedern, in die Dorfindustrie, Kleinindustrie und Heimarbeit einerseits, in die Groß- und Schwerindustrie andererseits.

Im ersten Fünfjahresplan will man vor allem die Selbstversorgung der Dörfer neu beleben, doch sinkt durch die Industrialisierung die Nachfrage nach Erzeugnissen der Dorfproduktion. Im zweiten Fünfjahresplan legt man den Schwerpunkt auf die Industrie, während zahlreiche Konsumgüter durch die Dorfindustrie erzeugt werden sollen, übersieht aber, daß diese mit ihren traditionellen Methoden die gesteigerte Nachfrage nicht befriedigen kann. Besondere Beachtung verdient hier das Ambar-Khadi-Programm, das die Produktion bestimmter Mengen von Tuch vorsieht. Grundlage ist ein verbessertes Handspinngerät (Ambar Charkha), doch muß man erkennen, daß die Produktion weit hinter den Plänen zurückbleibt. Viele Geräte werden gar nicht benutzt, und der Verkauf des Garns an die Handweber bereitet unerwartete Schwierigkeiten. Insgesamt schlagen die Maßnahmen im Sektor Dorfindustrie fehl, denn Planungen und Prognosen erfolgen weitgehend ohne exakte Faktengrundlage.

In der Groß- und Schwerindustrie werden gewiß große Fortschritte erzielt, die Produktion steigt an, neue Industrien werden geschaffen. Indien ist reich an eisenhaltigen Mineralien vor allem in Orissa, Bihar, Madhja, Pradesh. Hier finden sich die größten Eisenerzvorkommen der Welt mit einem Fe-Gehalt bis zu 60%. Die Gesamtreserven schätzt man auf 22 Mrd. Tonnen. Daneben gibt es große Mangan- und Steinkohlelager. Der Aufbau von Grundstoff-, Schwer- und Leichtindustrien hat daher Vorrang. Bedeutende Stahlwerke entstehen in Bhilai, Durgapur, Rourkela, Bokaro. Indien hat weiter ein Monopol in der Glimmerproduktion, es liegt bei der Manganproduktion an dritter Stelle in der Welt. Größter und ältester Industriezweig ist die Baumwollindustrie mit mehr als 500 Spinnereien und Webereien und etwa 1 Million Beschäftigten. Die Juteindustrie ist mit über 100 Anlagen die größte der Welt. Andere wichtige Gebiete sind die Zuckerproduktion, die Papierherstellung, die Kunststoff- und Zementproduktion, der Lokomotiv- und Waggonbau. Schwierigkeiten gibt es im chemischen Sektor und bei der Beschaffung ganzer Fabrikanlagen, Werkzeugmaschinen und landwirtschaftlicher Maschinen. Trotz des Wachstums auch in der Kleinindustrie hat sich die Lage der Massen oder die Struktur der Wirtschaft noch nicht entscheidend verändert. Das Wachstum der Bevölkerung und die Arbeitslosigkeit sind zugleich Ursache und Folge der Unterentwicklung. Planungen über einen Zuwachs des Volkseinkommens, der Ersparnisse, der Investitionen und der Beschäftigung werden durch rasches Anwachsen der Bevölkerung oft hinfällig. Offizielle Angaben über die Arbeitslosigkeit müssen vorsichtig aufgenommen werden, denn meist werden hier nur die Lohnempfänger in den größeren Städten erfaßt. Schwer ist auch zu unterscheiden zwischen total Arbeitslosen und lediglich Unterbeschäftigten. Nach Schätzungen waren 1965 von 147 Millionen in Haushalten und Kleinbetrieben Tätigen 20 Millionen weniger als eine Stunde, 27 Millionen weniger als zwei Stunden und etwa 45 Millionen sinnvoll nur 4 Stunden am Tag beschäftigt. Man nimmt an, daß insgesamt etwa 10 bis 12 Millionen Menschen ganz arbeitslos, 25 bis 30 Millionen nur zeitweise beschäftigt sind.

Größte Schwierigkeiten bereitet die Kapitalbeschaffung für Investitionen und die Bewältigung technischer Probleme wie z. B. die Standardisierung bestimmter Produktionsgänge. Zahlreiche private und staatliche Banken und Institutionen bemühen sich, die Finanzierung zu ermöglichen und zu organisieren. Das Problem liegt darin, daß Entwicklungsländer Kapitalgüter in großem Umfang importieren müssen, die wegen der steigenden Preise sehr teuer sind, während wegen der tendenziell sinkenden Rohstoffpreise Exporte zu wenig Einnahmen bringen. Wichtigste Exportgüter Indiens sind heute Juteerzeugnisse, Tee, Textilwaren, Pflanzenöl und Ölkuchen, Eisenerz, Früchte, Gemüse, Erdnüsse. Man importiert Maschinen und Ersatzteile, Getreide, Eisen, Stahl und andere Metalle, Chemieprodukte und Düngemittel, Rohöl, Transportausrüstungen. Die Ausfuhr erfolgt vorwiegend nach den USA und in Ostblockländer. Importe bezieht man aus den USA, England, der BRD, UdSSR und aus Japan. Die Handelsbilanz schließt 1970 mit einem Defizit von 69 Millionen US-Dollar. Die öffentliche Verschuldung gegenüber dem Ausland beträgt fast 6 Milliarden Dollar. Trotz der gewaltigen Anstrengungen sind noch keine entscheidenden strukturellen Veränderungen im Bereich Wirtschaft eingetreten. Diese lassen sich nur trendmäßig erkennen. Ursachen liegen z. T. in den unrealistischen Planungen, in einem ungenügend entwickelten Instrumentarium der Volkswirtschaft, in Spargewohnheiten der Bevölkerung, der Entwicklung des Bankwesens und in der Struktur der Zinssätze. Die Landwirtschaft ist nach wie vor rückständig, denn die meisten Bauern können sich nicht modernes Gerät, notwendige Dünge- und Futtermittel beschaffen, nicht einmal Regierungsdarlehen aufnehmen. Die Grenzen der Industrialisierung liegen vor allem in der Infrastruktur des Landes. Lösungen zeichnen sich noch nicht ab.

Fortschritte sind auch in Erziehung und Bildungswesen zu beobachten. Die Analphabetenquote sinkt allmählich, beträgt aber immer noch 72,2% bei den über 15jährigen. 1964 wird eine Education Commission gebildet, die 1968 eine Resolution verfaßt mit folgendem Programm: kostenfreie, verpflichtende Erziehung und Ausbildung bis zum Alter von 14 Jahren; Verbesserung des Status und der Ausbildung von Lehrern; Einführung dreisprachiger Formulare; Förderung der regionalen Sprachen; Gleichwertigkeit von Forschung und Lehre; Entwicklung der Ausbildung im Bereich Industrie und Landwirtschaft; Verbesserung der Qualität von Lehrbüchern; Investitionen von 6% des Volkseinkommens im Bildungswesen.

Die Ausbildung erfolgt in einem vierstufigen System. Auf eine noch wenig entwickelte Vorschulstufe baut die 4–6jährige Primarschule auf. Es folgt eine zweigliedrige Sekundarschule mit einer 2–4jährigen Mittel- und einer 2–4jährigen Oberstufe. Daneben gibt es Berufs- und Fachschulen, Fachcolleges und etwa 70 Universitäten. Immer noch besucht aber nur etwa die Hälfte aller Kinder die Schule.

Verschiedene Institutionen dienen der Förderung von Kunst und Kultur mit dem Ziel, das künstlerische Bewußtsein unter der Bevölkerung zu wecken. Neben zahlreichen Akademien mit verschiedenen Schwerpunkten (Lalit Kala Akademie, National Gallery of Art) gibt es mehr als 200 Museen im Land (Indian Museum und Victoria Memorial Hall in Kalkutta; National Museum und Nehru Memorial Museum mit Bibliothek in Delhi; Salar Jung Museum mit Bibliothek in Haiderabad u. a.). Die Buchproduktion erfolgt in 200 größeren, 2000 mittleren und etwa 8000 kleineren Verlagen. Seit 1950 findet ein ständiger und reger Austausch von Professoren mit dem Ausland statt. In der Forschung betätigen sich indische Wissenschaftler auf nahezu allen Gebieten.

Eine besondere Schwierigkeit für Indien besteht im Bereich des Gesundheitswesens. Auch hier sucht man durch Spezialprogramme Verbesserungen zu erreichen. Die Lebenserwartung konnte inzwischen von 32 auf 50 Jahre gesteigert werden. Seit 1952 gibt es auch ein offizielles Familienplanungsprogramm mit dem Ziel, die Geburtenraten zu senken, doch ist es sehr schwer, die Bevölkerung entsprechend aufzuklären und positiv einzustellen.

Nach der Einteilung des Entwicklungshilfeausschusses (DAC) des OECD gibt es etwa 150 Entwicklungsländer. Im Vergleich schneidet Indien vor allem bei der Ernährung (Kalorien- und Proteinverbrauch) und dem Volkseinkommen pro Kopf und Jahr schlecht ab. Relativ gut ist die ärztliche Versorgung (4610 Einwohner pro Arzt). In den übrigen Bereichen entsprechen die indischen Verhältnisse etwa dem Durchschnitt vergleichbarer Länder.

Indien gehört von seinen Grundbedingungen her zu den Ländern, die eine Organisation von Staat und Gesellschaft äußerst erschweren. Die territoriale Ausdehnung, geographische, klimatische und demographische Gegebenheiten, ethnische, religiöse, sprachliche und soziale Bedingungen wirken hier zusammen. In der indischen Geschichte gibt es nur wenige Ansätze zu Großreichen, die den ganzen Subkontinent umspannen. Einbrüche von außen, Absplitterungen im Innern, regionalistische, separatistische Tendenzen lokaler Fürsten beenden in der Regel die Versuche, ganz Indien zu einer Einheit, geschweige zu einem Nationalstaat zusammenzufassen. Erschwert wird die Möglichkeit für spätere Lösungen zusätzlich durch den Einbruch des Islam, der über Jahrhunderte große Teile des Landes beherrscht und eine kulturelle, soziale und religiöse Spaltung begünstigt. Schließlich verhindert die jahrhundertelange Phase europäischer Herrschaft eine selbständige Entwicklung, ein selbständiges Finden nationaler Identität. Zwar beginnt sich im 19. Jahrhundert ein indischer Nationalismus zu entfalten, doch bedarf es zweier Weltkriege, um auch Indien im Zuge der Dekolonisierung seine Unabhängigkeit zu geben. Ziemlich unvorbereitet steht Indien vor riesigen Problemen. Die erlangte Freiheit wird mit der Spaltung in zwei Nationen bezahlt. Die Spannungen halten an. Nahezu unlösbar müssen vor allem aber wirtschaftliche Fragen, der Kampf gegen Krankheit, Hunger und Analphabetentum erscheinen. Es gilt, ein überwiegend agrarisches Land zu industrialisieren, Arbeitsplätze zu schaffen, das Volkseinkommen zu steigern, um wiederum andere Reformprogramme finanzieren zu können. Im Augenblick ist das Land ungeheuer verschuldet, die Kluft zwischen Armen und Reichen vertieft sich, in den Städten entsteht ein neues Proletariat, das aus Landflüchtigen besteht. Fast ⅔ der Bevölkerung geben 90% ihres Einkommens für die nötigsten Nahrungsmittel aus.

Außenpolitisch verfolgt Indien eine blockfreie Politik, hält sich mit Kommentaren zur internationalen Politik zurück und bemüht sich um gute Beziehungen zu allen Großmächten. Seinen Führungsanspruch innerhalb der asiatischen Staatenwelt hat es längst aufgegeben. Die Zukunft des Landes ist ungewiß. Gerade die für viele überraschende Nachricht, daß Indien nun auch

Krishna und Radha am Teich. Neben der islamischen Moghul-Malerei gab es in Indien auch eine einheimische Tradition, die ihre Themen der indischen Mythologie entnommen hat.

über Nuklear-Waffen verfügt, zeigt das Dilemma vieler Entwicklungsländer in aller Schärfe.

Die indische Kultur in der Neuzeit

Malerei Mit Aurangzeb geht die Moghul-Tradition zu Ende, die Qualität der Arbeiten läßt nach. Es bilden sich neue, lokale Malstile aus, vor allem in den Panjabstaaten des Himalaya, die als Pahari oder Gebirgsschule bekannt werden. Hierzu gehören Nurpur, Basohli, Chamba, Jammu und Kangra. Unter der Herrschaft Ranjit Singhs (1809 bis 1839) wird die Kangra-Schule zum Schmuckstück des Sihk-Hofes, doch lassen Vitalität und Sensitivität nach. Nur ein Name, der Molarams, ragt heraus. Nach seinem Tod verlöschen die Lichter der historischen indischen Malerei, und aus dem Dunkel tritt der von fremden Traditionen beeinflußte Ravi Varma hervor. Unter den Briten selbst gibt es kaum eine Auseinandersetzung mit der indischen Kunst, die man allenfalls importiert, ohne ihren Eigenwert zu erkennen. Erst mit Warren Hastings und seinen Nachfolgern tritt eine gewisse Wende ein. Das Verständnis wird weiter gefördert durch den französischen Impressionismus. Die Schwierigkeiten des Verständnisses beruhen vor allen auf der ganz unterschiedlichen geistigen Haltung, aus der die indische Kunst entspringt. Die Bilder sind nicht dazu bestimmt, in einem Rahmen an der Wand zu hängen, sie befinden sich in Alben und Manuskripten. Der Inder ist nicht begrenzt durch einengende Aspekte visueller Erfahrung, sondern reduziert den dargestellten Gegenstand als Symbol einer zusammengefaßten Erfahrung auf einen formalen Ausdruck des Allgemeinen. Am Beginn der modernen indischen Malerei also steht Ravi Varma, der versucht, Motive und Impulse der klassischen Malerei, auch der zeitgenössischen europäischen Malerei, zu ignorieren, aber doch vom Realismus eines Theodore Jensons beeinflußt ist. Erster moderner Maler, der sich vom westlichen Akademismus befreit, ist Abanindranath Tagore, der einen neuen Stil findet, zusammengesetzt aus Elementen der Moghul-Malerei und der japanischen Malerei, ausgewogen durch die strenge Disziplin westlicher Technik. Seine Schüler verteilen sich über ganz Indien, zu den bedeutenden gehören Gagenendranath Tagore und Nandalal Bose. Neue Entwicklungen bahnen sich an mit M. A. Rahman, Chugtai und Rabindranath Tagore, dessen spätere Werke Ähnlichkeiten mit dem Expressionismus eines Kandinsky und Nolde aufweisen. Jamini Roy und Amrita Sher-Gil orientieren sich stärker an Gauguin und Modigliani. Abzweigungen der Bengal-Schule sind „Santiniketan“, die „Lucknow-Schule“ und die „Amdhra-Schule“. Daneben gibt es eine westliche Richtung, die Techniken der Ölmalerei, naturalistische Nachahmung, exakte Anatomie, Perspektive, Porträt, Stilleben und Landschaftsmalerei übernimmt. Die west-östlichen Berührungen bringen eine Gruppe junger Maler hervor, die man „Türken“ nennt. Hierzu gehören z. B. P. T. Reddy, Clement Baptista und A. A. Majeed. Sie sind geprägt von Gauguin Matisse und Picasso. Von hier entwickelt sich eine progressive Gruppe, die sich internationalistisch gibt, nur grundlegende Prinzipien der Kunst anerkennt wie formalen Aufbau, plastische Koordination, lineare und chromatische Harmonien. Zunehmend wird nun das Proletariat Gegenstand der Darstellung. Die in Begriffen der politischen und sozialen Revolution denkende jüngere Generation wendet sich schließlich entschieden von der sanften Empfindsamkeit und dem retrospektiven Geist der Bengal-Schule ab. Diesem Flügel gehören an M. F. Husain, Amina Ahmad, H. A. Gade, George Keyt, K. H. Ara, Rasik D. Raval, S. B. Palsikar u. a. Der Kampf um die moderne indische Kunst ist bis heute nicht abgeschlossen. Aussagen über zeitgenössische indische Malerei sind daher kaum möglich, dem Zufall und subjektiver Willkür wären Tür und Tor geöffnet.

Literatur Auch in der neueren indischen Literatur lassen sich westlicher Einfluß und die Kenntnis der europäischen Literatur deutlich verfolgen. Wieder kommt es zu ersten Kontakten in Bengalen. Drama, Roman, Kurzgeschichten und Essay entstehen als literarische Formen in der zweiten Hälfte des 19. Jahrhunderts. Man übernimmt den Blank-Vers, das italienische Sonett. Für die Entwicklung eigenständiger Produktionen sind neben der künstlerischen Qualität bengalischen Schaffens auch die Entstehung von Verlagen, der Ausbau des Verkehrswesens mit den verbesserten Kommunikationsmöglichkeiten und die Aktivität christlicher Missionare ausschlaggebend. Zu den wichtigsten Sprachzweigen, in denen Literatur entsteht, gehören, von der englisch-indischen Literatur und der Sanskrit-Tradition abgesehen, Bengali, Hindi, Marathi, Gujarati und Tamil.
Die Geschichte der bengalischen Prosaliteratur beginnt mit der Gründung des Fort William College in Kalkutta im Jahre 1800. Neben Übersetzungen aus dem Sanskrit, dem Englischen und Persischen entstehen originale bengalische Kompositionen, darunter eine Geschichte Indiens. Carey schreibt eine bengalische Grammatik und ein bengalisch-englisches Wörterbuch. Bengalische Lyrik reicht dagegen weiter zurück. Letzter großer Dichter des ausgehenden 18. Jahrhunderts ist Sasrathi Ray (1806 bis 1857). Isvar-chandra Gupta (1812 bis 1859) bevorzugt dann soziale und politische Themen und leitet über zur neuen Schule mit Madhusudan Datta (1824 bis 1873). Die Literatur wird nationalistisch-patriotisch. Die romantische Phase beginnt mit Bihari-lal Chakravarti (1835 bis 1894) und erreicht ihren Höhepunkt mit Rabindranath Tagore. Bedeutendster Romanschriftsteller ist Bankimcnadra Chatterji (1834 bis 1894), der sich religiösen, sozialen, politischen und historischen Themen zuwendet. Erster Hindu-Autor von Bedeutung ist Lalluji Lal von Agra. Sein Roman über das Leben Krishnas wird sehr populär und zum Vorbild für Hindi-Prosa. Haris-chandra von Benares (1846 bis 1884) wird dann zum Begründer des modernen Hindi. Das Marathi verdankt seine Erneuerung auch Carey, unter dem eine Grammatik, ein Wörterbuch und Bibelübersetzungen entstehen. 1831 erscheint das berühmte marathi-englische Wörterbuch von Molesworth. Wichtige Dichter sind Bapu Chatre, Bal Gangadhar Jambhekar und Dadoba Pandurang Tarkhadkar (1814 bis 1882), dessen Grammatik z. T. noch heute in Gebrauch ist. Hari Narayan Apte (1864 bis 1919) kombiniert Stilmittel von Walter Scott, Dickens und Thackeray. Seine Romane werden zu Klassikern. Lyrik von Rang entwickelt sich erst seit 1885 mit der Dichtung von Krisnaji Keshav Damle (1886 bis 1905). Als Vater der modernen Gujarati-Literatur gilt Narmada-shankar-Lal-shankar (1833 bis 1886), der sich heftig gegen Kasten, Orthodoxie und soziale Konventionen wendet. Er schafft das erste Gujarati-Wörterbuch. Die beiden großen Autoren der Periode von 1886 bis 1905 sind Govardhanram Madhavram Tripathi und Manilal Nabhubhai Dvivedi. Narsinhrao (1859 bis 1937) schließlich begründet die moderne lyrische Dichtung in Gujarati. Auch im Tamil kommt es zunächst im 18. Jahrhundert zu einer Stagnation. Größter Dichter des 19. Jahrhunderts ist vielleicht Ramalinga Swamigal (1823 bis 1874), dessen Tiriarupta eine herrliche Sammlung von 1000 Hymnen darstellt. Es entstehen auch vergleichende Grammatiken der dravidischen Sprachen von Dr. Caldwell und Winslows Tamil-Wörterbuch. Diese frühen Experimente erreichen ihren Höhepunkt in dem monumentalen Werk Mahamahopadhyaya von Dr. V. Swaminatha Iyer.

Südostasien im Spannungsfeld der wechselnden weltweiten Beziehungen

Südostasiens Reaktion auf die europäische Expansion zwischen dem 16. und 18. Jahrhundert

Durch die zunehmende globale Ausbreitung der am Atlantik gelegenen Länder Westeuropas im Beginn der Neuzeit gerät Südostasien immer mehr in den Einflußbereich abendländischer Zivilisation und Kultur. Dabei werden die von Portugal, England, Frankreich und Holland vorgetragenen Initiativen aus zwei Quellen gespeist: zum einen aus einer wirtschaftlichen und zum anderen aus einer religiösen. Somit werden durch die Europäer die Grundfesten der alten südostasiatischen Kultur in Frage gestellt und hierdurch eine ständige Konfliktlage zwischen Asiaten und Europäern einerseits und asiatischen Traditionalisten und Reformen andererseits geschaffen. Die Offenheit gegenüber dem Meer bestimmt, inwieweit ein Land von diesen Grundproblemen in den folgenden Jahrhunderten erfaßt wird.

Burma Infolge des Mongolensturmes herrscht im Lande noch immer die Anarchie, und kleine lokale Herrschaftszentren können sich herausbilden. So etabliert sich in Pegu, in Niederburma, ein Mon-Staat, während in Oberburma die Thai die Herrschaft übernehmen und im Osten eine Machtkonzentration um die Stadt Toungoo entsteht. Von dieser Stadt aus beginnt die neuerliche Einigung des Landes, als Tabinshweti die Führung erhält. Bereits im Jahre 1544 gelangt er in den Besitz Zentralburmas und verlegt seine Hauptstadt nach Pegu. Er und auch sein Nachfolger, sein Schwager Bayinnaung, üben ihre Herrschaft mit militärischer Unterstützung der Portugiesen aus, und im Jahre 1564 gelingt deswegen die Eroberung der Hauptstadt im nördlichen Siam, Ayuthya. Äußeres Zeichen der neugewonnenen Macht wird der Große Tempel in der Hauptstadt, in dem im Jahre 1576 eine Nachbildung einer Buddhazahn-Reliquie untergebracht wird.
Infolge der systematischen Erschließung der Seewege dringen immer mehr europäische Seefahrer nach Südostasien vor. Den Portugiesen folgen die Holländer und Engländer, die im beginnenden 17. Jahrhundert an der Küste neue Stützpunkte errichten. Die Holländer lassen sich auf burmesischem Gebiet in Syriam, Ava und Pegu nieder, während die British East India Company in Syriam, Ava und Bhamo Handelsplätze begründet. Das Vordringen der Europäer wird auch dadurch erleichtert, daß sich die örtlichen Machthaber immer mehr dem Binnenland zuwenden. So regieren die Herrscher des späten 17. Jahrhunderts vornehmlich vom zentraleren Ava aus, wozu sie nicht zuletzt die zunehmende Verschlammung des Pegu-Deltas zwingt.
Die Umorientierung Burmas vom Küsten- zum Binnenland führt zu sezessionistischen Bestrebungen bei den Bewohnern des Del-

tas, die ihre Eigenständigkeit gewahrt wissen wollen. Im Verlaufe des 18. Jahrhunderts nützen die Mon diese innere Spaltung aus und besetzen weite Teile des Landes; im Jahre 1752 können sie sogar die Hauptstadt einnehmen und die Dynastie, die durch die Herrscher Toungoos begründet worden ist, vertreiben. Doch die Bewohner des Landes verspüren diese Änderungen kaum, denn ihre Lebensgrundlage ist äußerst schmal und kann nur durch räuberische Kriegszüge aufgebessert werden. Hierzu entschließt sich auch der Häuptling Alaungpaya, der infolge kleinerer Raubzüge sogar in den Besitz einiger Städte gelangt, darunter auch Dagon, das er in Rangun umbenennt. Hierbei bemächtigt er sich nicht nur wertvoller Waren, sondern er entführt auch Gelehrte, besonders solche der Astrologie. Im Jahre 1767 gelingt es dem Sohn dieses Herrschers, Hsinbyushin (1763 bis 1776), sogar bis tief nach Siam einzudringen und die dortige Hauptstadt Ayuthya zu besetzen.

Dieser äußere Erfolg wird begleitet von inneren Reformen. So läßt der König an seinem Hofe mit Hilfe von Brahmanen aus Benares Sanskrit-Texte, in erster Linie Gesetzbücher, in die Landessprache übertragen und macht ihren Inhalt so dem öffentlichen Leben zugänglich. Daneben wird auch die literarische Tätigkeit gefördert, und die religiöse Bildhauerei erreicht einen hohen Stand.

Diesem Aufschwung dient am Ende des 18. Jahrhunderts auch der König Bodaqpaya, der seine Hauptstadt nach Amarapura verlegt und dort sakrale Bauwerke errichten läßt. Allerdings häufen sich in seiner Regierungszeit die Auseinandersetzungen mit den Engländern, so daß eine unabhängige und freie Entfaltung der Kräfte nicht mehr gewährleistet ist.

Siam Auch hier treffen wir um die Mitte des 15. Jahrhunderts keinen einheitlichen Zentralstaat an, sondern zwei Landesteile. Der nördliche wird von der Hauptstadt Ayuthya aus regiert, der südliche wird bekannt unter dem Namen Sukhothai. Die Spaltung spiegelt sich auch im religiösen Leben wieder. Der Norden bekennt sich zum Hinduismus, während der Süden die Religion des Buddhismus anerkennt.

Für Sukhothai bedeutet das Bekenntnis zum Buddhismus, daß es beim Herannahen der Wiederkehr des zweitausendsten Todestages von Buddha, laut alten Überlieferungen, mit einer Wende im Glaubensleben rechnen muß. Um dieser Veränderung vorzubeugen, ruft der Mönch Tiloka eine Erneuerungsbewegung ins Leben, die ihren äußeren Niederschlag in der Errichtung des Mahacetiya, einer Tempelanlage mit zahlreichen sitzenden Buddhafiguren, findet. In dem ebenfalls von Tiloka initiierten Tempel Phrajedi Luang kommt der berühmte Smaragdbuddha unter, der sich jetzt im königlichen Tempel von Bangkok befindet.

In Ayuthya wird am Ende des 15. Jahrhunderts der von Burma ausgeübte Druck immer unangenehmer. Obwohl die siamesischen Herrscher dieses Teilreiches nach innen ein sehr strenges Regiment führen, gelingt es ihnen nicht, der von außen drohenden Gefahr im Laufe der nächsten Jahrzehnte Herr zu werden. Im Jahre 1564 wird sogar die Hauptstadt von den Burmesen erobert und eine zehn Jahre währende Fremdherrschaft errichtet. Denn erst im Jahre 1574 gelingt es Naresuan, einem aus Burma zurückgekehrten Königssohn, die fremden Herren zu beseitigen und den Besitzstand der früheren Herrscher wieder zurückzugewinnen.

Anders als die Nachbarn, die nur zaghaft mit den Europäern Kontakt aufnehmen, wendet sich Ayuthya recht bereitwillig den angebotenen Neuerungen zu. So werden zunächst die überlegenen militärischen Errungenschaften der Portugiesen übernommen, daneben schließt das Land mit den Engländern Handelsverträge ab und erweitert so sein wirtschaftliches Potential. Hiervon profitiert zunächst Prasat Thong und später auch sein Sohn Narai. Beide Herrscher können ihre Macht stabilisieren, im Jahre 1594 sogar Lovek, die damalige Hauptstadt Kambodschas, erobern und zerstören, geraten aber auch in die häufigen Gegensätze, die unter den Europäern bestehen. So sperren die Holländer als die Konkurrenten der Briten vorübergehend die Handelsschiffahrt auf dem Menam, um so das Monopol für den Häutehandel zu erwerben. Auch die Franzosen erkennen ihre Chance und wollen Siam für den Katholizismus und die Französisch-Ostindische Handelsgesellschaft erschließen. Da am Ende des 17. Jahrhunderts die Kontakte zu den Europäern so vielfältige Formen annehmen, glaubt man die Ursache hierfür darin erkennen zu können, daß König Narei diese Seite seiner Außenpolitik weitgehend dem griechischen Abenteurer Constantine Phaulkon überlassen hat, der damit zur Zielscheibe aller am siamesischen Isolationismus interessierten Kreise werden muß. So wird der Grieche sofort hingerichtet, als der während einer Krankheitszeit als Statthalter eingesetzte Bruder des Königs die Macht in seine Hand bekommt. Nach dem Tode des Königs übernimmt dieser die ihm zufallende Herrschaft, verweist alle fremden Kaufleute und Missionare des Landes und rückt mehr als bisher die Belange der einheimischen Bevölkerung in den Mittelpunkt des öffentlichen Lebens.

Hierdurch erlebt das Land in der ersten Hälfte des 18. Jahrhunderts eine neue Blüte der heimischen Kultur, die besonders auf literarischem Gebiet zu hohen Leistungen führt. An der Spitze der neuen Bewegung stehen die beiden Dichter Narai und Khum Devakavi (auch Thep Kavi genannt). Sie begründen in erster Linie eine Lyriktradition, in der auf hervorragende Weise der Schmerz über die Trennung vom geliebten Heimatland seinen Ausdruck findet.

Der Wunsch nach Abschließung gegenüber der Außenwelt überträgt sich nun auch auf die unmittelbaren Nachbarn, denn auch die Burmesen wenden sich nun von der von Europäern beherrschten Küste ab und suchen ihre Expansionslust auf Kosten der alten Nachbarvölker zu befriedigen. So dringen jetzt die Burmesen erneut nach Siam ein und belagern die Hauptstadt, die sie im Jahre 1767 sogar erobern können. Mit Ayuthya endet eine der wohlhabendsten Städte Südostasiens, deren Tradition, trotz bescheidener Anfänge, in Burma nicht aufrecht erhalten werden kann. Das eigentliche politische Erbe übernimmt vielmehr der chinesische General Paya Tak, der schon bald nach der Zerstörung der Hauptstadt sich anschickt, Bereiche des einstigen Königreiches zu erobern und die inneren Verhältnisse nach seinen Vorstellungen zu ordnen. Zeitweise regiert der General sogar über Kambodscha und Laos, doch als sich bei ihm die Anzeichen des Wahnsinns häufen, brechen in den Reihen der Soldaten Revolten aus, die schließlich mit der Machtübernahme durch den General Phraya Chakri enden. Dieser regiert als Rama Thibodi in Siam und begründet die noch heute bestehende Chakri-Dynastie. Er verlegt seinen Palast an das dem bisherigen Regierungssitz gegenüberliegende Ufer und legt somit den Grundstein für das spätere Bangkok. Neben der äußeren Machterneuerung erstrebt der neue König auch einen kulturellen Aufschwung. Zahlreiche chinesische, malaiische und andere asiatische Schriften läßt er in die siamesische Sprache übertragen und bereichert so das Kulturgut.

Kambodscha Die Instabilität des Reiches nimmt in den Jahrhunderten nach dem Verfall der Hauptstadt Angkor immer neue Formen an. Zu Beginn des 16. Jahrhunderts hat die Oberhoheit ein Fürst mit dem Namen Ang Chan, der in der Stadt Lovek regiert. Bis zum Jahre 1594 bildet diese Stadt das Zentrum des Reiches. In diesem Jahr zerstören die Thai die Hauptstadt, und für kurze Zeit erlebt Angkor wieder eine Blüte. Hiervon berichten auch europäische Chronisten und erzählen, daß der Große Tempel, bedingt durch eine von Ceylon kommende Religionsreform, wodurch der Hinayana-Buddhismus durch die Mahayana-Lehre abgelöst wird, mit neuen Bildnissen ausgestattet worden ist. Ein französischer Missionar berichtet sogar, die Priester von Angkor hätten die gleiche Autorität wie der Papst in Rom und ihre Lehrmeinungen würden sogar in benachbarten Ländern Anerkennung finden. Doch als der König Sattha im Verlaufe von inneren Streitigkeiten immer mehr Einfluß verliert, entschließt er sich zur Flucht ins benachbarte Laos. Kambodscha überläßt er seinem Schicksal. Die nun beginnende Zeit der ununterbrochenen Fremdherrschaft eröffnet Ayuthya, das die Thronfolger und Regenten in Kambodscha zu bevormunden sucht. Auf seinen Druck hin lösen Barom Reachea IV. und Barom Reachea V. die noch bestehenden Kontakte zu den Europäern. Erst im Jahre 1620 nehmen die Beziehungen mit europäischen Kaufleuten an Umfang zu, als Chetta II. den Thron übernimmt. Sein Sohn bekämpft diese Politik jedoch wieder und verweist die Kaufleute des Landes.

Im 18. Jahrhundert nehmen die inneren Streitigkeiten bürgerkriegsähnliche Formen an und über Kambodscha üben entweder die westlichen siamesischen oder die östlichen vietnamesischen Nachbarn die Vorherrschaft aus.

Dai-Viet (Vietnam) Hier beginnt bereits im Verlaufe des 15. Jahrhunderts eine stete Festigung der Herrschaft durch die Dynastie der Le. Auf Grund einer geschickten Politik können sie die Herrschaft sowohl nach innen als auch nach außen stabilisieren und zu einem kulturellen Aufschwung beitragen. Zu ihrer Zeit wird der Konfuzianismus als Staatsreligion eingeführt, und im Jahre 1471 beenden die Le nach der Eroberung Champas die Existenz dieses Staates.

Zu Beginn des 16. Jahrhunderts gerät der Kaiser in eine schwierige Situation, als er die ihm übertragenen Pflichten nicht mehr erfüllen kann. Da er seine Stellung nicht von „Gottes Gnaden" herleitet, sondern seine führende Stellung nur einem begrenzten Auftrag des Himmels verdankt, kann er nach Meinung des Volkes diesen Auftrag auch wieder verlieren. Aus diesen Überlegungen heraus entstehen im ersten Drittel des 16. Jahrhunderts zahlreiche Revolten, die erst im Jahre 1533 durch die Machtübernahme der späten Le-Dynastie beendet werden.

Die neue politische Blüte wird auch von einer kulturellen begleitet. Besonders die Keramik erlebt einen gewaltigen Aufschwung, und in Werkstätten bei Hanoi werden Kunstgegenstände hergestellt, die noch im 17. Jahrhundert in Japan nachgeahmt werden. Die Architektur wird ebenfalls gefördert, und in der damaligen Zeit erhalten die Pagoden die charakteristischen flügelförmigen Schwingen an den Dächern, die bis zum Boden reichen und Platz für üppige Ornamentik lassen.

Im weiteren Verlauf des 16. Jahrhunderts übt zwar die Le-Dynastie noch die politische Herrschaft aus, aber die eigentliche Macht ist zunehmend auf die beiden Familien Trinh und Nguyen übergegangen. Um die Höhe ihrer Stellung auch nach außen zu unterstreichen, heiraten die Mitglieder beider Familien Angehörige des kaiserlichen Hauses.

Auch in Dai-Viet versuchen im 17. Jahrhundert die Europäer wieder Fuß zu fassen; Wegbereiter der Erschließung sind hier die Missionare. Der französische Jesuit Alexandre de Rhodes errichtet im Jahre 1629 in Tongking eine Missionsstation. Gegen Ende des Jahres hat er bereits an die siebentausend Menschen, darunter auch Angehörige des Kaiserhauses, getauft. Eine besondere Leistung der Missionare ist darin zu sehen, daß es ihnen gelingt, die vietnamesische Sprache mit Hilfe lateinischer Buchstaben festzuhalten. Die neue Schreibweise, das quac-ngu, tritt nun konkurrierend neben die chinesische Schrift und trägt dazu bei, daß die vietnamesischen Katholiken mit der Zeit zu einer von der nationalen Gemeinschaft getrennten Gruppe werden.

Die überraschend guten Erfolge der Missionare führen zu einer Verunsicherung der konservativen Kreise. Sie suchen daher ihren Einfluß zu mehren und erreichen schließlich, daß der Konfuzianismus erneut als die für alle Bewohner verbindliche Lehre bezeichnet wird und ein Verbot aller „falschen" Lehren ergeht, wozu neben dem Christentum auch der Buddhismus und der Taoismus gehören. Zunächst wird die Einhaltung der neuen Regelung allerdings nicht sonderlich streng überwacht, doch ab dem Jahre 1662 und dann besonders nach 1665 werden Andersgläubige verfolgt und in manchen Städten sogar getötet. Trotzdem lebt im Verborgenen das christliche Gedankengut innerhalb der Bevölkerung weiter.

Neben den Missionaren bemühen sich auch die Kaufleute um Zugang zum Landesinneren. Zunächst sind es Engländer, die vom Reichtum des Landes profitieren wollen. Im Jahre 1672 entsteht die erste englische Handelsniederlassung, der bald noch andere folgen, doch entspricht der Ertrag nicht den Erwartungen. Daher schließen die Engländer im Jahre 1697 ihre Kontore und überlassen die Stützpunkte den Holländern, die aber ebenfalls einsehen müssen, daß angesichts der ihnen auferlegten Beschränkungen der Handel kaum Nutzen erbringt. Einzigen Vorteil haben offensichtlich nur die Familien Trinh und Nguyen, die mittels der ihnen gelieferten Waren ihre Vormachtstellung noch ausbauen können und eine faktische Teilung des Landes vornehmen. Die Nguyen beherrschen den Süden des Landes und erweitern ihre Einflußzone kontinuierlich bis in die Mekong-Provinzen Kambodschas; ihr Machtzentrum liegt nördlich des heutigen Quang-tri, in Ai-Tu, und wird später nach Hue verlegt. Die Trinh regieren den Norden von ihrer Residenz in Hanoi aus. Beide Adelsfamilien anerkennen jedoch weiterhin die rechtmäßige Herrschaft des Kaisers.

Erst zu Beginn des 18. Jahrhunderts tritt die Konkurrenz der beiden Familien in ein entscheidendes Stadium. Die Machtlosigkeit des amtierenden Kaisers ausnützend, versuchen besonders die Nguyen, dem Le-Kaiser Bedingungen aufzuzwingen. Das Ergebnis dieses langwierigen Streites, in den auch China mit einbezogen worden ist, besteht schließlich darin, daß sich zunächst die Nguyen, dann, um es ihnen gleich zu tun, auch die Trinh als Fürsten bezeichnen und ihre Landesteile unabhängig wie Könige beherrschen. Dieser Machtzuwachs wirkt sich auch im kulturellen Leben aus. Beide Familien bekennen sich zum Buddhismus und tragen durch die Wiederherstellung alter und den Bau neuer Tempel zur Ausweitung dieses Glaubens und zum Rückgang des Konfuzianismus bei. Spiegelbild des politischen Machtwillens ist die Palastanlage von Hue: Schon im umgebenden Park wird auf engem Raume die Vielfalt der Welt in Form von kleinen Seen, Grotten und Wäldchen nachgestaltet; dieser Spiegel der Welt setzt sich im Palast selbst fort, in dem die verschiedensten Räume mit den vielfältigsten Funktionen ineinander verschachtelt werden. Nach dem Durchschreiten dieser Gemächer gelangt man in das Herzstück der Anlage, den Thronsaal, in dem das Oberhaupt als Mittelpunkt des Reiches und der Welt residiert. Erst daneben befindet sich der Opferplatz, der mit seinen Terrassen an die Tempelberge der Khmer erinnert.

Einen entscheidenden Schritt zum weiteren Ausbau der Macht vollzieht Nguyen-Hue, als er innerhalb weniger Tage die Trinh-Besitzungen erobert, doch wagt auch er es nicht, die Le-Dynastie zu stürzen. Die alte Herrscherfamilie geht sogar gegen die Nguyen vor, beseitigt ihre Herrschaft vorübergehend und holt sich in Peking die Bestätigung als „König des Landes Annam". Doch letztlich ist es ein Verdienst der Nguyen, daß sie beim Bestreben, ihr eigenes Gut wieder zurückzuerobern, einen maßgeblichen Beitrag zur Einigung des Landes leisten.

Noch heute ist der Buddhismus in Thailand lebendig. Dies bezeugen die vielen buddhistischen Tempel in Bangkok, von denen mehrere bereits im 18. und 19. Jahrhundert errichtet wurden.

Laos Das Land hat während der burmesischen Oberhoheit zunehmend an Bedeutung verloren. Erst als der König Nandabayin die Fremdherrschaft beseitigt, kann Laos wieder an Bedeutung gewinnen. Der König Soulinga-Vongsa erreicht sogar eine relative Geschlossenheit des Landes, doch überdauert diese seinen Tod im Jahre 1694 nicht. Danach wird das Land in drei Teile gespalten: Der eine liegt um Vientiane, wo ab dem Jahre 1700 Soulignas Neffe Sai-Ong-Hue unter der Oberhoheit Vietnams herrscht; den zweiten Teil um Luang Prabang bekommt ab dem Jahre 1707 sein Vetter King-Kitsarath und den letzten Teil um Champassak erhält Kings Bruder. Ständige Kriege der Teilreiche lähmen die an sich schon schwachen Kräfte noch mehr und verhindern die Erlangung von Einigkeit und Unabhängigkeit.

DIE INSELWELT – DIE ERSCHLIESSUNG DURCH DIE EUROPÄER UND DIE REAKTIONEN HIERAUF

Auf Grund ihrer exponierten Lage nehmen die Südostasien vorgelagerten Inseln eine Sonderstellung ein. Eine Landbrücke zwischen dem Festland und den Inseln bildet die Malaiische Halbinsel, darum soll sie hier mitberücksichtigt werden. Während sich auf dem Festland die indischen und chinesischen Religionen im Wettstreit um die Anhängerschaft befinden, herrscht auf den Inseln der Islam vor, der über die Schiffahrtswege hierher gelangt ist. Am Ende des 15. Jahrhunderts ist der Glaube Mohammeds über Celebes bis nach den Philippinen vorgedrungen und beherrscht selbstverständlich auch Indonesien.

Malakka Eine Vormachtstellung innerhalb der islamischen Sultanate erhält zu dieser Zeit Malakka. Die ersten hier eintreffenden Europäer berichten mit größter Begeisterung von dem Prunk, der besonders aus den Erträgen des Handels und des Zolls erwachsen ist. Den Portugiesen fällt sehr bald auf, daß sie nur dann in das bestehende Gefüge entscheidend eingreifen können, wenn es ihnen gelingt, Malakka zu erobern. Sie erreichen dies im Jahre 1511, und die einheimischen Kaufleute begrüßen den Herrschaftswechsel, da sich der letzte Sultan sehr despotisch gebärdet hat. Zusammen mit den Portugiesen treffen auch immer mehr Missionare auf den Inseln ein. Weil die christlichen Glaubensboten, besonders dank des unermüdlichen Einsatzes von Franz Xavier, auf Flores und Ambon große Erfolge verzeichnen können, scheint eine unmittelbare Konfrontation mit dem Islam unausweichlich. Daß diese dann nicht erfolgt ist, liegt an dem Wandel der europäischen Überseepolitik. Als Philipp II. von Spanien auch König von Portugal wird, erkennt er in den Holländern die größte Gefährdung portugiesischer Expansion und beendet die bisherige friedliche Kooperation. Daher gehen nun auch die Holländer expansiv vor. Als sie in der Inselwelt eintreffen, interessieren sie ausschließlich wirtschaftliche Fragen. So gelingt es ihnen mit Hilfe verschiedener Sultane, allmählich die Portugiesen aus ihren angestammten Plätzen zu verdrängen. Einen endgültigen Erfolg bedeutet im Jahre 1641 die Vertreibung der Vertreter Portugals aus Malakka.

Banten (oder Bantam) Nach dem Übergang Malakkas an die Portugiesen können nur mehr wenige Städte mit ihm in Konkurrenz bleiben. Dies gelingt zunächst dem im Westen Javas gelegenen Banten. Zentrum ist die von starken Mauern umgebene Stadt, in der ein König regiert, an dessen Seite jedoch Adelige die eigentliche Herrschaft in den von ihnen kontrollierten Stadtteilen oder auf den ihnen gehörenden Länderteilen ausüben. Der Handel wird besonders durch die in der Stadt lebenden Chinesen betrieben. Enge Verbindungen bestehen zu der weniger bedeutenden Stadt Lampong auf Sumatra, und beide Städte scheinen sich gegenseitig kulturell zu beeinflussen, zumal hier wie dort die religiöse Grundlage der Islam bildet, der hier besonders ausländerfeindlich eingestellt ist; Verträge mit europäischen Kaufleuten werden strikt abgelehnt.

Atjeh Einzige Konkurrenz kann Banten höchstens aus Atjeh erwachsen, einer Stadt im Norden Sumatras, die ebenfalls den Islam angenommen hat. Nach dem Fall von Malakka hat die Stadt einen großen Aufschwung erlebt, da hierher zahlreiche Kaufleute umgezogen sind. Dadurch wird sie zu einem wichtigen Verbindungsglied im Handel zwischen Ostasien und Indien. Seine Bedeutung schwindet erst, als die Holländer eintreffen und das gesamte Wirtschaftsleben ihrem Willen unterzuordnen beginnen.

Java Hier bekriegen sich zu Beginn des 17. Jahrhunderts der Binnenstaat Mataram und die aufstrebende Handelsstadt Surabaja. Da beide Städte sich der Gefahr einer fremden Einmischung bewußt sind, verläuft der Streit in gemäßigten Bahnen. Sieger wird schließlich die Stadt im Landesinneren, und ihr Herrscher Amangkurat (1645 bis 1677) kann sich sogar „Herr der dreiunddreißig Inseln und Gebieter ganz Javas“ nennen.
Die Holländer bedienen sich bei ihren Wirtschaftsunternehmungen auf dieser Insel der örtlichen Häuptlinge und begnügen sich mit der Anlage einiger weniger Stützpunkte, deren bekanntester das im Jahre 1619 begründete Batavia wird. Sie halten die Bewohner des Landes zur Vergrößerung ihrer Plantagen an, damit sie statt Steuern Naturalleistungen erbringen können.

Bali Den Machtkampf auf Java beobachtet besonders kritisch der Hindu-Staat auf Bali, der ein weiteres Vordringen des Islam befürchtet. Der in Buleleng regierende Gusti Pandij Sakti unterwirft schließlich alle anderen Häuptlinge und stellt zu Java friedliche Beziehungen her. Im Jahre 1697 verlegt er seinen Regierungssitz nach Blambangan und verhindert von hier aus erfolgreich ein weiteres Vordringen des Islam. Trotz der gemeinsamen Gegnerschaft gegen den Islam führen die Stämme einen dauernden Kleinkrieg gegeneinander. Am Ende des 18. Jahrhunderts fällt daher die Oberhoheit an Karangasem.
Am Ende des 18. Jahrhunderts nimmt auch in der gesamten Inselwelt infolge politischer Veränderungen in Europa der Einfluß Hollands ab. An seine Stelle tritt Großbritannien, dessen Vertreter zwischen 1786 und 1826 das wirtschaftliche Übergewicht erlangen.

Philippinen Auch hier herrscht bei der Ankunft der aus Amerika kommenden Spanier der Islam vor. Doch mit Hilfe von Mönchsorden kann der Katholizismus Fuß fassen. Im Vergleich mit den meisten übrigen Bewohnern Südostasiens leben die Filipinos zu Beginn des 16. Jahrhunderts in recht primitiven Verhältnissen. Die Spanier richten in Manila ihre erste Niederlassung ein, und nach der Vereinigung Spaniens und Portugals im Jahre 1580 werden die Inseln ein wichtiger Stützpunkt in einem riesigen Handelssystem; doch die Wirtschaftswege verlaufen von hier aus nicht um Indien herum, sondern erreichen über den Pazifik Mexiko. Erst im Jahre 1765 gründen die Spanier eine Handelsgesellschaft, die um das Kap der guten Hoffnung herum Handel treibt.

Südostasien im 19. Jahrhundert

Da sich herausgestellt hat, daß die Erhaltung überseeischer Besitzungen sehr viel Geld kostet und den Unterhalt riesiger Armeen und Flotten verursacht, verlieren die europäischen Staaten zunächst das Interesse an weiteren Expansionen. Somit sind die in den fernen Ländern lebenden Europäer meist ohne größeren Schutz ihrer Mutterländer auf eigene Initiative angewiesen. Zudem gewinnen angesichts der Zurückhaltung der Europäer die traditionsverbundenen Kräfte an Übergewicht und suchen neuen Einfluß zu erlangen. Diese Haltung der Regierungen in den wichtigsten europäischen Ländern schlägt jedoch um die Mitte des Jahrhunderts plötzlich um. Nun werden die überseeischen Besitzungen als Absatzmärkte und als Auffangbecken für überschüssige Bevölkerungsmassen entdeckt. Dies bedeutet, daß nun wieder alle Besitzungen enger an das Mutterland gebunden und einer strengeren Verwaltung unterstellt werden müssen.

Siam Eine neue Epoche leitet Rama I. ein, nicht nur weil er der Begründer der heute noch bestehenden Chakri-Dynastie und der heutigen Hauptstadt Bangkok ist, sondern auch deswegen, weil er die alten siamesischen Träume von einem Großreich wiederbelebt. Deshalb läßt er den Prätendenten auf den Thron von Kambodscha an seinem Hofe erziehen und sichert sich hierdurch die Vorherrschaft über dieses Nachbarland. Seine Nachfolger behalten diese Gewohnheit bei.
Unter Rama III. kämpft Siam erfolgreich gegen Laos. Der König erobert die Provinz Wiangchan und deportiert große Teile der Bevölkerung. Eine laotische Chronik berichtet, der König habe nur „das Wasser, die Erde und die wilden Tiere in den Wäldern“ zurückgelassen. Dann schaltet sich Rama auch in den zwischen den drei Landesteilen, Vientiane, Luang Prabang und Champassak, bestehenden Krieg ein. Er kann schließlich die Herrschaft über Luang Prabang erlangen, und bis zum Beginn des 20. Jahrhunderts gibt Siam die Oberhoheit nicht mehr ab. In Vientiane fällt Rama III. ebenfalls ein, zerstört die Stadt und läßt den Smaragd-Buddha nach Bangkok bringen. Im letzten Landesteil von Laos, Champassak, gelingt Siam der Durchbruch erst im Jahre 1860. Seit diesem Zeitpunkt regiert nun Siam über ganz Laos.
Doch die Großmachtpläne werden nicht nur gegenüber dem nordöstlichen Nachbarn vertreten, sondern auch gegenüber Vietnam, dessen dominierende Fürstenhäuser sich ebenfalls um Teile des kambodschanischen Erbes bemühen. Erst nach langwierigen Kämpfen kommt schließlich im Jahre 1847 ein Vertrag zustande, der die Gebiete um Battambang, Angkor, Mluprey, Stung-Treng und Tonle Ropou dem siamesischen Königshaus zusichert.
Damit ist am Ende der ersten Hälfte des 19. Jahrhunderts Siam zu der wichtigsten Landmacht in Südostasien geworden, das im Westen von dem schwächer werdenden Burma und im Osten von Vietnam begrenzt wird, während es im Norden an den chinesischen Machtbereich angrenzt.
Da sich England und Frankreich gegenseitig die Vorherrschaft über Siam nicht gönnen, erhält dieses zunehmend die Funktion eines Pufferstaates. In dieser Situation erkennt der umsichtige König Chulalongkorn (1868 bis 1910) seine Chance und öffnet das Land allen europäischen Neuerungen. Hierdurch wird Siam zu einem der modernsten Staaten Südostasiens. Im Jahre 1893 muß der König jedoch zugunsten Frankreichs seinen Anspruch auf Laos aufgeben und sich zugunsten Englands von der Malaiischen Halbinsel zurückziehen, er erhält dafür aber im Jahre 1896 von beiden Ländern eine Garantieerklärung für die Re-

spektierung seiner Neutralität. Im Jahre 1907 schließlich vereinbart eine Kommission den endgültigen Verlauf der Grenze gegenüber Französisch-Indochina.

Burma Zu Beginn des 19. Jahrhunderts unternimmt der König Bodaqpaya (1781 bis 1819) einen Versuch, Burma aus seiner Isolierung als Binnenstaat herauszuführen. Er erobert das Küstengebiet um Arakan und bedrängt damit die dort lebenden Briten. Damit nimmt eine verhängnisvolle Entwicklung ihren Anfang, die eigentlich von keiner Seite beabsichtigt gewesen ist. England einerseits ist an keiner Ausdehnung seines Besitzstandes interessiert, Burma andererseits befürchtet eine Kooperation der Engländer mit Angehörigen des Arakan-Stammes und sinnt deswegen auf präventive Maßnahmen. So greift Burma England in Bengalen an, während die Engländer ein Expeditionsheer ausrüsten, das südlich von Rangoon landet und den dortigen Küstenstreifen einnimmt. Der König Bagyidaq (1819 bis 1837) muß sich mit dieser neuen Situation abfinden und sich in die alte Hauptstadt Ava zurückziehen, um von dort aus den weiteren Kampf gegen England zu organisieren. Der hierdurch provozierte (erste) anglo-burmesische Krieg des Jahres 1826 führt schließlich zu einem Vertrag, in dem Burma die Provinzen Arakan, Assam und die Tenasserim-Küste an die Engländer abtreten muß, wofür es allerdings die wichtigste Provinz Pegu zurückerhält.

Bereits um die Mitte des Jahrhunderts flammen die Gegensätze wieder auf, und im Jahre 1852 besetzt Lord Dalhousie erneut Pegu und beginnt damit den zweiten anglo-burmesischen Krieg, der schließlich Burma den Verlust Pegus bringt und seinen Zugang zum Meer unterbindet. Doch der mit Billigung der Engländer regierende König Mindon gibt sich damit zufrieden, daß er die Unabhängigkeit Oberburmas sicherstellen kann.

Eine neue Chance, die bestehenden Machtverhältnisse zu ändern, zeichnet sich für Burma ab, als um 1885 die Franzosen von ihren Besitzungen im Osten aus immer weiter nach dem Westen vorstoßen und daher von Burma als politische Antipoden zu den Engländern betrachtet werden. Doch die Briten unterbinden jede Kooperation sofort und besetzen Oberburma. Die Suche nach einem den Vorstellungen der Engländer gemäßen Herrscher bleibt erfolglos und so nimmt England Burma seine Eigenständigkeit und fügt es dem Verband der englischen Besitzungen ein.

Vietnam Der Aufstieg der Familie Nguyen erhält im Jahre 1802 einen Höhepunkt, als sich Nguyen Anh zum Kaiser ernennt und ab jetzt unter dem Titel Gia-Long regiert. Damit findet eine jahrhundertealte Machtausweitung ihren Abschluß und das Land wird nun von neuen Initiativen geprägt. Der Kaiser bringt seinen Herrscherwillen zunächst in der Architektur zum Ausdruck, wobei er sich auch auf Anregungen von europäischen Baumeistern, besonders auf die des Festungsexperten Vauban, stützt. Daneben läßt er die beiden Reichsteile durch die den Norden mit dem Süden verknüpfende Reichsstraße enger aneinanderrücken. In seinem letzten Regierungsjahr, 1819, nimmt er erneute Beziehungen zu französischen Missionaren auf, die dann besonders während der Regierungszeit seines Nachfolgers Minh-Mang (1820 bis 1841) in Vietnam viele Anhänger für das Christentum gewinnen können. Trotzdem bleibt im öffentlichen Leben noch die Tradition gewahrt, denn die Kaiser dieser Dynastie halten an dem Vorbild der chinesischen Regierungsweise fest und bewahren somit auf diesem Gebiete die Kontinuität.

Diese Verbundenheit mit dem nördlichen Nachbarn ist der Anlaß zu antichristlichen Maßnahmen zur Zeit des Kaisers Tu-Duc (1848 bis 1883), der alle missionarischen Bemühungen beendet und für die Ermordung von Europäern sogar Prämien aussetzt. Parallel zu dieser Abkapselung nach außen verläuft auch eine Erneuerung der Ordnung im Inneren. Besondere Bedeutung erhält der Geheime Staatsrat, der die wichtigsten politischen und militärischen Entscheidungen fällt. Er verwahrt das kaiserliche Siegel und empfängt die Berichte der Provinzstatthalter. Hierdurch wird ein Streben nach Zentralisierung deutlich, dessen Ursache in dem Wunsch nach Lahmlegung des noch immer vorhandenen Partikularismus und nach Vereinheitlichung der staatlichen Institutionen zu suchen ist.

Trotzdem gelingt es dem Kaiser nicht, sich auf die Dauer der europäischen Eindringlinge zu erwehren, die besonders von Frankreich und dem dort regierenden Napoleon III. unterstützt werden. Deshalb muß der Kaiser Tu-Duc im Jahre 1862 den Franzosen vertraglich das östliche Kotchinchina, also das Mekong-Becken, abtreten und gestatten, daß französische Schiffe bis nach Kambodscha fahren. Außerdem muß der Kaiser seine missionsfeindliche Haltung aufgeben. Am weitreichendsten dürfte wohl das letzte Zugeständnis sein, das dem Kaiser abgerungen worden ist, in dem er zusichert, daß er künftig keinen Teil seines Territoriums ohne Zustimmung der Franzosen an eine fremde Macht abtreten werde.

Angesichts dieser Situation ist jedoch zu berücksichtigen, daß die Franzosen trotz dieser weitreichenden Versprechungen ihrem eigentlichen Ziel, der Gewinnung von Einfluß auf China, nicht näher gekommen sind. Daher kommt es ihren In-

Francis Garnier, unter dessen Führung die Zitadelle von Hanoi 1873 erobert wurde fällt bei der Besetzung der Mündung des Roten Flusses. Den Franzosen gelingt es, ihre Herrschaft in Vietnam zu festigen.

tentionen entgegen, daß im Norden Vietnams noch immer chinesische Banden aus der Tai-ping-Revolte (1864) ihr Unwesen treiben und die Bevölkerung verunsichern. Die Behörden Frankreichs schalten sich daher umgehend ein, als sie hören, daß ihr Landsmann Dupuis Schwierigkeiten mit den vietnamesischen Behörden bekommen hat, als er, einem entsprechenden Gesetz zuwiderhandelnd, in Hanoi Reis und Salz für die Aufständischen gekauft und zur Wahrung seiner Interessen vietnamesische Beamte gefangengesetzt hat. Der Gouverneur von Kotchinchina beauftragt Francis Garnier in Hanoi dafür zu sorgen, daß dort der Handel geschützt werde und „das Land und der Fluß für alle Nationen unter dem Schutze Frankreichs" offen sei. Garnier läßt sofort die Zitadelle von Hanoi beschießen und bereitet sich darauf vor, die Mündung des Roten Flusses zu besetzen. Bei diesem Unternehmen findet er allerdings den Tod und veranlaßt damit den französischen Gouverneur zu einer neuerlichen Intervention in die schwierige Lage. Dieser zeigt nun aber plötzlich großes Verständnis für die vietnamesische Haltung, verweist Dupuis des Landes und gibt die Zitadelle zurück, jedoch erhandelt er dadurch die Zusicherung des Kaisers, daß er seine Außenpolitik in Zukunft an den Interessen Frankreichs ausrichten werde und künftig, was das wichtigste ist, französische Schiffe den Roten Fluß befahren und in den Häfen Haiphong, Hanoi und Quinhon vor Anker gehen dürfen.

Diese neuen Regelungen machen jedoch den Kaiser nicht glücklich, und er unternimmt um 1883 einen Versuch, sich von der französischen Umklammerung zu befreien, als er hört, daß in der Gegend von Hon-gay wertvolle Anthrazitvorkommen entdeckt worden sind. Sofort verhandelt er mit einer chinesisch-englischen Gesellschaft, doch die Franzosen kommen ihm zuvor und beschießen erneut die Zitadelle von Hanoi. Während dieser Aktionen stirbt der Kaiser, und die Franzosen unterstützen die Thronbesteigung des Prinzen Hiep-Hoa. Er muß daher am 25. August 1883 einen Vertrag unterzeichnen, der praktisch das französische Protektorat über ganz Vietnam begründet. Nun intensivieren die Franzosen ihre Einflußnahme und streben die Sicherung ihres Besitzes an. Hierbei müssen sie auch die Interessen Chinas, das ja noch immer Schutzmacht Vietnams ist, berücksichtigen. Militärische Erfolge Frankreichs in Tongking zeigen China jedoch, daß jeder Widerstand zwecklos ist, und im Vertrag von Tientsin erhält Frankreich von China das ungeschmälerte Protektorat über Vietnam zugestanden und China öffnet ihm sogar zwei seiner an der Südgrenze gelegenen Häfen.

Das forsche Vorgehen Frankreichs führt jedoch auch zur Bildung von oppositionellen Bewegungen. Ihnen schließen sich der Kaiser Ham-Nghi und der Gelehrte Phan-Dinh-Phung an, doch gelingt ihnen nicht viel mehr als die Franzosen hin und wieder in Unruhe zu versetzen. Auch im Ausland wird der Kampf fortgesetzt; Zentrum antikolonialistischer Bewegungen wird damals das als fortschrittlich angesehene Japan. Von hier aus operiert die Dong-du-(„Exodus nach Osten") Bewegung, die allerdings im Jahre 1910 ihre Tätigkeit auf japanischem Boden einstellen muß.

Kambodscha Zur Schlüsselfigur der Geschichte des Landes zu Beginn des 19. Jahrhunderts wird der König Ang Chan. Seine Kindheit muß er in Siam verbringen, da sein künftiger Herrschaftsbereich vom König dieses Landes beansprucht wird. Dagegen wehrt sich in erster Linie Vietnam, das ebenfalls auf Kambodscha Einfluß ausüben möchte. Auf Vietnams Initiative hin wird Ang Chan im Jahre 1807 noch als Kind zum König gekrönt, der in den folgenden Jahren regelmäßig an Vietnam Tribut entrichtet.

Mit der Unterstützung Siams entfachen die Brüder des Königs eine Revolte, worauf dieser seine Residenz aufgibt und flieht. Vietnam und Siam entscheiden nun gemeinsam über die Zukunft Kambodschas und kommen überein, daß Ang Chan künftig in der Zitadelle von Phnom Penh seinen Regierungssitz einrichten soll. Doch bereits im Jahre 1833 wird der Friede erneut gestört, als Siam wiederum das Land angreift. Der vietnamesische Kaiser kann mit Unterstützung der einheimischen Bevölkerung den König im Amte halten, doch bleibt zu dessen Schutze eine vietnamesische Garnison im Lande, so daß die Zeit der Fremdherrschaft für Kambodscha noch immer nicht beendet ist. Als Ang Chan im Jahre 1834 stirbt, annektiert der kommandierende vietnamesischen General das ihm anvertraute Land und gliedert es als Provinz dem Machtbereich Vietnams an.

Im Jahre 1845 will Siam von neuem seine Rechte in Kambodscha wahrnehmen, und es wiederholt sich das bekannte Mächtespiel, worauf sich beide Länder schließlich auf einen Vertrag einigen, der vorsieht, daß der Bruder des letzten Königs sowohl der Vasall Siams als auch der Vietnams sein soll. Als solcher wird er in seine rechtmäßigen Ämter eingesetzt, und als er 1859 stirbt, folgt ihm sein ältester Sohn Norodom im Amte nach. Aus Furcht vor seinem jüngeren Bruder flieht dieser dann aber nach Siam und kehrt erst im Jahre 1862 wieder zurück. Angesichts der Hilfeleistungen Siams zugunsten Kambodschas bittet der apostolische Vikar von Kambodscha die französische Regierung, beim Kaiser von Vietnam um verstärkte Wahrung seines Einflusses nachzusuchen. An dessen Stelle gehen nun aber gleich die französischen Kräfte selbst vor und zwingen im August 1863 dem schwächlichen Norodom einen Protektoratsvertrag auf. Siam reagiert auf diese neue Lage so, daß es zwar das Protektorat Frankreichs anerkennt, sich von ihm aber die Oberherrschaft über die Privinzen Battambang und Siemrap zusichern läßt.

Obwohl Frankreich erst später erkennen muß, daß der Mekong den Zugang nach China nicht ermöglicht, vernachlässigt es das westliche Kotchinchina nicht. Nachdem zwischen 1884 und 1886 Aufstände gegen die Franzosen ausgebrochen und schließlich blutig niedergeschlagen worden sind, wird das von Frankreich kontrollierte Kambodscha der Oberverwaltung für Indochina (Union Indochinoise) unterstellt und damit der bisher bestehende Unterschied zwischen Kolonie und Protektorat verwischt. Trotzdem beläßt Frankreich einheimische Könige im Lande, denn es hat in seinen überseeischen Besitzungen lernen müssen, daß diese oft effektiver arbeiten als fremde Verwaltungsbeamte.

Laos Noch im ersten Drittel des 19. Jahrhunderts untersteht Laos der siamesischen Oberhoheit. Erst im Jahre 1839 zieht in Luang Prabang wieder ein laotischer Regent ein, der bis 1850 unter dem Namen Suk Söm herrscht. Er und sein Nachfolger Candakumara (1850 bis 1868) regieren das Land in sehr umsichtiger Weise und vermeiden vor allem jeden Konflikt mit Siam. In ihre Regierungszeit fallen die ersten Kontakte zu den Franzosen und die für die französische Politik so ausschlaggebende Expedition von Lagrée und Garnier, die schließlich ergeben hat, daß der Mekong nicht den Wasserweg nach China eröffnet. Deswegen verliert zunächst Frankreich sein Interesse an Laos, doch Siam sinnt weiter darauf, die nur mehr nominelle Oberhoheit wieder in eine Annexion umwandeln zu können.

Anlaß für die Realisierung dieses Wunsches wird das Umherschweifen von Rebellen aus der Tai-ping-Revolte (1864), zu deren Unterwerfung Siam dem König Un Khan Hilfstruppen sendet. Nachdem es auf diese Weise bereits wieder einen Spalt breit die Türe nach Laos geöffnet hat, möchte Siam nach 1883 vollendete Tatsachen schaffen, indem es die Schwäche des vietnamesischen Kaisers ausnützend, der soeben den Franzosen weitreichende Zugeständnisse hat machen müssen, das Gebiet nördlich und östlich von Luang Prabang besetzt und darauf verweist, daß Laos seit

Frankreich und China streiten sich um den Besitz Tonkings (Nord-Vietnam). Erst nach einer dreimonatigen Belagerung kann das Fort Tuyen-Quang 1885 durch die Chinesen befreit werden. Musée de l'Armée, Paris.

dem 17. Jahrhundert Tribut gezahlt habe. Diesem Vorgehen kann der vietnamesische Kaiser nicht tatenlos zusehen. Da er sich in seinem außenpolitischen Vorgehen an Frankreich gebunden hat, muß er sich mit der französischen Regierung abstimmen. Frankreich läßt daher selbst die Lage in Laos sondieren und schickt dorthin einen besonderen Kenner der Verhältnisse, Auguste Pavie. Er kommt jetzt als Vizekonsul, kennt aber von zahlreichen Reisen zu Fuße, zu Pferde und auf dem Rücken von Elefanten viele Landstriche und hat ein besonders gutes Verhältnis zum laotischen König. Seiner Ausstrahlungskraft und seinem behutsamen Vorgehen ist es zu verdanken, daß schließlich im Jahre 1895 ohne irgendwelche Gewaltanwendung Laos im Zuge einer „friedlichen Eroberung", wie sie Pavie selbst nennt, der französischen Union von Indochina angeschlossen werden kann. Diese Änderung des politischen Status hat im inneren politischen Gefüge des Landes kaum Auswirkungen, da ähnlich wie in Kambodscha auch hier die eingesessenen Regenten im Amte behalten werden.

Malaiische Halbinsel Zu Beginn des 19. Jahrhunderts sichern sich die Engländer neue Stützpunkte (im Jahre 1819 Singapur), doch mischen sie sich in die inneren Angelegenheiten der örtlichen Machthaber nicht ein. So können die Briten hier ziemlich ungestört ihren Handelsinteressen nachgehen. Als jedoch das Seeräuberunwesen zunimmt, sieht sich London veranlaßt, nach und nach mit allen Sultanen Schutzverträge abzuschließen, die Großbritannien auch Mitsprache in den Kleinstaaten gewährleisten sollen. Im Jahre 1874 kann der erste derartige Vertrag in der Pangkor-Föderation erzwungen werden, als sich England aktiv am dortigen Streit der Thronfolger beteiligt. Noch im Verlaufe des 19. Jahrhunderts werden ähnliche Verträge mit den meisten anderen Sultanen abgeschlossen, die England außer in Religionsfragen eine Vormundschaft über die verschiedenen Staaten der Halbinsel einräumen.

Inselwelt Durch die Abgrenzung der Hemisphären zwischen England und Holland im Jahre 1824 reduziert sich der Einflußbereich Hollands in Südostasien im wesentlichen auf Teile von Java, während die übrigen Gebiete Indonesiens auf Grund von Staatsverträgen Holland gegenüber nur zu Tributleistungen verpflichtet sind. Die Kaufleute sind daher bestrebt, ihren Einfluß dadurch auszuweiten, daß sie Vorstöße in das Innere der Insel unternehmen und somit von den langdauernden Nachschublieferungen vom Mutterland unabhängig werden.
So kann im Jahre 1830 auch Ostjava unterworfen werden, während auf den übrigen Inseln eine Infiltrationstätigkeit begonnen wird, die die Holländer des öfteren in Streitigkeiten der Stämme untereinander verwickelt, sie aber dem eigentlichen Ziel nicht immer näherbringt.

Philippinen Das Leben verläuft hier nach wie vor in alten traditionellen Bahnen. Eine Veränderung zeichnet sich erst ab, als im Jahre 1898 nach dem Ende des spanisch-amerikanischen Krieges ein Besitzwechsel zugunsten der USA stattfindet.

Südostasiens Anschluß an die politischen Ideologien des 20. Jahrhunderts und die hieraus resultierenden Konflikte

Wie in allen Kolonialgebieten, so zeichnet sich auch in Südostasien nach dem Ende des 1. Weltkrieges ein tiefgreifender Konflikt ab, da sich besonders unter Jugendlichen und Studenten eine zunehmende aus nationalistischen und kommunistischen Ideen gespeiste Haltung gegen die Kolonialmächte ausbreitet. Bei Ausbruch des 2. Weltkrieges führt diese Aversion zu einer Kooperation mit den Japanern, die allerdings nicht zu der ersehnten Unabhängigkeit führt. Nach dem Zurückdrängen Japans auf seine Hauptinseln kehren die alten Kolonialmächte zurück, doch zeigt sich bald, daß sie sich mit noch selbstbewußteren Unabhängigkeitsbewegungen konfrontiert sehen. Je nach Einschätzung dieser Bewegungen erfolgt der Weg in die Unabhängigkeit mehr oder weniger konfliktreich. Ein die ganze Weltbevölkerung erschütterndes Abschlußkapitel der Kolonialzeit wird in Vietnam, Kambodscha und Laos geschrieben, das schließlich zur dortigen Machtübernahme durch den Kommunismus und einem Abzug der Kolonialmächte führt. Seit Beilegung der Kriegshandlungen bedroht der Kommunismus in zunehmenden Maße jetzt auch die Selbständigkeit der von ihm noch nicht erfaßten Länder Südostasiens.

Burma Der im Jahre 1906 gegründete Verband der Buddhistischen Jugend benennt sich im Jahre 1920 in „Generalrat der burmesischen Verbände" um und verlangt immer heftiger die Beteiligung einheimischer Kreise an der Verwaltung des Landes. England gibt diesem Verlangen, das auch in zunehmendem Maße in Indien Anhänger gewonnen hat, nach und führt hier wie dort das System der „Dyarchie" ein, worunter man grundsätzlich eine Regierungsform versteht, in der die politischen Bereiche geteilt und einerseits von den Kolonialherren, andererseits von einheimischen Kräften verwaltet werden. Hierzu veranstaltet man Wahlen für einen Gesetzgebenden Rat, der aus vier Mitgliedern besteht, wovon zwei aus Burma selbst stammen dürfen. Da die breite Bevölkerung von diesen Vorgängen nichts erfährt, beteiligen sich nur etwa 7 Prozent der Wahlberechtigten an der Abstimmung; im Jahre 1925 sind es immerhin schon 16 Prozent.
Das wachsende Interesse der Bevölkerung an politischen Vorgängen wird besonders nach dem Jahre 1929 deutlich, als angesichts der wirtschaftlichen Depression aus Angst vor Entlassungen blutige Kämpfe ausbrechen, die zum Streit zwischen burmesischen und indischen Arbeitern führen, da sich letztere an den Arbeitsniederlegungen nicht beteiligen wollen. Das Eingreifen der englischen Militärbehörden bewirkt praktisch eine Parteinahme zugunsten der Inder, wodurch erneut die einheimischen Kräfte provoziert werden. Erst im Jahre 1932 können diese Streitigkeiten beendet werden.
Im Jahre 1935 trennen die Briten Burma verwaltungsmäßig von der indischen Kolonie ab und geben ihm eine eigene Verfassung, die ein Parlament vorsieht, das aus Senat und Abgeordnetenkammer bestehen soll. Nach den Wahlen von 1937 erstreckt sich die Vollmacht des Gouverneurs nur noch auf bestimmte Sonderfälle, die Verwaltung der Bergstämme und die Oberhoheit über die beiden Staaten Shan und Karenni.
In dieser Zeit findet auch das sozialistische Gedankengut immer mehr Eingang in Burma, wozu besonders die Thakin-Bewegung beiträgt. Als aufnahmebereit für diese Ideen erweisen sich besonders Studenten, die diese Gedanken auch unter die Landbevölkerung tragen wollen. Sowohl in der Generalunion der Studenten als auch im Burmesischen Bauernverband werden daher die führenden Positionen in der Folgezeit zunehmend von Sozialisten eingenommen. Doch im Jahre 1939 kommt es zu einer Spaltung, während der sich der rechte Flügel zur „Sozialistischen Partei" umbenennt. Die eher nationalistischen Kreise schließen sich sofort nach dem Eintreffen der Japaner der neuen Richtung an, da sie von ihr eine Befreiung von den Kolonialherren erwarten. Doch diese Hoffnung wird nicht erfüllt.
So entsteht im Jahre 1944 die geheime „Anti-Fascist People's Freedom League" (AFPFL), in der sich ehemalige Mitglieder der japanfreundlichen Regierung und Anhänger der Kommunistischen Partei treffen und die Bildung eines unabhängigen und sozialistischen burmesischen Staates anstreben. Zur Erreichung dieses Zieles bedienen sie sich sogar der Hilfe der einst verhaßten Engländer und ihrer Alliierten, um die Befreiung Burmas zu erreichen.
Zum Streit kommt es aber, als die Engländer wiederum die Grundsätze der Verfassung von 1937 erneuern wollen, wogegen sich die AFPFL zur Wehr setzt. Nach langwierigen Verhandlungen und erbitterten Streitigkeiten gewinnen die gemäßigten Sozialisten und können nach den Wahlen vom Jahre 1946 eine Regierung mit ihrem Vorsitzenden Aung San an der Spitze bilden. Doch bereits am 19. Juli 1947 fällt er zusammen mit sechs seiner Minister einem Anschlag zum Opfer, als dessen Anstifter U Saw, ein Politiker der Rechten mit Ambitionen auf das Amt des Regierungschefs, entdeckt werden kann.
Die Regierungsgeschäfte führt nun U Nu weiter, dessen Regierung eine neue Verfassung ausarbeitet. Das hierdurch bedingte neue Parlament spricht sich für den Austritt aus dem britischen Commonwealth aus und vollzieht diesen Schritt am 17. Oktober 1947, worauf am 4. Januar 1948 die Unabhängigkeit des Landes proklamiert wird. Die Regierungsgeschäfte leitet weiterhin U Nu, der seinen Platz erst im Jahre 1958 räumt, als innerhalb der AFPFL Streitigkeiten wegen innerer Reformen ausbrechen. Nun regiert der General Ne Win, der aber bereits im Jahre 1960 die Macht an U Nu zurückgeben muß, die dieser bereits 1962 wieder an Ne Win verliert. Diesem Mächtespiel setzt die Armee am 2. März 1962 ein Ende, als ein aus siebzehn Offizieren bestehender Revolutionsrat die Herrschaft übernimmt. Ne Win bleibt auch jetzt noch im Amt und proklamiert eine strikte Neutralitätspolitik, die so weit geht, daß sich Burma aus jeder weltpolitischen Koalition heraushält. Die Abschließung des Landes nach außen ist so konsequent, daß nur wenige Details der im Lande betriebenen Politik bekannt werden. So sickert nur durch, daß Ne Win besonders streng auf gute Beziehungen zur Volksrepublik China achtet, heimlich in Burma lebende Inder aus dem Lande verweist und seit dem 22. April 1972 nach einer neuen „sozialistischen Verfassung" regiert, die auch die Glaubensfreiheit, die Gleichberechtigung der Rassen und die gleiche Behandlung der Geschlechter vorsieht.

Siam – Thailand Eingebettet in den Zwischenraum zwischen den beiden Kolonialmächten England und Frankreich kann Siam seine Unabhängigkeit bewahren und durch seine Reformpolitik zu einem der fortschrittlichsten Länder Südostasiens werden. Doch bei allem Reformgeist bleibt das Regierungssystem unangetastet. Der König regiert das Land und stützt sich hierbei besonders auf die Angehörigen seiner Familie, den Landadel und die hohen kirchlichen Würdenträger. Das Volk bleibt von der Politik ausgeschlossen und hat sich den Befehlen des Königs unterzuordnen. Zwischen dem Adel und dem Volk entsteht allmählich eine Schicht von Beamten, Offizieren und Angehörigen freier Berufe, die die Träger der „Verwestlichung" sind, meist im Ausland Schulen besucht haben und nun unzufrieden sind mit der im Mutterland bestehenden verkrusteten Staatsform. Dieses Unbehagen steigert sich, als im Jahre 1925 der König Prachathipok

In Thailand bemüht sich König Bhumibol Adulyadej um eine Demokratisierung. Hier sieht man ihn bei seinem Besuch des Tempels Wat Phra Keo an seinem Geburtstag am 5. Dezember 1972.

(Rama VII.) den Thron besteigt und das Monopol der königlichen Prinzen für hohe Staatsämter erneuert.
Der Unmut wächst dann noch infolge der auch in Siam spürbaren Wirtschaftskrise gegen Ende der zwanziger Jahre, und die von dem Juristen Pridi Phanomyong gegründete „Volkspartei" gewinnt rasch an Anhängern. Am 24. Juni 1932 versucht diese Partei einen Staatstreich, der allerdings nur einen Tag dauert, aber durch den doch wichtige politische Veränderungen eingeleitet werden. So wird durch die am 10. Dezember des gleichen Jahres verkündete Verfassung die Regierung an eine Abgeordnetenkammer gebunden, deren eine Hälfte vom König, die andere nach einen Zweiklassenwahlrecht bestimmt wird. 1935 dankt Rama VII. ab, worauf das höchste Staatsamt unbesetzt bleibt, da der Kronprinz Ananda Mahidon seinen Aufenthalt in der Schweiz nicht abbrechen will.
Unter der Regierung der Volkspartei wird ein langdauernder Prozeß der Nationalisierung eingeleitet. Dieser verstärkt sich noch, als im Jahre 1938 Pribun Songgram, ein Absolvent der Militärakademie in Fontainebleau, die Regierungsgeschäfte übernimmt. Er verfolgt das Programm der Pan-Thai und benennt Siam nun in „Thailand" um. Außerdem erstrebt er eine Vereinigung aller Thai-Völker in Südostasien und arbeitet deswegen mit den Japanern zusammen. Als das Land im Jahre 1942 den USA den Krieg erklären will, nehmen diese jedoch das Schreiben nicht an. So kann Thailand mit Hilfe der Japaner nur kleinere Gebiete westlich des Mekong und im nördlichen Malaya erobern.
Als sich die Niederlage der Japaner abzeichnet, verliert Pribun Songgram an Ansehen in der Bevölkerung und muß sein Amt an Pridi Phanomyong abtreten, der mit den Alliierten Verhandlungen aufnimmt und eine deutliche Wendung in der Außenpolitik einleitet. Doch schon im Jahre 1946 muß Pridi abdanken, da seine Regierung durch die Ermordung des im Jahre zuvor aus der Schweiz zurückgekehrten Königs schwer belastet wird. Bereits im Jahr darauf übernimmt am 8. November die Armee die Macht, als die Unruhen im Lande kein Ende nehmen wollen. Sie setzt wiederum Pribun Songgram ein, der nun sein Amt bis 1957 ausüben kann.
Mit Hilfe der aus den USA einfließenden Gelder werden besonders die Armee und die Polizei modernisiert. Dies hat zur Folge, daß sich in Thailand die Meinung verbreitet, man leiste hiermit einen Beitrag zur Bekämpfung des Kommunismus, daß aber auch die Kommandanten dieser Streitkräfte einen starken innenpolitischen Machtzuwachs erhalten. Als die Regierung nach 1955 die Gründung von Parteien gestattet und durch politische Liberalisierung demokratisches Gedankengut im Lande sich ausbreitet, werden die Militärs beunruhigt. Daher ergreifen sie im Jahre 1958 erneut die Initiative, als sich bei den Wahlen ein Sieg der Sozialistischen Front abzeichnet. Der frühere Stadtkommandant vom Bangkok und jetzige Oberbefehlshaber der Streitkräfte, Sarit, bezichtigt die Front des Wahlschwindels und entmachtet den Regierungschef. Dann übernimmt der General schließlich selbst das höchste Regierungsamt und beendet durch die Einführung von Ausnahmegesetzen die Phase der Liberalisierung. Nach seinem Tode wird im Dezember 1963 seine Politik von Marschall Thanom Kittikarchorn fortgesetzt.
Eine außenpolitische Aufwertung erfährt das Land dadurch, daß seit dem Jahre 1954 in Bangkok der Sitz des Militärbündnisses SEATO ist, dem neben Thailand auch Pakistan, die Philippinen, die USA, Großbritanien, Australien und Neuseeland angehören. Doch diese Mitgliedschaft bringt für das Land erhebliche Belastungen. Es gerät nämlich hierdurch immer mehr in den Strudel des in Indochina wütenden Krieges. Die Verquickung wird enger, als am 6. März 1962 Washington Thailands Unabhängigkeit und Unversehrtheit als für die nationalen Interessen der USA lebenswichtig bezeichnet und am 13. Mai des gleichen Jahres die USA erstmals Truppen in das Land entsenden, die dort etwa vierzehn Jahre bleiben sollen. So wird Thailand zu einem der wichtigsten Stützpunkte im Kampf gegen den Kommunismus, woraus das Land zwar zeitweise erheblichen wirtschaftlichen Gewinn schlagen kann, aber zugleich einer harten innenpolitischen Zerreißprobe unterworfen wird, die einerseits in erbitterte US-Feindlichkeit ausartet, andererseits den Vormarsch des Kommunismus im Lande nicht aufzuhalten vermag.
Nach dem Ende des Vietnam-Konfliktes steuert Thailand eine weitgehend neutralistische Politik, die auch von den neuen kommunistischen Nachbarn akzeptiert wird. Ein bemerkenswerter Wirtschaftsaufschwung kennzeichnet die späten 70er Jahre. Die Demokratie erweist sich in diesem Lande meist nur kurz lebensfähig. In der Regel wird die Macht von den Militärs ausgeübt.

INDOCHINA (VIETNAM, KAMBODSCHA UND LAOS) – DIE JAHRZEHNTE DES LEIDES

Die französische Regierung hat durch Dekret eine Zusammenfassung der von Frankreich verwalteten Gebiete angeordnet und so die Herrschaft über die drei vietnamesischen Landesteile, Kotchinchina, Annam und Tongking so wie auch Kambodscha und Laos in eine Hand gelegt. Der erste Inhaber dieser Machtkonzentration ist Albert Sarraut. Unter seinen Nachfolgern wird diese Regelung beibehalten und innerhalb der Verwaltung erlangen die vietnamesischen Provinzen eine gewisse Führungsrolle.

Vietnam Nach dem Ende des 1. Weltkrieges führt der wirtschaftliche Aufschwung zu einer Vernachlässigung notwendiger politischer Reformen. Eine Änderung tritt erst nach 1920 ein, als der Generalgouverneur eine Beratende Kammer installiert und den Kolonialrat insofern reorganisiert, als das Mitspracherecht der Vietnamesen erweitert wird. Diese Periode der Liberalisierung führt in Vietnam auch zur Bildung von politischen Parteien. So entstehen im Jahre 1923 die „Verfassungspartei" und die „Nationale Partei von Vietnam". Daneben bewirkt die kommunistische Infiltration zunächst die Gründung kleinerer kommunistischer Parteien in den Landesteilen, doch bereits im Jahre 1930 vollzieht in Hongkong Nguyen Ai Quoc (der sich ab dem Jahre 1941 Ho Chi Minh nennt und bereits in einem Buch mit dem Titel „Der Weg der Revolution“ die Anwendbarkeit der marxistisch-leninistischen Ideologie für Indochina aufgezeigt hat) eine Vereinigung der drei Gruppen, die ab jetzt unter dem Namen „Kommunistische Partei von Indochina“ auftreten und in allen Teilen Indochinas wirksam werden.

Die in Vietnam infolge der Wirtschaftskrise ausbrechenden Unruhen und Revolten erlebt Nguyen Ai Quoc nicht selbst mit, da ihn in Hongkong die Briten für einige Monate festgenommen haben und er nach seiner Entlassung aus dem Gefängnis auf Anraten des Komintern nach Moskau zu Studien an das „Forschungsinstitut für nationale und koloniale Fragen“ und die Lenin-Akademie für höhere Komintern-Funktionäre geht. Erst Ende des Jahres 1938 taucht Nguyen Ai Quoc wieder in Südostasien auf.

In der Zwischenzeit haben die Franzosen den Thronprinzen Bao-Dai als Kaiser eingesetzt und ihn eine konstitutionelle Monarchie errichten lassen. Weitere Reformen soll der Innenminister und Vorsitzende der „Reformkommission“ Ngo Danh Diem durchführen, doch er scheitert bereits nach kurzer Zeit. Auf die Aggression durch Japan sind die Kommunisten von Anbeginn an vorbereitet. Im Mai des Jahres 1941 entsteht die „Liga für die Unabhängigkeit Vietnams“ (Viet-Minh), die sowohl gegen den Imperialismus Japans als auch gegen den Kolonialismus Frankreichs kämpft. Als Mittel der Verteidigung entwickelt sie den Guerilla-Kampf, dessen militärische Organisation dem ausgebildeten Juristen und in China geschulten Offizier Vo Nguyen Giap übertragen wird. Auf Anweisung Ho Chi Minhs hat die Truppe sowohl eine militärische als auch eine politische Aufgabe und wird deshalb „Propaganda- und Befreiungsarmee“ genannt.

Als die Japaner am 25. August 1945 aus Vietnam abziehen, sehen sich die Kommunisten am Ziel ihrer Bemühungen und proklamieren am 2. September die Unabhängigkeit des Landes. Jedoch noch im gleichen Monat ziehen die Franzosen wieder in Saigon ein und beginnen mit den Kommunisten Verhandlungen über den künftigen Status des Landes. Hierbei zeigen sich Ho Chi Minh und seine Anhänger entgegenkommend und akzeptieren ein unabhängiges Vietnam innerhalb des Indochinesischen Bundes und der Französischen Union.

Doch von Anbeginn an versucht Frankreich, diese Übereinkunft zu unterminieren und eine Lösung in seinem Sinne herbeizuführen. Als sich ein Zwischenfall beim Zoll in Haiphong sehr schnell zu militärischem Geschehen ausweitet und schließlich französische Flugzeuge Haiphong und Hanoi bombardieren, ist der Krieg nicht mehr aufzuhalten.

Schon im Jahre 1947 haben die Kommunisten ihre Strategie für den Kriegsfall formuliert. Demnach soll jede kriegerische Auseinandersetzung gleichzeitig eine politische, militärische, wirtschaftliche und kulturelle Aktion werden. Auf militärischem Sektor ist der langwierige Kampf zu suchen, um die Kräfte des Gegners zu erschöpfen und die eigenen zu stärken; auf politischem Gebiet ist eine außenpolitische Isolierung Frankreichs anzustreben, wodurch die Voraussetzungen für eine Lähmung des Wirtschaftslebens geschaffen werden, worauf dann die Kommunisten beginnen können, das koloniale System (ausgenommen bleiben fortschrittliche Elemente der französischen Kultur) zu zerschlagen und an seine Stelle ein autarkes Staatswesen mit eigener nationaler Volkskultur treten zu lassen.

Demgegenüber bemüht sich die französische Führung um einen Blitzkrieg und eine rasche Vertreibung der Kommunisten aus ihren Bergfestungen in Tongking. Gleichzeitig erstellen die Franzosen zusammen mit dem Kaiser Bao Dai eine neue Regierung, die im Rahmen der französischen Union autonom walten soll. Doch zu dieser Zeit gewinnen die Kommunisten mehr Anhänger als der Kaiser mit seiner Marionetten-Regierung.

Nachdem im Jahre 1952 die französische Armee das Delta des Roten Flußes hat räumen müssen und in einigen „befreiten“ Gebieten die kommunistische „Nationale Einheitsfront“, der sich nun auch die Widerstandsbewegungen von Kambodscha und Laos angeschlossen haben, Agrarreformen durchgeführt hat, faßt der französische General Navarre den Entschluß an der Grenze der Thai-Provinz zu Laos im Norden Vietnams, im Tal von Dien Bienphu, mit Hilfe von 325 Millionen US-Dollar eine mächtige Festung aufzubauen, um hier unter Einsatz der besten eigenen Kräfte die auf hohen Mencheneinsatz angewiesene kommunistische Volksarmee auf kleinem Raum zu binden und schließlich aufzureiben. Doch mit nie erwarteten Einsatz einfachster Mittel überwinden die Kommunisten die ihnen aufgebürdeten Probleme und können den Franzosen nach und nach alle ihre hochgerüsteten Stützpunkte abnehmen. Am 7. Mai 1954 fällt die Dschungelfestung und mehr als 10 000 französische Soldaten geraten in vietnamesische Gefangenschaft.

Der Sieg verleiht den Kommunisten in der

Nach der Abdankung Kaisers Bao-dais im Jahre 1945 akzeptiert Ho Chi Minh ein unabhängiges Vietnam innerhalb der französischen Union, doch Frankreich verkennt die Realitäten und die Stärke der Viet Minh. Es kommt zum unvermeidlichen Krieg, der mit der vernichtenden Niederlage bei Dien Bien-phu endet (1954).

ganzen Welt einen ungeheueren Prestigezuwachs und man erkennt in ihrem Erfolg weniger die Überlegenheit des Kommunismus als vielmehr den ungebändigten Freiheitswillen eines oft politisch, militärisch und kulturell unterschätzten Volkes. Frankreich und die Vertreter der „Einheitsfront" setzen sich in Genf an den Verhandlungstisch und einigen sich auf eine Abgrenzung der nördlichen kommunistischen und der südlichen französischen Hemisphäre, auf einen beiderseitigen Truppenrückzug hinter die Linie des 17. Breitengrades und schließlich die Neuordnung der politischen Verhältnisse nach den Wahlen am 20. Juli 1956. Doch das Abkommen wird von den Vertragspartnern nicht eingehalten und so beginnt jeder Landesteil auf seine Weise, die Realitäten seinen Zielvorstellungen anzupassen.

Nord-Vietnam Die Demokratische Volksrepublik Vietnam setzt zunächst den seit langem proklamierten Weg zum Sozialismus fort. Besonders auf dem Gebiet der Agrarreform unterlaufen aber schwerwiegende Fehler, die zu öffentlicher Kritik Anlaß geben. Als im Jahre 1956 Ho Chi Minh wieder die Führung der Partei übernimmt, können viele Mängel der Reform beseitigt und der Ertrag der Landwirtschaft gesteigert werden. Hervorragende Erfolge werden auch auf dem Bildungssektor erzielt, indem das Analphabetentum erfolgreich bekämpft wird. Da außerdem die Politik dieses Landes von der Kriegsführung bei den südlichen und westlichen Nachbarn beherrscht wird, sollen diese Aktivitäten an anderer Stelle aufgezeichnet werden.

Süd-Vietnam Hier beschließt am 25. Oktober 1955 eine Volksabstimmung die Absetzung des Kaisers Bao Dai und die Errichtung einer Republik. Erster Präsident wird Ngo Danh Diem, der ein Regime der persönlichen Macht errichtet. Bei der Ausübung seiner Herrschaft stützt sich der von spanischen Dominikanern erzogene Regierungschef vor allem auf die Katholiken. Bei der Vergabe von Regierungsämtern berücksichtigt er besonders seine Familienangehörigen. So werden seine Brüder seine engsten politischen Berater, Provinzstatthalter und einer sogar Erzbischof von Hue. Als politisches Sammlungsbecken erlaubt Diem nur die „Partei der personalistischen Revolution der Arbeit". Doch der eigentliche Garant Saigoner Politik sind die USA, die sich sehr stark finanziell engagieren und damit einen Beitrag zur Eindämmung kommunistischer Gefahr leisten wollen. Ein aktives militärisches Eingreifen der USA wird erst am 8. Februar 1962 bekannt, als in Saigon eine US-Militärkommandantur eröffnet wird, die den Bau von „strategischen Dörfern" als Bastionen gegen den Kommunismus unterstützt.

In ihren Kampf gegen die Opposition bringt die Regierung auch eine maßgebliche religiöse Komponente, und so müssen besonders die Buddhisten unter der einseitigen Bevorzugung der Katholiken leiden. Als die Weltöffentlichkeit durch zahlreiche Selbstverbrennungen buddhistischer Mönche und Nonnen auf diesen Mißstand aufmerksam gemacht wird, protestiert sogar Papst Paul VI. gegen die Verfolgungen, doch am 21. August 1963 verhängt die Regierung das Kriegsrecht über die Buddhisten.

Die hierdurch zunehmende Entfremdung zwischen Regierung und Bevölkerung führt im Herbst 1963 zu einer Revolte. Eine Gruppe von Militärs unter der Leitung des Generals Duong Van Minh stürzt am 1. und am 2. September die Regierung, und im Verlaufe der Kämpfe wird der Diktator ermordet. Das neue Regime verkündet am 7. November offiziell das Ende der Diktatur. Doch diese Regierung kann sich nur vorübergehend an der Macht halten. Bis in die erste Hälfte des Jahres 1965 häufen sich die Regierungsumbildungen. Schließlich übernehmen am 19. Juni 1956 Nguyen Van Thieu als Leiter des Nationalen Verteidigungsrates (Staatspräsident) und Nguyen Cao Ky als Vorsitzender des Exekutivrates (Ministerpräsident) die Macht in Südvietnam.

In die Kriegshandlungen gegen Nordvietnam schalten sich jetzt immer stärker die USA ein, die einerseits recht gezielt ihre militärische Position in Vietnam ausbauen und andererseits ebenso zielstrebig durch Propaganda die Öffentlichkeit von der Notwendigkeit eines Eingreifens überzeugen. Als dann nach der „Affäre im Golf von Tongking" im August des Jahres 1964, bei der der Zerstörer „Maddox" – nach der offiziellen Regierungsversion – während einer Aufklärungspatrouille von nordvietnamesischen Booten und auch die der „Maddox" zu Hilfe eilende „C. Turner Joy" angegriffen werden, überschreitet die US-Regierung eine bedeutende Schwelle zum Krieg, denn bereits zwölf Stunden nach dem Zwischenfall starten US-Bomber von einem Flugzeugträger aus nach Nordvietnam, um Vergeltung zu üben. In der Öffentlichkeit stoßen diese Vergeltungsschläge praktisch auf keine Kritik. Ab jetzt entwerfen die USA alle wesentlichen Pläne für den Luft-, See- und Landkrieg, der offiziell niemals erklärt wird, und erweitern rasch im Laufe der folgenden Jahre ihr Potential an Soldaten und Kriegswerkzeug. Doch der Krieg wird zunehmend auch zu einem Krieg in den Medien. Jede neue Entwicklung des politischen, militärischen und sozialen Lebens in Vietnam wird weltweit in den Massenmedien dargestellt, diskutiert und manipuliert. Amerika verliert dabei zunehmend an Prestige, und in dem gleichen Maße, wie es seinen Einsatz in Vietnam erhöht, vernichtet es das Bild von dem überlegenen, von demokratischen, liberalen und humanen Idealen beseelten Amerikaner. Trotzdem verteidigen die Mitglieder der US-Regierung, ihnen voran der Sonderberater des Präsidenten, Kissinger, das Engagement und verbreiten die „Domino-Theorie", derzufolge bei der Aufgabe eines Verbündeten auch die benachbarten Regierungen ihren Rückhalt einbüßen und den Kommunisten ausgeliefert werden.

Inzwischen hat der Staatspräsident Süd-Vietnams erreicht, daß die USA den Krieg in eigener Regie führen, Reformen im Landesinneren wegen der Kriegspolitik unterbleiben und alle oppositionellen Kräfte ausgeschaltet werden. Nachdem sich auf dem Schlachtfeld nach langen Kämpfen keine Entscheidung abzeichnet, gewinnt in den USA immer mehr die Ansicht Raum, daß der Krieg auf dem Verhandlungswege beigelegt werden müsse. Anzeichen hierfür sind in der Ablösung des Generals Westmoreland durch den General Abrams und in dem vom Verteidigungsminister Laird proklamierten Programm der „Vietnamisierung" zu erkennen. Trotzdem gibt es noch immer gegenläufige Äußerungen, allen voran die von US-Präsident Nixon am 18. Februar 1970 verkündete Guam-Doktrin, derzufolge für die USA ein Rückzug aus dem pazifischen Raume nicht in Frage komme. Doch hierin können wohl nur taktische Manöver gesehen werden, die die eigene Stärke manifestieren sollen. Unterdessen zieht nämlich die US-Regierung immer mehr Truppen aus Vietnam ab, und im Jahre 1972 wandeln sich die Geheimverhandlungen zwischen dem Sonderberater des US-Präsidenten und dem Vertreter der Nordvietnamesischen Regierung, Le Duc Tho, zu regelrechten Waffenstillstandsverhandlungen, die am 27. Januar 1973 mit der Unterzeichnung eines „Abkommens über die Beendigung des Krieges und die Wiederherstellung des Friedens in Vietnam" enden.

Trotzdem liegt der Friede noch weit in der Ferne. Die durch den Waffenstillstandsvertrag eingerichteten internationalen Kontroll- und Überwachungskommissionen sehen sich bald außerstande, die nach der Vereinbarung wieder aufflackernden Waffengänge weisungsgemäß zu untersuchen. Bereits zehn Wochen nach der Unterzeichnung wird in ganz Südvietnam wieder erbittert gekämpft. Jede Seite hat nämlich in dem Abkommen den von ihr kontrollierten Landesteil zugesprochen bekommen, und nun versuchen die kriegführenden Parteien, aufgrund fehlender Übersicht in dem in viele Parzellen aufgeteilten „Tigerfell" Südvietnam bis zum endgültigen Friedensvertrag noch möglichst viel Terrain zu gewinnen.

In der Zwischenzeit erlaubt die Regierung die Zulassung von Parteien, doch angesichts der rapide sich verschlechternden wirtschaftlichen Lage und des eiligen Abzuges der US-Soldaten gibt der derzeitigen Staatsordnung kaum mehr jemand eine größere Chance. Denn auch der wirtschaftliche Verfall des Landes muß als ein nicht zu unterschätzender Verbündeter Nordvietnams berücksichtigt werden. So verschlingt der Unterhalt der Armee zu dieser Zeit bereits 63% des Staatshaushaltes und die Lebenshaltungskosten sind im Jahre 1973 um fast 50% und 1974 um sogar mehr als 60% gestiegen. So ist es nicht verwunderlich, daß die „Far Eastern Economic Review" zu der Feststellung kommt: „Nur der Reiche oder Korrupte hat eine Chance zu überleben."

Zu Beginn des Jahres 1975 wird bekannt, daß die Nordvietnamesen seit dem Waffenstillstand elf weitere Bezirksstädte erobert, ihren Einfluß bis an die kambodschanische Grenze ausgedehnt haben und die Regierung Thieu nicht mehr in der Lage ist, die Gebiete im Hochland zu halten, ja bereits dabei ist, sie zu räumen und damit eine ungeheure Fluchtbewegung in Gang zu bringen, die jeder Kontrolle entzogen ist. Ob in Hue, in Da Nang oder zwischen dem 23. April und 30. April in der Hauptstadt Saigon, überall zeigt sich, daß die Bevölkerung nach jahrelanger Aufhetzung gegen den Kommunismus nun in panischen Schrecken gerät, jedoch kaum Fluchtfahrzeuge zu Wasser, zu Lande oder in der Luft vorhanden sind, um alle gefährdeten Personen aufzunehmen und in Sicherheit zu bringen. Ziemlich planmäßig verläuft die Ausreise nur bei den führenden prowestlichen Politikern, mit denen auch Staatspräsident Thieu am 27. April das Land verläßt. Zu seinem Nachfolger beruft das südvietnamesische Parlament den vom Sturz Diems her bekannten General Duong Van Minh dessen einziges politisches Ziel die Erwirkung eines Waffenstillstandes ist. Am 30. April muß er die bedingungslose Kapitulation unterzeichnen und seit 11 Uhr 30 dieses Tages weht über dem Doc-Lap-Palast, dem früheren Sitz des Staatspräsidenten von Südvietnam, die Fahne des Vietcong.

Bereits in den ersten Tagen und dann besonders bei der am 15. Mai in Saigon stattfindenden Siegesfeier wird deutlich, daß die Regierung von Hanoi gewillt ist, die Teilung des Landes aufzuheben, als Zentrum und Regierungssitz nur mehr Hanoi gelten zu lassen und Saigon in Erinnerung an den langjährigen Parteienvorsitzenden in Ho-Chi-Minh-Stadt umzubenennen.

1976 wird auch formell der Zusammenschluß der beiden Vietnams vollzogen. Ein Jahr später kommt es zum Einmarsch in Kambodscha, wo das Pol-Pot-Regime beseitigt wird. 1979 erobert Vietnam die kambodschanische Hauptstadt Phnom Penh und stürzt das Regime der Roten Khmer. Nach diesem Einmarsch kam es zu einem Grenzkrieg mit China, die westlichen Länder stellen die Wirtschaftshilfe ein, so daß Vietnam wie schon vorher auf die Hilfe durch die Sowjetunion angewiesen ist.

Kambodscha Hier haben die Franzosen die lange Zeit der Fremdherrschaft fortgesetzt und auch die Japaner sind nicht bereit, entscheidendes zu ändern. Erst nach ihrem Abzug bietet sich die Gelegenheit für eine Wende, die am 12. März 1945 König Norodom Sihanouk zur Verkündigung der Unabhängigkeit nutzt, doch beendet die Rückkehr der Franzosen diese Phase der Selbständigkeit. Es wird nun das Verdienst des Königs, daß Kambodscha innerhalb der Union Française trotz der von Frankreich auferlegten Beschränkungen in der Landesverteidigung und in der Recht-

Am 30. April 1975 übernehmen die Vietkong offiziell die Macht in Saigon, wo am 15. Mai die Siegesfeiern stattfinden.

sprechung einen relativ selbständigen Kurs steuern kann. Um diese seine Leistung nicht durch einen Streit der Parteien gefährden zu lassen, übernimmt der König am 15. Juni 1952 selbst die exekutive Gewalt.

Am 9. November 1953 zieht Frankreich, veranlaßt durch die Entwicklung des Krieges in Vietnam, aus Kambodscha ab, und bei den Genfer Verhandlungen erhält das Land seine Unabhängigkeit und internationale Anerkennung. Der König Sihanouk dankt nun zugunsten seines Vaters ab, bemächtigt sich der Regierungsgewalt und errichtet im Jahre 1956 eine direkte Demokratie unter königlichem Schutz, wobei neben das Parlament separate Provinzialkammern treten und außerdem ein „Nationalkongreß“ entsteht, dem alle Bürger des Landes angehören und vor dem zweimal im Jahr die Regierung ihren Rechenschaftsbericht abgeben muß. Trotzdem bleibt die Lage im Inneren labil und zum Teil auch verworren; nur eine geschickte Außenpolitik kann dem Prinzen einige Standfestigkeit garantieren.

Gegenüber dem Ausland, ob in unmittelbarer Nachbarschaft oder in Übersee, vermeidet der Prinz jede Konfrontation; von allen Blöcken und Machtgruppen nimmt er Wirtschaftshilfe entgegen, vermeidet jedoch jegliche politische Festlegung. Als der Krieg in Vietnam in den Augen der US-Militärs eine Kontrolle des durch Kambodscha führenden Ho-Chi-Minh-Pfades unerläßlich erscheinen läßt, mißachten sie die Neutralität des Prinzen und unternehmen Grenzverletzungen. Da der Prinz hierauf am 3. Mai 1965 die Beziehungen zu den USA abbricht, bei der SEATO mit seinem Hilfegesuch auf taube Ohren stößt und der von den USA genährte Widerstand des konservativen Politikers Lon Nol wächst, muß er am 13. August 1969 die Macht an den Oppositonspolitiker abgeben. Während des als Auslandsreise deklarierten Ganges ins Exil ruft der Prinz von Peking aus zur Bildung einer „Nationalen Einheitsfront für die Befreiung Kambodschas“ auf und gibt hiermit den Auftakt zu Kämpfen zwischen regulären Truppen und eigenen Anhängern. Offiziell gerät Kambodscha am 29. April 1970 in den Strudel des Vietnam-Krieges, als an diesem und dem nächsten Tag südvietnamesische und amerikanische Verbände in das Land eindringen, um das hier vermutete Hauptquartier der kommunistischen Befreiungsfront zu erobern. Die US-Truppen verlassen zwar bald das Land wieder, doch die Südvietnamesen bleiben als Besatzungsmächte dort und am 2. Juni 1970 annektiert auch Thailand Grenzgebiete, an denen es schon lange interessiert ist. Die prokommunistischen Truppen verstärken hierauf ihre Aktivitäten, und bei Ablauf des Jahres 1971 kontrollieren sie bereits die Hälfte des Landes, das allerdings nur von einem Viertel der Bevölkerung bewohnt ist.

Lon Nol baut unterdessen seine persönliche Macht aus und übernimmt im März 1972 das Amt des Präsidenten, den Oberbefehl über die Streitkräfte und den Vorsitz im Ministerrat. Bei den Wahlen am 4. Juni gewinnt er zwar „nur“ 54% der Stimmen, doch bei den Parlamentswahlen am 3. September erhält die Regierungspartei alle Sitze, da die Konkurrenten die Wahl boykottieren. Auf außenpolitischem Gebiet steuert der Staatschef strikt den Kurs der USA, gerät dadurch aber immer tiefer in das aussichtslose Kriegsgeschehen. Denn die Lage für die Hauptstadt und die dort lebenden Menschen wird prekär, als die Kommunisten zu Beginn des Jahres 1975 die am Mekong-Fluß entlangführende Nationalstraße 1 sperren und somit die Versorgung Pnom Penhs nur noch aus der Luft gestatten. Die Preise für Lebensmittel steigen daher ungeheuerlich, und schon aus Existenzgründen ist für viele Kreise der Bevölkerung das Abgleiten in die Kriminalität unvermeidlich.

Auf kommunistischer Seite ist zu dieser Zeit nicht ganz klar auszumachen, wer nun eigentlich der Anführer im Kampf gegen Lon Nol ist. Zwar gilt Prinz Sihanouk offiziell noch immer als der Chef der Opposition, doch seine eigenen Mitteilungen lassen erkennen, daß er im Falle eines kommunistischen Sieges jede direkte Verantwortung ablehnen werde. So wendet sich die Aufmerksamkeit zunehmend Khieu Samphan zu, der schon unter Sihanouk Handelsminister gewesen ist und jetzt als Generalstabs- und Parteichef die Kämpfe der unter der Bezeichnung „Rote Khmer“ zusammengefaßten Oppositionsgruppen leitet.

Kontinuierlich setzen die Kommunisten ihren Vormarsch auf die Hauptstadt fort, und am 1. April 1975 erkennt der inzwischen von einer Krankheit gezeichnete Lon Nol die Aussichtslosigkeit seiner Lage und verläßt das Land. Nur noch zwei Wochen können die Nachfolger die Hauptstadt verteidigen, dann rücken am 16. April die Kommunisten ein und verfügen, daß die während des Lon-Nol-Regimes vergiftete „Stadt-Bourgeoisie“ Pnom Penh verlassen soll, um durch die Arbeit auf dem Acker oder Fischerboot wieder zu gesunden und dann nach Monaten, falls der Wunsch danach noch bestehen sollte, in die Stadt zurückzukehren.

Die Besetzung der höchsten Staatsämter von Kambodscha bringt noch keine sichere Klarheit über die neuen Machthaber. Zwischen dem 25. und 27. April 1975 wird zwar vom Nationalkongreß Prinz Sihanouk in seinem Amt als Staatspräsident bestätigt, zuvor schon aber hat er aus seinem Exil verbreiten lassen, er verzichte auf eine Rückkehr nach Kambodscha. Als Ministerpräsident wird von dem Kongreß der bis dahin kaum bekannte Penn Nouth eingesetzt. Doch als eigentlicher Sieger gilt weiterhin Khieu Samphan.

Als sich die Blicke der Weltöffentlichkeit schon von Südostasien abwenden wollen, erregt Kambodscha nochmals mit einem eigenartigen Zwischenfall Aufsehen. Schon wenige Tage nach der Machtübernahme haben die Kommunisten erklärt, sie bestünden an ihrer Küste auf einer Zwölf-Meilen-Zone, deren Basislinie die Kambodscha vorgelagerten Inseln einschließe. Da schon mehrmals diese Veränderung des Hoheitsgebietes von Schiffen mißachtet worden ist, beschießt am 12. Mai 1975 ein kambodschanischer Frachter das US-Schiff „Mayaguez“, worauf Kambodschaner das unbewaffnete Schiff entern und ihm einen küstennahen Kurs aufzwingen. Die US-Regierung antwortet auf diese Provokation sofort, alarmiert gegen den Willen der Regierung Thailands dort stationierte Truppen, die am 15. Mai unter schweren Verlusten auf einer Kambodscha vorgelagerten Insel landen, wo die „Mayaguez“, allerdings ohne Besatzung, vor Anker liegt. Erst nachdem die Seeleute von einem weiteren US-Frachter übernommen worden sind, erfährt die US-Regierung von der schon Stunden zuvor mitgeteilten Bereitschaft der Kambodschaner, Schiff und Mannschaft zurückzugeben. Trotzdem startet noch 37 Minuten nach der Übernahme des Schiffes eine Angriffswelle auf eine kambodschanische Ölraffinerie bei Kampong Son.

Die Nachrichtensperre, die seit Kriegsende über das Land verhängt worden ist, erlaubt kaum mehr exakte Aussagen über den weiteren Verlauf der Entwicklung in Kambodscha. Festzustehen scheint nur, daß unter der Führung Samphans der Einfluß Hanois zunimmt und sich das Land in kürzester Zeit in einen reinen Agrarstaat gewandelt hat.

Laos Im Verband der Union Française bleibt das Land bis zum 2. Weltkrieg. Die Schwäche Frankreichs ausnützend, besetzen die Thai weite Gebiete. Eine japanische Invasion wird zunächst auf Grund diesbezüglicher Warnungen aus Washington aufgeschoben, aber dann erfolgt sie doch und verändert die Lage der Bevölkerung nicht. Nach dem Abzug der Japaner proklamiert der Prinz Phetsareth am 1. September 1945 die Unabhängigkeit des Landes.

Schon im Frühjahr 1946 besetzen die Franzosen wieder das Land, worauf sich die na-

tionalistische Pathet-Lao-Bewegung auf das Land zurückzieht und den Widerstand gegen die Kolonialmacht organisiert. Da sich die Franzosen gleichzeitig auch in Vietnam zunehmendem Druck gegenübersehen, verkünden sie die „Unabhängigkeit von Laos innerhalb der Union Française", worauf Souvanna Phouma sich aus der Pathet-Lao-Bewegung nach Vientiane zurückzieht, während sein Halbbruder Souphanouvong den Kampf mit zunehmender Unterstützung Nordvietnams fortsetzt.
Als im November 1957 die linken Kräfte auf parlamentarischem Weg die Macht übernehmen wollen, intervenieren die USA. Diese Praxis wiederholen sie in Zukunft immer wieder, wenn ein Aufstieg der Sozialisten droht. Infolge dieser Situation stimmen die USA am 23. Juli 1962 in Genf der Erklärung der Neutralität von Laos zu. Trotzdem vollzieht sich in den kommenden Jahren von der Weltöffentlichkeit fast völlig unbemerkt die Einbeziehung von Laos in den Vietnamkrieg, da durch das Land der Ho-Chi-Minh-Pfad, die wichtige Versorgungsstraße der Nordvietnamesen, führt. Daher werden nach 1963 und verstärkt von 1967 bis 1971 im Auftrage der US-Air Force und der CIA unter strenger Geheimhaltung chemische Versuche unternommen, mit deren Hilfe künstliche Regenhimmel erzeugt werden, die das Wegenetz in Schlamm und Morast verwandeln sollen.
Im Kriegsverlauf zwischen 1971 und 1975 gewinnt die kommunistische Pathet-Lao-Bewegung immer mehr am Bedeutung, so daß es schließlich am 11. Mai 1975 zu einer geradezu geräuschlosen Machtübernahme kommt und die Veranlassung für einen Bürgerkrieg verschwindet. Die künftige Rolle des Landes wird nun sowohl von Vientiane als auch von Hanoi aus geregelt, denn die Freunde Nordvietnams gewinnen in Laos immer mehr Einfluß.

Indonesien Auf Grund der guten Verbindungen in alle Teile der Welt wirken sich auch in Indonesien die wichtigen politischen Strömungen des 20. Jahrhunderts aus und beginnen die Menschen zu faszinieren. Bereits vor dem 1. Weltkrieg entsteht eine sozialdemokratische und bei seinem Ende eine kommunistische Partei. Um den von ihnen ausgehenden Gefahren zu begegnen, erweitern die Holländer allmählich das Mitspracherecht der einheimischen Kräfte und setzen einen „Volksraad" ein. Nachdem in den Jahren 1926 und 1927 alle sozialistischen Parteien von den Holländern aufgelöst worden sind, wenden sich die Intellektuellen der von Ahmed Sukarno geführten „Partei nasional Indonesia" zu. Ein wesentlicher Beitrag dieser Partei ist darin zu sehen, daß sie sich bemüht, die Zersplitterung des Inselreichs durch die Einführung einer allgemeinen Sprache („bahasa Indonesia"), einer einheitlichen Landesfahne und einer gemeinsamen Hymne zu überwinden.
Holland erkennt die Gefährlichkeit Sukarnos und sucht nach Kräften seinen Einfluß durch mehrmalige Inhaftierungen zu mindern. Doch durch die Japaner erhält er erneut die Möglichkeit der politischen Betätigung zurück, auch wenn sie dem Lande die Unabhängigkeit verweigern. Nach dem Abzug der letzten fremden Soldaten proklamiert Sukarno in der Hauptstadt Djakarta die Selbständigkeit der Indonesischen Republik.
Doch nun beginnt erst der eigentliche innenpolitische Streit zwischen den gemäßigten und radikalen Kräften, und die Rolle des Schlichters fällt zunehmend an die Staaten, die durch Investitionen am wirtschaftlichen Reichtum der Inseln teilhaben wollen. So kommt es zu einer Einigung zwischen Holland und Indonesien im Vertrag von Linggadjati, der eine Teilung der Herrschaft vorsieht. Während auf den Inseln Java, Maduara und Sumatra eine unabhängige Republik errichtet werden soll, unterstehen die übrigen Inseln weiterhin Holland. Diese Lösung ist aber ohne lange Dauer und der erneute Streit wird nun auf Anregung Sukarnos vom Sicherheitsrat der UNO behandelt; die sich anschließenden internationalen Gespräche führen im Jahre 1950 zur Gründung der Vereinigten Staaten von Indonesien, die sich zunächst föderalistisch, doch dann zunehmend zentralistisch geben. Im Jahre 1954 bricht der Staat seine Beziehungen zu Holland ab.
Sukarnos geschicktes Taktieren zwischen den Blöcken verleiht ihm zunächst großes internationales Ansehen. Doch als er sich infolge seiner Innenpolitik immer mehr Feinde macht, zunächst bei den Malaien, dann bei den Briten und schließlich in den USA, regt sich der Widerstand. Nachdem schließlich nur noch die Volksrepublik China als bedeutender Verbündeter Indonesiens bleibt, erhebt sich eine antikommunistische Revolte, die im Jahre 1965 auch Sukarno erfaßt und durch die er ein Jahr später alle seine Ämter verliert. Neuer starker Mann wird auf den Inseln der General Suharto, der durch einen antikommunistischen Kurs und mit Hilfe westlicher Investitionen die Wirtschaft des Landes beleben will. Er verfolgt eine antikommunistische, bündnisfreie Außenpolitik und öffnet sein Land dem Westen. Dabei pflegt er gute Beziehungen mit den Nachbarn in der Region. 1983 wird Suharto zum vierten Mal zum Präsidenten gewählt.

Malaiische Halbinsel – Malaya Zwischen den beiden Weltkriegen ist die Landbrücke weiterhin als Wirtschaftsfaktor bedeutsam. Politische Unruhen ergeben sich kaum, da die Briten durch ihr Vertragssystem einen praktikablen Weg zur Lösung anstehender Probleme gefunden haben. Wohl entstehen auch hier kommunistische Parteien, doch ihr Einfluß bleibt insgesamt gesehen sehr gering.
Nach dem Zweiten Weltkrieg fördert Großbritannien sogar die Zersplitterung des Landes, um die Entstehung nationalistischer Tendenzen zu unterbinden. Erst im Jahre 1946 werden die Fürstentümer zu einer Union zusammengeschlossen, doch bedeutet dies noch nicht die Selbständigkeit. Erste Wahlen zu einem Parlament finden im Jahre 1955 statt, und am 31. August 1957 erhält das Land seine Unabhängigkeit, ohne aus der wirtschaftlichen Abhängigkeit von England entlassen zu werden. Diese Regelung gilt allerdings nicht für Singapur, das erst 1959 die Autonomie und 1963 die Unabhängigkeit bekommt. In diesem Jahre wird das Staatensystem geändert, da der Malaiische Bund nun in einen zentralen Staat mit der Bezeichnung „Malaya" umgewandelt wird, an dessen Spitze abwechselnd einer der neun Fürsten für fünf Jahre die Stellung des Staatsoberhauptes einnehmen soll. Der durch diesen Beschluß in Frage gestellte Status von Singapur wird 1965 entschieden, indem der Stadtstaat zur einer selbständigen Republik erhoben wird. Als selbständiger Stadt-Staat erlebt Singapur in den 70er und 80er Jahren einen rasanten wirtschaftlichen Aufschwung, der auf vielen Gebieten und infolge seiner niedrigen Arbeitslöhne sogar die Japaner überrundet.

Philippinen Die als die neuen Machthaber einziehenden USA unterscheiden streng zwischen wirtschaftlicher und politischer Herrschaft. Während an der politischen Macht die einheimischen Kreise beteiligt werden, bleiben die wirtschaftlichen Schlüsselstellungen ausschließlich in amerikanischer Hand. So können kaum soziale Reformen durchgeführt werden, und auf den Inseln wird teilweise sehr erbitterter Widerstand spürbar.
Nach der Zerschlagung der amerikanischen Pazifik-Flotte im Hafen von Pearl Harbour verlassen die Amerikaner und ihre Verbündeten die Inseln und überlassen sie den Japanern. Gegen sie richten sich die Aktivitäten der „Antijapanischen Volksarmee", die besonders von Sozialisten und Kommunisten gefördert wird.
Um nach der Vertreibung der Japaner den Einfluß der „Volksarmee" nicht noch weiter wachsen zu lassen, statten die USA nach ihrer Rückkehr die neue Regierung mit

weiteren Vollmachten aus, verlangen aber die parlamentarische Verabschiedung eines Wirtschaftsgrundgesetzes („Bell Trade Act"), das den USA wichtige ökonomische Vorteile einräumen soll. Dies gelingt der Regierung nur durch einen Bruch der Verfassung, doch bekommt sie dafür die politische Unabhängigkeit.
Ergänzend zu der wirtschaftlichen Vorherrschaft der USA tritt in den Nachkriegsjahren auch deren militärische. Auf Grund des verbliebenen politischen Spielraumes können auch jetzt keine sozialen Reformen durchgeführt werden, zumal seit dem Einströmen von US-Wirtschaftshilfen eine kleine einheimische Oberschicht entstanden ist, deren Interessen mit denen der US-Regierung übereinstimmen. Im Jahre 1965 erlangt bei den Wahlen Fernando Marcos das Präsidentenamt, der sich politisch zunächst ganz in den Schatten der USA stellt, dann aber nach deren Abzug nach Vietnam auch zu den kommunistischen Staaten Verbindungen aufnimmt. Bei seiner Innenpolitik muß er die amerikanischen Interessen weiterhin streng beachten. Nach zwanzig Jahren Marcos-Herrschaft, welche Korruption und persönliche Bereicherung nicht ausschloß, wird die Opposition deutlich spürbar. Ihr Führer, Benigno Aquino wird bei der Heimkehr aus dem Exil ermordert, was ihren Kräften zusätzlichen Auftrieb gibt. Die Witwe Aquinos beginnt einen mutigen Feldzug gegen das Marcos-Regime, der schließlich 1986 aufgibt. Seither ist Corazon Aquino Präsidentin der Philippinen. Nur mit Mühe gelingt es ihr, die Marcos-Getreuen in Staat und Armee in die Schranken zu weisen.
Belastet wird das Land durch eine schon über Jahrzehnte andauernde kommunistisch unterwanderte Separationsbewegung in den südlichen Landesteilen.

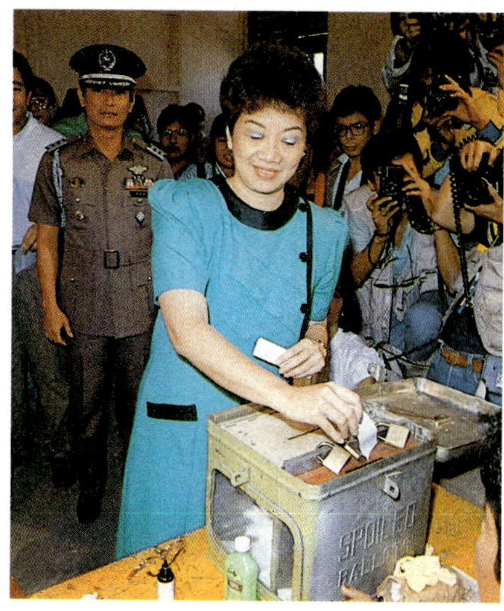

Corazon Aquino, von einer Begeisterungswelle des Volkes in einer nahezu unblutigen Revolution an die Spitze des Staates getragen, bei der Stimmabgabe.

China von der Herrschaft der Mandschu bis zur kommunistischen Machtübernahme

DAS ENDE DER NATIONALEN MING-DYNASTIE

Das 16. Jahrhundert stellt für das Ming-Reich trotz aller Krisenfaktoren eine Zeit relativer innen- und außenpolitischer Stabilität dar. Die als „fremde Teufel" bezeichneten und von den Chinesen zumeist wegen ihres materialistischen Handelsinteresses verachteten Europäer erhalten Hafen-Niederlassungen zugewiesen (1557 Macao für die Portugiesen; vor 1600 noch die Spanier, dann die Holländer und zuletzt, 1637, die Engländer) und dürfen christliche Mission betreiben. Die Bedrohung der Grenzen durch mongolische Heere und japanische Piraten kann durch Errichtung von staatlich subventionierten Grenzmärkten bzw. Evakuierung der Küstenbevölkerung vermindert werden. Selbst die Invasion japanischer Samurai-Heere in Korea 1592/98 kann – wenngleich mit enormen Kosten – siegreich zurückgeschlagen werden. Das wirtschaftliche Wachstum mag an der Zunahme der Bevölkerung von 65 Millionen (um 1400) auf 150 Millionen (um 1600) und der Verdrängung der Natural- durch die Geldwirtschaft im 16. Jahrhundert abgelesen werden.
In Nanking, der alten, und Peking, der seit der Regierung Kaisers Yung-lo neuen Ming-Hauptstadt, entfaltet sich noch immer ein prunkvolles höfisches und städtisches Leben. Die Kunst der Ming, wie sie etwa in dem 1958 ausgegrabenen Grab des Kaiser Wan Li (1573 bis 1619) mit seinen ungeheuren Schätzen an Jade- und Elfenbeinschnitzereien, Lackarbeiten, Seide- und Brokatstoffen, Bronze-, Cloisonné- und Golderzeugnissen zutage trat, ist von einer handwerklichen Virtuosität und einer stark archaisierenden Tendenz geprägt.

Aus der Ming-Zeit stammt diese Weinschale mit einem Dekor aus Unterglasurblau und Schmelzfarben. Sie trägt die Marke des Kaisers Ch'eng-hua (1465–1487). Solche Stücke versuchte man in Europa nachzuahmen (polychromes Delft). Das Geheimnis der Porzellanherstellung wurde hier aber erst 1709 entdeckt. London, Percival David Foundation.

Ein gutes Beispiel für die Architektur der Ming-Zeit liefert der Portalturm der Grabanlagen des Kaisers Yung-lo (1403–1424) nördlich von Peking.

Der orthodoxe Neokonfuzianismus verbietet auf wissenschaftlich-literarischem Gebiet eine Verarbeitung der durch die Kontakte mit Europäern gewonnenen Erkenntnisse. Neben der Ming-Architektur bilden lediglich die von keinen frühen historischen Vorbildern belastete Porzellanherstellung (mit dem kobaltblauen Dekor, der „famille verte" und „famille rose" usf.) und die Entwicklung des „bürgerlichen", von den Gelehrten als trivial verachteten Romans anonymer Autoren in der Umgangssprache (am berühmtesten das um 1610 erschienene „Chin P'ing Mei") Bereiche schöpferischer Eigenständigkeit.

Der Zentralismus des kaiserlichen Absolutismus und der Verwaltung der 15 Reichsprovinzen wird durch immer zahlreichere und heftigere Kämpfe unter den am Hof rivalisierenden Eunuchencliquen und den mit ihnen jeweils verbündeten Beamten- und Gentry-Gruppierungen zwar nicht in seinem Anspruch, wohl aber in seiner Funktionsfähigkeit in Frage gestellt. Das 1510 konfiszierte Vermögen des aus armer Familie stammenden Eunuchen Liu Chin übersteigt an Wert den Jahresetat des Ming-Staates! Diese Patronage- und Korruptionspolitik hoher Regierungskreise – bisweilen auch geradezu eine „Eunuchendiktatur" – führt immer wieder im Verein mit Hungersnöten zu „Volksaufständen", d. h. lokal begrenzten und infolgedessen rasch niedergeworfenen oder von selbst verlöschenden Erhebungen der Bauern und unterprivilegierten Teile der Beamtenschaft gegen die Reichen. Die Sicherung der Nordgrenze und die aufwendige Versorgung der exponiert liegenden „Nordhauptstadt" (Peking) führen zusammen mit der Tatsache, daß die meisten der die Regierung und die Geheimpolizei kontrollierenden Palast-Eunuchen aus Nordchina stammen, zu einer Vernachlässigung der südlichen und westlichen Gebiete des Reiches bei Verwaltung, Ausbau und Hilfsmaßnahmen in Katastrophenfällen.

Als sich mit Li Tzu-ch'eng und Chang Hsien-chung zwei große Führerpersönlichkeiten an die Spitze einer von der Provinz Shensi seit den 20er Jahren ausgehenden Aufstandsbewegung infolge von Hungersnot und Steuerdruck setzen und mit ihren Streitkräften Shansi, Kansu, Honan und zuletzt die Hauptstadt Peking erobern, begeht der Ming-Kaiser Ch'ung-Chen (1628 bis 1644) durch Erhängen in seinem Palast Selbstmord. Die von dem General der Nordfront Wu San-kuei zu Hilfe gerufenen Mandschu, eine straff in „Bannern" organisierte, expansive Föderation tungusischer Stämme unter ihren Führern Nurhaci (1559 bis 1626) und Abahai (1626 bis 1643), nutzen die günstige Gelegenheit, von der seit 1629 besetzten Grenzprovinz Liaotung aus die „Große Mauer" zu überschreiten und sich in Nordchina festzusetzen. In den nun folgenden vierzig Jahren gelingt es den Mandschu, Rebellen und Ming-Anhänger niederzuwerfen und ihre Herrschaft über ganz China auszudehnen – nicht zuletzt deshalb, weil große Teile der Gentry, im Gegensatz zur loyalen Beamtenschaft, mit den Invasoren paktieren, um ihre Privilegien zu retten.

Die Rebellion des von den Mandschu protegierten Wu San-kuei, de facto Befehlshaber über Yünnan, Kueichou, Hunan, Ssech'uan und Shensi, 1673 aus Furcht vor Entmachtung mit guter Aussicht auf Erfolg unternommen, kann nach seinem Tod 1678 von den Mandschu niedergeworfen werden, womit auch Süd(west)china in der Hand der fremden Feudalherren ist.

DIE HERRSCHAFT DER MANDSCHU

Die von Abahai 1636 proklamierte Ch'ing-Dynastie, die über China bis 1911

regieren wird, bringt drei große Herrscherpersönlichkeiten hervor, die den Bestand des Mandschu-Reiches sichern: K'ang-hsi (1662 bis 1722), Yung-cheng (1723 bis 1735) und Ch'ien-lung (1736 bis 1796). Die Mandschu, etwa 2% der Gesamtbevölkerung, übernehmen im wesentlichen das Regierungs- und Verwaltungssystem des Ming-Reiches – sie besetzen lediglich alle wichtigen Ämter paritätisch mit je einem Mandschu und einem Chinesen (was bei den notwendigerweise unterschiedlichen Qualifikationen beider aufgrund der unterschiedlichen Bewerberzahl freilich zu verwaltungsinternen Spannungen führt). Durch ihr zentralistisches „Banner"-System kontrollieren sie das gesamte Land militärisch, wobei acht mandschurischen „Bannern" (Garnisonen) mit etwa 27 800 aktiven Soldaten noch acht mongolische (12 000 Soldaten) und acht chinesische (16 500 Soldaten, die meist bei der Artillerie, im Pionierwesen und in der Verwaltung dienen) zur Seite stehen. Eine Assimilation der Mandschu-Herrenschicht durch Sinisierung will die Mandschu-Regierung verhindern, indem sie verbietet, daß Mandschu Chinesinnen heiraten, chinesische Kleidung und Gebräuche übernehmen (vielmehr müssen die Chinesen die Mandschu-Haartracht des Zopfes übernehmen) und einen anderen Beruf als den militärischen oder zivilen Staatsdienst ergreifen.
Unter der Herrschaft des mit 14 Jahren selbst die Regierungsgeschäfte übernehmenden K'ang-hsi, der im Innern durch sein „Heiliges Edikt" (1671) eine neue politische Ordnung proklamiert, der den Hoangho regulieren und den Kaiserkanal instandsetzen läßt sowie auf sechs Inspektionsreisen auch Südchina kennenlernt, demgegenüber sich die Mandschu stets reserviert verhalten werden, erweitert das Mandschu-Reich seine Macht nach außen. Neben der Mandschurei, die seit 1668 für chinesische Einwanderer gesperrt ist und aus der zentralistischen Provinzverwaltung herausgenommen wird, sowie der Inneren Mongolei, kommen noch Formosa (seit 1683) und die Äußere Mongolei (seit 1691/96) zu den 18 Provinzen (sheng) des eigentlichen China. In der Mitte des 18. Jahrhunderts hat dann das Mandschu-Reich, vergrößert um Tibet, das Kukunor-Gebiet und Ostturkestan (Sinkiang), seine größte Ausdehnung erreicht. Nur Burma (1767/69) und Nepal (1791/92) können noch tributpflichtig gemacht werden. Aufstände in den besetzten Gebieten, etwa der Mongolen in Turkestan 1758/59 und 1781/84 oder der Miao in Yünnan und den Grenzgebieten von Kueichou, Ssech'uan und Hunan 1735/36, 1766, 1795/96, werden rücksichtslos unterdrückt. Mit den im 17. Jahrhundert über Sibirien nach Ostasien vordringenden Russen wird am 7. September 1689 in Nertschinsk ein Vertrag über den Grenzverlauf im Amurgebiet geschlossen: Das in den Sprachen Latein, Mandschu, Mongolisch, Chinesisch und Russisch abgefaßte Dokument ist der erste offizielle Vertrag zwischen einem chinesischen Kaiser und einem europäischen Land.
Der äußeren Machtentfaltung entspricht im Innern nicht die gleiche Substanz. Werden die neu eroberten Außenlande als eine Art Protektorate unter Belassung der einheimischen Stammesverfassung verwaltet, wobei sie freilich trotzdem einem Sinisierungsprozeß unterworfen sind (auf den heute die VR China teilweise ihre Gebietsansprüche gründet), so fehlt den Mandschu die kosmopolitische Liberalität des T'ang-Reiches. Die Faktoreien der europäischen Nationen in den Hafenstädten Macao, Amoy, Ningpo und Dinghai werden 1757 aufgelöst, und nur noch das von einem kaiserlichen Zoll-Intendanten verwaltete Kanton wird für den Überseehandel offengehalten. Die Lizenzierung der dortigen, im sogenannten Cohong gildenartig zusammengeschlossenen Kaufleute garantiert zugleich maximale Kontrolle und Gewinnabschöpfung. Das durch das Verbot des Außenhandels mit Europäern abgeschlossene China erlebt zwar im 18. Jahrhundert eine Epoche der Prosperität, Stabilität und kulturellen Blüte, aber auf Kosten einer fehlenden Modernisierung seines Gesellschafts-, Wirtschafts- und Regierungssystems. Im 19. Jahrhundert zeigen sich dann die verhängnisvollen Versäumnisse in den Auseinandersetzungen mit den Mächten des industrialisierten Europa.
Noch unter der Regierung des großen Ch'ien-lung zeigen sich erste Anzeichen eines Niedergangs der Mandschu-Macht: Seit 1774 kommt es zu einer Reihe von Aufständen verarmter Bauern und entwurzelter städtischer Elemente infolge steigender Lebensmittelpreise, höherer Steuern und zunehmender Korruption der Oberschicht (das Vermögen des 1799 entmachteten Banner-Generals Ho-shen ist zehnmal so groß wie ein Jahresetat ganz Chinas!). Der von Mitgliedern der Geheimsekte „Weißer Lotos" in Shantung 1774/75 entfesselte Aufstand erfaßt nach und nach sechs Provinzen, richtet sich gegen die Besitzenden allgemein und kann, obwohl er von der Regierung als antimandschurische „nationale" Bewegung mit aller Härte bekämpft wird, erst unter Kaiser Chia-ch'ing (1796 bis 1820) durch kombinierte Aktionen von Bannertruppen und lokalen Milizen der Gentry niedergeworfen werden. Mitverursacht wird die Not der Unterschichten durch ein enormes Bevölkerungswachstum von 100 Millionen 1660 auf 143 (1741), 184 (1754), 243 (1778) und schließlich 295 Millionen um 1800. Seine Ursachen sind noch nicht geklärt, doch seine Folgen liegen bei einer langsamer anwachsenden Agrarproduktivität und mangelhaften Möglichkeiten der Binnen- und Außenkolonisation auf der Hand.
Beim Mangel an Arbeitsplätzen im sekundären und tertiären Sektor nimmt die Zins- und Fronknechtschaft der von Großgrundbesitzern abhängigen Kleinbauern und Landarbeiter drückend zu. Das rentenkapitalistische System der chinesischen Gentry, die ihre Gewinne nicht in die Produktionsverbesserung steckt, sondern in den Konsum von Luxusgütern, die Finanzierung von Beamtenkarrieren der Söhne oder den Kauf weiteren Grundbesitzes, verhindert zusammen mit der konfuzianischen Geringschätzung des Handels – welche mit für die Fehleinschätzung der europäischen Handelsinteressen verantwortlich ist – einen Ausbau des verarbeitenden Gewerbes. Dem Sozialprestige des Literaten-Beamtentums nacheifernd und von der Lizenzen vergebenden Macht der Bürokratie abhängig, engagiert sich der chinesische Kapitalist nur dort, wo Möglichkeiten zur Bestechung oder staatliche Monopolisierung hohe Renditen garantieren.

Opiumkrieg und T'ai-P'ing-Aufstand

Der illegale, d. h. nicht regulär über Kanton abgewickelte Handel der englischen Ostindienkompanie mit Opium, der immer umfangreicher wird (zwischen 1780 und 1810 werden pro Jahr ca. 325 000 kg eingeführt, 1832 1,4 Mill. kg und 1838 gar 2,6 Mill. kg), nötigt die Mandschu-Regierung aus Sorge um ihre schwindende Autorität und die passive Handelsbilanz sowie den Münzgeldabfluß, weniger aus Sorge um die Volksgesundheit, zum Eingreifen. Auf die Beschlagnahme und Verbrennung von Opium sowie die Ausweisung aller Engländer 1839 reagiert Großbritannien, das seinen Ostasienhandel gefährdet und die Chance der Erpressung besserer Konditionen im Chinahandel gekommen sieht, mit Entsendung einer Kriegsschiff-Flotte. Im Frieden von Nanking (29. 8. 1842) muß China die Öffnung der Häfen Kanton, Amoy, Ningpo, Fuchou und Shanghai für den britischen Handel zugestehen und Hongkong „auf ewige Zeiten" an Großbritannien abtreten. Es muß einem niedrigen Zolltarif und der Eröffnung von Konsulaten in den Hafenstädten zustimmen und insgesamt 21 Mill. Dollar als Schadenersatz in Jahresraten bis Ende 1845 zahlen. Ähnliche Abkommen schließt China 1844 bis 1847 noch mit den USA, Frankreich, Schweden und Norwegen. Da der Opiumhandel weiter blüht (wodurch der Regierung riesige Zolleinnahmen entgehen), entsteht aus eigentlich nichtigem Anlaß der Zweite Opiumkrieg (1856 bis 1860). In ihm werden Kanton, Tientsin und Peking besetzt. Als Repressalie wird der kaiserliche Sommerpalast in Peking geplündert und zerstört. In den im folgenden abgeschlossenen, noch mehr demütigenden „ungleichen Verträgen" muß China die Öffnung weiterer 11 Häfen (darunter Nanking und Tientsin) für britische und französische Handelsschiffe und je ein Kriegsschiff sowie freie Schiffahrt auf dem Yangtse, Freizügigkeit aller Franzosen und Briten in China, freie Missionstätigkeit und Konsulargerichtsbarkeit sowie die Legalisierung des Opiumhandels zugestehen. Dazu kommen wiederum ein niedrigerer Zolltarif und 7 Mill. Dollar Schadenersatz. Ähnliche Handels- und Schiffahrts-Verträge mit Preußen/Deutschland, Portugal, Dänemark, den Niederlanden, Spanien, Belgien, Italien, Österreich und Japan folgen bis 1871. Rußland hat überdies während des Zweiten Opiumkrieges das linke Amurufer besetzt; 1860 wurde Wladiwostok gegründet.

China befindet sich nun, auch wenn die kulturelle Überlegenheit des „Reichs der Mitte" von den banalen Handelsverträgen mit den „Barbaren" nicht tangiert scheint, fast im Status einer Halbkolonie. Nur die Rivalität der vielen Mächte untereinander verhindert zusammen mit der Größe des Landes seine weitere Aufteilung. Nicht zu verhindern ist, daß durch die ausländische Ausbeutung die chinesische Handelsbilanz hoffnungslos passiv wird und Inflation und immer neue Staatsanleihen bei ausländischen Kapitalgebern die Staatsfinanzen restlos zerrütten. Auch nicht zu verhindern ist, daß nun durch die permanente Konfrontation der vorindustriell-bürokratischen Agrargesellschaft Chinas mit der industriell-kapitalistischen bürgerlichen Ideologie der abendländischen Nationen das konfuzianische Weltbild, die Kaiser- und Staatsauffassung sowie die gesamte sozio-ökonomische Struktur des Landes grundlegend in Frage gestellt werden.

Der T'ai-P'ing-Aufstand (1850 bis 1866) hat, anders als die weiter andauernden Aufstände nicht-chinesischer Minderheiten gegen das Mandschu-China (z. B. der Mohammedaner 1825/27 und 1855/73), seine Ursachen in der tiefen Unzufriedenheit der chinesischen Landbevölkerung. Sektiererische Geheimbund-Aktivitäten verbinden sich mit christlichen Ideen und agrarrevolutionären Tendenzen. Der charismatische Führer Hung Hsiu-ch'üan (1813 bis 1864) sammelt über 30 000 „Gottesverehrer" um sich, arme Bauern, Bergarbeiter, Piraten und desertierte Soldaten, denen er das „himmlische Königreich des Großen Friedens" prophezeit. In Kuangsi wird dieser Gottesstaat auf Erden tatsächlich 1851 gegründet. In ihm ist der Privatbesitz abgeschafft, die individuelle ackerbauliche Nutzung wird kollektiv geregelt, Männer und Frauen sind gleichberechtigt – in den Augen der konfuzianischen Gentry eine Revolution! –, die Gattenwahl erfolgt nicht durch die Eltern der Frau, sondern durch diese selbst, der Genuß von Opium, Alkohol und Tabak und Prostitution sind verboten.

Im März 1853 erobern die Truppen der T'ai-P'ing Nanking, das sofort zur neuen Hauptstadt des Himmlischen Königreiches erklärt wird; die Bewegung zählt nun etwa

Angriff kaiserlicher Truppen auf die T'ai-P'ing in Nanking. Zeitgenössische chinesische Darstellung.

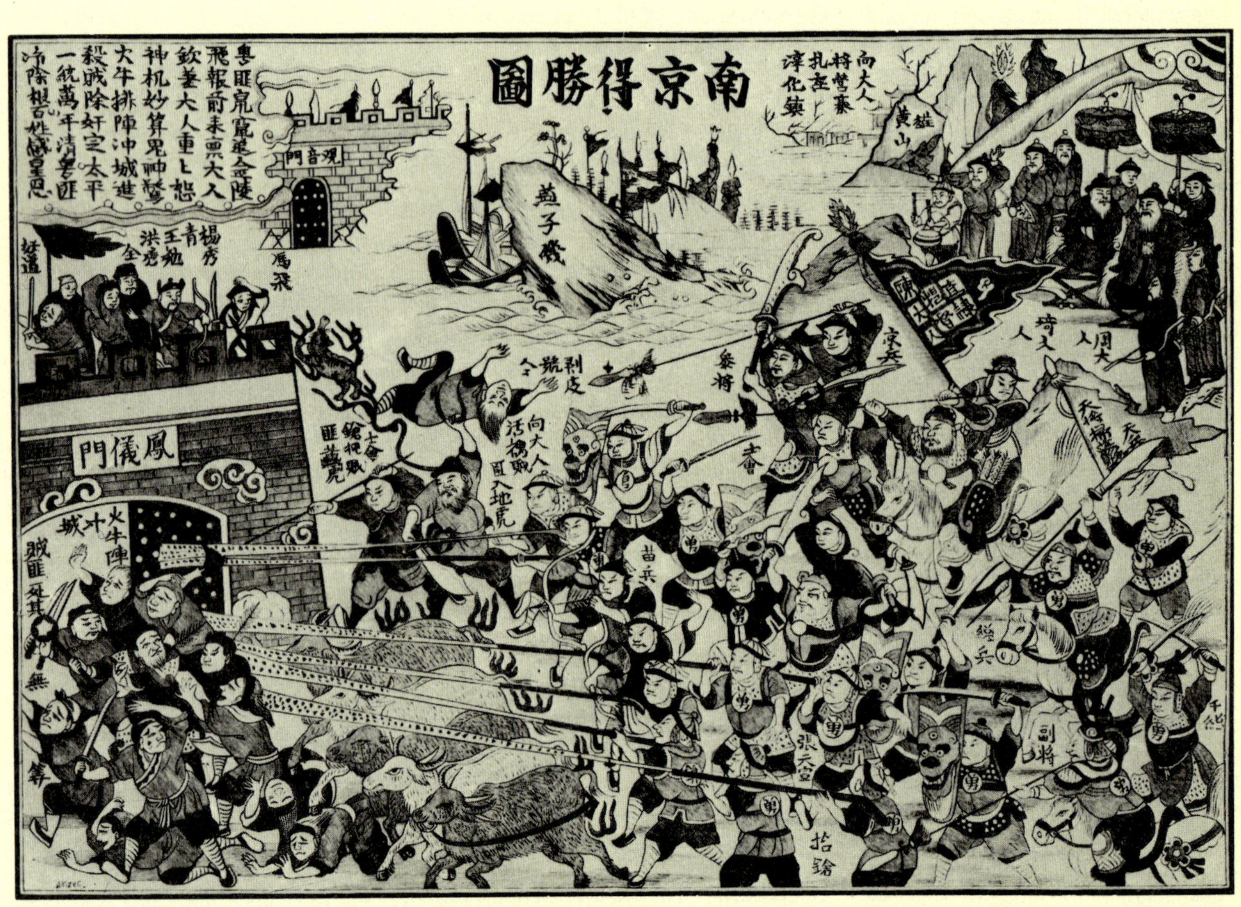

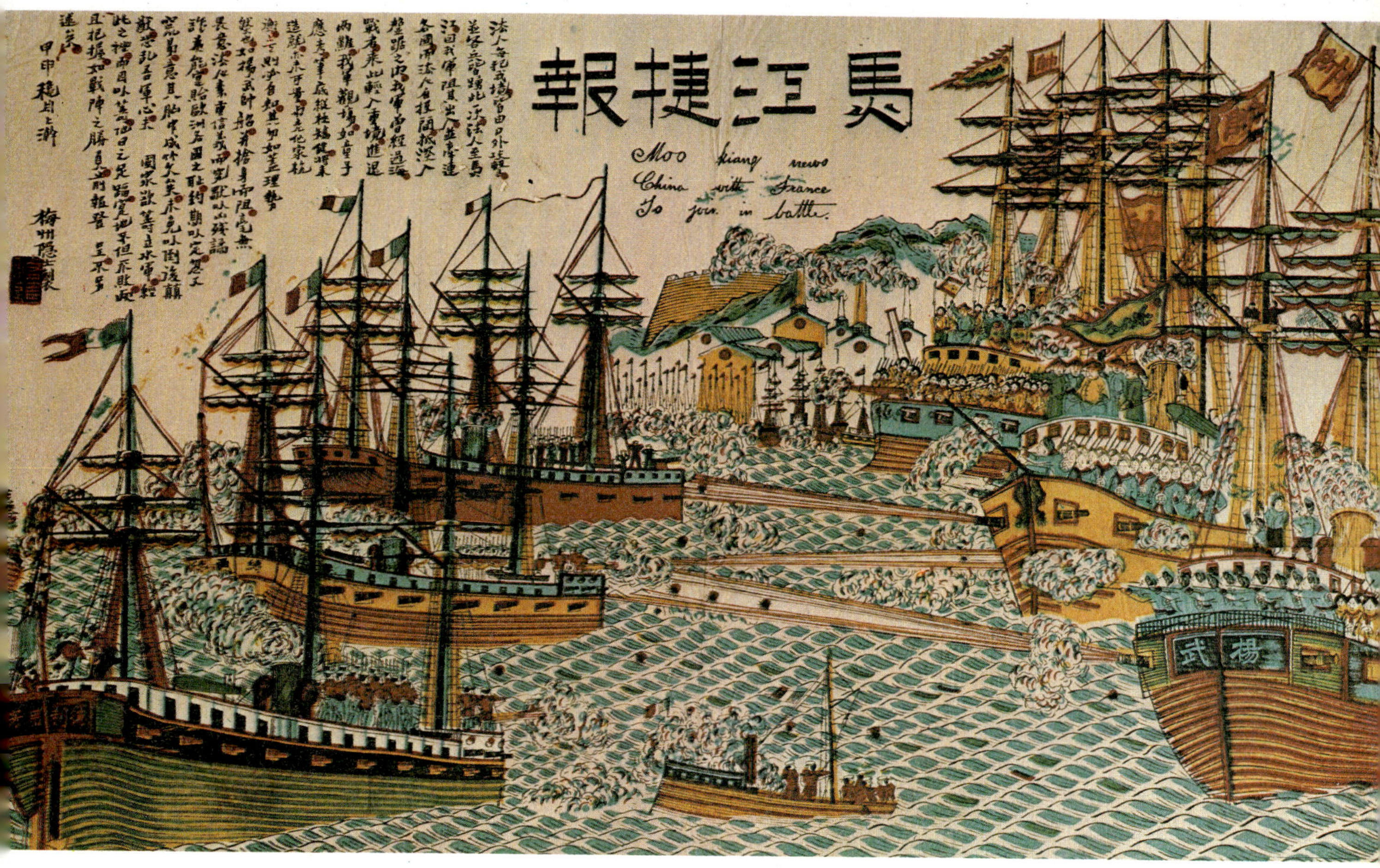

Seeschlacht während des chinesisch-japanischen Krieges (1894/95), in dem es um den Einfluß in Korea geht. Aufgrund ihrer modernisierten Armee und Flotte können die Japaner den Sieg erringen. China muß die „Unabhängigkeit" Koreas anerkennen und Formosa an Japan abgetreten.

eine Million aktiver Anhänger und kontrolliert den größten Teil Süd- und Südostchinas. Dann aber stagniert die weitere Ausbreitung; Shanghai und Peking können nicht erobert werden, weil sich innerhalb der T'ai-P'ing-Führung Cliquenwirtschaft, Wohlleben (Polygamie) und Rivalitätskämpfe breitmachen und die nordchinesische Gentry eigene Bauernmilizen mit Hilfe loyaler Beamter aufbaut. Letztlich scheitert die Bewegung daran, daß ihr Programm für den größten Teil der chinesischen Bevölkerung zu revolutionär ist: Die Abschaffung des Privatbesitzes stößt nicht nur die Gentry, sondern auch die kleinen Landbesitzer zurück, der moralisch-religiöse Puritanismus (der sich auch in der Zerstörung von Tempeln und Statuen entlädt) ist vielen konfuzianisch orientierten Chinesen zu fanatisch. Und außerdem schlagen sich die europäischen Mächte nach einer Phase des Lavierens (divide et impera) auf die Seite der Mandschu-Regierung. Sie fürchten die Annullierung ihrer Verträge durch die T'ai-P'ing und erwarten, zu Recht, von einer zum Dank verpflichteten Mandschu-Regierung weitere Zugeständnisse. Unter der Führung von General Gordon drängt die 1860 gebildete „Ever Victorious Army", bestehend aus englischen und französischen Abenteurern sowie chinesischen Soldaten, die T'ai-P'ing-Truppen ständig zurück. Mit dem Fall von Nanking 1864 ist der Aufstand faktisch beendet, letzte Gruppen werden bis 1866 aufgerieben. Fraglich muß bleiben, ob die T'ai-P'ing-„Revolution" im Fall ihres Erfolgs China wirklich in eine schöpferische Auseinandersetzung mit den politischen Forderungen und Ideen der westlichen Industriekultur hätte führen können, wie das etwa die Meiji-„Revolution" in Japan geschafft hat. Sicher dagegen ist, daß China nun, durch die Verheerungen und Millionenopfer des Bürgerkriegs geschwächt und weiterhin von den imperialistischen Mächten gedemütigt und von inneren Krisen geschüttelt, ein weiteres halbes Jahrhundert dahinsiecht.

Das Ende der Mandschuherrschaft und des Kaiserreichs Die Niederlage Chinas gegen die modern ausgerüsteten japanischen Armeen im Krieg 1894/95 um Korea, der von den europäischen Expeditionstruppen 1900/1901 blutig niedergeworfene „Boxer-Aufstand" sowie die von der Regierung 1905 verfügte Beseitigung des jahrhundertealten literarischen Zentralprüfungssystems für Staatsbeamte sind letzte Daten außenpolitischer Ohnmacht und innerer Konfusion. Sinkiang, die Äußere Mongolei und die Mandschurei gelten als russische, Tibet, Ssech'uan und die Yangtse-Provinzen als britische, die Halbinsel Shantung als deutsche und die südlichen Provinzen Yünnan, Kuangsi und Kuantung als französische Interessen- und Einflußsphäre. Die Riu-kiu-Inseln gehen 1876/79, Formosa 1895 an Japan verloren, das sich weiterhin 1910 das bisherige Protektorat Korea als Generalgouvernement einverleibt. 1885 muß China Frankreich die Gebiete von Tongking und Annam zugestehen. Der 1904/05 teilweise auf chinesischem Territorium ausgetragene russisch-japanische Krieg, in dem die Mandschurei – das Stammland der Mandschu-Dynastie – als Interessensphäre von Rußland an Japan wechselt, offenbart nochmals die militärische und politische Ohnmacht des Kaiserreiches. Die von einem Regentschaftsrat unter Leitung der Kaiserinwitwe Tz'u-hsi (1835 bis 1908) wahrgenommene Regierung fördert halbherzig oder blockiert gar die von reformorientierten Hofkreisen vorgeschlagenen Modernisierungsmaßnahmen. Aus Anlaß von Verstaatlichungsplänen für das Eisenbahnwesen und von Terroristen-Verfolgungen durch Regierungstruppen brechen 1911 überall im Land Anti-Mandschu-Revolten aus. Zahlreiche Gouverneure und Generäle erklären sich für unabhängig. Im Dezember 1911 besetzen aufständische Truppen Nanking und gründen eine Gegenregierung. Von Vertretern aus 16 Provinzen wird der Arzt und Führer des im Exil in Tokyo gegründeten „Revolutionsbundes" Sun-Yat-sen am 29. Dezember 1911 zum provisorischen Präsidenten der neuen Republik gewählt. Der minderjährige Mandschu-Kaiser P'u-i dankt am 12. Februar 1912 ab und beauftragt den kaiserlichen General Yüan Shih-k'ai mit der Führung des republikanischen Staatswesens. Aus Interesse an der Einheit des Reiches und Furcht vor einem Bürgerkrieg verzichtet Sun-Yat-sen auf die Präsidentschaft zugunsten von Yüan Shih-k'ai.

DAS SCHEITERN DER KUOMIN-TANG-REGIERUNG

Die von Sun Yat-sen und seinem „Revolutionsbund" (der späteren Kuomin-tang) erfolgreich unternommene Beseitigung der Mandschu-Herrschaft und versuchte Umwandlung Chinas in eine Republik stellt das Land auf eine harte Probe, die es zunächst nicht besteht. Lokale und regionale Militärmachthaber reißen die Macht an sich, bekämpfen sich, und die Zentralregierung ist ohnmächtig. Die Selbstproklamation Shih-k'ais zum Präsidenten auf Lebenszeit und dann zum Kaiser (Dezember 1915), eine kurzfristige Wiedereinsetzung des Mandschu-Kaisers Juli 1917 und die Existenz von zwei Regierungen (in Peking und Kanton) spiegeln die verworrene Situation. Sun Yat-sen widmet sich währenddessen der Reorganisation der Kuomin-tang (KMT). Zusammen mit den liberalen und intellektuellen Kräften der „Bewegung vom 4. Mai" (1919) und seit 1923 zusammen mit der 1921 gegründeten Kommunistischen Partei Chinas sucht er seine Konzeption von den „Drei Grundlehren vom Volk" (Einheit des Volkes, Rechte des Volkes, Wohlfahrt des Volkes) zum politischen Programm einer Volksfrontbewegung zu machen. Auf die „Periode der Militärregierung" soll die „Periode der belehrenden Regierung" (eine Art Erziehungsdiktatur) und dann erst die „Periode der verfassungsmäßigen Regierung" (Demokratie) folgen.

Der Tod Sun-Yan-sens am 12. März 1925 (sein Leichnam wird 1929 in einem eigenen Mausoleum bei Nanking aufgebahrt) läßt die inneren Gegensätze zwischen rechtem und linkem Flügel in der KMT und zwischen KMT und KPCh aufbrechen. Als neuer politischer Führer kann sich der Leiter der südchinesischen Militärakademie Whampoa, Tschiang Kai-schek (1886 bis 1975), durchsetzen. Seine militärischen Erfolge mit der KMT-Revolutionsarmee im Kampf gegen die Truppen der Peking-Regierung 1925/27 empfehlen ihn, doch kann und will er den von Sun-Yat-sen vorgezeichneten Weg der nationalen und sozialen Revolution nur bedingt beschreiten. Am 12. April 1927, kurz nach der Eroberung Shanghais, bricht er das Bündnis mit den Kommunisten und läßt alle Mitglieder der KPCh, deren man habhaft werden kann, umbringen. Damit sind die Weichen gestellt. Die KPCh, gezwungen, ein neues politisches Konzept zu entwickeln, findet in Mao Tse-tung (26. 12. 1893 bis 8. 9. 1976) eine Führerpersönlichkeit und in seiner Lehre vom „Bauernweg" einen praktikablen ideologischen Ansatz. Von der „Zentralbasis" Kiangsi aus werden nun kommunistische Kaderzellen aufgebaut.

Die Konsolidierung der „nationalen Revolution" unter Tschiang Kai-schek sieht so aus, daß die KMT zur Staatspartei wird, in die zunehmend größere Teile der alten, bislang in Opposition zur Republik befindlichen Gentry Eingang finden. Nach der „Wiedervereinigung" von Süd- und Nordchina (Juni 1928 Einnahme Pekings durch KMT-Truppen), also der Erreichung des Ziels „Einheit des Volkes", wird der zweite Programmpunkt von Sun Yat-sen mit der Proklamation der „Verfassung der Periode der erziehenden Regierung" am 1. Juni 1931 und der Gründung der konfuzianisch ausgerichteten Bewegung „Neues Leben" 1934 in Angriff genommen. Das Hauptproblem Chinas jedoch, die Agrarfrage, von Sun Yat-sen als eines seiner „drei Prinzipien" (Sozialismus in Form einer Agrarreform) theoretisch fixiert, läßt die KMT-Militärdiktatur praktisch unbehandelt. Dabei ist die Mangelexistenz großer Teile der 500-Millionen-Bevölkerung, von der 80% Bauern sind, unübersehbar. Die Pachtbauernfamilien (mit ca. 1,3 ha Land im Durchschnitt) leiden nicht nur unter ihren veralteten Produktionsmethoden – weil die Grundbesitzer ihre Rendite nicht zur Verbesserung der Produktionsbedingungen investieren, sondern in Landkauf, Banken, Luxus anlegen –, sondern auch unter hohen Pachtabgaben, Wucherzinsen bei Geldverleihern, hohen Steuern der lokalen Steuereinnehmer. Dieser Nährboden sozialer Unzufriedenheit wird von den Kommunisten genutzt, welche die Agrarreform durch Enteignung der Großgrundbesitzer und Mittelbauern propagieren und in ihren Kader-Gebieten auch praktizieren. Hier die Anziehungskraft der Kommunisten ebenso unterschätzt zu haben wie ihr militärisches Widerstandspotential – den „Vernichtungsfeldzügen" Tschiang Kai-scheks und seiner Generale entziehen sich die südwest- und südostchinesischen Kader durch den legendären „Langen Marsch" (16. 10. 1934 bis 20. 10. 1935) nach Shensi –, ist ein großer Minus-Posten auf dem Konto der KMT. Dazu kommt die gegenüber der japanischen Aggression in der Mandschurei (Abtrennung als selbständiger Staat Mandschukuo 1931/32) und der Annexion der chinesischen Nordprovinz Jehol Anfang 1933 zu nachgiebig-abwartende Haltung der KMT-Regierung.

Der Ausbruch des chinesisch-japanischen Krieges im Juli 1937 erzwingt einen Burgfrieden zwischen KMT und KPCh. Die raschen Erfolge der an drei Fronten vorrükkenden Japaner – bis Ende 1937 sind alle wichtigen Städte Nord- und Südchinas erobert – veranlassen die KMT-Regierung zur Flucht ins Rote Becken von Ssech'uan. Seit 1939 erstarren die Fronten zum Stellungskrieg, weil sich die japanischen Truppen auf die Sicherung und Ausbeutung der wichtigen Industrie- und Agrargebiete und somit lokale Abwehraktionen beschränken und die Erfolge der Partisanentaktik sei-

Nach der erfolgreichen Anti-Mandschu-Revolte wird der Arzt Sun-Yat-sen Ende 1911 zum provisorischen Präsidenten der neuen Chinesischen Republik gewählt. Hier sehen wir ihn vor seinem Abflug nach Nanking.

tens der KMT- und KP-Truppen am Frontverlauf allgemein wenig ändern. Erst mit dem Ausbruch des Krieges in Europa sowie der raschen Kriegsexpansion Japans im Pazifik und dem Kriegseintritt der USA wird der chinesische Krieg ein Teil des Kampfes der Alliierten gegen die Achsenmächte und Japan. Rüstungs- und Finanzhilfe für Tschiang Kai-schek sowie dessen Aufwertung durch Hinzuziehung zu Kriegskonferenzen stabilisieren die politische Macht der KMT, ändern aber militärisch wenig, obwohl die von Japan blockierte, für den Nachschub wichtige Burma-Straße 1944 wieder geöffnet wird. Im Gegenteil: Eine erfolgreiche japanische Gegenoffensive demoralisiert seit April 1944 die vernichtend geschlagenen KMT-Truppen.

Als Japan von den USA (nach heutiger chinesischer Ansicht von der UdSSR) im August 1945 zur Kapitulation gezwungen wird und die japanischen Heere zurückfluten, ist China plötzlich frei. Die KMT-Truppen können mit Hilfe amerikanischer Flugzeuge und Marineeinheiten die wichtigen Städte Ostchinas besetzen. Aber in weiten Teilen der Bevölkerung ist sichtlich das Vertrauen in die offenkundig korrupte, von Cliquenkämpfen zerrissene und im Krieg gegen die Japaner demoralisierte KMT geschwunden. Der Schwarzhandel mit japanischen Waren oder amerikanischen Hilfsgütern sowie der Verkauf von Waffen an die Kommunisten durch bestochene KMT-Militärs blüht. Viele Bauern in den bisher von Japan besetzten, nun befreiten Gebieten befürchten die Rückkehr der geflüchteten Grundherren oder ihrer Erben. Und in Nordchina (Shensi, Shansi, Hopei, Shantung) sowie im unteren Yangtse-Bekken haben die Kommunisten unter Führung Mao Tse-tungs ein Gebiet mit ca. 140 Millionen Menschen unter ihrer Kontrolle – 1937 waren es 1 bis 1,5 Millionen gewesen. Ihre Rote Armee zählt 600 000 bis 900 000 Mann gut ausgerüsteter und ideologisch zuverlässiger Truppen. Nach anfänglichen Vermittlungserfolgen des amerikanischen Sonderbotschafters General Marshall kommt es im Frühjahr 1947 doch zur offenen Konfrontation. Beide Seiten führen den Bürgerkrieg unter größtmöglicher Schonung der Zivilbevölkerung.

Bald erweisen sich die Truppen der Volksbefreiungsarmee, zuerst in Guerillakämpfen, dann auch in offenen Feldschlachten erfolgreich, als die dynamischere Kraft. Die in ihrem Wirkungsbereich vorangetriebene revolutionäre Agrarpolitik steht in Kontrast zur Mißwirtschaft und Inflation in den von KMT-Beamten und -Militärs beherrschten Gebieten. Nach der Eroberung des Nordostens im September/November 1948 durch Lin Piao überschreiten Teile der Volksbefreiungsarmee am 21. April 1949 mit 1 Million Soldaten den Yangtse und erobern Nanking. Tschiang Kai-schek flieht mit seiner Regierung und seinem Generalstab November/Dezember 1949 auf die Insel Taiwan. Hier begründen sie die Nationale Republik China (Tschung-hua min-kuo) unter der Präsidentschaft Tschiang Kai-scheks. Sie wird fortan militärisch und wirtschaftlich von den USA großzügig unterstützt (1950 bis 1966 1,5 Mrd. Dollar Wirtschafts- und über 2 Mrd. Dollar Militärhilfe).

Von 1943 bis zu seinem Tode 1976 war Mao Tse-tung Vorsitzender des ZK und des Politbüros der Kommunistischen Partei Chinas. Hier sehen wir ihn mit General Lin Piao, dem Besieger Tschiang Kai-scheks im Bürgerkrieg 1947/1949. Später wurde Lin Piao der designierte Nachfolger Maos. Im September 1971 findet er bei einem angeblichen Fluchtversuch in die Sowjetunion durch einen Flugzeugabsturz den Tod.

Auf dem Festland haben die Kommunisten am 21. September 1949 die „Chinesische Volksrepublik“ proklamiert als „Staat der demokratischen Volksdiktatur, geführt von der arbeitenden Klasse, gegründet auf die Vereinigung der Arbeiter und Bauern“ (Art. 1 der Verfassung).

DER AUFSTIEG DER VOLKSREPUBLIK CHINA ZUR GROSSMACHT

Die fundamentale Umwandlung nahezu aller Wirtschafts-, Gesellschafts- und Denkformen Chinas unter der Herrschaft der bis zu seinem Tod im September 1976 von Mao Tse-tung geführten Kommunistischen Partei ist ein bedeutsamer Teil der Weltgeschichte des 20. Jahrhunderts. Wenngleich mit Millionenopfern an Menschenleben und sicher einem Großteil Indoktrination („Umerziehung“) und physischem Zwang im Gefolge zentral propagierten Kollektivverhaltens („Massenlinie“) ins Werk gesetzt, verdienen die Erfolge des „chinesischen Weges“ doch Bewunderung. Ein heute über 800 Millionen Menschen zählendes Volk, das noch immer zu über 60% von der Landwirtschaft lebt, ausreichend zu ernähren, muß vor dem Hintergrund des Elends in den Entwicklungsländern der Dritten Welt als eine gewaltige Leistung angesehen werden. Die Kollektivierung in Form der 1957 im „Großen Sprung nach vorn“ ins Leben gerufenen „Volkskommunen“ muß hierfür ebenso wie die Praxis des „Auf-Zwei-Beinen-Stehens“ (d. h. gleichmäßige Förderung von Industrie- und Agrarwirtschaft) als Erklärung herangezogen werden. Auch die völlige Gleichberechtigung der Frau (1950 mit einem neuen Ehegesetz eingeleitet) und damit ihre Freisetzung für die Produktion (womit gleichzeitig die Geburtenüberschuß-Rate gesenkt wird) spielt dabei eine Rolle. Schließlich auch moderne agrartechnische Methoden, umfangreiche Bewässerungs- und Neulandkampagnen, Aufforstungs- und Schädlingsvertilgungsaktionen.

Die Entwicklung eines eigenen „chinesischen Weges“ zum Kommunismus zeigt sich erstmals deutlich 1957/58 im „Großen

China – Kontrast zwischen Ballungs- und Leerräumen

Sprung nach vorn" mit der Abkehr von sowjetischen Mustern (Gewicht auf Schwerindustrie, Zentralität der Planung) – und zieht prompt den Bruch Moskaus mit Peking nach sich (1960 Abzug aller Berater und Entzug der Wirtschaftshilfe). Die permanente Revolution, wie sie sich dann spektakulär in der „Großen Proletarischen Kulturrevolution" der Jahre 1966 bis 1968 niederschlägt, soll Überbau und Basis der chinesischen Bevölkerung in Richtung auf die klassenlose, den Menschen nach seinen Bedürfnissen befriedigende Gesellschaft hin verändern, soll eine Etablierung der Parteikader, Bürokraten und wissenschaftlich-technischen Intelligenz als neuer herrschender Klasse verhindern, soll Theorie und Praxis (der bäuerlichen und arbeitenden Massen) miteinander verbinden – etwa durch ein- oder mehrjährigen Arbeitsplatzwechsel (z. B. Universitätsdozenten in die Landwirtschaft, Fabrikarbeiter in die Kindererziehung usf.), durch die sogenannten „Dreierverbindungen" (Zusammenarbeit von Vertretern der Massenorganisationen, der Partei und des Militärs) oder das „3-in-1-Prinzip" (in den „Revolutionskomitees" z. B. alte, mittlere und junge Menschen zusammenzufassen).

Den Vorrang der revolutionären Bewußtseins- und Gesellschaftsveränderung vor der Stabilität und dem Wachstum der Wirtschaft hat Mao Tse-tung Zeit seines Lebens offenbar recht geschickt gegenüber innerparteilichen Kritikern und Opponenten zu verteidigen gewußt. Personalisiert in großen Kontrahenten, deren „revisionistisches" oder „technokratisch-kapitalistisches" Konzept dann entlarvt wurde, spiegelt sich das im Schicksal von Liu Shao-ch'i (1949 bis Oktober 1968 Staatspräsident und 1956 bis 1968 stellvertretender Vorsitzender des ZK), von Marschall Lin Piao (der designierte Nachfolger Maos findet am 12. September 1971 bei einem angeblichen Fluchtversuch in die Sowjetunion durch einen Flugzeugabsturz den Tod) und Teng Hsiao-ping. Nach Maos Tod erleiden die Anhänger seiner Revolutionskonzeption unter der neuen Parteiführung und Regierung von Hua Kuo-feng ein ähnliches Schicksal, etwa als „Viererbande" (gemeint sind u. a. Maos Frau Chiang-Ching und die aus Shanghai mit der Kulturrevolution nach oben gekommene ehemalige Nr. 3 im Politbüro des ZK, Wang Hung-wen) sich des Verrats an den wahren Zielen des chinesischen Kommunismus schuldig gemacht zu haben.

Nach der Verfassung vom 20. September

Rotgardisten bei der politischen Schulungsarbeit zusammen mit tibetischen Bauern.

1954 ist China ein „volksdemokratischer Staat“, nach der vom 17. Januar 1975 „ein sozialistischer Staat der Diktatur des Proletariats“. Der im Januar 1975 zum 4. Mal zusammengetretene Nationale Volkskongreß als oberstes staatliches Machtorgan wird auf 5 Jahre gewählt, sein „Ständiger Ausschuß“ ist die eigentliche Legislative. Die Regierungsgeschäfte besorgt der Staatsrat unter der Führung des vom Staatspräsidenten ernannten Ministerpräsidenten (bis zu seinem Tod am 8. Januar 1976 Chou En-lai). Die Macht der heute 28 Millionen Mitglieder zählenden Kommunistischen Partei reicht in alle Staatsorgane, Provinzialverwaltungen, Massenorganisationen, Volkskommunen und ins Militär. Nach den mehrfach revidierten Parteistatuten müßte alle 5 Jahre ein Parteikongreß abgehalten werden, doch fanden nur im April 1945, September 1956, April 1969 und August 1973 Kongresse statt. Die Zukunft wird auch hier zeigen, ob die partei- und innenpolitische Stabilisierung nach Maos Tod anhält oder neuen Machtkämpfen Platz macht, wie sie schon so oft in Chinas Geschichte mit der Folge von Dezentralisierungsbestrebungen zu beobachten waren. Die von der neuen Führung unter Hua Kuo-feng 1977 angestrebte verstärkte Industrialisierung und Aufrüstung – China ist ja seit Oktober 1964 im Besitz von Atombomben und verfügt, wie der Start mehrerer künstlicher Weltraumsatelliten zeigt, auch über entsprechende Trägerwaffen – sind jedenfalls ein Moment der Abkehr von Maos Konzept und können auch insofern zu parteiinternen Auseinandersetzungen führen.

Im Zusammenhang mit dem in den 60er Jahren sich verschärfenden ideologischen Streit mit der Sowjetunion und mit den jüngsten Bestrebungen, vom bisherigen Autarkie-Modell zumindest kurzfristig zugunsten einer raschen technologischen Modernisierung (auch in der Rüstung) abzugehen, ist die Kehrtwendung der chinesischen Politik gegenüber den USA und den westlichen Ländern seit 1971/72 weiterhin von großer Bedeutung – auch wenn die Vorstellung von einer Allianz China-Westblock gegen den sowjetisch beherrschten Ostblock nur ein Produkt westlichen Wunschdenkens ist, das die Realität der chinesischen Selbsteinschätzung (revolutionärer Protagonist der Dritten Welt im Kampf gegen die Erste und Zweite Welt zu sein) verfehlt. Die Aufnahme der VR China in die UNO (26. 10. 1971) und der Ausschluß Nationalchinas (Taiwans) haben die weltpolitische Position Chinas erheblich aufgewertet. Freilich haben schon vorher seine Unterstützung der Länder der Dritten Welt durch zinslose oder äußerst billige Entwicklungshilfe-Kredite sowie seine Unterstützung antikolonialer und anti-imperialistischer Befreiungskämpfe (Vietnam, Laos, Kambodscha, Angola, Bangla Desh) ihm Sympathien gebracht. Auch der chinesische Weg, unabhängig von der Sowjetunion aus eigener Kraft einen Sozialismus agrarischer Prägung zu entwickeln, sichert China Bewunderung, sofern die Erfolge bereits sichtbar sind. Die VR China hat es im Gegensatz zu Indien und vielen schwarzafrikanischen und südostasiatischen Ländern geschafft, die „Schere“ zwischen dem Bevölkerungswachstum (+1,7% pro Jahr) und der Steigerung der Nahrungsmittelproduktion (+2,3% pro Jahr) zu schließen und gleichzeitig den gleichmäßigen Aufbau von kapitalintensiver Groß- und arbeitsintensiver Mittel- und Kleinindustrie zu bewerkstelligen. Bei den Auseinandersetzungen innerhalb der chinesischen Führung hat Teng Hsiao-ping trotz Verzicht auf ein Regierungsamt maßgebenden Einfluß auf die Entwicklung von Politik und Wirtschaft. Er gilt als der Architekt des modernen China, das eine vorsichtige Öffnung zum Westen anstrebt.

Die 1978 ergebnislos abgebrochenen Grenzverhandlungen mit der Sowjetunion werden 1987 in Moskau wieder aufgenommen.

Japan von den Anfängen der Neuzeit bis in die Moderne

DER BÜRGERKRIEG DES 16. JAHRHUNDERTS

Die „Epoche der kämpfenden Länder (Daimyate)“ (1478 bis 1573) bildet in der japanischen Geschichte eine Zeit der ebenso zerstörerischen wie schöpferischen Anarchie. Innerhalb der dezentralisierten spätfeudalen Gesellschaft setzen sich in ständigen Kämpfen, in denen nun zunehmend die Massen bäuerlicher Fußsoldaten und die von den Portugiesen übernommenen Feuerwaffen anstelle der Zweikämpfe mit Schwert und Bogen über Sieg und Niederlage entscheiden, die wirtschaftlich stärksten und politisch klügsten Sengoku-Daimyō („Regionalherrscher“; daimyō = „großer Namen“) aus dem Kriegerstand (bushi) durch. Verschwenderische Prunkentfaltung in Gewändern, Lackarbeiten, farbenfrohen Schloßburgen und ritualisierte Verhaltensweisen einer durch das Kriegerische geprägten adligen Sozialethik stehen neben blutigsten Gemetzeln und erbarmungsloser Eingliederung von Klöstern, Bauern und Samurai zur Machterweiterung einer Daimyō-Herrschaft. Kaiser und Hof führen in Kyōto, ihrer Einkünfte fast völlig beraubt, ein Schattendasein, doch auch die Macht der bisherigen politischen Führung, der Ashikaga-Shōgune, schwindet. Ebenso verlieren viele der alten Hofadel-Geschlechter und Shugō-Daimyō (ehemalige Militärgouverneure), durch die Kriege ruiniert, ihre unabhängige Position und steigen damit sozial ab. Die Möglichkeit des sozialen Aufstiegs veranschaulichen am besten die drei „Einiger“: Die Familie von Oda Nobunaga (1534 bis 1582) ist Vasall des Shiba-Clans, die Eltern von Toyotomi Hideyoshi (1536 bis 1598) sind Bauern und die Familie des Tokugawa Ieyashu (1542 bis 1616) besteht aus kleinen Dorfherren.
Dem Geschick, dem Glück und der Skrupellosigkeit in ihrer Bündnis-, Heirats- und Kriegspolitik dieser drei Männer, welche nach und nach ihre Daimyō-Konkurrenten ausschalten können und als Anführer immer größerer Daimyō-Verbände immer größere Macht in ihren Händen vereinigen, ist die erneute Einigung Japans unter einer zentralen Gewalt zu verdanken. Eine Steuerreform, wonach nicht mehr die Größe, sondern der Ertrag des Grundbesitzes maßgebend ist, legt die wirtschaftliche Grundlage für Hideyoshis Macht. Außenpolitisch hat er eine weniger glückliche Hand: Der Wunsch nach Monopolisierung des gewinnbringenden Außenhandels und das Ziel einer Eroberung Chinas lassen ihn zwei aufwendige Feldzüge gegen Korea führen (1592 und 1597/98), die jedoch beide nicht den gewünschten Erfolg haben. Sein bedeutendster Feldherr und Verbündeter Tokugawa Ieyashu erreicht 1603 vom Kaiser (Tennō) die Ernennung zum Shōgun; 1615 hat er mit der Eroberung Ōsakas den letzten innenpolitischen Gegner unter den Daimyō besiegt.

DIE TOKUGAWA-ÄRA: POLITISCHE STABILITÄT UND WIRTSCHAFTLICHER WANDEL

Nach zwei Jahrhunderten des Bürgerkriegs erlebt Japan unter der Herrschaft der in Edo (dem heutigen Tōkyō) residierenden Tokugawa-Shōgune von 1603 bis 1867 eine Zeit des „Großen Friedens“ (taihei). Lediglich zu Beginn wird sie durch die Christenpogrome im Gefolge der 1639 veranlaßten Abschließung Japans gegenüber dem Ausland (sakoku) getrübt und am Ende durch die innenpolitische Auseinandersetzung um die von den USA und anderen Fremdmächten erzwungene Öffnung des Landes. Freilich sind die sozialen Ungerechtigkeiten innerhalb der streng ständisch gegliederten, durch Strafgesetze fixierten Gesellschaft (Krieger, Bauern, Handwerker, Kaufleute) unübersehbar. Die Not der kleinen Bauern, mit über 80 % Anteil an der 28–30-Millionen-Gesamtbevölkerung, schlägt sich die gesamte Epoche hindurch in zahlreichen „Aufständen“ nieder. Auch die von der Isolationspolitik (nur über den Hafen Nagasaki ist ein staatlich kontrollierter Waren- und Informations-

1549 landet der Jesuitenmissionar Franz Xaver in Kyshu. Der sogenannte „Barbaren-Wandschirm“ zeigt den Vorgang. Die Portugiesen sind an ihrer typischen Kleidung gut zu erkennen. Musée Guimet, Paris.

Ursprünglich Vasallen der Daimyō, werden die Samurai im Laufe der Zeit immer mehr zu bezahlten Beamten und geraten so in die Abhängigkeit der Kaufleute. Sie flüchten sich in einen Kult der Tradition und der heroischen Tugenden. Bibliothèque Nationale, Paris.

austausch mit China und Europa möglich) verhinderte kontinuierliche Modernisierung des wissenschaftlich-technischen Sektors mag als ein Negativum der Tokugawa-Ära betrachtet werden.

Politisch basiert die Herrschaft der Tokugawa-Shōgune auf der nationalen Hegemonialstellung des Shōgunats (baku-fu). Die planmäßig erweiterte Hausmacht des Tokugawa-Clans bildet dabei den Machtkern – er verfügt unmittelbar über mehr als ein Drittel der landwirtschaftlichen Gesamtproduktion Japans, militärisch sind seine Truppen die größten und am besten gerüstetsten, außerdem liegen innerhalb seines Territoriums wichtige Groß- und Handelsstädte wie Edo, Ōsaka, Kyoto, Nagasaki und Otsu sowie Bergwerke (Sado, Izu, Ashio). Durch Lehensbande (Eid) sind alle Daimyō, die über Land, Bauern und Bushi ihrer Territorien im Auftrag und gegen Rechenschaft regieren, mit dem Shōgun als obersten Lehensherrn persönlich verbunden. Eine politisch-strategisch wohldurchdachte Klassifizierung der etwa 260 bis 270 Daimyō je nach dem Grad ihrer Verbundenheit mit dem Tokugawa-Clan, die Möglichkeit von Neuzuteilung oder Entzug von Ländereien, die Residenzpflicht in Edo und die Verpflichtung zu militärischen und administrativen Dienstleistungen sowie strenge Verordnungen über das „öffentliche" und „private" Verhalten des Kriegerstandes sorgen für eine wirksame Kontrolle.

An die Daimyō wiederum sind die Samurai als Vasallen durch Eid gebunden. Ihre Funktion reicht nun vom Daimyō-Stellvertreter, Richter und Truppenbefehlshaber über die mittlere militärische und zivile Verwaltung bis hin zu einfachen Soldaten-, Boten- und Hilfsdiensten. Nach ihrer Funktion bestimmt sich die Größe ihres Lehens bzw. die Höhe ihres Soldes, doch ist allen Bushi ein Ehren-Kodex gemein, der, gesetzlich verankert, die Ausübung bestimmter Berufe verbietet und das gesellschaftliche Verhalten regelt. Doch kann dieser „Bushi-do" nicht verhindern, daß im Verlauf der historischen Entwicklung die Samurai, die beim Fehlen kriegerischer Bewährungsmöglichkeiten immer mehr zu bezahlten Beamten werden (um 1800 erhalten 90% aller Samurai, die etwa 7% der Bevölkerung ausmachen, ihren Sold in Geld), in die Abhängigkeit der Kaufleute geraten.

Diese im Tokugawa-System verachtete Klasse der „chōnin", durch keine eigenen Sozialverordnungen reglementiert, freilich stets Sondersteuern, Währungsmanipulationen, ersatzlosen Schuldentilgungen und Lizenzzwang- bzw. -entzug ausgesetzt, entwickelt mit der Zunahme des Warenaustausches zwischen den einzelnen Daimyatshauptstädten und den politischen und wirtschaftlichen Zentren des Landes, Ōsaka und Edo, ihre ökonomische Macht. Die Handels- und Bankhäuser, Verwalter und Kreditgeber der Daimyō können an ihren Börsen die Reis- und Warenpreise des ganzen Landes beeinflussen und damit indirekt die Höhe der Löhne bzw. den Grad der Verschuldung der Samurai. Durch ihr Kredit- und Nachrichtensystem werden sie, wiewohl von Ämtern völlig ausgeschlossen, zu wichtigen politischen Faktoren. Ihre „bürgerliche" Kultur hebt sich von der agrarfeudalen Denk- und Lebensweise der beiden oberen Klassen ab. Die in den Städten, insbesondere deren Vergnügungsvierteln (yūri), konsumierten Puppen- und Theaterspiele, Farbholzschnitte und erotischen Romane mit ihrer Freude an der Widerspiegelung der Welt des Alltags (ukiyo-e= „Darstellung der Welt der flüchtigen Erscheinungen") prägen neben der Fortsetzung von Nō-Spiel, Tee-Zeremonie, Gartenarchitektur, Kanō-Malerei und Zen-Buddhismus die japanische Kultur des 17. und 18. Jahrhunderts.

Die Schwäche des Wirtschaftssystems des Tokugawa-Shōgunats, welche in auffälligem Kontrast zu dessen politischer Stabilität steht, resultiert aus der ideologisch begründeten Bevorzugung der Krieger-Bauern-Beziehung. Trotz dreier „Reform"perioden ändert sich an der miserablen Lage der bäuerlichen Massen wenig: Die durchaus beachtliche Produktivitätssteigerung der Landwirtschaft durch Vergrößerung der Bewässerungsfläche, Neulandgewinnung, Terrassenbau usf. kommt, da die Samurai den Mehrertrag zur Sicherung ihres Lebensstandards abschöpfen, nicht den Bauern zugute. Periodisch auftretende Teuerungskrisen, die in Münzmetall-Knappheit und agrarischer Unterproduktion ihre Ursachen haben, rufen gesetzgeberische Maßnahmen auf den Plan, die nur die Symptome kurieren, u. a. durch Münzverschlechterung, Sparmaßnahmen, Preiskontrollen, Steuer- und Agrarreformen. Sie alle haben die soziale Stabilität im Auge und können doch bei aller Repressivität den tiefgreifenden, langsamen sozialen Wandel unter der starren Oberfläche

Mit einem Geschwader von vier Schiffen, darunter zwei mit Dampf betriebenen Fregatten geht der amerikanische Kommodore Perry am 8. Juli 1853 in der Bucht von Uraka an Land. Japanische Tuschzeichnung.

des Baku-Han-Systems nicht aufhalten. Den Gegensatz zwischen dem steigenden Wohlstand der städtischen Kaufleute und dem innerhalb der Ständehierarchie immobilen Bauernstand, der Gegensatz zwischen Geld und Land, Kommerzialisierung und Naturalwirtschaftsideologie wird von der durch konfuzianische Ideen bestimmten Tokugawa-Administration weder theoretisch noch praktisch gelöst.

In der 1. Hälfte des 19. Jahrhunderts wird der krisenhafte Antagonismus von sozialrestaurativer Feudalherrschaft und expandierender, markt- und profitorientierter Geldwirtschaft breiten Bevölkerungsschichten offenbar. Denn die Sparmaßnahmen und Preissenkungen der Kansei- und Tempo-Ära (1789/1800; 1830/44) lindern nur kurzfristig die Not der von der ständigen Inflation hart betroffenen Samurai und Bauern. Immer mehr Samurai suchen sich durch eine bürgerliche Einheirat oder Ausübung freier Berufe einen unstandesgemäßen Lebensunterhalt zu sichern. Die Landflucht der verarmten Bauern ist enorm. Doch trotz Bauernunruhen, Anwachsen shintoistischer Sekten und nationalistisch-kaisertreuer Gruppierungen sowie einer zunehmenden antikonfuzianischen Kritik an der Ungerechtigkeit und Ineffizienz des Sozial- und Wirtschaftssystems der Tokugawa kommt es zu keiner wirkungsvollen gemeinsamen Aktion gegen das Regime. Erst durch einen Anstoß von außen, die von einem US-Geschwader 1853/54 erzwungene Beendigung der Abschließung des Landes durch Öffnung von zwei Vertragshäfen (Shimoda und Hakodate), bildet sich in der nun folgenden Zeit einer innen- und außenpolitischen Schwäche der Tokugawa-Regierung eine nationale Front.

Nichts zeigt deutlicher die Tiefe der Verunsicherung des Bakufu als die Tatsache, daß der Vorsitzende der Älteren Staatsräte, Abe Masahiro, im August 1853 vom Kaiser und allen Daimyō Rat einholt, wie man sich gegenüber der amerikanischen Herausforderung verhalten solle. Mit diesem in der Geschichte der Tokugawa-Herrschaft einmaligen Vorgang wird erstmals die Politik des Shōgunats offiziell zum Gegenstand öffentlicher Überlegungen und Kritik gemacht. Der umstrittene Abschluß weiterer Handelsverträge mit den USA, Rußland, Frankreich, Großbritannien und den Niederlanden 1858 sowie Streitigkeiten um die Shōgunats-Nachfolge vermehren die Daimyō-Opposition. Fremdenfeindliche Ausschreitungen 1860/63 führen zu kriegerischen und diplomatischen Gegenmaßnahmen der westlichen Mächte. Säuberungen und Strafexpeditionen des Bakufu gegen aufständische Daimyate, mißglückte Shōgunat-Hof-Koalitionspläne bestimmen die letzten Jahre der Tokugawa-Ära. Am 19. November 1867 gibt Yoshinobu, der 15. Tokugawa-Shōgun, die Regierungsgewalt an den Kaiser Mutsuhito (1867 bis 1912) zurück.

Mit der unerwünschten, wenngleich voraussehbaren und nun angenommenen Herausforderung zur Modernisierung, November 1868 in der Namengebung „Meiji" (aufgeklärte Regierung) für die neue Reformpolitik der kaiserlichen Regierung festgehalten, ist für Japan das Zeitalter des Feudalismus zu Ende. Japan begibt sich nun – in seiner nationalen Integrität, anders als China, kaum verletzt und bald mitten in einer schöpferischen Auseinandersetzung mit der europäisch-nordamerikanischen Kultur – mit raschen Schritten auf den Weg zu einer ständelosen, mobilen Industriegesellschaft und zu einer expansiven, spätimperialistischen Großmacht im ostasiatischen Raum. Doch vergißt die japanische Gesellschaft bei diesem wirtschaftlichen und politischen Modernisierungs- und Anpassungsprozeß ihre eigene Kulturtradition keineswegs, so daß trotz des enormen sozialen Wandels Kontinuität und Stabilität herrschen.

JAPANS ENTWICKLUNG ZUR IMPERIALISTISCHEN INDUSTRIENATION

In der Meiji-Ära (1869 bis 1912) vollzieht sich, schon den Zeitgenossen bewußt, vor einer interessierten Weltöffentlichkeit die Wandlung Japans vom fremdenfeindlichen agrarischen Feudal- zum modernen weltoffenen Industriestaat. Die Abschaffung des 4-Klassen-Systems und die Einführung der allgemeinen Schul- und Wehrpflicht (53 000 Grundschuldistrikte mit auch für Mädchen obligatorischem Schulbesuch; 400 000-Mann-Heer) bilden zusammen mit weitsichtig geplanten Modernisierungsmaßnahmen im Bereich der Wirtschaft und einer umfassenden Strukturänderung des politischen Systems, die in der Meiji-Verfassung von 1889 gipfelt, die Grundlage für den erfolgreichen Weg des „neuen" Kaiserreiches ins 20. Jahrhundert.

Die von den Reformpolitikern, jungen Samurai der Generation 1830/40 aus Westjapan, nach der Devise „den Staat bereichern und seine Streitkräfte stärken" betriebene Entmachtung der Daimyō und die Umwandlung der Daimyate (han) in Präfekturen (ken) ist im August 1871 abgeschlossen. Damit kann die neue politische Elite, gestützt auf Hunderte ausländischer

Berater und auslandserfahrene japanische Experten, frei agieren. Der durch die Entmachtung der Daimyō und die Einführung der allgemeinen Wehrpflicht seiner Existenzgrundlage beraubte Samurai-Stand (dem 1876 das Tragen der Schwerter verboten wird) bildet ein deklassiertes Oppositions-Potential. Ein Samurai-Aufstand 1877 wird jedoch blutig niedergeworfen. Eine Münz- und Finanzreform mit Einführung des Dezimal- und Zentralbanksystems, eine Reform der Grundsteuer und des Handels-, Zivil- und Strafrechts sichern zusammen mit der Einführung eines modernen Polizei-, Presse-, Post-, Eisenbahn- und Gesundheitswesens die Umwandlung der traditionellen Feudal- in eine leistungsorientierte, dynamische Industriegesellschaft ab.

Die von einer „Volksrechtsbewegung" (minken) und dem Ausland energisch geforderte und in Teilen schon vor der Proklamation am 11. Februar 1889 in Kraft gesetzte Verfassung erhebt Japan zu einer konstitutionellen Monarchie. Der „göttliche Kaiser" (Tennō) – Symbol der nationalen Eigenständigkeit und ungebrochenen historischen Kontinuität – hat allein die Exekutive inne, ist Oberbefehlshaber der Streitkräfte, bestimmt über Krieg und Frieden und schließt mit fremden Mächten Verträge ab. Er wird beraten von dem ihm allein verantwortlichen Kabinett (einem Ministerpräsidenten und 11 Ministern) und dem Geheimen Staatsrat. Am 25. November 1890 tritt das von ca. 450 000 Personen (ca. 1% der Bevölkerung) gewählte „Unterhaus" erstmals zusammen. Dieses erste moderne parlamentarische Gremium Japans hat keine Gesetzesinitiative und wird von drei parteiähnlichen Honoratioren-Fraktionen geprägt, welche die internen Spannungen und Interessengegensätze zwischen den Clans der Zivilbürokratie (kanbatsu), Militärbürokratie (gumbatsu) und Bankiers und Unternehmer (zaibatsu) auszugleichen suchen.

Entscheidend für den raschen und erfolgreichen Aufbau einer leistungsfähigen japanischen Industrie sind vor allem zwei Faktoren. Erstens: Die technologische Rückständigkeit gereicht Japan zum Vorteil, weil es im Ausland die jeweils neuesten Produktionsmethoden studieren und die am besten entwickelten Maschinen einkaufen kann. Zweitens: Durch die Entmachtung des Shōguns und der Daimyō sind deren Bergwerke, Erzgießereien, Werften und Fabriken in die Verfügungsgewalt der neuen Zentralregierung gekommen. Der Staat kann nun mit gezieltem Kapitaleinsatz und einer „merkantilistischen" Wirtschaftsplanung die Produktion erweitern und erneuern. So kann der Nachteil des Wegfalls der Nachfrage seitens der Daimyō und der spürbaren Konkurrenz ausländischer Waren nach einer Übergangsphase (bis etwa 1881/87) wettgemacht werden. Der Sprung in ein sich selbst erhaltendes Wirtschaftswachstum mit einer durchschnittlichen Wachstumsrate von jährlich 2% ist Japan geglückt! Zwar behält der Staat in einigen Bereichen (Eisenbahnen, Telegraphie, Rüstung) seine Monopolstellung, doch spielen bald große „Familienkonzerne" großkapitalistischer Unternehmer-Clans (Mitsui, Yasuda, Mitsubishi, Iwasaki) eine dominierende Rolle, insofern sie das Handels- und Bankwesen kontrollieren und mit Regierungs- und Bürokratie-Kreisen verwandtschaftlich verbunden sind.

Bei einer von 28 Millionen (1867) auf 55 Millionen (1918) angewachsenen Bevölkerung spiegelt sich die industrielle Umstrukturierung der japanischen Wirtschaft deutlich in den Zahlen der in den einzelnen Wirtschaftsbereichen Beschäftigten: Sind 1872 noch 14,5 Millionen im Primären Sektor (Land- und Forstwirtschaft, Fische-

Seeschlacht bei den Tsushima-Inseln. Zeitgenössische Darstellung. Nach einer achtmonatigen Fahrt um Afrika wird die russische Ostseeflotte am 27. Mai 1905 von der japanischen Flotte vernichtet. Im Russisch-Japanischen Krieg siegt erstmals ein asiatischer Staat über eine europäische Großmacht.

rei) tätig und nur 0,7 Millionen in Industrie und Bergbau, so sind es 1902 bereits 7,5:3,2 und 1922 schon 14,8:4,9 Millionen, d. h. ein Drittel aller Berufstätigen arbeitet jetzt im sekundären Sektor. Die Agrarwirtschaft produziert Überschüsse an Reis und Rohseide, aus derem Erlös der Ausbau des Gewerbes und die Modernisierung der Agrarproduktion finanziert werden. Die Textilindustrie, bald auf indische und amerikanische Importe von Rohbaumwolle angewiesen, soweit nicht Seidenfabrikation, wird zum führenden Industriezweig. Daneben weisen noch der vom Staat unterstützte, kapitalintensive Maschinenbau und die Elektroindustrie vor 1914 besondere Wachstumsraten auf.

Bei dem spürbaren Mangel an vielen für eine moderne Industrie nötigen Rohstoffen (Eisen, Kohle, Erdöl, Baumwolle, Nickel, Bauxit) muß es – bis zur Gegenwart im übrigen – ein Hauptziel der japanischen Wirtschafts- und Außenpolitik sein, sich ausländische Rohstoffquellen zu sichern. Hierin liegt neben dem Vorherrschen einer militaristisch-nationalistischen Gesinnung innerhalb der politischen Elite ein zentrales Antriebsmoment für die imperialistische Expansionspolitik Japans.

In kürzester Zeit modern bewaffnet und ausgebildet, sind Japans Marine und Infanterie ein wirksames Druckmittel gegenüber den ostasiatischen Nachbarn. Zuerst wird Korea zur Öffnung für den japanischen Handel gezwungen (1876), dann behält Japan im Krieg gegen China 1894/95 mit der Eroberung u. a. von Dairen, Wei-hai-wei, Shantung und Seoul die Oberhand. Im Frieden von Shimonoseki (17. 4. 1895) bekommt Japan das seit 1874 beanspruchte Formosa (Taiwan) – das bald zum Hauptlieferanten für Reis, Zucker, Tee und Obst wird – sowie die Pescadores-Inseln. China muß ferner die „Unabhängigkeit" Koreas anerkennen und eine hohe Kriegsentschädigung zahlen. Die besetzte Halbinsel Liaotung freilich muß Japan zunächst wieder aufgrund russischer, französischer und deutscher Intervention herausgeben. Aber nach dem wachsenden Interessengegensatz hinsichtlich des mandschurisch-koreanischen Raumes zwischen Rußland und Japan bringt der Sieg Japans im Krieg gegen Rußland 1904/05 (die russische Pazifikflotte wird in Port Arthur, die Ostseeflotte bei Tsushima vernichtet) die „Schutzherrschaft" über ganz Korea, dazu den Besitz von Süd-Sachalin. Als Großmacht nun in der Weltpolitik anerkannt, schließt Japan mit Frankreich und Rußland 1907 Freundschaftsverträge. 1910 wird Korea als japanisches Generalgouvernement dem Wirtschaftsimperium Japan einverleibt. Der Ausbruch des Ersten Weltkriegs ermutigt Japan dann, die deutschen Besitzungen in China (Kiautschou) und im Pazifik (Marshall-, Marianen-, Palau- und Karolinen-Inseln) zu besetzen, ferner 1915 nach einem unerfüllbaren Ultimatum von „21 Forderungen" an China die Halbinsel Shantung und 1917 Nord-Sachalin sowie 1918/20 Nordostsibirien.

Japan kann sich jedoch nach dem Ende des Ersten Weltkriegs seiner neuen Erwerbungen nicht lange erfreuen: Auf der Konferenz von Washington (12. 11. 1921 bis 6. 2. 1922) sieht es sich mit dem massiven Wunsch der westlichen Demokratien nach einer dauerhaften internationalen Friedenssicherung auch im asiatischen Raum konfrontiert. Überlegungen, sich einer weltweiten Politik der Zusammenarbeit und der Abrüstung nicht ohne Gefahr der Isolation und des Handelsboykotts entziehen zu können, sowie Rücksicht auf die zunehmende Kritik im eigenen Land an der Expansionspolitik des von Militärs beherrschten Establishments veranlassen die neue japanische Parteienregierung, den verschiedenen Abkommen der Washingtoner Konferenz schließlich zuzustimmen. Rückgabe Shantungs und Kiautschous an China sowie Zustimmung zu einer Politik der offenen Tür in China und Rückzug aus Sibirien sind der Preis Japans für eine Viermächtegarantie seines pazifischen Besitzstandes (z. T. als Völkerbundsmandat). Immerhin ist nun Korea, mit 310 000 qkm fast so groß wie das Mutterland, fest in japanischer Hand.

Industrieproduktion 1870 bis 1938 (Index 1913 = 100)

	Japan	Deutschland	Rußland	Großbritannien	USA
1870	11,9	15,4	10,9	43,2	12,5
1913	100	100	100	100	100
1938	549	149	318	152	154

Jährliche Zuwachsrate des Pro-Kopf-Einkommens (in %)

	Japan	Deutschland	Rußland	Großbritannien	USA
1870–1913	1,7	1,6	0,9	1,1	2,1
1913–1938	2,6	1,1	1,9	0,7	0,8

DER WEG IN DIE KATASTROPHE DES ZWEITEN WELTKRIEGS

Während die innenpolitische Szene Japans nach 1918 von der Diskussion um die Einführung des allgemeinen (Männer-)Wahlrechts und dann den Folgen der Einführung (März 1925) – u. a. Radikalisierung der politischen Auseinandersetzung, Strukturwandel der Parteien, Rechtsrutsch – bestimmt wird, führen die der Kriegskonjunktur folgende Wirtschaftskrise 1920/23 sowie die auch Japan treffende Weltwirtschaftskrise von 1929/31 dem Land drastisch die Probleme seiner Überbevölkerung, Unterbeschäftigung und Weltmarktabhängigkeit vor Augen. Das weiterhin starke Wachstum der japanischen Wirtschaft, die durch ein Nebeneinander von hochmodernen, zumeist konzern- und trustmäßig organisierten Industrien und kapitalschwachen Klein- und Mittelbetrieben charakterisiert ist, fordert bei dem niedrigen Niveau der Industrielöhne und einer fehlenden Unfall- und Altersversorgung Aktivitäten von Gewerkschaften und Oppositionsparteien heraus.

Antiamerikanische Demonstrationen infolge des US-Einwanderungsgesetzes von 1924, die in Japan als Niederlage empfundenen Abrüstungsbestimmungen der Londoner Flottenkonferenz 1930 und die diversen Schutzzollmaßnahmen vom japanischen Export betroffener Importländer bilden zusammen mit dem wachsenden Nationalismus und Militarismus weiter Bevölkerungsschichten den Hintergrund für die Expansionspolitik Japans in den 30er Jahren. Die Mandschurei wird nach kriegerischen Zwischenfällen 1931/32, wiewohl als Staat formell unabhängig, zu einem Protektorat, dessen Bodenschätze und Schwerindustrie systematisch in den Dienst Japans gestellt werden.

Vorgezeichnet durch das Tanaka-Memorandum 1927, ist das Ziel der japanischen Außenpolitik nun deutlich: die Errichtung eines expansiven großasiatischen Wirtschaftsblocks mit Japan als Zentrum. Der Austritt aus dem Völkerbund (März 1933), die Kündigung des Washingtoner Flottenabkommens 1934 und der Abschluß des Antikominternpaktes 1936 mit dem Deutschen Reich sind weitere Maßnahmen, Japan den entsprechenden militärischen Spielraum zu schaffen. Der Einfall in China 1937, der trotz erbitterten chinesischen Widerstandes zu einer Besetzung großer Teile des Landes führt (mit ca. 65% des chinesischen Wirtschaftspotentials), bringt jedoch nicht den großen Sieg. Vielmehr sind zeitweilig 1,5 Millionen japanischer Soldaten hier gebunden.

Entscheidend für den Eintritt Japans in den Zweiten Weltkrieg wird das sich ständig verschlechternde Verhältnis zu den USA. Diese fühlen sich u. a. durch den Einmarsch Japans in China sowie die offiziösen

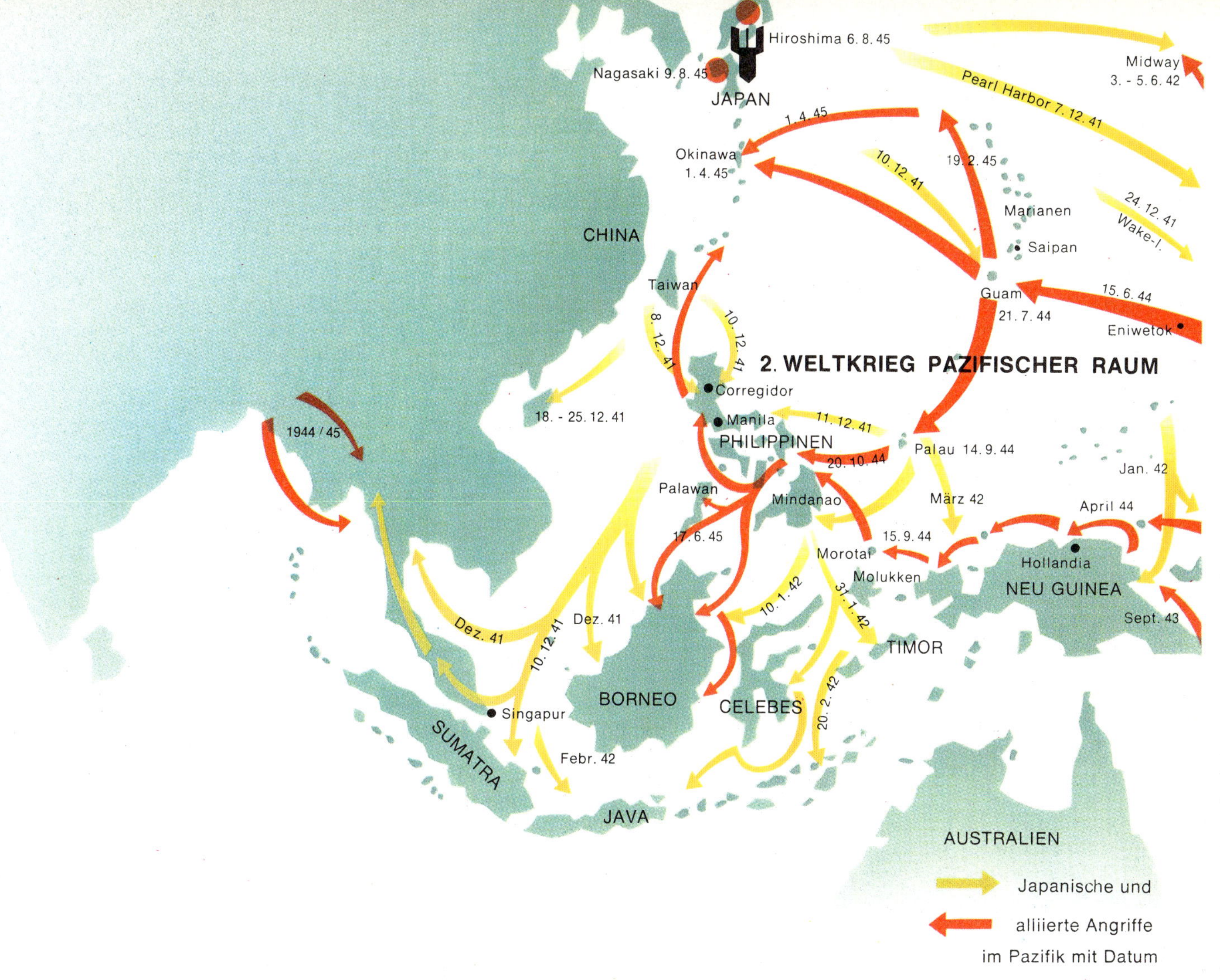

Parolen von einer „Neuen Ordnung", einer „ostasiatischen Wohlstandssphäre" bedroht, jenes fühlt sich herausgefordert durch ein amerikanisches Embargo für Schrott, Benzin, Kautschuk. Nach weiteren Verschlechterungen der Beziehungen und dem Scheitern diplomatischer Verhandlungen bildet Roosevelts Ultimatum vom 6. Dezember 1941, Japan solle seine Invasionstruppen aus Indochina zurückziehen, den Anlaß: Japan betrachtet sich seit dem 7. Dezember im Kriegszustand mit den USA. Im Präventivschlag wird die amerikanische Pazifikflotte in Pearl Harbour von den japanischen See- und Luftstreitkräften vernichtet. Anfänglich verzeichnen die japanischen Truppen spektakuläre Erfolge im Pazifik und in Südostasien, u. a. werden die Philippinen, Niederländisch-Indien, Hinterindien, Burma, Guam, Salomonen, die Alëuten und Neu-Guinea besetzt, so daß die Japaner im Juni 1942 450 Millionen Menschen auf einer Landfläche von zusammengenommen 8 Millionen qkm beherrschen. Doch bereits die Schlacht um die Midway-Inseln im Juni 1942 bringt die Wende. In einem für beide Seiten äußerst materialintensiven und verlustreichen „Inselspringen" erobern seitdem die US-Truppen den Pazifik zurück. Auch die Selbstmordflüge der Kamikaze-Flieger seit Oktober 1944 halten den Vormarsch nicht auf. Am 1. April 1945 beginnt die Landung der 10. amerikanischen Armee auf Okinawa, nach 82 Tagen ist die Insel – 500 km von Kyushu entfernt – in amerikanischer Hand. Die seit November von Saipan aus gestarteten schweren Bombenangriffe gegen japanische Städte und Industrieanlagen gehen nun in die letzte, kriegsentscheidende Luftoffensive der Alliierten über.

Am 26. Juli 1945 fordert die Potsdamer Konferenz die japanische Regierung zur bedingungslosen Kapitulation auf, doch das Kabinett des Generals Kuniaki Koiso lehnt trotz der zerschlagenen Luft- und Seestreitmacht und der Blockade und täglichen Bombardierung ab. Am 7. und 9. August 1945 zünden die Amerikaner deshalb, um den letzten Widerstandswillen zu brechen, über Hiroshima und Nagasaki je eine Atombombe. Doch erst nach weiteren schweren Bombenangriffen und dem Zusammenbruch der Front in der Mandschurei aufgrund des Einmarsches sowjetischer Truppen (Kriegserklärung der UdSSR an Japan am 8. August 1945) kapituliert Japan. Am 15. August tritt der Waffenstillstand in Kraft, am 2. September wird die Kapitulationsurkunde unterzeichnet, am 8. September 1945 rücken amerikanische Truppen in Tōkyō ein. Nun erst ist die unfaßbare militärische und nationale Katastrophe endgültig.

DER AUFSTIEG JAPANS ZUR DRITTGRÖSSTEN WIRTSCHAFTSMACHT DER ERDE

Nach 1945 beginnt für Japan, vergleichbar der Meiji-Ära, eine Zeit tiefgreifender Veränderungen seines politischen, sozialen und wirtschaftlichen Systems. Der Verlust aller japanischen Besitzungen außerhalb der vier Hauptinseln, die Kriegszerstörungen von Wohnungen (30% der 72-Millionen-Bevölkerung sind obdachlos), Industrieanlagen (die Industrieproduktion beträgt ein Siebtel des Vorkriegsstandes) und Verkehrseinrichtungen, dazu die Arbeitslosigkeit von 10 Millionen Männern und der Hunger belasten das um 3,1 Millionen Tote trauernde japanische Volk schwer. Dazu kommen die ehrenrührigen Kriegsverbrecherprozesse. Durch eine von der US-Militärregierung verfügte Bodenreform gehen über 2 Millionen ha Land aus der Pachtabhängigkeit von Großgrundbesitzern in bäuerliche Hand über. Durch Gründung von Produktions- und Absatzgenossenschaften, sowie staatliche Kredithilfe wird zusammen mit der Arbeitsintensivierung der Betriebe selbst die Produktivität der Landwirtschaft rasch so gehoben, daß die Selbstversorgung wieder in großem Maße gewährleistet ist. Die demontierten und durch Produktionsbeschränkungen gehemmten, teils auch zerschlagenen und dezentralisierten Großkonzerne kommen im Kriegsboom des Koreakrieges 1950 bis 1953, der Grundlegung des japanischen Wirtschaftswunders, wieder zum Zuge. Das politische Leben wird durch die „re-education"-Bemühungen der US-Militärregierung (Arbeitsgesetzgebung, Bildungsreform) und das Inkrafttreten einer neuen Verfassung (3. 5. 1947) in demokratische und liberale Bahnen gelenkt.

Die oberste Staatsgewalt liegt nun nicht mehr beim Kaiser, der – wie er selbst in einer Rundfunkrede am 1. Januar 1946 dem Volk bekanntgibt – seiner göttlichen Stellung entkleidet ist und nur noch ein „Symbol des Staates und der Einheit des Volkes" (Art. 1 der Verfassung) darstellt, sondern bei dem von allen volljährigen Männern und Frauen gewählten Parlament (Abgeordnetenhaus und Oberhaus) und der von diesem gewählten und ihm verantwortlichen parlamentarischen Regierung. In der Verfassung verankert (Art. 9) ist ferner der ausdrückliche Verzicht Japans auf den Unterhalt von Land-, See- und Luftstreitkräften oder auf anderes Kriegspotential und auf das Recht zur Kriegsführung. Mit diesem Verzicht „auf Krieg oder Bedrohung oder auf Gewaltanwendung als Mittel zur Regelung internationaler Konflikte" hat Japan, wenngleich unter dem Druck der USA, sichtbar mit seiner imperialistischen Vergangenheit gebrochen.

Seit dem Wiedergewinn seiner Souveränität am 1. Mai 1952 und seiner außenpolitischen Handlungsfreiheit durch den von der Umorientierung der US-Politik im „Kalten Krieg" und den Koreakrieg beförderten Abschluß eines Friedensvertrages mit 47 ehemaligen Feindstaaten, in San Franzisco am 8. September 1951, legt Japan das Gewicht seiner außenpolitischen Neutralität beim Ausbau seiner Handelsbeziehungen in die Waagschale. Die Beziehungen mit der Sowjetunion bleiben vor allem wegen der Kurilen-Frage gespannt (Annexion der Inselgruppe und von Süd-Sachalin nach dem 2. Weltkrieg), doch ermöglicht der Wegfall des sowjetischen Veto 1956 die Aufnahme Japans in die UNO. Die von Japan gegenüber den südostasiatischen Ländern seit 1954 betriebene „Wirtschaftsdiplomatie", bisweilen feindselig auch als „Yen-Imperialismus" bezeichnet, zeitigt nach enormen Reparations- und Wirtschaftshilfezahlungen gute Ergebnisse. Vor allem Burma und Thailand werden wichtige Rohstoff- und Absatzmärkte Japans. Zu Taiwan bestehen intensive Beziehungen, dagegen zur VR China so gut wie keine. Die aufgrund von Sicherheitsverträgen in Japan stationierten US-Truppen sind nicht nur für den Ostblock ein Anlaß zur Kritik, sondern auch für große Teile der Opposition und der japanischen Bevölkerung. So kommt es bei der Beratung und Ratifizierung eines amerikanisch-japanischen Sicherheitsvertrages 1960 zu einem Generalstreik und blutigen Massendemonstrationen, so daß der geplante Staatsbesuch Präsident Eisenhowers abgesagt werden muß.

Sonst ist die innenpolitische Situation Japans durch große Stabilität gekennzeichnet. Denn die national-konservativen Parteien haben seit den ersten Wahlen (10. 4. 1946) die Mehrheit, vollends nach dem Zusammenschluß zur Liberal-Demokratischen Partei (1955), die bis heute (1977) alle Regierungen gestellt hat. Die Kontinuität der Regierungsarbeit und der Wirtschaftspolitik wird auch durch eine enge und effektive Zusammenarbeit mit den Führungskräften der großen Unternehmen und Arbeitgeberverbände gesichert. Die Aktivitäten der Sozialistischen und der Kommunistischen Partei schlagen wegen interner Ideologie-Streitigkeiten und den lähmenden Erfolgen des japanischen Wirtschaftswunders kaum zu Buch.

Wachstumsindustrien der Konsumgüter- und Investitionsgüterbranche durch Subventionen, Importzölle bzw. -kontingentierungen, Qualitätskontrollen, Preisgarantien usf. Noch 1948 beträgt die Industrieproduktion 35% des Vorkriegswertes, erst 1955 hat sie ihn erreicht, 1960 aber bereits verdoppelt. Seit 1956 ist Japan, das im Krieg von 10 Millionen Handelstonnage 9,5 verlor, die führende Schiffbaunation der Welt.

Aus dem nachfolgenden Vergleich der Produktionsziffern der beiden „Wirtschaftswunderländer" Japan und Bundesrepublik Deutschland läßt sich die besondere Dynamik des (phasenverschobenen!) japanischen Wirtschaftsaufschwungs entnehmen. Die jährlichen Zuwachsraten der Industrieproduktion liegen zwischen 10% und 25% und sind seit 1955 (Ausnahmen sind 1958, 1962 und 1965) bis 1970 die Regel.

Mitverantwortlich für dieses Wirtschaftswachstum ist der Erfolg der japanischen Bevölkerungspolitik, die durch gezielte Aufklärung, die gesetzliche Freigabe der Verhütungsmittel, durch Sterilisation und Schwangerschaftsunterbrechung die Zuwachsrate von 29,3 pro Tausend auf 13,9 senken kann. Der steigende Lebensstandard drückt sich auch in einer von 50 (1947/49) auf 65 (1960) bei Männern und von 54 auf 70 Jahre gestiegenen Lebenserwartung bei Frauen aus.

1968/69 überflügelt Japan die Bundesrepublik Deutschland und rückt auf den 3. Platz in der Reihenfolge der Industrienationen. 1970 steht es im Schiffsbau, der

Jahr	Rohstahl (Mill. t)		Automobile (1000)		TV-Geräte (1000)		Kameras (1000)		Bruttosozialprod. (Mrd. DM)	
	Jap.	BRD	Jap.	BRD	Jap.	BRD	Jap.	BRD	Jap.	BRD
1950	4,8	12,1	32	298	–	–	193	1886	43,3	98,1
1955	9,4	21,4	69	908	137	316	471	3241	94,9	181,4
1960	22,1	34,1	482	2055	3578	2164	1519	2731	170,5	302,3
1965	41,2	36,8	1876	2976	4190	2276	3666	3943	351,6	460,4
1970	93,3	45,0	5289	3825	13782	2936	5824	4798	745,3	685,6
1984	105,2	40,5	7645	4165	15779	3917	4260	1488	2172,6	1160,2

Nach dem Verlust der Märkte Korea, Taiwan und Mandschurei und den gewaltigen Industrie- und Infrastrukturzerstörungen des Zweiten Weltkriegs sowie den Demontagen und Produktionsbeschränkungen der US-Militärregierung ermöglichen die US-Wirtschaftshilfe und die Rüstungsaufträge im Gefolge des Korea-Krieges den wirtschaftlichen Aufschwung. Ihn trägt aber auch der Fleiß, die Arbeitsdisziplin und der Sparwille der japanischen Arbeitnehmer, die Investitionsbereitschaft der Banken und Unternehmer. Angewiesen auf kostengünstige Produktion an Küstenstandorten (wegen der Import- und Exportabhängigkeit), fördert der Staat die Lkw- und Fernsehgeräteproduktion an erster Stelle, in der Kunststoff- und Pkw-Produktion an zweiter, in der Roheisen-, Rohstahl-, Strom-, Papier- und Zementerzeugung an dritter Stelle der Weltproduktion. Seinen weltwirtschaftlichen Rang verdankt Japan seiner aggressiven Verkaufspolitik auf den Außenmärkten, seiner rigorosen (und immer stärker von seinen Handelspartnern politisch infragegestellten) Schutzzollpolitik für den aufnahmefähigen Binnenmarkt und letztlich seinem modernen, risikofreudigen Management. Dieses arbeitet, übrigens mit dem geringsten unternehmerischen Eigenkapitalanteil unter allen Industrieländern, mit der liberalkonservativen Staatsbürokratie eng zusammen. Die oft personell recht enge Verflechtung von staatlicher Verwaltung und Privatwirtschaft – die Führungskräfte rekrutieren sich aus demselben Kreis von Absolventen der „Spitzen"-Universitäten, Managern und Mitgliedern der „großen Familien" – ist bei den für das Wirtschaftswachstum entscheidenden Lenkungs- und Sicherungsaufgaben des Staates sowie bei den Expansions- und Schutzzollwünschen der Industrie fast eine Notwendigkeit. Den Preis für Vollbeschäftigung und stetig steigenden Lebensstandard zahlt die Bevölkerung, die 1970 die 100-Millionen-Grenze überschreitet, mit hoher Luft- und Umweltverschmutzung in den gigantischen städtischen Ballungsgebieten an der Ostküste (etwa Tōkyō-Yokohama, wo über 30% der japanischen Industrieprodukte erzeugt werden und heute über 16 Millionen Menschen leben), mit der höchsten Verkehrstotenzahl der Erde, mit miserablen Wohnverhältnissen. Die Vernachlässigung der Sozial- und Altersversorgung spiegelt sich im Anteil der Sozialausgaben am Nationaleinkommen: 1972 betrugen sie bei Japan 7% (BRD: 20,8%).

Einen großen politischen Schock bedeutet der plötzliche Wandel der amerikanischen Außenpolitik gegenüber der VR China 1971, doch ist Japans Führung flexibel genug, durch die Aufnahme diplomatischer Beziehungen (März/April 1973) und Handelsbeziehungen, die auch – trotz des tendenziell guten Verhältnisses zu Südkorea – Nordkorea miteinschließen, die Fortsetzung seiner ökonomisch erfolgreichen Schaukelpolitik zwischen den Weltmächten zu sichern. Auch die Herausforderung durch die Erdölkrise der Jahre 1973/74, die Japan wegen seiner außenwirtschaftlichen Abhängigkeit schwer mit Inflation, Handels- und Zahlungsbilanzdefizit, Rezession trifft, wird angenommen: Eine von Ministerpräsident Tanaka (Rücktritt am 26. 11. 1974 wegen Korruptionsvorwürfen) und eigens dazu bestellten Sonderbotschaftern in allen wichtigen Industrie- und Entwicklungsländern persönlich vorgetragene „Rohstoffdiplomatie" soll zusammen mit einer für Japan neuartigen Mitarbeit auf internationalen Konferenzen das weitere wirtschaftliche Wachstum sichern. Zwei große Anti-Rezessionsprogramme der Regierung 1975 in Höhe von 15 Mrd. Dollar sowie die weltwirtschaftliche Erholung 1976/77 bannen die Angst der Japaner vor den Folgen des Nullwachstums. Die Möglichkeit eines innenpolitischen Machtwechsels durch die Ablösung der von Skandalen und Spaltungstendenzen bedrohten Liberal-Demokratischen Partei wird von den japanischen Wählern (77 Millionen) bei den Parlamentswahlen im Dezember 1976 nicht realisiert. Die noch von Ministerpräsident Takeo Miki angeführte LDP behauptet ihre absolute Mehrheit. Die Verurteilung des ehemaligen Ministerpräsidenten Tanaka, der während seiner Amtszeit Bestechungsgelder vom amerikanischen Rüstungskonzern Lockheed annahm, führt 1983 zu einer Regierungskrise. Ministerpräsident Nakasone blieb aber auch nach den Wahlen im Amt.

Am Anfang der Industrialisierung Japans erwarb sich dieses fleißige Inselvolk den zweifelhaften Ruf, geniale Nachahmer zu sein. Erst in den letzten Jahren wird auch die große innovative Kraft der Japaner deutlich.

Korea – Land im Spannungsfeld der Großmächte

Korea befindet sich zu Beginn des 16. Jahrhunderts in einem bereits jahrzehntelang andauernden innenpolitischen Krisenzustand, der viele Kräfte des Landes lähmt. Die ausschließlich dem Adel zugängliche Beamtenschaft stellt eine abgeschlossene, privilegierte und begüterte Oberschicht dar (Yangban). In ihr kommt es, da Anstellungs- und Aufstiegsmöglichkeiten begrenzt sind, immer wieder zu heftigen Parteikämpfen (tang-jaeng). Oft durch akademische Streitigkeiten verschiedener konfuzianischer Schulrichtungen ausgelöst oder damit bloß gerechtfertigt, werden dabei Gegensätze privater oder Gruppen-Interessen ausgetragen; fast jedesmal folgen dem Sieg der einen Partei Verfolgung, Hinrichtung und Verbannung von Angehörigen der anderen Partei.

Die Invasion japanischer Samurai-Heere 1592 unter dem Regenten Toyotomi Hideyoshi, die eigentlich die Eroberung Chinas zum Ziel hat, beendet und übersteigert die innenpolitische Krise durch die nationale Katastrophe. Korea, das die Forderung der japanischen Truppen nach freiem Durchzug abgelehnt hat, wird bis zum Grenzfluß Yalu verwüstet und muß dann auch noch den Gegenschlag der chinesischen Armeen ertragen. Der größte Teil der koreanischen Bau- und Kunstwerke geht hierbei durch Brand, Zerstörung und Plünderung zugrunde bzw. verloren. Nach einem zwischen China und Japan ausgehandelten Friedensvertrag soll Korea sogar in zwei gleichgroße Sektoren aufgeteilt werden, und nur die spätere Weigerung Chinas, diesen Vertrag zu erfüllen, erspart Korea damals das Schicksal von 1945/53: die Spaltung des Landes in zwei Staaten unter fremder Kontrolle. Dafür muß Korea 1597/98 die japanische Rache bei einer erneuten Invasion erdulden. Wieder sind größte Verwüstungen und Plünderungen auszuhalten. Koreanische Kunsthandwerker, vor allem Töpfer, werden nach Japan deportiert. Die für den koreanischen Kunstcharakter wichtige grobkörnige Punch'ong-Keramik, oft mit einem nach dem Vorbild der Ming unterglasurigen kobaltblauen Dekor oder blutroten und schwarzbraunen Farben, wird nach dieser Invasion außer in den Export-Unternehmen Pusans nicht mehr hergestellt. Der Königshof muß zur Befriedigung seines Bedarfs Punwon als staatliche Keramikbrennerei ausbauen (1883 privatisiert und von japanischen Fachleuten modernisiert).

Der Versuch der Herrscher aus der 1392

begründeten Yi-Dynastie, Wirtschaft und Verwaltung des Landes zu reorganisieren, wird 1627 unter der Regierung des Königs Injo (1623 bis 1650) durch den Einfall der tungusischen Mandschu unterbrochen. Während die Mandschu zur gleichen Zeit in China eine neue Kaiser-Dynastie begründen, nötigen sie in Korea den Hof lediglich zur Anerkennung ihrer Lehensoberhoheit und entsprechender Zahlung jährlicher Tribute. Ähnlich wie China und Japan, jedoch noch rigoroser, verfolgt die koreanische Regierung nun (1637 bis 1876) eine Politik der Abschließung gegenüber dem Ausland. Jeder Verkehr mit nicht-asiatischen Ausländern wird unter Todesstrafe gestellt, die christliche Mission wird blutig unterdrückt. Trotz Liberalisierungsbestrebungen von Teilen der Intelligenz wirkt die Abschließung auch nach innen in Form von Indoktrinierung und Radikalisierung in der Auseinandersetzung zwischen Konfuzianern und Buddhisten sowie zwischen den verschiedenen konfuzianischen Schulen, was erneut zu den bekannten Parteikämpfen innerhalb der adligen Beamtenschaft führt.

Im Bereich der Künste bilden die Werke von Ho Kyun (1569 bis 1618) – die sozialkritische „Geschichte von Hong Kildong" – und Kim Manjung (1637 bis 1692) – „Wolkentraum der Neun" – einen Höhepunkt der klassischen Prosaliteratur. Die realistischen Genrebilder von Kim Hongdo (um 1760 bis?) und Shin Yunbok (1758 bis 1820) sind die bekanntesten Vertreter eines von der chinesischen Tradition sich loslösenden eigenen koreanischen Stils in der Tusche- und Wasserfarbenmalerei. Auch die Landschaften von Chong Son (1676 bis 1759) und Shim Sa-jong (1707 bis 1769) sowie die der Überlieferung nach stets im Zustand der Trunkenheit geschaffenen virtuosen Skizzen des Maler-Mönchs Myong-guk (um 1620/50) spiegeln ein solches Bemühen um Eigenständigkeit in Technik und Ausdruck. Alle diese Maler gehörten übrigens dem staatlich geleiteten „Büro der Künste" an; viele entstammten der Mittelklasse (Chung'in), teilweise aber auch der Yangban-Klasse, und sie wurden je nach Qualifikation (aufgrund staatlicher Prüfungen) in verschiedene Gehaltsklassen eingestuft.

Im 19. Jahrhundert nimmt die Kritik an der Orthodoxie des Neokonfuzianismus, der elitären und ineffektiven Verwaltungsstruktur und der Abschließung gegenüber dem Ausland durch die Anhänger der schon im 17. Jahrhundert existierenden „Silhak"-Bewegung zu, jedoch kann sie sich nicht gegen die alte Elite durchsetzen. Eine wirtschaftliche und soziale Modernisierung Koreas und eine konstruktive Außenpolitik unterbleiben. Als Korea in den Sog der Expansionspolitik der imperialistischen Großmächte gerät, kann es sich zwar zunächst noch gegen die Versuche Frankreichs 1866 und der USA 1871, das Land mit Waffengewalt zur Öffnung zu zwingen, zur Wehr setzen. Aber dann muß es doch dem Nachbarn Japan 1876 im Vertrag von Kanghwa die Freigabe der Handelshäfen Pusan, Wonsan und Inchon zugestehen, wofür es von Japan die Anerken-

Bootsausflug. Gemälde von Shin Yunbok (1758 bis 1820). Mit seinen Genrebildern und der Darstellung frivoler Szenen aus dem koreanischen Leben begründet er eine neue Richtung in der Malerei, die im direkten Gegensatz zur traditionellen Auffassung der konfuzianisch eingestellten Oberschicht stand. Tusche und Farbe auf Papier. Slg. Chun Hyung-pil, Seoul.

nung seiner nationalen Unabhängigkeit erhält. Ähnliche Verträge schließt Korea dann noch mit den USA (1882), Großbritannien (1883), dem Deutschen Reich und Rußland (1884). Doch hilft ihm das nicht viel. Denn wiederum ist es Japan, das Korea – seit der Niederlage Chinas im chinesisch-japanischen Krieg 1894/95 frei von der mandschu-chinesischen Oberhoheit und vertraglich unabhängig – zur wirtschaftlichen Modernisierung zwingt, freilich unter japanischer Herrschaft.

Die dazu notwendigen Voraussetzungen militärisch-politischer Art werden im russisch-japanischen Krieg 1904/05 gelegt: Mit dem Sieg über Rußland erhält Japan auch die Schutzherrschaft über Korea. Mit Zustimmung der USA und Großbritanniens wird 1906 aus dem Reich des „Kaisers von Taehan" (so der offizielle Titel der Yi-Könige seit 1896) das japanische Protektorat „Choson". Als ein koreanischer Freiheitskämpfer 1909 den japanischen Generalresidenten Fürst Ito ermordet, zwingt die Regierung in Tokyo 1910 den koreanischen Herrscher Yi Taehwang (gest. 1919) zur Abdankung und erklärt Korea zum Generalgouvernement Chō-sen (seit 1929 jap. Provinz).

Unter japanischer Herrschaft wird Korea nach japanischem Muster agrar- und industriewirtschaftlich erschlossen und entwickelt. Moderne Produktions- und Vertriebstechniken halten in der Wirtschaft Einzug, wobei deren Erzeugnisse freilich ebenso wie die intensiv ausgebeuteten Boden- und Naturschätze (Abholzung!) und Agrarprodukte fast ausschließlich dem Nutzen Japans dienen. Die Gesellschaft wird dem industriewirtschaftlichen Leistungs- und Mobilitätsdenken geöffnet, wobei gleichzeitig alle freiheitlichen Regungen in Richtung auf nationale Selbstbestimmung und Demokratisierung durch polizeistaatliche Methoden unterdrückt werden.

1919 kommt es zur Bildung einer Widerstandsbewegung „Samil-un-dong" und Gründung einer koreanischen Exilregierung in Shanghai durch Syngman Rhee (1875 bis 1965). Seit 1934 kämpfen unter der Führung von Kim Il-sung in Nordkorea von der Sowjetunion unterstützte Guerilla-Gruppen gegen die Japaner. Aber erst die Niederlage Japans im Zweiten Weltkrieg scheint Korea die auf den alliierten Kriegskonferenzen sowie im Potsdamer Abkommen versprochene nationale Unabhängigkeit zu bringen. Doch aus der als vorübergehend geplanten Maßnahme der militärischen Besetzung durch sowjetische und amerikanische Truppen am 8./9. August 1945, welche das Land mit dem 38. Breitengrad als Demarkationslinie in zwei Zonen teilt, wird ein Dauerzustand der nationalen Spaltung und der politischen Abhängigkeit von den beiden Supermächten bis auf den heutigen Tag.

Pläne für eine gemeinsame amerikanisch-sowjetische Besatzungspolitik (Moskauer Abkommen vom 27. Dezember 1945) sowie für allgemeine Wahlen unter UN-Kontrolle (1947) mit dem Ziel der Bildung einer gesamtkoreanischen Regierung scheitern an dem immer deutlicher zutage tretenden ideologisch-politischen Gegensatz der beiden Weltmächte USA und UdSSR. Der „Kalte Krieg" beschert Korea ähnlich wie Deutschland die Zementierung der Teilung des Landes in zwei Staaten, die sich unter dem Einfluß ihrer Besatzungs-, später „Betreuungs"macht rasch in verschiedene Richtungen zu entwickeln beginnen und von denen jede lange Zeit beansprucht, der Repräsentant von ganz Korea zu sein.

Am 10. Mai 1948 werden in Südkorea unter UN-Aufsicht allgemeine Wahlen zu einer Nationalversammlung abgehalten. Sie verabschiedet am 17. Juli eine präsidial-demokratische Verfassung; am 20. Juli 1948 wird Syngman Rhee vom Volk zum Staatspräsidenten gewählt. Damit ist die Zeit der US-Militärregierung beendet, die amerikanischen Truppen räumen bis Juni 1949 das Land. Am 15. August 1948 ist die Republik Korea (Daehan-Minguk) proklamiert worden. – In Nordkorea, wo schon seit dem 12. August 1945 eine provisorische Volksfrontregierung unter Kim Il-sung (geb. 1912) an der Macht ist, kommt es am 8. September 1948 zur Bestätigung einer sozialistischen Verfassung durch die Oberste Volkskammer. Danach sind die Produktionsmittel, Bodenschätze und Wirtschaftseinrichtungen verstaatlicht. Im Zuge der 1946 durchgeführten Landreform (entschädigungslose Enteignung aller Grundbesitzer mit mehr als 5 ha, Übergabe von 972 000 ha Land an 724 000 Bauern) werden auch alle religiösen Institutionen enteignet. Am 9. September 1948 proklamiert Ministerpräsident Kim Il-sung die Demokratische Volksrepublik Korea (Chosun Minchuchui Inmin Konghwaguk). Deren außenpolitische Beziehungen bleiben zunächst auf die Sowjetunion, die im Dezember 1948 ihre Besatzungstruppen abzieht, beschränkt, während Südkorea am 12. Dezember 1948 die Anerkennung der UNO gefunden hat.

Nachdem Partisanenkämpfe an der Demarkationslinie und die Infiltration kommunistischer Kader nach Südkorea vorausgegangen sind, kommt es durch den überfallartigen Vorstoß von regulären nordkoreanischen Infanterie- und Panzertruppen auf die südkoreanische Hauptstadt Seoul am 25. Juni 1950 zum Beginn des sogenannten Korea-Krieges. Über Nacht wird Korea zu einem Schauplatz der Weltpolitik, an dem die erschreckte Weltöffentlichkeit angstvoll die Eskalation vom Kalten- zum Heißen Krieg verfolgt. Den auf Antrag der USA vom Sicherheitsrat gebildeten UN-Streitkräften gelingt erst Mitte September 1950 die Rückeroberung Südkoreas und der Gegenstoß durch Nordkorea bis zur mandschurischen Grenze, die am 26. Oktober erreicht wird. Die erklärte Absicht der UNO freilich, für die Neugestaltung Gesamtkoreas verantwortlich zu zeichnen, wird durch das unerwartete Eingreifen von 200 000 chinesischen „Freiwilligen" im November 1950 durchkreuzt. Aus der vermeintlichen Endoffensive der UN-Kontingente wird ein ungeordneter Rückzug bis in den Raum südlich vor Seoul. Zermürbungsschlachten bringen keine Entscheidung, der US-Präsident verweigert den von Oberbefehlshaber McArthur geforderten Einsatz taktischer Atomwaffen und auch die Bombardierung chinesischer Nachschubbasen, die Fronten erstarren zum Stellungskrieg.

Am 27. Juli 1953 wird in Panmunjon der Waffenstillstand geschlossen: Eine 4 km breite entmilitarisierte und entvölkerte Zone am 38. Breitengrad trennt nun de facto als Staatsgrenze – da ein Friedensvertrag, auf der Genfer Konferenz vom 26. April bis 20. Juli 1954 gescheitert, bis heute fehlt – die beiden Staaten Nord- und Südkorea. Die von beiden Seiten seitdem in wechselnden Abständen und unterschiedlicher Intensität verlautbarten Wiedervereinigungspläne und -gedanken sind, ähnlich wie im Fall Deutschlands, aufgrund des andauernden Ost-West-Gegensatzes und der zunehmenden Auseinanderentwicklung des sozialistischen nord- und des kapitalistischen südkoreanischen Wirtschafts- und Gesellschaftssystems Theorie geblieben. Die Kommunikation (Post, Telefon), der Verkehr und Austausch von Waren und Energie zwischen beiden Staaten bleibt unterbrochen. Direkte Kontakte seit 1971/72 über die Rotkreuz-Organisationen beider Länder, dann auf offiziellen Wiedervereinigungsverhandlungen sind bislang ohne Ergebnis geblieben. Auch die separaten Versuche, durch Gespräche mit der VR China (Besuch Kim Il-sungs 18. bis 26. April 1975) und den USA (22./23. November 1974 Besuch Präsident Fords) in der Wiedervereinigungsfrage weiterzukommen, zeigen keine Erfolge. Eine im September 1972 vertagte Korea-Debatte der UNO-Vollversammlung wird im November 1976 durchgeführt und endet mit zwei sich widersprechenden Resolutionen zur Frage der Stationierung von US-Truppen in Südkorea. Eine von US-Außenminister Kissinger am 22. Juli 1976 angeregte Viererkonferenz (Nord- und

Südkorea, China und USA) lehnt die nordkoreanische Regierung ab. So werden auch künftig Spannungen bestehen bleiben, wie sie etwa im „Pueblo"-Zwischenfall (Aufbringen des US-Aufklärungsschiffes Pueblo am 23. Januar 1968 in nordkoreanischen Gewässern und Rückgabe von Schiff und Mannschaft erst am 23. Dezember 1968 gegen die schriftliche Entschuldigung für Spionagehandlungen) oder in der Tötung zweier US-Offiziere in der entmilitarisierten Zone von Panmunjon am 18. August 1976 zutagegetreten sind.

Nordkorea, 120500 qkm groß, das über 92% der Energie-Erzeugung und über 90% der Kohlen- und Eisenförderung Gesamtkoreas vor 1945 verfügt, wird seit 1953 verstärkt durch Wirtschaftshilfen der Sowjetunion, später auch der VR China in seinem Wiederaufbauprogramm und seinen Mehrjahresplänen (57/61, 1962/68, 1971/76) unterstützt. Obwohl klimatisch weniger begünstigt als Südkorea, kann Nordkorea mit seiner Agrarproduktion den Eigenbedarf voll decken (die Kollektivierung der Landwirtschaft wurde 1958 abgeschlossen), während der Süden hier nur 80% Selbstversorgung erzielen kann. Ein hoher Mechanisierungsgrad, eine Ausweitung der Bewässerungsflächen (1960: 0,8 Millionen ha – 1970: 1,2) sowie starker Arbeitskraft- und Düngemitteleinsatz sind als Ursachen zu nennen. Die Viehwirtschaft wird auf etwa 5% der landwirtschaftlichen Nutzfläche vor allem von den Staatsgütern betrieben. Der konsequente Ausbau der Schwer-, Investitionsgüter- und Konsumgüterindustrien Nordkoreas spiegelt sich nicht nur in wachsenden Produktionszahlen besonders der Rohstahl- und Ferro-Legierungen-Erzeugung und Exportmengen wider, sondern auch in einer starken Zunahme der Stadtbevölkerung (ca. 40%) sowie des Bruttosozialprodukts pro Kopf der Bevölkerung (390 US-Dollar 1974). Das von den Japanern aufgebaute Eisenbahn- und Straßennetz ist nur wenig erweitert worden; eine Anfang 1976 eröffnete Erdöl-Pipeline „Freundschaft" verbindet Nordkorea mit der VR China und sichert die Versorgung der bislang einzigen Raffinerie.

Die Macht der kommunistischen Partei, „Partei der Arbeit", ist unter dem Vorsitzenden und Ministerpräsidenten Kim Il-sung bis heute (1977) unangefochten; ihre Mitgliederzahl beträgt bei einer Gesamtbevölkerung von 15,8 Millionen ca. 1,9 Millionen Menschen (1975). In der ideologischen Auseinandersetzung zwischen China und der UdSSR spricht sich das Zentralkomitee der KP Nordkoreas am 18. Dezember 1962 – nachdem man im Juli 1961 separate Verträge über Freundschaft, Zusammenarbeit und Beistand mit der VR China und der UdSSR abgeschlossen hat – für die chinesische Parteilinie aus. Pyöngyang nimmt auch nicht an der 3. Kommunistischen Weltkonferenz (Juni 1969) in Moskau teil und erklärt anläßlich eines Staatsbesuches von Ceausescu im Juni 1972 ein von der UdSSR in Aussicht genommenes Internationales Kommunistisches Zentrum für unnötig. Auf Auslandsreisen Mai/Juni 1975, die ihn durch ost- und südosteuropäische sowie nordafrikanische Länder führen, sucht Präsident Kim Il-sung gar eine Aufnahme Nordkoreas in die Bewegung der Blockfreien zu erreichen. Dennoch kann die nordkoreanische Partei- und Staatsführung ihre guten Beziehungen zur Sowjetunion aufrechterhalten, was sich u. a. in einem fast 50%igen Anteil der UdSSR am Gesamtaußenhandelswert Nordkoreas ausdrückt.

Südkorea, 98 480 qkm groß, wird vor allem durch die USA, die von 1953 bis 1961 mehr als 2,5 Mrd. Dollar an Militär- und Wirtschaftshilfe leisten, gefördert. Durch vier Millionen Flüchtlinge zusätzlich belastet und seiner wichtigsten Energie- und Schwerindustrielieferanten beraubt, muß Südkorea eine enorme Aufbauleistung vollbringen, die sich 1974 in einem Bruttosozialprodukt pro Kopf der Bevölkerung von 1060 Dollar niederschlägt. Fast dreimal so dicht bevölkert wie Nordkorea (344 E/qkm – 131 E/qkm), ist die Leistungsfähigkeit der Industrie dennoch höher. (Handelsbeziehungen bestehen vor allem mit Japan, den USA, der BR Deutschland, Hongkong und Taiwan.) Einer konsequenten Bevölkerungspolitik mit Familienplanung ist es gelungen, die jährliche Bevölkerungszunahme von 2,9% (1960) auf 1,7% (1970/74) zu senken, eine wichtige Voraussetzung u. a. für eine Produktivitätssteigerung der Landwirtschaft, in der noch immer über 50% aller Erwerbstätigen beschäftigt sind (bei einem Anteil von 26% am BSP 1973). Da mehr als ein Fünftel der 2,5 Millionen landwirtschaftlichen Betriebe kleiner als 0,5 ha und damit nicht groß genug ist, den Lebensunterhalt einer Familie ohne Nebenerwerb zu garantieren, sieht der 3. Fünfjahresplan (1972/76) eine Ausweitung des Bewässerungsfeldbaus, verstärkte Flurbereinigung und Weiterentwicklung des Maschinenring- und Genossenschaftswesen vor. Beim weiteren Ausbau der verarbeitenden Industrie kommt der Kapital- und Technologiehilfe Japans eine immer größer werdende Bedeutung zu.

Die politische Entwicklung Südkoreas nach 1953 wird zunächst durch die autokratische Amtsführung des mehrfach wiedergewählten Präsidenten Syngman Rhee und die von ihm initiierten Verfassungsänderungen geprägt. 1960 zum vierten Mal wiedergewählt, zwingen jedoch Studentendemonstrationen Syngman Rhee zum Rücktritt (27. April 1960) und zur Flucht ins Exil nach Hawaii. Am 16. Mai 1961 beseitigt ein Militärputsch die schwache Regierung Chang Myons, suspendiert die Verfassung, löst Parteien und Gewerkschaften auf, und nach dem Rücktritt von Staatspräsident Bo Son (22. März 1962) übernimmt der Chef der Militärjunta, General Park Chung Hee, die Amtsgeschäfte und hat sie bis 1986 inne. 1963 aufgrund einer neuen Verfassung zum Staatspräsidenten gewählt und 1967 und 1972 im Amt bestätigt, herrscht Präsident Park in Seoul mit Hilfe der Geheimpolizei in autoritärer Weise. Verfassungsänderungen (September/Oktober 1969; Oktober/Dezember 1972) und Wahlmanipulationen zugunsten der regierenden Demokratisch-Republikanischen Partei sowie stets wiederkehrende Verurteilungen von Oppositionellen bieten für das verbündete westliche Ausland ein unerfreuliches Bild (Im Sommer 1967 werden 18 südkoreanische Staatsangehörige aus der BR Deutschland verschleppt, teilweise zum Tode verurteilt und nur nach energischen, von einer Sperrung der Kapitalhilfe flankierten Protesten der Bundesregierung wieder freigelassen. Im August 1973 entführt der südkoreanische Geheimdienst den Oppositionsführer Kim Dae-jung aus dem Exil in Japan. Im Mai 1976 wird Expräsident Yun Bo Son zu einer Gefängnisstrafe verurteilt.). Die gespannte innenpolitische Situation wird durch ein mißglücktes Attentat auf Präsident Park (15. August 1974), dem seine Frau zum Opfer fällt, weiter verschärft, ständige Kabinettsumbildungen (Dezember 1973; September 1974; Dezember 1975) und unpopuläre Gesetze (Antiluxus, Zensur) tragen das ihre dazu bei. Eine Reihe von Mordanschlägen auf südkoreanische Politiker – für die Nordkorea verantwortlich gemacht wird – kennzeichnet die Jahre um 1980. Die vom Militär gestützte Regierung gibt sich zunehmend demokratisch, doch kann die Opposition 1987 durch ihre innere Zerstrittenheit die Chance zu einer Machtübernahme nicht nützen.

Hingegen hält der wirtschaftliche Aufschwung ungebrochen an. Korea wird zu einem der größten Stahlproduzenten der Welt, auch auf dem Gebiet der Elektronik werden große Fortschritte gemacht.

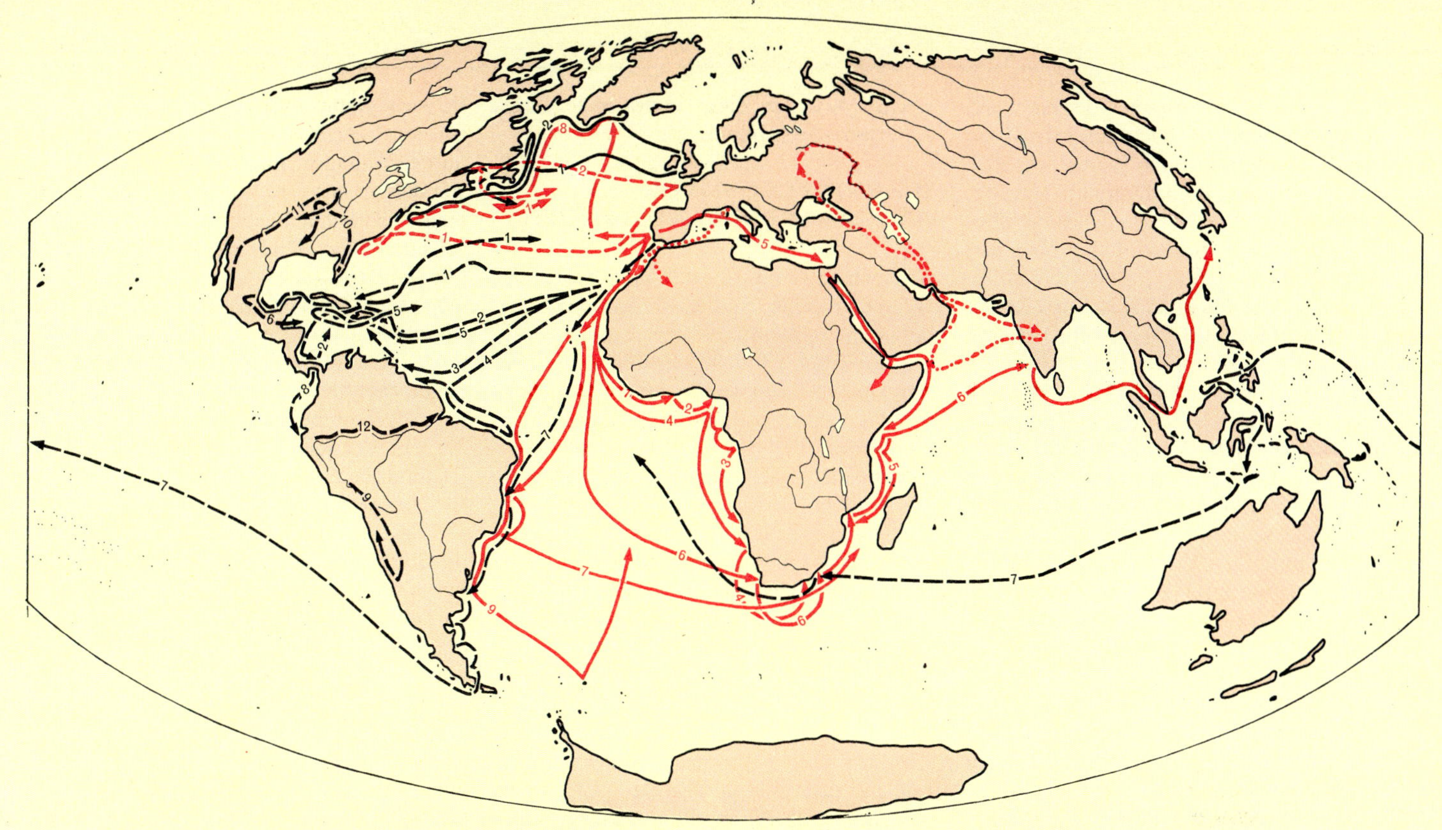

ZEITALTER DER ENTDECKUNGSREISEN

SPANIER:
1 I. Reise des Kolumbus 1492/93
2 II. Reise des Kolumbus 1493/96
3 III. Reise des Kolumbus 1498–1500
4 Amerigo Vespucci 1499
5 IV. Reise des Kolumbus 1502/04
6 Hernando Cortés 1519/25
7 Ferdinand Maggelan 1519/25
8 Francisco Pizarro 1531/34
9 Diego de Almagro 1535/37
10 Hernando de Soto 1539/42
11 Vázquez de Coronado 1540/42
12 Francisco de Orellana 1544

ENGLÄNDER
1 Giovanni Caboto (John Cabot) 1497
2 Giovanni Caboto 1498

PORTUGIESEN:
1 Alvise Ca' da Mosto 1456
2 Fernao do Póo 1471
3 Diogo Cao 1482/86
4 Bartolomeu Dias 1487
5 Pero de Covilha 1487–1525
6 Vasco da Gama 1497/98
7 Pedro Alvares Cabral 1500
8 Gaspar Cortereal 1501
9 Amerigo Vespucci 1501/02

FRANZOSEN:
1 Giovanni da Verrazzano 1524
2 Jacques Cartier 1534/42

Antonio Malfante (Genua) 1447

RUSSEN:
Athanasius Nikitin (Rußland) 1466/72

Ozeanien und Australien nach dem Vordringen der Europäer

WICHTIGE ENTDECKUNGSFAHRTEN IM PAZIFIK UND IM GEBIET DER ANTARKTIS

Bereits Kolumbus hatte aus dem Munde von Indianern die Nachricht von einer großen Wasserfläche westlich des von ihm entdeckten Landes vernommen. Doch erst der Spanier Balboa kann im Jahre 1513 zu dem Wasser gelangen, dem er den Namen „Südmeer" gibt und das er in weitausgreifender Geste für die spanische Krone in Besitz nimmt. Die erste genauere Erforschung des Südmeeres unternimmt in den Jahren zwischen 1519 und 1522 Ferdinand Magellan, der nach der Entdeckung der mit seinem Namen belegten Straße an der Südküste Südamerikas den von ihm so genannten „Stillen Ozean" erreicht, wozu jedoch im Jahre 1577 Francis Drake meint, für dieses Meer sei die Bezeichnung „mare furiosum" weit besser als „mare pacificum".

Nach dreimonatiger Fahrt über den Ozean sichten die Matrosen Magellans erstmalig den Küstenstreifen einiger Inseln, die sie ihrer diebischen Bevölkerung wegen Ladronen nennen und die heute als Marianen bezeichnet werden. Dann erreichen die Abenteurer eine weitere Inselgruppe und geben ihr den Namen St.-Lazarus-Archipel; heute heißen diese Inseln Philippinen. Hier findet der Kapitän den Tod, und unter seinen Nachfolgern stößt die Gruppe von Spaniern noch bis zu den Molukken vor, wo sie wieder auf die Ausläufer europäischer Kultur trifft.

In den folgenden Jahrzehnten werden weitere Fahrten in die Südsee unternommen, doch noch in der Mitte des 18. Jahrhunderts bestehen erhebliche Wissenslücken hinsichtlich der Gestalt dieses Teiles der Erde.

Die Schließung dieser Lücken wird in erster Linie ein Verdienst des englischen Seefahrers James Cook, der am 26. August des Jahres 1768 mit folgender geheimen Anweisung des wissensdurstigen Königs Georg III. und des Hohen Admirals von Großbritanien in See sticht: „Alldieweil gewisse Gründe zu der Annahme berechtigen mögen, ein Kontinent oder ein Land großen Ausmaßes sei im Süden jener Zone zu finden, welche Kapitän Wallis im Schiffe Seiner Majestät, dem Dolphin, bereiste, oder im Süden jener Strecke, die von früheren Navigatoren in Verfolgung ähnlicher Ziele befahren wurde, ... sollt Ihr gen Süden fahren, um den oben genannten Kontinent zu entdecken." Der zweite Auftrag sieht eine Expedition über das Kap Horn nach der König-Georg-III.-Insel (Tahiti) vor, um dort für den König im Juni 1769 den Durchgang der Venus zu beobachten. Zwar kann Cook im Verlaufe seiner ersten Fahrt einen südlichen Kontinent nicht auffinden und seine astronomischen Berechnungen enthalten auf Grund unvorhersehbarer optischer Verzerrungen so viele Fehler, daß sie für die Berechnung der Entfernung zwischen Erde und Sonne nicht verwendet werden können, doch entdeckt Cook hierbei die Inseln Neuseelands und die Ostküste Australiens und legt damit den Grundstein für alle weiteren Fahrten in dieses Gebiet.

Daneben findet der Engländer auf seiner zweiten Reise bis dahin völlig unbekannte Inseln wie zum Beispiel Neukaledonien, Südgeorgien und die Norfolk-Inseln und er entdeckt bei ihnen zahlreiche Inseln wieder wie zum Beispiel die Freundlichen Inseln, die Osterinseln, die Marquesas und die Neuen Hebriden. Im Anschluß an diese Fahrt bringt Cook eine Karte des zentralen Pazifiks und des Südpazifiks heraus, die in Ausführung und Anlage so genau ist, daß er, wie der französische Forscher La Pérouse festgestellt hat, seinen Nachfolgern nichts anderes zu tun übrig läßt, als ihn zu lobpreisen.

Während seiner zweiten Reise wird Cook zum ersten Erforscher der Südpolarregionen, und seine Berichte lassen klar erkennen, daß er sicher gewesen ist, es existiere antarktisches Land, denn die immensen Eisberge, zwischen denen er sich bewegt hat, können seiner Meinung zufolge nur von Festland herstammen. Cook ist auch davon überzeugt, daß dieses Land bar jeglichen Nutzens sei, denn schon Südgeorgien hat auf ihn „einen schrecklichen und wilden Eindruck" gemacht. Trotz manchen Fehlurteils wird Cook damit zu einem Vorläufer der großen Südpolarforscher Shackleton, Amundsen und Scott.

Auf seiner dritten Reise schließlich erforscht Cook in erster Linie den Nordpazifik, er dringt aber auch nach Süden vor und stößt dabei auf die Hawaii-Inseln, die er Sandwich-Inseln nennt. Cook sieht in dieser Entdeckung die bedeutendste Leistung die er je vollbracht hat. Obwohl er in diesem Urteil später revidiert worden ist, spricht hieraus doch ein Hinweis auf den erheblichen wirtschaftlichen und strategischen Wert, den diese Inseln in fernerer Zeit darstellen sollten.

DIE ENTDECKUNG VON NEUSEELAND UND AUSTRALIEN

Neuseeland Bei seiner ersten Fahrt, als er das mythische „Südland" entdecken soll, bekommt James Cook lange nach Verlassen der Insel Tahiti am 7. Oktober 1769 Land in Sicht, von dem er weiß, daß es sich um das von Abel Tasman im Jahre 1642 entdeckte, aber nicht erforschte Neuseeland handeln muß, das bisher als ein Teil des Südkontinents betrachtet worden ist. Das Schiff geht in einer Bucht vor Anker, die aber, so Cook, „ uns kein einzig Ding bot, wonach wir suchten" und daher „Poverty Bay" genannt worden ist. In den folgenden Wochen will nun Cook herausfinden, ob dieser Landstrich den Teil eines neuen Kontinents oder eine Insel darstellt. Durch sorgfältige kartographische Erfassung des Landes erkennt er dessen Insellage und gelangt in der nach seinem Namen benannten Straße an die Fjordküste des Südteils Neuseelands. Obwohl er in diesem Bereich schon öfter Eingeborenen begegnet ist, muß Cook hier eine schreckliche Entdeckung machen, die er unter dem Datum des 17. Januar 1770 in seinem Logbuch festgehalten hat: „Bald nach der Landung trafen wir zwei oder drei Eingeborene, welche sich vor kurzer Zeit an Menschenfleisch gelabt haben mußten; denn ich erhielt von einem derselben den Knochen des Vorderarms eines Mannes oder einer Frau, welcher ganz frisch war, und das Fleisch war erst kürzlich entfernt worden, und sie erklärten, dieses verzehrt zu haben ... Keiner von uns hatte den geringsten Zweifel daran, daß diese Leute Kannibalen waren; doch dieser Knochen mit einem Teil der noch frischen Muskeln daran war ein stärkerer Beweis dafür als alles andre, was uns bisher begegnet war. Und um völlige Sicherheit bezüglich ihres Berichts zu erlangen, sagten wir einem von ihnen, es sei nicht der Knochen eines Menschen, sondern der eines Hundes; doch dieser ergriff in großer Erregung seinen Vorderarm und wiederholte, daß es ein Menschenknochen sei, und um uns zu zeigen, daß sie das Fleisch verzehrt hatten, biß er mit den Zähnen in das Fleisch seines eigenen Armes und tat, als wolle er es essen."

Die Begegnungen Cooks mit den Eingeborenen sind großen Schwankungen unterworfen, und manchmal sind Musketen und selbst eine Kanone erforderlich, um sich bei ihnen durchzusetzen, zu anderen Zeiten begegnen sie ihm jedoch auch freundlicher. Insgesamt sieht er in ihnen keine größere Gefahr für weiße Siedler, denn „sie sind untereinander offenbar so gespalten, daß sie sich kaum zum Widerstand vereinen würden". Da sie die gleiche Sprache wie die Südseeinsulaner sprechen, ist eine Verständigung mit ihnen leicht möglich.

Heute weiß man von den als Maori bezeichneten Eingeborenen, daß sie ethnisch mit den Bewohnern der weiter nördlich im tropischen Bereich gelegenen Inseln verwandt sind. Ihre Lebensweise hat sich jedoch im Laufe der Zeit ändern müssen, denn neben der größeren Mühe um die Ernährung kommt in ihrer kühleren Heimat die Schwierigkeit der Beschaffung von Kleidung hinzu. Zur Gewährleistung ihrer Ernährung bauen die Ureinwohner Neuseelands mit einfachsten Grabwerkzeugen die Süßkartoffeln an. Da im Gegensatz zu Polynesien in diesen Breiten der Rindenbaststoff nicht mehr gewonnen werden kann, verwenden die Maori zur Herstellung von Gewändern den hier wachsenden Flachs, den sie allerdings nicht weben, sondern knüpfen. So entstehen dauerhafte, weitherabreichende Mäntel, zu denen sie mit Vogelfedern gezierte Umhänge aus Hundefellen tragen. Das soziale Zusammenleben der Maori ist nach Geschlechtern getrennt. So finden sich in den Dörfern eigens eingerichtete Kochhäuser, Geburts- und Grabhäuser. Daneben treffen sich die Männer in Versammlungs- und Männerhäusern, die auf den Balken an den Wänden bunt bemalte reliefartige Schnitzereien aufweisen, aus denen man die Mythen- Märchen- und Sagenwelt ablesen kann.

Cook umsegelt schließlich auch die Südinsel Neuseelands, legt hier jedoch wesentlich seltener an und braucht daher für diesen Teil seiner Arbeit nur weniger als sieben Wochen. Als er auch diese Insel auf der Karte eingezeichnet hat, weiß er mit Sicherheit, daß Neuseeland eine Inselgruppe darstellt und kein Teil eines Kontinents ist.

Australien Weitere Anhaltspunkte für eine „Terra Australis" vermuten die Seefahrer des beginnenden 17. Jahrhunderts weiter im Westen, wo der Spanier Luis de Torres erstmals die Küste eines Landes gesehen hat, nachdem er im Jahre 1606 die Meerenge zwischen der heutigen Nordküste Australiens und der Südküste von Neuguinea durchsegelt hat. Im gleichen Jahr entdeckt auch der Holländer Willem Jansz in dieser Gegend Teile einer Küste, doch sie erscheint ihm so wenig einladend, daß er dort sein Schiff nicht landet. Als im Jahre 1616 der Holländer Dirk Hartog eine der Küste vorgelagerte Insel betritt, macht er zwar die gleiche Erfahrung, aber er wird so zum ersten Europäer, der seinen Fuß auf australischen Boden gesetzt hat. Im Jahre 1642 entdeckt der holländische Seefahrer Abel Tasman weiter im Süden eine recht umfangreiche Insel, die er nach dem Gouverneur von Java als „Van-Diemens-Land“ benennt und die heute nach ihrem Entdecker Tasmanien heißt. Da die Holländer sich große Verdienste um die Erforschung dieses Teils der Erde erworben haben, wird auf den Karten des späteren 17. Jahrhunderts dieser Abschnitt „Neu-Holland“ genannt. Doch auf die Dauer werden der holländischen Ostindien-Kompagnie die Aufwendungen für die Entdekkungsfahrten zu hoch und sie stellt sie daher ein.

Nach Tasman landet nur noch der englische Abenteurer William Dampier zweimal an der Küste von Australien, doch dann gerät es für fast ein ganzes Jahrhundert in Vergessenheit. Es taucht zwar in Jonathan Swifts „Gullivers Reisen“ auf, doch werden hier nur die Erkenntnisse Dampiers wiederholt.

Erst im Jahre 1770, als James Cook auf der Fahrt von Neuseeland nach dem Malaiischen Archipel die Fragen klären will, wieweit sich „Neu-Holland“ in Richtung Neuseeland erstrecke und ob Van-Diemens-Land und Neuguinea nur Inselgruppen oder Teile eines Kontinents bilden, beginnt die endgültige Einbeziehung Australiens in die damalige Welt. Am Sonntag, dem 29. April schreibt er in sein Logbuch: „Da wir uns der Küste näherten, machten sich alle (Eingeborenen) davon, mit Ausnahme nur zweier Männer, die entschlossen schienen, sich unserer Landung zu widersetzen.“

Cook läßt sich jedoch nicht beirren, geht an Land und nennt die von ihm aufgefundene Landemöglichkeit „Stingray Bay“, die er später, als die mitreisenden Botaniker Banks und Solander hier einen wahren Schatz an unbekannten Pflanzen, die die botanische Wissenschaft revolutioniert haben, finden, in „Botany Bay“ umbenennt. Besonderes Aufsehen erregt bei den Europäern das ihnen bisher unbekannte Tier, das, wie Cook am 4. August schreibt, „bei den Eingeborenen Kangooroo oder Kanguru heißt“. Nach weiteren sorgfältigen Erforschungen des Landes trägt schließlich Cook in sein Logbuch folgende Bemerkung ein: „Obwohl ich im Namen seiner Majestät mehrere Stellen dieser Küste in Besitz genommen hatte, hißte ich nun die englische Flagge ein weiteres Mal und nahm im Namen seiner Majestät, des Königs Georg III., die gesamte Ostküste . . . unter dem Namen Neu-Südwales in Besitz, mit allen Buchten, Häfen, und Inseln welche an der besagten Küste liegen.“

Bereits James Cook selbst, der später als „der größte Forscher seiner Zeit und der größte Seefahrer aller Zeiten“ (A. Grenfell Price) angesehen wird, hat nach der Rückkehr nach seiner ersten Fahrt im Bericht an den Hohen Admiral entgegen den im Logbuch immer wieder auftauchenden guten Siedlungsmöglichkeiten in Neuseeland und Australien in seiner Bescheidenheit festgestellt: „Waren auch die Entdeckungen, die ich auf dieser Reise machen konnte, nicht so sehr groß, so glaube ich von ihnen doch, daß sie es wert sind, Eurer Lordschaft zur Kenntnis gebracht zu werden; und wiewohl ich auch den so viel erwähnten südlichen Kontinent nicht finden konnte (welcher möglicherweise gar nicht existiert) und dessen Entdeckung mir so viel bedeutet hätte, so bin ich doch zuversichtlich, daß an der Tatsache, daß dieser Kontinent nicht gefunden werden konnte, mich selbst keinerlei Schuld trifft.“

In der zweiten Hälfte des 18. Jahrhunderts erforscht James Cook auf drei Seereisen Australien, Neuseeland, die Südsee und Alaska.

So ist der Enthusiasmus in England über diese Neuerwerbungen nicht besonders groß und die ersten Siedler des neuen Kontinents werden eher aus einer Verlegenheit hierher gebracht. Als nämlich nach dem nordamerikanischen Unabhängigkeitskrieg die Abschiebung von Sträflingen aus englischen Gefängnissen dorthin unmöglich geworden ist, schlägt der zuständige Minister Lord Sidney dem Premierminister William Pitt deren Deportation nach Neu-Süd-Wales vor. Im Mai des Jahres 1787 beginnen daher die ersten elf Schiffe unter dem Kommando des Kapitäns Arthur Philipp ihre Fahrt in die Südsee und treffen dort acht Monate später ein. Allerdings findet Philipp die „Botany-Bay“ längst nicht so günstig wie einstmals Cook, segelt deshalb in die nördlich gelegene, weit größere und geschütztere Bucht und nennt zu Ehren von Lord Sidney diesen Landeplatz „Sidney Cove“. Neben 800 Sträflingen treffen bei dieser Fahrt auch etwa 700 Siedler in Australien ein. Da die von ihnen mitgebrachten Pflanzen in der Bucht nicht gedeihen, Überschwemmungen zu Hungersnöten führen und schließlich viele Neuankömmlinge sterben, ziehen die restlichen Siedler in noch weiter nördlich gelegene Gegenden um. Ihr Oberhaupt und damit erster Gouverneur von Neu-Süd-Wales ist Kapitän Philipp, der als er im Jahre 1792 nach England zurückbeordet wird, zumindest berichten kann, daß die neue Kolonie in der Versorgung mit den wichtigsten Lebensmitteln autark geworden sei.

Im ausklingenden 18. Jahrhundert treffen auch die ersten spanischen Merino-Schafe ein und legen den Grundstock für die heutigen 175 Millionen Schafe dieser Rasse, womit der eigentliche Aufschwung des von James Cook erschlossenen Kontinents einsetzt.

DAS SCHICKSAL DER URBEWOHNER AUSTRALIENS

Eine erste Beschreibung der Ureinwohner gibt James Cook, der in seinem Logbuch notiert hat: „Die Eingeborenen scheinen nicht zahlreich zu sein und auch nicht in großen Gemeinschaften zu leben, sondern zerstreut in kleinen Parteien entlang des Ufers. Diejenigen, derer ich ansichtig ward, waren ungefähr so groß wie Europäer, von sehr dunkelbrauner Hautfarbe, doch nicht schwarz; auch hatten sie kein krauses Haar, sondern es war schwarz und glatt, ähnlich dem unseren. Keiner von uns sah jemals bei ihnen eine Art von Kleidung oder Schmuck, auch nicht bei ihren Hütten, woraus ich den Schluß ziehe, daß sie derartiges nie tragen. Manche, die wir sahen, hatten ihre Gesichter und Körper mit einer Art weißer Farbe bemalt ... jedoch konnten wir nur sehr wenig über ihre Sitten in Erfahrung bringen, da es uns niemals gelang, eine Verbindung zu ihnen herzustellen.“

Auch heute ist das Wissen über die Ureinwohner noch sehr lückenhaft. Bekannt ist etwa, daß diese Menschen im späten Jungpaläolithikum vielleicht von Indonesien kommend über Neuguinea, das damals noch durch eine heute im Meer versunkene Landbrücke mit dem Kontinent verbunden gewesen ist, eingewandert sind. Diese Tatsache unterstreicht die Form ihrer Gliedmaßen, die an die langen und dünnen Arme der Inder erinnert. Doch die Kopfform unterscheidet sie von diesen; die Ureinwohner Australiens haben meist ein breites Gesicht mit großer platter Nase, vorgeschobene starke Unterkiefer, tiefliegende Augen und buschige Augenbrauen, wodurch ein Schutz vor allzu starker Sonneneinstrahlung erzielt wird. Es ist nicht auszuschlie-

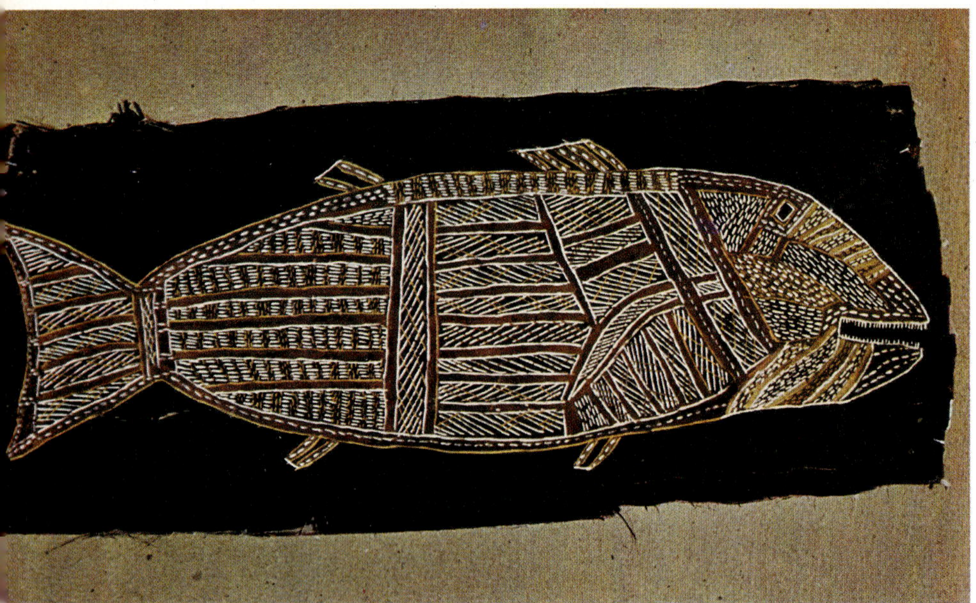

Naturalistische Darstellung eines Süßwasserfisches. Rindenmalerei von Groot Eylandt im Golf von Carpenteria, Nordaustralien. Slg. Ch. P. Mountford.

ßen, daß die heutigen Aboriginals unmittelbare Nachkommen der steinzeitlichen Menschen sind. Auf Grund ihrer nie gestörten Abgeschiedenheit haben sich die Menschen kaum über ihre frühesten Anfänge hinaus weiterentwickelt, weshalb es ungeheuer schwer ist, Anhaltspunkte für historische Periodisierungen zu finden.

Die heute noch lebenden Ureinwohner verteilen sich auf etwa 500 Stämme und hausen größtenteils in Reservaten. Hier leben sie nach den Regeln, wie sie vor tausenden von Jahren geformt worden sind. Zum persönlichen Eigentum des Stammesmitgliedes gehören nur seine Waffen, unter denen besonders der Bumerang hervorsticht, mit dessen Hilfe der geschickte Jäger sogar Vögel im Flug erlegen kann. Sonstiges persönliches Eigentum ist unbekannt, da es die Beweglichkeit der nomadischen Stämme behindern würde. Das Leben in der Gemeinschaft ist streng geregelt, und als Oberhaupt wird der Stammesälteste anerkannt, dem auch im kultischen Leben eine überragende Bedeutung zukommt.

Die Brücke zwischen dem Alltag und dem Reich der Mythen bilden totemartige Zeremonien, die besonders bei Beschneidungs- und Tätowierungsfeiern aufgeführt werden. Eine erstaunliche künstlerische Fertigkeit beweisen die Ureinwohner bei ihren kultischen Stein- und Rindenzeichnungen, die noch ganz im Stile steinzeitlicher Tradition angefertigt werden. Älteste Datierungen weisen zurück bis in die Zeit um 3000 v. Chr., jedoch werden in gleicher Weise auch noch im 19. Jahrhundert Werke angefertigt. Ein besonderes Charakteristikum dieser Zeichnungen ist der „Röntgen-Stil", bei dem die Tiere durchsichtig, also unter Einbeziehung der Skelette und Eingeweide, wiedergegeben werden.

Große Schwierigkeiten entstehen heute für die Behörden in Australien, wenn sie Ureinwohner an das Leben der Weißen heranführen, sie assimilieren wollen. Hierbei bilden die Stammesältesten ein sehr großes Hindernis, da von ihnen ein maßgeblicher Einfluß auf die jungen Aboriginals ausgeht, wenn sie diese durch die „Initiation" die Einführung in die Beschneidungs- und Tätowierungszeremonie und ihre damit verbundene vollwertige Aufnahme in den Stamm, an sich gebunden haben. Ein ergreifendes Beispiel für die hieraus möglicherweise entstehenden tragischen Konflikte ist das Schicksal des eingeborenen Malers Albert Namatjira geworden, der trotz aller seiner Bevorzugungen durch die australische Regierung und der internationalen Anerkennung die Kluft zwischen seiner Nomadenherkunft und dem zivilisierten Leben unter Weißen nicht hat überbrücken können und frühzeitig am Alkohol zugrunde gegangen ist, bei dessen Genuß er – wie die meisten Urbewohner – kein Maß hat halten können.

AUSTRALIEN UND NEUSEELAND IM 19. JAHRHUNDERT

Australien Im 19. Jahrhundert schreitet die Erschließung des Kontinents und damit auch seine Veränderung und teilweise Zerstörung rapide voran. Wegbereitend wirkt hierbei die Schafzucht. Als sich herausstellt, daß die Merino-Schafe unter den hier üblichen klimatischen Bedingungen gut gedeihen, werden immer größere Flächen an der Küste und später im Landesinneren zu Weidezwecken erschlossen. Dabei spielt es für die damaligen Farmer keine Rolle, daß bei ihrem Vordringen das wild lebende Känguruh in ihren Augen zu einer „Pest" wird, die sie rigoros bekämpfen, da dieses Tier den Schafen das ohnehin spärliche Gras wegfrißt.

Um das hierbei immer weiträumiger werdende Land einer funktionsfähigen Verwaltung unterstellen zu können, legt die englische Regierung verbindliche Gebietsgrenzen fest. Im Jahre 1825 wird Tasmanien neue britische Kolonie, 1829 Westaustralien, 1834 Südaustralien und schließlich im Jahre 1850 Victoria. Im gleichen Jahr wird durch die „Australian Colonies Government Act" den Kolonien weitgehende Selbstverwaltung zugestanden. Diese richten hierauf gesetzgebende Versammlungen ein, die den Auftrag haben, den besonderen Wünschen und Lebensbedingungen des Kontinents entsprechende Verfassungen zu erarbeiten. Darüber hinaus erhalten die Kolonien das Recht, ihre wirtschaftlichen Beziehungen untereinander selbständig zu regulieren.

Bereits in der ersten Hälfte des Jahrhunderts mehren sich die Stimmen, die auf die katastrophalen Zustände in den Sträflingsunterkünften hinweisen. Die englische Regierung setzt daraufhin eine Untersuchungskommission ein, die zu dem Ergebnis kommen, daß in den Lagern die Grausamkeiten ein ungeheures Ausmaß angenommen hätten, worauf London die Häftlingstransporte auf den Kontinent einstellt. Damals hat die Anzahl der nach Australien deportierten Strafgefangenen bereits die Höhe von 160 000 überschritten. Künftig werden nur noch auf die Insel Tasmanien Gefangene geschickt, worauf die dortigen Siedler eilends die Insel verlassen.

Eine zweite Welle der Landerschließung erfolgt um die Mitte des Jahrhunderts, als bekannt wird, daß in verschiedenen Gegenden des Kontinents Gold gefunden worden ist. Aus allen Teilen der Welt strömen nun Goldsucher nach Australien. Als der Staat Victoria, auf dessen Gebiet die ergiebigsten Vorkommen vermutet werden, staatliche Schürflizenzen einführen will, kommt es zum Aufstand der Goldsucher, die dabei nicht den Union Jack, sondern eine Flagge mit dem Kreuz des Südens auf blauen Grund hissen, das auch heute noch in der Nationalfahne Australiens zu finden ist. Gegen die Goldsucher wird Militär eingesetzt, worauf es bei der Stadt Eureka zu einem erbitterten Gefecht kommt, bei dem fünf Soldaten und dreißig Rebellen den Tod finden.

Infolge der weiteren Erschließung des Kontinents – bereits im Jahre 1862 ist es

John Macdonell Stuart gelungen, vom Süden aus die im Norden gelegene Stadt Darwin zu erreichen und dabei das „tote Herz", eine große Wüste in der Mitte des Kontinents, zu durchqueren – rücken die Kolonien enger zusammen und beginnen Überlegungen, ob nicht auf Grund des einigenden Bandes der Sprache ein geschlossener Staat angestrebt werden solle. Am 12. März 1898 bahnt sich nach langwierigen Verhandlungen ein Kompromiß an und man nennt den neuen Staat „Commonwealth". Die englische Regierung akzeptiert diese Regelung, und am 1. Januar 1901 tritt in Melbourne, gestützt auf eine neue Verfassung, das erste Bundesparlament zusammen. Allerdings ist diese Stadt nicht zur Hauptstadt ausersehen, doch ein Streit zwischen Neu-Süd-Wales und Victoria verhindert eine endgültige Entscheidung.

Neuseeland Erst im Verlauf des 19. Jahrhunderts kümmert sich England mehr um den Besitz der beiden Inseln, da erst nach dem Jahre 1870 die Zahl der Einwanderer stärker zunimmt. Ebenso wie in Australien wird hierdurch der Lebensraum der Ureinwohner immer mehr eingeschränkt. In Kämpfen mit nachrückenden Weißen Siedlern verlieren sehr viele der früheren Kannibalen ihr Leben, so daß sie allmählich vom Aussterben bedroht sind. Dem Beispiel Australiens folgend überlegen sich die Siedler einen Zusammenschluß der Landesteile. Ähnlich wie beim großen Nachbarn fällt die Entscheidung zugunsten eines „Commonwealth", dessen Gründung im Jahre 1907 besiegelt wird.

DIE SÜDSEEINSELN: ZANKAPFEL AM ENDE DES IMPERIALEN MACHTKAMPFES

Die Korallengebilde der Südsee, die lange Zeit nur als Anlaufhäfen gedient hatten, wo man sich mit Frischwasser und Früchten versorgte, gewinnen gegen Ende des 19. Jahrhunderts plötzlich weltweites Interesse, als die USA und das Deutsche Reich den Anschluß an die imperiale Entwicklung finden wollen. So hat Bismarck schon im Jahre 1885 dem deutschen Botschafter in England mitgeteilt, „daß die Kolonialfrage schon aus Gründen der inneren Politik eine Lebensfrage für uns ist." Damit meint der deutsche Kanzler etwa das, was im Jahre 1895 Cecil Rhodes an einen Freund schreibt: „Um die 40 Millionen Einwohner des Vereinigten Königreichs vor einem mörderischen Bürgerkrieg zu schützen, müssen wir Kolonialpolitiker neue Ländereien erschließen, um den Überschuß der Bevölkerung aufzunehmen, und neue Absatzmärkte schaffen für die Waren, die sie in ihren Fabriken und Minen erzeugen ... Wenn Sie den Bürgerkrieg nicht wollen, müssen Sie Imperialist werden."

Daher erinnert sich die deutsche Regierung der bisher vernachlässigten hanseatischen Kaufleute in der Südsee. Durch ein gewagtes diplomatisches Manöver zugunsten Frankreichs in der Ägyptenfrage bekommt Bismarck im Jahre 1885 die von den Handelshäusern Godeffroy und Robertson & Hernsheim auf Neuguinea und Neu-Britannien begonnenen Niederlassungen von England als deutsche Kolonien anerkannt. Bereits ein Jahr später verzichtet England zugunsten des Deutschen Reiches auch auf die nördlichen Salomon-Inseln, Teile der Karolinen und der Marshall-Inseln, wofür Deutschland England freie Hand auf den Gilbert-Inseln zusichert.

Doch infolge des Ausgangs des spanisch-amerikanischen Krieges gerät diese Besitzverteilung nochmals ins Wanken. Um das Erbe der Spanier nicht nur in der Karibik, sondern auch in der Südsee zu übernehmen, dringen US-Schiffe immer häufiger in diese Gebiete vor und vertreiben im Jahre 1898 die Spanier von den Philippinen. Im Gebiet der Samoa-Inseln kollidiert diese Expansionslust mit den Interessen des Deutschen Reiches, doch bereits im Jahre 1899 können sich die betroffenen Regierungen unter Zustimmung Englands dahingehend einigen, daß die beiden östlichen Inseln an die USA fallen, während die beiden westlichen dem Deutschen Reich zugesprochen werden. Für sein Einverständnis bei der Teilung erhält England die gesamte Gruppe der Tonga- oder Freundschaftsinseln zugesichert.

Ungeregelt ist jetzt in der Südsee nur noch die Herrschaft über die Hebriden, die seit 1888 einer englisch-französischen Seekommission unterstehen. Hier wird schließlich ebenfalls eine Lösung gefunden und im Jahre 1906 ersetzen die beiden Regierungen die Kommission durch ein englisch-französisches Kondominium.

DIE ENTWICKLUNG IM 20. JAHRHUNDERT

Australien und Neuseeland Im 1. Weltkrieg steht der Kontinent auf der Seite der Alliierten, doch konzentriert sich die Haupttätigkeit auf die Übernahme der deutschen Herrschaft in Neuguinea. Neuseeland verfolgt ähnliche Pläne und sichert sich die Herrschaft über einen Kordon von Inseln im engeren und weiteren Vorfeld der Hauptinseln.

Nach dem 1. Weltkrieg erlebt zunächst die Wirtschaft in diesem Raum einen gewaltigen Aufschwung, doch dann wirkt sich auch hier zu Beginn der dreißiger Jahre die Weltwirtschaftskrise aus. Die Währung muß abgewertet werden, und in Australien verlieren 30% der Gewerkschaftsmitglieder ihre Arbeitsplätze. Nur auf Kosten einer erheblichen Steigerung der Schwerindustrie können wieder Arbeitsplätze geschaffen werden.

Der Ausbruch des 2. Weltkrieges macht einen weiteren Aufschwung zunichte, und am 19. Februar 1942 fallen erstmals in der Geschichte des Kontinents Bomben auf das Land, als die Japaner die Stadt Darwin zerstören. Im März des Jahres 1942 nehmen die Japaner den Australiern die Herrschaft über Neuguinea ab und durchqueren dieses erstmals seit Bekanntwerden der Insel von Norden nach Süden. Eine Landung japanischer Streitkräfte an der schwer zu verteidigenden Nordküste scheint unmittelbar bevorzustehen; da kommen die USA der Bundesregierung in Canberra, wo sie seit 1927 ihren Sitz hat, zu Hilfe. Von den Philippinen verlegt der für den Pazifik zuständige US-Oberbefehlshaber, General Mac Arthur, sein Hauptquartier zunächst nach Melbourne und dann nach Brisbane, um von hier aus mit Hilfe der von ihm entwickelten Strategie des „Inselhüpfens" die Japaner auf ihren Herrschaftsbereich im Mutterland zurückzudrängen. In erbitterten Luft- und Seeschlachten wird schließlich der Vormarsch der Japaner aufgehalten und die Gefahr für Australien gebannt.

Nach dem Ende des 2. Weltkrieges tritt Australien im Jahre 1951 dem ANZUS-Pakt bei, in dem sich neben Australien und Neuseeland auch die USA dazu verpflichten, eventuellen Bedrohungen des Friedens im Pazifik gemeinsam zu begegnen. Im Jahre 1954 schließen sich die beiden Länder auch der SEATO an, der auch Kambodscha, Laos und das „freie Territorium Vietnams" angehören. Durch dieses Bündnis werden Australien und Neuseeland in den Jahren nach 1962 in den Vietnamkrieg verwickelt.

Die wirtschaftliche Entwicklung der Länder erfolgt im Rahmen des 1950 angenommenen „Colombo-Planes", der eine wirtschaftliche Zusammenarbeit aller Regierungen im pazifischen Raum vorsieht. So geraten beide Länder in den Sog der sich in den siebziger Jahren abzeichnenden Weltwirtschaftskrise. Bei den Wahlen vom 18. April 1974 verliert die Labour Party ihre absolute Mehrheit, sie bleibt allerdings weiterhin an der Regierung, doch der Ministerpräsident Whitlam muß sich verstärkt um neue Wirtschaftspartner in der Welt umsehen.

Whitlam wird 1975 wegen Korruption seines Amtes enthoben, bei den folgenden Parlamentswahlen siegt der Liberale Malcolm Fraser, der sich auch 1980 knapp behauptet. Die schwierige Wirtschaftslage

und endlose Querelen in der Regierungskoalition bringen 1983 einen klaren Sieg der Labor Party unter Robert Hawke, den er 1987 behauptet. Außenpolitisch bemüht sich Australien seither um größeren Abstand zu den USA und um eine Annäherung an die südostasiatischen Nachbarn.
Recht ähnlich verläuft die Entwicklung in Neuseeland. Auch dort regiert die Labor Party, Ministerpräsident ist seit 1983 David Lange.
Besondere Bedeutung für beide Staaten hat der Vertrag von Raratonga, mit dem 1985 eine kernwaffenfreie Zone im Südpazifik geschaffen wurde. Im Konflikt befindet man sich dabei mit Frankreich, welches auf seinen südpazifischen Besitzungen nach wie vor Atomwaffentests durchführt.

Südpolargebiet Im 20. Jahrhundert setzt mit Hilfe der hochentwickelten technischen Neuerungen die verstärkte Erforschung des Südpolargebietes ein. Um die Jahrhundertwende unternehmen die deutsche Valdivia-Expedition (1898) und das von E. von Dygalski (1901–1903) geleitete Expeditionskorps wichtige Vorstöße in das noch unbekannte Gebiet. In den Jahren 1908 und 1909 erreicht E. H. Shackleton den magnetischen Südpol, und in einem hochdramatischen Wettlauf stoßen R. Amundsen (14. 12. 1911) und R. F. Scott (18. 1. 1912) bis zum geographischen Südpol vor. Weitere Erkundungszüge leiten in der Folgezeit W. Filchner und R. E. Byrds. Besonders die Entwicklung des Flugzeuges fördert die Erschließung der Antarktis, und am 31. 10. 1956 landen erstmals amerikanische Flugzeuge auf dem Südpol. Im Januar 1958 wiederholen die Engländer E. Hillary und V. E. Fuchs den Wettlauf von Amundsen und Scott, nun allerdings mit modernen Mitteln, und Hillary wird der dritte Mensch, der über Schnee und Eis den Südpol erreicht. Besonders das zu diesem Zeitpunkt anberaumte Internationale Geophysikalische Jahr hat die Südpolarerforschung stark vorangetrieben und es wird in der ganzen Welt die zunehmende geologische, geophysikalische, wetter- und meereskundliche, biologische und strategische Bedeutung der Antarktis erkannt. So schließen im Jahre 1959 zwölf Nationen einen Vertrag, der die friedliche Nutzung des Südpolargebietes sicherstellen soll.

Afrika

DER SCHWARZE KONTINENT – KOLONIALISIERUNG UND ENTKOLONIALISIERUNG

Das Vordringen islamischer Händler entlang den Karawanenrouten durch die Sahara beendet die Isolation des Schwarzen Kontinents vom Geschehen in der übrigen Welt. Zum eigentlichen Wendepunkt, zum Beginn einer neuen Epoche in der Geschichte Afrikas, wird jedoch die Begegnung mit europäischen Seefahrern und Händlern: sie ist der Auftakt zu einer Reihe äußerer Einflußnahmen, dem Kennzeichen dieser Epoche und auslösenden Faktor tiefgreifender, wenn auch oft latenter Wandlungsprozesse im gesellschaftlichen, wirtschaftlichen, kulturellen und politischen Bereich.

Das Auftreten der ersten Europäer im Schwarzen Kontinent

Die ersten noch geheimen Kontakte mit den afrikanischen Völkern südlich der Sahara schließen im Jahre 1364 normannische Kaufleute aus Dieppe und Rouen. Mit ihren Handelsschiffen dringen sie bis zum Golf von Guinea vor und unterhalten bis 1410 mehrere Kontore wie „Petit-Paris" und „Petit-Dieppe". Die eigentliche Entdeckungsphase beginnt in der Mitte des 15. Jahrhunderts mit portugiesischen Forschungsreisen im Auftrage Heinrich des Seefahrers: das Interesse konzentriert sich auf die zahlreichen exotischen Handelswaren und besonders auf die sagenumwobenen Goldminen wie die des Landes Bambuk im heutigen Grenzgebiet zwischen Senegal und Mali, das 300 Jahre später noch immer als das „Peru Afrikas" gesucht werden sollte – vor allem aber gilt es, einen neuen Seeweg nach Indien zu erschließen, der eine Umgehung der islamischen Stellungen im östlichen Mittelmeer ermöglicht.
Von den Kanarischen Inseln aus folgen die Portugiesen der Küste des afrikanischen Kontinents; ihr Weg führt 1444 bis 1447 zur Mündung des Senegalflusses, zum „Grünen Kap" und zur Insel Gorée, zum Gambiafluß und nach Bissau. 1471 gründen sie eine erste Niederlassung an der Goldküste und überqueren wenig später den Äquator; 1482 erreicht Diego Cao den Kongo. Bartholomeo Diaz gelangt schließlich 1488 zur Südspitze Afrikas, zum „Kap der Stürme", das nach seiner Rückkehr nach Portugal den Namen „Kap der Guten Hoffnung" erhält. Seinen Spuren folgt zehn Jahre danach Vasco da Gama, der nach der Umsegelung des Kaps nun weiter entlang der Ostküste vordringt. Mozambique, Mombasa und Malindi werden zu Stationen seiner Reise, der sich die Überfahrt nach Kalikut anschließt: die Verbindung mit Indien ist damit hergestellt.
Das Monopol der portugiesischen Seefahrer ist jedoch nur von kurzer Dauer; Holländer und später Briten, Franzosen, Schweden, Dänen und Brandenburger folgen, gründen privilegierte Handelskompanien und besetzen im 17. Jahrhundert zahlreiche Küstenstützpunkte. Anknüpfend an die Handelstradition der afrikanischen Reiche, werden diese Niederlassungen zum Schauplatz eines regen Tauschhandels, der bis ins 19. Jahrhundert hinein die Beziehungen zwischen Europa und Afrika nachhaltig prägte. Die Europäer bereichern die afrikanischen Märkte mit Manufakturgütern, vor allem mit Waffen, Branntwein, Stoffen, Metallwaren, aber auch mit mancherlei unnützem Tand; einheimische Herrscher und Zwischenhändler liefern im Austausch Elfenbein oder Goldstaub, Palmöl, Gummiarabikum, Gewürze, Häute und Sklaven. Das Angebot europäischer Waren, die häufig nur einen Prestigewert haben, weckt bei den Afrikanern das Bedürfnis nach weiteren Einfuhren und führt somit dazu, nicht nur die überschüssige Produktion einzutauschen, die bislang als Reserve für schlechte Erntezeiten aufbewahrt wird, sondern auch die gezielte Erzeugung tauschbarer Güter in Gang zu setzen.
Das Innere des Kontinents bleibt von den Ereignissen an der Küste weitgehend unberührt. Einzelne Gebiete erleben noch einmal eine Zeit hoher wirtschaftlicher und kultureller Blüte; zu ihnen zählt auch die Stadt Timbuktu, der wichtigste Endpunkt des islamischen Trans-Sahara-Handels: zeitgenössische arabische Manuskripte berichten gegen Ende des 16. Jahrhunderts von 180 Koranschulen und 26 Schneiderwerkstätten mit bis zu 100 Lehrlingen. Aber schon kündigt sich, im Sudan gefördert durch eine Invasion marokkanischer

Truppen, ein allgemeiner geographischer Bedeutungswandel an: die Küstenvölker gewinnen aufgrund ihrer Kontakte mit den europäischen Händlern an Reichtum und Macht und lösen damit die dominierende Stellung der Stämme im Hinterland ab.

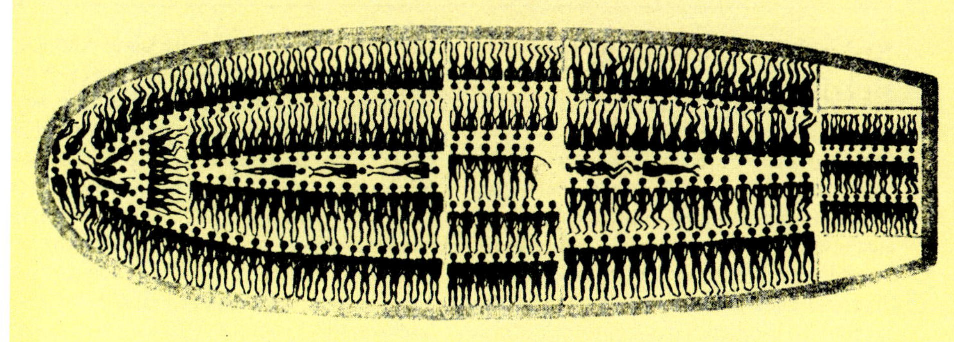

Beim Sklavenhandel waren die Verluste während des Seetransportes enorm. Kein Wunder, wenn man sieht, wie die Sklaven an Bord zusammengepfercht wurden (aus dem obigen Belegungsplan eines Sklavenschiffes ersichtlich).

Der Sklavenhandel

Seit Anfang des 16. Jahrhunderts konzentrieren sich die Unternehmungen der europäischen Kaufleute zunehmend auf den Sklavenhandel, der bis zum Beginn des 19. Jahrhunderts die Geschichte des afrikanischen Kontinents weitgehend bestimmen sollte und nach den Worten des englischen Afrikaforschers Basil Davidson die „größte und schicksalsschwerste Völkerwanderung – mit Gewalt erzwungene Wanderung – in der Geschichte der Menschheit" darstellt. Die Zahl der afrikanischen Sklaven, die als Arbeitskräfte für die Plantagen auf dem südamerikanischen Kontinent und in Westindien verschifft werden, erreicht nach dem neuesten Stand der Forschung etwa zehn Millionen Menschen. Eine Tabelle weist als Höhepunkt des Sklavenhandels das 18. Jahrhundert aus:

1451 – 1600 :	274 900
1601 – 1700 :	1 341 100
1701 – 1810 :	6 051 700
1811 – 1870 :	1 898 400

Nicht erfaßt sind dabei die Verluste durch Sklavenjagden und auf den relativ langen Seetransporten. Demographische Schätzungen sprechen jedenfalls für die Zeit von 1650 bis 1800 von einem Rückgang des Anteils der Bewohner Afrikas an der Weltbevölkerung von ca. 20% auf 10% – eine Zahl, die noch heute ungefähre Gültigkeit hat.

Die Verschiffungshäfen verteilen sich über die gesamte Westküste des Schwarzen Kontinents, vom Senegal bis nach Angola; der Schwerpunkt des Handels liegt im Gebiet zwischen der Goldküste und Kamerun. In Europa sind es die Seehäfen von Liverpool und Nantes, die den größten Anteil am Sklavenhandel haben und damit die bislang vorrangige Stellung der Handelsstädte am Mittelmeer ablösen.

Die europäischen Händler sind freilich nur Aufkäufer und nehmen nicht selbst an der Rekrutierung von Sklaven teil: vielmehr sind es die einheimischen Herrscher, die die Menschenexporte organisieren und damit eine neue Einnahmequelle erschließen, die zur Grundlage des wirtschaftlichen Aufschwunges wird. Der Sklavenhandel wird vielerorts zum Staatsmonopol, so etwa im Dahome-Reich, dessen König sich als besonders umsichtiger Handelspartner erweist: 1714 erzwingt er einen Neutralitätspakt zwischen Engländern, Franzosen, Holländern und Portugiesen, die nun gemeinsam den Exporthafen Ouidah anlaufen, ihn zur Vermeidung von Auseinandersetzungen aber nur im Abstand von 24 Stunden wieder verlassen dürfen.

Der ursprüngliche Vorrat an Sklaven ist allerdings bald erschöpft, denn es sind nur die Kriegsgefangenen, die den Händlern zur Verfügung stehen. Die „Haussklaven" dagegen, die eine zweite Gruppe von Sklaven bilden, sind nutzungs- aber nicht besitzrechtlich an Dorfgemeinschaften gebunden und können nicht verkauft werden: ihr Vorhandensein trägt dazu bei, die verfügbare Arbeitskraft bei der Erwirtschaftung von Subsistenzmitteln zu vergrößern. Die steigende Nachfrage der Europäer führt deshalb zur Notwendigkeit neuer Kriegszüge, die sich zu unbarmherzigen Menschenjagden ausweiten. Für einzelne Stämme wird die Beteiligung am Sklavenhandel zum Existenzproblem: um sich der eigenen Versklavung zu entziehen, sind sie gezwungen, selbst Sklaven zu erbeuten, denn diese allein ermöglichen den Erwerb von Waffen zur Verteidigung; tatsächlich aber werden diese Waffen genutzt, um weitere „Kriegssklaven" herbeizuschaffen.

Als Folge der allgemeinen Unsicherheit werden nun auch im Inneren des Kontinents unüberschaubare Migrationsbewegungen in Gang gesetzt. Gleichzeitig vergrößert sich die Abhängigkeit von europäischen Einfuhren und die Bedeutung des Außenhandels für den Wirtschaftsprozeß der afrikanischen Reiche.

Die Schließung der Exportlücke

Die Abschaffung des Sklavenhandels, die 1807 in England ihren Anfang nimmt und auf dem Wiener Kongreß 1815 zu einer allgemeinen Forderung wird, stellt den Nutzen der afrikanischen Küstenstützpunkte für die Europäer in Frage. Holländer, Dänen, Schweden und Preußen verlassen ihre Niederlassungen. Für die afrikanischen Reiche bedeutet das Ende der Sklaventransporte eine wirtschaftliche Katastrophe: es hinterläßt eine Exportlücke, die es nun zu schließen gilt.

Es folgt eine Phase des Übergangs und Experimentierens, um die kolonialen Stützpunkte einer neuen Bestimmung zu übergeben. Pläne für eine Sträflingskolonie im Senegal scheitern ebenso wie der Versuch, Plantagen zu errichten. Die Entscheidung über das künftige Schicksal des Kontinents fällt mit der steigenden Nachfrage der europäischen Industrie nach ölhaltigen Rohstoffen: Afrika wird zum Lieferant landwirtschaftlicher Exportprodukte, die meist im Rahmen der traditionellen Dorfgemeinschaften erwirtschaftet werden.

Im Dahome-Reich, das erst relativ spät seine Sklavenausfuhren endgültig einstellen muß, werden wie auch anderswo die bestehenden Handelsinstitutionen in den Dienst der neuen Exportwirtschaft gestellt. Die Ländereien des Königs Ghezo (1818 bis 1858) werden am frühesten auf Palmölproduktion umgestellt; der Palmbaum wird zum unantastbaren Fetisch erklärt, die Bearbeitung erfolgt durch diejenigen Sklaven, die nicht länger als Tauschware Verwendung finden. Von Gambia aus greifen inzwischen ab 1840 Erdnußkulturen auf das französische Einflußgebiet über und werden zu einer Exportmonokultur, die den Senegal von Grund auf verändert. Untersuchungen nennen als Gründe ihrer Verbreitung neben dem grundsätzlichen Drang nach Handelsbeziehungen mit den Europäern das Bündnis der 1763 eingesetzten Gouvernementsverwaltung mit einheimischen Dorfältesten, Stammeshäuptlingen und islamischen Führern (Marabuts), die Förderung einer Schicht afrikanischer Zwischenhändler, die Einführung von Kopfsteuern und schließlich die Inbetriebnahme einer Eisenbahnlinie durch die Hauptanbaugebiete im Jahre 1885.

Koloniale Aufteilung und Befriedung

Der afrikanische Kontinent gewinnt nun wieder das Interesse Europas. Meldungen über fremde Kulturen und reiche Schätze erwecken den Drang, jetzt auch die Geheimnisse im Inneren Afrikas zu erkunden. Europäische Abenteurer und Forscher werden zu Pionieren des weiteren Vordringens; fast vergessen ist die Reise des englischen Majors Houghton 1790 in den Sudan, um so bekannter dafür die von Mungo-Park oder von René Caillé, der als Maure verkleidet 1828 die geheimnisvolle Stadt Timbuktu erreicht und als erster Europäer lebend von dort zurückkehrt. Alle anderen überragt jedoch der Name des Deutschen Heinrich Barth, der von 1850 bis 1855 den westlichen Sudan erforscht. Im Süden wird Henry Stanley zum bedeutendsten Entdecker: im Auftrag amerikanischer Zeitungen findet er den verschollenen David Livingstone, erreicht von der Ostküste aus den Victoria-See und setzt seine Fahrt auf dem Kongofluß bis zur Westküste fort.
Von den Stützpunkten an der Westküste ausgehend, erfolgt in der zweiten Hälfte des 19. Jahrhunderts die lückenlose Unterwerfung der afrikanischen Völker. Der französische Gouverneur im Senegal, Louis Faidherbe, setzt mit seinem Vorstoß in Richtung Sudan erste entscheidende Signale: die Eroberung entlang der Achse Senegal-Niger-Tschad wird durch ihn zum langfristigen Ziel der französischen Politik,

Der amerikanische Zeitungsreporter Stanley findet den verschollenen David Livingstone (1871). Zeitgenössische Darstellung.

während die Engländer die Linie vom Kap nach Kairo zu erschließen versuchen. Bürgerkriege und militärische Konflikte zwischen den afrikanischen Reichen verhindern einen gemeinsamen und wirksamen Widerstand gegen die Europäer, die sich bei ihren militärischen Aktionen einheimischer Truppen bedienen. Ein ernsthafter Gegner ist allenfalls El Hadj Omar vom Stamm der Toucouleur, der selbst als „schwarzer Apostel des Islam" den Sudan in einem „Heiligen Krieg" zu erobern trachtet; doch auch er kann sich letztlich nicht behaupten und wird 1857 bis 1859 von Frankreich besiegt.
Die Aufteilung des Kontinents unter den europäischen Kolonialmächten erreicht mit der Berliner Kongo-Konferenz 1884/85 ein neues Stadium. Zu ihrem Ergebnis zählt nicht nur die Neutralisierung der Handelsschiffahrt auf dem Kongo und seinen Nebenflüssen sowie die Gründung des Kongo-Freistaates, sondern gleichzeitig auch die Forderung nach einer „effektiven" Besitznahme der jeweils beanspruchten Kolonialgebiete. Die Konferenz gibt damit neue Okkupationsimpulse und führt zu einer Straffung des kolonialen Herrschaftssystems; sie drängt schließlich auf den Abschluß von Abgrenzungsverträgen zwischen den europäischen Nationen. Ohne Rücksicht auf die (freilich noch weitgehend unerforschten) ethnischen, wirtschaftlichen und kulturellen Gegebenheiten entstehen so künstliche Territorialgebilde, die in diesen Umrissen ein Menschenalter später in die Unabhängigkeit entlassen werden sollen. Das größte zusammenhängende Kolonialgebiet sichert sich Frankreich in der 1895 gegründeten Föderation Französisch-Westafrika.
Einen Sonderfall in der Geschichte Afrikas bildet die Republik Liberia zwischen dem britischen Sierra Leone und der französischen Elfenbeinküste. Die philanthropische Bewegung gegen Sklavenhandel und Sklaverei führt zu Beginn des 19. Jahrhunderts in Nordamerika zu dem Gedanken, den befreiten Sklaven die Möglichkeit zur Rückkehr in ihre Heimat zu eröffnen. Ende 1816 wird mit diesem Ziel die „American Colonization Society" gegründet, die 1821 bei Monrovia Land für eine erste Ansiedlung erwirbt; bis 1899 verschifft sie insgesamt 15 386 Farbige zur Küste Liberias, weitere 5000 folgen auf Initiative anderer ähnlicher Gesellschaften. 1839 vereinigen sich die neugegründeten Siedlungen und erlangen die relative Autonomie; 1847 erklärt die Republik Liberia ihre Unabhängigkeit und verabschiedet eine eigene Verfassung nach amerikanischem Vorbild. Der Einfluß der herrschenden Schicht ehemaliger Sklaven reicht jedoch kaum über die Küste hinaus; erst 1925 beginnt durch die Anlage riesiger Kautschukplantagen mit amerikanischer Hilfe die Erschließung des Hinterlandes. Liberia zählt als einziges schwarzafrikanisches Land zu den Gründungsmitgliedern der Vereinten Nationen.
Im übrigen Afrika bestimmen im wesentlichen zwei koloniale Herrschaftsmodelle den politischen Alltag. Das Verwaltungssystem der englischen Territorien folgt dem Prinzip der „indirect rule", das sich der bestehenden einheimischen Institutionen bedient. Kennzeichen der französischen Verwaltung ist dagegen die direkte Unterordnung und Zentralisierung von Macht; Stammeshäuptlinge und Dorfälteste werden ernannt, verlieren ihre soziale Legitimation und werden zu Exekutivorganen der französischen Bürokratie.
Unter dem Banner der Zivilisation erfolgt so die Befriedung des schwarzen Kontinents, die eine grundlegende Voraussetzung für die wirtschaftliche Ausbeutung darstellt. Diese ist das eigentliche Motiv und Ziel des europäischen Engagements. Eher ein Abfallprodukt ist dagegen die Entdeckung der afrikanischen Kultur; großes Aufsehen erregt in diesem Zusammenhang kurz vor der Jahrhundertwende die Kunst des Landes Benin. Die von ihr ausgehende Inspiration hinterläßt u. a. Spuren in Werken von Gauguin, Matisse und Picasso. In Afrika selbst beherrscht die Tradition das künstlerische Schaffen, das dadurch einen zeitlosen Charakter erhält. Bevorzugte Objekte dieser Kunst sind Masken, Ahnen- und Zauberfiguren, aber auch kultische und profane Gebrauchsgegenstände werden mit einbezogen. Dahinter steht ein enger Zusammenhang von Religion, Kultur und Gesellschaft, der allerdings durch das Eindringen europäischer Werte und Normen, zum Teil auch durch die Übernahme europäischer Lebens- und Konsumgewohnheiten an Wirkung verliert, wodurch der allmähliche Verfall künstlerischer Ausdrucksformen eingeleitet wird. Das gleiche Schicksal trifft auch das gesamte Handwerk schlechthin, das durch die Verbreitung europäischer Importwaren in seiner Existenzfähigkeit eingeschränkt wird.

Das „Weiße Afrika"

Im Gegensatz zu den übrigen Gebieten, die im wesentlichen Handelskolonien bleiben, setzt jenseits des Sambesiflusses ein massiver Zustrom europäischer Siedler ein, der den südlichen Teil des Kontinents zum „weißen Afrika" werden läßt. 1652 landen erstmals drei Schiffe mit holländischen Bauern, den Buren, östlich des Kaps der Guten Hoffnung; ihre Niederlassung dient der niederländischen Ostindienkompanie als Versorgungsbasis auf dem Seeweg nach Indien. Durch die immer stärker werdende Zuwanderung gerät der ursprüngliche Zweck der Kolonie bald in Vergessenheit und die Beschränkung des Siedlungsgebietes wird durchbrochen. Einen nicht unerheblichen Beitrag leistet die Ankunft mehrerer hundert Hugenotten, die nach der Aufhebung des Ediktes von Nantes im Jahre 1685 von Frankreich über Holland nach Südafrika gelangen. Bis 1795 stoßen die europäischen Siedler bereits bis zum Great Fish River, 800 km vom Kap entfernt, vor.

Mit der Eroberung der Kapprovinz durch die Engländer im Gefolge der napoleonischen Kriege tritt die Geschichte des südlichen Afrika in ein neues Stadium. Die Buren, durch die Abschaffung der Sklaverei ihrer afrikanischen Arbeitskräfte beraubt, wandern ab 1836 auf der Suche nach neuen Weiden für ihre Viehherden im „Großen Treck“ weiter nach Norden und gründen hier die selbständigen Republiken Natal, Transvaal und den Oranje-Freistaat. Während aber in der Kapregion den Buren nur eine geringe afrikanische Bevölkerung gegenüberstand, treffen sie nun auf zahlreiche Bantustämme, die sich gegen die Niederlassung der ehemaligen holländischen Bauern zu wehren versuchen. Letztlich aber stehen beide Bevölkerungsgruppen gleichermaßen der Ausdehnung des britischen Herrschaftsanspruchs gegenüber. Die Burenrepubliken stehen mehrfach im Wechsel zwischen Annexion und Unabhängigkeit.

Die Wende in der britischen Südafrikapolitik zeichnet sich 1867 nach ersten Diamantenfunden im Griqualand ab – 1870 entsteht am Vaal in der Diggers Republic eine eigene Republik von Diamantensuchern. Als Ereignis von noch viel größerer Bedeutung erweist sich in Transvaal die Entdeckung von Goldvorkommen am Witwatersrand in den achtziger Jahren.

Unter ihrem Präsidenten Ohm Krüger erlangt die Burenrepublik eine eindeutige wirtschaftliche Vormachtstellung gegenüber den englischen Gebieten. Als entschiedener Verfechter des englischen Imperialismus steht Ohm Krüger in der Kapkolonie als Premierminister Cecil Rhodes gegenüber, der nach der Eroberung des Betschuanalandes und dem Anschluß des nach ihm benannten Rhodesien die Angliederung Transvaals und des Oranje-Freistaates anstrebt. Der Versuch, den englischen Einfluß durch eine Einwanderungswelle in die Burenrepublik zu verstärken, scheitert an der Weigerung Krügers, den „uitlanders“ volle Bürgerrechte zu gewähren. 1899 erklärt Transvaal den Engländern den Krieg; der nun folgende „Burenkrieg“, in dem zum ersten Male Guerillataktiken und Konzentrationslager eingesetzt werden, endet 1902 mit der Unterwerfung der Buren unter die englische Herrschaft.

Nach kanadischem Muster erfolgt 1909 die Vereinigung zur Südafrikanischen Union; obwohl militärisch besiegt, gewinnen schließlich die Buren die politische Vormacht. Das Land wird, ungeachtet seiner bevölkerungsmäßigen und sozialen Unterschiede und Probleme, zum wirtschaftlich am weitesten entwickelten Gebiet des afrikanischen Kontinents. Zur Grundlage der Innenpolitik wird das Prinzip der Apartheid, der strikten Trennung zwischen den beherrschten Farbigen und den herrschenden Nachfahren der weißen Einwanderer.

Ife (Südwest-Nigeria) war das Zentrum einer höfischen Kunst, die in der Zeit zwischen dem 12. und 15. Jahrhundert ihre höchste Blüte erreicht. In dem Stammesgebiet der Yoruba residierten Priesterkönige, die sich als „Oni“ (d. h. Besitzende) bezeichneten. Zu den bedeutendsten Funden gehören mehrere Köpfe, die als Porträts von Königen angesehen werden. Sie sind meistens aus Gelbguß (eine Kupfer-Zink-Legierung) in natürlicher Größe und in der „verlorenen Form“ (cire perdue) hergestellt. British Museum, London.

Auswirkungen und Errungenschaften der Kolonisation

Im Gegensatz zum Süden des Kontinents und abgesehen von den schon zur Zeit des Merkantilismus besetzt gehaltenen Küstengebieten umfaßt die direkte Herrschaft der Weißen nur ein relativ kurzes Kapitel der schwarzafrikanischen Geschichte – ein Kapitel, das allerdings unauslöschliche Spuren hinterläßt. Auch wenn nur die wenigsten Afrikaner mit den Europäern in unmittelbare Berührung kommen, wird der europäische Kolonialismus zum Ausgangspunkt von ungeheuren Umwälzungen, die nach dem Abschluß der kolonialen „Befriedung" zwar wenig spektakuläre Formen annehmen, tatsächlich aber teils zu einer Verschiebung, teils zu einer Überlagerung von gesellschaftlichen Konflikten führen und das Bild des modernen Afrika nachhaltig prägen.

Einen nicht unerheblichen Anteil an dieser Entwicklung hat das europäische Bildungswesen, das erstmals von christlichen Missionen eingeführt und ab dem Ende des 19. Jahrhunderts von den Kolonialverwaltungen weiter verbreitet wird. Die Anwendung von Lehrprogrammen und Schulbüchern aus dem Mutterland führt zu einer kulturellen und gesellschaftlichen Verfremdung; beispielhaft ist der in diesem Zusammenhang oft genannte Chor afrikanischer Schüler, der aus einem französischen Lesebuch rezitiert: „Unsere Vorfahren, die Gallier ...". Ziel des Bildungswesens ist es, nach der militärischen Eroberung nun auch die geistige und moralische Unterordnung der afrikanischen Völker zu vollziehen – ein Prozeß, der in den französischen Kolonien stärker als in den englischen zur Geltung kommt und hier als „Assimilation", d. h. als kulturelle Anpassung zum Prinzip der Eingeborenenpolitik wird.

Das Unterrichtswesen dient den Kolonialherren aber auch dazu, einheimische Hilfskräfte der Administration heranzubilden, die als neue Elite rasch an Bedeutung gewinnen, traditionelle Autoritätsträger aus ihren sozialen Positionen verdrängen und schließlich zum Grundstock heutiger Staatsbürokratien werden. Neben der Nachahmung europäischer Lebensweisen wird die Übernahme der Sprache des Mutterlandes zum integrativen Faktor bei der Elitenbildung – sie ist letztlich angesichts der 800 verschiedenen Sprachen und Dialekte Schwarzafrikas, von denen einige nur von 500 oder weniger Personen verstanden werden, eine praktische Notwendigkeit kolonialer Staatsbildung.

Wirtschaftlich befinden sich die afrikanischen Kolonien in vollständiger Abhängigkeit von Europa. Der Export von Naturprodukten und der Import von Industriewaren bestimmen die Außenbeziehungen des Kontinents und sind auf das jeweilige Mutterland ausgerichtet. Die Produktionsstruktur verschiebt sich ständig von der Erzeugung von Grundnahrungsmitteln in Richtung auf Exportproduktion; den Gewinn haben die europäischen Händler und Verarbeitungsbetriebe in den Metropolen.

Zu den Errungenschaften der Kolonisation zählt u. a. auch die Begründung einer Infrastruktur, die sich freilich an den Erfordernissen der Exportproduktion ausrichtet; so entstehen Hafenanlagen, Eisenbahnen und Straßen. Ihr Bau wird aber erst ermöglicht durch die Verordnung von Zwangsarbeit, die in einzelnen Gebieten auch von europäischen Privatunternehmen genutzt wird.

Emanzipation und Unabhängigkeit

Nach dem Zweiten Weltkrieg wird mit der Neuordnung des Internationalen Systems der Prozeß der Entkolonialisierung eingeleitet, der weitgehend friedlich abläuft. In Afrika selbst wird die Schicht der Intellektuellen zum Träger nationalistischer Bewegungen. Die politische Emanzipation nimmt ihren Ausgangspunkt im britischen Westafrika und greift rasch auf die frankophonen Gebiete und die übrigen Territorien über. Sie erreicht ihren Höhepunkt im Jahre 1960 mit der Unabhängigkeit von 17 Staaten Schwarzafrikas.

Unter den afrikanischen Politikern der ersten Stunde setzt sich die Ansicht durch, daß parlamentarische Demokratien nach europäischem Muster der Lösung der eigenen Aufgaben nicht gerecht werden können. In den meisten Ländern entstehen daher Einheitsparteien, die allein geeignet erscheinen, die Bevölkerung für eine nationale Entwicklung zu mobilisieren, eine wirksame staatliche Kontrolle zu garantieren und gleichzeitig die sozialen, ethnischen und regionalen Gegensätze zu überwinden – ein solches Konzept entspricht zudem am ehesten dem traditionellen afrikanischen Demokratienverständnis der Dorfgemeinschaften.

Die Erlangung der politischen Souveränität ändert jedoch nichts an der Abhängigkeit von Europa und wird zu einer völkerrechtlichen Formalität. Die Bindungen an die ehemaligen Mutterländer sind vielfältig: sie äußern sich im Zurückbleiben von Experten ebenso wie etwa in der Beibehaltung des Währungsverbundes der Franc-Zone. Die trotz des Abzuges der europäischen Administration weiterbestehenden Besitzverhältnisse und das Fehlen von technischem Know-how und von Kapital verhindern eine wirtschaftliche Entwicklung. Der Prozeß der Importsubstituierung beschränkt sich meist auf nur wenige Produkte der Konsumgüterindustrie.

Die Assoziierung von 18 afrikanischen Ländern an die Europäische Wirtschaftsgemeinschaft bildet einen neuen Rahmen für die gegenseitigen Beziehungen. Allein Guinea löst seine Bindungen an das Mutterland Frankreich: in einem Referendum des Jahres 1958 spricht sich die Mehrheit der Bevölkerung gegen einen Beitritt zur geplanten „Communauté" aus, die einen ersten Schritt auf dem Wege zur Unabhängigkeit bedeutet.

Nur auf wenigen Gebieten können die afrikanischen Völker ihre Eigenständigkeit durchsetzen. So entsteht in den frankophonen (französisch-sprachigen) Gebieten als Antwort auf die kulturelle Verfremdung die „négritude", eine literarisch-politische Bewegung, die besonders in den Werken des Dichters und senegalesischen Präsidenten Léopold Sedar Senghor zum Ausdruck kommt.

Winnie Mandela, die Frau des seit vielen Jahren eingekerkerten Bürgerrechtskämpfers Nelson Mandela, wurde zu einem Symbol des schwarzen Widerstandes gegen die Rassentrennung.

Die 1963 in Addis Abeba gegründete Organisation für die Einheit Afrikas (OAU) wird zum Symbol der Gemeinsamkeit. Die heute 46 Mitgliedsstaaten bindet vor allem der politische Kampf gegen das „weiße Afrika". Im Inneren ist die nationale Einheit vieler Länder noch ein ungelöstes Problem, das sich aus der Willkürlichkeit der kolonialen Grenzziehungen ableitet. In Nigerien kommt es zum blutigen Bürgerkrieg zwischen den Stämmen der Ibo und der Hausa, hinter dem sich allerdings eine Auseinandersetzung zwischen einem traditionsorientierten und einem leistungsorientierten Gesellschaftssystem verbirgt.

Mit der Unabhängigkeit von Angola und Mosambique im Jahre 1975 endet das Zeitalter der Kolonien in Afrika. Die großen wirtschaftlichen Probleme führen auch bei diesen Ländern schon kurz nach der Unabhängigkeit zu einem Abdriften in das kommunistische Lager. Teilweise kommt es zu Bürgerkriegen, bei denen sich auch ausländische Mächte einmischen, wie etwa Kuba in Angola.

Trotz der unterschiedlichsten Staatsformen und Interessen sind sich die afrikanischen Staaten aber einig in der Ablehnung Südafrikas, wo eine weiße Minderheit der schwarzen Mehrheit eine Beteiligung an der Regierungsverantwortung verwehrt. Sie sehen auch in der Rassentrennungspolitik (Apartheid) eine rassische Diskriminierung.

Dennoch ist unbestritten, daß Südafrika den wirtschaftlich stärksten Staat des Kontinents darstellt. Trotz aller Appelle der UNO unterstützt der Westen das Regime der Weißen am Kap weiterhin, vor allem, um in der weltweiten Strategie die Schiffahrtsroute um das Kap zu sichern.

Mittel- und Südamerika nach der europäischen Eroberung

Das Zeitalter der Konquistadoren

Zu den bedeutendsten Ereignissen der Weltgeschichte, das nach traditionellem Geschichtsverständnis die Wende vom Mittelalter zur Neuzeit markieren sollte, zählt die Entdeckung des amerikanischen Kontinents durch den Genuesen Christoph Kolumbus (1451 bis 1506). Beim Versuch, auf dem westlichen Seeweg Indien zu erreichen, gelangt er am 12. Oktober 1492 im Dienste Isabellas von Kastilien zur Bahamainsel Guanahani, die er für einen Teil Zipangus (Japan bei Marco Polo) hält. Er betritt als erster Europäer die mittelamerikanische Küste und dringt auf seinen insgesamt vier Reisen bis nach Panama und zur Mündung des Orinoco vor. Erfüllt von christlichem Missionseifer wird Kolumbus so zum Wegbereiter der spanischen Eroberung, die die Tradition der iberischen Reconquista, der Befreiung Spaniens von maurischer Fremdherrschaft, fortsetzt.

Ihm folgen 1499 der Florentiner Amerigo Vespucci, von dessen Namen acht Jahre später der deutsche Gelehrte Waldseemüller die Bezeichnung Amerika ableitet, und Alonso de Hojeda; am Golf von Maracaibo stoßen sie auf indianische Pfahlbauten und benennen das Land deshalb Klein-Venedig (= Venezuela). Die Chronik der Entdekkungen setzt sich fort mit der Landung in Brasilien durch den Portugiesen Pedro Alvares Cabral im Jahre 1500 und der Reise des Spaniers Juan Díaz de Solís zur Mündung des La Plata; über die Landenge von Panama erreicht Vasco Nuñez de Balboa 1513 den Pazifischen Ozean.

Erster Höhepunkt der Eroberung ist die Unterwerfung des Aztekenreiches durch Hernando Cortéz zwischen 1519 und 1521. Viele Mexikaner sehen in den Spaniern, die auf ihren Pferden eine fremdartige Erscheinung bieten, übermenschliche Wesen; Cortéz selbst verkörpert für sie die Gottheit Quetzalcoatl, die nach der Überlieferung beim Zerfall des Toltekenreiches über das Meer nach Osten geflohen war und von dort zurückerwartet wird. Mit 500 Mann dringt Cortéz ins Innere des Reiches vor, das allerdings keine geschlossene politische Einheit bildet und eher aus einem Mosaik von Stützpunkten aztekischer Herrschaft besteht. Die Entscheidung fällt mit der Gefangennahme des Aztekenherrschers Moctezuma II; mit der Einnahme der Hauptstadt Tenochtitlan (heute Mexico-City) beendet Cortéz die Eroberung.

Der Kampf der Konquistadoren richtet sich nicht allein gegen den einheimischen Staat, sondern auch vor allem gegen die heidnische Religion. Mit fanatischem Eifer verfolgen die Eroberer das Ziel, alle Spuren des heidnischen Glaubens zu zerstören. So rühmt sich Juan de Zúmarraga, der 1547 zum ersten Erzbischof von Mexiko geweiht wird, 20 000 Götterbilder und 500 indianische Tempel vernichtet zu haben; an ihrer Stelle entstehen spanische Kirchen und Klöster, die mit den Steinen der früheren Pyramiden erbaut werden. Schließlich fallen auch die reichen Staatsarchive von Texcoco Zúmarraga zum Opfer; unersetzliche Zeugnisse einer der Hochkulturen der Erde gehen auf diese Weise für immer verloren.

Die Karavelle „Santa Maria" des Kolumbus. Erst Ende des 14. Jahrhunderts hatte dieser neue Schiffstyp mit hohem Heckaufbau sich durchgesetzt.

Den Schlüssel zur Herrschaft über Südamerika erwirbt Spanien mit der Eroberung des Inkareiches durch Francisco Pizarro 1531 bis 1533. Sein Vorgehen hält sich bis ins Detail an das Beispiel Cortéz' in Mexiko. Durch eine List wird der Inkaherrscher Atahualpa zum Gefangenen der Spanier und ein Jahr später wegen Verstößen gegen die christliche Moral (Brudermord und Polygamie) zum Tode verurteilt. Der Einzug Pizarros in die Hauptstadt Cuzco besiegelt die Herrschaft der Inka – der Kronschatz im Wert von 800 Millionen Goldmark wird eine Beute der Konquistadoren.

Raub und Plünderung werden zum Kennzeichen spanischer Präsenz. Peru wird zum Ausgangspunkt der kolonialen Ausdehnung; ein Indianeraufstand 1535 unter dem zum Statthalter ernannten Inkafürsten Manco Capac ist rasch niedergeschlagen. 1535 dringt Diego d'Almagro ins heutige Chile vor; eigentlicher Eroberer des Landes wird jedoch Pedro de Valdivia, der 1541 die Hauptstadt Santiago gründet. 1536 bis 1539 unterwirft Gonzalo Jiménez de Quesada die Reiche der Chibcha im Hochland von Bogotá. Von Peru und Chile aus erfolgt der Vorstoß ins Innere Argentiniens.

Von ihren Reisen in die Neue Welt bringen die Konquistadoren freilich nicht nur Berichte über territoriale Erfolge und immense Reichtümer in ihre Heimat, sondern auch neuartige Kulturpflanzen, die sich bald über ganz Europa verbreiten: zu nennen sind hierbei vor allem Kartoffeln, Mais und Tabak. Schließlich schaffen sie die Grundlagen für die Entstehung eines Kolonisationsmodells, das den übrigen Kolonialmächten Europas als Vorbild dienen sollte.

Die spanische Herrschaft

Durch Reglementierung der kolonialen Ansprüche Spaniens und Portugals im Vertrag von Tordesillas, der 1494 eine Trennungslinie 370 Meilen westlich der Azoren festlegt, sind die Voraussetzungen für eine ungestörte Organisation der Kolonialherrschaft gegeben. Das spanische Imperium erhält seine Gestalt durch die Bildung der Vizekönigreiche Neuspanien (1535) und Neukastilien (1543) mit den Hauptstädten Mexiko und Lima. Durch Spaltung Neukastiliens werden 1717 das Vizekönigreich Neugranada (Bogotá) und 1776 La Plata (Buenos Aires) gegründet. Antonio de Mendoza, der erste Vizekönig Neuspaniens, sorgt für eine rasche Konsolidierung der Herrschaftsverhältnisse in Mexiko. In Peru versucht der erste Vizekönig Nuñez de Vela dagegen anfangs vergeblich, die Indianerschutzgesetze der spanischen Krone durchzusetzen und muß sich gegen eine Erhebung der Konquistadoren zur Wehr setzen. Aber erst nach der Niederschlagung eines zweiten Konquistadorenaufstandes 1553/54 kann sich die Autorität des Vizekönigs endgültig behaupten, der damit fast das gesamte spanische Südamerika beherrscht und die wertvollste Kolonie des Mutterlandes verwaltet.

Mit den Audiencias verfügt die Kolonie neben dem Vizekönigtum über eine zweite bedeutende Herrschaftsinstitution. Als oberste Gerichtshöfe gegründet, erweitern sie ihre Tätigkeit bald um zahlreiche Regierungsaufgaben. Als höchste Kontrollinstanz im Mutterland wirkt, stellvertretend für den spanischen König, der 1524 gegründete Indienrat. Zu seinen Aufgaben zählt auch die Überwachung der Casa de Contratación, des königlichen Handelshauses, das von Sevilla aus den gesamten Handel mit Südamerika beherrscht und bis 1717 eine Schlüsselstellung im spanischen Überseeimperium einnimmt.

Das wirtschaftliche Interesse gilt vor allem dem Abbau von Edelmetallen. Die Entdeckung riesiger Silbervorkommen in der ersten Hälfte des 16. Jahrhunderts führt zu einem ersten großen Ansturm europäischer Einwanderer. Zentrum des peruanischen Silberbergbaus wird Potosi, das bis zum Beginn des 17. Jahrhunderts nach London zur zweitgrößten Stadt der Welt anwächst; in Mexiko sind es vor allem die Minen von Zacatecas und Guanajuato, die den wichtigsten Beitrag zum wirtschaftlichen Reichtum Neuspaniens leisten.

Nachhaltigere Wirkungen hinterläßt allerdings das System der Landnutzung. Grundlage ist die Aufteilung des Landes in sogenannte Encomiendas: das Besitzrecht erstreckt sich auch auf die ansässige Bevölkerung, deren Arbeitskraft den Kolonisten unentgeltlich zur Verfügung steht. Die Verleihung einer Encomienda ist zwar mit der Verpflichtung zur Christianisierung und zum Schutz der Indianer verbunden, führt aber in der Praxis zu einer unbarmherzigen Ausbeutung und Unterdrückung der Bewohner, in Westindien sogar praktisch zu ihrer Ausrottung. Umfangreiche Bodenspekulationen haben die Bildung riesiger Latifundien zur Folge; die Konzentration von Grundbesitz wird zu einem zentralen Faktor im südamerikanischen Wirtschaftsleben, allenfalls durch Kleinstbesitz (Minifundien) ergänzt.

Gegen Ausbeutung und Zwangsarbeit der einheimischen Bevölkerung wendet sich vor allem der Dominikanermönch Las Casas, bekannt unter dem Beinamen „Indianerapostel“. 1510 beginnt zur Entlastung und Ergänzung der indianischen Arbeitskräfte die Einfuhr von Negersklaven aus Afrika. Gefördert wird aber auch die Einwanderung aus dem Mutterland: gefragt sind vor allem Bauern und Handwerker, unerwünscht dagegen Advokaten und Juden. Zeitgenössische Register ergeben für das 16. Jahrhundert eine Zahl von 300 000 einwandernden Spaniern.

Eine besondere Rolle in der spanischen Kolonisation übernehmen die christlichen Missionare, die den Konquistadoren unmittelbar folgen. 1515 gründen Franziskaner das erste Kloster auf dem Kontinent. Größere Bedeutung gewinnen jedoch die Jesuiten, die sich 1568 in Lima niederlassen: sie bemühen sich intensiv um eine Neugestaltung der Kolonisationsmethoden und suchen nach Alternativen für das unmenschliche Encomiendasystem. Der Ausweg findet sich in Gestalt von Reduktionen, kollektiven Indianersiedlungen abseits der spanischen Niederlassungen, zu denen außer den Mönchen keine Weißen Zutritt haben. Unter dem Schutz der spanischen Krone unterhalten die Jesuiten um die Mitte des 18. Jahrhunderts schließlich 30 solcher Reduktionen. Am bekanntesten wird der Jesuitenstaat von Paraguay, den selbst Voltaire als „Triumph der Humanität“ feiert. Zum Schutz gegen brasilianische Sklavenjäger bilden die Missionare sogar eigene Milizen. Die Vertreibung der Jesuiten aus den portugiesischen und später den spanischen Besitzungen (1759 bzw. 1767) und die Unterstellung der Reduktionen unter eine Zivilverwaltung führen zu einer schweren sozialen und wirtschaftlichen Krise der ansässigen Bevölkerung.

Die Kolonialherrschaft manifestiert sich schließlich auch in der Übernahme spanischer Kulturwerte und in der Entwicklung einer hispano-amerikanischen Kunst, die sich den jeweiligen Stilrichtungen im Mutterland anpaßt. Zu den Verdiensten der spanischen Herrschaft zählt der Aufbau eines Bildungswesens, das in der gesamten Kolonialgeschichte seinesgleichen sucht. In Santo Domingo gründen die Spanier 1538 die erste Universität der Neuen Welt; weitere folgen 1551 in Lima und Mexiko, 1592 in Bogotá und 1642 in Caracas. Bis zum Ende der Kolonialzeit entstehen im spanischen Amerika 26 Hochschulen.

In die Zeit der spanischen Herrschaft fällt die Gründung der ersten deutschen Überseekolonie in Lateinamerika. 1528 wird das Augsburger Handelshaus der Welser mit Venezuela belehnt, die Audienzia von Santo Domingo verordnet jedoch 1546 die Rückführung an die spanische Krone und beendet damit das deutsche Intermezzo.

Die Portugiesen in Brasilien

Einen teilweise unterschiedlichen Entwicklungsverlauf nimmt die portugiesische Herrschaft über Brasilien. Frühzeitig wird die fruchtbare Küste in Lehen (Kapitanien) aufgeteilt, doch erfordert die Durchsetzung der Kolonialherrschaft auch hier die Einsetzung einer zentralistischen Verwaltung; 1549 gelangt Thomé de Souza als erster Gouverneur zur Hauptstadt Bahía.

Lehensrechtliche Landschenkungen (Donatárias) werden zur Grundlage der Bewirtschaftung, beinhalten allerdings im Gegensatz zu den spanischen Encomiendas kein Verfügungsrecht über ihre Bewohner. Als profitabelster Wirtschaftszweig setzt sich der Anbau von Zuckerrohr durch, das bereits von Kolumbus über die Kanarischen Inseln nach Haiti und 1515 von Sizilien über Madeira nach Brasilien importiert wurde. Die Suche nach wertvollen Edelmetallen bleibt lange Zeit ergebnislos; erst 1693 führen Goldfunde in Minas Geraes und 1720 in Mato Grosso zur Erschließung des Hinterlandes, das bis dahin von Viehräubern und Sklavenjägern (Bandeirantes) beherrscht wurde.

Mit der Verbreitung der Zuckerrohrplantagen beginnt eine im Vergleich zum spanischen Amerika sehr viel höhere Einfuhr von Negersklaven; 1837 leben in Brasilien etwa 3,6 Millionen Afrikaner. Viele dieser neuen Bewohner behalten ihr Leben lang Fußfesseln – von ihnen stammen wohl die Trippelschritte der Samba. Im Mittelpunkt der europäischen Einwanderung stehen lange Zeit Zwangsausweisungen von Sträflingen aus dem Mutterland, die mit jungen Frauen aus Besserungsanstalten verheiratet werden; geduldet werden im Gegensatz zu den spanischen Besitzungen auch Juden und Zigeuner. Die Mischung von Indianern, Europäern und Afrikanern führt zu einer einzigartigen Bevölkerungsentwicklung.

In der ersten Hälfte des 17. Jahrhunderts wird der Norden der Kolonie zum Schauplatz einer holländischen Invasion, die 1630 mit der Eroberung von Pernambuco ihren Höhepunkt findet. Unter der Herrschaft von Moritz von Nassau-Siegen (1637 bis 1644) kommt die Besitzung zu einer hohen Blüte; ein Aufstand im Jahre 1645 führt jedoch 1654 zum holländischen Rückzug.

Die „Zuckerrevolution“ der Westindischen Inseln

Eine Entwicklung besonderer Art, deren Bedeutung weit über den regionalen Rahmen hinausreichen sollte, setzt in den vierziger und fünfziger Jahren des 17. Jahrhunderts mit der Verbreitung von Zuckerrohrplantagen in Westindien ein. Beginnend mit Barbados, werden am Ende 21 Inseln von der „Zuckerrevolution“ erfaßt. Die Machtverschiebungen in Europa im 16. Jahrhundert von der iberischen Halbinsel zugunsten Hollands, Frankreichs und

Durch die Atlantiküberquerung des Kolumbus wurde eine Welle von Entdeckungsfahrten ausgelöst, die im ganzen 16. Jahrhundert anhielten. Die obige Abbildung aus dem ,,Livre des voyages en Amérique" von Th. de Bry zeigt die Einschiffung des Joan Stadim für seine erste Reise nach Brasilien 1592.

Englands führen auch in der Neuen Welt zu erbitterten Rivalitäten. Lange Zeit hindurch gelten die Karibischen Inseln als strategischer Ausgangspunkt für Angriffe auf die benachbarten spanischen Besitztümer. Eine Verschärfung erfolgt nach dem Zusammenbruch des Baltik-Handels durch den Ausbruch des Dreißigjährigen Krieges und nach dem Rückgang des Levantehandels; neue Operationsgebiete müssen für den nordeuropäischen Handel erschlossen werden. Während die 1609 gegründete niederländische Westindien-Kompanie durch ihre Eroberungszüge gegen den Norden des Kontinents das militärische Aufgebot der Spanier und Portugiesen ablenkt, besetzen ab 1625 englische und französische Kolonisten die Kleinen Antillen. Wanderungsbewegungen unterschiedlicher Ursache und Größe führen zur Ausdehnung des Zuckerrohranbaus.

Eine neue Qualität erlangt die Zuckerproduktion durch ihre zentrale Stellung im transatlantischen Dreieckshandel zwischen Europa, Afrika und Westindien. Während in den Pioniertagen die Kultivierung noch von europäischen Bediensteten (darunter viele Sträflinge, Schuldner, Kriegsgefangene) durchgeführt werden kann, wird bald auch hier der Einsatz eines neuen Arbeitskräftepotentials in Form afrikanischer Sklaven notwendig. Aufgrund einer außerordentlich hohen Verschleißquote muß dieses Potential alle 15 bis 20 Jahre vollständig erneuert werden: der Kauf neuer Sklaven erfordert einen geringeren Kostenaufwand als ihre Unterhaltung.

Für die europäischen Plantagenbesitzer verspricht die Zuckerproduktion schnelle und reiche Gewinne. Eine führende Stellung erlangt im Verlauf des 18. Jahrhunderts St. Domingue, das heutige Haiti, das 1697 von Frankreich erworben werden kann. Das Anwachsen der Produktion ist statistisch erfaßbar:

Zuckerproduktion	Fläche (qkm)	Jahresdurchschnitt 1741–1745	1766–1770
St. Domingue (franz.)	27 750	42 400 t	61 247 t
Jamaica (brit.)	10 962	15 578 t	36 021 t
Antigua (brit.)	280	6 229 t	10 690 t
Cuba (span.)	114 524	2 000 t	10 000 t
St. Christopher (brit.)	176	7 299 t	9 701 t
Martinique (franz.)	1 102	14 163 t	8 778 t
St. Croix (dän.)	213	730 t	8 230 t
Guadeloupe (franz.)	1 510	8 112 t	7 898 t
Barbados (brit.)	431	6 640 t	7 819 t
Grenada (brit.)	344	— t	6 552 t
	Summe	103 151 t	166 936 t

Anfang des 18. Jahrhunderts versuchen Holländer, Engländer und Franzosen, auf dem südamerikanischen Kontinent endgültig Fuß zu fassen. Bis zur Mitte des Jahrhunderts gründen sie an der Nordküste zwischen Venezuela und Brasilien eigene Kolonien, die dem System der Plantagenwirtschaft angeschlossen werden. Der Versuch Frankreichs, nach dem Verlust Kanadas im Siebenjährigen Krieg hier ersatzweise eine Bevölkerungskolonie zu schaffen, endet mit einer Katastrophe: innerhalb von zwei Jahren fallen über 11 000 von 14 000 europäischen Kolonisten dem Fieber zum Opfer.

Je nach den geographischen Bedingungen kristallisieren sich verschiedene Formen der Plantagenbewirtschaftung heraus; kleine, intensiv bewirtschaftete Ländereien wie auf Barbados wechseln mit riesigen Latifundien wie auf Jamaica und St. Domingue – sie bilden einen scharfen Kontrast zu den Haciendas Neuspaniens, die hauptsächlich der Deckung des lokalen und regionalen Bedarfs dienen und nach der Erschöpfung der Silberminen um 1640 in Mexiko zum wichtigsten, vergleichsweise bescheidenen Mittel kolonialer Wertschöpfung werden.

Die Profite aus der Zuckerproduktion Westindiens und dem transatlantischen Dreieckshandel werden heute als Beitrag für die Entwicklung der Industriellen Revolution bewertet: sie fördern den nationalen Reichtum in Europa und drängen damit mittelbar auf eine neue Dimensionierung wirtschaftlicher Unternehmungen, die schließlich durch den Übergang vom Handelskapitalismus zum Industriekapitalismus vollzogen wird.

Auf den Inseln selbst manifestieren sich zunehmend Gegensätze zwischen Weißen, Mischlingen und Negern, die nach Ansicht moderner westindischer Historiker nicht zuletzt auf das Rentendasein der Plantagenbesitzer in Paris oder London zurückzuführen sind: zwischen 1730 und 1775 sind über 70 dieser „absentees" Mitglieder des britischen Unterhauses. Auf St. Domingue wird der Sozialkonflikt gar zu einem Konflikt zwischen Kolonie und Mutterland: er erreicht seinen Höhepunkt 1791 mit einem blutigen Aufstand der Farbigen unter Führung von Toussaint L'Ouverture; 1803 befreit sich der Westteil der Insel von der französischen Kolonialherrschaft – der Ostteil kehrt 1808 nach einer Erhebung spanischer Siedler ins spanische Imperium zurück.

Die Befreiung von der europäischen Kolonialherrschaft

Die erste Hälfte des 19. Jahrhunderts steht in Lateinamerika ganz im Zeichen der Befreiung von der europäischen Herrschaft. Hatten bereits Reformversuche der spanischen Krone zu einem wachsenden Unmut der kreolischen Aristokratie geführt, die einen Ausbau ihrer Privilegien anstrebt, so verhelfen die Ereignisse der Französischen Revolution, der Abfall Nordamerikas von England und die Ideen der europäischen Aufklärung dem Freiheitswillen zum entscheidenden Durchbruch. Gegründet von dem Venezolaner Francisco de Miranda verbreiten sich Freimaurerlogen über den gesamten Kontinent und werden zur „geistigen Mutter der Revolution".

Nach dem Vorbild des spanischen Mutterlandes, das sich der napoleonischen Fremdherrschaft unterworfen sieht, bilden sich ab 1808 in verschiedenen Orten eigenständige Stadtversammlungen und Kongresse (Junten) – die wichtigsten in Bogotá, Quito, Buenos Aires, Caracas und Santiago. Isoliert vom Mutterland, sind die Junten gezwungen, ihre Angelegenheiten selbst in die Hand zu nehmen, werden jedoch bald zum Sammelbecken einheimischer Autonomiebewegungen. Träger der Revolution sind die ansässigen Kreolen, die sich zu einer gebildeten und teilweise wohlhabenden Klasse zusammengefunden haben, aber nur zu niedrigen Verwaltungsstellen und kleinen Pfarreien Zugang erhalten. Die indianische Bevölkerung verhält sich weitgehend passiv: der letzte Inka-Aufstand unter Tupac Amarú wurde 1781 blutig niedergeschlagen. Eine Erhebung der mexikanischen Urbevölkerung gegen die kreolischen Grundbesitzer unter Leitung des Priesters Hidalgo im Jahre 1810 endet mit einer Niederlage und hat hier nur eine Verzögerung der Unabhängigkeit zur Folge, da sich die Kreolenaristokratie im Kampf gegen Hidalgo vorübergehend wieder mit den spanischen Kolonialherren verbündet.

Im Norden des spanischen Imperiums wird 1810 die Gründung der Junta von Caracas zum Ausgangspunkt der Bewegung: das Land erklärt bereits ein Jahr später seine Unabhängigkeit. An die Spitze der Revolution tritt Francisco de Miranda, er wird jedoch von den spanischen Truppen überrannt und gefangengenommen. Ihm folgt 1813 Simón Bolívar, der zum bedeutendsten Freiheitskämpfer Lateinamerikas aufsteigen sollte, vorerst aber wie Miranda vor dem Ansturm der royalistischen Armeen kapitulieren muß. Bolívar flüchtet ins Exil nach Haiti und organisiert von dort aus neue Truppen, mit denen er zwischen 1817 und 1820 Venezuela und Kolumbien siegreich aus den Händen der Spanier befreit. 1819 vereinigt er Neugranada und Venezuela und proklamiert die Republik Groß-Kolumbien; 1821 schließt sich ihr die Republik von Panama an. Nach mühsamen Andenmärschen besiegt Bolívar die Spanier in Ecuador und dehnt damit seinen Herrschaftsbereich weiter aus.

Gleichzeitig mit Venezuela erwacht 1810 der Befreiungskampf auch im Süden am Rio de la Plata. Die Junta-Bewegung verkündet die Unabhängigkeit der vereinigten Staaten am Rio de la Plata und Paraguays. Führer der Separatisten wird 1814 General José de San Martín; nach einer Überquerung der Anden besetzt er mit 4000 Mann die chilenische Küste, verbindet seine Truppen mit denen Bolívars und schließt damit die Einkreisung der spanischen Kernlande in Peru. Im Dienste der Chilenen steht auch der englische Admiral Thomas Cochrane, der mit einer Privatflotte die Übersetzung der Aufständischen nach Callao, dem Haupthafen Perus, ermöglicht. Mit dem Einzug San Martins in die Hauptstadt Lima zeichnet sich der endgültige Untergang des spanischen Kolonialimperiums in Südamerika ab. Am 28. Juli 1821 wird auch in Peru die Unabhängigkeit ausgerufen. Noch einmal versuchen die restlichen Truppen des Vizekönigs, die Revolution zurückzuschlagen, doch letzte Schlachten bei Junin und Ayacucho markieren 1824 das Ende der Kolonialherrschaft.

1825 schließt sich als Schlußlicht der Kongreß von Chuquisaca der Bewegung an; zu Ehren ihres Protektors Bolívar übernimmt die junge Republik den Namen Bolivia.
Auch in Neuspanien führt die politische Emanzipation zum Sieg. Schlüsselfigur wird der Oberst Augustin de Itúrbide, der sich ursprünglich für eine unabhängige Monarchie unter einem Bourbonenprinzen einsetzt. 1821 erklärt Mexiko seine Lösung vom Mutterland und Itúrbide läßt sich zum Kaiser ernennen, bleibt aber nur ein Jahr an der Macht. 1823 wird auch in Mexiko eine Republik errichtet.
Die Ereignisse in Lateinamerika drängen auf eine Reaktion Spaniens. Nachdem die Entwicklung lange Zeit hindurch nicht ernst genommen wurde, verhindern Meutereien der Expeditionstruppen ein rechtzeitiges Eingreifen. Der Ausbruch der liberalen Bewegung in Spanien selbst sowie die Protektion der neuen Republiken durch England und Nordamerika, die in der Monroe-Doktrin 1823 („Amerika den Amerikanern") ihre politische Manifestation findet, erübrigen schließlich alle weiteren Überlegungen.
Die Trennung Brasiliens vom portugiesischem Mutterland erfolgt dagegen unblutig „von oben". 1807 verlegt das Königshaus Bragança seinen Sitz auf der Flucht vor den Truppen Napoleons von Lissabon nach Rio. Als die Familie 1820 nach Europa zurückkehrt, verbleibt der Infant Pedro mit seiner Gemahlin Leopoldine, der Schwester Marie Louises von Österreich, in Südamerika und stellt sich an die Spitze der auch hier entstandenen Unabhängigkeitsbewegung. Durch die Ausrufung des Kaiserreichs Brasilien im Jahre 1822 unter Pedro I. endet die portugiesische Kolonialherrschaft; das Land bleibt jedoch noch weitere 67 Jahre dem Hause Bragança erhalten.

Simon Bolivar (1783 bis 1830) gilt allgemein als der Befreier Südamerikas und der Begründer der Unabhängigkeit. Er war ein Kreole, d. h. ein in den Kolonien geborener Weißer europäischer Abstammung. Nach dem Spanienfeldzug Napoleons war es den Kreolen klar geworden, daß sie von jetzt an auf sich selbst gestellt, sich als „amerikanische" Patrioten zur Erlangung der völligen politischen und wirtschaftlichen Unabhängigkeit zusammenschließen mußten. Den entscheidenden Sieg errang Bolivar 1824 bei Ayacucho in Peru. Ausschnitt aus einem Gemälde von Franco Gomez.

Konflikte ohne Ende

Der Kolonialherrschaft folgt eine fortdauernde politische Instabilität. Nicht endende Bürgerkriege und Aufstände, Staatsstreiche und Regierungswechsel werden nach der Erkämpfung der Unabhängigkeit zum Kennzeichen der Geschichte Lateinamerikas. Die jungen Republiken ersticken unter der Last wirtschaftlicher Unterentwicklung, Unbildung der Massen, latenter und manifester Rassenprobleme und Sozialkonflikte; trotz zahlreicher Reformversuche bleiben die meisten der vorrevolutionären sozialen Privilegien unangetastet, und es behaupten sich Abhängigkeitsverhältnisse nach feudalistischem Muster. Die politische Unsicherheit führt zur Lähmung des Staatsapparates; sie findet ihren Ausdruck im Zerfall des unter spanischer Herrschaft noch blühenden Bildungssystems. Ganz anders ist dagegen die Situation in Brasilien: durch die friedliche Lösung von Portugal bleiben politische und gesellschaftliche Institutionen weitgehend intakt. Die Voraussetzungen für die Beibehaltung der politischen Einheit sind damit gegeben, und der Weg zum größten und bedeutendsten Land Südamerikas ist geebnet. Mit der Abdankung Pedros I. 1831 zugunsten seines Sohnes Pedro II. übernimmt ein Herrscher die Geschicke des Reiches, der sich vorrangig der Förderung von Wissenschaft und Kunst widmet. Mitglied der Akademien der Wissenschaften von Berlin, Paris und München, wird er Begleiter Schliemanns in Mykene und versucht sogar, Richard Wagner als Kapellmeister für Rio zu gewinnen.
Als die Kronprinzessin Isabel 1888 als Regentin für den in Europa weilenden Kaiser die entschädigungslose Aufhebung der Sklaverei verfügt, sind die Tage der Monarchie gezählt. Die Opposition der konservativen Pflanzer formiert sich in einer republikanischen Bewegung, die ein Jahr später unter Führung von Benjamin Botelho de Magalhães und Ruy Barbosa die kaiserliche Familie vertreibt: am 24. Februar 1891 verabschiedet eine konstituierende Versammlung die neue Verfassung der Vereinigten Staaten von Brasilien.
In die Pionierzeit der hispano-amerikanischen Revolution fällt der Versuch, auch hier durch die Vereinigung der befreiten Länder einen gemeinsamen Staatenbund zu schaffen. Zum Initiator und entscheidenden Verfechter dieses Plans wird Simón Bolívar, zu dessen Gunsten schließlich auch San Martín zurücktritt. Das Vorhaben scheitert jedoch am strikten Regionalismus der neuen Republiken; ein panamerikanischer Kongreß in Panama beendet 1826 alle Einheitsbestrebungen. Der Zerfall greift schließlich auch auf das ehemalige Vizekönigreich Neuspanien über: 1823 konstituiert sich im Süden die Föderativrepublik von Zentralamerika und spaltet sich 1838 weiter in die fünf selbständigen Staaten Guatemala, Honduras, Nicaragua, Costa Rica und San Salvador.

Als Mexikos Präsident Benito Juárez nach Beendigung des Bürgerkrieges die Rückzahlung der Auslandsschulden unterbricht, entsenden England, Spanien und Frankreich ein Expeditionskorps nach Mexiko. Auf Veranlassung Napoleons III. wird der österreichische Erzherzog Maximilian, ein Bruder Kaiser Franz Josephs, von einer Notablenversammlung zum Kaiser von Mexiko ausgerufen. Als die USA Frankreich zwingen seine Truppen aus dem Land abzuziehen, wird Maximilian gefangen genommen und auf Befehl Juárez erschossen. Gemälde von E. Manet, Kunsthalle Mannheim.

Auch die anderen Länder kämpfen im Inneren noch lange um ihre Einheit. Die 14 Provinzen am La Plata, die 1825 zu einer Konföderation zusammengefunden haben, besitzen nur wenige Gemeinsamkeiten; erst 1860 beginnt allmählich die Festigung der argentinischen Nation. Allein Chile durchläuft eine relativ ruhige und friedliche Entwicklung; unter konservativer Herrschaft wird es zum Staat der Ordnung und Autorität, zum „Preußen Südamerikas".

Zusätzlich zu nationalen Krisen beginnt der Kontinent unter zwischenstaatlichen Konflikten zu leiden. Von Mexiko bis Patagonien verteilen sich gleichmäßig die Konfliktzentren des 19. Jahrhunderts. Die Serie der Kriege beginnt mit dem Streit zwischen Argentinien und Brasilien um das Gebiet von Uruguay (1817 von Brasilien annektiert), der erst mit der Selbständigkeit der umstrittenen Provinz im Frieden von Montevideo (1828) beigelegt werden kann.

Überspannte Großmachtambitionen des paraguayischen Diktators Francisco Solano López stürzen dieses Land 1865 in eine fünfjährige Auseinandersetzung mit den drei Nachbarstaaten Argentinien, Brasilien und Uruguay; fortgesetzte Kriegshandlungen und auftretende Seuchen reduzieren die Bevölkerung von einer halben Million auf 220 000 – nur 28 000 Männer überleben. Zwei Generationen später hebt sich der Vorhang für eine neue Tragödie: der Gegner ist diesmal Bolivien, doch geht es im Grunde um eine Auseinandersetzung zwischen zwei Ölgesellschaften (Standard Oil und Royal Dutch), die im nördlichen Chacogebiet Öl gefunden zu haben glauben. 130 000 Tote ist die Bilanz des Chaco-Krieges 1932 bis 1935.

Bolivien ist schon zuvor einer der Kontrahenten im sogenannten Salpeterkrieg mit Peru und Chile. Wie im Fall des Chaco-Krieges geht es um Ansprüche auf riesige Rohstofflagerstätten. Der Konflikt, der von 1879 bis 1884 anhält, nimmt seine entscheidende Wende mit der Eroberung Limas durch chilenische Truppen und endet mit dem uneingeschränkten Sieg Chiles. Bolivien verliert seine Küstenprovinz Atacama und damit den Zugang zum Meer, Peru das Gebiet von Tarapacá. Die Salpeterlager sind nun im Alleinbesitz der Chilenen und verhelfen dem Land zu wirtschaftlichem Reichtum.

Mit dem Abfall von Texas 1836 und dem Texaskrieg mit den USA von 1846 bis 1848 gerät auch Mexiko in den Brennpunkt von

Auseinandersetzungen. Internationale Dimensionen erhält ein Konflikt, den wenig später der Diktator Benito Juárez (1858 bis 1872) mit der Streichung der staatlichen Auslandsschulden heraufbeschwört. Seine Entscheidung führt 1861/62 zu einer Intervention spanischer, englischer und französischer Truppen; während die anderen Verbündeten sich mit Juárez einigen, ignoriert Frankreich dessen Zahlungsversprechungen und verschiebt den Rückzug seiner Soldaten. In der Absicht, Mexiko zu einem französischen Vasallenstaat werden zu lassen, entsendet Napoleon III. den österreichischen Erzherzog Maximilian und läßt ihn von einer Notablenversammlung zum Kaiser des Landes ausrufen. Zurückgedrängt in den äußersten Norden des Landes, kann sich Juárez in jahrelangem Kleinkrieg behaupten. Schließlich zwingen die USA, gestärkt durch die Beendigung ihres Sezessionskrieges, die Franzosen 1866/67 zur Räumung; Maximilian wird gefangengenommen und auf Befehl Juárez' erschossen.
Unterstützung durch die USA erfährt auch der Aufstand Kubas gegen das spanische Mutterland. Nach der Explosion eines amerikanischen Kriegschiffes vor Havanna kommt es 1898 zum spanisch-amerikanischen Krieg; von der neuen Republik erhalten die USA als Dank das Recht auf Flottenstützpunkte. Die amerikanischen Interessen konzentrieren sich nun auf die Landenge von Panama, wo eine französische Gesellschaft unter Ferdinand de Lesseps, dem Erbauer des Suez-Kanals, 1881 mit dem Bau eines Kanals begonnen hat, 1889 aber ihren Konkurs anmelden muß. Die USA erwerben 1900 von Kolumbien die Rechte der französischen Gesellschaft, doch spricht sich der kolumbianische Kongreß gegen eine Landabtretung aus; sie unterstützen deshalb in Panama eine nationalistische Revolution, die 1903 zu einer Trennung von Kolumbien als unabhängige Republik führt.Der junge Staat wird sofort von Nordamerika anerkannt und überläßt als Gegenleistung dafür die Souveränitätsrechte über die Kanalzone. Am 15. August 1914 wird der Panamakanal schließlich eröffnet.

Die Konfrontation des Industriellen Zeitalters

Unberührt von politischen Konflikten wird der Vormarsch des Industriellen Zeitalters in Europa und Nordamerika zu einer Herausforderung für die Entwicklung Lateinamerikas. Äußere Impulse führen zu tiefgreifenden Wandlungen und neuen sozialen Erscheinungen wie der Bildung eines weißen Kleinbürgertums und einer Arbeiterklasse vor allem in Argentinien, Chile und im Süden Brasiliens.
Technische Neuerungen erfassen immer größere Teile der Wirtschaft; die Produktion orientiert sich zunehmend am Bedarf der Industrieländer an Rohstoffen und Nahrungsmitteln und wird zu einem integrierten Bestandteil internationaler Arbeitsteilung. Britischer und nordamerikanischer Kapitalzufluß ermöglicht einen wirtschaftlichen Aufschwung, der freilich nur den ausländischen Geldgebern und der einheimischen besitzenden Klasse zugute kommt und die sozialen Gegensätze verstärkt. Das Latifundiensystem gelangt unter dem Einfluß der Exportproduktion zu neuer Blüte. In Mittelamerika sind es zum größten Teil amerikanische Handelsgesellschaften, die eine unbestrittene Vormacht erzielen, eigene Plantagen errichten und aufgrund ihres Kaufmonopols die Preise diktieren können. Als bekannteste entsteht 1899 die United Fruit Company, die ihr Kapital bis 1930 auf über 200 Millionen US-$ erhöht.
Einen entscheidenden Beitrag zur wirtschaftlichen Entwicklung leisten Dampfschiffe und Eisenbahnen. Ermöglichen schon erstere einen erhöhten Handlungsspielraum, so ist es schließlich vor allem der Eisenbahnbau, der das lateinamerikanische Leben völlig verändert. Er wird zum Symbol des Fortschritts, führt zu einer Ausweitung der Anbauflächen, erschließt neue Landstriche und neue landwirtschaftliche Ressourcen und begünstigt auch das Entstehen neuer Siedlungen, die bald zu neuen sozialen und wirtschaftlichen Zentren werden. Mit der Copiapóbahn zu den Salpeterminen von Atacama erbaut 1848 bis 1850 der Nordamerikaner William Wheelwright die erste Eisenbahn in Chile. Das umfassendste Netz erhält Argentinien mit 16 500 km im Jahre 1900 und einer Gesamtlänge von 33 500 km Mitte 1914; Brasilien verfügt bis 1907 über eine Strecke von 18 000 km. In Peru führen Eisenbahn und Hafenbau 1876 zum Staatsbankrott: eine Vereinigung ausländischer Gläubiger unter englischer Leitung übernimmt 1889 die Tilgung der Staatsschulden und gleichzeitig den Eisenbahnbetrieb.
Vergleichbar mit Nordamerika, setzt ab 1870 unter dem Eindruck günstiger Existenzmöglichkeiten und gefördert durch nationale Anwerbungsmaßnahmen auch im südlichen Teil des Kontinents ein ungeheurer Zustrom europäischer Einwanderer ein, insbesondere nach Argentinien und Brasilien, aber auch nach Uruguay und Chile. Über 1,2 Millionen neuer Arbeitskräfte erreichen zwischen 1887 und 1906 allein die Stadt Sao Paulo. Die Einwanderer sorgen für eine Verzerrung der bestehenden Sozialstruktur; statt einer Besiedlung ländlicher Gebiete bevorzugen sie die Niederlassung in den städtischen Zentren und tragen damit zu einer Verschärfung der Urbanisierungsprobleme bei. Ihr Ehrgeiz führt schließlich zum Entstehen einer neuen sozialen Mittelschicht.
Die Einwanderung beschleunigt als Begleiterscheinung den Prozeß der kulturellen Anpassung an Europa. Das Spektrum der Normen erweitert sich zusehends, entsprechend der Herkunft der neuen Einwohner, und richtet sich nicht länger allein nach spanischen und portugiesischen Modellen. Der Konsum europäischer Luxusgüter wird zum Zeichen von Kultur; Wissenschaft und Geistesleben sind geprägt vom Wunsch nach der Imitation europäischer Werte. Zentrum der Europäisierung sind die großen Städte, doch bleiben auch die ländlichen Gebiete nicht unberührt.
Dennoch kommt im 20. und teilweise schon im 19. Jahrhundert in vielen Ländern eine Literatur zur Blüte, die wegen ihrer stilistischen Vielfalt und ihrer starken Ausdrucksformen von Kennern hoch geschätzt wird. Westindien, der große Bevölkerungs-Schmelztiegel, wird sogar zum Gebiet mit der größten Autorendichte der Welt. Vor allem hier setzt sich auch, als Erbe der afrikanischen Einwanderung im 18. Jahrhundert, eine Vielzahl von Kulturen durch, darunter als bekanntester der Wodu-Kult.

In die Krise der Gegenwart

Unaufhaltsam führt der Weg zur Krise der Gegenwart. Abhängigkeit vom Weltmarkt und nordamerikanische Einflußnahme nach außen werden im Inneren ergänzt durch Inflation, geringen Lebens- und Bildungsstandard, städtische Elendsviertel und krasse soziale Unterschiede. Die Bevölkerungsexplosion behindert alle Reformversuche: Von 1945 bis 1975 steigt die Zahl der Bewohner Lateinamerikas von 132 auf 320 Millionen. Soziale, wirtschaftliche und politische Krisen greifen immer weiter um sich, während das Tempo der industriellen Entwicklung und Proletarisierung steigt. 1,5% der Landgüter umfassen 1950 noch 65% allen Landbesitzes in Lateinamerika; es bleibt nur die „bittere Ernte der Unterentwicklung".
Die wenigsten Länder erleben Phasen innenpolitischer Ruhe. Präsident Arbenz Guzmán von Guatemala enteignet die United Fruit Company und wird 1954 mit US-Hilfe gestürzt. Insgesamt ereignen sich allein zwischen 1943 und 1973 60 Staatsstreiche oder Militärputsche. Neueste amerikanische Untersuchungen nennen als Gründe an erster Stelle gouvernementale Unfähigkeit und Legitimationskrisen, da-

Während in den achtziger Jahren überall in Südamerika die Demokratie an Boden gewinnt, hält sich in Chile eine pseudofaschistische Militär-Diktatur. Auch Massenproteste der Bevölkerung bringen keinen Fortschritt. Aus Angst vor einem zweiten Cuba ist die Hilfe des Westens nur halbherzig.

nach Sozialkonflikte, unangemessen funktionierende Wahlsysteme, unprofessionelle Normen und Verhaltensweisen des Militärs, interne Machtkämpfe zwischen herrschenden Bevölkerungsgruppen oder Militärfraktionen sowie in einigen Fällen US-amerikanische Eingriffe und persönliches Machtstreben.

Im Gegensatz zu den oft chaotischen innenpolitischen Verhältnissen demonstriert der Kontinent nach außen hin Einheit. 1947 kommt in Rio de Janeiro ein gegenseitiger Sicherheitspakt zum Abschluß (Rio-Pakt), dem am 30. April 1948 unter Beteiligung der USA der Zusammenschluß zur Organisation der Amerikanischen Staaten (OAS) folgt. Eine Mitgliederkonferenz verabschiedet 1954 in Caracas eine „Resolution gegen den Kommunismus"; Aktion der Organisation richten sich u. a. gegen Nicaragua, Honduras, Kuba und die Dominikanische Republik.

Zu einem Ereignis von höchster weltpolitischer Brisanz wird 1959 die Revolution auf Kuba unter Fidel Castro: vor den Toren der USA entsteht hier ein sozialistischer Einheitsstaat. Der Bau sowjetischer Raketenbasen führt schließlich im Oktober 1962 zur Eskalation; nach einer strikten Blokkade der Insel durch die USA erklärt sich die UdSSR jedoch zur Demontage der Raketen bereit. Auf dem Festland wird Che Guevara zum Vorbild kommunistischer Guerillabewegungen. Aufsehen erregt im September 1973 in aller Welt der Sturz des marxistischen Präsidenten Salvador Allende in Chile. Dieser Sturz vollzog sich unter Führung des Armeechefs General Augusto Pinochet.

Ein Kontinent sucht Anschluß an die Zukunft. Spektakuläre Projekte wie der Bau einer Trans-Amazonasstraße, die Gründung der neuen Hauptstadt Brasilia, der Einsatz von Atomkraftwerken und ähnliche Unternehmen werden zum Symbol nationaler Entwicklung, reichen jedoch nicht aus, die teils manifesten, teils latenten Probleme im politischen, wirtschaftlichen sowie sozialen Bereich zu überwinden. Die Krise der Gegenwart wird somit zum Erbe für die Zukunft.

Nordamerika – Die Erschließung des Kontinents bis zur Gegenwart

DIE KOLONIALZEIT

Während nach der Entdeckung der „Neuen Welt“ durch Columbus 1492 die Erschließung und Verwaltung der westindischen, mittel- und südamerikanischen Gebiete durch die Spanier und Portugiesen rasch voranschreitet, bleibt der Nordkontinent zunächst weitgehend unerforscht. Ihn hat 1497 der in englischem Auftrag auf der Nordatlantik-Route fahrende Venezianer Giovanni Caboto (John Cabot) „entdeckt“ – läßt man einmal die ohne geschichtliche Konsequenzen gebliebene kurzzeitige Anlage von Küstenstationen durch die Normannen um das Jahr 1000 außer Betracht. Der Nordkontinent ist im Vergleich zu den edelmetallreichen mittel- und südamerikanischen Hochkulturen wenig „attraktiv“. Lediglich die an Kabeljau reichen Fischgründe vor Neufundland, bekanntgemacht durch die Fahrten der Brüder Corte-Real, werden bald von vielen europäischen Nationen ausgebeutet. Und die Spanier erforschen von ihrem Vizekönigreich „Neu-Spanien“ aus in den Jahren 1539 bis 1542 durch de Soto, de Coronado und Cabrillo das Gebiet von Florida, Georgia, Alabama, das nördliche Mexiko und die südlichen Teile der Great Plains bis zum Mississippi sowie Kalifornien bis zur Bucht von San Francisco.

Einem größeren Engagement anderer Nationen in diesem Raum steht zunächst die Seeherrschaft der spanischen und portugiesischen Atlantik-Flotten entgegen, an deren Silber- und Gewürztransporten durch Kaper und Schmuggel zu partizipieren den Engländern und Niederländern im übrigen lukrativer erscheint als langfristige Geldanlagen in vom Ertrag her riskante Siedlungskolonien. Erst die Vernichtung der spanischen Armada 1588 und der Abschluß einer englisch französisch niederländi schen Allianz gegen Spanien 1596 machen hier den Weg frei für ein breiteres Vordringen der westeuropäischen Mächte.

Mit Beginn des 17. Jahrhunderts erfolgt durch Engländer und Franzosen, Holländer, Schweden und Spanier die erste ständige Kolonisation in Nordamerika. Der bislang auf der Kulturstufe der Steinzeit stehende, von einer Vielfalt von Indianerstämmen bewohnte Kontinent gerät damit in den Einflußbereich der abendländischen Wirtschaftsweise, Technik und Zivilisation. Die Kultur seiner Ureinwohner wird umgeformt – durch das Pferd, eiserne Geräte, das Schießpulver, die europäische Medizin (und Krankheiten).

Spanien begnügt sich in seinen nordamerikanischen Gebieten mit einer lockeren Oberherrschaft. Die Auswanderung aus Spanien ist zahlenmäßig gering und kommt in erster Linie Mittel- und Südamerika zugute. Auch stößt die von der spanischen Kolonialherrschaft praktizierte Sklavenarbeit von Indios und Negern (seit 1510/11) bei der Mentalität der nordamerikanischen Indianer auf Schwierigkeiten. Die Spanier Pardo und Boyano gelangen (1566/67) bis zu den Alleghanies, doch bedeutet die Gründung von Santa Fé 1609 einen Endpunkt für die spanische Kolonisation.

Die Siedler aus den anderen europäischen Ländern lassen sich an der Ostküste nieder. Hier können sie von ihrer Landwirtschaft, dem Handel und Handwerk leben. Eine Rassenmischung mit den Indianern findet kaum statt. Auch spielt der für die Spanier und Portugiesen wichtige Aspekt der Missionierung hier keine große Rolle.

Erst französisch-hugenottische Einwanderer lassen sich, den Entdeckungsfahrten Verrazanos und Cartiers 1524, 1534 und 1535/36 an der Ostküste bis zum Hudson River bzw. über den St.-Lorenz-Strom folgend, 1541 in der Nähe Quebecs nieder, können sich jedoch ohne Nachschub aus dem Mutterland nicht halten. Erst die von Richelieu planmäßig betriebene Kolonialpolitik führt unter dem ersten Gouverneur von „Canada“, Samuel de Champlain (1567 bis 1635), zur Inbesitznahme von Teilen Neufundlands, „Acadias‘ (das spätere Neuschottland) und „Neu-Frankreichs“; 1608 wird Quebec gegründet, 1615 erreicht Champlain die Großen Seen. Die Missionstätigkeit französischer Rekollekten und Jesuiten, der Pelzhandel mit den Indianerstämmen der Naskapi, Ottawa, Ojibwa, Cree, Abnaki und Irokesen und die Landwirtschaft der Siedler (charakteristisch für die französische Landnahme sind langgestreckte Reihendörfer mit geradliniger Streifenflur) breiten sich aus. 1639 wird Sault Sainte-Marie zwischen Oberem See und Huron-See, 1642 Mont-

Englisch-französische Auseinandersetzung in den nordamerikanischen Kolonien während des Siebenjährigen Krieges: Der Tod des englischen Generals James Wolfe bei der Eroberung Quebecs am 13. September 1759. Gemälde von Benjamin West in der National Gallery of Canada, Ottawa.

real an der Mündung des Ottawa in den St.-Lorenz-Strom gegründet. Unter der Ägide des französischen Finanz- und Marineministers Colbert wird Kanada 1663 zur Kronkolonie erklärt: Das Land erhält eine straffe Zentralverwaltung, Militär wird dorthin verlegt, entlassene Soldaten werden durch kostenlose Überlassung von Saatgut, Vieh und Werkzeug zur Ansiedlung animiert. Die neu gegründete „Compagnie des Indes Orientales" kümmert sich um den Handelsaustausch. Um 1700 wohnen ca. 15 000 französische Siedler in Kanada, um 1750 sind es ca. 70 000. Da die Landwirtschaft wie im absolutistischen Mutterland nach spätfeudalen Prinzipien organisiert ist (Abhängigkeit der Siedler von adligen oder klerikalen Lehensherren), wenden sich viele Abenteuerlustige der gewinnträchtigen Pelztierjagd zu. So entsteht der berühmte, oft mischblütige Typ des „Waldläufers". Eine bald spürbare Konkurrenz in dem monopolartigen Pelzhandel mit den Indianern bedeutet die Gründung der englischen „Hudson Bay Company" 1670; 1682 kommt es zu ersten französischen Angriffen auf englische Befestigungen an der Hudson-Bai.

Die Durchquerung der Central Plains und die Fahrt auf dem Mississippi bis zur Golfküste durch de La Salle 1682 erschließt Frankreich ein riesiges Gebiet, das von den Großen Seen bis zum Golf von Mexiko reicht. Es wird zu Ehren von Ludwig XIV. „Louisiana" genannt und durch Forts (St. Louis; New Orleans) gesichert. Territoriale Gewinne im Krieg mit England 1688 bis 1697 gehen im Frieden von Utrecht 1713 wieder verloren: Frankreich verzichtet zugunsten Englands auf Neufundland, Akadien (das fortan Neu-Schottland heißen wird) und die Hudson-Bai-Gebiete. Nach weiteren kriegerischen Auseinandersetzungen zwischen den beiden Kolonialmächten bringt der Siebenjährige Krieg (1756 bis 1763) die Entscheidung. Der in Europa und in den Kolonien geführte Kampf wird von den Engländern auch in Kanada (1758 Eroberung von Ft. Duquesne, 1760 von Montreal) militärisch gewonnen. Im Frieden von Paris 1763 erhält Großbritannien von Frankreich Kanada und Louisiana östlich des Mississippi, von Spanien Florida (1783 zurückgegeben). Nach dem amerikanischen Unabhängigkeitskrieg behält England in Nordamerika nur noch Kanada, wohin während des Unabhängigkeitskrieges zahlreiche englandtreue Familien ausgewandert sind, als Kolonie; 1784 werden die kanadischen Küstengebiete in 3 Kolonien geteilt. 1791 wird das vorwiegend französich besiedelte Unterkanada (Quebec) von dem stärker englisch besiedelten Oberkanada (Ontario) in der Verwaltung getrennt. Ein von der englischen Regierung eingeführtes Zweikammersystem (gewählte Volksvertretung – von der Krone ernannter Gesetzgebender Rat) sichert sowohl die Mitsprache der Kolonisten wie die Rechte der Krone bzw. des Mutterlandes. Nun schreitet die Anglisierung der ehedem französischen Kolonie (mit vielen katholischen Einwohnern!) voran.

Im Gegensatz zu den staatsmonopolistischen Kolonialgründungen der Spanier und Franzosen erfolgt die Besiedlung der nordamerikanischen Ostküste durch Engländer aufgrund der Initiative privater Handels-Gesellschaften, die freilich durch Frei- und Schutzbriefe der Krone abgesichert sind. 1585 kommt es unter Führung von Richard Grenville zur Ansiedlung von ca. 100 Menschen auf der Insel Roanoke vor dem heutigen Nord-Carolina, doch kann sich die Kolonie nicht halten. Dagegen übersteht die 1607 von einer Londoner Aktiengesellschaft gegründete Kolonie „Virginia" (Name zu Ehren der jungfräulichen Königin Elisabeth I.) die schweren Anfangsjahre im Kampf gegen Malaria, feindliche Indianer der Powhatan-Konföderation und gegen den Mangel an gewinnversprechenden Anbauprodukten. Als der Gouverneur John Smith 1615 den Tabakanbau forciert und neue Siedler und Kapitalien eintreffen,

William Penn, einer der bedeutendsten Kolonisten Nordamerikas bei der Landung 1682. Gemälde von J. G. L. Ferris. Penn war Quäker und praktizierte in der von ihm gegründeten Kolonie Pennsylvania Toleranz auch den Indianern gegenüber.

ist die Existenz des neuen Gemeinwesens gesichert. 1619 erhält es die Erlaubnis zur Bildung einer Versammlung gewählter Repräsentanten, und dies bleibt auch bestehen, als die Kolonie 1624 in die Macht der Krone übergeht und von einem königlichen Gouverneur mit einem Staatsrat geleitet wird. Die „Freemen", wahlberechtigte Vollbürger, die Grund und Boden besitzen, behalten mittels ihrer Vertreter die gesetzgebende und fiskalische Gewalt.
1620 kommt es durch Ansiedlung ausgewanderter Puritaner, die schon auf der Überfahrt mit dem Schiff „Mayflower" miteinander einen Vertrag (Compact) über ihre Verfassung als kirchliche und politische Gemeinde schließen, zur Keimzelle der Kolonie Massachusetts. Die „Pilgrimfathers" erhalten 1629 Zuzug durch zahlreiche prominente und wohlhabende Puritaner, etwa 900 an der Zahl; deren Führer John Winthrop, Präsident der 1630 sich auflösenden „Massachusetts Bay Company", wird der erste Gouverneur der Kolonie. Sie blüht bald auf, zählt 1643 bereits 15 000 weiße Einwohner, doch vertreibt der Puritanismus weniger Strenggläubige. So gründet der aus Massachusetts wegziehende Roger Williams 1636 Providence (das Kernstück des späteren Rhode Island, das durch seine grundsätzliche Trennung von Staat und Kirche und seine Religionsfreiheit berühmt wird), und John Wheelwright New Hampshire.
Neben diesen Kolonien, die zunächst von Kapital-Gesellschaften aufgrund königlicher Freibriefe erschlossen werden (sog. „Charter Colonies") – Connecticut gehört auch dazu –, stehen die an einzelne Eigentümer bzw. Gruppen aufgrund königlichen Privilegs verliehenen Besitzungen (sog. „Proprietor Colonies"). Hierzu gehören Maryland (1632 an den Katholiken Lord Baltimore gegeben), Carolina (1663 von Karl II. an acht englische Adlige verliehen und von dem berühmten Philosophen John Locke mit einer Verfassung versehen), New York (das den Holländern 1664 weggenommene, 1624 gegründete Neu-Amsterdam), Delaware, New Jersey, Georgia (1732 von König Georg II. James Oglethorpe übertragen, der hier aus Schuldhaft befreite Gefangene ansiedeln will) und Pennsylvania. Letztere Kolonie wird 1681 an den Quäker William Penn verliehen, der hier, mit dem städtischen Zentrum Philadelphia, eine Gesellschaft religiöser Toleranz und gutnachbarschaftlicher Beziehungen zu den Indianern aufbaut. Zu den englischen Quäkern gesellen sich deutsche Pietisten, holländische und wallonische Calvinisten, Schweizer Mennoniten, französische Hugenotten, katholische Schotten und irische Schotten.
Die wirtschaftlichen Grundlagen der nördlichen Kolonien bilden außer dem Fischfang und der Schiffahrt der auf kleinen Familien-Farmen betriebene Getreide-, Flachs- und Obstanbau sowie die Viehwirtschaft, daneben der Handel mit Pelzen und Holz. Pennsylvania und New Jersey erzeugen außerdem Stoffe und Papier, Eisen und Glas. Die südlichen Kolonien stützen sich beim Anbau von Tabak (Virginia, Maryland), Reis und Indigo (Carolina) meist in Form von Plantagenwirtschaft in zunehmendem Maße auf die Arbeit von Negersklaven, von denen die ersten bereits 1619 in Jamestown eingeführt worden sind.
Aus den Unterschieden in der Wirtschaftsweise entwickeln sich unterschiedliche Sozialverhältnisse. Den Bauern, Kaufleuten und Handwerkern der nördlichen Neu-England-Staaten stehen die aristokratisch auftretenden Plantagen- und Sklavenbesitzer der südlichen Kolonien gegenüber. Die Möglichkeit für die meisten europäischen Siedler, früher oder später in den englischen Kolonien zu eigenem Grund und Boden oder einem selbständigen Handwerk zu kommen, bildet zusammen mit der Aussicht auf größere religiöse Toleranz und auf Selbstverwaltung einen gewaltigen Anreiz zur Auswanderung nach Nordamerika. Leben hier um 1640 etwa 45 000 Menschen, so sind es um 1700 weit über 200 000, und 1776 sind es ungefähr anderthalb Millionen.
So verschieden die einzelnen Kolonien hinsichtlich der Art ihrer Gründung, Besiedlung, Verwaltung, Haltung in religiösen Fragen und Wirtschaftsweise auch sein mögen, sie haben gewisse Gemeinsamkeiten. In allen gilt das englische Common Law, und das Self-Government ist mehr oder weniger stark verwirklicht, d. h. überall ist der von der Krone oder vom Eigentümer der Kolonie ernannte bzw. von den Bürgern gewählte Gouverneur als Exekutivspitze auf die Zusammenarbeit mit einer meist in zwei Kammern organisierten Volksvertretung angewiesen, welche das Budget kontrolliert.

DIE UNABHÄNGIGKEITS-BEWEGUNG

Während Großbritannien die nordamerikanischen Kolonien im 17. Jahrhundert verhältnismäßig großzügig behandelt und den Selbstverwaltungsorganen viel Spielraum läßt, bringt die merkantilistische Politik des 18. Jahrhunderts ungewohnte Steuerauflagen und Handelsvorschriften. Die von ihrer passiven Außenhandelsbilanz und Kapitalmangel bedrückten Kolonien fühlen sich durch die Kontrolle des (seit 1696) für den Handel zwischen Mutterland und Kolonie zuständigen „Board of Trade“ und die Vorschriften der Navigation Acts, wonach der Handel nur auf englischen Schiffen abgewickelt werden darf, gehemmt. Denn die englischen Kaufleute und Bankiers können konkurrenzlos ihre Fertigwaren in den Kolonien absetzen und dort billig Rohstoffe einkaufen, wogegen beispielsweise die Herstellung und die Ausfuhr bestimmter Fertigprodukte aus den Kolonien verboten werden kann. In den Zusammenhang des verstärkten Augenmerks Großbritanniens auf seine nordamerikanischen Besitzungen gehört auch, daß sich die Krone erfolgreich bemüht, Kolonien als Kronkolonien in ihrer Obhut zu haben. So sind von den 13 Kolonien am Vorabend des Unabhängigkeitskrieges 8 Kronkolonien: New Hampshire, Massachusetts, New York (alle seit 1691), Virginia (seit 1624), New Jersey (seit 1702), South Carolina (1719), North Carolina (1729) und Georgia (1751). Als die erfolgreichen Kämpfe gegen die Franzosen während des Siebenjährigen Krieges das Selbstbewußtsein der nordamerikanischen Kolonisten erhöhen, verlangt das Mutterland eine Beteiligung an den hohen Kriegskosten in Form direkter Steuern und Zölle, wobei die Produktions- und Handelsbeschränkungen der Navigation Acts nicht wegfallen sollen. Dazu kommt 1763 mit der sog. „Proclamation Line“ auf der Kammhöhe der Appalachen, welche das westlich liegende Land bis zum Mississippi als Handelszone und Indianerreservat direkt der Krone bzw. zwei von ihr ernannten Sonderbeauftragten unterstellt, eine weitere Herausforderung. Denn die nach Neuland hungernden Siedler an der „Frontier“ der Küstenkolonien können den Sinn dieser Maßnahme nicht verstehen.

Der Streit entzündet sich an den vom englischen Parlament 1763 bis 1765 erlassenen Steuergesetzen. Sie werden mit der Begründung, daß die nordamerikanischen Kolonisten als englische Vollbürger (2,5 Millionen gegenüber 6,5 Millionen in Großbritannien) nicht im Parlament vertreten seien, fast einmütig zurückgewiesen. „No taxation without representation“ lautet die Parole. Auch als die englische Regierung eine Stempelsteuer (Steuer auf alle Rechtsurkunden und Druckschriften öffentlicher und privater Art) 1765 zurücknimmt, kommt es zu keiner spürbaren Entspannung. Zu groß sind schon die Gegensätze zwischen den nach politischer und wirtschaftlicher Autonomie strebenden „patriotischen“ Kräften in den Kolonien und dem mittels königlicher Gouverneure und Gerichtshöfe nach Kontrolle und Reglementierung trachtenden Mutterland. Die von Radikalen wie Samuel Adams

Unterzeichnung der „Unabhängigkeitserklärung“ am 4. Juli 1776. Etwa ein Jahr nach dem offenen Ausbruch des „Unabhängigkeitskrieges“ unterzeichnen 48 Abgeordnete des zweiten „Kontinentalkongresses“ der dreizehn vereinigten Kolonien die von Thomas Jefferson konzipierte Erklärung. In ihr werden, richtungsweisend bis heute, die „Menschenrechte“ und die Prinzipien der Volkssouveränität und repräsentativen Demokratie formuliert. Stich von A. B. Durand nach einem Gemälde von John Trumbull.

oder Thomas Jefferson in Massachusetts gegründeten „Korrespondenz-Komitees" haben mit ihrer „Los-von-England-Agitation" 1767 einen ersten Erfolg bei der Organisation eines breiten Importboykotts britischer Waren. 1770 müssen die inkriminierten Importzölle (sog. Townshend-Zölle), da zahlreiche exportabhängige britische Kaufleute und Bankiers bei der Regierung vorstellig werden, aufgehoben werden. Noch einmal atmen die Loyalisten und Gemäßigten (Tories) unter den nordamerikanischen Kolonisten auf und hoffen auf eine friedliche Lösung.

Da bricht der offene Konflikt aus, als 1773 die „Tea Act" erlassen wird (Tee-Monopol für die East India Company). Im Dezember 1773 werfen als Mohawk-Indianer verkleidete „Patrioten" im Hafen von Boston die Teeladung eines englischen Schiffes ins Wasser (sog. „Boston Tea Party"). London sperrt daraufhin den Hafen und setzt die Volksvertretung mit dem Verlangen nach Auslieferung der Schuldigen unter Druck. Die daraufhin am 5. September 1774 in Philadelphia zum 1. Kontinentalkongreß versammelten 56 Vertreter der 13 Kolonien kündigen ihren Widerstand gegen die „Zwangsgesetze" und die Einstellung des gesamten England-Handels an. Dabei berufen sie sich auf das englische Recht. Am 19. April 1775 kommt es bei Lexington und Concord zu ersten blutigen Zusammenstößen zwischen britischen Truppen und amerikanischen Milizen (minute men). Die Mehrheit des eilends zum 10. Mai 1775 einberufenen 2. Kontinentalkongresses ist zwar noch für eine Verständigungs- bzw. Widerstands-, keine Loslösungspolitik (man will den Rechtszustand von vor 1763 wiederhergestellt wissen), aber die zunehmende Agitation und Verschärfung der Gegensätze in der Öffentlichkeit zwischen Konservativen und Radikalen (Whigs) veranlassen den 2. Kontinentalkongreß am 7. Juni 1776, einen Ausschuß mit der Vorbereitung einer Unabhängigkeitserklärung zu betrauen. Die in der Hauptsache von Thomas Jefferson (1743 bis 1826), dem aus einer aristokratischen Pflanzerfamilie stammenden Vertreter Virginias im Kongreß, verfaßte „Unanimous Declaration of the Thirteen United States of America" wird am 4. Juli 1776 von allen Einzelstaaten (nur New York enthält sich der Stimme) gebilligt. Sie legt mit grundsätzlichen und detaillierten Argumenten dar, weshalb die Kolonien sich von Großbritannien loslösen. Dabei spielen die Berufung auf das Common Law und auf das rationale Naturrecht die größte Rolle.

Den Krieg gegen Großbritannien 1776 bis 1783 können die „United States of America" nur gewinnen, weil sie mit Frankreich und Spanien Bündnis- und Handelsverträge abschließen und die restlichen Staaten Europas eine Liga der „bewaffneten Seeneutralität" (1780) gründen. Die militärischen Erfolge der von George Washington geführten „Kontinentalarmee", welche von kleinen französischen Hilfstruppen unterstützt wird, sind schwankend. Im Herbst 1776 erobern britische Truppen New York und dann Philadelphia (aus dem der Kongreß nach Baltimore geflohen ist), doch muß im Oktober 1777 die britische Nordarmee bei Saratoga kapitulieren. 1778 bis 1781 liegt die Initiative wieder bei den in den südlichen Staaten erfolgreichen britischen Truppen, doch strebt die englische Regierung nach dem Rücktritt von Lord North einen Friedensschluß in dem kostspieligen Krieg an. Von John Adams, Benjamin Franklin u. a. ausgehandelt, erkennen die Friedensverträge von Paris und Versailles 1783 die „Vereinigten Staaten" als „frei, unabhängig und souverän" an. England tritt Tobago und Senegal an Frankreich, Florida und Menorca an Spanien ab. Das Gebiet westlich der Appalachen bis zum Mississippi fällt an die USA. Vorkriegsschulden, Handels- und Fischereirechte werden festgelegt. Die Loyalisten sollen, soweit sie nicht nach Westindien, Kanada oder England ausgewandert sind, ihr

„Tea Party" im Bostoner Hafen am 16. Dezember 1773. Als Indianer verkleidete Kolonisten werfen aus Protest gegen den britischen Tee-Zoll die ganze Ladung eines Tee-Schiffes über Bord. The Bettman Archive, New York.

George Washington (1732–1799), erster Präsident der USA (1789–97).

Eigentum zurückerhalten und nicht weiter verfolgt werden. Kosten und Folgelasten des Krieges – über 70 000 Gefallene, mehr als 100 000 ausgewanderte Loyalisten, fast 8 Millionen Pfund Auslandsschulden mit 1,8 Millionen Pfund Zinsrückständen, im Innern eine Inflation – belasten die junge unabhängige Republik der dreizehn Staaten. Das Problem der Verfassung – die während des Krieges von allen Einzelstaaten ratifizierten „Konföderationsartikel" von 1777 sehen nur einen losen Staatenbund vor – drängt auf eine Lösung. Denn das Fehlen einer handlungsfähigen nationalen Exekutive wird in den Jahren voll wirtschaftlicher und sozialer Spannungen nach dem Krieg offenbar. Im Kongreß bleiben, da die Abgeordneten an die Weisungen ihrer Einzelstaatsregierungen gebunden sind und viele nur unregelmäßig die Sitzungen besuchen, manche Gesetzesvorlagen jahrelang liegen. Auch leiden der Kongreß und die von ihm ins Leben gerufene Exekutive an Geldmangel, weil ihnen keine Steuern zufließen. Schließlich geraten mehrere Einzelstaaten wegen protektionistischer, die Nachbarstaaten benachteiligender Maßnahmen (Zölle, eigenes Geld, eigene Truppen) und wegen der Aufteilung des von sieben Kolonien beanspruchten West-Territoriums jenseits der Appalachen in Streit.

Die am 13. Juli 1787 vom Konföderationskongreß verabschiedete „Nord-West-Verordnung" (North West Ordinance) regelt, daß im Land nördlich des Ohio drei bis fünf neue Staaten errichtet werden sollen. Solange ein Territorium keine 60 000 freie männliche Einwohner hat, soll es je nach Bürgerzahl abgestufte Formen einer vom Kongreß kontrollierten Selbstverwaltung haben. Bei über 60 000 Bürgern kann es sich eine Verfassung geben, eine eigene Staatsregierung bilden und seine Deputierten gleich stimmberechtigt mit den Abgeordneten der „alten" Einzelstaaten in den Bundeskongreß schicken. Kentucky (1792) und Tennessee (1796) sind die ersten „neuen" Einzelstaaten im Westen auf der Grundlage dieser „Nord-West-Ordinanz". Zusammen mit der bereits 1785 inkraftgesetzten „Basic Land Ordinance", welche mit ihrer rechtwinkligen Vermessung und Aufteilung des Landes (1 township = 36 sections zu je 1 Quadratmeile; 1 Quadratmeile = 640 acres; 1 acre = 0,4 ha) das Bild der amerikanischen Kulturlandschaft mit Blockhof und Einzelhofsiedlung bis heute geprägt hat, ist damit eine solide Grundlage für die im 19. Jahrhundert vor sich gehende Erschließung des Westens geschaffen. Wichtig an beiden Verordnungen ist, daß nun der Kongreß die Kontrolle über das Schicksal der noch unbesiedelten Westgebiete hat, und daß doch zugleich die hier neu entstehenden Staaten nicht zu Kolonien der alten Einzelstaaten werden, sondern zu gleichberechtigten Mitgliedern innerhalb eines föderalistischen Staatsgebildes.

Der für Mai 1787 nach Philadelphia einberufene Konvent, der sich mit der Frage der Revision der Konföderationsartikel befassen soll, legt nach viermonatiger harter Arbeit am 17. September 1787 den Entwurf einer völlig neuen Verfassung der Öffentlichkeit vor. Unter den 55 Delegierten, deren Vorsitz Washington innehat, sind Benjamin Franklin, James Madison, Gouverneur Morris, Alexander Hamilton, James Wilson. Die neue Verfassung baut auf den Verfassungen auf, welche sich die Einzelstaaten seit 1776 mittels verfassungsgebender Versammlungen und Volksabstimmungen selbst geschaffen haben. Die Macht des Bundes und seiner Organe steht über der Einzelstaatssouveränität, doch setzt sich die Volkssouveränität in der direkten Wahl der Abgeordneten des Unterhauses und in der indirekten Wahl des Präsidenten (über Wahlmänner) durch. Die getrennten drei Gewalten sind an die Verfassung gebunden und kontrollieren sich gegenseitig: System der „checks and balances". Dem auf vier Jahre gewählten Präsidenten kommt trotz des angestrebten Gleichgewichts die stärkste Stellung zu. Er ist Chef der Regierung und zugleich Staatsoberhaupt und im Krieg Oberbefehlshaber der Streitkräfte, er schließt Verträge ab und hat gegen Beschlüsse des Kongresses ein aufschiebendes Veto.

Der Kongreß besteht aus zwei Kammern, dem Senat (bestehend aus je zwei Vertretern pro Einzelstaat) und dem Abgeordneten- oder Repräsentantenhaus; er beschließt über Steuern und Zölle, Krieg und Frieden. Bei den Einzelstaaten verbleibt die Hoheit über das Verkehrs- und Wirtschaftswesen, Kultur, Justiz und Polizei. Die Judikative nehmen der Oberste Gerichtshof (Supreme Court) und die unteren Bundesgerichte wahr. Ihre Kompetenz erstreckt sich auf alle die Gesamtheit der USA betreffenden Angelegenheiten, auf Streitigkeiten der Einzelstaaten untereinander oder mit der Bundesregierung sowie auf letztinstanzliche Entscheidungen in allen Rechtsstreiten.

Die Ratifikation der neuen Verfassung durch eigens zu diesem Zweck in den Einzelstaaten gewählte Versammlungen erfolgt zum Teil recht zögernd, und manchmal erst, als der besonders von den antiföderalistischen Republikanern vermißte Grundrechtskatalog (Bill of Rights) in Form von zehn Zusatzartikeln (Amendments) zur Verfassung verabschiedet worden ist. Bis Juli 1788 haben 11 der 13 Staaten ratifiziert, North Carolina und Rhode Island folgen 1789 und 1790. Damit ist die Gefahr einer Zerreißung des Bundesgebietes gebannt. Auch die Wahlen zum Repräsentantenhaus und zur Präsidentschaft verlaufen 1789 ohne Zwischenfälle. George Washington erhält alle 69 Wahlmännerstimmen und wird damit erster Präsident der USA. Er beginnt in der provisorischen Bundeshauptstadt New York (die erst später nach Philadelphia und dann in das neu erbaute Washington verlegt wird) mit dem Aufbau einer Regierung. Alexander Hamilton wird Finanz-, Thomas Jefferson, bislang Gesandter in Europa, wird Außenminister. Aufgrund der Erfahrungen der Konföderationszeit und in der geistigen Auseinandersetzung mit der Französischen Revolution bilden sich im Land zwei große politische Parteien. Den antiföderalistischen „Republikanern“ (u. a. Jefferson, Madison, Samuel Adams, Aaron Burr), die sich auf die „demokratisch“ gesinnte Masse der Farmer, Pflanzer, Handwerker und kleinen Ladenbesitzer stützen, stehen die „Föderalisten“ (u. a. Hamilton, John Adams, Jay) gegenüber, deren Anhänger aus der Großbourgeoisie und den freien Berufen kommen.

Thomas Jefferson (1743–1826), dritter Präsident der USA (1801–1809). Er stammt, wie die Präsidenten Washington, Madison und Monroe, aus Virginia.

DIE PIONIERZEIT (1790 BIS 1890)

Seit der Annahme der Verfassung und ihrer Erfüllung mit politischem Leben durch die kluge, Interessengegensätze ausgleichende Amtsführung des 1792 wiedergewählten Präsidenten Washington richtet sich der Blick der Amerikaner zunehmend auf den unerschlossenen Westen ihres Kontinents. Dessen Erschließung, die Westwärtswanderung der „Frontier“ mit ihren Indianerkriegen, sowie die beginnende Industrialisierung und die im Sezessionskrieg (1861 bis 1865) abgewendete Gefahr einer nationalen Zersplitterung sind die Leitmotive der amerikanischen Geschichte im 19. Jahrhundert. Nach dem Krieg von 1812 bis 1814 zwischen den USA und Großbritannien hält sich die politische Führung bewußt – wie die von Präsident James Monroe 1823 proklamierte (erst später so genannte) Monroe-Doktrin zeigt – von allen nicht die eigene Hemisphäre betreffenden außenpolitischen Dingen fern. Erst um 1890, als die „Frontier“ mit Siedlertrecks und Eisenbahnlinien längst die Pazifikküste erreicht hat und auch das dazwischenliegende, wegen seines trockenen Klimas und seiner spärlichen Vegetation nur extensiv nutzbare Land vermessen und verteilt ist, wendet sich das amerikanische Interesse in größerem Ausmaß in Form einer imperialistischen Politik Gebieten jenseits der US-Grenzen zu. Das 19. Jahrhundert ist zugleich, womit wohl die wichtigste Antriebskraft bei der Besiedlung des Westens und für das Wachstum der Städte an der Ostküste erfaßt ist, die Zeit der stärksten Einwanderung in die USA. Man schätzt, daß etwa 50 Millionen Menschen seit der Gründung der Kolonien bis 1921 in die USA eingewandert sind (davon ca. 40 Millionen aus Europa) – zwischen 1820 und 1900 allein 17,3 Millionen!

Auf Initiative des dazu nicht beauftragten und von der Verfassung her auch nicht befugten Präsidenten Thomas Jefferson (1801 bis 1809) erwerben die USA 1803 von Napoleon Louisiana (828 000 Quadratmeilen). Gegen Zahlung von 15 Millionen Dollar verdoppeln die USA damit ihr Staatsgebiet, haben nun die für den Binnenhandel und die Erschließung der Trans-Alleghanies-Gebiete wichtige Mississippi-Mündung (New Orleans) in ihrem Besitz und haben außerdem die Gewähr, daß Frankreich endgültig seine Kolonialpläne in Nordamerika aufgegeben hat. 1819 übereignet Spanien gegen eine Entschädigung von 5 Millionen Dollar Florida und stimmt einer die USA begünstigenden Regelung des Westgrenzenproblems Louisianas zu. Die neue Grenze führt nun von der Golfküste zum Red River und Arkansas River und biegt bei 42° nördlicher Breite nach Westen zum Pazifik. Damit ist das Gebiet beiderseits des Columbia River (1804 bis 1806 von Lewis und Clark auf Wunsch Jeffersons erforscht) im Besitz der USA. In Texas führt die wilde Einwanderung amerikanischer Siedler in den 30er Jahren zu Konflikten, als Mexiko, dem Texas gehört, den Anspruch der Kolonisten auf Selbstverwaltung und teilweise auch auf Beibehaltung der in Mexiko abgeschafften Sklaverei ablehnt. Bei der folgenden Ausrufung einer unabhängigen Republik Texas (März 1836) verhalten sich die USA neutral. Dem Wunsch nach Aufnahme in die Union gibt erst Präsident John Tyler (1841 bis 1845) auf Beschluß des Kongresses und mit Zustimmung der texanischen Legislative nach. Der daraufhin folgende Krieg zwischen Mexiko und den USA (1846 bis 1848) endet mit einem Sieg für die von den Annexionisten James K. Polk (Präsident 1845 bis 1849) und James Buchanan energisch vorangetriebenen US-Truppen. Mexiko verzichtet am 2. Februar 1848 auf Texas, erkennt den Rio Grande del Norte als Grenzfluß an und tritt gegen 15 Millionen Dollar Entschädigung Neu-Mexiko und Oberkalifornien (insges. 1,2 Mill. Quadratmeilen) an die USA ab. 1850 hat das nordamerikanische Territorium der USA mit der Nordgrenze bei 49° im wesentlichen seine heutige Form erreicht – durch Kauf 1853 und 1867 kommen lediglich noch Süd-Arizona von Mexiko und Alaska (von Rußland) hinzu.

Der äußeren territorialen Expansion der USA entspricht der innere politische Ausbau: Gehören 1796 16 Staaten der Union an, so sind es 1823 24 und 1850 31. Von ihnen liegen bereits 15 westlich der Appalachen, und während in diesem Raum um 1820 etwa 12% der amerikanischen Gesamtbevölkerung leben (1,25 Mill.), sind es um 1860, als der Mississippi schon längst in breiter Front überschritten ist, über 50% (16 Mill.). Vom Wunsch nach billigem Land getrieben (1820 wird durch Gesetz der Preis für einen Morgen Land von 2 auf 1,25 Dollar herabgesetzt), durch einen umfangreichen Straßen- und Kanalbau, durch Dampfschiff und Eisenbahn gefördert, erschließt die ständig anschwellende Woge der nach Westen gerichteten Bevölkerungsbewegung das Land in drei Wellen. Den Trappern und Waldläufern, Pelzhändlern und Jägern folgen die wilden Siedler (Squatters); ohne Besitzrecht (seit den Gesetzen von 1830 und 1841 jedoch mit Vorkaufsrecht) bleiben sie meist nur ein paar Jahre an einem Ort, roden den Wald, legen Felder und Viehweiden an, und ziehen mit der „Frontier" weiter, wenn die nächste Welle der kleinen Pflanzer (Farmer) kommt. Die Farmer lassen sich zumeist für mindestens eine Generation nieder, erwerben den Grund durch Kauf und errichten Schulen und Kirchen. In den so entstehenden Dörfern und kleinen Städten siedeln sich dann, die dritte Welle, Händler, Handwerker, Dienstleistungstreibende (Ärzte, Bankiers, Prostituierte, Gastwirte, Krämer) an. Filialen privater Banken und Bodenspekulanten kaufen mit Krediten Siedlungsland (oft von den Farmern) auf und verkaufen es mit Gewinn an die Siedler der dritten Welle.

Ein düsteres Kapitel in der Besiedlung des Mittleren und Fernen Westens bildet die Ausrottung der Indianer. In Tausenden lokaler Kämpfe und in über 30 großen Indianerkriegen werden sie beinahe systematisch dezimiert. Über 370 Verträge werden mit ihnen geschlossen und samt und sonders gebrochen. Besonders die Zeit der Präsidentschaft A. Jacksons (1829 bis 1837) hebt sich hier negativ heraus. Immer weiter nach Westen verdrängt, geraten die Indianerstämme stets aufs neue in Konflikt mit den hier von früher ansässigen Stämmen; zum Bruderkrieg kommen die verheerenden Wirkungen von Alkohol und den europäischen Krankheiten, gegen die die Indianer oft keine Widerstandskräfte haben. In schließlich etwa 250 Reservationen gepfercht, aus denen sie nicht ausziehen können, bieten ihnen diese Gebiete wegen ihrer zumeist schlechten klimatischen und vegetationsmäßigen Ausstattung und ihres beschränkten Raumes (heute zusammengenommen etwa 223 000 qkm) miserable Existenzbedingungen. So leben um 1900 von den über 1 Million Indianern der vorkolumbischen Zeit noch etwa 200 000.

Die Wirtschaft der USA erlebt in der ersten Hälfte des 19. Jahrhunderts einen gewaltigen Aufschwung. Erfindung und Einsatz von Baumwollentkernungsmaschine, Spinnmaschine und mechanischem Webstuhl läßt den Baumwollanbau in den Südstaaten und dann die Textilindustrie förmlich explodieren. Werden 1790 4000 Ballen Baumwolle produziert; so sind es 1830 732 000, 1850 2 Millionen und 1860 3,8; nach 1830 macht die Baumwolle etwa die Hälfte des amerikanischen Gesamtexportwertes aus. – Während der Süden von „king cotton" und der Sklavenarbeit auf den Plantagen (90% der Betriebe haben nur drei bis vier Sklaven!) regiert wird, sammelt sich in den Städten des Ostens, in New York, Boston, Philadelphia, bei den Unternehmern, Kaufleuten und Bankiers viel flüssiges Kapital an, das nach günstigen Investitionsmöglichkeiten sucht. Als dritte Wirtschaftsregion bildet sich der Westen heraus mit seiner Marktproduktion von Nahrungsmitteln (Weizen, Mais, Rinder, Schweine) durch mittlere und kleine Farmen sowie seinem Handel mit Holzprodukten, Wolle und Pelzen. Mit der kommerziellen Auswertung der Erfindung der Mähmaschine und der Dreschmaschine beginnt hier um 1850 eine neue Phase der Produktivität – das Straßen- und Eisenbahnnetz ist inzwischen gut ausgebaut (die Jahre 1850 bis 1860 bringen 35 000 km neue Eisenbahnlinien), ebenso das über 4000 Meilen umfassende Kanalsystem (Erie-, Ohio-, Miami-, Wabash-, Illinois/Michigan-Kanal).

In der Ausdehnung nach Westen hat bei der Anerkennung neuer Einzelstaaten, welche die erforderliche Mindesteinwohnerzahl von 60 000 freien Männern nachweisen können, seit den 20er Jahren eine Rolle gespielt, ob die Sklaverei erlaubt oder verboten sein solle. 1820 mit dem Missouri-Kompromiß und der Festlegung der sog. Mason-Dixon-Linie (nördlich von 36°30′ soll Sklaverei verboten sein) sowie 1850 mit dem Clay-Kompromiß nach langen Kongreß-Debatten gütlich beigelegt, wird die Auseinandersetzung zwischen „Abolitionists" und Befürwortern der Sklaverei in den 50er Jahren zunehmend heftiger. Schon vor dem Amtsantritt des 1861 neu gewählten Präsidenten Abraham Lincoln (1861 bis 1865) erklären 11 Südstaaten ihren Austritt aus der Union; sie schließen sich zu den „Konföderierten Staaten" zusammen unter einem provisorischen Präsidenten, Jefferson Davis. Der kriegsunwillige Norden kann von dem auf die Einheit der Nation getreu dem Auftrag der Verfassung bedachten Lincoln erst nach dem Angriff der Südstaaten zum Kampf motiviert werden. Die später als moralisches Argument so wichtige Stellungnahme für die Sklavenbefreiung wird zunächst, um die Sklavenhalterstaaten Delaware, Maryland, Kentucky und Missouri beim Norden zu halten, nicht in den Vordergrund gespielt. Auch die „Emancipation Act" vom 1. Januar 1863, welche als 13. Zusatzartikel zur Verfassung die Sklaverei für ungesetzlich und alle Sklaven für frei erklärt, wird zunächst noch militärisch begründet.

In den erbitterten und verlustreichen Kämpfen des Sezessionskrieges (er kostet insgesamt 360 000 Unionssoldaten und 260 000 Soldaten der Konföderierten das Leben, 5 Mrd. Dollar werden für ihn ausgegeben) hat der Süden unter General Lee die besser geführten und stärker engagierten Truppen, der Norden verfügt über ein größeres Rüstungspotential, mehr waffenfähige Männer und die stärkere Wirtschafts- und Finanzkraft. Die Blockade der Südstaaten-Häfen durch die überlegene Kriegsflotte des Nordens, Nachschubschwierigkeiten bei Nahrungsmitteln und Waffen zwingen trotz vieler einzelner Erfolge die Konföderiertenarmee schließlich zur Kapitulation. Virginia und Maryland werden als Hauptschauplatz des Bürgerkrieges schwer in Mitleidenschaft gezogen, der Kapitalmarkt auch des Nordens ist schwer angeschlagen, die Wirtschaft des Südens, vollends nach der militärischen und politischen Niederlage und der ihr folgenden Umstellung der Plantagenarbeit,

Baumwollpflücker im Mississippi-Delta. Unabdingbare Voraussetzung für das Funktionieren von profitablen Plantagenwirtschaften im bevölkerungsarmen Süden der USA waren die billigen Arbeitskräfte der Negersklaven. The Bettman Archive, New York.

fast ruiniert. In der Ermordung des Präsidenten Lincoln am 14. April 1865 drücken sich, wiewohl die Tat eines einzelnen (Parallele zur Ermordung Kennedys?), die hochgepeitschten Emotionen und die als Schande empfundene Niederlage vieler Südstaatenbürger aus. Über zehn Jahre noch verhindert eine unter Präsident Andrew Jackson (1865 bis 1869) begonnene, von Willkür und Ausplünderung geprägte Besatzungspolitik eine Normalisierung der wirtschaftlichen, rechtlichen und sozialen Verhältnisse im Süden. Auch danach ist die Masse der nun freien Neger, mangels Bildung und Geld weiterhin zur Arbeit in den Plantagen gezwungen und also immobil, in einer bedrückenden Situation der Armut und Unterprivilegierung.

Aufgestaut durch den Bürgerkrieg, vollzieht sich nach 1865 in raschem Vordringen die Erschließung des Fernen Westens durch die „Mining Frontier" (Suche nach Gold, welche schon 1850 zur Gründung des Staates Kalifornien geführt hatte, und nach anderen abbauwürdigen Mineralien) und die „Rancher's Frontier". Von Texas aus werden die High Plains erschlossen, das „Rinderreich" (Cattle Kingdom) verdrängt die Büffelherden, zwischen 1865 und 1879 werden etwa 4 Millionen Rinder von den Cowboys nach Kansas und Nebraska getrieben, um von dort per Eisenbahn an die Ostküste oder nach Chicago transportiert zu werden. Mit den Büffelherden und den Pelztieren dieser riesigen Region werden auch die hier wohnenden Indianerstämme der Sioux, Apachen, Komanchen, Pawnees, Navahos und Shoshonen nahezu ausgerottet und auf Reservate zurückgedrängt.

In den Städten der Ostküste, in den Appalachen und im Gebiet der Großen Seen ist während der 2. Hälfte des 19. Jahrhunderts eine gewaltige Industrialisierung zu beobachten. Schwer- und Konsumgüterindustrien blühen auf, die Verkehrsmittel erschließen praktisch das ganze Land als Rohstoff- und Absatzmarkt. Aus den zuletzt agrarwirtschaftlich genutzten Präriegebieten westlich des 100. Längengrades strömen die Farmer, denen die Unsicherheit im Ertrag der von Trockenheit und Humusabwehung bedrohten Weizenäcker zu groß sind, in die Städte des Ostens zurück und bilden hier eine zusätzliches Arbeiterpotential. Die zunehmende Konzentration von Industrieunternehmen – Namen wie Rockefeller, Carnegie, Morgan verweisen zugleich auf die wachstumsstarken Sektoren der Erdölindustrie, des Eisenbahnbaues, der Stahlindustrie, des Bankwesens – führt 1890 zum Sherman Anti-Trust-Law, das vertragliche Zusammenschlüsse von Wirtschaftsunternehmen verbietet, monopolistische Bestrebungen unter Strafandrohung stellt; ihm folgen 1903 (Elkinson Act) und 1914 (Federal Trade Commission Act; Clayton Anti-Trust Act) weitere Bundesgesetze. Sie alle können jedoch, teils auch wegen der divergierenden einzelstaatlichen Gesetzgebung und Rechtsprechung, in einer Phase des produktiven Hochkapitalismus wenig ausrichten. Das gesamte Denken der amerikanischen Gesellschaft ist nun geprägt vom Leistungsprinzip – der Selfmademan, der es angeblich vom Schuhputzer oder Tellerwäscher zum Boß eines Wirtschaftsimperiums bringen kann, ist ein bezeichnendes „Leitbild" sozialen Aufstieges und ökonomischen Erfolgs, wo rücksichtslose Härte (auch sich selbst gegenüber) und Glück den egoistischen einzelnen auszeichnen. Die Alltagswirklichkeit der Millionenmasse von Industriearbeitern und kleinen Farmern wird derweil von Konjunkturkrisen (die Depression von 1873/1894 hinterläßt tiefe Spuren trotz eines leicht steigenden Lebensstandards) und einer arbeitnehmerfeindlichen Gesetzgebung beeinflußt, die erst seit etwa 1900 unter den Präsidenten Theodore Roosevelt (1901 bis 1909), William H. Tuft (1909 bis 1913) und Woodrow Wilson (1913 bis 1921) zugunsten einer die sozial Schwachen schützenden Reformpolitik aufgegeben wird.

DIE „ÖFFNUNG“ DER USA NACH AUSSEN (1890 bis 1918)

Geradezu erzwungen durch die Expansionsbestrebungen der dynamischen Industriewirtschaft und die zum Pazifik und nach Mittelamerika drängenden politischen Interessen, geben die USA nach 1890, als der Direktor des Statistischen Bundesamtes die „Frontier“ für beendet erklärt hat, ihre von Monroe fixierte Außenpolitik der Neutralität und Passivität auf. Der 1898 von den USA provozierte Krieg mit Spanien endet logischerweise mit dessen Niederlage. Kuba, Puerto Rico, Guam, die Insel Wake und die Philippinen werden besetzt, Hawaii wird annektiert (wo schon seit 1857 Flottenbasen sind, seit man 1854 Japan zur Öffnung für den amerikanischen Handel zwingen konnte). 1899 erwerben die USA einen Teil der Samoa-Inseln (der andere Teil geht an Deutschland). 1903 muß Kolumbien nach einer von den USA mitinszenierten Revolution und inneren Kämpfen die Kanalzone Panama abtreten (der Bau des für die amerikanische Handelsschiffahrt wichtigen Panamakanals ist 1914 abgeschlossen). 1908 bis 1913 geraten Nicaragua und Honduras in die völlige politische und wirtschaftliche Abhängigkeit der USA, deren „Dollar-Imperialismus“ nun in Mittel- und Südamerika vollendet, was Kriege und politischer Druck noch nicht geschafft haben: den Aufbau eines gesicherten Wirtschaftsimperiums von beispielloser Größe in der Weltgeschichte. Daß die USA nun in der Weltpolitik eine ihrer wirtschaftlichen Potenz entsprechende Rolle zu spielen beginnen, mag man an der Zuerkennung des Friedensnobelpreises an Präsident Th. Roosevelt sehen, den er 1906 für seine Vermittlungsbemühungen im Russisch-Japanischen Krieg erhält.

Zwar kommt mit dem demokratischen Professor Woodrow Wilson 1913 ein Präsident ins Weiße Haus, der die Rooseveltsche Politik des „großen Knüppels“ (big stick) – 1907 wird die neu geschaffene Kriegsflotte der USA demonstrativ um die ganze Erde geschickt – und die „dollar diplomacy“ William Tafts ablehnt und eine Politik der Freundschaft und des Friedens betreiben möchte. Doch schon vor 1914 zwingen ihn die Verhältnisse im karibischen Raum mehrmals zum Eingreifen und zur Anwendung von Waffengewalt. Und dann zwingt ihn der große, in Europa ausbrechende Erste Weltkrieg (1914 bis 1918) schließlich doch, entgegen allen Bemühungen um Neutralität, zur Stellungnahme. Die Sympathien der meisten Amerikaner gehören ohnedies mehr der britisch-französisch-russischen Entente als den deutsch-österreichisch-ungarischen Mittelmächten. Durch laufende hohe Kredite und Lieferungen von Waren und Rüstungsgegenständen sind die USA schon vor dem offiziellen Kriegseintritt am 6. April 1917 (die Ursache liegt in dem unbeschränkten U-Boot-Krieg der deutschen Kriegsmarine, der auch amerikanische Schiffe trifft) mit Großbritannien und Frankreich eng verbunden. Der Einsatz von fast 2 Millionen kampffrischen amerikanischen Soldaten mit einer von der leistungsfähigen amerikanischen Rüstungsindustrie gelieferten modernen Bewaffnung entscheidet die Materialschlachten in Frankreich und zwingt letztlich die deutschen Armeen zur Kapitulation. Bei den Friedensverhandlungen in Paris und Versailles sucht der amerikanische Präsident Wilson seine, in einem Programm von 14 Punkten, niedergelegten Vorstellungen über die Organisation des künftigen Friedens (u. a. Freiheit der Meere, allgemeine Abrüstung, Gründung eines „Völkerbundes“, Abbau von Handelsschranken) durchzusetzen, scheitert aber bzw. ist zu Kompromissen gezwungen wegen der auf Revanche und Rache zielenden französischen und englischen Interessen.

VON DER GROSSMACHT ZUR WELTMACHT (1918 bis 1945)

Die Geschichte der USA in der 1. Hälfte des 20. Jahrhunderts läßt (nach E. Angermann) zwei Haupttendenzen erkennen: einmal die Entwicklung „von einer anachronistisch liberalen Gesellschaft zu einem dem industriellen Massenzeitalter einigermaßen gerecht werdenden modernen Sozialstaat“, und zweitens das „Hineinwachsen einer ursprünglich ganz vom nationalen Egoismus bestimmten Großmacht in die weltpolitische Verantwortung einer der beiden führenden Weltmächte“. Die innenpolitische Entwicklung führt, geprägt vom Wunsch nach Rückkehr zur Normalität („back to normalcy“ heißt die Parole, mit welcher der Republikaner W. G. Harding 1921 die Präsidentschaftswahlen gegen den Demokraten Cox gewinnt), in die Euphorie der „goldenen Zwanziger“ (fabulous roaring twenties). Der vom „big business“ des amerikanischen Hochkapitalismus erzeugte und befriedigte Bedarf an industriellen Konsumgütern – Autos, Kühlschränken, Radios – läßt die Industrieproduktion sich zwischen 1921 und 1929 verdoppeln, wobei die Bau- und Automobilindustrie (1926: 26 Mill. Autos) höchste Zuwachsraten erzielen. Eine starke horizontale und vertikale Konzentration der Unternehmen insbesondere der Maschinenbau- und Versorgungsindustrie sowie der Banken und Kaufhäuser führt zu den bekannten Problemen der Markbeherrschung durch Oligopole. Während sich die industrielle Massenkultur in den Großstädten mit dem Aufblühen der Vergnügungsindustrien des Films, des kommerzialisierten (Box)Sports, des Jazz und der illustrierten Massenblätter entfaltet und die Kapitalerträge und Unternehmergewinne zwischen 1923 und 1929 um 65% steigen, nehmen die Löhne der Arbeiter und Angestellten nur um 11% zu, die der Farmer stagnieren. Nur 29% aller amerikanischen Familien liegen mit ihrem Einkommen über dem offiziell anerkannten Existenzminimum von 2500 Dollar. Die Landwirtschaft hat auf der einen Seite mit einer ständigen Überproduktion und damit sinkenden Erzeugerpreisen, auf der anderen Seite mit der Verschuldung unrentabler und erosionsgeschädigter Mittel- und Kleinbetriebe zu kämpfen.

Die „Große Depression“ Ende der 20er Jahre, ausgelöst durch einen Bankenkrach infolge des durch Aktienspekulation aufgeblähten Kreditmarktes am Schwarzen Freitag (24. Oktober 1929) in New York, stoppt die Hochkonjunktur der Industrieproduktion und läßt sie von 1929 bis 1932 um die Hälfte sinken. Noch härter aber trifft es die Landwirtschaft: Getreide- und Baumwollvorräte können nicht mehr abgesetzt werden, die entsprechenden Anbauflächen müssen reduziert bzw. auf andere Agrarprodukte umgestellt werden. Die Zahl der Arbeitslosen in den USA, die nicht entfernt auf die staatliche Unterstützung rechnen können, wie ihre pflichtversicherten deutschen Schicksalsgenossen, steigt bis Ende 1932 auf 15 Millionen! Der im November 1932 neugewählte Präsident Franklin Delano Roosevelt (1933 bis 1945) gibt mit seinem Aufruf „to a new deal for the American people“ der folgenden Ära der Reformpolitik ihren Namen: „New Deal“. Dahinter verbirgt sich freilich kein einheitliches, von Anfang an vorgeplantes Reformprogramm, sondern improvisierte, teilweise sogar einander widersprechende Aktivitäten des Staates, die Stagnation der Wirtschaft und die sozialen Krisenmomente zu überwinden. Mit einer Fülle von Gesetzen gelingt es dem wegen seiner Kinderlähmung auf den Rollstuhl und Krücken angewiesenen, energischen Präsidenten und seinem Beratergremium (brain trust), in den „Hundert Tagen“ des „First New Deal“ (9. 3. bis 16. 6. 1933) die Lage der notleidenden Landwirtschaft zu bessern (u. a. wird mit der noch heute flo-

Der „Schwarze Freitag" in New York, der trotz eines Donnerstags so genannt wurde. Zu Beginn der Weltwirtschaftskrise herrschte große Unruhe an der New Yorker Börse. Am folgenden Tag, dem 24. 10. 1929, wurden die Banken und Börsen geschlossen.

rierenden Tennessee Valley Authority ein großangelegtes Raumplanungs- und Sanierungsprogramm gestartet), das Bankwesen durch Einführung eines Zentralbanksystems und die Währung durch Aufgabe des Goldstandards zu stabilisieren, die Arbeitslosenzahlen durch Einrichtung eines freiwilligen Arbeitsdienstes und Ankurbelung der Industrieproduktion durch Staatsaufträge zu senken. Die heftige Kritik der politischen Opposition und von Teilen der auf den Liberalismus eingeschworenen Unternehmerschaft am Rooseveltschen „Sozialismus" und die Außerkraftsetzung wichtiger Reformen durch den Obersten Gerichtshof zwingen den Präsidenten 1935 zum „Second New Deal". Er bemüht sich nun verstärkt um eine Gesetzgebung für sozialstaatliche Sicherheit, um Kontrolle der großen Trusts und Holdings, um die Regelung der Beziehungen zwischen Arbeitgebern und Arbeitnehmern sowie um eine Steuerreform, welche eine breitere Einkommensstreuung ermöglichen soll.
Nach seiner triumphalen Wiederwahl zum Präsidenten im November 1936 versucht Roosevelt in einem dritten Anlauf des New Deal die Bundesjustiz und die Exekutive zu reformieren, doch seine Gesetzesvorlagen werden im Kongreß abgeblockt. Als seit August 1937 die Arbeitslosenzahlen klettern (1938: 10 Millionen) und zur wirtschaftlichen Rezession für die Demokraten verlustreiche Zwischenwahlen zum Kongreß kommen, die auf einen bevorstehenden Machtwechsel hinzudeuten scheinen, verändert die außenpolitische Entwicklung der Jahre 1938/1939, d. h. die Bedrohung Europas durch das expansive Hitler-Deutschland, auch die innenpolitische Szene der USA gründlich.
Die außenpolitische Entwicklung der USA zwischen den beiden Weltkriegen wird zunächst von dem Versuch bestimmt, sich den europäischen Verpflichtungen zu entziehen und wieder auf den eigenen Kontinent zu beschränken. Deshalb ratifiziert der Kongreß die von US-Präsident Wilson mitbestimmten Versailler-Friedensverträge ebensowenig, wie es dem auf Wilsons „14 Punkten" begründeten „Völkerbund" beitritt. 1921 schließen die USA mit Österreich und Ungarn und dem Deutschen Reich Separatfrieden ohne die diskriminierende Kriegsschuldklausel. Die Sorge freilich um Abrüstung läßt die amerikanische Regierung die Konferenz von Washington (12. 11. 1921 bis 6. 2. 1922) einberufen, welche ein Stärkeverhältnis der Flotten von USA, Großbritannien, Japan, Frankreich und Italien von 5:5:3:1,75:1,75 festlegt. Die Konferenz von London (21. 1. bis 22. 4. 1930) bringt dann nochmals Verträge über Rüstungsbeschränkungen beim Bau von Panzerschiffen und U-Booten sowie eine Fixierung der Gesamt- und Einzeltonnage der Kriegsflotten. Aber die Zeit beginnender Aufrüstung des Deutschen Reiches und Japans kündigt sich im Scheitern der Genfer Abrüstungskonferenz vom Februar 1932 an. Der im April 1928 von dem amerikanischen Staatssekretär Kellog den Locarnomächten unterbreitete Plan zur Ächtung des Krieges als Mittel der internationalen Politik wird zwar bis Ende 1929 als „Kellog-Pakt" von über 50 Ländern unterzeichnet. Es stellt aber letztlich nicht viel mehr als ein Willensbekenntnis dar, das von der politischen Realität der auf Konfrontationskurs steuernden Mittelmächte in seinem ideologisch-moralischen Appell-Charakter „entlarvt" wird.
Auch der Versuch der USA, sich nach dem Ersten Weltkrieg internationalen Wirtschafts- und Währungsproblemen mit der Konzentration auf das eigene Land zu entziehen, ist, sofern ernst gemeint, zum Scheitern verurteilt. Zwar nehmen die USA an der Weltwirtschaftskonferenz von Genua (10. 4. bis 19. 5. 1922) nicht teil, aber die von Deutschland mit seiner Inflation ausgelösten Schwierigkeiten in der Reparationsfrage zwingen den Hauptgläubiger der Alliierten, die USA, zur Stellungnahme. Der Amerikaner Dawes versucht 1924 erstmals ein Konzept zur Lösung der

Reparationszahlungen vorzulegen, das die deutsche Regierung akzeptiert. 1929 erfolgt dann nach dem Vorschlag des Amerikaners Young eine Revision des Dawesplans. Als die Weltwirtschaftskrise 1929ff. auch Deutschland trifft, ist an eine Fortsetzung der Reparationszahlungen kaum noch zu denken. Deshalb verkündet Präsident Hoover im Juli 1931 ein allseits akzeptiertes Moratorium für ein Jahr. Doch kann auch diese Maßnahme nur kurzfristig Symptome kurieren, insofern sich am Grundübel – der finanziellen Abhängigkeit West- und Mitteleuropas vom Geld- und Wirtschaftssystem der USA – wenig ändert.

Gegenüber Ostasien suchen die USA eine Politik zu betreiben, welche den attraktiven Wirtschaftsraum China durch eine „Politik der offenen Tür" allen Interessenten anbietet und den Expansionismus Japans mit internationaler Diplomatie bremst. Diese Politik erweist sich mit der japanischen Besetzung der Mandschurei 1931/32 und dann dem chinesisch-japanischen Krieg seit 1937 als erfolglos. Damit ist auch die von Präsident Roosevelt proklamierte Neutralitäts-Politik der „guten Nachbarschaft" in diesem Raum der Erde gescheitert. Lediglich für den mittel- und südamerikanischen Raum hat sie sich in der Abkehr von dem Interventionismus und Dollar-Imperialismus früherer Jahrzehnte in Ansätzen bewährt (Aufgabe des Platt-Amendments auf Kuba 1934; Räumung Haitis 1934).

Seit der sog. Quarantäne-Rede Roosevelts (5. 10. 1937) ist ein Umschwung in der bislang von der Regierung praktizierten und vom Kongreß noch einige Zeit weiterverfolgten Neutralitätspolitik festzustellen. Die japanische Aggression in China, der Abessinienkrieg Italiens, die von Hitler Hohn gestrafte „Appeasementpolitik" Großbritanniens und Frankreichs mit dem Bruch des Münchner Abkommens, das nationalsozialistische Vorgehen gegen die Juden (die „Reichskristallnacht" empört in den USA nicht nur die vielen jüdischen Bürger), schließlich der Nichtangriffspakt zwischen Deutschland und der Sowjetunion lassen eine Revision der amerikanischen Außenpolitik angezeigt erscheinen. Zwar erklären die USA am 5. September 1939 ihre Neutralität im europäischen Krieg und verhängen ein Embargo für kriegswichtige Güter. Aber der Siegeszug der deutschen und sowjetischen Truppen in Osteuropa führt schon am 4. November 1939 zu einem Gesetz, wonach Großbritannien wichtige Kriegsgüter in den USA gegen Barzahlung erwerben kann und auf eigenen Schiffen abtransportieren muß (sog. Cash-and-carry-Klausel). Nach ersten Waffen- und Munitionslieferungen 1940 wird dem zahlungsunfähigen Großbritannien mit dem Leih- und -Pacht-Gesetz vom 11. März 1941 geholfen. Es ermächtigt den Präsidenten, „jedem Land, dessen Verteidigung er als lebenswichtig für den Schutz der USA" erachtet, „durch Kauf, Übertragung und Besitzrecht, Tausch oder Pacht, als Leihgabe oder auf andere Weise" alle gewünschten Hilfsmittel zu liefern, also nicht nur Rüstungsgegenstände, sondern auch Medikamente, Geheimdienstinformationen usf.

Dieses „Quasi-Bündnis", durch Bewilligung von 7 Mrd. Dollar vom Kongreß ermöglicht (der bereits 1940 17 Mrd. für die Aufrüstung der US-Streitkräfte bereitstellt), erlaubt dann nicht nur die Unterstützung Großbritanniens, sondern auch der von Hitler angegriffenen Sowjetunion. Als trotz immer engerer Beziehungen zu Großbritannien (gemeinsame Beratungen der Generalstäbe; Proklamation der Atlantik-Charta August 1941), und trotz Beschlagnahme der deutschen und italienischen Bankguthaben und Schiffe in den USA sowie einer Erweiterung der Sicherheitszone im Atlantik, innerhalb derer auf Schiffe der Achsenmächte geschossen wird (11. 9. 1941), der amerikanische Kongreß einer Kriegserklärung nicht zustimmt, muß Roosevelt warten, bis ein Gegner angreift. Dieser Angriff kommt, für Roosevelt und seine engsten Berater nicht unerwartet, da fast vorprogrammiert und durch Geheimdienstinformationen angekündigt, von Japan – für die amerikanische Öffentlichkeit ist der Überfall auf Pearl Harbor mit der Vernichtung der Pazifikflotte ein Schock. Sofort erfolgt eine nationale Solidarisierung und Mobilisierung aller Kräfte. Am 8. Dezember 1941 erklärt

New York, Stadtteil Manhattan.

der Kongreß Japan den Krieg, am 11. Dezember 1941 erklären Deutschland und Italien den USA den Krieg. Damit sind die USA erneut in einen Weltkrieg verwickelt, diesmal an zwei Fronten.
Mit Kriegseintritt erlebt die amerikanische Gesellschaft – anders als 1917/18, wo man zwar mit schließlich 1,7 Mill. Soldaten und 22 Mrd. Dollar in Europa engagiert, insgesamt aber doch weit weg vom Schuß war – erstmals in vollem Ausmaß die Anstrengungen und Entbehrungen eines totalen Krieges. Ziviler Luftschutz, Lebensmittel- und Benzinrationierung, Preis- und Lohnkontrollen, Planungsämter und Musterungsbehörden sowie die Umstellung der Industrieproduktion auf Kriegsbedarf bestimmen nun den Alltag selbst in ländlichen Gebieten. Es fehlen lediglich direkte Kampfeinwirkungen. Doch eine aufwendige staatliche Propagandamaschinerie sichert die Kriegswilligkeit der wehrpflichtigen Jahrgänge, die Zeichnung der Kriegsanleihen und die öffentliche Zustimmung für die Unterdrückung von Streiks. Die Gesamtkosten der Kriegsproduktion zwischen März 1941 und September 1946 belaufen sich auf 317 Mrd. Dollar. Nach dem bis September 1946 geltenden Leih- und Pacht-Gesetz werden Güter im Wert von 50 Mrd. Dollar an die Verbündeten geliefert. Am Ende dieses Zweiten Weltkriegs ist die Staatsschuld der USA auf 262 Mrd. Dollar angewachsen, und doch sind die USA mit 259 000 Gefallenen gegenüber den 20,6 Mill. Toten der UdSSR und den 7,8 Mill. getöteten Deutschen verhältnismäßig „glimpflich" davongekommen.
Der äußere Verlauf des Krieges kann hier nur sehr knapp zusammengefaßt werden. Von den beiden Kriegsschauplätzen kommt zunächst aufgrund von Abmachungen Roosevelts mit Churchill und später Stalin dem Atlantik die Priorität vor dem Pazifik zu („Germany first"). So dauert es bis Mitte 1942, ehe die US-Truppen im Pazifik zur Gegenoffensive übergehen. In über drei Jahren eines erbitterten Ringens zu See, Luft und Land kämpfen sich die US-Kräfte mit Hilfe eines überlegenen Materialeinsatzes (insbesondere Flugzeugträger) in einem „Inselspringen" an das japanische Mutterland heran. Als die Aufforderung zur bedingungslosen Kapitulation von der japanischen Militärregierung abgelehnt wird, entschließt sich Präsident Harry S. Truman, der dem am 12. April 1945 einem Gehirnschlag erlegenen Roosevelt als Präsident nachgefolgt ist, zum Befehl für den Abwurf je einer Atombombe über Hiroshima und Nagasaki. Damit und mit dem Einmarsch sowjetischer Truppen in der Mandschurei ist der japanische Widerstandswille gebrochen. Nach dem Waffenstillstand (15. 8.) und der Unterzeichnung

Harry S. Truman, (1884–1972), 33. Präsident der Vereinigten Staaten, durch Franklin D. Roosevelts Tod (12. April 1945). Der von ihm gebilligte Abwurf der Atombombe über Hiroshima beendete den Krieg gegen Japan.

der Kapitulationsurkunde (2. 9. 1945) erfolgt die Besetzung Japans durch amerikanische Truppen und die Verwaltung durch eine US-Militärregierung unter General McArthur. Auf dem anderen Kriegsschauplatz ist die Entscheidung schon früher gefallen. Die Landung amerikanischer Truppen in Nordafrika im November 1942 unter General Eisenhower bringt die Kapitulation der deutschen Heeresgruppe „Afrika". Der Landung in Sizilien und in Mittelitalien folgt der Sturz der Regierung Mussolini und die Kriegserklärung Italiens an Deutschland. Die Landung in der Normandie (ab 6. 6. 1944) und an der Côte d'Azur befreit Paris und ermöglicht die Einsetzung der Exilregierung de Gaulles. Nach der Zerschlagung der letzten deutschen Widerstände durch systematische Flächenbombardements im Frühjahr 1945 treffen sich amerikanische und sowjetische Truppen am 25. April bei Torgau an der Elbe. Am 2. Mai 1945 kapituliert die Reichshauptstadt Berlin, die bedingungslose Kapitulation des Deutschen Reiches wird am 7. bzw. 8. Mai 1945 unterzeichnet, eine durch Großadmiral Dönitz gebildete deutsche Regierung wird am 23. Mai für abgesetzt erklärt und verhaftet.
Dem „versierten Innenpolitiker mittleren Ranges" Truman obliegt nun die angesichts seines Gegenspielers Stalin schwierige Aufgabe, nach dem gigantischen Weltkrieg einen dauerhaften Frieden für die Zukunft zu schaffen und die bislang mehr militärisch bestimmte Führungsposition der USA politisch zu definieren.

DER KALTE KRIEG: VON DER „CONTAINMENT"-POLITIK TRUMANS ZUR „NEW FRONTIER" KENNEDYS

1945 scheint das Kriegsbündnis der Alliierten – auf mehreren Kriegskonferenzen politisch erprobt, unter ihnen am wichtigsten Teheran (28. 11. bis 1. 12. 1943), Jalta (4. bis 11. 2. 1945), und dann Potsdam (17. 7. bis 2. 8. 1945) – genügend Gemeinsamkeiten zu bieten, um darauf die von Roosevelt mit der Konzipierung der „Vereinten Nationen" (UNO) erstrebte „Eine Welt" zu bauen. Doch schon in Potsdam können die Siegermächte USA und UdSSR keine endgültige Lösung finden; ein Friedensvertrag für Deutschland kommt auf den vorgesehenen Außenministerkonferenzen nicht zustande. Und bald weicht die vereinbarte gemeinsame Verwaltung des in vier Besatzungszonen geteilten Deutschland und Berlins einer separaten Besatzungspolitik jeder der vier Mächte. Äußerer Anlaß sind Differenzen über Höhe und Art der Reparationsleistungen aus den Besatzungszonen, über die Kontrolle des Ruhrgebietes und über die wirksamste Art der Beseitigung des Faschismus und Grundlegung einer friedliebenden deutschen Demokratie, – die inneren Ursachen für das zunehmend von Mißtrauen und Machtkalkül geprägte Spannungsverhältnis zwischen den USA und der UdSSR liegt in der ideologisch und historisch begründeten Verschiedenartigkeit beider Gesellschafts- und Wirtschaftssysteme. So berechtigt der Vorwurf ist, die Sowjetunion hätte trotz aller taktischen Zugeständnisse unter dem von Churchill schon früh mit tiefer Sorge beobachteten „Eisernen Vorhang" unbeirrbar an dem Ziel einer Machtausweitung des Kommunismus unter sowjetischer Führung festgehalten, so berechtigt ist andererseits der Vorwurf, die Westalliierten hätten von Anfang an in den von ihnen abhängigen Ländern den Kapitalismus – nach marxistisch-leninistischer Lesart in seiner Spätphase notwendig in Imperialismus und Weltkrieg mündend – zu etablieren bzw. zu stabilisieren vorgehabt.
Schon an der am 27. Dezember 1945 mit 10 Mrd. Dollar Anfangskapital gegründeten „Internationalen Bank für Wiederauf-

bau und Entwicklung", welche auf einen Beschluß der Konferenz von Bretton Woods (Juli 1944) zurückgeht, beteiligt sich die UdSSR nicht mehr. Die Machtergreifungen kommunistischer Regime in Osteuropa, die Sowjetisierung der deutschen „Ostzone" (Gründung der SED; Bodenreform) sowie der von kommunistischen Kadern entfachte Bürgerkrieg in Griechenland und der Türkei 1946/47 sprechen ihre eigene Sprache. Präsident Truman verkündet daraufhin in einer Botschaft vor dem Kongreß (12. 3. 1947), der später so genannten „Truman-Doktrin", allen in ihrer Freiheit vom Kommunismus bedrohten Länder umfassende Hilfe der USA. Diese Militärhilfe kommt mit Zustimmung des Kongresses zuerst Griechenland und der Türkei zugute und verhindert hier auch die Machtergreifung der Kommunisten. Auch die von Außenminister George Marshall initiierte Wirtschafts- und Finanzhilfe, der sogenannte Marshall-Plan (am 5. 6. 1947 verkündet, im Februar 1948 vom Kongreß mit 12 Mrd. Dollar ausgestattet), dient ausdrücklich der „Eindämmung" (containment) des kommunistischen Machtbereichs. Als die osteuropäischen Länder unter dem Zwang der UdSSR ablehnen, kommt die offiziell „European Recovery Program" genannte Hilfsaktion den westlichen Ländern zugute. Die Sowjetunion reagiert darauf am 30. September 1947 mit der Gründung des „Kominform". Aus diesem Anlaß formuliert Shdanow unmißverständlich eine Theorie der zwei Lager, des „Sozialismus" (und Friedens) und des „Imperialismus" (und Krieges), später erfolgt dann die Gründung des „Rats für gegenseitige Wirtschaftshilfe" (RGW oder COMECON). Damit ist der ideologisch-politische Gegensatz zwischen den USA und der UdSSR, welcher fortan die gesamten internationalen Beziehungen bestimmen und beeinflussen wird, in die Phase des „Kalten Krieges" (B. Baruch) getreten.

Die Blockbildung in Form des Abschlusses militärischer Bündnisse wird durch die 1. Berlinkrise mit der Blockade der Zufahrtswege (Juni 1948 bis Mai 1949), den Sieg der Kommunisten im chinesischen Bürgerkrieg, die Explosion der ersten sowjetischen Atombombe im Sommer 1949 und den Ausbruch des Koreakrieges im Juni 1950 vorangetrieben. Dem Nordatlantikpakt (NATO; am 4. 4. 1949 gegründet), Pazifikpakt (ANZUS; 1951 gegründet), dem Südostasienpakt (SEATO; 1954 gegründet) und dem Bagdadpakt (später: CENTO; 1955 gegründet) liegt die sicherheitspolitische Konzeption zugrunde, das Territorium der UdSSR durch einen Gürtel verbündeter Staaten zu umgeben, wobei zunächst allein die USA über Atomwaffen verfügen. Der Koreakrieg macht die Probleme konventioneller Kriegsführung deutlich. Die USA beziehen nun verstärkt die beiden Hauptgegner im Zweiten Weltkrieg als jetzt souveräne Verbündete in ihr politisches und militärisches System mit ein. Für die Bundesrepublik Deutschland wie für Japan bedeutet das nicht nur den (Rück-)Gewinn begrenzter außenpolitischer Handlungsfreiheit, sondern auch den Beginn eines Wirtschaftswunders. Den Beitritt der Bundesrepublik Deutschland zur NATO beantwortet die Sowjetunion mit der Gründung des Warschauer Paktes 1955. – Daß für die USA das multilaterale Verteidigungsabkommen der NATO im übrigen ein bis dahin beispielloses Ereignis in ihrer Geschichte ist, sollte man bei der Beurteilung in der Diskussion über den konservativ-defensiven oder positiv-aktiven Charakter der „Containment"-Politik nicht vergessen.

In ihrer eigenen Hemisphäre haben die USA mit der Gründung der „Organisation Amerikanischer Staaten" (OAS) am 30. April 1948, die militärische Beistandspflicht bei Aggressionen und friedliche Schlichtung von Konflikten von OAS-Mitgliedern untereinander vorsieht, einen bedeutenden Schritt in der Bindung Lateinamerikas an das eigene System getan. Auf der Konferenz von Caracas (März 1954) beschließt dann die OAS-Mehrheit, daß Beherrschung oder Kontrolle irgendeines amerikanischen Staates durch Kommunisten als eine Bedrohung anzusehen ist, welche die Intervention rechtfertige. Sechs Jahre später (Konferenz von Punta del Este im Januar 1962) verurteilt nochmals eine Mehrheit (bei 6 Stimmenthaltungen) den Kommunismus als falschen Weg für die Lösung der wirtschaftlichen und sozialen Probleme Amerikas (womit Kuba aus der OAS ausgeschlossen ist). Die ein Jahr zuvor (März 1961) von Kennedy proklamierte „Allianz für den Fortschritt" soll dabei als positive Überwindung des Stadiums des Dollar-Imperialismus und US-Interventionismus wirken. Erhebliche Wirtschaftshilfe – geplant sind über 16 Mrd. Dollar für 10 Jahre – und mit den lateinamerikanischen Staaten auch untereinander abgestimmte Entwicklungspläne sollen nach dem Selbsthilfeprinzip einen gegen politische und soziale Unruhen wirksamen ökonomischen Fortschritt erzielen. Doch die in die „Allianz" gesetzten Hoffnungen erfüllen sich nur teilweise und nur langsam, weil Organisationsschwierigkeiten, politische Differenzen, anti-amerikanische Ressentiments (welche in vielen Ländern der Erde auch dem ebenfalls von Kennedy ins Leben gerufenen „Friedenskorps" entgegengebracht werden) sowie die doch erheblichen inneren sozialen Gegensätze die sinnvolle Verwendung der US-Gelder erschweren oder unmöglich machen.

Wie problematisch generell die von Präsident Eisenhower (1953 bis 1961) und seinem Außenminister John Foster Dulles (1953 bis 1959) verfolgte Politik des „Roll back", der Zurückdrängung des Kommunismus, ist, zeigen der Fall Südvietnam (Regime Ngo Dinh Diem), die Intervention in Guatemala (Juni 1954) oder die Militäraktion im Libanon (1958). Die „Politik der Stärke" läßt nicht nur Entspannungs- und Abrüstungsbemühungen stagnieren, sondern führt zu einer geradezu zwanghaften Bemühung um Aufrüstung zur Erhaltung des „Gleichgewichts des Schreckens", wobei die Drohung mit der „massiven atomaren Vergeltung" im Fall regionaler Konflikte unglaubhaft wird. Diese Erfahrung zusammen mit der einer Fehleinschätzung der sowjetischen Haltung und der Einigkeit innerhalb der NATO machen die USA beim Ungarn-Aufstand und der Suez-Krise (Herbst 1956). Hinzu kommt das Pokerspiel Chruschtschows mit dem Berlin-Ultimatum vom November 1958. Der Besuch Chruschtschows in den USA (September 1959) scheint eine neue Phase der Verständigung und Entspannung (disengagement) einzuleiten, als durch den Abschuß eines U 2-Aufklärungsflugzeuges über der UdSSR (1. 5. 1960) alles wieder in Frage gestellt ist. Die geplante Pariser Gipfelkonferenz platzt ebenso wie der Staatsbesuch Eisenhowers in der UdSSR. Auch Kennedy, der sich um einen Ausgleich mit der Sowjetunion bemüht (Wiener Gespräche mit Chruschtschow 3./4. 6. 1961) und erste Erfolge seiner „Strategie des Friedens" zu sehen glaubt, wird durch die neue Eskalation in der Berlinfrage (Bau der Ostberliner Mauer am 13. 8. 1961) und dann durch die Kuba-Krise (Oktober 1962) zunächst um Fortschritte in seiner Entspannungspolitik gebracht. Erst 1963 münden die wiederaufgenommenen Abrüstungsgespräche (SALT) in ein Abkommen über die teilweise Beendigung der Kernwaffenversuche.

Die Innenpolitik der Nachkriegsära ist vor allem vom Antikommunismus der 50er Jahre und von der Aufhebung der Rassentrennung durch einen Entscheid des Obersten Bundesgerichts (17. 5. 1954) geprägt. Unter der Regierung Trumans entfesselt der Senator McCarthy (1908 bis 1957) geradezu eine Hexenjagd gegen „linksverdächtige" Intellektuelle (Fall R. Oppenheimer). Kommunistisch beeinflußte Gewerkschaften werden von den staatlichen Schlichtungskommissionen nicht als Verhandlungspartner anerkannt und die KP der USA wird aller Rechte einer gesetzlichen Körperschaft für verlustig erklärt. Die Aufhebung der Rassentrennung, die in vielen Bundesstaaten bei Verkehrsmitteln, Schulen, Restaurants, Kinos usf. üblich war, führt in einigen Südstaaten zu „Rassenkrawallen", d. h. dem teilweise mit Waffen ausgetragenen Protest von weißen Bürgern. Die Bundesregierung muß, etwa in Little Rock (Arkansas), Truppen einsetzen, um die Rassenintegration durchzusetzen. 1957 verabschiedet der Senat mit 72 : 18 Stimmen das Gesetz zum Schutz des Wahlrechts der Neger. Doch hält die Diskriminierung der Neger weiter an, was u. a. daran zu sehen ist, daß Präsident Kennedy am 23. Juni 1962 eine spezielle Behörde gegen rassische und sonstige Diskriminierung von Angehörigen der Streitkräfte einrichtet und unter seiner Präsidentschaft die sogenannten Rassenunruhen 1962/63 ihrem ersten Höhepunkt zutreiben. Denn die Verwirklichung des Bürgerrechtsgesetzes, die „Revolution der Menschenrechte" für jene 10% der amerikanischen Gesellschaft, die als Neger (oder Indianer) in ihren Lebens- und Arbeitsbedingungen eklatant benachteiligt sind, weckt den Widerstand rassistischer Kreise, aber auch deklassierter weißer Familien (10% der Weißen liegen mit ihrem Jahreseinkommen unter der „Armutsgrenze"). Eine immer stärker von Schwarzen organisierte Bürgerrechtsbewegung – etwa die von Martin Luther King angeführte „Southern Christian Leadership Conference" (1955 gegründet), die „National Association for the Advancement of Colored People" (NAACP; 1910 gegründet), der „Congress of Racial Equality" (CORE; 1942 gegründet), das „Student Nonviolent Coordinating Committee" (SNICK) – sucht dagegen mit zumeist friedlichen Mitteln wie Demonstrationen, publizistischer Öffentlichkeitsarbeit, Sit-ins und Solidarisierungsmärschen („Freedom Rides") eine für die Bewegung positive Bewußtseinsveränderung der breiten amerikanischen Öffentlichkeit zu erreichen.

Im Bereich der Wirtschaft kommt es 1946/47 bei der schwierigen Umstellung auf Friedensproduktion (der Rüstungsboom des Koreakrieges bedeutet insofern einen volkswirtschaftlich und sozialintegrativ willkommenen Stabilisierungsfaktor) zu einer Welle großer Streiks. Die hierbei – nach Meinung der Kongreßmehrheit – teilweise unerfreuliche Aktivität der Gewerkschaften veranlaßt die Verabschiedung des Taft-Hartley-Gesetzes vom 23. Juni 1947. Es ermächtigt (bis heute) den Präsidenten, bei Streikbeschlüssen eine streiklose „Abkühlungszeit" von 60 Tagen zu verhängen; es verbietet ferner die Zwangsmitgliedschaft, untersagt unfaire Verhandlungsmethoden und die Unterstützung politischer Parteien durch die Gewerkschaften und gesteht den Arbeitgebern Klagerecht auf Ersatz durch Streikschäden zu.

Nach der Ermordung des Präsidenten John F. Kennedy in Dallas (22. November 1963) nehmen in den USA die Rassenunruhen größere Ausmaße an.

Der von Truman 1949 verkündete „Fair Deal" bleibt mit vielen seiner sozialpolitischen und verwaltungspolitischen Reformvorschläge im Kongreß (trotz der „demokratischen" Mehrheit) stecken. Erst unter Eisenhower wird das Ministerium für Gesundheit, Erziehung und Wohlfahrt errichtet (1. 4. 1953), ein großes Wohnungs- und Straßenbauprogramm (August 1954 / Juni 1956) verabschiedet. Unter Kennedys „New Frontier"-Politik kommen Verbesserungen im Gesundheitswesen und der Altersversorgung hinzu, die Erhöhung des Mindeststundenlohns auf 1,25 Dollar (wichtig für 3,6 Mill. Arbeitnehmer), ein Gesetz über staatliche Hilfe bei der Umschulung Arbeitsloser. Die Beseitigung der passiven Zahlungsbilanz der USA im Außenhandel, verursacht durch die Kapital-, Rüstungs- und Entwicklungshilfe, durch den Wettbewerb anderer Industrieländer sowie die Funktion des Dollars als Leitwährung im internationalen Zahlungsverkehr, schafft auch die Regierung Kennedy nicht. Die Forderung der USA an die verbündeten Industrienationen zur Senkung von Importzöllen und Beteiligung an multilateralen Entwicklungshilfeprogrammen wird weiterhin aufrechterhalten.

VON DER KRISE DER NATIONALEN IDENTITÄT BIS ZUM NEUEN SELBSTBEWUSSTSEIN (1963 bis 1980)

Die 13 Jahre seit der Ermordung des Präsidenten John F. Kennedy in Dallas (22. 11. 1963) bringen für die US-amerikanische Gesellschaft eine solche Fülle an deprimierenden innen- und außenpolitischen Erlebnissen und Erfahrungen, daß man von Jahren der nationalen Krise, des Ringens um die Identität der amerikanischen Nation sprechen kann. Eine solche bittere Erfahrung ist, daß die Rassenfrage in den USA, zunehmend an Schärfe gewinnt.

Am Beginn steht nach der Entscheidung des Obersten Bundesgerichts vom 20. Mai 1963, daß die Rassentrennung verfassungswidrig ist, und nach dem friedlichen Protestmarsch von über 200 000 Negern nach Washington am 28. August 1963 das von Johnson am 2. Juli 1964 unterzeichnete Bürgerrechtsgesetz. Es sieht gleiche Zulassung und Bedienung in allen öffentlichen Einrichtungen wie Restaurants, Kinos und Verkehrsmitteln vor, hebt die Rassentrennung in den Schulen auf (durch „Busing") und sucht die faire Behandlung Farbiger auf dem Arbeitsmarkt sicherzustellen. Aber dieses wie weitere Gesetze (z. B. die Voting Rights Act vom 6. August 1965 oder das Bürgerrechtsgesetz vom 11. April 1968) können die Diskriminierung und die Armut der Negerbevölkerung kaum mindern. Die Gewalt triumphiert nicht nur bei „Rassenunruhen" in den sommerheißen Großstädten (August 1965 in Los Angeles; Sommer 1967 in über 100 Städten), sondern auch in der persönlichen politischen Auseinandersetzung. So finden Martin Luther King (4. 4. 1967), ein Führer der gemäßigten, für Gewaltlosigkeit plädierenden Bürgerrechtsbewegung, Justizsenator Robert F. Kennedy (6. 6. 1967), Malcolm X, der Führer der radikal-militanten „Black Muslim" (Februar 1965) den Tod. Die Kämpfe der Großstadt-Guerilla der im Oktober 1966 von Stokeley Carmichael gegründeten „Black Panther Party" und ihre Zerschlagung 1968/69 durch die Polizei tragen das ihre zur Verhärtung der Unrechtspositionen bei. Bis heute hält die Nordwanderung der Neger aus den Südstaaten in die Ghettos/Slums der Großstädte an der Ostküste und im Manufacturing Belt an. Hier sind bis zu 25% der farbigen Jugendlichen arbeitslos; katastrophale Erziehungs- und Wohnverhältnisse erklären, weshalb in den Negervierteln Drogenhandel, Alkoholmißbrauch, Vergewaltigung, Prostitution, Totschlag und alle Arten von Eigentumsdelikten und Sachbeschädigungen an der Tagesordnung sind und weshalb, ein Teufelskreis, die weiße Mittelschicht in die meilenweit sich erstreckenden steril-sicheren Eigenheimsiedlungen der „Suburbs" ausweicht, um nicht mit den Schwarzen zusammenleben zu müssen. Die Bürgerrechtsbewegung stößt hier in ihren Aktionen ebenso wie die Protestbewegung der zumeist studentischen Jugend der 60er Jahre gegen das Establishment auf die Passivität, ja Mißbilligung der „Silent Majority", der schweigenden Mehrheit, insbesondere in der amerikanischen Provinz. Deren Kritik richtet sich gegen die „Permissive Society", welche Kriminalität, Drogenkonsum, Pornografie, Manipulation durch die Massenmedien, Verwahrlosung der Jugend usf. zuläßt bzw. nicht verhindert, anstatt mit „law and order" (Gesetz und Ordnung) die Dinge wieder ins Lot zu bringen. Erst in jüngster Zeit zeichnen sich in der Rassenfrage Elemente eines Wandels ab: Aufgrund der von weißen Stadtverwaltungen betriebenen Stadterneuerungsprogramme, welche die City und citynahen Bereiche wieder für Einkaufen (Handel) und Wohnen attraktiv machen wollen und alte Viertel sanieren und Stadtbezirke aufwerten durch Fußgängerzonen und neuangelegte Grün- und Spielanlagen, wird zwar die Negerbevölkerung verdrängt, aber zugleich wächst auch bei den im Stadtkern wohnenden Negern die Bereitschaft, durch Bürgeraktionen selbst ihre Umwelt humaner zu gestalten. Ein neues Selbstbewußtsein – wie es sich auch in der Parole „black is beautiful" ausdrückt –, das aus dem Almosenempfänger-Status herausmöchte, der Wunsch nach Selbstverantwortlichkeit, eine größere Zuverlässigkeit am Arbeitsplatz prägen das Verhalten eines Teils der Negerbevölkerung. Freilich wird auch damit das Problem der Rassenfrage, das vor allem ein Problem der Unterschichten ist (doppelt so hohe Arbeitslosigkeit, 30% schwarze Familien unter der staatlich festgesetzten Armutsgrenze gegenüber 9% weißen), nicht generell gelöst, sondern sogar durch die Konfrontation mit statusverunsicherten Weißen oder militant-radikalen Schwarzen noch verschärft.

Eine andere bittere Erfahrung der letzten 13 Jahre ist der Verlust Südvietnams an den Kommunismus trotz eines über zehnjährigen, zeitweise mit allen zur Verfügung stehenden konventionellen Waffen geführten Krieges. Und im Zusammenhang damit die durch die Publikation der sog. „Pentagon-Papers" 1971 der amerikanischen Öffentlichkeit bewußt gewordene Erkenntnis, daß vier Präsidenten den Kongreß und die Massenmedien nicht selten über die wahren Hintergründe und das Ausmaß des amerikanischen Engagements in Hinterindien bewußt getäuscht haben, – wobei Präsident Nixon erst durch die Entscheidung des Obersten Gerichtshofs vom 30. Juni 1971 gezwungen werden mußte, der in der Verfassung verankerten Pressefreiheit den Vorrang vor dem von der Regierung in Anspruch genommenen nationalen Sicherheitsbedürfnis zu geben. Die von Dulles, Eisenhower, Kennedy und Johnson festgehaltene Domino-Theorie scheint sich in Hinterindien zu bewahrheiten, wonach ein fallender Baustein in der vom Kommunismus bedrohten Machtsphäre zwischen den beiden Blöcken den Fall weiterer Steine (Länder) nach sich zieht. Nach Vietnam werden Laos und Kambodscha 1975/76 kommunistische Volksrepubliken, und 1976/77 weitet sich der Bürgerkrieg in Thailand und Burma aus. So ist das militärische Fiasko auch ein politisches geworden. Die „nationale Mission" der USA in Indochina ist gründlich gescheitert. Denn der Vietnam-Krieg, für dessen fragwürdige Beendigung der amerikanische Außenminister Kissinger den Friedensnobelpreis 1973 erhält – fragwürdig, weil Südvietnam in den Jahren nach dem Waffenstillstand von den Kommunisten Zug um Zug erobert und schließlich mit dem kommunistischen Nordvietnam wiedervereinigt wird –, hat die USA vom 1. Januar 1961 bis 5. Januar 1973 nach offiziellen Angaben ca. 50 000 gefallene Soldaten, über 10 000 durch Unfälle und Krankheiten ums Leben gekommene und über 30 000 verwundete Soldaten gekostet; dazu mußten 138 Mrd. Dollar an Militär- und 8,5 Mrd. an Wirtschaftshilfe für Südvietnam aufgebracht werden. Und die Weltöffentlichkeit wurde über Jahre hinweg, vom Fernsehen und von der Presse mit Schreckensbildern und -meldungen versorgt, über Napalm-Massaker, Flächenbombardierungen nordvietnamesischer Städte und Nachschublinien, Hafenverminungen usw., mit dem Problem, ob der Zweck in der Politik jedes Mittel heilige, konfrontiert.

Dieses Problem liegt auch dem zunehmend zwiespältigen Verhältnis größerer Teile des amerikanischen Volkes gegenüber der Verfassungstreue der eigenen Regierung und Verwaltung zugrunde. Denn eine ganze Reihe peinlicher Enthüllungen offenbart ein erschreckendes Ausmaß an Bestechlichkeit, Amoralität, Kriminalität und Gewalttätigkeit – in einem Bereich, wo Gesetz und Ordnung, Transparenz der Verantwortung und Rationalität politischer Entscheidungen herrschen sollten. Allem voran steht der sog. Watergate-Skandal, der vom engsten Mitarbeiterkreis des Präsidenten Nixon veranlaßte und vom Präsidenten gewußte und bis zuletzt gedeckte Einbruch (18. 6. 1972) in das Watergate-Gebäude, das Hauptquartier der Demokratischen Partei für die Wahlkampagne 1972. Durch Gerichtsurteil zur Herausgabe verräterischer, unbefriedigend manipulierter Tonbänder an einen parlamentarischen Untersuchungsausschuß gezwungen, sucht sich R. Nixon solange durch Lügen und Taktieren zu retten, bis ihn die

Triumph und Elend des technischen Fortschritts: beim amerikanischen Weltraumfähren-Programm folgt großen anfänglichen Erfolgen schließlich eine Katastrophe, bei der die Raumfähre „Challenger" samt Besatzung verlorengeht.

Drohung mit einem „Impeachment“ (Amtsenthebungsverfahren) als ersten Präsidenten in der Geschichte der USA zum vorzeitigen freiwilligen Rücktritt zwingt (8.8.1974). Dann kommt dazu die Verurteilung von Nixons Vizepräsidenten Agnew wegen Steuerhinterziehung zu 3 Jahren Gefängnis und 10000 Dollar Strafe, was Agnews Rücktritt (9.10.1973) zur Folge hat. Ähnlich geht es dem Justizminister John Mitchell. Ferner tritt der Chef der Spionage-Abwehr, Angleton, am 24. Dezember 1974 zurück, noch ehe der Rockefeller-Ausschuß illegale Tätigkeiten des CIA in den USA und im Ausland (Vorwurf der Bespitzelung prominenter Persönlichkeiten, Beteiligung an Attentatsplänen gegen fremde Regierungsmitglieder usf.) untersucht und dann Mitte 1975 veröffentlicht hat.

Eine weitere bittere Erfahrung für die amerikanische Gesellschaft ist, daß ihr Wirtschaftssystem zwar den höchsten Lebensstandard auf der Welt erzeugen kann, dabei aber trotzdem 25 von 215 Millionen Amerikanern, wie am 19. Juni 1974 ein Senatsausschuß offiziell feststellt, unter der Armutsgrenze von 4000 Dollar pro Jahr leben müssen. Daß ferner auch ihre hochentwickelte Industriewirtschaft von der „importierten“ Erdölkrise der Jahre 1973/74 empfindlich getroffen wird und mit hohen Inflations- (12%) und Arbeitslosenraten (6%) reagiert. Der ständige Kursverfall des US-Dollar in den Jahren 1975 und 1976 auf den Währungsbörsen der Erde zeigt das gesunkene Vertrauen der anderen Industrieländer und Entwicklungsländer in die Stabilität der US-Wirtschaft und damit in die Verwendungsfähigkeit des US-Dollars als Leitwährung. Und der extrem kalte Winter 1976/77 in den USA, der weite Teile des Landes in ihrer ausreichenden Versorgung mit Energie und Gütern des täglichen Bedarfs bedroht, macht eine seit Jahren verfehlte oder vernachlässigte Energie- und Notstandsplanung der Bundesregierung offenbar.

Am 20. Januar 1977 wird Jimmy Carter zum 39. Präsidenten der Vereinigten Staaten vereidigt. Mit ihm zieht eine, vorwiegend aus seinem Heimatstaat Georgia stammende, junge Führungsmannschaft in das Weiße Haus ein, deren allgemein geringe politische Erfahrung von skeptischen Beobachtern bemängelt wird. Getreu seinem Wahlversprechen, die Politik auf eine moralische Grundlage zu stellen, beginnt Carter eine Kampagne für die Menschenrechte, was zu Spannungen mit der Sowjetunion führt. Der amerikanische Präsident muß sich am Beispiel Südkorea sagen lassen, daß auch im Einflußbereich der USA Menschenrechtsverletzungen an der Tagesordnung sind.

Dennoch beginnen mit der Sowjetunion langwierige Verhandlungen über ein Salt-II-Abkommen.

Innenpolitisch ist das Klima in den USA von einem Konjunkturaufschwung gekennzeichnet, der Export, weit stärker aber noch der Import, weitet sich aus. Dagegen aber stehen eine steigende Inflationsrate und die hohe Zahl der Arbeitslosen. Mit einem zentralen Punkt seines Wahlprogramms erleidet Carter Schiffbruch: der Kongreß verweigert ihm das Energieprogramm, das Einsparungen, geringere Importe, höhere Kohleproduktion, neue Energietechniken und Änderungen bei der Preisgestaltung für Erdöl und Naturgas enthielt. In der Folge ändert sich an der Energieabhängigkeit der USA von den OPEC-Staaten wenig.

Im Jahr 1978 setzt Carter sein ganzes Prestige für eine friedliche Lösung des Nahostkonflikts ein. Während des Gipfeltreffens von Camp David (6.–17.9.78) gelingt eine Übereinkunft zwischen Präsident Sadat und Ministerpräsident Begin, doch die Interpretation der Vertragspunkte bleibt in der Zukunft umstritten.

Kann Carter mit Camp David auch innenpolitisch Punkte sammeln, verstärken sich während der Revolution des Schiitenführers Ajatollah Chomaini im Iran die Vorwürfe aus den Reihen der Verbündeten, dem Präsidenten der Schutzmacht USA fehle es an Führungskraft und einer außenpolitischen Konzeption. Der nachrevolutionäre Iran stürzt in innenpolitische Wirren und Flügelkämpfe, die iranische Armee zerfällt. Die Erdölproduktion sinkt rapide ab. Die amerikanische Botschaft in Teheran wird von revolutionären Studenten besetzt, das Personal wird als Geiseln genommen. Im Oktober 1980 befinden sich die 52 amerikanischen Geiseln noch immer in der Gewalt der Chomaini-Anhänger. Schah Resa Pahlavi stirbt 1980 in Ägypten, seinem letzten Exil.

Die Abrüstungspolitik, die Carter, gedrängt auch von den europäischen Verbündeten, weiter betreibt, scheint mit dem Salt-II-Abkommen ein Stück vorangekommen, als die Sowjetunion an der Wende zum Jahr 1980 in Afghanistan einmarschiert.

Die außenpolitischen Mißerfolge, das Scheitern innenpolitischer Reformprogramme und die einer Rezession entgegengehende amerikanische Wirtschaft verhelfen im Wahljahr 1980 Präsident Carter zu negativen Popularitätsrekorden. Zwar kann er sich auf dem Kongreß der Demokratischen Partei gegen Edward Kennedy, den Führer des sozialdemokratischen Flügels der Partei, durchsetzen, doch verliert er die Wahl gegen den republikanischen Kandidaten Ronald Reagan.

Nach höchst umstrittenen Präsidenten gab Ronald Reagan einer zutiefst verunsicherten Nation das Selbstvertrauen wieder.

Reagan verkörpert ein Amerika der Stärke und gibt vor allem der Wirtschaft und dem Mittelstand eine neue Zuversicht.

Die Reagan-Administration bringt auch sofort durch eine progressive Steuerpolitik die Konjunktur in Schwung und steigert die Verteidigungsbemühungen erheblich, wobei ein großes Haushaltsdefizit bewußt in Kauf genommen wird.

Die Früchte seiner Politik der Stärke erntet Reagan erst in seiner zweiten Amtszeit, als die Machthaber in der Sowjetunion offenbar das Ziel seiner Bemühungen erkennen und aus wohlverstandenem Eigeninteresse den schließlich erfolgreichen Abrüstungsverhandlungen zustimmen. Dabei hält Reagan sein Lieblingsprojekt SDI (Krieg der Sterne) immer als Rute im Fenster.

Ohne eigene Schuld werden die Jahre der Reagan-Administration aber auch mit großen Krisen belastet: das ehrgeizige Raumfahrt-Programm wird durch die Katastrophe der Raumfähre Challenger um Jahre zurückgeworfen, ein merkwürdiger Deal mit Waffen für den Iran und die illegale Unterstützung der antisandinistischen Contras in Nicaragua bringt den Präsidenten und seine Mannschaft in Bedrängnis. Kurzzeitig läßt Watergate grüßen. Auch verschiedene durch die Regierung nicht autorisierte Einmischungen nachgeordneter Behörden in innere Angelegenheiten von souveränen Staaten in vielen Teilen der Welt prägen wieder das Bild vom häßlichen Amerikaner.

Weltpolitische Ereignisse – 1987 bis zum Ende des Rußland-Tschetschenien-Konflikts

Nachtrag mit Ergänzungen zu den wichtigsten Kapiteln mit Hinweis auf die zugehörigen Seiten

Die ehemalige DDR auf dem Weg zur deutschen Einheit – *zu Seite 622*
Bei seinem Besuch in Bonn 1987 wird Honecker empfangen wie jedes Staatsoberhaupt, als das er ja in der DDR seit der Gesetzgebung über den Staatsrat von 1976 fungierte. Erhoffte weitere menschliche Erleichterungen für Ost- und Westdeutsche kommen durch den Staatsbesuch jedoch nicht zustande. Weiterhin bleibt es beim inoffiziellen Freikauf von in der DDR inhaftierten Bürgern.

Zu beobachten ist lediglich eine großzügigere Handhabung bei Besuchsreisegehmigungen ins westliche Ausland. Die politisch freiere Entwicklung, die gleichzeitig in Polen, Ungarn und später in der UdSSR einsetzt, wird von der SED verurteilt. Sie hält vielmehr auch vor dem Hintergrund einer sich wieder verschärfenden Mangelwirtschaft und einer (nicht eingestandenen) ökologischen Katastrophe starr am „real existierenden Sozialismus“ fest.

Auf der Basis kirchlich unterstützter Bewegungen, wie sie sich schon früher gegen die Rüstung gebildet hatten, kommt es ab Herbst 1988 zu friedlichen Protesten gegen die fehlende Reformbereitschaft der SED. Größere Demonstrationen werden bis Anfang Oktober 1989 unterdrückt, zahlreiche Kundgebungsteilnehmer in Haft genommen. Das verstärkt den bestehenden Ausreisedruck: 100 000 Menschen sind für eine Übersiedlung in den Westen vorgemerkt, seit die KSZE in Helsinki diese Möglichkeit erzwungen hat. Die Antragsteller werden Diskriminierungen ausgesetzt, die Unzufriedenheit wächst. Erstmals werden nach den Kommunalwahlen vom 7.5.1989 deren „99-Prozent-Ergebnisse“ in mehreren Städten angezweifelt. Unverhohlen Widerspruch findet im Volk die positive Einschätzung der Ereignisse in Peking (Niederschlagung der chinesischen Demokratiebewegung am 4.6.1989) durch die SED.

Im Mai 1989 setzt, nach Öffnung der ungarischen Grenze zu Österreich, eine neue Fluchtwelle ein. Weitere 30 000 DDR-Bürger verlassen von September bis November 1989 ihre Heimat, indem sie die westdeutschen Botschaftsgebäude in Prag, Budapest und Warschau geradezu stürmen. Allmählich treten oppositionelle Vereinigungen in die Öffentlichkeit. Sie fordern ein Mitspracherecht bei Entscheidungen der staatlichen Gremien. In Leipzig und anderen Städten setzen die sog. Montags-Demonstrationen ein. Als zum 40. Jahrestag der DDR-Gründung Michail Gorbatschow bei der SED Reformen anmahnt, wird klar, daß mit einem Eingreifen sowjetischer Truppen nicht mehr gerechnet werden muß. Von da an überschlagen sich die Ereignisse. 18.10.1989: Honecker wird zum Rücktritt veranlaßt, 24.10.1989: Egon Krenz, der neue Sekretär des ZK der SED, wird für nur 44 Tage Staatsratsvorsitzender. Die Antwort darauf sind erneute Großdemonstrationen. Nach der Berliner Protestversammlung mit 1 Million Teilnehmern tritt am 7.11.1989 die Regierung Stoph zurück. Am 9.11.1989 werden von der DDR alle Grenzübergänge zum Westen geöffnet.

Am 10.11.1989 löst sich das Politbüro der SED auf. 13.11.1989: Die Volkskammer wählt Hans Modrow (SED) zum neuen Ministerpräsidenten. Am 7.12.1989 treffen sich führende Vertreter der Oppositionsgruppen am sog. Runden Tisch mit Abgesandten der Blockparteien, später auch mit Ministern, wobei zahlreiche Reform-Empfehlungen unterbreitet werden, vor allem, freie Volkskammerwahlen durchzuführen und das Amt für staatliche Sicherheit aufzulösen. Mitte Dezember wählt ein SED-Parteitag Gregor Gysi zum neuen Parteivorsitzenden und ändert den Parteinamen in „PDS“ (Partei des demokratischen Sozialismus). Am 8.10.1990 wird auf der Leipziger Montagsdemonstrationen erstmals die Vereinigung Deutschlands gefordert.

Am 12.1.1990 sprechen sich sogar der PDS-Parteitag und die Regierung Modrow für die schrittweise Vereinigung von DDR und BRD aus. Am 18.3.1990 kommt es zu freien Wahlen zur Volkskammer. Das von der CDU angeführte „Wahlbündnis Allianz für Deutschland“ erhält nahezu 41 % der Stimmen. Lothar de Maizière (CDU) wird unter Beteiligung der neuen Ost-SPD vom 11.4. bis 19.8.1990 Regierungschef. Die Aufdeckung zahlreicher Fälle von Korruption, Gefangenenmißhandlung, Postdiebstahl, Verschleierung der Staatsfinanzen führt zur Festnahme einer Reihe früherer Funktionäre.

Kommunalwahlen finden am 6.5.1990 statt – diesmal mit unverfälschtem Ergebnis. Am 1.7.1990 tritt eine Wirtschafts-, Sozial- und Währungsunion mit der BRD in Kraft. DM-Währung und Steuergesetze werden übernommen, die Grenzkontrollen werden abgeschafft. Am 22.7.1990 werden die ehemaligen fünf Länder anstelle der 15 DDR-Bezirke wieder geschaffen. Am 20.9.1990 billigt die Volkskammer den mit der Bundesregierung ausgehandelten Einigungsvertrag. Der Beitritt der DDR soll am 3.10.1990 erfolgen, so daß die Wahl zum deutschen Bundestag am 2.12.1990 eine gesamtdeutsche Wahl wird. Die Zusage der sowjetischen Regierung, das vereinte Deutschland werde Mitglied der NATO sein können, hat die letzten Hindernisse zur Wiedervereinigung beseitigt. Deutschland erhält die volle Souveränität, als der seit 1945 geplante Friedensvertrag durch eine entsprechende Vereinbarung mit den früheren Besatzungsmächten ersetzt wird. Auch die EU billigt die Aufnahme der DDR.

Ab 3.10.1990 ist die ehemalige DDR nach 41 Jahren aufgelöst. Bereits seit dem Tag der Wirtschafts- und Währungsunion wurden die Volkspolizei, die DDR-Grenzpolizei und die Nationale Volksarmee Zug um Zug in die westdeutsche Polizei bzw. Bundeswehr integriert. Als Hauptstadt Deutschlands wird formal Berlin designiert, da Bonn immer nur als provisorischer Regierungssitz galt. Getrennte Berliner Stadtverwaltungen, die zwischen dem 3.10. und dem 2.12.1990 als „Doppelregierung“ zusammenarbeiteten, werden zusammengelegt.

Entsprechend dem Ergebnis der Wahl zum Abgeordnetenhaus für ganz Berlin, die zusammen mit der gesamtdeutschen Bundestagswahl am 2.12.1990 stattfindet, konstituiert sich im Januar 1991 der erste für das neue Bundesland Berlin zuständige Senat mit dem Regierenden Bürgermeister Eberhard Diepgen (CDU). Sitz von Senat und Stadtparlament bleibt das Rathaus Schöneberg, bis der Umbau des bislang von DDR-Behörden belegten Gebäudes des ehemaligen preußischen Landtags beendet ist.

Von der Mauer sind schon seit Ende 1990 nur noch einige wenige, als Denkmal stehengelassene Teile zu sehen. Die Lebensverhältnisse (Verdienst, Kosten, Wohnungen, Sozialleistungen) müssen nun vorrangig in der ganzen Stadt auf gleiches Niveau gebracht werden. Vom Regieren-

Am 13.8.1961 begann die DDR mit der Errichtung der von ihr als „Antifaschistischer Schutzwall" bezeichneten Mauer, die bald das gesamte Gebiet der damaligen Berliner Westsektoren umschloß. Erklärtes Ziel war, wie dann auch an der Zonengrenze, eine gesicherte Grenzbefestigung mit „Weltniveau" – Ergebnis aber das „häßlichste Bauwerk der Welt" (vgl. Seite 621), das auf der Westseite als Fläche für Graffiti genutzt wurde.

Am 9.11.1989 sah sich die SED-Regierung unter Parteichef Egon Krenz gezwungen, die DDR-Grenzen für jedermann zu öffnen. Die Menschen erstiegen jubelnd die Mauer, deren „Verkauf" dann bald einsetzte: abgetragene Teile gingen in alle Welt, Einzelpersonen („Mauerspechte") sicherten sich herausgemeiselte Mauerbrocken als Souvenirs. Am 22.12.1989 wird auch das 28 Jahre lang gesperrte Brandenburger Tor wieder offener Durchgang.

den Bürgermeister wird die Wiederherstellung der Hauptstadtfunktion Berlins – auch in der Hoffnung auf wirtschaftliche Impulse, die bislang wider Erwarten weitgehend ausgeblieben sind – nachdrücklich gefordert.

Bundesrepublik Deutschland – jetzt mit 16 Bundesländern
Nach den Bundestagswahlen vom 2.12.1990 findet sich die Bonner Regierungskoalition in Ost und West eindeutig bestätigt. Erstmals seit dem Ende des Zweiten Weltkriegs 1945 gibt es wieder eine Regierung. Deutschland hat nun 79 Millionen Einwohner, davon 5 Millionen Ausländer. Ähnlichen Regelungen in anderen Staaten entsprechend, wird Deutschland zunächst gemeinsam von der Hauptstadt Berlin und dem Regierungssitz Bonn aus regiert.
Dringendstes Anliegen ist für die Regierungen der 90er Jahre die wirtschaftliche und soziale gegenseitige Angleichung der Lebensbedingungen in den 11 alten und 5 neuen Bundesländern. Der unerwartet schnelle Zusammenbruch vieler ostdeutscher Unternehmen hat in den neuen Bundesländern eine erhebliche Arbeitslosigkeit zur Folge. Die vielfach ungeklärten Eigentumsverhältnisse an Grund und Boden sowie das Fehlen zeitgemäßer Infrastruktur behindern Aufbauinvestitionen und die Schaffung von Arbeitsplätzen. Fehlende Steuereinnahmen der ostdeutschen Länder und Gemeinden bedingen weitaus höhere Transferleistungen des Bundes, als im Einigungsvertrag vorgesehen. Somit zeigt sich die zweitgrößte Exportnation und viertgrößte Industrienation der Erde mit erheblichen Problemen konfrontiert. Außenpolitisch geht die bereits während der Phase des Kalten Krieges vorbereitete Westintegration, d. h. die Eingliederung der erweiterten BRD in ein vor allem vom Westen her geprägtes Europa, ihrer Vollendung entgegen.
Wie andere europäische Länder muß sich auch Deutschland seit 1991 in steigendem Ausmaß mit dem Problem einer immer stärkeren Zunahme von Zuwanderern aus Osteuropa, besonders dem in Kriegswirren versinkenden Jugoslawien, und aus den Ländern der Dritten Welt auseinandersetzen. Dies ist einerseits die Folge einer erdumspannenden Migration, die wegen der gravierenden politischen, wirtschaftlichen und sozialen Probleme aus diesen Ländern in die reichen Industrienationen erfolgt, und andererseits die Folge des Zusammenbruchs des ehemaligen Ostblocks und damit des real existierenden Sozialismus. Die Einwanderungswelle wird noch forciert durch die totale Umgestaltung der politischen Systeme im Osten, was in einigen Regionen zum Wiederaufleben alter Konfliktherde aus ethnischen, religiösen und nationalen Spannungen führt.
In Deutschland rücken die Zuwanderungsproblematik, die ungelöste Asylfrage und die Notwendigkeit eines Zusammenlebens aller ethnischer Gruppen in den Mittelpunkt des innenpolitischen Geschehens. Faschistische Gruppen aller Couleur wittern hier Aufwind. Im September 1991 kommt es im sächsischen Hoyerswerda zu Angriffen von Neonazis auf ein Asylbewerberheim. Auch die scharfe Verurteilung von rechtsextremistischen Gewalttaten gegen Ausländer und Asylbewerber und der Aufruf zur Solidarität durch Bundespräsident Richard von Weizsäcker können nicht verhindern, daß es in der Folgezeit zu weiteren Gewalttaten und Morden kommt – die Ausschreitungen von Rostock im August 1992 mit tagelangen ausländerfeindlichen Krawallen vor der Zentralen Aufnahmestelle für Asylbewerber, die Morde von Mölln in den frühen Morgenstunden des 23.11.1992, und schließlich die Brandstiftung bei einem Asylbewerberheim am 18.1.1996, wo zehn Menschen den Tod finden – die Verdächtigung eines anderen Bewohners stellt sich im Nachhinein als Lüge heraus: Der Belastungszeuge ist Neonazi-Kreisen zuzurechnen. Die Polizei hält sich bei diesen Verbrechen zurück oder ist sichtlich überfordert. Trotz zahlreicher Demonstrationen der Bevölkerung gegen Ausländerhaß und Rassismus stellt sich die politische Lösung als äußerst kompliziert und langwierig heraus. Die CDU/CSU-Fraktion glaubt, durch eine Abänderung des Grundgesetzes das Problem lösen zu können.
Ein weiteres Problem ist die Harmonisierung der europäischen Asylbestimmungen vor dem Hintergrund des Schengener Zusatzabkommens vom 19.6.1990. Die politische Diskussion um das Grundrecht auf Asyl wird daher vorläufig beendet mit dem Gesetz zur Beschleunigung der Asylverfahren vom 5.6.1992. Breiten Raum in der öffentlichen Diskussion nehmen von 1991 bis 1993 die Frage des Einsatzes der Bundeswehr im Rahmen von UN-Aktionen und die Verwirklichung des Maastrichter Abkommens ein. Im Mai 1992 wird im Rahmen einer UN-Mission ein Kontingent von 140 Bundeswehr-Sanitätssoldaten nach Kambodscha entsandt, um die dort stationierten UN-Blauhelme medizinisch zu betreuen. Der Streit um den Einsatz deutscher Soldaten bei der militärischen Durchsetzung des Flugverbots über Bosnien-Herzegowina mit Hilfe von Aufklärungsflugzeugen kann nur durch das Bundesverfassungsgericht entschieden werden. Erstmals nach dem Zweiten Weltkrieg nehmen damit deutsche Soldaten außerhalb des NATO-Gebietes an Einsätzen teil. Auch in der Frage des Somalia-Einsatzes weist das Verfassungsgericht am 23.6.1993 einen Antrag der SPD auf Abbrechen des Einsatzes zurück; die im Bundestag mehrheitlich verabschiedete Aktion, bei der humanitäre Einsätze mit Bundeswehrsoldaten in befriedeten Regionen Somalias durchgeführt werden sollen, kann fortgesetzt werden – auch wenn sich dies im Nachhinein als ebenso teure wie nutzlose Aktion erweisen sollte.
Außenpolitisch geht es für Deutschland seit 1991 darum, die eingeleitete Westintegration Deutschlands fortzusetzen und zu vertiefen, zugleich aber mit den neuen osteuropäischen Staaten eine vertrauensvolle Zusammenarbeit zu beginnen. Im August 1991 erfolgt die Anerkennung Estlands, Lettlands und Litauens in einem formellen Akt. Im Oktober 1991 wird der Grenzvertrag mit Polen vom Bundestag gebilligt. Die Anerkennung der neuen GUS-Staaten, die sich aus der Sowjetunion gebildet haben, erfolgt im Januar 1992. Die mit der Tschechoslowakei bestehenden Grenzen werden garantiert. Zugleich wird im Februar 1992 ein Vertrag über gute Nachbarschaft und freundschaftliche Zusammenarbeit unterzeichnet. Im April 1992 wird ein entsprechender Vertrag mit Rumänien unterzeichnet, in dem auch der Schutz der deutschen Minderheit in Rumänien geregelt wird. Im September 1992 wird zwischen Deutschland und Rumänien ein Abkommen geschlossen, mit dem das Problem der rumänischen Asylbewerber in Deutschland geregelt wird. Innenminister Seiters und sein rumänischer Kollege Babiuc einigten sich dahingehend, daß Staatsbürger auch ohne gültige Ausweispapiere in ihr Heimatland zurückkehren müssen, falls sie sich illegal im jeweils anderen Land aufhalten.
Eine ähnliche Regelung wurde mit Polen getroffen. Gegen eine Finanzhilfe von 120 Millionen DM verpflichtet sich Polen, Asylbewerber aufzunehmen, die über Polen nach Deutschland einreisten und dort abgewiesen wurden. Im März 1993 wird auch mit der Tschechoslowakei ein derartiges Abkommen geschlossen. Die wirtschaftliche Entwicklung in Deutschland ist weiterhin rückläufig, im wesentlichen eine Folge des weitgehenden Zusammenbruchs der Wirtschaft in Ostdeutschland – mit Ausnahme des Baugewerbes – und der damit verbundenen hohen Arbeitslosigkeit sowie der allgemein rückläufigen Exportnachfrage. Das Realeinkommen der Bundesbürger ist trotz nominaler Steigerung rückläufig – eine Folge rasch steigender Sozialabgaben.

Ein weiteres Problem ist die Altlastensanierung in Ostdeutschland – allein die Sanierung der Braunkohleschäden soll bis 1997 7,5 Milliarden DM kosten. Gleichzeitig beginnt die Diskussion um den Wirtschaftsstandort Deutschland. Während die Arbeitgeberseite argumentiert, in Zeiten wirtschaftlicher Rezession und hoher Arbeitslosigkeit seien hohe Tarifabschlüsse unverantwortbar, und „Nullrunden" sowie Kostenentlastungen für die Wirtschaft fordert, drängt die Arbeitnehmerseite verstärkt auf Abbau von Überstunden und Arbeitszeitverkürzung, um mehr Arbeitsplätze zu schaffen. Als bisher einmaliger Versuch wird im November 1994 bei der Volkswagen AG die 4-Tage-Woche eingeführt – was für die Beschäftigten mit Lohneinbußen verbunden ist, jedoch die Entlassung von 30000 Mitarbeitern verhindern soll.

Die in der Folge der Wiedervereinigung anfallenden Kosten versucht die Bundesregierung nach der Neubildung des Kabinetts Kohl nach den Wahlen vom 16.10.1994 (s. u.) teilweise durch die Einführung eines Solidaritätszuschlags auf die Einkommensteuer zu finanzieren – allerdings bleiben die Steuereinnahmen hinter den Erwartungen der Bundesregierung zurück. Die Verschuldung des Staates steigt daher kontinuierlich an – weiterer Zündstoff für die innenpolitische Diskussion. Verstärkt wird versucht, die Verantwortlichen für Verbrechen in der DDR wie Mauer-Totschlag zur Rechenschaft zu ziehen. Der ehemalige Stasi-Chef Erich Mielke wird am 26.10.1993 zu sechs Jahren Haft verurteilt – wegen Beteiligung an der Ermordung von zwei Polizisten im Jahr 1932! Weitere Verfahren sind anhängig, werden am 3.11.1994 jedoch wegen Verhandlungsunfähigkeit Mielkes eingestellt. Erich Honecker entzieht sich einem Verfahren gegen ihn durch die Ausreise nach Chile, wo er am 29.5.1994 im Alter von 81 Jahren einer Krankheit erliegt.

Nachdem das Bundesverfassungsgericht Beschwerden einiger Oppositions-Abgeordneten zurückgewiesen hat, tritt der bereits ratifizierte Vertrag von Maastricht am 1.11.1993 in Kraft. Außenpolitischen Zündstoff liefert der Besuch von Bundeskanzler Kohl in Peking im November 1993 aufgrund der dortigen Menschenrechtssituation. Ein Gegenbesuch von Li Peng in Deutschland wird wegen Proteste gegen die chinesischen Menschenrechtsverletzungen abgebrochen. Der russische Präsident Jelzin versucht bei seinem Besuch im Mai 1994, die Bundesregierung für eine verstärkte politische Einbeziehung Rußlands zu gewinnen. Am 31.8.1994 verläßt der letzte Teil der Westgruppe der russischen Streitkräfte Deutschland, und am 8.9.1994 werden auch die Soldaten der Westalliierten in Berlin verabschiedet.

Am 16.10.1994 findet die zweite gesamtdeutsche (13.) Bundestagswahl statt, aus der die bisherige Koalition als knapper Sieger hervorgeht. Umstrittener Alterspräsident wird der Schriftsteller Stefan Heym, der als Parteiloser für die PDS kandidierte. Bundeskanzler Kohl wird in seinem Amt bestätigt. Wirtschaftlich wird in der nächsten Zeit die Sparpolitik Vorrang bekommen, und nachdem innenpolitisch das Asylbewerber-Problem entschärft zu sein scheint, tritt die Kurdenproblematik für einige Zeit in den Vordergrund. Die Verurteilung von kurdischen Parlamentariern in der Türkei und die fortgesetzte Verfolgung der kurdischen Bevölkerung bewirkt hier eine Verlängerung des Abschiebestopps bis zum 16.3.1994 von Kurden, die in der hier verbotenen PKK organisiert sind. Bundesinnenminister Kanther, der der Auffassung ist, daß die Kurden in der Türkei keiner Verfolgung ausgesetzt sind, hebt den Abschiebestopp auf und löst damit eine Serie von Brandanschlägen seitens der PKK auf türkische Einrichtungen in Deutschland aus. Zum 1.1.1995 kann das am 22.4.1994 mit den Stimmen von CDU, SPD und FDP verabschiedete Gesetz zur Einführung der Pflegeversicherung in Kraft treten, nachdem das Bundesverfassungsgericht Beschwerden dagegen zurückgewiesen hat. Zum gleichen Zeitpunkt beendet die Treuhandanstalt in Berlin ihre Tätigkeit, in deren Rahmen sie etwa 15000 Betriebe privatisiert und 3600 Betriebe liquidiert hat.

Der April steht im Zeichen der Gedenkfeiern zum Ende des Zweiten Weltkrieges; bei der offiziellen Gedenkfeier des Bundestags am 28.4.1995 nimmt der polnische Außenminister Wladislaw Bartoszewski als Hauptredner teil. Nach jahrelangen Querelen und Gerichtsurteilen zur Neuregelung des Abtreibungsrechts stimmt am 29.6.1995 der Bundestag mit den Stimmen von Koalition und SPD einem Gesetzesentwurf zu, der Abtreibungen zwar weiterhin als rechtswidrig bezeichnet, aber bei Abtreibungen innerhalb von 3 Monaten und nach einer Beratung der Betroffenen keine Strafe vorsieht. Bayern versucht einen konservativen Alleingang, indem den Betroffenen eine Begründung ihres Abtreibungswunsches vorgeschrieben wird, und löst damit auch innerhalb der Koalition Verstimmung aus.

Weitere Schlagzeilen liefert Bayern zur gleichen Zeit mit dem Festhalten an seiner Schulordnung, die in Klassenzimmern staatlicher Pflichtschulen das Aufhängen eines Kruzifixes vorschreibt, obwohl das Bundesverfassungsgericht am 10.8.1995 feststellte, daß eine solche Bestimmung gegen Artikel 4 des Grundgesetzes verstößt. Die Reaktion bayerischer Politiker reicht von der Kritik am BVG bis zum Aufruf der Mißachtung dieses Urteils – ein bislang nicht dagewesener.Fall. Eine seltene Niederlage erlebt die bayerische Staatsregierung, als in einem Volksentscheid am 1.10.1995 sich eine deutliche Mehrheit für die Einführung von Bürgerbegehren in kommunalpolitischen Fragen ausspricht.

Die Überschuldung aller öffentlichen Haushalte, die trotz optimistischer Prognosen anhaltende hohe Arbeitslosigkeit und die Stabilitätskriterien zur Einführung einer gemeinsamen europäischen Währung haben bislang ungewohnte Konsequenzen: Die Bundesregierung beschließt ein Sparprogramm, das ab März 1996 in den nächsten Jahren die Einsparung von 32 Milliarden DM vorsieht, und löst damit heftige Kritik der Opposition und Gewerkschaften aus, die die u. a. beschlossene Kürzung der Lohnfortzahlung und des Krankengeldes im Krankenstand nicht hinnehmen wollen. Die Situation ist verfahren, da die Kürzungen ohne Abschluß entsprechender Tarifverträge nicht möglich sind. Auch ist das Bündnis für Arbeit, in dem sich Arbeitgeber und Arbeitnehmer zu Zugeständnissen für den Erhalt von Arbeitsplätzen aussprachen, am Scheitern, da sich beide Parteien einander Wortbruch vorwerfen. Die Krise der Bremer Vulkan, die den Fortbestand des Konzerns gefährdet, ist Ausdruck der allgemeinen wirtschaftlichen Lage. Der Konzernleitung wird vorgeworfen, hohe Millionenbeträge, die für die Ostunternehmen bestimmt waren, nicht vertragsgemäß verwendet zu haben. Doch nicht allen geht es schlecht: Der Künstler Christo, durch seine „Verpackungen" weltweit bekannt, darf mit Zustimmung des Bundestages und unter dem enormen Anteil der Bevölkerung den Reichstag im Juni 1995 für zwei Wochen mit 100000 Quadratmeter Polypropylen-Gewebe verhüllen. Im Januar 1996 finanziert ein japanischer Konzern mit 50 Millionen DM die Verschiebung des 1908 erbauten und 1800 Tonnen schweren Kaisersaals am Potsdamer Platz in Berlin in einer spektakulären Aktion um 75 Meter, und Beate Uhse eröffnet ebenfalls im Januar auf 1800 Quadratmetern Fläche das mit 3000 Exponaten größte Erotikmuseum Europas.

EG – DER ZUSAMMENSCHLUSS DER EUROPÄISCHEN STAATEN

Neben den bisherigen Mitgliedsländern der Europäischen Gemeinschaft (EG) – Belgien, Dänemark, Deutschland, Frankreich, Griechenland, Großbritannien, Irland, Italien, Luxemburg, Niederlande,

Portugal, Spanien – sehen sich auch die übrigen Staaten Europas mit der Frage einer weiteren europäischen Integration konfrontiert. Am 14.4.1992 wird das Abkommen über den Europäischen Wirtschaftsraum (EWR) geschlossen, durch das der Anschluß von EFTA-Staaten an den ab 1.1.1993 bestehenden EG-Binnenmarkt ermöglicht werden soll. Dieser Binnenmarkt sieht den freien Verkehr von Waren, Dienstleistungen, Kapital und Personen vor. Im Dezember 1992 werden mit Polen, Ungarn und der Tschechoslowakei Assoziierungsvereinbarungen getroffen, die am 1.1.1994 in Kraft treten, im Juli folgen Freihandelsabkommen mit den drei baltischen Staaten und im Februar Assoziierungsabkommen mit Tschechien, der Slowakei, Bulgarien und Rumänien.
Die herzegowinische Hauptstadt Mostar soll durch ein Abkommen am 6.7.1994 unter EU-Verwaltung gestellt werden. Administrator wird Hans Koschnik. Am 1.1.1995 wird die EG durch den Beitritt Österreichs, Schwedens und Finnlands erweitert. In Norwegen wurde der Beitritt per Referendum abgelehnt. Ein markanter Punkt ist der Abschluß des Maastrichter Vertrags am 1.11.1993. Neben der bereits erwähnten Integration sieht er bis spätestens 1999 die Vollendung der Wirtschaftsunion und die Schaffung einer europäischen Währungsunion vor, weiterhin eine gemeinsame Außen- und Sicherheitspolitik. Wichtige Fragen des Arbeitsrechts, betrieblicher Mitbestimmung und sozialer Absicherung sind allerdings noch ungeklärt. Verstimmung in der EU kommt Anfang 1996 auf, als in Großbritannien Fälle von Rinderwahnsinn auftreten und die EU bis auf weiteres den Verkauf von britischem Rindfleisch in die EU untersagt.

Belgien Am 2.8.1991 wird die 3. Stufe der Staatsreform beschlossen: Die Regionen und Sprachgemeinschaften sollen direkt gewählte Parlamente und eine begrenzte Steuerhoheit erhalten, und sie sollen internationale Verträge in den Bereichen Gesundheitswesen, Naturschutz, Unterricht, Kultur u. a. abschließen können. Nach der Wahl des Christdemokraten Dehaene im Februar 1992 wird der Beschluß durch eine Verfassungsreform am 8.5.1993 umgesetzt: Von nun an ist Belgien ein Bundesstaat. Auf die wirtschaftliche Rezession reagiert die Regierung am 17.11.1993 mit einem „Globalplan für Beschäftigung, Wettbewerbsfähigkeit und soziale Sicherheit", der im wesentlichen Steuererhöhungen und Senkungen der Sozialausgaben vorsieht, und löst damit eine Streikwelle aus. Bei den Kommunalwahlen am 9.10.1994 erzielen rechtsradikale Parteien Gewinne. Innenpolitischer Zankapfel ist die Einführung einer Umweltsteuer; das Oberste Gericht erklärt sie schließlich für rechtens. Am 9.2.1995 beschließt die Regierung die Abschaffung der Wehrpflicht.

Niederlande Wie auch Deutschland haben sich die Niederlande mit ausländerfeindlichen Strömungen auseinanderzusetzen; im Januar 1992 werden in Amersfoort Brandbomben gegen die dortige Moschee geschleudert, im September wird eine rechtsradikale, ausländerfeindliche Partei (Nederlands Blok) gegründet. Die Reaktion der Regierung ist ein Anti-Diskriminierungs-Gesetz. Unternehmer- und Arbeitnehmerverbände begründen am 4.11.1993 einen Sozialpakt, etwa vergleichbar dem deutschen Bündnis für Arbeit.
Die auch in den Niederlanden existierende Asylproblematik versucht die Regierung, durch ein neues Ausländergesetz in den Griff zu bekommen (1.1.1994), das die Asylverfahren verkürzen soll; mit dem Asylgesetz vom Februar 1995 werden die Bestimmungen noch weiter verschärft, u. a. eine Reaktion auf das deutsche Gesetz. Am 20.9.1994 kündigt Königin Beatrix in einer Regierungserklärung umfangreiche Sparmaßnahmen im sozialen Bereich an.

Großbritannien Im dritten Anlauf wird erfolgreich der Eisenbahntunnel unter dem Ärmelkanal nach Frankreich gebaut und am 6.5.1994 feierlich eröffnet. Am 27.11.1990 tritt nach 11 Jahren Amtszeit Margaret Thatcher überraschend zurück; Nachfolger wird ihr Parteikollege John Major.
Die Rezession macht sich im Land besonders stark bemerkbar, Investitionen und Produktion sinken, die Arbeitslosigkeit nimmt Rekordausmaße an. Während der Währungskrise im August 1992 verläßt Großbritannien das europäische Währungssystem, doch hat das Parlament dem Maastrichter Vertrag am 22.5.1992 zugestimmt. Die Verhandlungen über die Zukunft Nordirlands sind festgefahren und werden im November 1992 ergebnislos abgebrochen, nachdem der Landesteil wieder von Terrorwellen überzogen wurde. Überraschenderweise können sich die Konservativen bei den Unterhauswahlen im April 1992 noch behaupten, doch im Mai 1993 wird bei den Regionalwahlen in England und Wales die Labour Party stärkste Kraft. Geplante Zechenstillegungen lösen im Oktober 1993 eine breite Protestwelle aus, und der Hohe Gerichtshof erklärt diese Pläne schließlich für nicht rechtens. Die Konservativen verlieren zunehmend an Popularität; bei den Kommunalwahlen am 5.5.1994 erzielen sie mit 27 % der Stimmen ihr schlechtestes Ergebnis seit fast hundert Jahren. Die Reaktion der Konservativen ist eine völlig Regierungsumbildung im Juli 1995.
Internationale Proteste lösen die Pläne der Royal Dutch Shell im Juni 1995 aus, die ausgediente Ölbohrinsel Brent Spar in der Nordsee zu versenken; der Konzern gibt schließlich diesen Protesten nach und will die Plattform an Land entsorgen. In Nordirland verkündet die IRA am 31.8.1994 eine Einstellung ihrer Operationen, der

Frankreichs Präsident François Mitterand und Queen Elisabeth II. anläßlich der Eröffnung des Eisenbahntunnels unter dem Ärmelkanal.

sich die protestantischen Organisationen im Oktober anschließen. Die britische Regierung beginnt daraufhin ihre ersten offiziellen Gespräche mit Sinn Féin, der der IRA nahestehenden politischen Partei, und mit den protestantischen Organisationen. Im Frühjahr erleidet der beginnende Normalisierungsprozeß durch erneuten Terror schwere Rückschläge. Das Auftreten von Rinderwahnsinn auf britischen Farmen und einige Todesfälle veranlassen im Frühjahr 1996 die EU, den Handel mit britischem Rindfleisch zu verbieten. Großbritannien verharmlost das Risiko, es kommt zum Konflikt mit der EU.

Frankreich Hauptthemen der französischen Politik in den letzten Jahren waren das Problem der illegalen Einwanderung, die Weiterverwirklichung der europäischen Einheit und die Abwehr der erstarkenden Rechten. Am 14.5.1993 verabschiedet die Nationalversammlung einen geänderten „Code de la nationalité", wodurch die automatische Einbürgerung von Kindern ausländischer Eltern abgeschafft wird. Rezession, Arbeitslosigkeit und wirtschaftliche Probleme kennzeichnen auch in Frankreich das politische Klima. Im März 1992 müssen die Sozialisten bei den Regionalwahlen schwere Verluste hinnehmen, die rechtsextreme Front National erreicht 14 % der Stimmen. Nachdem auch eine Regierungsumbildung ohne Effekt blieb, erklärt Premierminister Bérégovoy am 29.3.1992 den Rücktritt seiner Regierung. Im September spricht sich eine knappe Bevölkerungsmehrheit von 51 % für die Maastrichter Verträge aus.
Bei den Wahlen zur Nationalversammlung im März 1993 wird die sozialistische Regierung von einer Koalition aus der neogaullistischen RPR und der liberalen UDF abgelöst. Edouard Balladur wird neuer Premierminister. Am 6.5.1994 eröffnen Präsident Mitterand und Königin Elisabeth den 50 km langen Eisenbahntunnel unter dem Ärmelkanal. Am 17.5.1995 wird bei den Präsidentschaftswahlen Mitterand nach 14jähriger Amtszeit von dem Neogaullisten Jaques Chirac abgelöst. Weltweite Schlagzeilen und Proteste verursacht die Ankündigung Frankreichs am 13.6.1995, auf dem Mururoa-Atoll im Südpazifik eine Atomwaffen-Versuchsserie aufzunehmen, obwohl gerade die Verlängerung des Atomwaffensperrvertrags ansteht. Frankreich will das Abkommen erst nach den geplanten acht Tests unterzeichnen und löst breite Verärgerung aus. Greenpeace, australische und neuseeländische Abgeordnete beteiligen sich an einer internationalen Protestfahrt ins Testgebiet, auf Tahiti kommt es zu gewalttätigen Auseinandersetzungen. Frankreich bleibt unbeeindruckt und reduziert als einziges Zugeständnis die Zahl der Versuche um zwei.

Italien Der umstrittene Staatspräsident Cossiga wird am 25.5.1992 durch den Christdemokraten Oscar Luigi Scalfaro abgelöst. Als neuer Ministerpräsident löst im 51. italienischen Nachkriegskabinett Guiliano Amato (PSI) Andreotti von der DC ab. Der Kampf gegen die Mafia erreicht mit der Ermordung des sizilianischen Richters Giovanni Falcone seinen Höhepunkt. Die Bevölkerung reagiert anläßlich seiner Beisetzung mit einem Generalstreik und Protesten gegen das internationale Verbrechen. Im Juli werden 7000 Soldaten aus Norditalien zur Stärkung der örtlichen Sicherheitskräfte nach Sizilien geschickt, Anfang August wird das neue Anti-Mafia-Gesetz verabschiedet, und ab September können mehrere hochrangige Mafiosi verhaftet werden.
Das zweite große Problem ist ab 1992 die Eindämmung der Korruption, als ein Skandal den anderen ablöst, worin hochrangige Politiker wie Bettino Craxi, Andreotti und De Mita verwickelt sind. Die Korruptionsskandale und die Verstrickung von Politik und Mafia bewirken einen Niedergang der seit 1945 führenden Parteien. Dieses Klima kann Silvio Berlusconi ausnutzen, der mit seiner Forza Italia im Mai 1994 an der Spitze einer konservativen Koalition steht. Sein Amt ist äußerst umstritten. Nicht nur gehören seiner Regierung die Neofaschisten an, als Medienzar, der drei private Fernsehsender kontrolliert, versucht er mit allen Mitteln, auch die staatliche RAI unter seine Kontrolle zu bringen. Um der Kritik und Rücktrittsforderungen entgegenzutreten, kündigt Berlusconi an, seinen Medienkonzern Fininvest einem Treuhänder zu unterstellen. Doch soll seine Amtszeit nur von kurzer Dauer bleiben: Nach nur sieben Monaten tritt Berlusconi am 22.12.1994 zurück, woraufhin eine Übergangsregierung unter Lamberto Dini die Regierungsverantwortung übernimmt.

Spanien und Portugal 1991/1992 kann die spanische Polizei entscheidende Erfolge gegen die baskische Separatistenorganisation ETA verbuchen. Ende 1992 stimmen beide Länder dem Vertrag von Maastricht zu. Vom 24.7. bis 9.8.1992 trägt Spanien in Barcelona die XXV. Olympischen Sommerspiele aus. Obgleich die spanische PSOE des Ministerpräsidenten Felipe Gonzáles aufgrund der Wirtschaftskrise und zahlreicher Korruptionsaffären an Popularität verloren hat, kann sie sich bei den Wahlen vom 6.6.1993 behaupten; allerdings muß Gonzáles erstmals seit 1982 mit der Baskischen Nationalpartei koalieren; derweil setzt die ETA ihren Terror fort und löst damit am 29.1.1995 in Bilbao eine Massendemonstration von 100 000 Menschen gegen den Terror aus. Die schwierige wirtschaftliche Lage in Spanien ist gekennzeichnet von einem gescheiterten Sozialpakt zwischen den Tarifpartnern und einem Generalstreik im Januar 1994. Gonzáles, der mehrfach mit Rücktrittsforderungen konfrontiert wurde, kündigt für den März 1996 vorgezogene Neuwahlen an.

Griechenland – *zu S. 632*
Die letzten Jahre sind vor allem durch Griechenlands Konflikte mit seinen Nachbarn gekennzeichnet: Albanien wird auch nach der „Wende" vorgeworfen, die griechische Minderheit zu diskriminieren. Mit Mazedonien im Norden entsteht ein heftiger Streit über den Namen dieser Republik, aus der Griechenland mazedonische Ansprüche auf den griechisch-mazedonischen Teil herauszulesen glaubt. Athen verhängt gegen Skopje daraufhin eine Blockade und verärgert damit die EU-Partner. Mit der Türkei eskaliert 1995 der jahrzehntealte Streit um die Hoheitsgebiete in der Ägäis, als die Türkei die internationale Seerechtskonvention nicht mitunterzeichnet, die u. a. eine Ausdehnung der Hoheitsgewässer von 6 auf 12 Meilen vorsieht.

Nordeuropa Finnland schließt am 20.1.1992 einen neuen Nachbarschaftsvertrag mit Rußland, die Auflösung des Beistandspaktes von 1948 wird bekräftigt. Auf die schwere Wirtschaftskrise reagiert die Regierung Esko Aho mit einem Krisenprogramm. Auch die schwedische Regierung sieht sich am 20.9.1992 zur Verabschiedung eines Sparprogramms gezwungen. Die Samen (Lappen) erhalten im Oktober 1993 einen Autonomiestatus mit eigenem Parlament. Norwegen richtet vom 12. bis 27.2.1994 in Lillehammer die XVII. Olympischen Winterspiele aus.
Am 1.1.1995 werden Finnland und Schweden Vollmitglieder der EU, während sich die Norweger in einer Volksabstimmung am 28.11.1994 gegen einen Beitritt aussprachen.

OSTEUROPA

Polen – *zu S. 627/628*
Unter dem Einfluß der Perestroika in der Sowjetunion kommt es zu einer allmählichen Normalisierung. Am 17.4.1989 erfolgt die Wiederzulassung der Gewerkschaft Solidarität. Durch ihre Zulassung als Gesprächspartner der Regierung wird sie auch als politische Kraft anerkannt.

Nach einer Verfassungsreform werden für die kommenden Wahlen (4.6.1989) 35 % der Mandate für oppositionelle Gruppen eingeräumt; der Staatsrat wird abgeschafft, General Jaruzelsky mit nur einer Stimme Mehrheit nochmals zum Staatspräsidenten gewählt. Die Parlamentswahlen am 4.6.1989 (mit Stichwahl am 18.6.) ergeben einen Sieg des Bürgerkomitees Solidarnosc. Erstmals seit 42 Jahren wird ein Nichtkommunist am 14.8.1989 Ministerpräsident: der Redakteur Tadeusz Mazowiecki, ein Berater von Lech Walesa. Im frei gewählten Senat fallen alle 100 Sitze an die Oppositionsgruppen. Zu Jahresende setzt die Umbenennung der „Volksrepublik" in „Republik Polen" einen Schlußpunkt unter zahlreiche weitere Entwicklungen in Richtung demokratischer Rechtsstaat. Die kommunistische Partei löst sich auf. Die Einführung der Marktwirtschaft ist von drastischen Preiserhöhungen und Inflation begleitet. Präsident Jaruzelsky tritt zurück.

Bei den Präsidentschaftswahlen am 25.11.1990 und der nachfolgenden Stichwahl wird Lech Walesa mit 75 % der Stimmen zum Präsidenten gewählt. Zum ersten Mal seit dem Zweiten Weltkrieg finden am 27.10.1991 freie Parlamentswahlen statt. Bei schwacher Wahlbeteiligung von nur 40 % kommen keine klaren Mehrheitsverhältnisse zustande, und dem von Walesa mit der Regierungsbildung beauftragten Olszewski wird kurz darauf das Vertrauen des Parlaments entzogen. Schließlich wird Hanna Suchocka von der Demokratischen Union zur Ministerpräsidentin gewählt. Die von ihr vorgelegten „Grundlagen der Sozial- und Wirtschaftspolitik" werden vom Sejm gebilligt: Ziel ist die Massenprivatisierung. Polen versucht nun, auf eine verstärkte Integration nach Westeuropa hinzuwirken, und bekundet sein Interesse an einem EU-Beitritt sowie an einer NATO- und WEU-Mitgliedschaft. Die stalinistische Verfassung von 1952 wird im November außer Kraft gesetzt. Am 18.9.1993 verlassen die letzten russischen Soldaten Polen. Bei den vorgezogenen Parlamentswahlen am 19.9.1993 erleidet die Solidarnosc eine Niederlage – die linken Oppositionsparteien siegen, und die Solidarnosc ist nicht mehr im Sejm vertreten.

Wachsende Arbeitslosigkeit, mangelnder Export und Inflation sind die größten sozialen und wirtschaftlichen Probleme, die zu einer Koalitionskrise führen. Am 1.2.1994 tritt mit der EU ein Assoziierungsvertrag in Kraft, kurz darauf stellt Polen einen Antrag auf Vollmitgliedschaft. Derweil verstärkt sich die wirtschaftliche Rezession; der Sejm verabschiedet einen Sparhaushalt, u. a. um die vom IWF für Kreditvergabe aufgestellte Norm zu erfüllen. Die Solidarnosc inszeniert in einer Art Machtkampf mit der Regierung eine Streikwelle unter den Bergarbeitern, die erst nach langwierigen Verhandlungen endet. Am 1.1.1995 wird die Währung im Verhältnis 1:10000 auf den Neuen Zloty umgestellt, und der Zloty wird weitgehend konvertibel. Innenpolitisch ist diese Zeit durch einen Machtkampf zwischen Lech Walesa und dem Parlament gekennzeichnet. Walesa versucht zunehmend, mit der Anrufung des Verfassungsgerichts gegen Regierung und Parlament zu „regieren". Die nächsten Präsidentschaftswahlen verliert er gegen seinen kommunistischen Herausforderer.

Tschechoslowakei/Tschechische und Slowakische Republik – *zu S. 628*

1988 melden sich neue Bürgerrechtsbewegungen zu Wort. Alexander Dubcek darf nach 20 Jahren erstmals ins Ausland reisen, und die Störungen westlicher Nachrichtensendungen für die CSSR hören auf. Doch der Bürgerrechtler und Schriftsteller Vaclav Havel ist seit 20.1.1989 wieder in Haft. Es folgt die dramatische Flucht von DDR-Bürgern über die CSSR in den Westen im Herbst 1989. Die Hälfte von ihnen, rund 15000 Menschen, nimmt den Weg über die westdeutsche Botschaft in Prag. Gleichzeitig finden in Prag immer größere oppositionelle Demonstrationen statt.

Als am 17.11.1989 die Sicherheitskräfte mit brutaler Härte vorgehen, distanzieren sich die Blockparteien und der Jugendverband von der KP. Nun spricht Alexander Dubcek in Prag vor 300000 Demonstranten. Am Tag darauf tritt die Führung der KPC geschlossen zurück. In den folgenden Tagen nimmt Havel als Leiter des Bürgerforums Gespräche mit Ministerpräsident Adamec auf, der kurz darauf seinen Rücktritt einreicht. Am 10.12.1989 vereidigt Staatspräsident Husak erstmals ein in Mehrheit nichtkommunistisches Kabinett. Gleichzeitig beginnt die CSSR mit dem Abbau der Grenzsperren zu Österreich. Die KP entschuldigt sich beim Volk für ihr Versagen. Am 28.12.1989 wird Dubcek Präsident der Bundesversammlung, die am Tag darauf Havel zum Staatspräsidenten bestimmt. Am 20.4.1990 wird die CSSR zur „Tschechischen und Slowakischen Föderativen Republik" (CSFR). Bei den ersten freien Parlamentswahlen seit 44 Jahren am 9.6.1990 siegt das Bürgerforum. Havel wird in seinem Amt bestätigt, Maßnahmen zur Privatisierung der Wirtschaft werden beschlossen.

Das slowakische Parlament verabschiedet am 1.7.1992 eine Souveränitätserklärung – der erste Schritt zur Teilung des Landes, woraufhin der slowakische Ministerpräsident Vladimir Meciar und der tschechische Ministerpräsident Vaclav Klaus die Auflösung der CSFR zum 1.1.1993 beschließen, der das Parlament nach einigen Auseinandersetzungen mit ⅗-Mehrheit zustimmt. Beide Staaten schließen mit der EU Assoziierungsabkommen, und in den folgenden Zeit nimmt die Normalisierung und Vertiefung der durch Kriegs- und Nachkriegsereignisse gespannten Beziehungen zwischen Tschechien und Deutschland einen wichtigen Platz ein, wobei das tschechische Verfassungsgericht allerdings die entschädigungslose Enteignung der deutschen Minderheit 1945 bestätigt. Eine Rückgabe von nach 1948 enteignetem Vermögen ist prinzipiell vorgesehen, wenn auch Havel Ersatzforderungen der Sudetendeutschen eine Absage erteilt. Mit Wirkung vom 8.2.1993 wurde auch die Währungsunion aufgelöst. Die bald einsetzenden Kursdifferenzen spiegeln die unterschiedliche Wirtschaftskraft und das verschieden schnelle Entwicklungstempo wider – in der Tschechischen Republik ist Ende November 1994 die Privatisierung von Staatsbetrieben weitgehend abgeschlossen. Zwischen beiden Staaten und der EU tritt am 1.2.1995 ein Assoziierungsabkommen in Kraft, die Slowakei beantragt am 27.6.1995 die Vollmitgliedschaft.

Ungarn – *zu S. 628/629*

Bereits ein Jahr nach Gorbatschows Besuch und kurz nach dem Tod von KP-Chef Kádár wird 1988 offiziell eine Bewegung „Ungarisches Demokratisches Forum" (UDF) gegründet. Im Februar 1989 verzichtet die kommunistische Partei auf ihre Führungsrolle, der Jugendverband beschließt seine Auflösung. Zu einem Markstein in der Neubewertung des unga-

rischen Volksaufstandes von 1956 wird der „Tag der Versöhnung", an dem bekannte Opfer wie der ehemalige Ministerpräsident Imre Nagy feierlich neu beigesetzt werden. Über Ungarn setzt die erste unbehinderte Massenflucht von Deutschen aus der DDR nach Österreich ein (Mai 1989). Die KP einigt sich am 18.9.1989 mit den neuen Oppositionsparteien darauf, daß ein Mehrparteiensystem eingeführt wird.
Am 8.10. beschließt die USAP als erste KP eines Ostblockstaates ihre Selbstauflösung. Die Nachfolgepartei USP bekennt sich zur Marktwirtschaft und zur parlamentarischen Demokratie. Am 12.3.1990 beginnt der Abzug der im Land stationierten sowjetischen Truppen, und am 8.4. finden die ersten freien Wahlen seit 1947 statt. Die USP erringt dabei weniger als 10 % der Parlamentssitze. Staatspräsident wird der Schriftsteller Arpád Göncz, Ministerpräsident Jószef Antall. Verglichen mit den anderen Reformstaaten stabilisiert sich die Wirtschaft relativ schnell. Einem Rückgang der Ostausfuhren steht eine Zunahme der Ausfuhren in den Westen um 30 % gegenüber.
Im Juni 1991 verlassen die letzten sowjetischen Soldaten Ungarn, und die Regierung intensiviert ihre Kontakte zu Westeuropa, u. a. durch den Grundlagenvertrag mit Deutschland am 6.2.1992. Rechtsextremistischen Tendenzen in Ungarn, vor allem seitens des Vizepräsidenten des Ungarischen Demokratischen Forums, Csurka, wird durch dessen Ausschluß aus der Partei im Juni 1993 begegnet, der allerdings darauf die rechtsextreme Partei „Ungarische Wahrheit" gründet. Mit der EU wird ein Assoziierungsvertrag geschlossen. Das Verfassungsgericht bestätigt die Verfolgung von Straftaten bei der Niederschlagung des 1956er Aufstands als rechtens. Bei den Parlamentswahlen im Mai 1994 gewinnt die Ungarische Sozialistische Partei die absolute Mehrheit, neuer Ministerpräsident wird deren Vorsitzender, Gyula Horn, der sich aber für die Marktwirtschaft in Ungarn ausspricht. Die Kommunalwahlen im Dezember bestätigen diesen Trend. Die wirtschaftliche Rezession zwingt auch Ungarn zum Sparen und zur Verringerung der Staatsschulden in Form von Reallohnsenkungen im öffentlichen Dienst, Kürzung von Familienbeihilfen, Kürzung der Lohnfortzahlung bei Krankheit und Stellenabbau im öffentlichen Dienst.

Rumänien – *zu S. 632*
Im Herbst 1988 kommt es zum Streit zwischen Ungarn und Rumänien aufgrund der diskriminierenden Behandlung der ungarischen Minderheit. Allgemeine Furcht besteht vor dem angeblichen Plan der Regierung, 10000 Dörfer einzuebnen und die Landbevölkerung in Wohnsilos umzuquartieren. EG und UNO verurteilen die Mißachtung der Menschenrechte in Rumänien, und es kommt auch in Rumänien zu ersten Auseinandersetzungen darüber. Parteichef Ceausescu bestreitet die Notwendigkeit irgendwelcher Reformen sowie eine Versorgungskrise – und dies angesichts der Rationierung von Heizmaterial und Strom.
Am 16.12.1989 wird eine Protestkundgebung in Temesvar gegen die Zwangsdeportation eines Pfarrers zum Auslöser der allgemeinen Bürgerproteste auch in Rumänien. Vom Militär und dem Geheimdienst Securitate werden dabei rund 100 Menschen getötet. Die folgenden blutigen Unruhen führen zu einem Aufstand, der sich am 21.12.1989 auf Bukarest ausweitet. Da die Streitkräfte mit Panzern dagegen vorgehen, ist der Weg zu einer friedlichen Revolution wie in den anderen osteuropäischen Staaten verbaut. Der Verteidigungsminister findet einen gewaltsamen Tod; Ceausescu flieht aus der Hauptstadt, in der gewaltige Prachtbauten vor der Fertigstellung stehen. Es kommt zu schweren Kämpfen zwischen der Geheimpolizei und Aufständischen, denen sich nach und nach die Armee anschließt. Eine „Front der Nationalen Rettung" (FNR) übernimmt die Macht, und ein Militärgericht verurteilt am 25.12.1989 das auf der Flucht entdeckte Ehepaar Ceausescu zum Tode. Beide werden erschossen.
Ion Iliescu wird Präsident und bildet eine Übergangsregierung; alle Bürger erhalten volle Reisefreiheit, was eine Ausreisewelle von Rumäniendeutschen, Sinti und Roma zur Folge hat. Etwa 30 Bürgerbewegungen und Parteien treffen sich, um freie Wahlen vorzubereiten. Die Wahlen vom 20.5.1990 werden zum Triumph für die FNR. Im Juni werden durch Bergarbeiter, die von Iliescu herbeigerufen wurden, Büros oppositioneller Gruppen gestürmt und Menschen verprügelt. Auch nach Konstituierung des neuen Parlaments am 18.8.1990 werden Ordnungskräfte gegen „Unruhestifter" eingesetzt.
Tausende demonstrieren gegen das Fortbestehen alter Strukturen in der neuen Demokratie, und auch der Präsident fordert die Einführung der Marktwirtschaft und Rückgabe des Bodens an die Bauern. Bei den Parlamentswahlen am 27.9.1992 wird Iliescu zwar bestätigt, und seine Partei gewinnt die meisten Stimmen, doch ist die neue Regierung auf Unterstützung durch die Opposition angewiesen. Am 1.2.1993 schließt Rumänien mit der EG ein Assoziierungsabkommen, das 1995 in Kraft tritt. Die katastrophale Wirtschaftslage löst einen Generalstreik aus, doch hält die Regierung an ihrem Reformprogramm fest. Es folgen weitere Streikwellen 1994/1995, in denen der Rücktritt der Regierung gefordert wird, ein Mißtrauensvotum scheitert jedoch. Durch ein Gesetz vom 19.6.1995 soll die Privatisierung beschleunigt werden.

Bulgarien – *zu S. 632*
1988/89 nehmen Bulgarisierungsmaßnahmen gegen die türkische Minderheit im Land so schwerwiegende Ausmaße an, daß rund 320000 Türken in die Türkei fliehen. Sie sollten bulgarische Namen erhalten und weder ihre Religion ausüben noch in der Öffentlichkeit türkisch sprechen dürfen. Verschiedene Staaten mahnen zur Einhaltung der Menschenrechte. Die in Sofia stattfindende 1. KSZE-Umweltkonferenz wird von Ökologiegruppen zu ersten nicht staatskonformen Aktivitäten genutzt. Der Staatschef spricht sich angesichts des Auftauchens von Bürgerrechtsgruppen erstmals für Pluralismus bei der Staatsführung aus. Am 18.11.1989 gibt es eine erste genehmigte Massendemonstration in Sofia, bei der Demokratie und freie Wahlen gefordert werden. Mitte Dezember gibt die KP ihren Führungsanspruch auf und erklärt sich zu Gesprächen mit Oppositionellen bereit.
Am 12.1.1990 wird die Zwangsbulgarisierung der Türken gestoppt, deren Rechte nun ausdrücklich garantiert werden. Am 18.1.1990 wird Schiwkow wegen Amtsmißbrauch verhaftet und 1992 zu 7 Jahren Haft verurteilt. Die KP spricht sich für Mehrparteiensystem, „regulierte" Marktwirtschaft und Ausarbeitung einer demokratischen Verfassung aus. Am 3.4.1990 wird der Staatsrat abgeschafft. Aus den ersten freien Wahlen seit 1946 geht, einmalig in Osteuropa, die Bulgarische Sozialistische Partei, die Nachfolgerin der KP, mit absoluter Mehrheit hervor; allerdings steht ihr eine starke Opposition gegenüber. Am 1.8.1990 wählt das neue Parlament einen Politiker der Oppositionspartei UDK, Schelju Schelew, zum Staatspräsidenten. Es folgen einige Regierungsumbildungen, bis die Oppositionspartei „Union Demokratischer Kräfte" an der Regierung beteiligt ist. Mit der Türkei wird ein Abkommen über Vertrauensbildung geschlossen, ein Gesetz zur Privatisierung der Staatsbetriebe wird verabschiedet, die Auflösung der LPGs wird beschlossen. Mit der EG wird ein Assoziierungsabkommen geschlossen. Im Mai 1994 finden Proteste gegen die schlechten wirtschaftlichen Lebensbedingungen mit Warnstreiks und einem – gescheiterten – Mißtrauensvotum einen vorläufigen Höhepunkt, und am 8.9.1994 tritt die Regierung des parteilosen Ministerpräsidenten Berow zurück. Die nachfolgenden Wahlen gewinnen wieder

die Sozialisten, die mit der Bauernpartei und den Grünen (Ekoglasnost) im Januar 1995 die Regierung bilden.

Albanien – *zu S. 632*
Eine „Wende" zeigt sich zuerst in Ansprachen von Staatschef Ramiz Alia. Eine Reform des Justizwesens wird eingeleitet, das Verbot der Religionsausübung wird aufgehoben, Kirchen und Moscheen dürfen wieder benutzt werden. Anfang Juli 1990 flüchten einige tausend Personen in ausländische Botschaften in Tirana, davon 3000 in die deutsche. Sie dürfen ausreisen. Gegen Demonstranten geht man bis November in gewohnter Härte vor. Eine Teilprivatisierung der Landwirtschaft und Zulassung von Auslands-Investitionen sind die nächsten Schritte. Oppositionelle Parteien werden erlaubt, und die oppositionelle DP gewinnt die Wahlen vom 22.3.1992 mit 66 % der Stimmen.
Ramiz Alia tritt zurück und wird im September unter Hausarrest gestellt. Derweil sinkt die Wirtschaftsproduktivität auf ein Rekordtief, die Arbeitslosigkeit erreicht 70 %, und die Regierung versucht, u. a. durch einen Aufnahmeantrag in die NATO, die Beziehungen zum Westen zu intensivieren. Die Folgezeit ist gekennzeichnet von raschen Regierungsumbildungen und Spannungen zu Griechenland wegen der griechischen Minderheit in Albanien. Am 13.7.1995 erfolgt die Aufnahme in den Europarat.

DIE SOWJETUNION UND IHRE NACHFOLGESTAATEN
– zu S. 631

Nach 1985, einer Zeit der nötigen, durch Passivität aber blockierten Umstrukturierung, steigen die innenpolitischen und wirtschaftlichen Schwierigkeiten immens. Charakteristisch für die wachsende Meinungsfreiheit auch in der UdSSR ist, daß Fehlschläge wie die Katastrophe von Tschernobyl nun offen in der Presse dargestellt und diskutiert werden. Journalisten decken die Hintergründe von wachsender Kriminalität, Arbeitslosigkeit und Unfähigkeit der Verwaltung auf. Bergarbeiter streiken wegen der mangelnden Versorgung und Arbeitssicherheit. Radio und Fernsehen berichten live aus Sitzungen des Obersten Sowjets, in denen kontroverse Diskussionen geführt werden.
Rassisch und religiös bedingte Gegensätze werden nun zwischen Volksgruppen und Sowjetrepubliken so offen ausgetragen, daß es zu bürgerkriegsähnlichen Zusammenstößen kommt, gegen die die Rote Armee nur maßvoll eingreift. Allenthalben regen sich Selbständigkeitsbestrebungen, welche die Souveränität für die Teilrepubliken fordern. Damit geht eine Auflockerung der Planwirtschaft einher, die in den 90er Jahren schließlich in eine Marktwirtschaft überführt werden soll. Diese Maßnahmen finden zwar weltweit Anerkennung, führen aber objektiv gesehen zur Verschlechterung der Lebensbedingungen für die Menschen.
Im Winter 1990/91 entsteht eine krasse Lebensmittelknappheit, so daß weltweit Hilfe geleistet werden muß. Der Abzug sowjetischer Truppen aus den ehemaligen Ostblockstaaten schafft zusätzliche Probleme, genauso wie die mindestens bis Ende 1990 fortgesetzte Abrüstung: Einige Millionen Menschen werden arbeitslos, für zurückkehrende Armeeangehörige gibt es keine Wohnungen. In der Verwaltung setzt sich langsam eine Dezentralisierung durch. Die zwei Millionen Sowjetbürger deutscher Nationalität dürfen nicht nur nach Deutschland übersiedeln, sondern können das Projekt der Wiederherstellung einer Autonomen Deutschen Region weiterverfolgen. Auch die von 1920 bis 1939 selbständigen baltischen Sowjetrepubliken Estland, Litauen und Lettland verlangen, daß die gewaltsame Annektion durch Stalin (1940) rückgängig gemacht wird. Hier wie auch in der rumänischsprachigen Moldaurepublik wird zunächst wieder die einheimische Sprache zur Amtssprache gemacht, um der schleichenden Russifizierung zu begegnen.
Am 72. Jahrestag der Oktoberrevolution (7.11.1989) veranstalten Bürgerrechtler in Moskau erstmals eine Gegendemonstration zu den offiziellen, dieses Mal stark eingeschränkten Feierlichkeiten. Radikalreformer demonstrieren inzwischen zu Hunderttausenden und fordern die Abschaffung des Führungsmonopols der KPdSU, mehr Demokratie bei künftigen Wahlen und die Rehabilitierung unschuldiger Opfer des früheren Staatsterrors. Im März 1990 wählt nach sehr offenen Debatten der Volksdeputiertenkongreß der SU Michail Gorbatschow auf 4 Jahre zum Präsidenten. Nach amerikanischem Vorbild hat der Staatspräsident nach einer entsprechenden Verfassungsänderung nunmehr weitreichende Vollmachten. Im Mai 1990 wird der Wechsel von der Planwirtschaft zur „regulierten" Marktwirtschaft und der Abbau zahlreicher Subventionen als Reformziel angekündigt, was Preiserhöhungen und Warenknappheit auslöst. Da Mitte 1990 bereits 8 der 15 Sowjetrepubliken ihre Souveränität erklärt hatten, darunter auch die Russische Föderative Republik (RFR), die mit etwa 150 Millionen Menschen mehr als die Hälfte aller Sowjetbürger umfaßt, wird die Ausarbeitung eines Unionsvertrages dringend. Die Verfassung, aus der vor Gorbatschows Wahl auch der Führungsanspruch der KPdSU gestrichen wurde, bedarf ständiger Veränderungen. Ende Dezember 1990 tritt Außenminister Schewardnadse zurück. Die Unabhängigkeitsbestrebungen der baltischen Republiken werden von der Sowjetunion nach wie vor nicht anerkannt. Der von Gorbatschow eingeschlagene Weg wird jäh unterbrochen, als konservative kommunistische Politiker und Militärs am 19.8.1991 putschen und unter Führung von Vizepräsident Gennadi Janajew und Innenminister Boris Pugo ein „Notstandskomitee" bilden, den Ausnahmezustand verhängen und Gorbatschow für abgesetzt erklären. Hunderttausende von Demonstranten gehen daraufhin trotz Verbots auf die Straße und bekunden ihre Unterstützung für Gorbatschow und den russischen Präsidenten Jelzin. Als sich Teile der Armee auf die Seite der Protestierenden schlagen, scheitert der Putsch am 21.8.1991. Am 24.8.1991 gibt Gorbatschow das Amt des Generalsekretärs der KPdSU auf, im November verbietet Jelzin die KPdSU in Rußland.
Als Folge des Putsches kommt es zu einer Umformung der Staatsorgane, die Republiken erklären ihre Selbständigkeit, der russische Zentralismus zerbröckelt. Vor allem die baltischen Republiken lösen sich nach der diplomatischen Anerkennung durch zahlreiche Staaten aus der Sowjetunion heraus. Im Oktober 1991 unterzeichnen Rußland, Weißrußland, Armenien, Turkmenistan, Kasachstan, Tadschikistan, Kirgisistan und Usbekistan einen Vertrag über eine Wirtschaftsunion. Der Verfall der UdSSR ist aber nicht mehr aufzuhalten. Am 8.12.1991 gründet Rußland in Minsk zusammen mit der Ukraine und Weißrußland die Gemeinschaft Unabhängiger Staaten (GUS), der am 21.12.1991 in Alma-Ata Aserbaidschan, Armenien, Moldau, Kasachstan, Kirgisistan, Tadschikistan, Turkmenistan und Usbekistan beitreten. Am 25.12.1991 tritt Gorbatschow zurück, 69 Jahre nach ihrer Gründung ist damit die Sowjetunion wieder beendet. Die GUS übernimmt deren völkerrechtliche Verbindlichkeiten, die GUS-Republiken beantragen die Aufnahme in die UNO. Doch treten die Probleme nun erst recht hervor. Zwischen Rußland und der Ukraine herrscht Uneinigkeit über die Schwarzmeerflotte, die Wirtschaft in allen GUS-Staaten ist katastrophal.

Rußland Zur besseren Durchsetzung seines Reformprogramms übernimmt Jelzin auch das Amt des Regierungschefs ab November 1991. Er versucht kontinuierlich, seine Machtposition im Stil einer Präsidialrepublik auszubauen, und setzt zahlreiche Sondervollmachten für sich durch, z. B. die Verfügung von Erlassen, die Unionsgesetzen widersprechen, und die Ernennung von Exekutivorganen. Der Staatsrat wird am 15.11.1991 aufgelöst. Alle Unternehmungen zur Stabilisierung und Ankurbelung der Wirtschaft verlaufen nur schleppend und können die Lage nicht wesentlich verbessern. Am 31.3.1992 unterzeichnen 21 russische Republiken und Präsident Jelzin einen Föderationsvertrag. Die Republiken Tatarstan und Tschetschenien beteiligen sich nicht. Von nun an spitzt sich die innen- und wirtschaftspolitische Lage auf einen Machtkampf zwischen Präsident Jelzin und Parlamentspräsident Chasbulatow sowie Teilen der Volksdeputierten zu.

In Tschetschenien übernimmt am 27.10.1991 Dschochar Dudajew nach einer von Rußland nicht anerkannten Wahl die Macht und erklärt die Republik Tschetschenien für unabhängig. Rußland antwortet mit der Verhängung des Ausnahmezustandes über Tschetschenien; es kommt zu gewalttätigen Protesten, die schließlich in einen nicht erklärten Krieg führen werden. Mit Polen und der Tschechoslowakei schließt Rußland 1992 Nachbarschaftsverträge, mit den USA wird am 3.1.1993 der START-II-Vertrag unterzeichnet, der eine Verringerung der atomaren und Raketenbewaffnung vorsieht. Auch können nun russische Bürger ohne Ausreisevisum ins Ausland reisen. Auf dem 8. außerordentlichen Kongreß der Volksdeputierten am

Der russische Präsident Boris Jelzin und Bundeskanzler Helmut Kohl am 22.11.1993.

10.3.1993 wird Jelzins Macht erheblich beschnitten. Der Konflikt zwischen Präsident und Legislative eskaliert, auf dem 9. Kongreß scheitert ein Antrag auf Amtsenthebung Jelzins jedoch knapp. Ein von Jelzin gefordertes Referendum findet am 25.4.1993 statt und bestätigt ihn mit 58,7 %. Die Kontrolle über die staatlichen Medien, die Jelzin an sich gezogen hatte, wird nun dem Volksdeputiertenkongreß übertragen.

Jelzin löst daraufhin am 18.9.1993 das Parlament unter Mißachtung der Verfassung auf, woraufhin dieses Ruzkoj zum Präsidenten ernennt und seinerseits Jelzin absetzt. Da Jelzin die Regierung und die Armee hinter sich weiß, verhängt er den Ausnahmezustand über Moskau und läßt das Weiße Haus von Elitetruppen umstellen und erobern. Ruzkoj und Chasbulatow werden festgenommen. In den am 12.12.1993 folgenden Parlamentswahlen gibt es keine klare Mehrheit. Eine gleichzeitig angenommene Verfassungsänderung gibt dem Präsidenten umfangreiche Vollmachten.

In Tschetschenien spitzt sich derweil die Lage weiter zu. Dudajew löst am 17.4.1993 verfassungswidrig das Parlament auf, was weitere blutige Zusammenstöße zur Folge hat. Am 27.5.1994 entgeht Dudajew nur knapp einem Anschlag. Da sich die Lage verschärft, versetzt Rußland am 9.8.1994 seine Truppen an der tschetschenischen Grenze in Alarmbereitschaft. Dudajew ordnet die Generalmobilmachung an, und am 11.12.1994 marschiert die russische Armee ein und geht mit unangemessener Härte vor, was Proteste in Rußland und im Ausland auslöst.

Die Tschetschenen richten sich angesichts der russischen Übermacht auf einen Guerillakrieg ein. Die Hauptstadt Grosnyj wird weitgehend zerstört, die Zivilbevölkerung hat zahlreiche Opfer zu beklagen. Die tschetschenischen Kämpfer nehmen im Juni 1995 im Krankenhaus von Budjonnowsk über tausend Geiseln. Der schließlich erreichten Einstellung der russischen Kampfhandlungen folgt ein Militärabkommen am 30.7.1995, das die Kämpfe weitgehend unterbindet, die politische Frage aber nicht löst. Der Konflikt findet erst im August 1996 sein Ende.

Jelzin sieht sich im Inland weiter Kritik ausgesetzt, und nach zwei gescheiterten Mißtrauensvoten gegen Ministerpräsident Tschnernomyrdin und indirekt Präsident Jelzin wird am 19.1.1995 nur knapp ein Amtsenthebungsverfahren gegen Jelzin abgelehnt. Bei den Parlamentswahlen am 17.12.1995 schafft es der Herausforderer und Reformgegner Lebed (Kongreß russischer Gemeinschaften) gegen alle Prognosen doch nicht, und auch die Präsidentschaftswahlen 1996 gewinnt Jelzin nach einer Stichwahl im Juli wider Erwarten deutlich.

Zwischen Rußland und der NATO besteht in der ganzen Zeit trotz der ansonsten guten Beziehungen zu den westlichen Staaten ein Streit über die Osterweiterung der NATO, in der Rußland eine Bedrohung sieht. Die NATO versucht Rußlands Befürchtungen durch den Abschluß von Abkommen zur „Partnerschaft für den Frieden“ zu zerstreuen, in denen Rußland eine sicherheitspolitische Zusammenarbeit sowie weitgehende Konsultationen und ein Informationsaustausch angeboten werden. Bereits 1994 unterzeichneten die EU und Rußland ein Kooperations- und Partnerschaftsabkommen. Mit Deutschland bestehen Differenzen über die Rückgabe von im Zweiten Weltkrieg nach Rußland verbrachten Kunstwerken. Besonders geht es dabei um den sog. „Priamos“-Schatz, der 1945 in die Sowjetunion kam. Die Fundstücke, fälschlich der Epoche des Priamos zugeschrieben, stammen tatsächlich aus der Zeit um 2400 v. Chr.

Ukraine Die Unabhängigkeitserklärung unter Krawtschuk nach dem Moskauer Putsch am 24.8.1991 wird in einem Referendum mit großer Mehrheit bestätigt. Streitpunkte mit Rußland sind die Aufteilung der Schwarzmeerflotte und die Frage des Status der mehrheitlich von Russen bewohnten Halbinsel Krim. Im August 1992 einigen sich beide Länder dahingehend, bis 1995 die Flotte einem gemeinsamen Oberbefehl zu unterstellen.

Die Krim erhält einen Autonomiestatus. Die in der Ukraine stationierten Atomwaffen werden an Rußland übergeben. Das Atomkraftwerk Tschernobyl soll nach einem Abkommen mit der EU bis zum Jahr 2000 stillgelegt werden. Ebenfalls mit der EU wird am 1.6.1995 ein Partnerschafts- und Kooperationsabkommen geschlossen.

Georgien Nach Demonstrationen verhängt Präsident Gamsachurdija Ende September 1991 den Ausnahmezustand. Bei den folgenden bürgerkriegsähnlichen Auseinandersetzungen wird Gamsachurdija vertrieben und im März 1992 der ehemalige sowjetische Außenminister E. Schewardnadse zum Parlamentspräsidenten gewählt. Die Kämpfe in Südossetien, das einen Anschluß an die zu Rußland gehörende Nordossetische Republik anstrebt, werden im Juli 1992 durch einen Waffenstillstand beendet.

Die ebenfalls abtrünnige Republik Abchasien, wo die Kämpfe am 14.5.1994 durch einen Waffenstillstand beendet werden, entschließt sich am 16.4.1995 ebenfalls für einen Anschluß an Rußland, was von Georgien verweigert wird. Ein Beobachter-Mandat der UNO wird daraufhin bis ins Jahr 1996 verlängert.

Aserbaidschan Seit 1988 wird um das auf aserbaidschanischem Territorium gelegene, von Armeniern bewohnte Autonome Gebiet Nagornyj Karabach gekämpft.

Armenische Truppen aus Berg-Karabach und aserbaidschanische Truppen liefern sich zähe Kämpfe, die sich über das Territorium von Nagornyj Karabach hinaus ausweiten und große Flüchtlingsströme auf beiden Seiten auslösen. Ein Ende der Kämpfe bringt der am 16.5.1994 geschlossene Waffenstillstand; zwar hat die aserbaidschanische Regierung einem Friedensplan nicht zugestimmt, doch wird der Waffenstillstand weiterhin eingehalten.

Moldau Weitgehend friedlich verläuft eine von der moldauischen Regierung nicht anerkannte Abtrennung der von Russen bewohnten Dnjestr-Republik am 3.9.1991. Ebenfalls nicht anerkannt wird die Unabhängigkeitserklärung von Gagausien im Süden der Republik. Am 23.12.1994 billigt das moldauische Parlament einen Autonomie-Status für die Gagausen. Bezüglich der Dnjestr-Region bestehen weiterhin Differenzen mit Rußland, das dort seine 14. Armee stationiert hat, obwohl man sich 1994 auf einen Abzug der Truppen binnen drei Jahren einigte.

Die jugoslawischen Nachfolgestaaten – *zu S. 632*

Serbien/Montenegro („Restjugoslawien") 1991 erreicht der Zustand des jugoslawischen Bundesstaates ein kritisches Stadium. Die Teilrepubliken Slowenien, Kroatien, Bosnien-Herzegowina und Mazedonien erklären ihre Unabhängigkeit, ohne daß diese von Belgrad anerkannt wird. Serbien und Montenegro setzen den alten Bundesstaat fort, der wegen seiner Annexionspolitik international nicht anerkannt ist. Dominierend in dem Reststaat wird der serbische Präsident Milosevic, der sich als Hardliner gegen gemäßigte Politiker durchsetzt.
Gleichzeitig führt Jugoslawien, das lediglich die Unabhängigkeit von Slowenien im August 1992 anerkennt, Eroberungskriege gegen Kroatien und Bosnien, bei denen es bis Oktober zu beträchtlichen Gebietsgewinnen kommt. Da der Eroberungskrieg, der zu ethnischen Säuberungen führt, durch die Notenpresse finanziert wird, gerät die serbische Wirtschaft bald in ein Desaster. Die serbische Kriegspolitik bewirkt eine totale Isolation von den anderen exjugoslawischen Republiken. Sanktionen der EG und Embargos der UNO versucht Serbien immer wieder durch Konferenzen und Beschwichtigungsmanöver hinauszuschieben, es verliert aber trotzdem die Mitgliedschaft im Europarat, in KSZE und in der UNO.
Im mehrheitlich von Albanern bewohnten Kosovo werden Forderungen nach einer eigenen Republik laut, da der serbische Terror gegenüber der albanischen Bevölkerung unvermindert anhält. Die Wirtschaft ist total kollabiert – es herrscht eine Hyperinflation von 313 000 000 %! Die Schaffung des Neuen Dinar und vorgezogene Parlamentswahlen sind nur Kosmetik, erst mit der Lockerung der Sanktionen im August 1994 kann sich die serbische Wirtschaft erholen. Unter internationalem Druck erkennt Rest-Jugoslawien nun die neuen Republiken an. Kroatien gewinnt die annektierten Gebiete der Krajina und in Westslawonien wieder zurück. Flüchtlinge aus der Krajina werden in Kosovo angesiedelt, was von neuen Ausschreitungen gegen die albanische Bevölkerung begleitet wird.
Milosevic, der als Kriegstreiber in Namen einer großserbischen Politik die Mitschuld am Krieg in Bosnien-Herzegowina trägt und seinen politischen Zögling Karadzic militärisch unterstützt hat, tritt nun im Namen des Friedens auf. Am 1.11.1995 nimmt er als Gesprächspartner an der Friedenskonferenz in Dayton/Ohio teil und ratifiziert das Friedensabkommen am 4.12.1995 mit.

Slowenien Die jugoslawische Bundesarmee zieht sich nach einigen Scharmützeln mit slowenischen Truppen im Oktober 1991 endgültig aus Slowenien zurück, das bald von den EU-Staaten anerkannt wird. Trotz wirtschaftlicher Schwierigkeiten kann sich die politische Lage in Slowenien relativ schnell stabilisieren. Am 14.5.1993 wird Slowenien Mitglied des Europarats, am 15.6.1994 wird ein Assoziierungsabkommen mit der EU paraphiert.

Kroatien Die Unabhängigkeitserklärung Kroatiens führt ab August 1991 zu eskalierenden Kleinkriegen mit serbischen Tschetniks und zu einer Offensive der jugoslawischen (serbischen) Bundesarmee, der die kroatischen Verteidiger nicht standhalten können. Als Folge kann Serbien ein Drittes des kroatischen Staatsgebietes (Krajina, Westslawonien) erobern. In der Krajina wird von den Serben eine „Republik" ausgerufen.
Aus den Präsidentenwahlen August 1992 geht Franjo Tudjman als Sieger hervor, der aufgrund seiner Bosnienpolitik den Staat in die Isolation führt. Da sich die Kämpfe zwischen Bosniern und Kroaten immer mehr zuspitzen, droht die EG im Mai 1993 Sanktionen an. Das Land gerät immer mehr in wirtschaftliche Bedrängnis. Am 30.3.1994 kommt für die Krajina ein Waffenstillstand zustande. Am 1.5.1995 erobert Kroatien in einer Blitzaktion das serbisch besetzte Westslawonien zurück; Serbien reagiert mit einer Bombardierung Zagrebs. Anfang August 1995 wird auch die Krajina zurückerobert; ein Waffenstillstand folgt am 9.8.1995. Eine politische Lösung steht noch aus.

Bosnien-Herzegowina Die erreichte Unabhängigkeit Bosnien-Herzegowinas unter A. Izetbegovic ist zugleich der Eintritt in den Krieg. Die Versuche, die in der Regierung zusammengeschlossenen drei Ethnien (43 % Muslime, 32 % Serben, 18 % Kroaten) zu einer Verfassungsänderung zu bewegen, scheitern, als die Serben den Anschluß des serbischen Landesteils an ein neues Jugoslawien verkünden. In die Kämpfe, die das Auseinanderbrechen des Staates begleiten, greift die jugoslawische Bundesarmee auf Seiten der Serben massiv ein. Im Juni 1992 wird eine UNO-Friedenstruppe nach Sarajevo entsandt, die jedoch nur die Versorgung der Bevölkerung notdürftig gewährleisten kann. Alle internationalen Friedensbemühungen scheitern kläglich, da den Serben rasch klar wird, daß weder die EG noch die UNO an eine militärische Intervention denken.
Über 30 Waffenstillstandsabkommen werden planmäßig von den Serben gebrochen. Ein Militärabkommen zwischen Kroatien und Bosnien-Herzegowina 1992 bleibt praktisch ohne Bedeutung – im Gegenteil, im Westen des Landes wird die „Kroatische Gemeinschaft Herceg-Bosna" ausgerufen. Im Januar 1993 scheitert die Genfer Jugoslawienkonferenz unter den Vermittlern Vance und Owen. Im Mai 1993 erklärt der UNO-Sicherheitsrat Sarajevo und fünf weitere Städte zu muslimischen Schutzzonen. Aber all diese internationalen Interventionen ändern nichts an der Tatsache, daß die Serben in Bosnien-Herzegowina zu den kriegstreibenden Machthabern werden, die ihre Gewinne unter unvorstellbaren Kriegsgreueln erreicht haben. Im August 1994 gibt der serbische Präsident Milosevic – zumindest offiziell – die Unterstützung der bosnischen Serben auf und distanziert sich vom bosnischen Serbenführer Karadzic.
Auch Vermittlungsbemühungen von Vance und Stoltenberg mit ihrem Aufteilungsplan scheitern im August 1993, da keine Konfliktpartei zustimmt. Dem im Juli 1994 entworfenen „Kontaktgruppenplan" stimmt nur die im Mai gebildete muslimisch-kroatische Föderation zu. Im Januar 1994 ruft die bosnisch-serbische Führung die Generalmobilmachung aus, Sarajevo ist faktisch von der Außenwelt abgeschnitten. Nachdem die Serben auch das von der UNO verhängte Flugverbot über Bosnien mißachten, kommt es am 28.2.1994 zu einem ersten NATO-Kampfeinsatz. Am 23.7.1994 übernimmt die EU ein Verwaltungsmandat für die herzegowinische Hauptstadt Mostar, die inzwischen entmili-

tarisiert ist. Am 11.7.1995 erreicht der Terror der Serben gegenüber den Muslimen einen Höhepunkt: Srebrenica wird, obwohl es von der UNO zur Schutzzone erklärt wurde, von den Serben eingenommen. Die dort stationierten UNO-Truppen sehen tatenlos zu, wie ethnisch „gesäubert" wird. Tausende bosnischer Muslime verschwinden – wie sich erst Mitte 1996 herausstellt, wurden sie von den Serben dahingemordet.
Die NATO droht den Serben nun mit Luftangriffen, sollte der Schutzzone Gorazde das gleiche Schicksal passieren. Karadzic und Mladic werden vom Internationalen Tribunal für Verbrechen im früheren Jugoslawien in Den Haag als Kriegsverbrecher angeklagt. Erst als Ende August/Anfang September serbische Stellungen von der NATO massiv bombardiert werden und ein Ultimatum gestellt wird, beginnt sich das Blatt langsam zu wenden. Am 4.12.1995 wird das in Dayton/Ohio von Milosevic, Tudjman und Izetbegovic ausgehandelte Abkommen ratifiziert, das einen Waffenstillstand vorsieht, nachdem alle schweren Waffen aus ihren Stellungen zurückgezogen wurden.
60 000 NATO-Soldaten sollen die Einhaltung des Waffenstillstandes überwachen. Es folgt ein Exodus der Serben aus Sarajevo. Im Mai 1996 wird der Serbe Tadic als erster Kriegsverbrecher festgenommen, im Juni 1996 werden Karadzic und sein Armeeführer Mladic als Kriegsverbrecher verurteilt und international per Haftbefehl gesucht. Die militärische Lage bleibt derweil relativ ruhig, eine endgültige politische Lösung steht aus.

DER NAHE OSTEN

- zu S. 685 ff.

Bedingt durch jahrhundertelange Glaubenskämpfe und später durch die Herrschaft europäischer Kolonialmächte und die Gründung des Staates Israel im Jahr 1947 waren der Nahe Osten und Nordafrika seit jeher ein Pulverfaß. Heute wird von den Entwicklungen im Nahen Osten die gesamte Welt zumindest wirtschaftlich in Mitleidenschaft gezogen. Denn durch ihren Ölreichtum wurden viele arabische Länder nicht nur zu wichtigen Rohstofflieferanten, sondern auch zu den solventesten Kunden der Industrienationen.
Der zunehmend an Einfluß gewinnende islamische Extremismus droht auch auf Europa überzugreifen, besonders auf Frankreich mit seinem hohen islamischen Bevölkerungsanteil und auf Bosnien-Herzegowina mit seiner islamischen Mehrheit. Seit 1990 überstürzen sich wieder einmal die Ereignisse in dieser Region.

Libyen Inzwischen wurden in den Akten der ehemaligen DDR-Staatssicherheit Beweise für die Verstrickung Libyens in Terroristen-Anschläge in Europa gefunden. Dennoch halten die meisten Staaten aus wirtschaftlichen Gründen an guten Beziehungen zu Libyen fest. Ab März 1992 wird gegen Libyen wegen des Lockerbie-Attentats ein Luftverkehrs- und Waffenembargo eingeleitet, und Libyen distanziert sich im April 1993 von terroristischen Aktionen, liefert jedoch die tatverdächtigen Libyer nicht aus.

Syrien Aus politischen Gründen nimmt Syrien im Sommer 1990 an der Seite der USA Stellung gegen die Besetzung Kuwaits durch den Irak und beteiligt sich 1991 mit Luftwaffen- und Panzereinheiten am Krieg gegen den Irak. Die Verhandlungen mit Israel über eine Normalisierung sind festgefahren, da Israel unter der neuen Regierung Netanjahu die Golan-Höhen nicht räumen will, obwohl sich unter der Regierung Rabin und später Peres eine Lösung des Konflikts abzeichnete.

Libanon Auch wenn der größte Teil des Landes befriedet ist und die verfeindeten Milizen ihre Kämpfe vor allem in Beirut eingestellt haben, ist die Regierung weiterhin kaum handlungsfähig. Die wirtschaftliche Entwicklung geht jedoch ihre eigenen Wege – in Beirut bricht ein allgemeiner Bau- und Wirtschaftsboom aus. Mit Syrien wird 1991 ein Sicherheitspakt geschlossen, was das Verhältnis zu Israel noch weiter verschärft. Israel unternimmt zahlreiche völkerrechtswidrige Angriffe auf Lager im Südlibanon, wo es Stützpunkte militanter anti-israelischer Gruppen, besonders der Hisbollah, vermutet. Dies findet seinen Gipfel in einem beabsichtigten Angriff Israels auf ein UNO-Flüchtlingslager mit Zivilisten im April 1996, der weltweite Empörung auslöst. Im Südlibanon wird nach wie vor eine „Sicherheitszone" von Israel kontrolliert.

Jordanien König Hussein kann sich angesichts der pro-irakischen Stimmung im Land und des hohen Bevölkerungsanteils an Palästinensern nicht leisten, Jordanien in den Golfkrieg hineinzuziehen; er nimmt jedoch Partei für den benachbarten Irak und gerät damit in außenpolitische Isolation. Im November 1993 finden die ersten Mehrparteienwahlen statt, in denen die um Ausgleich mit Israel bemühten Parteien siegen. Am 26.10.1994 wird mit Israel ein Friedensvertrag unterzeichnet; damit ist der seit 1948 herrschende Kriegszustand beendet.
Für die Bürger besteht nun Reisefreiheit nach Israel, zahlreiche Wirtschaftsabkommen werden unterzeichnet, zwischen beiden Staaten entsteht ein freundschaftliches Nachbarschaftsverhältnis. Jordanien distanziert sich zunehmend von der irakischen Regierung und führt gemeinsam mit den USA im Südteil des Landes Militärmanöver durch. Auch zu dem teilautonomen Palästina werden gutnachbarschaftliche Beziehungen geknüpft.

Irak Die Unterstützung des Irak im Krieg gegen den Iran durch westliche Länder hat sich inzwischen als schwerer Fehler erwiesen. Es stellt sich heraus, daß die umfangreichen Waffenkäufe des Irak weiteren expansionistischen Zielen dienen. Praktisch ergebnislos wird der Krieg gegen den Iran am 20.8.1989 eingestellt, vermutlich, da bereits der Krieg gegen Kuwait geplant wird und die Truppen anderweitig benötigt werden.
Nach Beschuldigungen wie Erdölförderung aus fremdem Lagergebiet und Differenzen über den Grenzverlauf kommt es zum Konflikt mit dem Emirat Kuwait, das am 2.8.1990 in einem Blitzkrieg vom Irak

Saddam Husain, Präsident des Irak seit 1979.

besetzt und zur 19. irakischen Provinz erklärt wird. Daraus entsteht eine weltweite Verwicklung, da die Industrieländer ihre Erdölinteressen in Kuwait gefährdet sehen. Die USA marschieren nach einem UN-Beschluß mit 350 000 Soldaten und High-Tech-Ausrüstung am Golf auf, weitere Staaten wie Großbritannien und Saudi-Arabien beteiligen sich. Irak geht mit Repressionen gegen deren Bürger, die sich im Irak aufhalten, vor. Schließlich werden sie als Geiseln in die Nähe militärisch wichtiger Objekte verlegt, die so vor Luftangriffen geschützt werden sollen. Nach und nach werden ihnen jedoch Ausreisegenehmigungen erteilt. Der UN-Sicherheitsrat stellt dem Irak ein Ultimatum, bis 15.1.1991 kuwaitisches Hoheitsgebiet zu räumen. Saddam Hussein zeigt sich unnachgiebig und siegesgewiß und ruft zum „Heiligen Krieg" auf. Daraufhin beginnen die am Golf stationierten Streitkräfte am 17.1.1991 mit dem Angriff auf den Irak.

Der Irak ist militärisch stark unterlegen, und am 28.2.1991 steht Kuwait wieder unter westlicher Interessensphäre. Nach seiner Niederlage muß der Irak immer mehr UN-Sanktionen hinnehmen, da er sich einer Inspektion seiner Waffensysteme zu entziehen versucht. Die kurdische Bevölkerung im Irak muß in einer UNO-Schutzzone vor Übergriffen der irakischen Armee geschützt werden; doch ist das Schicksal der Kurden weiterhin ungewiß. Innenpolitisch geht Saddam Hussein unbeschadet aus dem Krieg hervor. Da er durch ständige Provokationen die UNO und die Westmächte herausfordert und die vorgesehenen Waffenkontrollen behindert oder vereitelt, bleibt das verhängte Wirtschaftsembargo bestehen; die angebotene teilweise Aufhebung, um dem Irak Devisen zur Versorgung der Bevölkerung zu verschaffen, wird von Saddam Hussein abgelehnt. Obwohl die Bevölkerung verarmt und die Versorgung mit Lebensmitteln und Medikamenten völlig unzureichend ist, wird Saddam Hussein im September 1995 in einer Volksabstimmung mit überwältigender Mehrheit bestätigt.

Iran Der Krieg gegen den Irak wurde über 8 Jahre hinweg unter Einsatz von Fernraketen und Giftgas geführt und forderte große Opfer unter der Zivilbevölkerung. Ayatollah Chomeini, der fundamentalistische Führer des Iran, stirbt am 4.6.1989 – nur wenige Wochen nach Beendigung des Krieges. Sein Nachfolger, Präsident Rafsanjani, verfolgt eine gemäßigtere Politik. Er verurteilt zwar den Überfall des Irak auf Kuwait, lehnt jedoch das Eingreifen der USA ab. Er gestattet dem Irak sogar im Januar 1991, Kriegsmaterial, Truppen und Flugzeuge vor den Angriffen der UNO-Truppen in den Iran in Sicherheit zu bringen. Im Innern behält der Iran seine harte Linie bei. Vor allem die Anhänger der Baha'i-Religion werden verfolgt. Im Juni 1992 wird Rafsanjani als Staatsoberhaupt in Wahlen bestätigt.

Ayatollah Chomeini

Die UN-Menschenrechtskonvention verurteilt den Iran wegen schwerer Mißachtung der Menschenrechte am 10.3.1993. Da die USA dem Iran die Unterstützung des Terrorismus vorwerfen, geben sie am 30.4.1995 ein Handelsembargo bekannt, dem sich die anderen westlichen Länder aus wirtschaftlichem Opportunismus nicht anschließen. Der bereits 1989 erfolgte Mordaufruf gegen den Schriftsteller Salman Rushdie wegen angeblicher Gotteslästerung wird ausdrücklich bestätigt. Obwohl der Iran besonders vom Westen scharf kritisiert wird, werden weder politische noch wirtschaftliche Konsequenzen gezogen.

Kuwait Steuerfreiheit und Luxus prägen das vom Emir Scheich Jaber al Ahmad geführte kleine Land bis Mitte 1990. Der behäbige Wohlstand findet am 2.8.1990 mit der Invasion durch den Irak ein schnelles Ende. Mit der Begründung, Kuwait habe Erdöl auf irakischem Territorium gefördert, wird das Land besetzt und zur 19. irakischen Provinz erklärt – ein alter Anspruch des Irak. Der Scheich flieht nach Saudi-Arabien, und nach Ignorieren eines UN-Ultimatums wird Kuwait mit UNO-Truppen, insbesondere der USA und Saudi-Arabiens, am 17.1.1991 in einem High-Tech-Blitzkrieg bis zum 28.2.1991 zurückerobert – nicht zuletzt deshalb, weil aufgrund der reichen Erdölvorkommen in Kuwait ein massives wirtschaftliches Interesse daran bestand, dort eine prowestliche Regierung zu wissen.
Die Spuren des Krieges (s. auch unter Irak) können relativ schnell beseitigt werden, die letzte von den Irakern angezündete Ölquelle wird am 6.11.1991 gelöscht. Mit dem Irak bestehen weiterhin Differenzen über den Grenzverlauf, weshalb im Grenzgebiet eine entmilitarisierte, von UN-Truppen überwachte Zone geschaffen worden ist.

Ägypten Ägypten hat sich vor allem mit islamischen Fundamentalisten auseinanderzusetzen, die verschiedene Anschläge auf Polizisten, Angehörige der koptischen christlichen Minderheit und auf Ausländer verüben und so dem Land schweren wirtschaftlichen Schaden zufügen. Der Staat reagiert mit aller Härte. Staatspräsident Mohamed Hosni Mubarak entgeht auf der OAU-Gipfelkonferenz am 26.6.1995 in Addis Abeba einem Attentatsversuch durch Fundamentalisten. Die Beziehungen zu Israel, mit dem ein Friedensvertrag besteht, sind korrekt, aber nicht freundschaftlich.

Jemen In der ehemaligen Arabischen Republik Jemen („Nordjemen") kommt 1974 ein Militärregime an die Macht. Südjemen, der marxistische Nachfolgestaat der britischen Kolonie Aden, erlebt Revolten und innere Kämpfe. Unerwartet führen die großen wirtschaftlichen Schwierigkeiten im Mai 1990 die beiden Länder zusammen. Gesamtjemenitischer Staatspräsident bleibt der bisherige Präsident Nordjemens; der südjemenitische Staatschef wird Ministerpräsident.
Zwischen beiden Landesteilen bleibt eine Rivalität bestehen, die die faktische Einheit verhindert, besonders nach den ersten freien Wahlen am 27.4.1993. Im Golfkrieg nimmt Jemen für den Irak Partei und gerät damit in außenpolitische Isolation. Am 21.5.1994 spaltet sich Südjemen wieder ab, was von Nordjemen aber nicht anerkannt wird. Es kommt zu Kämpfen im Südjemen, Aden wird stark zerstört. Der südjemenitische Präsident flieht, und am 7.7.1994 erklärt der siegreiche Nordjemen den Krieg für beendet und die Einheit wiederhergestellt.

Algerien Ende 1991 steht Algerien nach dem ersten Durchgang der Parlamentswahlen am 26.12. kurz vor der Umwandlung in einen fundamental-islamistischen Staat durch die „Islamische Heilsfront". Als am 12.1.1992 Staatspräsident Chadli zurücktritt, übernimmt deshalb das Militär die Macht und setzt den zweiten Wahlgang aus. Die Heilsfront geht in den Untergrund und beginnt einen Terror gegen den Staat und Intellektuelle, Künstler und liberale Journalisten und verbreitet so ein Klima des Schreckens unter der Bevölkerung. Die Regierung reagiert mit Massenverhaftungen und Hinrichtungen. Am 13.1.1995 einigen sich die legalen Oppositionsparteien und die Islamische Heilsfront in Rom auf einen nationalen Vertrag, den die Regierung jedoch ablehnt. Die Gewalt eskaliert, der Terror der Fundamentalisten richtet sich nun auch gegen im Land lebende Ausländer. Eine friedliche Lösung ist nicht in Sicht.

Türkei Zum herausragenden innenpolitischen Problem wird seit 1990 die Kurdenfrage. Da die türkische Regierung ihren Terror auch auf die kurdische Zivilbevölkerung ausdehnt, zahlreiche Dörfer zerstört – bis 1995 sind es 2000 – und die Menschenrechte schwer mißachtet, den Kurden ist beispielsweise der Gebrauch

ihrer Sprache verboten, erklärt die kurdische Arbeiterpartei (PKK) ihrerseits Ankara den Krieg und trägt damit zur Eskalierung der Gewalt bei. Deutschland wird vorgeworfen, durch die Waffenlieferungen an die Türkei mitschuldig zu sein. Da die Bundesregierung am 26.2.1992 selbst die vertragswidrige Verwendung deutscher Waffen gegen Kurden feststellt, werden die Waffenlieferungen ausgesetzt.
In der Folge wird der Konflikt auch nach Deutschland getragen, wo die hier deshalb verbotene PKK Anschläge gegen türkische Einrichtungen verübt. Am 25.6.1993 wird eine Frau, Tansu Çiller, Ministerpräsidentin. Sie behält die harte Linie gegenüber den Kurden bei. Als 8 kurdische Parlamentsangehörige am 8.12.1994 in Ankara verurteilt werden, werden international Proteste laut, das Europäische Parlament bricht die Kontakte zur Türkei ab. Im Juli 1996 kommt das Land, das sich offiziell zu den Menschenrechten bekennt und die EU-Mitgliedschaft anstrebt, wieder negativ in die Schlagzeilen: Über tausend Häftlinge treten wegen der schlimmen Haftbedingungen in einen Hungerstreik; erst nachdem zwölf von ihnen gestorben sind, lenkt die Regierung ein und sagt zu, sich an die in der EU geltenden Richtlinien für Haftanstalten zu halten.

Israels Außenminister Schimon Peres begrüßt am 29.1.1994 PLO-Chef Jassir Arafat zu Beginn ihrer Nahost-Verhandlungen in Davos.

Israel Die okkupierten Gebiete im Westjordanland, von Israel als „Westbanks" bezeichnet, werden trotz internationaler Einsprüche zur Ansiedlung jüdischer Einwanderer genutzt. Im Golfkrieg wird Israel mit irakischen Raketen beschossen, enthält sich aus politischen Gründen jedoch jeglicher Vergeltung. Innenpolitisch spielt die Intifada, der Aufstand der Palästinenser in den besetzten Gebieten, die wichtigste Rolle. Das für Israel überlebensnotwendige gute Verhältnis zu den USA wird wegen Israels unnachgiebiger Haltung im Nahost-Konflikt überschattet. Unter Yitzhak Rabin kommt es 1993 zu einer Annäherung an die PLO, die in der von PLO-Chef Yassir Arafat und Rabin unterzeichneten gegenseitigen Anerkennung am 10.9.1993 ihren Abschluß findet. Am 26.10.1994 wird der Kriegszustand mit Jordanien durch den Abschluß eines Friedensvertrages und umfangreicher Wirtschaftsabkommen beendet; die Beziehungen zwischen den beiden Ländern entwickeln sich im weiteren freundschaftlich.
Auch mit den Palästinensern kommt es zu einem Ausgleich, als am 4.5.1994 ein Abkommen über die Teilautonomie von Jericho und dem Gazasteifen und am 24.9.1995 in Taba/Ägypten ein Abkommen über eine palästinensische Selbstverwaltung im Westjordanland geschlossen wird, was in Israel Kontroversen auslöst.

Am 4.11.1995 wird Rabin, der 1994 gemeinsam mit Peres und Arafat den Friedensnobelpreis erhielt, von einem jüdischen Faschisten ermordet, der Friedensprozeß scheint gefährdet. Auf der anderen Seite verstärkt die fundamentalistische Hamas ihren Terror gegenüber Israel in Form von Bombenanschlägen auf Busse. Die israelische Regierung wirft Arafat vor, nicht konsequent genug gegen Hamas-Mitglieder unter den Palästinensern vorzugehen. Rabins Nachfolger, der bisherige Außenminister Shimon Peres, verliert die Parlamentswahlen im März 1996. Der neue Regierungschef Benjamin Netanjahu, Mitglied des konservativen Likud, beruft den ultrarechten Ariel Sharon als „Megaminister" ins Kabinett. In sein Ressort fallen die Verkehrspolitik, Wasserversorgung und vor allem die Siedlungspolitik – für Palästina entscheidende Bereiche, wodurch neue Konflikte vorprogrammiert scheinen.
Während Rabin im Mai 1995 noch erklärte, innerhalb von drei Jahren wolle er eine Normalisierung der Beziehungen zu Syrien erreichen, und bereits die Räumung einer Siedlung auf den Golan-Höhen in Aussicht stellte, erklärt die neue Regierung ihr Festhalten an der Besetzung der Golan-Höhen. Mit Syrien ist damit eine Verhandlungslösung vorerst verbaut. Als Israel am 18.4.1996 ein Flüchtlingslager der UNO im Südlibanon bombardiert, gerät es unter internationale Kritik. Israel behauptet, die Bombardierung sei versehentlich erfolgt, doch kann die UNO die gezielte Bombardierung beweisen. Der Friedensprozeß droht zu scheitern, und die Arabische Liga warnt auf ihrem Treffen in Kairo Mitte Juni 1996 Israel vor einem Rückfall in die Zeiten der militärischen Konfrontation.

ASIEN UND AUSTRALIEN/OZEANIEN

China in Tibet – *zu S. 664*
Die Volksregierung des von China als weltlicher Präsident Tibets eingesetzten Doje Cering forciert den Wegebau und die Restaurierung der bei früheren chinesischen Aktionen zerstörten Baudenkmäler und Kunstwerke. Diese haben sich als unentbehrliche Attraktionen für ausländische Reisegruppen erwiesen. Nach nur einem Jahr äußerlicher Ruhe kommt es in Lhasa wieder zum Aufbegehren tibetischer Mönche, und zwar einige Tage vor dem 30. Jahrestag des tibetischen Aufstandes vom 1959, am 5. März 1989. Kurz zuvor, am 28.1.1989, war der zweite geistliche Führer Tibets, der in China erzogene Pantschen-Lama, verstorben. Die unruhige Lage veranlaßt die chinesische Regierung, über Lhasa ein Jahr lang das Kriegsrecht zu verhängen.
Der Dalai Lama, Oberhaupt der Tibeter, unternimmt von seinem indischen Exil aus verschiedene Reisen, um auf die Unterdrückung durch die chinesische Verwaltung aufmerksam zu machen. Als er am 6.10.1990 in Oslo den Friedensnobelpreis erhält, bezeichnet China die Preisverleihung als Einmischung in innere Angelegenheiten der VR China und „Beleidigung des chinesischen Volkes".
Am 11.5.1990 gibt der Dalai Lama den Rücktritt seiner Exilregierung bekannt, weil den vielen im Exil lebenden Tibetern bei der Regierungsbildung künftig ein größeres Mitspracherecht eingeräumt werden soll. In Lhasa kommt es im Mai 1993 zu erneuten schweren Unruhen und Demonstrationen für die Unabhängigkeit Tibets. Außer der Aufforderung an den

Panzeraufmarsch in Pekings Innenstadt. Hier wird bald darauf, am 4.6.1989, der von demonstrierenden Studenten besetzte „Platz des himmlischen Friedens“ gewaltsam durch die chinesische Armee geräumt.

Dalai Lama, nach China zurückzukehren, erfolgt von chinesischer Seite kein Eingehen auf die Forderungen.

Volksrepublik China – *zu S. 727 ff.*
Die Zeit der Kulturrevolution 1966-1968 wird heute offiziell als Verirrung bezeichnet, die dem Staat schwer geschadet hat. Der bald nach dem Tod von Mao einsetzende Kurs der Zusammenarbeit mit dem Westen, insbesondere mit Japan, den USA und Deutschland, und vor allem die Wiederzulassung privater Initiativen haben in den 90er Jahren in China zu einem Wirtschaftsboom geführt. Der China-Tourismus erlebt einen ständigen Aufschwung. Die dazu nötige Infrastruktur wird mit ausländischer Hilfe geschaffen. In einigen Wirtschafts-Sonderzonen und auf der Insel Hainan wird die Marktwirtschaft in großem Stil erprobt, zusammen mit ausländischen Investoren. Die wirtschaftliche, aber keineswegs politische Öffnung zum Westen ist seit 1988 auch mit einer neuen, sachlichen Zusammenarbeit mit der Sowjetunion und den Ostblockstaaten verknüpft. Um wirkliche Demokratie und Mitbestimmung kämpfen von April bis Juni 1989 Zehntausende von Studenten und Arbeitern.
Die harte Niederschlagung der Massendemonstation in Peking am 4. Juni 1989 und die z. T. darauf folgenden Todesurteile führen zu einem mehrjährigen Rückschlag in den Beziehungen zum Westen. Unter Regierungschef Li Peng werden immer wieder Ansätze zu zaghaften Reformen in Politik und Wirtschaft unternommen, doch insgesamt steht China im Spannungsfeld zwischen Orthodoxen um Ministerpräsident Li Peng und Reformern um Deng Xiaoping. Langsam kann China seine außenpolitische Isolierung überwinden und erreicht im Februar 1992 die Aufhebung des US-Rüstungsembargos. Auch Deutschland hebt im Dezember 1992 die gegen China verhängten Sanktionen auf. Durch Besuche werden die bilateralen Beziehungen zu Japan, der Mongolei, Iran und Vietnam vertieft. Mit dem neuen Rußland wird am 18.12.1992 ein umfangreiches Vertragswerk unterzeichnet; beide Staaten bezeichnen ihre Beziehungen nun als freundschaftlich. Am 29.3.1993 wird der Begriff „Planwirtschaft“ in der Verfassung durch „sozialistische Marktwirtschaft“ ersetzt. Mit Großbritannien wird über die Rückgabe von Hongkong im Jahr 1997 verhandelt, doch bestehen über den zukünftigen Status der jetzigen Kronkolonie erhebliche Differenzen.
Die Bestrebungen zur Liberalisierung der Wirtschaft werden konsequent fortgeführt, u. a. mit der teilweisen Freigabe der Wechselkurse des Yuan. Eine politische Liberalisierung ist dagegen nicht zu verzeichnen. Oppositionelle werden weiterhin verhaftet, die Menschenrechte – besonders in Tibet – mißachtet. Bundeskanzler Kohls Besuch in China im November 1993 wird daher hier kritisiert. Auch setzt China trotz internationaler Proteste seine unterirdischen Atomversuche fort. Mit den USA bricht ein Streit aus, da die USA China die Verletzung von Urheberrechten bei Software und CDs vorwerfen, was Anfang 1995 fast zu einem Handelskrieg führt. Auch werfen die USA China vor, Iran und Pakistan mit High-Tech-Rüstung zu beliefern. Vom 4. bis 15.9.1995 findet in Peking die 4. UNO-Weltfrauenkonferenz statt – für China eine Gelegenheit, sein ramponiertes Image zu verbessern.
Mit Taiwan, das China als eigene Provinz betrachtet, kommt es 1993 zwar zu einer Lockerung der bisher strikt unterbundenen Beziehungen, und Taiwan erklärt, den Anspruch auf Rückeroberung Chinas aufgeben zu wollen, doch kommt es im März 1996 zu einem Säbelrasseln, als Kriegsschiffe der VR China sich Taiwan bis kurz vor die Hoheitsgrenze nähern. Die Beziehungen zwischen Deutschland und China kühlen stark ab, als der Dalai Lama im Frühjahr 1996 zu einem offiziellen Besuch nach Bonn reist; Außenminister Kinkel wird daraufhin von einem bereits vereinbarten Besuch in Peking ausgeladen.

Indien – *zu S. 700*
Ende Oktober 1984 fällt Ministerpräsidentin Indira Gandhi einem Mordanschlag zum Opfer. Ihr folgt ihr Sohn Rajiv und im Dezember 1989 V. Pratap Singh als Regierungschef. Die religiösen und politischen Auseinandersetzungen mit militanten Hindus und Separatisten der Sikhs mehren sich und werden vom Militär gewaltsam niedergeschlagen. Im Dezember 1992 zerstören fanatische Hindus die Moschee von Ayodhya, was in mehreren Städten zu blutigen Kämpfen zwischen Moslems und Hindus mit über 1000 Toten führt und das seit jeher gespannte Verhältnis zu Pakistan noch mehr belastet. Die Auseinandersetzungen prägen auch die nächsten Monate, besonders in Srinagar, der Hauptstadt von Jammu und Kaschmir, das sich Pakistan und Indien gegenseitig streitig machen. Von November 1994 bis März 1995 finden in mehreren Bundesstaaten Wahlen statt, bei denen die traditionell starke Kongreßpartei schwere Niederlagen erleidet, was auf die umstrittene Wirtschaftspolitik der Regierung zurückzuführen ist. In der Kongreßpartei setzen Linienkämpfe ein. Die Regierung sieht sich mit landesweiten Protesten gegen ihre Wirtschaftspolitik konfrontiert, und die Lage in Jammu und Kaschmir ist nun von blutigen Kämpfen, Geiselnahmen und schweren Menschenrechtsverletzungen gekennzeichnet.

Pakistan Der Kaschmirkonflikt führt immer wieder zu Grenzkämpfen mit Indien. Als im Februar 1992 Anhänger der „Befreiungsfront Jammu und Kaschmir“ die Grenze zu durchbrechen versuchen, kann nur knapp das Schlimmste verhindert werden. Die innenpolitischen Verhältnisse sind von Kämpfen mit militanten Moslems, Korruption und einer maroden Wirtschaft gekennzeichnet.

Bangladesch In einem Referendum wird mit 84 % der Stimmen das bisherige Präsidialsystem durch ein parlamentarisches abgelöst. Die wirtschaftlich schwierigen Verhältnisse werden durch Naturkatastrophen und die Flucht Hunderttausender burmesischer Rohingyas nach Bangladesch ab März 1992 noch mehr verschlechtert. Auch hier gewinnen die islamischen Fundamentalisten an Boden. Der Schriftstellerin Taslima Nasreen wird Gotteslästerung vorgeworfen, und sie wird mit dem Tode bedroht. Am 10.8.1994 geht sie daher nach Schweden ins Exil.

Myanmar (früher Burma) – *zu S. 714*
Unter dem 1974 folgenden Staatspräsidenten versinkt das Land, einst einer der reichsten britischen Kolonialstaaten, in Isolation und Armut. Im September 1988 ruft eine Demokratiebewegung eine Gegenregierung unter dem ehemaligen Premierminister U Nu aus. Hoffnung auf baldige freie Wahlen beseitigt am 18.9.1988 der Putsch einer Militärjunta. Darauf brechen Unruhen aus, gegen die das Militär mit großer Härte vorgeht. Mehr als 1000 Demonstranten kommen ums Leben. Überraschend kündigt die Militärregierung Wahlen für 1990 an, bei denen 90 Parteien und Gruppierungen antreten wollen.
Am 27.5.1989 wird der Name „Burma" in „Union von Myanmar" geändert – aus Rücksicht auf die neben den Burmesen hier lebenden Völker. Als das Wahlergebnis am 27.5.1990 feststeht, ist die Überraschung groß: Die der Regierungspartei nahestehende Einheitspartei erringt nur 10 von 485 Parlamentssitzen, die NLD-Opposition jedoch 397. Die Militärregierung betrachtet dies jedoch nicht als Rücktrittsgrund, sondern will erst eine neue Verfassung durch die Nationalversammlung verabschieden lassen. Am 14.10.1991 erhält die seit 1989 unter Hausarrest stehende Oppositionspolitikerin Aung San Suu Kyi den Friedensnobelpreis, was jedoch sogar bei der oppositionellen NLD nicht auf Verständnis stößt.
Mittlerweile nimmt die UN-Menschenrechtskommission zu Myanmar Stellung und fordert die Regierung zur Freilassung von Suu Kyi und Wiedereröffnung der im Dezember 1991 nach friedlichen Demonstrationen geschlossenen Universitäten auf. Zunehmende Repressionen, besonders gegen die moslemischen Rohingyas, lösen eine Massenflucht nach Bangladesch aus. Die Volksgruppe der Karen beginnt einen Guerillakrieg gegen den Staat. Am 10.7.1995 wird der Hausarrest gegen Suu Kyi überraschenderweise ohne jegliche Auflagen aufgehoben; seitens der Regierung werden erste Bemühungen unternommen, die außenpolitische Isolation zu durchbrechen.

Vietnam – *zu S. 718*
Die von Vietnam in Kambodscha etablierte Regierung ist nach 10 Jahren soweit, mit eigenen Truppen die Rebellen zu bekämpfen. So beginnt 1988 der Rückzug der Vietnamesen aus dem Nachbarland, der am 26.9.1989 beendet ist. Die Hilfsmaßnahmen westlicher Länder werden wieder aufgenommen, zumal die sowjetische Hilfe stark zurückgeht. Ein besonderes Problem sind die auf Booten flüchtenden Vietnamesen – Boat people -, die nach Malaysia, Hongkong und Thailand zu gelangen versuchen.
Die Regierung führt wirtschaftliche Reformen durch, privatisiert und läßt ausländische Investoren zu. Die Wirtschaft nimmt einen allgemeinen Aufschwung, wobei sich aber schnell ein deutliches Süd-Nord-Gefälle zeigt. Mit Großbritannien (Hongkong) und den Philippinen werden Abkommen zur Rückführung der Boat people getroffen, da sie als Wirtschaftsflüchtlinge gelten. Mit Thailand wird die Zusammenarbeit intensiviert. Auch die USA sagen Vietnam Hilfe zu, nachdem sich die Regierung bereiterklärt hat, nach den im Vietnamkrieg verschollenen GIs zu forschen, und heben am 3.2.1994 das 1975 über Vietnam verhängte Handelsembargo auf. Mit der EU wird am 17.7.1995 ein Kooperationsabkommen und mit Deutschland am 21.7.1995 ein Rückführungsabkommen für die in Deutschland lebenden 40 000 Vietnamesen – ehemalige DDR-Gastarbeiter und abgelehnte, aber bislang geduldete Asylbewerber – geschlossen, worin Vietnam im Gegenzug Entwicklungshilfe und Wiedereingliederungshilfe zugesagt wird. Am 5.8.1995 nimmt Vietnam diplomatische Beziehungen zu den USA auf.

Kambodscha – *zu S. 719*
Über die Roten Khmer und ihren Führer, Pol Pot, dringen nach und nach entsetzliche Nachrichten ins Ausland: Die Hauptstadt bleibt geräumt, bei der Zwangsarbeit für alle Bürger wird systematisch die Intelligenz ausgerottet. Mehrere Millionen Menschen fallen dem Regime der Roten Khmer zum Opfer. Als im März 1978 durch den Einmarsch der Vietnamesen die Roten Khmer rasch in den Untergrund getrieben werden, finden sich die Beweise für die 4jährige Schreckensherrschaft. Jedoch erkennt die Welt die von Vietnam eingesetzte neue Regierung unter Heng Samarin nicht an. 1982 – 1990 gilt der neutrale Prinz Sihanouk, der in der VR China im Exil lebt, als rechtmäßiges Staatsoberhaupt.
Derweil geht im Land ein unübersichtlicher Bürgerkrieg weiter. Sihanouk unterzeichnet am 21.2.1990 mit dem Ministerpräsidenten Kampucheas, Hun Sen, in Bangkok ein Abkommen über eine geplante Präsenz der UNO. Im Juli 1991 wird Sihanouk Präsident des Obersten Nationalrats. Nach der Unterzeichnung des Pariser Friedensabkommens am 23.10.1991 beginnt die Befriedung, UNO-Truppen treffen ein und entwaffnen die vier feindlichen Parteien, die Roten Khmer entziehen sich jedoch dieser Maßnahme.
Im Mai 1993 werden demokratische Wahlen abgehalten, im Juni wird Sihanouk als Staatsoberhaupt und nach einer neuen Verfassung am 24.9.1993 als König eingesetzt. Die Roten Khmer werden verboten und bilden eine Gegenregierung, wobei es in der Folge zu ständigen blutigen, guerillaartigen Auseinandersetzungen kommt.

Indonesien – *zu S. 720*
Präsident Suharto treibt eine expansive Politik, die zur Zwangseingliederung von Osttimor und „West-Irian" (früher Australisch Neuguinea) führt, wobei das Militär am 12.11.1991 in Dili/Osttimor ein Massaker unter demonstrierenden Jugendlichen anrichtet. Gegner des Regimes, z. B. Einwohner der Molukken-Inseln, flüchten vornehmlich in die alte Kolonialmacht Holland. Oppositionelle werden weiterhin systematisch verfolgt. Mit Portugal werden wegen der Annexion Osttimors in Genf Gespräche geführt, die bisher zu keinem Ergebnis geführt haben.

Thailand Die Militärs sichern sich einen beherrschenden Einfluß durch eine im Dezember 1991 verabschiedete Verfassung. Ein Aufstand in Bangkok im Mai 1992 gegen die Militärherrschaft wird mit äußerster Härte niedergeschlagen. Im Juni 1992 wird ein ziviler Regierungschef ernannt, und allmählich kann sich eine Demokratisierung durchsetzen; am 4.1.1995 werden in einer Verfassungsreform größere Bürgerrechte gewährt. Führenden Politikern werden Verbindungen zum organisierten Verbrechen vorgeworfen.

Japan – *zu S. 737*
Nach weiteren Bestechungsskandalen verliert die LDP die absolute Mehrheit, stellt aber mit Kaifu doch wieder den Ministerpräsidenten. 1989 stirbt nach 63jähriger Herrschaft Kaiser Hirohito; neuer Tenno wird sein Sohn Akihito.
Ab 1992 gerät Japan wie andere Industrieländer auch in die stärkste Rezession seit 20 Jahren. Das Verhältnis zu den USA wird durch Exportüberschüsse, das zu Rußland durch den Streit um die Rückgabe

der Südkurilen belastet. Zu China entwickelt sich das Verhältnis nach dem Staatsbesuch des japanischen Kaiserpaares im Oktober 1992 gut. Im Oktober 1993 werden mit Rußland Verhandlungen für einen Friedensvertrag begonnen, der u. a. den Status der Südkurilen regeln soll.
Am 17.1.1995 trifft ein verherrendes Erdbeben die Millionenstadt Kobe; im März sorgt die Sekte Aum Shinri Kyo mit Giftgasanschlägen auf die Tokioter U-Bahn für weitere Schlagzeilen. Der Sektenführer Shoko Asahara wird verhaftet.

Korea – *zu S. 740*
1990 wird eine Abkehr von der zu offensichtlich undemokratischen Regierungsform Südkoreas demonstriert, was aber erneute Streiks und Demonstrationen gegen die Regierung nicht verhindert. Die Bemühungen, mit Nordkorea wenigstens Reise- und Nachrichtenverkehr zu ermöglichen, scheitern immer wieder an Einsprüchen beider Seiten. In Nordkorea wird Staatschef Kim Il Sung bis 1993 in seinem Amt bestätigt. Er beharrt auch nach der Wende in Osteuropa auf einem harten stalinistischen Kurs.
Nach seinem Tod übernimmt sein Sohn im Dezember 1991 den Oberbefehl über die Streitkräfte. Es kommt zu einem Streit mit den USA, als Nordkorea im März 1993 den Atomwaffensperrvertrag kündigt. Nach langen Querelen erklärt sich Nordkorea in Verhandlungen mit den USA zur Inspektion seiner Atomanlagen und zur Einstellung seines Atomprogramms bereit und bleibt Mitglied des Atomwaffensperrvertrags im Gegenzug zu einer Normalisierung der Beziehungen.

Australien und Ozeanien
Im Dezember 1994 spricht die australische Regierung den Aborigines eine Entschädigung für Atomtests zu, die die britischen Streitkräfte in den 50er Jahren in deren Siedlungsgebiet durchführten. Auch die neuseeländische Regierung bietet den Maori im Dezember 1994 eine Wiedergutmachung für erlittenes Unrecht an.
Große Empörung im gesamten pazifischen Raum löst die Ankündigung Frankreichs aus, 1995/96 neue Atomwaffentests auf dem Mururoa-Atoll durchzuführen. Australische und neuseeländische Abgeordnete beteiligen sich an einer Protestfahrt ins Testgebiet. In Papeete auf Tahiti, einem französischen Überseegebiet, kommt es daraufhin zu gewalttätigen Auseinandersetzungen. Frankreich führt jedoch unbeirrt sechs von acht geplanten Tests durch.

AFRIKA

Südliches Afrika – *zu S. 750*
Als letztes afrikanisches Land erlangt am 21.3.1990 Namibia, die bislang von Südafrika verwaltete, ehemalige Kolonie Deutsch-Südwestafrika die Unabhängigkeit. Bei den ersten Wahlen 1992 siegt die frühere Befreiungsorganisation SWAPO deutlich. In der Republik Südafrika ist ein Ende der Apartheid in Sicht. Ab 1990 geht es dann recht schnell: Regierungschef de Klerk, der 1989 gewählt wurde, kündigt im Februar 1990 Reformen an. Der schwarze Bürgerrechtler Nelson Mandela wird nach 28 Jahren aus der Haft entlassen. Im Mai beginnen Verhandlungen zwischen der Regierung und der Widerstandsbewegung ANC.
Im August wird die Freilassung aller politischer Gefangener und im Februar 1991 die Aufhebung der meisten Apartheidgesetze angekündigt. Im Juli 1991 wird Mandela zum Präsidenten des ANC gewählt, im September erfolgt der Abschluß eines Friedensabkommens zwischen Regierung und schwarzen Parteien. Im Februar 1992 erklären in einem Referendum fast 69 % der Weißen, daß sie de Klerks Reformen unterstützen. Am 7.10.1992 entschuldigt sich de Klerk öffentlich für das Unrecht der Apartheid. Die Verfassung wird dahin geändert, daß alle Bürger die gleichen Rechte haben. Mandela und de Klerk erhalten im Dezember 1993 den Friedensnobelpreis.
Die Wahlen zur Nationalversammlung im April 1994 gewinnt der ANC mit absoluter Mehrheit, und das Parlament wählt Mandela zum neuen Präsidenten. De Klerk wird Vizepräsident in der Regierung der „neuen Einheit“. Die Zeit nach den Wahlen ist geprägt von blutigen Auseinandersetzungen zwischen ANC- und mehrheitlich aus Zulu bestehenden Inkatha-Anhängern, von einer sehr gespannten wirtschaftlichen Lage und nur sehr langsam sich verbessernden Lebensbedingungen für die schwarze Township-Bevölkerung. In Mosambik geht ein 16jähriger Bürgerkrieg zuende, das Erbe der portugiesischen Kolonialverwaltung.
In den ersten Wahlen im Oktober 1994 erreicht die FRELIMO die Mehrheit über die RENAMO, die andere Bürgerkriegspartei. Es zeichnet sich eine weitgehende Stabilisierung der Lage ab. Auch im ehemals portugiesischen Angola kommt es im November 1994 zu einem Friedensabkommen zwischen den Bürgerkriegsparteien UNITA und MPLA; die Bildung einer Regierung der Nationalen Einheit wird beschlossen. Eine UNO-Sicherheitstruppe überwacht den Frieden.

Ruanda/Burundi
In beiden Ländern – ehemalige belgische Kolonien – herrschen jahrhundertealte Spannungen zwischen den Hutu und den Tutsi, die immer wieder zu Bürgerkriegen eskalierten. Der Tod des burundischen und des ruandischen Präsidenten bei einem Flugzeugabsturz am 6.4.1994 löst in dem von den Hutu beherrschten Ruanda den bislang schwersten Bürgerkrieg aus, bei dem eine halbe Million Menschen getötet werden und drei Millionen in die Nachbarstaaten flüchten.
Im Juli erobern Tutsi-Milizen die Hauptstadt Ruanda und den größten Teil des Landes und erklären den Krieg für beendet. Aus Angst vor Repressionen fliehen nun Hunderttausende von Hutu ins Ausland. Die neue Tutsi-Regierung ist weitgehend handlungsunfähig, die Situation ist kaum überschaubar. Auch in Burundi kommt es in diesem Zeitraum immer wieder zu bürgerkriegsartigen Auseinandersetzungen zwischen der von Tutsi dominierten Armee und Hutu-Rebellen.

USA/NORDAMERIKA
- zu S. 775

Auf Präsident Reagan folgt im Januar 1989 der bisherige Vizepräsident Bush. In seine Amtszeit fällt die militärische Intervention der USA in Panama 1989 und der Golfkrieg um Kuwait gegen Irak (s. Kuwait/Irak). Der Anfang der 90er Jahre steht ganz im Zeichen von wirtschaftlichen Problemen, Rassenunruhen und dem Präsidentenwahlkampf. Bei Rassenunruhen in Los Angeles im Mai 1992 anläßlich eines Freispruchs für weiße Polizisten, die einen Schwarzen zusammengeschlagen hatten, kommt es zu Toten, Verletzten und Plünderungen, so daß der Notstand ausgerufen werden muß.
Bei den Präsidentschaftswahlen am 3.11.1992 gewinnt der Herausforderer Bill Clinton (Demokraten). Bei den Kongreß- und Gouverneurswahlen im November 1994 gewinnen jedoch die Republikaner in beiden Häusern, so daß Clinton politisch sehr eingeengt ist. Außenpolitisch vermitteln die USA noch unter Bush zwischen Israel und den arabischen Nachbarn. Am Ende seiner Amtszeit kann Bush mit dem russischen Präsidenten Jelzin in Moskau noch den START-II-Vertrag über den Atomwaffenabbau unterzeichnen.
Mit der EU kommt es im Mai 1993 zu einem Handelskrieg mit vorübergehenden Sanktionen wegen nach Ansicht der USA diskriminierender Auftragsvergabepraxis der EU. 1994 wird das Vietnam-Embargo aufgehoben, nachdem sich Vietnam bereit erklärt hat, bei der Suche nach im Viet-

nam-Krieg verschollenen US-Soldaten zu helfen. Im September 1994 stationieren die USA Soldaten auf Haiti, um die Wiedereinsetzung des gestürzten Präsidenten Jean-Bertrand Aristide zu ermöglichen. Mit Nordkorea bestehen Differenzen über dessen Atomprogramm; nachdem Nordkorea die Inspektion seiner Anlagen durch die USA gestattet, streben die USA eine Normalisierung der Beziehungen zu dem Land an.
Bezüglich Bosnien-Herzegowina drängen die USA Europa auf eine Aufhebung des Waffenembargos gegen die Regierung und eine härtere Linie gegenüber den bosnischen Serben, können sich damit aber nicht durchsetzen (s. auch Bosnien-Herzegowina).

Mexiko
Im Bundesstaat Chiapas kommt es Anfang 1994 zu einem Aufstand der Indianer, um soziale Reformen zu erreichen. Der Aufstand wird blutig niedergeschlagen; man einigt sich auf einen Waffenstillstand, ohne das Ziel des Aufstands erreicht zu haben. International wird die mexikanische Armee schwerer Menschenrechtsverstöße beschuldigt.

MITTELAMERIKA

Am 30.9.1991 wird auf Haiti der demokratisch gewählte Präsident Jean-Bertrand Aristide vom Militär gestürzt und muß ins Exil gehen. Es kommt zu einer beispiellosen Unterdrückung und Verelendung der Bevölkerung. Aristide ruft die Bevölkerung aus seinem Exil zum gewaltfreien Widerstand auf. Unter internationalem Druck und aufgrund eines vollständigen UNO-Handelsembargos erklärt sich die Militärjunta bereit, Aristide sein Amt zurückzugeben, hält sich aber erst an ihr Wort, als die UNO am 31.7.1994 mit einer Militärinvasion durch die USA droht. Am 19.9.1994 stationieren die USA Truppen auf Haiti, um dem am 15.10.1994 zurückkehrenden Aristide die Ausübung seines Amtes zu ermöglichen. Bei den Parlamentswahlen im Juni 1995 siegt das Parteienbündnis von Aristide.
In Nicaragua schreitet der Ausgleich zwischen Sandinisten und Contras unter Präsidentin Chamorro fort; am 21.1.1992 beginnt die Entwaffnung der Contras.
Kuba gerät nach dem Zusammenbruch des Ostblocks und damit der Wirtschaftshilfe durch die Sowjetunion immer mehr in wirtschaftliche Bedrängnis. Ab April 1992 verschärfen die USA das Wirtschaftsembargo gegen Kuba und drohen sogar ausländischen Firmen mit Sanktionen, was zur Verärgerung in Europa führt. In Kuba werden kleinere Wirtschaftsreformen durchgeführt, und man bietet ausländischen Unternehmen Beteiligungen an. Nach einer Massenflucht von Wirtschaftsflüchtlingen in die USA schließen Kuba und die USA am 2.5.1995 ein Abkommen zur Rückführung illegal in die USA gelangter Flüchtlinge. Insgesamt hält Kuba weiterhin an seinem sozialistischen Kurs fest.

SÜDAMERIKA

Der südamerikanische Kontinent bleibt auch in den 90er Jahren Entwicklungsraum, obgleich Brasilien große wirtschaftliche Anstrengungen unternimmt und schon zu den „Schwellenländern" zu rechnen ist. Die Lage in Brasilien ist geradezu symptomatisch für den gesamten Kontinent: eine insgesamt schlechte Wirtschaftslage, verbunden mit hoher Arbeitslosigkeit, Korruption und starker Verschuldung sowie krassen sozialen Gegensätzen: Mehr als die Hälfte des Nationaleinkommens wird von nur 10 % der Bevölkerung verbraucht. Wie in den meisten südamerikanischen Staaten wird gegen die Menschenrechte verstoßen, insbesondere der Schutz der Indios ist nicht gewährleistet.
Die Amazonas-Indianer stehen durch eine rücksichtslose Siedlungs- und Ausbeutungspolitik für das Amazonas-Becken vor ihrer kulturellen Ausrottung. Argentinien kann sich unter Staatsoberhaupt C. S. Menem wirtschaftlich stabilisieren, und auch Bolivien kann unter J. Paz Zamara wirtschaftliche Erfolge verzeichnen. In Peru kann auch die Regierung Fujimori trotz Notstandsregierung nach Auflösung des Parlaments am 5.4.1992 das Land nicht aus seinen Problemen herausführen, und das Land hat unter dem Terror der Organisation Sendero luminoso („Leuchtender Pfad") zu leiden.
Zwischen Peru und Ekuador gibt es im Januar 1995 einen etwa einen Monat dauernden militärischen Konflikt um eine Grenzregion, in der reiche Bodenschätze vermutet werden. Kolumbien verfolgt unter Präsident Gaviria einen liberalen Kurs und schließt mit Bolivien, Peru, Ekuador und Venezuela ein Freihandelsabkommen. Bei der Bekämpfung des für den Rauschgifthandel verantwortlichen Medellín-Kartells können Erfolge erzielt werden. In Venezuela bleibt die Lage infolge von bedrohlich anwachsender Armut, Korruption und hoher Arbeitslosenrate instabil; ein Putsch gegen Präsident C. A. Pérez am 4.2.1992 kann niedergeschlagen werden. Er wird schließlich wegen Veruntreuung von seinem Amt suspendiert.

LITERATURHINWEISE

Die folgenden Hinweise geben dem Leser nur eine beschränkte Auswahl aus der reichen Literatur über die verschiedenen historischen Epochen.

Einführung: Der Begriff Geschichte

W. Bauer: Einführung in das Studium der Geschichte ([3]1961)
K. Brandi: Einführung in die Geschichtswissenschaft und ihre Probleme (1922)
E. H. Carr: Was ist Geschichte? Stuttgart 1963
J. G. Droysen: Historik. Vorlesungen über Enzyklopädie und Methodologie der Geschichte. Hrsg. von R. Hübner (1958, [2]1967)
C. Hempel: The function of general laws in history. In: Theories of history (Hrsg. v. Patrik Gardiner). Glence 1959
C. Hempel: Explanation and prediction by covering laws. In: Philosophy of science (Hrsg. v. Bernard Baumrin). New York 1963
C. Hempel: Aspects of scientific explanation. And other essays in the philosophy of science. New York–London 1965
J. v. Kempski: Brechungen. Kritische Versuche zur Philosophie der Gegenwart. Reinbek bei Hamburg 1964
P. Kirn: Einführung in die Geschichtswissenschaft. 3. Aufl. Berlin 1959
E. Nagel: The structure of science. Problems in the logic of scientific explanation. London 1961
K. R. Popper: The poverty of historicism. London 1963
K. R. Popper: The logic of scientific discovery. New York 1965
Th. Schieder: Geschichte als Wissenschaft. Eine Einführung (1968)
R. Wittram: Anspruch und Fragwürdigkeit der Geschichte. Sechs Vorlesungen zur Methodik der Geschichtswissenschaften und zur Ortsbestimmung der Historie (1969)

DIE UR- UND FRÜHZEIT DER MENSCHHEIT

Der Aufstieg des Menschen und seine Entfaltung

H. G. Bandi u. a.: Die Steinzeit. Baden-Baden 1960 (KDW)
J. Filip (Hrsg.): Enzyklopädisches Handbuch zur Ur- und Frühgeschichte Europas, Bd. I, Prag und Stuttgart 1966; Bd. II, Prag und Stuttgart 1969 (wird fortgesetzt)
H. Franke u. a. (Hrsg.): Saeculum Weltgeschichte, Bd. I, Freiburg–Basel–Wien 1965; Bd. II, Freiburg–Basel–Wien 1966
P. Graziosi: Die Kunst der Altsteinzeit. Stuttgart o. J.
Große Kulturen der Frühzeit: Stuttgart und Stuttgart–Zürich–Salzburg
(Herder–Ploetz): Die Weltgeschichte (zugleich: die neue Herder-Bibliothek XI). Freiburg–Basel–Wien und Würzburg 1971
H. Müller-Karpe: Handbuch der Vorgeschichte, Bd. I, München 1966; Bd. II, München 1968; Bd. III, München 1974 (wird fortgesetzt)
K. J. Narr: Urgeschichte der Kultur. Stuttgart 1961
K. J. Narr (Hrsg.): Handbuch der Urgeschichte, Bd. I, Bern und München 1966; Bd. II, Bern und München 1975 (wird fortgesetzt)
K. J. Narr: Beiträge der Urgeschichte zur Kenntnis der Menschennatur. In: H.-G. Gadamer und P. Vogler (Hrsg.), Neue Anthropologie Bd. 4, Stuttgart 1973
K. J. Narr: Vom Wesen des Frühmenschen: Halbtier oder Mensch? In: Saeculum. Jahrbuch für Universalgeschichte, Jg. 25, Heft 4, Freiburg–München 1975
K. J. Narr: Der Frühmensch: Halbtier oder Homoreligiosus? In: Zeitwende / Die neue Furche, Jg. 1975, Heft 4
K. J. Narr: Zum Sinngehalt der altsteinzeitlichen Höhlenbilder. In: Symbolon. Jahrbuch für Symbolforschung. NF 2, Köln 1974
W. Nagel: Zum neuen Bild des vordynastischen Keramikum in Vorderasien. In: Berliner Jahrbuch für Vor- und Frühgeschichte 1, Berlin 1961 – 4, Berlin 1964
W. Schlegel: Handbuch für den Geschichtsunterricht, Bd. I, Teil 1. Weinheim und Basel 1973
G. Smolla: Epochen der Menschlichen Frühzeit. Freiburg–München 1967

DIE WELT DES ALTERTUMS

Die Hochkulturen des Alten Orient vor dem Hellenismus

I. Gesamtdarstellungen
Ed. Meyer: Geschichte des Altertums (nach der letzten von H. E. Stier herausgegebenen Auflage), Bd. I 2: Die ältesten geschichtlichen Völker und Kulturen bis zum 16. Jahrhundert, 8. Aufl.; Bd. II 1: Die Zeit der ägyptischen Großmacht, 4. Aufl.; Bd. II 2: Der Orient vom zwölften bis zur Mitte des achten Jahrhunderts, 4. Aufl.; Bd. III: Der Ausgang der altorientalischen Geschichte und Aufstieg des Abendlandes bis zu den Perserkriegen, 4. Aufl.; sämtl. Darmstadt 1965.
A. Scharff – A. Moortgat: Ägypten und Vorderasien im Altertum (Weltgeschichte in Einzeldarstellungen), 3. Aufl., München 1962.
Handbuch der Orientalistik (Hrsg. B. Spuler), Leiden 1952 ff., darin: *H. Brunner* u. a., Ägyptologie, I. Bd., 1. Abschn. 1959, 2. Abschn. 1952
W. Helck: Geschichte des alten Ägypten, I. Bd., 3. Abschn. 1968
H. Schmökel: Geschichte des alten Vorderasien, II. Bd., 3. Abschn. 1957
C. Brockelmann u. a.: Semitistik, III. Bd., 2. und 3. Abschn. 1953
E. Seidl: Orientalisches Recht, Erg.-Bd. III 1964
R. Borger: Einleitung in die assyrischen Königsinschriften, Erg.-Bd. V, 1. Teil 1964
O. Eisfeldt u. a.: Religionsgeschichte des alten Orients, VIII. Bd., 1. Abschn. 1964
K. Hoffmann u. a.: Iranistik, IV. Bd., 1. Abschn. 1958
E. Cassin – J. Bottéro – J. Vercoutter: Die Altorientalischen Reiche I–III: Bd. I: Vom Paläolithikum bis zur Mitte des 2. Jahrtausends; Bd. II: Das Ende des 2. Jahrtausends; Bd. III: Die erste Hälfte des 1. Jahrtausends (Fischer Weltgeschichte Bde. 2–4), Frankfurt a. M. 1965–1967
Historia Mundi (begr. von F. Kern, hrsgg. von F. Valjavec), Bd. II, München 1953, darin: *H. Trimborn,* Ein Wendepunkt in der Weltgeschichte: Die Hochkulturen, S. 128; *R. Anthes,* Ägypten, S. 130; *A. Moortgat,* Grundlagen und Entfaltung der sumerisch-akkadischen Kultur, S. 224; *G. Furlani,* Babylonien und Assyrien, S. 261; *W. F. Albright,* Syrien, Phönizien und Palästina, S. 331; *W. Eichrodt,* Religionsgeschichte Israels, S. 377; *Sir J. L. Myres,* Kleinasien, S. 449 (alle Artikel mit Bibliographie am Schluß des Bandes S. 624 ff.)
A. Jeremias: Handbuch der altorientalischen Geisteskulturen, Leipzig 1913
F. Hommel: Ethnologie und Geographie des Alten Orients (Handbuch der Altertumswissenschaft 3,1,1), München 1926
H. Bonnet: Die Waffen der Völker des Alten Orient, Leipzig 1926
G. Contenau: Manuel d'archéologie orientale, 4 Bde. Paris 1927–1948
L. Delaporte: Les peuples de l'Orient méditerranéen, Paris 1938
A. Scharff: Die Frühkulturen Ägyptens und Mesopotamiens (Der Alte Orient 41), Leipzig 1941
R. Dussaud: La religion de Babylonie et d'Assyrie; la religion des Hettites, des Hourites, des Phéniciens et des Syriens (Collection „Mana"), Paris 1949
H. Frankfort: The birth of civilization in the Near East, London 1951
H. Schmökel (Hrsg.): Kulturgeschichte des Alten Orient: Mesopotamien, Hethiterreich, Syrien–Palästina, Urartu (Kröners Taschenausgaben 298), Stuttgart 1961
R. Coulborn: Der Ursprung der Hochkulturen (Urban-Bücher 65), Stuttgart 1962
S. Moscati: Die Kulturen des alten Orients (Piper-Paperbacks), München 1962

II. Ägypten
1. Bibliographien und Einführungen:
M.S.H.G. Heerma van Voss (Bearbeiter): Annual of Egyptological bibliography, Leiden 1948 ff.
E. Hornung: Einführung in die Ägyptologie. Stand, Methoden, Aufgaben, Darmstadt 1967
R. A. Parker: The calenders of ancient Egypt, Chicago 1950

2. Allgemeine Geschichte:
G. Steindorf: Die Blütezeit des Pharaonenreiches, 2. Aufl., Bielefeld und Leipzig 1926
F. K. Kienitz: Die politische Geschichte Ägyptens vom 7. bis zum 4. Jahrhundert v. Chr., Berlin 1953
J. H. Breasted: Geschichte Ägyptens (deutsche Übers.) Zürich 1936
E. Drioton – J. Vandier: L'Égypte (Sammlung „Clio" II: Les peuples de l'Orient méditerranéen), 4. Aufl., Paris 1962
Sir A. H. Gardiner: Geschichte des alten Ägypten (deutsche Übers.), Stuttgart 1965
E. Hornung: Grundzüge der ägyptischen Geschichte, Darmstadt 1965
E. Otto: Ägypten. Der Weg des Pharaonenreiches, 4. Aufl., Stuttgart 1966
J. von Beckerath: Abriß der Geschichte des alten Ägypten, München–Wien 1971
W. Wolf: Das alte Ägypten (dtv-Monographien zur Weltgeschichte 3201), München 1971

3. Kulturgeschichte:
A. Erman – H. Ranke: Ägypten und ägyptisches Leben im Altertum, Tübingen 1923
W. Wolf: Die Bewaffnung des altägyptischen Heeres, Leipzig 1926
H. Hickmann: Musicologie pharaonique, Kehl 1956
J. Pirenne: Histoire de la civilisation de l'Égypte ancienne, 3 Bde., Paris 1961–1962
W. Wolf: Kulturgeschichte des Alten Ägypten, Stuttgart 1962
W. Wolf: Die Welt der Ägypter (Große Kulturen der Frühzeit), 5. Aufl., Stuttgart 1962
E. Friedell: Kulturgeschichte Ägyptens und des Alten Orient, München 1966
J. Woldering: Götter und Pharaonen. Die Kultur Ägyptens im Wandel der Geschichte, Freiburg/Schweiz 1967
F. Daumas: Ägyptische Kultur im Zeitalter der Pharaonen (deutsche Übers.), München–Zürich 1969

4. Kunstgeschichte:
W. Wreszinski: Atlas zur altägyptischen Kulturgeschichte, 3 Teile, Leipzig 1923, 1935, 1938
J. Vandier: Manuel d'archéologie égyptienne, 10 Bde., Paris 1952–1969
E. Bindel: Ägyptische Pyramiden, Stuttgart 1957
W. St. Smith: The art and architecture of ancient Egypt, Harmondsworth 1958
I. Woldering: Ägypten. Die Kunst der Pharaonen (Kunst der Welt) 2. Aufl., Baden-Baden 1964
K. Lange – M. Hirmer: Ägypten. Architektur, Plastik, Malerei in drei Jahrtausenden, 4. Aufl., München 1967
F. G. Bratton: A history of Egyptian archeology, New York 1968
K. Michalowski: Ägypten. Kunst und Kultur (deutsche Übers.), Freiburg/Br. 1969

5. Literaturgeschichte:
A. Erman: Die Literatur der Ägypter, Leipzig 1923
H. Brunner: Grundzüge einer Geschichte der altägyptischen Literatur, Darmstadt 1966
H. Brunner: Die Schrift der Ägypter (Allgemeine Grundlagen der Archäologie, hrsgg. von U. Hausmann), München 1969

6. Religion:
A. Erman: Die Religion der Ägypter, Berlin–Leipzig 1934 (Nachdr. 1968)
H. Kees: Der Götterglaube im alten Ägypten, Leipzig 1941
H. Kees: Totenglaube und Jenseitsvorstellungen der alten Ägypter, 2. Aufl., Berlin 1956
H. Bonnet: Reallexikon der ägyptischen Religionsgeschichte, Berlin 1952
S. Morenz: Ägyptische Religion (Die Religionen der Menschheit 8), Stuttgart 1960

III. Vorderasien (Sumer, Akkad, Babylon, Assur, Aramäer)
1. Gesamtdarstellungen:
V. Christian: Altertumskunde des Zweistromlandes von der Vorzeit bis zum Ende der Achaimenidenherrschaft, 2 Bde., Leipzig 1940
A. Parrot: Archéologie mésopotamienne, 2 Bde., Paris 1946–1953
H. Schmökel: Ur, Assur und Babylon. Drei Jahrtausende im Zweistromland (Große Kulturen der Frühzeit), 5. Aufl., Stuttgart 1961
E. Strommenger – M. Hirmer: Fünf Jahrtausende Mesopotamien, München 1962
A. L. Oppenheim: Ancient Mesopotamia: Portrait of a dead civilization, Chicago 1964
H. W. F. Saggs: Mesopotamien. Assyrer, Babylonier, Sumerer (Kindlers Kulturgeschichte), Zürich 1966
P. Garelli: Le Proche-Orient asiatique des origines aux invasions des peuples de la mer, Paris 1969

2. Sumer und Akkad:
A. Schneider: Die sumerische Tempelstadt (Plenges staatswissenschaftliche Beiträge Heft 4), Essen 1920
L. W. King: A history of Sumer and Akkad, London 1923
A. Moortgat: Die Entstehung der sumerischen Hochkultur (Der Alte Orient 43), Leipzig 1945
H. Schmökel: Das Land Sumer. Die Wiederentdeckung der ersten Hochkultur der Menschheit (Urban-Bücher 13), 2. Aufl., Stuttgart 1962
S. N. Kramer: The Sumerians, Chicago 1963
F. R. Kraus: Sumer und Akkad, ein Problem der altmesopotamischen Geschichte, Amsterdam 1970
S. N. Kramer: The Sumerian Mythology, Chicago 1944

3. Babylonien und Assyrien:
a) Allgemeine Geschichte:
L. W. King: A history of Babylon, London 1919
A. T. Olmstead: A history of Assyria, New York 1923 (Nachdr. 1960)
B. Meissner: Könige Babyloniens und Assyriens, Leipzig 1926
S. Smith: Early history of Assyria to 1000 B. C., London 1928
G. Contenau: La civilisation d'Assur et de Babylone, Paris 1937
R. T. O'Callaghan: Aram Naharaim. A contribution to the history of Upper Mesopotamia in the 2nd millennium B. C. (Analecta Orientalia 26), Rom 1948 (Nachdr. 1961)
A. Parrot: Studia Mariana, Leiden 1950
E. F. Weidner: Die assyrischen Könige (Archiv für Orientforschung 15), Graz 1951
P. Garelli: Les Assyriens en Cappadoce, Paris 1963
R. Labat: Elam ca. 1600–1200 (Cambridge Ancient History II), 2. Aufl., Cambridge 1963
J. Lassøe: People of ancient Assyria, London 1963
W. Hinz: Das Reich Elam, Stuttgart 1964
P. Amiet: Elam, Paris 1966
J. R. Kupper (Hrsg.): La civilisation de Mari

(XVe Rencontre assyriologique internationale), Liège 1967
J. A. Brinkmann: A political history of Post-Kassite Babylonia 1158 – 722 B. C. (Analecta Orientalia 43), Rom 1968
L. L. Orlin: Assyrian colonies in Cappadocia, Den Haag und Paris 1970

b) Kulturgeschichte:
J. Hunger: Heerwesen und Kriegführung der Assyrer auf der Höhe ihrer Macht (Der Alte Orient 12,4), Leipzig 1911
B. Meissner: Babylonien und Assyrien (Kulturgeschichtliche Bibliothek 1. Reihe, Bde. 3 und 4), 2 Bde., Heidelberg 1920 und 1925
R. Koldewey: Das wiedererstehende Babylon, 4. Aufl., Leipzig 1925
G. Furlani: La civiltà babilonese e assira, Rom 1929
G. R. Driver – J. C. Miles: The Assyrian laws, Oxford 1935
W. Andrae: Das wiedererstehende Assur, Leipzig 1938
G. Contenau: La médecine en Assyrie et en Babylonie, Paris 1938
J. C. Miles: The Babylonian laws, Oxford 1952
G. Contenau: So lebten die Babylonier und Assyrer (deutsche Übers.), Stuttgart 1959
J. Klíma: Gesellschaft und Kultur des alten Mesopotamien (deutsche Übers.), Prag 1964
B. Hrouda: Die Kulturgeschichte des assyrischen Flachbildes, Bonn 1965
H. W. F. Saggs: The greatness that was Babylon, New York 1969

c) Literaturgeschichte:
A. T. Olmstead: Assyrian historiography, Columbia 1916
Ch. Jean: La littérature des Babyloniens et des Assyriens, Paris 1924
B. Meissner: Die babylonisch-assyrische Literatur, Wildpark-Potsdam 1928
A. Heidel: The Gilgamesh epic and Old Testament parallels, Chicago 1949

d) Kunstgeschichte:
E. Unger: Assyrische und babylonische Kunst, Breslau 1927
E. F. Weidner: Die Reliefs der assyrischen Könige, Tl. 1, Berlin 1939 (Nachdr. Osnabrück 1967)
W. Forman – R. Barnett: Assyrische Palastreliefs (deutsche Übers.), Prag 1959
A. Parrot: Sumer. Die mesopotamische Kunst von den Anfängen bis zum 12. vorchristlichen Jahrhundert (Universum der Kunst 1), 2. Aufl., München 1962
A. Moortgat: Die Kunst des Alten Mesopotamien: Die klassische Kunst Vorderasiens, Köln 1967
T. A. Madhloom: The chronology of Neo-Assyrian art, London 1970
E. Strommenger: Die neuassyrische Rundskulptur, Berlin 1970

e) Religion:
Morris Jastrow jr.: Die Religion Babyloniens und Assyriens, 3 Bde. mit Bildatlas, Gießen 1905–1912
A. Ungnad: Die Religion der Babylonier und Assyrer, Jena 1921
G. Furlani: La religione babilonese e assira, 2 Bde., Bologna 1928–1929
E. Dhorme: Les religions de Babylonie et d'Assyrie (Collection „Mana"), Paris 1949
W. H. Ph. Römer: The religion of ancient Mesopotamia (Historia religionum Bd. 1), Leiden 1969

4. Die Aramäer:
S. Schiffer: Die Aramäer. Historisch-geographische Untersuchungen, Leipzig 1911
A. Dupont-Sommer: Les Araméens, Paris 1949
A. Dupont-Sommer: Sur les débuts de l'histoire araméenne (Vetus Testamentum Suppl. – Bd. 1), Leiden 1953, S. 40

IV. Die Bergvölker der Hethiter, Churriter und Mitanni

1. Gesamtdarstellungen:
A. Goetze: Hethiter, Churriter und Assyrer: Hauptlinien der vorderasiatischen Kulturentwicklung im 2. Jahrtausend v. Chr., Oslo 1936
G. Contenau: La civilisation des Hittites et des Hurites du Mitanni, Paris 1948
K. Bittel: Grundzüge der Vor- und Frühgeschichte Kleinasiens, 2. Aufl., Tübingen 1950
S. Lloyd: Early Anatolia. The archeology of Asia Minor before the Greeks (Pelican Book A 354), Harmondsworth 1956
A. Goetze: Kleinasien (Handbuch der Altertumswissenschaft 3,1,3), 2. Aufl., München 1957
C. Burney – D. M. Lang: Die Bergvölker Vorderasiens (deutsche Übers. in Kindlers Kulturgeschichte), München 1973

2. Die Hethiter:
a) Allgemeine Geschichte:
J. Garstang: The Hittite Empire, London 1929
F. Sommer: Die Ahhijawā-Urkunden (Abhandlungen der Bayerischen Akademie der Wissenschaften N. F. 6), München 1932
F. Schachermeyr: Hethiter und Achäer (Mitteilungen der Altorientalischen Gesellschaft IX 1/2), Leipzig 1935
F. Sommer: Hethiter und Hethitisch, Stuttgart 1947
E. Cavaignac: Les Hittites (L'Orient ancien illustré), Paris 1950
O. R. Gurney: The Hittites (Pelican Book A 259), 3. Aufl., Harmondsworth 1961
H. Otten: Das Hethiterreich (Kulturgeschichte des Alten Orient), Stuttgart 1961, S. 311
G. Walser (Hrsg.): Neuere Hethiterforschung (Historia-Einzelschriften 7), Wiesbaden 1964
E. und *H. Klengel:* Die Hethiter. Geschichte und Umwelt, Wien–München 1970
F. Cornelius: Geschichte der Hethiter, Darmstadt 1973

b) Kulturgeschichte:
E. Pottier: L'art hittite, Paris 1926
A. Moortgat: Die bildende Kunst des alten Orients und die Bergvölker, Berlin 1933
K. Bittel: Die Felsbilder von Yazilikaya, Istanbul 1934
H. Th. Bossert: Altanatolien, Berlin 1942
E. Akurgal: Späthethitische Bildkunst, Ankara 1949
A. Kammenhuber: Die hethitische Geschichtsschreibung (Saeculum 9), München 1958, S. 136
E. Akurgal – M. Hirmer: Die Kunst der Hethiter, München 1961
E. Neufeld: Die Hittite laws, London 1951

c) Religion:
A. Boissier: Mantique babylonienne et mantique hittite, Paris 1935
G. Furlani: La religione degli Hittiti, Bologna 1936
H. G. Güterbock: Hittite religion (Forgotten Religions), New York 1949
E. von Schuler: Die Mythologie der Hethiter und Hurriter (Wörterbuch der Mythologie Bd. 1), Stuttgart 1965

3. Churriter und Mitanni:
E. A. Speiser: Introduction to Hurrian, New Haven 1941
I. J. Gelb: Hurrians and Subarians (The Oriental Institute of the University of Chicago. Studies in ancient oriental civilization 22), Chicago 1944
H. G. Güterbock: Kumarbi, Istanbul 1946
F. Imparati: I Hurriti, Florenz 1964
A. Kammenhuber: Die Arier im Vorderen Orient, München 1968

V. Die Spätzeit des Alten Orient

1. Gesamtdarstellungen:
A. T. Olmstead: A history of Palestine and Syria to the Macedonian conquest, New York 1931

2. Die Phöniker:
R. Pietschmann: Geschichte der Phöniker, Berlin 1889
P. Montet: Byblos et l'Égypte, 2 Bde., Paris 1928
C. Clemen: Die phönikische Religion, Leipzig 1939
R. Dussaud: L'art phénicien du IIe millénaire, Paris 1949
G. Contenau: La civilisation phénicienne, 4. Aufl., Paris 1949
D. Baramki: Phoenicia and the Phoenicians, Beirut 1961
D. Warden: The Phoenicians, London 1962
S. Moscati: Die Phöniker von 1200 v. Chr. bis zum Untergang Karthagos (Kindlers Kulturgeschichte), Zürich 1966
W. A. Ward (Hrsg.): The role of Phoenicians in the interaction of mediterranean civilizations, Beirut 1968

3. Syrien und die Kanaaniten:
C. F. A. Schaeffer: Ugaritica, 6 Bde., Paris 1939–1969
H. Th. Bossert: Altsyrien, Tübingen 1950
S. Moscati: Sulla storia del nome Canaan, Rom 1959
W. F. Albright: The role of the Canaanites in the history of civilization (The Bible and the Ancient Near East), New York 1961, S. 328
K. M. Kenyon: Amorites and Canaanites (Schweich lectures, British Academy), London 1963
J. Gray: The Canaanites, London 1964

4. Israel:
a) Allgemeine Geschichte:
E. Schürer: Geschichte des jüdischen Volkes im Zeitalter Jesu Christi, 3 Bde., 3. und 4. Aufl., Berlin 1901–1909
Ed. Meyer: Die Israeliten und ihre Nachbarstämme, Halle 1906 (Nachdr. Darmstadt 1967)
R. Kittel: Geschichte des Volkes Israel, 3 Bde., Stuttgart 1923, 1925, 1929
W. O. E. Oesterley: A history of Israel, 2 Bde., London 1932
W. F. Albright: The Biblical period, New York 1949
G. Ricciotti: Geschichte Israels, 2 Bde. (deutsche Übers.), Wien 1953 und 1955
F. M. Th. de Liagre Böhl: Das Zeitalter Abrahams (Opera Minora S. 26), Groningen 1953
E. Anati: Palestine before the Hebrews, New York 1963
K. Galling: Studien zur Geschichte Israels im persischen Zeitalter, Tübingen 1964
M. Weippert: Die Landnahme der israelitischen Stämme in der neueren wissenschaftlichen Diskussion, Göttingen 1967
M. Noth: Geschichte Israels, 7. Aufl., Göttingen 1969
S. Herrmann: Geschichte Israels in alttestamentlicher Zeit, München 1973

b) Kulturgeschichte:
A. Bertholet: Kulturgeschichte Israels, Göttingen 1919
J. M. P. Smith: The origin and history of Hebrew law, Chicago 1931
W. F. Albright: The archeology of Palestine and the Bible, 3. Aufl., Harmondsworth 1949
A. Jirku: Die Welt der Bibel, Stuttgart 1957
M. Waxman: A history of Jewish literature, 5 Bde., New York 1960

c) Religion:
S. W. Baron: A social and religious history of the Jews, 2. Aufl., New York–Philadelphia 1952 ff.
J. Guttmann: Philosophies of Judaism, London 1964
R. J. Z. Werblowsky – G. Wigoder (Hrsg.): The Encyclopedia of the Jewish religion, New York 1966
M. Friedländer: Die jüdische Religion, 3. Aufl., Frankfurt a. M. 1936 (Nachdr. Basel 1971)

5. Die Philister:
O. Eissfeldt: Philister und Phönizier (Der Alte Orient 34,3), Leipzig 1936
F. Stähelin: Die Philister (Reden und Vorträge), Basel 1956, S. 121
R. A. S. Macalister: The Philistines and their history and civilization, Chicago 1965

6. Das Neuassyrische Reich:
W. von Soden: Der Aufstieg des Assyrerreiches als geschichtliches Problem (Der Alte Orient 37, 1–2), Leipzig 1937
P. Naster: L'Assie Mineure et l'Assyrie aux VIIIe et VIIe siècles avant J.-C. d'après les annales des rois Assyriens, Löwen 1938

7. Die Chaldäer:
D. J. Wiseman: Chronicles of Chaldaean kings, London 1956

8. Die Kimmerier:
R. Werner: Die Kimmerier am Nordufer des Schwarzen Meeres (Abriß der Geschichte antiker Randkulturen), München 1961, S. 128

9. Urartu:
G. A. Melikischwili: Nairi – Urartu, Tiflis 1954
B. B. Piotrovskij: Vanskoe carstvo (Urartu), Moskau 1959
M. N. van Loon: Urartian art (Nederlands Historisch-Archaeologisch Institut), Istanbul 1966
B. B. Piotrovskij: Urartu. The Kingdom of Van and its art (englische Übers.), London 1967

10. Iran:
a) allgemeine Geschichte:
J. V. Prášek: Geschichte der Meder und Perser. 2 Bde., Gotha 1906–1910 (Nachdr. Darmstadt 1968)
A. Christensen: Die Iranier (Handbuch der Altertumswissenschaft 3,1,3), München 1933
G. G. Cameron: History of early Iran, Chicago 1936
H. H. Schaeder: Das persische Weltreich (Vorträge der Universität Breslau 1940/41), Breslau 1941
P. J. Junge: Dareios I., König der Perser, Leipzig 1944
A. T. Olmstead: A history of the Persian empire, Chicago 1948 (Nachdr. 1959)
R. Kent: Old Persian, New Haven 1950
R. Ghirshman: Iran, Harmondsworth 1954
H. H. von der Osten: Die Welt der Perser (Große Kulturen der Frühzeit 5), Stuttgart 1956
R. N. Frye: Persien (deutsche Übers. in Kindlers Kulturgeschichte), Zürich 1962
E. Porada: Ancient Iran, New York 1965
F. Altheim: L'antico Iran (italienische Übers.), o. J. und o. Erscheinungsort

b) Kulturgeschichte:
O. G. von Wesendonk: Das Weltbild der Iranier (Geschichte der Philosophie in Einzeldarstellungen I 1a), München 1933

c) Religion:
H. S. Nyberg: Die Religion des alten Iran (deutsche Übers. in Mitteilungen der Vorderasiatisch-Ägyptischen Gesellschaft 43), Leipzig 1938

Die griechische Oikumene – Die Welt der Griechen im Brennpunkt der Weltgeschichte

E. Bayer: Grundzüge der griechischen Geschichte. Darmstadt 1965
E. Bayer: Griechische Geschichte, Stuttgart 1968
K. J. Beloch: Griechische Geschichte, Leipzig–Berlin 1914–1923
H. Bengtson: Griechische Geschichte, München 1969
H. Bengtson: Die Staatsverträge des Altertums II., München 1962
H. Berve: Griechische Geschichte[3], Freiburg 1959
J. Burckhardt: Griechische Kulturgeschichte I–III, Berlin 1898–1902
G. Busolt: Griechische Geschichte I–III, Gotha 1893–1904
G. Busolt und *S. Swoboda:* Griechische Staatskunde, München 1920–1926
The Cambridge Ancient History IV–VI, Cambridge 1926–1927
E. Cavaignac: L'économie grecque, Paris 1951
E. Freeman: History 5/ Sicily, Oxford 1891–1894
W. Forrest: A History of Sparta 950–152, London 1968
L. Gernet: Droit et societé dans la Grèce ancienne[2], Paris 1964
G. Glotz: La Cité grecque, Paris 1928
G. Glotz und *R. Cohen:* Histoire grecque, II–III, Paris 1931–1936
N. G. L. Hammond: A History of Greece to 322 BC, Oxford 1967

J. Hasebroek: Staat und Handel in Griechenland, Tübingen 1928
F. Heichelheim: An Ancient Economic History, Leiden 1958–1964
W. Jaeger: Paideia[3], Berlin 1954
E. Meyer: Geschichte des Altertums, Stuttgart 1884–1902 (8 Darmstadt 1965)
A. Holm: Geschichte Siziliens im Altertum, Leipzig 1870–1898
B. Michell: Economics of Ancient Greece, New York 1940
A. Philippsohn und *E. Kirsten:* Die griechischen Landschaften, Frankfurt 1950–1959
G. de Sanctis: Storia dei Greci dalle origine alla fine del sec. V[6], Florenz 1961
F. Schachermeyr: Griechische Geschichte[2], Stuttgart 1960
U. v. Wilamowitz-Moellendorff: Staat und Gesellschaft der Griechen, Leipzig–Berlin 1923
U. Wilcken: Griechische Geschichte im Rahmen der Altertumsgeschichte[7], München 1951
E. Wolf: Griechisches Rechtsdenken I–IV, Frankfurt 1950–1967

Griechische Frühzeit: Früh-, Mittel- und Spät-helladicum
C. W. Blegen: Troy and the Troians, London 1963
J. Chadwick: The Heroic Age, Cambridge 1962
J. Chadwick: The Decipherment of Linear B[2], Cambridge 1967
V. R. Desborough: The Last Myceneans and Their Successors, Oxford 1964
W. Ekschmitt: Die Kontroverse um Linear B., München 1969
M. Finley: The World of Odysseus, Oxford 1963
M. Finley: Early Greece. The Bronze and Archaic Age, London 1970
G. Glotz: La civilisation egéenne, Paris 1923
J. M. Graham: The Palaces of Crète, Princeton 1962
J. Kerschensteiner: Die mykenische Welt in ihren schriftlichen Zeugnissen, München 1970
F. Matz: Kreta und frühes Griechenland, Baden-Baden 1962
M. P. Nilsson: Homer and Mycenae, 1933
D. L. Page: History and Homeric Iliad, Berkeley 1959
J. Pendlebury: The Archeolegy of Crète, London 1939
F. Schachermeyr: Hethiter und Achäer, Leipzig 1935
Die ältesten Kulturen Griechenlands, Stuttgart 1955
Die minoische Kultur des alten Kreta, Stuttgart 1965
Ägäis und Orient, Wien 1967
Ägäische Frühgeschichte, Wien 1975
Lord W. Taylour: The Myceneans, London 1964
G. Thomson: Studies in Ancient Greek Society, London 1954 (Frühgeschichte Griechenlands und der Ägäis, Berlin 1960)
K. Wundsam: Die politische und soziale Struktur in den mykenischen Residenzen nach den Linear B-Texten, Wien 1968

Die archaische Epoche: Wanderung, Landnahme und Seßhaftwerden der griechischen Stämme
J. N. Coldstream: Greek Geometric Pottery, New York 1968
R. Cook: Greek Painted Pottery, London 1966
K. Freeman: Greek City States, London 1950
G. Huxley: Early Sparta, London 1962
F. Kiechle: Lakonien und Sparta, München 1963
M. P. Nilsson: Geschichte der griechischen Religion. I[3]München 1967, II[2] 1961
H. W. Parke und *D. Wormell:* The Delphic Oracle, Oxford 1956
F. Schachermeyr: Etruskische Frühgeschichte, Berlin 1929
F. Schachermeyr: Poseidon und die Entstehung des griechischen Götterglaubens, München 1950
C. Starr: The Origins of Greek Civilisation 1100–650, New York 1961

Die griechische Kolonisation
J. Bérard: La colonisation grecque de l'Italie méridionale et de la Sicile dans l'antiquité. L'histoire et la légende[2], Paris 1957
J. Boardman: The Greeks Overseas, London 1964
W. Cary und *C. H. Warmington:* The Ancient Explorers[2], London 1963
J. M. Cook: The Greeks in Ionia and the East, London 1962
T. Dunbabin: The Western Greeks, Oxford 1948
T. Dunbabin: The Greeks and Their Eastern Neighbours, London 1957
A. J. Graham: Colony and Mother City in Ancient Greece, Manchester 1964
J. Hasebroek: Griechische Wirtschafts- und Gesellschaftsgeschichte bis zur Perserzeit, Tübingen 1931
K. Hönn: Solon. Staatsmann und Weiser, Wien 1948
M. Mühl: Die Gesetze des Zaleukos und Charondas, Leipzig 1929
P. Oliva: Sparta and her Social Problems, Amsterdam 1970
C. Roebuck: Ionian Trade and Colonization, New York 1959
C. Ruschenbusch: Solonos Nomoi, Wiesbaden 1966
M. Sakellariou: La migration grecque en Ionie, Athen 1958

Am Vorabend der Klassik
E. Barker: Greek Political Thought[4], London 1951
H. Berve: Die Tyrannis bei den Griechen, München 1967
A. R. Burn: The Lyric Age of Greece, London 1960
A. R. Burn: Persia and the Greeks, London 1962
P. Chloché: La démocratie athenienne, Paris 1951
V. Ehrenberg: Neugründer des Staates, München 1925
Der Staat der Griechen, Leipzig 1957
Polis und Imperium, Zürich 1965
From Solon to Socrates, London 1968
K. v. Fritz: Griechische Geschichtsschreiber I. Von den Anfängen bis Thukydides, Berlin 1967
C. Hignett: A History of the Athenian Constitution to the End of the 5th Century, Oxford 1957
C. Hignett: Xerxes' Invasion of Greece, Oxford 1963
A. H. M. Jones: Athenian Democracy, Oxford 1957
J. A. O. Larsen: Greek Federal States, Oxford 1958
P. Levêque und *P. Vidal-Naquet:* Clistène l'Athenien, Paris 1954
M. Ostwald: Nomos and the Beginning of the Athenian Democracy, Oxford 1969
F. Schachermeyr: Die frühe Klassik der Griechen, Stuttgart 1966
H. Schaefer: Staatsform und Politik, Untersuchungen zur griechischen Geschichte des 6. und 5. Jahrhunderts, Leipzig 1932
T. Tarkiainen: Die athenische Demokratie, München 1966

Das Zeitalter des Perikles
E. Bayer und *J. Reideking:* Die Chronologie des perikleischen Zeitalters, Darmstadt 1975
H. J. Diesner: Wirtschaft und Gesellschaft bei Thukydides, Halle 1956
V. Ehrenberg: Sophokles und Perikles, München 1956
V. Ehrenberg: The People of Aristophanes, Oxford 1951
A. Ferrabino: L'Impero ateniese, Turin 1927
A. French: The Growth of Athenian Economy, New York 1957
A. W. Gomme: The Population of Athens in the 5th and 4th Century, Oxford 1933
G. B. Grundy: Thukydides and the History of his Age, London 1946
B. Henderson: The Great War between Athens and Sparta, London 1927
F. Kienitz: Die politische Geschichte Ägyptens vom 7.–4. Jahrhundert, Berlin 1953
D. Lotze: Lysander und der Peleponnesische Krieg, Leipzig 1964
W. Laitner: A History of the Greek World 479–323 BC[3], London 1957
R. Meiggs: The Athenian Empire, Oxford 1972
F. Schachermeyr: Perikles, Stuttgart 1969
W. Schuller: Die Herrschaft der Athener im Ersten Attischen Seebund, Berlin 1974
H. Willrich: Perikles, Göttingen 1936
A. Zimmern: The Greek Commonwealth. Politics and Economics in 5th Century Athens, Oxford 1931

Der Niedergang der griechischen Poliswelt
K. J. Beloch: Die attische Politik seit Perikles, Leipzig 1884
P. Cloché: La politique étrangère d'Athènes die 404 à 383 av. Chr., Paris 1934
P. Cloché: Un fondateur d'empire. Philippe II roi de Macedoine, St. Etienne 1955
F. Geyer: Makedonien bis auf Philipp II., München 1930
N. G. L. Hammond: A History of Macedonia I., Oxford 1972
W. Jaeger: Demosthenes[2], Berlin 1963
J. Kaerst: Geschichte des Hellenismus I[3], Leipzig 1927
C. Mossée: La fin de la démocratie athénienne, Paris 1962
A. Monigliano: Filippo il Macedone, Florenz 1934
A. T. Olmstaed: A History of the Persian Empire, Chicago 1948
T. B. Ryder: Koine Eirene, Oxford 1965
A. Schaefer: Demosthenes und seine Zeit[2], Leipzig 1885–1887
K. F. Stroheker: Dionysios I., Wiesbaden 1958
E. Ch. Welskopf (Hrsg.): Hellenische Poleis. Krise, Wandlung, Wirkung, Berlin 1974
U. v. Wilamowitz-Moellendorff: Aristoteles und Athen, Leipzig 1912

Die Weltherrschaft Alexanders des Großen und die hellenistische Staatenwelt

Allgemeine Darstellungen:
H. Bengtson: Griechische Geschichte von den Anfängen bis in die römische Kaiserzeit (Hdb. d. Altertumswiss. III 4), München [4]1969 (ohne Quellen- und Lit.-Angaben: „Griechische Geschichte", [3]1974)
B. Niese: Geschichte der griechischen und makedonischen Staaten seit der Schlacht bei Chaerenea, 3 Bde., Gotha 1893–1903 (ND Darmstadt 1963)
K. J. Beloch: Griechische Geschichte, III[2] 1–2; IV 1–2, Berlin–Leipzig 1922–1927 (ND 1967)
The Cambridge Ancient History: VII–IX, hrsgg. S. A. Cook – F. E. Adcock – M. P. Charlesworth, Cambridge 1928–1932 (ND 1964–1965)
Fischer Weltgeschichte: Bd. 6–7, hrsgg. P. Grimal, Frankfurt 1966
U. Wilcken: Griechische Geschichte im Rahmen der Altertumsgeschichte, München [9]1962 (ND Darmstadt 1973)
E. Will: Histoire politique du monde hellénistique (323–30 av. J.-C.), 2 Bde., Nancy 1966–1967
S. Lauffer: Kurze Geschichte der antiken Welt, München 1971
Lexikon der Alten Welt: (Artemis Lex.), hrsgg. C. Andresen u. a., Zürich–Stuttgart 1965; *Der Kleine Pauly* hrsgg. K. Ziegler – W. Sontheimer u. a., 5 Bde., Stuttgart 1964–1975 (einschlägige Artikel)

Alexander der Große:
W. W. Tarn: Alexander der Große (engl. 1948), Darmstadt 1968
G. Wirth: Alexander der Große, Reinbek bei Hamburg 1973
H. Berve: Das Alexanderreich auf prosopographischer Grundlage, 2 Bde., München 1926
F. Schachermeyr: Alexander der Große. Das Problem seiner Persönlichkeit und seines Wirkens, Sitz. Ber. Akad. Wien 285, 1973
A. Heuß: Alexander der Große und die politische Ideologie des Altertums, Antike und Abendland 4, 1954, 65 ff.
J. Seibert: Alexander der Große, Darmstadt 1972 (Forschungsbericht)

Einzelne hellenistische Staaten:
E. R. Bevan: The House of Seleucus, 2 Bde., London 1902 (ND 1966)
Ders.: A History of Egypt under the Ptolemaic Dynasty, London 1927
A. Bouché-Leclercq: Histoire des Lagides, 4 Bde., Paris 1903–1907 (ND 1963)
H. Bengtson: Herrschergestalten des Hellenismus, München 1975
J. Seibert: Untersuchungen zur Geschichte Ptolemaios' I., München 1969
H. Heinen: Untersuchungen zur hellenistischen Geschichte des 3. Jh. v. Chr., Wiesbaden 1972
H. Berve: Die Herrschaft des Agathokles, Sitz. Ber. Bayer. Akad. Wiss. 1952, 3, München 1953
W. W. Tarn: Antigonos Gonatas, Oxford 1913 (ND 1969)
W. Otto: Beiträge zur Seleukidengeschichte des 3. Jh. v. Chr., Abh. Bayer. Akad. Wiss. 34, 1, München 1928
F. W. Walbank: Philip V of Macedon, Cambridge 1940 (ND 1967)
H. H. Schmitt: Untersuchungen zur Geschichte Antiochos' d. Gr. und seiner Zeit, Wiesbaden 1964
E. V. Hansen: The Attalids of Pergamon, Ithaca N. Y. [2]1971
P. Meloni: Perseo e la fine della monarchia macedone, Rom 1953
O. Mørkholm: Antiochos IV of Syria, Kopenhagen 1966
E. Bickermann: Der Gott der Makkabäer, Berlin 1937
M. Noth: Geschichte Israels, Göttingen [7]1969
F. Altheim – R. Stiehl: Geschichte Mittelasiens im Altertum, Berlin 1970
Ders.-J. Rehork (Hrsg.): Der Hellenismus in Mittelasien, Darmstadt 1969
W. W. Tarn: The Greeks in Baktria and India, Cambridge [2]1951 (ND 1966)
N. R. Narain: The Indo-Greeks, Oxford [2]1962
W. Ruben: Die Griechen in Indien, in: Hellenische Poleis, II. hrsgg. E. Ch. Welskopf, Berlin 1974, 1085 ff.
N. C. Debevoise: A Political History of Parthia, Chicago 1938 (ND New York 1968)
W. Otto: Zur Geschichte der Zeit des 6. Ptolemäers, Abh. Bayer. Akad. Wiss. N. F. 11, München 1934
Ders.-H. Bengtson: Zur Geschichte des Niederganges des Ptolemäerreiches. Ein Beitrag zur Regierungszeit des 8. und 9. Ptolemäers, ebd. N. F. 17, München 1938

Hellenistische Staaten und Rom:
P. Lévêque: Pyrrhos, Paris 1957
H. Berve: König Hieron II., Abh. Bayer. Akad. Wiss. N. F. 47, München 1959
M. Holleaux: Rome, la Grèce et les monarchies hellénistiques au IIIe siècle av. J.-C. (273–205), Paris 1921 (ND 1968); dazu Ders., Études d'épigraphie et d'histoire grecques, 6 Bde., Paris 1938–1968
H. H. Schmitt: Rom und Rhodos, München 1957
R. Werner: Das Problem des Imperialismus und die römische Ostpolitik im 2. Jh. v. Chr., in: Aufstieg und Niedergang der römischen Welt, hrsgg. H. Temporini, I 1, Berlin 1972, 501 ff.
H. Heinen: Die politischen Beziehungen zwischen Rom und dem Ptolemäerreich von ihren Anfängen bis zum Tag von Eleusis (273–168 v. Chr.), ebd. 633 ff.
E. Will: Rome et les Séleucides, ebd. 590 ff.
D. Magie: Roman Rule in Asia Minor to the End of the Third Century After Christ, 2 Bde., Princeton, N. J. 1950 (ND 1966)
J. Briscoe: Rome and the Class Struggle in the Greek States 200–146 B. C., Past & Present 36, 1967, 3 ff.
J. Deininger: Der politische Widerstand gegen Rom in Griechenland 217–86 v. Chr., Berlin 1971
Th. Reinach: Mithradates Eupator (deutsche Ausg.), Leipzig 1895
H. Volkmann: Kleopatra, Politik und Propaganda, München 1953

Politik, Staat, Recht, Verwaltung, Herrscherkult, Heereswesen:
E. Barker (Hrsg.): From Alexander to Constantine. Passages and Documents Illustrating the History of Social and Political Ideas, 336 B. C.–A. D. 337, Oxford 1956 (ND 1966)
H. Braunert: Hegemoniale Bestrebungen der hellenistischen Großmächte in Politik und Wirtschaft, Historia 13, 1964, 80 ff.

Ders.: Utopia. Antworten griechischen Denkens auf die Herausforderung durch soziale Verhältnisse, Kiel 1969
H. H. Schmitt: Polybios und das Gleichgewicht der Mächte, in: „Polybe", Fondation Hardt, Entretiens sur l'Antiquité Classique 20, Vandœuvres–Genf 1974, 67 ff.
Ders.: Die Staatsverträge des Altertums, III: Die Verträge der griechisch-römischen Welt von 338–200 v. Chr., München 1969
C. B. Welles: Royal Correspondence in the Hellenistic Period, New Haven 1934 (ND Rom 1966)
A. Heuß: Stadt und Herrscher des Hellenismus in ihren staats- und völkerrechtlichen Beziehungen, Leipzig 1937 (ND Aalen 1963)
P. Klose: Die völkerrechtliche Ordnung der hellenistischen Staatenwelt in der Zeit von 280–168 v. Chr., München 1972
J. Seibert: Historische Beiträge zu den dynastischen Verbindungen in hellenistischer Zeit, Wiesbaden 1967
E. Meyer: Einführung in die antike Staatskunde, Darmstadt 1968
V. Ehrenberg: Der Staat der Griechen, Zürich–Stuttgart ^{2}1965
H. Bengtson: Die Strategie in der hellenistischen Zeit, 3 Bde., München 1937–1952 (ND 1964–1967)
E. Bikerman: Les institutions des Séleucides, Paris 1938
E. Seidl: Ptolemäische Rechtsgeschichte, Glückstadt ^{2}1962
H. J. Wolff: Das Justizwesen der Ptolemäer, München ^{2}1970
J. H. Lipsius: Das attische Recht und Rechtsverfahren, 3 Bde., Leipzig 1905–1915 (ND Darmstadt 1966)
M. N. Tod: Streiflichter auf die griechische Geschichte (englisch 1932), Darmstadt 1968, 22 ff. („Internationale Schiedssprüche")
J. A. O. Larsen: Greek Federal States, their Institutions and History, Oxford 1968
A. H. M. Jones: The Greek City from Alexander to Justinian, Oxford 1940 (ND London 1966)
H. Kreißig: Die Polis in Griechenland und im Orient in der hellenistischen Epoche, in: Hellenische Poleis, II, hrsgg. E. Ch. Welskopf, Berlin 1974, 1074 ff.
F. Taeger: Charisma. Studien zur Geschichte des antiken Herrscherkultes, I, Stuttgart 1957
Ch. Habicht: Gottmenschentum und griechische Städte, München ^{2}1970
H.-W. Ritter: Diadem und Königsherrschaft, München 1965
M. Launey: Recherches sur les armées helléni-stiques, 2 Bde., Nancy 1949–1950
G. T. Griffith: The Mercenaries of the Hellenistic World, Cambridge 1935 (ND 1968)
F. Kiechle: Zur Humanität in der Kriegführung der griechischen Staaten, in: Griechische Staatskunde, hrsgg. F. Gschnitzer, Darmstadt 1969, 129 ff.

Hellenistische Zivilisation, Bildung, Gesellschaft, Wirtschaft:
C. Schneider: Kulturgeschichte des Hellenismus, 2 Bde., München 1967–1969 (Ausw. in 1 Bd. „Die Welt des Hellenismus", 1975)
W. W. Tarn – G. T. Griffith: Die Kultur der hellenistischen Welt (englisch ^{3}1952), Darmstadt 1966 (ND 1972)
H. Bengtson: Kleine Schriften zur Alten Geschichte, München 1974, 241 ff., bes. 274 ff. („Wesenszüge der hellenistischen Zivilisation")
M. N. Tod: Streiflichter auf die griechische Geschichte, 45 ff. („Clubs und Vereine")
H.-I. Marrou: Geschichte der Erziehung im klassischen Altertum (frz. ^{4}1958), Freiburg 1957
M. P. Nilsson: Die hellenistische Schule, München 1955
M. L. Clarke: Higher Education in the Ancient World, London 1971
H. Bengtson: Die Olympischen Spiele in der Antike, Zürich-Stuttgart ^{2}1972
E. N. Gardinger: Athletics of the Ancient World, Oxford 1930 (ND 1971)
E. Kirsten: Die griechische Polis als historisch-geographisches Problem des Mittelmeerraumes, Bonn 1956
A. v. Gerkan: Griechische Städteanlagen, Berlin–Leipzig 1924
R. Martin: L'urbanisme dans la Grèce antique, Paris ^{2}1974
R. E. Wycherley: How the Greeks Built Cities, London ^{2}1962 (ND 1967)
M. Rostovtzeff: Die hellenistische Welt, Gesellschaft und Wirtschaft (englisch ^{2}1959), 3 Bde., Stuttgart 1955–1956
H. Heichelheim: Wirtschaftsgeschichte des Altertums, 3 Bde., Leiden ^{2}1970
J. Vogt: Sklaverei und Humanität. Studien zur antiken Sklaverei und ihrer Erforschung, Wiesbaden ^{2}1972
T. V. Blavatskaja – E. Golubcova – A. I. Pavlovskaja: Die Sklaverei in den hellenistischen Staaten vom 3.–1. Jh. v. Chr. (russisch 1969), Wiesbaden 1972

Kunst, Literatur, Wissenschaften:
J. Charbonneaux – R. Martin – F. Villard: Das hellenistische Griechenland (330–30 v. Chr.), München 1971
W. Fuchs: Die Skulptur der Griechen, München 1969
G. Krahmer: Stilphasen der hellenistischen Plastik, Röm. Mitteil. 38/39, 1923/24, 138 ff.
G. Kleiner: Tanagrafiguren. Untersuchungen zur hellenistischen Kunst und Geschichte, Berlin 1942
E. Rohde: Griechische Terrakotten, Tübingen 1968
A. Hekler: Bildnisse berühmter Griechen, Berlin–Mainz ^{3}1962
G. M. A. Richter: The Portraits of the Greeks, 3 Bde., London 1965 (und Suppl. 1972)
P. R. Franke – M. Hirmer: Die griechische Münze, München ^{2}1972
M. Hallade: Indien. Gandhâra: Begegnung zwischen Orient und Okzident, Fribourg–München 1968
A. Lesky: Geschichte der griechischen Literatur, Bern–München ^{3}1971
A. Körte – P. Händel: Die hellenistische Dichtung, Stuttgart ^{2}1960
U. v. Wilamowitz-Moellendorff: Hellenistische Dichtung in der Zeit des Kallimachos, 2 Bde., Berlin 1924 (ND 1973)
R. Pfeiffer: Geschichte der klassischen Philologie (englisch 1968), Reinbek bei Hamburg 1970
W. Müri: Der Arzt im Altertum, München ^{3}1962
L. L. Heiberg: Geschichte der Mathematik und Naturwissenschaften im Altertum (Hdb. d. Altertumswiss. V 1,2), München 1925 (ND 1961)
S. Sambursky: Das physikalische Weltbild der Antike (englisch 1962), Zürich–Stuttgart 1965
H. Diels: Antike Technik, Leipzig ^{3}1924 (ND Osnabrück 1965)
A. G. Drachmann: Große griechische Erfinder, Zürich 1967
L. Sprague de Camp: Ingenieure der Antike (englisch 1963), Düsseldorf 1964
Th. L. Heath: Greek Astronomy, New York 1932 (ND 1969)
H.-G. Gundel: Sternglaube und Sterndeutung, 5. Aufl., Darmstadt 1966
J. O. Thomson: History of Ancient Geography, Cambridge 1948 (ND New York 1965)
M. Cary – E. H. Warmington: Die Entdeckungen der Antike (englisch 1963), Zürich 1966

Philosophie, Religion:
E. Zeller: Die Philosophie der Griechen, III, Leipzig ^{5}1923 (ND Hildesheim 1963)
M. Pohlenz: Die Stoa, 2 Bde., 3. Aufl. hrsgg. Th. Johann, Göttingen 1971–1972
Ders.: Stoa und Stoiker, Zürich–Stuttgart ^{2}1964
O. Gigon: Epikur, Zürich–Stuttgart ^{2}1968
M. P. Nilsson: Geschichte der griechischen Religion, II (Hdb. d. Altertumswiss. V 2,2), München ^{3}1974
U. v. Wilamowitz-Moellendorff: Der Glaube der Hellenen, II, Berlin 1932 (ND Darmstadt 1973)
R. Reitzenstein: Die hellenistischen Mysterienreligionen, Leipzig ^{3}1927 (ND Darmstadt 1973)
E. R. Dodds: Die Griechen und das Irrationale (englisch 1951), Darmstadt 1970

Aufstieg, Entfaltung und Niedergang des Römischen Reiches

I. Allgemeine Darstellungen:
F. E. Adcock: Römische Staatskunst, Göttingen 1961
G. Alföldy: Römische Sozialgeschichte, Wiesbaden 1975
H. Bengtson: Grundriß der römischen Geschichte und Quellenkunde, 2. Aufl., München 1970
Römische Geschichte. Republik und Kaiserzeit bis 284 n. Chr. (Sonderausgabe ohne Anmerkungen), München 1973
N. Brockmeyer: Arbeitsorganisation und ökonomisches Denken in der Gutswirtschaft des römischen Reiches, Diss. Bochum 1968
K. Christ: Römische Geschichte. Einführung, Quellenkunde, Bibliographie, Darmstadt 1973
R. Elze – K. Repgen (Hrsg.): Studienbuch Geschichte, Stuttgart 1974
R. Heinze: Vom Geist des Römertums, 3. Aufl., Darmstadt 1960
A. Heuß: Römische Geschichte, 3. Aufl., Braunschweig 1971
R. Klein (Hrsg.): Das Staatsdenken der Römer, Wege der Forschung 46, Darmstadt 1966
E. Kornemann: Römische Geschichte, 2 Bde., 6. Aufl., Stuttgart 1970
Th. Mommsen: Römische Geschichte, hrsgg. K. Christ, München 1976 (dtv-Ausgabe)
Th. Pekáry: Die Wirtschaft der griechisch-römischen Antike, Wiesbaden 1976
A. Stein: Der römische Ritterstand, München 1927
H. Volkmann: Grundzüge der römischen Geschichte, 6. Aufl., Darmstadt 1975
Ch. Wirszubski: Libertas als politische Idee im Rom der späten Republik und des frühen Prinzipats, Darmstadt 1967

Römisches Recht:
W. Kunkel: Römische Rechtsgeschichte, 6. Aufl., Köln–Wien 1972
U. v. Lübtow: Das römische Volk. Sein Staat und sein Recht, Frankfurt am Main, 1955
E. Meyer: Einführung in die antike Staatskunde, Darmstadt 1968
E. Meyer: Römischer Staat und Staatsgedanke, 4. Aufl., Zürich–Stuttgart 1975
Th. Mommsen: Römisches Staatsrecht, 3 Bde., 3. Aufl., Berlin 1887/88 (Nachdruck: Darmstadt 1963)
H. Siber: Römisches Verfassungsrecht in geschichtlicher Entwicklung, Lahr 1952
F. Wieacker: Vom römischen Recht, 2. Aufl., Stuttgart 1961

Literaturgeschichte:
K. Büchner: Römische Literaturgeschichte, 4. Aufl., Stuttgart 1968
F. Klingner: Römische Geisteswelt, 4. Aufl., München 1961
E. Norden: Die römische Literatur, 6. Aufl., 1961
M. Schanz – C. Hosius: Geschichte der römischen Literatur bis zum Gesetzgebungswerk des Kaisers Justinian, 5 Bde., 2.–4. Aufl., München 1914–1935
O. Seel: Weltdichtung Roms, Berlin 1965

II. Die römische Republik:
J. Bleicken: Staatliche Ordnung und Freiheit in der römischen Republik, Kallmünz 1972
J. Bleicken: Die Verfassung der römischen Republik, Paderborn 1975
K. Christ (Hrsg.): Hannibal, Wege der Forschung 371, Darmstadt 1974
W. Dahlheim: Struktur und Entwicklung des römischen Völkerrechts im 3. und 2. Jahrhundert v. Chr., München 1968
J. Deininger: Der politische Widerstand gegen Rom in Griechenland 217–86 v. Chr., Berlin 1971
M. Gelzer: Pompeius, 3. Aufl., München 1959
M. Gelzer: Caesar, der Politiker und Staatsmann, 6. Aufl., Wiesbaden 1960
M. Gelzer: Die Nobilität der römischen Republik 1912 (Nachdruck in: Kleine Schriften I, Wiesbaden 1962)
M. Gelzer: Cicero, ein biographischer Versuch, Wiesbaden 1969
W. Kroll: Die Kultur der ciceronischen Zeit, 1933
J. Martin: Die Popularen in der späten römischen Republik, Diss. Freiburg/Br. 1965
J. Heurgon: Die Etrusker, Stuttgart 1971
Ch. Maier: Res Publica Amissa. Eine Studie zu Verfassung und Geschichte der späten römischen Republik, Wiesbaden 1966
O. Meltzer – U. Kahrstedt: Geschichte der Karthager, 3 Bde., Berlin 1879–1913
Ed. Meyer: Caesars Monarchie und das Principat des Pompejus, 3. Aufl., Stuttgart–Berlin 1922
H. Oppermann: Caesar, rowohlts monographien, 1968
M. Pallottino: Die Etrusker, 1965 (Fischer Bücherei)
H. Schneider: Wirtschaft und Politik. Untersuchungen zur Geschichte der späten römischen Republik, Erlangen 1974
W. Schur: Das Zeitalter des Marius und Sulla, Leipzig 1942
O. Seel: Cicero, 3. Aufl., Stuttgart 1967
J. v. Ungern-Sternberg: Untersuchungen zum spätrepublikanischen Notstandsrecht. Senatusconsultum ultimum und hostis-Erklärung, München 1970
J. Vogt (Hrsg.): Rom und Karthago, Leipzig 1943
J. Vogt: Die römische Republik, 6. Aufl., Freiburg 1972
H. Volkmann: Sullas Marsch auf Rom, München 1958
R. Werner: Der Beginn der römischen Republik, München 1963
H. Willrich: Cicero und Cäsar, Göttingen 1944

Literaturgeschichte:
E. Burck (Hrsg.): Wege zu Livius, Wege der Forschung 132, Darmstadt 1967
B. Kytzler (Hrsg.): Ciceros literarische Leistung, Wege der Forschung 240, Darmstadt 1973
F. Leo: Geschichte der römischen Literatur I. Die archaische Literatur, Berlin 1913
V. Pöschl (Hrsg.): Römische Geschichtsschreibung, Wege der Forschung 90, Darmstadt 1969
V. Pöschl (Hrsg.): Sallust, Wege der Forschung 94, Darmstadt 1970
D. Rasmussen (Hrsg.): Caesar, Wege der Forschung 43, Darmstadt 1974
R. Syme: Sallust, Darmstadt 1975

III. Die Kaiserzeit:
F. Altheim: Der Niedergang der Alten Welt, 2 Bde., Frankfurt/M. 1952
J.P.V.D. Balsdon: Das römische Weltreich, München 1970
H. Berve: Kaiser Augustus (1934), in: Gestaltende Kräfte der Antike, 2. Aufl., München 1966
J. Bidez: Julian der Abtrünnige, München 1940
A. Birley: Mark Aurel. Kaiser und Philosoph, München 1968
G. Bornkamm: Jesus von Nazareth, 8. Aufl., 1968 (Urban-Taschenbücher 19)
J. Burckhardt: Die Zeit Constantins des Großen, 2. Aufl., Leipzig 1880
J. Carcopino: So lebten die Römer der Kaiserzeit, Stuttgart 1959
G. Charles-Picard: Nordafrika und die Römer, Stuttgart 1962
K. Christ (Hrsg.): Der Untergang des Römischen Reiches, Wege der Forschung 269, Darmstadt 1970
A. v. Domaszewski: Geschichte der römischen Kaiser, 2 Bde., 2. Aufl., Leipzig 1923
W. Eck: Senatoren von Vespasian bis Hadrian, München 1970
W. Enßlin: Theoderich der Große, 2. Aufl., München 1959
V. Fadinger: Die Begründung des Prinzipats, Berlin 1969
V. Gardthausen: Augustus und seine Zeit, 6 Bde., Leipzig 1891–1904
R. Heinze: Die augusteische Kultur, 2. Aufl., Leipzig 1933
D. Hennig: L. Aelius Seianus, München 1975
K. Hönn: Augustus und seine Zeit, Wien 1953
U. Kahrstedt: Kulturgeschichte der römischen Kaiserzeit, 2. Aufl., Bern 1958
H. J. Kellner: Die Römer in Bayern, München 1971
R. Klein (Hrsg.): Prinzipat und Freiheit, Wege der Forschung 135, Darmstadt 1969

R. Klein: Symmachus. Eine tragische Gestalt des ausgehenden Heidentums, Darmstadt 1971
R. Klein (Hrsg.): Das frühe Christentum im römischen Staat, Wege der Forschung 267, Darmstadt 1971
E. Kornemann: Tiberius, Stuttgart 1960
H. Kraft (Hrsg.): Konstantin der Große, Wege der Forschung 131, Darmstadt 1974
E. Meise: Untersuchungen zur Geschichte der Julisch-Claudischen Dynastie, München 1969
J. Moreau: Die Christenverfolgungen im römischen Reich, Berlin 1961
St. Perowne: Hadrian, München 1966
A. v. Premerstein: Vom Werden und Wesen des Prinzipats, Abh. d. Bayerischen Akad. d. Wissenschaften (Philosophisch-historische Klasse N. F. 15), München 1937
M. Rostovtzeff: Gesellschaft und Wirtschaft im römischen Kaiserreich, 2 Bde., Leipzig 1930
W. Schmitthenner (Hrsg.): Augustus, Wege der Forschung 135, Darmstadt 1969
E. M. Schtajermann: Die Krise der Sklavenhalterordnung im Westen des Römischen Reiches, Berlin 1964
W. Seyfarth: Römische Geschichte. Kaiserzeit, 2 Bde., Darmstadt 1974
E. Stein: Geschichte des spätrömischen Reiches I, Wien 1928
(I² und II: Histoire du Bas-Empire, Paris–Brüssel–Amsterdam 1949/59)
R. Syme: Die römische Revolution, Stuttgart 1957
F. Vittinghoff: Kaiser Augustus, Göttingen 1959
J. Vogt: Constantin der Große und sein Jahrhundert, 2. Aufl., München 1960
J. Vogt: Der Niedergang Roms, Zürich 1965
Literaturgeschichte:
C. Andresen (Hrsg.): Zum Augustin-Gespräch der Gegenwart, Wege der Forschung 5, Darmstadt 1962
E. Fraenkel: Horaz, 3. Aufl., Darmstadt 1971
F. Klingner: Virgil, Zürich 1967
H. Marrou: Augustinus in Selbstzeugnissen und Bilddokumenten, rowohlts monographien 8, 1958
H. Oppermann (Hrsg.): Wege zu Vergil, Wege der Forschung 19, Darmstadt 1963
H. Oppermann (Hrsg.): Wege zu Horaz, Wege der Forschung 99, Darmstadt 1972
V. Pöschl (Hrsg.): Tacitus, Wege der Forschung 97, Darmstadt 1969
Für alle Bereiche der römischen Geschichte und Kultur bietet nunmehr ein im Erscheinen begriffenes Sammelwerk einen umfassenden Überblick:
Aufstieg und Niedergang der Römischen Welt, hrsgg. H. Temporini, Berlin–New York
Bis jetzt erschienen:
I 1–4: Von den Anfängen Roms bis zum Ausgang der Republik, 1972/73
II 1–4: Principat, 1974/75

Randvölker der Antiken Welt: Das Frühgeschichtliche Europa am Rande der Hochkulturen der Alten Welt

N. Aberg: Bronzezeitliche und früheisenzeitliche Chronologie I–V, Stockholm 1930–1950
M. Ebert: Reallexikon der Vorgeschichte, Bd. 1–15, Berlin 1924–1929
H. Hubert: Les Celtes et l'expansion celtique jusqu'à l'époque de La Tène, Paris 1950
R. Joffroy: L'oppidum de Vix et la civilisation hallstattienne dans l'Est de la France, Dijon 1960
W. Kimmig: Oú en est l'étude de la civilisation des champs d'Urnes en France, principalement dans l'Est, in: Revue Archéologique de l'Est et du Centre Est, 1951, 1952, 1954
Ein Fürstengrab der späten Hallstattzeit von Kappel am Rhein (Jahrbuch des Römisch Germanischen Zentralmuseums Mainz 1, 1953, S. 179 ff.)
G. Kossinna: Die Herkunft der Germanen, Zur Methode der Siedlungsarchäologie (Mannus Bibliothek 6), Würzburg 1911
M. E. Marien: Trouvailles du Champs d'Urnes et tobelles hallstattiennes de Court-Saint-Étienne
v. Merkart: Donauländische Beziehungen der früheisenzeitlichen Kulturen Mittelitaliens, Bonner Jahrbücher 147, 1942, S. 71 ff.
C. A. Morberg: When did late Latène begin? (Acta Archäologica XXI), Kopenhagen 1950
P. Reinecke: Kenntnis der La-Tène-Denkmäler in der Zone nordwärts der Alpen (Mainzer Festschrift 1902, S. 53 ff.)
F. A. C. Schaeffer: Les tertre funéraires préhistoriques de la forêt de Hagenau, München–Hagenau 1926
G. Schwantes: Die ältesten Urnenfriedhöfe bei Ülzen und Lüneburg (Die Urnenfriedhöfe in Niedersachsen, I, 1–2), Hannover 1911
E. Spockhoff: Handbuch der Vorgeschichte Deutschlands, Berlin 1938 ff.
P. Vouga: La-Tène, Leipzig 1923

Arabien in vorislamischer Zeit

F. Altheim und *R. Stiehl:* Die Araber in der alten Welt, 5 Bde., Berlin 1964–1969
B. Brentjes: Die Araber. Bd. 1: Geschichte und Kultur, Wien 1971, Bd. 2: Chane, Sultane und Emire, Wien 1975
R. E. Brünnow und *A. Domaszewski:* Die Provinz Arabia, 3 Bde., 1904–1905
A. Grohmann: Kulturgeschichte des alten Orients, München 1963
A. Grohmann: Arabische Chronologie, Leiden 1966
G. E. von Grunebaum: Studien zum Kulturbild und Selbstverständnis des Islams, Zürich 1969
C. Pellat: Arabische Geisteswelt, Zürich o. J.
X. de Planhol: Kulturgeographische Grundlagen der islamischen Geschichte, Zürich 1975
J. Read: The Moors in Spain and Portugal, London 1974
F. Rosenthal: Das Fortleben der Antike. In: Islam, Zürich 1965
W. Seyfarth: Römische Geschichte, Kaiserzeit, 2 Bde., Darmstadt 1974
S. Vryonis: Islam and cultural change in the Middle Ages, Wiesbaden 1975 (Sammelband)

Die Reitervölker der südrussischen Steppen

J. Harmatta: Studies on the History of the Sarmatians, Budapest 1950
K. F. Smirnov: Savromaty, Moskau 1964
T. Rice: Südosteuropa zur Zeit der Skythen. In: Fischer Weltgeschichte Bd. 7 (Die Mittelmeerwelt im Altertum III), Frankfurt a. M. 1966, S. 288–300
T. Rice: Die skythisch-sarmatischen Stämme Südosteuropas. In: Fischer Weltgeschichte Bd. 8 (Die Mittelmeerwelt im Altertum IV), Frankfurt a. M. 1966, S. 279–290
G. Vernadsky: Ancient Russia, New Haven 1943
R. Werner: Kimmerier – Skythen – Sarmaten. In: Abriß der Geschichte antiker Randkulturen, hrsgg. v. W.–D. v. Barloewen, München 1961, S. 128–142
J. Wiesner: Die Kulturen der frühen Reitervölker. In: Die Kulturen der eurasischen Völker (Handbuch der Kulturgeschichte II, 10), Frankfurt a. M. 1968, S. 3–118

Zur Kunst:
M. I. Artamonow: Les Trésors d'Art des Soythes, Paris 1968
G. Charrière: Die Kunst der Skythen, Köln 1974 (französisch Paris 1971)
K. Jettmar: Die frühen Steppenvölker. Der eurasiatische Tierstil, Entstehung und sozialer Hintergrund, Baden-Baden 1965 (Kunst der Welt)
T. T. Rice: Die Skythen. Ein Steppenvolk an der Zeitenwende, Köln 1957
J. Wiesner: Die Kulturen der frühen Reitervölker. In: Die Kulturen der eurasischen Völker (Handbuch der Kulturgeschichte II, Bd. 10), Frankfurt a. M. 1968, S. 118–143

Das Parthische Reich – Der große Widersacher Roms im Vorderen Orient

F. Altheim: Das alte Iran. In: Propyläen Weltgeschichte Bd. 2, hrsgg. v. G. Mann und A. Heuß, Berlin u. a. 1962, S. 135 ff. (bes. S. 199–213)
K. Christ: Rom und die Parther – Sassanidisches und Spätrömisches Reich. In: Saeculum Weltgeschichte Bd. 2, hrsgg. von H. Franke u. a., Freiburg 1966, S. 557–573
M. A. Colledge: The Parthians, London 1967
N. C. Debevoise: A Political History of Parthia, Chicago 1938, Repr. New York 1968
R. N. Frye: Die Welt der Parther. In: Fischer Weltgeschichte Bd. 3, hrsgg. von P. Grimal, Frankfurt a. M. 1966, S. 301–320
R. N. Frye: Iran in parthischer und sassanidischer Zeit. In: Fischer Weltgeschichte Bd. 8, hrsgg. von F. Millar, Frankfurt a. M. 1966, S. 250–269
P. J. Junge und *W. Schur:* Parthia. In: Paulys Real-Encyclopädie der classischen Altertumswissenschaft Bd. 18,2, Waldsee 1949, Sp. 1968–2029
U. Kahrstedt: Artabanos III. und seine Erben, Bern 1950
K.-H. Ziegler: Die Beziehungen zwischen Rom und dem Partherreich, Wiesbaden 1964

Zur Kunst der Parther:
R. Ghirshman: Iran. Parther und Sasaniden, München 1962
A. Godard: L'Art de l'Iran, Paris 1962
H. J. Lenzen: Architektur der Partherzeit in Mesopotamien und ihre Brückenstellung zwischen der Architektur des Westens und Ostens. In: Festschrift für Carl Weickert, Berlin 1955, S. 121–136
A. U. Pope (Hrsg.): A. Survey of Persian Art. Bd. 1, London–New York 1938, bes. S. 411 ff., 445 ff., 475 ff.
E. Porada: Alt-Iran. Die Kunst in vorislamischer Zeit, Baden-Baden 1962, S. 181–190 (Kunst der Welt)
M. Rostovtzeff: Dura and the Problem of Parthian Art. Yale Classical Studies 5 (1935), S. 157–304

DER ZUSAMMENBRUCH DER ALTEN WELT

Das Zeitalter der Völkerwanderung

N. Aberg: Die Goten und Langobarden in Italien, Upsala 1923
Die Franken und Westgoten in der Völkerwanderungszeit, Upsala 1922
F. Altheim, W. Haussig: Die Hunnen in Osteuropa, Baden-Baden 1958
H. Aubin: Vom Altertum zum Mittelalter, München 1949
W. Bark: Origins of the Medieval World, Stanford 1958
C. D. Burns: The First Europe (400–800), London 1947
H. Dannenbauer: Die Entstehung Europas, 2 Bde., Stuttgart 1959–1962
H. J. Diessner: Das Vandalenreich, Stuttgart 1966
W. Ensslin: Theoderich der Große, 2. Aufl., München 1959
T. Hodgkin: Italy and her Invadors, A. D. 376–814, Oxford 1880–1899
R. Latouche: Les Grandes Invasions et la crise de l'occident au Ve siècle, Paris 1946
F. Lot: Les Invasions barbares et le peuplement de l'Europa, 2 Bde., Paris 1937
A. Schenk v. Stauffenberg: Das Imperium und die Völkerwanderung, München o. J.
C. Schmidt: Geschichte der deutschen Stämme bis zum Ausgang der Völkerwanderungszeit, 2. Aufl., München 1941
K. F. Stroheker: Germanentum und Spätantike, Zürich–Stuttgart 1965

Die Erneuerung Persiens unter den Sassaniden

A. Christensen: Iran sous les Sassanides, Kopenhagen 1944
K. Erdmann: Die Kunst Irans zur Zeit der Sassaniden, Berlin 1943
Gagé: La montée des Sassanides, Paris 1964
E. Porada: Alt-Iran; Die Kunst in Vorislamischer Zeit (Kunst der Welt), Baden-Baden 1962

Das Frühbyzantinische Reich

J. B. Bury: History of the Later Roman Empire from the Death of Theodosius I. to the Death of Justinian, 2 Bd., London 1923
P. Charamis: Church and State in the Later Roman Empire. The Religious Policy of Anastasius the First, Madison 1939
E. Eickhoff: Seekrieg und Seepolitik zwischen Islam und Abendland, Berlin 1966
J. Karayamopoulos: Über die vermeintliche Reformtätigkeit des Kaisers Heraklios, in: Jahrbuch der österreichisch-byzantinischen Gesellschaft 10 (1961)
G. Ostrogorsky: Geschichte des Byzantinischen Staates, 3. Aufl., München 1963

Die Frühzeit des Islam: Die arabisch-islamische Expansion (628–749) – Das islamische Mittelalter

C. Brockelmann: Geschichte der islamischen Völker und Staaten, München 1943
C. Cahen: Der Islam, Frankfurt a. M. 1968
Concise Encyclopaedia of arabic civilization, Amsterdam 1959/1966
Der Koran. Übersetzung von Max Henning (mit Sachregister), Stuttgart 1960, 1974
Der Koran. Übersetzung und Kommentar von Rudi Paret, 4 Bde., Stuttgart 1963 ff.
C. J. Du Ry: Die Welt des Islam, Baden-Baden 1970 (Kunst im Bild)
H. Franke: Asien und Europa im Zeitalter des Mongolensturms. In: Saeculum Weltgeschichte Bd. V, Freiburg 1970
F. Gabrieli: Die Macht des Propheten, München 1968
F. Gabrieli: Die Kreuzzüge aus arabischer Sicht, München 1973
J. Gomaa: A historical chart of the muslimin world, Leiden 1972 (Handbuch der Orientalistik Erg. Bd. VII)
E. Grube: Welt des Islam, Gütersloh 1968
G. E. von Grunebaum: Der Islam im Mittelalter, Zürich 1963 (Bibliothek des Morgenlandes)
G. E. von Grunebaum: Der Islam. In: Propyläen Weltgeschichte Bd. 5, Berlin 1963
H. W. Hazard: Atlas of Islamic History, Princeton 1951
Holle Welt und Kulturgeschichte, Bd. 8, 9, 10, Baden-Baden 1972
M. S. Ipsiroglu: Das Bild im Islam. Ein Verbot und seine Folgen, Wien 1971
H.-J. Kress: Die islamische Kulturepoche auf der iberischen Halbinsel, Marburg 1968
E. Kühnel: Kunst und Kultur der arabischen Welt, Heidelberg 1943
–: Die Kunst des Islam, Stuttgart 1962
S. F. Mahmud: Geschichte des Islam, München 1964
A. Miquel: Der Islam von Mohammed bis Nasser, München 1970
T. Nöldeke: Geschichte des Qorans, Hildesheim 1961
A. Noth: Heiliger Krieg und Heiliger Kampf im Islam und im Christentum, Bonn 1966
K. Otto-Dorn: Kunst des Islam, Baden-Baden 1964 (KDW)
R. Paret: Der Islam und das griechische Bildungsgut, Tübingen 1950
R. Paret: Mohammed und der Koran, Stuttgart 1957
R. Paret: Symbolik des Islam, Stuttgart 1958
R. Paret: Islam und Christentum. In: Welt des Islam und die Gegenwart, Stuttgart 1961
R. Pernoud: Die Kreuzzüge in Augenzeugenberichten, München 1975
D. T. Rice: Die Kunst des Islam, München 1967
G. T. Rivoira: Moslem Architecture, London 1918
P. Randot: Der Islam und die Mohammedaner von heute, Stuttgart 1963
J. Rypka: Iranische Literaturgeschichte, Leipzig 1959
J. J. Saunders: A History of Medieval Islam, London 1965
J. Sauvaget: Introduction to the History of the Muslim East. Los Angeles 1965 (Bibliographischer Führer)
J. Sourdel-Thomine und *B. Spuler:* Die Kunst des Islam. In: Propyläen-Kunstgeschichte Bd. 4, Berlin 1973
B. Spuler: Iran in frühislamischer Zeit, Wiesbaden 1952
D. Stewart: Islam, Hamburg 1962
F. Taeschner: Geschichte der arabischen Welt, Stuttgart 1964
W. M. Watt: The Influence of Islam on Medieval Europe, Edinburgh 1972

J. Wellhausen: Das arabische Reich und sein Sturz, Berlin 1902

DIE WELT DES MITTELALTERS

Die Entfaltung des Abendlandes: Das Europäische Mittelalter – Die Grundlagen der mittelalterlichen Welt

M. Bloch: La sociéte féodale, 2 Bde., Paris 1939/40
K. Bosl: Frühformen der Gesellschaft im mittelalterlichen Europa, München–Wien 1964
O. Brunner: Feudalismus – Ein Beitrag zur Begriffsgeschichte, 1958
P. Classen: Karl der Große, das Papsttum und Byzanz. In: Karl der Große, Bd. I, Düsseldorf 1965, S. 537–608
C. Dawson: Die Gestaltung des Abendlandes, Leipzig 1935
A. Dempf: Sacrum Imperium. Geschichts- und Staatsphilosophie des Mittelalters und der politischen Renaissance, München 1929
F. Dölger: Byzanz und das Abendland vor den Kreuzzügen. In: Relazioni del X congresso internazionale di scienze storiche, III., Florenz 1955, S. 67–112
F. L. Ganshof, F. Lot und *Ch. Pfister:* Histoire du Moyen âge (395–887), Paris 1941
B. Gebhardt: Handbuch der deutschen Geschichte. Hrsgg. von H. Grundmann. Neu bearb. Aufl. 1970/71
L. Halphen: Charlemagne et l'empire Carolingien, Paris 1947
D. Herlihy: The History of Feudalism, London 1971
H. Kämpf: Das Reich im Mittelalter, Stuttgart 1950
H. Mitteis: Der Staat des hohen Mittelalters. Grundlinien einer vergleichenden Verfassungsgeschichte des Lehnszeitalters, Weimar 1955
C. G. Mor: L'età feudale, Mailand 1952
G. Tellenbach: Die Entstehung des Deutschen Reiches. 31947

Das Frühe Mittelalter. Aufstieg, Blüte und Verfall des Frankenreiches unter den Merowingern und Karolingern

I. Quellen:
Gregor von Tours: Zehn Bücher Geschichten (Fränkische Geschichte), neubearb. von R. Buchner (Freiherr-vom Stein-Gedächtnisausgabe), Bd. I, 41970; Bd. II, 1974
Quellen zur karolingischen Reichsgeschichte, neubearb. von R. Rau (Freiherr-vom Stein-Gedächtnisausgabe), Bd. I, 1974; Bd. II, 1972; Bd. III, 31975
Quellen zur Geschichte der sächsischen Kaiserzeit, neu bearb. von A. Bauer und R. Rau (Freiherr-vom Stein-Gedächtnisausgabe), 1971

II. Sekundärliteratur:
W. Braunfels: Karl der Große. Rororo Monographien 187, 21973
J. Boussard: Die Entstehung des Abendlandes (deutsch von M. Mommsen), 1968
S. Epperlein: Karl der Große, 1971
H. Dannenbauer: Die Entstehung Europas, Bd. I, 1959; Bd. II, 1962
J. Dhondt: Das frühe Mittelalter. Fischer Weltgeschichte Bd. 10, 1968
G. Duby: The Early Growth of the European Economy, 1974
Die Entstehung des deutschen Reiches. Deutschland um 900 (Wege der Forschung, Bd. I), hrsgg. von H. Kämpf, 31971
E. Ewig: Die fränkischen Teilungen und Teilreiche (Abh. Akad. Mainz, 9), 1952
E. Ewig: Die fränkischen Teilreiche im 7. Jahrhundert, 613–714, Trierer Zeitschrift, 22, 1953
H. Fichtenau: Das karolingische Imperium. Soziale und geistige Problematik eines Großreiches, 1949
J. Fleckenstein: Grundlagen und Beginn der deutschen Geschichte (Deutsche Geschichte, 1), 1974
J. Fleckenstein und *M. L. Bulst:* Begründung und Aufstieg des deutschen Reiches, 1973
F. L. Ganshof: Was ist das Lehenswesen, übertr. von Dieter Groh, 31970
Herrschaft und Staat im Mittelalter (Wege der Forschung, Bd. II), hrsgg. von H. Kämpf, 1974
Zum Kaisertum Karls des Großen (Wege der Forschung, Bd. XXXVIII), hrsgg. von G. Wolf, 1972
Karl der Große, Lebenswerk und Nachleben, hrsgg. von W. Braunfels und H. Beumann, 4. Bd., 1965–1968
Das Königtum. Seine geistigen und rechtlichen Grundlagen (Vorträge und Forschungen, Bd. III), 4., unv. Ndr. 1974
Königswahl und Thronfolge in fränkisch-karolingischer Zeit (Wege der Forschung, Bd. CCXLVII), hrsgg. von E. Hlawitschka, 1975
Königswahl und Thronfolge in ottonisch-frühdeutscher Zeit (Wege der Forschung, Bd. CLXXVIII), hrsgg. von E. Hlawitschka, 1971
H. Löwe: Deutschland im fränkischen Reich, 1973
L. Schmidt: Geschichte der deutschen Stämme bis zum Ausgang der Völkerwanderung. Die Westgermanen. Bd. I, 21938; Bd. II, 1. 21940
J. M. Wallace-Hadrill: The Long-Haired Kings and Other Studies in Frankish History, 1962
R. Wenskus: Stammesbildung und Verfassung. Das Werden der mittelalterlichen gentes, 1961
E. Zöllner: Geschichte der Franken bis zur Mitte des sechsten Jahrhunderts, 1970

Das Hohe Mittelalter – Das Abendland im Zeichen von Kaisertum und Papsttum

C. Dawson: Die Gestaltung des Abendlandes, Leipzig 1935
A. Dempf: Sacerdotium. Geschichts- und Staatsphilosophie des Mittelalters und der politischen Renaissance, München 1929
K. Hampe: Deutsche Kaisergeschichte in der Zeit der Salier und Staufer, Heidelberg 1949
A. Hauck: Kirchengeschichte Deutschlands, 5 Bde., 3./4. Aufl., Leipzig 1904–1929
K. Hampe: Das Hochmittelalter. Geschichte des Abendlandes von 900 bis 1250, Berlin 1932
E. Kantorowicz: Kaiser Friedrich II., 2 Bde., Berlin 1928–1931

Die Kreuzzüge: Die „Heiligen Kriege" des Christlichen Abendlandes

A. v. Aachen: Geschichte des 1. Kreuzzuges, übersetzt von A. Hefele, 2 Bde., Jena 1913
A. S. Atiya: The Crusade, 1962
–: Crusade, Commerce and Culture, 1962
C. Erdmann: Die Entstehung des Kreuzzuggedankens, 1935
Grouset: Histoire des croisades et du royaume franc de Jérusalemne, 3. Bde., 1934–1936
S. Runciman: Geschichte der Kreuzzüge, 1957
A. Waas: Geschichte der Kreuzzüge, 1956

Die Kultur des Frühen und Hohen Mittelalters

A. Boeckler: Abendländische Miniaturen bis zum Ausgang der romanischen Zeit, Berlin–Leipzig 1930
J. Bühler: Deutsches Kulturleben im deutschen Mittelalter, 1921
H. Busch: Germanica Romanica: Die Hohe Kunst der romanischen Epoche im mittleren Europa, Wien–München 1963
H. Fichtenau: Das karolingische Imperium, Wien–Zürich 1949
J. Ganterer: Romanische Plastik; Inhalt und Form in der deutschen Kunst des 11. und 12. Jahrhunderts, Wien 1941
A. Harnack: Das Mönchtum, seine Ideale und Geschichte, 1921
G. Himmelheber: Bildwerke des Hirsauer Kunstkreises; In Zeitschrift für Kunstgeschichte, 1961 S. 197 ff.
W. Pinder: Die Kunst der deutschen Kaiserzeit bis zum Ende der Staufischen Klassik, Leipzig 1935
W. Sauerländer: Die Skulpturen des Mittelalters, Berlin 1962 (Ullstein Kunstgeschichte XI)
H. Schrade: Zur Frühgeschichte der mittelalterlichen Monumentalplastik; In: Westfalen 35/1957 S. 33 f.
–: Die romanische Malerei; Ihre Majestas, Köln 1963

DIE AUSSEREUROPÄISCHE WELT IM ALTERTUM UND MITTELALTER

Zentralasien in Antike und Mittelalter

F. Altheim: Weltgeschichte Asiens im griechischen Zeitalter, 2 Bände, Tübingen 1947/1948
E. Allworth: Central Asia, Columbia 1965
K. Gronbeck: The Steppe Region in World History, In: Acta Orientalia, 3 Teile 1958–1960
E. Hanisch: Die Geheime Geschichte der Mongolen, 2. Aufl., Leipzig 1948
–: Die Kulturpolitik des mongolischen Weltreiches, Berlin 1943
M. Hartmann: Der islamische Orient, 3 Bde., 1899–1910
C. P. Skrine: Chinese Central Asia, London 1926

Indien – Das „Märchenland" jenseits des Indus

PERIODICA
Asian Survey, Berkeley 1961
Indo Asia, Vierteljahreshefte für Politik, Kultur und Wirtschaft Indiens, Stuttgart 1959
Internationales Asienforum, 1970
Journal of Indian History, Allahabad 1921
Indian historical Quarterly, Calcutta 1925
Indian Culture, Calcutta 1934
Ecceonomic and Political Weekly, Bombay 1966
The Ceylon Journal of Historical and Social Studies

Bibliographien:
K. L. Jankert: Verzeichnis indienkundlicher Hochschulschriften, Wiesbaden 1961
J. M. Mahar: India, A Critical Bibliography, Tucon 1964
Bibliography of Asian Studies (Jährliches Supplement des Journal of Asian Studies, Ann Abor, von 1941–1956 als „The Far Eastern Quarterly)

Gesamtdarstellungen (mit umfangreichen Bibliographien):
T. Embree Ainslie und *F. Wilhelm* (Hrsg.): Indien, Fischer Weltgeschichte Bd. 17, Frankfurt 1967
Bianco Lucien (Hrsg.): Das moderne Asien, Fischer Weltgeschichte Bd. 33, 1969
David K. Fieldhouse: Die Kolonialreiche seit dem 18. Jahrhundert, Fischer Weltgeschichte Bd. 29, 1965
Percical Spear: The Oxford History of India, Oxford 1970
The Cambridge History of India, Cambridge 1922 ff., Neuauflage Delhi 1957–1958
R. C. Majumdar u. a. (Hrsg.): The History and Culture of the Indian People, 10 Bde., London, Bombay 1951 ff.
H. Goetz: Geschichte Indiens, Stuttgart 1962

Einzeldarstellungen:
Kultur, Malerei, Plastik, Baukunst:
D. D. Kosambi: The Culture and Civilisation of Ancient India, London 1965
H. Goetz: Indien, 5 Jahrtausende indischer Kunst (Kunst der Welt), Baden-Baden 1959
P. R. Rao: Manachandra, Modern Indian Paintings, Madras 1953
W. G. Archer: Indian Miniatures, Greenwich 1960
Indian Painting, London 1956
W. Cohn: Indische Plastik, Berlin 1923
Stella Kramrisch: Indian Sculpture, Calcutta 1933
Hugo Münsterberg: Der Indische Raum (Kunst im Bild), Baden-Baden 1970

Religion, Philosophie, Literatur:
Heinrich Zimmer: Philosophie und Religion Indiens, Suhrkamp Taschenbuch Wissenschaft 26, 1973 (gute Bibl.)
Helmuth v. Glasenapp: Indische Geisteswelt, Wiesbaden
H. v. Glasenapp: Die Literaturen Indiens, Kröner 318, Stuttgart 1961
Heinz Bechert: Buddhismus, Staat und Gesellschaft in den Ländern des Theravadan Buddhismus, Schriften des Inst. f. Asienkunde in Hamburg, Frankfurt, Berlin 1966

Verfassung, Politisches System, Parteien:
A. S. Altekar: State and Government in Ancient India, Delhi 1958
U. N. Gjoshal: A History of Indian Political Ideas, Bombay 1959
K. P. Karunakaran: Modern Indian Political Tradition, Delhi 1962
Arthur B. Keith: A Constituional History of India 1600–1935, London 1936
Caspar Schrenck-Notzing: Hundert Jahre Indien, Die politische Entwicklung 1857–1960, Stuttgart 1961
Charles Drekmeier: Kingship and Community in Early India, Stanford 62
B. G. Gokhale: Making of the Indian Nation, Bombay 1960
G. P. Overstreet: Windmiller M., Communism in India, Berkeley 1959
Norman Palmer: Indian Political System, Boston 1961
C. H. Philips: Politics and Society in India, New York 1962

Wirtschafts- und Sozialgeschichte (ohne Islam):
Daniel Thorner: Economic Development, India before 1947, New York 1960
Morris D., Morris und *Burton Stein:* The Economic History of India, in: Journal of Ec. Hist., XXI (1961), S. 179–207
M. T. M. Royappa Arokiaswami: The Modern Ecconomic History of India, Madras 1955
B. B. Misra: The Indian Middle Classes, Oxford 1961
D. and *Alice Tjorner:* Land and Labour in India, London 1962
P. Spear: Nabobs, New York, Oxford 1963
S. C. Dibe: Indian Village, Ithaca 1955
Subramaniam Shankerier: Die Wirtschaftsentwicklung Indiens 1951–1961, Kieler Studien 69, Tübingen 965
O. Schiller: Agrarverfassung und Agrarreform in Indien. Berichte über Landwirtschaft, Hamburg, Berlin N. F. 37 (1959)
V. B. Singh: Economic History of India 1857–1956, Bombay, London, New York 1965
Moore Barrington jr.: Social Origins of Dictatorship and Democracy, Lord and Peasant in the Making of the Modern World, Boston 1957

Frühgeschichte und Industal-Kultur:
Fischer Weltgeschichte Bd. 1 (Kapitel Indien)
S. Piggott: Prehistoric India, London 1950
Sir R.B.E. Wheeler: Indus Civilization, Cambridge 1953

Islam und Moghulzeit (ohne Pakistan):
Ahmad Aziz und *G. E. von Grunebaum:* Muslim Self-Statement in India and Pakistan 1957–1968, Wiesbaden 1970
A. L. Srovastava: The Mughal Empire, Agra 1959
S. M. Ikram, A. T. Embree: Muslim Civilization in India, New York 1964
M. Mujeeb: The Indian Muslims, London 1967
A. A. A. Fyzee: A Modern Approach to Islam, Bombay 1963
M. Yasin: A social History of Islamic India, Lucknow 1958
J. Moreland: From Akbar to Aurangzeb, Calcutta 1923
P. Spear: Twighlight of the Moghul, Cambridge 1951
Gowind S. Sardesai: The New History of the Marathas, Bombay 1948–1956
Khushwant Singh: The Sikhs, London 1953
Hakim Andul: Islam and Communism, Lahore 1953

Kolonisation, Britische Herrschaft, Imperialismus, Nationalismus bis zur Spaltung 1947:
Sir Reginald Coupland: Britain in India, 1600–1941, London, Oxford 41
M. D. Lewis (Hrsg.): The British in India, Imperialism or Trusteeship? Boston 1962
W. W. Hunter: History of British India, London 1899–1900
Siba Pada Sen: The French in India, Calcutta 1947
M. K. Wilbur: The East India Company and the British Empire in the Far East, New York 1945
J. Beauchamp: British Imperialism in India, London 1934

Jürgen Kuczynski: Die englischen Kolonien, Berlin 1965
S. N. Bannerjee: Nation in the Making, London 1925

Teilung Indiens und Politik nach 1947 mit Pakistan:
C. Keith: Pakistan, A Political Study, London 1957
R. Symonds: The Making of Pakistan, London 1950
L. Binder: Religion and Politics in Pakistan, Berkeley 1961
Peter Hess: Hintergründe des pakistanischen Bürgerkriegs, in: Internationales Asienforum 2 (1971)
W. A. Wilcox: Pakistan, The Consolidation of a Nation, New York, London 1969
F. Moraes: Nehru, New York 1956

Ceylon:
G. C. Mendis: The Early History of Ceylon, Calcutta 1954
Ceylon under the British, Colombo 1952
Ceylon Today and Yesterday, Colombo 1957
V. H. Wriggins: Ceylon, Dilemma of a Nation, Princeton 1960
Sir W. I. Jennings: The Constitution of Ceylon, London 1953
The Economy of Ceylon, London 1951
R. Bryce: Caste in Modern Ceylon, New Brunswick 1953
V. A. Smith: A History of Fine Art in India and Ceylon, Oxford 1930
W. Rahula: History of Buddhism in Ceylon, Colombo 1956

Südostasien im Strahlungsfeld des indischen und chinesischen Kulturkreises

I. Allgemeine Literatur:
B. P. Groslier: Hinterindien. Kunst im Schmelztiegel der Rassen, Baden-Baden 1974
H. H. Loofs: Südostasiens Fundamente. Hochkulturen und Primitivstämme, Geisterglauben, Religionen, große Politik, Berlin 1964
R. le May: Südostasien. Das Erbe Indiens, München 1967
J. Villiers: Südostasien vor der Kolonialzeit. Fischer Weltgeschichte Bd. 18. Frankfurt a. M. 1965

II. Einzeluntersuchungen:
1. Zur Vorgeschichte:
R. Heine-Geldern: Das Tocharerproblem und die Pontische Wanderung. In: Saeculum II, Heft 2, S. 225–255

2. Zur Religion:
H. Uhlig: Auf den Spuren Buddhas. Reise durch Ceylon, Birma, Thailand, Laos, Kambodscha und Vietnam, Berlin 1973

3. Zu Angkor:
D. Mazzeo und *C. S. Antonini:* Angkor. Monumente großer Kulturen, Wiesbaden 1974
J. Myrdal: Kunst und Imperialismus am Beispiel Angkors, München 1973

4. Zu Vietnam:
Le T. Khoi: 3000 Jahre Vietnam. Bearbeitet und ergänzt von Otto Karow, München 1969

China: Das Reich der Mitte von seinen Anfängen bis zur Ming-Dynastie

I. Gesamtdarstellungen:
W. Eberhard: Geschichte Chinas, Stuttgart 1971
W. Eichhorn: Geschichte Chinas. In: Abriß der Geschichte außereuropäischer Kulturen Bd. 2, hrsgg. von W.-D. von Barloewen, München–Wien 1964, S. 85–138
H. Franke: (Entsprechende Abschnitte zur chinesischen Geschichte). In: Saeculum Weltgeschichte Bd. 1, Freiburg 1965, S. 334–354; Bd. 2, 1966, S. 301–325; Bd. 3, 1967, S. 1–42; Bd. 4, 1967, S. 402–541; Bd. 5, 1970, S. 1–68
H. Franke und *R. Trauzettel:* Das Chinesische Kaiserreich. Fischer Weltgeschichte Bd. 19, Frankfurt a. M. 1968
O. Franke: Geschichte des chinesischen Reiches. 5 Bde., Berlin 1930–1952

II. Einzelne Epochen der Geschichte; Historiographie:
W. G. Beasley und *E. G. Pulleyblank* (Hrsg.): Historians of China and Japan, London 1961
Y. Ch'en: Western and Central Asians in China under the Mongols, Los Angeles 1966
W. Eberhard: Das Tobareich Nordchinas. Eine soziologische Untersuchung, Leiden 1949
W. Franke: China 1368 bis 1780. In: Saeculum Weltgeschichte Bd. 6, Freiburg 1971, S. 232–265
H. H. Frankel: China bis 960. In: Propyläen Weltgeschichte Bd. 6 (Weltkulturen. Renaissance in Europa), Berlin u. a. 1964, S. 189–263
C. O. Hucker: The Traditional Chinese State in Ming Times, Tuscon 1961
A. F. P. Hulsewé: China im Altertum. In: Propyläen Weltgeschichte Bd. 2 (Hochkulturen des mittleren und östlichen Asiens), Berlin u. a. 1962, S. 477–571
F. W. Mote: China von der Sung-Dynastie bis zur Ch'ing-Dynastie. In: Propyläen Weltgeschichte Bd. 6, Berlin u. a. 1962, S. 265–342

III. Kultur-, Wirtschafts- und Sozialgeschichte:
E. Balázs: Chinese Civilization and Bureaucracy, New Haven–London 1964
L. Chi: The Beginnings of Chinese Civilization, Seattle–Washington 1957
M. v. Dewall: Pferd und Wagen im frühen China, Bonn 1964
J. de Francis (Hrsg.): Chinese Social History, Washington 1956
H. Franke: Geld und Wirtschaft in China unter der Mongolenherrschaft, Leipzig 1949
J. Gernet: La Vie Quotidienne en Chine à la Veille de l'Invasion Mongole, Paris 1959
R. H. van Gulik: Sexual Life in Ancient China, Leiden 1961
C. Hentze: Bronzegerät, Kultbauten, Religion im ältesten China der Shang-Zeit, Antwerpen 1951
A. Herrmann: Die alten Seidenstraßen zwischen China und Syrien, Berlin 1910
P. Huard und *M. Wong:* Chinesische Medizin, München 1968
F. S. Kirby: Einführung in die Wirtschafts- und Sozialgeschichte Chinas, München 1955
J. Needham u. a.: Science and Civilization in China, London 1954 ff. (mehrere Bände)
G. Schneerson: Die Musikkultur Chinas, Leipzig 1955
W. Speiser: China. Geist und Gesellschaft, Baden-Baden 1959 (Kunst der Welt)
N. L. Swann: Food and Money in Ancient China, Princeton 1950
Y. C. Wang: Early Chinese Coinage, New York 1951
K. A. Wittfogel: Wirtschaft und Gesellschaft Chinas, Leipzig 1931
K. A. Wittfogel: Die orientalische Despotie, Köln–Berlin 1962

IV. Religions- und Geistesgeschichte:
O. Graf: Tao und Jen, Wiesbaden 1970
M. Granet: Das chinesische Denken, München ²1971
A. Forke: Geschichte der chinesischen Philosophie. 3 Bde., Hamburg ²1964 (¹1927–1938)
Lao-tse: Tao-te-king. Deutsche Übers. von v. Strauß und Tonn, Zürich 1950; v. Ulenbrook, Bremen 1962
J. K. Shyrock: The Origin and Development of the State Cult of Confucius, New York 1932
R. Wilhelm: Kung-tse. Leben und Werk, Stuttgart ²1950
R. Wilhelm: Lao-Tse und der Taoismus, Stuttgart ²1948
F. Yu-lan: A History of Chinese Philosophy, Princeton 1952/53, 2 Bde.
L. Yutang (Hrsg.): Konfuzius, Frankfurt a. M.–Hamburg 1957
E. Zürcher: The Buddhist Conquest of China. 2 Bde., Leiden 1959

V. Literaturgeschichte:
W. Bauer und *H. Franke* (Hrsg.): Die Goldene Truhe (Anthologie), München 1959
C. Birch (Hrsg.): Anthology of Chinese Literature, New York 1965
E. Feifel: Geschichte der chinesischen Literatur. Mit Berücksichtigung ihres geistesgeschichtlichen Hintergrundes, Darmstadt ²1959
W. Grube: Die Geschichte der chinesischen Literatur, Leipzig ²1909
O. Kaltenmark-Chéquier: Die chinesische Literatur, Hamburg 1960
R. Wilhelm: Die chinesische Literatur, Potsdam 1930

VI. Kunstgeschichte:
E. Boerschmann: Chinesische Architektur, Berlin 1925
M. Feddersen: Chinesisches Kunstgewerbe, Braunschweig ³1958
O. Fischer: Chinesische Plastik, München 1948
J. Fontein und *R. Hempel:* China, Korea, Japan. Propyläen Kunstgeschichte Bd. 17, Berlin 1968
R. Goepper: Vom Wesen chinesischer Malerei, München 1962
C. Hentze: Funde in Alt-China, Göttingen u. a. 1967
D. Seckel: Einführung in die Kunst Ostasiens, München 1960
O. Sirén: Chinese Sculpture from the Fifth to the Fourteenth Century. 4 Bde., London 1925
W. Speiser: Die Kunst Ostasiens, Berlin ²1956
W. Speiser u. a.: Chinesische Kunst, Zürich–Freiburg 1965
Ch. Te-k'un: Archaeology in China. 3 Bde., Cambridge 1959–1963
W. Willetts: Foundations of Chinese Art, London 1965 (deutsch Düsseldorf 1968)

Japan – „Land der aufgehenden Sonne"

I. Gesamtdarstellungen:
R. Bersihand: Geschichte Japans von den Anfängen bis zur Gegenwart, Stuttgart 1963
H. A. Dettmer: Grundzüge der Geschichte Japans, Darmstadt ²1970
J. W. Hall: Das Japanische Kaiserreich. Fischer Weltgeschichte Bd. 20, Frankfurt a. M. 1968
H. Hammitzsch: Geschichte Japans. In: Abriß der Geschichte außereuropäischer Kulturen, hrsgg. von W.-D. v. Barloewen, Bd. 2, München–Wien 1964, S. 241–283
H. Hammitzsch: (Entspr. Abschnitte zur jap. Geschichte). In: Saeculum Weltgeschichte Bd. 4, Freiburg 1967, S. 546–568; Bd. 6, Freiburg 1971, S. 268–330
A. Kolb: Ostasien. China, Japan, Korea. Geschichte eines Kulturerdteiles, Heidelberg 1963
G. B. Sansom: A History of Japan. Bde. 1 und 2 (bis 1615), Stanford 1958 ff.
G. B. Sansom: Japan. Von der Frühgeschichte bis zum Ende des Feudalsystems, München 1967 (Kindlers Kulturgeschichte Bd. 17)

II. Einzelne Bereiche der Geschichte:
W. G. Beasley und *E. G. Pulleyblank* (Hrsg.): Historians of China and Japan, London 1961
G. J. Groot: The Prehistory of Japan, New York 1951
J. E. Kidder: Alt-Japan, Köln 1959 (englisch: Japan Before Buddhism, London 1959)
I. Morris: The World of the Shining Prince. Court Life in Ancient Japan, London 1964
R. K. Reischauer: Early Japanese History. 2 Bde., Princeton 1937 (ca. 40 v. Chr.–1167 n. Chr.)
P. Wirz: Die Ainu, München–Basel 1955

III. Religions- und Geistesgeschichte:
M. Anesaki: History of Japanese Religion, London 1930, Repr., Tokio 1963
O. Benl und *H. Hammitzsch* (Hrsg.): Japanische Geisteswelt. Vom Mythus zur Gegenwart, Baden-Baden 1956
K. Florenz: Die historischen Quellen der Shinto-Religion, Göttingen 1919
W. Gundert: Japanische Religionsgeschichte, Stuttgart 1943
C. Hagenauer: Origines de la Civilisation Japonaise, Paris 1956
H. Hammitzsch: Cha-do, der Teeweg, München 1958
E. D. Saunders: Buddhism in Japan, Philadelphia 1964
D. T. Suzuki: Zen und die Kultur Japans, Stuttgart 1942

IV. Literaturgeschichte:
K. Florenz: Geschichte der japanischen Literatur, Leipzig 1905/06
D. Keene: Japanische Literatur, Zürich 1962
E. Miner: An Introduction to Japanese Court Poetry, Stanford 1968
S. Miyake: Kabuki. Japanisches Theater, Berlin 1965
S. Murasaki: Die Geschichte vom Prinzen Genji. 2 Bde., Zürich 1966
Das Kopfkissenbuch der Hofdame Sei Shonagon, Zürich 1952
H. Hammitzsch: Japanische Volksmärchen, Düsseldorf–Köln 1964
P. Weber-Schäfer (Hrsg.): 24 No-Spiele, Frankfurt a. M. 1961

V. Kunstgeschichte:
W. Alex: Architektur der Japaner, Ravensburg 1965
V. Elisseeff: Japan. (Archaeologia mundi), München u. a. 1973
M. Feddersen: Japanisches Kunstgewerbe. Ein Handbuch für Sammler und Liebhaber, Braunschweig 1960
J. Fontein und *R. Hempel:* China, Korea, Japan. Propyläen Kunstgeschichte Bd. 17, Berlin 1968
A. Hasé: Emaki. Die Kunst der klassischen japanischen Bilderrollen, Zürich 1959
J. E. Kidder: Japan. Entstehung einer Kunst, Fribourg 1964
K. Moriya: Die japanische Malerei, Wiesbaden 1953
B. Smith: Japan – Geschichte und Kunst, München–Zürich 1965
W. Speiser: Chinesische und japanische Malerei, Berlin 1959
P. C. Swann: Japan von der Jomon- zur Tokugawa-Zeit, Baden-Baden 1965 (Kunst der Welt)
Y. Yashiro: Art Treasures of Japan. 2 Bde., Tokio 1960
Y. Yashiro und *P. C. Swann:* Japanische Kunst. München 1958 (englisch: 2000 Years of Japanese Art, London 1958)
T. Yoshida: Japanische Architektur, Tübingen 1952
T. Yoshida: Der japanische Garten, Tübingen 1958

Korea zwischen China und Japan

A. Eckhardt: Korea. Geschichte und Kultur, Freudenstadt 1968
H. Hammitzsch: Die frühen Ausstrahlungen der chinesischen Kultur auf Korea. In: Saeculum Weltgeschichte Bd. 3, Freiburg 1967, S. 43–46; s. a. Bd. 4, Freiburg 1967, S. 542–546
W.-K. Han: The History of Korea, Honolulu 1972
T. Hatada: A History of Korea, Santa Barbara–Calif 1969
H. B. Hulbert: The History of Korea, New York ²1962, 2 Bde. (¹1905)
A. Kolb: Ostasien. China, Japan, Korea. Geschichte eines Kulturerdteiles, Heidelberg 1963
B. Lewin: Geschichte Koreas. In: Abriß der Geschichte außereuropäischer Kulturen Bd. 2, hrsgg. von W.-D. v. Barloewen, München–Wien 1964, S. 200–225
The New Encyclopaedia Britannica, Macropaedia Bd. 10, London 1974, S. 506 ff.

Zu Kunst und Literatur:
A. Eckhardt: Geschichte der koreanischen Kunst, Leipzig 1929
A. Eckhardt: Geschichte der koreanischen Literatur, Stuttgart 1968
J. Fontein und *R. Hempel:* China, Korea, Japan. Propyläen Kunstgeschichte Bd. 17, Berlin 1968
W. Forman und *J. Bařinka:* Alte koreanische Kunst, Prag 1962
A. B. Griswold und *Ch. Kim* und *P. H. Pott:* Burma, Korea, Tibet, Baden-Baden 1963, S. 59–149 (Kunst der Welt)
Ch. Kim und *W.-Y. Kim:* Korea. 2000 Jahre Kunstschaffen, München 1966
Survey of Korean Arts. Hrsgg. von National Academy of Arts, Seoul 1972

Afrika

M.-H. Alimen: Préhistoire de l'Afrique, 1955

(englische Übers.: The Prehistory of Africa, 1957)
M.-H. Alimen und *M. J. Steve* (Hrsg.): Vorgeschichte: Afrika. Fischer Weltgeschichte Bd. 1, 1966
L. Balout: Préhistoire de l'Afrique du Nord, 1955
P. Bertaux: Afrika. Von der Vorgeschichte bis zu den Staaten der Gegenwart. Fischer Weltgeschichte Bd. 23, 1966
J. D. Clark: The Prehistory of Southern Africa, 1959
S. Cole: The Prehistory of Africa, [2]1964
R. und *M. Cornevin:* Geschichte Afrikas von den Anfängen bis zur Gegenwart, deutsche Übers. 1966
B. Davidson: Afrika. Geschichte eines Erdteils, deutsche Übers. 1966
E. G. Jacob: Grundzüge der Geschichte Afrikas, 1966
L. Leakey: Olduvai Gorge. A Report on the Evolution of the Hand-Axe Culture in beds I–IV, 1951; ders.: Olduvai Gorge 1951–1961, 1, 1965
R. Olivier und *J. D. Page:* A Short History of Africa, deutsche Übers. 1963
J. D. Page: An Atlas of African History, 1968
D. Westermann: Geschichte Afrikas, 1952

Die Indianerkulturen des mittleren und südlichen Altamerika

M.-H. Alimen und *M.-J. Steve* (Hrsg.): Vorgeschichte: Amerika. Fischer Weltgeschichte Bd. 1, 1966
F. Anders: Das Pantheon der Maya, 1963
F. Anton und *F. J. Dockstader:* Das alte Amerika, 1967 (Kunst im Bild)
F. Anton: The art of ancient Peru, 1972
W. C. Bennet und *J. B. Bird:* Andean culture history, 1949
S. Canals Frau: Prehistorique de l'Amerique, 1953
M. P. Coe: Die Maya, a. d. Engl. 1968
L. Deuel: Kulturen vor Kolumbus. Das Abenteuer Archäologie in Lateinamerika. Ein historischer Überblick mit Originalberichten, a. d. Engl. 1975
H. D. Disselhoff: Geschichte der altamerikanischen Kulturen, [2]1967
L. und *Th. Engel:* Glanz und Untergang des Inka-Reiches, 1967
Ch. C. Griffin (Hrsg.): Latin America. A Guide to the Historical Literature, 1971
W. Haberland: Die Kulturen Meso- und Zentralamerikas. In: Handbuch der Kulturgeschichte, 2., IV, 1965–1969
V. W. v. Hagen: Die Kultur der Maya, 1960
J. D. Jennings und *E. Norbeck:* Prehistoric Man in the New World, 1964
W. Krickeberg: Altamerikanische Kulturen, [2]1966
S. K. Lothrop: Das vorkolumbianische Amerika und seine Kunstschätze, a. d. Engl. 1964
J. A. Mason: Das alte Peru, a. d. Engl. 1965
H. Nachtigall: Die altamerikanischen Megalithkulturen, 1958
H. Nachtigall: Alt-Kolumbien, 1961
U. Schlenther: Die geistige Welt der Maya, 1965
L. Séjourné: Altamerikanische Kulturen. Fischer Weltgeschichte Bd. 21, 1971
H. Stierlin: Maya, 1964
H. Stierlin: Das alte Mexiko, a. d. Frz. 1967
J. C. Tello: Chavín, 1960
H. Trimborn und *W. Haberland:* Die Kulturen Alt-Amerikas, [2]1969
H. Ubbelohde-Doering: Kulturen Alt-Perus, 1966
G. C. Laillant: Die Azteken, a. d. Engl. 1957
G. R. Willey: An Introduction to American Archeology, 2: South America, 1971

Die Indianerkulturen Nordamerikas

C. W. Ceram: Der erste Amerikaner. Das Rätsel des vor-kolumbischen Indianers, Hamburg 1972
W. Haberland: Nordamerika. Indianer, Eskimo, Westindien, Baden-Baden 1965
O. La Farge: Die große Jagd. Geschichte der nordamerikanischen Indianer, Freiburg 1966
W. Lindig: Die Kulturen der Eskimo und Indianer Nordamerikas. Handbuch der Kulturgeschichte II, 16. Frankfurt a. M. 1972
P. S. Martin: Indians Before Columbus, Chicago 1949
W. Nölle: Die Indianer Nordamerikas, Stuttgart 1959
W. H. Oswalt: This Land Was Theirs. A Study of the North American Indians, New York 1966
R. C. Owen: The North American Indians. A Sourcebook, New York u. a. 1967
H. M. Wormington: Ancient Man in North America, Denver [4]1957
C. Wissler: Das Leben und Sterben der Indianer, Wien 1948

DAS AUSGEHENDE MITTELALTER UND DIE ANFÄNGE DER NEUZEIT

Aufstieg, Blüte und Niedergang des Byzantinischen Reiches

B. Bury: History of the Later Roman Empire from Arcadius to Irene, 2 vols, 1-Vol., 2. Aufl. 1923; 2. Vol. 1. Aufl., London 1889
History of the East Roman Empire from the fall of Irene to the accession of Basil I., London 1912
G. Ostrogorsky: Geschichte des byzantinischen Staates, 3. Aufl., München 1963
A. A. Vasiliev: History of the Byzantine Empire, 2 Bde., Madison 1958
H. Gelzer: Abriß der byzantinischen Kaisergeschichte in K. Krumbacher, Geschichte der byzantinischen Literatur, München 1897
R. Jenkins: Byzantium: the imperial centuries Ad 610 to 1017; London 1966
H. W. Haussig: Kulturgeschichte von Byzanz, 2. neudurchgesehene Auflage, Stuttgart 1966, (Italien. Übersetzung, Mailand 1967; Poln. Übersetzung, Warschau 1968; erweiterte engl. Ausgabe und Übersetzung, London 1971; Französ. Übersetzung, Paris 1973)
Ch. Diehl: Histoire de l'Empire Byzantin, Paris 1919
M. V. Levtchenko: Byzance des Origines à 1453. Französische Übers. von P. Mabille, Paris 1949
E. Stein: Geschichte des spätrömischen Reiches, Bd. 1, Wien 1928
N. H. Baynes: The Byzantine Empire, London 2. Aufl. 1, 1943
E. Stein. Histoire du Bas-Empire, tom. II, ed. par J. R. Palanque, Bruxelles 1949
H. Hunger: Byzantinische Geisteswelt von Konstantin dem Großen bis zum Fall Konstantinopels, Baden-Baden 1958

Sondergebiete:
Papyruskunde: *A. Bataille:* Les papyrus, in: Traité d'études Byzantines, Paris 1955
Urkundenlehre: *F. Dölger:* Byzantinische Diplomatik, München 1956
Siegelkunde: *G. Schlumberger:* Sigillographie de l'empire byzantin, Paris 1884
Chronologie: *V. Grumel:* Chronologie, Paris 1957
Paläographie: *V. Gardthausen:* Griechische Paläographie, Leipzig 1913
W. Schubart: Griechische Paläographie (=Handbuch d. klass. Altert.-Wissenschaft I, 4, I), München 1925
Literaturgeschichte: *K. Krumbacher:* Geschichte der byzantinischen Literatur, München 1897 (=Handbuch d. klass. Altert.-Wissenschaft IX, I)
Kirchengeschichte und Geschichte der theologischen Literatur: *H. G. Beck:* Kirche und theologische Literatur im byzantinischen Reich, München 1959 (=Handbuch d. klass. Altert.-Wissenschaft II, I)
J. Pargoire: L'Eglise Byzantine de 527 à 847, Paris 1905
Die monastische Bewegung: *W. H. Mackean:* Christian Monasticism in Egypt to the Close of the Fourth Century, London 1920.
P. van Cauwenburch: Étude sur les Moines d'Egypte depuis le Concile de Chalcédoine (451) jusqu'à l'Invasion arabe, Paris 1914
H. Delehaye: Les Saints stylites (=Société des Bollandistes, Subsidia Hagiographica XIV), Bruxelles 1923
J. M. Hussey: Church and Learning in the Byzantine Empire 867–1185, London 1937
A. M. Ammann: Die Gottesschau im palamitischen Hesychasmus. Ein Handbuch der spätbyzantinischen Mystik (= Das östliche Christentum, ed. Georg Wunderle, Heft 6–7) Würzburg 1938
I. Hausherr: La méthode d'oraison hésychaste (Orientalia Christiana IX, Teil 2), 1927
V. Lossky: Essai sur la Théologie mystique de l'Eglise d'Orient, Paris 1944
J. Danielou: Platonisme et Théologie mystique, Paris 1944
D. L. Raschella: Saggio storico sul Monachismo italo-greco in Calabria, Messina 1925

Byzantinische Universitäten und Byzantinische Bildung:
G. Ostrogorsky: Studien zur Geschichte des byzantinischen Bilderstreites, Breslau 1929
F. Fuchs: Die höheren Schulen von Konstantinopel im Mittelalter, Byz. Archiv 8, Leipzig–Berlin 1926
R. Browning: The Patriarchal School at Constantinople in the Twelfth Century, Byzantion, Bd. 32, 1962
J. M. Hussey: Church and Learning in the Byzantine Empire 867–1185, London 1937
R. J. H. Jenkins: Byzantium and Byzantinism, Lectures in Memory of Louise Taft Taft Semple, The University of Cincinnati, 1963
Das byzantinische Heer: *F. Aussaresses:* L'Armée byzantine, Paris 1909
Die byzantinische Flotte: *H. Ahrweiler:* Byzance et la mer, Paris 1966
E. Eickhoff: Seekrieg und Seepolitik zwischen Islam und Abendland bis zum Aufstiege Pisas und Genuas (650–1040), 1954
Heeresorganisation: *A. Pertusi:* La Formation des Thèmes Byzantins, Berichte zum XI. Internationalen Byzantinisten-Kongreß, München 1958
H. W. Haussig: Anfänge der Themenordnung, p. 82–114, bei F. Altheim und R. Stiehl: Finanzgeschichte der Spätantike, Frankfurt–Main 1957
Agrarpolitik: *A. Lemerle:* Esquisse pour une histoire agraire de Byzance, Revue Historique 1959
G. Ostrogorsky in: Cambridge Economic History, Cambridge 1941, Bd. I, pp. 194–223, und Bibliographie, p. 579–583
Die Hauptstadt Konstantinopel: *R. Janin:* Constantinople byzantine, Paris 1950
R. Janin: La Géographie ecclésiastique de l'Empire Byzantin, 1. Teil, Le Siège de Constantinople et le Patriarchat Oecuménique, Bd. III, Les Eglises et les Monastères, Paris 1953
A. Maryq: La durée du régime des partis populaires à Constantinople, Bull. de l'Academie Royale de Belgique, Cl. des Lettres 35, 1949
A. M. Schneider: Byzanz. Vorarbeiten zur Topographie und Archäologie der Stadt, Berlin 1936
R. Mayer: Byzantion, Konstantinopolis, Istanbul. Eine genetische Stadtgeographie, Wien 1943 (Akademie der Wissenschaft in Wien, Philosophisch-historische Klasse, Denkschriften, 71. Band, 3. Abhandlung)
Innere Verwaltung: *B. Bury:* The Imperial Administrative System in the Ninth Century, London 1911
H. Geiss: Geld- und naturalwirtschaftliche Erscheinungsformen im staatlichen Aufbau Italiens während der Gotenzeit (=Vierteljahrschrift für Sozial- und Wirtschaftsgeschichte, Beiheft 27), Stuttgart 1931
H. Glykatzi-Ahrweiler: Recherces sur l'administration de l'Empire byzantin aux IXe–XIe siècles, Bull. de correspondance hell. 84, 1960
G. Rouillard: L'administration civile de l'Egypte byzantine, Paris 1928
L. M. Hartmann: Untersuchungen zur Geschichte der byzantinischen Verwaltung in Italien (540–750), Leipzig 1889
G. Ostrogorsky: Das Steuersystem im byzantinischen Altertum und Mittelalter, Byzantion, Bd. 6, 1931, pp. 229–240
J. Danstrup: Indirect Taxation at Byzantium, Classica et Mediaevalia, Bd. 8, 1946
E. Stein: Studien zur Geschichte des byzantinischen Reiches, Stuttgart 1919
G. Stadtmüller: Oströmische Bauern- und Wehrpolitik. Neue Jahrbücher für deutsche Wissenschaft, Bd. 13, 1937, pp. 421–438
Wirtschafts- und Finanzgeschichte: *H. Antoniadis-Bibicou:* Recherches sur les douanes à Byzance, Paris, 1963
A. Andréadès: Les Finances byzantines, Revue des sciences politiques, 3me serie, 26e année, 1911, pp. 268–286, 620–630
A. Andréadès: De la monnaie et de la puissance d'achat des métaux précieux dans l'Empire byzantin, Byzantion, Bd. 1, 1924, pp. 75–115
G. Ostrogorsky: Löhne und Preise in Byzanz, Byzantinische Zeitschrift, Bd. 32, 1932, pp. 377 bis 387
F. Dölger: Beiträge zur Geschichte der byzantinischen Finanzverwaltung besonders des 10. und 11. Jahrhunderts (= Byzantinisches Archiv, ed. A. Heisenberg, Heft 9), Leipzig 1927
A. Stöckle: Spätrömische und byzantinische Zünfte (= Klio, Beiheft 9), Leipzig 1911
G. Mickwitz: Die Kartellfunktionen der Zünfte (= Societas Scientiarum Fennica, Commentationes Humanarum Litterarum, 8, Fasc. 3)
J. Nicole: Le Livre du Préfet ou l'Edit de L'Empereur Léon le Sage sur les Corporations de Constantinople, Genf 1894
F. Dölger: Die Frage des Grundeigentums in Byzanz und die europäische Staatenwelt, Ettal 1953, pp. 217–231
F. Dölger: Zum Gebührenwesen der Byzantiner, Ettal 1953, pp. 232–260
P. S. Leicht: Corporazioni romane e arte medievali, ch. 3, Turin 1937
G. Ostrogorsky: Die ländliche Steuergemeinde des byzantinischen Reiches im 10. Jahrhundert, Vierteljahrschrift für Sozial- und Wirtschaftsgeschichte, Bd. 20, 1927, pp. 1–108
R. Gaignerot: Des Bénéfices militaires dans l'Empire romain et spécialement en Orient et au Xme siècle, Bordeaux 1896
A. Ferradou: Les Biens des Monastères à Byzance, 1896
G. Ostrogorsky: Die wirtschaftlichen und sozialen Entwicklungsgrundlagen des byzantinischen Reiches, Vierteljahrschrift für Sozial- und Wirtschaftsgeschichte, Bd. 22 (129–143)
L. C. West: Byzantine Egypt: Economic Studies, Princeton Univ. Stud. in Papyr. 6. Princeton 1949
S. Lopez: La crise du besant au Xe siècle et la date du Livre du Préfet, Annuaire Inst. de Phil. et d'Hist. Or. et Slav. 10, 1950, 403 f.
S. Lopez: Silk Industry in the Byzantine Empire, Speculum XX, 1, 1945, p. 1–42
F. M. Heichelheim: Byzantinische Seiden, Ciba-Rundschau, Basel 1949, 53
D. Zakythinos: Crise monétaire et crise économique à Byzance du XIII au XV siècle, Athen 1848
Byzantinischer Welthandel: *N. Pigulevskaja:* Vizantija na putjach v Indiju (iz istorii torgovli Vizantii s vostokum v IV–VI vv.) Akad. nauk SSSR, Institut vostokovedenija, Moskau–Leningrad 1951
R. E. M. Wheeler: Arikamedu: An Indo-Roman Trading Station on the East Coast of India. Ancient India 2 (1946)
W. Heyd: Commerce du Levant au Moven-âge, französische Übers. von F. Raynaud, Bd. 1 und 2. Leipzig 1885–1886. Anastat. Neudruck 1959 durch A. M. Hakkert, Amsterdam
Sprache und Volkstum im byzantinischen Reich: *H. Zilliacus:* Zum Kampf der Weltsprachen im oströmischen Reich, Helsinki 1935
M. Vasmer: Die Slawen in Griechenland, Berlin 1941
A. A. Vasiliev: Slavjane v Grecii, Viz. Vrem., Bd. 5 (1898), 404–438 und 626–670
Kaiserzeremoniell: *A. Alföldi:* Die Ausgestaltung des monarchischen Zeremoniells am römischen Kaiserhofe, Mitt. d. Deutschen Archäol. Inst. Röm. Abt. 49, 1934, pp. 1–118
A. Alföldi: Insignien und Tracht der römischen Kaiser, Mitt. d. Deutschen Archäol. Inst., Röm. Abt. 50, 1935, pp. 1–171
O. Treitinger: Die oströmische Kaiser- und Reichsidee nach ihrer Gestaltung im höfischen Zeremoniell, Jena 1938
A. Grabar: L'Empereur dans l'Art Byzantin, Paris 1936
Regesten: a) der Kaiser: *F. Dölger:* Regesten der Kaiserurkunden des oströmischen Reiches

(Corpus der griechischen Urkunden des Mittelalters und der neueren Zeit, Reihe A, Abt. 1) Teil I: 565–1025; II: 1025–1204; III: 1204–1282, München und Berlin 1924, 1925, 1932 (Teile IV und V 1962 und 1966 erschienen);
b) der Patriarchen von Konstantinopel: *V. Grumel:* Les Regestes des Actes du Patriarchat de Constantinople Vol. I: Les Actes des Patriarches, fasc. I: 381 bis 715; II: 715–1043; III: 1043–1206, Socii Assumptionistae Chalcedonenses 1932, 1936, 1947
Byzantinische Münzen: *W. Wroth:* Catalogue of the Imperial Byzantine Coins in the British Museum, 2 Bde., London 1908
Recht: *K. E. Zachariä v. Lingenthal:* Geschichte des griechisch-römischen Rechtes, Berlin 1892
J. et Zepos: Jus graecoromanum, 8 Bde., Athen 1931
Geschichte der griechischen Reichsteile des byzantinischen Reiches:
E. Gerland: Geschichte des lateinischen Kaiserreiches von Konstantinopel I, Homburg 1905
D. Zakythinos: Le despotat grec de Morée, 2 Bde., Paris 1932 und 1950
J. Longnon: L'Emire latin de Constantinople et la principauté de Morée, Paris 1949
A. Bon: Le Péloponnèse byzantin jusqu'en 1204, Paris 1951
D. M. Nicol: The Despotate of Epiros, Oxford 1957
W. Miller: Trebizond, the last Greek Empire, London 1926
A. Gardner: The Lascarids of Nicaea, the Story of an Empire in Exile, London 1912
K. M. Setton: Catalan Donination of Athens 1311–1388, Cambridge, Mass. 1948

Die Nachbarstaaten:
Persien: *A. Christensen:* L'Iran sous les Sassanides, Kopenhagen 1944
B. Spuler: Die Mongolen in Iran, Berlin 1955
Seldschuken: *P. Wittek:* Deux chapitres de l'histoire des Turcs de Rom, Byzantion 11, 1936
H. M. Leowe: The Seljuqs, Cambridge Mediaeval History, Bd. 4, 1923, pp. 299–317
C. Cahen: La première pénétration turque en Asie Mineure, Byzantion. 18, 1948
V. Gordlevskij: Gosudarstvo Sel'dzukidov Maloj Azii, Moskau, Leningrad 1941
E. Oberhummer: Die Türken und das osmanische Reich, Leipzig–Berlin 1917
F. Babinger: Beiträge zur Frühgeschichte der Türkenherrschaft in Rumelien (14.–15. Jahrhundert), Südosteuropäische Arbeiten 34, Brünn–München–Wien 1944
M. Silberschmitdt: Das orientalische Problem zur Zeit der Entstehung des türkischen Reiches nach venezianischen Quellen. Ein Beitrag zur Geschichte der Beziehungen Venedigs zu Byzanz, Ungarn, Genua und zum Reiche von Kiptschak (1381–1400), Leipzig–Berlin 1923
Rußland: *B. D. Grekov:* Kievskaia Rus', Moskau, Leningrad 1944
D. Obolensky: Russia's Byzantine Heritage, Oxford Slavonic Papers I, Oxford 1950
G. Vernadsky: The Origins of Russia, Oxford 1959
Bulgarien: *P. Mutafciev:* Istoriia na Bulgarskia narod I, Sofia 1943
St. Runciman: A History of the First Bulgarian Empire, London 1930
Serbien und Bosnien: *M. Mladenovitch:* L'Etat serbe au Moyen Age: son caractère, Paris 1931
W. Miller: The Byzantine Inheritance in South-Eastern Europe, in N. H. Baynes: H.St.L.B. Byzantium, An introduction to East-Roman civilization, Oxford 1948, pp. 326–337
C. Jirecek: La Civilisation serbe au Moyen Age, Paris 1920
C. Jirecek: Geschichte der Serben, 2 Bde., Gotha 1911–1918
I. von Bojnicic: Geschichte Bosniens (bis 1463), Leipzig 1885
F. Dölger: Die mittelalterliche Kultur auf dem Balkan als byzantinisches Erbe, in: Byzanz und die europäische Staatenwelt, Ettal 1953, pp. 261–281
I. Niederle: Slovanske Starozi tnosti, 4 Bde., Prag 1906–1927
D. Obolensky: The Bogomils, Cambridge 1948
Byzanz und Italien: *Ch. Diehl:* Études sur l'administration byzantine dans l'Exarchat de Ravenne, Paris 1888
J. Gay: L'Italie méridionale et l'empire byzantin (867–1071), Paris 1904
F. Chalandon: Histoire de la domination normande en Italie et en Sicilie, Paris 1907
Kenneth M. Setton: The Byzantine Background to the Italian Renaissance, Proceedings of the American Philosophical Society, Vol. 100, Nr. 1, February 1956
W. Norden: Das Papsttum und Byzanz, Berlin 1903
Byzanz und die Araber: *M. Amari:* Storia dei Musulmani di Sicilia, Bd. 1–3, Firenze 1854–1868
A. A. Vasiliev, H. G. Gregoire, M. Canard u. a.: Byzance et les Arabes, Bd. I, II, 2 (II, ist noch nicht erschienen), Brüssel 1935–1950
G. Marçais: Le monde oriental de 395 à 1081, Paris 1936
Byzanz und die osmanischen Türken: *H. Gibbons:* The Foundation of the Ottoman Empire, Oxford 1916
P. Wittek: The rise of the Ottoman empire, London 1938
F. Babinger: Beiträge zur Frühgeschichte der Türkenherrschaft in Rumelien (14. und 15. Jahrhundert), Südosteuropäische Arbeiten 34, Brünn–München–Wien 1944
Byzanz und Rumänien: *N. Jorga:* La Survivance byzantine dans les pays roumains, Bukarest 1913
Byzanz und die Seestädte Italiens: *G. I. Bratianu:* Recherches sur le commerce génois dans la Mer Noir au XIIIe siècle, Paris 1929
E. C. Skrzinskaja: Genuezcy v Konstantinopole v XIV v., Viz. Vrem. 26 (1947) pp. 215–234
H. Kretschmayr: Geschichte von Venedig, Bd. 1 und 2, Leipzig 1905
Byzanz und Armenien: *F. Tournebize:* Histoire politique et religieuse de l'Arménie, Paris 1910
L. Alishan: Sissouan ou l'Arméno-Cilicie, Trad. du texte arménien, Venedig 1899
Byzanz und Georgien: *A. Sanders:* Kaukasien, Geschichtlicher Umriß, München 1944
G. Brosset: Histoire de la Géorgie, Petersburg 1860–1861
Byzanz und die Juden: *J. Starr:* The Jews in the Byzantine Empire 641–1204 (= Texte und Forschungen zur byzantinisch-neugriechischen Philologie, ed. N. A. Bees Nr. 30), Athen 1939
P. Browe: Die Judengesetzgebung Justinians, Analecta Gregoriana, Bd. 8, Rom 1935, pp. 109–146
F. Dölger: Die Frage der Judensteuer in Byzanz, Vierteljahrschrift für Sozial- und Wirtschaftsgeschichte, Bd. 26, 1933, pp. 1–24

Das Späte Mittelalter – Zerfall der abendländischen Einheit

W. Abel: Agrarkrisen- und Agrarkonjunktur in Mitteleuropa vom 13. bis 19. Jahrhundert, Berlin 1965
Die Wüstungen des ausgehenden Mittelalters, 2. Aufl., Stuttgart 1955
G. G. Coulton: Life in the Middle Ages: Religion, Folklore and Superstition, 4 Bde., Cambridge 1928–1930
Handbuch der Mittleren und Neueren Geschichte, 1903 ff.

Die Kultur des Späten Mittelalters

G. Bandmann: Mittelalterliche Architektur als Bedeutungsträger, Berlin 1951
K. H. Clasen: Die gotische Baukunst, Potsdam 1930
C. Dawson: Die Gestaltung des Abendlandes, Leipzig 1935
M. Gratmann: Geschichte der scholastischen Methode, 1909 ff.
W. Gross: Die Abendländische Architektur um 1300, Stuttgart o. J.
H. Meyer: Geschichte der abendländischen Weltanschauung III, 1952
F. Pfeiffer (Hrsg.): Deutsche Mystiker des 14. Jahrhunderts, 1960
H. Sedelmayer: Die Entstehung der Kathedrale, o. J.
A. V. Silva-Tarouca: Stilgesetze des frühen Abendlandes: Idee, Problematik und Schicksal des christlich-germanischen Gottesreiches auf Erden im frühen Mittelalter, Mainz 1943
W. v. Scholz: Deutsche Mystiker, 1916
F. v. Steenberghen: Philosophie des Mittelalters, deutsch 1950

Das Papsttum von Petrus bis zum Beginn der Neuzeit

J. Bernhart: Der Vatikan als Weltmacht, München 1951
M. Buchberger: Lexikon für Theologie und Kirche, Freiburg/Br. 1957
H. Daniel-Rops: Die Kirche im Frühmittelalter, Innsbruck 1953
A. Dempf: Sacrum Imperium, Geschichts- und Staatsphilosophie des Mittelalters und der politischen Renaissance, München 1929
A. Hauck: Kirchengeschichte Deutschlands, 6 Bde., 3./4. Aufl., Leipzig 1904–1929
J. Haller: Das Papsttum; Idee und Wirklichkeit, 5 Bde., Hamburg 1965
F. Heer: Die dritte Kraft, Frankfurt 1959
R. Hornegger: Macht ohne Auftrag, Olten–Freiburg/Br. 1963 ff.
H. Jedin: Handbuch der Kirchengeschichte, Freiburg/Br. 1963
L. v. Matt und *H. Kühner:* Die Päpste, Zürich–Würzburg 1963
K. Mirbt: Quellen zur Geschichte des Papsttums, 1924
F. X. Seppelt: Geschichte der Päpste, 5 Bde., München 1954–1960

DIE EUROPÄISCHE WELT IN DER NEUZEIT

Das Zeitalter der Entdeckungen

H. Hassinger: Geographische Grundlagen der Geschichte, 2. verbesserte Auflage, Freiburg i. Br. 1953
R. Hennig: Terrae incognitae, 2. verbesserte Aufl., 4 Bde., Leiden 1944–1956
Politische Ziele im Lebenswerk Heinrich des Seefahrers, HZ 160.1939
C. de Lannoy: Histoire de l'expansion colonial, 2 Bde., Brüssel 1907–1911
K. S. Latourette: A History of Expansion of Christianity, 7 Bde., London–New York 1938–1945
H. Plischke: Die Völker Europas und das Zeitalter der Entdeckungen, 2. Aufl., Göttingen 1943
E. Sieber: Kolonialgeschichte der Neuzeit. Die Epoche der europäischen Ausbreitung über die Erde, Bern 1949

Das Zeitalter der Glaubensspaltung und Glaubenskämpfe

K. Brandi: Deutsche Geschichte im Zeitalter der Reformation und Gegenreformation, 3. Aufl., Leipzig 1941
H. J. Grimm: The Reformation Era, New York 1954
R. Stadelmann: Das Zeitalter der Reformation, Darmstadt 1954
E. W. Zeeden: Das Zeitalter europäischer Glaubenskämpfe, Gegenreformation und katholische Reform. Säculum 7, 1956

Das Ende des Zeitalters der Glaubenskämpfe

E. Fueter: Geschichte des europäischen Staatensystems von 1492 bis 1559, München–Berlin 1919
A. v. Martin: Soziologie der Rennaissance, Frankfurt 1949
W. Platzhoff: Geschichte des europäischen Staatensystems 1559–1660, 1928
Gerhard Ritter: Die Neugestaltung Europas im 16. Jahrhundert, Berlin 1950

Das Zeitalter des Hochabsolutismus und die Herausbildung der modernen Staatengemeinschaft

W. Hubatsch: Das Zeitalter des Absolutismus, 1960
G. Jellinek: Allgemeine Staatslehre, 1919
F. Meinecke: Die Idee der Staatsraison, 1947
P. Klaasen: Grundlagen des aufgeklärten Absolutismus, 1929
E. Wolfe: Große Rechtsdenker, 1951

Europa im Zeitalter der Aufklärung (1715–1789): Kongreßzeit, Krise und aufgeklärter Absolutismus

I. Kant: Was ist Aufklärung, 1784
W. Dilthey: Gesammelte Schriften, 1957 f.
P. Hazard: Die Krise des europäischen Geistes, 1939
Die Herrschaft der Vernunft, 1949
M. Wolff: Die Weltanschauung des deutschen Absolutismus, 1949

Barock und Rokoko, Rationalismus und Aufklärung: Kunst- und Kulturgeschichte Europas im 17. und 18. Jahrhundert

B. Croce: Der Begriff des Barock. Die Gegenreformation. Europäische Bibliothek XII, Zürich 1925
J. O. Fleckenstein: Stilprobleme des Barock bei der Entdeckung der Infinitesimalrechnung, in: Studium Generale 3, 1955
Gleichen–Rußwurm: Kultur und Sittengeschichte, 12 Bde., Hamburg o. J.
E. und *J. de Concourt:* Die Kunst des 18. Jahrhunderts, 2 Bde., München 1920/21
A. Riegel: Die Entstehung der Barockkunst in Rom, Wien 1908, 1923
A. Schmarsow: Barock und Rokoko, Leipzig 1897
A. Schönberger: Die Welt des Rokoko, München 1959
H. Sedelmayr: Zur Charakteristik des Rokoko, in: Accademia Nazionale de Lincei anno CCLIX, Roma 1962

Europa im bürgerlichen Zeitalter

H. Bechtel: Wirtschaftsgeschichte Deutschlands im 19. und 20. Jahrhundert, München 1956
R. Cameron: Profit, croissance et stagnation en France au XIXe siècle, Paris 1957
Le développement économique de l'Europe au XIXe siècle, in: Annales (Economic, Sociétés, Civilisations), Nr. 2, Paris 1957
J. H. Clapham: An Economic History of Modern Britain, 1815–1914, 3 Bde., Cambridge 1926–1938
L. C. A. Knowles: Economic development in the 19th century – France, Germany, Russia and USA, London 1958
F. Lütge: Deutsche Wirtschafts- und Sozialgeschichte, Berlin 1960

Die sozioökonomische Entwicklung Europas in der ersten Hälfte des 19. Jahrhunderts

W. Abel: Agrarkrisen und Agrarkonjunktur in Mitteleuropa vom 13. bis zum 19. Jahrhundert, Hamburg–Berlin 1966
R. E. Cameron: France and the Economic Development of Europe 1800 to 1914, Princeton 1961
W. H. Chaloner und *A. E. Musson:* Industry and Technology, London 1963
J. H. Clapham: The economic development of France and Germany 1815–1914, Cambridge 1948
W. Conze: Die Wirkungen der liberalen Agrarformen auf die Volksordnungen in Mitteleuropa im 19. Jahrhundert. In: Vierteljahresschrift für Sozial- und Wirtschaftsgeschichte 37/38 (1944/1951)
H. Haufe: Die Bevölkerung Europas. Stadt und Land im 19. und 20. Jahrhundert, Berlin 1936
W. Henderson: Britain and Industrial Europe 1750–1870, Liverpool 1954
J. Kulischer: Allgemeine Wirtschaftsgeschichte des Mittelalters und der Neuzeit. 2 Bde., Berlin 1954
M. Levy-Leboyer: Les Banques européennes et l'industrialisation dans la première moitié du XIXe siècle, Paris 1964
G. Mackenroth: Bevölkerungslehre. Theorie, Soziologie und Statistik der Bevölkerung, Berlin–Göttingen–Heidelberg 1953

W. W. Rostow: Stadien wirtschaftlichen Wachstums. 2. Aufl., Göttingen 1967
W. Treue: Wirtschaftsgeschichte der Neuzeit, Stuttgart 1962
A. Sartorius von Waltershausen: Die Entstehung der Weltwirtschaft, Jena 1931
W. Schlegel: Handbuch für den Geschichtsunterricht, Bd. I, Teil 1. Weinheim und Basel 1973
G. Smolla: Epochen der Menschlichen Frühzeit. Freiburg–München 1967

Zeitalter der Nationalstaaten und des Imperialismus

H. Arendt: Elemente und Ursprünge totaler Herrschaft, Frankfurt/M. 1955
W. Ashworth: A Short History of the International Economy 1850–1950, London 1952
W. Baumgart: Der Imperialismus. Idee und Wirklichkeit der englischen und französischen Kolonialexpansion, 1880 bis 1914, Wiesbaden 1975
M. Baumont: Gloires et tragédies de la IIIe République, Paris 1957
L. Bergsträsser: Mommsen, W., Geschichte der politischen Parteien in Deutschland, München 1965[11]
C. E. Black: The Dynamics of Modernization, New York 1967[2]
H. Böhme: Deutschlands Weg zur Großmacht, 1848–1881, Köln 1972[2]
H. Böhme (Hrsg.): Probleme der Reichsgründungszeit, 1848–1879, Köln 1973[2]
H. Brunschwig: Mythes et réalités de l'impérialisme coloniale français 1871–1914, Paris 1960
The Cambridge Economic History, Bd. 6, T. II, Cambridge 1965
J. H. Clapham: The Economic Development of France and Germany 1815–1914, Cambridge 1951
P. Deane: Cole, W. A., British Economic Growth 1688–1959, Cambridge 1967[2]
L. Dehio: Deutschland und die Weltpolitik im 20. Jahrhundert, München 1955
K. W. Deutsch: Nationalism and Social Communication. An Inquiry into the Foundations of Nationality, Cambridge/Mass. and London 1962[2]
R.C.K. Ensor: England 1870–1914, Oxford 1952[2]
E. Eyck: Das persönliche Regiment Wilhelms II., Zürich 1948
F. Fischer: Griff nach der Weltmacht, Düsseldorf 1964[3]
W. Fischer: Wirtschaft und Gesellschaft im Zeitalter der Industrialisierung, Göttingen 1972
A. Gerschenkron: Economic Backwardness in Historical Perspective, New York 1965[2]
H. Granfeld: Der Dreibund nach dem Sturze Bismarcks, 2 Bde., Lund 1962/1964
Die große Politik der Europäischen Kabinette, 1871–1914, Bd. 1–6, Berlin 1926[3]
G. W. F. Hallgarten: Imperialismus vor 1914, 2 Bde., München 1963[2]
B. F. Haselmayr: Diplomatische Geschichte des Zweiten Reiches, 1871–1918, II, München 1956
W. O. Henderson: The Industrial Revolution on the Continent 1800–1914, London 1961
H. Herzfeld: Die moderne Welt, 1789–1945, Braunschweig 1964[4]
R. Hilferding: Das Finanzkapital (1910), Frankfurt/M. 1968
E. J. Hobsbawn: Sozial- und Wirtschaftsgeschichte Englands, Frankfurt/M. 1969
J. A. Hobson: Imperialismus, Köln 1968
W. G. Hoffmann: British Industry, 1700–1950, Oxford 1950
Das Wachstum der deutschen Wirtschaft seit der Mitte des 19. Jahrhunderts, Heidelberg 1965
W. Hubatsch: Die Ära Tirpitz, Göttingen 1955
R. A. Kann: Das Nationalitätenproblem der Habsburger Monarchie, 2 Bde., Graz–Köln 1964
C. P. Kindleberger: Economic Growth in France and Britain 1851–1950, Cambridge/Mass. 1964
Economic Development, New York 1965[2]
S. Klatt: Zur Theorie der Industrialisierung, Köln 1959
Hans Kohn: Die Idee des Nationalismus, Frankfurt/M. 1962
Ch. Graf v. Krokow: Nationalismus als deutsches Problem, München 1970
A. Kruck: Geschichte des Alldeutschen Verbandes, 1890–1939, Wiesbaden 1954
S. Kuznets: Economic Growth and Structure, New York 1965
W. L. Langer: The Diplomacy of Imperialism 1890–1901, New York 1956[2]
E. Lemberg: Nationalismus, 2 Bde., Reinbek bei Hamburg 1964
Lipset, S. M.: Bendix, R., Social Mobility in Industrial Society, Berkeley 1962[2]
F. Lütge: Deutsche Sozial- und Wirtschaftsgeschichte, Berlin 1966[3]
A. J. Marder: The Anatomy of British Sea Power. A History of British Naval Politics in the Pre-Dreadnought Era 1880–1905, London 1964
F. Meinecke: Weltbürgertum und Nationalstaat, München 1963
W. Mommsen (Hrsg.): Deutsche Parteiprogramme, München 1964[2]
W. J. Mommsen: Das Zeitalter des Imperialismus, Frankfurt/M. 1969
Der moderne Imperialismus, Stuttgart 1971
H. Mottek u. a.: Wirtschaftsgeschichte Deutschlands, II, Berlin 1969[2], III, 1974
W. Naef: Bismarcks Außenpolitik, 1871–1890, St. Gallen 1925
Die Epochen der Neueren Geschichte, 2 Bde., Aarau 1945/46
Nationalism. A report by a study group of members of the Royal Institut of International Affairs, London 1939
J. A. Nichols: Germany After Bismarck. The Caprivi Era, 1890–1894, Cambridge/Mass. 1958
H. Oncken: Das Deutsche Reich und die Vorgeschichte des Weltkrieges, 2 Bde., Leipzig 1933
H. Plessner: Die verspätete Nation, Frankfurt/M. 1974
F. Redlich: Der Unternehmer, Göttingen 1964.
N. Rich: Friedrich von Holstein, 2 Bde., Cambridge 1965
G. Ritter: Die Dämonie der Macht, Stuttgart 1947
Staatskunst und Kriegshandwerk, 4 Bde., München 1954–1968
S. H. Roberts: History of French Colonial Policy, 1870–1925, 2 Bde., London 1963[2]
J. C. G. Röhl: Deutschland nach Bismarck, Tübingen 1969
H. Rosenberg: Große Depression und Bismarckzeit, Wirtschaftsablauf, Gesellschaft und Politik in Mitteleuropa, Berlin 1976[2]
E. Rosenstock–Huessy: Die Europäischen Revolutionen und der Charakter der Nationen, Stuttgart 1962[3]
W. W. Rostow: Stadien wirtschaftlichen Wachstums, Göttingen 1967[2]
Th. Schieder: Das deutsche Kaiserreich von 1871 als Nationalstaat, Köln 1961
Europa im Zeitalter der Nationalstaaten und europäische Weltpolitik bis zum 1. Weltkrieg (1870–1918); in: Hdb. der Europäischen Geschichte, Bd. 6, Stuttgart 1968, S. 1–196
J. A. Schumpeter: Kapitalismus, Sozialismus und Demokratie, Bern 1972[3]
G. Stökl: Russische Geschichte, Stuttgart 1965[2]
M. Stürmer (Hrsg.): Das Kaiserliche Deutschland, Politik und Gesellschaft 1871–1914, Düsseldorf 1970
D. Thomson: Democracy in France, Oxford 1964[4]
M. Weber: Wirtschaft und Gesellschaft, 2 Bde., Tübingen 1971[5]
H.-U. Wehler: Sozialdemokratie und Nationalstaat. Göttingen 1971[2]
Der Aufstieg des amerikanischen Imperialismus, Göttingen 1974
Das Deutsche Kaiserreich 1871–1918, Göttingen 1975[2]
Bismarck und der Imperialismus, München 1976[4]
R. Wittram: Das Nationale als europäisches Problem, Göttingen 1954
E. L. Woodward: Great Britain and the German Navy, London 1964[2]
H. G. Zmarzlik: Bethmann Hollweg als Reichskanzler 1909–1914, Düsseldorf 1957

Das Zeitalter der Weltkriege

Bibliographien:
Max Gunzenhäuser: Die Bibliographien zur Geschichte des Ersten Weltkriegs, Frankfurt 1964
Thilo Vogelsang (Hrsg.): Bibliographie zur Zeitgeschichte, Beilage der VfZG. (seit 1953)
F. Herre, H. Auerbach: Bibliographie zur Zeitgeschichte und zum Zweiten Weltkrieg für die Jahre 1945–1950, München 1955

I. Weltkrieg:
Gesamtdarstellungen (mit umfangreichen Lit.-Hinweisen)
Luigi Albertini: Le Origini della Guerra del 1914, Milano 1943, (englisch I. M. Massey, The Originis of the War of 1914, London 1952–1957)
Fritz Fischer: Griff nach der Weltmacht, Die Kriegszielpolitik des kaiserlichen Deutschland 1914/18, Düsseldorf 1967
Imanuel Geiss: The Outbreak of the First World War and German War Aims, in: Journal of Contemporary History 1 (1968), 75–91
James Joll: 1914, The Unspoken Assumptions, An Inaugural Lecture Delivered 25. April 1968, London 1968
Hermann Kantorowicz: Gutachten zur Kriegsschuldfrage 1914, Frankfurt 1967
Peter Kielmansegg: Deutschland und der Erste Weltkrieg, Frankfurt 1968
Fritz Klein: Deutschland im Ersten Weltkrieg, Berlin 1968
Luigi Salvatorelli: Lineamenti di politica internazionale 1815–1952, in: Questioni di storia contemporanea 1 (1952), 71–230
Wolfgang Schieder (Hrsg.): Erster Weltkrieg, Ursachen, Entstehung und Kriegsziele, NWB 32, Köln–Berlin 1969
Hans Herzfeld: Die Moderne Welt, Band II, Braunschweig 1960
Der Erste Weltkrieg, dtv-Weltgeschichte Band 1, (dtv 4001), München 1968
J. C. G. Röhl: From Bismarck to Hitler, The Problem of Continuity in German History, Longman, Suffolk 1970
J. Geiss (Hrsg.): Juli 1914. Die europäische Krise und der Ausbruch des Ersten Weltkrieges, dtv-dokumente 293, München 1965
International Bibliography of Historical Sciences
W. L. Langer, H. F. Armstrong, R. Wolbert: Foreign Affairs Bibliography, 1919–1932, 1933 und 1932–1942, 1945
W. Holtzmann, G. Ritter: Die deutsche Geschichtswissenschaft im Zweiten Weltkrieg, 2. Halbband, Marburg 1951

Drittes Reich und Faschismus
Karl Dietrich Bracher: Die Deutsche Diktatur. Entstehung – Struktur – Folgen des Nationalsozialismus, Köln–Berlin 1969
Hans Herzfeld: Die Moderne Welt, Band II, Braunschweig 1960
Gotthard Jasper (Hrsg.): Von Weimar zu Hitler, 1930–1933, NWB 25, Köln, Berlin 1968
Andreas Hillgruber (Hrsg.): Probleme des Zweiten Weltkrieges, NWB 20, Köln–Berlin 1967
Ernst Nolte (Hrsg.): Theorien über den Faschismus, NWB 21, Köln, Berlin 1970
Die faschistischen Bewegungen, dtv-Weltgeschichte, Band 4, München 1971
Wilhelm Reich: Die Massenpsychologie des Faschismus, Fischer Bücher des Wissens 6250, Frankfurt 1974
Alfred Sohn-Rethel: Ökonomie und Klassenstruktur des deutschen Faschismus, eds 630, Frankfurt 1973
Manfred Clemenz: Gesellschaftliche Ursprünge des Faschismus, efs 550, Frankfurt 1972
Fritz Sternberg: Der Faschismus an der Macht, Amsterdam o. J. (Prag 1934)
Axel Kuhn: Das faschistische Herrschaftssystem und die moderne Gesellschaft, Hamburg 1973
Karin Priester: Der italienische Faschismus. Ökonomische und ideologische Grundlagen, Köln 1972
O. Bauer, H. Marcuse, A. Rosenberg: Faschismus und Kapitalismus, Theorien über die sozialen Ursprünge und die Funktion des Faschismus, Frankfurt
Heinrich August Winkler (Hrsg.): Das nationalsozialistische Herrschaftssystem, in: Geschichte und Gesellschaft, 2 (1976) Heft 4
Wolfgang Schieder (Hrsg.): Außenwirtschaft und Außenpolitik im „Dritten Reich", in: Gesch. und Gesell., 2 (1976) Heft 1

Quellen:
Ernst Deuerlein (Hrsg.): Der Aufstieg der NSDAP in Augenzeugenberichten, dtv 1040, München 1968
Willi A. Boelcke (Hrsg.): „Wollt ihr den totalen Krieg?" Die geheimen Goebbels-Konferenzen 1939–1945, dtv 578, München 1969
Helmut Heiber (Hrsg.): Reichsführer! ... Briefe an und von Himmler, dtv 639, München 1968
Bodo Scheurig: Deutscher Widerstand 1938–1944, Fortschritt oder Reaktion? dtv 592, München 1969
Hans Müller (Hrsg.): Katholische Kirche und Nationalsozialismus, dtv 328, München 1965
Erhard Klöss (Hrsg.): Von Versailles zum Zweiten Weltkrieg, Verträge zur Zeitgeschichte 1918–1939, dtv 334, München 1965
Helga Grebing: Der Nationalsozialismus, München 1959
Georg Lukacs: Die Zerstörung der Vernunft, Berlin 1954 (Neuwied 1962)
Eckart Kehr: Der Primat der Innenpolitik, hrsgg. von H.-U. Wehler, Berlin 1965
Helmut Böhme: Deutschlands Weg zur Großmacht, Köln 1966
H. Huss, A. Schröder (Hrsg): Antisemitismus, Frankfurt 1965
Alan Bullock: Hitler, London 1951, (deutsch 1967)
Helmut Heiber: Adolf Hitler, Berlin 1960
Dietrich Orlow: A History of the Nazi Party 1919–1933, Pittsburg 1969
Ernest K. Bramstedt: Goebbels and National Socialist Propaganda, 1925–1945, East Lansing 1965
Max Domarus: Hitler, Reden und Proklamationen, Würzburg 1962
K. D. Bracher, W. Sauer, G. Schulz: Die nationalsozialistische Machtergreifung, Köln–Opladen 1962
Theodor Heuss: Die Machtergreifung und das Ermächtigungsgesetz, hrsgg. von E. Pikart, Tübingen 1967
Ernst Deuerlein: Der deutsche Katholizismus 1933, Osnabrück 1963
Hans Mommsen: Beamtentum im Dritten Reich, Stuttgart 1966
Hildegard Brenner: Die Kunstpolitik des Nationalsozialismus, Hamburg 1963
Rolf Geißler: Dekadenz und Heroismus. Zeitroman und nationalsozialistische Literaturkritik, Stuttgart 1964
Walter Muschg: Die Zerstörung der deutschen Literatur, Bern 1956
Joseph Wulf: Die bildenden Künste im Dritten Reich, Gütersloh 1963
–: Musik im Dritten Reich, Gütersloh 1964
–: Presse und Funk im Dritten Reich, Gütersloh 1964
–: Literatur und Dichtung im Dritten Reich, Gütersloh 1963
–: Theater und Film im Dritten Reich, Gütersloh 1964
James Ensor: Rudolf Heß, London 1962
Helmut Heiber: Joseph Goebbels, Berlin 1962
Roger Manvell: Heinrich Fraenkel, Hermann Göring, London 1962
Alfred Rosenberg: Letzte Aufzeichnungen, Göttingen 1955
Josef Wulf, Martin Bormann: Hitlers Schatten, Gütersloh 1962
Charles Bloch: Hitler und die europäischen Mächte, 1933/34, Frankfurt 1966
Karlheinz Niclauß: Die Sowjetunion und Hitlers Machtergreifung, Bonn 1966
Boris Celovsky: Das Münchener Abkommen 1938, Stuttgart 1958
Alan Bullock: Hitler and the Origins of the Second World War, Oxford 1967
Walther Hoferm: Die Entfesselung des Zweiten Weltkrieges, Frankfurt 1964
John L. Snell (Hrsg.): The Outbreak of the Second World War, Boston 1962

A. J. P. Taylor: Die Ursprünge des Zweiten Weltkrieges, Gütersloh 1962
Hans-Adolf Jacobson: Nationalsozialistische Außenpolitik 1933–1938, Frankfurt 1968
Joachim von Ribbentrop: Zwischen London und Moskau. Erinnerungen und letzte Aufzeichnungen, Leoni 1953
René Erbe: Die nationalsozialistische Wirtschaftspolitik 1933–1939 im Lichte der modernen Theorie, Zürich 1958
Ilse Staff: Justiz im Dritten Reich, Frankfurt 1964
Hermann Weinkauff, Albrecht Wagner: Die deutsche Justiz und der Nationalsozialismus, Stuttgart 1968
Hans Buchheim: Anatomie des SS-Staates, Olten–Freiburg 1965
Eugen Kogon: Der SS-Staat, Frankfurt 1946
Martin Broszat: Konzentrationslager, Olten–Freiburg 1965
Wolfgang Scheffler: Judenverfolgung im Dritten Reich, Berlin 1964
Otto Kopp (Hrsg.): Widerstand und Erneuerung, Stuttgart 1966
Rudolf Pechel: Deutscher Widerstand, Erlenbach–Zürich, 1947
Hans Rothfels: Die deutsche Opposition gegen Hitler, Frankfurt 1958
Der deutsche Widerstand gegen Hitler. Vier historisch-kritische Studien von H. Graml, H. Mommsen, H. J. Reichhardt, E. Wolf, Köln 1966
Eberhard Bethge: Dietrich Bonhoeffer, München 1967
Gerhart Binder: Irrtum und Widerstand, München 1968
Hans Müller: Katholische Kirche und Nationalsozialismus, München 1963
Wilhelm Niemöller: Die Evangelische Kirche im Dritten Reich. Handbuch des Kirchenkampfes, Bielefeld 1956
Lothar Gruchmann: Der Zweite Weltkrieg, München 1967
Heinz Guderian: Erinnerungen eines Soldaten, Heidelberg 1951
Andreas Hillgruber: Hitlers Strategie, Politik und Kriegsführung 1940–1941, Frankfurt 1965
Walter Hubatsch (Hrsg.): Hitlers Weisungen für die Kriegsführung, Frankfurt 1962
Hans-Adolf Jacobson: Der Zweite Weltkrieg, Frankfurt 1965
Albert Kesselring: Soldat bis zum letzten Tag, Bonn 1953
Rudolf Höß: Kommandant in Auschwitz, hrsgg. von M. Broszat, Stuttgart 1958
Bernhard Mark: Der Aufstand im Warschauer Ghetto, Berlin 1959
Gerald Reitlinger: Die Endlösung. Hitlers Versuch der Ausrottung der Juden Europas 1939–1945, Berlin 1956
Inge Scholl: Die weiße Rose, Frankfurt 1961
20. Juli 1944, hrsgg. von E. Zimmermann, H. A. Jacobson, Bonn 1961
H. Fraenkel, R. Manvell: Der 20. Juli, Berlin 1964
Fabian von Schlabrendorff: Offiziere gegen Hitler, Frankfurt 1966
Hans Dollinger (Hrsg.): Die letzten 100 Tage, München 1965
Reimar Hansen: Das Ende des Dritten Reiches, Stuttgart 1966
Hugh R. Trevor–Roper: Hitlers letzte Tage, Zürich 1948

Weimar:

R. A. C. Parker (Hrsg.): Das zwanzigste Jahrhundert I, 1918–1945, Fischer Weltgeschichte Band 34, Frankfurt 1967
Gerhard Schulz: Revolutionen und Friedensschlüsse 1917–1920, dtv-Weltgeschichte, Band 2, München 1967
Helmut Heiber: Die Republik von Weimar, dtv-Weltgeschichte, Band 3, München 1968
Hans Herzfeld: Die Moderne Welt, Band II, Braunschweig 1960
Arthur Rosenberg: Entstehung und Geschichte der Weimarer Republik, hrsgg. von Kurt Kersten, Frankfurt 1955 (in zwei Bänden bei Europ-Verlagsanstalt), Frankfurt 1961
Karl Buchheim: Die Weimarer Republik, Grundlagen und politische Entwicklung, München 1960
Karl Dietrich Bracher: Deutschland zwischen Demokratie und Diktatur, Beiträge zur neueren Politik und Geschichte, Bern 1964
–: Die Auflösung der Weimarer Republik, Eine Studie zum Problem des Machtverfalls in der Demokratie, Villingen 1960
Arnold Brecht: Vorspiel zum Schweigen, Wien 1948
Theodor Eschenburg: Die improvisierte Demokratie. Gesammelte Aufsätze zur Weimarer Republik, München 1963
Wolfram Fischer: Die wirtschaftspolitische Situation der Weimarer Republik, Celle 1960
Gerhard Schulz: Zwischen Demokratie und Diktatur. Verfassungspolitik und Reichsreform in der Weimarer Republik, Band I, Berlin 1963
Kurt Sontheimer: Antidemokratisches Denken in der Weimarer Republik. Die politischen Ideen des deutschen Nationalismus zwischen 1918 und 1933, München 1962
Thilo Vogelsang: Reichswehr, Staat und NSDAP. Beiträge zur deutschen Geschichte 1930–1932, Stuttgart 1962
Waldemar Besson: Friedrich Ebert. Verdienst und Grenze, Göttingen 1963
Otto Gessler: Reichswehrpolitik in der Weimarer Zeit, Hrsg.: Kurt Sendtner, Stuttgart 1958
Walter Görlitz: Hindenburg. Ein Lebensbild, Bonn 1953
Hans Luther: Politiker ohne Partei. Erinnerungen, Stuttgart 1960
Gustav Noske: Erlebtes aus Aufstieg und Niedergang einer Demokratie, Offenbach 1947
Franz v. Papen: Der Wahrheit eine Gasse, München 1952
Hjalmar Schacht: 76 Jahre meines Lebens, Bad Wörishofen 1953
Heinrich Brüning: Memoiren 1918–1934, 2 Bände, dtv 860/861, München 1970
Harry Pross: Die Zerstörung der deutschen Politik 1870–1933, Frankfurt 1959
Francis L. Carsten: Reichswehr und Politik 1918–1933, Köln 1964
Theodor Eschenburg: Die improvisierte Demokratie, München 1963
Tankred Dorst: Die Münchener Räterepublik, Frankfurt 1966
George W. F. Hallgarten: Hitler, Reichswehr und Industrie, Zur Geschichte der Jahre 1918–1933, Frankfurt 1955
Werner Maser: Die Frühgeschichte der NSDAP, Frankfurt 1965
Werner Jochmann: Im Kampf um die Macht, Hitlers Rede vor dem Hamburger Nationalklub von 1919, Frankfurt 1960
Heinrich Benecke: Hitler und die SA., München 1962
Karl Schwend: Bayern zwischen Monarchie und Diktatur, München 1954
Hugo Sinzheimer, Ernst Fraenkel: Die Justiz in der Weimarer Republik, Neuwied 1968
Ernst Deuerlein: Der Hitler-Putsch, Stuttgart 1962
Andreas Dorpalen: Hindenburg in der Geschichte der Weimarer Republik, Berlin 1966
Wolfram Fischer: Deutsche Wirtschaftspolitik von 1918 bis 1945, Köln–Opladen 1968
Alfred Milatz: Wähler und Wahlen in der Weimarer Republik, Bonn 1965

Sonstiges:

Hans-Ulrich Wehler (Hrsg.): 200 Jahre amerikanische Revolution und moderne Revolutionsforschung, Göttingen 1976, Sonderheft 2, Geschichte und Gesellschaft, Ztschr. f. Hist. Sozial. Wiss.
Theodor Schieder (Hrsg.): Revolution und Gesellschaft, Theorie und Praxis der Systemveränderung, Herder 462, Feiburg–Basel–Wien 1973
Kurt Lenk: Theorien der Revolution, UTB 165, München 1973

Der Zweite Weltkrieg

(Vorbemerkung siehe beim Literaturverzeichnis von „Südostasien, Australien und Ozeanien")

1. Gesamtdarstellungen:

Geschichte des Zweiten Weltkrieges. 1. Teil: Die militärischen und politischen Ereignisse. 2. Teil: Die Kriegsmittel. Herausgeber und Verlag A. G. Ploetz, Würzburg 1960
Hans-Adolf Jacobsen: Der Zweite Weltkrieg. Grundzüge der Politik und Strategie in Dokumenten, Frankfurt am Main und Hamburg 1965
Hans-Adolf Jacobsen und *Hans Dollinger* (Hrsg.): Der Zweite Weltkrieg in Bildern und Dokumenten. 3 Bände, Wiesbaden o. J.

2. Einzeldarstellungen:

Andreas Hillgruber (Hrsg.): Probleme des Zweiten Weltkrieges, Köln, Berlin 1967
Walther Hofer: Die Entfesselung des Zweiten Weltkrieges. Eine Studie über die internationalen Beziehungen im Sommer 1939. Mit Dokumenten. Neu durchgesehene Auflage, Frankfurt am Main und Hamburg 1967
Alan S. Milward: Die deutsche Kriegswirtschaft 1939–1945, Stuttgart 1966
Bodo Scheurig (Hrsg.): Deutscher Widerstand 1938–1944. Fortschritt oder Reaktion? München 1969
Hans Speidel: Invasion 1944. Ein Beitrag zu Rommels und des Reiches Schicksal, Frankfurt/M.–Berlin–Wien 1974
Jehuda L. Wallach: Das Dogma der Vernichtungsschlacht. Die Lehren von Clausewitz und Schlieffen und ihre Wirkung in zwei Weltkriegen, München 1970

Der Aufstieg der Sowjetunion zur Weltmacht

N. N. Alexeiev: Beiträge zur Geschichte des russischen Absolutismus im 18. Jahrhundert, in: Fzog 6/1958, S. 7–81
W. H. Chamberlin: Die russische Revolution 1917–1921, 2 Bde., Frankfurt/Main 1958
M. T. Florinsky: Towards an understanding of the U.S.S.R. A Study in Governement, Politics, and Economics Planing, New York 1939
A. Gerschenkron: Agrarian Policies and Industrialization: Russia 1861–1917, in: The Cambridge Economic History of Europe VI. 2, Cambridge 1966
W. Hoffmann: Die Arbeitsverfassung der Sowjetunion, Berlin 1956
F. Lorimer: The Population of the Soviet Union, Genf 1946
G. Rauch: Volk und Staat der russischen Geschichte. Zum Problem der Autokratie in Rußland, in: Europa-Archiv 6 1952, S. 5113–5120
G. Stökl: Russische Geschichte von den Anfängen bis zur Gegenwart, 2. Aufl., Stuttgart 1965

Europa nach dem Zweiten Weltkrieg

(Im folgenden Verzeichnis finden sich in erster Linie die Bücher, die für die Erstellung des Textes herangezogen worden sind. Aus den aufgeführten Werken lassen sich darüber hinaus Hinweise auf die weiterführende Literatur zu den einzelnen Themen entnehmen. Nicht aufgenommen wurden in dieses Literaturverzeichnis die verwendeten Zeitungen und Zeitschriften, in denen sich Beiträge zum Problem gefunden haben.
Um Wiederholungen zu vermeiden, werden die Bücher, die in mehreren Abschnitten Verwendung gefunden haben, nur einmal genannt.)

1. Allgemeine Nachschlagewerke:

Der Fischer Weltalmanach. Herausgegeben von Gustav Fochler-Hauke. Frankfurt am Main. Erscheint jährlich seit 1959
Mayers Enzyklopädisches Lexikon. Jahrbuch 1974 (Berichtszeitraum 1973). Herausgegeben vom Bibliographischen Institut, Mannheim–Wien–Zürich. Erscheint jährlich seit 1974
Weltgeschichte der Nachkriegszeit. Herausgeber und Verlag A. G. Ploetz
Band 1: 1945–1957, Würzburg 1957
Band 2: 1955–1960, Würzburg 1965
Band 3: 1960–1965, Würzburg 1969
Band 4: 1965–1970, Würzburg 1973

2. Die Überwindung der Folgen des Zweiten Weltkrieges

a) Gesamteuropa

Europa und Deutschland nach dem Zweiten Weltkrieg. Von Manfred Alexander u. a. In: Politische Weltkunde II, Stuttgart 1974

b) Deutschland zwischen 1945 und 1949

Gerhart Binder: Deutschland seit 1945. Eine dokumentierte gesamtdeutsche Geschichte in der Zeit der Teilung, Stuttgart–Degerloch 1969
Raymond Cartier: Nach dem Zweiten Weltkrieg. Mächte und Männer 1945–1965, München–Zürich 1971, 1976
John Gimbel: Amerikanische Besatzungspolitik in Deutschland 1945–1949, Frankfurt am Main 1971
Wolfgang Heidelmeyer und *Günther Hindrichs* (Hrsg.): Die Berlin-Frage. Politische Dokumentation 1944–1965, Frankfurt am Main und Hamburg 1965
Werner Maser: Nürnberg. Tribunal der Sieger, Düsseldorf, Wien 1977
Das Potsdamer Abkommen. Dokumentensammlung, Berlin (Ost) 1975
Richard Thilenius: Die Teilung Deutschlands. Eine zeitgeschichtliche Analyse, Hamburg 1957

c) Bundesrepublik Deutschland

Konrad Adenauer: Erinnerungen. 4 Bände, Frankfurt am Main und Hamburg
1. Band: 1945–1953, 1967
2. Band: 1953–1955, 1968
3. Band: 1955–1957, 1969
4. Band: Fragmente 1959–1963, 1970
Arnulf Baring: Adenauers Kanzlers Kanzlerdemokratie. Westdeutsche Innenpolitik im Zeichen der Europäischen Verteidigungsgemeinschaft. 2 Bde., München 1971
Ernst Deuerlein: Deutschland 1963–1970, Hannover 1972
Alfred Grosser: Geschichte Deutschlands seit 1945. Eine Bilanz (Taschenbuchausgabe), München 1974
Klaus Gotto u. a.: Konrad Adenauer. Seine Deutschland- und Außenpolitik 1945–1963, München 1975
Susanne Müller: Die SPD vor und nach Godesberg. In: Kleine Geschichte der SPD. Band 2, Bonn–Bad Godesberg 1974
Winfried Reichert: Die Entwicklung der BRD und DDR, Würzburg 1974
Franz Rodens: Konrad Adenauer. Der Mensch und Politiker, München–Zürich 1963
Heinrich G. Ritzel: Kurt Schumacher in Selbstzeugnissen und Bilddokumenten, Reinbek bei Hamburg 1972
Theo Stammen (Hrsg.): Einigkeit und Recht und Freiheit. Westdeutsche Innenpolitik 1945–1955, München 1965

d) Deutsche Demokratische Republik

Bericht der Bundesregierung und Materialien zur Lage der Nation. Herausgegeben vom Bundesminister für innerdeutsche Beziehungen
Band 1: o. O. 1971
Band 2: Bonn 1972
Ernst Deuerlein (Hrsg.): DDR. Geschichte und Bestandsaufnahme, München 1966
Stefan Doernberg: Kurze Geschichte der DDR, Berlin (Ost) 1969
Heinz Heitzer u. a.: DDR – Werden und Wachsen. Zur Geschichte der Deutschen Demokratischen Republik, Berlin (Ost) 1975
Heinz Rausch und Theo Stammen (Hrsg.): DDR – Das politische, wirtschaftliche und soziale System. 2., überarbeitete Auflage, München 1974
Kurt Sontheimer, Wilhelm Bleek: Die DDR-Politik – Gesellschaft – Wirtschaft. 4., erweiterte, neubearbeitete Auflage, Hamburg 1975
Hermann Weber (Hrsg.): Die KPD-SED an der Macht. Dokumente (Sonderdruck aus „Der deutsche Kommunismus"), Berlin 1963

3. Der Kalte Krieg in Europa: Die Bildung von antagonistischen Staatenblöcken

(Außer der einschlägigen Literatur aus dem Abschnitt 2:)

Waldemar Besson: Die Außenpolitik der Bundesrepublik. Erfahrungen und Maßstäbe, München 1970
Dieter Claessens, Arno Klönne, Armin Tschoepe: Sozialkunde der Bundesrepublik Deutschland. Vierte, überarbeitete Auflage, Düsseldorf–Köln 1970

4. Die Integration Europas:

Fritz Burgbacher (Hrsg.): Bekenntnis zu Europa, Freiburg i. Br. 1963

Peter Cornelius Mayer-Tasch und Ion Contiades: Die Verfassungen Europas, Stuttgart 1966
Wolfgang W. Mickel: Europäische Einigungspolitik. 2 Bde., Neuwied–Berlin 1974
Wolfgang Wagner: Europa zwischen Aufbruch und Restauration. Die europäische Staatenwelt seit 1945. In: dtv-Weltgeschichte des 20. Jahrhunderts Band 14, München 1968

5. Der Krisenherd Europa: Die Probleme religiöser und nationaler Minderheiten:
Bernadette Devlin: Irland: Religionskrieg oder Klassenkampf? Reinbek bei Hamburg 1969
Wolfgang Venohr (Hrsg.): Europas ungelöste Fragen, Reinbek bei Hamburg 1971

6. Die Phase der „Entspannung" in Europa:
Willi Brandt: Begegnungen und Einsichten. Die Jahre 1960–1975, Hamburg 1976
Der Grundvertrag. Vertrag über die Grundlagen der Beziehungen zwischen der Bundesrepublik Deutschland und der Deutschen Demokratischen Republik vom 21. Dezember 1972 sowie ergänzende Texte und Dokumente, Hamburg 1973
Jens Hacker: Deutsche unter sich. Politik mit dem Grundvertrag, Stuttgart–Degerloch 1977
Gernard Wettig: Frieden und Sicherheit in Europa. Probleme bei der Konferenz für Sicherheit und Zusammenarbeit in Europa (KSZE) und bei der wechselseitigen Truppenreduzierung in Europa (MBFR), Stuttgart–Degerloch 1975

7. Die europäische Entwicklung auf kulturellem Gebiet nach dem Zweiten Weltkrieg:
a) Philosophie:
Stephan Körner: Grundfragen der Philosophie, München 1970
Hans Joachim Störig: Kleine Weltgeschichte der Philosophie. Elfte, überarbeitete und erweiterte Auflage, Stuttgart, Berlin, Köln, Mainz 1970
b) Darstellende Kunst:
Paul Vogt: Geschichte der deutschen Malerei im 20. Jahrhundert, Köln 1976
c) Musik:
Hans Vogt: Neue Musik seit 1945. Zweite durchgesehene und ergänzte Auflage, Stuttgart 1975
d) Literatur:
Herbert A. und *Elisabeth Frenzel:* Daten deutscher Dichtung. Chronologischer Abriß der deutschen Literaturgeschichte. Band II: Vom Biedermeier bis zur Gegenwart. 11. Auflage, München 1975
Manfred Durzak (Hrsg.): Die deutsche Literatur der Gegenwart. Aspekte und Tendenzen, Stuttgart 1971
Marcel Reich-Ranicki: Literatur der kleinen Schritte. Deutsche Schriftsteller heute, München 1967
Hans-Dietrich Sander: Geschichte der Schönen Literatur in der DDR. Ein Grundriß, Freiburg 1972
Gero von Wilpert und Ivar Ivask (Hrsg.): Moderne Weltliteratur. Die Gegenwartsliteraturen Europas und Amerikas, Stuttgart 1972

DIE AUSSEREUROPÄISCHE WELT VOM ENDE DES MITTELALTERS BIS IN DIE GEGENWART

Zentralasien von der Herrschaft Dschingis-Khans bis zum Machteinfluß der Sowjetunion nach dem Zweiten Weltkrieg

E. Chavannes: Documents sur les Tou-kiue (Turcs) occidentaux, St. Petersburg 1900
Mau-Tsai Liu: Die chinesischen Nachrichten zur Geschichte der Ost-Türken (T'u-küe). 2. Bde., Wiesbaden 1958
V. Minorsky: Hudud al-'Alam, London 1937
W. Barthold: Turkestan down to the Mongol Invasion. 2. Aufl., London 1958
C. E. Bosworth: The Ghaznavids, Edinburg 1963
A. v. Gabain: Das uigurische Königreich von Chotscho, Berlin 1961
R. Giraud: L'empire des Turcs célestes: les règnes d'Elterich, Qapghan et Bilgä, 680–734, Paris 1960
R. Grousset: L'empire des steppes, Paris 1939
W. M. McGovern: The early empires of Central Asia, Chapel Hill 1939
D. Schlumberger: The excavations at Surkh Kotal and the problem of Hellenism in Bactria und India, in: PBA XLVII (1961)
B. Spuler: Iran in frühislamischer Zeit, Wiesbaden 1952
W. W. Tarn: The Greeks in Bactria and India. 2. Aufl., Cambridge 1951
E. Haenisch: Die Geheime Geschichte der Mongolen. 2. Aufl., Leipzig 1948
P. Pelliot and *L. Hambis:* Histoire des campagnes de Gengis Khan, Leiden 1951
H. Yule: The book of Sir Marco Polo the Venetian. 2 Bde., 3. Aufl., London 1921
R. Grousset: Le Conquérant du Monde, Paris 1944
B. Spuler: Die Goldene Horde, Die Mongolen in Rußland, 1223–1502. 2. Aufl., Wiesbaden 1965
–: Die Mongolen in Iran. 2. Aufl., Berlin 1955
–: Les Mongols dans l'histoire, Paris 1961
B. Y. Vladimirtsov: Le régime social des Mongols: le féodalisme nomade, Paris 1948
M. Hartmann: Der islamische Orient. 3 Bde., Berlin 1899–1910
M. Holdsworth: Turkestan in the Nineteenth Century, London 1959
R. B. Shaw: The History of the Khojas of Eastern Turkestan, Supplement to the Journal of the Asiatic Society of Bengal 1897
R. Olzscha und *G. Cleinow:* Turkestan. Die politisch-historischen und wirtschaftlichen Probleme Zentralasiens, Leipzig 1942
O. Lattimore: Inner Asian Frontiers of China, New York 1940
M. Courant: L'Asie centrale au XVIIe siècles: empire Kalmouk ou empire Mantchou? Lyon 1912
A. K. Wu: Turkistan Tumult, London 1940

Tibet von der Frühzeit bis in die Gegenwart

Z. Ahmad: China und Tibet, 1708–1959. A Resumé of Fact, in: Chatham House Memoranda, Oxford 1960
C. Bell: Tibet Past and Present, Oxford 1924
R. Bleichsteiner: Die Gelbe Kirche, Wien 1937
Li Tieh-Tseng: Tibet: Today and Yesterday, NewYork 1960
H. Richardson: Tibet and his history, London 1962; deutsch, Frankfurt/M.–Berlin 1964
R. Stein: La civilisation tibétaine, Paris 1962

Die Welt des Islam

C. Becker: Vom Werden und Wesen der islamischen Welt, Leipzig 1924
C. Brockelmann: Geschichte der Islamischen Völker und Staaten, 2. Aufl., München–Berlin 1943
H. Duda: Vom Kalifat zur Republik, Wien 1948
B. Spuler und *L. Forrer:* Der Vordere Orient in islamischer Zeit, wissenschaftliche Forschungsberichte, Orientalistik T. 3, Bern 1954
G. Weil: Geschichte der Chalifen, Bd. 1–3, Mannheim 1846–1851

Südostasien im Spannungsfeld der wechselnden weltweiten Beziehungen – Ozeanien und Australien nach dem Vordringen der Europäer

(Im folgenden Verzeichnis finden sich in erster Linie die Bücher, die für die Erstellung des Textes herangezogen worden sind. Aus den aufgeführten Werken lassen sich darüber hinaus Hinweise auf die weiterführende, besonders fremdsprachige Literatur zu den einzelnen Themenbereichen entnehmen. Nicht aufgenommen wurden die verwendeten Zeitungen und Zeitschriften, in denen sich Beiträge zu dem Thema gefunden haben.)

1. Allgemeine Nachschlagewerke über Südostasien, Australien und Ozanien:
Wolfgang Appel: Südost-Asien im Brennpunkt der Weltpolitik, Würzburg o. J.
Christoph von Imhoff: Was wird aus Südostasien? Skizzen einer Reise, Pfullingen 1968
Helmut H. Loofs: Südostasiens Fundamente. Hochkulturen und Primitivstämme, Geisterglauben, Religionen, Große Politik, Berlin 1964
Harald Uhlig (Hrsg.): Südostasien – Austral-pazifischer Raum. In: Fischer Länderkunde Band 3., Frankfurt am Main 1975
Südostasien II. Vietnam, Indonesien, Sarawak, Sabah, Brunei, Timor, Philippinen, Formosa, Korea; Luzern o. J.
Manfred Turlach (Hrsg.): Gesellschaft und Politik in Süd- und Südostasien. In: Schriftenreihe des Forschungsinstituts der Friedrich-Ebert-Stiftung Band 93, Bonn–Bad Godesberg 1972

2. Historische Entwicklung in Südostasien, Australien und Ozeanien:
Franz Ansprenger: Auflösung der Kolonialreiche. In: dtv-Weltgeschichte des 20. Jahrhunderts Band 13, München 1966
Lucien Bianco: Das moderne Asien. In: Fischer Weltgeschichte Band 33, Frankfurt am Main 1969
David K. Fieldhouse: Die Kolonialreiche seit dem 18. Jahrhundert. In: Fischer Weltgeschichte Band 29, Frankfurt am Main 1965
Bernard Philippe Groslier: Hinterindien. Kunst im Schmelztiegel der Rassen (Kunst der Welt), Baden-Baden 1974
Albert Hochheimer: Abschied von den Kolonien. Aufstieg und Untergang der europäischen Kolonialreiche, Zürich und Freiburg i. Br. 1972
Reginald Le May: Südostasien. Das Erbe Indiens. In: Kindlers Kulturgeschichte, München 1967
Mary A. Nourse: Gärung in Fern-Ost, Frankfurt am Main 1951
Auguste Pavie: Eine friedliche Eroberung. Indochina 1888, Gütersloh o. J.
John H. Parry: Europäische Kolonialreiche. Welthandel und Weltherrschaft im 18. Jahrhundert. In: Kindlers Kulturgeschichte, München 1972
Hans Plischke: Fernao de Magalhaes. Die erste Weltumsegelung. 2., durchgesehene Auflage Leipzig 1926
A. Grenfell Price: Captain James Cook. Entdeckungsfahrten im Pacific. Die Logbücher der Reisen von 1768 bis 1779, Tübingen–Basel 1971
John Villiers: Südostasien vor der Kolonialzeit. In: Fischer Weltgeschichte Band 18, Frankfurt am Main 1965

3. Einzelne Länder:
a) Vietnam:
Georg W. Alsheimer: Vietnamesische Lehrjahre. Sechs Jahre als deutscher Arzt in Vietnam 1961–1967, Frankfurt am Main 1968
Börries Gallasch (Hrsg.): Ho-Tschi-Minh-Stadt. Die Stunde Null. Reportagen vom Ende eines dreißigjährigen Krieges, Reinbek bei Hamburg 1975
Le Thanh Koi: 3000 Jahre Vietnam. Schicksal und Kultur eines Landes. Bearbeitet und ergänzt von Otto Karow, München 1969
Reinhold Neumann-Noditz: Ho Tschi Minh in Selbstzeugnissen und Bilddokumenten, Reinbek bei Hamburg 1971
b) Thailand, Kambodscha:
Johanna Dittmar: Thailand, Angkor (Kambodscha). In: Nagels Enzyklopädie-Reiseführer, Genf, Paris, München 1973
c) Malaysia:
Fritjof Korn: Malaysia, Singapore, Brunei. In: Mai's Weltführer Nr. 9. Buchenhain vor München. 2., neubearbeitete Auflage o. J.
d) Philippinen:
Wolf Leo Harting: Philippinen. Manila und Luzon, die Visayas und Mindanao. In: Mai's Weltführer Nr. 19, Buchenhain vor München o. J.
e) Indonesien:
O. G. Roeder: Indonesien. Java, Bali und die Tausend Inseln beiderseits des Äquators. In: Mai's Weltführer Nr. 12, Buchenhain vor München o. J.
f) Australien:
Kurt Brunhoff: Australien. In: Mai's Auslandstaschenbuch Nr. 5, 3., neubearbeitete Auflage, Buchenhain vor München o. J.
A. G. L. Shaw: The Story of Australia. Revised Edition, London 1972

4. Die Verstrickung der USA in Indochina:
Mary McCarthy: Hanoi 1968, München und Zürich 1968
Noam Chomsky: Indochina und die amerikanische Krise. Im Krieg mit Asien I, Frankfurt am Main 1972
Noam Chomsky: Kambodscha, Laos, Nordvietnam. Im Krieg mit Asien II, Frankfurt am Main 1972
David Halberstamm: Die Elite, Reinbek bei Hamburg 1974
Neil Sheehan (Hrsg.): Die Pentagon-Papiere. Die geheime Geschichte des Vietnamkrieges, München und Zürich 1971

5. Nachschlagewerke für die jüngste Entwicklung:
Der Fischer Weltalmanach. Herausgegeben von Gustav Fochler-Hauke, Frankfurt am Main. Erscheint jährlich seit 1959
Meyers Enzyklopädisches Lexikon. Jahrbuch 1974 (Berichtszeitraum 1973). Herausgegeben vom Bibliographischen Institut, Mannheim, Wien, Zürich. Erscheint jährlich seit 1974
Weltgeschichte der Nachkriegszeit. Herausgeber und Verlag A. G. Ploetz
Band 1: 1945–1957, Würzburg 1957
Band 2: 1955–1960, Würzburg 1965
Band 3: 1960–1965, Würzburg 1969
Band 4: 1965–1970, Würzburg 1973

China von der Herrschaft der Mandschu bis zur kommunistischen Machtübernahme

Ergänzung zu Gesamtdarstellungen:
W. Bauer: China und die Hoffnung auf Glück. Paradiese, Utopien, Idealvorstellungen, München 1970
W. Franke und *B. Staiger* (Hrsg.): China-Handbuch, Düsseldorf 1974
L. Heren und *C. P. Fitzgerald u. a.:* China bis heute. Geschichte, Kultur, Wirtschaft und Gesellschaft in 3000 Jahren, Köln 1974

Die Zeit von 1500 bis 1800:
C. L. Chang: The Income of the Chinese Gentry, Seattle 1962
R. B. Crawford: Eunuch Power in the Ming Dynastie. In: T'oung Pao Bd. 49 (1961), S. 115–148
J. K. Fairbank und *S. Y. Teng:* Ch'ing Administration, Cambr./Mass. 1960
W. Fuchs: Der russisch-chinesische Vertrag von Nertchinsk vom Jahre 1689. In: Monumenta Serica Bd. 4 (1939/40), S. 546–593
A. E. Grantham: A Manchu Monarch. An Interpretation of Chia Ch'ing, London 1934
P. T. Ho: Studies on the Population of China, 1368–1953, Cambr./Mass. 1959
C. O. Hucker: The Traditional Chinese State in Ming Times, Tuscon 1961
A. W. Hummel (Hrsg.): Eminent Chinese of the Ch'ing Period. 2 Bde., Washington 1943/44
J. R. Lerenson: Confucian China and Its Modern Fate, Berkeley 1968 [geistesgesch. Entw. ab 1600 bis heute]
F. Michael: The Origin of Manchu Rule in China, Baltimore 1942
W. W. Rockhill: China's Intercourse with Korea from the 15th Century to 1895, London 1905

Die Zeit von 1800 bis 1945/1949:
J. C. Cheng: Chinese Sources for the Taiping Rebellion 1850–1864, London 1963
W. C. Costin: Great Britain and China, 1833–1860, London 1937
J. Domes: Die Vertagte Revolution. Die Politik der Kuomintang in China 1923–1937, Berlin 1969
F. R. Dulles: China and America: the Story of Their Relations since 1784, Princeton 1946
W. L. Fan: Neue Geschichte Chinas. Bd. 1 (1840–1901), Berlin 1959
W. Franke: Das Jahrhundert der Chinesischen Revolution. 1851–1949, München 1958
G. Franz-Willing: Neueste Geschichte Chinas. Von 1840 bis zur Gegenwart, Paderborn 1974
G. K. Kindermann: Der Ferne Osten in der Weltpolitik des industriellen Zeitalters, München 1970 (dtv-Weltgeschichte des 20. Jahrhunderts, Bd. 6)
Ch. Li: The Political History of China, 1840–1928, Princeton 1956

C. T. Liang: The Chinese Revolution of 1911, Jamaica und New York 1962
H. B. Morse: The International Relations of the Chinese Empire, 3 Bde., Shanghai 1928
H. Pommerening: Der Chinesisch-Sowjetische Grenzkonflikt. Das Erbe der Ungleichen Verträge, Olten 1968

Die Volksrepublik China:
G. Blumer: Die chinesische Kulturrevolution 1965/1967, Frankfurt 1968
H. und *T. Castner:* Die VR China – ein sozialistisches Modell, Düsseldorf 1975
J. Deleyne: Die chinesische Wirtschaftsrevolution, Hamburg 1972
J. Domes: Politik und Herrschaft in Rotchina, Stuttgart 1965
J. Domes: Die Ära Mao Tse-tung. Innenpolitik in der VR China, Stuttgart 1971
J. Domes und *M. L. Näth:* Die Außenpolitik der VR China. Eine Einführung, Düsseldorf 1972
T. Grimm: Mao Tse-tung in Selbstzeugnissen und Bild-Dokumenten, Hamburg 1968 (Rowohlts Monographien Nr. 141)
B. Grossmann: Die wirtschaftliche Entwicklung der VR China, Stuttgart 1960
C. Hudlot: Der Lange Marsch, Frankfurt/M. 1972
E. M. Kroker (Hrsg.): China. Auf dem Wege zur „Großen Harmonie", Stuttgart 1974
W. Leonhard: Die Dreispaltung des Marxismus, Düsseldorf 1970
Mao Tse-tung: Ausgewählte Werke. 4 Bde., Peking 1968/69
H. Martin (Hrsg.): Mao intern. Unveröffentlichte Schriften, Reden und Gespräche Mao Tse-tungs, München 1964
K. Mehnert: China nach dem Sturm, Stuttgart 1971
F. R. Scheck (Hrsg.): Chinas sozialistischer Weg. Berichte und Analysen der „Peking-Rundschau", Frankfurt/M. 1972
F. R. Scheck: Chinesische Malerei seit der Kulturrevolution, Köln 1975
J. Schickel: Die Revolution der Literatur, München 1968
–: Die Mobilisierung der Massen. Chinas ununterbrochene Revolution, München 1971
S. R. Schramm: Das Mao-System, München 1972
E. Snow: Roter Stern über China, Frankfurt/M. 1974 ([1]1937)
W. Storkebaum: Die VR China. In: Rohlfes (Hrsg.), Historische Gegenwartskunde. Hb. f. den politischen Unterricht, Göttingen 1970
O. Weggel (Hrsg.): Die Alternative China, Hamburg 1973
O. Weggel: Miliz, Wehrverfassung und Volkskriegsdenken in der VR China, Boppard 1976
–: Die Außenpolitik der VR China, Stuttgart 1976

Japan von den Anfängen der Neuzeit bis in die Moderne

Nachtrag zu Gesamtdarstellungen:
S. Ienaga: History of Japan, Tokyo 1964
E. O. Reischauer: Japan, Past and Present, Vermont–Tokyo 1968

Die Zeit von 1500 bis 1867/68:
R. Benedict: The Chrysanthemum and the Sword, Vermont 1946
C. R. Boxer: The Christian Century in Japan, 1549–1650, Berkeley [2]1967
W. Dening: The Life of Toyotomi Hideyoshi, Tokyo 1955
A. L. Sadler: The Maker of Modern Japan. The Life of Tokugawa Ieyasu, New York 1941
C. D. Sheldon: The Rise of the Merchant Class in Tokugawa Japan, 1600–1868, New York 1958
K. Shimmi: Die Geschichte der Bukeherrschaft in Japan. Beiträge zum Verständnis des japanischen Lehenswesens, Basel 1939
T. Yazaki: Social Change and the City in Japan from the Earliest Times through the Industrial Revolution, Tokyo 1968

Die Zeit von 1867/68 bis 1945:
G. Akita: Foundations of Constitutional Government in Modern Japan, 1868–1900, Cambridge/Mass. 1967
G. C. Allen: Japan's Economic Expansion, London 1965
M. B. Jansen (Hrsg.): Changing Japanese Attitudes toward Modernization, Princeton 1965
Japanese Culture in the Meiji Era, hrsgg. von Centenary Cultural Council. 10 Bde., Tokyo 1955–1958
J. Jintaro: Outline of Japanese History in the Meiji Era, Tokyo 1958
F. C. Jones: Japan's New Order in East Asia. Its Rise and Fall, 1937–1945, London 1954
W. W. Lockwood: The Economic Development of Japan, Growth and Structural Change, 1868–1938, Princeton [2]1968
D. Lu: From the Marco Polo Bridge to Pearl Harbor, Washington 1961
W. W. McLaren: A Political History of Japan during the Meiji Era, 1867–1912, New York 1916 (Neudruck 1965)
Y. C. Maxon: Control of Japanese Foreign Policy. A Study of Civil-Military Rivalry, 1930–1945, Berkeley 1957
E. O. Reischauer: The United States and Japan, Cambridge 1951
G. B. Sansom: The Western World and Japan, London 1950
G. C. Schwebell: Die Geburt des modernen Japan in Augenzeugenberichten, Düsseldorf 1970
M. Shigemitsu: Die Schicksalsjahre Japans vom Ersten bis zum Ende des Zweiten Weltkriegs 1920–1945, Frankfurt/M. 1959
T. Shigenori: Japan im Zweiten Weltkrieg, Bonn 1958
T. O. Wilkinson: The Urbanization of Japanese Labor, 1868–1955, Amherst/Mass. 1965

Die Zeit von 1945–1977:
L. Abegg: Japans Traum vom Musterland, München 1973
P. Baron: Probleme der japanischen Regionalpolitik, Wiesbaden 1973
M. Biehl: Dynamisches Japan, Frankfurt/M. 1975
P. Dempster: Japan Advances. [Wirtschaftskunde], London 1969/70
H.-B. Giesler (Hrsg.): Die Wirtschaft Japans, Düsseldorf 1971
R. Guillain: Der unterschätzte Gigant, Bern u. a. 1970
G. Haasch: Japan. Eine politische Landeskunde, Berlin 1973
H. Hedberg: Die japanische Herausforderung, Hamburg 1970
P. Kevenhörster: Das politische System Japans, Köln 1969
–: Wirtschaft und Politik in Japan, Wiesbaden 1973
M. Maruyama: Thought and Behaviour in Modern Japanese Politics, London 1969
Ch. Nakano: Japanese Society, Berkeley 1970
T. Ogura (Hrsg.): Agricultural Development in Modern Japan, Tokyo 1963
K. Okochi u. a.: Wirtschaft Japans – Wachstum und Strukturwandel, Düsseldorf 1973
R. Scalapino und *J. Masumi:* Parties and Politics in Contemporary Japan, Berkeley 1962
M. Schwind: Japan – Zusammenbruch und Wiederaufbau seiner Wirtschaft, Düsseldorf 1954
H. W. Vahlefeld: 100 Millionen Außenseiter – Die neue Weltmacht Japan, Düsseldorf 1969
I. Wendt: Die „unheimlichen" Japaner, Stuttgart 1970
H. E. Wittig (Hrsg.): Pädagogik und Bildungspolitik Japans, München und Basel 1972
K. F. Zahl: Die politische Elite Japans nach dem Zweiten Weltkrieg, 1945–1965, Wiesbaden 1973

Korea – Land im Spannungsfeld der Großmächte

Ergänzung zu Gesamtdarstellungen:
A. Eckardt: Korea, Nürnberg 1972
Insob Zong: An Introduction to Korean Literature, Seoul 1970
C. B. Osgood: The Koreans and Their Culture, New York 1951
F. Vos: Die Religionen Koreas, Stuttgart 1972

Die Zeit von 1500 bis zur Gegenwart:
Allgemeine Statistik des Auslandes, hrsgg. vom Statistischen Bundesamt der BR Deutschland. Hefte Nordkorea und Südkorea, Stuttgart–Mainz 1969 ff.
J. S. Chung: North Korea – Economy, Structure and Development, Stanford/Calif. 1973
D. C. Colen u. a.: Korean Development. The Interplay of Politics and Economics. Cambridge/Mass. 1971
H. Conroy: The Japanese Seizure of Korea, 1868–1910, Philadelphia 1960
C. I. E. Kim und *H. K. Kim:* Korea and the Politics of Imperialism, 1876–1910, Berkeley 1968
H.-B. Lee: Korea-Time, Change and Administration, Honolulu 1968
D. Rees: Korea, the Limited War, New York 1964
S.-J. Park: Die Wirtschaftsbeziehungen zwischen Japan und Korea 1910–1968, Wiesbaden 1968
S. E. Solberg: The Land and People of Korea, Philadelphia [2]1973
R. C. Thomas: The War in Korea, 1950–1953, Aldershot/Hamps. 1954

Afrika

R. Cornevin: Histoire de l'Afrique, Paris 1962
M. und *R. Cornevin:* Histoire de l'Afrique á nos jours, Paris 1964
C. Julien: Histoire de l'Afrique, Paris 1941, 1958
J. Suret-Canale: Afrique Noire, Géographie, Civilisations, Histoire, 2. Aufl., Paris 1961

Mittel- und Südamerika nach der europäischen Eroberung

H. Bailey und *A. Nasatir:* Latin America. The development of its civilisation, 1960
W. Crawford: Century of Latin American Thought, 2. Aufl., Cambridge–Harvard 1961
C. Griffin: History of the New World, Mexiko 1961

Nordamerika. Die Erschließung des Kontinents bis zum Ende des Vietnamkrieges

Gesamtdarstellungen:
J. T. Adams und *R. V. Coleman* (Hrsg.): Dictionary of American History. 5 Bde. + Indexbd. und Suppl., New York 1940 und 1961
H. Boesch: USA. Werden und Wandel eines kontinentalen Wirtschaftsraumes, Bern 1973
R. H. Brown: Historical Geography of the United States, New York 1948
H. L. Crow und *W. L. Turnbull:* American History. A Problems Approach. 2 Bde., New York 1971/72
H. G. Dahms: Grundzüge der Geschichte der Vereinigten Staaten, Darmstadt 1971
E. W. Fox (Hrsg.): Atlas of American History, New York 1964
F. Freidel (Hrsg.): Harvard Guide to American History, 2 Bde., Cambr./Mass. [2]1974
H. R. Guggisberg: Geschichte der USA, Stuttgart u. a. 1975
P. Hartig (Hrsg.): Amerikakunde, Frankfurt/M. [4]1966
B. Hofmeister: Nordamerika (Fischer Länderkunde), Frankfurt/M. 1970
R. Hofstadter: The American Political Tradition and the Man Who Made It, New York 1948
A. Johnson u. a. (Hrsg.): Dictionary of American Biography. 20 Bde. und Indexbd. und 2 Suppl.-Bde., New York 1928–1958
G. Kahle und *E. Angermann* (Hrsg.): Handbuch der amerikanischen Geschichte. 2 Bde. Stuttgart 1977
S. E. Morison: The Oxford History of the American People, Oxford 1965
R. B. Morris (Hrsg.): Encyclopedia of American History, New York [4]1970
U. Sautter: Geschichte der Vereinigten Staaten von Amerika, Stuttgart 1976
M. Savelle: Die Vereinigten Staaten von Amerika. Von der Kolonie zur Weltmacht, München 1969 (New York 1957)
W. A. Williams: The Contours of American History, Chicago 1966

Teilgebiete der Geschichtsschreibung:
S. E. Ahlstrom: A Religious History of the American People, New Haven 1972
Th. A. Bailey: A Diplomatic History of the American People, New York [9]1974
R. Berthoff: An Unsettled People. Social Order and Disorder in American History, New York 1971
E. S. Corwin: The President. Office an Powers, 1787–1957, New York [4]1957
L. E. Davis u. a.: American Economic Growth, New York 1972
F. R. Dulles: Labor in America. A History, New York [3]1966
G. C. Fite und *J. E. Reese:* An Economic History of the United States, Boston [3]1973
H. U. Faulkner: Geschichte der amerikanischen Wirtschaft, Düsseldorf 1957
H. G. Good und *J. D. Teller:* A History of American Education, New York [3]1973
R. Haas: Amerikanische Literaturgeschichte. 2 Bde., Heidelberg 1972/1974
H. v. Hofe: Die Kultur der Vereinigten Staaten von Amerika, Frankfurt/M. [2]1972
A. H. Kelly und *W. A. Harbison:* The American Constitution. Its Origins and Development, New York [4]1970
M. Matloff (Hrsg.): American Military History, Washington 1969
J. W. Pratt: A History of United States Foreign Policy, Englewood Cliffs/N. J. [3]1972
R. E. Riegel: American Woman. A Story of Social Change, Rutherf. 1970
A. M. Schlesinger jr. (Hrsg.): History of U. S. Political Parties. 4 Bde., New York 1973
K. L. Shell: Das politische System der USA, Stuttgart 1975
P. Taylor: The Distant Magnet. European Emigration to the USA, New York 1971
R. J. Walton: The United States and Latin America, New York 1972
R. F. Weigley: The American Way of War. A History of United States Military Strategy and Policy, New York 1973
M. Wilkins: The Emergence of Multinational Enterprise: American Business Abroad From the Colonial Era to 1914, Cambr./Mass. 1970
W. A. Williams (Hrsg.): From Colony to Empire. Essays in the History of American Relations, New York 1972

Kolonialzeit:
C. M. Andrews: The Colonial Period of American History. 4 Bde., New Haven 1964
W. F. Craven: The Colonies in Transition, 1660–1713, New York 1968
S. E. Morison: The European Discovery of America. New York 1971
G. B. Nash: Red, White and Black. The Peoples of Early America, Englewood Cliffs/N. J. 1974
C. Ubbelohde: The American Colonies and the British Empire, 1607–1763, New York 1968

Revolution und frühe Republik:
W. P. Adams: Republikanische Verfassung und bürgerliche Freiheit, Darmstadt 1973
B. Bailyn: The Ideological Origins of the American Revolution, Cambr./Mass. 1967
G. S. Wood: The Creation of the American Republic, 1776–1787, Chapel Hill 1969
H. Gerstenberger: Zur politischen Ökonomie der bürgerlichen Gesellschaft. Die historischen Bedingungen ihrer Konstitution in den USA, Frankfurt/M. 1973
R. Horsman: The Frontier in the Formative Years, 1783–1815, New York 1970

Die Pionierzeit (19. Jahrhundert):
R. A. Billington: Westward Expansion, New York [4]1974
L. P. Beth: The Development of the American Constitution. 1877–1917, New York 1971
D. Brown: Begrabt mein Herz an der Biegung des Flusses, Hamburg 1972
B. Catton: The Centennial History of the Civil War. 3 Bde., Garden City/N. Y. 1961–1965
G. C. Fite: The Farmers Frontier 1865–1900, New York 1966
M. Mittler: Eroberung eines Kontinents. Der große Aufbruch in den amerikanischen Westen, Zürich 1968
P. C. Nagel: This Sacred Trust. American Nationality 1798–1898, New York 1971
R. W. Patrick: The Reconstruction of the Nation, New York 1967

E. Pessen: Jacksonian America. Society, Personality and Politics, Homewood/Ill. 1969
B. A. Weisberger: The New Industrial Society, New York 1969
W. E. Wasburn: Red Man's Land – White Man's Law. A Study of the Past and Present Status of the American Indian, New York 1971

20. Jahrhundert (bis 1945):

P. A. Carter: The Twenties, New York ^{2}1975
A. R. Buchanan: The United States and World War II. 2 Bde., New York 1964
J. L. Gaddis: The United States and the Origins of the Cold War. 1941–1947, New York 1972
W. E. Leuchtenburg: Franklin D. Roosevelt and the New Deal 1932–1940, New York 1963
J. W. Pratt: Challenge and Rejection. The United States and World Leadership, 1900–1921, New York 1967
R. Polenberg: War and Society. The United States 1941–1945, Philadelphia 1972
H. U. Wehler: Der Aufstieg des amerikanischen Imperialismus, Göttingen 1974
J. E. Wiltz: From Isolation to War, 1931–1941, New York 1968

1945 – Gegenwart:

B. Bernstein und *B. Woodward:* Die Watergate-Affäre, München 1974
V. Brandes und *J. Burke:* USA – Vom Rassenkampf zum Klassenkampf, München ^{2}1972
J. K. Galbraith: The Affluent Society, Boston ^{2}1969
R. M. Freeland: The Truman Doctrine and the Origins of McCarthyism, New York 1972
D. Horowitz: Kalter Krieg. Hintergründe der US-Außenpolitik von Jalta bis Vietnam. 2 Bde., Berlin 1969
C. Julien: Das amerikanische Imperium, Frankfurt/M. 1969
L. L. Matthias: Die Kehrseite der USA, Hamburg 1964
A. M. Schlesinger: Die 1000 Tage Kennedys, Bern 1965
J.-J. Servan-Schreiber: Die amerikanische Herausforderung, Hamburg 1970
N. Sheehan (Hrsg.): Die Pentagon-Papiere. Die geheime Geschichte des Vietnamkrieges, München 1971

REGISTER

E

F

G

FOTONACHWEIS

Amsterdam, Rijksmuseum, S. 525. Archiv für Kunst und Geschichte, Berlin (West), S. 526 rechts. Associated Press, Frankfurt am Main, S. 629, 690. Bavaria-Verlag, Gauting, S. 771. Berlin, Bildarchiv Preußischer Kulturbesitz, S. 442, 455, 489, 491, 527, 528, 538, 541, 559, 562, 565, 571, 572, 575, 578, 579, 589, 593, 595, 596, 598, 601, 608, 611, 700, 726, 727, 750, 770. Blauel, Gauting, S. 461 oben. Braunschweig, Herzog-Anton-Ulrich-Museum, S. 463. Bulloz, Paris, S. 502, 522, 531, 535, 539, 544, 675, 676, 685, 715, 755. R. M. Clausen, Hamburg, S. 650 oben. Y. Debraine, Lausanne, S. 452. dpa, Stuttgart/Frankfurt a. M., S. 631, 639, 645, 686, 703, 717, 720, 775, 776. Editions Rencontre, Lausanne, S. 498, 553, 659. Elsevier, Amsterdam, S. 482. R. B. Fleming, London, S. 698. Foto Krupp, Essen, S. 647. Foto E. Meyer, Wien, S. 490, 520, 544. Foto Scala, Antella (Florenz), S. 433, 441, 451. Prof. Dr. F. W. Funke, Seelscheid, S. 381, 724. G. Goldner, Paris, S. 532, 713. Herder Verlag, Wien, S. 493. Hirmer Bildarchiv, S. 383. Historia-Photo, Bad Sachsa, S. 462, 749. Dr. Hans H. Hofstätter, Freiburg i. Br., S. 427. Holle Bildarchiv, Baden-Baden, S. 390, 391, 392, 396, 405, 407, 408, 409, 411, 412, 415, 416, 418, 419, 420, 423, 431, (2×), 436, 444, 453, 454, 456, 457, 459, 460, 461 unten, 464, 477, 478, 484, 485, 495, 496, 499 (2×), 503, 504, 512, 517, 518, 521, 524, 533, 547, 551, 561, 565, 569, 570, 573, 574, 582, 584, 590, 609, 613, 649, 664/65, 670, 671, 681, 692, 704, 732, 735, 740, 743, 746, 751, 753, 758, 766. IBA, Oberengstringen b. Zürich, S. 576, 604. A. F. Kersting, London, S. 414. Keystone Pressedienst, Hamburg, S. 587, 603, 606, 614, 617, 619, 626, 628, 637, 640, 641, 642, 644, 651, 666, 679, 683, 718, 731, 739, 742, 772. Kunstarchiv Arntz, Haag (Obb.), S. 448. Langen-Müller Verlag, München, S. 581. London, Buckingham Palace, Queens' Gallery, S. 494. London, Bercival David Foundation of Chinese Art, S. 723. Ottawa, National Gallery of Canada, S. 761. Paris, Bibliothèque Nationale, S. 654, 733. Photo Giraudon, Paris, S. 406, 413, 421, 426, 446, 470. 472, 480, 487, 501, 508, 511, 513, 514, 516, 523, 526 links, 537. Photo Josse-Lalance, Paris, S. 657. Ploetz Verlag, Freiburg i. Br., S. 635. M. Pucciarelli, Rom, S. 439, 669, 695. L. Richter, Mainz, S. 434/35. E. Schmeltzer, München, S. 621. H. Schmidt-Glassner, Stuttgart, S. 410. Shostal Associated, Inc. New York, S. 765. Smeets Litographers, Weert, S. 506. Süddeutscher Verlag, München, S. 624, 648. The Bettmann Archive, New York. S. 763, 768. J. Theis, Düsseldorf, S. 650 unten. Three Lions Inc., New York, S. 762. Ullstein Bilderdienst, Berlin, S. 549, 557, 585, 728. Verlagsgruppe Bertelsmann, Gütersloh, S. 627, 730, 373. Wien, Österreichische Nationalbibliothek, S. 764. Wien, Historisches Museum, S. 673. K. H. Wirth, Ummeln, S. 474/75. Wittenberg, Reformationsgeschichtliches Museum, S. 447. dpa, München 789, 791 793. Bulls Press. S. 780

Schutzumschlag: Gorbatschow Bild: Keystone, APN/Hamburg · Astronaut: Mit freundlicher Genehmigung der ERNO Raumfahrttechnik, Bremen · Mitterand und Queen Elisabeth: Bulls Press.